Sodan/Ziekow
Grundkurs Öffentliches Recht

Grundkurs Öffentliches Recht

Staats- und Verwaltungsrecht

von

Dr. iur. Helge Sodan

o. Professor an der Freien Universität Berlin
Präsident des Verfassungsgerichtshofes des Landes Berlin a. D.
Direktor des Deutschen Instituts für Gesundheitsrecht

und

Dr. iur. Dr. h. c. Jan Ziekow

o. Professor an der Deutschen Universität
für Verwaltungswissenschaften Speyer
Direktor des Deutschen Forschungsinstituts für öffentliche Verwaltung

7., wesentlich überarbeitete Auflage

VERLAG C.H. BECK MÜNCHEN 2016

www.beck.de

ISBN 978 3 406 69459 2

© 2016 Verlag C.H. Beck oHG
Wilhelmstraße 9, 80801 München
Druck und Bindung: Druckerei C.H. Beck Nördlingen
(Adresse wie Verlag)

Satz: Jung Crossmedia Publishing GmbH
Gewerbestraße 17, 35633 Lahnau

Umschlaggestaltung: Druckerei C.H. Beck Nördlingen

Gedruckt auf säurefreiem, alterungsbeständigem Papier
(hergestellt aus chlorfrei gebleichtem Zellstoff)

Vorwort

Nachdem auch die im Frühjahr 2014 erschienene sechste Auflage des Grundkurses Öffentliches Recht auf sehr positive Resonanz gestoßen und mittlerweile vergriffen ist, legen wir mit Freude eine wesentlich überarbeitete und aktualisierte Neuauflage vor.

Der Anspruch des Werkes ist geblieben:

„Der vorliegende Grundkurs soll Basiswissen im Öffentlichen Recht in *einem* Buch vermitteln: im Verfassungsrecht einschließlich des Verfassungsprozessrechts sowie im Verwaltungsrecht einschließlich ausbildungsrelevanter Bereiche des Besonderen Verwaltungsrechts und des Verwaltungsprozessrechts, jeweils mit den Bezügen zum Europarecht. Damit will der Grundkurs den Anfängern, aber auch den Fortgeschrittenen den Erwerb und die Lektüre *mehrerer* Lehrbücher im Umfang von zusammen mindestens 1.500 Seiten zur Gewinnung eines studienverwertbaren Überblicks ersparen. Seine Lektüre kann auch für Examenskandidaten, denen es um eine konzentrierte Wiederholung des Stoffes geht, von Nutzen sein. […] Wer sich zum Ziel gesetzt hat, nach einem Studium der Rechtswissenschaft den ‚Freischuss' in der ersten juristischen Staatsprüfung erfolgreich zu nutzen oder nach einem Studium von Teilgebieten des Rechts die diesbezüglichen Prüfungsanforderungen zu erfüllen, muss *effizient* studieren. Entscheidend ist die Trennung von Wichtigem und Unwichtigem bereits bei der Stoffauswahl. Der vorliegende Grundkurs bemüht sich vor allem um die prägnante Herausarbeitung der besonders prüfungsrelevanten Positionen der höchstrichterlichen Rechtsprechung. Dabei geht es nicht um die Vermittlung von Detailwissen durch Ausbreitung einer Unmenge von Einzelproblemen. Vielmehr sollen die Strukturen des Öffentlichen Rechts aufgezeigt werden. Diesem Ziel dienen zahlreiche Übersichten, Prüfungsschemata und eine an insgesamt knapp 100 Fällen orientierte Darstellung, durch welche die behandelten Grundprobleme plastisch werden sollen. Der Grundkurs ist damit auch für Studierende geeignet, die sich in ihrem wirtschaftswissenschaftlichen Studium oder in einem anderen Studiengang mit Grundfragen des Öffentlichen Rechts beschäftigen" (aus dem Vorwort zur ersten Auflage).

Sowohl der verfassungsrechtliche als auch der verwaltungsrechtliche Teil des Buches sind durchgehend aktualisiert worden. Hinsichtlich des Verfassungsrechts ist besonders darauf hinzuweisen, dass die Darstellung der Bezüge des Grundgesetzes zum Europarecht die jüngste Rechtsprechung des EuGH zur Bindung der Mitgliedstaaten an die Unionsgrundrechte berücksichtigt, wie sie sich nach dem vielfach kritisierten Urteil in der Rechtssache Åkerberg Fransson entwickelt hat. Ferner ist die Ergänzung des Lehrbuchs um die Rechtsprechung des BVerfG zu den Äußerungsbefugnissen des Bundespräsidenten und von Mitgliedern der Bundesregierung zu erwähnen. Überdies wurden die Ausführungen zum Asylrecht erweitert. Im verwaltungsrechtlichen Teil lagen Schwerpunkte der Überarbeitung u. a. bei den polizei- und baurechtlichen Abschnitten sowie insbesondere verwaltungsprozessrechtlichen Fragen.

Erneut wurde entsprechend den in Wissenschaft und Praxis gebildeten Schwerpunkten der Erste Teil (Verfassungsrecht) von *Helge Sodan* und der Zweite Teil (Verwaltungsrecht) von *Jan Ziekow* bearbeitet. Beide Autoren übernehmen jedoch für das Gesamtwerk die gemeinsame Verantwortung.

Für die Unterstützung bei der Aktualisierung des verfassungsrechtlichen Teils danken wir herzlich Herrn Assessor Dr. *Sebastian Kluckert* und Herrn *Jann Ferlemann,* die beide Wissenschaftliche Mitarbeiter an der Freien Universität Berlin sind, sowie Herrn *Robert Wille,* der studentischer Mitarbeiter an dieser Universität ist.

An der Deutschen Universität für Verwaltungswissenschaften Speyer ist für die Manuskriptverwaltung Frau *Ruth Nothnagel* zu danken. Dank gebührt auch Frau stud. iur. *Christina Ziekow* für das Lesen der Korrekturen und die Aktualisierung der Fundstellen.

Für die wohlwollende und stets zuverlässige Förderung der Schrift danken wir erneut Herrn Rechtsanwalt *Dr. Johannes Wasmuth,* Juristisches Lektorat des Verlages C.H. Beck.

Berlin/Speyer, im Januar 2016   *Helge Sodan*   *Jan Ziekow*

Inhaltsverzeichnis

Vorwort V
Abkürzungsverzeichnis XXXIII

Einführung

§ 1. **Zur Konzeption dieses Lehrbuchs** 1
    I. Hintergrund 1
    II. Zielsetzung und Hinweise zur Darstellung 1
    III. Notwendige Stoffbeschränkungen 2

§ 2. **Einführung in die juristische Methodenlehre** 3
    I. Notwendigkeit von Auslegung 4
    II. Grammatische Auslegung 5
    III. Genetische und historische Interpretation 6
    IV. Systematische Auslegung 7
    V. Ermittlung von Sinn und Zweck 10

Erster Teil. Verfassungsrecht

Erster Abschnitt. Grundlagen

§ 3. **Verfassungsrecht in Abgrenzung vom Verwaltungsrecht** 11

§ 4. **Staat und Rechtsordnung** 12
    I. Was ist ein Staat? 12
    II. Rechtsordnung 13
        1. Rechtsquellen 14
            a) Verfassung 14
            b) Parlamentsgesetz (formelles Gesetz) 14
            c) Rechtsverordnung 14
            d) Satzung 15
            e) Gewohnheitsrecht und Richterrecht 15
            f) Verwaltungsvorschrift 16
        2. Kollisionen zwischen Rechtsnormen und Kollisionsregeln 16

§ 5. **Bezüge des Grundgesetzes zum Europarecht** 17
    I. Staatsziel: Verwirklichung eines vereinten Europas 18
    II. Übertragung von Hoheitsrechten auf die EU 18
        1. Zulässigkeit, Technik und Bedeutung des Zustimmungsgesetzes . . 18
        2. Grenzen der Übertragung von Hoheitsrechten 19
    III. Vorrang des Unionsrechts 22
    IV. Ultra-vires- und Identitätskontrolle durch das BVerfG 24
    V. Grundrechtsschutz gegenüber Unionsorganen 26
    VI. Grundrechtsschutz gegenüber deutschen Staatsorganen, die Unionsrecht anwenden oder umsetzen 28
    VII. Bindung der Mitgliedstaaten an Unionsgrundrechte 29
    VIII. Beteiligung von Bundestag und Ländern an Rechtsetzungsakten der EU 31
    IX. Europäische Menschenrechtskonvention 35

1. Innerstaatlicher Rang eines einfachen Bundesgesetzes 35
2. Geschützte Rechte und Freiheiten 35
3. Rechtsschutz durch den EGMR 36
4. Hilfen für die Auslegung des Grundgesetzes 38

Zweiter Abschnitt. Staatsorganisationsrecht

Erstes Kapitel. Staatsstrukturprinzipien und Staatsziele

§ 6. Demokratie 39
I. Begriff und Verortung 40
II. Volkssouveränität 40
 1. Staatsgewalt 40
 2. Deutsches Volk als Legitimationssubjekt der Staatsgewalt 41
III. Ausübung der Staatsgewalt durch das Volk 42
 1. Wahlen 43
 2. Abstimmungen 43
IV. Ausübung der Staatsgewalt durch besondere Organe – Demokratische Legitimation 44
 1. Personelle demokratische Legitimation 45
 2. Sachlich-inhaltliche demokratische Legitimation 46
 3. Institutionelle und funktionelle demokratische Legitimation 47
 4. Demokratische Legitimation bei funktionaler Selbstverwaltung 48
V. Repräsentative und parlamentarische Demokratie 48
 1. Gedanke der Repräsentation 48
 2. Parlamentarische Demokratie 48
 3. Wahl zum Deutschen Bundestag 49
  a) Wahlsystem und Wahlrecht 49
  b) Wahlrechtsgrundsätze 50
   aa) Allgemeine, unmittelbare, freie und geheime Wahlen 51
   bb) Grundsatz der Gleichheit der Wahl 52
    (1) Erfolgswertgleichheit und Fünf-Prozent-Klausel 53
    (2) Erfolgswertgleichheit und Grundmandatsklausel 54
    (3) Erfolgswertgleichheit und Überhangmandate 55
  c) Wahlprüfung und Nichtanerkennungsbeschwerde 56
 4. Parlamentsvorbehalt und Wesentlichkeitstheorie 57
VI. Mehrheitsprinzip 57
VII. Rolle der politischen Parteien 58
 1. Aufgabe und Funktion der Parteien 58
 2. Begriff 58
 3. Rechtsstellung 59
 4. Verfassungsmäßige Rechte 60
  a) Gründungs- und Betätigungsfreiheit 60
  b) Chancengleichheit 60
 5. Demokratische Binnenstruktur 62
 6. Staatliche Parteienfinanzierung und Rechenschaftspflicht 62
 7. Parteiverbot und Parteienprivileg 64

§ 7. Rechtsstaat 66
I. Begriff, Verortung, materielle Dimension 66
II. (Horizontale) Gewaltenteilung 67
 1. Aufgaben von Legislative, Exekutive und Judikative 68
 2. Gewaltenverschränkungen 68
III. Verfassungsvorrang, Gesetzesvorrang und Gesetzesvorbehalt – Gesetzmäßigkeit der Verwaltung 70
 1. Verfassungsvorrang und Gesetzesvorrang 70

	a) Bindung des Gesetzgebers an die verfassungsmäßige Ordnung	....	70
	b) Bindung von Exekutive und Judikative an die Rechtsordnung	....	71
2.	Gesetzesvorbehalt		71
IV.	Materielle Gerechtigkeit		73
	1. Gewährleistung von Grundrechten		73
	2. Grundsatz der Verhältnismäßigkeit		73
V.	Rechtssicherheit		73
	1. Bestimmtheitsgebot		74
	2. Prinzip der Widerspruchsfreiheit der Rechtsordnung		75
	3. Rückwirkungsverbot und Vertrauensschutz		76
	a) Rückwirkungsverbot		76
	aa) Art. 103 II GG		77
	bb) Allgemeines Rückwirkungsverbot		78
	b) Vertrauensschutz außerhalb des Rückwirkungsverbots		82

§ 8. Bundesstaat 82
    I. Begriff, Verortung und historisches Verständnis 83
   II. Staatsqualität der Bundesländer 84
  III. Vertikale Gewaltenteilung und Kompetenzverteilung 85
  IV. Wechselseitige Einwirkung und kooperativer Föderalismus 86
       1. Verfassungsrechtlich vorgesehene Formen 86
       2. Freiwilliges Zusammenwirken 88
   V. Grundsatz bundes- und länderfreundlichen Verhaltens (Bundestreue) 89
  VI. Kommunale Selbstverwaltungsgarantie 93

§ 9. Republik 95

§ 10. Sozialstaat 97
    I. Verortung und Begriff 97
   II. Konkretisierung und Adressaten 98
  III. Inhaltliche Vorgaben 99
       1. Begünstigte/Vorrang privater Lebensgestaltung 99
       2. Soziale Sicherheit 99
       3. Soziale Gerechtigkeit 101
       4. Chancengleichheit 101
  IV. Verhältnis zu Grundrechten 102

§ 11. Staatsziele: Umweltschutz und Tierschutz 103
    I. Allgemeines 103
   II. Schutz der natürlichen Lebensgrundlagen (Umweltschutz) 105
  III. Schutz der Tiere 105

Zweites Kapitel. Staatsorgane

§ 12. Deutscher Bundestag 106
    I. Bedeutung und Funktionen des Bundestages 106
   II. Wahl und Zusammensetzung des Bundestages 107
  III. Wahlperiode und vorzeitige Auflösung des Bundestages 107
       1. Wahlperiode 107
       2. Grundsatz der Diskontinuität 108
       3. Vorzeitige Auflösung 108
  IV. Organisation und Verfahren des Bundestages 108
       1. Geschäftsordnung des Bundestages 108
       2. Gliederung des Bundestages (insbesondere Fraktionen und Ausschüsse) 109

  3. Beschlussfassung und Mehrheitsformen im Bundestag 110
 V. Rechtsstellung der Abgeordneten 111
  1. Freies Mandat 111
  2. Parlamentarische Mitwirkungsrechte der Abgeordneten 113
  3. Indemnität und Immunität der Abgeordneten 113
 VI. Untersuchungsausschüsse des Bundestages 114

§ 13. Bundesrat 115
 I. Stellung und Bedeutung des Bundesrates 116
 II. Zusammensetzung des Bundesrates; Stimmen im Bundesrat 116
 III. Aufgaben und Befugnisse des Bundesrates 116
  1. Mitwirkung bei der Gesetzgebung des Bundes 117
   a) Einspruchs- und Zustimmungsgesetze 117
   b) Zustimmungsbedürftige Gesetze im Einzelnen 117
    aa) Insbesondere Gesetze betreffend Verwaltungskompetenzen 117
    bb) Weitere Fälle zustimmungsbedürftiger Gesetze 118
   c) Umfang der Zustimmungsbedürftigkeit und Aufspaltbarkeit von
    zustimmungsbedürftigen Gesetzen 119
   d) Änderung von zustimmungsbedürftigen Gesetzen 120
  2. Mitwirkung bei der Verwaltung des Bundes 121
  3. Mitwirkung in Angelegenheiten der Europäischen Union 121
 IV. Beschlussfassung im Bundesrat 122

§ 14. Bundespräsident 123
 I. Zur Stellung und Funktion des Bundespräsidenten 124
  1. Staatsoberhaupt und damit verbundene Aufgaben 124
  2. Gegenzeichnungspflicht 125
 II. Wahl und Amtsdauer des Bundespräsidenten; Präsidentenanklage 125
 III. Einzelne Aufgaben und Befugnisse des Bundespräsidenten 126
  1. Ausfertigung der Gesetze 126
   a) Formelles Prüfungsrecht 126
   b) Materielles Prüfungsrecht 126
   c) Überprüfung nur hinsichtlich evidenter Verfassungsverstöße 127
  2. Ernennung der Bundesminister 128
  3. Vorschlag und Ernennung des Bundeskanzlers 128
  4. Ernennung der Bundesrichter, Bundesbeamten und Offiziere 128
  5. Vertretung der Bundesrepublik Deutschland nach außen 129
  6. Recht zur Bundestagsauflösung 129
  7. Äußerungsbefugnis des Bundespräsidenten 129

§ 15. Bundesregierung 130
 I. Allgemeines zu Stellung und Bedeutung der Bundesregierung 130
 II. Zustandekommen und Amtsdauer der Bundesregierung 131
  1. Wahl des Bundeskanzlers 131
  2. Ernennung der Bundesminister 132
  3. Amtsdauer der Bundesregierung; vorzeitige Beendigung 133
   a) Regelung des Art. 69 II GG 133
   b) Konstruktives Misstrauensvotum 133
   c) Vertrauensfrage 133
   d) Rücktritt und andere „Erledigung" des Amtes des Bundeskanzlers 136
 III. Aufgaben der Bundesregierung 136
 IV. Aufgabenverteilung innerhalb der Bundesregierung 137
  1. Richtlinienkompetenz des Bundeskanzlers („Kanzlerprinzip") 137
  2. Ressortkompetenz der Bundesminister („Ressortprinzip") 137

Inhaltsverzeichnis XI

    3. Kollegialkompetenz der Bundesregierung („Kabinettsprinzip") 137
  V. Äußerungsbefugnis von Mitgliedern der Bundesregierung 138

§ 16. Bundesverfassungsgericht 139
  I. Verfassungsrechtliche Stellung 139
  II. Funktionen der Verfassungsgerichtsbarkeit 140
  III. Organisation 141
  IV. Verfassungsgerichtsbarkeit in den Ländern 142

Drittes Kapitel. Staatsfunktionen

§ 17. Gesetzgebung 144
  I. Einleitung 145
  II. Gesetzgebungszuständigkeit 145
    1. Grundregel des Art. 70 GG: Prinzipielle Länderzuständigkeit 145
    2. Gesetzgebungszuständigkeiten des Bundes 145
      a) Ausschließliche Gesetzgebung 146
      b) Konkurrierende Gesetzgebung 146
        aa) Grundsatz des Art. 72 I GG 146
        bb) Kompetenzkatalog des Art. 74 I GG 146
        cc) Sperrwirkung 148
        dd) Abweichungsbefugnis der Länder 148
        ee) Erfordernis bundeseinheitlicher Regelung 149
      c) (Abschaffung der) Rahmengesetzgebung 150
      d) Grundsatzgesetzgebung 151
      e) Kompetenz kraft Natur der Sache, kraft Sachzusammenhangs und Annex-
         kompetenz 151
    3. Typische Zuständigkeitsbereiche der Länder 152
  III. Gesetzgebungsverfahren 153
    1. Einleitungsverfahren 153
      a) Gesetzesinitiative 153
      b) Zuleitung an den Bundestag 153
    2. Hauptverfahren 154
      a) Beratung der Gesetzesvorlage im Bundestag 154
      b) Beschlussfassung im Bundestag 155
      c) Mitwirkung des Bundesrates 155
        aa) Verfahren bei Einspruchsgesetzen 155
        bb) Verfahren bei Zustimmungsgesetzen 156
    3. Abschlussverfahren 157
  IV. Formelle Verfassungsmäßigkeit von Gesetzen 159
  V. Materielle Verfassungsmäßigkeit von Gesetzen 159
  VI. Besonderheiten bei verfassungsändernden Gesetzen 160
  VII. Rechtsverordnungen 160

§ 18. Verwaltung 161
  I. Verteilung der Verwaltungskompetenzen zwischen Bund und Ländern 161
  II. Landeseigene Ausführung der Bundesgesetze 162
  III. Verwaltung durch die Länder im Bundesauftrag 164
  IV. Ausführung der Gesetze durch den Bund 165
  V. (Verbot der) „Mischverwaltung" und Durchgriffsverbot 167

§ 19. Rechtsprechung und Gerichtsverfassung 167
  I. Rechtsprechung 167
  II. Gerichtsverfassung 169
    1. „Jurisdiktionskompetenz" und Gesetzgebungskompetenz 169

Dritter Abschnitt. Grundrechte

Erstes Kapitel. Allgemeine Grundrechtslehren

§ 20. Historische Entwicklung der Grundrechte 171
    I. Erste Ansätze der Grundrechte in England 171
    II. Rechteerklärungen in Nordamerika und Frankreich 172
    III. Entwicklungen in Deutschland 173
        1. Verfassung des Deutschen Reiches von 1849 173
        2. Verfassung des Deutschen Reiches von 1919 174
        3. Entwicklung der Grundrechte des Grundgesetzes für die Bundesrepublik Deutschland 175

§ 21. Begriff und Arten der Grundrechte 176
    I. Bundes- und Landesgrundrechte 176
    II. Grundrechte und grundrechtsgleiche Rechte 177
    III. Menschen- und Bürgerrechte 177
    IV. Freiheits- und Gleichheitsrechte 178
    V. Materielle und prozessuale Grundrechte 179

§ 22. Dimensionen der Grundrechte 179
    I. Subjektiv-rechtliche Dimensionen 180
        1. Grundrechte als Abwehrrechte 180
        2. Grundrechte als originäre Leistungsrechte 182
        3. Grundrechte als Gleichbehandlungsrechte 183
    II. Objektiv-rechtliche Dimensionen 184
        1. Geltung der Grundrechte im Privatrecht 185
        2. Grundrechtliche Schutzpflichten 187
        3. Institutionelle Gewährleistungen 190
        4. Grundrechtssicherung durch Organisation und Verfahren 190

§ 23. Grundrechtsverpflichtete und Grundrechtsträger 191
    I. Grundrechtsverpflichtete 191
    II. Grundrechtsträger 192
        1. Natürliche Personen 193
            a) Deutsche und Ausländer 193
            b) Geschäftsunfähige, insbesondere Minderjährige 194
            c) Ungeborenes Leben und Verstorbene 195
        2. Juristische Personen 195
            a) Juristische Personen des Privatrechts 195
            b) Juristische Personen des öffentlichen Rechts 197
    III. Grundrechtsverwirkung 198
    IV. Grundrechtsverzicht 199

§ 24. Struktur der Grundrechtsprüfung 199
    I. Freiheitsrechte 200
        1. Sachlicher und personeller Schutzbereich 200
        2. Eingriff 201
        3. Verfassungsrechtliche Rechtfertigung des Eingriffs 205
            a) Grundrechtsschranken 205
            b) Formelle Grenzen der Einschränkbarkeit von Grundrechten ... 207
            c) Materielle Grenzen der Einschränkbarkeit von Grundrechten . 209

	aa) Parlamentsvorbehalt	209
	bb) Bestimmtheitsgebot	210
	cc) Grundsatz der Verhältnismäßigkeit	210
	dd) Wesensgehaltsgarantie	214
	ee) Verbot von Einzelfallgesetzen	215
	ff) Weitere materielle Anforderungen	217
4.	Zusammenfassende Übersichten	217
II. Gleichheitsrechte		218

§ 25. Grundrechtskonkurrenzen ... 219
  I. Spezialitätsverhältnis ... 219
  II. Idealkonkurrenz (einschließlich Schrankendivergenz) ... 219

Zweites Kapitel. Die einzelnen Grundrechte

§ 26. Schutz der Menschenwürde ... 220
  I. Bedeutung des Grundrechts ... 220
  II. Schutzbereich ... 220
    1. Sachlicher Schutzbereich ... 220
    2. Personeller Schutzbereich ... 221
  III. Eingriffe ... 222
  IV. Verfassungsrechtliche Rechtfertigung? ... 224
  V. Verhältnis zu anderen Grundrechten ... 225

§ 27. Recht auf freie Entfaltung der Persönlichkeit ... 225
  I. Bedeutung und Systematik des Grundrechts ... 225
  II. Schutzbereich ... 226
    1. Sachlicher Schutzbereich ... 226
      a) Allgemeine Handlungsfreiheit ... 226
      b) Allgemeines Persönlichkeitsrecht ... 227
    2. Personeller Schutzbereich ... 229
      a) Allgemeine Handlungsfreiheit ... 229
      b) Allgemeines Persönlichkeitsrecht ... 230
  III. Eingriffe ... 230
  IV. Verfassungsrechtliche Rechtfertigung ... 231
    1. Grundrechtsschranken ... 231
      a) Verfassungsmäßige Ordnung ... 231
      b) Rechte anderer ... 231
      c) Sittengesetz ... 231
    2. Grenzen der Einschränkbarkeit ... 232

§ 28. Rechte auf Leben und körperliche Unversehrtheit ... 233
  I. Bedeutung der Grundrechte ... 233
  II. Schutzbereiche ... 233
    1. Sachliche Schutzbereiche ... 233
      a) Recht auf Leben ... 233
      b) Recht auf körperliche Unversehrtheit ... 234
      c) Grundrechtliche Schutzpflichten ... 234
    2. Personelle Schutzbereiche ... 234
  III. Eingriffe ... 234
  IV. Verfassungsrechtliche Rechtfertigung ... 235
    1. Grundrechtsschranken ... 235
    2. Grenzen der Einschränkbarkeit ... 235

§ 29. Freiheit der Person 236
   I. Bedeutung und Systematik des Grundrechts 236
   II. Schutzbereich 237
      1. Sachlicher Schutzbereich 237
         a) Positive Bewegungsfreiheit 237
         b) Negative Bewegungsfreiheit 237
         c) Grundrechtliche Schutzpflicht 238
      2. Personeller Schutzbereich 238
   III. Eingriffe 238
      1. Freiheitsbeschränkungen 238
      2. Freiheitsentziehungen 238
   IV. Verfassungsrechtliche Rechtfertigung 239
      1. Grundrechtsschranken 239
      2. Grenzen der Einschränkbarkeit 239
         a) Anforderungen des Art. 104 GG 239
         b) Grundsatz der Verhältnismäßigkeit 239

§ 30. Die Gleichheitsgebote des Art. 3 GG 240
   I. Gleichheitsrechte und deren Prüfung 241
   II. Allgemeiner Gleichheitssatz 241
      1. Grundsätzliches zum Schutzgehalt 241
      2. Grundrechtsverpflichtete 242
      3. Grundrechtsträger 243
      4. Ungleichbehandlung 243
      5. Rechtfertigung der Ungleichbehandlung 244
   III. Die besonderen Gleichheitssätze des Art. 3 GG 247
      1. Allgemeines 247
      2. Die besonderen Gleichheitssätze des Art. 3 GG im Einzelnen 248
         a) Gleichberechtigung von Männern und Frauen 248
         b) Die übrigen Diskriminierungsverbote des Art. 3 III 1 GG 249
         c) Verbot der Benachteiligung von Behinderten 250

§ 31. Glaubens- und Gewissensfreiheit 250
   I. Glaubensfreiheit 251
      1. Sachlicher Schutzbereich 251
         a) Begriff des „Glaubens" 251
         b) Einheitliches Grundrecht der Glaubensfreiheit 251
         c) Geschützte Verhaltensweisen im Einzelnen 252
         d) Schutzpflicht des Staates 253
      2. Personeller Schutzbereich 253
      3. Eingriffe 254
      4. Verfassungsrechtliche Rechtfertigung 255
   II. Gewissensfreiheit 257
      1. Schutzbereich 257
      2. Eingriffe und deren verfassungsrechtliche Rechtfertigung 258
   III. Grundrecht auf Kriegsdienstverweigerung 258

§ 32. Meinungs-, Informations-, Presse-, Rundfunk- und Filmfreiheit 259
   I. Bedeutung der Freiheitsrechte aus Art. 5 I GG 259
   II. Meinungsfreiheit 259
      1. Sachlicher Schutzbereich 259
         a) Begriff der „Meinung" 259
         b) Tatsachenbehauptungen 260
         c) Formalbeleidigungen und Schmähkritik 261

	d) Geschützte Verhaltensweisen	261
	2. Personeller Schutzbereich	262
	3. Eingriffe	262
III.	Informationsfreiheit	262
	1. Schutzbereich	262
	2. Eingriffe	263
IV.	Pressefreiheit	264
	1. Sachlicher Schutzbereich	264
	a) Pressebegriff	264
	b) Geschützte Verhaltensweisen	264
	c) Abgrenzung zur Meinungsfreiheit	265
	2. Personeller Schutzbereich	265
	3. Eingriffe	265
V.	Rundfunkfreiheit	266
	1. Sachlicher Schutzbereich	266
	a) Rundfunkbegriff	266
	b) Geschützte Verhaltensweisen	266
	2. Personeller Schutzbereich	266
	3. Eingriffe	267
VI.	Filmfreiheit	267
VII.	Verfassungsrechtliche Rechtfertigung	268
	1. Grundrechtsschranken	268
	a) Allgemeine Gesetze	268
	b) Gesetzliche Bestimmungen zum Schutz der Jugend und Recht der persönlichen Ehre	268
	c) Art. 17a I GG	269
	d) Verfassungsimmanente Schranken	269
	2. Grenzen der Einschränkbarkeit	269
	a) Wechselwirkungslehre	269
	b) Zensurverbot	270
	c) Besonderheiten beim Schutz kollidierender Persönlichkeitsrechte	270

§ 33. Kunst- und Wissenschaftsfreiheit ... 271
  I. Bedeutung der Freiheit von Kunst und Wissenschaft ... 271
  II. Freiheit der Kunst ... 271
   1. Schutzbereich ... 271
    a) Kunstbegriff ... 271
    b) Geschützte Verhaltensweisen ... 272
    c) Personeller Schutzbereich ... 272
   2. Eingriffe ... 272
  III. Freiheit der Wissenschaft ... 273
   1. Schutzbereich ... 273
    a) Sachlicher Schutzbereich ... 273
    b) Personeller Schutzbereich ... 274
   2. Eingriffe ... 274
  IV. Verfassungsrechtliche Rechtfertigung ... 275

§ 34. Schutz von Ehe und Familie sowie des Elternrechts ... 275
  I. Überblick über die Regelungsgehalte des Art. 6 GG ... 275
  II. Schutz von Ehe und Familie ... 276
   1. Begriffe „Ehe" und „Familie" ... 276
   2. Schutzgebot und Abwehrrecht ... 277
   3. Institutgarantie ... 279
   4. Wertentscheidende Grundsatznorm ... 280

III. Schutz des Elternrechts 281
IV. Schutz und Fürsorge für Mütter sowie Gleichstellung von unehelichen Kindern ... 283

§ 35. Schulwesen 283
I. Überblick über die Regelungsgehalte des Art. 7 GG 284
II. Staatliche Schulaufsicht 284
III. Religionsunterricht 285
IV. Privatschulfreiheit 286

§ 36. Versammlungsfreiheit 286
I. Bedeutung der Versammlungsfreiheit 287
II. Schutzbereich 287
III. Eingriffe 289
IV. Verfassungsrechtliche Rechtfertigung 289
    1. Versammlungen unter freiem Himmel 289
    2. Versammlungen in geschlossenen Räumen 291

§ 37. Vereinigungs- und Koalitionsfreiheit 291
I. Bedeutung und Systematik des Art. 9 GG 292
II. Allgemeine Vereinigungsfreiheit 292
    1. Schutzbereich 292
        a) Begriff der „Vereinigung" 292
        b) Personeller Schutzbereich 293
        c) Geschützte Verhaltensweisen 293
        d) „Negative" Vereinigungsfreiheit 294
        e) Ausgestaltungspflicht 295
        f) Verhältnis zu spezielleren Vereinigungsfreiheiten 295
    2. Eingriffe 295
    3. Verfassungsrechtliche Rechtfertigung 296
        a) Rechtfertigung von Vereinigungsverboten 296
        b) Rechtfertigung milderer Beeinträchtigungen 297
        c) Verhältnismäßigkeitsprinzip 297
III. Koalitionsfreiheit 297
    1. Schutzbereich 297
        a) Begriff der Koalition 297
        b) Personeller Schutzbereich 298
        c) Geschützte Verhaltensweisen 298
        d) Unmittelbare Drittwirkung 300
        e) Ausgestaltungspflicht 300
    2. Eingriffe 301
    3. Verfassungsrechtliche Rechtfertigung 301
        a) Art. 9 II GG 301
        b) Kollidierendes Verfassungsrecht 301
        c) Art. 9 III 3 GG 303

§ 38. Brief-, Post- und Fernmeldegeheimnis 303
I. Schutzbereiche 303
    1. Allgemeines 303
    2. Briefgeheimnis 304
    3. Postgeheimnis 304
    4. Fernmeldegeheimnis 304
    5. Gemeinsame Schutzgehalte 306
II. Eingriffe 306
III. Verfassungsrechtliche Rechtfertigung 307

Inhaltsverzeichnis

§ 39. Freizügigkeit ... 309
- I. Schutzbereich ... 309
- II. Eingriffe ... 310
- III. Verfassungsrechtliche Rechtfertigung ... 311

§ 40. Berufsfreiheit ... 311
- I. Zur Struktur des Art. 12 GG ... 311
- II. Gewährleistung der Berufsfreiheit ... 313
  1. Sachlicher Schutzbereich ... 313
     a) Dimensionen der Berufsfreiheit ... 313
     b) Begriff des Berufs ... 314
     c) Beruf und Berufsbild ... 315
     d) Geschützte Verhaltensweisen ... 317
  2. Personeller Schutzbereich ... 321
  3. Eingriffe ... 321
  4. Verfassungsrechtliche Rechtfertigung ... 322
     a) Grundrechtsschranken ... 322
     b) Grenzen der Einschränkbarkeit ... 323
- III. Freiheit von Arbeitszwang und Zwangsarbeit ... 327

§ 41. Unverletzlichkeit der Wohnung ... 328
- I. Allgemeines ... 328
- II. Schutzbereich ... 328
- III. Eingriffe ... 329
- IV. Verfassungsrechtliche Rechtfertigung ... 330
  1. Rechtfertigung von Durchsuchungen ... 330
  2. Rechtfertigung von technischer Überwachung ... 332
  3. Rechtfertigung von sonstigen Eingriffen ... 334

§ 42. Eigentumsgarantie ... 335
- I. Bedeutung und Funktion der Eigentumsgarantie ... 335
- II. Zur Struktur des Art. 14 GG ... 336
- III. Dimensionen der Eigentumsgarantie ... 336
- IV. Schutzbereiche ... 337
  1. Sachliche Schutzbereiche ... 337
     a) Allgemeines zum Begriff des Eigentums ... 337
     b) Geschützte Rechtspositionen im Einzelnen ... 337
     c) Schutzumfang ... 340
     d) Erbrecht ... 340
  2. Personeller Schutzbereich ... 341
  3. Verhältnis zu anderen Grundrechten ... 341
- V. Eingriffe ... 342
  1. Inhalts- und Schrankenbestimmungen ... 342
  2. Enteignungen ... 342
  3. Sozialisierung ... 343
  4. Sonstige Eingriffe ... 344
- VI. Verfassungsrechtliche Rechtfertigung ... 344
  1. Inhalts- und Schrankenbestimmungen ... 344
     a) Formelle Anforderungen ... 344
     b) Institutsgarantie ... 344
     c) Verhältnismäßigkeit ... 345
  2. Enteignungen ... 347
     a) Formelle Anforderungen ... 347
     b) Allgemeinwohlklausel ... 347

c) Verhältnismäßigkeit	348
d) Junktimklausel	349
e) Institutsgarantie	349
3. Sozialisierung	349
4. Sonstige Eingriffe	350
5. Entschädigungen	350

§ 43. Schutz vor Ausbürgerung und Auslieferung; Asylrecht ... 350
    I. Überblick über die Art. 16 und 16a GG ... 351
    II. Schutz der deutschen Staatsangehörigkeit ... 351
    III. Schutz vor Auslieferung ... 352
    IV. Asylrecht ... 353
        1. Allgemeines ... 353
        2. Schutzbereich ... 354
            a) Schutz bei „politischer Verfolgung" ... 354
            b) Verfahrensrechtlicher Schutzgehalt ... 355
            c) Personeller Schutzbereich ... 355
        3. Eingriffe ... 357
        4. Verfassungsrechtliche Rechtfertigung ... 357
            a) Beschränkungen des verfahrensbezogenen Gewährleistungsinhalts ... 358
                aa) Vermutungsregel des Art. 16a III GG ... 358
                bb) Art. 16a II 3 GG ... 358
                cc) Art. 16a IV GG ... 358
            b) Vorbehalt des Art. 16a V GG ... 358

§ 44. Petitionsrecht ... 359
    I. Schutzbereich ... 359
    II. Eingriffe ... 359
    III. Verfassungsrechtliche Rechtfertigung ... 360

§ 45. Rechtsweggarantie ... 360
    I. Allgemeines ... 360
    II. Schutzbereich ... 360
    III. Eingriffe ... 363
    IV. Verfassungsrechtliche Rechtfertigung ... 364

§ 46. Widerstandsrecht ... 364

§ 47. Staatsbürgerliche Gleichheitsrechte; Öffentlicher Dienst ... 365
    I. Überblick über die Gewährleistungen des Art. 33 GG ... 365
    II. Staatsbürgerliche Rechte- und Pflichtengleichheit ... 365
    III. Gleicher Zugang zu öffentlichen Ämtern ... 366
    IV. Verbot der Benachteiligung aus Glaubensgründen ... 367
    V. Hergebrachte Grundsätze des Berufsbeamtentums ... 368

§ 48. Wahlrechte ... 369
    I. Überblick über die Gewährleistungen des Art. 38 GG ... 369
    II. Wahlrechte ... 369
        1. Schutzbereiche ... 369
        2. Eingriffe ... 370
        3. Verfassungsrechtliche Rechtfertigung ... 370

§ 49. Justizgrundrechte ... 371
    I. Überblick über die Art. 101 und 103 GG ... 371
    II. Recht auf den gesetzlichen Richter ... 372

Inhaltsverzeichnis   XIX

  III. Anspruch auf rechtliches Gehör 374
  IV. Gesetzlichkeitsprinzip hinsichtlich Strafen 375
   V. Verbot der Doppelbestrafung 376

Vierter Abschnitt. Verfassungsprozessrecht

Erstes Kapitel. Grundlagen

§ 50. Allgemeines zum Verfassungsprozessrecht 377
   I. Bedeutung und Funktion 377
  II. Quellen 378
 III. Lückenhaftigkeit 379
  IV. Allgemeine Verfahrensprinzipien 380
       1. Enumerationsprinzip bezüglich Zuständigkeit 380
       2. Antragsprinzip/Dispositionsmaxime 382
       3. Untersuchungsgrundsatz 383
       4. Prozessvertretung 383
       5. Mündliche Verhandlung 383
       6. Entscheidungsfindung 383
       7. Entscheidungsinhalte und -wirkungen 384
   V. Sachentscheidungsvoraussetzungen 385
       1. Abgrenzung der Zulässigkeit von der Begründetheit 385
       2. Allgemeine und besondere Sachentscheidungsvoraussetzungen ... 385
       3. Allgemeine Zulässigkeitsvoraussetzungen 386
          a) Rechtswegeröffnung zum BVerfG 386
          b) Ordnungsgemäßer Antrag 386
          c) Keine entgegenstehende Rechtskraft oder Rechtshängigkeit ... 386

Zweites Kapitel. Einzelne Verfahrensarten

§ 51. Verfassungsbeschwerde 387
   I. Grundsätzliches 387
  II. Zulässigkeit 388
       1. Rechtswegeröffnung/Zuständigkeit des BVerfG 388
       2. Antragsberechtigung bzw. Beteiligtenfähigkeit 388
       3. Prozessfähigkeit und Postulationsfähigkeit 389
       4. Ordnungsgemäßer Antrag 389
       5. Beschwerdegegenstand 390
       6. Beschwerdebefugnis 392
          a) Möglichkeit einer Grundrechtsverletzung 392
             aa) „Möglichkeitstheorie" 392
             bb) Möglichkeit einer „spezifischen" Grundrechtsverletzung ... 392
          b) Betroffenheit des Beschwerdeführers 392
             aa) Betroffenheit in eigenen Rechten 393
             bb) Gegenwärtige Betroffenheit 393
             cc) Unmittelbare Betroffenheit 394
       7. Subsidiarität 396
          a) Rechtswegerschöpfung 396
          b) Ausnutzung aller sonstigen Möglichkeiten 397
          c) Grenzen der Subsidiarität 399
             aa) § 90 II 2 BVerfGG 399
             bb) Unzumutbarkeit 400
       8. Rechtsschutzbedürfnis 400
       9. Frist 401
      10. Keine entgegenstehende Rechtskraft 401

III. Begründetheit 401
    1. Allgemeines zum Prüfungsmaßstab bei Verfassungsbeschwerden 401
    2. Prüfung der Verfassungsmäßigkeit auch in formeller Hinsicht 402
    3. Nur Verstöße gegen „spezifisches Verfassungsrecht" 402
        a) Überprüfung von Gerichtsentscheidungen 402
        b) Überprüfung von Verwaltungsentscheidungen 403
IV. Annahme zur Entscheidung 403
V. Entscheidungen 405
    1. Stattgebende Entscheidungen 405
    2. Nicht stattgebende Entscheidungen 406
VI. Besonderheiten der Kommunalverfassungsbeschwerde 406

§ 52. Organstreitverfahren 407
I. Grundsätzliches 407
II. Zulässigkeit 407
    1. Rechtswegeröffnung/Zuständigkeit des BVerfG 407
    2. Beteiligten- bzw. Parteifähigkeit 407
    3. Verfahrensgegenstand 409
    4. Antragsbefugnis 409
    5. Rechtsschutzbedürfnis 410
    6. Frist 410
III. Begründetheit 411

§ 53. Abstrakte Normenkontrolle 411
I. Grundsätzliches 411
II. Zulässigkeit 411
    1. Rechtswegeröffnung/Zuständigkeit des BVerfG 411
    2. Antragsberechtigung 411
    3. Prüfungsgegenstand 412
    4. Antragsgrund 413
        a) § 76 I Nr. 1 BVerfGG 413
        b) § 76 I Nr. 2 BVerfGG 414
    5. Rechtsschutzbedürfnis/Klarstellungsinteresse 414
    6. Keine Frist 415
III. Begründetheit 415
IV. Besonderheiten des Verfahrens nach Art. 93 I Nr. 2a GG 415

§ 54. Konkrete Normenkontrolle 415
I. Grundsätzliches 416
II. Zulässigkeit 416
    1. Rechtswegeröffnung/Zuständigkeit des BVerfG 416
    2. Vorlageberechtigung 416
    3. Vorlagegegenstand 416
    4. Vorlagegrund 418
    5. Entscheidungserheblichkeit 419
    6. Vorlagebegründung 419
III. Begründetheit 419

§ 55. Bund-Länder-Streitverfahren 420
I. Grundsätzliches 420
II. Zulässigkeit 420
    1. Rechtswegeröffnung/Zuständigkeit des BVerfG 420
    2. Parteifähigkeit und Prozessfähigkeit 420
    3. Verfahrensgegenstand 420
    4. Antragsbefugnis 421

Inhaltsverzeichnis

  5. Vorverfahren aufgrund von Art. 84 IV 1 GG 421
  6. Frist 421
 III. Begründetheit 421

§ 56. Sonstige Verfahrensarten 421
 I. Andere föderale Streitigkeiten 422
 II. Parteiverbotsverfahren 422
 III. Wahlprüfungsverfahren und Nichtanerkennungsbeschwerde 422
 IV. Präsidentenanklage 422
 V. Überprüfung der Einsetzung eines Untersuchungsausschusses 423

§ 57. Einstweilige Anordnungen 423
 I. Allgemeines 423
 II. Zulässigkeit 423
  1. Zuständigkeit des BVerfG 423
  2. Antrag 423
  3. Antragsberechtigung 423
  4. Keine offensichtliche Unzulässigkeit des Hauptsacheverfahrens 424
  5. Keine Vorwegnahme der Hauptsache 424
  6. Form und Frist 424
 III. Begründetheit 425
  1. Besondere Eilbedürftigkeit 425
  2. Abwägung 425

Zweiter Teil. Verwaltungsrecht

Erster Abschnitt. Allgemeines Verwaltungsrecht

Erstes Kapitel. Die öffentliche Verwaltung

§ 58. Grundbegriffe des Organisationsrechts 427
 I. Organisation der Verwaltung 427
  1. Verwaltungsträger 427
  2. Organ und Organwalter 427
  3. Behörde 428
 II. Weisung und Aufsicht 429
  1. Beziehungen innerhalb von und zwischen Verwaltungsträgern 429
  2. Staatsaufsicht über die Gemeinden 430
   a) Aufgaben der Gemeinde 430
   b) Kommunalaufsicht 432

§ 59. Unmittelbare Staatsverwaltung 436

§ 60. Mittelbare Staatsverwaltung 438
 I. Körperschaften des öffentlichen Rechts 438
  1. Gebietskörperschaften 438
   a) Kommunale Selbstverwaltung 438
   b) Bürger und Einwohner 440
   c) Gemeindeverfassung 443
    aa) Wahl des Gemeinderats 443
    bb) Stellung der Mitglieder des Gemeinderats 444
    cc) Innere Organisation und Verfahren des Gemeinderats 446
    dd) Zuständigkeiten des Gemeinderats 449
    ee) Gemeindevorstand 450
   d) Landkreise 451
  2. Weitere Körperschaftsformen 452

II. Anstalten des öffentlichen Rechts	452
III. Stiftungen des öffentlichen Rechts	453
IV. Wahrnehmung öffentlicher Aufgaben durch Private	453

Zweites Kapitel. Das Recht der Verwaltung

§ 61. Funktionen und Quellen des Verwaltungsrechts	455
§ 62. Bedeutung von Europarecht und Verfassungsrecht für das Verwaltungsrecht	456
I. Europäisierung des Verwaltungsrechts	456
II. Verfassungsrecht	457
§ 63. Gesetze, Rechtsverordnungen und Satzungen	458
I. Gesetze	458
II. Rechtsverordnungen	458
III. Satzungen	459
1. Satzungsautonomie und -erlass	459
2. Insbesondere kommunale Satzungen	459
3. Insbesondere der Bebauungsplan	461
a) Bebauungsplan als verbindlicher Bauleitplan	461
b) Verhältnis zum Flächennutzungsplan	462
c) Aufstellungsverfahren	462
§ 64. Verwaltungsvorschriften	464
I. Arten von Verwaltungsvorschriften	465
II. Bindungswirkung der Verwaltungsvorschriften	466
1. Norminterpretierende Verwaltungsvorschriften	466
2. Ermessenslenkende Verwaltungsvorschriften	467
3. Normkonkretisierende Verwaltungsvorschriften	468
III. Möglichkeit des Einzelnen zur Kenntnisnahme von Verwaltungsvorschriften	468
§ 65. Weitere Rechtsquellen	469
I. Technische Regeln	469
II. Gewohnheitsrecht und Richterrecht	469
§ 66. Normenhierarchie und Verwerfungskompetenz	470
I. Kollisionsprobleme bei Einschlägigkeit mehrerer Rechtsquellen	470
II. Prüfungs- und Verwerfungskompetenz	471
§ 67. Verwaltungsrecht und öffentliches Recht	473
I. Bedeutung der Unterscheidung von öffentlichem Recht und Privatrecht	473
II. Abgrenzungsmaßstäbe und -probleme	474
1. Abgrenzungstheorien	474
2. Problemfälle	476
a) Hausverbote	476
b) Abwehr von Immissionen oder Störungen	477
c) Informationen und Werturteile	477
III. Privatrechtliches Handeln der öffentlichen Verwaltung	478
1. Verwaltungsprivatrecht	479
2. Bedarfsdeckung	482
3. Erwerbswirtschaftliches Handeln	482

Drittes Kapitel. Das Handeln der Verwaltung

§ 68. Bindungen des Verwaltungshandelns	483
I. Die Struktur der Entscheidungsfindung durch die Verwaltung	483

II. Unbestimmte Rechtsbegriffe und Beurteilungsspielraum	485
1. Unbestimmte Rechtsbegriffe im Polizeirecht	486
2. Beurteilungsspielräume der Behörde	489

§ 69. Ermessen der Verwaltung

I. Eröffnung des Ermessens	491
II. Struktur der Ermessensentscheidung	492
III. Ermessensfehler	494
IV. Ermessensreduzierung	495
V. Regulierungsermessen	496

§ 70. Planerische Gestaltungsfreiheit

	496
I. Gestaltungsfreiheit als Kern der Planung	496
II. Materielle Rechtmäßigkeitsvoraussetzungen eines Bebauungsplans	497
1. Planrechtfertigung	497
2. Gebot der Konfliktbewältigung	497
3. Abwägungsgebot	498
4. Interkommunales Abstimmungsgebot	500
III. Gerichtliche Kontrolle der gemeindlichen Abwägungsentscheidung	501
IV. Fehlerfolgen	502

§ 71. Das subjektive öffentliche Recht

	504
I. Begriff und Bedeutung	504
II. Ableitung eines subjektiven öffentlichen Rechts	504
III. Anspruch auf fehlerfreie Ermessensausübung	509

§ 72. Das Verwaltungsverfahren

	510
I. Der Anwendungsbereich der Verwaltungsverfahrensgesetze des Bundes und der Länder	510
II. Begriff und Arten des Verwaltungsverfahrens	511
III. Die zuständige Behörde	513
1. Zuständigkeitsregelungen im Bereich des Polizei- und Ordnungsrechts	513
2. Amts- und Vollzugshilfe	515
IV. Verfahrensablauf	516
1. Beginn des Verfahrens	516
2. Beteiligte	516
3. Verfahrensrechte der Beteiligten	518
4. Verfahrensgrundsätze	520
5. Abschluss des Verwaltungsverfahrens	521

§ 73. Formen des Verwaltungshandelns

	521
I. Bedeutung der Handlungsformenlehre	521
II. Formales Verwaltungshandeln	522
III. Informales Verwaltungshandeln, insbesondere Realakte	522
1. Staatliche bzw. behördliche Warnungen und Empfehlungen	523
2. Informelle Absprachen	525

Viertes Kapitel. Verwaltungsakt

§ 74. Bedeutung der Handlungsform Verwaltungsakt und Begriffsmerkmale

	525
I. Die einzelnen Elemente der Definition des Verwaltungsakts	526
1. Handeln einer Behörde	527
2. Hoheitliche Maßnahme	527
3. Auf dem Gebiet des öffentlichen Rechts	529
4. Regelung	529

a) Realakte	529
b) Vorbereitungs- und Teilakte	530
c) Rechtserhebliche Willenserklärungen	531
5. Einzelfall	531
6. Mit unmittelbarer Außenwirkung	532
II. Allgemeinverfügung als Sonderfall	534
1. Adressaten- bzw. personenbezogene Allgemeinverfügung	535
2. Die sachbezogene Allgemeinverfügung	535
3. Benutzungsregelung	536
4. Zur Rechtsnatur der Verkehrszeichen	536

§ 75. Belastende Verwaltungsakte ... 536
- I. Überblick ... 536
- II. Notwendigkeit und Bestimmung der Ermächtigungsgrundlage ... 537
- III. Einzelne Ermächtigungsgrundlagen ... 538
  - 1. Bauaufsichtliche Eingriffsbefugnisse ... 538
  - 2. Eingriffsbefugnisse der Polizei- und Ordnungsbehörden ... 541
    - a) Polizeiliche Generalklausel ... 542
    - b) Spezielle polizeiliche Eingriffsbefugnisse ... 542
    - c) Auswahl unter mehreren möglichen Maßnahmen ... 548

§ 76. Begünstigende Verwaltungsakte ... 548
- I. Überblick ... 549
- II. Erlassvoraussetzungen am Beispiel der Baugenehmigung ... 550
  - 1. Genehmigungsbedürftigkeit ... 551
  - 2. Genehmigungsfähigkeit des Vorhabens ... 553
    - a) Planungsrechtliche Zulässigkeit eines Vorhabens ... 554
      - aa) Vorhaben im Geltungsbereich eines qualifizierten Bebauungsplans ... 554
      - bb) Zulässigkeit während der Aufstellung eines Bebauungsplans ... 557
      - cc) Zulässigkeit von Vorhaben im Innenbereich ... 557
      - dd) Zulässigkeit von Vorhaben im Außenbereich ... 560
      - ee) Gemeindliches Einvernehmen ... 562
    - b) Bauordnungsrechtliche Zulässigkeit ... 564

§ 77. Weitere Formen von Verwaltungsakten ... 565
- I. Personen- und sachbezogene Verwaltungsakte ... 565
- II. Gestaltende und feststellende Verwaltungsakte ... 567
- III. Vorläufige und vorsorgliche Regelungen ... 567
- IV. Verwaltungsakte in gestuften Verfahren ... 568
- V. Zusage und Zusicherung ... 569

§ 78. Nebenbestimmungen zu Verwaltungsakten ... 570
- I. Begriff und Arten ... 570
- II. Zulässigkeit von Nebenbestimmungen ... 572
- III. Rechtsschutzprobleme bei Nebenbestimmungen ... 573

§ 79. Erlass des Verwaltungsakts ... 574
- I. Form und Bestimmtheit ... 575
- II. Begründung ... 576
- III. Adressat ... 577
  - 1. Allgemeine Grundsätze ... 577
  - 2. Der Adressat polizeilicher Maßnahmen ... 577
    - a) Verhaltensverantwortlichkeit ... 578
    - b) Zustandsverantwortlichkeit ... 579

Inhaltsverzeichnis XXV

        c) Nichtstörer 581
        d) Störerauswahl 581
  IV. Bekanntgabe 582

§ 80. Verwaltungsvollstreckung 583
  I. Grundlagen 584
  II. Allgemeine Vollstreckungsvoraussetzungen 584
  III. Vollstreckung wegen Geldforderungen 585
  IV. Erzwingung von Handlungen, Duldungen oder Unterlassungen 585
    1. Zwangsmittel 586
    2. Vollstreckungsverfahren 587
  V. Sofortiger Vollzug und unmittelbare Ausführung 588

§ 81. Fehlerhafte Verwaltungsakte 589
  I. Wirksamkeit eines Verwaltungsakts 589
  II. Folgen der Wirksamkeit 590
  III. Nichtigkeit des Verwaltungsakts 591
    1. Die absoluten Nichtigkeitsgründe des § 44 II VwVfG 591
    2. Kein Ausschluss der Nichtigkeit nach § 44 III VwVfG 592
    3. Die Generalklausel des § 44 I VwVfG 592
    4. Die Teilnichtigkeit 593
    5. Die Bedeutung und Feststellung der Nichtigkeit 593
  IV. Die Fehlerhaftigkeit eines Verwaltungsakts 593
    1. Berichtigung von Unrichtigkeiten eines Verwaltungsakts 594
    2. Heilung und Beseitigung von Verfahrens- und Formfehlern 594
        a) Heilung 594
        b) Ergänzendes Verfahren 595
    3. Unbeachtlichkeit von Verfahrens-, Form- und Zuständigkeitsfehlern 595
    4. Umdeutung eines fehlerhaften Verwaltungsakts 596

§ 82. Aufhebung von Verwaltungsakten und Wiederaufgreifen des Verfahrens 597
  I. Zu den verschiedenen Möglichkeiten der Aufhebung eines Verwaltungsakts 598
  II. Grundlagen der Anwendung der §§ 48 ff. VwVfG 598
  III. Die Rücknahme rechtswidriger Verwaltungsakte 599
    1. Rücknahme eines rechtswidrigen belastenden Verwaltungsakts 601
    2. Rücknahme eines rechtswidrigen begünstigenden Verwaltungsakts 601
        a) Rücknahme eines auf eine Geld- oder Sachleistung gerichteten
           Verwaltungakts 602
        b) Rücknahme eines sonstigen Verwaltungsakts 603
        c) Ausschlussfrist des § 48 IV VwVfG 604
    3. Besonderheiten bei Sachverhalten mit Unionsrechtsbezug 605
  IV. Widerruf von Verwaltungsakten 606
    1. Widerruf eines belastenden Verwaltungsakts 607
    2. Widerruf eines begünstigenden Verwaltungsakts nach § 49 II VwVfG 608
    3. Der Widerruf von Verwaltungsakten auf eine Geld- oder Sachleistung nach
        § 49 III VwVfG 609
  V. Erstattung und Verzinsung 610
  VI. Sonderregelung für die Drittanfechtung 610
  VII. Wiederaufgreifen des Verfahrens 611
    1. Struktur 611
    2. Wiederaufgreifen des Verfahrens nach § 51 I VwVfG 611
    3. Wiederaufgreifen nach pflichtgemäßem Ermessen 613
    4. Entscheidungen im Zusammenhang mit dem Wiederaufgreifen des Verfahrens .. 614

Fünftes Kapitel. Vertragliches Handeln im Verwaltungsrecht

§ 83. Öffentlich-rechtlicher Vertrag 614
   I. Begriffsmerkmale und Vertragsarten 616
      1. Begriff des öffentlich-rechtlichen Vertrages 616
      2. Vertragsarten 617
         a) Koordinations- und subordinationsrechtliche Verträge 617
         b) Vergleichs- und Austauschverträge 619
            aa) Vergleichsvertrag 619
            bb) Austauschvertrag 619
         c) Verpflichtungs- und Verfügungsverträge 620
   II. Zulässigkeit und formelle Anforderungen 620
      1. Zulässigkeit der Handlungsform 620
      2. Formerfordernisse 621
      3. Zustimmung von Drittbetroffenen und Behörden 621
   III. Inhaltliche Anforderungen 622
      1. Vergleichsvertrag 622
      2. Austauschvertrag 622
   IV. Fehlerhafte öffentlich-rechtliche Verträge 624
      1. (Schlicht) rechtswidrige Verträge 624
      2. Nichtigkeit 624
         a) Entsprechende Anwendung von Vorschriften des BGB 625
         b) Besondere Nichtigkeitsgründe für den „subordinationsrechtlichen" Vertrag . 625
      3. Teilnichtigkeit 626
      4. Nichtigkeitsfolgen 626
         a) Rückabwicklung, Abwicklung anderer Leistungen als eines Verwaltungsakts .. 626
         b) Folgen für einen Erfüllungs-Verwaltungsakt 627
   V. Durchsetzung und Verletzung vertraglicher Pflichten 627

Sechstes Kapitel. Öffentliche Sachen

§ 84. Recht der öffentlichen Sachen 627
   I. Begriff der öffentlichen Sache 628
   II. Öffentlich-rechtlicher Status 629
      1. Widmung 629
         a) Kommunale Einrichtungen und ihre Widmung 630
            aa) Wirtschaftliche Unternehmen der Gemeinde 630
            bb) Weitere kommunale Einrichtungen 633
         b) Widmung öffentlicher Straßen 633
   III. Arten der öffentlichen Sachen 634
      1. Öffentliche Sachen im Gemeingebrauch 634
         a) Gemeingebrauch 635
         b) Sondernutzungen 637
      2. Öffentliche Sachen im Sondergebrauch 638
      3. Öffentliche Sachen im Anstaltsgebrauch 638
      4. Öffentliche Sachen im Verwaltungsgebrauch 640

Zweiter Abschnitt. Öffentlich-rechtliche Haftungs- und Ausgleichsansprüche

§ 85. Übersicht 641

§ 86. Amtshaftung 643
   I. Struktur des Anspruchs 643
   II. Anspruchsvoraussetzungen 644
      1. Handeln in Ausübung eines öffentlichen Amtes 644

		a) Öffentlich-rechtliches Tätigwerden	644
		b) Handeln eines „Beamten"	645
		c) Zusammenhang zwischen Schädigung und Amtsausübung	646
	2.	Verletzung der einem Dritten gegenüber bestehenden Amtspflicht	646
		a) Verletzung einer Amtspflicht	646
		b) Drittbezogenheit der Amtspflicht	647
	3.	Verschulden	649
	4.	Kausal verursachter Schaden	650
III.	Haftungsausschlüsse und -beschränkungen		650
	1.	Subsidiaritätsklausel des § 839 I 2 BGB	650
	2.	Richterspruchprivileg des § 839 II BGB	651
	3.	Nichtgebrauch von Rechtsmitteln (§ 839 III BGB)	651
IV.	Umfang des Schadensersatzanspruchs		652
V.	Anspruchsgegner		652
VI.	Anspruchsrealisierung und Rückgriff		653
VII.	Sonderproblem: Schadensersatz bei Verletzung von Europarecht		653

§ 87. Entschädigung für Eigentumsbeeinträchtigungen 654

I.	Einführung			655
II.	Enteignungsentschädigung			655
III.	Ausgleichspflichtige Inhalts- und Schrankenbestimmung			656
IV.	Entschädigung aus enteignendem/enteignungsgleichem Eingriff			657
	1.	Gemeinsame Anspruchsgrundlage		657
	2.	Voraussetzungen für einen Entschädigungsanspruch wegen enteignungsgleichen Eingriffs		658
		a) Eigentumsbeeinträchtigung		658
		b) Eingriff		659
			aa) Hoheitliche Maßnahme	659
			bb) Rechtswidrigkeit der Maßnahme	660
			cc) Allgemeinwohlbezug der abverlangten Einbuße	660
			dd) Unmittelbarkeitsbeziehung zwischen Maßnahme und Eigentumsbeeinträchtigung	661
			ee) Entschädigungspflichtiger Eingriff durch Unterlassen	661
		c) Sonderopfer		661
		d) Kein Ausschluss durch Mitverschulden		662
	3.	Voraussetzungen für einen Entschädigungsanspruch wegen enteignenden Eingriffs		662
		a) Eigentumsbeeinträchtigung		663
		b) Eingriff durch eine rechtmäßige hoheitliche Maßnahme		663
		c) Sonderopfer		663
	4.	Art und Umfang der Entschädigung		664
	5.	Anspruchsgegner		664
	6.	Anspruchskonkurrenzen und Rechtsweg		665

§ 88. Aufopferungsanspruch 665

I.	Grundlagen		665
II.	Anspruchsvoraussetzungen		666
	1.	Unmittelbarer hoheitlicher Eingriff in nicht vermögenswerte Rechte im Allgemeininteresse	666
	2.	Sonderopfer	667
	3.	Haftungsausschluss entsprechend § 254 BGB	668
III.	Entschädigung		668
IV.	Spezialgesetzlich geregelte Aufopferungsansprüche		668
	1.	Entschädigung bei rechtmäßigen polizeilichen Maßnahmen	669

   a) Nichtstörer 669
   b) Störer/Verantwortlicher 669
   c) Anscheinsstörer 669
   d) Unbeteiligte 670
  2. Entschädigung bei rechtswidrigen polizeilichen Maßnahmen 670

§ 89. Abwehr- und Folgenbeseitigungsanspruch 670
 I. Grundlagen 670
 II. Folgenbeseitigungsanspruch 671
  1. Anspruchsvoraussetzungen 671
   a) Eingriff in ein subjektives Recht durch hoheitliches Handeln 672
   b) Rechtswidriger Zustand 672
   c) Möglichkeit und Zumutbarkeit der Wiederherstellung 672
  2. Inhalt des Anspruchs 673
   a) Wiederherstellungsanspruch 673
   b) Unmittelbarkeit der Folgen; Mitverschulden 674
  3. Prozessuale Geltendmachung 674
 III. Der Abwehranspruch 675

§ 90. Ansprüche aus verwaltungsrechtlichen Sonderverbindungen 675
 I. Grundlagen und Abgrenzungen 675
 II. Öffentlich-rechtliche Geschäftsführung ohne Auftrag 676
  1. Vorliegen einer öffentlich-rechtlichen GoA 676
  2. Übertragbarkeit zivilrechtlicher Wertungen? 677
  3. Führen eines fremden Geschäftes 678
  4. Ansprüche 678
 III. Öffentlich-rechtlicher Erstattungsanspruch 679
  1. Voraussetzungen 679
  2. Inhalt und Umfang des Erstattungsanspruchs 680
  3. Durchsetzung des Erstattungsanspruchs 681
 IV. Die öffentlich-rechtliche Verwahrung 682

Dritter Abschnitt. Verwaltungsprozessrecht

Erstes Kapitel. Einführung

§ 91. Grundlagen 682
 I. Gegenstand des Verwaltungsprozessrechts 682
 II. Schutz subjektiver Rechte 683
 III. Aufbau der Verwaltungsgerichtsbarkeit 683
 IV. Verfahrensgrundsätze 684
 V. Gerichtliche Entscheidungen 685

Zweites Kapitel. Vorverfahren

§ 92. Vorverfahren 685
 I. Bedeutung und Funktion 685
 II. Sachentscheidungsvoraussetzungen 687
  1. Statthaftigkeit des Widerspruchs 687
  2. Ungeschriebene Fälle des statthaften, aber entbehrlichen Widerspruchs 688
  3. Ordnungsgemäße Widerspruchserhebung 689
  4. Widerspruchsbefugnis 690
 III. Verlauf des Vorverfahrens 690
 IV. Begründetheit des Widerspruchs 692

Drittes Kapitel. Allgemeine Sachentscheidungsvoraussetzungen

§ 93. Begriff und Einteilung der Sachentscheidungsvoraussetzungen 693

§ 94. Eröffnung des Verwaltungsrechtswegs 695
    I. Verwaltungsgerichtliche Zuständigkeit kraft Sondervorschrift oder Verweisung . . . 696
    II. Abdrängende Sonderzuweisung an ein anderes Gericht 696
        1. Staatshaftungsrechtliche Ansprüche 697
        2. Justizverwaltungsakte 697
        3. Zuweisungen durch Landesgesetz 699
        4. Zuweisung an den ordentlichen Rechtsweg nach § 40 II 1 VwGO 699
    III. Generalklausel des § 40 I 1 Hs. 1 VwGO 700
        1. Vorliegen einer rechtlichen Streitigkeit 700
            a) Sog. justizfreie Hoheitsakte 701
            b) Organstreitigkeiten 701
        2. Vorliegen einer Streitigkeit nichtverfassungsrechtlicher Art 701
        3. Vorliegen einer öffentlich-rechtlichen Streitigkeit 702

§ 95. Beteiligtenbezogene Sachentscheidungsvoraussetzungen 703
    I. Eigenschaft als Beteiligter 703
    II. Beteiligtenfähigkeit 705
    III. Prozessfähigkeit, Postulationsfähigkeit, Prozessführungsbefugnis 705

§ 96. Klagebezogene Sachentscheidungsvoraussetzungen 706
    I. Ordnungsgemäße Klageerhebung oder Antragstellung 706
    II. Fehlende Rechtshängigkeit und Rechtskraft 706
    III. Allgemeines Rechtsschutzbedürfnis 708
        1. Fehlende, noch fehlende oder nicht mehr bestehende Erreichbarkeit des verfolgten Ziels 708
        2. Einfachere Möglichkeit zur Erreichung des Rechtsschutzziels 709
        3. Missbräuchliche Inanspruchnahme des Gerichts 709

Viertes Kapitel. Klagearten

§ 97. Bedeutung und Einteilung der Klagearten 710

§ 98. Anfechtungsklage 711
    I. Überblick 712
    II. Besondere Sachentscheidungsvoraussetzungen 712
        1. Statthaftigkeit der Anfechtungsklage 712
        2. Klagebefugnis 713
        3. Durchführung eines Vorverfahrens 715
        4. Klagefrist 715
    III. Begründetheit der Anfechtungsklage 715
        1. Maßgeblicher Beurteilungszeitpunkt 716
        2. Gerichtliche Kontrolldichte 716
        3. Vorliegen einer Rechtsverletzung 717
    IV. Die Entscheidung des Gerichts 717

§ 99. Die Verpflichtungsklage 718
    I. Überblick 718
    II. Besondere Sachentscheidungsvoraussetzungen 719
        1. Statthaftigkeit der Verpflichtungsklage 719
            a) Verhältnis zur Anfechtungsklage 719
            b) Bescheidungsklage 720
        2. Klagebefugnis 721

3. Weitere Sachentscheidungsvoraussetzungen	721
III. Begründetheit der Verpflichtungsklage	722

§ 100. Allgemeine Leistungsklage — 722
- I. Überblick — 722
- II. Statthaftigkeit der allgemeinen Leistungsklage — 723
  1. Abgrenzung zur Anfechtungs-/Verpflichtungsklage — 723
  2. Unterlassungsklage — 724
- III. Klagebefugnis — 724
- IV. Weitere besondere Sachentscheidungsvoraussetzungen — 725
- V. Begründetheit — 725

§ 101. Allgemeine Feststellungsklage — 725
- I. Überblick — 725
- II. Statthaftigkeit — 726
  1. Bestehen oder Nichtbestehen eines Rechtsverhältnisses — 726
  2. Nichtigkeit eines Verwaltungsakts — 727
- III. Subsidiarität der Feststellungsklage — 727
- IV. Feststellungsinteresse — 728
- V. Klagebefugnis? — 729
- VI. Weitere Sachentscheidungsvoraussetzungen — 729
- VII. Begründetheit der Feststellungsklage — 730

§ 102. Fortsetzungsfeststellungsklage — 730
- I. Überblick — 730
- II. Fortsetzungsfeststellungsklage bei Erledigung des Verwaltungsakts *nach* Klageerhebung — 731
  1. Verwaltungsakt, der sich nach Klageerhebung erledigt hat — 731
  2. Klagebefugnis, Vorverfahren und Klagefrist — 732
  3. Fortsetzungsfeststellungsinteresse — 732
     - a) Wiederholungsgefahr — 732
     - b) Rehabilitationsinteresse — 733
     - c) Vorbereitung eines weiteren Prozesses — 733
     - d) Gewichtiger Grundrechtseingriff — 734
- III. Fortsetzungsfeststellungsklage bei Erledigung des Verwaltungsakts *vor* Klageerhebung — 734
  1. Erfordernis eines Vorverfahrens? — 734
  2. Geltung einer Klagefrist? — 735
  3. Fortsetzungsfeststellungsinteresse — 735
- IV. Begründetheit der Fortsetzungsfeststellungsklage — 735

§ 103. Organklagen — 736
- I. Begriff — 736
- II. Probleme — 736

§ 104. Normenkontrollverfahren — 738
- I. Überblick — 739
- II. Besondere Sachentscheidungsvoraussetzungen — 740
  1. Zuständigkeit des OVG — 740
  2. Statthaftigkeit — 740
  3. Antragsbefugnis — 741
     - a) Natürliche und juristische Personen — 742
     - b) Behörden — 744
  4. Antragsfrist, Rechtsschutzbedürfnis — 744
- III. Begründetheit der Normenkontrolle — 745

Fünftes Kapitel. Vorläufiger Rechtsschutz

§ 105. Grundlagen des vorläufigen Rechtsschutzes	745
§ 106. Vorläufiger Rechtsschutz nach §§ 80–80b VwGO	747
I. Aufschiebende Wirkung	748
II. Ausschluss der aufschiebenden Wirkung kraft Gesetzes	749
III. Behördliche Entscheidungen	749
1. Anordnung des Sofortvollzugs durch die Behörde	749
2. Aussetzung der Vollziehung durch die Behörde	751
IV. Gerichtliche Entscheidungen	751
1. Anordnung und Wiederherstellung der aufschiebenden Wirkung durch das Gericht	752
a) Sachentscheidungsvoraussetzungen des Antrags nach § 80 V VwGO	752
b) Begründetheit des Antrags nach § 80 V VwGO	752
c) Entscheidung des Gerichts	754
2. Anordnung der sofortigen Vollziehung	754
V. Vorläufiger Rechtsschutz und Europarecht	757
§ 107. Einstweilige Anordnung nach § 123 VwGO	757
I. Anwendungsbereich und Formen der einstweiligen Anordnung	757
II. Sachentscheidungsvoraussetzungen	758
III. Begründetheit des Antrags	759
1. Anordnungsanspruch	759
2. Anordnungsgrund	759
3. Glaubhaftmachung	760
4. Verbot der Vorwegnahme der Hauptsache	760
IV. Verfahren und Entscheidung	761
Stichwortverzeichnis	763

Abkürzungsverzeichnis

a. A.	anderer Ansicht
a. a. O.	am angegebenen Ort
a. E.	am Ende
a. F.	alte Fassung
a. M.	anderer Meinung
AbgG	Gesetz über die Rechtsverhältnisse der Mitglieder des Deutschen Bundestages (Abgeordnetengesetz)
ABl.-EG L	Amtsblatt der Europäischen Gemeinschaften – Rechtsvorschriften
ABl.-EU	Amtsblatt der Europäischen Union
Abs.	Absatz/Absätze
Abschn.	Abschnitt
abw.	abweichend
Achterberg/Püttner/Würtenberger II	N. Achterberg/G. Püttner/T. Würtenberger (Hrsg.), Besonderes Verwaltungsrecht, Bd. II, 2. Aufl. 2000
AEUV	Vertrag über die Arbeitsweise der Europäischen Union
AG	Aktiengesellschaft
AgrarR	Agrarrecht (Zeitschrift)
ALR	Allgemeines Landrecht für die Preußischen Staaten von 1794
Alt.	Alternative/-n
Anm.	Anmerkung
AO	Abgabenordnung
AöR	Archiv des öffentlichen Rechts
ArbuR	Arbeit und Recht (Zeitschrift)
Art.	Artikel
AS	Amtliche Sammlung von Entscheidungen der Oberverwaltungsgerichte Rheinland-Pfalz und Saarland
ASU	Abgassonderuntersuchung
AsylG	Asylgesetz
AtG	Gesetz über die friedliche Verwendung der Kernenergie und den Schutz gegen ihre Gefahren (Atomgesetz)
AufenthG	Gesetz über den Aufenthalt, die Erwerbstätigkeit und die Integration von Ausländern im Bundesgebiet
Aufl.	Auflage
ausführl.	ausführlich
Az.	Aktenzeichen
Badura	P. Badura, Staatsrecht, Systematische Erläuterung des Grundgesetzes für die Bundesrepublik Deutschland, 6. Aufl. 2015
BAG	Bundesarbeitsgericht
BAGE	Entscheidungen des Bundesarbeitsgerichts
BauGB	Baugesetzbuch
BauNVO	Verordnung über die bauliche Nutzung der Grundstücke (Baunutzungsverordnung)
BauO NW	Bauordnung für das Land Nordrhein-Westfalen (Landesbauordnung)
BauR	Baurecht (Zeitschrift)
BayAGVwGO	Bayerisches Gesetz zur Ausführung der Verwaltungsgerichtsordnung

BayBauO	Bayerische Bauordnung
BayGLKrWG	(Bayerisches) Gesetz über die Wahl der Gemeinderäte, der Bürgermeister, der Kreistage und der Landräte
BayGO	Gemeindeordnung für den Freistaat Bayern
BayLKrO	Landkreisordnung für den Freistaat Bayern
BayObLG	Bayerisches Oberstes Landesgericht
BayPAG	Gesetz über die Aufgaben und Befugnisse der Bayerischen Staatlichen Polizei (Polizeiaufgabengesetz)
BayStrWG	Bayerisches Straßen- und Wegegesetz
BayVBl.	Bayerische Verwaltungsblätter (Zeitschrift)
BayVerfGH	Bayerischer Verfassungsgerichtshof
BB	Betriebs-Berater (Zeitschrift)
BBesG	Bundesbesoldungsgesetz
BBG	Bundesbeamtengesetz
BbgBO	Brandenburgische Bauordnung
BbgKV	Kommunalverfassung des Landes Brandenburg
BbgKWahlG	Gesetz über die Kommunalwahlen im Land Brandenburg (Brandenburgisches Kommunalwahlgesetz)
BbgNatSchG	Gesetz über den Naturschutz und die Landschaftspflege im Land Brandenburg (Brandenburgisches Naturschutzgesetz)
BbgOBG	Gesetz über Aufbau und Befugnisse der Ordnungsbehörden [für das Land Brandenburg] (Ordnungsbehördengesetz)
BbgPolG	Gesetz über die Aufgaben und Befugnisse der Polizei [für das Land Brandenburg] (Brandenburgisches Polizeigesetz)
BbgStrG	Brandenburgisches Straßengesetz
BbgVerfG	Verfassungsgericht des Landes Brandenburg
BBodSchG	Gesetz zum Schutz vor schädlichen Bodenveränderungen und zur Sanierung von Altlasten (Bundes-Bodenschutzgesetz)
Bd.	Band/Bände
BeamtStG	Gesetz zur Regelung des Statutsrechts der Beamtinnen und Beamten in den Ländern (Beamtenstatusgesetz)
BeckRS	Beck-Rechtsprechung
Benda/Klein	E. Benda/E. Klein/O. Klein, Verfassungsprozessrecht, Ein Lehr- und Handbuch, 3. Aufl. 2012
BerlVerfGH	Verfassungsgerichtshof des Landes Berlin
Beschl.	Beschluss
betr.	betreffend
BetrVG	Betriebsverfassungsgesetz
BFH	Bundesfinanzhof
BGB	Bürgerliches Gesetzbuch
BGBl.	Bundesgesetzblatt
BGBl. I	Bundesgesetzblatt, Teil I
BGBl. III/FNA	Fundstellennachweis A des Bundesgesetzblatts, im Anschluss an Bundesgesetzblatt Teil III
BGG	Gesetz zur Gleichstellung behinderter Menschen (Behindertengleichstellungsgesetz)
BGH	Bundesgerichtshof
BGHSt	Entscheidungen des Bundesgerichtshofes in Strafsachen
BGHZ	Entscheidungen des Bundesgerichtshofes in Zivilsachen
BHO	Bundeshaushaltsordnung
BImSchG	Gesetz zum Schutz vor schädlichen Umwelteinwirkungen durch Luftverunreinigungen, Geräusche, Erschütterungen und ähnliche Vorgänge (Bundes-Immissionsschutzgesetz)

BK	Bonner Kommentar zum Grundgesetz, hrsg. von W. Kahl, C. Waldhoff und C. Walter, Bd. 1–18, Loseblatt, Stand: Dezember 2015 (176. Ergänzungslieferung)
BMinG	Gesetz über die Rechtsverhältnisse der Mitglieder der Bundesregierung (Bundesministergesetz)
BNatSchG	Gesetz über Naturschutz und Landschaftspflege (Bundesnaturschutzgesetz)
BRAO	Bundesrechtsanwaltsordnung
BRat	Bundesrat
BReg	Bundesregierung
BremVerf.	Landesverfassung der Freien Hansestadt Bremen
Brohm	W. Brohm, Öffentliches Baurecht, 5. Aufl. 2011
BRRG	Rahmengesetz zur Vereinheitlichung des Beamtenrechts (Beamtenrechtsrahmengesetz)
BRS	Baurechtssammlung
BSG	Bundessozialgericht
BSGE	Entscheidungen des Bundessozialgerichts
Bsp.	Beispiel
Bspe.	Beispiele
bspw.	beispielsweise
BT	(Deutscher) Bundestag
BT-Drucks.	Verhandlungen des Deutschen Bundestages, Drucksache
Buchholz	Sammel- und Nachschlagewerk der Rechtsprechung des Bundesverwaltungsgerichts
Buchst.	Buchstabe
Bull/Mehde	H. P. Bull/V. Mehde, Allgemeines Verwaltungsrecht, 9. Aufl. 2015
BuPrä	Bundespräsident
Burgi, KommR	M. Burgi, Kommunalrecht, 5. Aufl. 2015
Burkiczak/Dollinger/ Schorkopf, BVerfGG . .	C. Burkiczak/F.-W. Dollinger/F. Schorkopf (Hrsg.), Bundesverfassungsgerichtsgesetz, Kommentar, 2015
BVerfG	Bundesverfassungsgericht
BVerfGE	Entscheidungen des Bundesverfassungsgerichts
BVerfGG	Gesetz über das Bundesverfassungsgericht (Bundesverfassungsgerichtsgesetz)
BVerwG	Bundesverwaltungsgericht
BVerwGE	Entscheidungen des Bundesverwaltungsgerichts
BWG	Bundeswahlgesetz
BWVPr.	Baden-Württembergische Verwaltungspraxis (Zeitschrift)
bzgl.	bezüglich
bzw.	beziehungsweise
ca.	circa
CD	Compact Disc
CDU	Christlich Demokratische Union
CSU	Christlich Soziale Union
DB	Der Betrieb (Zeitschrift)
d. h.	das heißt
Degenhart	C. Degenhart, Staatsrecht I, Staatsorganisationsrecht, 31. Aufl. 2015
Denninger/Hoffmann-Riem/Schneider/Stein . .	E. Denninger/W. Hoffmann-Riem/H.-P. Schneider/E. Stein (Hrsg.), Kommentar zum Grundgesetz für die Bundesrepublik Deutschland, 3. Aufl., Stand: August 2002

ders.	derselbe
Detterbeck	S. Detterbeck, Allgemeines Verwaltungsrecht, 13. Aufl. 2015
Detterbeck/Windhorst/Sproll	S. Detterbeck/K. Windhorst/H.-D. Sproll, Staatshaftungsrecht, 2000
dies.	dieselbe(n)
diesbzgl.	diesbezüglich
DM	Deutsche Mark
DÖD	Der Öffentliche Dienst (Zeitschrift)
DÖV	Die Öffentliche Verwaltung (Zeitschrift)
Dreier	H. Dreier (Hrsg.), Grundgesetz, Kommentar – Bd. I (Präambel, Art. 1 bis 19 GG), 3. Aufl. 2013 – Bd. II (Art. 20 bis 82 GG), 3. Aufl. 2015 – Bd. III (Art. 83 bis 146 GG), 2. Aufl. 2008
Drucks.	Drucksache
DVBl.	Deutsches Verwaltungsblatt (Zeitschrift)
DVD	Digital Versatile Disc
DV-HPG	(Erste) Durchführungsverordnung zum Gesetz über die berufsmäßige Ausübung der Heilkunde ohne Bestallung (Heilpraktikergesetz)
EFSF	Europäische Finanzstabilisierungsfazilität
EG	Europäische Gemeinschaft, Vertrag zur Gründung der Europäischen Gemeinschaft
EGGVG	Einführungsgesetz zum Gerichtsverfassungsgesetz
EGH	Ehrengerichtshof
EGMR	Europäischer Gerichtshof für Menschenrechte
Einl.	Einleitung
EMRK	Konvention zum Schutze der Menschenrechte und Grundfreiheiten (Europäische Menschenrechtskonvention)
Epping/Hillgruber	V. Epping/C. Hillgruber (Hrsg.), Grundgesetz, Kommentar, Edition: 26, Stand: 1. September 2015
Erbguth	W. Erbguth, Allgemeines Verwaltungsrecht, 8. Aufl. 2016
Erichsen/Ehlers	H.-U. Erichsen/D. Ehlers (Hrsg.), Allgemeines Verwaltungsrecht, 14. Aufl. 2010
ESM	Europäischer Stabilitätsmechanismus
ESMFinG	Gesetz zur finanziellen Beteiligung am Europäischen Stabilitätsmechanismus (ESM-Finanzierungsgesetz)
EStG	Einkommensteuergesetz
ESVGH	Entscheidungssammlung des Hessischen Verwaltungsgerichtshofs und des Verwaltungsgerichtshofs Baden-Württemberg mit Entscheidungen der Staatsgerichtshöfe beider Länder
etc.	et cetera
EU	Europäische Union
EuGH	Europäischer Gerichtshof
EuGRCh	Charta der Grundrechte der Europäischen Union
EuGRZ	Europäische Grundrechte Zeitschrift
EuR	Europarecht (Zeitschrift)
EUV	Vertrag über die Europäische Union
EuWahlG	Europawahlgesetz
EuZW	Europäische Zeitschrift für Wirtschaftsrecht
EWG	Europäische Wirtschaftsgemeinschaft
f., ff.	folgende
FamRZ	Zeitschrift für das gesamte Familienrecht
FBA	Folgenbeseitigungsanspruch

FDP	Freie Demokratische Partei
Festgabe 25 Jahre BVerfG II	Bundesverfassungsgericht und Grundgesetz – Festgabe aus Anlaß des 25jährigen Bestehens des Bundesverfassungsgerichts, Bd. II: Verfassungsauslegung, 1976
Festgabe 50 Jahre BVerwG	Festgabe 50 Jahre Bundesverwaltungsgericht, 2003
Fn.	Fußnote
FNA	*siehe BGBl. III/FNA*
Friauf/Höfling	K. H. Friauf/W. Höfling (Hrsg.), Berliner Kommentar zum Grundgesetz, Bd. 1–4, Loseblatt, Stand: September 2015 (47. Ergänzungslieferung)
Frotscher/Pieroth	W. Frotscher/B. Pieroth, Verfassungsgeschichte, 14. Aufl. 2015
Frowein/Peukert	J. Frowein/W. Peukert, Europäische Menschenrechtskonvention, EMRK-Kommentar, 3. Aufl. 2009
FRV	Frankfurter Reichsverfassung
FS Apelt	Staat und Bürger, Festschrift für W. Apelt zum 80. Geburtstag, 1958
FS Bachof	Festschrift für O. Bachof zum 70. Geburtstag, 1984
FS Broermann	Demokratie in Anfechtung und Bewährung, Festschrift für J. Broermann, 1982
FS Carstens II	Einigkeit und Recht und Freiheit, Festschrift für C. Carstens, Bd. 2: Staatsrecht, 1984
FS Klein	Der Staat im Recht, Festschrift für E. Klein zum 70. Geburtstag, 2013
FS Laun	Gegenwartsprobleme des internationalen Rechts und der Rechtsphilosophie, Festschrift für R. Laun zu seinem 70. Geburtstag, 1953
FS Stein	Demokratie in Staat und Wirtschaft, Festschrift für E. Stein zum 70. Geburtstag, 2002
FS Stern	Verfassungsstaatlichkeit – Festschrift für K. Stern zum 65. Geburtstag, 1997
FS Stober	Wirtschaft – Verwaltung – Recht, Festschrift für R. Stober zum 65. Geburtstag, 2008
FS 50 Jahre BVerfG	Festschrift 50 Jahre Bundesverfassungsgericht
... I	Bd. 1: Verfassungsgerichtsbarkeit, Verfassungsprozeß, 2001
... II	Bd. 2: Klärung und Fortbildung des Verfassungsrechts, 2001
FStrG	Bundesfernstraßengesetz
G 10	Gesetz zur Beschränkung des Brief-, Post- und Fernmeldegeheimnisses (Artikel 10-Gesetz)
Gaier/Wolf/Göcken ...	R. Gaier/C. Wolf/S. Göcken (Hrsg.), Anwaltliches Berufsrecht, Kommentar, 2. Aufl. 2014
Gärditz	K. F. Gärditz (Hrsg.), Verwaltungsgerichtsordnung, 2013
GastG	Gaststättengesetz
GbR	Gesellschaft bürgerlichen Rechts
Geis, KommR	M.-E. Geis, Kommunalrecht, 3. Aufl. 2014
GesR	Gesundheitsrecht (Zeitschrift)
GewArch.	Gewerbearchiv (Zeitschrift)
GewO	Gewerbeordnung
GFK	Abkommen über die Rechtsstellung der Flüchtlinge (Genfer Flüchtlingskonvention)
GG	Grundgesetz
ggf.	gegebenenfalls
GmbH	Gesellschaft mit beschränkter Haftung
GmbHG	Gesetz betreffend die Gesellschaften mit beschränkter Haftung
GO BW	Gemeindeordnung für Baden-Württemberg

GO NW	Gemeindeordnung für das Land Nordrhein-Westfalen
GO RP	Gemeindeordnung (für das Land Rheinland-Pfalz)
GO SH	Gemeindeordnung für Schleswig-Holstein
GO-BR	Geschäftsordnung des Bundesrates
GO-BReg	Geschäftsordnung der Bundesregierung
GO-BT	Geschäftsordnung des Deutschen Bundestages
GO-VermA	Gemeinsame Geschäftsordnung des Bundestages und des Bundesrates für den Ausschuß nach Artikel 77 des Grundgesetzes (Vermittlungsausschuß)
GoA	Geschäftsführung ohne Auftrag
Grabenwarter/Pabel	C. Grabenwarter/K. Pabel, Europäische Menschenrechtskonvention, Ein Studienbuch, 5. Aufl. 2012
griech.	griechisch
Grote/Marauhn	R. Grote/T. Marauhn (Hrsg.), EMRK/GG, Konkordanzkommentar zum europäischen und deutschen Grundrechtsschutz, 2. Aufl. 2013
GRURInt	Gewerblicher Rechtsschutz und Urheberrecht, Internationaler Teil (Zeitschrift)
GRUR-RR	Gewerblicher Rechtsschutz und Urheberrecht Rechtsprechungs-Report
GSOGB	Gemeinsamer Senat der obersten Gerichtshöfe des Bundes
GVG	Gerichtsverfassungsgesetz
GVOBl. Schl.-H.	Gesetz- und Verordnungsblatt für Schleswig-Holstein
GWB	Gesetz gegen Wettbewerbsbeschränkungen
h. M.	herrschende Meinung
Halbbd.	Halbband
HdbDStR II	G. Anschütz/R. Thoma (Hrsg.), Handbuch des Deutschen Staatsrechts, Bd. II, 1932
HdbStR	J. Isensee/P. Kirchhof (Hrsg.), Handbuch des Staatsrechts der Bundesrepublik Deutschland
… I	Bd. I: Historische Grundlagen, 3. Aufl. 2003
… I (2. Aufl.)	Bd. I: Grundlagen von Staat und Verfassung, 2. Aufl. 1995
… II	Bd. II: Verfassungsstaat, 3. Aufl. 2004
… II (2. Aufl.)	Bd. II: Demokratische Willensbildung – Die Staatsorgane des Bundes, 2. Aufl. 1998
… III	Bd. III: Demokratie – Bundesorgane, 3. Aufl. 2005
… III (2. Aufl.)	Bd. III: Das Handeln des Staates, 2. Aufl. 1996
… IV	Bd. IV: Aufgaben des Staates, 3. Aufl. 2006
… IV (2. Aufl.)	Bd. IV: Finanzverfassung – Bundesstaatliche Ordnung, 2. Aufl. 1999
… V	Bd. V: Rechtsquellen, Organisation, Finanzen, 3. Aufl. 2007
… V (2. Aufl.)	Bd. V: Allgemeine Grundrechtslehren, 2. Aufl. 2000
… VI	Bd. VI: Bundesstaat, 3. Aufl. 2008
… VI (2. Aufl.)	Bd. VI: Freiheitsrechte, 2. Aufl. 2001
… VII	Bd. VII: Freiheitsrechte, 3. Aufl. 2009
… VIII	Bd. VIII: Grundrechte: Wirtschaft, Verfahren, Gleichheit, 3. Aufl. 2010
… IX	Bd. IX: Allgemeine Grundrechtslehren, 3. Aufl. 2011
HdbVerfR	E. Benda/W. Maihofer/H.-J. Vogel (Hrsg.), Handbuch des Verfassungsrechts der Bundesrepublik Deutschland, 2. Aufl. 1994
HessAGVwGO	Hessisches Gesetz zur Ausführung der Verwaltungsgerichtsordnung
Hesse	K. Hesse, Grundzüge des Verfassungsrechts der Bundesrepublik Deutschland, 20. Aufl. 1995
HessSOG	Hessisches Gesetz über die öffentliche Sicherheit und Ordnung
HessStGH	Staatsgerichtshof des Landes Hessen
HessVGRspr.	Rechtsprechung der Hessischen Verwaltungsgerichte

Abkürzungsverzeichnis XXXIX

HFR	Höchstrichterliche Finanzrechtsprechung
HGO	Hessische Gemeindeordnung
HGR	D. Merten/H.-J. Papier (Hrsg.), Handbuch der Grundrechte in Deutschland und Europa,
… I	Bd. I: Entwicklung und Grundlagen, 2004
… II	Bd. II: Grundrechte in Deutschland: Allgemeine Lehren I, 2006
… III	Bd. III: Grundrechte in Deutschland: Allgemeine Lehren II, 2009
HGrdsG	Gesetz über die Grundsätze des Haushaltsrechts des Bundes und der Länder (Haushaltsgrundsätzegesetz)
Hillgruber/Goos	C. Hillgruber/C. Goos, Verfassungsprozessrecht, 4. Aufl. 2015
h. L.	herrschende Lehre
HmbVerf.	Verfassung der Freien und Hansestadt Hamburg
HmbVerfG	Hamburgisches Verfassungsgericht
Hömig	D. Hömig, Grundgesetz für die Bundesrepublik Deutschland, Kommentar, 10. Aufl. 2013
Hoppe/Bönker/Grotefels	W. Hoppe/C. Bönker/S. Grotefels, Öffentliches Baurecht, 4. Aufl. 2010
HPG	Gesetz über die berufsmäßige Ausübung der Heilkunde ohne Bestallung (Heilpraktikergesetz)
Hrsg.	Herausgeber
hrsg.	herausgegeben
Hs.	Halbsatz
Huber	P.-M. Huber, Allgemeines Verwaltungsrecht, 3. Aufl. 2011
Hufen	F. Hufen, Verwaltungsprozessrecht, 9. Aufl. 2013
HwO	Gesetz zur Ordnung des Handwerks (Handwerksordnung)
i. d. F.	in der Fassung
i. d. R.	in der Regel
i. d. S.	in diesem Sinne
i. E.	im Ergebnis
i. e. S.	im engeren Sinne
IFG	Gesetz zur Regelung des Zugangs zu Informationen des Bundes (Informationsfreiheitsgesetz)
IntVG	Gesetz über die Wahrnehmung der Integrationsverantwortung des Bundestages und des Bundesrates in Angelegenheiten der Europäischen Union
i.R.d.	im Rahmen des/der
i. S. d.	im Sinne des/der
i. S. v.	im Sinne von
i. V. m.	in Verbindung mit
IfSG	Gesetz zur Verhütung und Bekämpfung von Infektionskrankheiten beim Menschen (Infektionsschutzgesetz)
IHK-G	Gesetz zur vorläufigen Regelung des Rechts der Industrie- und Handelskammern
InfAuslR	Informationsbrief Ausländerrecht (Zeitschrift)
insbes.	insbesondere
Ipsen	J. Ipsen, Staatsrecht II, Grundrechte, 18. Aufl. 2015
JA	Juristische Arbeitsblätter (Zeitschrift)
Jarass/Pieroth	H. D. Jarass/B. Pieroth, Grundgesetz für die Bundesrepublik Deutschland, Kommentar, 13. Aufl. 2014
jew.	jeweils
JGG	Jugendgerichtsgesetz

JöR N. F.	Jahrbuch des öffentlichen Rechts der Gegenwart, Neue Folge
Jura	Juristische Ausbildung (Zeitschrift)
JuS	Juristische Schulung (Zeitschrift)
JustG NRW	Justizgesetz Nordrhein-Westfalen
JZ	Juristenzeitung (Zeitschrift)
Kammerbeschl.	Kammerbeschluss
Kap.	Kapitel
Katz	A. Katz, Staatsrecht, Grundkurs im öffentlichen Recht, 18. Aufl. 2010
KG	Kommanditgesellschaft
Kopp/Ramsauer	F. O. Kopp/U. Ramsauer, Verwaltungsverfahrensgesetz, 16. Aufl. 2015
Kopp/Schenke	F. O. Kopp/W.-R. Schenke, Verwaltungsgerichtsordnung, 21. Aufl. 2015
krit.	kritisch
KrO NW	Kreisordnung für das Land Nordrhein-Westfalen
KSchG	Kündigungsschutzgesetz
KV M-V	Kommunalverfassung für das Land Mecklenburg-Vorpommern
KVG LSA	Kommunalverfassungsgesetz des Landes Sachsen-Anhalt
KWahlG NW	Gesetz über die Kommunalwahlen im Lande Nordrhein-Westfalen (Kommunalwahlgesetz)
lat.	lateinisch
LBO BW	Landesbauordnung für Baden-Württemberg
LBG NRW	Landesbeamtengesetz für Nordrhein-Westfalen
LG	Landgericht
LG NW	(Nordrhein-Westfälisches) Gesetz zur Sicherung des Naturhaushalts und zur Entwicklung der Landschaft (Landschaftsgesetz)
lit.	littera
LKrO BW	Landkreisordnung für Baden-Württemberg
LKRZ	Zeitschrift für Landes- und Kommunalrecht Hessen/Rheinland-Pfalz/Saarland
LKV	Landes- und Kommunalverwaltung (Zeitschrift)
LS	Leitsatz
LuftVG	Luftverkehrsgesetz
LVerfG	Landesverfassungsgericht
LVerfGE	Entscheidungen der Verfassungsgerichte der Länder Baden-Württemberg, Berlin, Brandenburg, Bremen, Hamburg, Hessen, Mecklenburg-Vorpommern, Niedersachsen, Saarland, Sachsen, Sachsen-Anhalt, Thüringen
LVO NRW	Laufbahnverordnung im Land Nordrhein-Westfalen
LVwVfG	Landes-Verwaltungsverfahrensgesetz
LWG NW	Wassergesetz für das Land Nordrhein-Westfalen
m. w. N.	mit weiteren Nachweisen
v. Mangoldt/Klein/Starck	H. von Mangoldt/F. Klein, Das Bonner Grundgesetz, Kommentar, hrsg. v. C. Starck – Bd. 1 (Präambel, Art. 1 bis 19 GG), 6. Aufl. 2010 – Bd. 2 (Art. 20 bis 82 GG), 6. Aufl. 2010 – Bd. 3 (Art. 83 bis 146 GG), 6. Aufl. 2010
Maunz/Dürig	T. Maunz/G. Dürig u. a., Grundgesetz, Kommentar, Bd. I–VII, Loseblatt, Stand: September 2015 (75. Ergänzungslieferung)
Maurer	H. Maurer, Allgemeines Verwaltungsrecht, 18. Aufl. 2011
Maurer, StaatsR I	H. Maurer, Staatsrecht I, 6. Aufl. 2010

Meyer-Ladewig	J. Meyer-Ladewig, Europäische Menschenrechtskonvention, Handkommentar, 3. Aufl. 2011
Muckel/Ogorek	S. Muckel/M. Ogorek, Öffentliches Baurecht, 2. Aufl. 2014
v. Münch/Kunig	I. von Münch/P. Kunig (Hrsg.), Grundgesetz, Kommentar – Bd. 1 (Präambel bis 69), 6. Aufl. 2012 – Bd. 2 (Art. 70 bis 146), 6. Aufl. 2012
MVSOG	Gesetz über die öffentliche Sicherheit und Ordnung in Mecklenburg-Vorpommern
n. F.	neue Fassung
Nachw.	Nachweise
NATO	North Atlantic Treaty Organization (Nordatlantikpakt-Organisation)
NBauO	Niedersächsische Bauordnung
NdsVBl.	Niedersächsische Verwaltungsblätter (Zeitschrift)
NdsNatSchG	Niedersächsisches Naturschutzgesetz
NJG	Niedersächsisches Justizgesetz
NJOZ	Neue Juristische Online Zeitschrift
NJW	Neue Juristische Wochenschrift (Zeitschrift)
NKomVG	Niedersächsisches Kommunalverfassungsgesetz
NordÖR	Zeitschrift für öffentliches Recht in Norddeutschland
NPD	Nationaldemokratische Partei Deutschlands
Nr.	Nummer
NSOG	Niedersächsisches Sicherheits- und Ordnungsgesetz
NStrG	Niedersächsisches Straßengesetz
NStZ	Neue Zeitschrift für Strafrecht
NuR	Natur und Recht (Zeitschrift)
NVwZ	Neue Zeitschrift für Verwaltungsrecht
NVwZ-RR	Neue Zeitschrift für Verwaltungsrecht – Rechtsprechungs-Report Verwaltungsrecht
NWVBl.	Nordrhein-Westfälische Verwaltungsblätter (Zeitschrift)
NWVerfGH	Verfassungsgerichtshof des Landes Nordrhein-Westfalen
NZA	Neue Zeitschrift für Arbeitsrecht
NZS	Neue Zeitschrift für Sozialrecht
o.	oder
o. ä.	oder ähnliches
Oberrath	J.-D. Oberrath, Öffentliches Recht, 5. Aufl. 2015
OBG NW	Gesetz über Aufbau und Befugnisse der Ordnungsbehörden [für das Land Nordrhein-Westfalen] (Ordnungsbehördengesetz)
OHG	Offene Handelsgesellschaft
OLG	Oberlandesgericht
OVG	Oberverwaltungsgericht
OVG SH	Oberverwaltungsgericht Schleswig-Holstein
OVGE	Entscheidungen der Oberverwaltungsgerichte für das Land Nordrhein-Westfalen in Münster und für das Land Niedersachsen in Lüneburg
ParteiG	Gesetz über die politischen Parteien (Parteiengesetz)
PartGG	Gesetz über Partnerschaftsgesellschaften Angehöriger Freier Berufe (Partnerschaftsgesellschaftsgesetz)
PaßG	Paßgesetz
PDS	Partei des Demokratischen Sozialismus
Peine	F.-J. Peine, Allgemeines Verwaltungsrecht, 11. Aufl. 2014
Pestalozza	C. Pestalozza, Verfassungsprozeßrecht, 3. Aufl. 1991

PharmaR	Pharmarecht (Zeitschrift)
Pieroth/Schlink/Kingreen/Poscher	B. Pieroth/B. Schlink/T. Kingreen/R. Poscher, Grundrechte, Staatsrecht II, 31. Aufl. 2015
PKW	Personenkraftwagen
PolG BW	Polizeigesetz für das Land Baden-Württemberg
PolG NW	Polizeigesetz des Landes Nordrhein-Westfalen
PostG	Postgesetz
PUAG	Gesetz zur Regelung des Rechts der Untersuchungsausschüsse des Deutschen Bundestages (Untersuchungsausschussgesetz)
RdA	Recht der Arbeit (Zeitschrift)
rechtl.	rechtlich
Redeker/v. Oertzen	K. Redeker/H.-J. v. Oertzen, Verwaltungsgerichtsordnung, Kommentar, 16. Aufl. 2014
RelKErzG	Gesetz über die religiöse Kindererziehung
RGBl.	Reichsgesetzblatt
RGZ	Entscheidungen des Reichsgerichts in Zivilsachen
RhPfVerfGH	Verfassungsgerichtshof Rheinland-Pfalz
Rn.	Randnummer
ROG	Raumordnungsgesetz
Rspr.	Rechtsprechung
RVO	Rechtsverordnung
S.	Satz *(innerhalb von Normenbezeichnungen)*, Seite *(innerhalb von Fundstellennachweisen)*
SaarlKSVG	(Saarländisches) Kommunalselbstverwaltungsgesetz
SaarlVerfGH	Verfassungsgerichtshof des Saarlandes
Sachs, GG	M. Sachs (Hrsg.), Grundgesetz, Kommentar, 7. Aufl. 2014
Sachs, VerfProzR	M. Sachs, Verfassungsprozessrecht, 3. Aufl. 2010
Sachs, VerfR II	M. Sachs, Verfassungsrecht II, Grundrechte, 2. Aufl. 2003
SächsGO	Gemeindeordnung für den Freistaat Sachsen
SächsVBl.	Sächsische Verwaltungsblätter (Zeitschrift)
SächsVerfGH	Verfassungsgerichtshof des Freistaates Sachsen
Schenke	W.-R. Schenke, Verwaltungsprozessrecht, 14. Aufl. 2014
Schenke, Polizei- und Ordnungsrecht	W.-R. Schenke, Polizei- und Ordnungsrecht, 8. Aufl. 2013
Schlaich/Korioth	K. Schlaich/S. Korioth, Das Bundesverfassungsgericht, Stellung, Verfahren, Entscheidungen, Ein Studienbuch, 10. Aufl. 2015
Schmidt-Bleibtreu/Hofmann/Hopfauf	B. Schmidt-Bleibtreu/F. Klein/H. Hofmann/A. Hopfauf, Kommentar zum Grundgesetz, 13. Aufl. 2014
Schmitt Glaeser/Horn	W. Schmitt Glaeser/H.-D. Horn, Verwaltungsprozeßrecht, 16. Aufl. 2011
Schoch/Schneider/Bier	F. Schoch/J.-P. Schneider/W. Bier (Hrsg.), Verwaltungsgerichtsordnung, Kommentar, Stand: März 2015 (28. Ergänzungslieferung)
SchwbG	Gesetz zur Sicherung der Eingliederung Schwerbehinderter in Arbeit, Beruf und Gesellschaft (Schwerbehindertengesetz)
Schwerdtfeger/Schwerdtfeger	G. Schwerdtfeger/A. Schwerdtfeger, Öffentliches Recht in der Fallbearbeitung, Grundfallsystematik, Methodik, Fehlerquellen, 14. Aufl. 2012
SG	Sozialgericht
SGb.	Die Sozialgerichtsbarkeit (Zeitschrift)

Abkürzungsverzeichnis

SGB I	Erstes Buch Sozialgesetzbuch
SGB II	Zweites Buch Sozialgesetzbuch
SGB VIII	Achtes Buch Sozialgesetzbuch
SGB X	Zehntes Buch Sozialgesetzbuch
SGB XI	Elftes Buch Sozialgesetzbuch
SGB XII	Zwölftes Buch Sozialgesetzbuch
Siekmann/Duttge	H. Siekmann/G. Duttge, Staatsrecht I, Grundrechte, 3. Aufl. 2000
Slg.	Sammlung der Rechtsprechung des Gerichtshofes und des Gerichts Erster Instanz
Sodan	H. Sodan (Hrsg.), Grundgesetz, Beck'scher Kompakt-Kommentar, 3. Aufl. 2015
Sodan/Ziekow	H. Sodan/J. Ziekow (Hrsg.), Verwaltungsgerichtsordnung, Großkommentar, 4. Aufl. 2014
SOG LSA	Gesetz über die öffentliche Sicherheit und Ordnung des Landes Sachsen-Anhalt
sonst.	sonstige
SPD	Sozialdemokratische Partei Deutschlands
st. Rspr.	ständige Rechtsprechung
StabMechG	Gesetz zur Übernahme von Gewährleistungen im Rahmen eines europäischen Stabilisierungsmechanismus (Stabilisierungsmechanismusgesetz)
StAG	Staatsangehörigkeitsgesetz
Steiner	U. Steiner (Hrsg.), Besonderes Verwaltungsrecht, 8. Aufl. 2006
Stelkens/Bonk/Sachs	P. Stelkens/H. J. Bonk/M. Sachs, Verwaltungsverfahrensgesetz, Kommentar, 8. Aufl. 2014
Stern	K. Stern, Das Staatsrecht der Bundesrepublik Deutschland
… StaatsR I	Bd. I: Grundbegriffe und Grundlagen des Staatsrechts, Strukturprinzipien der Verfassung, 2. Aufl. 1984
… StaatsR II	Bd. II: Staatsorgane, Staatsfunktionen, Finanz- und Haushaltsverfassung, Notstandsverfassung, 1980
… StaatsR III/1	Bd. III/1: Allgemeine Lehren der Grundrechte, Halbbd. 1, 1988
… StaatsR III/2	Bd. III/2: Allgemeine Lehren der Grundrechte, Halbbd. 2, 1994
Stern/Becker	K. Stern/F. Becker (Hrsg.), Grundrechte-Kommentar, 2. Aufl. 2016
StGB	Strafgesetzbuch
StGH	Staatsgerichtshof
StPO	Strafprozessordnung
str.	streitig
StrEG	Gesetz über die Entschädigung für Strafverfolgungsmaßnahmen
StrG BW	Straßengesetz für Baden-Württemberg
StrWG NW	Straßen- und Wegegesetz des Landes Nordrhein-Westfalen
StV	Der Strafverteidiger (Zeitschrift)
StVO	Straßenverkehrsordnung
StVollzG	Strafvollzugsgesetz
StVZO	Straßenverkehrs-Zulassungs-Ordnung
StWG	Gesetz zur Förderung der Stabilität und des Wachstums der Wirtschaft
TA Lärm	Sechste Allgemeine Verwaltungsvorschrift zum Bundes-Immissionsschutzgesetz (Technische Anleitung zum Schutz gegen Lärm)
TA Luft	Erste Allgemeine Verwaltungsvorschrift zum Bundes-Immissionsschutzgesetz (Technische Anleitung zur Reinhaltung der Luft)
Teilbd.	Teilband
TelekommG	Telekommunikationsgesetz
ThürKO	Thüringer Gemeinde- und Landkreisordnung (Thüringer Kommunalordnung)

ThürVBl.	Thüringische Verwaltungsblätter (Zeitschrift)
TierSchG	Tierschutzgesetz
TÜV	Technischer Überwachungs-Verein
Tz.	Textzahl
u.	und
u. a.	und andere, unter anderem
u. ä.	und ähnliches
u. U.	unter Umständen
UIG	Umweltinformationsgesetz
Ule/Laubinger	C. H. Ule/H.-W. Laubinger, Verwaltungsverfahrensrecht, 4. Aufl. 1995
Umbach/Clemens, GG	D. C. Umbach/T. Clemens (Hrsg.), Grundgesetz, Mitarbeiterkommentar und Handbuch – Bd. I (Art. 1 bis 37 GG), 2002 – Bd. II (Art. 38 bis 146 GG), 2002
umstr.	umstritten
UNO	United Nations Organization (Vereinte Nationen)
UPR	Umwelt- und Planungsrecht (Zeitschrift)
UrhG	Gesetz über Urheberrecht und verwandte Schutzrechte (Urheberrechtsgesetz)
Urt.	Urteil
USA	Vereinigte Staaten von Amerika
UWG	Gesetz gegen den unlauteren Wettbewerb
UZwG	Gesetz über den unmittelbaren Zwang bei Ausübung öffentlicher Gewalt durch Vollzugsbeamte des Bundes
v.	von/vom
v. a.	vor allem
VA	Verwaltungsakt
VAG	Gesetz über die Beaufsichtigung der Versicherungsunternehmen (Versicherungsaufsichtsgesetz)
Var.	Variante
VBlBW	Verwaltungsblätter für Baden-Württemberg (Zeitschrift)
Verf.	Verfasser
VermittlungsA.	Vermittlungsausschuss
VersG	Gesetz über Versammlungen und Aufzüge (Versammlungsgesetz)
Verw.	Die Verwaltung (Zeitschrift)
VerwArch	Verwaltungs-Archiv (Zeitschrift)
VG	Verwaltungsgericht
VGH	Verwaltungsgerichtshof
VgV	Verordnung über die Vergabe öffentlicher Aufträge (Vergabeverordnung)
vgl.	vergleiche
VOB/A	Vergabe- und Vertragsordnung für Bauleistungen – Teil A
VOL/A	Verdingungsordnung für Leistungen – Teil A
Vorb.	Vorbemerkungen
VR	Verwaltungsrundschau (Zeitschrift)
VSSR	Vierteljahresschrift für Sozialrecht
VvB	Verfassung von Berlin
VVDStRL	Veröffentlichungen der Vereinigung der Deutschen Staatsrechtslehrer
VwGO	Verwaltungsgerichtsordnung
VwVfG	Verwaltungsverfahrensgesetz (des Bundes)
VwVG	Verwaltungs-Vollstreckungsgesetz
VwZG	Verwaltungszustellungsgesetz

Waechter, Polizei- und Ordnungsrecht	K. Waechter, Polizei- und Ordnungsrecht, 2000
WahlprüfG	Wahlprüfungsgesetz
WaStrG	Bundeswasserstraßengesetz
WHG	Gesetz zur Ordnung des Wasserhaushalts (Wasserhaushaltsgesetz)
Wolff/Bachof/Stober/Kluth I	H. J. Wolff/O. Bachof/R. Stober/W. Kluth, Verwaltungsrecht, Bd. 1, 12. Aufl. 2007
Wolff/Bachof/Stober/Kluth II	H. J. Wolff/O. Bachof/R. Stober/W. Kluth, Verwaltungsrecht, Bd. 2, 7. Aufl. 2010
WRV	Verfassung des Deutschen Reichs vom 11. August 1919 (Weimarer Reichsverfassung)
Würtenberger	T. Würtenberger, Verwaltungsprozessrecht, 3. Aufl. 2011
z. B.	zum Beispiel
ZBR	Zeitschrift für Beamtenrecht
ZfBR	Zeitschrift für deutsches und internationales Baurecht
Zippelius/Würtenberger	R. Zippelius/T. Würtenberger, Deutsches Staatsrecht, 32. Aufl. des von T. Maunz begründeten Werkes, 2008
Ziekow, ÖffWiR	J. Ziekow, Öffentliches Wirtschaftsrecht, 3. Aufl. 2013
Ziekow, VwVfG	J. Ziekow, Verwaltungsverfahrensgesetz, 3. Aufl. 2013
ZMR	Zeitschrift für Miet- und Raumrecht
ZNER	Zeitschrift für Neues Energierecht
ZPO	Zivilprozessordnung
ZRP	Zeitschrift für Rechtspolitik
Zuck	R. Zuck, Das Recht der Verfassungsbeschwerde, 4. Aufl. 2013
ZUR	Zeitschrift für Umweltrecht
zw.	zwischen
Zweitbearb.	Zweitbearbeitung

Einführung

§ 1. Zur Konzeption dieses Lehrbuchs

I. Hintergrund

Die Konzeption des vorliegenden Grundkurses beruht wesentlich auf der langjährigen Erfahrung, dass Studierende die Beschäftigung mit dem Staats- und Verwaltungsrecht häufig vernachlässigen, weil sie das Öffentliche Recht als unübersichtlich und zu lernintensiv empfinden. Wissen wird zumeist nur punktuell angeeignet; das Verständnis für Systemzusammenhänge gelingt während des Studiums oft nicht. Der Berg vermeintlich zu bewältigenden Lernstoffs scheint zur Kapitulation zu zwingen. Die verbreiteten Unsicherheiten lassen viele Studierende schon frühzeitig auf Materialien universitätsferner Repetitoren zurückgreifen. Bereits die Studienanfänger werden mit dem kompletten Wissensstoff des jeweils behandelten Teilbereichs konfrontiert. Selbst Examenskandidaten sind häufig noch nicht in der Lage, examenswichtige Passagen von allzu ausufernden wissenschaftlichen Exkursen zu unterscheiden. Begünstigt wird diese Tendenz durch die Präsentation selbst des Grundlagenstoffs in *selbständigen* Bänden für das Staatsorganisationsrecht, die Grundrechte, das Allgemeine Verwaltungsrecht, die ausbildungsrelevanten Bereiche des Besonderen Verwaltungsrechts sowie sogar das Verfassungsprozessrecht und das Verwaltungsprozessrecht. Die meisten einschlägigen Lehrbücher nehmen im Umfang mit jeder neuen Auflage zu und damit gleichzeitig an Lesbarkeit ab.

Wollten die Studierenden der Rechtswissenschaft in jedem der potentiell prüfungsrelevanten Teilbereiche ein gesondertes Lehrbuch lesen, dessen Inhalt verstehen und sich zumindest weitgehend einprägen, müssten sie schon in den ersten Semestern tausende von Seiten mühsam durcharbeiten. Dies ist selbst bei überdurchschnittlicher Begabung und großem Fleiß kaum zu leisten. Besondere Probleme in der Stoffbewältigung bestehen für diejenigen Studierenden, die sich in ihrem wirtschaftswissenschaftlichen Studium oder in einem anderen Studiengang mit Teilgebieten des Rechts und insoweit auch mit Grundfragen des Öffentlichen Rechts beschäftigen. Vor allem in den letzten Jahren hat das Interesse am Erwerb von **Basiswissen** speziell auch in Bezug auf das Öffentliche Recht zugenommen. Viele Hochschulen tragen – nicht zuletzt angesichts des geforderten Wettbewerbs untereinander – den Bedürfnissen durch zusätzliche Studien- und Prüfungsangebote Rechnung, die sich *nicht* an späteren juristischen Staatsprüfungen orientieren. Entsprechendes lässt sich für das Lehrbuchangebot insgesamt gesehen jedoch nicht feststellen. Die einschlägigen Lehrbücher haben weitgehend offenbar immer noch den umfassend auszubildenden und auf eine spätere richterliche Tätigkeit vorzubereitenden „Einheitsjuristen" im Blick.

II. Zielsetzung und Hinweise zur Darstellung

Der vorliegende Grundkurs will daher den Anfängern, aber auch den Fortgeschrittenen im Öffentlichen Recht den Erwerb und die Lektüre *mehrerer* Lehrbücher im Umfang von zusammen mindestens 1.500 Seiten zur Gewinnung eines studienverwertbaren Überblicks ersparen und statt dessen das **Grundlagenwissen** im Öffentlichen Recht in *einem* Buch vermitteln. Seine Lektüre kann auch für Examenskandidaten, denen es um eine konzentrierte Wiederholung des Stoffes geht, von Nutzen sein. Für das Bedürfnis nach einer solchen Schrift spricht nicht zuletzt der Erfolg von Parallelwerken, die in derselben Reihe zu anderen Rechtsgebieten erschienen sind, wie insbesondere des von *Hans-Joachim Musielak* und *Wolfgang Hau* verfassten Lehrbuchs „Grundkurs BGB"[1]. Wer sich zum Ziel gesetzt hat, nach einem Studium der Rechtswissenschaft den „Freischuss" in der staatlichen Pflichtfachprüfung erfolgreich zu nutzen oder nach einem Studium von Teilgebieten des Rechts die diesbezüglichen Prüfungsanforderungen zu erfüllen, muss *effizient* studieren. Entscheidend ist letztlich die **Trennung von Wichtigem und Unwichtigem** bereits bei der Stoffauswahl. Der „Grundkurs Öffentliches Recht" soll zwar Systemverständnis und Problembewusstsein bilden, ohne jedoch die wissenschaftliche Auseinandersetzung zu stark zu vertiefen. Insbesondere für das „Reiten wissenschaftlicher Steckenpferde" ist ein Lehrbuch, das Grundlagenwissen vermitteln will, ein denkbar ungeeigneter Ort. Der vorliegende Grundkurs bemüht sich daher vor allem um die prägnante Herausarbeitung der besonders prüfungsrelevanten Positionen der höchstrichterlichen Rechtsprechung. Er verzichtet bewusst auf Literaturübersichten und umfängliche Fußnotenapparate, die von den Studierenden erfahrungsgemäß wenig genutzt werden. Die Zitate in den Fußnoten beschränken sich auf einige bedeutende Beiträge aus dem längst überbordenden Schrifttum und sind damit zugleich als Leseninweise zu verstehen.

4 Neben der in allen Phasen gleichermaßen notwendigen Wissensvermittlung steht für Anfänger und Fortgeschrittene der **Verständniserwerb** eindeutig im Vordergrund. Erschlossen werden sollen die Strukturen des Öffentlichen Rechts, nicht Detailwissen durch Ausbreitung einer Unmenge von Einzelproblemen. Diesem Ziel dient eine **fallorientierte Darstellungsweise,** die gleichzeitig den behandelten Sachzusammenhang an konkreten Beispielen verdeutlicht und Querverbindungen offen legt. Letztere werden auch durch zahlreiche **interne Verweise** hergestellt, die jeweils durch einen Pfeil (→) gekennzeichnet sind. Die Randnummern und Fußnoten sind innerhalb jedes Paragraphen des Lehrbuchs gesondert gezählt. Werden mit einem Querverweis nur eine oder mehrere Randnummern *ohne* den Zusatz eines Paragraphen genannt, so ist *derselbe* Paragraph gemeint, in dem sich der Verweis befindet. Diverse Schaubilder und Prüfungsschemata sollen das *Erlernen* des Stoffes unterstützen.

III. Notwendige Stoffbeschränkungen

5 Zur Erreichung der soeben beschriebenen Zielsetzung des vorliegenden Grundkurses sind gewisse Eingrenzungen des zu behandelnden Stoffes unvermeidlich. Im **Verfassungsrecht** (Erster Teil, → §§ 3 bis 57) einschließlich des Verfassungsprozessrechts (→ §§ 50 bis 57) wird auf eine eigenständige Darstellung des *Finanz*verfassungsrechts (Art. 104a ff. GG) wegen der geringen Prüfungsrelevanz dieses Teilgebietes verzichtet. *Einzelne* bedeutsame Vorschriften aus dem X. Abschnitt des Grundgesetzes über das Finanzwesen sind allerdings an einigen Stellen des Lehrbuchs mitbehandelt. Die Erörterungen zum **Verwaltungsrecht** (Zweiter Teil, → §§ 58 bis 107) konzentrieren sich auf das Allgemeine Verwaltungsrecht (→ §§ 58 bis 84), das Staatshaftungsrecht (→ §§ 85 bis 90) und das Verwaltungsprozessrecht (→ §§ 91 bis 107). Im Hinblick auf die immer stärkere Beeinflussung des nationalen Rechts durch das Unionsrecht beschäftigen sich

---

[1] Zuletzt erschienen in 14. Aufl. 2015.

gesonderte Ausführungen mit den Bezügen des Grundgesetzes zum Europarecht (→ § 5) und der Bedeutung des Europarechts für das Verwaltungsrecht (→ § 62).

Eigenständige Darstellungen der Gebiete des **Besonderen Verwaltungsrechts** sind im Rahmen eines kompakten Grundkurses zum Öffentlichen Recht nicht möglich. *Ausgewählte* Probleme aus diesen Materien sind jedoch in die fallbezogene Darstellung *integriert* und mögen zur Erarbeitung der *Grundzüge* des jeweiligen Pflichtfachstoffs herangezogen werden. Dies gilt vor allem für 6

- das **Kommunalrecht:** Behandelt werden u. a. die Aufgaben der Gemeinde (→ § 58 Rn. 9 ff.), die Kommunalaufsicht (→ § 58 Rn. 11 ff.), die innere Gemeindeverfassung (→ § 60 Rn. 4 ff.), die Verfassung der Landkreise (→ § 60 Rn. 25 ff.), das kommunale Satzungsrecht (→ § 63 Rn. 4 ff.), das kommunale Wirtschaftsrecht (→ § 84 Rn. 7 ff.) und das Recht zur Nutzung kommunaler Einrichtungen (→ § 84 Rn. 23 f.);
- das **Baurecht:** Gegenstände sind hier u. a. das Verfahren der Aufstellung von Bebauungsplänen (→ § 63 Rn. 7 ff.), die materiellen Rechtmäßigkeitsvoraussetzungen eines Bebauungsplans (→ § 70 Rn. 2 ff.), die Abwägungsfehlerlehre (→ § 70 Rn. 12 ff.), Nachbarschutz im Bauplanungs- und Bauordnungsrecht (→ § 71 Rn. 3 ff.), die bauaufsichtlichen Eingriffsbefugnisse (→ § 75 Rn. 4 ff.), die Voraussetzungen für den Erlass einer Baugenehmigung (→ § 76 Rn. 5 ff.) in bauordnungsrechtlicher und bauplanungsrechtlicher Ansicht, insbesondere die Genehmigungsbedürftigkeit (→ § 76 Rn. 6 ff.), sowie die Zuverlässigkeit von Vorhaben im Bereich eines Bebauungsplans (→ § 76 Rn. 11 ff.), im unbeplanten Innenbereich (→ § 76 Rn. 17 ff.) und im Außenbereich (→ § 76 Rn. 21 ff.), die Rechtsnachfolge im Baurecht (→ § 77 Rn. 4) sowie technische Regeln im Baurecht (→ § 65 Rn. 1);
- das **Polizei- und Ordnungsrecht:** In diesem Bereich erfolgen Darstellungen u. a. zum Begriff der Gefahr für die öffentliche Sicherheit und Ordnung (→ § 68 Rn. 6 ff.), Entschließungs- und Auswahlermessen (→ § 69 Rn. 1 ff.), Anspruch auf polizeiliches Einschreiten (→ § 71 Rn. 11 f.), zu den Zuständigkeitsregelungen des Polizei- und Ordnungsrechts (→ § 72 Rn. 8 ff.), zur polizeilichen Generalklausel und zu den Standardmaßnahmen (→ § 75 Rn. 8 ff.), zur Rechtsnachfolge im Polizeirecht (→ § 77 Rn. 3), zur Verhaltens- und Zustandsverantwortlichkeit (→ § 79 Rn. 6 ff.), zum Anspruch auf Entschädigung bei polizeilichen Maßnahmen (→ § 88 Rn. 10 ff.) sowie zur Abgrenzung von präventivem und repressivem Tätigwerden der Polizei (→ § 94 Rn. 7 f.).

Diese Materien des Besonderen Verwaltungsrechts sind im Wesentlichen **landesrechtlich geregelt.** Eine Darstellung unter Berücksichtigung der einschlägigen Vorschriften aller Bundesländer ist jedoch aus Raumgründen nicht möglich. Deshalb erfolgt eine Konzentration auf das Recht der Länder **Baden-Württemberg, Bayern, Brandenburg, Niedersachsen** und **Nordrhein-Westfalen,** welches eine zureichende Abbildung der behandelten Probleme ermöglicht. Soweit erforderlich wird zusätzlich auf in anderen Ländern bestehende Besonderheiten hingewiesen.

§ 2. Einführung in die juristische Methodenlehre

> **Fall 1** (vgl. BVerfGE 97, 186 ff.): Nach § 23 I 2 des Kündigungsschutzgesetzes in der bis zum 30.9.1996 geltenden Fassung (KSchG a. F.) waren von dem allgemeinen arbeitsrechtlichen Kündigungsschutz die so genannten Kleinbetriebe ausgenommen, in denen in der Regel fünf oder weniger Arbeitnehmer ausschließlich der zu ihrer Berufsausbildung Beschäftigten beschäftigt wurden. Bei der Feststellung der Zahl der beschäftigten Arbeitnehmer waren gemäß

§ 23 I 3 KSchG a. F. nur Arbeitnehmer zu berücksichtigen, deren regelmäßige Arbeitszeit wöchentlich 10 Stunden oder monatlich 45 Stunden *überstieg*. Das Unternehmen U kündigte das mit dem Arbeitnehmer A begründete Arbeitsverhältnis wegen vertragswidrigen Verhaltens. A war bei U als Glas- und Gebäudereiniger mit einer regelmäßigen wöchentlichen Arbeitszeit von 40 Stunden beschäftigt. Die Belegschaft bestand aus fünf Arbeitnehmern mit einer Arbeitszeit von mehr als zehn Wochenstunden oder mehr als 45 Monatsstunden. Weitere rund 45 Arbeitnehmer wurden in geringerem Umfang beschäftigt. Im arbeitsgerichtlichen Kündigungsschutzprozess stellte sich u. a. die Frage, ob es mit dem Grundgesetz vereinbar war, dass § 23 KSchG a. F. auch solche Betriebe vom gesetzlichen Kündigungsschutz freistellte, bei denen eine beliebig große Zahl von Arbeitnehmern beschäftigt war, die wöchentlich 10 (monatlich 45) Stunden oder weniger arbeiteten.

I. Notwendigkeit von Auslegung

1 Die **Interpretation** eines Gesetzes wird nur dann erforderlich, wenn ein Rechts*problem* zu klären ist, d. h. die aufgeworfene Frage sich aus der einschlägigen Norm nicht eindeutig beantworten lässt.[1] In begrüßenswerter Klarheit formulierte das BVerfG bereits im Jahre 1952: „Für eine Interpretation des Gesetzes ist nur dann Raum, wenn der Wortsinn zweifelhaft erscheint".[2]

2 Für die Arbeitsweise der Juristen, die eine tragende Säule des Rechtsstaates (→ § 7) bilden sollen, ist eine **korrekte Methodik** von wesentlicher Bedeutung; sie ist geradezu ihr „Handwerkszeug". „Die jüngere Entwicklung der juristischen Methodenlehre zeigt" jedoch „eine verwirrende Vielfalt unterschiedlicher Ansätze. Dies bringt den methodenbewußten Juristen in Schwierigkeiten: Hat er sich für einen bestimmten Ansatz zu entscheiden (weil nur dieser eine Ansatz richtig ist)? Oder hat er die Wahl zwischen den verschiedenen Ansätzen (weil sie alle gleichwertig sind)? Oder hat er gar alle Ansätze zu kombinieren (weil sie verschiedene Teile eines komplexen Problemzusammenhangs erfassen)?"[3]

3 Speziell für das **Verfassungsrecht** „ist Interpretation von entscheidender Bedeutung, weil angesichts der Offenheit und Weite der Verfassung Interpretationsprobleme häufiger entstehen als in Rechtsbereichen, deren Normierungen mehr in das Detail gehen. Diese Bedeutung wird gesteigert in einer verfassungsmäßigen Ordnung mit umfassend ausgebauter *Verfassungsgerichtsbarkeit* wie der des Grundgesetzes. Wenn das Verfassungsgericht hier die Verfassung mit verbindlicher Wirkung nicht nur für die Bürger, sondern auch für die übrigen Staatsorgane interpretiert (vgl. § 31 BVerfGG), so kann der diese Bindung begründende und legitimierende Gedanke der Bindung aller staatlichen Gewalt an die Verfassung nur dann zur Wirklichkeit werden, wenn die Entscheidungen des Gerichts den Inhalt der *Verfassung* – wenn auch in der Interpretation des Gerichts – zum Ausdruck bringen. Obwohl das Gericht befugt ist, diesen Inhalt verbindlich festzulegen, steht es doch nicht über der Verfassung, der es seine Existenz verdankt. Für die Erfüllung der Aufgabe des Gerichts und für das Verfassungsleben im ganzen ist es deshalb wesentlich, wie die Problematik der Verfassungsinterpretation bewältigt wird. *Aufgabe der Interpretation* ist es, das verfassungsmäßig ‚richtige' Ergebnis in einem rationalen und kontrollierbaren Verfahren zu finden, dieses Ergebnis rational und kontrollierbar zu begründen und auf diese Weise Rechtsgewißheit und Voraussehbarkeit zu schaffen – nicht etwa nur, um der Entscheidung willen zu entscheiden."[4]

---

[1] *Hesse* Rn. 49.
[2] BVerfGE 1, 263 (264).
[3] *E. Stein*, in: Denninger/Hoffmann-Riem/Schneider/Stein Einleitung II Rn. 4.
[4] *Hesse* Rn. 50 f.

§ 2. Einführung in die juristische Methodenlehre

Schon früh bekannte sich das BVerfG zu dem **„klassischen"**[5], auf *Friedrich Carl von Savigny*[6] zurückgehenden **Quartett der Interpretationsregeln:** In einem Beschluss aus dem Jahre 1960 formulierte das Gericht, dem Auslegungsziel dienten „die Auslegung aus dem Wortlaut der Norm (grammatische Auslegung), aus ihrem Zusammenhang (systematische Auslegung), aus ihrem Zweck (teleologische Auslegung) und aus den Gesetzesmaterialien und der Entstehungsgeschichte (historische Auslegung)"[7].

Nur selten allerdings prüfte das BVerfG die Auslegungsmethoden in dieser Reihenfolge, vollständig und so strikt wie im so genannten Fernseh-Urteil aus dem Jahre 1961 bei der Interpretation des Begriffs „Post- und Fernmeldewesen" in Art. 73 Nr. 7 GG a. F.[8] In seiner späteren Rechtsprechung nahm das BVerfG einen **großen Spielraum in der Verfassungsauslegung** für sich in Anspruch. So heißt es etwa in einem 1973 gefassten Beschluss, zur „Erfassung des Inhalts einer Norm" dürfe „sich der Richter der verschiedenen, insbesondere der systematischen und der teleologischen Auslegungsmethoden gleichzeitig und nebeneinander bedienen"; sie stünden „zur grammatischen Auslegung im Verhältnis gegenseitiger Ergänzung"[9]. In einer Entscheidung aus dem Jahre 1993 formulierte das BVerfG ausdrücklich, eine „bestimmte Auslegungsmethode (oder gar eine reine Wortinterpretation)" sei durch das Grundgesetz nicht vorgeschrieben; eine Rechtsfortbildung „praeter legem" bedürfe „zwar sorgfältiger Begründung", sei „jedoch nicht von vornherein ausgeschlossen"[10].

II. Grammatische Auslegung

Generationen von Juristen wurde der Grundsatz vermittelt, alle Auslegung fange beim **Wortlaut** an. Der Wortlaut einer Vorschrift hat „eine doppelte Aufgabe: Er ist Ausgangspunkt für die richterliche Sinnesermittlung und steckt zugleich die Grenzen seiner Auslegungstätigkeit ab".[11] „Eine Deutung, die nicht mehr im Bereich des *möglichen* Wortsinns liegt, ist nicht mehr Ausdeutung, sondern wäre Umdeutung."[12] Nach der Rechtsprechung des BVerfG ist jedoch eine „Auslegung gegen den Wortlaut einer Norm […] nicht von vornherein ausgeschlossen, wenn andere Indizien eindeutig belegen, daß ihr Sinn im Text unzureichend Ausdruck gefunden hat"[13].

> Im **Fall 1** vertrat der vom Arbeitsgericht durch einen so genannten Vorlagebeschluss zur konkreten Normenkontrolle (→ § 54) angerufene Erste Senat des BVerfG die Ansicht, der Gesetzgeber sei erkennbar davon ausgegangen, dass der Einstellung von Vierteilteilzeitkräften in einem Kleinbetrieb durch arbeitstechnische Gegebenheiten enge Grenzen gezogen seien. Jedenfalls habe er nicht bedacht, dass in die von ihm geschaffene Regelung auch Betriebe eingeschlossen werden könnten, deren Geschäftstätigkeit die Einstellung einer großen Zahl von Vierteilteilzeitkräften oder geringfügig Beschäftigten neben nur wenigen Vollzeitkräften ermögliche. Eine einschränkende Auslegung des Gesetzeswortlauts werde ferner durch Sinn

---

[5] Siehe *E. Forsthoff*, Zur Problematik der Verfassungsauslegung, 1961, S. 39.
[6] System des heutigen Römischen Rechts, Bd. I, 1840, §§ 32 ff. *Savigny* unterscheidet vier Elemente der juristischen Interpretation: das grammatische, logische, historische und systematische Element, welche in dieser Reihenfolge angewandt werden sollen.
[7] BVerfGE 11, 126 (130); vgl. etwa auch BVerfGE 133, 168 (205 f.).
[8] Siehe BVerfGE 12, 205 (226 ff.).
[9] BVerfGE 35, 263 (279).
[10] BVerfGE 88, 145 (166 f.); vgl. auch bereits BVerfGE 82, 6 (11 ff.).
[11] *A. Meier-Hayoz*, Der Richter als Gesetzgeber, 1951, S. 42.
[12] *K. Larenz*, Methodenlehre der Rechtswissenschaft, 6. Aufl. 1991, S. 322.
[13] BVerfGE 97, 186 (196); vgl. auch BVerfGE 8, 210 (221); 22, 28 (37); 35, 263 (278 f.); 88, 145 (166 f.); 118, 212 (243); 122, 248 (283); 133, 168 (205); BVerfG (Kammerbeschl.), NJW 2012, 669 (672).

und Zweck der Regelung nahe gelegt. Diese solle eine spezifische Gruppe von Arbeitgebern vor den Folgen des gesetzlichen Kündigungsschutzes bewahren, um eine in mehrfacher Hinsicht gegebene Überforderung dieser Unternehmen zu vermeiden. Bei Betrieben von der Größenordnung von U werde dieser Schutzzweck verfehlt. Ausschlaggebend sei schließlich die vom Gesetzgeber selbst inzwischen vorgenommene Grenzziehung, von der angenommen werden könne, dass sie seinen von Anfang an gehegten Vorstellungen entspreche.[14] Die Anwendung der Norm könne danach im Wege „teleologischer Reduktion" (zur Ermittlung von Sinn und Zweck einer Norm → Rn. 17 ff.) auf Fälle beschränkt werden, in denen unter Zugrundelegung der seit dem 1.10.1996 geltenden Neufassung von § 23 I 3 KSchG ein Kleinbetrieb vorliege; in dieser Auslegung sei die alte Vorschrift mit dem allgemeinen Gleichheitssatz des Art. 3 I GG vereinbar.[15] Die in Bezug genomene, mittlerweile wiederum geänderte Neuregelung enthielt hinsichtlich der Berücksichtigung teilzeitbeschäftigter Arbeitnehmer für die Feststellung der Zahl der beschäftigten Arbeitnehmer eine Differenzierung: Bei dieser Feststellung wurden teilzeitbeschäftigte Arbeitnehmer mit einer regelmäßigen wöchentlichen Arbeitszeit von nicht mehr als 10 Stunden mit 0,25, nicht mehr als 20 Stunden mit 0,5 und nicht mehr als 30 Stunden mit 0,75 berücksichtigt.[16] Nach diesem Maßstab müsste im Fall 1 der allgemeine Kündigungsschutz Anwendung finden. Mit dieser Entscheidung hat das BVerfG jedoch den „Pfad methodischer Tugend" verlassen. Der Wortlaut in dem der Entscheidung zugrunde liegenden § 23 I 3 KSchG a. F. war durch seine ausdrückliche Begrenzung auf die Berücksichtigung derjenigen Arbeitnehmer, deren regelmäßige Arbeitszeit wöchentlich 10 Stunden oder monatlich 45 Stunden überstieg, so eindeutig, dass er einer verfassungskonformen Auslegung (→ Rn. 13 ff.) schlicht nicht zugänglich war.[17] Auf der Grundlage seines unter Berufung auf Art. 3 I GG gewonnenen Rechtsstandpunktes hätte der Erste Senat des BVerfG die streitige alte Fassung von § 23 I 3 KSchG für mit dem Grundgesetz unvereinbar erklären müssen. Tatsächlich aber hat das Gericht sich durch seine verfehlte „teleologische Reduktion" gegen den klaren Gesetzeswortlaut selbst zum Gesetzgeber aufgespielt.[18]

III. Genetische und historische Interpretation

8 Die soeben (→ Rn. 4) genannte „historische Auslegung" wird häufig näher differenziert: Während die **genetische** Interpretation nach Auslegungshilfen aus der Entstehungsgeschichte der Norm forscht und sich dabei der einschlägigen Gesetzesmaterialien (insbesondere der Begründung von Gesetzentwürfen, Ausschussberichten sowie Äußerungen einzelner Parlamentarier im Gesetzgebungsverfahren) bedient, um die Vorstellungen und Zielrichtungen der unmittelbar am Gesetzgebungsverfahren beteiligten Personen zu ermitteln, sucht die **historische** Interpretation im engeren Sinne den Inhalt einer Vorschrift aus deren entwicklungsgeschichtlichen Zusammenhängen zu erschließen.[19] Der Unterschied lässt sich anhand der Auslegung des Grundgesetzes verdeutlichen: Für eine genetische Interpretation können die Akten und Protokolle des

---

[14] BVerfGE 97, 186 (196).
[15] BVerfGE 97, 186 (196 f.).
[16] Siehe § 23 I 3 KSchG i. d. F. von Art. 1 Nr. 2 Buchst. b des Arbeitsrechtlichen Gesetzes zur Förderung von Wachstum und Beschäftigung vom 25.9.1996 (BGBl. I S. 1476).
[17] Vgl. in dieser Richtung *R. Buschmann*, ArbuR 1998, 210: „Man sollte dem Gesetzgeber grundsätzlich zubilligen, das zu wollen, was er ausdrücklich formuliert." Siehe zur grundsätzlich restriktiven Verwendung verfassungskonformer Auslegung *M. Sachs*, in: Sachs, GG Einführung Rn. 55.
[18] *H. Sodan*, in: O. Depenheuer/I. Dogan/O. Can (Hrsg.), Deutsch-Türkisches Forum für Staatsrechtslehre I, 2004, S. 11 (21).
[19] Vgl. *Maurer*, StaatsR I § 1 Rn. 52, 54; *F. Ossenbühl*, in: HGR I § 15 Rn. 7. Siehe zum Verhältnis von historischer und genetischer Interpretation *J. Ziekow*, Über Freizügigkeit und Aufenthalt, 1997, S. 394 ff.

Parlamentarischen Rates aus den Jahren 1948/49 von Bedeutung sein; die historische Auslegung kann in einem Vergleich mit Regelungen aus der Verfassung des Deutschen Reichs vom 11.8.1919[20] – der so genannten Weimarer Reichsverfassung – bestehen.

Schwierigkeiten in der Interpretation eines Gesetzes können sich ergeben, wenn die Anwendung herkömmlicher Auslegungsregeln zu *unterschiedlichen* Ergebnissen führt. Eine diesbezügliche Grundentscheidung traf das BVerfG bereits im Jahre 1952 mit folgender **Kollisionsregel:** „Maßgebend für die Auslegung einer Gesetzesvorschrift ist der in dieser zum Ausdruck kommende objektivierte Wille des Gesetzgebers, so wie er sich aus dem Wortlaut der Gesetzesbestimmung und dem Sinnzusammenhang ergibt, in den diese hineingestellt ist. Nicht entscheidend ist dagegen die subjektive Vorstellung der am Gesetzgebungsverfahren beteiligten Organe oder einzelner ihrer Mitglieder über die Bedeutung der Bestimmung. Der Entstehungsgeschichte einer Vorschrift kommt für deren Auslegung nur insofern Bedeutung zu, als sie die Richtigkeit einer nach den angegebenen Grundsätzen ermittelten Auslegung bestätigt oder Zweifel behebt, die auf dem angegebenen Weg allein nicht ausgeräumt werden können."[21] Diese Aussage zur Bedeutung der Entstehungsgeschichte, die zunächst bezüglich einer so genannten einfachen, d. h. unterhalb des Ranges der Verfassung stehenden Gesetzesnorm getroffen wurde, wiederholte das BVerfG in späteren Entscheidungen ausdrücklich bei der Auslegung von Verfassungsbestimmungen[22].

9

In anderen wesentlichen Entscheidungen sah das BVerfG von jedem Hinweis auf einen **Vorrang der objektiven vor der subjektiven Auslegungsmethode** ab und stellte die genetische Auslegung gleichgewichtig *neben* die grammatische und/oder systematische Interpretation[23]. Entgegen dem überwiegend vertretenen Vorrang der objektiven vor der subjektiven Auslegungsmethode brachte das BVerfG in einigen Entscheidungen sogar einen *Vorrang* der *genetischen* Interpretation zum Ausdruck. So führte das Gericht etwa aus, Ziel und Zweck der auszulegenden Vorschrift der Handwerksordnung könnten dahinstehen, weil jedenfalls die Entstehungsgeschichte der Handwerksordnung darauf hindeute, dass „von der Möglichkeit der Erteilung einer Ausnahmebewilligung" für die Eintragung in die Handwerksrolle „nicht engherzig Gebrauch gemacht werden sollte"[24]. In Bezug auf eine kommunale Zuständigkeitsvorschrift formulierte das BVerfG sogar, eine bestimmte Auslegung sei „zwar vom Wortlaut der Norm gedeckt"; ihr stehe „jedoch entscheidend die Entstehungsgeschichte der Vorschrift entgegen"[25]. Angesichts auch solcher Entscheidungen kann jedenfalls von einer generellen „Abwertung des Kriteriums der Entstehungsgeschichte"[26] nicht gesprochen werden. Bereits vor mehr als 30 Jahren wurde dem BVerfG im Schrifttum eine „Kluft zwischen Theorie und Praxis, Anspruch und Wirklichkeit der genetischen Verfassungsauslegung" bescheinigt[27].

10

IV. Systematische Auslegung

Von großer Bedeutung – gerade auch in der Rechtsprechung des BVerfG – ist die systematische Auslegung. Danach kann eine einzelne Rechtsnorm nicht isoliert betrachtet und allein aus sich heraus ausgelegt werden. Vielmehr muss der Sinnzusammenhang mit anderen Vorschriften berücksichtigt werden. Es ist also das „Normengefüge" zu un-

11

---

[20] RGBl. S. 1383 ff.
[21] BVerfGE 1, 299 (312); vgl. auch BVerfGE 8, 274 (307); 10, 234 (244); 20, 238 (253); 59, 128 (153); 64, 261 (275); 110, 226 (248); 133, 168 (205). Vgl. zu anderen *Kollisionsregeln* → § 4 Rn. 18 ff.
[22] Siehe etwa BVerfGE 6, 55 (75); 6, 389 (431); 41, 291 (309); 45, 187 (227); 51, 97 (110); 62, 1 (45). Vgl. aus der *Landes*verfassungsgerichtsbarkeit etwa BerlVerfGH, LVerfGE 12, 15 (21 f.). Vgl. aus der Literatur z. B. *H. Sodan*, in: Sodan/Ziekow § 42 Rn. 391.
[23] Siehe BVerfGE 6, 32 (36 f.); 32, 54 (69 f.); 39, 1 (36, 38 ff.).
[24] BVerfGE 13, 97 (121).
[25] BVerfGE 58, 45 (57).
[26] Siehe zu dieser Besorgnis *K. Larenz*, Methodenlehre der Rechtswissenschaft, 6. Aufl. 1991, S. 363.
[27] *M. Sachs*, DVBl. 1984, 73 (81 f.).

tersuchen, das die auszulegende Vorschrift umgibt.[28] Auf der Ebene speziell des Grundgesetzes können sich daraus gewisse verfassungsrechtliche Grundsätze und Grundentscheidungen ergeben, denen die *einzelnen* Verfassungsbestimmungen untergeordnet sind.[29] Die systematische Auslegung dient damit gerade auch der „Wahrung der geistigen Einheit der Verfassung unter Vermeidung logischer Widersprüche".[30] Die **„Einheit der Verfassung"** bezeichnet das BVerfG als „vornehmstes Interpretationsprinzip [...], weil das Wesen der Verfassung darin" bestehe, „eine einheitliche Ordnung des politischen und gesellschaftlichen Lebens der staatlichen Gemeinschaft zu sein"[31]. In engem Zusammenhang damit steht das Prinzip **praktischer Konkordanz:** Danach werden verfassungsrechtlich geschützte Rechtsgüter in der Problemlösung einander so zugeordnet, dass jedes von ihnen Wirklichkeit gewinnt; aus dem Prinzip der Einheit der Verfassung folgt die Aufgabe einer **Optimierung.**[32]

12 Das damit zusammenhängende Gebot der **Widerspruchsfreiheit aller Rechtssätze** einer Rechtsordnung[33] (→ § 7 Rn. 41 ff.) soll letztlich eine gleichmäßige Relation von Recht und sachverhaltlich festgestellter Wirklichkeit gewährleisten: „Das Prinzip der Einheit und Ordnung des Rechts begründet die Erwartung, die Rechtsordnung nehme zu einem realen Vorgang stets mit der schlichten Aussage des ‚rechtmäßig' oder ‚rechtswidrig' Stellung. Die Geschlossenheit und innere Folgerichtigkeit der Rechtsordnung fordert eine für die gesamte Rechtsordnung verbindliche Bewertung. [...] Die Einheit und Geschlossenheit der Rechtsordnung zeigt sich nicht darin, daß jeder einzelne Rechtssatz für die gesamte Rechtsordnung steht; die einende und friedensstiftende Kraft einer Rechtsordnung stützt sich vielmehr nur auf die *Widerspruchsfreiheit* der Einzelaussagen der Rechtsordnung. [...] Die Widerspruchsfreiheit ist Geltungsgrund für eine Rechtsordnung. [...] Die Überzeugungskraft rechtlicher Wertungen stützt sich auf eine einheitliche Rechtsgüterordnung; die Zugehörigkeit eines Rechtssatzes zu dieser Ordnung begründet ihre Wirkkraft."[34]

13 Auf dem Prinzip der Einheit der Rechtsordnung beruht auch der **Grundsatz der verfassungskonformen Auslegung.**[35] Diese gehört letztlich zu einer systematischen Interpretation, weil auch das Grundgesetz „Teil der Gesamtrechtsordnung" ist, „die als Sinnganzes verstanden werden muß und jeglicher Auslegung innerstaatlichen Rechts zugrunde zu legen ist"[36].

14 Wenn verschiedene Auslegungen in Betracht kommen und die „einfachgesetzliche" Norm nicht bei allen Auslegungen mit der Verfassung als höherrangigem Recht vereinbar ist, muss die „verfassungskonforme" Auslegung gewählt werden.[37] Nach der Recht-

---

[28] *E. Schmidt-Aßmann,* in: Maunz/Dürig Art. 19 IV Rn. 128; *H. Sodan,* in: Sodan/Ziekow § 42 Rn. 391.
[29] Vgl. BVerfGE 1, 14 (32f.), 19, 206 (220); 34, 165 (183).
[30] *E. Stein,* in: Denninger/Hoffmann-Riem/Schneider/Stein Einleitung II Rn. 64.
[31] BVerfGE 19, 206 (220).
[32] Hesse Rn. 72.
[33] Vgl. *D. Felix,* Einheit der Rechtsordnung, 1998, S. 9 ff., 168 ff.; *A. Leisner-Egensperger,* DÖV 2013, 533 (534f.); *H. Sodan,* JZ 1999, 864 ff.
[34] *P. Kirchhof,* Unterschiedliche Rechtswidrigkeiten in einer einheitlichen Rechtsordnung, 1978, S. 8 f.
[35] Hesse Rn. 81.
[36] BVerfGE 51, 304 (323).
[37] Siehe zu diesem Interpretationsprinzip aus dem Schrifttum näher etwa *K. A. Bettermann,* Die verfassungskonforme Auslegung. Grenzen und Gefahren, 1986; *H. Bogs,* Die verfassungskonforme Auslegung von Gesetzen unter besonderer Berücksichtigung der Rechtsprechung des Bundesverfassungsgerichts, 1966; Hesse Rn. 79 ff.; *H. Sodan,* Freier Beruf und Berufsfreiheit, 1988, S. 72, 75 f.; *A. Voßkuhle,* AöR 125 (2000), S. 177 ff.

§ 2. Einführung in die juristische Methodenlehre 9

sprechung des BVerfG spricht nicht nur eine Vermutung für die Vereinbarkeit eines Gesetzes mit der Verfassung; vielmehr gebietet das in dieser Vermutung zum Ausdruck kommende Prinzip auch im Zweifel eine verfassungskonforme Auslegung[38]. Für eine solche Interpretation ist Raum, wenn eine interpretationsfähige Norm nach der üblichen Methodik mehrere Auslegungen zulässt, von denen aber nicht alle mit der Verfassung übereinstimmen; solange eine Norm – sinnvoll – verfassungskonform interpretiert werden kann, darf sie nicht für nichtig erklärt werden.[39] Das sich daraus ergebende **Gebot der Bevorzugung der verfassungsmäßigen Auslegung** kennzeichnet die verfassungskonforme Auslegung.[40] Diese Aufgabe ist nicht dem BVerfG vorbehalten, sondern obliegt auch jedem Fachgericht, das nach Art. 100 I GG eine Entscheidung des BVerfG im Wege der konkreten Normenkontrolle (→ § 54) nur dann einholen darf, wenn es von der Unmöglichkeit einer verfassungskonformen Auslegung und somit von der Verfassungswidrigkeit des Gesetzes überzeugt ist.[41]

Die verfassungskonforme Auslegung stößt allerdings auf **Grenzen**: Sie scheidet aus, wenn sie dem Wortlaut und klar erkennbaren Willen des Gesetzgebers widerspräche.[42] „Der Respekt vor dem demokratisch legitimierten Gesetzgeber verbietet es, im Wege der Auslegung einem nach Wortlaut und Sinn eindeutigen Gesetz einen entgegengesetzten Sinn zu verleihen oder den normativen Gehalt einer Vorschrift grundlegend neu zu bestimmen. Eine solche Korrektur des Gesetzes würde auch dem Sinn des Art. 100 Abs. 1 GG zuwiderlaufen, der die Autorität des parlamentarischen Gesetzgebers im Verhältnis zur Rechtsprechung wahren soll".[43]   15

Mit diesen vom BVerfG formulierten Maßstäben ist jedoch die bereits genannte Entscheidung zur „teleologischen Reduktion" des § 23 I 3 KSchG a. F. nicht zu vereinbaren, mit der sich das BVerfG über einen eindeutigen gesetzlichen Wortlaut hinweggesetzt hat (→ Rn. 7). „Interpretationsgrenzen können jedenfalls nicht dadurch umgangen werden, dass ein gesetzgeberischer Wille fingiert wird, ‚in Wahrheit' stets nur das Verfassungskonforme zu wollen."[44]   16

Neben die klassischen Auslegungscanones tritt zunehmend die **unionsrechtskonforme Auslegung** als Konsequenz des stetig zunehmenden Einflusses des Unionsrechts. Herzuleiten ist diese aus dem Anwendungsvorrang des Unionsrechts.[45] Das primäre Unionsrecht dient als Maßstab für die Auslegung nationaler Regelungen, wenn diese in den Anwendungsbereich des Primärrechts fallen.[46] Daneben kommt das Gebot der richtlinienkonformen Auslegung als Unterfall der unionsrechtskonformen Auslegung in Betracht, welches normativ aus Art. 288 III AEUV i. V. m. Art. 4 III EUV folgt.[47] Die Pflicht beginnt mit Ablauf der Umsetzungsfrist.[48] Der Anwendungsbereich der richtlinien-   17

---

[38] BVerfGE 2, 266 (282).
[39] BVerfGE 48, 40 (45); vgl. auch BVerfGE 32, 373 (383f.); 69, 1 (55); 83, 201 (214f.); 88, 203 (331).
[40] *Schlaich/Korioth* Rn. 442.
[41] BVerfGE 68, 337 (344).
[42] BVerfGE 18, 97 (111); 71, 81 (105); 90, 263 (275); 101, 312 (329).
[43] BVerfGE 90, 263 (275).
[44] *P. Lerche*, in: FS 50 Jahre BVerfG I, S. 333 (358).
[45] *F. Müller/R. Christensen*, Juristische Methodik, Bd. I, 11. Aufl. 2013, Rn. 428 c; siehe zum Anwendungsvorrang näher → § 5 Rn. 12 ff.
[46] *S. Leible/R. Domröse*, in: K. Riesenhuber (Hrsg.), Europäische Methodenlehre, 3. Aufl. 2014, § 8 Rn. 42 ff.; vgl. → § 23 Rn. 15.
[47] *W.-H. Roth/C. Jopen*, in: K. Riesenhuber (Hrsg.), Europäische Methodenlehre, 3. Aufl. 2014, § 13 Rn. 3.
[48] Vgl. EuGH, NJW 2006, 2465 (2468). A. A. BGHZ 138, 55 (59f.): Danach besteht die genannte Pflicht grundsätzlich auch bereits für den Zeitraum *vor* Ablauf der Umsetzungsfrist.

konformen Auslegung des nationalen Umsetzungsrechts ist dann eröffnet, wenn das nationale Umsetzungsrecht einen Interpretationsspielraum eröffnet.[49] In diesem Fall genießt diejenige Auslegungsmethode Vorrang, die einen richtlinienkonformen Zustand schafft.[50] Das Erfordernis eines Interpretationsspielraums im nationalen Recht gilt gleichermaßen im Falle einer primärrechtskonformen Auslegung. Grenzen findet die unionsrechtskonforme Auslegung in den Schranken des nationalen Verfassungsrechts.[51]

V. Ermittlung von Sinn und Zweck

18 In jeder Rechtsnorm wird eine wertende Entscheidung über Interessenkonflikte getroffen, so dass es wesentlich sein kann, diese Wertung und daher auch die Zielrichtung der Vorschrift (altgriechisch: telos) herauszuarbeiten.[52]

19 Die **Ermittlung von Sinn und Zweck** spielt in der Rechtsprechung des BVerfG jedoch eher eine untergeordnete Rolle und unterbleibt in dieser Judikatur sogar regelmäßig.[53] Beispielhaft zu nennen ist das so genannte Elfes-Urteil aus dem Jahre 1957; in diesem begründet das BVerfG die Verneinung der Gewährleistung der Ausreisefreiheit durch das Grundrecht der Freizügigkeit in Art. 11 I GG nur mit dem Wortlaut und der Entstehungsgeschichte der Norm sowie dem systematischen Schluss von den Schranken des Art. 11 II GG auf den Inhalt des Grundrechts der Freizügigkeit[54] (→ Fall 35, § 39 Rn. 2). Ein weiteres Beispiel für das Fehlen „teleologischer Auslegung" ist der bundesverfassungsgerichtliche Beschluss von 1987 zur Frage, in welchem Umfang parlamentarische Untersuchungsausschüsse (→ § 12 Rn. 28 ff.) Beweise erheben dürfen: Die Befugnis, die im Strafverfahrensrecht vorgesehenen Möglichkeiten zur zwangsweisen Beschaffung von Beweismitteln zu nutzen, werde durch den Wortlaut und die Entstehungsgeschichte von Art. 44 GG bestätigt; in systematischer Hinsicht zu beachten seien allerdings die Grundrechte und der Grundsatz der Verhältnismäßigkeit, so dass der Umfang der zulässigen Beschlagnahme beschränkt sein könne und parlamentarische Geheimhaltungsmaßnahmen erforderlich werden könnten.[55]

20 Möglicherweise erklärt sich das häufige Unterbleiben teleologischer Betrachtungen in der Verfassungsrechtsprechung aus der Einsicht, dass sich Sinn und Zweck einer zu deutenden Vorschrift methodisch einwandfrei – d. h. ohne normgelöste *subjektive* Wertung – aus einer grammatischen, genetischen, historischen und/oder systematischen Interpretation erschließen lassen; neben diesen allgemein anerkannten Auslegungsregeln ist die „teleologische Interpretation" kein selbständiges Element der Konkretisierung.[56] Dennoch sind Sinn und Zweck einer Norm von erheblicher Bedeutung. Sie stellen aber keine Auslegungs*methode*, sondern bereits ein Auslegungs*ergebnis* dar.[57]

---

[49] *F. Müller/R. Christensen*, Juristische Methodik, Bd. I, 11. Aufl. 2013, Rn. 428 d.
[50] *W.-H. Roth/C. Jopen*, in: K. Riesenhuber (Hrsg.), Europäische Methodenlehre, 3. Aufl. 2014, § 13 Rn. 42.
[51] BVerfG (Kammerbeschl.), NJW 2012, 669 (670 ff.).
[52] *E. Stein*, in: Denninger/Hoffmann-Riem/Schneider/Stein Einleitung II Rn. 93; vgl. auch *H. Sprau*, in: O. Palandt, Bürgerliches Gesetzbuch, 74. Aufl. 2015, Einleitung Rn. 46.
[53] *E. Stein*, in: Denninger/Hoffmann-Riem/Schneider/Stein Einleitung II Rn. 45.
[54] Siehe BVerfGE 6, 32 (34 ff.).
[55] Siehe BVerfGE 76, 363 (382).
[56] Vgl. *Hesse* Rn. 68; *F. Müller/R. Christensen*, Juristische Methodik, Bd. I, 11. Aufl. 2013, Rn. 364; *H. Sodan*, in: ders. (Hrsg.), Wechsel und Kontinuität im Verfassungsgerichtshof des Landes Berlin, 2001, S. 21 (24); *ders.*, in: O. Depenheuer/I. Dogan/O. Can (Hrsg.), Deutsch-Türkisches Forum für Staatsrechtslehre I, 2004, S. 11 (28); *E. Stein*, in: Denninger/Hoffmann-Riem/Schneider/Stein Einleitung II Rn. 8, 53 und 93.
[57] *F. Müller/C. Christensen*, Juristische Methodik, Bd. I, 11. Aufl. 2013, Rn. 364.

Erster Teil. Verfassungsrecht

Erster Abschnitt. Grundlagen

§ 3. Verfassungsrecht in Abgrenzung vom Verwaltungsrecht

Das Öffentliche Recht (zum Begriff → § 67 Rn. 1 ff.) besteht wesentlich aus dem Verfassungs- und Verwaltungsrecht als **Kernmaterien**. Die **Verfassung** stellt die **rechtliche Grundordnung** des Staates dar. Der Bund und jedes Land haben eine eigene Verfassung (→ § 4 Rn. 9). Sie bestimmt jeweils „die Leitprinzipien, nach denen politische Einheit sich bilden und staatliche Aufgaben wahrgenommen werden sollen. Sie regelt Verfahren der Bewältigung von Konflikten innerhalb eines Gemeinwesens. Sie ordnet die Organisation und das Verfahren politischer Einheitsbildung und staatlichen Wirkens. Sie schafft Grundlagen und normiert Grundzüge rechtlicher Gesamtordnung."[1] Da sich Regelungen der Verfassung auch auf Grundlagen der Ordnung nicht-staatlichen Lebens beziehen, reicht **Verfassungsrecht** einerseits weiter als **Staatsrecht,** „das der Wortbedeutung und der Sache nach nur Recht des Staates bezeichnet; andererseits ist es enger begrenzt, insofern Staatsrecht auch Recht des Staates umfassen kann, das nicht zur *Grund*ordnung des Gemeinwesens zu rechnen ist."[2] Die Verfassung ist ein Gesetz, welches sich jedoch – insbesondere wegen seines besonderen Ranges (→ § 4 Rn. 21) – von den zahlreichen übrigen Gesetzen deutlich unterscheidet.[3]

1

Das Verfassungsrecht lässt sich inhaltlich in folgende große **Teilgebiete** gliedern:

2

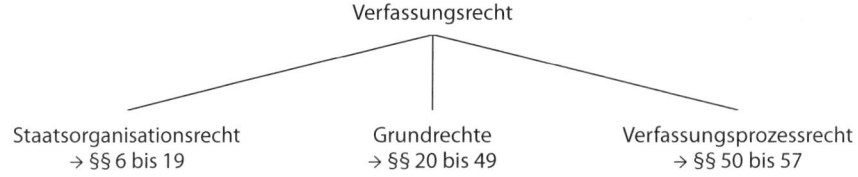

Auch das **Verwaltungsrecht** bezieht sich auf den **Staat** (zum Begriff → § 4 Rn. 1 ff.), allerdings nicht auf die Leitprinzipien sowie die Verfassungsorgane und deren Tätigkeit. Es umfasst vielmehr diejenigen Rechtssätze, welche die Tätigkeit der öffentlichen Verwaltung, die Organisation und das Verfahren der Verwaltungsbehörden regeln; beim Verwaltungsrecht handelt es sich also um Rechtssätze, die einen spezifischen **Bezug zur Tätigkeit von Behörden** aufweisen (→ § 61 Rn. 1). Das Handeln der öffentlichen Verwaltung besteht wesentlich in der Ausführung von Bundes- und Landesgesetzen („gesetzesakzessorische" Verwaltung, → § 18 Rn. 1 ff.). Die Anwendung der Verwaltungsrechtsnormen wird durch Verfassungsrecht erheblich beeinflusst. So hat die Verwaltung etwa bei der Ausübung des ihr in zahlreichen Vorschriften eingeräumten Er-

3

---

[1] *Hesse* Rn. 17.
[2] *Hesse* Rn. 18.
[3] *Maurer,* StaatsR I § 1 Rn. 33.

messens die Grundrechte (→ §§ 20 ff.) und den Grundsatz der Verhältnismäßigkeit (→ § 24 Rn. 32 ff.) zu beachten (→ § 62 Rn. 2, § 69 Rn. 8).

4 Das Verwaltungsrecht unterfällt in folgende große **Teilgebiete:**

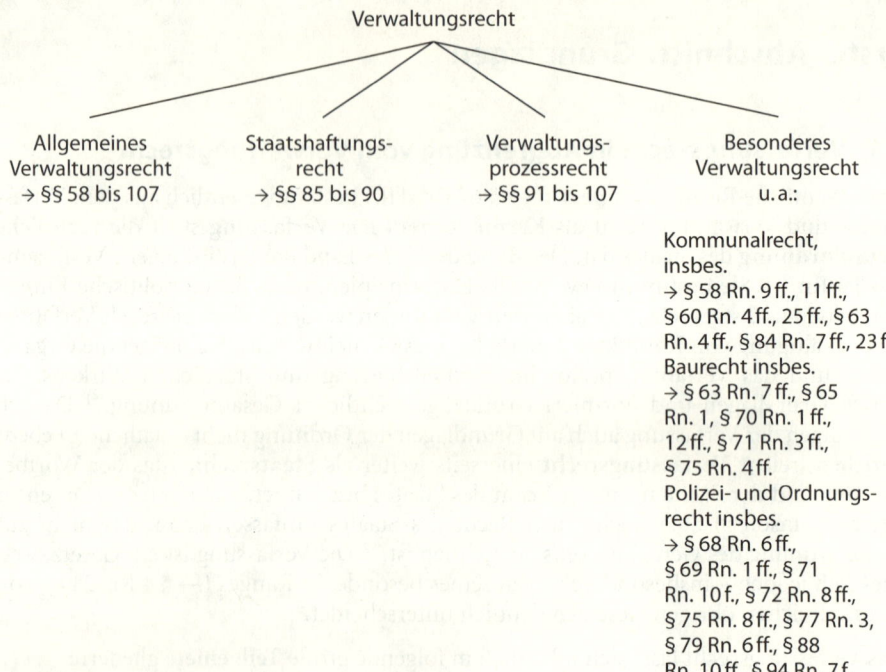

§ 4. Staat und Rechtsordnung

I. Was ist ein Staat?

1 Im völkerrechtlichen Sinne weist ein Staat mindestens drei Merkmale auf, die ihn als solchen qualifizieren: **Staatsgebiet, Staatsvolk** und **Staatsgewalt** (**Drei-Elemente-Lehre**[1]).[2] Erfüllt ein Gebilde diese Voraussetzungen, ist es als Staat Völkerrechtssubjekt. Dies ist in erster Linie im Außenverhältnis von Bedeutung. Die Offenheit und Unbestimmtheit der Merkmale ist dem tatsächlichen Umstand geschuldet, dass die Erscheinungsformen von Staaten weltweit sehr unterschiedlich sind.

2 **Staatsgebiet** ist ein bestimmter **Teil der Erdoberfläche.** Der Staat übt die Hoheitsgewalt grundsätzlich nur innerhalb seiner territorialen Grenzen aus, wobei sich die Abgrenzung zu Nachbarstaaten hauptsächlich durch völkerrechtliche Verträge (z. B. Friedensvertrag nach kriegerischer Auseinandersetzung) bestimmt. Der Hoheitsgewalt ist jeder unterworfen, der sich im Staatsgebiet aufhält (Gebietshoheit). Einwirkungen eines anderen Staates dürfen als Eingriff in die inneren Angelegenheiten abgewehrt werden. Das Staatsgebiet erstreckt sich auf das offene **Meer.** Während früher drei Seemeilen aner-

---

[1] Zurückzuführen auf *G. Jellinek*, Allgemeine Staatslehre, 3. Aufl. 1914, S. 394 ff.
[2] Vgl. ausführlicher zu den drei Elementen *M. Kau*, in: W. Graf Vitzthum/A. Proelß, Völkerrecht, 6. Aufl. 2013, 3. Abschn. Rn. 76 ff.

§ 4. Staat und Rechtsordnung

kannt waren, können nach heutiger Völkerrechtspraxis Staaten ihre Küstengewässer auf 12 Seemeilen festlegen. Ferner werden den Staaten eine Wirtschaftszone von 200 Seemeilen sowie bestimmte Rechte zur Ausbeutung von Naturschätzen im Festlandssockel zugebilligt.[3] Ebenfalls gehört zum Staatsgebiet der **Luftraum** – nicht aber der Weltraum – über dem Territorium. Staatsgebiet der Bundesrepublik Deutschland ist das Territorium der 16 Bundesländer. Die Bundesrepublik hat ihre Küstengewässer auf 12 Seemeilen festgelegt.[4]

Unter **Staatsvolk** ist ein Personenkreis zu verstehen, welcher der Staatsgewalt – unabhängig von der Anknüpfung an den Aufenthalt im Staatsgebiet – unterworfen ist (Personalhoheit). Es besteht aus der Gesamtheit aller Staatsangehörigen. Wer Staatsangehöriger ist, kann sich zum einen nach dem **Territorialprinzip** (ius soli) richten. Danach ist Staatsangehöriger, wer im Staatsgebiet geboren wurde. Nach dem **Abstammungsprinzip** (ius sanguinis) kommt es entscheidend auf die Abstammung von einem Staatsangehörigen an. Ferner kann die Staatsbürgerschaft durch Einbürgerung verliehen werden. Doppelte Staatsangehörigkeiten widersprechen im Grundsatz dem Wesen der Staatsangehörigkeit, eine personelle Zuordnung zu treffen. Die deutsche Staatsangehörigkeit richtet sich nach dem Staatsangehörigkeitsgesetz, welches beide Prinzipien kombiniert.

Staatsgewalt ist originäre, d. h. nicht von anderen staatlichen Mächten abgeleitete oder abhängige Herrschaftsmacht über das Staatsgebiet und die sich dort aufhaltenden Menschen. Die Staatsgewalt ist einheitlich, sie kann aber in verschiedene Funktionen aufgeteilt werden (Gewaltenteilung). Träger der Staatsgewalt der Bundesrepublik Deutschland ist das deutsche Volk (Art. 20 II 1 GG).[5] Der Begründung der Staatsqualität der Bundesländer liegt eine Unterscheidung zwischen souveränen (Bund) und nichtsouveränen Staaten (Ländern) zugrunde, wobei nur souveräne Staaten Völkerrechtssubjekte sind.[6]

II. Rechtsordnung

Als Rechtsordnung kann die Gesamtheit aller verbindlichen hoheitlichen Regelungen innerhalb eines Gemeinwesens verstanden werden. Regelungen können aber in sehr verschiedenen Erscheinungsformen auftreten.

So lässt sich beispielsweise differenzieren zwischen abstrakt-generellen Regelungen, die für viele Sachverhalte (abstrakt) und viele Personen (generell) gelten, und konkret-individuellen Regelungen, welche im Idealfall nur einen Sachverhalt (konkret) und eine Person (individuell) betreffen. Ferner kann zwischen solchen Regelungen unterschieden werden, die nur staatsintern verbindlich sind, und solchen, die Außenrechtswirkung haben und somit grundsätzlich von jedem zu beachten sind. Weiterhin lässt sich formal eine Unterscheidung nach dem Regelungsgeber (z. B. Parlament, Minister, Gemeinderat, Behörde) und der Regelungsform (Verfassung, Parlamentsgesetz, Rechtsverordnung, Satzung, Verwaltungsvorschrift, Verwaltungsakt) treffen.

Hauptbestandteil der Rechtsordnung sind die **Gesetze**. Diese sind fast immer **Rechtsnormen**, d. h. abstrakt-generelle Regelungen mit Außenrechtswirkung. Vielfach wer-

---

[3] Vgl. *T. Stein/C. v. Buttlar*, Völkerrecht, 13. Aufl. 2012, Rn. 266 ff.
[4] BGBl. 1994 I S. 3428.
[5] BVerfGE 83, 37 (51).
[6] Vgl. *O. Kimminich*, in: HdbStR I (2. Aufl.) § 26 Rn. 15 ff.; *A. Randelzhofer*, in: HdbStR II § 17 Rn. 35.

den deshalb die Begriffe Gesetz und Rechtsnorm synonym verwendet bzw. das Merkmal der Rechtsnorm zum Definitionsbestandteil der verschiedenen Gesetzesformen erhoben („Rechtsverordnungen sind Rechtsnormen, die ..."). Jedoch kennt das Grundgesetz auch Maßnahme- bzw. Einzelfallgesetze. Für den Gesetzescharakter einer Regelung kann deshalb nicht ein abstrakt-genereller Inhalt entscheidend sein, sondern allein das formale Merkmal der in Gesetzesform erlassenen Regelung.[7] Dabei gibt es verschiedene Gesetzesformen (Verfassung, Parlamentsgesetz, Rechtsverordnung, Satzung), die sich durch den Normgeber unterscheiden und in einem Rangverhältnis zueinander stehen.

8 Die **sprachliche Verwendung des Begriffes Gesetz** ist nicht einheitlich. Daher sollte darauf geachtet werden, in welchem Zusammenhang der Gesetzesbegriff erscheint. Einerseits ist in einem engeren Sinne oftmals nur das Parlamentsgesetz gemeint. Dieses wird auch als **„formelles Gesetz"** bezeichnet. Andererseits wird als **„materielles Gesetz"** jede allgemeinverbindliche Regelung, d. h. Rechtsnorm verstanden. In diesem weiteren Sinne werden dann neben dem Parlamentsgesetz auch Verfassungsbestimmungen, Rechtsverordnungen und Satzungen vom Gesetzesbegriff erfasst. Rechtsverordnungen und Satzungen werden oftmals als **„untergesetzliche Normen"** bezeichnet (hier gemeint als „unter dem ‚formellen Gesetz' befindlich"). Für die unterhalb der Verfassung stehenden Gesetze ist vielfach der Begriff **„einfaches Recht"** anzutreffen.

1. Rechtsquellen

a) Verfassung

9 Die Verfassung stellt die **rechtliche Grundordnung** des Staates dar. Der Bund und jedes Land haben eine eigene Verfassung. Kein Rechtssatz des jeweiligen Landesrechts darf mit der Landesverfassung in Widerspruch stehen. Jeder Rechtssatz des Bundesrechts und des Rechts der Länder muss mit der Verfassung des Bundes, dem Grundgesetz, in Einklang stehen (zum Verhältnis des Grundgesetzes zum Europarecht → § 5).

b) Parlamentsgesetz (formelles Gesetz)

10 Parlamentsgesetze sind die vom **Bundestag** oder den **Parlamenten der Länder** (Landtag, Bürgerschaft, Abgeordnetenhaus) als Gesetz beschlossenen Regelungen. Maßgeblich ist eine formale Betrachtungsweise; auf den Inhalt oder Gegenstand der Regelung kommt es nicht an. Parlamentsgesetze werden auch als formelle Gesetze bezeichnet.

11 Regelmäßig sind formelle Gesetze zugleich materielle Gesetze, da sie Rechtsnormen darstellen, d. h. allgemein-verbindliche Regelungen aufstellen. Es gibt jedoch auch Parlamentsgesetze, die keine Gesetze im materiellen Sinne sind. So ist beispielsweise das **Haushaltsgesetz** gemäß Art. 110 II 1 GG zwar ein Gesetz im formellen Sinne, da es vom Bundestag erlassen wird. Die Ermächtigung der Exekutive zur Vornahme der im Haushaltsplan vorgesehenen Ausgaben im Haushaltsgesetz entfaltet über das Verhältnis zwischen Parlament und Exekutive hinaus keine Außenwirkung, ist somit nicht allgemein-verbindlich.[8]

c) Rechtsverordnung

12 Rechtsverordnungen sind die von **Organen der Exekutive** als Rechtsverordnung erlassenen Regelungen. Regelmäßig handelt es sich um Rechtsnormen. Ausnahmsweise sind jedoch auch Rechtsverordnungen denkbar, die Einzelfallregelungen enthalten. Entscheidend für die Charakterisierung einer exekutiven Regelung als Rechtsverordnung

---

[7] Vgl. *Degenhart* Rn. 142 ff.
[8] Vgl. *M. Heintzen*, in: v. Münch/Kunig Art. 110 Rn. 31 ff.

§ 4. Staat und Rechtsordnung

sind daher wiederum allein formale Gesichtspunkte, wie z. B. die Veröffentlichung im Gesetzblatt. Der Erlass einer Rechtsverordnung des Bundes setzt nach Art. 80 I 2 GG eine nach Inhalt, Zweck und Ausmaß hinreichend bestimmte Ermächtigung in einem Parlamentsgesetz voraus (→ § 17 Rn. 43 f.). Dieser Grundsatz (nicht jedoch Art. 80 I 2 GG unmittelbar) gilt auch für die Landesgesetzgebung.[9] Adressaten einer Verordnungsermächtigung können bei einer bundesgesetzlichen Ermächtigung nur die Bundesregierung, ein Bundesminister oder die Landesregierungen[10] sein (Art. 80 I 1 GG). Formelle Landesgesetze können dagegen auch eine Verwaltungsbehörde zum Erlass von Rechtsverordnungen ermächtigen, sofern die Landesverfassung dem nicht entgegensteht. Rechtsverordnungen sind für den Bürger ebenso verbindlich wie Parlamentsgesetze.

d) Satzung

Der Staat (Bund oder Land) kann zur besseren Verwirklichung seiner öffentlichen Aufgaben von ihm **rechtlich verselbständigte Verwaltungsträger** in Form von Körperschaften, Anstalten und Stiftungen des öffentlichen Rechts schaffen. Diese Verwaltungsträger sind in den Staat eingegliederte eigenständige juristische Personen. Sie sind regelmäßig mit Selbstverwaltungsaufgaben betraut. Beispiele für solche Organisationen sind Gemeinden, Universitäten, Rundfunkanstalten, Rechtsanwalts- sowie Industrie- und Handelskammern. Satzungen sind Regelungen (ganz regelmäßig Rechtsnormen), die von einer juristischen Person des öffentlichen Rechts zur Regelung ihrer Angelegenheiten als Satzung erlassen werden. Der Erlass einer Satzung setzt ebenfalls eine Ermächtigung in einem Parlamentsgesetz voraus. Da die Rechtsetzungsgewalt sich auf Selbstverwaltungsangelegenheiten der Organisation beschränkt und ihr Dritte grundsätzlich nicht unterworfen sind, muss das ermächtigende Parlamentsgesetz nicht den für Rechtsverordnungen nach Art. 80 I 2 GG erforderlichen Bestimmtheitsgrad haben.[11]

13

e) Gewohnheitsrecht und Richterrecht

Als Rechtsquellen sind auch das Gewohnheitsrecht und Richterrecht anerkannt.[12] Als **Gewohnheitsrecht** bezeichnet das BVerfG „Recht, das nicht durch förmliche Setzung, sondern durch längere tatsächliche Übung entstanden ist, die eine dauernde und ständige, gleichmäßige und allgemeine sein muß und von den beteiligten Rechtsgenossen als verbindliche Rechtsnorm anerkannt wird"[13]. Beim **Richterrecht** handelt es sich um Rechtsprechungsgrundsätze, die in der Gerichtspraxis wiederholt zur Anwendung gelangen (→ § 65 Rn. 2). Das BVerfG sieht darin „Recht" i. S. d. Art. 20 III GG durch „Ergänzung und Weiterführung des geschriebenen Gesetzes"[14].

14

---

[9] BVerfGE 102, 197 (222).
[10] Werden bundesgesetzlich die Landesregierungen ermächtigt, eine Rechtsverordnung zu erlassen, sind die Länder zu einer Regelung auch durch Parlamentsgesetz befugt (Art. 80 IV GG).
[11] BVerfGE 33, 125 (156 ff.).
[12] Vgl. *H. Sodan,* NZS 1998, 305 (308).
[13] BVerfGE 22, 114 (121).
[14] BVerfGE 34, 269 (291). Vgl. zu den Grenzen des Richterrechts *B. Rüthers,* NJW 2011, 1856 ff. sowie das Sondervotum der Richter *A. Voßkuhle, L. Osterloh* und *U. Di Fabio,* BVerfGE 122, 248 (282 ff.).

f) Verwaltungsvorschrift

15 Verwaltungsvorschriften sind **verwaltungsinterne Regelungen.** Sie sind für die handelnden Amtswalter bei der Ausübung der ihnen übertragenen Aufgaben verbindlich. Mangels Außenwirkung sind sie aber keine Gesetze oder Rechtsnormen. Daher begründen Verwaltungsvorschriften für den Bürger weder Rechte oder Pflichten, noch sind sie für Gerichte verbindlich. Somit sind sie im engeren Sinne auch keine Rechtsquellen.

16 Als wichtigste Erscheinungsformen sind die ermessensausübenden und die gesetzesinterpretierenden Verwaltungswaltungsvorschriften zu nennen. Durch **ermessensausübende Verwaltungsvorschriften** werden der Verwaltung durch gesetzliche Bestimmungen eingeräumte Handlungsspielräume (auf der Rechtsfolgenseite) konkretisiert. Mittels **gesetzesinterpretierenden Verwaltungsvorschriften** wird für ein von der Behörde anzuwendendes Gesetz – insbesondere hinsichtlich seiner Tatbestandsmerkmale – eine für die Amtswalter maßgebliche Auslegung bestimmt. Diese Auslegung ist freilich für die Gerichte nicht bindend. Beide Erscheinungsformen verfolgen das Ziel, eine gleichmäßige Verwaltungspraxis sicherzustellen.

17 Verwaltungsvorschriften können jedoch mittelbar über Art. 3 I GG Außenwirkung entfalten. Soweit der Verwaltung Handlungsspielräume zustehen, tritt regelmäßig aufgrund des Gleichheitssatzes durch eine Verwaltungsvorschrift eine **Selbstbindung der Verwaltung** ein. Im Einzelfall darf die Verwaltung deshalb ohne besondere Rechtfertigung nicht von ihrer Praxis abweichen.[15]

2. Kollisionen zwischen Rechtsnormen und Kollisionsregeln

18 Kollisionsprobleme treten auf, wenn mindestens zwei verschiedene Rechtsnormen existieren, die (unterschiedliche) Aussagen zu demselben Lebenssachverhalt treffen. Dann muss nach festgelegten Regeln entschieden werden, welcher Rechtssatz gilt.

19 Die erste und den anderen vorrangige Kollisionsregel findet sich in Art. 31 GG: **Bundesrecht bricht Landesrecht.** Dabei bricht *jede* Norm des Bundesrechts *jede* damit kollidierende Norm des Landesrechts, d. h. eine Satzung des Bundesrechts kann eine Landesverfassung brechen. Die Folge eines Widerspruches ist die Nichtigkeit des Landesrechts, welches auch nach Wegfall des gegenläufigen Bundesrechts nicht wieder auflebt.

20 Für die **Fallprüfung** ist zu beachten, dass Art. 31 GG nur eine Kollision zwischen kompetenzgemäß erlassenen Rechtsnormen regelt und prüfungstechnisch zur materiellen Rechtmäßigkeit gehört. Inhaltliche Widersprüche zwischen Bundes- und Landesrecht sind oftmals schon bei der Prüfung der Gesetzgebungskompetenz des Landes im Rahmen der formellen Rechtmäßigkeit abzuhandeln, ohne dass Art. 31 GG zur Anwendung kommt.[16]

21 Innerhalb desselben Rechtskreises (Bundesrecht oder Landesrecht) gilt zunächst die Regel „**lex superior derogat legi inferiori**" (höherrangiges Recht verdrängt niederrangiges Recht). Kein Parlamentsgesetz darf gegen die Verfassung verstoßen, keine Rechtsverordnung darf gegen ein Parlamentsgesetz oder die Verfassung verstoßen, usw. Ein Widerspruch führt grundsätzlich zur Nichtigkeit des niederrangigen Rechts. Vgl. zur Rangfolge der geschriebenen Rechtsquellen nachstehende Abbildung.

---

[15] BVerwGE 44, 72 (74 f.); 100, 335 (339 f.).
[16] *H. Sodan/S. Kluckert*, NVwZ 2013, 241.

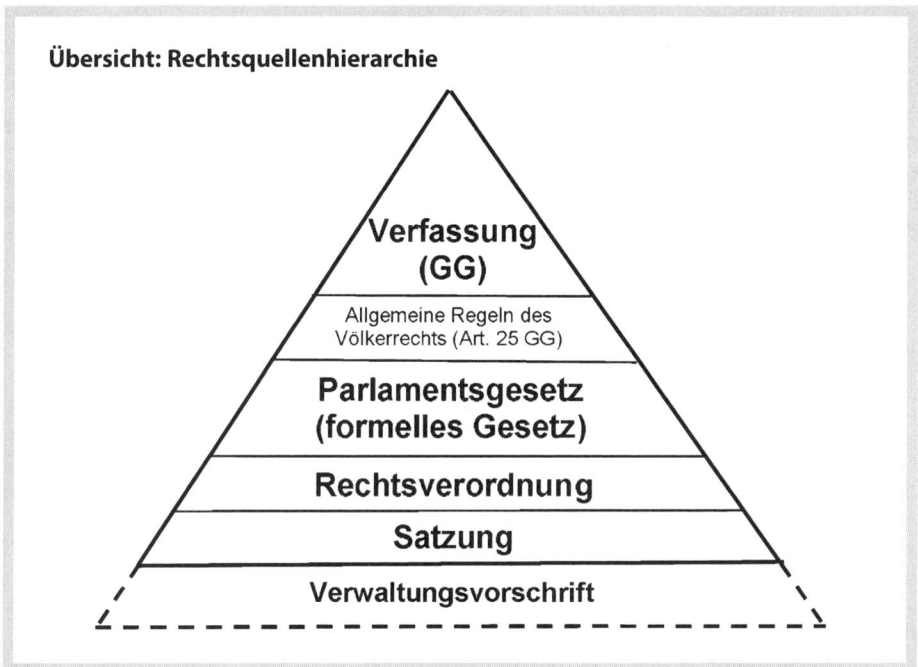

Kollisionen zwischen Rechtsnormen auf der gleichen Rangstufe können mit der Regel **„lex posterior derogat legi priori"** (späteres Recht verdrängt früheres Recht) gelöst werden. Ein früherer Gesetzgeber kann einen späteren regelmäßig nicht an seinen Willen binden. Praktisch bedeutsamer ist aber die Regel **„lex specialis derogat legi generali"** (spezielles Recht verdrängt allgemeines Recht).[17] So gehen beispielsweise die (besonderen) Vorschriften des Gaststättengesetzes den (allgemeinen) Regeln der Gewerbeordnung vor. Die letztgenannte Regel betrifft indes nur die Anwendbarkeit von Normen, nicht jedoch deren Gültigkeit.

22

§ 5. Bezüge des Grundgesetzes zum Europarecht

> **Fall 2** (vgl. BVerwGE 115, 189ff.; EuGH, NVwZ 2004, 1471ff.): Das BVerwG ist in einem gewerberechtlichen Fall zu der Auffassung gelangt, dass der Betrieb eines Laserspiels mit simulierten Tötungshandlungen mit der verfassungsrechtlichen Garantie der Menschenwürde unvereinbar sei. Ist eine Vorlage an den EuGH über die Frage, ob einem Verbot europarechtliche Bestimmungen entgegenstehen, entscheidungserheblich?

Vor Inkrafttreten des Vertrags von Lissabon zur Änderung des Vertrags über die Europäische Union und des Vertrags zur Gründung der Europäischen Gemeinschaft vom 13.12.2007[1] beruhte die **Europäische Union (EU)** auf drei Säulen, nämlich den **Europäischen Gemeinschaften** – das waren die Europäische (Wirtschafts-) Gemeinschaft und die Europäische Atomgemeinschaft (aufgrund gemeinsamer Organe zusammenfassend **Europäische Gemeinschaft [EG]** genannt) – sowie **zwei Politikbereichen**, nämlich „Gemeinsame Außen- und Sicherheitspolitik" und „Polizeiliche und justizielle Zusammenarbeit in Strafsachen" (vgl. Art. 1 S. 3, Art. 11 ff., 29 ff. EUV

1

---

[17] Siehe zu den beiden genannten Rechtsregeln *H. Sodan*, JZ 1999, 864 (867, 871).
[1] ABl.-EU Nr. C 306 S. 1; BGBl. 2008 II S. 1038.

a. F.). Selbständig handlungs- und rechtsetzungsfähig waren jedoch nur die Europäischen Gemeinschaften, deren Rechtsgrundlagen sich im Vertrag zur Gründung der Europäischen Gemeinschaft (EG) und im Vertrag zur Gründung der Europäischen Atomgemeinschaft (EA) befanden.

Mit dem am 1.12.2009 in Kraft getretenen Vertrag von Lissabon wurde die EU Rechtsnachfolgerin der EG und besitzt fortan eigene Rechtspersönlichkeit, denn bisherige EU und EG wurden in einer neuen einheitlichen EU miteinander verschmolzen. Die bislang neben der EG stehenden zwei Politikbereiche sind nunmehr integrale Bestandteile der einheitlichen Union (vgl. Art. 21 ff. EUV n. F. zur „Gemeinsamen Außen- und Sicherheitspolitik" sowie Art. 4 II Buchst. j, Art. 67 ff. AEUV zum „Raum der Freiheit, der Sicherheit und des Rechts"). Der Vertrag zur Gründung der Europäischen Gemeinschaft wurde mit verschiedenen Änderungen zum Vertrag über die Arbeitsweise der Europäischen Union (AEUV).[2]

I. Staatsziel: Verwirklichung eines vereinten Europas

2 Art. 23 I 1 GG enthält einen **verbindlichen Auftrag** an alle staatlichen Stellen, zur Verwirklichung eines vereinten Europas an der Entwicklung der EU mitzuwirken. Allerdings „öffnet sich das Grundgesetz der Integration nur unter Vorbehalten und Bedingungen".[3] Die Union muss auf den gleichen Grundprinzipien beruhen wie die Bundesrepublik Deutschland, d. h. demokratischen, rechtsstaatlichen, sozialen sowie föderativen Grundsätzen verpflichtet sein und Grundrechte gewährleisten. Der Auftrag wird hauptsächlich durch die Mitgestaltung des primären und sekundären Unionsrechts, die Übertragung von Hoheitsrechten sowie die Umsetzung und Beachtung des Unionsrechts erfüllt. Wie bei allen Staatszielbestimmungen ist ein konkreter Handlungsauftrag nicht abzuleiten. Den beteiligten Staatsorganen, vor allem Regierung und Gesetzgebung, steht ein weiter Gestaltungsspielraum zu, der jedoch nach dem Grundsatz der Europarechtsfreundlichkeit auszufüllen ist[4]. Art. 23 I 1 GG ist aber keine verfassungsrechtliche „Übernorm"; vielmehr können andere Verfassungsprinzipien, insbesondere die Staatsstrukturprinzipien (Art. 20, 79 III GG), einer weiteren Integration der Bundesrepublik Deutschland in die EU oder in ein neben ihr errichtetes System – wie z. B. dem Europäischen Stabilitätsmechanismus (ESM) – Grenzen setzen (→ Rn. 6 ff.).

II. Übertragung von Hoheitsrechten auf die EU

1. Zulässigkeit, Technik und Bedeutung des Zustimmungsgesetzes

3 Die Übertragung von Hoheitsrechten auf die EU ist seit 1992 in Art. 23 I 2 GG ausdrücklich geregelt. Der davor maßgebliche und vor dem Hintergrund zunehmender Integration nicht mehr hinreichende Art. 24 I GG wird nunmehr in Angelegenheiten der EU verdrängt. Der missverständliche Begriff der Übertragung bedeutet **Verzicht auf die eigene Ausübung von Hoheitsrechten auf einem bestimmten Gebiet zugunsten der EU.** Der Verzicht ist nicht endgültig; es können einzelne Hoheitsrechte wieder aufgegriffen oder sogar die Zugehörigkeit zur EU beendet werden.[5]

---

[2] Vgl. dazu *A. Hatje/A. Kindt*, NJW 2008, 1761 f.; *T. Oppermann*, DVBl. 2008, 473 (476); *E. Pache/F. Rösch*, NVwZ 2008, 473 (474 f.); *A. Weber*, EuZW 2008, 7.

[3] *J. Isensee*, ZRP 2010, 33 (34). Vgl. auch *K.-P. Sommermann*, DÖV 2013, 708 (709 f.) zur „kontrollierten Integrationsoffenheit" des Grundgesetzes.

[4] BVerfGE 123, 267 (347).

[5] BVerfGE 89, 155 (190); 123, 267 (350). Siehe auch Art. 50 EUV.

§ 5. Bezüge des Grundgesetzes zum Europarecht

Der Übertragung von Hoheitsrechten geht der Abschluss eines darauf bezogenen völkerrechtlichen Vertrages durch die Regierungen der Mitgliedstaaten voraus. Rechtstechnisch erfolgt die Übertragung durch das so genannte **Zustimmungsgesetz des Bundesgesetzgebers.** Das Zustimmungsgesetz erklärt kurz das Einverständnis zu einem bestimmten – die Hoheitsrechtsübertragung beinhaltenden – völkerrechtlichen Vertragswerk. Ihm kommt eine Doppelfunktion zu. Es enthält zum einen die für die völkerrechtliche Verbindlichkeit erforderliche Zustimmung nach Art. 59 II GG. Ferner umfasst es den staatsrechtlich zu beurteilenden Hoheitsverzicht nach Art. 23 I 2 GG. Das Gesetz bedarf der Zustimmung des Bundesrates. Da jede Übertragung von Hoheitsrechten auf die EU materiell eine Verfassungsänderung darstellt[6] (→ Rn. 13), bedarf sie *immer* nach Art. 23 I 3 GG – trotz des missverständlichen Wortlauts – einer verfassungsändernden Zweidrittelmehrheit.[7] Das Zustimmungsgesetz des verfassungsändernden Gesetzgebers ist die „Brücke zwischen nationalem Recht und Europarecht, über die das europäische Recht mit Verbindlichkeit für die Bundesrepublik Deutschland die Verfassungsordnung des Grundgesetzes erreicht."[8]

4

EUV und AEUV enthalten in der Fassung des Vertrags von Lissabon eine Reihe von Vorschriften, welche Beschlüsse von Organen der EU ermöglichen, die materiell zu einer Kompetenzausdehnung der EU führen und damit eine weitere Übertragung von Hoheitsrechten erfordern. Dabei handelt es sich um Vorschriften über das „vereinfachte Vertragsänderungsverfahren" (Art. 48 VI EUV), „besondere Vertragsänderungsverfahren" (z. B. Art. 218 VIII, 311 III AEUV), so genannte „Brückenklauseln", die eine Abkehr vom Einstimmigkeitsprinzip ermöglichen (Art. 48 VII EUV, 81 III AEUV), „Kompetenzerweiterungsklauseln" (bspw. Art. 83 III, 86 IV AEUV) sowie die „Flexibilitätsklausel" des Art. 352 AEUV. Das BVerfG hat klargestellt, dass eine Kompetenzausweitung nach diesen Klauseln den *vorherigen* Erlass eines erneuten Zustimmungsgesetzes gemäß Art. 23 I GG voraussetzt. Einzelheiten finden sich im Gesetz über die Ausweitung und Stärkung der Rechte des Bundestages und des Bundesrates in Angelegenheiten der Europäischen Union vom 22.9.2009[9].

5

2. Grenzen der Übertragung von Hoheitsrechten

Die Übertragung von Hoheitsrechten auf die EU setzt ein **formell und materiell rechtmäßiges Zustimmungsgesetz** voraus. Formell ist nach Art. 23 I 3 GG eine verfassungsändernde Mehrheit erforderlich (→ Rn. 4, 13). Materiell sind neben den in Art. 23 I 1 GG genannten Anforderungen jedenfalls die Grenzen des Art. 79 III GG einzuhalten, denn der verfassungsändernde Gesetzgeber kann nicht mehr Rechte übertragen, als ihm selber zustehen.[10]

6

„Das Grundgesetz ermächtigt die für Deutschland handelnden Organe nicht, durch einen Eintritt in einen Bundesstaat das Selbstbestimmungsrecht des Deutschen Volkes in Gestalt der völkerrechtlichen Souveränität Deutschlands aufzugeben", so dass ein **Aufgehen der Bundesrepublik Deutschland in einem europäischen Bundesstaat („Vereinigte Staaten von Europa") unzulässig** ist.[11] So wie die Bundesländer als Staaten der Herrschaft des ungeteilten (gesamtstaatlichen) Sou-

7

---

[6] BVerfGE 58, 1 (36); *S. Schmahl,* in: Sodan Art. 23 Rn. 14, 17.
[7] *A. Randelzhofer,* in: Maunz/Dürig Art. 24 I Rn. 203; *R. Wernsmann/M. Sandberg,* DÖV 2014, 49 (51). Vgl. BVerfGE 123, 267 (387).
[8] *P. Kirchhof,* Brauchen wir ein erneuertes Grundgesetz?, 1992, S. 41.
[9] BGBl. I S. 3022.
[10] Vgl. dazu *H. Sodan,* JZ 2002, 53 (58 f.).
[11] BVerfGE 123, 267 (347 f.); vgl. ferner *S. Broß,* Abw. Meinung, BVerfGE 113, 319 (325); *U. Di Fabio,* Der Staat 32 (1993), 191 (199 ff.); *U. Fink,* DÖV 1998, 133 (141); *J. Isensee,* ZRP 2010, 33 (35 f.); *S. Schmahl,* in: Sodan Art. 23 Rn. 18.

veräns – des deutschen Volkes – unterstellt sind, müsste ein Gliedstaat Deutschland dann dem europäischen (gesamtstaatlichen) Souverän unterworfen sein, der nicht mehr mit dem deutschen Volk identisch ist. Die Errichtung eines europäischen Bundesstaates wäre somit für den Gliedstaat Deutschland mit einem Austausch des Souveräns – des Verfassungsgebers – verbunden. Der Austausch des Verfassungsgebers ist aber eine Verfassungsvernichtung, wozu die durch das Grundgesetz verfassten staatlichen Organe naturgemäß keine Befugnis besitzen. Ferner ergibt sich die Unzulässigkeit der Schaffung eines europäischen Bundesstaates daraus, dass Art. 79 III GG ausdrücklich „die Gliederung des Bundes in Länder" garantiert. Letztere könnten in einem europäischen Bundesstaat ihre Staatlichkeit (→ § 8 Rn. 7 ff.) nicht behaupten. „Das Grundgesetz setzt damit die souveräne Staatlichkeit Deutschlands nicht nur voraus, sondern garantiert sie auch."[12]

8 „Das Grundgesetz ermächtigt die deutschen Staatsorgane nicht, Hoheitsrechte derart zu übertragen, dass aus ihrer Ausübung heraus eigenständig weitere Zuständigkeiten für die Europäische Union begründet werden können. Es untersagt die Übertragung der Kompetenz-Kompetenz [...]. Integrationsschritte müssen von Verfassungs wegen durch den Übertragungsakt sachlich begrenzt und prinzipiell widerruflich sein."[13] Die Übertragung von Hoheitsrechten kann daher nur in der Form der **begrenzten Einzelermächtigung** geschehen.[14] In keinem Fall darf die Union selbst bestimmen, welche Aufgaben sie wahrnimmt und dadurch den Mitgliedstaaten entzieht. Eine solche **Kompetenz-Kompetenz** ist Ausdruck souveräner Staatlichkeit, ihre Übertragung gleichsam eine Auswechselung des Souveräns (→ Rn. 7).[15] Daraus folgt auch, dass das Integrationsprogramm der EU hinreichend bestimmt sein muss. Demnach dürfen keine Blankettermächtigungen erteilt werden, die es der EU ermöglichen, im Wege der dynamischen Vertragsfortbildung sich der Kompetenz-Kompetenz zu bemächtigen; eine solche Bemächtigung wäre insbesondere dann möglich, wenn Organe der EU „unbeschränkt, ohne eine – sei es auch nur sehr zurückgenommene und sich als exzeptionell verstehende – äußere Kontrolle darüber entscheiden können, wie das Vertragsrecht ausgelegt wird".[16] Hoheitsrechte können infolgedessen nicht in der Weise auf die EU übertragen werden, dass dem EuGH die letztverbindliche Entscheidung darüber zufiele, welche Hoheitsrechte die Bundesrepublik Deutschland übertragen hat.

9 Neben den für die staatlichen Organe aus der Unverfügbarkeit der verfassungsgebenden Gewalt des deutschen Volkes und der staatlichen Souveränität folgenden Schranken setzt auch das ebenfalls von Art. 79 III GG umfasste **Demokratieprinzip** der Übertragung von Hoheitsrechten inhaltliche Grenzen. **Dem Deutschen Bundestag müssen Aufgaben und Befugnisse von substanziellem Gewicht verbleiben;** anderenfalls wäre die Ausübung von Staatsgewalt nicht mehr ausreichend demokratisch legitimiert, d. h. auf das *Staatsvolk* zurückführbar und ihm gegenüber verantwortlich.[17] Wenn die Ausübung der Staatsgewalt im Wesentlichen durch die EU determiniert wird, ist es den Bürgern kaum möglich, Entscheidungen bestimmten in Deutschland politisch verantwortlich handelnden Personen zuzuordnen mit der Folge, dass sich die Bürger bei der Wahl zum Deutschen Bundestag kaum an greifbaren Verantwortungszusammenhängen orientieren können.[18] Zwar ist in der Befugnis zur Übertragung von Hoheitsrechten eine Lockerung des demokratischen Legitimationsniveaus angelegt, aber keine weitgehende Abschaffung.

---

[12] BVerfGE 123, 267 (343).
[13] BVerfGE 123, 267 (349f.); vgl. ferner BVerfGE 132, 195 (238); 135, 317 (399).
[14] Vgl. dazu BVerfGE 89, 155 (192ff., 209); *H. Sodan*, JZ 2002, 53 (58).
[15] *U. Di Fabio*, Der Staat 32 (1993), 191 (205f.).
[16] BVerfGE 123, 267 (352).
[17] BVerfGE 89, 155 (186); 129, 124 (167ff.); 132, 195 (239); 135, 317 (399f.); vgl. auch *S. Schmahl*, in: Sodan Art. 23 Rn. 19; *H. Sodan*, NVwZ 2009, 545 (551).
[18] Vgl. BVerfGE 123, 267 (357).

§ 5. Bezüge des Grundgesetzes zum Europarecht

Mangels eines *europäischen Staatsvolks* und wegen der mitgliedstaatlichen Kontingentierung der Sitze kann durch das Europäische Parlament – auch bei Ausweitung seiner Befugnisse – nur sehr begrenzt eine Kompensation erfolgen und keine echte demokratische Legitimation vermittelt werden.[19] „Demokratie lebt zuerst von und in einer funktionsfähigen öffentlichen Meinung [...]. Diese öffentliche Meinung macht für Wahlen und Abstimmungen erst die Alternativen sichtbar [...]. Auch wenn durch die großen Erfolge der europäischen Integration eine gemeinsame und miteinander im thematischen Zusammenwirken stehende europäische Öffentlichkeit in ihren jeweiligen staatlichen Resonanzräumen ersichtlich wächst [...], so ist doch nicht zu übersehen, dass die öffentliche Wahrnehmung von Sachthemen und politischem Führungspersonal in erheblichem Umfang an nationalstaatliche, sprachliche, historische und kulturelle Identifikationsmuster angeschlossen bleibt. Sowohl das Demokratieprinzip als auch das ebenfalls von Art. 23 Abs. 1 Satz 1 GG strukturell geforderte Subsidiaritätsprinzip verlangen deshalb, gerade in **zentralen politischen Bereichen des Raumes persönlicher Entfaltung und sozialer Gestaltung der Lebensverhältnisse,** die Übertragung und die Ausübung von Hoheitsrechten auf die Europäische Union in vorhersehbarer Weise sachlich zu begrenzen. In diesen Bereichen bietet es sich in besonderem Maße an, die Grenzlinie dort zu ziehen, wo die Koordinierung grenzüberschreitender Sachverhalte sachlich notwendig ist."[20]

10

Als zentrale politische Bereiche, die als „besonders sensibel für die demokratische Selbstgestaltungsfähigkeit eines Verfassungsstaates gelten", benennt das BVerfG das Strafrecht (einschließlich des Strafverfahrensrechts), Verfügungen über das Gewaltmonopol polizeilich nach innen und militärisch nach außen, grundlegende fiskalische Budgetentscheidungen, die sozialstaatliche Gestaltung von Lebensverhältnissen sowie kulturell besonders bedeutsame Entscheidungen etwa im Familienrecht, Schul- und Bildungssystem oder über den Umgang mit Religionsgemeinschaften.[21] Die EU muss sich auf diesen Gebieten künftig größte Zurückhaltung auferlegen, wenn sie nicht Gefahr laufen will, dass ihre Rechtsakte in Deutschland unverbindlich bleiben (→ Rn. 14 ff., 19). Insbesondere für das Strafrecht hat das BVerfG sehr einschränkende Interpretationen der entsprechenden Kompetenztitel des AEUV (vgl. Art. 82 f. AEUV) vorgenommen.[22]

11

Im Fall finanzieller Hilfeleistungen an in Not geratene Mitgliedstaaten muss die Kontrolle über grundlegende haushaltspolitische Entscheidungen im Bundestag verbleiben; ein Verstoß gegen das **„Verbot der Entäußerung der Budgetverantwortung"** liegt nämlich vor, wenn „die Festlegung über Art und Höhe der den Bürger treffenden Abgaben in wesentlichem Umfang supranationalisiert und damit der Dispositionsbefugnis des Bundestages entzogen" wird.[23] Daher dürfen „keine dauerhaften völkervertragsrechtlichen Mechanismen begründet werden, die auf eine Haftungsübernahme für Willensentscheidungen anderer Staaten hinauslaufen, vor allem wenn sie mit schwer kalkulierbaren Folgewirkungen verbunden sind. Jede ausgabenwirksame solidarische Hilfsmaßnahme des Bundes größeren Umfangs im internationalen oder unionalen Bereich muss vom Bundestag im Einzelnen bewilligt werden."[24] Auch im Einzelnen vom Bundestag beschlossene Zahlungsverpflichtungen und Haftungsübernahmen können sich mit Blick auf ihre Größen-

11a

---

[19] BVerfGE 123, 267 (375); *P. Kirchhof*, Brauchen wir ein erneuertes Grundgesetz?, 1992, S. 38 f.; *J. Isensee*, ZRP 2010, 33 (35).
[20] BVerfGE 123, 267 (358 f.) – ohne die Hervorhebungen.
[21] Siehe BVerfGE 123, 267 (359 ff.).
[22] Siehe BVerfGE 123, 267 (408 ff.).
[23] BVerfGE 129, 124 (179).
[24] BVerfGE 129, 124 (180); 132, 195 (241); 135, 317 (402). Vgl. zur Mitwirkung des Deutschen Bundestages an den Maßnahmen zur Eindämmung der Euro-Staatsschuldenkrise *B. Daiber*, DÖV 2014, 809 ff.

ordnung als Entäußerung der Haushaltsautonomie darstellen. Die Bewertung der Eintrittsrisiken, der Tragfähigkeit des Bundeshaushalts und des wirtschaftlichen Leistungsvermögens der Bundesrepublik Deutschland und damit, ob die Folgen für die Handlungsfreiheit des Haushaltsgesetzgebers noch verantwortbar sind, ist – so das BVerfG – vorrangig vom Gesetzgeber selbst im Rahmen seines Einschätzungsspielraums vorzunehmen und verfassungsgerichtlich zu respektieren.[25] In seinem Urteil zur Griechenlandhilfe und zur Europäischen Finanzstabilisierungsfazilität (EFSF)[26] sowie seinem Urteil zum ESM und Fiskalpakt[27] sah das BVerfG – beim ESM nur nach verfassungskonformer Auslegung und völkerrechtlicher Absicherung dieser Auslegung – die haushaltspolitische Gesamtverantwortung des Bundestags (noch) als gesichert. Vor dem Hintergrund der vom Gericht selbst seit dem Maastricht-Urteil formulierten und weiterentwickelten Grundsätze müssen jedoch der neu geschaffene ESM und die Reform der Europäischen Währungsunion auf erhebliche verfassungsrechtliche Einwände stoßen.[28] Die genannten Hilfsmaßnahmen sind zudem nicht nur verfassungsrechtlich, sondern im Hinblick auf die No-Bailout-Klausel des Art. 125 I AEUV auch unionsrechtlich problematisch.[29] Neben diesen Hilfsprogrammen, welche innerstaatlich auf das Handeln deutscher Staatsorgane zurückzuführen sind (Zustimmungsgesetze zu völkerrechtlichen Verträgen), existieren Maßnahmen, die von Organen der Union beschlossen wurden und gleichfalls Auswirkungen auf die haushaltspolitische Gesamtverantwortung des Bundestags haben. Im Zentrum der rechtlichen Kritik steht hier das Outright Monetary Transactions (OMT) Programm der Europäischen Zentralbank (EZB), welches vorsieht, dass Staatsanleihen ausgewählter Mitgliedstaaten in unbegrenzter Höhe von der EZB aufgekauft werden können. In seinem Vorlagebeschluss vom 14.1.2014 an den EuGH hat das BVerfG darin eine Kompetenzüberschreitung der EZB (Art. 119, 127 ff. AEUV) sowie einen Verstoß gegen das Verbot monetärer Haushaltsfinanzierung (Art. 123 AEUV) gesehen[30]. Das BVerfG hält es für denkbar, dass es sich bei dem OMT-Programm um eine Maßnahme handelt, die einer Ultra-vires- oder Identitätskontrolle (→ Rn. 18 ff.) nicht standhält[31]. Um diese verfassungsrechtliche Frage abschließend beantworten zu können, wurde der EuGH um Entscheidung über die Gültigkeit der EZB-Maßnahme (Art. 267 I 1 Buchst. b AEUV) bzw. verbindliche Auslegung des AEUV (Art. 267 I 1 Buchst. a AEUV) gebeten (→ Rn. 19 a). Auf die Vorlage des BVerfG hat der EuGH am 16.6.2015 entschieden, dass das OMT-Programm nicht die währungspolitischen Befugnisse der EZB überschreite und auch nicht gegen das Verbot monetärer Haushaltsfinanzierung verstoße.[32] Es bleibt abzuwarten, welche verfassungsrechtlichen Schlussfolgerungen das BVerfG daraus ziehen wird.

III. Vorrang des Unionsrechts

12 Das Recht der EU hat Vorrang vor dem nationalen Recht der Mitgliedstaaten. Dieser Vorrang ist jedoch kein Geltungsvorrang, sondern ein **Anwendungsvorrang,** d. h. dem

---

[25] BVerfGE 129, 124 (182 f.); 132, 195 (242 f.); 135, 317 (405).
[26] BVerfGE 129, 124 ff.
[27] BVerfGE 135, 317 ff.; vgl. auch den Beschl. im einstweiligen Anordnungsverfahren betr. den ESM: BVerfGE 132, 195 ff.
[28] Siehe näher *N. Horn,* NJW 2011, 1398 (1402 ff.); *L. Knopp,* NJW 2010, 1777 ff.; *H. Kube/ E. Reimer,* NJW 2010, 1911 ff.; a. A. *J. Wieland,* NVwZ 2011, 340 ff.
[29] Siehe hierzu *W. Kahl,* DVBl. 2013, 197 (202 f.); *P. Kirchhof,* NJW 2013, 1 (3 ff.); *L. Knopp,* NJW 2010, 1777 (1779 ff.); *U. Schröder,* DÖV 2011, 61 ff. Der EuGH (NJW 2013, 29 ff.) ist dagegen der Ansicht, dass der ESM mit EUV und AEUV vereinbar ist; so auch *M. Nettesheim,* NJW 2013, 14 ff. Vgl. ferner *C. Calliess,* NVwZ 2013, 97 ff.
[30] BVerfGE 134, 366 (398 ff.).
[31] BVerfGE 134, 366 (392 ff., 418 f.). Vgl. *M. Ludwigs,* NVwZ 2015, 537 ff., insbes. 542, wonach viel dafür spreche, „dass zumindest die *explizite Unbegrenztheit* des Gesamtprogramms der Anleihekäufe die Haushaltsautonomie des Parlaments in einer gegen Art. 23 I 3 iVm Art. 79 III GG verstoßenden Weise" gefährde, sodass ein Fall der Identitätskontrolle (→ Rn. 16, 18 ff.) vorliege.
[32] EuGH, NJW 2015, 2013 ff.

§ 5. Bezüge des Grundgesetzes zum Europarecht

Unionsrecht widersprechende Normen der nationalen Rechtsordnungen sind nicht nichtig, sondern sie werden bei einem Sachverhalt mit europarechtlicher Dimension „nur" außer Acht gelassen. Aus staatsrechtlicher Sicht ist es **kein absoluter Vorrang**, da er an verfassungsrechtliche Schranken stößt. Der Vorrang bezieht sich jedenfalls uneingeschränkt auf das „einfache", d. h. unterhalb der Verfassung stehende nationale Recht (→ § 4 Rn. 8). Nicht abschließend geklärt ist bislang, in welchem Maße das Unionsrecht sich auch über Verfassungsrecht hinwegsetzen kann (→ Rn. 22).

Zunächst bedarf es der Erklärung, wie die Vorrangwirkung im deutschen Rechtsraum überhaupt entsteht. Das Grundgesetz enthält dazu keine Aussage. Der Vorrang ergibt sich aus einer durch zuständige Organe des Mitgliedstaates erlassenen Anordnung, dem so genannten **Rechtsanwendungsbefehl**. Unionsrecht und nationales Recht bilden zwei getrennte Rechtskreise, so dass über einen nationalen Akt, den Rechtsanwendungsbefehl, die staatliche Rechtsordnung für die unmittelbare Anwendung des Unionsrechts geöffnet werden muss. Der für die Bundesrepublik Deutschland maßgebliche Rechtsanwendungsbefehl ist im **Zustimmungsgesetz** (→ Rn. 4) enthalten. Das Zustimmungsgesetz bildet somit die Brücke, über die das Unionsrecht in die nationale Rechtsordnung eintritt. Es bestimmt gleichzeitig seine innerstaatliche Position (Geltung, Rang, unmittelbare Anwendbarkeit) und ist somit Grund und Grenze für die Geltung des Rechts der EU in der Bundesrepublik Deutschland.[33] Damit wird auch deutlich, weshalb das Zustimmungsgesetz mit **verfassungsändernder Mehrheit** beschlossen werden muss: Die Bindungen des Gesetzgebers durch das Unionsrecht sind nicht punktuell, sondern so dicht und weitgehend, dass nur der verfassungsändernde Gesetzgeber den einfachen Gesetzgeber derart binden kann, nicht aber ein früherer einfacher Gesetzgeber den auf gleicher Stufe stehenden späteren. 13

Der Anwendungsvorrang gilt für die deutsche Rechtsordnung nur so weit, wie der im Zustimmungsgesetz enthaltene Rechtsanwendungsbefehl reicht, mithin „nur so weit, wie die Bundesrepublik Deutschland dieser Kollisionsregel zugestimmt hat und zustimmen durfte".[34] „Anders als der Geltungsvorrang des Bundesrechts in einem Bundesstaat kann der auf einem nationalen Rechtsanwendungsbefehl beruhende Anwendungsvorrang des Unionsrechts nicht umfassend sein".[35] 14

Eine **erste Grenze** für den Vorrang des Unionsrechts ergibt sich aus dem **Inhalt des Zustimmungsgesetzes**. Die Rechtsakte der EU müssen sich im Rahmen der erteilten begrenzten Einzelermächtigungen halten, denn nur soweit geht der nationale Hoheitsverzicht. „Würden etwa europäische Einrichtungen oder Organe den Unions-Vertrag in einer Weise handhaben oder fortbilden, die von dem Vertrag, wie er dem deutschen Zustimmungsgesetz zugrunde liegt, nicht mehr gedeckt wäre, so wären die daraus hervorgehenden Rechtsakte im deutschen Hoheitsbereich nicht verbindlich. Die deutschen Staatsorgane wären aus verfassungsrechtlichen Gründen gehindert, diese Rechtsakte in Deutschland anzuwenden."[36] Eine Überschreitung der durch das Zustimmungsgesetz der EU übertragenen Kompetenzen (**ultra vires**) droht insbesondere dann, wenn Organe der Union meinen, eine Kompetenz aus ungeschriebenen Rechtsgrundsätzen der Union, etwa im Sinne einer implied powers-Doktrin, ableiten zu können oder aber geschriebene 15

---

[33] Vgl. BVerfGE 111, 307 (316f., 318f.); 123, 267 (402f.).
[34] BVerfGE 123, 267 (402).
[35] BVerfGE 134, 366 (384).
[36] BVerfGE 89, 155 (188).

Kompetenzen nach der effet utile-Auslegungsregel extensiv auslegen. Ob ein „ausbrechender Rechtsakt" der EU vorliegt, ist von den deutschen Gerichten (→ Rn. 18 f.) – und nicht vom EuGH (→ Rn. 8) – zu entscheiden, da es um die Auslegung des nationalen Zustimmungsgesetzes geht und nicht des Unionsvertrages.

16 Eine **zweite Grenze** ergibt sich aus dem inhaltlich durch Art. 23 I 3, Art. 79 III GG (→ Rn. 6 ff.) vorgezeichneten unantastbaren Kerngehalt der **Verfassungsidentität des Grundgesetzes**.[37] Rechtsakte der EU, welche sich mit den von der „Ewigkeitsgarantie" verbürgten Grundsätzen nicht vereinbaren lassen, sind daher mangels eines (gültigen) Rechtsanwendungsbefehls unbeachtlich. Eine Verletzung der Verfassungsidentität kommt insbesondere dann in Betracht, wenn die aus dem Rechtsstaatsprinzip (Art. 20 III GG) abzuleitenden Restriktionen für die Ausübung von Hoheitsgewalt in Deutschland vom Unionsrecht beiseite geschoben werden. Das kann bspw. der Fall sein, wenn aufgrund des Prinzips gegenseitiger Anerkennung Zwangsmaßnahmen, die von anderen Mitgliedstaaten angeordnet werden, von deutschen Staatsorganen ohne Möglichkeit einer eigenen Verhältnismäßigkeitsprüfung zwingend umgesetzt werden müssten.

17 Im **Fall 2** ist die Vorlage nicht entscheidungserheblich. Die Verpflichtung aller staatlichen Gewalt aus Art. 1 I GG, die Würde des Menschen zu schützen, kann durch keine europarechtliche Norm eingeschränkt werden. Eine gegenteilige Entscheidung durch den EuGH wäre unbeachtlich.[38]

IV. Ultra-vires- und Identitätskontrolle durch das BVerfG

18 „Innerhalb der deutschen Jurisdiktion muss es zudem möglich sein, die Integrationsverantwortung im Fall von ersichtlichen Grenzüberschreitungen bei Inanspruchnahme von Zuständigkeiten durch die Europäische Union [...] und zur Wahrung des unantastbaren Kerngehalts der Verfassungsidentität des Grundgesetzes im Rahmen einer Identitätskontrolle einfordern zu können [...]. Das Bundesverfassungsgericht hat hierfür bereits den Weg der Ultra-vires-Kontrolle eröffnet, die im Fall von Grenzdurchbrechungen bei der Inanspruchnahme von Zuständigkeiten durch Gemeinschafts- und Unionsorgane greift. Wenn Rechtsschutz auf Unionsebene nicht zu erlangen ist, prüft das Bundesverfassungsgericht, ob Rechtsakte der europäischen Organe und Einrichtungen sich [...] in den Grenzen der ihnen im Wege der begrenzten Einzelermächtigung eingeräumten Hoheitsrechte halten [...]. Darüber hinaus prüft das Bundesverfassungsgericht, ob der unantastbare Kerngehalt der Verfassungsidentität des Grundgesetzes nach Art. 23 Abs. 1 Satz 3 in Verbindung mit Art. 79 Abs. 3 GG gewahrt ist [...]. Die Identitätskontrolle ermöglicht die Prüfung, ob infolge des Handelns europäischer Organe die in Art. 79 Abs. 3 GG für unantastbar erklärten Grundsätze der Art. 1 und Art. 20 GG verletzt werden. Damit wird sichergestellt, dass der Anwendungsvorrang des Unionsrechts nur kraft und im Rahmen der fortbestehenden verfassungsrechtlichen Ermächtigung gilt."

19 Sowohl die Ultra-vires- als auch die Identitätskontrolle können dazu führen, dass [...] Unionsrecht in Deutschland für unanwendbar erklärt wird. Zum Schutz der Funktionsfähigkeit der Gemeinschaftsrechtsordnung verlangt die europarechtsfreundliche Anwendung von Verfassungsrecht bei Beachtung des in Art. 100 Abs. 1 GG zum Ausdruck gebrachten Rechtsgedankens, dass sowohl eine Ultra-vires-Feststellung wie auch die Feststellung einer Verletzung der Verfassungsidentität nur dem Bundesverfassungs-

---

[37] BVerfGE 123, 267 (344, 354). Vgl. dazu auch *S. Schmahl*, in: Sodan Art. 23 Rn. 19.
[38] Vgl. BVerfG, Beschl. v. 15.12.2015 – 2 BvR 2735/14, Rn. 48 f.

gericht obliegt. […] In Betracht kommt die Inanspruchnahme bereits jetzt vorgesehener Verfahren, mithin die abstrakte (Art. 93 Abs. 1 Nr. 2 GG) und konkrete (Art. 100 Abs. 1 GG) Normenkontrolle, der Organstreit (Art. 93 Abs. 1 Nr. 1 GG), der Bund-Länder-Streit (Art. 93 Abs. 1 Nr. 3 GG) und die Verfassungsbeschwerde (Art. 93 Abs. 1 Nr. 4a GG). Denkbar ist aber auch die Schaffung eines zusätzlichen, speziell auf die Ultra-vires- und die Identitätskontrolle zugeschnittenen verfassungsgerichtlichen Verfahrens durch den Gesetzgeber zur Absicherung der Verpflichtung deutscher Organe, kompetenzüberschreitende oder identitätsverletzende Unionsrechtsakte im Einzelfall in Deutschland unangewendet zu lassen."[39]

In seiner sog. Honeywell-Entscheidung[40] sowie in dem Vorlagebeschluss vom 14.1.2014 zum OMT-Programm der EZB[41] hat das BVerfG die Voraussetzungen für eine Ultra-vires-Kontrolle präzisiert. Vorausgesetzt wird ein **„hinreichend qualifizierter Kompetenzverstoß"** von Organen oder Einrichtungen der EU. „Ein hinreichend qualifizierter Verstoß setzt voraus, dass das kompetenzwidrige Handeln der Unionsgewalt offensichtlich ist und der angegriffene Akt im Kompetenzgefüge zu einer strukturell bedeutsamen Verschiebung zulasten der Mitgliedstaaten führt".[42] Dem EuGH ist vor der Annahme eines Ultra-vires-Akts „im Rahmen eines Vorabentscheidungsverfahrens nach Art. 267 AEUV die Gelegenheit zur Vertragsauslegung sowie zur Entscheidung über die Gültigkeit und die Auslegung der fraglichen Rechtsakte zu geben".[43]

19a

Der Bürger kann eine Ultra-vires- oder Identitätskontrolle durch das BVerfG mittels einer **Verfassungsbeschwerde** erreichen. Für eine Ultra-vires-Kontrolle kommt grundsätzlich jedes Grundrecht in Betracht, das durch eine vom deutschen Rechtsanwendungsbefehl des Zustimmungsgesetzes nicht mehr deckte Maßnahme eine Beeinträchtigung erfährt. Die Verfassungsintensität berührt dagegen weniger grundrechtlich geschützte Verhaltensweisen, sondern vor allem staatsorganisatorische Fragestellungen. Die grundrechtsgleiche Verbürgung des Wahlrechts in **Art. 38 I GG** ist nach kritisierter[44], aber zutreffender Ansicht des BVerfG das Einfallstor für den Bürger, um die mit der Verfassungsidentität verbundenen staatsorganisatorischen Fragestellungen verfassungsgerichtlicher Klärung zuzuführen.[45] Denn das Wahlrecht zum Deutschen Bundestag wäre weitgehend entwertet, wenn der Bundestag seine Aufgaben und Befugnisse, die er von der Herrschaftsgewalt des Deutschen Volkes ableitet (Art. 20 II 1 GG), weitreichend oder gar umfassend auf supranationale Einrichtungen übertragen würde[46] oder sich „seiner parlamentarischen Haushaltsverantwortung dadurch entäußert, dass er oder zukünftige Bundestage das Budgetrecht nicht mehr in eigener Verantwortung ausüben können"[47]. „Das durch das Wahlrecht geschützte Prinzip der repräsentativen Volksherrschaft kann danach verletzt sein, wenn die Rechte des Bundestages wesentlich geschmälert werden und damit ein Substanzverlust demokratischer Gestaltungsmacht für dasjenige Verfassungsorgan eintritt, das unmittelbar nach den Grundsätzen freier und gleicher Wahl zustande gekommen ist. […] Gegen eine mit Art. 79 Abs. 3 GG un-

19b

---

[39] BVerfGE 123, 267 (353 ff.); vgl. BVerfG, Beschl. v. 15.12.2015 – 2 BvR 2735/14, Rn. 43.
[40] BVerfGE 126, 286 ff.
[41] BVerfGE 134, 366 ff.
[42] BVerfGE 134, 366 (392); vgl. BVerfGE 126, 286 (304 f.).
[43] BVerfGE 126, 286 (304).
[44] Vgl. die Nachw. aus der Literatur in BVerfGE 129, 124 (169).
[45] BVerfGE 129, 124 (167 ff., 177); 132, 195 (234 f., 239); 135, 317 (399 f.). Zustimmend W. Kahl, DVBl. 2013, 197 (207).
[46] BVerfGE 129, 124 (168).
[47] BVerfGE 132, 195 (239); vgl. BVerfGE 135, 317 (399).

vereinbare Entäußerung von Kompetenzen durch das Parlament muss sich der Bürger verfassungsgerichtlich zur Wehr setzen können."[48] Der Gewährleistungsgehalt des Wahlrechts umfasst demnach das Demokratiegebot des Art. 20 I und II GG, soweit es nach Art. 79 III GG unveränderlich als Identität der Verfassung geschützt ist. An die Darlegung einer solchen Grundrechtsverletzung (Art. 38 I GG) werden vom BVerfG strenge Anforderungen gestellt.[49]

19c Ein Ultra-vires-Akt der EU begründet für deutsche Staatsorgane **Unterlassungs- und Handlungspflichten.** Zum einen dürfen deutsche Verfassungsorgane, Behörden, Gerichte oder die Deutsche Bundesbank am Zustandekommen oder der Umsetzung eines solchen Akts nicht mitwirken (Unterlassungspflicht); zum anderen treffen den Deutschen Bundestag und die Bundesregierung Handlungspflichten in der Weise, dass sie „eine offensichtliche und strukturell bedeutsame Usurpation von Hoheitsrechten durch Organe der Europäischen Union nicht einfach geschehen lassen" dürfen.[50] Denkbar ist hier, dass Bundestag und Bundesregierung im Rahmen der verfassungsrechtlichen Grenzen auf eine Änderung der Kompetenzregelungen im EUV oder AEUV durch nachträgliche Übertragung von Hoheitsrechten hinwirken. „Soweit dies nicht möglich oder nicht gewollt ist, sind sie dagegen grundsätzlich verpflichtet, im Rahmen ihrer jeweiligen Kompetenzen mit rechtlichen oder mit politischen Mitteln auf die Aufhebung vom Integrationsprogramm nicht gedeckter Maßnahmen hinzuwirken sowie – solange die Maßnahmen fortwirken – geeignete Vorkehrungen dafür zu treffen, dass die innerstaatlichen Auswirkungen der Maßnahmen so weit wie möglich begrenzt bleiben."[51] Ein Verstoß gegen diese Unterlassungs- und Handlungspflichten von Bundestag und Bundesregierung kann gestützt auf Art. 38 I 1 GG mittels einer Verfassungsbeschwerde (→ § 51) vom Bürger gerügt werden. Für Fraktionen im Deutschen Bundestag steht das Organstreitverfahren (→ § 52) zur Verfügung.[52]

V. Grundrechtsschutz gegenüber Unionsorganen

20 Die Gewährleistung eines Schutzes durch nationale Grundrechte gegenüber Organen der EU ist in mehrfacher Hinsicht problematisch. Aus europarechtlicher Sicht ist die Bindung der Union an einzelne nationale Rechtsstandards und die damit einhergehende Auflockerung des Vorrangs des Unionsrechts nicht wünschenswert. Aus staatsrechtlicher Sicht ist die Verbürgung von Grundrechten zur Begrenzung hoheitlicher Machtausübung nicht disponibel. Daher erlaubt Art. 23 I 1 GG auch nur die Mitwirkung an einer EU, die „einen diesem Grundgesetz im wesentlichen vergleichbaren Grundrechtsschutz gewährleistet".

21 Das BVerfG ging in seiner früheren Rechtsprechung davon aus, dass es Vorschriften des Gemeinschaftsrechts am **Maßstab der Grundrechte des Grundgesetzes** überprüfe, *solange* auf europäischer Ebene kein ausreichender eigener Grundrechtsschutz bestehe („**Solange I**")[53]. Später kam das Gericht – u. a. aufgrund der Rechtsprechung des EuGH – zu der Auffassung, dass auf europäischer Ebene ein ausreichender Schutz nunmehr bestehe; es kehrte den „Solange I"-Grundsatz um: *Solange* die EG, insbesondere die Rechtsprechung des EuGH, einen wirksamen Grundrechts-

---

[48] BVerfGE 129, 124 (168 ff.).
[49] BVerfGE 129, 124 (171).
[50] BVerfGE 134, 366 (394).
[51] BVerfGE 134, 366 (395 f.).
[52] BVerfGE 134, 366 (396 ff.).
[53] BVerfGE 37, 271 (285).

§ 5. Bezüge des Grundgesetzes zum Europarecht   27

schutz gegenüber der europäischen Hoheitsgewalt generell gewährleiste, der dem im Grundgesetz als unabdingbar gebotenen Grundrechtsschutz im Wesentlichen gleich zu achten sei, würde das BVerfG seine Gerichtsbarkeit über die Anwendbarkeit des Gemeinschaftsrechts nicht mehr ausüben und letzteres nicht mehr am Maßstab der Grundrechte des Grundgesetzes überprüfen („**Solange II**").[54] An dieser Entscheidung aus dem Jahr 1986 ist bemerkenswert, dass das BVerfG davon ausging, es würde auf der Ebene der damaligen EG einen im Wesentlichen gleichen Grundrechtsschutz geben, obwohl erst seit dem Jahr 2009 eine auf europäischer Ebene verbindliche Grundrechtecharta existiert (→ Rn. 24).[55] Diese Rechtsprechung hat das BVerfG im so genannten **Maastricht-Urteil** bestätigt und präzisiert: „Auch Akte einer besonderen, von der Staatsgewalt der Mitgliedstaaten geschiedenen öffentlichen Gewalt einer supranationalen Organisation betreffen die Grundrechtsberechtigten in Deutschland. Sie berühren damit die Gewährleistungen des Grundgesetzes und die Aufgaben des Bundesverfassungsgerichts, die den Grundrechtsschutz in Deutschland und insoweit nicht nur gegenüber deutschen Staatsorganen zum Gegenstand haben […]. Allerdings übt das Bundesverfassungsgericht seine Gerichtsbarkeit über die Anwendbarkeit von abgeleitetem Gemeinschaftsrecht in Deutschland in einem ‚Kooperationsverhältnis' zum Europäischen Gerichtshof aus, in dem der Europäische Gerichtshof den Grundrechtsschutz in jedem Einzelfall für das gesamte Gebiet der Europäischen Gemeinschaften garantiert, das Bundesverfassungsgericht sich deshalb auf eine generelle Gewährleistung der unabdingbaren Grundrechtsstandards […] beschränken kann."[56] Ähnliche Formulierungen finden sich auch im so genannten **Bananenmarkt-Beschluss**[57]. Das **Lissabon-Urteil**[58] ermöglicht jedoch wiederum neue Spielräume, unverhältnismäßige Grundrechtseinschränkungen aufgrund von Rechtsakten der EU im Rahmen der Identitätskontrolle beim BVerfG hinsichtlich ihrer Gültigkeit für das Gebiet der Bundesrepublik Deutschland anzugreifen (→ Rn. 16, 18 ff.).

Aus den Aussagen des BVerfG zum Grundrechtsschutz kann abgeleitet werden, dass es den **Vorrang des Unionsrechts nicht generell auch auf das Verfassungsrecht** bezieht; denn das Gericht hält die Überprüfung und Verwerfung von europarechtlichen Normen nach Maßgabe der Grundrechte des Grundgesetzes für prinzipiell möglich.[59] Würden die europarechtlichen Normen die Verfassung verdrängen, stünde dem BVerfG gar keine Gerichtsbarkeit zu, deren Ausübung es zurücknehmen könnte.   22

Auf der Grundlage der Solange-II-Rechtsprechung und des Lissabon-Urteils (→ Rn. 21) ist Grundrechtsschutz gegen Vorschriften des Unionsrechts (EUV, AEUV, Verordnungen, Richtlinien) oder sonstige Rechtsakte der EU (Entscheidungen der Kommission) **nach Maßgabe des Unionsrechts** zu gewähren, *allerdings nur* sofern der Rechtsakt der EU nicht ultra vires erlassen wurde und den unantastbaren Kerngehalt der Verfassungsidentität des Grundgesetzes wahrt (→ Rn. 18 ff.).   23

---

[54] BVerfGE 73, 339 (387). Vgl. zum jüngsten Stand der „Solange-Rechtsprechung" BVerfGE 118, 79 (95 ff.); 125, 260 (306 f.); *S. Augsberg*, DÖV 2010, 153 (155 ff.); *R. Scholz*, DVBl. 2014, 197 (198 f.).
[55] Ob der auf europäischer Ebene gesicherte Grundrechtsschutz dem grundgesetzlichen im Wesentlichen gleich war, wurde teilweise bestritten, siehe VG Frankfurt a. M., EuZW 1997, 182 (189 f.).
[56] BVerfGE 89, 155 (175).
[57] BVerfGE 102, 147 (163 f.). Siehe dazu etwa *H. Lecheler*, JuS 2001, 120 (123).
[58] BVerfGE 123, 267 ff.
[59] Vgl. BVerfG (Kammerbeschl.), NVwZ 2010, 641 (642): „Aus der Rechtsprechung des BVerfG ergibt sich, dass auch Akte einer nicht-deutschen Hoheitsgewalt die Grundrechtsberechtigten in Deutschland betreffen können und das BVerfG die Aufgabe hat, auch gegenüber solchen Rechtsakten Grundrechtsschutz zu gewähren […]. Solche Rechtsakte können damit grundsätzlich Gegenstand der Verfassungsbeschwerde sein." Vgl. ferner *H.-J. Bunte*, in: E. Langen/H.-J. Bunte, Kommentar zum deutschen und europäischen Kartellrecht, Bd. 2, 11. Aufl. 2010, Einführung zum EG-Kartellrecht Rn. 93 f.

24 Die am 7.12.2000 in Nizza unterzeichnete **Charta der Grundrechte der Europäischen Union** war jahrelang nicht rechtsverbindlich.[60] Grundsätzlich unverändert übernahm der Entwurf des Europäischen Konvents für einen „Vertrag über eine Verfassung für Europa"[61] die Charta als Teil dieser so genannten „Verfassung", die – wäre sie ratifiziert worden – in Ermangelung eines europäischen Staatsvolkes allerdings keine Verfassung im staatsrechtlichen Sinne, sondern lediglich ein völkerrechtlicher Vertrag gewesen wäre[62]. Der vorgelegte Entwurf ist im Jahr 2005 in Volksabstimmungen in Frankreich und den Niederlanden von den Bürgern abgelehnt worden.[63] Der daraufhin von den Regierungen der Mitgliedstaaten ausgehandelte und zum 1.12.2009 in Kraft getretene Vertrag von Lissabon stellt die Charta in Rang und Rechtsverbindlichkeit mit dem primären Unionsrecht auf eine Stufe (Art. 6 I 1 EUV); ferner wird die EU verpflichtet, der Konvention zum Schutze der Menschenrechte und Grundfreiheiten (dazu sogleich näher → Rn. 32 ff.) beizutreten (Art. 6 II EUV).[64] Weiterhin gilt, dass die Grundrechte, wie sie in dieser Konvention gewährleistet sind und wie sie sich aus den gemeinsamen Verfassungsüberlieferungen der Mitgliedstaaten ergeben, als allgemeine Grundsätze Teil des Unionsrechts sind (Art. 6 III EUV).

VI. Grundrechtsschutz gegenüber deutschen Staatsorganen, die Unionsrecht anwenden oder umsetzen

24a Während das Primärrecht (EUV, AEUV) und die Verordnungen unmittelbar geltendes Unionsrecht darstellen, bedürfen Richtlinien einer Umsetzung in den Mitgliedstaaten (vgl. Art. 288 AEUV). Regelungen in Richtlinien treffen auf den Bürger daher im Regelfall in Gestalt nationaler Rechtsvorschriften, mit welchen die Vorgaben der Richtlinien vom zuständigen nationalen Normgeber in die Rechtsordnung des Mitgliedstaats überführt worden sind. Würden nationale Vorschriften, die auf zwingenden unionsrechtlichen Vorgaben beruhen, unmittelbar am Maßstab nationaler Grundrechte überprüft, führte dieser Weg dazu, mittelbar das Unionsrecht an nationalen Grundrechtsstandards zu messen (→ Rn. 20 ff. zu der Frage des Grundrechtsschutzes gegen Rechtsakte der EU).

24b Die Grundsätze der Solange-II-Rechtsprechung des BVerfG (→ Rn. 21) und des Lissabon-Urteils gelten auch für innerstaatliche Rechtsvorschriften, die eine Richtlinie in deutsches Recht umsetzen. Solche Normen werden vom BVerfG „insoweit nicht an den Grundrechten des Grundgesetzes gemessen, als das **Gemeinschaftsrecht keinen Umsetzungsspielraum** lässt, sondern zwingende Vorgaben macht"; „freiheitsverkürzende Maßnahmen, die ausschließlich auf Gemeinschaftsrecht beruhen, können folglich für sich genommen nur anhand der Gemeinschaftsgrundrechte gemessen werden. Insoweit übt das Bundesverfassungsgericht seine Jurisdiktionsgewalt nicht aus."[65] Um-

---

[60] Vgl. etwa *C. Grabenwarter*, DVBl. 2001, 1 (11); *S. Magiera*, DÖV 2000, 1017 (1019f.). Siehe zum Regelungswerk näher *J. Meyer* (Hrsg.), Charta der Grundrechte der Europäischen Union, 4. Aufl. 2014; *H.-W. Rengeling*, DVBl. 2004, 453 ff.

[61] Vgl. zu diesem Entwurf *W. Cremer*, NVwZ 2003, 1452 ff.; *T. Oppermann*, DVBl. 2003, 1165 ff., 1234 ff.

[62] Siehe dazu näher *P. Kirchhof*, in: HdbStR II § 21 Rn. 52 ff.

[63] Siehe zur diesbezüglichen Problematik *J. Geerlings*, DVBl. 2006, 129 ff.; *J. Wuermeling*, ZRP 2005, 149 ff.

[64] Vgl. dazu *A. Hatje/A. Kindt*, NJW 2008, 1761 (1766f.); *E. Pache/F. Rösch*, NVwZ 2008, 473 (474f.); *A. Weber*, EuZW 2008, 7 f. Siehe zur Funktion der Charta der Grundrechte der EU als „Grundrechtsreserve" *F. Kirchhof*, NJW 2011, 3681 (3684f.). Zum „Zusammenwirken" von Charta und Europäischer Menschenrechtskonvention siehe *J. Callewaert*, DÖV 2011, 825 (828).

[65] BVerfGE 118, 79 (95, 98) – ohne die Hervorhebungen; vgl. ferner BVerfGE 125, 260 (306f.); 129, 186 (198 ff.).

§ 5. Bezüge des Grundgesetzes zum Europarecht

gekehrt bilden die Grundrechte des Grundgesetzes insoweit einen zulässigen Maßstab, „als der Gesetzgeber bei der Umsetzung von Unionsrecht Gestaltungsfreiheit hat, das heißt **durch das Unionsrecht nicht determiniert** ist"[66]. Die Unterscheidung zwischen dem durch das Unionsrecht determinierten und dem nicht-determinierten Bereich, in welchem der deutsche Gesetzgeber einen eigenen Gestaltungsspielraum besitzt, spielt demnach für die Anwendbarkeit der Grundrechte des Grundgesetzes die entscheidende Rolle.[67] Die Fachgerichte müssen im determinierten Bereich die deutschen Rechtsakte allein an den Unionsgrundrechten messen, weil auch die Mitgliedstaaten bei der Durchführung des Rechts der EU den Unionsgrundrechten unterliegen (vgl. Art. 51 I 1 EuGRCh; → Rn. 24d ff.). Diese Grundsätze gelten jedoch nur soweit, wie deutsche Hoheitsakte *nicht* durch Unionsrecht determiniert werden, das ultra vires von der EU erlassen wurde oder die Verfassungsidentität der Bundesrepublik Deutschland berührt. **Ultra-vires- und Identitätskontrolle** finden somit auch im unionsrechtlich determinierten Bereich statt.[68] So ist bspw. die Menschenwürde als Teil der unveränderlichen Verfassungsidentität (vgl. Art. 79 III GG) auch vor Eingriffen der EU geschützt. „Vor diesem Hintergrund gewährleistet das Bundesverfassungsgericht im Wege der Identitätskontrolle den gemäß Art. 23 Abs. 1 Satz 3 in Verbindung mit Art. 79 Abs. 3 und Art. 1 Abs. 1 GG unabdingbar gebotenen Grundrechtsschutz **uneingeschränkt und im Einzelfall**" auch gegenüber unionsrechtlich determinierten nationalen Hoheitsakten.[69]

Nichts anderes kann auf der Grundlage dieser Judikatur für **behördliche Maßnahmen** gelten: Sofern eine deutsche Rechtsvorschrift, die auf zwingenden unionsrechtlichen Vorgaben beruht, oder eine unmittelbar anwendbare Norm des Unionsrechts der Behörde keinen Handlungsspielraum überlässt, ist nach der Rechtsprechung des BVerfG eine Überprüfung der behördlichen Maßnahmen am Maßstab der deutschen Grundrechte ausgeschlossen, es sei denn die unionsrechtliche Norm wurde ultra vires erlassen oder sie berührt die Verfassungsidentität. 24c

VII. Bindung der Mitgliedstaaten an Unionsgrundrechte

Die Mitgliedstaaten sind **bei der Durchführung des Rechts der EU** an die Unionsgrundrechte, welche in der Charta der Grundrechte der Europäischen Union niedergelegt sind, gebunden (Art. 51 I 1 EuGRCh). Dies ist auf der Grundlage der Solange-II-Rechtsprechung des BVerfG auch geboten, weil das BVerfG seine Jurisdiktion zurückgenommen hat, soweit deutsche Rechtsvorschriften oder Verwaltungsmaßnahmen auf zwingenden Vorgaben des Unionsrechts beruhen, und auch die Fachgerichte auf derartige Fallgestaltungen keine Grundrechte des Grundgesetzes zur Anwendung bringen dürfen (→ Rn. 24a ff.). Ohne einen unionsrechtlichen Grundrechtsstandard liefe hier – wegen der vom BVerfG gebilligten Nichtanwendbarkeit deutscher Grundrechte auf deutsche Rechtsetzungsakte oder Verwaltungsmaßnahmen (!) – der Grundrechtsschutz ins Leere. In diesen Fallgestaltungen ist es Aufgabe der Fachgerichte zu überprüfen, ob deutsche Staatsorgane bei **unionsrechtlich determinierter Rechtsetzung oder -anwendung** die Unionsgrundrechte beachtet haben; ggf. ist der EuGH im Rahmen eines Vorabentscheidungsverfahrens nach Art. 267 AEUV zur Auslegung der Unionsgrundrechte zu befragen. 24d

---

[66] BVerfGE 125, 260 (306 f.) – ohne die Hervorhebungen; vgl. auch BVerfGE 133, 277 (313 f.).
[67] *T. Kingreen*, JZ 2013, 801 (807); vgl. ferner *S. Augsberg*, DÖV 2010, 153 (156).
[68] BVerfG, Beschl. v. 15.12.2015 – 2 BvR 2735/14, Rn. 36 ff.
[69] BVerfG, Beschl. v. 15.12.2015 – 2 BvR 2735/14, Rn. 49 – ohne die Hervorhebungen.

24e Der EuGH hat in einem Urteil vom 26.2.2013 in der **Rechtssache Åkerberg Fransson**[70] die Unionsgrundrechte „auf einen einzelstaatlichen Vorgang angewendet [...], der eher periphere Berührungspunkte mit dem Unionsrecht aufwies"[71]. Es ging um die Frage, ob das in Art. 50 EuGRCh geregelte Verbot der Doppelbestrafung (ne bis in idem) in einem nationalen Strafverfahren wegen (Umsatz-)Steuerhinterziehung anzuwenden ist. Obwohl die EU keine Regelungskompetenz auf dem Gebiet des Strafrechts besitzt, reichte es dem EuGH aus, dass die EU auch überschaubare Regelungskompetenzen auf dem Gebiet des Umsatzsteuerrechts besitzt[72], um in dem schwedischen Strafverfahren einen Fall der „Durchführung des Rechts der Union" i. S. v. Art. 51 I 1 EuGRCh zu erblicken. Nach einem deutlichen „Warnschuss" des BVerfG (→ Rn. 24 g) hat der EuGH in nachfolgenden Entscheidungen diese ausufernde Auslegung des Art. 51 I 1 EuGRCh stillschweigend wieder etwas eingeschränkt. Eine Zusammenfassung der jüngsten Leitlinien findet sich in dem Urteil vom 10.7.2014 in der **Rechtssache Julian Hernández:**[73] Dort stellt der EuGH fest, dass der Begriff der „Durchführung des Unionsrechts" (Art. 51 I 1 EuGRCh) „das Vorliegen eines Zusammenhangs zwischen einem Unionsrechtsakt und der fraglichen nationalen Maßnahme voraussetzt, der darüber hinausgeht, dass die fraglichen Sachbereiche benachbart sind oder der eine von ihnen mittelbare Auswirkungen auf den anderen haben kann". Die Grundrechte der Union seien unanwendbar, „wenn die unionsrechtlichen Vorschriften in dem betreffenden Sachbereich keine *bestimmten* Verpflichtungen der Mitgliedstaaten im Hinblick auf den im Ausgangsverfahren fraglichen Sachverhalt schaffen".[74] Allein der Umstand, „dass eine nationale Maßnahme in einen Bereich fällt, in dem die Union über Zuständigkeiten verfügt," könne „diese Maßnahme nicht in den Anwendungsbereich des Unionsrechts bringen und somit zur Anwendbarkeit der Charta führen". Daher sei zu prüfen, „ob mit der fraglichen nationalen Regelung die Durchführung einer Bestimmung des Unionsrechts bezweckt wird, welchen Charakter diese Regelung hat und ob mit ihr andere als die unter das Unionsrecht fallenden Ziele verfolgt werden, selbst wenn sie das Unionsrecht mittelbar beeinflussen kann, sowie ferner, ob es eine Regelung des Unionsrechts gibt, die für diesen Bereich *spezifisch* ist oder ihn beeinflussen kann".[75]

24f Da die Rechtsetzungskompetenzen und Politiken der EU nahezu zu allen Sachmaterien irgendwelche Bezüge aufweisen, ist mit einer weiten Interpretation des Art. 51 I 1 EuGRCh die Gefahr einer vollständigen Überlagerung der nationalen Grundrechtsregime durch – im Divergenzfall Vorrang für sich beanspruchende[76] – Unionsgrundrechte verbunden, deren letztverbindliche Auslegung dem EuGH obliegt. Den Grundrechten des Grundgesetzes droht deshalb in der Zukunft ein weitreichender Bedeutungsverlust.[77]

---

[70] EuGH, NJW 2013, 1415 ff.
[71] *T. Kingreen*, JZ 2013, 801 (801 f.).
[72] Vgl. *C. Rabe*, NVwZ 2013, 1433 (1436).
[73] EuGH, EuZW 2014, 795 (796 f.).
[74] Ohne die Hervorhebung.
[75] Ohne die Hervorhebung.
[76] *R. Geiß*, DÖV 2014, 265 (270 ff.); *D. Thym*, NVwZ 2013, 889 (895). Vgl. zur Frage des Anwendungsvorrangs von Unionsgrundrechten gegenüber nationalen Grundrechten *F. Kirchhof*, NVwZ 2014, 1537 ff.; *R. Scholz*, DVBl. 2014, 197 (202 ff.).
[77] Vgl. *R. Geiß*, DÖV 2014, 265 (271); *T. Kingreen*, JZ 2013, 801 (806 ff.); *D. Thym*, NVwZ 2013, 889 (895).

§ 5. Bezüge des Grundgesetzes zum Europarecht

Diese Gefahr für die Identität des Grundgesetzes hat das BVerfG erkannt und in seinem Urteil vom 24.4.2013 zur Antiterrordatei (siehe dazu auch → § 41 Rn. 12a) eine deutliche Warnung an den EuGH ausgesprochen:[78] Trotz Regelungskompetenzen[79] der EU auf den Gebieten der Bekämpfung des internationalen Terrorismus oder des Datenschutzes scheide eine Anwendbarkeit der Unionsgrundrechte auf den Fall der Antiterrordatei von vornherein aus. „Es ergibt sich unmittelbar aus dem Wortlaut des Art. 51 Abs. 2 EuGRCh wie auch aus Art. 6 Abs. 1 des Vertrags über die Europäische Union, dass die Charta den Geltungsbereich des Unionsrechts nicht über die Zuständigkeiten der Union hinaus ausdehnt und weder neue Zuständigkeiten noch neue Aufgaben für die Union begründet noch die in den Verträgen festgelegten Zuständigkeiten und Aufgaben ändert. [...] Nichts anderes kann sich aus der Entscheidung des EuGH in der Rechtssache Åkerberg Fransson [...] ergeben. Im Sinne eines kooperativen Miteinanders zwischen dem Bundesverfassungsgericht und dem Europäischen Gerichtshof [...] darf dieser Entscheidung keine Lesart unterlegt werden, nach der diese **offensichtlich als Ultra-vires-Akt zu beurteilen** wäre oder Schutz und Durchsetzung der mitgliedstaatlichen Grundrechte in einer Weise gefährdete (Art. 23 Abs. 1 Satz 1 GG), dass dies die Identität der durch das Grundgesetz errichteten Verfassungsordnung in Frage stellte [...]. Insofern darf die Entscheidung nicht in einer Weise verstanden und angewendet werden, nach der für eine Bindung der Mitgliedstaaten durch die in der Grundrechtecharta niedergelegten Grundrechte der Europäischen Union jeder sachliche Bezug einer Regelung zum bloß abstrakten Anwendungsbereich des Unionsrechts oder rein tatsächliche Auswirkungen auf dieses ausreiche."[80]

24g

Das BVerfG dürfte mit seiner Ansicht aber auf verlorenem Posten stehen, wenn es auch weiterhin nicht bereit ist, sich selbst an die von ihm entwickelten Maßstäbe zur Ultra-vires- und Identitätskontrolle (→ Rn. 18 ff.) zu halten, weil es sich davor scheut, der faktisch über die Auslegung des Unionsrechts durch den EuGH begründeten Kompetenz-Kompetenz der EU dadurch zu begegnen, dass es Rechtsetzungsakte der EU oder Urteile des EuGH im Geltungsbereich der Bundesrepublik Deutschland für nicht anwendbar erklärt.

24h

VIII. Beteiligung von Bundestag und Ländern an Rechtsetzungsakten der EU

Als Gegenleistung für den Verzicht auf Hoheitsrechte erhalten die Mitgliedstaaten das Recht, an der Willensbildung auf europäischer Ebene mitzuwirken, insbesondere an Rechtsetzungsakten durch den Rat, in dem die Mitgliedstaaten auf Ministerebene vertreten werden (Art. 16 II EUV). Daher geht die Rechtsetzungstätigkeit der Union zu Lasten der nationalen Parlamente; in Deutschland höhlt sie zusätzlich die Befugnisse von Bundesrat und Ländern (hier: Parlamente und Regierungen) aus. Die Vorschriften in Art. 23 Ia bis VI GG gewähren Bundestag, Bundesrat und Ländern in europäischen Angelegenheiten bestimmte abgestufte Beteiligungsrechte (→ zum Bundesrat § 13 Rn. 19 f.).[81] Mit diesen Bestimmungen hat der verfassungsändernde Gesetzgeber darauf reagiert, dass durch die Möglichkeit der Rechtsetzung auf der Ebene der EU eine Gewichtsverlagerung zu Gunsten der Exekutive erfolgt ist und der Deutsche Bundestag

25

---

[78] Vgl. *D. Thym*, NVwZ 2013, 889 (890 f.).
[79] Vgl. dazu BVerfGE 133, 277 (314 f.).
[80] BVerfGE 133, 277 (315 f.) – ohne die Hervorhebungen. Vgl. zum Konflikt zwischen EuGH und BVerfG *T. Kingreen*, JZ 2013, 801 ff.; *D. Thym*, NVwZ 2013, 889 ff.
[81] Vgl. dazu auch *S. Schmahl*, in: Sodan Art. 23 Rn. 26 ff.

„aus der Rolle der zentralen Entscheidungsinstanz teilweise verdrängt wird".[82] Die Regelungen in Art. 23 Ia bis VI GG stellen aber nur einen Ausschnitt der Einwirkungsmöglichkeiten dar, welche dem Bundestag und dem Bundesrat aus verfassungsrechtlichen Gründen im Rahmen ihrer **Integrationsverantwortung** zufallen oder über das verfassungsrechtliche Mindestmaß hinaus von diesen Organen im Wege der Gesetzgebung beansprucht werden könnten.

26 Aus zwingenden verfassungsrechtlichen Gründen muss der **deutsche Regierungsvertreter im Europäischen Rat oder Rat** (Ministerrat) bestimmte Beschlussvorlagen ablehnen, wenn ihm nicht zuvor durch den Bundestag und/oder den Bundesrat eine zustimmende oder enthaltende Stimmabgabe gestattet worden ist.[83] Die Einzelheiten dazu sind im Gesetz über die Wahrnehmung der Integrationsverantwortung des Bundestages und des Bundesrates in Angelegenheiten der Europäischen Union (IntVG) vom 22.9.2009[84] geregelt.[85]

Einen Beschlussvorschlag, der materiell eine **Kompetenzerweiterung** der EU oder **Vertragsänderung** darstellt (→ Rn. 5), muss der Regierungsvertreter ablehnen, wenn nicht zuvor ein Gesetz gemäß Art. 23 I GG in Kraft getreten ist; ein solches Gesetz bedarf der Zustimmung von zwei Dritteln der Mitglieder des Bundestages und zwei Dritteln der Stimmen des Bundesrates (→ Rn. 4), vgl. §§ 2, 3, 4, 7 und 8 IntVG.

Einen Beschlussvorschlag, der auf bereits *im Vertrag von Lissabon hinreichend bestimmten Sachbereichen* eine **Abkehr vom Einstimmigkeitsprinzip** ermöglicht, muss der Regierungsvertreter ebenfalls ablehnen, wenn nicht zuvor der Bundestag einen Beschluss gefasst hat, der Zustimmung oder Enthaltung ermöglicht (§ 5 I IntVG). Zusätzlich ist ein entsprechender Beschluss des Bundesrates erforderlich, wenn Sachbereiche betroffen sind, welche nach dem Grundgesetz den Ländern zugewiesen sind (§ 5 II IntVG).

27 In einigen Politikbereichen, in denen einstimmige Entscheidungen nicht erforderlich sind oder eine Abkehr vom Einstimmigkeitsprinzip beschlossen werden kann, ist im AEUV ein so genanntes **Notbremseverfahren** vorgesehen, mittels welchem einzelne Mitgliedstaaten das ordentliche Gesetzgebungsverfahren stoppen können (vgl. Art. 48 II 1, 82 III, 83 III AEUV). Aus zwingenden verfassungsrechtlichen Gründen muss der deutsche Regierungsvertreter den Notbremsemechanismus auslösen, wenn der Bundestag ihn hierzu durch einen Beschluss angewiesen hat; sofern im Schwerpunkt Sachbereiche betroffen sind, die nach dem Grundgesetz den Ländern zugewiesen sind, muss dies auch geschehen, wenn der Bundesrat einen entsprechenden Beschluss gefasst hat (vgl. § 9 IntVG).[86]

28 Gemäß § 6 des Protokolls Nr. 2 zum Vertrag von Lissabon (Subsidiaritätsprotokoll) können Bundestag und Bundesrat binnen acht Wochen nach dem Zeitpunkt der Übermittlung eines Gesetzentwurfs der EU in einer begründeten Stellungnahme an die Präsidenten des Europäischen Parlaments, des Rates und der Kommission darlegen, weshalb der Entwurf ihres Erachtens nicht mit dem Subsidiaritätsprinzip vereinbar ist (**Subsidiaritätsrüge**).[87] Nach Art. 23 Ia 1 GG haben Bundestag und Bundesrat das

---

[82] BVerfGE 131, 152 (197).
[83] BVerfGE 123, 267 (435). Vgl. die Übersicht bei *R. Wernsmann/M. Sandberg*, DÖV 2014, 49 (53f.).
[84] BGBl. I S. 3022; geändert durch Gesetz v. 1.12.2009 (BGBl. I S. 3822).
[85] Vgl. zu den Vorgaben des BVerfG zur Beteiligung von Bundestag und Bundesrat sowie der gesetzgeberischen Umsetzung im IntVG *M. Nettesheim*, NJW 2010, 177ff.
[86] Siehe dazu BVerfGE 123, 267 (436).
[87] Vgl. zur Subsidiaritätskontrolle durch Bundestag, Bundesrat und Landesparlamente *C. Calliess*, in: W. Kluth/G. Krings (Hrsg.), Gesetzgebung, 2014, § 23.

§ 5. Bezüge des Grundgesetzes zum Europarecht

Recht, wegen Verstoßes eines Gesetzgebungsakts der EU gegen das Subsidiaritätsprinzip vor dem EuGH Klage zu erheben (**Subsidiaritätsklage**). Der Bundestag ist hierzu bereits auf Antrag eines Viertels seiner Mitglieder (in der 18. Wahlperiode: auf Antrag von 120 Mitgliedern, vgl. § 126a I Nr. 4 GO-BT) verpflichtet (Art. 23 Ia 2 GG, § 12 I 1 IntVG).

Über das verfassungsrechtlich zwingende Mindestmaß hinaus könnte das **Abstimmungsverhalten des deutschen Regierungsvertreters** im Europäischen Rat oder Rat (Ministerrat) im weitaus größeren Umfange durch Bundestag und Bundesrat beeinflusst werden, als bisher vorgesehen ist. Dies setzt allerdings eine gesetzliche Regelung voraus. Jedoch ist die Tendenz festzustellen, dass Bundestag und Bundesrat eher noch hinter dem verfassungsrechtlich gebotenen Mindestmaß zurückbleiben, als selbstbewusst auf eine größere Mitwirkung und mehr eigene Entscheidungsbefugnisse in Angelegenheiten der EU einschließlich der Währungsunion zu bestehen.[88]

29

Im Übrigen ist die **Zusammenarbeit zwischen Bundesregierung, Bundestag und Bundesrat** in Angelegenheiten der EU in Art. 23 II bis VI GG umrissen. Diese Vorgaben werden durch das Gesetz über die Zusammenarbeit von Bundesregierung und Deutschem Bundestag in Angelegenheiten der Europäischen Union vom 4.4.2013[89] sowie durch das Gesetz über die Zusammenarbeit von Bund und Ländern in Angelegenheiten der Europäischen Union vom 12.3.1993[90] im Einzelnen konkretisiert und fortgeführt (vgl. Art. 23 VII GG). Vom letztgenannten Gesetz wird auch die unmittelbare **Zusammenarbeit des Bundes mit den Ländern** außerhalb ihrer Beteiligung über den Bundesrat erfasst. Regelungsgegenstand ist insbesondere die frühzeitige Information über Vorhaben der EU. **Angelegenheiten der EU** i. S. d. Art. 23 II GG sind nicht nur Änderungen des Primärrechts (EUV, AEUV) oder Rechtsetzungsakte der EU (Verordnungen, Richtlinien), sondern darüber hinaus auch alle Angelegenheiten, die in einem „Ergänzungs- oder sonstigen besonderen Näheverhältnis" zum Recht der EU stehen.[91] Daher fallen auch die außerhalb des institutionellen Rahmens der EU auf völkerrechtlicher Grundlage zwischen den Mitgliedstaaten vereinbarten Maßnahmen zur Bewältigung der Euro-Staatsschuldenkrise (z. B. EFSF, ESM, Fiskalpakt, Euro-Plus-Pakt) unter den Begriff der Angelegenheiten der EU. Denn die völkerrechtlichen Verträge stehen mit im AEUV niedergelegten ausschließlichen Politikbereichen der EU im Zusammenhang (vgl. Art. 3 I Buchst. c, Art. 127 ff. AEUV), und Organe der EU sind in die Verwirklichung der Verträge im Wege der Organleihe eingeschaltet, sodass die Maßnahmen zur Bewältigung der Euro-Staatsschuldenkrise substanzielle Berührungspunkte zum unionalen Integrationsprogramm aufweisen.[92]

30

Gemäß Art. 23 II GG hat die Bundesregierung den Bundestag und den Bundesrat in allen Angelegenheiten der EU **umfassend und zum frühestmöglichen Zeitpunkt zu unterrichten**.[93] Dabei muss die Unterrichtung „so erfolgen, dass das Parlament nicht in eine bloß nachvollziehende Rolle gerät".[94] Das Erfordernis einer frühestmöglichen Unterrichtung „schließt es aus, dass die

31

---

[88] Vgl. etwa BVerfGE 123, 267 (432 ff.); 130, 318 ff.; 132, 195 (257 ff.).
[89] BGBl. I S. 2170.
[90] BGBl. I S. 313, 1780; zuletzt geändert durch Gesetz v. 22.9.2009 (BGBl. I S. 3031).
[91] BVerfGE 131, 152 (199).
[92] BVerfGE 131, 152 (215 ff.); 132, 195 (271 f.); 135, 317 (428).
[93] Vgl. ausführlich zu den sich aus Art. 23 II GG im Einzelnen ergebenden Pflichten der Bundesregierung BVerfGE 131, 152 (194 ff.).
[94] BVerfGE 131, 152 (203).

Bundesregierung ohne vorherige Beteiligung des Deutschen Bundestages konkrete Initiativen ergreift oder an Beschlussfassungen mitwirkt, und gebietet die Weiterleitung sämtlicher Dokumente, sobald sie zum Gegenstand von Verhandlungen gemacht werden".[95] Im Regelfall sind Bundestag und Bundesrat schriftlich zu unterrichten.[96] Dabei muss die Bundesregierung während laufender Vertragsverhandlungen bereits Zwischenergebnisse und Entwurfstextstufen übermitteln, damit noch Einfluss auf die Ergebnisse genommen werden kann; eine Vertraulichkeit der Dokumente steht dem nicht entgegen.[97] Über Angelegenheiten, welche die haushaltspolitische Gesamtverantwortung des Parlaments betreffen, muss besonders umfangreich und detailliert berichtet werden.[98] Verletzungen der Informationsrechte können im Rahmen eines Organstreitverfahrens (Art. 93 I Nr. 1 GG, → § 52) vor dem BVerfG gerügt werden.

31a Vor ihrer Mitwirkung an Rechtsetzungsakten der EU hat die Bundesregierung dem **Bundestag** Gelegenheit zur Stellungnahme zu geben. Der Standpunkt des Bundestages ist zwar in die Entscheidungsfindung der Regierung einzubeziehen, aber nicht bindend (vgl. Art. 23 III GG). Der **Bundesrat** ist an der Willensbildung des Bundes zu beteiligen, soweit er an einer entsprechenden innerstaatlichen Maßnahme mitzuwirken hätte oder soweit die Länder innerstaatlich zuständig wären (Art. 23 IV GG). Das Ausmaß seiner Beteiligung richtet sich nach der föderalen Kompetenzordnung des Grundgesetzes: Soweit in einem Bereich ausschließlicher Zuständigkeiten des Bundes Interessen der Länder berührt sind oder soweit im Übrigen der Bund das Recht zur Gesetzgebung hat, ist die Stellungnahme des Bundesrates nur zu berücksichtigen (Art. 23 V 1 GG). Sind *im Schwerpunkt* Gesetzgebungs- oder Verwaltungskompetenzen der Länder betroffen, ist der Standpunkt des Bundesrates „maßgeblich zu berücksichtigen" (Art. 23 V 2 GG). Geht es *im Schwerpunkt* um ausschließliche Gesetzgebungsbefugnisse der Länder auf den Gebieten der schulischen Bildung, der Kultur oder des Rundfunks, muss die Wahrnehmung der Rechte, welche der Bundesrepublik Deutschland als Mitgliedstaat der EU zustehen, vom Bund auf einen vom Bundesrat benannten **Vertreter der Länder** übertragen werden (Art. 23 VI 1 GG).

31b Neben dieser aus der allgemeinen Bedeutung (→ Rn. 25) der Rechtsetzung auf der Ebene der EU erwachsenen Beteiligung von Bundestag und Bundesrat können sich **Mitwirkungs-, Beteiligungs- und Entscheidungsrechte** auch mit Blick auf die besondere Bedeutung einzelner Entscheidungen für den deutschen Verfassungsstaat ergeben. Dies gilt insbesondere für Sachmaterien im Rahmen der Währungsunion oder bei der Bewältigung der europäischen Staatsschuldenkrise, welche die **haushaltspolitische Gesamtverantwortung des Deutschen Bundestags** betreffen. Mit der EFSF und später dem ESM wurden durch völkerrechtlichen Vertrag Einrichtungen geschaffen, aus deren Geschäftstätigkeit nicht unerhebliche Risiken für den Bundeshaushalt erwachsen, da die Bundesrepublik Deutschland für diese Einrichtungen entsprechende Zahlungsgarantien abgegeben hat. „Eine Umgehung und Aushöhlung der parlamentarischen Budgetverantwortung" wird u. a. dadurch vermieden, „dass die wesentlichen Entscheidungen im Zusammenhang mit der Inanspruchnahme der Gewährleistungsermächtigungen ihrerseits an die Mitwirkung des Bundestages gebunden bleiben"[99] (vgl. §§ 2 ff. StabMechG, §§ 3 ff. ESMFinG). Eine Übertragung von Entscheidungsbefugnissen auf ein kleines Sondergremium des Deutschen Bundestags aus Gründen der Eilbedürftigkeit oder des Geheimschutzes ist als Beschränkung der Statusrechte der Abgeordneten (Art. 38 I 2 GG) nur in streng begrenzten Ausnahmefällen möglich.[100]

---

[95] BVerfGE 131, 152 (212).
[96] BVerfGE 131, 152 (214).
[97] BVerfGE 131, 152 (222 f.).
[98] BVerfGE 131, 152 (220).
[99] BVerfGE 130, 318 (347).
[100] BVerfGE 130, 318 (341 ff., insbes. 362 f.).

IX. Europäische Menschenrechtskonvention

1. Innerstaatlicher Rang eines einfachen Bundesgesetzes

Wie bereits dargelegt wurde (→ Rn. 24), sind nach Art. 6 III EUV die Grundrechte, wie sie die Europäische Konvention zum Schutze der Menschenrechte und Grundfreiheiten gewährleistet, als allgemeine Grundsätze Teil des Unionsrechts. Diese Europäische Menschenrechtskonvention (EMRK) enthält einen menschenrechtlichen Mindeststandard (vgl. Art. 53 EMRK), welcher durch die Unionsorgane nicht abgeschwächt werden darf.[101] Von Bedeutung ist die EMRK auch für die Auslegung und Anwendung von Grundrechten des Grundgesetzes (dazu näher → Rn. 39). Diese am 4.11.1950 in Rom unterzeichnete Konvention ist weltweit der erste **völkerrechtliche Vertrag,** der Einzelpersonen, welche der Hoheitsgewalt der Vertragsstaaten unterstehen, die in einem Menschenrechtskatalog bezeichneten Rechte und Freiheiten mit rechtlich bindender Wirkung zusichert.[102] Vor dem Hintergrund des Schreckens der nationalsozialistischen Herrschaft zunächst in Deutschland und dann in fast ganz Europa sollten mit der EMRK einer der Grundgedanken der Vereinten Nationen aufgenommen und die künftige Zusammenarbeit der Mitgliedstaaten an die Anerkennung der elementaren Grundrechte des Einzelnen gebunden werden.[103]

32

In der Bundesrepublik Deutschland ist die EMRK durch **Zustimmungsgesetz** gemäß Art. 59 II 1 GG umgesetzt worden. Dieses Zustimmungsgesetz sichert zum einen den innerstaatlichen Vollzug, zum anderen enthält es die Ermächtigung zur völkerrechtlichen Ratifikation und erteilt den Rechtsanwendungsbefehl (vgl. → Rn. 13 ff.), durch den die vertraglichen Regelungen in die innerstaatliche Rechtsordnung einbezogen werden.[104] Innerhalb der deutschen Rechtsordnung nehmen die EMRK und ihre Zusatzprotokolle, soweit sie für die Bundesrepublik Deutschland in Kraft getreten sind, den Rang eines einfachen Bundesgesetzes ein.[105]

33

2. Geschützte Rechte und Freiheiten

Der in den Art. 2 bis 18 EMRK enthaltene **Katalog von Rechten und Freiheiten** umfasst das Recht auf Leben, das Verbot der Folter, Sklaverei und Zwangsarbeit, das Recht auf Freiheit und Sicherheit, das Recht auf ein faires Verfahren, das Gesetzlichkeitsprinzip hinsichtlich Strafen, das Recht auf Achtung des Privat- und Familienlebens, die Gedanken-, Gewissens- und Religionsfreiheit, die Freiheit der Meinungsäußerung, die Versammlungs- und Vereinigungsfreiheit, das Recht auf Eheschließung und Familiengründung, das Recht auf wirksame Beschwerde sowie das Diskriminierungsverbot. Aus den Rechtsgedanken der Art. 2, 3 und 8 EMRK soll sich ein Recht auf Asyl ergeben.[106] Die in Art. 11 EMRK garantierte Versammlungs- und Vereinigungsfreiheit umfasst auch das Streikrecht.[107] Die Zusatzprotokolle zur EMRK enthalten weitere Gewährleis-

34

---

[101] S. Schmahl, EuR Beiheft 1/2008, 7 (24 f.); dies, in: Sodan Art. 23 Rn. 10.
[102] Vgl. R. Geiger, Grundgesetz und Völkerrecht, 6. Aufl. 2013, S. 365.
[103] Siehe J. Meyer-Ladewig/H. Petzold, NJW 2009, 3749 (3750).
[104] Vgl. BVerfGE 104, 151 (209); 118, 244 (258 f.); 123, 267 (355); S. Schmahl, in: Sodan Art. 59 Rn. 10.
[105] BVerfGE 82, 106 (114); 111, 307 (317); 120, 180 (200); 128, 326 (366 f.).
[106] So R. Geiger, Grundgesetz und Völkerrecht, 6. Aufl. 2013, S. 367.
[107] EGMR, NZA 2010, 1423 ff.

tungen wie den Schutz des Eigentums, das Recht auf Bildung sowie freie und geheime Wahlen nach dem 1. Zusatzprotokoll.

35 Aus Art. 1 EMRK ergibt sich, dass allen **natürlichen Personen,** die der Hoheitsgewalt eines Vertragsstaates unterstehen, die Rechte und Freiheiten der EMRK zustehen. Die Staatsangehörigkeit ist ohne Belang, so dass sich auch Angehörige eines Drittstaates, der nicht an die Konvention gebunden ist, oder Staatenlose auf die EMRK gegenüber einem Vertragsstaat berufen können.[108] Es kommt daher für die Berechtigung einzig auf die Betroffenheit von der Hoheitsgewalt eines Vertragsstaates – ggf. sogar außerhalb dessen Hoheitsgebietes[109] – an. Auch **juristische Personen** können sich auf bestimmte Grundrechte der EMRK berufen (vgl. Art. 34 EMRK: „nichtstaatlichen Organisation oder Personengruppe"). Da in der EMRK allerdings Individualrechte ausgestaltet sind, werden Personengesamtheiten lediglich im Fall einer kollektiven Ausübung des jeweiligen Grundrechts durch die EMRK geschützt. Diese enthält zwar keine dem Art. 19 III GG (→ § 23 Rn. 11 ff.) entsprechende Vorschrift, jedoch gilt auch hier, dass Personengesamtheiten sich nur auf die EMRK berufen können, soweit die Grundrechte ihrem Wesen nach auf sie anwendbar sind; dies gilt nicht für das Recht auf Leben (Art. 2 EMRK), das Verbot der Folter oder unmenschlicher oder erniedrigender Behandlung oder Strafe (Art. 3 EMRK), das Recht auf Freiheit und Sicherheit (Art. 5 EMRK), das Recht auf Familienleben (Art. 8 EMRK), das Recht auf Eheschließung (Art. 12 EMRK) sowie das Verbot der Todesstrafe (Art. 1 des 6. Zusatzprotokolls zur EMRK), weil das jeweilige EMRK-Recht an Eigenschaften anknüpft, die nur natürliche Personen aufweisen.[110] Juristische Personen des öffentlichen Rechts sind – mit Ausnahme von Universitäten, Rundfunkanstalten und Kirchen – nicht grundrechtsberechtigt.[111]

3. Rechtsschutz durch den EGMR

36 Der Europäische Gerichtshof für Menschenrechte (EGMR) mit Sitz in Straßburg soll die Einhaltung der Verpflichtungen sicherstellen, die sich für die Vertragsstaaten aus der EMRK ergeben. Seine hervorgehobene Bedeutung verdankt der EGMR dem 11. Zusatzprotokoll zur EMRK, welches am 1.11.1998 in Kraft trat und den Rechtsschutz der EMRK umfassend reformierte. Bis zu diesem Zeitpunkt existierten nämlich mit der Menschenrechtskommission, dem Gerichtshof und dem Ministerkomitee drei Rechtsschutzorgane; danach war der EGMR das einzige Kontrollorgan der EMRK.[112] Die Bedeutung des Rechtsschutzes zeigt sich an mehreren Stellen der EMRK. So muss ein Beschwerdeführer nach Art. 13 EMRK eine „wirksame Beschwerde" einlegen können; die Vertragsparteien haben auf die „wirksame Anwendung aller Bestimmungen" (Art. 52 EMRK) dieser Konvention hinzuwirken. Neben der Staatenbeschwerde in Art. 33 EMRK ermöglicht Art. 34 EMRK ein **Individualbeschwerdeverfahren** vor dem EGMR, das von jeder natürlichen Person, nichtstaatlichen Organisation oder Personengruppe, die behauptet, durch eine der Vertragsparteien in einem der in dieser Konvention oder den Protokollen dazu anerkannten Rechte verletzt zu sein, initiiert werden kann. Gegenstand einer Beschwerde können Hoheitsakte der gesetzgebenden, vollziehenden und rechtsprechenden Gewalt sein, soweit sie unmittelbare Auswirkungen auf

---

[108] Vgl. *V. Röben,* in: Grote/Marauhn Kap. 5 Rn. 15.
[109] Siehe hierzu *Meyer-Ladewig* Art. 1 Rn. 7 f.
[110] Vgl. *Grabenwarter/Pabel* § 17 Rn. 5.
[111] Siehe *V. Röben,* in: Grote/Marauhn Kap. 5 Rn. 34.
[112] Vgl. *H. Landau,* DVBl. 2008, 1269 (1272).

§ 5. Bezüge des Grundgesetzes zum Europarecht

Rechte und Freiheiten der EMRK haben.[113] Aus Art. 35 I EMRK folgt, dass sich der EGMR mit einer Beschwerde erst nach Erschöpfung des innerstaatlichen Rechtsweges, zu dem auch ein Verfassungsbeschwerdeverfahren gehört (siehe dazu näher → § 51), und nur innerhalb einer Frist von sechs Monaten nach der endgültigen innerstaatlichen Entscheidung befassen kann. Der EGMR prüft grundsätzlich nicht, ob den innerstaatlichen Gerichten Tatsachen- oder Rechtsirrtümer unterlaufen sind, sondern nur, ob Konventionsgarantien verletzt sind.[114] Aufgrund des der EMRK zukommenden Ranges eines einfachen Bundesgesetzes kann ein Beschwerdeführer vor dem BVerfG nicht unmittelbar die Verletzung eines in der EMRK enthaltenen Menschenrechts mit einer Verfassungsbeschwerde rügen.[115]

Durch Art. 46 I EMRK haben sich die Vertragsparteien verpflichtet, in allen Rechtssachen, in denen sie Partei sind, endgültige Urteile (vgl. Art. 42 und 44 EMRK) des EGMR zu befolgen. Dessen Entscheidungen haben keine Gesetzesqualität; vielmehr spricht Art. 46 I EMRK nur eine **Bindung der beteiligten Vertragspartei** an das endgültige Urteil in Bezug auf einen bestimmten Streitgegenstand aus.[116] In der Sache erlässt der EGMR ein Feststellungsurteil, das keine kassatorische Wirkung, welche die angegriffene Maßnahme der Vertragspartei unmittelbar aufheben würde, mit sich bringt.[117] Aufgrund des Urteils des EGMR ist die betroffene Vertragspartei verpflichtet, die festgestellte Konventionsverletzung zu beenden bzw. den ohne die festgestellte Konventionsverletzung bestehenden Zustand wiederherzustellen.[118] Ist eine derartige Beseitigung der Konventionsverletzung nach innerstaatlichem Recht nicht oder nicht vollständig möglich, so kann der EGMR dem Beschwerdeführer nach Art. 41 EMRK eine angemessene Entschädigung zusprechen. Aus Art. 46 I EMRK folgt, dass ein Urteil, in dem der EGMR eine Verletzung feststellt, den beklagten Staat rechtlich nicht nur zur Zahlung der als gerechte Entschädigung zugesprochenen Beträge an die Betroffenen, sondern auch dazu verpflichtet, die allgemeinen oder individuellen Maßnahmen in seiner Rechtsordnung zu treffen, um die vom EGMR festgestellte Verletzung abzustellen und den Folgen soweit wie möglich abzuhelfen.[119]

In der Bundesrepublik Deutschland werden durch die entsprechenden Konventionsbestimmungen i.V.m. dem Zustimmungsgesetz sowie durch rechtsstaatliche Anforderungen alle Träger der deutschen öffentlichen Gewalt grundsätzlich an die Entscheidungen des EGMR gebunden.[120] Die **Berücksichtigung der Rechtsprechung des EGMR** soll den Garantien der EMRK in der Bundesrepublik Deutschland möglichst umfassend Geltung verschaffen und darüber hinaus helfen, Verurteilungen der Bundesrepublik Deutschland zu vermeiden.[121] Mehr als die Hälfte der Entscheidungen gegen die Bundesrepublik Deutschland, in denen eine Konventionsverletzung festgestellt wurde, betrifft die überlange Dauer gerichtlicher Verfahren; von 1959 bis 2009 erließ der EGMR mehr als 40 Urteile gegen die Bundesrepublik Deutschland, in denen er

---

[113] Vgl. *W. Peukert*, in: Frowein/Peukert Art. 34 Rn. 47 m.w.N.
[114] *J. Meyer-Ladewig/H. Petzold*, NJW 2009, 3749 (3751).
[115] BVerfGE 74, 102 (128); 111, 307 (317).
[116] BVerfGE 128, 326 (403); vgl. auch BVerfGE 111, 307 (320).
[117] Vgl. BVerfGE 111, 307 (320); BVerfG (Kammerbeschl.), NJW 2013, 3714 (3715); *S. Schmahl*, in: Gaier/Wolf/Göcken, EMRK, Rn. 121 m.w.N.
[118] BVerfGE 111, 307 (321).
[119] EGMR, NJW 2004, 3401 (3406).
[120] Vgl. BVerfGE 111, 307 (323).
[121] BVerfGE 128, 326 (369).

wiederholte Konventionsverletzungen durch überlange zivilgerichtliche Verfahren feststellte.[122] So ist auch eine Verfahrensdauer vor dem BVerfG von mehr als sieben Jahren unabhängig von den Umständen des Einzelfalls mit dem durch Art. 6 I EMRK gewährleisteten Recht auf eine angemessene Verfahrensdauer nicht mehr vereinbar.[123] In seinem Urteil vom 8.6.2006 stellte der EGMR fest, dass die Rechtsschutzmöglichkeiten in Deutschland bei überlanger Verfahrensdauer nicht den Anforderungen von Art. 6 I EMRK und des in Art. 13 I EMRK garantierten Rechts auf eine wirksame Beschwerde entsprächen[124]. Daran knüpfte der EGMR in seinem Urteil vom 2.9.2010 an und verpflichtete die Bundesrepublik Deutschland dazu, nunmehr ohne Verzögerung, spätestens binnen eines Jahres, einen Rechtsbehelf oder mehrere gegen überlange Gerichtsverfahren zu schaffen[125]. Die vom EGMR gerügten Rechtsschutzlücken soll das Gesetz über den Rechtsschutz bei überlangen Gerichtsverfahren und strafrechtlichen Ermittlungsverfahren vom 24.11.2011[126] schließen, welches staatshaftungsrechtliche Entschädigungsansprüche regelt (vgl. §§ 198ff. GVG und § 173 S. 2 VwGO).[127]

4. Hilfen für die Auslegung des Grundgesetzes

Zur Bedeutung der EMRK und der Rechtsprechung des EGMR für die Auslegung des Grundgesetzes hat das BVerfG in seinem Urteil vom 4.5.2011 bzgl. der Sicherungsverwahrung (siehe dazu auch → § 29 Rn. 11, § 49 Rn. 7a) folgende Leitsätze formuliert: „Die Europäische Menschenrechtskonvention steht zwar innerstaatlich im Rang unter dem Grundgesetz. Die Bestimmungen des Grundgesetzes sind jedoch völkerrechtsfreundlich auszulegen. Der Konventionstext und die Rechtsprechung des Europäischen Gerichtshofs für Menschenrechte dienen auf der Ebene des Verfassungsrechts als Auslegungshilfen für die Bestimmung von Inhalt und Reichweite von Grundrechten und rechtsstaatlichen Grundsätzen des Grundgesetzes [...] Die völkerrechtsfreundliche Auslegung erfordert keine schematische Parallelisierung der Aussagen des Grundgesetzes mit denen der Europäischen Menschenrechtskonvention [...] Grenzen der völkerrechtsfreundlichen Auslegung ergeben sich aus dem Grundgesetz. Die Berücksichtigung der Europäischen Menschenrechtskonvention darf nicht dazu führen, dass der Grundrechtsschutz nach dem Grundgesetz eingeschränkt wird; das schließt auch die Europäische Menschenrechtskonvention selbst aus (vgl. Art. 53 EMRK). Dieses Rezeptionshemmnis kann vor allem in mehrpoligen Grundrechtsverhältnissen relevant werden, in denen das ‚Mehr' an Freiheit für den einen Grundrechtsträger zugleich ein ‚Weniger' für den anderen bedeutet. Die Möglichkeiten einer völkerrechtsfreundlichen Auslegung enden dort, wo diese nach den anerkannten Methoden der Gesetzesauslegung und Verfassungsinterpretation nicht mehr vertretbar erscheint."[128]

---

[122] Siehe EGMR, NJW 2010, 3355 (3356f.).
[123] So EGMR, NJW 1997, 2809 (LS 2); vgl. auch EGMR, NJW 2011, 3353 (3354f.).
[124] EGMR, NJW 2006, 2389ff.
[125] EGMR, NJW 2010, 3355 (3358).
[126] BGBl. I S. 2302.
[127] Siehe dazu näher die Begründung des Gesetzentwurfs der Bundesregierung, BT-Drucks. 17/3802, S. 15ff.; *C. Althammer/D. Schäuble*, NJW 2012, 1ff. Siehe speziell zur Verzögerungsbeschwerde beim BVerfG → § 50 Rn. 6a. Zum staatshaftungsrechtlichen Entschädigungsanspruch bei überlangen Gerichtsverfahren *A. Guckelberger*, DÖV 2012, 289ff.
[128] BVerfGE 128, 326 (326f., LS 2); vgl. auch bereits BVerfGE 70, 358 (370); 111, 307 (329). Siehe zum internationalen Verfassungsgerichtsverbund von BVerfG und EGMR *A. Voßkuhle*, NVwZ 2010, 1 (4ff.); *F. Kirchhof*, NJW 2011, 3681 (3683).

Zweiter Abschnitt. Staatsorganisationsrecht

Erstes Kapitel. Staatsstrukturprinzipien und Staatsziele

Als **Staatsstrukturprinzipien** werden die grundlegenden und jeder Verfassungsänderung entzogenen (Art. 79 III GG) Entscheidungen des Verfassungsgebers hinsichtlich der Staatsorganisation der Bundesrepublik Deutschland verstanden. Staatsstrukturprinzipien sind Demokratie, Rechtsstaat, Bundesstaat, Republik und Sozialstaat. **Staatszielbestimmungen** wurden dagegen durch den verfassungsändernden Gesetzgeber geschaffen und zeichnen sich dadurch aus, dass das Grundgesetz keine konkreten Handlungsvorgaben enthält, sondern die nähere Konkretisierung vor allem dem einfachen Gesetzgeber überlässt. Staatsziele sind Umweltschutz und Tierschutz sowie die Verwirklichung eines vereinten Europas.

§ 6. Demokratie

Fall 3 (vgl. BVerfGE 83, 37 ff.; 83, 60 ff.): Im Bundesland B sind bei den Wahlen zum Landtag nur die am Wahltag seit mindestens drei Monaten in B wohnenden Deutschen wahlberechtigt. Bei den Wahlen zu den Gemeindevertretungen sind neben den in der Gemeinde wohnenden Deutschen auch noch die dort ansässigen EU-Bürger wahlberechtigt. Das Gemeindewahlgesetz soll geändert und folgende Bestimmung eingefügt werden: „Wahlberechtigt sind auch alle Ausländer, die sich am Wahltag seit mindestens acht Jahren legal im Geltungsbereich des Grundgesetzes aufhalten und seit mindestens drei Monaten in der Gemeinde wohnen." Ferner soll das Landeswahlgesetz, welches die Wahlen zum Landtag regelt, folgende Neuregelung enthalten: „Wahlberechtigt sind auch alle EU-Bürger, die am Wahltag seit mehr als drei Monaten in B ihren Wohnsitz haben." Sind die vorgeschlagenen Änderungen mit dem Grundgesetz vereinbar?

Fall 4: Nach der Einführung des Euro gegen den Willen der Mehrheit der Bevölkerung sind Bundesregierung und Bundestag bestrebt, wichtige Grundentscheidungen zukünftig durch die wahlberechtigten Bürger selbst vornehmen zu lassen. Nach Durchführung des Gesetzgebungsverfahrens wird daher ein Volksabstimmungsgesetz verkündet, dessen § 3 lautet: „Der Bundestag kann mit Zweidrittel-Mehrheit über einen eingebrachten Gesetzentwurf einen Volksentscheid herbeiführen." Ist das Volksabstimmungsgesetz gültig?

Fall 5 (vgl. BVerfGE 93, 37 ff.): Im Bundesland S verfolgt der Gesetzgeber eine neue Konzeption, um eine wirkungsvolle und ausgewogene Einflussnahme der Beschäftigten im öffentlichen Dienst einschließlich der Beamten sicherzustellen. Das Mitbestimmungsgesetz sieht eine umfassende Mitbestimmung der Personalräte mit weitreichenden Zustimmungsrechten vor. Danach ist bei allen personellen, sozialen, organisatorischen oder sonstigen innerdienstlichen Maßnahmen, die mehrere oder einzelne Beschäftigte betreffen, die Zustimmung des Personalrats der Dienststelle erforderlich. Kommt eine Einigung nicht zustande, so entscheidet eine weisungsunabhängige Einigungsstelle, die aus Vertretern beider Seiten besteht. Die Dienststelle kann aber Beschlüsse der Einigungsstelle aufheben, die wegen ihrer Auswirkungen auf das Gemeinwesen die Regierungsverantwortlichkeit wesentlich berühren. Verstößt die Mitbestimmung gegen das Demokratieprinzip?

I. Begriff und Verortung

1 Demokratie bedeutet **Volksherrschaft**. Als Staatsstrukturprinzip der Bundesrepublik Deutschland ist die Demokratie in Art. 20 I und II 1 GG verortet. Ergänzt, ausgeformt und konkretisiert wird dieses Prinzip in zahlreichen weiteren Verfassungsbestimmungen, insbesondere durch Art. 20 II 2, Art. 21, 28 und 38 ff. GG.

II. Volkssouveränität

2 Art. 20 II 1 GG enthält die als Kernidee des demokratischen Gemeinwesens zu bezeichnende Aussage, dass **alle Staatsgewalt vom Volk ausgeht.** Im Gegensatz etwa zu einer konstitutionellen Monarchie, in der zwar faktisch die Staatsgewalt vom Volk ausgehen kann, formalrechtlich aber beim souveränen Monarchen liegt, ist nach dem Grundgesetz das Volk selbst der Souverän. Es ist selbst also keiner höheren (weltlichen) Instanz verantwortlich und leitet die in ihm ruhende Staatsgewalt von keiner anderen Macht ab. Dagegen sind die **Kompetenzen und Befugnisse jeder staatlichen (verfassten) Stelle auf das Volk zurückzuführen** und von ihm verliehen. Somit besteht dem Volk gegenüber eine unmittelbare oder mittelbare Verantwortlichkeit der handelnden Personen.

3 Das Prinzip der Volkssouveränität dient damit der **Legitimation staatlicher Machtausübung**; es enthält keine Zuständigkeitsregel. Diese Legitimation liegt in der Rückführbarkeit aller staatlichen Gewalt auf den Volkswillen. Über Art. 28 I 1 und 2 GG wird sichergestellt, dass die Grundentscheidungen der Verfassung für Volkssouveränität und Demokratie nicht nur auf Bundes- und Landesebene, sondern auch in den Untergliederungen der Länder gelten, den Gemeinden und Gemeindeverbänden. Die Rückführbarkeit des staatlichen Handelns auf den Volkswillen wird insbesondere durch Wahlen sichergestellt (→ Rn. 22 ff.).

1. Staatsgewalt

4 Staatsgewalt ist nach der Definition des BVerfG **„jedenfalls alles amtliche Handeln mit Entscheidungscharakter"**, ohne dass es darauf ankommt, ob es unmittelbar nach außen wirkt oder nur behördenintern die Voraussetzungen für die Wahrnehmung der Amtsaufgaben schafft.[1] Entscheidungscharakter im Sinne dieser Definitionen haben auch die Wahrnehmung von Mitentscheidungsbefugnissen und die Ausübung von Vorschlagsrechten, wenn ein anderer Verwaltungsträger von ihnen rechtlich abhängig ist. Jedoch macht schon die Formulierung („jedenfalls") deutlich, dass damit diejenigen Handlungen, die Ausübung von Staatsgewalt i. S. d. Art. 20 II 1 GG sind, nicht abschließend erfasst werden.

5 Als Staatsgewalt i. S. v. Art. 20 II 1 GG stellen sich alle dem Staat zurechenbaren rechtserheblichen Verhaltensweisen dar. Der Begriff der **Staatsgewalt** ist nämlich **umfassend und weit zu verstehen.** Er bezieht sich auf die Handlungen aller drei Teilgewalten, d. h. Legislative, Exekutive und Judikative. Auch beschränkt er sich nicht auf die Gewalt des Staates im engeren Sinne (Bund und Länder), sondern erfasst alle sonstigen juristischen Personen des öffentlichen Rechts (z. B. Gemeinden, Rundfunkanstalten, Universitäten). Die Ausübung von Staatsgewalt ist auch nicht von einer bestimmten Rechts- oder

---

[1] BVerfGE 93, 37 (68); 107, 59 (87) – ohne die Hervorhebungen; vgl. auch BVerfGE 47, 253 (273); 83, 60 (73); 130, 76, (123).

§ 6. Demokratie

Handlungsform abhängig, ist also insbesondere bei der Wahrnehmung öffentlicher Aufgaben in Form des Privatrechts (Verwaltungsprivatrecht, → § 67 Rn. 15 ff.) zu bejahen.[2] Auch kommt es nicht darauf an, ob mit einer zurechenbaren Handlung Rechtseingriffe verbunden sind. Bloß vorbereitende oder rein konsultative Tätigkeiten werden dagegen nicht als legitimationsbedürftig erfasst.

2. Deutsches Volk als Legitimationssubjekt der Staatsgewalt

Aus dem Prinzip der Volkssouveränität folgt, dass es **neben dem Volk keinen weiteren Legitimationsträger der Staatsgewalt** geben darf. Fraglich kann nur sein, welche Personen zu dem in Art. 20 II 1 GG erwähnten Volk gehören, da an dieser Stelle eine nähere Bestimmung fehlt. Das BVerfG und die ganz überwiegende Ansicht im Schrifttum sehen zu Recht in dem **deutschen Volk** als Kreationssubjekt der verfassten Staatlichkeit (vgl. Präambel) auch den Legitimationsträger der Staatsgewalt. Dies ergibt sich aus einer historischen, eindeutig aber aus der systematischen Interpretation der Verfassung:

„Das Volk, von dem die Staatsgewalt in der Bundesrepublik Deutschland ausgeht, wird nach dem Grundgesetz von den deutschen Staatsangehörigen und den ihnen nach Art. 116 Abs. 1 gleichgestellten Personen gebildet. Die Zugehörigkeit zum Staatsvolk der Bundesrepublik wird also grundsätzlich durch die Staatsangehörigkeit vermittelt […] Auch andere Regelungen des Grundgesetzes, die einen Bezug zum Volk aufweisen, lassen keinen Zweifel daran, daß Staatsvolk das deutsche Volk ist: Nach der Präambel ist es das Deutsche Volk, welches sich kraft *seiner* verfassungsgebenden Gewalt das Grundgesetz gegeben hat; Art. 33 Abs. 1 und 2 gewährleistet jedem Deutschen in jedem Lande die gleichen staatsbürgerlichen Rechte und Pflichten; nach Art. 56 und Art. 64 Abs. 2 schwören der Bundespräsident und die Mitglieder der Bundesregierung, ihre Kraft dem Wohle des deutschen Volkes zu widmen; schließlich weist Art. 146 dem deutschen Volke die Entscheidung über eine das Grundgesetz zu gegebener Zeit ablösende Verfassung zu. In nicht zu übersehender Parallelität erklären die Präambel und Art. 146 GG das deutsche Volk zum Träger und Subjekt des Staates der Bundesrepublik Deutschland."[3]

Vereinzelt wird die Auffassung vertreten, Volk i. S. d. Art. 20 II 1 GG sei im Wesentlichen mit Bevölkerung gleichzusetzen; die Staatsgewalt legitimiere sich durch eine personale Übereinstimmung zwischen ihrem Träger und den von ihr Betroffenen. Zur Begründung wird auf einen – besonders durch die Zunahme des Ausländeranteils angestoßenen – Verfassungswandel verwiesen.[4] Dagegen spricht jedoch schon der eindeutige Interpretationsbefund. Ferner könnte auch wegen Art. 79 III GG keine derartige, die Elementarkonzeption der vom Grundgesetz verfassten Staatlichkeit angreifende (angebliche) Veränderung des Verfassungsverständnisses anerkannt werden. Der Grund für die Beschränkung auf das deutsche Volk liegt in der wechselseitigen Treuebeziehung zwischen Staatsangehörigen und ihrem Staat. Diese begründet sich auf der unausweichlichen Zugehörigkeit zu derselben historischen Schicksalsgemeinschaft.[5] Abweichungen von diesen Grundsätzen sollen jedoch im Randbereich möglich sein (→ Rn. 11).

---

[2] Vgl. aber zu Differenzierungen *H. Dreier*, in: Dreier Art. 20 (Demokratie) Rn. 132 ff.
[3] BVerfGE 83, 37 (51); vgl. StGH Bremen, NVwZ-RR 2014, 497 (498 ff.); *E.-W. Böckenförde*, in: HdbStR II § 24 Rn. 26 ff.
[4] Vgl. die Argumentation des Landtags und der Regierung des Landes Schleswig-Holstein, wiedergegeben in BVerfGE 83, 37 (42 ff.).
[5] *P. Kirchhof*, in: HdbStR V (2. Aufl.) § 124 Rn. 127.

9 Bei der Lösung von **Fall 3** ist zunächst zu berücksichtigen, dass der Landtag (Parlament) ein Organ des Landes ist, welches Staatsgewalt (z. B. Gesetzgebung) ausübt. Da das Volk aber Träger der Staatsgewalt ist, lässt sich ihre Ausübung durch das Parlament und die von ihm eingesetzten Personen nur dann mit dem Grundsatz der Volkssouveränität vereinbaren, wenn das Parlament demokratisch legitimiert ist. Ferner ist die Wahrnehmung des Wahlrechts originäre Ausübung von Staatsgewalt durch das Volk selbst (vgl. Art. 20 II 2 GG). **Wahlrecht und Zugehörigkeit zum Volk lassen sich also nicht trennen.**[6] Wahlen, an denen Ausländer teilnehmen, können daher keine demokratische Legitimation i. S. d. Art. 20 II 1 GG vermitteln.[7] Diese Grundsätze gelten über Art. 28 I 1 GG auch für die Länder, jedoch mit der Besonderheit, dass hier auf das Landesstaatsvolk[8] abzustellen ist.[9] An Parlamentswahlen (Bundestag und Landtage) dürfen daher auch keine EU-Bürger teilnehmen, die nicht über die deutsche Staatsangehörigkeit verfügen.[10]

10 Fraglich ist, ob auch auf **kommunaler Ebene** ein **Ausländerwahlrecht** mit dem Grundgesetz unvereinbar wäre, wobei zwischen EU-Ausländern und anderen Ausländern zu unterscheiden ist. Da auch von Gemeindevertretungen und kommunalen Amtswaltern Staatsgewalt ausgeübt wird, bedarf es einer demokratischen Legitimationsgrundlage, die nach Art. 20 II 1 und Art. 28 I 1 GG grundsätzlich nur von Deutschen vermittelt werden kann. Eine spezielle Bestimmung betreffend Kommunalvertretungen enthält Art. 28 I 2 GG. Danach muss das Volk in den Kreisen und Gemeinden eine Vertretung haben. Der in Art. 28 I 2 GG verwandte Begriff des Volkes darf nicht weiter verstanden werden als in Art. 20 II 1 GG. Denn Art. 28 I 2 GG bestimmt, dass die Grundentscheidungen der Verfassung auch in den Kreisen und Gemeinden gelten sollen. Generell dürfen Ausländer daher nicht an Kommunalwahlen teilnehmen.[11]

11 Eine Besonderheit gilt im **Kommunalwahlrecht für EU-Ausländer.** Sie sind nach Maßgabe des Rechts der EU wahlberechtigt und wählbar (vgl. Art. 28 I 3 GG, Art. 22 I AEUV). Der 1992 in das Grundgesetz eingefügte Art. 28 I 3 soll mit Art. 79 III in Verbindung mit Art. 20 II 1 GG vereinbar sein, weil das Grundgesetz Abweichungen vom Prinzip der Volkssouveränität im Randbereich zulasse.[12]

III. Ausübung der Staatsgewalt durch das Volk

12 Art. 20 II 1 GG regelt das alleinige *Ausgehen* der Staatsgewalt vom Volk. Davon ist die *Ausübung* der Staatsgewalt zu unterscheiden, die nach Art. 20 II 2 GG gerade nicht exklusiv in der Hand einer Stelle liegen soll. Staatsgewalt wird danach zum einen **vom Volk selbst** durch Wahlen und Abstimmungen und zum anderen **durch besondere Organe** der Gesetzgebung, der vollziehenden Gewalt und der Rechtsprechung ausgeübt. Während das Grundgesetz die Gewaltausübung, welche nicht durch das Volk selbst geschieht, auf drei Teilgewalten verteilt (→ § 7 Rn. 5 ff.), ohne hierfür abschließende Vorgaben hinsichtlich der Handlungs- und Einwirkungsformen zu machen, werden als Formen der unmittelbaren politischen Entscheidung des Volkes nur Wahlen und Abstimmungen anerkannt.

---

[6] BVerfGE 83, 37 (51 f.).
[7] BVerfGE 83, 60 (71).
[8] Vgl. *M. Sachs*, AöR 108 (1983), 68 ff.
[9] BVerfGE 83, 37 (53 ff.); StGH Bremen, NVwZ-RR 2014, 497 ff.
[10] StGH Bremen, NVwZ-RR 2014, 497 ff.
[11] BVerfGE 83, 37 (59); 83, 60 (76 ff.).
[12] Vgl. BVerfGE 83, 37 (59). Vgl. zum Kommunalwahlrecht für EU-Bürger *W. Löwer*, in: v. Münch/Kunig Art. 28 Rn. 29 ff.

§ 6. Demokratie

Dies bedeutet jedoch nicht, dass sich der **Prozess der politischen Meinungs- und Willensbildung** darin erschöpft. Wahlen und Abstimmungen setzen gerade voraus, dass im Vorfeld öffentliche Diskussionen stattfinden. Unerlässliche Voraussetzung der Demokratie ist daher ein freier und offener Austausch von Meinungen und Informationen. Individuen, politische Vereinigungen und Parteien wirken daran u. a. mit, ebenso wie Presse und Rundfunk. Verfassungsrechtlich wird dieser Prozess durch Meinungsäußerungs-, Informations-, Presse-, Rundfunk-, Film-, Wissenschafts- und Kunstfreiheit (Art. 5 I, III GG), Versammlungsfreiheit (Art. 8 I GG), Vereinigungs- und Koalitionsfreiheit (Art. 9 I, III GG) sowie die freie Gründung von politischen Parteien (Art. 21 I 2 GG) abgesichert. Er mündet ein in den für die Willensbildung im Staat entscheidenden Akt der Parlamentswahl.[13] Die Willensbildung muss sich **vom Volk zu den Staatsorganen** und nicht umgekehrt vollziehen.[14]

1. Wahlen

Wahlen sind **Entscheidungen über Personalfragen,** sie dienen der Auswahl der zur Sachentscheidung berufenen Personen. Das Grundgesetz sieht nur *eine* vom Volk zu treffende Personalentscheidung vor, nämlich die Wahl der Mitglieder des Deutschen Bundestages (vgl. Art. 38, 39 I GG). Trotzdem wäre es nicht richtig, den Begriff der Wahl sogleich auf die Bestimmung von Volksvertretungen zu beschränken, da Art. 20 II 2 GG über Art. 28 I 1 GG auch Bedeutung für den Bereich der Länder hat, die sehr wohl eine direkte Wahl exekutiver Spitzen oder von Richtern in ihren Verfassungen regeln könnten.

Demokratie setzt **periodisch wiederkehrende Wahlen** voraus, da ohne die Möglichkeit der Abberufung keine Verantwortlichkeit der gewählten Personen gegenüber dem Volk bestünde und nach einem längeren Zeitraum eine Rückführbarkeit ihres Handelns auf den Volkswillen nicht mehr feststellbar wäre. Ganz allgemein folgt daraus, dass es dem Wesen der Demokratie entspricht, staatliche Machtbefugnisse grundsätzlich nur auf Zeit zu verleihen. Dementsprechend ist in Art. 39 I 1 GG eine Wahlperiode von vier Jahren vorgesehen. Durch Verfassungsänderung könnte zwar auch eine längere Dauer bestimmt werden; diese darf jedoch wegen Art. 79 III und 20 II GG nicht zu lang bemessen sein, um den Einfluss des Volkes auf seine Repräsentanten zu wahren. Als Maximum wird ein Zeitraum zwischen 5 und 6 Jahren angenommen.

2. Abstimmungen

Abstimmungen sind **Entscheidungen über Sachfragen** durch die Bürgerschaft selbst. Sie sind charakteristisches Element einer direkten Demokratie. Die möglichen Formen der direkten Einflussnahme von Bürgern auf Sachentscheidungen sind vielgestaltig; die wichtigsten sind Volksinitiative, Volksbegehren, Volksentscheid, Volksbefragung und Verfassungsreferendum.

Elemente direkter Demokratie sind hauptsächlich auf Länderebene zu finden.[15] Teilweise unterscheiden sich die Verfahren in Terminologie und Ausgestaltung, daher kann für die genannten Formen keine einheitliche Definition gefunden werden. Überblicksartig gilt: **Volksinitiativen** sind darauf gerichtet, das Parlament zu zwingen, sich mit einem Thema zu befassen. Durch ein **Volksbegehren** wird dem Parlament ein Ge-

---

[13] BVerfGE 20, 56 (98f.).
[14] BVerfGE 44, 125 (140f.); 107, 339 (361); 123, 39 (68f.); 131, 316 (335); 138, 102 (109).
[15] Vgl. die bei *M. Böhm,* DÖV 2013, 1 (2) nachgewiesenen Bestimmungen der Landesverfassungen.

setzentwurf zur Beratung und Beschlussfassung vorgelegt bzw. ein Volksentscheid herbeigeführt. Im Wege des **Volksentscheids** wird über den Erlass eines Gesetzes durch die Wahlberechtigten entschieden. **Volksbefragungen** dienen zur Ermittlung des Volkswillens; ob sie eine rechtliche Bindungswirkung erzeugen, hängt von der verfassungsrechtlichen Ausgestaltung ab (vgl. nur die Bindungswirkung der Volksbefragung nach Art. 29 V 4 GG).

18 Das Grundgesetz sieht Abstimmungen nicht vor. Einzige[16] Ausnahme sind Volksentscheid und Volksbefragung nach Maßgabe des Art. 29 II bis VI GG im Falle einer **Neugliederung des Bundesgebietes**, wobei es auch dabei nicht zu einer Partizipation des gesamten Staatsvolks kommt, da nur in den betroffenen Ländern abgestimmt wird. Eine spezielle Bestimmung über die Neugliederung in dem die Länder Berlin und Brandenburg umfassenden Gebiet enthält Art. 118a GG. Ferner ist für die Beschlussfassung über eine neue Verfassung eine Beteiligung des Volkes in Art. 146 GG vorgesehen.

19 Im **Fall 4** legt das Volksabstimmungsgesetz fest, dass der Bundestag von sich aus einen Gesetzentwurf dem Volksentscheid zuführen kann und nicht selbst entscheidet.[17] Das Grundgesetz sieht eine solche Abstimmung zwar nicht vor, entscheidend ist aber, ob es sie verbietet: Nach überwiegender Ansicht enthält das Grundgesetz für die Bundesebene eine klare Entscheidung für die mittelbare Demokratie, in der das Volk keine Sachentscheidungen selbst trifft, sondern durch Parlamentarier und demokratisch legitimierte besondere Organe vertreten wird (Gedanke der Repräsentation). Art. 29 GG sei eine klare Ausnahmebestimmung zu dieser Grundkonzeption. Danach sind sogar unverbindliche Volksbefragungen auf Bundesebene unzulässig. Nach anderer Ansicht können Elemente direkter Demokratie auch durch den einfachen Gesetzgeber eingeführt werden, da in Art. 20 II 2 GG Abstimmungen ausdrücklich genannt werden und somit eine Beteiligung des Volkes an Sachentscheidungen anerkannt sei. Dieser Streit kann hier dahinstehen, weil sich jedenfalls die Befugnis, Gesetze zu erlassen, aus der Verfassung selbst ergeben muss. Eine Abweichung vom ausdrücklich geregelten Gesetzgebungsverfahren (Art. 76ff. GG) kann der einfache Gesetzgeber nicht beschließen. Volksentscheide können daher nur durch eine Verfassungsänderung eingeführt werden.[18]

20 Die **Länder** sind im Rahmen ihrer Verfassungsautonomie frei, das Volk in stärkerem Maße auch unmittelbar an Sachentscheidungen zu beteiligen. Dem steht Art. 28 I 1 GG nicht entgegen,[19] weil das aktuelle Verhältnis zwischen repräsentativer und direkter Demokratie im Bund nicht zu den Grundsätzen des demokratischen Staates gehört. Die Möglichkeit von Abstimmungen ist im Gegenteil ausdrücklich in Art. 20 II 2 GG vorgesehen, ohne dass damit allein auf Art. 29 GG Bezug genommen wird.

IV. Ausübung der Staatsgewalt durch besondere Organe – Demokratische Legitimation

21 Wie oben dargestellt, wird die Staatsgewalt nur in wenigen Fällen vom Volk selbst ausgeübt. Auf der Bundesebene ist, abgesehen von Art. 29 GG, nur die Stimmabgabe bei der Bundestagswahl möglich.[20] Im Regelfall wird das staatliche Handeln nach Art. 20

---

[16] Art. 118 GG ist heute bedeutungslos.
[17] Vgl. auch die ähnliche Regelung für die Bremische Bürgerschaft in Art. 70 I Buchst. b BremVerf.
[18] *H. Dreier*, in: Dreier Art. 20 (Demokratie) Rn. 106.
[19] BVerfGE 60, 175 (208).
[20] BVerfGE 112, 118 (134).

§ 6. Demokratie

II 2 GG „durch besondere Organe der Gesetzgebung, der vollziehenden Gewalt und der Rechtsprechung" bestimmt. Aus Art. 20 II 1 GG folgt zwingend, dass deren **Handlungen und Entscheidungen auf das Volk zurückgeführt** werden können bzw. vom ihm ausgehen und ihm gegenüber verantwortet werden müssen. Das setzt einen effektiven Einfluss des Volkes auf die Ausübung der Staatsgewalt durch diese Organe voraus. Der Zurechnungszusammenhang zwischen Volk und staatlicher Herrschaft wird durch das Erfordernis einer ununterbrochenen demokratischen Legitimationskette hergestellt. Die **demokratische Legitimation** ist somit das Bindeglied. Dabei spielen verschiedene Formen dieser Legitimation zusammen. Notwendig ist ein bestimmtes **Legitimationsniveau,** das bei den verschiedenen Erscheinungsformen von Staatsgewalt unterschiedlich hoch sein kann[21].[22]

1. Personelle demokratische Legitimation

Von personeller demokratischer Legitimation spricht man, wenn die Bestellung der für den Staat handelnden Personen auf eine ununterbrochene Entscheidungskette zurückgeht, die beim Volk beginnt.[23] Der demokratische Legitimationszusammenhang, den eine **ununterbrochene Legitimationskette** für einen Amtsträger begründet, geht über das verliehene Amt nicht hinaus, so dass Tätigkeiten, die von den Aufgaben des übertragenen Amtes nicht umfasst werden, auch nicht mitlegitimiert werden.[24] Es ist zwischen unmittelbarer und mittelbarer Legitimation zu unterscheiden. 22

Ein Amtsträger ist **unmittelbar personell legitimiert,** wenn er sein Amt im Wege einer Wahl durch das Volk erhalten hat. Parlamentsmitglieder sind in diesem Sinne unmittelbar legitimiert, weil sie – ohne Dazwischentreten weiterer Personen – ihr Amt dem im Wahlergebnis konkretisierten Volkswillen verdanken. Auf der durch das Grundgesetz näher ausgestalteten Bundesebene besitzen allein die Abgeordneten des Deutschen Bundestages unmittelbare personelle demokratische Legitimation (vgl. Art. 38 I 1 GG). 23

Mittelbar personell legitimiert ist, wer in sein Amt durch andere Amtsträger eingesetzt worden ist, die wiederum selbst unmittelbar oder mittelbar personell legitimiert sind. Im letztgenannten Falle ist zusätzlich erforderlich, dass diejenigen, die personelle demokratische Legitimation vermitteln, dabei parlamentarisch verantwortlich handeln. 24

Die aufgrund der Bundestagswahl unmittelbar legitimierten Bundestagsabgeordneten wählen den Bundeskanzler (Art. 63 I GG), der in seiner Person dadurch mittelbar legitimiert ist. Aufgrund eines verbindlichen Vorschlags des Bundeskanzlers ernennt der Bundespräsident die Bundesminister (Art. 64 I GG). Letztere ernennen im Rahmen ihres Geschäftsbereichs die zuständigen Beamten und weisen ihnen Aufgaben zu. Über die **Kette** „Beamter-Bundesminister-Bundeskanzler-Bundestag-Volk" besteht eine Rückführbarkeit der Personalbesetzungen zum Volk. Es ist ersichtlich, dass die Vermittlung demokratischer Legitimation im Bund nur über das Parlament gelingen kann. 25

---

[21] BVerfGE 130, 76 (124) m.w.N.
[22] Vgl. zur demokratischen Legitimation und ihren Formen *E.-W. Böckenförde,* in: HdbStR II § 24 Rn. 11 ff.; *H. Sodan,* NZS 2000, 581 ff.
[23] Vgl. dazu BVerfGE 130, 76 (124).
[24] BVerfGE 93, 37 (67 f.).

26 Umstritten ist, ob bei zur Entscheidung befugten **Kollektivorganen** *alle* an der Entscheidung Beteiligten demokratisch legitimiert sein müssen oder ob es ausreichend sein kann, dass nur die *Mehrheit* der Mitglieder des Gremiums eine derartige Legitimation aufweist.[25]

2. Sachlich-inhaltliche demokratische Legitimation

27 Sachlich-inhaltliche demokratische Legitimation dient dazu, die Ausübung der Staatsgewalt durch die besonderen Organe inhaltlich auf das Volk zurückzuführen. Dies wird über verschiedene, nicht notwendigerweise kumulativ auftretende Instrumentarien bewirkt:

28 Die von der Volksvertretung in Ausübung ihrer Gesetzgebungskompetenz erlassenen Gesetze binden die anderen Gewalten (Art. 20 III GG). Strikte **Gesetzesbindung** kann oftmals Defizite hinsichtlich anderer Legitimationsformen ausgleichen. Ferner besteht für Volksvertretung, Regierung und Verwaltung eine **sanktionsbewehrte** (unmittelbare oder mittelbare) **Verantwortlichkeit** gegenüber dem Volk, die in der Möglichkeit der Abberufung des bzw. der Handelnden besteht.

29 Die Volksvertreter müssen sich nach Ablauf der Wahlperiode einer Neuwahl stellen (Art. 39 I GG). Dies wird dazu führen, dass sie bemüht sind, sich bei ihrer Arbeit am Volkswillen zu orientieren. Bundeskanzler und Bundesminister sind dem Parlament verantwortlich. Das Parlament kann auf die Regierungspolitik einwirken, weil die Regierungsmitglieder von seinem Vertrauen abhängig sind und durch die Abwahl des Bundeskanzlers allesamt abberufen werden können (Art. 67 I, 69 II Hs. 2 GG). Seine Abwahl könnte der Bundeskanzler möglicherweise durch die Entlassung des zuständigen Ministers verhindern (Art. 64 I Alt. 2 GG).

30 Die Regierungsmitglieder könnten für ihren Geschäftsbereich keine Verantwortung gegenüber dem Parlament tragen, wenn sie keine Einwirkungsmöglichkeiten auf die Verwaltung hätten. Exekutive Amtswalter sind daher grundsätzlich weisungsabhängig. Das delegierbare **Weisungsrecht** reicht vom Minister bis zum untersten Amtswalter (vgl. §§ 62, 63 BBG).

31 Verfassungsrechtliche Probleme können sich aus **„ministerialfreien Räumen"** ergeben. Darunter werden diejenigen Exekutivstellen verstanden, welche bei der Wahrnehmung der ihnen übertragenen staatlichen Kompetenzen von der Exekutivspitze teilweise oder vollständig weisungsunabhängig sind[26]. Zwar lässt sich weder aus dem Gewaltenteilungs- noch dem Demokratiegebot ein starres Erfordernis rechtlich uneinschränkbarer parlamentarischer Kontrolle und Verantwortlichkeit der Regierung herleiten.[27] Die Verfassungsmäßigkeit der Weisungsunabhängigkeit setzt jedoch einen nach dem Verfassungssystem beachtlichen Grund voraus.[28] Einen solchen Grund brachte das BVerfG etwa für die „Verselbständigung der meisten Aufgaben der Währungspolitik bei einer unabhängigen Zentralbank"[29] zum Ausdruck: Diese löse „staatliche Hoheitsgewalt aus

---

[25] BVerfGE 93, 37 (67f., 71f.): Volle personelle demokratische Legitimation nur, wenn die Mehrheit der die Entscheidung tragenden Mehrheit selbst voll personell legitimiert ist (Prinzip der doppelten Mehrheit).

[26] I. d. S. etwa *E. Klein*, Die verfassungsrechtliche Problematik des ministerialfreien Raumes, 1972, S. 66; *W. Leisner*, Mitbestimmung im öffentlichen Dienst, 1970, S. 46.

[27] Siehe dazu näher *H. Sodan*, Kollegiale Funktionsträger als Verfassungsproblem, 1987, S. 402 ff.

[28] *H. Sodan*, Kollegiale Funktionsträger als Verfassungsproblem, 1987, S. 407 ff.; vgl. ferner *C. P. Fichtmüller*, AöR 91 (1966), 297 (354 f.); *W. Müller*, JuS 1985, 497 (508).

[29] Vgl. dazu *H. Sodan*, NJW 1999, 1521 ff.

unmittelbarer staatlicher oder supranationaler parlamentarischer Verantwortlichkeit, um das Währungswesen dem Zugriff von Interessentengruppen und der an einer Wiederwahl interessierten politischen Mandatsträger zu entziehen".[30] Damit modifizierte das BVerfG sein in der älteren Rechtsprechung entwickeltes Kriterium, ministerialfreie Verwaltungsstellen seien im Falle „politischer Tragweite" unzulässig[31]. Jedenfalls darf die *Gesamtleitung* der Politik der Regierungsverantwortung nicht entzogen werden.[32] Um der Gefahr der Konstituierung einer „Neben"- oder „Gegenregierung" entgegenzuwirken, ist es notwendig, dass *einem* ministerialfreien Funktionsträger zur Bearbeitung jeweils nur *ein* deutlich abgrenzbares Spezialgebiet übertragen wird.[33]

3. Institutionelle und funktionelle demokratische Legitimation

Institutionelle und funktionelle demokratische Legitimation besitzen diejenigen Organe und Staatsfunktionen, die vom Verfassungsgeber selbst konstituiert und mit Kompetenzen ausgestattet wurden. Ohne dass es einer weiteren Begründung bedürfte, sind z. B. der Bundespräsident, die Bundesregierung, der Bundesrat oder das BVerfG legitimiert. Auch die Gewaltenteilung als solche wird darunter gerechnet. Daher kann aus dem Demokratieprinzip **keine Allentscheidungskompetenz für das Parlament** abgeleitet werden.[34] Die erforderliche personelle und sachlich-inhaltliche demokratische Legitimation wird dadurch aber nicht ersetzt. 32

Im **Fall 5** müssten die Personalräte und die Einigungsstelle eine hinreichende demokratische Legitimation aufweisen, wenn sie an der Ausübung von Staatsgewalt beteiligt wären; denn nur diese ist legitimationsbedürftig. Auch Entscheidungen im behördeninternen Bereich stellen die Ausübung von Staatsgewalt dar (→ Rn. 5). Die Personalräte sind personell nicht demokratisch legitimiert. Sie sind zwar von Amtsträgern gewählt, die aber dabei nicht im Rahmen ihres übertragenen Aufgabengebietes handeln und auch nicht unter parlamentarischer Kontrolle stehen. Dieser Mangel wird durch die Entscheidungskompetenz der Einigungsstelle nicht beseitigt. Die von der Dienststelle entsandten Mitglieder sind zwar personell legitimiert, bilden aber nicht einmal die Mehrheit in diesem Gremium. Ferner ist aufgrund der Weisungsunabhängigkeit die inhaltliche Einflussnahme parlamentarisch verantwortlicher Personen ausgeschaltet. Auch das Aufhebungsrecht der in parlamentarischer Verantwortung stehenden Dienststelle gleicht die bestehenden Mängel nicht aus, weil es nicht uneingeschränkt gewährt wird. Zwar gibt es nach Ansicht des BVerfG behördeninterne Angelegenheiten, welche die Wahrnehmung der Amtsaufgaben nicht berühren und bei denen ein geringes Legitimationsniveau hingenommen werden kann. Das Demokratieprinzip verlangt aber bei Entscheidungen, welche die Erfüllung des Amtsauftrages nicht nur unerheblich betreffen, dass die Letztentscheidung eines dem Parlament Verantwortlichen gesichert ist. Das gilt insbesondere für organisatorische und Personalentscheidungen. Da das Mitbestimmungsgesetz ausnahmslos für alle Angelegenheiten gilt, ist es mit dem Demokratieprinzip (Art. 20 II, 28 I 1 GG) unvereinbar.[35] 33

---

[30] BVerfGE 89, 155 (208).
[31] So BVerfGE 9, 268 (282); vgl. auch BVerfGE 22, 106 (113).
[32] Siehe dazu näher *H. Sodan*, Kollegiale Funktionsträger als Verfassungsproblem, 1987, S. 416 f.
[33] *H. Sodan*, Kollegiale Funktionsträger als Verfassungsproblem, 1987, S. 416.
[34] BVerfGE 68, 1 (108 f.).
[35] BVerfGE 93, 37 (75 ff.).

4. Demokratische Legitimation bei funktionaler Selbstverwaltung

34 Nach nicht überzeugender Ansicht des BVerfG sollen die beschriebenen Anforderungen an eine ununterbrochene demokratische Legitimationskette uneingeschränkt nur im Bereich der unmittelbaren Staatsverwaltung und der kommunalen Selbstverwaltung gelten. Im Bereich der **funktionalen Selbstverwaltungskörperschaften** (z. B. Industrie- und Handelskammern, Wasserverbände) soll das Demokratiegebot offen für Formen der Organisation und Ausübung von Staatsgewalt sein, die vom Erfordernis lückenloser personeller demokratischer Legitimation aller Entscheidungsbefugten abweichen. Aufgaben und Handlungsbefugnisse müssen dann aber in einem Parlamentsgesetz ausreichend vorherbestimmt sein und der Aufsicht personell demokratisch legitimierter Amtswalter unterliegen.[36]

V. Repräsentative und parlamentarische Demokratie
1. Gedanke der Repräsentation

35 Während das Grundgesetz hinsichtlich des Demokratieprinzips zum einen grundlegende Aussagen trifft, die sowohl im Bund als auch in den Ländern gelten, konkretisiert es zum anderen für die Ebene des Bundes die demokratische Staatsform und formt sie aus. Dieser Ausgestaltung liegt eine **klare Entscheidung für ein rein repräsentatives System** zugrunde.

36 Im rein repräsentativen demokratischen System kann das Volk allein durch die periodisch wiederkehrenden **Wahlen zur Volksvertretung** eigene Entscheidungsbefugnisse ausüben. Bei allen anderen Entscheidungen lässt es sich dagegen von besonderen Organen vertreten. Diese Organe üben im Rahmen ihrer Kompetenzen die Staatsgewalt „im Namen des Volkes" aus. Dementsprechend ist dem Bundesstaatsvolk auch nur die Wahl des Deutschen Bundestags gemäß Art. 38 GG als eigene Entscheidung zugewiesen.[37] Gegenstück zur repräsentativen Demokratie ist die direkte Demokratie (→ Rn. 16 ff.). Die Länder müssen das rein repräsentative System nicht übernehmen (→ Rn. 20).

2. Parlamentarische Demokratie

37 Die Bezeichnung „parlamentarische Demokratie" weist darauf hin, welche zentrale Bedeutung das Parlament im Verfassungsgefüge der Bundesrepublik Deutschland besitzt, insbesondere im Verhältnis zu den anderen Verfassungsorganen (→ Rn. 25 für die Vermittlung demokratischer Legitimation). Je größer der Verwirklichungsgrad des Repräsentationsgedankens ist, um so bedeutender muss im demokratischen System das Gewicht des Parlaments sein; denn seine Mitglieder sind unmittelbar vom Volk gewählt und damit durch den Träger der Staatsgewalt selbst legitimiert. Eine Rückführbarkeit von Entscheidungen auf den Volkswillen kann daher nur über das Parlament gelingen.

38 **Parlamente** sind Volksvertretungen. In jedem deutschen Staat gibt es nur ein Parlament. Auf der bundesstaatlichen Ebene ist dies der **Deutsche Bundestag** als Vertretung des gesamten deutschen Volkes (Art. 38 I 2 GG). Die Volksvertretungen in den Bundesländern heißen **Landtag** oder **Bürgerschaft** (Bremen und Hamburg) bzw. **Abgeordnetenhaus** (Berlin); sie repräsentieren das jewei-

---

[36] BVerfGE 107, 59 (91 ff.). A. M. BVerwGE 106, 64 ff. Siehe zu diesen Entscheidungen näher *A. Musil*, DÖV 2004, 116 ff.
[37] Vgl. BVerfGE 112, 118 (134).

§ 6. Demokratie

lige Landesstaatsvolk[38]. Kreistage und Gemeinderäte sind zwar Vertretungsorgane, jedoch keine Parlamente und damit keine Volksvertretungen im engeren Sinne.

Die **hervorgehobene Bedeutung des Parlaments** kommt in der ihm zugewiesenen Kompetenz zur Gesetzgebung zum Ausdruck, mit welcher es die anderen Staatsorgane – im Rahmen der Verfassung – an seinen (Mehrheits-)Willen zu binden vermag (vgl. Art. 20 III GG). Es ist maßgeblich bei der Regierungsbildung beteiligt (auf Bundesebene durch die Kanzlerwahl, Art. 63 GG). Die Regierung ist ihm gegenüber verantwortlich und in ihrem Fortbestand vom Vertrauen der Volksvertreter abhängig. Dem Parlament steht ferner das Budgetrecht zu (vgl. Art. 110 II 1 GG, § 3 I HGrG). Das Enquêterecht, d. h. das Recht des Parlaments zur Einsetzung eines Untersuchungsausschusses (vgl. Art. 44 GG), sichert umfangreiche Kontrollbefugnisse.[39] Die grundsätzlich öffentliche Verhandlung (vgl. Art. 42 I 1 GG) macht das Parlament zum Gravitationszentrum der politischen Auseinandersetzung. 39

3. Wahl zum Deutschen Bundestag

a) Wahlsystem und Wahlrecht

Demokratische Wahlen sind nicht zwingend an ein bestimmtes Wahlsystem geknüpft. Im Rahmen der in Art. 38 I 1 GG festgelegten Wahlrechtsgrundsätze bestehen verschiedene Möglichkeiten: Die Regelung eines Mehrheitswahlrechts, eines Verhältniswahlrechts oder einer Kombination beider Systeme. Das Grundgesetz hat es in Art. 38 III GG dem Bundesgesetzgeber überlassen, das Wahlrecht auszugestalten. Schon in Hinblick auf die Auswahl des Systems wird deutlich, dass sich dieser Gestaltungsauftrag nicht in der Regelung von Einzelheiten erschöpft, sondern Entscheidungen von großer Tragweite beinhaltet.[40] Eine bloße Parteienwahl schließt die Verfassung aber aus.[41] 40

Beim **Mehrheitswahlrecht** wird das Wahlgebiet in viele Wahlkreise eingeteilt. In jedem Wahlkreis stellen sich Personen zur Wahl. Gewählt ist derjenige Kandidat, der die Stimmenmehrheit erzielt. Je nach Ausgestaltung ist eine relative Mehrheit oder die absolute Mehrheit (ggf. mit Stichwahl) erforderlich. Durch die Mehrheitswahl wird eine engere persönliche Beziehung des Abgeordneten zu seinem Wahlkreis hergestellt. Da der Abgeordnete als Person gewählt ist, erhält er gegenüber seiner Partei eine unabhängigere Stellung. Konsequenz ist aber regelmäßig ein Zwei-Parteien-System. 41

Dagegen gibt es beim reinen **Verhältniswahlrecht** keine Wahlkreise. Gewählt werden nicht einzelne Personen, sondern von Parteien aufgestellte Listen. Jede Partei erhält im Parlament verhältnismäßig so viele Sitze, wie sie ihrem Gesamtstimmenanteil entsprechen. Dadurch wird ein genaues, der Stärke entsprechendes Abbild aller politischen Kräfte im Parlament erreicht. Der Nachteil ist jedoch die Abhängigkeit der einzelnen Abgeordneten und Bewerber von ihrer Partei.[42] 42

Bundeswahlgesetz und Bundeswahlordnung enthalten die für die Bundestagswahl maßgeblichen Regelungen. Der Gesetzgeber hat sich für eine **Kombination beider Wahlsysteme** entschieden, die **personalisierte Verhältniswahl** genannt wird. Der Bundestag hat – vorbehaltlich der sich aus dem Bundeswahlgesetz ergebenden Abweichun- 43

---

[38] Vgl. *M. Sachs,* AöR 108 (1983), 68 ff.
[39] Unfangreiche parlamentarische Kontrollrechte können auch außerhalb eines Untersuchungsausschusses bestehen, vgl. BVerfGE 110, 199 (214 ff.).
[40] BVerfGE 59, 119 (124); 95, 335 (349); *H. Sodan/S. Kluckert,* NJW 2005, 3241 (3243).
[41] BVerfGE 97, 317 (323). Art. 38 I 1 GG: „Die *Abgeordneten* werden […] gewählt."
[42] Siehe hierzu *H.H. von Arnim,* NJW 2009, 2934 (2936).

gen – 598 Abgeordnete. Die Hälfte wird in 299 Wahlkreisen gewählt, in denen sich Einzelpersonen zur Wahl stellen (Erststimme). Gewählt ist, wer die relative Mehrheit erreicht. 299 weitere Sitze werden über von den Parteien aufgestellte Landeslisten vergeben (Zweitstimme).[43] Das Bundeswahlgesetz enthält dabei aber Regelungen, die bewirken, dass die Gesamtstärke einer Partei im Parlament aus ihrem Zweitstimmenergebnis folgt. Die personalisierte Verhältniswahl ist daher vom Grundcharakter eine Verhältniswahl.[44] Berücksichtigt werden gemäß § 6 III 1 BWG nur solche Parteien, die mindestens fünf Prozent der Zweitstimmen erhalten (Fünf-Prozent-Klausel) oder in mindestens drei Wahlkreisen einen Sitz errungen haben (Grundmandatsklausel); gewonnene Wahlkreismandate bleiben jedoch erhalten.

44 Das Verfahren für die **Sitzzuteilung** bei der Wahl zum Deutschen Bundestag ist mit dem 22. Gesetz zur Änderung des Bundeswahlgesetzes vom 3.5.2013[45] grundlegend geändert worden. Die Umrechnung der Wählerstimmen in Mandate erfolgt nun in zwei Verteilungsstufen mit jeweils zwei Rechenschritten. Dabei ist von besonderer Bedeutung, dass nach dem neuen Wahlrecht keine Überhangmandate (→ Rn. 59a zu Überhangmandaten) mehr anfallen können. Im zweiten Rechenschritt anfallende „Überhangmandate" (sog. „Pseudo-Verteilung") werden in einem dritten Rechenschritt durch eine Erhöhung der Gesamtsitzzahl des Bundestags ausgeglichen. Es können dann in einem vierten Rechenschritt so viele Sitze auf die Landeslisten einer Partei verteilt werden, dass die Landesliste nicht weniger Sitze erhält, als die Partei in diesem Land Wahlkreise gewonnen hat. In allen vier Rechenschritten kommt das mathematische Verfahren Sainte-Laguë/Schepers zur Anwendung.[46] Während die frühere Sitzzuteilung für jeden Bürger mit mathematischen Grundkenntnissen nachzuvollziehen war, ist das neue Verfahren nur mit fortgeschrittenen mathematischen Kenntnissen durchschaubar. Angesichts der Bedeutung der Öffentlichkeit der Wahl, wozu auch die Nachvollziehbarkeit der Wahlvorgänge gehört,[47] ist das neue Sitzzuteilungsverfahren bedenklich. Die Beseitigung spezieller Wahlrechtsprobleme (negatives Stimmgewicht[48] → Rn. 48a, Überhangmandate → Rn. 60) wurde durch einen erheblichen allgemeinen Transparenzverlust erkauft.

45 **Aktives** und **passives Wahlrecht** haben alle Deutschen i. S. d. Art. 116 I GG, die am Wahltag das 18. Lebensjahr vollendet haben (Art. 38 II GG, §§ 12 I und 15 I BWG). Das aktive Wahlrecht kann bei im Ausland lebenden Deutschen nicht bestehen (vgl. § 12 II BWG).[49] Aktives und passives Wahlrecht können unter bestimmten Voraussetzungen ausgeschlossen sein oder entzogen werden (vgl. §§ 13 und 15 II BWG).

b) Wahlrechtsgrundsätze

46 Unabhängig von der konkreten Ausgestaltung des Wahlrechts durch den Gesetzgeber müssen die Abgeordneten gemäß Art. 38 I 1 GG aus **allgemeinen**, **unmittelbaren**, **freien**, **gleichen** und **geheimen** **Wahlen** hervorgehen. Der materielle Gehalt des Grund-

---

[43] Vgl. § 1 I 1, II, §§ 27 f., 30 BWG.
[44] BVerfGE 95, 335 (357 f.) m. w. N.
[45] BGBl. I S. 1082.
[46] Vgl. zur Berechnung der Sitzzuteilung die Mitteilung des Bundeswahlleiters vom 9.10.2013 zur „Erläuterung des neuen Verfahrens der Umrechnung von Wählerstimmen in Bundestagssitze", http://www.bundeswahlleiter.de/de/aktuelle_mitteilungen/downloads/20131009_Erl_Sitzzuteilung.pdf.
[47] BVerfGE 134, 25 (30).
[48] Zutreffend spricht *J. Ipsen*, DVBl. 2013, 265 (269) davon, dass „die Problematik des negativen Stimmengewichts überzeichnet worden" ist.
[49] Vgl. zum Ausschluss des aktiven Wahlrechts von Auslandsdeutschen gemäß § 12 II BWG a. F. BVerfGE 132, 39 ff. Vgl. ferner *T. Felten*, DÖV 2013, 466 ff. zur alten und neuen Rechtslage.

§ 6. Demokratie

satzes der Wahlgleichheit ist jedoch abhängig von der Ausgestaltung als Mehrheits- oder Verhältniswahl.[50] Die Wahlrechtsgrundsätze sind auch für die Länder verbindlich (Art. 28 I 2 GG).[51]

Das BVerfG hat jüngst einige Wahlrechtsgrundsätze unmittelbar aus **Art. 20 GG** und den dort verankerten verfassungsrechtlichen Grundentscheidungen für Demokratie, Rechtsstaat und Republik abgeleitet,[52] um auch die Normen des Europawahlgesetzes an den Wahlrechtsgrundsätzen messen zu können (→ Rn. 53, 56a). Denn Art. 38 I 1 GG gilt nach seinem Wortlaut nur für die Bundestagswahl.   **46a**

aa) Allgemeine, unmittelbare, freie und geheime Wahlen

Die Wahl ist **allgemein,** wenn grundsätzlich jeder Staatsbürger das aktive und passive Wahlrecht besitzt. Danach ist es dem Gesetzgeber untersagt, Staatsbürger unberechtigt von der Teilnahme an der Wahl auszuschließen, insbesondere aus politischen, wirtschaftlichen oder sozialen Gründen. Ferner soll jeder sein Wahlrecht in möglichst gleicher Weise ausüben können.[53] Ausnahmen bedürfen eines zwingenden Grundes zum Schutz anderer Verfassungsgüter.[54]   **47**

Unmittelbarkeit der Wahl bedeutet, dass sich allein aus dem Wahlergebnis – ohne weitere Zwischenakte – ergibt, wer gewählt worden ist. Eine indirekte Wahl der Abgeordneten, beispielsweise durch ein vom Volk gewähltes Wahlmännergremium wie bei der Wahl des amerikanischen Präsidenten, ist ausgeschlossen. Das BVerfG leitet aus diesem Grundsatz ferner die Forderung nach einem Wahlverfahren ab, in dem der Wähler vor dem Wahlakt erkennen kann, welche Personen sich zur Wahl stellen und wie sich die eigene Stimmabgabe auf den Erfolg oder Misserfolg der Kandidaten auswirken kann[55].   **48**

Der Effekt des **negativen Stimmgewichts** verstößt gegen den Grundsatz der Unmittelbarkeit der Wahl (sowie der Gleichheit der Wahl).[56] Dieser Effekt, der vor allem von dem Verfahren zur Verrechnung der Erst- mit den Zweitstimmen abhängt, kann dazu führen, dass sich die Zweitstimme eines Wählers nicht zu Gunsten der von ihm unterstützten Partei, sondern bei der Mandatsverteilung zu Lasten der gewählten Partei auswirkt.[57] Der Wähler vermag bei derartigen Unwägbarkeiten dann aber nicht vorauszusehen, wie sich seine Stimmabgabe auf die Partei auswirkt.   **48a**

---

[50] BVerfGE 95, 335 (353).
[51] Art. 28 I 2 GG vermittelt dem Einzelnen jedoch „keine mit der Verfassungsbeschwerde rügefähige subjektive Rechtsposition", BVerfG (Kammerbeschl.), NVwZ 2013, 1540 (1541).
[52] BVerfGE 134, 25 (29 f.); vgl. auch BVerfGE 129, 300 (317) zur Ableitung des Grundsatzes der Wahlgleichheit aus Art. 3 I GG bei Europawahlen.
[53] BVerfGE 58, 202 (205); 132, 29 (47).
[54] *H.-H. Trute,* in: v. Münch/Kunig Art. 38 Rn. 21 m.w.N. In BVerfGE 132, 39 (48) heißt es: „Differenzierungen hinsichtlich der aktiven oder passiven Wahlberechtigung bedürfen zu ihrer Rechtfertigung stets eines besonderen, sachlich legitimierten Grundes […]. Sie können nur durch Gründe gerechtfertigt werden, die durch die Verfassung legitimiert und von mindestens gleichem Gewicht wie die Allgemeinheit der Wahl sind".
[55] BVerfGE 95, 335 (350); 97, 317 (326); 121, 266 (307).
[56] BVerfGE 121, 266 (307 f.). Vgl. zur Funktionsstörung im Wahlsystem durch das negative Stimmgewicht *J. Isensee,* DVBl. 2010, 269 ff.
[57] Vgl. BVerfGE 121, 266 (311): „Wären [bei der Wahl zum 16. Deutschen Bundestag] zum Beispiel in Hamburg für die SPD etwa 19.500 Zweitstimmen weniger abgegeben worden, so hätte diese Partei im Ergebnis einen Sitz mehr im Deutschen Bundestag beanspruchen können. Damit haben 19.500 Wähler der SPD in Hamburg dieser Partei durch ihre Stimme geschadet. Die Stim-

49 Der Grundsatz der **Freiheit der Wahl** sichert die Ausübung des Wahlrechts ohne Zwang oder sonstige Beeinflussung von außen vor, während und nach der Wahl. Er verbietet ferner eine vermeidbare Verengung der Entschließungsfreiheit des Wählers innerhalb des gewählten Wahlsystems.[58] Wahlen sind **geheim,** wenn die Stimmabgabe des Einzelnen keinem anderen bekannt werden kann.

50 Freiheit der Wahl und Wahlgeheimnis können bei der **Briefwahl** nicht vollständig sichergestellt werden. Die Briefwahl gewährleistet aber in besonderem Maße die Allgemeinheit der Wahl. Dies verdeutlicht, dass es auch zwischen den verschiedenen Wahlrechtsgrundsätzen Zielkonflikte geben kann, welche der Gesetzgeber im Interesse der Einheitlichkeit des ganzen Wahlsystems ausgleichen muss.[59] Eine weitere Form der Stimmabgabe ist gemäß § 35 BWG durch den Einsatz elektronischer Wahlgeräte (sogenannte **Wahlcomputer**) möglich. Nach einem Urteil des BVerfG ist der Einsatz elektronischer Wahlgeräte, welche die abgegebenen Stimmen ausschließlich auf einem elektronischen Speicher ablegen, nicht mit dem Grundsatz der Öffentlichkeit der Wahl vereinbar, der sich aus Art. 38 i. V. m. Art. 20 I und II GG herleitet[60]. Der Wähler muss selbst nachvollziehen können, ob seine Stimme unverfälscht erfasst wird.[61]

bb) Grundsatz der Gleichheit der Wahl

51 Der Grundsatz der Wahlgleichheit ist im Sinne einer strengen und formalen Gleichheit zu verstehen.[62] Er verlangt in seiner Ausprägung als **Zählwertgleichheit,** dass jeder Stimmberechtigte gleich viele Stimmen hat und jede Stimme gleich viel zählt („one man, one vote"). In seiner Ausprägung als **Erfolgswertgleichheit** gewährleistet er jedem Wähler die gleiche rechtliche Möglichkeit, auf die Sitzzuteilung Einfluss zu nehmen. Während die Erfolgswertgleichheit im Rahmen eines Mehrheitswahlrechts möglichst gleich große Wahlkreise – bezogen auf die Stimmberechtigten[63] – erfordert, verlangt sie bei der Verhältniswahl, dass jeder Wähler mit seiner Stimme den gleichen Einfluss auf die parteipolitische Zusammensetzung des Parlaments ausüben kann.[64]

52 Die Vornahme von Differenzierungen beim Zählwert ist ausgeschlossen. Verhältnismäßige Differenzierungen des Erfolgswertes der Wählerstimmen können jedoch aus verfassungsimmanenten Gründen gerechtfertigt werden, die so gewichtig sind, dass sie der Wahlrechtsgleichheit die Waage zu halten vermögen. Es geht dabei letztlich um den Ausgleich kollidierender Verfassungsprinzipien.

53 Eine Verletzung der **Wahlgleichheit** kann bei **Bundestagswahlen** mittels einer **Verfassungsbeschwerde** (→ § 51) gerügt werden; dies ergibt sich aus Art. 93 I Nr. 4a in Verbindung mit Art. 38 GG (ferner steht das Wahlprüfungsverfahren zur Verfügung, → Rn. 62 ff.). Bei Wahlen auf der

---

men dieser Wähler haben sich für die Mandatsverteilung zu Lasten derjenigen Partei ausgewirkt, für die die Stimme abgegeben wurde."

[58] BVerfGE 95, 335 (350). Vgl. zur Möglichkeit einer sittenwidrigen Wahlbeeinflussung durch Wahlkampffinanzierung aus „schwarzen Kassen" BVerfGE 103, 111 ff.

[59] BVerfGE 59, 119 (124 f.); 134, 25 (30 f.).

[60] BVerfGE 123, 39 ff.; siehe hierzu die Besprechung von M. Will, NVwZ 2009, 700 ff.

[61] BVerfGE 123, 39 (72).

[62] BVerfGE 51, 222 (234); 82, 322 (337); 129, 300 (317).

[63] BVerfGE 130, 212 (229 f.); darin wird aber eine Einteilung der Wahlkreise auf der Grundlage der deutschen Wohnbevölkerung für zulässig gehalten, „solange sich der Anteil der Minderjährigen an der deutschen Bevölkerung regional nur unerheblich unterscheidet".

[64] BVerfGE 16, 130 (139); 95, 335 (353); 129, 300 (317 f.). Vgl. auch BVerfGE 130, 212 (227) zur Verpflichtung des Gesetzgebers, die Einteilung der Wahlkreise regelmäßig zu überprüfen und ggf. zu korrigieren.

§ 6. Demokratie

Ebene der Länder entsprach es der früheren ständigen Rechtsprechung des BVerfG, ebenfalls eine Verfassungsbeschwerde unter Rückgriff auf den allgemeinen Gleichheitssatz des Art. 3 I GG zuzulassen[65]. Diese Auffassung hat das BVerfG nunmehr aufgegeben. Im Anwendungsbereich der speziellen wahlrechtlichen Gleichheitssätze des Art. 28 I 2 und des Art. 38 I 1 GG scheidet danach ein Rückgriff auf Art. 3 I GG aus. Weil Art. 28 I 2 GG keine mit der Verfassungsbeschwerde zu rügenden subjektiven Rechte verleiht und Art. 2 I GG auch nicht betroffen ist, scheidet eine Anrufung des BVerfG durch den *Bürger* bei Landeswahlen aus.[66] Möglich bleibt – je nach landesrechtlicher Ausgestaltung – eine Verfassungsbeschwerde (→ § 51) zum LVerfG oder ein landesrechtliches Wahlprüfungsverfahren (vgl. → Rn. 62 ff.).[67] Für die Wahl der deutschen Abgeordneten des Europäischen Parlaments hat das BVerfG den auch für die **Europawahl** geltenden verfassungsrechtlichen Grundsatz der Gleichheit der Wahl wiederum aus dem allgemeinen Gleichheitssatz des Art. 3 I GG abgeleitet.[68] Insofern können hier Verletzungen der Wahlgleichheit sowohl im Wahlprüfungsverfahren (§ 26 EuWG) als auch mittels einer Verfassungsbeschwerde zum BVerfG (Art. 93 I Nr. 4a, Art. 3 I GG) gerügt werden. Politische *Parteien* (→ Rn. 70 ff.) können eine Verletzung ihres Rechts auf chancengleiche Teilnahme an Landeswahlen im Wege eines Organstreits (→ § 6 Rn. 77, § 52 Rn. 6) vor dem zuständigen LVerfG geltend machen, das zur abschließenden Entscheidung befugt ist.[69]

(1) Erfolgswertgleichheit und Fünf-Prozent-Klausel

Nach § 6 III 1 Alt. 1 BWG werden bei der – für die parteipolitische Zusammensetzung des Parlaments entscheidenden – Verteilung der Sitze (→ Rn. 44) auf die Landeslisten nur Parteien berücksichtigt, die mindestens fünf Prozent der im Wahlgebiet abgegebenen gültigen Zweitstimmen erhalten haben. Der Erfolgswert der danach nicht berücksichtigungsfähigen Stimmen ist null, denn sie haben auf die Sitzverteilung keinen Einfluss.

54

Als hinreichend gewichtiger verfassungsimmanenter Grund für diese Differenzierung ist die **Sicherung der Funktions-, Handlungs- und Entscheidungsfähigkeit des zu wählenden Parlaments** anerkannt. Das Ziel der Verhältniswahl, die politischen Kräfte im Parlament wirklichkeitsnah abzubilden, kann zu einer Zersplitterung der Volksvertretung in viele kleine Gruppen führen, welche die Mehrheits- und Regierungsbildung erheblich erschweren oder verhindern würde.[70] Generell wird zur Rechtfertigung von Sperrklauseln verlangt, dass der entsprechende Gesetzgeber die Regelungen in regelmäßigen Abständen auf die fortbestehende Notwendigkeit unter Beachtung der tatsächlichen und politischen Verhältnisse überprüft[71], wobei ihm aber eine Einschätzungsprärogative zugestanden wird[72]. Fünf Prozent ist die Obergrenze des verfassungsrechtlich Hinnehmbaren.[73]

55

---

[65] Vgl. BVerfGE 85, 148 (157) sowie die Nachw. in BVerfGE 99, 1 (8).
[66] BVerfG (Kammerbeschl.), NVwZ-RR 2010, 945: „Die Länder gewährleisten den subjektivrechtlichen Schutz des Wahlrechts bei politischen Wahlen in ihrem Verfassungsraum allein und abschließend".
[67] Vgl. BVerfGE 99, 1 ff. m. w. N.
[68] Siehe BVerfGE 129, 300 (317).
[69] BVerfGE 99, 1 (17); vgl. etwa BerlVerfGH, JR 1993, 432; NVwZ-RR 2003, 466.
[70] BVerfGE 82, 322 (388); 95, 408 (418); 129, 300 (320 f.).
[71] Vgl. BVerfGE 120, 82 (108); 129, 300 (321 f.).
[72] Berechtigte Zweifel hinsichtlich eines weiten Prognosespielraums des Gesetzgebers zur Rechtfertigung eines Eingriffs in die Erfolgswertgleichheit äußert NWVerfGH, OVGE 47, 304 (310) = NVwZ 2000, 666 (668).
[73] BVerfGE 95, 408 (419). Vgl. zur Sperrklausel-Rspr. des BVerfG *H.-H. v. Arnim*, DVBl. 2014, 1489 ff.

56 Bei der Wahl von **kommunalen Vertretungen** wird in Rechtsprechung und Literatur die Zulässigkeit von Sperrklauseln und ggf. ihre zulässige Höhe unterschiedlich beurteilt.[74] Jedenfalls ist eine differenzierte Betrachtung angezeigt, da kommunale Vertretungen staatsrechtlich und politisch nicht dieselbe Bedeutung wie Parlamente haben. Aufgrund ihrer Verortung im Bereich der Exekutive, der damit einhergehenden Gesetzesbindung sowie verschiedener kommunalrechtlicher Aufsichtsmechanismen wiegt die dem Eingriff in die Wahlgleichheit gegenüberstehende Gefahr einer Beeinträchtigung der Funktionsfähigkeit nicht so schwer wie bei Parlamenten. Das BVerfG verwarf in seiner Eigenschaft als Landesverfassungsgericht für das Land Schleswig-Holstein (→ § 16 Rn. 13) eine dort bestehende Fünf-Prozent-Sperrklausel bei Kommunalwahlen.[75] Das HmbVerfG hielt in einer jüngeren Entscheidung eine einfachgesetzlich errichtete Drei-Prozent-Hürde für die Wahl zu den Hamburger Bezirksversammlungen mangels hinreichender Wahrscheinlichkeit von Funktionsbeeinträchtigungen für unzulässig.[76] Die in der Landesverfassung enthaltene Drei-Prozent-Klausel für die Wahl zu den Berliner Bezirksverordnetenversammlungen (Art. 70 II 2 VvB) verstößt nach Ansicht des BerlVerfGH nicht gegen Vorgaben des Grundgesetzes.[77]

56a Sofern das Unionsrecht keine Vorgaben enthält, richtet sich das Verfahren für die Wahl der Abgeordneten eines Mitgliedstaats zum **Europäischen Parlament** nach dem jeweiligen nationalen Recht (vgl. Art. 8 Direktwahlakt). Die Vorschriften des Europawahlgesetzes müssen daher mit den Vorgaben des Grundgesetzes in Einklang stehen. „Insofern gilt für die Europawahl nichts anderes als für die Wahl zum Deutschen Bundestag".[78] Durch Urteil vom 9.11.2011 erklärte das BVerfG die Fünf-Prozent-Sperrklausel bei der Wahl der Abgeordneten des Europäischen Parlaments aus der Bundesrepublik Deutschland für unvereinbar mit Art. 3 I (→ Rn. 53) und 21 I GG; der damit „verbundene schwerwiegende Eingriff in die Grundsätze der Wahlrechtsgleichheit und Chancengleichheit der politischen Parteien" sei „unter den gegebenen rechtlichen und tatsächlichen Verhältnissen nicht zu rechtfertigen"[79]. Der Gesetzgeber hat daraufhin mit Wirkung vom 10.10.2013 eine *Drei*-Prozent-Hürde für die Europawahl aufgestellt (§ 2 VII EuWG a. F.).[80] Auch diese Ersatzregelung wurde vom BVerfG mit gleicher Begründung beanstandet und durch Urteil vom 26.2.2014 für nichtig erklärt.[81] Gegenwärtig besteht daher keine Sperrklausel für die Europawahl, sodass bei der Europawahl im Jahr 2014 bereits ein Stimmenanteil von 0,6 Prozent ausreichte, um einen Sitz im Europäischen Parlament zu erlangen.

(2) Erfolgswertgleichheit und Grundmandatsklausel

57 Parteien, welche die Fünf-Prozent-Hürde (→ Rn. 54) nicht überspringen konnten, nehmen gleichwohl an der proportionalen Mandatsverteilung teil, wenn sie **in mindestens drei Wahlkreisen einen Direktsitz errungen** haben (§ 6 III 1 Alt. 2 BWG). Diese Regelung stellt wiederum einen Eingriff in die Erfolgswertgleichheit der Stimmen dar: Während die Zweitstimmen für Parteien, die keine fünf Prozent erreichen und keine

---

[74] Ablehnend: BVerfGE 120, 82 ff. (als Landesverfassungsgericht für das Land Schleswig-Holstein); NWVerfGH, OVGE 47, 304 ff. = NVwZ 2000, 666 ff.; *H. Meyer*, in: HdbStR III § 46 Rn. 42; vgl. auch BerlVerfGH, LKV 1998, 142 ff. Befürwortend: *W. Löwer*, in: v. Münch/Kunig Art. 28 Rn. 23 m.w.N.

[75] Siehe BVerfGE 120, 82 ff.

[76] HmbVerfG, DVBl. 2013, 304 ff.

[77] BerlVerfGH, DVBl. 2013, 848 ff. Vgl. zur Rspr. des BerlVerfGH zur Sperrklausel bei den Wahlen zur Bezirksverordnetenversammlung *R. Wolf*, LKV 2013, 7 ff.

[78] BVerfGE 129, 300 (316 f.).

[79] BVerfGE 129, 300 (LS). Siehe auch die abweichende Meinung der Richter *U. Di Fabio* und *R. Mellinghoff* (BVerfGE 129, 300 [346 ff.]).

[80] BGBl. I S. 3749.

[81] BVerfGE 135, 259 (280 ff.). Vgl. zu dieser Entscheidung die unterschiedlichen Bewertungen in der Literatur: *B. Grzeszick*, NVwZ 2014, 537 ff. (ablehnend); *W. Kahl/J. Bews*, DVBl. 2014, 737 ff. (zustimmend). Vgl. ferner *M. Will*, NJW 2014, 1421 ff.

§ 6. Demokratie

drei Grundmandate errangen, keinerlei Erfolgswert haben, werden die Zweitstimmen für eine Grundmandatspartei bei der Sitzteilung berücksichtigt, obwohl auch ihr Stimmenanteil unter fünf Prozent blieb.

Dieser Eingriff ist nach Ansicht des BVerfG gerechtfertigt. Aus dem Erfolg einer Partei bei der Mehrheitswahl in den Wahlkreisen könne der Gesetzgeber Rückschlüsse auf die besondere politische Integrationskraft einer Partei ziehen, die es erlaubten, sie auch an der Verteilung der Listenmandate teilnehmen zu lassen. Daher werde auch nicht die mit der Fünf-Prozent-Klausel gesicherte Funktionsfähigkeit des Parlaments berührt.[82] Dagegen wird die Grundmandatsklausel in weiten Teilen des Schrifttums für verfassungswidrig gehalten. Der Erfolg in einigen Wahlkreisen könne eine Differenzierung des Erfolgswertes nicht rechtfertigen, da lokal konzentrierte Kleinparteien die Funktionsfähigkeit des Parlaments nicht mehr oder weniger gefährdeten als andere.[83] 58

(3) Erfolgswertgleichheit und Überhangmandate

Jahrzehntelang begleitete das deutsche Staatsrecht die Frage, ob Überhangmandate mit dem Grundsatz der Gleichheit der Wahl in seiner Ausprägung als Erfolgswertgleichheit vereinbar sind. Die verfassungsrechtliche Problematik wirkt sich auf der Bundesebene nach Abschaffung der Überhangmandate mit Wirkung vom 9.5.2013 (§ 6 BWG n. F.) praktisch nicht mehr aus. 59

Überhangmandate entstanden nach dem früher geltenden Wahlrecht (→ Rn. 44 zum gegenwärtig geltenden Sitzteilungsverfahren), wenn eine Partei in einem Bundesland mehr Wahlkreismandate erringen konnte, als ihrer Landesliste in demselben Land Sitze zustanden. Zwar bewirkte die Anrechnung der Direktsitze nach § 6 IV 1 BWG a. F., dass kein Listenbewerber einen Parlamentssitz erhielt; unter dem Strich verblieben der Partei im Überhangland aber mehr Sitze, als ihr nach dem Zweitstimmenergebnis zustanden. Im Bundeswahlgesetz war – anders als in vielen Landeswahlgesetzen – ein Ausgleich für die anderen Parteien (durch so genannte Ausgleichsmandate) oder eine Verrechnung mit Listenmandaten der begünstigten Partei in anderen Bundesländern nicht vorgesehen. Hatte eine Partei in einem Bundesland Überhangmandate errungen, durfte sie allerdings im Falle des Ausscheidens eines ihrer Wahlkreisabgeordneten aus dem Bundestag keinen Nachfolger über die Landesliste besetzen, solange sie in dem betreffenden Land noch über Überhangmandate verfügte.[84] 59a

Die **Verfassungsmäßigkeit von ausgleichslosen Überhangmandaten** ist umstritten. Gegen ihre Zulässigkeit wird vorgebracht, Parteien mit Überhangmandaten benötigten signifikant weniger Stimmen, um *ein* Mandat zu erringen, als die übrigen Parteien. Der Erfolgswert der Stimmen werde dadurch ohne rechtfertigenden Grund unterschiedlich gewichtet, zumal das bestehende Wahlsystem vom Grundcharakter her ein Verhältniswahlrecht sei. Die Gewährung ausgleichsloser Überhangmandate könne insbesondere dann nicht hingenommen werden, wenn auf diesen parlamentarische Mehrheiten beruhten.[85] 60

Das BVerfG sah in den Überhangmandaten zunächst eine notwendige Folge des besonderen Charakters der personalisierten Verhältniswahl, die Elemente des Mehrheits- und des Verhältniswahlrechts kombiniert. Die Wahlgleichheit verlange daher nur, dass die 61

---

[82] BVerfGE 95, 408 (420 ff.).
[83] Vgl. *H.-U. Erichsen,* Jura 1984, 22 (31 f.); *H. Meyer,* in: HdbStR III § 46 Rn. 44.
[84] BVerfGE 97, 317 (322 ff.).
[85] Vgl. BVerfGE 95, 335 (377 ff.) – Sondervotum; *R. Scholz/H. Hofmann,* ZRP 2003, 39 ff. m. w. N. in Fn. 27.

Wahlkreise möglichst gleich groß seien; ex ante habe dann jede Stimme gleiche Erfolgschancen. Einschränkend forderte es später aber, Überhangmandate dürften regelmäßig nicht in größerer Zahl anfallen.[86] Zuletzt meinte das BVerfG, aus dem Grundgesetz herauslesen zu können, dass die Zahl der Überhangmandate etwa die Hälfte der für die Bildung einer Fraktion erforderlichen Zahl von Abgeordneten nicht überschreiten dürfe.[87]

c) Wahlprüfung und Nichtanerkennungsbeschwerde

62 Die **Wahlprüfung** ist nach Art. 41 I 1 GG Sache des Bundestages. Das dortige Verfahren ist im Wahlprüfungsgesetz geregelt. Gegen die Entscheidung des Bundestages ist die Beschwerde zum BVerfG zulässig (Art. 41 II GG). Deren Verfahrensbestimmungen enthält § 48 BVerfGG.[88]

63 Eine Wahlprüfung erfolgt nur auf **Einspruch,** der innerhalb von zwei Monaten nach der Wahl beim Bundestag eingehen muss. Einspruchsberechtigt sind jeder Wahlberechtigte sowie die weiteren in § 2 II WahlprüfG genannten Personen. Das Wahlprüfungsverfahren ist – ebenso wie die nachfolgende Beschwerde zum BVerfG – ein **objektives Beanstandungsverfahren,** d. h. es kommt für Zulässigkeit und Begründetheit nicht auf die Verletzung subjektiver Rechte an. Ein Wahlberechtigter, dessen Einspruch vom Bundestag verworfen wurde, kann dagegen **Beschwerde** zum BVerfG erheben (§ 48 I BVerfGG). Das Erfordernis eines Beitritts von mindestens 100 Wahlberechtigten wurde mit Wirkung vom 19. 7. 2012 abgeschafft.

63a Von der erst nach Durchführung der Bundestagswahl möglichen Wahlprüfung ist die vor der Wahl zu erhebende **Nichtanerkennungsbeschwerde** gemäß Art. 93 I Nr. 4c GG, § 13 Nr. 3a, §§ 96a ff. BVerfGG und § 18 IVa BWG zu unterscheiden (vgl. → § 56 Rn. 4). Diesen im Jahr 2012 eingeführten[89] Rechtsbehelf können Vereinigungen nutzen, denen vom Bundeswahlausschuss die Eigenschaft als Partei abgesprochen wurde (§ 18 IV BWG), da nur Parteien berechtigt sind, Listenwahlvorschläge zu unterbreiten (§ 18 I BWG).[90]

64 Eine in Rechtsprechung und Literatur noch ungeklärte Frage ist, wann ein **Wahlfehler** zur Ungültigkeit der Wahl bzw. zum Mandatsverlust Einzelner führt, mit anderen Worten, unter welchen Voraussetzungen Einspruch bzw. Beschwerde begründet sind. Die **Ungültigerklärung einer Wahl** kommt nur dann in Betracht, wenn ein Fehler das Wahlergebnis beeinflusst hat und diese Beeinflussung für den Wahlausgang erheblich war. Aus dem Demokratieprinzip leitet die Rechtsprechung das Erfordernis des Bestandsschutzes für eine gewählte Volksvertretung ab, welches es ausschließt, Wahlbeeinflussungen einfacher Art und ohne jedes Gewicht zum Wahlungültigkeitsgrund zu erheben. Ein Eingriff in die Zusammensetzung des Parlaments durch eine wahlprüfungsrechtliche Entscheidung muss vor diesem Bestandserhaltungsinteresse gerechtfer-

---

[86] BVerfGE 95, 335 (357 ff.) – die Entscheidung ist mit Stimmengleichheit ergangen: Während vier Richter sie trugen, vertraten die vier anderen die Gegenansicht.
[87] BVerfGE 131, 316 (357 ff.). Kritisch dazu *J. Ipsen*, DVBl. 2013, 265 (272); *H. Sodan*, NJW-Editorial, Heft 35/2012.
[88] Vgl. zur jüngeren wahlprüfungsrechtlichen Spruchpraxis des BVerfG *W. Schreiber*, DVBl. 2010, 609 ff.
[89] Vgl. das Gesetz zur Änderung des Grundgesetzes (Art. 93) v. 11. 7. 2012 (BGBl. I S. 1478) sowie das Gesetz zur Verbesserung des Rechtsschutzes in Wahlsachen v. 12. 7. 2012 (BGBl. I S. 1501).
[90] Vgl. zum Rechtsschutz gegen die Nichtanerkennung als Partei bei Bundestagswahlen BVerfGE 134, 124 ff.; *L. Bechler/S. Neidhardt*, NVwZ 2013, 1438 ff.; *P. Klein*, DÖV 2013, 584 ff.

tigt werden. Je stärker der Eingriff ist, desto schwerwiegender muss der Wahlfehler sein.[91] Die Ungültigerklärung einer ganzen Wahl ist daher die Ausnahme und setzt einen derart erheblichen Wahlfehler voraus, dass „ein Fortbestand der in dieser Weise gewählten Volksvertretung unerträglich erschiene"[92].

4. Parlamentsvorbehalt und Wesentlichkeitstheorie

Die zentrale Bedeutung des Parlaments wird durch die so genannte Wesentlichkeitstheorie unterstrichen. Dem Parlamentsvorbehalt zufolge sind **bestimmte Angelegenheiten vom Parlament selbst zu entscheiden.** Das Parlament ist dazu berufen, im öffentlichen Willensbildungsprozess unter Abwägung der verschiedenen Interessen über die von der Verfassung offen gelassenen Fragen des Zusammenlebens zu entscheiden. Danach ist der Gesetzgeber verpflichtet, alle **wesentlichen Entscheidungen** selbst zu treffen; er darf sie nicht anderen Normgebern überlassen.[93] Regelmäßig erfolgt die Willenskundgabe des Parlaments durch den Erlass eines inhaltlich bestimmten Gesetzes; manche Entscheidungen (z. B. bei bewaffneten Auslandseinsätzen der Bundeswehr[94]) werden in Form eines auf Entschließung oder Zustimmung gerichteten Beschlusses getroffen. Parlamentsvorbehalt und Wesentlichkeitslehre werden nicht nur aus dem Demokratieprinzip, sondern auch aus dem Rechtsstaatsprinzip hergeleitet (→ § 24 Rn. 27 ff.).

65

VI. Mehrheitsprinzip

Das Mehrheitsprinzip ist eine **parlamentarische Entscheidungsregel** und Ausprägung des Demokratieprinzips. Kann zwischen den in der pluralistischen Gesellschaft vorhandenen unterschiedlichen Ansichten keine Einigung – auch nicht im Wege des Kompromisses – hergestellt werden, bedarf es eines Modus zur Herbeiführung einer verbindlichen Entscheidung. Aus dem demokratischen Prinzip folgt, dass der Wille der Mehrheit der zur Entscheidung Berufenen ausschlaggebend ist.[95]

66

Je nach Entscheidungsgegenstand und Entscheidungsgremium kennt das Grundgesetz **verschiedene Mehrheitsbegriffe.** Grundsätzlich entscheidet der Bundestag mit der Mehrheit der abgegebenen Stimmen (Art. 42 II 1 GG, § 48 II GOBT). Die Ja-Stimmen müssen die Nein-Stimmen überwiegen; Enthaltungen werden nicht mitgezählt (so genannte **einfache Mehrheit**). Zur Wahl des Bundeskanzlers ist eine **absolute Mehrheit,** d. h. die Mehrheit der gesetzlichen Mitgliederzahl erforderlich (Art. 63 II 1, Art. 121 GG); deshalb wird dieses Quorum auch als **Kanzlermehrheit** bezeichnet. Die Kanzlermehrheit beträgt bei gegenwärtig 630 Abgeordneten[96] 316 Stimmen. Im Bundesrat ist zur Beschlussfassung grundsätzlich die „Mehrheit seiner Stimmen" erforderlich (Art. 52 III 1 GG). Ein verfassungsänderndes Gesetz bedarf der Zustimmung von zwei Dritteln

67

---

[91] BVerfGE 103, 111 (135); 129, 300 (344).
[92] BVerfGE 103, 111 (134); 121, 266 (312); 129, 300 (344). Vgl. zur Ungültigerklärung der gesamten Wahl zur Hamburger Bürgerschaft aufgrund innerparteilicher Wahlfehler: HmbVerfG, NVwZ 1993, 1083 ff.
[93] Siehe etwa BVerfGE 49, 89 (126 f.); 98, 218 (251); OVG Berlin-Brandenburg, OVGE 33, 14 (16) = NVwZ 2012, 1265 (1266 f.) m. w. N.
[94] Vgl. zum Parlamentsvorbehalt bei bewaffneten Auslandseinsätzen der Bundeswehr und zur Funktion des Bundeswehr als „Parlamentsarmee": BVerfGE 90, 286 (381 ff.); BVerfG, NVwZ 2015, 1593 (1594 ff.).
[95] BVerfGE 112, 118 (140 f.).
[96] Ursprünglich wurden 631 Abgeordnete gewählt. Nach der Mandatsaufgabe einer Abgeordneten bleibt der Sitz unbesetzt (§ 48 I 4 BWG), da die betroffene Landesliste erschöpft ist.

der Mitglieder des Bundestages (420 Stimmen) und zwei Dritteln der Stimmen des Bundesrates (Art. 79 II GG).

68 In der rechtsstaatlichen Demokratie ist es nicht möglich, der Minderheit unbeschränkt einen mehrheitlich gefassten Willen aufzuzwingen. In formeller und materieller Hinsicht besteht verfassungsrechtlich ein umfangreicher **Minderheitenschutz,** formell insbesondere durch Verfahrensrechte und oftmals durch das Erfordernis einer qualifizierten Mehrheit, materiell durch Grundrechte, Verhältnismäßigkeitsgrundsatz, Bestimmtheitsgebot, Rückwirkungsverbot und Vertrauensschutz (→ § 7 Rn. 31 ff.).

VII. Rolle der politischen Parteien

69 Die politischen Parteien spielen im parlamentarisch-demokratischen Staatswesen der Bundesrepublik Deutschland eine hervorgehobene Rolle, die durch Art. 21 GG anerkannt und verfassungsrechtlich gewollt ist. Eine derartige Anerkennung war den Parteien durch die Weimarer Reichsverfassung versagt geblieben.[97] Der in Art. 21 GG umschriebene verfassungsrechtliche Status der politischen Parteien gilt nach Ansicht des BVerfG unmittelbar auch in den Ländern und ist Bestandteil der Landesverfassungen.[98]

1. Aufgabe und Funktion der Parteien

70 Art. 21 I 1 GG weist den Parteien die **Aufgabe** zu, **an der Willensbildung des Volkes mitzuwirken.** Diese Mitwirkung besteht zum einen in der Teilnahme an Wahlen und ihrer Vorbereitung, d.h. der Ausarbeitung eines Wahlprogramms, der Auswahl und Aufstellung von Kandidaten sowie der Durchführung eines Wahlkampfes. Zum anderen sind die Parteien zwischen den Wahlen berufen, die Bürger freiwillig zu politischen Handlungseinheiten zusammenzuschließen mit dem Ziel der Beteiligung an der Willensbildung in den Staatsorganen, um ihnen somit über den Wahltag hinaus einen wirksamen Einfluss auf das staatliche Geschehen zu ermöglichen.

71 Ihre **Funktion** besteht darin, zwischen Bürgern und staatlichen Organen eine Verbindung herzustellen, die eine Rückkopplung zwischen ihnen ermöglicht. Die Parteien werden daher als **Mittler zwischen Staat und Gesellschaft** verstanden. Diese Mittlerrolle nehmen sie insbesondere deshalb ein, weil sich die in den jeweiligen Parteien beheimateten Mandatsträger oder Regierungsmitglieder einem ständigen Meinungsaustausch mit ihren Parteigremien stellen müssen, in welchem Kritik bzw. Zustimmung zu ihrem politischen Handeln signalisiert und Anregungen gegeben werden.

72 Das bedeutet nicht, dass sich der vom Grundgesetz gewollte Einfluss der Parteien auf alle Staatsorgane bezieht. Rechtsprechung und Verwaltung sollten daher prinzipiell ihrem Einfluss entzogen sein.

2. Begriff

73 Eine Definition des Begriffs der politischen Partei enthält § 2 I 1 ParteiG. Danach sind Parteien Vereinigungen von Bürgern, die dauernd oder für längere Zeit für den Bereich des Bundes oder eines Landes auf die politische Willensbildung Einfluss nehmen und an der Vertretung des Volkes im Bundestag oder einem Landtag mitwirken wollen, wenn sie nach dem Gesamtbild der tatsächlichen Verhältnisse eine ausreichende Ge-

---

[97] Vgl. *H. Schneider,* in: HdbStR I § 5 Rn. 22.
[98] Vgl. BVerfGE 120, 82 (104).

währ für die Ernsthaftigkeit dieser Zielsetzung bieten. Das BVerfG übernimmt diese einfachgesetzliche Definition als verfassungskonforme Konkretisierung des verfassungsrechtlichen Parteienbegriffs in Art. 21 GG.[99]

Als einer **Vereinigung von Bürgern** steht die Mitgliedschaft nur natürlichen Personen offen (vgl. § 2 I 2 ParteiG). Zwar ist Ausländern eine Parteimitgliedschaft nicht verwehrt; Aufgabe und Funktion der Parteien verlangen aber einen maßgeblichen Einfluss von deutschen Bürgern innerhalb der Partei (vgl. § 2 III ParteiG). Das Merkmal „dauernd oder für längere Zeit" schließt Ad-hoc-Initiativen aus, die nur zu einer Wahl antreten wollen, und verlangt Wiederholungsabsicht. Dementsprechend verliert eine Partei ihre Rechtsstellung als solche, wenn sie sechs Jahre an keiner Bundes- oder Landtagswahl mit eigenen Wahlvorschlägen teilgenommen hat (§ 2 II ParteiG). Ein **Wille, das Volk zu vertreten,** ist bei Bürgerinitiativen und sonstigen Einthemengruppierungen regelmäßig nicht vorhanden.[100] Tatsächliche Kriterien zur Beurteilung der **Ernsthaftigkeit der Zielsetzung** sind insbesondere Umfang und Festigkeit ihrer Organisation, Mitgliederzahl sowie Hervortreten in der Öffentlichkeit.

Umstritten ist, ob politische Vereinigungen, die nur auf kommunaler Ebene agieren und ausschließlich an Kommunalwahlen teilnehmen (so genannte Rathausparteien), Parteien i. S. d. Art. 21 GG sind. Nach der vom BVerfG vertretenen Begriffsbestimmung ist der Wille zur Teilnahme an Bundestags- oder Landtagswahlen konstitutives Merkmal.[101] **Kommunalen Wählervereinigungen** steht aber bei Gemeindewahlen im Verhältnis zu politischen Parteien ein Recht auf Gleichbehandlung und Chancengleichheit zu.[102] Dagegen wird vielfach in der Literatur die Auffassung vertreten, auch auf kommunaler Ebene vollziehe sich politische Willensbildung des Volkes; daher würden solche Vereinigungen von Art. 21 GG als Parteien erfasst[103].

3. Rechtsstellung

Parteien sind zwar Mittler zwischen Staat und Gesellschaft; rechtlich verwurzelt sind sie aber als **Vereinigungen von Bürgern im gesellschaftlichen Bereich.** Ihre rechtliche Stellung ist daher dem Privatrecht zu entnehmen, welches aber durch parteienspezifische Regelungen – insbesondere des Parteiengesetzes – überlagert wird. Organisiert sind sie als rechtsfähige oder nichtrechtsfähige Vereine i. S. d. §§ 21 ff. BGB. Unabhängig von Rechtsform und Rechtsfähigkeit können sie – abweichend von z. B. § 50 ZPO – unter ihrem Namen klagen oder verklagt werden (§ 3 S. 1 ParteiG). Für Rechtsstreitigkeiten zwischen der Partei und ihren Mitgliedern (beispielsweise über die Gültigkeit einer Parteiwahl) sind die Zivilgerichte nach § 13 GVG zuständig.[104] Grundsätzlich ist zur Streitentscheidung allerdings zunächst die parteiinterne Schiedsgerichtsbarkeit berufen, zu deren Einrichtung § 14 ParteiG die politischen Parteien verpflichtet. Auch ohne vorherige Ausschöpfung des in einer Parteigerichtsordnung vorgesehenen Instanzenzuges kann jedoch die Gültigkeit einer Wahl vor den ordentlichen Gerichten zur Überprüfung gestellt werden, wenn dem Kläger ein Abwarten auf die noch ausstehende abschließende parteigerichtliche Entscheidung nicht zumutbar ist; Streitigkeiten über die Rechtmäßigkeit einer innerparteilichen Wahl sind „ihrer Natur nach eilbedürftig".[105]

---

[99] BVerfGE 89, 266 (269 f.); 91, 262 (266 f.).
[100] Vgl. BVerfGE 74, 96 (101); BerlVerfGH, NVwZ-RR 2001, 5 (6).
[101] BVerfGE 6, 367 (372 f.); 69, 92 (104).
[102] BVerfGE 69, 92 (107); 78, 350 (357 f.).
[103] Vgl. *P. Kunig,* in: HdbStR III § 40 Rn. 80.
[104] Vgl. dazu etwa BGHZ 106, 67 ff.; *H. Sodan,* DÖV 1988, 828 ff.
[105] BGHZ 106, 67 (69 f.).

77 Die Frage nach der **verfassungsrechtlichen Stellung der Parteien** ist umstritten.[106] In der früheren Rechtsprechung des BVerfG wurden die Parteien als Verfassungsorgane qualifiziert[107]. Später hat dieses Gericht erkannt, dass Aufgabe und Funktion der Parteien gemäß Art. 21 GG die Einfügung in den Bereich der organisierten Staatlichkeit verbieten[108]. Nunmehr formuliert es, die Parteien seien durch Art. 21 GG in den Rang einer **verfassungsrechtlichen Institution** erhoben worden[109]. Als Konsequenz dieser Sichtweise billigt das BVerfG den Parteien die Beteiligtenfähigkeit im Organstreitverfahren nach Art. 93 I Nr. 1 GG zu (→ § 52 Rn. 6).

4. Verfassungsmäßige Rechte
a) Gründungs- und Betätigungsfreiheit

78 Art. 21 I 2 GG gewährleistet den Parteien, genau genommen in der Anfangsphase den Personen, die eine Partei gründen wollen, Gründungsfreiheit. Diese setzt sich in der Betätigungsfreiheit fort.

79 Geschützt sind die freie Wahl der Rechtsform, der inneren Organisation, der Zielrichtung, des Namens und der Satzung. Unzulässig wäre es, die Parteigründung einem staatlichen Zulassungsverfahren zu unterstellen. Die Vorgaben des Parteiengesetzes hinsichtlich der inneren Ordnung (§§ 6 ff. ParteiG) sind jedoch wegen Art. 21 I 3 GG als gegenläufiges Verfassungsprinzip gerechtfertigt. Ebenso umfasst Art. 21 I 2 GG das Recht des Einzelnen, einer Partei beizutreten, aus ihr auszutreten oder überhaupt keiner Partei anzugehören und verbietet jeden auf solche Verhaltensweisen gerichteten Zwang. Bezogen auf die Partei selbst ist ihre freie Entscheidung über die Aufnahme eines Mitglieds (vgl. § 10 I 1, 2 ParteiG), jedoch nicht über einen Parteiausschluss (vgl. § 10 IV, V ParteiG) gewährleistet. Der Grundsatz der Freiheit der Parteien enthält ferner das **Verbot der Einflussnahme des Staates auf die Willensbildung in den Parteien** (der vom BVerfG benutzte Begriff der „Staatsferne" ist aufgrund der Rückkopplungsfunktion und Mittlerrolle der Parteien missverständlich).[110] Ferner sind die Teilnahme an Wahlen (insbesondere aktuell, wenn die Parteieigenschaft zu Unrecht verneint wird)[111], die freie Verfügung über Einnahmen und Vermögen[112] sowie die freiwillige Parteiauflösung geschützt.

b) Chancengleichheit

80 Die Parteien stehen untereinander im Wettbewerb, insbesondere um Wähler und Einfluss im gesellschaftlichen und staatlichen Bereich. Minderheitsgruppen muss es möglich sein, zur Mehrheit zu werden. Um diesen **Wettbewerbsprozess** zu sichern, gewährleistet die Verfassung den Parteien ein Recht auf Chancengleichheit.[113] Obwohl nicht ausdrücklich dort erwähnt, wird die Chancengleichheit überwiegend in Art. 21 I GG verortet, meistens unter Hinzuziehung weiterer Grundsätze und Normen (Demokratie-, Mehrparteien- und Rechtsstaatsprinzip, ferner Art. 3 I sowie Art. 38 I GG).[114]

---

[106] Vgl. *P. Kunig*, in: HdbStR III § 40 Rn. 123 ff.
[107] BVerfGE 4, 27 (30); 12, 276 (280). Vgl. *G. Leibholz*, Strukturprobleme der modernen Demokratie, 3. Aufl. 1967, S. 71 ff., 78 ff.
[108] BVerfGE 20, 56 (101 f.).
[109] BVerfGE 44, 125 (145); 107, 339 (361); 111, 54 (85).
[110] BVerfGE 85, 264 (287).
[111] Vgl. BVerfGE 89, 266 (269 ff.).
[112] BVerfGE 84, 290 (300).
[113] Vgl. BVerfGE 138, 102 (109 f.).
[114] Vgl. BVerfGE 111, 54 (104); 111, 382 (398); 120, 82 (104); 129, 300 (319); 136, 323 (333); BVerfG, DVBl. 2015, 1523.

§ 6. Demokratie

Die Chancengleichheit der Parteien wird wie die Wahlgleichheit des Art. 38 I 1 GG – im Gegensatz zum Gleichheitssatz des Art. 3 I GG – in einem strengen und formalen Sinne verstanden.[115] Abweichend von Art. 38 I 1 GG werden aber bei der Chancengleichheit gewisse Differenzierungen nach der Bedeutung der Parteien zugelassen, soweit es jedenfalls um die Vergabe staatlicher Leistungen und Vergünstigungen geht („**abgestufte Chancengleichheit**"). Beispielhaft für diese Differenzierungsmöglichkeit ist die Regelung des § 5 I ParteiG, die teilweise für verfassungswidrig gehalten wird.[116] Eine Differenzierung gründet darauf, dass u. U. auch in einer vollständigen – nicht zwischen Splitter- und Volkspartei unterscheidenden – Gleichbehandlung eine Verfälschung der vorgefundenen Wettbewerbslage liegen kann.[117] Fraglich ist aber, ob dann die Bezeichnungen „streng und formal" eine zutreffende Charakterisierung darstellen.

81

Benachteiligungen oder Bevorzugungen bei der **staatlichen Förderung parteinaher Stiftungen oder der Jugendorganisationen der Parteien** stellen sich nicht nur als vom allgemeinen Gleichheitssatz (Art. 3 I GG) erfasste Ungleichbehandlungen zwischen den Stiftungen bzw. Jugendorganisationen dar. Sie beeinträchtigen auch die durch Art. 21 I GG gewährleistete Chancengleichheit der politischen Parteien.[118] Differenzierungen können jedoch auch hier nach dem Konzept der abgestuften Chancengleichheit sachlich gerechtfertigt sein. In diesem Zusammenhang stellt u. a. die Stärke der politischen Grundströmung, die von der parteinahen Stiftung bzw. Jugendorganisation repräsentiert wird, ein zulässiges Differenzierungskriterium dar.[119] Umstr. ist aber, ob für die staatliche Förderung parteinaher Organisationen eine gesetzliche Ermächtigungsgrundlage erforderlich ist (vgl. § 83 I 2 SGB VIII).[120] Teilweise wird auch in dem gegenwärtigen Ausmaß staatlicher Finanzmittelzuweisungen an Fraktionen und Abgeordnete (insbes. für Mitarbeiter und Sachmittel) eine Beeinträchtigung der Chancengleichheit der nicht im Parlament vertretenen Parteien gesehen.[121] Allgemein hat das BVerfG in jüngster Zeit bekräftigt, dass nicht ohne weiteres von einem Eingriff in das Recht der politischen Parteien auf Chancengleichheit ausgegangen werden kann, wenn Fördermittel „Institutionen zugewendet werden, die von den Parteien rechtlich und tatsächlich unabhängig sind, ihre Aufgaben selbständig und eigenverantwortlich wahrnehmen und auch in der Praxis die gebotene Distanz zu den jeweiligen Parteien wahren".[122]

81a

Mit dem Recht politischer Parteien auf Chancengleichheit ist es unvereinbar, wenn Staatsorgane *als solche* zu Gunsten oder zu Lasten einzelner Parteien parteiergreifend in den **politischen Wettbewerb**, insbesondere in den Wahlkampf, eingreifen.[123] Beispielsweise ist es staatlichen Stellen grundsätzlich „verwehrt, eine nicht verbotene poli-

81b

---

[115] BVerfGE 111, 54 (105); 138, 102 (110).
[116] Verfassungsmäßigkeit bejahend: BVerfGE 24, 300 (355); BVerwGE 75, 67 (77). A. M. *P. Kunig*, in: HdbStR III § 40 Rn. 98 f.
[117] Vgl. BVerfGE 85, 264 (297).
[118] Vgl. SaarlVerfGH, NVwZ-RR 2013, 537 (538 f.); OVG Berlin-Brandenburg, OVGE 33, 14 (26 f.) = NVwZ 2012, 1265 (1269 f.).
[119] BVerfGE 73, 1 (38 f.) – betr. Stiftungen.
[120] Offen gelassen: BVerfGE 73, 1 (39) – betr. Stiftungen. Bejaht: OVG Berlin-Brandenburg, OVGE 33, 14 ff. = NVwZ 2012, 1265 ff. – betr. Jugendorganisationen. Vgl. auch *H. Merten*, NVwZ 2012, 1228 ff.
[121] Vgl. *H. H. v. Arnim*, DVBl. 2015, 1529 ff. Siehe dazu BVerfG, DVBl. 2015, 1523 ff., das einer Partei im Organstreitverfahren (Art. 93 I Nr. 1 GG, → § 52) große Darlegungslasten auferlegt.
[122] BVerfG, DVBl. 2015, 1523 f.
[123] BVerfGE 138, 102 (111).

tische Partei in der Öffentlichkeit nachhaltig verfassungswidriger Zielsetzung und Betätigung zu verdächtigen, wenn ein solches Vorgehen bei verständiger Würdigung der das Grundgesetz beherrschenden Gedanken nicht mehr verständlich ist und sich daher der Schluss aufdrängt, dass es auf sachfremden Erwägungen beruht".[124] Allerdings bestimmt das BVerfG die Auswirkungen des **Neutralitätsgebots** auf das Handeln von Staatsorganen und den Maßstab für die verfassungsgerichtliche Kontrolle der Einhaltung des Neutralitätsgebots für jedes Staatsorgan gesondert unter Berücksichtigung der Stellung des Staatsorgans im Verfassungsgefüge und seiner ihm durch die Verfassung zugewiesenen Rechte und Pflichten[125] (→ § 14 Rn. 20 f. zur Äußerungsbefugnis des Bundespräsidenten, → § 15 Rn. 25 ff. zur Äußerungsbefugnis von Mitgliedern der Bundesregierung).

5. Demokratische Binnenstruktur

82 Der Grundsatz der Freiheit der Parteien wird durch Art. 21 I 3 GG eingeschränkt, mit welchem den Parteien eine den demokratischen Grundsätzen entsprechende innere Ordnung und ihre Einhaltung zwingend vorgeschrieben werden. Diese Einschränkung ist Kehrseite der hervorgehobenen Bedeutung der Parteien im demokratischen Willensbildungsprozess und dem damit einhergehenden Auftrag, in den Staat hineinzuwirken. „Personal und Programm, mit dem sie sich um die Leitung des demokratischen Staats bewerben, müssen selbst wieder aus einem demokratischen Prozeß hervorgehen."[126] Die Vorgaben der §§ 6 ff. ParteiG finden darin ihre Rechtfertigung.

83 Besonders zu erwähnen sind die engen Voraussetzungen, unter denen ein **Parteiausschluss** zulässig ist (§ 10 IV, V ParteiG), welche der Sicherung innerparteilicher Meinungsäußerungs- und Betätigungsfreiheit dienen.[127] Ferner ist den Parteien vorgegeben, eine qualifizierte **Satzung** aufzustellen, sich in **Gebietsverbände** zu gliedern, Mitgliederversammlung und Vorstand als **notwendige Organe** vorzusehen und **Parteiämter nur auf Zeit** zu vergeben. Zur Schlichtung und Entscheidung innerparteilicher Streitigkeiten sind nach § 14 ParteiG unabhängige **Schiedsgerichte** einzurichten.

84 Die Wahrung demokratischer Prinzipien durch Einhaltung zumindest eines Kernbestandes an Verfahrensgrundsätzen in der innerparteilichen Auseinandersetzung und insbesondere bei Parteiwahlen ist notwendig, weil **Verstöße dagegen geeignet** sind, **sich über staatliche Wahlen in den Bereich der Staatsorgane fortzuschreiben** und deren Legitimität zu beeinträchtigen.[128]

6. Staatliche Parteienfinanzierung und Rechenschaftspflicht

85 Während das BVerfG in seiner früheren Rechtsprechung eine staatliche Parteienfinanzierung nur im Zusammenhang mit der Erstattung von Wahlkampfkosten zuließ[129], hält es heute eine *allgemeine* Parteienfinanzierung für gerechtfertigt, da die den Parteien zugewiesenen Aufgaben nicht auf reine Wahlvorbereitung und -teilnahme beschränkt

---

[124] BVerfGE 136, 323 (334); vgl. BVerfGE 133, 100 (108); 138, 102 (116).
[125] BVerfGE 138, 102 (111 f.).
[126] *D. Grimm*, in: HdbVerfR § 14 Rn. 36.
[127] Siehe zur diesbezüglichen „Missbrauchs- und Evidenzkontrolle" durch staatliche Gerichte BVerfG (Kammerbeschl.), DVBl. 2002, 968 (969).
[128] Vgl. BVerfGE 89, 243 (252 f.); BerlVerfGH, NVwZ-RR 2003, 397 (399); HmbVerfG, NVwZ 1993, 1083 (1089).
[129] BVerfGE 20, 56 (113 ff.).

§ 6. Demokratie

sind[130]. Ein verfassungsunmittelbarer Anspruch auf staatliche Parteienfinanzierung wird von diesem Gericht aber verneint; der Gesetzgeber ist an einer finanziellen Förderung der Parteien lediglich nicht gehindert.[131] Die staatliche Parteienfinanzierung erfolgt zum einen durch **unmittelbare Zuwendungen aus der Staatskasse** (geregelt in den §§ 18 ff. ParteiG) und zum anderen **mittelbar durch die steuerliche Begünstigung von Beiträgen und Spenden,** die Mitglieder und Dritte der Partei zuwenden (normiert in § 34 g EStG).

Bei der Ausgestaltung der Parteienfinanzierung, die notwendig durch Bundesgesetz (Art. 21 III GG) erfolgen muss, hat der Gesetzgeber **verfassungsrechtliche Vorgaben** zu beachten, die sich aus den Grundsätzen der Freiheit und Gleichheit der Parteien (→ Rn. 78 ff.) ergeben. 86

Aus dem Grundsatz der **Freiheit der Parteien vom Staat** folgt, dass eine Partei nicht vom Staat abhängig sein darf, insofern „staatsfern" sein muss. Daher ist nur eine Teilfinanzierung aus staatlichen Mitteln zulässig, deren Gesamthöhe (bezogen auf die einzelne Partei) die Summe ihrer selbst erwirtschafteten Einnahmen nicht übersteigen darf (relative Obergrenze). Ferner muss es bezogen auf alle Auszahlungen an die Parteien eine absolute Obergrenze geben, welche den Umfang der Staatsfinanzierung auf das zur Aufrechterhaltung der Funktionsfähigkeit der Parteien Unerlässliche beschränkt. Schließlich ist zur Verteilung der Mittel unter den Parteien ein Maßstab zu finden, der sich an Wahlerfolg, Beitrags- und Spendenaufkommen einer Partei bemisst und somit sicherstellt, dass letztlich der Bürger entscheidet, ob und in welchem Umfang eine Partei staatliche Mittel erhält. Für die mittelbare Parteienfinanzierung verbietet sich aus dem Grundsatz der **Chancengleichheit** eine unbeschränkte steuerliche Abzugsfähigkeit von Spenden, da dadurch Parteien bevorzugt würden, die Steuerpflichtige mit hohen Einkommen besonders ansprechen. Die Abzugsgrenze ist nicht erreicht, wenn die steuerliche Begünstigung von der Mehrzahl der Steuerpflichtigen in gleicher Weise genutzt werden kann.[132] 87

„Die Grenzen der staatlichen Finanzierung politischer Parteien dürfen nicht durch eine staatliche Finanzierung von [parteinahen] Stiftungen" oder Jugendorganisationen „verletzt werden".[133] Dabei ist aber zu beachten, dass die Förderung von parteinahen Stiftungen oder Jugendorganisationen nicht ohne weiteres mit einer Parteienfinanzierung gleichzusetzen ist (vgl. in diesen Zusammenhang § 24 XII ParteiG). 87a

Die Parteien müssen gemäß Art. 21 I 4 GG über die Herkunft und Verwendung ihrer Mittel sowie über ihr Vermögen öffentlich **Rechenschaft** geben. Die Regelung bezweckt, „den Prozeß der politischen Willensbildung für den Wähler durchschaubar zu machen und ihm offenzulegen, welche Gruppen, Verbände oder Privatpersonen durch Geldzuwendungen auf die Parteien politisch einzuwirken suchen."[134] Daher müssen u. a. die Namen von Spendern bei größeren Zuwendungen veröffentlicht werden (vgl. § 25 III ParteiG). Seit 1.7.2002 stehen unrichtige Angaben in Rechenschaftsberichten unter Strafe (§ 31 d ParteiG).[135] Unrichtige Angaben sind darüber hinaus für die Partei mit erheblichen finanziellen Sanktionen verbunden. Im Regelfall entsteht gegen die 88

---

[130] Siehe BVerfGE 85, 264 (285 ff.).
[131] Siehe BVerfGE 111, 54 (99).
[132] BVerfGE 85, 264 (313).
[133] SaarlVerfGH, NVwZ-RR 2013, 537 (538).
[134] BVerfGE 52, 63 (87). Vgl. ferner BVerfGE 111, 54 (83, 98).
[135] Siehe zu Neuregelungen der Parteienfinanzierung näher *H. v. Arnim,* DVBl. 2002, 1065 ff. Vgl. zu den Folgen fehlerhafter Rechenschaftsberichte für die staatliche Parteienfinanzierung BVerwG, NJW 2003, 1135 ff. sowie BVerfGE 111, 54 ff.

Partei ein Anspruch in Höhe des Zweifachen des den unrichtigen Angaben entsprechenden Betrages (§ 31b S. 1 ParteiG). Die Sanktionsnormen können jedoch vor dem Hintergrund der in Art. 21 I 2 GG geschützten Betätigungsfreiheit bedenklich werden; das BVerwG verlangt daher eine verfassungskonforme Auslegung.[136]

7. Parteiverbot und Parteienprivileg

89 Das Grundgesetz ermöglicht ein Verbot von Parteien, die nach Art. 21 II GG verfassungswidrig sind. Verfassungswidrig sind gemäß den abschließenden Kriterien des Art. 21 II 1 GG nur solche Parteien, die nach ihren Zielen oder dem Verhalten ihrer Anhänger darauf ausgehen, die freiheitliche demokratische Grundordnung zu beeinträchtigen bzw. zu beseitigen oder den Bestand der Bundesrepublik Deutschland zu gefährden.

90 **Freiheitliche demokratische Grundordnung** i. S. d. Art. 21 II 1 Alt. 1 GG ist „eine Ordnung die unter Ausschluß jeglicher Gewalt- und Willkürherrschaft eine rechtsstaatliche Herrschaftsordnung auf der Grundlage der Selbstbestimmung des Volkes nach dem Willen der jeweiligen Mehrheit und der Freiheit und Gleichheit darstellt. Zu den grundlegenden Prinzipien dieser Ordnung sind mindestens zu rechnen: die Achtung vor den im Grundgesetz konkretisierten Menschenrechten, vor allem vor dem Recht der Persönlichkeit auf Leben und freie Entfaltung, die Volkssouveränität, die Gewaltenteilung, die Verantwortlichkeit der Regierung, die Gesetzmäßigkeit der Verwaltung, die Unabhängigkeit der Gerichte, das Mehrparteienprinzip und die Chancengleichheit für alle politischen Parteien mit dem Recht auf verfassungsmäßige Bildung und Ausübung einer Opposition."[137]

91 Zum **„Bestand der Bundesrepublik Deutschland"** i. S. v. Art. 21 II 1 Alt. 2 GG gehört die Staatssouveränität der Bundesrepublik, d. h. ihre politische Unabhängigkeit von fremden Staaten und Mächten, sowie die territoriale Unversehrtheit.[138]

92 Die Parteien oder ihre Anhänger müssen **„darauf ausgehen"**, die genannten Verfassungsgüter zu beeinträchtigen oder zu gefährden. Dies verlangt eine aktiv-kämpferische, aggressive Haltung, d. h. eine Partei ist nicht schon deshalb verfassungswidrig, weil sie die obersten Prinzipien einer freiheitlichen und demokratischen Ordnung nicht anerkennt oder ablehnt.[139]

93 Die zum Verbot führende Feststellung der Verfassungswidrigkeit einer Partei kann nur durch das BVerfG erfolgen (Art. 21 II 2 GG). Aus diesem verfahrensrechtlichen **Ent-**

---

[136] Vgl. BVerwGE 145, 194 (226): „Ohne das Korrektiv eines subjektiven Tatbestandsmerkmals könnten die konkreten Auswirkungen der in § 31b Satz 1 PartG geregelten Sanktion […] jedoch in Einzelfällen zu einem Eingriff in den Schutzbereich der Betätigungsfreiheit der betroffenen Partei nach Art. 21 Abs. 1 Satz 2 GG führen, dessen Schwere bei einer Gesamtabwägung außer Verhältnis zu dem Gewicht der ihn rechtfertigenden Gründe steht. Der demokratiefördernde Zweck des Transparenzgebotes des Art. 21 Abs. 1 Satz 4 GG wird verfehlt, wenn Parteien wegen unverschuldeter Verstöße gegen ihre Pflicht zur Transparenz und Publizität mit Sanktionen in einer Höhe belegt werden, die ihren Fortbestand gefährden." Vgl. BVerfG (Kammerbeschl.), NVwZ-RR 2013, 625 (626) zu der offenen Frage, ob „der vom BVerwG beschrittene Weg zur Wahrung des Verhältnismäßigkeitsgrundsatzes […] hätte gesetzlich vorgegeben sein müssen", mit der Folge der Nichtigkeit des § 31b S. 1 ParteiG (siehe auch BVerfG, Kammerbeschl. v. 11.11.2013 – 2 BvR 547/13).
[137] BVerfGE 2, 1 (LS 2).
[138] *P. Kunig*, in: v. Münch/Kunig Art. 21 Rn. 82.
[139] BVerfGE 5, 85 (141); vgl. auch BVerfG (Kammerbeschl.), NJW 2001, 2069 (2070).

§ 6. Demokratie

scheidungsmonopol wird materiell das so genannte **Parteienprivileg** abgeleitet. Dieses besagt, dass ohne eine entsprechende Entscheidung des BVerfG keine staatliche Stelle die Verfassungswidrigkeit einer Partei rechtlich geltend machen darf und ein administratives Einschreiten gegen ihren Bestand schlechthin ausgeschlossen ist.[140]

Umstritten ist, ob **Angehörigen des öffentlichen Dienstes** die persönliche Eignung (bezüglich Treuepflicht gegenüber dem Staat) abgesprochen werden darf, weil sie Mitglieder oder Anhänger einer nicht verbotenen, extremistischen Partei sind. Das BVerfG erstreckt wegen Art. 33 V GG das Parteienprivileg nicht auf diesen Bereich.[141] Außerhalb des öffentlichen Dienstes wird vom BVerwG in jüngerer Zeit ein aus Art. 21 II GG **abgeleiteter Schutz des Bürgers** bejaht: „Zwar schützt das Privileg des Art. 21 Abs. 2 GG in erster Linie die Parteiorganisation, erstreckt sich jedoch auch auf die mit allgemein erlaubten Mitteln arbeitende parteioffizielle oder parteiverbundene Tätigkeit der Funktionäre und Anhänger einer Partei. Es stellt den Bürger bei solchen Tätigkeiten von Sanktionen frei, um ein ungestörtes und unbehindertes Funktionieren der Partei zu gewährleisten".[142]

Praktische Auswirkungen hat das Parteienprivileg insbesondere im **Versammlungsrecht**. Eine von einer extremistischen Partei angemeldete Versammlung darf nicht mit der Begründung verboten werden, die Partei verfolge verfassungsfeindliche Ziele. Dies gilt – entgegen der Ansicht des OVG Münster[143] – auch für rechtsextremistische Parteien[144] (→ § 36 Rn. 10).

Antragsberechtigt sind nach § 43 BVerfGG der Bundestag, der Bundesrat oder die Bundesregierung, ferner eine Landesregierung hinsichtlich einer Partei, deren Organisation sich auf das Gebiet ihres Landes beschränkt.[145] Die **Rechtsfolgen** eines Verbots sind in § 46 III BVerfGG (Auflösung, Vermögenseinziehung), § 46 I Nr. 5 BWG (Verlust der Mitgliedschaft im Deutschen Bundestag) sowie den §§ 32 und 33 ParteiG (Vollstreckung, Verbot von Ersatzorganisationen) geregelt.

Bislang gab es in der Geschichte der Bundesrepublik Deutschland **erst zwei Parteiverbote**, nämlich hinsichtlich der Sozialistischen Reichspartei (SRP) und der Kommunistischen Partei Deutschlands (KPD)[146]. Das im Jahr 2001 von Bundesregierung, Bundestag und Bundesrat eingeleitete Verfahren gegen die Nationaldemokratische Partei Deutschlands (NPD) wurde vom Zweiten Senat des BVerfG eingestellt, weil drei der acht Richter der Auffassung waren, es bestehe ein nicht behebbares Hindernis für die Fortführung des Verfahrens; damit lag die Mehrheit von zwei Dritteln der Mitglieder des Senats, die nach § 15 IV 1 i.V.m. § 13 Nr. 2 BVerfGG für eine der NPD nachteilige Entscheidung erforderlich gewesen wäre, nicht vor, so dass eine Fortführung des Verfahrens rechtsstaatlich nicht vertretbar gewesen sei[147]. Im Hinblick auf das im Jahr 2013 erneut und allein vom Bundesrat eingeleitete Verbotsverfahren hat das BVerfG am 2.12.2015 beschlossen, vom 1. bis 3.3.2016 mündlich zu verhandeln.

Auch die **Überwachung einzelner Abgeordnete einer Partei** durch das Bundesamt für Verfassungsschutz ist möglich. Sie ist aber nur dann zulässig, wenn eine „Abwägung im Einzelfall ergibt, dass dem Interesse am Schutz der freiheitlichen demokratischen Grundordnung Vorrang vor den

---

[140] BVerfGE 107, 339 (362); BVerfG (Kammerbeschl.), NJW 2001, 2076 (2077) m.w.N.
[141] BVerfGE 39, 334 (357ff.). A. A. Sondervotum des Richters *H. Rupp*, BVerfGE 39, 334 (380ff.); *D. Grimm*, in: HdbVerfR § 14 Rn. 35.
[142] BVerwGE 137, 275 (308).
[143] OVG Münster, NJW 2001, 2114f.
[144] BVerfG (Kammerbeschl.), NJW 2001, 2076 (2077).
[145] Eine Partei kann dagegen nicht zur Feststellung ihrer Verfassungsmäßigkeit das BVerfG anrufen, BVerfGE 133, 100 (106ff.).
[146] BVerfGE 2, 1ff. – SRP; 5, 85ff. – KPD.
[147] BVerfGE 107, 339 (359f.).

Rechten des betroffenen Abgeordneten gebührt. [...] Ein Überwiegen des Interesses am Schutz der freiheitlichen demokratischen Grundordnung kommt insbesondere dann in Betracht, wenn Anhaltspunkte dafür bestehen, dass der Abgeordnete sein Mandat zum Kampf gegen die freiheitliche demokratische Grundordnung missbraucht oder diese aktiv und aggressiv bekämpft."[148]

§ 7. Rechtsstaat

Fall 6 (vgl. BVerfGE 95, 1 ff.): Nach Herstellung der deutschen Einheit erlässt der Bundestag zur beschleunigten Verkehrsanbindung in den neuen Ländern ein Investitionsmaßnahmegesetz zum Bau eines 13 km langen Abschnitts einer Eisenbahnstrecke zwischen Berlin und Hannover. Anstelle eines ansonsten üblichen, ca. dreijährigen verwaltungsrechtlichen Planfeststellungsverfahrens legt das Gesetz die genaue Trassenführung in dem betreffenden Abschnitt fest und erklärt die Zulässigkeit des Vorhabens. Ist das Gesetz mit dem Grundsatz der Gewaltenteilung vereinbar?

Fall 7 (vgl. BVerfGE 105, 17 ff.): Nach den bisher geltenden einkommensteuerrechtlichen Bestimmungen sind Zinsen aus bestimmten festverzinslichen Wertpapieren schon seit Jahrzehnten steuerfrei. In verschiedenen Subventionsberichten – zuletzt im Jahre 1995 – hatte die Bundesregierung geäußert, eine Abschaffung der Steuerfreiheit sei aus Gründen des Vertrauensschutzes nicht möglich. Um bestehende Steuerprivilegien zu beseitigen, bringt die Bundesregierung am 3.1.2000 einen Gesetzentwurf in den Bundestag ein, nach dem die Steuerfreiheit mit dem Veranlagungszeitraum 2000 entfallen soll. Das Gesetzgebungsverfahren verzögert sich aufgrund der beträchtlichen Einflussnahme von Lobbyisten, so dass der Bundestag erst am 14.11.2001 ein inhaltlich mit dem Entwurf übereinstimmendes Steuergesetz beschließt. Nach Zustimmung des Bundesrates wird es am 14.12.2001 im Bundesgesetzblatt verkündet.

A, der im Jahre 1998 im Vertrauen auf die fortbestehende Steuerfreiheit einen erheblichen Anteil der betroffenen Wertpapiere erwarb, vertritt die Auffassung, das Gesetz entfalte eine unzulässige Rückwirkung. Schon gar nicht könnten die ihm in der Zeit vom 1.1.2000 bis 13.12.2001 zugeflossenen Zinsen besteuert werden. Verletzt das Steuergesetz das rechtsstaatliche Rückwirkungsverbot?

I. Begriff, Verortung, materielle Dimension

1   Als Rechtsstaat wird eine Ordnung verstanden, welche beansprucht, staatliche Machtbefugnisse nach Maßgabe von Recht und Gerechtigkeit auszuüben. Die Rechtsstaatlichkeit der Bundesrepublik Deutschland zeichnet sich dementsprechend durch eine **umfassende rechtliche Bindung** der staatlichen Institutionen, Mandatsträger und Amtswalter sowie durch die **Gewährleistung von Grundrechten** aus. Sie vereinigt somit formelle und materielle Elemente.[1] Eine genauere Definition oder Begriffsbestimmung ist kaum möglich, da sich der Gehalt des grundgesetzlichen Rechtsstaates über eine Reihe von Einzelprinzipien erschließt.

2   Der Begriff des Rechtsstaates ist im Grundgesetz nur in Art. 28 I 1 bzw. adjektivisch in Art. 23 I 1 erwähnt. Der **verfassungsrechtliche Standort** des Rechtsstaatsprinzips ist daher umstritten. Überwiegend wird das Rechtsstaatsprinzip in Art. 20 III GG verortet

---

[148] BVerfGE 134, 141 (181 f.) – diese Entscheidung hebt das Urteil des BVerwG v. 21.7.2010 (BVerwGE 137, 275 ff.) auf. Im Ergebnis zustimmend *M. Morlok/E. Sokolov*, DÖV 2015, 405 ff., die jedoch für eine Beobachtung von Abgeordneten spezielle Vorschriften verlangen, die formale und prozedurale Voraussetzungen bestimmen.

[1] *Stern*, StaatsR I S. 781 ff.

gesehen. In Art. 20 GG wird zwar der Begriff „Rechtsstaat" – anders als in dem vom Abgeordneten *v. Mangoldt* dem Grundsatzausschuss des Parlamentarischen Rates im Jahre 1948 vorgelegten Entwurf[2] – nicht ausdrücklich verwendet. Art. 20 III GG wurde jedoch gezielt „zur besseren Kennzeichnung der Rechtsstaatlichkeit als der Grundlage des Grundgesetzes" formuliert.[3] Dort wird die umfassende Bindung der Staatsgewalten an Verfassung bzw. Gesetz und Recht postuliert und die Gewaltenteilung (erneut nach Art. 20 II 2 GG) beschrieben. Da in Art. 20 III GG aber nur die wichtigsten Teilelemente des Rechtsstaates verankert sind, wird andererseits das Rechtsstaatsprinzip aus einer Gesamtschau der Verfassung abgeleitet, wobei insbesondere Art. 20 III GG (Rechtsbindung der Staatsgewalten), Art. 20 II 2 GG (Gewaltenteilung), Art. 1 III GG (Grundrechtsbindung), Art. 19 IV GG (Rechtsschutzgarantie), Art. 28 I 1 GG (Homogenitätsklausel), Art. 34 GG (Staatshaftung) und Art. 101 ff. GG (prozessuale Grundrechte) genannt werden.[4]

Das rechtsstaatliche Prinzip des Grundgesetzes hat eine **materielle Dimension.** Es verlangt nicht nur Gesetzmäßigkeit staatlichen Handelns, sondern verpflichtet auch, das staatliche Handeln auf die Verwirklichung materieller Gerechtigkeit auszurichten. Dies ergibt sich zum einen aus der unmittelbaren Grundrechtsbindung nach Art. 1 III GG und aus der Bindung an Gesetz *und Recht* nach Art. 20 III GG. Das Grundgesetz geht offensichtlich davon aus, dass es einen Unterschied zwischen Gesetz und Recht geben kann. Gesetze können daher nicht jeden beliebigen Inhalt haben. Zu bedenken ist aber, dass aufgrund der materiellen Gewährleistungen des Grundgesetzes solche Differenzen die Nichtigkeit des Gesetzes zur Folge haben und dann zwischen gültigem Gesetz und Recht kein Unterschied besteht[5]. 3

Da jedoch auch das Gebot der Rechtssicherheit ein rechtsstaatliches Teilelement darstellt, folgt aus dem materiellen Gehalt nicht, dass sich in einem **Spannungsverhältnis zwischen Rechtssicherheit und Gerechtigkeit** letztere einseitig durchsetzen müsste (vgl. auch § 48 VwVfG). 4

II. (Horizontale) Gewaltenteilung

Unter horizontaler Gewaltenteilung ist die **funktionelle Aufteilung der Staatsgewalt** zu verstehen. Nach Art. 20 II 2 GG wird die Staatsgewalt durch besondere Organe der Gesetzgebung (Legislative), der vollziehenden Gewalt (Exekutive) und der Rechtsprechung (Judikative) ausgeübt. Als historischer Ausgangspunkt rechtsstaatlicher Ideen ist die Gewaltenteilung tragendes Organisations- und Funktionsprinzip zur Verhinderung von Machtkonzentration. Die Aufteilung der Staatsgewalt auf drei Teilfunktionen dient der **Begrenzung und Mäßigung staatlicher Macht** durch Errichtung eines Systems wechselseitiger Kontrolle und Rücksichtnahme („checks and balances"). Ferner führt sie zu einer Spezialisierung bei der staatlichen Aufgabenwahrnehmung im Sinne einer Effizienz- und Qualitätssteigerung. 5

---

[2] *K.-B. v. Doemming/R. W. Füßlein/W. Matz,* JöR N. F. 1 (1951), 1 (195).
[3] So der Abgeordnete *T. Dehler;* siehe *K.-B. v. Doemming/R. W. Füßlein/W. Matz,* JöR N. F. 1 (1951), 1 (200). Siehe dazu auch *H. Sodan,* DVBl. 1999, 729 (736).
[4] Vgl. zur Ableitung des Rechtsstaatsprinzips *P. Kunig,* Das Rechtsstaatsprinzip, 1986, S. 63 ff.
[5] Vgl. BVerfGE 34, 269 (286 f.); *F. Ossenbühl,* in: HdbStR V § 100 Rn. 14 ff. Umgekehrt muss jedoch nicht alles, was Recht ist, ein Gesetz sein. Mit dem Begriff des Rechts kann auch das Gewohnheitsrecht oder das Richterrecht erfasst werden (→ § 4 Rn. 14).

1. Aufgaben von Legislative, Exekutive und Judikative

6 Die **Legislative** (Gesetzgebung i. S. d. Art. 20 II 2 GG) wird durch den parlamentarischen Gesetzgeber gebildet. Dessen typische Aufgabe im Gefüge der Staatsfunktionen ist die Normsetzung in Form eines Parlamentsgesetzes. Keine Gesetzgebung i. S. d. Grundgesetzes ist die Normsetzung in Form von Rechtsverordnungen oder Satzungen.[6]

7 Jedes **Parlamentsgesetz** ist Gesetz im formellen Sinne; formell deshalb, weil es vom Parlament im verfassungsrechtlich vorgeschriebenen Gesetzgebungsverfahren „als Gesetz" erlassen wurde. Regelmäßig ist das formelle Gesetz auch Gesetz im materiellen Sinne, d. h. eine allgemeinverbindliche abstrakt-generelle Regelung (= Rechtsnorm, → § 4 Rn. 11). Das Grundgesetz hat die Aufgabe des Parlaments nicht auf die Setzung abstrakt-genereller Regelungen beschränkt, sondern lässt auch den **Erlass von Einzelfallgesetzen** unter bestimmten Voraussetzungen zu. Dies ergibt sich daraus, dass Art. 14 III 2 Alt. 1 GG eine Legalenteignung ausdrücklich ermöglicht und Art. 19 I 1 GG Einzelfallgesetze lediglich bei Grundrechtseingriffen verbietet (→ § 24 Rn. 50ff.). Deshalb kann dem Gesetzgebungsbegriff des Grundgesetzes nur ein **rein formales Verständnis** zugrunde liegen. Die Kernaufgabe der Legislativen besteht im Erlass formeller Gesetze (→ § 4 Rn. 8, 10).[7]

8 Die **Exekutive** (vollziehende Gewalt i. S. d. Art. 20 II 1 GG) besteht aus der Regierung und der Verwaltung. Aufgabe der Regierung ist die Staatsleitung. Zur Staatsleitung gehört beispielsweise die Richtlinienkompetenz des Bundeskanzlers und Ressortleitungskompetenz der Bundesminister (Art. 65 GG), die Befehls- und Kommandogewalt über die Bundeswehr (Art. 65a GG), die Pflege der auswärtigen Beziehungen, die Aufstellung des Haushaltsplanes und seine Durchführung (Art. 110ff. GG) sowie das Gesetzesinitiativrecht (Art. 76 I GG). Die Verwaltung befasst sich in erster Linie mit dem Vollzug der Gesetze, ihrer alltäglichen Anwendung im Einzelfall (gesetzesakzessorische Verwaltung). Ihre Tätigkeit erschöpft sich aber darin nicht. Soweit Gesetzesvorrang und Gesetzesvorbehalt nicht entgegenstehen, wird sie im nicht-gesetzesakzessorischen Bereich vorbereitend, planerisch, gestaltend und leistend tätig. Eine Beschreibung der vielfältigen Aufgaben der Exekutive ist kaum möglich. Daher wird oftmals definiert, Exekutive sei diejenige Staatsfunktion, die sich weder als Gesetzgebung noch Rechtsprechung darstelle.[8]

9 Die **Judikative** (rechtsprechende Gewalt) ist den Richtern anvertraut und wird durch Gerichte ausgeübt (Art. 92 GG). Rechtsprechung ist die in einem gesondert geregelten, qualifizierten gerichtsförmigen Verfahren zu treffende verbindliche Entscheidung in Fällen bestrittenen oder verletzten Rechts, die zu einer Klärung der Rechtslage und Streitbeilegung führt[9] (näher zu Rechtsprechung und Gerichtsverfassung → § 19).

2. Gewaltenverschränkungen

10 Das Grundgesetz verwirklicht das Prinzip der Gewaltenteilung nicht in Reinform und fordert keine strikte Gewaltentrennung. Vielmehr bestehen zahlreiche Gewaltenverschränkungen, durch die ein wirkungsvolles System von „checks and balances" erst entsteht. Denn wechselseitige Einfluss- und Kontrollmöglichkeiten führen zu einem gegliederten, durch Mäßigung und Rücksichtnahme geprägten Entscheidungsprozess.

---

[6] Vgl. *U. Fastenrath,* JuS 1986, 194 (198f.).
[7] *Degenhart* Rn. 296, 142ff.
[8] Vgl. *U. Fastenrath,* JuS 1986, 194 (196).
[9] BVerfGE 103, 111 (136ff.); *E. Schmidt-Aßmann,* in: HdbStR II § 26 Rn. 52.

§ 7. Rechtsstaat

Verschränkungen der Gewalten erhöhen ferner die Sachgerechtigkeit der Entscheidungen.

Die Formen und Mittel der Gewaltenverschränkung sind vielgestaltig. Insbesondere können im Rahmen der (typischen) Aufgabenwahrnehmung durch eine Gewalt **Initiativ- und Zustimmungsbefugnisse** anderer Gewalten bestehen (z. B. Gesetzesinitiativrecht der Bundesregierung, Erfordernis der Zustimmung des Bundestags zu Auslandseinsätzen der Bundeswehr[10]). Ferner ist es möglich, dass in einem begrenzten Umfang eigentliche Aufgaben der einen Gewalt von einer anderen übernommen werden (z. B. Verwaltungstätigkeit der Gerichte im Rahmen der freiwilligen Gerichtsbarkeit, wie beispielsweise die Führung des Handelsregisters). Problematisch ist es, wenn zwischen den Gewalten eine personelle Durchlässigkeit besteht, etwa in der Weise, dass Mitglieder der Bundesregierung gleichzeitig dem Parlament angehören, welches sie eigentlich kontrollieren soll.[11]

Der **Gewaltenverschränkung sind Grenzen gesetzt:** Niemals darf eine Gewalt in den Aufgabenkernbereich einer anderen übergreifen, denn dieser ist unveränderlich.[12] So besteht beispielsweise wegen des zu wahrenden „Kernbereichs exekutiver Eigenverantwortung" eine Pflicht der Regierung, parlamentarischen Informationswünschen zu entsprechen, regelmäßig nicht, wenn die Informationen zu einem Mitregieren des Parlamentes bei Entscheidungen führen können, die in der alleinigen Kompetenz der Regierung liegen.[13] Ferner dürfen die Zuständigkeiten einer Gewalt nicht soweit erweitert werden, dass sie ein von der Verfassung nicht vorgesehenes Übergewicht über eine andere erhält. Mit anderen Worten: Jeder Gewalt müssen so viele Zuständigkeiten verbleiben, dass sie ihre verfassungsmäßigen Aufgaben erfüllen kann; dazu gehört es gerade, ein Gegengewicht zu sein.[14]

Im **Fall 6** hat die Entscheidung über den Bau eines Eisenbahnstreckenabschnitts Einzelfallcharakter; typische Aufgabe des Parlaments ist dagegen die Normsetzung. Maßnahmegesetze anstelle von Planfeststellungsbeschlüssen könnten einen unzulässigen Eingriff in den Funktionsbereich der Verwaltung darstellen. Da das Grundgesetz den Gesetzgeber nicht auf den Erlass abstrakt-genereller Regelungen beschränkt, er vielmehr auch befugt ist, Einzelfallgesetze zu erlassen (→ Rn. 7), kann allein aus dem konkreten Gegenstand des Gesetzes kein verfassungswidriger Übergriff abgeleitet werden. Unzulässig wäre aber ein weitgehendes Übernehmen von Verwaltungsfunktionen durch den Gesetzgeber. Die Aufgabe der staatlichen Planung hat jedoch der Gesetzgeber mit dem Investitionsmaßnahmegesetz nicht weitgehend an sich gezogen. Ein Übergriff in den exekutiven Aufgabenkernbereich liegt auch nicht vor; denn Planung lässt sich aufgrund ihres finalen Charakters gar nicht eindeutig der Legislative oder Exekutive zuordnen. Mit einer gesetzlichen Planungsentscheidung können jedoch Nachteile verbunden sein, denn der erforderliche Sachverstand und die entsprechenden Ressourcen sind üblicherweise bei der Exekutive angesiedelt und nicht beim Parlament. Da die Gewaltenteilung auch bezweckt, sachgerechte Entscheidungen im Interesse der Bürger zu fördern, darf das Parlament eine Planungsentscheidung nur dann an sich ziehen, wenn dies durch sachliche Gründe gerechtfertigt ist. Hier hat das BVerfG solche Gründe bejaht, weil die schnelle Herstellung eines intakten Verkehrswegenetzes in den neuen Ländern von besonderer Bedeutung für das Gemeinwohl war.[15]

---

[10] BVerfGE 90, 286 (381 ff.); BVerfG, NVwZ 2015, 1593 (1594 ff.).
[11] Vgl. *P. Kirchhof*, NJW 2001, 1332 f.
[12] BVerfGE 95, 1 (15); BVerfG, NVwZ 2015, 1434 (1439).
[13] BVerfGE 110, 199 (214 f.). Vgl. zu Grund und Grenzen parlamentarischer Informationsansprüche *M. Droege*, DVBl. 2015, 937 (938 ff.).
[14] BVerfGE 95, 1 (15).
[15] BVerfGE 95, 1 (17 ff.).

14 Zusätzliche Schranken können sich bei Einzelfallgesetzen, welche die Aufgabenabgrenzung zwischen Legislative und Exekutive berühren, aus der vertikalen Gewaltenteilung (→ § 8 Rn. 12 ff.) ergeben. Denn Gesetzgebungs- und Verwaltungskompetenz können verschiedene Verbände (Bund/Länder) treffen. Im Fall 6 lag sowohl die Gesetzgebungs- als auch die Verwaltungskompetenz beim Bund (Art. 73 Nr. 6a, Art. 87e GG).

III. Verfassungsvorrang, Gesetzesvorrang und Gesetzesvorbehalt – Gesetzmäßigkeit der Verwaltung

15 Das Grundanliegen des Rechtsstaates, eine umfassende rechtliche Bindung der staatlichen Stellen und Amtswalter herbeizuführen, kommt in der Bestimmung des Art. 20 III GG zum Ausdruck, die deshalb überwiegend als verfassungsrechtliche Verankerung des Rechtsstaatsprinzips angesehen wird (→ Rn. 2).

16 Der Aussage des Art. 20 III GG – der Gesetzgeber ist an die Verfassung gebunden, Exekutive und Judikative an die Gesetze (und das Recht) – lassen sich als Rechtmäßigkeitsmaßstäbe die Prinzipien **Verfassungs- bzw. Gesetzesvorrang** und **Gesetzesvorbehalt** entnehmen. Gesetzesvorrang und Gesetzesvorbehalt werden verbunden auch als **Grundsatz der Gesetzmäßigkeit der Verwaltung** bezeichnet.

1. Verfassungsvorrang und Gesetzesvorrang

17 Verfassungsvorrang i. S. d. Art. 20 III GG bedeutet speziell, dass Parlamentsgesetze nicht gegen das Grundgesetz verstoßen dürfen. Unter dem Gesetzesvorrang wird allgemein verstanden, dass staatliche Handlungen nicht gegen bestehende Rechtsvorschriften verstoßen dürfen, sich also im Rahmen des geltenden Rechts halten müssen. Dieser Rechtmäßigkeitsmaßstab setzt das Vorhandensein von Vorschriften voraus; denn solange und soweit für einen Lebensbereich keine Regelungen bestehen, können staatliche Handlungen in diesem Bereich auch nicht dagegen verstoßen. Der Verfassungsvorrang ist letztlich nur eine spezielle Variante des Gesetzesvorrangs.

a) Bindung des Gesetzgebers an die verfassungsmäßige Ordnung

18 Der Gesetzgeber, d. h. das Parlament, ist an die Verfassung gebunden. Zur **verfassungsmäßigen Ordnung** i. S. v. Art. 20 III Hs. 1 GG gehören alle Bestimmungen des Grundgesetzes. Verstößt ein Parlamentsgesetz gegen das Grundgesetz, ist es grundsätzlich von Anfang an nichtig oder teilnichtig.[16] Von der **Nichtigkeitsfolge** ist jedoch die Frage zu unterscheiden, *wer* ein Parlamentsgesetz als verfassungswidrig verwerfen darf. Diese Kompetenz liegt nach Art. 100 I GG allein bei den Verfassungsgerichten, welche sich ausnahmsweise auf eine **Unvereinbarerklärung** beschränken (→ § 51 Rn. 71). Ein Landesgesetzgeber hat neben den Bestimmungen des Grundgesetzes sowohl das übrige Bundesrecht (vgl. Art. 31 GG) als auch seine Landesverfassung zu beachten.

19 Sofern eine **verfassungskonforme Auslegung** des Gesetzes (→ § 2 Rn. 13 ff.) möglich ist, tritt die Nichtigkeitsfolge nicht ein. „Die verfassungskonforme Auslegung einer Norm ist dann geboten, wenn unter Berücksichtigung von Wortlaut, Entstehungsgeschichte, Gesamtzusammenhang und Zweck mehrere Deutungen möglich sind, von denen jedenfalls eine zu einem verfassungsgemäßen Ergebnis führt […]. Grenzen werden der verfassungskonformen Auslegung durch den Wortlaut und den Gesetzeszweck gezogen. Ein Normverständnis, das mit dem Wortlaut nicht mehr in

---

[16] Vgl. *J. Ipsen*, Rechtsfolgen der Verfassungswidrigkeit von Norm und Einzelakt, 1980; *Schlaich/Korioth* Rn. 378 ff.

§ 7. Rechtsstaat

Einklang zu bringen ist, kann durch verfassungskonforme Auslegung ebensowenig gewonnen werden wie ein solches, das in Widerspruch zu dem klar erkennbaren Willen des Gesetzes treten würde".[17]

b) Bindung von Exekutive und Judikative an die Rechtsordnung

Im Gegensatz zum parlamentarischen Gesetzgeber sind vollziehende Gewalt und Rechtsprechung in ihrem Handeln umfangreicher gebunden, nämlich an Gesetz und Recht (zur Formulierung „Gesetz und Recht" → Rn. 3). Der Gesetzesvorrang bezieht sich hier auf die **gesamte Rechtsordnung**. Die daraus folgende Bindung umfasst die Beachtung von Verfassungsbestimmungen ebenso wie die Einhaltung der in förmlichen Gesetzen, in Rechtsverordnungen, Satzungen, im Gewohnheitsrecht oder im unmittelbar anwendbaren Europarecht enthaltenen Vorgaben, nicht dagegen von Verwaltungsvorschriften und Richterrecht.[18] Im Rahmen der exekutiven Gesetzgebung ist zu beachten, dass eine Bindung natürlich nur durch das höherrangige Recht erfolgt.

Vom Gesetzesvorrang werden alle Tätigkeiten dieser Organe erfasst, unabhängig davon, ob sie in öffentlich-rechtlicher oder privatrechtlicher Form erfolgen. Gleichwohl ist zu prüfen, ob eine Norm aufgrund ihres beschränkten Geltungsbereichs beispielsweise auf privatrechtliche Betätigungen gar nicht anzuwenden ist.

Im Bereich der Exekutive bedeutet Gesetzmäßigkeit der öffentlichen Verwaltung in ihrer aus dem Gesetzesvorrang deduzierten Ausprägung, dass die Verwaltung sich an die gesetzlichen Vorgaben zu halten hat und auch verpflichtet ist, die Gesetze zu vollziehen. Sofern die Vergabe von Leistungen normiert ist, darf die Verwaltung auch nur unter den dort genannten Voraussetzungen solche gewähren (zum Gesetzesvorbehalt bei Leistungsverwaltung → Rn. 29). Rechtsverletzende Handlungen der Exekutive sind rechtswidrig, oftmals aber nicht zugleich nichtig, sondern nur anfechtbar (vgl. §§ 43 II, III, 44 I VwVfG, 42 VwGO).

Die **Verwaltung besitzt keine Normverwerfungskompetenz.**[19] Hält eine Behörde eine Norm für ungültig, muss sie entweder selbst ein Normenkontrollverfahren nach § 47 VwGO (bei Satzungen und Rechtsverordnungen) oder *über ihre Regierung* eine abstrakte Normenkontrolle nach Art. 93 I Nr. 2 GG, § 13 Nr. 6, §§ 76ff. BVerfGG einleiten, um eine gerichtliche Entscheidung herbeizuführen.

Auch die Rechtsprechung ist an jede gültige Rechtsnorm gebunden. Während die Fachgerichte aber bei Parlamentsgesetzen nicht befugt sind, eine für verfassungswidrig und damit ungültig gehaltene Regelung selbst zu verwerfen (→ Rn. 18), dürfen und müssen sie **vorkonstitutionelles Recht** und **untergesetzliche Normen** kraft eigener Kompetenz verwerfen; sie dürfen diese Normen also nicht anwenden.[20] Vorrangig ist jedoch auch hier eine verfassungs- bzw. gesetzeskonforme Auslegung (→ Rn. 19). Eine richterliche Rechtsfortbildung, insbesondere ein Lückenschluss mittels Analogie, ist zulässig.

2. Gesetzesvorbehalt

Gesetzesvorbehalt bedeutet, dass staatliche Stellen überhaupt nur dann tätig werden dürfen, wenn sie dazu durch formelles Gesetz ermächtigt worden sind. Während der

---

[17] BVerfGE 95, 64 (93).
[18] Vgl. BVerfGE 78, 214 (227); *H. Schulze-Fielitz*, in: Dreier Art. 20 (Rechtsstaat) Rn. 93.
[19] Str., vgl. *P. Gril*, JuS 2000, 1080ff. m.w.N.
[20] BVerfGE 1, 184 (LS 1); 2, 124 (128ff.).

Gesetzesvorrang lediglich einen Verstoß gegen *bestehende* Normen verbietet, verlangt das Vorbehaltsprinzip die Schaffung von gesetzlichen Ermächtigungsgrundlagen und besagt, dass ohne solche eine staatliche Tätigkeit unterbleiben muss. Das Prinzip gewinnt als Teilaspekt des Grundsatzes der Gesetzmäßigkeit der Verwaltung seine hervorgehobene Bedeutung im Bereich des exekutiven Handelns, gilt aber auch für Maßnahmen der Rechtsprechung.

26 Dem Vorbehaltsprinzip ist genügt, wenn Ermächtigungen zwar in untergesetzlichen Normen eingeräumt werden, für ihre Schaffung durch den Verordnungs- bzw. Satzungsgeber aber eine Ermächtigung in einem Parlamentsgesetz vorhanden ist (vgl. Art. 80 I 1, 2 GG; bei der Delegation von Rechtsetzungsbefugnissen an die Exekutive ist aber ggf. ein Parlamentsvorbehalt zu beachten, → § 6 Rn. 65, § 24 Rn. 27 ff.). Gewohnheitsrecht reicht dagegen nicht aus.

27 Der Gesetzesvorbehalt wird in Art. 20 III GG nicht ausdrücklich erwähnt. Seine **verfassungsrechtliche Herleitung** ist daher umstritten. Häufig wird vertreten, der Gesetzesvorbehalt sei in Art. 20 III GG vorausgesetzt und wie der Gesetzesvorrang dort verankert[21]. Auf der anderen Seite wird der Gesetzesvorbehalt aus den Grundrechten, speziell ihrer Schrankendogmatik,[22] bzw. aus dem Demokratieprinzip[23] oder allgemein aus dem Rechtsstaatsprinzip[24] hergeleitet.

28 Während das Parlament immer die Verfassung und Exekutive wie Rechtsprechung stets die bestehende Rechtsordnung zu beachten haben, Verfassungsvorrang und Gesetzesvorrang also umfassend gelten, ist der **Geltungsbereich des Gesetzesvorbehalts streitig**. Unbestritten kommt das Vorbehaltsprinzip zum Tragen bei belastenden Maßnahmen gegenüber dem Bürger, d. h. bei Eingriffen in individuelle Rechtspositionen. Im Bereich der Exekutive ist die **Eingriffsverwaltung** somit vollumfänglich dem Gesetzesvorbehalt unterworfen. Dies ist Konsequenz des umfassenden Grundrechtsschutzes (→ §§ 20 ff.).

29 Ob der Gesetzesvorbehalt auch für die **Vergabe und Gewährung staatlicher Leistungen sowie Vergünstigungen** (z. B. Subventionen) gilt, ist fraglich. Teilweise wird nach der Lehre vom Totalvorbehalt[25] immer eine gesetzliche Ermächtigung verlangt, da die Einflussnahme des Staates auf den Bürger hier ebenfalls schwerwiegend sein und eine Verweigerung staatlicher Leistungen den Bürger ebenso empfindlich treffen kann wie ein Eingriff in Freiheit und Eigentum.[26] Dagegen wird andererseits eine gesetzliche Ermächtigung generell für entbehrlich gehalten, mit der Begründung, dass ein solches Erfordernis allein den Handlungsspielraum der Verwaltung einenge und der Bürger dadurch nichts gewönne[27]. Die Rechtsprechung geht im Subventionsrecht davon aus, dass geldliche Zuwendungen an Private nicht unter allen Umständen einer gesetzlichen Grundlage bedürfen. „Neben dem förmlichen Gesetz kommt auch jede andere parlamentarische Willensäußerung, insbesondere die etatmäßige Bereitstellung der zur Sub-

---

[21] BVerfGE 40, 237 (248 f.); *E. Benda*, in: HdbVerfR § 17 Rn. 35.
[22] Vgl. *P. Kunig*, Das Rechtsstaatsprinzip, 1986, S. 317 ff.; *F. Ossenbühl*, in: HdbStR V § 101 Rn. 20.
[23] *D. Jesch*, Gesetz und Verwaltung, 2. Aufl. 1968, S. 204 f. und passim. Insbesondere aus diesem Begründungsansatz leitet sich die Lehre vom Totalvorbehalt (→ Rn. 29) ab.
[24] *H. H. Rupp*, Grundfragen der heutigen Verwaltungsrechtslehre, 1965, S. 113 ff.
[25] *D. Jesch*, Gesetz und Verwaltung, 2. Aufl. 1968, S. 204 f. und passim; *Maurer* § 6 Rn. 21 ff. Siehe zu dieser Lehre vom Totalvorbehalt näher *H. Sodan*, Kollegiale Funktionsträger als Verfassungsproblem, 1987, S. 432 ff.
[26] Vgl. BVerfGE 40, 237 (249).
[27] *F. Ossenbühl*, in: HdbStR V § 101 Rn. 25 ff.

§ 7. Rechtsstaat

vention erforderlichen Mittel als eine hinreichende Legitimation verwaltungsmäßigen Handelns in Betracht".[28] Danach stellt insbesondere das nicht im Verhältnis des Staates zum Bürger geltende Haushaltsgesetz eine ausreichende Leistungsermächtigung dar.

Die Reichweite des Gesetzesvorbehalts im Bereich der Leistungsverwaltung bedarf jedoch in mehreren Fällen keiner Klärung: Sofern die Leistungsvergabe normiert ist, darf die Verwaltung jemanden auch nur unter den dort genannten Voraussetzungen begünstigen; dies folgt bereits aus dem Gesetzesvorrang. Ferner kann ein Gesetz ausdrücklich anordnen, dass Leistungen innerhalb eines bestimmten Sektors nur in gesetzlich vorgesehenen Fällen gewährt werden dürfen.[29] Schließlich kann eine Leistung an eine Person zu einem (Grund-)Rechtseingriff bei einem Dritten führen, der einer gesetzlichen Grundlage bedarf (→ Rn. 28).[30] 30

IV. Materielle Gerechtigkeit

1. Gewährleistung von Grundrechten

Die materielle Dimension der Rechtsstaatlichkeit kommt in der verfassungsrechtlichen **Grundrechtsgewährleistung** zum Ausdruck. Die Grundrechte binden die staatlichen Gewalten als unmittelbar geltendes Recht (Art. 1 III GG) und beschränken damit ihren Handlungsspielraum (→ § 23 Rn. 1). 31

2. Grundsatz der Verhältnismäßigkeit

Ganz eng mit den Grundrechten hängt die rechtsstaatliche Maxime zusammen, dass staatliche Maßnahmen im Verhältnis zum verfolgten legitimen Zweck keine übermäßigen Belastungen bewirken dürfen, mithin verhältnismäßig sein müssen. Dieser Grundsatz der Verhältnismäßigkeit (auch Übermaßverbot genannt) ist für alle Teilgewalten verbindlich und in seinem Anwendungsbereich nicht nur auf das Verhältnis des Staates zum Bürger beschränkt. Jedoch spielt das Übermaßverbot seine zentrale Rolle beim Grundrechtsschutz; dort setzt es Eingriffen des Staates in grundrechtlich geschützte Verhaltensweisen der Bürger eine Schranke (zur dogmatischen Struktur des Grundsatzes der Verhältnismäßigkeit und seiner Teilelemente → § 24 Rn. 32 ff.). 32

V. Rechtssicherheit

Ein wesentliches Teilelement des Rechtsstaatsprinzips bildet die Rechtssicherheit. Sie gebietet vor allem **Klarheit und Beständigkeit staatlicher Entscheidungen.** Dies kann in manchen Fällen zu einem Widerstreit mit dem ebenfalls aus dem Rechtsstaatsprinzip herzuleitenden Gebot der Einzelfallgerechtigkeit führen (→ Rn. 3 f.). 33

Die Ausprägungen des verfassungsrechtlichen Gebots der Rechtssicherheit sind vielfältig.[31] Bestimmtheit und Bestandskraft von Verwaltungsakten sowie Rechtskraft von ge- 34

---

[28] BVerwGE 90, 112 (126).
[29] Siehe etwa § 31 SGB I: „Rechte und Pflichten in den Sozialleistungsbereichen dieses Gesetzbuchs dürfen nur begründet, festgestellt, geändert oder aufgehoben werden, soweit ein Gesetz es vorschreibt oder zuläßt."
[30] Vgl. BVerwGE 90, 112 (LS 2) – Förderung eines privaten Vereins, der vor bestimmten Sekten warnen soll.
[31] Siehe zu den Teilelementen der Rechtssicherheit E. Schmidt-Aßmann, in: HdbStR II § 26 Rn. 81 ff.

richtlichen Entscheidungen sind hier für den Bereich von Exekutive und Judikative zu nennen. Im Folgenden soll auf die insbesondere von der Gesetzgebung zu beachtenden, im Interesse der Rechtssicherheit bestehenden Anforderungen und Schranken eingegangen werden, welche die **Verlässlichkeit der Rechtsordnung** sicherstellen.

1. Bestimmtheitsgebot

35 Rechtssicherheit verlangt **Rechtsklarheit,** d. h. der Bürger muss erkennen können, was von ihm verlangt wird, denn verbindlich kann nur ein verständlicher Rechtsbefehl sein.[32] Aus diesem rechtsstaatlichen Postulat entspringt das Bestimmtheitsgebot. Es richtet sich an alle staatlichen Stellen, die Regelungen erlassen, d. h. insbesondere an den Gesetzgeber, aber auch an die Verwaltung. Für spezielle Fälle ergibt sich das Erfordernis hinreichender Normbestimmtheit ausdrücklich aus der Verfassung: Art. 80 I 2 GG verlangt eine nach Inhalt, Zweck und Ausmaß bestimmte Verordnungsermächtigung. Art. 103 II GG ordnet für das Gebiet des Strafrechts u. a. Straftatbestands- und Straffolgenbestimmtheit an **(nulla poena sine lege certa),**[33] die aufgrund der hohen Eingriffsintensität strengeren Anforderungen genügen muss und der sich ein Analogieverbot entnehmen lässt.

36 Das Bestimmtheitsgebot kann nicht losgelöst von **anderen Verfassungsprinzipien** gesehen werden, deren Wirksamkeit und Effektivität es absichert.[34] So bliebe beispielsweise der Grundrechtsschutz wirkungslos, wenn die Reichweite einschränkender Gesetze mangels Bestimmtheit nicht zu ermitteln und deshalb für den Bürger die verbliebene Freiheitssphäre nicht erkennbar wäre. Der Gesetzesvorbehalt könnte seine Funktion nicht erfüllen, wenn die Verwaltung aus vagen Gesetzesformulierungen Befugnisse ableiten dürfte. Effektive Gewaltenteilung erfordert eine klare Kompetenzordnung.

37 Das **allgemeine Bestimmtheitsgebot** zwingt den Normgeber, Vorschriften so klar zu fassen, dass die Rechtslage für den Betroffenen erkennbar ist und er sein Verhalten daran ausrichten kann.[35] Die Anforderungen an den Bestimmtheitsgrad können jedoch variieren. Denn der Normgeber ist nur gehalten, „seine Vorschriften so bestimmt zu fassen, wie dies nach der Eigenart der zu ordnenden Lebenssachverhalte mit Rücksicht auf den Normzweck möglich ist".[36] „Unvermeidbare Auslegungsschwierigkeiten in Randbereichen sind dann von Verfassungs wegen hinzunehmen."[37] So kann z. B. die Konfliktbewältigung im Rahmen staatlicher Planungsakte weitgehend nicht normativ vorherbestimmt werden.[38] Allgemein gilt jedoch, dass die Bestimmtheitsanforderungen umso größer werden, je intensiver eine Norm in die Grundrechte der Betroffenen eingreift.[39] „Die Anforderungen an die Bestimmtheit und Klarheit der Norm dienen ferner dazu, die Verwaltung zu binden und ihr Verhalten nach Inhalt, Zweck und Ausmaß zu begrenzen […] Darüber hinaus sollen die Normenbestimmtheit und die Normenklarheit die Gerichte in die Lage versetzen, die Verwaltung anhand rechtlicher Maßstäbe zu kontrollieren."[40]

---

[32] *P. Kunig,* Jura 1990, 495 (496).
[33] Vgl. zum Bestimmtheitsgebot des Art. 103 II GG BVerfGE 105, 135 (152 ff.).
[34] Vgl. *H.-J. Papier/J. Möller,* AöR 122 (1997), 177 (179 ff.).
[35] BVerfGE 8, 274 (325); 21, 73 (79); 52, 1 (41); 108, 186 (235).
[36] BVerfGE 78, 205 (212); vgl. BVerfG (Kammerbeschl.), NVwZ 2014, 1571.
[37] BVerfG (Kammerbeschl.), NVwZ 2014, 1571.
[38] Vgl. BVerfGE 80, 137 (162 f.).
[39] Vgl. BVerfGE 59, 104 (114); 105, 135 (159).
[40] BVerfGE 113, 348 (376 f.).

§ 7. Rechtsstaat   75

Eine Norm ist nicht deshalb unbestimmt, weil sie **auslegungsbedürftig** ist. Solange die   38
Norm auslegungsfähig ist, d. h. ihr Regelungsinhalt durch die herkömmlichen Auslegungsmethoden ermittelt werden kann, bleibt die Rechtslage erkennbar.[41] Aus diesem Grund bestehen gegen die Verwendung so genannter **„unbestimmter Rechtsbegriffe"** (→ § 68 Rn. 4 ff.) auf der Tatbestandsseite und die Einräumung von **Ermessen** (→ § 69) zu Gunsten der öffentlichen Verwaltung auf der Rechtsfolgenseite keine grundsätzlichen Bedenken. Die Verwendung eines unbestimmten Rechtsbegriffs setzt aber „*stets* voraus, daß die aufgeworfenen Auslegungsprobleme bereits in der Rechtspraxis gelöst wurden (etwa durch bestehendes Gewohnheitsrecht oder durch die Rechtsprechung zu Vorgängernormen) oder mit herkömmlichen juristischen Methoden bewältigt werden können."[42]

Das Bestimmtheitsgebot gilt nicht nur für den Normgeber beim Erlass abstrakt-genereller Regelungen, sondern auch für die **Einzelfallregelung durch die Verwaltung**. Das   39
verfassungsrechtliche Gebot ist hier oftmals (deklaratorisch) einfachgesetzlich umgesetzt (vgl. § 37 I VwVfG).

Anzumerken ist, dass die Rechtsprechung des BVerfG zur rechtsstaatlichen Normbestimmtheit   40
durch eine „tiefe Kluft zwischen Anspruch und tatsächlicher Umsetzung"[43] geprägt ist[44]. Eine Verletzung des Bestimmtheitsgebots hat das BVerfG daher bislang nur selten festgestellt[45]. In jüngster Zeit hat es jedoch bei einer Reihe von Bürgerrechte beschränkenden Gesetzen einen Verstoß gegen das Bestimmtheitsgebot festgestellt.[46]

2. Prinzip der Widerspruchsfreiheit der Rechtsordnung

Die im Interesse der Rechtssicherheit herbeizuführende Rechtsklarheit kann nicht allein durch die bestimmte, d. h. verständliche inhaltliche Fassung einzelner Normen   41
oder Verwaltungsakte (→ Bestimmtheitsgebot, Rn. 35 ff.) sichergestellt werden. Rechtsunsicherheit entsteht nämlich auch bzw. gerade dann, wenn verschiedene Normen gegenläufige Regelungen enthalten, beispielsweise ein Gesetz dem Bürger aufgibt, etwas Bestimmtes zu tun, ein anderes Gesetz ihm aber genau diese Handlung verbietet. Da nur ein verständlicher Rechtsbefehl den Bürger bindet[47], ist die **Widerspruchsfreiheit Geltungsgrund für eine Rechtsordnung**.[48]

Das Rechtsstaatsprinzip gebietet daher den widerspruchsfrei rechtsetzenden Staat. Es   42
verpflichtet alle rechtsetzenden Organe, die Regelungen jeweils so aufeinander abzustimmen, dass den Normadressaten nicht gegenläufige Regelungen erreichen, die die

---

[41] BVerfGE 78, 205 (212); 89, 69 (84 f.).
[42] *H.-J. Papier/J. Möller*, AöR 122 (1997), 177 (189).
[43] *H.-J. Papier/J. Möller*, AöR 122 (1997), 177 (197).
[44] Vgl. nur BVerfGE 26, 41 ff. zu § 360 I Nr. 11 StGB a. F. – Strafbarkeit der Verübung „groben Unfugs".
[45] Eine Verletzung wurde festgestellt etwa in BVerfGE 17, 306 (314 f.); 22, 180 (220); 113, 348 (375 f.).
[46] Vgl. BVerfGE 118, 168 (186 ff.) – Erhebung von Kontostammdaten in sozialrechtlichen Angelegenheiten; BVerfGE 120, 274 (315 f.) – Online-Durchsuchung; BVerfGE 120, 378 (407 ff.) – Kfz-Kennzeichenerfassung.
[47] *P. Kunig*, Jura 1990, 495 (496).
[48] *P. Kirchhof*, Unterschiedliche Rechtswidrigkeiten in einer einheitlichen Rechtsordnung, 1978, S. 8 f.

Rechtsordnung widersprüchlich machen.⁴⁹ Das Gebot der Widerspruchsfreiheit der Rechtsordnung lässt sich zusätzlich noch aus anderen Verfassungsprinzipien und bereits aus wissenschaftstheoretischen Grundsätzen ableiten.⁵⁰

43 Im Falle widersprüchlicher Regelungen muss daher (zumindest) eine Norm ungültig bzw. unanwendbar (letzteres bei Konflikten mit dem Unionsrecht) sein. „Welche der einen Widerspruch begründenden Regelungen zu weichen hat, bestimmt sich grundsätzlich nach dem Rang, der Zeitenfolge und der Spezialität der Regelungen"⁵¹ (→ § 4 Rn. 18 ff.).

3. Rückwirkungsverbot und Vertrauensschutz

44 Rechtssicherheit erfordert **Beständigkeit staatlicher Entscheidungen;** dies gilt für die Akte aller drei Teilgewalten. Dennoch ist der Status quo nicht fest zementiert; Veränderungen sind Grundlage des Fortschritts. Der Rahmen, in dem staatliches Handeln sich ändern darf, ist für jede Teilgewalt gesondert zu bestimmen.⁵² Bei der **Änderung von Normen** ist zu beachten, dass das Vertrauen der Bürger in die Verlässlichkeit der Rechtsordnung besonders schutzwürdig ist, da die Rechtsordnung ohne dieses Vertrauen keine Anerkennung fände.⁵³ Jede Vertrauensenttäuschung muss daher durch die Änderungsinteressen aufgewogen werden. Übergangs-, Entschädigungs- und Ausnahmebestimmungen sind typische Mittel, um den Bestandsinteressen Rechnung zu tragen. Vertrauensschutz setzt jedoch **schutzwürdiges Vertrauen** voraus. „Die allgemeine Erwartung des Bürgers, das geltende Recht werde unverändert fortbestehen, ist verfassungsrechtlich jedoch nicht geschützt".⁵⁴

a) Rückwirkungsverbot

45 Das Vertrauen in die Verlässlichkeit der Rechtsordnung wird im besonderen Maße gefährdet, wenn der Gesetzgeber nachträglich an ein in der Vergangenheit liegendes Verhalten nachteilige Rechtsfolgen knüpft. Der Begriff „Rückwirkungsverbot" ist in gewisser Weise missverständlich. Ein absolutes und ausdrücklich verfassungsrechtlich bestimmtes Verbot besteht nach Art. 103 II GG nur für den Bereich rückwirkender Strafgesetze. Außerhalb von Strafgesetzen muss das Rückwirkungsverbot allgemein aus dem Rechtsstaatsprinzip abgeleitet werden. Aus einem Umkehrschluss zu Art. 103 II GG ergibt sich, dass dieses allgemeine Rückwirkungsverbot nur ein relatives ist, d. h. rückwirkende Regelungen zwar rechtfertigungsbedürftig, aber eben auch rechtfertigungsfähig sind. Höchstrichterliche Rechtsprechung ist kein Gesetzesrecht und erzeugt keine vergleichbare Rechtsbindung.⁵⁵

---

⁴⁹ BVerfGE 98, 83 (97); 98, 106 (118 f.); 98, 265 (301); vgl. ferner BVerfGE 108, 169 (181 f.) sowie *H. Sodan/S. Kluckert,* NVwZ 2013, 241 (245 f.).
⁵⁰ Siehe dazu näher *H. Sodan,* JZ 1999, 864 (866 ff.).
⁵¹ BVerfGE 98, 106 (119).
⁵² *P. Kunig,* Das Rechtsstaatsprinzip, 1986, S. 416.
⁵³ Vgl. BVerfGE 133, 143 (158).
⁵⁴ BVerfGE 105, 17 (40).
⁵⁵ BVerfGE 122, 248 (277); 131, 20 (42); BVerfG (Kammerbeschl.), NJW 2015, 1867 (1868).

aa) Art. 103 II GG

Die Regelung in Art. 103 II GG, der eine spezielle Aussage zur Bestimmtheit von Strafrechtsnormen zu entnehmen ist, bildet einen Sonderfall zum allgemeinen Rückwirkungsverbot. Danach müssen die Strafbarkeit eines Verhaltens und die Strafhöhe *vor der Tatbegehung* gesetzlich festgelegt worden sein (**nulla poena sine lege praevia**). Während dem Gesetzgeber eine rückwirkende Strafbegründung oder Strafschärfung verboten ist, ist es dem Strafrichter untersagt, bestehende, aber zum Tatzeitpunkt noch nicht gültige Strafvorschriften zu Lasten des „Täters" rückwirkend anzuwenden. Im Gegensatz zum allgemeinen Rückwirkungsverbot handelt es sich hier um ein **absolutes Rückwirkungsverbot**.[56] Die Bestimmung ist als grundrechtsgleiches Recht ausgeformt. Eine Konkretisierung des Art. 103 II GG enthält § 2 StGB, wobei die Verfassungsmäßigkeit des § 2 VI StGB umstritten ist[57].

46

Welche Normen eine **Bestimmung der Strafbarkeit** i. S. d. Art. 103 II GG darstellen, ist nicht abschließend geklärt.[58] Die Vorschrift erfasst neben dem Kriminalstrafrecht jedenfalls auch das Ordnungswidrigkeitenrecht. Sie bezieht sich sowohl auf den Straftatbestand als auch auf die Strafandrohung selbst. Ob sie darüber hinaus für alle Reaktionen auf missbilligtes Verhalten gilt, also auch für Maßregeln und Nebenfolgen, ist umstritten[59]. Nicht unter das Verbot rückwirkender Strafgesetze fällt die spätere Verlängerung von Verjährungsfristen[60] (Straf*verfolgungsvoraussetzung*) oder eine Änderung des Strafprozessrechts[61]. Umstritten ist auch, ob eine Änderung gefestigter höchstrichterlicher Rechtsprechung im Strafrecht dem Rückwirkungsverbot des Art. 103 II GG unterfällt, was aber überwiegend abgelehnt wird.[62]

47

Art. 103 II GG schützt ebenso davor, die Strafbarkeit eines Verhaltens durch rückwirkenden Fortfall eines bei Tatbegehung anerkannten Rechtfertigungsgrundes zu begründen.

48

In den so genannten **Mauerschützenprozessen** ging es um die Frage, ob die nach DDR-Recht gegebenen Rechtfertigungsgründe (Grenzgesetz, Befehlslage) Grenzsoldaten vor einer Bestrafung wegen begangener Tötungshandlungen – Mord und Totschlag waren auch nach dem zum Tatzeitpunkt geltenden DDR-Recht grundsätzlich strafbar – schützen würden. Das BVerfG hat die Rechtsprechung des BGH[63] gebilligt, nach der – unter Heranziehung der **Radbruch'schen Formel**[64] – die rechtfertigenden Regelungen des DDR-Rechts unwirksam und unbeachtlich sind, weil sie offensichtlich gegen elementare Gebote der Gerechtigkeit und gegen völkerrechtlich geschützte Menschenrechte verstoßen. Eine Bestrafung sei mit Art. 103 II GG vereinbar, da das **absolute Rückwirkungsverbot zu Gunsten materieller Gerechtigkeit zurücktreten** müsse, wenn der Träger der Staatsmacht für den Bereich schwersten kriminellen Unrechts die Strafbarkeit durch Rechtfertigungsgründe ausschließe und dabei die allgemein anerkannten Menschenrechte

49

---

[56] BVerfGE 30, 367 (385); 95, 96 (131).
[57] Vgl. *T. Ullenbruch*, NStZ 1998, 326 (328 f.) m.w.N.
[58] Vgl. *B. Pieroth*, in: Jarass/Pieroth Art. 103 Rn. 44 ff.
[59] Offen gelassen in BVerfGE 74, 102 (126); 105, 135 (157); vgl. auch die Nachw. bei Fn. 54.
[60] BVerfGE 25, 269 (287).
[61] BVerfG (Kammerbeschl.), NJW 1992, 2877 (Nr. 2).
[62] Vgl. BayObLG, NJW 1990, 2833 f.; *P. Kunig*, in: v. Münch/Kunig Art. 103 Rn. 32a. Allgemein zur Änderung von Rechtsprechung *P. Kunig*, Das Rechtsstaatsprinzip, 1986, S. 431 ff.
[63] BGHSt 39, 1 (14 ff.); 41, 101 (104 ff.).
[64] Kurz: Bei einem unerträglichen Widerspruch zwischen Gerechtigkeit und Rechtssicherheit setzt sich ausnahmsweise die Gerechtigkeit durch. Vgl. auch *A. W. Hofmann*, NJW 2014, 442 (443).

in schwerwiegender Weise missachte.⁶⁵ Diese Einschränkung wird in der Literatur vielfach kritisiert⁶⁶.

bb) Allgemeines Rückwirkungsverbot

50 Außerhalb des Anwendungsbereichs von Art. 103 II GG ist eine rückwirkende Gesetzesänderung nicht vollkommen ausgeschlossen (→ Rn. 45).⁶⁷ Das allgemeine verfassungsrechtliche Rückwirkungsverbot schützt aber nicht vor überraschenden Begünstigungen, sondern gilt nur für belastende Regelungen.⁶⁸

51 Die Verfassungsmäßigkeit rückwirkender Regelungen ist in drei Schritten zu prüfen. Zuerst ist zu ermitteln, welche Rückwirkungsfallgruppe vorliegt. Danach muss hinterfragt werden, ob und wann schutzwürdiges Vertrauen möglicherweise nicht gegeben oder weggefallen ist. Schließlich ist mit einer Güterabwägung zu prüfen, ob die Rückwirkung gerechtfertigt ist.

52 Im Ausgangspunkt sind bei der Rückwirkung zwei verschiedene Fallgruppen zu unterscheiden: Der *Erste Senat* des BVerfG differenziert terminologisch zwischen echter und unechter Rückwirkung. **Echte Rückwirkung** soll danach vorliegen, wenn eine Norm nachträglich ändernd in abgewickelte, der Vergangenheit angehörende Tatbestände eingreift. Dagegen wird von **unechter Rückwirkung** gesprochen, wenn eine Norm auf gegenwärtige, noch nicht abgeschlossene Sachverhalte und Rechtsbeziehungen für die Zukunft einwirkt und damit zugleich die betroffene Rechtsposition nachträglich entwertet.⁶⁹ Ohne dass es in der Sache wesentliche Unterschiede geben dürfte, unterschied der *Zweite Senat* des BVerfG terminologisch zwischen Rückbewirkung von Rechtsfolgen und tatbestandlicher Rückanknüpfung. Eine **Rückbewirkung von Rechtsfolgen** soll dadurch gekennzeichnet sein, dass die Rechtsfolgen einer Norm schon für einen *vor* ihrer Verkündung liegenden Zeitraum gelten. **Tatbestandliche Rückanknüpfung** betrifft dieser Judikatur zufolge den sachlichen Anwendungsbereich einer Norm und ist gegeben, wenn die Rechtsfolgen eines Gesetzes erst *nach* Verkündung der Norm eintreten, ihr Tatbestand aber Sachverhalte erfasst, die bereits vor der Verkündung ins Werk gesetzt wurden.⁷⁰ Mittlerweile hat auch der Zweite Senat die Terminologie des Ersten Senats übernommen, wobei er beide Begrifflichkeiten inhaltlich gleichsetzt.⁷¹

53 Die **Abgrenzung** zwischen echter Rückwirkung bzw. Rückbewirkung von Rechtsfolgen und unechter Rückwirkung bzw. tatbestandlicher Rückanknüpfung erfolgt also, indem der zeitliche Rechtsfolgenbeginn und der Verkündungstermin verglichen werden. Der Kritik in der Literatur⁷² ist jedoch zuzugeben, dass in der Gesetzgebungspraxis oftmals nicht eindeutig unterschieden wer-

---

⁶⁵ BVerfGE 95, 96 (133).
⁶⁶ Siehe etwa *P. Kunig,* in: v. Münch/Kunig Art. 103 Rn. 34 – Mauerschützen; *B. Pieroth,* in: Jarass/Pieroth Art. 103 Rn. 69.
⁶⁷ Vgl. zur verfassungsrechtlichen Herleitung des allgemeinen Rückwirkungsverbots BVerfGE 132, 302 (317).
⁶⁸ BVerfG (Kammerbeschl.), NJW 2011, 986 (987).
⁶⁹ Siehe etwa BVerfGE 11, 139 (145f.); 25, 142 (154); 101, 239 (263f.); 122, 374 (394); 127, 1 (16f.); 127, 31 (47); 132, 302 (318).
⁷⁰ Siehe BVerfGE 72, 200 (241f., 253ff.); 78, 249 (283f.); 109, 133 (181f.); BVerfG (Kammerbeschl.), NJW 2006, 3483 (3484).
⁷¹ Vgl. BVerfGE 127, 31 (48); 131, 20 (36).
⁷² Siehe etwa *H. Bauer,* JuS 1984, 241 (244ff.); *K. H. Friauf,* BB 1972, 669 (674f.); *E. Grabitz,* DVBl. 1973, 675 (677ff.).

§ 7. Rechtsstaat

den kann, welche der beiden Rückwirkungsfallgruppen einschlägig ist.[73] Des Weiteren ist ggf. zu prüfen, ob eine formal rückwirkende Gesetzesänderung lediglich dasjenige klarstellt, was ohnehin bereits Gesetz war, denn in diesem Fall liegt mangels Rechtsänderung materiell keine Rückwirkungsproblematik vor. Eine in der Begründung zum Gesetzentwurf vertretene Auffassung, die Gesetzesänderung stelle lediglich die bisherige Rechtslage klar, ist für die Gerichte unverbindlich. Regelmäßig muss die alte Gesetzeslage durch Auslegung ermittelt werden, um feststellen zu können, ob die **Gesetzesänderung deklaratorisch oder konstitutiv** wirkt.[74] Dabei gilt die **verfassungsrechtliche Besonderheit,** dass eine konstitutive Wirkung bereits dann zu bejahen ist, wenn „die geänderte Norm in ihrer ursprünglichen Fassung von den Gerichten in einem Sinn ausgelegt werden konnte und ausgelegt worden ist, der mit der Neuregelung ausgeschlossen werden soll".[75] Hält das BVerfG eine in diesem Sinne konstitutive Rückwirkung für verfassungswidrig, „ist es weiterhin der Fachgerichtsbarkeit aufgegeben, den Inhalt der alten Rechtslage durch Auslegung zu klären", wobei diese Interpretation auch zu einem Ergebnis gelangen kann, dass die Norm „so zu verstehen ist, wie es der Gesetzgeber nachträglich festgestellt wissen wollte".[76] Damit vermeidet das BVerfG, im Rahmen eines Rückwirkungsfalls selbst zur verbindlichen Auslegung des „einfachen" Rechts gezwungen zu sein. Nach dieser Konstruktion ist eine echte Rückwirkung trotz bloßer Klarstellung des geltenden Rechts möglich.

Während eine **echte Rückwirkung grundsätzlich unzulässig** ist, ausnahmsweise aber gerechtfertigt werden kann, liegt es bei **unechter Rückwirkung** genau umgekehrt, d. h. diese ist **grundsätzlich erlaubt,** kann ausnahmsweise aber unzulässig sein. Ob im konkreten Fall die Regel oder die Ausnahme gilt, ergibt sich letztlich aus einer Interessenabwägung. Die Feststellung der Rückwirkungsfallgruppe ist Ausgangspunkt jeder Prüfung, da sich aus ihr die Abwägungsprämissen (→ Rn. 58 ff.) ableiten. 54

Im **Fall 7** ist zu berücksichtigen, dass sich die Einkommensteuer nach dem innerhalb des Veranlagungszeitraums bezogenen Einkommen bemisst. Veranlagungszeitraum ist regelmäßig das Kalenderjahr. Mit Ablauf des Veranlagungszeitraums entsteht der Steueranspruch gegenüber dem Bürger (§ 38 AO i. V. m. §§ 36 I, 25 I EStG). Soweit das am 14.12.2001 verkündete Steuergesetz die Zinserträge aus dem Jahre 2000 einer Besteuerung unterwirft, greift es daher in einen abgeschlossenen Steuertatbestand ein und verändert nachträglich die mit ihm verbundenen und bereits entstandenen Rechtsfolgen (Steuerlast). Es liegt somit diesbezüglich eine nur ausnahmsweise zulässige echte Rückwirkung bzw. Rückbewirkung von Rechtsfolgen vor. Fraglich ist, ob diese Sichtweise auch für die vom 1.1.2001 bis einschließlich zum 13.12.2001 zugeflossenen Zinsen gilt. Da die Rechtsfolgen einkommensteuerlicher Bestimmungen erst *mit Ablauf* des Veranlagungszeitraumes eintreten (§ 25 I EStG) – hier also am 1.1.2002 – war der steuerlich relevante Sachverhalt am Verkündungstag noch nicht abgeschlossen, die Steuerschuld des Bürgers noch nicht entstanden. Werden steuerrechtliche Vorschriften vor Ablauf des Veranlagungszeitraums geändert, ist nach der Rechtsprechung des BVerfG eine grundsätzlich zulässige unechte Rückwirkung bzw. tatbestandliche Rückanknüpfung gegeben.[77] Für die Besteuerung der nach der Gesetzesverkündung zugeflossenen Zinsen ergibt sich keine Rückwirkung (→ aber zum Vertrauensschutz außerhalb des Rückwirkungsverbots Rn. 67). 55

Der Bürger ist vor rückwirkenden belastenden Regelungen jedoch nur soweit geschützt, wie sein **Vertrauen in das Fortbestehen der bisherigen Rechtslage schutzwürdig** ist.[78] 56

---

[73] Vgl. z. B. BVerfGE 97, 67 (81), wo das BVerfG die Zuordnung offen gelassen hat.
[74] BVerfGE 135, 1 (14 f.).
[75] BVerfGE 135, 1 (16 f.); vgl. ferner BVerfGE 131, 20 (37 f.).
[76] BVerfGE 135, 1 (19); vgl. zu dieser aktuellen Rspr. des BVerfG *J. Buchheim/P. Lassahn,* NVwZ 2014, 562 ff.
[77] Siehe etwa BVerfGE 97, 67 (80); 127, 1 (18); 127, 31 (48); 135, 1 (13 f.).
[78] Vgl. zu vertrauensgeschützten Rechtspositionen des Bürgers und ihnen gegenüberstehenden öffentlichen Belangen *A. Leisner-Egensperger,* NVwZ 2012, 985 (986 ff.).

So ist das Vertrauen in den Fortbestand unredlich erworbener Rechte oder einer verfassungswidrigen Gesetzeslücke grundsätzlich nicht schutzwürdig.[79] Ferner ist zu prüfen, ob der Vertrauensschutz nicht schon frühzeitig entfallen ist und in diesem Maße auch eine Rückwirkung keine Kollision mit diesem rechtsstaatlichen Prinzip verursacht. Das schutzwürdige Vertrauen entfällt nach der Rechtsprechung des BVerfG regelmäßig für die Betroffenen schon vom Zeitpunkt des endgültigen Gesetzesbeschlusses; denn ab diesem Tag müssen sie mit der Verkündung und dem Inkrafttreten der Neuregelung rechnen. Der Gesetzgeber ist daher grundsätzlich berechtigt, den zeitlichen Anwendungsbereich einer Norm auf den Zeitraum vom Gesetzesbeschluss bis zur Verkündung zu erstrecken[80] (Dies schließt jedoch einen über den Zeitpunkt des Gesetzesbeschlusses fortwirkenden Vertrauensschutz außerhalb des Rückwirkungsverbots nicht aus, → Rn. 64ff.). Zeitlich vor dem Gesetzesbeschluss tritt ein Vertrauenswegfall dann ein, wenn das BVerfG den Gesetzgeber aufgefordert hat, einen Rechtsbereich neu zu regeln.[81] Ferner sind rückwirkende Regelungen mangels schutzwürdigen Vertrauens möglich, wenn (bspw. wegen formeller Fehler) unwirksame Satzungen nachträglich geheilt werden und der mit Rückwirkung versehenen Neuregelungen in der Vergangenheit gleichartige Regelungsversuche vorausgegangen sind.[82]

57 Im **Fall 7** ist das Vertrauen des A auf den Fortbestand der Steuerfreiheit unter dem Gesichtspunkt der Rückwirkung nur bis zum 14.11.2001, dem Tag des Bundestagsbeschlusses, schutzwürdig. Danach musste er mit dem Inkrafttreten der Gesetzesänderung rechnen.

58 Dem Gesetzgeber ist es verfassungsrechtlich nicht strikt verwehrt, rückwirkende Regelungen zu erlassen; sie sind jedoch rechtfertigungsbedürftig. Soweit schutzwürdiges Vertrauen besteht, hat der Gesetzgeber nämlich Grenzen zu beachten, die „sich aus einer **Abwägung** zwischen dem Ausmaß des durch die Gesetzesänderung verursachten Vertrauensschadens und der Beeinträchtigung der geschützten Grundrechtspositionen des Einzelnen einerseits und der Bedeutung des gesetzgeberischen Anliegens für das Gemeinwohl andererseits" ergeben.[83]

59 Aus dem rechtsstaatlichen Vertrauensschutzprinzip werden folgende **Abwägungsprämissen** abgeleitet: Liegt eine unechte Rückwirkung vor, d. h. erfolgt die Neuregelung im Wege tatbestandlicher Rückanknüpfung unter Änderung künftiger Rechtsfolgen, ist sie nur *ausnahmsweise nicht zulässig*, wenn sie „zur Erreichung des Gesetzeszwecks nicht geeignet oder erforderlich ist oder wenn die Bestandsinteressen der Betroffenen die Veränderungsgründe des Gesetzgebers überwiegen".[84] Dagegen ist eine echte Rückwirkung, d. h. die Rückbewirkung von Rechtsfolgen für abgeschlossene der Vergangenheit angehörende Tatbestände, nur *ausnahmsweise* dann *zulässig*, wenn es zwingende Gründe des allgemeinen Wohls erfordern.

60 Bestimmte Umstände können das **schutzwürdige Vertrauen des Bürgers** in den Fortbestand der Rechtslage **schwächen oder verstärken.** Eine Schwächung ist beispielsweise bei einer unklaren

---

[79] BVerfGE 72, 200 (260); 101, 239 (266).
[80] BVerfGE 72, 200 (260ff.); 97, 67 (79).
[81] BVerfGE 97, 271 (290).
[82] OVG Münster, NVwZ-RR 2012, 855.
[83] BVerfGE 105, 17 (44) – Hervorhebung vom Verf.
[84] BVerfGE 101, 239 (263). Vgl. auch BVerfGE 127, 31 (48f.).

§ 7. Rechtsstaat

oder verworrenen Rechtslage anzunehmen.⁸⁵ Allgemein wird nach der Rechtsprechung des BVerfG das schutzwürdige Vertrauen bereits mit der Einbringung eines Gesetzentwurfs in den Deutschen Bundestag (bzw. das Landesparlament bei Landesgesetzen) deutlich geschwächt, da ab diesem Zeitpunkt „mögliche zukünftige Gesetzesänderungen in konkreten Umrissen allgemein vorhersehbar" sind.⁸⁶ Dagegen wird das Vertrauen gestärkt, wenn der Gesetzgeber durch die Gewährung von Subventionen oder Steuervergünstigungen den Bürger zu einem Verhalten veranlassen möchte. Denn dieser entscheidet sich dann um des Vorteils willen für ein bestimmtes wirtschaftliches Verhalten, das er sonst nicht gewählt hätte.⁸⁷

Problematisch ist, welche Folgen **Äußerungen der Bundesregierung** über beabsichtigte oder nicht geplante **Gesetzesinitiativen** auf die Gewichtung des Vertrauens haben sollen. Dem BVerfG reichen Ankündigungen der Bundesregierung über beabsichtigte Gesetzesänderungen aus, um ab diesem Zeitpunkt das schutzwürdige Vertrauen des Bürgers weitgehend zu *reduzieren,* da andernfalls aufgrund des längeren Gesetzgebungsverfahrens Umgehungshandlungen möglich wären. Dagegen sollen sie aber das Vertrauen nicht *verstärken* können, wenn der Gesetzgeber später nachteilige Abweichungen beschließt, weil die Bundesregierung das Parlament nicht binden kann.⁸⁸ Die Kombination beider Erwägungen führt jedoch zu einer einseitigen Risikoabwälzung auf den Bürger.⁸⁹ 61

Im **Fall 7** gilt: Soweit für den **Veranlagungszeitraum 2000** echte Rückwirkung vorliegt, könnte dies nur durch *zwingende Gründe des allgemeinen Wohls* gerechtfertigt werden. Allein der Abbau eines Steuerprivilegs ist kein zwingender Grund für rückwirkende Maßnahmen. Auch sind keine Anhaltspunkte ersichtlich, dass die Regelung zu unerträglichen Steuerausfällen führte, die eine Gefährdung der staatlichen Aufgabenwahrnehmung bewirkten. Das Interesse des Staates an der Streichung der Steuerfreiheit ist jedenfalls nicht höher als das Interesse der Betroffenen an der Erhaltung dieser Freiheit. Fraglich ist, ob sich wegen des bereits am 3.1.2000 eingebrachten Gesetzesentwurfs eine andere Beurteilung ergibt. Das BVerfG sieht zwingende Gründe auch in der notwendigen Zeitdauer eines Gesetzgebungsverfahrens, welche die Gefahr von Torschlusshandlungen begründet⁹⁰. Dies ist für sich allein aber kein zwingender Grund und kann nur eine rückwirkende Gesetzesanwendung auf Umgehungs-, Torschluss- und Mitnahmetatbestände rechtfertigen. Eine (echte) Rückwirkung auf Zinserträge aus vor dem 3.1.2000 *angeschafften* Wertpapieren ist daher unzulässig. 62

Die den **Veranlagungszeitraum 2001** betreffende unechte Rückwirkung wäre nur dann unzulässig, wenn die Interessen der Betroffenen gewichtiger sind als die Veränderungsgründe des Gesetzgebers. Das Vertrauen könnte durch die Gewährung einer verhaltenslenkenden Steuervergünstigung verstärkt worden sein. Bei unbefristeten und über Jahrzehnte wirkenden Steuervergünstigungen ist ein besonders gewichtiges Vertrauen auf eine unveränderte Weitergewährung nicht gegeben. Die Äußerungen der Bundesregierung in den Subventionsberichten sind bloße Rechtsansichten, mit denen der Gesetzgeber nicht zusätzlichen Bindungen unterworfen werden konnte. Dagegen war das schon Anfang 2001 laufende Gesetzgebungsverfahren geeignet, das Vertrauen in den Fortbestand der Regelung nicht unerheblich zu schwächen. Ein Überwiegen der Bestandsinteressen der Betroffenen ist daher nicht anzunehmen. 63

---

⁸⁵ BVerfGE 72, 200 (259). In der jüngsten Rspr. tendiert das BVerfG dazu, in solchen Fällen überhaupt kein schutzwürdiges Vertrauen anzunehmen, vgl. BVerfGE 131, 20 (41).
⁸⁶ BVerfGE 127, 31 (50).
⁸⁷ Vgl. BVerfGE 97, 67 (80).
⁸⁸ BVerfGE 97, 67 (83 f.).
⁸⁹ Vgl. Sondervotum *K. Kruis,* BVerfGE 97, 85 (86 ff.).
⁹⁰ BVerfGE 97, 67 (81 f.); vgl. aber auch BVerfGE 72, 200 (261).

b) Vertrauensschutz außerhalb des Rückwirkungsverbots

64 Zwar ist die allgemeine Erwartung des Bürgers, das geltende Recht werde unverändert fortbestehen, nicht verfassungsrechtlich geschützt; dennoch kann auch einer Veränderung der zukünftigen Rechtslage schutzwürdiges Vertrauen entgegenstehen.

65 Zunächst kommt es darauf an, ob sich über die eben beschriebene Erwartung hinaus ein **Vertrauenstatbestand** gebildet hat, d. h. der Bürger auf die Rechtsfortgeltung vertraut hat und darauf auch vertrauen durfte (Schutzwürdigkeit). Dies ist regelmäßig der Fall, wenn der Gesetzgeber den Bürger zu bestimmten Dispositionen veranlasst, insbesondere durch die Gewährung von auf einen bestimmten Zeitraum festgeschriebenen Vorteilen. Ferner ist eine **Vertrauensbetätigung** erforderlich, d. h. der Bürger muss in der Vergangenheit aufgrund seines Vertrauens tatsächlich bestimmte Dispositionen getroffen haben. Hat sich demnach ein Vertrauenstatbestand gebildet, unterliegt diese Fallgruppe derselben Betrachtung wie die Tatbestände der unechten Rückwirkung. Danach ist eine **Abwägung** zwischen den Bestandsinteressen der Betroffenen und den Veränderungsinteressen des Gesetzgebers erforderlich (→ Rn. 58 f.).[91]

66 Der Vertrauensschutz außerhalb des Rückwirkungsverbots ist vom BVerfG bisher wenig herausgearbeitet worden. Dies liegt insbesondere daran, dass das Gericht die entsprechenden Sachverhalte oftmals als unechte Rückwirkung einordnet, weil die Umstände, die den Vertrauenstatbestand bilden, in der Vergangenheit liegen.

67 Im **Fall 7** entfaltet die Besteuerung künftiger Zinszuflüsse (ab 14. 12. 2001) keine Rückwirkung. Dennoch ist hier schutzwürdiges Vertrauen auf den Fortbestand der alten Rechtslage gegeben, da der Gesetzgeber durch die Steuerfreiheit den Kauf bestimmter Wertpapiere veranlasst hat und mit dem Erwerb auch eine entsprechende Vertrauensbetätigung vorlag. Da die Steuervergünstigung unbefristet und schon über Jahrzehnte gewährt wurde, ist das Vertrauen aber nur von geringem Gewicht.[92] Die Abwägung kann kein anderes Ergebnis haben als bei der unechten Rückwirkung (→ Rn. 63).

§ 8. Bundesstaat

Fall 8 (vgl. BVerfGE 34, 9 ff.): Durch verfassungsänderndes Gesetz wird ein Art. 74a GG in das Grundgesetz eingefügt. Danach soll sich die konkurrierende Gesetzgebung des Bundes auf die Besoldung und Versorgung der Angehörigen des öffentlichen Dienstes der Länder erstrecken. Ist die neue Verfassungsbestimmung mit dem Grundgesetz vereinbar?

Fall 9 (vgl. BVerfGE 8, 122 ff.): Die S-Partei hält die von der Bundesregierung betriebene und von der Mehrheit des Bundestags gebilligte Verteidigungspolitik, insbesondere die beabsichtigte Ausrüstung der Bundeswehr mit Atomwaffen, für falsch und bekämpft diese. Sie brachte ein Volksbefragungsgesetz in den Bundestag ein, welches dort scheiterte. Im Bundesland B wurden daraufhin in vielen Gemeinden von der S-Partei eingebrachte Anträge beschlossen, nach denen die Gemeindeverwaltung aufgefordert wurde, auf kommunaler Ebene die Wahlberechtigten amtlich zu befragen, ob die Bundeswehr mit Atomwaffen bewaffnet werden soll. Schließlich bat die Bundesregierung die Landesregierung von B, im Rahmen ihrer kommunalaufsichtsrechtlichen Befugnisse die Gemeindebeschlüsse aufzuheben, da sie grundgesetzwidrig seien. Ist die Landesregierung verpflichtet, gegen die Gemeinden vorzugehen?

---

[91] Vgl. BVerfGE 30, 392 (404 ff.).
[92] Vgl. BVerfGE 105, 17 (40).

§ 8. Bundesstaat

I. Begriff, Verortung und historisches Verständnis

Ein Bundesstaat ist ein Staat (**Gesamtstaat**), der wiederum selbst aus verschiedenen Staaten (**Gliedstaaten**) besteht. Die Staatsangehörigen der Gliedstaaten bilden ein Gesamtvolk. Grundsätzlich tritt nach außen der Gesamtstaat als Einheit auf; im inneren besteht aber staatliche Vielfalt. Die konkrete Ausgestaltung eines solchen Staatswesens kann sehr unterschiedlich sein und ist regelmäßig das Ergebnis langfristiger politischer und historischer Entwicklungen. Daher gibt es nicht schlechthin *den* Bundesstaat. Verfassungsrechtlich kann es folglich nur auf die durch das Grundgesetz ausgeformte bundesstaatliche Ordnung ankommen. In Deutschland bilden die 16 Bundesländer als Gliedstaaten den Gesamtstaat Bundesrepublik Deutschland; sie haben den Bund gegründet (vgl. die Präambel des Grundgesetzes). Da Gesamtstaat (Bund) und Gliedstaaten (Länder) Staatscharakter besitzen (→ Rn. 7 ff.), weisen alle eine eigene staatliche Grundordnung auf, deren Eckpunkte die Verfassung, das Parlament, die Regierung und die Gerichte sind. Alle staatlichen Kompetenzen und Befugnisse sind zwischen Gesamtstaat und Gliedstaaten aufgeteilt, wobei der Kompetenz- und Zuständigkeitsabgrenzung besondere Bedeutung zukommt.

Die **Organisationsform Bundesstaat** ist von anderen Formen abzugrenzen, insbesondere vom Staatenbund und Einheitsstaat sowie von einer supranationalen Einrichtung. Ein **Staatenbund** ist ein Zusammenschluss von Staaten, welcher zwar eigene Organe aufweist und dem gemeinsame Aufgaben übertragen wurden, selbst aber kein Staat ist. Der **Einheitsstaat** kennzeichnet sich dagegen durch eine einheitliche Staatshoheit. Seine Untergliederungen sind Verwaltungseinheiten, aber keine in der Aufgabenwahrnehmung unabhängige Staaten. **Supranationale Einrichtungen** (z. B. Vereinte Nationen, EU) sind ebenfalls keine Staaten. Ihnen werden innerhalb eines beschränkten Rahmens nationale Hoheitsrechte zur selbständigen Wahrnehmung übertragen.

Die **Grundentscheidung** für den Bundesstaat als fundamentales Staatsorganisationsprinzip ist in Art. 20 I GG verankert. Sie kommt ferner in der Präambel und in der Überschrift des zweiten Abschnitts des Grundgesetzes („Der Bund und die Länder") zum Ausdruck. Über Art. 79 III GG – der so genannten **Ewigkeitsgarantie** – ist die Bundesstaatlichkeit gleich in mehrfacher Hinsicht vor Verfassungsänderungen geschützt. Die Gliederung des Bundes in Länder sowie die grundsätzliche Mitwirkung der Länder bei der Gesetzgebung (des Bundes) werden dort ausdrücklich neben dem das Bundesstaatsprinzip beinhaltenden Art. 20 GG erwähnt.

Das **Bundesstaatsprinzip wird durch zahlreiche Bestimmungen des Grundgesetzes konkretisiert**, u. a. durch die Homogenitätsklausel (Art. 28 I GG), die Kompetenzregeln (Art. 30, 70 ff., 83 ff. GG), die Finanzverfassung (Art. 104 a ff. GG), die Kollisionsklausel (Art. 31 GG), die Mitwirkung der Länder bei der Gesetzgebung und Verwaltung des Bundes durch den Bundesrat (Art. 50 GG) sowie die Vorschriften über die Neugliederung des Bundesgebietes (Art. 29, 118, 118a GG).

Methodisch muss bei der Falllösung zunächst auf die speziellen Regelungen abgestellt werden; nur soweit solche fehlen, ist auf das allgemeine Bundesstaatsprinzip zurückzugreifen (→ Rn. 31). Bei der Bestimmung des Gehaltes des allgemeinen Bundesstaatsprinzips des Grundgesetzes, aber auch bei der Auslegung der speziellen Ausgestaltungen ist historischen Gesichtspunkten Bedeutung zuzumessen; denn der Verfassungsgeber hat den Bundesstaat nicht neu erfunden, sondern mit seinen Festlegungen an eine **traditionelle Entwicklungslinie** der deutschen Staatlichkeit angeknüpft, welche er vorgefunden und die sein Verständnis geprägt hat.

Der bundesstaatlichen Ordnung des Grundgesetzes liegt ein **zweigliedriger Bundesstaat** (Länder, Bund) zugrunde. Danach ist der Bund identisch mit dem Gesamtstaat.

Der deutsche Bundesstaat besteht somit aus dem Bund und den Ländern (vgl. die Überschrift des zweiten Abschnitts des Grundgesetzes). Die früher gelegentlich vertretene Theorie vom dreigliedrigen Bundesstaat (Länder, Bund, Gesamtstaat)[1] findet im Grundgesetz keine Stütze, da dieses die Aufteilung der Kompetenzen nur zwischen Organen des Bundes und denen der Länder vornimmt.[2] Der Wortlaut des Grundgesetzes ist jedoch mitunter verwirrend.[3]

II. Staatsqualität der Bundesländer

7 Das Bundesstaatsrecht basiert auf der Annahme, dass sowohl der Bund als auch die Länder eigene Staaten sind. Die Begründung der Staatsqualität der Länder ist jedoch nicht unproblematisch; denn die Länder sind dem Bundesrecht unmittelbar unterworfen, und der Bund besitzt die Kompetenz, durch Veränderung der Bundesverfassung bislang den Ländern zustehende Kompetenzen an sich zu ziehen (so genannte Kompetenz-Kompetenz). Die heutige allgemeine Anerkennung der Staatlichkeit der Länder ist das Ergebnis einer im 19. Jahrhundert begonnenen und im 20. Jahrhundert fortgeführten wissenschaftlichen Auseinandersetzung.[4]

8 Die Staatsqualität der Länder beruht darauf, dass die Ausübung der auch im Bundesstaat einheitlichen Staatsgewalt (die vom Gesamtvolk ausgeht) zwischen dem Bund und den Ländern nach Aufgabengebieten aufgeteilt ist und jeder Verband im Rahmen seiner Zuständigkeit diese Staatsgewalt unabhängig von den anderen Verbänden ausübt, insbesondere sich die (beschränkten) staatlichen Hoheitsbefugnisse der Länder nicht vom Bund ableiten.[5] Neben dieser **Unabhängigkeit bei der Aufgabenwahrnehmung** setzt die Staatlichkeit der Länder voraus, dass ihnen auch Aufgaben von hinreichendem Gewicht auf den Gebieten der Gesetzgebung, Verwaltung und Rechtsprechung verbleiben. Dies muss der Bund beachten, wenn er Kompetenzen an sich zieht, insbesondere im Bereich der Gesetzgebung. Einzeln betrachtet ist ein solches Vorgehen zwar in bundesstaatlicher Hinsicht unproblematisch; in der Gesamtschau wird aber der Zuständigkeitsbereich der Länder erheblich beschnitten.

9 Ausdruck des Staatscharakters der Länder ist ihre Verfassungsautonomie. Die Ausgestaltung der verfassungsmäßigen Ordnung im jeweiligen Land ist alleinige Angelegenheit der Länder; die Verfassungsbereiche des Bundes und der Länder stehen grundsätzlich selbständig nebeneinander. Eingeschränkt wird die **Verfassungsautonomie der Länder** aber durch die Grundrechte, das Homogenitätsgebot des Art. 28 I GG, welches ein Mindestmaß an Übereinstimmung zwischen Bundesverfassung und Landesverfassungen fordert, sowie die kommunale Selbstverwaltungsgarantie in Art. 28 II GG (→ Rn. 45 ff.).[6] Es ist Aufgabe des Bundes, die Einhaltung dieser **bundesverfassungsrechtlichen Vorgaben für die verfassungsmäßige Ordnung der Länder** zu gewährleisten (Art. 28 III GG). Aus ihrer Staatlichkeit folgt ferner die grundsätzliche Befugnis der Länder, die eigenständig auszuübende Staatsgewalt autonom zu organisieren (Organi-

---

[1] In dieser Richtung wohl noch BVerfGE 6, 309 (340, 364).
[2] BVerfGE 13, 54 (77 ff.).
[3] Z. B. Art. 79 III GG: „Gliederung des Bundes in Länder".
[4] Vgl. dazu O. *Kimminich*, in: HdbStR I (2. Aufl.) § 26 Rn. 11 ff., 15 ff.
[5] Vgl. BVerfGE 1, 14 (34); 60, 175 (207).
[6] BVerfGE 60, 175 (207 f.).

§ 8. Bundesstaat

sationshoheit) sowie eine Garantie auf Zuweisung eines angemessenen Anteils am Gesamtsteueraufkommen im Bundesstaat.[7]

Im **Fall 8** ist zu bedenken, dass es aufgrund von Art. 79 III GG auch verfassungswidriges Verfassungsrecht geben kann (vgl. auch → Rn. 44). Diese Bestimmung verbietet u. a. eine Grundgesetzänderung, durch welche „die Gliederung des Bundes in Länder" berührt wird. Die Länder sind daher vor solchen Verfassungsänderungen geschützt, die ihre Staatsqualität beseitigen oder Essentiale der Staatlichkeit preisgeben. Um einer schleichenden Aushöhlung der Staatlichkeit der Länder entgegenzutreten, hat das BVerfG betont, dass **jedem Land ein Kern eigener Aufgaben als „Hausgut" verbleiben** müsse und dazu auch die freie Bestimmung über seine Organisation gehört. Die Organisation eines Landes umfasst gerade auch seine Personalangelegenheiten. Wird das Besoldungs- und Versorgungsrecht der Landesbeamten durch den Bund geregelt, ist es den Ländern entzogen, die Rechtsverhältnisse zwischen ihnen und ihren Beamten auf einem wesentlichen Gebiet selbst zu ordnen. Regelungen auf diesem Gebiet können darüber hinaus auch erhebliche Folgen für den Status der Beamten haben, insbesondere auf die Laufbahnenanforderungen, die Ämter und ihre Inhalte. Die Verfassungsänderung berührt daher wesentliche Elemente der Staatlichkeit der Länder. Das BVerfG hat – im Falle des Art. 74a GG a. F. – dennoch keine Verletzung von Art. 79 III GG festgestellt, weil der Grundsatz bundesfreundlichen Verhaltens (→ Rn. 31 ff. und 33) dem Bund Kompetenzausübungsschranken setzt, die ihn verpflichten, den Ländern eigene organisatorische Handlungsspielräume zu lassen, d. h. nicht abschließend von der Kompetenz Gebrauch zu machen.[8] 10

Die Bestandsgarantie für die bundesstaatliche Ordnung in Art. 79 III GG enthält **keinen Schutz für den Bestand eines einzelnen Landes**.[9] Das Grundgesetz ermöglicht in Art. 29 I GG die Neugliederung des Bundesgebietes, um zu gewährleisten, dass die Länder nach Größe und Leistungsfähigkeit die ihnen obliegenden Aufgaben wirksam erfüllen können. Die Schaffung neuer oder Auflösung bestehender Länder sind nach Art. 29 II GG vom Grundsatz her Aufgaben des Bundes, da sie durch Bundesgesetz erfolgen. Die Staatsvertragsoption in Art. 29 VII, VIII GG wurde erst 1994 eingefügt (vgl. auch Art. 118a GG). 11

III. Vertikale Gewaltenteilung und Kompetenzverteilung

Wie bereits dargestellt wurde, ist die Staatsgewalt aus *rechtsstaatlichen* Erwägungen funktional auf Legislative, Exekutive und Judikative verteilt (horizontale Gewaltenteilung, → § 7 Rn. 5 ff.). Die Aufteilung der staatlichen Befugnisse und Kompetenzen nach bestimmten Gebieten zwischen dem Bund und den Ländern bewirkt im *Bundesstaat* eine zusätzliche Differenzierung der Staatsgewalt, nämlich in vertikaler Richtung zwischen zwei Ebenen, zwischen verschiedenen (Staats-) Verbänden. Sie dient – ebenso wie die horizontale Gewaltenteilung – vorrangig der **Mäßigung und Begrenzung staatlicher Machtausübung** und entfaltet somit eine freiheitsfördernde Wirkung, indem der Macht des Bundes Gegengewichte gegenübergestellt werden. 12

Wird bezogen auf den Bereich der Landeskompetenzen noch bedacht, dass das Grundgesetz die Institution der Gemeinden absichert und ihnen über Art. 28 II GG kommunale Selbstverwaltung (→ Rn. 45 ff.) gewährleistet, so ergibt sich sogar ein von der Verfassung vorgezeichnetes Bild, in dem die Staatsgewalt über drei Ebenen durch **Bund, Länder und Gemeinden** ausgeübt wird. 13

Eine Hauptaufgabe des bundesstaatlichen Staatsorganisationsrechts ist die **Aufteilung der Staatsgewalt zwischen Gesamtstaat und Gliedstaaten,** d. h. die Zuweisung und 14

---

[7] BVerfGE 34, 9 (20).
[8] Vgl. BVerfGE 34, 9 (19 ff.).
[9] BVerfGE 1, 14 (47 f.).

Abgrenzung von Verbandszuständigkeiten. Diese Aufgabe kann nur durch die Bundesverfassung gelöst werden. Das Grundgesetz enthält in Art. 30 GG (Abschnittsüberschrift: „Der Bund und die Länder") die Grundsystematik der Zuständigkeitsverteilung. Danach ist die Ausübung der staatlichen Befugnisse und die Erfüllung der staatlichen Aufgaben Sache der Länder, soweit durch das Grundgesetz keine andere Regelung getroffen oder zugelassen wird. Dies bedeutet: Der **Bund kann nur dann tätig werden, wenn ihn dazu ein grundgesetzlicher Kompetenztitel ermächtigt.** Die allgemeine Grundaussage des Art. 30 GG wird in anderen Vorschriften der Verfassung für bestimmte Bereiche konkretisiert.

15 Die **Gesetzgebungskompetenzen** sind in den Art. 70 ff. GG geregelt. Art. 70 I GG wiederholt auch hier die bekannte Grundaussage, nach der die Länder das Recht der Gesetzgebung haben, soweit dem Bund im Grundgesetz keine Gesetzgebungsbefugnisse verliehen sind. De facto hat sich das Schwergewicht der Gesetzgebung jedoch auf die Bundesebene verlagert durch das umfängliche Gebrauchmachen des Bundes von Kompetenztiteln im Bereich der konkurrierenden Gesetzgebung. Die **Verwaltungskompetenzen** ergeben sich aus den Art. 83 ff. GG, ebenfalls mit der grundsätzlichen Zuständigkeit der Länder, die *Bundesgesetze* als eigene Angelegenheit auszuführen, sofern das Grundgesetz nicht etwas anderes bestimmt oder zulässt (Art. 83 I GG). Ihre eigenen Gesetze führen die Länder schon nach Art. 30 GG selbst aus (zu den Einzelheiten der Aufteilung von Gesetzgebungs- und Verwaltungskompetenzen → § 17 Rn. 2 ff., § 18 Rn. 1 ff.).

16 Das **Finanzwesen** ist in den Art. 104 a ff. GG gesondert geordnet[10]. Die Finanzgesetzgebungskompetenzen sind Art. 105 GG zu entnehmen (nicht Art. 70 ff. GG). Die Verteilung des Steueraufkommens zwischen Bund und Ländern ergibt sich aus Art. 106 GG. Die Finanzverwaltung regelt Art. 108 GG, wobei anzumerken ist, dass das Grundgesetz auf diesem Gebiet ausnahmsweise eine sonst unzulässige Mischverwaltung zwischen Bund und Ländern (→ § 18 Rn. 16) zulässt. Schließlich sind noch die **Gemeinschaftsaufgaben** (Art. 91a und 91b GG) und die **Verwaltungszusammenarbeit** (Art. 91c ff. GG) zu nennen.

IV. Wechselseitige Einwirkung und kooperativer Föderalismus

17 Ebenso wie die horizontale Gewaltenteilung keine strikte Gewaltentrennung bedeutet, sondern es zu einer Gewaltenverschränkung kommt, folgt aus dem Bundesstaatsprinzip kein isoliertes Nebeneinander der verschiedenen Staatsverbände.[11] Im Gegenteil: Das Verhältnis zwischen Bund und Ländern sowie unter den Ländern ist durch wechselseitige Einflussmöglichkeiten und Kooperation geprägt. Der Begriff des **kooperativen Föderalismus** umfasst die (informelle bis institutionelle) Zusammenarbeit zwischen Bund und Ländern sowie den Ländern untereinander. Es gibt unterschiedliche Formen des kooperativen Föderalismus. So lässt sich zwischen der verfassungsrechtlich vorgesehenen Kooperation und der außerverfassungsrechtlichen bzw. freiwilligen Kooperation differenzieren, wobei die letztere wiederum danach unterteilt werden könnte, ob sie sich der Rechtsform des Vertrages bedient, politische Ansprachen betrifft oder sich auf bloß tatsächliche Kontakte beschränkt.[12]

1. Verfassungsrechtlich vorgesehene Formen

18 Über die Institution des **Bundesrates,** der ein Organ des Bundes ist, wirken die Länder bei der Gesetzgebung und Verwaltung des Bundes sowie in Angelegenheiten der EU mit

---

[10] Siehe zu Änderungen durch die so genannte Föderalismusreform II → Rn. 43.
[11] Vgl. *B. Grzeszick,* in: Maunz/Dürig Art. 20 IV Rn. 74 ff.
[12] *Maurer,* StaatsR I § 10 Rn. 56.

§ 8. Bundesstaat

(Art. 50 GG). Die Möglichkeit zur Einwirkung auf die Politik des Bundes erfordert im Vorfeld eine Abstimmung ihres Verhaltens (z. B. in den Ausschüssen des Bundesrates). Die Mitwirkung der Länder über den Bundesrat in Angelegenheiten der EU ist in Art. 23 II bis VII GG näher geregelt (→ § 5 Rn. 50). Vgl. weitergehend zum Bundesrat → § 13.

Das Grundgesetz sieht ferner die Einwirkung der Länder auf die Zusammensetzung oder Wahl von obersten Bundesorganen vor. So wählt der Bundesrat die Hälfte der Mitglieder des **BVerfG** (Art. 94 I 2 GG). Der **Bundespräsident** wird von der **Bundesversammlung** gewählt, die zur Hälfte aus Mitgliedern besteht, welche von den Landesparlamenten gewählt werden (Art. 54 I, III GG). 19

Der Bund beeinflusst die Länder insbesondere durch seine **Gesetzgebungstätigkeit**; denn die Länder sind den gesetzlichen Regelungen des Bundes unterworfen, und sie haben diese regelmäßig nach den Art. 83 ff. GG auch selbst zu vollziehen. Dabei übt der Bund bei landeseigener Verwaltung die Aufsicht darüber aus, dass die Länder die Bundesgesetze ordnungsgemäß ausführen (**Bundesaufsicht** – Art. 84 III 1 GG). In diesem Rahmen stehen ihm die in Art. 84 III bis V GG festgelegten Befugnisse zu. Bei Auftragsverwaltung unterstehen die Landesbehörden sogar den **Weisungen** der zuständigen obersten Bundesbehörden (Art. 85 III 1 GG)[13] (näher zur Auftragsverwaltung → § 18 Rn. 7 ff.). 20

Im Bereich des Finanz- und Haushaltswesens sind folgende Regelungen zu nennen: Der Bund kann nach Art. 104b GG den Ländern unter bestimmten Voraussetzungen **Finanzhilfen** für besonders bedeutsame Investitionen oder extreme Notsituationen der Länder und Gemeinden gewähren. Art. 107 II GG sieht einen durch Bundesgesetz zu bestimmenden **Länderfinanzausgleich** vor, einschließlich der Möglichkeit von **Ergänzungszuweisungen** durch den Bund.[14] Zur Erreichung der Vorgaben der so genannten Föderalismusreform II (→ Rn. 43) können den Ländern Berlin, Bremen, Saarland, Sachsen-Anhalt und Schleswig-Holstein für den Zeitraum 2011 bis 2019 zusätzlich Konsolidierungshilfen aus dem Bundeshaushalt gezahlt werden (vgl. Art. 143d II 1 GG). 21

Die Behörden des Bundes und der Länder leisten sich **gegenseitig Rechts- und Amtshilfe** (Art. 35 I GG). Zur Aufrechterhaltung oder Wiederherstellung der öffentlichen Sicherheit oder Ordnung kann ein Land Einheiten der Bundespolizei (im Grundgesetz noch Bundesgrenzschutz genannt), bei Naturkatastrophen oder besonders schweren Unglücksfällen die Bundespolizei, Polizeikräfte anderer Länder, Kräfte und Einrichtungen anderer Verwaltungen oder die Bundeswehr anfordern (Art. 35 II GG). Bei länderübergreifenden Katastrophen- bzw. Unglücksfällen ist die Bundesregierung berechtigt, den Landesregierungen bestimmte Weisungen zu erteilen und Einheiten des Bundes ohne Anforderung einzusetzen (Art. 35 III 1 GG). Ähnliche Regelungen bestehen gemäß Art. 91 GG für den Einsatz von Polizeikräften anderer Länder und von Kräften anderer Verwaltungen und der Bundespolizei beim **inneren Notstand**. Art. 91e GG durchbricht das Verbot der Mischverwaltung (→ § 18 Rn. 16) auf dem Gebiet der **Grundsicherung für Arbeitsuchende** („Hartz IV").[15] 22

Wenn ein Land die ihm nach dem Grundgesetz oder einem anderen Bundesgesetz obliegenden Bundespflichten nicht erfüllt, kann die Bundesregierung nach Art. 37 S. 1 GG mit Zustimmung des Bundesrates die notwendigen Maßnahmen treffen, um das Land im Wege des **Bundeszwanges** zur Erfüllung seiner Pflichten anzuhalten. Zur Durchführung des Bundeszwanges hat sie oder 23

---

[13] Vgl. zu Umfang und Grenzen des Weisungsrechts BVerfGE 81, 310 (331 ff.).
[14] Vgl. dazu näher BVerfGE 101, 158 (214 ff.); *H. Sodan/O. Gast*, Umverteilung durch „Risikostrukturausgleich", 2002, S. 126 ff.
[15] Vgl. BVerfGE 137, 108 (144 f.) zur Vereinbarkeit mit Art. 79 III GG mit Blick auf das Demokratie- und Rechtsstaatsprinzip.

ihr Beauftragter das Weisungsrecht gegenüber allen Ländern und ihren Behörden (Art. 37 S. 2 GG).[16]

24 Ein weiteres Mittel der gegenseitigen Einflussnahme ist die **abstrakte Normenkontrolle** beim BVerfG, mit der gemäß Art. 93 I Nr. 2 GG die Vereinbarkeit von Bundesrecht mit dem Grundgesetz oder die Vereinbarkeit von Landesrecht mit dem Grundgesetz oder sonstigem Bundesrecht zur Überprüfung gestellt werden kann (→ § 53). Da es sich um ein objektives Beanstandungsverfahren handelt, die Antragsbefugnis somit nicht von einer (möglichen) subjektiven Rechtsverletzung abhängt, kann hier jeder Staatsverband auf jeden anderen einwirken und dessen Normen im Falle der Unvereinbarkeit für nichtig erklären lassen.

2. Freiwilliges Zusammenwirken

25 Neben den verfassungsrechtlich vorgegebenen Formen des kooperativen Föderalismus existiert eine Zusammenarbeit zwischen Bund und Ländern sowie den Ländern untereinander auf freiwilliger Basis. Ihre Erscheinungsformen sind sehr vielgestaltig und reichen von ganz **informellen Kontakten** bis zu einer **hochgradig institutionalisierten Zusammenarbeit** (z. B. die Ständige Konferenz der Kultusminister der Länder der Bundesrepublik Deutschland). Sie dienen dem Meinungs- und Informationsaustausch, der gegenseitigen Abstimmung und Koordination.[17]

26 Mittel dieser Zusammenarbeit sind insbesondere **Konferenzen, Tagungen, Zusammenkünfte** oder **Ausschüsse** auf Ebene der Regierungschefs (vgl. § 31 GO-BReg), Minister, Abteilungsleiter und Fachreferenten aus den Ministerien bzw. Fachbehörden. Beratungsgegenstände sind wichtige Gesetzesinitiativen sowie das gesamte Regierungs- und Verwaltungshandeln. Verbindliche Beschlüsse können dort regelmäßig nicht getroffen werden. Ebenso erfolgt eine solche Zusammenarbeit im Bereich der Legislativen oder Judikativen (z. B. Zusammenkünfte von Parlaments- oder Gerichtspräsidenten). So fand etwa im Jahre 2015 zum 46. Mal die Jahrestagung der Präsidentinnen und Präsidenten der Staats- und Verfassungsgerichtshöfe des Bundes und der Länder statt; diese Tagung dient wesentlich dem Erfahrungsaustausch.[18]

27 Besondere Bedeutung gewinnen dabei die **vertragliche Selbstkoordination der Länder** sowie **Verträge zwischen Bund und Ländern.** Solche verbindlichen Verträge werden zwischen den Regierungen abgeschlossen. Sie bedürfen der Zustimmung der jeweiligen Parlamente, wenn ihr Inhalt einem Parlamentsvorbehalt unterliegt – insbesondere bei Grundrechtseingriffen oder grundsätzlicher politischer Bedeutung – und werden dann **Staatsverträge,** andernfalls **Verwaltungsabkommen** genannt. Durch solche Verträge können auch **gemeinsame Behörden der Länder** geschaffen werden, wie z. B. die Stiftung für Hochschulzulassung (SfH) oder das Zweite Deutsche Fernsehen (ZDF). Gemeinsame Behörden von Bund und Ländern sind – mit Ausnahme auf dem Gebiet der Grundsicherung für Arbeitsuchende (Art. 91e GG) – dagegen mit dem Bundesstaatsprinzip unvereinbar, da sie die Kompetenzordnung des Grundgesetzes sowie die vertikale Gewaltenteilung aushebeln würden (→ § 18 Rn. 16).

---

[16] Siehe zum Begriff der Bundespflichten und zu den möglichen Maßnahmen *M. Gubelt,* in: v. Münch/Kunig Art. 37 Rn. 5 f., 12 ff.
[17] Vgl. zu den Kooperationsformen *W. Rudolf,* in: HdbStR VI § 141 Rn. 31 ff.
[18] Vgl. zur 33. Jahrestagung, die im Mai 2002 in Berlin stattfand, *H. Sodan,* in: ders. (Hrsg.), Zehn Jahre Berliner Verfassungsgerichtsbarkeit, 2002, S. 1 (2 f.).

§ 8. Bundesstaat

Es stellt sich die Frage nach der **Zulässigkeit der freiwilligen Zusammenarbeit** zwischen Bund und Ländern sowie den Ländern untereinander. Das Grundgesetz sieht keine strikte (vertikale) Gewaltentrennung vor; vielmehr begründet es selbst zahlreiche Einflussmöglichkeiten und Einwirkungsrechte (→ Rn. 18ff.). Das Recht zur vertraglichen Koordination sowohl der Länder untereinander (Selbstkoordination) als auch zwischen Bund und Ländern ergibt sich aus dem Staatscharakter dieser Hoheitsträger. Die Handlungsfreiheit der Länder ist ferner über Art. 30 GG fixiert; teilweise wird auch von der Kompetenz der Länder, mit Zustimmung der Bundesregierung Verträge mit *auswärtigen* Staaten abzuschließen (Art. 32 III GG), auf eine Vertragsabschlusskompetenz im *Inland* geschlossen[19]. 28

Jedoch sind der Zusammenarbeit **verfassungsrechtliche Grenzen** gezogen.[20] Die **Kompetenzordnung** des Grundgesetzes kann nicht überwunden werden. Der Bund darf in Ländersachen, die Länder dürfen in Bundessachen allenfalls beratend und empfehlend tätig werden, niemals dagegen mitregelnd oder mitentscheidend. Ebenso wenig kann eine Ebene gegenüber der anderen auf die Ausübung von Kompetenzen (z. B. Gesetzgebungskompetenzen) oder Befugnissen (z. B. Aufsicht des Bundes über die Länder gemäß Art. 84f. GG) verzichten oder sie übertragen.[21] Im Übrigen darf die Zusammenarbeit der Länder durch institutionalisierte Kooperation keinen Grad erreichen, dass die Gefahr der Schaffung einer dritten, staatenbündischen Ebene besteht. 29

Bei gemeinsamen Behörden und Einrichtungen ist zu beachten, dass diese nur punktuell errichtet werden dürfen. Sie stellen Ausnahmen im Verwaltungsaufbau der Länder dar. Kein Land kann bei ihrer Errichtung seine Kompetenz zur selbständigen Erledigung der entsprechenden Aufgabe dauerhaft abgeben; vielmehr muss ihm das Recht verbleiben, die Aufgabenerledigung wieder an sich zu ziehen. Schließlich ist ihm ein nachhaltiger Einfluss auf die gemeinsame Behörde zu gewährleisten. Problematisch bleibt die parlamentarische Kontrolle. Gemeinsame Behörden dürfen ferner nicht zu einer Reduzierung des Grundrechtsschutzes führen. 30

V. Grundsatz bundes- und länderfreundlichen Verhaltens (Bundestreue)

Aus dem allgemeinen Bundesstaatsprinzip leitet sich die wechselseitige Pflicht des Bundes und der Länder ab, bei der Wahrnehmung der Kompetenzen auf das Gesamtinteresse des Bundesstaates und auf die Belange der anderen Staatsverbände Rücksicht zu nehmen.[22] Überwiegend wird insoweit vom **Grundsatz bundesfreundlichen Verhaltens** gesprochen, der teilweise auch als **Bundestreue** bezeichnet wird[23]. Das BVerfG spricht treffend vom **Grundsatz „bundes- und länderfreundlichen Verhaltens"**[24]. Dieser Grundsatz betrifft das verfassungsrechtliche Verhältnis zwischen dem Gesamtstaat und seinen Gliedern (Bund/Länder-Verhältnis) sowie zwischen den Gliedern (Länderverhältnis). Es handelt sich um Loyalitätspflichten. Deren **Funktion** besteht darin, die aufeinander angewiesenen Teile des deutschen Bundesstaats, nämlich Bund und Länder, stärker aneinander zu binden.[25] 31

---

[19] *H. Klatt,* VerwArch. 78 (1987), 186 (194ff.).
[20] Vgl. *W. Rudolf,* in: HdbStR VI § 141 Rn. 92ff.
[21] *H. F. Zacher,* BayVBl. 1971, 321 (323f.).
[22] BVerfGE 6, 309 (361f.); 92, 203 (230).
[23] Siehe dazu im Einzelnen *H. Bauer,* Die Bundestreue, 1992.
[24] BVerfGE 111, 10 (31); vgl. auch BVerfGE 110, 33 (52).
[25] BVerfGE 8, 122 (140).

32 Die Pflicht zu bundes- und länderfreundlichem Verhalten begründet vor allem **Kompetenzausübungsschranken.** Im Einzelfall kann ein Land gehalten sein, von einer ihm im Rahmen der Kompetenzordnung des Grundgesetzes eigentlich **zustehenden Befugnis keinen Gebrauch zu machen** bzw. nicht auf die Durchsetzung rechtlich eingeräumter Positionen zu bestehen, wenn dadurch **elementare Interessen des Bundes oder der anderen Länder in unvertretbarer Weise beeinträchtigt oder geschädigt** werden.[26] Dies ist der Fall, wenn sich eine Kompetenzausübung als missbräuchlich erweist, die Rechtsordnung widersprüchlich machen würde oder andere schwere und unmittelbare Interdependenzen auftreten würden. „Lediglich mittelbare Auswirkungen einer kompetenzgemäßen Regelung eines Landes auf Gegenstände der Bundesgesetzgebung wären nur im Falle eines offenbaren Missbrauchs des Gesetzgebungsrechts durch das Land erheblich".[27] Umgekehrt gilt diese Rücksichtnahmepflicht auch für den Bund im Verhältnis zu den Ländern.

33 Bei der Ausübung seiner früheren Regelungskompetenz aus Art. 74a GG a. F. war der Bund verpflichtet, die Bestimmungen zur Besoldung und Versorgung der Landesbeamten so zu treffen, dass den Ländern die Möglichkeit offen blieb, im Zuge von Reformen und strukturellen Änderungen ihrer Organisation Ämter mit neuem Amtsinhalt einschließlich ihrer besoldungsrechtlichen Einstufung in eigener Verantwortung zu schaffen.[28]

34 In strukturell engem Zusammenhang mit den Kompetenzausübungsschranken kann aus der Bundestreue auch eine **Einschränkung von Handlungsspielräumen** erfolgen, welche dazu zwingt, von einer eigentlich im Ermessen stehenden Befugnis Gebrauch zu machen.[29]

35 Im **Fall 9** ist zu prüfen, ob sich die amtliche Volksbefragung im Rahmen der gemeindlichen Zuständigkeiten hält. Gemeinden haben grundsätzlich eine Allzuständigkeit für Angelegenheiten der örtlichen Gemeinschaft. Die Beschlüsse sind aufgrund ihres allgemeinpolitischen Charakters mangels Ortsbezugs rechtswidrig. Angelegenheiten der Verteidigung gehören zur ausschließlichen Kompetenz des Bundes (vgl. Art. 73 Nr. 1 GG sowie Art. 65a, 87a und 87b GG).[30] Die kommunalaufsichtsrechtlichen Befugnisse stehen regelmäßig im Ermessen der Aufsichtsbehörde des Landes. Das Land könnte jedoch aus dem Grundsatz bundesfreundlichen Verhaltens gegenüber dem Bund verpflichtet sein, zwingend von seinen Befugnissen Gebrauch zu machen. Dann müssten durch die gemeindlichen Beschlüsse elementare Interessen des Bundes beeinträchtigt werden. Hoheitliche Maßnahmen einer Gemeinde wirken, auch wenn sie unter Missachtung der Bundeszuständigkeit erfolgen, nicht in den Raum des bundesstaatlichen Verfassungslebens hinein. Soll aber – wie hier – in einer konzertierten Aktion der Gemeindewille in seiner Sammlung gegen den verfassungsgemäß gebildeten Bundesstaatswillen mit dem Ziel einer Änderung der Verteidigungspolitik eingesetzt werden, liegt ein unvertretbarer Übergriff in die ausschließliche Bundeskompetenz vor. Da der Bund nicht selbst auf die Gemeinden einwirken kann, ist das Land B ihm gegenüber *verpflichtet*, im Rahmen der gesetzlichen Aufsichtsinstrumentarien (Akzessorietät, → Rn. 39) gegen die betreffenden Gemeinden einzuschreiten.

36 Ferner folgen aus dem Grundsatz bundes- und länderfreundlichen Verhaltens **verfahrensrechtliche Pflichten,** die sich insbesondere auf Art und Weise, Verlauf und Stil von Verhandlungen zwischen dem Bund und den Ländern sowie zwischen den Län-

---

[26] BVerfGE 8, 122 (138); 12, 205 (255).
[27] BVerfGE 106, 225 (243).
[28] BVerfGE 34, 9 (21).
[29] BVerfGE 8, 122 (139).
[30] Vgl. BVerfGE 8, 122 (133 ff.).

§ 8. Bundesstaat

dern auswirken. Die Länder haben im Verkehr mit dem Bund **Anspruch auf Gleichbehandlung**. Damit wäre es nicht vereinbar, wenn der Bund in einer Frage, an der alle Länder interessiert und beteiligt sind, nur mit einigen Ländern eine Vereinbarung sucht und die anderen vor den Zwang des Beitritts stellt. „Jener Grundsatz verbietet es auch, daß die Bundesregierung bei Verhandlungen, die *alle* Länder angehen, die Landesregierungen je nach ihrer parteipolitischen Richtung verschieden behandelt, insbesondere zu den politisch entscheidenden Beratungen nur Vertreter der ihr parteipolitisch nahestehenden Landesregierungen zuzieht".[31] Zu einem ordnungsgemäßen Verfahren gehört es ferner, die Gegenseite (z. B. bei der Bundesaufsicht nach Art. 84 f. GG) rechtzeitig zu informieren und anzuhören sowie ihre Erwägungen zu berücksichtigen.[32]

Aus der Pflicht zur Bundestreue kann sich weiter die **Pflicht der Länder** ergeben, **völkerrechtliche Verträge des Bundes zu beachten** (vgl. auch Art. 109 II GG).[33]   37

Die Feststellung einer Verletzung der Pflicht zu bundes- und länderfreundlichem Verhalten setzt **kein Verschulden** voraus. Sie impliziert keinen Vorwurf. Es geht ausschließlich um die Klärung einer objektiven Frage des Verfassungsrechts, bei der vorausgesetzt werden kann, dass die daran Beteiligten in der Überzeugung von der Verfassungsmäßigkeit ihrer Handlungsweise gehandelt haben.[34]   38

In Bezug auf **Anwendungsbereich und Reichweite** der Loyalitätspflichten ist Folgendes zu beachten: Der Grundsatz bundes- und länderfreundlichen Verhaltens hat **subsidiären Charakter**. Als Ableitung aus dem allgemeinen Bundesstaatsprinzip ist er zur Lösung eines konkreten Problems nur dann anwendbar, wenn das Grundgesetz keine speziellen Regelungen enthält. Sind solche gegeben, kann er allenfalls als Auslegungshilfe Bedeutung gewinnen. Ferner ist die Rechtspflicht zu bundes- und länderfreundlichem Verhalten **akzessorisch** und begründet für sich allein genommen keine selbständigen Pflichten des Bundes oder eines Landes. Im Rahmen eines bestehenden, nicht notwendigerweise verfassungsrechtlichen Rechtsverhältnisses können sich *zusätzliche Pflichten* ergeben (z. B. Kommunalaufsicht, → Rn. 35). Als selbständige Anspruchsgrundlage kann der Grundsatz bundes- und länderfreundlichen Verhaltens aber nicht dienen.[35] Bei dessen Anwendung ist **insgesamt Zurückhaltung geboten.** Mit der Staatlichkeit von Bund und Ländern wird nämlich gerade die eigenständige und unabhängige Aufgabenwahrnehmung gewährleistet, die immanent auch die Verwirklichung unterschiedlicher Vorstellungen beinhaltet; die Kompetenzordnung des Grundgesetzes darf nicht überspielt werden.   39

Im Oktober 2003 wurde vom Bundestag und Bundesrat eine Kommission zur Modernisierung der bundesstaatlichen Ordnung (**Vorbereitung der so genannten Föderalismusreform I**[36]) eingesetzt, deren Aufgabe darin bestand, die Zuständigkeitsbereiche von Bund und Ländern klarer abzugrenzen, die politischen Verantwortlichkeiten deutlicher zuzuordnen sowie Zweckmäßigkeit und Effizienz der Aufgabenerfüllung zu steigern. Nachdem die Verhandlungen Ende 2004 zunächst scheiterten, konnte erst durch den Regierungswechsel nach der Bildung der so genannten großen Koalition im November 2005 eine Einigung erzielt werden. Das verfassungsändernde Ge-   40

---

[31] BVerfGE 12, 205 (256).
[32] Vgl. BVerfGE 81, 310 (345 f.).
[33] BVerfGE 6, 309 (361 f.).
[34] BVerfGE 8, 122 (140).
[35] BVerfGE 95, 250 (266); 103, 81 (88); 104, 238 (247 ff.).
[36] Siehe dazu näher *V. Haug*, DÖV 2004, 190 ff.

setz vom 28.8.2006[37] trat am 1.9.2006 in Kraft. Es bewirkt grundlegende Umgestaltungen, insbesondere auf dem Gebiet der Gesetzgebungs- und Verwaltungskompetenzen. Ferner wird die Hauptstadtfunktion Berlins anerkannt sowie eine klarere Zuordnung der Finanzverantwortung angestrebt, indem beispielsweise Mischfinanzierungstatbestände bei den Gemeinschaftsaufgaben abgebaut (Art. 91a GG), die Voraussetzungen für Finanzhilfen verschärft (Art. 104b GG) sowie die Lastentragungen zwischen Bund und Ländern bei Verletzung supranationaler oder völkerrechtlicher Verpflichtungen ausdrücklich geregelt (Art. 109 V GG) wurden. Trotz dieser Reformschritte wird man sich nicht der Erkenntnis verschließen können, dass sich die bundesstaatliche Ordnung in ihrer Grundkonzeption bewährt hat[38].

41 Hinsichtlich der **Verteilung der Gesetzgebungskompetenzen zwischen Bund und Ländern**[39] wurde die Rahmengesetzgebungskompetenz (Art. 75 GG a.F.) abgeschafft (ebenso Art. 74a GG a.F.), und es kam zu einer Aufteilung der diesem Kompetenzbereich bisher unterfallenden Materien auf Bund und Länder: Für einige Materien hat der Bund die ausschließliche Gesetzgebungskompetenz erhalten (Melde- und Ausweiswesen, Schutz deutschen Kulturgutes gegen Abwanderung ins Ausland), für andere eine konkurrierende (Hochschulzulassung und -abschluss, Statusrechte und -pflichten der Landesbeamten, umweltbezogene Gegenstände). Das Hochschulrecht und das Recht der Landesbediensteten (Ausnahmen vorstehend) sowie das allgemeine Presserecht fallen nunmehr in die ausschließliche Gesetzgebungskompetenz der Länder. Ferner verfolgte die Grundgesetzänderung eine Neuaufteilung der konkurrierenden Gesetzgebungskompetenzen des Bundes, von deren Gegenständen eine ganze Reihe zukünftig in die ausschließliche Kompetenz der Länder fällt.[40] Sehr bedeutsam ist, dass der Geltungsbereich der Erforderlichkeitsklausel des Art. 72 II GG auf bestimmte Sachmaterien beschränkt wurde. Im Gegenzug erhielten die Länder dafür das Recht, für bestimmte Gegenstände aus dem Bereich der konkurrierenden Gesetzgebungskompetenz (insbesondere die aus der Rahmengesetzgebungskompetenz überführten Materien) von Bundesgesetzen abweichende eigene Regelungen zu erlassen.

42 Bezogen auf die **Verwaltungskompetenzen der Länder** kann der Bund nunmehr bei Bundesgesetzen, die von den Ländern gemäß Art. 83 GG als eigene Angelegenheit auszuführen sind, auch ohne Zustimmung des Bundesrates die Einrichtung der Behörden und das Verwaltungsverfahren regeln. Die Länder sind aber befugt, von den organisations- und verfahrensmäßigen Vorgaben abweichende Regelungen zu treffen. Zwingende Vorgaben darf der Bund nur in Ausnahmefällen wegen eines „besonderen Bedürfnisses" festschreiben, wobei das Gesetz dann aber der Zustimmung des Bundesrates bedarf (Art. 84 I GG). Ferner bedürfen alle Bundesgesetze der Zustimmung des Bundesrates, die Pflichten der Länder zur Erbringung von Geldleistungen oder geldwerten Sachleistungen gegenüber Dritten begründen (Art. 104a IV GG); auch ist es dem Bundesgesetzgeber nicht mehr möglich, den Gemeinden und Gemeindeverbänden Aufgaben zu übertragen (Art. 84 I 7, Art. 85 I 2 GG).[41]

43 In Umsetzung der Beschlüsse der gemeinsamen Kommission von Bundestag und Bundesrat zur Modernisierung der Bund-Länder-Finanzbeziehungen, die ihre Arbeit am 5.3.2009 mit der Vorlage von Reformvorschlägen abgeschlossen hatte, kam es durch das Gesetz zur Änderung des Grundgesetzes (Artikel 91c, 91d, 104b, 109, 109a, 115, 143d) vom 29.7.2009, das am 1.8.2009 in Kraft trat, zur so genannten **Föderalismusreform II**. Dabei wurde die ursprünglich beabsichtigte umfassende Reform der bundesstaatlichen Finanzverfassung auf Änderungen und Einfügungen einiger wesentlicher Vorschriften beschränkt. Gemäß Art. 109 III 1 GG sind die Haushalte

---

[37] BGBl. I S. 2034.
[38] So auch *H. Bauer*, DÖV 2002, 837 (845) sowie im Gesetzentwurf der Fraktionen der CDU/CSU und SPD selbst (BT-Drucks. 16/813, S. 7).
[39] Siehe dazu etwa *C. Degenhart*, NVwZ 2006, 1209 ff.; *O. Klein/K. Schneider*, DVBl. 2006, 1549 ff.; *L. Mammen*, DÖV 2007, 376 ff.; *H.-J. Papier*, NJW 2007, 2145 ff.; *H.-W. Rengeling*, DVBl. 2006, 1537 ff.
[40] Vgl. die Zusammenstellung in BT-Drucks. 16/813, S. 9.
[41] Siehe dazu *H.-G. Henneke*, DVBl. 2006, 867 (868f.).

von Bund und Ländern nun grundsätzlich ohne Einnahmen aus Krediten auszugleichen. Für den Bund ist diesem Grundsatz entsprochen, wenn das strukturelle Defizit 0,35 Prozent des Bruttoinlandsprodukts nicht überschreitet (Art. 109 III 4, 115 II 2 GG). Für die Länder ist keine strukturelle Verschuldung zulässig (Art. 109 III 5 GG). Bund und Länder können Regelungen zur im Auf- und Abschwung symmetrischen Berücksichtigung der Auswirkungen einer von der Normallage abweichenden konjunkturellen Entwicklung sowie eine Ausnahmeregelung für Naturkatastrophen oder außergewöhnliche Notsituationen, die sich der Kontrolle des Staates entziehen und die staatliche Finanzlage erheblich beeinträchtigen, vorsehen (Art. 109 III 2 GG). Für die auf dieser Grundlage aufgenommenen Kredite ist eine Tilgungsregelung vorzusehen (Art. 109 III 3 GG). Diese Vorgaben werden für den Bund durch eine Neufassung des Art. 115 II GG konkretisiert. Die nähere Ausgestaltung für die Haushalte der Länder erfolgt im Rahmen des Landesrechts (Art. 109 III 5 GG). Die Neuregelungen zur Begrenzung der Kreditaufnahme finden erstmals mit Wirkung für das Haushaltsjahr 2011 Anwendung (Art. 143 d I 2 GG). Der Bund kann im Zeitraum vom 1.1.2011 bis zum 31.12.2015 von den Vorgaben zur strukturellen Verschuldungskomponente abweichen (Art. 143 d I 5 GG). Die Länder dürfen im Zeitraum vom 1.1.2011 bis zum 31.12.2019 von den gesamten Vorgaben des Art. 109 III GG abweichen (Art. 143 d I 3 GG). Die neuen Schuldenregelungen haben der Bund ab dem Haushaltsjahr 2016 und die Länder ab 2020 vollständig einzuhalten (Art. 143 d I 4, 7 GG). Als Hilfe zur Einhaltung der Vorgaben des Art. 109 III GG ab dem 1.1.2020 können den Ländern Berlin, Bremen, Saarland, Sachsen-Anhalt und Schleswig-Holstein für den Zeitraum 2011 bis 2019 Konsolidierungshilfen aus dem Haushalt des Bundes in Höhe von insgesamt 800 Millionen Euro jährlich gewährt werden (Art. 143 d II 1 GG).

Die zu Lasten der Länder geregelte „Schuldenbremse" ist verfassungsrechtlich problematisch.[42] Aufgrund des Bundesstaatsprinzips, das über die „Ewigkeitsgarantie" des Art. 79 III GG vor Verfassungsänderungen geschützt ist, haben die Länder Staatsqualität (→ Rn. 7 ff.) und verfügen über eine eigene Finanzhoheit[43]. Art. 109 I GG normiert den Grundsatz der Haushaltsautonomie, d. h. der getrennten Haushaltswirtschaft von Bund und Ländern, und ist „eine fundamentale Konkretisierung des Bundesstaatsprinzips"[44]. In der Literatur wird die Auffassung vertreten, dass zur Haushaltsautonomie auch das Recht zur Aufnahme von Krediten gehöre und ein starres Verschuldungsverbot mit der verfassungsrechtlich garantierten Eigenstaatlichkeit der Länder unvereinbar sei.[45] Die Gegenmeinung sieht in der Haushaltsautonomie nicht das unbeschränkbare Recht zur Staatsverschuldung.[46] Nach Einfügung der „Schuldenbremse" behielten die Länder nicht nur die formelle Haushaltsautonomie, sondern könnten auch weiterhin, wenn auch ohne Kreditaufnahme, inhaltlich eigene Haushaltspolitik betreiben.[47]

VI. Kommunale Selbstverwaltungsgarantie

„Art. 28 GG konstituiert die Gemeinden als einen wesentlichen Bestandteil der staatlichen Gesamtorganisation; sie sind selbst ein Teil des Staates, in dessen Aufbau sie integriert und innerhalb dessen sie mit eigenen Rechten ausgestattet sind."[48] Art. 28 II 1 GG gewährleistet den Gemeinden das Recht, alle Angelegenheiten der örtlichen Gemeinschaft im Rahmen der Gesetze in eigener Verantwortung zu regeln. Angelegenheiten der örtlichen Gemeinschaft sind „solche Aufgaben, die das Zusammenleben und -wohnen der Menschen vor Ort betreffen oder einen spezifischen Bezug darauf

---

[42] Vgl. bereits *H. Sodan*, NVwZ 2009, 545 (550).
[43] *A. Haratsch*, in: Sodan Art. 79 Rn. 22.
[44] *R. P. Schenke*, in: Sodan Art. 109 Rn. 1.
[45] So *B. Fassbender*, NVwZ 2009, 737 (740); *J. Hancke*, DVBl. 2009, 621 (626).
[46] Siehe *J. Christ*, NVwZ 2009, 1333 (1338 f.); *I. Kemmler*, DÖV 2009, 549 (555); *C. Ohler*, DVBl. 2009, 1265 (1273); *H. Tappe*, DÖV 2009, 881 (888).
[47] *C. Lenz/E. Burgbacher*, NJW 2009, 2561 (2566).
[48] BVerfGE 107, 1 (11 f.); vgl. BVerfGE 138, 1 (18).

haben".⁴⁹ Die Gewährleistung des Art. 28 II 1 GG sichert den Gemeinden einen grundsätzlich alle Angelegenheiten der örtlichen Gemeinschaft umfassenden **Aufgabenbereich** und umfasst damit die Zuständigkeit der Gemeinden für diese Angelegenheiten; sie garantiert ferner die Befugnis zur eigenverantwortlichen Führung der Geschäfte in diesem Bereich.⁵⁰ Dazu gehört das Recht, **Art und Weise der Erledigung der örtlichen Angelegenheiten** selbständig zu bestimmen, sowie – unabhängig von bestimmten Sachaufgaben – das Recht zur **Organisation der Gemeindeverwaltung**.⁵¹ Das Recht zur Selbstverwaltung gilt gemäß Art. 28 II 2 GG auch für die Gemeindeverbände (z. B. Kreise), für welche jedoch im Unterschied zu den Gemeinden keine Aufgabengarantie besteht. Die Gemeindeverbände sind vielmehr auf eine gesetzliche Aufgabenausstattung angewiesen. Die Selbstverwaltungsgarantie umfasst nach Art. 28 II 3 GG auch die **Grundlagen der finanziellen Eigenverantwortung**; dazu gehört eine den Gemeinden zustehende **wirtschaftskraftbezogene** und **mit Hebesatzrecht ausgestattete Steuerquelle**.⁵² Als wirtschaftskraftbezogene Steuerquelle kommen nur die Gewerbeertrag- und Einkommensteuer in Betracht (vgl. Art. 106 V, VI GG).⁵³ Darüber hinaus gewährleistet Art. 28 II GG nach der Rechtsprechung des BVerwG das Recht auf eine **aufgabenadäquate Finanzausstattung**, wobei dem Gesetzgeber ein weiter Regelungsspielraum bei der Ausgestaltung der Finanzbeziehungen zwischen Land, Kreisen und Gemeinden zusteht und der Finanzbedarf eines jeden Verwaltungsträgers grundsätzlich gleichen Rang hat.⁵⁴

46 Ein **Eingriff** in die durch Art. 28 II 1 GG den Gemeinden verbürgte Selbstverwaltungsgarantie liegt vor, wenn den Gemeinden Aufgaben der örtlichen Gemeinschaft entzogen, d. h. solche auf andere Verwaltungsträger übertragen werden. Ferner kann ein Eingriff – hier sowohl für die Gemeinden als auch die Gemeindeverbände – vorliegen, wenn ihnen die Erfüllung von bestimmten Aufgaben zur Pflicht gemacht wird (vgl. Art. 84 I 7, Art. 85 I 2 GG).⁵⁵ Mit Blick auf die Aufgabenerfüllung kann ein Eingriff ferner auch in dem Entzug finanzieller Mittel liegen (z. B. durch eine Kreisumlage zu Lasten der kreisangehörigen Gemeinden).⁵⁶ Staatliche Reglementierungen, welche die Art und Weise der Erledigung von Aufgaben der örtlichen Gemeinschaft durch Gemeinden und von kreiskommunalen Aufgaben durch Gemeindeverbände betreffen, greifen ebenfalls in die Selbstverwaltungsgarantie ein, wie schließlich auch gesetzliche Vorgaben bezüglich der Organisation der Gemeinden oder Gemeindeverbände.

47 Solche **Einschränkungen** der kommunalen Selbstverwaltung sind grundsätzlich möglich; denn diese bedarf der **gesetzlichen Ausgestaltung und Formung**. Art. 28 II 1 und 2 GG gewährleisten die Selbstverwaltung nur „im Rahmen der Gesetze" bzw. „nach Maßgabe der Gesetze". Dieser Vorbehalt „überlässt dem Gesetzgeber diese Ausgestaltung und Formung nicht beliebig. Zum einen setzt der Kernbereich der Selbstverwaltungsgarantie ihm eine Grenze; hiernach darf der Wesensgehalt der gemeindlichen

---

⁴⁹ BVerfGE 138, 1 (16); siehe dort zur näheren Bestimmung der Angelegenheiten der örtlichen Gemeinschaft.
⁵⁰ BVerfGE 107, 1 (11) m.w.N.; 110, 370 (399f.).
⁵¹ BVerfGE 83, 363 (381f.); 91, 228 (236ff.); 119, 331 (361ff.); BVerfGE 138, 1 (17f.).
⁵² Vgl. BVerfGE 125, 141 (159ff.).
⁵³ *M. Nierhaus*, in: Sachs, GG Art. 28 Rn. 87.
⁵⁴ BVerwGE 145, 378 (379f.).
⁵⁵ Siehe dazu näher *F. Schoch*, DVBl. 2008, 937 (942f.).
⁵⁶ BVerwGE 145, 378 (380, 383).

Selbstverwaltung nicht ausgehöhlt werden.[57] Aber auch außerhalb des Kernbereichs ist der Gesetzgeber nicht frei: Indem der Verfassungsgeber die Institution gemeindliche Selbstverwaltung [...] mit eigenen Aufgaben in den Aufbau des politischen Gemeinwesens nach der grundgesetzlichen Ordnung eingefügt hat, hat er ihr eine spezifische Funktion beigemessen, die der Gesetzgeber zu berücksichtigen hat."[58] Dieser Schutz im Vorfeld des Kernbereichs läuft im Wesentlichen und von der Struktur her auf eine Verhältnismäßigkeitsprüfung (→ § 24 Rn. 32 ff.) hinaus.[59] Das BVerfG vermied jedoch lange Zeit den Begriff der **Verhältnismäßigkeit** in diesem Zusammenhang, da es nicht um Beeinträchtigungen individueller Freiheiten geht.[60] In einem Beschluss aus dem Jahr 2001 führt das BVerfG jedoch aus, dass bei einem Eingriff in die Planungshoheit (→ § 70 Rn. 2) als Bestandteil der Selbstverwaltungsgarantie „der allgemeine verfassungsrechtliche Grundsatz der Verhältnismäßigkeit zu beachten und eine Güterabwägung vorzunehmen" sei.[61] Ferner formulierte das BVerfG in einem Beschluss aus dem Jahr 2002: „Inhaltliche Vorgaben müssen durch Gründe des gemeinen Wohls gerechtfertigt sein, etwa durch das Ziel, eine ordnungsgemäße Aufgabenwahrnehmung sicherzustellen. [...] Sie sind auf dasjenige zu beschränken, was der Gesetzgeber zur Wahrung des jeweiligen Gemeinwohlbelangs für geboten halten darf. Dabei steht ihm ein weiter Einschätzungs- und Beurteilungsspielraum zu [...]. Indem Art. 28 Abs. 2 GG den Gemeinden eine eigenverantwortliche Aufgabenerledigung verbürgt, verpflichtet er den Gesetzgeber, bei der Ausgestaltung des Kommunalrechts den Gemeinden eine Mitverantwortung für die organisatorische Bewältigung ihrer Aufgaben einzuräumen. Seine Vorgaben dürfen die Gemeinden aus der ihnen von der Verfassung zugewiesenen Verantwortung nicht verdrängen".[62] Seitdem wendet das BVerfG den Verhältnismäßigkeitsgrundsatz ausdrücklich auf Eingriffe in die kommunale Selbstverwaltung an.[63] Im Rahmen der Rechtfertigung eines Eingriffs in die kommunale Selbstverwaltungsgarantie ist die Maßgabe zu beachten, dass Art. 28 II 1 GG ein Regel-Ausnahmeprinzip konstituiert, „wonach der Gesetzgeber den Gemeinden örtliche Aufgaben nur aus Gründen des Gemeinwohls entziehen darf, vor allem, wenn anders die ordnungsgemäße Aufgabenerfüllung nicht sicherzustellen wäre".[64]

§ 9. Republik

Die Staatsform der Bundesrepublik Deutschland ist die der Republik. Der Begriff der Republik wird im Schrifttum ganz überwiegend als **Gegensatz zur Monarchie** verstanden[1]. Die Festlegung auf das republikanische Prinzip bedeutet daher: Die Bundesrepublik Deutschland ist keine Monarchie. Monarchie ist eine Staatsform, in welcher das

1

---

[57] BVerfGE 138, 1 (21 f.).
[58] BVerfGE 79, 127 (143); vgl. auch BVerfGE 107, 1 (11 f.); 125, 141 (167 f.).
[59] Vgl. BVerfGE 110, 370 (402), wo für die Rechtfertigung eines möglichen Eingriffs in die kommunale Selbstverwaltungsgarantie auf die Grundrechtsprüfung verwiesen wird.
[60] Vgl. *H. Dreier*, in: Dreier Art. 28 Rn. 114.
[61] BVerfGE 103, 332 (366 f.).
[62] BVerfGE 107, 1 (14 f.).
[63] Siehe z. B. BVerfGE 125, 141 (167): Der beschränkende Zugriff des Gesetzgebers in die verfassungsrechtlich garantierte Selbstverwaltung „unterliegt insbesondere dem Grundsatz der Verhältnismäßigkeit". Siehe ferner BVerfGE 138, 1 (19 f.).
[64] BVerfGE 138, 1 (21).
[1] Siehe etwa *B. Grzeszick*, in: Maunz/Dürig Art. 20 III Rn. 2; *Maurer*, StaatsR I § 7 Rn. 16; *M. Sachs*, in: Sachs, GG Art. 20 Rn. 9; *F. E. Schnapp*, in: v. Münch/Kunig Art. 20 Rn. 9.

Staatsoberhaupt in sein Amt durch dynastische Nachfolge (Erbfolge) aufgrund bestimmter Privilegien gelangt ist und im Regelfall dieses auch zeitlich unbegrenzt ausübt (z. B. König oder Kaiser). **Staatsoberhaupt** der Bundesrepublik Deutschland kann daher nur jemand sein, der durch eine Wahl in dieses Amt gelangt ist und dem dieses Amt auf Zeit verliehen ist (zum Bundespräsidenten → § 14). Angesichts des im Grundgesetz verankerten Demokratiegebots (→ § 6) muss die Republik eine *demokratische* sein. Daher ist es notwendig, dass das Staatsoberhaupt der Bundesrepublik Deutschland seine Legitimation auf eine ununterbrochene Kette individueller Berufungen auf das *Staatsvolk* zurückzuführen vermag; die Vorschriften über die Wahl des Bundespräsidenten in Art. 54 I und III GG tragen dieser Anforderung Rechnung. Die Festlegung auf die Republik bezieht sich jedoch nicht allein auf das Staatsoberhaupt; eng mit dem republikanischen Prinzip verbunden ist auch die dauerhafte Abschaffung von Adelsprivilegien.

2 Bereits Art. 1 S. 1 WRV enthielt die Festlegung: „Das Deutsche Reich ist eine Republik." Der darin getroffenen Absage an die Monarchie kam kurz nach der Revolution von 1918 und der Abdankung des Deutschen Kaisers noch besondere Bedeutung zu. Heute jedoch ist die „Republik" ein politisch unbestrittenes Merkmal des deutschen Staates.[2]

3 Verfassungsrechtlich ist das republikanische Prinzip in Art. 20 I GG verankert; es wird daher durch Art. 79 III GG vor Verfassungsänderungen geschützt. Die Staatsform der Republik ergibt sich aus dem Staatsnamen Bundes*republik* Deutschland, dem insoweit auch normative Kraft zukommt.[3] Die Homogenitätsklausel des Art. 28 I 1 GG verpflichtet die Länder ebenfalls dazu, ihre Verfassungsordnungen republikanisch auszugestalten.

4 Bemühungen im Schrifttum, aus der grundgesetzlichen Festlegung auf die Republik weitergehende Inhalte herzuleiten,[4] haben sich bislang nicht durchsetzen können. Dies gilt etwa für die These, das republikanische Prinzip enthalte materiell „ein Bekenntnis zum Gemeinwesen, der *res publica*, der öffentlichen Sache"; dieser sei „das Ziel der *salus publica*, des öffentlichen Wohls, immanent", so dass in einem Gemeinwesen die Herrschaft nicht an Partikularinteressen, sondern am Gemeinwohl orientiert sein müsse[5]. Teilweise wird die Auffassung vertreten, der Republikbegriff des Grundgesetzes enthalte „ebenso wie die Synonyme ‚Freistaat' und ‚freiheitliche Ordnung' ein gehaltvolles Prinzip der Legitimation und Gestaltung jener Freiheitsordnung": In legitimatorischer Hinsicht habe das Prinzip „antidespotische, antitotalitäre und antianarchische Wirkung"; „als objektivrechtliches Optimierungsgebot" verlange es „den bestmöglichen Ausgleich zwischen Freiheit und Ordnung bei der Konkretisierung des Gemeinwohls in Amtsrechtsverhältnissen".[6] In der Literatur findet sich ferner der Versuch zur Begründung eines „republikanischen Freiheitsbegriffs"[7].

5 Solchen Bemühungen um weitergehende Konkretisierungen des republikanischen Prinzips wird jedoch entgegengehalten, die vorgeschlagenen Anreicherungen beträfen, soweit sie überhaupt verfassungsrechtlich greifbar seien, ausschließlich Inhalte, die bereits in Einzelbestimmungen des Grundgesetzes oder im Demokratie- und Rechtsstaatsprinzip verankert seien[8]. Daraus wird sogar

---

[2] *Maurer*, StaatsR I § 7 Rn. 16.
[3] *B. Grzeszick*, in: Maunz/Dürig Art. 20 III Rn. 1.
[4] Vgl. dazu *E. Klein*, DÖV 2009, 741 ff.
[5] So *K.-P. Sommermann*, in: v. Mangoldt/Klein/Starck Art. 20 Abs. 1 Rn. 14.
[6] *R. Gröschner*, in: HdbStR II § 23 Rn. 73.
[7] Siehe dazu *K. A. Schachtschneider*, Res publica res populi, 1994, S. 253 ff., 441 ff. Dagegen jedoch *S. Huster*, Der Staat 34 (1995), 606 ff.
[8] Vgl. *Maurer*, StaatsR I § 7 Rn. 17; *M. Sachs*, in: Sachs, GG Art. 20 Rn. 10; *E. Klein*, DÖV 2009, 741 (746), der von einer „republikanischen Einfärbung des demokratischen und rechtsstaatlichen Prinzips" spricht.

gefolgert, dass in Art. 23 I 1 GG für die EU „unbedenklich auf das Republikprinzip verzichtet werden" konnte[9].

§ 10. Sozialstaat

I. Verortung und Begriff

Zu den veränderungsfesten (Art. 79 III GG) Staatsstrukturprinzipien der Bundesrepublik Deutschland wird schließlich das so genannte Sozialstaatsprinzip[1] gerechnet. Sein verfassungsrechtlicher Standort wird insbesondere in Art. 20 I GG gesehen, in dem vom **„sozialen Bundesstaat"** die Rede ist. Durch die Homogenitätsklausel des Art. 28 I 1 GG, welche die Grundstrukturen des Bundes auf die Länder überträgt, werden die Länder auf den **„sozialen Rechtsstaat"** verpflichtet. Art. 23 I 1 GG gestattet die deutsche Mitwirkung bei der Entwicklung der Europäischen Union nur, wenn diese auch **„sozialen Grundsätzen"** verpflichtet ist. Rechtsprechung und Literatur messen der Tatsache, dass es sich jeweils nur um eine **adjektivische Erwähnung des sozialen Elements** handelt, meist keine qualitative Bedeutung zu.[2] Ansonsten finden sich im Grundgesetz nur wenige Regelungen, die sich als Konkretisierungen des sozialstaatlichen Gedankens verstehen ließen.

Wichtigste **Einzelkonkretisierung des Sozialstaatsprinzips** ist Art. 14 II GG, welcher die Sozialpflichtigkeit des Eigentums bestimmt. Ferner sind zu erwähnen: Art. 6 IV GG, demzufolge jede Mutter Anspruch auf den Schutz und die Fürsorge der Gemeinschaft hat, sowie Art. 7 IV 3 Hs. 2 GG, der die Erteilung der Genehmigung für private Schulen als Ersatz für öffentliche Schulen auch davon abhängig macht, dass eine Sonderung der Schüler nach den Besitzverhältnissen der Eltern nicht gefördert wird. Im Übrigen enthalten spezielle Gleichheitssätze wie Art. 6 V GG (Gleichstellung nichtehelicher Kinder), Art. 3 III 2 GG (Verbot der Benachteiligung Behinderter) und Art. 3 II 2 GG (Förderung der Gleichberechtigung von Frauen und Männern) sozialstaatliche Elemente.

Das Sozialstaatsprinzip ist **inhaltlich hochgradig unbestimmt.** Im Gegensatz zu den anderen Strukturprinzipien der Demokratie, des Rechtsstaates und des Bundesstaates wurden konkretisierende Teilprinzipien, über welche es erschlossen werden könnte, kaum entwickelt. Eine allgemeine Definition stößt daher auf erhebliche Schwierigkeiten. Ausgemacht werden jedoch **verschiedene Teilziele: soziale Sicherheit, soziale Gerechtigkeit** und **Chancengleichheit.** Der grundsätzlichen Übereinkunft hinsichtlich dieser aus dem Sozialstaatsprinzip abzuleitenden Ziele steht eine große Ungewissheit gegenüber, wie diese Ziele erreicht werden sollen und was sich inhaltlich hinter diesen Schlagwörtern verbirgt.[3]

Aufgrund der hohen Unbestimmtheit und fehlenden verfassungsrechtlichen Handlungsvorgaben, die sich „kaum zu definitiven Einzelkonsequenzen verdichten" lassen[4], ist das Sozialstaatsprinzip im Grunde **kein echtes Staatsstrukturprinzip,** sondern von

---

[9] *M. Sachs,* in: Sachs, GG Art. 20 Rn. 10.
[1] Siehe zu dieser Bezeichnung etwa BVerfGE 8, 274 (329); 10, 354 (363); 27, 253 (283); 33, 303 (331); 65, 182 (193f.); *G. Frank,* Sozialstaatsprinzip und Gesundheitssystem, 1983; *W. Henke,* VVDStRL 28 (1970), 149 (174); *Hesse* Rn. 213, 215.
[2] Nur gelegentlich wird aus dem Adjektiv „sozial" ein „Sozialprinzip" hergeleitet: siehe *K. A. Schachtschneider,* Das Sozialprinzip, 1974, S. 31f.; vgl. ferner *D. Merten,* VSSR 1995, 155 (157).
[3] Vgl. *H. F. Zacher,* in: HdbStR II § 28 Rn. 68 ff.
[4] *M. Sachs,* in: Sachs, GG Art. 20 Rn. 47.

der Art und Weise der ihm zukommenden Rechtswirkungen **eher als Staatszielbestimmung zu charakterisieren**.⁵

II. Konkretisierung und Adressaten

5 Da das Sozialstaatsprinzip auf verfassungsrechtlicher Ebene weitgehend unbestimmt bleibt, ist eine **Konkretisierung notwendig, die nach der Rechtsprechung des BVerfG vor allem durch den Gesetzgeber** erfolgt⁶. Der Gesetzgeber ist dabei nicht nur zur Sozialgestaltung berechtigt, sondern auch verpflichtet, „die Gemeinwohlaufträge des Grundgesetzes zu präzisieren und in vollzugsfähige Formen zu gießen"⁷. **Subjektive Rechte ergeben sich daraus für den Bürger jedoch regelmäßig nicht** (vgl. aber → Rn. 9). Dem Gesetzgeber wird ein sehr weiter Gestaltungsspielraum zugestanden: „Das Sozialstaatsprinzip enthält einen Gestaltungsauftrag an den Gesetzgeber [...]. Wie der Gesetzgeber diesen Auftrag erfüllt, ist mangels näherer Konkretisierung des Sozialstaatsprinzips seine Sache".⁸ Dies gilt auch für die Erfüllung der vom BVerfG aus der Wertentscheidung des Art. 6 I GG i. V. m. dem Sozialstaatsprinzip abgeleiteten „allgemeinen Pflicht des Staates zu einem Familienlastenausgleich"⁹.

6 Wesentliche Gebiete des Sozialrechts gehören zum Bereich der konkurrierenden Gesetzgebung (→ § 17 Rn. 6 ff.): Zu nennen sind insbesondere die öffentliche Fürsorge (Art. 74 I Nr. 7 GG), die Versorgung der Kriegsbeschädigten und Kriegshinterbliebenen sowie die Fürsorge für die ehemaligen Kriegsgefangenen (Art. 73 I Nr. 13 GG), die Sozialversicherung einschließlich der Arbeitslosenversicherung (Art. 74 I Nr. 12 GG) und die Regelung der Ausbildungsbeihilfen (Art. 74 I Nr. 13 GG). Eine besondere Bedeutung kommt der Sozialversicherung zu, insoweit – angesichts der aktuellen Diskussion über einen Umbau des Sozialstaates¹⁰ – vor allem der gesetzlichen Kranken- und Rentenversicherung, deren wesentliche Rechtsgrundlagen sich im Fünften und Sechsten Buch des Sozialgesetzbuches befinden. Nach der Rechtsprechung des BVerfG ist der Begriff „Sozialversicherung" in Art. 74 I Nr. 12 GG ein weitgefasster „verfassungsrechtlicher Gattungsbegriff", der alles umfasst, „was sich der Sache nach als Sozialversicherung darstellt"; zur „Sozialversicherung gehört jedenfalls die gemeinsame Deckung eines möglichen, in seiner Gesamtheit schätzbaren Bedarfs durch Verteilung auf eine organisierte Vielheit"¹¹.

7 Auch auf den Ebenen von Regierungs-, Verwaltungs- und Rechtsprechungstätigkeit erfolgt eine Konkretisierung des Sozialstaatsprinzips. Das Sozialstaatsprinzip enthält allerdings „infolge seiner Weite und Unbestimmtheit regelmäßig keine unmittelbaren Handlungsanweisungen, die durch die Gerichte ohne gesetzliche Grundlage in einfaches Recht umgesetzt werden könnten. Insoweit ist es richterlicher Inhaltsbestimmung

---

⁵ *P. Badura*, DÖV 1989, 491 (493); *W. G. Leisner*, in: Sodan Art. 20 Rn. 27; vgl. auch *Degenhart* Rn. 597 f.; *J. Isensee*, in: M. Pulte/M. Klekamp (Hrsg.), Werte entfalten – Gesellschaft gestalten, 2013, S. 71 (73).
⁶ Siehe etwa BVerfGE 1, 97 (105); 65, 182 (193); 82, 60 (80); 100, 271 (284); *J. Isensee*, in: M. Pulte/M. Klekamp (Hrsg.), Werte entfalten – Gesellschaft gestalten, 2013, S. 71 (73).
⁷ *F. E. Schnapp*, in: v. Münch/Kunig Art. 20 Rn. 55.
⁸ BVerfGE 100, 271 (284).
⁹ BVerfGE 103, 242 (259 f.).
¹⁰ Vgl. etwa *H. Sodan*, Freie Berufe als Leistungserbringer im Recht der gesetzlichen Krankenversicherung. Ein verfassungs- und verwaltungsrechtlicher Beitrag zum Umbau des Sozialstaates, 1997, insbes. S. 304 ff.; *ders.*, VVDStRL 64 (2005), S. 144 ff.
¹¹ BVerfGE 75, 108 (146). Vgl. dazu *H. Sodan*, NZS 1999, 105 (110 f.); *ders.*, ZRP 2004, 217 (218); siehe zum Inhalt der Sozialversicherung auch § 4 II SGB I.

§ 10. Sozialstaat

weniger zugänglich als die Grundrechte."[12] Das Sozialstaatsprinzip ist als solches weder eine Ermächtigungsgrundlage für die Verwaltung, um in Rechte der Bürger einzugreifen, noch leiten sich regelmäßig aus ihm unmittelbare Leistungsansprüche ab.[13]

III. Inhaltliche Vorgaben

1. Begünstigte/Vorrang privater Lebensgestaltung

Die Frage nach den Begünstigten des Sozialstaatsprinzips meint hier, zu wessen Schutz der Gesetzgeber gehalten ist, gestaltend tätig zu werden. Der Gestaltungsauftrag bezieht sich nur auf **Hilfsbedürftige.** Sozial schutzbedürftig sind natürliche, im Inland lebende (u. U. auch im Ausland lebende deutsche) Personen, die aufgrund ihrer persönlichen Lebensumstände oder gesellschaftlicher Benachteiligungen an ihrer persönlichen oder sozialen Entfaltung gehindert sind.[14] Wo *Selbsthilfe* möglich und ausreichend ist, kommt ihr „Vorrang vor der Zwangshilfe und Zwangsversicherung"[15] zu, d. h. das Sozialstaatsprinzip steht allgemein unter dem **Vorrang privater Lebensgestaltung.**[16]   8

2. Soziale Sicherheit

Ein Teil der aus dem Sozialstaatsprinzip abzuleitenden Ziele wird unter dem Schlagwort „Soziale Sicherheit" zusammengefasst. Wichtigster Anwendungsfall unter diesem Aspekt der staatlichen Gewährleistung ist die **Sicherung des Existenzminimums**[17]. Die staatliche Gemeinschaft ist *gegenüber Hilfebedürftigen* verpflichtet, ihnen „jedenfalls die Mindestvoraussetzungen für ein menschenwürdiges Dasein" zu sichern.[18] Insofern besteht ein enger Zusammenhang mit der in Art. 1 I GG für unantastbar erklärten Würde des Menschen, die zu achten und zu schützen Verpflichtung aller staatlichen Gewalt ist (→ § 26 Rn. 5). Aus Art. 1 I GG i. V. m. dem Sozialstaatsprinzip lässt sich die verfassungsrechtliche Grundlage für die Gewährleistung des Existenzminimums herleiten.[19] Als Ausnahme von der Regel, dass das Sozialstaatsprinzip keine subjektiven Ansprüche vermittelt, wird die Sicherung des Existenzminimums als **echter Leistungsanspruch** verstanden.[20] „Der unmittelbar verfassungsrechtliche Leistungsanspruch auf Gewährleistung eines menschenwürdigen Existenzminimums erstreckt sich nur auf diejenigen Mittel, die zur Aufrechterhaltung eines menschenwürdigen Daseins unbedingt erforderlich sind."[21] Der Umfang dieses Anspruchs „hängt von den gesellschaftlichen Anschauungen über das für ein menschenwürdiges Dasein Erforderliche, der konkreten Lebenssituation des Hilfebedürftigen sowie den jeweiligen wirtschaftlichen und techni-   9

---

[12] BVerfGE 65, 182 (193).
[13] Vgl. *P. Badura,* DÖV 1989, 491 (494).
[14] Vgl. BVerfGE 100, 271 (284); ferner BVerfGE 50, 57 (107).
[15] *H. D. Jarass,* in: Jarass/Pieroth Art. 20 Rn. 122.
[16] Siehe dazu näher *H. Sodan,* Freie Berufe als Leistungserbringer im Recht der gesetzlichen Krankenversicherung, 1997, S. 306 ff.; *ders.,* DÖV 2000, 361 (368 f., 371); *H. M. Meyer,* Vorrang der privaten Wirtschafts- und Sozialgestaltung als Rechtsprinzip, 2006.
[17] Siehe dazu ausführl. *W. G. Leisner,* Existenzsicherung im Öffentlichen Recht, 2007.
[18] BVerfGE 40, 121 (133); vgl. ferner BVerfGE 82, 60 (85 f.); 89, 346 (353).
[19] Siehe etwa BVerfGE 40, 121 (133); 45, 187 (228); 82, 60 (85); 113, 88 (108 f.); 123, 267 (363); 125, 175 (222); 132, 134 (159); *H. Dreier,* in: Dreier Art. 1 I Rn. 155.
[20] Vgl. BVerfGE 125, 175 (222 f.).
[21] BVerfGE 125, 175 (223).

schen Gegebenheiten ab und ist danach vom Gesetzgeber konkret zu bestimmen."[22] Das Grundgesetz „gebietet nicht die Gewährung von bedarfsunabhängigen, voraussetzungslosen Sozialleistungen".[23] Der Anspruch auf Sicherung des Existenzminimums wird durch das Zweite Buch Sozialgesetzbuch für erwerbsfähige Hilfebedürftige (Grundsicherung für Arbeitsuchende/so genanntes „Arbeitslosengeld II") sowie das Zwölfte Buch Sozialgesetzbuch (Sozialhilfe) für nichterwerbsfähige (Drittes Kapitel: Hilfe zum Lebensunterhalt) oder ältere Hilfebedürftige und dauerhaft Erwerbsgeminderte (Viertes Kapitel: Grundsicherung im Alter und bei Erwerbsminderung) näher ausgeformt; so bezeichnet § 1 S. 1 SGB XII es als Aufgabe der Sozialhilfe, „den Leistungsberechtigten die Führung eines Lebens zu ermöglichen, das der Würde des Menschen entspricht" (vgl. auch §§ 1 I, 9 SGB I). Der Gesetzgeber hat zur Ermittlung des Anspruchumfangs „alle existenznotwendigen Aufwendungen in einem transparenten und sachgerechten Verfahren realitätsgerecht sowie nachvollziehbar auf der Grundlage verlässlicher Zahlen und schlüssiger Berechnungsverfahren zu bemessen."[24] Die Gewährleistung eines menschenwürdigen Existenzminimums führt etwa auch zu Konsequenzen für die steuerrechtliche Behandlung von Krankenversicherungsbeiträgen.[25]

10 Die Verantwortung des Gemeinwesens für die Sicherung der menschlichen Existenz ist jedoch sekundär. „Der freiheitliche Sozialstaat basiert auf der Grundregel, daß jeder Erwachsene (der nicht alt oder durch Familienarbeit gebunden ist) die Möglichkeit hat, aber auch die Verantwortung trägt, den Unterhalt für sich und seine Familie (den Ehegatten und die Kinder) zu verdienen. Dazu konstituiert die Verfassung den Menschen als frei. Das Gemeinwesen trägt erstens die Verantwortung dafür, daß die Verhältnisse […] so geordnet und gestaltet sind, daß sich die Regel grundsätzlich vollzieht. Das Gemeinwesen hat aber auch die Verantwortung, Gefährdungen entgegenzuwirken […]. Und es hat für den Ausgleich unangemessener Defizite zu sorgen […]. Dabei ist die Selbstverantwortung nicht aufzuheben, sondern zu entfalten."[26] Auch hier verwirklicht sich somit der Vorrang privater Lebensgestaltung als **Primat der Selbstverantwortung**"[27]. In diesem Sinne bestimmt § 2 I SGB XII, dass derjenige keine Sozialhilfe erhält, der sich selbst helfen kann (vgl. auch § 3 III SGB II). Dies ist Ausdruck des Subsidiaritätsgedankens (Nachrang der Sozialhilfe).

11 Darüber hinaus wird unter dem Aspekt der sozialen Sicherheit angenommen, dass den Staat auch der Auftrag trifft, **Vorsorge gegen die „Wechselfälle des Lebens"** (Alter, Krankheit, Unfall, Tod des Ernährers, Arbeitslosigkeit) zu treffen, die auch sozial Starke schnell zu Hilfsbedürftigen machen können. Dabei kommt es primär darauf an, dass diese Risiken überhaupt abgesichert sind, und weniger auf die Technik der Vorsorge.[28] Aufgrund des auch hier geltenden Vorrangs einer privaten Vorsorge (Selbstverantwortung) sind große staatliche Zwangsversicherungen regelmäßig keine Konkretisierungen dieses sozialstaatlichen Gebots. Die Einbeziehung von gegenwärtig knapp 90 Prozent der Bevölkerung oder künftig sogar aller in Deutschland lebenden Menschen (Idee einer „Bürgerversicherung" in Gestalt einer Bürgerzwangsversicherung[29]) in die gesetz-

---

[22] BVerfGE 125, 175 (224).
[23] BVerfG (Kammerbeschl.), NJW 2010, 2866 (2867).
[24] BVerfGE 125, 175 (LS 3).
[25] Siehe dazu näher BVerfGE 120, 125 (155 ff.); *H. Sodan,* in: ders. (Hrsg.), Handbuch des Krankenversicherungsrechts, 2. Aufl. 2014, § 2 Rn. 50, 54 f.
[26] *H. F. Zacher,* in: HdbStR II § 28 Rn. 27.
[27] *H. F. Zacher,* in: HdbStR II § 28 Rn. 31.
[28] Vgl. *H. F. Zacher,* in: HdbStR II § 28 Rn. 46.
[29] Siehe dazu *C. A. Gebauer,* ZRP 2005, 162 ff.; *J. Isensee,* NZS 2004, 393 ff.; *F. Kirchhof,* NZS 2004, 1 ff.; *H. Sodan,* ZRP 2004, 217 ff.; *ders.,* VVDStRL 64 (2005), S. 144 (149 ff.).

§ 10. Sozialstaat

liche Krankenversicherung als Sozialversicherung ist jedenfalls keine Forderung des Sozialstaatsprinzips.[30]

3. Soziale Gerechtigkeit

Ein weiterer Komplex von sozialstaatlich motivierten Regelungen wird unter dem Schlagwort „soziale Gerechtigkeit"[31] erfasst. Ohne dass die Verfassung dem Gesetzgeber konkrete Vorgaben mache, habe der Staat die Pflicht, „für einen Ausgleich der sozialen Gegensätze und damit für eine gerechte Sozialordnung zu sorgen".[32] Diese Gestaltungsaufgabe ist schon deshalb schwierig, weil es verschiedene soziale Gerechtigkeitsmaßstäbe gibt. „Soziale Gerechtigkeit fand und findet sich immer in dreierlei Gestalt: als Bedarfsgerechtigkeit, als Leistungsgerechtigkeit und als Besitzstandsgerechtigkeit".[33] Im Einzelnen bleiben die Gerechtigkeitskonzepte jedoch letztlich „unentrinnbar subjektiv".[34]

12

Konkretisiert wird das Sozialstaatsprinzip unter dem Aspekt der „sozialen Gerechtigkeit" zum einen durch Vorschriften zum **Schutz des Schwächeren im Rechtsverkehr.** Hier sind insbesondere das *Mietrecht* und *Arbeitsrecht* zu nennen. Ferner verfolgt der Gesetzgeber einen **Ausgleich zwischen verschiedenen Bevölkerungsgruppen.** Dies geschieht hauptsächlich durch *Umverteilung*, beispielsweise durch Gewährung von Sozialleistungen (etwa Kindergeld, Wohngeld) oder Erhebung einkommensabhängiger, d. h. unterschiedlicher Steuer-, Gebühren- oder Beitragssätze (insbesondere Sozialbeiträge[35]). Im politischen Diskurs umstritten ist jedoch die Frage, ob das gegenwärtige Ausmaß der Umverteilung als gerecht zu bezeichnen ist. „Staatlich betriebener Egalitarismus, der durch materielle Gleichstellung aller Bürger das Ergebnis unterschiedlicher Freiheitsnutzung nivelliert, würde nicht nur die Selbstverantwortung für die eigene wirtschaftliche Existenz aufheben, sondern auch die Grundlagen für einen leistungsfähigen Sozialstaat beseitigen."[36]

13

4. Chancengleichheit

Wie bereits oben gezeigt (→ Rn. 2), wird der sozialstaatliche Gedanke insbesondere durch spezielle Gleichheitssätze im Grundgesetz konkretisiert, so dass der Auftrag zur Herstellung von Chancengleichheit wenigstens im Ansatz als verfassungsrechtlich abgesichert betrachtet werden kann. Wichtig ist die Einsicht, dass es in einem freiheitlichen Gemeinwesen, welches seinen Bürgern Grundrechte gewährleistet, **keine absolute Gleichheit** geben kann und deren Herstellung auch kein legitimes Ziel ist, weil sich freie Menschen notwendigerweise von anderen unterscheiden. Es kann daher nur darauf ankommen, Chancengleichheit herzustellen. Dabei geht es um die „Angleichung der tatsächlichen Voraussetzungen zum Erwerb materieller und immaterieller Güter" (gleiche rechtliche Voraussetzungen sind schon von Art. 3 I GG erfasst).[37] Im Rahmen gleicher

14

---

[30] Vgl. näher *H. Sodan*, Freie Berufe als Leistungserbringer im Recht der gesetzlichen Krankenversicherung, 1997, S. 323 ff.; *ders.*, NJW 2003, 1761 (1764 ff.); *ders.*, NJW 2003, 2581 (2583 f.).
[31] Der Begriff wird ausdrücklich verwandt in BVerfGE 5, 85 (198); 40, 121 (134); 79, 223 (236 f.); 102, 254 (298).
[32] BVerfGE 22, 180 (204); vgl. ferner BVerfGE 94, 241 (263).
[33] *H. F. Zacher*, in: HdbStR II § 28 Rn. 52; vgl. dazu auch *H. Sodan*, GesR 2004, 305 (309 f.).
[34] *W. Henke*, Recht und Staat, 1988, S. 181.
[35] Siehe dazu etwa *J. Isensee*, Umverteilung durch Sozialversicherungsbeiträge, 1973.
[36] *K.-P. Sommermann*, in: v. Mangoldt/Klein/Starck Art. 20 I Rn. 108.
[37] *H. D. Jarass*, in: Jarass/Pieroth Art. 20 Rn. 118.

Chancen ist jeder „seines Glückes Schmied". Chancengleichheit wird hauptsächlich durch Gewährleistung eines **Zugangs zu Bildungseinrichtungen** (z. B. Schulen, Universitäten) herbeigeführt, wobei der Zugang vom Leistungsvermögen abhängig gemacht werden kann (vgl. dazu auch die Regelung des Art. 7 IV 3 Hs. 2 GG). Im so genannten Numerus-clausus-Urteil hat das BVerfG aus dem in Art. 12 I 1 GG gewährleisteten Recht auf freie Wahl des Berufes und der Ausbildungsstätte i. V. m. dem allgemeinen Gleichheitssatz des Art. 3 I GG und dem Sozialstaatsprinzip ein Recht des die subjektiven Zulassungsvoraussetzungen erfüllenden Staatsbürgers auf Zulassung zum Hochschulstudium seiner Wahl abgeleitet, das durch Gesetz oder aufgrund eines Gesetzes einschränkbar ist (→ § 22 Rn. 13).

IV. Verhältnis zu Grundrechten

15 Trotz der Tatsache, dass der Sozialstaat durch Gewährung von Chancengleichheit Freiheit vermitteln kann[38], befindet sich die Verwirklichung des Sozialstaatsprinzips zunehmend in einem **Spannungsverhältnis zu** Grundrechten, insbesondere **Freiheitsrechten.** Nach der Judikatur des BVerfG verbleibt „in der unaufhebbaren und grundsätzlichen Spannungslage zwischen dem Schutz der Freiheit des Einzelnen und den Anforderungen einer sozialstaatlichen Ordnung dem Gesetzgeber ein weiter Raum für freie Gestaltung […], innerhalb dessen er Maß und Art der im Interesse des Gemeinwohls notwendigen oder doch vertretbaren Eingriffe in die Freiheit zu bestimmen hat".[39] Andererseits hat das BVerfG zu Recht erkannt, dass auch das Sozialstaatsprinzip „nicht zu beliebiger Sozialgestaltung" ermächtigt.[40]

16 Besondere Probleme stellen sich in diesem Zusammenhang in Bezug auf das **Recht der gesetzlichen Krankenversicherung** (GKV).[41] Im Bereich dieser über lange Zeit[42] durch chronische Finanzierungsschwierigkeiten geprägten Sozialversicherung hält die so genannte Kostendämpfungsgesetzgebung seit mittlerweile über 35 Jahren an. Die Begründung eines Gesetzentwurfs aus dem Jahre 1996 ging zu diesem Zeitpunkt bereits von 46 größeren Gesetzen mit über 6.800 Einzelbestimmungen aus[43], durch die der Gesetzgeber die GKV zu sanieren versucht hatte.[44] Seitdem haben die Gesundheitsreformen an Intensität weiter zugenommen[45] – mit weitreichenden Folgen für Versicherte, gesetzliche Krankenkassen und private Krankenversicherungsunternehmen sowie die Erbringer von Gesundheitsleistungen, insbesondere Vertragsärzte und -zahnärzte sowie phar-

---

[38] Siehe *W. G. Leisner*, in: Sodan Art. 20 Rn. 24b; *Maurer*, StaatsR I § 8 Rn. 78.
[39] BVerfGE 10, 354 (371); vgl. ferner BVerfGE 29, 221 (235); 44, 70 (89); 48, 227 (234); 53, 313 (326).
[40] BVerfGE 12, 354 (367).
[41] Siehe zur Bedeutung der Grundrechte für die Krankenversicherung ausführl. *H. Sodan*, in: ders. (Hrsg.), Handbuch des Krankenversicherungsrechts, 2. Aufl. 2014, § 2 Rn. 52 ff.
[42] Seit 2011 haben die gesetzlichen Krankenkassen und der Gesundheitsfonds jedoch erhebliche Finanzreserven angesammelt, welche im Jahr 2013 knapp 28 Milliarden Euro betrugen; siehe dazu und zu den sich daraus ergebenden verfassungsrechtlichen Konsequenzen näher *H. Sodan*, in: ders. (Hrsg.), Handbuch des Krankenversicherungsrechts, 2. Aufl. 2014, § 2 Rn. 85a. Wie lange dieses Polster reichen wird, ist derzeit allerdings fraglich. Ende 2015 lagen die Reserven der gesetzlichen Krankenkassen und des Gesundheitsfonds noch bei insgesamt etwa 25 Milliarden Euro.
[43] Siehe BT-Drucks. 13/3608, S. 13.
[44] Siehe zu damit verbundenen Verfassungsproblemen ausführl. *H. Sodan*, Freie Berufe als Leistungserbringer im Recht der gesetzlichen Krankenversicherung, 1997, S. 215 ff.
[45] Vgl. dazu *H. Sodan*, in: F. Wenzel (Hrsg.), Handbuch des Fachanwalts Medizinrecht, 3. Aufl. 2013, Kap. 1 Rn. 2.

mazeutische Unternehmen[46]. Der Erste Senat des BVerfG hat bereits in einem Beschluss aus dem Jahre 1984 die „Sicherung der finanziellen Stabilität" der GKV – allerdings ohne Begründung – als „eine Gemeinwohlaufgabe" bezeichnet, „welche der Gesetzgeber nicht nur verfolgen darf, sondern der er sich nicht einmal entziehen dürfte"; ihr diene die Kostendämpfung im Gesundheitswesen.[47] In neueren Entscheidungen des BVerfG findet sich die Formel von der „Sicherung der finanziellen Stabilität und damit der Funktionsfähigkeit" der GKV als einem „Gemeinwohlbelang von hinreichendem Gewicht"[48] bzw. „überragend wichtigen Gemeinwohlbelang"[49]. Diese stereotyp wiederholte, nie näher begründete Formel diente dem BVerfG häufig zur Rechtfertigung erheblicher Grundrechtseingriffe – insbesondere in die Berufsfreiheit des Art. 12 I GG, etwa durch Beschränkungen der Zulassung zur vertrags(zahn)ärztlichen Versorgung – zu Lasten von Leistungserbringern im Recht der GKV.[50] Mit der Zuerkennung eines Vorrangs gegenüber Grundrechten wird der GKV faktisch ein Verfassungsrang zuerkannt. Dieser aber besteht eindeutig nicht. Das Grundgesetz schützt kein System der GKV; diese ist „kein Institut mit Verfassungsrang".[51] Diese Feststellung entspricht einer allgemeinen rechtswissenschaftlichen Auffassung. Daraus folgt aber zugleich, dass das jeweilige System der GKV zwar zu der Verwirklichung des Sozialstaatsprinzips beiträgt, aber letztlich doch nur eine *einfachgesetzliche* Absicherung hat, d. h. auf Rechtsvorschriften beruht, die im Rang *unterhalb* der Normen des Grundgesetzes und damit der Verfassung stehen. Das Sozialstaatsprinzip befreit den Gesetzgeber keinesfalls von der in Art. 1 III GG festgelegten strikten Bindung an die Grundrechte.[52] Es lässt sich daher nur unter Wahrung der Grundrechtsvorschriften verwirklichen. Es ist jedenfalls „nicht geeignet, Grundrechte ohne nähere Konkretisierung durch den Gesetzgeber, also unmittelbar, zu beschränken."[53]

§ 11. Staatsziele: Umweltschutz und Tierschutz

Der Schutz der natürlichen Lebensgrundlagen (Umweltschutz) und der Tiere wird in Art. 20a GG in Form einer Staatszielbestimmung zur **Pflichtaufgabe des Staates** gemacht. Diese Bestimmung wurde – bezogen auf den Schutz der natürlichen Lebensgrundlagen – im Jahre 1994 in das Grundgesetz eingefügt. 2002 folgte dann die verfassungsrechtliche Anerkennung des Tierschutzes. **Zweck der verfassungsrechtlichen Verankerung** ist es, den Interessen des Umwelt- und Tierschutzes bei der Abwägung mit anderen verfassungsrechtlich geschützten Gütern (z. B. der Berufs-, Wissenschafts- oder Religionsfreiheit) stärkeres Gewicht oder überhaupt Berücksichtigungsfähigkeit zukommen zu lassen. Denn gerade Eingriffe in vorbehaltlos gewährleistete Grundrechte können nur zu Gunsten kollidierender Verfassungsgüter erfolgen.

I. Allgemeines

Die Staatszielbestimmungen enthalten eine **verfassungsrechtliche Wertentscheidung** für den Umwelt- und Tierschutz. Der Staat ist objektiv verpflichtet, auf die Verwirkli-

---

[46] Siehe zur Gesundheitsreformgesetzgebung aus jüngerer Zeit BVerfGE 123, 186 ff.; *H. Sodan*, NJW 2006, 3617 ff.; NJW 2007, 1313 ff.; *ders.*, Private Krankenversicherung und Gesundheitsreform 2007. Verfassungs- und europarechtliche Probleme des GKV-Wettbewerbsstärkungsgesetzes, 2. Aufl. 2007; *ders.*, VSSR 2008, 1 ff.; *ders./M. Schüffner*, Staatsmedizin auf dem Prüfstand der Verfassung, 2006.
[47] BVerfGE 68, 193 (218); vgl. etwa auch BVerfG (Kammerbeschl.), NJW 2000, 1871.
[48] Siehe etwa BVerfGE 103, 172 (184); BVerfG (Kammerbeschl.), DVBl. 2002, 400 (401). Krit. zu dieser Rspr. *N. Schaks*, Der Grundsatz der finanziellen Stabilität der gesetzlichen Krankenversicherung, 2007; *ders.*, VSSR 2008, 31 ff.
[49] BVerfGE 123, 186 (264); vgl. auch BVerfGE 114, 196 (248).
[50] Vgl. *N. Schaks*, in: H. Sodan, Handbuch des Krankenversicherungsrechts, 2. Aufl. 2014, § 16 Rn. 5 f.
[51] *R. Jaeger*, in: S. Empter/H. Sodan (Hrsg.), Markt und Regulierung, 2003, S. 15.
[52] *H. Sodan*, GesR 2004, 305 (306 f.).
[53] BVerfGE 59, 231 (263).

chung dieser Zielsetzungen hinzuarbeiten; nicht verpflichtet sind dagegen natürliche Personen und juristische Personen des Privatrechts. Art. 20a GG begründet weder subjektive Rechte – ist also auch kein grundrechtsgleiches Recht –, noch kann er als Ermächtigungsgrundlage für Eingriffe der Verwaltung dienen.[1] Dies ergibt sich schon aus dem Wortlaut, der einen Schutz nur „im Rahmen der verfassungsmäßigen Ordnung" und „nach Maßgabe von Gesetz und Recht" erlaubt. Mit diesen Einschränkungen wird auch bestätigt, dass der Staat nicht gehalten ist, die Staatsziele einseitig und unbeschränkt zu verwirklichen, sondern nur im Rahmen eines umfänglichen Interessenausgleichs, insbesondere einer Abwägung mit anderen Verfassungsgütern.[2]

3 Da die Verwirklichung von Umwelt- und Tierschutz einen Ausgleich ganz verschiedener Interessen erfordert, ist mit den Staatszielen vor allem ein **Auftrag an den Gesetzgeber** verbunden. Ihm obliegt es, die Staatsziele durch die Schaffung von Umweltschutz- und Tierschutzgesetzen zu konkretisieren. Problematisch ist dabei, dass die Verfassung keine konkreten Handlungsanweisungen enthält und auch hinsichtlich des Schutzniveaus kaum eine andere Aussage getroffen werden kann, als dass hinter einem „ausreichenden Schutz" nicht zurückgeblieben werden darf, was auch immer das heißen soll. Gerade der Umweltschutz ist eine sehr dynamische Größe, da hier Möglichkeiten und Grenzen durch die im Laufe der Zeit wechselnde technische Entwicklung und wirtschaftliche Machbarkeit vorgegeben werden. Dem Gesetzgeber wird daher ein sehr **weiter Gestaltungsspielraum** zugestanden; ihm obliegt danach die Wahl der Mittel und Wege.[3] „Hat allerdings der Gesetzgeber in Ausfüllung seines Gestaltungsspielraums für den Erlass untergesetzlicher tierschutzrechtlicher Normen das Ermessen des Normgebers [...] durch Verfahrensvorschriften beschränkt, die gerade das Zustandekommen materiell tierschutzgerechter Ergebnisse des Normsetzungsverfahrens fördern sollen und damit dem Staatsziel Tierschutz dienen, so ist nicht nur einfaches Recht, sondern zugleich Art. 20a GG verletzt, wenn nicht wie gesetzlich vorgegeben verfahren wird".[4]

4 Auch die **vollziehende Gewalt** (Regierung und Verwaltung) sowie die **Rechtsprechung** sind gemäß Art. 20a GG zur Verfolgung der Staatsziele „nach Maßgabe von Gesetz und Recht" aufgerufen.[5] So muss beispielsweise die Verwaltung bei der Gesetzesauslegung oder in Fällen, in denen ihr ein eigener Handlungsspielraum verbleibt (etwa planerische Abwägungs- oder Ermessensentscheidungen), dem in der Verfassung zum Ausdruck gebrachten Gewicht von Umwelt- und Tierschutz Rechnung tragen. Daher kann sie – sofern eine Ermächtigungsgrundlage zur Verfügung steht – verpflichtet sein, Maßnahmen gegen Dritte zu ergreifen. Die Rechtsprechung berücksichtigt die Staatsziele bei der Auslegung von Gesetzen, auch im Privatrecht. „Berücksichtigung" bedeutet hier wiederum nicht einseitiger Vorrang.

5 Der **staatliche Schutz** i. S. d. Art. 20a GG beinhaltet zum einen die Verpflichtung des Staates, selbst Eingriffe in die Umwelt oder die vom Tierschutz erfassten Güter

---

[1] Vgl. BVerwG, NVwZ 2006, 595 (597).
[2] BT-Drucks. 12/6000, S. 67f.; BVerfGE 127, 293 (328); BVerwG, NJW 1995, 2648 (2649); NVwZ 2006, 595 (597); BVerwGE 127, 183 (186f.).
[3] Vgl. BVerfGE 118, 79 (110); 127, 293 (328); BVerfG (Kammerbeschl.), NVwZ 2007, 1168 (1171); DVBl. 2010, 52 (54); *D. Murswiek*, NVwZ 1996, 222 (223f.); *A. Schink*, DÖV 1997, 221 (226ff.).
[4] BVerfGE 127, 293 (329).
[5] BVerwG, NVwZ 2006, 595 (597).

(→ Rn. 7) zu unterlassen. Zum anderen hat der Staat positiv Maßnahmen zu ergreifen: Er muss gesetzgeberisch tätig werden (→ Rn. 3) und Dritte – nochmals: im Rahmen bestehender Befugnisse – bei konkreten Gefährdungen überwachen und einschreiten, wenn von ihnen derartige Eingriffe ausgehen. Ferner gebietet der Schutz der natürlichen Lebensgrundlagen dem Staat einen sparsamen und schonenden Umgang mit den Ressourcen der Natur; er verpflichtet den Staat ferner dazu, Vorsorge vor schleichender Beeinträchtigung oder Zerstörung der Umwelt zu betreiben.

II. Schutz der natürlichen Lebensgrundlagen (Umweltschutz)

Der Begriff der natürlichen Lebensgrundlagen bezieht sich auf die natürliche Umwelt des Menschen. Dazu gehören die Umweltmedien **Boden, Wasser** und **Luft** sowie die **Atmosphäre** (z. B. Ozonschicht). Schutzgegenstand sind ferner alle **Pflanzen** sowie die **klimatischen Verhältnisse,** nach Ansicht des BVerwG auch die **Unversehrtheit des Landschaftsbildes.**[6] Zu den natürlichen Lebensgrundlagen gehören jedenfalls auch die **Tiere.** Fraglich ist jedoch, ob nach Einführung der Tierschutzbestimmung die Tiere davon als lex specialis vollständig erfasst werden. Als Bestandteil der natürlichen Lebensgrundlagen wären sie jedoch – weiterhin wie bisher – nur der Art nach geschützt und nicht als einzelnes Tier.

III. Schutz der Tiere

Die Aufnahme des Tierschutzes als Staatsziel bezweckt eine „stärkere Akzentuierung der ethisch-sittlichen Verantwortung des Menschen insbesondere gegenüber höher entwickelten, leidens- und empfindungsfähigen Tieren".[7] Der verfassungsändernde Gesetzgeber ging davon aus, dass der Schutz der Tiere als Lebewesen und Mitgeschöpfe bislang unzureichend war. Gegenüber anderen mit Verfassungsrang ausgestatteten Rechtsgütern, wie z. B. der Forschungs- und Wissenschaftsfreiheit (Tierversuche) oder Religionsfreiheit (Schächten von Tieren[8]), konnte sich der Tierschutz kaum effektiv durchsetzen. „Auch wenn die Einfügung des Tierschutzes als Staatsziel eine verfassungsrechtliche Aufwertung gebracht hat, genießt dieser Belang keineswegs Vorrang gegenüber anderen Verfassungsgewährleistungen"; vielmehr „ist es vorrangig Aufgabe des Gesetzgebers, dieses Anliegen zu einem gerechten Ausgleich mit etwa widerstreitenden Grundrechten zu bringen".[9] Daher schließt nach der Rechtsprechung des BVerwG Art. 20a GG „nicht aus, einem muslimischen Metzger eine Ausnahmegenehmigung nach § 4a Abs. 2 Nr. 2 Alt. 2 TierSchG zum betäubungslosen Schlachten (Schächten) von Rindern und Schafen zu erteilen, um seine Kunden entsprechend ihrer Glaubensüberzeugung mit Fleisch zu versorgen".[10]

Der Tierschutz umfasst jedenfalls den **Schutz des einzelnen Tieres vor vermeidbaren Leiden, Schäden oder Schmerzen.**[11] Möglich ist es, auch den bisher zum Schutz der natürlichen Lebensgrundlagen zählenden Artenschutz umfassend dem Tierschutz zuzurechnen.

---

[6] BVerwG, NJW 1995, 2648 ff.
[7] BT-Drucks. 14/9090, S. 4; vgl. auch BVerfG (Kammerbeschl.), NVwZ 2007, 808 (810).
[8] Vgl. BVerfGE 104, 337 ff. (vor Einfügung der Staatszielbestimmung); BVerwGE 127, 183 ff.; VGH Kassel, ESVGH 55, 129 ff.
[9] BVerwGE 127, 183 (186); vgl. ferner BVerfGE 127, 293 (328).
[10] BVerwGE 127, 183 (LS). Krit. zu diesem Urteil A. Dietz, DÖV 2007, 489 ff.
[11] Vgl. BT-Drucks. 14/9090, S. 2; BVerfGE 127, 293 (328).

Zweites Kapitel. Staatsorgane

Die wichtigsten Staatsorgane der Bundesrepublik Deutschland (so genannte oberste Bundesorgane) sind der **Deutsche Bundestag** (→ § 12), der **Bundesrat** (→ § 13), der **Bundespräsident** (→ § 14), die **Bundesregierung** (→ § 15) sowie das **BVerfG** (→ § 16). Deren nachfolgende Darstellung orientiert sich dabei an der Reihenfolge, in der diese Staatsorgane im Grundgesetz behandelt werden.

§ 12. Deutscher Bundestag

> **Fall 10:** Nachdem das BVerfG das bestehende Abtreibungsrecht in Deutschland für unvereinbar mit der staatlichen Schutzpflicht zu Gunsten des ungeborenen Lebens (vgl. Art. 2 II 1 GG) erklärt hat, wollen die Bundesregierung und die sie stützende Fraktion der S-Partei im Bundestag das Abtreibungsrecht in geringst erforderlichem Maße verschärfen. Daher sehen sie eine Regelung vor, welche den Schwangerschaftsabbruch unter etwas engeren Voraussetzungen als bisher erlaubt – was auch der mehrheitlichen Meinung in Bevölkerung und Bundestag entspricht. Der Abgeordnete A der S-Fraktion lehnt diese Regelung dagegen als noch immer viel zu liberale ab; er sieht jegliche Abtreibung als unzulässige Beendigung von gottgewolltem Leben an. Da die S-Fraktion zusammen mit ihrem Koalitionspartner aber endlich einmal wieder eine Abstimmung ohne „Abweichler" in den eigenen Reihen durchführen möchte, um dem mittlerweile in der Bevölkerung vorherrschenden Bild einer krisengeschüttelten und in sich zerstrittenen Regierungskoalition entgegen zu treten, zitiert die Fraktionsspitze den A zu sich und macht ihm unmissverständlich klar, dass man auf seine Loyalität mit der Partei bzw. Fraktion und auf seine Zustimmung beim Beschluss der Regelung im Bundestag zähle – anderenfalls würde sich die Fraktion wohl von ihm trennen müssen. Wie ist dieses Verhalten der Fraktionsspitze verfassungsrechtlich zu beurteilen?

I. Bedeutung und Funktionen des Bundestages

1 Der Deutsche Bundestag ist die unmittelbar vom Volk gewählte und somit – als einziges Verfassungsorgan – über *unmittelbare* demokratische Legitimation verfügende **„Volksvertretung" (Parlament).** Damit hat er zentrale Bedeutung für die Verwirklichung des in der Bundesrepublik Deutschland maßgebenden Prinzips der repräsentativen und parlamentarischen Demokratie (→ § 6 Rn. 1ff., 35ff.) sowie die Willensbildung des Volkes (so genannte **Repräsentationsfunktion**). Aus dieser Stellung leiten sich auch die Erfordernisse des Parlamentsvorbehalts (→ § 6 Rn. 65f.) sowie des Gesetzesvorrangs (→ § 7 Rn. 17ff., insbes. 20ff.) und des Gesetzesvorbehalts (→ § 7 Rn. 25f.) ab. Damit ist zugleich Bezug genommen auf die vornehmlichste Aufgabe des Bundestages: seine **Gesetzgebungsfunktion** (→ § 17). Des Weiteren besitzt er das **Budgetrecht** (vgl. Art. 110 II 1 GG).[1] Ferner übt er eine **Mitwirkungs- bzw. Zustimmungsfunktion** im

---

[1] Siehe ausführl. hierzu BVerfGE 129, 124, (177 ff. sowie LS 2, 3) betr. Griechenland-Hilfe und Euro-Rettungsschirm: „Das Budgetrecht stellt [...] ein zentrales Element der demokratischen Willensbildung dar". Daher muss der Deutsche Bundestag „dem Volk gegenüber verantwortlich über Einnahmen und Ausgaben entscheiden" und darf „seine Budgetverantwortung nicht durch unbestimmte haushaltspolitische Ermächtigungen auf andere Akteure übertragen". So „dürfen keine dauerhaften völkervertragsrechtlichen Mechanismen begründet werden, die auf eine Haftungsübernahme für Willensentscheidungen anderer Staaten hinauslaufen, vor allem wenn sie mit schwer kalkulierbaren Folgewirkungen verbunden sind. Jede ausgabenwirksame solidarische Hilfsmaßnahme des Bundes größeren Umfangs im internationalen oder unionalen Bereich muss

Hinblick auf andere rechtlich oder politisch bedeutsame Maßnahmen aus; dazu gehören beispielsweise der Abschluss völkerrechtlicher Verträge (Art. 59 II GG), die Feststellung des Verteidigungsfalles (Art. 115a I GG), der militärische Einsatz der Bundeswehr[2] oder die Angelegenheiten der Europäischen Union (vgl. Art. 23 GG)[3]. Wesentlich ist auch seine so genannte **Kreationsfunktion** hinsichtlich der Konstituierung anderer Staatsorgane, vor allem der Bundesregierung (durch Wahl des Bundeskanzlers, → § 15 Rn. 3 ff.), des Bundespräsidenten (vgl. Art. 54 I 1, III GG) oder des BVerfG (durch Richterwahl, → § 16 Rn. 8). Überdies obliegt dem Bundestag die parlamentarische Kontrolle der Exekutive, insbesondere der Bundesregierung (so genannte **Kontrollfunktion**): Diesbezüglich vom Grundgesetz zur Verfügung gestellte Instrumente sind etwa die Zitier- und Interpellationsrechte nach Art. 43 GG, das Recht zur Einsetzung eines Untersuchungsausschusses gemäß Art. 44 GG (→ Rn. 28 ff.) oder die Möglichkeit des Misstrauensvotums gegen den Bundeskanzler (Art. 67 GG, → § 15 Rn. 10), ferner für die auswärtigen Angelegenheiten und den Verteidigungsbereich etwa die Einberufung entsprechender Ausschüsse (siehe Art. 45a GG), für den Verteidigungsbereich zusätzlich die Berufung eines Wehrbeauftragten (Art. 45b GG) oder für den Haushaltsbereich die Rechnungslegung nach Art. 114 GG.

II. Wahl und Zusammensetzung des Bundestages

Die Abgeordneten des Bundestages werden in allgemeiner, unmittelbarer, freier, gleicher und geheimer Wahl gewählt (Art. 38 I 1 GG). Der Bundestag besteht aus 598 Abgeordneten zuzüglich der nach dem neuen Wahlrecht[4] geschaffenen Ausgleichsmandate, gegenwärtig[5] also aus insgesamt 630 Abgeordneten (vgl. § 1 I BWG; zur Wahl und Zusammensetzung des Bundestages → § 6 Rn. 40 ff.). 2

III. Wahlperiode und vorzeitige Auflösung des Bundestages

1. Wahlperiode

Der Bundestag wird gemäß Art. 39 I 1 GG auf **vier Jahre** gewählt (so genannte Wahl- oder Legislaturperiode). Wie sich aus den nachfolgenden Regelungen des Art. 39 GG ergibt, handelt es sich dabei um eine Regelzeitspanne. **Neuwahlen** finden frühestens 46, spätestens 48 Monate nach Beginn der Wahlperiode statt, im Falle einer vorzeitigen 3

---

vom Bundestag im Einzelnen bewilligt werden." Darüber hinaus muss „gesichert sein, dass weiterhin hinreichender parlamentarischer Einfluss auf die Art und Weise des Umgangs mit den zur Verfügung gestellten Mitteln besteht." Siehe ferner → § 5 Rn. 11a, 19a, 31b sowie BVerfGE 130, 318 (342 ff.).

[2] Siehe dazu BVerfGE 90, 286 (383 ff.); 121, 135 ff.; 124, 267 ff.; 126, 55 ff.
[3] Gemäß dem mit Inkrafttreten des Vertrags von Lissabon (vgl. → § 5 Rn. 1) am 1.12.2009 seinerseits in Kraft getretenen Art. 23 Ia 1 und 2 GG (siehe Gesetz zur Änderung des Grundgesetzes v. 8.10.2008, BGBl. I S. 1926) ist der Bundestag auf Antrag eines Viertels seiner Mitglieder (in der 18. Wahlperiode: auf Antrag von 120 Mitgliedern, vgl. § 126a I Nr. 4 GO-BT) verpflichtet, wegen Verstoßes eines Gesetzgebungsakts der EU gegen das Subsidiaritätsprinzip vor dem EuGH Klage zu erheben; im Übrigen hat er hierzu, ebenso wie der Bundesrat, das Recht (Art. 23 Ia 1 GG). Siehe zur Verfassungsmäßigkeit dieses GG-Änderungsgesetzes BVerfGE 123, 267 (431 ff.).
[4] Siehe dazu → § 6 Rn. 44; *H. Holste,* NVwZ 2013, 529 ff.
[5] 18. Deutscher Bundestag, Stand: Dezember 2015; Quelle: www.bundestag.de. Ursprünglich wurden 631 Abgeordnete gewählt. Nach der Mandatsaufgabe einer Abgeordneten bleibt der Sitz unbesetzt (§ 48 I 4 BWG), da die betroffene Landesliste erschöpft ist.

Auflösung des Bundestages (→ Rn. 6) innerhalb der nachfolgenden 60 Tage (Art. 39 I 3, 4 GG). Die Wahlperiode **beginnt** mit dem ersten Zusammentritt des Bundestages (konstituierende Sitzung), was nach Art. 39 II GG spätestens am 30. Tag nach der Wahl erfolgen muss. Sie **endet** mit dem Zusammentritt eines neuen Bundestages (Art. 39 I 2 GG).

4 Eine Veränderung der Wahlperiode kann nur durch *Verfassungsänderung* und nur für *nachfolgende* Wahlperioden erfolgen. Die Wahlperiode darf dabei im Hinblick auf die politische Effektivität nicht zu kurz, mit Rücksicht auf die Erneuerung der demokratischen Legitimation nicht zu lang bemessen sein, so dass in beide Richtungen wohl kaum mehr als ein „Spielraum" von etwa einem Jahr bestehen dürfte.

2. Grundsatz der Diskontinuität

5 Auch wenn der Bundestag ein ständiges Organ ist, ändert sich doch seine Besetzung mit jeder Wahlperiode (daher auch die sprachliche Bezeichnung als „1.", „2.", „3." etc. Bundestag, je nach der betreffenden Wahlperiode[6]). Hieraus resultiert der Grundsatz der Diskontinuität, der sich neben der *personellen* Zäsur auch sachlich und institutionell auswirkt: *Sachlich* dahingehend, dass zum Ende einer Wahlperiode nicht abgeschlossene Beschlussvorlagen (etwa hinsichtlich Gesetzen) als erledigt gelten (vgl. § 125 GO-BT) und ggf. in den neuen Bundestag vollständig neu eingebracht werden müssen, *institutionell* insoweit, als Einrichtungen des Bundestages, deren Bestand von einer Entscheidung des Bundestages abhängt, als aufgelöst gelten (insbesondere Ausschüsse).

3. Vorzeitige Auflösung

6 Eine vorzeitige Auflösung des Bundestages ist nur möglich, soweit dies im Grundgesetz ausdrücklich vorgesehen ist, nämlich in den Fällen des Art. 63 IV GG (gescheiterte Kanzlerwahl, → § 15 Rn. 5f.) und des Art. 68 GG (erfolglose Vertrauensfrage, → § 15 Rn. 12ff.). In beiden Fällen obliegt die **Auflösung dem Bundespräsidenten,** der diesbezüglich jeweils eine am Gesichtspunkt stabiler Regierungsmehrheiten auszurichtende Einschätzungsprärogative hat.

7 Ein außerhalb dieser Fälle liegendes **Selbstauflösungsrecht des Bundestages** gibt es *nicht*.[7] In parlamentarischen Krisensituationen soll nur in den verfassungsrechtlich vorgesehenen Bahnen eine vorzeitige Beendigung der Legislaturperiode bewirkt werden können. Überdies bestünde eine Missbrauchsgefahr dahingehend, dass – etwa während eines politischen Stimmungshochs in der Bevölkerung – durch Neuwahlen eine bestehende Bundestagsmehrheit vorzeitig für eine weitere Legislaturperiode gesichert oder gar ausgebaut werden könnte. Zulässig kann allerdings eine „negative" (auch: „auflösungsgerichtete") Vertrauensfrage sein (→ § 15 Rn. 14f.).

IV. Organisation und Verfahren des Bundestages

1. Geschäftsordnung des Bundestages

8 Da das Grundgesetz – getreu dem Wesen einer Verfassung – zur Organisation und zum Verfahren des Bundestages nur grundlegende Kodifizierungen trifft, sind viele Einzelre-

---

[6] Der bei der letzten Bundestagswahl am 22.9.2013 gewählte Bundestag ist der **18.** Deutsche Bundestag.
[7] Vgl. hingegen zu dem auf *Landesebene* nach Art. 54 II VvB bestehenden Recht des Abgeordnetenhauses von Berlin, mit einer Mehrheit von zwei Dritteln seiner Mitglieder die vorzeitige Beendigung der Wahlperiode zu beschließen, BerlVerfGH, LVerfGE 12, 75ff. = NVwZ 2002, 594ff.

gelungen hierzu in der auf Grundlage des Art. 40 I 2 GG vom Parlament selbst erlassenen Geschäftsordnung des Bundestages (GO-BT) getroffen. Deren Rechtsnatur ist umstritten, was allerdings kaum praktische Auswirkungen hat; das BVerfG bezeichnet sie als „autonome Satzung".[8] Im Hinblick auf ihren Inhalt, insbesondere soweit dadurch einzelne Bestimmungen des Grundgesetzes konkretisiert werden, kommt dem Bundestag ein begrenzter, am Maßstab der parlamentarischen Funktionsfähigkeit und Effektivität ausgerichteter Autonomiespielraum zu, der sich allerdings nicht in Widerspruch zu ausdrücklichen Regelungen des Grundgesetzes oder zu allgemeinen Verfassungsprinzipien und -wertentscheidungen setzen darf;[9] denn das Grundgesetz ist gegenüber der GO-BT – ungeachtet deren strittiger Rechtsnatur – höherrangiges Recht.[10] Ein **Verstoß gegen die GO-BT** hat demgegenüber – soweit er nicht ohnehin nach § 126 GO-BT unbeachtlich ist – grundsätzlich nur „bundestagsinterne" Wirkung und lässt insbesondere die Verfassungsmäßigkeit der betreffenden Maßnahme (etwa eines beschlossenen Gesetzes) unberührt – es sei denn, dass die verletzte Norm der GO-BT der Konkretisierung einer grundgesetzlichen Bestimmung dient.

2. Gliederung des Bundestages (insbesondere Fraktionen und Ausschüsse)

Während das *Plenum* des Bundestages, d. h. die Vollversammlung seiner Abgeordneten, insbesondere die grundlegenden parlamentarischen Entscheidungen trifft (vor allem Beschlüsse fasst, etwa über Gesetzentwürfe, und Wahlen durchführt, beispielsweise des Bundeskanzlers), bestehen daneben zahlreiche (Unter-)Organe des Bundestages, die mit parlamentarischer Arbeit betraut sind. Zu nennen sind hier insbesondere die *Fraktionen* und *Ausschüsse*.

Die **Fraktionen** sind Vereinigungen von mindestens fünf Prozent der Mitglieder des Bundestages, die derselben Partei oder politisch gleichgerichteten, in keinem Land miteinander konkurrierenden Parteien (wie CDU und CSU) angehören (§ 10 I 1 GO-BT). Ihre Bildung beruht auf der in Ausübung des freien Mandats getroffenen Entscheidung der Abgeordneten (Art. 38 I 2 GG; → näher zur Rechtsstellung der **Abgeordneten** Rn. 18 ff.). Die Fraktionen sind die „Repräsentanten" der politischen Parteien (→ näher zu diesen § 6 Rn. 69 ff.) im Parlament. Sie wirken an der Erfüllung der Aufgaben des Deutschen Bundestages mit (§ 47 I AbgG). Dabei haben sie maßgebliche Funktionen für die parlamentarische bzw. politische Willensbildung und werden insgesamt als „notwendige Einrichtungen des Verfassungslebens"[11] angesehen. Damit korrespondiert die Anknüpfung zahlreicher parlamentarischer Rechte an den Fraktionsstatus oder wenigstens die Fraktionsmindeststärke (vgl. etwa § 6 I 3, §§ 11, 12, 42, 45 II, 76, 78 ff., 89 GO-BT). Die Verletzung ihrer verfassungsmäßigen Rechte – etwa aus Art. 20 II („Minderheitenschutz")[12], 38 I 2, 39 I und 53a GG – kann eine Fraktion im Organstreitverfahren geltend machen (→ dazu näher § 52, insbes. Rn. 5 ff.).

Soweit sich Mitglieder des Bundestages zusammenschließen wollen, ohne dabei Fraktionsstärke zu erlangen – etwa im Falle von durch Direktmandate in den Bundestag eingezogenen Abgeord-

---
[8] BVerfGE 1, 144 (148).
[9] Vgl. BVerfGE 1, 144 (153); 44, 308 (315).
[10] Ferner darf die GO-BT auch nicht in Widerspruch zu formellen Gesetzen stehen; siehe dazu näher *Maurer*, StaatsR I § 13 Rn. 92.
[11] BVerfGE 70, 324 (350) m.w.N.; 84, 304 (322).
[12] Siehe dazu BVerfGE 70, 324 (351 f.).

neten einer Partei, die nicht die Fünf-Prozent-Hürde übersprungen hat (→ § 6 Rn. 57 f.) –, können diese gemäß § 10 IV GO-BT als **„Gruppe"** anerkannt werden. Einer Gruppe müssen dabei jedenfalls diejenigen parlamentarischen Befugnisse eingeräumt werden, die nötig sind, damit die Gruppe in einer ihrer Größe angemessenen Art und Weise ihrem verfassungsmäßigen Recht auf Mitwirkung an der politischen Willensbildung im Parlament nach Art. 38 I 2 GG nachkommen kann.[13]

12 Die der „Regierungsmehrheit" im Bundestag gegenüberstehende **Opposition**[14] ist zwar nicht ausdrücklich mit Rechten ausgestattet; jedoch stehen den sie bildenden Fraktionen selbstverständlich die oben beschriebenen Fraktionsrechte zu. Darüber hinaus dienen ihrem Schutz spezifische Minderheitenrechte, die etwa in Art. 44 I 1 GG (Einberufung eines Untersuchungsausschusses, → Rn. 28 ff.), Art. 93 I Nr. 2 GG (abstrakte Normenkontrolle, → § 53) und § 48 BVerfGG (Wahlprüfung, → § 6 Rn. 62 ff. und § 56 Rn. 4) geregelt sind.

13 Eine wesentliche parlamentarische Funktion haben auch die **Ausschüsse** des Bundestages. Ihnen obliegt vor allem die Vorbereitung der Verhandlungen und Beschlüsse des Bundestages (vgl. §§ 54, 62 GO-BT), mithin die parlamentarische „Detailarbeit", die vom 631 Mitglieder umfassenden Plenum schon organisatorisch gar nicht geleistet werden kann. Der Bundestag ist dabei nicht auf die Einrichtung der im Grundgesetz (etwa in den Art. 45, 45 a und 45 c) vorgesehenen Ausschüsse beschränkt. Einigen Ausschüssen kann auch eine Kontrollfunktion zukommen (→ Rn. 1 a. E.; zum insoweit besonders bedeutsamen Untersuchungsausschuss nach Art. 44 GG → Rn. 28 ff.). Die Ausschüsse sind gemäß § 12 GO-BT im Verhältnis der einzelnen Fraktionsstärken zu besetzen, spiegeln also die Kräfteverhältnisse im Plenum wider. Näheres zum Verfahren regeln die §§ 54 ff. GO-BT. Dabei sieht § 56 GO-BT zur Vorbereitung von Entscheidungen über umfangreiche und bedeutsame Sachkomplexe auch die Einsetzung einer so genannten Enquête-Kommission vor, deren Besetzung sich nach § 56 II GO-BT richtet.

14 Als weiteres Organ des Bundestages zu nennen ist dessen **Präsident** (vgl. Art. 40 I 1 GG), der zusammen mit seinen Stellvertretern das **Präsidium** bildet (§ 5 GO-BT). Er vertritt den Bundestag (§ 7 I 1 GO-BT), leitet dessen Sitzungen (vgl. § 7 I 2, §§ 8, 21 ff. GO-BT) und übt das Hausrecht sowie die Polizeigewalt im Gebäude des Bundestages aus (Art. 40 II 1 GG). Ohne seine Zustimmung darf in den Räumen des Bundestages keine Durchsuchung oder Beschlagnahme stattfinden (Art. 40 II 2 GG).[15]

3. Beschlussfassung und Mehrheitsformen im Bundestag

15 Die Beschlussfassungen des Bundestages erfolgen nach Art. 42 II GG grundsätzlich – d. h. vorbehaltlich anderer grundgesetzlicher Bestimmungen – mit der Mehrheit der abgegebenen Stimmen, wobei Enthaltungen oder ungültige Stimmen nicht mitgezählt werden[16], so genannte **einfache** oder **relative Mehrheit.** Ist demgegenüber (wie etwa in Art. 63 II und IV 2, Art. 67 I, 68 I, 77 IV 1 oder Art. 87 III 2 GG) die Mehrheit der Stimmen der Mitglieder des Bundestages[17] (vgl. Art. 121 GG) gefordert, so spricht man von **absoluter Mehrheit** oder – wegen Art. 63 GG – auch von „Kanzlermehrheit". Eine qualifizierte Mehrheit in Form einer **Zweidrittelmehrheit** der Stimmen der Mit-

---

[13] Vgl. dazu näher BVerfGE 84, 304 (322 ff.); 96, 264 (278 ff.) – jeweils bzgl. der PDS.
[14] Siehe zum Begriff der Opposition *W. Leisner*, DÖV 2014, 880 ff.
[15] Siehe näher BVerfGE 108, 251 (273 ff.).
[16] Eine Ausnahme hiervon macht etwa § 45 III 4 GO-BT.
[17] Bei derzeit 630 Abgeordneten im 18. Deutschen Bundestag liegt diese (absolute) Mehrheit bei 316 Stimmen.

§ 12. Deutscher Bundestag 111

glieder des Bundestages[18] ist in Art. 61 I 3 (Präsidentenanklage) oder Art. 79 II GG (Verfassungsänderung) vorgesehen, eine Zweidrittelmehrheit der *abgegebenen* Stimmen etwa in Art. 80a I 2 GG (Feststellung des Spannungsfalles). So genannte **„doppelt qualifizierte" Mehrheiten** verlangen etwa Art. 77 IV (→ § 17 Rn. 34f.) oder Art. 115a I 2 GG (Feststellung des Verteidigungsfalles). Daneben gibt es noch bestimmte **„Minderheitenmehrheiten"**, etwa in Art. 42 I 2 („Zehntel"), Art. 44 I 1 („Viertel") oder Art. 39 III 3 GG („Drittel").

Beschlussfähig ist der Bundestag nach § 45 I GO-BT, wenn mehr als die Hälfte seiner Mitglieder im Sitzungssaal anwesend ist. Jedoch wird bei geringerer Anwesenheit die Beschlussfähigkeit solange vermutet bzw. fingiert, wie sie nicht auf Antrag einer Fraktion oder von anwesenden 5 Prozent der Mitglieder des Bundestages positiv festgestellt wird (vgl. § 45 II und III GO-BT, → § 17 Rn. 30). 16

Anders als bei den so genannten **schlichten Parlamentsbeschlüssen** (etwa politischen Absichts- oder Meinungsbekundungen) kann der Bundestag **echte Parlamentsbeschlüsse**, d. h. solche mit *rechtsverbindlicher* Wirkung, nur auf rechtlicher Grundlage erlassen. Daraus erklärt sich etwa, dass der Bundestag zwar auf Grundlage des Art. 67 GG den Bundeskanzler, nicht aber einen einzelnen Bundesminister aus dem Amt zu „heben" vermag. Letzterem kann er nur im Wege eines schlichten Parlamentsbeschlusses eine „Missbilligung" aussprechen, die aber keine rechtliche Verbindlichkeit (etwa hinsichtlich Entlassung oder Rücktritt des Ministers) entfaltet (→ § 15 Rn. 11). 17

V. Rechtsstellung der Abgeordneten

1. Freies Mandat

Der verfassungsrechtliche Status der Abgeordneten des Bundestages ergibt sich aus **Art. 38 I 2 GG.** Danach sind sie Vertreter des ganzen Volkes, an Aufträge und Weisungen nicht gebunden und nur ihrem Gewissen unterworfen, d. h. sie sind bei der Ausübung ihrer Abgeordnetenfunktion frei von staatlicher und auch privater Beeinflussung, Beschränkung, Behinderung oder sonstiger Einflussnahme (so genanntes **freies Mandat**; Gegenteil ist das *imperative* Mandat). Dies gilt nicht nur hinsichtlich der *Ausübung* des Mandats, sondern auch in Bezug auf *Bestand* und *Dauer* des Abgeordnetenstatus, welcher grundsätzlich für den Zeitraum der aktuellen Wahlperiode (→ Rn. 3f.) verfassungsrechtlich garantiert ist. Zur Überwachung einzelner Abgeordneter durch Verfassungsschutzbehörden → § 6 Rn. 98. 18

Insofern ist der (unfreiwillige) **Mandatsverlust** nur in engen Ausnahmefällen möglich, die als Konkretisierung verfassungsimmanenter Schranken des Art. 38 I 2 GG gesetzlich geregelt sein müssen. **Verlustgründe** dieser Art sind insbesondere in § 46 BWG enthalten (Ungültigkeit des Erwerbs der Mitgliedschaft, Neufeststellung des Wahlergebnisses, Wegfall der Wählbarkeitsvoraussetzungen, Verzicht, Zugehörigkeit zu einer vom BVerfG für verfassungswidrig erklärten Partei). Auch im Übrigen ist die Freiheit des Mandats nicht schrankenlos gewährleistet, sondern kann durch andere Rechtsgüter von Verfassungsrang begrenzt werden; hierzu zählen etwa die Repräsentations- und Funktionsfähigkeit des Parlaments.[19] 19

In einem **Spannungsverhältnis** steht Art. 38 I 2 GG zu **Art. 21 GG,** der den politischen Parteien eine verfassungsrechtlich hervorgehobene Aufgabe bei der Willensbildung des 20

---

[18] Bei gegenwärtig 630 Abgeordneten im 18. Deutschen Bundestag liegt diese Zweidrittelmehrheit bei 420 Stimmen.
[19] BVerfGE 118, 277 (324) m.w.N. – betr. Neuregelungen in § 44a AbgG über die Ausübung des Mandats und die Offenlegungspflicht für Nebeneinkünfte der Abgeordneten. Krit. zu diesem Urteil *J. Linck*, NJW 2008, 24ff.

Volkes zuweist (→ § 6 Rn. 69 ff.). Da die Abgeordneten zumeist als Mitglieder der Parteien in den Bundestag gewählt werden und diese dort praktisch „repräsentieren", stellt sich die Frage nach den Auswirkungen auf das freie Mandat der Abgeordneten:

21 Anerkannt ist zunächst, dass der **Verlust der Parteimitgliedschaft** – sei es durch freiwilligen Austritt oder durch unfreiwilligen Parteiausschluss (siehe dazu § 10 IV ParteiG) – *nicht* zum Verlust des Bundestagsmandates führt. Dies gilt ebenso für den Fraktionsaustritt oder -ausschluss und sogar für den Fall des Parteiwechsels. Denn Art. 38 I 2 GG stellt klar, dass das Abgeordnetenmandat nur an die Person, nicht aber an die Zugehörigkeit zu einer bestimmten Partei geknüpft ist. Dieser Befund wird auch durch § 46 BWG (→ Rn. 19) gestützt, welcher diesbezüglich gerade keine Regelung enthält. Insoweit sind auch Vereinbarungen unzulässig (und nichtig nach § 134 BGB), welche diesen Regelungsgehalt des Art. 38 I 2 GG etwa durch Blankoverzichtserklärungen, Verpflichtungen zur Wahlkampfkostenerstattung oder Vertragsstrafen für den Fall des Ausscheidens aus der Partei zu umgehen suchen. Wegen Verstoßes gegen Art. 38 I 2 GG verfassungswidrig wäre im Übrigen auch eine entsprechende Ergänzung des § 46 BWG, welche das Ausscheiden aus einer Partei als Verlustgrund für das Abgeordnetenmandat vorsehen würde.

22 In dieses Spannungsverhältnis einzuordnen ist ferner die Problematik, ob und inwieweit die Fraktionen (→ Rn. 10) zur Durchsetzung ihrer politischen Ziele auf „ihre" Abgeordneten einwirken können, um etwa ein einheitliches Stimmverhalten zu sichern: Unvereinbar mit der Freiheit des Mandats und daher unzulässig bzw. unwirksam sind jedenfalls *rechtlich bindende* Anweisungen an die Abgeordneten (so genannter **Fraktionszwang**). Da andererseits aber das Bedürfnis der Fraktionen nach einheitlicher politischer Zielverfolgung und geschlossenem Auftreten anerkannt ist, wird demgegenüber die so genannte **Fraktionsdisziplin** grundsätzlich als zulässig erachtet, d.h. die *rechtlich unverbindliche* Einwirkung auf die Abgeordneten, etwa durch – auch nachdrückliche – Appelle, Aufforderungen oder sonstige Verhaltensregeln.[20] Dabei darf der Verstoß gegen die Fraktionsdisziplin von der Fraktion auch sanktioniert werden; wegen der zumindest faktischen Zwangswirkung einer Sanktionierungsandrohung kann bei Überschreitung gewisser Grenzen aber wiederum *unzulässiger Fraktionszwang* vorliegen.

23 Im **Fall 10** erging zwar an den A keine rechtlich verbindliche Anordnung, sondern nur eine eindringliche Aufforderung zu einem bestimmten Abstimmungsverhalten. Allerdings beinhaltet die damit verbundene Androhung des Fraktionsausschlusses für den Fall der Zuwiderhandlung zumindest eine faktische Zwangswirkung auf den A. Damit stellt sich die Frage, ob hierin noch eine Maßnahme zulässiger *Fraktionsdisziplin* oder schon ein unzulässiger *Fraktionszwang* zu sehen ist. Eine einheitliche, vom Einzelfall losgelöste Grenzziehung ist hierbei schwierig. Letztlich wird regelmäßig abzuwägen sein zwischen der Schwere des Verstoßes durch den Abgeordneten und dem berechtigten Interesse der Partei bzw. Fraktion, nur mit Mitgliedern zusammen zu arbeiten, die im Wesentlichen mit den politischen Leitlinien der Partei übereinstimmen. So stellt sich etwa die Ankündigung, den Abgeordneten nicht wieder als Kandidaten bei der nächsten Wahl aufzustellen, regelmäßig dann als zulässig dar, wenn sie politisch opportun erscheint und nicht bloß reinen Strafcharakter hat. Auch die Abberufung eines Abgeordneten aus einem Ausschuss (so genannter Ausschussrückruf, vgl. auch § 57 II GO-BT) ist jedenfalls dann nicht zu beanstanden, wenn der Abgeordnete seine Fraktion wegen seiner abweichenden Sichtweise dort nicht mehr „repräsentiert" und die Abberufung

---

[20] Vgl. BVerfGE 10, 4 (14).

§ 12. Deutscher Bundestag 113

nicht nur eine reine „Strafversetzung" ist[21]. Dagegen ist ein Fraktionsausschluss – wie er in Fall 10 angedroht wurde – als äußerst schwere Sanktion in der Regel lediglich bei sehr schwerwiegenden Verstößen zulässig, insbesondere bei solchen, die auch einen Parteiausschluss nach § 10 IV ParteiG rechtfertigen würden.[22] Daran aber fehlt es in Fall 10, weil in der sehr stark von ethischen Gesichtspunkten geprägten und damit in besonderem Maße der Gewissensentscheidung des Einzelnen unterworfenen „Abtreibungsdiskussion" das Interesse der Fraktion an einer einheitlich vertretenen politischen Linie zurückstehen muss. Vor allem ist mangels „schweren Schadens" auch kein Ausschlussgrund i. S. d. § 10 IV ParteiG ersichtlich, dessen Wertungen zumindest als *Orientierung* für die Zulässigkeit (der Androhung) eines *Fraktions*ausschlusses herangezogen werden können. Daher stellt sich das Verhalten der Fraktion als unzulässiger, weil mit dem freien Mandat des A nach Art. 38 I 2 GG nicht vereinbarer *Fraktionszwang* dar.

2. Parlamentarische Mitwirkungsrechte der Abgeordneten

24 Aus dem Status des Abgeordneten als parlamentarischer Vertreter des Volkes ergeben sich zahlreiche Rechte auf Mitwirkung an der Arbeit des Bundestages. Hierzu gehören vor allem Rederechte (vgl. dazu die §§ 35 ff. GO-BT), das Recht auf Teilnahme an Verhandlungen, das Recht auf Abstimmung bei den Beschlussfassungen, Antrags- und Initiativrechte, Frage- und Informationsrechte[23] oder das Recht auf Zusammenschluss in einer Fraktion.

25 Auch das Recht auf Mitwirkung in den Ausschüssen (→ Rn. 13) gehört prinzipiell hierher. Da Ausschüsse aber nur begrenzte Kapazitäten haben, sind die Regelungen der §§ 12 und 57 II GO-BT, wonach die Ausschüsse im Verhältnis der Fraktionsstärken zu besetzen sind und die Ausschussmitglieder von den Fraktionen benannt werden, verfassungsrechtlich im Grundsatz nicht zu beanstanden. Allerdings darf dies wegen der Gleichheit aller Abgeordneten nicht dazu führen, dass *fraktionslosen* Abgeordneten aufgrund dieser Regelungen die Mitwirkung in Ausschüssen verwehrt bleibt. Aus Art. 38 I 2 GG folgt insoweit deren Recht darauf, jedenfalls in einem Ausschuss mitzuwirken, nicht hingegen auch ein Stimmrecht, da dieses notwendigerweise überproportional wirken würde.[24]

3. Indemnität und Immunität der Abgeordneten

26 Art. 46 I GG regelt die so genannte **Indemnität.**[25] Danach darf ein Bundestagsabgeordneter zu keiner Zeit, also auch nicht nach Beendigung seines Mandats, wegen einer Abstimmung oder einer Äußerung, die er im Bundestag oder einem seiner Ausschüsse getätigt hat, gerichtlich oder dienstlich verfolgt oder sonst *außerhalb des Bundestages* zur Verantwortung gezogen werden. Die Regelung stellt vor allem einen persönlichen Strafausschließungsgrund dar und schließt zugleich die strafrechtliche Verfolgbarkeit aus. Die Indemnität gilt nach Art. 46 I 2 GG indes nicht für verleumderische Beleidigungen (insbesondere § 187 StGB). Der Sinn der Indemnität besteht insbesondere im Schutz der freien parlamentarischen Aussprache und damit in der Sicherung der Funktionsfä-

---

[21] *Maurer*, StaatsR I § 13 Rn. 68.
[22] Vgl. *H. H. Klein*, in: HdbStR III § 51 Rn. 17; *S. Magiera*, in: Sachs, GG Art. 38 Rn. 51; *B. Pieroth*, in: Jarass/Pieroth Art. 38 Rn. 42 m. w. N.
[23] Vgl. zum Frage- und Informationsanspruch des Bundestags und seiner Abgeordneten gegenüber der Bundesregierung: BVerfGE 137, 185 ff.; BVerfG, NVwZ 2015, 1377 ff.
[24] Siehe hierzu ausführl. BVerfGE 80, 188 (221 ff.) mit abw. Meinung des Richters *Mahrenholz* hinsichtlich der Versagung des Stimmrechts, a. a. O. (235 ff.).
[25] Siehe im Einzelnen zur Indemnität etwa *W. G. Leisner*, in: Sodan Art. 46 Rn. 1 ff.; *S. Magiera*, in: Sachs, GG Art. 46 Rn. 1 ff.

higkeit des Parlaments. Daher genießt der Abgeordnete außerhalb des parlamentarischen Bereiches keinen Indemnitätsschutz, etwa auf Partei- oder Wahlveranstaltungen, selbst wenn die dort erfolgten Äußerungen mit seinem Mandat in Zusammenhang stehen.

27 Ebenfalls dem Schutz der Funktionsfähigkeit des Parlaments dient die den Abgeordneten durch Art. 46 II bis IV GG gewährte **Immunität**.[26] Hiernach darf ein Abgeordneter wegen einer mit Strafe bedrohten Handlung nur mit Genehmigung des Bundestages zur Verantwortung gezogen oder verhaftet werden, es sei denn, dass er bei Begehung der Tat oder im Laufe des folgenden Tages festgenommen wird. Erfasst sind hiervon sämtliche strafbaren Handlungen in allen Lebensbereichen, also insbesondere auch außerhalb des Parlaments vorgenommene. Allerdings gilt dieses Strafverfolgungshindernis nur für den Zeitraum der Mandatsträgerschaft. Die bestehende Praxis hinsichtlich Immunitätsangelegenheiten ergibt sich aus § 107 GO-BT i. V. m. Anlage 6 der GO-BT.

VI. Untersuchungsausschüsse des Bundestages

28 Gemäß Art. 44 GG i. V. m. § 1 I und II sowie § 2 I PUAG hat der Bundestag das Recht, durch Beschluss nach Art. 42 II 1 GG einen Untersuchungsausschuss einzusetzen (so genannte Mehrheitsenquete); auf Antrag eines Viertels der Mitglieder des Bundestages ist er hierzu verpflichtet (Minderheitenenquete).[27] „Das in Art. 44 GG gewährleistete Untersuchungsrecht gehört zu den ältesten und wichtigsten Rechten des Parlaments."[28] Ein Untersuchungsausschuss dient insbesondere der Regierungs- und Verwaltungskontrolle sowie der parlamentarischen Eigeninformation und hat dabei die Aufklärung von Sachverhalten zum Zweck, welche im öffentlichen Interesse stehen.[29] Eine rechtsverbindliche Entscheidung bzw. der Ausspruch von Rechtsfolgen obliegt ihm hingegen nicht. Seine Zusammensetzung richtet sich nach den §§ 4 und 5 PUAG.

29 Der **Untersuchungsgegenstand** muss sich im Rahmen der verfassungsmäßigen Zuständigkeiten des Bundestages bewegen (vgl. § 1 III PUAG; „Korollartheorie"). Die Untersuchung darf daher nicht in Angelegenheiten erfolgen, die einer reinen Länderzuständigkeit (vgl. Art. 30, 70 ff., 83 ff. GG) unterliegen. Grenzen ergeben sich auch aus dem Grundsatz der Gewaltenteilung (→ § 7 Rn. 5 ff.): So besteht hinsichtlich der Kontrolle der vollziehenden Gewalt ein der Untersuchung entzogener „Kernbereich exekutiver Eigenverantwortung" einschließlich eines nicht ausforschbaren Initiativ-, Beratungs- und Entscheidungsbereichs, zu welchem insbesondere *noch nicht abgeschlossene* Vorgänge oder etwa die regierungsinterne Willensbildung und Entscheidungsvorbereitung gehören.[30] Die **Festlegung** des Untersuchungsgegenstandes obliegt bei einer Minderheitenenquete den Antragstellern und darf beim Einsetzungsbeschluss nur mit de-

---

[26] Siehe dazu näher BVerfGE 104, 310 (332 ff.); *D. Wiefelspütz*, DVBl. 2002, 1229 ff.
[27] Abw. davon bestimmt § 126a I Nr. 1 GO-BT, dass der Bundestag für die Dauer der 18. Wahlperiode bereits auf Antrag von 120 seiner Mitglieder einen Untersuchungsausschuss einsetzen kann. Diese Regelung ist eingeführt worden, weil die „große Koalition" aus CDU/CSU und SPD über so viele Sitze verfügt, dass alle Oppositonsfraktionen zusammen kein Viertel der Mitglieder des Bundestags aufbringen können.
[28] BVerfGE 124, 78 (114).
[29] H. M., dazu ausführl., auch zur abw. Ansicht, *D. Wiefelspütz*, NVwZ 2002, 10 ff.; vgl. ferner BVerfGE 67, 100 (140); 77, 1 (44).
[30] BVerfGE 67, 100 (139); siehe dazu näher *H. Sodan*, Kolliegiale Funktionsträger als Verfassungsproblem, 1987, S. 402 ff.

ren Zustimmung verändert – d. h. etwa auch erweitert – werden (vgl. § 2 II PUAG). Ebenso ist der Untersuchungsausschuss grundsätzlich an den erteilten Untersuchungsauftrag gebunden (§ 3 PUAG).

Das **Verfahren** zur Durchführung des Untersuchungsauftrages regeln vor allem die §§ 8 ff. PUAG. Der Untersuchungsausschuss kann – bzw. *muss* auf Antrag eines Viertels seiner Mitglieder – zur Sachverhaltsermittlung Beweise erheben (§ 17 I und II PUAG). Die **Beweiserhebung** richtet sich im Einzelnen nach den §§ 17 ff. PUAG sowie nach den gemäß Art. 44 II 1 GG sinngemäß anwendbaren Vorschriften der Strafprozessordnung (→ § 2 Rn. 18).[31] „Die Einsetzungsminderheit muss im Rahmen des Untersuchungsauftrags und innerhalb des Mehrheitsprinzips über die Beweiserhebung mitbestimmen können. Der Umfang dieses Mitgestaltungsanspruchs kann zwar nicht weiter reichen als derjenige der Mehrheit, ist diesem aber grundsätzlich vom Gewicht her gleich zu erachten. Mehrheit und qualifizierte Minderheit müssen beide ihre Vorstellungen von einer sachgemäßen Aufklärung angemessen durchsetzen können."[32]   30

Da Untersuchungsausschüsse öffentliche Gewalt ausüben, sind sie nach Art. 1 III GG an die **Grundrechte** gebunden. Von besonderer Bedeutung kann hier vor allem das allgemeine Persönlichkeitsrecht aus Art. 2 I i. V. m. Art. 1 I GG (→ § 27 Rn. 6 ff.) sein. Die Grundrechte können insbesondere das Beweiserhebungsrecht einschränken, aber auch Relevanz für die generelle Zulässigkeit des Untersuchungsverfahrens haben.[33]   31

Nach Art. 44 IV 1 GG sind die Beschlüsse des Untersuchungsausschusses, d. h. dessen *abschließende* Feststellungen und Bewertungen, der gerichtlichen Überprüfbarkeit entzogen.[34] Andere Maßnahmen, etwa solche, die im Verfahren der Sachverhaltsaufklärung getroffen wurden, sind dem **gerichtlichen Rechtsschutz** hingegen zugänglich. Hierfür ist gemäß § 36 I PUAG der BGH zuständig, vorbehaltlich der sich aus Art. 93 GG und § 13 BVerfGG ergebenden Zuständigkeiten des BVerfG.[35] Insoweit kommt bei Grundrechtsverletzungen (→ Rn. 31) auch eine Verfassungsbeschwerde (→ § 51) in Betracht, bei Streitigkeiten zwischen obersten Bundesorganen oder Organteilen ein Organstreitverfahren (vgl. auch §§ 18 III, 19 und 23 II PUAG; zum Organstreit → § 52). Das BVerfG ist ferner gemäß § 13 Nr. 11a BVerfGG i. V. m. § 36 II PUAG zuständig für Vorlagen des BGH, wenn dieser den Einsetzungsbeschluss (→ Rn. 29 i. V. m. Rn. 28) für verfassungswidrig hält und dies entscheidungserheblich ist (→ § 56 Rn. 6).   32

§ 13. Bundesrat

Fall 11 (nach BVerfGE 106, 310 ff.): Das im 14. Deutschen Bundestag von den Koalitionsfraktionen der SPD und Bündnis 90/Die Grünen gegen die Stimmen der CDU/CSU-Opposition beschlossene Zuwanderungsgesetz bedurfte der Zustimmung des Bundesrates. Im Bundesrat hing das Abstimmungsergebnis von der Position des Landes Brandenburg ab, in welchem eine

---

[31] Siehe ausführl. zu diesem Beweiserhebungsrecht, dessen Grenzen und dem Umfang von Auskunftspflichten der Bundesregierung BVerfGE 124, 78 (114 ff., 118 ff., 128 ff.).
[32] BVerfGE 105, 197 (223).
[33] Vgl. hierzu BVerfGE 67, 100 (142 ff.); 77, 1 (46 f.); *S. Magiera*, in: Sachs, GG Art. 44 Rn. 10; ferner BayVerfGH, NVwZ 1996, 1206 f.; BayVBl. 2015, 154 ff.; *P. Glauben*, NVwZ 2015, 1023 ff.
[34] Siehe dazu näher *H. Sodan*, in: Sodan/Ziekow § 40 Rn. 85, 652 ff. – Eine „Abmilderung" dieser Nichtjustitiabilität versucht § 32 PUAG zu bewirken. Siehe ferner *L. Brocker*, NVwZ 2014, 1357 ff. Das OVG Hamburg (NVwZ 2014, 1386 [1387 f.]) nimmt an, dass dem hamburgischen Verfassungsgeber die Kompetenz fehle, die Rechtsschutzgarantie des Art. 19 IV 1 GG durch Art. 26 V 1 HmbVerf. (entspricht Art. 44 IV 1 GG) einzuschränken.
[35] Siehe hierzu BVerfGE 113, 113 (122 ff.): Zuständigkeit des BVerfG für eine Streitigkeit um die vorzeitige Beendigung der Ausschussarbeit („Visa-Untersuchungsausschuss"); 124, 78 (104 ff.).

Koalition aus Vertretern der SPD und CDU regierte. Nachdem im Bundesrat ein SPD-Vertreter des Landes Brandenburg mit „Ja", CDU-Vertreter S dagegen mit „Nein" gestimmt hatte, befragte der sitzungsleitende Bundesratspräsident in Erwartung einer Klärung den der SPD angehörigen Ministerpräsidenten M des Landes Brandenburg, der daraufhin mit „Ja" stimmte. S gab unmittelbar darauf zu erkennen, dass er bei seinem „Nein" bleibe, indem er sagte: „Sie kennen meine Auffassung, Herr Präsident". Aufgrund der „Ja"-Stimme des M wertete der Bundesratspräsident die Stimmabgabe Brandenburgs gleichwohl als „einheitlich" im Sinne des Art. 51 III 2 GG und sah folglich die Zustimmung des Bundesrates als gegeben an. Ist das Zuwanderungsgesetz im Bundesrat verfassungsgemäß zustande gekommen?

I. Stellung und Bedeutung des Bundesrates

1 Durch den Bundesrat wirken die Länder bei der Gesetzgebung und Verwaltung des Bundes sowie in Angelegenheiten der EU mit (Art. 50 GG). Er besteht aus Vertretern aller Bundesländer (→ Rn. 2) und dient vor allem der Interessenwahrung der Länder im Bundesgefüge. Auch wenn er oft als „Länderkammer" bezeichnet wird, ist er ein *Bundes*organ.

II. Zusammensetzung des Bundesrates; Stimmen im Bundesrat

2 Der Bundesrat umfasst 69 Mitglieder und besteht gemäß Art. 51 I GG aus Vertretern der jeweiligen Landesregierungen, von denen die Mitglieder des Bundesrates bestellt und abberufen werden. Diese Mitglieder werden also nicht vom Volk gewählt. Die Anzahl der Stimmen, über die jedes Land im Bundesrat verfügt, und dem folgend die Mitgliederanzahl (vgl. Art. 51 III 1 GG), richtet sich nach der Bevölkerungszahl des Landes (siehe im Einzelnen Art. 51 II GG). Daraus ergibt sich folgende Übersicht:

Übersicht: Stimmenanzahl der einzelnen Länder im Bundesrat (vgl. Art. 51 II GG)

Stimmenanzahl	Bundesländer
6 Stimmen	Baden-Württemberg, Bayern, Niedersachsen, Nordrhein-Westfalen
5 Stimmen	Hessen
4 Stimmen	Berlin, Brandenburg, Rheinland-Pfalz, Sachsen, Sachsen-Anhalt, Schleswig-Holstein, Thüringen
3 Stimmen	Bremen, Hamburg, Mecklenburg-Vorpommern, Saarland
Gesamtanzahl der Stimmen:	69
Einfache Mehrheit:	35 (vgl. Art. 52 III 1 GG)
Zweidrittelmehrheit:	46 (vgl. Art. 61 I 3; 77 IV 2; 79 II GG)

III. Aufgaben und Befugnisse des Bundesrates

3 Die Aufgaben und Befugnisse des Bundesrates bestehen gemäß Art. 50 GG in der Mitwirkung bei der Gesetzgebung und Verwaltung des Bundes sowie in Angelegenheiten der Europäischen Union.

1. Mitwirkung bei der Gesetzgebung des Bundes

Neben dem **Initiativrecht,** das der Bundesrat zur Einbringung von Gesetzesvorlagen beim Bundestag (Art. 76 I Var. 3 GG) hat, besteht die eigentliche Mitwirkungsfunktion des Bundesrates in dessen **Beteiligung am Gesetzgebungsverfahren** hinsichtlich aller vom Bundestag beschlossenen Gesetze. Der Umfang dieses Mitwirkungsrechts hängt davon ab, ob das betreffende Gesetz ein Einspruchs- oder ein Zustimmungsgesetz ist.

a) Einspruchs- und Zustimmungsgesetze

Zustimmungsgesetze sind solche Bundesgesetze, für welche die Zustimmung des Bundesrates ausdrücklich durch das Grundgesetz gefordert wird. Alle übrigen Gesetze sind **Einspruchsgesetze.**

Im Falle von **Zustimmungsgesetzen** hängt deren Zustandekommen von der ausdrücklichen Zustimmung[1] des Bundesrates ab (vgl. Art. 77 IIa, 78 GG). Eine Nichterteilung der Zustimmung kann vom Bundestag nicht „überstimmt" werden. Bei Einspruchsgesetzen dagegen hat der Bundesrat lediglich die Möglichkeit, einen Einspruch gegen das Gesetz einzulegen (Art. 77 III, IV GG). Dieser Einspruch kann jedoch vom Bundestag mit Beschluss der Mehrheit seiner Mitglieder zurückgewiesen werden (Art. 77 IV 1 GG); erfolgte der Einspruch des Bundesrates statt mit einfacher mit Zweidrittelmehrheit, bedarf es für die Zurückweisung durch den Bundestag einer Zweidrittelmehrheit i. S. d. Art. 77 IV 2 GG (→ § 17 Rn. 34). Wenn der Bundestag den Einspruch des Bundesrates gemäß Art. 77 IV GG „überstimmt" hat, kommt das Gesetz trotz des Einspruchs des Bundesrates zustande (Art. 78 GG, → § 17 Rn. 32 ff.).

b) Zustimmungsbedürftige Gesetze im Einzelnen

Die Zustimmungsbedürftigkeit ist vom Grundgesetz regelmäßig hinsichtlich solcher Gesetze bestimmt, welche die Interessen der Länder berühren oder in deren Zuständigkeitsbereich „übergreifen". Die Zustimmungsbedürftigkeit hängt jeweils von einer konkreten verfassungsrechtlichen Regelung ab.

aa) Insbesondere Gesetze betreffend Verwaltungskompetenzen

Zustimmungsbedürftigkeit besteht für bestimmte Bundesgesetze, welche **Verwaltungskompetenzen** betreffen. Die Ausführung auch der Bundesgesetze ist im Grundsatz Sache der Länder (vgl. Art. 83 ff. GG; → § 18). Führen sie die Bundesgesetze als eigene Angelegenheit aus (→ § 18 Rn. 4 ff.), regeln die Länder die Einrichtung der Behörden und das Verwaltungsverfahren (Art. 84 I 1 GG). Die **Einrichtung von Behörden** umfasst ihrem Sinn und Zweck nach nicht nur die Errichtung von (neuen) Behörden, sondern auch die Festlegung der inneren Organisation und der Aufgaben von (bestehenden) Behörden.[2] Regelungen des **Verwaltungsverfahrens** sind „gesetzliche Bestimmungen, die die Tätigkeit der Verwaltungsbehörden im Blick auf die Art und Weise der Ausführung des Gesetzes einschließlich ihrer Handlungsformen, die Form der behördlichen Willensbildung, die Art der Prüfung und Vorbereitung der Entscheidung, deren Zustandekommen und Durchsetzung sowie verwaltungsinterne Mitwirkungs- und Kontrollvor-

---

[1] Siehe näher zur Beschlussfassung im Bundesrat → Rn. 21 ff.
[2] *H.-H. Trute,* in: v. Mangoldt/Klein/Starck Art. 84 Rn. 9. Vgl. auch BVerfGE 75, 108 (150 f.): Nicht ausreichend sind hiernach „rein quantitative Vermehrungen bereits bestehender Aufgaben".

gänge in ihrem Ablauf"³ festlegen. Im Zuge der so genannten **Föderalismusreform I aus dem Jahre 2006**⁴ (→ § 8 Rn. 40ff.) ist das in Art. 84 I 1 Hs. 2 GG a. F. vorgesehene Zustimmungserfordernis für Bundesgesetze, die abweichend vom Grundsatz des Art. 84 I 1 GG die Einrichtung der Behörden und das Verwaltungsverfahren regeln, aufgehoben worden, um eine Reduzierung der Quote zustimmungspflichtiger Gesetze und mehr Handlungsmöglichkeiten auf Bundesebene zu erreichen und Entscheidungsprozesse zu beschleunigen⁵.⁶ Nunmehr können nach Art. 84 I 2 GG Bundesgesetze ohne Zustimmung des Bundesrates „etwas anderes bestimmen", also die Einrichtung der Behörden und das Verwaltungsverfahren regeln; allerdings dürfen die Länder hiervon abweichende Regelungen treffen. Zustimmungsbedürftig sind nach Art. 84 I 6 i. V. m. 5 GG indes Gesetze, mittels derer der Bund das Verwaltungsverfahren *ohne* Abweichungsmöglichkeit für die Länder regeln will; befugt hierzu ist er aber nur in Ausnahmefällen wegen eines besonderen Bedürfnisses nach bundeseinheitlicher Regelung (Art. 84 I 5 GG). Ferner sieht Art. 84 I 3 GG ein Zustimmungserfordernis vor: Hat ein Land eine abweichende Regelung nach Art. 84 I 2 GG getroffen, darf der Bund wiederum seinerseits (ohne Zustimmung des Bundesrates) hiervon abweichende Regelungen betreffend die Einrichtung der Behörden und das Verwaltungsverfahren erlassen; solche „späteren" bundesgesetzlichen Regelungen treten in dem betreffenden Land dann frühestens sechs Monate nach ihrer Verkündung in Kraft, soweit nicht *mit Zustimmung des Bundesrates* anderes bestimmt ist.⁷ Siehe zu Art. 84 I GG auch → § 18 Rn. 4.

9 Weitere Zustimmungserfordernisse für Gesetze, welche Verwaltungskompetenzen betreffen, enthält das Grundgesetz in Art. 84 V 1 (in Bezug auf Weisungen im Rahmen der Bundesaufsichtsverwaltung), Art. 85 I 1 (Behördeneinrichtung bei Bundesauftragsverwaltung⁸), Art. 87 III 2 (Behördeneinrichtung bei bundeseigener Verwaltung) sowie in Art. 87b I 3 und 4, II, Art. 87c, 87d II, 87e V und 87f I.

bb) Weitere Fälle zustimmungsbedürftiger Gesetze

10 Zustimmungsbedürftig sind des Weiteren zahlreiche Bundesgesetze, die den Bereich der **Finanzverfassung** (Art. 104a ff. GG) betreffen. Im Zuge der so genannten **Föderalismusreformen** I (2006)⁹ und II (2009)¹⁰ (→ § 8 Rn. 40ff.) wurden auch hier Änderungen vorgenommen.¹¹ Aufgrund der **Föderalismusreform I (2006)** wurde etwa das in Art. 104a III 3 GG a. F. enthaltene Zustimmungserfordernis (für Gesetze, welche Geldleistungen gewähren, die zu mindestens einem Viertel von den Ländern getragen

---

³ BVerfGE 55, 274 (320f.); 75, 108 (152); vgl. auch bereits BVerfGE 37, 363 (390).
⁴ Gesetz zur Änderung des Grundgesetzes v. 28.8.2006 (BGBl. I S. 2034).
⁵ Entwurf eines Gesetzes zur Änderung des Grundgesetzes vom 7.3.2006, BT-Drucks. 16/813, S. 14f.
⁶ Siehe zur Neufassung des Art. 84 I GG auch *W. Kahl,* NVwZ 2008, 710ff.
⁷ Zu Recht krit. gegenüber dieser neuen Abweichungsbefugnis *R. Lehmann-Brauns,* Die Zustimmungsbedürftigkeit von Bundesgesetzen nach der Föderalismusreform, 2007, S. 397 m.w.N.
⁸ Das BVerfG hat ausdrücklich klargestellt, dass dieses Zustimmungserfordernis sich nicht auch auf Regelungen zum Verwaltungsverfahren erstreckt, BVerfGE 126, 77 (100ff.) mit Nachw. auch zur Gegenauffassung; siehe ausführl. hierzu → § 18 Rn. 9.
⁹ Gesetz zur Änderung des Grundgesetzes v. 28.8.2006 (BGBl. I S. 2034). Siehe ferner das Föderalismusreform-Begleitgesetz v. 5.9.2006 (BGBl. I S. 2098).
¹⁰ Gesetz zur Änderung des Grundgesetzes v. 29.7.2009 (BGBl. I S. 2248). Siehe ferner das Begleitgesetz zur zweiten Föderalismusreform v. 10.8.2009 (BGBl. I S. 2702).
¹¹ Siehe hierzu ausführl. und im Einzelnen BT-Drucks. 16/813, S. 18ff.

§ 13. Bundesrat   119

werden) durch die Regelung im neuen Art. 104a IV GG ersetzt: Zustimmungsbedürftig sind nunmehr Bundesgesetze, die Pflichten der Länder zur Erbringung von Geldleistungen, geldwerten Sachleistungen oder vergleichbaren Dienstleistungen gegenüber Dritten begründen und von den Ländern als eigene Angelegenheit oder nach Art. 104a III 2 GG im Auftrag des Bundes ausgeführt werden, wenn daraus entstehende Ausgaben von den Ländern zu tragen sind. Für den Bereich der Finanzhilfen ist der bisherige Art. 104a IV GG durch den neuen Art. 104b GG ersetzt worden, der ein Zustimmungserfordernis in seinem Abs. 2 enthält. Zustimmungspflichtig sind ferner Gesetze, welche die Verteilung der Verwaltungsausgaben regeln (Art. 104a V GG), Gesetze über Steuern, deren Aufkommen den Ländern oder Gemeinden (Gemeindeverbänden) ganz oder zum Teil zufließt (Art. 105 III GG, vgl. zur Verteilung des Steueraufkommens Art. 106 GG und die dort im Einzelnen enthaltenen Regelungen der Zustimmungsbedürftigkeit) sowie Gesetze, die den Finanzausgleich (Art. 107 GG, → § 8 Rn. 21), die Finanzverwaltung (Art. 108 GG) oder die Haushaltswirtschaft (Art. 109 III und IV GG) betreffen. Weitere Zustimmungserfordernisse enthalten die durch die Föderalismusreform I (2006) neu eingefügten Art. 104a VI 3 GG (Lastentragung zwischen Bund und Ländern im Falle finanzwirksamer Entscheidungen zwischenstaatlicher Einrichtungen wegen einer Verletzung supranationaler oder völkerrechtlicher Verpflichtungen) und Art. 109 V 3 GG (Lastentragung zwischen Bund und Ländern bezüglich Sanktionen bei Verletzung europarechtlicher Verpflichtungen zur Einhaltung der Haushaltsdisziplin). Im Zuge der **Föderalismusreform II (2009)** wurden Zustimmungserfordernisse im neuen Art. 109a GG (gemeinsamer Stabilitätsrat von Bund und Ländern) sowie im ebenfalls neuen Art. 143d (II und III) GG (Konsolidierungshilfen) geschaffen.[12]

Zustimmungsbedürftig, und zwar mit Zweidrittelmehrheit, sind insbesondere auch **verfassungsändernde Gesetze** (Art. 79 II GG). 11

Weitere Regelungen der Zustimmungsbedürftigkeit von Gesetzen enthält das Grundgesetz etwa in Art. 16a II 2, III 1 (Asylrecht), Art. 23 I 2 (Europäische Union), Art. 29 VII (Neugliederung der Länder), Art. 73 II (Terrorismusbekämpfung; eingefügt durch die Föderalismusreform I), Art. 74 II (Staatshaftung sowie – hinzugefügt durch die Föderalismusreform I – Statusrechte sowie -pflichten der Landesbeamten und -richter), Art. 74a (Besoldung), Art. 81 II und III (Gesetzgebungsnotstand), Art. 91a II (Gemeinschaftsaufgaben), Art. 91c IV 2 (Errichtung und Betrieb eines informationstechnischen Verbindungsnetzes; eingefügt durch die Föderalismusreform II)[13], Art. 115a ff. (Verteidigungsfall) und Art. 120a I 1 (Lastenausgleich). 12

c) Umfang der Zustimmungsbedürftigkeit und Aufspaltbarkeit von zustimmungsbedürftigen Gesetzen

Nach der bisher gefestigten Rechtsprechung des BVerfG und der überwiegenden Ansicht im Schrifttum ist ein Gesetz, das nur einige oder auch nur eine einzige zustimmungsbedürftige Regelung enthält, **in seiner Gesamtheit** zustimmungsbedürftig[14]. Eine Minderheit im Schrifttum kritisiert diese auf die **gesetzgebungstechnische Einheit** abstellende Auffassung und will demgegenüber das Zustimmungserfordernis ledig- 13

---

[12] Die betreffenden (zustimmungsbedürftigen) Gesetze sind im Begleitgesetz zur zweiten Föderalismusreform v. 10.8.2009 (BGBl. I S. 2702) geregelt. Siehe im Einzelnen hierzu BT-Drucks. 16/12 400 und 16/12 410.
[13] Siehe zum neuen Art. 91c GG etwa *T. Siegel*, NVwZ 2009, 1128 ff.
[14] BVerfGE 8, 274 (294 f.); 24, 184 (195, 197 f.); 55, 274 (319) m.w.N.; *R. Herzog*, in: HdbStR III § 58 Rn. 15 m.w.N.; *H. Sodan*, NJW 2003, 1761 (1762); *Stern*, StaatsR II S. 145 m.w.N.

lich auf die zustimmungsbedürftigen Teile des Gesetzes beschränkt wissen; wird die Zustimmung versagt, sollen dann nur diese Teile des Gesetzes nicht zustande kommen[15]. Das BVerfG hat in einem Urteil vom 17.7.2002 ausdrücklich offen gelassen, ob es angesichts dieser Kritik an seiner bisherigen Rechtsprechung festhält[16]. Gegen die Minderansicht spricht indes der Wortlaut des Art. 78 GG; denn dieser ordnet an, dass ein „vom Bundestage beschlossenes Gesetz" (mithin das *gesamte* beschlossene Gesetz) zustande kommt, „wenn" (und nicht: „soweit") der Bundesrat – im Falle eines Zustimmungsgesetzes – zugestimmt hat. Überdies würde das von der Minderansicht favorisierte Teil-Zustandekommen zu Lasten der Rechtsklarheit gehen und erhebliche praktische Probleme, z. B. bei der Gesetzesverkündung, mit sich bringen.[17]

14 Die Bedeutung dieses Meinungsstreits wird allerdings dadurch abgemildert, dass es nach der herrschenden Sichtweise dem Gesetzgeber im Hinblick auf eine mögliche Zustimmungsversagung im Bundesrat erlaubt ist, ein Gesetz in einen zustimmungsbedürftigen und einen nicht zustimmungsbedürftigen Teil **aufzuspalten.** Dieses Vorgehen bietet sich vor allem an, wenn die Zustimmungsbedürftigkeit allein durch Regelungen entsteht, die das Verwaltungsverfahren (→ Rn. 8) betreffen; dann kann das Gesetz in einen materiell-rechtlichen[18] und einen (allein zustimmungsbedürftigen) verfahrensrechtlichen Teil aufgegliedert werden.[19] Die Grenze ist allerdings dort zu ziehen, wo infolge der Aufspaltung nur noch ein sinnentleerter „Gesetzestorso" verbleibt.[20]

d) Änderung von zustimmungsbedürftigen Gesetzen

15 Problematisch ist auch, inwiefern Änderungen von zustimmungsbedürftigen Gesetzen, die ja wiederum durch (Änderungs-)Gesetze erfolgen, der Zustimmung des Bundesrates bedürfen. Das BVerfG hat die Frage dahingehend beantwortet, dass ein derartiges **Änderungsgesetz** seinerseits nicht schon von vornherein, sondern nur **dann zustimmungsbedürftig** ist, wenn

- **es selbst** Regelungen enthält, die ihrerseits eine Zustimmungsbedürftigkeit auslösen (→ Rn. 7 ff.), also etwa wenn das Änderungsgesetz Regelungen über das Verwaltungsverfahren (→ Rn. 8) in das zu ändernde Gesetz einfügt, oder
- wenn das Änderungsgesetz Regelungen **des zu ändernden Gesetzes** betrifft, die ihrerseits die Zustimmungsbedürftigkeit des zu ändernden Gesetzes ausgelöst hatten, also etwa wenn durch das Änderungsgesetz die in dem zu ändernden Gesetz enthaltenen Regelungen über das Verwaltungsverfahren (→ Rn. 8) geändert werden.[21]

16 Hierzu gehört nach dieser Rechtsprechung auch der Fall, dass durch die Änderung allein von (nicht zustimmungsbedürftigen) materiell-rechtlichen Vorschriften eines Gesetzes dessen (zustimmungsbedürftige) Verfahrensregelungen (→ Rn. 8) bzw. Vorschriften über die Behördenein-

---

[15] *T. Mann*, in: Sachs, GG Art. 77 Rn. 16; vgl. *Maurer*, StaatsR I § 17 Rn. 73.
[16] BVerfGE 105, 313 (339) – „Gesetz zur Beendigung der Diskriminierung gleichgeschlechtlicher Gemeinschaften: Lebenspartnerschaften".
[17] Vgl. BVerfGE 8, 274 (295).
[18] Siehe zur begrifflichen Abgrenzung von „materiellem" Recht und „Verfahrens-" bzw. „formellem" Recht → § 50 Rn. 2.
[19] Vgl. BVerfGE 37, 363 (382); 105, 313 (338, 340 ff.); *R. Herzog*, in: HdbStR III § 58 Rn. 15; *Stern*, StaatsR II S. 145 m.w.N.
[20] Siehe etwa *Stern*, StaatsR II S. 145; vgl. auch BVerfGE 105, 313 (341 f.).
[21] Vgl. BVerfGE 37, 363 (382, 383).

§ 13. Bundesrat   121

richtung (etwa nach Art. 85 I GG) oder Aufgabenzuweisungen (z. B. gemäß Art. 87d II GG), die nicht ausdrücklich geändert werden, eine wesentlich andere Bedeutung und Tragweite erlangen, welche von der früher erteilten Zustimmung ersichtlich nicht mehr umfasst ist, und die Änderung damit einer neuen Übertragung von Ausführungszuständigkeiten gleichkommt[22]. Dazu genügt es grundsätzlich nicht, dass eine Gesetzesänderung nur zu einer quantitativen Erhöhung der Aufgabenlast führt[23].[24]

Auch die **Verlängerung** eines Zustimmungsgesetzes bedarf der Zustimmung des Bundesrates.[25] Bei der **Aufhebung** eines Zustimmungsgesetzes kann die Zustimmung des Bundesrates nur dann unterbleiben, wenn durch diese Aufhebung die durch das Gesetz bewirkte „Systemverschiebung" zu Lasten der Länder wieder rückgängig gemacht wird[26] (etwa durch Wiederherstellung des „Urzustandes" des Art. 83 GG), nicht dagegen, wenn die Aufhebung den Ländern Kompetenzen entzieht und sich deshalb für das einzelne Land als belastend und nicht als entlastend auswirkt[27].   17

2. Mitwirkung bei der Verwaltung des Bundes

Nach Art. 50 Var. 2 GG wirkt der Bundesrat auch bei der „Verwaltung des Bundes", also bei dessen Exekutivtätigkeiten, mit. So bedürfen gemäß Art. 80 II GG bestimmte **Rechtsverordnungen** der Zustimmung des Bundesrates; hierzu zählen insbesondere solche, die auf Grundlage eines zustimmungsbedürftigen Gesetzes erlassen oder von den Ländern als eigene Angelegenheit (Art. 83f. GG) oder im Rahmen der Bundesauftragsverwaltung (Art. 85 GG) ausgeführt werden. Weitere Mitwirkungserfordernisse bei Exekutivakten statuieren etwa Art. 37 I (Bundeszwang), Art. 84 II und 85 II (Verwaltungsvorschriften) sowie Art. 84 III und IV GG (bestimmte Maßnahmen der Bundesaufsicht).[28]   18

3. Mitwirkung in Angelegenheiten der Europäischen Union

Gemäß Art. 50 Var. 3 GG wirkt der Bundesrat in „Angelegenheiten der Europäischen Union" mit (zu den Bezügen des Grundgesetzes zum Europarecht → § 5). Gemeint ist hiermit weniger dessen Zustimmungskompetenz nach Art. 23 I 2 GG hinsichtlich Ge-   19

---

[22] Vgl. BVerfGE 37, 363 (383); 48, 127 (180); 75, 108 (150ff.); 105, 313 (332f.); 126, 77 (105ff.); krit. *Stern*, StaatsR II S. 147.

[23] Vgl. BVerfGE 75, 108 (151); 126, 77 (105ff.); *R. Rubel*, in: Umbach/Clemens, GG Art. 77 Rn. 23.

[24] Sehr umstritten ist vor diesem Hintergrund, ob die Ende 2010 beschlossene so genannte **Atomlaufzeitverlängerung** im Hinblick auf Art. 87c GG einer Zustimmung des Bundesrates bedurft hätte. Angenommen wird eine Zustimmungsbedürftigkeit etwa von *R. Geulen/R. Klinger*, NVwZ 2010, 1118ff.; *J.-E. Kendzia*, DÖV 2010, 713ff.; *J. Papier*, NVwZ 2010, 1113ff.; *J. Wieland*, ZNER 2010, 321ff.; verneint hingegen bspw. von *M. Burgi*, NJW 2011, 561ff.; *C. Moench/ M. Ruttloff*, DVBl. 2010, 865ff.; *R. Scholz*, NVwZ 2010, 1385ff. Angesichts des nach den Vorkommnissen im japanischen Kernkraftwerk Fukushima im Frühjahr 2011 inzwischen beschlossenen Dreizehnten Gesetzes zur Änderung des Atomgesetzes v. 31.7.2011 (BGBl I S. 1704), welches die Rücknahme der Laufzeitverlängerung beinhaltet, hat dieser Streit an politischer Bedeutung verloren. Vgl. aber zu weiteren verfassungsrechtlichen Fragestellungen in diesem Zusammenhang *W. Ewer/A. Behnsen*, NJW 2011, 1182ff.

[25] BVerfGE 8, 274 (295).

[26] Vgl. zu solchen Fällen BVerfGE 10, 20 (48f.); 14, 197 (219f.).

[27] Siehe dazu *R. Rubel*, in: Umbach/Clemens, GG Art. 77 Rn. 26 m.w.N.

[28] Weitere zusammengestellt bei *W. Krebs*, in: v. Münch/Kunig Art. 50 Rn. 15.

setzen, welche Hoheitsrechte übertragen, sondern die Beteiligung gemäß Art. 23 II ff. GG an Maßnahmen vor allem der Bundesregierung bei der Mitwirkung an Entscheidungen (insbesondere Rechtsetzungsakten) der EU. Diese Beteiligung dient als Ausgleich für Kompetenzeinbußen der Länder infolge der Übertragung von Hoheitsrechten auf die Europäische Union und wird von der Europakammer des Bundesrates (vgl. Art. 52 IIIa GG) wahrgenommen.

20 Die Mitwirkung des Bundesrates ist im Einzelnen in Art. 23 IV bis VI GG sowie in dem auf Grundlage von Art. 23 VII GG erlassenen Gesetz über die Zusammenarbeit von Bund und Ländern in Angelegenheiten der Europäischen Union[29] geregelt und folgt einem gestaffelten System (→ § 5 Rn. 20): In den betreffenden Angelegenheiten hat die Bundesregierung den Bundesrat zunächst umfassend und frühestmöglich zu unterrichten (Art. 23 II 2 GG) sowie an der Willensbildung des Bundes zu beteiligen, soweit der Bundesrat an einer entsprechenden innerstaatlichen Maßnahme mitzuwirken hätte oder soweit die Länder innerstaatlich zuständig wären (Art. 23 IV GG). Soweit es um Maßnahmen geht, für die eine Bundesgesetzgebungskompetenz besteht[30] (im Falle ausschließlicher Bundeskompetenz müssen überdies Länderinteressen berührt sein), muss gemäß Art. 23 V 1 GG die Stellungnahme des Bundesrates von der Bundesregierung „berücksichtigt", d. h. – ohne Bestehen einer Bindung – in deren Entscheidungsfindung einbezogen werden und eine Auseinandersetzung mit ihr erfolgen. Sind dagegen *im Schwerpunkt* Gesetzgebungsbefugnisse der Länder, die Einrichtung ihrer Behörden oder ihr Verwaltungsverfahren betroffen, ist gemäß Art. 23 V 2 GG die Auffassung des Bundesrates „maßgeblich zu berücksichtigen", was nach überwiegender Ansicht auf ein „Letztentscheidungsrecht" des Bundesrates hinausläuft[31]. Sind *im Schwerpunkt* ausschließliche Gesetzgebungsbefugnisse der Länder auf den Gebieten der schulischen Bildung, der Kultur oder des Rundfunks betroffen, wird gemäß dem im Zuge der **Föderalismusreform I** im Jahre 2006 (→ § 8 Rn. 40 ff.) neugefassten Art. 23 VI GG die Wahrnehmung der Rechte der Bundesrepublik Deutschland als Mitgliedstaat der EU vom Bund auf einen vom Bundesrat benannten Vertreter der Länder übertragen;[32] dies stellt die weitestgehende Mitwirkungsmöglichkeit dar. Ferner hat der Bundesrat gemäß dem mit Inkrafttreten des Vertrags von Lissabon (vgl. → § 5 Rn. 1) am 1.12.2009 seinerseits in Kraft getretenen Art. 23 Ia 1 GG[33] das Recht, wegen Verstoßes eines Gesetzgebungsaktes der EU gegen das Subsidiaritätsprinzip vor dem EuGH Klage zu erheben.

IV. Beschlussfassung im Bundesrat

21 Für einen Beschluss des Bundesrates, etwa für die Zustimmung zu einem oder den Einspruch gegen ein Gesetz (aber auch für jeden anderen Beschluss im Sinne der vorstehenden Ausführungen), bedarf es nach Art. 52 III 1 GG mindestens der (einfachen) **Mehrheit** der Stimmen des Bundesrates, in einigen Fällen sogar einer **Zweidrittelmehrheit** (z. B. nach Art. 61 I 3, Art. 79 II GG, zur Bedeutung eines Einspruchs mit Zweidrittelmehrheit → Rn. 6; zu den Stimmen und den Mehrheiten im Bundesrat auch → Rn. 2).

---

[29] Vom 12.3.1993 – BGBl. I S. 313; BGBl. III/FNA 170-3; Sartorius I Nr. 97.
[30] Siehe zu den Gesetzgebungskompetenzen von Bund und Ländern → § 17 Rn. 2 ff.
[31] Siehe *W. Heyde*, in: Umbach/Clemens, GG Art. 23 Rn. 99 m.w.N.; dagegen *R. Streinz*, in: Sachs, GG Art. 23 Rn. 124.
[32] Vor der Föderalismusreform I handelte es sich bei Art. 23 VI GG um eine Soll-Vorschrift, die indes nicht auf bestimmte Gebiete der ausschließlichen Ländergesetzgebungszuständigkeit beschränkt war.
[33] Siehe Gesetz zur Änderung des Grundgesetzes v. 8.10.2008 (BGBl. I S. 1926); siehe zu dessen Verfassungsmäßigkeit BVerfGE 123, 267 (431 ff.).

Für die **Beschlussfähigkeit** des Bundesrates genügt es gemäß § 28 I GO-BR, dass die 22
Mehrheit seiner *Stimmen* (nicht: seiner Mitglieder) vertreten ist. Da grundsätzlich die
Möglichkeit besteht, dass ein „Stimmführer" die anderen Mitglieder des Landes vertritt
und damit die Stimmen für das *gesamte* Land abgibt, kann bereits die Anwesenheit *eines
einzigen* Vertreters eines Landes genügen, damit *alle* Stimmen des betreffenden Landes
„vertreten" i. S. d. § 28 I GO-BR sind.

Die Stimmen eines Landes können gemäß Art. 51 III 2 GG nur **„einheitlich"** abgegeben 23
werden; denn Abstimmungsparteien im Bundesrat sind nicht die einzelnen Bundesratsmitglieder, sondern die durch sie repräsentierten Länder. Stimmt ein Land nicht
„einheitlich" ab, ist nur dessen Stimmabgabe, nicht aber die gesamte Abstimmung ungültig. Die Stimmabgabe eines Landes ist „uneinheitlich", wenn auch nur ein Vertreter
eines Landes mit seinem „Ja", seinem „Nein" oder seiner „Enthaltung" anders stimmt
als die anderen Vertreter des Landes. Dies gilt selbst dann, wenn eine „Stimmführerschaft" (→ Rn. 22) vereinbart war, ein anderes Mitglied des betreffenden Landes aber
ausdrücklich von dem Verhalten des „Stimmführers" abweicht;[34] denn eine Stimmführerschaft ist allenfalls im Innenverhältnis (also gegenüber der Landesregierung), aus
Gründen der Rechtsklarheit aber nicht im „Außenverhältnis" gegenüber dem Bundesrat verbindlich. Da auch ein *weisungswidriges* Abstimmungsverhalten eines Bundesratsmitglieds nach außen verbindlich ist, besitzt der Ministerpräsident eines Landes als
Bundesratsmitglied keine nach außen verbindliche „Stimmführerschaft", die sich aus
seiner gegenüber den anderen Bundesratsmitgliedern des Landes bestehenden Weisungskompetenz herleiten ließe; er kann die anderen Vertreter seines Landes also nicht
„überstimmen".[35]

Im **Fall 11** hatte das Land Brandenburg zunächst „uneinheitlich" (teils mit „Ja", teils mit 24
„Nein") abgestimmt. Selbst wenn man hier nun aber ein Recht des Bundesratspräsidenten
auf klärende Nachfrage bejahen würde oder sogar eine – grundsätzlich zulässige – zweite Abstimmung durch das Land Brandenburg annähme,[36] hat sich durch das nachfolgende Stimmverhalten und das „Ja" des M nichts an der Uneinheitlichkeit geändert: Denn auf eine
„Stimmführerschaft" des Ministerpräsidenten M durfte aufgrund der „Nein"-Stimme des S
und dessen anschließendem Bekunden nicht geschlossen werden[37] (vgl. auch → Rn. 23). Die
Stimmabgabe Brandenburgs war (und blieb) also nicht „einheitlich" und damit ungültig, so
dass das Zuwanderungsgesetz im Bundesrat mangels Zustimmung nicht ordnungsgemäß zustande gekommen und damit nichtig ist.

§ 14. Bundespräsident

Fall 12: Im → **Fall 11** (§ 13) waren führende Repräsentanten der CDU und CSU der Ansicht,
das Zuwanderungsgesetz sei nicht ordnungsgemäß zustande gekommen, weil das Land Brandenburg nicht „einheitlich" i. S. d. Art. 51 III 2 GG abgestimmt habe. Bevor die Streitfrage
einer verfassungsgerichtlichen Klärung zugeführt wurde, entbrannte diesbezüglich in Politik

---

[34] BVerfGE 106, 310 (330 f.).
[35] Vgl. BVerfGE 106, 310 (334 f.); vgl. auch das Sondervotum zu dieser Entscheidung, BVerfGE 106, 310/337 (347) m. w. N.; anders *Stern*, StaatsR II S. 137 f.
[36] Für beides das Sondervotum in BVerfGE 106, 310/337 (338 ff.), entgegen BVerfGE 106, 310 (332 ff.).
[37] Vgl. BVerfGE 106, 310 (335); zu formalistisch dagegen das Sondervotum in BVerfGE 106, 310/337 (338 ff., 349 f.), unter Hinweis darauf, dass eine zweite Abstimmung zustande gekommen sei, in der das erste „Nein" des S „gelöscht" und seine zweite Äußerung kein eindeutiges „Nein", sondern nur die Kundgabe seiner „Auffassung" gewesen sei, auf die es gerade nicht ankomme.

und Rechtswissenschaft eine kontroverse Diskussion. Der Bundespräsident wurde aufgefordert, das Gesetz wegen formeller Verfassungswidrigkeit nicht auszufertigen. Gleichwohl nahm er nach eingehender Prüfung die Ausfertigung vor, da er angesichts der kontroversen Auffassungen, die er jeweils für mit guten Argumenten vertretbar erachtete, nicht die Überzeugung habe gewinnen können, dass eindeutig und zweifelsfrei ein Verfassungsverstoß vorliege. Im daraufhin von einigen Landesregierungen eingeleiteten Normenkontrollverfahren erklärte der Zweite Senat des BVerfG das Zuwanderungsgesetz für nichtig, da die Stimmabgabe Brandenburgs nicht „einheitlich" gewesen war[1]. Hat der Bundespräsident mit der Ausfertigung des Zuwanderungsgesetzes pflichtwidrig gehandelt?

I. Zur Stellung und Funktion des Bundespräsidenten

1. Staatsoberhaupt und damit verbundene Aufgaben

1 „Der Bundespräsident repräsentiert Staat und Volk der Bundesrepublik Deutschland nach außen und innen und soll die Einheit des Staates verkörpern".[2] Auch wenn dies aus dem Wortlaut des Grundgesetzes nicht ausdrücklich hervorgeht, ist der Bundespräsident das **Staatsoberhaupt** der Bundesrepublik Deutschland. Dies ergibt sich bereits aus der Entstehungsgeschichte des Grundgesetzes.[3] Vor allem aber sind die dem Bundespräsidenten durch das Grundgesetz eingeräumten Kompetenzen und Funktionen solche, die typischerweise einem Staatsoberhaupt zukommen: So obliegt ihm die **völkerrechtliche Vertretung und Repräsentation** des Bundes (vgl. Art. 59 I GG) sowie die **Ausfertigung der Gesetze** (Art. 82 GG); er übt im Einzelfall für den Bund das **Begnadigungsrecht** aus (Art. 60 II GG) und **ernennt und entlässt** die Bundesrichter, Bundesbeamten, Offiziere und Unteroffiziere sowie auf Vorschlag des Bundeskanzlers die Bundesminister (Art. 60 I GG und Art. 64 I GG). Ferner ernennt der Bundespräsident den Bundeskanzler (Art. 63 II 2 GG). Darüber hinaus hat er bestimmte **„Reservekompetenzen"** für den Fall parlamentarischer Krisensituationen (vgl. Art. 68, 81 GG). Des Weiteren kommt ihm eine **Integrations- und Ausgleichsfunktion** zu, die ihn etwa befugt, krisenhafte gesellschaftliche oder politische Entwicklungen anzumahnen sowie auf Konsens in Politik und Gesellschaft hinzuwirken. Der insoweit notwendigen **Unabhängigkeit** des Bundespräsidenten dient die Inkompatibilitätsregel des Art. 55 GG. Dem jeweiligen Amtsinhaber ist es grundsätzlich selbst überlassen, wie er seine Repräsentations- und Integrationsaufgaben mit Leben erfüllt; ihm kommt insoweit ein weiter Gestaltungsspielraum zu.[4] Vom Bundespräsidenten wird aber eine **überparteiliche Amtsführung** erwartet;[5] so entspricht es üblicher Praxis, dass er während seiner Amtszeit eine ggf. bestehende Parteimitgliedschaft ruhen lässt (→ Rn. 20 zur Äußerungsbefugnis des Bundespräsidenten in Bezug auf politische Parteien).

2 Angesichts der negativen Erfahrungen mit den weitreichenden Machtbefugnissen des Reichspräsidenten zur Zeit der Weimarer Republik ist der Bundespräsident mit vergleichsweise wenigen politischen und staatsleitenden Kompetenzen ausgestattet[6]; dieser Befund steht seiner Stellung als Staatsoberhaupt aber nicht entgegen.

---

[1] Siehe dazu näher → § 13 Rn. 23 f.
[2] BVerfGE 136, 323 (332); 138, 102 (112).
[3] Ausführl. hierzu und zur Stellung des Bundespräsidenten *Stern*, StaatsR II S. 189 ff., 201 ff.
[4] BVerfGE 136, 323 (332); 138, 102 (112 f.).
[5] Vgl. BVerfGE 136, 277 (311); 136, 323 (332 f.).
[6] Eine Gegenüberstellung der Befugnisse des damaligen Reichspräsidenten und des Bundespräsidenten findet sich etwa bei *Zippelius/Würtenberger* § 41 Rn. 2. Vgl. BVerfGE 136, 277 (309 ff.) zu

2. Gegenzeichnungspflicht

Die verhältnismäßig „schwache" Machtstellung des Bundespräsidenten findet auch darin ihren Ausdruck, dass er die meisten seiner Kompetenzen nicht *eigenständig* wahrnehmen kann: Vielmehr bedürfen gemäß Art. 58 GG die Anordnungen und Verfügungen des Bundespräsidenten zu ihrer Gültigkeit der Gegenzeichnung durch den Bundeskanzler oder den zuständigen Bundesminister (vgl. auch Art. 82 I GG). Hiermit soll vor allem eine eigenständige Politik des Bundespräsidenten in Widerspruch zur Bundesregierung verhindert und somit die Einheitlichkeit der Staatsführung gewährleistet werden.

3

Konsens besteht darüber, dass als „Verfügungen und Anordnungen" i. S. d. Art. 58 GG jedenfalls alle rechtlich erheblichen, d. h. Rechtswirkung entfaltenden Maßnahmen gelten. Eine weit verbreitete Ansicht[7] fasst unter diesen Begriff darüber hinaus auch alle (sonstigen) amtlich und politisch bedeutsamen Handlungen des Bundespräsidenten, also etwa Interviews, Reden oder Empfänge, welche insofern von der Bundesregierung zumindest „gebilligt" werden müssten. Begründet wird dies damit, dass auch insoweit der Schutzzweck des Art. 58 GG einschlägig sei. Diese Auffassung vermag nicht zu überzeugen. Zum einen ist sie schwerlich mit dem Wortlaut des Art. 58 GG zu vereinbaren; denn die Begriffe „Verfügung" und „Anordnung" kennzeichnen gemeinhin rechtsverbindliche Akte, und auch nur solche können „Gültigkeit" haben oder eben nicht. Darüber hinaus dürfte ein diesbezügliches Gegenzeichnungs- oder Billigungserfordernis durch die Bundesregierung nicht mit der Integrations- und Ausgleichsfunktion des Bundespräsidenten (→ Rn. 1) in Einklang zu bringen sein. Außerdem werden einseitige, erkennbar gegen die Politik der Bundesregierung gerichtete politische „Auftritte" des Bundespräsidenten bereits durch die vom Bundespräsidenten erwartete überparteiliche und politisch neutrale Amtsführung bzw. durch das Gebot zur „Verfassungsorgantreue" und die daraus resultierende Pflicht zu gegenseitiger politischer Rücksichtnahme vermieden. Die Ausdehnung der Gegenzeichnungspflicht über rechtsverbindliche Akte hinaus ist daher mit einer im Vordringen befindlichen Ansicht abzulehnen[8].

4

II. Wahl und Amtsdauer des Bundespräsidenten; Präsidentenanklage

Die **Wahl** des Bundespräsidenten erfolgt durch die **Bundesversammlung** (Art. 54 I 1 GG),[9] deren Zusammensetzung Art. 54 III GG regelt. Nähere Ausgestaltung findet das Wahlverfahren in Art. 54 IV bis VI GG sowie in dem aufgrund von Art. 54 VII GG erlassenen Gesetz über die Wahl des Bundespräsidenten durch die Bundesversammlung[10].

5

Die **Amtsdauer** des Bundespräsidenten beträgt gemäß Art. 54 II 1 GG fünf Jahre. **Wählbar** ist nach Art. 54 I 2 GG jeder Deutsche, der das (aktive und passive) Wahlrecht

6

---

den Erfahrungen mit der Weimarer Republik, welche die grundgesetzliche Konzeption des Amtes des Bundespräsidenten beeinflusst haben.

[7] Siehe etwa *Maurer,* StaatsR I § 15 Rn. 27; *Stern,* StaatsR II S. 213 f. m. w. N.

[8] So auch *A. v. Arnauld,* in: v. Münch/Kunig Art. 58 Rn. 7 f.; *R. Herzog,* in: Maunz/Dürig Art. 58 Rn. 48 ff.; *W.G. Leisner,* in: Sodan Art. 58 Rn. 2; *M. Nierhaus,* in: Sachs, GG Art. 58 Rn. 16 ff. m. w. N.; *W.-R. Schenke,* in: BK Art. 58 Rn. 62 ff.

[9] Zum Für und Wider einer Direktwahl des Bundespräsidenten durch das Volk *J. Ipsen/U. Battis,* ZRP 2012, 63; *W. Leisner,* NJW 2009, 2938 ff. Vgl. zu den Rechten von Mitgliedern der Bundesversammlung BVerfGE 136, 277 ff.; 138, 125 ff. Danach sind den Mitgliedern der Bundesversammlung durch Art. 54 I GG außer dem Recht zur Teilnahme an der Wahl des Bundespräsidenten nur begrenzte Rechte zugewiesen. Eine den Bundestagsabgeordneten vergleichbare Rechtsstellung besitzen die Mitglieder der Bundesversammlung nicht. Insbes. ist das Rede- und Antragsrecht eingeschränkt. Zu einer Personal- und Sachdebatte über oder mit den Kandidaten sind die Mitglieder der Bundesversammlung nicht berechtigt.

[10] BGBl. III/FNA 1100-1; Sartorius I Nr. 33.

zum Bundestag (siehe Art. 38 II GG, §§ 12 f., 15 BWG) besitzt und das vierzigste Lebensjahr vollendet hat. Gemäß Art. 54 II 2 GG ist die *anschließende* Wiederwahl nur einmal zulässig; hieraus wird überwiegend gefolgert, dass nach zwischenzeitlicher Amtszeit eines anderen Bundespräsidenten die erneute Wahl eines Kandidaten möglich ist, der das Amt bereits zweimal innehatte[11].

7 Eine unfreiwillige vorzeitige Beendigung der Amtsperiode *kann* nach Art. 61 II 1 GG durch das BVerfG ausgesprochen werden, wenn dieses im Rahmen der **Präsidentenanklage** nach Art. 61 GG (→ § 56 Rn. 5) feststellt, dass der Bundespräsident einer vorsätzlichen Verletzung des Grundgesetzes (einschließlich ungeschriebener verfassungsrechtlicher Grundsätze) oder eines anderen Bundesgesetzes schuldig ist.

III. Einzelne Aufgaben und Befugnisse des Bundespräsidenten

1. Ausfertigung der Gesetze

8 Nach Art. 82 I 1 GG fertigt der Bundespräsident die nach den Vorschriften des Grundgesetzes zustande gekommenen Gesetze nach Gegenzeichnung (→ Rn. 3 f.) aus. Fraglich ist, ob und inwieweit er hierbei ein **Prüfungsrecht** (und eine damit einhergehende Prüfungs*pflicht*) hat.

a) Formelles Prüfungsrecht

9 Aus der Formulierung des Art. 82 I 1 GG, wonach der Bundespräsident die „nach den Vorschriften dieses Grundgesetzes zustande gekommenen" Gesetze ausfertigt, wird nahezu einhellig gefolgert, dass ein Prüfungsrecht des Bundespräsidenten jedenfalls hinsichtlich der formellen Verfassungsmäßigkeit des betreffenden Gesetzes besteht,[12] also insbesondere hinsichtlich der Zuständigkeitsregelungen der Art. 70 ff. GG sowie der Verfahrensregelungen der Art. 76 ff. GG. Der Bundespräsident muss die Ausfertigung demnach verweigern, wenn er von der formellen Verfassungswidrigkeit des Gesetzes (→ § 17 Rn. 39, 41) überzeugt ist.

b) Materielles Prüfungsrecht

10 Umstritten ist dagegen, ob der Bundespräsident auch eine materielle, also inhaltliche Prüfung des auszufertigenden Gesetzes (→ § 17 Rn. 40 f.) vornehmen darf (bzw. muss). Gegen das Bestehen einer materiellen Prüfungskompetenz lässt sich nicht ohne weiteres anführen, dass dem Bundespräsidenten in bewusster Abkehr von den Machtbefugnissen des Reichspräsidenten der Weimarer Republik eine „schwache" Stellung eingeräumt sei oder dass das Grundgesetz eine Normenkontroll- und -verwerfungskompetenz nur dem BVerfG zugestehe (vgl. Art. 93 I Nr. 2, Art. 100 GG). Denn der Umfang der Rechte und Pflichten des Bundespräsidenten muss gerade anhand einer Auslegung des Art. 82 I 1 GG ermittelt werden; damit bewegen sich die genannten Argumente jeweils in der Nähe eines Zirkelschlusses, weil sie das vermeintliche Ergebnis zu dessen Begründung heranziehen. Mit der überwiegenden Ansicht[13] ist vielmehr ein

---

[11] Siehe etwa *R. Herzog,* in: Maunz/Dürig Art. 54 Rn. 21.
[12] Siehe u. a. *M. Nettesheim,* in: HdbStR III § 62 Rn. 37.
[13] Siehe etwa *Degenhart* Rn. 786 ff.; *A. Haratsch,* in: Sodan Art. 82 Rn. 8; *Maurer,* StaatsR I § 17 Rn. 89; *M. Nettesheim,* in: HdbStR III § 62 Rn. 38; *M. Nierhaus,* in: Sachs, GG Art. 82 Rn. 7 ff.; *Stern,* StaatsR II S. 233; jeweils mit weiteren Hinweisen zum Streitstand.

§ 14. Bundespräsident

materielles Prüfungsrecht[14] **des Bundespräsidenten zumindest im Kern zu bejahen.** Dies belegt insbesondere die Verfassungsbindung (auch) des Bundespräsidenten aus Art. 1 III und Art. 20 III GG. Dem widerspräche es, wenn der Bundespräsident ein materiell verfassungswidriges Gesetz ausfertigen dürfte oder müsste. Ein Kompetenzkonflikt gegenüber dem BVerfG besteht dabei insofern nicht, als die diesbezügliche Entscheidung des Bundespräsidenten keine endgültige sein muss, sondern aufgrund einer Präsidentenanklage (→ § 56 Rn. 5), in einem Organstreitverfahren (→ § 52) oder ggf. in einem abstrakten Normenkontrollverfahren (→ § 53) durch das BVerfG abschließend und verbindlich überprüft werden kann.

c) Überprüfung nur hinsichtlich evidenter Verfassungsverstöße

Häufig wird die *materielle* Prüfungskompetenz des Bundespräsidenten allerdings auf evidente, d. h. offensichtliche Verfassungsverstöße begrenzt[15]. Richtig daran ist, dass der Bundespräsident die Ausfertigung nur dann verweigern darf, wenn er von der Verfassungswidrigkeit überzeugt ist bzw. überzeugt sein durfte. Dies wird aber regelmäßig – auch vor dem Hintergrund der letztverbindlichen Entscheidungskompetenz des BVerfG – nur bei gewichtigen, evidenten Verfassungsverstößen der Fall sein; bloße Bedenken oder einfache Zweifel genügen hierfür nicht. Dem entspricht auch die bisherige bundespräsidiale Prüfungspraxis[16], und zwar nicht nur im Hinblick auf die materielle, sondern auch hinsichtlich der *formellen* Verfassungsmäßigkeit (dazu sogleich → Rn. 12).

11

Im **Fall 12** kann eine Pflichtwidrigkeit der Ausfertigung des Zuwanderungsgesetzes nicht schon damit begründet werden, dass dieses später vom BVerfG für formell verfassungswidrig erklärt wurde. Zwar kommt dem Bundespräsidenten unstreitig ein formelles Prüfungsrecht (und damit verbunden auch eine Prüfungspflicht) zu. Jedoch kann es nicht Sinn der präsidialen Prüfung sein, hierdurch die letztverbindliche Entscheidung des BVerfG zu antizipieren. Insofern ist – entgegen anders lautender Meinungen im Schrifttum[17] – die bundespräsidiale Praxis nicht zu beanstanden, auch hinsichtlich der formellen Verfassungsmäßigkeit nur im Evidenzfall die Ausfertigung zu verweigern bzw. die „Überzeugung" von der Verfassungswidrigkeit für sich in Anspruch zu nehmen[18]. Angesichts der kontrovers geführten Diskussion über das Zuwanderungsgesetz, die sich nicht zuletzt in einem Sondervotum von zwei Richterinnen des BVerfG niederschlug[19], ist die bundespräsidiale Ausfertigung des Zuwanderungsgesetzes[20] daher nicht als pflichtwidrig anzusehen.

12

---

[14] Vgl. in diesem Zusammenhang zur Prüfungskompetenz des Bundespräsidenten hinsichtlich Unionsrecht *A. Neumann,* DVBl. 2007, 1335 ff.

[15] So etwa *Degenhart* Rn. 789; *R. Herzog,* in: FS Carstens II, S. 601 (609); *R. Rubel,* in: Umbach/Clemens, GG Art. 82 Rn. 17 a. E.; dagegen *A. Haratsch,* in: Sodan Art. 82 Rn. 8 a. E.; *Stern,* StaatsR II S. 235.

[16] Vgl. zu dieser *V. Epping,* JZ 1991, 1102 (1106 ff.); *J. Rau,* DVBl. 2004, 1 (3 ff.); *S. Schiedermair,* DÖV 2007, 726 ff.

[17] Siehe *C. Burkiczak,* BayVBl. 2002, 578 (583 f.); *C. Lutze,* NVwZ 2003, 323 (324 f.); krit. auch *C. Palme,* Jura 2003, 272 (277).

[18] Im Falle des vom BVerfG wegen fehlender Gesetzgebungskompetenz für nichtig erklärten Staatshaftungsgesetzes hatte der damalige Bundespräsident *K. Carstens* die Ausfertigung sogar trotz erheblicher Bedenken gegen dessen Verfassungsmäßigkeit vorgenommen; vgl. dazu BVerfGE 61, 149 (161 f.); *J. Rau,* DVBl. 2004, 1 (5).

[19] BVerfGE 106, 310 (337 ff.).

[20] Vgl. zu den diesbezüglichen Überlegungen *J. Rau,* DVBl. 2004, 1 (6 ff.).

13 Weigert sich demgegenüber der Bundespräsident, die Ausfertigung vorzunehmen, kann er im Wege des Organstreitverfahrens vor dem BVerfG (→ § 52) hierzu verpflichtet werden, wenn die Weigerung zu Unrecht erfolgte.

2. Ernennung der Bundesminister

14 Der Bundespräsident ernennt nach Art. 64 I GG auf Vorschlag des Bundeskanzlers die Bundesminister. Er ist hier weitgehend an den Vorschlag des Bundeskanzlers gebunden. Konsens besteht darin, dass ihm ein **Prüfungsrecht nur im Hinblick auf die rechtlichen Voraussetzungen** für eine Ernennung zum Minister zukommt: So muss der zu Ernennende etwa die – nach gefestigter Ansicht nicht nur für Abgeordnete des Deutschen Bundestages, sondern „erst recht" auch für Inhaber oberster Staatsämter geltenden[21] – Wählbarkeitsvoraussetzungen des § 15 BWG erfüllen und darf nicht zugleich Mitglied einer Landesregierung sein (§ 4 BMinG) sowie keine der in Art. 66 GG genannten Tätigkeiten ausüben.

15 Zutreffend wird dagegen ein Prüfungsrecht hinsichtlich der fachlichen oder politischen Eignung des zu Ernennenden (so genanntes **politisches Prüfungsrecht**) überwiegend abgelehnt[22]. Denn hierdurch würde der Bundespräsident eine direkte Möglichkeit zur Mitgestaltung oder Beeinflussung der Regierungstätigkeit erlangen, welche ihm gerade nicht zukommen soll. Die Richtlinienkompetenz sowie die Beurteilung der personellen Eignung und Befähigung der Minister fallen in den Verantwortungsbereich des Bundeskanzlers. Der Bundespräsident kann diesbezüglich lediglich seine Bedenken zum Ausdruck bringen. Nur in extremen, staatswohlgefährdenden Ausnahmefällen soll ihm dann aber doch ein Ablehnungsrecht zustehen, etwa wenn sich aufgrund beweisbarer Tatsachen erhebliche Zweifel an der zukünftigen Verfassungstreue des zu Ernennenden aufdrängen[23].

3. Vorschlag und Ernennung des Bundeskanzlers

16 Beim Vorschlag des **Bundeskanzlers** bzw. dessen Ernennung nach Wahl durch den Bundestag (vgl. Art. 63 GG) hat der Bundespräsident ebenfalls ein Prüfungsrecht (nur) hinsichtlich der rechtlichen Ernennungsvoraussetzungen, also insbesondere hinsichtlich § 15 BWG, Art. 66 GG und § 4 BMinG (dazu jeweils → Rn. 14) sowie hinsichtlich der Ordnungsmäßigkeit der Wahl. Darüber hinaus darf kein Kandidat nominiert werden, der verfassungsfeindliche Ziele verfolgt.[24]

4. Ernennung der Bundesrichter, Bundesbeamten und Offiziere

17 Auch bei der Ernennung der Bundesrichter, Bundesbeamten und Offiziere gemäß Art. 60 I GG kann der Bundespräsident lediglich die rechtlichen Voraussetzungen für die Ernennung überprüfen, im Falle der Bundesbeamten also etwa die der §§ 7ff. BBG. Ein darüber hinaus gehendes Ablehnungsrecht lässt sich wiederum nur in extremen, staatswohlgefährdenden Ausnahmefällen annehmen[25] (→ Rn. 15 a. E.).

---

[21] *Maurer*, StaatsR I § 14 Rn. 8; siehe ferner *W.-R. Schenke*, in: BK Art. 64 (Drittbearb.) Rn. 74; *M. Schröder*, in: v. Mangoldt/Klein/Starck Art. 64 Rn. 26 i. V. m. Art. 63 Rn. 20 m. w. N.
[22] Siehe etwa *U. Mager*, in: v. Münch/Kunig Art. 64 Rn. 4.; *Maurer*, StaatsR I § 14 Rn. 20ff.
[23] *U. Mager*, in: v. Münch/Kunig Art. 64 Rn. 4; vgl. auch *Maurer*, StaatsR I § 14 Rn. 22.
[24] *M. Schröder*, in: HdbStR III § 65 Rn. 12 m. w. N.
[25] Siehe dazu näher *M. Nierhaus*, in: Sachs, GG Art. 60 Rn. 8.

§ 14. Bundespräsident

5. Vertretung der Bundesrepublik Deutschland nach außen

Gemäß Art. 59 I 1 GG vertritt der Bundespräsident die Bundesrepublik Deutschland 18
völkerrechtlich. Die damit insbesondere verbundene Aufgabe zum Abschluss der völkerrechtlichen Verträge (Art. 59 I 2 GG) umfasst aber lediglich deren formale Ratifikation, nicht auch etwa deren „Aushandeln". Denn materielle außenpolitische Befugnisse stehen dem Bundespräsidenten nicht zu; sie obliegen vielmehr nur der Bundesregierung und dem Bundestag. Insofern hat der Bundespräsident diesbezüglich auch kein politisches Prüfungsrecht. Allerdings steht ihm nach überwiegender Ansicht eine Prüfungsbefugnis (und -pflicht) hinsichtlich der formellen und materiellen Vereinbarkeit des betreffenden Aktes mit dem Grundgesetz zu, und zwar entsprechend den Grundsätzen, die für seine Prüfungskompetenz hinsichtlich Gesetzen (→ Rn. 8 ff.) gelten.[26]

6. Recht zur Bundestagsauflösung

Eigenständige politische Entscheidungsbefugnisse hat der Bundespräsident in den Fäl- 19
len der Bundestagsauflösung nach Art. 63 IV 3 oder Art. 68 GG (→ § 12 Rn. 6; § 15
Rn. 5 f., 12 ff.).

7. Äußerungsbefugnis des Bundespräsidenten

Grundsätzlich ist der Bundespräsident in der **Entscheidung über die jeweils angemes-** 20
sene Kommunikationsform frei. Er ist aber an die Grundrechte sowie an Recht und
Gesetz gebunden. Insbesondere muss der Bundespräsident bei seinen Äußerungen das
Recht politischer Parteien auf Chancengleichheit (→ § 6 Rn. 80 ff.) aus Art. 21 I GG
(i. V. m. Art. 38 I bzw. Art. 3 I GG) achten.

Das BVerfG ist der Ansicht, dass die Grundsätze[27] über die Beteiligung staatlicher Stel- 21
len an der öffentlichen Auseinandersetzung für die rechtliche Beurteilung negativer Äußerungen des Bundespräsidenten nicht heranzuziehen seien (→ § 15 Rn. 25 zur Äußerungsbefugnis von Mitgliedern der Bundesregierung):[28] Gingen nach Einschätzung des Bundespräsidenten Risiken und Gefahren von einer bestimmten politischen Partei aus, sei er „nicht gehindert, die von ihm erkannten Zusammenhänge zum Gegenstand seiner öffentlichen Äußerungen zu machen". Äußerungen des Bundespräsidenten lässt das BVerfG unbeanstandet, „solange sie erkennbar einem Gemeinwohlziel verpflichtet und nicht auf die Ausgrenzung oder Begünstigung einer Partei um ihrer selbst willen angelegt sind". Dementsprechend billigt das Gericht dem Bundespräsidenten zu, „weitgehend frei darüber [zu] entscheiden, bei welcher Gelegenheit und in welcher Form er sich äußert und in welcher Weise er auf die jeweilige Kommunikationssituation eingeht. Er ist insbesondere nicht gehindert, sein Anliegen auch in zugespitzter Wortwahl vorzubringen, wenn er dies für angezeigt hält. Mit der Repräsentations- und Integrationsaufgabe des Bundespräsidenten nicht mehr im Einklang stehen Äußerungen, die

---
[26] *R. Streinz*, in: Sachs, GG Art. 59 Rn. 18 m. w. N.
[27] Nach diesen Grundsätzen ist es staatlichen Stellen verwehrt, „eine nicht verbotene politische Partei in der Öffentlichkeit nachhaltig verfassungswidriger Zielsetzung und Betätigung zu verdächtigen, wenn ein solches Vorgehen bei verständiger Würdigung der das Grundgesetz beherrschenden Gedanken nicht mehr verständlich ist und sich daher der Schluss aufdrängt, dass es auf sachfremden Erwägungen beruht" (BVerfGE 133, 100 [108]); 136, 323 [334]).
[28] BVerfGE 136, 323 (334 ff.); vgl. *M. Putzer*, DÖV 2015, 417 ff.; krit. *T. Barczak*, NVwZ 2015, 1014 (1019 f.).

keinen Beitrag zur sachlichen Auseinandersetzung liefern, sondern ausgrenzend wirken, wie dies grundsätzlich bei beleidigenden, insbesondere solchen Äußerungen der Fall sein wird, die in anderen Zusammenhängen als ‚Schmähkritik' qualifiziert werden".[29] Nach diesen Maßstäben hielt das BVerfG die Bezeichnung der Mitglieder, Anhänger und Unterstützer einer politischen Partei (NPD) als „Spinner" durch den Bundespräsidenten im Vorfeld der Bundestagswahl 2013 für zulässig.

§ 15. Bundesregierung

Fall 13 (BVerfGE 62, 1 ff.): 1980 wählte der Deutsche Bundestag auf der Grundlage einer Koalition der Fraktionen der SPD und der FDP *Helmut Schmidt* zum Bundeskanzler. Nachdem es in der Folgezeit zu erheblichen Spannungen in dieser Koalition gekommen war, sprach der Bundestag am 1.10.1982 aufgrund eines Antrages der Fraktionen der CDU/CSU und der FDP gemäß Art. 67 GG Bundeskanzler *Schmidt* das Misstrauen aus, indem er mit der Mehrheit seiner Mitglieder *Dr. Helmut Kohl* zum neuen Bundeskanzler wählte. CDU/CSU und FDP einigten sich in Koalitionsverhandlungen auf ein Regierungs-„Notprogramm" zur Lösung der wichtigsten anstehenden Aufgaben sowie auf die Anstrebung baldiger Neuwahlen. Im Zuge dieses Programms wurde insbesondere ein Haushaltsgesetz mit der Koalitionsmehrheit von CDU/CSU und FDP verabschiedet. Zur Erreichung von Neuwahlen stellte Bundeskanzler *Dr. Kohl* am 17.12.1982 die Vertrauensfrage gemäß Art. 68 GG mit der Begründung, dass – auch angesichts zunehmender Richtungskämpfe in der FDP – über das sachlich und zeitlich begrenzte „Notprogramm" hinaus eine stabile Bundestagsmehrheit von CDU/CSU und FDP nicht gewährleistet sei. Insbesondere aufgrund des Umstandes, dass sich die Mehrzahl der Mitglieder der Fraktionen der CDU/CSU und der FDP der Stimme enthielt, beantwortete der Bundestag die Vertrauensfrage mit „Nein". Daraufhin ordnete der Bundespräsident auf Vorschlag des Bundeskanzlers die Auflösung des Bundestages und die Durchführung von Neuwahlen für den 6.3.1983 an. Einige Abgeordnete hielten diese Auflösung des Bundestages durch den Bundespräsidenten für verfassungswidrig (und wandten sich an das BVerfG), da die Vertrauensfrage in missbräuchlicher Weise gezielt zur Erreichung von Neuwahlen eingesetzt und nur zu diesem Zweck von den Koalitionsparteien nicht positiv beantwortet worden sei. Die Voraussetzungen des Art. 68 GG hätten insoweit nicht vorgelegen. Trifft diese Auffassung zu?

(Zur verfassungsprozessualen Seite dieses Falles → § 52, **Fall 41**.)

I. Allgemeines zu Stellung und Bedeutung der Bundesregierung

1   Die Bundesregierung ist ein oberstes Bundesorgan und besteht aus dem **Bundeskanzler** und den **Bundesministern** (Art. 62 GG). Sie bildet die **„Spitze" der exekutiven Bundesgewalt** und ist im Wesentlichen mit der **Staatsleitung** betraut.[1] Eine umfassende Normierung ihrer Aufgaben und Befugnisse ist angesichts ihrer weitreichenden und vielschichtigen Kompetenzen insbesondere im Hinblick auf ihre politische Leitungsfunktion kaum möglich; die im Grundgesetz ausdrücklich erwähnten Zuständigkeiten (→ Rn. 17 ff.) stellen daher nur „Teilausschnitte einer im übrigen vorausgesetzten Gesamtaufgabe"[2] dar.

---

[29] BVerfGE 136, 323 (335 f.); vgl. BVerfGE 138, 102 (112 f.).
[1] Vgl. BVerfGE 11, 77 (85); 26, 338 (395 f.); 105, 252 (270 f.); 105, 279 (301).
[2] *M. Schröder,* in: HdbStR III § 64 Rn. 7; vgl. auch BVerfGE 105, 252 (270).

§ 15. Bundesregierung

II. Zustandekommen und Amtsdauer der Bundesregierung

In der Weimarer Republik wurde der Regierungschef (Reichskanzler) nicht vom Parlament gewählt, sondern allein vom Reichspräsidenten ernannt. Um die damit verbundenen Schwächen, nämlich das Entstehen von Regierungskrisen wegen fehlenden Vertrauens zwischen Reichstag und Reichsregierung (mit den bekannten historischen Folgen), zu vermeiden, ist im Grundgesetz ein **„parlamentarisches Regierungssystem"** verankert, dessen Prinzip in der Abhängigkeit der Regierung vom Parlament besteht[3].

1. Wahl des Bundeskanzlers

Gemäß Art. 63 I und II GG wird der Bundeskanzler auf *Vorschlag* des Bundespräsidenten vom Bundestag mit der Mehrheit seiner Mitglieder (absolute Mehrheit)[4] *gewählt* und hierauf vom Bundespräsidenten *ernannt*.

Der Bundespräsident ist bei seinem Vorschlag frei, wird aber regelmäßig – häufig nach Rücksprache mit den Fraktionen – nur einen Vorschlag unterbreiten, der von der Bundestagsmehrheit getragen wird. Bei Vorschlag und Ernennung kommt ihm ein Prüfungsrecht hinsichtlich der rechtlichen Voraussetzungen der Bundeskanzlerwahl zu (→ § 14 Rn. 16).

Wird der vom Bundespräsidenten Vorgeschlagene *nicht gewählt*, so kann gemäß Art. 63 III GG der Bundestag binnen 14 Tagen mit mehr als der Hälfte seiner Mitglieder von sich aus einen Bundeskanzler wählen, wobei der Vorschlag gemäß § 4 S. 2 GO-BT von einem Viertel der Mitglieder des Bundestages oder einer Fraktion, die mindestens diese Stärke hat, stammen muss. Kommt innerhalb dieser 14 Tage erneut keine Wahl zustande, ist gemäß Art. 63 IV 1 GG derjenige nach § 4 S. 2 GO-BT Vorgeschlagene gewählt, der in einem unverzüglich stattfindenden erneuten Wahlgang die meisten Stimmen erhält. Vereinigt der Gewählte die Stimmen der Mehrheit der Mitglieder des Bundestages auf sich, muss der Bundespräsident den Gewählten innerhalb von sieben Tagen zum Bundeskanzler ernennen (Art. 63 IV 2 GG), anderenfalls – bei bloß relativer Mehrheit – kann der Bundespräsident alternativ auch den Bundestag auflösen (Art. 63 IV 3 GG).[5]

---

[3] BVerfGE 27, 44 (56).
[4] Siehe zu den verschiedenen Formen von Bundestagsmehrheiten → § 12 Rn. 15.
[5] Siehe zur Wahl des Bundeskanzlers näher *P. Austermann*, DÖV 2013, 865 ff.

6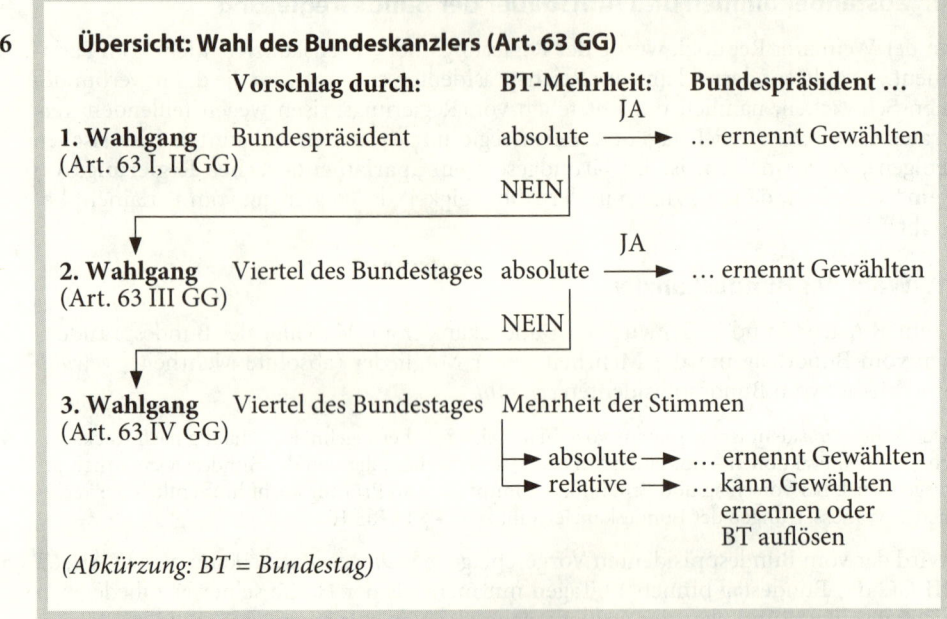

7 Stellt nach der Bundestagswahl keine Fraktion die absolute Mehrheit im Bundestag, erfolgt die Wahl des Bundeskanzlers regelmäßig durch eine Koalition von zwei oder mehreren Fraktionen. Die zwischen diesen geschlossenen **Koalitionsvereinbarungen**, in denen regelmäßig auch die Wahl eines bestimmten Bundeskanzlers vorgesehen ist, stellen nach vorzugswürdiger Ansicht rein politische Absprachen dar, die rechtlich nicht bindend und daher gerichtlich nicht durchsetzbar sind[6].

2. Ernennung der Bundesminister

8 Die Bundesminister werden gemäß Art. 64 I GG **auf Vorschlag des Bundeskanzlers** vom Bundespräsidenten **ernannt** (und ggf. entlassen). Der Bundespräsident hat diesbezüglich eine rechtliche Prüfungskompetenz (→ § 14 Rn. 14 f.). Dem Bundeskanzler kommt dabei neben der grundsätzlichen Personalhoheit auch die Organisationsgewalt[7] hinsichtlich Anzahl und Zuständigkeitsbereich der einzelnen Ministerien zu; beschränkt ist er diesbezüglich insoweit, als die Existenz bestimmter Ministerien durch ausdrückliche Nennung im Grundgesetz verfassungsrechtlich vorgeschrieben ist (siehe Art. 65a GG: Bundesminister für Verteidigung; Art. 96 II 4 GG: Bundesjustizminister; Art. 108 III 2, Art. 112 S. 1 und Art. 114 I GG: Bundesminister der Finanzen).

---

[6] Ausführl. dazu *Maurer*, StaatsR I § 14 Rn. 23 ff.
[7] Siehe zur Organisationsgewalt der Exekutive näher *H. Sodan*, Kollegiale Funktionsträger als Verfassungsproblem, 1987, S. 318 ff.

§ 15. Bundesregierung

3. Amtsdauer der Bundesregierung; vorzeitige Beendigung

a) Regelung des Art. 69 II GG

Die Amtsdauer der Bundesregierung ergibt sich aus Art. 69 II GG: Nach Art. 69 II Hs. 1 GG **endigen** die Ämter von Bundeskanzler und Bundesministern **„mit dem Zusammentritt eines neuen Bundestages"** (vgl. Art. 39 II GG) nach Neuwahl zum Ende der regulären Wahl- bzw. Legislaturperiode (Art. 39 I 1 bis 3 GG) oder – ggf. – nach Neuwahl zum Ende einer infolge Bundestagsauflösung[8] verkürzten Wahlperiode (vgl. Art. 39 I 4 GG).[9] Insoweit ist die Amtsdauer der Bundes*regierung* also mit der Wahl- bzw. Legislaturperiode verknüpft. Sofern sich das Amt des Bundes*kanzlers* **auf andere Weise erledigt** (etwa durch Abwahl, → Rn. 10, oder durch Rücktritt etc., → Rn. 16), endigen damit auch die Ämter der Bundesminister (Art. 69 II Hs. 2 GG).

b) Konstruktives Misstrauensvotum

Der Bundestag kann den Bundeskanzler nach dessen Wahl (→ Rn. 3 ff.) nicht beliebig wieder durch Mehrheitsentscheidung abwählen. Möglich ist eine „Abwahl" des Bundeskanzlers nur gemäß Art. 67 GG durch ein so genanntes **„konstruktives Misstrauensvotum"**, d. h. durch die gleichzeitige Wahl eines neuen Bundeskanzlers. Erforderlich hierzu ist die Mehrheit der Mitglieder des Bundestages i. S. v. Art. 121 GG. Hierdurch sollen zur Regierungsstabilität Krisen, die sich aus einer Abwahl der Bundesregierung ohne Bestimmung einer Nachfolgeregierung oder aus einer Neuwahl lediglich eines „Minderheitenkanzlers" ergeben können, vermieden werden. Bei Erfolg des konstruktiven Misstrauensvotums wird der Bundeskanzler vom Bundespräsidenten auf Ersuchen des Bundestages entlassen und der Gewählte zum Bundeskanzler ernannt (Art. 67 I GG). Um übereilte Entscheidungen oder Zufallsmehrheiten zu vermeiden, muss gemäß Art. 67 II GG zwischen dem Misstrauensantrag (siehe zu diesem auch § 97 GO-BT) und der Wahl ein Zeitraum von 48 Stunden liegen.

Art. 67 GG räumt dem Bundestag dagegen *nicht* die Möglichkeit ein, einen einzelnen „missliebigen" **Bundesminister** – quasi als „Minus" – durch konstruktives Misstrauensvotum aus dem Amt zu heben. Die Personalhoheit hinsichtlich der Bundesminister steht allein dem Bundeskanzler zu, der jederzeit für deren Entlassung sorgen kann (vgl. Art. 64 I GG). Möglich ist dem Bundestag lediglich die – für den Bundeskanzler allerdings nicht bindende – Misstrauenskundgabe hinsichtlich einzelner Minister.[10] Im Übrigen verbleibt dem Bundestag nur die Möglichkeit, über ein konstruktives Misstrauensvotum gegen den Kanzler auch das Amt des betreffenden Ministers zu beenden (vgl. Art. 69 II Hs. 2 GG).

c) Vertrauensfrage

Die so genannte Vertrauensfrage nach Art. 68 GG stellt ein Mittel dar, mit welchem sich der Bundeskanzler der Mehrheit des Parlamentes und damit seiner „Regierungsmehrheit" versichern kann. Findet ein Antrag des Bundeskanzlers, ihm das Vertrauen auszusprechen, nicht die Mehrheit der Mitglieder des Bundestages i. S. v. Art. 121 GG, so kann der Bundespräsident auf Vorschlag des Bundeskanzlers binnen 21 Tagen den Bundestag auflösen (Art. 68 I 1 GG). Dem Bundespräsidenten kommt hierbei eine am Gesichtspunkt der Erhaltung einer stabilen Regierungsmehrheit ausgerichtete Ermes-

---

[8] Siehe zur Bundestagsauflösung auch → § 12 Rn. 6 f.
[9] Siehe zur Wahlperiode und zum Zusammentritt des Bundestages → § 12 Rn. 3.
[10] Vertiefend hierzu *H.-J. Friehe*, JuS 1983, 208 ff.; vgl. ferner → § 12 Rn. 17.

sensentscheidung zu, ob er dem Vorschlag zur Bundestagsauflösung entspricht oder den Bundeskanzler trotz Gefahr einer Minderheitenregierung im Amt belässt.[11] Im Falle der Bundestagsauflösung endet das Amt des Bundeskanzlers (und der Bundesminister) mit Zusammentritt des gemäß Art. 39 I 4 GG binnen 60 Tagen neu zu wählenden Bundestages (→ Rn. 9). Wird der Bundestag nicht aufgelöst, ist es dem Bundeskanzler unbenommen zurückzutreten (zum Rücktritt → Rn. 16). Das Recht zur Bundestagsauflösung erlischt gemäß Art. 68 I 2 GG, sobald der Bundestag mit der Mehrheit seiner Mitglieder einen anderen Bundeskanzler wählt. Zwischen Antrag (siehe dazu auch § 98 GO-BT) und Abstimmung muss gemäß Art. 68 II GG ein Zeitraum von 48 Stunden liegen (vgl. → Rn. 10 a. E.).

13 Die Vertrauensfrage wurde in der Geschichte der Bundesrepublik Deutschland bislang fünfmal gestellt: Nachdem am 25. 4. 1972 ein gegen ihn beantragtes Misstrauensvotum knapp gescheitert war, stellte der damalige Bundeskanzler *Willy Brandt* (SPD) am **20.9.1972** die Vertrauensfrage; der Bundestag sprach ihm das Vertrauen *nicht* aus, woraufhin der Bundespräsident den Bundestag auflöste und Neuwahlen ansetzte. Mit der am **3.2.1982** gestellten Vertrauensfrage wurde Bundeskanzler *Helmut Schmidt* dagegen das Vertrauen ausgesprochen. Das entgegengesetzte Ergebnis brachte hingegen die Vertrauensfrage von Bundeskanzler *Dr. Helmut Kohl* vom **17.12.1982** (→ Rn. 14). Am **16.11.2001** verband Bundeskanzler *Gerhard Schröder* die – für ihn erfolgreiche – Vertrauensfrage mit der Abstimmung über den Auslandseinsatz der Bundeswehr in Afghanistan, hinsichtlich welcher die Mehrheit der Koalition aus SPD und Bündnis 90/Die Grünen im Vorfeld fraglich erschien. Diese Verbindung der Vertrauensfrage mit einzelnen Sachentscheidungen wird überwiegend als zulässig erachtet[12]. Bei der erneut von Bundeskanzler *Gerhard Schröder* gestellten Vertrauensfrage vom **27.6.2005** wurde ihm hingegen das Vertrauen entzogen (näher dazu → Rn. 15).

14 Im **Fall 13** stellt sich angesichts der Bundestagsmehrheit, die den Bundeskanzler *Dr. Kohl* sowohl beim konstruktiven Misstrauensvotum als auch bei der anschließenden Verabschiedung des Haushaltsgesetzes unterstützte, das Problem, ob bei der Vertrauensfrage vom 17. 12. 1982 die Voraussetzungen des Art. 68 GG vorlagen und der Bundespräsident den Bundestag insoweit zu Recht nach Art. 68 I GG aufgelöst hat. Die **formellen Voraussetzungen** des Art. 68 GG (Stellen der Vertrauensfrage; keine diesbezügliche Mehrheit der Mitglieder des Bundestages; Vorschlag des Bundeskanzlers, den Bundestag aufzulösen) waren zwar unstreitig gegeben. Ebenso anerkannt ist aber, dass dies allein nicht ausreicht. Anderenfalls könnte ein Bundeskanzler – etwa in der Phase eines politischen Stimmungshochs zu Gunsten der amtierenden Regierung – eine unzweifelhaft hinter ihm stehende Bundestagsmehrheit dazu nutzen, um durch deren gezielte, rein formale Versagung des Vertrauens Neuwahlen zu erreichen und damit seine Bundestagsmehrheit vorzeitig für eine weitere Legislaturperiode zu sichern oder gar auszubauen. Damit würde auch das Verbot der Selbstauflösung des Bundestages (→ § 12 Rn. 7) umgangen. Daher erfordert Art. 68 GG als ungeschriebenes **materielles Kriterium** das **Bestehen einer „Auflösungslage"**, d. h. einer „politischen Lage der Instabilität zwischen Bundeskanzler und Bundestag"[13]. Ist dies der Fall, kann die Vertrauensfrage vom Bundeskanzler auch gerade mit dem Ziel gestellt werden, dass ihm das Vertrauen *nicht* ausgesprochen wird („negative" oder „auflösungsgerichtete" Vertrauensfrage). Dem Bundeskanzler wird hinsichtlich einer solchen Auflösungslage eine Einschätzungs- und Beurteilungskompetenz eingeräumt, deren Wahrnehmung vom Bundespräsidenten und vom BVerfG nur eingeschränkt, nämlich im Hinblick auf eine *evidente* Fehleinschätzung, überprüft werden kann.[14] In Anwen-

---

[11] Vgl. dazu aber für die „negative" oder „auflösungsgerichtete" Vertrauensfrage auch → Rn. 14 (bei Fn. 13).
[12] Siehe etwa *Maurer*, StaatsR I § 14 Rn. 42; *D. C. Umbach*, in: Umbach/Clemens, GG Art. 68 Rn. 50; a. A. *C. Schönberger*, JZ 2002, 211 (212 ff.).
[13] BVerfGE 62, 1 (42).
[14] BVerfGE 62, 1 (49 ff.); siehe ferner BVerfGE 114, 121 (148 ff.), dazu sogleich auch → Rn. 15.

§ 15. Bundesregierung

dung dieser Maßstäbe erwies sich im Fall 13 die Bundestagsauflösung durch den Bundespräsidenten nicht als verfassungswidrig, da angesichts des sachlich und zeitlich begrenzten „Notprogramms" sowie der zunehmenden Richtungskämpfe in der FDP die Annahme einer politisch instabilen Lage nicht zu beanstanden war[15].

Ebenfalls eine „negative" bzw. „auflösungsgerichtete" Vertrauensfrage stellte am 27.6.2005 Bundeskanzler *Gerhard Schröder*. Er hielt die Erreichung von Neuwahlen für geboten, da es in der Folgezeit eines umfangreichen, insbesondere staatliche Leistungskürzungen vorsehenden Regierungsprogramms von Strukturveränderungen in nahezu allen Feldern der Wirtschafts-, Arbeitsmarkt-, Steuer- und Sozialpolitik („Agenda 2010") in den regierenden Parteien sowie Fraktionen zu inneren Spannungen und Richtungskonflikten gekommen war und zudem die SPD seit dem Beschluss der „Agenda 2010" in allen Landtagswahlen und der Europawahl deutliche Niederlagen hatte hinnehmen müssen. Letzteres hatte auch zu einer Kräfteverschiebung im Bundesrat geführt, infolge derer die SPD-geführten Länder dort keine Mehrheit mehr aufwiesen. Mit den Stimmen der Oppositionsfraktionen bei gleichzeitiger Enthaltung von etwa der Hälfte der Stimmen der Regierungsfraktionen entzog der Bundestag Kanzler *Schröder* das Vertrauen. Auf Vorschlag *Schröders* ordnete der Bundespräsident daraufhin die Auflösung des Bundestages an. Das zur Beurteilung der Verfassungsmäßigkeit dieser Auflösung angerufene BVerfG erklärte die Auflösung des Bundestages für vereinbar mit dem Grundgesetz:[16] In seiner Entscheidung bekräftigte das Gericht, dass die auflösungsgerichtete Vertrauensfrage materiell nur dann gerechtfertigt ist, wenn die parlamentarisch verankerte Bundesregierung ihre Handlungsfähigkeit verloren hat, der Bundeskanzler also für die mit seinem Gestaltungswillen bestimmte Richtung der Politik keine Mehrheit der Abgeordneten mehr hinter sich weiß. Problematisch war dabei hinsichtlich der Vertrauensfrage vom 27.6.2005 die Richtigkeit der Einschätzung des Bundeskanzlers, dass eine stetige Unterstützung der Bundestagsmehrheit für seine Politik nicht mehr gewährleistet sei, bevor dies in entsprechenden Abstimmungsniederlagen offenkundig geworden ist. Letzteres führe aber nicht dazu, dass der Bundeskanzler von Verfassungs wegen zum Rücktritt oder zu Maßnahmen verpflichtet ist, mit denen der politische Dissens in der die Regierung tragenden Mehrheit im Parlament offenbar würde. Zur Beurteilung der Richtigkeit der von höchstpersönlichen Wahrnehmungen und einer abwägenden Lagebeurteilung abhängenden Prognose des Bundeskanzlers führte das Gericht aus, dass es lediglich überprüfen könne, ob der Bundeskanzler insoweit die Grenzen seines ihm diesbezüglich zukommenden weiten Einschätzungsspielraums eingehalten hat. Hierzu müsse sich die Prognose des Bundeskanzlers auf Tatsachen stützen lassen, die seine Einschätzung als plausibel erscheinen lassen, und es dürfe nicht eine andere Einschätzung der politischen Lage auf Grund von Tatsachen eindeutig vorzuziehen sein. Die Verlässlichkeit der Annahme, die Bundesregierung habe ihre parlamentarische Handlungsfähigkeit verloren, werde zudem dadurch gesichert, dass drei Verfassungsorgane – der Bundeskanzler, der Deutsche Bundestag und der Bundespräsident – es im Vorfeld einer Überprüfung durch das Bundesverfassungsgericht jeweils in der Hand haben, die Bundestagsauflösung nach ihrer freien politischen Entscheidung zu verhindern. Die von *Schröder* angeführten Tatsachen, auf die er seine Prognose stützte, machten nach Ansicht des BVerfG eine andere Beurteilung der Lage nicht eindeutig vorzugswürdig. Dies galt sowohl für die Erosion an politischem Rückhalt in den Regierungsparteien und -fraktionen als auch im Hinblick auf die veränderten Kräfteverhältnisse im Bundesrat. Im Hinblick auf letzteres betonte das BVerfG, dass zwar eine Vertrauensfrage nicht materiell gerechtfertigt sein könne, wenn sie allein zum Ziel der politischen Delegitimierung des Bundesrates gestellt würde. Im Falle *Schröders* machten dessen insoweit nur ergänzende Erwägungen aber lediglich kenntlich, dass seine politische Bewegungsfreiheit für die von ihm für richtig gehaltene Politik gegenüber seiner Fraktion durch einen von der Opposition beeinflussten Bundesrat zusätzlich geschmälert werde, weil die zur Erlangung der Zustimmung des Bundesrates einzugehenden Kompromisse möglicherweise umso mehr die Aus-

15

---

[15] BVerfGE 62, 1 (52 ff.). A. A. etwa *W.-R. Schenke*, NJW 1982, 2521 ff.

[16] Siehe ausführl. und im Einzelnen BVerfGE 114, 121 ff. Vgl. zur Problematik aus dem Schrifttum *A. Buettner/M. Jäger*, DÖV 2006, 408 ff.; *J. Ipsen*, NJW 2005, 2201 ff.; *ders.*, NVwZ 2005, 1147 ff.; *C. Pestalozza*, NJW 2005, 2817 ff.; *W.-R. Schenke/P. Baumeister*, NJW 2005, 1844 ff.

sichten verringerten, seine politische Linie in der Regierungsfraktion durchzusetzen. Nach alledem entsprach die von *Schröder* gestellte, auflösungsgerichtete Vertrauensfrage vom 27.6.2005 nicht nur formell, sondern auch materiell den Vorgaben des Art. 68 GG.

d) Rücktritt und andere „Erledigung" des Amtes des Bundeskanzlers

16 Neben den zuvor genannten Fällen kann das Amt des Bundeskanzlers auch durch dessen freiwilligen **Rücktritt** enden. Dann hat der Bundestag nach Art. 63 GG zu verfahren (Wahl eines neuen Bundeskanzlers). Gleiches gilt im Falle des **Todes** des Bundeskanzlers oder beim durch Richterspruch festgestellten **Verlust der Amtsfähigkeit**.

III. Aufgaben der Bundesregierung

17 Eine Einzelbeschreibung aller Aufgaben und Befugnisse, welche der Bundesregierung im Hinblick auf ihre Stellung als Exekutivspitze und Organ der politischen Staatsleitung zukommen, ist angesichts der Vielschichtigkeit und Offenheit dieser Kompetenzen kaum möglich (→ Rn. 1); so kann etwa im Hinblick auf ihre politische Leitungsfunktion auch von einer „politischen Allzuständigkeit"[17] der Bundesregierung gesprochen werden, welche sich aus Art. 65 GG herleiten lässt. Dem BVerfG zufolge ist die „Aufgabe der Staatsleitung und der von ihr als integralem Bestandteil umfassten Informationsarbeit der Bundesregierung [...] Ausdruck ihrer gesamtstaatlichen Verantwortung"[18]. Nur vereinzelt sind konkrete Aufgaben bzw. Befugnisse ausdrücklich im Grundgesetz geregelt:

18 Aufgaben und Befugnisse *einzelner Regierungsmitglieder* statuieren etwa Art. 65a und 115b GG (Befehls- und Kommandogewalt über die Streitkräfte), Art. 80 I 1 Var. 2 GG (Erlass von Rechtsverordnungen) sowie Art. 108 III 2 und Art. 112 GG (betreffend Finanzverfassung bzw. Haushaltsgesetzgebung).

19 Von den im Grundgesetz *ausdrücklich* geregelten Zuständigkeiten der Bundesregierung als eines „kollegial gebildeten Verfassungsorgans"[19] („Kabinetts", → Rn. 23f.) sind hier etwa zu nennen: Das Recht zur Ausübung von Bundeszwang (Art. 37 GG), das Gesetzesinitiativrecht nach Art. 76 GG, das Recht zur Anrufung des Vermittlungsausschusses (Art. 77 II 4 GG), das Recht zum Erlass von Rechtsverordnungen gemäß Art. 80 I 1 Var. 1 GG, die Aufsichts- und Weisungsrechte sowie das Recht zum Erlass von Verwaltungsvorschriften beim Gesetzesvollzug durch die Länder (siehe im Einzelnen Art. 83ff. GG), bestimmte Kompetenzen im Bereich der Finanzverfassung (Art. 110, 113, 114 GG), ferner etwa die Zuständigkeiten aus Art. 26 II, 32 III, 35 III und 91 II GG. *Stillschweigend* im Grundgesetz enthaltene Kompetenzen sieht das BVerfG in der „Pflicht der Bundesregierung, den Bundestag und seine Ausschüsse zu unterrichten", sowie in der „Verpflichtung der Regierung und ihrer Mitglieder, dem Bundestag auf Fragen Rede und Antwort zu stehen und seinen Abgeordneten die zur Ausübung ihres Mandats erforderlichen Informationen zu verschaffen"[20].

---

[17] Siehe etwa *D. Weckerling-Wilhelm*, in: Umbach/Clemens, GG Art. 62 Rn. 7.
[18] BVerfGE 105, 252 (270); vgl. auch BVerfGE 105, 279 (301). Siehe zur grundrechtlichen Relevanz staatlicher Informationstätigkeit näher → § 24 Rn. 7ff.; zur **Öffentlichkeitsarbeit** der Regierung (→ Rn. 25ff.): *H. Mandelartz*, DÖV 2009, 509ff.
[19] BVerfGE 11, 77 (85); 26, 338 (396).
[20] BVerfGE 105, 252 (270).

IV. Aufgabenverteilung innerhalb der Bundesregierung

Ausdrücklich im Grundgesetz geregelt ist die Aufgabenverteilung innerhalb der Bundesregierung: 20

1. Richtlinienkompetenz des Bundeskanzlers („Kanzlerprinzip")

Gemäß Art. 65 S. 1 GG bestimmt der Bundeskanzler die Richtlinien der Politik und trägt dafür die Verantwortung. Davon umfasst ist die Aufstellung politischer Richtungsgrundsätze und Leitentscheidungen.[21] Diese ergehen in der Regel als „ausfüllungs-", d. h. umsetzungs- und konkretisierungsbedürftige Rahmenentscheidungen, innerhalb derer die Bundesminister ihre Geschäftsbereiche selbständig und unter eigener Verantwortung leiten (Art. 65 S. 2 GG). Aufgrund der umfassenden Regierungsverantwortung des Bundeskanzlers kann hierunter aber auch eine Einzelentscheidung bzw. Einzelweisung gegenüber einem Bundesminister fallen, wenn diese prinzipielle Sachfragen betrifft. Allerdings ist dabei die Ressortkompetenz des Ministers aus Art. 65 S. 2 GG (→ Rn. 22) insoweit zu wahren, als dem Minister noch eine Möglichkeit zur „Ausfüllung" verbleiben muss; daher ist es unzulässig, wenn der Bundeskanzler die Angelegenheit vollständig an sich zieht und selbst verfolgt, also einen „Selbsteintritt" vornimmt.[22] 21

2. Ressortkompetenz der Bundesminister („Ressortprinzip")

Nach Art. 65 S. 2 GG leitet jeder Bundesminister seinen Geschäftsbereich (Ressort) innerhalb der vom Bundeskanzler bestimmten Richtlinien selbständig und unter eigener Verantwortung. Neben der hiermit bestehenden politischen Entscheidungsgewalt umfasst diese Leitungsbefugnis insbesondere die Hoheit hinsichtlich Personalentscheidungen und der Organisationsstruktur des Ministeriums. Insoweit darf also etwa der Bundeskanzler nicht in den Ressortbereich des Bundesministers „hineinregieren". Diese grundsätzliche Unabhängigkeit und Weisungsfreiheit findet ihre Grenzen aber in der Richtlinienkompetenz des Bundeskanzlers (→ Rn. 21). Dies soll grundsätzlich auch dann gelten, wenn einzelnen Ministern (grund)gesetzliche Sonderrechte zugewiesen sind (vgl. etwa Art. 65a, 112 GG; § 28 II 2 BHO; § 26 GO-BReg)[23]. Vorrangig sind auch Kollegialentscheidungen der Bundesregierung (→ Rn. 23). 22

3. Kollegialkompetenz der Bundesregierung („Kabinettsprinzip")

Die Kollegialkompetenz betrifft die Zuständigkeiten der Bundesregierung als Gesamtheit; die Bundesregierung entscheidet hier als Kollegium („Kabinett"), so genanntes „Kollegial-" oder „Kabinettsprinzip". Neben den bereits dargestellten Zuständigkeiten (→ Rn. 19) fällt hierunter etwa die Zuständigkeit zur Entscheidung über Meinungsverschiedenheiten zwischen Bundesministern nach Art. 65 S. 3 GG. Eine Ausweitung erfährt die Kollegialkompetenz durch § 15 GO-BReg, wonach alle Angelegenheiten von allgemeiner innen- oder außenpolitischer, wirtschaftlicher, sozialer, finanzieller oder kultureller Bedeutung der Bundesregierung zur Beratung und Beschlussfassung zu unterbreiten sind.[24] Kollegialbeschlüsse der Bundesregierung gehen der Ressortkompe- 23

---

[21] *Stern*, StaatsR II S. 303.
[22] *S. Detterbeck*, in: HdbStR III § 66 Rn. 19; *M. Oldiges*, in: Sachs, GG Art. 65 Rn. 25.
[23] *Degenhart* Rn. 758; differenzierend *Maurer*, StaatsR I § 14 Rn. 51.
[24] Siehe zur Verfassungsmäßigkeit des § 15 GO-BReg *A. Uhle/S. Müller-Franken*, in: Schmidt-Bleibtreu/Hofmann/Hopfauf Art. 65 Rn. 37; *W.-R. Schenke*, Jura 1982, 337 (348).

tenz der einzelnen Minister vor. Dagegen muss nach überwiegender Ansicht die Kollegialkompetenz im Hinblick auf Richtlinienfragen im Kollisions- bzw. Streitfall hinter der Richtlinienkompetenz des Bundeskanzlers aufgrund dessen umfassender Richtlinienverantwortung zurückstehen[25].

24 Beschlussfähig ist das Kabinett gemäß § 24 I GO-BReg, wenn zumindest die Hälfte der Bundesminister einschließlich des Vorsitzenden (i. d. R. des Bundeskanzlers, vgl. § 22 I GO-BReg) anwesend ist. Für die Beschlussfassung bedarf es nach § 24 II GO-BReg der Stimmenmehrheit; bei Stimmengleichheit entscheidet die Stimme des Vorsitzenden.[26]

V. Äußerungsbefugnis von Mitgliedern der Bundesregierung

25 Zu den Aufgaben der Bundesregierung gehört es, die Öffentlichkeit „über den Bürger unmittelbar betreffende Fragen und wichtige Vorgänge auch außerhalb oder weit im Vorfeld der eigenen gestaltenden politischen Tätigkeit" zu informieren.[27] Im Rahmen ihrer **Informations- und Öffentlichkeitsarbeit** sind die Bundesregierung und ihre Mitglieder an die Grundrechte sowie an Gesetz und Recht gebunden. In grundrechtlicher Hinsicht stellt sich die Frage, unter welchen Voraussetzungen staatliche Informationstätigkeit als Grundrechtseingriff zu bewerten ist (→ § 24 Rn. 11f.) und ob die Befugnis der Bundesregierung zur Staatsleitung (Art. 65 GG) eine ausreichende Ermächtigungsgrundlage für das Informationshandeln der Bundesregierung sein kann, wenn keine gesetzliche Ermächtigungsgrundlage vorhanden ist[28]. Ferner kann die Informations- und Öffentlichkeitsarbeit der Bundesregierung in einem Spannungsverhältnis zum **Recht politischer Parteien auf Chancengleichheit** (→ § 6 Rn. 80ff.) stehen.[29]

26 Die zur Äußerungsbefugnis des Bundespräsidenten (→ § 14 Rn. 20f.) dargelegte Judikatur des BVerfG, welche dieses Spannungsverhältnis weitgehend zu Gunsten der Zulässigkeit von Äußerungen des Bundespräsidenten auflöst, ist jedenfalls auf Äußerungen von Mitgliedern der Bundesregierung *nicht* zu übertragen. „Im Unterschied zur Bundesregierung und deren Mitgliedern steht der Bundespräsident weder mit den politischen Parteien in direktem Wettbewerb um die Gewinnung politischen Einflusses noch stehen ihm in vergleichbarem Umfang Mittel zur Verfügung, die es ermöglichten, durch eine ausgreifende Informationspolitik auf die Meinungs- und Willensbildung des Volkes einzuwirken".[30] Dagegen kann das Regierungshandeln die Willensbildung des Volkes und damit Wahlentscheidungen erheblich beeinflussen.

27 Aus dem Recht politischer Parteien auf Chancengleichheit folgt, dass die Bundesregierung über das bloße Regierungshandeln hinaus eine **parteiergreifender Einflussnahme** auf den Wettbewerb zwischen den politischen Parteien unterlassen muss. Insbesondere darf sie sich nicht im Hinblick auf Wahlen mit politischen Parteien oder Wahlbewerbern identifizieren und diese mit den ihr zur Verfügung stehenden Mitteln unterstützen oder benachteiligen (→ § 6 Rn. 81b). Dies gilt ebenso für die einzelnen Mitglieder der Bundesregierung, aber nur soweit eine **Äußerung** dem **Kanzler- oder**

---

[25] Siehe etwa *Degenhart* Rn. 756, 759f.; *U. Mager*, in: v. Münch/Kunig Art. 65 Rn. 9; *W.-R. Schenke*, Jura 1982, 337 (342ff.); a. M. *A. Uhle/S. Müller-Franken*, in: Schmidt-Bleibtreu/Hofmann/Hopfauf Art. 65 Rn. 39 m.w.N.; *Maurer*, StaatsR I § 14 Rn. 53 m.w.N.
[26] Zur Zulässigkeit eines „Umlaufverfahrens" BVerfGE 91, 148 (169ff.).
[27] BVerfGE 138, 102 (114).
[28] Vgl. BVerfGE 105, 279 (301ff.); BVerwG, NVwZ-RR 2015, 425 (426ff.); *T. Barczak*, NVwZ 2015, 1014 (1018).
[29] Vgl. zu parteipolitischen Äußerungen von Amtsträgern *T. Barczak*, NVwZ 2015, 1014ff.; *H. Mandelartz*, DÖV 2015, 326ff.; *M. Putzer*, DÖV 2015, 417ff.
[30] BVerfGE 138, 102 (112).

Ministeramt zuzurechnen ist, nicht aber wenn Regierungsmitglieder außerhalb der amtlichen Funktion, z. B. als Parteivorstandsmitglied, am politischen Meinungskampf teilnehmen.[31] Eine Äußerung ist dem Regierungsamt zuzurechnen, wenn sie „unter Rückgriff auf die einem Regierungsmitglied zur Verfügung stehenden Ressourcen erfolgt oder eine erkennbare Bezugnahme auf das Regierungsamt vorliegt und damit die Äußerung mit einer aus der Autorität des Amtes fließenden besonderen Gewichtung versehen wird. Ist dies der Fall, unterliegt das Regierungsmitglied der Bindung an das Neutralitätsgebot. Ansonsten ist seine Äußerung dem allgemeinen politischen Wettbewerb zuzurechnen."[32]

Eine dem Amt zuzurechnende Äußerung ist anzunehmen bei ausdrücklicher Bezugnahme auf das Ministeramt, Äußerungen, die ausschließlich Maßnahmen oder Vorhaben des eigenen Ministeriums betreffen, bei Verlautbarungen in offiziellen Publikationen, Pressemitteilungen oder auf offiziellen Internetseiten des eigenen Geschäftsbereichs,[33] Verwendung von Staatssymbolen und Hoheitszeichen, Nutzung von Amtsräumen oder Äußerungen im Rahmen einer Veranstaltung, die von der Bundesregierung ausschließlich oder teilweise verantwortet wird oder an denen das Regierungsmitglied ausschließlich aufgrund seines Amtes teilnimmt. Außerhalb seiner amtlichen Funktion äußert sich ein Regierungsmitglied, wenn es im parteipolitischen Kontext agiert, insbesondere auf Parteitagen oder Parteiveranstaltungen. Differenzierter Betrachtung im Einzelfall bedürfen Äußerungen auf Veranstaltungen des allgemeinen politischen Diskurses, wie Talkrunden, Diskussionsforen, Fernseh- und Zeitungsinterviews.[34]

28

§ 16. Bundesverfassungsgericht

I. Verfassungsrechtliche Stellung

Die Stellung des BVerfG in der Verfassungsordnung ist durch seine **Doppelfunktion als Gericht und oberstes Verfassungsorgan des Bundes** geprägt.[1]

1

Das BVerfG ist ein **Gericht i. S. v. Art. 92 GG,** dessen Mitgliedern als Richtern rechtsprechende Gewalt anvertraut ist (→ zu den Begriffen Gericht und Richter § 19 Rn. 4 f.). Schon daraus folgt, dass seine Mitglieder ihre Entscheidungen in sachlicher und persönlicher Unabhängigkeit zu treffen haben. In der gewaltengeteilten Staatsorganisation ist das BVerfG somit Bestandteil der Judikative. Es stellt das höchste Gericht der Bundesrepublik Deutschland dar.

2

Ferner ist das BVerfG ein **oberstes Verfassungsorgan des Bundes** und steht in dieser Eigenschaft selbständig und unabhängig neben dem Bundespräsidenten, dem Bundestag, dem Bundesrat sowie der Bundesregierung (vgl. § 1 I BVerfGG). Diese Stellung wird hauptsächlich damit begründet, dass das BVerfG befugt ist, Normen des parlamentarischen Gesetzgebers zu verwerfen, d. h. für nichtig zu erklären, sowie Streitigkeiten zwischen den anderen obersten Staatsorganen zu entscheiden. Seine Tätigkeit ist daher auf der Verfassungsorganebene angesiedelt, die es auf „gleicher Augenhöhe" ausübt. Die **Selbständigkeit und Unabhängigkeit** hat zur Konsequenz, dass es nicht – wie

3

---

[31] BVerfGE 138, 102 (116 f.); vgl. RhPfVerfGH, NVwZ-RR 2014, 665 (667).
[32] BVerfGE 138, 102 (118).
[33] Vgl. BVerfG, EuGRZ 2015, 699 f.: In diesem Beschl. wurde dem Bundesministerium für Bildung und Forschung aufgegeben, die Pressemitteilung 151/2015 „Rote Karte für die AfD" von der Homepage des Ministeriums einstweilen zu entfernen.
[34] Siehe zu den einzelnen Zurechnungskriterien BVerfGE 138, 102 (118 ff.); RhPfVerfGH, NVwZ-RR 2014, 665 (667); T. Barczak, NVwZ 2015, 1014 (1016).
[1] Vgl. zum Status des BVerfG seine eigene Denkschrift, abgedruckt in JöR N. F. 6 (1957), 144 ff.

die anderen Bundesgerichte – in den Geschäftsbereich des Bundesjustizministeriums fällt und dessen Dienstaufsicht untersteht. Es wird im Bundeshaushalt als eigene Einheit geführt und legt in diesem Rahmen den ihn betreffenden Haushaltsentwurf selbst vor.[2]

II. Funktionen der Verfassungsgerichtsbarkeit

4 Nach der rechtsstaatlichen Ordnung des Grundgesetzes sind alle drei Teilfunktionen der Staatsgewalt umfassend an die Verfassung gebunden (Art. 20 III GG). So ist es zunächst Aufgabe jedes Staatsorgans, sein Handeln mit dem Grundgesetz in Einklang zu bringen. Die Vorgaben der Verfassung sind aber nicht immer klar; sie können auslegungsbedürftig sein oder in der Praxis unbewusst oder bewusst verkannt werden. Die Durchsetzung einer Verfassung hängt daher auch davon ab, dass es Instanzen gibt, die sie verbindlich auslegen und im Einzelfall die Verfassungsmäßigkeit einer staatlichen Maßnahme überprüfen können. Diese Aufgaben könnten zum einen allein durch „normale" Gerichte (Fachgerichte) erfolgen. Unter Verfassungsgerichtsbarkeit wird dagegen die **„verselbständigte Jurisdiktion über Verfassungsfragen"**[3] verstanden, welche jedoch nicht mit einer Monopolstellung über die Anwendung von Verfassungsrecht zu verwechseln ist.[4]

5 Die Funktion der deutschen Verfassungsgerichtsbarkeit – sowohl des Bundes als auch der Länder – besteht darin, den **Schutz der** jeweiligen **Verfassung** zu gewährleisten. Dementsprechend versteht sich das BVerfG selbst als „Hüter der Verfassung"[5]. Eine Monopolstellung hat es hinsichtlich dieser Aufgabe nicht[6]; ihm wurden aber – im Gegensatz zu anderen Organen der öffentlichen Gewalt – besondere Kompetenzen eingeräumt, u. a. das Normverwerfungsmonopol nach Art. 100 I GG sowie die besondere Bindungswirkung seiner Entscheidungen nach Art. 100 III GG und § 31 BVerfGG. Das BVerfG ist nicht generell für „Streitigkeiten verfassungsrechtlicher Art" (vgl. auch die verwaltungsprozessuale Generalklausel des § 40 I 1 VwGO[7]) zuständig, sondern nur für bestimmte, ihm im Grundgesetz oder im Bundesverfassungsgerichtsgesetz ausdrücklich zugewiesene Verfahrensarten (vgl. insbes. Art. 93 I GG und § 13 BVerfGG).

6 Der (gegenwärtige) Schutz hat verschiedene Dimensionen. Diese werden an den unterschiedlichen verfassungsprozessualen Verfahrensarten deutlich (→ zum Verfassungsprozessrecht näher §§ 50 ff.): Zum einen geht es um die Einhaltung und Durchsetzung des Grundgesetzes, insbesondere der Grundrechte, im **Verhältnis des Staates zum Bürger** (Verfassungsbeschwerde, konkrete Normenkontrolle). Ferner erfolgt eine Klärung verfassungsmäßiger Rechte und Pflichten im Verhältnis **zwischen den obersten Bundesorganen** (Organstreitverfahren). Des Weiteren können Streitigkeiten **zwischen dem Bund und den Ländern, zwischen verschiedenen Ländern** und sogar **innerhalb eines Landes**[8] vom BVerfG zu entscheiden sein (Bund-Länder-Streitverfahren, abstrakte Normenkontrolle). Hinzu kommen spezielle, das Verfassungsleben betreffende

---

[2] Siehe zu den formalen Konsequenzen der Verfassungsorganeigenschaft *H. Sodan,* Staat und Verfassungsgerichtsbarkeit, 2010, S. 37.
[3] *E. Friesenhahn,* Die Verfassungsgerichtsbarkeit in der Bundesrepublik Deutschland, 1963, S. 7.
[4] Vgl. auch *Schlaich/Korioth* Rn. 9 ff.
[5] So etwa BVerfGE 1, 184 (195, 197); 1, 396 (408); 2, 124 (129, 131); 6, 300 (304); 40, 88 (93). Siehe zur verfassungstheoretischen Auseinandersetzung über die Frage, wem die spezifische Funktion eines „Hüters der Verfassung" zukommt, *H. Sodan,* Staat und Verfassungsgerichtsbarkeit, 2010, S. 12 ff.
[6] Vgl. etwa BVerfGE 47, 144 (145); 68, 337 (345); 68, 376 (380).
[7] Siehe dazu näher *H. Sodan,* in: Sodan/Ziekow § 40 Rn. 183 ff.
[8] Vgl. dazu bspw. BVerfGE 109, 275 (278 f.); 110, 199 ff.

§ 16. Bundesverfassungsgericht

weitere Aufgaben (Wahlprüfungsverfahren, Parteienverbot, Bundespräsidentenanklage).

III. Organisation

Das BVerfG besteht aus **zwei Senaten** mit jeweils **acht Richtern;** drei Richter eines Senats stammen aus der Richterschaft der obersten Gerichtshöfe des Bundes (§ 2 BVerfGG). Die **Amtszeit** der Richter dauert jeweils 12 Jahre, längstens bis zur Altersgrenze von 68 Jahren; eine **Wiederwahl** ist zur Stärkung ihrer Unabhängigkeit unzulässig (vgl. § 4 BVerfGG). Das **Plenum** besteht aus allen sechzehn Richtern des BVerfG. Es hat zu entscheiden, wenn ein Senat von der Rechtsauffassung des anderen abweichen will (§ 16 I BVerfGG).[9]

Die Richter jedes Senats werden **je zur Hälfte von Bundestag und Bundesrat gewählt** (Art. 94 I 2 GG, § 5 I 1 BVerfGG). Für die vom Bundestag zu wählenden Richter sah § 6 BVerfGG a. F. ein besonderes, nämlich indirektes Wahlverfahren vor[10]: Der Bundestag selbst wählte einen aus 12 Bundestagsabgeordneten bestehenden Wahlausschuss, welcher mit einer Mehrheit von acht Stimmen die Richter wählte. Zweck dieser Regelung war es, parteipolitischen Streit um Kandidaten in möglichst kleinem Kreis auszutragen, um die Bewerber und das Amt nicht zu beschädigen. Seit dem 30.6.2015 ist in § 6 BVerfGG ein anderes Wahlverfahren geregelt. Weiterhin wird vom Bundestag der aus 12 Abgeordneten bestehende Wahlausschuss gewählt (§ 6 II BVerfGG). Auf Vorschlag des Wahlausschusses wählt der Bundestag nunmehr selbst die von ihm zu berufenden Richter, und zwar ohne Aussprache und mit verdeckten Stimmzetteln (§ 6 I 1 BVerfGG). Zum Richter ist gewählt, wer eine Mehrheit von zwei Dritteln der abgegebenen Stimmen, mindestens die Mehrheit der Stimmen der Mitglieder des Bundestages auf sich vereinigt (§ 6 I 2 BVerfGG). Im Bundesrat ist nach § 7 BVerfGG eine Zweidrittelmehrheit erforderlich.

Untergliederungen eines Senats sind die aus drei Richtern desselben Senats bestehenden **Kammern** (§ 15a BVerfGG), welche ausschließlich bei *Verfassungsbeschwerden* (→ § 51) und im *konkreten Normenkontrollverfahren* (→ § 54) tätig werden können. Die Kammer kann gemäß § 93b S. 1 BVerfGG die Annahme der Verfassungsbeschwerde ablehnen, wenn die Voraussetzungen des § 93a II BVerfGG nicht vorliegen, also insbesondere auch deshalb, weil der Verfassungsbeschwerde keine grundsätzliche verfassungsrechtliche Bedeutung zukommt (§ 93a II Buchst. a BVerfGG). Die Kammer kann der Verfassungsbeschwerde stattgeben, wenn diese zur Durchsetzung der in § 90 I BVerfGG genannten Rechte angezeigt, die für die Beurteilung der Verfassungsbeschwerde maßgebliche verfassungsrechtliche Frage durch das BVerfG bereits entschieden und die Verfassungsbeschwerde offensichtlich begründet ist (§ 93c I 1 i. V. m. § 93a II Buchst. b BVerfGG). Beschlüsse der Kammer müssen *einstimmig* ergehen (§ 81a S. 1; § 93d III 1 BVerfGG). Die Erklärung der Unvereinbarkeit eines formellen Gesetzes mit dem Grundgesetz oder sonstigem Bundesrecht oder die Feststellung der Nichtigkeit eines formellen Gesetzes ist dem *Senat vorbehalten* (§ 81a S. 1 ex contrario; § 93c I 3 BVerfGG), ebenso die Aussetzung der Anwendung eines solchen Gesetzes durch eine einstweilige Anordnung (§ 93d II 2 BVerfGG).

Unverkennbar ist seit längerem eine Tendenz zur „Verkammerung" des BVerfG: Die Kammern setzen sich „zunehmend an die Stelle der Senate [...], indem sie Verfassungsfragen ohne ausrei-

---

[9] Siehe z. B. BVerfGE 132, 1 ff.; siehe auch im Anschluss daran BVerfGE 133, 241 (253 ff.).
[10] Siehe zur Verfassungsmäßigkeit dieser Praxis BVerfGE 131, 230 (234 ff.); *C. Landfried/ R. Scholz*, ZRP 2012, 191; *E. M. Schnelle*, NVwZ 2012, 1597 ff.; *D. Wiefelspütz*, DÖV 2012, 961 ff.

chende Rückbindung an deren Präjudizien entscheiden"[11]. Diese Entwicklung[12] wird vom Gesetzgeber begünstigt durch die allzu vagen Nichtannahme- und Stattgabevoraussetzungen, für deren Konkretisierung die Kammern des BVerfG einen großen Spielraum für sich in Anspruch nehmen und denen damit die notwendige Steuerungswirkung fehlt.

11 Die Jahresstatistik des BVerfG für 2014 weist folgende Zahlen aus[13]: Im Jahr 2014 wurde mit 6.811 Neueingängen ein neuer Rekordwert erreicht. Berücksichtigt man aber die 346 Parallelverfahren, wird der bisherige Rekordwert aus dem Jahr 2013 (6.686 Neueingänge) nicht übertroffen. Unter den Neueingängen des Jahres 2014 befanden sich 6.606 Verfassungsbeschwerden, 89 Anträge auf Erlass einer einstweiligen Anordnung, 41 konkrete Normenkontrollverfahren, 4 Organstreitverfahren sowie keine abstrakten Normenkontrollen. Dem standen 6.589 Verfahrenserledigungen gegenüber. In 6.155 Fällen wurden durch Kammerbeschlüsse Verfassungsbeschwerden nicht zur Entscheidung angenommen und in 16 Fällen durch Senatsentscheidung zurückgewiesen. Eine Stattgabe von Verfassungsbeschwerden erfolgte 2014 in 110 Fällen durch Kammerbeschlüsse und in 11 Fällen durch Senatsentscheidungen. Die Erfolgsquote ist also außerordentlich gering (vgl. auch → § 51 Rn. 1). Aufgrund der hohen Anzahl von Verfahrenseingängen kann bis zu einer Entscheidung ein erheblicher Zeitraum vergehen, währenddessen der Beschwerdeführer mit den (ggf. wirtschaftlichen) Folgen leben muss.[14]

IV. Verfassungsgerichtsbarkeit in den Ländern

12 Nach der Errichtung von Verfassungsgerichten auch in den neuen Bundesländern und in Berlin[15] gibt es in allen Ländern der Bundesrepublik Deutschland eine Landesverfassungsgerichtsbarkeit.[16]

13 Eine verfassungsprozessuale Besonderheit galt bis vor kurzem in *Schleswig-Holstein*. Dieses Land hatte von der Möglichkeit des Art. 99 GG Gebrauch gemacht, wonach dem BVerfG durch Landesgesetz die Entscheidung von Verfassungsstreitigkeiten innerhalb eines Landes zugewiesen werden kann. Art. 44 der Verfassung des Landes Schleswig-Holstein a. F. regelte die Zuständigkeit des BVerfG, das insoweit als LVerfG tätig wurde[17]. Es handelt sich um einen Fall der so genannten Organleihe. Durch eine Änderung des Art. 44 seiner Verfassung[18] und das Gesetz über das Schleswig-Holsteinische Landesverfassungsgericht[19] errichtete auch das Land Schleswig-Holstein schließlich ein eigenes Landesverfassungsgericht, das seit 1.5.2008 tätig ist.

14 Die Kompetenz der Länder zur Regelung des Landesstaatsrechts ergibt sich aus ihrer Eigenstaatlichkeit (→ § 8 Rn. 7 ff.). Kraft ihrer Verfassungsautonomie können die Länder daher auch **eigene Verfassungsgerichte** einrichten. Da die Verfassungsräume von Bund und Ländern im föderativ gestalteten Staat grundsätzlich selbständig nebeneinander

---

[11] *G. Hermes,* in: FS 50 Jahre BVerfG I, S. 725 (748).
[12] Siehe zu einem konkreten Beispiel *H. Sodan,* NJW 2003, 257 (259).
[13] Siehe www.bundesverfassungsgericht.de/DE/Verfahren/Jahresstatistiken/2014/statistik_2014_node.html.
[14] Siehe zur so genannten Verzögerungsbeschwerde → § 50 Rn. 6a.
[15] Siehe speziell zur Berliner Verfassungsgerichtsbarkeit *H. Sodan,* DVBl. 2002, 645 ff.
[16] Einen Überblick über die Landesverfassungsgerichtsbarkeit geben *Degenhart* Rn. 896 ff. sowie *H. Sodan,* NdsVBl. 2009, 158 ff.; *ders.,* LKV 2010, 440 (441 ff.). Siehe zur Bedeutung der Landesverfassungsgerichtsbarkeit im Verhältnis zur Bundesverfassungsgerichtsbarkeit *H.-J. Papier,* in: H. Sodan (Hrsg.), Zehn Jahre Berliner Verfassungsgerichtsbarkeit, 2002, S. 19 ff.; *F. Kirchhof,* VBlBW 2003, 137 (142).
[17] BVerfGE 7, 77 (83); 10, 285 (293 f.); 27, 240 (244).
[18] Siehe das Gesetz zur Änderung der Verfassung des Landes Schleswig-Holstein v. 17.10.2006 (GVOBl. Schl.-H. S. 220).
[19] V. 10.1.2008 (GVOBl. Schl.-H. S. 25).

§ 16. Bundesverfassungsgericht

stehen, gilt dies entsprechend für die Verfassungsgerichtsbarkeit des Bundes und der Länder.[20] Die konkurrierende Gesetzgebung des Bundes auf den Gebieten der Gerichtsverfassung und des gerichtlichen Verfahrens aus Art. 74 I Nr. 1 GG erstreckt sich nicht auf die Verfassungsgerichtsbarkeit.[21]

Die Verfassungsgerichte der Länder sind **Hüter der jeweiligen Landesverfassung**. Ihre Jurisdiktion erstreckt sich nur auf Organe des Landes, da Bundesorgane nicht an Landesverfassungen gebunden sind. Hinsichtlich der Verfahrensarten gibt es Parallelen, aber auch deutliche Unterschiede zum Verfassungsprozessrecht des Bundes. Eine Möglichkeit von Individuen, die Verletzung von Landesgrundrechten durch Landesorgane mittels einer Landesverfassungsbeschwerde zu rügen, existiert derzeit nur in zehn Bundesländern. 15

Im Verhältnis von **Bundes- und Landesverfassungsgerichtsbarkeit** bezüglich der Prüfung von Grundrechtsverletzungen stellen sich einige **Abgrenzungsfragen**. Zu deren Klärung hat insbesondere ein Beschluss des Zweiten Senats des BVerfG vom 15. 10. 1997[22] beigetragen. Diese Entscheidung beschäftigte sich auf eine Vorlage des SächsVerfGH hin mit der Frage, ob es mit dem Grundgesetz für die Bundesrepublik Deutschland vereinbar ist, eine Verfassungsbeschwerde zum Verfassungsgericht eines *Landes* gegen Entscheidungen von Gerichten des *Landes* zu eröffnen, die in einem *bundes*rechtlich geregelten Verfahren ergangen sind. Nach Art. 142 GG bleiben ungeachtet der Vorschrift des Art. 31 GG („Bundesrecht bricht Landesrecht") Bestimmungen der Landesverfassungen auch insoweit in Kraft, als sie in Übereinstimmung mit den Art. 1 bis 18 GG Grundrechte gewährleisten. Das BVerfG vertrat die Auffassung, damit solle der Schutz der Grundrechte auch durch die Landesverfassungsgerichte ermöglicht werden. Art. 142 GG sei „daher auf alle mit einer Verfassungsbeschwerde geltend zu machenden Grundrechte und grundrechtsgleichen Gewährleistungen zu erstrecken" und erfasse „auch nicht nur *die* subjektiven Verfassungsrechte, die schon im Zeitpunkt des Inkrafttretens des Grundgesetzes in den Verfassungen der Länder der Bundesrepublik geregelt" gewesen seien[23]. Für die in Art. 142 GG genannte *Übereinstimmung* forderte das BVerfG, dass der Gewährleistungsbereich der jeweiligen Grundrechte und ihre Schranken einander nicht widersprechen dürften; diese Widerspruchsfreiheit bestehe bei Grundrechten, die „inhaltsgleich" seien[24]. Inhaltsgleich und damit zulässiger Prüfungsmaßstab für das Landesverfassungsgericht sei das entsprechende Landesgrundrecht nur, wenn es in dem zu entscheidenden Fall zu demselben Ergebnis führe wie das Grundgesetz; bei der Prüfung dieser Frage sei das LVerfG gemäß § 31 BVerfGG an die Rechtsprechung des BVerfG gebunden.[25] Dementsprechend nimmt etwa der BerlVerfGH seine Prüfungsbefugnis in Fällen, in denen jeweils Gegenstand der Verfassungsbeschwerde auf Bundesrecht beruhende Entscheidungen Berliner Gerichte sind, in den Grenzen der Art. 142 und 31 GG hinsichtlich solcher Grundrechte aus der Verfassung von Berlin an, die mit vom Grundgesetz verbürgten Grundrechten übereinstimmen[26]. Will ein LVerfG den Inhalt eines inhaltsgleichen Grundrechts anders bestimmen als zuvor das BVerfG oder das Verfassungsgericht eines Landes, so hat es im Wege der Vorlage nach Art. 100 III GG die Entscheidung des BVerfG über die Rechtsfrage einzuholen. Daraus wird deutlich, dass die Autonomie der Landesverfassungsgerichtsbarkeit bei der Auslegung und Anwendung von Grundrechten erheb- 16

---

[20] H. *Sodan*, Staat und Verfassungsgerichtsbarkeit, 2010, S. 74.
[21] BVerfGE 96, 345 (368 f.).
[22] BVerfGE 96, 345 ff.; siehe dazu etwa K. *Lange*, NJW 1998, 1278 ff.
[23] BVerfGE 96, 345 (364) – Hervorhebung durch Verf.
[24] BVerfGE 96, 345 (365).
[25] BVerfGE 96, 345 (LS 4 a und b).
[26] So die st. Rspr.: siehe etwa LVerfGE 1, 169 (179 ff.); 2, 19 (23); 9, 41 (43); NJW 1999, 47; NStZ-RR 2001, 337; NVwZ-RR 2001, 60. Siehe zur Überprüfbarkeit landesgerichtlicher Anwendung materiellen Bundesrechts auf Grund einer Landesverfassungsbeschwerde H. *Sodan*, in: HGR III § 84 Rn. 62 ff.; *ders.*, NdsVBl. 2009, 158 (163).

lich beschränkt ist. Nach dem genannten bundesverfassungsgerichtlichen Beschluss aus dem Jahre 1997 darf die Landesverfassungsbeschwerde gegen Entscheidungen der Gerichte eines Landes „nur insoweit zugelassen werden, als ein von den Verfahrensordnungen des Bundes eröffneter Rechtsweg zuvor ordnungsgemäß ausgeschöpft wurde und die danach verbleibende Beschwer des Beschwerdeführers auf der Ausübung der Staatsgewalt des *Landes* – und nicht auch der des Bundes – beruht"[27]. Den Verfassungsgerichten der Länder ist mit „bundesverfassungsgerichtlichem Segen" jedenfalls „ein deutlicher Aufgaben- und Bedeutungszuwachs zuteil geworden".[28]

Drittes Kapitel. Staatsfunktionen

Nachdem sich das vorhergehende Kapitel mit den Bundesorganen beschäftigt hat, werden nun die dem Bund im Grundgesetz zugewiesenen **Staatsfunktionen** behandelt. Das Grundgesetz folgt dabei der „klassischen" Dreiteilung der Staatsgewalt sowie der damit verbundenen Funktionen und unterscheidet im Wesentlichen zwischen Gesetzgebung (VII. Abschn., → § 17), Gesetzesvollzug bzw. Verwaltung (VIII. Abschn., → § 18) und Rechtsprechung (IX. Abschn., → § 19).

§ 17. Gesetzgebung

Fall 14: Die Bundestagsfraktion X bringt einen Gesetzentwurf zur Einfügung eines § 216a in das Strafgesetzbuch ein, der insbesondere die aktive Sterbehilfe an Schwerstkranken und Schwerstbehinderten bei ausdrücklichem Sterbewunsch legalisiert. Nach umfassenden Beratungen in den Ausschüssen zeichnet sich im Bundestag ein breiter, parteiübergreifender Konsens hierzu ab. Beim Beschluss des Gesetzes sind von den 601 Mitgliedern des Bundestages nur 37 zur Abstimmung anwesend, die das Gesetz mit 30 Ja-Stimmen beschließen. Es gilt als sicher, dass der Bundesrat dieses Einspruchsgesetz nicht beanstanden wird. Unmittelbar darauf prangert der deutsche Papst P in einer Enzyklika die Legalisierung der aktiven Sterbehilfe als Verstoß gegen christliche Werte an; er ruft alle katholischen Politiker dazu auf, ihre politischen Entscheidungen in strengem Einklang mit der kirchlichen Glaubens- und Sittenlehre vorzunehmen. Dieser Erlass bewirkt einen Meinungswandel bei vielen katholischen Politikern. Die Änderung der Auffassung insbesondere der katholisch geprägten Länder führt dazu, dass der Bundesrat nach Anrufung des Vermittlungsausschusses und – erfolglosem – Abschluss des Vermittlungsverfahrens fristgemäß mit 47 seiner 69 Stimmen Einspruch gegen das Gesetz einlegt. Auch im Bundestag ist nach dem Aufruf des P kein übergreifender Konsens mehr gegeben. Bei der Beschlussfassung zur Zurückweisung des Einspruchs des Bundesrates sind alle 601 Abgeordneten anwesend. Für die Zurückweisung des Einspruchs stimmen 350 Abgeordnete.

Abwandlung: Um sich dem Gewissenskonflikt zu entziehen, melden sich zahlreiche Bundestagsabgeordnete vor der Beschlussfassung über den Einspruch des Bundesrates krank. Von den nunmehr 360 anwesenden Abgeordneten stimmen 280 für die Zurückweisung des Einspruchs.

Ist das Gesetz verfassungsgemäß zustande gekommen?

---

[27] BVerfGE 96, 345 (LS 3 b) – Hervorhebung durch Verf.
[28] *H.-J. Papier,* in: H. Sodan (Hrsg.), Zehn Jahre Berliner Verfassungsgerichtsbarkeit, 2002, S. 29.

I. Einleitung

Die Bedeutung von – formellen – Gesetzen (zum Begriff → § 7 Rn. 7) wurde bereits im Rahmen der Ausführungen zum „Gesetzesvorrang" und zum „Gesetzesvorbehalt" (→ § 7 Rn. 16f., 20ff., 25ff.) erläutert. Insbesondere in seinem VII. Abschn. statuiert das Grundgesetz zwei der wichtigsten formellen Anforderungen an den Erlass von Gesetzen: Zum einen regelt es hier die Verteilung der Gesetzgebungszuständigkeiten zwischen Bund und Ländern (→ Rn. 2ff.), zum anderen das Bundesgesetzgebungsverfahren (→ Rn. 23ff.). Verstöße hiergegen führen zur formellen Verfassungswidrigkeit des betreffenden Gesetzes (→ Rn. 39, 41). 1

II. Gesetzgebungszuständigkeit

1. Grundregel des Art. 70 GG: Prinzipielle Länderzuständigkeit

Die Grundregel für die Verteilung der Gesetzgebungszuständigkeiten zwischen Bund und Ländern trifft Art. 70 I GG. Hiernach haben die Länder das Recht der Gesetzgebung, soweit nicht das Grundgesetz dem Bund Gesetzgebungsbefugnisse *verleiht* (→ Rn. 3ff.). Diese Regelung ist im Vergleich zu Art. 30 GG insofern enger, als eine Länderkompetenz nicht schon dadurch ausgeschlossen wird, dass das Grundgesetz eine andere Regelung „zulässt". Art. 70 I GG geht mithin von einer prinzipiellen Länderzuständigkeit aus und stellt eine Kompetenzvermutung zugunsten der Länder auf. Obwohl damit ein Regel-/Ausnahmeverhältnis zum Ausdruck gebracht wird, besteht für den Bund angesichts umfangreicher Kompetenzzuweisungen dennoch ein faktisches Übergewicht an Gesetzgebungszuständigkeiten; allerdings wurden im Zuge der **Föderalismusreform I** im Jahre 2006[1] (→ § 8 Rn. 40ff.) die Gesetzgebungsmaterien, welche in die Zuständigkeit der Länder fallen, nicht unbeträchtlich ausgeweitet (→ siehe Rn. 22). 2

2. Gesetzgebungszuständigkeiten des Bundes

Dem Bund stehen verschiedene „Arten" von Gesetzgebungskompetenzen zu: Das Grundgesetz nennt in Art. 70 II GG die ausschließliche (→ Rn. 4f.) und die konkurrierende (→ Rn. 6ff.), sowie insbesondere in Art. 109 IV GG die Grundsatzgesetzgebung (→ Rn. 15). „Ungeschriebene" Zuständigkeiten können sich aus einer Kompetenz „kraft Natur der Sache", „kraft Sachzusammenhangs" oder aus einer „Annexkompetenz" ergeben (→ Rn. 16ff.). Im Zuge der **Föderalismusreform I** im Jahre 2006 (→ § 8 Rn. 40ff.) wurde die bisher in Art. 75 GG verankerte Rahmengesetzgebung gestrichen; ihre Materien sind teilweise in die konkurrierende Gesetzgebung integriert worden (→ Rn. 7, 13). Als ein Unterfall der konkurrierenden Gesetzgebung wurde zudem eine neuartige „Abweichungsgesetzgebung"[2] geschaffen (näher → Rn. 9). 3

---

[1] Gesetz zur Änderung des Grundgesetzes v. 28.8.2006 (BGBl. I S. 2034); siehe ferner das Föderalismusreform-Begleitgesetz v. 5.9.2006 (BGBl. I S. 2098). – Siehe zur Neuordnung der Gesetzgebungskompetenzen durch die Föderalismusreform etwa auch *C. Degenhart*, NVwZ 2006, 1209ff.; *O. Klein/K. Schneider*, DVBl. 2006, 1549ff.; *H.-J. Papier*, NJW 2007, 2145ff.; *H.-W. Rengeling*, DVBl. 2006, 1537ff.
[2] BT-Drucks. 16/813, S. 8.

a) Ausschließliche Gesetzgebung

4 Im Bereich der ausschließlichen Gesetzgebung des Bundes besteht dessen Gesetzgebungszuständigkeit ohne weitere Voraussetzungen; die Länder haben die Befugnis zur Gesetzgebung in diesem Bereich nur, wenn und soweit sie hierzu in einem Bundesgesetz ausdrücklich ermächtigt werden (Art. 71 GG). Die Gebiete der ausschließlichen Gesetzgebung des Bundes ergeben sich insbesondere aus dem Katalog des Art. 73 I GG, aber auch aus anderweitigen grundgesetzlichen Regelungen, die bestimmte Materien ausdrücklich der ausschließlichen Bundesgesetzgebung zuordnen (siehe Art. 105 I GG für die Zölle und Finanzmonopole). Ferner gehören die über das Grundgesetz „verstreuten" Vorbehalte zur Regelung oder näheren Bestimmung einzelner Materien „durch Bundesgesetz" zur ausschließlichen Gesetzgebung des Bundes (siehe etwa Art. 4 III 2, Art. 21 III oder Art. 38 III GG)[3].

5 Der ausschließlichen Gesetzgebung des Bundes unterliegen vor allem Materien, die entweder nur den Bund betreffen oder notwendigerweise bundeseinheitlich geregelt werden müssen. Wichtige Kompetenztitel in Art. 73 I GG sind etwa die auswärtigen Angelegenheiten und die Landesverteidigung (Nr. 1), das Staatsangehörigkeits- und Passwesen (Nr. 2 und 3), das Währungswesen (Nr. 4), der Luft- und Eisenbahnverkehr (Nr. 6 und 6a), das Postwesen und die Telekommunikation (Nr. 7) sowie das Recht der Bundesbediensteten (Nr. 8). Im Zuge der **Föderalismusreform I** aus dem Jahre 2006 (→ § 8 Rn. 40 ff.) wurden weitere Materien in den Kompetenzkatalog des Art. 73 I GG und damit in die ausschließliche Zuständigkeit des Bundes verlagert, u. a. das Melde- und Ausweiswesen (Nr. 3), der Schutz deutschen Kulturgutes gegen Abwanderung in das Ausland (Nr. 5a), das Waffen- und Sprengstoffrecht (Nr. 12), die Erzeugung und Nutzung der Kernenergie zu friedlichen Zwecken (Nr. 14) sowie die Kompetenz zur Regelung präventiver Befugnisse des Bundeskriminalamts bei der Abwehr von Gefahren des internationalen Terrorismus (Nr. 9a) – letztere unter Etablierung eines Zustimmungserfordernisses des Bundesrats im neugeschaffenen Art. 73 II GG.[4] Übergangsregelungen enthält Art. 125a III GG.

b) Konkurrierende Gesetzgebung

aa) Grundsatz des Art. 72 I GG

6 Bei der konkurrierenden Gesetzgebung haben die Länder die Befugnis zur Gesetzgebung, solange und soweit der Bund von einer ihm in diesem Bereich eingeräumten Gesetzgebungszuständigkeit nicht Gebrauch gemacht hat (Art. 72 I GG). Der Bund ist hier also *vorrangig* zuständig, die Länder demgegenüber nur *subsidiär*. Die Sachgebiete, welche der konkurrierenden Gesetzgebung unterliegen, sind überwiegend in dem Katalog des Art. 74 I GG, vereinzelt aber auch an anderen Stellen im Grundgesetz ausdrücklich geregelt (z. B. in Art. 105 II GG; der ebenfalls Materien der konkurrierenden Gesetzgebung enthaltende Art. 74a GG wurde im Zuge der **Föderalismusreform I** gestrichen).

bb) Kompetenzkatalog des Art. 74 I GG

7 Der Katalog des Art. 74 I GG ist aufgrund der **Föderalismusreform I** im Jahre 2006 (→ § 8 Rn. 40 ff.) neu geordnet worden: Hierbei wurden insbesondere Kompetenzen mit besonderem Regionalbezug und solche Materien, die eine bundesgesetzliche Regelung nicht zwingend erfordern, auf die Länder verlagert.[5] Dies erfolgte teils durch gegenständliche Begrenzung fortbestehender

---

[3] Eine ausführl. Zusammenstellung der betreffenden Bestimmungen des Grundgesetzes findet sich etwa bei R. *Sannwald*, in: Schmidt-Bleibtreu/Hofmann/Henneke Art. 71 Rn. 9.
[4] Siehe BT-Drucks. 16/813, S. 9, 12.
[5] Diesbezügliche Übergangsregelungen befinden sich in Art. 125a I GG: Recht, das als Bundes-

§ 17. Gesetzgebung 147

Kompetenztitel, teils durch völlige Streichung von Kompetenztiteln. Der Bund ist hiernach etwa zuständig für das bürgerliche Recht, das Strafrecht, die Gerichtsverfassung und das gerichtliche Verfahren (ohne das Recht des Untersuchungshaftvollzugs), die Rechtsanwaltschaft, das Notariat und die Rechtsberatung (Nr. 1), das Vereinsrecht (Nr. 3), die öffentliche Fürsorge [ohne das Heimrecht] (Nr. 7), das Arbeitsrecht und die Sozialversicherung (Nr. 12, zur Sozialversicherung → § 10 Rn. 6), bestimmte Bereiche des Gesundheitswesens (Nr. 19), das Straßenverkehrsrecht (Nr. 22), die Abfallwirtschaft, Luftreinhaltung und Lärmbekämpfung [ohne Schutz vor verhaltensbezogenem Lärm] (Nr. 24) sowie die Staatshaftung (Nr. 25). Besonders praxis- und klausurrelevant ist zudem das „Recht der Wirtschaft" (Nr. 11): Diesem Kompetenztitel, der weit ausgelegt wird und dessen Klammerzusatz keine abschließende Aufzählung enthält, unterfallen nach der Rechtsprechung des BVerfG nicht nur diejenigen Vorschriften, die sich in irgendeiner Form auf die Erzeugung, Herstellung und Verteilung von Gütern des wirtschaftlichen Bedarfs beziehen, sondern auch alle anderen Normen, die das wirtschaftliche Leben und die wirtschaftliche Betätigung als solche regeln; dazu gehören Gesetze mit wirtschaftsregulierendem oder wirtschaftslenkendem Inhalt[6]. Art. 74 I Nr. 11 GG darf allerdings nicht so weit ausgelegt werden, dass eine „Universalgesetzgebungszuständigkeit des Bundes" entsteht, „die alle im einzelnen aufgeführten Zuständigkeiten entbehrlich macht, weil kein Gesetz denkbar ist, das nicht zumindest mittelbare ökonomische Folgen auslöst".[7] Durch die Föderalismusreform I (2006) wurden auch aus Art. 74 I Nr. 11 GG einzelne Teilmaterien ausgeklammert und auf die Länder übertragen, nämlich das Recht des Ladenschlusses[8], der Gaststätten, der Spielhallen, der Schaustellung von Personen, der Messen, der Ausstellungen und der Märkte. Weitere bedeutsame Materien, die aus dem Katalog des Art. 74 I GG ausgeschlossen wurden und nunmehr in die (ausschließliche) Gesetzgebungszuständigkeit der Länder fallen, sind etwa der Strafvollzug (ehemals in Nr. 1) und das Versammlungsrecht (früher in Nr. 3). Mit der durch die Föderalismusreform I (2006) vorgenommenen Streichung des Art. 74a GG fallen auch die bisher der konkurrierenden Gesetzgebungskompetenz unterliegenden Zuständigkeiten zur Regelung der Besoldung und Versorgung der Landesbeamten und Landesrichter in das ausschließliche Gesetzgebungsrecht der Länder.[9] Im Zuge der Abschaffung der bisher in Art. 75 GG geregelten Rahmengesetzgebung (→ Rn. 13) wurden deren Materien überwiegend in die konkurrierende Gesetzgebung verlagert (Art. 74 I Nr. 27–33 n. F. GG), so etwa die Kompetenz zur Regelung der Statusrechte und -pflichten der Landesbeamten und -richter (unter Etablierung eines Zustimmungserfordernisses des Bundesrates, Art. 74 II GG), das Jagdwesen, der Naturschutz und die Landschaftspflege, die Bodenverteilung, die Raumordnung, der Wasserhaushalt sowie die Hochschulzulassung und die Hochschulabschlüsse[10]; für

---

recht erlassen worden ist, wegen Änderung des Art. 74 I GG aber nicht mehr als Bundesrecht erlassen werden könnte, gilt als Bundesrecht fort (Bspe. dazu bei *Oberrath* Rn. 90). Allerdings dürften hier die durch BVerfGE 111, 10 ff. (betreffend Ladenschlussgesetz) aufgestellten Grundsätze zu Art. 125a II GG gelten: Der Bundesgesetzgeber bleibt nur noch zur Änderung einzelner Vorschriften zuständig; eine grundlegende Neukonzeption ist ihm jedoch verwehrt.

[6] BVerfGE 68, 319 (330) m.w.N.

[7] *J. Isensee*, Umverteilung durch Sozialversicherungsbeiträge, 1973, S. 54; *H. Sodan*, NZS 1999, 105 (111).

[8] Siehe zur Ladenöffnung nach der Föderalismusreform *H. Schmitz*, NVwZ 2008, 18 ff. Siehe speziell zum Berliner Ladenöffnungsgesetz mitsamt Adventssonntagsregelung BVerfGE 125, 39 ff. Von der Kompetenzübertragung umfasst sind ausschließlich die handelsbezogenen Aspekte des Ladenschlussrechts, nicht aber die Kompetenz zur Regelung arbeitszeitrechtlicher Fragen, BVerfG, NVwZ 2015, 582 (583 f.) mit Sondervotum von *A. Paulus* a. a. O. 587 ff.; mangels abschließender bundesrechtlicher Regelung sind die Länder dennoch gesetzgebungsbefugt, a. a. O. 585 f. Siehe hierzu auch die Anmerkungen von *J. Bauerschmidt*, DÖV 2015, 656 ff. sowie *D. Ulber*, NVwZ 2015, 1026 ff.

[9] BT-Drucks. 16/813, S. 14.

[10] Siehe speziell zum Hochschul-, Bildungs- und Beamtenrecht *L. Knopp*, NVwZ 2006, 1216 ff. und im Hinblick auf den Naturschutz *W. Köck/R. Wolf*, NVwZ 2008, 353 ff.

diese Kompetenzen (ausgenommen die Regelung der Statusrechte und -pflichten der Landesbeamten und -richter) können die Länder aber gemäß dem neuen Art. 72 III GG abweichende Regelungen von ggf. getroffenen Bundesregelungen vornehmen (näher hierzu → Rn. 9).

cc) Sperrwirkung

8 Sofern der Bund im Rahmen einer Materie, die der konkurrierenden Gesetzgebung unterliegt, von seiner Gesetzgebungskompetenz durch Erlass eines Gesetzes Gebrauch gemacht hat, entfaltet dies – abgesehen von den Fällen der durch die Föderalismusreform I (2006) neu geschaffenen Abweichungsmöglichkeit nach Art. 72 III GG (→ Rn. 9) – gemäß Art. 72 I GG eine **Sperrwirkung** für die Landesgesetzgebung, und zwar sowohl in zeitlicher („solange") als auch in sachlicher Hinsicht („soweit").[11] Die Länder dürfen dann in diesem Bereich keine Gesetze erlassen; soweit sie dies doch tun oder bereits getan haben, sind die betreffenden Landesgesetze nichtig. *Zeitlich* tritt die Sperrwirkung mit Verkündung des betreffenden Bundesgesetzes ein. Wird ein die Sperrwirkung begründendes Bundesgesetz aufgehoben, endet die Sperrwirkung für die Länder. Im Hinblick auf den *sachlichen Umfang* der Sperrwirkung ist maßgeblich, inwieweit der Bund eine bestimmte Materie erschöpfend und damit abschließend oder nur teilweise geregelt hat. Dies ist anhand einer Gesamtwürdigung des betreffenden Normenbereichs zu ermitteln. Hat der Bund innerhalb eines Kompetenztitels nur einen *Teilbereich* geregelt, bezieht sich der sachliche Umfang der Sperrwirkung nur auf diesen; außerhalb dieses Teilbereichs dürfen die Länder grundsätzlich tätig werden. Allerdings ist zu berücksichtigen, dass auch in einem absichtsvollen Unterlassen einer Regelung ein Gebrauchmachen von einer Bundeszuständigkeit liegen kann, die dann insoweit eine Sperrwirkung für die Länder erzeugt[12], d. h. auch die gewollte Eröffnung eines „gesetzesfreien" Raumes kann zu einer erschöpfenden Regelung der betreffenden Materie führen.[13]

dd) Abweichungsbefugnis der Länder

9 Eine Ausnahme von der „Sperrwirkung" des Art. 72 I GG ist infolge der **Föderalismusreform I** aus dem Jahre 2006 (→ § 8 Rn. 40 ff.) in Gestalt des neuen **Art. 72 III GG**[14] vorgesehen: Art. 72 III 1 GG gibt den Ländern hinsichtlich der aus der bisherigen Rahmengesetzgebung in die konkurrierende Gesetzgebung überführten (→ Rn. 7) Kompetenzmaterien (ausgenommen die Regelung der Statusrechte und -pflichten der Landesbeamten und -richter) die Möglichkeit, vom Bundesrecht **abweichende Regelungen** zu treffen, falls der Bund von seiner Gesetzgebungszuständigkeit auf diesen Gebieten Gebrauch gemacht hat.[15] Nur für bestimmte Teile der betroffenen Materien bleibt eine Abweichung ausgeschlossen („**abweichungsfeste Kerne**"[16], enthalten in Art. 72 III 1 Nr. 1, 2 und 5 GG). Nach Art. 72 III 2 GG treten Bundesgesetze auf den in Art. 72 III 1 GG enthaltenen Gebieten frühestens sechs Monate nach ihrer Verkündung in Kraft, um den Ländern Gelegenheit zu geben, durch gesetzgeberische Entscheidungen festzule-

---

[11] BVerfG, NVwZ 2015, 582 (585); siehe hierzu *J. Bauerschmidt,* DÖV 2015, 656 (657f.).
[12] BVerfGE 98, 265 (300).
[13] Siehe näher zur Sperrwirkung BVerfGE 109, 190 (229 ff.); *S. Oeter,* in: v. Mangoldt/Klein/Starck Art. 72 Rn. 54 ff.; *A. Uhle,* in: Maunz/Dürig Art. 72 Rn. 79 ff.; vgl. ferner *H. D. Jarass,* NVwZ 1996, 1041 ff.
[14] Aus dem vorherigen Art. 72 III GG wurde Art. 72 IV GG.
[15] Siehe hierzu auch *C. Degenhart,* DÖV 2010, 422 ff.; *H. Schmitz/P. Jornitz,* DVBl. 2013, 741 ff.; *M. Stegmüller,* DVBl. 2013, 1477 ff.
[16] BT-Drucks. 16/813, S. 11; *C. Franzius,* NVwZ 2008, 492 (495).

§ 17. Gesetzgebung 149

gen, ob und in welchem Umfang sie von Bundesrecht abweichendes Landesrecht beibehalten oder erlassen wollen.[17] Art. 72 III 3 GG soll das Verhältnis von Bundes- und Landesrecht in diesem Bereich klarstellen: Das jeweils spätere Gesetz geht vor. Ein vom Bundesrecht abweichendes Landesgesetz setzt demgemäß das Bundesrecht für das Gebiet des betreffenden Landes nicht außer Kraft, sondern hat lediglich Anwendungsvorrang.[18] Damit gilt z. B. bei Aufhebung des betreffenden Landesrechts automatisch wieder das Bundesrecht. Novelliert der Bund sein Recht, geht das neue Bundesrecht – als das spätere Gesetz – vor. Die Länder ihrerseits können von novelliertem Bundesrecht erneut abweichen.[19] Fraglich war von Beginn an, ob dieses Konzept insbesondere bei einer wechselseitigen Normsetzung durch den Bund und einzelne Länder zu Rechtsunsicherheit führt.[20] Nach nunmehr knapp einem Jahrzehnt lässt sich eine solche Unsicherheit nicht ausmachen, wenngleich ein bildlich gesprochen wechselseitiger „Wettlauf" um die Gestaltung der Rechtslage zwischen dem Bund und einzelnen Ländern nicht stattgefunden hat.[21] Übergangsregelungen enthält Art. 125b I GG.

ee) Erfordernis bundeseinheitlicher Regelung

Auf bestimmten Sachgebieten der konkurrierenden Gesetzgebung ist der Bund aber nicht ohne weiteres zur Gesetzgebung befugt, sondern gemäß Art. 72 II GG nur, wenn und soweit die Herstellung gleichwertiger Lebensverhältnisse im Bundesgebiet oder die Wahrung der Rechts- oder Wirtschaftseinheit im gesamtstaatlichen Interesse eine bundesgesetzliche Regelung erforderlich macht.[22] Im Zuge der **Föderalismusreform I** von 2006 (→ § 8 Rn. 40 ff.) ist die ehemals für sämtliche Materien der konkurrierenden Gesetzgebung geltende Regelung des Art. 72 II GG in ihrem Anwendungsbereich auf bestimmte Materien des Art. 74 I GG beschränkt worden (nämlich die in Nr. 4, 7, 11, 13, 15, 19a, 20, 22, 25, 26 enthaltenen). Die übrigen Materien des Art. 74 I GG sind nunmehr von der Erforderlichkeitsprüfung im Sinne des Art. 72 II GG ausgenommen, weil Bund und Länder übereinstimmend von der Erforderlichkeit bundesgesetzlicher Regelung ausgehen.[23]

10

Das BVerfG hat die Merkmale des Art. 72 II GG durch seine Rechtsprechung konkretisiert[24]: Das Erfordernis der „**Herstellung gleichwertiger Lebensverhältnisse**" ist erst dann erfüllt, wenn sich die Lebensverhältnisse in den Ländern in erheblicher, das bundesstaatliche Sozialgefüge beein-

11

---

[17] BT-Drucks. 16/813, S. 11.
[18] Unklar ist, ob die Länder ihre „Abweichungsgesetzgebung" auch durch Verordnungen ausüben können, vgl. M. Stegmüller, DÖV 2013, 221 ff.
[19] Siehe insgesamt hierzu BT-Drucks. 16/813, S. 11.
[20] Siehe insoweit ebenfalls skeptisch etwa U. Häde, JZ 2006, 930 (932 f.); O. Klein/K. Schneider, DVBl. 2006, 1549 (1556); C. Seiler, in: Epping/Hillgruber Art. 72 Rn. 29 f.
[21] Da sich sowohl der Bund als auch das jeweilige Land formell auf die Gesetzgebungskompetenz berufen könnten, müsste ein solcher mittels des Grundsatzes des bundes- und länderfreundlichen Verhaltens (→ § 8 Rn. 31 ff.) aufgelöst werden.
[22] Gilt indes ein Bundesgesetz gemäß Art. 125a II 1 GG als Bundesrecht fort, obwohl die Voraussetzungen des Art. 72 II GG in der seit 1994 maßgebenden Fassung nicht erfüllt sind, es also wegen Änderung des Art. 72 II GG nicht mehr als Bundesrecht erlassen werden könnte, bleibt der Bundesgesetzgeber zur Änderung einzelner Vorschriften zuständig; eine grundlegende Neukonzeption ist ihm jedoch verwehrt, siehe BVerfGE 111, 10 ff. (betreffend Ladenschlussgesetz).
[23] Siehe BT-Drucks. 16/813, S. 9, 11.
[24] Grundlegend BVerfGE 106, 62 (135 ff.); vgl. ferner BVerfGE 111, 226 (253 f.); 112, 226 (244 ff.); 113, 167 (197 ff.); 125, 141 (153 ff.); BVerfG, NJW 2015, 2399 ff.

trächtigender Weise auseinander entwickelt haben oder sich eine derartige Entwicklung konkret abzeichnet.[25] Eine solche Entwicklung war beispielsweise dem so genannten Betreuungsgeld nicht vorausgegangen.[26] Zur **„Wahrung der Rechtseinheit"** ist eine bundesgesetzliche Regelung erforderlich, wenn eine Gesetzesvielfalt auf Länderebene eine nicht hinnehmbare Rechtszersplitterung darstellt, etwa weil sie zu erheblichen Rechtsunsicherheiten und unzumutbaren Behinderungen für den länderübergreifenden Rechtsverkehr führt (z. B. bei unterschiedlichen Länderregelungen hinsichtlich des Personenstandswesens oder des Gerichtsverfassungsrechts). Die **„Wahrung der Wirtschaftseinheit"**[27] liegt im gesamtstaatlichen Interesse, wenn es um die Erhaltung der Funktionsfähigkeit des Wirtschaftsraums der Bundesrepublik Deutschland durch bundeseinheitliche Rechtsetzung geht, also Landesregelungen oder das Untätigbleiben der Länder erhebliche Nachteile für die Gesamtwirtschaft mit sich bringen. Dem BVerfG zufolge ist die **gerichtliche Kontrolle** der Auslegung dieser unbestimmten Gesetzesbegriffe des Art. 72 II GG nunmehr[28] **umfassend;** es besteht grundsätzlich kein der gerichtlichen Überprüfung entzogener Beurteilungsspielraum des Bundesgesetzgebers.[29] Dieser hat nur einen begrenzten Prognosespielraum im Hinblick auf künftige Entwicklungen, von denen die „Erforderlichkeit" i. S. d. Art. 72 II GG abhängt.[30]

12 In **Fall 14** kann sich der Bund auf seine konkurrierende Gesetzgebungskompetenz aus Art. 74 I Nr. 1 GG für das „Strafrecht" stützen. Auf die Anforderungen des Art. 72 II GG kommt es nicht an, da er nicht für die in Art. 74 I 1 Nr. 1 GG genannten Materien gilt.

c) (Abschaffung der) Rahmengesetzgebung

13 Die vor der Föderalismusreform I (→ § 8 Rn. 40 ff.) in Art. 75 GG geregelte **Rahmengesetzgebung** ist durch dessen Aufhebung abgeschafft worden. Die dieser Kompetenzart zugeordneten Materien wurden auf Bund und Länder verteilt. Ein Großteil dieser Materien wurde in die konkurrierende Gesetzgebung verlagert (siehe im Einzelnen → Rn. 7); die Länder erhielten über Art. 72 III GG teilweise die Möglichkeit zum Erlass abweichender Regelungen (siehe näher → Rn. 9). Die Kompetenzen für das Melde- und Ausweiswesen sowie den Schutz des deutschen Kulturguts gegen Abwanderung in das Ausland wurden der ausschließlichen Gesetzgebung zugeschlagen (→ Rn. 5). Die übrigen Materien fallen der ausschließlichen Zuständigkeit der Länder zu, im Einzelnen insbesondere das Laufbahnrecht der Landesbeamten und -richter, ein Großteil des Hochschulrechts mit Ausnahme der Hochschulzulassung und Hochschulabschlüsse sowie die allgemeinen Rechtsverhältnisse der Presse.[31]

14 Übergangsregelungen enthalten Art. 125 a und Art. 125 b GG; die Fortgeltung der bisherigen Bundesrahmengesetze (etwa Hochschulrahmengesetz, Beamtenrechtsrahmengesetz) bemisst sich nach diesen Normen.[32]

---

[25] BVerfGE 106, 62 (135 ff.).
[26] Siehe BVerfG, NJW 2015, 2399 ff. mit Anm. von *S. Pernice-Warnke,* NVwZ 2015, 1129 ff.
[27] Vgl. dazu BVerfGE 135, 155 (204); 136, 194 (241).
[28] D. h. seit der Neufassung des Art. 72 II GG im Jahre 1994, durch welche die bis dahin geltende „Bedürfnisklausel" des Art. 72 II GG a. F. ersetzt wurde; siehe zu dieser alten Rechtslage etwa BVerfGE 13, 230 (233 f.). Beachte hierzu auch die Übergangsregelung des Art. 125 a II GG.
[29] BVerfGE 106, 62 (142 f., 148 ff.), auch mit Nachweisen zur abw. Meinung im Schrifttum, a. a. O. (142).
[30] BVerfGE 106, 62 (151 ff.); 111, 226 (255); 125, 141 (154); siehe hierzu *C. Degenhart,* in: Sachs, GG Art. 72 Rn. 18 ff.
[31] BT-Drucks. 16/813, S. 8, 9.
[32] Siehe dazu im Einzelnen BT-Drucks. 16/813, S. 20 f.

d) Grundsatzgesetzgebung

Die Grundsatzgesetzgebung ähnelt der mittlerweile abgeschafften Rahmengesetzgebung (→ Rn. 13 f.) insoweit, als hierbei der Bund ermächtigt ist, für die betreffenden Sachbereiche allgemeine Grundsatzregelungen mit richtlinienartigem Charakter, nicht hingegen erschöpfende Gesamtregelungen zu erlassen. Ein wesentlicher Unterschied zur ehemaligen Rahmengesetzgebung besteht darin, dass die Ausfüllung nicht nur durch Landes-, sondern auch durch Bundesregelungen erfolgen kann[33]. Eine Grundsatzgesetzgebungskompetenz weist das Grundgesetz dem Bund insbesondere in Art. 109 IV GG für die Haushaltswirtschaft zu.

15

e) Kompetenz kraft Natur der Sache, kraft Sachzusammenhangs und Annexkompetenz

Obwohl das Grundgesetz die Gesetzgebungskompetenzen des Bundes enumerativ und grundsätzlich abschließend festlegt, sind „in äußerst engen Grenzen" so genannte **„ungeschriebene Gesetzgebungskompetenzen des Bundes"**[34] anerkannt[35].

16

So können bestimmte Gegenstände **„kraft Natur der Sache"** nur durch den Bund geregelt werden, insbesondere weil sie ausschließlich den Bund als solchen betreffen. Hierzu gehören etwa die Festlegungen des Sitzes der Bundesregierung und von Bundessymbolen (Nationalflagge sowie -hymne)[36] oder von Nationalfeiertagen[37]. Nach der Rechtsprechung des BVerfG müssen „Schlußfolgerungen aus der Natur der Sache […] begriffsnotwendig sein und eine bestimmte Lösung unter Ausschluß anderer Möglichkeiten sachgerechter Lösung zwingend fordern"[38]. Reine Zweckmäßigkeitserwägungen reichen also zur Annahme einer solchen Bundeskompetenz *nicht* aus. So führte das BVerfG etwa aus, der Schutz der Berufsbezeichnung „Ingenieur" müsse nicht durch Bundesgesetz erfolgen; eine „einheitliche Regelung durch inhaltlich übereinstimmende Ländergesetze" sei „durchaus denkbar und praktikabel"[39].

17

Der Bund hat eine Regelungskompetenz **„kraft Sachzusammenhangs"**, wenn eine dem Bund ausdrücklich zugewiesene Materie verständigerweise nicht geregelt werden kann, ohne dass zugleich eine nicht ausdrücklich zugewiesene andere Materie mitgeregelt wird, ein Übergreifen in den an sich „fremden" Regelungsbereich also unerlässlich für die Regelung der zugewiesenen Materie ist.[40]

18

So ist der Bund etwa befugt, im Rahmen seiner Kompetenz für das „Strafrecht" (Art. 74 I Nr. 1 GG) auch die – an sich präventive – Sicherungsverwahrung zu regeln[41]. Gleiches gilt für das ärztliche Berufsrecht im Rahmen der so genannten Beratungslösung bei Schwangerschaftsabbrüchen (vgl. §§ 218 ff. StGB), obwohl die Kompetenz für das Berufsrecht der Ärzte (abgesehen vom Zulas-

19

---

[33] Siehe näher *G. Kirchhof*, in: v. Mangoldt/Klein/Starck Art. 109 Rn. 117 ff.
[34] Siehe zum Vorschlag, besser von „stillschweigend zugelassenen" Bundeskompetenzen zu sprechen, *H. Sodan*, Kollegiale Funktionsträger als Verfassungsproblem, 1987, S. 290 f.
[35] BVerfGE 98, 265 (299).
[36] BVerfGE 3, 407 (422).
[37] Vgl. BayVerfGH, NJW 1982, 2656 (2657).
[38] BVerfGE 11, 89 (99); 12, 205 (251); vgl. auch BVerfGE 84, 133 (148); 98, 265 (299).
[39] BVerfGE 26, 246 (257); siehe zu weiteren Fällen *C. Degenhart*, in: Sachs, GG Art. 70 Rn. 31.
[40] BVerfGE 3, 407 (421); 98, 265 (299); BVerfG, NVwZ 2015, 582 (584).
[41] BVerfGE 109, 190 (215 ff.); vgl. ferner BVerfGE 109, 133 (170).

sungswesen, vgl. Art. 74 I Nr. 19 GG) an sich den Ländern zusteht[42]. Ebenso kann der Bund aufgrund Sachzusammenhangs mit der Kompetenz aus Art. 21 III GG die Zuteilung von Sendezeiten für Wahlwerbung politischer Parteien regeln, obwohl die Regelung des Rundfunkrechts (abgesehen von der sendetechnischen Seite, vgl. Art. 73 Nr. 7 GG) eigentlich Ländersache ist.[43]

20 Demgegenüber dient die so genannte **Annexkompetenz** der Ausdehnung einer Bundeskompetenz auf an sich „kompetenzfremde" Stadien der Vorbereitung und Durchführung.

21 So ist etwa die Regelung der Polizeigewalt im Rahmen eines bestimmten Sachgebietes von der Regelungskompetenz des Bundes für dieses Sachgebiet als „Annex" mitumfasst, obwohl das Polizeirecht grundsätzlich Ländersache ist.[44] Typisches Beispiel ist die Einrichtung einer Bahnpolizei auf Grundlage der Bundeskompetenz für die Eisenbahnen des Bundes. Im Schrifttum wird dies als „Ausdehnung in die Tiefe" umschrieben, weil der Bund hier letztlich innerhalb einer ihm zustehenden Hauptmaterie verbleibe, während bei der Kompetenz kraft Sachzusammenhangs eine „Ausdehnung in die Breite" erfolge, da der Bund in einen ihm an sich nicht zustehenden Kompetenzbereich übergreife[45]. Streng genommen wäre dann aber die Annexkompetenz keine „ungeschriebene Kompetenz", sondern diente vielmehr der Begründung einer *geschriebenen* Kompetenz. Misst man ihr hingegen einen „Übergriff" in einen an sich „fremden" Kompetenzbereich bei[46], stellt sich die Annexkompetenz eher als ein *Unterfall der Kompetenz kraft Sachzusammenhangs* dar[47]. Diese Abgrenzungsfragen sollten aber nicht überbewertet werden; sie führen vor allem zu terminologischen Problemen.

3. Typische Zuständigkeitsbereiche der Länder

22 Nicht den Bundeskompetenzen der Art. 70 ff. GG unterfallende und somit typischerweise von den Ländern zu regelnde Gesetzgebungsbereiche sind etwa das Polizei- und Ordnungsrecht, Kommunalrecht, Rundfunkrecht (mit Ausnahme der sendetechnischen Voraussetzungen, vgl. Art. 73 Nr. 7 GG), Kulturwesen („Kulturhoheit der Länder") sowie Schulrecht. Durch die **Föderalismusreform I** von 2006 (→ § 8 Rn. 40 ff.) sind zahlreiche weitere Regelungsmaterien auf die Länder verlagert worden. Aus dem Bereich der konkurrierenden Gesetzgebung wurden – teils durch gegenständliche Begrenzung fortbestehender Kompetenztitel, teils durch völlige Streichung von Kompetenztiteln – Materien mit besonderem Regionalbezug oder solche, die eine bundesgesetzliche Regelung nicht zwingend erfordern, auf die Länder übertragen (→ Rn. 7). Hierzu gehören etwa: Strafvollzug, Versammlungsrecht, Heimrecht, Ladenschlussrecht, Gaststättenrecht, Spielhallenrecht, Recht der Schaustellung von Personen, Recht der Messen, Ausstellungen und Märkte, Teile des Wohnungswesens, landwirtschaftlicher Grundstücksverkehr und landwirtschaftliches Pachtwesen, Schutz vor verhaltensbezogenem Lärm etc.[48] Infolge der Streichung der Rahmengesetzgebung (→ Rn. 13) sind zudem folgende Materien in die ausschließliche Zuständigkeit der Länder gefallen: das Laufbahnrecht der Landesbeamten und -richter, ein Großteil des Hochschulrechts mit

---

[42] Vgl. BVerfGE 98, 265 (301 ff.).
[43] *C. Degenhart*, in: Sachs, GG Art. 70 Rn. 42; vgl. BVerfGE 12, 205 (240 f.).
[44] Vgl. BVerfGE 3, 407 (433); 8, 143 (149).
[45] Siehe etwa *C. Degenhart*, in: Sachs, GG Art. 70 Rn. 38, 42, 43.
[46] Vgl. BVerfGE 98, 265 (299).
[47] So auch *E.-W. Böckenförde*, JuS 1968, 375 (379); *M. Bullinger*, AöR 96 (1971), 237 (243 ff.); *H.-W. Rengeling*, in: HdbStR VI § 135 Rn. 74; nicht klar trennend BVerfGE 109, 190 (215).
[48] Siehe dazu im Einzelnen BT-Drucks. 16/813, S. 8, 9, 12 ff.

§ 17. Gesetzgebung

Ausnahme der Hochschulzulassung und Hochschulabschlüsse sowie die allgemeinen Rechtsverhältnisse der Presse.[49]

III. Gesetzgebungsverfahren

Der Erlass von Bundesgesetzen[50] erfolgt in einem förmlichen Gesetzgebungsverfahren, welches in den Art. 76 ff. GG (und ergänzend in der GO-BT) geregelt ist. Dieses Gesetzgebungsverfahren kann in drei Phasen unterteilt werden: das **Einleitungsverfahren** (→ Rn. 24 ff.), welches die Gesetzesinitiative und die Zuleitung des Gesetzentwurfs an den Bundestag umfasst, das **Hauptverfahren** (→ Rn. 28 ff.), d. h. die Beratung und Beschlussfassung durch den Bundestag und die Mitwirkung des Bundesrates, sowie das **Abschlussverfahren** (→ Rn. 37), also die Ausfertigung und Verkündung des zustande gekommenen Gesetzes (siehe zu einem schematischen Überblick über den Ablauf des Gesetzgebungsverfahrens → Rn. 38).

1. Einleitungsverfahren

a) Gesetzesinitiative

Die Einbringung eines Gesetzentwurfs (auch: Gesetzesvorlage) beim Bundestag kann nach Art. 76 I GG nur durch die **Bundesregierung**[51] (als Kollegialorgan, → § 15 Rn. 23 f.), durch den **Bundesrat** oder aus der „**Mitte des Bundestages**" heraus erfolgen.

Problematisch ist dabei die Begriffsbildung „**Mitte des Bundestages**", welche durch das Grundgesetz selbst nicht näher konkretisiert wird. § 76 I GO-BT verlangt hierfür die Einbringung durch eine Fraktion (→ § 12 Rn. 10) oder durch 5% der Mitglieder des Bundestages. Soweit allerdings ein Gesetz aufgrund der Initiative einer geringeren Anzahl von Abgeordneten (oder gar eines einzelnen Abgeordneten) beschlossen wird, wird dadurch das Gesetz nicht nichtig; denn erheblich für das Zustandekommen eines Gesetzes sind nur die Vorschriften des Grundgesetzes (vgl. Art. 82 GG: „[...] nach den Vorschriften *dieses Grundgesetzes* zustande gekommen [...]"). Zwar kann auch der *Verstoß gegen die GO-BT* mittelbar eine Verletzung *des Grundgesetzes* beinhalten, wenn die betreffende Norm der GO-BT eine Grundgesetzbestimmung inhaltlich konkretisiert (→ § 12 Rn. 8). Bei § 76 GO-BT ist dies aber nicht der Fall; denn diese Vorschrift dient „nur" der Funktionsfähigkeit des Parlaments durch Schutz vor von vornherein nicht mehrheitsfähigen Gesetzesvorlagen „aus der Mitte des Bundestages",[52] will aber nicht verhindern, dass sich der Bundestag einen solchen Entwurf gegebenenfalls durch den Gesetzesbeschluss „zu eigen" macht.

b) Zuleitung an den Bundestag

Gesetzesvorlagen aus der „**Mitte des Bundestages**" werden dem Bundestag direkt zur Beratung und Beschlussfassung zugeleitet. Gesetzentwürfe des **Bundesrates** sind über die Bundesregierung, die hierbei ihre Auffassung darlegen soll, innerhalb bestimmter Fristen dem Bundestag zuzuleiten (siehe im Einzelnen Art. 76 III GG). Vorlagen der **Bundesregierung** sind zunächst dem Bundesrat zu übermitteln, der zu der Vorlage

---

[49] BT-Drucks. 16/813, S. 8, 9.
[50] Für Landesgesetze sind grundsätzlich die Verfahrensregelungen des jeweiligen Landesverfassungsrechts maßgeblich.
[51] Siehe zur Praxis des so genannten „Outsourcing" der Erstellung von Gesetzentwürfen auf Private (z. B. Anwaltskanzleien) *Degenhart* Rn. 220; *M. Heintzen*, in: W. Kluth/G. Krings (Hrsg.), Gesetzgebung, 2014, § 9; siehe auch *M. Kloepfer*, NJW 2011, 131 ff.
[52] Insofern ist § 76 GO-BT auch verfassungsrechtlich nicht zu beanstanden, da er innerhalb der dem Bundestag durch BVerfGE 1, 144 (153) eingeräumten Autonomie liegt.

Stellung nehmen kann (so genannter *erster Durchgang*); nach Zurückleitung an die Bundesregierung, welche dann die Möglichkeit zu einer „Gegenäußerung" hat, erfolgt die Zuleitung an den Bundestag (siehe näher – auch zu den diesbezüglichen Fristen – Art. 76 II GG). Der Zweck dieser Regelung besteht darin, dass der Bundestag die Auffassung des Bundesrates im Hinblick auf dessen spätere Beteiligung kennen lernt und ggf. bei der Beschlussfassung des Gesetzes berücksichtigen kann; zudem soll der „Sachverstand" des Bundesrates genutzt werden.[53]

27 **Unterbleibt** bei Gesetzesvorlagen der Bundesregierung die vorherige Zuleitung an den Bundesrat, stellt dies – auch wenn die Stellungnahme des Bundesrates nicht verbindlich ist – nach überwiegender Ansicht einen schwerwiegenden Fehler des Gesetzgebungsverfahrens dar, der zur Nichtigkeit des betreffenden Gesetzes führt[54]. Bloße Fristverstöße haben dagegen keine Auswirkung.[55] Problematisch ist, ob das Erfordernis vorheriger Zuleitung an den Bundesrat in zulässiger Weise **„umgangen"** werden kann, indem die Bundesregierung ihre Gesetzesvorlagen von den Abgeordneten einer sie unterstützenden Fraktion und damit „aus der Mitte des Bundestages" einbringen lässt: Mag ein solches Vorgehen auch einen „unfreundlichen Akt"[56] gegenüber dem Bundesrat darstellen, dürfte es in verfassungsrechtlicher Hinsicht schwerlich zu beanstanden sein, da zum einen der Fraktion ein Initiativrecht zusteht und sie sich Gesetzesvorlagen der Bundesregierung „zu eigen" machen kann, zum anderen – im Hinblick auf das Gebot zur Organtreue – die Rechte des Bundesrates auch nicht vollständig umgangen werden, weil die Mitwirkungsrechte aus Art. 77 GG unberührt bleiben.[57] Eine andere als diese formale Betrachtung würde dazu führen, dass der materielle Urheber der Gesetzesvorlage ermittelt werden müsste; dies dürfte in der Praxis häufig problematisch sein. Gleichwohl wird diese „Umgehung" zumindest bei ständiger Praktizierung, bei Fehlen eines sachlichen Grundes oder bei gezieltem Rechtsmissbrauch für verfassungswidrig gehalten[58].

2. Hauptverfahren

a) Beratung der Gesetzesvorlage im Bundestag

28 Nachdem die Gesetzesvorlage dem Bundestag zugeleitet worden ist, wird sie dort in **drei Lesungen** („**Beratungen**") behandelt (§ 78 I 1 GO-BT). Deren Inhalte regeln die §§ 79 ff. GO-BT. Wird die Vorlage in **weniger** Lesungen behandelt, hat dies auf das Zustandekommen des Gesetzes allerdings keine Auswirkungen, da hierfür nur die Vorschriften *des Grundgesetzes* maßgeblich sind (vgl. Art. 82 GG; ferner → Rn. 25 und § 12 Rn. 8) und die Verfassung keine bestimmte Anzahl von Lesungen vorsieht.

---

[53] *B.-O. Bryde*, in: v. Münch/Kunig Art. 76 Rn. 17.
[54] *B. Pieroth*, in: Jarass/Pieroth Art. 76 Rn. 5; *R. Rubel*, in: Umbach/Clemens, GG Art. 76 Rn. 29; vgl. ferner BVerfGE 91, 148 (175).
[55] Denn ein solches Versäumnis stellt lediglich einen Verstoß gegen eine *Ordnungsvorschrift* dar. Der diesbezügliche Verstoß ist im Hinblick auf das *verfassungsgemäße* Zustandekommen eines Gesetzes unbeachtlich. Vgl. auch *A. Haratsch*, in: Sodan Art. 76 Rn. 12 ff.
[56] *J. Masing*, in: v. Mangoldt/Klein/Starck Art. 76 Rn. 98.
[57] So auch *B.-O. Bryde*, in: v. Münch/Kunig Art. 76 Rn. 21; *B. Pieroth*, in: Jarass/Pieroth Art. 76 Rn. 3; *F. Ossenbühl*, in: HdbStR V § 102 Rn. 24; ebenso *J. Kersten*, in: Maunz/Dürig Art. 76 Rn. 113 mit zahlreichen Nachweisen auch zur Gegenmeinung, die eine analoge Anwendung des Art. 76 II, III GG befürwortet; vgl. ferner BVerfGE 30, 250 (253, 261).
[58] Vgl. *A. Haratsch*, in: Sodan Art. 76 Rn. 11; *Maurer*, StaatsR I § 17 Rn. 63; *Stern*, StaatsR II S. 621; differenzierend *T. Mann*, in: Sachs, GG Art. 76 Rn. 24 ff.

§ 17. Gesetzgebung

b) Beschlussfassung im Bundestag

Im Anschluss an die dritte Beratung wird über den Gesetzentwurf **abgestimmt** (siehe im Einzelnen § 86 GO-BT). Für den Gesetzesbeschluss des Bundestages (Art. 77 I 1 GG) ist dabei regelmäßig, d. h. soweit nichts Abweichendes bestimmt ist, die **Mehrheit der abgegebenen Stimmen** erforderlich und ausreichend (vgl. Art. 42 II 1 GG; näher zu den Beschlussfassungen des Bundestages → § 12 Rn. 15 ff.). Eine abweichende Bestimmung enthält etwa Art. 79 II GG für verfassungsändernde Gesetze, welche eine Mehrheit von **zwei Dritteln der Mitglieder des Bundestages** erfordern (→ Rn. 42). 29

In **Fall 14** wurde die aus der „Mitte des Bundestages" eingebrachte Gesetzesvorlage vom Bundestag mit 30 von 37 Stimmen, also der Mehrheit der abgegebenen Stimmen beschlossen. Fraglich ist angesichts der geringen Zahl anwesender Abgeordneter (37) allerdings die **Beschlussfähigkeit** des Bundestages. Nach § 45 I GO-BT ist der Bundestag **beschlussfähig**, wenn mehr als die Hälfte seiner Mitglieder im Sitzungssaal anwesend ist (bei 631 Mitgliedern also mindestens 316). Ist eine geringere Anzahl von Abgeordneten anwesend, führt dies jedoch nur dann zur Beschlussunfähigkeit, wenn diese auf Antrag einer Fraktion oder von 5% der Mitglieder des Bundestages positiv festgestellt wird (vgl. § 45 II und III GO-BT, so genannter Hammelsprung). Solange es an dieser Feststellung fehlt, wird die Beschlussfähigkeit vermutet bzw. fingiert. Dies steht selbst dann nicht in Widerspruch zu dem in Art. 20 II GG festgelegten Prinzip der repräsentativen Demokratie (und hat damit keine Auswirkung auf das Zustandekommen des Gesetzes), wenn nur eine sehr geringe Zahl von Abgeordneten anwesend ist; ein Großteil der parlamentarischen Willensbildung erfolgt nämlich außerhalb des Plenums in den Ausschüssen, und die Abgeordneten bleiben regelmäßig nur dann den Abstimmungen fern, wenn ohnehin ein umfangreicher parlamentarischer Konsens besteht.[59] Da in **Fall 14** die Beschlussunfähigkeit nicht ausdrücklich festgestellt wurde, steht die geringe Zahl anwesender Abgeordneter der Beschlussfähigkeit des Bundestages nicht entgegen. 30

c) Mitwirkung des Bundesrates

Das Gesetz wird nach der Beschlussfassung durch den Bundestag unverzüglich vom Präsidenten des Bundestages an den Bundesrat weitergeleitet (Art. 77 I 2 GG). Der Umfang der Mitwirkung des Bundesrates und das betreffende Verfahren richten sich danach, ob das betreffende Gesetz ein **Einspruchsgesetz** oder ein **Zustimmungsgesetz** ist (→ § 13 Rn. 4 ff.). 31

aa) Verfahren bei Einspruchsgesetzen

Sofern der Bundesrat Bedenken gegen ein Einspruchsgesetz hat und einen Einspruch erwägt, hat er – wie sich aus Art. 77 III 1 GG ergibt – zunächst nach Art. 77 II 1 GG binnen drei Wochen nach Eingang des Gesetzesbeschlusses den **Vermittlungsausschuss** anzurufen. Wird der Vermittlungsausschuss innerhalb dieser Frist nicht angerufen, so kommt das Einspruchsgesetz zustande (Art. 78 GG). 32

Der **Vermittlungsausschuss** ist mit nicht weisungsgebundenen (Art. 77 II 3 GG) Mitgliedern des Bundestages und des Bundesrates besetzt. Dabei müssen die Ausschussmitglieder des Bundestages die politischen Stärkeverhältnisse im Plenum grundsätzlich nach dem Prinzip der Spiegelbildlichkeit repräsentieren.[60] Der Vermittlungsausschuss hat zum Ziel, das Gesetzgebungsvorhaben durch Ergänzungen, Änderungen oder Streichungen so weit konsensfähig zu machen, dass sowohl Bun- 33

---

[59] Ausführl. BVerfGE 44, 308 (315 ff.); entschieden für einen Fall, in dem nur „36 oder 37" Abgeordnete im Sitzungssaal zugegen waren (a. a. O., 321).
[60] Näher BVerfGE 112, 118 (133 ff., 140 ff.); BVerfG, NVwZ 2015, 1751 (1752 ff.).

destag als auch Bundesrat es tragen können (Resultat ist eine so genannte Beschlussempfehlung).[61] Dabei darf der Vermittlungsausschuss aber mit der Beschlussempfehlung nicht die Grenzen überschreiten, die durch das Anrufungsbegehren und das zugrunde liegende Gesetzgebungsverfahren (etwa die betreffenden Anträge und Stellungnahmen) gezogen sind, da dies anderenfalls auf ein ihm nicht zustehendes Gesetzesinitiativrecht sowie eine Entparlamentarisierung der Gesetzgebung hinausliefe.[62]

34 Schlägt der Vermittlungsausschuss eine Änderung des Gesetzesbeschlusses vor, so hat der Bundestag erneut Beschluss zu fassen (Art. 77 II 5 GG). Hiernach – oder wenn der Vermittlungsausschuss keinen Änderungsvorschlag unterbreitet (vgl. § 11 GO-VermA) – ist das Verfahren nach Art. 77 II GG abgeschlossen; der Bundesrat kann nun ggf. nach Art. 77 III 1 GG binnen zwei Wochen (zum Fristbeginn siehe Art. 77 III 2 GG) **Einspruch** einlegen.[63] Wird **kein Einspruch** innerhalb dieser Frist eingelegt (oder wird ein eingelegter Einspruch zurückgenommen), ist das Gesetz zustande gekommen (Art. 78 GG). Wird **Einspruch** eingelegt, so kann ihn der Bundestag mit der Mehrheit seiner Mitglieder i. S. v. Art. 121 GG zurückweisen (Art. 77 IV 1 GG); erfolgte der Einspruch des Bundesrates mit einer Mehrheit von mindestens zwei Dritteln seiner Stimmen, so bedarf die Zurückweisung des Einspruchs durch den Bundestag nach Art. 77 IV 2 GG einer Mehrheit von zwei Dritteln der abgegebenen Stimmen, mindestens der Mehrheit der Mitglieder des Bundestages. Hat der Bundestag den Bundesrat durch Zurückweisung des Einspruchs „überstimmt", so kommt das Gesetz zustande (Art. 78 GG); misslingt die „Überstimmung", ist das Gesetzesvorhaben gescheitert.

35 In **Fall 14** ist das betreffende Gesetz ein Einspruchsgesetz. Nach Anrufung des Vermittlungsausschusses konnte der Bundesrat daher (fristgemäß nach Art. 77 III GG) Einspruch einlegen. Mit 47 von 69 Stimmen war insoweit eine Zweidrittelmehrheit gegeben. Daher gilt für die Zurückweisung durch den Bundestag Art. 77 IV 2 GG, d. h. diese bedarf einer Mehrheit von zwei Dritteln der abgegebenen Stimmen, mindestens der Mehrheit der Mitglieder des Bundestages. In der **Ausgangskonstellation** hat der Bundestag mit 350 Stimmen nicht die nötige Zweidrittelmehrheit der 601 abgegebenen Stimmen erreicht (diese läge bei 401 Stimmen), auch wenn die 350 Stimmen zumindest die Mehrheit der Mitglieder des Bundestages (bei 601 Mitgliedern liegt diese bei 301 Stimmen) darstellen. Das Gesetz ist daher mangels Zurückweisung („Überstimmung") des Einspruchs nicht zustande gekommen (vgl. Art. 78 GG). In der **Abwandlung** wurde mit 280 von 360 abgegebenen Stimmen zwar eine Zweidrittelmehrheit der abgegebenen Stimmen erreicht (ausgereicht hätten 240 Stimmen), nicht aber die Mehrheit der Mitglieder des Bundestages (301 Stimmen). Auch hier ist das Gesetz also wegen Fehlens einer Zurückweisung des Einspruchs nicht zustande gekommen.

bb) Verfahren bei Zustimmungsgesetzen

36 Wenn der Bundesrat Bedenken gegen ein Zustimmungsgesetz hat und die Versagung der Zustimmung erwägt, so kann er den Vermittlungsausschuss (→ Rn. 33) nach Art. 77 II 1 GG anrufen; jedoch ist dessen Anrufung *keine* notwendige Voraussetzung, um die Zustimmung verweigern zu können (vgl. Art. 77 IIa GG). Ruft der Bundesrat

---

[61] Siehe zum Verfahren im Vermittlungsausschuss auch die „Gemeinsame Geschäftsordnung des Bundestages und des Bundesrates für den Ausschuß nach Artikel 77 des Grundgesetzes (Vermittlungsausschuß)" – BGBl./FNA III 1101-2; Sartorius Nr. 36.
[62] Näher dazu BVerfGE 101, 297 (307 ff.); 120, 56 (73 ff.) mit Besprechung von *M. Desens*, NVwZ 2008, 2892 ff.; ausführl. zu den Kompetenzen des Vermittlungsausschusses und ihren Grenzen auch BVerfGE 125, 104 (121 ff.); dazu *G. Axer*, NVwZ 2010, 624 ff.
[63] Siehe zur Abstimmung und Beschlussfassung im Bundesrat → § 13 Rn. 21 ff.

§ 17. Gesetzgebung

den Vermittlungsausschuss an und macht dieser einen Änderungsvorschlag, hat zunächst der Bundestag erneut Beschluss zu fassen (Art. 77 II 5 GG). Hiernach oder wenn der Vermittlungsausschuss keinen Änderungsvorschlag unterbreitet hat oder wenn dessen Einberufung vom Bundesrat nicht verlangt worden ist, hat der Bundesrat nach Art. 77 IIa GG in „angemessener Frist"[64] über die **Zustimmung** Beschluss zu fassen[65]. Nur wenn der Bundesrat seine Zustimmung **ausdrücklich erteilt,** ist das Gesetz zustande gekommen (vgl. Art. 78 GG). **Versagt** er sie oder nimmt er innerhalb „angemessener Frist" keine Beschlussfassung vor (was der Versagung gleichsteht), können nunmehr auch der Bundestag oder die Bundesregierung den Vermittlungsausschuss gemäß Art. 77 II 4 GG anrufen. Eine Frist hierfür ist nicht bestimmt; allerdings sollte die Anrufung innerhalb „angemessener" Zeit erfolgen, was regelmäßig, aber nicht zwingend, auf die zweckentsprechende Anwendung der Dreiwochenfrist des Art. 77 II 1 GG hinaus laufen dürfte[66]. Nach Abschluss dieses Vermittlungsverfahrens – ggf. unter erneuter Beschlussfassung durch den Bundestag nach Art. 77 II 5 GG bei Unterbreitung eines Änderungsvorschlages durch den Vermittlungsausschuss – kann der Bundesrat (erneut) über die Zustimmung Beschluss fassen; erteilt er sie, ist das Gesetz zustande gekommen (Art. 78 GG), anderenfalls ist das Gesetzesvorhaben gescheitert.

3. Abschlussverfahren

Das Abschlussverfahren umfasst gemäß Art. 82 I 1 GG die **Ausfertigung** der „nach den Vorschriften dieses Grundgesetzes zustande gekommenen Gesetze" (vgl. zusammenfassend Art. 78 GG sowie im Einzelnen → Rn. 23 ff.) durch den Bundespräsidenten nach Gegenzeichnung durch den Bundeskanzler und den bzw. die zuständigen Bundesminister (vgl. § 29 I GO-BReg) sowie die **Verkündung** im Bundesgesetzblatt. Inwieweit dem Bundespräsidenten hierbei ein Prüfungsrecht zukommt, wurde bereits an anderer Stelle erörtert (→ § 14 Rn. 8 ff.). Mit der Verkündung des Gesetzes im Bundesgesetzblatt ist das Gesetzgebungsverfahren abgeschlossen. Das Gesetz wird durch die Verkündung rechtlich existent. **Rechtliche Geltung** erlangt es dagegen erst mit dem Zeitpunkt, für den sein In-Kraft-Treten bestimmt ist (vgl. Art. 82 II 1 GG); fehlt eine solche Bestimmung, gilt Art. 82 II 2 GG, und das Gesetz tritt mit dem 14. Tag nach Ablauf des Tages, an dem das Bundesgesetzblatt ausgegeben worden ist, in Kraft.

37

---

[64] Siehe hierzu *T. Mann,* in: Sachs, GG Art. 77 Rn. 34.
[65] Siehe zur Beschlussfassung im Bundesrat → § 13 Rn. 21 ff.
[66] Für Dreiwochenfrist etwa *Stern*, StaatsR II S. 629; dagegen *T. Mann*, in: Sachs, GG Art. 77 Rn. 12: „angemessene Frist" unter Berücksichtigung des Gesichtspunktes der Organtreue.

38 **Übersicht über das Gesetzgebungsverfahren (Art. 76 ff. GG)**

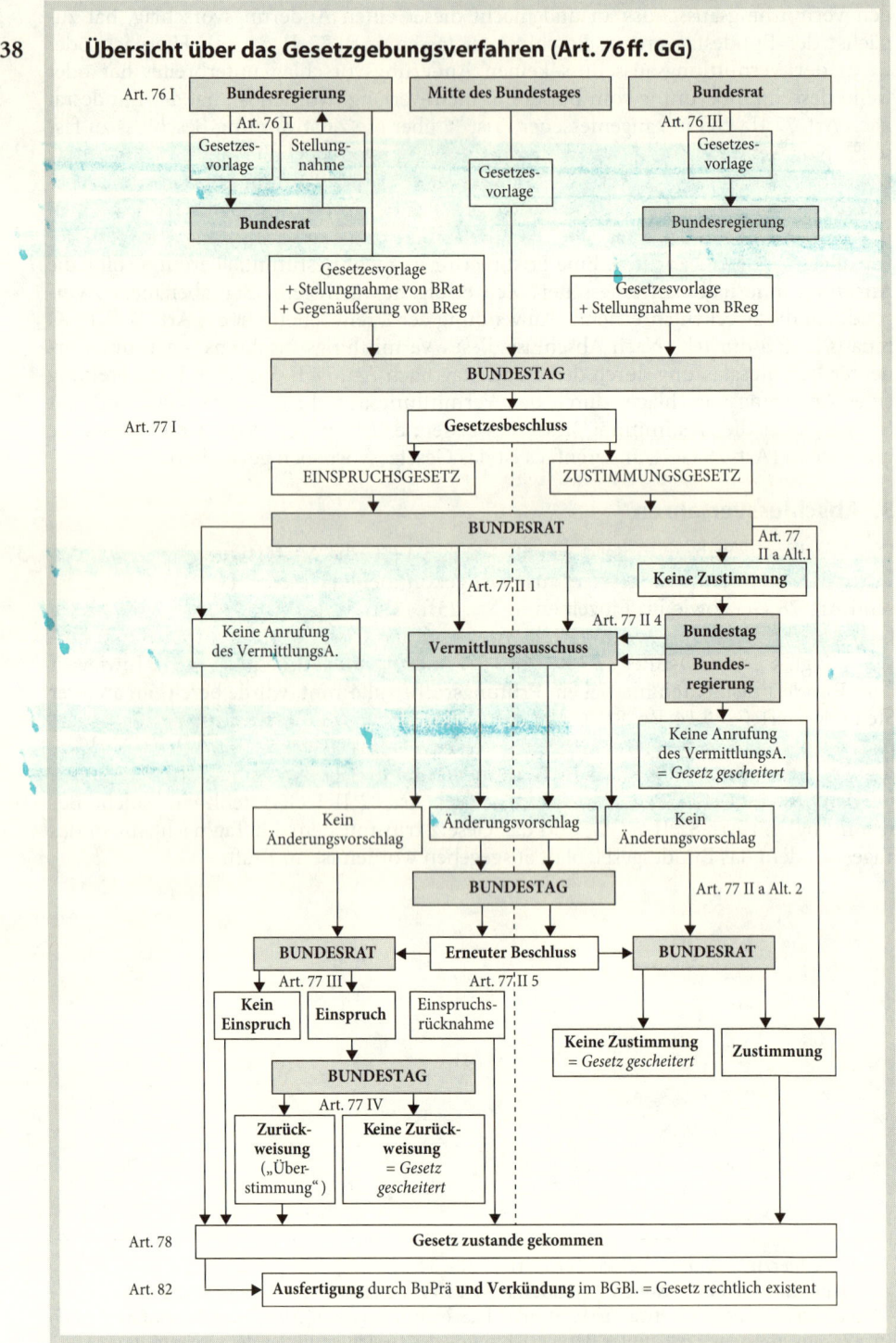

IV. Formelle Verfassungsmäßigkeit von Gesetzen

Die Wahrung der **Gesetzgebungszuständigkeit** und des **Gesetzgebungsverfahrens**[67] sind die wesentlichen Voraussetzungen für die formelle Verfassungsmäßigkeit eines Gesetzes. Ein Verstoß hiergegen führt grundsätzlich zu dessen Nichtigkeit.[68] Eine weitere Voraussetzung für die formelle Verfassungsmäßigkeit ist das **Zitiergebot** des Art. 19 I 2 GG für grundrechtsbeschränkende Gesetze (→ § 24 Rn. 22 ff.).

39

V. Materielle Verfassungsmäßigkeit von Gesetzen

Die allgemeinen **materiellen**, d. h. auf den Inhalt bezogenen Voraussetzungen für die Verfassungsmäßigkeit eines Gesetzes sind in diesem Lehrbuch im Einzelnen an verschiedenen Stellen besprochen.[69] Hier sollen sie daher nur im Überblick und unter Hinweis auf die jeweiligen Randnummern zusammengefasst werden:

40

Übersicht: Verfassungsmäßigkeit von Gesetzen

(I) Formelle Verfassungsmäßigkeit
(1) Gesetzgebungszuständigkeit (→ Rn. 2 ff.)
(2) Gesetzgebungsverfahren (→ Rn. 23 ff.)
(3) Form: Zitiergebot (→ § 24 Rn. 22 ff.)

(II) Materielle Verfassungsmäßigkeit
(1) Parlamentsvorbehalt (→ § 24 Rn. 27 ff.)
(2) Bestimmtheitsgebot (→ § 7 Rn. 35 ff.)
(3) Prinzip der Widerspruchsfreiheit der Rechtsordnung (→ § 7 Rn. 41 ff.)
(4) Rückwirkungsverbot (→ § 7 Rn. 45 ff.)
(5) Vertrauensschutz außerhalb des Rückwirkungsverbots (→ § 7 Rn. 64 ff.)
(6) Grundrechte
   (a) Schutzbereich (→ § 24 Rn. 3 f.)
   (b) Eingriff (→ § 24 Rn. 5 ff.)
   (c) Verfassungsrechtliche Rechtfertigung des Eingriffs (→ § 24 Rn. 13 ff.), insbesondere Grundsatz der Verhältnismäßigkeit (→ § 24 Rn. 32 ff.)
(7) Sonstiges materielles Verfassungsrecht

41

---

[67] Siehe zu den Pflichten des Gesetzgebers während des Gesetzgebungsverfahrens *D. Merten*, DÖV 2015, 349 ff.

[68] Vgl. aber zum Verstoß gegen bloße Ordnungsvorschriften im Rahmen des Gesetzgebungsverfahrens → Rn. 27, zum Verstoß gegen Verfahrensvorschriften der GO-BT → Rn. 25 und § 12 Rn. 8.

[69] Siehe zu der Frage einer verfassungsrechtlichen Pflicht zur Begründung von Gesetzen *T. Hebeler*, DÖV 2010, 754 ff.; *A. Sanders/D. Preisner*, DÖV 2015, 761 (766 f.). Das BVerfG stellt in jüngerer Rspr. Anforderungen an die Begründung von Gesetzen auf: vgl. BVerfGE 130, 263 (302); BVerfG, NJW 2015, 1935 (1942).

VI. Besonderheiten bei verfassungsändernden Gesetzen

42 Besondere Rechtmäßigkeitsvoraussetzungen bestehen für **verfassungsändernde** Gesetze. Im Hinblick auf das **Gesetzgebungsverfahren** gilt, dass sie nur mit einer Mehrheit von zwei Dritteln der Mitglieder des Bundestages i. S. v. Art. 121 GG beschlossen werden können und der Zustimmung von zwei Dritteln der Stimmen des Bundesrates bedürfen (Art. 79 II GG). Bezüglich ihrer **Form** fordert Art. 79 I 1 GG aus Gründen der Rechtssicherheit, dass durch sie der Wortlaut des Grundgesetzes ausdrücklich geändert oder ergänzt wird. Besondere materielle Voraussetzungen enthält Art. 79 III GG: Danach ist eine Grundgesetzänderung unzulässig, durch welche die Gliederung des Bundes in Länder, die grundsätzliche Mitwirkung der Länder bei der Gesetzgebung oder die in Art. 1 und 20 GG niedergelegten Grundsätze berührt werden.

VII. Rechtsverordnungen

43 Art. 80 GG erlaubt es dem Gesetzgeber, seine Rechtsetzungsbefugnis unter bestimmten Voraussetzungen an die Exekutive zu delegieren: Durch (formelles) Gesetz können die *Bundesregierung*, ein *Bundesminister* oder die *Landesregierungen* zum Erlass von **Rechtsverordnungen** ermächtigt werden. Da diese nicht das formelle Gesetzgebungsverfahren der Art. 76 ff. GG durchlaufen müssen, werden sie – in Abgrenzung zum Begriff des „formellen Gesetzes" (→ § 7 Rn. 7) – häufig auch als (nur) materielle Gesetze bezeichnet. Ihre Rechtmäßigkeitsvoraussetzungen sind in der nachfolgenden **Übersicht** zusammengefasst.

44 **Übersicht: Rechtmäßigkeit einer Rechtsverordnung (RVO)**

(I) **Ermächtigungsgrundlage**
Die RVO bedarf einer formellgesetzlichen Ermächtigungsgrundlage (siehe Art. 80 I 1 GG), welche folgenden Anforderungen genügen muss:
(1) Formelle und materielle Verfassungsmäßigkeit (→ dazu die Übersicht in Rn. 41).
(2) Bestimmtheit bzgl. Inhalt, Ausmaß und Zweck der Ermächtigung (Art. 80 I 2 GG bzw. bei Landes-RVOen aus den Landesverfassungen oder dem Rechtsstaatsprinzip (siehe hierzu auch BVerfG [Kammerbeschl.], DVBl. 2008, 841 f.):
Bereits aus dem ermächtigenden Gesetz selbst muss – zumindest durch Auslegung – hinreichend deutlich vorhersehbar sein, in welchen Fällen und mit welcher Tendenz von der Ermächtigung Gebrauch gemacht werden wird und welchen Inhalt die Verordnung haben kann.
(3) Wahrung der Anforderungen von Parlamentsvorbehalt und Wesentlichkeitstheorie: In grundlegenden normativen Bereichen, zumal im Bereich der Grundrechtsausübung, müssen alle wesentlichen Entscheidungen dem Gesetzgeber überlassen bleiben und dürfen nicht delegiert werden (vgl. BVerfGE 101, 1 [34]), näher dazu → § 6 Rn. 65).
(4) Richtiger Ermächtigungsadressat: nur die in → Rn. 43 Genannten.

(II) **Formelle Rechtmäßigkeit**
(1) Zuständigkeit zum Erlass einer RVO:
Bei einer hinreichenden Ermächtigungsgrundlage nur die Bundesregie-

rung als Kollegialorgan (→ § 15 Rn. 23f.), einzelne Bundesminister oder eine Landesregierung (nicht dagegen einzelne Landesminister), siehe Art. 80 I 1 GG.

(2) Verfahren: Insbesondere
   a) Zustimmung des Bundesrates in den Fällen des Art. 80 II GG (→ § 13 Rn. 18).
   b) Verkündung (siehe dazu das Gesetz über die Verkündung von Rechtsverordnungen, BGBl. III/FNA 114–1; Sartorius Nr. 70).
(3) Form:
   Insbesondere Beachtung des Zitiergebots des Art. 80 I 3 GG; ein Verstoß hiergegen führt zur Nichtigkeit der RVO (BVerfGE 101, 1 [41 ff.]).

(III) **Materielle Rechtmäßigkeit**
(1) Materielle Vereinbarkeit mit der formellgesetzlichen Ermächtigungsgrundlage:
   Die RVO muss sich innerhalb des vorgegebenen formellgesetzlichen Ermächtigungsrahmens halten.
(2) Materielle Vereinbarkeit mit sonstigem höherrangigem Recht:
   Insbesondere gelten auch für Rechtsverordnungen diejenigen materiellen Rechtmäßigkeitsanforderungen, die für formelle Gesetze bestehen (→ hierzu die Übersicht in Rn. 41).

Bei Nichterfüllung einer der vorstehend aufgeführten Rechtmäßigkeitsvoraussetzungen ist die betreffende Rechtsverordnung grundsätzlich rechtswidrig und damit nichtig. Zur diesbezüglichen „Verwerfungskompetenz" → § 54 Rn. 1. Zu einer Ausnahme von der Nichtigkeit bei unwesentlichem Verfahrensfehler siehe BVerfGE 91, 148 (175 f.).

§ 18. Verwaltung

Fall 15 (nach BVerfGE 81, 310 ff.): Der Bundesumweltminister erteilt der Regierung des Landes X gemäß Art. 85 III GG die Weisung, beim Genehmigungsverfahren für das Atomkraftwerk K bestimmte Recht- und Zweckmäßigkeitsauffassungen zu beachten. Die Landesregierung ist der Ansicht, dass die Weisung rechtswidrig sei und hierdurch Rechte des Landes verletzt würden. Trifft diese Auffassung zu?

(Zur verfassungsprozessualen Seite dieses Falles: → **Fall 44** [§ 55]).

I. Verteilung der Verwaltungskompetenzen zwischen Bund und Ländern

Die Grundaussage für die Verteilung staatlicher Kompetenzen trifft Art. 30 GG: Danach ist die Ausübung der staatlichen Befugnisse und die Erfüllung der staatlichen Aufgaben Sache der Länder, soweit das Grundgesetz keine andere Regelung trifft oder zulässt. Für den Vollzug der *Landes*gesetze, d. h. deren Anwendung und Durchsetzung, sind daher mangels „anderer Regelung" die Länder zuständig. Hinsichtlich der **Ausführung der Bundesgesetze** wird Art. 30 GG dagegen durch die Art. 83 ff. GG konkretisiert: Nach Art. 83 GG führen die Länder die Bundesgesetze „als eigene Angelegenheit" aus (→ Rn. 4 ff.), soweit das Grundgesetz nichts anderes bestimmt oder zulässt; anderweitige Bestimmungen i. S. d. Art. 83 GG enthalten Art. 85 GG (**Verwaltung im Bundesauftrag**, → Rn. 7 ff.) und Art. 86 f. GG (**Verwaltung durch den Bund**, → Rn. 12 ff.). 1

Hierbei ist zu beachten, dass eine Verwaltungskompetenz des Bundes aus den Art. 83 ff. GG nur dort bestehen kann (aber nicht muss), wo der Bund auch die Gesetzgebungskompetenz innehat; die Gesetzgebungszuständigkeit des Bundes bildet die „äußerste Grenze" für seine Verwaltungskompetenz.[1]

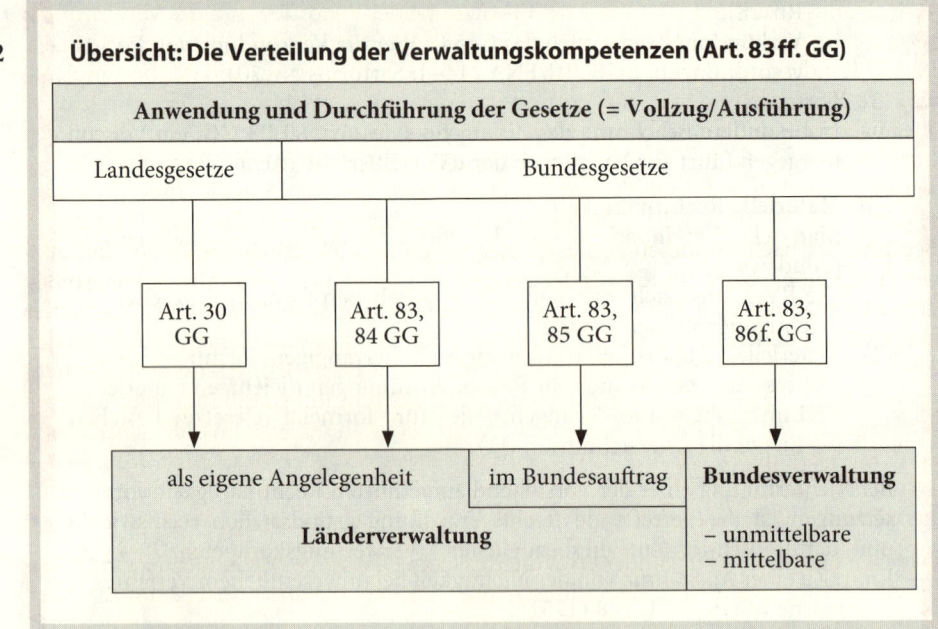

3   Während die Art. 83 bis 86 GG ihrem Wortlaut nach nur die so genannte *gesetzesakzessorische* Verwaltung betreffen, umfassen die Art. 87 ff. GG (siehe etwa Art. 90 II GG) auch einzelne Verwaltungsaufgaben, die nicht die Ausführung von Gesetzen zum Gegenstand haben (**„nicht gesetzesakzessorische"** oder **„gesetzesfreie" Verwaltung**), so dass die betreffenden Regelungen der Art. 83 bis 86 GG insoweit auch hierfür gelten müssen; im Übrigen verbleibt es für die gesetzlich nicht festgelegte und insoweit „gesetzesfreie", sich lediglich im Rahmen der Rechtsordnung bewegende Verwaltung bei der Grundaussage des Art. 30 GG, also der Regelzuständigkeit der Länder.[2] Auf die Ausführung des unmittelbar geltenden **Unionsrechts** werden die Art. 83 ff. GG überwiegend zumindest analog angewendet[3].

II. Landeseigene Ausführung der Bundesgesetze

4   Soweit das Grundgesetz nichts anderes bestimmt oder zulässt, werden gemäß Art. 83 GG die Bundesgesetze von den Ländern „als eigene Angelegenheit" vollzogen (so ge-

---

[1] Vgl. BVerfGE 12, 205 (229).
[2] Vgl. BVerfGE 12, 205 (246 ff.) zur Verwaltungskompetenz für die Veranstaltung von Rundfunksendungen; diese liegt mangels anderweitiger Regelungen i. S. d. Art. 30 GG bei den Ländern; *F. Kirchhof*, in: Maunz/Dürig Art. 85 Rn. 10 ff. bzgl. Auftragsverwaltung; *H. Sodan*, Kollegiale Funktionsträger als Verfassungsproblem, 1987, S. 274 ff.
[3] Vgl. BVerwGE 102, 119 (125); *B. Pieroth*, in: Jarass/Pieroth Art. 83 Rn. 5 – jew. m. w. N.

§ 18. Verwaltung 163

nannte **landeseigene Ausführung der Bundesgesetze**). Konkretisiert wird diese Vollzugsform durch Art. 84 GG: Nach dessen Abs. 1 S. 1 regeln die Länder im Falle der landeseigenen Ausführung die Einrichtung der Behörden und das Verwaltungsverfahren. Im Zuge der **Föderalismusreform I** von 2006[4] (→ § 8 Rn. 40 ff.) ist das in Art. 84 I 1 Hs. 2 GG a. F. vorgesehene Zustimmungserfordernis für Bundesgesetze, die abweichend vom Grundsatz des Art. 84 I 1 GG die Einrichtung der Behörden und das Verwaltungsverfahren regeln, aufgehoben worden (→ § 13 Rn. 8). Nunmehr können gemäß Art. 84 I 2 GG Bundesgesetze ohne Zustimmung des Bundesrates „etwas anderes bestimmen", also die Einrichtung der Behörden und das Verwaltungsverfahren regeln; die Länder aber haben die Befugnis, hiervon abweichende Regelungen zu treffen (von denen der Bund durch spätere Regelungen wiederum seinerseits abweichende Regelungen erlassen darf, vgl. Art. 84 I 3 GG). Allerdings kann nach Art. 84 I 5, 6 GG durch Bundesgesetz mit Zustimmung des Bundesrates in Ausnahmefällen wegen eines besonderen Bedürfnisses nach bundeseinheitlicher Regelung das Verwaltungsverfahren *ohne* Abweichungsmöglichkeit für die Länder geregelt werden. Soweit eine Abweichungsmöglichkeit besteht und ein Land eine abweichende Regelung nach Art. 84 I 2 GG getroffen hat, treten in diesem Land hierauf bezogene spätere bundesgesetzliche Regelungen der Einrichtung der Behörden und des Verwaltungsverfahrens frühestens sechs Monate nach ihrer Verkündung in Kraft, soweit nicht mit Zustimmung des Bundesrates anderes bestimmt ist (Art. 84 I 3 GG). Im Verhältnis der betreffenden, voneinander abweichenden Bundes- und Landesregelungen geht das jeweils spätere Gesetz vor (Art. 84 I 4 i. V. m. Art. 72 III 3 GG; vgl. hierzu auch → § 17 Rn. 9). Übergangsregelungen sieht Art. 125b II GG vor. Siehe zu alledem auch → § 13 Rn. 8.

Daneben bestimmen die Länder etwa die Auslegung der zu vollziehenden Normen und die Ausfüllung bestehender Beurteilungs- und Ermessensspielräume. Hierauf kann der Bund allerdings insoweit einwirken, als gemäß Art. 84 II GG die Bundesregierung[5] mit Zustimmung des Bundesrates allgemeine **Verwaltungsvorschriften** erlassen darf, mittels derer den Verwaltungseinheiten der Länder bestimmte Richtlinien für die Auslegung von Normen oder die Ausfüllung von Ermessensspielräumen vorgegeben werden. **Einzelweisungen** der Bundesregierung sind dagegen gemäß Art. 84 V GG nur in sehr eingeschränktem Maße möglich: Sie müssen auf Grundlage eines Bundesgesetzes, das der Zustimmung des Bundesrates bedarf, erfolgen und dürfen nur für „besondere Fälle" vorgesehen sein, die deutlich von der normalen Lage des Gesetzesvollzugs abweichen. 5

Im Übrigen unterliegen die Länder bei der landeseigenen Ausführung der Bundesgesetze insgesamt der „**Rechtsaufsicht**" durch den Bund (vgl. Art. 84 III und IV GG), d. h. die Bundesregierung übt gemäß Art. 84 III 1 GG die Aufsicht darüber aus, dass die Länder die Bundesgesetze dem geltenden Bundes- und Landesrecht gemäß ausführen; darin eingeschlossen ist die Kontrolle, ob die Länder ihrer Verpflichtung zum Voll- 6

---

[4] Gesetz zur Änderung des Grundgesetzes v. 28. 8. 2006 (BGBl. I S. 2034); siehe ferner das Föderalismusreform-Begleitgesetz v. 5. 9. 2006 (BGBl. I S. 2098).
[5] Vgl. BVerfGE 100, 249 (260 f.): Darin hat das BVerfG – unter Aufgabe seiner vorherigen Auffassung (BVerfGE 26, 338 [399]) – entschieden, dass allgemeine Verwaltungsvorschriften für den Vollzug der Bundesgesetze durch die Länder im Auftrag des Bundes gemäß Art. 85 II 1 GG *ausschließlich* durch die Bundesregierung als *Kollegialorgan*, nicht dagegen durch einzelne Bundesminister erlassen werden dürfen. Dies gilt entsprechend auch für Art. 84 II GG; so etwa *A. Dittmann*, in: Sachs, GG Art. 84 Rn. 29.

zug der Bundesgesetze *überhaupt* nachkommen. *Nicht* umfasst ist dagegen die Kontrolle von Zweckmäßigkeitsgesichtspunkten (anders bei der „Fachaufsicht", → Rn. 10). Werden im Rahmen der Rechtsaufsicht Mängel festgestellt und diese vom Land nicht beseitigt, kann gemäß Art. 84 IV 1 GG ein Beschluss des Bundesrates darüber herbeigeführt werden, ob das Land das Recht verletzt hat; gegen den Beschluss des Bundesrates ist gemäß Art. 84 IV 2 GG die Anrufung des BVerfG zulässig (→ § 55 Rn. 10).

III. Verwaltung durch die Länder im Bundesauftrag

7 Die Ausführung der Bundesgesetze durch die Länder „im Auftrage des Bundes" gemäß Art. 85 GG – **„(Bundes-)Auftragsverwaltung"** – gewährt dem Bund weiterreichende Einwirkungsmöglichkeiten als im Falle der landeseigenen Ausführung der Bundesgesetze. Auftragsverwaltung kommt nur zur Anwendung, wenn sie im Grundgesetz angeordnet (obligatorische Auftragsverwaltung) oder zugelassen ist (fakultative Auftragsverwaltung).

8 **Obligatorische Auftragsverwaltung** legt das Grundgesetz in Art. 90 II (Verwaltung der Bundesautobahnen und Bundesfernstraßen), Art. 104a III 2 (Durchführung von Bundesgesetzen, bei denen der Bund mindestens die Hälfte der Ausgaben trägt) sowie Art. 108 III (Verwaltung von Steuern, die ganz oder zum Teil dem Bund zufließen) fest; eine **fakultative Auftragsverwaltung** ist in Art. 87b II (Ausführung von Bundesgesetzen, die der Verteidigung dienen), Art. 87c (Ausführung von Bundesgesetzen betreffend die Kernenergie), Art. 87d II (Luftverkehrsverwaltung), Art. 89 II 3 (Verwaltung von Bundeswasserstraßen) sowie Art. 120a I GG (Durchführung des Lastenausgleichs) vorgesehen.

9 Auch bei der Auftragsverwaltung regeln die Länder die **Einrichtung der Behörden** (→ § 13 Rn. 8), soweit nicht Bundesgesetze mit Zustimmung des Bundesrates etwas anderes bestimmen (Art. 85 I GG). Während die wohl h. L. das Gleiche ebenso für das **Verwaltungsverfahren** annimmt und dabei dessen – im Gegensatz zu Art. 84 I GG (a. F., → Rn. 4) – fehlende Erwähnung in Art. 85 I GG vornehmlich als Regelungslücke betrachtet, welche im Wege eines Erst-Recht-Schlusses teleologisch zu korrigieren sei,[6] hat das BVerfG zuletzt entschieden, dass bei Art. 85 I GG ein Gleichlauf mit dem in Art. 84 I GG a. F. vorgesehenen Zustimmungserfordernis nicht angezeigt sei, der Bund das Verwaltungsverfahren hier also *ohne* Zustimmung des Bundesrates regeln könne[7]. Kein Unterschied zum landeseigenen Vollzug der Bundesgesetze besteht hinsichtlich der durch Art. 85 II 1 GG eingeräumten Möglichkeit der Bundesregierung zum Erlass **allgemeiner Verwaltungsvorschriften** (→ Rn. 5).

10 **Weiter gehende Einwirkungsmöglichkeiten** des Bundes als im Rahmen des Art. 84 GG gewähren dagegen etwa Art. 85 II 2 und 3 GG hinsichtlich der Ausbildung der Behördenbediensteten und der Bestellung der Leiter der Mittelbehörden. Die gewichtigsten Unterschiede der Auftragsverwaltung gegenüber der landeseigenen Ausführung der Bundesgesetze ergeben sich aber aus Art. 85 III und IV GG: Nach Art. 85 IV GG er-

---

[6] Siehe etwa *A. Dittmann*, in: Sachs, GG Art. 85 Rn. 10 f.; *F. Kirchhof*, in: Maunz/Dürig Art. 85 Rn. 41 ff. – jew. m. w. N.

[7] BVerfGE 126, 77 (100 ff.). – Schon früher war in BVerfGE 26, 338 (385) klargestellt worden, dass die Nichterwähnung des „Verwaltungsverfahrens" in Art. 85 I GG keinesfalls bedeute, dass der Bund diesbezüglich keine Regelungsbefugnis hätte, denn es sei „nicht ersichtlich, warum die Kompetenz des Bundes für die Regelung des Verwaltungsverfahrens bei der ihm näherstehenden Auftragsverwaltung weniger weit gehen sollte als bei der Ausführung von Bundesgesetzen in landeseigener Verwaltung".

§ 18. Verwaltung

streckt sich die Bundesaufsicht sowohl auf die Gesetzmäßigkeit der Verwaltung durch die Länder (**„Rechtsaufsicht"**, → Rn. 6) *als auch* auf die Zweckmäßigkeit der Ausführung (**„Fachaufsicht"**). Damit korrespondiert das weitgehende **Weisungsrecht** des Bundes, welches ihm im Rahmen der Auftragsverwaltung durch Art. 85 III GG von vornherein sowie umfassend – und nicht nur beschränkt auf „besondere Fälle" wie bei der landeseigenen Ausführung (→ Rn. 5) – eingeräumt ist. Hierdurch kann der Bund die so genannte *Sachkompetenz*, d. h. die Sachbeurteilung und Sachentscheidung, jederzeit an sich ziehen; allerdings muss auch in diesem Fall die so genannte *Wahrnehmungskompetenz*, d. h. die Befugnis zur gesetzesvollziehenden rechtsverbindlichen Entscheidung „nach außen", beim Land verbleiben.[8]

In **Fall 15** stellt sich die Frage, ob durch die Weisung des Bundesumweltministers Rechte des Landes verletzt wurden. Zieht der Bund die Sachkompetenz durch Ausübung seines Weisungsrechts aus Art. 85 III GG an sich, ist die betreffende Weisung aber inhaltlich rechtswidrig (mit der Folge, dass das Land „nach außen" zur rechtsfehlerhaften Gesetzesausübung gezwungen ist), wird nicht in eine eigene Sachkompetenz des Landes (auch nicht in dessen Wahrnehmungskompetenz) eingegriffen, da im Falle des Art. 85 III GG die Sachkompetenz dem Lande von vornherein nur unter dem Vorbehalt ihrer Inanspruchnahme durch den Bund zusteht. Daher ist das Land durch eine *inhaltlich fehlerhafte* Weisung nicht in eigenen Rechten verletzt, solange der Bund die Weisungsbefugnis in zulässiger Weise *in Anspruch genommen* hat.[9] Die Länder sind demgegenüber durch eine Weisung des Bundes in ihren eigenen Rechten grundsätzlich dann verletzt, wenn gerade die *Inanspruchnahme* der Weisungsbefugnis als solche oder in ihren Modalitäten fehlerhaft ist.[10] Dies ist der Fall, wenn (1.) die Zuständigkeit zur Weisungserteilung nicht gewahrt oder (2.) die Weisung falsch adressiert wurde, (3.) kein tauglicher Weisungsgegenstand gewählt, (4.) das Gebot der Weisungsklarheit verletzt oder (5.) der Grundsatz des bundes- und länderfreundlichen Verhaltens (→ § 8 Rn. 31 ff.) missachtet wurde. Im Fall 15 war der Bundesumweltminister als „oberste Bundesbehörde" zuständig zur Weisungserteilung nach Art. 85 III 1 GG; ebenso unterliegt die Atomverwaltung der Auftragsverwaltung (vgl. Art. 87 c GG i. V. m. § 24 AtomG). Des Weiteren ist die Landesregierung als „oberste Landesbehörde" richtiger Adressat (vgl. Art. 85 III 2 GG). Tauglicher Weisungsgegenstand können verfahrensabschließende und -vorbereitende Maßnahmen sein; dies umfasst auch die Festlegung auf bestimmte Gesetzesauslegungen oder Zweckmäßigkeitsgesichtspunkte[11] wie im Fall 15. Da auch für die Verletzung der Gebote der Weisungsklarheit und des bundesfreundlichen Verhaltens[12] im Fall 15 nichts ersichtlich ist, wurde das Land X durch die Weisung nicht in seinen Rechten verletzt.

IV. Ausführung der Gesetze durch den Bund

Gesetze können nicht nur wie im Falle der Art. 84 und 85 GG in Landesverwaltung ausgeführt werden, sondern gemäß Art. 86 GG auch durch den Bund (**„Bundesverwaltung"**). Art. 86 S. 1 GG sieht hierbei zwei Formen vor: Bei der „bundeseigenen Verwaltung" (Art. 86 S. 1 Alt. 1 GG) handelt der Bund unmittelbar durch *rechtlich unselbständige* Verwaltungseinheiten; klarstellend spricht man hier von **„unmittelbarer**

---

[8] Siehe dazu näher BVerfGE 81, 310 (332); 104, 249 (264 ff.).
[9] BVerfGE 81, 310 (331 ff.); eine Ausnahme hiervon lässt BVerfGE a. a. O., S. 334, für den Fall zu, dass „eine zuständige oberste Bundesbehörde unter grober Mißachtung der ihr obliegenden Obhutspflicht zu einem Tun oder Unterlassen anweist, welches im Hinblick auf die damit einhergehende allgemeine Gefährdung oder Verletzung bedeutender Rechtsgüter schlechterdings nicht verantwortet werden kann".
[10] BVerfGE 81, 310 (332 ff.); 84, 25 (31).
[11] *A. Dittmann*, in: Sachs, GG Art. 85 Rn. 21 m. w. N.
[12] Siehe näher zu diesen beiden Voraussetzungen BVerfGE 81, 310 (336 ff.).

Bundesverwaltung", da der Begriff „bundeseigene Verwaltung" oft auch als Synonym für den Oberbegriff „Bundesverwaltung" benutzt wird. Zudem kann der Bund nach Art. 86 S. 1 Alt. 2 GG durch bundesunmittelbare Körperschaften oder Anstalten des öffentlichen Rechts handeln, d. h. durch „zwischengeschaltete", *rechtlich selbständige* juristische Personen des öffentlichen Rechts, die dem Bund zugeordnet sind. Insofern ist die Bezeichnung **„mittelbare Bundesverwaltung"** geläufig.[13]

13 Bundesverwaltung kommt nur zur Anwendung, soweit dies im Grundgesetz angeordnet („obligatorische" Bundesverwaltung) oder zugelassen ist („fakultative" Bundesverwaltung). Entsprechende **Kompetenzzuweisungen** für den Bund enthält das Grundgesetz etwa in Art. 87 I 1 (Auswärtiger Dienst; Bundesfinanzverwaltung, vgl. auch Art. 108 I; Bundeswasserstraßen und Schifffahrt, vgl. ferner Art. 89), Art. 87 I 2 (Bundesgrenzschutz- und andere näher bezeichnete Gefahrenabwehrbehörden), Art. 87 II (bestimmte soziale Versicherungsträger), Art. 87 b I (Bundeswehrverwaltung), Art. 87 d I (Luftverkehrsverwaltung), Art. 87 e I 1 (Eisenbahnverkehrsverwaltung) sowie Art. 87 f II 2 (Erfüllung von Hoheitsaufgaben im Bereich des Postwesens und der Telekommunikation).[14] Nach der Rechtsprechung des BVerfG kommt eine **„ungeschriebene"** Kompetenz „kraft Natur der Sache" (→ vgl. § 17 Rn. 16 f.) demgegenüber nur dann in Betracht, wenn der Zweck eines Gesetzes durch das Verwaltungshandeln eines Landes überhaupt nicht erreicht werden kann[15].

14 Die in Bundesauftragsverwaltung ausgeführten Sachbereiche sind der Länderverwaltung grundsätzlich entzogen.[16] Im Hinblick auf die „bundesinterne" Kompetenzverteilung weist Art. 86 GG die **Einrichtung der Behörden** (→ Rn. 4) und den Erlass der allgemeinen **Verwaltungsvorschriften** (→ Rn. 5) vorbehaltlich anderer bzw. besonderer gesetzlicher Bestimmungen der Bundesregierung zu. Die Regelung des **Verwaltungsverfahrens** obliegt dagegen grundsätzlich dem Bundesgesetzgeber.[17] Spezifische Bestimmungen betreffend Inhalt und Umfang der Bundesverwaltung sind darüber hinaus den einzelnen Kompetenzzuweisungsnormen (→ Rn. 13) zu entnehmen.

15 Im Übrigen verleiht Art. 87 III 1 GG die Kompetenz zur Errichtung selbständiger **Bundesoberbehörden**[18] hinsichtlich Angelegenheiten, für die der Bund gesetzgebungsbefugt ist. Deren Errichtung darf nur durch Bundesgesetz und für Aufgaben erfolgen, „die der Sache nach für das ganze Bundesgebiet von einer Oberbehörde ohne Mittel- und Unterbau und ohne Inanspruchnahme von Verwaltungsbehörden der Länder – außer für reine Amtshilfe – wahrgenommen werden können"; durch Art. 87 III 1 GG wird aber nicht die Errichtung einer Bundesoberbehörde ausgeschlossen, „die ihre Aufgaben nur in Zusammenarbeit mit einer bereits bestehenden anderen Bundesoberbehörde oder einer bundesunmittelbaren Körperschaft oder Anstalt des öffentlichen Rechts, oder in Anlehnung an eine solche, auf der Ebene der Gleichordnung erfüllen kann".[19] Noch engere Voraussetzungen statuiert Art. 87 III 2 GG hinsichtlich der Errichtung bundeseigener Mittel- und Unterbehörden.

---

[13] Siehe zur Abgrenzung von unmittelbarer und mittelbarer Staatsverwaltung *H. Sodan*, Kollegiale Funktionsträger als Verfassungsproblem, 1987, S. 106 ff.
[14] Umfassende Zusammenstellung bei *M. Sachs*, in: Sachs, GG Art. 86 Rn. 6.
[15] Siehe BVerfGE 11, 6 (17); 22, 180 (216 ff.); 41, 291 (312); vgl. auch *H. Sodan*, Kollegiale Funktionsträger als Verfassungsproblem, 1987, S. 296 ff.
[16] BVerfGE 63, 1 (40).
[17] Näher *G. Hermes*, in: Dreier Art. 86 Rn. 14.
[18] Bspe. hierfür sind: die Bundesanstalt für Finanzdienstleistungsaufsicht, das Bundeskartellamt, die Bundesprüfstelle für jugendgefährdende Medien, das statistische Bundesamt und das Umweltbundesamt. Vgl. zum früheren Bundesgesundheitsamt *H. Sodan*, Jura 1989, 662 (663).
[19] BVerfGE 14, 197 (211); vgl. näher *G. Britz*, DVBl. 1998, 1167 ff.

V. (Verbot der) „Mischverwaltung" und Durchgriffsverbot

Das differenzierte System der in den Art. 83 ff. GG geregelten Verwaltungsformen darf nicht dadurch umgangen werden, dass diese in nicht zulässiger Form kombiniert oder neue Verwaltungsformen geschaffen werden. Dieses „Verbot der Mischverwaltung" gilt aber nicht für jede funktionelle oder organisatorische Verflechtung der Verwaltung von Bund und Ländern, sondern nur, soweit dem zwingende verfassungsrechtliche Kompetenz- und Organisationsnormen (insbesondere die Art. 83 ff. GG) entgegenstehen.[20] Unzulässig sind insoweit etwa nicht vorgesehene Kompetenzneuordnungen, z. B. die Einräumung von Weisungsrechten außerhalb der Art. 84 und 85 GG. Im Übrigen lässt auch das Grundgesetz ausdrücklich bestimmte Formen des Zusammenwirkens von Bund und Ländern zu (siehe Art. 91a, 91b und 91e GG – „Gemeinschaftsaufgaben"; Art. 108 IV 1 GG – Zusammenwirken von Bundes- und Landesfinanzbehörden).

16

In Art. 84 I 7 und Art. 85 I 2 GG wurde ein umfassendes **Durchgriffsverbot** eingefügt, um die Übertragung von Aufgaben an Gemeinden oder Gemeindeverbände durch den Bund zu unterbinden.[21]

17

§ 19. Rechtsprechung und Gerichtsverfassung

> **Fall 16** (vgl. BVerfGE 103, 111 ff.): Art. 78 der Verfassung des Bundeslandes B (LVerf) bestimmt Folgendes: „Die Gültigkeit der Landtagswahlen prüft ein beim Landtage gebildetes Wahlprüfungsgericht. Dieses besteht aus den beiden höchsten Richtern des Landes und drei vom Landtag für seine Wahlperiode gewählten Abgeordneten. Das Nähere wird durch Gesetz geregelt." Nach § 1 des Wahlprüfungsgesetzes von B (LWahlPrüfG) besteht das Wahlprüfungsgericht aus den Präsidenten des Oberverwaltungsgerichts und des Oberlandesgerichts sowie drei vom Landtag zu wählenden Mitgliedern. Das Wahlprüfungsgericht prüft von Amts wegen oder auf Einspruch die Gültigkeit der Landtagswahlen (§ 6 LWahlPrüfG). Es entscheidet durch Urteil (§ 15 LWahlPrüfG), welches mit seiner Verkündung rechtskräftig wird (§ 17 LWahlPrüfG). Übt das Wahlprüfungsgericht rechtsprechende Gewalt aus, und wenn ja zulässigerweise?

I. Rechtsprechung

Rechtsprechung und Gerichtsverfassung sind im IX. Abschnitt des Grundgesetzes (Art. 92 ff. GG) geregelt. Die Begriffe beziehen sich zum einen auf die Tätigkeit der dritten staatlichen Teilgewalt und zum anderen auf die Organisation des Gerichtswesens.

1

Nach der Gewaltenteilungslehre ist Rechtsprechung die **dritte Funktion der staatlichen Gewaltausübung,** die neben Gesetzgebung und vollziehender Gewalt (Regierung und Verwaltung) steht und auch **Judikative** genannt wird. Die rechtsprechende Gewalt ist gemäß Art. 92 Hs. 1 GG den Richtern anvertraut. Genau genommen sind die Richter jedoch nur Organwalter. Die besonderen Organe, welche i. S. d. Art. 20 II 2 GG die rechtsprechende Gewalt ausüben, sind nämlich die Gerichte, denen das Handeln ihrer Richter zugerechnet wird (vgl. Art. 92 Hs. 2 GG). Angelegenheiten, die Rechtsprechung i. S. v. Art. 92 GG sind, dürfen keinen anderen Stellen als Gerichten zuge-

2

---

[20] Vgl. BVerfGE 63, 1 (36 ff., insbes. 38); ferner BVerfGE 97, 198 (227 f.). Eine unzulässige, weil nicht mit Art. 83 (i. V. m. Art. 28 II) GG vereinbare Mischverwaltung lag daher in der durch § 44b SGB II angeordneten Verpflichtung von Kreisen und Landkreisen, mit der Bundesagentur für Arbeit Arbeitsgemeinschaften zur Erfüllung von Aufgaben betr. die Grundsicherung von Arbeitsuchenden („Hartz IV") zu bilden, siehe BVerfGE 119, 331 (361 ff.) sowie *P. M. Huber,* DÖV 2008, 844 ff.; der verfassungsändernde Gesetzgeber fügte infolgedessen Art. 91e GG ein.
[21] Siehe hierzu *F. Kirchhof,* in: Maunz/Dürig Art. 84 Rn. 152 ff.

wiesen werden. Die dritte Staatsfunktion erschließt sich somit über die Begriffe Rechtsprechung, Gericht und Richter.

3 Rechtsprechung ist die in einem gesondert geregelten, qualifizierten gerichtsförmigen Verfahren zu treffende *verbindliche* Entscheidung in Fällen bestrittenen oder verletzten Rechts, die zu einer Klärung der Rechtslage und Streitbeilegung führt.[1] Jedoch ist der **Begriff der rechtsprechenden Gewalt** nicht abschließend geklärt und mit der genannten Definition nicht randscharf zu fassen. Oftmals spielen auch traditionelle Qualifizierungen für die Einordnung einer Aufgabenwahrnehmung als Rechtsprechung eine Rolle. Zu den wesentlichen Merkmalen einer rechtsprechenden Tätigkeit im oben beschriebenen Sinne gehört jedenfalls die **Rechtskraft.** Diese ist „ein Institut, das allein gerichtlichen Entscheidungen vorbehalten ist. Es macht erkennbar, dass jede weitere gerichtliche Kontrolle mit Ausnahme außerordentlicher Rechtsbehelfe wie der Verfassungsbeschwerde unstatthaft ist (formelle Rechtskraft) und in persönlicher, sachlicher sowie zeitlicher Hinsicht eine Bindungswirkung hinsichtlich der festgestellten Rechtsfolge besteht (materielle Rechtskraft [...]). Die Anordnung der gerichtlich nicht weiter überprüfbaren Rechtswirksamkeit einer Entscheidung, die streitige Rechtsverhältnisse regelt, ist von Verfassungs wegen nur als Teil der rechtsprechenden Gewalt im Sinne von Art. 92 GG zulässig."[2]

4 Rechtsprechungsorgane sind die **Gerichte.** Die Richter handeln im Rahmen dieser organisatorischen Einheiten; nach *außen* wird nur das Gericht tätig. Gerichte sind staatliche (oder zwischenstaatliche) Stellen, die mit nicht beteiligten dritten Personen besetzt und von den übrigen Staatsgewalten **organisatorisch und personell** deutlich **getrennt** sein müssen. Eine solche Trennung ist gerade deshalb von Bedeutung, weil in Verfahren, in denen der Staat selbst beteiligt ist, „letzten Endes nie ein Dritter, sondern immer der Staat über sich selbst zu Gericht" sitzt und nur durch die institutionalisierte Trennung „eine Rechtsprechung gegenüber dem Staat oder seinen Behörden im Sinne des Art. 19 Abs. 4 GG *wie durch einen unbeteiligten Dritten* verwirklicht werden" kann.[3]

5 Wie bereits deutlich wurde, werden Rechtsprechung und Gerichte hauptsächlich über die **Richter als ihre Akteure** und die an diese zu stellenden Anforderungen[4] gekennzeichnet. Richter sind zunächst alle Personen, die rechtsprechende Gewalt ausüben, insbesondere die hauptamtlichen Berufsrichter, aber auch die neben- oder ehrenamtlichen Richter ebenso wie Laienrichter (Schöffen). Richter müssen **sachlich und persönlich unabhängig** sein; sie sind aber **strikt an das Gesetz gebunden** (Art. 97 I GG). *Sachliche Unabhängigkeit* bedeutet Freiheit von Weisungen und sonstiger staatlicher Einflussnahme. *Persönliche Unabhängigkeit* meint, dass Richter auf Dauer und vorher unabsetzbar berufen werden. Für die hauptamtlich und planmäßig endgültig angestellten Richter enthält Art. 97 II GG das grundsätzliche Verbot der Amtsenthebung und Versetzung gegen ihren Willen. Bezogen auf den konkreten Streitgegenstand dürfen nur **unbeteiligte Dritte** richterlich tätig sein, da niemand Richter in eigener Sache sein kann (nemo iudex in causa sua). Die Tätigkeit erfordert **Neutralität und Distanz.**[5]

---

[1] BVerfGE 103, 111 (136 ff.); *E. Schmidt-Aßmann*, in: HdbStR II § 26 Rn 52.
[2] BVerfGE 103, 111 (139).
[3] BVerfGE 4, 331 (346).
[4] Vgl. BVerfGE 4, 331 (344 ff.).
[5] Siehe näher zum Status des Richters *H. Sodan*, in: HdbStR V § 113.

§ 19. Rechtsprechung und Gerichtsverfassung

Ob im **Fall 16** die Tätigkeit des Wahlprüfungsgerichts rechtsprechende Gewalt i. S. d. Grundgesetzes ist, bestimmt sich aufgrund einer materiellen Betrachtung, da die Nachprüfung von Landtagswahlen nicht bereits durch das Grundgesetz Richtern zugewiesen ist und auch nicht von der Sache her zum traditionellen Kernbereich der Rechtsprechung gehört. Die formale Verwendung der Begriffe „Gericht", „Richter" und „Urteil" kann bei der gebotenen funktionalen Sicht nur Anhaltspunkte geben.[6] Da § 17 LWahlPrüfG der Entscheidung des Wahlprüfungsgerichts Rechtskraft beimisst, handelt es sich aber eindeutig um die Ausübung rechtsprechender Gewalt (→ Rn. 3). Deshalb müssen die zur Entscheidung berufenen Personen Richter i. S. d. Grundgesetzes sein (vgl. Art. 92 GG). Als Richter dürften nur unbeteiligte und neutrale Dritte fungieren. Dies ist bezogen auf die drei Abgeordneten nicht der Fall, da von ihrer Wahlprüfungsentscheidung abhängt, ob sie selbst rechtmäßig gewählt wurden. Sie sind Richter in eigener Sache. Die Ausübung von Rechtsprechung durch das Wahlprüfungsgericht verstößt gegen Art. 92 GG. Ferner ist das Wahlprüfungsgericht wegen der mitwirkenden Abgeordneten personell nicht von der Gesetzgebung getrennt. Im Übrigen ist problematisch, wenn ein Gericht von selbst tätig werden darf.

6

II. Gerichtsverfassung

Der Begriff der Gerichtsverfassung beinhaltet die **Einrichtung und Organisation der Gerichte**. Das Grundgesetz enthält dafür einige Vorgaben, die der Gesetzgeber bei der näheren Ausgestaltung des Gerichtswesens – insbesondere durch das Gerichtsverfassungsgesetz und die Prozessordnungen – zu beachten hat.

7

1. „Jurisdiktionskompetenz" und Gesetzgebungskompetenz

Rechtsprechung ist eine staatliche Kernaufgabe. In der bundesstaatlichen Ordnung stellt sich daher die Frage, ob Bundes- oder Landesgerichte zur Wahrnehmung der Aufgabe zuständig sind. Art. 92 Hs. 2 GG gibt darauf zunächst die Antwort, dass die rechtsprechende Gewalt sowohl von **Bundesgerichten** als auch von **Gerichten der Länder** ausgeübt wird und die Bundesgerichte im Grundgesetz selbst vorgesehen sein müssen. Dementsprechend schreibt das Grundgesetz in seinem Art. 95 I hinsichtlich bestimmter Rechtsprechungsgebiete **oberste Gerichtshöfe des Bundes** vor, nämlich den Bundesgerichtshof, das Bundesverwaltungsgericht, den Bundesfinanzhof, das Bundesarbeitsgericht und das Bundessozialgericht. *Obligatorisch* besteht auch das **BVerfG** (Art. 92 Hs. 2, Art. 93 f., 99 f. GG). In Art. 96 GG ermöglicht das Grundgesetz die *fakultative* Errichtung von **Bundesgerichten für bestimmte Angelegenheiten** (z. B. Bundespatentgericht als Gericht auf dem Gebiet des gewerblichen Rechtsschutzes). Aus diesen Bestimmungen ergibt sich die Antwort auf die Frage, wessen Gerichte schwerpunktmäßig die Aufgaben der Rechtsprechung erledigen sollen. Grundsätzlich sind die Gerichte der *Länder* zuständig, da der Bund bezogen auf die Masse aller Rechtsstreitigkeiten nur oberste Gerichtshöfe unterhält, die als Rechtsmittelgerichte der Vereinheitlichung der Rechtsprechung dienen. Ausnahmsweise können Gerichte der Länder in bestimmten Strafverfahren im Wege der Organleihe Bundesgerichtsbarkeit ausüben, Art. 96 V GG (vgl. § 120 VI GVG).

8

Die **Gesetzgebungskompetenz auf dem Gebiet der Gerichtsverfassung** liegt nach Art. 74 I Nr. 1 GG als konkurrierende beim Bund. Von dieser Kompetenz hat er umfassend und für die Länder weitgehend abschließend Gebrauch gemacht (z. B. durch das Gerichtsverfassungsgesetz und Prozessordnungen). Die Finanzgerichtsbarkeit ist nach Art. 108 VI GG sogar ausschließlich durch den Bund zu regeln.

9

---

[6] Vgl. BVerfGE 103, 111 (137 f.).

2. Spartengerichtsbarkeit

10 Zu bejahen ist die – allerdings umstrittene[7] – Frage, ob verfassungsrechtlich eine so genannte Spartengerichtsbarkeit vorgegeben ist. Unter Spartengerichtsbarkeit ist die Schaffung von verschiedenen, **auf bestimmte Rechts- bzw. Fachgebiete spezialisierten Gerichtsbarkeiten** (prozessrechtlich: Rechtswege) zu verstehen.

11 Soweit eine solche Pflicht zur Schaffung einer prinzipiell eigenständigen Fachgerichtsbarkeit bejaht wird[8], erfolgt dies überwiegend und zutreffend unter Hinweis auf Art. 95 I GG. Denn dessen Regelungsgehalt – die Pflicht zur Schaffung von obersten Gerichtshöfen des Bundes für jede der fünf vorgesehenen Gerichtsbarkeiten (ordentliche Gerichtsbarkeit, Verwaltungs-, Finanz-, Arbeits- und Sozialgerichtsbarkeit) – legt mittelbar auch hinsichtlich der Organisation der unterhalb dieser obersten Instanzen angesiedelten Landesgerichte eine Aufgliederung in die genannten fünf Rechtswege fest. Dem steht zwar nicht entgegen, dass einzelne Bereiche, die eigentlich einer bestimmten Fachgerichtsbarkeit zuzuordnen wären, auf eine andere Gerichtsbarkeit übertragen werden (z. B. durch Zuweisung bestimmter öffentlich-rechtlicher Streitigkeiten an die ordentliche Gerichtsbarkeit nach § 40 II 1 VwGO); für jede Fachgerichtsbarkeit muss aber jedenfalls ein adäquater Aufgabenbereich als Kernbestand vorhanden sein.[9]

3. Mehrinstanzliche Gerichtsbarkeit

12 Aus den gleichen zur Fachgerichtsbarkeit angeführten Argumenten (→ Rn. 11) ergibt sich entsprechend, dass aus Art. 95 I GG die Forderung nach einer mehrinstanzlichen Gerichtsbarkeit abzuleiten ist. Denn wenn das Grundgesetz die Errichtung von obersten Gerichtshöfen des Bundes verlangt, so setzt es damit gleichzeitig die Existenz von unteren Gerichten der Länder voraus. Es sind also **grundsätzlich mindestens zwei Instanzen** einzurichten, eine auf **Bundes-**, eine auf **Länderebene**.[10] Von diesen organisatorischen Vorgaben ist die Frage zu unterscheiden, ob das Grundgesetz dem Rechtsschutz suchenden Bürger in einem konkreten Rechtsstreit auch mehr als eine Instanz subjektivrechtlich gewährleistet.[11] Dies ist sowohl aus allgemeinen rechtsstaatlichen Erwägungen als auch speziell im Hinblick auf Art. 19 IV GG nicht geboten. Das Grundgesetz gewährleistet dem Bürger nur Rechtsschutz durch den Richter, aber nicht gegen den Richter (→ § 45 Rn. 3).

4. Recht auf den gesetzlichen Richter

13 Aus dem grundrechtsgleichen Recht auf den gesetzlichen Richter (→ § 49 Rn. 2 f.) sind organisatorische Vorgaben für die Gerichtsverfassung abzuleiten. Um Befürchtungen der Bürger gar nicht erst aufkommen zu lassen, ein bestimmter Richter sei mit Blick auf den Fall oder die Personen bestellt worden, müssen zuständiges Gericht (z. B. VG Berlin), Spruchkörper (z. B. 1. Kammer) und mitwirkende Richter in abstrakt-genereller Weise vor Anhängigkeit des Verfahrens festgelegt werden. Die **fundamentalen Zuständigkeitsregeln** muss der parlamentarische Gesetzgeber selbst treffen, dazu gehören u. a. die Errichtung der Gerichte, der Rechtsweg sowie die sachliche (Eingangsinstanz), örtliche und instanzielle Zuständigkeit. Welcher Spruchkörper innerhalb des zuständigen

---

[7] Vgl. dazu *H. Sodan*, in: Sodan/Ziekow § 40 Rn. 6 ff. m. w. N.
[8] Siehe z. B. *C. Degenhart*, in: HdbStR V § 114 Rn. 21; *Stern*, StaatsR II S. 387.
[9] *C. Degenhart*, in: HdbStR V § 114 Rn. 26 f.; *H. Sodan*, in: Sodan/Ziekow § 40 Rn. 7.
[10] *C. Degenhart*, in: HdbStR V § 114 Rn. 29; *H. Schulze-Fielitz*, in: Dreier Art. 95 Rn. 20; *Stern*, StaatsR II S. 389 f.
[11] *C. Degenhart*, in: HdbStR V § 114 Rn. 28.

§ 20. Historische Entwicklung der Grundrechte

Gerichts zur Entscheidung berufen ist, muss *vor Beginn des Geschäftsjahres* in einem vom Gerichtspräsidium zu beschließenden **Geschäftsverteilungsplan** festgelegt werden (vgl. § 21 e GVG). Welche Richter innerhalb eines mit mehreren Richtern besetzten Spruchkörpers an der Entscheidung mitwirken dürfen (relevant bei Überbesetzung oder Abgabe an den Einzelrichter), muss sich aus einem ebenfalls vor Beginn des Geschäftsjahres vom Spruchkörper aufgestellten **Mitwirkungsplan** ergeben (vgl. § 21 g GVG).[12]

Dritter Abschnitt. Grundrechte

Erstes Kapitel. Allgemeine Grundrechtslehren

§ 20. Historische Entwicklung der Grundrechte

„Grundrechte sind nicht vom (Werte-)Himmel gefallen und auch nicht das Geschenk einer gnädigen Obrigkeit; ebensowenig lassen sie sich als zwangsläufiger Endpunkt einer vorab determinierten gesellschaftlichen Evolution deuten. Sie sind vielmehr in langen politischen und sozialen Auseinandersetzungen erkämpft und gesichert worden. Insofern spiegeln sie zugleich Phasen individueller und kollektiver Freiheitserringung wie auch Gefährdungsmöglichkeiten persönlicher Integrität und autonomer Selbstbestimmung wider. Man kann Grundrechte von daher als **Antworten auf** bestimmte, historisch erfahrene **Gefährdungslagen menschlicher Freiheit** begreifen".[1]   1

I. Erste Ansätze der Grundrechte in England

In der englischen Verfassungstradition lassen sich erste Ansätze der Grundrechte erkennen. In den entsprechenden Pakten wurden allerdings nicht allgemeine individuelle Freiheitsrechte, sondern meist **ständische Privilegien des Adels und der Geistlichkeit** gegenüber der Krone verankert.[2]   2

Ein berühmtes Beispiel dafür ist die **Magna Charta Libertatum** von 1215, die nach wie vor in England als Verfassungsrecht gilt. Deren Art. 39 legt fest, dass kein freier Mann – „frei" waren seinerzeit nur Adelige – ergriffen, gefangen genommen, aus seinem Besitz vertrieben, verbannt oder in irgendeiner Weise zugrunde gerichtet werden, nicht gegen ihn vorgegangen oder ihm nachgestellt werden darf, es sei denn, aufgrund eines gesetzlichen Urteiles seiner Standesgenossen und gemäß dem Gesetze des Landes. Da die Krone diese Magna Charta nicht stets respektierte, sah das oppositionelle Parlament das Erfordernis der Bekräftigung und des Schutzes der alten Rechte in der **Petition of Right** von 1628. Deren Ablehnung durch *Karl I.* führte zum Bürgerkrieg sowie zur Abschaffung und Restauration der Monarchie. Darauf folgte die **Habeas-Corpus-Akte** von 1679, welche prozedurale Garantien bei Freiheitsentziehungen enthält, insbesondere das Verbot der willkürlichen Behandlung Verhafteter und die Verpflichtung, die Verhafteten dem Richter vorzuführen. Nach dem Sturz der Könige aus dem Hause *Stuart* kam es 1689 zum Erlass der **Bill of Rights.** Darin wurden vor allem Rechte des Parlaments, namentlich dessen Redefreiheit, aber auch als Individualrechte der Bürger die Wahlfreiheit und das Petitionsrecht gewährleistet.[3]   3

---

[12] BVerfGE 95, 322 (327 ff.).
[1] *H. Dreier*, in: Dreier Vorb. vor Art. 1 Rn. 7.
[2] *K. Stern*, in: HGR I § 1 Rn. 12.
[3] Siehe dazu näher *K. Stern*, in: HGR I § 1 Rn. 24.

II. Rechteerklärungen in Nordamerika und Frankreich

4 Als „erste umfassende und verfassungskräftige Positivierung von Grundrechten im modernen Sinn"[4] entstand auf dem nordamerikanischen Kontinent die **„Virginia Bill of Rights"** vom 12.6.1776[5]. Deren Art. 1 lautet: „Alle Menschen sind von Natur aus in gleicher Weise frei und unabhängig und besitzen angeborene Rechte, welche sie ihrer Nachkommenschaft durch keinen Vertrag rauben oder entziehen können, wenn sie eine staatliche Verbindung eingehen, und zwar den Genuß des Lebens und der Freiheit, die Mittel zum Erwerb und Besitz von Eigentum und das Erstreben und Erlangen von Glück und Sicherheit". Die Bill of Rights von Virginia umfasste neben Organisations- und Strukturprinzipien wie Volkssouveränität, Gewaltenteilung und Wahlrecht etwa auch verfahrensrechtliche Normen zum Schutz des Angeklagten im Strafprozess und die Gewährleistung der Pressefreiheit; im „Kern war damit die moderne Verfassung geboren".[6] Nach weiteren, zumeist ausführlicheren Rechteerklärungen in anderen so genannten Neu-England-Staaten[7] folgte die Verfassung der Vereinigten Staaten von 1787, der zunächst ein Grundrechtskatalog fehlte; der erste Kongress beschloss aber bereits am 25.9.1789 insgesamt 12 Zusatzartikel (Amendments) mit grundrechtlichem Inhalt, von denen 10 bis Ende 1791 ratifiziert wurden und als **Federal Bill of Rights** bezeichnet werden[8]. Der erste Zusatzartikel enthält Gewährleistungen der Religionsfreiheit, der Meinungsäußerungs- und der Pressefreiheit sowie der Versammlungs- und der Petitionsfreiheit. Auch die in der Folgezeit beschlossenen weiteren insgesamt 17 Zusatzartikel beziehen sich teilweise auf grundrechtliche Fragen.[9]

5 Von besonderer Bedeutung für den europäischen Kontinent ist die Erklärung der Menschen- und Bürgerrechte (**„Déclaration des droits de l'homme et du citoyen"**) durch die französische Nationalversammlung vom 26.8.1789[10]. Diese Resolution beinhaltet „ein leidenschaftliches Bekenntnis zur ‚Menschlichkeit' (Liberté, Egalité, Fraternité)"[11] und ist „von einem hohen Pathos der Menschenrechtsidee getragen"[12]. Die französischen Verfassungen vom 3.9.1791 und vom 24.6.1793 inkorporierten die Déclaration; die letztgenannte Verfassung erweiterte die Déclaration um zusätzliche Rechte.[13] „Das Verständnis der Grundrechte als Programmsätze, als Ansporn für den Gesetzgeber, im Sinne dieser Grundrechte zu handeln, bedeutete zugleich, daß die Grundrechte nicht als unmittelbar anwendbare, justitiable Rechtsnormen verstanden wurden und es anders als in den USA nicht zur Herausbildung des Vorrangs der Verfassung einschließlich des richterlichen Prüfungsrechts kam."[14]

---

[4] *Frotscher/Pieroth* Rn. 25.
[5] Abgedruckt bei *G. Franz*, Staatsverfassungen, 3. Aufl. 1975, S. 6ff.
[6] *K. Stern*, in: HGR I § 1 Rn. 25.
[7] Siehe dazu *Frotscher/Pieroth* Rn. 28.
[8] Vgl. *A.* und *W. P. Adams* (Hrsg.), Die Amerikanische Revolution und die Verfassung 1754–1791, 1987, S. 442ff.
[9] Siehe näher *Frotscher/Pieroth* Rn. 41.
[10] Siehe dazu näher etwa *S.-J. Samwer*, Die französische Erklärung der Menschen- und Bürgerrechte von 1789/91, 1970.
[11] *Katz* Rn. 550.
[12] *K. Stern*, in: HGR I § 1 Rn. 28.
[13] Die Texte der Déclaration und der genannten Verfassungen sind abgedruckt bei *G. Franz*, Staatsverfassungen, 3. Aufl. 1975, S. 302ff.
[14] *Frotscher/Pieroth* Rn. 62.

Art. 1 der Déclaration stellt fest, dass die Menschen frei und gleich an Rechten geboren werden **6** und bleiben. Art. 2 erklärt zum Ziel jeder politischen Vereinigung die Erhaltung der natürlichen und unverzichtbaren Menschenrechte; diese Rechte sind die Freiheit, das Eigentum, die Sicherheit und der Widerstand gegen Unterdrückung. Nach Art. 4 besteht die Freiheit darin, alles tun zu dürfen, was einem anderen nicht schadet; die Ausübung der natürlichen Rechte jedes Menschen hat also nur die – durch das Gesetz zu bestimmenden – Grenzen, welche den übrigen Mitgliedern der Gesellschaft den Genuss eben dieser Rechte sichern. Gemäß Art. 5 darf alles, was durch das Gesetz nicht verboten ist, nicht verhindert werden; niemand darf genötigt werden zu tun, was es nicht befiehlt. Nach Art. 10 soll niemand wegen seiner Anschauungen, selbst religiöser Natur, belästigt werden, solange ihre Äußerung nicht die durch das Gesetz begründete öffentliche Ordnung stört. Art. 11 bezeichnet den freien Austausch der Gedanken und Meinungen als „eines der kostbarsten Menschenrechte"; jeder Bürger kann mithin frei reden, schreiben und drucken, vorbehaltlich seiner Verantwortlichkeit für den Missbrauch dieser Freiheit in den durch das Gesetz bestimmten Fällen. Art. 16 formuliert, dass eine Gesellschaft, in der weder die Gewährleistung der Rechte zugesichert noch die Gewaltenteilung festgelegt ist, keine Verfassung hat. Gemäß Art. 17 ist das Eigentum ein unverletzliches und geheiligtes Recht; daher darf es niemandem entzogen werden, es sei denn, dass die gesetzlich festgestellte öffentliche Notwendigkeit es klar erfordert und unter der Bedingung einer gerechten und vorherigen Entschädigung.

III. Entwicklungen in Deutschland
1. Verfassung des Deutschen Reiches von 1849

In Deutschland wurde der Anschluss an die Grundrechtsentwicklung mit den Verfassungen Bayerns und Badens von 1818 sowie Württembergs von 1819[15], vor allem aber **7** durch die Revolution von 1848 hergestellt. Die von der deutschen Frankfurter Nationalversammlung in der Paulskirche geschaffene Verfassung des Deutschen Reiches vom 28. 3. 1849[16], welche auch als **Frankfurter Reichsverfassung** bezeichnet wird, enthält den Abschnitt VI (§§ 130 bis 189) mit der Überschrift „Die Grundrechte des deutschen Volkes". Der Grundrechtsteil war zuvor bereits am 27.12.1848 als Gesetz beschlossen und im Reichs-Gesetz-Blatt verkündet worden[17]. Nach der Niederlage im Kampf um die Gesamtverfassung wurde der Grundrechtsteil durch Bundesbeschluss vom 23.8.1851 ordnungsgemäß wieder aufgehoben. „Die Bedeutung dieses zentralen Dokumentes des politischen Liberalismus […] liegt daher eher im keineswegs zu unterschätzenden ideellen Wirkbereich: in der Anknüpfung an die freiheitliche westliche Verfassungstradition und ihrer Weiterführung sowie in der außerordentlichen Vorbildfunktion für zukünftige Verfassungsschöpfungen. Keine deutsche Verfassung mit Ausnahme des Grundgesetzes selbst ist dem amerikanischen Verfassungsmodell so nahegekommen wie die Paulskirchenverfassung."[18]

Bereits der den Grundrechtskatalog einleitende § 130 der Frankfurter Reichsverfassung brachte **8** die **unmittelbare Verbindlichkeit** der Grundrechte auch innerhalb der deutschen Einzelstaaten zum Ausdruck. Der Grundrechtskatalog ist durch eine „thematische Spannweite" gekennzeichnet, welche sich in diesem Ausmaß in späteren deutschen Verfassungen nicht wiederfindet.[19] In

---

[15] Siehe dazu *H. Dreier,* in: Dreier Vorb. vor Art. 1 Rn. 13.
[16] Reichs-Gesetz-Blatt S. 101; die Gültigkeit dieser Verfassung ließ sich allerdings de facto gegenüber den monarchischen Großstaaten Preußen und Österreich nicht durchsetzen. Siehe zur Vorbildfunktion und Verwirklichung im späteren deutschen Rechtsleben *J.-D. Kühne,* Die Reichsverfassung der Paulskirche, 2. Aufl. 1998.
[17] Reichs-Gesetz-Blatt S. 49, 57.
[18] *H. Dreier,* in: Dreier Vorb. vor Art. 1 Rn. 14.
[19] *J.-D. Kühne,* in: HGR I § 3 Rn. 12.

weitgehender Entsprechung zu den Grundrechtsvorschriften des Grundgesetzes für die Bundesrepublik Deutschland gewährleistet die Verfassung von 1849 etwa das Recht jedes Deutschen, an jedem Ort des Reichsgebietes Aufenthalt und Wohnsitz zu nehmen (§ 133 I), die Auswanderungsfreiheit (§ 136 I), die Gleichheit der Deutschen vor dem Gesetz (§ 137 III), die Unverletzlichkeit der Freiheit der Person (§ 138 I), die Unverletzlichkeit der Wohnung (§ 140 I), das Briefgeheimnis (§ 142 I), die Meinungsäußerungsfreiheit jedes Deutschen (§ 143 I), die Pressefreiheit (§ 143 II), die Glaubens- und Gewissensfreiheit jedes Deutschen (§ 144 I), die Wissenschafts- und Lehrfreiheit (§ 152 I), das Recht der Deutschen, sich friedlich und ohne Waffen zu versammeln (§ 161 I) sowie Vereine zu bilden (§ 162), und die Unverletzlichkeit des Eigentums (§ 164 I).

2. Verfassung des Deutschen Reiches von 1919

9 In wesentlicher Anknüpfung an die Frankfurter Reichsverfassung von 1849 bezieht sich der gesamte zweite Hauptteil (Art. 109 bis 165) der Verfassung des Deutschen Reiches vom 11. 8. 1919[20], die häufig als **„Weimarer Reichsverfassung"** bezeichnet wird, auf die Grundrechte (und Grundpflichten) der Deutschen. Nach der seinerzeit in der deutschen Staatsrechtslehre h. M. standen die meisten Grundrechte jedoch auch Ausländern zu[21]. Die „Modernität und Fortschrittlichkeit" der Weimarer Reichsverfassung als Gesamtheit betraf auch und gerade die Grundrechtsgewährleistungen.[22] Angesichts der unmittelbaren Geltung und Anwendbarkeit zahlreicher klassischer Grundrechtsgarantien ist die verbreitete These von den Grundrechten der Weimarer Reichsverfassung als bloßen „Programmsätzen" zu pauschal und insoweit unrichtig.[23] Gleichwohl war die Durchsetzungsfähigkeit der Grundrechte im Vergleich zur heutigen Verfassungsrechtslage in Deutschland noch beschränkt. Dazu trug wesentlich das *Fehlen* einer institutionalisierten Verfassungsgerichtsbarkeit, eines Vorrangs der Verfassung und einer Bindung des verfassungsändernden Reichsgesetzgebers an die Grundrechte bei; gleichwohl kann von einem vollständigen „Leerlaufen" der Grundrechte *nicht* gesprochen werden.[24]

10 Ganz in der Tradition der Frankfurter Reichsverfassung von 1848 gewährleistet die Weimarer Reichsverfassung u. a. die Gleichheit aller Deutschen vor dem Gesetz (Art. 109 I), die Freizügigkeit aller Deutschen (Art. 111), das Recht jedes Deutschen zur Auswanderung (Art. 112 I), die Unverletzlichkeit der Freiheit der Person (Art. 114 I), die Unverletzlichkeit der Wohnung jedes Deutschen (Art. 115) und des Briefgeheimnisses sowie des Post-, Telegraphen- und Fernsprechgeheimnisses (Art. 117), die Meinungsäußerungsfreiheit jedes Deutschen (Art. 118), das Recht aller Deutschen, sich ohne Anmeldung oder besondere Erlaubnis friedlich und unbewaffnet zu versammeln (Art. 123 I), das Recht aller Deutschen, zu Zwecken, die den Strafgesetzen nicht zuwiderlaufen, Vereine oder Gesellschaften zu bilden (Art. 124), die Glaubens- und Gewissensfreiheit sowie ungestörte Religionsausübung (Art. 135), die Freiheit von Kunst, Wissenschaft und Lehre (Art. 142), die Vertragsfreiheit im Wirtschaftsverkehr (Art. 152), das Eigentum (Art. 153 I) sowie die so genannte Koalitionsfreiheit (Art. 159). Ein besonderes Merkmal der Weimarer Reichsverfassung ist die Erweiterung des Katalogs der klassisch-liberalen Grundrechte um zahlreiche „soziale Grundrechte" und andere Vorschriften mit Bezug zum Gemeinschafts- und Wirtschaftsleben.[25] So werden etwa die „Reinerhaltung, Gesundung und soziale Förderung der Familie" als „Aufgabe des Staats und der Gemeinden" bezeichnet (Art. 119 II 1) und der Schutz der Jugend „gegen Ausbeu-

---

[20] RGBl. S. 1383 ff.
[21] Siehe dazu näher *G. Anschütz*, Die Verfassung des Deutschen Reiches vom 11. August 1919, 14. Aufl. 1932, S. 511 ff.
[22] *H. Dreier*, in: HGR I § 4 Rn. 7.
[23] So zutreffend etwa *H. Dreier*, in: Dreier Vorb. vor Art. 1 Rn. 16; *ders.*, in: HGR I § 4 Rn. 13 ff.
[24] Siehe dazu näher *H. Dreier*, in: Dreier Vorb. vor Art. 1 Rn. 16; *ders.*, in: HGR I § 4 Rn. 38 ff.
[25] *D. Grimm*, Die Bedeutung der Weimarer Verfassung in der deutschen Verfassungsgeschichte, 1990, S. 17 f.

tung sowie gegen sittliche, geistige oder körperliche Verwahrlosung" festgelegt (Art. 122 I 1). „Die Verteilung und Nutzung des Bodens wird von Staats wegen in einer Weise überwacht, die Mißbrauch verhütet und dem Ziele zustrebt, jedem Deutschen eine gesunde Wohnung und allen deutschen Familien, besonders den kinderreichen, eine ihren Bedürfnissen entsprechende Wohn- und Wirtschaftsheimstätte zu sichern. [...]" (Art. 155 I).

3. Entwicklung der Grundrechte des Grundgesetzes für die Bundesrepublik Deutschland

Anders als die Weimarer Reichsverfassung beginnt das vom Parlamentarischen Rat erarbeitete und beschlossene[26] Grundgesetz für die Bundesrepublik Deutschland vom 23.5.1949[27] nach der Präambel in seinem Abschnitt I (Art. 1 bis 19) sogleich mit den Grundrechtsvorschriften. Es stellt sich damit bewusst „in die **nordatlantisch-westeuropäische Verfassungstradition**".[28] Den historischen Hintergrund betont das BVerfG etwa im so genannten Lüth-Urteil aus dem Jahre 1958 mit folgenden Ausführungen: „Ohne Zweifel sind die Grundrechte in erster Linie dazu bestimmt, die Freiheitssphäre des einzelnen vor Eingriffen der öffentlichen Gewalt zu sichern; sie sind Abwehrrechte des Bürgers gegen den Staat. Das ergibt sich aus der geistesgeschichtlichen Entwicklung der Grundrechtsidee wie aus den geschichtlichen Vorgängen, die zur Aufnahme von Grundrechten in die Verfassungen der einzelnen Staaten geführt haben. Diesen Sinn haben auch die Grundrechte des Grundgesetzes, das mit der Voranstellung des Grundrechtsabschnitts den Vorrang des Menschen und seiner Würde gegenüber der Macht des Staates betonen wollte."[29]

11

In Art. 1 II GG bekennt sich das Deutsche Volk zu den unverletzlichen und unveräußerlichen Menschenrechten als Grundlage jeder menschlichen Gemeinschaft, des Friedens und der Gerechtigkeit in der Welt. Art. 1 III GG legt die Bindung von Gesetzgebung, vollziehender Gewalt und Rechtsprechung an die nachfolgenden Grundrechte als **unmittelbar geltendes Recht** fest. Nach der Rechtsprechung des BVerfG bilden die Grundrechte „einen untrennbaren Teil der Verfassung; sie sind der eigentliche Kern der freiheitlich-demokratischen Ordnung des staatlichen Lebens im Grundgesetz"[30]. Im Hinblick auf die Grundrechtsnormen zeichnet sich das Grundgesetz bislang durch eine beachtliche Kontinuität aus[31], was sich in gleichem Maße für die Grundrechtsjudikatur des BVerfG nicht feststellen lässt[32]; von den 60 Änderungsgesetzen betrafen nur wenige die Grundrechtsvorschriften.

12

Beispielhaft zu nennen sind folgende Verfassungsänderungen[33]: Eine erste wesentliche Veränderung erfolgte durch die Einfügung der so genannten **Wehrverfassung**, durch welche die Wehr- und Ersatzdienstpflicht zunächst in Art. 12 GG[34] und später in Art. 12a GG[35] verankert wurden;

13

---

[26] Siehe zu einem Überblick über die Beratungen des Parlamentarischen Rates *M. Sachs*, in: Sachs, GG Einführung Rn. 17 ff.
[27] BGBl. S. 1.
[28] *H. Dreier*, in: Dreier Vorb. vor Art. 1 Rn. 18.
[29] BVerfGE 7, 198 (204 f.).
[30] BVerfGE 31, 58 (73); fast wörtlich identisch BVerfGE 43, 154 (167).
[31] Vgl. zur Kontinuität und zum Wandel im Verfassungsrecht *H. Sodan*, NVwZ 2009, 545 ff.
[32] Siehe dazu sowie zur Bedeutung der Wahrung von Kontinuität und Herstellung von Stabilität in der verfassungsgerichtlichen Rechtsprechung *H. Sodan*, NJW 2003, 257 ff.
[33] Siehe zu weiteren Änderungen *H. H. Klein*, in: HGR I § 6 Rn. 8 ff.
[34] Siehe das Gesetz zur Ergänzung des Grundgesetzes v. 19.3.1956 (BGBl. I S. 111).
[35] Siehe das 17. Gesetz zur Ergänzung des Grundgesetzes v. 24.6.1968 (BGBl. I S. 709).

einen besonderen Eingriffsvorbehalt regelt seitdem Art. 17a GG. Die Aufnahme der so genannten **Notstandsverfassung** in das Grundgesetz³⁶ führte zu verschiedenen Erweiterungen der Eingriffsmöglichkeiten (siehe Art. 10 II 2, 11 II, 12a III bis VI, 19 IV 3, 115c II GG) und zur Regelung des Widerstandsrechts des Art. 20 IV GG, welches als grundrechtsgleiches Recht bezeichnet wird (→ § 46). Die erhebliche Zunahme **Asylsuchender** war der Hintergrund für die Ersetzung des Art. 16 II 2 GG a. F. durch den heutigen Art. 16a GG³⁷ (→ § 43 Rn. 7ff.). Durch Einfügung von Art. 3 II 2 und III 2 GG wurde dem Staat die Förderung der **Gleichberechtigung von Frauen und Männern** aufgegeben (→ § 30 Rn. 20ff.) bzw. die Benachteiligung Behinderter wegen ihrer Behinderung verboten (→ § 30 Rn. 24).³⁸ Die Ergänzung des Art. 13 GG um die Absätze 3 bis 6, so dass der alte Absatz 3 der neue Absatz 7 wurde,³⁹ diente der Rechtfertigung der **technischen Überwachung von Wohnungen** (→ § 41 Rn. 9ff.).

§ 21. Begriff und Arten der Grundrechte

1 Die Grundrechte i. S. d. Grundgesetzes werden zumeist definiert als die von der Verfassung garantierten, gerichtlich durchsetzbaren subjektiven Rechte, welche den Einzelnen berechtigen und den Staat verpflichten¹. Wie sogleich noch näher zu zeigen sein wird (→ § 22 Rn. 2ff., 14ff.), zeichnen sich die Grundrechte jedoch nicht nur durch subjektiv-rechtliche, sondern auch durch objektiv-rechtliche Dimensionen aus.

I. Bundes- und Landesgrundrechte

2 Grundrechtsvorschriften existieren auch auf **landesverfassungsrechtlicher Ebene.** Die Kompetenz der Länder zur Regelung von Landesverfassungsrecht ergibt sich aus ihrer Eigenstaatlichkeit (→ § 8 Rn. 7ff., § 16 Rn. 14). Nach Art. 142 GG bleiben ungeachtet der Vorschrift des Art. 31 GG („Bundesrecht bricht Landesrecht") Bestimmungen der Landesverfassungen auch insoweit in Kraft, als sie in Übereinstimmung mit den Art. 1 bis 18 GG Grundrechte gewährleisten. Dies gilt nicht nur für diejenigen subjektiven Verfassungsrechte, welche bereits im Zeitpunkt des Inkrafttretens des Grundgesetzes in Landesverfassungen geregelt waren.² Insgesamt gesehen sind die Landesgrundrechtskataloge den Grundrechtsnormen der Bundesverfassung sehr ähnlich.³

3 Die in Art. 142 GG geforderte **Übereinstimmung** liegt nach der Rechtsprechung des BVerfG vor, „wenn der Gewährleistungsbereich der jeweiligen Grundrechte und ihre Schranken einander nicht widersprechen. Diese Widerspruchsfreiheit besteht bei Grundrechten, die inhaltsgleich sind, weil sie ‚den gleichen Gegenstand in gleichem Sinne, mit gleichem Inhalt und in gleichem Umfang' regeln [...]. Aber auch soweit Landesgrundrechte gegenüber dem Grundgesetz einen weitergehenden Schutz oder auch einen geringeren Schutz verbürgen, *widersprechen* sie den entsprechenden Bundesgrundrechten als solchen nicht, wenn das jeweils engere Grundrecht als Mindestgarantie zu verstehen ist und daher nicht den Normbefehl enthält, einen weitergehenden Schutz zu unterlassen".⁴ Soweit ein Landesgrundrecht mehr oder weniger Schutz als das entsprechende Bundesgrundrecht gewährt, kann dieses Landesgrundrecht allerdings „einfachem", d. h. unterhalb der Ebene des Grundgesetzes stehendem Bundesrecht (→ § 4 Rn. 8) widersprechen; dieser Fall liegt etwa vor, wenn das einfache Bundesrecht zwar mit dem engeren Gewährleistungs-

---

³⁶ Siehe Fn. 35.
³⁷ Siehe das 39. Gesetz zur Änderung des Grundgesetzes v. 28.6.1993 (BGBl. I S. 1002).
³⁸ Siehe das 42. Gesetz zur Änderung des Grundgesetzes v. 27.10.1994 (BGBl. I S. 3146).
³⁹ Siehe das 45. Gesetz zur Änderung des Grundgesetzes v. 26.3.1998 (BGBl. I S. 610).
¹ Vgl. etwa *Katz* Rn. 567f.
² BVerfGE 96, 345 (364).
³ *H. Dreier*, in: Dreier Vorb. vor Art. 1 Rn. 61.
⁴ BVerfGE 96, 345 (365).

§ 21. Begriff und Arten der Grundrechte

bereich eines Bundesgrundrechts, nicht jedoch mit dem weiteren eines Landesgrundrechts vereinbar ist.[5] Nach Art. 31 GG bricht Bundesrecht jede kollidierende Norm des Landesrechts und damit auch einer Landesverfassung (→ § 4 Rn. 19). Die soeben genannten Maßstäbe wirken sich unmittelbar auf das Verhältnis von Bundes- und Landesverfassungsgerichtsbarkeit aus (→ § 16 Rn. 16). Die „Profilierung" der Landesgrundrechte ist insbesondere von der Existenz einer eigenen Landesverfassungsgerichtsbarkeit mit der Zuständigkeit für die Entscheidung über Verfassungsbeschwerden abhängig.[6]

Wegen der herausragenden Bedeutung der Grundrechte des Grundgesetzes wird sich die nachfolgende Darstellung auf diese konzentrieren (zu den Grundrechten auf europäischer Ebene → § 5 Rn. 21, 24, 24d ff., 32 ff.). 4

II. Grundrechte und grundrechtsgleiche Rechte

Trotz der Überschrift zum Abschnitt I des Grundgesetzes („Die Grundrechte") gewährleisten nicht alle nachfolgenden Artikel Grundrechte, wie etwa aus Art. 1 III (→ § 20 Rn. 12), Art. 12a und 17a (→ § 20 Rn. 13), Art. 15 (→ § 42 Rn. 22), Art. 18 (→ § 23 Rn. 18) sowie Art. 19 I bis III GG (→ § 23 Rn. 11 ff., 24 Rn. 22 ff., 47 ff., 50 ff.) ersichtlich ist, welche lediglich Vorschriften *über* Grundrechte, aber keine Grundrechtsfestlegungen selbst enthalten. Auch außerhalb der Art. 1 bis 19 GG normiert das Grundgesetz Rechte, die sich mit denjenigen vergleichen lassen, welche die Verfassung ausdrücklich als „Grundrechte" bezeichnet. Es handelt sich um die so genannten **grundrechtsgleichen Rechte,** die in Art. 93 I Nr. 4a GG und § 90 I BVerfGG genannt sind. Gemäß diesen Vorschriften kann eine Verfassungsbeschwerde auch auf die Behauptung der Verletzung eines der dort näher bezeichneten Rechte gestützt werden (zur Beschwerdebefugnis → § 51 Rn. 22 ff.). Danach enthalten grundrechtsgleiche Rechte Art. 20 IV (→ § 20 Rn. 13, § 46), Art. 33 I bis III und V (→ § 47), Art. 38 I 1 und II (→ § 48), Art. 101 sowie 103 GG (→ § 49). Der ebenfalls in Art. 93 I Nr. 4a GG und § 90 I BVerfGG aufgeführte Art. 104 GG statuiert genau genommen keine *eigenständigen* Rechte, sondern legt Verfahrensregeln bei Eingriffen in die durch Art. 2 II 2 GG geschützte Freiheit der Person fest (→ § 29 Rn. 1). 5

Die grundrechtsgleichen Rechte lassen sich *materiell* als Grundrechte qualifizieren; sie stehen, wie sich gerade auch aus Art. 93 I Nr. 4a GG ergibt, den (formellen) Grundrechten in den Art. 1 bis 19 GG von Rang und Schutzwirkung her nicht nach, sind also keine „Grundrechte minderer Qualität".[7] 6

III. Menschen- und Bürgerrechte

Eine klassische Unterscheidung trifft das Grundgesetz, indem es Grundrechte teilweise als Menschenrechte und teilweise als Bürgerrechte gewährleistet. Menschenrechte sind diejenigen Grundrechte, die allen Personen unabhängig von ihrer Staatsangehörigkeit zustehen, Bürgerrechte hingegen diejenigen Grundrechte, die nur den Staatsangehörigen gewährleistet sind.[8] Letztere werden im Falle des Grundgesetzes auch als **„Deutschen-Grundrechte"** bezeichnet. So garantiert das Grundgesetz die Versammlungsfreiheit in Art. 8 I (→ § 36), die Vereinigungsfreiheit in Art. 9 I (→ § 37 Rn. 1 ff.), die 7

---

[5] BVerfGE 96, 345 (365 f.). Siehe dazu *H. Sodan,* in: Sodan Art. 142 Rn. 5.
[6] *H. Dreier,* in: Dreier Vorb. vor Art. 1 Rn. 62.
[7] *H. Dreier,* in: Dreier Vorb. vor Art. 1 Rn. 65.
[8] Siehe etwa *Badura* C Rn. 12, L Rn. 35; *Katz* Rn. 594.

Freizügigkeit in Art. 11 I (→ § 39) sowie die Berufsfreiheit in Art. 12 I GG (→ § 40) jeweils ausdrücklich nur *allen Deutschen* i. S. d. Art. 116 I GG. Art. 16 I 1 GG legt fest, dass die deutsche Staatsangehörigkeit nicht entzogen werden darf (→ § 43 Rn. 1 ff.); gemäß Art. 16 II 1 GG darf kein Deutscher an das Ausland ausgeliefert werden (→ § 43 Rn. 4 ff.). Nach h. M. wird das in den sachlichen Schutzbereich spezieller Deutschen-Freiheitsrechte fallende Verhalten zugunsten von Ausländern durch das in Art. 2 I GG garantierte Recht auf freie Entfaltung der Persönlichkeit in seiner Funktion als „Auffanggrundrecht" geschützt (→ Fall 19, § 23 Rn. 5 ff., § 27 Rn. 10). Keine Probleme entstehen insoweit im Hinblick auf die – zahlenmäßig überwiegenden – Grundrechte, welche das Grundgesetz *allen Menschen* einräumt und die somit als Menschenrechte oder auch **„Jedermann-Grundrechte"** bezeichnet werden. Dies ergibt sich etwa aus Formulierungen, dass *jeder* das Recht auf Leben und körperliche Unversehrtheit hat (Art. 2 II 1 GG, → § 28), *alle Menschen* vor dem Gesetz gleich sind (Art. 3 I GG, → § 30 Rn. 3 ff.) und *niemand* wegen seines Geschlechtes oder eines anderen in Art. 3 III GG genannten Gesichtspunktes benachteiligt oder bevorzugt werden darf (→ § 30 Rn. 20 ff.). Teilweise folgt der Menschenrechtscharakter einer Grundrechtsgewährleistung auch aus dem Fehlen einer Eingrenzung für das Schutzgut: So heißt es etwa in Art. 4 I GG, dass die Freiheit des Glaubens, des Gewissens sowie des religiösen und weltanschaulichen Bekenntnisses unverletzlich sind (→ § 31 Rn. 1 ff.) – ohne personelle Beschränkung auf Deutsche i. S. d. Art. 116 I GG.

IV. Freiheits- und Gleichheitsrechte

8 Grundlegend ist ferner die Unterscheidung zwischen Freiheits- und Gleichheitsrechten. Nicht nur zahlenmäßig dominieren im Grundgesetz die **Freiheitsrechte.** Schon früh hat das BVerfG vor dem Hintergrund der historischen Entwicklung der Grundrechte deren primäre Funktion als Abwehrrechte zur Sicherung der **Freiheitssphäre** des Einzelnen vor staatlichen Eingriffen betont[9] (→ § 20 Rn. 11). Bestimmte Betätigungsmöglichkeiten zur Entfaltung der Freiheit[10] schützt das Grundgesetz durch **besondere Freiheitsrechte** wie die soeben (→ Rn. 7) genannten Gewährleistungen der Versammlungs-, Vereinigungs- und Berufsfreiheit. Bereits im so genannten Elfes-Urteil aus dem Jahre 1957 formulierte das BVerfG, das Grundgesetz habe „die Freiheit menschlicher Betätigung für bestimmte Lebensbereiche, die nach den geschichtlichen Erfahrungen dem Zugriff der öffentlichen Gewalt besonders ausgesetzt" seien, „durch besondere Grundrechtsbestimmungen geschützt"; soweit ein solcher Schutz nicht gegeben sei, könne sich der Einzelne gegenüber Freiheitseingriffen auf das in Art. 2 I GG gewährleistete Recht auf freie Entfaltung der Persönlichkeit berufen,[11] welches daher als **allgemeines Freiheitsrecht** gilt (→ § 27). Nach ganz überwiegend vertretener Auffassung ist auch jeweils eine „*negative*" Freiheit grundrechtlich geschützt, also die Freiheit, von einer Gewährleistung *keinen* Gebrauch machen zu müssen[12].

---

[9] Siehe BVerfGE 7, 198 (204 f.).
[10] Siehe zur Diskussion über den Freiheitsbegriff des Grundgesetzes *H. Sodan*, Freie Berufe als Leistungserbringer im Recht der gesetzlichen Krankenversicherung, 1997, S. 47 ff.
[11] BVerfGE 6, 32 (37).
[12] Vgl. etwa BVerfGE 93, 1 (22) – „die negative und die positive Seite der Religionsfreiheit". Kritisch zur Dogmatik von den „negativen" Freiheiten hingegen *J. Hellermann*, Die sogenannte negative Seite der Freiheitsrechte, 1993.

§ 22. Dimensionen der Grundrechte

Gleichheitsrechte hingegen sollen bewirken, dass Regelungen nicht zu Privilegierungen oder Diskriminierungen von Einzelnen oder Gruppen im Vergleich zu anderen führen; Schutzgut ist demnach „ein gewisses Mindestmaß an formal-rechtlicher Gleichbehandlung als Ausdruck einer egalitären Staatsbürgergesellschaft", so dass Ungleichbehandlungen einer Rechtfertigung bedürfen.[13] Das Grundgesetz enthält neben dem **allgemeinen Gleichheitssatz** des Art. 3 I GG (→ § 30 Rn. 3 ff.) auch **spezielle Gleichbehandlungsgebote** bzw. **Diskriminierungsverbote** in Art. 3 II und III (→ § 30 Rn. 18 ff.), Art. 6 V (→ § 34 Rn. 19), Art. 33 I bis III GG (→ § 47 Rn. 1 ff.) und Art. 38 I 1 GG (→ § 6 Rn. 51 ff., § 48 Rn. 1, 3 ff.).

V. Materielle und prozessuale Grundrechte

Während materielle Grundrechte „einen bestimmten Freiheits- und Gleichheitsstandard" gewährleisten (→ Rn. 8 f.), sollen prozessuale Grundrechte „deren Geltungskraft absichern, flankieren, ihnen zur Durchsetzung verhelfen".[14] Als **prozessuales Hauptgrundrecht** gilt Art. 19 IV 1 GG: Danach steht jedem, der durch die öffentliche Gewalt in seinen Rechten verletzt wird, der Rechtsweg offen. Die Norm hat damit elementare Bedeutung für das Rechtsstaatsprinzip (→ § 7), indem sie ein Grundrecht auf gerichtlichen Individualrechtsschutz gegenüber Maßnahmen der öffentlichen Gewalt gewährleistet; sie enthält primär ein Leistungsgrundrecht, gleichzeitig aber auch die institutionelle Garantie einer Gerichtsbarkeit, welche diesen Rechtsschutzauftrag in angemessener und effektiver Weise zu erfüllen hat (→ § 45 Rn. 1). In teilweiser Konkretisierung des Art. 19 IV 1 GG treten hinzu die als **„Justizgrundrechte"** (→ § 49) bezeichneten grundrechtsgleichen Gewährleistungen des Rechts auf den gesetzlichen Richter (Art. 101 GG) und des Anspruchs auf rechtliches Gehör (Art. 103 I GG) sowie des Gesetzlichkeitsprinzips hinsichtlich Strafen (Art. 103 II GG) und des Verbots der Doppelbestrafung (Art. 103 III GG).

§ 22. Dimensionen der Grundrechte

> **Fall 17** (vgl. BVerfGE 35, 35 ff.): B befindet sich im Jahr 1972 wegen Verdachts des Diebstahls und anderer Straftaten in Untersuchungshaft. Zwei in erster Instanz gegen ihn ergangene Urteile sind noch nicht rechtskräftig. In einem Brief an seine Ehefrau ging er auf den Ablauf der strafgerichtlichen Hauptverhandlung wie folgt ein: „Die ganze Verhandlung kann ich nicht anders als ein schmutziges, jedem Recht hohnsprechendes Schauspiel bezeichnen. Das Urteil, das gesprochen wurde, ist ein reines Interessen- und Racheurteil. Natürlich ist es für einen Richter schwer, einem Angeklagten, der seine einmal gemachten Aussagen in der Verhandlung widerruft, zu glauben; er wird dadurch nicht glaubwürdiger, da ohnehin nur das geglaubt wird, was belastend ist, aber daß, wie in meinem Fall, sich das Gericht über alles, was ich sagte, hinwegsetzte und einem meineidigen Polizisten jede verdammte dreckige Lüge abnimmt und mich daraufhin für Jahre, obwohl ich unschuldig bin, ins Gefängnis schickt, ist geradezu eine unverschämte Frechheit und ein Unrecht, wie es größer nicht sein kann." Der Vorsitzende der Großen Strafkammer des LG Stuttgart beanstandete diesen Brief wegen beleidigenden Inhalts und ordnete an, ihn zur Habe des B zu nehmen. Das OLG Stuttgart verwarf die hiergegen eingelegte Beschwerde des B mit der Begründung, der Brief dürfe angehalten werden, um die

---

[13] *H. Dreier,* in: Dreier Vorb. vor Art. 1 Rn. 76. Siehe andererseits zu den Gefahren, die sich aus einer Entwicklung zu einem „Gleichheitsstaat" ergeben, *W. Leisner,* Der Gleichheitsstaat. Macht durch Nivellierung, 1980.

[14] *H. Dreier,* in: Dreier Vorb. vor Art. 1 Rn. 77.

weitere Verbreitung der Beleidigung zu unterbinden. Sind diese Entscheidungen mit den Grundrechten des B vereinbar?

Fall 18: V ist Eigentümer eines aus zwei Wohnungen bestehenden Hauses. Er selbst bewohnt eine der beiden Wohnungen, die zweite vermietet er ausschließlich an Männer. Nach der im Mietvertrag enthaltenen Hausordnung ist der Besuch von Personen weiblichen Geschlechts nicht gestattet. Der Mieter M möchte gerne regelmäßig Besuch von seiner auswärts wohnenden Ehefrau erhalten. Er vertritt die Auffassung, die Hausordnung sei, soweit sie die Besuchsregelung betreffe, wegen Verstoßes gegen Grundrechte ungültig. V wendet ein, M habe den Mietvertrag doch freiwillig abgeschlossen und damit auch die Hausordnung akzeptiert. Hat M recht?

1 Insbesondere durch die Rechtsprechung des BVerfG wurden in den letzten Jahrzehnten verschiedene Schutzrichtungen der durch das Grundgesetz gewährleisteten Grundrechte aufgezeigt, welche sich als „Dimensionen"[1] dieser Grundrechte bezeichnen lassen.

I. Subjektiv-rechtliche Dimensionen

2 Grundrechte sind „subjektive öffentliche Rechte par excellence"[2] (zum subjektiven öffentlichen Recht → § 71 Rn. 2 ff.). „Mit subjektiv-rechtlichen Dimensionen sind Gehalte der Grundrechtssätze gemeint, die den Grundrechtsträgern unmittelbar einen Rechtsanspruch gegen den Staat einräumen."[3] § 194 I BGB definiert für das Zivilrecht den *Anspruch* als das „Recht, von einem anderen ein Tun oder Unterlassen zu verlangen". Überträgt man diese Legaldefinition sinngemäß auf den Grundrechtsbereich, so geht es also im Bereich der subjektiv-rechtlichen Dimensionen jeweils um die Frage, ob der Grundrechtsträger vom Staat ein Tun oder Unterlassen verlangen kann.

1. Grundrechte als Abwehrrechte

3 Das BVerfG sieht die „Sinnmitte" der „vom Grundgesetz verbürgten materiellen Grundrechte" in dem „Schutz der privaten natürlichen Person gegen hoheitliche Übergriffe"[4]. In ständiger Rechtsprechung bezeichnet es daher die *Abwehr* von Staatsmacht als zwar nicht ausschließliche, aber doch *primäre* Funktion der Grundrechte[5]. Zur Begründung dient insbesondere die historische Entwicklung der Grundrechte (→ § 20 Rn. 11). Der auf **Unterlassen** staatlicher Maßnahmen gerichtete **Abwehrcharakter** der Grundrechte wird plastisch etwa in den Worten, dass „dem Einzelnen um der freien und selbstverantwortlichen Entfaltung seiner Persönlichkeit willen ein ‚Innenraum' verbleiben muß, in dem er ‚sich selbst besitzt' und ‚in den er sich zurückziehen kann, zu dem die Umwelt keinen Zutritt hat, in dem man in Ruhe gelassen wird und ein Recht auf Einsamkeit genießt'"[6].

---

[1] Siehe etwa *H. Dreier,* Dimensionen der Grundrechte, 1993, S. 27 ff., 41 ff.; *H. H. Klein,* DVBl. 1994, 489 (492 f.); *M. Morlok,* Selbstverständnis als Rechtskriterium, 1993, S. 289, 300, 384 f.
[2] *Schmitt Glaeser/Horn* Rn. 157; *H. Sodan,* in: Sodan/Ziekow § 42 Rn. 392; *ders.,* NVwZ 2000, 601 (602).
[3] *H. Dreier,* in: Dreier Vorb. vor Art. 1 Rn. 83.
[4] BVerfGE 61, 82 (101). Siehe aus dem Schrifttum etwa *R. Poscher,* Grundrechte als Abwehrrechte, 2003.
[5] Siehe etwa BVerfGE 7, 198 (204 f.); 13, 318 (325 f.); 21, 362 (369); 68, 193 (205).
[6] BVerfGE 27, 1 (6) unter Zitierung von *J. Wintrich,* Zur Problematik der Grundrechte, 1957, S. 15 f.

§ 22. Dimensionen der Grundrechte

Eine pointiert liberale Grundrechtssicht liegt etwa auch der **„Sphärentheorie"** zugrunde, welche das BVerfG im so genannten Elfes-Urteil[7] und fortan fast wortgleich in ständiger Rechtsprechung[8] für das in Art. 2 I GG gewährleistete Recht auf freie Entfaltung der Persönlichkeit vertritt: Danach sei dem einzelnen Bürger eine Sphäre privater Lebensgestaltung verfassungskräftig vorbehalten, so dass „ein letzter unantastbarer Bereich menschlicher Freiheit" bestehe, welcher der Einwirkung der gesamten öffentlichen Gewalt entzogen sei; ein Gesetz, das in ihn eingreife, könne nie Bestandteil der verfassungsmäßigen Ordnung sein (→ § 27 Rn. 18). Speziell in Art. 12 I GG sieht das BVerfG die primäre Funktion verankert, „die eigenpersönliche, selbstbestimmte Lebensgestaltung abzuschirmen, also Freiheit *von* Zwängen oder Verboten im Zusammenhang mit Wahl und Ausübung des Berufes zu gewährleisten"[9]. 4

Das **klassisch-liberale Grundrechtsverständnis** gründet auf der konstitutionellen Staatsrechtslehre[10] und geht von dem „fundamentalen Verteilungsprinzip des bürgerlichen Rechtsstaates" aus: Danach ist „die Freiheit des Einzelnen *prinzipiell unbegrenzt*, während die Befugnis des Staates zu Eingriffen in diese Sphäre *prinzipiell begrenzt* ist".[11] „Auf der einen Seite also die ursprunghafte, nicht rechtfertigungsbedürftige, grundsätzlich umfassende Freiheit des Individuums, auf der anderen die notwendig rechtlich gebundene und beschränkte, auf Rechtfertigung verwiesene Staatsgewalt."[12] Die Grundrechte werden insoweit als „rechtliche Umhegungen vorstaatlicher, natürlicher Freiheit" angesehen, die als „staatsfreie Sphäre" des Individuums gegen den staatlichen Herrschaftsbereich abgegrenzt wird.[13] Zur Sicherung einer möglichst ungehinderten Entfaltung des einzelnen Bürgers durch größtmögliche Freiheitsschonung sind der Betätigung des Staates rechtliche Schranken gesetzt; in die Freiheit darf also nur unter Wahrung bestimmter formeller und materieller Anforderungen – insbesondere des Grundsatzes der Verhältnismäßigkeit – eingegriffen werden (→ § 24 Rn. 22 ff., 27 ff.). Das Abwehrrecht soll dem Bürger einen **status negativus** i. S. d. Lehre von *Georg Jellinek* gewährleisten, der folgende „allumfassende Formel" entwickelt hat: „Das Individuum soll vom Staate zu keiner gesetzwidrigen Leistung herangezogen werden und hat demnach einen auf Anerkennung seiner Freiheit beruhenden Anspruch auf Unterlassung und Aufhebung der diese Norm überschreitenden obrigkeitlichen Befehle. Alle Freiheit ist einfach Freiheit von gesetzwidrigem Zwange."[14] Die Freiheitsrechte erhalten auf diese Weise die Funktion, die Bürger vor dem Missbrauch staatlicher Macht zu schützen. Nach diesem Verständnis tritt der Staat „einseitig als möglicher Widerpart der Grundrechte in Erscheinung".[15] Dem entspricht die Vorstellung, dass Staat und Gesellschaft zwei zu unterscheidende und strukturell gegensätzliche „Sphären" darstellen.[16] 5

---

[7] BVerfGE 6, 32 (41).
[8] Siehe etwa BVerfGE 6, 389 (433); 7, 198 (220 f.); 27, 344 (350 f.); 32, 373 (378 f.); 33, 367 (376 f.); 35, 202 (220, 232); 39, 1 (42).
[9] BVerfGE 33, 303 (331).
[10] Siehe dazu die Darstellung von *E. Grabitz*, Freiheit und Verfassungsrecht, 1976, S. 3 ff., 158 ff.
[11] *C. Schmitt*, Verfassungslehre, 1928, S. 126. Siehe allgemein zum Verhältnis von Liberalismus und Grundgesetz *W. Thieme*, DÖV 2006, 401 ff.
[12] *J. Isensee*, in: HdbStR IX § 191 Rn. 9.
[13] *F. Ossenbühl*, NJW 1976, 2100 (2101); vgl. auch *E.-W. Böckenförde*, NJW 1974, 1529 (1537 f.).
[14] *G. Jellinek*, System der subjektiven öffentlichen Rechte, 2. Aufl. 1905, S. 103.
[15] *J. Isensee*, in: HdbStR IX § 191 Rn. 2.
[16] *H. Sodan*, Freie Berufe als Leistungserbringer im Recht der gesetzlichen Krankenversicherung, 1997, S. 50.

6 Im **Fall 17** wird die klassische Funktion der Grundrechte als Abwehrrechte des Einzelnen gegen den Staat deutlich. Das Anhalten des Briefes greift in die Freiheit der Meinungsäußerung zwischen Ehegatten und damit in das Grundrecht des B aus Art. 5 I i. V. m. Art. 2 I GG ein.[17] Zwar kann im Hinblick auf die in Art. 5 II und Art. 2 I GG genannten Schrankenvorbehalte (→ § 27 Rn. 14, § 32 Rn. 24 ff.) die richterliche Kontrolle des Briefverkehrs eines Untersuchungsgefangenen mit seinem Ehepartner nach dem Beschluss des BVerfG aus dem Jahr 1973 zulässig sein, um eine Gefährdung der öffentlichen Interessen, die in dem damals geltenden § 119 III StPO a. F. genannt waren, zu verhindern.[18] Dieser Norm zufolge durften dem Verhafteten nur solche Beschränkungen auferlegt werden, die der Zweck der Untersuchungshaft oder die Ordnung in der Vollzugsanstalt erforderte. Anderseits stellte das BVerfG klar: Der die Briefkontrolle ausübende Richter hat zu berücksichtigen, dass „dem freien brieflichen Kontakt mit dem Ehegatten im Hinblick auf das verfassungskräftige Gebot der Achtung der Intimsphäre besondere Bedeutung zukommt. [...] Ein Untersuchungsgefangener wird unter dem ersten Eindruck seiner Verurteilung in besonderem Maße das Bedürfnis haben, sich dem Ehepartner gegenüber frei und offen über das gegen ihn anhängige Verfahren aussprechen und ihm die Dinge aus seiner Sicht schildern zu können. Die Eindrücke vom Verfahren und von dem Ablauf der Hauptverhandlung, die er in seinen Briefen wiedergibt, werden dabei naturgemäß oft subjektiv gefärbt und seine Wertungen häufig nicht sachlich korrekt sein. So ist nicht auszuschließen, daß ein Angeklagter eine korrekte Verhandlungsführung als einseitig und voreingenommen und ein objektiv richtiges Urteil als ungerecht empfinden mag und dem ungehemmt Ausdruck verleiht."[19] Die Beschlüsse des LG und OLG Stuttgart verkennen damit die Bedeutung des Grundrechts des B auf freie Meinungsäußerung im Bereich der **ehelichen Privatsphäre**. Als unverhältnismäßiger Grundrechtseingriff (vgl. → § 24 Rn. 32 ff.) verstoßen sie gegen Art. 5 I i. V. m. Art. 2 I GG und sind auf eine Verfassungsbeschwerde des B hin vom BVerfG aufzuheben.[20] Nach dem seit 2010 geltenden § 119 I 1 StPO n. F. können einem inhaftierten Beschuldigten Beschränkungen auferlegt werden, soweit dies zur Abwehr einer Flucht-, Verdunkelungs- oder Wiederholungsgefahr erforderlich ist. So kann u. a. angeordnet werden, dass der Schriftverkehr zu überwachen ist (§ 119 I 2 Nr. 2 StPO n. F.). Diese Anordnung schließt die Ermächtigung ein, Schreiben anzuhalten (§ 119 I 7 StPO n. F.).

7 Das Abwehrrecht wird in der Literatur als „die in einer 200 Jahre alten Tradition gewachsene und anerkannte, allen Geltungszweifeln entrückte Grundrechtsfunktion" bezeichnet, in der „das Potential der Grundrechte vollkommene Form" erreiche und „dauerhafte, gesicherte Verbindlichkeit" behalte; die Grundrechtsinterpretation finde „im Abwehrrecht das feste, verläßliche Terrain, dessen sie sich immer wieder versichern" müsse, „wenn sie neues Terrain zu erschließen" versuche[21].

2. Grundrechte als originäre Leistungsrechte

8 Zurückhaltung beim Betreten „neuen Terrains" ist geboten, soweit es um die Herleitung von originären Leistungsansprüchen aus Grundrechtsnormen geht und das Grundgesetz diese Ansprüche nicht *ausdrücklich* einräumt. Originär sind Leistungsrechte, die unabhängig von bereits vorhandenen Leistungssystemen bestehen, also auf *Schaffung* bestimmter Leistungen gerichtet sind (→ § 30 Rn. 4). Im Sinne der Lehre von *Georg Jellinek* gewährleistet ein Leistungsrecht – im Gegensatz zum soeben erörterten Abwehrrecht – nicht einen status negativus (→ Rn. 5), sondern einen **status positi-**

---

[17] Vgl. BVerfGE 35, 35 (39).
[18] BVerfGE 35, 35 (39f.).
[19] BVerfGE 35, 35 (40).
[20] Vgl. BVerfGE 35, 35 (36, 39f.).
[21] So *J. Isensee*, in: HdbStR IX § 191 Rn. 17.

vus. Der „bedeutsamste gleichsam aus dem Zentrum des positiven Status entspringende Anspruch" ist für *Jellinek* derjenige auf Rechtsschutz[22]. So enthält die Rechtsschutzgarantie des Art. 19 IV 1 GG primär ein Leistungsgrundrecht (→ § 21 Rn. 10, § 45 Rn. 1), welches durch die grundrechtsgleichen Gewährleistungen des Rechts auf den gesetzlichen Richter (Art. 101 GG) und des Anspruchs auf rechtliches Gehör (Art. 103 I GG) verstärkt wird (→ § 49 Rn. 1 ff.). Art. 6 IV GG spricht ausdrücklich von einem Anspruch jeder Mutter auf den Schutz und die Fürsorge der Gemeinschaft (→ § 34 Rn. 18). Aus Art. 1 I GG i. V. m. dem Sozialstaatsprinzip folgt der Leistungsanspruch auf Sicherung des Existenzminimums (→ § 10 Rn. 9, § 26 Rn. 5).

Abgesehen von solchen Sonderfällen sprechen gegen die Ableitung originärer leistungsstaatlicher Verbürgungen aus Grundrechtsnormen wegen der haushaltsrechtlichen Konsequenzen das **Budgetrecht des Parlaments** (vgl. Art. 110 II 1 GG) und generell die damit verbundene Einschränkung der Gestaltungsfreiheit des demokratischen Gesetzgebers.[23] Das Grundgesetz verzichtet gerade auf die Statuierung „sozialer Grundrechte" wie etwa eines Rechts *auf* Arbeit, das sich auch nicht aus dem in Art. 12 I 1 GG allen Deutschen gewährleisteten Recht herleiten lässt, den Arbeitsplatz frei zu wählen (→ § 40 Rn. 19).[24] 9

3. Grundrechte als Gleichbehandlungsrechte

Zu einer eigenen Kategorie innerhalb der subjektiv-rechtlichen Dimensionen der Grundrechte führen die Gleichbehandlungsrechte. Diese lassen sich weder dem status negativus noch dem status positivus ausschließlich zuordnen, weil der grundrechtlich verbürgte Anspruch auf Gleichbehandlung vom Staat entweder ein Unterlassen oder ein zusätzliches Tun verlangen kann.[25] 10

Eine **Abwehrfunktion** kommt ihnen zu, wenn es um die Verhinderung oder Beseitigung einer gleichheitswidrigen Belastung geht. Praktisch bedeutsam sind insbesondere verwaltungsgerichtliche Klagen von Konkurrenten im wirtschaftlichen Wettbewerb, die darauf gerichtet sind, sachlich nicht zu rechtfertigende wettbewerbsbeeinflussende Begünstigungen anderer Marktteilnehmer durch den Staat abzuwehren; ein diesbezüglicher Abwehranspruch kann sich insbesondere aus dem in Art. 12 I GG gewährleisteten Grundrecht der Berufsfreiheit i. V. m. dem allgemeinen Gleichheitssatz des Art. 3 I GG ergeben.[26] 11

Aus Gleichbehandlungsrechten lassen sich jedoch auch **derivative Leistungs- und Teilhaberechte** herleiten. So können aus Art. 3 I GG gegenüber dem Staat Ansprüche auf gleiche Begünstigung hinsichtlich *bestehender* öffentlicher Leistungen resultieren,[27] etwa auf gleichen Zugang zu öffentlichen Einrichtungen (→ § 30 Rn. 4). „Je stärker der moderne Staat sich der sozialen Sicherung und kulturellen Förderung der Bürger zuwendet, desto mehr tritt im Verhältnis zwischen Bürger und Staat neben das ursprüngliche Postulat grundrechtlicher Freiheitssicherung vor dem Staat die komplementäre Forderung nach grundrechtlicher Verbürgung der Teilhabe an staatlichen Leistungen."[28] 12

---

[22] *G. Jellinek,* System der subjektiven öffentlichen Rechte, 2. Aufl. 1905, S. 124.
[23] *H. Dreier,* in: Dreier Vorb. vor Art. 1 Rn. 90. Vgl. auch BVerfGE 33, 303 (333).
[24] Vgl. *Hesse* Rn. 208.
[25] *H. Dreier,* in: Dreier Vorb. vor Art. 1 Rn. 91.
[26] Vgl. dazu näher *H. Sodan,* in: Sodan/Ziekow § 42 Rn. 446 f.
[27] Siehe etwa zum Teilhabeanspruch nichtehelicher Väter auf Bewilligung von Landeserziehungsgeld gemäß Art. 3 I i. V. m. Art. 6 V GG VGH Mannheim, NJW 1995, 475 f.
[28] BVerfGE 33, 303 (330 f.).

13 Dies gilt nach der Rechtsprechung des BVerfG „besonders, wo der Staat – wie im Bereich des Hochschulwesens – ein faktisches, nicht beliebig aufgebbares Monopol für sich in Anspruch genommen hat und wo – wie im Bereich der Ausbildung zu akademischen Berufen – die Beteiligung an staatlichen Leistungen zugleich notwendige Voraussetzung für die Verwirklichung von Grundrechten ist. Hier kann es in einem freiheitlichen Rechts- und Sozialstaat nicht mehr der freien Entscheidung der staatlichen Organe überlassen bleiben, den Kreis der Begünstigten nach ihrem Gutdünken abzugrenzen und einen Teil der Staatsbürger von den Vergünstigungen auszuschließen, zumal dies im Ergebnis auf eine Berufslenkung hinauslaufen würde. Art. 12 Abs. 1 GG in Verbindung mit Art. 3 Abs. 1 GG und dem Sozialstaatsgebot gewährleistet also ein Recht des die subjektiven Zulassungsvoraussetzungen erfüllenden Staatsbürgers auf Zulassung zum Hochschulstudium seiner Wahl."[29] Das BVerfG qualifiziert diesen Zulassungsanspruch ausdrücklich als Teilhaberecht, dessen Beschränkbarkeit sich daraus ergibt, dass Teilhaberechte „unter dem Vorbehalt des Möglichen stehen und notwendig regelungsbedürftig sind"[30]. Ein absoluter numerus clausus für Studienanfänger ist nach der bundesverfassungsgerichtlichen Judikatur „nur verfassungsmäßig, wenn er (1.) in den Grenzen des unbedingt Erforderlichen unter erschöpfender Nutzung der vorhandenen, mit öffentlichen Mitteln geschaffenen Ausbildungskapazitäten angeordnet wird […] und wenn (2.) Auswahl und Verteilung nach sachgerechten Kriterien mit einer Chance für jeden an sich hochschulreifen Bewerber und unter möglichster Berücksichtigung der individuellen Wahl des Ausbildungsortes erfolgen"[31].

II. Objektiv-rechtliche Dimensionen

14 „Grundrechtswirkungen, die nicht unmittelbar subjektive Rechtsansprüche gewährleisten, lassen sich unter dem Sammelbegriff der objektiv-rechtlichen Grundrechtsgehalte bzw. der objektiv-rechtlichen Dimensionen zusammenfassen."[32] Bereits im so genannten Lüth-Urteil des BVerfG aus dem Jahre 1958 folgt der Betonung der primären Funktion der Grundrechte als Abwehrrechte des Bürgers gegen den Staat (→ § 20 Rn. 11) der Hinweis auf eine im Grundrechtsabschnitt des Grundgesetzes auch errichtete „objektive Wertordnung", in der „eine prinzipielle Verstärkung der Geltungskraft der Grundrechte zum Ausdruck kommt"[33]. Teilweise spricht das BVerfG auch vom „objektiv-rechtlichen Gehalt"[34], von „objektivrechtlichen Elementen"[35] oder von einer „objektiv-rechtlichen Wertentscheidung" eines Grundrechts[36].

15 Eine gewisse Zurückhaltung bringt das BVerfG im Zusammenhang mit der Frage der Verfassungsmäßigkeit wirtschaftsordnender Gesetze im so genannten Mitbestimmungs-Urteil aus dem Jahre 1979 wie folgt zum Ausdruck: „Nach ihrer Geschichte und ihrem heutigen Inhalt sind" die Einzelgrundrechte „in erster Linie individuelle Rechte, Menschen- und Bürgerrechte, die den Schutz konkreter, besonders gefährdeter Bereiche menschlicher Freiheit zum Gegenstand haben. Die Funktion der Grundrechte als objektiver Prinzipien besteht in der prinzipiellen Verstärkung ihrer Geltungskraft […], hat jedoch ihre Wurzel in dieser primären Bedeutung […]. Sie läßt sich deshalb nicht von dem eigentlichen Kern lösen und zu einem Gefüge objektiver Normen verselbstän-

---

[29] BVerfGE 33, 303 (331 f.) – „Numerus-clausus-Urteil"; vgl. auch BVerfGE 85, 36 (53 f.); 134, 1 (13); BVerwGE 134, 1 (7 f.); BVerwG, NVwZ 2011, 1272 (1273).
[30] BVerfGE 33, 303 (336); vgl. auch BVerwGE 134, 1 (7 f.) betr. allgemeine Studienabgaben.
[31] BVerfGE 33, 303 (338); vgl. ferner etwa BVerfGE 43, 291 (314); 59, 172 (205); 85, 36 (54); BVerfG (Kammerbeschl.), NVwZ 2013, 61 (63); BerlVerfGH, LVerfGE 19, 32 (37); NVwZ 2012, 821 (822); BVerwG, NVwZ 2011, 1135 (1139).
[32] *H. Dreier,* in: Dreier Vorb. vor Art. 1 Rn. 94.
[33] BVerfGE 7, 198 (205).
[34] BVerfGE 53, 30 (57).
[35] BVerfGE 57, 295 (320); vgl. auch BVerfGE 73, 261 (269).
[36] BVerfGE 77, 170 (214).

§ 22. Dimensionen der Grundrechte

digen, in dem der ursprüngliche und bleibende Sinn der Grundrechte zurücktritt."[37] Diese Äußerung fügt sich in die mehrheitlich vertretene neuere Grundrechtsdogmatik ein, der es „nicht um eine Ablehnung oder Zurückdrängung der Abwehrfunktion, sondern um ihre Ergänzung durch weitere Funktionen" geht[38].

1. Geltung der Grundrechte im Privatrecht

Das Verständnis der im Grundgesetz verankerten Grundrechte als Elemente einer objektiven Werteordnung[39] führt zu Konsequenzen für die Beantwortung der Frage, ob und ggf. inwieweit Grundrechte zwischen Privatpersonen gelten (so genannte **Drittwirkung der Grundrechte**). 16

Nur in wenigen Vorschriften ordnet das Grundgesetz eine solche Wirkung eines Grundrechts oder grundrechtsgleichen Rechts auf Private bzw. ein Privatrechtsverhältnis *ausdrücklich* an: Nach Art. 9 III 2 GG sind Abreden, welche das in Art. 9 III 1 GG garantierte Grundrecht der Koalitionsfreiheit (→ § 37 Rn. 16ff.) einschränken oder zu behindern suchen, nichtig; hierauf gerichtete Maßnahmen sind rechtswidrig. Wegen des damit umfassend gewährleisteten Schutzes im Privatrechtsverkehr handelt es sich um eine **unmittelbare Drittwirkung** (→ § 37 Rn. 24f.). Auch das in Art. 20 IV GG geregelte grundrechtsgleiche Widerstandsrecht entfaltet unmittelbare Wirkungen im Privatrecht; da Angreifer nach dem Wortlaut „jeder" sein kann, besteht das Widerstandsrecht gegenüber Angriffen nicht nur durch staatliche Stellen, sondern grundsätzlich auch durch Private (→ § 46 Rn. 2). Eine unmittelbare Drittwirkung ergibt sich ferner aus Art. 38 I 1 i. V. m. Art. 48 II GG.[40] Nach letzterer Vorschrift darf niemand gehindert werden, das Amt eines Abgeordneten zu übernehmen und auszuüben; eine Kündigung oder Entlassung aus diesem Grund ist unzulässig. Die soeben genannten Festlegungen unmittelbarer Drittwirkung sind besondere Regelungen und daher nicht verallgemeinerungsfähig. Sie belegen gerade, dass im Übrigen Grundrechte zwischen Privatpersonen *nicht* direkt gelten. Dafür spricht ferner die aus der historischen Entwicklung abzuleitende primäre Funktion der Grundrechte als **Abwehrrechte gegen den Staat** (→ § 20 Rn. 11, § 22 Rn. 3ff.). Zudem bindet Art. 1 III GG ausdrücklich nur Gesetzgebung, vollziehende Gewalt und Rechtsprechung an die nachfolgenden Grundrechte als unmittelbar geltendes Recht. Schließlich ist zu bedenken, dass eine vollständige Grundrechtsbindung der Privatrechtssubjekte die auch grundrechtlich geschützte „Privatautonomie im Kern zerstören und die grundrechtlichen Freiheiten zu einer umfassenden Pflichtenordnung denaturieren" würde[41]. Ansätze zur Herleitung einer *unmittelbaren* Drittwirkung von Grundrechten, wie sie in der frühen Rechtsprechung des BAG und des BGH vertreten worden sind,[42] wurden daher von diesen Gerichten zu Recht mittlerweile nicht wieder aufgegriffen[43]. 17

Andererseits spricht gerade die in Grundrechten zum Ausdruck kommende objektive Werteordnung gegen eine generelle Verneinung grundrechtlicher Drittwirkung. Die heute ganz h. M. folgt daher einem vermittelnden Ansatz und befürwortet eine **„Ausstrahlungs- oder mittelbare Drittwirkung der Grundrechte"**[44]: Danach gelten die im Grundrechtsabschnitt des Grundgesetzes enthaltenen verfassungsrechtlichen Grund- 18

---

[37] BVerfGE 50, 290 (337); vgl. ferner BVerfGE 61, 82 (100f.); 68, 193 (205).
[38] So zutreffend *H. D. Jarass*, AöR 120 (1995), 345 (347).
[39] Siehe dazu näher *U. Di Fabio*, JZ 2004, 1ff.
[40] Vgl. BVerfGE 42, 312 (328); *S. Magiera*, in: Sachs, GG Art. 48 Rn. 7; *Pieroth/Schlink/Kingreen/Poscher* Rn. 198.
[41] *H. Dreier*, in: Dreier Vorb. vor Art. 1 Rn. 98.
[42] Siehe etwa BAGE 1, 185 (192ff.); 2, 221 (224f.); 7, 256 (260); 13, 168 (174ff.); BAG, NJW 1973, 77f.; BGHZ 24, 72 (76f.); 38, 317 (319f.).
[43] Siehe z. B. BAGE 48, 122 (138f.); 52, 88 (97f.); BGHZ 70, 313 (324); BGH, NJW 1986, 2944f.; NZS 2015, 272 (273).
[44] So ausdrücklich – allerdings ohne die Hervorhebung – BVerfGE 73, 261 (269).

entscheidungen „für alle Bereiche des Rechts" und damit auch für das Privatrecht; sie „entfalten sich durch das Medium derjenigen Vorschriften, die das jeweilige Rechtsgebiet unmittelbar beherrschen, und haben vor allem auch Bedeutung bei der Interpretation zivilrechtlicher Generalklauseln", wie sie etwa § 138 I BGB in Bezug auf ein sittenwidriges Rechtsgeschäft und § 242 BGB hinsichtlich der Leistung nach Treu und Glauben enthalten[45]. Auch die in § 826 BGB zum Schadensersatz verpflichtende sittenwidrige vorsätzliche Schädigung stellt als Generalklausel eine „Einbruchstelle" der Grundrechte in das bürgerliche Recht dar.[46] Die in solche Normen des Privatrechts aufgenommenen Begriffe sind in besonderem Maße auslegungsfähig und -bedürftig. Es geht also jeweils um eine **grundrechts- und damit verfassungskonforme Auslegung** (→ § 2 Rn. 13 ff.).

19 Diese Auslegung betrifft im **Fall 18** die Regelung in § 138 I BGB, wonach ein Rechtsgeschäft, das gegen die guten Sitten verstößt, nichtig ist. § 134 BGB scheidet als „Antwortnorm" auf die Fallfrage nach der Ungültigkeit der in der Hausordnung enthaltenen Besuchsregelung aus, weil deren Verstoß gegen ein gesetzliches Verbot eine – gerade *nicht gegebene* – *unmittelbare* Drittwirkung hier einschlägiger Grundrechte voraussetzt. Auch auf das Allgemeine Gleichbehandlungsgesetz (AGG) vom 14.8.2006[47] kann sich M nicht berufen: Gemäß § 19 V 1 AGG finden die Vorschriften zum zivilrechtlichen Benachteiligungsverbot keine Anwendung auf zivilrechtliche Schuldverhältnisse, bei denen ein besonderes Nähe- oder Vertrauensverhältnis der Parteien oder ihrer Angehörigen begründet wird. Nach § 19 V 2 AGG kann dies bei Mietverhältnissen insbesondere der Fall sein, wenn die Parteien oder ihre Angehörigen Wohnraum auf demselben Grundstück nutzen. Dafür ist ein enges räumliches Zusammenleben maßgeblich.[48] V wohnt in demselben Gebäude wie M, so dass ein besonderes räumliches Näheverhältnis zwischen ihnen besteht und das AGG deshalb nicht anwendbar ist. Wenn das AGG nicht einschlägig ist, kann die mittelbare Drittwirkung der Grundrechte über § 138 I BGB trotzdem einen Schutz vor Diskriminierung vermitteln.[49] Im vorliegenden Fall geht es um die Wertgehalte zumindest des Art. 6 I GG, wonach die Ehe unter dem besonderen Schutz der staatlichen Ordnung steht (→ § 34 Rn. 2 ff.), sowie des sich auf die Gleichberechtigung von Männern und Frauen beziehenden Art. 3 II und III 1 Var. 1 GG (→ § 30 Rn. 20 ff.). Angesichts ihrer besonderen Bedeutung setzen sich diese Grundrechtsgehalte in einer Abwägung zur Bestimmung der Sittenwidrigkeit der Besuchsregelung gegenüber der zumindest durch Art. 2 I GG geschützten Privatautonomie (→ § 27 Rn. 5) des V ebenso durch wie gegen den Einwand eines freiwilligen Abschlusses des Mietvertrages seitens des M. Vernünftige Interessen des V, seinen Mietern in einer Hausordnung den Besuch von Personen weiblichen Geschlechts und damit sogar von Ehefrauen der Mieter zu verbieten, sind nicht ersichtlich. Die in der Hausordnung enthaltene Besuchsregelung verstößt daher gegen die guten Sitten und ist gemäß § 138 I BGB nichtig.[50] Der Mietvertrag bleibt im Übrigen jedoch gültig. Es handelt sich nämlich lediglich um eine **Teilnichtigkeit** i. S. v. § 139 BGB, weil bei Ermittlung des hypotheti-

---

[45] BVerfGE 89, 214 (229); vgl. ferner etwa BVerfGE 7, 198 (205 f.); 84, 192 (194 f.); 103, 89 (100 ff.); BVerfG (Kammerbeschl.), NJW 2004, 2008 (2009); NJW 2008, 358; NJW 2013, 3086 (3087).

[46] BVerfGE 7, 198 (206).

[47] BGBl. I S. 1897; zuletzt geändert durch Art. 8 des SEPA-Begleitgesetzes v. 3.4.2013 (BGBl. I S. 610).

[48] *C. Grüneberg,* in: O. Palandt, Bürgerliches Gesetzbuch, 75. Aufl. 2016, § 19 AGG Rn. 8.

[49] Vgl. *C. Armbrüster,* in: F. J. Säcker/R. Rixecker (Hrsg.), Münchener Kommentar zum Bürgerlichen Gesetzbuch, Bd. 1, Halbbd. 1, 7. Aufl. 2015, § 138 BGB Rn. 21; *P. Schrader/J. M. Schubert,* Das AGG in der Beratungspraxis, 2. Aufl. 2009, Rn. 758.

[50] Vgl. *W.-R. Bub,* in: ders./G. Treier (Hrsg.), Handbuch der Geschäfts- und Wohnraummiete, 4. Aufl. 2014, Kap. II Rn. 2410 ff., mit weiteren Beispielen.

schen Willens und insoweit vor allem der wirtschaftlichen Interessen von V und M davon auszugehen ist, dass diese den Mietvertrag auch in Kenntnis der Nichtigkeit der Besuchsregelung abgeschlossen hätten.

In **prozessualer Hinsicht** ergeben sich aus der mittelbaren Drittwirkung folgende Konsequenzen: „Der Richter hat kraft Verfassungsgebots zu prüfen, ob die von ihm anzuwendenden materiellen zivilrechtlichen Vorschriften in der beschriebenen Weise grundrechtlich beeinflußt sind; trifft das zu, dann hat er bei der Auslegung und Anwendung dieser Vorschriften die sich hieraus ergebende Modifikation des Privatrechts zu beachten. Dies ist der Sinn der Bindung auch des Zivilrichters an die Grundrechte (Art. 1 Abs. 3 GG). Verfehlt er diese Maßstäbe und beruht sein Urteil auf der Außerachtlassung dieses verfassungsrechtlichen Einflusses auf die zivilrechtlichen Normen, so verstößt er nicht nur gegen objektives Verfassungsrecht, indem er den Gehalt der Grundrechtsnorm (als objektiver Norm) verkennt, er verletzt vielmehr als Träger öffentlicher Gewalt durch sein Urteil das Grundrecht, auf dessen Beachtung auch durch die rechtsprechende Gewalt der Bürger einen verfassungsrechtlichen Anspruch hat. Gegen ein solches Urteil kann – unbeschadet der Bekämpfung des Rechtsfehlers im bürgerlich-rechtlichen Instanzenzug – das Bundesverfassungsgericht im Wege der Verfassungsbeschwerde angerufen werden."[51] Das BVerfG überprüft dann „die Auslegung und Anwendung der Vorschriften des Privatrechts in ständiger Rechtsprechung nur daraufhin, ob die ordentlichen Gerichte die Ausstrahlungswirkung der Grundrechte hinreichend beachtet oder ob sie ihren Entscheidungen eine unrichtige Auffassung von der Reichweite und Wirkkraft der Grundrechte zugrunde gelegt haben".[52] Bedarf es einer Abwägung zwischen widerstreitenden grundrechtlichen Schutzgütern, beschränkt sich das BVerfG auf die Prüfung, ob seitens der Fachgerichte eine ausreichende Beachtung des Grundrechtseinflusses erfolgt ist[53]. Dagegen hält das BVerfG eine Kontrolle, „wie die Gerichte den Schutz im Einzelnen auf der Grundlage des einfachen Rechts gewähren", nicht für seine Aufgabe[54] (vgl. auch → § 51 Rn. 60 f.).

2. Grundrechtliche Schutzpflichten

Eine wichtige Konsequenz der Deutung der Grundrechte als objektive Werteordnung ist die Begründung von Schutzpflichten. Eine ausgeprägte Judikatur des BVerfG besteht insoweit vor allem zu den Grundrechten auf Leben und körperliche Unversehrtheit. Danach folgt aus dem „objektiv-rechtlichen Gehalt die Pflicht der staatlichen Organe, sich schützend und fördernd vor die in Art. 2 Abs. 2 GG genannten Rechtsgüter zu stellen und sie insbesondere vor rechtswidrigen Eingriffen von seiten anderer zu bewahren".[55] Der Staat ist insoweit also nicht zur Unterlassung verpflichtet, sondern **zum Handeln aufgefordert.** In diesem Zusammenhang hebt das BVerfG auch Art. 1 I 2 GG hervor, wonach es Verpflichtung aller staatlichen Gewalt ist, die Würde des Menschen zu achten und zu schützen: „Daraus können sich verfassungsrechtliche Schutzpflichten ergeben, die es gebieten, rechtliche Regelungen so auszugestalten, daß auch die Gefahr von Grundrechtsverletzungen eingedämmt bleibt."[56]

---

[51] BVerfGE 7, 198 (206 f.).
[52] BVerfGE 73, 261 (269).
[53] BVerfGE 101, 361 (388); BVerfG (Kammerbeschl.), NJW 2008, 358.
[54] BVerfGE 96, 152 (164); BVerfG (Kammerbeschl.), NJW 2008, 358.
[55] BVerfGE 56, 54 (73); vgl. ferner BVerfGE 39, 1 (41); 46, 160 (164); 49, 89 (142); 53, 30 (57); 77, 170 (214 f.); 79, 174 (201 f.); 88, 203 (251); 115, 25 (44 f.); 115, 118 (152); BVerfG (Kammerbeschl.), NVwZ 2011, 991 (993); NVwZ 2013, 502; NJW 2015, 150; DVBl. 2015, 700; NJW 2015, 3500 (3501).
[56] BVerfGE 49, 89 (142); vgl. auch BVerfGE 88, 203 (251); BVerfG (Kammerbeschl.), NVwZ 2009, 1494 (1495); NVwZ 2011, 991 (993).

22 Das BVerfG legt nach der Ableitung verfassungsrechtlicher Schutzpflichten aus der *objektiv-rechtlichen* Wertentscheidung der Verfassung die *subjektiv-rechtliche* Bedeutung dieser Schutzpflichten wie folgt dar: „Werden diese Schutzpflichten verletzt, so liegt darin zugleich eine Verletzung des Grundrechts aus Art. 2 Abs. 2 Satz 1 GG, gegen die sich der Betroffene mit Hilfe der Verfassungsbeschwerde zur Wehr setzen kann."[57] Aus der staatlichen Schutz*pflicht* erwächst also ein Schutz*recht* des betroffenen Bürgers. „Schutzpflicht des Staates und Schutzanspruch des Bürgers für die Rechtsgüter Leben, körperliche Unversehrtheit, Freiheit und Eigentum bilden den Kern der mit der modernen Staatlichkeit unabdingbar verbundenen Friedens- und Sicherheitsgewährleistung. Traditionell bildet ihre Erfüllung die Legitimationsgrundlage des staatlichen Anspruchs auf Loyalität und Rechtsgehorsam."[58] Grundsätzlich besteht allerdings kein subjektives Recht auf eine bestimmte gesetzliche Maßnahme, sondern nur „auf ein Tätigwerden des Gesetzgebers überhaupt".[59]

23 Die **gerichtliche Überprüfbarkeit** der Erfüllung von Schutzpflichten stößt allerdings auf Grenzen.[60] Dem Gesetzgeber und der vollziehenden Gewalt kommen nach der Rechtsprechung des BVerfG bei der Erfüllung grundrechtlicher Schutzpflichten „ein weiter Einschätzungs-, Wertungs- und Gestaltungsbereich zu, der auch Raum läßt, etwa konkurrierende öffentliche und private Interessen zu berücksichtigen"[61]. „Diese **weite Gestaltungsfreiheit** kann von den Gerichten je nach Eigenart des in Rede stehenden Sachbereichs, den Möglichkeiten, sich ein hinreichend sicheres Urteil zu bilden und der Bedeutung der auf dem Spiele stehenden Rechtsgüter nur in begrenztem Umfang überprüft werden".[62]

24 Das BVerfG hat in seiner Rechtsprechung für eine Feststellung der Verletzung einer grundrechtlichen Schutzpflicht wiederholt zur Voraussetzung erhoben, dass die staatlichen Organe entweder „gänzlich untätig geblieben" oder „die bisher getroffenen Maßnahmen evident unzureichend sind"[63]. Auf der Grundlage einer solchen **Evidenzkontrolle** verneinte das BVerfG jeweils Verletzungen der Schutzpflicht für Leben und körperliche Unversehrtheit durch das Unterlassen von Nachbesserungen bei der Fluglärmbekämpfung[64], durch gesetzliche Vorschriften im Bauleitplanungs- und Immissionsschutzrecht für die Straßenfestsetzung in Bezug auf den Lärmschutz[65], durch die fachgerichtliche Ablehnung eines immissionsschutzrechtlich begründeten nachbarlichen Abwehranspruchs gegen eine Mobilfunksendeanlage[66], durch Regelungen von Verkehrsverboten zur kurzfristigen Bekämpfung erhöhter Ozonkonzentrationen[67], durch Unterlassen der Festsetzung von Geschwindigkeitsbeschränkungen im Straßenverkehr[68] und einer Verstärkung

---

[57] BVerfGE 77, 170 (214); vgl. ferner BVerfGE 77, 381 (402f.); 79, 174 (201f.); BVerfG (Kammerbeschl.), NVwZ 2013, 502.
[58] *C. Link*, VVDStRL 48 (1990), 7 (52, LS 10).
[59] *K. Stern*, DÖV 2010, 241 (248).
[60] Siehe dazu im Einzelnen *H. Sodan*, NVwZ 2000, 601 (603ff.).
[61] BVerfGE 77, 170 (214f.); 79, 174 (202); BVerfG (Kammerbeschl.), NJW 1996, 651; NVwZ 2009, 1494 (1495); NVwZ 2011, 991 (993).
[62] BVerfGE 77, 170 (215) – ohne Hervorhebung; vgl. auch bereits BVerfGE 56, 54 (80f.).
[63] BVerfG (Kammerbeschl.), NJW 1996, 651; NJW 1998, 2961 (2962); vgl. ferner BVerfGE 85, 191 (212); 89, 276 (286); 92, 26 (46); BVerfG (Kammerbeschl.), NJW 2010, 1943 (1944f.); NVwZ 2013, 502.
[64] BVerfGE 56, 54 (80ff.); BVerfG (Kammerbeschl.), NVwZ 2008, 780 (784f.); NVwZ 2009, 1489 (1492f.); NVwZ 2009, 1494ff.
[65] BVerfGE 79, 174 (202).
[66] BVerfG (Kammerbeschl.), NVwZ 2007, 805f.
[67] BVerfG (Kammerbeschl.), NJW 1996, 651.
[68] BVerfG (Kammerbeschl.), NJW 1996, 651 (652).

§ 22. Dimensionen der Grundrechte

des Nichtraucherschutzes[69] sowie durch Vorschriften des Waffengesetzes, welche den Umgang mit Waffen und Munition unter Berücksichtigung der Belange der öffentlichen Sicherheit und Ordnung regeln[70]. In anderen Entscheidungen erkannte das BVerfG jedoch, dass sich eine solche Evidenzkontrolle im Falle erheblicher Gefährdungen bedeutsamer Rechtsgüter dem Gesetzgeber gegenüber als zu großzügig erweisen kann. Einen strengeren Maßstab legte das Gericht nicht nur in seiner Judikatur zum Atomrecht[71], sondern vor allem auch in Entscheidungen zum Schwangerschaftsabbruch an[72]. Im jüngeren „Nasciturus-Urteil" von 1993 wich das BVerfG ausdrücklich vom Maßstab einer Evidenzkontrolle unter Hinweis auf den Schutz menschlichen Lebens ab[73]; es machte dem zur Neuregelung verpflichteten Gesetzgeber außerordentlich detaillierte Vorgaben[74]. In dieser Entscheidung wurde dem Gesetzgeber die Beachtung des **Untermaßverbotes** auferlegt: „Notwendig ist ein – unter Berücksichtigung entgegenstehender Rechtsgüter – angemessener Schutz; entscheidend ist, daß er als solcher wirksam ist. Die Vorkehrungen, die der Gesetzgeber trifft, müssen für einen angemessenen und wirksamen Schutz ausreichend sein und zudem auf sorgfältigen Tatsachenermittlungen und vertretbaren Einschätzungen beruhen [...] Soll das Untermaßverbot nicht verletzt werden, muß die Ausgestaltung des Schutzes durch die Rechtsordnung Mindestanforderungen entsprechen."[75] Aus der zum Übermaßverbot entwickelten Terminologie (→ § 24 Rn. 32) können zur Anwendung des Untermaßverbotes die Begriffe der Eignung, Erforderlichkeit und Zumutbarkeit unter Berücksichtigung der Besonderheiten grundrechtlicher Schutzpflichten verwandt werden.[76] In seinem Urteil vom 15.2.2006 zum Luftsicherheitsgesetz stellte das BVerfG klar: „Zwar kann sich [...] in besonders gelagerten Fällen, wenn anders ein effektiver Lebensschutz nicht zu erreichen ist, die Möglichkeit der Auswahl der Mittel zur Erfüllung der Schutzpflicht auf die Wahl eines bestimmten Mittels verengen [...]. Die Wahl kann aber immer nur auf solche Mittel fallen, deren Einsatz mit der Verfassung in Einklang steht."[77]

Auch in anderen Verfassungsbestimmungen als den Grundrechten auf Leben und körperliche Unversehrtheit sind staatliche Schutzpflichten verankert. Dazu gehören etwa das in Art. 7 IV 1 GG gewährleistete Recht zur Errichtung von privaten Schulen (→ § 35 Rn. 9f.) und die in Art. 12 I 1 GG geschützte freie Wahl des Arbeitsplatzes (→ § 40 Rn. 19).

25

Nach der Rechtsprechung des BVerfG darf der Staat sich „nicht darauf zurückziehen, die Tätigkeit der privaten Ersatzschulen lediglich zuzulassen. Vielmehr muß er ihnen die Möglichkeit geben, sich ihrer Eigenart entsprechend zu verwirklichen".[78] Aus Art. 7 IV 1 GG kann sich „über dessen Abwehrcharakter hinaus ein Anspruch auf staatliche Förderung ergeben".[79] Dem BVerfG zufolge räumt jedoch die Verfassung dem Gesetzgeber „eine weitgehende Gestaltungsfreiheit" ein, in welcher Weise dieser „den grundrechtlichen Anspruch der privaten Ersatzschulen auf Schutz und Förderung erfüllt"[80]. Das in Art. 12 I 1 GG gewährleistete Grundrecht auf freie Wahl des Arbeitsplatzes verleiht zwar keinen unmittelbaren Schutz gegen den Verlust des Arbeitsplatzes aufgrund

26

---

[69] BVerfG (Kammerbeschl.), NJW 1998, 2961 (2962). Vgl. jedoch speziell zur Schutzpflicht betr. den Nichtraucherschutz in Gaststätten und Diskotheken BVerfGE 121, 266 (356f.).
[70] BVerfG (Kammerbeschl.), NVwZ 2013, 502f.
[71] Vgl. BVerfGE 49, 89 (142f.); 53, 30 (57ff.).
[72] Vgl. BVerfGE 39, 1 (51ff.); 88, 203 (251ff.).
[73] BVerfGE 88, 203 (262f.).
[74] BVerfGE 88, 203 (insbes. 270ff.). Krit. dazu *H. Dreier*, Jura 1994, 505 (513).
[75] BVerfGE 88, 203 (254f.); vgl. etwa auch BVerfG (Kammerbeschl.), NVwZ 2009, 1489 (1490).
[76] Siehe dazu näher *H. Sodan*, NVwZ 2000, 601 (605f.); vgl. auch *W. Cremer*, DÖV 2008, 102ff.
[77] BVerfGE 115, 118 (160); vgl. bereits BVerfGE 46, 160 (164f.).
[78] BVerfGE 75, 40 (63); vgl. ferner BVerwGE 70, 290 (292); 79, 154 (158).
[79] BVerfGE 90, 107 (115).
[80] BVerfGE 90, 107 (116); vgl. auch BVerfGE 112, 74 (84).

privater Dispositionen; insoweit obliegt dem Staat aber eine Schutzpflicht, welcher die geltenden Kündigungsvorschriften hinreichend Rechnung tragen.[81]

3. Institutionelle Gewährleistungen

27 In einigen Verfassungsnormen werden institutionelle Garantien gesehen, deren Anerkennung auf grundrechtstheoretische Entwicklungen aus der Zeit der Weimarer Republik zurückgeht.[82] So sieht man etwa in Art. 6 I GG Ehe und Familie (→ § 34 Rn. 9f.) sowie in Art. 14 I GG Eigentum und Erbrecht (→ § 42 Rn. 4) als jeweils **privatrechtliche Institute** verankert, während **öffentlich-rechtliche institutionelle Garantien** für die kommunale Selbstverwaltung aus Art. 28 II GG (→ § 8 Rn. 9, 13, 41 ff.) und für das Berufsbeamtentum aus Art. 33 V GG hergeleitet werden.[83] Dabei geht es jeweils im Kern „um eine Art von objektiver **Bestandsgarantie** für verfassungsrechtlich verbürgte und einfachgesetzlich auszuformende Einrichtungen oder Regelungskomplexe. Normgeprägte und daher besonders ausgestaltungsbedürftige Grundrechte wie Ehe und Familie […], Eigentum und Erbrecht […] erfahren so – neben ihrem weiterhin bestehenden subjektiv-abwehrrechtlichen Gehalt – einen gewissen objektiv-rechtlichen Kernbereichs- oder **Substanzschutz.** Allerdings verschwimmen Prägung, Konkretisierung, Ausgestaltung bis hin zur Inhaltsbestimmung von Grundrechten in dieser Kategorie auf kaum vermeidbare Weise".[84] Die institutionellen Garantien scheinen jedenfalls vor allem wegen der *allgemeinen* Anerkennung objektiv-rechtlicher Grundrechtsgehalte an Bedeutung verloren zu haben. Diese Entwicklung kommt auch in der Judikatur des BVerfG zum Ausdruck, die in jüngerer Zeit seltener auf institutionelle Garantien eingeht.[85]

4. Grundrechtssicherung durch Organisation und Verfahren

28 Nach gefestigter Rechtsprechung des BVerfG beeinflussen „die Grundrechte nicht nur die Ausgestaltung des materiellen Rechts", sondern setzen „zugleich Maßstäbe für eine den Grundrechtsschutz effektuierende Organisations- und Verfahrensgestaltung sowie für eine grundrechtsfreundliche Anwendung vorhandener Verfahrensvorschriften"[86]. „Erfüllt das vom Gesetzgeber geschaffene Verfahrensrecht seine Aufgabe nicht oder setzt es der Rechtsausübung so hohe Hindernisse entgegen, daß die Gefahr einer Entwertung der materiellen Grundrechtsposition entsteht, dann ist es mit dem Grundrecht, dessen Schutz es bewirken soll, unvereinbar."[87] Zum Kern **grundrechtlicher Verfahrensgarantien** gehört etwa, dass „die betroffenen Bürger ihren Standpunkt wirksam vertreten können. Sie müssen rechtzeitig über den Verfahrensstand informiert werden und die Möglichkeit haben, Einwände wirksam vorzubringen."[88]

29 **Grundrechtsschutz durch Organisation** wird beispielsweise über Regelungen im Hochschulrecht sichergestellt. Das BVerfG leitet aus der wertentscheidenden Grund-

---

[81] BVerfGE 84, 133 (146 f.); 92, 140 (150); 97, 169 (175). Krit. zur insoweit objektiv-rechtlichen Dimension der Berufsfreiheit *K.-H. Ladeur,* DÖV 2007, 1 (4 f.).

[82] Siehe dazu im Einzelnen *U. Mager,* Einrichtungsgarantien, 2003, S. 21 ff.

[83] Siehe zu weiteren institutionellen Gewährleistungen *H. Sodan,* Freie Berufe als Leistungserbringer im Recht der gesetzlichen Krankenversicherung, 1997, S. 51.

[84] *H. Dreier,* in: Dreier Vorb. vor Art. 1 Rn. 107.

[85] Siehe zu Ausnahmen BVerfGE 103, 332 (376) in Bezug auf Art. 28 II GG und BVerfGE 105, 313 (342) hinsichtlich Art. 6 I GG.

[86] BVerfGE 69, 315 (355); vgl. ferner etwa BVerfGE 53, 30 (65 f.); 84, 59 (72); 90, 60 (96).

[87] BVerfGE 63, 131 (143) mit konkretem Bezug zum Gegendarstellungsrecht. Vgl. aus dem Schrifttum etwa *H. Bethge,* NJW 1982, 1 ff.; *H. Goerlich,* Grundrechte als Verfahrensgarantien, 1981.

[88] BVerfGE 84, 59 (72).

satznorm des Art. 5 III GG für die „Gestaltungsfreiheit des Gesetzgebers in diesem wissenschaftlich relevanten Organisationsbereich Grenzen unter zwei verschiedenen Gesichtspunkten" her: Den Trägern dieses Individualrechts ist in positiver Hinsicht „durch geeignete freiheitliche Strukturen der Universität soviel Freiheit in ihrer wissenschaftlichen Betätigung zu gewähren, wie dies unter Berücksichtigung der Aufgaben der Universität und der Belange der verschiedenen in der Universität tätigen Grundrechtsträger möglich ist"; Art. 5 III GG verbietet negativ gesehen „dem Gesetzgeber einen Wissenschaftsbetrieb organisatorisch so zu gestalten, daß die Gefahr der Funktionsunfähigkeit oder der Beeinträchtigung des für die wissenschaftliche Betätigung der Mitglieder erforderlichen Freiheitsraumes herbeigeführt wird."[89] Der herausgehobenen Stellung der **Hochschullehrer** hat der Staat nach Art. 5 III i. V. m. Art. 3 I GG durch folgende organisatorische Vorkehrungen Rechnung zu tragen: Bei unmittelbar die **Lehre** betreffenden Entscheidungen muss der Gruppe der Hochschullehrer der **maßgebende Einfluss** verbleiben, was voraussetzt, dass diese Gruppe in einem gruppenmäßig zusammengesetzten Kollegialorgan über die Hälfte der Stimmen verfügt; bei unmittelbar Fragen der **Forschung** oder die **Berufung** der Hochschullehrer betreffenden Entscheidungen muss der Gruppe der Hochschullehrer ein **weitergehender, ausschlaggebender Einfluss** vorbehalten bleiben.[90] Ansonsten ist die Frage, ob das organisatorische Gesamtgefüge der Hochschule den in der Wissenschaft Tätigen genügend Einfluss- und Kontrollmöglichkeiten einräumt, anhand einer Gesamtwürdigung zu beantworten. Dabei gilt: Je mehr Kompetenzen der Gesetzgeber dem Leitungsorgan in Bereichen mit Wissenschaftsbezug überträgt, desto substanzieller müssen im Gegenzug auch die Mitwirkungs- und Kontrollrechte der Kollegialorgane sein.[91]

§ 23. Grundrechtsverpflichtete und Grundrechtsträger

> **Fall 19** (abgewandelt nach BVerfGE 78, 179 ff.): Die Französin F und die Kanadierin K möchten in Deutschland als Heilpraktikerinnen tätig werden. Hierzu beantragten beide bei der zuständigen Behörde eine Erlaubnis nach dem 1939 erlassenen Heilpraktikergesetz (HPG). Gesetzgeberisches Ziel dieser Erlaubnispflicht ist der Schutz der Patienten vor unqualifizierten Therapeuten. § 7 HPG enthält eine Verordnungsermächtigung für die zur Durchführung und Ergänzung des Gesetzes erforderlichen Rechts- und Verwaltungsvorschriften. Hierauf gestützt war ebenfalls 1939 eine Durchführungsverordnung zum Heilpraktikergesetz (DV-HPG) erlassen worden, deren § 2 regelt, dass eine Heilpraktikererlaubnis nicht an Ausländer zu erteilen ist. Daher versagt die Behörde die Erlaubniserteilung an F und K. Sind diese dadurch in Grundrechten verletzt?

I. Grundrechtsverpflichtete

Grundrechtsverpflichtet, d. h. an die Grundrechte gebunden, ist **jegliche staatliche Gewalt** (vgl. Art. 1 III GG). Erfasst ist „jedes Handeln staatlicher Organe oder Organisationen, weil es in Wahrnehmung ihres dem Gemeinwohl verpflichteten Auftrags erfolgt"; dazu gehören neben imperativen Maßnahmen auch „Entscheidungen, Äußerungen und Handlungen, die – auf den jeweiligen staatlichen Entscheidungsebenen – den Anspruch erheben können, autorisiert im Namen aller Bürger getroffen zu werden".[1] Dabei kommt es nicht auf die Organisations- oder Handlungsform staatlicher Aufgaben-

1

---

[89] BVerfGE 35, 79 (123 f.) – „Hochschulverfassungs-Urteil"; vgl. auch BVerfGE 111, 333 (355).
[90] BVerfGE 35, 79 (LS 8 b und c, S. 131 ff.).
[91] BVerfGE 127, 87 (117 f.); vgl. auch *C. Hillgruber*, Forschung und Lehre 2011, 286 (289).
[1] BVerfGE 128, 226 (244).

erfüllung an. Gerade die Verwaltung darf sich bei der Erfüllung ihrer öffentlichen Aufgaben grundsätzlich auch des Privatrechts bedienen (so genanntes **Verwaltungsprivatrecht,** → § 67 Rn. 15 ff.). Erfüllt ein öffentlich-rechtlicher Verwaltungsträger unmittelbar hoheitliche Aufgaben in **privatrechtlicher Form,** so befreit dieses Vorgehen jedoch nicht von der Grundrechtsbindung; dies „gilt sowohl für die Verwendung von zivilrechtlichen Handlungsformen als auch für den Einsatz privatrechtlicher Organisations- und Gesellschaftsformen".[2] Dem Staat ist also eine „Flucht aus der Grundrechtsbindung in das Privatrecht" verwehrt.[3] Nicht nur **öffentliche Unternehmen** in Privatrechtsform, welche vollständig im Eigentum der öffentlichen Hand stehen, sondern auch **gemischtwirtschaftliche Unternehmen,** an denen sowohl private als auch öffentliche Anteilseigner beteiligt sind und die von letzteren beherrscht werden, unterliegen einer unmittelbaren Grundrechtsbindung; eine solche Beherrschung ist regelmäßig gegeben, wenn sich mehr als die Hälfte der Anteile im Eigentum der öffentlichen Hand befinden.[4] Nach der Judikatur des BVerfG sind die Auswirkungen dieser Grundrechtsbindung „jedoch begrenzt. Insbesondere wird die öffentliche Hand hierdurch nicht grundsätzlich daran gehindert, in adäquater und weithin gleichberechtigter Weise wie Private die Handlungsinstrumente des Zivilrechts für ihre Aufgabenwahrnehmung zu nutzen und auch sonst am privaten Wirtschaftsverkehr teilzunehmen."[5] Vor allem verbietet auch der allgemeine Gleichheitssatz des Art. 3 I GG (→ § 30 Rn. 3 ff.) „Differenzierungen nicht, die an marktrelevante Kriterien wie Produktqualität, Zuverlässigkeit und Zahlungsfähigkeit anknüpfen, um ein wettbewerbliches Wirtschaften des Unternehmens zu ermöglichen"; öffentliche einschließlich der öffentlich beherrschten Unternehmen sind jedoch bei der Gestaltung ihrer Vertragsbeziehungen zu „rechtsstaatlicher Neutralität" verpflichtet, sodass es ihnen nicht freisteht, „ihre wirtschaftliche Tätigkeit nach Belieben mit subjektiv weltanschaulichen Präferenzen oder Zielsetzungen und hierauf beruhenden Differenzierungen zu verbinden."[6] Die vorgenannten Maßstäbe gelten nicht nur für **erwerbswirtschaftliche Betätigungen der öffentlichen Hand,** sondern auch für so genannte **Hilfsgeschäfte der Verwaltung** (allgemeine Bedarfsdeckung). Denn der Staat handelt hier ebenfalls funktional nicht wie ein grundrechtsberechtigter Privater, sondern wird im Rahmen seiner Tätigkeit als Sachwalter der Allgemeinheit tätig.[7] Privatpersonen werden hingegen grundsätzlich nicht unmittelbar durch die Grundrechte gebunden; allerdings können die Grundrechte zwischen Privatpersonen eine **mittelbare Drittwirkung** entfalten (→ § 22 Rn. 16 ff.).

II. Grundrechtsträger

2 Träger eines Grundrechts ist derjenige, der aus ihm eine Berechtigung (etwa einen Abwehranspruch, → § 22 Rn. 2 ff.) herleiten kann. Anstelle von Grundrechtsträgerschaft wird insoweit häufig auch von „Grundrechtsberechtigung" oder von „Grundrechtsfähigkeit" gesprochen. Prozessual verleiht die Grundrechtsberechtigung die Antragsbefugnis bzw. Beteiligtenfähigkeit im Rahmen einer Verfassungsbeschwerde (→ § 51 Rn. 7 f.). Welche Personen Grundrechtsträger sein können, bestimmt sich *im Einzelnen*

---

[2] BVerfGE 128, 226 (244).
[3] BVerfGE 128, 226 (245). Siehe näher zum Verwaltungsprivatrecht und der dortigen Grundrechtsbindung *H. Sodan,* in: Sodan/Ziekow § 40 Rn. 312 ff., insbes. 314 ff.
[4] BVerfGE 128, 226 (246 f.).
[5] BVerfGE 128, 226 (248).
[6] BVerfGE 128, 226 (248 f.).
[7] *W. Höfling,* in: Sachs, GG Art. 1 Rn. 107.

§ 23. Grundrechtsverpflichtete und Grundrechtsträger 193

nach dem jeweiligen **personellen Schutzbereich der Grundrechte** (→ § 24 Rn. 3 f. sowie §§ 26 ff. mit den diesbezüglichen Ausführungen zu den Einzelgrundrechten). Die nachfolgenden Erörterungen zur Grundrechtsträgerschaft zeigen *allgemeine* Maßstäbe auf.

1. Natürliche Personen

Grundrechtsträger sind prinzipiell zunächst alle natürlichen Personen. 3

a) Deutsche und Ausländer

Auf *alle* Grundrechte – d. h. sowohl auf die „Jedermann-Grundrechte" als auch die 4 „Deutschen-Grundrechte" (zur Unterscheidung → § 21 Rn. 7) – können sich nur die **Deutschen** i. S. d. Art. 116 I GG berufen.

Ausländer sind hingegen lediglich Grundrechtsträger der „Jedermann-Grundrechte". 5 Hinsichtlich derjenigen Freiheitsbereiche, für welche den Deutschen exklusiver Schutz durch die diesbezüglichen Bürgerrechte gewährt wird, können sich Ausländer indes auf die **allgemeine Handlungsfreiheit** des Art. 2 I GG (→ § 27 Rn. 1 ff.) berufen; denn das Grundgesetz trifft nach h. M. mit den „Deutschen-Grundrechten" keine Entscheidung zum Ausschluss des Schutzes von deren Freiheitsgehalten durch das **Auffanggrundrecht** des Art. 2 I GG für Nicht-Deutsche.[8] Dabei darf aber nicht das Spezialitätsverhältnis zwischen dem jeweiligen „Deutschen-Grundrecht", das den betreffenden Freiheitsbereich schützt, und Art. 2 I GG außer Acht gelassen werden; insoweit kann der Nicht-Deutsche also nicht den gleichen Schutz über Art. 2 I GG beanspruchen (etwa im Hinblick auf engere Beschränkungsmöglichkeiten) wie ein Deutscher über das für ihn einschlägige „Deutschen-Grundrecht".[9]

Teilweise wird hingegen die Ansicht vertreten, die Auffangfunktion des Art. 2 I GG greife in solchen Fällen nicht zugunsten von Ausländern, da ein solcher Rückgriff nur zulässig sei, wenn ein spezielles Freiheitsrecht tatbestandsmäßig nicht einschlägig sei; mit der Beschränkung auf Deutsche werde jedoch vom Grundrechtstatbestand her eine negative Regelung zulasten von Ausländern getroffen[10]. Daraus ergäbe sich jedoch als Konsequenz, dass für Ausländer über Art. 2 I GG gerade nicht die besonders bedeutenden, für die Deutschen spezialgrundrechtlich geschützten Freiheiten wie etwa die Berufsfreiheit (→ § 40), sondern alle übrigen von Art. 2 I GG erfassten Freiheiten wie etwa das Autofahren oder das Reiten im Walde (→ § 27 Rn. 3 f.) grundrechtlich geschützt wären. 6

Problematisch ist, ob hinsichtlich der in den „Deutschen-Grundrechten" geschützten 7 Freiheitsgehalte auch für **EU-Ausländer** „nur" eine Berufung auf Art. 2 I GG möglich ist oder diesen in Bezug auf insbesondere das unionsrechtliche Diskriminierungsverbot des Art. 18 AEUV der gleiche Schutz wie den Deutschen durch Anwendbarkeit der „Deutschen-Grundrechte" eingeräumt werden muss. Soweit Letzteres vertreten wird[11],

---

[8] Siehe etwa BVerfGE 78, 179 (196 f.); 128, 1 (68); siehe auch → § 27 Rn. 10 m. w. N. in Fn. 52.
[9] Siehe BVerfGE 78, 179 (197).
[10] So etwa *Maurer*, StaatsR I § 9 Rn. 30; in „besonders gravierenden Fällen" sollen sich hiernach Ausländer insoweit allerdings auf Art. 1 I GG (→ § 26) berufen können.
[11] Siehe *D. Ehlers*, JZ 1996, 776 (781); *H. D. Jarass*, in: Jarass/Pieroth Art. 19 Rn. 12; *E. Klein*, in: FS Stern, 1997, S. 1301 (1309 f.); *R. Wernsmann*, Jura 2000, 657 ff.; ferner *R. Breuer*, in: HdbStR VIII § 170 Rn. 43, speziell in Bezug auf Art. 12 I GG. Ob sich das BVerfG dieser Auffassung anschließen wird, bleibt abzuwarten; ein Beschl. v. 19.7.2011 betrifft ausdrücklich nur eine mit den Grundfreiheiten und dem allgemeinen Diskriminierungsverbot des Art. 18 AEUV begründete

ist dem schon der klare Wortlaut derjenigen Grundrechtsvorschriften entgegenzuhalten, die ausdrücklich nur für Deutsche gelten. Nach anderer Ansicht[12] soll zwar nur die Berufung auf Art. 2 I GG möglich sein; dabei seien aber die – regelmäßig engeren – Beschränkungsmöglichkeiten des betreffenden „Deutschen-Grundrechts" auf Art. 2 I GG zu übertragen, damit für die EU-Ausländer ein dem jeweiligen „Deutschen-Grundrecht" entsprechender Schutz erreicht werde. Eine solche „Schrankenübertragung" ist indes ebenfalls abzulehnen; vielmehr gilt Art. 2 I GG in den betreffenden Fällen – genauso wie für Nicht-EU-Ausländer – ohne dogmatische Besonderheiten.[13] Denn die unionsrechtlich gebotene Gleichbehandlung erfordert nur eine im Ergebnis gleiche Reichweite der geschützten Betätigungsmöglichkeiten. Dies lässt sich aber bereits durch eine entsprechende Auslegung des „einfachen" Rechts nach Maßgabe des unionsrechtlichen Diskriminierungsverbotes bzw. auf der Grundlage des Anwendungsvorranges des Unionsrechts (→ § 5 Rn. 12 ff.) erreichen, ohne dass es einer überdehnenden Auslegung der nationalen Grundrechte bedarf. Im Übrigen bleibt es unbenommen, im Rahmen der Verhältnismäßigkeitsprüfung bei Art. 2 I GG zu untersuchen, ob die „verfassungsmäßige Ordnung" im konkreten Fall eine Ungleichbehandlung von Deutschen und EU-Ausländern erlaubt[14].

8   Im **Fall 19** kann sich daher nicht nur K als Nicht-EU-Ausländerin, sondern auch F als EU-Ausländerin hinsichtlich des Schutzes ihrer freien beruflichen Betätigung zwar nicht auf das Deutschen vorbehaltene Grundrecht des Art. 12 I GG, aber auf Art. 2 I GG als Auffanggrundrecht berufen. Bezüglich F ist dabei dem Anwendungsvorrang des Unionsrechts und damit dem unionsrechtlichen Diskriminierungsverbot des Art. 18 AEUV sowie den unionsrechtlichen Grundfreiheiten (siehe insbesondere Art. 49 ff., 56 ff. AEUV) Rechnung zu tragen. Die in § 2 DV-HPG angeordnete Beschränkung der Erlaubniserteilung nur für Deutsche ist daher schon insoweit nicht mit Art. 2 I GG vereinbar. Auf K als Nicht-EU-Ausländerin sind hingegen unionsrechtliche Vorgaben nicht anwendbar. Gleichwohl ist auch sie in Art. 2 I GG verletzt, da die Nichterteilung der Erlaubnis gegen die „verfassungsmäßige Ordnung" verstößt: Zwar ist § 7 HPG als *vorkonstitutionelle* Verordnungsermächtigung selbst verfassungsgemäß, da er insoweit nicht an den strengeren Anforderungen des Art. 80 I 2 GG (→ § 17 Rn. 43 f.), sondern an Art. 129 GG zu messen ist. Jedoch hält sich § 2 DV-HPG nicht im Rahmen dieser Ermächtigung, da das absolute Verbot der Erlaubniserteilung für Ausländer nichts mit dem Gesetzeszweck einer fachlichen Eignungsüberprüfung gemein hat.[15]

b) Geschäftsunfähige, insbesondere Minderjährige

9   Die Grundrechtsfähigkeit hängt nicht vom Alter, der Geschäftsfähigkeit oder der Einsichtsfähigkeit ab.[16] Gleichwohl wird unter dem Stichwort der **„Grundrechtsmündigkeit"** gelegentlich diskutiert, inwieweit insbesondere Minderjährige Grundrechte selbständig ausüben dürfen.[17] Soweit hiermit eine über die Frage der Prozessfähigkeit (→ § 51 Rn. 10) hinaus gehende materielle Einschränkung der Grundrechtsgeltung gemeint ist, verdient dieser Ansatz keine Zustimmung. Denn eine solche Einschränkung

---

„Anwendungserweiterung" des Art. 19 III GG auf *juristische* Personen mit einem Sitz im EU-Ausland (BVerfGE 129, 78 [97 ff.]; siehe dazu näher → Rn. 15).

[12] *H. Dreier,* in: Dreier Vorb. vor Art. 1 Rn. 116; *W. Rüfner,* in: HdbStR V (2. Aufl.) § 116 Rn. 12.
[13] So auch *U. Di Fabio,* in: Maunz/Dürig Art. 2 I Rn. 35; *Sachs,* VerfR II, A 6 Rn. 18.
[14] Vgl. *P. Kunig,* in: v. Münch/Kunig Art. 2 Rn. 3.
[15] Näher hierzu BVerfGE 78, 179 (196 ff.).
[16] *H. D. Jarass,* in: Jarass/Pieroth Art. 19 Rn. 10.
[17] Siehe zu dieser Diskussion etwa *I. v. Münch/P. Kunig,* in: v. Münch/Kunig Vorb. Art. 1–19 Rn. 31.

wäre mit dem Wesen der Grundrechte nicht zu vereinbaren.[18] Wenn also insoweit bestimmte Grenzen für die Grundrechtsausübung bestehen (z. B. durch die Altersgrenze in § 5 RelKErzG), handelt es sich nicht um eine Geltungseinschränkung der Grundrechte, sondern um einen rechtfertigungsbedürftigen Eingriff.[19] Auch die „Kollision" von Grundrechten eines Kindes mit dem elterlichen Erziehungsgrundrecht (Art. 6 II 1 GG, → § 34 Rn. 13 ff.) macht eine Einschränkung der Geltung der Grundrechte von Minderjährigen nicht notwendig; denn solche Fälle können sachgemäß über die allgemeinen Grundsätze gelöst werden, welche bei Grundrechtskollisionen gelten.[20]

c) Ungeborenes Leben und Verstorbene

Grundsätzlich **beginnt** die Grundrechtsfähigkeit mit der Geburt und **endet** mit dem Tod, da die Grundrechte in ihrer Schutzfunktion für natürliche Personen auf deren personale Substanz und damit das menschliche Leben abstellen.[21] In bestimmten Fällen nimmt das BVerfG eine Geltung einzelner Grundrechte auch für das ungeborene Leben (nasciturus) oder für Verstorbene an: So leitet es für das sich im Mutterleib entwickelnde ungeborene Leben eine staatliche Schutzpflicht aus Art. 1 I und 2 II 1 GG her[22] (→ § 22 Rn. 21, 24). Bezüglich der Menschenwürde erkennt es an, dass diese auch über den Tod einer Person hinaus fortwirkt; allerdings liegt es nahe, als Grundrechtsberechtigten nicht den Verstorbenen selbst, sondern die Hinterbliebenen anzuerkennen (→ § 26 Rn. 7).

10

2. Juristische Personen

Unter bestimmten Voraussetzungen können juristische Personen Grundrechtsträgerinnen sein. Nach Art. 19 III GG gelten die Grundrechte „auch für inländische juristische Personen, soweit sie ihrem Wesen nach auf diese anwendbar sind".

11

a) Juristische Personen des Privatrechts

Art. 19 III GG bezieht sich aufgrund des Charakters der Grundrechte als Schutzrechte von Privaten gegenüber der staatlichen Gewalt jedenfalls auf juristische Personen des Privatrechts. Dieser Begriff wird im Rahmen des Art. 19 III GG weiter verstanden als der „einfachrechtliche" Begriff der „juristischen Person". Namentlich fallen unter Art. 19 III GG nicht nur vollrechtsfähige Vereinigungen (wie etwa die AG, die GmbH, der rechtsfähige Verein oder die Stiftung des bürgerlichen Rechts), sondern auch zumindest teilrechtsfähige Personenzusammenschlüsse wie z. B. die GbR, die KG, die OHG oder der nichtrechtsfähige Verein,[23] des Weiteren etwa auch politische Parteien[24]. **„Inländisch"** ist eine juristische Person, wenn ihr „effektiver" Sitz, also der tatsächliche Mittelpunkt ihrer Tätigkeit, in der Bundesrepublik Deutschland liegt, unabhängig von

12

---

[18] Siehe auch *M. Sachs*, in: Sachs, GG Vor Art. 1 Rn. 75.
[19] *M. Sachs*, in: Sachs, GG Vor Art. 1 Rn. 76; *Siekmann/Duttge* Rn. 1006 f.
[20] Siehe zur Grundrechtsbeschränkung durch „kollidierendes Verfassungsrecht" → § 24 Rn. 19 ff.
[21] *Stern*, StaatsR III/1 S. 1045.
[22] Siehe BVerfGE 39, 1 (36 ff.); 88, 203 (251 ff.) – jew. zum Schwangerschaftsabbruch.
[23] *Stern*, StaatsR III/1 S. 1131 ff.; siehe im Einzelnen etwa BVerfGE 4, 7 (12) – KG, OHG; 24, 236 (243) – nichtrechtsfähiger Verein; 53, 336 (345) – AG; 53, 366 (386) – GmbH, rechtsfähiger Verein; 70, 138 (160) – privatrechtliche Stiftung.
[24] BVerfGE 3, 19 (22); 3, 383 (391 f.).

der Staatsangehörigkeit der Mitglieder, der Eigentümer oder der die juristische Person sonst wie beherrschenden Menschen.[25]

13 Die **„wesensmäßige Anwendbarkeit"** von Grundrechten auf juristische Personen bejaht das BVerfG jedenfalls dann, wenn deren Bildung und Betätigung Ausdruck der freien Entfaltung der privaten natürlichen Personen ist, insbesondere wenn der „Durchgriff" auf die hinter den juristischen Personen stehenden Menschen dies als sinnvoll und erforderlich erscheinen lässt[26]. In der Literatur wird an diesem Abstellen auf ein **„personales Substrat"** kritisiert, dass Art. 19 III GG juristische Personen gerade auch um ihrer selbst willen und nicht nur wegen der dahinter stehenden natürlichen Personen schütze; für die „wesensmäßige Anwendbarkeit" sei vielmehr eine „grundrechtstypische Gefährdungslage" zu fordern, welche auch dann vorliege, wenn die grundrechtlich geschützte Tätigkeit von der juristischen Person selbst ausgeübt werden könne[27]. Da das BVerfG aber diesen Gedanken mitunter selbst aufgreift, indem es nach einer „korporativen" und nicht bloß individuellen Ausübbarkeit des betreffenden Grundrechts fragt,[28] und das soeben genannte „Durchgriffskriterium" in großzügiger Anwendung als „bei juristischen Personen des Privatrechts regelmäßig erfüllt" ansieht,[29] ist der diesbezügliche Streit von eher akademischer Natur.

14 *Nicht* wesensmäßig auf juristische Personen anwendbar sind diejenigen Grundrechtsnormen, deren Schutzgehalte sich ausschließlich auf physisch-reale menschliche Personen beziehen können, so etwa Art. 1 I, 2 II 1 und 2, Art. 3 II und III 1, 2 (jedenfalls in Bezug auf Geschlecht, Abstammung, Rasse, Sprache, Heimat, Behinderung), Art. 4 I (hinsichtlich Gewissensfreiheit), Art. 6, 7 II und III 3, Art. 12 III, 16, 16a GG. *Wesensmäß anwendbar* sein können hingegen die übrigen Grundrechte, namentlich diejenigen aus Art. 2 I, 4 I, II (Glaubensfreiheit), 5, 7 IV, 8, 9, 10, 11, 12 I, 13, 14, 17 und 19 IV GG. Einen Sonderfall bildet das in Art. 2 I i.V. m. Art. 1 I verortete allgemeine Persönlichkeitsrecht (→ § 27 Rn. 6 ff.). Hier lässt sich nicht allgemein feststellen, ob es seinem Wesen nach auf juristische Personen anwendbar ist. Dies ist vielmehr für die verschiedenen Ausprägungen dieses Grundrechts differenziert zu beurteilen. Bspw. genießen juristische Personen den Schutz des Rechts am gesprochenen Wort, soweit es hierfür auf einen besonderen personalen Kommunikationsinhalt nicht ankommt.[30] Auch dürfte das Recht am eigenen Bild einer juristischen Person anzuerkennen sein.[31] Unzweifelhaft ist mittlerweile die Berechtigung einer juristischen Person, sich auf das Recht auf informationelle Selbstbestimmung zu berufen. Dieses Recht gewährleistet einer juristischen Person einen Grundrechtsschutz vor Gefährdungen, die von staatlichen informationellen Maßnahmen ausgehen können. Dabei ist in erster Linie auf die wirtschaftliche Tätigkeit abzustellen. Allerdings besteht eine grundrechtstypische Gefährdungslage nicht bereits dann, wenn eine staatliche Stelle Kenntnisse erlangt, die einen nur losen Bezug zu einer bestimmten juristischen Person aufweisen. „Die informationelle Maßnahme muss vielmehr die betroffene juristische Person einer Gefährdung hinsichtlich ihrer spezifischen Freiheitsausübung aussetzen. Maßgeblich kommt es insoweit insbesondere auf die Bedeutung der betrof-

---

[25] *M. Sachs,* in: Sachs, GG Art. 19 Rn. 54 ff.; *H. Sodan,* in: Sodan Art. 19 Rn. 16; vgl. ferner BVerfG (Kammerbeschl.), NVwZ 2008, 670 (671).

[26] BVerfGE 21, 362 (369); 75, 192 (195 f.).

[27] Vgl. *H. Dreier,* in: Dreier Art. 19 III Rn. 32 f.; *H. D. Jarass,* in: Jarass/Pieroth Art. 19 Rn. 16; *W. Rüfner,* in: HdbStR V (2. Aufl.) § 116 Rn. 31 f.

[28] Siehe BVerfGE 42, 212 (219), wo darauf abgestellt wird, dass eine KG selbst Inhaberin einer Wohnung sein und sich insoweit auf Art. 13 GG berufen kann.

[29] BVerfGE 39, 302 (312); 75, 192 (196).

[30] BVerfGE 118, 168 (203); vgl. auch bereits BVerfGE 106, 28 (43).

[31] Vgl. dazu BVerfG (Kammerbeschl.), NJW 2005, 883.

fenen Informationen für den grundrechtlich geschützten Tätigkeitskreis der juristischen Person […] sowie auf den Zweck und die möglichen Folgen der Maßnahme an".[32]

Da Art. 19 III GG den Grundrechtsschutz nur auf *inländische* juristische Personen erstreckt, sind **ausländische** juristische Personen des Privatrechts grundsätzlich keine Grundrechtsträgerinnen.[33] Eine Ausnahme gilt nach einem Beschluss des BVerfG vom 19.7.2011 für die Erstreckung der Grundrechtsberechtigung auf juristische Personen aus dem EU-Ausland: Das BVerfG lehnt in dieser Entscheidung zwar zutreffend eine unionsrechtskonforme Auslegung des in Art. 19 III GG genannten Merkmals „inländische" i.S.v. „deutsche einschließlich europäische" juristische Personen ab, hält aber dennoch eine „Anwendungserweiterung" dieser Vorschrift für geboten und bejaht auf dieser Grundlage im konkreten Fall die Grundrechtsträgerschaft in Bezug auf Art. 14 I GG zugunsten einer juristischen Person mit Sitz in Italien; die Grundfreiheiten und das allgemeine Diskriminierungsverbot wegen der Staatsangehörigkeit (Art. 18 AEUV) stünden „im Anwendungsbereich des Unionsrechts einer Ungleichbehandlung in- und ausländischer Unternehmen aus der Europäischen Union entgegen".[34] Eine Veränderung der einzelnen Grundrechte des Grundgesetzes erfolge durch die Erweiterung des Art. 19 III GG jedoch nicht.[35] Ausländische juristische Personen können sich zumindest auf die Justizgrundrechte von Art. 101 und Art. 103 I GG (→ § 49) berufen, da diese Ausprägungen des Rechtsstaatlichkeitsgrundsatzes sind.[36]

b) Juristische Personen des öffentlichen Rechts

Nach der Rechtsprechung des BVerfG werden juristische Personen des öffentlichen Rechts (wie etwa öffentlich-rechtliche Körperschaften, Anstalten und Stiftungen, → § 60 Rn. 1ff., 27f.) bei der Erfüllung ihrer öffentlichen Aufgaben regelmäßig nicht in Wahrnehmung unabgeleiteter individueller Freiheiten, sondern als **Teil der staatlichen Gewalt** tätig, so dass für sie die Grundrechte grundsätzlich nicht wesensmäßig anwendbar sind[37]. Denn die Grundrechte betreffen prinzipiell nur das Verhältnis des Einzelnen zur öffentlichen Gewalt, nicht aber das Verhältnis der Träger von Staatsgewalt untereinander; der Staat kann insoweit nicht gleichzeitig Adressat und Verpflichteter der Grundrechte sein (so genanntes Konfusionsargument). Dieser Argumentation wird allerdings mit dem Hinweis entgegengetreten, dass der Staat keinen monolithischen Block darstelle und juristische Personen des öffentlichen Rechts in unterschiedlichen Rechtsbeziehungen Trägerinnen einerseits von Rechten und andererseits von Pflichten sein könnten[38]. Unabhängig davon spricht allerdings ein funktionales Argument gegen die Grundrechtsberechtigung von Trägern öffentlicher Gewalt: Würde man diese anerkennen, so „könnte eine sinnvolle Ordnung der staatlichen Aufgabenerfüllung und eine Anpassung der Staatsorganisation an die wechselnden Erfordernisse der wirtschaftlichen, sozialen und kulturellen Entwicklung erheblich erschwert werden.

---

[32] BVerfGE 118, 168 (204).
[33] BVerfG (Kammerbeschl.), NVwZ 2008, 670.
[34] BVerfGE 129, 78 (96ff.). Die Frage ist noch offen gelassen vom BVerfG (Kammerbeschl.), NVwZ 2008, 670 (671).
[35] BVerfGE 129, 78 (100).
[36] Vgl. BVerfGE 12, 6 (8); 18, 441 (447); 21, 362 (373); 64, 1 (11); 129, 78 (95).
[37] Siehe etwa BVerfGE 21, 362 (368ff.); 61, 82 (101f.); 75, 192 (196); BVerfG (Kammerbeschl.), NVwZ 2007, 1176; NVwZ 2007, 1420.
[38] *F. Schoch*, Jura 2001, 201 (204).

Der Gesetzgeber und die Exekutive müßten bei jeder Änderung der bestehenden Verhältnisse, die in den Funktionsbereich oder das Vermögen einer rechtsfähigen Körperschaft oder einer anderen selbständigen Verwaltungseinheit eingriffe, damit rechnen, daß die Betroffenen sich auch mit der Verfassungsbeschwerde zur Wehr setzen".[39] Diese Grundrechtsberechtigung fehlt auch, wenn öffentliche Aufgaben in (verwaltungs)privatrechtlicher Organisationsform wahrgenommen werden (→ § 67 Rn. 15 ff., 21 f.) und die juristische Person ausschließlich in dieser spezifischen Funktion betroffen ist,[40] bei gemischt-wirtschaftlichen Unternehmen bei einem beherrschenden Einfluss des Staates[41]. „Die Grundrechtsberechtigung hängt damit namentlich von der **Funktion** ab, in der die juristische Person des öffentlichen Rechts von dem beanstandeten Akt der öffentlichen Gewalt betroffen wird."[42] Die Funktionen prägen den Charakter einer Institution.[43]

17 Juristische Personen des öffentlichen Rechts sind aber *insoweit* **grundrechtsberechtigt,** als sie unmittelbar einem durch die Grundrechte geschützten Lebensbereich zugeordnet sind; dies gilt für die **öffentlich-rechtlich organisierten Rundfunkanstalten** (in Bezug auf die Rundfunkfreiheit des Art. 5 I 2 GG sowie das Fernmeldegeheimnis aus Art. 10 GG[44]) und **Universitäten** (hinsichtlich der in Art. 5 III GG gewährleisteten Wissenschaftsfreiheit), die zugleich den Bürgern zur Verwirklichung individueller Rechte dienen.[45] Grundrechtsberechtigt sind ferner die **Religionsgesellschaften,** da diese ungeachtet ihres Status als Körperschaften des öffentlichen Rechts dem Staat nicht inkorporiert sind, sondern dem grundrechtlich geschützten Lebensbereich von vornherein zugehören.[46] Im Übrigen können sich juristische Personen des öffentlichen Rechts jedenfalls auf **Justizgrundrechte** (→ Rn. 15 a. E.) berufen.[47]

III. Grundrechtsverwirkung

18 Ein Grundrechtsträger kann bestimmte in den politischen Raum hineinwirkende, in Art. 18 GG abschließend aufgezählte Grundrechte verwirken, wenn er sie **zum Kampf gegen die freiheitliche demokratische Grundordnung missbraucht.** Das Entscheidungsmonopol hierüber liegt beim BVerfG. Die Verwirkung führt dazu, dass sich der Grundrechtsträger nicht mehr auf das betreffende Grundrecht berufen kann, soweit er es im genannten Sinne missbraucht. Die Praxisbedeutung des Art. 18 GG ist gering; bisher wurde noch keine einzige Grundrechtsverwirkung ausgesprochen.[48]

---

[39] BVerfGE 21, 362 (372 f.).
[40] BVerfGE 45, 63 (78 f.); vgl. auch BVerfG (Kammerbeschl.), NJW 2011, 1339 (1340).
[41] Vgl. BVerfG (Kammerbeschl.), NJW 1990, 1783; NVwZ 2009, 1282 (1283); BerlVerfGH, DÖV 2005, 515 (517); *H. Dreier,* in: Dreier Art. 19 III Rn. 72 ff. A. M. *B. Pieroth,* NWVBl. 1992, 85 ff.
[42] BVerfG (Kammerbeschl.), NVwZ 2005, 572 (573) – ohne die Hervorhebung; nicht grundrechtsfähig sind dieser Rechtsprechung zufolge gesetzliche Krankenkassen, siehe auch BVerfGE 113, 167 (227); BVerfG (Kammerbeschl.), NVwZ-RR 2009, 361 f.
[43] *H. Sodan/O. Gast,* Umverteilung durch „Risikostrukturausgleich", 2002, S. 29.
[44] BVerfGE 107, 299 (309 f.).
[45] Vgl. BVerfGE 15, 256 (261 f.); 61, 82 (102 f.); 75, 192 (196 f.) – jew. m.w.N.
[46] BVerfGE 70, 138 (160 f.); 75, 192 (196); vgl. auch BVerfGE 18, 385 (386 f.).
[47] BVerfGE 61, 82 (104) m.w.N.; BVerfG (Kammerbeschl.), NVwZ 2007, 1420 (1421) bzgl. Art. 103 I GG.
[48] Vgl. zu zwei erfolglosen Anträgen BVerfGE 11, 282 f.; 38, 23 ff.

IV. Grundrechtsverzicht

Unter Grundrechtsverzicht versteht man die bewusste Preisgabe des Grundrechtsschutzes durch den Einzelnen. Rechtsfolge eines wirksamen Verzichts ist die Rechtmäßigkeit der betreffenden staatlichen Maßnahme. Aufgrund des **Selbstbestimmungsrechts des Einzelnen** ist dessen Dispositionsbefugnis über seinen Schutz durch die Grundrechte im Grundsatz anzuerkennen.[49] Die erforderliche Einwilligung muss aber jedenfalls frei von Willensmängeln sein, im Bewusstsein der Tragweite des Grundrechtsschutzes erfolgen und darf sich nur auf einzelne grundrechtsbeeinträchtigende Maßnahmen beziehen; ein Total- oder „Blanko"-Verzicht ist ausgeschlossen[50]. Die bloße Duldung stellt keinen Verzicht dar. Ferner liegt kein Verzicht vor, wenn der Grundrechtsberechtigte von einer ihm grundrechtlich eingeräumten Freiheit einen „negativen" Gebrauch macht (→ § 21 Rn. 8 a. E.), also etwa einer Versammlung *nicht* beiwohnt oder für sich in Anspruch nimmt, *keinen* (bestimmten) Glauben zu haben. Ein Verzicht ist ausgeschlossen, wenn dem die Funktion des betreffenden Grundrechts entgegensteht. So kann etwa nicht durch öffentliche Stimmabgabe auf das Wahlgeheimnis (→ § 6 Rn. 49 f.) verzichtet werden, da hierdurch der Prozess der freien politischen Willensbildung beeinträchtigt würde. Ausgeschlossen ist auch der Verzicht auf die Menschenwürde (→ § 26 Rn. 10).

19

Dogmatisch gesehen betrifft der Grundrechtsverzicht nicht die Frage nach der Grundrechtsberechtigung, da diese erhalten bleibt. Vielmehr führt ein wirksamer Verzicht in der Regel dazu, dass die betreffende staatliche Maßnahme keinen Grundrechts*eingriff* (→ § 24 Rn. 5 ff.) darstellt.

20

§ 24. Struktur der Grundrechtsprüfung

Fall 20 (vgl. BVerwGE 71, 183 ff.): Im Rahmen der Bemühungen der Bundesregierung, den Kostenanstieg im Gesundheitswesen zu dämpfen, berief der Bundesminister für Jugend, Familie und Gesundheit, einer Entschließung des Deutschen Bundestages folgend, eine unabhängige, beim Bundesgesundheitsamt in Berlin angesiedelte Sachverständigenkommission mit der Bezeichnung „Transparenzkommission". Deren Aufgabe ist es, eine pharmakologisch-therapeutische und preisliche Transparenz für Fertigarzneimittel durch Erstellung von Übersichten über alle wesentlichen apothekenpflichtigen Arzneimittel herbeizuführen. Diese so genannten Transparenzlisten sollen die Arzneimittel nach Indikationen geordnet auflisten und insbesondere die wirksamen Bestandteile der Arzneimittel, ihre Wirkungen und Nebenwirkungen, die Packungspreise sowie ihre auf die therapeutische Dosierung bezogenen Preise ausweisen. Der Transparenzkommission gehören Sachverständige aus der gesetzlichen und privaten Krankenversicherung, der Ärzteschaft, der Arzneimittelhersteller, der Apothekerschaft und der Verbraucherschaft an. Die Kommissionsmitglieder sind unabhängig und an Weisungen nicht gebunden.

Die Transparenzkommission beabsichtigt, im Bundesanzeiger – einem amtlichen Publikationsorgan der Bundesrepublik Deutschland – eine Transparenzliste für das Indikationsgebiet „Angina pectoris" zu veröffentlichen. Vor Erstellung dieser Liste gab sie den Arzneimittelherstellern, deren Präparate darin aufgeführt werden, die Gelegenheit zur Stellungnahme. Dazu gehört das Unternehmen D, welches eine AG mit Sitz in der Bundesrepublik Deutschland ist und neben anderen Arzneimitteln das vom Bundesgesundheitsamt für das Indikationsgebiet „Angina pectoris" zugelassene Fertigarzneimittel „Ango-Forte" herstellt. Dieses Mittel soll in einen Abschnitt der Transparenzliste aufgenommen werden, dessen Vorspanntext wie folgt

---

[49] *M. Sachs*, in: Sachs, GG Vor Art. 1 Rn. 57.
[50] *C. Starck*, in: v. Mangoldt/Klein/Starck Art. 1 Rn. 301.

lautet: „Für die in diesem Abschnitt enthaltenen Mittel kann eine sichere antianginöse Wirksamkeit nicht als erwiesen gelten." D erhebt dagegen Einwendungen und befürchtet im Hinblick auf den Umsatz von „Ango-Forte" erhebliche Einbußen. D vertritt die Auffassung, durch die beabsichtigte Veröffentlichung der Transparenzliste in Grundrechten verletzt zu werden. Trifft diese Ansicht zu?

Fall 21 (vgl. BVerfGE 16, 194 ff.): Im Jahre 1958 war A Geschäftsführer der B, einer GmbH. Da er in dieser Funktion wiederholt Fragebogen der Handwerkskammer, die zu beantworten er als keine Verpflichtung ansah, nicht ordnungsgemäß ausgefüllt, sondern – wie die Staatsanwaltschaft vortrug – „mit ungenügenden, zynischen und teils völlig sinnlosen Vermerken versehen" hatte, wurden gegen B zwei Bußgelder von je 500 DM verhängt. Weil A diese Bußgeldbescheide verschuldet und somit B einen entsprechenden Schaden zugefügt habe, erhob die Staatsanwaltschaft gegen A Anklage wegen eines Vergehens gegen den damals geltenden § 81a GmbHG (Organuntreue). In der Hauptverhandlung ordnete das AG München die ärztliche Untersuchung des A zur Prüfung seiner Zurechnungsfähigkeit an. Der Gerichtsarzt stellte nach ambulanter Untersuchung einen Verdacht auf Erkrankung des Zentralnervensystems fest. Zur Klärung hielt er eine Blutuntersuchung und eine Untersuchung des Liquor (Gehirn- und Rückenmarkflüssigkeit) für notwendig; dazu bedarf es eines Einstichs in den Wirbelkanal mit einer langen Hohlnadel entweder im Bereich der oberen Lendenwirbel (Lumbalpunktion) oder im Nacken zwischen Schädel- und oberstem Halswirbel (Okzipitalpunktion). A verweigerte die Durchführung dieser Untersuchungen. Deren Vornahme durch eine universitäre Einrichtung wurde daraufhin vom AG München durch Beschluss angeordnet. Die dagegen von A eingelegte Beschwerde verwarf das LG München I als unbegründet. Sind diese Entscheidungen mit den Grundrechten des A vereinbar?

1 Entsprechend der in Art. 1 III GG angeordneten Bindung an die Grundrechte können diese nicht nur durch die Gesetzgebung, sondern auch durch die vollziehende Gewalt und Rechtsprechung verletzt werden. Die Feststellung einer Grundrechtsverletzung setzt mehrere Prüfungsschritte voraus. Diese bilden zusammen eine **Struktur der Grundrechtsprüfung.** Fälle aus der Praxis und den (Examens-)Prüfungen werfen, soweit sie Grundrechtsprobleme zum Gegenstand haben, insbesondere Fragen aus dem Bereich der **Freiheitsrechte** auf. Diese werden daher nachfolgend im Mittelpunkt der Erörterungen stehen (zur speziellen Prüfung bei **Gleichheitsrechten** → Rn. 56).

I. Freiheitsrechte

2 Für die Prüfung, ob ein Akt der öffentlichen Gewalt mit einem Freiheitsrecht vereinbar ist, hat sich ein **dreistufiger Aufbau** durchgesetzt: Ist 1. der **Schutzbereich** des jeweiligen Grundrechts einschlägig (→ Rn. 3), folgt 2. eine Untersuchung der Frage, ob ein **Eingriff** in diesen Schutzbereich vorliegt (→ Rn. 5 ff.); ist diese Frage zu bejahen, bedarf es 3. der Klärung, ob sich eine **verfassungsrechtliche Rechtfertigung** des Eingriffs feststellen lässt (→ Rn. 13 ff.).

1. Sachlicher und personeller Schutzbereich

3 Die Grundrechte schützen bestimmte Lebensbereiche (→ § 21 Rn. 8), die damit jeweils den **Schutzbereich** oder **Tatbestand** des einzelnen Grundrechts markieren, wobei teilweise auch vom Norm-, Gewährleistungs- oder Regelungsbereich gesprochen wird; die Untersuchung des Schutzbereichs dient der Beantwortung der Frage, ob eine Grundrechtsvorschrift in sachlicher und personeller Hinsicht einschlägig ist.[1] Der **sachliche Schutzbereich** betrifft die thematische Seite und somit die gegenständliche Reichweite

---

[1] *H. Dreier*, in: Dreier Vorb. vor Art. 1 Rn. 119f. m.w.N.

§ 24. Struktur der Grundrechtsprüfung

einer Grundrechtsgewährleistung. Zu klären ist also etwa, welche Verhaltensweisen unter das in Art. 2 I GG garantierte Recht auf freie Entfaltung der Persönlichkeit (→ § 27 Rn. 2 ff.) oder die in Art. 2 II 2 GG geschützte Freiheit der Person (→ § 29 Rn. 2 f.) fallen. Der **personelle Schutzbereich** betrifft hingegen die jeweilige **Grundrechtsträgerschaft** und damit die Frage, *wer* durch die sachlich einschlägige Grundrechtsnorm berechtigt ist (→ § 23 Rn. 2 ff.) und damit durch einen Akt der öffentlichen Gewalt in diesem Grundrecht verletzt sein kann.

Im **Fall 20** ist zu berücksichtigen, dass sich aus staatlichen Produktinformationen durch Beeinflussung des wettbewerblichen Geschehens Umsatzeinbußen zu Lasten betroffener Unternehmen ergeben können. Unter diesem Gesichtspunkt ist hier insbesondere das in Art. 12 I GG geschützte Grundrecht der Berufsfreiheit einschlägig,[2] dessen **sachlicher Schutzbereich** auch die **Wettbewerbsfreiheit** umfasst, soweit das Verhalten der Unternehmen bzw. Unternehmer im Wettbewerb Bestandteil ihrer **Berufsausübung** ist; Wettbewerbsfreiheit meint das Recht auf den Versuch, sich durch freie Leistungskonkurrenz als Anbieter und Nachfrager auf dem Markt gegenüber anderen durchzusetzen (→ § 40 Rn. 16). Auch der **personelle Schutzbereich** des Art. 12 I GG ist hier eröffnet, weil D eine in Deutschland ansässige AG darstellt und das in dieser Norm gewährleistete Bürgerrecht der Berufsfreiheit daher für D als inländische juristische Person gemäß Art. 19 III GG gilt (→ § 23 Rn. 12 ff., § 40 Rn. 21).

2. Eingriff

Beeinträchtigungen des Schutzbereichs erfolgen in den meisten Fällen durch **„klassische Grundrechtseingriffe"**, die in **Ge- oder Verboten** bestehen, welche den Betroffenen staatlicherseits zielgerichtet mit unmittelbarer Wirkung auferlegt werden.[3] In diesem Sinne versteht das BVerfG in einem Beschluss aus dem Jahre 2002 „unter einem Grundrechtseingriff im Allgemeinen" einen rechtsförmigen Vorgang, „der unmittelbar und gezielt (final) durch ein vom Staat verfügtes, erforderlichenfalls zwangsweise durchzusetzendes Ge- oder Verbot, also imperativ, zu einer Verkürzung grundrechtlicher Freiheiten führt"[4]. Die *unmittelbare* Beeinträchtigung ist dadurch gekennzeichnet, dass eine beeinträchtigende Wirkung ohne Hinzutreten weiterer Faktoren bereits im Verhalten öffentlicher Gewalt selbst liegt.[5]

Ein **Beispiel** für einen solchen „klassischen" Grundrechtseingriff ist die unter Einsatz körperlichen Zwanges und Handschellen erfolgende Verhaftung eines Bürgers, der einer Straftat verdächtig ist, durch Polizeibeamte. An der Eingriffsqualität dieser Maßnahme im Hinblick auf das sachlich einschlägige Grundrecht der Freiheit der Person (Art. 2 II 2 GG, → § 29 Rn. 1 ff.) bestehen keine Zweifel.

Eine **mittelbare Beeinträchtigung** liegt vor, wenn ein bestimmtes Verhalten öffentlicher Gewalt eine – ggf. die maßgebende – von mehreren Ursachen setzt, deren Zusammenwirken den nachteiligen Effekt auslöst. Versteht man unter **faktischen Beeinträchtigungen** diejenigen, denen mindestens eines der beiden Elemente **„Finalität"** und **„Unmittelbarkeit"** fehlt,[6] unterscheidet sich der Anwendungsbereich der fakti-

---

[2] Vgl. BVerwGE 71, 183 (189 f.); *H. Sodan,* DÖV 1987, 858 (860 f.).
[3] *H. Sodan,* SGb. 1992, 200 (201).
[4] BVerfGE 105, 279 (300).
[5] *H. Sodan,* in: Sodan/Ziekow § 42 Rn. 395.
[6] So *U. Ramsauer,* Die faktischen Beeinträchtigungen des Eigentums, 1980, S. 30; vgl. auch *H.-U. Gallwas,* Faktische Beeinträchtigungen im Bereich der Grundrechte, 1970, S. 12; *L. Zechlin,* NJW 1985, 585 (588).

schen Beeinträchtigungen von demjenigen der mittelbaren insoweit, als zu den faktischen auch solche Beeinträchtigungen gehören, die nicht final, aber doch unmittelbar erfolgen.[7] Bei den faktischen Beeinträchtigungen können die nachteiligen Wirkungen für den oder die Betroffenen in Folgeerscheinungen einer jeweils rechtlich bindenden Anordnung oder in einer tatsächlichen Betroffenheit aufgrund nicht regelnden Verhaltens öffentlicher Gewalt liegen.[8] In Bezug auf bloß faktische, mittelbare Beeinträchtigungen bedarf es sorgfältiger Prüfung, ob das *sachlich* einschlägige Grundrecht nach seinem **Schutzzweck** und damit seiner **Funktion** darauf gerichtet ist, auch eine Beeinträchtigung *dieser* Qualität abzuwehren.[9]

8   Wesentlich ist insbesondere der **grundrechtswidrige Effekt:** So kann etwa ein Eingriff in den Schutzbereich des Grundrechts der Berufsfreiheit jedenfalls durch diejenigen *mittelbaren* Beeinträchtigungen vorliegen, deren belastender Effekt für die Betroffenen jeweils der Wirkung einer entsprechenden *unmittelbaren* Beeinträchtigung freier Berufsausübung gleich- oder zumindest nahekommt; anderenfalls könnte die Exekutive dem nach Art. 12 I 2 GG bestehenden Erfordernis *gesetzlicher* Ermächtigung durch Wahl der Handlungsform ausweichen, indem sie die angestrebte Beeinträchtigung nicht unmittelbar, sondern eben nur mittelbar herbeiführte – ggf. mit dem aus staatlicher Sicht gleichen Erfolg und mit der gleichen belastenden Wirkung für die Betroffenen.[10] Eine hinreichende **Beeinträchtigungsintensität** genügt allerdings allein noch nicht zur Feststellung eines Grundrechtsschutzes gegen mittelbare Beeinträchtigungen; zusätzlich muss der entscheidende Anstoß zu dem Ereignis, welches den Effekt unmittelbar verursacht, von einem Verhalten öffentlicher Gewalt ausgehen. Je länger die „Kausalkette" zwischen einer beeinträchtigenden Wirkung und dem betreffenden Verhalten öffentlicher Gewalt ist, desto schwerer wird ein zur Grundrechtsbetroffenheit erforderlicher **Ursächlichkeitszusammenhang** zu belegen sein.[11] Das BVerfG formuliert in seiner neueren Rechtsprechung: „Der Grundrechtsschutz ist nicht auf Eingriffe im herkömmlichen Sinne beschränkt […]. Vielmehr kann der Abwehrgehalt der Grundrechte auch bei faktischen oder mittelbaren Beeinträchtigungen betroffen sein, wenn diese in der Zielsetzung und in ihren Wirkungen Eingriffen gleichkommen".[12] „Durch Wahl eines solchen **funktionalen Äquivalents eines Eingriffs** können die besonderen Bindungen der Rechtsordnung nicht umgangen werden; vielmehr müssen die für Grundrechtseingriffe maßgebenden rechtlichen Anforderungen erfüllt sein."[13]

9   In einem Urteil des BVerwG heißt es, in jedem Falle werde „in das Grundrecht der Berufsfreiheit dann eingegriffen, wenn eine an Dritte gerichtete staatliche Maßnahme **gezielt** die Berufsaus-

---

[7] *H. Sodan,* Kollegiale Funktionsträger als Verfassungsproblem, 1987, S. 496f.
[8] Vgl. *H.-U. Gallwas,* Faktische Beeinträchtigungen im Bereich der Grundrechte, 1970, S. 12; *U. Ramsauer,* Die faktischen Beeinträchtigungen des Eigentums, 1980, S. 28ff.
[9] Vgl. zur „funktionalen" Seite des Grundrechtsschutzes etwa *Schwerdtfeger/Schwerdtfeger* Rn. 448; *H. Sodan,* DÖV 1987, 858 (860, 862ff.).
[10] *H. Sodan,* Kollegiale Funktionsträger als Verfassungsproblem, 1987, S. 503f.; vgl. auch bereits *K. H. Friauf,* DVBl. 1971, 674 (681).
[11] *H. Sodan,* in: Sodan/Ziekow § 42 Rn. 398.
[12] BVerfGE 116, 202 (222); vgl. auch BVerfGE 110, 177 (191); 113, 63 (78); 118, 1 (20); BVerwGE 131, 171 (176); BVerwG, NVwZ-RR 2015, 425 (426); OVG Münster, DVBl. 2013, 1460.
[13] BVerfGE 105, 252 (273) – ohne die Hervorhebungen; vgl. ferner BVerfG (Kammerbeschl.), NVwZ 2007, 1168 (1169); BVerwG, NVwZ-RR 2015, 425 (426); OVG Münster, DVBl. 2013, 1462 (1463).

§ 24. Struktur der Grundrechtsprüfung   203

übung eines Grundrechtsträgers einschränken" solle[14]. Später stellte dieses Gericht klar, der Schutz durch Art. 12 I GG wäre „unvollständig, wenn an ihm nicht auch mit staatlicher Autorität vorgenommene Handlungen gemessen würden, die als nicht bezweckte, aber voraussehbare und in Kauf genommene Nebenfolge eine schwerwiegende Beeinträchtigung der beruflichen Betätigungsfreiheit bewirken"[15]. Nach ständiger Rechtsprechung des BVerfG kann der Schutzbereich speziell des Art. 12 I GG auch durch Regelungen berührt werden, welche sich zwar nicht unmittelbar auf die berufliche Betätigung beziehen, die aber infolge ihrer Gestaltung in einem engen Zusammenhang mit der Ausübung eines Berufes stehen und objektiv eine berufsregelnde Tendenz deutlich erkennen lassen[16]. Unter Bezugnahme u. a. auf diese Judikatur stellt das BVerwG im so genannten Transparenzlisten-Urteil fest, dass unter „Berücksichtigung der Schutzfunktion des jeweiligen Grundrechts [...] – je nach Art und Ausmaß – auch eine tatsächliche Betroffenheit des Grundrechtsträgers einen Grundrechtseingriff bedeuten" könne[17]. Zwar könnten „staatliche Maßnahmen, mit denen für einen Unternehmer nachteilige Veränderungen wirtschaftlicher Verhältnisse" einhergingen, „nicht schon allein deshalb als Grundrechtsbeeinträchtigung verstanden werden"; das BVerwG fügt jedoch hinzu: „Das ist aber anders bei Maßnahmen, mit denen der Staat zielgerichtet gewisse Rahmenbedingungen verändert, um zu Lasten bestimmter Unternehmen einen im öffentlichen Interesse erwünschten Erfolg herbeizuführen. [...] Im Gegensatz zu einer Veränderung sozialer Bedingungen als bloßer Reflex staatlicher Maßnahmen handelt es sich hier um ‚grundrechtsspezifische' Maßnahmen. Im Rahmen von Art. 12 Abs. 1 GG sind das Maßnahmen, die eindeutig auf einen auf seiten des Unternehmens eintretenden nachteiligen Effekt abzielen und diesen Effekt nicht lediglich als Begleiterscheinung mit sich bringen."[18]

Legt man diese Maßstäbe im **Fall 20** an, so ist zunächst auf das **Ziel** der Erarbeitung und Veröffentlichung von Transparenzlisten abzustellen: Diese sollen einen Beitrag zur Dämpfung des Kostenanstiegs im Gesundheitswesen leisten. Das BVerwG sieht „als notwendige Kehrseite einer Kostendämpfung die Schmälerung der Gewinnerzielungsmöglichkeiten einzelner Hersteller im öffentlichen Interesse"[19]. Einbußen im Umsatz mit „Ango-Forte" können sich für D mangels Verbindlichkeit der Transparenzliste für das Indikationsgebiet „Angina pectoris" nur als **mittelbare Folge** der Veröffentlichung dieser Liste ergeben. Die von D befürchteten **nachteiligen Effekte** hängen insbesondere davon ab, dass hinreichend viele Ärzte bei ihren therapeutischen Entscheidungen den in der negativen Beurteilung von „Ango-Forte" zum Ausdruck kommenden Warnhinweis berücksichtigen und dieses Arzneimittel ihren Patienten künftig nicht mehr verordnen. Das BVerwG geht zugunsten der „amtlichen Charakter tragenden Transparenzlisten" von einer „Durchschlagskraft" aus, „die der Wirkung eines unmittelbaren Zwangseingriffs in das Marktgeschehen zu Lasten einzelner Unternehmer" gleichkomme; von „der bloßen Realisierung eines gleichsam systemtypischen Risikos des Unternehmers" könne „angesichts eines solchen staatlichen Lenkungsinstruments nicht mehr gesprochen werden"[20]. Auf der Grundlage dieser Annahmen würde die Veröffentlichung der Transparenzliste in das Grundrecht von D auf freie Berufsausübung eingreifen.[21]

10

---

[14] BVerwGE 75, 109 (115) – ohne die Hervorhebung; vgl. ferner BVerwGE 90, 112 (121).
[15] BVerwGE 87, 37 (43f.) unter Bezugnahme auf BVerwGE 82, 76 (79).
[16] Siehe etwa BVerfGE 13, 181 (186); 38, 61 (79); 75, 108 (153f.); 98, 83 (97); 110, 274 (288); 113, 128 (145); 123, 132 (139); 124, 235 (242); 128, 1 (58, 82). Siehe zu dieser Judikatur näher *H. Sodan*, SGb. 1992, 200 (201f.).
[17] BVerwGE 71, 183 (191); zustimmend OVG Berlin, PharmaR 1988, 144 (147).
[18] BVerwGE 71, 183 (193f.); zustimmend etwa OVG Münster, NJW 1986, 2783; GewArch. 1988, 11 (13). Vgl. auch BVerwG, NJW 1996, 3161; NVwZ 2014, 1237 (1239).
[19] BVerwGE 71, 183 (194).
[20] BVerwGE 71, 183 (195). Siehe allerdings dazu, dass die *tatsächliche* Wirkung der Transparenzlisten allenfalls gering war, *H. Sodan*, Kollegiale Funktionsträger als Verfassungsproblem, 1987, S. 249ff., 525ff., 539ff.
[21] Vgl. BVerwGE 71, 183 (189).

11 Die einschlägige Rechtsprechung des BVerwG zur **staatlichen Informationstätigkeit**[22] lässt sich wie folgt zusammenfassen: „Staatliche Warnungen, Empfehlungen oder öffentlich geäußerte kritische Bewertungen sind dann als Eingriffe in grundrechtlich geschützte Freiheitsbereiche zu qualifizieren, wenn sie

- unter Inanspruchnahme staatlicher Amtsautorität erfolgen *und*
- entweder auf die Verhaltenslenkung in dem geschützten Freiheitsbereich abzielen (Finalität)
- *oder* die Lenkung des Verhaltens Dritter bezwecken, als dessen Kehrseite Nachteile im grundrechtlich geschützten Freiheitsbereich des Grundrechtssubjekts notwendig auftreten (Finalitätsäquivalent),
- *oder* wenn sie im geschützten Freiheitsbereich erhebliche (schwerwiegende) Nachteile hervorrufen, die vom Staat vorhergesehen werden konnten und in Kauf genommen wurden."[23]

12 Von dieser Linie weicht ein Beschluss des Ersten Senats des BVerfG vom 26.6.2002 zur **Warnung vor diethylenglykolhaltigen Weinen** ab, in dem es heißt: „Marktbezogene Informationen des Staates beeinträchtigen den grundrechtlichen Gewährleistungsbereich der betroffenen Wettbewerber nicht, sofern der Einfluss auf wettbewerbserhebliche Faktoren ohne Verzerrung der Marktverhältnisse nach Maßgabe der rechtlichen Vorgaben für staatliches Informationshandeln erfolgt. Verfassungsrechtlich von Bedeutung sind das Vorliegen einer staatlichen Aufgabe und die Einhaltung der Zuständigkeitsordnung […] sowie die Beachtung der Anforderungen an die Richtigkeit und Sachlichkeit von Informationen".[24] Auf diese Weise vermengt der Senat jedoch „Schutzbereich, Eingriff und Rechtfertigung, indem er durch eine kompetenzgerechte und sachliche Warnung den Schutzbereich der Berufsfreiheit überhaupt nicht als beeinträchtigt ansieht"; damit „wird das Vorliegen eines Eingriffs mit Argumenten aus dem Arsenal der Rechtfertigung eines solchen verneint und umgekehrt der Eingriff tendenziell mit einer Verletzung des Grundrechts kurzgeschlossen".[25] Diese Rechtsprechung verdient „in der Begründung unter nahezu allen denkbaren Gesichtspunkten Kritik".[26] In die Diskussion über das Problem des Grundrechtsschutzes gegen staatliche Informationstätigkeit, das zuvor nach langjähriger Auseinandersetzung in wesentlicher Hinsicht geklärt zu sein schien, hat der Erste Senat des BVerfG jedenfalls neue Verwirrung gebracht (vgl. auch → § 73 Rn. 6 ff.). Im Übrigen ist es generell verfehlt, enge „Gewährleistungsgehalte"[27] bestimmter Grundrechte wie der Berufsfreiheit festzulegen und auf diese Weise die an sich gebotene Prüfung der verfassungsrechtlichen Rechtfertigung für Grundrechtseingriffe zu umgehen.[28] Auf dieser, von der soeben genannten Rechtsprechung des BVerfG abweichenden Linie liegen auch jüngste Entscheidungen aus der Verwaltungsgerichtsbarkeit, die daher Zustimmung verdienen. So stellt etwa das BVerwG in einem Urteil vom 20.11.2014 zutreffend klar, dass die **öffentliche Warnung** eines Gesundheitsministeriums vor dem Handel sowie Verkauf von elektronischen Zigaretten und nikotinhaltigen Liquids unter Hinweis darauf, die Produkte unterfielen den arzneimittel- und medizinprodukterechtlichen Vorschriften, wegen ihrer verbotsähnlichen Wirkung in die unternehmerische Betätigungsfreiheit der Produkthersteller eingreift und infolgedessen nach Art. 12 I 2 GG einer gesetzlichen Ermächtigungsgrundlage bedarf; in diesem Fall genügen jedoch die Aufgabe der Staatsleitung und die aus ihr abgeleitete Befugnis zu staatlichem

---

[22] Siehe speziell zum „informierenden Staat als Katalysator der Meinungsbildung im digitalen Zeitalter" *M. Martini/B. Kühl,* DÖV 2013, 573 ff.
[23] *D. Murswiek,* NVwZ 2003, 1 (2).
[24] BVerfGE 105, 252 (268); vgl. auch BVerfGE 105, 279 (301 ff.).
[25] *H. Dreier,* in: Dreier Vorb. vor Art. 1 Rn. 128.
[26] *P. M. Huber,* JZ 2003, 290 (297); vgl. ferner *V. Hellmann,* NVwZ 2005, 163 ff.
[27] Begriff von *W. Hoffmann-Riem,* Der Staat 43 (2004), 203 (226 f.).
[28] Siehe zur Kritik *W. Kahl,* AöR 131 (2006), 579 (608 ff.); *H. Sodan,* NVwZ 2009, 545 (548).

§ 24. Struktur der Grundrechtsprüfung

Informationshandeln *nicht* als Ermächtigung.[29] Das OVG Berlin-Brandenburg führt in einem Beschluss vom 3.6.2014 in Bezug auf eine **amtliche Internetveröffentlichung** des Ergebnisses einer lebensmittelrechtlichen Betriebsprüfung in einer Liste kontrollierter Gaststätten und Schankwirtschaften zu Recht aus, diese Veröffentlichung könne nicht auf die verfassungsunmittelbare Aufgabe der Staatsleitung gestützt werden, sondern sei ein Akt staatlicher Wirtschaftslenkung, der in die durch Art. 12 I GG geschützte freie unternehmerische Betätigung eingreife.[30]

3. Verfassungsrechtliche Rechtfertigung des Eingriffs

Führt die Grundrechtsprüfung zu dem Ergebnis, dass ein Eingriff in den Schutzbereich eines Freiheitsrechts vorliegt, ist damit die Frage noch nicht beantwortet, ob das Grundrecht auch tatsächlich *verletzt* ist. Eine **Grundrechtsverletzung** ist erst dann gegeben, wenn der Eingriff **unzulässig** ist. Wegen einer **Grundrechtsschranke** kann der Eingriff jedoch **verfassungsrechtlich gerechtfertigt** und damit **zulässig** sein. 13

a) Grundrechtsschranken

Grenzen für grundrechtliche Freiheiten sind im Interesse eines geordneten Zusammenlebens in einem Staat unvermeidlich. Diesem Gedanken trägt das Grundgesetz zunächst durch zahlreiche **ausdrücklich geregelte Schranken bzw. Schrankenvorbehalte** Rechnung. Abgesehen von den seltenen Fällen, in denen das Grundgesetz bereits selbst die konkrete Eingriffsgrundlage enthält (so genannte **verfassungsunmittelbare Schranken**, siehe etwa Art. 9 II [→ § 37 Rn. 10 ff.] und Art. 13 VII Hs. 1 GG [→ § 41 Rn. 16]),[31] beinhalten die meisten Grundrechtsvorschriften **Gesetzesvorbehalte** (→ § 7 Rn. 25 ff.). „**Einfache**" Gesetzesvorbehalte stellen nach ihrem Wortlaut keine besonderen Anforderungen an Gesetze, welche in Grundrechte eingreifen. 14

So bestimmt etwa Art. 2 II 3 GG, dass in die Rechte auf Leben und körperliche Unversehrtheit „nur auf Grund eines Gesetzes eingegriffen werden" darf (→ § 28 Rn. 10, § 29 Rn. 8 ff.). Für Versammlungen unter freiem Himmel kann nach Art. 8 II GG das Grundrecht der Versammlungsfreiheit „durch Gesetz oder auf Grund eines Gesetzes beschränkt werden" (→ § 36 Rn. 7 ff.). Beschränkungen des Brief-, Post- und Fernmeldegeheimnisses dürfen gemäß Art. 10 II 1 GG „nur auf Grund eines Gesetzes angeordnet werden" (→ § 38 Rn. 10 f.). Die Berufsausübung kann nach Art. 12 I 2 GG „durch Gesetz oder auf Grund eines Gesetzes geregelt werden" (→ § 40 Rn. 24 ff.). Zu beachten ist allerdings der sich aus der „Wesentlichkeitstheorie" ergebende so genannte Parlamentsvorbehalt, der einen zum Delegationsverbot verdichteten Gesetzesvorbehalt darstellt (→ § 6 Rn. 65, § 24 Rn. 27 ff.). 15

> Im **Fall 20** hat die Feststellung, dass die drohende Veröffentlichung der Transparenzliste für das Indikationsgebiet „Angina pectoris" in das Grundrecht von D auf freie Berufsausübung eingreifen würde, folgende Konsequenz: Zur Rechtfertigung dieses Grundrechtseingriffs wäre nach Art. 12 I 2 GG eine gesetzliche Ermächtigungsgrundlage notwendig, die jedoch fehlt. Eine bloße Entschließung des Deutschen Bundestages verfügt als so genannter schlichter Parlamentsbeschluss nicht über die für einen Gesetzesbeschluss erforderliche Rechtsverbindlichkeit (→ § 12 Rn. 17). Der mit der Veröffentlichung der Transparenzliste verbundene Grundrechtseingriff wäre also mangels Rechtfertigung unzulässig, so dass D einen Anspruch auf 16

---

[29] BVerwG, NVwZ-RR 2015, 425 f.
[30] OVG Berlin-Brandenburg, NVwZ-RR 2014, 846 f.
[31] Siehe etwa *W. Höfling*, in: Sachs, GG Art. 9 Rn. 40; *H.-J. Papier*, in: Maunz/Dürig Art. 13 Rn. 118; vgl. ferner BVerfGE 80, 244 (253): „Art. 9 Abs. 2 GG […] setzt dem Grundrecht der Vereinigungsfreiheit von Verfassungs wegen eine eigenständige Grenze".

Unterlassen des verfassungswidrigen Eingriffs in ihre Freiheitssphäre hat.[32] Zur Absicherung der Tätigkeit der Transparenzkommission wurden als Reaktion auf das „Transparenzlisten-Urteil" des BVerwG Regelungen in das Arzneimittelgesetz aufgenommen.[33] Diese Vorschriften hat der Gesetzgeber später gestrichen;[34] die Transparenzkommission wurde aufgelöst.

17 **„Qualifizierte" Gesetzesvorbehalte** bewirken, dass Eingriffe nur unter bestimmten Voraussetzungen, zu näher bezeichneten Zwecken oder mit bestimmten Mitteln zulässig sind.

18 So finden die in Art. 5 I GG genannten Rechte wie etwa die Meinungsäußerungsfreiheit nach Art. 5 II GG „ihre Schranken in den Vorschriften der allgemeinen Gesetze, den gesetzlichen Bestimmungen zum Schutze der Jugend und in dem Recht der persönlichen Ehre" (→ § 32 Rn. 24 ff.). Art. 10 II 2 GG regelt für das Brief-, Post- und Fernmeldegeheimnis: „Dient die Beschränkung dem Schutze der freiheitlichen demokratischen Grundordnung oder des Bestandes oder der Sicherung des Bundes oder eines Landes, so kann das Gesetz bestimmen, daß sie dem Betroffenen nicht mitgeteilt wird und daß an die Stelle des Rechtsweges die Nachprüfung durch von der Volksvertretung bestellte Organe und Hilfsorgane tritt" (→ § 38 Rn. 12). Nach Art. 11 II GG darf das Recht der Freizügigkeit „nur durch Gesetz oder auf Grund eines Gesetzes und nur für die Fälle eingeschränkt werden, in denen eine ausreichende Lebensgrundlage nicht vorhanden ist und der Allgemeinheit daraus besondere Lasten entstehen würden oder in denen es zur Abwehr einer drohenden Gefahr für den Bestand oder die freiheitliche demokratische Grundordnung des Bundes oder eines Landes, zur Bekämpfung von Seuchengefahr, Naturkatastrophen oder besonders schweren Unglücksfällen, zum Schutze der Jugend vor Verwahrlosung oder um strafbaren Handlungen vorzubeugen, erforderlich ist" (→ § 39 Rn. 4).

19 Einige Grundrechte sind im Grundgesetz nach dem Wortlaut der einschlägigen Vorschriften **vorbehaltlos garantiert.** Dies gilt etwa für die in Art. 5 III 1 GG geschützte Kunst- und Wissenschaftsfreiheit (→ § 33 Rn. 12 f.) oder die in Art. 9 III GG gewährleistete Koalitionsfreiheit (→ § 37 Rn. 29 ff.). Dass ein Grundrecht trotz seiner normtextlich vorbehaltlosen Garantie „nicht schrankenlos sein kann, ist die logische Folge eines geordneten menschlichen Zusammenlebens".[35] Grenzen lassen sich nur auf der Ebene der Verfassung ermitteln; es handelt sich also um **verfassungsimmanente Schranken.** Eine sinngemäße Anwendung der in Art. 2 I GG enthaltenen Schrankentrias (→ § 27 Rn. 14 ff.) verbietet sich bereits wegen der Subsidiarität des Rechts auf freie Entfaltung der Persönlichkeit gegenüber den speziellen Freiheitsrechten (→ § 27 Rn. 1).[36] „Nur kollidierende Grundrechte Dritter und andere mit Verfassungsrang ausgestattete Rechtswerte sind mit Rücksicht auf die Einheit der Verfassung und die von ihr geschützte gesamte Wertordnung ausnahmsweise imstande, auch uneinschränkbare Grundrechte in einzelnen Beziehungen zu begrenzen. Dabei auftretende Konflikte lassen sich nur lösen, indem ermittelt wird, welche Verfassungsbestimmung für die konkret zu entscheidende Frage das höhere Gewicht hat [...]. Die schwächere Norm darf nur so weit zurückgedrängt werden, wie das logisch und systematisch zwingend erscheint; ihr sachlicher Grundwertgehalt muß in jedem Fall respektiert werden."[37]

---

[32] Vgl. BVerwGE 71, 183 (198 f.).
[33] Siehe Art. 1 Nr. 21 des Zweiten Gesetzes zur Änderung des Arzneimittelgesetzes v. 16.8.1986 (BGBl. I S. 1296).
[34] Siehe Art. 18 Nr. 2 des Gesundheitsstrukturgesetzes v. 21.12.1992 (BGBl. I S. 2266).
[35] BVerfGE 77, 240 (253).
[36] BVerfGE 30, 173 (192).
[37] BVerfGE 28, 243 (261); vgl. etwa auch BVerfGE 30, 173 (193); 84, 212 (228); BVerfG (Kammerbeschl.), NJW 2008, 2568 f.

Ein Konflikt ist nach dem Grundsatz praktischer Konkordanz (→ § 2 Rn. 11) zu lösen.[38]

Bemalt beispielsweise Spontankünstler S in einer staatlichen Kunstausstellung dort aufgestellte Skulpturen anderer Künstler ohne deren Einverständnis, so ist die Erteilung eines öffentlich-rechtlichen Hausverbotes[39] gegenüber S gerechtfertigt. Diesem Hausverbot steht die dem S durch Art. 5 III 1 GG gewährleistete Kunstfreiheit *nicht* entgegen. Denn diese Freiheit findet ihre verfassungsimmanente Schranke in **kollidierenden Grundrechten Dritter,** hier also der ebenfalls durch Art. 5 III 1 GG geschützten Kunstfreiheit der an der Ausstellung mit ihren Skulpturen teilnehmenden Künstler. Deren Interesse an einem Schutz gegen Beschädigung ihrer Kunstwerke hat in der notwendigen Abwägung eindeutig Vorrang vor dem Bestreben des S, sich durch Bemalen fremder Kunstobjekte künstlerisch zu entfalten. 20

Sonstige mit Verfassungsrang ausgestattete Rechtsgüter wurden durch die Rechtsprechung des BVerfG „in zum Teil bedenklicher Weite und Allgemeinheit anerkannt"[40]. Beispielhaft zu nennen sind die „Einrichtung und Funktionsfähigkeit der Bundeswehr"[41], „eine bestmögliche Krankenversorgung"[42] und eine „funktionstüchtige Rechtspflege"[43]. Das BVerfG hat sogar dem Ziel der Bekämpfung von Massenarbeitslosigkeit in Herleitung aus dem Sozialstaatsprinzip i. V. m. Art. 1 I, 2 I und 12 I GG Verfassungsrang zugesprochen[44]. 21

b) Formelle Grenzen der Einschränkbarkeit von Grundrechten

Beim Gebrauchmachen von Grundrechtsschranken stößt der Gesetzgeber jedoch auf Grenzen. Ein Gesetz vermag ein Grundrecht nur dann wirksam einzuschränken, wenn es formell *und* materiell verfassungsgemäß ist[45] (zur Übersicht über die Verfassungsmäßigkeit von Gesetzen → § 17 Rn. 41). In formeller Hinsicht muss ein Gesetz die Vorschriften über die **Gesetzgebungszuständigkeit** (→ § 17 Rn. 2 ff.) und das **Gesetzgebungsverfahren** (→ § 17 Rn. 23 ff.) sowie das in Art. 19 I 2 GG geregelte **Zitiergebot** wahren. Nach einem verbreiteten Sprachgebrauch handelt es sich beim Zitiergebot und bei einigen anderen, nachfolgend zu erörternden materiellen Anforderungen (→ Rn. 27 ff.) um „Schranken-Schranken"[46]. Dieser Begriff bringt plastisch zum Ausdruck, dass die Inanspruchnahme von Grundrechtsschranken ihrerseits Schranken unterliegt, die dem Schutz der Grundrechte dienen. 22

Art. 19 I 2 GG verlangt von einem grundrechtseinschränkenden oder zu Grundrechtseinschränkungen ermächtigenden Gesetz die Nennung der betroffenen Grundrechte unter Angabe des jeweiligen Artikels. Dadurch soll sichergestellt werden, dass nur ausdrücklich gewollte Eingriffe vorgenommen werden; überdies kommt der Vorschrift 23

---

[38] BVerfGE 93, 1 (21).
[39] Vgl. dazu *H. Sodan,* in: Sodan/Ziekow § 42 Rn. 209 f.
[40] So zutreffend *H. Dreier,* in: Dreier Vorb. vor Art. 1 Rn. 140.
[41] BVerfGE 28, 243 (261); 69, 1 (21).
[42] BVerfGE 57, 70 (99).
[43] BVerfGE 33, 23 (32). Siehe jedoch auch die selbstkritischen Hinweise in BVerfGE 77, 240 (255); 81, 278 (293).
[44] So BVerfGE 100, 271 (284); 103, 293 (307).
[45] Vgl. etwa BVerfGE 13, 181 (190); 32, 319 (326); 40, 371 (378); BVerfG (Kammerbeschl.), DVBl. 2006, 244 (245); *H. Sodan,* NZS 1999, 105 (109).
[46] Siehe etwa *H. Dreier,* in: Dreier Vorb. vor Art. 1 Rn. 144; *Pieroth/Schlink/Kingreen/Poscher* Rn. 293 ff.

eine **"Warn- und Besinnungsfunktion"** zu.[47] Den „eigentlichen Sinn" des Zitiergebots sieht das BVerfG in der Unterstützung des Zwecks des Gesetzesvorbehalts (→ § 7 Rn. 25 ff.), ein **Gesetzgebungsverfahren mit öffentlicher Diskussion** sicherzustellen, in dem Grundrechtsbeschränkungen ausdrücklich offengelegt werden.[48] Die „Warn- und Besinnungsfunktion betrifft nicht nur eine erstmalige Grundrechtseinschränkung, sondern wird bei jeder Veränderung der Eingriffsvoraussetzungen bedeutsam, die zu neuen Grundrechtseinschränkungen führt".[49] Nach der Rechtsprechung des BVerfG hat im Interesse der Rechtssicherheit die Nichtbeachtung des Zitiergebots erst bei denjenigen grundrechtseinschränkenden Änderungsgesetzen deren Nichtigkeit zur Folge, welche nach dem Zeitpunkt der Verkündung des insoweit klarstellenden Urteils des BVerfG und damit nach dem 27.7.2005 beschlossen werden.[50]

24 Angesichts der in der Judikatur des BVerfG genannten Funktionen des Zitiergebots ist es umso unverständlicher, weshalb dieses Gericht das Zitiergebot immer noch **eng auslegt** und „grundrechtsrelevante Regelungen" ausnimmt, „die der Gesetzgeber in Ausführung der ihm obliegenden, im Grundrecht vorgesehenen Regelungsaufträge, Inhaltsbestimmungen oder Schrankenziehungen vornimmt"[51]. Hier erscheine „die Warn- und Besinnungsfunktion des Zitiergebots von geringerem Gewicht, weil dem Gesetzgeber in der Regel ohnehin bewußt sei, dass „er sich im grundrechtsrelevanten Bereich" bewege; durch „eine Erstreckung des Gebots auf solche Regelungen würde es zu einer die Gesetzgebung unnötig behindernden leeren Förmlichkeit kommen".[52] Damit gilt die Anforderung des Art. 19 I 2 GG nach der Rechtsprechung des BVerfG u. a. *nicht* für Eingriffe in das Recht auf freie Entfaltung der Persönlichkeit (→ § 27)[53] und das Grundrecht der Meinungsfreiheit (→ § 32 Rn. 2 ff.)[54], für Regelungen, welche das Grundrecht der Berufsfreiheit (→ § 40) konkretisieren,[55] sowie für Inhaltsbestimmungen des Eigentums (→ § 42 Rn. 18)[56]. Diese Judikatur „führt dazu, dass die wichtigsten Gesetze, die im gesetzgeberischen Alltag die Grundrechte tangieren, nicht an das Zitiergebot gebunden sind und damit nicht der ‚psychologischen Schranke' des Art. 19 I 2 unterliegen".[57]

25 Eindeutig nicht anwendbar ist das Zitiergebot auf **vorkonstitutionelle Gesetze** i. S. v. Art. 123 I GG[58] (zur Abgrenzung von nachkonstitutionellen Gesetzen → § 54 Rn. 7). Nicht zu überzeugen vermag hingegen die vom BVerfG vertretene Freistellung **nachkonstitutioneller Gesetze** vom Anwendungsbereich des Art. 19 I 2 GG, soweit diese Gesetze „bereits geltende Grundrechtsbeschränkungen unverändert oder mit geringen Abweichungen wiederholen"[59]. Es ist kein Grund dafür ersichtlich, dass „Offenlegung und Reflexion bei Fortschreibung bestehender Einschränkungen weniger wichtig sein sollen".[60]

---

[47] BVerfGE 64, 72 (79 f.); 113, 348 (366).
[48] BVerfGE 85, 386 (403 f.).
[49] BVerfGE 113, 348 (366); siehe dazu näher *J. Singer,* DÖV 2007, 496 ff.
[50] Siehe BVerfGE 113, 348 (367).
[51] BVerfGE 64, 72 (80) m. w. N.
[52] BVerfGE 64, 72 (80); vgl. auch BVerfGE 28, 36 (46); 35, 185 (188).
[53] BVerfGE 10, 89 (99); 28, 36 (46).
[54] BVerfGE 28, 282 (289).
[55] BVerfGE 13, 97 (122); 28, 36 (46); 64, 72 (80 f.).
[56] BVerfGE 21, 92 (93).
[57] *Katz* Rn. 660.
[58] Vgl. bereits BVerfGE 2, 121 (122 f.).
[59] So BVerfGE 5, 13 (16); 35, 185 (189).
[60] *M. Sachs,* in: Sachs, GG Art. 19 Rn. 28.

§ 24. Struktur der Grundrechtsprüfung

Bislang nicht geklärt sind die sich **im Einzelnen** aus Art. 19 I 2 GG ergebenden Anforderungen an die Wahrung des Zitiergebots. In der Praxis führen die Gesetze die eingeschränkten Grundrechte meist am Ende in einer eigenen Bestimmung auf.[61]

c) Materielle Grenzen der Einschränkbarkeit von Grundrechten

aa) Parlamentsvorbehalt

Nach ständiger Rechtsprechung des BVerfG folgt aus den Staatsstrukturprinzipien von **Demokratie** (→ § 6, insbes. Rn. 65) und **Rechtsstaat** (→ § 7), dass der parlamentarische Gesetzgeber die „grundlegenden"[62], „wesentlichen Entscheidungen"[63] selbst treffen muss und diese nicht der Exekutive überlassen darf. Dem vom Parlament beschlossenen Gesetz kommt nämlich „gegenüber dem bloßen Verwaltungshandeln die unmittelbarere demokratische Legitimation zu, und das parlamentarische Verfahren gewährleistet ein höheres Maß an Öffentlichkeit der Auseinandersetzung und Entscheidungssuche und damit auch größere Möglichkeiten eines Ausgleichs widerstreitender Interessen."[64] Das Rechtsstaatsprinzip fordert, „die öffentliche Gewalt in allen ihren Äußerungen auch durch klare Kompetenzordnung und Funktionentrennung rechtlich zu binden, so daß Machtmißbrauch verhütet und die Freiheit des Einzelnen gewahrt wird".[65] „Die Bindung der vollziehenden Gewalt und der Rechtsprechung an Gesetz und Recht, der Vorrang des Gesetzes also, würden ihren Sinn verlieren, wenn nicht schon die Verfassung selbst verlangen würde, daß staatliches Handeln in bestimmten grundlegenden Bereichen nur Rechtens ist, wenn es durch das förmliche Gesetz legitimiert wird."[66]

Die damit begründete so genannte **Wesentlichkeitstheorie** hat das BVerfG in zahlreichen Entscheidungen konkretisiert. Es hielt zur Bestimmung des „Wesentlichen" ein Vorgehen „mit großer Behutsamkeit" für geboten und sprach von den „Gefahren einer zu weitgehenden Vergesetzlichung"[67]; im „grundrechtsrelevanten Bereich bedeutet [...] ,wesentlich' in der Regel ,wesentlich für die Verwirklichung der Grundrechte'".[68] „Die Tatsache, dass eine Frage politisch umstritten ist, führt dagegen für sich genommen nicht dazu, dass diese als wesentlich verstanden werden müsste".[69]

Die Wesentlichkeitstheorie lässt sich nicht nur zur Beantwortung der Frage, ob überhaupt eine formell-gesetzliche Grundlage geboten ist, sondern gerade auch zur Klärung der notwendigen **Regelungsdichte** fruchtbar machen: Da die wesentlichen Entscheidungen dem Parlament selbst vorbehalten bleiben und als „parlamentarische Leitentscheidungen"[70] somit durch formell-gesetzliche Festlegungen erfolgen sollen, wird der traditionelle Vorbehalt des Gesetzes (→ § 7 Rn. 25 ff.) für einen bestimmten Bereich

---

[61] Siehe dazu näher *P. M. Huber,* in: v. Mangoldt/Klein/Starck Art. 19 Rn. 97 ff.
[62] BVerfGE 33, 303 (346).
[63] BVerfGE 45, 400 (417 f.); 47, 46 (78 f.); 49, 89 (126 f.); 58, 257 (268 f.); 82, 209 (224); 98, 218 (251). Siehe zur teilweise im Schrifttum vertretenen Kritik *H. Sodan,* Freier Beruf und Berufsfreiheit, 1988, S. 27 f.
[64] BVerfGE 40, 237 (249).
[65] BVerfGE 33, 125 (158).
[66] BVerfGE 40, 237 (248 f.). Siehe zur Bedeutung des Rechtsstaatsprinzips näher *H. Sodan,* Kollegiale Funktionsträger als Verfassungsproblem, 1987, S. 450 ff.
[67] Siehe zur gegenläufigen Praxis indessen *H. Sodan,* NVwZ 2009, 545 (547).
[68] BVerfGE 47, 46 (79); vgl. etwa auch BVerfGE 57, 295 (321); 98, 218 (251).
[69] BVerwG, NVwZ-RR 2015, 15 (16); vgl. auch bereits BVerfGE 49, 89 (126).
[70] BVerfGE 47, 46 (83); 58, 257 (271).

zum Parlamentsvorbehalt fortentwickelt. Bei diesem handelt es sich demnach um einen „zum Delegationsverbot verdichteten Gesetzesvorbehalt"[71], also um einen Gesetzesvorbehalt „im engeren"[72] oder „strengen Sinn"[73]. Auf diese Weise wirkt der Parlamentsvorbehalt für den Gesetzgeber als „Schranken-Schranke".[74]

30 Der Umfang des parlamentarischen Regelungsvorbehalts bemisst sich „nach der **Intensität,** mit welcher die Grundrechte der Regelungsadressaten betroffen werden".[75] So ist etwa die zwangsweise Entlassung aus dem Gymnasium, welche in das Grundrecht des betroffenen Schülers auf freie Berufswahl und freie Wahl der Ausbildungsstätte gemäß Art. 12 I GG eingreift, eine für den weiteren Berufs- und Lebensweg „sehr einschneidende Maßnahme", so dass der parlamentarische Gesetzgeber die wesentlichen Bestimmungen über die zwangsweise Schulentlassung selbst zu regeln hat; dazu „sind zu rechnen: die Voraussetzungen für die zwangsweise Entlassung aus der Schule und den Ausschluß des Schülers von allen Schulen einer bestimmten Schulart sowie die Zuständigkeiten für eine derartige Maßnahme und die Grundsätze des dabei einzuhaltenden Verfahrens."[76]

bb) Bestimmtheitsgebot

31 Der Parlamentsvorbehalt wird durch das aus dem Rechtsstaatsprinzip abzuleitende Bestimmtheitsgebot (→ § 7 Rn. 35 ff.) ergänzt und konkretisiert: Das Parlament darf sich nämlich seiner Verpflichtung zur Regelung des Wesentlichen nicht etwa dadurch entziehen, dass es wesentliche Entscheidungen „der Sache nach durch nicht hinreichend bestimmte Normierungen" der Exekutive überlässt.[77] Das allgemeine Bestimmtheitsgebot zwingt den Gesetzgeber, Vorschriften so klar zu fassen, dass die Rechtslage für den Betroffenen erkennbar ist und er sein Verhalten daran ausrichten kann (→ § 7 Rn. 37). Es gilt auch für Einzelfallregelungen durch die öffentliche Verwaltung (→ § 7 Rn. 39).

cc) Grundsatz der Verhältnismäßigkeit

32 Eine geradezu überragende Bedeutung als „Schranken-Schranke" kommt dem Grundsatz der Verhältnismäßigkeit[78] zu, der teilweise als „Übermaßverbot"[79] bezeichnet wird. Auch ohne ausdrückliche Erwähnung im Grundgesetz ist die Existenz des Verhältnismäßigkeitsprinzips allgemein anerkannt. Mittlerweile übt dieser Grundsatz nicht nur einen wesentlichen Einfluss auf das Verfassungs- und Verwaltungsrecht, sondern auch auf das Zivil- und Strafrecht[80] sowie das europäische Unionsrecht[81] aus. Das BVerfG

---

[71] *W. Krebs,* Jura 1979, 304 (312).
[72] *D. Falckenberg,* BayVBl. 1978, 166 (167).
[73] *J. Listl,* DVBl. 1978, 10 (12).
[74] Vgl. *Pieroth/Schlink/Kingreen/Poscher* Rn. 296.
[75] BVerfGE 58, 257 (274) – ohne die Hervorhebung.
[76] BVerfGE 58, 257 (273 ff.).
[77] BVerfGE 57, 295 (321).
[78] Siehe aus der Fülle des Schrifttums etwa *E. Grabitz,* AöR 98 (1973), 568 ff.; *L. Hirschberg,* Der Grundsatz der Verhältnismäßigkeit, 1981; *M. Kloepfer,* in: Festgabe 50 Jahre BVerwG, S. 329 ff.
[79] Siehe dazu etwa die grundlegende Arbeit von *P. Lerche,* Übermaß und Verfassungsrecht, 1961, sowie *B. Remmert,* Verfassungs- und verwaltungsrechtsgeschichtliche Grundlagen des Übermaßverbotes, 1995.
[80] Vgl. u. a. *C.-W. Canaris,* JuS 1989, 161 ff.; *K. Kruis/G. Cassardt,* NStZ 1995, 521 ff., 574 ff.
[81] Vgl. näher *E. Pache,* NVwZ 1999, 1033 ff.; *O. Koch,* Der Grundsatz der Verhältnismäßigkeit in der Rechtsprechung des Gerichtshofs der Europäischen Gemeinschaften, 2003.

§ 24. Struktur der Grundrechtsprüfung

spricht vom „allgemeinen verfassungsrechtlichen Grundsatz der Verhältnismäßigkeit"[82], den es „zum wichtigsten Element seiner Kontrolle von Gesetzgebung, Verwaltung und Rechtsprechung gemacht" hat[83]. Das Verhältnismäßigkeitsprinzip bindet also *alle* Staatsfunktionen (→ §§ 17 ff.)[84] und damit nicht nur die Gesetzgebung. Nach einer verbreiteten Methapher verbietet es, mit „Kanonen auf Spatzen zu schießen"[85].

Zur **Herleitung** dieses Prinzips äußerte sich das BVerfG bislang eher zurückhaltend. In einer frühen Entscheidung heißt es: „In der Bundesrepublik Deutschland hat der Grundsatz der Verhältnismäßigkeit verfassungsrechtlichen Rang. Er ergibt sich aus dem Rechtsstaatsprinzip, im Grunde bereits aus dem Wesen der Grundrechte selbst, die als Ausdruck des allgemeinen Freiheitsanspruchs des Bürgers gegenüber dem Staat von der öffentlichen Gewalt jeweils nur so weit beschränkt werden dürfen, als es zum Schutz öffentlicher Interessen unerläßlich ist."[86] 33

Verbreitet ist mit der Untersuchung von Geeignetheit, Erforderlichkeit und Zumutbarkeit der staatlichen Maßnahme (Verhältnismäßigkeit i. e. S.) ein dreistufiger Aufbau der Verhältnismäßigkeitsprüfung. Da die Wahrung dieser Anforderungen nur unter Bezugnahme auf einen konkreten Zweck ermittelt werden kann, ist – was nicht selten übersehen wird – die Prüfung der **Verfolgung eines legitimen Zwecks** voranzustellen.[87] 34

Der Gesetzgeber hat hinsichtlich der Frage, welche Zwecke er verfolgen darf, eine **weitgehende Gestaltungsfreiheit**. Unterscheiden lassen sich „absolute", d. h. von der Verfassung selbst vorgegebene Gemeinschaftswerte (→ Rn. 19 ff.) von „relativen" Gemeinschaftsinteressen, die erst vom „einfachen" Gesetzgeber in einen solchen Rang erhoben werden.[88] Eine **Verpflichtung** zum Tätigwerden kann sich für den Gesetzgeber insbesondere aus grundrechtlichen Schutzpflichten ergeben (→ § 22 Rn. 21 ff.). Das BVerfG prüft speziell im Hinblick auf Regelungen der Berufsausübung (→ § 40 Rn. 16 ff., 28 f.), ob diese „durch hinreichende Gründe des Gemeinwohls gerechtfertigt werden"[89]. Es muss sich also um „legitime Gemeinwohlzwecke"[90] handeln. In deren Bestimmung ist der Gesetzgeber weitgehend frei, solange sich aus dem Grundgesetz nichts Gegenteiliges ergibt. Eine solche Freiheit lässt sich für andere Staatsfunktionen hingegen nicht feststellen: Der Verwaltung sind „die zu verfolgenden Zwecke durch die gesetzlich bestimmten Aufgaben vorgegeben, und die Rechtsprechung ist noch enger darauf verpflichtet, für einen vorgegebenen Fall aus dem vorgegebenen Recht die Lösung zu finden."[91] 35

Im **Fall 21** würde die gerichtlich angeordnete Liquorentnahme als „nicht unerheblicher operativer Eingriff" in das Grundrecht des A auf körperliche Unversehrtheit gemäß Art. 2 II 1 GG (→ § 28 Rn. 4) eingreifen.[92] In dieses Recht darf nach Art. 2 II 3 GG nur aufgrund eines Gesetzes eingegriffen werden. Dieser Gesetzesvorbehalt wird durch § 81a StPO ausgefüllt. Da- 36

---

[82] BVerfGE 103, 332 (366 f.).
[83] *B. Schlink*, in: FS 50 Jahre BVerfG II, S. 445.
[84] Vgl. BVerfGE 76, 1 (50): „übergreifende Leitregeln allen staatlichen Handelns".
[85] Siehe zu dieser sprichwörtlichen Redensart *T. Henne*, DVBl. 2002, 1094 ff.
[86] BVerfGE 19, 342 (348 f.); vgl. ferner BVerfGE 61, 126 (134); 76, 1 (50 f.); 113, 154 (162).
[87] *H. Dreier*, in: Dreier Vorb. vor Art. 1 Rn. 146.
[88] Vgl. BVerfGE 13, 97 (107); *E. Grabitz*, Freiheit und Verfassungsrecht, 1976, S. 65 f.; *H. Sodan*, Berufsständische Zwangsvereinigung auf dem Prüfstand des Grundgesetzes, 1991, S. 51 f.
[89] So etwa BVerfGE 61, 291 (312); 68, 272 (282); 71, 162 (173).
[90] BVerfGE 101, 331 (348).
[91] *B. Schlink*, in: FS 50 Jahre BVerfG II, S. 445 (450).
[92] Vgl. BVerfGE 16, 194 (198).

nach sind zur Feststellung von Tatsachen, die für das Verfahren von Bedeutung sind, die Entnahme von Blutproben und andere körperliche Eingriffe, die von einem Arzt nach den Regeln der ärztlichen Kunst zu Untersuchungszwecken vorgenommen werden, gegenüber dem Beschuldigten ohne seine Einwilligung zulässig, wenn kein Nachteil für seine Gesundheit zu befürchten ist. Dieser Vorschrift und damit auch der darauf gestützten Einzelfallanwendung liegt das **öffentliche Interesse an der Aufklärung von Straftaten** zugrunde, „das in dem rechtsstaatlich besonders wichtigen Legalitätsprinzip (§ 152 Abs. 2 StPO) wurzelt"[93]. Die gerichtlich angeordnete Liquorentnahme, durch welche die Zurechnungsfähigkeit und damit die Schuldfähigkeit des A geklärt werden soll, verfolgt also einen legitimen Zweck.

37 Das BVerfG nimmt gelegentlich für sich die Befugnis in Anspruch, die Überprüfung eines Gesetzes auf *alle* denkbaren Zwecke zu erstrecken und damit nicht nur auf diejenigen, welche der Gesetzgeber ausweislich der einschlägigen Gesetzesmaterialien tatsächlich verfolgt.[94] Es spielt sich mit dem „Nachschieben" eigener „Gesetzesbegründungen" jedoch faktisch zum Gesetzgeber auf und überschreitet auf diese Weise die Grenzen, die seinem Wirken durch die Verfassung – insbesondere durch den Grundsatz der Gewaltenteilung (→ § 7 Rn. 5 ff.) – gezogen sind.

38 An die Feststellung, dass die zu kontrollierende staatliche Maßnahme einen legitimen Zweck verfolgt, schließt sich die Prüfung der **Geeignetheit** dieser Maßnahme an. Ein Mittel ist im Sinne des Grundsatzes der Verhältnismäßigkeit geeignet, „wenn mit seiner Hilfe der gewünschte Erfolg gefördert werden kann".[95] Das Mittel muss also nicht optimal, sondern nur der Zweckerreichung dienlich sein.[96]

39 Zwar hat das BVerfG dem Gesetzgeber im Rahmen von dessen wirtschafts-, arbeits- und sozialpolitischen Entscheidungsfreiheit einen grundsätzlich nicht nachprüfbaren **Prognosespielraum** bzw. eine **Einschätzungsprärogative** hinsichtlich der Ungewissheit über die Auswirkungen eines Gesetzes eingeräumt und sich darauf beschränkt, unter Berücksichtigung des zu prüfenden Sachbereichs, der Beurteilungsmöglichkeit und der Bedeutung der betroffenen Rechtsgüter eine Evidenzkontrolle[97], eine Vertretbarkeitskontrolle[98] oder eine weitgehende inhaltliche Kontrolle[99] durchzuführen. Der vom Gesetzgeber angestrebte Erfolg muss aber bei einer ex-ante-Betrachtung zumindest als möglich erscheinen.[100] Das eingesetzte Mittel ist also nicht geeignet und daher unverhältnismäßig, wenn es **„objektiv untauglich"**[101], „objektiv ungeeignet"[102] oder „schlechthin ungeeignet"[103] ist. Es kommt folglich darauf an, ob sich der Gesetzgeber an einer sachgerechten und vertretbaren Beurteilung des erreichbaren Datenmaterials orientiert und die ihm zugänglichen Erkenntnisquellen ausgeschöpft hat, um die voraussichtlichen Auswirkungen der Regelung so zuverlässig wie möglich abschätzen zu können.[104] Über Wertungen und tatsächliche Beurtei-

---

[93] BVerfGE 16, 194 (202).
[94] Siehe zu einem Beispiel BVerfG (Kammerbeschl.), NJW 1998, 1776 (1777) und die diesbezügliche Kritik von *H. Sodan,* JZ 1999, 864 (872). Siehe ferner BVerfG (Kammerbeschl.), NZS 2008, 311 (312).
[95] BVerfGE 30, 292 (316); 33, 171 (187); 115, 276 (308); BVerfG (Kammerbeschl.), NJW 2011, 1578 (1580); fast wortgleich BVerfGE 126, 112 (144).
[96] *H. Dreier,* in: Dreier Vorb. vor Art. 1 Rn. 147.
[97] Vgl. BVerfGE 37, 1 (20); 40, 196 (223).
[98] Vgl. BVerfGE 25, 1 (12 ff.); 30, 250 (263); 50, 290 (333 f.); 77, 84 (106).
[99] Vgl. BVerfGE 7, 377 (415); 17, 269 (276 ff.); 45, 187 (237 ff.).
[100] Vgl. BVerfGE 25, 1 (12 f.); 30, 250 (263); 67, 157 (175); 96, 10 (23).
[101] BVerfGE 16, 147 (181); BVerfG (Kammerbeschl.), NJW 2011, 1578 (1580).
[102] BVerfGE 17, 306 (317) betr. Mitfahrerzentralen (Untauglichkeit des Mittels bejaht).
[103] BVerfGE 19, 119 (127); 73, 301 (317).
[104] BVerfGE 50, 290 (333 f.); vgl. dazu ferner BVerfGE 90, 145 (173).

§ 24. Struktur der Grundrechtsprüfung

lungen des Gesetzgebers kann sich das BVerfG jedenfalls dann „hinwegsetzen, wenn sie widerlegbar sind"[105]. Die Anforderungen an die Geeignetheit einer Maßnahme und damit an den Grad der Sicherheit einer Prognose „steigen proportional zur Intensität der Freiheitsbeschränkung".[106]

> Im **Fall 21** ist nach dem damaligen Stand der medizinischen Wissenschaft davon auszugehen, dass eine Liquorentnahme zur Klärung der Zurechnungsfähigkeit und damit der Schuldfähigkeit des A beizutragen, den erstrebten Erfolg also zu fördern vermag.[107]

40

Erweist sich das staatliche Mittel als geeignet, so folgt die Prüfung der **Erforderlichkeit**. Das gewählte Mittel ist erforderlich, wenn sich der Zweck der staatlichen Maßnahme nicht durch ein anderes, **gleich wirksames** Mittel erreichen lässt, welches das betroffene Grundrecht nicht oder weniger stark einschränkt.[108] Es kommt also darauf an, ob ein „milderes Mittel" ersichtlich ist,[109] welches aber eben die gleiche Effektivität aufweisen muss.

41

Auf dieser Stufe liegt erfahrungsgemäß ein **Schwerpunkt** der Verhältnismäßigkeitsprüfung. So hat das BVerfG etwa ein in der Kakaoverordnung enthaltenes absolutes Verkehrsverbot für Lebensmittel, die infolge ihrer sinnlich wahrnehmbaren Eigenschaften mit bestimmten Erzeugnissen verwechselbar sind, als nicht erforderlich angesehen; um den Zweck des Schutzes der Verbraucher vor Täuschung zu erreichen, genügt nämlich regelmäßig ein Kennzeichnungsgebot[110].

42

> In der dem **Fall 21** zugrunde liegenden Entscheidung prüft das BVerfG die – aus heutiger Sicht sehr zweifelhafte – Erforderlichkeit der Liquorentnahme nicht näher. Unter Bezugnahme auf das Gutachten eines medizinischen Sachverständigen sieht es sich zu der Feststellung veranlasst, die Liquorentnahme gehöre jedenfalls nicht zu den durch die Verfassung schlechthin verbotenen Eingriffen[111].

43

Erweist sich die staatliche Maßnahme zur Erreichung des erstrebten Zwecks als erforderlich, so bedarf es als letzten Schrittes in der Verhältnismäßigkeitsprüfung der Untersuchung der **Zumutbarkeit** des Betroffenen. Diese wird auch als Angemessenheit, Proportionalität oder Verhältnismäßigkeit i. e. S. bezeichnet. Dabei geht es um die Herstellung einer Zweck-Mittel-Relation, um eine übermäßige Belastung des Betroffenen ermitteln zu können.

44

Das BVerfG sieht den Sinn dieser letzten Stufe der Verhältnismäßigkeitsprüfung darin, „die als geeignet und erforderlich erkannten Maßnahmen einer gegenläufigen Kontrolle im Blick darauf zu unterwerfen, ob die eingesetzten Mittel unter Berücksichtigung der davon ausgehenden Grundrechtsbeschränkungen für den Betroffenen noch in einem angemessenen Verhältnis zu dem dadurch erreichbaren Rechtsgüterschutz stehen. [...] Daraus folgt, daß unter Umständen der an sich in legitimer Weise angestrebte Schutz zurückstehen muß, wenn das eingesetzte Mittel zu einer unangemessenen Beeinträchtigung der Rechte des Betroffenen führen würde."[112] Die (verfassungs)gerichtliche *Überprüfungs*zuständigkeit darf nicht mit der *Abwägungs*zuständigkeit gleichgesetzt werden; denn es ist eine prinzipiell vom demokratischen Gesetzgeber zu beantwortende „Frage der *Wertung*, in welcher die aufeinandertreffenden Gesichtspunkte und Rechtsgüter

45

---

[105] BVerfGE 45, 187 (238).
[106] SG München, SGb. 1996, 134 (135).
[107] Vgl. BVerfGE 16, 194 (197 f., 201).
[108] Vgl. etwa BVerfGE 30, 292 (316); 63, 88 (115); 78, 38 (50); 90, 145 (172); 126, 112 (144 f.); 135, 90 (118); BVerfG (Kammerbeschl.), NZS 2013, 858 (860).
[109] So ausdrücklich BVerfGE 91, 207 (222).
[110] BVerfGE 53, 135 (145 f.).
[111] BVerfGE 16, 194 (201).
[112] BVerfGE 90, 145 (185).

gewichtet und gegeneinander abgewogen werden".[113] Demgemäß beschränkt sich das BVerfG auf die Prüfung, ob „bei einer Gesamtabwägung zwischen der Schwere des Eingriffs und dem Gewicht der ihn rechtfertigenden Gründe die Grenze der Zumutbarkeit noch gewahrt" ist[114]. Mit anderen Worten: Es kommt darauf an, ob das Maß der den Einzelnen „treffenden Belastung noch in einem vernünftigen Verhältnis zu den der Allgemeinheit erwachsenden Vorteilen" steht.[115] Nach einem Urteil des BVerfG vom 10.6.2009 ist es grundsätzlich „möglich, dass verschiedene einzelne, für sich betrachtet geringfügige Eingriffe in grundrechtlich geschützte Bereiche in ihrer Gesamtwirkung zu einer schwerwiegenden Beeinträchtigung führen, die das Maß der rechtsstaatlich hinnehmbaren Eingriffsintensität überschreitet"[116]. Grundrechtsdogmatisch hat das BVerfG damit der Figur des **„additiven" Grundrechtseingriffs** wohl endgültig zum Durchbruch verholfen.[117]

46 Im **Fall 21** ist zwar § 81 a StPO als Ermächtigungsnorm nicht zu beanstanden. Die darauf gestützte, fachgerichtlich angeordnete Liquorentnahme hält jedoch als Einzelfallentscheidung einer verfassungsrechtlichen Überprüfung nicht stand. Das AG und LG haben hier die Tragweite des in Art. 2 II 1 GG gewährleisteten Grundrechts auf körperliche Unversehrtheit verkannt (zu diesem Prüfungsmaßstab im Rahmen einer Verfassungsbeschwerde → § 51 Rn. 61 f.): Für die Beurteilung der Zweck-Mittel-Relation ist das Gewicht der zu ahndenden Tat wesentlich, damit sich aus den mit der Aufklärung der Tat verbundenen Folgen für den Täter keine stärkeren Belastungen ergeben als durch die zu erwartende Strafe. Hier handelt es sich aber nur um eine „Bagatellsache", die eine geringe Strafe, ggf. sogar eine Einstellung wegen Geringfügigkeit nach sich ziehen dürfte. Die Liquorentnahme ist in beiden Formen dagegen ein erheblicher körperlicher Eingriff. Mithin ist es für A unzumutbar, gegen seinen Willen einem solchen Eingriff unterzogen zu werden.[118]

dd) Wesensgehaltsgarantie

47 Eine weitere „Schranken-Schranke" bildet die in Art. 19 II GG enthaltene Wesensgehaltsgarantie. Danach darf in keinem Falle ein Grundrecht in seinem Wesensgehalt angetastet werden. Die **Schutzintention** dieser Vorschrift besteht in der „Sicherung der Grundrechtssubstanz vor einem unbeschränkten, ohne eine derartige Sicherungszone zur vollständigen Entleerung und praktischen Auslöschung des Grundrechts führenden Zugriff des einfachen (nicht: des verfassungsändernden) Gesetzgebers".[119] Für Exekutivorgane und Gerichte kann Art. 19 II GG unmittelbare Relevanz im Rahmen gesetzlich eröffneter Handlungsspielräume erlangen.[120] Angesichts der überragenden Bedeutung des soeben erörterten Grundsatzes der Verhältnismäßigkeit (→ Rn. 32 ff.) spielt die Wesensgehaltsgarantie in der Rechtsprechung des BVerfG eine untergeordnete Rolle.

---

[113] *Schwerdtfeger/Schwerdtfeger* Rn. 465.
[114] BVerfGE 68, 272 (282); vgl. etwa auch BVerfGE 61, 291 (312); 102, 197 (220). Siehe dazu näher *H. Sodan,* Freie Berufe als Leistungserbringer im Recht der gesetzlichen Krankenversicherung, 1997, S. 246 ff.
[115] BVerfGE 76, 1 (51).
[116] BVerfGE 123, 186 (265 f.). Siehe dazu näher *H. Sodan,* in: ders. (Hrsg.), Handbuch des Krankenversicherungsrechts, 2. Aufl. 2014, § 2 Rn. 78 f.
[117] Vgl. zuvor schon BVerfGE 112, 304 (319 f.); 114, 196 (247); vgl. zum grundrechtserheblichen Kumulationseffekt wirtschaftsbeeinflussender Maßnahmen bereits *H. Sodan,* in: J. Peter/K.-U. Rhein (Hrsg.), Wirtschaft und Recht, 1989, S. 69 (94 ff.).
[118] Vgl. BVerfGE 16, 194 (202 f.).
[119] *H. Dreier,* in: Dreier Art. 19 II Rn. 7.
[120] *M. Sachs,* in: Sachs, GG Art. 19 Rn. 36 f.

§ 24. Struktur der Grundrechtsprüfung

Schon früh trat das BVerfG für den **absoluten Schutz** des Wesensgehalts eines Grundrechts[121] mit **48** folgenden Worten ein: Der „Wesensgehalt eines Grundrechts darf nach dem klaren Wortlaut des Art. 19 Abs. 2 GG ‚in keinem Falle' angetastet werden; die Frage, unter welchen Voraussetzungen ein solcher Eingriff ausnahmsweise zulässig sei, ist gegenstandslos."[122] Jeder Eingriff ist also verfassungswidrig. Später stützte das Gericht die so genannte **Sphärentheorie** (→ § 27 Rn. 18), die von einem „letzten unantastbaren Bereich privater Lebensgestaltung" ausgeht, ausdrücklich auch auf die Wesensgehaltsgarantie; „eine Abwägung nach Maßgabe des Verhältnismäßigkeitsgrundsatzes" finde nicht statt[123]. Andere Äußerungen des BVerfG deuten auf einen **relativen Schutz** des Wesensgehalts.[124] Durch eine relative Sichtweise muss jedoch Art. 19 II GG vollends hinter dem Grundsatz der Verhältnismäßigkeit zurücktreten; dagegen „birgt ein **absolutes Verständnis** ein praktisch allerdings nicht erprobtes eigenständiges Potential des Grundrechtsschutzes, auf das nicht verzichtet werden darf".[125] Interessante Hinweise zur Bestimmung des Wesensgehalts, die durchaus verallgemeinerungsfähig sind, gibt das BVerfG wie folgt: „Zwar kann der Wesensgehalt eines Grundrechts [...] betroffen sein, wenn jeglicher Störungsabwehranspruch, den die Rechtsordnung zum Schutze eines Grundrechts einräumt, materiellrechtlich beseitigt oder wenn verfahrensrechtlich verwehrt wird, ihn wirkungsvoll geltend zu machen, mag er oder das Grundrecht, zu dessen Schutz er gewährt ist, auch – unbewehrt in bezug auf ein bestimmtes Vorhaben – materiellrechtlich bestehen bleiben. Ob eine derartige Auswirkung vorliegt, muß indes anhand des gesamten Wirkungsgefüges bemessen werden, in das die einschränkende Norm gestellt ist."[126] Die bundesverfassungsgerichtliche Auffassung lässt sich am Beispiel des polizeilichen Schusswaffengebrauchs wie folgt operationalisieren: Da die Adressaten (oder ggf. die Nachfolger) einen gerichtlich überprüfbaren Anspruch auf rechtmäßigen Vollzug der Polizeigesetze haben, so dass keine verfahrensrechtlichen Bedenken gegen eine vollständige Entwertung des Rechts auf Leben bestehen, ist den zum unmittelbaren Zwang ermächtigenden Normen auch kein Verstoß gegen Art. 19 II GG vorzuwerfen.[127] Grundsätzlich aber empfiehlt sich zur Bestimmung des Wesensgehalts ein **bereichsspezifisches Vorgehen** für jedes einzelne Grundrecht.[128]

Im Interesse eines effektiven Grundrechtsschutzes ist der Wesensgehalt eines Grundrechts sowohl auf die **subjektiv-rechtliche** (→ § 22 Rn. 2 ff.) als auch auf die **objektivrechtliche Seite** (→ § 22 Rn. 14 ff.) **eines Grundrechts** zu beziehen.[129] **49**

ee) Verbot von Einzelfallgesetzen

Ebenfalls eine „Schranken-Schranke" stellt die Vorschrift des Art. 19 I 1 GG dar: Ein **50** grundrechtseinschränkendes Gesetz muss danach allgemein und darf nicht nur für den Einzelfall gelten. Es handelt sich dabei aber nicht etwa um zwei verschiedene Anforderungen, sondern nur um **eine Voraussetzung,** weil das Gebot des allgemeinen

---

[121] Siehe aus dem Schrifttum etwa *G. Dürig*, AöR 81 (1956), 117 (156); *H. Krüger*, DÖV 1955, 597 (599); *Stern*, StaatsR III/2 S. 866 f.; *R. Streinz*, Bundesverfassungsgerichtlicher Grundrechtsschutz und Europäisches Gemeinschaftsrecht, 1989, S. 273 f. m.w.N.
[122] BVerfGE 7, 377 (411).
[123] BVerfGE 80, 367 (373).
[124] Siehe BVerfGE 22, 180 (219 f.). Vgl. aus der Literatur u. a. *P. Häberle*, Die Wesensgehaltsgarantie des Art. 19 Abs. 2 GG, 3. Aufl. 1983, S. 64, 234 ff.; *W. Krebs*, in: v. Münch/Kunig Art. 19 Rn. 26.
[125] *M. Sachs*, in: Sachs, GG Art. 19 Rn. 43.
[126] BVerfGE 61, 82 (113).
[127] *P. M. Huber*, in: v. Mangoldt/Klein/Starck Art. 19 Rn. 177; *H. Sodan*, in: Sodan Art. 19 Rn. 11.
[128] Siehe dazu näher *P. M. Huber*, in: v. Mangoldt/Klein/Starck Art. 19 Rn. 174.
[129] *M. Sachs*, in: Sachs, GG Art. 19 Rn. 45; *H. Sodan*, in: Sodan Art. 19 Rn. 12.

und das Verbot des einzelfallbezogenen Gesetzes das Gleiche bezeichnen.[130] Die **Allgemeinheit des Gesetzes** knüpft daran an, dass Gesetze regelmäßig abstrakt-generelle Regelungen enthalten und damit für viele Sachverhalte und Personen gelten (→ § 4 Rn. 6 f.), während die Gesetzesanwendung im Einzelfall Aufgabe der Judikative und insbesondere der Exekutive ist.[131] „Die Anforderung, daß das Gesetz allgemein zu sein hat, ist dann erfüllt, wenn sich wegen der abstrakten Fassung der gesetzlichen Tatbestände nicht absehen läßt, auf wieviele und welche Fälle das Gesetz Anwendung findet".[132] Art. 19 I 1 GG „verbietet dem Gesetzgeber, aus einer Reihe gleichartiger Sachverhalte einen Fall herauszugreifen und zum Gegenstand einer Sonderregelung zu machen. Die gesetzliche Regelung eines Einzelfalles ist hingegen nicht ausgeschlossen, wenn der Sachverhalt so beschaffen ist, daß es nur einen Fall dieser Art gibt und die Regelung dieses singulären Sachverhaltes von sachlichen Gründen getragen wird".[133]

51 Mit Art. 19 I 1 GG vereinbar sind auch so genannte **Legalenteignungen** (→ § 42 Rn. 33 ff.): Art. 14 III 2 GG gestattet dem Gesetzgeber unter bestimmten Voraussetzungen, „eine Enteignung, also den Entzug eines konkreten Eigentums, selbst anzuordnen, so daß er nicht unter allen Umständen darauf verwiesen ist, in einem allgemeinen Gesetz zunächst generell-abstrakt den Enteignungszweck festzulegen, die Verfolgung des Regelungsziels im weiteren aber der Administrativenteignung zu überlassen".[134] Auch **„Maßnahmegesetze"**, unter denen das BVerfG auf einen konkreten Sachverhalt abstellende Gesetze versteht, sind „als solche weder unzulässig noch unterliegen sie einer strengeren verfassungsrechtlichen Prüfung als andere Gesetze", so dass der Begriff des Maßnahmegesetzes „verfassungsrechtlich irrelevant" ist.[135] Ferner sind durch Art. 19 I 1 GG **„Anlassgesetze"** nicht verboten: „Daß der Gesetzgeber eine Anzahl konkreter Fälle vor Augen hat, die er zum Anlaß seiner Regelung nimmt, verleiht dieser nicht den Charakter eines Einzelfallgesetzes, wenn sie nach der Art der in Betracht kommenden Sachverhalte geeignet ist, unbestimmt viele weitere Fälle zu regeln [...]. Die abstrakt-generelle Formulierung darf mithin nicht zur Verschleierung einer einzelfallbezogenen Regelung dienen."[136] In der Rechtsprechung des BVerfG wurde bislang kein Verstoß gegen Art. 19 I 1 GG festgestellt.

52 Durch Art. 19 I 1 GG erfasst werden **vor- und nachkonstitutionelle** (→ § 54 Rn. 7) **formelle Bundes- sowie Landesgesetze**.[137] Die Verengung des Anwendungsbereichs auf die „Sicherung derjenigen Grundrechte, die auf Grund eines speziellen im Grundgesetz enthaltenen Vorbehalts durch Gesetz oder auf Grund eines Gesetzes eingeschränkt werden können",[138] ist verfehlt: Einbezogen werden „unabhängig von den normtextlichen Vorgaben [...] **alle Einschränkungsmöglichkeiten von Freiheitsgrundrechten** i. S. allgemeiner Grundrechtsrelevanz", also auch die Gewährleistungen z. B. des Art. 2 I (→ § 27), Art. 12 I (→ § 40) und Art. 14 I GG (→ § 42).[139]

---

[130] *H. Dreier*, in: Dreier Art. 19 I Rn. 9 m. w. N.
[131] *M. Sachs*, in: Sachs, GG Art. 19 Rn. 20.
[132] BVerfGE 99, 367 (400).
[133] BVerfGE 85, 360 (374); vgl. auch bereits BVerfGE 25, 371 (399).
[134] BVerfGE 95, 1 (26).
[135] BVerfGE 25, 371 (396) m. w. N. Siehe dazu näher *H. Sodan*, in: Sodan Art. 19 Rn. 2.
[136] BVerfGE 99, 367 (400); vgl. ferner BVerfGE 7, 129 (150 f.); 13, 225 (228 f.).
[137] *H. Dreier*, in: Dreier Art. 19 I Rn. 10 m. w. N.
[138] So BVerfGE 24, 367 (396); vgl. auch BVerfGE 25, 371 (399).
[139] *H. Dreier*, in: Dreier Art. 19 I Rn. 11 m. w. N.

ff) Weitere materielle Anforderungen

Materielle Grenzen der Einschränkbarkeit von Grundrechten können sich schließlich aus weiteren verfassungsrechtlichen Grundsätzen ergeben. Dazu gehören insbesondere das **Prinzip der Widerspruchsfreiheit der Rechtsordnung** (→ § 7 Rn. 41 ff.) sowie das **Rückwirkungsverbot** (→ § 7 Rn. 45 ff.) und der **Vertrauensschutz außerhalb des Rückwirkungsverbotes** (→ § 7 Rn. 64 ff.).

53

4. Zusammenfassende Übersichten

Die Struktur der Grundrechtsprüfung bei Freiheitsrechten lässt sich anhand der beiden nachfolgenden Übersichten (→ Rn. 55) zusammenfassend darstellen. Dabei ist zwischen der Überprüfung von formellen Gesetzen (vgl. bereits → § 17 Rn. 41) einerseits sowie von Gerichts- und Verwaltungsentscheidungen andererseits zu differenzieren: Da letztere auf der Anwendung des „einfachen" Rechts (→ § 4 Rn. 8) basieren, bedürfen sie immer einer – ihrerseits verfassungsmäßigen – formellgesetzlichen Grundlage; überdies ist das vom BVerfG aufgestellte Erfordernis einer „Verletzung spezifischen Verfassungsrechts" zu beachten (dazu ausführlich → § 51 Rn. 60 ff.). Die Aufbauschemata sind allerdings lediglich gedankliche Stützen und dürfen in einer Falllösung nicht stets vollständig wiedergegeben werden. Letztlich kommt es darauf an, ob sich im konkreten Fall zum jeweiligen Prüfungspunkt Probleme ergeben. Nach dem Sachverhalt können sogar hilfsgutachtliche Überlegungen sinnvoll erscheinen.

54

Übersicht: Die Struktur der Grundrechtsprüfung bei einem Freiheitsrecht

55

A. **Überprüfung eines formellen Gesetzes**

(I) **Eröffnung des Schutzbereichs** (→ Rn. 3 f.)
(1) Sachlicher Schutzbereich
(2) Personeller Schutzbereich

(II) **Eingriff** (→ Rn. 5 ff.)

(III) **Verfassungsrechtliche Rechtfertigung des Eingriffs** (→ Rn. 13 ff.)
(1) Grundrechtsschranke (→ Rn. 14 ff.)
   (a) Verfassungsunmittelbare Schranke (→ Rn. 14)
   (b) Gesetzesvorbehalt
      (aa) Einfacher Gesetzesvorbehalt (→ Rn. 14 ff.)
      (bb) Qualifizierter Gesetzesvorbehalt (→ Rn. 17 f.)
   (c) Verfassungsimmanente Schranke (→ Rn. 19 ff.)
(2) Formelle Grenzen der Einschränkbarkeit des Grundrechts (→ Rn. 22 ff.)
   (a) Gesetzgebungszuständigkeit (→ § 17 Rn. 2 ff.)
   (b) Gesetzgebungsverfahren (→ § 17 Rn. 23 ff.)
   (c) Form: Zitiergebot (→ Rn. 22 ff.)
(3) Materielle Grenzen der Einschränkbarkeit des Grundrechts (→ Rn. 27 ff.)
   (a) Parlamentsvorbehalt (→ Rn. 27 ff.)
   (b) Bestimmtheitsgebot (→ Rn. 31, § 7 Rn. 35 ff.)
   (c) Grundsatz der Verhältnismäßigkeit (→ Rn. 32 ff.)
   (d) Wesensgehaltsgarantie (→ Rn. 47 ff.)
   (e) Verbot von Einzelfallgesetzen (→ Rn. 50 ff.)

(f) Prinzip der Widerspruchsfreiheit der Rechtsordnung
(→ § 7 Rn. 41 ff.)
(g) Rückwirkungsverbot (→ § 7 Rn. 45 ff.)
(h) Vertrauensschutz außerhalb des Rückwirkungsverbotes
(→ § 7 Rn. 64 ff.)
(i) Sonstiges materielles Verfassungsrecht

B. **Überprüfung von Gerichts- oder Verwaltungsentscheidungen**

(I) Eröffnung des Schutzbereichs (siehe oben)

(II) Eingriff (siehe oben)

(III) Verfassungsrechtliche Rechtfertigung des Eingriffs
(1) Grundrechtsschranke (siehe oben)
(2) Grenzen der Einschränkbarkeit des Grundrechts
  (a) Rechtsgrundlage (formelles Gesetz)
    (aa) Formelle Grenzen der Einschränkbarkeit (siehe oben)
    (bb) Materielle Grenzen der Einschränkbarkeit (siehe oben)
  (b) Keine Verletzung spezifischen Verfassungsrechts bei der Anwendung der Ermächtigungsgrundlage (→ § 51 Rn. 60 ff.), insbesondere
    (aa) Grundrechtskonforme Auslegung der Rechtsgrundlage, d. h. kein Verkennen grundrechtlicher Wertungen bei der Auslegung
    (bb) Verhältnismäßigkeit der Maßnahme (→ Rn. 32 ff.)

II. Gleichheitsrechte

56 Der Prüfung von Gleichheitsrechten liegt ein anderer Aufbau zugrunde als bei Freiheitsrechten, für die das vorstehend erörterte (→ Rn. 2 ff., 55) dreistufige Schema („Schutzbereich" – „Eingriff" – „verfassungsrechtliche Rechtfertigung") üblich ist; denn Gleichheitsrechte schützen im Gegensatz zu Freiheitsrechten nicht ein bestimmtes Rechtsgut oder eine näher bezeichnete Sphäre gegen ungerechtfertigte Eingriffe, sondern enthalten regelmäßig das Gebot der Gleichbehandlung bzw. das Verbot unsachgemäßer Differenzierungen, betreffen also eine Relation zwischen Bezugsgrößen bzw. Vergleichsgruppen[140]. Die **Prüfung** erfolgt daher im Grundsatz **zweistufig**: Auf der *ersten Stufe* wird nach dem Vorliegen einer **Ungleichbehandlung** von vergleichbaren Sachverhalten oder Personengruppen gefragt; auf der *zweiten Stufe* wird untersucht, inwieweit eine **verfassungsrechtliche Rechtfertigung** für diese Ungleichbehandlung gegeben ist. Die diesbezüglichen inhaltlichen Anforderungen sind unterschiedlich und richten sich nach den Besonderheiten des jeweils einschlägigen Gleichheitsrechts; sie werden im Rahmen der Ausführungen zu den einzelnen Gleichheitsrechten (→ § 30) näher beleuchtet.

---

[140] *H. Dreier*, in: Dreier Vorb. vor Art. 1 Rn. 151.

§ 25. Grundrechtskonkurrenzen

Das Problem einer Grundrechtskonkurrenz tritt auf, wenn eine staatliche Maßnahme 1
mehrere Grundrechte betrifft. Fraglich kann dann sein, welche dieser Grundrechte tatsächlich maßgeblich für die Beurteilung der Verfassungsmäßigkeit der Maßnahme sind.

I. Spezialitätsverhältnis

Nach der Kollisionsregel „**lex specialis derogat legi generali**" (→ § 4 Rn. 22) tritt in 2
Fällen eines Spezialitätsverhältnisses das allgemeinere hinter das speziellere Grundrecht zurück. Spezialität in diesem Sinne liegt vor, wenn eine Norm alle Tatbestandsmerkmale einer anderen beinhaltet und noch zusätzliche Tatbestandsmerkmale aufweist bzw. eine Norm einen näheren inhaltlichen Bezug zu der zu beurteilenden Sachverhaltskonstellation hat als eine andere. Spezieller sind etwa die besonderen Gleichheitssätze des Art. 3 II und III GG gegenüber dem allgemeinen des Art. 3 I GG (→ § 30 Rn. 1), Art. 5 III GG gegenüber Art. 5 I GG, soweit eine Meinung in künstlerischer Form kundgegeben wird,[1] oder die besonderen Freiheitsrechte gegenüber der allgemeinen Handlungsfreiheit des Art. 2 I GG (→ § 27 Rn. 1).[2] Die Spezialität schließt das allgemeinere Grundrecht nur insoweit aus, als der Schutzbereich des spezielleren Grundrechts einschlägig ist.

II. Idealkonkurrenz (einschließlich Schrankendivergenz)

Liegt kein Spezialitätsverhältnis vor, sind die einschlägigen Grundrechte grundsätzlich 3
nebeneinander anwendbar (so genannte Idealkonkurrenz); unterliegen hierbei die betreffenden Grundrechte unterschiedlichen Schranken, spricht man zugleich von einer „Schrankendivergenz". Die in Frage stehende Maßnahme ist verfassungswidrig, wenn sie auch nur eines der einschlägigen Grundrechte – regelmäßig wird dies das am schwersten einschränkbare sein – verletzt.[3] Dies kann allerdings bei Schrankendivergenz dazu führen, dass ein lediglich „am Rande" einschlägiges, aber schwer begrenzbares Grundrecht zur Verfassungswidrigkeit einer Maßnahme führt, obwohl das „schwerpunktmäßig" einschlägige, jedoch leichter einschränkbare Grundrecht die Maßnahme an sich erlauben würde.[4] Wohl deshalb stellt das BVerfG mitunter nur auf das „im Vordergrund" stehende, „vorrangig" zu prüfende oder „in erster Linie" heranzuziehende Grundrecht ab[5]. Diese Vorgehensweise sollte aber wegen der hiermit mangels stichhaltiger Kriterien verbundenen Gefahr einer vorschnellen Aussonderung an sich einschlägiger Grundrechte restriktiv erfolgen.[6]

---

[1] BVerfGE 81, 278 (291).
[2] Siehe zu weiteren Spezialitätsverhältnissen *Stern*, StaatsR III/2 S. 1400 ff.
[3] *M. Sachs*, in: Sachs, GG Vor Art. 1 Rn. 137; *Stern*, StaatsR III/2 S. 1391 f.
[4] Siehe näher hierzu und mit Beispielen *Stern*, StaatsR III/2 S. 1406 f.
[5] Siehe die Formulierungen in BVerfGE 38, 61 (79); 39, 334 (360); 77, 308 (332); 92, 191 (196); vgl. aber auch BVcrfGE 82, 236 (258).
[6] Krit. auch *Stern*, StaatsR III/2 S. 1407 f.

Zweites Kapitel. Die einzelnen Grundrechte

Die nachfolgenden Darstellungen der Grundrechte und grundrechtsgleichen Rechte (→ § 21 Rn. 5, §§ 26 bis 49) sind unter der Überschrift „Die einzelnen Grundrechte" zusammengefasst, weil sich die grundrechtsgleichen Rechte *materiell* als Grundrechte qualifizieren lassen (→ § 21 Rn. 6).

§ 26. Schutz der Menschenwürde

Fall 22 (nach VG Neustadt, NVwZ 1993, 98 ff.): D, Inhaber einer schlecht besuchten Diskothek, entdeckt eine Marktlücke im Unterhaltungsgeschäft. Zur Belustigung des Publikums will D einen so genannten „Zwergenweitwurf" veranstalten. Dazu engagiert er den kleinwüchsigen K, der unter dem Pseudonym „Bonsai Warrior" gern bereit ist, sich von kräftigen Personen möglichst weit durch das Lokal schleudern zu lassen. D beantragt bei der zuständigen Behörde eine Erlaubnis der Veranstaltung nach § 33a I GewO. Die Behörde versagt ihm diese jedoch mit dem Hinweis, die Veranstaltung verletze die Menschenwürde des K und sei daher sittenwidrig i. S. d. § 33a II Nr. 2 GewO. Wie ist die Versagung verfassungsrechtlich zu beurteilen?

I. Bedeutung des Grundrechts

1 Die in Art. 1 I GG für unantastbar erklärte Menschenwürde ist der **oberste Wert des Grundgesetzes**.[1] Das ergibt sich aus der systematischen Stellung der Norm an der Spitze des Grundrechtskatalogs sowie aus Art. 79 III GG, der die Unabänderlichkeit des Art. 1 I GG festlegt. Wegen der Verortung vor Art. 1 III GG und des normativen Wesens der Menschenwürde wird teilweise vertreten, in Art. 1 I GG sei kein Grundrecht, sondern lediglich ein verfassungsrechtliches Grundprinzip verankert[2]. Jedoch setzt Art. 142 GG den Grundrechtscharakter von Art. 1 I GG voraus. Zudem darf man diese Norm wegen ihrer fundamentalen Bedeutung nicht nur als objektiven Grundsatz verstehen.[3] Das Recht auf Achtung der Menschenwürde ist ein „tragendes Konstitutionsprinzip im System der Grundrechte".[4]

II. Schutzbereich

1. Sachlicher Schutzbereich

2 Die Definition der Menschenwürde[5] bereitet erhebliche Schwierigkeiten, da Art. 1 I GG eine Bestimmung von **„umfassender Allgemeinheit"** darstellt und sich nicht auf ein besonderes Verhalten des Grundrechtsträgers bezieht[6].

---

[1] BVerfGE 5, 85 (204); 6, 32 (36, 41); 32, 98 (108); 45, 187 (227); 96, 375 (399); 117, 71 (89); BVerfG (Kammerbeschl.), NJW 2015, 200 (2101).
[2] *W. Abendroth,* VVDStRL 8 (1950), 161 (161 f.); i. E. auch *H. Dreier,* in: Dreier Art. 1 I Rn. 121 ff.
[3] So auch BVerfGE 61, 126 (137); zum Streitstand *W. Höfling,* JuS 1995, 857 (857 f.).
[4] BVerfGE 87, 209 (228); BVerfG (Kammerbeschl.), NJW 2015, 2100 (2101); vgl. auch bereits BVerfGE 45, 187 (227).
[5] Siehe zu Fallgruppen *W. Höfling,* JuS 1995, 857 (861).
[6] *P. Badura,* JZ 1964, 337 (342); *W. Höfling,* JuS 1995, 857 (858).

§ 26. Schutz der Menschenwürde

Die theologisch geprägte **Mitgifttheorie** sieht in der Menschenwürde einen dem Menschen von Gott bzw. der Natur mitgegebenen Wert.[7] Ursprung der Würde ist die Existenz des Menschen selbst.[8] Mithin stellt der Menschenwürdebegriff ein juristisches Axiom des Verfassungsrechts dar, das nicht begründet oder widerlegt, sondern nur in Kontinuität mit philosophischen, ethischen und rechtlichen Überlieferungen verstanden und gehandhabt werden kann. Dies begründet eine Interpretationsoffenheit, die nicht mit tauglichen Subsumtionskonzepten für die konkrete Fallentscheidung aufwarten kann. Nach der so genannten **Leistungstheorie** entsteht menschliche Würde als Ergebnis eines individuellen Identitätsbildungsprozesses.[9] Der **Kommunikationstheorie** zufolge konstituiert sich die Würde des Menschen in einer sozialen Anerkennung durch positive Bewertung sozialer Achtungsansprüche. Würde sei ein Kommunikationsbegriff, eine Kategorie der Mitmenschlichkeit unter Individuen.[10] Die soeben genannten Ansätze implizieren jedoch, dass es – aus welchen Gründen auch immer – misslingen kann, seine Würde zu konstruieren; kommunikationstheoretische Modelle zeigen sogar, dass es ebenso schnell möglich ist, seine Würde kraft einer einzigen Entgleisung oder Indiskretion zu verlieren. Der Mensch ist aber allein kraft seiner Existenz in der Rechtsgemeinschaft willkommen und gehört ihr als Berechtigter an. In der Verkennung des von anderen völlig unabhängigen Würdeanspruchs, der aus verfassungshistorischen Gründen jedem Menschen wegen seines Menschseins zukommt, liegt der grundsätzliche systematische Fehler jener Theorien.[11]

3

Das BVerfG verzichtet auf eine abstrakte Definition der Menschenwürde und bestimmt sie am konkreten Einzelfall[12]. Dabei beurteilt es den Schutzbereich aus der **Eingriffsperspektive** (→ Rn. 8).

4

Gemäß Art. 1 I 2 GG ist es die Pflicht des Staates, die Menschenwürde zu achten und zu schützen, auch vor Verletzungen durch **Private**[13] (siehe zu den grundrechtlichen Schutzpflichten näher → § 22 Rn. 21 ff.). Das Grundrecht besitzt damit eine wesentliche **objektiv-rechtliche Funktion**. Aus Art. 1 I GG i. V. m. dem Sozialstaatsprinzip lässt sich die verfassungsrechtliche Grundlage für die Gewährleistung des Existenzminimums herleiten (→ § 10 Rn. 9).

5

Im **Fall 22** besteht eine staatliche Pflicht, die Würde des K gegen Verletzungen durch die Besucher der Diskothek zu schützen.[14]

6

2. Personeller Schutzbereich

Alle **natürlichen Personen** sind grundrechtsberechtigt. Unerheblich ist, ob sich die Person ihrer Würde bewusst ist; die menschliche Würde ist daher „auch dem eigen, der aufgrund seines körperlichen oder geistigen Zustands nicht sinnhaft handeln kann"[15]. Daher ist auch der **Nasciturus** Träger menschlicher Würde.[16] Unzweifelhaft kommt auch dem **Verstorbenen** ein Würdeschutz zu. Das BVerfG geht davon aus, dass „die in Art. 1 Abs. 1 GG aller staatlichen Gewalt auferlegte Verpflichtung, dem Einzelnen

7

---

[7] *W. Graf Vitzthum*, JZ 1985, 201 (205 f.) mit Überblick zu Art. 1 I GG.
[8] *H. Sodan*, in: Sodan Art. 1 Rn. 4.
[9] Nachw. bei *H. Dreier*, in: Dreier Art. 1 I Rn. 58.
[10] *H. Hofmann*, AöR 118 (1993), 353 (364).
[11] *C. Starck*, in: v. Mangoldt/Klein/Starck Art. 1 I Rn. 9.
[12] BVerfGE 30, 1 (25 f.).
[13] BVerfGE 1, 97 (104); BVerwGE 64, 274 (277); 115, 189 (202).
[14] Vgl. VG Neustadt, NVwZ 1993, 98 (99).
[15] BVerfGE 87, 209 (228); fast wortgleich BVerfGE 109, 133 (150); vgl. ferner BVerfGE 115, 118 (152).
[16] BVerfGE 39, 1 (41); 88, 203 (251 f.).

Schutz gegen Angriffe auf seine Menschenwürde zu gewähren, nicht mit dem Tode" endet[17]. Allerdings kann daraus nicht gefolgert werden, dass Tote Grundrechtsberechtigte sind. Zum einen steht der Wortlaut „Mensch" einer Ausstrahlung des Würdeschutzes über den Tod hinaus entgegen. Zum anderen liegt es nahe, die zu schützenden Grundrechtsträger in den Überlebenden zu erkennen. Der Respekt ihnen gegenüber gebietet es, die Würde des Verstorbenen nicht zu missachten. Darüber hinaus wäre die Anerkennung eines graduell verblassenden Würdeschutzes[18] der Verfassung fremd.[19] **Juristische Personen** sind allerdings nicht geschützt.[20]

III. Eingriffe

8   Das BVerfG verwendet zur Feststellung eines Eingriffs die so genannte **Objektformel.** Danach liegt ein Eingriff in die Menschenwürde vor, wenn das Individuum „zum bloßen Objekt" staatlichen Handelns gemacht oder einer Behandlung ausgesetzt wird, „die seine Subjektqualität prinzipiell in Frage stellt"[21]. Wegen der Unantastbarkeit der Menschenwürde ist die Objektformel eng auszulegen.[22] Im Schrifttum wird teilweise die Auffassung vertreten, es sei „auf die objektive Zielrichtung eines Handelns oder der Gründe eines Unterlassens abzustellen, auf ihre **Finalität**"[23]. Zu beachten ist allerdings, dass nach den allgemeinen Überlegungen zum Grundrechtseingriff die Finalität einer staatlichen Maßnahme keine zwingende Voraussetzung für Grundrechtsschutz darstellt (→ § 24 Rn. 7 ff.). Problematisch ist im Zusammenhang mit der bundesverfassungsgerichtlichen Annäherung an den Schutzgehalt neben der Verlagerung der exegetischen Last wiederum die fehlende Aussagekraft bzw. Korrekturbedürftigkeit der Objektformel. Längst hat das BVerfG selbst erkannt, dass der Mensch letztlich nicht nur Objekt des Rechts ist, dem er sich ohne Rücksicht auf seine individuellen Interessen fügen muss, sondern auch der sozialen Verhältnisse und der gesellschaftlichen Entwicklung[24]. Deshalb wird in neueren wissenschaftlichen Ansätzen die Objektformel lediglich als Ausgangspunkt genommen und um einen – in Leistungs- und Kommunikationstheorien skizzierten – Subjektbegriff erweitert. Dieses Subjekt ist die „mit der Fähigkeit zu eigenverantwortlicher Lebensgestaltung begabte ‚Persönlichkeit'".[25] „Dem Schutz der Menschenwürde liegt die Vorstellung vom Menschen als einem geistig-sittlichen Wesen zugrunde, das darauf angelegt ist, in Freiheit sich selbst zu bestimmen und sich zu entfalten".[26] Maßgebliches Kriterium ist, „ob der **Subjektstatus** eines Menschen **trotz seiner Verobjektivierung** in spezifischen Unterordnungs- und Abhängigkeitsverhält-

---

[17] BVerfGE 30, 173 (194); siehe ferner BVerfG (Kammerbeschl.), NVwZ 2008, 549 (550). Siehe speziell zum Schutz so genannter menschlicher Plastinate VGH München, NJW 2003, 1618 (1620); *T. Finger/P. Müller,* NJW 2004, 1073 ff.
[18] So BVerfGE 30, 173 (196).
[19] *H. Sodan,* in: Sodan Art. 1 Rn. 26; vgl. auch *C. Enders,* in: Friauf/Höfling Art. 1 Rn. 120 f.; *P. M. Huber,* in: HGR II § 49 Rn. 24.
[20] *H. D. Jarass,* in: Jarass/Pieroth Art. 1 Rn. 7.
[21] BVerfGE 30, 1 (25 f.); 50, 166 (175); 87, 209 (228); 109, 133 (150); 117, 71 (89); 131, 268 (286); vgl. auch BVerfGE 116, 69, 85.
[22] *W. Höfling,* JuS 1995, 857 (860) mit Kritik an der Objektformel.
[23] So *P. Kunig,* in: v. Münch/Kunig Art. 1 Rn. 24.
[24] Siehe BVerfGE 30, 1 (25 f.).
[25] BVerfGE 5, 85 (204).
[26] BVerfGE 123, 267 (413); fast wortgleich BVerfGE 133, 168 (197).

§ 26. Schutz der Menschenwürde

sen durch Kompensationsmechanismen noch hinreichend gesichert ist".[27] Mithilfe dieses – einem liberalen Grundrechtsverständnis entsprechenden – Ansatzes, wonach sich die Demokratie zugunsten der Freiheit und nicht umgekehrt mobilisiert[28], können subjektiv-individuelle Vorstellungen in die Schutzbereichsbestimmung implementiert und somit auch die Frage nach einer Beeinträchtigung schneller beantwortet werden.[29]

Beispiele für Beeinträchtigungen der Menschenwürde sind Erniedrigung, Brandmarkung und Ächtung[30] sowie Folter[31], Sklaverei und Leibeigenschaft[32]. Speziell für die Strafrechtspflege bedeutet das Gebot zur Achtung der Menschenwürde vor allem, dass „grausame, unmenschliche und erniedrigende Strafen verboten sind"; der „Täter darf nicht zum bloßen Objekt der Verbrechensbekämpfung unter Verletzung seines verfassungsrechtlich geschützten sozialen Wert- und Achtungsanspruchs gemacht werden".[33] Der in der Menschenwürde wurzelnde Schuldgrundsatz setzt so genannter „Deals" im Strafverfahren Grenzen, welche aber nach Ansicht des BVerfG durch die Regelungen über die Verständigung im Strafprozess (vgl. § 257c StPO) „zum gegenwärtigen Zeitpunkt" noch nicht überschritten sind[34]. „Aus Art. 1 Abs. 1 GG folgt die Verpflichtung des Staates, auch die Freiheitsentziehung menschenwürdig auszugestalten. Mit der Garantie der Menschenwürde wäre es unvereinbar, wenn der Staat für sich in Anspruch nehmen würde, den Menschen zwangsweise seiner Freiheit zu entkleiden, ohne dass zumindest die Chance für ihn bestehen würde, je wieder der Freiheit teilhaftig zu werden".[35] Die Menschenwürde wird jedoch auch „durch eine langdauernde Unterbringung nicht verletzt, wenn diese wegen fortdauernder Gefährlichkeit des Untergebrachten notwendig ist."[36] In jedem Fall ist dafür Sorge zu tragen, dass unangemessene Haftbedingungen vermieden werden wie etwa die Unterbringung mit einem Mithäftling in einer kleinen Zelle ohne bauliche Abtrennung der Sanitäranlage[37], die Unterbringung in Haftraumen mit einer Bodenfläche von weniger als 6 m² mit sehr langen Einschlusszeiten[38] oder die Unterbringung eines vollständig entkleideten Strafgefangenen in einem besonders gesicherten Haftraum mit durchgängiger Videoüberwachung[39]. Art. 1 I GG verbietet es grundsätzlich, „Gefangene grob unhygienischen und widerlichen Haftraumbedingungen auszusetzen".[40] Keinen Verstoß gegen die Menschenwürdegarantie stellt – vorbehaltlich besonderer Umstände des Einzelfalles – die „zwangsweise Veränderung der Haar- und Barttracht eines Beschuldigten zum Zwe-

9

---

[27] W. Höfling, in: Sachs, GG Art. 1 Rn. 16 – ohne die Hervorhebung; vgl. auch J. Kersten, Das Klonen von Menschen, 2004, S. 479.
[28] Vgl. J. Ziekow, Über Freizügigkeit und Aufenthalt, 1997, S. 592.
[29] Siehe dazu näher H. Sodan, in: Sodan Art. 1 Rn. 12f.
[30] BVerfGE 102, 347 (367); 107, 275 (284).
[31] Vgl. BVerfG (Kammerbeschl.), NJW 2005, 656 (657). Ausführl. zur so genannten Rettungsfolter H. Hofmann, in: Schmidt-Bleibtreu/Hofmann/Hopfauf Art. 1 Rn. 18.
[32] H. D. Jarass, in: Jarass/Pieroth Art. 1 Rn. 11.
[33] BVerfGE 45, 187 (228); 109, 133 (150).
[34] BVerfGE 133, 168 (197ff., 203ff.).
[35] BVerfGE 109, 133 (150) – „Sicherungsverwahrung"; vgl. auch bereits BVerfGE 45, 187 (229).
[36] BVerfGE 109, 133 (151). Siehe zu den Anforderungen, die sich für die nachträgliche Anordnung oder Verlängerung der Sicherungsverwahrung wegen des hierdurch bewirkten schwerwiegenden Eingriffs in das durch Art. 2 II 2 GG geschützte Grundrecht der Freiheit der Person ergeben, BVerfGE 128, 326 (366ff., 372ff.); 131, 268 (286ff.) – „vorbehaltene Sicherungsverwahrung"; siehe ferner → § 29 Rn. 11 und § 49 Rn. 7a.
[37] Kammergericht, NJW-RR 2005, 1478.
[38] BerlVerfGH, LVerfGE 20, 70 (79).
[39] BVerfG (Kammerbeschl.), NJW 2015, 2100 (2101) im Hinblick auf die durch Art. 2 I i. V. m. Art. 1 I GG geschützte Intimsphäre.
[40] BVerfG (Kammerbeschl.), NJW 2011, 137 (138); vgl. auch BVerfG (Kammerbeschl.), NJW 1993, 3190f.

cke seiner Gegenüberstellung mit Zeugen" dar.[41] Bei der Ableistung von Wehrdienst ist etwa der Befehl, Regenwürmer zu essen, entwürdigend[42], nicht aber die militärische Grußpflicht[43]. Nach Auffassung des *Zweiten* Senats des BVerfG verbietet Art. 1 I GG, die Unterhaltspflicht für ein Kind als Schaden zu begreifen[44]. Demgegenüber verstößt nach Ansicht des *Ersten* Senats des BVerfG die Rechtsprechung der Zivilgerichte zur Arzthaftung bei fehlgeschlagener Sterilisation und fehlerhafter genetischer Beratung vor Zeugung eines Kindes *nicht* gegen Art. 1 I GG[45]. Das BVerfG hielt ferner die Ermächtigung der Streitkräfte, durch unmittelbare Einwirkung mit Waffengewalt ein Luftfahrzeug abzuschießen, das gegen das Leben von Menschen eingesetzt werden soll, für unvereinbar mit dem Recht auf Leben nach Art. 2 II 1 GG i.V.m. der Menschenwürdegarantie des Art. 1 I GG, soweit davon tatunbeteiligte Menschen an Bord des Luftfahrzeugs betroffen werden[46].

10 Im **Fall 22** steht der beeinträchtigten Berufsfreiheit des D (→ § 40) die Menschenwürde des K gegenüber. Dieser wird zum Wurfgegenstand und damit zum Objekt herabgewürdigt.[47] Grundsätzlich bestehen von vornherein erhebliche Zweifel, ob überhaupt eine subjektive Kompensation des Verobjektivierungsvorgangs vorliegt. Aber selbst wenn sich K freiwillig der Erniedrigung stellte, ließe sich von einer Verletzung der Menschenwürde sprechen. Denn es ist streng zwischen einer subjektive Vorstellungen berücksichtigenden Auslegung des Schutzbereiches und unerlaubter Würdeveräußerung zu differenzieren. Die Menschenwürde ist ein unverfügbarer Wert, auf dessen Beachtung der Einzelne, schon aufgrund der konstitutiven Bedeutung des Grundrechts für das soziale Zusammenleben, **nicht wirksam verzichten** kann.[48] Eine Erlaubnis der Veranstaltung liefe damit dem Schutzauftrag des Staates aus Art. 1 I 2 GG zuwider.

IV. Verfassungsrechtliche Rechtfertigung?

11 Art. 1 I 1 GG erklärt die Würde des Menschen für **unantastbar**. Folgerichtig fehlt ein Schrankenvorbehalt. Da die Menschenwürde den höchsten Rang in der grundgesetzlichen Ordnung innehat, ist auch kein Eingriff zugunsten höherrangiger Verfassungsgüter möglich; „denn die Menschenwürde als Wurzel aller Grundrechte ist mit keinem Einzelgrundrecht abwägungsfähig"[49]. Wegen Art. 79 III GG ist selbst dem verfassungsändernden Gesetzgeber ein Eingriff in die Menschenwürde versperrt. Ebenso wenig ist die Beeinträchtigung der Würde eines Menschen zum Schutze der Würde eines anderen gerechtfertigt, sofern eine solche Maßnahme überhaupt denkbar ist.[50] **Ein Eingriff in die menschliche Würde kann daher nie gerechtfertigt sein.**[51]

12 Im **Fall 22** ist ein Eingriff in die Menschenwürde des K durch eine Erlaubnis der Veranstaltung damit auch nicht unter Berücksichtigung des dem D gewährleisteten Grundrechts der Berufs-

---

[41] BVerfGE 47, 239 (247).
[42] BVerwG, NJW 1992, 587f.
[43] BVerwGE 43, 312 (314f.).
[44] BVerfGE 88, 203 (296); 96, 409ff.
[45] BVerfGE 96, 375 (399ff.). Siehe näher zum Unterhalt für ein Kind als Schaden *G. Müller*, NJW 2003, 697ff.
[46] BVerfGE 115, 118 (152ff.) – „Luftsicherheitsgesetz".
[47] Vgl. VG Neustadt, NVwZ 1993, 98 (99).
[48] BVerwGE 64, 274 (280) – „Peep-Show"; 115, 189 (202) – „Laserdrome"; VG Neustadt, NVwZ 1993, 98 (99); a. M. *H. von Olshausen*, NJW 1982, 2221 (2223). Siehe zur Zulässigkeit bestimmter Formen des „Paintball-Spiels" VGH München, DVBl. 2013, 525ff.
[49] BVerfGE 93, 266 (293); vgl. ferner BVerfGE 75, 369 (380).
[50] Vgl. dazu *P. Kunig*, in: v. Münch/Kunig Art. 1 Rn. 4 mit Fn. 22.
[51] *W. Höfling*, JuS 1995, 857 (859); a. M. *M. Kloepfer*, Festgabe 25 Jahre BVerfG II, S. 411ff.

freiheit (→ § 40) zu rechtfertigen. Eine Abwägung zwischen beiden Verfassungsgütern verbietet sich somit von vornherein.[52]

V. Verhältnis zu anderen Grundrechten

Die Freiheits- und Gleichheitsgarantien der anderen Grundrechte konkretisieren zahlreiche Ausschnitte der Menschenwürde und stehen im Dienste dieses höchsten Grundrechts. Wegen dessen Unantastbarkeit und der „Ewigkeitsgarantie" des Art. 79 III GG muss die Gewährleistung der Menschenwürde von den Schutzbereichen anderer Grundrechte abgegrenzt werden.[53] Soweit der Schutzbereich eines anderen Grundrechts betroffen ist, kommt dieses vorrangig zur Anwendung. Vorrangigkeit meint hier jedoch **keine strenge Subsidiarität**[54] des Art. 1 I GG: Vielmehr kann in der Verletzung eines sonstigen Grundrechts zugleich ein Verstoß gegen Art. 1 I GG liegen.[55] I. R. d. allgemeinen Persönlichkeitsrechts steht die Menschenwürde in einem besonderen Verhältnis zu Art. 2 I GG (→ § 27 Rn. 6).

13

§ 27. Recht auf freie Entfaltung der Persönlichkeit

Fall 23 (nach BVerfGE 80, 137 ff.): Der Gesetzgeber des Landes L erlässt ein Landschaftsgesetz, welches das Reiten im Walde lediglich auf den als Reitwegen gekennzeichneten Waldwegen zulässt. Die passionierte Reiterin R möchte jedoch gern auf allen Waldwegen im Forst ihrer heimatlichen Umgebung reiten können und fühlt sich in ihrem Recht auf freie Entfaltung der Persönlichkeit verletzt. Zu Recht?

I. Bedeutung und Systematik des Grundrechts

Das in Art. 2 I GG gewährleistete Recht auf die freie Entfaltung der Persönlichkeit dient als Folge der weiten Interpretation seines Inhalts i. S. d. Garantie der allgemeinen Handlungsfreiheit (→ Rn. 2 ff.) als **Auffanggrundrecht** gegenüber den speziellen Freiheitsrechten und ist daher nur **subsidiär anwendbar.** Sobald also der Schutzbereich eines besonderen Freiheitsrechts beeinträchtigt ist, tritt Art. 2 I GG als allgemeines Freiheitsrecht zurück.[1] Ein Rückgriff auf diese Vorschrift ist daher auch dann unzulässig, wenn sich ein Eingriff in das spezielle Freiheitsrecht als verfassungsmäßig erweist.[2]

1

---

[52] Vgl. VG Neustadt, NVwZ 1993, 98 (100); siehe zu einer ausführlichen Falllösung *M. Stock,* NWVBl. 1994, 195 ff. Eine Ausnahme wäre theoretisch denkbar, wenn „der Achtungsanspruch des einen mit dem ebenso unbedingten Schutzanspruch eines anderen kollidiert", *C. Hillgruber,* in: Epping/Hillgruber Art. 1 Rn. 10.1. Dann müsste auf der Grundlage des Art. 1 I 2 eine relative Gewichtung der gegenläufigen Wertansprüche mit dem Ziel der Wirkungsmaximierung nach dem Grundsatz der praktischen Konkordanz (→ § 2 Rn. 11) erfolgen. Indes überzeugt diese Sicht nicht, da solche Fälle praktisch nie vorkommen.
[53] Siehe zu einer Übersicht *W. Höfling,* JuS 1995, 857 (861 f.).
[54] So aber *W. Graf Vitzthum,* JZ 1985, 201 (203).
[55] *W. Höfling,* JuS 1995, 857 (861); *P. Kunig,* in: v. Münch/Kunig Art. 1 Rn. 69.
[1] BVerfGE 6, 32 (37); 77, 84 (118); 83, 182 (194); 89, 1 (13).
[2] *H. D. Jarass,* in: Jarass/Pieroth Art. 2 Rn. 2 f.; *P. Kunig,* in: v. Münch/Kunig Art. 2 Rn. 12.

II. Schutzbereich

1. Sachlicher Schutzbereich

a) Allgemeine Handlungsfreiheit

2 Der Inhalt des Grundrechts auf freie Entfaltung der Persönlichkeit ist seit langem geklärt. Nach der im frühen Schrifttum teilweise vertretenen so genannten **Persönlichkeitskerntheorie** sollte Art. 2 I GG lediglich den „Kernbezirk des Persönlichen" garantieren, der den Menschen als geistig-sittliche Person kennzeichnet; die Schranke der verfassungsmäßigen Ordnung erfasse nämlich nur das Grundgesetz und sei damit sehr eng, so dass auch der Schutzbereich des Grundrechts lediglich einen Kernbereich der Persönlichkeitsentfaltung abdecken könne[3]. Dem hielt das BVerfG im grundlegenden „Elfes-Urteil" aus dem Jahr 1957 entgegen, „es wäre nicht verständlich, wie die Entfaltung innerhalb dieses Kernbereichs gegen das Sittengesetz, die Rechte anderer oder sogar gegen die verfassungsmäßige Ordnung einer freiheitlichen Demokratie sollte verstoßen können"[4]. Eine vergleichsweise enge Inhaltsbestimmung schlug 1989 der Bundesverfassungsrichter *Dieter Grimm* in einem Sondervotum vor; „das individuelle Verhalten, das mangels spezieller Grundrechtsgarantien den Schutz von Art. 2 Abs. 1 GG beanspruchen" wolle, müsse „eine gesteigerte, dem **Schutzgut der übrigen Grundrechte vergleichbare Relevanz für die Persönlichkeitsentfaltung** besitzen"[5]. Das BVerfG hingegen vertritt in ständiger Rechtsprechung die Auffassung, Art. 2 I GG gewährleiste die **allgemeine Handlungsfreiheit im umfassenden Sinne**[6]. Neben dem systematischen Schluss von der in Art. 2 I Hs. 2 GG genannten weiten Schranke der verfassungsmäßigen Ordnung (→ Rn. 14) auf den Inhalt des Grundrechts spricht auch die Entstehungsgeschichte der Norm für einen umfassenden Schutzbereich. Eine Entwurfsfassung lautete nämlich: „Jedermann hat die Freiheit, zu tun und zu lassen, was die Rechte anderer nicht verletzt und nicht gegen die verfassungsmäßige Ordnung oder das Sittengesetz verstößt."[7] Dieser Wortlaut wurde nur aus stilistischen, nicht aber aus inhaltlichen Gründen geändert.[8] Zudem erfüllt der umfassende Schutz der menschlichen Handlungsfreiheit eine „wertvolle Funktion in der Freiheitssicherung"[9]; die Existenz grundrechtsfreier Räume darf nicht hingenommen werden[10]. Schließlich führt der Begriff der Persönlichkeitsentfaltung zu schwer lösbaren Abgrenzungsproblemen bei der Anwendung einschränkender Theorien.[11] Der drohenden Ausuferung des Grundrechts kann mit der weiten Schrankenregelung begegnet werden.

3 Damit erfasst der Schutzbereich der allgemeinen Handlungsfreiheit „**jedes menschliche Verhalten**" ohne Rücksicht darauf, welches Gewicht ihm für die Persönlichkeitsentfaltung zukommt"[12]; geschützt ist nicht nur das Handeln, sondern auch das Nichthandeln.[13] Aus Art. 2 I GG lassen sich u. a. herleiten: die Ausreisefreiheit (→ § 39 Rn. 2),

---

[3] Siehe *H. Peters*, in: FS Laun, 1953, S. 669 (673); *ders.*, Das Recht auf freie Entfaltung der Persönlichkeit in der höchstrichterlichen Rechtsprechung, 1963, S. 48 f.

[4] BVerfGE 6, 32 (36).

[5] BVerfGE 80, 164 (165) – ohne die Hervorhebungen; vgl. ferner *Hesse* Rn. 428.

[6] BVerfGE 6, 32 (36 ff.); 54, 143 (146); 74, 129 (151 f.); 80, 137 (152); 108, 186 (234); 111, 54 (81); 112, 1 (21); 113, 88 (103); 128, 1 (68); BVerfG (Kammerbeschl.), NJW 2013, 990.

[7] Drucks. Parlamentarischer Rat 1.49–543.

[8] Vgl. BVerfGE 6, 32 (38 f.); 80, 137 (154); *P. Kunig*, in: v. Münch/Kunig Art. 2 Rn. 13.

[9] BVerfGE 80, 137 (154).

[10] *J. Lege*, Jura 2002, 753 (754).

[11] BVerfGE 80, 137 (154); *D. Murswiek*, in: Sachs, GG Art. 2 Rn. 45; *C. Starck*, in: v. Mangoldt/Klein/Starck Art. 2 I Rn. 10.

[12] BVerfG (Kammerbeschl.), NJW 2008, 2701 spricht ausdrücklich von „Verhaltensfreiheit"; vgl. auch BVerfG (Kammerbeschl.), NJW 2012, 1062 f.; BerlVerfGH, NVwZ 2008, 1005 (1006).

[13] *D. Murswiek*, in: Sachs, GG Art. 2 Rn. 52; vgl. ferner BVerfG (Kammerbeschl.), NJW 2008, 2701; NJW 2010, 1289; BerlVerfGH, LVerfGE 19, 3 (9).

§ 27. Recht auf freie Entfaltung der Persönlichkeit

die Vertragsfreiheit[14], soweit diese sich nicht auf den Bereich beruflicher Betätigung bezieht, in dem Art. 12 I GG einschlägig ist (→ § 40 Rn. 16), die Fortbewegungsfreiheit etwa mit dem Auto[15], die Freiheit von Zwangsmitgliedschaft in öffentlich-rechtlichen Verbänden (→ § 37 Rn. 6) oder in verfahrensrechtlicher Hinsicht die freie Wahl des Verteidigers[16]. Aus Art. 2 I i. V. m. Art. 20 III GG werden vom BVerfG jew. das „allgemeine Prozessgrundrecht auf ein rechtsstaatliches, faires Verfahren"[17] und das Recht auf Vertrauensschutz[18] hergeleitet (siehe zum Vertrauensschutz und zum Rückwirkungsverbot näher → § 7 Rn. 44 ff.).

Im **Fall 23** dient das Reiten im Walde nicht der Entfaltung des Kernbezirks der Persönlichkeit; auch lässt sich eine den speziellen Freiheitsrechten vergleichbare Relevanz für die Persönlichkeitsentfaltung kaum feststellen[19]. Da es auf diese Kriterien jedoch nicht ankommt, das Reiten im Walde ein menschliches Handeln darstellt und keine spezielleren Freiheitsrechte einschlägig sind[20], ist der Schutzbereich der allgemeinen Handlungsfreiheit eröffnet.[21] 4

Dagegen werden die **Freiheit wirtschaftlicher Betätigung** sowie die **Wettbewerbsfreiheit** regelmäßig durch die speziellere Grundrechtsnorm des Art. 12 I GG geschützt (→ § 40 Rn. 16 f.). Insoweit kommt auch die Eigentumsgarantie des Art. 14 I GG als spezielleres Freiheitsrecht in Betracht (→ § 42 Rn. 10). 5

b) Allgemeines Persönlichkeitsrecht

Aus **Art. 2 I GG i. V. m. Art. 1 I GG** folgt das so genannte allgemeine Persönlichkeitsrecht. Zweck dieses Rechts ist es, vor dem Hintergrund der **Menschenwürde** (→ § 26) „die engere persönliche Lebenssphäre und die Erhaltung ihrer Grundbedingungen zu gewährleisten, die sich durch die traditionellen konkreten Freiheitsgarantien nicht abschließend erfassen lassen"[22]. Die tatbestandlichen Voraussetzungen des allgemeinen Persönlichkeitsrechts werden also enger gezogen als diejenigen der allgemeinen Handlungsfreiheit; das Recht auf Respektierung des geschützten Freiheitsbereichs *ergänzt* das aktive Element der Persönlichkeitsentfaltung, d. h. die allgemeine Handlungsfreiheit.[23] Das allgemeine Persönlichkeitsrecht wird durch Art. 2 I GG gewährleistet. Bei der Bestimmung seines Schutzumfangs ist jedoch Art. 1 I GG heranzuziehen, der insoweit als „Interpretationsdirektive und Schutzverstärkung für Art. 2 I" GG wirkt.[24] Im Privat- 6

---

[14] BVerfGE 8, 274 (328); 74, 129 (152); 95, 267 (303 f.); 103, 197 (215); 114, 1 (34 f.); 114, 73 (89 f.); 117, 163 (181); 126, 286 (300); 134, 204 (222).
[15] Vgl. BVerwGE 30, 235 (238); BVerwG, NJW 1988, 432 f.
[16] BVerfGE 45, 272 (295).
[17] BVerfG (Kammerbeschl.), NJW 2011, 591 (592); vgl. auch BVerfGE 38, 105 (111); 65, 171 (174); 66, 313 (318); 86, 288 (317 f.); BVerfG (Kammerbeschl.), NJW 2011, 207 (208 f.); NJW 2012, 2790 (2792); BVerfG, NJW 2013, 1058 (1061); NJW 2014, 3506; NJW 2015, 1083; NJW 2015, 1235 (1236).
[18] BVerfGE 128, 90 (105); BVerfG (Kammerbeschl.), NVwZ-RR 2011, 378; NJW 2013, 523 (524).
[19] Siehe das Sondervotum des Richters *D. Grimm*, BVerfGE 80, 164 (164 f.).
[20] Insbes. nicht die in Art. 11 I GG gewährleistete Freizügigkeit, BVerfGE 80, 137 (150).
[21] BVerfGE 80, 137 (152 f.).
[22] BVerfGE 54, 148 (153); 72, 155 (170); vgl. etwa auch BVerfGE 101, 361 (380); 114, 339 (346).
[23] BVerfGE 54, 148 (153).
[24] *D. Murswiek*, in: Sachs, GG Art. 2 Rn. 103.

recht ist das allgemeine Persönlichkeitsrecht als **„sonstiges Recht"** i. S. d. §§ 823 I und 1004 I BGB anerkannt.[25]

7   In der umfangreichen Judikatur des BVerfG[26] sind mehrere geschützte Komplexe erkennbar. So hat der Grundrechtsträger das Recht, das Ob und Wie der **Selbstdarstellung in der Öffentlichkeit** zu bestimmen. Dazu zählen im Besonderen das Recht am eigenen Bild[27] und am eigenen Wort[28], das Recht auf Gegendarstellung im angemessenen Umfang[29], der Schutz vor einem Zwang zur Selbstbezichtigung[30] sowie der Schutz der persönlichen Ehre[31]. Ferner steht dem Grundrechtsträger das **Recht auf informationelle Selbstbestimmung** zu. Danach kann der Betroffene grundsätzlich selbst entscheiden, ob, wann und wie persönliche Lebenssachverhalte offenbart werden.[32] Davon umfasst ist auch der Schutz vor Erhebung und Weitergabe von Befunden über den Gesundheitszustand, die seelische Verfassung und den Charakter des Einzelnen.[33] Angesichts der durch die moderne Informationstechnik begründeten neuartigen Gefährdungen der Persönlichkeit kreierte das BVerfG vor wenigen Jahren auch ein **„Grundrecht auf Gewährleistung der Vertraulichkeit und Integrität informationstechnischer Systeme"** als spezifische Ausprägung des allgemeinen Persönlichkeitsrechts[34]; dabei bleibt allerdings die Abgrenzung zum Recht auf informationelle Selbstbestimmung problematisch[35]. Im Anschluss an das so genannte Google-Urteil des EuGH vom 13.5.2014[36], mit dem das Gericht „die Grundlagen für ein neues europäisches **Grundrecht auf Vergessenwerden**" geschaffen hat[37], dürften sich auch aus dem allgemeinen Persönlichkeitsrecht Ansprüche gegenüber Internet-Suchmaschinenbetreibern auf Löschung bestimmter Daten herleiten lassen. Generell genießt die **Privatsphäre** besonderen Schutz.[38] Der Einzelne soll das Recht haben, sich aus der Öffentlichkeit zurückzuziehen, und seine Persönlichkeit in einem abgeschirmten Bereich entfalten können.[39] Der Schutz erstreckt sich zum einen auf „Angelegenheiten, die

---

[25] Siehe dazu näher BVerfG (Kammerbeschl.), NJW 2012, 1643 f.; *U. Di Fabio*, in: Maunz/Dürig Art. 2 I Rn. 143 ff.; *H. Ehmann*, JuS 1997, 193 (195 f.).

[26] Dazu *C. Degenhart*, JuS 1992, 361 (363 ff.); *H. D. Jarass*, NJW 1989, 857 (858 f.).

[27] BVerfGE 34, 238 (246); 35, 202 (220); 87, 334 (340); 97, 228 (268); 101, 361 (381 ff.); 120, 180 (198).

[28] BVerfGE 34, 238 (246) – „heimliche Tonbandaufnahmen". Das allgemeine Persönlichkeitsrecht schützt den Grundrechtsträger auch dagegen, dass ihm „Äußerungen in den Mund gelegt werden, die er nicht getan hat und die seinen von ihm selbst definierten sozialen Geltungsanspruch beeinträchtigen", BVerfGE 54, 148 (155); 54, 208 (217).

[29] BVerfGE 63, 131 (142 f.).

[30] BVerfGE 95, 220 (241).

[31] BVerfGE 54, 148 (154); 114, 339 (346).

[32] BVerfGE 65, 1 (41 f.) – „Volkszählung"; 113, 29 (46); 115, 320 (341) – „Rasterfahndung"; 117, 202 (228); 118, 168 (184); 120, 351 (359 ff.); 120, 378 (397); vgl. auch BVerfGE 133, 277 (316 f., 320) – „Antiterrordatei"; BVerwGE 141, 329 (332).

[33] BVerfGE 89, 69 (82); BVerfG (Kammerbeschl.), NJW 2011, 1661; vgl. ferner BVerfGE 32, 373 (378 ff.); 44, 353 (372 f.); 65, 1 (41 f.); 78, 77 (84); 84, 192 (194 f.).

[34] BVerfGE 120, 274 (302 f.) – „Online-Durchsuchung" – ohne die Hervorhebungen.

[35] Krit. auch *G. Britz*, DÖV 2008, 411 (413 f.); *E. Gurlit*, NJW 2010, 1035 (1037).

[36] EuGH, NVwZ 2014, 857 (864 f.).

[37] *V. Boehme-Neßler*, NVwZ 2014, 825 (829) – ohne die Hervorhebungen

[38] BVerfGE 47, 46 (73) – „Sexualkundeunterricht"; 80, 367 (373 ff.) – „Tagebuch"; 121, 69 (90) – zwangsweise Durchsetzung der Umgangspflicht.

[39] *D. Murswiek*, in: Sachs, GG Art. 2 Rn. 69.

wegen ihres Informationsinhalts typischerweise als ‚privat' eingestuft werden, weil ihre öffentliche Erörterung oder Zurschaustellung als unschicklich gilt", sowie auf „einen räumlichen Bereich, in dem der Einzelne zu sich kommen, sich entspannen oder auch gehen lassen kann".[40] Überdies stehen das Recht auf Kenntnis der eigenen Abstammung[41] und das Recht eines Mannes auf Kenntnis der Abstammung des ihm rechtlich zugeordneten Kindes[42], das Recht am eigenen Namen[43], das Recht auf sexuelle Selbstbestimmung[44] („das Finden und Erkennen der eigenen geschlechtlichen Identität sowie der eigenen sexuellen Orientierung")[45] sowie das Recht auf einen schuldenfreien Eintritt in die Volljährigkeit[46] als Konkretisierungen des **persönlichen Selbstbestimmungsrechts**[47] unter dem Schutz des allgemeinen Persönlichkeitsrechts. Das allgemeine Persönlichkeitsrecht hat nicht nur eine abwehrrechtliche Dimension, sondern enthält auch eine **Schutzpflicht** (vgl. → § 22 Rn. 21 ff.). So gebietet bspw. das Recht auf informationelle Selbstbestimmung, dass der informationelle Selbstschutz tatsächlich möglich ist. Dies hat besondere Relevanz in Vertragsverhältnissen, bei denen einer der Vertragspartner ein solches Gewicht hat, „dass er den Vertragsinhalt faktisch einseitig bestimmen kann".[48]

Die allgemeine Handlungsfreiheit ist gegenüber dem allgemeinen Persönlichkeitsrecht subsidiär. Letzteres tritt seinerseits hinter die Spezialregelungen des Brief-, Post- und Fernmeldegeheimnisses (→ § 38 Rn. 1 ff.) sowie der Unverletzlichkeit der Wohnung (→ 41 Rn. 1 ff.) zurück.[49] **8**

Im **Fall 23** deckt sich das Reiten im Walde nicht mit den entwickelten Konkretisierungen des allgemeinen Persönlichkeitsrechts. Daher bleibt die allgemeine Handlungsfreiheit auch vor diesem Hintergrund einschlägig. **9**

2. Personeller Schutzbereich

a) Allgemeine Handlungsfreiheit

Auf die allgemeine Handlungsfreiheit können sich **alle natürlichen Personen** berufen.[50] Art. 2 I GG setzt allerdings „die Existenz einer wenigstens potentiell oder zukünftig handlungsfähigen Person als unabdingbar voraus"; Träger des Rechts auf freie Entfaltung der Persönlichkeit ist daher nur die **lebende Person,** so dass der Schutz aus **10**

---

[40] BVerfGE 101, 361 (382 f.); vgl. ferner BVerfGE 120, 180 (199). Siehe zur Unzulässigkeit der Dauerobservation eines entlassenen Sicherungsverwahrten BVerfG (Kammerbeschl.), DVBl. 2013, 169 ff. mit Anm. *S. Söllner.*
[41] BVerfGE 79, 256 (268 ff.); 90, 263 (270 ff.). Siehe auch *S. Fink/K.-J. Grün,* NJW 2013, 1913 ff.
[42] BVerfGE 117, 202 (225 ff.).
[43] BVerfGE 78, 38 (49); 109, 256 (266); 123, 90 (102); BVerfG (Kammerbeschl.), NJW 2007, 671. Siehe speziell zum Schutz des *Vornamens* eines Menschen BVerfGE 116, 243 (262 f.).
[44] BVerfGE 47, 46 (73); 120, 224 (238 f.); 121, 175 (190); 128, 109 (124) – „Transsexuellengesetz".
[45] BVerfGE 121, 175 (190).
[46] BVerfGE 72, 155 (170).
[47] *C. Degenhart,* JuS 1992, 361 (366 ff.).
[48] BVerfG (Kammerbeschl.), NJW 2013, 3086 (3087) betr. u. a. die versicherungsvertragliche Obliegenheit zur Entbindung von der ärztlichen Schweigepflicht im Rahmen eines Vertrags über eine Berufsunfähigkeitsversicherung.
[49] Vgl. BVerfGE 120, 274 (302 ff.).
[50] BVerfGE 53, 185 (203).

diesem Grundrecht mit dem Tod erlischt[51] (vgl. allgemein → § 23 Rn. 10). Zugunsten von **Ausländern** wirkt Art. 2 I GG im Bereich *derjenigen* Freiheitsrechte, die lediglich Deutschen gewährt werden (→ § 23 Rn. 5 ff.). Das Grundgesetz trifft im Bereich der „Deutschen-Grundrechte" keine Entscheidung zum Ausschluss des Schutzes dieser Freiheitsrechte für Nicht-Deutsche durch das Auffanggrundrecht. Daher kann sich ein Ausländer bei der Ausübung eines Berufs zwar nicht auf Art. 12 I GG, aber auf seine allgemeine Handlungsfreiheit berufen.[52] Auch **inländische juristische Personen des Privatrechts** werden aufgrund von Art. 19 III GG durch die allgemeine Handlungsfreiheit geschützt (→ § 23 Rn. 12 ff.),[53] nach der Rechtsprechung des BVerfG als Folge einer „Anwendungserweiterung" des Art. 19 III GG auch juristische Personen des Privatrechts mit einem Sitz im **EU-Ausland** (→ § 23 Rn. 15).

b) Allgemeines Persönlichkeitsrecht

11 **Alle natürlichen Personen** stehen unter dem Schutz des allgemeinen Persönlichkeitsrechts. Wegen seines Wesens und seiner dogmatischen Nähe zur Menschenwürde ist umstritten, ob es auch auf juristische Personen anwendbar ist.[54] Zutreffend dürfte es sein, für die Anwendbarkeit des allgemeinen Persönlichkeitsrechts auf juristische Personen nach den verschiedenen Ausprägungen dieses Grundrechts zu differenzieren.[55] So hat das BVerfG den Schutz des Rechts am gesprochenen Wort auch juristischen Personen zuerkannt.[56]

III. Eingriffe

12 Eine Beeinträchtigung der allgemeinen Handlungsfreiheit liegt unzweifelhaft vor, wenn es sich um einen **„klassischen Grundrechtseingriff"** handelt (→ § 24 Rn. 5). Umstritten ist, ob auch **mittelbare, faktische Beeinträchtigungen** Eingriffe in die allgemeine Handlungsfreiheit darstellen. Dies wird im Schrifttum gelegentlich mit dem Hinweis auf eine vermeintliche Ausuferung des Grundrechtsschutzes verneint[57]. Es ist jedoch kein überzeugender Grund dafür ersichtlich, Art. 2 I GG von den allgemeinen Anforderungen an Grundrechtseingriffe (→ § 24 Rn. 7 ff.) auszunehmen, mit deren Hilfe sich der befürchteten Ausuferung des Grundrechtsschutzes durchaus begegnen lässt. Bezüglich des allgemeinen Persönlichkeitsrechts gilt, dass sich alle beeinträchtigenden staatlichen Maßnahmen als Eingriffe qualifizieren lassen, wie z. B. die Erhebung, Speicherung, Verwendung oder Weitergabe personenbezogener Daten[58]. Auch die mit Entkleidungen verbundenen Durchsuchungen von Strafgefangenen stellen Eingriffe in das allgemeine Persönlichkeitsrecht dar.[59]

---

[51] BVerfGE 30, 173 (194); BVerfG (Kammerbeschl.), NJW 2006, 3409.
[52] BVerfGE 104, 337 (346); BVerfG (Kammerbeschl.), DVBl. 2003, 1396 (1397); *C. Degenhart,* JuS 1990, 161 (167 f.) m. w. N.; *H. D. Jarass,* in: Jarass/Pieroth Art. 2 Rn. 7; *P. Kunig,* in: v. Münch/Kunig Art. 2 Rn. 3.
[53] Vgl. BVerfGE 44, 353 (372).
[54] Verneinend *H. D. Jarass,* NJW 1989, 857 (860); *P. Kunig,* in: v. Münch/Kunig Art. 2 Rn. 39; ebenso speziell für den Zwang zur Selbstbezichtigung BVerfGE 95, 220 (242); a. M. BGHZ 81, 75 (78); 98, 94 (97 f.); einschränkend: *D. Murswiek,* in: Sachs, GG Art. 2 Rn. 77.
[55] Ausführlicher BVerfGE 118, 168 (203); *H. Sodan,* in: Sodan Art. 2 Rn. 9 m. w. N.
[56] Siehe hierzu BVerfGE 106, 28 (43 f.); 118, 168 (203).
[57] Pieroth/Schlink/Kingreen/Poscher Rn. 402 ff.; *J. Pietzcker,* in: FS Bachhof, S. 131 (146).
[58] Vgl. BVerfGE 65, 1 (43); 84, 239 (279); BVerfG (Kammerbeschl.), NJW 2008, 3489.
[59] BVerfG (Kammerbeschl.), NJW 2013, 3291.

§ 27. Recht auf freie Entfaltung der Persönlichkeit

Im **Fall 23** zielt das Landschaftsgesetz darauf ab, Reitern wie R die Möglichkeit zu nehmen, abseits der Reitwege zu reiten. Es liegt daher ein klassischer Eingriff in die allgemeine Handlungsfreiheit vor.[60]

13

IV. Verfassungsrechtliche Rechtfertigung

1. Grundrechtsschranken

a) Verfassungsmäßige Ordnung

Die verfassungsmäßige Ordnung steht in der Verfassungspraxis im Vergleich zu den beiden übrigen Schrankenvorbehalten eindeutig im Vordergrund. Seit dem „Elfes-Urteil" interpretiert das BVerfG die verfassungsmäßige Ordnung i. S. d. Art. 2 I Hs. 2 GG – anders als etwa in Art. 9 II GG (→ § 37 Rn. 12) – als „allgemeine Rechtsordnung […], die die materiellen und formellen Normen der Verfassung zu beachten hat, also eine verfassungsmäßige Rechtsordnung sein muß"[61]. Zur Begründung dienen der systematische Schluss vom weiten Schutzbereich auf einen weiten Schrankenvorbehalt und ein Hinweis auf die Entstehungsgeschichte des Art. 2 I GG[62]. Allgemeine Handlungsfreiheit und allgemeines Persönlichkeitsrecht stehen also unter einem **einfachen Gesetzesvorbehalt** (→ § 24 Rn. 14).[63]

14

b) Rechte anderer

In Art. 2 I GG kann ferner zugunsten der Rechte Dritter eingegriffen werden. Bloße Dritt*interessen* genügen nicht.[64] Es bedarf jedoch einer **gesetzlichen Ermächtigungsgrundlage** zugunsten der Rechte Dritter. Solche Ermächtigungsgrundlagen sind prinzipiell bereits vom Begriff der „verfassungsmäßigen Ordnung" gedeckt. Daher konnte die Schranke der Rechte anderer bisher keine eigenständige Bedeutung erlangen.[65]

15

c) Sittengesetz

Als dritte Schranke der allgemeinen Handlungsfreiheit und des allgemeinen Persönlichkeitsrechts nennt Art. 2 I Hs. 2 GG das Sittengesetz. Ob darunter überlieferte Moralvorstellungen, die Grundsätze von Treu und Glauben oder Verhaltensmaßstäbe der großen christlichen Konfessionen[66] zu verstehen sind, ist umstritten.[67] Jedenfalls ist auch hier eine **einfachgesetzliche Rechtsgrundlage** erforderlich, womit auch diese Schranke in der „verfassungsmäßigen Ordnung" aufgeht und damit praktisch bedeutungslos bleibt.[68]

16

---

[60] Vgl. BVerfGE 80, 137 (154 f.).
[61] BVerfGE 6, 32 (38); vgl. etwa auch BVerfGE 80, 137 (153); 90, 145 (172); 96, 10 (21); 111, 54 (81 f.); 113, 88 (103).
[62] Siehe näher BVerfGE 6, 32 (37 ff.).
[63] BVerfGE 6, 32 (38). Teilweise wird auch von einem Rechtsvorbehalt gesprochen, um insbes. auch Richterrecht und Gewohnheitsrecht mit zu erfassen, so *P. Kunig*, in: v. Münch/Kunig Art. 2 Rn. 23.
[64] *D. Murswiek*, in: Sachs, GG Art. 2 Rn. 91; *C. Starck*, in: v. Mangoldt/Klein/Starck Art. 2 I Rn. 34.
[65] *C. Degenhart*, JuS 1990, 161 (164); *P. Kunig*, in: v. Münch/Kunig Art. 2 Rn. 19.
[66] So BVerfGE 6, 389 (435).
[67] Siehe zum Diskussionsstand *D. Murswiek*, in: Sachs, GG Art. 2 Rn. 94 f.
[68] Vgl. *C. Degenhart*, JuS 1990, 161 (164); *C. Starck*, in: v. Mangoldt/Klein/Starck Art. 2 I Rn. 36.

2. Grenzen der Einschränkbarkeit

17　Eine wirksame Begrenzung des Rechts auf freie Entfaltung der Persönlichkeit durch die verfassungsmäßige Ordnung erfordert nicht nur die Vereinbarkeit der beeinträchtigenden Rechtsnorm mit der außerhalb des Art. 2 I GG liegenden grundgesetzlichen Ordnung, insbesondere der Kompetenzordnung. Die Norm muss vielmehr auch die grundrechtliche Substanz des Art. 2 I GG selbst wahren.[69] Insbesondere darf die staatliche Maßnahme **nicht unverhältnismäßig** in die allgemeine Handlungsfreiheit bzw. in das allgemeine Persönlichkeitsrecht eingreifen[70] (zum Grundsatz der Verhältnismäßigkeit → § 24 Rn. 32 ff.). So kann bspw. der mit einer **Betreuung** verbundene schwerwiegende Eingriff in die allgemeine Handlungsfreiheit des Betroffenen nur unter strikter Wahrung des Verhältnismäßigkeitsprinzips zulässig sein; diesem Erfordernis trägt § 1896 I und II BGB Rechnung.[71]

18　Für das **allgemeine Persönlichkeitsrecht** hat das BVerfG als besonderen Verhältnismäßigkeitsmaßstab die so genannte **Sphärentheorie** entwickelt. Danach ist die **Intimsphäre** „als letzter unantastbarer Bereich menschlicher Freiheit"[72] dem Zugriff staatlicher Gewalt völlig entzogen; eine Abwägung nach dem Verhältnismäßigkeitsprinzip findet hier nicht statt.[73] Zur Intimsphäre gehören etwa „Äußerungen innerster Gefühle oder […] Ausdrucksformen der Sexualität"[74]. In die **Privatsphäre,** d. h. in den Bereich privater, der Öffentlichkeit entzogener Lebensgestaltung, darf nur unter strikter Wahrung des Verhältnismäßigkeitsprinzips zugunsten überwiegender Allgemeininteressen oder im Hinblick auf grundrechtlich geschützte Interessen Dritter eingegriffen werden.[75] Die „verstärkten Rechtfertigungsanforderungen" tragen der Schutzverstärkung des allgemeinen Persönlichkeitsrechts durch Art. 1 I GG Rechnung.[76] Eingriffe in die **Sozialsphäre,** in der sich das Individuum bewusst in der Öffentlichkeit bewegt, können aber nach den allgemeinen Kriterien wie Eingriffe in die allgemeine Handlungsfreiheit gerechtfertigt sein.[77]

19　Für Eingriffe in die informationelle Selbstbestimmung verlangt das BVerfG eine **bereichsspezifische Rechtsgrundlage**[78] „aus der sich die Voraussetzungen und der Umfang der Beschränkungen klar und für den Bürger erkennbar ergeben und die damit dem rechtsstaatlichen Gebot der Normenklarheit entspricht"[79].

20　Im **Fall 23** handelt es sich bei dem Landschaftsgesetz um ein formelles Gesetz (vgl. → § 4 Rn. 8, 10 f.). Dessen Verfassungsmäßigkeit setzt insbesondere die Vereinbarkeit mit dem Grundsatz der Verhältnismäßigkeit (→ § 24 Rn. 32 ff.) voraus. Das Gesetz dient dem Schutz der im Wald Erholung Suchenden vor Gefahren bei der Begegnung mit Pferden sowie der Ver-

---

[69] *C. Degenhart,* JuS 1990, 161 (169). Einem „Leerlaufen" des Art. 2 I GG als Folge eines allgemeinen Gesetzesvorbehalts wird dadurch entgegengewirkt, BVerfGE 6, 32 (40f.).
[70] BVerfGE 17, 306 (314); 44, 353 (373); 55, 159 (165); 75, 108 (154f.); 80, 137 (153).
[71] BVerfG (Kammerbeschl.), NJW 2015, 1666.
[72] Siehe zu dieser Formulierung BVerfGE 6, 32 (41); vgl. auch BVerfGE 130, 1 (22).
[73] Vgl. BVerfGE 27, 1 (6); 32, 373 (378f.); 34, 238 (245); 80, 367 (373); BVerfG (Kammerbeschl.), NJW 2009, 3357 (3359); BerlVerfGH, NJW 2004, 593.
[74] BVerfGE 109, 279 (315) – „Lauschangriff"; siehe ferner BVerfGE 119, 1 (29f.); 130, 1 (22); BVerfG (Kammerbeschl.), NJW 2009, 3357 (3359).
[75] Vgl. BVerfGE 27, 344 (351); 34, 238 (246); 80, 367 (375); 96, 56 (61); 115, 320 (345f.); 120, 224 (239).
[76] *D. Murswiek,* in: Sachs, GG Art. 2 Rn. 103.
[77] Vgl. BVerfGE 35, 202 (220); 80, 367 (373).
[78] *G. Duttge,* Der Staat 36 (1997), 281 (282).
[79] BVerfGE 65, 1 (44); 115, 166 (190); vgl. auch BVerfG (Kammerbeschl.), NJW 2009, 3293 (3294); NJW 2010, 2717.

meidung einer schädigenden Auflockerung des Waldbodens und damit legitimen Zwecken. Das Verbot, abseits von entsprechend gewidmeten Waldwegen zu reiten, ist dem Regelungszweck förderlich. Ebenso geeignete, mildere Mittel sind nicht ersichtlich. Dem Grundrecht aus Art. 2 I GG der betroffenen Reiter stehen das in Art. 2 II 1 GG gewährleistete Recht auf körperliche Unversehrtheit (→ § 28 Rn. 4 ff.) und die allgemeine Handlungsfreiheit der sonstigen Waldbesucher, die sich ungestört erholen wollen, sowie der Naturschutz gegenüber. Da die Wanderer den Reitern bei weitem zahlenmäßig überlegen sind und dabei den Waldboden bedeutend weniger belasten, ist der durch die Trennung von Reit- und Wanderwegen vorgenommene Interessenausgleich nicht zu beanstanden; die Regelung ist für Reiter somit auch zumutbar.[80] Das Landschaftsgesetz verletzt die allgemeine Handlungsfreiheit der R folglich nicht.[81]

§ 28. Rechte auf Leben und körperliche Unversehrtheit

Fall 24 (nach BVerwGE 46, 1 ff.): Der Bundesminister der Verteidigung erlässt einen Befehl, der allen männlichen Soldaten der Bundeswehr Regeln zum Tragen des Haupthaars vorschreibt. Die einzelnen Vorgaben zielen auf einen so genannten Fassonschnitt ab. Verletzt der Minister die Soldaten in ihrem Recht auf körperliche Unversehrtheit aus Art. 2 II 1 GG?

I. Bedeutung der Grundrechte

„Das menschliche Leben stellt innerhalb der grundgesetzlichen Ordnung einen Höchstwert dar."[1] Art. 2 II 1 GG enthält „ein Bekenntnis zum grundsätzlichen Wert des Menschenlebens".[2] Aus seinem objektiv-rechtlichen Gehalt folgt eine Pflicht der staatlichen Organe zum Schutz der darin gewährleisteten Rechtsgüter (→ Rn. 5, ausführl. § 22 Rn. 21 ff.). 1

II. Schutzbereiche

1. Sachliche Schutzbereiche

a) Recht auf Leben

Das Recht auf Leben schützt „die **biologisch-physische Existenz jedes Menschen** vom Zeitpunkt ihres Entstehens an bis zum Eintritt des Todes unabhängig von den Lebensumständen des Einzelnen, seiner körperlichen und seelischen Befindlichkeit, gegen staatliche Eingriffe".[3] Das grundrechtlich geschützte Leben **beginnt** nach richtiger Ansicht bereits mit der Verschmelzung von Ei- und Samenzelle[4] und **endet** mit dem Erlöschen der Hirnströme[5]. Die Schutzwürdigkeit des menschlichen Lebens hängt nicht von seiner voraussichtlichen individuellen Dauer ab.[6] 2

---

[80] Vgl. BVerfGE 80, 137 (159 ff.).
[81] Siehe zu einer Entscheidungsbesprechung *K. Rennert*, NJW 1989, 3261 ff.
[1] BVerfGE 49, 24 (53); vgl. ferner BVerfGE 115, 118 (139) – „Luftsicherheitsgesetz".
[2] BVerfGE 18, 112 (117); 39, 1 (36).
[3] BVerfGE 115, 118 (139) – ohne Hervorhebung.
[4] H. L.: *E. Fechner*, JZ 1986, 653 (660); *P. Kunig*, in: v. Münch/Kunig Art. 2 Rn. 49; a. M. *H. Hofmann*, JZ 1986, 253 (258). BVerfGE 39, 1 (37): **jedenfalls** ab dem 14. Tag nach Nidation; offen lassend: BVerfGE 88, 203 (251); kritisch: *N. Hoerster*, JuS 1989, 172 (172 f.).
[5] Zum Streitstand: *W. Heun*, JZ 1996, 213 ff.; *R. Merkel*, Jura 1999, 113 (118 ff.).
[6] Siehe etwa BVerfGE 115, 118 (152, 158).

3   Das Grundrecht hat **keine negative Kehrseite.** Es beinhaltet kein Recht auf den Freitod.[7] Daher sind lebensrettende Maßnahmen gegen den Willen des Betroffenen nicht an Art. 2 II 1 Alt. 1 GG, sondern an Art. 2 I GG zu messen.[8]

b) Recht auf körperliche Unversehrtheit

4   Art. 2 II 1 GG gewährleistet zunächst die körperliche Integrität im **biologisch-physiologischen Sinne**[9] und damit auch das diesbezügliche **Selbstbestimmungsrecht**[10]. Vor psychischen Beeinträchtigungen schützt Art. 2 II 1 GG zumindest dann, wenn diese zu Wirkungen führen, die körperlichen Schmerzen vergleichbar sind; dies gilt etwa für „psychische Folterungen, seelische Quälereien und entsprechende Verhörmethoden".[11]

c) Grundrechtliche Schutzpflichten

5   Aus Art. 2 II 1 i. V. m. Art. 1 I GG folgt die Pflicht der staatlichen Organe, sich schützend und fördernd vor die Rechte auf Leben und körperliche Unversehrtheit zu stellen und sie insbesondere vor rechtswidrigen Eingriffen von Seiten anderer zu bewahren (→ § 22 Rn. 21).[12]

2. Personelle Schutzbereiche

6   Zu dem durch Art. 2 II 1 GG geschützten Personenkreis gehört jede **natürliche Person.** Für juristische Personen gilt dies nicht[13] (→ § 23 Rn. 12 ff.). Umstritten ist, ob auch der **Nasciturus** Grundrechtsträger ist. Nach richtiger Ansicht besitzt das ungeborene Kind eine eigene Grundrechtssubjektivität. Dafür sprechen die Anerkennung der Schutzwürdigkeit des ungeborenen Lebens (→ Rn. 2), der primäre Abwehrcharakter der Grundrechte (→ § 22 Rn. 3 ff.) sowie die Notwendigkeit der Effektivität des Grundrechtsschutzes.[14]

III. Eingriffe

7   Aufgrund seines **Abwehrcharakters** schützt Art. 2 II 1 GG Leben und körperliche Unversehrtheit zunächst gegen alle **„klassischen Grundrechtseingriffe"** (→ § 24 Rn. 5). Auch **faktische oder nur mittelbare** Beeinträchtigungen[15] können in den Schutzbereich eingreifen[16] (→ § 24 Rn. 7 ff.). Die körperliche Unversehrtheit ist durch jede *wesentliche* Veränderung der Beschaffenheit der körperlichen Substanz betroffen, d. h. nicht nur durch Gesundheitsschädigungen, sondern auch durch **Heileingriffe**.[17] Daher

---

[7] H. M.: Siehe bspw. *P. Kunig*, in: v. Münch/Kunig Art. 2 Rn. 50; *G. Roellecke*, JZ 1991, 1045 (1046); a. M. *Pieroth/Schlink/Kingreen/Poscher* Rn. 419.
[8] *H. Schulze-Fielitz*, in: Dreier: Art. 2 II Rn. 32.
[9] BVerfGE 56, 54 (73); *P. Schütz*, JuS 1996, 498 (502).
[10] BVerfGE 128, 282 (300); 129, 269 (280); 133, 112 (131).
[11] BVerfGE 56, 54 (75).
[12] Siehe dazu näher *H. Sodan*, in: Sodan Art. 2 Rn. 23 ff.
[13] BVerwGE 54, 211 (220).
[14] *U. Fink*, Jura 2000, 210 (213 f.). I. E. ebenso etwa *P. Kunig*, in: v. Münch/Kunig Art. 2 Rn. 47. In BVerfGE 88, 203 (252) ist vom „eigenen Lebensrecht des Ungeborenen" die Rede.
[15] Denkbar: Abschiebung in einen Staat, in dem die Todesstrafe droht. Offengelassen in BVerfGE 60, 348 (354).
[16] Vgl. BVerfGE 66, 39 (60).
[17] *R. Müller-Terpitz*, in: HdbStR VII § 147 Rn. 42.

greift etwa die medizinische Behandlung eines Untergebrachten gegen seinen natürlichen Willen (so genannte Zwangsbehandlung) in das Grundrecht auf körperliche Unversehrtheit ein.[18] Auch eine Einwilligung des Betreuers eines Untergebrachten lässt dann die Eingriffsqualität nicht entfallen.[19] In das Recht auf körperliche Unversehrtheit greift ferner ein gesetzlicher **Impfzwang** ein.[20] Zum Erlass von Rechtsverordnungen, durch die bedrohte Teile der Bevölkerung zur Teilnahme an Schutzimpfungen[21] verpflichtet werden können, ermächtigt § 20 VI und VII IfSG.

> Im **Fall 24** stellt das Abschneiden der Haartracht zwar eine physische Beeinträchtigung dar; jedoch ist diese unwesentlich, solange keine entstellende oder verunstaltende Frisur verlangt wird. Das Recht der körperlichen Unversehrtheit eröffnet nämlich keinen Schutz vor jeglicher als unangenehm empfundenen Einwirkung auf den Körper. Ein solcher Schutz wäre unerreichbar; denn das gesellschaftliche Zusammenleben führt generell zu vielfältigen Berührungen der körperlichen Sphäre. Daher liegt kein Grundrechtseingriff vor.[22]

8

Verletzt der Staat seine **objektive Schutzpflicht**, „so liegt darin zugleich eine Verletzung des Grundrechts aus Art. 2 Abs. 2 Satz 1 GG, gegen die sich der Betroffene mit Hilfe der Verfassungsbeschwerde zur Wehr setzen kann"[23]. Aus der staatlichen Schutz*pflicht* erwächst also ein Schutz*recht* des Betroffenen[24] (→ § 22 Rn. 22). Die Gefahr für Gesundheit und Leben muss jedoch hinreichend konkret sein.[25] Dem Staat steht bei der Erfüllung grundrechtlicher Schutzpflicht ein erheblicher Ermessensspielraum zu (→ § 22 Rn. 23 f.).

9

IV. Verfassungsrechtliche Rechtfertigung

1. Grundrechtsschranken

Die Rechte auf Leben und körperliche Unversehrtheit dürfen gemäß Art. 2 II 3 GG nur aufgrund eines Gesetzes eingeschränkt werden. Wegen des hohen Ranges dieser Grundrechte ist jeweils ein **formelles** Gesetz erforderlich[26], das die verfahrensrechtlichen und materiellen Voraussetzungen für die Zulässigkeit des Eingriffs hinreichend klar und bestimmt regelt[27] (→ § 24 Rn. 27 ff.).

10

2. Grenzen der Einschränkbarkeit

Eingriffe müssen dem **Verhältnismäßigkeitsgrundsatz** (→ § 24 Rn. 32 ff.) genügen. Dabei sind strenge Maßstäbe anzulegen. Ferner ist die mit dem Recht auf Leben eng

11

---

[18] BVerfGE 128, 282 (300); 129, 269 (280).
[19] BVerfGE 133, 112 (131).
[20] Siehe näher *N. Schaks/S. Krahnert*, MedR 2015, 860 ff.; *D. B. Trapp*, DVBl. 2015, 11 (14).
[21] Siehe zur Legaldefinition dieses Begriffs § 2 Nr. 9 IfSG.
[22] Vgl. BVerwGE 46, 1 (7 f.); 103, 99 (101); 125, 85 (88); 149, 1 (5); a. A. *R. Müller-Terpitz*, in: HdbStR VII § 147 Rn. 42; *D. Murswiek*, in: Sachs, GG Art. 2 Rn. 154.
[23] BVerfGE 77, 170 (214); vgl. ferner BVerfGE 77, 381 (402 f.); 79, 174 (201 f.); BVerfG (Kammerbeschl.), NJW 2013, 290.
[24] BVerfG, NJW 2013, 2337 (2337 f.); BVerfG (Kammerbeschl.), NJW 2013, 1941 (1942); NJW 2013, 1943 (1945).
[25] Siehe dazu näher *H. Sodan*, NVwZ 2000, 601 (604 f.); vgl. auch BVerfG (Kammerbeschl.), NVwZ 2009, 171 (172) – Zwischenlager für Kernbrennstoffe.
[26] *R. Müller-Terpitz*, in: HdbStR VII § 147 Rn. 55.
[27] BVerfGE 133, 112 (132); vgl. ferner BVerfG (Kammerbeschl.), NJW 2013, 1941 (1942); NJW 2013, 1943 (1945).

verknüpfte Menschenwürdegarantie des Art. 1 I GG zu beachten.[28] Ein **Todesschuss** zur Geiselbefreiung kann daher nur **ultima ratio** sein.[29] Eine spezielle „Schranken-Schranke" enthält Art. 104 I 2 GG. Danach dürfen festgehaltene Personen, d. h. Personen im staatlichen Gewahrsam, weder seelisch noch körperlich misshandelt werden. Eine weitere Eingriffsbeschränkung liegt in dem **Verbot der Todesstrafe,** Art. 102 GG[30]. Diese Vorschrift enthält kein eigenständiges Grundrecht.[31] Todesstrafe ist „die von Staats wegen angeordnete Tötung eines Menschen zur Ahndung einer Straftat".[32] Nicht von Art. 102 GG erfasst sind daher präventive Maßnahmen wie etwa der polizeiliche Todesschuss.[33]

12 Selbst wenn man im **Fall 24** einen Eingriff in die körperliche Unversehrtheit der Soldaten bejaht (anders → Rn. 8), müsste man diesen zumindest für verhältnismäßig und somit gerechtfertigt erachten: Das Kürzen der Haare ist geeignet und erforderlich, um der Funktionsbehinderung und Unfallgefährdung der Soldaten bei der Dienstverrichtung entgegenzuwirken. Wegen der Unwesentlichkeit der Beeinträchtigung ist der Eingriff auch zumutbar. Der Bundesminister der Verteidigung verletzt daher nicht das Recht der Soldaten auf körperliche Unversehrtheit.[34]

§ 29. Freiheit der Person

Fall 25 (nach BVerfGE 22, 21 ff.): Die Polizei erwischt den notorischen Falschparker F zum elften Mal in einem Quartal in flagranti. Die zuständige Verkehrsbehörde hält pädagogische Maßnahmen für angezeigt. Aufgrund § 48 StVO, einer durch das Bundesverkehrsministerium erlassenen Rechtsverordnung, lädt sie F zum Verkehrsunterricht. F weigert sich, der Ladung nachzukommen, da er sich in seiner Freiheit der Person verletzt sieht. Zu Recht?

I. Bedeutung und Systematik des Grundrechts

1 Art. 2 II 2 GG schützt gemeinsam mit Art. 104 GG die Freiheit der Person. Diese „nimmt – als Grundlage und Voraussetzung der wesentlichen Entfaltungsmöglichkeiten des Menschen – einen hohen Rang unter den Grundrechten ein. Das kommt darin zum Ausdruck, dass Art. 2 Abs. 2 Satz 2 GG die Freiheit der Person als ‚unverletzlich' bezeichnet, Art. 104 Abs. 1 Satz 1 GG ihre Beschränkung ausdrücklich nur aufgrund eines förmlichen Gesetzes zulässt und Art. 104 Abs. 2 bis 4 GG besondere Verfahrensgarantien für ihre Beschränkung statuiert".[1] Sie hat daher „unter den grundrechtlich verbürgten Rechten ein besonderes Gewicht".[2] Das Grundrecht ist dem Rechtsinstitut des **„Habeas Corpus"** (zur geschichtlichen Entwicklung → § 20 Rn. 3) entlehnt, welches das Festhalten von Personen durch die öffentliche Gewalt begrenzt und regelt.[3] **Art. 104 GG** sta-

---

[28] BVerfGE 115, 118 (152).
[29] *D. Murswiek,* in: Sachs, GG Art. 2 Rn. 182.
[30] Siehe zur Möglichkeit der Wiedereinführung der Todesstrafe durch Verfassungsänderung einerseits *R.-P. Callies,* NJW 1988, 849 (852); *C. Degenhart,* in: Sachs, GG Art. 102 Rn. 7; *H. Sodan,* in: Sodan Art. 102 Rn. 4 [ablehnend]; andererseits *P. Tettinger,* JZ 1978, 130 (132) [zustimmend].
[31] *H. D. Jarass,* in: Jarass/Pieroth Art. 102 Rn. 1.
[32] *C. Degenhart,* in: Sachs, GG Art. 102 Rn. 1a.
[33] *T. Schöne/T. Klaes,* DÖV 1996, 992 (997).
[34] Vgl. BVerwGE 46, 1 (3 ff.); vgl. auch BVerwGE 103, 99 (101); 125, 85 ff. zu einer Regelung für uniformierte Polizeibeamte.
[1] BVerfGE 130, 372 (388); vgl. ferner BVerfGE 117, 71 (95); 128, 326 (372); BVerfG (Kammerbeschl.), NJW 2006, 668 (669).
[2] BVerfGE 65, 317 (322); vgl. ferner BVerfG (Kammerbeschl.), NVwZ 2011, 39.
[3] *P. Hantel,* JuS 1990, 865.

§ 29. Freiheit der Person

tuiert **kein eigenständiges Grundrecht,** sondern legt Verfahrensregeln bei Eingriffen fest.[4] Art 2 II 2 und Art. 104 GG wurden lediglich aus redaktionellen, nicht aus systematischen Gründen getrennt.[5] „Die formellen Gewährleistungen des Art. 104 GG stehen mit der materiellen Freiheitsgarantie des Art. 2 II 2 GG in unlösbarem Zusammenhang".[6]

II. Schutzbereich

1. Sachlicher Schutzbereich

a) Positive Bewegungsfreiheit

Aus dem systematischen Verhältnis zu Art. 2 I GG (→ § 27) sowie zu Art. 104 GG ergibt sich, dass Art. 2 II 2 GG lediglich dem Schutz der **körperlichen Bewegungsfreiheit** dient, nicht etwa der Freiheit von jeglichem staatlichen Zwang.[7] Gewährleistet ist die Freiheit, den gegenwärtigen Ort zu verlassen und einen anderen Ort aufzusuchen (**positive Bewegungsfreiheit**).[8] Art. 2 II 2 GG schützt also gegen Eingriffe wie Verhaftung, Festnahme und ähnliche Maßnahmen des unmittelbaren Zwangs.[9] Die Freiheit zum Aufsuchen eines *bestimmten* Ortes wird dagegen *nicht* gewährt.[10] Dafür sprechen sowohl die Entstehungsgeschichte des Art. 2 II 2 GG als auch dessen Parallelität zu Art. 104 GG. Generell empfiehlt sich zur Bestimmung des Schutzbereichs der Freiheit der Person ein Blick auf Art. 104 I 2 GG.[11] Die Freiheit der Person ist abzugrenzen von der durch Art. 2 I GG geschützten Fortbewegungsfreiheit (→ § 27 Rn. 3) und der in Art. 11 I GG gewährleisteten Freizügigkeit (→ § 39 Rn. 1).

2

b) Negative Bewegungsfreiheit

Umstritten ist, ob auch die so genannte negative Bewegungsfreiheit erfasst ist, d. h. die Freiheit, einen bestimmten Ort zu meiden bzw. nicht zu verlassen. Dies wird in der Literatur teilweise mit dem Argument bejaht, das Gebot, sich zu einem bestimmten Zeitpunkt an einem bestimmten Ort aufzuhalten, enthalte ein Bündel von Verboten, andere Orte aufzusuchen[12]. Das Grundrecht droht jedoch **auszuufern,** wenn auch solche Verhaltensweisen geschützt werden, die keinen Bezug mehr zum „**Habeas-Corpus-Recht**" aufweisen.[13] Auch hier müssen die Entstehungsgeschichte des Grundrechts und die Parallelität von Art. 2 II 2 und Art. 104 GG Beachtung finden. Der Schutzbereich der negativen Bewegungsfreiheit ist daher auf die Freiheit von einer **zwangsweise**

3

---

[4] *D. Murswiek,* in: Sachs, GG Art. 2 Rn. 228.
[5] BVerfGE 14, 174 (186).
[6] BVerfG (Kammerbeschl.), NVwZ 2007, 1044 (1045); NJW 2007, 3560 (3561); NVwZ 2008, 304 (305); NJW 2009, 2659 (2661); NVwZ 2009, 616; NVwZ 2009, 1033; NVwZ 2011, 38; fast wortgleich bereits BVerfGE 10, 302 (322); 58, 208 (220).
[7] *F. Wittreck,* in: HdbStR VII § 151 Rn. 8 ff., vgl. auch BVerfGE 130, 76 (110 f.); BVerfG (Kammerbeschl.), NVwZ 2007, 1044 (1045); NVwZ 2008, 304 (305); *G. Dürig,* in: Maunz/Dürig Art. 104 Rn. 5.
[8] *D. Murswiek,* in: Sachs, GG Art. 2 Rn. 229 m.w.N.
[9] BVerfGE 22, 21 (26); BVerfG (Kammerbeschl.), NVwZ 2011, 38; NVwZ 2011, 1254 (1255).
[10] BVerfGE 94, 166 (198); 96, 10 (21); *F. Wittreck,* in: HdbStR VII § 151 Rn. 8.
[11] Bsp.: Ein Jugendlicher, dem verboten wird, ein bestimmtes Tanzlokal zu betreten, ist keine „festgehaltene Person" i. S. d. Art. 104 I 2 GG.
[12] So *C. Correl,* in: Denninger/Hoffmann-Riem/Schneider/Stein Art. 2 II Rn. 158.
[13] *D. Murswiek,* in: Sachs, GG Art. 2 Rn. 232.

durchgesetzten Verpflichtung zum Erscheinen an einem bestimmten Ort zu beschränken.[14]

c) Grundrechtliche Schutzpflicht

3a Nach der Rechtsprechung des BVerfG konkretisiert die wirksame Verfolgung von Gewaltverbrechen und vergleichbaren Straftaten die staatliche Schutzpflicht nicht nur aus Art. 2 II 1 i. V. m. Art. 1 I 2 GG (vgl. dazu → § 22 Rn. 21 ff.), sondern auch aus **Art. 2 II 2** i. V. m. Art. 1 I 2 GG mit der Folge, dass diese Schutzpflicht Grundlage subjektiver öffentlicher Rechte sein kann: Insoweit ist ein **Anspruch auf eine effektive Strafverfolgung** gegeben, sofern der Einzelne nicht in der Lage ist, erhebliche Straftaten gegen die Freiheit der Person abzuwehren und „ein Verzicht auf die effektive Verfolgung solcher Taten zu einer Erschütterung des Vertrauens in das Gewaltmonopol des Staates und einem allgemeinen Klima der Rechtsunsicherheit und Gewalt führen kann".[15]

2. Personeller Schutzbereich

4 Grundrechtsberechtigt sind alle natürlichen Personen. Auf juristische Personen ist die Freiheit der Person nicht anwendbar (→ § 23 Rn. 14).

III. Eingriffe

1. Freiheitsbeschränkungen

5 Art. 104 GG kennt zwei Arten von Eingriffen in die Freiheit der Person: Freiheitsbeschränkungen und Freiheitsentziehungen. Mildere Eingriffe kommen wegen der systematischen Verknüpfung von Art. 2 II 2 und Art. 104 GG nicht in Betracht.[16] Eine **Freiheitsbeschränkung** ist gegeben, „wenn jemand durch die öffentliche Gewalt gegen seinen Willen daran gehindert wird, einen Ort oder Raum aufzusuchen oder sich dort aufzuhalten, der ihm an sich (tatsächlich und rechtlich) zugänglich ist".[17] Die bloße Verpflichtung, an einem Ort zu verweilen oder an einem bestimmten Ort zu erscheinen, greift nicht in die Freiheit der Person ein (→ Rn. 3).[18]

6 Im **Fall 25** will F den Ort der Verkehrsschulung meiden. Daher ist F in seiner negativen Bewegungsfreiheit betroffen. Die Behörde lädt den F aber lediglich vor. Es liegt damit kein Eingriff in die Freiheit der Person des F vor.

2. Freiheitsentziehungen

7 Freiheitsentziehungen sind **spezielle Freiheitsbeschränkungen.** Eine **Freiheitsentziehung** als schwerste Form der Freiheitsbeschränkung liegt vor, „wenn die – tatsächlich und rechtlich an sich gegebene – körperliche Bewegungsfreiheit durch staatliche Maßnahmen nach jeder Richtung hin aufgehoben wird".[19] Dazu gehören z. B. alle Formen

---

[14] Vgl. BVerfGE 22, 21 (26); *C. Degenhart,* in: Sachs, GG Art. 104 Rn. 4. In allen übrigen Fällen kann man die Personen nämlich nicht als „festgehalten" i. S. d. Art. 104 I 2 GG qualifizieren.
[15] BVerfG (Kammerbeschl.), NJW 2015, 150; DVBl. 2015, 700; NJW 2015, 3500 (3501).
[16] *P. Hantel,* JuS 1990, 865 (866); *F. Wittreck,* in: HdbStR VII § 151 Rn. 25 f.
[17] BVerfGE 94, 166 (198); BVerfG (Kammerbeschl.), NVwZ 2011, 743 (744).
[18] BVerfGE 22, 21 (26).
[19] BVerfGE 94, 166 (198); siehe ferner BVerfG (Kammerbeschl.), NVwZ 2011, 743 (744).

§ 29. Freiheit der Person

der Haft, die Unterbringung in einer geschlossenen Anstalt[20] oder längerer Polizeigewahrsam.[21] Hier genügt wegen der höheren Eingriffsintensität bereits die Anordnung der freiheitsentziehenden Maßnahme.[22]

IV. Verfassungsrechtliche Rechtfertigung

1. Grundrechtsschranken

In die Freiheit der Person kann nur aufgrund eines **formellen** Gesetzes eingegriffen werden. Art. 104 I 1 GG überlagert insoweit Art. 2 II 3 GG. Beschränkungen der Freiheit der Person folgen aus Art. 12 II und III GG. 8

> Für **Fall 25** ergibt sich: Da die Anordnung zur Verkehrsschulung nicht in die Freiheit der Person des F eingreift, genügt zur Rechtfertigung des Eingriffs in Art. 2 I GG als Auffangnorm (→ § 27 Rn. 1) die Regelung in einer Rechtsverordnung. 9

2. Grenzen der Einschränkbarkeit

a) Anforderungen des Art. 104 GG

Art. 104 GG stellt besondere Schranken für Eingriffe in die Freiheit der Person auf. Art. 104 I GG gilt für **alle Freiheitsbeschränkungen.** Das Erfordernis eines *formellen* Gesetzes stellt eine „Schranken-Schranke" dar. Festgehaltene Personen dürfen weder seelisch noch körperlich misshandelt werden. Art. 104 II bis IV GG betreffen nur **Freiheitsentziehungen.** Gemäß Art. 104 II 1 GG bedarf die Freiheitsentziehung grundsätzlich einer vorherigen richterlichen Anordnung. Jedenfalls ist gemäß Art. 104 II 2 GG diese unverzüglich, d. h. allenfalls mit sachlich zu rechtfertigender Verzögerung[23], spätestens aber bis zum Ende des nächsten Tages, nachzuholen. Für die Freiheitsentziehung zur Strafverfolgung muss der vorläufig Festgenommene spätestens am Tage nach der Festnahme dem Richter vorgeführt werden (Art. 104 III 1 GG). Von jeder richterlichen Entscheidung zur Freiheitsentziehung ist unverzüglich ein Angehöriger des Festgehaltenen oder eine Person seines Vertrauens zu benachrichtigen (Art. 104 IV GG).[24] 10

b) Grundsatz der Verhältnismäßigkeit

Die Prüfung der Verhältnismäßigkeit (→ § 24 Rn. 32 ff.) muss berücksichtigen: „Die Freiheit der Person ist ein so hohes Rechtsgut, daß sie nur aus besonders gewichtigen Gründen eingeschränkt werden darf."[25] Der verfassungsrechtliche Grundsatz der Verhältnismäßigkeit beherrscht in besonderem Maße die Anordnung und den Vollzug freiheitsentziehender Maßnahmen. Daher darf eine Freiheitsentziehung nur aufgrund eines Gesetzes angeordnet und aufrechterhalten werden, wenn überwiegende Belange des Gemeinwohls dies zwingend gebieten. Zu solchen Belangen, gegenüber denen der Freiheitsanspruch eines Beschuldigten unter Umständen zurücktreten muss, gehören 11

---

[20] BVerfGE 134, 33 (60).
[21] Vgl. *C. Degenhart,* in: Sachs, GG Art. 104 Rn. 6; *P. Hantel,* JuS 1990, 865 (870).
[22] Z. B. Verurteilung zu einer Haftstrafe, BVerfGE 14, 174 (186).
[23] BVerwGE 45, 51 (63); vgl. BVerfGE 105, 239 (249).
[24] Siehe zu den vorgenannten Anforderungen näher *H. Sodan,* in: Sodan Art. 104 Rn. 7 ff.
[25] BVerfGE 22, 180 (219); 117, 71 (96); fast wortgleich BVerfGE 35, 185 (190); 45, 187 (223); 105, 239 (247); 130, 372 (388); BVerfG (Kammerbeschl.), NJW 2007, 3560 (3561); NJW 2009, 2659 (2661); NVwZ 2009, 1033.

die unabweisbaren Erfordernisse einer wirksamen Strafrechtspflege. Bei der **Untersuchungshaft** setzt der Grundsatz der Verhältnismäßigkeit der Haftdauer auch unabhängig von der zu erwartenden Strafe Grenzen.[26] Der Freiheitsanspruch des Beschuldigten gewinnt gegenüber dem Interesse der Allgemeinheit an einer wirksamen Strafverfolgung mit zunehmender Dauer der Untersuchungshaft regelmäßig an Bedeutung.[27] Gleiches gilt für die Abwägung zwischen dem Freiheitsrecht des Einzelnen und einem Interesse der Allgemeinheit an der Verhinderung etwaiger zukünftiger rechtswidriger Taten durch zwangsweise **Unterbringung** in einem psychiatrischen Krankenhaus.[28] Der Grundsatz der Verhältnismäßigkeit wird nicht verletzt durch die Vollstreckung der lebenslangen **Freiheitsstrafe** über den durch die besondere Schwere der Schuld bedingten Zeitpunkt hinaus aus Gründen der Gefährlichkeit des Straftäters.[29] Art. 2 II 2 GG verbietet jedoch den ausnahmslosen Ausschluss der Anrechnung der Zeit einer freiheitsentziehenden Maßregel der Besserung und Sicherung auf Freiheitsstrafen aus einem anderen Urteil als demjenigen, in welchem diese Maßregel angeordnet worden ist.[30] Auch die Bestimmungen über die regelmäßige Überprüfung des weiteren Vollzugs der Unterbringung in einem psychiatrischen Krankenhaus (§§ 67d II, VI, 67e StGB) dienen der Wahrung des Übermaßverbots. Eine nachträglich angeordnete oder verlängerte Freiheitsentziehung durch **Sicherungsverwahrung** ist wegen der hohen Intensität dieses Eingriffs nur „nach Maßgabe strikter Verhältnismäßigkeitsprüfung und zum Schutz höchster Verfassungsgüter zulässig", d. h. wenn „der gebotene Abstand zur Strafe gewahrt wird, eine hochgradige Gefahr schwerster Gewalt- oder Sexualstraftaten aus konkreten Umständen in der Person oder dem Verhalten des Untergebrachten abzuleiten ist" und die Voraussetzungen des Art. 5 I 2 lit. e EMRK erfüllt sind.[31] **Abschiebehaft** darf nur angeordnet und aufrechterhalten werden, wenn keine Umstände vorliegen, welche die Durchführung der Abschiebung auf längere Zeit oder auf Dauer verhindern.[32]

§ 30. Die Gleichheitsgebote des Art. 3 GG

> **Fall 26** (nach BVerfGE 97, 332 ff.): Das Kind der Eltern E besucht einen städtischen Kindergarten. Für dessen Benutzung erhebt die Stadt Gebühren, welche nach dem Einkommen der Eltern gestaffelt sind: Während die Gebühr bei einem Bruttoeinkommen der Eltern bis 2.000 € monatlich lediglich 50 € beträgt, erhöht sie sich mit jeden weiteren 500 € Bruttoeinkommen um jeweils 4,50 € bis zu einer Gebührenhöchstgrenze von knapp über 100 €. Selbst dieser Höchstbetrag deckt die tatsächlich entstehenden Kosten aber nur zu einem Teil. Die E sehen darin, dass sie aufgrund ihres Einkommens den Gebührenhöchstbetrag zu entrichten und damit mehr als einkommensschwächere Eltern zu bezahlen haben, eine verfassungswidrige Ungleichbehandlung. Liegt ein Verstoß gegen Art. 3 I GG vor? (Von der Verfassungsmäßigkeit der Gebührenerhebung im Übrigen ist auszugehen.)

---

[26] BVerfGE 20, 45 (48 f.); 20, 144 (148).
[27] BVerfGE 53, 152 (159); BVerfG (Kammerbeschl.), NJW 2006, 668 (669); NJW 2006, 672 (673); NJW 2006, 677 (680); vgl. bereits BVerfGE 36, 264 (270).
[28] BVerfG (Kammerbeschl.), NJW 2013, 3228 (3229).
[29] BVerfGE 117, 71 (95 ff.); siehe zur Aussetzung der Vollstreckung des Restes einer lebenslangen Freiheitsstrafe BVerfG (Kammerbeschl.), NJW 2009, 1941 f.
[30] BVerfG (Kammerbeschl.), NJW 2012, 516 (517).
[31] BVerfGE 128, 326 (388 f., 399); siehe zur Bedeutung der EMRK für die Auslegung des Grundgesetzes auch → § 5 Rn. 39.
[32] BVerfG (Kammerbeschl.), NJW 2009, 2659.

§ 30. Die Gleichheitsgebote des Art. 3 GG

I. Gleichheitsrechte und deren Prüfung

Art. 3 I GG statuiert den **allgemeinen Gleichheitssatz,** nach welchem alle Menschen vor dem Gesetz gleich sind (→ Rn. 3 ff.); Art. 3 II und III GG enthalten **spezielle Gleichheitsgebote,** welche die Ungleichbehandlung in Bezug auf bestimmte, dort genannte Merkmale verbieten (→ Rn. 18 ff.). Weitere spezielle Gleichheitssätze regelt das Grundgesetz in Art. 6 V (→ § 34 Rn. 19) und Art. 33 I bis III (→ § 47 Rn. 1 ff.), ferner in Art. 21 (dazu bereits → § 6 Rn. 80 f.) und Art. 38 I 1 (dazu schon → § 6 Rn. 51 ff.). Bei Anwendbarkeit eines speziellen Gleichheitsrechts tritt der allgemeine Gleichheitssatz des Art. 3 I GG hinter dieses zurück.

Der Prüfung von Gleichheitsrechten liegt ein anderer Aufbau zugrunde als bei Freiheitsrechten, für die ein dreistufiges Schema („Schutzbereich" – „Eingriff" – „Verfassungsrechtliche Rechtfertigung") üblich ist (→ § 24 Rn. 2 ff., 55); denn Gleichheitsrechte schützen im Gegensatz zu Freiheitsrechten nicht ein bestimmtes Rechtsgut oder eine näher bezeichnete Sphäre gegen ungerechtfertigte Eingriffe, sondern enthalten regelmäßig das Gebot der Gleichbehandlung bzw. das Verbot unsachgemäßer Differenzierungen, betreffen also eine Relation zwischen Bezugsgrößen bzw. Vergleichsgruppen. Die **Prüfung** erfolgt daher im Grundsatz **zweistufig:** Auf der *ersten Stufe* wird nach dem Vorliegen einer **Ungleichbehandlung** von vergleichbaren Sachverhalten oder Personengruppen gefragt; auf der *zweiten Stufe* wird untersucht, inwieweit eine **verfassungsrechtliche Rechtfertigung** für diese Ungleichbehandlung gegeben ist (vgl. bereits → § 24 Rn. 56). Die diesbezüglichen inhaltlichen Anforderungen richten sich nach den Besonderheiten des jeweils einschlägigen Gleichheitsrechts.

II. Allgemeiner Gleichheitssatz

1. Grundsätzliches zum Schutzgehalt

Art. 3 I GG enthält als Positivierung der grundlegenden Gerechtigkeitsidee der Gleichheit ein allgemeines Gebot der Gleichbehandlung der Grundrechtsträger durch die Staatsgewalt (vgl. → Rn. 5 ff.). Wie sich jedoch bereits aus systematischen Gründen im Umkehrschluss aus Art. 3 III GG ergibt, welcher gerade *kein* kategorisches Verbot der Ungleichbehandlung aus den in ihm nicht genannten Kriterien regelt, ist der allgemeine Gleichheitssatz des Art. 3 I GG nicht i. S. einer umfassenden („absoluten") Gleichbehandlung unter Nivellierung aller in den Individuen begründeten Unterschiede zu verstehen, sondern als Verbot von (benachteiligenden) Ungleichbehandlungen *ohne sachlichen Grund,* also prinzipiell als ein **Verbot staatlicher „Willkür".** Schlagwortartig wird der Schutzgehalt des Art. 3 I GG daher dahingehend formuliert, dass weder **„wesentlich Gleiches willkürlich ungleich"** behandelt werden darf noch **„wesentlich Ungleiches willkürlich gleich"**[1]. Positiv gesprochen gebietet Art. 3 I GG also, „wesentlich Gleiches gleich und wesentlich Ungleiches ungleich zu behandeln".[2] Diese Grundrechtsnorm ist auf ungleiche Belastungen ebenso wie auf ungleiche Begünstigungen anwendbar.[3] Die Bindung der grundrechtsverpflichteten Hoheitsträger (→ Rn. 5 ff.) besteht dabei nur innerhalb ihrer Kompetenzbereiche, d. h. eine Ungleichbehandlung durch unterschied-

---

[1] Siehe etwa BVerfGE 4, 144 (155); 78, 104 (121); vgl. ferner BVerfGE 112, 164 (174); 112, 268 (279); 116, 164 (180); 117, 1 (30). Krit. zum Verbot der Gleichbehandlung von wesentlich Ungleichem *Sachs,* VerfR II B3 Rn. 41 ff.

[2] BVerfGE 112, 164 (174); 112, 268 (279); 116, 164 (180); 117, 1 (30); 130, 52 (65); 130, 240 (252); 131, 239 (255); 132, 179 (188); 137, 1 (20).

[3] BVerfGE 110, 412 (431); 116, 164 (180); 122, 210 (230); 123, 111 (119); 129, 49 (68); 130, 52 (66); 130, 240 (252); 131, 239 (255); 132, 179 (188).

liche Hoheitsträger, etwa durch Bundes- und Landesgesetzgeber oder durch verschiedene Landesgesetzgeber, Gemeinden, Behörden oder Gerichte, führt nicht zu einer Verletzung des Art. 3 I GG.[4]

4 Art. 3 I GG gewährt dem Einzelnen ein **subjektives Abwehrrecht** (→ § 22 Rn. 3 ff.) gegenüber Ungleichbehandlungen der oben genannten Art. Darüber hinaus können aus Art. 3 I GG auch so genannte **derivative Leistungs- und Teilhaberechte** auf gleiche Begünstigung hinsichtlich *bestehender* öffentlicher Leistungen resultieren, etwa auf gleichen Zugang zu öffentlichen Einrichtungen (vgl. bereits → § 22 Rn. 12). Soweit indes die Nichtbegünstigung auf teilweisem *gesetzgeberischem Unterlassen* beruht (etwa weil der Begünstigtenkreis eines Gesetzes bestimmte Personengruppen nicht umfasst), spricht das BVerfG – zur Vermeidung von Eingriffen in den Gewaltenteilungsgrundsatz (→ § 7 Rn. 5 ff.) und den insoweit bestehenden gesetzgeberischen Spielraum – die Begünstigung nur in Ausnahmefällen zu, etwa bei Vorliegen eines ausdrücklichen Verfassungsauftrages[5]; ansonsten „begnügt" es sich mit der Feststellung des Verstoßes gegen Art. 3 I GG und überlässt dem Gesetzgeber die Beseitigung des gleichheitswidrigen Zustandes[6]. **Originäre Leistungsrechte**, d. h. solche auf *Schaffung* bestimmter Leistungen, lassen sich dagegen nicht allein aus Art. 3 I GG herleiten, sondern nur aus konkreten Verfassungsaufträgen (→ § 22 Rn. 8 f.) oder aus Art. 3 I GG i. V. m. anderen Verfassungsgrundsätzen. So ergibt sich aus Art. 3 I i. V. m. Art. 20 III GG das Gebot der weitgehenden Angleichung der Situation von Bemittelten und Unbemittelten bei der Verwirklichung des Rechtsschutzes.[7] Daher ist einem Unbemittelten **Prozesskostenhilfe** zu gewähren, wenn ein die Prozessaussichten vernünftig abwägender Bemittelter in der gleichen Situation unter Berücksichtigung des Kostenrisikos gerichtlichen Rechtsschutz suchen würde.[8]

2. Grundrechtsverpflichtete

5 Der allgemeine Gleichheitssatz des Art. 3 I GG besagt, dass alle Menschen „vor dem Gesetz" gleich sind. Damit ist zunächst die Gleichheit bei der **Rechtsanwendung** gemeint, also bei Maßnahmen von **Exekutive** und **Judikative**.

6 Die **Exekutive** ist dabei insoweit an den Gleichheitssatz gebunden, als ihr Handlungsspielräume zustehen, also insbesondere beim Erlass von Rechtsverordnungen oder Satzungen oder bei einzelfallbezogenen Ermessensentscheidungen. Vor allem bei letzteren kann sich für die Verwaltung aus dem Gleichheitssatz eine **Selbstbindung** ergeben: Hat die Behörde ihr Ermessen in bestimmten Fallkonstellationen regelmäßig auf eine bestimmte Art und Weise bzw. nach bestimmten Kriterien ausgeübt, darf sie für vergleichbare Fälle nicht ohne sachlichen Grund hiervon abweichen. Auch außerhalb der Gesetzesanwendung, d. h. bei der nichtgesetzesakzessorischen Verwaltung, ist die Exekutive an Art. 3 I GG gebunden.[9] Die **Judikative** hat den Gleichheitssatz insbesondere im Hinblick auf die Auslegung von Gesetzen oder die richterliche Rechtsfortbildung zu beachten. Damit Rechtsentwicklung und Rechtsfortbildung aber nicht behindert werden, lehnt das BVerfG eine Selbstbindung der Rechtsprechung grundsätzlich ab[10]. Die Grenze ist dort zu ziehen, wo „einzelne Entscheidungen so sehr die Bahnen organischer Fortentwicklung der Rechtsprechung" verlassen, dass „sie als willkürlich bezeichnet werden" müssen[11]. Ferner verwehrt Art. 3 I GG den

---

[4] Siehe dazu BVerfGE 1, 332 (345); 10, 354 (371); 16, 6 (24); 21, 54 (68); 21, 87 (91); 75, 329 (347); 87, 273 (278).
[5] BVerfGE 22, 349 (361 f.).
[6] Siehe dazu BVerfGE 22, 349 (360 ff.); 52, 369 (379).
[7] BVerfGE 81, 347 (356); BVerfG (Kammerbeschl.), NVwZ 2012, 1390 f.; NVwZ 2012, 1391 (1392); NJW 2012, 3293; NJW 2013, 1727 (1728); NJW 2013, 2013 (2014); NJW 2013, 3714 (3715).
[8] BVerfGE 81, 347 (357); BVerfG (Kammerbeschl.), NJW 2012, 3293; NJW 2013, 2013 (2014).
[9] *S. Boysen*, in: v. Münch/Kunig Art. 3 Rn. 40 ff.
[10] Siehe BVerfGE 19, 38 (47); 71, 354 (362 f.) m. w. N.
[11] BVerfGE 18, 224 (240); vgl. ferner BVerfG (Kammerbeschl.), NVwZ 2009, 169; siehe zu Fäl-

§ 30. Die Gleichheitsgebote des Art. 3 GG

Gerichten, „bestehendes Recht zugunsten oder zu Lasten einzelner Personen oder Personengruppen nicht anzuwenden"[12]. Gleichermaßen für das Handeln von **Exekutive und Judikative** gilt, dass die bloße Falschanwendung des „einfachen" Rechts (→ § 4 Rn. 8) vom BVerfG grundsätzlich nicht an Art. 3 I GG gemessen wird, da ansonsten das BVerfG zu einer „Superrevisionsinstanz" würde (vgl. → § 51 Rn. 60 ff.). Etwas anderes gilt nur bei schweren, schlechterdings unhaltbaren Rechtsanwendungsfehlern.[13] Ferner gibt es **keine Gleichheit im Unrecht**, d. h. aus Art. 3 I GG ergibt sich kein Anspruch auf Wiederholung von Rechtsanwendungsfehlern.

Da aufgrund von Art. 1 III GG *jede* Staatsgewalt an die Grundrechte gebunden ist, gilt Art. 3 I GG auch für die **Legislative**. Bei der Überprüfung eines Gesetzes auf seine Vereinbarkeit mit Art. 3 I GG ist nicht zu untersuchen, ob der Gesetzgeber die zweckmäßigste und gerechteste Lösung gefunden hat, sondern nur, ob er die Grenzen seiner Gestaltungsfreiheit eingehalten hat.[14]

3. Grundrechtsträger

Grundrechtsberechtigt sind „alle Menschen". Hierzu zählen zunächst alle natürlichen Einzelpersonen unabhängig von deren Nationalität. Aber auch auf Personenvereinigungen und juristische Personen des Privatrechts ist Art. 3 I GG anwendbar, nicht jedoch auf juristische Personen des öffentlichen Rechts[15] mit Ausnahme der Religionsgesellschaften[16] (→ § 23 Rn. 16 f.); ein Verbot willkürlichen Verhaltens unter Hoheitsträgern kann sich jedoch aus dem Rechtsstaatsprinzip ergeben[17].

4. Ungleichbehandlung

Ein Verstoß gegen Art. 3 I GG setzt zunächst eine **Ungleichbehandlung von wesentlich Gleichem** (→ Rn. 3) voraus. Zur Ermittlung dessen sind Vergleichspaare (unter Einschluss des die Ungleichbehandlung Rügenden) zu bilden. Eine **Ungleichbehandlung** liegt vor, wenn die diese Vergleichspaare bildenden Personen mit unterschiedlichen Rechtsfolgen belegt werden. Die Ungleichbehandlung kann dabei sowohl eine *personelle* sein, d. h. die betreffenden Rechtsfolgen knüpfen unmittelbar an personenbezogene Merkmale[18] an, oder es kann eine *sachliche* Ungleichbehandlung vorliegen, bei der die Rechtsfolgen unmittelbar an bestimmte Sachverhalte anknüpfen[19] (diese Unterschei-

---

len einer willkürlichen Entscheidung etwa BVerfG (Kammerbeschl.), NVwZ 2009, 1035 f.; NVwZ 2012, 426 f.; NJW 2013, 1588 ff.; NJW 2013, 3569 f.; NJW 2013, 3774 ff.
[12] BVerfGE 71, 354 (362).
[13] Vgl. hierzu im Einzelnen BVerfGE 62, 338 (343); 70, 93 (97); 74, 102 (127); 81, 132 (137); 82, 159 (194); 83, 82 (85); 86, 59 (62 f.); 87, 273 (279); BVerfG (Kammerbeschl.), NJW 2012, 1863; siehe ferner → § 51 Rn. 61, 63.
[14] BVerfGE 122, 151 (174); BVerfG (Kammerbeschl.), NVwZ-RR 2009, 985.
[15] BVerfGE 78, 101 (102).
[16] BVerfGE 19, 1 (5).
[17] Vgl. BVerfGE 21, 362 (372).
[18] Ein personenbezogenes Merkmal soll dabei ein „von den Betroffenen gar nicht oder nur schwer beeinflussbares Merkmal" sein, BVerfG (Kammerbeschl.), NVwZ-RR 2011, 567 (568). Siehe zu der in BVerfGE 132, 372 (388 ff.) ohne Begründung vorgenommenen Einbeziehung von nicht grundrechtsberechtigten juristischen Personen des öffentlichen Rechts in den Kreis der Vergleichspersonen *P. Reimer*, DVBl. 2013, 496 ff.
[19] Rein *sachbezogen* sollen bspw. Ungleichbehandlungen sein, die an verschiedene Gerichtsbarkeiten anknüpfen, siehe BVerfGE 83, 1 (22) – zur unterschiedlichen Höhe von Anwaltsgebühren – oder BVerfGE 93, 99 (111) – zu Unterschieden bzgl. Rechtsmittelbelehrung; gleichfalls rein sach-

dung vermag sich auf die Rechtfertigungsanforderungen auszuwirken, → Rn. 15). Anschließend ist zu prüfen, ob die Ungleichbehandlung auch **„wesentlich Gleiches"** betrifft: Maßgeblich hierfür ist nicht jede oder gar die umfassende Vergleichbarkeit der die Vergleichsgruppe bildenden Personen, sondern nur deren wesentliche Vergleichbarkeit hinsichtlich *desjenigen Vergleichskriteriums,* das für den Anlass der ungleich wirkenden Behandlung maßgeblich ist, hierzu also in engem inneren Sachzusammenhang steht.[20]

10 So besteht im **Fall 26** die Vergleichsgruppe aus den E und den anderen Eltern, die über ein geringeres Einkommen verfügen. Eine **Ungleichbehandlung** liegt vor, da die E im Vergleich zu den anderen Eltern höhere Kindergartengebühren zu entrichten haben. Dogmatisch verfehlt wäre es aber, die wesentliche Gleichheit zwischen E und den anderen Eltern mit dem Argument zu verneinen, dass die E über ein höheres Einkommen verfügen und die Vergleichsgruppe daher aus „wesentlich Ungleichem" bestehe. Denn maßgebliches Vergleichskriterium ist nicht das Einkommen der Eltern, sondern die **tatsächliche Kindergartennutzung,** da diese als unmittelbare „Gegenleistung" für die Gebührenentrichtung in sachnächstem Zusammenhang zum Anlass der Gebührenerhebung steht. Im Hinblick auf *dieses* Vergleichskriterium sind aber alle Eltern einschließlich der E **„wesentlich gleich",** da jeweils die gleiche staatliche Leistung – nämlich die Unterbringung eines Kindes im Kindergarten – in Anspruch genommen wird. Damit wird vorliegend „wesentlich Gleiches" ungleich behandelt.

11 Soweit Art. 3 I GG wegen einer **Gleichbehandlung von wesentlich Ungleichem** (→ Rn. 3) betroffen sein soll, gilt das soeben Ausgeführte (→ Rn. 9) prinzipiell in „umgekehrter" Weise: Es muss gerade eine Gleichbehandlung vorliegen und an einer Vergleichbarkeit der Vergleichspaare fehlen. Dabei ist Ungleiches aber nicht unter allen Umständen ungleich zu behandeln, sondern *nur dann,* wenn nach einer am Gerechtigkeitsgedanken orientierten Betrachtungsweise die tatsächlichen Ungleichheiten in dem jeweils in Betracht kommenden Zusammenhang so bedeutsam sind, dass eine differenzierende Behandlung verfassungsrechtlich geboten ist.[21]

5. Rechtfertigung der Ungleichbehandlung

12 Eine Ungleichbehandlung von wesentlich Gleichem (oder eine Gleichbehandlung von wesentlich Ungleichem) führt dann zu einem Verstoß gegen Art. 3 I GG, wenn sie **ohne sachlichen Grund** erfolgt; das Vorliegen eines sachlichen Grundes kann eine an Art. 3 I GG zu messende Ungleichbehandlung **rechtfertigen.** Um von einem sachlich einleuchtenden Differenzierungsgrund sprechen zu können, muss „ein innerer Zusammenhang zwischen den vorgefundenen Verschiedenheiten und der differenzierenden Regelung bestehen, der sich als sachlich vertretbarer Unterscheidungsgesichtspunkt von einigem Gewicht anführen lässt".[22]

13 Die Rechtfertigung einer Ungleichbehandlung stellt sich angesichts der Vielschichtigkeit der an Art. 3 I GG zu messenden Sachverhalte als ein Problem dar, welches in der verfassungsgerichtli-

---

bezogen sei die Unterscheidung des Rechtsschutzes gegen Vergabeentscheidungen oberhalb und unterhalb der Schwellenwerte nach § 100 GWB i. V. m. der Vergabeverordnung (VgV), BVerfGE 116, 135 (161), ebenso die Festlegung einer „Kappungsgrenze" für die gesetzlichen Gebühren der Rechtsanwaltsvergütung bei besonders hohen Streitwerten, BVerfGE 118, 1 (26f.).

[20] Siehe näher *H. Sodan,* in: Sodan Art. 3 Rn. 10f.
[21] BVerfGE 86, 81 (87); vgl. auch BVerfGE 1, 264 (275f.); 90, 226 (239); BVerfG (Kammerbeschl.), NZS 2011, 539 (540).
[22] BVerfGE 126, 29 (47f.).

§ 30. Die Gleichheitsgebote des Art. 3 GG

chen Judikatur und im Schrifttum – zumindest in den Details – noch nicht abschließend geklärt ist. Nachfolgend werden einige Prüfungsmaßstäbe wiedergegeben, die eine „Grundlinie" für die Falllösung zeichnen.

Überwiegend wird heute davon ausgegangen, dass bei der Prüfung des Vorliegens eines für die Rechtfertigung **hinreichenden sachlichen Grundes** zwei *Formeln* zur Anwendung gelangen können: Nach der auf die ursprüngliche Rechtsprechung des BVerfG zu Art. 3 I GG zurück gehenden **Willkürformel** liegt Willkür dann vor, wenn sich (irgend) ein vernünftiger, aus der Natur der Sache resultierender oder sonst wie sachlich einleuchtender Grund nicht finden lässt[23]. Dabei handelt es sich um eine Art „Evidenzprüfung", bei der einleuchtende sachliche Gründe insbesondere für eine legislative Ungleichbehandlung schlechterdings nicht mehr erkennbar sein dürfen.[24] Strengere Prüfungsanforderungen gelten demgegenüber bei der vom BVerfG seit 1980 verwandten so genannten **„neuen Formel"**, nach welcher die Prüfung stärker an **Verhältnismäßigkeitsgesichtspunkten** auszurichten ist.[25] Hiernach ist Art. 3 I GG „vor allem dann verletzt, wenn eine Gruppe von Normadressaten im Vergleich zu anderen Normadressaten anders behandelt wird, obwohl zwischen beiden Gruppen keine Unterschiede von solcher Art und solchem Gewicht bestehen, daß sie die ungleiche Behandlung rechtfertigen könnten"[26]. Eine Rechtfertigung ist hiernach nur möglich, wenn Ungleichbehandlung und rechtfertigender Grund „in einem angemessenen Verhältnis zueinander stehen".[27] Die Grundsätze der Verhältnismäßigkeitsprüfung bei Freiheitsrechten (→ § 24 Rn. 34 ff.) sind demgemäß in sinnentsprechender Weise auf die gleichheitsrechtliche Prüfung zu übertragen: Folglich muss mit der Ungleichbehandlung ein **legitimer Zweck** verfolgt werden und diese zu dessen Erreichung auch **geeignet** sein. Ferner muss die Ungleichbehandlung **erforderlich** sein, d. h. es dürfen – unter gebührender Berücksichtigung gesetzgeberischer Entscheidungs- und Gestaltungsspielräume – keine weniger einschneidenden Maßnahmen zur Verfügung stehen.[28] Schließlich ist zu überprüfen, ob Ungleichbehandlung und rechtfertigender Grund in einem **angemessenen** Verhältnis zueinander stehen; dafür ist eine umfassende Abwägung zwischen Art und Gewicht, dem Zweck und den Auswirkungen der Ungleichbehandlung vorzunehmen.[29]

14

Die Grenzen für Ungleichbehandlungen hängen von dem Regelungsgegenstand und den Differenzierungsmerkmalen ab, „die **stufenlos** von gelockerten, auf das Willkürverbot beschränkten Bindungen bis hin zu strengen Verhältnismäßigkeitsanforderungen reichen können".[30] Der strengere Maßstab im Sinne einer Verhältnismäßigkeitsprüfung

15

---

[23] Siehe etwa bereits BVerfGE 1, 14 (52).
[24] Vgl. BVerfGE 50, 142 (162) m.w.N.; 88, 87 (97); 91, 389 (401); siehe zur Anwendung der Willkürformel auf richterliche Entscheidungen BVerfG (Kammerbeschl.), NJW 2014, 3213 ff.; NJW 2014, 3504 ff.
[25] Siehe hierzu *G. Britz*, NJW 2014, 346 (347 ff.).
[26] BVerfGE 55, 72 (88); vgl. etwa auch BVerfGE 107, 133 (141); 112, 50 (67); 117, 316 (325); 120, 125 (144); 121, 317 (369); 126, 29 (47); 129, 49 (69); 130, 52 (66); 130, 240 (253); 131, 239 (256); 133, 377 (408).
[27] BVerfGE 82, 126 (146) m.w.N.
[28] Vgl. BVerfGE 91, 389 (403 f.); 103, 225 (235 ff.).
[29] Siehe ausführl. zur Anwendung des Gleichheitssatzes in einzelnen Rechtsgebieten *H. Sodan*, in: Sodan Art. 3 Rn. 18 ff.
[30] BVerfGE 129, 49 (LS 1) – ohne die Hervorhebung; vgl. auch BVerfGE 88, 87 (96); 91, 389 (401); 107, 218 (244); 107, 257 (270); 108, 52 (67 f.); 110, 274 (291); 116, 164 (180); 130, 52 (66); 131, 239 (255 f.); 132, 179 (188 f.); BVerfG, NVwZ 2015, 964 (965).

wird dabei vor allem dann zur Anwendung gebracht, wenn **personelle bzw. personenbezogene** Ungleichbehandlungen zur Prüfung gestellt werden und nicht nur sachbezogene[31] (zur Unterscheidung → Rn. 9). „Die Anforderungen an die Rechtfertigung einer ungleichen Behandlung von Personengruppen sind umso strenger, je mehr sich die zur Unterscheidung führenden personenbezogenen Merkmale den in Art. 3 Abs. 3 GG genannten Merkmalen annähern, das heißt je größer die Gefahr ist, dass eine an sie anknüpfende Ungleichbehandlung zur Diskriminierung einer Minderheit führt".[32] Eine Verhältnismäßigkeitsprüfung ist auch erforderlich, wenn sich die Ungleichbehandlung von Personen oder Sachverhalten **auf die Ausübung grundrechtlich geschützter Freiheiten nachteilig auswirken kann**.[33] Da die strengeren Prüfungsmaßstäbe der „neuen Formel" sogar dann anzuwenden sind, wenn „eine Ungleichbehandlung von Sachverhalten **mittelbar** eine Ungleichbehandlung von Personengruppen bewirkt"[34], verbleibt für die Willkürformel nur noch ein eingeschränkter Anwendungsbereich. So kann diese etwa im Bereich der gewährenden Staatstätigkeit zur Anwendung gelangen, bei welcher der Gesetzgeber einen weiten Spielraum hat,[35] ferner bei der Überprüfung von Gerichtsentscheidungen (vgl. → Rn. 6); hinsichtlich letzterer wird die primär für gesetzgeberisches Handeln entwickelte „neue Formel" aber wiederum dann herangezogen, wenn die Gerichte im Wege der Auslegung zu einer dem Gesetzgeber nach der „neuen Formel" verwehrten Differenzierung gelangen[36] (gleiches muss prinzipiell für den Gesetzesvollzug durch die Exekutive gelten). Geringere Anforderungen an den Prüfungsmaßstab können ferner bei der Ordnung von Massenerscheinungen im Hinblick auf die Zulässigkeit von generalisierenden, typisierenden oder pauschalierenden Regelungen gelten, so etwa im Sozialversicherungs- oder Steuerrecht.[37]

16 In einem Teil des Schrifttums wird dagegen zu Recht für die *generelle* Anwendung der „neuen Formel" und der damit einhergehenden Verhältnismäßigkeitsprüfung plädiert[38]. Dies ist insofern dogmatisch konsequent, als die Umstände, welche in den betreffenden Fällen einen geringeren Prüfungsmaßstab i. S. einer Willkürprüfung rechtfertigen, ja auch entsprechenden Einfluss auf eine Verhältnismäßigkeitsprüfung hätten. Gleichwohl empfiehlt es sich, bei der **Fallbearbeitung** zumindest vorerst noch vom Nebeneinander von Willkürformel und „neuer Formel" auszugehen, d. h. beide Maßstäbe aufzuzeigen und dann nach den dargestellten Kriterien (→ Rn. 15) zu entscheiden, welche der Formeln anzuwenden ist; im Zweifel sollte dabei der „neuen Formel" der Vorzug gegeben werden.

---

[31] Vgl. BVerfGE 88, 87 (96); 89, 15 (22f.); 91, 389 (401); 110, 274 (291); BVerfG (Kammerbeschl.) NJW 2013, 1220 (1221).

[32] BVerfGE 131, 239 (256); 133, 377 (408); vgl. auch BVerfGE 133, 1 (14).

[33] Vgl. BVerfGE 82, 126 (146); 88, 87 (96); 99, 341 (355); 99, 367 (388); 107, 133 (141); 111, 160 (169); 111, 176 (184); 126, 29 (48); 133, 1 (14); 136, 152 (180).

[34] BVerfGE 88, 87 (96); 89, 15 (22); 99, 367 (388); 108, 52 (68); 118, 79 (100) – jew. ohne die Hervorhebung.

[35] Siehe etwa BVerfGE 100, 195 (205); 122, 1 (23); BVerfG (Kammerbeschl.), NVwZ-RR 2010, 505f.; *H. D. Jarass*, in: Jarass/Pieroth Art. 3 Rn. 23 m.w.N.; vgl. ferner BVerfGE 122, 39 (50ff.) betr. die sich aus Art. 3 I GG (i.V.m. Sozial- und Rechtsstaatsprinzip) ergebende Verpflichtung zur Schaffung von Rechtswahrnehmungsgleichheit auch im außergerichtlichen Bereich.

[36] Siehe BVerfGE 70, 230 (240).

[37] Siehe näher etwa BVerfGE 87, 234 (255); 96, 1 (6); 101, 297 (309); 103, 225 (235f.); 110, 274 (292ff.) betr. „Ökosteuer"; 117, 1 (30ff.) betr. Erbschaftsteuer; 121, 1 (29ff.) und 121, 108 (118ff.), jew. betr. Steuerprivilegierungen; 122, 210 (230ff.) betr. Pendlerpauschale; 123, 1 (19ff.) betr. Besteuerung von Gewinnspielautomaten; 126, 268ff. betr. steuerliches Abzugsverbot für Arbeitszimmeraufwendungen; 137, 350ff. betr. Luftverkehrsteuer.

[38] *P. Kirchhof*, in: Maunz/Dürig Art. 3 Abs. 1 Rn. 296.

§ 30. Die Gleichheitsgebote des Art. 3 GG

In **Fall 26** kommt als rechtfertigender sachlicher Grund die Unterschiedlichkeit der Einkommensverhältnisse in Betracht. Da die Ungleichbehandlung – jedenfalls mittelbar – an Personengruppen anknüpft, ist die „neue Formel" zugrunde zu legen, mithin die Verhältnismäßigkeit zu überprüfen. Legitimer Zweck der hierzu geeigneten Ungleichbehandlung ist die Berücksichtigung unterschiedlicher wirtschaftlicher Leistungsfähigkeit der Kindergartennutzer. Auch die Erforderlichkeit ist angesichts des weiten gesetzgeberischen Spielraums bei der Festsetzung und Ausgestaltung von Gebühren nicht zu beanstanden. Allerdings muss die gewählte Gebührenstaffelung sachgerecht bzw. angemessen sein: Da Kindergärten wesentliche Bestandteile des sozialstaatlichen Erziehungs- und Bildungssystems sind und damit insbesondere der Erfüllung der in Art. 6 I (→ § 34 Rn. 11) und Art. 3 II 2 GG (→ Rn. 21 f.) verankerten Förderpflichten des Staates dienen, dürfen sie auch Kindern aus einkommensschwächeren Familien nicht vorenthalten werden. Zugleich werden die Nutzer, welche die volle Gebühr zahlen, nicht zusätzlich und voraussetzungslos zur Finanzierung allgemeiner Lasten herangezogen und damit nicht übermäßig belastet, weil selbst die Gebührenhöchstsätze nicht kostendeckend sind. Angesichts dessen ist die beanstandete Ungleichbehandlung sachlich gerechtfertigt und Art. 3 I GG daher nicht verletzt.[39] 17

III. Die besonderen Gleichheitssätze des Art. 3 GG

1. Allgemeines

Art. 3 II und III GG enthalten **spezielle Gleichheitssätze,** die im Rahmen ihrer Anwendungsbereiche dem allgemeinen Gleichheitssatz des Art. 3 I GG vorgehen. Sie verbieten Ungleichbehandlungen aufgrund der speziellen, in ihnen genannten Merkmale (Geschlecht, Abstammung, Rasse etc.). Das Merkmal der sexuellen Identität wurde bewusst nicht aufgenommen.[40] Die besondere Bedeutung der in Art. 3 II und III GG genannten Kriterien gegenüber dem allgemeinen Gleichheitssatz besteht vor allem darin, dass Ungleichbehandlungen aufgrund der in ihnen aufgeführten Merkmale zumindest *im Grundsatz* gerade nicht durch einen „sachlichen Grund" gerechtfertigt werden können (zu Ausnahmen sogleich → Rn. 19); zugleich bedeutet dies, dass diese Merkmale grundsätzlich nicht als „sachlicher Grund" für eine Rechtfertigung im Rahmen des Art. 3 I GG herhalten dürfen.[41] Die speziellen Gleichheitssätze verbieten jedenfalls die **finale,** d. h. die ziel- und zweckgerichtet auf eines der betreffenden Merkmale bezogene **Diskriminierung bzw. Privilegierung** (vgl. die Formulierung „wegen" in Art. 3 III 1 GG), nach überwiegender Ansicht überdies jede Ungleichbehandlung, welche **kausal** an eines der betreffenden Merkmale anknüpft, auch wenn die Maßnahme in erster Linie andere Ziele verfolgt.[42] 18

Die speziellen Gleichheitssätze wirken insoweit zwar als „grundsätzliche", nicht aber als absolute Diskriminierungs- und Privilegierungsverbote, verbieten also nicht schlechthin *jede* Ungleichbehandlung, die an eines der betreffenden Merkmale anknüpft. Gemäß der allgemeinen Grundrechtsdogmatik unterliegen sie nämlich – vergleichbar den vorbehaltlos gewährleisteten Freiheitsgrundrechten – zumindest **verfassungsim-** 19

---

[39] Vgl. zum Ganzen BVerfGE 97, 332 (344 ff.) mit ausführl. Besprechung von *M. Sachs/ K. Windthorst,* JuS 1999, 857 (859 ff.).
[40] Siehe den Bericht der Gemeinsamen Verfassungskommission aus dem Jahr 1993, BT-Drucks. 12/6000, S. 54.
[41] Vgl. etwa BVerfG (Kammerbeschl.), NJW 2009, 661.
[42] BVerfGE 85, 191 (206 f.); 97, 35 (43); vgl. auch BVerfGE 89, 276 (288 f.); anders (nur finale Diskriminierung) noch BVerfGE 75, 40 (70).

manenten Grenzen (vgl. → § 24 Rn. 19 ff.).[43] Diese und der Schutzgehalt der Diskriminierungs- und Privilegierungsverbote sind dann im Wege praktischer Konkordanz (→ § 2 Rn. 11) bzw. einer Verhältnismäßigkeitsprüfung[44] in Ausgleich zu bringen. Darüber hinaus können *ausnahmsweise* Ungleichbehandlungen zulässig sein, soweit sie sich gerade **aus der (vor allem biologischen) Natur** einer bestimmten Gruppe von Merkmalsträgern ergeben (siehe dazu ferner → Rn. 20 a. E., 24 a. E.). Auch dann muss die daraus resultierende Ungleichbehandlung aber verhältnismäßig sein.

2. Die besonderen Gleichheitssätze des Art. 3 GG im Einzelnen

a) Gleichberechtigung von Männern und Frauen

20 **Art. 3 III 1 Var. 1 GG** verbietet Ungleichbehandlungen aufgrund des Geschlechts, statuiert also ein diesbezügliches **Diskriminierungs- und Privilegierungsverbot** sowie ein entsprechendes **Abwehrrecht**. Erfasst werden auch so genannte mittelbare (indirekte) Diskriminierungen, d. h. Regelungen, welche zwar geschlechtsneutral formuliert sind, aber aufgrund natürlicher oder gesellschaftlicher Unterschiede überwiegend nur ein Geschlecht betreffen[45]. Die Zulässigkeit von an das Geschlecht anknüpfenden Ungleichbehandlungen kann sich lediglich in engen Grenzen ergeben (→ Rn. 18 f.). In Betracht kommen insbesondere **verfassungsimmanente Rechtfertigungen:** Eine solche enthält etwa Art. 12a I GG (→ § 40 Rn. 35), der die Wehr*pflicht* nur für Männer vorsieht.[46] Ebenso soll sich aus Art. 6 II 1 i. V. m. V GG die Rechtfertigung für die Zuordnung des nichtehelichen Kindes zur Mutter herleiten.[47] Keine Rechtfertigung bietet hingegen Art. 12 II GG (→ § 40 Rn. 34 f.) für eine *auf Männer beschränkte* Feuerwehrdienstpflicht und hieran geknüpfte Abgaben.[48] Über verfassungsimmanente Rechtfertigungen hinaus können Ungleichbehandlungen ausnahmsweise dann zulässig sein, „soweit sie zur Lösung von Problemen, die **ihrer Natur nach** nur entweder bei Männern oder bei Frauen auftreten können, zwingend erforderlich sind"[49]. Daraus folgt, dass allein **biologisch begründete Unterschiede** zwischen den Geschlechtern Berücksichtigung finden dürfen, nicht auch rein „funktionale", welche aus einem traditionellen Rollenverständnis resultieren, dessen Verfestigung Art. 3 III 1 GG gerade entgegen wirken will.[50] Sowohl auf biologische Besonderheiten als auch auf Art. 6 V GG gestützt sein können etwa bestimmte, geburts- bzw. schwangerschaftsbedingte Mutterschutzregeln.

---

[43] Siehe etwa BVerfGE 114, 357 (364); BVerfG (Kammerbeschl.), NJW 2009, 661 (663).
[44] Siehe *L. Osterloh/A. Nußberger,* in: Sachs, GG Art. 3 Rn. 254.
[45] BVerfGE 104, 373 (393); 121, 241 (254 ff.) betr. Berechnung des Ruhegehaltssatzes von (überwiegend weiblichen) Teilzeitbeamten; BVerfG (Kammerbeschl.), NJW 2009, 661 f.; vgl. auch BVerfGE 97, 35 (43); 109, 64 (89 ff.).
[46] Siehe dazu BVerfGE 12, 45 (52 f.); 48, 127 (161, 165); 105, 61 (70 ff.). *Freiwilligen* Wehrdienst dürfen hingegen auch **Frauen** leisten, wie der nunmehr im Anschluss an EuGH, Slg. 2000, I-69 ff. – „Kreil", geänderte Art. 12a IV 2 GG klarstellt. Siehe zu der im Jahr 2011 „einfachgesetzlich" erfolgten Aussetzung der Wehrpflicht → § 31 Rn. 25.
[47] So BVerfGE 56, 363 (388 ff.); siehe ferner BVerfGE 84, 168 (181).
[48] BVerfGE 92, 91 (111 ff.).
[49] BVerfGE 85, 191 (207) – ohne die Hervorhebungen; siehe ferner BVerfG (Kammerbeschl.), NJW 2009, 661 (662 f.) betr. Ungleichbehandlung von männlichen gegenüber weiblichen Gefangenen hinsichtlich des Erwerbs von Kosmetika; vgl. auch BVerfGE 92, 91 (109).
[50] Vgl. *H. D. Jarass,* in: Jarass/Pieroth Art. 3 Rn. 95; anders noch BVerfGE 74, 163 (179); einen „Grenzfall" betrifft wohl BVerwG, NJW 1994, 2632 f. (Haartracht von Soldaten/Soldatinnen).

Der über das Diskriminierungsverbot des Art. 3 III 1 GG hinausreichende Regelungsgehalt des **Art. 3 II GG** besteht dem BVerfG zufolge darin, dass er „ein **Gleichberechtigungsgebot** aufstellt und dieses auch auf die gesellschaftliche Wirklichkeit erstreckt", um „für die Zukunft die Gleichberechtigung der Geschlechter" durchzusetzen, indem er „auf die Angleichung der Lebensverhältnisse" abzielt[51]. Art. 3 II GG soll damit im Ergebnis klarstellen, dass faktische „Nachteile, die typischerweise Frauen treffen, […] durch begünstigende Regelungen ausgeglichen werden dürfen"[52]. Das BVerfG geht insoweit davon aus, dass das Gleichberechtigungsgebot des Art. 3 II GG eine (verfassungsimmanente, → Rn. 19) Rechtfertigung für eine Ungleichbehandlung i. S. d. Art. 3 III 1 GG darstellen kann[53]. Im Unterschied zu Art. 3 II 1 GG enthält Art. 3 II 2 GG aber kein subjektiv-öffentliches Recht, sondern statuiert ein Staatsziel.[54]

21

Fraglich ist dabei aber jedenfalls der Umfang dieser Rechtfertigungsmöglichkeit, vor allem im Hinblick auf die Zulässigkeit so genannter „**Frauenförderquoten**" bei der Zulassung zum bzw. der Beförderung im öffentlichen Dienst, durch welche bei gleicher Qualifikation Frauen gegenüber männlichen Mitbewerbern bis zur Erreichung einer bestimmten (i. d. R. 50-prozentigen) Quote bevorzugt behandelt werden sollen (siehe dazu näher → § 47 Rn. 3).

22

b) Die übrigen Diskriminierungsverbote des Art. 3 III 1 GG

Die übrigen Diskriminierungstatbestände des Art. 3 III 1 GG sind praktisch weniger bedeutsam als das geschlechtliche Diskriminierungsverbot. Ebenso wie dieses **untersagen sie Benachteiligungen oder Bevorzugungen** aufgrund der in ihnen genannten besonderen Merkmale und räumen ein damit einhergehendes Abwehrrecht ein; ebenso wie im Fall der Anknüpfung an das Geschlecht (→ Rn. 20) sollten sich diese Verbote prinzipiell auch auf **mittelbare** Diskriminierungen erstrecken[55]. „**Abstammung**" ist „die natürliche biologische Beziehung eines Menschen zu seinen Vorfahren"[56], „**Rasse**" die Zugehörigkeit zu einer Gruppe mit tatsächlich oder vermeintlich vererbbaren, gemeinsamen Merkmalen[57]. „**Sprache**" meint die Muttersprache. Der Begriff der „**Heimat**" umfasst „die örtliche Herkunft eines Menschen nach Geburt oder Ansässigkeit im Sinne der emotionalen Beziehung zu einem geographisch begrenzten, den Einzelnen mitprägenden Raum (Ort, Landschaft)"[58], „**Herkunft**" bezeichnet „die sozialstandesmäßige Verwurzelung"[59]. Die verfassungsimmanente Rechtfertigung (→ Rn. 19) für eine Bevorzugung aufgrund des „**Glaubens**" (zu diesem Begriff und zu den „**religiösen Anschauungen**" nachfolgend → § 31 Rn. 2ff.) kann sich insbesondere aus Art. 4 I und II GG ergeben, etwa wenn Angehörigen einer Glaubensgruppe eine Ausnahme vom allgemeinen Verbot des Tierschächtens gewährt wird[60]. Der Begriff „**politische Anschauungen**" ist weit zu verstehen und umfasst die Einstellung zu staatlichen oder gesellschaftlichen Vorgängen.

23

---

[51] BVerfGE 85, 191 (206f.) – ohne die Hervorhebung; vgl. auch BVerfGE 92, 91 (109); 113, 1 (15); BVerfG (Kammerbeschl.), NJW 2007, 137.
[52] BVerfGE 85, 191 (207).
[53] Vgl. BVerfGE 92, 91 (109, 112).
[54] *F. Ossenbühl*, NJW 2012, 417 (418).
[55] Siehe näher *H. Sodan*, in: Sodan Art. 3 Rn. 23.
[56] BVerfGE 9, 124 (128).
[57] *L. Osterloh/A. Nußberger*, in: Sachs, GG Art. 3 Rn. 293; *C. Starck*, in: von Mangoldt/Klein/Starck Art. 3 Rn. 387.
[58] BVerfGE 102, 41 (53).
[59] BVerfGE 9, 124 (128): fast wortgleich bereits BVerfGE 5, 17 (22).
[60] So geschehen in BVerfGE 104, 337ff.

c) Verbot der Benachteiligung von Behinderten

24 Art. 3 III 2 GG verbietet **Benachteiligungen** aufgrund einer Behinderung, d. h. „der Auswirkung einer nicht nur vorübergehenden Funktionsbeeinträchtigung, die auf einem regelwidrigen körperlichen, geistigen oder seelischen Zustand beruht"[61]. Anders als Art. 3 III 1 GG hinsichtlich der dortigen Merkmale enthält Art. 3 III 2 GG damit nur ein Verbot *nachteiliger* Ungleichbehandlungen, nicht auch bevorzugender. Daher resultieren aus ihm nicht nur **Abwehrrechte** hinsichtlich Maßnahmen, welche die Situation des Behinderten wegen seiner Behinderung gegenüber jedermann verschlechtern (etwa durch den Ausschluss schreib- und sprechunfähiger Personen von der Testiermöglichkeit),[62] sondern in gewissem Umfang zumindest auch **derivative Leistungs- und Teilhaberechte** (zum Begriff Rn. 4, § 22 Rn. 12) auf Fördermaßnahmen zur Kompensation von aufgrund der Behinderung erschwerten Entfaltungs- und Betätigungsmöglichkeiten, beispielsweise im Bereich schulischer Einrichtungen[63]. Eine Benachteiligung kann auch „bei einem Ausschluss von Entfaltungs- und Betätigungsmöglichkeiten durch die öffentliche Gewalt gegeben sein, wenn dieser nicht durch eine auf die Behinderung bezogene Fördermaßnahme kompensiert wird".[64] Andererseits können behinderungsbedingte Benachteiligungen aber **gerechtfertigt** sein, wenn sie auf *zwingenden*, sich aus der Natur der Behinderung ergebenden Gründen beruhen: so etwa die Rechtsverwehrung für eine Person, welcher aufgrund ihrer Behinderung die geistigen oder körperlichen Voraussetzungen für die Rechtswahrnehmung fehlen.[65]

§ 31. Glaubens- und Gewissensfreiheit

Fall 27 (nach BVerfGE 93, 1 ff.): Die auf Grundlage des Landesschulgesetzes erlassene Volksschulordnung (VSchulO) des Landes B sieht in § 13 vor, dass in jedem Klassenzimmer ein Kreuz anzubringen ist. A, der einer nichtchristlichen Glaubensrichtung angehört und auch seine minderjährigen schulpflichtigen Kinder nach dieser Lehre erzieht, ist der Ansicht, dass durch die in den Klassenzimmern angebrachten Kreuze im Sinne des Christentums auf seine Kinder eingewirkt wird. Dies läuft seiner Glaubensvorstellung und der seiner Kinder zuwider. Daher verstoße die betreffende Regelung des § 13 VSchulO gegen die Glaubensfreiheit aus Art. 4 GG. Trifft diese Auffassung zu?

1 Art. 4 GG enthält mehrere Grundrechtsverbürgungen: Unterschieden werden die Grundrechte auf **Glaubensfreiheit** (Art. 4 I, II GG), **Gewissensfreiheit** (Art. 4 I GG) und **Kriegsdienstverweigerung** (Art. 4 III GG).

---

[61] So BVerfGE 96, 288 (301) in Wiedergabe der Legaldefinition des früheren § 3 I 1 SchwbG. In § 3 BGG wird nicht die Formulierung „regelwidrig" verwendet, sondern Behinderung – inhaltlich gleichbedeutend – wie folgt definiert: „Menschen sind behindert, wenn ihre körperliche Funktion, geistige Fähigkeit oder seelische Gesundheit mit hoher Wahrscheinlichkeit länger als sechs Monate von dem für das Lebensalter typischen Zustand abweichen und daher ihre Teilhabe am Leben in der Gesellschaft beeinträchtigt ist." Vgl. auch § 2 I SGB XI.
[62] Dazu BVerfGE 99, 341 (356 ff.); siehe allgemein auch BVerfGE 96, 288 (303).
[63] Siehe BVerfGE 96, 288 (303 ff.); vgl. näher *G. Beaucamp*, DVBl. 2002, 997 (1002 f.).
[64] BVerfG (Kammerbeschl.), NJW 2011, 2035 (2038).
[65] BVerfGE 99, 341 (357); vgl. BVerwGE 145, 275 (280 f.); vgl. BVerfG (Kammerbeschl.), NJW 2014, 3567 ff.: keine umfassende Pflicht zur Zugänglichmachung von Prozessunterlagen in Blindenschrift.

I. Glaubensfreiheit

1. Sachlicher Schutzbereich

a) Begriff des „Glaubens"

Das Schutzgut des durch Art. 4 I und II GG gewährleisteten Grundrechts der Glaubensfreiheit, der „Glaube", umfasst als Oberbegriff sowohl religiöse Anschauungen, d. h. Erklärungsmodelle vom Wesen der Welt, die insbesondere durch eine Gottvorstellung und einen Jenseitsbezug geprägt sind, als auch Weltanschauungen, durch welche die Stellung des Menschen in der Welt auf antireligiöse oder atheistische Weise erklärt wird. Eine klare Trennung zwischen Religion und Weltanschauung ist oftmals kaum möglich, praktisch aber auch nicht notwendig, da beide in gleicher Weise vom Schutz des Art. 4 I und II GG erfasst werden[1]. Entscheidend ist folglich die Bildung einer Wahrheitsüberzeugung betreffend das Wesen der Welt und die metaphysische Stellung des einzelnen Menschen in ihr.

Der Glaubensbegriff ist dabei nicht beschränkt auf die „großen" Weltreligionen, die sich in den einzelnen Kulturräumen im Laufe der geschichtlichen Entwicklung herausgebildet haben (wie etwa Christentum oder Islam); er erfasst vielmehr auch deren „abweichende" Ausprägungen oder gar „neue" Glaubensanschauungen. Andererseits genügt nicht schon jede „Selbstberühmung" als Glaubensgemeinschaft; vielmehr muss es sich auch „tatsächlich, nach geistigem Gehalt und äußerem Erscheinungsbild" um einen Glauben bzw. eine Glaubensgemeinschaft handeln.[2] Auf die zahlenmäßige Stärke und die soziale Relevanz einer derartigen Gemeinschaft kommt es nicht an. Dass eine Gemeinschaft bei Erfüllung dieser Voraussetzungen zugleich wirtschaftliche oder politische Ziele verfolgt, steht der Qualifizierung als „Glaubensgemeinschaft" grundsätzlich nicht entgegen. Etwas anderes gilt aber, wenn Glaubensinhalte nur als Vorwand für eine ausschließlich wirtschaftliche Betätigung dienen, ausschließlich wirtschaftliche Interessen also nur mit ideellen Zielen „verbrämt" werden[3].

b) Einheitliches Grundrecht der Glaubensfreiheit

Die durch Art. 4 I GG geschützte Freiheit „des Glaubens" und „des religiösen und weltanschaulichen Bekenntnisses" sowie die durch Art. 4 II GG gewährleistete „ungestörte Religionsausübung" bilden nach der Judikatur des BVerfG ein **„umfassend zu verstehendes einheitliches Grundrecht"** der Glaubensfreiheit[4] und stellen keine voneinander getrennten oder zu trennenden Gewährleistungen dar.[5] Das Grundrecht der **Glaubensfreiheit** umfasst insofern das Recht, einen Glauben zu bilden und inne zu haben (**„forum internum"**) und diesen nach außen kundzutun sowie das gesamte Verhalten an den Lehren dieses Glaubens auszurichten und demgemäß zu handeln[6] (**„forum externum"**).

---

[1] Vgl. BVerwGE 90, 112 (115 f.).
[2] So BVerfGE 83, 341 (353) in Bezug auf Religion und Religionsgemeinschaft.
[3] Vgl. BVerfGE 105, 279 (293); BVerwGE 90, 112 (118); BAG, NJW 1996, 143 (146 ff.).
[4] BVerfGE 108, 282 (297) m.w.N.; 138, 296 (328 f.).
[5] Siehe zur abw. Auffassung im Schrifttum, die Art. 4 II GG einen eigenständigen Gehalt zumisst, *E. W. W. Busse*, Das Prinzip staatlicher Neutralität und die Freiheit der Religionsausübung, 2012, S. 36 ff.
[6] Siehe etwa BVerfGE 32, 98 (106); vgl. etwa auch BVerfGE 108, 282 (297); BVerfG (Kammerbeschl.), NJW 2007, 1865 (1867).

5   Neben der „positiven" ist auch die **„negative" Glaubensfreiheit** geschützt, also das Recht, keinen oder keinen bestimmten Glauben zu haben (→ § 21 Rn. 8). Hierunter fallen auch der Schutz vor Zwangsmitgliedschaften in Religions- oder Weltanschauungsgemeinschaften[7] oder das speziell über Art. 140 GG i.V.m. Art. 136 III 1 WRV gewährte Recht, über den eigenen Glauben grundsätzlich die Auskunft verweigern zu dürfen (mit der Ausnahmeregelung des Art. 140 GG i.V.m. Art. 136 III 2 WRV)[8]. Ebenfalls geschützt ist die Freiheit, sich jederzeit von der kirchlichen Mitgliedschaft mit Wirkung für das staatliche Recht durch Austritt zurückzuziehen.[9]

6   Ergänzende oder konkretisierende Regelungen, insbesondere hinsichtlich der so genannten **kollektiven Glaubensfreiheit** (→ Rn. 11), enthalten die über Art. 140 GG geltenden Art. 136 ff. WRV, welche im Zusammenhang mit Art. 4 I und II GG zu lesen sind[10].

c) Geschützte Verhaltensweisen im Einzelnen

7   Näherer Betrachtung bedarf vor allem der Aspekt der **freien („ungestörten") Religions- bzw. Glaubensausübung** (→ Rn. 4). Der grundrechtliche Schutz erstreckt sich nicht nur auf die Manifestation der Glaubensinhalte durch kultische oder sakrale Handlungen und Gebräuche, wie etwa Gottesdienste, Prozessionen, Riten, Gebete, Glockengeläut oder Glaubenssymbole, sondern auch auf die religiöse Erziehung, freireligiöse und atheistische Feiern sowie andere Äußerungen des religiösen und weltanschaulichen Lebens.[11] Da dem BVerfG zufolge das „gesamte Verhalten" an den Glaubenslehren ausgerichtet werden darf (→ Rn. 4), können ferner äußerlich neutrale Verhaltensweisen, die lediglich in einem inneren Zusammenhang mit einem bestimmten Glauben stehen, also durch diesen veranlasst sind, in den Schutzbereich des Art. 4 GG fallen. Dabei genügt allerdings nicht die bloße Behauptung, dass ein äußerlich neutrales Verhalten glaubensgeleitet sei; anderenfalls würde eine objektive Begrenzbarkeit des Schutzbereichs praktisch unmöglich. Daher muss derjenige, der sich auf den Grundrechtsschutz aus Art. 4 GG beruft, plausibel darlegen, dass das betreffende Verhalten tatsächlich glaubensgeleitet ist.[12] Darüber hinaus ist folgende *materielle* Einschränkung geboten: Das betreffende Verhalten muss objektiv wesensnotwendig für den religiösen oder weltanschaulichen Auftrag sein bzw. in entsprechendem organisatorisch-sachlichem Zusammenhang stehen.[13] Jedenfalls *nicht* geschützt sind Tätigkeiten, die nur „bei Gelegenheit" religiöser Betätigung vorgenommen werden, etwa der Verkauf von Speisen und Getränken an Teilnehmer religiöser Veranstaltungen[14]. Ebenfalls nicht geschützt ist die Abgabenverweigerung wegen glaubens- bzw. gewissenswidriger Mittelverwendung[15].

---

[7] Vgl. hierzu BVerfGE 44, 37 (50 ff.).
[8] Vgl. dazu BVerfGE 46, 266 (267); 65, 1 (39).
[9] BVerfG (Kammerbeschl.), NJW 2008, 2978.
[10] BVerfGE 99, 100 (119).
[11] BVerfGE 24, 236 (246).
[12] *M. Morlok*, in: Dreier Art. 4 Rn. 92; vgl. auch BVerfGE 47, 327 (385). Siehe ferner BVerfGE 104, 337 (354 f.) für die Auslegung des einfachrechtlichen Begriffes der „zwingenden Vorschriften" i.S.d. § 4a II Nr. 2 TierSchG im Hinblick auf die Erteilung einer Ausnahmegenehmigung für das glaubensgeleitete **„Schächten" von Tieren** (siehe dazu auch → § 11 Rn. 7).
[13] *P. Badura*, Der Schutz von Religion und Weltanschauung durch das Grundgesetz, 1989, S. 54 ff.
[14] BVerfGE 19, 129 (133).
[15] Siehe BVerfGE 67, 26 (37); BVerfG (Kammerbeschl.), NJW 1993, 455 f.

§ 31. Glaubens- und Gewissensfreiheit

Im **Fall 27** ist der (sachliche) **Schutzbereich** der „negativen" Glaubensfreiheit (→ Rn. 5) durch die Regelung des § 13 VSchulO berührt, denn diese Freiheit bezieht sich auch auf religiöse Symbole, d. h. der Einzelne kann selbst darüber entscheiden, welche religiösen Symbole er anerkennt oder ablehnt. Daher umfasst diese Grundrechtsnorm auch die Freiheit von einer durch den Staat geschaffenen Lage, in welcher der Einzelne ohne Ausweichmöglichkeit dem Einfluss eines bestimmten Glaubens ausgesetzt ist. Aus dem in Art. 4 I und II GG verankerten Prinzip der **staatlichen Neutralität in religiös-weltanschaulichen Angelegenheiten** folgt daher die Pflicht des Staates, den religiösen Frieden nicht von sich aus, etwa durch Einführung staatskirchlicher Rechtsformen oder Privilegierung bestimmter Bekenntnisse, zu gefährden.[16]

d) Schutzpflicht des Staates

Die Religionsfreiheit des Art. 4 I und II GG ist nicht auf die Funktion als Abwehrrecht beschränkt, sondern enthält auch eine Schutzverpflichtung des Staates, Raum für die aktive Betätigung der Glaubensüberzeugungen und die Verwirklichung der autonomen Persönlichkeit auf weltanschaulich-religiösem Gebiet zu sichern.[17] Gegenüber den als Körperschaften des öffentlichen Rechts verfassten Religionsgemeinschaften kann das BVerfG eine Verletzung dieser Schutzpflicht jedoch nur im Falle offensichtlich ungeeigneter oder völlig unzulänglicher Maßnahmen feststellen.[18] Ebenso resultiert aus ihr grundsätzlich kein Anspruch darauf, der „Glaubensüberzeugung mit staatlicher Unterstützung Ausdruck zu verleihen".[19] Daher folgt aus Art. 4 GG auch kein originärer Anspruch auf bestimmte staatliche Leistungen (etwa finanzielle Förderleistungen an Religionsgesellschaften), sondern allenfalls ein Recht auf Teilhabe an etwaig bereitgestellten Leistungen.[20] Hingegen ergibt sich aus Art. 4 I und II GG i. V. m. Art. 140 GG/139 WRV ein Schutzauftrag zugunsten der Sonn- und Feiertagsruhe.[21]

2. Personeller Schutzbereich

Träger des Grundrechts der Glaubensfreiheit sind zunächst alle Einzelpersonen („**individuelle**" **Glaubensfreiheit**), unabhängig von deren Nationalität. Auch Kinder sind grundrechtsberechtigt; bei fehlender Grundrechtsmündigkeit (→ § 23 Rn. 9) werden sie dabei grundsätzlich von ihren Eltern vertreten.

In **Fall 27** ist der personelle Schutzbereich der „negativen" Glaubensfreiheit daher sowohl für die Kinder des A eröffnet als auch hinsichtlich A selbst, da Art. 4 I GG zusammen mit Art. 6 II 1 GG auch das Recht zur Erziehung in religiöser und weltanschaulicher Hinsicht umfasst.[22]

Grundrechtsträgerinnen können ferner Glaubensvereinigungen sein, deren Zweck die Förderung eines religiösen oder weltanschaulichen Bekenntnisses oder die Verkündung

---

[16] Ausführl. hierzu BVerfGE 93, 1 (15 ff.). Die Pflicht zu weltanschaulich-religiöser Neutralität verpflichtet den Staat insoweit auch, die gleiche Teilhabe von Religionsgesellschaften an der Gewährung staatlicher Förderleistungen sicherzustellen, siehe BVerfGE 123, 148 (177 ff.).
[17] BVerfGE 41, 29 (49).
[18] BVerfGE 125, 39 (78 f.).
[19] BVerfGE 93, 1 (16). Vgl. auch BVerwGE 141, 223 (228): „Die Glaubensfreiheit ist dem Bürger nur dort gewährleistet, wo er tatsächlich Zugang findet."
[20] BVerfGE 123, 148 (178).
[21] BVerfGE 125, 39 (78 ff.) – betr. Ladenöffnungszeiten an Adventssonntagen; siehe dazu auch *F. Kühn*, NJW 2010, 2094 ff.; *W. Mosbacher*, NVwZ 2010, 537 ff. Vgl. zu unzulässigen Ausnahmen für bestimmte Bereiche VGH Kassel, NVwZ 2014, 380 ff.
[22] Vgl. BVerfGE 93, 1 (17).

des Glaubens ihrer Mitglieder ist[23]; das Grundrecht aus Art. 4 I und II GG ist insoweit auch gemeinschaftlich ausübbar (**„kollektive" Glaubensfreiheit**). Die Grundrechtsträgerschaft ist unabhängig vom Erwerb der Rechtsfähigkeit als juristische Person des Privatrechts.[24] Hinsichtlich juristischer Personen (vgl. Art. 19 III GG) gilt sie nicht nur für solche des Privatrechts, sondern auch für Religionsgesellschaften, welche gemäß Art. 137 V und VI WRV den Status *öffentlich-rechtlicher* Körperschaften haben[25]; denn diese sind trotz ihrer öffentlich-rechtlichen Organisationsform dem Staat nicht inkorporiert (→ § 23 Rn. 17). Die bezüglich der kollektiven Glaubensfreiheit besonderen Verbürgungen der Art. 136ff. WRV[26] kommen dabei nur den „Religionsgesellschaften" (besser: „Religionsgemeinschaften") zugute; darunter sind solche Glaubensvereinigungen zu verstehen, die „allseitig" die Erfüllung der durch das gemeinsame Bekenntnis gestellten Aufgaben zum Ziel haben und deren Zweck damit nicht nur auf einen religiösen Teilbereich beschränkt ist[27]. Das Grundrecht der Glaubensfreiheit ist wegen der ausdrücklichen Regelung in Art. 19 III GG lediglich den *inländischen* juristischen Personen garantiert.[28]

3. Eingriffe

12 Die Glaubensfreiheit wird beeinträchtigt, wenn ein in den Schutzbereich fallendes Verhalten **durch staatliche Tätigkeit geregelt oder in sonstiger Weise mehr als nur unerheblich behindert** wird. Als Eingriffe kommen vor allem staatliche Ge- und Verbote in Betracht, die sich auf vom Schutzbereich erfasste Verhaltensweisen negativ auswirken, ferner die Anknüpfung negativer Rechtsfolgen (etwa Sanktionen) an glaubensgeleitete Tätigkeiten. Unerheblich ist dabei im Grundsatz, ob die betreffende Regelung gerade zur „Eindämmung" bestimmter glaubensgeleiteter Tätigkeiten erfolgt oder es sich um eine allgemeine Regelung handelt, die nicht primär eine solche Zwecksetzung aufweist, durch deren Befolgung aber gleichwohl bestimmte Glaubensträger ihrer Überzeugung zuwider handeln müssten. Eingriffe sind insofern etwa das Verbot für Lehrer, bestimmte „religiös motivierte" Bekleidung zu tragen[29], die Strafsanktion für einen Ehemann, der aus religiösen Gründen nicht für die ärztliche Behandlung seiner schwerkranken Ehefrau sorgt[30], die Streichung von Arbeitslosenunterstützung wegen Ausschlagung einer vermittelten Arbeitsstelle aus Glaubensgründen[31], die Ablehnung einer beantragten Unterrichtsbefreiung aus religiösen Gründen für die Dauer einer Filmvorführung[32] oder

---

[23] Vgl. BVerfGE 19, 129 (132); 70, 138 (160f.).
[24] Vgl. BVerfGE 102, 370 (383).
[25] Siehe zu den Voraussetzungen und Folgen dieses öffentlich-rechtlichen Status *S. Schmahl*, in: Sodan Art. 140 GG/Art. 137 WRV Rn. 9ff.
[26] Hierzu zählt etwa die religiöse und weltanschauliche Vereinigungsfreiheit; siehe näher zu deren Beeinträchtigung durch Verbote *B. Pieroth/T. Kingreen*, NVwZ 2001, 841ff.
[27] Siehe *A. v. Campenhausen/P. Unruh*, in: v. Mangoldt/Klein/Starck Art. 137 WRV Rn. 20 m.w.N.; vgl. auch BVerfGE 24, 236 (246f.); vgl. zum Begriff der „Religionsgemeinschaft" ferner → § 35 Rn. 6.
[28] BVerfG (Kammerbeschl.), NVwZ 2008, 670; siehe auch → § 23 Rn. 15.
[29] Siehe BVerfGE 108, 282 (297); 138, 296 (330ff.); BVerwGE 116, 359 (360) – **„Kopftuchstreit"**; siehe dazu auch → Rn. 16, § 47 Rn. 4. Vgl. ferner BVerwG, NVwZ 1988, 937 (938); BVerwGE 121, 140ff.; 131, 242ff.; BVerwG, NJW 2009, 1289ff.
[30] BVerfGE 32, 98 (106ff.).
[31] BSGE 51, 70 (72ff.).
[32] BVerwG, NJW 2014, 804f.

§ 31. Glaubens- und Gewissensfreiheit

die Verpflichtung einer Schülerin zum Sportunterricht, obwohl dies den sittlichen Verhaltensgeboten ihrer Glaubensrichtung zuwider läuft[33].

Ferner können **Beeinträchtigungen, welche** nicht regelnd, sondern **bloß faktisch oder mittelbar wirken,** Eingriffe darstellen (→ § 24 Rn. 7 ff.). Hierzu gehören insbesondere Warnungen oder negative Äußerungen staatlicher Stellen hinsichtlich einzelner religiös-weltanschaulicher Vereinigungen (→ § 24 Rn. 11 f., § 73 Rn. 5 ff.) oder auch die staatliche Subventionierung von Vereinen, welche die Eindämmung bestimmter Glaubensvereinigungen zum Ziel haben[34]. 13

In Fall 27 führt die Regelung des § 13 VSchulO dazu, dass die Schüler von Staats wegen und ohne Ausweichmöglichkeit gezwungen sind, „unter dem Kreuz" zu lernen. Das Kreuz gehört zu den spezifischen Glaubenssymbolen des Christentums und ist nicht etwa nur Ausdruck der vom Christentum mitgeprägten abendländischen Kultur. Es hat demzufolge appellativen Charakter und weist die von ihm symbolisierten Glaubensinhalte als vorbildhaft und befolgungswürdig aus. Angesichts der Dauer und Intensität dieser Wirkung gerade in Klassenzimmern sowie der in diesem Fall bestehenden Unvermeidbarkeit der Konfrontation mit dem Kreuz greift § 13 VSchulO daher in die „negative" Glaubensfreiheit der betroffenen Schüler ein.[35] 14

4. Verfassungsrechtliche Rechtfertigung

Die Glaubensfreiheit ist **grundsätzlich** – d.h. vorbehaltlich der Ausnahmen, die sich insbesondere für die kollektive Glaubensfreiheit aus den Art. 136 ff. WRV ergeben (→ Rn. 18) – **vorbehaltlos gewährleistet,** weist also keinen geschriebenen Gesetzesvorbehalt auf. **Verfassungsimmanente Schranken** können sich jedoch aus **kollidierenden Grundrechten Dritter** und **anderen mit Verfassungsrang ausgestatteten Rechtswerten** ergeben[36] (→ § 24 Rn. 19 ff.). Allerdings muss der Eingriff gleichwohl auf der Grundlage eines Gesetzes erfolgen.[37] Art. 4 I, II GG unterliegt somit zumindest einem ungeschriebenen qualifizierten Gesetzesvorbehalt.[38] Glaubensfreiheit und widerstreitendes Verfassungsgut sind dabei im Wege **praktischer Konkordanz** (→ § 2 Rn. 11) in einen gerechten Ausgleich zu bringen, durch den beide möglichst weitgehend zur Geltung gelangen. 15

So steht etwa der freien Glaubensausübung bei der Vornahme glaubensgeleiteter Menschenopferungen als verfassungsimmanente Schranke das in Art. 2 II 1 GG garantierte Grundrecht Dritter auf Leben (→ § 28 Rn. 2) entgegen, dessen Schutz die strafrechtlichen Verbots- bzw. Sanktionsnormen der §§ 211 ff. StGB dienen. Der Verfassungsrang genießende Schutz der „Volksgesundheit" (vgl. Art. 2 II 1 GG) wird zur Einschränkung von glaubensgeleitetem Drogenkonsum herangezogen[39]. Umstritten ist seit langem die verfassungsrechtliche Rechtfertigung eines **Bedeckungsverbots.**[40] Aus dem in Art. 33 II und V GG verankerten **Grundsatz der neutralen Diensterfüllung** 16

---

[33] BVerwGE 94, 82 (83 ff.); vgl. auch BVerwGE 147, 362 (364).
[34] BVerwGE 90, 112 (118 ff.).
[35] Näher BVerfGE 93, 1 (17 ff.); dagegen lehnt das Sondervotum zu dieser Entscheidung einen Eingriff ab, a. a. O., 25 (30 ff.).
[36] Siehe BVerfG (Kammerbeschl.), NJW 2004, 47 (47 f.) – „Kaplan"; vgl. ferner BVerwGE 147, 362 (364 f.).
[37] BVerfGE 108, 282 (303); BVerwGE 141, 223 (229).
[38] Eine Ausnahme lässt die Rechtsprechung aber beim auf die Aufgabe der Staatsleitung gestützten Informationshandeln der Bundesregierung zu; vgl. BVerfGE 105, 279 (294 ff.); BVerfGE 82, 76 (79 ff.); BVerwG, NJW 1991, 1770 ff.; siehe auch → Rn. 13, § 24 Rn. 12, § 73 Rn. 8.
[39] BVerwGE 112, 314 (318).
[40] Siehe zu diesem so genannten **„Kopftuchstreit"** EGMR, NVwZ 2006, 1389 ff.; BVerfGE 108,

durch Beamte i. V. m. dem staatlichen Neutralitätsgebot in religiös-weltanschaulicher Hinsicht (→ Rn. 8) folgt ein verfassungsunmittelbarer Vorbehalt, der den Raum für eine Grundrechtsausübung des Beamten begrenzen kann, etwa im Hinblick auf das Tragen „religiös motivierter" Bekleidung (z. B. eines Kopftuchs) im Dienst (siehe auch → § 47 Rn. 4). Nach einem Beschluss des Ersten Senats des BVerfG vom 27.1.2015 gewährleistet der Schutz des Grundrechts auf Glaubens- und Bekenntnisfreiheit „auch Lehrkräften in der öffentlichen bekenntnisfreien Gemeinschaftsschule die Freiheit, einem aus religiösen Gründen als verpflichtend verstandenen Bedeckungsgebot zu genügen, wie dies etwa durch das Tragen eines islamischen Kopftuchs der Fall sein kann"[41]. „Ein landesweites gesetzliches Verbot religiöser Bekundungen [...] durch das äußere Erscheinungsbild schon wegen der bloß abstrakten Eignung zur Begründung einer Gefahr für den Schulfrieden oder die staatliche Neutralität in einer öffentlichen bekenntnisoffenen Gemeinschaftsschule ist unverhältnismäßig, wenn dieses Verhalten nachvollziehbar auf ein als verpflichtend verstandenes religiöses Gebot zurückzuführen ist. Ein angemessener Ausgleich der verfassungsrechtlich verankerten Positionen – der Glaubensfreiheit der Lehrkräfte, der negativen Glaubens- und Bekenntnisfreiheit der Schülerinnen und Schüler sowie der Eltern, des Elterngrundrechts und des staatlichen Erziehungsauftrags – erfordert eine einschränkende Auslegung der Verbotsnorm, nach der zumindest eine hinreichend konkrete Gefahr für die Schutzgüter vorliegen muss."[42] Zu den verfassungsimmanenten Schranken des Art. 4 I und II GG gehört auch der dem Staat in Art. 7 I GG erteilte Erziehungs- und Bildungsauftrag (→ § 35 Rn. 2).[43] Infolgedessen erfahren die Religionsfreiheit und ebenso das elterliche Erziehungsrecht (→ § 34 Rn. 17) durch die zur Konkretisierung dieses staatlichen Auftrags erlassene allgemeine Schulpflicht in grundsätzlich zulässiger Weise eine Beschränkung.[44]

17 In **Fall 27** kommt als verfassungsimmanente Schranke zunächst Art. 7 I GG in Betracht: Bei der Organisation des Schulwesens und der Festlegung der Erziehungsziele und Ausbildungsgänge wird vom Staat nämlich nicht verlangt, dass er auf die Vermittlung der ihn prägenden kulturellen Grundlagen und Denktraditionen und damit auf religiös-weltanschauliche Bezüge völlig verzichtet. Allerdings gebietet der Grundsatz praktischer Konkordanz (→ § 2 Rn. 11), dass im Hinblick auf die „negative" Glaubensfreiheit Andersgläubiger die religiös-weltanschaulichen Zwänge so weit wie möglich zurückgedrängt werden. Da das Kreuz aber den wesentlichen Kern christlicher Glaubensüberzeugung symbolisiert und die Schüler sich seinem appellativen Gehalt im Unterricht nicht entziehen können, überschreitet die Anbringungspflicht nach Auffassung der den „Kruzifix-Beschluss" tragenden Mehrheit des Ersten Senats des BVerfG die hier zu ziehende Grenze. Ebenfalls keine verfassungsunmittelbare Schranke ergibt sich danach aus der „positiven" Glaubensfreiheit der Schüler christlichen Glaubens: Weder folgt daraus ein Anspruch auf Glaubensausübung im Rahmen staatlicher Institutionen, noch sind die entstehenden Konflikte nach dem schlichten Mehrheitsprinzip zu lösen. Der

---

282 (303 ff.); BayVerfGH, NVwZ 2008, 420 ff.; HessStGH, NVwZ 2008, 199 ff.; BVerwGE 116, 359 (360 ff.); 121, 140 ff.; 131, 242 ff.; *J. Bader,* NVwZ 2006, 1333 ff.; *G. Beaucamp/J. Beaucamp,* DÖV 2015, 174 ff.; *G. Czermak,* NVwZ 2004, 943 ff.; *F. Hufen,* NVwZ 2004, 575 ff.; *I. Öztürk,* DÖV 2007, 993 ff.; *C. Walter/A. v. Ungern-Sternberg,* DÖV 2008, 488 ff.

[41] BVerfGE 138, 296 (LS 1).

[42] BVerfGE 138, 296 (LS 2); siehe dazu auch das Sondervotum a. a. O., 359 ff.; *D. Enzensperger,* NVwZ 2015, 871 ff.; *T. Klein,* DÖV 2015, 464 ff.; *T. Traub,* NJW 2015, 1338 ff.

[43] BVerfG (Kammerbeschl.), NJW 2015, 44 (46); BVerwGE 141, 223 (235 ff.). – Beeinträchtigung des religiösen Schulfriedens und damit eines „Schutzzwecks von herausragender Bedeutung" durch religiös motiviertes Verhalten eines Schülers (Verrichtung des Gebets auf dem Schulflur). Siehe zur schulischen Integrationsfunktion als Schranke auch *A. Uhle,* NVwZ 2014, 541 ff.

[44] BVerfG (Kammerbeschl.), NVwZ 2008, 72 (73) – betr. Ethikunterricht; BVerwGE 147, 362 (364 ff.) – betr. koedukativen Schwimmunterricht. Siehe speziell zum verfassungsrechtlichen Verhältnis von Religions- und Ethikunterricht *H. Kremser,* DVBl. 2008, 607 ff.

§ 31. Glaubens- und Gewissensfreiheit

vorliegende Eingriff in die „negative" Glaubensfreiheit ist danach verfassungsrechtlich nicht gerechtfertigt.[45]

Geschriebene Gesetzesvorbehalte für spezielle Bereiche der Glaubensfreiheit finden sich in den über Art. 140 GG geltenden Art. 136 ff. WRV. So statuiert **Art. 137 III 1 WRV** im Rahmen der kollektiven Glaubensfreiheit einen Vorbehalt zugunsten des „für alle geltendes Gesetzes"[46]. Der Vorbehalt in **Art. 136 III 2 WRV** gilt auch für die individuelle Glaubensfreiheit. Zunehmend wird aus **Art. 136 I WRV** ein *umfassender* Schrankenvorbehalt zugunsten der **allgemeinen Gesetze** hergeleitet, d. h. solcher Gesetze, die nicht speziell die Ausübung der Religionsfreiheit zum Gegenstand haben[47]. Das BVerfG und die Gegenmeinung im Schrifttum teilen diese Ansicht aus verfassungshistorischen und -systematischen Gründen indes nicht und sehen in Art. 136 I WRV demzufolge keinen allgemeinen Gesetzesvorbehalt für die Glaubensfreiheit des Art. 4 I und II GG.[48]

II. Gewissensfreiheit

1. Schutzbereich

Art. 4 I GG schützt auch die Gewissensfreiheit. „Gewissen" ist ein real erfahrbares seelisches Phänomen, dessen Forderungen, Mahnungen und Warnungen für den Menschen unmittelbar evidente Gebote unbedingten Sollens darstellen; geschützt wird somit die Freiheit des Einzelnen, ernste sittliche Entscheidungen anhand der für ihn in einer bestimmten Lage als bindend und unbedingt verpflichtend erachteten Kategorien von „Gut" und „Böse" so vorzunehmen, dass er nicht in ernste Gewissensnöte gerät.[49]

Obwohl das „Gewissen" ebenso wie der „Glaube" eine Orientierungsform menschlichen Denkens und Handelns darstellt und die Gewissensfreiheit insofern in engem Zusammenhang zur Glaubensfreiheit steht, geht die h. M. zu Recht davon aus, dass die Gewissensfreiheit gegenüber der Glaubensfreiheit ein **eigenständiges Grundrecht** darstellt[50]. Dafür spricht, dass trotz struktureller Parallelen das „Gewissen" im Gegensatz zum „Glauben" eine strikt individuelle Ausrichtung hat, so dass vor allem die über Art. 140 GG für die kollektive Glaubensfreiheit geltenden Sonderregelungen der Art. 136 ff. WRV kaum sinnvoll auf den Schutz der Gewissensfreiheit übertragen werden können. Andererseits sind die **Schutzreichweiten** aufgrund der strukturellen Parallelen zwischen beiden Grundrechten weitgehend deckungsgleich: Auch bei der Gewis-

---

[45] Vgl. BVerfGE 93, 1 (21 ff.); vgl. hierzu aber auch BVerwGE 109, 40 ff. zur Zulässigkeit einer so genannten Widerspruchsregelung gegenüber der Anbringung von Schulkreuzen. – Hingegen hat die Große Kammer des EGMR die Anbringung von Kruzifixen in Klassenzimmern für mit der EMRK (und deren Zusatzprotokoll) vereinbar erklärt, EGMR, NVwZ 2011, 737 ff.
[46] Hierzu zählen etwa die Regelungen des Bundesimmissionsschutzgesetzes im Hinblick auf liturgisches Glockengeläut; siehe dazu BVerwGE 68, 62 (66 ff.).
[47] BVerwGE 112, 227 (231 f.); siehe aus dem Schrifttum etwa *D. Ehlers,* in: Sachs, GG Art. 140 Rn. 4 sowie Art. 140 (GG)/Art. 136 WRV Rn. 4; *H. D. Jarass,* in: Jarass/Pieroth Art. 4 Rn. 28 m. w. N.
[48] BVerfGE 33, 23 (29 ff.); *M. Morlok,* in: Dreier Art. 4 Rn. 124; *S. Schmahl,* in: Sodan Art. 140 GG/Art. 136 WRV Rn. 3; ausführl. zu diesem Streit auch *K. Fischer/T. Groß,* DÖV 2003, 932 (933 ff.); *J. Kokott,* in: Sachs, GG Art. 4 Rn. 129 ff.; *Sachs,* VerfR II, B 4 Rn. 19 ff.; *H. Sodan,* in: Sodan Art. 4 Rn. 18.
[49] BVerfGE 12, 45 (54 f.).
[50] Siehe etwa *R. Herzog,* in: Maunz/Dürig Art. 4 Rn. 122 ff.; *M. Morlok,* in: Dreier Art. 4 Rn. 56; a. M. *A. v. Campenhausen,* in: HdbStR VII § 157 Rn. 51 f.; *Siekmann/Duttge* Rn. 322.

sensfreiheit ist also nicht nur das **„forum internum"**, sondern auch das **„forum externum"** geschützt (vgl. → Rn. 4), da ansonsten deren Schutzgehalt praktisch leerliefe. Wie bei der Glaubensfreiheit (→ Rn. 7) trifft denjenigen, der sich auf eine Gewissensentscheidung beruft, eine entsprechende Darlegungslast.[51]

21 Der **personelle Schutzbereich** der Gewissensfreiheit erstreckt sich auf alle Einzelpersonen, nicht hingegen auf Personenvereinigungen (vgl. → § 23 Rn. 14).

2. Eingriffe und deren verfassungsrechtliche Rechtfertigung

22 Ein **Eingriff** in die Gewissensfreiheit liegt vor, wenn der Staat ein in den Schutzbereich fallendes Verhalten regelt oder faktisch bzw. mittelbar nicht unerheblich beeinträchtigt (vgl. → § 24 Rn. 5 ff.). Da die Gewissensfreiheit aber vorbehaltlos gewährleistet ist, können Eingriffe nur durch **kollidierendes Verfassungsrecht** gerechtfertigt werden (→ Rn. 15 ff., § 24 Rn. 19 ff.).

23 So kann es etwa aufgrund der Wissenschaftsfreiheit des Art. 5 III GG (→ § 33 Rn. 8 ff.) gerechtfertigt sein, dass bestimmte Studiengänge nicht unter Verzicht auf Tierversuche angeboten werden, es sei denn, der die Tierversuche aus Gewissensgründen Ablehnende kann substantiiert darlegen, dass gleichwertige alternative Lehrmethoden zur Verfügung stehen.[52] Der verfassungsrechtliche Belang der Funktionsfähigkeit des Berufsbeamtentums (vgl. → § 47 Rn. 5 ff.) kann es rechtfertigen, dass ein Postbeamter trotz Gewissenskonflikten Postsendungen der „Scientology"-Organisation zustellen muss, wenn der Beamte nicht zuvor vergeblich versucht hat, auf einen anderen Dienstposten umgesetzt zu werden.[53]

III. Grundrecht auf Kriegsdienstverweigerung

24 Anders als die EMRK[54] enthält das Grundgesetz mit Art. 4 III GG ein **eigenständiges, gegenüber der allgemeinen Gewissensfreiheit des Art. 4 I GG spezielleres Grundrecht**, welches das Recht gewährleistet, aus Gewissensgründen (→ Rn. 19 f.) den Kriegsdienst mit der Waffe zu verweigern. Hierunter fallen auch der Waffendienst in Friedenszeiten, die Ausbildung an der Waffe sowie Tätigkeiten, welche die Waffenanwendung anderer unmittelbar unterstützen[55]; nach der Rechtsprechung des BVerfG soll hingegen nicht die „situationsbedingte Kriegsdienstverweigerung" umfasst sein[56]. Ferner geht das BVerfG davon aus, dass Art. 4 III GG eine *abschließende* Regelung für die Gewissensfreiheit im Bereich der Wehrpflicht darstellt, so dass die gewissensbedingte Verweigerung des Ersatzdienstes (vgl. Art. 12a II GG), welche nicht unter Art. 4 III GG fällt, auch nicht an Art. 4 I GG zu messen sein soll.[57]

25 Art. 4 III GG ist vorbehaltlos gewährleistet; Art. 4 III 2 GG enthält keine Beschränkungsmöglichkeit, sondern lediglich eine Ausgestaltungsbefugnis (etwa hinsichtlich des Anerkennungsverfahrens). Eingriffe können daher nur durch **kollidierendes Ver-**

---

[51] Vgl. BVerwGE 41, 261 (268); *R. Herzog*, in: Maunz/Dürig Art. 4 Rn. 159 ff.; *M. Morlok*, in: Dreier Art. 4 Rn. 103.
[52] Vgl. BVerfG (Kammerbeschl.), NVwZ 2000, 909 f.; BVerwGE 105, 73 (79 ff.).
[53] BVerwGE 113, 361 (363 f.).
[54] Ein Recht auf Wehrdienstverweigerung kann sich im Einzelfall aus Art. 9 EMRK ergeben, siehe EGMR, NVwZ 2012, 1603 ff.
[55] Vgl. BVerfGE 12, 45 (56); 69, 1 (56); 80, 354 (358).
[56] BVerfGE 12, 45 (56 ff.); a. M. ein Sondervotum in BVerfGE 69, 57 (80 ff.).
[57] BVerfGE 19, 135 (138); 23, 127 (132); a. M. etwa *U. Mager*, in: v. Münch/Kunig Art. 4 Rn. 80 m. w. N.

fassungsrecht (→ Rn. 15 ff., 22, § 24 Rn. 19 ff.) gerechtfertigt werden. Aus dem speziellen Schutzgehalt des Art. 4 III GG ergibt sich indes, dass das Verfassungsgut einer funktionsfähigen Landesverteidigung selbst in ernsten Konfliktlagen keine Eingriffe in Art. 4 III GG zu rechtfertigen vermag[58]; denn die Gewährleistung des Art. 4 III GG besteht gerade gegenüber dieser staatlichen Aufgabe. Mit der zum 1.7.2011 erfolgten Aussetzung der Wehrpflicht[59] relativiert sich die praktische Bedeutung des Art. 4 III GG.

§ 32. Meinungs-, Informations-, Presse-, Rundfunk- und Filmfreiheit

Fall 28 (nach BVerfGE 93, 266 ff.): Student S, engagierter Antimilitarist, wohnt neben einem Truppenübungsplatz. Als er erfährt, dass dieser in den nächsten Tagen Ort eines größeren Manövers der Bundeswehr sein wird, entschließt er sich zum Widerstand. S fertigt ein Transparent mit der Aufschrift „Soldaten sind Mörder!" und hängt es gut sichtbar an der Straßenfront seines Hauses auf. Kurze Zeit später passiert Oberstleutnant O das Haus und bemerkt das Transparent. Bestürzt informiert O die Polizei. Das zuständige AG verurteilt S wegen Beleidigung des O nach § 185 StGB. Hat das Gericht das Recht des S auf freie Meinungsäußerung verletzt?

Abwandlung: Wie wäre der Fall zu beurteilen, wenn S dem vorbeifahrenden O die Worte „Soldaten sind Mörder!" lautstark entgegengeschleudert hätte?

I. Bedeutung der Freiheitsrechte aus Art. 5 I GG

Art. 5 I GG statuiert mehrere Freiheitsgrundrechte, nämlich die Meinungs- und Informationsfreiheit sowie die Presse-, Rundfunk- und Filmfreiheit. Das Grundrecht auf freie Meinungsäußerung ist „eines der vornehmsten Menschenrechte überhaupt", seine Bedeutung für die freiheitlich-demokratische Grundordnung ist „schlechthin konstituierend"; letzteres gilt ebenso für die Informations-, Presse-, Rundfunk- und Filmfreiheit.[1] Die Informationsfreiheit ergänzt die übrigen Grundrechte des Art. 5 I GG aus der „Empfängerperspektive".[2]

II. Meinungsfreiheit

1. Sachlicher Schutzbereich

a) Begriff der „Meinung"

Meinung i. S. d. Art. 5 I 1 Hs. 1 GG meint **Werturteile** jeglicher Thematik. Irrelevant sind Richtigkeit, Wert oder Vernünftigkeit der vertretenen Auffassung[3]; es können sowohl öffentliche als auch private Zwecke verfolgt werden. Entscheidend ist das Element **„der Stellungnahme, des Dafürhaltens, des Meinens im Rahmen einer geistigen Auseinandersetzung"**[4]. Um staatlichem Meinungsrichtertum vorzubeugen, muss der Begriff der Meinung sehr weit ausgelegt werden („in dubio pro libertate"). Daher ist unerheblich, ob die jeweilige Äußerung „richtig oder falsch"[5], „begründet oder grundlos,

---

[58] BVerfGE 69, 1 (22 f.); vgl. auch das Sondervotum, a. a. O., 57 (65); einschränkend bzgl. noch nicht anerkannter Verweigerer BVerfGE 28, 243 (261 ff.); 69, 1 (54 ff.).
[59] Siehe das Wehrrechtsänderungsgesetz 2011 v. 28.4.2011 (BGBl. I S. 678).
[1] Siehe BVerfGE 7, 198 (208); 20, 56 (97); vgl. auch BVerfGE 27, 71 (81); 117, 244 (258).
[2] BVerfGE 90, 27 (32).
[3] BVerfG (Kammerbeschl.), NJW 2009, 908; BVerwGE 131, 216 (219).
[4] BVerfGE 61, 1 (8) – ohne Hervorhebungen; ähnlich BVerfGE 85, 1 (14); BVerfG (Kammerbeschl.), NJW 2009, 749; NJW 2009, 3016 (3017); NJW 2013, 217 (218).
[5] BVerfGE 61, 1 (7).

emotional oder rational ist, als wertvoll oder wertlos, gefährlich oder harmlos eingeschätzt wird"[6]. Auch polemische und überspitzte Aussagen sind durch Art. 5 I 1 Hs. 1 GG erfasst.[7] In den Grundrechtsschutz einbezogen sind „auch Meinungen, die auf eine grundlegende Änderung der politischen Ordnung zielen, unabhängig davon, ob und wie weit sie im Rahmen der grundgesetzlichen Ordnung durchsetzbar sind. Das Grundgesetz vertraut auf die Kraft der freien Auseinandersetzung als wirksamste Waffe auch gegen die Verbreitung totalitärer und menschenverachtender Ideologien."[8] Selbst die Verbreitung nationalsozialistischen Gedankenguts „als radikale Infragestellung der geltenden Ordnung" fällt nicht von vornherein aus dem Schutzbereich der Meinungsfreiheit.[9]

3 **Wirtschaftswerbung** ist jedenfalls dann vom Schutzbereich erfasst, wenn sie einen wertenden, meinungsbildenden Inhalt hat.[10] Dies dürfte regelmäßig der Fall sein, da Werbung zumeist Werturteile über das angepriesene Produkt enthält. **Boykottaufrufe** sind geschützt, wenn sie durch die Sorge um politische, wirtschaftliche, soziale oder kulturelle Belange der Allgemeinheit motiviert sind.[11]

b) Tatsachenbehauptungen

4 Ob auch Tatsachenbehauptungen von der Meinungsfreiheit umfasst sind, ist seit langem umstritten.[12] Nach der Rechtsprechung des BVerfG stellt die Mitteilung einer Tatsache im strengen Sinne keine Meinungsäußerung dar, weil es ihr grundsätzlich an den zuvor genannten Merkmalen fehlt; dennoch ist eine Tatsachenbehauptung durch das Grundrecht der Meinungsfreiheit geschützt, „soweit sie Voraussetzung der Bildung von Meinungen ist"[13]. Erwiesen oder bewusst **unwahre Tatsachenbehauptungen** sind nicht erfasst, da die unrichtige Information nichts zum Meinungsbildungsprozess beitragen kann.[14] Allerdings dürfen an die Wahrheitspflicht im Interesse des Meinungskampfes keine Anforderungen gestellt werden, welche die Bereitschaft zum Gebrauch des Grundrechts schmälern.[15] Schlichte Auskünfte, soweit sie in keiner Weise Ausdruck der persönlichen Haltung sind wie etwa statistische Angaben, werden nicht erfasst. Insoweit greift nur Art. 2 I GG (→ § 27).[16]

---

[6] BVerfGE 124, 300 (320); fast wortgleich BVerfG (Kammerbeschl.), NJW 2012, 1273.
[7] Vgl. BVerfGE 85, 1 (15); 90, 241 (247); BVerfG (Kammerbeschl.), NJW 2010, 2193 (2194); NJW 2014, 3357 (3358).
[8] BVerfGE 124, 300 (320).
[9] BVerfG (Kammerbeschl.), NJW 2012, 1498 (1499).
[10] BVerfGE 71, 162 (175); 95, 173 (182); 102, 347 (359); BVerfG (Kammerbeschl.), NJW 2015, 1438; anders noch BVerfGE 40, 371 (382). Siehe aus dem Schrifttum etwa *H. Sodan*, Freier Beruf und Berufsfreiheit, 1988, S. 72 f.
[11] BVerfGE 25, 256 (264); 62, 230 (244).
[12] Siehe zum Streitstand *R. Wendt*, in: v. Münch/Kunig Art. 5 Rn. 9.
[13] BVerfGE 61, 1 (8); fast wortgleich BVerfG (Kammerbeschl.), NJW 2008, 2907 (2908); DVBl. 2009, 1166 (1167); NJW 2013, 217 (218); vgl. auch BVerfG (Kammerbeschl.), NJW 2011, 47 (48).
[14] BVerfGE 54, 208 (219); 85, 1 (15); 90, 241 (247, 249); BVerfG (Kammerbeschl.), DVBl. 2009, 1166 (1167); NJW 2012, 1273. Siehe zur Kritik in der Literatur etwa *M. Köhler*, NJW 1985, 2389 (2390); *R. Wendt*, in: v. Münch/Kunig Art. 5 Rn. 10 m.w.N.
[15] BVerfGE 85, 1 (17).
[16] BVerfGE 65, 1 (41) – „Volkszählung".

§ 32. Meinungs-, Informations-, Presse-, Rundfunk- und Filmfreiheit

c) Formalbeleidigungen und Schmähkritik

Selbst beleidigende Meinungen sind geschützt, da die Grundrechtsschranke des Art. 5 II GG („Recht der persönlichen Ehre") anderenfalls gegenstandslos wäre.[17] Dabei gelten jedoch Besonderheiten: **Formalbeleidigungen und Schmähkritiken** sind Meinungsäußerungen, bei denen nicht die sachliche Auseinandersetzung, sondern die **persönliche Diffamierung des Adressaten** im Vordergrund steht. Erstere klammert das BVerfG aus dem Schutzbereich des Art. 5 I 1 Hs. 1 GG aus, während es letztere zwar einbezieht, jedoch regelmäßig i.R.d. verfassungsmäßigen Rechtfertigung hinter dem Ehrenschutz zurückstehen lässt[18] (→ Rn. 26). „Bedeutung und Tragweite der Meinungsfreiheit sind verkannt, wenn eine Äußerung unzutreffend als Tatsachenbehauptung, Formalbeleidigung oder Schmähkritik eingestuft wird mit der Folge, dass sie dann nicht im selben Maß am Schutz des Grundrechts teilnimmt wie Äußerungen, die als Werturteil ohne beleidigenden oder schmähenden Charakter anzusehen sind".[19]

Im **Fall 28** ist daher zwischen Ausgangsfall und Abwandlung zu differenzieren: Das Transparent stellt nach stark kritisierter[20] Ansicht des Ersten Senats des BVerfG lediglich eine Kritik des Soldatentums im Allgemeinen dar und nicht etwa eine (mögliche) Kollektivbeleidigung der Bundeswehr[21]. Insofern soll die sachliche Auseinandersetzung im Vordergrund stehen. In der Abwandlung konkretisiert S den Vorwurf des Mördertums allerdings auf O. Hier würde das BVerfG wohl von einer Schmähkritik ausgehen[22].

d) Geschützte Verhaltensweisen

Die Meinungsfreiheit ist ein klassisches Abwehrrecht (→ § 22 Rn. 3ff.). Gemäß Art. 5 I 1 Hs. 1 GG hat jeder das Recht, seine Meinung in Wort, Schrift und Bild frei zu äußern und zu verbreiten. Die Begriffe „Wort, Schrift und Bild" sind weit auszulegen. Jede **Form der Meinungskundgabe**[23] ist erfasst, soweit sie sich auf eine geistige Auseinandersetzung beschränkt und nicht darauf abzielt, dem Adressaten die Meinung aufzuzwingen.[24] Auch **Ort und Zeitpunkt der Äußerung** können frei gewählt werden.[25]

Zur **Abgrenzung von Meinungsfreiheit und Versammlungsfreiheit** (→ § 36) stellte das BVerfG fest: „Staatliche Beschränkungen des Inhalts und der Form einer Meinungsäußerung betreffen den Schutzbereich des Art. 5 Abs. 1 GG. Ihre Rechtfertigung finden sie, *auch wenn die Äußerung in einer oder durch eine Versammlung erfolgt*, in den Schranken des Art. 5 Abs. 2 GG [...]. Demgegenüber schützt Art. 8 Abs. 1 GG die Freiheit, mit anderen Personen zum Zwecke einer gemein-

---

[17] BVerfGE 33, 1 (15); vgl. auch BVerfG (Kammerbeschl.), NJW 2009, 749; NJW 2009, 3016 (3017).

[18] BVerfGE 66, 116 (151); 82, 43 (51), 82, 234 (242); vgl. auch BVerfG (Kammerbeschl.), NJW 2003, 1109 (1110); NJW 2009, 749f.; NJW 2012, 3712 (3713). Eine Formalbeleidigung wird nur in Ausnahmefällen angenommen, etwa bei Darstellung eines Politikers als kopulierendes Schwein, vgl. BVerfGE 75, 369 (380).

[19] BVerfG (Kammerbeschl.), NJW 2012, 3712 (3713); NJW 2013, 3021.

[20] *G. Gounalakis*, NJW 1996, 481ff.; *F. Hufen*, JuS 1996, 738ff.; *R. Zuck*, JZ 1996, 364f.

[21] BVerfGE 93, 266 (298f., 306); a. M. das Sondervotum, BVerfGE 93, 313ff.

[22] Vgl. BVerfGE 93, 266 (305ff.).

[23] Erfasst ist auch das gesungene Wort (Nationalhymne) sowie die durch Tonträger verbreitete Rede („geronnener Schall"), vgl. etwa *C. Grabenwarter*, in: Maunz/Dürig Art. 5 Abs. 1, 2 Rn. 91; *U. Verweyen/V. Puhlmann/J. Zimmer*, GRUR-RR 2013, 372 (378).

[24] Etwa durch wirtschaftlichen Druck, vgl. BVerfGE 25, 256 (265); *D. Grimm*, NJW 1995, 1697 (1699); *P. J. Tettinger*, JZ 1990, 846 (848).

[25] BVerfGE 93, 266 (289).

schaftlichen, auf die Teilhabe an der öffentlichen Meinungsbildung gerichteten Erörterung oder Kundgebung örtlich zusammenzukommen [...]. Der Schutzbereich dieser Grundrechtsnorm ist betroffen, wenn eine Versammlung verboten oder aufgelöst oder die Art und Weise ihrer Durchführung durch staatliche Maßnahmen beschränkt wird."[26] Um einen umfassenden Schutz zu gewähren, muss auch die Freiheit, seine Meinung *nicht* zu äußern oder zu verbreiten, geschützt sein, ebenso die Freiheit, eine fremde Meinung nicht zu verbreiten (**„negative" Meinungsfreiheit**).[27]

2. Personeller Schutzbereich

9 Jede **natürliche Person,** unabhängig von Alter[28] und Staatsangehörigkeit, ist Träger der Meinungsfreiheit. Die Meinungsfreiheit ist auf inländische **juristische Personen des Privatrechts** gemäß Art. 19 III GG anwendbar,[29] nach der Rechtsprechung des BVerfG auch auf juristische Personen des Privatrechts mit einem Sitz im **EU-Ausland** als Folge einer „Anwendungserweiterung" des Art. 19 III GG (siehe näher → § 23 Rn. 15). Juristische Personen des **öffentlichen Rechts** können zwar Meinungen innerhalb der ihnen zugeordneten Kompetenzen verbreiten, sich jedoch nicht auf die Meinungsfreiheit berufen[30] (vgl. → § 23 Rn. 16 f.). Dasselbe gilt auch für **grundrechtsdienende** juristische Personen des öffentlichen Rechts, namentlich Universitäten, Rundfunkanstalten und Religionsgemeinschaften. „Diese genießen zwar auch grundrechtliche Meinungsfreiheit, aber nicht aus Art. 5 I 1, sondern vermöge des Spezialgrundrechts, das ihnen die Grundrechtsträgerschaft eröffnet (Religionsausübung, Rundfunkfreiheit, Wissenschaftsfreiheit)."[31]

3. Eingriffe

10 Zu den Eingriffen gehören Verbote, Meinungen zu äußern oder zu verbreiten, sowie faktische oder bloß mittelbare Beeinträchtigungen (vgl. → § 24 Rn. 5 ff.). Ein besonders intensiver Eingriff ist die strafrechtliche Sanktion einer Meinungsäußerung.[32] Die („negative") Meinungsfreiheit ist auch dann beeinträchtigt, wenn eine Verpflichtung zur Verbreitung einer fremden Meinung **als fremde und nicht als eigene Auffassung** auferlegt wird.[33]

III. Informationsfreiheit

1. Schutzbereich

11 Unter **„Quellen"** i. S. d. Art. 5 I 1 Hs. 2 GG sind alle Quellen von Informationen zu verstehen, unabhängig davon, ob die Informationen eher Meinungen bzw. Tatsachen ent-

---

[26] BVerfGE 111, 147 (154 f.) – ohne die Hervorhebungen.
[27] BVerfGE 65, 1 (40). Siehe speziell zur Novellierung der Warnhinweispflicht für Tabakerzeugnisse im Lichte der „negativen" Meinungsfreiheit *F. Hardach/M. Ludwigs*, DÖV 2007, 288 ff.
[28] *E. Schmidt-Jortzig*, in: HdbStR VII § 162 Rn. 16.
[29] *K. Stern*, StaatsR III/1 S. 1116 ff.
[30] *H. D. Jarass*, in: Jarass/Pieroth Art. 5 Rn. 14. Vgl. speziell zur Öffentlichkeitsarbeit der Justiz *G. Lehr*, NJW 2013, 728 ff.
[31] *H. Bethge*, in: Sachs, GG Art. 5 Rn. 43.
[32] Vgl. BVerfGE 44, 197 (201 ff.); 93, 266 (292 ff.); BVerfG (Kammerbeschl.), NVwZ-RR 2007, 468 f.
[33] Z. B. Gesundheitswarnungen auf Zigarettenverpackungen im Namen der EG-Gesundheitsminister, vgl. *U. Di Fabio*, NJW 1997, 2863 f.; a. M. BVerfGE 95, 173 (181).

§ 32. Meinungs-, Informations-, Presse-, Rundfunk- und Filmfreiheit

halten oder ob sie öffentliche oder private Angelegenheiten betreffen.[34] Geschützt sind auch die Information selbst sowie Sachverständige.[35] Die Informationsquelle ist **„allgemein zugänglich"**, wenn sie „technisch geeignet und bestimmt ist, der Allgemeinheit, d. h. einem individuell nicht bestimmbaren Personenkreis, Informationen zu verschaffen."[36]

Art. 5 I 1 Hs. 2 GG schützt als **Abwehrrecht** (→ § 22 Rn. 3 ff.) nicht nur ein aktives Handeln zur Informationsverschaffung, sondern auch die schlichte Entgegennahme von Informationen.[37] Gleichfalls vom Schutzbereich erfasst ist die Freiheit, staatliche Informationen *nicht* zur Kenntnis zu nehmen (**„negative" Informationsfreiheit**, vgl. → § 21 Rn. 8). Es besteht aber kein positiver Anspruch auf Schutz vor aufgedrängten Informationen durch Private.[38] Ebenso wenig begründet die Informationsfreiheit einen Anspruch auf Eröffnung einer Informationsquelle, etwa durch Sicherstellung der Übertragbarkeit von Gerichtsverhandlungen.[39] Jedoch bestehen im Bund und in den Ländern Gesetze, die weitergehende Informationsansprüche gewähren (Informationsfreiheitsgesetze, Pressegesetze).[40] Die Informationsfreiheit entfaltet auch **mittelbare Drittwirkung** (vgl. → § 22 Rn. 16 ff.). So muss im Mietrechtsstreit die Informationsfreiheit des Mieters, der eine Parabolantenne an der Mietsache anbringen will, mit der Eigentumsfreiheit des Vermieters, der eine Beschädigung der Mietsache befürchtet, in einen angemessenen Ausgleich gebracht werden.[41] Der **personelle Schutzbereich** entspricht dem der Meinungsfreiheit (→ Rn. 9).

12

2. Eingriffe

Ein Eingriff liegt in jeder Maßnahme, die den **Zugang zur Information verwehrt oder auch nur verzögert**.[42] Die Vorenthaltung lediglich einer Informationsquelle greift ebenfalls in das Grundrecht ein, da dem Grundrechtsträger ein **Auswahlrecht** bezüglich mehrerer Quellen zusteht.[43] Die Erhebung eines Entgelts zur Nutzung der Informationsquelle beeinträchtigt die Informationsfreiheit hingegen nicht[44], soweit es um herkömmliche, in erster Linie für den Empfang von Rundfunk konzipierte (monofunktionale) Geräte geht. Die Erhebung von Rundfunkgebühren auch für multifunktionale Empfangsgeräte wie internetfähige Personal Computer führt dagegen zu einem (wenn auch gerechtfertigten) Eingriff, da auf diese Weise eine „Zugangsschranke zu Informationsquellen außerhalb des Rundfunks" errichtet wird.[45]

13

---

[34] *H. D. Jarass*, in: Jarass/Pieroth Art. 5 Rn. 22.
[35] BGH, NJW 1978, 751 (753); *H. Schulze-Fielitz*, in: Dreier Art. 5 I, II Rn. 77.
[36] BVerfGE 27, 71 (83); vgl. auch BVerfG (Kammerbeschl.), NJW 2013, 2180 (2181).
[37] BVerfGE 27, 71 (82).
[38] Bspw. durch einen nahen Demonstrationszug.
[39] BVerfGE 103, 44 (60).
[40] Siehe hierzu OVG Berlin-Brandenburg, NJW 2013, 3386 ff.; NVwZ 2013, 1501 ff.; VGH München, NVwZ 2014, 2057 ff.; VG Berlin, NJW 2013, 1464 ff.
[41] Siehe dazu BVerfG (Kammerbeschl.), NJW 2013, 2180 ff.
[42] Vgl. BVerfGE 27, 88 (98).
[43] BVerfGE 15, 288 (295 f.); *W. Schmitt Glaeser*, Jura 1987, 567 (571).
[44] Bsp.: Rundfunkgebühren, BVerfG (Kammerbeschl.), NJW 2000, 649.
[45] BVerwG, NJW 2011, 946 (950); vgl. ferner BVerfG (Kammerbeschl.), NJW 2012, 3423.

IV. Pressefreiheit

1. Sachlicher Schutzbereich

a) Pressebegriff

14 Vom Pressebegriff sind alle **zur Verbreitung bestimmten und geeigneten Druckerzeugnisse** erfasst. Geschützt sind daher nicht nur klassische Presseerzeugnisse, wie Zeitungen, Zeitschriften und Bücher, sondern auch Flugblätter, Aufkleber und Plakate[46] sowie meinungsbildende Printwerbung[47]. Dies gilt ferner für gruppeninterne Druckerzeugnisse.[48] Auch CDs, CD-ROMs und Disketten werden unter den Pressebegriff subsumiert.[49] Die Pressefreiheit ist nicht auf die „seriöse" Presse beschränkt, sondern steht auch der „Sensationspresse" zu.[50]

b) Geschützte Verhaltensweisen

15 Der Schutz umfasst „die Pressetätigkeit in sämtlichen Aspekten. In seinem Zentrum steht die Freiheit der Gründung und Gestaltung von Presseerzeugnissen"[51], worunter auch Online-Medien fallen können[52]. Der Schutzbereich „reicht **von der Beschaffung der Information bis zur Verbreitung der Nachrichten und Meinungen**"[53]. Nicht von der Pressefreiheit gedeckt ist die Beschaffung von Informationen *gegen* den Willen des Informationsinhabers; dagegen fällt die Verbreitung rechtswidrig erlangter Informationen in den Schutzbereich.[54] Geschützt sind ferner **pressetechnische Hilfstätigkeiten,** soweit sie „notwendige Bedingung des Funktionierens einer freien Presse" sind.[55] Auch die Vertraulichkeit der Redaktionsarbeit, insbesondere das Vertrauensverhältnis zwischen Informanten und Journalisten, steht unter dem Schutz von Art. 5 I 2 Var. 1 GG.[56] Zu den legitimen Aufgaben der Medien gehört es, „Verfehlungen auch konkreter Personen aufzuzeigen"[57]. Neben der primär abwehrrechtlichen Komponente enthält die Pressefreiheit eine objektiv-rechtliche Dimension, aus der das BVerfG eine staatliche Schutzpflicht (→ § 22 Rn. 21 ff.) gegenüber einem freien Pressewesen und die grundsätzliche Zulässigkeit staatlicher Maßnahmen zur Presseförderung ableitet[58]. Die Grundrechtsträger der Pressefreiheit haben einen grundsätzlichen Anspruch auf Zugang zu Gerichtsverfahren für eine freie Berichterstattung und ein subjektives Recht auf gleiche Teilhabe an den Berichterstattungsmöglichkeiten.[59] Jedoch können Foto-

---

[46] BVerfGE 66, 116 (134); *R. Wendt,* in: v. Münch/Kunig Art. 5 Rn. 30.
[47] BVerfGE 107, 275 (280) – „Benetton". Überblick zur diesbezüglichen Rspr. des BVerfG bei *K. Faßbender,* GRURInt 2007, 965 (966 ff.).
[48] Bspw. Werkszeitungen, siehe BVerfGE 95, 28 (35).
[49] So die h. L.: siehe etwa *H. D. Jarass,* in: Jarass/Pieroth Art. 5 Rn. 34 m.w.N.
[50] BVerfGE 34, 269 (283).
[51] BVerfGE 97, 125 (144); fast wortgleich BVerfG (Kammerbeschl.), NJW 2008, 1654 (1655).
[52] BVerfG (Kammerbeschl.), NJW 2012, 754 (755).
[53] BVerfGE 20, 162 (176) – ohne die Hervorhebungen; fast wortgleich BVerfGE 117, 244 (259).
[54] BVerfGE 66, 116 (137).
[55] BVerfGE 77, 346 (354).
[56] BVerfGE 20, 162 (176); 66, 116 (133); 117, 244 (259); BVerfG (Kammerbeschl.), NJW 2015, 3430.
[57] BVerfG (Kammerbeschl.), NJW 2012, 1500 (1501).
[58] BVerfGE 20, 162 (175 f.); 80, 124 (133 f.).
[59] BVerfG (Kammerbeschl.), NJW 2013, 1293 (1294) in Bezug auf das NSU-Verfahren vor dem OLG München.

§ 32. Meinungs-, Informations-, Presse-, Rundfunk- und Filmfreiheit   265

journalisten nicht beanspruchen, bei einer Opernpremiere mit allgemeinem Fotografierverbot eigene Fotografien fertigen zu dürfen.[60] In einem vielbeachteten Urteil vom 20.2.2013 hat das BVerwG entschieden, dass die Länder durch ihre Pressegesetze nicht den Bundesnachrichtendienst zu Auskünften gegenüber der Presse verpflichten können; die entsprechende Gesetzgebungskompetenz stehe dem Bund als Annex zur Sachmaterie „Bundesnachrichtendienst" gemäß Art. 73 I Nr. 1 GG zu[61]. Da der Bund von dieser Kompetenz bislang keinen Gebrauch gemacht habe und keine gesetzliche Grundlage für Auskunftsbegehren der Presse bestehe, ergebe sich ein Auskunftsanspruch unmittelbar aus Art. 5 I 2 GG.[62]

c) Abgrenzung zur Meinungsfreiheit

Während die in einem Presseerzeugnis enthaltene Meinungsäußerung bereits durch Art. 5 I 1 Hs. 1 GG geschützt ist, geht es bei der Pressefreiheit „um die einzelne Meinungsäußerungen übersteigende Bedeutung der Presse für die freie individuelle und öffentliche Meinungsbildung".[63] Daher bezieht sich der Schutz von Art. 5 I 2 Var. 1 GG auf die Voraussetzungen für den Kommunikationsprozess der Presse. Die Pressemeinung selbst wird also durch die Meinungsfreiheit geschützt, ihre pressespezifische Kommunikation dagegen von der Pressefreiheit.[64]   16

2. Personeller Schutzbereich

Grundrechtsträgerinnen sind alle natürlichen Personen, welche die geschützten Tätigkeiten ausüben.[65] Für inländische juristische Personen gilt dies, soweit auf sie die Pressefreiheit gemäß Art. 19 III GG wesensmäßig anwendbar ist (→ § 23 Rn. 12ff., 16f.).[66] Geschützt sind jedenfalls Redakteure, Herausgeber, Verlage und Verlagsmitarbeiter mit wesentlichen Tätigkeiten, aber auch Buchhändler und Grossisten sowie Presseagenturen.[67] Die **Leserschaft** ist dagegen nicht Trägerin der Pressefreiheit. Sie wird durch die Informationsfreiheit geschützt (→ Rn. 11).   17

3. Eingriffe

Neben „**klassischen Grundrechtseingriffen**", zu denen etwa Berufsausübungsverbote für Redakteure, die Durchsuchung von Redaktionsräumen und Beschlagnahme von Pressematerial gehören[68], kommen auch **faktische oder bloß mittelbare Beeinträchtigungen** der Pressefreiheit[69] in Betracht (→ § 24 Rn. 2ff.). So schränkt etwa der Hinweis im **Verfassungsschutzbericht** eines Landes auf den Verdacht verfassungsfeindlicher Be-   18

---

[60] OVG Münster, DVBl. 2013, 927ff.
[61] BVerwGE 146, 56ff. m. Anm. *B. Huber.* Siehe zu diesem Themenkreis ferner *M. Cornils,* DÖV 2013, 657ff.; *C. F. Germelmann,* DÖV 2013, 667ff.; *C. Partsch,* NJW 2013, 2858ff.
[62] BVerwGE 146, 56 (62ff.); siehe hierzu auch OVG Berlin-Brandenburg, NVwZ 2013, 1501ff.
[63] BVerfGE 85, 1 (12); fast wortgleich BVerfGE 97, 391 (400).
[64] BVerfG (Kammerbeschl.), NJW 2012, 756.
[65] *H. D. Jarass,* in: Jarass/Pieroth Art. 5 Rn. 38.
[66] Vgl. BVerfGE 66, 116 (130); BVerfG (Kammerbeschl.), NJW 2012, 754f.
[67] Siehe dazu BVerfGE 25, 296 (304); 64, 108 (114f.); 77, 346 (355); *P. Selmer/C. Brodersen,* NJW 1983, 1088 (1090).
[68] Siehe dazu BVerfGE 10, 118 (121); 20, 162 (187); 117, 244 (259).
[69] Vgl. etwa BVerfGE 113, 63 (75ff.) – Hinweis im Verfassungsschutzbericht eines Landes auf den Verdacht verfassungsfeindlicher Bestrebungen eines Presseverlags.

strebungen eines Presseverlags die Pressefreiheit ein.[70] Auch die Verpflichtung zum Abdruck einer **Gegendarstellung,** insbesondere wenn dies prominent auf dem Titelblatt zu erfolgen hat, stellt eine Beeinträchtigung der Pressefreiheit dar.[71] Die **Subventionierung** eines Presseunternehmens führt zu einem Eingriff, wenn dadurch bestimmte Meinungen gefördert werden; der Staat hat nämlich insoweit eine **„Neutralitätspflicht".**[72]

V. Rundfunkfreiheit

1. Sachlicher Schutzbereich

a) Rundfunkbegriff

19   Rundfunk i. S. v. Art. 5 I 2 Var. 2 GG umfasst **Hör- wie Fernsehfunk** und ist jede an einen unbestimmten Adressatenkreis gerichtete (drahtlose oder drahtgebundene) Übertragung von Gedankeninhalten durch elektromagnetische Wellen.[73] Daher sind auch Kabelhörfunk und -TV geschützt. Dem Rundfunk kommt unter den Medien „wegen seiner Breitenwirkung, Aktualität und Suggestivkraft besondere Bedeutung zu".[74]

b) Geschützte Verhaltensweisen

20   Wie bei der Pressefreiheit (→ Rn. 15) erstreckt sich der Schutzbereich der Rundfunkfreiheit von der Beschaffung der Information bis zur Verbreitung der Nachrichten bzw. Meinungen.[75] Als **Programmgestaltungsfreiheit** umfasst die Rundfunkfreiheit den Schutz von Auswahl, Inhalt und Ausgestaltung der Programme vor fremden Einflüssen.[76] Auch hier ist das Redaktionsgeheimnis geschützt[77]; erfasst sind ferner die **Organisation und Finanzierung** der Rundfunksender[78]. Das Grundrecht erstreckt sich ferner auf medientechnische Vorbereitungsmaßnahmen, nicht jedoch rein fernmeldetechnische Tätigkeiten.[79] In der dualen Rundfunkordnung schützt die Rundfunkfreiheit nach Ansicht des BVerfG „die Sicherung der Funktionsfähigkeit des öffentlich-rechtlichen Rundfunks unter Einschluss seiner bedarfsgerechten Finanzierung"[80].

2. Personeller Schutzbereich

21   Grundrechtsträger sind jedenfalls alle natürlichen und (inländischen) juristischen Personen, die eigenverantwortlich Rundfunk betreiben.[81] Dies sind die **privaten Rund-**

---

[70] BVerfGE 113, 63 (75 ff.).
[71] BVerfG (Kammerbeschl.), NJW 2014, 766 m. w. N.
[72] BVerfGE 80, 124 (134).
[73] *R. Wendt,* in: v. Münch/Kunig Art. 5 Rn. 57 f.
[74] BVerfGE 90, 60 (87); 114, 371 (387).
[75] BVerfGE 77, 65 (74); 91, 125 (134 f.); 119, 309 (318).
[76] BVerfGE 59, 231 (260).
[77] BVerfGE 97, 298 (313); BVerfG (Kammerbeschl.), DVBl. 2011, 161.
[78] Nur bei Auswirkungen auf die Programmtätigkeit, vgl. BVerfGE 59, 231 (260).
[79] BVerfGE 12, 205 (265).
[80] BVerfGE 119, 181 (214); vgl. ferner BVerfGE 74, 297 (342); 78, 101 (103 f.); 83, 238 (298); 87, 181 (198); 89, 144 (153); 90, 60 (91). Siehe aus dem jüngeren Schrifttum zur Rundfunkgebührenpflicht etwa *K. Faßbender,* NVwZ 2007, 1265 ff.; *G. Gounalakis/C. Wege,* NJW 2008, 800 ff.; *S. Jutzi,* NVwZ 2008, 603 ff.
[81] BVerfGE 97, 298 (310). Für eine Erweiterung: *H. Bethge,* DÖV 2002, 673 (674).

funkveranstalter, aber auch die **öffentlich-rechtlichen Rundfunkanstalten.** Juristische Personen des öffentlichen Rechts können zwar grundsätzlich nicht Grundrechtsträger sein; jedoch gilt dies nicht, wenn und soweit juristische Personen des öffentlichen Rechts „unmittelbar dem durch die Grundrechte geschützten Lebensbereich zuzuordnen"[82] sind. Die öffentlich-rechtlichen Rundfunkanstalten sind daher **gleichzeitig Grundrechtsberechtigte** (→ § 23 Rn. 17) und als Exekutivorgane gemäß Art. 1 III GG **Grundrechtsverpflichtete.**

3. Eingriffe

Vor allem die **Einflussnahme auf Auswahl, Inhalt und Ausgestaltung des Programms** stellt einen Grundrechtseingriff dar; weitere Beispiele sind die Verpflichtung zur Ausstrahlung von Wahlwerbespots und das Verbot von Fernsehaufnahmen im Gerichtssaal[83] sowie die Beschlagnahme von redaktionellem Datenmaterial oder redaktionellen und organisatorischen Unterlagen[84]. Art. 5 I 2 GG schließt es aus, „dass der Staat eine Anstalt oder Gesellschaft beherrscht, die Rundfunksendungen veranstaltet".[85] Diesen Anforderungen genügten die Regelungen des ZDF-Staatsvertrags hinsichtlich der Zusammensetzung und Beschlussfassung der Aufsichtsgremien des ZDF nicht.[86] Damit ein bestimmender Einfluss der staatlichen und staatsnahen Mitglieder in den entsprechenden Gremien ausgeschlossen ist, dürfen jene nicht mehr als ein Drittel der gesetzlichen Mitglieder des jeweiligen Gremiums ausmachen.[87] Die Veranstaltung von Rundfunk durch eine Hochschule verstößt allerdings nicht gegen den Grundsatz der Staatsfreiheit des Rundfunks, wenn das gesendete Programm thematisch den gesetzlichen Aufgaben der Hochschule entspricht.[88] Ein absolutes Verbot für politische Parteien, sich an privaten Rundfunkveranstaltungen zu beteiligen, stellt keine zulässige gesetzliche Ausgestaltung der Rundfunkfreiheit dar.[89]

22

VI. Filmfreiheit

Art. 5 I 2 Var. 3 GG garantiert die Filmfreiheit. Filme sind alle Übermittlungen von Gedankeninhalten durch Bilderreihen, die zur Projektion bestimmt sind.[90] Daher werden auch Videobänder und DVDs vom Schutzbereich erfasst. Dieser erstreckt sich von der Herstellung bis zur Verbreitung bzw. Aufführung des Films. Träger des Grundrechts sind alle natürlichen oder (inländischen) juristischen Personen, welche die geschützten Tätigkeiten ausüben (vgl. → § 23 Rn. 2ff.). Die Filmförderung kann in die Filmfreiheit nicht subventionierter Konkurrenten eingreifen, wenn diese erheblich benachteiligt werden (vgl. → § 24 Rn. 7ff.).[91] Die **praktische Bedeutung** der Filmfreiheit ist **begrenzt.**

23

---

[82] BVerfGE 31, 314 (322). Zur Staatsfreiheit der Presse: BVerfGE 83, 238 (322).
[83] Siehe dazu BVerfGE 59, 231 (258 ff.); 91, 125 (135); BVerfG (Kammerbeschl.), NJW 1994, 40; BVerfGE 119, 309 (318 ff.); BVerfG (Kammerbeschl.), NJW 2009, 2117 (2118).
[84] BVerfG (Kammerbeschl.), NJW 2011, 1863 (1864).
[85] BVerfG (Kammerbeschl.), NVwZ 2007, 1304 (1305); vgl. bereits BVerfGE 12, 205 (261).
[86] BVerfGE 136, 9 ff.
[87] BVerfGE 136, 9 (37 ff.).
[88] BVerfG (Kammerbeschl.), NVwZ 2007, 1304 (1305).
[89] BVerfGE 121, 30 (50, 64 ff.).
[90] H. Sodan, in: Sodan Art. 5 Rn. 26.
[91] Vgl. H. Schulze-Fielitz, in: Dreier Art. 5 I, II Rn. 131.

VII. Verfassungsrechtliche Rechtfertigung

1. Grundrechtsschranken

a) Allgemeine Gesetze

24 Gemäß Art. 5 II GG finden die Grundrechte aus Art. 5 I GG ihre Schranken in den allgemeinen Gesetzen, den Gesetzen zum Schutze der Jugend und im Recht der persönlichen Ehre (**Schrankentrias**). Die Schranke der allgemeinen Gesetze ist ebenso bedeutsam wie umstritten.[92]

25 Nach der **Sonderrechtslehre** liegt ein Sondergesetz und damit kein allgemeines Gesetz i. S. d. Art. 5 II GG vor, wenn es sich gegen eine bestimmte Meinung[93] bzw. gegen die Meinungsfreiheit als solche richtet[94]. Allgemeine Gesetze i. d. S. sind z. B. die beamtenrechtlichen Normen zur zurückhaltenden politischen Betätigung Staatsbediensteter (siehe etwa § 60 II BBG, § 33 II BeamtStG). Nach der **Abwägungslehre** ist ein Gesetz dann allgemein, wenn es dem Schutz eines gegenüber dem beschränkten Grundrecht aus Art. 5 I GG höherrangigen Rechtsgutes dient[95]. Das BVerfG entschied sich frühzeitig für die **Kombination** beider Lehren. Danach sind allgemeine Gesetze diejenigen Normen, die „nicht eine Meinung als solche verbieten, die sich nicht gegen die Äußerung der Meinung als solche richten", „die vielmehr [...] dem Schutze eines Gemeinschaftswerts, der gegenüber der Betätigung der Meinungsfreiheit den Vorrang hat", dienen[96]. Entsprechendes gilt für die anderen in Art. 5 I GG gewährleisteten Freiheitsrechte.[97] „An der Allgemeinheit eines Gesetzes fehlt es, wenn eine inhaltsbezogene Meinungsbeschränkung nicht hinreichend offen gefasst ist und sich von vornherein nur gegen bestimmte Überzeugungen, Haltungen oder Ideologien richtet."[98] Danach ist § 130 IV StGB, wonach bestraft wird, wer öffentlich oder in einer Versammlung den öffentlichen Frieden in einer die Würde der Opfer verletzenden Weise dadurch stört, dass er die nationalsozialistische Gewalt- und Willkürherrschaft billigt, verherrlicht oder rechtfertigt, kein allgemeines Gesetz.[99] Diese Vorschrift wurde jedoch vom BVerfG ausnahmsweise gleichwohl gerechtfertigt (→ Rn. 28).

b) Gesetzliche Bestimmungen zum Schutz der Jugend und Recht der persönlichen Ehre

26 Weiterhin kann durch gesetzliche Bestimmungen zum Schutz der Jugend sowie zur Wahrung des Rechts der persönlichen Ehre[100] in Art. 5 I GG eingegriffen werden. Diese Grundrechtsschranken erfordern nach Ansicht des BVerfG ebenfalls ein allgemeines Gesetz.[101]

---

[92] *K. A. Bettermann*, JZ 1964, 601 ff.
[93] *K. Häntzschel*, in: Anschütz/Thoma HdbDStR II S. 659 f.
[94] *K. A. Bettermann*, JZ 1964, 601 (603).
[95] *R. Smend*, VVDStRL 4 (1928), 44 (52).
[96] BVerfGE 7, 198 (209 f.); vgl. ferner BVerfGE 111, 147 (155); 117, 244 (260); 124, 300 (321 f.); BVerwGE 131, 216 (220).
[97] Vgl. BVerfGE 120, 180 (200).
[98] BVerfGE 124, 300 (323).
[99] Siehe ausführl. hierzu BVerfGE 124, 300 (323 ff.); a. M. BVerwGE 131, 216 (219 ff.).
[100] Siehe §§ 185 ff. StGB, §§ 823, 826 BGB. Beispielhaft dazu BVerfGE 34, 269 (281 f.).
[101] Vgl. BVerfGE 124, 300 (326 f. m. w. N.). A. M. *H. Bethge,* in: Sachs, GG Art. 5 Rn. 159, 162.

§ 32. Meinungs-, Informations-, Presse-, Rundfunk- und Filmfreiheit

c) Art. 17a I GG

Gemäß Art. 17a I GG kann die Meinungsfreiheit von Berufs- und Zeitsoldaten sowie Grundwehrdienst- und Zivildienstleistenden eingeschränkt werden. Angestellte in der Bundeswehrverwaltung und Zivilbedienstete sind nicht erfasst.[102]

d) Verfassungsimmanente Schranken

Ob *neben* den im Grundgesetz ausdrücklich genannten Schranken auch ein Eingriffsvorbehalt zum Schutz kollidierender Verfassungsgüter (praktische Konkordanz, → § 2 Rn. 11, § 24 Rn. 19 ff.) besteht, ist umstritten. Die h. M. erkennt dies an mit dem Argument, für die Freiheitsrechte aus Art. 5 I GG könne in diesem Zusammenhang nichts anderes gelten als für Grundrechte ohne jeglichen Schrankenvorbehalt[103]. Jedenfalls sind zur Vermeidung einer Umgehung der Schrankentrias eine restriktive Handhabung und eine formellgesetzliche Konkretisierung der Begrenzung geboten.[104] Bedenklich weit ist insoweit ein Beschluss des BVerfG vom 4.11.2009, in dem es heißt: „§ 130 Abs. 4 StGB ist auch als nichtallgemeines Gesetz mit Art. 5 Abs. 1 und 2 GG vereinbar. Angesichts des sich allgemeinen Kategorien entziehenden Unrechts und des Schreckens, die die nationalsozialistische Herrschaft über Europa und weite Teile der Welt gebracht hat, und der als Gegenentwurf hierzu verstandenen Entstehung der Bundesrepublik Deutschland ist Art. 5 Abs. 1 und 2 GG für Bestimmungen, die der propagandistischen Gutheißung des nationalsozialistischen Regimes in den Jahren zwischen 1933 und 1945 Grenzen setzen, eine Ausnahme vom Verbot des Sonderrechts für meinungsbezogene Gesetze immanent."[105]

2. Grenzen der Einschränkbarkeit

a) Wechselwirkungslehre

Dass ein Gesetz dem Merkmal „allgemein" genügt, begründet allein noch nicht die Verfassungsmäßigkeit des Gesetzes. Nach der **Wechselwirkungslehre** des BVerfG findet zwischen dem Grundrecht und dem allgemeinen Gesetz „eine Wechselwirkung in dem Sinne statt, daß die ‚allgemeinen Gesetze' zwar dem Wortlaut nach dem Grundrecht Schranken setzen, ihrerseits aber aus der Erkenntnis der wertsetzenden Bedeutung dieses Grundrechts [...] selbst wieder eingeschränkt werden müssen"[106]. Zudem muss eine **Güterabwägung im Einzelfall** stattfinden und zugunsten des zu schützenden Gutes gegenüber dem beschränkten Grundrecht ausfallen.[107] Bei der Wechselwirkungslehre handelt es sich also um eine **spezielle Variante des Verhältnismäßigkeitsprinzips**.[108] Diese Wechselwirkung wirkt sich bereits im instanzgerichtlichen Verfahren aus. So muss

---

[102] *R. Uerpmann-Wittzack,* in: v. Münch/Kunig Art. 17a Rn. 2.
[103] Vgl. BVerfGE 66, 116 (136); i. E. auch BVerfGE 111, 147 (157 f.); a. M. *H. Bethge,* in: Sachs, GG Art. 5 Rn. 176.
[104] *H. D. Jarass,* in: Jarass/Pieroth Art. 5 Rn. 79.
[105] BVerfGE 124, 300 (327 f.). Siehe zur diesbezüglichen Kritik etwa *M. Hong,* DVBl. 2010, 1267 (1271 f.); *O. Lepsius,* Jura 2010, 527 (533); *J. P. Schaefer,* DÖV 2010, 379 (386 f.); *U. Volkmann,* NJW 2010, 417 (418 ff.).
[106] BVerfGE 7, 198 (209) – „Lüth"; 12, 113 (124 f.); vgl. etwa auch BVerfG (Kammerbeschl.), NJW 2012, 1273 (1274); NJW 2012, 3712 (3713 f.); NJW 2015, 2022.
[107] Vgl. BVerfGE 7, 198 (210); 93, 266 (293 ff.); BVerfG (Kammerbeschl.), NJW 2009, 908 (909); siehe dazu auch *D. Grimm,* NJW 1995, 1697 (1700 ff.).
[108] Vgl. etwa BVerfGE 59, 231 (265); 71, 162 (181); 77, 65 (75); 124, 300 (331 f.).

bspw. in einem Strafverfahren wegen Beleidigung ermittelt werden, ob die streitgegenständliche Äußerung auch in einem Sinne gedeutet werden kann, die nicht den Straftatbestand der Beleidigung erfüllt.[109] Im Falle eines Unterlassungsanspruchs mit Wirkung für die Zukunft (§ 823 I oder II BGB, §§ 185 ff. StGB jeweils i.V. m. § 1004 I BGB analog) gilt dieses Erfordernis jedoch nicht, weil hier nicht eine bereits getätigte Äußerung sanktioniert wird und der Äußernde sich bei zukünftigen Äußerungen präziser oder eindeutiger fassen kann.[110]

b) Zensurverbot

30 Das Zensurverbot des Art. 5 I 3 GG statuiert **kein eigenständiges Grundrecht,** sondern eine Schranke des Art. 5 II GG, d. h. eine Schranken-Schranke.[111] Es kann also nicht durch ein allgemeines Gesetz eingeschränkt werden. Verboten ist lediglich die **Präventivzensur.** Darunter versteht man einschränkende Maßnahmen *vor* der Verbreitung der Meinung, insbesondere „das Abhängigmachen von behördlicher Vorprüfung und Genehmigung seines Inhalts"[112].

c) Besonderheiten beim Schutz kollidierender Persönlichkeitsrechte

31 Soweit unwahre Tatsachenbehauptungen überhaupt vom Schutzbereich erfasst sind (→ Rn. 4), tritt regelmäßig die Meinungsfreiheit hinter dem durch das beschränkende Gesetz geschützten Rechtsgut zurück.[113] Ansonsten besteht aufgrund der fundamentalen Bedeutung der Meinungsfreiheit für die demokratische Ordnung in öffentlichen Angelegenheiten „eine Vermutung zugunsten der freien Rede"; gerade im politischen Meinungskampf ist auch Kritik in polemischer Form verhältnismäßig, weil anderenfalls „die Gefahr einer Lähmung oder Verengung des Meinungsbildungsprozesses drohte".[114] Bereits die Instanzgerichte haben bei der Auslegung und Anwendung meinungsbeschränkender Gesetze wie der §§ 823 I, 1004 I 2 BGB (analog) die verschiedenen Grundrechtspositionen [allgemeines Persönlichkeitsrecht (→ § 27 Rn. 6f., 17ff.) einerseits und Meinungsfreiheit andererseits] in einen angemessenen Ausgleich zu bringen; bei der erforderlichen Abwägung sind insbesondere sowohl die Schwere der Persönlichkeitsbeeinträchtigung als auch die Einbuße an Meinungsfreiheit einzustellen.[115] Nach Ansicht des BVerfG ist die Veröffentlichung von Bildbeiträgen im Allgemeinen eine intensivere Beeinträchtigung als die reine Wortberichterstattung[116].

32 Im **Ausgangsfall** überwiegt unter Zugrundelegung der auch insoweit umstrittenen Auffassung des Ersten Senats des BVerfG die Meinungsfreiheit des S die wegen fehlender Konkretisierung nur unerhebliche Beeinträchtigung der Ehre des O; danach hat das AG mit der strafgerichtlichen Verurteilung des S dessen Meinungsfreiheit verletzt.[117] Zu einem anderen Ergebnis führt die **Abwandlung:** Hier ist von einer Schmähkritik auszugehen (→ Rn. 6). Die Meinungsfreiheit des S tritt daher hinter dem Schutz der Ehre des O zurück. Das AG handelte damit verfassungsgemäß.

---

[109] BVerfGE 82, 43 (51 ff.); 93, 266 (295 f.). Siehe hierzu auch *Pieroth/Schlink/Kingreen/Poscher* Rn. 596.
[110] BVerfGE 114, 339 (348 ff.); vgl. ferner BVerfG (Kammerbeschl.), NJW 2014, 764 (765).
[111] *R. Wendt,* in: v. Münch/Kunig Art. 5 Rn. 66.
[112] BVerfGE 33, 52 (72).
[113] Vgl. BVerfGE 85, 1 (17).
[114] BVerfGE 82, 272 (281 f.); siehe ferner BVerfG (Kammerbeschl.), NJW 2009, 3016 (3017).
[115] BVerfG (Kammerbeschl.), NJW 2012, 756; NJW 2012, 1500 (1501).
[116] BVerfG (Kammerbeschl.), NJW 2012, 756 (757).
[117] Vgl. BVerfGE 93, 266 (297 ff.). Siehe zur Kritik das Sondervotum in BVerfGE 93, 313 (317 f.).

§ 33. Kunst- und Wissenschaftsfreiheit

Fall 29 (nach BVerwG, NJW 1995, 2648 ff.): E ist Eigentümer eines Hanggrundstücks im Außenbereich einer deutschen Großstadt. Die Umgebung des Grundstücks wird vor allem land- und forstwirtschaftlich genutzt. Nach dem Erwerb zweier in Stein gehauener Monumentalfiguren beschließt er, diese in seinem Garten aufzustellen. Die Figuren stellen altertümliche Göttinnen dar, sind jeweils 6 m hoch sowie 7 m lang und sollen auf ca. 7 m hohe Sockel aus Beton und Quadersteinen gesetzt werden. Die zuständige Landesbehörde versagt E die Baugenehmigung mit der Begründung, die Figuren verunstalteten das Landschaftsbild und widersprächen damit öffentlichen Belangen i. S. d. § 35 II BauGB. Hat die Behörde den E in seiner Kunstfreiheit verletzt?

I. Bedeutung der Freiheit von Kunst und Wissenschaft

Die jeweils in Art. 5 III 1 GG geschützte Kunst- und Wissenschaftsfreiheit sind von fundamentaler Bedeutung für die **geistig-kommunikative Persönlichkeitsentfaltung** des Einzelnen. „Als Teil des grundrechtlichen Wertsystems ist die Kunstfreiheit insbesondere der in Art. 1 GG garantierten Würde des Menschen zugeordnet."[1] Kunstfreiheit und Wissenschaftsfreiheit dienen dem Schutz der schöpferischen Kraft des Menschen.[2] „Wissenschaft ist ein grundsätzlich von Fremdbestimmung freier Bereich autonomer Verantwortung […]. Dem Freiheitsrecht liegt auch der Gedanke zu Grunde, dass eine von gesellschaftlichen Nützlichkeits- und politischen Zweckmäßigkeitsvorstellungen freie Wissenschaft Staat und Gesellschaft im Ergebnis am besten dient".[3]

1

II. Freiheit der Kunst

1. Schutzbereich

a) Kunstbegriff

Nach dem **formalen Kunstbegriff** meint Kunst nur Arbeiten, welche die Gattungsanforderungen bestimmter Werktypen (Malerei, Bildhauerei, Poesie) erfüllen.[4] Dieser Begriff würde jedoch neue, avantgardistische Kunstformen nicht erfassen.[5] Das BVerfG entwickelte zunächst einen **materiellen Kunstbegriff:** Danach sei das „Wesentliche der künstlerischen Betätigung […] die freie schöpferische Gestaltung, in der Eindrücke, Erfahrungen, Erlebnisse des Künstlers durch das Medium einer bestimmten Formensprache zu unmittelbarer Anschauung gebracht werden".[6] Der ebenfalls durch das BVerfG geformte **offene Kunstbegriff** setzt als entscheidendes Merkmal der Kunst die Mannigfaltigkeit ihrer Aussage voraus, die ständig neue, weiterreichende Interpretationen zulässt[7]. Eine Niveaukontrolle, d. h. eine Differenzierung zwischen „guter" und „schlechter" Kunst, ist aufgrund der Gefahr des staatlichen „Kunstrichtertums" grundsätzlich unzulässig.[8] Wird jedoch bei einer Gesamtbetrachtung des Kunstwerks offensichtlich, dass die „Kunstform missbraucht wurde und lediglich eine Mogelpackung, ein Trans-

2

---

[1] BVerfGE 30, 173 (193).
[2] Vgl. BVerfGE 35, 79 (115 f.).
[3] BVerfGE 111, 333 (354); fast wortgleich BVerfGE 127, 87 (115); 136, 338 (362).
[4] F. Müller, JZ 1970, 87 (89) m. w. N.
[5] F. J. Henschel, NJW 1990, 1937 (1939) mit einer Übersicht zum Problemkreis.
[6] BVerfGE 30, 173 (188 f.) – „Mephisto"; fast wortgleich BVerfGE 119, 1 (20 f.) – „Esra".
[7] BVerfGE 67, 213 (227) – „Anachronistischer Zug".
[8] Vgl. BVerfGE 75, 369 (377).

portmittel ist, um bestimmte Personen zu beleidigen, zu verleumden oder verächtlich herabzuwürdigen, dann ist dies nicht mehr von der Kunstfreiheit gedeckt".[9]

b) Geschützte Verhaltensweisen

3 Geschützt ist nicht nur die eigentliche künstlerische Tätigkeit, d. h. die Schöpfung des Kunstwerkes (**Werkbereich**), sondern auch dessen Darbietung und Verbreitung (**Wirkbereich**).[10] Der Schutzbereich beinhaltet jede Form der Vermittlung des Kunstwerkes.[11] Umstritten ist, ob auch die **wirtschaftliche Verwertung** des Kunstwerkes erfasst ist. Das BVerfG hat dies im Hinblick auf eine verwertungsrechtliche Regelung aus dem Urheberrecht ausgeschlossen und insoweit die Eigentumsgarantie des Art. 14 GG (→ § 42) für einschlägig gehalten[12]. Jedenfalls muss dort die Verwertung geschützt sein, wo Darbietung und Verwertung unauflöslich miteinander verknüpft sind.[13] Die Kunstfreiheit erstreckt sich nicht auf die eigenmächtige Inanspruchnahme fremden Eigentums oder anderer geschützter Positionen.[14]

4 Im **Fall 29** entsprechen die Figuren des E einer klassischen Kunstgattung, nämlich der Bildhauerei. In ihnen spiegeln sich Eindrücke und Beobachtungen des Künstlers wider. Auch sind die Figuren vielseitig interpretierbar. Es handelt sich daher zweifellos um Kunst i. S. d. Art. 5 III 1 Var. 1 GG.[15] E will die Figuren weit sichtbar aufstellen und damit der Öffentlichkeit darbieten. Dass es sich um Werke von fremder Hand handelt, ist unerheblich. Damit ist der Wirkbereich des Kunstwerks betroffen.[16]

c) Personeller Schutzbereich

5 Der personelle Schutzbereich erstreckt sich auf die künstlerisch tätigen natürlichen Personen, aber auch auf solche, die für die Kunstschöpfung und -verbreitung eine „unentbehrliche Mittlerfunktion" übernehmen.[17] Die Kunstfreiheit ist auf inländische juristische Personen des Privatrechts anwendbar (→ § 23 Rn. 13 f.), nach der Rechtsprechung des BVerfG auch auf juristische Personen des Privatrechts mit einem Sitz im EU-Ausland als Folge einer „Anwendungserweiterung" des Art. 19 III GG (siehe näher (→ § 23 Rn. 15). Kunstrezipienten wie etwa die Kunstkritiker sind nicht geschützt.[18]

6 Im **Fall 29** vermittelt E durch die Präsentation der Figuren die schöpferische Tätigkeit des Bildhauers und gehört damit zum geschützten Personenkreis.

2. Eingriffe

7 Eingriffe in die Kunstfreiheit liegen vor, wenn Verhaltensweisen im Werk- oder Wirkbereich durch Verbote, Sanktionen oder bloß faktische Maßnahmen des Staates behindert

---

[9] BVerfGE 119, 1 (47) – Sondervotum; vgl. auch bereits BVerfGE 30, 218 (224).
[10] BVerfGE 30, 173 (189).
[11] Einschließlich Werbemaßnahmen, BVerfGE 77, 240 (251).
[12] Siehe BVerfGE 31, 229 (238 f.).
[13] So auch BVerwGE 84, 71 (74) – „Straßenkunst".
[14] BVerwG, NJW 1995, 2648 (2649).
[15] Vgl. *P. Schütz*, JuS 1996, 498 (498).
[16] Vgl. BVerwG, NJW 1995, 2648.
[17] Z. B. Verleger und Schallplattenhersteller, dazu BVerfGE 30, 173 (191); 36, 321 (331).
[18] *F. Wittreck*, in: Dreier Art. 5 III (Kunst) Rn. 48; a. M. *J. Hoffmann*, NJW 1985, 237 (241).

oder unmöglich gemacht werden[19] (vgl. → § 24 Rn. 5 ff.). Einen Anspruch auf finanzielle Förderung beinhaltet die Kunstfreiheit trotz ihres anerkannten objektiv-rechtlichen Gehalts prinzipiell nicht.[20]

III. Freiheit der Wissenschaft

1. Schutzbereich

a) Sachlicher Schutzbereich

Der **Oberbegriff** für „Forschung und Lehre" ist **„Wissenschaft"**; der Schutz des Art. 5 III 1 GG erstreckt sich „auf jede wissenschaftliche Tätigkeit, d. h. auf alles, was nach Inhalt und Form als ernsthafter planmäßiger Versuch zur Ermittlung der Wahrheit anzusehen ist".[21] Kennzeichnend sind daher die **Wahrheitssuche** und die **prinzipielle Unabgeschlossenheit** des Wissenschaftsprozesses.[22] **Forschung** ist „die geistige Tätigkeit mit dem Ziele, in methodischer, systematischer und nachprüfbarer Weise neue Erkenntnisse zu gewinnen", **Lehre** die „wissenschaftlich fundierte Übermittlung der durch die Forschung gewonnenen Erkenntnisse".[23] Das Einhalten der einer **wissenschaftlichen Leistung angemessenen Form** zählt zu den allgemeingültigen und unabdingbaren Grundsätzen, die Bestandteil einer Prüfungsordnung sind und wegen des öffentlichen Interesses an der geordneten Berufsausbildung zur Disposition weder der Prüfer noch der Prüflinge stehen.[24] 8

Das Grundrecht ist zum einen Abwehrrecht gegenüber staatlichen Einwirkungen auf den Prozess der Gewinnung und Vermittlung wissenschaftlicher Erkenntnisse, damit sich die Wissenschaft ungehindert an dem für sie kennzeichnenden Bemühen um Wahrheit ausrichten kann.[25] Ferner stellt es eine objektive Wertentscheidung dar, die das Verhältnis zwischen Wissenschaft und Staat regelt.[26] Die Wissenschaftsfreiheit enthält daher auch eine **objektiv-rechtliche Dimension**[27] (→ § 22 Rn. 14 f., 29). Diese verpflichtet den Staat, „schützend und fördernd einer Aushöhlung dieser Freiheitsgarantie vorzubeugen".[28] Daraus folgt eine **Teilhabeberechtigung** des Grundrechtsträgers, d. h. „ein Recht auf solche staatlichen Maßnahmen auch organisatorischer Art, die zum Schutze seines grundrechtlich gesicherten Freiheitsraums unerläßlich sind"[29]. So hat der Staat etwa der **herausgehobenen Stellung der Hochschullehrer** durch bestimmte **organisatorische Vorkehrungen** Rechnung zu tragen (→ § 22 Rn. 29). Ansonsten ist die Frage, ob das organisatorische Gesamtgefüge der Hochschule den in der Wissenschaft Tätigen genügend Einfluss- und Kontrollmöglichkeiten einräumt, anhand einer Gesamtwürdigung zu beantworten. Dabei gilt: Je mehr Kompetenzen der Gesetzgeber dem Leitungsorgan in Bereichen mit Wissenschaftsbezug überträgt, desto substanzieller müssen im Gegenzug auch die **Mitwirkungs- und Kontroll-** 9

---

[19] Z. B. durch ein Verbot des Vertriebs eines Romans, siehe näher BVerfGE 30, 173 (188 ff.); 119, 1 ff.
[20] Vgl. BVerfGE 36, 321 (331 ff.); BVerwG, NJW 1980, 718.
[21] BVerfGE 35, 79 (113); vgl. ferner BVerwGE 149, 194 (203).
[22] BVerfGE 90, 1 (11 ff.).
[23] BVerfGE 35, 79 (113).
[24] OVG Berlin, DVBl. 1979, 355 (357).
[25] BVerfGE 90, 1 (11 f.); vgl. ferner BVerfGE 35, 79 (112 f.); 47, 327 (367 f.); 122, 89 (105); 126, 1 (19); 128, 1 (40).
[26] BVerfGE 136, 338 (362).
[27] BVerfGE 130, 263 (299).
[28] BVerfGE 35, 79 (114); 85, 360 (384).
[29] BVerfGE 88, 129 (137); 111, 333 (353); 127, 87 (114). Siehe hierzu auch *S. Sieweke*, DÖV 2011, 472 ff.

rechte der **Kollegialorgane** sein.[30] Störungen und Behinderungen der Wissenschaftsfreiheit **durch Dritte** hat der Staat soweit wie möglich auszuschließen.[31] Das Grundrecht der Wissenschaftsfreiheit begründet keine gesonderten **Beteiligungsrechte** der Hochschulen, Fakultäten oder einzelnen Wissenschaftler beim Zustandekommen eines Gesetzes zur Fusion von zwei Hochschulen; ein öffentliches Gesetzgebungsverfahren bietet die Möglichkeit, die Interessen der wissenschaftlich Tätigen und der betroffenen Einrichtungen hinreichend zur Geltung zu bringen.[32]

b) Personeller Schutzbereich

10 Geschützt ist jeder, der „wissenschaftlich tätig ist oder werden will".[33] Dazu zählen primär die **Hochschullehrer**[34] „als geborene Rechtssubjekte der Wissenschaftsfreiheit"[35] und deren **wissenschaftliches Personal.** Auf das Grundrecht berufen können sich auch **Fachhochschullehrer,** denen die eigenständige Vertretung eines wissenschaftlichen Faches in Forschung und Lehre übertragen worden ist.[36] Nicht ausgeschlossen sind wissenschaftliche Aktivitäten Studierender[37]. Deren **Lernfreiheit** wird nicht durch Art. 5 III 1, sondern durch Art. 12 I GG (→ § 40 Rn. 1 f., 4 ff.) garantiert.[38] Ferner genießen juristische Personen, die Wissenschaft betreiben, Grundrechtsschutz. Dies gilt insbesondere für – zumeist als Körperschaften des öffentlichen Rechts errichtete – **Universitäten**[39] (→ § 23 Rn. 17) und für deren **Fakultäten**[40].

2. Eingriffe

11 Als Abwehrrecht (→ § 22 Rn. 3 ff.) schützt die Wissenschaftsfreiheit vor jeglicher staatlichen Einwirkung auf den Prozess der Gewinnung und Vermittlung wissenschaftlicher Erkenntnisse.[41] Ein Eingriff kann sowohl in der Einflussnahme auf einzelne Wissenschaftler als auch auf die Hochschulen liegen, deren Hochschulautonomie geschützt ist[42]. Anweisungen gegenüber einem selbständig wissenschaftlich tätigen Hochschullehrer, bestimmte Lehrveranstaltungen durchzuführen, berühren dessen Recht, sein Fach in Forschung und Lehre eigenständig zu vertreten, und beeinträchtigen daher die Wissenschaftsfreiheit.[43]

---

[30] BVerfGE 127, 87 (117 f.); vgl. auch *C. Hillgruber*, Forschung und Lehre 2011, 286 (289).
[31] BVerfGE 55, 37 (68). Vgl. zu besoldungsrechtlichen Auswirkungen BVerfGE 130, 263 (299 f.).
[32] BVerfG, NVwZ 2015, 1370 (1372); anders BerlVerfGH, LVerfGE 5, 37 (44 ff.).
[33] BVerfGE 88, 129 (136); fast wortgleich BVerfGE 95, 193 (209).
[34] BVerfGE 130, 263 (299).
[35] *H. Bethge*, in: Sachs, GG Art. 5 Rn. 207, differenzierend bzgl. Fachhochschullehrern.
[36] BVerfGE 126, 1 (LS 1, S. 19 ff.); BVerwGE 144, 195 (197). Siehe zur Frage eines Promotionsrechts für Fachhochschulen *A. Pautsch*, NVwZ 2012, 674 ff.
[37] Vgl. BVerfGE 55, 37 (67 f.).
[38] *R. Scholz*, in: Maunz/Dürig Art. 5 III Rn. 113; a. M. *H. Bethge*, in: Sachs, GG Art. 5 Rn. 208.
[39] BVerfGE 15, 256 (261); 21, 362 (373 f.); 31, 314 (322).
[40] BVerfG (Kammerbeschl.), NVwZ 2013, 1145 (1146) m. w. N.
[41] Vgl. BVerfGE 47, 327 (367); 122, 89 (105).
[42] Siehe dazu *R. Scholz*, in: Maunz/Dürig Art. 5 III Rn. 131.
[43] BVerfGE 126, 1 (24); BVerfG (Kammerbeschl.), NVwZ 2015, 432 (433).

IV. Verfassungsrechtliche Rechtfertigung

Die Freiheiten aus Art. 5 III 1 GG unterliegen weder den Schranken des Art. 5 II (→ § 32 Rn. 24f.) noch denen des Art. 2 I GG (→ § 27 Rn. 14ff.).[44] Dennoch werden sie **nicht schrankenlos gewährleistet**, sondern finden **verfassungsimmanente Schranken** in **kollidierenden Verfassungsgütern**[45] (→ § 24 Rn. 19ff.). Ziel einer Abwägung zwischen der beeinträchtigten Freiheit aus Art. 5 III 1 GG und dem kollidierenden Verfassungsgut ist die Herstellung **praktischer Konkordanz** (→ § 2 Rn. 11).

12

Im **Fall 29** ist die Kunstfreiheit des E wegen der Verunstaltung der Landschaft vor allem gegen das Staatsziel des Umweltschutzes aus Art. 20a GG (→ § 11 Rn. 1ff.) abzuwägen. Das BVerwG betonte dabei, dass der Umweltschutz wegen der ausdrücklichen Einordnung der Staatszielbestimmung in die verfassungsmäßige Ordnung keinen absoluten Vorrang genieße; dennoch gab es in dieser umstrittenen[46] Entscheidung dem Umweltschutz in der Abwägung den Vorzug. Von diesem Standpunkt aus ist die Kunstfreiheit des E *nicht* verletzt.[47]

13

Art. 5 III 2 GG enthält eine spezifische Schranke[48] der Wissenschaftsfreiheit. Nach dieser so genannten **Treueklausel** entbindet die Freiheit der Lehre nicht von der Treue zur Verfassung. Eingriffe in die Freiheit der Wissenschaft **aufgrund eines Gesetzes** können daher zur Sicherstellung der Verfassungstreue gerechtfertigt sein.[49]

14

§ 34. Schutz von Ehe und Familie sowie des Elternrechts

Fall 30 (nach BVerfGE 105, 313ff.): Der Deutsche Bundestag beschließt ein „Lebenspartnerschaftsgesetz" (LPartG), das für gleichgeschlechtliche Lebenspartner die Eingehung einer „eingetragenen Lebenspartnerschaft" möglich macht. Dieses Rechtsinstitut begründet vielfältige gegenseitige Rechte und Pflichten sowie sonstige zivil- und öffentlich-rechtliche Folgen und ist in vielen Aspekten der Ehe zwischen Mann und Frau nachgebildet. Einige Landesregierungen halten das LPartG für unvereinbar mit Art. 6 I GG, weil u. a. die weitgehende Gleichstellung der „eingetragenen Lebenspartnerschaft" mit der Ehe deren verfassungsrechtlich herausgehobener Stellung zuwider laufe. Trifft diese Auffassung zu?

I. Überblick über die Regelungsgehalte des Art. 6 GG

Art. 6 GG enthält mehrere Grundrechtsverbürgungen, die sich auf Ehe, Familie, Eltern und Kinder beziehen: Im Einzelnen handelt es sich um den Schutz von **Ehe und Familie** (Art. 6 I GG, → Rn. 2ff.) und des **Elternrechts** (Art. 6 II und III GG, → Rn. 13ff.), ferner den **Schutz- und Fürsorgeauftrag bezüglich Müttern** (Art. 6 IV GG, → Rn. 18) sowie das **Gleichstellungsgebot hinsichtlich unehelichen Kindern** (Art. 6 V GG, → Rn. 19). Zudem weisen die Grundrechtsverbürgungen jeweils unterschiedliche Schutzdimensionen (→ § 22) auf: Art. 6 GG enthält insoweit Abwehrrechte, Institutsgarantien, Wertentscheidungen, Gleichheitssätze sowie Schutz- und Gesetzgebungsaufträge.

1

---

[44] BVerfGE 83, 130 (139).
[45] BVerfGE 30, 173 (191); 47, 327 (368); 83, 130 (139); 119, 1 (23f.); 122, 89 (107); 128, 1 (41). Siehe näher auch *M. Schröder*, DVBl. 2008, 146ff.
[46] Krit. *C. Koenig/C. Zeiss*, Jura 1997, 225ff.; *P. Schütz*, JuS 1996, 498 (502ff.); *T. Vesting*, NJW 1996, 1111 (1113f.).
[47] Vgl. BVerwG, NJW 1995, 2648 (2649).
[48] *H. Bethge*, in: Sachs, GG Art. 5 Rn. 225; a. M. wohl *G. Britz*, in: Dreier Art. 5 III (Wissenschaft) Rn. 50.
[49] Vgl. *H. D. Jarass*, in: Jarass/Pieroth Art. 5 Rn. 150.

II. Schutz von Ehe und Familie

1. Begriffe „Ehe" und „Familie"

2 Nach Art. 6 I GG stehen Ehe und Familie unter dem besonderen Schutz der staatlichen Ordnung. Dem **Ehebegriff** des Grundgesetzes liegt das Bild der „verweltlichten" bürgerlich-rechtlichen Ehe in Anknüpfung an von Alters her überkommene Vorstellungen zugrunde. „Zum Gehalt der Ehe, wie er sich ungeachtet des gesellschaftlichen Wandels und der damit einhergehenden Änderungen ihrer rechtlichen Gestaltung bewahrt und durch das Grundgesetz seine Prägung bekommen hat, gehört, dass sie die **Vereinigung eines Mannes mit einer Frau** zu einer auf Dauer angelegten Lebensgemeinschaft ist, begründet auf freien Entschluss unter Mitwirkung des Staates [...], in der Mann und Frau in gleichberechtigter Partnerschaft zueinander stehen [...] und über die Ausgestaltung ihres Zusammenlebens frei entscheiden können".[1] In Beschlüssen vom 19.6.2012[2] und vom 7.5.2013[3] bezeichnet das BVerfG die Ehe jeweils ausdrücklich „als allein der Verbindung zwischen Mann und Frau vorbehaltenes Institut". Die gleichgeschlechtliche Lebensgemeinschaft ist also keine Ehe i. S. d. Art. 6 I GG.[4] Sie genießt den Schutz von Art. 2 I GG.[5] Der EGMR nimmt zwar in einem Urteil vom 24.6.2010 unter „Berücksichtigung von Art. 9 GRCh [...] nicht länger an, dass das in Art. 12 EMRK garantierte Recht, eine Ehe einzugehen, unter allen Umständen auf die Ehe zwischen zwei Partnern unterschiedlichen Geschlechts beschränkt ist"; die „Entscheidung aber, ob eine gleichgeschlechtliche Ehe zugelassen werden soll oder nicht, bleibt zum gegenwärtigen Zeitpunkt dem **Recht des Konventionsstaats** überlassen".[6] Weder nicht-eheliche Lebensgemeinschaften noch die Zeit unmittelbar vor einer beabsichtigten Eheschließung unterfallen dem Art. 6 I GG.[7] Auch die Mehrehe („Polygamie") ist nicht von Art. 6 I GG erfasst, da Leitbild abendländischer Tradition die Einehe ist.[8] Die im Ausland bzw. nach ausländischem Recht wirksam geschlossene Ehe genießt den Schutz des Art. 6 I GG, soweit sie den Strukturprinzipien einer „Ehe" i. S. d. Art. 6 I GG entspricht.[9] Dies gilt auch, wenn die Ehe zwar nach ausländischem Recht wirksam geschlossen, nach deutschem Recht hingegen als „Nicht-Ehe" zu beurteilen ist (so genannte „hinkende Ehe").[10] Auch die gescheiterte Ehe unterliegt dem Schutz des Art. 6 I GG, sodass der Gesetzgeber über die Regelung der Scheidungsfolgen hinaus verpflichtet sein kann, der in dieser Situation fortwirkenden personalen Verantwortung der Ehegatten durch eine Regelung Rechnung zu tragen, die unzumutbare Härten vermeiden hilft.[11] Einer erweislich nicht auf eheliches Zusammenleben gerichteten Scheinehe ist der Schutz des Art. 6 I GG hingegen zu versagen[12]; allerdings ergibt sich aus Art. 6 I GG ein strenger Maßstab für deren Nachweis. „**Familie**" ist die **umfassende Gemein-**

---

[1] BVerfGE 105, 313 (345) – ohne die Hervorhebungen; vgl. ferner BVerfGE 121, 175 (193).
[2] BVerfGE 131, 239 (259).
[3] BVerfGE 133, 377 (409).
[4] BVerfGE 105, 313 (345 f.).
[5] *H. Sodan*, in: Sodan Art. 6 Rn. 3.
[6] EGMR, NJW 2011, 1421 (1423) – ohne die Hervorhebungen.
[7] BVerfGE 112, 50 (65).
[8] BVerfGE 29, 166 (176); *G. Robbers*, in: von Mangoldt/Klein/Starck Art. 6 Rn. 42.
[9] BVerfGE 62, 323 (330); vgl. BVerfGE 31, 58 (79); 35, 382 (407 f.); 51, 386 (396); verneint etwa für eine Ehe nach „Sinti-Art", BVerfG (Kammerbeschl.), NJW 1993, 3316 f.
[10] Siehe BVerfGE 62, 323 (331 f.).
[11] BVerfGE 55, 134 (141 f.).
[12] BVerfG (Kammerbeschl.), DVBl. 2003, 1260; *C. von Coelln*, in: Sachs, GG Art. 6 Rn. 11.

§ 34. Schutz von Ehe und Familie sowie des Elternrechts

schaft zwischen Eltern und ihren Kindern[13] einschließlich Stief-, Adoptiv- und Pflegekindern[14] sowie volljährigen Kindern[15] und unabhängig davon, ob die Gemeinschaft bzw. die Kinder ehelich oder nicht-ehelich sind[16]. Nach neuerer Rechtsprechung erstreckt sich der Schutz von Art. 6 I GG ferner auf nahe Verwandte, insbesondere Großeltern[17], weshalb nunmehr auch die sog. „Generationen-Großfamilie"[18] umfasst ist. Der verfassungsrechtliche Familienbegriff ist in geringerem Maße normgeprägt als der Begriff der Ehe.[19] Art. 6 I GG schützt auch eine sozial-familiäre Beziehung zwischen einem Kind und dessen nicht rechtlichen, aber leiblichen (biologischen) Vater.[20]

2. Schutzgebot und Abwehrrecht

Art. 6 I GG beinhaltet die Verpflichtung des Staates zum besonderen Schutz von Ehe und Familie und ein daraus resultierendes Abwehrrecht (→ § 22 Rn. 3 ff.) gegen staatliche Beeinträchtigungen. Der **sachliche Schutzbereich** reicht im Hinblick auf die „Ehe" von deren Schließung über alle Modalitäten des ehelichen Zusammenlebens bis zur Ehescheidung. Geschützt sind somit etwa der freie „Zugang" zum Institut Ehe, ihr Fortbestand[21], die freie Wahl des Ehepartners, die Aufgabenverteilung und die finanziellen Beziehungen innerhalb der Ehe. „Die Ehe als allein der Verbindung von Mann und Frau vorbehaltenes Institut […] erfährt durch Art. 6 Abs. 1 GG einen eigenständigen verfassungsrechtlichen Schutz. Um diesem Schutzauftrag Genüge zu tun, ist es insbesondere Aufgabe des Staates, alles zu unterlassen, was die Ehe beschädigt oder sonst beeinträchtigt, und sie durch geeignete Maßnahmen zu fördern".[22] Der Schutz auch des durch Ehenamenwahl erworbenen Namens erwächst nach der Judikatur des BVerfG hingegen allein aus dem allgemeinen Persönlichkeitsrecht (Art. 2 I i. V. m. Art. 1 I GG, → § 27 Rn. 6 ff.).[23] Hinsichtlich der **Familie** schützt Art. 6 I GG zunächst die Familiengründung[24], also insbesondere die freie Entscheidung für Kinder[25]. Ferner erfasst Art. 6 I GG alle Bereiche des familiären Zusammenlebens, sowohl in immateriell-persön-

3

---

[13] BVerfGE 10, 59 (66); 80, 81 (90).
[14] BVerfGE 18, 97 (106); 133, 59 (83).
[15] BVerfGE 57, 170 (178).
[16] BVerfGE 133, 59 (83). Siehe auch *H. Sodan*, Künstliche Befruchtung und gesetzliche Krankenversicherung, 2006, S. 70 ff. Nach Ansicht des BVerfG soll Art. 6 I GG allerdings nicht berührt sein, wenn der Gesetzgeber die Leistung medizinischer Maßnahmen zur Herbeiführung einer Schwangerschaft (künstliche Befruchtung) durch die gesetzliche Krankenversicherung auf miteinander verheiratete Personen beschränkt, BVerfGE 117, 316 (329); a. M. *Sodan*, a. a. O., S. 66 ff.
[17] BVerfGE 136, 382 (389 f.).
[18] Vgl. dazu *A. Uhle*, NVwZ 2015, 272 ff.
[19] Vgl. *F. Brosius-Gersdorf*, in: Dreier Art. 6 Rn. 100.
[20] BVerfGE 108, 82 (117 ff.): Grundrechtswidrigkeit einer Regelung, die den leiblichen Vater, der eine sozial-familiäre Beziehung zu seinem Kind hat, auch dann vom Umgang mit dem Kind ausschließt, wenn dieser dem Wohl des Kindes dient.
[21] Siehe hierzu BVerfGE 121, 175 (198 ff.) betr. transsexuelle Ehepartner und deren – mit Art. 6 I GG unvereinbare – gesetzliche Verpflichtung zur Ehescheidung als Voraussetzung der Anerkennung ihrer geänderten Geschlechtszugehörigkeit.
[22] BVerfGE 131, 239 (259); 133, 377 (409).
[23] BVerfGE 109, 256 (267); 123, 90 (101, 109) – betr. Zulässigkeit von Mehrfachnamen bzw. „Namensketten".
[24] BVerfGE 76, 1 (42).
[25] BVerfGE 105, 1 (11).

licher wie in materiell-wirtschaftlicher Hinsicht.[26] Er berechtigt die Familienmitglieder, ihre Gemeinschaft nach innen in familiärer Verantwortung und Rücksicht frei zu gestalten; die Auswirkungen familiärer Freiheit nach außen, vor allem auf das Berufsleben, das Schulwesen, die Eigentumsordnung und das öffentliche Gemeinschaftsleben, müssen aber mit der verfassungsmäßigen Rechtsordnung übereinstimmen.[27] Der Schutz des Art. 6 I GG erstreckt sich dabei auf sämtliche Stadien der **familiären Verantwortungsgemeinschaft:** Zuvörderst auf die familiäre Lebens- und Erziehungsgemeinschaft, aber auch auf die mit steigender Handlungs- und Entscheidungsfähigkeit der Kinder eintretende Hausgemeinschaft sowie nach deren Auflösung die Begegnungsgemeinschaft, wobei sich die mit der Zeit abnehmende Nähe der Familienmitglieder zueinander auf die Schutzintensität des Art. 6 I GG auswirkt.[28] Ferner gewährleistet Art. 6 I GG den Schutz des Verhältnisses zwischen dem Erblasser und seinem Kind.[29] Der **personelle Schutzbereich** erstreckt sich auf alle natürlichen Personen, unabhängig von deren Nationalität[30], und erfasst auch die von einem Akt der öffentlichen Gewalt betroffenen Ehepartner oder Familienangehörigen[31].

4 **Eingriffe** in den Schutzbereich (vgl. → § 24 Rn. 5 ff.) sind alle staatlichen Maßnahmen, welche die „Ehe" oder die „Familie" schädigen, stören oder sonst beeinträchtigen.[32] Soweit solche Maßnahmen zur – notwendigen – Ausgestaltung der Rechtsinstitute „Ehe" oder „Familie" erfolgen, sind sie keine Eingriffe, sofern sie nicht den durch die Institutsgarantie (→ Rn. 9) gezogenen Rahmen verlassen; bei der von Art. 6 I GG vorausgesetzten Ausgestaltung kommt dem Gesetzgeber ein „erheblicher Gestaltungsspielraum" zu.[33] Typische Eingriffe sind etwa Regelungen, die das Eingehen einer „Ehe" i. S. d. Art. 6 I GG verbieten.[34]

5 Im **Fall 30** läge ein Eingriff in Art. 6 I GG vor, wenn durch das LPartG bzw. die Eingehung einer „eingetragenen Lebenspartnerschaft" der freie Zugang zur Ehe eingeschränkt wäre. Der Gesetzgeber hat diesbezüglich keine Regelung im LPartG getroffen. Verfassungskonform kann das LPartG jedoch unter Beachtung der personellen Exklusivität einer Ehe jedenfalls dahinhend ausgelegt werden, dass eine Eheschließung automatisch zur Auflösung einer bestehenden „eingetragenen Lebenspartnerschaft" führt. Verfassungskonform dürfte es aber sogar sein, das Eingehen einer Ehe vom Nichtbestehen einer „eingetragenen Lebenspartnerschaft" abhängig zu machen, weil es grundsätzlich dem Wesen der Ehe entspricht, sie nur demjenigen offen zu halten, der nicht bereits anderweitig in einer rechtsverbindlichen Partnerschaft (z. B. einer anderen Ehe) gebunden ist. Unter Beachtung dieser verfassungskonformen Auslegung greift das LPartG insoweit nicht in Art. 6 I GG ein.[35]

6 Eingriffe in Art. 6 I GG, nicht hingegen bloß ausgestaltende Regelungen (→ Rn. 4), bedürfen der **verfassungsrechtlichen Rechtfertigung.** Da Art. 6 I GG vorbehaltlos gewährleistet ist, kommt hierzu nur kollidierendes Verfassungsrecht in Betracht (**verfas-**

---

[26] BVerfGE 112, 332 (352).
[27] BVerfGE 80, 81 (92).
[28] BVerfGE 80, 81 (90 ff.).
[29] BVerfGE 57, 170 (178); 112, 332 (352).
[30] Vgl. BVerfGE 31, 58 (67 f.); 76, 1 (41 ff.); 80, 81 (93).
[31] BVerfGE 76, 1 (44).
[32] Vgl. BVerfGE 81, 1 (6).
[33] Vgl. BVerfGE 31, 58 (69 f.); 81, 1 (6 f.); *Sachs*, VerfR II, B6 Rn. 18.
[34] Siehe BVerfGE 36, 146 (161 ff.) bzgl. Eheverbot für „Geschlechtsgemeinschaft"; BVerwGE 14, 21 (27) hinsichtlich „Zölibatsklausel" für Bereitschaftspolizisten.
[35] Siehe näher BVerfGE 105, 313 (342 ff.).

§ 34. Schutz von Ehe und Familie sowie des Elternrechts

sungsimmanente Schranken, → § 24 Rn. 19 ff.). Im Hinblick auf **„Schranken-Schranken"** (→ § 24 Rn. 22 ff.) ist neben dem Verhältnismäßigkeitsprinzip (→ § 24 Rn. 32 ff.) vor allem die in Art. 6 I GG verbürgte **Institutsgarantie** bezüglich Ehe und Familie zu beachten: Diese sichert den „Kern" bzw. die „bestimmenden Merkmale" des der Verfassung zugrunde liegenden Bildes von „Ehe" und „Familie" gegenüber staatlichen Zugriffen[36] (näher dazu → Rn. 9). Bei der Verhältnismäßigkeitsprüfung ist ferner der Charakter des Art. 6 I GG als **„wertentscheidender Grundsatznorm"** (→ Rn. 11 ff.) zu berücksichtigen.

Neben diesen freiheitsrechtlichen Garantien enthält Art. 6 I GG zudem einen **besonderen Gleichheitssatz,** der es einerseits verbietet, Ehe und Familie gegenüber anderen Lebens- und Erziehungsgemeinschaften schlechter zu stellen, und andererseits Privilegierungen der Ehe rechtfertigen kann[37]. Das Diskriminierungsverbot untersagt eine Benachteiligung von Ehegatten gegenüber Ledigen, von Eltern gegenüber Kinderlosen sowie von ehelichen gegenüber anderen Erziehungsgemeinschaften.[38] Eine Rechtfertigung kann sich nur durch „aus der Natur des geregelten Lebensverhältnisses einleuchtende Sachgründe ergeben"[39]. Relevant wird dieser Gleichheitssatz etwa bei abgabenrechtlichen Sachverhalten; so muss z. B. das Existenzminimum *sämtlicher* Familienmitglieder steuerfrei sein[40]. 7

Im **Fall 30** verstößt das LPartG auch nicht gegen das Benachteiligungsverbot des Art. 6 I GG, da die Ehe gegenüber der „eingetragenen Lebenspartnerschaft" nicht schlechter gestellt wird und ihr keine Einbußen drohen.[41] 8

3. Institutsgarantie

Als Institutsgarantie (vgl. → § 22 Rn. 27) gewährleistet Art. 6 I GG den Bestand der Rechtsinstitute „Ehe" und „Familie" insoweit, als die bestimmenden Strukturprinzipien dem Zugriff des Gesetzgebers entzogen sind. Sowohl bezüglich Eingriffen als auch ausgestaltenden Maßnahmen (vgl. → Rn. 4 f.) muss der Gesetzgeber den „Kernbestand" dieser Rechtsinstitute wahren. Hierzu gehören etwa die Ausrichtung der Ehe auf Dauerhaftigkeit und die Beschränkung der Ehe auf zwei Personen.[42] 9

Im **Fall 30** soll das LPartG nach Ansicht einer Mehrheit im Ersten Senat des BVerfG nicht der Institutsgarantie des Art. 6 I GG zuwiderlaufen, da die Strukturprinzipien des Rechtsinstitutes „Ehe" durch das LPartG bzw. die darin vorgesehene „eingetragene Lebenspartnerschaft", welche gerade keine „Ehe" sei, nicht berührt würden[43]. Dagegen ist einzuwenden, dass die „eingetragene Lebenspartnerschaft" nicht das **wesentliche eheliche Strukturprinzip der „Verschiedengeschlechtlichkeit"** erfüllt, im Übrigen aber weitgehend wie eine „Ehe" ausgestaltet ist. Daher kann allein eine *andere Bezeichnung* für eine dieses Strukturprinzip nicht erfüllende Lebensgemeinschaft nicht zu einer Verneinung der Einschlägigkeit der Institutsgarantie des Art. 6 I GG führen.[44] 10

---

[36] Vgl. BVerfGE 80, 81 (92).
[37] BVerfGE 131, 239 (259).
[38] BVerfGE 99, 216 (232) m. w. N.; 112, 268 (279); 114, 316 (333); BVerfG (Kammerbeschl.), NJW 2011, 2867 (2868).
[39] BVerfGE 28, 324 (347); 78, 128 (130).
[40] BVerfGE 99, 216 (232 ff.), auch zu Kosten für Kinderbetreuung und -erziehung.
[41] BVerfGE 105, 313 (346 f.).
[42] BVerfGE 31, 58 (69).
[43] BVerfGE 105, 313 (344 ff.).
[44] So auch das Sondervotum des Richters *H.-J. Papier,* BVerfGE 105, 357 (358 f.); vgl. ferner das Sondervotum der Richterin *E. Haas,* BVerfGE 105, 359 (360 ff.).

4. Wertentscheidende Grundsatznorm

11 Ferner gebietet Art. 6 I GG als verbindliche Wertentscheidung („wertentscheidende Grundsatznorm", vgl. → § 22 Rn. 14 ff.) für den gesamten Bereich des Ehe und Familie betreffenden privaten sowie öffentlichen Rechts einen **besonderen Schutz** durch die staatliche Ordnung; daher ist es nicht nur Aufgabe des Staates, die Ehe in ihrer wesentlichen Struktur zu gewährleisten sowie alles zu unterlassen, was sie schädigt oder sonst beeinträchtigt, sondern vor allem auch, sie durch geeignete Maßnahmen zu fördern.[45] Dies kann zugleich Schlechterstellungen anderer Partnerschaftsformen rechtfertigen,[46] soll aber keine Privilegierung der Ehe bei Benachteiligung anderer Lebensformen (etwa der eingetragenen Lebenspartnerschaft) rechtfertigen, wenn diese hinsichtlich des Lebenssachverhalts und der Regelungsziele der Ehe vergleichbar sind.[47] Nicht nur die bestehende Ehe, sondern auch die Folgewirkungen einer geschiedenen Ehe werden durch Art. 6 I GG geschützt.[48] Dabei hat der Gesetzgeber aber eine **grundsätzliche Gestaltungsfreiheit;** insbesondere steht die Förderpflicht unter dem „Vorbehalt des Möglichen".[49] Ferner lassen sich keine konkreten Ansprüche auf bestimmte staatliche Leistungen aus diesem Förderungsgebot ableiten.[50] Mit dem Fördergebot einher geht das Benachteiligungsverbot (→ Rn. 7).

12 Bezüglich der wertentscheidenden Grundsatznorm ist im **Fall 30** fraglich, ob durch die annähernde Gleichstellung der „eingetragenen Lebenspartnerschaft" mit der Ehe die staatliche Förderpflicht zugunsten der Ehe verletzt wird. Das BVerfG entnimmt dieser Förderpflicht aber gerade kein **„Abstandsgebot",** also kein Gebot zur *Besser*stellung der Ehe gegenüber anderen Lebensformen,[51] so dass auch insoweit Art. 6 I GG nicht verletzt sei. Damit verkennt das BVerfG, dass die „Ehe" vor allem in ihrer generativen Funktion ausdrücklich unter „besonderem", also *privilegierendem* Schutz des Staates steht; dies wird durch die „Heraufstufung" anderer Lebensgemeinschaften konterkariert.[52] Das BVerfG hat in den letzten Jahren die Vollangleichung von Ehe und „eingetragener Lebenspartnerschaft" durch Entscheidungen zur betrieblichen Hinterbliebenenversorgung für Arbeitnehmer des öffentlichen Dienstes[53], zum Familienzuschlag im Rahmen der Beamtenbesoldung[54], zur Erbschaftsteuer[55], Grunderwerb-

---

[45] BVerfGE 87, 1 (35); 105, 313 (346) m.w.N. Näher *U. Di Fabio,* NJW 2003, 993 (994). – Vgl. hierzu auch BVerfGE 120, 224 (245) betr. die Rechtfertigung der Strafbarkeit des Inzests (§ 173 II 2 StGB): Es werde „die lebenswichtige Funktion der Familie für die menschliche Gemeinschaft, wie sie der Verfassungsgarantie des Art. 6 I GG zu Grunde liegt, [...] entscheidend gestört, wenn das vorausgesetzte Ordnungsgefüge durch inzestuöse Beziehungen ins Wanken gerät".
[46] BVerfGE 131, 239 (259); BVerfG (Kammerbeschl.), NJW 2008, 2325 (2327).
[47] BVerfGE 124, 199 (226 ff.); 126, 400 (420 f.); a. M. BGH, NJW-RR 2007, 1441 (1442).
[48] BVerfGE 108, 351 (364) – „Ehegattensplitting".
[49] BVerfGE 87, 1 (35 f.) m.w.N.
[50] BVerfGE 82, 60 (81); 107, 205 (213).
[51] Ausführl. BVerfGE 105, 313 (347 ff.). – Ferner rechtfertigt nach Auffassung des BVerfG das Schutzgebot der Ehe gemäß Art 6 I GG keine Privilegierung der Ehe bei Benachteiligung anderer Lebensformen, wenn diese hinsichtlich des Lebenssachverhalts und der Regelungsziele der Ehe vergleichbar sind, BVerfGE 124, 199 (218, insbes. 226); a. M. BGH, NJW-RR 2007, 1441 (1442). Vgl. ferner BVerfG (Kammerbeschl.), NJW 2008, 2325 (2327).
[52] So i. E. auch *J. Braun,* JuS 2003, 21 (22); *P. J. Tettinger,* JZ 2002, 1146 (1151). Siehe zum gesamten Problembereich eingehend *M. Schüffner,* Eheschutz und Lebenspartnerschaft, 2007.
[53] BVerfGE 124, 199 ff.
[54] BVerfGE 131, 239 ff.
[55] BVerfGE 126, 400 ff.

steuer[56] und Einkommensteuer[57] sowie zur so genannten Sukzessivadoption durch eingetragene Lebenspartner[58] erheblich vorangetrieben.[59]

III. Schutz des Elternrechts

Das über Art. 6 II und III GG geschützte Elternrecht „beruht auf dem Grundgedanken, dass in aller Regel den Eltern das Wohl des Kindes mehr am Herzen liegt als irgendeiner anderen Person oder Institution"[60]. Es umfasst die Pflege, d. h. die Sorge für das körperliche Wohl, sowie die Erziehung der (minderjährigen) Kinder. Mit dem Elternrecht korrespondiert eine entsprechende Pflicht der Eltern, die nicht nur eine das Recht begrenzende Schranke darstellt (→ Rn. 17), sondern ein wesensbestimmender Bestandteil des Elternrechts ist, das insoweit treffender als „Elternverantwortung" bezeichnet werden kann[61]. Art. 6 II und III GG begründen zum einen ein **Abwehrrecht** der Eltern gegenüber staatlichen Beeinträchtigungen. Entsprechend Art. 6 I GG (→ Rn. 9, 11) wird in dem Elternrecht zudem eine **Institutsgarantie**[62] sowie eine **wertentscheidende Grundsatznorm**[63] gesehen. Auch soweit die Pflege- und Erziehungspflicht bei den Eltern liegt, hat der Staat gegenüber dem Kind eine „grundrechtliche Gewährleistungspflicht aus Art. 2 Abs. 1 in Verbindung mit Art. 6 Abs. 2 Satz 1 GG; ihm verbleibt eine Kontroll- und Sicherungsverantwortung dafür, dass sich ein Kind in der Obhut seiner Eltern tatsächlich zu einer eigenverantwortlichen Persönlichkeit entwickeln kann".[64]

13

Der **sachliche Schutzbereich** von Art. 6 II und III GG umfasst die freie Entscheidung der Eltern über Art und Weise, Ausmaß und Intensität von Pflege und Erziehung. Hierzu gehören etwa die Befugnis, die Lektüre der Kinder zu bestimmen oder Pflege und Erziehung Dritten zu überlassen, die Wahl des Vornamens des Kindes[65], ferner – im Verbund mit Art. 4 I und II GG – das Recht auf religiöse oder weltanschauliche Kindererziehung (→ § 31 Rn. 10). Ebenso wie das Fortbestandsinteresse hinsichtlich einer rechtlichen Vaterschaft selbst bei Zweifeln an der Übereinstimmung von rechtlicher und leiblicher Vaterschaft[66] schützt Art. 6 II 1 GG auch das Interesse des rechtlichen Vaters, sich von der Vaterschaft zu lösen, wenn sich herausstellt, dass er nicht der biologische Vater des Kindes ist[67]. Die gesetzliche Verpflichtung eines Elternteils zum Umgang mit seinem Kind verbunden mit (der Androhung von) Zwangsmitteln im Falle der

14

---

[56] BVerfGE 132, 179 ff.
[57] BVerfGE 133, 377 ff.
[58] BVerfGE 133, 59 ff.
[59] Krit. zu dieser Entwicklung *C. Hillgruber,* JZ 2013, 843 ff.
[60] BVerfG (Kammerbeschl.), NJW 2013, 1867 (1868).
[61] BVerfGE 56, 363 (382).
[62] Siehe *Sachs,* VerfR II, B6 Rn. 39.
[63] Vgl. BVerfGE 21, 132 (138); vgl. auch BVerfGE 84, 168 (180). Bspw. verpflichtet die in Art. 6 I i. V. m. II GG enthaltene wertentscheidende Grundsatznorm die Ausländerbehörde, bei der Entscheidung über aufenthaltsbeendende Maßnahmen die inländischen familiären Bindungen des den (weiteren) Aufenthalt begehrenden Ausländers angemessen zu berücksichtigen, BVerfG (Kammerbeschl.), NVwZ 2009, 387.
[64] BVerfGE 133, 59 (74).
[65] Siehe hierzu sowie zu den durch das staatliche Wächteramt (Art. 6 II 2 GG, → Rn. 17) gezogenen Grenzen der Namenswahl etwa BVerfG (Kammerbeschl.), NJW 2009, 663 f.
[66] BVerfG (Kammerbeschl.), NJW 2009, 425 f.
[67] BVerfGE 117, 202 (234) – betr. die Anforderungen an ein geeignetes Verfahren allein zur Feststellung der Vaterschaft.

Umgangsunwilligkeit misst das BVerfG allerdings nicht an Art. 6 II GG; stattdessen erblickt es hierin einen Eingriff in das Grundrecht des Elternteils auf Schutz der Persönlichkeit aus Art. 2 I i. V. m. Art. 1 I GG.[68]

15 Der **personelle Schutzbereich** erstreckt sich *zuvörderst* auf die *Eltern* und steht jedem Elternteil einzeln zu[69]. Träger des Elternrechts sind mithin die leiblichen Eltern sowie Adoptiveltern[70], auch im Falle der Scheidung, nicht dagegen die Pflegeeltern[71], ferner nicht die Großeltern[72], es sei denn sie sind zum Vormund des Kindes bestellt worden[73]. Der rechtliche Vater eines Kindes ist jedenfalls dann Träger des Rechts aus Art. 6 II 1 GG, wenn er für das Kind Elternverantwortung wahrnimmt.[74] Hinsichtlich nichtehelicher Kinder steht das Elternrecht nicht nur der Mutter, sondern auch dem Vater zu.[75] Allein die Stellung als leiblicher Vater macht diesen allerdings noch nicht zum Träger des Grundrechts aus Art. 6 II 1 GG, die Grundrechtsnorm schützt ihn aber in seinem Interesse, die Rechtsstellung als Vater des Kindes einzunehmen; zwar vermittelt dies kein Recht, in jedem Fall vorrangig vor dem rechtlichen Vater die Vaterstellung eingeräumt zu bekommen, jedoch muss ihm der Gesetzgeber die Möglichkeit eröffnen, die rechtliche Vaterposition zu erlangen, wenn dem der Schutz einer familiären Beziehung zwischen dem Kind und dessen rechtlichen Eltern nicht entgegensteht.[76] Ebenso muss für den Vater eines nichtehelichen Kindes eine gerichtliche Möglichkeit eröffnet sein, gegen den Willen der Mutter prüfen zu lassen, ob eine Sorgeübertragung auf ihn angezeigt ist.[77] Mit der den Eltern durch Art. 6 II 1 GG auferlegten Pflicht gegenüber dem Kind, es zu pflegen und zu erziehen, korrespondiert das Recht des *Kindes* auf Pflege und Erziehung durch seine Eltern aus Art. 6 II 1 GG.[78]

16 **Eingriffe** in das Elternrecht sind nur solche Beeinträchtigungen, die nicht der notwendigen gesetzgeberischen Ausgestaltung unter Berücksichtigung der durch die Institutsgarantie gewährleisteten „wesentlichen Elemente" des Elternrechts dienen[79]. Eingriffe sind folglich etwa die Übertragung des Sorgerechts auf einen Elternteil oder die staatliche Trennung des Kindes von den Eltern gegen deren Willen. Dies gilt auch für den Entzug des Sorgerechts für ein bereits im Waisenhaus untergebrachtes Kind.[80]

17 Schranken im Hinblick auf die **verfassungsrechtliche Rechtfertigung** von Eingriffen ergeben sich sowohl aus der Pflichtenbindung der Eltern (→ Rn. 13) als auch aus der staatlichen „Wächterfunktion" (Art. 6 II 2 GG): Aus der elterlichen Pflichtenbindung resultiert vor allem die Pflicht zur „rechtstreuen" Erziehung; danach haben sich die Eltern gegenüber ihren Kindern rechtswidriger Handlungen zu enthalten. Die staatliche „Wächterfunktion" berechtigt – und verpflichtet – den Staat demgegenüber, bei elterlichem Versagen die Pflege und Erziehung des Kindes in dessen Interesse durch geeignete Maßnahmen sicherzustellen.[81] Eine besondere Regelung hierzu im Sinne einer

---

[68] BVerfGE 121, 69 ff. – Verfassungswidrigkeit der zwangsweisen Durchsetzung der Umgangspflicht.
[69] BVerfGE 47, 46 (76); 99, 145 (164).
[70] BVerfGE 24, 119 (150); 133, 59 (73 f.).
[71] BVerfGE 79, 51 (60).
[72] BVerfGE 19, 323 (329).
[73] BVerfGE 34, 165 (200).
[74] BVerfG (Kammerbeschl.), NJW 2008, 2835.
[75] BVerfGE 92, 158 (176 ff.) – str.
[76] BVerfGE 108, 82 (99 ff.); vgl. hierzu auch BVerfG (Kammerbeschl.), NJW 2009, 423 ff.
[77] BVerfGE 127, 132 (151 ff.).
[78] BVerfGE 121, 69 (89).
[79] Vgl. BVerfGE 84, 168 (180).
[80] BVerfG (Kammerbeschl.), NJW 2014, 2936 ff.
[81] Dazu BVerfGE 24, 119 (144 f.); BVerfG (Kammerbeschl.), NJW 2004, 1586 (1587).

„Schranken-Schranke" (→ § 24 Rn. 22) trifft dabei Art. 6 III GG für die staatliche Trennung von Eltern und Kind.[82] Beschränkt wird das Elternrecht zudem durch die staatliche Schulaufsicht[83] (Art. 7 I GG, → § 35 Rn. 2 ff.). Alle Beschränkungen des Elternrechts müssen auf formellgesetzlicher Grundlage erfolgen[84] und verhältnismäßig sein.

IV. Schutz und Fürsorge für Mütter sowie Gleichstellung von unehelichen Kindern

Art. 6 IV GG enthält einen **bindenden Gesetzgebungsauftrag** bezüglich Schutz und Fürsorge von Müttern hinsichtlich deren besonderen Belastungen durch Schwangerschaft sowie Mutterschaft. Untersagt der Gesetzgeber „der Frau für eine bestimmte Zeit vor und nach der Geburt eines Kindes die Fortsetzung oder Wiederaufnahme ihrer versicherungspflichtigen Beschäftigung, so ist er gehalten, die sich aus diesem Verbot unmittelbar ergebenden sozialrechtlichen Nachteile soweit wie möglich auszugleichen."[85] Der Gesetzgeber muss allerdings nicht jede mit der Mutterschaft zusammenhängende wirtschaftliche Belastung ausgleichen.[86] Art. 6 IV GG trifft eine Wertentscheidung, die eine Ausstrahlungswirkung auf das gesamte private und öffentliche Recht hat. Darüber hinaus statuiert Art. 6 IV GG ein Abwehrrecht vor allem gegenüber Diskriminierungen von (werdenden) Müttern, die auf Schwangerschaft oder Mutterschaft beruhen. 18

Der **Gleichstellungsauftrag** des Art. 6 V GG hinsichtlich nichtehelicher Kinder verbietet vor allem die Ungleichbehandlung von ehelichen sowie nichtehelichen Kindern und enthält darüber hinaus ebenfalls einen Gesetzgebungsauftrag sowie eine verfassungsrechtliche Wertentscheidung.[87] Letztere bedeutet für die Gerichte insbesondere eine Bindung an Art. 6 V GG bei der Interpretation der so genannten einfachen, also im Rang unterhalb der Verfassung stehenden Gesetze.[88] 19

§ 35. Schulwesen

> **Fall 31** (vgl. BVerfGE 98, 218 ff.): Im Zuge der „Rechtschreibreform", durch welche zahlreiche Regeln der deutschen Sprache wegen ihrer nach „Expertenmeinung" zu schweren Erlernbarkeit für nicht mehr verbindlich erklärt und durch Neuregelungen ersetzt wurden, bestimmten die Länder auf der Grundlage eines Beschlusses der Kultusministerkonferenz und durch Erlasse ihrer Kultusministerien, dass in den Schulen nach diesen neuen Rechtschreibregeln zu unterrichten ist. Unter den zahlreichen Kritikern dieser der „Erleichterung des Schreibens" dienenden Umgestaltung des deutschen Sprachguts befinden sich auch die Eltern E: Vor allem durch die Einführung der neuen Rechtschreibregeln in den Schulen sehen sie sich u. a. in ihrem Grundrecht aus Art. 6 II 1 GG verletzt, da sie ihre Kinder nun nicht mehr mit dem ihnen – den Eltern – geläufigen „alten" Schreibgebrauch vertraut machen könnten, ohne ihre

---

[82] Siehe zu deren Voraussetzungen und Reichweite BVerfG (Kammerbeschl.), NJW 2010, 2333 (2334); NJW 2015, 223 (224).
[83] Siehe hierzu etwa BVerfG (Kammerbeschl.), NVwZ 2008, 72 (73) – betr. Ethikunterricht.
[84] Siehe dazu BVerfGE 107, 104 (120).
[85] BVerfGE 115, 259 (271).
[86] BVerfGE 60, 68 (74); 115, 259 (271); BVerfG (Kammerbeschl.), NZS 2011, 812 (814).
[87] Siehe hierzu BVerfGE 118, 45 (62 ff.): Es verstößt gegen Art. 6 V GG, die Dauer eines Unterhaltsanspruchs, den der Gesetzgeber einem Elternteil wegen der Betreuung seines Kindes gegen den anderen Elternteil einräumt, für eheliche und nichteheliche Kinder unterschiedlich zu bestimmen.
[88] BVerfG (Kammerbeschl.), NJW 2009, 1065.

Kinder zu verwirren. Demgemäß könnten sie ihren elterlichen Erziehungsauftrag nicht mehr in der Weise durchführen, wie es sachgemäß wäre. Verstößt die „Rechtschreibreform" gegen das Grundrecht der E aus Art. 6 II 1 GG?

I. Überblick über die Regelungsgehalte des Art. 7 GG

1 Art. 7 GG beinhaltet verschiedene Regelungen, die das Schulwesen betreffen. Art. 7 II und III GG (→ Rn. 5 ff.) enthalten ein Grundrecht im Hinblick auf den „Religionsunterricht", Art. 7 IV und V GG (→ Rn. 9 f.) gewährleisten die Privatschulfreiheit. Kein Grundrecht, sondern eine organisationsrechtliche Vorschrift stellt hingegen Art. 7 I GG bezüglich der staatlichen Schulaufsicht dar (→ Rn. 2 ff.).

II. Staatliche Schulaufsicht

2 Art. 7 I GG weist dem Staat die Aufsicht über das gesamte Schulwesen zu einschließlich der Befugnis „zur zentralen Ordnung und Organisation des Schulwesens mit dem Ziel, ein Schulsystem zu gewährleisten, das allen jungen Bürgern gemäß ihren Fähigkeiten die dem heutigen gesellschaftlichen Leben entsprechenden Bildungsmöglichkeiten eröffnet".[1] „**Schulen**" sind auf gewisse Dauer berechnete Einrichtungen mit einem zusammenhängenden Unterrichtsprogramm, dessen allgemeinbildender Anteil zumindest im Hintergrund besteht. Es kommt weder auf das Bestehen oder Nichtbestehen einer Schulpflicht noch auf das Lebensalter der Schüler an.[2] Diesem Schulbegriff unterfallen daher etwa auch berufsbildende Ausbildungsstätten, bei denen der Anteil allgemeinbildender Fächer zurücktritt.[3] Nicht dem Schulbegriff unterfallen daher z. B. Volkshochschulen, Fahrschulen, Tanzschulen, Kindergärten oder Lehrgänge. Für Hochschulen gilt nicht Art. 7 I, sondern Art. 5 III GG[4] (→ § 33 Rn. 8 ff.). Die Befugnis des Staates erstreckt sich etwa auf die Einrichtung von Schulen, die Festlegung der Ausbildungsgänge und Unterrichtsziele, die Aufnahmeentscheidungen[5], die Auswahl des Lehrmaterials etc.

3 Aus Art. 7 I GG können sich vor allem **Schranken für andere Grundrechte** ergeben, etwa für die allgemeine Handlungsfreiheit (Art. 2 I GG, → § 27) oder die Glaubens- und Gewissensfreiheit (Art. 4 I und II GG, → § 31) von Schülern oder Lehrern und insbesondere für das elterliche Erziehungsrecht aus Art. 6 II und III GG[6] (→ § 34 Rn. 13 ff.). Die aus Art. 7 I GG resultierenden Eingriffe müssen dabei auf formellgesetzlicher Grundlage (→ § 4 Rn. 8) beruhen und verhältnismäßig sein (→ § 24 Rn. 32 ff.).

4 In dem **Fall 31** zugrunde liegenden Sachverhalt sah das BVerfG keine Verletzung des elterlichen Erziehungsrechts. Dieses steht nämlich in einem Spannungsverhältnis zum staatlichen Auftrag aus Art. 7 I GG zu schulischer Erziehung und wird durch diesen beschränkt. Die Ver-

---

[1] BVerfGE 26, 228 (238).
[2] BVerfGE 75, 40 (77).
[3] BVerwG, NVwZ 1987, 680.
[4] BVerfGE 37, 314 (320).
[5] BVerfG (Kammerbeschl.), NJW 2013, 2813 f. – betr. Schulsprengelpflicht.
[6] Siehe etwa BVerfG (Kammerbeschl.), NVwZ 2008, 72 (73) – betr. Ethikunterricht; NJW 2009, 3151 (3152) – betr. Pflicht zur Teilnahme an Schultheaterprojekt „Mein Körper gehört mir"; siehe zum Ethikunterricht ebenfalls EGMR, NVwZ 2010, 1353 ff. Auch gibt das elterliche Erziehungsrecht aus Art. 6 II GG grundsätzlich keinen Anspruch darauf, die Erfüllung der auf Art. 7 I GG beruhenden Schulpflicht durch einen staatlich beaufsichtigten häuslichen Unterricht zu ersetzen, BVerwG, NVwZ 2010, 525 f.

mittlung der Rechtschreibung sei vornehmlich Aufgabe von Staat und Schule. Die hierbei verbleibende Unterstützungsfunktion der Eltern könnten diese angesichts der insgesamt geringen Anzahl von Neuregelungen weitgehend nach wie vor ausüben. Auch bleibe es den Eltern insoweit unbelassen, sich die neuen Schreibregeln selbst anzueignen. Sofern daher überhaupt ein Eingriff in Art. 6 II 1 GG vorliege, sei dieser angesichts des Art. 7 I GG in verhältnismäßiger Weise gerechtfertigt. Dass die Rechtschreibreform dabei nicht durch formelles Gesetz eingeführt wurde, verstoße angesichts der nur geringen Grundrechtsbeeinträchtigung nicht gegen den Parlamentsvorbehalt (→ § 6 Rn. 65, § 24 Rn. 27ff.). Als – gleichwohl notwendige – formellgesetzliche Grundlage genügten dem BVerfG insoweit allein die Regelungen des Landesschulgesetzes, welche in allgemeiner Weise die schulischen Bildungsziele festlegen.[7]

III. Religionsunterricht

Art. 7 III 1 GG durchbricht die grundsätzliche Trennung von Kirche und Staat (vgl. Art. 140 GG i. V. m. Art. 137 I WRV) und verpflichtet den Staat zur Einrichtung bzw. Veranstaltung von Religionsunterricht innerhalb des staatlichen Schulwesens einschließlich der Kostentragung hierfür. Diese verfassungsrechtliche Verpflichtung besteht jedoch nicht an bekenntnisfreien Schulen. Im Land Berlin und in der Freien Hansestadt Bremen findet Art. 7 III 1 GG gemäß Art. 141 GG keine Anwendung.[8]

5

Mit der Pflicht des Staates aus Art. 7 III 1 und 2 GG geht ein **Anspruch der „Religionsgemeinschaften"** (zum Begriff → § 31 Rn. 11) **auf Schaffung der** organisatorischen und dienstlichen **Voraussetzungen von Religionsunterricht** innerhalb des staatlichen Schulwesens einher.[9] Die Religionsgemeinschaften dürfen dabei grundsätzlich die Inhalte des Religionsunterrichts bestimmen.[10] Problematisch ist in diesem Zusammenhang, ob und inwiefern aus Art. 7 III GG ein Anspruch auf die Erteilung von islamischem Religionsunterricht als „ordentliches Lehrfach" resultiert.[11] Ein Anspruch auf Einführung von Ethikunterricht ergibt sich weder aus Art. 7 III, 140 GG i. V. m. Art. 137 VII WRV noch aus dem elterlichen Erziehungsrecht (→ § 34 Rn. 14).[12]

6

Art. 7 III 3 GG konkretisiert die Religions- und Weltanschauungsfreiheit (Art. 4 I und II GG, → § 31 Rn. 2ff.) von Lehrern dahingehend, dass diese unbeschadet ihrer öffentlichen Dienst- bzw. Beamtenstellung nicht gegen ihren Willen zur Erteilung von Religionsunterricht verpflichtet werden können.

7

Art. 7 II GG gibt den Erziehungsberechtigten in Konkretisierung des elterlichen Erziehungsrechts bezüglich religiöser und weltanschaulicher Fragen (Art. 6 II i. V. m. Art. 4 GG) die Befugnis, über die Teilnahme ihres Kindes am Religionsunterricht zu bestimmen. Sobald das Kind indes „religionsmündig" (vgl. → § 23 Rn. 9) ist, darf es auf Grundlage von Art. 4 GG selbst über seine Teilnahme am Religionsunterricht entscheiden.

8

---

[7] Vgl. ausführl. BVerfGE 98, 218 (244ff.). Vgl. ferner hinsichtlich der Einführung eines Schulfaches „Sexualkunde" BVerfGE 47, 46ff.
[8] S. Schmahl, in: Sodan Art. 141 Rn. 2.
[9] Vgl. BVerwGE 123, 49 (52ff., 73ff.).
[10] Siehe dazu im Einzelnen BVerfGE 74, 244 (252ff.).
[11] Siehe dazu ausführl. BVerwGE 123, 49ff.; S. Muckel, JZ 2001, 58ff.; ferner S. Korioth, NVwZ 1997, 1041ff. Vgl. zum islamischen Religionsunterricht speziell in Berlin, wo Art. 7 III 1 GG wegen Art. 141 GG nicht gilt, BVerwG, NVwZ 2000, 922ff.; OVG Berlin, NVwZ 1999, 786ff.; VG Berlin, NVwZ 2002, 1011ff.
[12] VGH Mannheim, DVBl. 2013, 519ff.

IV. Privatschulfreiheit

9 Art. 7 IV 1 GG enthält „unter Absage an ein staatliches Schulmonopol"[13] eine **institutionelle Garantie** zugunsten privater Schulen (zum Schulbegriff → Rn. 2) und gewährleistet als **Abwehrrecht** deren freie Errichtung einschließlich der eigenverantwortlichen Ausgestaltung des Schulbetriebs[14]; zudem verbietet er die Benachteiligung gleichwertiger Ersatzschulen (→ Rn. 10) gegenüber den entsprechenden staatlichen Schulen allein wegen ihrer andersartigen Erziehungsformen und -inhalte[15]. Art. 7 IV 1 GG schützt also gerade „die Vielfalt der Formen und Inhalte, in denen Schule sich darstellen kann".[16]

10 Der freiheitsrechtliche Gehalt von Art. 7 IV 1 GG wird durch die Genehmigungsvorbehalte in Art. 7 IV 2 bis 4, V GG verfassungsunmittelbar beschränkt: Sofern private Schulen als Ersatz für vorhandene oder grundsätzlich vorgesehene öffentliche Schulen errichtet werden (**„Ersatzschulen"**), bedürfen sie nach Art. 7 IV 2 GG der staatlichen Genehmigung. Für deren Erteilung ist es erforderlich, dass die wirtschaftliche und rechtliche Stellung der Lehrkräfte genügend gesichert ist, die Ersatzschule im Hinblick auf Lehrziele, Einrichtungen und Ausbildung der Lehrkräfte nicht hinter öffentlichen Schulen zurücksteht und eine Sonderung der Schüler nach den Besitzverhältnissen der Eltern nicht gefördert wird (Art. 7 IV 3, 4 GG). Da die letzte Voraussetzung regelmäßig dazu führt, dass private Ersatzschulen Schulgelder nicht in einer Höhe erheben dürfen, die im Hinblick auf den hohen Finanzierungsaufwand zur Erfüllung der anderen beiden Voraussetzungen kostendeckend wären, leitet das BVerfG aus Art. 7 IV und V GG eine grundsätzliche Pflicht des Staates zu finanzieller Förderung solcher Schulen ab[17] (→ § 22 Rn. 26). Private **Volksschulen** – dazu gehören jedenfalls private Grundschulen, nach weit verbreiteter Ansicht aber auch (private) Hauptschulen – sind nur unter den engen Voraussetzungen des Art. 7 V GG zuzulassen, also insbesondere bei Anerkennung eines besonderen pädagogischen Interesses durch die Unterrichtsverwaltung.[18] Da es sich bei ihnen regelmäßig zugleich um Ersatzschulen handelt, müssen zusätzlich die Genehmigungsanforderungen des Art. 7 IV 3 und 4 GG gewahrt sein. Die Errichtung von „Ergänzungsschulen" unterliegt dagegen nicht dem Genehmigungsvorbehalt des Art. 7 IV 2 bis 4, V GG; Ergänzungsschulen sind Schulen, „für die vergleichbare öffentliche Schulen in der Regel nicht bestehen und in denen der Schulpflicht nicht genügt werden kann".[19] Angesichts des relativ engen Schulbegriffs (→ Rn. 2) zählen hierzu primär die berufsbildenden Schulen.

§ 36. Versammlungsfreiheit

Fall 32: Einen Protestmarsch deutscher Neonazis unter dem Motto „Gegen die Kriminalisierung nationaler Deutscher und Niederländer", der von Deutschland aus über die niederländische Grenze und zurück führen soll, meldeten die Veranstalter bei der zuständigen Behörde als Versammlung an. Aufgrund einer Verhaltensordnung durch die Veranstalter ist es bisher bei vergleichbaren Veranstaltungen zu keinen Gewalttaten von Seiten der Teilnehmer gekommen. Gleichwohl verbietet die zuständige Behörde nach § 15 I VersG die Durchführung der

---

[13] BVerfG (Kammerbeschl.), NVwZ 2011, 1384.
[14] Siehe BVerfGE 27, 195 (200f.); 75, 40 (61); BVerwGE 145, 333 (342).
[15] BVerfGE 27, 195 (201).
[16] BVerfG (Kammerbeschl.), NVwZ 2011, 1384.
[17] Siehe im Einzelnen zu dieser Förderpflicht BVerfGE 75, 40 (63ff.); 90, 107 (115ff.). Nach neuerer Fortentwicklung dieser Rspr. verpflichtet Art. 7 IV GG den Staat aber nur dann zur finanziellen Förderung privater Ersatzschulen, wenn ohne eine solche Förderung der Bestand des Ersatzschulwesens als Institution evident gefährdet wäre, siehe BVerfGE 112, 74 (83ff.). Zur Unterstellung der Privatschulfinanzierung unter einen Haushaltsvorbehalt siehe *T. Schwabenbauer*, DÖV 2011, 672ff.
[18] Grundlegend hierzu BVerfGE 88, 40 (50ff.).
[19] BVerfGE 27, 195 (202).

Veranstaltung, weil eine Verletzung der öffentlichen Sicherheit und Ordnung zu befürchten sei. Die Veranstalter sehen darin einen Verstoß gegen ihre Versammlungsfreiheit aus Art. 8 GG. Zu Recht?

I. Bedeutung der Versammlungsfreiheit

Die durch Art. 8 GG gewährleistete Versammlungsfreiheit gehört als Freiheit zu kollektiver Meinungsäußerung ebenso wie Art. 5 I GG zu den „unentbehrlichen und grundlegenden Funktionselementen eines demokratischen Gemeinwesens [...], welches für eine freiheitliche demokratische Staatsordnung konstituierend ist; denn sie erst ermöglicht die ständige geistige Auseinandersetzung und den Kampf der Meinungen als Lebenselement dieser Staatsform" und bietet damit die Möglichkeit des Bürgers zur Einflussnahme auf die politische Willensbildung.[1] Die Bedeutung der Versammlungsfreiheit führt dazu, dass oftmals das verwaltungsgerichtliche Eilverfahren Funktionen des Hauptsacheverfahrens übernehmen muss; dies bedeutet, dass insbesondere bei Versammlungen, die auf einen einmaligen Anlass bezogen sind, eine intensivere gerichtliche Prüfung erfolgen muss als die sonst im einstweiligen Rechtsschutzverfahren übliche „summarische" Prüfung (vgl. → § 106 Rn. 13).[2]

II. Schutzbereich

Versammlungsfreiheit steht allen Deutschen i. S. d. Art. 116 GG zu (**personeller Schutzbereich**).[3] In **sachlicher** Hinsicht geschützt wird „das Recht, sich ohne Anmeldung oder Erlaubnis friedlich und ohne Waffen zu versammeln". Von zentraler Bedeutung ist dabei der Begriff der **„Versammlung"**: Unstreitig ist hierfür zunächst die örtliche Zusammenkunft einer Personen*mehrheit* erforderlich. Da Schutzzweck die Willensbildung bzw. -kundgabe *zusammen mit anderen* ist, bilden eine solche „Mehrheit" bereits *zwei* Personen[4]. Vor dem Hintergrund des kollektiven Elements des Grundrechtsschutzes sind auch Personenvereinigungen, die keine juristischen Personen sind, grundrechtsfähig, sofern sie eine festgefügte Struktur haben und auf gewisse Dauer angelegt sind.[5] Zur Abgrenzung von bloßen **Ansammlungen** muss darüber hinaus ein *gemeinsamer* (und nicht nur gleichzeitiger) Zweck verfolgt werden, d. h. eine innere Verbindung der Personen zu *gemeinsamer* Zweckverfolgung gegeben sein und die Zweckerreichung gerade durch die gemeinsame Verfolgung effektiviert werden. Daran fehlt es regelmäßig bei bloßen Menschenaufläufen infolge Schaulustigkeit oder bei Massenveranstaltungen wie Rockkonzerten oder ähnlichem. Streitig ist dabei, ob bereits *jeder* gemeinsam verfolgte Zweck ausreichend ist[6]. Angesichts des Schutzzwecks (vgl. → Rn. 1) ist dem entgegenzutreten: „Zweck" kann nur die **gemeinsame** (nicht notwendigerweise verbale) **Meinungsbildung oder -äußerung** sein[7]; ansonsten müsste streng genommen bereits jede Ausübung eines Mannschaftssports, etwa eines Fußball-

---

[1] BVerfGE 69, 315 (344f., 346); vgl. auch BVerfG (Kammerbeschl.), NVwZ 2013, 570 (571).
[2] BVerfG (Kammerbeschl.), NVwZ 2013, 570 (572 m.w.N.).
[3] Siehe näher *H. Sodan*, in: Sodan Art. 8 Rn. 8.
[4] So auch die wohl überwiegende Ansicht im Schrifttum, etwa *W. Höfling*, in: Sachs, GG Art. 8 Rn. 13 m.w.N.; siehe zu Nachw. für die verschiedenen Gegenansichten, welche mehr als zwei Personen fordern, *P. Kunig*, in: v. Münch/Kunig Art. 8 Rn. 13.
[5] BVerfGE 122, 342 (355).
[6] So etwa *W. Höfling*, in: Sachs, GG Art. 8 Rn. 14ff. m.w.N.
[7] BVerfG (Kammerbeschl.), NJW 2001, 2459 (2460); NVwZ 2011, 422 (423); *P. Kunig*, in: v. Münch/Kunig Art. 8 Rn. 14 m.w.N.; vgl. auch BVerfGE 84, 203 (209); BVerwGE 82, 34 (38f.).

spiels, dem Schutz des Art. 8 GG unterliegen⁸. Nach Ansicht des BVerfG setzt die Eröffnung des Schutzbereichs voraus, dass die Zusammenkunft „auf die Teilhabe an der **öffentlichen Meinungsbildung**" gerichtet ist⁹. Nicht ausreichend ist es jedenfalls, wenn der Kundgabezweck als bloßer Nebenzweck deutlich hinter einen anderen Hauptzweck zurücktritt. Daher ist etwa die „Love Parade" keine Versammlung i. S. d. Art. 8 GG.¹⁰

3 Der Schutzbereich erfasst nur **„friedliche"** Versammlungen, d. h. solche, die nicht einen gewalttätigen oder aufrührerischen Verlauf nehmen bzw. erwarten lassen. Dabei kommt es nicht auf den Gewaltbegriff des § 240 StGB, sondern darauf an, ob Handlungen von einiger Gefährlichkeit wie etwa aggressive Ausschreitungen gegen Personen oder Sachen oder sonstige Gewalttätigkeiten stattfinden.¹¹ Allerdings sind unfriedliche Handlungen Einzelner nicht geeignet, eine im Übrigen friedliche Versammlung „umzufunktionieren" und den friedlichen Teilnehmern den Schutz des Art. 8 GG zu nehmen; entscheidend ist vielmehr die *kollektive* Unfriedlichkeit oder deren Anstrebung oder Billigung durch die Veranstalter.¹²

4 Geschützt über Art. 8 GG sind alle **Verhaltensweisen,** die mit der Versammlung in unmittelbarem sachlichem Zusammenhang stehen. Hierzu gehören insbesondere die freie Entscheidung über die Teilnahme an oder das Fernbleiben von einer Versammlung sowie das Selbstbestimmungsrecht über Ort, Zeitpunkt, Art und Inhalt der Versammlung.¹³ Das Grundrecht der Versammlungsfreiheit verschafft zwar kein Zutrittsrecht zu jedweden beliebigen, nicht allgemein oder nur zu bestimmten Zwecken zugänglichen Orten (etwa Behörden, Schwimmbädern, Krankenhäusern), verbürgt die Durchführung von Versammlungen aber dort, wo ein allgemeiner öffentlicher Verkehr eröffnet ist, wie insbesondere im öffentlichen Straßenraum oder in als öffentlichen Foren ausgestalteten Örtlichkeiten wie etwa bestimmten Bereichen eines Flughafens.¹⁴ Geschützt ist auch „das Interesse des Veranstalters, auf einen Beachtungserfolg nach seinen Vorstellungen zu zielen, also gerade auch durch eine möglichst große Nähe zu dem symbolhaltigen Ort".¹⁵ Vom Schutz des Grundrechts erfasst sind ferner der Zugang zur Versammlung sowie die Organisationsmaßnahmen, die zur Veranstaltung einer Versammlung nötig sind.

5 Im **Fall 32** ist der Schutzbereich des Art. 8 GG eröffnet, da nicht nur ortsfeste Versammlungen, sondern auch Demonstrationszüge geschützt sind und für eine „Unfriedlichkeit" keine Anhaltspunkte bestehen.

---

⁸ Dafür aber wohl *H. Schulze-Fielitz,* in: Dreier Art. 8 Rn. 26 m. w. N.; bejahend für die *Zuschauer* eines Fußballspiels auch *T. Burmeister/H. Huba,* Jura 1989, 36 (37).

⁹ BVerfGE 104, 92 (104); 128, 226 (250) – jew. ohne die Hervorhebungen; vgl. ferner BVerfG (Kammerbeschl.), NVwZ 2005, 80; für Einbeziehung „privater" Versammlungen aber *W. Höfling,* in: Sachs, GG Art. 8 Rn. 19; *P. Kunig,* in: v. Münch/Kunig Art. 8 Rn. 17.

¹⁰ So zu Recht BVerfG (Kammerbeschl.), NJW 2001, 2459 (2460f.), dort ebenso bezüglich „Fuckparade". Siehe dazu näher *H. Sodan,* in: Sodan Art. 8 Rn. 4.

¹¹ BVerfGE 73, 206 (248f.); 87, 399 (406); BVerfG (Kammerbeschl.), NJW 2011, 3020 (3022).

¹² BVerfGE 69, 315 (360f.).

¹³ Vgl. BVerfGE 73, 206 (249); BVerfG (Kammerbeschl.), NVwZ 2013, 570 (571).

¹⁴ Siehe ausführl. BVerfGE 128, 226 (250ff.). Siehe zu diesem Urteil *A. Berger,* Jura 2013, 279ff.; *P.-L. Krüger,* DÖV 2012, 837ff.

¹⁵ BVerfG (Kammerbeschl.), NJW 2007, 2167 (2169); vgl. auch bereits BVerfGE 69, 315 (323, 365).

III. Eingriffe

Eingriffe in Art. 8 GG sind zunächst alle Maßnahmen, welche die geschützten Verhaltensweisen regeln, etwa Verbote, Auflagen, Auflösungen, Erlaubnis- oder Anmeldepflichten (vgl. → § 24 Rn. 5). Das gleiche gilt für die Anknüpfung staatlicher Sanktionen an die Grundrechtsausübung[16]. Zudem stellen auch **mittelbare Beeinträchtigungen**, die in ihrer Wirkung **imperativen Eingriffen** gleich- oder zumindest nahekommen (vgl. → § 24 Rn. 7f.), Eingriffe dar. Dies kann etwa bei der Behinderung der Anfahrt zur Versammlung, schleppenden vorbeugenden Kontrollen[17] oder pauschalen Durchsuchungen aller Versammlungsteilnehmer[18] ebenso der Fall sein wie bei „abschreckender" Observation und Registrierung[19]. Das Bewusstsein, dass die Teilnahme an einer Versammlung festgehalten wird, kann eine Einschüchterungswirkung haben, die auf die Grundlagen der demokratischen Auseinandersetzung rückwirkt.[20]

IV. Verfassungsrechtliche Rechtfertigung

1. Versammlungen unter freiem Himmel

Art. 8 II GG enthält einen **Gesetzesvorbehalt** für Versammlungen **unter freiem Himmel,** da diese aufgrund des räumlichen Außenweltkontaktes grundsätzlich ein höheres Gefahrenpotential aufweisen als Versammlungen in geschlossenen Räumen. Daher kommt es für die Abgrenzung entgegen dem Wortlaut („unter freiem Himmel") nur auf die räumliche Umschlossenheit *zu den Seiten* hin an, nicht auf die „nach oben" (z. B. Dächer). Indessen gelten Versammlungen an Orten allgemeinen kommunikativen Verkehrs auch dann als solche unter freiem Himmel, wenn der Ort, welcher der Allgemeinheit eröffnet ist, in geschlossene Gebäude liegt (etwa einem Flughafen, → Rn. 4); denn entscheidend ist, „dass Versammlungen an solchen Orten ihrerseits in einem öffentlichen Raum, das heißt inmitten eines allgemeinen Publikumsverkehrs stattfinden und von diesem nicht räumlich getrennt sind".[21]

Der Gesetzesvorbehalt hinsichtlich Versammlungen unter freiem Himmel wird für öffentliche, d. h. jedermann zugängliche Versammlungen vor allem durch das **Versammlungsgesetz** (VersG)[22] ausgefüllt. Soweit dieses einschlägige Regelungen enthält, verbietet es für öffentliche Versammlungen grundsätzlich den Rückgriff auf das allgemeine Polizei- und Ordnungsrecht („Polizeifestigkeit") sowie das Straßen(verkehrs)recht. Allerdings kann bei Vorliegen der Voraussetzungen des § 15 III Var. 3 VersG (unmittelbare Gefahr für die öffentliche Sicherheit) aus Verhältnismäßigkeitsgründen (vgl. → § 24 Rn. 32ff.) ein Rückgriff auf polizeiliche Standardmaßnahmen als „Minus-Maßnah-

---

[16] Vgl. dazu etwa BVerfGE 87, 399 (406ff.).
[17] Vgl. BVerfGE 69, 315 (349).
[18] BVerfG (Kammerbeschl.), NVwZ-RR 2010, 625 (626).
[19] BVerfGE 69, 315 (349) unter Bezugnahme auf BVerfGE 65, 1 (43); *M.-E. Geis,* in: Friauf/Höfling Art. 8 Rn. 73. Dagegen darauf abstellend, ob sich solche Maßnahmen gegen die *Versammlungs*teilnehmer in gerade dieser Eigenschaft richten, *H. Bäumler,* JZ 1986, 469 (471f.) und *Pieroth/Schlink/Kingreen/Poscher* Rn. 767 m.w.N.
[20] BVerfGE 122, 342 (369).
[21] BVerfGE 128, 226 (255).
[22] Gemäß Art. 125a I 1 GG gilt das als Bundesgesetz erlassene VersG fort; aufgrund der Änderung des Art. 74 I Nr. 3 GG a. F. haben jedoch nunmehr die Länder die Gesetzgebungskompetenz auf dem Gebiet des Versammlungswesens; vgl. BVerfGE 128, 226 (257); BerlVerfGH, NVwZ-RR 2014, 577 (578f.); *J. Schäffer,* DVBl. 2012, 546 (548).

men" zulässig oder gar geboten sein.[23] Verfassungsrechtlichen Bedenken begegnet vor allem die **Anmeldepflicht** des § 14 VersG (vgl. auch § 15 II Var. 1 VersG), da bei deren strikter Befolgung so genannte Spontan- oder Eilversammlungen praktisch unmöglich würden. Das BVerfG legt § 14 VersG aber **verfassungskonform** (vgl. → § 2 Rn. 13ff.) dahingehend aus, dass für Eilversammlungen eine verkürzte, für Spontanversammlungen gar keine Anmeldefrist besteht[24].

9 Von besonderer Wichtigkeit für die Rechtfertigung von Eingriffen in Art. 8 GG ist der Grundsatz der **Verhältnismäßigkeit** (→ § 24 Rn. 32ff.). Aus diesem ergibt sich etwa, dass Verbote und Auflösungen nach § 15 VersG aufgrund der hohen Bedeutung der Versammlungsfreiheit im Grundsatz nicht schon bei jeder Gefährdung der „öffentlichen Sicherheit und Ordnung" (vgl. § 15 I und III VersG, zu den Begriffen → § 68 Rn. 6ff.) erfolgen können, sondern nur zum Schutz von Rechtsgütern, die der Bedeutung des Art. 8 I GG gleichwertig sind und deren Gefährdung „unmittelbar" ist, d. h. auf erkennbaren Umständen beruht[25]. Bloße Gefährdungen der öffentlichen *Ordnung* genügen hierfür im Allgemeinen nicht[26], ebensowenig reine „Belästigungen Dritter, die sich aus der Gruppenbezogenheit der Grundrechtsausübung ergeben und sich ohne Nachteile für den Versammlungszweck nicht vermeiden lassen"[27]. Überdies ist zu beachten, dass Verbote und Auflösungen nur als *ultima ratio* in Betracht kommen und zuvor mildere Mittel, insbesondere Auflagenerteilungen, ausgeschöpft worden sein müssen.[28] Auch die Vorratsdatenspeicherung in Gestalt von Übersichtsaufzeichnungen ist nur zulässig, wenn sie einer strengen Verhältnismäßigkeitsprüfung standhält. Es müssen „tatsächliche Anhaltspunkte die Annahme rechtfertigen, dass von der Versammlung erhebliche Gefahren für die öffentliche Sicherheit oder Ordnung ausgehen."[29] Für die Verhältnismäßigkeitskontrolle relevant sind ferner Kooperationsbemühungen der Behörden bzw. der Veranstalter im Vorfeld der Versammlungsdurchführung.[30] Die besondere Störanfälligkeit eines der Allgemeinheit eröffneten Raumes (z. B. eines Flughafens, → Rn. 4) kann nach Maßgabe des Verhältnismäßigkeitsgrundsatzes insoweit weitergehende Einschränkungen der dort geltenden Versammlungsfreiheit rechtfertigen, als sie im öffentlichen Straßenraum zulässig sind.[31]

---

[23] Grundlegend BVerwGE 64, 55ff.; siehe hierzu *R. Pitschas*, JA 1982, 442 (443f.). Vgl. auch *A. Meßmann*, JuS 2007, 524ff.; *N. Schaks*, Iurratio 2013, 138ff. Ablehnend gegenüber den Minusmaßnahmen *F. Schoch*, JuS 1994, 479 (480f.).

[24] Siehe BVerfGE 69, 315 (350); 85, 69 (75); BVerfG (Kammerbeschl.), NVwZ 2012, 818 (820); im Hinblick auf den Wortlaut des Art. 8 I GG („ohne Anmeldung") dagegen für Verfassungswidrigkeit des § 14 VersG *W. Höfling*, in: Sachs, GG Art. 8 Rn. 63f.

[25] BVerfGE 69, 315 (352ff.); BVerfG (Kammerbeschl.), NJW 2001, 1409 (1410); NJW 2007, 2172 (2173); NJW 2010, 141 (142): „Bloße Verdachtsmomente und Vermutungen reichen für sich allein nicht aus"; fast wortgleich auch BVerfG (Kammerbeschl.), NVwZ 2013, 570 (571).

[26] BVerfGE 69, 315 (353); 111, 147 (158f.); legitimieren können sie aber Auflagen, siehe BVerfG (Kammerbeschl.), NJW 2001, 1409 (1410) – „Holocaust-Gedenktag"; vgl. auch → Rn. 10 a. E.

[27] BVerfGE 128, 226 (261).

[28] Siehe näher *H. Sodan*, in: Sodan Art. 8 Rn. 12.

[29] BVerfGE 122, 342 (372).

[30] Siehe dazu BVerfGE 69, 315 (355ff., insbes. 356f.); BVerfG (Kammerbeschl.), NJW 2001, 2078f.

[31] BVerfGE 128, 226 (LS 2, S. 261ff.).

§ 37. Vereinigungs- und Koalitionsfreiheit

Problematisch ist die verfassungsrechtliche Rechtfertigung von **Verboten von Versammlungen mit rechtsextremistischem Hintergrund**. Vor allem das **OVG Münster** ist der Ansicht, dass die Wertungen der Art. 9 II, 18, 21 II, 20 IV und 79 III GG als Auslegungsmaßstab für § 15 VersG bzw. als verfassungsimmanente Schranken Verbote von Versammlungen, die durch ein Bekenntnis zum Nationalsozialismus motiviert sind, auch unterhalb der Schwelle strafbarer Handlungen oder von Art. 18 S. 2 und Art. 21 II GG rechtfertigen könnten[32]. In dem **Fall 32** zugrunde liegenden Sachverhalt hat es das Verbot wegen des an den Einmarsch deutscher Truppen im Jahr 1940 erinnernden Grenzübertritts zudem wegen Art. 26 I GG bestätigt[33]. Dagegen ist nach Auffassung des **BVerfG** für eine *einengende* Auslegung des § 15 VersG hinsichtlich der befürchteten Verbreitung neonazistischen Gedankenguts wesentlich, dass zur Abwehr von kommunikativen Angriffen auf Verfassungsgüter besondere Strafrechtsnormen (z. B. §§ 84ff., 130 StGB) geschaffen wurden[34]; *unterhalb* dieser Strafbarkeitsschwelle kommen nur Beeinträchtigungen der „öffentlichen Ordnung" – etwa durch einschüchterndes oder provozierendes Auftreten oder die Wahl besonders symbolträchtiger Veranstaltungstage – in Betracht, deren Gefährdung allerdings im Allgemeinen nicht ein Verbot der Versammlung, sondern nur Auflagen als milderes Mittel zu rechtfertigen vermag[35]. Daher hat das BVerfG auch in dem **Fall 32** zugrunde liegenden Sachverhalt das Versammlungsverbot für verfassungswidrig erachtet[36].

10

2. Versammlungen in geschlossenen Räumen

Versammlungen **in geschlossenen Räumen** sind hingegen vorbehaltlos gewährleistet (Ausnahme: Art. 17a I GG) und können daher nur zugunsten kollidierenden Verfassungsrechts (→ § 24 Rn. 19ff.) eingeschränkt werden[37]. Die gleichwohl erforderliche gesetzliche Grundlage liefern insbesondere die §§ 5ff. VersG, soweit sie kollidierendes Verfassungsrecht konkretisieren[38].

11

§ 37. Vereinigungs- und Koalitionsfreiheit

Fall 33 (nach BVerfGE 100, 214ff.): M ist Mitglied der Gewerkschaft G und montiert Fahrzeuge bei dem Automobilhersteller A. Seit einiger Zeit zeigt sich M unzufrieden mit der Tarifpolitik der G gegenüber A. Angesichts der bevorstehenden Betriebsratswahl, zu der auch G mit einer eigenen Kandidatenliste antritt, entschließt sich M, seiner bisher stillen Opposition zur eigenen Gewerkschaft endlich Taten folgen zu lassen. Er lässt sich auf einer konkurrierenden Liste zur Betriebsratswahl aufstellen. Während des Wahlkampfs betont M wiederholt seine Mitgliedschaft in der G und seine ablehnende Haltung gegenüber deren Politik. Der Vorstand der G beschließt nach der Durchführung des satzungsgemäßen Untersuchungsverfahrens den Ausschluss des M aus der G. Der Kontrollausschuss der G weist die Beschwerde des M zurück. M ruft das zuständige LG an, welches den Ausschluss für unwirksam erklärt, da es die Maßnahme für einen Verstoß gegen § 20 II BetrVG und damit nach § 134 BGB für nichtig erachtet. § 20 II BetrVG verbietet die unzulässige Beeinflussung von Betriebsratswahlen. G fühlt sich durch die Entscheidung des Gerichts in ihrer Koalitionsfreiheit verletzt. Zu Recht?

---

[32] Siehe ausführl. OVG Münster, NJW 2001, 2111f.; 2113f.; 2114f.; 2986f.
[33] OVG Münster, NJW 2001, 2111f. – Angesichts Art. 26 I GG auf die Möglichkeit einer Verletzung der „öffentlichen Sicherheit" hinweisend auch *G. Seidel*, DÖV 2002, 283 (289f.).
[34] Siehe etwa BVerfG (Kammerbeschl.), NJW 2001, 2069 (2071); 2072 (2074).
[35] Vgl. BVerfGE 111, 147 (154ff., 157ff.); BVerfG (Kammerbeschl.), NJW 2001, 1409 (1410f.); 2069 (2071f.); 2072 (2074); 2076 (2077f.); NVwZ 2002, 983f.
[36] BVerfG (Kammerbeschl.), NJW 2001, 2069 (2071f.).
[37] Siehe BVerwG, DVBl. 1999, 1740 (1742).
[38] Insoweit krit. zur Verfassungsmäßigkeit des § 7 I VersG (Pflicht zur Bestellung eines Versammlungsleiters) *W. Höfling*, in: Sachs, GG Art. 8 Rn. 81.

I. Bedeutung und Systematik des Art. 9 GG

1 Art. 9 GG beinhaltet zwei Grundrechtskomplexe. Art. 9 I GG schützt die **allgemeine Vereinigungsfreiheit**. Art. 9 III GG garantiert das Recht, Vereinigungen zur Wahrung der Arbeits- und Wirtschaftsbedingungen (Koalitionen) zu bilden, und statuiert damit eine **spezielle Vereinigungsfreiheit**.[1] Die allgemeine Vereinigungsfreiheit wird gemeinhin zu den demokratischen Grundrechten bzw. den Kommunikationsgrundrechten gezählt. Damit steht sie den Freiheiten aus Art. 5, 8, 17 und 21 GG nahe,[2] erschöpft sich jedoch nicht in der Gewährleistung des demokratischen Meinungsbildungsprozesses, sondern schützt auch die wirtschaftliche Vereinigungsfreiheit, d. h. die Freiheit, sich zu Personen- und Kapitalgesellschaften zu vereinen[3]. Art. 9 I GG dient dem „Prinzip freier sozialer Gruppenbildung", einem konstituierenden Grundsatz der demokratischen und rechtsstaatlichen Ordnung.[4] Art. 9 III GG gehört sowohl zu den Kommunikationsfreiheiten[5] als auch zu den „Wirtschaftsgrundrechten"[6].

II. Allgemeine Vereinigungsfreiheit

1. Schutzbereich

a) Begriff der „Vereinigung"

2 Die Begriffe „Vereine und Gesellschaften" in Art. 9 I GG lassen sich unter dem Oberbegriff „Vereinigung" zusammenfassen.[7] Zur Bestimmung des Begriffs der Vereinigung kann § 2 I VereinsG herangezogen werden.[8] Eine **Vereinigung** i. S. d. Art. 9 I GG ist ein auf Dauer angelegter, freiwilliger Zusammenschluss einer Mehrheit natürlicher oder juristischer Personen, welcher der Verfolgung eines gemeinsamen Zwecks dient und eine organisierte Willensbildung aufweist.[9] Eine Mehrheit von Personen liegt bereits bei zwei Mitgliedern vor.[10] Durch die Merkmale „Dauerhaftigkeit" und „organisierte Willensbildung" unterscheidet sich die Vereinigung von der Versammlung i. S. d. Art. 8 I GG (→ § 36 Rn. 2). Diese Merkmale sind weit auszulegen. Daher genießen auch vorübergehende Zusammenschlüsse den Schutz des Grundrechts.[11] Lediglich ein **Mindestmaß an organisatorischer Stabilität** ist erforderlich, nicht etwa regelmäßige Zusammenkünfte oder eine bestimmte Organisationsform.[12] Die Art des verfolgten Zwecks ist unerheblich (**Zweckoffenheit**). Denkbar sind politische, kulturelle, sportliche, künstlerische, aber auch wirtschaftliche Vereinsziele.[13] Die Rechtsfähigkeit der Vereinigung ist nicht von Bedeutung.[14]

---

[1] Vgl. etwa BVerfGE 84, 212 (224); *W. Löwer*, in: v. Münch/Kunig Art. 9 Rn. 10.
[2] *H. Bauer*, in: Dreier Art. 9 Rn. 20.
[3] *S. Rixen*, in: Stern/Becker Art. 9 Rn. 16; *H. Sodan*, LKV 2012, 193 (198).
[4] BVerfGE 50, 290 (353).
[5] *W. Höfling*, in: Sachs, GG Art. 9 Rn. 3.
[6] Vgl. *H. Bauer*, in: Dreier Art. 9 Rn. 20.
[7] *W. Löwer*, in: v. Münch/Kunig Art. 9 Rn. 35; siehe auch Art. 9 II GG.
[8] *D. Murswiek*, JuS 1992, 116 (117).
[9] BVerwGE 106, 177 (181).
[10] So auch *H. Bauer*, in: Dreier Art. 9 Rn. 39; *H. D. Jarass*, in: Jarass/Pieroth Art. 9 Rn. 3; *W. Löwer*, in: v. Münch/Kunig Art. 9 Rn. 28.
[11] Z. B. Bürgerinitiativen, *W. Höfling*, in: Sachs, GG Art. 9 Rn. 16; *H. D. Jarass*, in: Jarass/Pieroth Art. 9 Rn. 3.
[12] *H. Bauer*, in: Dreier Art. 9 Rn. 41.
[13] *D. Merten*, in: HdbStR VII § 165 Rn. 39 ff.
[14] BVerfGE 80, 244 (253); 84, 372 (378).

§ 37. Vereinigungs- und Koalitionsfreiheit

b) Personeller Schutzbereich

Grundrechtsträger sind Deutsche i. S. d. Art. 116 GG und inländische juristische Personen, die sich zu Vereinigungen i. S. d. Art. 9 I GG zusammenschließen wollen. Neben dieser Ausgestaltung als **Individualgrundrecht** eröffnet Art. 9 I GG zur Sicherstellung der Effektivität des Grundrechts auch ein Freiheitsrecht der Vereinigung selbst (**Kollektivgrundrecht**).[15] Ein Rückgriff auf Art. 19 III GG ist dabei nicht notwendig.[16] Art. 9 I GG bildet damit ein „**Doppelgrundrecht**".[17] Das BVerfG hat es bislang offen gelassen, ob Schutzgut und Inhalt des Art. 9 I GG die Anwendung der Vereinigungsfreiheit auf Wirtschaftsgesellschaften wie private Krankenversicherer zulassen, insoweit jedoch erhebliche Zweifel zum Ausdruck gebracht: „Denn im Unterschied zu dem Typus der Vereinigungen, die das Grundrecht der Vereinigungsfreiheit seiner Geschichte und seiner heutigen Geltung nach primär schützen will, tritt bei diesen Gesellschaften das personale Element bis hin zur Bedeutungslosigkeit zurück".[18] Anders verhält es sich jedenfalls bei kleineren Versicherungsvereinen i. S. d. § 53 VAG, „weil der Aspekt der freien sozialen Gruppenbildung bei solchen Vereinen von Gewicht ist".[19] Ausländische Personen sind auf das Auffanggrundrecht des Art. 2 I GG verwiesen (vgl. → § 23 Rn. 5 ff.). 3

c) Geschützte Verhaltensweisen

Als Individualgrundrecht schützt die Vereinigungsfreiheit die Vereinigungsgründung (**Gründungsfreiheit**), das Recht, einer Vereinigung beizutreten (**Beitrittsfreiheit**), sowie die spezifische, individuelle Betätigung innerhalb der Vereinigung (**Betätigungsfreiheit**).[20] 4

Als kollektives Grundrecht garantiert Art. 9 I GG „das Recht auf Entstehen und Bestehen".[21] Vom Schutz erfasst sind also Existenz und Funktionsfähigkeit der Vereinigung sowie deren Selbstbestimmung über die eigene Organisation, das Verfahren der Willensbildung und die Geschäftsführung (**interne Organisationsautonomie**).[22] „Denn ohne solche Selbstbestimmung könnte von einem freien Vereinigungswesen keine Rede sein; Fremdbestimmung würde dem Schutzzweck des Art. 9 Abs. 1 GG zuwiderlaufen."[23] Gewährleistet ist grundsätzlich ferner das Recht der Vereinigung, über die Aufnahme und den Ausschluss von Mitgliedern selbst zu entscheiden.[24] Die Betätigung der Vereinigung **nach außen** ist jedoch – mit Ausnahme zumindest der Mitgliederwerbung[25] – nicht geschützt.[26] Hierbei ist insbesondere zu beachten, dass Art. 9 I GG im Gegensatz zu Art. 9 III GG keinen speziellen Vereinigungszweck vorsieht. Daher ist die 5

---

[15] Vgl. BVerfGE 13, 174 (175); 30, 227 (241); 50, 290 (354); 80, 244 (253); 84, 372 (378).
[16] *D. Merten*, in: HdbStR VII § 165 Rn. 29; *D. Murswiek*, JuS 1992, 116 (118).
[17] *H. Bauer*, in: Dreier Art. 9 Rn. 34 f.; krit. *W. Höfling*, in: Sachs, GG Art. 9 Rn. 26 f.
[18] BVerfGE 124, 25 (34), im Anschluss an BVerfGE 50, 290 (355).
[19] BVerfGE 124, 25 (34 f.).
[20] Siehe dazu BVerfGE 50, 290 (354); 123, 186 (230); *D. Murswiek*, JuS 1992, 116 (117).
[21] BVerfGE 13, 174 (175); 80, 244 (253).
[22] Vgl. BVerfGE 30, 227 (241); 50, 290 (353 f.); 62, 354 (373); 84, 372 (378 f.); 123, 186 (237).
[23] BVerfGE 50, 290 (354).
[24] BVerfGE 124, 25 (34).
[25] Siehe BVerfGE 84, 372 (378).
[26] Vgl. etwa BVerfGE 70, 1 (25); *W. Höfling*, in: Sachs, GG Art. 9 Rn. 18 ff.; *W. Löwer*, in: v. Münch/Kunig Art. 9 Rn. 24; *D. Merten*, in: HdbStR VII § 165 Rn. 52; *H. Sodan*, in: Sodan Art. 9 Rn. 6; a. M. *A. v. Mutius*, Jura 1984, 193 (196).

Koalitionsbetätigung zum Zweck der Wahrung und Förderung der Arbeits- und Wirtschaftsbedingungen unzweifelhaft in Art. 9 III 1 GG verbrieft. Aus dem Wortlaut des Art. 9 I GG lässt sich ein solcher Schutzumfang dagegen nicht herleiten. Ferner droht die Aushebelung des Art. 19 III GG; denn Vereinigungen könnten sich durch die Festlegung eines bestimmten Zwecks wie etwa des Schutzes der Menschenwürde (→ § 26) zu Trägerinnen von Grundrechten machen, die nicht nach Art. 19 III GG auf sie anwendbar sind.[27] Das BVerfG sieht im Interesse eines effektiven Grundrechtsschutzes jedenfalls einen „Kernbereich des Vereinsbestandes und der Vereinstätigkeit"[28] als gewährleistet an. Richtigerweise ist zwischen geschützten vereinszweck*sichernden* und ungeschützten vereinszweck*realisierenden* Tätigkeiten zu differenzieren.[29] Die letztgenannten kollektiven Handlungsweisen können nur über das einschlägige Grundrecht i. V. m. Art. 19 III GG Grundrechtsschutz genießen.[30]

d) „Negative" Vereinigungsfreiheit

6   Art. 9 I GG gewährleistet auch das Recht, einer *privaten* Vereinigung fernzubleiben oder aus dieser auszutreten.[31] Umstritten ist, ob die **Zwangsinkorporation** in *öffentlich-rechtliche* Vereinigungen wie etwa berufsständische Zwangszusammenschlüsse (z. B. Ärztekammern) den Schutzbereich der Vereinigungsfreiheit berührt. Ein erheblicher Teil des Schrifttums bejaht diese Frage: Der öffentlich-rechtliche Zwangszusammenschluss beinhalte „die wohl stärkste Form des Eingriffs in die Vereinigungsfreiheit", weil der Tatbestand dieser Freiheit „schon durch die staatliche Organisationsgewalt selbst ausgeschaltet" werde[32]; das Problem der Zulässigkeit öffentlich-rechtlicher Zwangsmitgliedschaften sei „eine Frage der Zuordnung des Prinzips freier sozialer Gruppenbildung" und „der Erfordernisse sachgemäßer öffentlicher Verwaltung", nicht aber eine solche der Rechtsformen[33]. Gegen die Einschlägigkeit der „negativen" Vereinigungsfreiheit (→ vgl. § 21 Rn. 8) spricht hier jedoch zunächst die Entstehungsgeschichte des Art. 9 GG[34]: Zur Zeit der Ausarbeitung des Grundgesetzes und auch schon wesentlich früher bestand eine große Anzahl öffentlich-rechtlicher Körperschaften (zum Begriff → § 60 Rn. 2), die auf dem Beitrittszwang beruhten; dazu zählten insbesondere Berufsverbände. Hätte der Verfassungsgeber den Schutz durch Art. 9 I GG auch auf diese erstrecken wollen, so wäre es in Anbetracht der Bedeutung dieser Organisationen nahe liegend gewesen, einen diesbezüglichen besonderen Hinweis zu geben; eine solche Aussage kann aber weder den Beratungen des Verfassungskonvents auf Herrenchiemsee noch

---

[27] *H. Sodan*, LKV 2012, 193 (199).
[28] BVerfGE 30, 227 (241).
[29] So *W. Höfling*, in: Sachs, GG Art. 9 Rn. 19 ff., der allerdings den Doppelgrundrechtscharakter ablehnt und diese Rechte lediglich den Mitgliedern zugesteht. Vereinszwecksichernde Maßnahmen sind neben der Namensführung und Mitgliederwerbung auch die Darstellung nach außen sowie die Geschäftsführung.
[30] *W. Löwer*, in: v. Münch/Kunig Art. 9 Rn. 24; *D. Murswiek*, JuS 1992, 116 (117); vgl. auch BVerfG (Kammerbeschl.), NJW 2015, 612 f. zu einem Rauchverbot bei öffentlich zugänglichen Vereinsveranstaltungen.
[31] BVerfGE 38, 281 (298); vgl. ferner BVerfGE 10, 89 (102); 50, 290 (354).
[32] *R. Scholz*, AöR 100 (1975), 80 (124 f.).
[33] Hesse Rn. 414; zustimmend *H. Bethge*, JA 1979, 281 (285). Ähnlich auch *J. Isensee*, Umverteilung durch Sozialversicherungsbeiträge, 1973, S. 66. Vgl. ferner u. a. *W. Höfling*, in: Sachs, GG Art. 9 Rn. 23; *D. Murswiek*, JuS 1992, 116 (118 f.) m. w. N.
[34] *H. Sodan*, in: Sodan Art. 9 Rn. 7; ebenso *S. Rixen*, in: Stern/Becker Art. 9 Rn. 22.

§ 37. Vereinigungs- und Koalitionsfreiheit

denen des Parlamentarischen Rates entnommen werden.[35] Darüber hinaus gilt es zu bedenken, dass sich die „negative" Vereinigungsfreiheit als spiegelbildliche Entsprechung der positiven Vereinigungsfreiheit qualifizieren lässt, letztere aber nicht die Befugnis zur Errichtung öffentlich-rechtlicher Verbände verleiht; von dieser Prämisse her kann die „negative" Vereinigungsfreiheit als Korrelat der „positiven" Vereinigungsfreiheit nicht den Anspruch auf Freibleiben von Eingliederung in öffentlich-rechtliche Zwangskörperschaften enthalten.[36] Daher sind Pflichtmitgliedschaften in öffentlich-rechtlichen Verbänden am Auffanggrundrecht des Art. 2 I GG (→ § 27 Rn. 1, 3) zu messen[37]. In Anwendung des Grundsatzes der Verhältnismäßigkeit (→ § 24 Rn. 32 ff.) wird in der Judikatur aus Art. 2 I GG das Recht abgeleitet, nicht durch Zwangsmitgliedschaft in „unnötigen" Körperschaften in Anspruch genommen zu werden[38].

e) Ausgestaltungspflicht

Aus Art. 9 I GG ergibt sich eine gesetzgeberische Ausgestaltungspflicht bezüglich der Organisation und Willensbildung von Vereinigungen. Die Vereinigungsfreiheit ist nämlich auf Regelungen angewiesen, welche die Vereinigungen „in die allgemeine Rechtsordnung einfügen, die Sicherheit des Rechtsverkehrs gewährleisten, Rechte der Mitglieder sichern und den schutzbedürftigen Belangen Dritter oder auch öffentlichen Interessen Rechnung tragen"[39]. Diese Ausgestaltungspflicht erstreckt sich jedoch nur auf eine „Mindestausstattung".[40]

7

f) Verhältnis zu spezielleren Vereinigungsfreiheiten

Die Freiheit der Vereinigung zu Religionsgemeinschaften ist in Art. 4 I und II GG i. V. m. Art. 140 GG und Art. 137 II WRV geschützt (→ § 31 Rn. 11). Art. 21 GG gewährleistet die Parteienfreiheit (→ § 6 Rn. 69 ff.), Art. 9 III GG die Freiheit zur Bildung von Koalitionen (→ Rn. 16 ff.). Diese Rechte verdrängen aufgrund ihrer Spezialität die allgemeine Vereinigungsfreiheit.

8

2. Eingriffe

Das **Vereinigungsverbot** stellt den schwerwiegendsten Eingriff in Art. 9 I GG dar. Ein weiteres Beispiel ist die präventive Kontrolle der Vereinigungen durch ein Konzessionssystem; auch bloß **faktische Beeinträchtigungen** (vgl. allgemein → § 24 Rn. 7 ff.) wie etwa nachrichtendienstliche Beobachtungen von Vereinigungsaktivitäten lassen sich

9

---

[35] Vgl. dazu BVerfG (Kammerbeschl.), NVwZ 2002, 335 (336); BVerwG, NJW 1962, 1311 (1312); EGH der Rechtsanwaltskammern der Britischen Zone, DVBl. 1952, 371.
[36] Vgl. OVG Münster, OVGE 14, 276 (293); *D. Merten*, in: HdbStR VII § 165 Rn. 62; *H. Sodan*, Berufsständische Zwangsvereinigung auf dem Prüfstand des Grundgesetzes, 1991, S. 24 f.
[37] Siehe etwa BVerfGE 10, 89 (102); 15, 235 (239); 78, 320 (329 f.); 92, 53 (69); 109, 96 (109 f.); 115, 25 (42 f.); 123, 186 (262); BVerfG (Kammerbeschl.), NVwZ 2002, 335 (336); 2007, 808 (811); *R. Jahn*, JuS 2000, 129 (130); *H. Sodan*, NJW 2003, 1761 (1765).
[38] BVerfGE 38, 281 (298); BVerwGE 59, 231 (233); 64, 115 (117); 64, 298 (301); 80, 334 (336); 109, 97 (99); OVG Berlin, NVwZ-RR 2004, 348 (349); zu verwaltungsprozessrechtlichen Konsequenzen aus dem Grundrechtsschutz *H. Sodan*, in: Sodan/Ziekow § 42 Rn. 461.
[39] BVerfGE 50, 290 (354).
[40] *W. Höfling*, in: Sachs, GG Art. 9 Rn. 38.

als Grundrechtseingriffe qualifizieren.⁴¹ Die zulässige **Ausgestaltung** (→ Rn. 7) der Vereinigungsfreiheit ist dagegen kein Eingriff.⁴²

3. Verfassungsrechtliche Rechtfertigung

a) Rechtfertigung von Vereinigungsverboten

10 Der Wortlaut des Art. 9 II GG lässt zunächst auf eine Schutzbereichsbegrenzung schließen.⁴³ Jedoch sprechen der Vergleich mit Art. 21 II GG und die Grundsätze der Rechtssicherheit sowie der Grundrechtseffektivität für die Einordnung als **Grundrechtsschranke**.⁴⁴ Die Rechtsfolge des Art. 9 II GG, d. h. das Vereinigungsverbot, tritt nicht automatisch ein, sondern erst durch eine konkretisierende Verbotsverfügung, die eine **konstitutive Wirkung** entfaltet.⁴⁵ Die Verbotsgründe sind in Art. 9 II GG abschließend geregelt.⁴⁶

11 Vereinigungen, deren Zweckbestimmung oder Tätigkeiten den Strafgesetzen zuwiderlaufen, sind verboten. Damit sind **allgemeine Strafgesetze** gemeint. Vereinsspezifisches Sonderstrafrecht kann daher keine Berücksichtigung finden.⁴⁷ Strafgesetzwidriges Handeln einzelner Mitglieder ist nur dann relevant, wenn es der Vereinigung zurechenbar ist⁴⁸ und ihren Charakter prägt. Den Strafgesetzen zuwider laufen Zwecke und Tätigkeiten einer Vereinigung nicht nur dann, wenn unmittelbar gegen Strafgesetze verstoßen wird, sondern auch, wenn die Vereinigung die Gefahr einer vereinsmäßig organisierten Begehung von Straftaten hervorruft oder verstärkt.⁴⁹

12 Ferner sind Vereinigungen verboten, die sich gegen die **verfassungsmäßige Ordnung** richten. Erforderlich ist eine kämpferisch-aggressive Haltung der Vereinigung.⁵⁰ Eine solche Haltung liegt vor, wenn die Vereinigung die verfassungsmäßige Ordnung fortlaufend untergraben will, auch wenn sie ihre Ziele nicht mit Gewalt oder durch andere Rechtsverletzungen zu verwirklichen sucht.⁵¹ Eine mangelnde Akzeptanz der verfassungsmäßigen Ordnung genügt aber ebenso wenig wie ein der Vereinigung nicht zurechenbares Handeln einzelner Mitglieder.⁵² Der Begriff der verfassungsmäßigen Ordnung erfasst nicht – wie in Art. 2 I GG (→ § 27 Rn. 14) – sämtliche formell und materiell verfassungsgemäßen Rechtsnormen, sondern beschränkt sich auf die **freiheitliche demokratische Grundordnung**.⁵³

13 Schließlich sind Vereinigungen, die sich gegen den **Gedanken der Völkerverständigung** richten, von Art. 9 II GG erfasst. Dazu gehören diejenigen, die mit aggressiv-kämpferischer Haltung die rassische oder nationale Minderwertigkeit bestimmter Gruppen propagieren.⁵⁴ Zugleich knüpft

---

⁴¹ *W. Höfling*, in: Sachs, GG Art. 9 Rn. 34.
⁴² BVerfGE 50, 290 (354f.); *H. D. Jarass*, in: Jarass/Pieroth Art. 9 Rn. 13.
⁴³ So auch BVerfGE 80, 244 (253).
⁴⁴ H. L.: siehe etwa *H. D. Jarass*, in: Jarass/Pieroth Art. 9 Rn. 17; *A. v. Mutius,* Jura 1984, 193 (199).
⁴⁵ BVerwGE 47, 330 (351). Die Zuständigkeit richtet sich nach § 3 II VereinsG.
⁴⁶ *D. Murswiek,* JuS 1992, 116 (121).
⁴⁷ *W. Höfling*, in: Sachs, GG Art. 9 Rn. 45.
⁴⁸ Etwa durch die Proklamation des fraglichen Verhaltens in der Vereinssatzung oder während der Gründungsversammlung, *A. v. Mutius,* Jura 1984, 193 (199).
⁴⁹ Vgl. BVerwG, NVwZ 2013, 870 (874).
⁵⁰ BVerwGE 37, 344 (358f.); BVerwG, DVBl. 2003, 873 (877).
⁵¹ BVerwG, NVwZ 2013, 870 (871).
⁵² *A. v. Mutius,* Jura 1984, 193 (199f.).
⁵³ *Stern,* StaatsR I S. 217; a. M. *H. D. Jarass*, in Jarass/Pieroth Art. 9 Rn. 19.
⁵⁴ *D. Murswiek,* JuS 1992, 116 (121); vgl. dazu auch *H. Sendler,* DVBl. 2004, 8 (13).

§ 37. Vereinigungs- und Koalitionsfreiheit

Art. 9 II GG „in vereinsspezifischer Ausprägung an das allgemeine verfassungsrechtliche Verbot des Art. 26 I" GG an.[55]

b) Rechtfertigung milderer Beeinträchtigungen

Art. 9 II GG ermöglicht nicht nur Vereinigungsverbote, sondern auch mildere Eingriffe zur Unterdrückung der missbilligten Zielsetzungen.[56] Ferner kann zugunsten **kollidierender Verfassungsgüter** (vgl. → § 24 Rn. 19 ff.), welche sich in der erforderlichen Abwägung als vorrangig erweisen, in die Vereinigungsfreiheit eingegriffen werden.[57] Eingriffe in die Vereinigungsfreiheit sind demnach außerhalb von Verboten nach Art. 9 II GG „zulässig, sofern andere Grundrechte oder Rechtsgüter mit Verfassungsrang einen solchen Eingriff in den Schutzbereich der Vereinigungsfreiheit rechtfertigen."[58]

14

c) Verhältnismäßigkeitsprinzip

Eingriffe in Art. 9 II GG, d. h. sowohl Verbote als auch mildere Beeinträchtigungen, müssen dem **Verhältnismäßigkeitsprinzip** (→ § 24 Rn. 32 ff.) genügen, d. h. zur Erreichung des Verbotszwecks geeignet, erforderlich und verhältnismäßig i. e. S. sein.[59] Die Anwendung des Grundsatzes der Verhältnismäßigkeit kann zu einer restriktiven Auslegung der Verbotsgründe führen.[60]

15

III. Koalitionsfreiheit

1. Schutzbereich

a) Begriff der Koalition

Vereinigungen i. S. d. Art. 9 III 1 GG werden Koalitionen genannt, so dass von einer darin gewährleisteten „Koalitionsfreiheit" gesprochen wird[61]. Die Koalitionen unterscheiden sich von den durch Art. 9 I GG geschützten Vereinigungen durch besondere Merkmale, die *neben* die allgemeinen Voraussetzungen der Vereinigung treten. Ihr **Zweck** muss auf die Wahrung und Förderung der Arbeits- und Wirtschaftsbedingungen gerichtet sein. Art. 9 III 1 GG erlaubt daher keine Zweckoffenheit der Koalition.[62] Koalitionen sind durch **Gegnerfreiheit**[63], d. h. durch eine zumindest überwiegende Zusammensetzung nur aus Arbeitgebern oder lediglich aus Arbeitnehmern[64], sowie eine **Gegnerunabhängigkeit** gekennzeichnet[65], also eine wirtschaftliche Unabhängigkeit von der Gegenpartei.

16

---

[55] W. Höfling, in: Sachs, GG Art. 9 Rn. 47.
[56] H. D. Jarass, in: Jarass/Pieroth Art. 9 Rn. 22.
[57] A. v. Mutius, Jura 1984, 193 (201).
[58] BVerfGE 124, 25 (36).
[59] H. Bauer, in: Dreier Art. 9 Rn. 60.
[60] Vgl. BVerwGE 37, 344 (361 f.).
[61] So z. B. BVerfGE 4, 96 (105); 50, 290 (367).
[62] H. Sodan, JZ 1998, 421 (422).
[63] BVerfGE 50, 290 (368); 100, 214 (223).
[64] H. Bauer, in: Dreier Art. 9 Rn. 77 verwendet den Terminus „Koalitionsreinheit".
[65] Vgl. BVerfGE 18, 18 (28); 50, 290 (368).

17 Das BVerfG und ein Teil des Schrifttums erachten ferner die **Überbetrieblichkeit** der Koalition als erforderlich[66]. Anderenfalls soll es der Koalition an der notwenigen Unabhängigkeit[67] und sozialen Mächtigkeit[68] mangeln. Es ist jedoch nicht einzusehen, warum große und mächtige Gewerkschaften gegenüber weniger einflussreichen Koalitionen privilegiert werden sollten. Eine solche Sichtweise beruht auf der von der grundgesetzlichen Ordnung nicht geteilten Ideologie des Klassenkampfes. Sie wird weder durch den Wortlaut des Art. 9 III 1 GG noch durch dessen systematische Stellung gestützt.[69] Daher können weder die Überbetrieblichkeit noch die soziale Macht der Vereinigung brauchbare Kriterien des Koalitionsbegriffs sein.[70] Auch eine **Kampfbereitschaft** der Koalition ist nicht erforderlich, da die Wahl der Mittel zur Zweckrealisation gerade durch die Koalitionsfreiheit gedeckt ist[71]. Das BVerfG weist zutreffend darauf hin, dass „die sinnvolle Ordnung und Befriedung des Arbeitslebens, um die es Art. 9 Abs. 3 GG geht, auf verschiedenen Wegen angestrebt werden" kann: „nicht nur durch Gestaltungen, die, wie das Tarifsystem, durch die Grundelemente der Gegensätzlichkeit der Interessen, des Konflikts und des Kampfes bestimmt sind, sondern auch durch solche, die Einigung und Zusammenwirken in den Vordergrund rücken"[72].

b) Personeller Schutzbereich

18 Ausweislich des Wortlauts in Art. 9 III 1 GG steht die Koalitionsfreiheit „jedermann und für alle Berufe" offen. Damit sind alle natürlichen Personen, ob auf Arbeitnehmer- oder Arbeitgeberseite, geschützt[73] **(individuelle Koalitionsfreiheit)**. Auch Arbeitnehmer im öffentlichen Dienst können sich auf die Koalitionsfreiheit berufen.[74] Art. 9 III 1 GG ist im Unterschied zu Art. 9 I GG **kein „Deutschen-Grundrecht"** (→ § 21 Rn. 7, § 23 Rn. 4 ff.); die Norm schützt daher auch Ausländer. Ferner sind die Koalitionen selbst ohne Rückgriff auf Art. 19 III GG (→ § 23 Rn. 11 ff.) vom personellen Schutzbereich erfasst **(kollektive Koalitionsfreiheit)**[75]. Wie die allgemeine Vereinigungsfreiheit (→ Rn. 3) bildet die Koalitionsfreiheit damit ein **„Doppelgrundrecht"**[76].

19 Im **Fall 33** kann sich damit nicht nur M als natürliche Person, sondern auch G auf das Grundrecht aus Art. 9 III 1 GG berufen.

c) Geschützte Verhaltensweisen

20 Die **individuelle Koalitionsfreiheit** garantiert die **Gründung** und den **Beitritt** zu einer Koalition sowie den **Verbleib** in dieser.[77] Ferner schützt sie die Betätigung innerhalb der Koalition.[78] Überdies ist die Freiheit gewährleistet, einer Koalition fernzubleiben oder

---

[66] BVerfGE 4, 96 (106); 18, 18 (28); 50, 290 (368); 58, 233 (247); grundsätzlich zustimmend: *H. Bauer*, in: Dreier Art. 9 Rn. 78; *H. D. Jarass*, in: Jarass/Pieroth Art. 9 Rn. 35; *W. Löwer*, in: v. Münch/Kunig Art. 9 Rn. 97.
[67] *H. D. Jarass*, in: Jarass/Pieroth Art. 9 Rn. 35.
[68] *W. Löwer*, in: v. Münch/Kunig Art. 9 Rn. 97; vgl. auch BVerfGE 84, 212 (229).
[69] *H. Ehmann*, ZRP 1996, 314 (320); *H. Sodan*, JZ 1998, 421 (428).
[70] *H. Sodan*, JZ 1998, 421 (428 f.).
[71] Vgl. BVerfGE 18, 18 (32); 50, 290 (368); *W. Löwer*, in: v. Münch/Kunig Art. 9 Rn. 97.
[72] BVerfGE 50, 290 (371); siehe dazu *H. Sodan*, JZ 1998, 421 (428).
[73] BVerfGE 84, 212 (224).
[74] BVerfGE 88, 103 (114).
[75] Vgl. BVerfGE 4, 96 (101 f.); 50, 290 (367); 84, 212 (224); 92, 365 (393); *H. Sodan*, JZ 1998, 421 (422); *R. Wank*, JZ 1996, 629 (630 f.); anders *W. Höfling*, in: Sachs, GG Art. 9 Rn. 70, der insoweit Art. 19 III GG heranzieht.
[76] *K. H. Biedenkopf*, Grenzen der Tarifautonomie, 1964, S. 88.
[77] Vgl. etwa BVerfGE 19, 303 (312); 28, 295 (304); 50, 290 (367); 57, 220 (245).
[78] BVerfGE 51, 77 (87 f.); 64, 208 (213).

§ 37. Vereinigungs- und Koalitionsfreiheit

aus dieser auszutreten („negative" Koalitionsfreiheit).[79] Die **kollektive Koalitionsfreiheit** schützt „auch die Koalitionen selbst in ihrem **Bestand**, ihrer **Organisation** und ihrer **Tätigkeit**, soweit diese gerade in der **Wahrung und Förderung der Arbeits- und Wirtschaftsbedingungen** besteht"[80]. Wegen des spezifischen in Art. 9 III 1 GG genannten Vereinigungszwecks sind damit auch koalitionszweck*realisierende* Betätigungen erfasst.[81]

Zur Klärung der **Grenzen des geschützten Koalitionszwecks** hat das BVerfG bisher wenig beigetragen.[82] Zu den **Arbeitsbedingungen** gehören all jene Umstände, die sich auf das Arbeitsverhältnis selbst beziehen.[83] Aus dieser Zwecksetzung ergibt sich insbesondere das Recht zum Abschluss von Tarifverträgen (**Tarifautonomie**).[84] Entsprechend beeinträchtigen staatliche Mindestvorgaben, die gegenüber tarifautonom festgelegten Arbeits- und Wirtschaftsbedingungen vorrangig sein sollen, die Koalitionsfreiheit, weil durch die staatliche Intervention die Verhandlungsposition einer Partei erheblich geschwächt wird.[85] Allerdings ist die Tarifautonomie nicht uferlos gewährleistet. Arbeitsbedingungen setzen die Existenz von Arbeitsplätzen voraus. Deren Erhaltung dient vor allem die Stabilität des Preisniveaus des Faktors Arbeit. Im Tarifgebiet muss die Summe der Kosten der Arbeit hinreichend *unterhalb* der Produktivität der Arbeit liegen.[86] **Wirtschaftsbedingungen** sind die für Arbeitnehmer und Arbeitgeber bedeutsamen allgemeinen wirtschafts- und sozialpolitischen Verhältnisse.[87] Geschützte Betätigungen sind ferner die Arbeitskampfmaßnahmen, d. h. der **Streik**[88] und als Gegenmaßnahme der Arbeitgeber die **Aussperrung**[89]. Auch die Mitgliederwerbung[90] und die gewerkschaftliche Betätigung in Betriebsräten und Personalvertretungen[91] dienen der Realisation des Koalitionszwecks. Das BAG stellt in einer Urteilsbegründung aus dem Jahr 2005[92] klar, dass zu der durch Art. 9 III GG geschützten Koalitionsfreiheit ferner das Recht gehört, „im gesamten Bereich der Arbeits- und Wirtschaftsbedingungen die organisierten Gruppeninteressen gegenüber dem Staat und den politischen Parteien darzustellen und zu verfolgen"; daher fallen darunter „auch Aktionen der Gewerkschaften, die nicht auf Mitgliederwerbung oder auf den Abschluss von Tarifverträgen gerichtet sind, sondern mit denen arbeits- oder wirtschaftspolitische Forderungen gegenüber Regierung oder Gesetzgeber vertreten werden sollen." Aus dem Grundrecht der Koalitionsfreiheit folgt insoweit also auch ein **Zugangsrecht** der Koalitionen zu Abgeordneten und Regierungsmitgliedern, sofern sich diese auf entsprechende Kontakte einlassen. Eine solche, durchaus als Lobbyismus[93] zu bezeichnende, aber eben „spezifisch koalitionsmäßige"[94] Tätigkeit ist durch Art. 9 III GG in besonderer Weise grundrechtlich ge-

21

---

[79] BVerfGE 50, 290 (367); 116, 202 (218); *H. Bauer,* in: Dreier Art. 9 Rn. 81.
[80] BVerfGE 88, 103 (114) – ohne die Hervorhebungen; ähnlich im Wortlaut BVerfGE 84, 212 (224); 93, 352 (357).
[81] Vgl. *H. Bauer,* in: Dreier Art. 9 Rn. 82 ff.; *H. Sodan,* JZ 1998, 421 (422).
[82] Siehe zu einem Überblick *H. Sodan,* JZ 1998, 421 (423). Vgl. die frühere „Kernbereichsformel" in BVerfGE 50, 290 (368), die in BVerfGE 93, 352 (359) eine Korrektur erfuhr.
[83] Vgl. *H. D. Jarass,* in: Jarass/Pieroth Art. 9 Rn. 34 – z. B. Lohnhöhe, Arbeitszeit.
[84] BVerfGE 84, 212 (224). Siehe zum Schutz auch einer **Betriebsautonomie** durch Art. 9 III 1 GG mit Vorrang gegenüber der Tarifautonomie *H. Sodan,* JZ 1998, 421 (426 ff.).
[85] *H. Sodan/M. Zimmermann,* NJW 2009, 2001 (2003).
[86] Ausführl. zu den Grenzen der Tarifautonomie: *H. Sodan,* JZ 1998, 421 (423 ff.).
[87] *W. Höfling,* in: Sachs, GG Art. 9 Rn. 57 – z. B. Maßnahmen zur Senkung der Arbeitslosigkeit, Einführung neuer Technologien.
[88] BVerfGE 88, 103 (114).
[89] Siehe dazu BVerfGE 84, 212 (225).
[90] BVerfGE 93, 352 (357).
[91] BVerfGE 19, 303 (321); 50, 290 (372).
[92] BAGE 113, 230 (234); vgl. auch BVerfG (Kammerbeschl.), NZA 2007, 394 (395).
[93] Zu diesem Begriff *H. Sodan,* LKV 2012, 193 (195 f.).
[94] Siehe zu dieser Formulierung BVerfGE 57, 29 (37).

schützt.⁹⁵ Auch moderne Formen des Arbeitskampfes wie gewerkschaftlich getragene, auf Tarifverhandlungen bezogene so genannte **Flashmob-Aktionen** sind durch Art. 9 III GG geschützt.⁹⁶

22 Im **Fall 33** umfasst die Selbstbestimmung der inneren Ordnung auch Maßnahmen der Koalition zur Aufrechterhaltung ihrer Geschlossenheit nach innen und außen; denn die Solidarität der Mitglieder ist essentielle Voraussetzung für die Durchsetzungsfähigkeit der Gewerkschaft. I.R.d. betrieblichen Mitbestimmung fördern die Gewerkschaften die Arbeits- und Wirtschaftsbedingungen auf Betriebsebene. Das Verhalten des M gefährdete das geschlossene Auftreten der G. Sein Ausschluss war damit eine Maßnahme der Selbstbestimmung der inneren Ordnung der G und von der Koalitionsfreiheit gedeckt. Andererseits ist auch die Koalitionsfreiheit des M durch den Ausschluss betroffen. Art. 9 III 1 GG gewährt M das Recht, der betrieblichen Mitbestimmung durch G fernzubleiben („negative" Koalitionsfreiheit) und für alternative Listen zu kandidieren.⁹⁷

23 Andere als koalitionsspezifische Betätigungen der Verbände können nur über die sonstigen Grundrechte i.V.m. Art. 19 III GG (→ § 23 Rn. 11ff.) geschützt sein.

d) Unmittelbare Drittwirkung

24 Gemäß Art. 9 III 2 GG sind Abreden zwischen Privaten, welche die Koalitionsfreiheit einschränken oder zu behindern suchen, nichtig; hierauf gerichtete Maßnahmen sind rechtswidrig. Die Koalitionsfreiheit entfaltet daher eine grundgesetzlich angeordnete **unmittelbare Drittwirkung** (→ § 22 Rn. 17) d.h. einen umfassenden Schutz im Arbeitsverhältnis und sonstigen Privatrechtsverkehr.⁹⁸

25 Verletzte im **Fall 33** der Ausschluss den M in seiner Koalitionsfreiheit, so wäre die Maßnahme gemäß Art. 9 III 2 Hs. 2 GG rechtswidrig.

e) Ausgestaltungspflicht

26 Den Gesetzgeber trifft eine Pflicht zur gesetzlichen Ausgestaltung der Koalitionsfreiheit. Dem Grundrechtsträger müssen Rechtsinstitute und Normenkomplexe (etwa das Tarifvertragsgesetz zur Konkretisierung der Tarifautonomie) zur Verfügung stehen, durch die er das Grundrecht hinreichend ausüben kann.⁹⁹ Die Koalitionsfreiheit ist zudem durch den Interessengegensatz zwischen Arbeitgebern und Arbeitnehmern geprägt, der gesetzliche Regelungen zum schonenden Ausgleich der gegenläufigen Grundrechtspositionen erfordert.¹⁰⁰ Der Kernbereich¹⁰¹ der Koalitionsfreiheit darf jedoch nicht im Zuge der Ausgestaltung angetastet werden. Dies ist der Fall, wenn die Regelungen zum Schutz kollidierender Rechtsgüter sachlich nicht geboten sind.¹⁰²

---

⁹⁵ Siehe näher *H. Sodan*, LKV 2012, 193 (200f.).
⁹⁶ BVerfG (Kammerbeschl.), NJW 2014, 1874 (1875).
⁹⁷ BVerfGE 100, 214 (221ff.).
⁹⁸ BVerfGE 57, 220 (245); *W. Löwer*, in: v. Münch/Kunig Art. 9 Rn. 106; *H. Sodan*, JZ 1998, 421 (426); a.M. *Ipsen* Rn. 707f.
⁹⁹ BVerfGE 50, 290 (368); *H. Sodan*, JZ 1998, 421 (427).
¹⁰⁰ Vgl. BVerfGE 88, 103 (115).
¹⁰¹ Siehe zur krit. Würdigung des Begriffs *W. Höfling*, in: Sachs, GG Art. 9 Rn. 74ff.
¹⁰² BVerfGE 93, 352 (359); insoweit hält das BVerfG an der „Kernbereichsformel" fest.

2. Eingriffe

Eingriffe (vgl. allgemein → § 24 Rn. 5 ff.) in die Koalitionsfreiheit sind etwa gegeben, wenn der Staat eine Zwangsschlichtung vornimmt[103] oder Beamte auf bestreikten Arbeitsplätzen im öffentlichen Dienst einsetzt[104]. Die zulässige gesetzliche Ausgestaltung des Grundrechts (→ Rn. 26) begründet keinen Eingriff.[105] Aufgrund der unmittelbaren Drittwirkung der Koalitionsfreiheit (→ Rn. 24) beeinträchtigen tarifvertragliche Differenzierungsklauseln, nach denen tarifgebundene Arbeitnehmer höhere Bezüge erhalten sollen als Arbeitnehmer ohne Koalitionsmitgliedschaft, die „negative" Koalitionsfreiheit (vgl. → Rn. 20); denn solche Abreden zwingen „freie" Arbeitnehmer in die Gewerkschaften.[106] Nach Ansicht des BVerfG[107] soll das Grundrecht der „negativen" Koalitionsfreiheit nicht dagegen schützen, „dass der Gesetzgeber die Ergebnisse von Koalitionsvereinbarungen zum Anknüpfungspunkt gesetzlicher Regelungen nimmt".[108]

27

Für **Fall 33** ergibt sich: Die gerichtliche Aufhebung des Ausschlusses des M beeinträchtigt das Recht der G zur Selbstbestimmung der inneren Ordnung und greift damit in den Schutzbereich der Koalitionsfreiheit der G ein.[109]

28

3. Verfassungsrechtliche Rechtfertigung

a) Art. 9 II GG

Art. 9 III GG selbst sieht keinen Schrankenvorbehalt vor. Ein Teil der Literatur argumentiert, die Koalitionsfreiheit dürfe nicht unter stärkerem Schutz stehen als die Parteienfreiheit des Art. 21 GG (vgl. → § 6 Rn. 69 ff.). Die Koalitionsfreiheit sei nur eine spezielle Vereinigungsfreiheit, so dass Art. 9 II GG angewendet werden müsse.[110] Gegen diese Auffassung ist jedoch die systematische Stellung der Regelung der Koalitionsfreiheit *nach* Art. 9 II GG einzuwenden. Auch Art. 5 II bezieht sich *nicht* auf Art. 5 III GG (→ § 33 Rn. 12). Außerdem können Koalitionen i. S. d. Art. 9 III GG schwerlich die Voraussetzungen des Art. 9 II GG erfüllen. **Die Schranke des Art. 9 II GG gilt daher nicht für die Koalitionsfreiheit.**[111]

29

b) Kollidierendes Verfassungsrecht

Zugunsten **kollidierender Verfassungsrechtsgüter** (vgl. → § 24 Rn. 19 ff.) darf aufgrund eines Gesetzes[112] in die Koalitionsfreiheit eingegriffen werden; dies können nicht nur andere Grundrechte Dritter sowie sonstige Rechtsgüter von Verfassungsrang sein, sondern auch gegenläufige Grundrechtspositionen aus Art. 9 III 1 GG selbst.[113] Beispielsweise ergibt sich aus den in Art. 33 V GG verankerten „hergebrachten Grundsät-

30

---

[103] Vgl. BVerfGE 18, 18 (30).
[104] BVerfGE 88, 103 (114 f.).
[105] *H. D. Jarass*, in: Jarass/Pieroth Art. 9 Rn. 46; *S. Rixen*, in: Stern/Becker Art. 9 Rn. 69.
[106] BAGE 20, 175 (218 ff.).
[107] BVerfGE 116, 202 (218).
[108] Siehe zu weiteren Eingriffen in die Koalitionsfreiheit *H. Sodan*, in: Sodan Art. 9 Rn. 28.
[109] Vgl. BVerfGE 100, 214 (222 f.).
[110] So *H. Bauer*, in: Dreier Art. 9 Rn. 93; *W. Löwer*, in: v. Münch/Kunig Art. 9 Rn. 110.
[111] *W. Höfling*, in: Sachs, GG Art. 9 Rn. 136; *H. D. Jarass*, in: Jarass/Pieroth Art. 9 Rn. 49; *S. Rixen*, in: Stern/Becker Art. 9 Rn. 88; *W. Schmidt*, NJW 1965, 424 (426).
[112] *H. Bauer*, in: Dreier Art. 9 Rn. 95.
[113] Vgl. BVerfGE 84, 212 (228); BVerfG (Kammerbeschl.), NZA 2007, 394 (395).

zen des Berufsbeamtentums" (→ § 47 Rn. 5 ff.), „daß die angemessene Alimentierung summenmäßig nicht ‚erstritten' und ‚vereinbart' wird, sondern einseitig durch Gesetz festzulegen ist, und daß innerhalb des **Beamtenrechts** die **Zulassung eines Streiks ausgeschlossen ist**",[114] obwohl ein Streik als wirtschaftliche Kampfmaßnahme prinzipiell durch Art. 9 III GG geschützt ist (→ Rn. 21). Das allgemein für Beamte geltende Verbot, zur Durchsetzung von Arbeitsbedingungen kollektive Kampfmaßnahmen zu ergreifen, bezeichnete das BVerwG in einem Urteil vom 27 2.2014 erneut als hergebrachten Grundsatz i. S. v. Art. 33 V GG; dieses Verbot gehe dem Grundrecht der Koalitionsfreiheit in seinem Anwendungsbereich vor[115]. Das BVerwG wies aber auch auf Art. 11 EMRK hin, der in seiner durch den EGMR vorgenommenen Auslegung[116] „allen Angehörigen des öffentlichen Dienstes, die nicht in den Streitkräften, der Polizei und der genuinen Hoheitsverwaltung tätig sind, sowie ihren Gewerkschaften ein Recht auf Kollektivverhandlungen und darauf bezogene kollektive Kampfmaßnahmen" gewährleiste[117]. Der Gesetzgeber müsse „für die Beamten außerhalb der genuin hoheitlichen Verwaltung nach dem Grundsatz der praktischen Konkordanz einen Ausgleich der sich gegenseitig ausschließenden Rechtspositionen aus Art. 33 Abs. 5 GG und Art. 11 EMRK herbeiführen"[118]. Jedenfalls für Angestellte und Arbeiter des öffentlichen Dienstes besteht kein Streikverbot. Auch für Maßnahmen des Arbeitskampfes gilt aber der Verhältnismäßigkeitsgrundsatz.[119] In solchen verfassungsimmanenten Schranken kommt zugleich eine **Gemeinwohlbindung der Koalitionsfreiheit** zum Ausdruck.[120] Ein Konflikt ist nach dem Grundsatz praktischer Konkordanz zu lösen (→ § 2 Rn. 11, § 24 Rn. 19).

31 Im **Fall 33** muss daher eine Abwägung zwischen der kollektiven Koalitionsfreiheit der G und der („negativen") Koalitionsfreiheit des M erfolgen. Durch die im Wahlkampf artikulierte Opposition des M als Mitglied der Gewerkschaft war die Geschlossenheit der G nach außen und damit ihre Durchsetzungsfähigkeit massiv gefährdet. Damit waren disziplinierende Maßnahmen gegen M im Interesse der G dringend geboten. Anderseits ist die individuelle Koalitionsfreiheit des M nur wenig beeinträchtigt: M hat sich freiwillig der Satzungsautonomie der G unterworfen und hätte sich an der Willensbildung der G beteiligen und so auf deren Politik gegenüber A Einfluss nehmen können. Die Abwägung fällt damit zugunsten der Koalitionsfreiheit der G aus. Die gerichtliche Aufhebung des Ausschlusses des M verletzte die G damit in Ihrem Grundrecht aus Art. 9 III 1 GG.[121] § 20 II BetrVG muss entsprechend verfassungskonform (vgl. → § 2 Rn. 13 ff.) ausgelegt werden.

---

[114] BVerfGE 44, 249 (264) – ohne die Hervorhebungen; vgl. ferner BVerfGE 8, 1 (17); 119, 247 (264, 268); BVerwGE 53, 330 (331); OVG Münster, NVwZ 2012, 890 ff.; *J. F. Lindner*, DÖV 2011, 305 ff.; a. M. *J. Polakiewicz/A. Kessler*, NVwZ 2012, 841 ff. unter Hinweis auf die Orientierungswirkung der Rspr. des EGMR zu Art. 11 EMRK. Siehe auch *M. Kawik*, DÖV 2016, 212 ff.
[115] BVerwGE 149, 117 (125 f.).
[116] Siehe EGMR (Große Kammer), NZA 2010, 1425 (1429 ff.); EGMR (III. Sektion), NZA 2010, 1423 (1424 f.); siehe zur Interpretation dieser Rspr. *H. Sodan/N. Schaks*, VSSR 2014, 89 (100 f.).
[117] BVerwGE 149, 117 (LS 3).
[118] BVerwGE 149, 117 (136); siehe ferner BVerwG, NVwZ 2015, 811 f.
[119] Vgl. BVerfG (Kammerbeschl.), NJW 2014, 1874 (1875); ausführl. *P. S. Fischinger*, RdA 2007, 99 ff.
[120] Vgl. *R. Scholz*, in: Maunz/Dürig Art. 9 Rn. 274.
[121] Vgl. BVerfGE 100, 214 (223 f.); krit. *R. Gaumann*, NJW 2002, 2155 (2156 f.) m. w. N.

c) Art. 9 III 3 GG

Eine besondere „Schranken-Schranke" (vgl. → § 24 Rn. 22) sieht Art. 9 III 3 GG für die dort abschließend aufgezählten Notstandsmaßnahmen vor. Diese dürfen sich nicht gegen Arbeitskämpfe i.R.d. Art. 9 III 1 GG richten. Daraus folgt jedoch nur, dass das Grundrecht im Notstandsfall keinen *weiteren* Beschränkungen unterworfen ist als im Normalfall, d. h. Eingriffe, die im Normalfall nicht gerechtfertigt sind, können dies auch im Fall des Notstands nicht sein.[122]

32

§ 38. Brief-, Post- und Fernmeldegeheimnis

Fall 34 (nach BVerfGE 106, 28 ff.): Im Rahmen einer privatrechtlichen Streitigkeit vor dem zuständigen LG wurde auf Antrag des Klägers K als Beweis für die streitentscheidende telefonische Vereinbarung mit dem Beklagten B der Zeuge Z vernommen, welcher das betreffende Telefongespräch am Apparat des K über Lautsprecher mitgehört hatte, ohne dass B davon wusste. Aufgrund der Zeugenaussage des Z gab das LG der Klage des K statt. B ist der Ansicht, die Verwertung der Aussage des Z verstoße gegen Art. 10 GG. Trifft diese Auffassung zu?

I. Schutzbereiche

1. Allgemeines

Art. 10 I GG schützt die **Vertraulichkeit individueller Kommunikation,** die wegen räumlicher Distanz zwischen den Beteiligten auf eine Übermittlung durch bestimmte Medien (Briefe, Posteinrichtungen, Fernmeldeeinrichtungen, näher hierzu → Rn. 4 ff.) angewiesen ist und daher einem erhöhten Risiko des Zugriffs Dritter auf die Kommunikationsinhalte unterliegt. Insoweit begründet Art. 10 I GG Abwehrrechte (vgl. → § 22 Rn. 3 ff.) gegen die Kenntnisnahme des Inhalts und der näheren Umstände der betreffenden Kommunikation durch den Staat.

1

Da ein Großteil der ursprünglich vom Schutz des Art. 10 I GG erfassten Übermittlungsleistungen nach der Privatisierung der Deutschen Bundespost und der Liberalisierung des Post- und Telekommunikationswesens (vgl. Art. 87 f GG) nunmehr in privater Form erbracht wird, stellt sich die Frage, inwieweit Art. 10 I GG auch in diesem Bereich Wirkung entfaltet: Für die privaten Nachfolgeunternehmen der Deutschen Bundespost (Deutsche Post AG, Deutsche Telekom AG) wird deren unmittelbare Bindung an Art. 10 I GG mangels „Staatlichkeit" überwiegend verneint[1], nach anderer Ansicht dagegen vom Umfang der staatlichen Beteiligung an diesen Unternehmen abhängig gemacht[2]. Unabhängig davon aber schützt Art. 10 I GG jedenfalls vor „von außen" erfolgenden **staatlichen Eingriffen in von Privaten betriebene Kommunikationseinrichtungen**[3]. Außerdem begründet er einen **Auftrag** an den Staat, Schutz auch insoweit vorzusehen, als private Dritte sich Zugriff auf die Kommunikation verschaffen;[4] dem tragen für den Bereich des Fernmeldewesens die §§ 88 ff. TelekommG („Fernmeldegeheimnis") und für das Postwesen die §§ 39 ff. PostG („Postgeheimnis") Rechnung. Zudem hat Art. 10 GG eine generelle Ausstrahlungswirkung ins Privatrecht (**mittelbare Drittwirkung,** → § 22 Rn. 18 ff.), d. h. die Gerichte sind bei der Beurteilung privatrechtlicher Sachverhalte verpflichtet, die Wertungen dieser Vorschrift zu beachten, da auch im Bereich privater Fernkommunikation ein besonderes Schutzbedürfnis besteht.[5]

2

---

[122] *H. Bauer,* in: Dreier Art. 9 Rn. 96; *H. D. Jarass,* in: Jarass/Pieroth Art. 9 Rn. 51.
[1] *G. Hermes,* in: Dreier Art. 10 Rn. 49; *W. Löwer,* in: v. Münch/Kunig Art. 10 Rn. 8 f.
[2] Vgl. BVerwGE 113, 208 (211); *A. v. Arnauld,* DÖV 1998, 437 (442 ff.).
[3] Vgl. BVerfGE 106, 28 (36 f.); *G. Hermes,* in: Dreier Art. 10 Rn. 37, 50.
[4] BVerfGE 106, 28 (37).
[5] Siehe BVerfG (Kammerbeschl.), NJW 2007, 3055 (3055 f.); BGH, JR 1991, 67 (68); *G. Hermes,* in: Dreier Art. 10 Rn. 92.

3 In personeller Hinsicht (**personeller Schutzbereich**) stehen die Grundrechte des Art. 10 I GG jedem zu, also auch Minderjährigen, Ausländern und über Art. 19 III GG juristischen Personen des Privatrechts (vgl. → § 23 Rn. 12ff.).[6] Öffentlich-rechtliche Rundfunkanstalten können den Schutz des Fernmeldegeheimnisses in Anspruch nehmen (vgl. → § 23 Rn. 16f.).[7]

2. Briefgeheimnis

4 „Das Briefgeheimnis schützt den brieflichen Verkehr der Einzelnen untereinander gegen eine Kenntnisnahme der öffentlichen Gewalt von dem Inhalt des Briefes"[8]. „Brief" ist jede **mit einem verkörperten Medium verbundene Kommunikation** mit einem oder mehreren *bestimmten* Empfängern, **unabhängig von der Form oder der Herstellung;**[9] daher gehören hierzu auch Pakete und Päckchen. Auf die Um- oder Verschlossenheit der Briefsendung kann es dabei nicht ankommen, da in der Regel auch unverschlossene Briefe (oder etwa Postkarten) nicht dem gezielten Zugriff Dritter preisgegeben sein sollen.[10] Wird ein Brief auf dem Postweg übermittelt, ist für den Zeitraum dieser Beförderung zugleich das Postgeheimnis einschlägig.

3. Postgeheimnis

5 Das Postgeheimnis erstreckt sich auf die körperliche Übermittlung von Nachrichten und Gütern auf postalischem Wege, und zwar ab der Aufgabe zum Beförderer bis zur Ablieferung beim Empfänger. „Postalisch" meint hierbei die – unabhängig vom Anbieter – geschäftsmäßige Erbringung der Übermittlung in einem standardisierten und auf massenhaften Verkehr angelegten Transportnetz mit festgelegten Gewichtsgrenzen.[11] Mit der Privatisierung der Deutschen Bundespost und dem Wegfall des staatlichen Postmonopols (→ Rn. 2) ist die **Bedeutung des Postgeheimnisses** daher **nicht obsolet** geworden[12]; denn das Postgeheimnis diente bzw. dient nicht nur der Vermeidung von Eingriffen durch staatliche Postbeförderer, sondern auch dem Schutz vor staatlichen Eingriffen „von außen" (etwa durch die Sicherheitsbehörden) in die postalische Beförderung, auch wenn diese nunmehr überwiegend in privatwirtschaftlicher Form (vgl. Art. 87f II GG) erbracht wird (vgl. auch → Rn. 2).

4. Fernmeldegeheimnis

6 Das Fernmeldegeheimnis schützt die **Übermittlung von Informationen durch unkörperliche** (beispielsweise elektrische, elektromagnetische, optische oder funktechnische; analoge oder digitale) **Signale** an individuelle Empfänger vor staatlicher Kenntniserlangung, und zwar unabhängig davon, ob Betreiber der Staat oder ein Privater ist.[13] Ebenso wenig wie auf die konkrete Übermittlungsart kommt es auf die Ausdrucksform (Spra-

---

[6] Vgl. BVerfGE 100, 313 (356f.).
[7] BVerfGE 107, 299 (309f.).
[8] BVerfGE 67, 157 (171); fast wortgleich bereits BVerfGE 33, 1 (11).
[9] *H. D. Jarass*, in: Jarass/Pieroth Art. 10 Rn. 3.
[10] *W. Durner*, in: Maunz/Dürig Art. 10 Rn. 68; *G. Hermes*, in: Dreier Art. 10 Rn. 31; a. M. *M. Pagenkopf*, in: Sachs, GG Art. 10 Rn. 12.
[11] Vgl. BT-Drucks. 12/7269, S. 4.
[12] So aber etwa *G. Hermes*, in: Dreier Art. 10 Rn. 49.
[13] Vgl. BVerfGE 106, 28 (36f.); 115, 166 (182).

§ 38. Brief-, Post- und Fernmeldegeheimnis 305

che, Bilder, Töne, Zeichen und sonstige Daten) an.[14] Erfasst werden damit etwa die Übermittlung per Telefon, Funk, Telefax und Fernschreiber, innerhalb von Computernetzen sowie hausinternen Kommunikationsanlagen und über das Internet, aber auch jede andere Form der Telekommunikationstechnik (daher kann sprachlich „zeitgemäßer" auch vom **„Telekommunikationsgeheimnis"** gesprochen werden).[15]

> Im **Fall 34** könnte die gerichtliche Verwertung des von Z ohne Wissen des B mitgehörten Telefongesprächs das Fernmeldegeheimnis des B insoweit verletzt haben, als sich dieses auch auf die von Privaten betriebenen Telekommunikationsanlagen (hier: das Telefonnetz) erstreckt (→ Rn. 2). Art. 10 I GG schützt insoweit aber nur die Vertraulichkeit der Nutzung des zur Nachrichtenübermittlung eingesetzten technischen Mediums, hat als formalen Anknüpfungspunkt also den technischen Übermittlungsvorgang als solchen. Hierzu gehört nicht die dem Einfluss- und Verantwortungsbereich eines der Kommunizierenden zuzuordnende Ermöglichung für einen privaten Dritten, auf die Kommunikationsinhalte zuzugreifen. Da das dem Z durch K ermöglichte Mithören am Endgerät folglich gerade nicht das durch den technischen Übermittlungsvorgang bedingte Zugriffsrisiko betrifft, ist durch die gerichtliche Verwertung der Aussage des Z *nicht* der Schutzbereich des Art. 10 I GG betroffen.[16]   7

Da nicht nur der Kommunikationsinhalt, sondern auch die Kommunikationsumstände geschützt sind, erfasst Art. 10 I GG etwa auch staatliche Auskunftsersuchen über die bei einem Telekommunikationsunternehmen gespeicherten Daten über erfolgte Telekommunikationen[17] und erst recht die Sicherstellung und Beschlagnahme von E-Mails auf den Servern des Providers „ruhen" und zum Zeitpunkt der Beschlagnahme keine Kommunikation stattfindet. Art. 10 I GG stellt schließlich nicht auf einen rein technischen Kommunikationsbegriff ab: vielmehr ist dem Sinn und Zweck der Grundrechtsverbürgung durch eine den modernen Kommunikationsbedingungen entsprechende weite Auslegung Rechnung zu tragen.[18] Dies gilt jedoch nicht für im Herrschaftsbereich des Kommunikationsteilnehmers (etwa auf dessen Endgerät) gespeicherte Daten, da der Schutz des Fernmeldegeheimnisses insoweit in dem Moment endet, in dem die Nachricht bei dem Empfänger angekommen und der Übertragungsvorgang beendet ist; denn die spezifischen Gefahren der räumlich distanzierten Kommunikation bestehen im Herrschaftsbereich des Empfängers, der eigene Schutzvorkehrungen gegen den ungewollten Datenzugriff treffen kann, nicht, so dass in diesen Fällen der Grundrechtsschutz vielmehr über das Recht auf informationelle Selbstbestimmung (Art. 2 I i. V. m. Art. 1 I GG, → § 27 Rn. 7) und ggf. Art. 13 I GG (→ § 41) gewährleistet wird.[19] Gleichwohl endet die Reichweite des durch Art. 10 GG vermittelten Schutzes nicht in jedem Fall am Endgerät der Telekommunikationsanlage: Der Schutz des Art. 10 GG greift auch dann, wenn der laufende Kommunikationsvorgang überwacht wird und die Erfassung des Nachrichteninhalts am Endgerät erfolgt.[20]   8

---

[14] BVerfGE 115, 166 (182 f.).
[15] Vgl. BVerfGE 115, 166 (182): „Das Grundrecht ist entwicklungsoffen".
[16] Siehe dazu BVerfGE 106, 28 (37 f.); allerdings hat das BVerfG in dem zugrunde liegenden Fall eine Verletzung des Rechts am gesprochenen Wort als Teil des allgemeinen Persönlichkeitsrechts aus Art. 2 I i. V. m. Art. 1 I GG (→ § 27 Rn. 6 ff.), 11, 18 f.) bejaht (a. a. O., 39 ff.).
[17] Siehe BVerfGE 107, 299 (312 ff.); 113, 348 (364 f.); 115, 166 (183); 121, 1 (16 f.); BVerfG (Kammerbeschl.), NJW 2006, 3197; NJW 2007, 3055 (3056).
[18] BVerfGE 124, 43 (54 ff.).
[19] BVerfGE 115, 166 (183 ff., 187 ff.).
[20] Siehe BVerfGE 106, 28 (37 f.); 115, 166 (186 f.).

5. Gemeinsame Schutzgehalte

9 Brief-, Post- und Fernmeldegeheimnis schützen nicht nur den Inhalt der Kommunikation, sondern auch den **Kommunikationsvorgang als solchen,** erstrecken sich also etwa auch auf die Vertraulichkeit der Identität der Beteiligten sowie Zeit, Ort und Umstände der Übermittlung (vgl. insoweit auch → Rn. 8). Neben den Telekommunikationsvorgängen, -inhalten und -umständen erstreckt sich der Schutzbereich darüber hinaus auf anschließende Maßnahmen des Gebrauchs und der Verwendung von erlangten Daten.[21] In den territorialen Schutzbereich ist jedenfalls diejenige Kommunikation einbezogen, deren Erfassung und Auswertung auf deutschem Boden stattfindet.[22] Durch die Empfangsanlagen wird „eine technisch-informationelle Beziehung zu den jeweiligen Kommunikationsteilnehmern und ein – den Eigenarten von Daten und Informationen entsprechender – Gebietskontakt hergestellt".[23] Offengelassen hat das BVerfG hingegen, ob ein solcher Bezug erforderlich ist und was für ausländische Kommunikationsteilnehmer im Ausland gilt.[24] Aufgrund des über den Kommunikationsvorgang als solchen hinausreichenden Schutzes des Art. 10 I GG ist es den Nachrichtendiensten verwehrt, die an dem Kommunikationsvorgang beteiligten Personen zu ermitteln sowie anschließend zwischen In- und Ausländern zu differenzieren. Vielmehr wird auch der Kommunikationsverkehr von Ausländern im Ausland durch Art. 10 I GG geschützt.[25]

II. Eingriffe

10 Eingriffe in Art. 10 I GG sind zunächst alle Maßnahmen, durch die sich der Staat von den über Art. 10 I GG geschützten Informationen (→ Rn. 4 ff.) ohne Zustimmung der Kommunikationsteilnehmer Kenntnis verschafft – sei es durch unmittelbaren Zugriff auf Informationen (etwa durch Abhören von Telefongesprächen oder durch „Abfangen" und Öffnen von Briefen oder Postsendungen), sei es durch staatliche Veranlassung Dritter, die betreffenden Informationen zu erlangen oder preiszugeben. Eingriffe sind neben der Kenntniserlangung auch die Verwertung, Weitergabe, Speicherung oder sonstige Fixierung der betreffenden kommunikativen Daten wie etwa die Beschlagnahme von E-Mails und Internet-Verkehrsdaten.[26] Werden Daten durch einen Eingriff i. d. S. erlangt, setzt sich der Eingriff durch deren Verwertung zu Beweiszwecken im Gerichtsverfahren fort.[27] In dem Abruf von Telekommunikations-Verkehrsdaten „liegt ein schwerwiegender und nicht mehr rückgängig zu machender Eingriff in das Grundrecht aus Art. 10 I GG. Ein solcher Datenabruf ermöglicht es, weitreichende Erkenntnisse über das Kommunikationsverhalten und die sozialen Kontakte des Betroffenen zu erlangen, gegebenenfalls sogar begrenzte Rückschlüsse auf die Gesprächsinhalte zu ziehen."[28]

---

[21] BVerfGE 100, 313 (359); 125, 260 (309 f.).
[22] BVerfGE 100, 313 (362 ff.).
[23] BVerfGE 100, 313 (363).
[24] BVerfGE 100, 313 (364).
[25] Vgl. *G. Hermes,* in: Dreier Art. 10 Rn. 43.
[26] BVerfGE 100, 313 (266 ff.); 125, 260 (310). Siehe zu der Verwertung erhobener Daten in einer Verbunddatei von Polizeibehörden und Nachrichtendiensten des Bundes und der Länder („Antiterrordatei") → § 41 Rn. 12a.
[27] Siehe zu alledem BVerfGE 85, 386 (398 ff.).
[28] BVerfGE 121, 1 (22).

III. Verfassungsrechtliche Rechtfertigung

Brief-, Post- und Fernmeldegeheimnis unterliegen gemäß Art. 10 II GG einem Gesetzesvorbehalt (→ § 7 Rn. 25 ff.), d. h. Beschränkungen dürfen nur durch Gesetz oder auf Grund eines Gesetzes angeordnet werden. „Voraussetzungen und Umfang der Beschränkungen" müssen sich dabei „klar und für den Einzelnen erkennbar aus dem Gesetz ergeben";[29] der Anlass, der Zweck und die Grenzen des Eingriffs müssen in der Ermächtigung bereichsspezifisch, präzise und normenklar festgelegt werden, so dass der betroffene Bürger sein Verhalten danach auszurichten vermag, die gesetzesausführende Verwaltung für ihr Verhalten steuernde und begrenzende Handlungsmaßstäbe vorfindet und die Gerichte die Rechtskontrolle durchführen können.[30] Ferner ist die Verhältnismäßigkeit (→ § 24 Rn. 32 ff.) zu wahren.[31] Insbesondere im Hinblick auf Eingriffe in das Fernmeldegeheimnis ist der Zweck, zu welchem der Eingriff vorgenommen wird, „bereichsspezifisch und präzise" zu bestimmen, und das erhobene Datenmaterial muss für diesen Zweck geeignet und erforderlich sein.[32]

11

Den Gesetzesvorbehalt des Art. 10 II GG ausfüllende Normen sind etwa die §§ 99 ff., 100g ff., 119 I 2 Nr. 2, III StPO (Postbeschlagnahme, Überwachung der Telekommunikation, Ermittlung von Telekommunikationsdaten, Überwachung von Telekommunikation und Schriftverkehr von Personen in Untersuchungshaft), § 111 TelekommG (Auskunftsersuchen der Sicherheitsbehörden; siehe zur Nichtigkeit der §§ 113a und 113b TKG BVerfGE 125, 260 ff.), § 40 PostG (Mitteilungen an Gerichte und Behörden) sowie die Regelungen des „G-10"-Gesetzes (→ dazu Rn. 14). Hinsichtlich der Überwachung des Schrift- und Telekommunikationsverkehrs von Strafgefangenen enthalten die jeweiligen Strafvollzugsgesetze der Länder weitere Regelungen.[33]

12

Die anlasslose Speicherung von Telekommunikationsdaten (so genannte **Vorratsdatenspeicherung**) ist trotz ihres erheblichen Gefährdungspotentials für die Unbefangenheit des elektronischen Informations- und Gedankenaustauschs sowie des Vertrauens in den durch Art. 10 I GG gewährleisteten Schutz der Telekommunikation zwar nicht schlechthin mit Art. 10 GG unvereinbar, jedoch gelten für ihre verfassungsrechtliche Zulässigkeit ebenso wie für die Verwendung der betreffenden Daten hohe Anforderungen: Es bedarf der gesetzlichen Gewährleistung eines besonders hohen Standards der Datensicherheit; die Verwendung der Daten darf zur Strafverfolgung lediglich bei einem durch bestimmte Tatsachen begründeten Verdacht einer schwerer Straftat, zur Gefahrenabwehr nur bei tatsächlichen Anhaltspunkten für eine konkrete Gefahr für Leib, Leben oder Freiheit einer Person, für den Bestand oder die Sicherheit des Bundes oder eines Landes oder für eine gemeine Gefahr zugelassen werden.[34] Zudem ist die Abfrage bzw. Übermittlung solcher Daten grundsätzlich unter Richtervorbehalt zu stellen, bei heimlicher Verwendung ist eine nachträgliche Benachrichtigung geboten, und effektive Rechtsschutzmöglichkeiten sowie wirksame Sanktionen bei Rechtsverletzungen sind vorzusehen.[35] Umstritten war, ob die Regelungen in § 100a II, IV i.V.m. § 160a StPO vor dem Hintergrund der massiven Einwirkung auf das Kom-

13

---

[29] BVerfGE 100, 313 (359 f.). Die §§ 94 ff. StPO sollen jedoch dem Bestimmtheitsgebot auch im Falle der Sicherstellung und Beschlagnahme von auf Servern des Providers gespeicherten E-Mails genügen, vgl. BVerfGE 124, 43 ff.
[30] BVerfGE 110, 33 (53 ff.) mit näheren Hinweisen.
[31] BVerfGE 67, 157 (173).
[32] Siehe näher BVerfGE 100, 313 (360).
[33] Vgl. §§ 25 ff. des Musterentwurfs zum Landesstrafvollzugsgesetz der Länder Berlin, Brandenburg, Bremen, Mecklenburg-Vorpommern, Rheinland-Pfalz, Saarland, Sachsen, Sachsen-Anhalt, Schleswig-Holstein und Thüringen.
[34] Siehe ausführl. BVerfGE 125, 260 (316 ff., 348 ff.); vgl. zuvor auch schon BVerfGE 121, 1 (25 ff.); 122, 120 (134 ff.).
[35] BVerfGE 125, 260 (334 ff.).

munikationsverhalten der Bürger und der Zielsetzung des Zeugnisverweigerungsrechts der in § 53 I 1 Nr. 3 bis 3b, 5 StPO genannten Personengruppen verfassungsrechtlich Bestand haben können. Immerhin gestatten die zu Telekommunikationsüberwachungsmaßnahmen ermächtigenden Normen auch die Einsichtnahme in den Kommunikationsverkehr der Verdächtigen von Katalogstraftaten i. S. d. § 100a II 2 StPO mit Berufsgeheimnisträgern wie Rechtsanwälten, Ärzten, Drogenberatern, Journalisten oder Psychotherapeuten. Da die Überwachung heimlich erfolgt und die genannten Berufsgruppen keine Möglichkeit der vorherigen Kenntnis der Überwachung haben, wird das Zeugnisverweigerungsrecht empfindlich entwertet, wenn die durch Abhöraktionen gewonnenen Erkenntnisse im Rahmen der Ermittlungs- und Aufklärungsarbeit verwendet werden dürfen. Zwar ordnet § 160a II StPO eine strenge Verhältnismäßigkeitsprüfung im Hinblick auf die Verwertbarkeit der so gewonnenen Erkenntnisse an; doch stellt alleine die Möglichkeit der Einsichtnahme in den vormals streng geschützten Kommunikationsverkehr insbesondere zwischen Beschuldigtem und Verteidiger einen Tabubruch dar. Gleichwohl muss im Rahmen der Abwägung auch berücksichtigt werden, dass es ein gewichtiges rechtsstaatliches Interesse an einer wirksamen Strafverfolgung insbesondere bei schweren Straftaten gibt. Das BVerfG sah sich außerstande, im Rahmen einstweiligen Rechtsschutzes eine Entscheidung über die Verfassungsmäßigkeit der §§ 100a II, IV, 160a StPO n. F. zu treffen[36]. Im Hauptsacheverfahren hat das BVerfG die Überwachung und Aufzeichnung der Telekommunikation im Rahmen des § 100a StPO für mit der Verfassung vereinbar erklärt[37]. Nachdem der EuGH[38] die Richtlinie zur Vorratsdatenspeicherung[39] für ungültig erklärt hatte, erließ der nationale Gesetzgeber ein Gesetz zur Speicherung von Kommunikationsdaten.[40]

14 Einen besonderen Gesetzesvorbehalt regelt Art. 10 II 2 GG, welcher durch Gesetz vom 24.6.1968[41] in das Grundgesetz eingefügt wurde: Im Falle von Staatsschutzangelegenheiten kann das beschränkende Gesetz danach bestimmen, dass die beschränkende Maßnahme dem Betroffenen nicht mitgeteilt wird und dass an die Stelle des Rechtsweges die Nachprüfung durch von der Volksvertretung bestellte Organe und Hilfsorgane tritt. Von dieser Ermächtigung wurde durch das Gesetz zur Beschränkung des Brief-, Post- und Fernmeldegeheimnisses (Artikel 10-Gesetz – G 10) vom 13.8.1968[42] Gebrauch gemacht. Im Hinblick auf die Vereinbarkeit mit Art. 10 GG ist dieses aber restriktiv zu interpretieren.[43] Mit dem Gesetz zur Neuregelung von Beschränkungen des Brief-, Post- und Fernmeldegeheimnisses vom 26.6.2001[44] wurde das „alte" G 10 durch ein „neues" G 10 ersetzt. Dies geschah mit dem Ziel, bestehende Lücken zu schließen und bundesverfassungsgerichtliche Vorgaben zu erfüllen, welche im Hinblick auf Änderungen des „alten" G 10 gemacht wurden.[45] Durch Gesetz vom 31.7.2009[46] modifi-

---

[36] BVerfGE 122, 63 (84ff.).
[37] BVerfGE 129, 208 (245ff., 258ff.).
[38] EuGH, NJW 2014, 2169ff.
[39] Richtlinie 2006/24/EG des Europäischen Parlaments und des Rates v. 15.3.2006 über die Vorratsspeicherung von Daten, die bei der Bereitstellung öffentlich zugänglicher elektronischer Kommunikationsdienste oder öffentlicher Kommunikationsnetze erzeugt oder verarbeitet werden, und zur Änderung der Richtlinie 2002/58/EG (ABl.-EU L 105).
[40] Gesetz zur Einführung einer Speicherpflicht und einer Höchstspeicherfrist für Verkehrsdaten v. 10.12.2015 (BGBl. I S. 2218).
[41] BGBl. I S. 709; in BVerfGE 30, 1 (17ff., 26ff.) im Wesentlichen für mit Art. 79 III GG vereinbar gehalten; anders das Sondervotum, a. a. O., 33ff.
[42] BGBl. I S. 949.
[43] Siehe im Einzelnen BVerfGE 30, 1 (17ff., 21, 23); 67, 157 (173ff.).
[44] BGBl. I S. 1254; siehe dazu *B. Huber*, NJW 2001, 3296ff.
[45] Siehe BVerfGE 100, 313 (358ff., 402).
[46] BGBl. I S. 2499.

zierte der Gesetzgeber das G 10 und fügte insbesondere Vorschriften zum Schutz des Kernbereichs privater Lebensführung ein.[47]

§ 39. Freizügigkeit

Fall 35 (vgl. BVerfGE 6, 32 ff.): E, ehemaliger Oberbürgermeister einer größeren deutschen Stadt, ist mittlerweile aktives Mitglied eines Vereins, der sich vehement für die „Rückholung" der früheren deutschen Ostgebiete einsetzt. Auf Einladung einer südamerikanischen Universität will er dort vor Politikern und Studenten eine „Gesamtdeutsche Erklärung" verlesen, die von ihm und seinen Vereinskollegen in Übereinstimmung mit den Vereinszielen verfasst wurde. Die zuständige deutsche Behörde versagt ihm nach § 7 I Nr. 1 PaßG wegen Gefährdung erheblicher Belange der Bundesrepublik den für die Ausreise notwendigen Pass, da im Hinblick auf das ehemalige Amt des E der Eindruck erweckt werden könne, dass der Inhalt der „Gesamtdeutschen Erklärung" offizielle politische Ansichten in der Bundesrepublik widerspiegele. E sieht hierin eine Verletzung seiner Freizügigkeit. Zu Recht?

I. Schutzbereich

Art. 11 I GG gewährt allen Deutschen Freizügigkeit im ganzen Bundesgebiet, d. h. die Freiheit, im gesamten Bundesgebiet **Wohnsitz** oder **Aufenthalt** zu nehmen.[1] „Wohnsitz" ist die (ständige) Niederlassung an einem Ort mit dem Willen, nicht nur vorübergehend zu bleiben und den Ort zum Mittelpunkt der Lebensverhältnisse zu machen (vgl. auch § 7 BGB).[2] „Aufenthalt" ist dagegen das bloß vorübergehende Verweilen an einem Ort. In Abgrenzung zu der durch Art. 2 I GG geschützten Fortbewegungsfreiheit (→ § 27 Rn. 3) und der in Art. 2 II 2 GG gewährleisteten Freiheit der Person (→ § 29 Rn. 2) ist angesichts der engen Schrankenziehung in Art. 11 II GG (→ Rn. 4) für einen „Aufenthalt" i. d. S. zu fordern, dass das Verweilen „mehr als nur flüchtig" sowie durch eine gewisse Dauer und soziale Relevanz gekennzeichnet ist.[3] Geschützt ist auch die Fortbewegung zur Wohnsitz- bzw. Aufenthaltsnahme einschließlich der Mitnahme von Eigentum und Vermögen[4], ferner die Einreise (zum Zweck der Aufenthaltsnahme) und die Einwanderung (zur Wohnsitznahme) in das Bundesgebiet[5]. In den Schutzbereich fällt zudem die „negative" Freizügigkeit (vgl. → § 21 Rn. 8), also das Recht, Wohnsitz oder Aufenthalt *nicht* aufgeben oder wechseln zu müssen (z. B. infolge Ausweisung). Nicht vom Schutzbereich umfasst ist dagegen die Benutzung eines *bestimmten* Beförderungsmittels oder die Bereitstellung dafür geeigneter Wege.[6] Nach der Recht-

1

---

[47] *B. Huber*, NVwZ 2009, 1321 (1323 ff.).
[1] BVerfGE 2, 266 (273); 80, 137 (150); 110, 177 (190 f.); 134, 242 (323).
[2] *M. Pagenkopf*, in: Sachs, GG Art. 11 Rn. 15.
[3] Vgl. mit unterschiedlichen „Schattierungen" *M. Pagenkopf*, in: Sachs, GG Art. 11 Rn. 16; *P. Kunig*, in: v. Münch/Kunig Art. 11 Rn. 13; *H. D. Jarass*, in: Jarass/Pieroth Art. 11 Rn. 2 („eine Übernachtung"); *F. Wollenschläger*, in: Dreier Art. 11 Rn. 27; a. M. *I. Pernice*, in: Dreier, Grundgesetz, 2. Aufl. 2004, Bd. I, Art. 11 Rn. 13 f.: Freizügigkeit umfasse „jeden Ortswechsel".
[4] Siehe etwa *J. Ziekow*, Über Freizügigkeit und Aufenthalt, 1997, S. 474: „Weshalb die Mitnahmefreiheit auf die ‚persönliche Habe' beschränkt sein sollte […], ist nicht ersichtlich. […] Der Gewährleistungsgehalt des Art. 11 Abs. 1 GG umfaßt mithin auch die Mitnahme des gesamten Vermögens […]." Vgl. ferner *H. Sodan*, in: Sodan Art. 11 Rn. 3. Anders hingegen *F. Wollenschläger*, in: Dreier Art. 11 Rn. 33, der die Mitnahme des Vermögens nicht dem Schutzbereich des Art. 11 GG zuordnet, die Freizügigkeit im Fall der Versagung der Mitnahme des Vermögens jedoch regelmäßig mittelbar beeinträchtigt sieht.
[5] BVerfGE 134, 242 (323 f.).
[6] BVerfGE 80, 137 (150) – „Reiten im Walde"; vgl. → Fall 23, § 27 Rn. 4.

sprechung des BVerfG gewährleistet Art. 11 I GG kein „eigenständiges Recht auf Heimat im Sinne des mit dem gewählten Wohnsitz dauerhaft verbundenen städtebaulichen und sozialen Umfelds"[7]. Für Ausländer ist die Freizügigkeit nicht über Art. 11 I GG, sondern durch Art. 2 I GG geschützt (→ § 23 Rn. 5 ff.). Die Freiheit, Aufenthalt und Wohnsitz zu nehmen, entspricht der grundrechtstypischen Gefährdungslage (vgl. → § 23 Rn. 11 ff.) des durch die Freizügigkeit gewährten Schutzgehaltes und steht der durch Art. 12 I GG gewährleisteten Freiheit nahe, so dass sich auch **inländische juristische Personen** des Privatrechts[8] auf den Schutzgehalt des Art. 11 I GG berufen können. Mithin werden sowohl Verlagerung als auch Beibehaltung des Unternehmenssitzes sowie die Gründung von Zweigniederlassungen durch Art. 11 I GG geschützt. Für wirtschaftlich tätige juristische Personen stellt Art. 12 I GG jedoch häufig eine lex specialis dar.[9]

2   Im **Fall 35** ist die **Ausreisefreiheit** des E betroffen. Dem BVerfG[10] zufolge werden **Ausreise und Auswanderung** im Gegensatz zu Einreise und Einwanderung (→ Rn. 1) nicht durch Art. 11 I GG geschützt. Beachtliche Teile des Schrifttums folgen dem – zumindest in dieser Allgemeinheit – nicht (mehr); vielmehr wird teils dafür plädiert, die Ausreise generell an Art. 11 GG zu messen[11], teils wird im Hinblick auf die durch Art. 21 AEUV (ex-Art. 18 EG) gewährleistete Freizügigkeit im gesamten Unionsgebiet eine europarechtskonforme Auslegung dahingehend vertreten, dass zumindest die Ausreise in das (übrige) Unionsgebiet durch den erhöhten Einschränkungsanforderungen unterliegenden Art. 11 GG geschützt sein müsse[12]. Stellt man indes mit dem BVerfG vor allem auf den Wortlaut ab, wonach Art. 11 I GG Freizügigkeit – d. h. Wohnsitz und Aufenthalt (→ Rn. 1) – „im Bundesgebiet" gewährt, ist die Ausreise im Gegensatz zur Einreise nicht an Art. 11 GG, sondern an Art. 2 I GG zu messen. Danach ist das Grundrecht auf Freizügigkeit im **Fall 35** *nicht* betroffen.[13]

II. Eingriffe

3   Eingriffe in das Grundrecht auf Freizügigkeit sind vor allem **imperative Einwirkungen** auf die geschützten Verhaltensweisen, also etwa staatliche Verbote, Genehmigungserfordernisse oder Bedingungen (vgl. → § 24 Rn. 5). Auch bloß **mittelbare bzw. faktische Beeinträchtigungen,** welche in ihrer Intensität jenen Wirkungen gleich- oder zumindest nahekommen, können Eingriffe darstellen (vgl. → § 24 Rn. 7 ff.).[14] Dann allerdings muss das staatliche Vorgehen geeignet sein, „einen beherrschen Einfluß auf die Willens-

---

[7] BVerfGE 134, 242 (328).
[8] Siehe zur Frage der Erstreckung des Grundrechtsschutzes auf juristische Personen des Privatrechts aus dem **EU-Ausland** durch eine „Anwendungserweiterung" des Art. 19 III GG → § 23 Rn. 15.
[9] *R. Breuer,* in: HdbStR VIII, § 170 Rn. 93 f., 127; *H. D. Jarass,* in: Jarass/Pieroth Art. 11 Rn. 6; *F. Wollenschläger,* in: Dreier, Art. 11 Rn. 42, 66; hinsichtlich natürlicher Personen BVerwGE 12, 140 (162); a. A. *J. Ziekow,* Über Freizügigkeit und Aufenthalt, 1997, 529 f.; *ders.,* in: Friauf/Höfling, Art. 11 Rn. 51 ff.
[10] BVerfGE 6, 32 (34 ff.); vgl. ferner BVerfGE 72, 200 (245).
[11] So etwa *I. Pernice,* in: Dreier, Grundgesetz, 2. Aufl. 2004, Bd. I, Art. 11 Rn. 15; siehe auch *M. Pagenkopf,* in: Sachs, GG Art. 11 Rn. 29 m. w. N.
[12] Siehe *M. Pagenkopf,* in: Sachs, GG Art. 11 Rn. 18.
[13] Vgl. BVerfGE 6, 32 (34 ff.) – in dem dort entschiedenen, **Fall 35** zugrunde liegenden Sachverhalt wurde der Eingriff in Art. 2 I GG als gerechtfertigt angesehen; *J. Ziekow,* Über Freizügigkeit und Aufenthalt, 1997, S. 493 f., 496.
[14] Siehe im Hinblick auf Art. 11 I GG BVerfGE 110, 177 (191); vgl. ferner BVerfG (Kammerbeschl.), NVwZ 2010, 1022 (1025).

§ 40. Berufsfreiheit

entscheidung des Bürgers auszuüben"[15]. Ausschlaggebend ist eine dem klassischen Eingriff vergleichbare Zwangswirkung, „die bei objektiver Betrachtung eine andere Entscheidung unzumutbar macht und insofern zum Ziehen oder Nichtziehen zwingt"[16]. Bspw. wird die Meldepflicht keinen Eingriff darstellen, zumindest sofern als Sanktion keine Aufenthaltsverweigerung angeknüpft ist. Ebenfalls jeweils nicht als Eingriff können die Regelung des Verkehrs durch Verkehrszeichen oder Parkverbotszonen, die Sperrung einzelner Verbindungswege, die Anknüpfung der Wahlberechtigung an den Hauptwohnort oder – mangels Intensität – die Zweitwohnungssteuer qualifiziert werden.

III. Verfassungsrechtliche Rechtfertigung

Art. 11 II GG statuiert einen **qualifizierten Gesetzesvorbehalt** (→ § 24 Rn. 17 f.) für Einschränkungen der Freizügigkeit: In diese darf nur durch Gesetz oder aufgrund eines Gesetzes *und* nur aus den näher bezeichneten Gründen eingegriffen werden, d. h. bei Fehlen einer ausreichenden Lebensgrundlage des Betroffenen, durch welche der Allgemeinheit besondere Lasten entstehen würden, zur Abwehr einer drohenden Gefahr für den Bestand oder die freiheitliche demokratische Grundordnung des Bundes oder eines Landes, zur Bekämpfung von Seuchengefahr, Naturkatastrophen oder besonders schweren Unglücksfällen, zum Schutz der Jugend vor Verwahrlosung oder um strafbaren Handlungen vorzubeugen. Diese Gründe sind dabei restriktiv auszulegen.[17] Einen weiteren qualifizierten Gesetzesvorbehalt hinsichtlich Gesetzen, *die der Verteidigung dienen*, enthält Art. 17a II GG. Obsolet ist hingegen der Vorbehalt in Art. 117 II GG. In allen Fällen muss die Beschränkung verhältnismäßig sein (vgl. → § 24 Rn. 32 ff.).   4

§ 40. Berufsfreiheit

Fall 36 (nach BVerfGE 102, 197 ff.): A betreibt im Bundesland B auf der Grundlage einer nach § 1 des Landesspielbankengesetzes (LSpBG) erteilten Genehmigung eine Spielbank in privater Trägerschaft. Um die Einnahmen der in B betriebenen Spielbanken künftig zur Verwendung für gemeinnützige Zwecke staatlicherseits abschöpfen zu können, ändert der Landtag von B den § 1 LSpBG dahingehend, dass von nun an eine Erlaubnis zum Betrieb einer in privater Rechtsform geführten Spielbank nur noch gewährt werden darf, wenn sämtliche Anteile von B gehalten werden; ein Ermessen ist der Genehmigungsbehörde diesbezüglich nicht eingeräumt. Da die bestehende Betriebserlaubnis des A in kurzer Zeit abläuft, er aufgrund der Neufassung des § 1 LSpBG aber keine Chance zur Wiedererlangung einer Genehmigung hat, weil die Unternehmensanteile seiner Spielbank nicht von B gehalten werden, sieht A sich durch die Neufassung des § 1 LSpBG insbesondere in seiner grundrechtlich geschützten Berufsfreiheit verletzt. Trifft diese Auffassung zu?

I. Zur Struktur des Art. 12 GG

Nach Art. 12 I 1 GG haben alle Deutschen das Recht, Beruf, Arbeitsplatz und Ausbildungsstätte frei zu wählen. Die Berufsausübung kann gemäß Art. 12 I 2 GG durch Gesetz oder aufgrund eines Gesetzes geregelt werden. Der Wortlaut dieser Vorschriften legt den Schluss nahe, dass damit insgesamt vier verschiedene Grundrechte gewährleistet sind: 1. die Berufswahlfreiheit, 2. die Freiheit der Wahl des Arbeitsplatzes, 3. die Freiheit der Wahl der Ausbildungsstätte und 4. die Berufsausübungsfreiheit. Schon seit lan-   1

---

[15] BVerfG, HFR 1981, 579; siehe auch *H. D. Jarass*, in: Jarass/Pieroth Art. 11 Rn. 8.
[16] *J. Ziekow*, Über Freizügigkeit und Aufenthalt, 1997, S. 545.
[17] Vgl. im Einzelnen *H. Sodan*, in: Sodan Art. 11 Rn. 10 ff.

gem ist jedoch in der Rechtsprechung des BVerfG geklärt, dass es sich insoweit nur um **vier Teilgarantien eines „einheitlichen, allerdings in sich gegliederten Grundrechts" der Berufsfreiheit**[1] handelt. Bereits im grundlegenden so genannten Apotheken-Urteil aus dem Jahre 1958 formuliert das BVerfG, Art. 12 I GG enthalte „ein einheitliches Grundrecht (der ‚Berufsfreiheit') jedenfalls in dem Sinn, daß der Regelungsvorbehalt des Satz 2 sich ‚dem Grunde nach' sowohl auf die Berufsausübung wie auf die Berufswahl" erstrecke[2] (dazu näher → Rn. 24f., 28ff.). Zur Begründung führt das BVerfG aus: Die „Begriffe ‚Wahl' und ‚Ausübung' des Berufes lassen sich nicht so trennen, daß jeder von ihnen nur eine bestimmte zeitliche Phase des Berufslebens bezeichnete, die sich mit der andern nicht überschnitte; namentlich stellt die Aufnahme der Berufstätigkeit sowohl den Anfang der Berufs*ausübung* dar wie die gerade hierin – und häufig *nur* hierin – sich äußernde Betätigung der Berufs*wahl*; ebenso sind der in der laufenden Berufsausübung sich ausdrückende Wille zur Beibehaltung des Berufs und schließlich die freiwillige Beendigung der Berufsausübung im Grunde zugleich Akte der Berufswahl. Die beiden Begriffe erfassen den einheitlichen Komplex ‚berufliche Betätigung' von verschiedenen Blickpunkten her".[3] In seiner neueren Rechtsprechung siedelt das BVerfG den Schutz freier Berufsausübung ausdrücklich bereits in Art. 12 I **1** GG an[4]. Nach der Judikatur des BVerfG gehört „zur rechtlichen Ordnung der Berufstätigkeit auch die Vorstufe der Berufsausbildung als integrierender Bestandteil eines einheitlichen Lebensvorgangs"[5]. Als „Verfassungsrichterrecht hat sich der Grundsatz der Einheitlichkeit der Berufsfreiheit durchgesetzt".[6] Auch in jüngster Zeit spricht das BVerfG noch immer von der Berufsfreiheit des Art. 12 I GG[7].

2 In anderen neueren Entscheidungen des BVerfG ist hingegen von der „Berufsausübungsfreiheit"[8], dem „Grundrecht auf freie Berufsausübung"[9] oder der „Freiheit der Berufsausübung"[10] die Rede. Darin dürfte aber keine Abkehr von der über Jahrzehnte vertretenen These von der Einheitlichkeit des Art. 12 I GG zu sehen sein. Vielmehr wird dadurch eine bestimmte Teilgarantie dieser Grundrechtsnorm zum Ausdruck gebracht und der jeweils weiteren Fallprüfung zugrunde gelegt. Dies ist insofern unerlässlich, als die Anforderungen an die verfassungsrechtliche Rechtfertigung von Grundrechtseingriffen im Hinblick auf die verschiedenen Teilgarantien differieren (dazu näher → Rn. 28ff.). Daher empfiehlt es sich, auch in der **Lösung von Prüfungsaufgaben** den jeweiligen, durch die staatliche Maßnahme betroffenen Teilaspekt des Schutzes der beruflichen Betätigung herauszuarbeiten und nicht nur pauschal von einem Eingriff in die Berufsfreiheit zu sprechen. Letztlich zeichnet sich die Berufsfreiheit durch „Einheit in Vielfalt"[11] aus.

---

[1] *R. Breuer*, in: HdbStR VIII § 170 Rn. 56 – ohne die Hervorhebungen.
[2] BVerfGE 7, 377 (402).
[3] BVerfGE 7, 377 (401).
[4] Siehe BVerfGE 85, 248 (256); 94, 372 (389); 95, 173 (181); 101, 331 (346); vgl. dazu BerlVerfGH, LVerfGE 12, 15 (22f.).
[5] BVerfGE 41, 251 (261); vgl. ferner BVerfGE 33, 303 (329f.); 59, 172 (205); BerlVerfGH, LVerfGE 12, 15 (22).
[6] *O. Depenheuer*, in: FS 50 Jahre BVerfG II, S. 241 (250).
[7] Siehe etwa BVerfGE 106, 275 (298); 110, 141 (156); 110, 274 (287f.); 134, 204 (222); 135, 90 (111).
[8] BVerfGE 104, 357 (364); 121, 317 (346); 123, 186 (238); 126, 112 (142); BVerfG (Kammerbeschl.), NZS 2015, 502.
[9] BVerfGE 110, 226 (251).
[10] BVerfGE 111, 10 (28) – „Ladenschluss"; BVerfG (Kammerbeschl.), NJW 2015, 2949 (2950, 2952).
[11] So *O. Depenheuer*, in: FS 50 Jahre BVerfG II, S. 241 (249).

§ 40. Berufsfreiheit

Eigenständige Grundrechte regeln Art. 12 II und III GG, indem sie im Vergleich zur allgemeinen Berufsfreiheit die *speziellen* Garantien des **Verbots des Arbeitszwanges** und des **Schutzes vor Zwangsarbeit** enthalten (dazu näher → Rn. 34 ff.).

II. Gewährleistung der Berufsfreiheit

Im frühen Schrifttum finden sich zur Gewährleistung der Berufsfreiheit sehr kritische Kommentare: So hieß es etwa, Art. 12 I GG sei „wohl die bisher schwerverdaulichste Frucht, die der Verfassungsgeber auf dieser Tafel ausgebreitet" habe[12]. Eine jahrzehntelange intensive Anwendung dieser Grundrechtsnorm vor allem in der Rechtsprechung des BVerfG trug jedoch wesentlich zur „Verdaulichkeit" der Freiheitsgarantie bei, dessen herausragende Bedeutung gerade für das Wirtschaftsleben sich allgemein wie folgt umschreiben lässt: „Die Berufsfreiheit schützt das Innovationspotential des Volkes, dessen Ideenreichtum und Spontaneität in bezug auf neue Herausforderungen und damit die Entwicklung der Arbeitswelt unter den Bedingungen einer globalisierten und digitalisierten Wirtschaftswelt."[13]

1. Sachlicher Schutzbereich

a) Dimensionen der Berufsfreiheit

Die Funktion der Berufsfreiheit als **Abwehrrecht** (vgl. → § 22 Rn. 3 ff.) kommt in folgenden Bemerkungen des BVerfG zum Ausdruck: „Die Berufsfreiheit verwirklicht sich gegenwärtig – abgesehen von dem der Sonderregelung des Art. 33 GG unterliegenden öffentlichen Dienst [...] – vorwiegend im Bereich der privaten Berufs- und Arbeitsordnung und ist hier vornehmlich darauf gerichtet, die eigenpersönliche, selbstbestimmte Lebensgestaltung abzuschirmen, also Freiheit *von* Zwängen oder Verboten im Zusammenhang mit Wahl und Ausübung des Berufes zu gewährleisten."[14] Art. 12 I GG „zielt auf eine möglichst unreglementierte berufliche Betätigung ab".[15] „Er konkretisiert das Grundrecht auf freie Entfaltung der Persönlichkeit im Bereich der individuellen Leistung und Existenzerhaltung".[16]

Ein **Teilhaberecht** statuiert Art. 12 I GG, indem er i. V. m. Art. 3 I GG und dem Sozialstaatsgebot „ein Recht des die subjektiven Zulassungsvoraussetzungen erfüllenden Staatsbürgers auf Zulassung zum Hochschulstudium seiner Wahl" aufstellt (→ § 22 Rn. 13). Dagegen gewährleistet Art. 12 I GG **kein Recht auf Arbeit** oder **einen Arbeitsplatz** im Sinne eines gegen den Staat gerichteten Leistungsanspruchs[17] (vgl. → Rn. 18). Diese Vorschrift garantiert das Recht der freien Berufswahl, „kann aber nicht verheißen", dass jemand „im erwählten Beruf dauernd beschäftigt wird".[18] Anderslautende Aussagen in einigen Landesverfassungen (vgl. etwa Art. 18 S. 1 VvB: „Alle haben das Recht auf Arbeit") stellen „bloße Programmsätze" dar, verdeutlichen aber, dass der

---

[12] P. Lerche, Übermaß und Verfassungsrecht, 1961, S. 107.
[13] O. Depenheuer, in: FS 50 Jahre BVerfG II, S. 241 (249).
[14] BVerfGE 33, 303 (331).
[15] BVerfGE 54, 301 (313); 81, 70 (85); vgl. etwa auch BVerfGE 118, 1 (15); BVerwGE 141, 262 (269).
[16] BVerfGE 101, 331 (347); fast wortgleich BVerfGE 110, 226 (251); BVerfG (Kammerbeschl.), NJW 2015, 2949 (2950).
[17] R. Breuer, in: HdbStR VIII § 170 Rn. 102 m. w. N.
[18] BAG, NJW 1964, 1921; BVerwGE 97, 154 (158).

Staat für einen hohen Beschäftigungsstand (vgl. Art. 109 II GG i. V. m. § 1 StWG) Sorge zu tragen hat.[19]

7   In Art. 12 I GG kommt ferner „eine klare **materielle Wertentscheidung** des Grundgesetzes für einen konkreten wichtigen Lebensbereich" zum Ausdruck[20] (vgl. zur **objektiven Werteordnung** → § 22 Rn. 14 ff.). Dem Grundrecht der Berufsfreiheit wird demnach „ein besonderer Rang" zugesprochen, dem zugleich eine „grundsätzliche Freiheitsvermutung" zu entnehmen ist[21]. Aufgrund der Leitentscheidung der Verfassung zugunsten der Berufs*freiheit* sind die Gesetzgeber zur Gestaltung einer Rechtsordnung verpflichtet, welche den Bürgern die größtmögliche Vielfalt der Persönlichkeitsentfaltung nach eigener Entscheidung ermöglicht, soweit anderen kein Schaden zugefügt wird.[22] Die in Art. 12 I 1 GG gewährleistete Freiheit der Wahl des Arbeitsplatzes verleiht zwar keinen unmittelbaren Schutz gegen den Verlust des Arbeitsplatzes aufgrund privater Dispositionen; insoweit obliegt dem Staat aber eine Schutzpflicht, welcher die geltenden Kündigungsvorschriften hinreichend Rechnung tragen (→ § 22 Rn. 26). Aus Art. 12 I GG ergeben sich ferner grundrechtliche Verfahrensgarantien (vgl. allgemein → § 22 Rn. 28). Dies gilt besonders im Hinblick auf Regelungen von Prüfungsverfahren.[23]

b) Begriff des Berufs

8   In seiner jüngeren Rechtsprechung definiert das BVerfG den Beruf als „auf Erwerb gerichtete Tätigkeit [...], die auf Dauer angelegt ist und der Schaffung und Aufrechterhaltung einer Lebensgrundlage dient"[24].

9   Von gelegentlichen Ausnahmen abgesehen,[25] findet in der aktuellen Judikatur des BVerfG damit seit einigen Jahren ein zuvor sehr umstrittenes *zusätzliches* Merkmal zur Bestimmung des Berufs *keine* Berücksichtigung mehr: die Begrenzung des Begriffs des Berufs auf **„erlaubte" Tätigkeitsformen**. Bereits das so genannte Apotheken-Urteil von 1958 enthält – seinerzeit allerdings noch in Klammern – das Kriterium der „Erlaubtheit" mit folgenden Formulierungen: Der Begriff „Beruf" umfasse „auch die vom Einzelnen frei gewählten untypischen (erlaubten) Betätigungen".[26] Spätere Entscheidungen des BVerfG verzichten auf die Klammern und sprechen allgemein von dem Schutz der *erlaubten* Tätigkeiten.[27] Durch das Merkmal der „Erlaubtheit" darf dem Gesetzgeber allerdings nicht die Möglichkeit eröffnet werden, im Wege des Erlasses von berufsspezifischen Normen unterhalb des Ranges der Verfassung über die thematische Reichweite der Berufsfreiheit zu disponieren; für deren Begrenzungen gibt das Grundgesetz durch den in Art. 12 I 2 GG enthaltenen Schrankenvorbehalt Raum (vgl. → Rn. 24 f., 28 ff.), der jedoch nicht systemwidrig schon in den Schutzbereich des Grundrechts vorverlagert werden darf.[28] „Eine Erwerbstätigkeit kann die Eigenschaft eines Berufes im Sinne des Art. 12 Abs. 1 GG nicht dadurch verlieren, daß sie durch einfaches Gesetz verboten und/oder für strafbar erklärt wird. Vielmehr ist allein dem Grundgesetz

---

[19] *T. Mann,* in: Sachs, GG Art. 12 Rn. 20.
[20] BVerfGE 7, 377 (404) – ohne die Hervorhebungen.
[21] BVerfGE 63, 266 (286); vgl. auch BVerfGE 66, 337 (359 f.).
[22] *H. Sodan,* DÖV 2000, 361 (364).
[23] Siehe dazu im Einzelnen BVerfGE 80, 1 (24 ff.); 84, 34 (45 ff.); 84, 59 (72 ff.); *T. Mann,* in: Sachs, GG Art. 12 Rn. 25 ff.
[24] BVerfGE 102, 197 (212); 110, 304 (321); 111, 10 (28); 115, 276 (300); fast wortgleich BVerfGE 97, 228 (252 f.); 110, 141 (156); 115, 205 (229); BVerfG (Kammerbeschl.), NVwZ 2009, 905; NVwZ 2012, 1535 (1536).
[25] Siehe etwa BVerfGE 115, 276 (300 f.); BVerfG (Kammerbeschl.), DVBl. 2002, 1635.
[26] BVerfGE 7, 377 (397).
[27] Siehe etwa BVerfGE 14, 19 (22); 48, 376 (388); 68, 272 (281); 81, 70 (85).
[28] *H. Sodan,* DÖV 1987, 858 (860).

zu entnehmen, welche Betätigungen außerhalb des Grundrechtsschutzes eines ‚Berufs' stehen, so daß sie ohne Verletzung des Art. 12 Abs. 1 GG durch Gesetz oder Verordnung jedermann bei Strafe verboten werden dürfen. Der Berufsbegriff des Art. 12 Abs. 1 GG ist also durch Auslegung dieser Grundrechtsvorschrift selbst zu ermitteln. Dabei ist die durch Art. 12 Abs. 1 GG gewährleistete Berufsfreiheit im Gesamtzusammenhang der Verfassung zu sehen."[29] Nach dem Prinzip der Einheit der Verfassung (→ § 2 Rn. 11) ist der Grundrechtsschutz des Art. 12 I GG bereits tatbestandlich den **„schlechthin gemeinschaftsschädlichen Betätigungen"**[30] zu versagen; aufgrund des Widerspruchs zu zentralen verfassungsrechtlichen Wertungen stellen Tätigkeiten wie die eines „Killers" oder Rauschgift-Dealers, obwohl sie auf Erwerb gerichtet und auf Dauer angelegt sein sowie der Schaffung und Aufrechterhaltung einer Lebensgrundlage dienen können, von vornherein keine „Berufe" dar; insoweit wird der tatbestandliche Schutz der Berufsfreiheit bereits durch die in Art. 2 II 1 GG gewährleisteten Grundrechte auf Leben und körperliche Unversehrtheit – insbesondere mit Rücksicht auf deren objektiv-rechtlichen Gehalt (→ § 22 Rn. 21 ff., § 28 Rn. 5) – verfassungsimmanent begrenzt.[31] I. d. S. stellt das BVerfG in seinem Urteil vom 28.3.2006 zum staatlichen Monopol für Sportwetten nunmehr klar: „Einer die Merkmale des Berufsbegriffs grundsätzlich erfüllenden Tätigkeit ist der Schutz durch das Grundrecht der Berufsfreiheit nicht schon dann versagt, wenn das einfache Recht die gewerbliche Ausübung dieser Tätigkeit verbietet. Vielmehr kommt eine Begrenzung des Schutzbereichs von Art. 12 Abs. 1 GG in dem Sinne, dass dessen Gewährleistung von vornherein nur erlaubte Tätigkeiten umfasst [...], allenfalls hinsichtlich solcher Tätigkeiten in Betracht, die schon ihrem Wesen nach als verboten anzusehen sind, weil sie aufgrund ihrer Sozial- und Gemeinschaftsschädlichkeit schlechthin nicht am Schutz durch das Grundrecht der Berufsfreiheit teilhaben können."[32]

Im **Fall 36** kann A sich auf das Grundrecht aus Art. 12 I GG berufen, weil der Betrieb einer öffentlichen Spielbank Ausübung eines Berufs im Sinne dieser Grundrechtsnorm ist. Der Betrieb ist seiner Art nach auf einen längeren Zeitraum und daher auf Dauer angelegt. „Die Betätigung als Spielbankunternehmer dient auch der Erzielung von Gewinnen, die zur Schaffung und Erhaltung einer Lebensgrundlage verwendet werden können. Die Merkmale des verfassungsrechtlichen Berufsbegriffs sind damit erfüllt."[33] Anhaltspunkte für das Vorliegen einer „schlechthin gemeinschaftsschädlichen Betätigung" sind nicht gegeben.

10

c) Beruf und Berufsbild

Dem Apotheken-Urteil des BVerfG von 1958 zufolge umfasst Art. 12 I GG „nicht nur alle Berufe, die sich in bestimmten, traditionell oder sogar rechtlich fixierten ‚Berufsbildern' darstellen, sondern auch die vom Einzelnen frei gewählten untypischen (erlaubten) Betätigungen, aus denen sich dann wieder neue, feste Berufsbilder ergeben mögen"[34].

11

Die Befugnis des Gesetzgebers, i.R.d. Art. 12 I GG Berufsbilder zu fixieren, stellt das BVerfG seitdem in ständiger Rechtsprechung heraus.[35] Diese Befugnis sei „nicht darauf beschränkt, bestehende Berufsbilder lediglich klarstellend voneinander abzugrenzen"; indem „der Gesetzgeber be-

12

---

[29] BVerwGE 22, 286 (288).
[30] BVerwGE 22, 286 (289) – ohne die Hervorhebungen; vgl. ferner BVerwGE 96, 293 (297); 96, 302 (308 f.).
[31] *H. Sodan*, DÖV 1987, 858 (861); vgl. ferner etwa *T. Mann*, in: Sachs, GG Art. 12 Rn. 54; *P. J. Tettinger*, AöR 108 (1983), 92 (98).
[32] BVerfGE 115, 276 (300 f.); ebenso BVerfGE 117, 126 (137). Siehe zum „Sportwetten-Urteil" des BVerfG näher *H. Bethge*, DVBl. 2007, 917 ff.; *M. Kment*, NVwZ 2006, 617 ff.
[33] BVerfGE 102, 197 (214).
[34] BVerfGE 7, 377 (397).
[35] Vgl. etwa BVerfGE 9, 39 (48); 10, 185 (197); 21, 173 (180); 54, 237 (246); 75, 246 (265 f.); 77, 84 (105 f.).

stimmte wirtschafts-, berufs- und gesellschaftspolitische Zielvorstellungen und Leitbilder" durchsetze „und damit in den Rang wichtiger Gemeinschaftsinteressen" erhebe, geschehe „die Fixierung des Berufsbildes auch gestaltend, also durch Änderung und Ausrichtung überkommener Berufsbilder".[36] Auf diese Weise könne der Gesetzgeber verwandte Berufe vereinheitlichen.[37] Zur rechtlichen Ordnung eines Berufsbildes könnten auch Verbote gehören, neben dem Beruf bestimmte andere Tätigkeiten auszuüben (so genannte Inkompatibilitäten); sie dienten „gerade dazu, den Beruf eindeutig zu prägen, das Berufsbild klar zu umgrenzen, indem sie es vor der Durchdringung und Vermengung mit Merkmalen anderer Berufstätigkeiten" bewahrten.[38] Die rechtliche **Festlegung eines Berufsbildes** habe eine **doppelte Wirkung:** Zum einen werde der Beruf in dem Sinne „monopolisiert", dass künftig die Aufgaben dieses Berufs nur noch von denjenigen wahrgenommen werden könnten, welche die Voraussetzungen des einschlägigen Berufsbildes erfüllten;[39] zum anderen könne die Berufswahl lediglich in der vom Gesetzgeber vorgenommenen rechtlichen Ausgestaltung erfolgen, so dass die Zulassung zur Ausübung des Berufs die genaue Erfüllung der „konkretisierten und formalisierten rechtlichen Voraussetzungen" erfordere[40]. Die rechtliche Festlegung eines Berufsbildes könne „dazu führen, daß der Einzelne auf die freie Wahl des so geprägten Berufes beschränkt" werde, „während ihm die Möglichkeit zu untypischer Betätigung in diesem Bereich verschlossen" sei.[41]

13 Gegen die „Berufsbildlehre" des BVerfG wird in der Literatur der Einwand erhoben, durch die dem Gesetzgeber zugestandene Befugnis zur Berufsbildfixierung drohe Art. 12 I GG leerzulaufen[42]. Es ist sogar von der „Berufsfreiheit in der Zwangsjacke der Berufsbilder" die Rede[43]. Gegenüber dieser Kritik ist jedoch darauf hinzuweisen, dass die gesetzliche Festlegung von Berufsbildern vielfach sachgerecht und unvermeidbar ist: Angesichts der großen Bedeutung des Berufssystems für das Gemeinwesen sind nicht nur Bestimmungen betreffend gewisse Ausübungsmodalitäten, sondern auch differenzierte und angemessene Regelungen subjektiver Voraussetzungen der Berufsaufnahme als Teil der rechtlichen Ordnung eines Berufsbildes geradezu erforderlich.[44] Das BVerfG führt zu den **„Grenzen rechtlicher Fixierung von Berufsbildern"** u. a. aus: Es „wird darauf ankommen, ob der Gesetzgeber nur ausspricht, was sich aus einem ohnehin klar zusammenhängenden, von anderen Tätigkeiten deutlich abgegrenzten ‚vorgegebenen' Sachverhalt von selbst ergibt, oder ob er es etwa unternimmt, solchen Vorgegebenheiten ohne hinreichenden Grund eine andersartige Regelung ‚willkürlich' aufzuzwingen."[45] Eine generalisierende Regelung müsse „das gesamte Spektrum des einschlägigen beruflichen Umfeldes sachlich angemessen" abdecken.[46] Überdies habe der Gesetzgeber bei der Fixierung von Berufsbildern den Grundsatz der Verhältnismäßigkeit (→ § 24 Rn. 32 ff.) zu beachten.[47]

---

[36] BVerfGE 75, 246 (265); vgl. auch BVerfGE 13, 97 (107); 78, 179 (193).
[37] Vgl. BVerfGE 25, 236 (247); 32, 1 (36); 34, 252 (256); 75, 246 (265); BVerfG (Kammerbeschl.), NJW 2007, 2537.
[38] BVerfGE 21, 173 (181).
[39] BVerfGE 9, 73 (78); 21, 173 (180); 25, 236 (247); 75, 246 (265 f.).
[40] BVerfGE 21, 173 (180); vgl. auch BVerfGE 75, 246 (266).
[41] BVerfGE 17, 232 (241); ebenso BGHZ 124, 224 (227).
[42] Siehe etwa *H. Bethge*, Der verfassungsrechtliche Standort der „staatlich gebundenen" Berufe, 1968, S. 189 ff.; *H. Lecheler*, VVDStRL 43 (1985), 48 (53 f.); *H. H. Rupp*, NJW 1965, 993 (994); *ders.*, AöR 92 (1976), 212 (221 f.).
[43] *O. Depenheuer*, in: FS 50 Jahre BVerfG II, S. 241 (251).
[44] Siehe näher *H. Sodan*, Freie Berufe als Leistungserbringer im Recht der gesetzlichen Krankenversicherung, 1997, S. 150.
[45] BVerfGE 13, 97 (106) – ohne die Hervorhebungen; siehe ferner BVerfGE 54, 301 (322).
[46] BVerfGE 78, 179 (193).
[47] BVerfGE 75, 246 (266 f.); 78, 179 (193).

§ 40. Berufsfreiheit

d) Geschützte Verhaltensweisen

Die **Berufswahl** ist „ein Akt der Selbstbestimmung, des freien Willensentschlusses des Einzelnen", der „von Eingriffen der öffentlichen Gewalt möglichst unberührt bleiben" muss.[48] Davon erfasst werden die erstmalige Ergreifung eines Berufes, der „Wille zur Beibehaltung des Berufs"[49], die Ausübung mehrerer Berufe nebeneinander[50], der Berufswechsel[51], die Ausbildung zu einem weiteren Beruf[52] und die freiwillige Berufsbeendigung[53]. Der Schutz durch Art. 12 I GG erstreckt sich auch auf „die Wahrnehmung von Chancen, die den Bewerber der erstrebten Berufsaufnahme in erheblicher Weise näherbringen".[54] Die in Art. 11 I GG enthaltene Garantie der freien Wahl von Aufenthalt und Wohnsitz (→ § 39 Rn. 1) ist „in einer arbeitsteiligen und ausdifferenzierten Gesellschaft Grundbedingung einer freien Berufswahl und eigenverantworteten Sicherung des Lebensunterhalts".[55] Als „**negative Inanspruchnahme** der Freiheit der Berufswahl" (vgl. → § 21 Rn. 8) ist ferner die Freiheit geschützt, „überhaupt keinen Beruf zu ergreifen und auszuüben".[56] Nach einer häufig verwendeten „Faustformel" betrifft die Berufswahl das „Ob" und die Berufsausübung das „Wie" der beruflichen Betätigung. 14

Im **Fall 36** ist die Freiheit der Berufswahl berührt, weil A den Beruf des Spielbankunternehmers auch nach Ablauf der befristeten Betriebserlaubnis weiterhin ausüben möchte, durch die Neufassung des § 1 LSpBG aber daran gehindert wird.[57] 15

Die **Berufsausübungsfreiheit** umfasst „die Gesamtheit der mit der Berufstätigkeit, ihrem Ort […], ihren Inhalten […], ihrem Umfang, ihrer Dauer, ihrer äußeren Erscheinungsform, ihren Verfahrensweisen und ihren Instrumenten zusammenhängenden Modalitäten der beruflichen Tätigkeit und umgreift so eine Reihe von **Teilfreiheiten**".[58] Die **Freiheit unternehmerischer Betätigung** wurde früher ganz überwiegend aus dem Recht auf freie Entfaltung der Persönlichkeit gefolgert[59], ohne die Spezialität anderer Grundrechtsnormen wie insbesondere des Art. 12 I GG gegenüber der aus Art. 2 I GG hergeleiteten allgemeinen Handlungsfreiheit (→ § 27 Rn. 1 ff.) erkannt zu haben. Bereits im so genannten Mitbestimmungs-Urteil des BVerfG aus dem Jahre 1979 heißt es jedoch, grundsätzlich sei auch „die ‚Unternehmerfreiheit' im Sinne freier Gründung und Führung von Unternehmen" durch Art. 12 I GG geschützt; „Wahrnehmung von Unternehmerfreiheit" sei „sowohl die Gründung und Führung eines Klein- oder Mittelbetriebs als auch die Tätigkeit eines Großunternehmens".[60] Von besonderer Bedeutung für die unternehmerische Betätigung ist die **Wettbewerbsfreiheit,** welche als das Recht auf den *Versuch* verstanden werden kann, sich durch freie Leistungskonkurrenz als Anbieter und 16

---

[48] BVerfGE 7, 377 (403); 58, 358 (363 f.); vgl. ferner BVerfGE 13, 181 (185); 43, 291 (363).
[49] BVerfGE 7, 377 (401).
[50] BVerfGE 21, 173 (179); 87, 287 (316); 110, 320 (321); vgl. ferner BVerfGE 110, 141 (156 f.).
[51] BVerfGE 43, 291 (363); 62, 117 (146).
[52] BVerfGE 43, 291 (363); 45, 393 (397 f.); 62, 117 (146).
[53] BVerfGE 7, 377 (401); 93, 213 (235).
[54] BVerwGE 91, 24 (33); 96, 136 (141); vgl. ferner BVerfGE 59, 172 (210); 84, 34 (52 f.).
[55] BVerfGE 134, 242 (323).
[56] BVerfGE 58, 358 (364) – ohne die Hervorhebungen; vgl. auch BVerfGE 68, 256 (267).
[57] Vgl. BVerfGE 102, 197 (213 f.).
[58] *T. Mann*, in: Sachs, GG Art. 12 Rn. 79.
[59] Vgl. etwa BVerfGE 4, 7 (16); 12, 341 (347 f.); 14, 263 (281 ff.); 25, 371 (407); 37, 1 (18); 45, 142 (160).
[60] BVerfGE 50, 290 (363); vgl. auch BVerfGE 122, 316 (337).

Nachfrager auf dem Markt gegenüber anderen durchzusetzen[61] (vgl. → § 24 Rn. 4). Sie wird durch Art. 12 I GG geschützt, soweit das Verhalten der Unternehmen bzw. Unternehmer im Wettbewerb Bestandteil ihrer Berufausübung ist.[62] Das BVerfG formuliert im Zusammenhang mit der Erörterung der Berufsfreiheit sogar, die „bestehende Wirtschaftsverfassung" enthalte „den grundsätzlich freien Wettbewerb der als Anbieter und Nachfrager auf dem Markt auftretenden Unternehmer als eines ihrer Grundprinzipien"[63]. Art. 12 I GG gewährleistet allerdings „keinen Anspruch auf Erfolg im Wettbewerb".[64] Im Rahmen des Wettbewerbs können Betriebs- und Geschäftsgeheimnisse von besonderer Bedeutung sein, die in den Schutz des Art. 12 I GG einbezogen sind.[65] In engem Zusammenhang mit der Wettbewerbsfreiheit steht die **beruflich genutzte Vertragsfreiheit**[66] (vgl. im Übrigen → § 27 Rn. 3); dazu gehören die Preis-, Vertriebs- und Absatzfreiheit. Die Freiheit, einen Beruf auszuüben, schließt das Recht ein, „das Entgelt für berufliche Leistungen verbindlich auszuhandeln",[67] und ist „untrennbar verbunden mit der Freiheit, eine angemessene Vergütung zu fordern"[68]. Durch die Berufsfreiheit umfasst sind ferner die **Gewerbefreiheit**[69] und die „berufliche Außendarstellung des Grundrechtsträgers einschließlich der Werbung für die Inanspruchnahme seiner Dienste" (**Werbefreiheit**)[70]. **Ausprägungen wirtschaftlicher Betätigungsfreiheit** sind auch die Freiheit zur Gründung eines Unternehmens und des Marktzutritts, die Organisationsfreiheit sowie ganz allgemein die Freiheit der Unternehmensführung einschließlich der Dispositions-, Produktions-, Investitions- und Entwicklungsfreiheit.[71] Vom Schutz des Art. 12 I GG erfasst ist ferner „das Recht, Art und Qualität der am Markt angebotenen Güter und Leistungen selbst festzulegen".[72] Zusammenfassend spricht das BAG von der „Unternehmensautonomie als Teil der Berufsfreiheit in Art. 12 Abs. 1 GG"[73].

---

[61] *H. Sodan*, DÖV 1987, 858 (860); *ders.*, DÖV 2000, 361 (364); vgl. auch BGHZ 23, 365 (370); *W. Fikentscher*, Wettbewerb und gewerblicher Rechtsschutz, 1958, S. 79; *R. Scholz*, Entflechtung und Verfassung, 1981, S. 94.

[62] BVerfGE 32, 311 (317); 46, 120 (137); BVerwGE 71, 183 (189); vgl. auch BVerfGE 115, 205 (229).

[63] BVerfGE 32, 311 (317); vgl. auch BVerfGE 106, 275 (298); BVerwGE 71, 183 (189).

[64] BVerfGE 106, 275 (299); BVerfG (Kammerbeschl.), NVwZ 2009, 1486; vgl. ferner BVerfGE 110, 274 (288); 118, 1 (19).

[65] Siehe dazu BVerfGE 115, 205 (230f.); OVG Schleswig, NVwZ 2007, 1448f. Siehe zum Schutz auch durch Art. 14 GG *J. Brammsen*, DÖV 2007, 10ff.

[66] Siehe BVerfGE 117, 163 (181); 123, 186 (252f.); 126, 286 (300); 128, 157 (176); 134, 204 (222f.); BVerfG (Kammerbeschl.), NJW 2011, 1339 (1340); BVerwG, NVwZ 2014, 243 (245).

[67] BVerfGE 134, 204 (222); vgl. ferner BVerfGE 101, 331 (347); 117, 163 (181); BVerfG (Kammerbeschl.), NVwZ 2012, 694 (697f.); NZS 2015, 502; BVerwGE 149, 94 (116).

[68] BVerfGE 88, 145 (159); vgl. auch BVerfGE 47, 285 (321); 101, 331 (347); 110, 226 (251); BVerfG (Kammerbeschl.), NJW 2015, 2949 (2950). Siehe dazu näher *H. Sodan*, Freie Berufe als Leistungserbringer im Recht der gesetzlichen Krankenversicherung, 1997, S. 290ff.; *ders.*, NJW 2003, 1761 (1763f.).

[69] BVerfGE 50, 290 (362). Vgl. zum Schutz des Rechts am eingerichteten und ausgeübten Gewerbebetrieb durch Art. 14 I GG → § 42 Rn. 10.

[70] BVerfGE 85, 248 (256); 111, 366 (373); vgl. ferner BVerfGE 40, 371 (382f.); 53, 96 (97ff.); 94, 372 (389); 112, 255 (262); BVerwG, NJW 2008, 1686; NJW 2010, 547f.; siehe speziell zu freiberufsspezifischen Werbeverboten *M. Kleine-Cosak*, NJW 2010, 1921ff.

[71] Siehe im Einzelnen *F. Ossenbühl*, AöR 115 (1990), 12ff., 16f., 18ff.; vgl. auch *P. J. Tettinger*, DVBl. 1999, 679 (685).

[72] BVerfGE 121, 317 (345); 130, 131 (141); vgl. ferner BVerfGE 106, 275 (299).

[73] BAGE 64, 284 (295).

§ 40. Berufsfreiheit

In **Abgrenzung zur Eigentumsgarantie** (vgl. → § 42, insbes. Rn. 16 f.) formuliert das BVerfG: **17**
„Art. 14 Abs. 1 GG schützt das Erworbene, das Ergebnis der Betätigung, Art. 12 Abs. 1 GG dagegen den Erwerb, die Betätigung selbst […]. Greift somit ein Akt der öffentlichen Gewalt eher in die Freiheit der individuellen Erwerbs- und Leistungstätigkeit ein, so ist der Schutzbereich des Art. 12 Abs. 1 GG berührt; begrenzt er mehr die Innehabung und Verwendung vorhandener Vermögenswerte, so kommt der Schutz des Art. 14 GG in Betracht."[74] Interpretiert man diese Formel i. S. d. Abgrenzung einer in der Berufsfreiheit enthaltenen „dynamischen" von einer die Eigentumsgarantie prägenden „eher statischen" Komponente,[75] so drängt sich folgender Einwand auf: Der durch die Eigentumsgarantie – auch – geschützte freie *Gebrauch* des Eigentums (→ § 42 Rn. 2, 10, 12) ist doch gerade tätigkeitsbezogen und somit „dynamisch"; von einer „statischen" Komponente des Eigentumsschutzes lässt sich lediglich in Bezug auf die Garantie des Eigentums*bestandes* als solchen sprechen.[76] Trotz der verunglückten Abgrenzungsformel ist auch nach der Rechtsprechung des BVerfG eine Idealkonkurrenz (zu diesem Begriff → § 25 Rn. 3) zwischen Berufsfreiheit und Eigentumsgarantie nicht ausgeschlossen: In einigen Entscheidungen hält das BVerfG *beide* Grundrechte nebeneinander für einschlägig[77]. Im Mitbestimmungs-Urteil von 1979 stellt das BVerfG fest: „Art. 12 Abs. 1 GG wird durch Art. 14 Abs. 1 GG nicht verdrängt. Zwar sind beide Grundrechte funktionell aufeinander bezogen; sie haben jedoch selbständige Bedeutung."[78] Berücksichtigt man, dass die Entscheidung für ein funktionsfähiges **Privateigentum** den Weg zu einem Wirtschaftssystem weist, welches Privatinitiative und unternehmerische Eigenverantwortlichkeit als grundlegend anerkennt (→ § 42 Rn. 4), so stellen Berufsfreiheit *und* Eigentumsgarantie **Elemente einer sozialen Marktwirtschaft** dar.[79] Diese verfassungsrechtlichen Gewährleistungen sind damit „**Grundfesten einer Wirtschaftsordnung** […], die einen **staatsunabhängigen Marktmechanismus mit – freiem – Wettbewerb** konstituieren und garantieren".[80] Ganz i. d. S. legte auf der Ebene des europäischen Gemeinschaftsrechts der frühere Art. 4 I EG fest, dass die Tätigkeit der Mitgliedstaaten und der Gemeinschaft die Einführung einer Wirtschaftspolitik umfasst, die „dem Grundsatz einer offenen Marktwirtschaft mit freiem Wettbewerb verpflichtet ist". Nach dem am 1.12.2009 erfolgten Inkrafttreten des Vertrags von Lissabon (vgl. → § 5 Rn. 1) ist hier Art. 120 S. 2 AEUV von Bedeutung, der formuliert, dass die Mitgliedstaaten und die Union „im Einklang mit dem Grundsatz einer offenen Marktwirtschaft mit freiem Wettbewerb" handeln. Ferner ist im vorliegenden Zusammenhang etwa Art. 3 III 2 EUV wesentlich, der bestimmt, dass die EU u. a. auf „eine in hohem Maße wettbewerbsfähige soziale Marktwirtschaft" hinwirkt. Diesen Festlegungen kommt über Art. 23 I GG (→ § 5 Rn. 3 ff.) jedenfalls der Rang materiellen Verfassungsrechts zu.[81] Schon aus diesem Grund, aber auch wegen der Inhalte insbesondere der Grundrechte der Be-

---

[74] BVerfGE 30, 292 (335); fast wortgleich BVerfGE 84, 133 (157); 85, 360 (383); 102, 26 (40); vgl. auch BVerfGE 121 317 (345); BVerfG (Kammerbeschl.), NJW 2012, 669 (670).
[75] So *G. Schwerdtfeger*, Zur Verfassungsmäßigkeit der paritätischen Mitbestimmung, 1978, S. 64.
[76] *H. Sodan*, Kollegiale Funktionsträger als Verfassungsproblem, 1987, S. 485 f. Vgl. zur Kritik auch *H.-P. Schneider*, VVDStRL 43 (1985), 5 (39); *R. Scholz*, in: Maunz/Dürig Art. 12 Rn. 146 f., insbes. 149.
[77] Siehe etwa BVerfGE 8, 71 (79 f., 81); 21, 150 (154 ff., 160); 50, 290 (339 ff., 361 ff.); 128, 1 (70 ff., 82 ff.); BVerfG (Kammerbeschl.), NVwZ 2010, 435 (440). Vgl. aus dem Schrifttum etwa *H. Sodan*, DÖV 1987, 858 (862).
[78] BVerfGE 50, 290 (361 f.).
[79] Siehe dazu näher *H. Sodan*, DÖV 2000, 361 (363 ff.); *H. J. Meyer*, Vorrang der privaten Wirtschafts- und Sozialgestaltung als Rechtsprinzip. Eine systematisch-axiologische Analyse der Wirtschaftsverfassung des Grundgesetzes, 2006, S. 136 ff., 189 ff.; vgl. auch *W. B. Schünemann*, in: FS Stober, S. 147 (156 ff.).
[80] *O. Depenheuer*, in: v. Mangoldt/Klein/Starck Art. 14 Rn. 9.
[81] Vgl. dazu *H. Sodan*, DÖV 2000, 361 (367).

rufsfreiheit und der Eigentumsgarantie ist die vom BVerfG vertretene These von der „wirtschaftspolitischen Neutralität" des Grundgesetzes[82] zumindest überholt.

18 Art. 12 I GG schützt auch die Ausübung so genannter **Freier Berufe** und damit die selbständigen Berufstätigkeiten u. a. der Ärzte, Zahnärzte, Mitglieder der Rechtsanwaltskammern, Wirtschaftsprüfer, Steuerberater, Ingenieure und Architekten.[83] Er gewährleistet speziell dem einzelnen Rechtsanwalt „eine von staatlicher Kontrolle und Bevormundung freie Berufsausübung und schützt dazu insbesondere das Vertrauensverhältnis zwischen Anwalt und Mandant".[84] Nach der Rechtsprechung des BVerfG ist den Angehörigen eines Freien Berufs aber nicht „grundsätzlich und von vornherein ein irgendwie bestimmbarer erhöhter Anspruch auf Freiheit vor gesetzgeberischen Eingriffen rechtlich verbürgt"[85]. Art. 12 I GG schützt nicht nur selbständig, sondern auch **unselbständig ausgeübte Berufe;** das BVerfG spricht beiden „Formen der Ausübung eigenes soziales Gewicht" zu[86]. Diese Grundrechtsnorm soll nach der bundesverfassungsgerichtlichen Judikatur grundsätzlich auch Berufe erfassen, die im **öffentlichen Dienst** ausgeübt werden[87] oder durch öffentlich-rechtliche Bindungen und Auflagen **„staatlich gebunden"** sind (dazu näher → Rn. 26 f.).

19 Die durch Art. 12 I GG auch garantierte **freie Wahl des Arbeitsplatzes** erläutert das BVerfG wie folgt: „Während es bei der Berufswahl um die Entscheidung des Einzelnen geht, auf welchem Feld er sich beruflich betätigen will, betrifft die Arbeitsplatzwahl die Entscheidung, an welcher Stelle er dem gewählten Beruf nachgehen möchte. Die Arbeitsplatzwahl ist folglich der Berufswahl nachgeordnet und konkretisiert diese. Sie ist umgekehrt der Berufsausübung vorgeordnet, die erst an dem gewählten Arbeitsplatz stattfindet. Dabei darf dieser Begriff nicht allein oder auch nur in erster Linie räumlich verstanden werden. Bei der Wahl des Arbeitsplatzes geht es vielmehr um die Entscheidung für eine konkrete Betätigungsmöglichkeit oder ein bestimmtes Arbeitsverhältnis. Gegenstand des Grundrechts auf freie Wahl des Arbeitsplatzes ist dementsprechend zunächst der Entschluss des Einzelnen, eine konkrete Beschäftigungsmöglichkeit in dem gewählten Beruf zu ergreifen. Dazu zählt namentlich bei abhängig Beschäftigten auch die Wahl des Vertragspartners samt den dazu notwendigen Voraussetzungen, insbesondere der Zutritt zum Arbeitsmarkt. Ebenso wie die freie Berufswahl sich nicht in der Entscheidung zur Aufnahme eines Berufs erschöpft, sondern auch die Fortsetzung und Beendigung eines Berufs umfasst, bezieht sich die freie Arbeitsplatzwahl neben der Entscheidung für eine konkrete Beschäftigung auch auf den Willen des Einzelnen, diese beizubehalten oder aufzugeben. Das Grundrecht entfaltet seinen Schutz demnach gegen alle staatlichen Maßnahmen, die diese Wahlfreiheit beschränken. Das ist vor allem dann der Fall, wenn der Staat den Einzelnen am Erwerb eines zur Verfügung stehenden Arbeitsplatzes hindert, ihn zur Annahme eines bestimmten Arbeitsplatzes zwingt oder die Aufgabe eines Arbeitsplatzes verlangt. Dagegen ist mit der Wahlfreiheit weder ein Anspruch auf Bereitstellung eines Arbeitsplatzes eigener Wahl noch eine Bestandsgarantie für den einmal gewählten Arbeitsplatz verbunden. Ebensowenig verleiht das Grundrecht unmittelbaren Schutz gegen den Verlust eines Arbeitsplatzes aufgrund privater Dispositionen. Insoweit obliegt dem Staat lediglich

---

[82] Siehe etwa BVerfGE 4, 7 (17 f.); 7, 377 (400); 14, 263 (275); 21, 73 (78); 25, 1 (19 f.); 30, 292 (317, 319); 50, 290 (336 ff.).

[83] Siehe zu einer Begriffsbestimmung und den davon erfassten Berufsgruppen § 1 II PartGG; BVerwG, NJW 2008, 1974 f.; NJW 2013, 2214 f.; *R. Breuer,* DVBl. 2010, 1010 f.; *K. Rennert,* DVBl. 2012, 593 ff.; *H. Sodan,* Freie Berufe als Leistungserbringer im Recht der gesetzlichen Krankenversicherung, 1997, S. 36 ff., 91 ff.; *ders.,* ThürVBl. 1997, 249 ff.

[84] BVerfG (Kammerbeschl.), NJW 2010, 1740; vgl. auch BVerfGE 113, 29 (49); BVerfG (Kammerbeschl.), NJW 2009, 3710; NJW 2010, 2937.

[85] BVerfGE 10, 354 (364); vgl. auch BVerfGE 9, 338 (347).

[86] BVerfGE 7, 377 (398 f.).

[87] Vgl. etwa BVerfGE 84, 133 (147); BVerfG (Kammerbeschl.), NVwZ 2008, 547 (548).

§ 40. Berufsfreiheit

eine aus Art. 12 Abs. 1 GG folgende Schutzpflicht, der die geltenden Kündigungsvorschriften hinreichend Rechnung tragen"[88] (vgl. zu Letzterem → Rn. 7, § 22 Rn. 26). Unbeschadet der staatlichen Organisationsgewalt schützt die Garantie der freien Wahl des Arbeitsplatzes gegen die Auswechselung der Person des Arbeitgebers im Wege der normativen Umgestaltung bestehender Arbeitsverhältnisse durch den Gesetzgeber.[89]

Die **Freiheit der Wahl der Ausbildungsstätte** betrifft nur **berufsbezogene Einrichtungen** und damit solche, die über die allgemeine Schulbildung hinaus der Ausbildung für Berufe dienen.[90] Dazu gehören die Universitäten, die sonstigen Hochschulen i. S. d. § 1 HRG einschließlich der Fachhochschulen, die staatlichen Vorbereitungsdienste, welche die praktische Ausbildung und die Ablegung einer zweiten Staatsprüfung zum Ziel haben, die Berufsschulen und berufsbildenden Schulen sowie Einrichtungen betrieblicher und überbetrieblicher Lehrlingsausbildung.[91] Art. 12 I GG schützt „die freie Wahl des Ausbildungsziels und der konkreten Ausbildungsstätte sowie – über den Wortlaut hinaus – alle während der Ausbildung erforderlichen Tätigkeiten, insbesondere die Teilnahme am Unterricht oder an Prüfungen".[92] Das Teilhaberecht eines die subjektiven Zulassungsvoraussetzungen erfüllenden Bewerbers auf Zulassung zum Hochschulstudium seiner Wahl (vgl. → Rn. 6, § 22 Rn. 13) folgt auch aus dem Recht auf die freie Wahl der Ausbildungsstätte.[93]

20

2. Personeller Schutzbereich

Ausweislich des Wortlauts in Art. 12 I 1 GG sind Grundrechtsträger der Berufsfreiheit **alle Deutschen** i. S. d. Art. 116 I GG. **Ausländer** können sich zum Schutz ihrer freien beruflichen Betätigung auf das Auffanggrundrecht des Art. 2 I GG berufen (vgl. → **Fall 19**, § 23 Rn. 5 ff.). Nach Art. 19 III GG ist das Grundrecht der Berufsfreiheit auch auf **inländische juristische Personen des Privatrechts** anwendbar, „soweit sie eine Erwerbszwecken dienende Tätigkeit ausüben, die ihrem Wesen und ihrer Art nach in gleicher Weise einer juristischen wie einer natürlichen Person offen steht"[94] (vgl. → § 23 Rn. 12 ff.). **Juristische Personen des öffentlichen Rechts** können sich grundsätzlich *nicht* auf Art. 12 I GG berufen[95] (vgl. → § 23 Rn. 16 f.).

21

3. Eingriffe

Art. 12 I GG schützt nicht nur vor „**klassischen Grundrechtseingriffen**" (→ § 24 Rn. 5 f.), sondern auch gegen **bloß mittelbare oder faktische Beeinträchtigungen** (→ § 24 Rn. 7 ff.).[96] Insofern kann in die Berufsfreiheit etwa staatliche Informationstätigkeit in Form von Warnungen oder Empfehlungen eingreifen (siehe dazu im Einzelnen → Fall 20, § 24 Rn. 8 ff.).

22

---

[88] BVerfGE 84, 133 (146 f.); vgl. auch BVerfGE 92, 140 (150); 96, 189 (197); 96, 205 (210 f.); 98, 365 (395).
[89] BVerfGE 128, 157 (176).
[90] Vgl. BVerfGE 33, 303 (329 f.); 41, 251 (261); 59, 172 (205 f.).
[91] *R. Breuer*, in: HdbStR VIII § 170 Rn. 104; *T. Mann*, in: Sachs, GG Art. 12 Rn. 89 – jew. m. w. N.
[92] *T. Mann*, in: Sachs, GG Art. 12 Rn. 91.
[93] BVerfGE 33, 303 (LS 2); vgl. ferner BerlVerfGH, LVerfGE 19, 32 (36 f.).
[94] BVerfGE 105, 252 (265); 106, 275 (298); 115, 205 (229); 135, 90 (109); BVerfG (Kammerbeschl.), DVBl. 2005, 106 (107); NVwZ 2012, 1535 (1536); vgl. ferner etwa BVerfGE 21, 261 (266); 74, 129 (148); 95, 173 (181); 114, 196 (244); 126, 112 (136); BVerwGE 95, 15 (20). Siehe zur Frage der „Anwendungserweiterung" des Art. 19 III GG auf juristische Personen aus dem **EU-Ausland** → § 23 Rn. 15.
[95] BVerfGE 45, 63 (78).
[96] Siehe dazu näher *H. Sodan*, in: Sodan Art. 12 Rn. 20 ff.

23 Im **Fall 36** greift die Neufassung des § 1 LSpBG in das Grundrecht der Berufsfreiheit ein, weil A aufgrund dieser Regelung künftig keine Chance mehr hat, eine neue Genehmigung zum Betrieb seiner Spielbank zu erhalten.[97]

4. Verfassungsrechtliche Rechtfertigung

a) Grundrechtsschranken

24 Obwohl sich der Regelungsvorbehalt in Art. 12 I 2 GG ausdrücklich nur auf die Berufs*ausübung* bezieht, erstreckt ihn das BVerfG seit dem Apotheken-Urteil von 1958 als Konsequenz der Herleitung eines einheitlichen Grundrechts der Berufsfreiheit auch auf die Freiheit der Berufs*wahl* (→ Rn. 1). Das BVerfG ist sich jedoch des aus dem Wortlaut folgenden Willens des Verfassungsgebers bewusst, dass „die Berufswahl ‚frei' sein soll, die Berufsausübung geregelt werden darf"[98]. Dieser Befund wirkt sich auf die Grenzen der Einschränkbarkeit des Grundrechts der Berufsfreiheit aus (→ Rn. 28 ff.). Vom Regelungsvorbehalt in Art. 12 I 2 GG umfasst sind ferner die Rechte auf freie Wahl des Arbeitsplatzes und der Ausbildungsstätte.[99]

25 Die Regelungen der Berufsfreiheit können gemäß Art. 12 I 2 GG entweder durch ein Bundes- oder Landesgesetz im formellen Sinne (vgl. → § 4 Rn. 8)[100] oder aufgrund einer „einfachgesetzlichen" Ermächtigung durch Exekutivakt erfolgen. Insoweit ist allerdings der **Parlamentsvorbehalt** zu beachten (vgl. → § 6 Rn. 65, § 24 Rn. 27 ff.). So darf etwa das Facharztwesen nicht ausschließlich der Festlegungen durch Satzungen der Ärztekammern überlassen werden; mindestens die „statusbildenden" Regelungen wie beispielsweise in Bezug auf die Voraussetzungen der Facharztanerkennung muss der Gesetzgeber selbst treffen.[101] Dem Gesetzesvorbehalt des Art. 12 I 2 GG „kann auch dann genügt sein, wenn die einschlägigen Normen erst durch richterliche Auslegung hinreichende Konturen für eine Beschränkung der Berufsfreiheit erhalten […] Entscheidend für die Wahrung des Gesetzesvorbehalts ist aber, dass die Berufsausübungsbeschränkungen aus den zu Grunde liegenden gesetzlichen Vorschriften selbst und ihrem Regelungszusammenhang ableitbar sind".[102]

26 Außer durch Regelungen, die auf Art. 12 I 2 GG gestützt werden, können sich Schranken für das Grundrecht der Berufsfreiheit auch aus **kollidierendem Verfassungsrecht** (vgl. → § 24 Rn. 19 ff.) ergeben. So folgt aus dem in Art. 140 GG i.V.m. Art. 139 WRV verankerten Schutz der Sonn- und Feiertage, dass die aus dem grundsätzlichen Verbot der Sonn- und Feiertagsarbeit resultierende Beschränkung der Berufsfreiheit „eine Rechtfertigung in der Verfassung selbst" findet.[103] Zwar gilt Art. 12 I GG grundsätzlich auch für Berufe, die im öffentlichen Dienst ausgeübt werden (vgl. → Rn. 18). Das Grundrecht der Berufsfreiheit wird aber durch Sonderregelungen des Art. 33 GG (vgl. → § 47) überlagert und modifiziert.[104] Beim öffentlichen Dienst reduziert sich nach

---

[97] Vgl. BVerfGE 102, 197 (214).
[98] BVerfGE 7, 377 (402).
[99] Siehe etwa BVerfGE 33, 303 (336); 41, 251 (261 ff.); *T. Mann*, in: Sachs, GG Art. 12 Rn. 107.
[100] Vgl. *R. Scholz*, in: Maunz/Dürig Art. 12 Rn. 311.
[101] Siehe dazu näher BVerfGE 33, 125 (161 ff.).
[102] BVerfG (Kammerbeschl.), NJW 2015, 394 (395); vgl. ferner BVerfGE 80, 269 (279).
[103] BVerfGE 111, 10 (50) – „Ladenschluss"; vgl. dazu auch BVerfGE 125, 39 (84 ff.).
[104] *T. Mann*, in: Sachs, GG Art. 12 Rn. 56, 124.

§ 40. Berufsfreiheit

Maßgabe des Art. 33 II GG (→ § 47 Rn. 3) „die Berufsfreiheit der Bewerber auf das Recht des gleichen Zugangs zu den öffentlichen Ämtern".[105]

Eine Zurückdrängung der Wirkungen des Grundrechts der Berufsfreiheit durch „Sonderregelungen in Anlehnung an Art. 33 GG" vertritt das BVerfG auch in Bezug auf die **„staatlich gebundenen Berufe"**, zu denen es etwa die Tätigkeiten der Notare[106] und Öffentlich bestellten Vermessungsingenieure[107] rechnet, die jeweils dem öffentlichen Dienst sehr nahe gerückt seien. Diese Rechtsprechung stößt jedoch auf den Einwand des Zirkelschlusses: Aus der *Tatsache* der „Heranführung" oder „Annäherung" eines Berufs an den öffentlichen Dienst durch „öffentlich-rechtliche Bindungen und Auflagen" lässt sich noch keine *Berechtigung* des Gesetzgebers oder der vollziehenden Gewalt schließen, „in Anlehnung an Art. 33 GG" das Grundrecht der Berufsfreiheit zurückzudrängen; vielmehr bedürfen umgekehrt diesbezügliche Regelungen der Rechtfertigung vor Art. 12 I GG. Der Staat darf sich also nicht dadurch, dass er dem Grundrechtsträger Bindungen auferlegt, seiner grundrechtlich verankerten Verpflichtungen entziehen.[108]

b) Grenzen der Einschränkbarkeit

Dem in Art. 12 I GG zum Ausdruck kommenden Willen des Verfassungsgebers, dass die Berufswahl „frei" sein soll, die Berufsausübung hingegen geregelt werden darf (→ Rn. 24), entspricht nach dem Apotheken-Urteil des BVerfG von 1958 „nur eine Auslegung, die annimmt, daß die Regelungsbefugnis die beiden ‚Phasen' nicht in gleicher sachlicher Intensität erfaßt, daß der Gesetzgeber vielmehr um so stärker beschränkt ist, je mehr er in die Freiheit der Berufswahl eingreift"[109]. Daher entwickelt diese Entscheidung – in einer frühen Akzentuierung des erst in der späteren bundesverfassungsgerichtlichen Judikatur zu den Grundrechten dominierenden allgemeinen Grundsatzes der Verhältnismäßigkeit (vgl. → § 24 Rn. 32ff.) – die so genannte **Drei-Stufen-Theorie,** die zwischen Berufsausübungsregelungen (1. Stufe) sowie subjektiven (2. Stufe) und objektiven Berufszulassungsvoraussetzungen (3. Stufe) unterscheidet[110]. Daran hält das BVerfG – trotz gewisser Modifizierungen[111] – im Grundsatz bis heute fest. Die Anforderungen der Stufen beeinflussen die – ansonsten hier auch geltenden – üblichen Schritte der Verhältnismäßigkeitsprüfung (→ § 24 Rn. 34ff.).

„Am freiesten ist der Gesetzgeber, wenn er eine *reine* Ausübungsregelung trifft, die auf die Freiheit der Berufswahl nicht zurückwirkt, vielmehr nur bestimmt, in welcher Art und Weise die Berufsangehörigen ihre Berufstätigkeit im einzelnen zu gestalten haben."[112] Nach der Rechtsprechung des BVerfG sind **Regelungen der Berufsausübung** verhältnismäßig, „wenn sie durch hinreichende Gründe des Gemeinwohls gerechtfertigt werden, wenn das gewählte Mittel zur Erreichung des verfolgten Zweckes geeignet und auch erforderlich ist und wenn bei einer Gesamtabwägung zwischen der Schwere des Eingriffs und dem Gewicht der ihn rechtfertigenden Gründe die

---

[105] BVerfGE 11, 30 (39); vgl. auch BVerfGE 7, 377 (398); 39, 334 (369f.); 84, 133 (147).
[106] BVerfGE 17, 371 (377ff.); 73, 280 (292ff.); 112, 255 (262); 131, 130 (139ff.); BVerfG (Kammerbeschl.), NJW 2015, 2642 (2643).
[107] BVerfGE 73, 301 (315f.). Siehe zu dieser Berufsgruppe *H. Sodan*, Freier Beruf und Berufsfreiheit, 1988, S. 16ff.
[108] Siehe dazu näher *H. Sodan*, Freie Berufe als Leistungserbringer im Recht der gesetzlichen Krankenversicherung, 1997, S. 138ff.; ders., ThürVBl. 1997, 249 (251ff.).
[109] BVerfGE 7, 377 (402).
[110] Siehe BVerfGE 7, 377 (405ff.).
[111] Siehe dazu näher *O. Depenheuer*, in: FS 50 Jahre BVerfG II, S. 241 (262ff.); *T. Mann*, in: Sachs, GG Art. 12 Rn. 137ff.; *H. Sodan*, NJW 2003, 257 (258ff.).
[112] BVerfGE 7, 377 (405f.).

Grenze der Zumutbarkeit noch gewahrt ist"[113]. Ein Schwerpunkt der Verhältnismäßigkeitsprüfung liegt oft auf der Klärung der Erforderlichkeit eines Mittels. So hat das BVerfG etwa ein in der Kakaoverordnung enthaltenes **absolutes Verkehrsverbot für Lebensmittel,** die infolge ihrer sinnlich wahrnehmbaren Eigenschaften mit bestimmten Erzeugnissen verwechselbar sind, als nicht erforderlich angesehen; um den Zweck des Schutzes der Verbraucher vor Täuschung zu erreichen, genügt nämlich regelmäßig ein Kennzeichnungsgebot[114]. Das gesetzliche **Verbot anwaltlicher Erfolgshonorare** war insoweit eine unangemessene Einschränkung des Grundrechts der Berufsfreiheit, als es keine Ausnahmen zuließ und selbst dann beachtet werden musste, „wenn der Rechtsanwalt mit der Vereinbarung einer erfolgsbasierten Vergütung besonderen Umständen in der Person des Auftraggebers Rechnung trägt, die diesen sonst davon abhielten, seine Rechte zu verfolgen".[115] Im Rahmen einer Verhältnismäßigkeitsprüfung wies das BVerfG darauf hin, dass eine gewerbliche Tätigkeit von Steuerberatern „nicht schlechthin zu einer Gefährdung der Steuerrechtspflege führt, die Eingriffe in die Berufsfreiheit rechtfertigen kann"[116]. Zum **Nichtraucherschutz in Gaststätten** führte das BVerfG aus: „Da die Gesundheit und erst recht das menschliche Leben zu den besonders hohen Gütern zählen, darf ihr Schutz auch mit Mitteln angestrebt werden, die in das Grundrecht der Berufsfreiheit empfindlich eingreifen [...]. Der Gesetzgeber ist daher von Verfassungs wegen nicht gehalten, mit Rücksicht auf die Berufsfreiheit der Betreiber von Gaststätten Ausnahmen von einem Rauchverbot für Gaststättenbetriebe in Gebäuden und vollständig umschlossenen Räumen zuzulassen."[117] Zwingendes Gesetzesrecht in Gestalt von Vergütungsregelungen, welche die Freiheit, das Entgelt für berufliche Leistungen einzelvertraglich zu vereinbaren, begrenzen, greift zwar in die Freiheit der Berufsausübung ein; Vorschriften, durch die etwa **Urheber** eine **gerichtliche Überprüfung der** von ihnen geschlossenen **Verträge auf die Angemessenheit der vereinbarten Vergütung** beanspruchen können und mit denen der Gesetzgeber sozialen oder wirtschaftlichen Ungleichgewichten entgegenwirken will, sind jedoch mit Art. 12 I GG vereinbar.[118] Bereits im so genannten Kassenarzt-Urteil aus dem Jahre 1960 stellt das BVerfG zutreffend fest, dass im Falle von „Ausübungsregelungen eine breite Skala von Möglichkeiten besteht, der eine größere oder geringere Gestaltungsfreiheit auf der Seite des Gesetzgebers entspricht"; „je einschneidender die Freiheit der Berufsausübung beengt wird, desto höher müssen die Anforderungen an die Dringlichkeit der öffentlichen Interessen sein, die zur Rechtfertigung solcher Beengung ins Feld geführt werden"[119]. Mit anderen Worten: Der Gesetzgeber ist um so eigenständiger, je mehr eine Vorschrift eine reine Ausübungsregelung darstellt, unterliegt hingegen um so stärkeren Bindungen, je mehr eine Regelung der Berufsausübung in ihren praktischen Auswirkungen einem Eingriff in die Freiheit der Berufswahl nahekommt.[120]

30 Bezüglich der **Berufswahl** unterscheidet das BVerfG zwischen subjektiven und objektiven Berufszulassungsvoraussetzungen. „Die Regelung **subjektiver Voraussetzungen der Berufsaufnahme** ist ein Teil der rechtlichen Ordnung eines Berufsbildes; sie gibt den Zugang zum Beruf nur den in bestimmter – und zwar meist formaler – Weise qualifizierten Bewerbern frei. Eine solche Beschrän-

---

[113] BVerfGE 68, 272 (282); fast wortgleich BVerfGE 61, 291 (312); 106, 181 (192). Vgl. ferner etwa BVerfGE 7, 377 (405 f.); 73, 301 (317); 85, 360 (375 ff.); 102, 197 (220); 109, 64 (85); 117, 163 (182); 121, 317 (346); 122, 190 (206). Siehe dazu näher *H. Sodan,* Freie Berufe als Leistungserbringer im Recht der gesetzlichen Krankenversicherung, 1997, S. 233 ff.
[114] BVerfGE 58, 135 (145 f.); vgl. → § 24 Rn. 42.
[115] BVerfGE 117, 163 (193).
[116] BVerfG (Kammerbeschl.), NJW 2013, 3357 (3358).
[117] BVerfGE 121, 317 (357); vgl. auch BVerfGE 130, 131 (141 ff.); BVerfG (Kammerbeschl.), NJW 2008, 2701; NVwZ 2010, 38 (39); NVwZ 2010, 1289; NVwZ 2011, 294 (295); BayVerfGH, NVwZ-RR 2010, 946 (949 f.). Siehe zu Rauchverboten in Gaststätten ausführl. *M. Zimmermann,* NVwZ 2008, 705 ff.
[118] BVerfGE 134, 204 (222 ff.).
[119] BVerfGE 11, 30 (42).
[120] Vgl. BVerfGE 7, 377 (403); 11, 30 (42); 12, 144 (148); vgl. ferner BVerfG (Kammerbeschl.), NJW 2008, 1293. Siehe dazu näher *H. Sodan,* in: Sodan Art. 12 Rn. 31.

§ 40. Berufsfreiheit

kung legitimiert sich aus der Sache heraus; sie beruht darauf, daß viele Berufe bestimmte, nur durch theoretische und praktische Schulung erwerbbare technische Kenntnisse und Fertigkeiten (im weiteren Sinn) erfordern und daß die Ausübung dieser Berufe ohne solche Kenntnisse entweder unmöglich oder unsachgemäß wäre oder aber Schäden, ja Gefahren für die Allgemeinheit mit sich bringen würde. [...] Hier gilt das Prinzip der Verhältnismäßigkeit in dem Sinne, daß die vorgeschriebenen subjektiven Voraussetzungen zu dem angestrebten Zweck der ordnungsmäßigen Erfüllung der Berufstätigkeit nicht außer Verhältnis stehen dürfen."[121] In seiner neueren Rechtsprechung formuliert das BVerfG, dass der Eingriff in die Berufswahlfreiheit durch subjektive Zulassungsvoraussetzungen „nur zum Schutz eines besonders wichtigen Gemeinschaftsgutes und unter strikter Beachtung des Grundsatzes der Verhältnismäßigkeit statthaft" ist[122]. Das BVerfG qualifiziert auch **gesetzliche Altersgrenzen,** welche die berufliche Betätigung betreffen, als subjektive Berufszulassungsvoraussetzungen[123]. Solche Altersgrenzen können zwar verfassungsrechtlich zulässig sein[124]; normkonkretisierende Verwaltungsvorschriften reichen als Grundlage von Beschränkungen der Berufswahlfreiheit jedoch nicht aus[125].

„Anders liegt es bei der Aufstellung **objektiver Bedingungen für die Berufszulassung.** Ihre Erfüllung ist dem Einfluß des Einzelnen schlechthin entzogen. Dem Sinn des Grundrechts wirken sie strikt entgegen, denn sogar derjenige, der durch Erfüllung aller von ihm geforderten Voraussetzungen die Wahl des Berufes bereits real vollzogen hat und hat vollziehen dürfen, kann trotzdem von der Zulassung zum Beruf ausgeschlossen bleiben. Diese Freiheitsbeschränkung ist um so gewichtiger und wird demgemäß auch um so schwerer empfunden, je länger und je fachlich spezialisierter die Vor- und Ausbildung war, je eindeutiger also mit der Wahl dieser Ausbildung zugleich dieser konkrete Beruf gewählt wurde. Da zudem zunächst nicht einsichtig ist, welche unmittelbaren Nachteile für die Allgemeinheit die Ausübung eines Berufs durch einen fachlich und moralisch qualifizierten Bewerber mit sich bringen soll, wird häufig der Wirkungszusammenhang zwischen dieser Beschränkung der freien Berufswahl und dem erstrebten Erfolg nicht einleuchtend dargetan werden können. Die Gefahr des Eindringens sachfremder Motive ist daher besonders groß; vor allem liegt die Vermutung nahe, die Beschränkung des Zugangs zum Beruf solle dem **Konkurrenzschutz** der bereits im Beruf Tätigen dienen – ein Motiv, das nach allgemeiner Meinung niemals einen Eingriff in das Recht der freien Berufswahl rechtfertigen könnte. Durch die Wahl dieses gröbsten und radikalsten Mittels der Absperrung fachlich und moralisch (präsumtiv) voll geeigneter Bewerber vom Berufe kann so [...] der Freiheitsanspruch des Einzelnen in besonders empfindlicher Weise verletzt werden. Daraus ist abzuleiten, daß an den Nachweis der Notwendigkeit einer solchen Freiheitsbeschränkung besonders strenge Anforderungen zu stellen sind; im allgemeinen wird nur die Abwehr nachweisbarer oder höchstwahrscheinlich schwerer Gefahren für ein überragend wichtiges Gemeinschaftsgut diesen Eingriff in die freie Berufswahl legitimieren können".[126] In Anwendung dieses Maßstabs gelangte das BVerfG im Apotheken-Urteil von 1958 zu dem Ergebnis, dass auf dem Gebiet des **Apothekenrechts** „der Verfassungslage gegenwärtig allein die Niederlassungsfreiheit" entspreche, „verstanden als das Fehlen objektiver Beschränkungen der Zulassung"[127]. Mit Rücksicht auf das Grundrecht der Berufsfreiheit rechtfertigt das in § 13 IV 1 PBefG genannte Merkmal einer Beeinträchtigung öffentlicher Verkehrsinteressen durch Bedrohung der Funktionsfähigkeit des örtlichen **Taxengewerbes** „nicht die Versagung weiterer Taxengenehmi-

---

[121] BVerfGE 7, 377 (406f.) – ohne die Hervorhebungen.
[122] BVerfGE 93, 213 (235); 117, 126 (138); vgl. ferner BVerfGE 123, 186 (239).
[123] Siehe aus der jüngeren Rspr. BVerfG (Kammerbeschl.), NZS 2008, 311f.; NJW 2008, 1212 (1213); NVwZ 2013, 1540 (1541); vgl. dazu auch BVerfG (Kammerbeschl.), NVwZ 2007, 804.
[124] Vgl. etwa BVerfGE 9, 338 (343ff.); 64, 72 (82f.).
[125] BVerfG (Kammerbeschl.), NVwZ 2007, 804 – betr. eine Altersgrenze für Fluglotsen.
[126] BVerfGE 7, 377 (407f.) – ohne die Hervorhebungen; vgl. zum Konkurrenzschutz auch BVerfG (Kammerbeschl.), NVwZ 2009, 977ff.
[127] BVerfGE 7, 377 (379, LS 8).

gungen mit dem Ziel, den am Ort bereits tätigen Taxenunternehmen eine angemessene wirtschaftliche Existenz zu gewährleisten".[128]

32 Im **Fall 36** macht die Neufassung des § 1 LSpBG und damit einer parlamentsgesetzlichen Norm den Zugang zum Beruf des Spielbankunternehmers nicht von der Qualifikation der Bewerber um eine Erlaubnis oder sonstigen von diesen beeinflussungsfähigen Kriterien abhängig; sie wirkt daher für A wie eine objektive Berufszulassungsvoraussetzung.[129] Den dafür entwickelten strengen Prüfungsmaßstab will das BVerfG in der dem **Fall 36** zugrunde liegenden Entscheidung jedoch nur für Berufe anwenden, „die ihrer Art nach wie hinsichtlich der Möglichkeiten, den jeweiligen Beruf tatsächlich auch zu ergreifen, nicht durch atypische Besonderheiten gekennzeichnet sind. Um einen derartigen Beruf handelt es sich bei dem Beruf des Spielbankunternehmers nicht. Er weist vielmehr Besonderheiten auf, die auch die Grundrechtsprüfung beeinflussen. Der Betrieb einer Spielbank ist eine an sich unerwünschte Tätigkeit, die der Staat gleichwohl erlaubt, um das illegale Glücksspiel einzudämmen, dem nicht zu unterdrückenden Spieltrieb des Menschen staatlich überwachte Betätigungsmöglichkeiten zu verschaffen und dadurch die natürliche Spielleidenschaft vor strafbarer Ausbeutung zu schützen […]. Ausreichend, im Interesse eines wirksamen Grundrechtsschutzes allerdings auch notwendig ist deshalb, Beschränkungen des Zugangs zu jenem Beruf nur davon abhängig zu machen, dass mit der im Einzelfall beabsichtigten Beschränkung wichtige Gemeinwohlbelange verfolgt werden. Auch derartige Beschränkungen erfordern aber die strikte Beachtung des Verhältnismäßigkeitsgrundsatzes."[130] Gegen die zur Relativierung der strengen Anforderungen an objektive Berufszulassungsvoraussetzungen verwendete Formel von der „an sich unerwünschten Tätigkeit" lässt sich jedoch einwenden, dass die verfassungsrechtliche Verbindlichkeit von ethisch-moralischen Wünschbarkeiten kategorial zu unterscheiden ist. Insoweit kann es keine verfassungsgerichtliche Kompetenz zur *inhaltlichen* Bewertung einer beruflichen Tätigkeit geben. Einem so tiefgreifenden Wandel in der Verfassungsrechtsprechung sind insoweit normative Grenzen gesetzt.[131] Die spezifische Beurteilung des Betriebs einer Spielbank führt in der Entscheidung des BVerfG zu einer weiteren beachtlichen Konsequenz: In diesem Falle sollen „die Eigentümlichkeiten des Gegenstandes der beruflichen Tätigkeit […] einen breiteren Regelungs- und Gestaltungsspielraum des staatlichen Gesetzgebers" erfordern[132]; „bei Grundrechtsbeschränkungen der vorliegenden Art" sei dem Gesetzgeber „ein Beurteilungs- und Prognosespielraum eingeräumt"[133]. Auch diese Modifizierung der Drei-Stufen-Theorie ist nicht hinreichend begründet und wenig überzeugend – beruht sie doch lediglich auf der verfehlten Prüfung der „Wünschbarkeit" einer beruflichen Tätigkeit. Auch bei Anwendung der vom BVerfG für den Betrieb einer Spielbank entwickelten verfassungsrechtlichen Maßstäbe erweist sich im Fall 36 jedoch die Neufassung des § 1 LSpBG als unverhältnismäßig und damit verfassungswidrig: Diese Regelung ist wegen ihrer weit reichenden Folgen für Unternehmer wie den A nicht zumutbar. Diesem wird nämlich jede Chance einer Bewerbung um die Zulassung zum Beruf des Spielbankunternehmers genommen; er darf nicht einmal in Konkurrenz zu einem staatlichen oder ganz bzw. teilweise in öffentlicher Trägerschaft geführten Unternehmen treten.[134]

33 Dem BVerfG zufolge muss der Gesetzgeber Regelungen gemäß Art. 12 I 2 GG „jeweils auf der ‚Stufe' vornehmen, die den geringsten Eingriff in die Freiheit der Berufswahl mit sich bringt, und darf die nächste ‚Stufe' erst dann betreten, wenn mit hoher Wahrscheinlichkeit dargetan werden kann, daß die befürchteten Gefahren mit (verfassungs-

---

[128] BVerwGE 79, 208 (LS); vgl. ferner BVerwGE 82, 295 (302).
[129] Vgl. BVerfGE 102, 197 (214).
[130] BVerfGE 102, 197 (215).
[131] *H. Sodan*, NJW 2003, 257 (260).
[132] BVerfGE 102, 197 (215).
[133] BVerfGE 102, 197 (218); vgl. auch BVerfGE 126, 112 (141 f., 145).
[134] Vgl. BVerfGE 102, 197 (220 f.).

mäßigen) Mitteln der vorausgehenden ‚Stufe' nicht wirksam bekämpft werden können"[135]. In einem Urteil vom 10.6.2009 hat das BVerfG einen mit der Berufsfreiheit unvereinbaren **„additiven" Grundrechtseingriff** (vgl. bereits → § 24 Rn. 45) geprüft und insoweit ausgeführt: „Grundsätzlich ist es möglich, dass verschiedene einzelne, für sich betrachtet geringfügige Eingriffe in grundrechtlich geschützte Bereiche in ihrer Gesamtwirkung zu einer schwerwiegenden Beeinträchtigung führen, die das Maß der rechtsstaatlich hinnehmbaren Eingriffsintensität überschreitet".[136]

III. Freiheit von Arbeitszwang und Zwangsarbeit

Gemäß Art. 12 II GG darf niemand zu einer bestimmten Arbeit gezwungen werden, außer im Rahmen einer herkömmlichen allgemeinen, für alle gleichen öffentlichen Dienstleistungspflicht. Nach Art. 12 III GG ist Zwangsarbeit nur bei einer gerichtlich angeordneten Freiheitsentziehung zulässig. *Positiv* formuliert handelt es sich also um die Freiheit von Arbeitszwang sowie die Freiheit von Zwangsarbeit und insoweit um zwei gegenüber der Berufsfreiheit *spezielle* Grundrechte (vgl. → Rn. 3). Ihr **personeller Schutzbereich** ist allerdings jeweils weiter, da sie im Gegensatz zur Berufsfreiheit keine „Deutschen-Grundrechte", sondern **Menschenrechte** gewährleisten (vgl. zur Unterscheidung → § 21 Rn. 7, § 23 Rn. 4ff.). Den historischen Hintergrund für die Regelungen bildet die moderne „Arbeitsversklavung" während der Zeit der nationalsozialistischen Herrschaft und in anderen totalitären Staaten.[137]

34

Die **Abgrenzung** der beiden Gewährleistungen kann am Wortlaut ansetzen: **Arbeitszwang** ist bei einer „bestimmten" Einzelarbeit gegeben, während **Zwangsarbeit** im Fall der Bereitstellung der gesamten Arbeitskraft für nicht näher begrenzte Tätigkeiten vorliegt.[138] Die staatlichen Zwangsmittel zur Beugung des individuellen Willens können physischer oder psychischer Art sein. „Arbeit" i. S. v. Art. 12 II GG stellt jede körperliche oder geistige, einen nicht nur unbedeutenden Aufwand verursachende Tätigkeit dar, die nicht bloß Nebenwirkung einer anderweitig begründeten Verpflichtung ist.[139] So fallen *nicht* unter Art. 12 II GG beispielsweise die den Straßenanliegern auferlegte **Pflicht zur Gehwegreinigung**[140] und die staatsbürgerlichen, gesetzlich geregelten **Ehrenamtspflichten** wie diejenigen zur Wahrnehmung der Aufgaben eines Schöffen oder Wahlhelfers[141]. Für die Zulässigkeit von **Wehr- und Ersatzdienst** ist auf der Verfassungsebene[142] ausschließlich die Sonderregelung in Art. 12a GG maßgebend (vgl. → § 30 Rn. 20). Zwänge zu beruflichen Tätigkeiten innerhalb eines frei gewählten Berufs sind an Art. 12 I GG zu messen.[143] **Ausnahmen** vom prinzipiellen Verbot des Arbeitszwangs können durch formelles Bundes- oder

35

---

[135] BVerfGE 7, 377 (408).
[136] BVerfGE 123, 186 (265f.) – i. E. verneint in Bezug auf private Krankenversicherungsunternehmen als Folge von Rechtsänderungen durch das GKV-Wettbewerbsstärkungsgesetz; vgl. bereits BVerfGE 112, 304 (319f.); 114, 196 (247). Vgl. zum grundrechtserheblichen Kumulationseffekt wirtschaftsbeeinflussender Maßnahmen schon *H. Sodan*, in: J. Peter/K.-U. Rhein (Hrsg.), Wirtschaft und Recht, 1989, S. 69 (94ff.).
[137] Vgl. BVerfGE 22, 380 (383); 74, 102 (116); 83, 119 (126).
[138] *T. Mann*, in: Sachs, GG Art. 12 Rn. 190 m.w.N. auch zu anderen Positionen.
[139] *R. Breuer*, in: HdbStR VIII § 170 Rn. 119; *R. Scholz*, in: Maunz/Dürig Art. 12 Rn. 492.
[140] BVerwGE 22, 26 (28f.). Vgl. zur Verantwortlichkeit von Straßenanliegern für den Winterdienst auf Gehwegen BerlVerfGH, NVwZ 2013, 424ff.
[141] *R. Breuer*, in: HdbStR VIII § 170 Rn. 119.
[142] Siehe zu der im Jahr 2011 „einfachgesetzlich" erfolgten Aussetzung der Wehrpflicht → § 31 Rn. 25.
[143] BVerwGE 35, 146 (149f.); vgl. auch BVerfGE 22, 380 (383f.).

Landesgesetz geregelt werden.¹⁴⁴ Ein Beispiel für eine herkömmliche öffentliche, d. h. zum Nutzen eines Gemeinwesens festgelegte Dienstleistungspflicht ist die Deichschutzpflicht.¹⁴⁵

36 **Zwangsarbeit** ist nach Art. 12 III GG insbesondere im Rahmen von Freiheitsstrafen (§§ 38 f. StGB, StVollzG), freiheitsentziehenden Maßregeln der Besserung und Sicherung (§§ 61 ff. StGB) sowie Jugendarrest und Jugendstrafe (§§ 90 ff. JGG) zulässig. Art. 12 III GG „beschränkt die zulässige Zwangsarbeit auf Einrichtungen oder Verrichtungen, bei denen die Vollzugsbehörden die öffentlich-rechtliche Verantwortung für die ihnen anvertrauten Gefangenen behalten".¹⁴⁶

§ 41. Unverletzlichkeit der Wohnung

Fall 37: A betreibt einen gut florierenden Gebrauchtwagenhandel. Die Gebrauchtwagen sind in einer großen Kaufhalle ausgestellt, die zur Geschäftszeit frei zugänglich ist. Gestützt auf § 29 II 1 GewO betreten eines Tages Beauftragte der zuständigen öffentlichen Stelle zur Geschäftszeit die Halle, um gewerberechtliche Prüfungen und Besichtigungen vorzunehmen. A sieht sich hierdurch in seinem Grundrecht aus Art. 13 I GG verletzt. Zu Recht?

I. Allgemeines

1 Art. 13 I GG bestimmt die Unverletzlichkeit der Wohnung. Das Grundrecht dient damit im Hinblick auf die Menschenwürde und im Interesse der freien Entfaltung der Persönlichkeit dem **Schutz der räumlichen Privatsphäre** und dem grundlegenden menschlichen Bedürfnis, einen von der Öffentlichkeit abgeschirmten, individuell geprägten Lebensraum zu haben, in welchem der Einzelne das Recht hat, „in Ruhe gelassen zu werden"¹. Demgegenüber enthält Art. 13 I GG kein Recht auf Wohnraum. Ferner schützt dieses Grundrecht nicht vor Beeinträchtigungen der Wohnungssubstanz (z. B. durch Abriss) oder der räumlichen Verfügbarkeit; diese sind vielmehr an Art. 14 GG (→ § 42) bzw. Art. 11 GG (→ § 39) zu messen.

II. Schutzbereich

2 Als „**Wohnung**" i. S. d. Art. 13 I GG werden alle Räume angesehen, die der allgemeinen Zugänglichkeit durch eine räumliche Abschottung entzogen sind und zur Stätte privaten Lebens und Wirkens gemacht wurden.² Dazu zählen neben Wohnhäusern und Mietwohnungen die hierzu gehörenden Nebenräume wie Keller und Böden sowie zugehörige Flächen, soweit sie in hinreichender Weise räumlich abgeschlossen sind (z. B. Höfe, Gärten, Atrien), ferner Gäste- und Hotelzimmer, Vereins- und Clubheime, Wochenend- und Ferienhäuser, nicht hingegen Häftlingszellen³. Auf die Unbeweglichkeit der Räumlichkeit kommt es nicht entscheidend an, so dass auch Wohnmobile, Hausboote, Yachten und sogar Zelte als „Wohnung" eingestuft werden können, nicht aber PKW, Strandkörbe oder Telefonzellen.

---

[144] *R. Scholz,* in: Maunz/Dürig Art. 12 Rn. 501.
[145] Siehe dazu *T. Mann,* in: Sachs, GG Art. 12 Rn. 185.
[146] BVerfGE 98, 169 (LS 3).
[1] BVerfGE 103, 142 (150); BVerfG (Kammerbeschl.), NJW 2004, 1517; NJW 2005, 1637 (1638); NJW 2005, 1640 (1641); NJW 2005, 1707; NJW 2007, 1804; NJW 2009, 2518 (2519).
[2] *H. D. Jarass,* in: Jarass/Pieroth Art. 13 Rn. 4 m.w.N.
[3] BVerfG (Kammerbeschl.), NJW 1996, 2643 f.; Beschl. v. 4.7.2006 – 2 BvR 460/01.

§ 41. Unverletzlichkeit der Wohnung

Da die Berufsarbeit einen Teil des privaten Lebens und Wirkens darstellt[4], können grundsätzlich auch **Geschäfts- und Betriebsräume** in den Schutzbereich des Art. 13 GG fallen.[5] Streitig ist hierbei aber, ob dies für *alle* Räumlichkeiten dieser Art gilt. Ein Teil des Schrifttums nimmt eine differenzierte Betrachtung vor: Sind die Räumlichkeiten in die „eigentliche" Wohnung integriert oder zwar von dieser getrennt, aber einem unkontrollierten öffentlichen Zutritt entzogen (z. B. Arztpraxen, Rechtsanwaltskanzleien, Büroetagen, Fabriken), so sollen auch sie unter den Wohnungsbegriff fallen; sind sie hingegen umfassend und weitgehend unkontrolliert öffentlich zugänglich (z. B. Kaufhäuser), sei der Schutzzweck des Art. 13 GG nicht betroffen.[6] Im **Fall 37** wäre hiernach wegen des umfassenden öffentlichen Zugangs der Geschäftshalle schon der Schutzbereich des Art. 13 I GG nicht eröffnet. Mit der h. M. sind hingegen Geschäfts- und Betriebsräume auch insoweit in den Schutzbereich einzubeziehen, als sie der Öffentlichkeit umfassend und weitgehend unkontrolliert offen stehen; denn selbst wenn der Veranstalter die Räume aus eigenem Entschluss der Öffentlichkeit zugänglich macht, gewährleistet Art. 13 GG Schutz gegen Eingriffe in seine Entscheidung über das Zutrittsrecht im Einzelnen und über die Zweckbestimmung des Aufenthalts.[7] Im **Fall 37** ist daher der **sachliche Schutzbereich** des Art. 13 GG eröffnet.

3

Der **personelle Schutzbereich** erstreckt sich auf alle Bewohner der betreffenden Räumlichkeiten (auch Ausländer und juristische Personen des Privatrechts, → § 23 Rn. 5, 12 ff.), und zwar unabhängig von den Eigentumsverhältnissen; somit steht der Schutz des Art. 13 GG insbesondere Mietern offen, nicht hingegen dem den Wohnraum selbst nicht innehabenden Vermieter[8]. Dabei dürfte es auf die Rechtmäßigkeit des Besitzes grundsätzlich nicht ankommen,[9] weil für die Eröffnung des Schutzbereiches in erster Linie die **tatsächliche**, nicht die rechtliche **Beziehung zur Räumlichkeit** ausschlaggebend ist. Daher kann sich etwa auch der gekündigte, aber noch nicht ausgezogene Mieter grundsätzlich auf Art. 13 GG berufen;[10] davon zu trennen ist die Frage, inwieweit sich die Unrechtmäßigkeit des Besitzes auf die Eingriffsrechtfertigung auswirkt. Bei Geschäftsräumen besteht die Besonderheit, dass der Grundrechtsschutz des Art. 13 I GG grundsätzlich nur dem Unternehmer, nicht aber auch dem Arbeitnehmer zugutekommen soll.[11]

4

III. Eingriffe

Eingriffe (vgl. → § 24 Rn. 5 ff.) sind alle **staatlichen Beeinträchtigungen der Privatheit der Wohnung**, also vor allem Durchsuchungen oder sonstiges Betreten sowie technische Überwachungen (z. B. Abhören durch Wanzen oder Richtmikrofone, Videoüberwachung), sofern sie gegen oder ohne den Willen des Berechtigten erfolgen. Problematisch ist die Eingriffsqualität bei Betretungen von Geschäfts- und Betriebsräumen (→ Rn. 17).

5

---

[4] Vgl. BVerfGE 32, 54 (71).
[5] Vgl. BVerfGE 120, 274 (309 f.) m.w. N.
[6] So etwa *Pieroth/Schlink/Kingreen/Poscher* Rn. 973; siehe ferner BVerfG (Kammerbeschl.), NJW 2003, 2669; *H. D. Jarass*, in: Jarass/Pieroth Art. 13 Rn. 5 m.w. N.
[7] BVerfGE 32, 54 (70 ff.); 97, 228 (265); *P. Kunig*, in: v. Münch/Kunig Art. 13 Rn. 11 m.w. N.
[8] BVerfG (Kammerbeschl.), NVwZ 2009, 1281 (1282).
[9] So auch die wohl überwiegende Ansicht im Schrifttum, siehe etwa *G. Hermes*, in: Dreier Art. 13 Rn. 22; *H. D. Jarass*, in: Jarass/Pieroth Art. 13 Rn. 6; *P. Kunig*, in: v. Münch/Kunig Art. 13 Rn. 14; *J. Ziekow/A. Guckelberger*, in: Friauf/Höfling Art. 13 Rn. 44; a. M. *H.-J. Papier*, in: Maunz/Dürig Art. 13 Rn. 12.
[10] BVerfGE 89, 1 (12).
[11] So BVerfG (Kammerbeschl.), NVwZ 2009, 1281 (1282) m.w. N.

IV. Verfassungsrechtliche Rechtfertigung

6 Die einzelnen Eingriffsarten unterliegen verschiedenen Rechtfertigungsanforderungen, die in Art. 13 II bis VII GG geregelt sind.

1. Rechtfertigung von Durchsuchungen

7 Die verfassungsrechtliche Rechtfertigung von Durchsuchungen richtet sich nach Art. 13 II GG. Eine **Durchsuchung** ist das durch körperliches Betreten verfolgte, „ziel- und zweckgerichtete Suchen staatlicher Organe nach Personen oder Sachen oder zur Ermittlung eines Sachverhalts, um etwas aufzuspüren, was der Inhaber der Wohnung von sich aus nicht offenlegen oder herausgeben will".[12] Zielrichtung muss es dabei sein, „planmäßig [...] etwas nicht klar zutage Liegendes, vielleicht Verborgenes aufzudecken oder ein Geheimnis zu lüften"[13]. In Ermangelung dieser Finalität sind insbesondere gewerbe-, umweltschutz- und lebensmittelbehördliche „Nachschauen" zur Kontrolle der Einhaltung gesetzlicher Vorschriften *keine* Durchsuchungen in diesem Sinne.

8 Auch wenn dies aus Art. 13 II GG nicht ausdrücklich hervorgeht, dürfen Durchsuchungen nur auf der Grundlage eines förmlichen Gesetzes vorgenommen werden (**Gesetzesvorbehalt**, vgl. → § 7 Rn. 25 ff.). Notwendiger, aber grundsätzlich auch hinreichender Eingriffsanlass für eine Durchsuchung ist im Strafverfahren der auf konkreten Tatsachen beruhende Verdacht einer Straftat.[14] Ferner bedürfen Durchsuchungen grundsätzlich der Anordnung durch einen Richter (so genannter **Richtervorbehalt**); eine bloß nachträgliche richterliche Billigung genügt hierfür nicht[15]. Der „präventive Richtervorbehalt, der der verstärkten Sicherung des Grundrechts des Art. 13 I GG dient [...], zielt auf eine vorbeugende Kontrolle der Maßnahme durch eine unabhängige und neutrale Instanz"[16], die durch „eine geeignete Formulierung des Durchsuchungsbeschlusses im Rahmen des Möglichen und Zumutbaren sicherstellt, dass der Eingriff in die Grundrechte messbar und kontrollierbar bleibt"[17]. Der richterliche Durchsuchungsbeschluss bedarf der eigenverantwortlichen richterlichen Prüfung[18] und muss Anlass, Rahmen, Grenzen und Ziel der Durchsuchung definieren;[19] spätestens nach Ablauf eines halben Jahres verliert er seine rechtfertigende Wirkung[20]. Soweit das der Durchsuchung zugrunde liegende Gesetz keine richterliche Anordnung vorsieht, soll es nach Auffassung des BVerfG nicht nichtig sein, der Richtervorbehalt sich dann aber

---

[12] BVerfGE 51, 97 (106 f.).
[13] BVerwGE 47, 31 (37); darauf Bezug nehmend BVerfGE 51, 97 (107).
[14] BVerfG (Kammerbeschl.), NJW 2011, 2275 f.; NJW 2011, 2417 (2418) – eine Wohnungsdurchsuchung wegen Verdachts auf Steuerhinterziehung ist selbst dann zulässig, wenn die Verdachtsgrundlage eine rechtswidrig erlangte Daten-CD ist.
[15] BVerfGE 51, 97 (114).
[16] BVerfG, NJW 2015, 2787 (2788) m.w.N.
[17] BVerfGE 42, 212 (220); 103, 142 (151); BVerfG (Kammerbeschl.), NJW 2012, 2097 (2098).
[18] BVerfGE 57, 346 (356); 96, 44 (51).
[19] Vgl. BVerfG (Kammerbeschl.), NJW 2012, 2097 (2098): Der Beschluss muss „insbesondere den Tatvorwurf so beschreiben, dass der äußere Rahmen abgesteckt wird, innerhalb dessen die Zwangsmaßnahme durchzuführen ist [...]. Der Richter muss die aufzuklärende Straftat oder Ordnungswidrigkeit, wenn auch kurz, doch so genau umschreiben, wie es nach den Umständen des Einzelfalls möglich ist [...]. Dies setzt dann den von der Durchsuchung Betroffenen zugleich in den Stand, die Durchsuchung seinerseits zu kontrollieren und etwaigen Ausuferungen im Rahmen seiner rechtlichen Möglichkeiten von vornherein entgegenzutreten".
[20] BVerfGE 96, 44 (51 ff.).

§ 41. Unverletzlichkeit der Wohnung   331

unmittelbar aus Art. 13 II GG ergeben[21]. Ausnahmsweise kann die **behördliche Anordnung** einer Durchsuchung genügen, wenn „Gefahr im Verzug" gegeben ist, wenn also die vorherige Einholung der richterlichen Anordnung den Erfolg der Durchsuchung gefährden würde, insbesondere weil ein Verlust von Beweismitteln droht. Der Begriff „Gefahr im Verzug" ist dabei aufgrund seines Ausnahmecharakters eng auszulegen und unterliegt der vollen gerichtlichen Nachprüfbarkeit; zu seiner Begründung bedarf es einzelfallbezogener Tatsachen, nicht ausreichend sind reine Spekulationen, hypothetische Erwägungen oder lediglich auf kriminalistische Alltagserfahrungen gestützte, fallunabhängige Vermutungen.[22] Aus Wortlaut und Systematik von Art. 13 II GG ergibt sich ein Regel-Ausnahme-Verhältnis, so dass bei der Möglichkeit, eine richterliche Entscheidung des Durchsuchungsbegehrens herbeizuführen, ohne dass damit ein Risiko des Verlustes von Beweismitteln verbunden ist, ein Rückgriff auf die Eilkompetenz der Strafverfolgungsbehörden ausgeschlossen ist.[23] Haben die Ermittlungsbehörden den zuständigen Richter mit einem Durchsuchungsantrag befasst, kann sich deren Eilkompetenz erst durch nachträglich eintretende oder neu bekannt gewordene tatsächliche Umstände ergeben.[24] Jede Durchsuchung muss darüber hinaus verhältnismäßig sein (vgl. → § 24 Rn. 32 ff.), mithin den Erfolg versprechen, geeignete Beweismittel zu erbringen, zur Ermittlung und Verfolgung der Straftat erforderlich sein[25] sowie insbesondere in einem angemessenen Verhältnis zu der Schwere der Straftat und der Stärke des Tatverdachts stehen[26]. Die Anforderungen an die Prüfung der Verhältnismäßigkeit erhöhen sich etwa im Falle einer Durchsuchung bei einem Nichtbeschuldigten, der durch sein Verhalten in keiner Weise Anlass zu den Ermittlungsmaßnahmen gegeben hat.[27]

Die Anforderungen an die Prüfung der Eingriffsvoraussetzungen sowie des Grundsatzes der Verhältnismäßigkeit steigen speziell bei Durchsuchungen von beruflich genutzten Räumlichkeiten von **Berufsgeheimnisträgern,** also solchen Berufsträgern, welchen gemäß § 53 StPO ein Zeugnisverweigerungsrecht zusteht. Das BVerfG weist regelmäßig darauf hin, dass der besondere Schutz von Berufsgeheimnisträgern bei der Anordnung der Durchsuchung einer räumlichen Sphäre der Berufsausübung die besonders sorgfältige Beachtung der Eingriffsvoraussetzungen und des Grundsatzes der Verhältnismäßigkeit gebiete.[28] Anlässlich der Überprüfung einer Durchsuchung von Räumen einer Rechtsanwaltskanzlei führte das BVerfG aus: „Richtet sich eine strafrechtliche Ermittlungsmaßnahme gegen einen Berufsgeheimnisträger in der räumlichen Sphäre seiner Berufsausübung, so bringt dies […] regelmäßig die Gefahr mit sich, dass unter dem Schutz des Art. 2 Abs. 1 in Verbindung mit Art. 1 Abs. 1 GG stehende Daten von Nichtbeschuldigten […] zur Kenntnis der Ermittlungsbehörden gelangen, die die Betroffe-   8a

---

[21] Vgl. BVerfGE 51, 97 (114 f.); 57, 346 (354 f.); 76, 83 (89).
[22] Siehe im Einzelnen BVerfGE 103, 142 (153 ff.); vgl. ferner BVerfG, NJW 2015, 2787 (2789 f.).
[23] BVerfG, NJW 2015, 2787 (2789 f.): Demnach sind bei der Beurteilung des Vorliegens der Gefahr im Verzug die konkreten Umstände des Einzelfalls ausschlaggebend, welche zum Zwecke eines wirksamen Rechtsschutzes i. S. d. Art. 19 IV GG dokumentiert werden müssen.
[24] BVerfG, NJW 2015, 2787 (2791 ff.).
[25] BVerfGE 20, 162 (186 f.); 42, 212 (219 f.); 96, 44 (51); BVerfG (Kammerbeschl.), NJW 2005, 1637 (1638).
[26] BVerfGE 20, 162 (186 f.); 96, 44 (51).
[27] Vgl. BVerfG (Kammerbeschl.), NJW 2007, 1804 (1805).
[28] BVerfG (Kammerbeschl.), MedR 2008, 288 (289); NJW 2009, 281 (282); NJW 2009, 2518 (2519); BayVBl. 2011, 315 (316); GesR 2015, 162 (163); Beschl. v. 29.1.2015 – 2 BvR 497/12 u. a., juris Rn. 18 f.

nen in der Sphäre des Berufsgeheimnisträgers gerade sicher wähnen durften. [...] Diese Belange verlangen eine besondere Beachtung bei der Prüfung der Angemessenheit der Zwangsmaßnahme".[29]

2. Rechtfertigung von technischer Überwachung

9　Die durch Gesetz vom 26.3.1998[30] in Art. 13 GG eingefügten Absätze 3 bis 6 erlauben unter bestimmten Voraussetzungen die technische Überwachung von Wohnungen. Im Einzelnen gilt dabei Folgendes:

10　Art. 13 III GG erlaubt die **akustische Wohnraumüberwachung** („Großer Lauschangriff") **zur – repressiven – Verfolgung** von durch Gesetz einzeln bestimmten **besonders schweren Straftaten** (vgl. zur Abgrenzung von *präventiver* Gefahrenabwehr nachfolgend → Rn. 12 und § 94 Rn. 7f.), hinsichtlich derer ein sich aus bestimmten, konkreten Tatsachen (und nicht aus bloßen Vermutungen) ergebender Tatverdacht besteht. Die Maßnahme muss auf gesetzlicher Grundlage erfolgen (Gesetzesvorbehalt) und bedarf der Anordnung durch einen mit drei Richtern besetzten Spruchkörper bzw. bei „Gefahr im Verzug" (→ Rn. 8) durch einen einzelnen Richter (Richtervorbehalt, → vgl. Rn. 8). Die Maßnahme ist zu befristen (Art. 13 III 2 GG) und muss verhältnismäßig, insbesondere erforderlich sein (siehe Art. 13 III 1 GG).

11　In seinem Urteil zum „**Großen Lauschangriff**" hält das BVerfG den durch die oben (→ Rn. 9) genannte Verfassungsänderung eingefügten Art. 13 III GG für verfassungsgemäß[31]. Hingegen stellt es fest, dass einzelne „einfachgesetzliche" Vorschriften der Strafprozessordnung (StPO), die zur Durchführung der akustischen Wohnraumüberwachung zu Zwecken der Strafverfolgung erlassen wurden, mit dem Grundgesetz unvereinbar sind: Danach verstoßen § 100c I Nr. 3, § 100d III, V 2 und § 100f I StPO gegen Art. 13 I, II 1, Art. 2 I und Art. 1 I GG, § 101 I 1, 2 und § 100d IV 3 i.V. m. § 100b VI StPO gegen Art. 19 IV GG und § 101 I 3 StPO gegen Art. 103 I GG.[32] Beanstandet wird dabei vor allem, dass die betreffenden strafprozessrechtlichen Regelungen Eingriffe in den absolut geschützten Kernbereich privater Lebensgestaltung nicht hinreichend unterbinden: Das Abhören des nichtöffentlich gesprochenen Wortes in Wohnungen hat dem BVerfG zufolge nämlich zu unterbleiben bzw. muss abgebrochen werden, wenn sich jemand allein oder ausschließlich mit engsten Vertrauenspersonen (etwa Familienangehörigen) in der Wohnung aufhält und es keine konkreten Anhaltspunkte gibt, dass die zu erwartenden Gespräche einen unmittelbaren Bezug zu Straftaten aufweisen. Zudem bedürfe es Regelungen darüber, dass unter Verletzung dieses Kernbereichs erlangte Daten nicht verwertet werden dürfen und unverzüglich zu löschen sind. Ferner beanstandet das BVerfG, dass sich der Straftatenkatalog des § 100c I Nr. 3 StPO nicht auf „besonders schwere Straftaten" i. S. d. Art. 13 III GG beschränkt; von solchen könne nämlich nur dann ausgegangen werden, wenn sie mit einer höheren Höchststrafe als fünf Jahre Freiheitsstrafe bewehrt sind. Dem Gesetzgeber wurde in dieser Entscheidung aufgegeben, einen verfassungsgemäßen Rechtszustand herzustellen[33]; kurz vor Ablauf der gesetzten Frist[34] erging das „Gesetz zur

---

[29] BVerfG (Kammerbeschl.), NJW 2009, 281 (282); Beschl. v. 6.11.2014 – 2 BvR 2928/10, juris Rn. 18; fast wortgleich BVerfG (Kammerbeschl.), NJW 2009, 2518 (2519); Beschl. v. 29.1.2015 – 2 BvR 497/12 u. a., juris Rn. 18; vgl. auch BVerfGE 113, 29 (47ff.).
[30] BGBl. I S. 610.
[31] BVerfGE 109, 279 (309ff.); a. A. das abw. Sondervotum zu dieser Entscheidung, BVerfGE 109, 279 (382ff.): Die Einführung des Art. 13 III GG verstoße gegen Art. 79 III GG und stelle daher eine verfassungswidrige Verfassungsänderung dar.
[32] Siehe im Einzelnen BVerfGE 109, 279 (325ff.).
[33] BVerfGE 109, 279 (381).
[34] Urt. v. 3.3.2004; Umsetzung bis spätestens 30.6.2005.

Umsetzung des Urteils des Bundesverfassungsgerichts vom 3. März 2004 (akustische Wohnraumüberwachung)"[35]. Dieses wurde vom BVerfG nicht beanstandet[36].

Art. 13 IV GG erlaubt die **akustische, optische und sonstige technische Wohnraumüberwachung zur – präventiven – Abwehr dringender Gefahren für die öffentliche Sicherheit** (vgl. zu diesen Begriffen → § 68 Rn. 6 ff.). „Dringende" Gefahren sind solche, bei denen mit hoher Wahrscheinlichkeit oder in hohem Ausmaß Schäden für wichtige Rechtsgüter drohen[37], also insbesondere gemeine Gefahren (d. h. erhebliche Gefahren für die Allgemeinheit) oder Lebensgefahren (siehe die beispielhafte Erwähnung in Art. 13 IV 1 GG). Die Maßnahme muss auf gesetzlicher Grundlage erfolgen (Gesetzesvorbehalt, vgl. → § 7 Rn. 25 ff.) und bedarf der richterlichen Anordnung (Richtervorbehalt, vgl. → Rn. 8); bei „Gefahr im Verzug" (→ Rn. 8) kann auch die behördliche Anordnung ausreichen, wobei die richterliche Anordnung dann aber unverzüglich nachzuholen ist (Art. 13 IV 2 GG). Überdies muss die Maßnahme verhältnismäßig sein[38] (vgl. → § 24 Rn. 32 ff.). **12**

In seinem Urteil zur **„Antiterrordatei"**[39] hat das BVerfG u. a. bekräftigt, dass Datenerhebungen, die in die Grundrechte aus Art. 10 I und Art. 13 I GG eingreifen, besonders strengen Anforderungen unterliegen, welche sich auch auf die Anforderungen für die **Weitergabe** sowie **Zweckänderung** erstrecken[40]. Die Antiterrordatei ist als Verbunddatei von Polizeibehörden und Nachrichtendiensten des Bundes und der Länder konzipiert und zielt auf die Erleichterung sowie Beschleunigung des Informationsaustausches zwischen den beteiligten Behörden ab. Damit einher geht die Frage, unter welchen Voraussetzungen Daten, die im Rahmen repressiver bzw. präventiver Maßnahmen gewonnen wurden, von anderen Behörden verwendet werden dürfen. Um den gewährleisteten Grundrechtsschutz nicht zu umgehen, darf die „Schwelle für die Übermittlung von Daten, die im Rahmen strafprozessualer Maßnahmen durch eine Wohnraumüberwachung erlangt wurden, nicht unter diejenige abgesenkt werden, die bei der Gefahrenabwehr für entsprechende Eingriffe gilt [...]. Ebenso ist eine Weitergabe von Telekommunikationsdaten, die nur unter besonders strengen Bedingungen abgerufen werden dürfen, nur dann an eine andere Stelle zulässig, wenn sie zur Wahrnehmung von Aufgaben erfolgt, derentwegen ein Zugriff auf diese Daten auch unmittelbar zulässig wäre".[41] Um diesen Anforderungen gerecht werden zu können, erwächst neben einer Pflicht zur Kennzeichnung der erhobenen Daten die Notwendigkeit zur näheren Spezifizierung, welche der erhobenen Daten in die Verbunddatei eingespeist werden sollen; eine vollständige und unterschiedslose Einbeziehung ist mit dem Grundsatz der Verhältnismäßigkeit (→ § 24 Rn. 32 ff.) nicht vereinbar.[42] **12a**

Art. 13 V GG stellt eine Ausnahme zu Art. 13 IV GG und, mangels Differenzierung nach repressiven oder präventiven Maßnahmen (vgl. → Rn. 10, 12 und § 94 Rn. 7 f.), wohl auch zu Art. 13 III GG dar.[43] Danach kann an Stelle der richterlichen auch die **behördliche Anordnung** treten, wenn die Maßnahme ausschließlich zum Schutz der bei einem Einsatz in Wohnungen tätigen Personen (z. B. verdeckten Ermittlern) dient. Die **13**

---

[35] V. 24.6.2005 (BGBl. I S. 1841).
[36] BVerfG (Kammerbeschl.), NJW 2007, 2753 (2754 ff.).
[37] Vgl. BVerwGE 47, 31 (40).
[38] Insoweit auch hier für Befristungserfordernis *P. Kunig*, in: v. Münch/Kunig Art. 13 Rn. 48.
[39] BVerfGE 133, 277 ff.; vgl. auch → § 5 Rn. 24 g.
[40] BVerfGE 133, 277 (372 f.).
[41] BVerfGE 133, 277 (372 f.) m.w.N.
[42] BVerfGE 133, 277 (373 f.).
[43] *H. D. Jarass*, in: Jarass/Pieroth Art. 13 Rn. 32; So offenbar auch *P. Kunig*, in: v. Münch/Kunig Art. 13 Rn. 49; anders (nur Ausnahme von Art. 13 IV GG) *J.-D. Kühne*, in: Sachs, GG Art. 13 Rn. 47; *H.-J. Papier*, in: Maunz/Dürig Art. 13 Rn. 105.

(anderweitige) Verwertbarkeit von hierbei gemachten „Zufallsfunden" regelt Art. 13 V 2 GG: Danach ist deren anderweitige Verwertung nur zum Zwecke der Strafverfolgung oder der Gefahrenabwehr und nur dann zulässig, wenn zuvor die Rechtmäßigkeit der Maßnahme richterlich festgestellt ist; bei Gefahr im Verzug ist die richterliche Entscheidung unverzüglich nachzuholen.

14 Eine jährliche **parlamentarische Unterrichtungspflicht** seitens der Bundesregierung über die Maßnahmen nach Art. 13 III bis V GG statuiert Art. 13 VI GG; eine Beschränkung und Ersetzung des Rechtsweges ist hiermit nicht geregelt.

3. Rechtfertigung von sonstigen Eingriffen

15 Art. 13 VII GG regelt die verfassungsrechtliche Rechtfertigung von (sonstigen) Eingriffen, deren Rechtfertigungsanforderungen nicht schon spezieller in Art. 13 II bis VI GG aufgestellt werden, die also weder Durchsuchungen noch technische Überwachungsmaßnahmen sind.

16 Art. 13 VII Hs. 1 GG enthält den seltenen Fall einer **verfassungsunmittelbaren Schranke** (vgl. → § 24 Rn. 14): „Sonstige" Eingriffe können hiernach zur Abwehr einer gemeinen Gefahr oder einer Lebensgefahr für einzelne Personen (vgl. → Rn. 12) unmittelbar auf der Grundlage des Art. 13 VII Hs. 1 GG vorgenommen werden, ohne dass es hierzu noch einer „einfachgesetzlichen" Ermächtigungsgrundlage bedarf.[44] Art. 13 VII Hs. 2 GG enthält demgegenüber einen **qualifizierten Gesetzesvorbehalt** (vgl. → § 24 Rn. 17f.): „Sonstige" Eingriffe dürfen „außerhalb" von Hs. 1 nur aufgrund eines Gesetzes und „zur Verhütung dringender Gefahren für die öffentliche Sicherheit und Ordnung, insbesondere zur Behebung der Raumnot, zur Bekämpfung von Seuchengefahr oder zum Schutze gefährdeter Jugendlicher vorgenommen werden". Alle Eingriffe auf der Grundlage des Art. 13 VII GG müssen überdies verhältnismäßig sein (vgl. → § 24 Rn. 32ff.).

17 Im **Fall 37** stellt sich zunächst die Frage, inwieweit das behördliche Betreten zu Kontrollzwecken überhaupt einen *Eingriff* darstellt. Zwar unterfallen mit der h. M. auch unbeschränkt öffentlich zugängliche Betriebs- und Geschäftsräume dem weit zu fassenden Schutzbereich (→ Rn. 3); dem BVerfG zufolge wird aber der spezifische Schutzgehalt des Art. 13 GG gerade dann nicht beeinträchtigt, wenn solche Räumlichkeiten im Rahmen **gewerbe-, umweltschutz- oder lebensmittelbehördlicher „Nachschauen"** – die keine Durchsuchungen sind (→ Rn. 7) – betreten werden, und wenn dieses Betreten **zur Geschäftszeit** erfolgt: Denn das Schutzbedürfnis bei den insgesamt der „räumlichen Privatsphäre" zuzuordnenden Räumlichkeiten ist unterschiedlich groß; den Geschäfts- und Betriebsräumen kommt nach deren Zweckbestimmung während der Geschäftszeit eine größere Offenheit „nach außen" zu, so dass die vom Inhaber in ihnen vorgenommenen Tätigkeiten deshalb auch die Interessen anderer und der Allgemeinheit berühren können. Dann ist es folgerichtig, dass die mit dem Schutz dieser Interessen beauftragten Behörden im gewissen Rahmen diese Tätigkeiten auch an Ort an Stelle kontrollieren und zu diesem Zweck die Räume betreten dürfen, die der Inhaber selbst dem Zutritt der Öffentlichkeit eröffnet hat. Daher greifen solche Maßnahmen *nicht* in das Grundrecht des Art. 13 I GG ein. Im Hinblick auf Art. 2 I GG (→ § 27) ist für die Rechtfertigung solcher Maßnahmen aber zu fordern, dass eine besondere gesetzliche Vorschrift zum Betreten ermächtigt und dabei Zweck, Ge-

---

[44] *H.-J. Papier*, in: Maunz/Dürig Art. 13 Rn. 117ff.; *H. Sodan*, in: Sodan Art. 13 Rn. 19; für eine „einfachgesetzliche" Grundlage mit verminderten Anforderungen an die Wahrung von Zitiergebot (→ § 24 Rn. 22ff.) und Bestimmtheitsgebot (→ § 7 Rn. 35ff., § 24 Rn. 31) dagegen *G. Hermes*, in: Dreier Art. 13 Rn. 117. Im Hinblick auf die Existenz polizeilicher Generalklauseln hat der Streit nur geringe praktische Bedeutung.

genstand sowie Umfang der Besichtigung und Prüfung deutlich erkennen lässt, das Betreten nur während der üblichen Geschäftszeit statthaft ist und die Maßnahme den Grundsatz der Verhältnismäßigkeit wahrt.[45] Im **Fall 37** liegt daher schon kein Eingriff in Art. 13 GG vor, und auch Art. 2 I GG wird angesichts der Regelung in § 29 II 1 GewO nicht verletzt.

§ 42. Eigentumsgarantie

Fall 38 (nach BVerfGE 58, 137 ff.): Im Bundesland L wird nach ordnungsgemäßem Verfahren vom Landtag als Parlament ein Landespressegesetz erlassen, das den Landeskultusminister ermächtigt, durch Ausführungsverordnung zu bestimmen, dass von jedem im Land L erscheinenden Druckwerk kostenlos an die von ihm zu bestimmende zuständige Bibliothek ein Belegstück abgeliefert wird. Der Kultusminister erlässt daraufhin eine entsprechende Ausführungsverordnung. V ist Verleger bibliophiler Bücher in geringen Auflagen sowie Originalgraphiken. Die Auflage der herausgegebenen Bücher übersteigt selten 150 Exemplare; der Buchpreis beträgt in der Regel mehrere hundert Euro. V sieht sich durch die entschädigungslose Abgabepflicht in seiner Eigentumsfreiheit aus Art. 14 I 1 GG verletzt. Zu Recht?

I. Bedeutung und Funktion der Eigentumsgarantie

Das Verständnis der Eigentumsgarantie bereitet bis heute nicht unerhebliche Probleme. Dabei ist Art. 14 GG nicht unbedingt *schwieriger*, sondern *anders* gestaltet als die übrigen Grundrechte. Im Unterschied zu diesen wird die Eigentumsgarantie nämlich durch einen **normgeprägten Schutzbereich**[1] gekennzeichnet. Gemäß Art. 14 I 2 GG bestimmen die Gesetze Inhalt und Schranken der Eigentumsgarantie. Im Gegensatz zu anderen grundrechtlich geschützten Gütern setzt das Eigentum als Rechtsinstitut das Vorhandensein einer Rechtsordnung voraus.[2] Die Normgeprägtheit des Schutzbereichs bedeutet jedoch nicht etwa, dass der grundrechtliche Eigentumsbegriff völlig zur Disposition des Gesetzgebers stünde. Vielmehr fand der Verfassungsgeber 1949 das Eigentum als Rechtsinstitut in typisierten Strukturen vor. Dieses Rechtsinstitut kann der Gesetzgeber durch Normgebung lediglich *konkretisierend* prägen.[3]

Der **Eigentumsfreiheit** kommt im Gefüge „der Grundrechte die Aufgabe zu, dem Träger des Grundrechts einen Freiheitsraum im vermögensrechtlichen Bereich zu sichern und ihm dadurch eine eigenverantwortliche Gestaltung seines Lebens zu ermöglichen."[4] Sie steht daher im engen **„inneren Zusammenhang mit der Garantie der persönlichen Freiheit"**[5]. Es lässt sich sogar formulieren: „Eigentum ist Freiheit."[6] „Das verfassungsrechtlich geschützte Eigentum ist in seinem rechtlichen Gehalt gekenn-

---

[45] Siehe zu alldem BVerfGE 32, 54 (75 ff.); BVerfG (Kammerbeschl.), NVwZ 2007, 1049 (1050 f.). Dogmatisch bedenklich hingegen BVerfGE 97, 228 (265 f.), wo bei rundfunkrechtlichen Betretungsrechten ein *Eingriff* in das Grundrecht auf Unverletzlichkeit der Wohnung *bejaht*, dann aber unter Bezugnahme auf die vorgenannte Rechtsprechung von der Rechtfertigung über Art. 13 VII (III a. F.) Hs. 2 GG ausgegangen wurde, ohne dass den dort geregelten, qualifizierten Rechtfertigungsanforderungen (→ Rn. 16) noch Beachtung zukam.
[1] O. Depenheuer, in: v. Mangoldt/Klein/Starck Art. 14 Rn. 29 ff.
[2] J. Wieland, in: Dreier Art. 14 Rn. 27.
[3] O. Depenheuer, in: v. Mangoldt/Klein/Starck Art. 14 Rn. 32.
[4] BVerfGE 50, 290 (339); 53, 257 (290); 102, 1 (15); ähnlich BVerfGE 123, 186 (258); 131, 66 (80); 134, 242 (290); BVerfG (Kammerbeschl.), NJW 2009, 1259; NVwZ 2010, 512 (514); NJW 2012, 2500.
[5] BVerfGE 24, 367 (389) – ohne die Hervorhebungen.
[6] G. Dürig, in: FS Apelt, S. 13 (31); W. Leisner, in: HdbStR VIII § 173 Rn. 110; H. Sodan, DÖV 2000, 361 (365).

zeichnet durch **Privatnützigkeit**, d. h. die Zuordnung zu einem Rechtsträger [...], in dessen Hand es als Grundlage privater Initiative und im eigenverantwortlichen privaten Interesse ‚von Nutzen' sein soll, und durch die von dieser Nutzung nicht immer deutlich abgrenzbare grundsätzliche Verfügungsbefugnis über den Eigentumsgegenstand".[7] Dies folgt bereits aus dem Wortlaut in Art. 14 II 2 GG, der hinsichtlich der so genannten Sozialbindung ausdrücklich auf den „Gebrauch" des Eigentums hinweist.[8] Der grundrechtliche Eigentumsbegriff deckt sich *nicht* mit dem Begriff des Eigentums i. S. d. Bürgerlichen Gesetzbuchs.[9] Neben dem Eigentum schützt Art. 14 I 1 GG das **Erbrecht**.

II. Zur Struktur des Art. 14 GG

3 Nach Art. 14 I 1 GG sind Eigentum und Erbrecht gewährleistet. Dadurch wird die Eigentumsfreiheit als Abwehrrecht sowie als Institutsgarantie grundrechtlich verbürgt (→ Rn. 4, 26 f., 38). Gemäß Art. 14 I 2 GG wird der Schutzbereich der Eigentumsfreiheit durch die Gesetze geprägt (→ Rn. 18, 21). Art. 14 II GG verankert die Sozialbindung des Eigentums als besondere Schrankenbestimmung (→ Rn. 28). Art. 14 III GG enthält spezielle Schranken- und „Schranken-Schranken"-Regelungen für die Enteignung (→ Rn. 33 ff.).

III. Dimensionen der Eigentumsgarantie

4 Zunächst enthält das Grundrecht der Eigentumsgarantie ein **Abwehrrecht** (vgl. → § 22 Rn. 3 ff.) gegen Beeinträchtigungen vermögenswerter Güter und Rechte durch den Staat.[10] Art. 14 I 1 GG schützt also den *Bestand* konkreter, vermögenswerter Rechte.[11] Daneben verbietet Art. 14 I 1 GG als **Institutsgarantie** (vgl. → § 22 Rn. 27), dass „solche Sachbereiche der Privatrechtsordnung entzogen werden, die zum elementaren Bestand grundrechtlich geschützter Betätigung im vermögensrechtlichen Bereich gehören, und damit der durch das Grundrecht geschützte Freiheitsbereich aufgehoben oder wesentlich geschmälert wird"[12]. Der Gesetzgeber hat also „die **grundlegende Wertentscheidung** des Grundgesetzes **zugunsten des Privateigentums**" zu beachten.[13] Diese Entscheidung weist den Weg zu einem Wirtschaftssystem, welches Privatinitiative und unternehmerische Eigenverantwortlichkeit als grundlegend anerkennt[14] (siehe zum Schutz dieses Wirtschaftssystems auch → § 40 Rn. 17). Art. 14 III GG erlaubt eine Enteignung nur, wenn der Gesetzgeber eine angemessene Entschädigung gewährleistet.

---

[7] BVerfGE 50, 290 (339); fast wortgleich: BVerfGE 53, 257 (290) – jew. ohne die Hervorhebung; vgl. ferner BVerfGE 134, 242 (290 f.). Siehe zur Privatnützigkeit des Eigentums im Schrifttum besonders *W. Leisner,* NJW 1995, 2591 (2594).

[8] *H. Sodan,* Kollegiale Funktionsträger als Verfassungsproblem, 1987, S. 483; *ders.,* DÖV 2000, 361 (365).

[9] *J. Wieland,* in: Dreier Art. 14 Rn. 27.

[10] *F. Schoch,* Jura 1989, 113 (114); *R. Wendt,* in: Sachs, GG Art. 14 Rn. 9.

[11] Daher verwendet die Literatur auch den Begriff „Bestandsgarantie" im Zusammenhang mit dem Abwehrcharakter der Eigentumsfreiheit, vgl. etwa *F. Schoch,* Jura 1989, 113 (117).

[12] BVerfGE 24, 367 (389); fast wortgleich: BVerfGE 58, 300 (339). Krit. *B.-O. Bryde,* in: v. Münch/Kunig Art. 14 Rn. 32, der die Institutsgarantie von der Wesensgehaltsgarantie des Art. 19 II GG (→ 24 Rn. 47 f.) umfasst sieht.

[13] BVerfGE 14, 263 (278); 21, 150 (155) – jew. ohne die Hervorhebungen; vgl. auch BVerfGE 18, 121 (132); 42, 64 (76); 58, 300 (338); 102, 1 (15).

[14] *K. H. Friauf/R. Wendt,* Eigentum am Unternehmen, 1977, S. 66; *F. Ossenbühl,* AöR 115 (1990), 1 (26); *H. Sodan,* DÖV 2000, 361 (364).

§ 42. Eigentumsgarantie

„Die Bestandsgarantie wandelt sich bei zulässiger Enteignung in eine **Eigentumswertgarantie**."[15]

IV. Schutzbereiche

1. Sachliche Schutzbereiche

a) Allgemeines zum Begriff des Eigentums

Trotz der Normgeprägtheit des Schutzbereichs ergibt sich die Definition des grundrechtlich geschützten Eigentums nicht aus den „einfachen" Gesetzen. „Der Begriff des von der Verfassung gewährleisteten Eigentums muß aus der Verfassung selbst gewonnen werden."[16] Insbesondere deckt sich § 903 BGB nicht mit dem Eigentum i. S. d. Art. 14 GG.

Eigentumsfähig gemäß Art. 14 GG sind alle konkreten, **vermögenswerten** Rechtspositionen, die dem Einzelnen als **Ausschließlichkeitsrechte** zur privaten Nutzung und zur eigenen Verfügung zugeordnet sind.[17] Dies gilt unabhängig davon, ob es sich um dingliche oder sonstige absolute, d. h. gegenüber jedem wirkende Rechte oder um relative Rechtspositionen handelt.[18]

Was von der Eigentumsfreiheit zu einem bestimmten Zeitpunkt **konkret** geschützt ist, ergibt sich aus einer **Gesamtbetrachtung** der „einfachen" Gesetze, die den Inhalt des Eigentums bestimmen. Definiert das Gesetz eine Eigentumsposition im Grundsatz umfassend, um an anderer Stelle und möglicherweise durch ein anderes Gesetz gleichzeitig Teile der Herrschaftsbefugnisse von der Eigentümerstellung auszunehmen, so wird die Eigentumsfreiheit nur innerhalb dieser Grenzen geschützt.[19]

b) Geschützte Rechtspositionen im Einzelnen

Verfassungsrechtlich geschützt sind daher neben dem Eigentum i. S. d. Bürgerlichen Gesetzbuchs[20], Hypotheken und Grundschulden[21], dem Erbbaurecht[22], dem in einer Aktie verkörperten Anteilseigentum[23] und dem Urheberrecht[24] auch relative Rechte wie der Kaufpreisanspruch[25]. Nach – allerdings sehr zweifelhafter[26] – Ansicht des

---

[15] BVerfGE 24, 367 (397) – ohne die Hervorhebung. Nach BVerfGE 105, 17 (30) und 105, 252 (277) folgt aus Art. 14 I GG allerdings keine „allgemeine Wertgarantie vermögenswerter Rechtspositionen".
[16] BVerfGE 58, 300 (335).
[17] Siehe dazu BVerfGE 78, 58 (71); 83, 201 (208); 112, 93 (107); 123, 186 (258); 126, 331 (358); 131, 66 (79); *O. Depenheuer,* in: v. Mangoldt/Klein/Starck Art. 14 Rn. 64.
[18] BVerfGE 83, 201 (208); 131, 66 (79 f.).
[19] Vgl. BVerfGE 58, 300 (336).
[20] Siehe etwa die §§ 906, 1004 BGB: vgl. BVerfGE 72, 66 (75 f.); 128, 1 (75).
[21] *H. D. Jarass,* in: Jarass/Pieroth Art. 14 Rn. 7.
[22] BVerfGE 79, 174 (191).
[23] BVerfGE 100, 289 (301); 132, 99 (119); BVerfG (Kammerbeschl.), NJW 2007, 3266 (3267); NJW 2007, 3268 (3269); NJW 2011, 2497 (2498); NJW 2012, 3020 (3021).
[24] BVerfGE 31, 229 (239); 49, 382 (392); 77, 263 (270); 129, 78 (101). Zum Recht am eigenen Warenzeichen: BVerfGE 51, 193 (216 ff.).
[25] BVerfGE 45, 142 (179). Ebenso bzgl. sonstiger relativer Rechte: BVerfGE 68, 193 (222); 112, 93 (107 f.); BVerfG (Kammerbeschl.), NJW 2004, 1233 f.
[26] Siehe zur Kritik *O. Depenheuer,* NJW 1993, 2561 ff.; *ders.,* in: v. Mangoldt/Klein/Starck Art. 14 Rn. 54; *G. Roellecke,* JZ 1995, 74 ff.

BVerfG soll ferner das Besitzrecht des Mieters an der gemieteten Wohnung Eigentum i. S. v. Art. 14 I 1 GG sein[27].

9 Das BVerfG vertritt in ständiger Rechtsprechung die Auffassung, das **Vermögen als solches** sei durch Art. 14 I GG insbesondere im Hinblick auf **öffentlich-rechtliche Geldleistungspflichten,** zu denen vor allem **Steuern** gehören, grundsätzlich *nicht* geschützt; vielmehr greife deren Auferlegung prinzipiell in die durch Art. 2 I GG gewährleistete allgemeine Handlungsfreiheit als Auffanggrundrecht (→ § 27 Rn. 1) ein[28]. Demgegenüber hält ein erheblicher Teil des Schrifttums in Fällen öffentlich-rechtlicher Geldleistungspflichten die Eigentumsgarantie für einschlägig[29]. In dem „Einheitswert-Beschluss" des BVerfG vom 22.6.1995 zur Vermögensteuer heißt es: Diese „greift in die in der Verfügungsgewalt und Nutzungsbefugnis über ein Vermögen angelegte allgemeine Handlungsfreiheit (Art. 2 Abs. 1 GG) gerade in deren Ausprägung als persönliche Entfaltung im vermögensrechtlichen Bereich ein (Art. 14 GG)."[30] Erwartungen in der Literatur[31], mit dieser Entscheidung sei eine Wende in der Eigentumsdogmatik eingeleitet worden, haben sich zunächst nicht erfüllt.[32] Lange ging das BVerfG davon aus, dass eine Verletzung der Eigentumsgarantie nur dann in Betracht kommt, wenn die Zahlungspflichten den Betroffenen übermäßig belasten und seine Vermögensverhältnisse grundlegend beeinträchtigen, also eine „Erdrosselungswirkung" haben[33]. Eine dogmatische Begründung für *diesen* Vermögensschutz blieb das BVerfG aber schuldig.[34] Eine bemerkenswerte Neuorientierung findet sich jedoch in einem Beschluss des Zweiten Senats des BVerfG vom 18.1.2006, in dem es heißt: „Ist es der Sinn der Eigentumsgarantie, das private Innehaben und Nutzen vermögenswerter Rechtspositionen zu schützen, greift auch ein Steuergesetz als rechtfertigungsbedürftige Inhalts- und Schrankenbestimmung (Art. 14 I 2 GG) in den Schutzbereich der Eigentumsgarantie ein, wenn der Steuerzugriff tatbestandlich an das Innehaben von vermögenswerten Rechtspositionen anknüpft und so den privaten Nutzen der erworbenen Rechtspositionen zu Gunsten der Allgemeinheit einschränkt"; „jedenfalls" die Einkommen- und Gewerbesteuer qualifiziert das BVerfG „als Beeinträchtigung konkreter subjektiver Rechtspositionen".[35] Umgekehrt vermittelt Art. 14 GG jedoch „keinen Anspruch auf eine steuerliche Kompensation eigener Wettbewerbsnachteile durch höhere Besteuerung der Konkurrenz"[36].

10 Umstritten ist, ob das **Recht am eingerichteten und ausgeübten Gewerbebetrieb** unter die Eigentumsfreiheit fällt.[37] Dieses Recht wurde in der zivilgerichtlichen Judikatur entwickelt und dem

---

[27] Siehe BVerfGE 89, 1 (5 ff.); BVerfG (Kammerbeschl.), NJW 2011, 1723 (1724).
[28] Siehe z. B. BVerfGE 19, 253 (257, 267 f.); 70, 219 (230); 75, 108 (154); 78, 249 (277); vgl. auch bereits BVerfGE 4, 7 (17).
[29] Siehe zu ausführl. Nachw. *H. Sodan,* Freie Berufe als Leistungserbringer im Recht der gesetzlichen Krankenversicherung, 1997, S. 330 Fn. 149.
[30] BVerfGE 93, 121 (137); anders hingegen das Sondervotum, BVerfGE 93, 149 (153 f.).
[31] Siehe etwa *W. Leisner,* NJW 1995, 2591 ff.
[32] Siehe etwa BVerfGE 95, 267 (300); 96, 375 (397); 108, 186 (233).
[33] So BVerfGE 30, 250 (272); vgl. ferner BVerfGE 14, 221 (241); 27, 111 (131); 70, 219 (230); 72, 200 (248); 81, 108 (122); 82, 159 (190); 108, 186 (233).
[34] Siehe *R. Wendt,* Eigentum und Gesetzgebung, 1985, S. 41 f.; *ders.,* in: Sachs, GG Art. 14 Rn. 39.
[35] BVerfGE 115, 97 (111 f.); siehe dazu *H.-J. Papier,* DStR 2007, 973 ff.; *R. Wernsmann,* NJW 2006, 1169 ff.
[36] BVerfG (Kammerbeschl.), NVwZ 2007, 1168 (1169).
[37] Bejahend etwa: *O. Depenheuer,* in: v. Mangoldt/Klein/Starck Art. 14 Rn. 132 ff.; *W. Leisner,* in: HdbStR VIII § 173 Rn. 198 ff.; *H.-J. Papier,* in: Maunz/Dürig Art. 14 Rn. 95 ff.; *F. Schoch,* Jura 1989,

§ 42. Eigentumsgarantie

Schutz der Eigentumsgarantie des Art. 14 I GG unterstellt. Nach Auffassung des BGH soll es nicht nur den eigentlichen Bestand des Gewerbebetriebes, sondern auch dessen einzelne Erscheinungsformen unter Einschluss des gesamten gewerblichen Tätigkeitskreises umfassen; dazu zählten die Betriebsgrundstücke und -räume sowie die Einrichtungsgegenstände, Warenvorräte und Außenstände, zugleich aber auch „geschäftliche Verbindungen, Beziehungen, der Kundenstamm, kurz alles das, was in seiner Gesamtheit den wirtschaftlichen Wert des konkreten Gewerbebetriebes" ausmache[38]. Dieser weiten Auslegung ist das BVerfG in einer Entscheidung aus dem Jahre 1987 mit dem Hinweis entgegengetreten, ein Schutz des eingerichteten und ausgeübten Gewerbebetriebes würde „jedenfalls nicht bloße (Umsatz- und Gewinn-)Chancen und tatsächliche Gegebenheiten umfassen [...] wie die bestehenden Geschäftsverbindungen, den erworbenen Kundenstamm oder die Marktstellung"[39]. Schon früher hatte das BVerfG gezweifelt, „ob der Gewerbebetrieb als solcher die konstituierenden Merkmale des verfassungsrechtlichen Eigentumsbegriffs aufweist"[40]. Sein Schutz könne jedenfalls „nicht weiter gehen als der Schutz, den seine wirtschaftliche Grundlage genießt".[41] Einer übermäßigen, durch Art. 14 I GG nicht gedeckten Ausweitung des Eigentumsschutzes im Betriebsbereich lässt sich jedoch vom Eigentumsinhalt her entgegenwirken, indem die durch Art. 14 I GG nicht geschützten (Erwerbs-)Chancen sorgfältig von den Eigentumspositionen abgegrenzt werden; Schwierigkeiten bei dieser Abgrenzung dürfen nicht dazu verleiten, kurzerhand den Eigentumsschutz des Betriebes zu opfern.[42] Der Einwand, das Recht am eingerichteten und ausgeübten Gewerbebetrieb finde seine Grundlage nicht in einer Inhaltsbestimmung des Eigentums durch den Gesetzgeber, sondern ausschließlich im Richterrecht (vgl. → § 4 Rn. 14, § 65 Rn. 2),[43] ist entgegenzuhalten: Die eigentumsrechtliche Zuordnung des Rechts am eingerichteten und ausgeübten Gewerbebetrieb als **sonstiges Recht i. S. d. § 823 I BGB** „ist durch den Gesetzgeber erfolgt und richterrechtlich ausgeformt. Richterrecht gegenüber der gesetzlichen Grundlage zu verselbständigen und Betriebseigentum sodann mangels gesetzlicher Regelung den Eigentumsschutz zu versagen, stellt die gerichtliche Interpretationskompetenz ebenso in Frage wie die rechtsstaatliche Tatbestandswirkung höchstrichterlicher Gesetzesinterpretation"[44]. Soweit es um den Eigentumsschutz eines einzelnen vermögenswerten Rechts geht, bedarf es allerdings keines Rückgriffs auf das Recht am eingerichteten und ausgeübten Gewerbebetrieb. **Gewinnchancen,** die sich in keiner Weise als rechtliche Vermögensbestandteile qualifizieren lassen, sind nicht durch Art. 14 I GG geschützt. Anders verhält es sich jedoch, wenn zum Gewerbebetrieb gehörende Rechtsbestandteile beschränkt werden, die für die Gewinnerhaltung essentiell sind, wie etwa das den Gemeingebrauch und damit den Kundenzufluss sichernde Anliegerrecht.[45] Die zum Recht am eingerichteten und ausgeübten Gewerbebetrieb entwickelten Grundsätze können auch auf andere Einrichtungen wie etwa die Praxen Freier Berufe (vgl. → § 40 Rn. 18) übertragen werden; daher lässt sich aus Art. 14 I GG ein verfassungsrechtlicher Schutz des **Betriebseigentums** ableiten.[46]

---

113 (118). Krit.: *B.-O. Bryde,* in: v. Münch/Kunig Art. 14 Rn. 18 ff. Ablehnend: *J. Wieland,* in: Dreier Art. 14 Rn. 63.
[38] BGHZ 23, 157 (162 f.); 45, 150 (155); vgl. ferner BGHZ 48, 65 (66); 55, 261 (263); 67, 190 (192); 81, 21 (33); 92, 34 (37); BVerwGE 62, 224 (226).
[39] BVerfGE 77, 84 (118); vgl. ferner BVerfGE 68, 193 (223); 81, 208 (227 f.); BVerwGE 95, 341 (348 f.).
[40] BVerfGE 51, 193 (221); vgl. auch BVerfGE 13, 225 (229); 66, 116 (145).
[41] BVerfGE 58, 300 (353); vgl. ferner BVerfGE 68, 192 (222 f.); BVerfG (Kammerbeschl.), NVwZ 2008, 772 (773).
[42] *H. Sodan,* Freie Berufe als Leistungserbringer im Recht der gesetzlichen Krankenversicherung, 1997, S. 254.
[43] So *J. Wieland,* in: Dreier Art. 14 Rn. 63.
[44] *O. Depenheuer,* in: v. Mangoldt/Klein/Starck Art. 14 Rn. 133.
[45] Für eine solche differenzierende Betrachtungsweise und mit zahlreichen weiteren Beispielen: *O. Depenheuer,* in: v. Mangoldt/Klein/Starck Art. 14 Rn. 358 ff.
[46] Siehe etwa *O. Depenheuer,* in: v. Mangoldt/Klein/Starck Art. 14 Rn. 132 ff.; *W. Leisner,* in:

11 Nach der Rechtsprechung des BVerfG ist „Voraussetzung für einen **Eigentumsschutz sozialversicherungsrechtlicher Positionen** [...] eine vermögenswerte Rechtsposition, die nach Art eines Ausschließlichkeitsrechts dem Rechtsträger als privatnützig zugeordnet ist; diese genießt den Schutz der Eigentumsgarantie dann, wenn sie auf nicht unerheblichen Eigenleistungen des Versicherten beruht und zudem der Sicherung seiner Existenz dient"[47]. So erfüllen beispielsweise „die gesetzlich begründeten rentenversicherungsrechtlichen Positionen eine soziale Funktion, deren Schutz gerade Aufgabe der Eigentumsgarantie ist, und weisen auch die konstitutiven Merkmale des Eigentums im Sinne von Art. 14 GG auf"[48]. Dagegen unterfällt der Empfang von Kindergeld nicht dem Schutz des Art. 14 GG; denn das „Kindergeld wird aus allgemeinen Steuermitteln einem bestimmten Personenkreis gewährt, den der Gesetzgeber nach Gesichtspunkten umschreibt, die er für erheblich hält und die er ändern kann"[49] (vgl. auch → § 10 Rn. 9).

c) Schutzumfang

12 Die Eigentumsgarantie schützt nicht nur den **Bestand** des vorhandenen Eigentums vor Entzug[50], sondern auch die **Nutzungs- und Verfügungs*möglichkeit***[51]. Davon ist auch das Recht des Eigentümers erfasst, „darüber zu entscheiden, ob eine Überlassung der Nutzung an Dritte oder eine gemeinschaftliche Nutzung mit Dritten erfolgt".[52] „In dem Element der grundsätzlichen Verfügungsbefugnis gelangt die Herrschaft über das Eigentumsobjekt und damit der besondere personale Bezug des Inhabers zu diesem zum Ausdruck."[53] In engem Zusammenhang mit der Verfügungsbefugnis steht die ebenfalls durch Art. 14 GG gewährleistete **Privatnützigkeit** des Eigentums (→ Rn. 2).

13 Im **Fall 38** ist die Verfügungsbefugnis des V über die in seinem zivilrechtlichen Eigentum stehenden Druckwerke durch die Abgabepflicht betroffen. Damit ist der Schutzbereich der Eigentumsfreiheit eröffnet.[54]

d) Erbrecht

14 Art. 14 I 1 GG garantiert neben der Eigentumsfreiheit ausdrücklich das Erbrecht sowohl als **Rechtsinstitut** (→ § 22 Rn. 27) als auch als **Abwehrrecht** (vgl. → § 22 Rn. 3 ff.). Dem Erbrecht kommt die Funktion zu, „das Privateigentum als Grundlage der eigenverantwortlichen Lebensgestaltung [...] mit dem Tode des Eigentümers nicht untergehen zu lassen, sondern seinen Fortbestand im Wege der Rechtsnachfolge zu sichern. Die Erbrechtsgarantie ergänzt insoweit die Eigentumsgarantie und bildet zusam-

---

HdbStR VIII § 173 Rn. 198 ff.; *H. Sodan*, Freie Berufe als Leistungserbringer im Recht der gesetzlichen Krankenversicherung, 1997, S. 253.

[47] BVerfGE 69, 272 (300); 72, 9 (18 f.); 76, 220 (235) – jew. ohne die Hervorhebungen; vgl. ferner bspw. BVerfGE 112, 368 (396); 116, 96 (121); 126, 369 (390); 128, 90 (101); 131, 66 (79 f.). Siehe aus dem Schrifttum etwa *M. Herdegen*, in: FS 50 Jahre BVerfG II, S. 273 (276 f.); *H. Sodan*, Freie Berufe als Leistungserbringer im Recht der gesetzlichen Krankenversicherung, 1997, S. 256 ff.; *ders.*, NZS 2003, 393 (394 f.).

[48] BVerfGE 100, 1 (32); vgl. ferner etwa BVerfGE 117, 272 (292 f.). Zum Eigentumsschutz von Ansprüchen und Anwartschaften aus der gesetzlichen Rentenversicherung siehe *H. Sodan*, NZS 2005, 561 ff.; *ders.*, VVDStRL 64 (2005), 144 (159 ff.); *ders.*, in: Sodan Art. 14 Rn. 13 ff.

[49] BSG, NJW 1987, 463.

[50] BVerfGE 89, 1 (7); vgl. auch BVerfGE 20, 31 (34).

[51] Vgl. etwa BVerfGE 13, 225 (229); 50, 290 (insbes. 339 ff.); 52, 1 (30); 93, 121 (135, 137); 101, 54 (75 f.); *H. Sodan*, DÖV 2000, 361 (364 f.).

[52] BVerfG (Kammerbeschl.), NJW 2010, 220.

[53] BVerfGE 53, 257 (291).

[54] Vgl. BVerfGE 58, 137 (144).

§ 42. Eigentumsgarantie   341

men mit dieser die Grundlage für die im Grundgesetz vorgegebene private Vermögensordnung".⁵⁵ Insbesondere die Testierfreiheit⁵⁶ des Erblassers „als Verfügungsbefugnis über den Tod hinaus"⁵⁷ und das Recht des Erben, über die ererbten Rechtsgüter wie ein Eigentümer verfügen zu können,⁵⁸ werden geschützt. Auch das Erbrecht ist gemäß Art. 14 I 2 GG durch einen normgeprägten Schutzbereich (vgl. → Rn. 1) gekennzeichnet. Für das Erbrecht gelten die Ausführungen zur Eigentumsfreiheit entsprechend.

2. Personeller Schutzbereich

Durch die Eigentumsfreiheit grundrechtsberechtigt sind alle **natürlichen Personen**, 15 unabhängig von ihrer Staatsangehörigkeit. Auch **inländische juristische Personen des Privatrechts** sind geschützt (vgl. → § 23 Rn. 12 ff.). In einem Beschluss vom 19.7.2011 hält das BVerfG eine „Anwendungserweiterung" des Art. 19 III GG für geboten und bejaht auf dieser Grundlage im konkreten Fall die Grundrechtsträgerschaft in Bezug auf Art. 14 I GG zugunsten einer juristischen Person mit Sitz in Italien; die Grundfreiheiten und das allgemeine Diskriminierungsverbot wegen der Staatsangehörigkeit (Art. 18 AEUV) stünden „im Anwendungsbereich des Unionsrechts einer Ungleichbehandlung in- und **ausländischer Unternehmen aus der Europäischen Union** entgegen" und drängten insoweit die in Art. 19 III GG „vorgesehene Beschränkung der Grundrechtserstreckung auf inländische juristische Personen zurück"⁵⁹ (vgl. → § 23 Rn. 15). Mit Ausnahme der öffentlich-rechtlichen Religionsgemeinschaften⁶⁰ können sich **juristische Personen des öffentlichen Rechts** nach h. M. nicht auf die Eigentumsfreiheit berufen (vgl. → § 23 Rn. 16 f.). Dem BVerfG zufolge schützt Art. 14 I GG nämlich „nicht das Privateigentum, sondern das Eigentum Privater"⁶¹. Entsprechend verneint das BVerfG im Hinblick auf die Eigentumsfreiheit die Grundrechtsträgerschaft kommunaler Sparkassen⁶² und privatwirtschaftlich tätiger Gemeinden⁶³. Von dem verfassungsrechtlichen Schutz zu unterscheiden ist, dass juristische Personen des öffentlichen Rechts Eigentümer i. S. d. §§ 903 BGB sein können.⁶⁴ Der personelle Schutzbereich des **Erbrechts** erstreckt sich „gerade, wenn nicht sogar in erster Linie auf den Erblasser".⁶⁵

3. Verhältnis zu anderen Grundrechten

Probleme in der Abgrenzung der Eigentumsgarantie von anderen Grundrechten bestehen insbesondere im Verhältnis zu der durch Art. 12 I GG geschützten Berufsfreiheit. Ungeachtet einer in der Rechtsprechung des BVerfG verwendeten, aber verunglückten Abgrenzungsformel ist auch nach der Judikatur des BVerfG eine Idealkonkurrenz (zu diesem Begriff → § 25 Rn. 3) zwischen Berufsfreiheit und Eigentumsgarantie nicht ausgeschlossen (vgl. näher → § 40 Rn. 17).

---

⁵⁵ BVerfGE 91, 346 (358); 93, 165 (173 f.); 112, 332 (348).
⁵⁶ BVerfGE 99, 341 (350); 112, 332 (348 f.); vgl. dazu auch BVerfGE 91, 346 (358).
⁵⁷ BVerfG (Kammerbeschl.), NJW 2011, 366 (367).
⁵⁸ BVerfGE 97, 1 (7); vgl. etwa auch BVerfGE 112, 332 (349); BVerfG (Kammerbeschl.), NJW 2013, 2103 (2104).
⁵⁹ BVerfGE 129, 78 (96 ff.) – ohne die Hervorhebungen.
⁶⁰ *R. Wendt*, in: Sachs, GG Art. 14 Rn. 19.
⁶¹ BVerfGE 61, 82 (109).
⁶² Vgl. BVerfGE 75, 192 (197 ff.).
⁶³ BVerfGE 61, 82 (108).
⁶⁴ Vgl. BVerfGE 61, 82 (108).
⁶⁵ BVerfG (Kammerbeschl.), NJW 2011, 366 (367).

17 | In der dem **Fall 38** zugrunde liegenden Entscheidung misst das BVerfG die Abgabepflicht ausschließlich an Art. 14 GG[66]. Eine Prüfung der Vereinbarkeit mit der Berufsfreiheit des Art. 12 I GG unterbleibt zu Recht, weil die Abgabepflicht nur die Verfügbarkeit an den Druckwerken, nicht aber die berufliche Betätigung als solche einschränkt.

V. Eingriffe

1. Inhalts- und Schrankenbestimmungen

18 | Dem BVerfG zufolge legen Inhalts- und Schrankenbestimmungen „**generell und abstrakt die Rechte und Pflichten des Eigentümers fest,** bestimmen also den ‚Inhalt' des Eigentums"[67]. Umstritten ist, ob Inhaltsbestimmungen und Schrankenbestimmungen sachlich zu unterscheiden sind.[68] Insoweit lässt sich wie folgt differenzieren: **Inhaltsnormen** bestimmen die Befugnisse des Eigentümers bezüglich seines Eigentums; **Schrankenbestimmungen** legen dem Eigentümer dagegen Handlungs-, Duldungs- oder Unterlassungspflichten auf. Inhaltsnormen konstituieren damit das Eigentum und stellen im Falle der Verkürzung der Eigentümerbefugnisse gegenüber der vorherigen Rechtslage Eingriffe in die Eigentumsfreiheit dar; Schrankennormen beeinträchtigen dagegen stets die Eigentumsfreiheit.[69]

2. Enteignungen

19 | „Die Enteignung im verfassungsrechtlichen Sinn ist auf die vollständige oder teilweise Entziehung konkreter subjektiver Eigentumspositionen im Sinne des Art. 14 Abs. 1 Satz 1 GG zur Erfüllung bestimmter öffentlicher Aufgaben gerichtet".[70] Die Rechtsprechung ist bislang uneinheitlich bei der Beantwortung der Frage, ob der Entzug in einen Güterbeschaffungsvorgang münden muss[71] oder ob die bloße Aufhebung der fraglichen Rechtsposition genügt[72]. Entscheidend ist jedoch, dass dem Eigentümer die konkrete Rechtsposition entzogen wird, um sodann in einem *zweiten* Schritt öffentliche Aufgaben zu erfüllen. Daher führt z. B. die Konfiskation eines Welpen zur Ausbildung in einer Polizeihundestaffel zu einer Enteignung. Die Tötung eines tollwütigen Hundes zum Zwecke der Gefahrenabwehr erfolgt dagegen nur *in* (nicht *zur*) Erfüllung öffentlicher Aufgaben und stellt daher lediglich einen Eingriff durch Realakt dar.[73] Im Gegensatz zu den Inhalts- und Schrankenbestimmungen, die abstrakt-generell Rechte und Pflichten des Eigentümers für die Zukunft bestimmen, richten sich Enteignungen final[74] auf den Entzug bestehender konkret-individueller Eigentumspositionen.[75] Enteignungen einerseits sowie Inhalts- und Schrankenbestimmungen andererseits kommen

---

[66] Siehe BVerfGE 58, 137 (144 ff.).
[67] BVerfGE 58, 300 (330) – ohne die Hervorhebungen.
[68] Bejahend: *W. Leisner*, in: HdbStR VIII § 173 Rn. 127 ff.; *R. Wendt*, in: Sachs, GG Art. 14 Rn. 55 m.w.N. Ablehnend: *B.-O. Bryde*, in: v. Münch/Kunig Art. 14 Rn. 48; *D. Ehlers*, VVDStRL 51 (1992), 211 (225); *J. Wieland*, in: Dreier Art. 14 Rn. 92.
[69] Vgl. *R. Wendt*, in: Sachs, GG Art. 14 Rn. 55 m.w.N.
[70] BVerfGE 70, 191 (199 f.); vgl. auch BVerfGE 79, 174 (191); 101, 239 (259); 102, 1 (15); 104, 1 (9); 134, 242 (289).
[71] So die neuere Rspr., siehe BVerfGE 104, 1 (10); 126, 331 (359); BVerfG (Kammerbeschl.), NVwZ 2009, 1158 (1159).
[72] So noch in BVerfGE 24, 367 (394); 83, 201 (211).
[73] BVerfGE 20, 351 (359); *J. Eschenbach*, Jura 1997, 519 (521).
[74] Das Merkmal der Finalität besonders hervorhebend: *Sachs*, VerfR II B 14 Rn. 29.
[75] *D. Ehlers*, VVDStRL 51 (1992), 211 (235); *J. Wieland*, in: Dreier Art. 14 Rn. 93.

§ 42. Eigentumsgarantie   343

nur alternativ in Betracht. Insbesondere der Grad der Eingriffsintensität ist kein taugliches Instrument zur dogmatischen Einordnung des Eingriffs. Allein die Form des Eingriffs ist maßgeblich.[76] Eine im Einzelfall besonders intensive Inhalts- und Schrankenbestimmung kann daher nicht in eine Enteignung umschlagen.[77]

Die Enteignung kann auf zwei Wegen erfolgen. Bei der **Legalenteignung** wird dem Eigentümer eine konkrete Rechtsposition unmittelbar durch ein Gesetz entzogen, während die **Administrativenteignung** durch die behördliche Anwendung eines zur Enteignung ermächtigenden Gesetzes per Verwaltungsakt (zum Begriff → § 74) erfolgt.[78] Auch ein Planfeststellungsbeschluss, dem durch Gesetz Bindungswirkung für die zuständige Behörde zukommt, ist an Art. 14 III GG zu messen, da er abschließend und für das weitere Verfahren verbindlich über die Zulässigkeit der Enteignung von Grundstücken entscheidet.[79] Eine Legalenteignung liegt beispielsweise vor, wenn der Gesetzgeber Grundstücke eines bestimmten Gebietes, das als Deichgrund gilt, unmittelbar in öffentliches Eigentum überführt[80]. Administrativ- und Legalenteignung schließen sich gegenseitig aus. „Eine Rechtsstellung, die bereits vom Gesetzgeber entzogen worden ist, kann nicht erneut durch Verwaltungsakt beseitigt werden."[81] 20

Im **Fall 38** ist fraglich, ob es sich bei der Abgabepflicht um eine Enteignung oder eine Inhalts- und Schrankenbestimmung handelt. Die Abgabepflicht ist zwar auf ein einzelnes Exemplar des jeweiligen Druckwerkes gerichtet. Dennoch ermächtigt sie die Exekutive nicht, dem Verleger ein *bestimmtes* Exemplar zu entziehen. Vielmehr begründet die Ausführungsverordnung in *abstrakt-genereller* Weise eine Naturalleistungspflicht des Eigentümers des jeweiligen Druckwerkes. Diese Verpflichtung lastet mit Entstehung des Eigentums am Druckwerk (beachte § 950 BGB) auf diesem in seiner *Gesamtheit*. Es handelt sich mithin um eine Inhalts- und Schrankenbestimmung. Auch wenn diese V intensiver belastet als andere Verleger mit höheren Auflagen und geringeren Stückpreisen, führt sie dennoch für V nicht zur Enteignung.[82] 21

3. Sozialisierung

Art. 15 GG sieht die Sozialisierung von Grund und Boden, Naturschätzen und Produktionsmitteln vor. Sie stellt eine weitere Eingriffsart neben der Enteignung dar. Sozialisierung meint die Umwandlung einer auf private Gewinnerzielung gerichteten Organisationsform des Wirtschaftens in eine gemeinnützige.[83] Art. 15 GG enthält lediglich eine Ermächtigung zur Sozialisierung, nicht dagegen eine staatliche Verpflichtung dazu oder eine objektive Wertentscheidung.[84] Daher steht Art. 15 GG auch nicht der Privatisierung von Staatsunternehmen entgegen.[85] Von Art. 15 GG haben bisher weder der Bundes- noch die Landesgesetzgeber Gebrauch gemacht. Daher blieb die Norm bis heute in der Praxis bedeutungslos.[86] 22

---

[76] *H.-J. Papier*, DVBl. 2000, 1398 (1399); *C. Sellmann*, NVwZ 2003, 1417 (1418).
[77] Vgl. etwa BVerfGE 58, 300 (331f.); 100, 226 (240).
[78] Vgl. BVerfGE 45, 297 (324ff.); *B.-O. Bryde*, in: v. Münch/Kunig Art. 14 Rn. 72ff.
[79] Siehe BVerfGE 95, 1 (21f.).
[80] Siehe dazu BVerfGE 24, 367 (396ff.).
[81] BVerfGE 58, 300 (331).
[82] Vgl. BVerfGE 58, 137 (144f.); *H. Bethge/S. Detterbeck*, JuS 1994, 229 (230).
[83] *B.-O. Bryde*, in: v. Münch/Kunig Art. 15 Rn. 7.
[84] *R. Wendt*, in: Sachs, GG Art. 15 Rn. 3.
[85] Vgl. BVerfGE 12, 354 (363f.).
[86] *R. Wendt*, in: Sachs, GG Art. 15 Rn. 2.

4. Sonstige Eingriffe

23 Auch sonstige Eingriffe in die Eigentumsfreiheit jenseits von Enteignungen sowie Inhalts- und Schrankenbestimmungen sind denkbar. Dies ist zum einen bei Anwendungs- und Vollzugsakten von Inhalts- und Schrankenbestimmungen durch Verwaltungs- oder Realakt (zu den Begriffen → § 74 Rn. 1 ff., 9) der Fall. Als Beispiel lässt sich die Versagung einer Abrissgenehmigung bezüglich eines unter Denkmalschutz stehenden Hauses anführen.[87] Zum anderen können sonstige staatliche Maßnahmen Eigentumspositionen in Bestand und Nutzbarkeit beschränken, ohne Enteignungscharakter zu haben, insbesondere wegen mangelnder Finalität der Eigentumsverkürzung; dies gilt etwa für die Entfachung eines Waldbrandes durch eine Artillerieübung der Bundeswehr[88] oder die Beeinträchtigung der Grundstücksnutzung durch Fluglärm[89].

VI. Verfassungsrechtliche Rechtfertigung

1. Inhalts- und Schrankenbestimmungen

a) Formelle Anforderungen

24 Inhalts- und Schrankenbestimmungen i. S. v. Art. 14 I 2 GG (→ Rn. 18) sind nicht nur in Gestalt formeller Gesetze (→ § 4 Rn. 10 f.) zulässig. Auf der Grundlage einer formell-gesetzlichen Ermächtigung können daher auch Rechtsverordnungen[90] sowie Satzungen wirksam Inhalt und Schranken des Eigentums bestimmen, wobei allerdings der so genannte Parlamentsvorbehalt (→ § 6 Rn. 65, § 24 Rn. 27 ff.) zu beachten ist.

25 Im **Fall 38** ergeben sich im Hinblick auf den Parlamentsvorbehalt *keine* verfassungsrechtlichen Bedenken: Der Landtag als Parlament hat alle wesentlichen Fragen, nämlich die Abgabepflicht selbst sowie die Anzahl der abzugebenden Exemplare, selbst entschieden. Der Kultusminister ist lediglich zur Bestimmung der zuständigen Bibliothek befugt.[91]

b) Institutsgarantie

26 Die Institutsgarantie (→ Rn. 4, § 22 Rn. 27) darf nicht verletzt werden. „In ihrem traditionsbezogenen negatorischen Garantiegehalt sichert die Institutsgarantie die **überkommenen typischen Grundformen und Grundstrukturen des Eigentums,** in ihrem funktionsbezogenen positiven Garantiegehalt wirkt sie hin auf den Erlass von Rechtsvorschriften, die dem eigentumsspezifischen Freiheitsraum im vermögensrechtlichen Bereich Entfaltungs- und Entwicklungsperspektiven eröffnen. Die Institutsgarantie sichert mithin einen Grundbestand an Normen, ohne die das Rechtsinstitut Eigentum seinen Namen nicht verdiente und die den Gesetzgeber als strikt zu beachtendes Untermaßverbot verpflichtet, einen **Mindeststandard an freiheitssichernden Vermögensrechten** zur Verfügung zu stellen."[92] Nach der Rechtsprechung des BVerfG gehört zum „Kernbereich der Eigentumsgarantie […] sowohl die Privatnützigkeit, also die Zuordnung des Eigentumsobjekts zu einem Rechtsträger, dem es als Grundlage privater Initi-

---

[87] Vgl. BVerfGE 100, 226 (239 ff.).
[88] Siehe BGHZ 37, 44 (46 ff.).
[89] Vgl. BGHZ 129, 124 (133 f.).
[90] Vgl. BVerfGE 8, 71 (79); *C. Sellmann,* NVwZ 2003, 1417 (1417).
[91] Vgl. BVerfGE 58, 137 (146 f.).
[92] *O. Depenheuer,* in: v. Mangoldt/Klein/Starck Art. 14 Rn. 222.

ative von Nutzen sein soll, als auch die grundsätzliche Verfügungsbefugnis über den Eigentumsgegenstand"⁹³ (vgl. bereits → Rn. 2, 12 f.).

Im **Fall 38** verbleiben dem V immer noch sämtliche anderen Exemplare des jeweiligen Werkes. Die Verfügbarkeit über die Gesamtheit des Druckwerkes wird somit nur zu einem geringen Teil eingeschränkt. Die Institutsgarantie des Eigentums bleibt daher unangetastet. 27

c) Verhältnismäßigkeit

Die Inhalts- und Schrankenbestimmungen müssen dem **Verhältnismäßigkeitsprinzip** (→ § 24 Rn. 32 ff.) genügen.⁹⁴ Der Gesetzgeber ist verpflichtet, „die schutzwürdigen Interessen des Eigentümers und die Belange des Gemeinwohls in einen gerechten Ausgleich und ein ausgewogenes Verhältnis" zu bringen.⁹⁵ „Eine einseitige Bevorzugung oder Benachteiligung steht mit der verfassungsrechtlichen Vorstellung eines sozialgebundenen Privateigentums nicht in Einklang".⁹⁶ Bei der Abwägung ist also die in Art. 14 II GG verankerte **Sozialbindung** des Eigentums zu beachten. Das Allgemeinwohl ist jedoch „nicht nur Grund, sondern auch Grenze für die dem Eigentum aufzuerlegenden Belastungen"⁹⁷. So sind dem Gesetzgeber „enge Grenzen gezogen, soweit es um die Funktion des Eigentums als **Element der Sicherung der persönlichen Freiheit** des Einzelnen geht"⁹⁸ (vgl. → Rn. 2). Insoweit genießt das Eigentum also „einen besonders ausgeprägten Schutz".⁹⁹ Bspw. sind an ein Veräußerungsverbot, das zu den schwersten Eingriffen in die Eigentumsfreiheit gehört, strenge Anforderungen zu stellen.¹⁰⁰ Demgegenüber ist der Gestaltungsspielraum des Gesetzgebers umso größer, je stärker der soziale Bezug des Eigentums ist. Hierfür sind Eigenart und Funktion des Eigentums von entscheidender Bedeutung.¹⁰¹ Einen hohen sozialen Bezug weist etwa das **Eigentum an Grund und Boden** wegen seiner Unentbehrlichkeit und Unvermehrbarkeit auf;¹⁰² gleiches gilt für das **Eigentum an vermietetem Wohnraum**¹⁰³. Für **sozialversicherungsrechtliche Ansprüche** (→ Rn. 11) ist wesentlich, inwieweit der Anspruch auf einer eigenen Leistung beruht („Leistungseigentum").¹⁰⁴ 28

Unzumutbar und damit unverhältnismäßig sind Inhalts- und Schrankenbestimmungen dann, wenn die Nutzbarkeit einer Eigentumsposition (wenn auch nur in Einzelfäl- 29

---

⁹³ BVerfGE 100, 226 (241); BVerfG (Kammerbeschl.), NVwZ 2012, 429 (430).
⁹⁴ BVerfGE 21, 150 (155); 42, 263 (295); 50, 290 (341); 75, 78 (97 f.); 81, 29 (31 f.); 122, 374 (391 f.).
⁹⁵ BVerfG (Kammerbeschl.), NVwZ 2012, 429 (430).
⁹⁶ BVerfGE 101, 239 (259); fast wortgleich BVerfGE 52, 1 (29); 101, 54 (75); vgl. ferner BVerfGE 122, 374 (391); 126, 331 (360).
⁹⁷ BVerfGE 100, 226 (241).
⁹⁸ BVerfGE 53, 257 (292); fast wortgleich BVerfGE 64, 87 (101) – jew. ohne die Hervorhebungen.
⁹⁹ BVerfGE 70, 191 (201), 101, 54 (75); 102, 1 (15); 126, 331 (360).
¹⁰⁰ Vgl. BVerfGE 26, 215 (222).
¹⁰¹ BVerfGE 53, 297 (292); 100, 226 (241). Das BVerfG war im Zusammenhang mit der Regelung von Entschädigungen für geleistete Zwangsarbeit der Auffassung, der Gestaltungsspielraum des Gesetzgebers werde ferner „durch die gesellschaftlichen und politischen Verhältnisse beeinflusst", BVerfGE 112, 93 (110).
¹⁰² BVerfGE 21, 73 (82 f.); 52, 1 (32 f.); 87, 114 (146).
¹⁰³ Vgl. BVerfGE 82, 6 (16); 91, 294 (310).
¹⁰⁴ Siehe näher *H. Sodan*, Freie Berufe als Leistungserbringer im Recht der gesetzlichen Krankenversicherung, 1997, S. 256 f.

len) dermaßen eingeschränkt ist, dass eine sinnvolle Nutzung hinfällig wird und sich die Rechtsstellung damit lediglich als Last und nicht als Recht darstellt. Eine derart intensive Belastung wird nämlich dem Prinzip der Privatnützigkeit des Eigentums (→ Rn. 2, 12) nicht gerecht und kann nur im Wege der Enteignung erfolgen.[105]

30 Ausnahmsweise können **unzumutbare** Inhalts- und Schrankenbestimmungen jedoch über Entschädigungsklauseln dem Verhältnismäßigkeitsprinzip genügen. Das BVerfG setzt dieser Möglichkeit aber enge Grenzen. Denn grundsätzlich genießt der **Bestandsschutz Vorrang gegenüber der Wertgarantie** des Eigentums.[106] Erst wenn das Allgemeinwohlinteresse nicht anders erreicht werden kann, vermag die Entschädigung die Unzumutbarkeit der Belastung auszugleichen. Zudem sind Konstellationen denkbar, in denen weder mit technischen oder administrativen noch mit finanziellen Mitteln ein Ausgleich hergestellt werden kann, etwa wenn die Interessen des Eigentümers nicht rein finanzieller Natur sind. Für solche Härtefälle muss das Gesetz **Ausnahmevorschriften** enthalten.[107] Damit bedeutet die Bestimmung einer angemessenen Entschädigung für sich allein noch nicht die Verhältnismäßigkeit der Inhalts- und Schrankenbestimmung.[108] Ferner stellt das BVerfG hohe Anforderungen an die Entschädigungsregelung selbst. Diese erfordert eine gesetzliche Grundlage. Der Gesetzgeber darf nicht darauf vertrauen, dass die Gerichte oder die Verwaltung eventuelle Verletzungen der Eigentumsgarantie durch ausgleichende Geldleistungen vermeiden. Die Entschädigungsklausel muss Tatbestandsvoraussetzungen sowie Art und Umfang des Ausgleichs regeln. So genannte **salvatorische Klauseln,** d. h. solche, die pauschal bei Verletzungen des Eigentumsrechts eine angemessene Entschädigung vorsehen, sind daher grundsätzlich[109] unzulässig. Schließlich ist eine Ergänzung der materiellrechtlichen Bestimmungen durch verfahrensrechtliche Vorschriften erforderlich, die sicherstellen, dass über die notwendige Entschädigungszahlung an den Eigentümer mit einem die Inhalts- und Schrankenbestimmung konkretisierenden Verwaltungsakt (zum Begriff → § 74) entschieden wird.[110]

31 Im **Fall 38** stellt „es ein legitimes Anliegen dar, die literarischen Erzeugnisse dem wissenschaftlich und kulturell Interessierten möglichst geschlossen zugänglich zu machen und künftigen Generationen einen umfassenden Eindruck vom geistigen Schaffen früherer Epochen zu vermitteln"[111]. Zur Erreichung dieses Gemeinwohlzwecks ist die gesetzlich geregelte Pflicht zur kostenlosen Ablieferung von Belegstücken zwar geeignet, aber nicht erforderlich: Ein zur Herbeiführung dieses Zwecks gleich wirksames, aus der Sicht der betroffenen Verleger jedoch milderes Mittel (vgl. → § 24 Rn. 41) wäre eine Pflicht zur Ablieferung **gegen Entgelt.** Das BVerfG hingegen zieht in der dem **Fall 38** zugrunde liegenden Entscheidung dieses mildere Mittel nicht einmal in Betracht und bejaht sowohl die Erforderlichkeit als auch grundsätzlich die Zumutbarkeit der einschlägigen Regelungen; für einen verfassungsrechtlichen Mangel hält es lediglich den Umstand, „daß die allgemeine Ablieferungspflicht bei unterschiedslosem Ausschluß einer Kostenerstattung auch diejenigen Druckwerke erfaßt, die mit großem Aufwand und zugleich nur in kleiner Auflage hergestellt werden"[112]. Dies gilt gerade für V: Zum einen sind seine Druckerzeugnisse wesentlich teurer als gewöhnliche, in hohen Auflagen auf den Markt kommende Massenprodukte; zum anderen richtet sich sein Angebot an einen sehr beschränkten Abnehmerkreis. V geht mit der Herstellung seiner bibliophilen Produkte damit ein wesentlich höheres wirtschaftliches Risiko als andere Verleger ein. Es ist dem V nicht zu-

---

[105] Vgl. BVerfGE 100, 226 (243); *G. Roller,* NJW 2001, 1003 (1007); *C. Sellmann,* NVwZ 2003, 1417 (1418).
[106] Vgl. BVerfGE 100, 226 (245); *R. Hendler,* DVBl. 1999, 1501 (1502); *H.-J. Papier,* DVBl. 2000, 1398 (1404).
[107] BVerfGE 100, 226 (244 f.); vgl. auch BVerfG (Kammerbeschl.), NVwZ 2010, 512 (514).
[108] BVerfGE 100, 226 (244).
[109] Siehe zu möglichen Restzulässigkeiten *H.-J. Papier,* DVBl. 2000, 1398 (1406).
[110] BVerfGE 100, 226 (246 f.).
[111] BVerfGE 58, 137 (149).
[112] BVerfGE 58, 137 (149).

§ 42. Eigentumsgarantie

zumuten, eine solche Belastung im Interesse der Allgemeinheit zu tragen. Dies widerspräche „dem verfassungsrechtlichen Gebot, die Belange des betroffenen Eigentümers mit denen der Allgemeinheit in einen gerechten Ausgleich zu bringen und einseitige Belastungen zu vermeiden"[113].

Das Verhältnismäßigkeitsprinzip findet seine Ergänzung im **Vertrauensschutzprinzip**[114] (vgl. → § 7 Rn. 44ff.). Insbesondere bei der Neugestaltung eines Rechtsgebiets muss das verfolgte öffentliche Interesse das schutzwürdige Vertrauen des Bürgers überwiegen. Der Gesetzgeber hat Rücksichtnahme gegenüber nach altem Recht erworbenen Rechtsstellungen zu üben. Der Vertrauensschutz hängt davon ab, ob nach früherer Rechtslage eingeräumte Nutzungsbefugnisse bereits realisiert wurden. Daher ist der Gesetzgeber gehalten, zum Schutz des berechtigten Vertrauens des Eigentümers entsprechende **Übergangsvorschriften** zu erlassen.[115]

2. Enteignungen

a) Formelle Anforderungen

Eine Enteignung (→ Rn. 19ff.) kann nach Art. 14 III 2 GG nur durch ein Gesetz (Legalenteignung) oder aufgrund eines Gesetzes (Administrativenteignung) erfolgen. Da die Enteignung die grundrechtliche Bestandsgarantie des Art. 14 I GG durchbricht, muss sie in den wesentlichen Fragen auf ein formelles Gesetz (→ § 4 Rn. 10f.) zurückzuführen sein. Bei der Enteignung durch eine oder aufgrund einer Rechtsverordnung bzw. Satzung muss die formellgesetzliche Ermächtigungsgrundlage daher bestimmen, **für welche Vorhaben, unter welchen Voraussetzungen und für welche legitimierenden Gemeinwohlaufgaben Enteignungen** vorgenommen werden können.[116] „Vor allem mit Rücksicht darauf, dass die Einschätzung, welche Ziele für die Gesellschaft besonders wichtig sind, im Laufe der Zeit Veränderungen unterliegen kann, ist die Aufgabe, die eine Enteignung tragenden Gemeinwohlgründe auszuwählen, allein dem Gesetzgeber überantwortet."[117]

b) Allgemeinwohlklausel

Enteignungen sind nur zum Wohle der Allgemeinheit zulässig (Art. 14 III 1 GG). Unzulässig sind daher Enteignungen, die *ausschließlich* zugunsten bloßer Privat- oder Fiskalinteressen erfolgen.[118] Als generell unzulässig erweisen sich **Enteignungen zugunsten Privater** jedoch nicht. Dies gilt namentlich dann, wenn Private Aufgaben im öffentlichen Interesse wahrnehmen, etwa in der öffentlichen Daseinsvorsorge im Rahmen der Energieversorgung.[119] Ferner können Enteignungen zugunsten sonstiger Privater zulässig sein, wenn dies der Sicherung der regionalen Wirtschaftsstruktur oder der Schaffung von Arbeitsplätzen dient. Dabei sind jedoch an die gesetzliche Konkretisierung des Enteignungszwecks und die Sicherung der Zweckbindung höhere Anforde-

---

[113] BVerfGE 58, 137 (150).
[114] Vgl. BVerfGE 58, 81 (121); 122, 374 (391f.); siehe dazu näher *H. Sodan*, in: Sodan Art. 14 Rn. 36ff.
[115] Siehe BVerfGE 53, 336 (351); 58, 300 (351); 83, 201 (213); *O. Depenheuer*, in: v. Mangoldt/Klein/Starck Art. 14 Rn. 230 m.w.N.
[116] Vgl. BVerfGE 56, 249 (261); 74, 264 (285); 134, 242 (293f.); *O. Depenheuer*, in: v. Mangoldt/Klein/Starck Art. 14 Rn. 416.
[117] BVerfGE 134, 242 (292).
[118] Vgl. BVerfGE 38, 175 (180); 74, 264 (284ff.); 134, 242 (293).
[119] BVerfGE 66, 248 (257f.); *J. Eschenbach*, Jura 1997, 519 (522).

rungen zu stellen.[120] Im Falle der Enteignung zugunsten Privater „bedarf es einer besonders sorgfältigen Prüfung, ob hinter dem verfolgten Gemeinwohlziel ein auch unter Berücksichtigung der Privatnützigkeit der Enteignung hinreichend schwerwiegendes, spezifisch öffentliches Interesse steht".[121] Generell steht dem Gesetzgeber bei der Auswahl der Gemeinwohlziele allerdings ein weiter Spielraum zu.[122]

c) Verhältnismäßigkeit

35 Enteignungen haben dem Gebot der Verhältnismäßigkeit (→ § 24 Rn. 32 ff.) zu entsprechen. Insbesondere muss der Entzug konkreter Eigentumspositionen zur Erfüllung der bezweckten öffentlichen Aufgabe unumgänglich, d. h. **erforderlich** sein.[123] Ein Urteil des BVerfG vom 17.12.2013 unterscheidet insoweit „zwischen der Erforderlichkeit der einzelnen Enteignungsmaßnahme für die Verwirklichung des dem Gemeinwohl dienenden konkreten Vorhabens – beispielsweise einer bestimmten Straße, eines Schienenwegs oder einer Stromversorgungstrasse – [...] und der Gemeinwohlerforderlichkeit dieses Vorhabens selbst"; die „Enteignung ist danach nur erforderlich, wenn und soweit sie für die Verwirklichung des jeweiligen Vorhabens unverzichtbar ist, es hierfür also kein milderes Mittel gibt, das gleich geeignet wäre".[124] Eine Enteignung ist daher unzulässig, wenn der Allgemeinwohlzweck auch wirksam durch rechtsgeschäftlichen Erwerb oder mit bereits in öffentlicher Hand stehenden Mitteln erreicht werden kann.[125] Auch die dingliche Belastung eines Eigentumsgegenstandes oder eine Teilenteignung kommen als mildere Mittel in Frage.[126] „Das konkrete Vorhaben seinerseits muss nicht gleichermaßen unverzichtbar für das Erreichen des gesetzlich vorgegebenen Gemeinwohlziels sein wie die einzelne Enteignungsmaßnahme im Hinblick auf das Vorhaben. Für die Erforderlichkeit des Vorhabens genügt vielmehr, dass es zum Wohl der Allgemeinheit vernünftigerweise geboten ist. Das ist der Fall, wenn das konkrete Vorhaben in der Lage ist, einen substantiellen Beitrag zur Erreichung des Gemeinwohlziels zu leisten."[127] Schließlich müssen der verfolgte Zweck und die konkrete Enteignung in einem **angemessenen** Verhältnis stehen; da die nach Art. 14 III GG für die Enteignung geschuldete Entschädigung nur die zwingende Folge einer ansonsten verfassungsgemäßen Enteignung ist und somit das Gewicht des Eingriffs nicht mindert, wirkt sie sich auf die Verhältnismäßigkeit des Eingriffs nicht aus.[128] Das BVerfG spricht dem Enteignungsbetroffenen einen sich aus Art. 14 I 1 GG ergebenden verfassungsrechtlichen Anspruch zu „auf effektive gerichtliche Prüfung in tatsächlicher und rechtlicher Hinsicht, ob der konkrete Zugriff auf sein Eigentum den verfassungsrechtlichen Anforderungen genügt"[129].

---

[120] Vgl. BVerfGE 74, 264 (285 f.).
[121] BVerfGE 134, 242 (295); vgl. auch BVerfGE 74, 264 (281 ff., 289).
[122] BVerfGE 134, 242 (292).
[123] BVerfGE 24, 367 (404 f.); 45, 297 (322).
[124] BVerfGE 134, 242 (296).
[125] B.-O. Bryde, in: v. Münch/Kunig Art. 14 Rn. 83.
[126] R. Wendt, in: Sachs, GG Art. 14 Rn. 164.
[127] BVerfGE 134, 242 (297).
[128] BVerfGE 134, 242 (298).
[129] BVerfG (Kammerbeschl.), NVwZ 2009, 1283 (1284); vgl. auch bereits BVerfGE 45, 297 (322, 333); 95, 1 (22); BVerfG (Kammerbeschl.), NVwZ 2008, 1229 (1230). Siehe zu dem herkömmlich aus Art. 19 IV GG hergeleiteten Gebot effektiven Rechtsschutzes → § 45 Rn. 6.

§ 42. Eigentumsgarantie

Da die Legalenteignung für den Bürger nur im Wege der Verfassungsbeschwerde (→ § 51) angreifbar ist, zur Anfechtung der Administrativenteignung jedoch auch der Verwaltungsrechtsweg (→ § 94) beschritten werden kann und damit umfangreichere Rechtsschutzmöglichkeiten offen stehen, ist die **Administrativenteignung gegenüber der Legalenteignung vorrangig** zu wählen.[130] Eine Legalenteignung darf nur im Ausnahmefall, nämlich dann erfolgen, wenn die Erreichung des Gemeinwohlzwecks im Wege einer Administrativenteignung erheblich behindert wird.[131]

d) Junktimklausel

Gemäß Art. 14 III 2 GG muss das enteignende Gesetz Art und Ausmaß der Entschädigung regeln (so genannte Junktimklausel). Ein Enteignungsgesetz, das gegen diese Vorgaben verstößt, ist in vollem Umfang nichtig.[132] „Der Gesetzgeber hat zu entscheiden, ob die Entschädigung in Geld oder anderen Werten (z. B. Rechte, Ersatzland) bestehen soll und welche Bewertungsgrundlagen sowie welche Maßstäbe entscheidend sein sollen."[133] Überdies hat der Gesetzgeber die Voraussetzungen der Entschädigungen festzulegen. **Salvatorische Entschädigungsklauseln** (→ Rn. 30) erfüllen die Anforderungen der Junktimklausel daher nicht.[134] Zulässig ist jedoch der Verweis auf ein allgemeines Enteignungsgesetz.[135] Die Entschädigung ist unter gerechter Abwägung der Interessen der Allgemeinheit und der Beteiligten zu bestimmen (Art. 14 III 3 GG). Die Junktimklausel dient folgenden beiden Zwecken: Sie wirkt zunächst grundrechtssichernd. Der Eigentümer soll einer Enteignung nur dann ausgesetzt sein, wenn der Gesetzgeber auch umfassend über die Entschädigung entschieden hat. Des Weiteren schützt sie die Haushaltsprärogative des Gesetzgebers. Dieser soll vor unvorhergesehenen Belastungen des Staatshaushalts bewahrt werden.[136] Die Junktimklausel gilt nur für nachkonstitutionelle (vgl. → § 54 Rn. 7) Enteignungsgesetze.[137]

e) Institutsgarantie

Wie bei den Inhalts- und Schrankenbestimmungen bildet die Institutsgarantie des Art. 14 I 1 GG (→ Rn. 4, 26) eine äußerste Grenze für die Enteignung.[138]

3. Sozialisierung

Lediglich die in Art. 15 S. 1 GG genannten Güter sind sozialisierungsfähig (vgl. → Rn. 22). Umstritten ist hier vor allem, ob der Begriff „Produktionsmittel" über Betriebe zur Gütererzeugung hinaus auch Dienstleistungsbetriebe erfasst. Nach h. L. sollen Handel, Banken, Versicherungen, Verkehrs- und Transportwesen sowie alle anderen Dienstleistungsbetriebe einer Sozialisierung *nicht* zugänglich sein.[139] Dagegen lassen sich jedoch der wirtschaftswissenschaftliche Sprachgebrauch und das auch hinsichtlich

---

[130] *R. Wendt*, in: Sachs, GG Art. 14 Rn. 159.
[131] So vom BVerfG für die Enteignung vom Deichgrundstücken zum Aufbau eines Deichsystems nach der Hamburger Flutkatastrophe 1962 anerkannt: Administrative Einzelenteignungen hätten nicht im gebotenen Zeitrahmen erfolgen können, BVerfGE 24, 367 (403).
[132] BVerfGE 24, 367 (418).
[133] BVerfGE 24, 367 (419).
[134] BVerwGE 84, 361 (365); offen gelassen in BVerfGE 58, 300 (346).
[135] *B.-O. Bryde*, in: v. Münch/Kunig Art. 14 Rn. 88.
[136] BVerfGE 46, 268 (287).
[137] *O. Depenheuer*, in: v. Mangoldt/Klein/Starck Art. 14 Rn. 442.
[138] *J. Wieland*, in: Dreier Art. 14 Rn. 143.
[139] Siehe etwa *R. Wendt*, in: Sachs, GG Art. 15 Rn. 9 ff. m. w. N.

Dienstleistungsbetrieben denkbare Sozialisierungsbedürfnis anführen.[140] Die Sozialisierung bedarf eines formellen Gesetzes.[141] Trotz des Wortlautunterschieds zu Art. 14 III GG muss auch die Sozialisierung einem legitimen Gemeinwohlinteresse dienen, zu dessen Erreichung sie zumindest geeignet und erforderlich zu sein hat.[142]

4. Sonstige Eingriffe

40 Sonstige Eingriffe (→ Rn. 23) erfordern eine **verfassungsgemäße Rechtsgrundlage**.[143] Keine ausreichende Rechtsgrundlage stellt Art. 14 II GG dar. Die Sozialpflichtigkeit des Eigentums (→ Rn. 3, 28) eröffnet nicht unmittelbar Pflichten des Eigentümers, sondern bedarf einer gesetzlichen Ausfüllung. Die Exekutive darf eine Konkretisierung des Art. 14 II GG selbst nicht vornehmen.[144] Auch die sonstigen Eingriffe in die Eigentumsfreiheit müssen **verhältnismäßig** sein.[145]

5. Entschädigungen

41 Im „Nassauskiesungs-Beschluss" stellt das BVerfG klar, dass Inhalts- und Schrankenbestimmungen sowie Enteignungen, die wegen des Fehlens gebotener Entschädigungsbestimmungen verfassungswidrig sind, nicht etwa durch die Konstruktion eines Entschädigungsanspruchs aus enteignendem oder enteignungsgleichem Eingriff (→ § 87 Rn. 5 ff.) verfassungsmäßig „geheilt" werden können. Der Eingriff bleibt verfassungswidrig. Der Betroffene muss Primärrechtsschutz suchen, d. h. sich im Rahmen der Verwaltungsgerichtsbarkeit um die Aufhebung des Eingriffsaktes bemühen bzw. vor dem BVerfG die Legalenteignung oder die fragliche Inhalts- und Schrankenbestimmung angreifen (**Vorrang des Primärrechtsschutzes**).[146] Es gilt also nicht der Grundsatz „Dulde und liquidiere", d. h. die Hinnahme des verfassungswidrigen Eingriffs, um sodann Entschädigung zu verlangen. Dies dient auch dem Schutz des Eigentümers. „Es ist dem Betroffenen nicht zuzumuten, einen Verwaltungsakt, den er für unvereinbar mit der Eigentumsgarantie des Grundgesetzes hält, in der unsicheren Erwartung eines nachträglich in einem anderen Verfahren zu bewilligenden Ausgleichs bestandskräftig werden zu lassen."[147]

§ 43. Schutz vor Ausbürgerung und Auslieferung; Asylrecht

Fall 39: Dem in den USA lebenden A ist auf seinen Antrag hin die amerikanische Staatsbürgerschaft zuteil geworden, woraufhin er die deutsche Staatsbürgerschaft verloren hat. Nachdem er in den USA wegen Unzucht mit Minderjährigen zu einer Freiheitsstrafe verurteilt worden ist, setzte er sich nach Deutschland ab. Auf das Ersuchen der USA hin beschließen die zuständigen deutschen Stellen die Auslieferung von A. Dieser sieht sich dadurch in Art. 16 GG verletzt.

---

[140] *H. Sodan,* in: Sodan Art. 15 Rn. 5 m. w. N.
[141] *H. D. Jarass,* in: Jarass/Pieroth Art. 15 Rn. 4.
[142] *O. Depenheuer,* in: v. Mangoldt/Klein/Starck Art. 15 Rn. 39 m. w. N.; *R. Wendt,* in: Sachs, GG Art. 15 Rn. 14; a. M. *B.-O. Bryde,* in: v. Münch/Kunig Art. 15 Rn. 10 m. w. N.
[143] *H. D. Jarass,* in: Jarass/Pieroth Art. 14 Rn. 50. Zweifelnd: *R. Wendt,* in: Sachs, GG Art. 14 Rn. 121.
[144] Vgl. BVerfGE 56, 249 (260).
[145] *R. Wendt,* in: Sachs, GG Art. 14 Rn. 122.
[146] Vgl. BVerfGE 58, 300 (324); 100, 226 (246); *H.-J. Papier,* DVBl. 2000, 1398 (1399); *C. Sellmann,* NVwZ 2003, 1417 (1422).
[147] BVerfGE 100, 226 (246).

§ 43. Schutz vor Ausbürgerung und Auslieferung; Asylrecht   351

I. Überblick über die Art. 16 und 16a GG

Die früher gemeinsam in Art. 16 GG a. F. geregelten Schutzgehalte der Art. 16 und 16a GG[1] weisen insoweit sachliche Übereinstimmungen auf, als sie Grundrechte gewährleisten, die sich auf **territorialrechtliche Beziehungen Einzelner zur Bundesrepublik Deutschland** bzw. daraus resultierende **Statusrechte** beziehen. Art. 16 GG enthält dabei zwei Grundrechtsverbürgungen: In Art. 16 I GG wird die deutsche Staatsangehörigkeit geschützt; Art. 16 II GG vermittelt Deutschen Schutz vor Auslieferungen an das Ausland. Art. 16a GG gewährt politisch verfolgten Ausländern ein Aufenthaltsrecht in der Bundesrepublik Deutschland (Asylrecht). 1

II. Schutz der deutschen Staatsangehörigkeit

In **sachlicher Hinsicht** schützt Art. 16 I GG vor „Ausbürgerung", also vor Aberkennung, d. h. Entziehung oder Verlust, der deutschen Staatsangehörigkeit; letztere bemisst sich nach dem Staatsangehörigkeitsgesetz (StAG)[2]. Träger des Grundrechts (**personeller Schutzbereich**) sind alle Inhaber der deutschen Staatsangehörigkeit, nicht hingegen die „Status-Deutschen" i. S. v. Art. 116 I Var. 2 und 3 GG.[3] **Eingriffe** (vgl. allgemein → § 24 Rn. 5ff.) sind Maßnahmen, die zur Aberkennung der deutschen Staatsangehörigkeit führen; hierzu gehört auch der Fall, dass bei verbleibender Staatsangehörigkeit alle oder fast alle mit ihr verbundenen Rechte entzogen werden[4]. 2

Im Hinblick auf die unterschiedlichen Rechtsfolgen hinsichtlich der **verfassungsrechtlichen Rechtfertigung** sind „Entziehung" und „Verlust" voneinander abzugrenzen. Teilweise wird hierzu auf die Rechtsform abgestellt[5], mitunter auf das Vorliegen „traditioneller" Verlusttatbestände[6] (z. B. Erwerb einer anderen Staatsangehörigkeit, Annahme als Kind durch einen Ausländer). Überwiegend und im Grundsatz zu Recht wird hingegen die **Vermeidbarkeit der Aberkennungsgründe** für maßgeblich erachtet: Eine Entziehung liegt danach bei einer von dem Betroffenen nicht beeinflussbaren Beseitigung der deutschen Staatsangehörigkeit vor, welche die Folge eines allein auf dem Willen des Staates zur Wegnahme der deutschen Staatsangehörigkeit beruhenden Aktes ist.[7] Ein Verlust ist hingegen dadurch gekennzeichnet, dass die Erfüllung der Aberkennungsgründe vom Betroffenen vermieden werden kann;[8] allerdings dürften unsachgemäße Aberkennungsgründe (etwa politische Missliebigkeit) wegen Unzumutbarkeit der Vermeidung stets zu einer „Unvermeidbarkeit" und damit Entziehung führen. Diese ist gemäß Art. 16 I 1 GG keiner Rechtfertigung zugänglich und schlechthin unzulässig. Eine andere Möglichkeit, sich dem Tatbestandsmerkmal „Verlust" zu nähern, be- 3

---

[1] Art. 16 II 2 GG a. F. (Asylrecht) aufgehoben und Art. 16a GG eingefügt durch Gesetz zur Änderung des Grundgesetzes v. 28.6.1993 (BGBl. I S. 1002).
[2] Ehemals „Reichs- und Staatsangehörigkeitsgesetz" (RuStAG); die Titeländerung erfolgte durch Gesetz v. 15.7.1999 (BGBl. I S. 1618).
[3] BVerwGE 8, 340 (343); *H. D. Jarass*, in: Jarass/Pieroth Art. 16 Rn. 5; a. M. *U. Becker*, in: v. Mangoldt/Klein/Starck Art. 16 Rn. 57.
[4] *H. D. Jarass*, in: Jarass/Pieroth Art. 16 Rn. 6.
[5] So etwa *J. Kokott*, in: Sachs, GG Art. 16 Rn. 22: Entziehung sei „nur die individuelle, einzelaktsmäßige – oder allgemeinverfügungsartige – Zwangsausbürgerung".
[6] Vgl. *Pieroth/Schlink/Kingreen/Poscher* Rn. 1068f.
[7] BVerfGE 116, 24 (44); BVerwGE 100, 139 (145).
[8] BVerfG (Kammerbeschl.), NVwZ 2012, 1388 (1389).

steht darin zu fragen, ob der Betroffene auf die Staatsangehörigkeit verzichtet hat.[9] Dies kann bspw. geschehen, wenn eine ausländische Staatsangehörigkeit erworben wird, die den Verlust der deutschen Staatsangehörigkeit gemäß § 17 Nr. 2, § 25 StAG nach sich zieht. Da der Staatsangehörigkeitsverlust auf einem „selbstverantwortlichen und freien Willensentschluss"[10] beruht, bestehen keine Bedenken im Hinblick auf die Verfassungskonformität des § 25 StAG. Zu berücksichtigen ist jedoch, dass der Wille des Betroffenen nicht das allein maßgebliche Kriterium ist; denn aus Art. 16 I 2 GG ergibt sich, „dass unter bestimmten Umständen auch ein gegen den Willen des Betroffenen eintretender Verlust rechtmäßig sein kann"[11]. Der Verlust kann gemäß Art. 16 I 2 GG auf der Grundlage eines Gesetzes gerechtfertigt sein, wenn er verhältnismäßig ist (vgl. → § 24 Rn. 32ff.)[12], es sei denn er erfolgt gegen den Willen des Betroffenen *und* der Betroffene wird dadurch staatenlos; dann ist auch ein Verlust der Staatsangehörigkeit schlechthin unzulässig.

III. Schutz vor Auslieferung

4   Art. 16 II GG schützt Deutsche i. S. d. Art. 116 GG (und damit anders als Art. 16 I GG auch „Status-Deutsche") vor Auslieferung an das Ausland und „beruht seinem Grundgedanken nach auf dem Recht jedes Staatsbürgers, sich in seinem Heimatland aufhalten zu dürfen, und auf der Pflicht dieses Staates, seine im Staatsgebiet lebenden Bürger in jeder Weise zu schützen"[13]. Das Auslieferungsverbot bezieht sich insofern auf die gegen den Willen des Betroffenen erfolgende Entfernung aus dem Hoheitsbereich der Bundesrepublik Deutschland und Überführung an eine fremde Hoheitsgewalt auf deren Ersuchen.[14] Dies umfasst ferner die **„Durchlieferung"** eines Deutschen über das Gebiet der Bundesrepublik[15], nicht aber die „Rücklieferung"[16] aus dem Ausland an die Bundesrepublik. Nicht unter Art. 16 II GG fällt auch die „Ausweisung" (einschließlich der „Abschiebung" als deren Vollzug), bei der einer Person ohne Ersuchen eines ausländischen Staates geboten wird, die Bundesrepublik zu verlassen. Soweit sein Schutzbereich reicht, ist Art. 16 II GG gegenüber der durch Art. 11 I GG geschützten („negativen") Freizügigkeit (→ § 39) lex specialis.[17]

5   Art. 16 II 2 GG enthält einen **qualifizierten Gesetzesvorbehalt** (vgl. → § 24 Rn. 17f.). Danach kann durch Gesetz die Auslieferung an einen Mitgliedstaat der Europäischen Union oder an einen internationalen Gerichtshof getroffen werden, soweit rechtsstaatliche Grundsätze gewahrt sind. „Diese Voraussetzung für eine Auslieferung ist nicht nur die Wiederholung der ohnehin für Grundrechtseinschränkungen nicht verfügbaren Geltung des Rechtsstaatsprinzips, insbesondere des Verhältnismäßigkeitsgrundsatzes. Vielmehr handelt es sich um eine auf den ersuchenden Mitgliedstaat und den Interna-

---

[9] *U. Becker,* in: v. Mangoldt/Klein/Starck Art. 16 Rn. 42.
[10] BVerfG (Kammerbeschl.), NVwZ 2012, 1388 (1389).
[11] BVerfGE 116, 24 (37).
[12] Siehe *H. D. Jarass,* in: Jarass/Pieroth Art. 16 Rn. 11; *F. Wittreck,* in: Dreier Art. 16 Rn. 55.
[13] BVerfGE 29, 183 (192f.); siehe näher zur Bedeutung dieses Grundrechts auch BVerfGE 113, 273 (293ff.).
[14] BVerfGE 113, 273 (293).
[15] *A. Randelzhofer,* in: Maunz/Dürig Art. 16 II 1 Rn. 9; vgl. BVerfGE 10, 136 (139f.).
[16] BVerfGE 29, 183 (188ff.).
[17] So auch *W. Durner,* in: Maunz/Dürig Art. 11 Rn. 168; *F. Wollenschläger,* in: Dreier Art. 11 Rn. 66; anders *Pieroth/Schlink/Kingreen/Poscher* Rn. 889, 1064: „Schranken-Schranke" zu Art. 11 GG.

§ 43. Schutz vor Ausbürgerung und Auslieferung; Asylrecht 353

tionalen Gerichtshof bezogene Erwartung im Sinne einer Strukturentsprechung, wie sie auch Art. 23 Abs. 1 GG formuliert. Der die Auslieferung Deutscher erlaubende Gesetzgeber muss insoweit prüfen, ob diese rechtsstaatlichen Voraussetzungen von den ersuchenden Stellen erfüllt werden."[18]

Im **Fall 39** würde die Auslieferung des A gegen Art. 16 II 1 GG verstoßen, wenn A noch als Deutscher anzusehen wäre. Die Aberkennung seiner Staatsbürgerschaft stellte aber keine unzulässige „Entziehung" im Sinne des Art. 16 I 1 GG dar, da sie auf von ihm beeinflussbaren Gründen (Annahme einer anderen Staatsbürgerschaft) beruhte. Dieser Verlust (Art. 16 I 2 GG) erfolgte auch auf gesetzlicher Grundlage (siehe § 25 StAG), führte nicht zur Staatenlosigkeit des A und ist als „traditioneller" Verlustgrund verhältnismäßig. Daher verstößt eine Auslieferung des A nicht gegen Art. 16 II GG. **6**

IV. Asylrecht

1. Allgemeines

Das Asylrecht (von [griech.] *ásylon* = Unverletzliches; [lat.] *asylum* = Freistätte) geht zurück auf die schon in der Antike praktizierte Tradition der **Zufluchtsgewährung** für aus bestimmten, insbesondere politischen oder religiösen Gründen in ihrer Heimat Verfolgte. Nicht zuletzt auch im Hinblick auf die politischen und rassischen Verfolgungen zur Zeit der nationalsozialistischen Herrschaft erkannten die Schöpfer des Grundgesetzes die Notwendigkeit eines staatlich gewährten Asylrechts an; sie nahmen in Art. 16 II 2 a. F. GG eine umfassende Asylrechtsregelung auf, wonach „politisch Verfolgte" in der Bundesrepublik „Asylrecht" und damit Schutz vor entsprechender Verfolgung in ihrem Herkunftsstaat genossen. Aufgrund der im Laufe der Zeit immer stärker gewordenen und vielfach missbräuchlichen Inanspruchnahme des Asylrechts sowie der damit verbundenen Belastungen für das Gemeinwesen[19] wurde das Asylrecht durch Gesetz vom 28.6.1993[20] auf eine neue Verfassungsgrundlage gestellt: Art. 16a I GG übernahm zwar den Wortlaut des Art. 16 II 2 a. F. GG; die nachfolgenden Absätze des Art. 16a GG relativierten aber den Schutzgehalt des bis dahin weit umfassenden Asylrechts in einer zu sachgemäßerer Gewährleistung des Asylrechts führenden Weise. **7**

Vor dem Hintergrund der in nationales Recht umgesetzten Regelungen des **Gemeinsamen Europäischen Asylsystems** ist die Bedeutung des Art. 16a GG für die Anerkennung von Asyl stark zurückgegangen. Auf der Grundlage des Art. 78 I AEUV wurde ein europäisches System zum Schutz von Flüchtlingen geschaffen, in welchem auch die Anforderungen der Genfer Flüchtlingskonvention umgesetzt werden.[21] Dieses System besteht im Wesentlichen aus den Regelungen der Dublin-III-Verordnung[22], der Asylverfahrens-Richtlinie[23], der Aufnahme-Richtlinie[24] sowie der Qualifikations-Richtlinie[25]. Dabei bestimmt die Dublin-III-Verordnung die Zuständigkeit eines Mitgliedstaates zur **7a**

---

[18] BVerfGE 113, 273 (299) – Verfassungswidrigkeit des Europäischen Haftbefehlsgesetzes. Siehe ausführlich zu den Anforderungen dieses qualifizierten Gesetzesvorbehalts a. a. O., 295 ff.
[19] Siehe die Begründung der Fraktionen der CDU/CSU, SPD und F.D.P. zu ihrem Entwurf eines Gesetzes zur Änderung des Grundgesetzes (Artikel 16 und 18), BT-Drucks. 12/4152, S. 3.
[20] BGBl. I S. 1002; vgl. bereits → Rn. 1.
[21] Siehe Art. 9 ff. Qualifikations-Richtlinie sowie dessen 4. Erwägungsgrund.
[22] Verordnung (EU) Nr. 604/2013 v. 26.6.2013 (ABl.-EU L 180/31).
[23] Richtlinie 2013/32/EU v. 26.6.2013 (ABl.-EU L 180/60).
[24] Richtlinie 2013/33/EU v. 26.6.2013 (ABl.-EU L 180/96).
[25] Richtlinie 2011/95/EU v 13.12.2011 (ABl.-EU L 337/9).

Durchführung des Asylverfahrens und orientiert sich dabei zuvörderst an dem Grundsatz der Einheit der Familie (Art. 7 ff.), im Übrigen jedoch maßgeblich daran, in welchem Mitgliedstaat die europäische Grenze illegal überschritten wurde (Art. 13). Dorthin sind Antragsteller entsprechend zu überstellen.[26] Nach dem von der Dublin-III-Verordnung vorgesehenen System ist die Bundesrepublik Deutschland lediglich in wenigen Fällen für die Durchführung des Asylverfahrens zuständig. Zwar besteht gemäß Art. 17 Dublin-III-Verordnung die Möglichkeit, die Zuständigkeit an sich zu ziehen. Ihrem Sinn und Zweck nach handelt es sich bei dieser Norm jedoch um einen für Einzel- und Härtefälle konzipierten Ausnahmetatbestand.[27] Aus der Qualifikations-Richtlinie folgen materielle Gewährleistungen, welche sich auf die Flüchtlingseigenschaft (Art. 13 ff.) sowie auf den so genannten subsidiären Schutz (Art. 20 ff.) beziehen und in § 3 bzw. § 4 AsylG in nationales Recht umgesetzt wurden.

2. Schutzbereich

a) Schutz bei „politischer Verfolgung"

8   Gemäß Art. 16a I GG genießen „politisch Verfolgte" Asylrecht. Unter **„Verfolgung"** versteht man nicht schon jede Rechtsverletzung, die nach den Maßstäben der deutschen Verfassungsordnung unzulässig wäre. Vielmehr sind – soweit „nicht eine unmittelbare Gefahr für Leib, Leben oder persönliche Freiheit besteht" – nur solche Beeinträchtigungen einbezogen, die „nach ihrer Intensität und Schwere die Menschenwürde verletzen und über das hinausgehen, was die Bewohner des Heimatstaats aufgrund des dort herrschenden Systems allgemein hinzunehmen haben".[28] Auch eine schwerwiegende Verletzung der Religionsfreiheit kann u. U. eine schutzauslösende Wirkung entfalten. Allerdings genügt hier nicht jedwede Beeinträchtigung, sondern es muss sich um einen Eingriff in den Kern der Religionsfreiheit handeln, die für die personale Würde und Entfaltung eines jeden Menschen unverzichtbar ist und zum menschenrechtlichen Mindeststandard gehört.[29]

8a Das Attribut **„politische"** Verfolgung meint dabei nicht die Verfolgung aufgrund allein der politischen Gesinnung des Verfolgten, sondern bezieht sich auf Verfolgungen, die einen öffentlichen Bezug haben und von einem Träger überlegener, in der Regel hoheitlicher Macht ausgehen, welcher der Verletzte unterworfen ist; „politische" Verfolgung ist somit grundsätzlich i. S. **„staatlicher"** Verfolgung zu verstehen.[30] Asylrelevant ist daher nicht nur die staatliche Verfolgung aufgrund der politischen Gesinnung, sondern auch wegen der Zugehörigkeit des Betroffenen zu einer bestimmten Religion[31], Rasse, Nationalität oder sozialen Gruppe (vgl. Art. 1 A Nr. 2 GFK) sowie aufgrund vergleichbarer anderer unabänderlicher persönlicher Merkmale, etwa wegen Homosexualität[32]. „Staatliche" bzw. „politische" Verfolgung kann dabei auch dann gegeben sein, wenn

---

[26] Art. 21 ff. Dublin-III-Verordnung. Eine Ausnahme besteht im Hinblick auf Griechenland, wohin nach der Rspr. des EGMR zur Zeit nicht überstellt werden darf, vgl. EGMR, NVwZ 2011, 413 ff.; siehe auch EuGH, NVwZ 2012, 417 ff.; NVwZ 2014, 129 ff.
[27] Siehe insofern den 17. Erwägungsgrund der Dublin-III-Verordnung.
[28] BVerfGE 54, 341 (357); vgl. auch BVerfGE 76, 143 (158); BVerfGE 80, 321 (324).
[29] BVerwGE 133, 221 (227).
[30] BVerfGE 80, 315 (333 ff.) m. w. N. – st. Rspr.
[31] Siehe zu den näheren Voraussetzungen, um eine religiöse oder religiös motivierte Verfolgung als „politische" qualifizieren zu können, BVerfGE 54, 341 (357 ff.); 76, 143 (158 ff.).
[32] BVerwGE 79, 143 (145 ff.).

§ 43. Schutz vor Ausbürgerung und Auslieferung; Asylrecht

ein Staat private Einzelpersonen oder Gruppen „zu Verfolgungsmaßnahmen anregt oder derartige Handlungen unterstützt, billigt oder tatenlos hinnimmt und damit dem Betroffenen den erforderlichen Schutz versagt, weil er hierzu nicht willens oder nicht in der Lage ist" („mittelbare" staatliche Verfolgung); die privaten Verfolgungsmaßnahmen müssen dem Staat insoweit „zurechenbar" sein.[33] Andererseits kommt „politische" Verfolgung nur in Betracht, wenn die fragliche Maßnahme dem Betroffenen *gezielt* Rechtsverletzungen zufügt: „Daran fehlt es bei Nachteilen, die jemand aufgrund der allgemeinen Zustände in seinem Heimatstaat zu erleiden hat, wie Hunger, Naturkatastrophen, aber auch bei den allgemeinen Auswirkungen von Unruhen, Revolutionen und Kriegen"[34]. Das BVerfG hat insoweit klargestellt, dass das Asylrecht „nicht allgemein jedem, der in seiner Heimat benachteiligt wird und etwa in materieller Not leben muß, die Möglichkeit eröffnen" soll, „seine Heimat zu verlassen, um in der Bundesrepublik Deutschland seine Lebenssituation zu verbessern"[35]. Grundsätzlich wird auch die Verfolgung von Mitgliedern terroristischer Vereinigungen aufgrund der völkerrechtlichen Missbilligung jener Personen keinen Asylschutz auslösen können; man kann insofern von einem **Terrorismusvorbehalt** des Art. 16a GG sprechen[36].

b) Verfahrensrechtlicher Schutzgehalt

Das Asylrecht ist ein stark **verfahrensabhängiges Grundrecht**; seine Durchsetzung setzt geeignete Verfahrensregelungen insbesondere zur Feststellung des Tatbestandes der „politischen Verfolgung" voraus. Verfassungsrechtlichen Bedenken begegnet dieser Verfahrensvorbehalt aber nicht. Schließlich „regeln" derlei Verfahren die Statusanerkennung – sie „beschränken" sie aber nicht.[37] Deshalb gewinnt das Verfahrensrecht verfassungsrechtliche Relevanz für den Schutz des Grundrechts; Art. 16a GG gebietet daher etwa die Schaffung geeigneter verfahrensrechtlicher Vorkehrungen zur Vermeidung unrichtiger Entscheidungen über Asylbegehren, welche den Asylbewerber aufgrund darauf gestützter Ausreiseverfügungen der Verfolgungsgefahr aussetzen.[38]

9

c) Personeller Schutzbereich

In personeller Hinsicht steht das Individualgrundrecht des Art. 16a GG – zumindest praktisch – nur **Ausländern** zu, da Deutsche in Bezug auf die von ihm gewährten Schutzgehalte hinreichend über Art. 11 (→ § 39) und Art. 16 GG (→ Rn. 2 ff.) geschützt sind.[39]

10

Das Asylrecht kann dabei aber nur von solchen ausländischen Personen in Anspruch genommen werden, die *selbst* und *gegenwärtig* betroffen sind. Eine **Selbst- bzw. eigene Betroffenheit** liegt dann vor, wenn der Inanspruchnehmende in eigener Person politische Verfolgung erleidet. Dies kann bei gegen Dritte gerichteten, asylerheblichen Verfolgungsmaßnahmen etwa dann der Fall sein, wenn der Asylbewerber sich in einer mit diesen Dritten vergleichbaren Situation befindet

11

---

[33] BVerfGE 54, 341 (358); vgl. auch BVerfGE 80, 315 (335 f.); BVerfG (Kammerbeschl.), NVwZ 2000, 1165 (1166).
[34] BVerfGE 80, 315 (335).
[35] BVerfGE 54, 341 (357); fast wortgleich BVerfGE 80, 315 (335).
[36] Siehe BVerwGE 109, 12 (16 ff.).
[37] BVerfGE 60, 253 (295).
[38] Siehe dazu BVerfGE 87, 48 (61 f.); *U. Becker*, in: v. Mangoldt/Klein/Starck Art. 16a Rn. 126 ff. Siehe auch BVerfG (Kammerbeschl.), NVwZ 2015, 1204 ff.
[39] Vgl. *A. v. Arnauld*, in: v. Münch/Kunig Art. 16a Rn. 9.

("Verfolgungsdichte") und deshalb seine bisherige Verschonung als eher zufällig anzusehen ist.[40] Für nahe Angehörige politisch Verfolgter (insbesondere Ehegatten und minderjährige Kinder) gilt hinsichtlich deren „Selbstbetroffenheit" eine (widerlegliche) Vermutung insoweit, als sie wirksames Druck- und Beugemittel in der Hand unduldsamer Verfolgerstaaten sein können.[41] Eine **gegenwärtige Betroffenheit** liegt vor, wenn die Verfolgung zum Zeitpunkt der Ausreise bereits eingetreten ist oder unmittelbar bevorsteht[42], nicht aber, wenn sie schon mehrere Jahre zurückliegt[43]. Treten die asylrelevanten Umstände hingegen *nach* der Ausreise ein, fehlt es also am Kausalzusammenhang zwischen Verfolgung und Ausreise/Flucht, kann das Asylrecht nur bei Vorliegen bestimmter „Nachfluchtgründe" in Anspruch genommen werden[44].

12 Nicht dem personellen Schutzbereich unterliegen nach Art. 16a II GG zudem Ausländer, die aus so genannten **sicheren Drittstaaten**[45] in die Bundesrepublik einreisen.[46] Verfassungsunmittelbar werden als sichere Drittstaaten die Mitgliedstaaten der Europäischen Gemeinschaften klassifiziert (Art. 16a II 1 Var. 1 GG). Die sonstigen sicheren Drittstaaten (vgl. Art. 16a II 1 Var. 2 GG) werden gemäß Art. 16a II 2 GG durch Gesetz bestimmt (geschehen durch § 26a i. V. m. Anlage I AsylG);[47] bei deren Festlegung hat der Gesetzgeber einen Einschätzungs- und Entscheidungsspielraum, so dass sich die verfassungsgerichtliche Nachprüfung auf die Vertretbarkeit seiner Entscheidung beschränkt.[48] Es wird davon ausgegangen, dass in den sicheren Drittstaaten Verfolgungssicherheit herrscht und die Voraussetzungen für die Inanspruchnahme des Asylrechts insofern nicht gegeben sind.[49] Nach der Rechtsprechung des BVerfG ist die Berufung eines Ausländers auf Art. 16a I GG auch dann verwehrt, wenn „sein Reiseweg nicht im einzelnen bekannt ist"[50]. Das BVerfG stellte im Jahr 1996 ausdrücklich fest: „Der Ausschluß vom Asylgrundrecht ist nicht davon abhängig, ob der Ausländer in den Drittstaat zurückgeführt werden kann oder soll. Ein Asylverfahren findet nicht statt. Es entfällt auch das als Vorwirkung eines grundrechtlichen Schutzes gewährleistete vorläufige Bleiberecht. Hieran knüpft Art. 16a Abs. 2 Satz 3 GG die Folge, daß in den Fällen des Satzes 1 aufenthaltsbeendende Maßnahmen unabhängig von einem hiergegen eingelegten Rechtsbehelf vollzogen werden können."[51] Die Möglichkeit, die „Betroffenen an der Grenze zurückzuweisen oder unverzüglich in den sicheren Drittstaat zurückzubrin-

---

[40] BVerfGE 83, 216 (231); BVerwG, NVwZ 1994, 1121 (1122).
[41] Siehe BVerwGE 75, 304 (312f.); 79, 244 (246).
[42] Vgl. BVerfGE 83, 216 (230) m.w.N.; BVerwGE 87, 52 (53).
[43] Vgl. BVerwGE 87, 52 (55f.); 87, 141 (147).
[44] Siehe dazu ausführl. BVerfGE 74, 51 (64ff.); 80, 315 (344ff.); 81, 347 (362); vgl. ferner BVerfGE 94, 115 (145ff.); BVerwGE 87, 52 (53).
[45] Siehe zu dem Konzept der sicheren Dritt- und Herkunftsstaaten *H. Sodan,* in: O. Depenheuer/C. Grabenwarter (Hrsg.), Der Staat in der Flüchtlingskrise, 2016, S. 172ff.
[46] Nach h. M. regelt Art. 16a II GG den **personellen Schutzbereich** des Art. 16a I GG, vgl. BVerfGE 94, 49 (87, 95); *K. Hailbronner,* NVwZ 1996, 625; *A. Randelzhofer,* in: Maunz/Dürig Art. 16a II Rn. 1 m.w.N.; *F. Schoch,* DVBl. 1993, 1161 (1164). Insofern kann man wohl in Art. 16a II **2** GG einen diesbezüglichen **qualifizierten Gesetzesvorbehalt** (vgl. § 24 Rn. 17f.) sehen, siehe *Pieroth/Schlink/Kingreen/Poscher* Rn. 1096, 1098; a. A. *H. D. Jarass,* in: Jarass/Pieroth Art. 16a Rn. 26.
[47] Siehe zu den Voraussetzungen für die Klassifizierung als „sicherer Drittstaat" BVerfGE 94, 49 (89ff.).
[48] BVerfGE 94, 49 (93).
[49] Siehe aber zu „Grenzen" der Drittstaatenregelung BVerfGE 94, 49 (99f.).
[50] BVerfGE 94, 49 (95).
[51] BVerfGE 94, 49 (87). „Einfachgesetzlich" ist die Aufenthaltsgestattung freilich in § 55 I AsylG verankert.

§ 43. Schutz vor Ausbürgerung und Auslieferung; Asylrecht   357

gen"[52], wurde vom BVerfG für den Regelfall ausdrücklich gebilligt[53] und in § 18 AsylG in „einfaches" Recht umgesetzt. Das Bundesamt für Migration und Flüchtlinge beschreibt die Rechtslage hinsichtlich der sicheren Drittstaaten wie folgt: „Wenn ein Ausländer bereits einen anderen Staat erreicht hat, in dem er gleichfalls Schutz nach der Genfer Flüchtlingskonvention erhalten kann, ist ihm die Einreise in die Bundesrepublik Deutschland bereits an der Grenze zu verweigern."[54] Art. 16a II GG nimmt dem Ausländer damit „die Möglichkeit, das Land, in dem er um Schutz nachsuchen will, frei zu wählen".[55] Da die Bundesrepublik Deutschland derzeit komplett von sicheren Drittstaaten „umgeben" ist, fallen auf dem **Landweg** in die Bundesrepublik einreisende Asylbewerber regelmäßig unter die Drittstaatenregelung, sofern sie ihre Durchreise durch den sicheren Drittstaat hätten unterbrechen können, um dort Schutz in Anspruch zu nehmen.[56] Einreisen in die Bundesrepublik ohne Kontakt zu einem sicheren Drittstaat können daher praktisch nur auf dem **Luft- oder Seeweg** erfolgen.[57]

3. Eingriffe

Eingriffe (vgl. allgemein → § 24 Rn. 5 ff.) in das Asylrecht sind alle den Aufenthalt des Asylsuchenden in der Bundesrepublik Deutschland verweigernden oder beendenden Maßnahmen; Eingriffe können sich ferner aus einer den verfahrensrechtlichen Anforderungen für eine effektive Wahrnehmung des Asylrechts (→ Rn. 9) nicht genügenden Verfahrensgestaltung ergeben.[58]   13

4. Verfassungsrechtliche Rechtfertigung

Die **materielle Gewährleistung** des Asylrechts unterliegt keinem Schrankenvorbehalt. Beschränkungen kommen aber zugunsten kollidierender Verfassungsgüter, d. h. der Grundrechte Dritter oder anderen Gütern von Verfassungsrang, in Betracht (**verfassungsimmanente Schranken**, vgl. → § 24 Rn. 19 ff.).[59] Da regelmäßig keine dem Verhältnismäßigkeitsprinzip genügende Rechtfertigungsvoraussetzung für einen Eingriff in das Asylrecht und dabei ggf. die Aussetzung des Asylbewerbers in eine erneute Gefahr für Leib und Leben denkbar ist, sind aufenthaltsbeendende Maßnahmen regelmäßig verfassungsrechtlich unzulässig. Allenfalls die von einem Asylbewerber ausgehende Gefährdung der freiheitlich-demokratischen Grundordnung könnte Anlass geben, eine aufenthaltsbeendende Maßnahme verfassungsrechtlich zu rechtfertigen. Für dieses Konstrukt besteht jedoch regelmäßig kein Bedarf; denn Mitglieder terroristischer Vereinigungen genießen infolge ihrer völkerrechtlichen Ächtung keinen Asylschutz (→ Rn. 8). Grundsätzlich neigt die hoheitliche Gewalt aufgrund der nahezu unmöglichen verfassungsrechtlichen Rechtfertigung von Eingriffen in das Asylgrundrecht eher dazu, durch ver-   14

---

[52] So die Begründung der Fraktionen der CDU/CSU, SPD und F.D.P. zu ihrem Entwurf eines Gesetzes zur Änderung des Grundgesetzes (Artikel 16 und 18), BT-Drucks. 12/4152, S. 4.
[53] BVerfGE 94, 49 (105 f.).
[54] http://www.bamf.de/DE/Service/Left/Glossary/_function/glossar.html?lv3=1504418&lv2=5831846 (zuletzt aufgerufen am 26. 1. 2016).
[55] BVerfGE 94, 49 (94).
[56] Siehe näher BVerfGE 94, 49 (94 f.).
[57] *A. Randelzhofer*, in: HdbStR VII § 153 Rn. 94; *H. Sodan*, in: Sodan Art. 16a Rn. 10.
[58] Siehe näher *H. Sodan*, in: Sodan Art. 16a Rn. 12.
[59] BVerwGE 49, 202 (208 ff.); 109, 1 (3 ff.); *A. Randelzhofer*, in: Maunz/Dürig Art. 16a I Rn. 129.

fahrensmäßige Anforderungen und an strenge Voraussetzungen geknüpfte Anerkennungsvorbehalte bereits den Schutzbereich stark einzuschränken.

a) Beschränkungen des verfahrensbezogenen Gewährleistungsinhalts
aa) Vermutungsregel des Art. 16a III GG

15 Eine Beschränkung des verfahrensbezogenen Gewährleistungsinhalts[60] regelt zunächst Art. 16a III GG, indem er im Hinblick auf das Merkmal der „Verfolgung" eine verfassungsrechtliche Vermutungsregel festlegt. Durch Gesetz können danach Staaten bestimmt werden, bei denen aufgrund der Rechtslage, der Rechtsanwendung und der allgemeinen politischen Verhältnisse gewährleistet erscheint, dass dort weder politische Verfolgung noch unmenschliche oder erniedrigende Bestrafung oder Behandlung stattfindet.[61] Die gesetzliche Bestimmung dieser so genannten **sicheren Herkunftsstaaten** ist durch § 29a i.V.m. Anlage II AsylG erfolgt; bei deren Festlegung hat der Gesetzgeber einen Einschätzungs- und Entscheidungsspielraum, so dass sich die verfassungsgerichtliche Nachprüfung auf die Vertretbarkeit seiner Entscheidung beschränkt.[62] Es wird vermutet, dass ein Ausländer aus einem solchen Staat nicht verfolgt wird, solange er nicht Tatsachen vorträgt, welche die Annahme begründen, dass er entgegen dieser Vermutung politisch verfolgt wird (Art. 16a III 2 GG).[63]

bb) Art. 16a II 3 GG

16 Eine ebenfalls auf den verfahrensbezogenen Gewährleistungsinhalt bezogene Beschränkung enthält Art. 16a II 3 GG. Dieser räumt den Behörden kraft Verfassungsrechts die Möglichkeit ein, aufenthaltsbeendende Maßnahmen für unter die Drittstaatenregelung des Art. 16a II 1 GG (→ Rn. 12) fallende Asylbewerber zu vollziehen, ohne dass die Gerichte dies im einstweiligen Rechtsschutzverfahren verhindern dürfen.[64]

cc) Art. 16a IV GG

17 Art. 16a IV GG beschränkt ebenfalls den verfahrensbezogenen Gewährleistungsinhalt, indem er im Hinblick auf vorläufigen gerichtlichen Rechtsschutz gegen aufenthaltsbeendende Maßnahmen die Vollziehungsaussetzung in offensichtlich unbegründeten Fällen nur bei ernstlichen Zweifeln an der Rechtmäßigkeit der Maßnahme gestattet. Hierdurch wird „das im Asylgrundrecht wurzelnde Recht des Asylbewerbers, bis zu einer bestandskräftigen Entscheidung über sein Asylbegehren in der Bundesrepublik Deutschland zu bleiben, ein Stück weit" zurück genommen, ohne dass dies verfassungsrechtlich bedenklich wäre.[65]

b) Vorbehalt des Art. 16a V GG

18 Art. 16a V GG erlaubt den Abschluss bestimmter völkerrechtlicher Verträge mit Mitgliedstaaten der Europäischen Gemeinschaften über Zuständigkeitsregelungen für die

---

[60] BVerfGE 94, 115 (132 f.).
[61] Siehe dazu BVerfGE 94, 115 (134 ff.).
[62] BVerfGE 94, 115 (144).
[63] Siehe dazu BVerfGE 94, 115 (145 ff.).
[64] Siehe näher BVerfGE 94, 49 (96 ff.).
[65] BVerfGE 94, 166 (189 f.) – betr. das „Flughafenverfahren". Siehe näher *H. Sodan*, in: Sodan Art. 16a Rn. 17.

Prüfung von Asylbegehren einschließlich der gegenseitigen Anerkennung von Asylentscheidungen, selbst wenn diese den insoweit nachrangigen Regelungen des Art. 16a I bis IV GG an sich entgegenstünden. Da völkerrechtliche Verträge nach Art. 59 II GG eines Zustimmungsgesetzes bedürfen, kann in der Regelung des Art. 16a V GG der Sache nach ein **qualifizierter Gesetzesvorbehalt** (vgl. → § 24 Rn. 17f.) gesehen werden.[66]

§ 44. Petitionsrecht

I. Schutzbereich

Art. 17 GG gewährt jedermann das Recht, sich einzeln oder in Gemeinschaft mit anderen schriftlich mit Bitten oder Beschwerden (Petitionen) an die zuständigen Stellen (etwa Behörden) und an die Volksvertretung zu wenden. Der Sinn dieses Grundrechts besteht darin, dass sich die Bürger im Hinblick auf ihre Anliegen zumindest „Gehör" bei den zuständigen staatlichen Stellen verschaffen und diese gegebenenfalls Abhilfe leisten können. Petitionen sind damit formlose Rechtsbehelfe. Insoweit beinhaltet Art. 17 GG vor allem ein entsprechendes Leistungsrecht, hat aber auch abwehrrechtlichen Charakter gegenüber Beeinträchtigungen des Petitionsrechts. 1

Eine Petition kann nur schriftlich erfolgen; die Bezeichnung als „Petition" ist nicht erforderlich. Es muss aber ein Verfasser aus ihr hervorgehen; anonyme Eingaben sind daher keine Petitionen. Nach bundesverfassungsgerichtlicher Rechtsprechung ist eine Petition dann nicht zulässig, wenn durch sie „etwas gesetzlich Verbotenes gefordert wird oder die Form der Petition den Anforderungen nicht entspricht, die an jede bei einer Behörde einzureichende Eingabe zu stellen sind", sie „also etwa beleidigenden, herausfordernden oder erpresserischen Inhalt hat"[1]. Da dem Begriff der Petition ein Abhilfeverlangen immanent ist, sollen bloße Eingaben ohne Reaktionsbegehren (Mitteilungen, Belehrungen, Vorwürfe etc.) nicht dem Schutzbereich des Art. 17 GG unterfallen.[2] 2

Zulässige Petitionen müssen von der zuständigen Stelle oder Volksvertretung nicht nur entgegengenommen werden, sondern es besteht auch ein Anspruch gegenüber der betreffenden Stelle auf inhaltliche Kenntnisnahme, sachliche Prüfung und Beantwortung der Petition.[3] 3

II. Eingriffe

In das Petitionsrecht wird **eingegriffen,** wenn eine zulässige Petition nicht angenommen oder nicht in einer dem Schutzgehalt des Art. 17 GG entsprechenden Weise behandelt wird, ferner etwa dann, wenn die Erstellung einer Petition (z. B. das Sammeln von Unterschriften für eine Gemeinschaftspetition) behindert oder die Wahrnehmung des Petitionsrechts mit nachteiligen Folgen für den Petenten verbunden wird. 4

---

[66] *U. Becker,* in: v. Mangoldt/Klein/Starck Art. 16a Rn. 230; *Pieroth/Schlink/Kingreen/Poscher* Rn. 1101.
[1] BVerfGE 2, 225 (229); krit. *Pieroth/Schlink/Kingreen/Poscher* Rn. 1112 ff.
[2] *H. H. Klein,* in: Maunz/Dürig Art. 17 Rn. 42; *R. Uerpmann-Wittzack,* in: v. Münch/Kunig Art. 17 Rn. 16. A. M. *G. Krings,* in: Friauf/Höfling Art. 17 Rn. 31: „Es ist nicht einzusehen, warum schlichte [sic] Meinungsäußerungen gegenüber ein Handeln intendierenden Eingaben geringerer Grundrechtsschutz zugebilligt werden sollte." Fraglich ist dann jedoch, was Schutzzweck eines reaktionslosen Rechts sein sollte.
[3] Vgl. BVerfGE 2, 225 (230); BVerwG, NJW 1977, 118; *H. Sodan,* in: Sodan/Ziekow § 42 Rn. 245.

III. Verfassungsrechtliche Rechtfertigung

5 Art. 17 GG unterliegt – mit Ausnahme des für den Wehr- und Ersatzdienstbereich geltenden Art. 17a I GG – keinem Schrankenvorbehalt. Zur verfassungsrechtlichen Rechtfertigung von Eingriffen kommen daher nur **verfassungsimmanente Schranken** (→ § 24 Rn. 19ff.) in Betracht, wie die Grundrechte Dritter auf Leben und körperliche Unversehrtheit (Art. 2 II 1 GG)[4] oder das allgemeine Persönlichkeitsrecht (Art. 2 I i.V. m. 1 I GG)[5].[6]

§ 45. Rechtsweggarantie

I. Allgemeines

1 Gemäß Art. 19 IV 1 GG steht jedem, der durch die öffentliche Gewalt in seinen Rechten verletzt wird, der Rechtsweg offen. Die Norm hat damit elementare Bedeutung für das Rechtsstaatsprinzip, indem sie ein Grundrecht auf gerichtlichen Individualrechtsschutz gegenüber Maßnahmen der öffentlichen Gewalt gewährleistet. Deren aus Art. 20 III GG resultierende Verfassungs- und Gesetzesbindung (→ § 7 Rn. 15ff.) wird folglich dadurch abgesichert, dass eine **umfassende gerichtliche Kontrollierbarkeit** (und ggf. Korrigierbarkeit) **staatlicher Maßnahmen** statuiert wird. Art. 19 IV 1 GG enthält damit primär ein Leistungsgrundrecht, gleichzeitig aber auch die institutionelle Garantie einer Gerichtsbarkeit, welche diesen Rechtsschutzauftrag in angemessener und effektiver Weise zu erfüllen hat.[1]

II. Schutzbereich

2 Art. 19 IV 1 GG gebietet die Rechtswegeröffnung gegenüber Rechtsverletzungen „durch die öffentliche Gewalt". Anders als bei den in Art. 1 I 2 und Art. 20 II 1 GG verwendeten Begriffen der „staatlichen Gewalt" bzw. „Staatsgewalt", welche alle drei Staatsfunktionen umfassen (vgl. → § 7 Rn. 5ff.), wird unter **„öffentlicher Gewalt"** i. S. d. Art. 19 IV 1 GG gemeinhin nur die *Exekutiv*gewalt verstanden (einschließlich exekutiver Normsetzungstätigkeit[2]). Denn vor allem Akte der Exekutive prägen das tägliche Mit- oder Gegeneinander von Bürger und Staat, sorgen demgemäß für Konfliktpotential der Beteiligten durch mögliche Beschwer der Rechtsadressaten, so dass insbesondere diese Akte der gerichtlichen Überprüfbarkeit bedürfen. Art. 19 IV GG bezweckt insbesondere, „die ‚Selbstherrlichkeit' der vollziehenden Gewalt im Verhältnis zum Bürger" zu unterbinden.[3]

3 Nicht als „öffentliche Gewalt" i. S. d. Art. 19 IV GG werden dagegen Judikative und Legislative angesehen: Im Hinblick auf die Rechtsprechung ist ganz überwiegend anerkannt, dass Art. 19 IV GG **Schutz *durch* den Richter,** nicht aber *gegen* den Richter gewährt[4], da ansonsten jede Gerichtsentscheidung erneuter gerichtlicher Überprüfung zugänglich sein müsste, was einen nicht endenden Kreislauf der Überprüfbarkeit von Gerichtsentscheidungen ohne Eintritt von Rechtskraft zur

---

[4] Vgl. BVerfGE 49, 24 (58ff.) – „Kontaktsperre" für Strafgefangene.
[5] BVerfG (Kammerbeschl.), NJW 1991, 1475 (1476).
[6] Siehe zur verfassungsrechtlichen Rechtfertigung näher *H. Sodan,* in: Sodan Art. 17 Rn. 6.
[1] Siehe hierzu *H. Sodan,* in: Sodan/Ziekow § 40 Rn. 5ff.
[2] Näher *H. Sodan,* in: Sodan/Ziekow § 40 Rn. 66f.
[3] BVerfGE 10, 264 (267).
[4] Vgl. BVerfGE 49, 329 (340) m.w.N.; 76, 93 (98).

§ 45. Rechtsweggarantie

Folge hätte. Demgemäß gewährleistet Art. 19 IV GG auch **keinen Instanzenzug**.[5] Art. 19 IV GG gilt ausnahmsweise, wenn ein Gericht außerhalb seiner rechtsprechenden Tätigkeit aufgrund eines ausdrücklich normierten Richtervorbehalts wirkt; hier handelt es nicht in seiner typischen Funktion als neutrale Instanz der Streitentscheidung, sondern funktional als exekutivische Staatsgewalt.[6] Nach der Rechtsprechung des BVerfG[7] fällt die Legislative aus dem Anwendungsbereich des Art. 19 IV GG heraus, weil die **Normenkontrolle** formeller Gesetze nicht den Fachgerichten obliegt, sondern hierfür in Art. 93 I Nr. 2 und Art. 100 GG besondere verfassungsgerichtliche Verfahrensarten vorgesehen sind (vgl. → § 53 f.), deren enge Voraussetzungen zeigen, dass gerade *nicht* jeder Bürger auf Grundlage von Art. 19 IV GG mit der Behauptung einer Rechtsverletzung die Gerichte gegen ein (formelles) Gesetz soll anrufen können.

Die Rechtsweggarantie des Art. 19 IV 1 GG kommt nur bei Verletzung **eigener** (subjektiver) Rechte zum Tragen. „Rechte" i. d. S. sind nicht nur Grundrechte, sondern individualrechtliche Positionen jeder Art. Die Verletzung anderer als rechtlicher Interessen genügt nicht. Ob es sich um ein *subjektives* **Recht** handelt, wird mit Hilfe der „Schutznormtheorie" ermittelt, wonach maßgeblich ist, ob die einschlägige Norm den Schutz des Einzelnen (mit)bezweckt und für diesen durchsetzbar machen will (→ § 71 Rn. 2 ff.). Da die Rechts*verletzung* erst noch zu prüfen ist, genügt für die Berufung auf Art. 19 IV GG die plausible „Möglichkeit" einer Rechtsverletzung.

4

„**Rechtsweg**" i. S. v. Art. 19 IV GG meint den Zugang zu staatlichen Gerichten, die den personellen und organisatorischen Voraussetzungen der Art. 92 und 97 GG entsprechen. Der Rechtsschutzauftrag des Art. 19 IV GG wird vornehmlich – d. h. vorbehaltlich abdrängender Sonderzuweisungen an andere Gerichtsbarkeiten – durch die Verwaltungsgerichte wahrgenommen (vgl. § 40 VwGO).[8] Die Auffangzuständigkeit des Art. 19 IV 2 GG für die ordentlichen Gerichte läuft mittlerweile praktisch leer.[9] Spezielle verfassungsrechtliche Ausnahmen zur Rechtsweggarantie des Art. 19 IV GG finden sich in Art. 10 II 2 GG (→ § 38 Rn. 14, vgl. auch Art. 19 IV 3 GG), Art. 16a II 3, III 1 und IV GG bezüglich des Asylrechts (vgl. dazu → § 43 Rn. 15 ff.) sowie Art. 44 IV GG (→ § 12 Rn. 32).

5

Über die bloße Rechtswegeröffnung hinaus gewährleistet Art. 19 IV GG zudem gerade auch die **Wirksamkeit des Rechtsschutzes**[10] („Gebot *effektiven* Rechtsschutzes"). Hierzu gehören vor allem eine hinreichende gerichtliche Prüfungsbefugnis in tatsächlicher und rechtlicher Hinsicht[11] einschließlich etwaiger Einsichtsrechte in behördliche Akten[12], die Gewährung vorläufigen Rechtsschutzes zur Abwehr schwerer Nachteile

6

---

[5] Siehe etwa BVerfGE 87, 48 (61); 92, 365 (410); 112, 185 (207); BVerfG (Kammerbeschl.), NJW 2007, 1345; NVwZ 2011, 546 (547).
[6] BVerfGE 116, 1 (10 f.).
[7] Siehe BVerfGE 24, 33 (49 ff.); 24, 367 (401); 25, 352 (365); 45, 297 (334). Vgl. hierzu – auch zur Gegenansicht – *H. Sodan*, in: Sodan/Ziekow § 40 Rn. 68 ff.
[8] Siehe hierzu ferner *H. Sodan*, in: Sodan/Ziekow § 40 Rn. 6 ff., 11 ff.
[9] Näher *H. Sodan*, in: Sodan/Ziekow § 40 Rn. 42 ff.
[10] Siehe etwa BVerfGE 84, 34 (49); 104, 220 (231 f.); 112, 185 (207); 129, 1 (20); BVerfG (Kammerbeschl.), DVBl. 2004, 431 (432); NJW 2005, 1855; NZS 2011, 619 (620); NJW 2013, 39 (40); NVwZ 2013, 500 (501).
[11] BVerfGE 61, 82 (111); vgl. auch BVerfGE 84, 34 (49); 129, 1 (20); siehe indes zur Zulässigkeit exekutiver Prognosespielräume BVerfG (Kammerbeschl.), DVBl. 2010, 250 ff. Krit. hinsichtlich der zugunsten der Verwaltung eingeräumten Beurteilungsspielräume *M. Sachs/C. Jasper*, NVwZ 2012, 649 ff.
[12] Vgl. dazu BVerfGE 101, 106 (125).

(→ §§ 105 ff.)[13], die Verpflichtung zur Entscheidung innerhalb angemessener Frist[14] und die Gewährung von Prozesskostenhilfe[15]. Der Maßstab dessen, was effektiver Rechtsschutz im Einzelfall darstellt, bestimmt sich „entscheidend auch nach dem sachlichen Gehalt des als verletzt behaupteten Rechts".[16] Im Zweifel verdient diejenige Auslegung der den Rechtsweg regelnden Normen den Vorzug, welche den Zugang zu den Gerichten eröffnet.[17] Gerade weil die Gewährung wirksamen Rechtsschutzes oftmals von der Schnelligkeit gerichtlicher Entscheidungen abhängt, ist es mit Art. 19 IV GG grundsätzlich zu vereinbaren, wenn „Fachgerichte in einem Verfahren nach § 80 V VwGO die Rechtmäßigkeit der zu Grunde liegenden Verfügung nur einer summarischen Prüfung unterziehen und bei offenem Ergebnis dieser Prüfung die Entscheidung auf der Grundlage einer Interessenabwägung treffen"[18]. Je schwerwiegender die zu erwartende Beeinträchtigung durch die jeweilige Anordnung ausfällt, desto eher kann jedoch verlangt werden, dass das Gericht eine über die summarische Prüfung hinausgehende Analyse des Sachverhalts vornimmt.[19] Aus der regelmäßigen Irreversibilität der Folgen von Anordnungen, welche die Durchführung von Versammlungen beschränken, folgt für die Verwaltungsgerichte im Eilverfahren die Pflicht, eine „im Rahmen des Möglichen hinreichend intensive Prüfung der Rechtmäßigkeit der im Streit befindlichen behördlichen Maßnahme"[20] durchzuführen (vgl. dazu → § 106 Rn. 13, § 36 Rn. 1).[21] In zeitlicher Hinsicht garantiert Art. 19 IV GG den Rechtsweg nicht nur bei aktuell anhaltenden, sondern auch bei in der Vergangenheit erfolgten Rechtsverletzungen, wenn ein darauf bezogenes Rechtsschutzbedürfnis besteht, wie etwa in Fällen tief greifender Grundrechtseingriffe.[22]

---

[13] Vgl. hierzu BVerfG (Kammerbeschl.), NJW 2010, 1870 (1871): „Mit Blick auf Art. 19 IV GG ist es erforderlich, aber auch ausreichend, dass der Betroffene trotz einer von Gesetzes wegen fehlenden aufschiebenden Wirkung seines Widerspruchs oder seiner Klage die Möglichkeit hat, effektiven – das heißt hier auch vorläufigen – Rechtsschutz durch eine gerichtliche Anordnung der aufschiebenden Wirkung zu erhalten"; vgl. ferner BVerfG (Kammerbeschl.), NVwZ-RR 2011, 420 (421). Das Verfahren des einstweiligen Rechtsschutzes nach § 32 BVerfGG ist hingegen „nicht darauf angelegt, möglichst lückenlosen vorläufigen Rechtsschutz zu bieten", BVerfG (Kammerbeschl.), NJW 2012, 3773.
[14] BVerfGE 60, 253 (269); 93, 1 (13); BVerfG (Kammerbeschl.), NVwZ-RR 2011, 305 (306); NJW 2012, 3773 (3774). Für bürgerlich-rechtliche Rechtsstreitigkeiten ergibt sich dies aus Art. 2 I i. V. m. Art. 20 III GG, siehe BVerfG (Kammerbeschl.), NJW 2001, 214 ff. Bei der Ermittlung, was eine unangemessen lange Verfahrensdauer darstellt, ist eine stark einzelfallabhängige Abwägung angezeigt, BVerfG (Kammerbeschl.), NZS 2011, 384 f.; NVwZ-RR 2011, 625 (626); krit. zum Gesetz über den Rechtsschutz bei überlangen Gerichtsverfahren und strafrechtlichen Ermittlungsverfahren v. 24.11.2011 (BGBl. I S. 2302) *F. Ossenbühl*, DVBl. 2012, 857 ff.; siehe zu Fragen betr. die unangemessenen Dauer von Gerichtsverfahren *C. Kirchberg*, DVBl. 2015, 675 ff.; *W.-R. Schenke*, NJW 2015, 433 ff. (vgl. auch → § 50 Rn. 6 a).
[15] Vgl. BVerfG (Kammerbeschl.), DVBl. 2001, 1748 (1749); NVwZ 2015, 296 ff.
[16] BVerfGE 60, 253 (297); BVerfG (Kammerbeschl.), NVwZ 2013, 500 (501).
[17] BVerfG (Kammerbeschl.), NJW 2015, 3432 (3433) m.w.N.
[18] BVerfG (Kammerbeschl.), NVwZ-RR 2008, 657 (658). Zum vorläufigen Rechtsschutz vgl. → § 106 f.
[19] BVerfGE 69, 315 (363); 110, 77 (87).
[20] BVerfGE 110, 77 (87).
[21] BVerfGE 110, 77 (87 f.); BVerfG (Kammerbeschl.), DVBl. 2013, 367 (369).
[22] BVerfGE 96, 27 (39 f.); 110, 77 (85 f.); 117, 244 (268); BVerfG (Kammerbeschl.), NVwZ-RR 2011, 405 ff. – zum Fortsetzungsfeststellungsinteresse bei Wiederholungsgefahr.

§ 45. Rechtsweggarantie

Die Behörden sind verpflichtet, „nicht den Bürger über seine gerichtlichen Rechtsschutzmöglichkeiten irrezuleiten oder spätere Nachprüfungsmöglichkeiten des Gerichts auszuschalten".[23] Auch die Standardisierung der Auslegung von unbestimmten Rechtsbegriffen im Umwelt- und Technikrecht durch normkonkretisierende Verwaltungsvorschriften (→ § 64 Rn. 2), die für Gerichte Bindungswirkung entfalten können, führt nicht zu einem mit Art. 19 IV GG unvereinbaren Verzicht auf gerichtliche Kontrolle der Auslegungspraxis. Schließlich können die Gerichte von Verwaltungsvorschriften abweichen, wenn die ihnen zu Grunde gelegten Erkenntnisse von Wissenschaft und Technik zwischenzeitlich überholt sind oder ein atypischer Einzelfall vorliegt.

In **personeller Hinsicht** steht das Grundrecht aus Art. 19 IV GG jedermann zu, d. h. natürlichen Personen unabhängig von deren Nationalität sowie juristischen Personen des Privatrechts (vgl. → § 23 Rn. 5, 11 ff.). Dies gilt aber nicht für ausländische juristische Personen des Privatrechts, da Art. 19 IV GG ein eigenständiges Grundrecht ist, auf welche sich jene Gruppierungen gemäß Art. 19 III GG nicht berufen können.[24] Allenfalls mit der Begründung, dass Art. 19 IV GG ein Verfahrensgrundrecht sei, könnte eine Grundrechtsberechtigung ausländischer juristischer Personen des Privatrechts angenommen werden. Art. 19 IV GG ist aber kein genuines mit Art. 101 I 2 und Art. 103 I GG vergleichbares Verfahrensgrundrecht: Die Frage, *wie* der Gesetzgeber ein Verfahren ausgestaltet, ist unabhängig von der Frage, *ob* er das Verfahren überhaupt gewährt.[25] Versteht man Art. 19 IV GG entgegen der hier dargelegten Auffassung als (nicht unter Art. 19 III GG fallendes) Verfahrensgrundrecht[26], dann müsste man aber konsequenterweise auch allen juristischen Personen des öffentlichen Rechts den Gewährleistungsgehalt des Art. 19 IV GG zusprechen, da diese durch die öffentliche Gewalt ebenfalls in *außergrundrechtlichen subjektiven Rechten* betroffen sein können.[27]

III. Eingriffe

Eingriffe (vgl. allgemein → § 24 Rn. 5 ff.) in die Rechtsweggarantie sind alle Beeinträchtigungen, die für den Bürger den Zugang zu den Gerichten gegen Akte der „öffentlichen Gewalt" (→ Rn. 2 f.) verhindern oder (unzumutbar) erschweren sowie – im Hinblick auf das Gebot effektiven Rechtsschutzes (→ Rn. 6) – solche Maßnahmen, die den gerichtlichen Rechtsschutz nicht hinreichend wirksam gestalten. Sofern prozessrechtliche Bestimmungen es ermöglichen, die Zulassung eines Rechtsmittels zu erstreiten, verbietet Art. 19 IV GG „eine Auslegung und Anwendung dieser Rechtsnormen, die die Beschreitung des eröffneten Rechtswegs in einer unzumutbaren, aus Sachgründen nicht mehr zu rechtfertigenden Weise erschwert".[28] Wohl schon nicht als Eingriffe, jedenfalls aber nicht als Verletzung (→ vgl. Rn. 9) zu bewerten sind die der Ausgestaltung des Leistungsgrundrechts dienenden gesetzgeberischen Maßnahmen (z. B. Vertretungsregeln, Fristen, sonstige Zulässigkeitsvoraussetzungen), soweit sie sich im Hinblick auf

---

[23] BVerfGE 61, 82 (110).
[24] *M. Sachs,* in: Sachs, GG Art. 19 Rn. 52 f., 113 f.
[25] *H. Sodan,* in: Sodan Art. 19 Rn. 32.
[26] Vgl. *H.-J. Papier,* in: HdbStR VI (2. Aufl.) § 154 Rn. 19; *E. Schmidt-Aßmann,* in: Maunz/Dürig Art. 19 IV Rn. 40; *H. Schulze-Fielitz,* in: Dreier Art. 19 IV Rn. 82.
[27] BVerfGE 61, 82 (108 f.).
[28] BVerfG (Kammerbeschl.), NVwZ 2011, 546 (547); vgl. ferner BVerfG (Kammerbeschl.), NVwZ-RR 2015, 881 (882). Vgl. zur Wiedereinsetzung in den vorigen Stand BVerfG (Kammerbeschl.), NJW 2013, 592.

den Gewährleistungsgehalt des Art. 19 IV GG als verhältnismäßig (vgl. allgemein → § 24 Rn. 32 ff.), insbesondere angemessen sowie für den Rechtsschutzsuchenden als zumutbar erweisen[29]. Die fachgerichtliche Anwendung und Auslegung dieser den Rechtsweg verkürzenden prozessrechtlichen Bestimmungen unterliegt hingegen einer strengen verfassungsgerichtlichen Prüfung.[30]

IV. Verfassungsrechtliche Rechtfertigung

10 Art. 19 IV GG enthält keinen Gesetzesvorbehalt, so dass die Rechtsweggarantie grundsätzlich nur durch kollidierendes Verfassungsrecht (**verfassungsimmanente Schranken,** → § 24 Rn. 19 ff.) zu begrenzen ist. Da die Rechtsweggarantie als Leistungsgrundrecht aber in hohem Maße der gesetzgeberischen Ausgestaltung bedarf, sind diesbezügliche Regelungen zulässig, soweit sie sich im Hinblick auf den Gewährleistungsgehalt des Art. 19 IV GG als verhältnismäßig erweisen; sie dürften sich dann schon nicht als Eingriffe darstellen → Rn. 9 a. E.). Das BVerfG scheint hingegen teilweise von verfassungsrechtlich gerechtfertigten „Ein-" bzw. „Beschränkungen" auszugehen[31]; dies unterliegt mangels Gesetzesvorbehaltes in Art. 19 IV GG außer in den Fällen kollidierenden Verfassungsrechts grundrechtsdogmatischen Bedenken, wirkt sich aber letztlich auf das Ergebnis des Fehlens einer Grundrechtsverletzung nicht aus.

11 Zulässige Beschränkungen des Gewährleistungsgehaltes des Art. 19 IV 1 GG können sich zudem unmittelbar aus dem Grundgesetz selbst ergeben. Zu nennen sind hier vor allem der Ausschluss gerichtlicher Nachprüfung bei Maßnahmen i. S. d. Art. 10 II 2 GG (Beschränkungen des Brief- und Fernmeldegeheimnisses) oder des Art. 44 IV GG (Abschlussberichte parlamentarischer Untersuchungsausschüsse)[32] (vgl. schon → Rn. 5 a. E.). Ferner sind die Regelungen bezüglich des Asylrechts in Art. 16a II 3, III 1 und IV GG zu beachten (vgl. dazu → § 43 Rn. 15 ff.).

§ 46. Widerstandsrecht

1 Art. 20 IV GG ist ein **grundrechtsgleiches Recht** (→ § 21 Rn. 5 f.) und gibt allen Deutschen i. S. d. Art. 116 GG das Recht zum Widerstand gegen jeden, der es unternimmt, die verfassungsmäßige Ordnung (vgl. Art. 20 III GG) zu beseitigen, wenn andere Abhilfe nicht möglich ist. Die verfassungsmäßige Ordnung i. d. S. umfasst jedenfalls die konstituierenden Prinzipien in Art. 20 I bis III GG.[1] Das auf den Gedanken der rechtmäßigen Auflehnung gegen pflichtvergessene, machtmissbräuchlich agierende Herrscher zurückgehende Widerstandrecht des Art. 20 IV GG dient damit dem Schutz der fundamentalen Interessen der Staatsbürger vor Beseitigung der staatstragenden Prinzipien des Grundgesetzes und gibt dem souveränen Volk ein Selbstschutzrecht bei Versagen der Schutzmechanismen der Verfassung. Der Schutzgehalt des Art. 20 IV GG besteht damit in der Gewähr, dass ein solches Widerstandsverhalten rechtmäßig ist. Praktisch gesehen kommt der Regelung aber in erster Linie nur ein Symbolgehalt zu,

---

[29] Vgl. BVerfGE 60, 253 (269); 61, 82 (109 ff.); 77, 275 (284); BVerfG (Kammerbeschl.), NVwZ 2013, 136 (137).
[30] BVerfG (Kammerbeschl.), NVwZ 2013, 136 (138) zur Fiktion der Klagerücknahme; NJW 2013, 592 zur Wiedereinsetzung in den vorigen Stand.
[31] Siehe etwa BVerfGE 101, 106 (124 f.).
[32] Siehe ferner zu so genannten nicht-justitiablen Hoheitsakten *H. Sodan*, in: Sodan/Ziekow § 40 Rn. 82 ff., 166 ff.
[1] Näher hierzu *B. Grzeszick*, in: Maunz/Dürig Art. 20 Abschn. IX Rn. 13 ff.

da in den Fällen, in denen das Widerstandsrecht des Art. 20 IV GG – nicht zuletzt im Hinblick auf dessen Subsidiarität (vgl. → Rn. 3) – überhaupt zum Tragen kommt, die Voraussetzungen für dessen rechtliche Anerkennung wohl kaum noch vorliegen dürften.

Das Widerstandsrecht des Art. 20 IV GG besteht gegenüber jedem, der es unternimmt, die verfassungsmäßige Ordnung zu beseitigen. Hierzu reicht ein Angriff auf *eines* der oben genannten Prinzipien, der dessen Abschaffung oder substantielle Aushöhlung zur Folge hat bzw. haben würde; einzelne Verfassungsverstöße genügen hingegen nicht. „Unternehmen" wird gemeinhin im strafrechtlichen Sinne verstanden und umfasst demgemäß den Versuch und die Vollendung, nicht aber bloße Vorbereitungshandlungen. Angreifer kann „jeder" sein; das Widerstandsrecht des Art. 20 IV GG besteht also nicht nur gegenüber Angriffen durch staatliche Stellen („Staatsstreich von oben"), sondern grundsätzlich auch solchen durch Private („Staatsstreich von unten")[2]. Es legitimiert Beeinträchtigungen in die Rechte des- oder derjenigen, welche den Versuch der Beseitigung der verfassungsmäßigen Ordnung unternehmen, nicht hingegen Beeinträchtigungen von Rechten Dritter.[3] 2

Das Widerstandsrecht kommt nur zum Tragen, „wenn andere Abhilfe nicht möglich ist", d. h. wenn „alle von der Rechtsordnung zur Verfügung gestellten Rechtsbehelfe *so wenig Aussicht auf wirksame Abhilfe bieten*, daß die Ausübung des Widerstandes das letzte verbleibende Mittel zur Erhaltung oder Wiederherstellung des Rechtes ist"[4]. 3

Das vorbehaltlos gewährleistete Widerstandsrecht des Art. 20 IV GG darf nicht „einfachgesetzlich" beschränkt werden.[5] Eine Verletzung liegt zudem vor, wenn das berechtigt ausgeübte Widerstandsrecht nicht als rechtmäßiges Verhalten anerkannt wird; da dies aber regelmäßig nur bei *erfolglosem* Widerstand der Fall sein dürfte, wird dem Betroffenen dann auch die Berufung auf Art. 20 IV GG kaum noch nutzen (vgl. → Rn. 1 a. E.). 4

§ 47. Staatsbürgerliche Gleichheitsrechte; Öffentlicher Dienst

I. Überblick über die Gewährleistungen des Art. 33 GG

Art. 33 GG enthält verschiedene **grundrechtsgleiche Gewährleistungen** (→ § 21 Rn. 5 f.): In seinen Absätzen 1 bis 3 regelt er spezielle Gleichheitsgebote (→ § 30 Rn. 1) hinsichtlich staatsbürgerlichen Rechten und Pflichten sowie des Zugangs zu öffentlichen Ämtern; in Absatz 5 gebietet er die „Berücksichtigung der hergebrachten Grundsätze des Berufsbeamtentums" bei der Regelung des öffentlichen Dienstes. 1

II. Staatsbürgerliche Rechte- und Pflichtengleichheit

Art. 33 I GG bestimmt, dass alle Deutschen (i. S. d. Art. 116 GG) in jedem Bundesland die gleichen staatsbürgerlichen Rechte und Pflichten haben. Er verbietet insoweit die Ungleichbehandlung aufgrund der Zugehörigkeit zu einem bestimmten Bundesland; nicht hingegen gebietet er, dass in allen Bundesländern die gleichen staatsbürgerlichen Rechte und Pflichten bestehen müssen. Nach überwiegender Ansicht umfassen die 2

---

[2] Siehe *B. Grzeszick*, in: Maunz/Dürig Art. 20 Abschn. IX Rn. 17.
[3] *M. Sachs*, in: Sachs, GG Art. 20 Rn. 174 f.
[4] So BVerfGE 5, 85 (377) noch *vor* Einfügung des Art. 20 IV GG (vgl. → § 20 Rn. 13). Für die Bindung des Widerstandrechts an den Grundsatz der Verhältnismäßigkeit *B. Grzeszick*, in: Maunz/Dürig Art. 20 Abschn. IX Rn. 25 m. w. N.
[5] *M. Sachs*, in: Sachs, GG Art. 20 Rn. 176.

„staatsbürgerlichen Rechte und Pflichten" das gesamte Rechtsverhältnis des Staatsbürgers zum Staat[1], mithin alle subjektiven öffentlich-rechtlichen Rechte und Pflichten. Allerdings schließt Art. 33 I GG nicht von vornherein jegliche aufgrund der Landeszugehörigkeit vorgenommene Differenzierung aus. Vielmehr können Ungleichbehandlungen gerechtfertigt sein, wenn sie „bundesstaatssystembedingt"[2] sind. Daher verstößt etwa die Anknüpfung des Wahlrechts in den einzelnen Ländern an den Wohnsitz in dem betreffenden Bundesland nicht gegen Art. 33 I GG, weil es zum Wesen eines Bundesstaates gehört, dass allein das Landesvolk eines Bundeslandes über die Wahl der Landesvolksvertretungen entscheidet (vgl. Art. 28 I 2 GG).

III. Gleicher Zugang zu öffentlichen Ämtern

3   Gemäß Art. 33 II GG hat jeder Deutsche nach seiner Eignung, Befähigung und fachlichen Leistung gleichen Zugang[3] zu jedem öffentlichen Amt („**Bestenauslesegrundsatz**"[4]), d.h. zu grundsätzlich jedem öffentlich-rechtlichen Beschäftigungsverhältnis in Bund, Ländern und Kommunen[5]. Jegliche Differenzierungen abseits der genannten Eignungskriterien sind somit grundsätzlich unzulässig.[6] Andere Belange dürfen lediglich dann herangezogen werden, „wenn sich aus dem Vergleich anhand leistungsbezogener Kriterien kein Vorsprung von Bewerbern ergibt"[7] oder „wenn ihnen ebenfalls Verfassungsrang eingeräumt ist"[8]. **Frauenförderquoten im öffentlichen Dienst** (vgl. → § 30 Rn. 22) verstoßen daher nicht nur gegen Art. 3 III 1 GG (→ § 30 Rn. 20f.), sondern auch gegen Art. 33 II GG, soweit sie über die von Art. 3 II 2 GG umfasste Bevorzugung bei leistungsbezogener Voraussetzungsgleichheit hinausgehen[9].[10] Diese Bevorzugung muss bei gleichermaßen qualifizierten Bewerbern selbstverständlich auch zugunsten von Männern gelten, sofern diese in bestimmten Bereichen des öffentlichen Dienstes im Vergleich zu Frauen unterrepräsentiert sind. In jedem Fall müssen „die Bewerbungen Gegenstand einer objektiven Beurteilung" sein, „bei der alle die Person der Bewerber betreffenden Kriterien berücksichtigt werden und der den weiblichen Bewerbern eingeräumte Vorrang entfällt, wenn eines oder mehrere dieser Kriterien zugunsten des männlichen Bewerbers überwiegen".[11] Eine völlig gleiche Qualifikation von einer Bewerberin und einem Bewerber dürfte in der Praxis ohnehin nur selten vorliegen. Kei-

---

[1] Siehe etwa *U. Battis*, in: Sachs, GG Art. 33 Rn. 15; *W. Höfling*, in: BK Art. 33 Rn. 27; a. A. *J. Masing*, in: Dreier Art. 33 Rn. 30ff.

[2] *W. Höfling*, in: BK Art. 33 Rn. 38.

[3] „Zugang" i.d.S. umfasst auch Aufstiegs- und Beförderungsmöglichkeiten, vgl. BVerfG (Kammerbeschl.), NVwZ 2009, 389 m.w.N.

[4] BVerfG (Kammerbeschl.), NVwZ 2011, 746 (747); NVwZ 2011, 1191; NVwZ 2013, 1603 (1604). Siehe zu Konkurrentenstreitigkeiten in der Verwaltungsgerichtsbarkeit ausführl. *H. Sodan*, in: Sodan/Ziekow § 42 Rn. 167ff.

[5] Siehe zu Einschränkungen hinsichtlich der Ämter *U. Battis*, in: Sachs, GG Art. 33 Rn. 25.

[6] BVerfG (Kammerbeschl.), NVwZ 2011, 1191; NVwZ 2013, 1603 (1604); BVerwGE 124, 99 (102f.); 142, 59 (62).

[7] BVerwGE 124, 99 (103); fast wortgleich BVerfG (Kammerbeschl.), NVwZ 2011, 746 (747).

[8] BVerfG (Kammerbeschl.), NVwZ 2011, 746 (747); BVerwGE 124, 99 (102); *P. Badura*, in: Maunz/Dürig Art. 33 Rn. 26; vgl. auch BVerwGE 142, 59 (62).

[9] Vgl. *W. G. Leisner*, in: Sodan Art. 33 Rn. 14.

[10] Siehe zur Diskussion über die Zulässigkeit von „Frauenquoten" näher etwa *H.-W. Laubinger*, VerwArch 87 (1996), 305ff., 473ff. (insbes. 531); *K.-G. Loritz*, EuZW 1995, 765ff.; *L. Osterloh/ A. Nußberger*, in: Sachs, GG Art. 3 Rn. 286ff.; *C. Starck*, JZ 1996, 197ff.

[11] EuGH, Slg. 1997, I-6353 – „Marschall"; vgl. ferner EuGH, Slg. 2000, I-1875 – „Badeck".

§ 47. Staatsbürgerliche Gleichheitsrechte; Öffentlicher Dienst

nesfalls darf eine Frauenförderquote durch sachwidrige Nivellierung von Unterschieden in der Qualifikation von Bewerbern missbraucht werden. **Einstellungshöchstaltersgrenzen** für den Zugang in ein Beamtenverhältnis stellen einen schwerwiegenden Eingriff in Art. 12 I und Art. 33 II GG dar, der zwingend einer hinreichend bestimmten gesetzlichen Grundlage bedarf.[12] Das BVerfG legt in einem Beschluss vom 21.4.2015 in obiter dicta die Anforderungen an die verfassungsrechtliche Zulässigkeit von Einstellungshöchstaltersgrenzen dar.[13] Hierbei fasst es das Lebensalter zunächst bei Einsatzberufen (Militär, Polizeivollzugsdienst, Feuerwehr) als eignungsimmanentes Kriterium auf, so dass das Lebensalter für diese Berufe als Indikator der Tauglichkeit zu amtsangemessenen, funktionsgerechten Leistungen des Bewerbers herangezogen werden kann; bei anderen als den genannten Einsatzberufen sind Höchstaltersgrenzen als ein eignungsfremdes, nicht im Leistungsgrundsatz verankertes Merkmal zu qualifizieren, welche nur Berücksichtigung finden können, wenn ihnen ebenfalls Verfassungsrang eingeräumt ist.[14] Aus der Herstellung praktischer Konkordanz zwischen den hergebrachten Grundsätzen des Berufsbeamtentums aus Art. 33 V GG (→ Rn. 5 ff.), insbesondere dem Lebenszeitprinzip und dem Alimentationsprinzip, sowie der Verbürgung des Art. 33 II GG folgt, dass Einstellungshöchstaltersgrenzen, die nicht an spezifische Anforderungen der Diensterfüllung anknüpfen, durch das Interesse des Dienstherrn an einem ausgewogenen zeitlichen Verhältnis von Lebensdienstzeit und Ruhestandszeit gerechtfertigt werden können.[15] „Eignung" i. S. d. Art. 33 II GG umfasst auch die **Verfassungstreue,** so dass es verfassungsrechtlich weder im Hinblick auf Art. 33 II GG noch auf Art. 3 III 1 GG zu beanstanden ist, nach konkreter Einzelfallprüfung den Zugang zum öffentlichen Dienst wegen Mitgliedschaft in einer extremistischen Partei oder ehemaliger Stasi-Mitarbeit zu verweigern.[16]

Art. 33 II GG verleiht i. V. m. Art. 19 IV GG Beamten das Recht, eine schriftlich niederzulegende[17] dienstrechtliche Auswahlentscheidung auf ermessens- und beurteilungsfehlerfreie Entscheidung hin überprüfen zu lassen.[18]

IV. Verbot der Benachteiligung aus Glaubensgründen

Art. 33 III GG verbietet im Hinblick auf staatsbürgerliche Rechte sowie den öffentlichen Dienst Benachteiligungen aufgrund des Glaubens (zum Begriff → § 31 Rn. 2f.). Beeinträchtigungen des Art. 33 III GG können nur durch **kollidierendes Verfassungsrecht** (vgl. → § 24 Rn. 19 ff.) **gerechtfertigt** werden.[19] In Betracht kommt hier etwa Art. 33 II GG, wenn nämlich die Religiosität bzw. ein dadurch begründetes Verhalten des sich auf

3a

4

---

[12] BVerfG, NVwZ 2015, 1279 (1282f.) hinsichtlich der Regelungen der LVO NRW auf der Grundlage einer nicht hinreichend bestimmten Ermächtigungsgrundlage des LBG NRW; siehe auch BVerwGE 133, 143 (145ff.).
[13] Siehe BVerfG, NVwZ 2015, 1279 (1283ff.); siehe hierzu auch *K. Bünnigmann*, DÖV 2015, 832ff.
[14] BVerfG, NVwZ 2015, 1279 (1283).
[15] BVerfG, NVwZ 2015, 1279 (1283ff.); siehe ferner BVerwGE 142, 59 (62ff.).
[16] Vgl. etwa BVerfGE 39, 334 (346ff., 367ff.); 96, 189 (197ff.). Siehe zu der sich aus Art. 33 V GG (→ Rn. 5ff.) ergebenden Treuepflicht der Berufsbeamten und Berufsrichter BVerfG (Kammerbeschl.), NJW 2008, 2568 (2569ff.); *T. Anger*, NJW 2008, 3041ff.
[17] BVerfG (Kammerbeschl.), NVwZ 2007, 1178 (1179).
[18] BVerfG (Kammerbeschl.), DVBl. 2012, 900 (901). Siehe zu den prozessualen Anforderungen an Konkurrentenklagen H. *Sodan,* in: Sodan/Ziekow § 42 Rn. 167ff.
[19] Vgl. BVerfGE 108, 282 (296).

Art. 33 III GG Berufenden zu dessen Eignungsmangel für den öffentlichen Dienst führt, weil er die staatliche Neutralitätspflicht in Glaubensfragen (vgl. → § 31 Rn. 8) nicht hinreichend zu wahren vermag (vgl. auch → § 31 Rn. 16 zum „**Kopftuchstreit**").

V. Hergebrachte Grundsätze des Berufsbeamtentums

5   Im Gegensatz zur rein objektiv-rechtlich wirkenden Organisationsnorm des Art. 33 IV GG („Funktionsvorbehalt" für Angehörige des öffentlichen Dienstes) enthält Art. 33 V GG – neben einem Regelungsauftrag an den Gesetzgeber und einer institutionellen Garantie des Berufsbeamtentums (→ § 22 Rn. 27) – ein **grundrechtsgleiches Recht** (→ § 21 Rn. 5 f.) hinsichtlich der „Berücksichtigung der hergebrachten Grundsätze des Berufsbeamtentums", d. h. der den Kernbestand des Beamtenrechts bildenden Strukturprinzipien, „die allgemein oder doch ganz überwiegend und während eines längeren, Tradition bildenden Zeitraums, mindestens unter der Reichsverfassung von Weimar, als verbindlich anerkannt und gewahrt worden sind"[20]. Die Übernahme der funktionswesentlichen tradierten Grundstrukturen des Berufsbeamtentums in das Grundgesetz beruht auf einer Funktionsbestimmung des Berufsbeamtentums als Institution, die – gegründet auf Sachwissen, fachliche Leistung und loyale Pflichterfüllung – eine stabile Verwaltung sichern und damit einen ausgleichenden Faktor gegenüber den das Staatswesen gestaltenden politischen Kräften bilden soll.[21]

6   Zu diesen „hergebrachten Grundsätzen" zählen etwa das Recht auf amtsangemessene Alimentation und Beschäftigung, das Recht auf angemessene Amtsbezeichnung, die grundsätzlich lebenslange Anstellung, das Streikverbot (→ § 37 Rn. 30), das Haftungsprivileg für Beamte, das Laufbahnprinzip, die Verfassungstreuepflicht, die Pflicht zur Amtsverschwiegenheit sowie die Fürsorgepflicht des Dienstherrn.[22]

7   Aus der objektiv-rechtlichen Gewährleistung (→ § 22 Rn. 14, 27) der sich aus diesen Grundsätzen ergebenden Rechte und Pflichten resultieren grundrechtsähnliche Individualrechte des einzelnen Beamten gegenüber dem Staat.[23] Eingriffe durch Nichtberücksichtigung der „hergebrachten Grundsätze" können allenfalls durch **kollidierendes Verfassungsrecht** gerechtfertigt werden. Im Hinblick auf Eingriffe in andere Grundrechte kann Art. 33 V GG selbst als verfassungsimmanente Schranke fungieren, etwa hinsichtlich Beeinträchtigungen der Meinungsfreiheit (vgl. → § 32 Rn. 28) oder der Koalitionsfreiheit (→ § 37 Rn. 30).

8   Im Zuge der so genannten **Föderalismusreform I** aus dem Jahre 2006[24] (→ § 8 Rn. 40 ff.) ist Art. 33 V GG dahingehend erweitert worden, dass das Recht des öffentlichen Dienstes nicht nur unter Berücksichtigung der hergebrachten Grundsätze des Berufsbeamtentums zu regeln, sondern auch „fortzuentwickeln" ist. Mit dieser Ergänzung wird die Notwendigkeit einer Modernisierung und Anpassung des öffentlichen Dienstrechts hervorgehoben. So sollen Gesetzgebung

---

[20] BVerfGE 8, 332 (343); fast wortgleich BVerfGE 106, 225 (232); 117, 372 (379).
[21] BVerfGE 119, 247 (260 f.).
[22] Eine ausführl. Zusammenstellung hergebrachter Grundsätze des Berufsbeamtentums findet sich mit Nachw. etwa bei *U. Battis*, in: Sachs, GG Art. 33 Rn. 71, 73. Siehe zum Alimentationsprinzip näher BVerfGE 114, 258 (287 ff.) – betr. Anpassung der Versorgungsbezüge; 117, 330 (344 ff.) – betr. „Ballungsraumzulage"; 130, 263 (291 ff.) – betr. „W-Besoldung"; BVerfG, NJW 2015, 1935 ff. – betr. Besoldung von Richtern und Staatsanwälten; BVerfG (Kammerbeschl.), NVwZ 2008, 195 (196 f.) – betr. „Versorgungsrücklage"; NJW 2008, 137 (139) betr. Kostendämpfungspauschale bei der Gewährung von Beihilfeleistungen. Siehe zum Beihilfeanspruch BVerfG (Kammerbeschl.), NVwZ 2008, 1004 f.
[23] Vgl. BVerfGE 8, 1 (17); 130, 263 (292).
[24] Gesetz zur Änderung des Grundgesetzes v. 28. 8. 2006 (BGBl. I S. 2034).

§ 48. Wahlrechte

und Rechtsprechung die Weiterentwicklung des neuen Dienstrechts erleichtern.[25] Die hergebrachten Grundsätze des Berufsbeamtentums sollen hiernach auch weiterhin berücksichtigt werden. Unberührt bleibt die verfassungsrechtliche Garantie des Berufsbeamtentums.[26]

§ 48. Wahlrechte

I. Überblick über die Gewährleistungen des Art. 38 GG

Art. 38 I 1 und II GG enthalten **grundrechtsgleiche Gewährleistungen** (→ § 21 Rn. 5 f.), die **Wahlrechte** zum Deutschen Bundestag zum Gegenstand haben (→ Rn. 3 ff.). 1

Art. 38 I 2 GG regelt demgegenüber die Rechtsstellung der Abgeordneten des Deutschen Bundestages (ausführlich hierzu → § 12 Rn. 18 ff.). Gemeinhin wird Art. 38 I 2 GG zumindest im Grundsatz *nicht* als grundrechtsgleiches Recht angesehen, da er nicht ein Individualrecht des Abgeordneten „als jedermann" begründet, sondern die organschaftliche Stellung des Abgeordneten umschreibt; insofern muss der einzelne Abgeordnete die mit seinem verfassungsrechtlichen Status verbundenen Rechte grundsätzlich in dem dafür vorgesehenen Organstreitverfahren gemäß Art. 93 I Nr. 1 GG (→ § 52) geltend machen.[1] Allerdings hat das BVerfG festgestellt, dass sich auch aus Art. 38 I 2 GG verfassungsbeschwerdefähige Individualrechte ergeben können, soweit der Abgeordnete „nicht seine organschaftliche Stellung gegenüber einem im Organstreitverfahren parteifähigen Verfassungsorgan geltend" macht[2]. 2

II. Wahlrechte

1. Schutzbereiche

Art. 38 I 1 GG regelt die so genannten **Wahlrechtsgrundsätze**. Danach werden die Abgeordneten des Deutschen Bundestages in **allgemeiner, unmittelbarer, freier, gleicher und geheimer Wahl** gewählt (siehe zu diesen Grundsätzen → § 6 Rn. 46 ff.). Insgesamt schützt Art. 38 GG das **aktive** sowie **passive** Wahlrecht (vgl. Art. 38 II GG) und gewährt das Recht darauf, dass fällige Wahlen auch durchgeführt werden[3]. Das aktive Wahlrecht bezieht sich auf das Wählen der Bundestagsabgeordneten, das passive auf die Wählbarkeit des Einzelnen zum Bundestagsabgeordneten. Das aktive Wahlrecht erstreckt sich über die Stimmabgabe hinaus auch auf die Wahlvorbereitung einschließlich der Bewerberaufstellung (Wahlvorschlagsrecht). Das Wahlrecht als grundrechtsgleiches Recht begründet ferner einen **Anspruch auf demokratische Selbstbestimmung,** auf freie und gleiche Teilhabe an der in Deutschland ausgeübten Staatsgewalt sowie auf die Einhaltung des Demokratiegebotes einschließlich der Achtung der verfassungsgebenden Gewalt des Volkes und der Einhaltung der Grundsätze, die Art. 79 III GG als Identität der Verfassung festschreibt.[4] Vom Wahlrecht mit umfasst ist somit auch der grundlegende demokratische Gehalt des Wahlrechts, mithin die **Gewährleistung wirksamer Volksherrschaft**. Insoweit schützt Art. 38 GG die wahlberechtigten Bürger etwa **vor einem Substanzverlust** ihrer verfassungsrechtlich gefügten Herrschaftsgewalt durch weitrei- 3

---

[25] Siehe zur Rspr. des BVerfG seit Einfügung der Fortentwicklungs-Klausel in Art. 33 V GG *N. Panzer*, DÖV 2008, 707 ff.
[26] BT-Drucks. 16/813, S. 10.
[1] Siehe etwa BVerfGE 6, 445 (448 f.); 64, 301 (312); *W. G. Leisner*, in: Sodan Art. 38 Rn. 23; *B. Pieroth*, in: Jarass/Pieroth Art. 38 Rn. 52.
[2] So BVerfGE 108, 251 (267).
[3] Vgl. BVerfGE 1, 14 (33); 13, 54 (91).
[4] BVerfGE 123, 267 (340) – betr. Vertrag von Lissabon; 129, 124 (177) – betr. Griechenlandhilfe, Euro-Rettungsschirm, EFSF; 132, 195 (238) – betr. ESM-Vertrag, Fiskalpakt.

chende oder gar umfassende Übertragung von Aufgaben und Befugnissen des Bundestages, vor allem auf supranationale Einrichtungen[5] (vgl. → § 5 Rn. 9, 19a ff.).

4 In **personeller Hinsicht** steht das Wahlrecht des Art. 38 I GG als Ausdruck der durch Art. 20 II 1 GG gewährten Volkssouveränität (→ § 6 Rn. 2 ff.) allein den Deutschen i. S. d. Art. 116 GG zu, da diese das Staatsvolk bilden, von dem die Staatsgewalt in der Bundesrepublik Deutschland ausgeht[6] (zu den Altersbeschränkungen des Art. 38 II → Rn. 7).

2. Eingriffe

5 In den Schutzbereich des Wahlrechts aus Art. 38 I 1 und II GG wird etwa eingegriffen, wenn dieses den Wahlberechtigten entzogen oder verkürzt wird, insbesondere weil gegen die Wahlrechtsgrundsätze (→ Rn. 3) verstoßen wird[7] oder weil fällige Wahlen nicht abgehalten oder hinausgeschoben werden[8] (vgl. zu den [potentiellen] Beeinträchtigungen der einzelnen Wahlrechtsgrundsätze → § 6 Rn. 47 ff.). In das Recht auf demokratische Selbstbestimmung und Teilhabe (→ Rn. 3 a. E.) kann beispielsweise dadurch eingegriffen (und es verletzt) werden, dass die Organisation der Staatsgewalt so verändert wird, dass der Wille des Volkes sich nicht mehr wirksam i. S. d. Art. 20 II GG bilden kann und die Bürger nicht mit Mehrheitswillen herrschen können, etwa wenn im grundgesetzlichen Organgefüge der repräsentativen Volksherrschaft die Rechte des Bundestages wesentlich geschmälert werden und ein Substanzverlust demokratischer Gestaltungsmacht für dasjenige Verfassungsorgan eintritt, welches unmittelbar nach den Grundsätzen freier und gleicher Wahl zustande gekommen ist.[9] Das Wahlrecht wäre beispielsweise verletzt, wenn sich der Deutsche Bundestag seiner parlamentarischen Haushaltsverantwortung dadurch entäußern würde, dass er oder zukünftige Bundestage das Budgetrecht als zentrales Element der demokratischen Willensbildung nicht mehr in eigener Verantwortung ausüben könnten.[10] Darüber hinaus ist insbesondere eine intergouvernementale oder supranationale, nicht an strikte Vorgaben gebundene und in ihren Auswirkungen nicht begrenzte finanzielle Bindung, die einer Kontrolle sowie Möglichkeiten der Einwirkung des Parlaments entzogen ist, nicht mit Art. 38 I GG vereinbar[11] (vgl. → § 5 Rn. 11a, 19a ff., 31 b).

3. Verfassungsrechtliche Rechtfertigung

6 Die Wahlrechte des Art. 38 I 1 und II GG unterliegen **keinem generellen Schrankenvorbehalt.** Ein Gesetzesvorbehalt (→ § 7 Rn. 25 ff.) ist auch nicht in Art. 38 III GG zu

---

[5] Siehe näher BVerfGE 129, 124 (168) – betr. Griechenland-Hilfe, Euro-Rettungsschirm, EFSF; vgl. bereits BVerfGE 89, 155 (172); 123, 267 (330).
[6] BVerfGE 83, 37 (50 f.).
[7] BVerfGE 131, 316 (334 ff.) – betr. Überhangmandate als Verstoß gegen den Grundsatz der Wahlrechtsgleichheit sowie negatives Stimmgewicht als Verletzung des Grundsatzes der Unmittelbarkeit der Wahl. Siehe näher → § 6 Rn. 47 ff., 59 ff.
[8] Vgl. BVerfGE 13, 54 (91).
[9] BVerfGE 123, 186 (341, 434 ff.) – betr. Vertrag von Lissabon und den Verstoß des ihn betreffenden Begleitgesetzes gegen Art. 38 I i. V. m. Art. 23 I GG; vgl. → § 5 Rn. 25 ff.
[10] BVerfGE 129, 124 (177) – betr. Griechenlandhilfe, Euro-Rettungsschirm, EFSF; 132, 124 (239) – betr. ESM-Vertrag, Fiskalpakt; siehe zum Budgetrecht → § 12 Rn. 1, Fn. 1.
[11] BVerfGE 132, 195 (239 ff.) – betr. ESM-Vertrag, Fiskalpakt; vgl. auch BVerfGE 129, 124 (177 ff., insbes. 180) – betr. Griechenlandhilfe, Euro-Rettungsschirm, EFSF.

sehen, welcher lediglich eine Kompetenzzuweisung an den Bundesgesetzgeber und eine Ausgestaltungsermächtigung unter Beachtung des Gewährleistungsgehalts des Art. 38 GG beinhaltet[12], die durch das Bundeswahlgesetz ausgefüllt wurde. Einen auf einen bestimmten Teilbereich bezogenen Gesetzesvorbehalt stellt indes Art. 137 I GG im Hinblick auf das passive Wahlrecht bestimmter öffentlich bediensteter Personengruppen dar.[13] Ansonsten können als taugliche Beschränkungen lediglich **verfassungsunmittelbare** (→ § 24 Rn. 14) und **verfassungsimmanente Schranken** (→ § 24 Rn. 19ff.) herhalten. Abweichungen von den Wahlrechtsgrundsätzen sind insoweit nur zulässig, als das Grundgesetz sie „ausdrücklich vorsieht oder aus der Verfassungsordnung sonst eine ausreichende Ermächtigung entnommen werden kann"[14]. Dies ist insbesondere der Fall, wenn die Abweichungen zur Sicherung der mit einer demokratischen Wahl verfolgten staatspolitischen Ziele geboten sind oder wenn es nötig ist, einen der Wahlrechtsgrundsätze im Interesse der Durchführung der übrigen einzuengen[15] (vgl. → § 6 Rn. 50). Jedweder Abwägung entzogen und insoweit „unantastbar" ist hingegen das demokratische Prinzip bzw. das Recht auf demokratische Selbstbestimmung und Teilhabe (→ Rn. 3 a. E.)[16], das „als Identität der Verfassung auch vor dem Zugriff durch den verfassungsändernden Gesetzgeber" geschützt ist[17] (vgl. → § 5 Rn. 19a).

Unmittelbar im Grundgesetz geregelt ist die den Grundsatz „allgemeiner" Wahlen einschränkende **Altersgrenzenregelung** des Art. 38 II GG, nach welcher das aktive und passive Wahlrecht im Ergebnis nur Deutschen zusteht, die das 18. Lebensjahr vollendet haben (vgl. §§ 2, 187 II 2 BGB; siehe auch → § 6 Rn. 45). **Verfassungsimmanent gerechtfertigt** sind etwa die **Fünf-Prozent-Klausel** (→ § 6 Rn. 55) und die **Grundmandatsklausel** (→ § 6 Rn. 57f.). Einzelne „einfachgesetzliche" Beschränkungen der Wahlberechtigung (vgl. etwa § 12 II 1 Nr. 3, § 13 BWG) wurden vom BVerfG zudem als „traditionelle" Begrenzungen der Allgemeinheit der Wahl für verfassungsgemäß erachtet.[18]

7

§ 49. Justizgrundrechte

I. Überblick über die Art. 101 und 103 GG

Art. 101 und 103 GG enthalten **grundrechtsgleiche Gewährleistungen** (→ § 21 Rn. 5f.), die elementare rechtsstaatliche Grundsätze hinsichtlich des gerichtlichen Verfahrens aufstellen. Es handelt sich um das **Recht auf den gesetzlichen Richter** (Art. 101 GG), den **Anspruch auf rechtliches Gehör** (Art. 103 I GG), das **Gesetzlichkeitsprinzip hinsichtlich Strafen** (Art. 103 II GG, „nulla poena sine lege") sowie das **Verbot der Doppelbestrafung** (Art. 103 III GG, „ne bis in idem"). Auf diese so genannten Justizgrundrechte kann sich jede Prozesspartei eines gerichtlichen Verfahrens unter Geltung des Grundgesetzes unabhängig davon berufen, ob sie natürliche oder juristische Person ist; über Art. 19 III GG hinaus wird hierbei der Schutz der Art. 101 und 103 GG auch

1

---

[12] H. M., siehe etwa *B. Pieroth*, in: Jarass/Pieroth Art. 38 Rn. 27 m. w. N.; *H.-H. Trute*, in: v. Münch/Kunig Art. 38 Rn. 18, 105.
[13] Siehe dazu BVerfGE 98, 145 (160f.).
[14] BVerfGE 57, 43 (57).
[15] Vgl. dazu BVerfGE 95, 335 (368).
[16] BVerfGE 123, 186 (343f.) – betr. Vertrag von Lissabon.
[17] BVerfGE 132, 195 (238) – betr. ESM-Vertrag, Fiskalpakt; vgl. auch BVerfGE 129, 124 (177) – betr. Griechenlandhilfe, Euro-Rettungsschirm, EFSF.
[18] Siehe etwa BVerfGE 36, 139 (141f.).

auf ausländische sowie auf juristische Personen des öffentlichen Rechts (vgl. → § 23 Rn. 17) erstreckt[1].

II. Recht auf den gesetzlichen Richter

2 Art. 101 GG enthält ein **einheitliches grundrechtsgleiches Recht** auf den gesetzlichen Richter. Die Kernaussage beinhaltet Art. 101 I 2 GG, wonach niemand seinem gesetzlichen Richter entzogen werden darf. Art. 101 GG will nicht nur sicherstellen, dass ausschließlich „gesetzliche", d. h. den Anforderungen des Grundgesetzes entsprechende Richter die Rechtsprechungsgewalt (→ § 19 Rn. 1 ff.) ausüben (und nicht etwa Regierungsstellen oder andere staatliche Institutionen), sondern er verlangt vor allem auch eine von vornherein berechenbare **Gerichtsorganisation,** in welcher die richterlichen Zuständigkeiten im Voraus und in abstrakt-genereller Weise rechtssatzmäßig festgelegt sind.[2] Hierdurch soll jede Möglichkeit ausgeschlossen werden, die zur Entscheidung berufenen Gerichtspersonen erst anlässlich konkreter Entscheidungsfälle bestimmen und somit Richter auswählen zu können, welche „genehme" Rechtsansichten vertreten oder schlimmstenfalls parteiisch sind.[3] Dies dient der Wahrung der Unabhängigkeit der Rechtsprechung sowie der Sicherung des Vertrauens der Rechtsuchenden und der Öffentlichkeit in die Unparteilichkeit und Sachlichkeit der Gerichte.[4] Insoweit sind nach Art. 101 I 1 GG auch „Ausnahmegerichte" verboten, die außerhalb von gesetzlichen Zuständigkeiten besonders gebildet und zur Entscheidung individuell bestimmter Fälle berufen sind. Dies wiederum schließt es nicht aus, „Gerichte für besondere Sachgebiete" **durch Gesetz** zu errichten (Art. 101 II GG); diese können jedoch wegen der abschließenden grundgesetzlichen Festlegung der Bundesgerichte (vgl. Art. 92, 95 f. GG) nur auf **Landesebene** errichtet werden.

3 Die geforderte Vorausbestimmung der richterlichen Zuständigkeiten verlangt die formellgesetzliche Festlegung der **„fundamentalen Zuständigkeitsregeln"**[5] (sachliche, örtliche, instanzielle Zuständigkeit). Für die Zuständigkeitsverteilung innerhalb der einzelnen Gerichte genügen regelmäßig im Voraus und in richterlicher Unabhängigkeit aufgestellte Geschäftsverteilungspläne (vgl. → § 19 Rn. 13).

3a Darüber hinaus hat Art. 101 I 2 GG einen **„materiellen Gewährleistungsgehalt,** der dem rechtsuchenden Bürger im Einzelfall garantiert, vor einem unabhängigen und unparteilichen Richter zu stehen, der die Gewähr für Neutralität und Distanz gegenüber den Verfahrensbeteiligten bietet"[6]. Dies wird über die in Art. 97 I GG ausgesprochene Weisungsfreiheit **(sachliche Unabhängigkeit)** sowie die in Art. 97 II 1 GG gewährleistete prinzipielle Unabsetzbarkeit und Unversetzbarkeit **(persönliche Unabhängigkeit)** des Richters verfassungsrechtlich sichergestellt.[7]

---

[1] Siehe BVerfGE 21, 362 (373) m.w.N.
[2] BVerfGE 2, 307 (319 f.); 21, 139 (145); 95, 322 (327 f.); BVerfG (Kammerbeschl.), DVBl. 2012, 963 (964).
[3] Vgl. dazu etwa BVerfG (Kammerbeschl.), NJW 2005, 3410 (3411); NJW 2006, 3129 (3130); NJW 2007, 3771 (3772); DVBl. 2012, 963 (964).
[4] BVerfGE 95, 322 (327); BVerfG (Kammerbeschl.), NJW 2012, 3228.
[5] BVerfGE 19, 52 (60); 95, 322 (328) – jew. ohne die Hervorhebungen.
[6] BVerfG (Kammerbeschl.), DVBl. 2012, 963 (964) – ohne die Hervorhebungen; vgl. auch BVerfGE 21, 139 (145 f.); 89, 28 (36); BVerfG (Kammerbeschl.), NJW 2012, 3228.
[7] BVerfG (Kammerbeschl.), DVBl. 2012, 963 (964) m.w.N.

Eingriffe (vgl. allgemein → § 24 Rn. 5 ff.) sind vor allem Verstöße gegen die weitest 4 mögliche Vorausbestimmung der Zuständigkeiten. Da nicht jede fehlerhafte Handhabung des „einfachen Rechts" zugleich einen Verfassungsverstoß darstellt, ist die Falschanwendung von Zuständigkeitsregeln erst dann ein Eingriff, wenn ihre Auslegung und Handhabung willkürlich oder offensichtlich unhaltbar oder unter grundlegender Verkennung von Bedeutung und Tragweite des Art. 101 GG erfolgt sind.[8] Eingriff ist ferner die Mitwirkung eines Nicht-Richters, eines ausgeschlossenen Richters oder die Nichtmitwirkung eines zuständigen Richters. Darüber hinaus kann auch in einem Absehen einer Vorlage gemäß Art. 100 I GG an das BVerfG (→ § 54 Rn. 1 ff.) ein Eingriff in Art. 101 I 2 GG liegen.[9] Auch hierfür genügt nicht bereits jede irrtümliche Überschreitung der den Fachgerichten gezogenen Grenzen.[10] Hingegen gilt bei der Vorlage gemäß Art. 100 I GG ein strenger Maßstab, so dass ein nicht vertretbarer Versuch der verfassungskonformen Auslegung durch ein Fachgericht zu einer Verletzung des Rechts auf den gesetzlichen Richter führt.[11]

Da auch der **EuGH** gesetzlicher Richter i. S. d. Art. 101 I 2 GG ist[12], kann die Nichtvorlage eines deutschen Gerichts entgegen Art. 267 AEUV (ex-Art. 234 EG) eine Verletzung des grundrechtsgleichen Rechts auf den gesetzlichen Richter darstellen.[13] Auch hinsichtlich der Verletzung einer Vorlagepflicht[14] gilt der Willkürmaßstab, so dass das BVerfG lediglich prüft, ob „die Auslegung und Anwendung der Zuständigkeitsregel […] bei verständiger Würdigung der das Grundgesetz bestimmenden Gedanken nicht mehr verständlich erscheint und offensichtlich unhaltbar ist"[15]. In der bundesverfassungsgerichtlichen Rechtsprechung haben sich drei nicht abschließende[16] Fallgruppen dafür herausgebildet, dass die Vorlagepflicht unhaltbar gehandhabt wurde[17]: Dies ist etwa der Fall, wenn ein letztinstanzliches Hauptsachegericht eine Vorlage trotz der – seiner Auffassung nach bestehenden – Entscheidungserheblichkeit der unionsrechtlichen Frage überhaupt nicht in Erwägung zieht, obwohl es selbst Zweifel hinsichtlich der richtigen Beantwortung der Frage hegt (**„grundsätzliche Verkennung der Vorlagepflicht"**). Ferner gilt dies in Fällen, in denen das letztinstanzliche Hauptsachegericht in seiner Entscheidung bewusst von der Rechtsprechung des EuGH zu entscheidungserheblichen Fragen abweicht und gleichwohl nicht oder nicht neuerlich vorlegt (**„bewusstes Abweichen ohne Vorlagebereitschaft"**). Liegt zu einer entscheidungserheblichen Frage des Unionsrechts einschlägige Rechtsprechung des EuGH noch nicht vor oder hat eine vorliegende Judikatur die entscheidungserhebliche Frage möglicherweise

4a

---

[8] Siehe BVerfGE 3, 359 (364 f.); 29, 45 (48 f.); 42, 237 (241); 76, 93 (96); 82, 286 (299); 87, 282 (284 f.); 109, 13 (23 f.); 131, 268 (312); BVerfG (Kammerbeschl.), NJW 2012, 3228; vgl. ferner BVerfGE 118, 212 (242); 138, 64 (87).
[9] Vgl. BVerfGE 138, 64 (86 ff.) mit Anm. von *J. Berkemann*, DÖV 2015, 393 ff.
[10] BVerfGE 138, 64 (87).
[11] BVerfGE 138, 64 (87 f., 90).
[12] BVerfGE 73, 339 (366 ff.); 82, 159 (192); 126, 286 (315).
[13] Siehe etwa BVerfGE 126, 286 (315); BVerfG (Kammerbeschl.), NVwZ 2015, 52 (53).
[14] Siehe zur Frage des Bestehens einer Vorlagepflicht nationaler Gerichte *C. Calliess*, NJW 2013, 1905 (1906 f.).
[15] BVerfG (Kammerbeschl.) NVwZ 2012, 297 (298); nahezu wortgleich bereits BVerfGE 82, 159 (194); 126, 286 (315).
[16] BVerfG (Kammerbeschl.), NJW 2010, 1268 (1269); NVwZ 2012, 297 (298).
[17] BVerfGE 82, 159 (195 f.); 126, 286 (316 f.); BVerfG (Kammerbeschl.), NJW 2012, 598 (599); NJW 2012, 1202 (1203); NVwZ 2012, 297 (298); NVwZ 2012, 426 (427 f.); NJW 2012, 1033 f.

noch nicht erschöpfend beantwortet oder erscheint eine Fortentwicklung der Rechtsprechung des EuGH nicht lediglich als entfernte Möglichkeit, so wird Art. 101 I 2 GG nur verletzt, wenn das letztinstanzliche Hauptsachegericht den ihm in solchen Fällen notwendig zukommenden Beurteilungsrahmen in unvertretbarer Weise überschritten hat (**„Unvollständigkeit der Rechtsprechung"**). Dabei kommt es für die Prüfung nicht auf die Vertretbarkeit der fachgerichtlichen Auslegung des materiellen Unionsrechts[18], sondern auf diejenige der Handhabung der Vorlagepflicht[19] an. Für die Nichtvorlage einer entscheidungserheblichen Frage zum Unionsrecht eines letztinstanzlichen Hauptsachegerichts ist also maßgebend, ob die Lösung des nationalen Gerichts in vertretbarer Weise auf die bestehende Rechtsprechung des EuGH zurückgeführt werden kann (**„acte éclairé"**) oder einer eindeutigen Rechtslage entspricht (**„acte clair"**).[20]

4b Eine **verfassungsrechtliche Rechtfertigung** von Eingriffen in das vorbehaltlos gewährleistete Recht auf den gesetzlichen Richter durch kollidierendes Verfassungsrecht (vgl. → § 24 Rn. 19 ff.) kommt praktisch kaum in Betracht und wird gemeinhin abgelehnt.[21]

III. Anspruch auf rechtliches Gehör

5 Art. 103 I GG beinhaltet die grundrechtsgleiche Garantie rechtlichen Gehörs vor Gericht, die als **„das prozessuale Urrecht des Menschen"**[22] gewährleisten soll, dass der Einzelne nicht bloßes Objekt eines gerichtlichen Verfahrens ist, sondern vor einer seine Rechte betreffenden Entscheidung zu Wort kommen und so auf das Verfahren sowie dessen Ergebnis Einfluss nehmen kann[23]. Im Verwaltungsverfahren, vor der Staatsanwaltschaft oder in anderen förmlichen Verfahren vor staatlichen Stellen, die keine Gerichte i. S. d. Art. 92 GG sind, gilt Art. 103 I GG auch nicht analog; indes können sich hier vergleichbare Rechte aus dem Rechtsstaatsprinzip (→ § 7) oder der Menschenwürdegarantie (→ § 26) ergeben.[24] „Rechtliches Gehör" erschöpft sich nicht nur in der bloßen Äußerungsmöglichkeit des Betroffenen. Vielmehr muss das Gericht den Prozessbeteiligten Kenntnis hinsichtlich der entscheidungserheblichen Tatsachen und Ansichten verschaffen sowie deren Vorbringen bei der Entscheidungsfindung berücksichtigen, d. h. zur Kenntnis nehmen, in Erwägung ziehen und sich in der notwendigen Entscheidungsbegründung damit auseinandersetzen.[25]

---

[18] So der Zweite Senat des BVerfG, vgl. BVerfGE 126, 286 (317); siehe ferner BVerfG (Kammerbeschl.), NJW 2012, 598 (599); NVwZ 2012, 426 (428).

[19] So der Erste Senat des BVerfG, vgl. BVerfGE 128, 157 (188); siehe ferner BVerfG (Kammerbeschl.), NJW 2010, 1268 (1269); NVwZ 2012, 297 (298). Siehe hinsichtlich des Bezugspunktes der Vertretbarkeitsprüfung *G. Britz,* NJW 2012, 1313 (1314 f.); *C. Calliess,* NJW 2013 1905 (1907 ff.).

[20] *C. Calliess,* NJW 2013, 1905 (1907 ff.) unter Verweis auf BVerfG (Kammerbeschl.), NZA 2013, 165 (166); siehe auch *N. Schaks,* NZS 2013, 841 (843 ff.).

[21] Siehe etwa *B. Pieroth,* in: Jarass/Pieroth Art. 101 Rn. 17.

[22] BVerfGE 55, 1 (6) – ohne die Hervorhebungen; siehe ferner BVerfGE 107, 395 (408).

[23] BVerfGE 9, 89 (95); 84, 188 (190); vgl. ferner BVerfGE 109, 13 (38 f.); BVerfG (Kammerbeschl.), NJW 2007, 1670 (1671); NJW 2007, 3486 (3487); NJW 2012, 2262.

[24] *C. Degenhart,* in: Sachs, GG Art. 103 Rn. 8 m. w. N.; vgl. BVerfGE 101, 397 (405 f.).

[25] BVerfGE 11, 218 (220); 96, 205 (216); BVerfG (Kammerbeschl.), NJW 2012, 2262. Siehe ausführl. *H. Sodan,* in: Sodan Art. 103 Rn. 3 ff. Krit. zur verfassungsgerichtlichen Rechtsprechung hinsichtlich Präklusionsvorschriften *S. Lenz,* NJW 2013, 2551 (2553 ff., insbes. 2555 ff.).

Eingriffe sind alle Beeinträchtigungen des rechtlichen Gehörs, auf denen eine Entscheidung beruht, bei denen also nicht ausgeschlossen werden kann, dass die Entscheidung bei ordnungsgemäßer Anhörung anders ausgefallen wäre[26]. Kein Eingriff liegt vor, wenn eine unterbliebene Gehörgewährung in demselben Verfahren nachgeholt und damit geheilt werden kann.[27] Der Gesetzgeber ist innerhalb der Verhältnismäßigkeitsgrenze (vgl. → § 24 Rn. 32ff.) zur sachangemessenen Verfahrensausgestaltung befugt.[28] Wegen der Vorbehaltlosigkeit der Gewährleistung des Art. 103 I GG ist die **verfassungsrechtliche Rechtfertigung** von Eingriffen allenfalls durch kollidierendes Verfassungsrecht denkbar; die vollständige Versagung rechtlichen Gehörs kann aber i. d. R. auch hierüber nicht gerechtfertigt werden. Ein Verstoß gegen Art. 103 I GG liegt insbesondere auch dann vor, wenn eine Verfahrensordnung keine fachgerichtliche Abhilfemöglichkeit für den Fall vorsieht, dass ein Gericht in entscheidungserheblicher Weise den Anspruch auf rechtliches Gehör verletzt.[29]

IV. Gesetzlichkeitsprinzip hinsichtlich Strafen

Im Hinblick auf die besondere Eingriffsintensität staatlicher Strafen enthält Art. 103 II GG (vgl. → § 7 Rn. 46ff.) den Grundsatz, dass „keine Strafe ohne Gesetz" (**nulla poena sine lege**) ergehen darf. Über einen bloßen Gesetzesvorbehalt (→ § 7 Rn. 25ff.) hinaus wird damit ein strenges, umfassendes Bestimmtheitsgebot und Rückwirkungsverbot geregelt: Strafbarkeiten (einschließlich Ordnungswidrigkeiten) müssen im Vorhinein und so klar bestimmt sein, dass jeder Rechtsunterworfene sicher vorhersehen kann, welche Verhaltensweisen strafbewehrt sind, damit er sein Verhalten danach ausrichten kann[30]. Unzulässig sind insoweit auch strafbegründendes oder strafverschärfendes Gewohnheitsrecht sowie Analogien zu Lasten des Täters[31]. Eingriffe, die hinter den Vorgaben des vorbehaltlos gewährleisteten Art. 103 II GG zurückbleiben, sind regelmäßig auch nicht durch kollidierendes Verfassungsrecht zu rechtfertigen.

---

[26] BVerfGE 7, 95 (99); 60, 313 (318); 62, 392 (396); 81, 123 (131); 86, 133 (147).
[27] Siehe zur möglichen Heilung von Beeinträchtigungen des Art. 103 II GG durch das weitere Verfahren etwa BVerfG (Kammerbeschl.), NJW 2009, 1584f.; NVwZ 2009, 580f.
[28] Vgl. dazu BVerfGE 101, 106 (129f.); 107, 395 (411ff.).
[29] Ausführl. hierzu BVerfGE 107, 395 (408ff., 411ff., 416ff.); siehe ferner BVerfGE 108, 341 (345ff.). Zur Beseitigung der in BVerfGE 107, 395ff. festgestellten Verstöße wurde das „Gesetz über die Rechtsbehelfe bei Verletzung des Anspruchs auf rechtliches Gehör (Anhörungsrügengesetz)" v. 9.12.2004 (BGBl. I S. 3220) erlassen.
[30] Siehe hierzu aus der jüngeren Judikatur etwa BVerfGE 124, 330 (338ff.) – § 130 IV StGB hinreichend bestimmt; 126, 170 (200) – Untreuetatbestand des § 266 I StGB mit Bestimmtheitsgebot „noch zu vereinbaren"; BVerfG (Kammerbeschl.), NJW 2006, 3050ff. betr. § 86a II 2 StGB (Verwendung von Kennzeichen verfassungswidriger Organisationen); NJW 2007, 1666ff. – betr. Verurteilung nach § 142 II Nr. 2 StGB bei unvorsätzlichem Entfernen vom Unfallort; NJW 2007, 1669f. – betr. Auslegung des Gewaltbegriffes in § 240 StGB im Falle bedrängenden Auffahrens im Straßenverkehr; NJW 2009, 2370ff. – betr. Auslegung des Nachteilsbegriffes in § 266 StGB; NVwZ 2012, 504 (505f.) – betr. durch verwaltungsrechtliche Vorschriften ausgefüllte Blanketttatbestände.
[31] Beispiele hierzu bei H. Sodan, in: Sodan Art. 103 Rn. 21. „Analogie" ist dabei nicht nur im engen technischen Sinn zu verstehen, sondern umfasst jede Rechtsanwendung, die über den Inhalt einer gesetzlichen Sanktionsnorm hinausgeht, siehe BVerfG (Kammerbeschl.), NVwZ 2012, 504 (505); NJW 2013, 365 (366).

7a Nach Auffassung des BVerfG fallen hingegen Maßnahmen mit präventivem Charakter, wie etwa die Maßregeln der Besserung und Sicherung nach den §§ 61 ff. StGB und damit insbesondere die Sicherungsverwahrung, nicht unter Art. 103 II GG, da sie keine „Strafen" seien,[32] wohingegen der EGMR in der Sicherungsverwahrung eine Maßnahme sieht, die als „Strafe" einzustufen sei[33]. Auf diese Kritik des EGMR hat das BVerfG in einem Urteil vom 4.5.2011 dergestalt reagiert, dass es zwar an seiner Auslegung des Strafbegriffes in Art. 103 II GG ausdrücklich festhält, die Sicherungsverwahrung also nach wie vor nicht hierunter fallen lässt, jedoch die nachträgliche Anordnung oder Verlängerung der Sicherungsverwahrung wegen des hierdurch bewirkten schwerwiegenden Eingriffs in das durch Art. 2 II 2 GG geschützte Grundrecht der Freiheit der Person verfassungsrechtlich nur noch „nach Maßgabe strikter Verhältnismäßigkeitsprüfung und zum Schutz höchster Verfassungsgüter" für zulässig erachtet, d. h. wenn „der gebotene Abstand zur Strafe gewahrt wird, eine hochgradige Gefahr schwerster Gewalt- oder Sexualstraftaten aus konkreten Umständen in der Person oder dem Verhalten des Untergebrachten abzuleiten ist" und die Voraussetzungen des Art. 5 I 2 lit. e EMRK (insbesondere psychische Störung) erfüllt sind.[34]

8 Eine Ausnahme wurde in den so genannten **Mauerschützenprozessen** (→ § 7 Rn. 49) anerkannt, weil die betreffenden Rechtfertigungsgründe des DDR-Rechts in offensichtlicher, unerträglicher Weise gegen elementare Gebote der Gerechtigkeit und Menschlichkeit verstießen und daher der strikte Vertrauensschutz sowie das Rückwirkungsverbot des Art. 103 II GG hinter das Gebot materieller Gerechtigkeit zurückzutreten hatten.

V. Verbot der Doppelbestrafung

9 Art. 103 III GG verbietet die mehrmalige Bestrafung aufgrund der allgemeinen Strafgesetze **(ne bis in idem)** und löst damit das Spannungsfeld zwischen Rechtssicherheit und materieller Gerechtigkeit zugunsten der **Rechtssicherheit** (vgl. → § 7 Rn. 33ff.): Nach Erlass einer rechtskräftigen (verurteilenden oder freisprechenden) strafgerichtlichen Entscheidung eines deutschen Gerichtes[35] darf sich der Betroffene nicht erneut wegen derselben Tat gerichtlich verantworten müssen; es tritt **„Strafklageverbrauch"** ein. „Tat" ist ein sich bei natürlicher Betrachtungsweise als einheitlich darstellender Lebensvorgang; der „Tatbegriff" ist nicht identisch mit dem der §§ 52 und 53 StGB.[36] Art. 103 III GG ist auf die Mehrfachbestrafung nach den „allgemeinen Strafgesetzen", d. h. der Normen des Kriminalstrafrechts, beschränkt. Nicht hierzu zählen disziplinarrechtliche oder berufsgerichtliche Sanktionen. Die verfassungsrechtliche Rechtfertigung von Eingriffen kann sich aufgrund der **Vorbehaltlosigkeit der Gewährleistung** des Art. 103 III GG („Niemand darf [...] mehrmals bestraft werden") nicht einmal aus verfassungsimmanenten Schranken ergeben.

---

[32] BVerfGE 109, 133 (167 ff.); BVerfG (Kammerbeschl.), NJW 2010, 1514 (1515).
[33] EGMR, NJW 2010, 2495 (2497 ff.); NJOZ 2011, 1494 (1497) – jew. im Hinblick auf Art. 7 I EMRK; zustimmend *M. H. W. Möllers*, ZRP 2010, 153 ff.
[34] Siehe ausführl. BVerfGE 128, 326 (388 ff.); vgl. ferner BVerfGE 129, 37 (45 ff.); *J. Peglau*, NJW 2011, 1924 ff.; *A. Windoffer*, DÖV 2011, 590 ff. Vgl. auch → § 5 Rn. 39, § 29 Rn. 11.
[35] BVerfGE 12, 62 (66); BVerfG (Kammerbschl.), NJW 2012, 1202 (1203).
[36] *Pieroth/Schlink/Kingreen/Poscher* Rn. 1235 ff.

Dagegen sieht das BVerfG[37] **„immanente Schranken"** in vom Grundgesetzgeber vorgefundenen   10
Prinzipien des Prozessrechts, an welche Art. 103 III GG anknüpft, ohne sie beseitigen zu wollen.
Die Kernaussage des Art. 103 III GG ist hingegen, dass im Interesse der Rechtssicherheit auch ein
solches Ergebnis „ertragen" werden muss, welches „schlechthin unerträglich" erscheint. Sieht
man in der Wiederaufnahme des Verfahrens zuungunsten des Angeklagten (§ 362 StPO) einen
Eingriff in das grundrechtsgleiche Recht des Art. 103 III GG[38], ist dieser folglich nicht zu rechtfertigen[39]. Die Zulässigkeit der Wiederaufnahme des Verfahrens zuungunsten des Angeklagten ließe
sich mit der h. M. allenfalls daraus ableiten, dass das vorgefundene Verfahrensprinzip der Mehrfachbestrafung bereits ein Institut der Wiederaufnahme kannte, welches der Grundgesetzgeber
durch Art. 103 III GG nicht modifizieren wollte.[40] Erkennt man die Rechtfertigung durch eine solche immanente Schranke an, verstieße jedenfalls die Erweiterung der Wiederaufnahmegründe
zuungunsten des Angeklagten gegen Art. 103 III GG[41].

Vierter Abschnitt. Verfassungsprozessrecht

Erstes Kapitel. Grundlagen

§ 50. Allgemeines zum Verfassungsprozessrecht
I. Bedeutung und Funktion

Die Funktion der deutschen Verfassungsgerichtsbarkeit – sowohl des Bundes (zum   1
BVerfG → § 16 Rn. 1 ff.) als auch der Länder (zur Landesverfassungsgerichtsbarkeit
→ § 16 Rn. 12 ff.) – besteht darin, den **Schutz der** jeweiligen **Verfassung** zu gewährleisten (→ § 16 Rn. 5). Zur Erfüllung der Aufgaben eines Verfassungsgerichts bedarf es wie
für jeden gerichtlichen Prozess einer Verfahrensordnung, die einen geordneten und berechenbaren Rechtsgang ermöglicht. Hierzu dient das Verfassungsprozessrecht als die
Gesamtheit der Rechtsnormen, welche das Verfahren vor dem BVerfG (sowie vor den
LVerfGen) bei der Entscheidung materieller Verfassungsfragen regelt. Für die Landesverfassungsgerichtsbarkeit gilt dabei grundsätzlich Verfassungsprozessrecht der jeweiligen Landesrechtsordnungen. Die nachfolgende Darstellung wird sich wegen der beson-

---

[37] Vgl. BVerfGE 3, 248 (252 f.) – betr. ordentliches Strafverfahren hinsichtlich einer bereits von einem Strafbefehl erfassten Tat; 9, 89 (96) – betr. Erlass eines Haftbefehls ohne vorherige Anhörung des Beschuldigten.
[38] So zu Recht *G. Nolte*, in: v. Mangoldt/Klein/Starck Art. 103 Rn. 222; a. M. wohl *D. Hömig*, in: ders. Art. 103 Rn. 20.
[39] So aber die h. M., vgl. *C. Degenhart*, in: Sachs, GG Art. 103 Rn. 84; *H. D. Jarass*, in: Jarass/Pieroth Art. 103 Rn. 82; *E. Schmidt-Aßmann*, in: Maunz/Dürig Art. 103 Rn. 270; *H. Schulze-Fielitz*, in: Dreier Art. 103 III Rn. 32; krit. hingegen *G. Nolte*, in: v. Mangoldt/Klein/Starck Art. 103 Rn. 222, der die Existenz des „überkommenen Wiederaufnahmerechts" insbes. rechtsvergleichend und unter Hinweis auf dessen Auswirkungen auf das Rechtsempfinden sowie dessen praktische Bedeutung in Frage stellt.
[40] *P. Kunig*, in: v. Münch/Kunig Art. 103 Rn. 47; *H. Schulze-Fielitz*, in: Dreier Art. 103 III Rn. 32; siehe ferner *G. Nolte*, in: v. Mangoldt/Klein/Starck Art. 103 Rn. 222: „kann nur historisch und durch die Behauptung einer Unerträglichkeitsgrenze gerechtfertigt werden".
[41] So auch *G. Nolte*, in: v. Mangoldt/Klein/Starck Art. 103 Rn. 223; *H. Schulze-Fielitz*, in: Dreier Art. 103 III Rn. 32; für eine „restriktive Handhabung" *C. Degenhart*, in: Sachs, GG Art. 103 Rn. 84.

deren Bedeutung des BVerfG auf das für dieses Gericht geregelte Verfahren konzentrieren.

2 Die Rechtsordnung (→ § 4 Rn. 5 ff.) kann untergliedert werden in *materielles* und in *formelles* Recht. Unter materiellem Recht versteht man – begrifflich kaum schärfer fassbar – diejenigen Rechtsnormen, welche den Inhalt der Rechtsordnung als solche regeln, innerhalb des Verfassungsrechts also etwa die Grundrechte der Art. 1 ff. GG (→ §§ 20 ff.). Formelles Recht umfasst demgegenüber diejenigen Rechtsnormen, welche der Form der Verwirklichung und der Durchsetzung der Rechtsordnung dienen, insbesondere also verfahrensrechtliche Vorschriften. Das **Verfassungsprozessrecht** ist demnach **formelles Recht**.

II. Quellen

3 Die Rechtsnormen, welche das Verfahren vor dem BVerfG regeln, sind in erster Linie im Grundgesetz selbst und im Bundesverfassungsgerichtsgesetz (BVerfGG) zu finden.

4 Das **Grundgesetz** weist dem BVerfG einzelne Entscheidungskompetenzen zu, und zwar in Art. 93 I Nr. 1 bis 4b, II[1] GG sowie in sonstigen im Grundgesetz „verstreuten" Normen (vgl. Art. 93 I Nr. 5 GG), etwa Art. 18 S. 2, Art. 21 II 2 oder Art. 100 GG. Diesen grundgesetzlich geregelten Verfahrenszuständigkeiten kommt Verfassungsrang zu, womit sie nur durch eine Verfassungsänderung (siehe Art. 79 GG) beseitigt oder geändert werden können. Gemäß Art. 93 III GG können zudem weitere Zuständigkeiten des BVerfG durch Bundesgesetz begründet werden. Solche finden sich etwa in § 16 III WahlprüfG, § 32 III, IV und § 33 II ParteiG, § 26 III EuWahlG, § 36 II PUAG, § 50 III VwGO und § 105 BVerfGG. Art. 94 I GG regelt Fragen der Zusammensetzung des BVerfG (→ § 16 Rn. 7 ff.).

5 Das auf der Grundlage von Art. 94 II GG erlassene **Bundesverfassungsgerichtsgesetz** enthält in den §§ 1 bis 16 Regelungen über Stellung und Organisation (z. B. die Besetzung[2]) des BVerfG und führt in § 13 die im Grundgesetz geregelten sowie die „einfachgesetzlich" begründeten Zuständigkeiten des BVerfG auf[3]. § 13 BVerfGG kommt dabei jedoch keine konstitutive, sondern lediglich deklaratorische Bedeutung zu, da er nur auf vorhandene, im Grundgesetz oder „einfachgesetzlich" (vgl. § 13 Nr. 11 a, 15 BVerfGG) begründete Zuständigkeiten Bezug nimmt und diese lediglich zusammenstellt[4]. Eine rechtsbegründende Wirkung weisen nur die betreffenden Zuständigkeitsregelungen im Grundgesetz und den „einfachen" Gesetzen (→ Rn. 4) auf. In der Fallbearbeitung ist daher hinsichtlich der Begründung der Zuständigkeit des BVerfG immer die konstituierende Norm (mit) zu zitieren (also etwa: „Zuständigkeit gemäß Art. 93 I Nr. 4a GG, § 13 Nr. 8a BVerfGG").

6 Die §§ 17 bis 35c BVerfGG treffen **allgemeine Regelungen,** die grundsätzlich für alle in die Zuständigkeit des BVerfG fallenden Verfahrensarten gelten. Die §§ 36 ff. BVerfGG enthalten **besondere Vorschriften** für einzelne Verfahrensarten. Über § 17 BVerfGG werden bestimmte Normierungen des Gerichtsverfassungsgesetzes, z. B. betreffend die

---

[1] Eingefügt durch die Föderalismusreform I (2006), siehe Gesetz zur Änderung des Grundgesetzes v. 28.8.2006 (BGBl. I S. 2034); der bisherige Abs. 2 wurde Abs. 3.
[2] Siehe hierzu → § 16 Rn. 8.
[3] Allerdings werden die „einfachgesetzlichen" Zuständigkeiten – anders als die grundgesetzlichen – in § 13 BVerfGG nicht einzeln aufgeführt, sondern (mit Ausnahme der durch Gesetz v. 22.8.2002, BGBl. I S. 3386, eingefügten Nr. 11a) über dessen Nr. 15 „erfasst".
[4] BVerfGE 1, 184 (191).

§ 50. Allgemeines zum Verfassungsprozessrecht

Sitzungspolizei sowie die Beratung und Abstimmung, für entsprechend anwendbar erklärt. Verweise auf die Zivil- oder die Strafprozessordnung sind etwa in § 28 I, § 38 I, § 47 und § 61 BVerfGG enthalten.

Mit Wirkung zum 3.12.2011 neu eingefügt[5] wurden die §§ 97a bis 97e BVerfGG[6], welche die so genannte **Verzögerungsbeschwerde** regeln.[7] Mit deren Erhebung kann gegenüber dem BVerfG der Anspruch aus § 97a BVerfGG auf Entschädigung oder Wiedergutmachung infolge unangemessen langer Dauer eines bundesverfassungsgerichtlichen Verfahrens geltend gemacht werden.[8] Die systematische Stellung der §§ 97a bis 97e BVerfGG außerhalb des III. Teils des BVerfGG sowie die Nichterwähnung der Verzögerungsbeschwerde in § 13 BVerfGG zeigen, dass es sich hierbei nicht um eine der dem originären Rechtsschutzauftrag des BVerfG (→ § 16 Rn. 5) entspringenden Verfahrensarten handelt, sondern um ein in Bezug auf deren Verfahrensdauer in Betracht kommendes, gegen das BVerfG selbst gerichtetes besonderes Rechtsbehelfsverfahren.

6a

Einzelne Verfahrensregelungen finden sich zudem in der Geschäftsordnung des BVerfG (vgl. § 1 III BVerfGG).

7

III. Lückenhaftigkeit

Soweit insbesondere das Bundesverfassungsgerichtsgesetz zu bestimmten Verfahrensaspekten keine Regelungen enthält, weil es sich „auf wenige, unbedingt erforderliche, den Besonderheiten des verfassungsgerichtlichen Verfahrens angepaßte Bestimmungen" beschränkt[9], stellt sich das Problem, wie solche Lücken zu schließen sind. Auch wenn das BVerfG sich diesbezüglich als „Herr seines Verfahrens"[10] bezeichnet, kann ihm dabei keine Verfahrensautonomie im Sinne prozessualer Beliebigkeit zustehen; vielmehr muss die Lückenschließung grundsätzlich in allgemeine Prozessgrundsätze eingebettet sein.[11] Demgemäß schließt das BVerfG vorhandene Lücken durch zweckentsprechende Verfahrensgestaltung im Wege der Analogie zum sonstigen deutschen Verfahrensrecht, soweit dies mit der Eigenart des Verfassungsprozesses vereinbar ist[12]. Nur wenn sich dadurch den Besonderheiten des verfassungsgerichtlichen Verfahrens nicht Rechnung tragen lässt, kann es zu Ausnahmen in Form freier Verfahrensgestaltung kommen[13].

8

---

[5] Durch Art. 2 des Gesetzes über den Rechtsschutz bei überlangen Gerichtsverfahren und strafrechtlichen Ermittlungsverfahren v. 24.11.2011 (BGBl. I S. 2302). Siehe dazu, dass dieses Gesetz Rechtsschutzlücken schließen soll, welche vom EGMR gerügt wurden, → § 5 Rn. 38.
[6] Krit. zur Sinnhaftigkeit der Regelungen *R. Zuck*, NVwZ 2013, 779 ff.
[7] Vgl. dazu *W.-R. Schenke*, NVwZ 2012, 257 ff.; *T. I. Schmidt*, in: FS Klein, S. 485 (489 ff.); *C. Steinbeiß-Winkelmann/T. Sporrer*, NJW 2014, 177 (178 f.); *R. Zuck*, NVwZ 2012, 265 ff.
[8] Vgl. zu den Bewertungsmaßstäben zur Dauer eines Verfassungsbeschwerdeverfahrens BVerfG (Kammerbeschl.), NVwZ 2013, 789 (790); NJW 2013, 2341 f.; BVerfG (Beschwerdekammer), NJW 2015, 3361 (3362 ff.); siehe auch *B. Schmidt*, NVwZ 2015, 1710 ff.
[9] BVerfGE 1, 109 (110).
[10] BVerfGE 13, 54 (94); vgl. auch BVerfGE 36, 342 (357); 60, 175 (213). Nach *Schlaich/Korioth* Rn. 56 ist diese Formulierung „gründlich mißglückt"; krit. auch *A. Rinken*, in: FS Stein, S. 411 (415).
[11] Krit. zu einer umfassenden Verfahrensautonomie *E. Klein*, AöR 108 (1983), 410/561 (618 ff.); *Schlaich/Korioth* Rn. 54 ff.; *Stern*, StaatsR II S. 1028 ff.
[12] Vgl. BVerfGE 1, 109 (110 f.); 2, 79 (84); 72, 122 (132 f.).
[13] Bspe. etwa bei *E. Klein*, in: Benda/Klein Rn. 196.

IV. Allgemeine Verfahrensprinzipien
1. Enumerationsprinzip bezüglich Zuständigkeit

9 Die sich aus dem Grundgesetz oder den einfachen Gesetzen ergebenden Zuständigkeiten des BVerfG sind in § 13 BVerfGG zusammengefasst (→ Rn. 5). Anders als beim Verfahren vor den Verwaltungsgerichten oder den ordentlichen Gerichten (vgl. § 40 VwGO, § 13 GVG) gibt es keine Generalklausel, welche die Voraussetzungen für die Rechtswegeröffnung allgemein umschreibt[14]. Vielmehr gilt das **Enumerationsprinzip**, d. h. die möglichen Verfahrensarten sind in den einzelnen Zuständigkeitsnormen abschließend aufgezählt. Es genügt folglich für die Rechtswegeröffnung zum BVerfG nicht, dass eine Streitigkeit „verfassungsrechtlich"[15] ist, sondern es muss eine der gesetzlich geregelten Verfahrensarten einschlägig sein. Aus dem Enumerationsprinzip sowie der Regelung des Art. 93 III GG ergibt sich, dass eine Ausweitung der Zuständigkeiten des BVerfG, etwa im Wege der Analogie, selbst bei Vorhandensein eines dringenden rechtspolitischen Bedürfnisses ausscheidet.[16] So ist es bspw. nicht möglich, in analoger Anwendung ein zusätzliches verfassungsgerichtliches Feststellungsverfahren zu entwickeln, das über die vorhandenen Verfahren hinausgeht.[17]

10 Die einzelnen Verfahrensarten haben nicht nur Bedeutung für die generelle Zuständigkeitseröffnung und damit den Rechtsweg zum BVerfG, sondern geben auch die **Art der Entscheidung** durch das BVerfG vor: Hält dieses Gericht etwa anlässlich einer Normenkontrolle (Art. 93 I Nr. 2 GG oder Art. 100 I GG, → § 53 f.) oder einer Verfassungsbeschwerde (Art. 93 I Nr. 4a GG, → § 51) ein Gesetz für mit dem Grundgesetz unvereinbar, so erklärt es das Gesetz im Regelfall für nichtig (siehe § 78 S. 1, §§ 82 I, 95 III BVerfGG). Dagegen ist dem BVerfG im Organstreitverfahren (Art. 93 I Nr. 1 GG) eine Entscheidung über die Gültigkeit einer Norm versagt[18] (siehe auch → § 52 Rn. 18).

11 Einen **Überblick** über die Zuständigkeiten des BVerfG und die jeweiligen Verfahrensarten sowie über die Anzahl der Verfahrenseingänge gibt die nachfolgende Aufstellung in → Rn. 12. Nähere Ausführungen zu den wichtigsten Verfahrensarten finden sich innerhalb der → §§ 51 bis 57.

---

[14] Siehe zum Charakter des § 40 VwGO als Generalklausel *H. Sodan,* in: Sodan/Ziekow § 40 Rn. 30 ff., insbes. Rn. 33 ff.

[15] Siehe näher zum Begriff der „(Nicht-)Verfassungsrechtlichkeit" *H. Sodan,* in: Sodan/Ziekow § 40 Rn. 183 ff.

[16] Vgl. BVerfGE 1, 396 (408 f.); 2, 341 (346); 22, 293 (298); 38, 121 (127).

[17] Vgl. dazu den erfolglosen Antrag der NPD auf Feststellung der eigenen Verfassungsmäßigkeit im Rahmen der vorhandenen Rechtsbehelfe, BVerfGE 133, 100 ff.; siehe ferner *C. Hufen/T. Kumpf,* DVBl. 2013, 417 (418 f.); *A. Windoffer,* DÖV 2013, 151 (153).

[18] BVerfGE 24, 300 (351) m. w. N.; 85, 264 (326).

Übersicht: Zuständigkeiten des BVerfG   12

Aktenzeichen	Verfahrensart	Verfahrenseingänge von 1951–2014* (absolut/prozentual)
BvA	Grundrechtsverwirkung (Art. 18 GG, § 13 Nr. 1 BVerfGG)	4 (0,002%)
BvB	Parteiverbot (Art. 21 II GG, § 13 Nr. 2 BVerfGG)	9 (0,004%)
BvC	Wahlprüfung, Mandatsprüfung (Art. 41 II GG, § 13 Nr. 3 BVerfGG)	300 (0,14%)
BvD	Präsidentenanklage (Art. 61 GG, § 13 Nr. 4 BVerfGG)	0
BvE	Organstreitverfahren (Art. 93 I Nr. 1 GG, § 13 Nr. 5 BVerfGG)	212 (0,099%)
BvF	Abstrakte Normenkontrolle (Art. 93 I Nr. 2, 2a GG, § 13 Nr. 6, 6a BVerfGG)	178 (0,083%)
BvY	Überprüfung der Voraussetzungen in Art. 72 IV oder 125a II 1 GG (Art. 93 II GG, § 13 Nr. 6b BVerfGG)	—
BvG	Bund-Länder-Streitverfahren (Art. 93 I Nr. 3 und Art. 84 IV 2 GG, § 13 Nr. 7 BVerfGG)	46 (0,021%)
BvH	Andere öffentlich-rechtliche Streitigkeiten zwischen Bund und Ländern, zw. verschiedenen Ländern oder innerhalb eines Landes (Art. 93 I Nr. 4 GG, § 13 Nr. 8 BVerfGG)	74 (0,035%)
BvR	Verfassungsbeschwerde (Art. 93 I Nr. 4a, 4b GG, § 13 Nr. 8a BVerfGG)	207.088 (96,562%)
BvJ	Richteranklage (Art. 98 II und V GG, § 13 Nr. 9 BVerfGG)	0
BvK	Verfassungsstreitigkeiten innerhalb eines Landes (Art. 99 GG, § 13 Nr. 10 BVerfGG)	26 (0,012%)
BvL	Konkrete Normenkontrolle (Art. 100 I GG, § 13 Nr. 11 BVerfGG)	3.598 (1,678%)
BvX	Überprüfung der Einsetzung eines Untersuchungsausschusses (§ 36 II PUAG, § 13 Nr. 11a BVerfGG)	0
BvM	Nachprüfung von Völkerrecht (Art. 100 II GG, § 13 Nr. 12 BVerfGG)	28 (0,013%)

Akten-zeichen	Verfahrensart	Verfahrenseingänge von 1951–2014* (absolut/prozentual)
BvN	Vorlagen von LVerfG (Art. 100 III GG, § 13 Nr. 13 BVerfGG)	8 (0,004%)
BvO	Fortgelten von Recht als Bundesrecht (Art. 126 GG, § 13 Nr. 14 BVerfGG)	151 (0,07%)
BvP	Sonstige durch Bundesgesetz zugewiesene Fälle (Art. 93 III GG, § 13 Nr. 15 BVerfGG, Beispiele → Rn. 4)	6 (0,003%)
BvQ	Einstweilige Anordnungen (§ 32 BVerfGG)	2.704 (1,261%)
…	Sonstige: 30 (0,014%)	gesamt: 214.462

* Quelle: Statistik des BVerfG, http://www.bundesverfassungsgericht.de/DE/Verfahren/Jahresstatistiken/2014/gb2014/A-I-4.html. Siehe zur Jahresstatistik des BVerfG für 2014 → § 16 Rn. 11.
** Eingefügt durch die Föderalismusreform I v. 28.8.2006 (BGBl. I S. 2034).

2. Antragsprinzip/Dispositionsmaxime

13 Aus der Rolle des BVerfG „als Hüter der Verfassung"[19] (vgl. → § 16 Rn. 4 ff.) folgt nicht, dass es potentielle Verfassungsverstöße von sich aus überprüfen kann. Zur **Verfahrenseinleitung** bedarf es vielmehr eines Antrags von dritter Seite;[20] es gilt also der Grundsatz: „Wo kein Kläger, da kein Richter". Nach § 23 I BVerfGG muss dieser Antrag *schriftlich* erfolgen (per Telegramm oder Telefax genügt) und mit einer *Begründung* versehen sein, ferner sind die erforderlichen Beweismittel anzugeben; eine Unterschrift ist nicht erforderlich, solange der Urheber auf andere Weise hervorgeht.[21] Wer antragsberechtigt und damit beteiligtenfähig ist, richtet sich nach der jeweiligen Verfahrensart (näher dazu → §§ 51 bis 57 mit den jeweiligen Ausführungen im Rahmen der einzelnen Verfahrensarten).

14 Hinsichtlich der **Verfahrensbeendigung** gilt diese Dispositionsmaxime nur in eingeschränktem Maße. Je nach Verfahrensart und Einzelfall behält es sich das BVerfG vor, trotz Antragsrücknahme das eingeleitete Verfahren aufgrund öffentlichen Interesses ggf. weiterzuführen[22].

---

[19] BVerfGE 1, 184 (195).
[20] Zu einer Ausnahme hiervon im Verfahren nach § 32 BVerfGG → § 57 Rn. 4.
[21] Näher zu den einzelnen Anforderungen an einen ordnungsgemäßen Antrag *A. Puttler*, in: Burkiczak/Dollinger/Schorkopf, BVerfGG § 23 Rn. 3 ff.
[22] Vgl. etwa BVerfGE 1, 396 (414) – für abstrakte Normenkontrolle; 24, 299 (300) – für Organstreitverfahren; 98, 218 (242 f.) – hinsichtlich einer Verfassungsbeschwerde gegen die Rechtschreibreform; 124, 300 (318 f.) – im Fall des Todes des Beschwerdeführers einer Verfassungsbeschwerde gegen § 130 IV StGB wegen ihrer allgemeinen verfassungsrechtlichen Bedeutung.

3. Untersuchungsgrundsatz

Im Verfahren vor dem BVerfG gilt gemäß § 26 BVerfGG der Untersuchungsgrundsatz, d. h. das Gericht ermittelt den zur Erforschung der Wahrheit erforderlichen Sachverhalt und die diesbezüglichen Beweise von Amts wegen.[23] Weitere Regelungen enthalten die §§ 27 bis 29 und 33 II BVerfGG.

15

4. Prozessvertretung

Außerhalb der mündlichen Verhandlung (→ Rn. 17), also etwa bei der Einleitung des Verfahrens (→ Rn. 13), müssen sich die Verfahrensbeteiligten[24] nicht vertreten lassen; Vertretungszwang besteht lediglich in der mündlichen Verhandlung (§ 22 I 1 Hs. 2 BVerfGG). Vertretungsberechtigt sind gemäß § 22 I 1 Hs. 1 BVerfGG Rechtsanwälte oder Rechtslehrer an einer staatlichen oder staatlich anerkannten Hochschule eines Mitgliedstaates der EU, eines anderen Vertragsstaates des Abkommens über den Europäischen Wirtschaftsraum oder der Schweiz mit Befähigung zum Richteramt. Gesetzgebende Körperschaften und mit eigenen Rechten ausgestattete Teile von ihnen können sich auch durch ihre Mitglieder, der Bund, die Länder und ihre Verfassungsorgane durch bestimmte Beamte vertreten lassen (§ 22 I 2 und 3 BVerfGG). Im Übrigen kann das BVerfG auch andere Personen als „Beistände" zulassen (§ 22 I 4 BVerfGG).

16

5. Mündliche Verhandlung

Im Grundsatz entscheidet das BVerfG aufgrund mündlicher Verhandlung, soweit nichts anderes bestimmt ist oder alle Beteiligten ausdrücklich auf eine solche verzichten (§ 25 I BVerfGG). Andere Bestimmungen i. d. S. enthalten etwa § 32 II 1, § 82a III, § 93d I 1 und § 94 V 2 BVerfGG. In der Praxis ist der Grundsatz des § 25 I BVerfGG in sein Gegenteil verkehrt: Nur in wenigen Fällen – insgesamt noch nicht einmal in einem Prozent der Verfahren – finden mündliche Verhandlungen statt.[25] Für mündliche Verhandlungen gilt gemäß § 17 BVerfGG i. V. m. §§ 169 ff. GVG der Öffentlichkeitsgrundsatz; Sonderregelungen für Fernseh- und Rundfunkaufnahmen enthält § 17a BVerfGG. Entscheidungen aufgrund mündlicher Verhandlung ergehen als **Urteile,** Entscheidungen ohne mündliche Verhandlung als **Beschlüsse** (§ 25 II BVerfGG).

17

6. Entscheidungsfindung

Jeder der beiden Senate des BVerfG besteht aus acht Richtern (siehe § 2 BVerfGG) und ist beschlussfähig, wenn mindestens sechs Richter anwesend sind (§ 15 II 1 BVerfGG). Grundsätzlich entscheidet die einfache Mehrheit der anwesenden Richter (§ 15 IV 2 BVerfGG); in den Verfahren nach § 13 Nr. 1, 2, 4 und 9 BVerfGG (Grundrechtsverwirkung, Parteiverbot, Präsidenten- und Richteranklage) bedarf es dagegen einer Zwei-Drittel-Mehrheit der Senatsmitglieder (§ 15 IV 1 BVerfGG). Für den Fall der Stimmengleichheit bestimmt § 15 IV 3 BVerfGG, dass ein Verstoß gegen das Grundgesetz oder sonstiges Bundesrecht nicht festgestellt werden kann.[26] Außer in den Fällen von § 14 V

18

---

[23] Das Gegenteil hierzu ist der insbes. im Zivilprozess geltende Beibringungsgrundsatz: Dort obliegt die Sachverhaltsaufklärung grundsätzlich den Parteien.
[24] Wer Verfahrensbeteiligter ist bzw. sein kann, richtet sich nach der jeweiligen Verfahrensart, → §§ 51 bis 57.
[25] Näher *E. Klein,* in: Benda/Klein Rn. 283 ff.
[26] Siehe zu verfassungsrechtlichen Einwänden gegen diese Regelung, welche sich aus Art. 92 Hs. 1 und Art. 97 I GG herleiten lassen, *H. Sodan,* in: HdbStR V § 113 Rn. 55.

und § 19 I BVerfGG kommt dem Vorsitzenden ein doppeltes Stimmrecht bei Stimmengleichheit *nicht* zu. Allerdings kann die Mitwirkung eines Richters an der Entscheidung nach § 18 BVerfGG verboten sein, etwa wenn er mit derselben Sache bereits zuvor befasst war.[27]

19 Eine Besonderheit bildet die so genannte **A-limine-Abweisung** nach § 24 BVerfGG. Hierdurch kann mittels einstimmigen Beschlusses ein unzulässiger oder offensichtlich unbegründeter Antrag verworfen werden.[28] Einstimmigkeit erfordern gemäß § 93d III 1 BVerfGG auch die **Kammerentscheidungen** (vgl. §§ 15a, 93b BVerfGG) im so genannten Annahmeverfahren bei Verfassungsbeschwerden nach den §§ 93a ff. BVerfGG (näher dazu → § 51 Rn. 64ff.).

20 Ein Richter kann seine abweichende Meinung zu einer Entscheidung oder deren Begründung in einem **Sondervotum** niederlegen, welches der Entscheidung dann anzuschließen ist (§ 30 II 1 BVerfGG). Rechtswirkung entfalten Sondervoten nicht; sie dienen vornehmlich der wissenschaftlichen Diskussion.[29]

7. Entscheidungsinhalte und -wirkungen

21 Das Spektrum der möglichen **Inhalte** stattgebender Sachentscheidungen des BVerfG umfasst vor allem feststellende sowie unmittelbar rechtsgestaltende Aussprüche[30] und richtet sich im Einzelnen nach der jeweiligen Verfahrensart.[31] Unter **Sachentscheidungen** (auch: Entscheidungen „in der Sache") versteht man Entscheidungen, die sich auf das materielle Rechtsschutzbegehren, also auf die *Begründetheit* des Rechtsschutzverfahrens beziehen. Hiervon zu unterscheiden sind **Prozessentscheidungen:** Sie beziehen sich auf die *Zulässigkeit* des Verfahrens, haben also das (Nicht-)Vorliegen der Sachentscheidungsvoraussetzungen (→ Rn. 24ff.) zum Gegenstand.

22 Beispielsweise beziehen sich die §§ 39 I, 46 I, 56 I, 67, 69, 72 II und 83 I BVerfGG auf Entscheidungen, welche die Verfassungswidrigkeit **feststellen.** Eine unmittelbare **Gestaltung** der Rechtslage bewirkt etwa die Aufhebung von mittels der Verfassungsbeschwerde angegriffenen Entscheidungen (z. B. Gerichtsentscheidungen oder Verwaltungsakten) gemäß § 95 II BVerfGG oder die Verlustigerklärung des Präsidentenamtes nach § 56 II BVerfGG (näher zu den jeweiligen Entscheidungsinhalten → §§ 51 bis 57).

23 Die Entscheidungen des BVerfG erwachsen in **formeller Rechtskraft,** d. h. sie können nicht mit Rechtsmitteln (etwa Berufung oder Revision) angegriffen werden und sind einer weiteren Überprüfung (z. B. durch einen anderen Senat oder vor dem Plenum) nicht zugänglich[32], mithin unanfechtbar. Dies gilt auch für die Ablehnung der Annahme einer Verfassungsbeschwerde durch Kammerbeschluss (§ 93d I 2 BVerfGG) oder die einem Senatsbeschluss gleichstehende Entscheidung gemäß § 93c I 1 und 2 BVerfGG. Eine Ausnahme bildet für einstweilige Anordnungen (→ § 57) die Widerspruchsmöglichkeit des § 32 III BVerfGG. Daneben kommt den Entscheidungen auch **materielle Rechtskraft** zu[33], d. h. Gerichte und Verfahrensbeteiligte sind an die jewei-

---

[27] Vgl. dazu etwa BVerfGE 133, 163ff.
[28] Siehe näher zur praktischen Relevanz der A-limine-Entscheidung sowie den prozeduralen Erleichterungen, die sie bietet, *E. Klein*, in: Benda/Klein Rn. 371ff.
[29] Zum Für und Wider bzgl. Sondervoten *K.-G. Zierlein,* DÖV 1981, 83 (86ff.).
[30] Siehe im Einzelnen die Übersicht bei *Pestalozza* § 20 Rn. 4ff.
[31] Siehe zu den Entscheidungsmöglichkeiten des BVerfG *H. Aust/F. Meinel*, JuS 2014, 25ff. und 113ff.
[32] Siehe bereits BVerfGE 1, 89 (90f.).
[33] Siehe etwa BVerfGE 4, 31 (38f.); 20, 56 (86f.); 69, 92 (103); 78, 320 (328).

lige formell rechtskräftige Entscheidung gebunden. So darf etwa das BVerfG über dieselbe Sache in einem späteren Prozess nicht erneut bzw. abweichend entscheiden.[34] Darüber hinaus erstreckt § 31 I BVerfGG die Bindungswirkung von Entscheidungen des BVerfG auf die Verfassungsorgane des Bundes und der Länder sowie auf alle Gerichte und Behörden,[35] was insbesondere auch der Beachtung der „bloß" feststellenden Entscheidungen dient. Eine weitere Erstreckung enthält der auf Art. 94 II 1 GG beruhende § 31 II BVerfGG: Er verleiht den auf die Überprüfung von Normen bezogenen Entscheidungen **Gesetzeskraft** und macht diese damit für jedermann verbindlich[36].

V. Sachentscheidungsvoraussetzungen

1. Abgrenzung der Zulässigkeit von der Begründetheit

Damit zur Sache verhandelt und eine Sachentscheidung (→ Rn. 21) erlassen werden, das BVerfG sich also mit der eigentlichen Sache bzw. der **Begründetheit** des Rechtsschutzverfahrens befassen kann, müssen bestimmte Voraussetzungen erfüllt sein. Diese so genannten **Sachentscheidungsvoraussetzungen** entscheiden über die **Zulässigkeit** des jeweiligen Rechtsschutzverfahrens und werden daher gemeinhin auch als **Zulässigkeitsvoraussetzungen** oder als Prozessvoraussetzungen bezeichnet. Grundsätzlich gilt, dass nur über die Begründetheit eines Verfahrens entschieden werden darf, wenn dessen Zulässigkeit gegeben ist. Gestützt auf § 24 BVerfGG (→ Rn. 19) lässt das BVerfG aber mitunter in Fällen die Zulässigkeit dahingestellt, wenn ein Antrag offensichtlich unbegründet ist[37]. Zur Lösung von Prüfungsaufgaben empfiehlt sich ein solches – regelmäßig der Prozessökonomie dienendes – Vorgehen jedoch *nicht*. 24

2. Allgemeine und besondere Sachentscheidungsvoraussetzungen

Einige Sachentscheidungsvoraussetzungen stellen für alle Verfahrensarten die gleichen Anforderungen auf und können daher als **allgemeine** Sachentscheidungsvoraussetzungen bezeichnet werden (→ Rn. 26 ff.). Andere gelten von vornherein nur für bestimmte Verfahrensarten (z. B. das Erfordernis der „Rechtswegerschöpfung" für die Verfassungsbeschwerde, → § 51 Rn. 43 f.) oder sind zwar bei jedem Rechtsschutzverfahren zu prüfen, statuieren aber je nach Verfahrensart inhaltlich spezifische Zulässigkeitsanforderungen (z. B. die Antragsbefugnis) und stellen somit **besondere** Sachentscheidungsvoraussetzungen dar (näher hierzu → §§ 51 bis 57). 25

---

[34] Dies lässt natürlich das Recht des BVerfG unberührt, seine in einer früheren Entscheidung vertretene **Rechtsauffassung zu ändern** (ggf. ist dann das Plenum anzurufen, siehe § 16 BVerfGG); die Rechtskraft bindet das Gericht im späteren Prozess nur dann, wenn es sich um denselben Streitgegenstand zwischen denselben Parteien handelt, BVerfGE 4, 31 (38 f.).

[35] Siehe näher zu Rechtskraft und Bindungswirkungen von Entscheidungen des BVerfG *J. Ziekow*, Jura 1995, 522 ff.

[36] Siehe hierzu *E. Klein*, in: Benda/Klein Rn. 1439; *Schlaich/Korioth* Rn. 495 f.; *J. Ziekow*, Jura 1995, 522 (524); krit. zum Sinn der Gesetzeskraft *Pestalozza* § 20 Rn. 98 ff.

[37] Siehe etwa BVerfGE 53, 100 (106); 60, 243 (246); 90, 241 (246); 94, 297 (309); krit. dazu *E. Klein*, in: Benda/Klein Rn. 376.

3. Allgemeine Zulässigkeitsvoraussetzungen

26 Die allgemeinen Sachentscheidungsvoraussetzungen ergeben sich aus einigen der bereits dargestellten Verfahrensprinzipien (→ Rn. 9 ff.). Sie stellen für jede Verfahrensart die folgenden **Zulässigkeitsanforderungen** auf:

a) Rechtswegeröffnung zum BVerfG

27 Grundvoraussetzung für die Zulässigkeit eines Verfahrens vor dem BVerfG ist die **Zuständigkeit** dieses Gerichts, d. h. die Eröffnung des Rechtsweges zum BVerfG. Dies ist nur der Fall, wenn eine der in § 13 BVerfGG aufgezählten, im Grundgesetz oder in den „einfachen" Gesetzen verankerten Zuständigkeiten einschlägig ist (→ Rn. 4 f., 9 ff., 12).

b) Ordnungsgemäßer Antrag

28 Des Weiteren muss ein ordnungsgemäßer, d. h. den Anforderungen des § 23 BVerfGG (→ Rn. 13) genügender Antrag gestellt werden. Ein Vertretungszwang gilt für die Antragstellung nicht (→ Rn. 16). *Wer* zur Antragstellung berechtigt ist und somit überhaupt Beteiligter sein kann, ist für jede Verfahrensart unterschiedlich zu beantworten und wird daher bei den jeweiligen Verfahrensarten erläutert (→ §§ 51 bis 57).

c) Keine entgegenstehende Rechtskraft oder Rechtshängigkeit

29 Das BVerfG ist an einer Sachentscheidung gehindert, wenn dieselbe Sache, d. h. **derselbe Streitgegenstand zwischen denselben Parteien,**[38] in einem früheren Verfahren bereits einer Klärung durch das BVerfG zugeführt wurde (entgegenstehende Rechtskraft, → Rn. 23). Ebenso ist ein Antrag unzulässig, wenn hinsichtlich derselben Sache bereits ein Antrag beim BVerfG gestellt und die Sache damit **rechtshängig** gemacht wurde.[39]

30 Im Rahmen von **Prüfungsaufgaben** müssen diese Sachentscheidungsvoraussetzungen nur dann *näher* erörtert werden, wenn sie für die Falllösung von Bedeutung sind. Zum Vorliegen eines ordnungsgemäßen Antrags oder zu (nicht) entgegenstehender Rechtskraft oder Rechtshängigkeit sollten Ausführungen überhaupt nur dann erfolgen, wenn hier Probleme liegen. Zumindest kurz ist hingegen stets auf die zentrale Frage der Rechtswegeröffnung einzugehen.

Zweites Kapitel. Einzelne Verfahrensarten

Dieses Kapitel widmet sich den wichtigsten Verfahrensarten vor dem BVerfG. Gemäß der Konzeption dieses Lehrbuchs (→ § 1) sollen – und können – die nachfolgenden Erörterungen nicht alle denkbaren Einzelprobleme beinhalten. Ziel ist es vielmehr, ein Verständnis und Problembewusstsein in Bezug auf die einzelnen Verfahrensarten zu vermitteln. Der Schwerpunkt der Erörterungen ist der Verfassungsbeschwerde wegen ihrer sowohl in der Praxis als auch für die Lösung von Prüfungsaufgaben besonderen Bedeutung gewidmet (→ § 51). Ferner werden das Organstreitverfahren (→ § 52), die

---

[38] BVerfGE 4, 31 (39).
[39] Ausführl. zu diesen beiden Sachentscheidungsvoraussetzungen *E. Klein*, in: Benda/Klein Rn. 270 ff.

abstrakte und konkrete Normenkontrolle (→ § 53 f.) sowie das Bund-Länder-Streitverfahren (→ § 55) behandelt. Zudem enthält das Kapitel einen kurzen Überblick über sonstige verfassungsgerichtliche Verfahrensarten (→ § 56) und schließt mit dem Verfahren zum Erlass einstweiliger Anordnungen (→ § 57).

§ 51. Verfassungsbeschwerde

Fall 40 (nach BVerfGE 68, 319 ff.): § 11 der als Parlamentsgesetz erlassenen Bundesärzteordnung ermächtigt die Bundesregierung, „durch Rechtsverordnung mit Zustimmung des Bundesrates die Entgelte für ärztliche Tätigkeit in einer Gebührenordnung zu regeln. In dieser Gebührenordnung sind Mindest- und Höchstsätze für die ärztlichen Leistungen festzusetzen. Dabei ist den berechtigten Interessen der Ärzte und der zur Zahlung der Entgelte Verpflichteten Rechnung zu tragen." Die aufgrund dieser Ermächtigung von der Bundesregierung als Rechtsverordnung erlassene Gebührenordnung für Ärzte beschreibt und bewertet in ihrem Gebührenverzeichnis etwa 2.400 Positionen privatärztlicher Leistungen. Sie lässt Abweichungen nur hinsichtlich der Höhe der Vergütung zu und verlangt hierfür den Abschluss einer schriftlichen Vereinbarung zwischen Arzt und Patient. Ohne solche Vereinbarung ist die Vergütung auf höchstens das Dreieinhalbfache der im Gebührenverzeichnis erfassten Sätze beschränkt, wobei für bestimmte Leistungen Regelsätze in Höhe des 1,8-fachen und 2,3-fachen vorgeschrieben sind. Der in eigener Praxis tätige deutsche Arzt A erhebt Verfassungsbeschwerde zum BVerfG und rügt, die Gebührenordnung verletze ihn in seinem Grundrecht der Berufsfreiheit aus Art. 12 I GG. Die Mindest- und Höchstsätze seien nämlich keine angemessenen Vergütungen für die ärztlichen Leistungen. Ist die Verfassungsbeschwerde des A zulässig?

I. Grundsätzliches

Rechtsgrundlagen für das Verfassungsbeschwerdeverfahren sind Art. 93 I Nr. 4a und 4b GG sowie § 13 Nr. 8a und die §§ 90 ff. BVerfGG. Über 96 % aller Verfahrenseingänge beim BVerfG sind Verfassungsbeschwerden (→ § 50 Rn. 12). Die Erfolgsquote liegt im langjährigen Durchschnitt zwischen 2 und 3 %; im Jahre 2013 betrug sie sogar nur 1,46 %.[1]   **1**

Herausragende Bedeutung hat die **Individualverfassungsbeschwerde** nach Art. 93 I Nr. 4a GG. Auf sie beziehen sich die nachfolgenden Ausführungen unter II. bis V. (→ Rn. 3 bis 72). Die Individualverfassungsbeschwerde „hat eine doppelte Funktion. Sie ist zunächst ein **außerordentlicher Rechtsbehelf,** der dem Staatsbürger zur Verteidigung seiner Grundrechte und grundrechtsähnlichen Rechte eingeräumt […] und nur unter wesentlich engeren Voraussetzungen zulässig ist als die allgemeinen Rechtsmittel des einfachen Rechts. […] Darüber hinaus hat sie die Funktion, das objektive Verfassungsrecht zu wahren und seiner Auslegung und Fortbildung zu dienen".[2] Weitaus seltener als die Individualverfassungsbeschwerde – sowohl in der Praxis als auch im Rahmen von Prüfungsaufgaben – ist die **Kommunalverfassungsbeschwerde** (vgl. Art. 93 I Nr. 4b GG). Auf ihre Besonderheiten wird unter VI. eingegangen (→ Rn. 73 f.).   **2**

---

[1] Vgl. Statistik des BVerfG, http://www.bundesverfassungsgericht.de/DE/Verfahren/Jahresstatistiken/2014/gb2014/A-IV-2.html; krit. zur geringen Erfolgsquote *B. Stüer,* DVBl. 2012, 751 (755 f.).
[2] BVerfGE 33, 247 (258 f.) – ohne Hervorhebungen; vgl. auch BVerfGE 51, 130 (139).

II. Zulässigkeit

3   Die Verfassungsbeschwerde ist zulässig, wenn alle **Sachentscheidungsvoraussetzungen**, d. h. sowohl die **allgemeinen** (→ § 50 Rn. 25 ff.) als auch die **besonderen** der §§ 90 ff. BVerfGG erfüllt sind.

4   Zur Lösung von **Prüfungsaufgaben** sind von den nachfolgenden Sachentscheidungsvoraussetzungen nur die Voraussetzungen unter 1., 2., 5., 6. und 7. (→ Rn. 5 f., 7 ff., 16 ff., 22 ff., 42 ff.) *stets* zu prüfen. Die übrigen Voraussetzungen (unter 3., 4., 8., 9. und 10., → Rn. 10 ff., 13 ff., 53, 54 ff., 57) müssen jeweils *nur dann* näher oder überhaupt erörtert werden, wenn der Sachverhalt dazu Anlass bietet.

1. Rechtswegeröffnung/Zuständigkeit des BVerfG

5   Die Eröffnung des Rechtsweges zum BVerfG und damit dessen Zuständigkeit zur Entscheidung über Verfassungsbeschwerden ergibt sich aus Art. 93 I Nr. 4a und 4b GG sowie § 13 Nr. 8a, § 90 I und § 91 BVerfGG. Ob der Rechtsschutzsuchende seinem Begehren nach eine Verfassungsbeschwerde erhebt, muss ggf. im Wege der Auslegung ermittelt werden; die Ermittlung des Rechtsschutzbegehrens wird bei einer Verfassungsbeschwerde aber nur selten problematisch sein.[3]

6   Im **Fall 40** verfolgt A eine (Individual-)Verfassungsbeschwerde, für die das BVerfG nach Art. 93 I Nr. 4a GG, § 13 Nr. 8a und § 90 I BVerfGG zuständig ist.

2. Antragsberechtigung bzw. Beteiligtenfähigkeit

7   In personeller Hinsicht ist gemäß Art. 93 I Nr. 4a GG und § 90 I BVerfGG „jedermann" befugt, eine Verfassungsbeschwerde zu erheben. Aufgrund der Ausrichtung der Verfassungsbeschwerde auf die Überprüfung von Grundrechtsverstößen ist mit „jedermann" jede Person gemeint, die fähig ist, Träger von Grundrechten oder grundrechtsgleichen Rechten (→ § 21 Rn. 5 f.) zu sein. Die Beteiligtenfähigkeit[4] ist also gekoppelt an die **Grundrechtsfähigkeit bzw. -berechtigung** (dazu → § 23 Rn. 2 ff.).

8   Betrachtet man die Antragsberechtigung als einen Ausschnitt der Beschwerdebefugnis[5] (dazu Rn. 22 ff.), ist an dieser Stelle bereits auf die Grundrechtsfähigkeit hinsichtlich der *geltend gemachten* bzw. potentiell verletzten Grundrechte einzugehen. Nach anderer Ansicht bezieht sich die Antragsberechtigung nur auf die generelle Befähigung, *überhaupt* Träger von (irgendwelchen) Grundrechten zu sein[6]. Danach muss die Grundrechtsfähigkeit hinsichtlich der geltend gemachten bzw. potentiell verletzten Grundrechte erst im Rahmen der Beschwerdebefugnis (siehe → Rn. 23) erörtert werden. Da dieser rein dogmatische „Streit" sich lediglich auf den Aufbau der Zulässigkeitsprüfung, nicht aber auf deren Ergebnis auswirkt, kann bei der **Lösung von Prüfungsaufgaben** ohne nähere Begründung jeder der beiden Sichtweisen gefolgt werden. Für die zuletzt genannte Ansicht spricht aber, dass sie die Beschwerdebefugnis nicht „auseinander reißt" und – sofern dies problematisch ist – nicht schon im Rahmen der Beteiligtenfähigkeit untersucht werden muss, welche Grundrechte konkret geltend gemacht werden bzw. geltend gemacht wer-

---

[3] Siehe zu einem insoweit problematischen Fall BVerfGE 7, 99 (105 f.); allgemein zur Deutung von Anträgen an das BVerfG *Pestalozza* § 2 Rn. 41 f.
[4] Häufig wird insoweit auch von **Partei-** oder **Beschwerdefähigkeit** gesprochen. Zu unterscheiden ist dieser Prüfungspunkt jedenfalls von der der **Beschwerdebefugnis** (→ Rn. 22 ff.).
[5] So etwa *S. Ruppert/F. Schorkopf*, in: Burkiczak/Dollinger/Schorkopf, BVerfGG § 90 Rn. 17.
[6] *Pestalozza* § 12 Rn. 18, 33; *Pieroth/Schlink/Kingreen/Poscher* Rn. 1228; *Sachs*, VerfProzR Rn. 478 ff.

den können; dies ergibt sich nämlich in problematischen Fällen häufig erst aus der Zusammenschau von Antragsbegründung (→ Rn. 13) und Möglichkeit einer Grundrechtsverletzung (→ Rn. 23 ff.).

Im **Fall 40** ist A beteiligtenfähig, da er als natürliche Person ohne weiteres Träger von Grundrechten ist. Soweit man bereits an dieser Stelle auf die konkret gerügten Grundrechte abstellt, gilt dies auch hinsichtlich der durch Art. 12 I GG gewährleisteten Berufsfreiheit (vgl. → § 40); A ist Deutscher.

3. Prozessfähigkeit und Postulationsfähigkeit

Ferner muss der Beschwerdeführer **prozessfähig**, d. h. in der Lage sein, Verfahrenshandlungen wirksam selbst vorzunehmen oder vornehmen zu lassen (vgl. zum Verwaltungsprozess → § 95 Rn. 5). Voraussetzung hierfür ist die so genannte **Grundrechtsmündigkeit**, welche vorliegt, wenn der Grundrechtsträger die nötige Reife und Einsichtsfähigkeit aufweist, um in dem durch das betreffende Grundrecht geschützten Lebensbereich eigenverantwortlich zu agieren[7]. Jedenfalls bei voller Geschäftsfähigkeit ist dies der Fall. Fehlt die Prozessfähigkeit, wie etwa regelmäßig bei Minderjährigen oder Betreuten, muss sich der Beschwerdeführer von seinem gesetzlichen Vertreter (vgl. § 1629 BGB: Eltern; § 1902 BGB: Betreuer) vertreten lassen. Juristische Personen handeln durch ihre zuständigen Organe.[8] Trotz Minderjährigkeit ist die Grundrechtsmündigkeit etwa im Rahmen der Ermächtigungen der §§ 112 und 113 BGB hinsichtlich der Grundrechte aus Art. 12 und 14 GG anzunehmen oder bezüglich Art. 4 I und II GG an die Altersgrenzen des § 5 RelKErzG geknüpft (hierzu auch → § 23 Rn. 9).

Von der Prozessführungsbefugnis zu unterscheiden ist die so genannte **Postulationsfähigkeit**, d. h. die Fähigkeit, Verfahrenshandlungen die rechtserhebliche Form zu geben[9] (vgl. zum Verwaltungsprozess → § 95 Rn. 5). So können einige Verfahrenshandlungen rechtswirksam nur von bestimmten Prozessvertretern vorgenommen werden. Gemäß § 22 I 1 Hs. 2 BVerfGG müssen sich die Beteiligten in der mündlichen Verhandlung vor dem BVerfG (vgl. → § 50 Rn. 17) durch einen Rechtsanwalt oder durch einen Rechtslehrer an einer Hochschule vertreten lassen (näher dazu → § 50 Rn. 16).

Im **Fall 40** gibt es keine Hinweise darauf, dass A nicht prozessfähig wäre.

4. Ordnungsgemäßer Antrag

Die Verfassungsbeschwerde ist nur zulässig, wenn sie mittels eines Antrags eingeleitet wurde, der den Voraussetzungen des § 23 BVerfGG entspricht (dazu → § 50 Rn. 13, 28). Dies wird für die Verfassungsbeschwerde durch § 92 BVerfGG näher konkretisiert: Es sind – wenigstens sinngemäß[10] – das Recht, das verletzt sein soll, und die Handlung oder Unterlassung des Organs oder der Behörde, durch die der Beschwerdeführer sich verletzt fühlt, zu bezeichnen. Die Begründung einer Verfassungsbeschwerde muss zudem substantiiert darlegen, mit welchen verfassungsrechtlichen Anforderungen die an-

---

[7] Vgl. etwa BVerfGE 28, 243 (255); 72, 122 (132 f.).
[8] Wird etwa eine Kommunalverfassungsbeschwerde nicht vom gesetzlich vorgesehenen Vertreter der Gemeinde unterzeichnet, ist diese grundsätzlich unzulässig, vgl. BVerfG (Kammerbeschl.), NVwZ-RR 2013, 249.
[9] *Pestalozza* § 12 Rn. 22.
[10] Vgl. BVerfGE 21, 191 (194); 27, 297 (304 f.); 47, 182 (187); 59, 98 (101).

gegriffene Maßnahme kollidiert.¹¹ Das BVerfG ist an den durch den Antrag festgelegten Beschwerdegegenstand (→ Rn. 16 ff.) gebunden, nicht jedoch an die geltend gemachten Grundrechte; es *kann* also auch andere als die gerügten Normen überprüfen,¹² nicht aber andere als die bezeichneten Maßnahmen.

14 Im Rahmen der **Lösung einer Prüfungsaufgabe** kann von einer ordnungsgemäßen Antragsbegründung ausgegangen werden, sofern der Antrag – wie regelmäßig der Fall – nicht im Detail abgedruckt ist. Der Bearbeiter ist nicht auf die Überprüfung der vom Beschwerdeführer gerügten Grundrechte beschränkt (vgl. soeben → Rn. 13), es sei denn, dass die Aufgabenstellung sich ausdrücklich nur auf bestimmte Grundrechte bezieht. Rügt also etwa in einer Klausur ein (Nicht-EU-)Ausländer nur die Verletzung des ihm nicht zustehenden *„Deutschen*-Grundrechts" aus Art. 12 I GG, so kann seine Verfassungsbeschwerde gleichwohl im Hinblick auf eine mögliche (→ Rn. 23 ff.) Verletzung des nicht gerügten Art. 2 I GG zulässig sein (vgl. → § 21 Rn. 7, § 23 Rn. 4 ff.).

15 Mangels entgegenstehender Sachverhaltsangaben ist im **Fall 40** von einer ordnungsgemäßen Antragstellung durch A auszugehen.

5. Beschwerdegegenstand

16 Die Verfassungsbeschwerde kann nur gegen **Akte der öffentlichen Gewalt** erhoben werden (vgl. Art. 93 I Nr. 4a GG, § 90 I BVerfGG). Hierunter sind alle Maßnahmen, Handlungen oder auch Unterlassungen der Staatsgewalt von Bund und Ländern zu verstehen, also der Exekutive, Legislative und Judikative. Mangels innerstaatlicher Rechtswirkung fällt hierunter nicht der Abschluss völkerrechtlicher Verträge; tauglicher Gegenstand kann insoweit aber das Zustimmungsgesetz nach Art. 59 II GG sein.¹³ Auf die Rechtsform des Aktes kommt es nicht an; daher sind taugliche Beschwerdegegenstände nicht nur Rechtsakte wie etwa Gesetze, Rechtsverordnungen, Satzungen, Verwaltungsakte oder Gerichtsurteile, sondern auch Maßnahmen, welche nicht auf das Setzen von Rechtsfolgen gerichtet sind und lediglich Auswirkungen im tatsächlichen Bereich haben, etwa Äußerungen oder sonstige Realakte. Auch ein Unterlassen kann – wie sich aus den §§ 92 und 95 I BVerfGG ergibt – zum Gegenstand einer Verfassungsbeschwerde gemacht werden, etwa der Nichterlass eines begehrten Verwaltungsaktes oder einer begehrten Norm. Keine Akte öffentlicher Gewalt sind rein innerkirchliche Maßnahmen.¹⁴

17 **Gesetzgeberisches Unterlassen** lässt sich im Falle der Verletzung grundrechtlicher Schutzpflichten mit der Verfassungsbeschwerde rügen (vgl. → § 22 Rn. 22). Bestehen und Reichweite solcher Gesetzgebungspflichten bedürfen allerdings näherer Erörterungen im Rahmen der Prüfung der Beschwerdebefugnis (→ Rn. 22 ff.) und ggf. insbesondere der Ausführungen zur Begründetheit.¹⁵

---

[11] BVerfGE 108, 370 (386 f.); BVerfG (Kammerbeschl.), NJW 2008, 2700; siehe ferner *O. Klein*, in: Benda/Klein Rn. 592 ff.; *S. Magen*, in: Burkiczak/Dollinger/Schorkopf, BVerfGG § 92 Rn. 12 ff.

[12] *Pestalozza* § 12 Rn. 55; siehe näher *E. Klein*, AöR 108 (1983), 410, 561 (595 ff.); *O. Klein*, in: Benda/Klein Rn. 491 ff., 613. – Allerdings divergiert die Spruchpraxis der beiden Senate des BVerfG im Hinblick darauf, ob ungerügte Grundrechte dann auch tatsächlich überprüft *werden:* Während der Zweite Senat regelmäßig so verfährt, beschränkt sich der Erste Senat häufig auf die Überprüfung der (ausdrücklich oder konkludent) gerügten Grundrechte, siehe hierzu ausführl. und mit zahlreichen Nachw. aus der Rspr. der beiden Senate des BVerfG *C. Görisch/B. J. Hartmann*, NVwZ 2007, 1007 ff.; *S. Müller-Franken*, DÖV 1999, 590 ff.

[13] Näher BVerfGE 77, 170 (209 f.).

[14] BVerfG (Kammerbeschl.), NJW 2009, 1195.

[15] Näher zum Anspruch auf Rechtsetzung sowie seine verfassungs- und verwaltungsgerichtliche Durchsetzbarkeit *H. Sodan*, NVwZ 2000, 601 ff.

§ 51. Verfassungsbeschwerde

Sind **in einer Sache mehrere Akte** der öffentlichen Gewalt ergangen (z. B. Ausgangs- und Widerspruchsbescheid, Gerichtsurteile mehrerer Instanzen), so hat der Beschwerdeführer die Wahl, ob er nur das letztinstanzliche Gerichtsurteil oder auch die vorangegangenen Akte angreift; auch im letztgenannten Fall liegt aber nur *eine* Verfassungsbeschwerde vor. **18**

Da Gegenstand einer Verfassungsbeschwerde grundsätzlich nur Akte der *deutschen* öffentlichen Gewalt sein können, scheiden Akte ausländischer Stellen oder supranationaler Organisationen wie UNO, NATO oder Interpol als Beschwerdegegenstände regelmäßig aus.[16] „Aus der Rechtsprechung des BVerfG ergibt sich" aber, „dass auch Akte einer nicht-deutschen Hoheitsgewalt die Grundrechtsberechtigten in Deutschland betreffen können und das BVerfG die Aufgabe hat, auch gegenüber solchen Rechtsakten Grundrechtsschutz zu gewähren [...]. Solche Rechtsakte können damit grundsätzlich Gegenstand der Verfassungsbeschwerde sein."[17] Dies gilt auch für **Akte von Organen der EU**. Nach der zum Grundrechtsschutz gegenüber Unionsorganen bereits dargestellten (→ § 5 Rn. 21) Rechtsprechung des BVerfG übt dieses Gericht allerdings seine Gerichtsbarkeit „über die Anwendbarkeit von abgeleitetem Gemeinschaftsrecht in Deutschland in einem ,Kooperationsverhältnis'" zum EuGH aus und beschränkt sich insoweit „auf eine generelle Gewährleistung der unabdingbaren Grundrechtsstandards". Für gegen Unionsakte gerichtete Verfassungsbeschwerden ergibt sich daraus, dass diese unzulässig sind, wenn der Beschwerdeführer in deren Begründung nicht darlegt, „dass die europäische Rechtsentwicklung einschließlich der Rechtsprechung des Europäischen Gerichtshofs nach Ergehen der Solange II-Entscheidung (BVerfGE 73, 339 [378 bis 381]) unter den erforderlichen Grundrechtsstandard abgesunken sei"[18].[19] **19**

Die vorstehend dargelegten Zulässigkeitsanforderungen gelten dem BVerfG zufolge sogar dann, wenn Gegenstand der Verfassungsbeschwerde ein **nationaler Normsetzungsakt** ist, welcher zwingend, also ohne Umsetzungsspielraum des nationalen Gesetzgebers, einschlägigem Europarecht (etwa einer Richtlinie) folgt. Diese nationale Norm soll dann nicht am Maßstab der deutschen Grundrechte durch das BVerfG zu prüfen sein, sondern dem auf Europarechtsebene gewährleisteten Grundrechtsschutz unterliegen (siehe näher → § 5 Rn. 24b). **20**

Im **Fall 40** richtet A seine Verfassungsbeschwerde gegen die als Rechtsverordnung erlassene Gebührenordnung für Ärzte und damit gegen einen beschwerdetauglichen Akt der deutschen öffentlichen Gewalt. **21**

---

[16] Vgl. etwa BVerfG (Kammerbeschl.), NVwZ 2009, 1156 (1157) m.w.N.
[17] BVerfG (Kammerbeschl.), NVwZ 2010, 641 (642).
[18] BVerfGE 102, 147 (164) – „Bananenmarkt-Beschluss". Das Gleiche gilt nach dieser Entscheidung, a. a. O., hinsichtlich Vorlagen von Gerichten, dazu → § 54 Rn. 8.
[19] Ggf. prüft das BVerfG – wenn Rechtsschutz auf Unionsebene nicht zu erlangen ist – ferner, ob Rechtsakte der europäischen Organe und Einrichtungen sich unter Wahrung des unionsrechtlichen Subsidiaritätsprinzips (Art. 5 I 2 EU i. d. F. des Vertrags von Lissabon) in den Grenzen der ihnen im Wege der begrenzten Einzelermächtigung eingeräumten Hoheitsrechte halten und ob der unantastbare Kerngehalt der Verfassungsidentität des Grundgesetzes nach Art. 23 I 3 i. V. m. Art. 79 III GG gewahrt ist, siehe BVerfGE 123, 267 (353 f.) – betr. Vertrag von Lissabon. Siehe zu dem Umfang und den Grenzen dieser so genannten **Ultra-vires-Kontrolle** auch BVerfGE 126, 286 (302 ff.) mit abw. Meinung des Richters *Landau* (a. a. O., S. 318 ff.).

6. Beschwerdebefugnis

22 Um beschwerdebefugt zu sein, muss der Beschwerdeführer behaupten, durch den Beschwerdegegenstand in einem seiner Grundrechte oder grundrechtsgleichen Rechte (→ § 21 Rn. 5f.) verletzt zu sein (vgl. Art. 93 I Nr. 4a GG, § 90 I BVerfGG). Erforderlich ist, dass sich die Verletzung in einem dieser Rechte als *möglich* erweist und der Beschwerdeführer hierdurch *selbst, gegenwärtig* sowie *unmittelbar* betroffen ist.

a) Möglichkeit einer Grundrechtsverletzung

aa) „Möglichkeitstheorie"

23 Aus dem Sachvortrag des Beschwerdeführers muss sich mit hinreichender Deutlichkeit die Möglichkeit einer Verletzung seiner Grundrechte oder grundrechtsgleichen Rechte ergeben. Nach der so genannten Möglichkeitstheorie[20] ist dies der Fall, wenn eine solche Verletzung nicht von vornherein und nach jeder Betrachtungsweise ausscheidet. Sofern die *Grundrechtsfähigkeit* hinsichtlich der konkret *geltend gemachten* bzw. *potentiell verletzten* Grundrechte nicht schon im Rahmen der Beteiligtenfähigkeit überprüft wurde (vgl. → Rn. 8), ist sie im Rahmen der „Möglichkeit" zu erörtern, da bei ihrem Fehlen die Verletzung des betreffenden Grundrechts von vornherein nicht in Betracht kommt.

24 Auch wenn das BVerfG mitunter strengere Anforderungen an die Darlegungslast des Beschwerdeführers stellt, sollte man in der **Klausur** der gängigen Möglichkeitstheorie folgen und die Möglichkeit einer Verletzung nur dann verneinen, wenn dies – ausnahmsweise – offensichtlich ist und ohne größeren Begründungsaufwand geschehen kann.

bb) Möglichkeit einer „spezifischen" Grundrechtsverletzung

25 Von dem Erfordernis der Möglichkeit einer Grundrechtsverletzung ist grundsätzlich auch umfasst, dass gerade die Verletzung **„spezifischen Verfassungsrechts"**[21] *möglich* erscheinen muss. Ob eine solche Verletzung tatsächlich vorliegt, ist ein Problem der Begründetheit der Verfassungsbeschwerde (→ Rn. 60ff.).

26 Im **Fall 40** ist eine Verletzung des A in seinem Grundrecht der Berufsfreiheit nicht ausgeschlossen. Nach der Rechtsprechung des BVerfG ist die „Freiheit, einen Beruf auszuüben, [...] untrennbar verbunden mit der Freiheit, eine angemessene Vergütung zu fordern" (→ § 40 Rn. 16). Weil die Verfassungsbeschwerde gegen eine Rechtsverordnung gerichtet ist, steht auch die Möglichkeit einer Verletzung „spezifischen Verfassungsrechts" nicht infrage.

b) Betroffenheit des Beschwerdeführers

27 Der Beschwerdeführer muss durch den angegriffenen Akt der öffentlichen Gewalt auch selbst, gegenwärtig und unmittelbar betroffen sein.[22]

---

[20] Vgl. zur Möglichkeitstheorie betreffend die Klagebefugnis im *Verwaltungs*prozess ausführl. *H. Sodan*, in: Sodan/Ziekow § 42 Rn. 379ff.

[21] Siehe zu der Problematik des Begriffs des „spezifischen Verfassungsrechts" und seiner Bedeutung *Zuck* Rn. 579ff.

[22] BVerfGE 1, 97 (101f.); 53, 30 (48); 60, 360 (370); 108, 370 (384) m.w.N. – st. Rspr.

aa) Betroffenheit in eigenen Rechten

Das Erfordernis der Selbstbetroffenheit dient dem Ausschluss von „Popularklagen";[23] die möglicherweise verletzten Rechte müssen *eigene* Rechte des Beschwerdeführers sein. Die Geltendmachung fremder Rechte in eigenem Namen ist also grundsätzlich unzulässig, eine gewillkürte, d. h. durch Vereinbarung begründete Prozessstandschaft folglich nicht möglich. So kann eine Organisation im Wege der Verfassungsbeschwerde nur ihre eigenen Rechte, nicht aber die ihrer Mitglieder geltend machen.[24] Zulässig ist dagegen eine gesetzliche Prozessstandschaft.[25] Eine Selbstbetroffenheit ist nicht nur gegeben, wenn der Beschwerdeführer Adressat der beanstandeten Maßnahme ist. Vielmehr können auch an andere gerichtete Akte öffentlicher Gewalt die Verletzung eines Dritten in dessen eigenen Rechten bewirken, wenn dieser zum Rechtsanwendungskreis des Beschwerdegegenstandes in einer spezifischen Nähe steht.[26]

28

So betreffen beispielsweise Ladenschlussregelungen nicht nur die Ladeninhaber, an die sie adressiert sind, sondern auch die Verbraucher in deren Rechten. Die einem Unternehmer gewährte Subvention kann dessen Konkurrenten in seinem Grundrecht der Berufsfreiheit verletzen.[27] Die Ausweisung oder Abschiebung eines Ausländers betrifft auch dessen Ehegatten (vgl. Art. 6 I GG).[28] Selbstbetroffener einer Maßnahme staatlicher Telekommunikationsüberwachung ist jeder, in dessen Persönlichkeitsrechte durch die Maßnahme eingegriffen wird, auch wenn er nicht Zielperson der Anordnung ist; die Möglichkeit, Objekt einer solchen Maßnahme zu werden, besteht praktisch für jedermann.[29] An der Selbstbetroffenheit soll es hingegen fehlen, wenn der Beschwerdeführer nicht darlegen kann, dass er überhaupt oder mit größerer Wahrscheinlichkeit als jeder andere Bürger von der anzugreifenden Vorschrift bzw. von hierauf gestützten Maßnahmen betroffen sein kann.[30]

29

Im **Fall 40** ist A *selbst* betroffen, da er zum Adressatenkreis der Gebührenordnung gehört und deren Regelungen sich auf *seine* Berufsfreiheit auswirken.

30

bb) Gegenwärtige Betroffenheit

Der Beschwerdeführer muss außerdem *gegenwärtig* betroffen sein, d. h. der angegriffene Akt muss ihn im Zeitpunkt der Erhebung der Verfassungsbeschwerde *schon* oder *noch*, mithin „aktuell" beschweren.

31

An einer **noch**[31] **vorhandenen Betroffenheit** fehlt es regelmäßig, wenn der belastende Akt aufgehoben wurde, außer Kraft getreten ist oder sich in anderer Weise erledigt hat – es sei denn, dass die Beschwer noch fortdauert, etwa wegen Wiederholungsgefahr oder weil die Bedeutung des Grund-

32

---

[23] Vgl. zum *Verwaltungs*prozess *H. Sodan,* in: Sodan/Ziekow § 42 Rn. 365.
[24] BVerfGE 13, 54 (89 f.) m. w. N.; vgl. ferner BVerfGE 77, 263 (268 f.).
[25] Z. B. durch Testamentsvollstrecker oder Insolvenzverwalter, vgl. dazu BVerfGE 21, 139 (143); 65, 182 (190).
[26] Vgl. etwa BVerfGE 108, 370 (384); HessStGH, NVwZ 2006, 685 (686).
[27] Vgl. etwa BVerfGE 43, 58 (68 f.); *H. Sodan,* in: Sodan/Ziekow § 42 Rn. 399, 446 ff.
[28] BVerfGE 51, 386 (395).
[29] BVerfGE 113, 348 (363); vgl. auch BVerfGE 109, 279 (308).
[30] Siehe HessStGH, NVwZ 2006, 685 (686) – betr. Rasterfahndung. Demgegenüber ist die Selbstbetroffenheit bei einer gegenüber dem Beschwerdeführer bereits angeordneten Rasterfahndung unproblematisch gegeben, vgl. BVerfGE 115, 320 (341).
[31] Möglich ist es auch, das Problem *noch* vorhandener Betroffenheit im Rahmen des Rechtsschutzbedürfnisses (→ Rn. 53) zu problematisieren, siehe etwa BVerfGE 21, 378 (383).

rechts oder das Gewicht der Beeinträchtigung eine nachträgliche „Rehabilitierung" des Beschwerdeführers erfordern, z. B. nach verbüßten Gefängnisstrafen oder anderen Inhaftierungen[32].

33 An dem Erfordernis, dass der Beschwerdeführer **schon betroffen** ist, fehlt es prinzipiell, wenn der angegriffene Akt noch gar keine Rechtsverbindlichkeit aufweist, etwa weil der betreffende Verwaltungsakt (zum Begriff → § 74) noch gar nicht erlassen oder das beanstandete Gesetz noch nicht *verkündet* wurde. Auch bei bereits verkündeten Gesetzen genügt es für die gegenwärtige Betroffenheit aber nicht, dass der Beschwerdeführer nur irgendwann einmal in der Zukunft („virtuell") hiervon betroffen sein könnte.[33] Ausreichend kann es indes sein, dass die gerügte Beeinträchtigung in absehbarer Zukunft mit einiger Wahrscheinlichkeit eintreten wird.[34] Eine Ausnahme wird dann zugelassen, wenn das beanstandete Gesetz die Normadressaten bereits gegenwärtig zu später nicht mehr korrigierbaren Entscheidungen zwingt oder schon jetzt zu Dispositionen veranlasst, die sie nach dem späteren Gesetzesvollzug nicht mehr nachholen können, z. B. im Hinblick auf Studienplatzwahl oder Alterssicherung.[35]

34 Im **Fall 40** ist A durch die Gebührenordnung für Ärzte wegen der darin getroffenen Regelungen der Vergütungen ärztlicher Leistungen bereits gegenwärtig betroffen.

cc) Unmittelbare Betroffenheit

35 Die angegriffene Maßnahme muss den Beschwerdeführer überdies unmittelbar betreffen. Daran fehlt es vor allem dann, wenn nicht der angegriffene Akt selbst, sondern erst ein auf dessen Grundlage ergehender weiterer Hoheitsakt die konkrete Beeinträchtigung herbeiführt.

36 Problematisch kann dies insbesondere bei Verfassungsbeschwerden *gegen Gesetze* (vgl. → § 4 Rn. 7f.) sein. Hier scheidet eine unmittelbare Betroffenheit im Grundsatz aus, wenn die angegriffene Vorschrift erst noch der **Individualisierung oder Konkretisierung gegenüber dem Beschwerdeführer mittels behördlichen Vollzugsaktes,** insbesondere eines Verwaltungsaktes, bedarf; denn in der Regel greift dann erst dieser Vollzugsakt in die Rechtssphäre des Bürgers ein.[36] Fehlt es insoweit an der unmittelbaren Betroffenheit durch ein Gesetz, kann die Verfassungsbeschwerde nicht direkt gegen dieses, sondern nur – nach der regelmäßig erforderlichen Rechtswegerschöpfung (→ Rn. 43f.) – gegen den unmittelbar beeinträchtigenden Vollzugsakt bzw. gegen das diesen bestätigende letztinstanzliche Gerichtsurteil gerichtet werden.[37]

37 Eine unmittelbare Betroffenheit liegt bei Gesetzen demgegenüber in der Regel vor, wenn diese **ohne weitere Zwischenakte** in den Rechtskreis des Beschwerdeführers einwirken und Rechtspositionen konkret gestalten, indem sie diese etwa zu einem festgelegten Zeitpunkt erlöschen lassen oder eine zeitlich und inhaltlich hinreichend genau bestimmte Verpflichtung begründen („self-executing"-Normen). Dies ist insbesondere bei Festlegung gesetzlicher Ge- oder Verbote häufig der Fall, beispielsweise der gesetz-

---

[32] Vgl. BVerfGE 9, 89 (93f.); 21, 378 (383); 53, 152 (157f.); vgl. ferner BVerfGE 20, 162 (173) bzgl. einer Durchsuchung.
[33] Näher BVerfGE 1, 97 (102); 60, 360 (371).
[34] Siehe zu Beispielen BVerfGE 26, 246 (251f.); 34, 165 (179f.); 41, 29 (42); 41, 65 (76f.); 50, 290 (321).
[35] Vgl. BVerfGE 43, 291 (386f.); 58, 81 (106f.); 60, 360 (372f.); 75, 78 (95) m.w.N.
[36] Vgl. BVerfGE 43, 281 (386) m.w.N.
[37] Siehe hierzu BVerfGE 72, 39 (43f.).

§ 51. Verfassungsbeschwerde

lichen Regelung von Ladenschlusszeiten[38] oder der gesetzlichen Festlegung einer Altersgrenze für bestimmte Berufe[39]. Die Unmittelbarkeit entfällt dann auch nicht dadurch, dass eine Behörde die Rechtslage gegenüber dem Beschwerdeführer noch einmal feststellt bzw. auf diese hinweist.[40] Allerdings kann es hier an der Unmittelbarkeit der Beschwer fehlen, wenn der beschwerend wirkende Gehalt der angegriffenen Norm nicht unzweifelhaft feststeht, sondern sich erst aus einer möglichen Auslegung der Norm ergeben könnte; in einem solchen Fall kann zunächst eine Klärung des Regelungsgehalts durch die Fachgerichte angezeigt sein.[41]

Abweichend von dem soeben aufgestellten Grundsatz (→ Rn. 36 f.) kann eine unmittelbare Betroffenheit durch ein Gesetz aber auch dann vorliegen, wenn eine gesetzliche Regelung **zwar auf die Vornahme eines behördlichen Vollzugsakts ausgerichtet** ist, diesem hierbei aber nicht die Funktion einer besonderen, vom Willen der Exekutive beeinflussten, die gesetzliche Regelung individualisierenden und konkretisierenden Entscheidungsfindung zukommt, sondern durch ihn lediglich eine bereits gesetzlich auch für den betreffenden Einzelfall feststehende Rechtsfolge nachvollzogen wird. Dies ist häufig dann der Fall, wenn der Behörde bei der Vornahme des Vollzugsaktes im Rahmen der Subsumtion des Lebenssachverhaltes **kein Beurteilungs-** oder bei der Wahl der Rechtsfolgen **kein Entscheidungs- bzw. Ermessensspielraum** zukommt und die Rechtslage dadurch eindeutig ist.[42]

38

Diese vom BVerfG zunächst verfolgte Linie hat das Gericht zwar später korrigiert[43], allerdings aus Gründen, die sich weniger auf den Aspekt der Betroffenheit beziehen, als vielmehr dem Gesichtspunkt der **Subsidiarität** der Verfassungsbeschwerde zuzurechnen sind (dazu → Rn. 47). Trotz vorhandener Überschneidungen sollte in der **Lösung von Prüfungsaufgaben** zwischen beiden Aspekten möglichst klar getrennt werden (was vor allem in der gerichtlichen Praxis nicht immer geschieht): Das Unmittelbarkeitserfordernis betrifft vorrangig die Frage, ob der Beschwerdeführer durch den Beschwerdegegenstand überhaupt hinreichend betroffen ist; über den Subsidiaritätsgrundsatz (→ Rn. 42 ff.) wird dagegen ermittelt, inwieweit der Beschwerdeführer versuchen muss, diese Beschwer zunächst anderweitig ausräumen zu lassen.

39

Im **Fall 40** treffen die in der Gebührenordnung für Ärzte enthaltenen Regelungen der Vergütung privatärztlicher Leistungen den A *unmittelbar;* besondere hoheitliche Vollzugsakte sind nicht mehr erforderlich.[44]

40

Aus **Zumutbarkeitserwägungen** wird darüber hinaus die unmittelbare Betroffenheit durch Gesetze bejaht (bzw. ausnahmsweise nicht für erforderlich gehalten) bei **Normen des Straf- oder Ordnungswidrigkeitenrechts,** da es dem Beschwerdeführer hier nicht zuzumuten ist, zunächst den für grundrechtswidrig erachteten Normen zuwider zu handeln und die daraufhin erfolgenden Sanktionen über sich ergehen zu lassen.[45] Das

41

---

[38] BVerfGE 13, 225 (233).
[39] BVerfGE 1, 264 (270).
[40] Siehe etwa BVerfGE 1, 264 (270).
[41] Siehe BVerfG (Kammerbeschl.), NVwZ 2007, 1297 (1298) – das BVerfG trennt hier allerdings einmal mehr nicht deutlich zwischen Unmittelbarkeit der Beschwer und Subsidiaritätsgrundsatz (→ vgl. Rn. 39).
[42] Vgl. BVerfGE 3, 1 (2); 43, 108 (117); 43, 291 (386); 45, 104 (117 f.).
[43] Vgl. BVerfGE 58, 81 (104 f.); 71, 25 (35); 72, 39 (43 f.) mit Sondervotum a. a. O., 46 ff.; 79, 1 (20).
[44] Vgl. BVerfGE 68, 319 (325).
[45] Vgl. BVerfGE 20, 283 (290); 46, 246 (256); 77, 84 (100); 81, 70 (82).

Gleiche gilt, wenn das Gesetz den Beschwerdeführer vor Erlass eines Vollzugsakts zu **entscheidenden Dispositionen** veranlasst, die er nach dem späteren Gesetzesvollzug nicht mehr nachholen oder korrigieren könnte[46], z. B. im Hinblick auf so genannte Parkstudienregeln[47]. Ferner hat das BVerfG ausnahmsweise die unmittelbare Betroffenheit durch ein vollziehungsbedürftiges Gesetz auch für den Fall bejaht, dass der Beschwerdeführer den Rechtsweg nicht beschreiten kann, weil er keine Kenntnis von der ihn beschwerenden Maßnahme erlangt hat[48].

7. Subsidiarität[49]

42 Die Verfassungsbeschwerde ist ein außerordentlicher Rechtsbehelf (→ Rn. 2), der nicht wahlweise neben anderen Rechtsbehelfen steht, sondern grundsätzlich erst dann in zulässiger Weise eingelegt werden kann, wenn andere Wege zur Ausräumung der behaupteten Grundrechtsverletzung erfolglos beschritten wurden. Dieses **Subsidiaritätsprinzip** soll die „Funktionenteilung zwischen der Fach- und Verfassungsgerichtsbarkeit" sicherstellen; denn es „obliegt zuvörderst den Fachgerichten, die Grundrechte zu wahren und durchzusetzen".[50] Darüber hinaus dient es der Entlastung des BVerfG und damit der Sicherung von dessen Funktionsfähigkeit.[51] Ferner bezweckt es, dem BVerfG „vor seiner Entscheidung ein regelmäßig in mehreren Instanzen geprüftes Tatsachenmaterial zu unterbreiten und ihm die Fallanschauung der Gerichte, insbesondere der obersten Gerichtshöfe des Bundes, zu vermitteln".[52]

a) Rechtswegerschöpfung

43 Als gesetzlich geregelte Ausprägung des Subsidiaritätsgrundsatzes verlangt der auf der Grundlage von Art. 94 II 2 GG erlassene § 90 II 1 BVerfGG, dass – soweit gegen die behauptete Verletzung der Rechtsweg zulässig ist – die Verfassungsbeschwerde erst *nach* Erschöpfung des Rechtsweges erhoben werden kann. Zum **Rechtsweg** zählt dabei jede gesetzlich normierte Möglichkeit der Anrufung eines Gerichts.[53] Hierzu gehört vor allem der *vollständige* Instanzenzug des für die gerichtliche Überprüfung der beanstandeten Verletzung zuständigen Fachgerichtszweiges, aber etwa auch eine gesetzlich vorgesehene Beschwerde gegen die Nichtzulassung der Revision[54], das Rechtsinstitut der Wiedereinsetzung in den vorigen Stand[55] oder das Normenkontrollverfahren nach § 47 VwGO (dazu → § 104), nicht dagegen gemäß § 90 III BVerfGG die Möglichkeit zur Erhebung einer Verfassungsbeschwerde an das zuständige LVerfG (vgl. → § 16 Rn. 12 ff.). Im Hinblick auf eine behauptete Verletzung des Art. 103 I GG (Anspruch auf rechtliches Gehör) muss der Beschwerdeführer zuvor den fachgerichtlichen Rechtsbehelf

---

[46] BVerfGE 43, 291 (386); 71, 25 (35); 102, 197 (207); BVerfG (Kammerbeschl.), NVwZ 2003, 467 (468). – Damit lässt sich ebenso eine Ausnahme vom Erfordernis *gegenwärtiger* Betroffenheit begründen, → Rn. 33.
[47] BVerfGE 46, 291 (386 ff.).
[48] BVerfGE 113, 348 (362 f.), unter Hinweis auf u. a. BVerfGE 100, 313 (354); 109, 279 (306 f.).
[49] Ausführl. hierzu *H. Sodan*, DÖV 2002, 925 ff. mit zahlreichen Beispielsfällen.
[50] BVerfGE 96, 27 (40) m. w. N.
[51] Siehe dazu *H. Sodan*, DÖV 2002, 925 (927 f.).
[52] BVerfGE 78, 155 (160); vgl. etwa auch BVerfGE 8, 222 (227); 97, 157 (165); 101, 54 (74); 102, 197 (207, 210).
[53] BVerfGE 67, 157 (170).
[54] BVerfGE 16, 1 (2).
[55] BVerfGE 42, 252 (256 f.); 77, 275 (282).

§ 51. Verfassungsbeschwerde

der Anhörungsrüge einlegen[56] (vgl. dazu → § 49 Rn. 6 einschließlich des zugehörigen Fußnotentextes). Die **Erschöpfung des Rechtsweges** fehlt, wenn der Beschwerdeführer nicht von allen gesetzlichen Rechtsmitteln Gebrauch gemacht, solche also etwa bewusst nicht eingelegt, sie versäumt oder zurückgenommen hat.[57] Selbst wenn zweifelhaft ist, ob ein Rechtsmittel statthaft ist und im konkreten Fall in zulässiger Weise eingelegt werden kann oder hätte eingelegt werden können, ist der Beschwerdeführer grundsätzlich gehalten, von dem etwaigen fachgerichtlichen Rechtsschutz Gebrauch zu machen.[58] Ebenso sind zumindest denkbar in Betracht kommende „einfachrechtliche" Leistungsansprüche geltend zu machen, bevor das Fehlen einer gesetzlichen Regelung gerügt werden kann.[59]

Grundsätzlich ist es durch das verfassungsprozessuale Gebot der Erschöpfung des Rechtsweges nicht gefordert, dass der Beschwerdeführer von Beginn des fachgerichtlichen Rechtsschutzes an verfassungsrechtliche Erwägungen und Bedenken vorträgt. Etwas anderes kann aber gelten, soweit der Ausgang des Verfahrens von der Verfassungswidrigkeit einer Vorschrift abhängt, eine bestimmte Normauslegung angestrebt wird, die ohne verfassungsrechtliche Erwägungen nicht begründbar ist, oder der Antrag auf Zulassung eines Rechtsmittels oder das Rechtsmittel selbst auf die Verletzung von Verfassungsrecht zu stützen ist.[60] 44

b) Ausnutzung aller sonstigen Möglichkeiten

Über die Rechtswegerschöpfung im engeren Sinne hinaus gebietet das Subsidiaritätsprinzip, dass der Beschwerdeführer vor Einlegen einer Verfassungsbeschwerde **alle** „ihm zur Verfügung stehenden Möglichkeiten ergreift, um eine Korrektur der geltend gemachten Verfassungsverletzung zu erreichen oder sie gar zu verhindern".[61] 45

Obwohl gerichtliche **Eilverfahren** (vgl. zum Verwaltungsprozess → §§ 105 bis 107) gegenüber den jeweiligen Hauptsacheverfahren eigenständige Rechtswege darstellen, kann es das Subsidiaritätsprinzip gebieten, vor Erhebung der Verfassungsbeschwerde auch das Hauptsacheverfahren zu betreiben. Dies gilt dann, wenn letzteres geeignet ist, der verfassungsrechtlichen Beschwer abzuhelfen, etwa wenn ausschließlich auf die Hauptsache bezogene Grundrechtsverletzungen gerügt werden oder durch das Eilverfahren noch keine ausreichende fachgerichtliche Klärung der tatsächlichen und rechtlichen Lage erfolgt ist.[62] Ein Verweis auf das Hauptsacheverfahren scheidet indes aus, wenn die gerügte Verletzung gerade durch die Entscheidung in der Eilsache selbst erfolgte[63] oder wenn dies für den Beschwerdeführer unzumutbar ist, weil die Grundrechtsverlet- 46

---

[56] BVerfG (Kammerbeschl.), NJW 2005, 3059 f. – „Queen Mary"; vgl. auch HessStGH, NJW 2005, 2217 f.; NJW 2005, 2219 f. Siehe näher M. Desens, NJW 2006, 1243 (1244 ff.); O. Klein/ C. Sennekamp, NJW 2007, 945 (950 f.); C. Thiemann, DVBl. 2012, 1420 ff.; R. Zuck, NVwZ 2006, 1119 ff.
[57] H. Sodan, DÖV 2002, 925 (929).
[58] BVerfGE 91, 93 (106); BVerfG (Kammerbeschl.), NJW 2009, 1331 (1332); NJW 2015, 2175.
[59] BVerfG (Kammerbeschl.), NJW 2012, 2021.
[60] BVerfGE 112, 50 (LS Nr. 1, 60 ff.); siehe dazu auch T. Linke, NJW 2005, 2190 ff.; D. O'Sullivan, DVBl. 2005, 880 ff.
[61] BVerfGE 79, 275 (278 f.); vgl. etwa auch BVerfGE 107, 257 (267); 108, 370 (386); 131, 47 (56); 134, 106 (115); BVerfG, NZS 2016, 20 (21).
[62] Vgl. BVerfGE 77, 381 (401 f.); 78, 290 (301 f.); 79, 275 (278 f.).
[63] BVerfGE 80, 40 (45), z. B. durch die Versagung rechtlichen Gehörs, vgl. BVerfGE 75, 318 (325); 79, 275 (279) m. w. N.; BVerfG (Kammerbeschl.), DVBl. 2012, 99 (101).

zung durch das Hauptsacheverfahren nicht mehr hinreichend ausgeräumt werden könnte und ihm damit ein schwerer und unabwendbarer Nachteil i. S. d. § 90 II 2 BVerfGG entstünde[64].

47 Gegen so genannte *untergesetzliche* – als im Rang unterhalb eines Parlamentsgesetzes stehende – Normen ist bei Erfüllung der Voraussetzungen des verwaltungsgerichtlichen Normenkontrollverfahrens nach § 47 VwGO ein Rechtsweg eröffnet (→ § 104). Anderenfalls, vor allem aber für Gesetze im *formellen* Sinne (→ § 4 Rn. 8) steht ein Rechtsweg nicht zur Verfügung (vgl. auch § 93 III BVerfGG). Gleichwohl führt das BVerfG in Bezug auf die untergesetzliche Rechtsetzung in einem Beschluss aus dem Jahr 2006 aus: „Die dem Grundsatz der Subsidiarität zugrunde liegende Erwägung, zunächst dem sachnäheren Fachgericht die Kontrolle auch der Einhaltung der Verfassung zu überlassen [...], spricht dagegen, die Verfassungsbeschwerde für den Bereich der untergesetzlichen Rechtsetzung als Primärrechtsschutz anzuerkennen. Dies gilt selbst dann, wenn die untergesetzliche Norm einer unmittelbaren verwaltungsgerichtlichen Kontrolle nicht zugänglich ist".[65] Nach jüngerer Rechtsprechung des BVerfG soll auch bei einer **Verfassungsbeschwerde unmittelbar gegen ein formelles Gesetz** der Grundsatz der Subsidiarität anzuwenden sein. Selbst im Falle *unmittelbarer* Betroffenheit durch das angegriffene Gesetz (→ Rn. 36 ff.) ist danach die Verfassungsbeschwerde unzulässig, wenn der Beschwerdeführer in zumutbarer Weise einen wirkungsvollen Rechtsschutz durch Anrufung der Fachgerichte erlangen kann, insbesondere indem er Einzelakte, die auf der Grundlage des Gesetzes zu erlassen sind,[66] abwartet und durch deren fachgerichtliche Überprüfung eine Inzidentkontrolle des beanstandeten Gesetzes über eine Richtervorlage nach Art. 100 GG (→ § 54) zu erreichen sucht.[67] Die Zumutbarkeit ist hier aber nur gegeben, wenn die Anrufung der Fachgerichte dabei „nicht offensichtlich aussichtslos" ist[68] (dazu auch → Rn. 52).

48 Im **Fall 40** steht ein Rechtsweg direkt gegen die Gebührenordnung für Ärzte nicht offen. Trotz vorangegangener Feststellung unmittelbarer Betroffenheit (vgl. → Rn. 40) hält das BVerfG in der diesem Fall zugrunde liegenden Entscheidung die seinerzeit gegen die Gebührenordnung erhobenen Verfassungsbeschwerden wegen des Grundsatzes der Subsidiarität für **unzulässig:** Es könne nicht Aufgabe des BVerfG sein, „die Angemessenheit einzelner Gebührensätze zu klären, allgemeine Ermittlungen zu nachteiligen finanziellen Auswirkungen einzelner Vorschriften und Gebührenziffern anzustellen und etwa zu prüfen, ob [...] bei Abrechnung nach der Gebührenordnung [...] tatsächlich nicht einmal eine Kostendeckung zu erzielen" sei. „Die von den Beschwerdeführern erstrebte Kontrolle einzelner Vorschriften würde das Bundesverfassungsgericht dazu zwingen, deren Gültigkeit unabhängig von konkreten Anwendungsfällen und ohne Anhaltspunkte für Auswirkungen auf die einzelnen Beschwerdeführer zu untersuchen." Dies sei „aber nicht Sinn und Funktion der Verfassungsbeschwerde, sondern" müsse

---

[64] Vgl. hierzu etwa BVerfGE 53, 29 (54); 58, 257 (263 f.); 75, 275 (278 f.).

[65] BVerfGE 115, 81 (92). Siehe zur verwaltungsgerichtlichen Überprüfung der Gültigkeit oder Unanwendbarkeit einer Norm aufgrund einer allgemeinen Feststellungsklage nach § 43 I Alt. 1 VwGO *H. Sodan*, in: Sodan/Ziekow § 43 Rn. 58 ff.

[66] Das Problem stellt sich damit praktisch nur, wenn ein Gesetz, das auf den Erlass von Einzelakten ausgerichtet ist, den Beschwerdeführer überhaupt *unmittelbar* beeinträchtigt. Das BVerfG nimmt zwischen Unmittelbarkeitserfordernis und Subsidiarität allerdings nicht immer eine eindeutige Trennung vor; siehe hierzu bereits → Rn. 38 f.

[67] Vgl. BVerfGE 69, 122 (125 f.); 72, 39 (43 f.); 74, 69 (72 ff., insbes. 74 f.); 97, 157 (166); 123, 148 (172 f.); BVerfG (Kammerbeschl.), NVwZ 2013, 423; NJW 2015, 2242 f.; krit. *Schlaich/Korioth* Rn. 255.

[68] BVerfGE 123, 148 (172); BVerfG (Kammerbeschl.), NVwZ-RR 2000, 473; NVwZ-RR 2002, 1; vgl. auch BVerfGE 79, 1 (20); 85, 80 (86); 102, 197 (208).

§ 51. Verfassungsbeschwerde

„einer Prüfung durch die Fachgerichte im Rahmen von Rechtsstreitigkeiten über Gebührenforderungen vorbehalten bleiben."[69] Diese Rechtsstreitigkeiten müssten vor **Zivilgerichten** zwischen Ärzten und Patienten ausgetragen werden. Im **Fall 40** wäre A wegen der Unzulässigkeit seiner Verfassungsbeschwerde zur Inanspruchnahme mittelbaren „Rechtsschutzes" gegen die Gebührenordnung gezwungen, eine fachgerichtliche Auseinandersetzung über die Höhe einer Honorarforderung dadurch herbeizuführen, dass er die Gebührenordnung für Ärzte bei der Bemessung des in Rechnung gestellten Honorars nicht beachtet, der Patient daraufhin die Bezahlung verweigert und A den Rechnungsempfänger vor dem – je nach Streitwerthöhe – zuständigen AG bzw. LG verklagt. In diesem fachgerichtlichen Verfahren sollte A bereits in materiellrechtlicher Hinsicht diejenigen Grundrechtsrügen erheben, die er später mit einer ggf. für erforderlich gehaltenen „Urteilsverfassungsbeschwerde" zur verfassungsgerichtlichen Überprüfung stellen will, um nicht dann erneut an dem Subsidiaritätsprinzip zu scheitern.[70] Wer die Alltagsarbeit eines Amtsrichters kennt, die in der Bewältigung massenhaft erhobener Klagen besteht, weiß, dass das Beschreiten des vom BVerfG hier gewiesenen Weges eines „Verfassungsprozesses beim AG" dem A „Steine statt Brot" gäbe. Ein – vom BVerfG in anderen Zusammenhängen so nachhaltig propagierter „effektiver Rechtsschutz" (vgl. → § 45 Rn. 6) – kann darin jedenfalls nicht gesehen werden.

Ebenfalls aus Subsidiaritätsgründen muss der Beschwerdeführer bei Eingriffsakten, die auf einer Regelung beruhen, welche Ausnahmen vorsieht, zunächst versuchen, die Beseitigung des Eingriffsaktes unter **Berufung auf die Ausnahmeregelung** zu erwirken, ehe er Verfassungsbeschwerde einlegt.[71] 49

c) Grenzen der Subsidiarität

aa) § 90 II 2 BVerfGG

Grenzen der Subsidiarität ergeben sich aus § 90 II 2 BVerfGG, und zwar in dessen sinngemäßer Anwendung auch für die über § 90 II 1 BVerfGG hinaus gehenden Aspekte der Subsidiarität[72]. 50

Eine so genannte Vorabentscheidung ist hiernach zum einen möglich, wenn die Verfassungsbeschwerde **von allgemeiner Bedeutung** ist, durch sie also grundsätzliche verfassungsrechtliche Fragen aufgeworfen werden und die verfassungsgerichtliche Entscheidung über den Einzelfall hinaus Klarheit über die Rechtslage in einer Vielzahl gleichgelagerter Fälle schafft[73]. Zum anderen kann die vorherige Ausschöpfung anderer Beseitigungsmöglichkeiten entbehrlich sein, wenn anderenfalls dem Beschwerdeführer ein **schwerer und unabwendbarer Nachteil** entstünde, wenn sich also ein Nachteil, der mit hoher Eingriffsintensität erfolgt oder ein aus dem Rahmen des Üb- 51

---

[69] BVerfGE 68, 319 (325 f.). Nach Ansicht des BVerfG sind die Verfassungsbeschwerden „hingegen zulässig, soweit die Beschwerdeführer geltend machen, die angegriffene Gebührenordnung beschränke das Grundrecht der Berufsfreiheit deshalb in verfassungswidriger Weise, weil sie auf einer entgegen den Kompetenzvorschriften des Grundgesetzes erlassenen und inhaltlich nicht hinreichend bestimmten **Ermächtigungsgrundlage** beruhe" (BVerfGE 68, 319 [326] – ohne die Hervorhebung).
[70] Vgl. dazu BVerfGE 64, 135 (143); 66, 337 (364); 68, 384 (389); *H. Sodan*, DÖV 2002, 925 (931 f.).
[71] BVerfGE 78, 58 (69); BVerfG (Kammerbeschl.), NJW 2001, 2009; vgl. auch BVerfG (Kammerbeschl.), NJW 2000, 3126 f.
[72] Vgl. BVerfGE 91, 294 (306); 101, 54 (74).
[73] Siehe etwa BVerfGE 19, 268 (273); 68, 176 (185); 84, 90 (116 f.); 91, 294 (306); 108, 370 (386). Siehe zur konkreten Rechtsprechungspraxis auch *H. Sodan*, DÖV 2002, 925 (933).

lichen fallendes Sonderopfer⁷⁴ darstellt, durch die Verweisung auf den Rechtsweg selbst bei späterem Erfolg der Verfassungsbeschwerde nicht mehr hinreichend ausgleichen ließe⁷⁵.

bb) Unzumutbarkeit

52 Über die Voraussetzungen des § 90 II 2 BVerfGG hinaus lässt das BVerfG Ausnahmen vom Subsidiaritätsgrundsatz zu, wenn dessen Beachtung dem Beschwerdeführer nicht zugemutet werden kann⁷⁶. Das ist beispielsweise der Fall, wenn die Verweisung auf andere Rechtsmittel offensichtlich aussichtslos ist,⁷⁷ etwa weil im Hinblick auf eine gefestigte, insbesondere höchstrichterliche Rechtsprechung kein Abweichen von dieser Rechtsprechung zu erwarten ist⁷⁸ oder weil aufgrund einer eindeutigen gesetzlichen Regelung mit keinem anderen Ergebnis gerechnet werden kann⁷⁹. Die Sinn- und Aussichtslosigkeit kann auch darin bestehen, dass der Misserfolg eines verwaltungsgerichtlichen Verfahrens von vornherein feststeht, weil die Norm der Verwaltung keinen Ermessens- oder Beurteilungsspielraum einräumt.⁸⁰ Unzumutbar kann der Verweis auf den Rechtsweg auch dann sein, wenn der Beschwerdeführer vom Gericht falsch über das (Nicht-)Bestehen eines Rechtsweges belehrt wurde⁸¹ oder wenn ihm die Gewährung von Prozesskostenhilfe abschließend versagt worden ist⁸².

8. Rechtsschutzbedürfnis

53 Da die übrigen Sachentscheidungsvoraussetzungen das Rechtsschutzbedürfnis für eine Verfassungsbeschwerde vielfach konkretisieren, ist dieses nur noch in Ausnahmefällen zu verneinen. Es verbleiben vor allem Fälle des **Rechtsmissbrauchs,** etwa wenn der Beschwerdeführer sich vor den Fachgerichten zu seinem Vorteil auf eine Norm beruft, mit der anschließenden Verfassungsbeschwerde aber deren Verfassungswidrigkeit rügt.⁸³ Das Rechtsschutzbedürfnis besteht im verfassungsgerichtlichen Verfahren auch nach **Erledigung** des eigentlichen Rechtsschutzanliegens u. a. dann fort, wenn der gerügte Grundrechtseingriff besonders schwer wiegt, wenn die gegenstandslos gewordene Maßnahme den Beschwerdeführer weiter beeinträchtigt oder wenn hinsichtlich des Eingriffs Wiederholungsgefahr besteht.⁸⁴ Eine Verfassungsbeschwerde zur Durchsetzung höchstpersönlicher Rechte des Beschwerdeführers erledigt sich grundsätzlich im Falle seines Todes.⁸⁵

---

[74] Siehe *A. Henke,* in: Burkiczak/Dollinger/Schorkopf, BVerfGG § 90 Rn. 192 f.
[75] Z. B. bei der Verweigerung von Rundfunksendezeiten für Wahlwerbung kurz vor dem Wahltermin, vgl. BVerfGE 7, 99 (105); 14, 121 (130 f.).
[76] BVerfGE 9, 3 (7 f.); 68, 376 (380 f.).
[77] Vgl. etwa BVerfGE 61, 319 (341 f.); 64, 208 (213); 64, 256 (260); 69, 188 (202); siehe dazu auch → Rn. 47 a. E.
[78] BVerfGE 9, 3 (7 f.); 68, 376 (380 f.); 84, 59 (72).
[79] Vgl. BVerfGE 56, 363 (380); BVerfG (Kammerbeschl.), NJW 1994, 2749.
[80] BVerfGE 123, 148 (172).
[81] BVerfGE 19, 253 (256 f.).
[82] Vgl. BVerfGE 16, 1 (2); 22, 349 (355).
[83] Vgl. BVerfGE 68, 384 (389) – dort allerdings unter Berufung auf den Subsidiaritätsgrundsatz.
[84] BVerfG (Kammerbeschl.), FamRZ 2009, 399 m. w. N.
[85] Vgl. BVerfGE 6, 389 (442 f.); 12, 311 (315); 109, 279 (304). Siehe zu einer Ausnahme von diesem Grundsatz BVerfGE 124, 300 (318 f.); hierzu auch *J. Rauber,* DÖV 2011, 637 ff.

§ 51. Verfassungsbeschwerde

9. Frist

Die Verfassungsbeschwerde ist nur zulässig, wenn sie **fristgerecht erhoben und begründet** wird (vgl. § 93 I 1 BVerfGG). Die Fristberechnung richtet sich nach den allgemeinen Regeln des Prozessrechts, also den §§ 222 ZPO, 187 ff. BGB. 54

Gemäß § 93 I 1 BVerfGG beträgt die Einlegungsfrist für Verfassungsbeschwerden gegen Hoheitsakte, gegen die ein Rechtsweg offen steht (also vor allem Gerichtsurteile und Verwaltungsmaßnahmen), **einen Monat**. Die Frist beginnt mit der Zustellung bzw. Bekanntgabe der abschließenden Entscheidung (vgl. § 93 I 2 bis 4 BVerfGG). Dem gleichgesetzt ist die Entscheidung, die ein Rechtsmittel als unzulässig oder unstatthaft verwirft, es sei denn, dass die Aussichtslosigkeit des Rechtsmittels für den Beschwerdeführer offensichtlich war.[86] Bei Ausnahmen vom Erfordernis der Rechtswegerschöpfung (→ Rn. 50 ff.) gilt ebenfalls die Monatsfrist. Gemäß § 93 II BVerfGG kann dem Beschwerdeführer bei unverschuldeten Versäumen der Monatsfrist des § 93 I BVerfGG auf Antrag Wiedereinsetzung in den vorigen Stand gewährt werden. 55

Für Verfassungsbeschwerden gegen (formelle) Gesetze und sonstige Hoheitsakte, gegen die ein Rechtsweg nicht offensteht, gilt dagegen die **Jahresfrist** des § 93 III BVerfGG. Die Frist beginnt mit dem Zeitpunkt des Inkrafttretens, bei rückwirkenden Gesetzen (vgl. → § 7 Rn. 44 ff.) mit deren Verkündung. Bei Gesetzesänderungen läuft die Frist nur hinsichtlich der geänderten Teile. Lediglich redaktionelle Änderungen setzen keine neuerliche Frist in Gang.[87] Innerhalb der Jahresfrist Vorgebrachtes kann nachträglich „erläutert, verdeutlicht oder präzisiert werden"; unzulässig ist es hingegen, „nach Fristablauf einen neuen Sachverhalt zum Gegenstand der Verfassungsbeschwerde zu machen oder den Verfahrensgegenstand substantiell zu erweitern".[88] 56

10. Keine entgegenstehende Rechtskraft

Schließlich ist die Verfassungsbeschwerde nur zulässig, wenn im Hinblick auf den Beschwerdegegenstand keine entgegenstehende Rechtskraft gegeben ist (vgl. → § 50 Rn. 29). 57

III. Begründetheit

1. Allgemeines zum Prüfungsmaßstab bei Verfassungsbeschwerden

Dem BVerfG kommt im Rahmen der Verfassungsbeschwerde ein **spezifischer** Rechtsschutzauftrag im Hinblick auf die Grundrechte und grundrechtsgleichen Rechte zu (vgl. Art. 93 I Nr. 4a GG, § 90 I BVerfGG). Im Rahmen der Begründetheit einer Verfassungsbeschwerde überprüft es daher grundsätzlich „nur", ob der beanstandete Akt öffentlicher Gewalt gegen *diese* Rechte verstößt. Die Verfassungsbeschwerde ist daher **begründet, wenn der Beschwerdeführer durch den beanstandeten Akt der öffentlichen Gewalt in einem seiner Grundrechte oder grundrechtsgleichen Rechte verletzt ist** (vgl. zur Struktur der Grundrechtsprüfung → § 24). 58

---

[86] Vgl. BVerfGE 63, 80 (85).
[87] BVerfGE 129, 208 (234).
[88] BVerfGE 127, 87 (110).

2. Prüfung der Verfassungsmäßigkeit auch in formeller Hinsicht

59 Wie bereits gezeigt wurde (→ § 24 Rn. 22 ff., 27 ff., 55), vermag ein Gesetz ein Grundrecht nur dann wirksam einzuschränken, wenn es formell *und* materiell verfassungsgemäß ist. Daher kann eine Verfassungsbeschwerde etwa auch *(allein)* auf die Behauptung gestützt werden, eine Grundrechtsverletzung resultiere daraus, dass das dem Eingriff zugrunde liegende Gesetz nicht den Zuständigkeits- oder Verfahrensregelungen des Grundgesetzes entspreche und damit den Gesetzesvorbehalt, dem das betreffende Grundrecht unterliegt, nicht wahre.[89]

3. Nur Verstöße gegen „spezifisches Verfassungsrecht"

60 Der vornehmliche Rechtsschutzauftrag des BVerfG bezieht sich auf die Feststellung von Verfassungsverstößen, nicht dagegen der „bloßen" Verletzung „einfachen" Rechts; letzteres zu überprüfen ist vorrangig die Aufgabe der Fachgerichte.[90] Das BVerfG ist also „Hüter der Verfassungsmäßigkeit, nicht aber der allgemeinen Rechtmäßigkeit."[91] Da andererseits über das in Art. 2 I GG gewährleistete Grundrecht der allgemeinen Handlungsfreiheit *jedes* menschliche Verhalten geschützt wird (→ § 27 Rn. 1 ff.), stellt ein Hoheitsakt, welcher nicht dem „einfachen" Recht entspricht, stets zugleich eine Verletzung zumindest des Art. 2 I GG dar, weil ein solcher Hoheitsakt dann nicht mehr zur verfassungsmäßigen Ordnung zählt, mittels derer Art. 2 I GG eingeschränkt werden darf (vgl. → § 27 Rn. 14). Da infolgedessen das BVerfG bei der Überprüfung von Beschwerdegegenständen, die auf der Anwendung des „einfachen" Rechts basieren (also insbesondere von **Gerichtsentscheidungen,** prinzipiell aber auch von Exekutivakten), gezwungen wäre, im Hinblick auf potentielle Verstöße gegen Art. 2 I GG auch die Verletzung jeglichen „einfachen" Rechts zum Prüfungsmaßstab zu machen, würde das BVerfG zu einer „Superrevisionsinstanz" werden und seine spezielle Ausrichtung auf die Überprüfung von Verstößen gegen Verfassungsrecht verlieren. Um dies zu verhindern, kontrolliert das BVerfG die beanstandeten Hoheitsakte ausschließlich auf die **Verletzung „spezifischen Verfassungsrechts"** hin, d. h. die Verletzung muss auf „spezifischen Gründen des Verfassungsrechts"[92] beruhen und darf sich nicht bloß aus einer Verletzung des „einfachen" Rechts ergeben, die „nur" zu der eben beschriebenen Verletzung des allgemeinen Gesetzmäßigkeitsprinzips (vgl. → § 7 Rn. 16 ff.) führt.[93]

a) Überprüfung von Gerichtsentscheidungen

61 Bei der Überprüfung von Gerichtsentscheidungen liegt eine Verletzung „spezifischen Verfassungsrechts" insbesondere vor,

- wenn die **Norm,** auf welche das Gericht seine Entscheidung stützt, **grundrechtswidrig** ist,
- wenn das Gericht bei seiner **Entscheidungsfindung gegen Verfahrensgrundrechte** wie etwa die Gewährleistungen der Art. 101 und 103 I GG (vgl. → § 49 Rn. 1 ff.) **verstoßen** hat,

---

[89] Vgl. BVerfGE 13, 181 (190); 13, 237 (239); 44, 308 (313); 68, 319 (326 f.); 72, 175 (187 ff.).
[90] Vgl. BVerfGE 7, 198 (207); 18, 85 (92); 62, 338 (343).
[91] *M. Kloepfer,* DVBl. 2004, 676 (680).
[92] Vgl. die Formulierung in einem Sondervotum zu BVerfGE 63, 266 (298).
[93] Vgl. BVerfGE 18, 85 (92 f.); 62, 338 (343) – st. Rspr. Siehe dazu näher *M. Kenntner,* DÖV 2005, 269 (271 ff.).

§ 51. Verfassungsbeschwerde

- wenn die **Gerichtsentscheidung objektiv unhaltbar** ist und damit gegen das Willkürverbot des Art. 3 I GG (vgl. → § 30 Rn. 3 ff.) verstößt,[94]
- oder wenn das Gericht bei der Anwendung und Auslegung des „einfachen" Rechts **grundrechtliche Wertungen nicht beachtet** (d. h. *nicht erkannt*) **oder falsch eingeschätzt** (d. h. *verkannt*) hat, z. B. den Einfluss der Grundrechte auf die Auslegung des Privatrechts („mittelbare Drittwirkung" von Grundrechten, → § 22 Rn. 16 ff.).

Ein **Verkennen** eines Grundrechts, d. h. eine grundsätzlich unrichtige Auffassung von seiner Bedeutung, insbesondere vom Umfang seines Schutzbereiches,[95] liegt etwa vor, wenn ein Gericht den Beschwerdeführer zum Unterlassen eines Boykottaufrufs verurteilt und dabei nicht hinreichend die Bedeutung des Art. 5 I GG berücksichtigt[96] oder hinsichtlich der Kündigung eines Arbeitsverhältnisses wegen Stasi-Tätigkeit die Tragweite des Art. 12 I GG unzutreffend beurteilt[97]. 62

b) Überprüfung von Verwaltungsentscheidungen

Auch im – wegen des Subsidiaritätsgrundsatzes (→ Rn. 42 ff.) selten zulässigen – Fall der Verfassungsbeschwerde ausschließlich gegen einen Akt der Exekutive (z. B. einen Verwaltungsakt, zum Begriff → § 74) führt nicht schon jeder Verstoß gegen das „einfache" Recht (beispielsweise gegen die „einfachgesetzlichen" Zuständigkeits- oder Verfahrensregelungen oder gegen den Tatbestand der „einfachgesetzlichen" Ermächtigungsgrundlage) zur Begründetheit der Verfassungsbeschwerde, sondern nur die Verletzung spezifisch verfassungsrechtlicher Aspekte; das trifft insbesondere zu auf 63

- die **Grundrechtswidrigkeit der Ermächtigungsgrundlage**,
- eine **grundrechtswidrige Anwendung bzw. Auslegung der Ermächtigungsgrundlage** durch die handelnde Behörde,
- eine **unhaltbare Entscheidung** der Behörde unter Verstoß gegen das Willkürverbot des Art. 3 I GG (vgl. → § 30 Rn. 6),
- eine Behördenentscheidung, welche das Prinzip der **Verhältnismäßigkeit** verletzt, das verfassungsrechtlichen Rang hat (→ § 24 Rn. 33).

IV. Annahme zur Entscheidung

Vor allem zur Entlastung des BVerfG bedarf die Verfassungsbeschwerde gemäß § 93 a I BVerfGG der Annahme zur Entscheidung. Über diese befindet regelmäßig nicht der aus acht Mitgliedern bestehende zuständige Senat, sondern eine mit drei Mitgliedern desselben Senats besetzte **Kammer**[98] (vgl. → § 16 Rn. 9), welche die Annahme der Verfassungsbeschwerde ohne vorherige mündliche Verhandlung durch einstimmigen Beschluss ablehnen kann (§ 93 b S. 1 Hs. 1, § 93 d I 1 und III 1 BVerfGG); diese Ablehnung ist unanfechtbar und bedarf keiner Begründung (§ 93 d I 2 und 3 BVerfGG). 64

Gemäß § 93 a II Buchst. a BVerfGG *ist* eine Verfassungsbeschwerde zur Entscheidung anzunehmen, soweit ihr **grundsätzliche verfassungsrechtliche Bedeutung** zukommt. „Diese ist nur gegeben, wenn die Verfassungsbeschwerde eine verfassungsrechtliche Frage aufwirft, die sich nicht ohne weiteres aus dem Grundgesetz beantworten läßt und noch nicht durch die verfassungsge- 65

---

[94] Zu Beispielen siehe etwa BVerfGE 62, 338 (343, 347); 70, 93 (97); 96, 189 (203); BVerfG (Kammerbeschl.), NJW 2013, 3569 f.; NJW 2013, 3774 ff.
[95] BVerfGE 42, 143 (149).
[96] Siehe BVerfGE 7, 198 (230).
[97] Vgl. BVerfGE 96, 171 (186).
[98] Siehe zur Bedeutung der Kammerrechtsprechung *Zuck*, EuGRZ 2013, 662 ff.

richtliche Rechtsprechung geklärt oder die durch veränderte Verhältnisse erneut klärungsbedürftig geworden ist. Über die Beantwortung der verfassungsrechtlichen Frage müssen also ernsthafte Zweifel bestehen. Anhaltspunkt für eine grundsätzliche Bedeutung in diesem Sinn kann sein, daß die Frage in der Fachliteratur kontrovers diskutiert oder in der Rechtsprechung der Fachgerichte unterschiedlich beantwortet wird. An ihrer Klärung muß zudem ein über den Einzelfall hinausgehendes Interesse bestehen. Das kann etwa dann der Fall sein, wenn sie für eine nicht unerhebliche Anzahl von Streitigkeiten bedeutsam ist oder ein Problem von einigem Gewicht betrifft, das in künftigen Fällen erneut Bedeutung erlangen kann. Bei der Prüfung der Annahme muß bereits absehbar sein, daß sich das Bundesverfassungsgericht bei seiner Entscheidung über die Verfassungsbeschwerde mit der Grundsatzfrage befassen muss. Kommt es auf sie hingegen nicht entscheidungserheblich an, ist eine Annahme nach § 93a Abs. 2 Buchstabe a BVerfGG nicht geboten."[99]

66 Nach § 93a II Buchst. b BVerfGG *ist* eine Verfassungsbeschwerde ferner zur Entscheidung anzunehmen, wenn es **zur Durchsetzung der** in § 90 I BVerfGG genannten **Grundrechte oder grundrechtsgleichen Rechte** (vgl. → § 21 Rn. 5 f.) **angezeigt** ist. „Das ist der Fall, wenn die geltend gemachte Verletzung von Grundrechten oder grundrechtsgleichen Rechten besonderes Gewicht hat oder den Beschwerdeführer in existentieller Weise betrifft. Besonders gewichtig ist eine Grundrechtsverletzung, die auf eine generelle Vernachlässigung von Grundrechten hindeutet oder wegen ihrer Wirkung geeignet ist, von der Ausübung von Grundrechten abzuhalten. Eine geltend gemachte Verletzung hat ferner dann besonderes Gewicht, wenn sie auf einer groben Verkennung des durch ein Grundrecht gewährten Schutzes oder einem geradezu leichtfertigen Umgang mit grundrechtlich geschützten Positionen beruht oder rechtsstaatliche Grundsätze kraß verletzt. Eine existentielle Betroffenheit des Beschwerdeführers kann sich vor allem aus dem Gegenstand der angegriffenen Entscheidung oder seiner aus ihr folgenden Belastung ergeben. Ein besonders schwerer Nachteil ist jedoch dann nicht anzunehmen, wenn die Verfassungsbeschwerde keine hinreichende Aussicht auf Erfolg hat oder wenn deutlich abzusehen ist, daß der Beschwerdeführer auch im Falle einer Zurückverweisung an das Ausgangsgericht im Ergebnis keinen Erfolg haben würde."[100] **Unzulässige Verfassungsbeschwerden** werden daher vom BVerfG regelmäßig nicht zur Entscheidung angenommen[101]. Andererseits bewirkt die **Zulässigkeit einer Verfassungsbeschwerde** noch nicht die Annahme zur Entscheidung; diese hängt vielmehr davon ab, ob zumindest eine der beiden strengen, in § 93a II BVerfGG geregelten Voraussetzungen erfüllt ist. Wegen dieser Anforderungen kann in „Bagatellfällen"[102] sogar eine **begründete Verfassungsbeschwerde** *nicht* zur Entscheidung angenommen werden.

67 Im Falle des § 93c BVerfGG kann die Kammer die Verfassungsbeschwerde zur Entscheidung annehmen (§ 93b S. 1 Hs. 2 BVerfGG). § 93c I 1 BVerfGG regelt, dass die **Kammer der Verfassungsbeschwerde stattgeben** kann, wenn die Voraussetzungen des § 93a II Buchst. b BVerfGG vorliegen, die für die Beurteilung der Verfassungsbeschwerde maßgebliche verfassungsrechtliche Frage durch das BVerfG bereits entschieden und die Verfassungsbeschwerde offensichtlich begründet ist. Auch in diesem Falle ergeht der unanfechtbare Kammerbeschluss ohne vorherige mündliche Verhandlung und einstimmig (§ 93d I 1 und 2 sowie III 1 BVerfGG).

68 Hat die Kammer weder die Annahme zur Entscheidung abgelehnt noch der Verfassungsbeschwerde stattgegeben, beschließt der **Senat** über die Annahme (vgl. § 93b S. 2, § 93d II 1 BVerfGG). Die Annahme durch den Senat ist beschlossen, wenn mindestens drei Richter ihr zustimmen (§ 93d III 2 BVerfGG).

---

[99] BVerfGE 90, 22 (24 f.); siehe auch BVerfGE 96, 245 (248).
[100] BVerfGE 90, 22 (25 f.); vgl. ferner BVerfGE 96, 245 (248 ff.).
[101] Vgl. etwa BVerfG (Kammerbeschl.), NVwZ 1998, 1286; NJW 2001, 1482 (1483).
[102] Siehe *Pieroth/Schlink/Kingreen/Poscher* Rn. 1225.

§ 51. Verfassungsbeschwerde

Umstritten ist, ob bei der **Lösung von Prüfungsaufgaben** das Annahmeverfahren zu erörtern ist. 69
Teilweise wird im Schrifttum die Auffassung vertreten, in Übungsarbeiten sei „regelmäßig auf das Annahmeverfahren nicht einzugehen, da es sich weder um eine Zulässigkeits- noch um eine Begründetheitsfrage" handele. Vielmehr hänge „es von der gutachtlichen Prüfung der Zulässigkeit und der Begründetheit ab, wie die Verfassungsbeschwerde im Annahmeverfahren voraussichtlich behandelt" werde; es gehöre „aber auch nicht etwa in die Übungsarbeit, dass am Ende eine Prognose über die Behandlung der Verfassungsbeschwerde durch die Kammern geäußert" werde.[103]
Dem wird in der Literatur entgegengehalten: „Solange ein Gutachten zum ‚Nadelöhr' des Annahmeverfahrens keine Stellung bezogen" habe, dürfe „es einer Verfassungsbeschwerde keine Erfolgsaussichten bescheinigen"[104]. Daher müsse „in der Fallbearbeitung sorgfältig untersucht werden, ob die zu bearbeitende Verfassungsbeschwerde als annahmefähig angesehen werden" könne.[105]
Für diese Ansicht spricht, dass etwa in einer Klausur, welche die Prüfung der Erfolgsaussichten einer zum BVerfG erhobenen Verfassungsbeschwerde zum Gegenstand hat, eben diese Prüfung aus der Perspektive des BVerfG durchzuführen ist; dann aber ist es konsequent, das für die Praxis so bedeutsame Annahmeverfahren in der gutachtlichen Erörterung nicht auszublenden. Einzuräumen ist allerdings, dass die diesbezüglichen Ausführungen angesichts des großen Spielraums, den das BVerfG trotz der Konkretisierungen der gesetzlich geregelten Annahmevoraussetzungen (→ Rn. 65 f.) für sich in Anspruch nimmt (vgl. → § 16 Rn. 10), gewissen „Spekulationen" nicht entbehren dürften. Daher und wegen der für die Prüfungskandidaten bestehenden Unsicherheiten empfiehlt es sich, in einer Aufgabenstellung ggf. deutlich zum Ausdruck zu bringen, dass Erörterungen zur Frage der Annahme der Verfassungsbeschwerde von den Bearbeitern erwartet werden.

V. Entscheidungen

Ob bei der Lösung von Prüfungsaufgaben die Entscheidung des BVerfG untersucht 70
werden muss, hängt von der Fallfrage ab: Ist nach den *Erfolgsaussichten* gefragt, genügt – vorbehaltlich der soeben gegebenen Hinweise (→ Rn. 69) – regelmäßig die Prüfung von Zulässigkeit und Begründetheit. Lautet die Fallfrage dagegen „Wie wird das BVerfG *entscheiden?*", so sind zusätzlich – in aller Regel kurze – Ausführungen zur Entscheidung des BVerfG geboten.

1. Stattgebende Entscheidungen

Die stattgebenden Entscheidungen, d. h. diejenigen, die **bei Zulässigkeit und Begrün-** 71
detheit der zur Entscheidung angenommenen Verfassungsbeschwerde ergehen, lassen sich im Einzelnen § 95 BVerfGG entnehmen; im Grundsatz gilt Folgendes: Gemäß § 95 I 1 BVerfGG ist in der Entscheidung festzustellen, welche Vorschrift des Grundgesetzes und durch welche Handlung oder Unterlassung sie verletzt wurde. Ist Beschwerdegegenstand eine „Entscheidung" i. S. d. § 95 II BVerfGG, so hebt das BVerfG diese auf. Hierunter fallen neben Gerichtsentscheidungen auch Entscheidungen der Verwaltung wie etwa Verwaltungsakte[106]. Gerichtsentscheidungen werden dabei an ein zuständiges Gericht zurückverwiesen (§ 95 II Hs. 2 BVerfGG). Ist Beschwerdegegenstand ein Gesetz oder wird eine Entscheidung i. S. d. § 95 II BVerfGG aufgehoben, weil sie auf einem verfassungswidrigen Gesetz beruht, so ist das Gesetz gemäß § 95 III BVerfGG für nichtig zu erklären. In Ausnahmefällen begnügt sich das BVerfG aber mit der Feststellung der Unvereinbarkeit des betreffenden Gesetzes mit dem Grundgesetz („Unvereinbar-

---

[103] So *Pieroth/Schlink/Kingreen/Poscher* Rn. 1226.
[104] *Schwerdtfeger/Schwerdtfeger* Rn. 499.
[105] *Schwerdtfeger/Schwerdtfeger* Rn. 508.
[106] BVerfGE 6, 386 (388).

keitserklärung")¹⁰⁷ (vgl. allgemein zu Entscheidungsinhalten und -wirkungen → § 50 Rn. 21 ff.).

2. Nicht stattgebende Entscheidungen

72 Ist eine Verfassungsbeschwerde unzulässig, so wird sie regelmäßig **„nicht zur Entscheidung angenommen"** (vgl. → Rn. 64 ff., insbes. 66). Sollte es mit Rücksicht auf die grundsätzliche verfassungsrechtliche Bedeutung eines Zulässigkeitsproblems ausnahmsweise doch zu dieser Annahme gekommen sein, wird die dann als unzulässig beurteilte Verfassungsbeschwerde vom BVerfG **„verworfen"**¹⁰⁸. Ist die zur Entscheidung angenommene Verfassungsbeschwerde zwar zulässig, aber unbegründet, so wird sie **„zurückgewiesen"**.

VI. Besonderheiten der Kommunalverfassungsbeschwerde

73 Die so genannte Kommunalverfassungsbeschwerde nach Art. 93 I Nr. 4b GG sowie § 13 Nr. 8a und § 91 BVerfGG dient dem Schutz der kommunalen Selbstverwaltungsgarantie aus Art. 28 II GG (→ § 8 Rn. 45 ff.) und kann mit der Behauptung erhoben werden, dass *diese* verletzt sei.

74 Gegenüber der Individualverfassungsbeschwerde gelten folgende **Besonderheiten: Antragsberechtigt** sind nur Gemeinden und Gemeindeverbände; hierzu zählen nicht Stadtstaaten (wie Berlin oder Hamburg), da bei Stadtstaaten die Qualität als Bundesland im Vordergrund steht. **Beschwerdegegenstand** kann lediglich ein Bundes- oder Landesgesetz sein. Zu diesen „Gesetzen" gehören nach der Rechtsprechung des BVerfG nicht nur Gesetze im formellen Sinne (vgl. → § 4 Rn. 8), sondern – zur Vermeidung einer „mit der Rechtsschutzfunktion der Kommunalverfassungsbeschwerde unvereinbaren Lücke" – „alle vom Staat erlassenen Rechtsnormen [...], die Außenwirkung gegenüber einer Kommune entfalten",¹⁰⁹ wie etwa Rechtsverordnungen¹¹⁰; daher wird die Kommunalverfassungsbeschwerde teilweise auch als eigenständiges *Normenkontrollverfahren* mit gegenständlich begrenzter Antragsbefugnis qualifiziert¹¹¹. Die **Beschwerdebefugnis** ist gegeben, wenn die Möglichkeit einer Verletzung des verfassungsrechtlich geschützten Rechts auf Selbstverwaltung dargelegt wird (vgl. → Rn. 23 ff.) und die Betroffenheit in entsprechender Weise wie bei der Individualverfassungsbeschwerde selbst, gegenwärtig und unmittelbar ist (vgl. → Rn. 27 ff.). Sofern ein **Rechtsweg** gegen die angegriffene Norm offen steht, z. B. das Normenkontrollverfahren nach § 47 VwGO (→ Rn. 47, § 104), ist dieser **zunächst zu erschöpfen. Subsidiär** ist die Kommunalverfassungsbeschwerde insbesondere gegenüber einer Beschwerde beim LVerfG, sofern eine solche nach Landesrecht vorgesehen ist (siehe Art. 93 I Nr. 4b GG, § 91 S. 2 BVerfGG)¹¹². Im Übrigen gelten die Ausführungen zur Zulässigkeit der Individualverfassungsbeschwerde in entsprechender Weise. **Begründet** ist die Kommunalverfassungsbeschwerde im Falle eines Verstoßes gegen Art. 28 II GG oder eine andere Verfassungsnorm, soweit diese „ihrem Inhalt nach das verfassungsrechtliche Bild der

---

¹⁰⁷ Näher dazu *E. Klein,* in: Benda/Klein Rn. 1392 ff.
¹⁰⁸ Vgl. *Sachs,* VerfProzR Rn. 559.
¹⁰⁹ BVerfGE 76, 107 (114). Vgl. auch *M. Kment,* DVBl. 2004, 214 (215 ff.).
¹¹⁰ BVerfGE 107, 1 (8) m.w.N.
¹¹¹ Siehe *Schlaich/Korioth* Rn. 192; krit. *O. Klein,* in: Benda/Klein Rn. 636 ff.
¹¹² Siehe dazu näher BVerfGE 107, 1 (9 ff.).

Selbstverwaltung mitzubestimmen geeignet" ist[113]. Dazu gehören etwa die Art. 70ff. GG (→ § 17 Rn. 2ff.)[114]. Die Regelung des Art. 106 V GG stellt „insofern eine Konkretisierung des Art. 28 Abs. 2 GG dar, als die in ihr vorgesehene, aber nicht näher bezifferte kommunale Steuerbeteiligung in ihrer Ausgestaltung nicht zu einer Unterschreitung des durch Art. 28 Abs. 2 GG garantierten Gesamtumfangs der gemeindlichen Finanzausstattung führen darf."[115]

§ 52. Organstreitverfahren

> **Fall 41** (nach BVerfGE 62, 1ff.): Durch die im **Fall 13** (→ § 15) vom Bundespräsidenten vorgenommene Auflösung des Deutschen Bundestages sieht sich der Abgeordnete A in seinem Abgeordnetenstatus verletzt; er beantragt beim BVerfG die Feststellung, dass diese Bundestagsauflösung mangels Vorliegen der Voraussetzungen des Art. 68 GG verfassungswidrig war. Ist dieses Verfahren vor dem BVerfG zulässig?

I. Grundsätzliches

Im Organstreitverfahren gemäß Art. 93 I Nr. 1 GG sowie § 13 Nr. 5 und §§ 63ff. BVerfGG entscheidet das BVerfG über die Auslegung des Grundgesetzes aus Anlass von Streitigkeiten insbesondere zwischen Verfassungsorganen über den Umfang von deren Rechten und Pflichten. Das Organstreitverfahren ist „eine kontradiktorische Parteistreitigkeit mit Antragsteller und Antragsgegner" und „dient maßgeblich der gegenseitigen Abgrenzung der Kompetenzen von Verfassungsorganen oder ihren Teilen in einem Verfassungsrechtsverhältnis, nicht der davon losgelösten Kontrolle der objektiven Verfassungsmäßigkeit eines bestimmten Organhandelns"; der Organstreit ist also „keine objektive Beanstandungsklage".[1]

II. Zulässigkeit

Das Organstreitverfahren ist zulässig, wenn die **allgemeinen** (→ § 50 Rn. 25ff.) und die im Folgenden dargestellten **besonderen Sachentscheidungsvoraussetzungen** der §§ 63ff. BVerfGG erfüllt sind.

1. Rechtswegeröffnung/Zuständigkeit des BVerfG

Für das Organstreitverfahren ergibt sich der Rechtsweg zum BVerfG und damit dessen Zuständigkeit aus Art. 93 I Nr. 1 GG und § 13 Nr. 5 BVerfGG.

> Im **Fall 41** ist der Rechtsweg zum BVerfG nach den soeben genannten Vorschriften gegeben, da eine Streitigkeit besteht über die Rechte und Pflichten des Bundespräsidenten (im Hinblick auf Art. 68 I 1 GG) einerseits und aus dem Abgeordnetenstatus des Antragstellers A andererseits.

2. Beteiligten- bzw. Parteifähigkeit

Im Organstreitverfahren stehen sich als Beteiligte bzw. Parteien der Antragsteller und der Antragsgegner gegenüber. Die Aufzählung in § 63 BVerfGG ist nicht abschließend, da der verfassungsrechtlich abgesicherte Beteiligtenkreis des weiter gefassten Art. 93 I

---
[113] BVerfGE 1, 167 (181); 71, 25 (37).
[114] BVerfGE 56, 298 (310).
[115] BVerfGE 71, 25 (38).
[1] BVerfGE 126, 55 (67f.); BVerfG, NVwZ 2015, 1361 (1362).

Nr. 1 GG nicht durch den „einfachgesetzlichen" § 63 BVerfGG eingeengt werden kann. Parteifähig sind demnach als „oberste Bundesorgane" nicht nur **Bundestag, Bundesrat, Bundespräsident** und **Bundesregierung** (siehe § 63 BVerfGG), sondern etwa auch der **Gemeinsame Ausschuss** nach Art. 53a GG und die **Bundesversammlung** (siehe Art. 54 GG). Parteifähig sind des Weiteren **Organteile** gemäß § 63 BVerfGG sowie darüber hinaus gehend **„andere Beteiligte"** i. S. d. Art. 93 I Nr. 1 GG, soweit sie durch das Grundgesetz oder die Geschäftsordnung eines obersten Bundesorgans mit eigenen Rechten ausgestattet sind. Näheres ergibt sich aus der nachstehenden **Übersicht:**[2]

6

Übersicht: Parteifähige „Organteile" bzw. „andere Beteiligte"

Beteiligter	Wichtige durch GG oder GO zugewiesene Rechte
– Bundestagspräsident	GG: Art. 39 III 2, 3; 40 II; 54 IV 2 GO-BT: §§ 7; 21 ff.; 36 ff.; 41; 127 I
– Bundesratspräsident	GG: Art. 52 I, II GO-BR: §§ 6; 8; 15; 20; 22; 36; 39 II
– Bundeskanzler	GG: Art. 39 III 3; 43 II; 58 S. 1; 62 ff.; 115 b
– einzelne Bundesminister*	GG: Art. 43 II; 53; 58 S. 1; 65 S. 2
– Bundestagsfraktionen	GG: Art. 20 II**; 38 I 2; 39 I; 53 a GO-BT: §§ 10 ff.; 26; 35 I 3; 76; 101 f.
– Bundestagsausschüsse	GG: vgl. Art. 43 ff. GO-BT: vgl. §§ 54 ff., etwa §§ 60 II; 61 II; 62
– Abgeordnete	GG: Art. 38 I 2; 39 I; 46 bis 48 GO-BT: §§ 16; 33 ff.; 105 ff.
– „Gruppen" von Abgeordneten	GO-BT: § 10 IV
– bestimmte BT-Minderheiten***	GG: Art. 39 III 3; 42 I 2; 44 I 1 GO-BT: § 85 I 1; 101 S. 3; 102 S. 2
– politische Parteien	GG: Art. 21 GG

   * Allerdings ist für Streitigkeiten zwischen Bundesministern die Regelung in Art. 65 S. 3 GG vorrangige „lex specialis" gegenüber dem Organstreitverfahren.
 ** Siehe BVerfGE 70, 324 (351 f.): In Art. 20 II GG verbürgter „Minderheitenschutz".
*** Nicht hierunter fällt die in einer Abstimmung unterlegene BT-Minderheit.

7 Zu beachten ist, dass nicht nur der Antragsteller, sondern auch der Antragsgegner parteifähig im genannten Sinne sein muss; anderenfalls scheidet ein Organstreitverfahren aus. Fühlt sich etwa eine politische Partei in ihrem verfassungsmäßigen Status beeinträchtigt, weil ihr eine öffentlich-rechtliche Rundfunkanstalt (= *kein* Beteiligter i. S. d. Art. 93 I Nr. 1 GG) Sendezeiten für Wahlwerbung verweigert, so kann sie hiergegen nur im Wege der Verfassungsbeschwerde vorgehen[3].

---

  [2] Die Abgrenzung, ob ein Beteiligter „Organteil" oder ausschließlich „anderer Beteiligter" ist, stößt mitunter auf Schwierigkeiten, kann aber in Problemfällen ggf. dahinstehen, da Organteile i. S. d. § 63 BVerfGG immer auch „andere Beteiligte" gemäß Art. 93 I 1 GG sind.
  [3] Vgl. BVerfGE 7, 99 ff.

§ 52. Organstreitverfahren

Im **Fall 41** ist der Antragsteller A als Abgeordneter mit eigenen verfassungsmäßigen Rechten (vgl. Art. 38 I 2 GG) ausgestattet und damit beteiligten- bzw. parteifähig. Ebenso ist der Bundespräsident als Antragsgegner parteifähig, da er ein oberstes Bundesorgan darstellt (vgl. § 63 BVerfGG). **8**

3. Verfahrensgegenstand

Rechtserhebliche[4] **Maßnahmen** oder **Unterlassungen** des Antragsgegners können Gegenstände eines Organstreitverfahrens sein (vgl. § 64 I BVerfGG). Ob diese den Antragsteller möglicherweise i. S. d. § 64 BVerfGG in seinen ihm durch das Grundgesetz übertragenen Rechten oder Pflichten verletzen oder unmittelbar gefährden, ist eine Frage der Antragsbefugnis (→ Rn. 12 ff.), so dass der Prüfung des „Verfahrensgegenstandes" kaum eigenständige Bedeutung zukommt. **9**

Der Begriff der Rechtserheblichkeit darf nicht zu eng ausgelegt werden. Auszuscheiden haben hier grundsätzlich etwa bloße Behauptungen oder Meinungsäußerungen (z. B. hinsichtlich der Rechtswidrigkeit eines Gesetzes)[5] oder lediglich vorbereitende Handlungen[6]. Rechtserheblich sind dagegen Maßnahmen, die unter Berufung auf rechtliche Pflichten oder Berechtigungen vorgenommen werden. Beispielhaft zu nennen sind hier etwa der Erlass von Normen[7], ebenso deren Unterlassen, der Beschluss zur Einrichtung eines Untersuchungsausschusses, ebenso Beschlüsse eines solchen, Ordnungsmaßnahmen des Bundestagspräsidenten, die Auflösung des Bundestages oder die Verweigerung des Fraktionsstatus. **10**

Im **Fall 41** handelt es sich bei der beanstandeten Auflösung des Bundestages eindeutig um eine rechtserhebliche Maßnahme, da sie auf Inanspruchnahme der Kompetenz aus Art. 68 I 1 GG beruht. **11**

4. Antragsbefugnis

Gemäß § 64 BVerfGG muss der Antragsteller geltend machen, dass er oder das Organ, dem er angehört, durch die Maßnahme oder Unterlassung des Antragsgegners in seinen ihm durch das Grundgesetz übertragenen Rechten und Pflichten verletzt oder unmittelbar gefährdet ist (vgl. auch Art. 93 I Nr. 1 GG). Dies ist so hinreichend substantiiert darzulegen, dass die Verletzung oder unmittelbare Gefährdung der Rechte **möglich,** also nicht von vornherein ausgeschlossen erscheint (vgl. → § 51 Rn. 23).[8] **12**

Die geltend gemachten Rechte müssen **verfassungsmäßige** sein und dem Antragsteller nicht nur **überhaupt,** sondern auch **gerade in seiner Funktion als Organ(teil)** zustehen. So kann eine politische Partei im Organstreitverfahren nur ihre Rechte aus Art. 21 GG, nicht aber ihre Grundrechte aus den Art. 1 ff. GG geltend machen, welche ihr als „jedermann" zukommen; hierzu muss sie Verfassungsbeschwerde erheben.[9] Eine Verletzung „einfacher" Gesetze oder einer Geschäftsordnung eines Verfassungsorgans (etwa der Geschäftsordnung des Bundestages, GO-BT) genügt grundsätzlich nicht. Gerade diese Geschäftsordnungen können aber wiederum verfassungsrechtliche Rechte oder Pflichten konkretisieren, so dass dann auch solche verletzt sein können. Prinzipiell müssen die (möglicherweise) verletzten Rechte **eigene** des Antragstellers sein. Allerdings enthält **13**

---

[4] Näher dazu etwa BVerfGE 96, 264 (277); 97, 408 (414) m.w.N.
[5] Vgl. BVerfGE 2, 143 (159); 13, 123 (125 f.).
[6] BVerfGE 97, 408 (414); vgl. ferner BVerfGE 68, 1 (66 ff., insbes. 74 f.).
[7] Siehe etwa BVerfGE 20, 134 (141); 73, 1 (28); 80, 188 (209); 92, 80 (86 ff.).
[8] Vgl. BVerfGE 114, 107 (114); 124, 161 (185 f., 187 f.); 129, 356 (365).
[9] Vgl. BVerfGE 6, 273 (276 f.); 7, 99 (103 ff.); O. Klein, in: Benda/Klein Rn. 530.

§ 64 BVerfGG einen Fall gesetzlicher Prozessstandschaft, indem er erlaubt, dass der Antragsteller die Rechte des Organs, welchem er angehört, in eigenem Namen geltend macht – selbst dann, wenn das Organ mehrheitlich seine Rechte nicht als verletzt ansieht. Dies hat das BVerfG im Hinblick auf die Rechte des Bundestages etwa den Bundestagsfraktionen[10], nicht aber einzelnen Abgeordneten[11] zugebilligt. Neben der Rechts*verletzung*, also der konkreten Beeinträchtigung rechtlicher Positionen, genügt gemäß § 64 BVerfGG auch eine **unmittelbare Rechtsgefährdung.** Eine solche liegt vor, wenn die Rechtsverletzung, falls man ihr nicht entgegen wirkt, mit großer Wahrscheinlichkeit eintreten wird und sich sachlich sowie zeitlich bereits so konkretisiert hat, dass von einer konkreten Streitigkeit gesprochen werden kann.[12] Ob sich die geltend gemachte Rechtsverletzung oder -gefährdung tatsächlich feststellen lässt, ist eine Frage der Begründetheit.

14 Im **Fall 41** ist A auch antragsbefugt; denn sein verfassungsrechtlicher Abgeordnetenstatus (vgl. Art. 38 I 2 GG) besteht grundsätzlich für die Dauer der in Art. 39 I GG festgelegten Wahlperiode, so dass deren Verkürzung den Abgeordnetenstatus zumindest möglicherweise verletzt.

5. Rechtsschutzbedürfnis

15 Das Rechtsschutzbedürfnis ist durch das Vorliegen der Antragsbefugnis indiziert und daher nur in Ausnahmefällen zu verneinen. Ausnahmsweise kann es dann fehlen, wenn der Antragsteller die geltend gemachte Rechtsverletzung oder -gefährdung durch eigenes Handeln hätte verhindern können[13]. Ebenso fehlt das Rechtsschutzbedürfnis, wenn der Angriffsgegenstand für den Antragsteller keine rechtlichen Wirkungen mehr erzeugt, etwa weil die angegriffenen Regelungen geändert wurden.[14] Die Möglichkeit zum Beschreiten anderer verfassungsgerichtlicher Verfahrensarten lässt das Rechtsschutzinteresse aber nicht entfallen.

6. Frist

16 Nach § 64 III BVerfGG muss das Organstreitverfahren innerhalb von sechs Monaten, nachdem die beanstandete Maßnahme oder Unterlassung dem Antragsteller bekannt geworden ist, eingeleitet werden.[15] Es handelt sich hierbei im Interesse der Rechtssicherheit und der Effektivität politischer Prozesse um eine Ausschlussfrist, so dass bei unverschuldetem Versäumen eine Wiedereinsetzung in den vorigen Stand ausscheidet[16].

17 Im **Fall 41** ist für ein Fehlen des Rechtsschutzbedürfnisses nichts ersichtlich. Auch von der fristgemäßen Antragstellung des A kann ausgegangen werden. Die Zulässigkeit des Organstreitverfahrens ist damit gegeben.

---

[10] BVerfGE 1, 351 (359); 68, 1 (65 f.); 90, 286 (336); 100, 266 (268 f.).
[11] Siehe näher BVerfGE 90, 286 (342 ff.); 117, 359 (366 ff.).
[12] *E. Klein*, in: Benda/Klein Rn. 1020.
[13] Vgl. hierzu BVerfGE 68, 1 (77), aber auch BVerfGE 90, 286 (339 f.).
[14] BVerfGE 119, 302 (307 ff.); vgl. auch BVerfGE 136, 190 (192 f.).
[15] Siehe dazu BVerfGE 80, 188 (210 ff.); 92, 80 (89 ff.); 107, 286 (296 ff.); 110, 403 (405); BVerfG, NVwZ 2015, 1361 (1362 f.).
[16] Vgl. BVerfGE 24, 252 (257 f.); 71, 299 (304).

III. Begründetheit

Das Organstreitverfahren ist begründet, wenn die geltend gemachte Verletzung oder unmittelbare Gefährdung der verfassungsmäßigen Rechte (→ Rn. 13) des Antragstellers gegeben ist. Im Falle der Begründetheit stellt das BVerfG in seiner Entscheidung die Grundgesetzwidrigkeit der beanstandeten Maßnahme oder Unterlassung fest (§ 67 BVerfGG). Dies gilt auch für Gesetze, die im Rahmen des Organstreitverfahrens also nicht für nichtig erklärt werden können (siehe auch → § 50 Rn. 10). 18

Wie bereits an anderer Stelle dargelegt wurde (→ § 15 Rn. 14), ist der Antrag im **Fall 41** unbegründet. 19

§ 53. Abstrakte Normenkontrolle

Fall 42 (nach BVerfGE 96, 133 ff.): Das OVG des Landes L hat eine bestimmte Norm der landesrechtlichen Beihilfeverordnung mehrfach nicht angewendet. Es ist nämlich der Ansicht, dass die Norm zum einen gegen den aus Art. 33 V GG hergeleiteten Grundsatz der beamtenrechtlichen Fürsorgepflicht verstoße und sich zum anderen nicht im Rahmen der landesrechtlichen Ermächtigungsgrundlage, des Landesbeamtengesetzes, halte. Die Landesregierung von L hält die streitige Vorschrift hingegen für gültig. Ist ein von dieser Regierung angestrebtes abstraktes Normenkontrollverfahren zulässig?

I. Grundsätzliches

Das abstrakte Normenkontrollverfahren nach Art. 93 I Nr. 2 GG sowie § 13 Nr. 6 und §§ 76 ff. BVerfGG dient der Überprüfung der Vereinbarkeit von Normen mit insbesondere dem Grundgesetz. Die Überprüfung erfolgt nicht anlässlich konkreter Streitigkeiten hinsichtlich der Normanwendung (daher: *abstrakte* Normenkontrolle); ebenso wenig ist die Verletzung subjektiver Rechte (etwa des Antragstellers) vorausgesetzt. Nach Art. 93 I Nr. 2 GG und § 76 I BVerfGG ist die abstrakte Normenkontrolle so ausgestaltet, dass eine parlamentarische Minderheit zu ihrer Initiierung genügt. Sie dient damit auch der Verwirklichung der Funktionalität der parlamentarischen Opposition. 1

Im Wege der abstrakten Normenkontrolle kann gemäß Art. 93 I Nr. 2a GG sowie § 13 Nr. 6a und §§ 76 ff. BVerfGG ebenfalls überprüft werden, ob ein Gesetz den Voraussetzungen des Art. 72 II GG entspricht (dazu näher → Rn. 22 f.). 2

II. Zulässigkeit

Das abstrakte Normenkontrollverfahren ist zulässig, wenn die **allgemeinen** (→ § 50 Rn. 25 ff.) und die im Folgenden dargestellten **besonderen Sachentscheidungsvoraussetzungen** der §§ 76 ff. BVerfGG erfüllt sind. 3

1. Rechtswegeröffnung/Zuständigkeit des BVerfG

Für die abstrakte Normenkontrolle ergibt sich der Rechtsweg zum BVerfG aus Art. 93 I Nr. 2 GG und § 13 Nr. 6 BVerfGG. 4

Im **Fall 42** ist die Zuständigkeit des BVerfG daher nach diesen Vorschriften gegeben. 5

2. Antragsberechtigung

Der Kreis der Antragsberechtigten ist in Art. 93 I Nr. 2 GG abschließend festgelegt (siehe auch § 76 BVerfGG) und kann weder im Wege der Analogie noch „einfachgesetz- 6 lich" erweitert werden. Antragsberechtigt sind hiernach nur die **Bundesregierung,** die **Landesregierungen** sowie **ein Viertel**[1] **der Mitglieder des Bundestages** (also nicht: die einzelnen Fraktionen als solche). Die abstrakte Normenkontrolle ist kein kontradiktorisches Verfahren, d. h. es gibt keinen Antragsgegner.

7 Im **Fall 42** ist die Landesregierung von L antragsberechtigt.

3. Prüfungsgegenstand

8 Gegenstand der abstrakten Normenkontrolle kann **jede Norm des Bundes- oder Landesrechts** sein, gleich welcher Rangstufe (vgl. → § 4 Rn. 7 ff.). Einbezogen werden also Normen des Verfassungsrechts und verfassungsändernde Gesetze, „einfache" Parlamentsgesetze sowie untergesetzliche Normen, z. B. Rechtsverordnungen, Satzungen oder auch Geschäftsordnungen der Verfassungsorgane, des Weiteren auch vorkonstitutionelles Recht (zum Begriff → § 54 Rn. 7). Prüfungsgegenstand können ferner die Zustimmungsgesetze zu völkerrechtlichen Verträgen nach Art. 59 II GG sein, nicht dagegen ein solcher Vertrag selbst; allerdings führt die Überprüfung des Zustimmungsgesetzes auch zur inhaltlichen Kontrolle des Vertrages, so dass dieser dann zumindest „mittelbar" Prüfungsgegenstand ist.

9 Im Hinblick auf das **primäre Unionsrecht** (vgl. → § 5 Rn. 1) gilt Entsprechendes für die *deutschen* Vertragsgesetze (vgl. Art. 23, 24 I, 59 II GG): Durch deren Überprüfung wird auch das primäre Unionsrecht zum „mittelbaren" Gegenstand der abstrakten Normenkontrolle.[2] Zur Kontrolle von Normen des **sekundären Unionsrechts** (also insbesondere Verordnungen und Richtlinien, Art. 288 AEUV) ist das BVerfG nach h. M. bereits wegen des grundsätzlichen Vorrangs des Unionsrechts (vgl. → § 5 Rn. 12 ff.) prinzipiell nicht zuständig (zum Grundrechtsschutz gegenüber Unionsorganen → § 5 Rn. 20 ff., § 51 Rn. 19). Demgemäß sollen auch deutsche Normen, die zur **Umsetzung von sekundärem Unionsrecht** erlassen wurden und dabei zwingend – also ohne nationalen Umsetzungsspielraum – den unionsrechtlichen Vorgaben folgen, grundsätzlich nicht am Maßstab des Grundgesetzes zu überprüfen sein (vgl. → § 5 Rn. 24b, § 51 Rn. 20); das BVerfG kann jedoch die Entscheidung des EuGH im so genannten Vorlageverfahren nach Art. 267 AEUV über die Vereinbarkeit des sekundären Unionsrechts mit höherem Unionsrecht oder darüber einholen, ob die deutsche Umsetzungsnorm den Vorgaben des sekundären Unionsrechts entspricht.[3] Soweit indes ein nationaler Umsetzungsspielraum bestand, können die nationalen Umsetzungsnormen etwa dahingehend vom BVerfG überprüft werden, ob sie unionsrechtlich nicht geforderte Verletzungen des Grundgesetzes beinhalten (→ § 5 Rn. 24b).[4]

10 Grundsätzlich kann Prüfungsgegenstand nur eine bereits *verkündete* Norm sein, da sie erst dann rechtlich existent ist. Vorbeugende Normenkontrollverfahren sind dagegen

---

[1] Früher war ein *Drittel* der Mitglieder des Bundestages erforderlich. Die Änderung des Quorums erfolgte durch das zeitgleich mit Inkrafttreten des Vertrags von Lissabon (vgl. → § 5 Rn. 1) am 1.12.2009 in Kraft getretene Gesetz zur Änderung des Grundgesetzes v. 8.10.2008 (BGBl. I S. 1926); siehe zu dessen Verfassungsmäßigkeit BVerfGE 123, 267 (431 ff.). Angesichts von Wahlergebnissen zum Deutschen Bundestag, die realistisch Koalitionen ermöglichen, die mehr als 75 % der Sitze auf sich vereinigen, ist allerdings fraglich, ob sich selbst ein Quorum von 25 % rechtfertigen lässt.

[2] Vgl. BVerfGE 52, 187 (199 ff.).

[3] Siehe hierzu BVerfGE 134, 366 ff. mit abw. Meinung der Richterin *Lübbe-Wolff* (a. a. O., S. 419 ff.) und des Richters *Gerhardt* (a. a. O., S. 430 ff.), vgl. → § 5 Rn. 11a; siehe auch *E. Klein*, in: Benda/Klein Rn. 680.

[4] Vgl. näher *E. Klein*, in: Benda/Klein Rn. 681.

§ 53. Abstrakte Normenkontrolle

grundsätzlich unzulässig.[5] Eine Ausnahme hiervon wird bei Zustimmungsgesetzen zu völkerrechtlichen Verträgen anerkannt: Damit völkerrechtliche Bindungen vermieden werden, die innerstaatlich verfassungswidrig sind, können solche Gesetze bereits nach deren Zustandekommen i. S. d. Art. 78 GG (vgl. auch Art. 82 GG) zum Gegenstand des Normenkontrollverfahrens gemacht werden.[6]

Im **Fall 42** ist die streitige Norm einer Rechtsverordnung von L tauglicher Prüfungsgegenstand. 11

4. Antragsgrund

Antragsgrund für ein abstraktes Normenkontrollverfahren sind gemäß Art. 93 I Nr. 2 GG „**Meinungsverschiedenheiten oder Zweifel**" über die förmliche und sachliche Vereinbarkeit von Rechtsnormen mit dem Grundgesetz und im Hinblick auf Landesrecht mit sonstigem Bundesrecht. 12

a) § 76 I Nr. 1 BVerfGG

Zum einen können gemäß § 76 I Nr. 1 BVerfGG diese Meinungsverschiedenheiten oder Zweifel darin bestehen, dass die zum Prüfungsgegenstand erhobene Norm wegen Unvereinbarkeit mit höherrangigem Recht vom Antragsteller **für „nichtig" gehalten** wird. 13

Da der „einfachgesetzliche" § 76 I Nr. 1 BVerfGG nicht die verfassungsrechtlich abgesicherten Zulässigkeitsvoraussetzungen in Art. 93 I Nr. 2 GG einschränken kann, ist dessen Formulierung „für nichtig hält" **verfassungskonform** dahingehend auszulegen (vgl. → § 2 Rn. 13 ff.), dass schon „Meinungsverschiedenheiten oder Zweifel" i. S. d. Art. 93 I Nr. 2 GG ausreichen; die Formulierung „für *nichtig* hält" dient insofern nicht der Einschränkung des Art. 93 I Nr. 2 GG, sondern der (auch sprachlichen) Abgrenzung zu § 76 I Nr. 2 BVerfGG, bei dem der Antrag gerade auf den umgekehrten Grund gestützt wird, dass der Antragsteller die zu überprüfende Norm „für *gültig* hält" (→ Rn. 16). Bei verfassungskonformer Auslegung des § 76 I Nr. 1 GG erübrigt sich auch die häufig vertretene[7] Annahme von dessen Teilnichtigkeit.[8] 14

Die Zweifel an der Gültigkeit der zu prüfenden Norm müssen sich bei Bundesrecht aus dessen Unvereinbarkeit mit dem Grundgesetz, bei Landesrecht aus der Unvereinbarkeit mit dem Grundgesetz oder sonstigem Bundesrecht (vgl. Art. 31 GG) ergeben (siehe Art. 93 I Nr. 2 GG). Bundesrecht ist also nicht auf seine Vereinbarkeit mit sonstigem Bundesrecht hin zu überprüfen; die anders lautende Vorschrift des § 76 I Nr. 1 GG ist redaktionell verunglückt, wie auch der Vergleich mit § 78 S. 1 BVerfGG zeigt. Soweit indes untergesetzliches Bundesrecht, z. B. eine Rechtsverordnung, nicht von seiner „einfachgesetzlichen" Ermächtigungsgrundlage gedeckt ist, verletzt es nicht nur das „einfachgesetzliche" Bundesrecht, sondern zugleich Art. 80 GG[9]. Aber auch sonstige 15

---

[5] Vgl. dazu BVerfGE 106, 244 (251).
[6] BVerfGE 1, 396 (412 f.); 36, 1 (15).
[7] Siehe etwa *Schlaich/Korioth* Rn. 130 m. w. N.; demgegenüber für Vereinbarkeit mit Art. 93 I Nr. 2 GG i. E. BVerfGE 96, 133 (137).
[8] Siehe näher hierzu und zu weiteren Diskrepanzen zwischen § 76 BVerfGG und Art. 93 I Nr. 2 GG *E. Klein*, in: Benda/Klein Rn. 687 ff.
[9] *E. Klein*, in: Benda/Klein Rn. 691 m. w. N.; vgl. dazu auch BVerfGE 101, 1 (30 ff.), allerdings mit umständlicher „Vorfragen"-Konstruktion. Weitergehend *K. Stern*, in: BK Art. 93 (Zweitbearb.) Rn. 264: Die Formulierung des § 76 I Nr. 1 GG „verdeutliche", dass *jeder* Verstoß von untergesetzlichem gegen „einfachgesetzliches" Bundesrecht einen Verstoß gegen das Rechtsstaatsprinzip und damit eine Unvereinbarkeit mit dem Grundgesetz begründe.

Verstöße von untergesetzlichem Bundesrecht gegen „einfachgesetzliches" Bundesrecht können nach der jüngeren Rechtsprechung des BVerfG „als Vorfrage oder im Hinblick auf eine spezifische verfassungsrechtliche Bedeutung bestimmter Vorgaben des einfachen Rechts" im Rahmen der abstrakten Normenkontrolle überprüft werden[10]. Daneben verbleibt die Möglichkeit, dass derartige Verstöße des untergesetzlichen gegen das einfachgesetzliche (Bundes-)Recht durch die Fachgerichte im Rahmen der inzidenten Kontrolle festgestellt werden.[11]

b) § 76 I Nr. 2 BVerfGG

16 „Meinungsverschiedenheiten oder Zweifel" i. S. d. Art. 93 I Nr. 2 GG können sich gemäß § 76 I Nr. 2 BVerfGG auch daraus ergeben, dass der Antragsteller eine Norm **„für gültig hält"**, nachdem ein Gericht, eine Behörde oder ein Bundes- oder Landesorgan diese Norm „als unvereinbar mit dem Grundgesetz oder sonstigem Bundesrecht nicht angewendet hat" (die Ausführungen zu → Rn. 14 f. gelten entsprechend). Praktisch bedeutsam wird dies nur bei Normen, hinsichtlich derer die Gerichte (oder Behörden) eine *Verwerfungskompetenz* haben (siehe dazu → § 54 Rn. 1, 7, 12).

17 Im **Fall 42** besteht eine Meinungsverschiedenheit über die Vereinbarkeit der streitigen Norm der Landesbeihilfeverordnung mit der Regelung des Art. 33 V GG (vgl. → § 22 Rn. 27, § 47 Rn. 5 ff.). Während das OVG die Norm für ungültig erachtet und daher nicht angewendet hat, hält die Landesregierung die Vorschrift für gültig. Damit liegt ein Antragsgrund i. S. d. § 76 I Nr. 2 BVerfGG vor.

5. Rechtsschutzbedürfnis/Klarstellungsinteresse

18 Ein Rechtsschutzbedürfnis fehlt, wenn kein objektives Klarstellungsinteresse hinsichtlich der Gültigkeit bzw. Ungültigkeit der Norm gegeben ist.[12] Dieses ist aber durch den Antrag indiziert und nur ausnahmsweise zu verneinen, etwa wenn die betreffende Norm außer Kraft getreten ist und keine Rechtswirkungen mehr entfaltet oder wenn die Rechtsfrage bereits in einem Parallelverfahren geklärt wurde[13]. Durch die Möglichkeit zur Einleitung anderer verfassungsgerichtlicher Verfahrensarten wird das Klarstellungsinteresse demgegenüber nicht ausgeschlossen.

19 In der dem **Fall 42** zugrunde liegenden Entscheidung verneint das BVerfG das Klarstellungsinteresse, da die Nichtanwendung der Norm nicht nur auf die Unvereinbarkeit mit dem Grundgesetz oder Bundesrecht, sondern *auch* darauf gestützt wurde, dass sie der *landesrechtlichen* Ermächtigungsgrundlage widerspreche. Im Hinblick *darauf* könne das BVerfG die Gültigkeit der Norm nicht im Wege der abstrakten Normenkontrolle überprüfen[14] und damit keine endgültige Entscheidung über ihre Gültigkeit treffen. Das BVerfG erachtet den Antrag daher für unzulässig.[15]

---

[10] BVerfG 127, 293 (318).
[11] Siehe auch *E. Klein*, in: Benda/Klein Rn. 691; *Schlaich/Korioth* Rn. 131.
[12] Vgl. BVerfGE 6, 104 (110); 52, 63 (80); 96, 133 (137); 106, 244 (250 f.).
[13] *Maurer*, StaatsR I § 20 Rn. 82.
[14] Insbes. liegt hierin kein Verstoß gegen Art. 80 GG, da dieser nicht unmittelbar für *Landes*rechtsverordnungen gilt, siehe *M. Brenner*, in: v. Mangoldt/Klein/Starck Art. 80 Rn. 21. Vgl. zu Verstößen gegen Art. 80 GG durch *Bundes*rechtsverordnungen → Rn. 15, § 17 Rn. 43 f.
[15] Siehe näher BVerfGE 96, 133 (137 ff.) mit krit. Anm. v. *M. Sachs*, JuS 1998, 755 (756).

§ 54. Konkrete Normenkontrolle

6. Keine Frist

Das abstrakte Normenkontrollverfahren ist *nicht* fristgebunden. 20

III. Begründetheit

Das BVerfG überprüft die betreffende Norm anhand der zu → Rn. 15 dargestellten 21
Maßstäbe. Das Normenkontrollverfahren ist begründet, wenn die Vorschrift mit dem prüfungsmaßstäblichen höherrangigen Recht unvereinbar (bei Anträgen nach § 76 I Nr. 1 BVerfGG) bzw. vereinbar (bei Anträgen nach § 76 I Nr. 2 BVerfGG) ist. Im Falle der Unvereinbarkeit erklärt das BVerfG die überprüfte Norm gemäß § 78 BVerfGG für nichtig; in Ausnahmefällen begnügt es sich dagegen mit der Feststellung der Unvereinbarkeit der Bestimmung mit dem betreffenden höherrangigen Recht („Unvereinbarkeitserklärung")[16].

IV. Besonderheiten des Verfahrens nach Art. 93 I Nr. 2a GG

Ein abstraktes Normenkontrollverfahren kann gemäß Art. 93 I Nr. 2a GG sowie § 13 22
Nr. 6a und §§ 76 ff. BVerfGG auch erhoben werden bei Meinungsverschiedenheiten darüber, ob ein Gesetz den Voraussetzungen des Art. 72 II GG (vgl. → § 17 Rn. 10 ff.) entspricht. Dieses Verfahren dient dem Schutz der Länder im Hinblick auf ihre diesbezüglichen Gesetzgebungsbefugnisse vor einem allzu „ausufernden" Bundesgesetzgeber (vgl. Art. 70, 72 II, 105 II GG). Gegenüber dem Verfahren nach Art. 93 I Nr. 2 GG und § 13 Nr. 6 BVerfGG bestehen folgende **Besonderheiten:**

- **Antragsberechtigt** sind gemäß Art. 93 I Nr. 2a GG, § 13 Nr. 6a und § 76 II BVerfGG der Bundesrat, eine Landesregierung und die Volksvertretung eines Landes.[17]
- **Prüfungsgegenstand** können lediglich formelle *Bundesgesetze* sein, da die Voraussetzungen des Art. 72 II GG nur für solche gelten.
- Der **Antragsgrund** ist gegeben bei Meinungsverschiedenheiten im Hinblick auf das Vorliegen der Voraussetzungen des Art. 72 II GG oder des auf diesen verweisenden Art. 105 II GG.

Im Übrigen gelten die Ausführungen zur abstrakten Normenkontrolle nach Art. 93 I 23
Nr. 2 GG und § 13 Nr. 6 BVerfGG (→ Rn. 1 ff.) hier entsprechend.

§ 54. Konkrete Normenkontrolle

Fall 43 (nach BVerfGE 45, 187 ff.): Das LG hält den des Mordes angeklagten X zwar für schuldig, den § 211 StGB aber wegen der ausschließlichen Strafdrohung mit lebenslanger Freiheitsstrafe für nicht vereinbar mit den Art. 1 und 2 II 2 GG. § 211 II StGB wurde seit 1941 nicht, § 211 I StGB dagegen 1953 und 1969 geändert. Darüber hinaus wurde das Strafgesetzbuch seit 1945 mehrfach vom Bundesjustizminister neu bekanntgemacht. Ist eine konkrete Normenkontrolle zum BVerfG zulässig?

---

[16] Näher dazu *E. Klein*, in: Benda/Klein Rn. 1392 ff.
[17] Demgegenüber können die Antragsberechtigten der „normalen" abstrakten Normenkontrolle (→ Rn. 6) das Vorliegen der Voraussetzungen des Art. 72 II GG im Verfahren nach Art. 93 I Nr. 2 GG, § 13 Nr. 6 und § 76 I BVerfGG überprüfen lassen; siehe auch *E. Klein*, in: Benda/Klein Rn. 702 m. w. N.

I. Grundsätzliches

1 Verfassungswidrige Normen sind grundsätzlich nichtig (vgl. → § 51 Rn. 71, § 53 Rn. 21). Wegen Art. 20 III GG (vgl. → § 7 Rn. 15 ff.) dürfen und müssen Fachgerichte sowie Behörden daher bei ihrer Entscheidungsfindung von der Anwendung einer Norm (etwa einer Rechtsverordnung) absehen, von deren Verfassungswidrigkeit sie überzeugt sind. Dieser Grundsatz gilt indes nicht für **formelle Gesetze** (d. h. Parlamentsgesetze; → § 4 Rn. 8, § 7 Rn. 7); denn es würde zu einer unerträglichen Rechtsunsicherheit führen, wenn diese Gesetze trotz ihrer besonderen demokratischen Legitimation von einzelnen Gerichten nicht angewendet würden, von anderen hingegen doch. Daher liegt die **Verwerfungskompetenz** für formelle Gesetze beim BVerfG; die Fachgerichte dürfen also über eine Rechtssache nicht unter Außerachtlassung eines für verfassungswidrig erachteten und im konkreten Fall entscheidungserheblichen formellen Gesetzes befinden, sondern müssen gemäß Art. 100 I GG, § 13 Nr. 11 sowie §§ 80 ff. BVerfGG das betreffende Verfahren aussetzen und hinsichtlich der Gültigkeit der betreffenden Norm die Entscheidung des BVerfG im Wege der **konkreten Normenkontrolle** (auch: **Richtervorlage**) einholen.[1]

II. Zulässigkeit

2 Die Zulässigkeit ist gegeben, wenn die **allgemeinen** (→ § 50 Rn. 25 ff.) und **besonderen Sachentscheidungsvoraussetzungen** erfüllt sind.

1. Rechtswegeröffnung/Zuständigkeit des BVerfG

3 Für die konkrete Normenkontrolle ergibt sich der Rechtsweg zum BVerfG aus Art. 100 I GG, § 13 Nr. 11 und § 80 I BVerfGG.

2. Vorlageberechtigung

4 Vorlageberechtigt sind ausschließlich **Gerichte**, d. h. staatliche „Spruchstellen [...], die sachlich unabhängig, in einem formell gültigen Gesetz mit den Aufgaben eines Gerichts betraut und als Gerichte bezeichnet sind"[2]. Hierzu zählen die Landesverfassungsgerichte (→ § 16 Rn. 12 ff.), alle Fachgerichte des Bundes und der Länder (ordentliche Gerichte, Verwaltungs-, Finanz-, Arbeits- und Sozialgerichte) gleich welcher Instanz (vgl. → § 19 Rn. 8 ff.) sowie Gerichte der freiwilligen Gerichtsbarkeit, nicht dagegen Kirchengerichte (mangels Staatlichkeit), private Schiedsgerichte oder Rechtspfleger.

5 Im **Fall 43** ist der *Verfassungsrechtsweg* nach Art. 100 I GG und § 13 Nr. 11 BVerfGG gegeben. Das LG ist dabei *vorlageberechtigt*.

3. Vorlagegegenstand

6 Vorlagefähig sind nur **formelle Gesetze** (vgl. → Rn. 1) des Bundes und der Länder. Hierunter fallen grundsätzlich auch verfassungsändernde Gesetze bzw. Verfassungsnormen.[3] Dem BVerfG vorgelegt werden können ferner die Zustimmungsgesetze zu völ-

---

[1] Vgl. etwa BVerfGE 1, 202 (206); 48, 40 (44 f.); 114, 303 (310).
[2] BVerfGE 6, 55 (63). Hält dagegen eine *Behörde* ein formelles Gesetz für verfassungswidrig, muss sie die Entscheidung der Exekutivspitze (Regierung) einholen; erachtet auch diese es für verfassungswidrig, kann sie eine abstrakte Normenkontrolle (→ § 53) einleiten.
[3] BVerfGE 3, 225 (230); bzgl. Landesverfassungsnormen siehe BVerfGE 36, 342 (356). Siehe

§ 54. Konkrete Normenkontrolle   417

kerrechtlichen Verträgen nach Art. 59 II GG, nicht dagegen ein solcher Vertrag selbst (vgl. → § 53 Rn. 8).

Da das Verwerfungsmonopol des BVerfG vor allem dem Schutz der Autorität des „unter der Herrschaft des Grundgesetzes tätig gewordenen" Gesetzgebers dient, sind nur solche formellen Gesetze vorlagefähig, die *nach* Inkrafttreten des Grundgesetzes am 23. 5. 1949 verkündet wurden (so genannte **nachkonstitutionelle Gesetze**).[4] Allerdings kann auch *vor* diesem Zeitpunkt erlassenes Recht zu nachkonstitutionellem werden, wenn es ein nachkonstitutioneller Gesetzgeber in seinen Willen aufgenommen hat. Das ist etwa der Fall, wenn ein vorkonstitutionelles Gesetz nach dem 23. 5. 1949 neu verkündet wurde, wenn in nachkonstitutionellen Normen ausdrücklich auf vorkonstitutionelle verwiesen wird oder „wenn ein begrenztes und überschaubares Rechtsgebiet vom nachkonstitutionellen Gesetzgeber durchgreifend geändert wird und ein enger sachlicher Zusammenhang zwischen veränderten und unveränderten Normen besteht"[5]. Werden dagegen nur einzelne Normen innerhalb eines umfangreichen vorkonstitutionellen Gesetzes geändert, so werden lediglich diese, nicht aber das gesamte Gesetz nachkonstitutionell.[6] Auch die „Hinnahme" eines früheren Gesetzes genügt nicht, um von einer Übernahme in den Willen des nachkonstitutionellen Gesetzgebers ausgehen zu können[7]; allerdings werden mit fortschreitender Zeitdauer die Voraussetzungen für diese Annahme geringer[8]. 7

Hinsichtlich der Vorlagefähigkeit von **Europäischem Unionsrecht** gelten die Ausführungen zur abstrakten Normenkontrolle entsprechend (→ § 53 Rn. 8 f.). Speziell in Bezug auf den **Grundrechtsschutz** gegenüber Akten der EU (vgl. → § 5 Rn. 20 ff., § 51 Rn. 19) gilt nach Ansicht des BVerfG, dass „Vorlagen von Gerichten von vornherein unzulässig" sind, „wenn ihre Begründung nicht darlegt, dass die europäische Rechtsentwicklung einschließlich der Rechtsprechung des Europäischen Gerichtshofs nach Ergehen der Solange II-Entscheidung (BVerfGE 73, 339 [378 bis 381]) unter den erforderlichen Grundrechtsstandard abgesunken sei. Deshalb muss die Begründung der Vorlage eines nationalen Gerichts [...] im Einzelnen darlegen, dass der jeweils als unabdingbar gebotene Grundrechtsschutz generell nicht gewährleistet ist. Dies erfordert eine Gegenüberstellung des Grundrechtsschutzes auf nationaler und auf Gemeinschaftsebene in der Art und Weise, wie das Bundesverfassungsgericht sie in BVerfGE 73, 339 (378 bis 381) geleistet hat."[9] Hält ein Gericht ein **Gesetz** für entscheidungserheblich, **das Recht der EU umsetzt,** muss es sich daher für eine zulässige konkrete Normenkontrolle mit der Frage auseinandersetzen, ob dem deutschen Gesetzgeber bei der Umsetzung ein Gestaltungsspielraum verblieben ist, welcher der Kontrolle durch das BVerfG zugänglich ist (vgl. → § 5 Rn. 24b). Andernfalls wäre nämlich von vornherein das Vorabentscheidungsverfahren zum EuGH nach Art. 267 I AEUV vorrangig.[10] 8

In **Fall 43** ist *Vorlagegegenstand* der § 211 StGB. Dabei muss wegen des inneren Zusammenhangs der beiden Absätze dieser Norm auch der Mordtatbestand des § 211 II StGB als zur verfassungsrechtlichen Prüfung vorgelegt angesehen werden. Da dieser seit 1941 unverändert ist, 9

---

zum damit verbundenen Problem des „verfassungswidrigen Verfassungsrechts" BVerfGE 3, 225 (230 ff.); BVerfGE 109, 279 (310 ff.), dazu → § 41 Rn. 11.

[4] BVerfGE 2, 124 (128 ff.) – st. Rspr.
[5] BVerfGE 32, 296 (300); 63, 181 (188); 64, 217 (221).
[6] Vgl. BVerfGE 24, 20 (22 f.); 32, 256 (258 ff.) – jew. bzgl. *StGB*; 41, 344 (351); 64, 217 (220 ff.) – jew. betr. *GewO*; 32, 296 (299 ff.); BVerfG (Kammerbeschl.), NJW 1998, 3557 f. – jew. bzgl. *BGB*.
[7] Vgl. BVerfGE 11, 126 (131); 32, 256 (260); 64, 217 (221) m.w.N.; 66, 248 (254 f.).
[8] BVerfGE 70, 126 (133).
[9] BVerfGE 102, 147 (164) – „Bananenmarkt-Beschluss".
[10] BVerfGE 129, 186 (200).

könnte er *vor*konstitutionelles Recht darstellen. Zwar ist das StGB mehrfach neu bekanntgemacht worden; im Gegensatz zur Neu*verkündung* durch die Legislative soll aber allein die Neu*bekanntmachung* durch die Exekutive ein vorkonstitutionelles Gesetz grundsätzlich noch nicht zu einem nachkonstitutionellen machen.[11] Indes ist zumindest § 211 I StGB mehrfach nachkonstitutionell geändert worden. Da Absatz 1 jedoch in engem sachlichem Zusammenhang mit Absatz 2 steht, ist davon auszugehen, dass jedenfalls insoweit auch Absatz 2 in den Willen des nachkonstitutionellen Gesetzgebers aufgenommen wurde und eine vorlagefähige nachkonstitutionelle Norm des formellen Rechts darstellt.[12]

4. Vorlagegrund

10 Zulässiger Vorlagegrund nach Art. 100 I GG ist die **Überzeugung des vorlegenden Gerichts von der Grundgesetzwidrigkeit** des vorgelegten Bundes- oder Landesgesetzes oder von der **Unvereinbarkeit eines Landesgesetzes mit „Bundesgesetzen"**[13] (gemeint ist hiermit sonstiges, auch untergesetzliches Bundesrecht). Die Struktur des umständlich formulierten Art. 100 I GG verdeutlicht die nachstehende Übersicht:

11 **Übersicht: Struktur des Art. 100 I GG**

Art. 100 GG	Vorgelegte Norm	Verstoß gegen	Vorlage zum
I 1 Alt. 2	Bundesgesetz	Grundgesetz	BVerfG
I 2 Alt. 1	Landesgesetz	Grundgesetz	BVerfG
I 2 Alt. 2	Landesgesetz	sonstiges Bundesrecht	BVerfG
I 1 Alt. 1	Landesgesetz	Landesverfassung	LVerfG

12 Vorlagen nach Art. 100 I 2 Alt. 2 GG hält das BVerfG nur dann für zulässig, wenn das Landesgesetz zeitlich *nach* dem Bundesrecht, mit welchem es nicht vereinbar sein soll, erlassen wurde (so genanntes **nachlegales** Gesetz), da anderenfalls keine Missachtung des Bundesgesetzgebers gegeben sei[14] (vgl. → Rn. 7). Über die Nichtanwendbarkeit von „vorlegalen" Landesgesetzen können die *Fachgerichte* also wie hinsichtlich vorkonstitutionellen Gesetzen *selbst* entscheiden.

13 Für die **Überzeugung** von der Ungültigkeit der vorgelegten Rechtsvorschrift genügen nicht bloße Zweifel. Ist eine verfassungskonforme Auslegung des Gesetzes möglich (vgl. → § 2 Rn. 13 ff.), ist *diese* vorzunehmen. Hat das BVerfG bereits anderweitig über die Gültigkeit der betreffenden Norm entschieden, sind die Gerichte hieran gebunden (vgl. § 31 BVerfGG).

14 Im **Fall 43** ist das LG von der Unvereinbarkeit des § 211 StGB mit dem Grundgesetz überzeugt und damit ein Vorlagegrund gegeben.

---

[11] Vgl. BVerfGE 64, 217 (221) m.w.N.; vgl. aber auch BVerfGE 45, 187 (222).
[12] Siehe BVerfGE 45, 187 (220 ff.).
[13] Bei der Beurteilung der Unvereinbarkeit eines formellen Landesgesetzes mit einem Bundesgesetz nach Art. 100 I 2 GG dient neben dem entsprechenden Bundesgesetz auch das Grundgesetz als Prüfungsmaßstab, BVerfG (Kammerbeschl.), NVwZ 2010, 247 ff.
[14] BVerfGE 10, 124 (127 f.); 60, 135 (153).

5. Entscheidungserheblichkeit

Nach Art. 100 I GG muss es bei der Entscheidung des vorlegenden Gerichts auf die Gültigkeit des beanstandeten Gesetzes ankommen, dieses also entscheidungserheblich sein. Dies ist der Fall, wenn die Entscheidung des vorlegenden Gerichts – unter grundsätzlicher Berücksichtigung von dessen diesbezüglicher Rechtsauffassung – bei Gültigkeit der beanstandeten Rechtsvorschrift anders ausfallen müsste als bei deren Ungültigkeit.[15],[16] Hierzu sind vorab auch alle **entscheidungserheblichen Tatsachen** durch Beweisaufnahme zu ermitteln, da anderenfalls die Entscheidungserheblichkeit für den betreffenden Einzelfall noch nicht abschließend feststeht.[17] Für die Feststellung der Entscheidungserheblichkeit nach Art. 100 I GG genügt, dass die Feststellung der Verfassungswidrigkeit der zur Überprüfung gestellten Norm dem Betroffenen zumindest die Chance offen hält, eine für ihn günstigere Regelung durch den Gesetzgeber zu erreichen, und dass das vorlegende Gericht das Verfahren bis zu einer Neuregelung durch den Gesetzgeber aussetzen wird.[18]

Im **Fall 43** ist § 211 StGB entscheidungserheblich, da das LG bei seiner Gültigkeit lebenslange Freiheitsstrafe, bei seiner Ungültigkeit hingegen nur eine zeitlich begrenzte Freiheitsstrafe verhängen müsste.

6. Vorlagebegründung

In seinem Vorlagebeschluss muss das vorlegende Gericht nachvollziehbar und eingehend **begründen,** aus welchen Erwägungen es die vorgelegte gesetzliche Vorschrift für ungültig und die Entscheidungserheblichkeit für gegeben hält (vgl. § 80 II 1 BVerfGG).[19] In der Praxis scheitern an dieser Anforderung nicht wenige Richtervorlagen.[20]

III. Begründetheit

Die Richtervorlage ist begründet, wenn die in zulässiger Weise vorgelegte Rechtsvorschrift nicht mit dem Grundgesetz oder – im Falle eines Landesgesetzes – nicht mit sonstigem Bundesrecht vereinbar ist. Das BVerfG überprüft Normen im Rahmen der konkreten Normenkontrolle nur insoweit am Maßstab der Grundrechte, als der Kläger des Ausgangsverfahrens hiervon betroffen ist und eine Grundrechtsverletzung in Betracht kommt.[21] Prüfungsmaßstab der konkreten Normenkontrolle sind jedoch alle – formellen und materiellen – Vorschriften des Grundgesetzes.[22] Sie unterscheidet sich damit ihrer Konzeption nach von einer Verfassungsbeschwerde, bei der die Prüfung auf lediglich einen Teil des Normenbestandes eingeschränkt ist.[23] Hinsichtlich der Entscheidung im Falle der Begründetheit verweist § 82 BVerfGG auf §§ 78f. BVerfGG (vgl. dazu → § 53 Rn. 21).

---

[15] Siehe hierzu etwa BVerfGE 121, 233 (237f.); 131, 1 (14ff.).
[16] Bspe. bei *E. Klein,* in: Benda/Klein Rn. 827ff.; *Pestalozza* § 13 Rn. 18ff.
[17] Vgl. BVerfGE 11, 330 (334f.); 34, 118 (127); 47, 144 (152ff.); eine Ausnahme hiervon wird indes in BVerfGE 47, 144 (157ff.) zugelassen.
[18] BVerfGE 121, 108 (115); 122, 151 (173).
[19] Siehe dazu BVerfGE 79, 240 (243f.); 105, 61 (67f.).
[20] So etwa eine Vorlage des BFH, siehe BVerfGE 127, 335 (355ff.).
[21] Siehe BVerfGE 117, 272 (291f.).
[22] *Dederer,* in: Maunz/Dürig Art. 100 Rn. 217.
[23] *Dederer,* in: Maunz/Dürig Art. 100 Rn. 32.

§ 55. Bund-Länder-Streitverfahren

Fall 44 (nach BVerfGE 81, 310 ff.): Der Bundesumweltminister erteilt der Regierung des Landes X gemäß Art. 85 III GG die Weisung, beim Genehmigungsverfahren für das Atomkraftwerk K bestimmte Recht- und Zweckmäßigkeitsauffassungen zu beachten. Die Landesregierung hält diese Weisung für rechtswidrig und beantragt beim BVerfG im Wege des Bund-Länder-Streitverfahrens die Feststellung, dass hierdurch die Rechte des Landes verletzt wurden. Hat dieser Antrag Aussicht auf Erfolg (vgl. → **Fall 15** [§ 18])?

I. Grundsätzliches

1   Bei Bund-Länder-Streitigkeiten nach Art. 93 I Nr. 3 GG, § 13 Nr. 7 und §§ 68 ff. BVerfGG entscheidet das BVerfG über Meinungsverschiedenheiten zwischen Bund und Ländern im Hinblick auf verfassungsrechtliche Rechte und Pflichten aus dem Bundesstaatsverhältnis (vgl. → § 8). Die Verfahrensart dient der Wahrung der bundesstaatlichen Ordnung und entspricht weitgehend dem Organstreitverfahren (vgl. § 69 BVerfGG, → § 52).

II. Zulässigkeit

2   Die Zulässigkeit ist gegeben, wenn die **allgemeinen** (→ § 50 Rn. 25 ff.) und **besonderen Sachentscheidungsvoraussetzungen** erfüllt sind.

1. Rechtswegeröffnung/Zuständigkeit des BVerfG

3   Für Bund-Länder-Streitigkeiten ergibt sich der Rechtsweg zum BVerfG aus Art. 93 I Nr. 3 GG und § 13 Nr. 7 BVerfGG.

4   Im **Fall 44** ist der Rechtsweg zum BVerfG nach diesen Vorschriften eröffnet.

2. Parteifähigkeit und Prozessfähigkeit

5   Parteien im kontradiktorischen (vgl. → § 52 Rn. 5) Bund-Länder-Streitverfahren können der Bund, ein Land oder mehrere Länder sein.[1] Die Vertretung erfolgt durch die Bundes- bzw. jeweilige Landesregierung; diese in § 68 BVerfGG geregelte Beschränkung der Antragsberechtigung begegnet keinen verfassungsrechtlichen Bedenken.[2]

6   Im **Fall 44** ist *Antragsteller* das Land X, vertreten durch die Landesregierung. *Antragsgegner* ist der Bund, vertreten durch die Bundesregierung.

3. Verfahrensgegenstand

7   Gemäß § 69 i. V. m. § 64 I BVerfGG können Verfahrensgegenstände sein: konkrete rechtserhebliche Maßnahmen oder Unterlassungen (vgl. insoweit auch → § 52 Rn. 9 f.) des Antragsgegners (Bund oder Land) bzw. von dessen Organen, etwa Weisungen nach Art. 85 III oder Art. 84 V GG, der Erlass von Gesetzen oder die Gründung einer Fernsehen-GmbH durch den Bund, an der die Länder nicht beteiligt sind[3].

---

[1] BVerfGE 129, 108 (115); *E. Klein*, in: Benda/Klein Rn. 1072.
[2] BVerfGE 129, 108 (115 ff.) m. w. N.
[3] Vgl. BVerfGE 12, 205 (220 ff.). Weitere Bspe. bei *E. Klein*, in: Benda/Klein Rn. 1069 ff.

4. Antragsbefugnis

Die Antragsbefugnis richtet sich nach § 69 i.V.m. § 64 I BVerfGG; die diesbezüglichen Ausführungen zum Organstreit (→ § 52 Rn. 12f.) gelten entsprechend. Die möglicherweise verletzten oder unmittelbar gefährdeten Rechte oder Pflichten des Antragstellers müssen sich dabei aus der Verfassung – nicht nur dem „einfachen Recht" – ergeben und „bundesstaatsspezifische" sein[4]. Hierzu gehört auch der Grundsatz des bundes- und länderfreundlichen Verhaltens (dazu → § 8 Rn. 31ff.).

> Im **Fall 44** ist die rechtserhebliche Weisung des Bundesministers nach Art. 85 III GG zulässiger *Verfahrensgegenstand*. Da hierdurch die Verletzung von verfassungsmäßigen Verwaltungskompetenzen des Landes X aus den Art. 30, 83 und 85 GG möglich erscheint, welche gerade Ausfluss der Eigenstaatlichkeit gegenüber dem Bund sind, ist das Land X auch *antragsbefugt*.

5. Vorverfahren aufgrund von Art. 84 IV 1 GG

Nur bei Vorliegen der Voraussetzungen des Art. 84 IV 1 GG ist ein Vorverfahren vor dem Bundesrat durchzuführen. Erst gegen den Beschluss des Bundesrates kann das BVerfG angerufen werden (Art. 84 IV 2 GG).

6. Frist

Der Antrag ist gemäß § 69 i.V.m. § 64 III BVerfGG binnen sechs Monaten[5] nach Bekanntwerden der beanstandeten Maßnahme oder Unterlassung, im Falle von Art. 84 IV GG (→ Rn. 10) gemäß § 70 BVerfGG binnen eines Monats nach der Beschlussfassung des Bundesrates zu stellen.

> Da im **Fall 44** um Kompetenzen der Verwaltung im Bundesauftrag (Art. 85 GG) gestritten wird, bedarf es *keines Vorverfahrens*. Der Antrag ist *innerhalb von sechs Monaten* nach Bekanntwerden der Weisung zu stellen.

III. Begründetheit

Der Antrag ist begründet, wenn die geltend gemachte Verletzung oder Gefährdung der verfassungsmäßigen Rechte (vgl. → Rn. 8) des Antragstellers gegeben ist (vgl. im Übrigen die Ausführungen zu → § 52 Rn. 18).

> Im **Fall 44** setzt die Begründetheit des Streitverfahrens voraus, dass die Weisung des Bundesministers das Land in dessen verfassungsmäßigen Rechten verletzt. Dies lässt sich aber nicht feststellen (vgl. näher → § 18 Rn. 11).

§ 56. Sonstige Verfahrensarten

Nachfolgend werden einige der sonstigen Verfahrensarten vor dem BVerfG kurz charakterisiert, welche sich als prozessualer Einstieg in Prüfungsaufgaben eignen, die überwiegend materielles Recht betreffen.

---

[4] Vgl. dazu näher BVerfGE 109, 1 (5ff.); *P. Kunig,* Jura 1995, 262 (266).
[5] Siehe hierzu auch BVerfGE 109, 1 (9ff.): Wird zunächst das BVerwG gemäß § 50 I Nr. 1 VwGO (→ § 56 Rn. 2) angerufen, obwohl die Streitigkeit verfassungsrechtlichen Charakter hat, ist die für die Anrufung des BVerfG geltende Frist der §§ 69, 64 BVerfGG nur gewahrt, wenn die Klage zum BVerwG innerhalb dieser Frist, also innerhalb von sechs Monaten erhoben wurde.

I. Andere föderale Streitigkeiten

2   Föderale Streitigkeiten außerhalb des Art. 93 I Nr. 3 GG (→ § 55) werden durch Art. 93 I Nr. 4 GG, § 13 Nr. 8 und §§ 71 f. BVerfGG erfasst. Im Einzelnen sind dies **nichtverfassungsrechtliche Bund-Länder-Streitigkeiten** (Var. 1), verfassungsrechtliche und nichtverfassungsrechtliche **Streitigkeiten zwischen einzelnen Ländern** (Var. 2) sowie **Organstreitigkeiten innerhalb eines Landes** (Var. 3). Für die nichtverfassungsrechtlichen Bund-Länder- und Länder-Länder-Streitigkeiten ist allerdings das BVerwG nach den §§ 40 und 50 I Nr. 1 VwGO vorrangig zuständig (vgl. die **Subsidiaritätsklausel** in Art. 93 I Nr. 4 a. E. GG).

II. Parteiverbotsverfahren

3   Im Parteiverbotsverfahren entscheidet das BVerfG nach Art. 21 II GG, § 13 Nr. 2 und §§ 43 ff. BVerfGG über die **Verfassungswidrigkeit von Parteien,** die nach ihren Zielen oder dem Verhalten ihrer Anhänger darauf ausgehen, die freiheitliche demokratische Grundordnung zu beeinträchtigen bzw. zu beseitigen oder den Bestand der Bundesrepublik Deutschland zu gefährden (siehe zum Parteiverbot näher → § 6 Rn. 89 ff.). § 43 BVerfGG zählt die möglichen Antragsteller eines Parteiverbotsverfahrens abschließend auf. Eine Partei selbst kann – mangels Regelungslücke auch nicht in analoger Anwendung – diese Verfahrensart nicht nutzen, um eine Feststellung des BVerfG über die eigene Verfassungsmäßigkeit herbeizuführen[1] (vgl. → § 50 Rn. 9).

III. Wahlprüfungsverfahren und Nichtanerkennungsbeschwerde

4   Im Wahlprüfungsverfahren entscheidet das BVerfG gemäß Art. 41 II GG, § 13 Nr. 3 und § 48 BVerfGG über Beschwerden gegen Entscheidungen des Bundestages nach Art. 41 I GG, welche die **Gültigkeit einer Wahl** oder den Erwerb oder Verlust der Mitgliedschaft eines Abgeordneten beim Bundestag (**Mandatsprüfung**) betreffen (siehe zur Wahlprüfung näher → § 6 Rn. 62 ff.). Das BVerfG bleibt grundsätzlich auch nach der Auflösung eines Bundestages oder dem regulären Ablauf einer Wahlperiode befugt, die im Rahmen einer zulässigen Wahlprüfungsbeschwerde erhobenen Rügen der Verfassungswidrigkeit von Wahlrechtsnormen sowie wichtige wahlrechtliche Zweifelsfragen zu prüfen.[2] Da die Wahlprüfungsbeschwerde die Gültigkeit einer Wahl zum Gegenstand hat, ist sie erst nach Durchführung der Wahl statthaft.[3] Da jedoch nach einer Wahl der Nachweis kaum möglich ist, dass eine nichtzugelassene Partei bei Zulassung ein Mandat erlangt hätte,[4] führte der Gesetzgeber eine **Nichtanerkennungsbeschwerde** vor dem BVerfG ein[5] (siehe Art. 93 Abs. 1 Nr. 4c GG, § 13 Nr. 3a, §§ 96a ff. BVerfGG und § 18 IVa BWG; vgl. → § 6 Rn. 63a). Parteien können demnach binnen vier Tagen nach Bekanntgabe der Nichtzulassung Beschwerde zum BVerfG erheben.[6]

IV. Präsidentenanklage

5   Im Rahmen einer Präsidentenanklage entscheidet das BVerfG nach Art. 61 GG, § 13 Nr. 4 und §§ 49 ff. BVerfGG darüber, ob der Bundespräsident (dazu näher → § 14) vorsätzlich das Grundge-

---

[1] BVerfGE 133, 100 (106 f.); *C. Hufen/T. Kumpf*, DVBl. 2013, 417 (418 f.); *A. Windoffer*, DÖV 2013, 151 (153).
[2] BVerfGE 122, 304 (306).
[3] BVerfGE 11, 329; 14, 154 (155); 63, 73 (76).
[4] Vgl. dazu etwa BVerfGE 89, 266 (273).
[5] Vgl. die Begründung der von den Fraktionen der CDU/CSU, SPD, FDP und BÜNDNIS 90/ DIE GRÜNEN vorgelegten Entwurfs eines Gesetzes zur Verbesserung des Rechtsschutzes in Wahlsachen, BT-Drucks. 17/9391, S. 5.
[6] Siehe zur Nichtanerkennungsbeschwerde näher BVerfGE 134, 124 ff.; *L. Bechler/S. Neidhardt*, NVwZ 2013, 1438 ff.; *P. Klein*, DÖV 2013, 584 ff.

setz oder ein anderes Bundesgesetz verletzt hat und ob er daraufhin sein Amt verliert (vgl. Art. 61 II GG, § 56 BVerfGG).

V. Überprüfung der Einsetzung eines Untersuchungsausschusses

Nach Art. 93 III GG i. V. m. § 36 II PUAG, § 13 Nr. 11a, § 82a BVerfGG entscheidet das BVerfG auf Vorlage des BGH über die Vereinbarkeit eines Beschlusses des Deutschen Bundestages zur Einsetzung eines Untersuchungsausschusses (vgl. Art. 44 GG) mit dem Grundgesetz (vgl. hierzu → § 12 Rn. 32).

§ 57. Einstweilige Anordnungen

Fall 45 (nach BVerfGE 46, 160 ff.): Terroristen entführen den Arbeitgeberpräsidenten S, um inhaftierte Gesinnungsgenossen freizupressen. Da die Bundesregierung auf diese Forderung der Terroristen nicht eingeht, beantragen die Kinder des S in dessen Vertretung beim BVerfG den Erlass einer einstweiligen Anordnung, da diese Weigerung der Bundesregierung das Leben des S gefährde und ihn daher in seinem Grundrecht aus Art. 2 II 1 GG verletze.

I. Allgemeines

Auch vor dem BVerfG gibt es vorläufigen Rechtsschutz zur Vermeidung von Nachteilen, die sich aus der Zeitdauer eines Hauptsacheverfahrens für den Antragsteller ergeben können (vgl. zum Verwaltungsprozess → §§ 105 ff.). Daher bietet § 32 BVerfGG grundsätzlich für jede der in Art. 93 GG und § 13 BVerfGG aufgeführten Verfahrensarten (siehe zu einer Übersicht → § 50 Rn. 12) die Möglichkeit zum Erlass einstweiliger Anordnungen. Spezielle Regelungen enthalten etwa Art. 61 II 2 GG, § 53 (i. V. m. § 58 I) BVerfGG sowie § 16 III WahlprüfG.

II. Zulässigkeit

1. Zuständigkeit des BVerfG

Die Zuständigkeit des BVerfG zum Erlass einer einstweiligen Anordnung bemisst sich nach der Zuständigkeit hinsichtlich des betreffenden Hauptsacheverfahrens i. S. v. Art. 93 GG und § 13 BVerfGG.

Im **Fall 45** ist die statthafte Verfahrensart in der Hauptsache die Verfassungsbeschwerde gegen die Weigerung der Bundesregierung (= Akt der Exekutive, vgl. → § 51 Rn. 16), für die das BVerfG nach Art. 93 I Nr. 4a GG, § 13 Nr. 8a und § 90 I BVerfGG zuständig ist. Damit ist es diesbezüglich auch zum Erlass einer einstweiligen Anordnung nach § 32 BVerfGG zuständig.

2. Antrag

Der Antrag kann während des Hauptsacheverfahrens gestellt werden, aber auch schon *vor* Einleitung eines solchen. Das BVerfG hat in einem Urteil aus dem Jahre 1976 für sich zudem die Möglichkeit zum Erlass einer einstweiligen Anordnung von Amts wegen beansprucht[1].

3. Antragsberechtigung

Die Antragsberechtigung richtet sich nach der Antragsberechtigung bzw. Beteiligtenfähigkeit im betreffenden Hauptsacheverfahren.

---

[1] Vgl. etwa BVerfGE 42, 103 (119 f.); teilweise krit. dazu *E. Klein*, in: Benda/Klein Rn. 1319 f.

6 Im **Fall 45** ist S – vertreten durch seine Kinder – in der Hauptsache beteiligtenfähig und damit auch antragsberechtigt hinsichtlich § 32 BVerfGG.

4. Keine offensichtliche Unzulässigkeit des Hauptsacheverfahrens

7 Der Antrag auf Erlass einer einstweiligen Anordnung ist unzulässig, wenn bereits das **Hauptsacheverfahren offensichtlich unzulässig** ist.[2]

8 Auch wenn dies für die Praxis bedeutet, dass die Zulässigkeit des betreffenden Hauptsacheverfahrens nicht abschließend geklärt sein muss, bietet sich an dieser Stelle für die **Lösung von Prüfungsaufgaben** die Möglichkeit zur *inzidenten* Überprüfung der (übrigen) Zulässigkeitsvoraussetzungen des Verfahrens in der Hauptsache. Häufig wird für die Zulässigkeit *zudem* gefordert, dass das in der **Hauptsache verfolgte Begehren nicht „offensichtlich unbegründet"** ist[3].

9 Im **Fall 45** sind hier die (übrigen) Zulässigkeitsvoraussetzungen einer Verfassungsbeschwerde in der Hauptsache zu prüfen: Die Weigerung der Bundesregierung ist zulässiger **Beschwerdegegenstand** (vgl. → Rn. 3). Die **Möglichkeit** einer Verletzung des Art. 2 II 1 GG ist gegeben, da aus dieser Vorschrift grundsätzlich auch Schutzpflichten des Staates resultieren (vgl. → § 22 Rn. 21 ff.). S ist durch die Weigerung **selbst, gegenwärtig und unmittelbar betroffen.** Vorherige **Rechtswegerschöpfung** ist wegen schwerer, unabwendbarer Nachteile für S entbehrlich (vgl. § 90 II 2 BVerfGG, → § 51 Rn. 51). Für eine **Verfristung** im Hauptsacheverfahren ist nichts ersichtlich. Daher ist dieses nicht offensichtlich unzulässig.

5. Keine Vorwegnahme der Hauptsache

10 Einstweilige Anordnungen dienen nur der *vorläufigen* Regelung eines Zustandes und dürfen daher grundsätzlich nicht die Entscheidung in der Hauptsache vorwegnehmen. Zulässig ist Letzteres aber ausnahmsweise dann, wenn die Hauptsacheentscheidung zu spät käme und ihr Abwarten für den Antragsteller schwere, irreparable Schäden mit sich bringen würde.[4]

11 Im **Fall 45** nähme der Erlass einer einstweiligen Anordnung, welche die Grundrechtswidrigkeit der Weigerung der Bundesregierung feststellen und diese zur Freilassung der inhaftierten Terroristen verpflichten würde, das Ergebnis der Hauptsache vorweg. Ausnahmsweise ist dies hier aber unschädlich, da das Abwarten einer solchen Entscheidung in der Hauptsache für den S voraussichtlich zu spät käme.

6. Form und Frist

12 Der Antrag muss den formalen Anforderungen des § 23 BVerfGG entsprechen (→ § 50 Rn. 13, 28). Eine Antragsfrist ist nicht geregelt; allerdings führt die Verfristung des Hauptsacheverfahrens regelmäßig zu dessen offensichtlicher Unzulässigkeit (vgl. → Rn. 7 f.) und damit zur Unzulässigkeit des auf Erlass einer einstweiligen Anordnung gerichteten Verfahrens.

---

[2] BVerfGE 46, 337 (339); *E. Klein*, in: Benda/Klein Rn. 1327; *Pestalozza* § 18 Rn. 7; vgl. auch BVerfGE 24, 252 (257); 79, 379 (383) m.w.N.

[3] So BVerfGE 46, 337 (339); 79, 379 (383) m.w.N.; siehe aber auch BVerfGE 113, 113 (125), wo die Prüfung des Fehlens einer offensichtlichen Unbegründetheit der Hauptsache im Rahmen der *Begründetheit* der einstweiligen Anordnung vorgenommen wird.

[4] Vgl. BVerfGE 34, 160 (162 f.); 46, 160 (163 f.); 67, 149 (151); 108, 34 (40); 131, 47 (54).

§ 57. Einstweilige Anordnungen

III. Begründetheit

1. Besondere Eilbedürftigkeit

Für die Begründetheit eines Antrags auf einstweilige Anordnung muss zunächst eine besondere Eilbedürftigkeit vorliegen: Eine einstweilige Anordnung kann nur ergehen, wenn dies zur **Abwehr schwerer Nachteile**, zur **Verhinderung drohender Gewalt** oder aus einem **anderen wichtigen Grund** zum gemeinen Wohl dringend geboten ist (§ 32 I BVerfGG).[5]   13

Im **Fall 45** ist diese besondere Eilbedürftigkeit gegeben, da die Hauptsache keinen rechtzeitigen Rechtsschutz für den unmittelbar durch drohende Gewalt und schwere Nachteile gefährdeten S gewähren würde.   14

2. Abwägung

Im Hinblick auf die Begründetheit des einstweiligen Anordnungsverfahrens bleiben die konkreten Erfolgsaussichten der Hauptsache nach der ständigen Rechtsprechung des BVerfG grundsätzlich außer Betracht,[6] es sei denn, das zugrunde liegende Hauptsacheverfahren erweist sich von vornherein als unzulässig oder offensichtlich unbegründet[7].[8] Bei einem „offenen Ausgang" des Hauptsacheverfahrens wägt das BVerfG dann die Folgen, die eintreten würden, wenn eine einstweilige Anordnung nicht ergehe, die Verfassungsbeschwerde aber Erfolg hätte, mit denen ab, die entstünden, wenn die begehrte einstweilige Anordnung erlassen würde, dem Hauptsacheverfahren der Erfolg aber zu versagen wäre (so genannte Doppelhypothese).[9] Allerdings bezieht das BVerfG die „erkennbaren Erfolgsaussichten" in der Hauptsache jedenfalls dann mit in die Abwägung ein und macht den Erlass einer einstweiligen Anordnung damit jedenfalls insoweit auch vom prognostizierten Ausgang der Hauptsache abhängig, wenn sich das Hauptsacheverfahren als „offensichtlich begründet" erweist; denn in diesem Falle läge in der Nichtgewährung von Rechtsschutz der schwere Nachteil für das gemeine Wohl i. S. d. § 32 I BVerfGG.[10] An die Folgenabwägung ist ein besonders strenger Maßstab anzulegen, wenn die Aussetzung des Vollzugs eines Gesetzes begehrt wird, weil diese Aussetzung stets einen erheblichen Eingriff in die Gestaltungsfreiheit des Gesetzgebers darstellt.[11]   15

---

[5] Näher dazu und mit Beispielen *E. Klein,* in: Benda/Klein Rn. 1337 ff.
[6] Vgl. bspw. BVerfGE 82, 353 (363); 91, 70 (75); 96, 120 (128); 111, 147 (152 ff.); siehe zur diesbezüglichen Kritik *E. Klein,* in: Benda/Klein Rn. 1346 f.
[7] BVerfGE 88, 169 (171 f.); 91, 328 (332); 113, 113 (124); 117, 126 (135). – Vor allem das Vorliegen einer offensichtlichen Unzulässigkeit des Hauptsacheverfahrens wird indes regelmäßig schon in der Zulässigkeit des einstweiligen Anordnungsverfahrens überprüft, → Rn. 7 f.
[8] Siehe eingehend zur Abwägungspraxis des BVerfG mit zahlreichen Nachw. aus dessen Rspr. die Übersicht bei *Pestalozza* § 18 Rn. 19 ff.; ferner die Untersuchung von *J. Berkemann,* JZ 1993, 161 (165 ff.).
[9] Siehe etwa BVerfGE 82, 54 (57); 89, 109 (110 f.); 117, 126 (135); 121, 1 (17 f.); BVerfG (Kammerbeschl.), NJW 2012, 2178 f.; NVwZ 2014, 363 (364) – st. Rspr.
[10] Siehe BVerfGE 111, 147 (153); BVerfG (Kammerbeschl.), NVwZ 2006, 586 (587); vgl. auch *Sachs,* VerfProzR Rn. 585.
[11] BVerfGE 121, 1 (17); 122, 342 (361); 131, 47 (61); BVerfG (Kammerbeschl.), NJW 2015, 1815 (1816); siehe näher zu den Anforderungen BVerfG, NVwZ 2015, 1524 (1525); *Hillgruber,* in: Hillgruber/Goos Rn. 854 ff.

Die Anforderungen erhöhen sich noch, wenn eine Regelung mit völkerrechtlichen oder außenpolitischen Auswirkungen betroffen ist.[12]

16 Jedenfalls in der **Lösung von Prüfungsaufgaben** dürfte sich die *inzidente* Prüfung der Begründetheit des Hauptsacheverfahrens empfehlen. Nur wenn diese Prüfung kein eindeutiges Ergebnis erbringt, sollte *zusätzlich* auch die soeben beschriebene Folgenabwägung vorgenommen werden.

17 In der dem **Fall 45** zugrunde liegenden Entscheidung beschränkt sich das BVerfG nicht auf eine Folgenabwägung, sondern nimmt eine **summarische Prüfung hinsichtlich der Hauptsacheentscheidung** vor[13]. Dabei hält es eine Verletzung grundrechtlicher Schutzpflicht für nicht gegeben. Denn dem Staat komme bei der Erfüllung seiner – auch gegenüber der Gesamtheit aller Bürger bestehenden – Schutzpflicht ein großer Spielraum in der Wahl seiner Mittel zu. Außerdem würde der Staat bei Annahme einer Verpflichtung zur Freilassung von S berechenbar für Terroristen werden. Somit würde sich das Begehren in der Hauptsache als unbegründet erweisen. Eine einstweilige Anordnung ist daher mangels Begründetheit des Antrags nicht zu erlassen.

---

[12] BVerfGE 125, 385 (393); BVerfG (Kammerbeschl.), NJW 2014, 375 (376).
[13] BVerfGE 46, 160 (164 f.).

Zweiter Teil. Verwaltungsrecht

Erster Abschnitt. Allgemeines Verwaltungsrecht

Erstes Kapitel. Die öffentliche Verwaltung

§ 58. Grundbegriffe des Organisationsrechts
I. Organisation der Verwaltung
1. Verwaltungsträger

Die grundlegende Weichenstellung der Verwaltungsorganisation liegt in der Ausdifferenzierung verschiedener Verwaltungsträger. Der Begriff kann durchaus wörtlich genommen werden: Der Verwaltungsträger „trägt" die Wahrnehmung öffentlicher Aufgaben durch die Verwaltung in dem Sinne, dass er Zurechnungssubjekt der zur Aufgabenerfüllung notwendigen Rechte und Pflichten ist. Kennzeichen des Verwaltungsträgers ist daher seine **Rechtsfähigkeit,** also die Fähigkeit, Träger von Rechten und Pflichten sein zu können. Rechtsfähig sind sowohl der Staat (→ § 59) als auch die Körperschaften, Anstalten und Stiftungen des öffentlichen Rechts (→ § 60), denen die Rechtsfähigkeit zuerkannt worden ist.

Die Konstituierung als juristische Person des *öffentlichen* Rechts ist allerdings nicht Voraussetzung für die Verwaltungsträgerschaft. Verwaltungsträger ist vielmehr jede rechtsfähige Organisationseinheit, die Aufgaben der öffentlichen Verwaltung wahrnimmt. Juristische Personen des Privatrechts, die öffentliche Aufgaben erfüllen, sind deshalb ebenfalls Verwaltungsträger.[1] Typische Beispiele sind die Erscheinungsformen der Organisationsprivatisierung. Ebenfalls Verwaltungsträger ist der Beliehene (→ § 60 Rn. 30).

2. Organ und Organwalter

Abgesehen vom Sonderfall der mit der Ausübung hoheitlicher Befugnisse beliehenen natürlichen Person (→ § 60 Rn. 30) sind Verwaltungsträger als juristische Personen oder teilrechtsfähige Einheiten selbst nicht handlungsfähig. Sie bedürfen für sie handelnder Menschen, die die Aufgaben tatsächlich erfüllen. Der Weg vom Verwaltungsträger bis zum tätig werdenden Menschen führt dabei über zwei Stufen: Auf der ersten Stufe werden durch organisatorische Vorschriften Einheiten des Verwaltungsträgers – die **Organe** – gebildet, die bestimmte Aufgaben desselben wahrzunehmen haben. Organe sind organisatorisch verselbständigt und in ihrem Bestand von den jeweils handelnden Menschen unabhängig. So bleibt die Gemeindevertretung als Organ der Gemeinde bestehen, auch wenn ihre Mitglieder wechseln. Rechtlich ist das Organ hingegen unselbständig. Es hat keine eigene Rechtsfähigkeit, ist also nicht selbst berechtigt oder verpflichtet, sondern nimmt die Rechte und Pflichten für den Verwaltungsträger wahr.

---

[1] *Maurer* § 21 Rn. 15 ff.; *M. Burgi*, in: Erichsen/Ehlers § 8 Rn. 17. A. M. *Peine* Rn. 45.

Die mittels dieser Konstruktion den Organen zur Erledigung zugeordneten Aufgaben des Verwaltungsträgers können konkret nur durch Menschen erfüllt werden. Diese Menschen, die auf der zweiten Stufe die dem Organ zugewiesenen Zuständigkeiten tatsächlich ausüben, bezeichnet man als **Organwalter**.

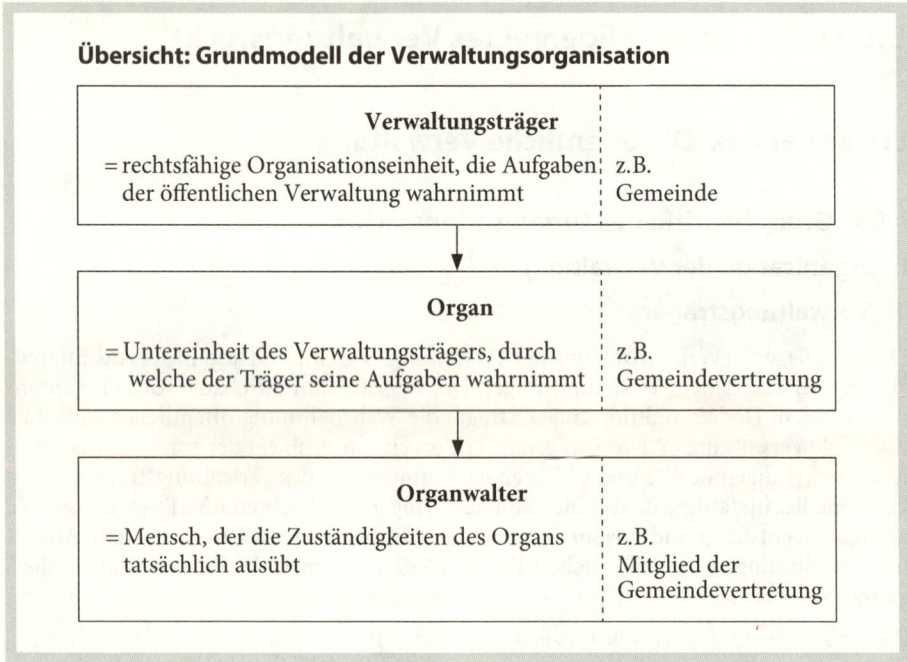

3. Behörde

3   Für die Anfertigung von Übungs- und Prüfungsarbeiten von erheblicher Bedeutung ist der Begriff der Behörde. Allerdings wird auch der Behördenbegriff nicht einheitlich verwendet. Unterschieden werden können vor allem der Begriff der Behörde im organisatorischen Sinne und der Begriff der Behörde im funktionellen Sinne. Im **organisatorischen Sinne** ist eine Behörde eine organisatorische Einheit eines Verwaltungsträgers, d.h. ein Organ (→ Rn. 2). Ein Begriff der **Behörde im funktionellen Sinne** liegt hingegen § 1 IV VwVfG zugrunde. Behörde im Sinne des Verwaltungsverfahrensgesetzes ist danach jede Stelle, die Aufgaben der öffentlichen Verwaltung wahrnimmt. Zu beachten ist, dass diese Legaldefinition zwei Merkmale enthält, nämlich das Vorliegen einer „Stelle" und die Wahrnehmung von „Aufgaben der öffentlichen Verwaltung".

Erfasst werden alle Verwaltungsaufgaben erfüllenden Organisationseinheiten eines Verwaltungsträgers, unabhängig davon, ob die Aufgabenerfüllung in den Formen des öffentlichen Rechts oder des Privatrechts erfolgt. „Behörde" i. S. v. § 1 IV VwVfG sind daher auch privatrechtlich handelnde Stellen, ohne Rücksicht darauf, ob sie einem öffentlich-rechtlich oder einem privatrechtlich organisierten Verwaltungsträger (z. B. GmbH) angehören.[2] Doch gilt für deren privatrechtliche Tätigkeit wegen § 1 I VwVfG nicht das Verwaltungsverfahrensgesetz.

---

[2] A. M. *H.-U. Erichsen*, in: Erichsen/Ehlers § 12 Rn. 16; *Ule/Laubinger* § 9 Rn. 6: nur (zumindest auch) öffentlich-rechtlich handelnde Stellen.

§ 58. Grundbegriffe des Organisationsrechts

Es gilt folgende **Definition der Behörde i.S.v. § 1 IV VwVfG**: Behörde ist jede organisatorisch selbständige Einheit eines Verwaltungsträgers, die nach außen, d. h. über den internen Bereich der Organisationseinheit hinaus, in Erscheinung tritt und Angelegenheiten der Verwaltung im materiellen Sinne wahrnimmt. Vom funktionellen Behördenbegriff des § 1 IV VwVfG erfasst werden auch Verfassungs- und Gerichtsorgane, soweit sie im Einzelfall Aufgaben der öffentlichen Verwaltung wahrnehmen. So handelt der Präsident des Bundestages als Behörde, wenn er Hausrecht oder Polizeigewalt im Bundestags-Gebäude (Art. 40 II 1 GG) ausübt. „Behörde" ist ebenso der Beliehene (→ § 60 Rn. 30) im Unterschied zum bloßen Verwaltungshelfer (→ § 60 Rn. 31).

II. Weisung und Aufsicht

1. Beziehungen innerhalb von und zwischen Verwaltungsträgern

Eine wesentliche Aufgabe des Verwaltungsorganisationsrechts ist es, der Tatsache Rechnung zu tragen, dass Aufgaben der öffentlichen Verwaltung nicht nur durch einen einzigen, sondern durch mehrere Verwaltungsträger wahrgenommen werden, die darüber hinaus intern vielfältig differenziert sind. Das Demokratieprinzip des Grundgesetzes fordert jedenfalls im Grundsatz, dass der für seinen Geschäftsbereich parlamentarisch verantwortliche Minister (Art. 65 S. 2 GG) hinreichende Einwirkungsmöglichkeiten auf die Aufgabenwahrnehmung durch die Verwaltung hat (→ § 6 Rn. 30 f.).

Zwischen den fachlich für dasselbe Gebiet zuständigen Stellen eines Verwaltungsträgers gilt im Verhältnis der jeweils höheren zur jeweils nachgeordneten Stelle das hierarchische System. Innerbehördlich ist der Beamte verpflichtet, die Weisungen seiner Vorgesetzten auszuführen. Dies gilt sowohl für Anordnungen im Einzelfall als auch für allgemeine Richtlinien (vgl. § 62 I S. 2 BBG). Fortgesetzt wird diese Weisungslinie über die jeweilige Behörde hinaus im Verhältnis zur höheren Behörde, die der niedrigeren Behörde ebenfalls allgemeine Einzelweisungen oder Weisungen im konkreten Einzelfall erteilen kann.

Typologisch ist die Weisung eines von mehreren Mitteln zur Ausübung von Aufsicht. Unter Aufsicht versteht man die Beobachtung, Begleitung und Beeinflussung des Beaufsichtigten durch generelle oder im Einzelfall wirkende Maßnahmen des Aufsichtführenden. Innerhalb eines Verwaltungsträgers führen die höheren Behörden die Fachaufsicht über die nachgeordneten Behörden. Die Fachaufsicht erstreckt sich auf die Überprüfung der Rechtmäßigkeit und Zweckmäßigkeit der Entscheidungen der nachgeordneten Behörden. Im Rahmen der Fachaufsicht kann die Aufsichtsbehörde also z. B. auch anordnen, dass die nachgeordnete Behörde ihr Ermessen (→ § 69) in einer bestimmten Weise auszuüben hat. Soweit nur eine Rechtsaufsicht besteht, könnte die Aufsichtsbehörde hingegen grundsätzlich nur beanstanden, dass ein Ermessensfehler vorliegt, nicht aber den Inhalt der Ermessensentscheidung vorgeben. Denn die Rechtsaufsicht erstreckt sich nur auf die Kontrolle der Rechtmäßigkeit der Entscheidungen der nachgeordneten Behörde. Mittel der Ausübung der Fachaufsicht sind neben der Erteilung von Weisungen beispielsweise Informationsrechte oder das Eintrittsrecht der Aufsichtsbehörde, durch welches sie eine in die Zuständigkeit der beaufsichtigten Behörde fallende Angelegenheit mit Außenwirkung an sich zieht.

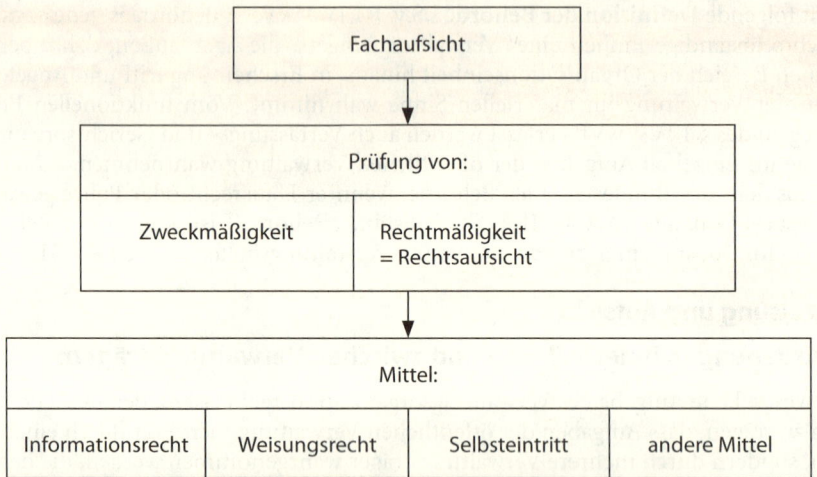

Im Verhältnis mehrerer Verwaltungsträger zueinander gibt es keine Hierarchielinie in dem Sinne, dass etwa der Bund die umfassende Fachaufsicht über die Länder führt und diese die Fachaufsicht über die Gemeinden.

2. Staatsaufsicht über die Gemeinden

8 Verwaltungsträger sind auch die Gemeinden. Sie sind (Gebiets-)Körperschaften des öffentlichen Rechts (→ § 60 Rn. 3) und besitzen das durch Art. 28 II 1 GG gewährleistete Recht der Selbstverwaltung (→ § 8 Rn. 45ff.). Selbstverwaltung ist allerdings nicht gleichbedeutend mit Aufsichtsfreiheit. Der mit der kommunalen Selbstverwaltung bewirkten Dezentralisation der Verwaltung korrespondiert notwendigerweise die staatliche Kommunalaufsicht.[3] Sie stellt das Bindeglied zwischen (unmittelbarer) staatlicher Verwaltung und Kommunalverwaltung dar. Da die Ausübung der Aufsicht auch die Interessen der Gemeinde schützen soll, stellt eine fehlerhafte Aufsichtsausübung eine Amtspflichtverletzung dar, die zu einem Amtshaftungsanspruch (→ § 86) der aufsichtsunterworfenen Gemeinde führen kann.[4] Die Art der Aufsicht (Rechts- oder Fachaufsicht) ist den unterschiedlichen kommunalen Aufgaben entsprechend differenziert.

a) Aufgaben der Gemeinde

9 Hinsichtlich der Einteilung der Aufgaben der Gemeinden lassen sich nach den Gemeindeordnungen der Länder grundsätzlich zwei Modelle unterscheiden: das dualistische Modell und das monistische Modell.

Das in Bayern (Art. 7f. BayGO), Mecklenburg-Vorpommern (§§ 2f. KV M-V), Niedersachsen (§ 4 NKomVG), Rheinland-Pfalz (§ 2 GO RP), dem Saarland (§§ 5f. SaarlKSVG), Sachsen-Anhalt (§§ 4ff. KVG LSA) und Thüringen (§§ 2f. ThürKO) geltende dualistische Modell unterscheidet zwischen kommunalen Selbstverwaltungsangelegenheiten und staatlichen Aufgaben, die als Auftragsangelegenheiten den Gemein-

---

[3] BVerfGE 6, 104 (118); OVG Lüneburg, NVwZ-RR 2008, 127 (128).
[4] BGH, DVBl. 2003, 400.

den zur Erledigung übertragen werden; entsprechend wird vom eigenen Wirkungskreis und vom übertragenen Wirkungskreis gesprochen.

Zum **eigenen Wirkungskreis gehörende Selbstverwaltungsangelegenheiten** sind zunächst alle Angelegenheiten der örtlichen Gemeinschaft. Die Abgrenzung des Kreises dieser Angelegenheiten richtet sich nach den zu Art. 28 II 1 GG entwickelten Grundsätzen (→ § 8 Rn. 45ff.). Hinzu kommen Angelegenheiten, die den Gemeinden durch Rechtsvorschrift als eigene zugewiesen werden. Innerhalb des eigenen Wirkungskreises ist weiter zwischen freiwilligen und pflichtigen Selbstverwaltungsangelegenheiten zu unterscheiden:

- **Freiwillige Selbstverwaltungsangelegenheiten** sind solche, bei denen ausschließlich die Gemeinde entscheidet, ob sie sich der Aufgabe annehmen will und wie ggf. die Durchführung gestaltet werden soll. Beispiele sind die Errichtung und der Betrieb von Sportstätten (Badeanstalten, Sportplätze), kulturellen Einrichtungen (Bibliotheken, Museen, Theater) und Einrichtungen der Daseinsvorsorge (Verkehrsbetriebe, Versorgungsunternehmen), die Veranstaltung von Festen oder die kommunale Wirtschaftsförderung.
Allerdings belässt das BVerwG der Gemeinde auch bei freiwilligen Selbstverwaltungsangelegenheiten keine volle Entscheidungsfreiheit hinsichtlich des „Ob" der Aufgabenwahrnehmung. Vielmehr hat das Gericht entschieden, dass Art. 28 II 1 GG die Gemeinden zur Aufrechterhaltung ihres eigenen Aufgabenbestandes verpflichte, soweit dieser in den Angelegenheiten der örtlichen Gemeinschaft wurzele. Daher könne sich eine Gemeinde nicht ohne Weiteres wieder einer von ihr bereits wahrgenommenen Aufgabe mit örtlichem Bezug entledigen (d.h. die Aufgabe materiell privatisieren), selbst wenn es sich dabei um eine freiwillig wahrgenommene Aufgabe (im konkreten Fall: Durchführung eines traditionsreichen Weihnachtsmarkts) handele. Darin liege jedenfalls dann eine unzulässige Selbstbeschränkung der kommunalen Selbstverwaltung, wenn es dabei um eine öffentliche Einrichtung mit kulturellem, sozialem und traditionsbildendem Hintergrund gehe.[5]
Diese Rechtsprechung wird Art. 28 II 1 GG nicht gerecht, gewährleistet diese Norm doch ein Selbstverwaltungs*recht* der Gemeinden für alle Angelegenheiten der örtlichen Gemeinschaft, ohne eine korrespondierende Pflicht zur Wahrnehmung aller örtlich radizierten Aufgaben zu statuieren. Das Selbstverwaltungsrecht beinhaltet auch das Recht der Gemeinde, unter sich ändernden Umfeldbedingungen der kommunalen Selbstverwaltung zu einer Neubewertung des Bestandes der von der Kommune wahrgenommenen Aufgaben zu kommen. Aus Art. 28 II 1 GG lässt sich **keine „Versteinerung" des vorhandenen Aufgabenbestandes** entnehmen.[6]
- Bei **pflichtigen Selbstverwaltungsangelegenheiten** ist der Gemeinde das *„Ob"* der Aufgabenwahrnehmung durch Rechtsvorschrift vorgeschrieben. Die Gemeinde ist also verpflichtet, die Aufgabe zu erfüllen. *Wie* sie sich der Aufgabe annimmt, liegt bei der Gemeinde. Pflichtige Selbstverwaltungsangelegenheiten sind z.B. die Bauleitplanung, die Trägerschaft von Grundschulen oder die Feuerwehr.

Die **Auftragsangelegenheiten** im übertragenen Wirkungskreis sind staatliche Aufgaben, bei denen den Gemeinden nur die Wahrnehmung „vor Ort" übertragen worden ist. Beispiele sind das Pass- und Meldewesen, verschiedene Aufgaben der Ordnungsverwaltung und das Personenstandswesen.

Baden-Württemberg, eingeschränkt Brandenburg, Hessen, Nordrhein-Westfalen, Sachsen und Schleswig-Holstein folgen hingegen dem **monistischen Modell**. Es geht davon aus, dass alle öffentlichen Aufgaben im Gemeindegebiet ausschließlich und eigenverantwortlich von der Gemeinde wahrgenommen werden, soweit die Gesetze nichts anderes bestimmen (§ 2 I GO BW; § 2 I BbgKV; §§ 2ff. HGO; § 2 GO NW; § 2 I SächsGO; §§ 2f. GO SH). Die Unterscheidung zwischen eigenem und übertragenem

---

[5] BVerwG, NVwZ 2009, 1305 (1306ff.).
[6] Im Ergebnis auch *F. Schoch*, DVBl. 2009, 1533 (1535ff.).

Wirkungskreis entfällt. Allerdings kommt auch das monistische Modell zu einer Dreiteilung kommunaler Aufgaben.

Pflichtaufgaben sind solche, zu deren Erfüllung die Gemeinde durch Gesetz verpflichtet wird. Wie die Aufgabe erledigt wird, liegt bei der Gemeinde. Der Kreis der Pflichtaufgaben deckt sich weitestgehend mit dem der pflichtigen Selbstverwaltungsangelegenheiten im dualistischen Modell (→ Rn. 9). Aufgaben, die keine Pflichtaufgaben sind, nennt man **freie Aufgaben.** Sie entsprechen den freiwilligen Selbstverwaltungsangelegenheiten (→ Rn. 9).

Die Besonderheit des monistischen Modells besteht in der dritten Kategorie von Aufgaben, den **Pflichtaufgaben zur Erfüllung nach Weisung** bzw. **Weisungsaufgaben.** Sie sind mit den Auftragsangelegenheiten (→ Rn. 9) schon deshalb nicht vergleichbar, weil sie nicht an der Unterscheidung zwischen kommunalen und staatlichen Aufgaben, sondern an den Einwirkungsmöglichkeiten des Staates ansetzen. Pflichtaufgaben zur Erfüllung nach Weisung werden den Gemeinden durch Gesetz auferlegt, das den Umfang des Weisungsrechts bestimmt. Beispiele für den von Land zu Land unterschiedlichen Kreis von Pflichtaufgaben zur Erfüllung nach Weisung sind ordnungsbehördliche und bauaufsichtsbehördliche Aufgaben, Aufgaben im Bereich des Natur- und des Denkmalschutzrechts u. a.

b) Kommunalaufsicht

11 Die Einwirkungsmöglichkeiten der staatlichen Aufsichtsbehörden sind an den genannten Aufgabenarten orientiert. In den (freiwilligen und pflichtigen) Selbstverwaltungsangelegenheiten des eigenen Wirkungskreises (→ Rn. 9) besteht nur die (allgemeine) Kommunalaufsicht, die auf die Rechtsaufsicht beschränkt ist[7] (Art. 109 I BayGO; § 109 BbgKV; § 170 I 2 NKomVG). Gleiches gilt für die Aufsicht hinsichtlich der Wahrnehmung von freien Aufgaben und weisungsfreien Pflichtaufgaben (§ 118 I GO BW; § 119 I GO NW) (→ Rn. 10). Auftragsangelegenheiten des übertragenen Wirkungskreises (→ Rn. 9) unterliegen generell der sich auf die Recht- und die Zweckmäßigkeit der gemeindlichen Aufgabenerfüllung erstreckenden Fachaufsicht (Art. 109 II BayGO; § 170 I 2 NKomVG). Die teilweise als *Sonderaufsicht* bezeichnete (§ 121 I BbgKV; § 119 II GO NW) Aufsicht über die Erfüllung von Pflichtaufgaben nach Weisung (→ Rn. 10) richtet sich inhaltlich nach dem die Weisungsaufgabe auferlegenden Gesetz (§ 118 II GO BW; § 121 BbgKV; § 119 II GO NW).

---

[7] Zur Staatsaufsicht über die Kommunen *T. Franz*, JuS 2004, 937; zur Rechtsaufsicht *F. Schoch*, Jura 2006, 188 ff.; zur Fachaufsicht *ders.*, Jura 2006, 358 ff.

§ 58. Grundbegriffe des Organisationsrechts

Übersicht: Kommunalaufsicht

dualistisches Modell			monistisches Modell		
Auftrags-angelegenheiten	Selbstverwaltungsangelegenheiten		weisungsfreie Aufgaben		Pflichtaufgaben zur Erfüllung nach Weisung
	freiwillige	pflichtige	freie Aufgaben	Pflichtaufgaben	
Fachaufsicht	Rechtsaufsicht				„Sonderaufsicht"

Die Rechts- und die Fachaufsicht über Gemeinden unterscheiden sich hinsichtlich der aufsichtsführenden Behörde und der Aufsichtsmittel. Die Kommunalaufsicht als Rechtsaufsicht wird durch die in den Gemeindeordnungen festgelegten **(Kommunal-)Aufsichtsbehörden** geführt (vgl. § 119 GO BW; Art. 110 BayGO; § 110 BbgKV; § 171 NKomVG; § 120 GO NW). Regelmäßig ist der Landrat bzw. das Landratsamt als untere staatliche Behörde Aufsichtsbehörde für die kreisangehörigen Gemeinden (§ 119 S. 1 GO BW; Art. 110 S. 1 BayGO; § 110 I BbgKV; § 171 II NKomVG; § 120 I GO NW). Soweit die Länder über einen dreistufigen Verwaltungsaufbau verfügen (→ § 59 Rn. 2), ist meist die Mittelbehörde (Regierungspräsidium, Bezirksregierung, Landesverwaltungsamt) obere Aufsichtsbehörde (§ 119 S. 2 GO BW; Art. 110 S. 3 BayGO; § 120 III GO NW). Die Mittelinstanz ist statt des Landratsamts auch Aufsichtsbehörde für die nicht einem Landkreis angehörenden kreisfreien Städte (§ 119 S. 1 GO BW; Art. 110 S. 2 BayGO; § 120 II GO NW). Kreisfreie Städte erfüllen in ihrem Gebiet neben ihren Aufgaben als Gemeinden alle Aufgaben, die den Landkreisen (→ § 60 Rn. 25) obliegen (Art. 9 I BayGO; § 1 II BbgKV; § 18 NKomVG).

Oberste Kommunalaufsichtsbehörde ist allgemein das Innenministerium (§ 119 S. 3 GO BW; § 110 II BbgKV; § 171 II, III NKomVG; § 120 IV GO NW). Ist die Mittelinstanz (Regierungspräsidium, Bezirksregierung etc.) wie bei den kreisfreien Städten allgemeine Aufsichtsbehörde, so ist das Innenministerium in manchen Bundesländern insoweit gleichzeitig obere Aufsichtsbehörde (Art. 110 S. 4 BayGO; § 120 III GO NW). In Ländern ohne Mittelinstanz ist das Innenministerium Kommunalaufsichtsbehörde der kreisfreien Städte (§ 110 II BbgKV).

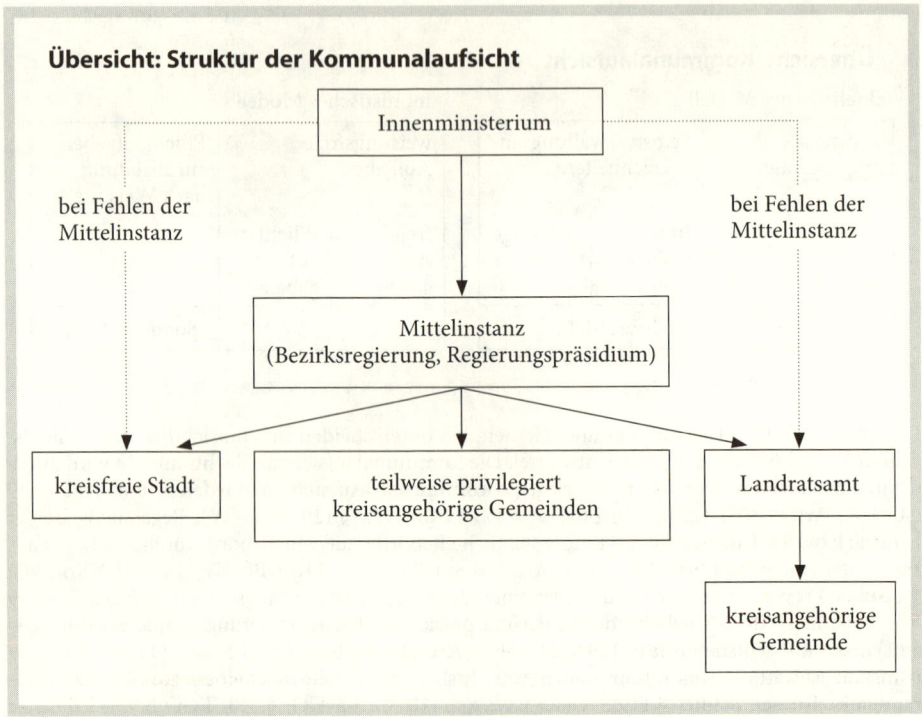

Übersicht: Struktur der Kommunalaufsicht

13 Die in den Kommunalgesetzen festgelegten **Aufsichtsmittel** betreffen grundsätzlich nur die Kommunalaufsicht. Die **Fachaufsicht** in Auftragsangelegenheiten bzw. bei den Pflichtaufgaben zur Erfüllung nach Weisung liegt hingegen bei den nach den einschlägigen Gesetzen zuständigen Behörden (§ 129 I GO BW; Art. 115 I BayGO; § 121 I BbgKV; § 119 II GO NW). Spezifisches Aufsichtsmittel der Fachaufsicht ist die Erteilung von allgemeinen Weisungen, wie die Aufgabe zu erfüllen ist, oder von besonderen Weisungen im Einzelfall. Die Gemeinde ist an die Weisung gebunden. Kommt sie ihr nicht nach, so muss die Weisung mit den Aufsichtsmitteln der Kommunalaufsicht durchgesetzt werden, wenn nicht gesetzliche Befugnisse der Fachaufsichtsbehörde vorgesehen sind.

Die Aufsichtsmittel der **Kommunalaufsicht** lassen sich in drei Gruppen unterteilen: die begleitenden, die präventiven und die repressiven Aufsichtsmittel. **Begleitendes Aufsichtsmittel** ist das Informations- bzw. **Unterrichtungsrecht** der Aufsichtsbehörde. Diese kann sich nicht nur **anlässlich** eines konkreten Problemfalls, sondern jederzeit über die Angelegenheiten der Gemeinden unterrichten (§ 120 GO BW; Art. 111 BayGO; § 112 BbgKV; § 172 NKomVG; § 121 GO NW). **Präventive Aufsichtsmittel** sollen der Aufsichtsbehörde die Kontrolle erleichtern oder sie in die Lage versetzen, rechtswidrige (ggf. auch zweckwidrige) Maßnahmen der Gemeinde zu verhindern. Der Ermöglichung der sofortigen Kontrolle gemeindlicher Akte dienen **Anzeigepflichten**, beispielsweise bezüglich der Haushaltssatzung oder kommunalwirtschaftlicher Entscheidungen (§ 108 GO BW; Art. 96 BayGO; §§ 114, 152 NKomVG; § 115 GO NW). **Genehmigungsvorbehalte** binden die Rechtswirksamkeit gemeindlicher Akte an die Erteilung der Genehmigung der Aufsichtsbehörde (vgl. etwa § 100 BbgKV).

14 **Repressive Aufsichtsmittel** dürfen nur unter Beachtung des Grundsatzes der Verhältnismäßigkeit (→ § 24 Rn. 32 ff.) eingesetzt werden. Insbesondere dürfen Entscheidungsspielräume, die den

§ 58. Grundbegriffe des Organisationsrechts

kommunalen Organen zustehen, nicht von vornherein im Wege einer **„Einmischungsaufsicht"** verschlossen werden. Eine Vorgabe von Maßnahmen ohne Belassung von Alternativen durch die Kommunalaufsicht setzt vielmehr voraus, dass schonendere Mittel nicht oder wegen der Dringlichkeit nicht mehr zur Verfügung stehen.[8] Da es sich um Rechtsaufsicht handelt, ist Voraussetzung für den Einsatz repressiver Aufsichtsmittel die *Rechtswidrigkeit* des Handelns der Gemeinde. Verstöße gegen Vorschriften des öffentlichen Rechts ermöglichen in jedem Fall ein aufsichtsbehördliches Einschreiten. Zum Schutze ausschließlich privatrechtlicher Verpflichtungen dürfen Aufsichtsmittel nicht eingesetzt werden.[9] Soweit in den Gemeindeordnungen nicht ausdrücklich etwas anderes bestimmt ist, gilt das *Opportunitätsprinzip*: Die Aufsichtsbehörde ist zum Einschreiten berechtigt, aber nicht verpflichtet. Liegt ein eindeutiger Gesetzesverstoß seitens der Gemeinde vor, so ist das Ermessen auf Null reduziert und die Aufsichtsbehörde zum Einschreiten verpflichtet.[10] Als Aufsichtsmittel stehen zur Verfügung:

- das **Beanstandungsrecht**. Die Beanstandung richtet sich gegen ein gegen Rechtsvorschriften verstoßendes *Tun* der Gemeinde und verlangt von der Gemeinde eine Korrektur des Rechtsverstoßes. In der Regel besteht keine Beanstandungs*pflicht* (Beanstandungs*recht*: Art. 112 BayGO; § 121 I GO BW; § 113 BbgKV; § 173 NKomVG; § 122 I 1 GO NW). Die Mehrzahl der Gemeindeordnungen verbietet, dass eine beanstandete Maßnahme vollzogen wird.
- das **Anordnungsrecht**. Es ermöglicht ein Vorgehen gegen ein *Unterlassen* der Gemeinde. Erfüllt eine Gemeinde nicht die ihr gesetzlich obliegenden Pflichten und Aufgaben, so kann die Aufsichtsbehörde anordnen, dass die Gemeinde innerhalb einer bestimmten Frist die notwendigen Maßnahmen durchführt (§ 122 GO BW; § 115 BbgKV; § 174 I NKomVG; § 123 I GO NW).
- die **Ersatzvornahme**. Nach allen Gemeindeordnungen kann die Aufsichtsbehörde die notwendigen Maßnahmen an Stelle und auf Kosten der Gemeinde selbst durchführen oder die Durchführung einem Dritten übertragen, wenn die Gemeinde einer Anordnung der Aufsichtsbehörde nicht fristgerecht nachkommt (§ 123 GO BW; Art. 113 BayGO; § 116 BbgKV; § 174 II NKomVG; § 123 II GO NW).
- die **Bestellung eines Beauftragten**. Bei gravierenden Verstößen der Gemeinde gegen die Erfordernisse der Gesetzmäßigkeit der Verwaltung kann die Aufsichtsbehörde einen Beauftragten bestellen, wenn ihre übrigen Aufsichtsmittel nicht ausreichen (§ 124 GO BW; Art. 114 BayGO; § 117 BbgKV; § 175 NKomVG; § 124 GO NW). Der Beauftragte nimmt alle oder einzelne Aufgaben der Gemeinde auf deren Kosten wahr.

Soweit repressive Aufsichtsmittel als Maßnahmen ausschließlich der Rechtsaufsicht in Selbstverwaltungsangelegenheiten oder bei weisungsfreien Aufgaben eingesetzt werden, handelt es sich um VAe.[11] Die Gemeinde kann verwaltungsgerichtlichen **Rechtsschutz** im Wege der Anfechtungsklage (→ § 98) in Anspruch nehmen. Für die nach § 42 II VwGO erforderliche Klagebefugnis (→ § 98 Rn. 5 ff.) können sich die Gemeinden auf ihr Selbstverwaltungsrecht, wie es ihnen Art. 28 II GG (→ § 8 Rn. 45 ff.) und die Gemeindeordnungen gewährleisten, berufen.[12] Da Aufsichtsverhältnisse die Abgrenzung von Kompetenzen innerhalb der staatlichen Sphäre betreffen, kann sich die Gemeinde hingegen nicht auf die Grundrechte berufen.[13]

15

---

[8] BVerwG, DVBl. 2015, 1249 (1252).
[9] OVG Münster, DVBl. 1963, 862.
[10] OVG Lüneburg, NVwZ-RR 2008, 127 (128).
[11] BVerwGE 19, 121 (123); OVG Lüneburg, DVBl. 1973, 928f.; NdsVBl. 1997, 9; VGH Kassel, DVBl. 1990, 170; VGH München, NVwZ-RR 1990, 243.
[12] BVerwGE 19, 121 (122f.); BVerwG, NVwZ-RR 1989, 359; OVG Lüneburg, DVBl. 1973, 928 (929); VGH München, NVwZ-RR 1992, 91 (92).
[13] BVerfG, NVwZ 2007, 1176.

Konsequenz des monistischen Modells gemeindlicher Aufgaben (→ Rn. 10) ist es, dass zum wehrfähigen Selbstverwaltungsbereich auch die Pflichtaufgaben nach Weisung gehören.[14] Zu beachten ist dabei, dass die Kontrolle durch das VG auf die Rechtmäßigkeit der Weisung beschränkt ist.

Bei Auftragsangelegenheiten im dualistischen Modell (→ Rn. 9) kommt es darauf an, ob die fachaufsichtliche Weisung im übertragenen Wirkungskreis die Gemeinde auch in einer eigenen Rechtsstellung berührt. In diesem Fall liegt ein von der klagebefugten (§ 42 II VwGO) Gemeinde mit der Anfechtungsklage angreifbarer VA vor.[15] Fehlt es an einer solchen Berührung der Rechtsstellung der Gemeinde, so stellt weder die Weisung einen VA dar noch steht der Gemeinde die von § 42 II VwGO geforderte Klagebefugnis zu.[16] Ergreift die Kommunalaufsichtsbehörde Maßnahmen der Rechtsaufsicht, um eine von der Gemeinde nicht befolgte fachaufsichtliche Weisung durchzusetzen, so sind die rechtsaufsichtlichen Maßnahmen nur unter denselben Voraussetzungen wie die fachaufsichtliche Weisung angreifbar.[17]

16 *Einwohner* der Gemeinde oder andere private Dritte haben weder ein Recht auf fehlerfreie Ermessensausübung (→ § 71 Rn. 12) über das Einschreiten noch gar einen Anspruch auf Einschreiten durch die Aufsichtsbehörde.[18] Aufsichtsbehördliche Maßnahmen gegenüber der Gemeinde können von Privaten nur in Ausnahmefällen angefochten werden, nämlich dann, wenn sie unmittelbar in Rechte der Privaten eingreifen.

§ 59. Unmittelbare Staatsverwaltung

1 Von **unmittelbarer Staatsverwaltung** spricht man, wenn die Verwaltungsaufgabe durch den Staat als Verwaltungsträger, d. h. Bund oder Land, durch eigene Behörden wahrgenommen wird. **Mittelbare Staatsverwaltung** liegt demgegenüber vor, wenn juristische Personen als rechtlich verselbständigte Verwaltungsträger die Verwaltungsaufgabe erfüllen. Träger der mittelbaren Staatsverwaltung unterliegen typischerweise der staatlichen Aufsicht (→ § 58 Rn. 7 ff.).

Unmittelbare Bundesverwaltung ist die **bundeseigene Verwaltung** i. S. v. Art. 86 GG (→ § 18 Rn. 12). Sie wird nach der Konzeption des Grundgesetzes grundsätzlich nicht durch eine mehrstufige Verwaltungsorganisation, sondern nur durch Behörden der Oberstufe vorgenommen. Auf dieser Stufe sind oberste Bundesbehörden und Bundesoberbehörden zu unterscheiden.

2 Die **Organisation der Landesverwaltungen** ist in den verschiedenen Bundesländern unterschiedlich. Gleichwohl lassen sich durchaus gewisse Gemeinsamkeiten herausarbeiten. Grundsätzlich unterschieden werden müssen die Flächenstaaten einerseits und die Stadtstaaten (Berlin, Bremen und Hamburg), deren Verwaltungsaufbau nicht dargestellt werden kann, andererseits.

---

[14] So für Brandenburg BbgVerfG, DVBl. 1997, 508. Für Nordrhein-Westfalen NWVerfGH, NVwZ 1985, 820; OVG Münster, NVwZ-RR 1995, 502.
[15] BVerwG, NJW 1978, 1820 (1821); NVwZ 1982, 310 (311); 1995, 165; VGH München, BayVBl. 1977, 152 (153); 1979, 305; 1985, 368 (369); VGH Mannheim, DVBl. 1994, 348 (349).
[16] Vgl. BVerwGE 19, 121 (123); BVerwG, DVBl. 1970, 580 ff.; VGH München, DVBl. 1978, 148.
[17] O. Seewald, in: Steiner I Rn. 368.
[18] BVerwG, DÖV 1972; 723; siehe auch VGH Mannheim, VBlBW 1989, 332 (334).

§ 59. Unmittelbare Staatsverwaltung

In der größeren Zahl der Flächenstaaten ist die Verwaltung in einer **dreistufigen Hierarchielinie** aufgebaut. Auf der **Oberstufe** stehen die *obersten Landesbehörden* (Landesregierung, Ministerpräsident, Minister, Landesrechnungshof, Landtagspräsident, soweit er Verwaltungsaufgaben wahrnimmt) und die *Landesoberbehörden*. Landesoberbehörden sind *Sonderverwaltungsbehörden*, d. h. nicht für die allgemeine Verwaltung (dann spricht man von *allgemeinen Verwaltungsbehörden*), sondern nur für einen bestimmten Aufgabenkreis zuständig. Ihre Zuständigkeit erstreckt sich auf das gesamte Land; sie sind unmittelbar einem Ministerium nachgeordnet und verfügen über einen Verwaltungsunterbau (z. B. Landeskriminalamt, Statistisches Landesamt, Landesumweltamt).

Die **Mittelstufe** fehlt in einigen Flächenstaaten (Brandenburg, Mecklenburg-Vorpommern, Saarland, im Wesentlichen auch Niedersachsen) bzw. ist in Gestalt eines Landesverwaltungsamts modifiziert vorhanden (Schleswig-Holstein, Thüringen). In den übrigen Ländern sind die Mittelbehörden (Bezirksregierungen, Regierungspräsidien) jeweils für einen bestimmten Bezirk des Landes zuständig. Als allgemeine Verwaltungsbehörden bündeln sie gleichsam die Verwaltung in einer Behörde und sind deshalb mehreren Ministerien nachgeordnet.

Allgemeine Verwaltungsbehörde der **Unterstufe** sind die Kreisverwaltungen (bzw. Landratsämter und Landräte) bzw. die kreisfreien Städte. Die Behörden der Unterstufe sind denen der Mittelstufe nachgeordnet, in Ländern ohne Mittelstufe meist den obersten Landesbehörden.

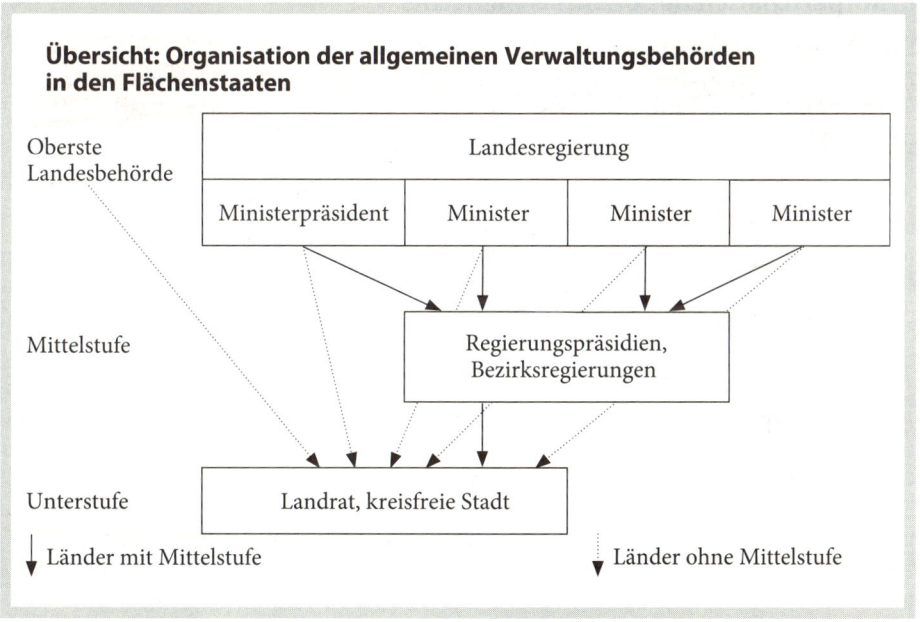

§ 60. Mittelbare Staatsverwaltung

Fall 46: In der Gemeinde G wird seit Jahren über die Ausweisung eines neuen Baugebiets diskutiert. Vor allem die Familie F ist dafür, der nahezu alle Grundstücke in dem voraussichtlichen Plangebiet gehören. Durch die Ausweisung als Baugrund würde sich der Wert dieser Grundstücke verzehnfachen. Gleichwohl findet es niemand anstoßerregend, dass die der F angehörenden zwei Mitglieder des Gemeinderats bei der entscheidenden Sitzung mit über den Bebauungsplan abstimmen. In dieser Sitzung waren nur 21 der 40 Ratsmitglieder anwesend. Der Bebauungsplan wurde mit 11:10 Stimmen angenommen. M, der der F ihren neuen Reichtum missgönnt, hält den Bebauungsplan nicht für wirksam zustande gekommen.

Fall 47: Gemeinderatsmitglied NT ist militanter Nichttrinker und fühlt sich durch den Bierdunst seiner trinkenden Ratskollegen in dem engen Sitzungszimmer stark in seiner Entschlussfreudigkeit während der Ratssitzungen beeinträchtigt. Er verlangt daher von der Vorsitzenden V des Gemeinderats, ein für die Ratssitzungen geltendes Trinkverbot zu verhängen. Nachdem die V dies abgelehnt hat, erhebt NT vor dem VG Verpflichtungsklage gegen die V mit dem Antrag, dass sie das Trinkverbot verhängen möge.

1 „Mittelbare Staatsverwaltung" meint die Wahrnehmung von Verwaltungsaufgaben durch gegenüber dem Staat verselbständigte Verwaltungsträger, d. h. juristische Personen. Juristische Personen des öffentlichen Rechts finden sich sowohl auf Bundes- als auch auf Landesebene, und zwar in den Formen der Körperschaft, der Anstalt und der Stiftung des öffentlichen Rechts.

I. Körperschaften des öffentlichen Rechts

2 Körperschaften des öffentlichen Rechts sind juristische Personen, die nicht durch einen Akt der Privatautonomie, sondern durch Gesetz oder aufgrund eines Gesetzes errichtet worden sind. Sie sind **mitgliedschaftlich verfasst,** beruhen also auf der Mitgliedschaft natürlicher oder juristischer Personen, bestehen aber unabhängig von dem konkreten Bestand an Mitgliedern. Grundgedanke ist die Erledigung öffentlicher Aufgaben durch die Betroffenen *(Selbstverwaltung),* wodurch gleichzeitig die staatliche Verwaltung entlastet wird *(Dezentralisation).* Als Verwaltungsträger verfügen Körperschaften des öffentlichen Rechts regelmäßig über hoheitliche Befugnisse. Grundsätzlich unterschieden werden können Gebietskörperschaften, Personalkörperschaften, Realkörperschaften und Verbandskörperschaften.

1. Gebietskörperschaften

3 Anknüpfungspunkt für die Mitgliedschaft bei Gebietskörperschaften ist der Wohnsitz oder die Niederlassung in dem betreffenden Gebiet. Dieser örtliche Bezug führt kraft Gesetzes zur Mitgliedschaft, sofern nicht weitere Unterscheidungsmerkmale (Bsp.: Staatsangehörigkeit) hinzutreten. Gebietskörperschaften sind **Gemeinden, Landkreise und Gemeindeverbände.** Bund und Länder sind zwar ebenfalls Gebietskörperschaften, zählen aber zur unmittelbaren (→ § 59), nicht zur mittelbaren Staatsverwaltung. Organisation, Aufgaben und Stellung der kommunalen Gebietskörperschaften sind Gegenstände des Kommunalrechts, das nach der grundgesetzlichen Verteilung der Gesetzgebungsbefugnisse in die Kompetenz der Länder fällt.

a) Kommunale Selbstverwaltung

4 Die Gemeindeordnungen beschreiben die Gemeinden als Grundlage des demokratischen Staates zur Förderung des Wohls ihrer Einwohner in Selbstverwaltung (§ 1 I, II

§ 60. Mittelbare Staatsverwaltung

GO BW; Art. 1 BayGO; § 1 BbgKV; § 1 GO NW). Die Organisation der Gemeinde als Körperschaft des öffentlichen Rechts fasst die Einwohner der Gemeinde in der Aufgabe zusammen, die örtlichen Angelegenheiten in eigener Verantwortung zu regeln und zu verwalten.

Die entsprechenden Vorgaben enthält bereits Art. 28 II 1 GG, wonach den Gemeinden das Recht gewährleistet sein muss, alle Angelegenheiten der örtlichen Gemeinschaft im Rahmen der Gesetze in eigener Verantwortung zu regeln (→ § 8 Rn. 45 ff.). Diese Bestimmung enthält eine institutionelle Garantie mit den drei Ebenen Rechtssubjektsgarantie, Rechtsinstitutionsgarantie und Rechtsstellungsgarantie.[1] An die Selbstverwaltungsgarantie knüpft die Systematik der gemeindlichen Aufgaben sowohl im dualistischen als auch im monistischen Modell an (→ § 58 Rn. 9 ff.).

- Die **Rechtssubjektsgarantie** gewährleistet die Existenz von Gemeinden als solchen, nämlich als Elemente des Verwaltungsaufbaus. Insoweit handelt es sich um zunächst um einen objektiv-rechtlichen Gewährleistungsgehalt. Der einzelnen Gemeinde bietet die Rechtssubjektsgarantie **keinen absoluten Schutz gegen Auflösung,** wohl aber das subjektive Recht (→ § 71), dass Eingriffe in den Bestand der Gemeinde nur aufgrund einer zureichenden Ermittlung des Sachverhalts nach einer vorherigen Anhörung und aus Gründen des Gemeinwohls erfolgen.[2] In dieser beschränkten Reichweite hat die Rechtssubjektsgarantie vermittels der Rechtsstellungsgarantie auch eine subjektiv-rechtliche Seite.[3]
- Die **Rechtsinstitutionsgarantie** kristallisiert sich vor allem im sog. **Aufgabenverteilungsprinzip.** Für Aufgaben mit örtlichem Bezug enthält Art. 28 Abs. 2 GG eine grundsätzliche Entscheidung zugunsten der Zuständigkeit der Gemeinden, die der zuständigkeitsverteilende Gesetzgeber zu berücksichtigen hat.[4] Das Aufgabenverteilungsprinzip verlangt insbesondere, dass die Maßstäbe für die Verteilung der Aufgaben sachlich vertretbar sind und die kommunalen Gebietskörperschaften bei der Aufgabenzuordnung nicht willkürlich ungleich behandelt werden.[5] Dies bedingt notwendigerweise, dass der Aufgabenzuordnung entsprechende Ermittlungen und Überlegungen des Landesgesetzgebers vorausgehen, um diesen Maßstäben gerecht werden zu können.[6] Das Aufgabenverteilungsprinzip ist sowohl bei der sog. Hochzonung von örtlich radizierten kommunalen Aufgaben[7] als auch bei der Übertragung von zusätzlichen Aufgaben durch den Staat auf die Kommunen[8] zu beachten. Soweit ein örtlicher Bezug vorliegt, spricht man von der **Allzuständigkeit der Gemeinden.** Um diese handhabbarer zu machen, sind Fallgruppen sog. „Gemeindehoheiten" entwickelt worden, die zentrale Felder **eigenverantwortlichen Handelns der Gemeinden** bezeichnen. Es sind dies[9]
  - die **Gebietshoheit** (Befugnis zur Ausübung von Hoheitsgewalt im Gemeindegebiet);

---

[1] Zusammenfassend S. *Magen*, JuS 2006, 404 ff.
[2] M. *Nierhaus,* in: Sachs, GG Art. 28 Rn. 41 ff.
[3] W. *Löwer,* in: von Münch/Kunig I Art. 28 Rn. 47.
[4] BVerfGE 79, 127 (150); BVerfG, NVwZ 2015, 136 (142).
[5] VerfGH NW, NVwZ-RR 1993, 486 (487).
[6] A. *Schink,* VerwArch 1990, 385 (414).
[7] BVerfGE 79, 127 (153).
[8] BVerfG, NVwZ 2008, 183 Rn. 118.
[9] Vgl. nur *Burgi,* KommR § 6 Rn. 33.

- die **Organisationshoheit** (Befugnis zur Regelung von Aufbau, Zuständigkeiten und Handlungsorganisation der gemeindlichen Organe und Einrichtungen);
- die **Personalhoheit** (Befugnis zur Entscheidung über die Struktur des gemeindlichen Personalwesens und über die konkreten personalrechtlichen Maßnahmen wie Einstellung etc.);
- die **Finanzhoheit** (Befugnis zu eigenverantwortlicher Einnahmen- und Ausgabenwirtschaft);
- die **Planungshoheit** (Befugnis zur Ordnung und Gestaltung des Gemeindegebiets, vor allem durch Bauleitpläne; → § 63 Rn. 7 ff.);
- die **Rechtssetzungshoheit** (Innehabung von Satzungsautonomie; → § 63 Rn. 4 ff.).

■ Auf die **Rechtsstellungsgarantie** als subjektives Recht (→ § 71) kann sich die einzelne Gemeinde berufen, um die Eingriffe in die Rechtssubjekts- und die Rechtsinstitutionsgarantie – auch durch die Inanspruchnahme gerichtlichen Rechtsschutzes – abzuwehren.[10]

Zu beachten ist, dass der Bezug auf die Angelegenheiten der örtlichen Gemeinschaft in Art. 28 II 1 GG gleichzeitig die **Grenze der Verbandskompetenz der Gemeinde** bezeichnet. Außerhalb des durch die „örtliche Gemeinschaft" gezogenen Kreises darf sich die Gemeinde grundsätzlich nicht bewegen – es sei denn, überörtliche Angelegenheiten sind der Gemeinde durch Gesetz zur Erledigung zugewiesen. Außerhalb der Verbandskompetenz der Gemeinde liegen etwa Beschlüsse des Gemeinderats zur Verteidigungspolitik der Bundesrepublik Deutschland, zur Hochschulpolitik eines Landes o. ä.

b) Bürger und Einwohner

5 Die Gemeindeordnungen unterscheiden zwischen zwei Gruppen von Gemeindeangehörigen, den Einwohnern und den Bürgern. Einwohner der Gemeinde ist, wer in der Gemeinde wohnt (§ 10 I GO BW; Art. 15 I 1 BayGO; § 11 I BbgKV; § 28 I NKomVG; § 21 I GO NW). Die Eigenschaft als Bürger der Gemeinde wird überwiegend an die Wahlberechtigung des betreffenden Einwohners bei den Gemeinderatswahlen geknüpft (Art. 15 II BayGO; § 11 II BbgKV; § 28 II NKomVG; § 21 II GO NW). Hierunter fallen auch die in Art. 28 I 3 GG genannten Personen, die die Staatsangehörigkeit eines (anderen) Mitgliedstaates der EU besitzen.

Die **Wahlberechtigung** bei den Gemeindewahlen richtet sich nach den Kommunalwahlgesetzen. Sie setzt voraus, dass der Betreffende Deutscher i. S. v. Art. 116 I GG oder Staatsangehöriger eines anderen Mitgliedstaats der EU ist, das 18. Lebensjahr (in Niedersachsen, Nordrhein-Westfalen u. a.: das 16. Lebensjahr) vollendet hat und in der Gemeinde wohnt (§ 12 I, § 14 I GO BW; Art. 1 I BayGLKrWG; § 8 BbgKWahlG; § 48 I NKomVG; § 7 KWahlG NW).

6 Einwohner und Bürger unterscheiden sich hinsichtlich ihrer Rechte und Pflichten. Vorbehaltlich abweichender rechtlicher Regelungen haben alle Einwohner gegenüber der Gemeinde die gleichen Rechte und Pflichten (Art. 15 I 2, 3 BayGO). Sie haben das Recht, die öffentlichen Einrichtungen zu benutzen (→ § 84 Rn. 23) und die Pflicht, die Gemeindelasten zu tragen (§ 10 II 2, 3 GO BW; Art. 21 I BayGO; § 30 I NKomVG; § 8 II GO NW). Zu den Gemeindewahlen wahlberechtigt sind nur die Bürger. Ausländern, die nicht die Staatsangehörigkeit eines anderen Mitgliedstaats der EU besitzen, darf das Wahlrecht nicht zuerkannt werden.[11]

---

[10] *M. Nierhaus*, in: Sachs, GG Art. 28 Rn. 45.
[11] BVerfGE 83, 37 (53 ff.); 83, 60 (76 ff.).

§ 60. Mittelbare Staatsverwaltung

Bedeutung hat die Unterscheidung zwischen Einwohner und Bürger auch für die **Möglichkeiten plebiszitärer Beteiligung.** Ausschließlich den Bürgern vorbehalten ist insbesondere die Möglichkeit der (Mit-)*Entscheidung* über Angelegenheiten der Gemeinde. Die meisten Gemeindeordnungen unterscheiden Bürger- bzw. Einwohnerantrag, Bürgerbegehren und Bürgerentscheid. Unter einem **Bürger-** bzw. **Einwohnerantrag** ist der an den Gemeinderat gerichtete Antrag zu verstehen, dass der Rat über eine gemeindliche Angelegenheit, für die er zuständig ist, berät und entscheidet. Soweit die Antragstellung nicht nur durch Bürger der Gemeinde erfolgen darf (so nach Art. 18b I 1 BayGO), kann sie auch von Einwohnern vorgenommen werden, die bestimmte Voraussetzungen erfüllen (§ 20b GO BW, § 14 BbgKV, § 31 I NKomVG; § 25 I GO NW). Dementsprechend beinhaltet der Bürger- bzw. Einwohnerantrag kein Entscheidungs-, sondern nur ein Initiativrecht: Ist der Antrag von der gesetzlich vorgeschriebenen Zahl von Bürgern bzw. Einwohnern unterzeichnet und sind die übrigen Zulassungsvoraussetzungen erfüllt, so muss der Gemeinderat innerhalb einer bestimmten Frist über den Antrag beraten und entscheiden. Hinsichtlich des Inhalts seiner Entscheidung ist der Rat frei.

Das **Bürgerbegehren** enthält den Antrag, einen *Bürgerentscheid* durchzuführen. Es muss also darauf gerichtet sein, dass die Bürger an Stelle des Rates über eine Angelegenheit der Gemeinde selbst entscheiden (§ 21 III GO BW; Art. 18a I BayGO; § 15 I BbgKV; § 32 NKomVG; § 26 GO NW). Zu beachten ist aber, dass das Begehren einen sog. Kostendeckungsvorschlag, d. h. einen nach den gesetzlichen Bestimmungen durchführbaren Vorschlag für die Deckung der Kosten der verlangten Maßnahme enthalten muss. Bestimmte Angelegenheiten können nicht zum Gegenstand eines Bürgerbegehrens gemacht werden, beispielsweise die innere Organisation der Gemeindeverwaltung, die Haushaltssatzung, die Aufstellung, Änderung, Ergänzung und Aufhebung von Bauleitplänen oder Entscheidungen über Rechtsbehelfe.

Das Bürgerbegehren muss von einem bestimmten Quorum der Gemeindebürger unterzeichnet sein und das Sachbegehren so genau bezeichnen, dass darüber in einem **Bürgerentscheid** mit „Ja" oder „Nein" abgestimmt werden kann.[12] Dies bedeutet allerdings nicht, dass der Bürgerentscheid im Falle des Erfolgs unmittelbar durch den Bürgermeister vollziehbar sein muss. Vielmehr können durch einen Bürgerentscheid gerade auch Grundsatzentscheidungen getroffen werden, die der Gemeinderat dann durch weitere Beschlüsse konkretisieren muss.[13] Darüber hinaus muss der Bürgerentscheid dieselben Wirkungen wie ein Gemeinderatsbeschluss herbeiführen können. Allgemeine Meinungskundgaben oder Vorgaben für die künftige Tätigkeit des Rats sind daher unzulässig.[14] Auch genügt es z. B. nicht, dass eine bestimmte Gebührensteigerung zur Abstimmung gestellt wird, ohne dass erkennbar wird, nach welchen Parametern die Gebühren bei einer Ablehnung der Erhöhung berechnet werden sollen.[15] Sofern nicht der Gemeinderat den Bürgerentscheid dadurch abwendet, dass er die Durchführung der mit dem Bürgerbegehren verfolgten Maßnahme beschließt, wird innerhalb einer bestimmten Frist ein Bürgerentscheid herbeigeführt. In den Bundesländern Baden-Württemberg (§ 21 I GO BW) und Bayern (Art. 18a II BayGO) kann der Gemeinderat auch ohne vorheriges Bürgerbegehren die Durchführung eines Bürgerentscheids beschließen. Werden im Bürgerentscheid mehr gültige Ja- als Nein-Stimmen zu der gestellten Frage abgegeben, so ist diese Frage im positiven Sinne entschieden, sofern die Mehrheit ein bestimmtes Quorum der Stimmberechtigten beträgt. Der Bürgerentscheid hat die Wirkung eines Ratsbeschlusses und kann vor Ablauf einer bestimmten Frist nicht vom Rat, sondern nur durch erneuten Bürgerentscheid abgeändert werden (§ 21 VIII GO BW; Art. 18a XIII BayGO; § 15 V BbgKV; § 33 IV NKomVG; § 26 VIII GO NW).

Rechtsschutzprobleme treten vor allem dann auf, wenn die Gemeindeorgane im Vorfeld eines Bürgerentscheids vollendete Tatsachen schaffen wollen oder das Bürgerbegehren als unzulässig abgelehnt wird. Die Bayerische Gemeindeordnung verbietet es den Gemeindeorganen ausdrück-

---

[12] Dies gilt auch, wenn es gesetzlich nicht ausdrücklich vorgesehen ist, VGH Kassel, NVwZ-RR 2000, 451 (453).
[13] OVG Lüneburg, NVwZ-RR 2009, 735.
[14] OVG Münster, NWVBl. 2008, 106 (108); VG Köln, NWVBl. 2012, 36 (37).
[15] VGH München, NVwZ-RR 2006, 209 (210).

lich, nach Feststellung der Zulässigkeit des Bürgerbegehrens bis zur Durchführung des Bürgerentscheids eine dem Begehren entgegenstehende Entscheidung zu treffen oder mit dem Vollzug einer derartigen Entscheidung zu beginnen (Art. 18a IX BayGO, mit einer Ausnahme für rechtliche Verpflichtungen der Gemeinde). Die entgegengesetzte Wertung enthält die Niedersächsische Gemeindeordnung, die es der Gemeinde ausdrücklich gestattet, über die vom Bürgerbegehren betroffene Angelegenheit selbst zu entscheiden und getroffene Entscheidungen, die den Gegenstand des Bürgerbegehrens betreffen, zu vollziehen (§ 32 VI NKomVG). Fehlen – wie in den meisten Bundesländern – solche expliziten Regelungen, so ist der Rat an einer eigenen Beschlussfassung nicht gehindert[16] es sei denn, sein Beschluss war allein auf eine Vereitelung des Bürgerbegehrens gerichtet.[17] Allerdings kann von den dazu befugten Personen im Wege der einstweiligen Anordnung nach § 123 VwGO (→ § 107) beantragt werden, den Gemeindeorganen die Schaffung irreversibler Verhältnisse bis zur Durchführung des Bürgerentscheids zu untersagen.[18] Der Kreis der Antragsbefugten ist dabei mit demjenigen der zur Klage gegen die Ablehnung des Bürgerbegehrens als unzulässig Befugten identisch.

Über die Zulässigkeit eines Bürgerbegehrens entscheidet meist der Gemeinderat. Stellt der Rat die Unzulässigkeit des Bürgerbegehrens fest, so sind die Möglichkeiten zur **Inanspruchnahme gerichtlichen Rechtsschutzes** in den Bundesländern unterschiedlich. In Bayern und Nordrhein-Westfalen können nur die sog. vertretungsberechtigten Personen des Bürgerbegehrens – und zwar nur alle vertretungsberechtigten Personen gemeinsam[19] – Klage erheben, in Bayern ohne, in Nordrhein-Westfalen mit Vorverfahren (Art. 18a VIII 2 BayGO; § 26 VI 2 GO NW). In diesem Sinne vertretungsberechtigt sind bis zu drei Personen, die in dem Bürgerbegehren benannt und berechtigt sind, die Unterzeichnenden zu vertreten. Ohne eine ausdrückliche Sonderregelung hinsichtlich der Klagebefugnis können die vertretungsberechtigten Personen entweder – in Anlehnung an die genannten bayerischen und nordrhein-westfälischen Regelungen – im eigenen Namen (Niedersachsen[20]) oder in Vertretung aller Unterzeichner des Bürgerbegehrens Klage erheben. Das Bürgerbegehren selbst kann hingegen nicht vertreten werden. Weder „das Bürgerbegehren" noch seine Unterzeichner noch die vertretungsberechtigten Personen sind „Quasi-Organe" der Gemeinde.[21] Klagebefugt ist jedoch jeder Mitunterzeichner mit Rücksicht auf die ihm durch die entsprechenden Vorschriften über Bürgerbegehren und -entscheid verliehene verfahrensrechtliche Position auf Mitwirkung.[22] Da es sich um kein Organstreitverfahren (→ § 103) handelt[23], ist die Klage nicht gegen das Gemeindeorgan zu richten, das die Zulässigkeit des Bürgerbegehrens abgelehnt hat, sondern gegen die Gemeinde.[24] Die Entscheidung über die Zulässigkeit des Bürgerbegehrens betrifft keine organschaftlichen Positionen, sondern Rechte des Bürgers gegenüber der Gemeinde, und ist deshalb VA; statthafte Klageart ist mithin die Verpflichtungsklage (→ § 99)[25], nicht die allgemeine Leistungsklage.[26] Die Durchsetzung einer vorläufigen Zu-

---

[16] OVG Münster, NVwZ-RR 2007, 625; VGH Kassel, NVwZ-RR 2009, 442 (443): Frage des Einzelfalls.
[17] OVG Münster, NWVBl. 2008, 106 (108 f.).
[18] VGH Kassel, NVwZ 1994, 396; NVwZ-RR 2009, 442 (444); OVG Bautzen, NVwZ-RR 1998, 253. A. M. VGH Mannheim, NVwZ 1994, 397.
[19] VG Düsseldorf, NWVBl. 2015, 431.
[20] OVG Lüneburg, NVwZ 2009, 735.
[21] OVG Greifswald, NVwZ 1997, 306 (307); VGH Kassel, NVwZ-RR 2000, 451 (452). A. M. hinsichtlich „des Bürgerbegehrens" OVG Koblenz, NVwZ-RR 1997, 241; hinsichtlich der Unterzeichner OVG Bremen, NVwZ-RR 2005, 54 (55).
[22] VGH Kassel, NVwZ 1997, 310.
[23] A. M. OVG Bremen, NVwZ-RR 2005, 54 (55).
[24] OVG Greifswald, NVwZ 1997, 306 (307); VGH Kassel, NVwZ-RR 2000, 451.
[25] VGH Mannheim, DÖV 1988, 476; OVG Greifswald, NVwZ 1997, 306 (307); VG Gießen, NVwZ-RR 2009, 446. Zur vorläufigen Zulassung eines Bürgerbegehrens im Verfahren des einstweiligen Rechtsschutzes VGH München, NVwZ-RR 2011, 331.
[26] So aber VG Darmstadt, NVwZ 2013, 1240.

§ 60. Mittelbare Staatsverwaltung

lassung eines Bürgerbegehrens im Wege der Beantragung eines Erlasses einer einstweiligen Anordnung nach § 123 VwGO (→ § 107) ist nur ausnahmsweise möglich und setzt voraus, dass für die Zulässigkeit des Bürgerbegehrens eine hohe Wahrscheinlichkeit spricht und sonst ein irreversibler und unzumutbarer Nachteil eintreten würde.[27]

Schließlich kann von den Vertretungsberechtigten bzw. den Unterzeichnern des Bürgerbegehrens die Fehlerhaftigkeit des den Bürgerentscheid betreffenden Verfahrens gerichtlich angegriffen werden.[28] Dies betrifft bspw. die Ungültigerklärung eines Bürgerentscheids.[29] Ist das Bürgerbegehren durchgeführt worden, so entfällt die Möglichkeit, gerichtlich für das Bürgerbegehren tätig zu werden, um dessen Belange zu wahren.[30] Insbesondere kann nicht für das Bürgerbegehren die Frage, ob ein erfolgreicher Bürgerentscheid ordnungsgemäß vollzogen worden ist, zur gerichtlichen Überprüfung gestellt werden.[31] Anderes gilt allerdings nach zutreffender Auffassung für die einzelnen abstimmungsberechtigten Bürger der Gemeinde. Sie sind zwar ebenso wenig wie die Bürgerschaft als Ganzes keine Organe der Gemeinde. Jedoch würde es den Zweck eines Bürgerentscheids verfehlen, den Bürgern deshalb die Klagebefugnis gegen eine Nichtbeachtung eines Bürgerentscheids abzusprechen[32] und dessen Ignorierung durch die Gemeindeorgane faktisch sanktionslos zu stellen. Ein Bürger kann deshalb die Beachtung der Sperrfrist (→ Rn. 7) gerichtlich durchsetzen.[33]

c) Gemeindeverfassung

Gegenstand des Gemeindeverfassungsrechts ist der innere Aufbau der Gemeinde, d. h. Arten, Zusammensetzung und Zuständigkeiten der Gemeindeorgane. Trotz gewisser Gemeinsamkeiten, die teilweise durch Art. 28 I 2 GG vorgegeben werden, bestehen zwischen den Gemeindeordnungen der Länder im Detail beträchtliche Unterschiede. Ihnen kann im Rahmen dieses Grundkurses nicht in allen Verästelungen nachgegangen werden; für Einzelfragen muss deshalb auf die Spezialdarstellungen des Kommunalrechts der einzelnen Bundesländer verwiesen werden.

9

aa) Wahl des Gemeinderats

Durch Art. 28 I 2 GG vorgeschrieben und daher allen Gemeindeverfassungen gemeinsam ist eine Volksvertretung, die aus allgemeinen, unmittelbaren, freien, gleichen und geheimen Wahlen hervorgegangen ist. Ihre Bezeichnung ist unterschiedlich: In Baden-Württemberg, Bayern, Rheinland-Pfalz, dem Saarland, Sachsen, Sachsen-Anhalt und Thüringen heißt sie „Gemeinderat", in Niedersachsen und Nordrhein-Westfalen „Rat" und in Brandenburg, Hessen, Mecklenburg-Vorpommern sowie Schleswig-Holstein „Gemeindevertretung". Teilweise tragen die Volksvertretungen in den Städten abweichende Bezeichnungen, so in Brandenburg und Hessen die Bezeichnung „Stadtverordnetenversammlung", in Mecklenburg-Vorpommern und Schleswig-Holstein „Stadtvertretung" sowie in Bayern, Rheinland-Pfalz, Sachsen, Sachsen-Anhalt und Thüringen die Bezeichnung „Stadtrat". Aus Vereinfachungsgründen wird im Folgenden generell die Bezeichnung „Gemeinderat" verwendet.

10

---

[27] OVG Münster, NWVBl. 2014, 480; VGH München, DVBl. 2011, 308.
[28] OVG Lüneburg, NVwZ-RR 2009, 735.
[29] VGH Kassel, DÖV 2004, 966 (967).
[30] VGH München, NVwZ-RR 2003, 448.
[31] OVG Lüneburg, NVwZ-RR 2009, 735.
[32] So aber OVG Bautzen, Beschl. v. 12.2.2008 – 4 B 16/08 –, juris.
[33] VGH Mannheim, NVwZ-RR 2015, 149 (150).

Die Wahlrechtsgrundsätze für die **Wahlen zum Gemeinderat** nach Art. 28 I 2 GG entsprechen denen des Art. 38 I 1 GG (→ § 6 Rn. 46 ff.). Die Einzelheiten der Wahl sind teils in den Gemeindeordnungen, teils in den Kommunalwahlgesetzen geregelt. Ebenso wie bei den Wahlen zum Bundestag durch die Öffentlichkeitsarbeit der Bundesregierung darf bei den Kommunalwahlen das Recht auf chancengleiche Teilnahme an der Wahl nicht durch die Öffentlichkeitsarbeit von Gemeindeorganen beeinträchtigt werden. So darf ein Bürgermeister im Rahmen des Kommunalwahlkampfs seine ihm durch sein Amt zukommende Stellung und seine Einflussmöglichkeiten nicht in einer mit seiner Verpflichtung gegenüber der Allgemeinheit unvereinbaren Weise nutzen.[34] Kann sich die unzulässige Öffentlichkeitsarbeit auf die Sitzverteilung im Gemeinderat ausgewirkt haben, so ist die Wahl im *Wahlprüfungsverfahren* für ungültig zu erklären.[35]

bb) Stellung der Mitglieder des Gemeinderats

11 Die Mitglieder des Gemeinderats werden für eine Amtszeit von vier, fünf oder sechs Jahren gewählt. Ihre Stellung ist mit der der Abgeordneten des Bundestages (→ § 12 Rn. 18 ff.) nicht vergleichbar. Der Gemeinderat ist kein „Gemeindeparlament", sondern Verwaltungsorgan.[36] Die Wahrnehmung des kommunalrechtlichen Mandats ist eine ehrenamtliche Tätigkeit (§ 32 I 1 GO BW; Art. 31 II 1 BayGO), für die eine Aufwandsentschädigung vorgesehen ist. Die Ratsmitglieder sind Inhaber eines öffentlichen Amtes und werden auf die gewissenhafte Erfüllung ihrer Amtspflichten besonders verpflichtet. Trotz der Unterschiede zum parlamentarischen Mandat gilt auch für die Mitglieder des Gemeinderats die Freiheit des Mandats: Sie entscheiden im Rahmen der Gesetze nach ihrer freien, nur durch das öffentliche Wohl bestimmten Überzeugung und sind an Verpflichtungen und Aufträge, durch die diese Freiheit beschränkt wird, nicht gebunden (§ 32 III GO BW; § 30 I BbgKV; § 54 I NKomVG; § 43 I GO NW). Die aus diesem Mandat fließenden Rechte entsprechen weitgehend denen der Parlamentsabgeordneten (→ § 12 Rn. 18 ff.).

12 Die Befangenheitsvorschriften[37] stellen auf konkrete *Interessenkollisionen* ab. Danach darf ein Ratsmitglied weder an der Beratung noch an der Abstimmung teilnehmen, wenn der Beschluss ihm selbst, bestimmten Angehörigen oder einer von ihm kraft Gesetzes oder Vollmacht vertretenen Person einen unmittelbaren Vorteil oder Nachteil bringen kann (§ 18 I GO BW; Art. 49 I BayGO; §§ 31 II, 22 I BbgKV; §§ 54 III, 41 NKomVG; §§ 43 II, 31 I, II GO NW). Dieses Mitwirkungsverbot gilt nach einigen Gemeindeordnungen auch, wenn das Ratsmitglied bei jemandem beschäftigt ist oder dem Organ (Vorstand, Aufsichtsrat) eines Unternehmens angehört, dem die Entscheidung einen unmittelbaren Vorteil oder Nachteil bringen kann.

Der notwendige **unmittelbare Vorteil** oder Nachteil braucht nicht wirtschaftlicher Art zu sein. Die Berührung immaterieller Interessen, bspw. an der Erhaltung einer unverbauten Aussicht oder an der spürbaren Vermeidung von Lärmbelästigungen[38], reicht aus. Immer aber muss es sich um ein abgrenzbares *Sonderinteresse* handeln. Der entsprechende Vor- oder Nachteil muss hinsichtlich des Gemeinderatsmitglieds individualisierbar sein.[39] Hierfür genügt es nicht, dass das Gemeinderatsmitglied nur in gleicher Weise wie z. B. andere von einer Verkehrsverlagerung bevor- oder benachteiligter Anwohner betroffen ist.[40] Das Mitwirkungsverbot gilt nicht, wenn die Entscheidung

---

[34] BVerwG, NVwZ 2001, 928 (929).
[35] OVG Münster, NWVBl. 1989, 16 (17 f.); VGH Kassel, NVwZ 1992, 284.
[36] BVerfGE 65, 283 (289); 78, 344 (348); BVerwGE 97, 223 (225); BayVerfGH, BayVBl. 1984, 621 (623).
[37] Dazu *H. Röhl,* Jura 2006, 725 ff.
[38] Vgl. VGH Mannheim, BauR 2005, 57 (58).
[39] OVG Koblenz, BauR 2011, 1293 (1295).
[40] VGH Mannheim, BauR 2005, 57 (58).

§ 60. Mittelbare Staatsverwaltung

nur die gemeinsamen Interessen einer Berufs- oder Bevölkerungsgruppe, d. h. Kollektivinteressen, berührt (§ 18 III GO BW; §§ 31 II, 22 III Nr. 1 BbgKV; § 54 III, 41 I 3 NKomVG; §§ 43 II, 31 III Nr. 1 GO NW). So berührt die Aufstellung eines Flächennutzungsplans (→ § 63 Rn. 7), der das ganze Gemeindegebiet betrifft (§ 5 I 1 BauGB), die Kollektivinteressen aller Grundstückseigentümer,[41] die Aufstellung eines Bebauungsplans die Interessen nicht nur der Eigentümer, sondern bspw. auch der Pächter überplanter Grundstücke,[42] die Aufstellung eines die Ansiedlung neuer Einzelhandelsbetriebe ausschließenden Bebauungsplans die Interessen aller vorhandenen Einzelhändler[43]. Die Berührung eines Sonderinteresses liegt allerdings schon dann vor, wenn das Ratsmitglied einen in der Abwägung zu berücksichtigenden eigenen Belang (→ § 70 Rn. 7) geltend machen kann. Eine weitergehende Kausalitätsbeziehung zwischen der Ratsentscheidung und dem dem Ratsmitglied möglicherweise entstehenden Vor- oder Nachteil ist nicht erforderlich.[44]

> Anders verhält es sich im **Fall 46** hinsichtlich der Aufstellung eines Bebauungsplans (→ § 63 Rn. 7), der die Sonderinteressen der Eigentümer überplanter Grundstücke berührt.[45] Dies wird noch dadurch unterstrichen, dass nahezu alle Grundstücke in dem Plangebiet der Familie F gehören.

Auf den endgültigen Eintritt des Vor- oder Nachteils kommt es nicht an. Nach ihrem Zweck sollen die Befangenheitsvorschriften das Vertrauen der Bürger in die Unvoreingenommenheit der Amtsträger erhalten. Vermieden werden soll schon der auf konkreten Umständen beruhende „böse Schein" der aus einer Interessenkollision folgenden Parteilichkeit.[46] Die gesetzlichen Regelungen bringen dies dadurch zum Ausdruck, dass es ausreicht, dass der Beschluss einen Vorteil oder Nachteil bringen *kann;* der Eintritt des Vor- oder Nachteils muss also konkret möglich und hinreichend wahrscheinlich erscheinen.[46a]

> Dass der Beschluss über den Bebauungsplan in **Fall 46** den Mitgliedern der Familie F massive wirtschaftliche Vorteile bringt, ist offensichtlich.

Die **Fehlerfolgen** für einen unter Verletzung der Befangenheitsvorschriften zustande gekommenen Ratsbeschluss sind in den Gemeindeordnungen unterschiedlich geregelt. Als Grundsatz gilt, dass der unter Beteiligung eines befangenen Ratsmitglieds gefasste Beschluss rechtswidrig ist (vgl. § 18 VI 1 GO BW). Soweit es keine anderslautende gesetzliche Bestimmung gibt, ist es unerheblich, ob die Beteiligung des befangenen Ratsmitglieds für die Beschlussfassung entscheidend war oder nicht.

13

> Nach diesen Regelungen wäre der Satzungsbeschluss über den Bebauungsplan in **Fall 46** nicht wirksam zustande gekommen, wenn der Bürgermeister dem Beschluss wegen der Gesetzeswidrigkeit widersprochen oder die Rechtsaufsichtsbehörde den Beschluss beanstandet oder die Rechtsverletzung durch Einlegung eines Rechtsbehelfs gerügt wird (§ 18 VI 2 und 3 GO BW).

Abweichende Vorschriften gelten in Bayern, Brandenburg, Niedersachsen und Nordrhein-Westfalen und anderen Bundesländern. Dort ist der Beschluss nur unwirksam bzw. kann die Unwirksamkeit nur geltend gemacht werden, wenn die Mitwirkung des Befangenen für das Abstimmungsergebnis entscheidend war (Art. 49 IV BayGO; § 31 II, § 22 VI BbgKV; § 39 III, §§ 54 III, 41 VI NKomVG; § 43 II, § 31 VI GO NW).

---

[41] OVG Münster, BauR 1979, 477 (479f.).
[42] OVG Koblenz, BauR 2011, 1293 (1294).
[43] VGH Mannheim, VBlBW 2005, 385.
[44] OVG Koblenz, BauR 2011, 1293 (1295).
[45] OVG Münster, OVGE 27, 60 (61f.); OVG Koblenz, NVwZ-RR 2000, 103f.
[46] Vgl. BVerwG, NVwZ 1988, 527 (530); OVG Koblenz, BauR 2011, 1293 (1294); OVG Münster, NWVBl. 2016, 72 (73); VGH Mannheim, VBlBW 1998, 177; NVwZ-RR 2005, 773 (774).
[46a] OVG Münster, NWVBl. 2016, 72 (73).

Auch nach dem Recht dieser Bundesländer wäre also der Satzungsbeschluss in **Fall 46** unwirksam. Hätten sich die beiden Mitglieder der Familie F nicht an der Abstimmung beteiligt, so wäre der Bebauungsplan nicht angenommen, sondern mit 10:9 Stimmen abgelehnt worden.

Darüber hinaus sind teilweise Fristen zur Rüge der Rechtswidrigkeit des Beschlusses vorgesehen, nach deren Ablauf der Beschluss als gültig zustande gekommen gilt. Zu den Fehlerfolgen bei einem zu Unrecht ausgeschlossenen Ratsmitglied → § 63 Rn. 5.

cc) Innere Organisation und Verfahren des Gemeinderats

14 Die Mehrzahl der Gemeindeordnungen verlautbart das Recht der Ratsmitglieder, sich freiwillig mit anderen Ratsmitgliedern zu Fraktionen zusammenzuschließen (§ 32 I BbgKV; § 57 I NKomVG; § 56 I GO NW). Fehlt eine solche Bestimmung, so ergibt sich das Recht auf Fraktionsgründung bereits aus dem freien Mandat des Ratsmitglieds.[47] Da sich die Ratsmitglieder in Ausübung ihres organschaftlichen Mitgliedschaftsrechts zu einer Fraktion zusammenschließen, sind Fraktionen keine privatrechtlichen Vereinigungen, sondern öffentlich-rechtlich organisiert.[48] Für Streitigkeiten um ihre Rechtsstellung ist daher ebenso der Verwaltungsrechtsweg eröffnet wie für Verfahren wegen des Ausschlusses eines Fraktionsmitglieds.[49] In Betracht kommende Klageart für eine Klage des ausgeschlossenen Fraktionsmitglieds ist regelmäßig die **Feststellungsklage** (→ § 101), wobei in der *Begründetheit* folgende Gesichtspunkte zu prüfen sind:

Übersicht: Prüfung der Rechtmäßigkeit eines Ausschlusses aus einer Kommunalfraktion

(I) Formelle Rechtmäßigkeit
  (1) Anhörung des Betroffenen
  (2) ordnungsgemäße Ladung aller Fraktionsmitglieder unter Angabe des entsprechenden Tagesordnungspunkts
  (3) Beratung und Beschlussfassung ausschließlich durch Fraktionsmitglieder
  (4) qualifizierte Mehrheit für den Ausschluss (soweit vorgesehen)
  (5) Begründung
(II) Materielle Rechtmäßigkeit
  (1) Vorliegen eines wichtigen Grundes
  (2) Beachtung des Verhältnismäßigkeitsgrundsatzes (→ § 24 Rn. 32 ff.)

Ähnlich wie beim Bundestag (→ § 12 Rn. 13) erfolgt auch im Gemeinderat ein nicht unbeträchtlicher Teil der Sacharbeit in den **Ausschüssen**. Sie haben die Aufgabe, die Arbeit im Plenum zu entlasten. Ihre Zusammensetzung soll grundsätzlich die Zusammensetzung des Plenums widerspiegeln, ohne dass eine absolute Proporzgenauigkeit erforderlich wäre. Die einzelnen Fraktionen

---

[47] *J. Ziekow*, NWVBl. 1998, 297 (303).
[48] *J. Ziekow*, NWVBl. 1998, 297 (298 f.).
[49] OVG Lüneburg, NVwZ 1994, 506; OVG Münster, NVwZ 1993, 399; OVG Saarlouis, NVwZ-RR 2012, 613 (614); VGH Kassel, NVwZ 1990, 391 (392). A. M. VGH München, NJW 1988, 2754 (2755 f.).

haben Anspruch auf Berücksichtigung bei der Ausschussbesetzung nach Maßgabe ihrer jeweiligen Mitgliederzahl; die Einzelheiten regeln die Gemeindeordnungen.⁵⁰

Die wesentlichen Fragen des Geschäftsgangs des Gemeinderates werden durch dessen **Geschäftsordnung** geregelt (§ 36 II GO BW; Art. 45 BayGO; § 69 NKomVG). Sie wird vom Rat erlassen und hat – anders als die Geschäftsordnung des Deutschen Bundestages (→ § 12 Rn. 8) – nicht den Charakter einer Satzung, sondern ist eine interne Verfahrensvorschrift, die Rechte und Pflichten nur für die Ratsmitglieder begründet.⁵¹ Gleichwohl können sie zum Gegenstand einer Normenkontrolle nach § 47 VwGO (→ § 104) gemacht werden.⁵²

Verstöße gegen die Geschäftsordnung sind grundsätzlich nur im Innenbereich des Gemeinderates relevant. Ein Ratsmitglied kann die Verletzung der Geschäftsordnung rügen und die ihm von dieser ggf. gewährte wehrfähige Position des Innenrechtsbereichs (→ § 103 Rn. 5) erforderlichenfalls gerichtlich durchsetzen. Beispiel ist die Außerachtlassung einer durch Geschäftsordnung bestimmten Ladungsfrist. Wird sie nicht eingehalten, kann ein betroffenes Ratsmitglied das VG anrufen und die Sitzung verhindern. Unterlässt er dies und wird die Sitzung durchgeführt, so sind dort gefasste Beschlüsse grundsätzlich wirksam. Etwas anderes gilt nur dann, wenn die verletzte Bestimmung der Geschäftsordnung lediglich zwingende gesetzliche Regelungen wiederholt.⁵³ Beispiel ist die Verankerung einer Ladungsfrist in der Gemeindeordnung, welche von der Geschäftsordnung wiedergegeben wird. Der Bürger kann einen Gemeinderatsbeschluss nicht allein wegen eines Geschäftsordnungsverstoßes angreifen. Kein beachtlicher Ladungsmangel liegt hingegen vor, wenn die Ladung fristgemäß versandt wird, allerdings ohne Beifügung der nach der Geschäftsordnung vorgeschriebenen Sitzungsunterlagen.⁵⁴

Vorsitzender des Gemeinderates ist nach den Gemeindeordnungen entweder der Bürgermeister kraft Amtes (§ 25 I 1 GO BW; Art. 36 S. 1 BayGO; § 33 I BbgKV; § 40 II 4 GO NW) oder ein vom Gemeinderat aus einer Mitte gewähltes Ratsmitglied (§ 61 I NKomVG). Die **Beschlussfähigkeit** des Gemeinderates setzt zunächst voraus, dass die Sitzung nach Maßgabe der oben genannten Vorgaben ordnungsgemäß einberufen worden ist. Zusätzlich erforderlich ist die Anwesenheit von mindestens bzw. mehr als der Hälfte aller Ratsmitglieder (§ 37 II 1 GO BW; Art. 47 II BayGO; § 38 I 1 BbgKV; § 65 I 1 NKomVG; § 49 I 1 GO NW), wobei teilweise befangene Ratsmitglieder (→ Rn. 12) nicht mitgezählt werden (§ 37 II 1 GO BW; Art. 47 II BayGO). Fehlende Beschlussfähigkeit hat die Unwirksamkeit getroffener Beschlüsse zur Folge. Allerdings gilt dies meist nur, wenn die Beschlussunfähigkeit zuvor festgestellt worden ist. Bis dahin gilt der Gemeinderat als beschlussfähig (§ 38 I 2 BbgKV; vgl. § 49 I 2 GO NW), jedenfalls dann, wenn zu Beginn der Sitzung die Beschlussfähigkeit festgestellt worden war (§ 65 I 3 NKomVG).

---

⁵⁰ Vgl. zum Ganzen BVerwG, DVBl. 1993, 890 (891); NVwZ 2004, 621; OVG Bautzen, DVBl. 2010, 1578; OVG Lüneburg, DVBl. 2008, 1125 (1126); OVG Münster, NWVBl. 2004, 433 (435).
⁵¹ BVerwG, DVBl. 1980, 790; OVG Münster, NWVBl. 1997, 69; VGH Mannheim, ESVGH 22, 180 (181); VBlBW 2003, 119.
⁵² BVerwG, NVwZ 1988, 1119; VGH Mannheim, VBlBW 2003, 119.
⁵³ OVG Münster, NWVBl. 1997, 69. A. M. OVG Frankfurt (Oder), LKV 1995, 42 (44f.).
⁵⁴ VGH München, BayVBl. 2011, 85 (86).

Im **Fall 46** kommt es daher nicht darauf an, ob nach den entsprechenden kommunalrechtlichen Vorschriften die als befangen anzusehenden beiden Ratsmitglieder, die der Familie F angehören, für die Frage der Beschlussfähigkeit des Gemeinderats mitzählen oder nicht. Denn die Beschlussfähigkeit des Gemeinderats ist nicht gerügt, seine Beschlussunfähigkeit nicht festgestellt worden.

17 Jedes Mitglied des Gemeinderats hat ein Rederecht zu allen Punkten der Tagesordnung. Aus diesem Recht folgt gleichzeitig ein Anspruch gegen den Vorsitzenden des Gemeinderats, über die in der Sitzung zu behandelnden Fragen inhaltlich unterrichtet zu werden.[55] Allerdings ist es zur Erhaltung der Arbeitsfähigkeit des Gemeinderats zulässig, dass der Rat eine Begrenzung der jedem Mitglied oder jeder Fraktion zur Verfügung stehenden Redezeit beschließt. Derartige Redezeitbegrenzungen müssen sich an der Bedeutung des jeweiligen Tagesordnungspunktes orientieren und nach einheitlichen Grundsätzen vorgenommen werden.[56] Darüber hinaus kann jeder Teilnehmer an der Gemeinderatssitzung verlangen, von Störungen verschont zu werden. Solche Störungen können beispielsweise durch das Rauchen anderer Zuhörer oder von Gemeinderatsmitgliedern entstehen. Allerdings ist dies eine Frage des Einzelfalls: Findet die Sitzung in einem großen klimatisierten Saal statt, in dem nur einzelne rauchen, so besteht kein Anspruch auf Erlass eines **Rauchverbots**. Anderes gilt in einem engen Raum mit vielen Rauchern.[57]

So verhält es sich im **Fall 47**, so dass der NT einen innerorganisatorischen Störungsbeseitigungsanspruch auf Verhängung eines Trinkverbots für die Gemeinderatssitzung hat. Es ist NT unter den gegebenen räumlichen Voraussetzungen nicht zuzumuten, während der Wahrnehmung seiner Amtsgeschäfte dem Alkoholgeruch seiner Ratskollegen ausgesetzt zu sein. Der Anspruch auf Erlass eines Trinkverbots richtet sich gegen die V als Vorsitzende des Gemeinderats.

18 Der Gemeinderat tagt grundsätzlich öffentlich (§ 35 I 1 GO BW; Art. 52 II 1 BayGO; § 36 II 1 BbgKV; § 64 S. 1 NKomVG; § 48 II 1 GO NW). Erfordern es das öffentliche Wohl oder berechtigte Ansprüche Einzelner, so muss in nichtöffentlicher Sitzung verhandelt werden. Die Entscheidung, die Sitzung unter Ausschluss der Öffentlichkeit durchzuführen, ist ein VA, gegen den sich diejenigen, die an einer Sitzungsteilnahme interessiert sind, mit der Anfechtungsklage wehren können.[58] Die Frage, ob die Mitglieder des Gemeinderats ein wehrfähiges organschaftliches (mit der Feststellungsklage zu verfolgendes) Recht auf Einhaltung des Grundsatzes der öffentlichen Beratung und Beschlussfassung haben, wird von den Oberverwaltungsgerichten unterschiedlich beurteilt.[59]

Der Beschluss, die Öffentlichkeit auszuschließen, beinhaltet gleichzeitig den Beschluss, die betreffende Angelegenheit der Geheimhaltung zu unterwerfen. Die Verschwiegenheitspflicht entfällt allerdings, wenn die betreffende Angelegenheit offenkundig ist. Hierfür reicht es nicht aus, dass die Angelegenheit Journalisten bekannt ist, solange noch keine Berichterstattung in der Presse erfolgt ist.[60]

---

[55] OVG Koblenz, NVwZ-RR 2011, 31.
[56] VGH München, BayVBl. 2011, 85.
[57] Vgl. BVerwG, NVwZ 1990, 165.
[58] *Geis*, KommR § 11 Rn. 132.
[59] Bejahend OVG Münster, NVwZ-RR 2002, 135; VGH Kassel, LKRZ 2009, 22. Ablehnend VGH Mannheim, NVwZ-RR 1992, 373 f.; VGH München, Beschl. v. 29.9.1988 – 4 C 88.1919.
[60] OVG Münster, NWVBl. 2011, 346.

Der Vorsitzende sorgt für die Aufrechterhaltung der Ordnung in den Sitzungen und übt das Hausrecht aus (§ 36 I GO BW; Art. 53 I BayGO; § 37 I BbgKV; § 63 I NKomVG; § 51 I GO NW). Hinsichtlich der Befugnisse des Vorsitzenden ist zwischen Ordnungsmaßnahmen und der Ausübung des Hausrechts zu unterscheiden. **Ordnungsmaßnahmen des Vorsitzenden richten sich gegen störende Ratsmitglieder und sind mangels Außenwirkung grundsätzlich keine VAe**[61]. Dies gilt beispielsweise für die Verhängung eines Rauchverbots gegenüber den Ratsmitgliedern, den Entzug des Wortes oder den teilweise in den Gemeindeordnungen ausdrücklich geregelten Ausschluss von der Sitzung.

Da die Verhängung eines Trinkverbots durch die V gegenüber den Ratsmitgliedern in **Fall 47** kein VA wäre, ist die Verpflichtungsklage des NT nicht statthaft (→ § 99 Rn. 2).

In **Ausübung des Hausrechts** geht der Vorsitzende gegen Störungen vor, die von Zuhörern oder anderen externen Dritten ausgehen. Insoweit fehlt es nicht an der für die Qualifikation als VA notwendigen Außenwirkung (→ § 74 Rn. 15 ff.).

dd) Zuständigkeiten des Gemeinderats

Für die Abgrenzung der Zuständigkeiten des Gemeinderats zu denen anderer Organe der Gemeinde ist zu beachten, dass der Gemeinderat das Hauptorgan der Gemeinde ist. Seine Zuständigkeit ist also nicht auf die Rechtsetzung, d. h. den Erlass von Satzungen (→ § 63 Rn. 3 ff.) beschränkt, sondern erstreckt sich grundsätzlich auf alle Angelegenheiten der Gemeinde. Ausgenommen sind lediglich Angelegenheiten, für die gesetzlich oder durch Übertragung seitens des Rates die Zuständigkeit eines anderen Gemeindeorgans begründet worden ist (§ 24 I 2 GO BW; Art. 29, 30 II BayGO, § 28 I BbgKV; § 41 I 1 GO NW). Bestimmte Aufgaben kann der Rat allerdings nicht übertragen. Hieraus ergibt sich folgende Systematisierung: 19

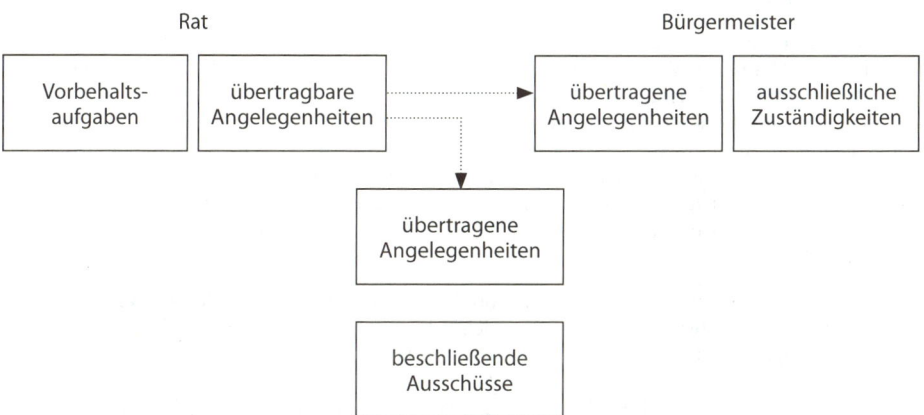

Die Entscheidung über bestimmte Angelegenheiten, die sog. **Vorbehaltsaufgaben,** kann der Rat nicht übertragen. In der Regel sind diese Angelegenheiten katalogisiert (§ 39 II GO BW; § 28 II BbgKV; § 41 I 2 GO NW). Angelegenheiten, die keine Vorbehaltsaufgaben sind und die auch nicht in die ausschließliche Zuständigkeit eines anderen Gemeindeorgans fallen, kann der Gemeinderat auf andere Organe übertragen 20

---

[61] *Kopp/Ramsauer* § 35 Rn. 147.

(**übertragbare Angelegenheiten**). Solche Organe können beschließende Ausschüsse sein; ganz überwiegend ist aber die Übertragung auf den Bürgermeister vorgesehen. Die Übertragung kann dauerhaft durch die Hauptsatzung oder im Einzelfall durch Beschluss des Gemeinderats erfolgen. Ob und unter welchen Voraussetzungen der Rat eine übertragene Angelegenheit wieder an sich ziehen kann, ist unterschiedlich geregelt.

ee) Gemeindevorstand

21 Neben dem Gemeinderat das wichtigste Organ der Gemeinde ist der Gemeindevorstand. Seine zentralen Aufgaben sind es, die Gemeindeverwaltung zu leiten und die Beschlüsse des Gemeinderats zu vollziehen. Der Gemeindevorstand kann aus einer Person bestehen (monokratischer Gemeindevorstand) oder als kollegiales Leitungsgremium verfasst sein (kollegialer Gemeindevorstand). Die Gemeindeordnungen der meisten Bundesländer kennen einen **monokratischen Gemeindevorstand** in Gestalt des **Bürgermeisters**. Er wird deshalb im folgenden als Grundform des Gemeindevorstands vorgestellt.

22 Der **Bürgermeister** ist kommunaler Wahlbeamter auf Zeit, in größeren Gemeinden hauptamtlicher Beamter, in kleineren Ehrenbeamter. Die Wahl erfolgt durch die Bürger der Gemeinde, auf eine Amtszeit von mindestens fünf Jahren (§ 42 GO BW; Art. 34 BayGO; § 53 II BbgKV; § 80 I, III, NKomVG: 8 Jahre; § 65 GO NW). Er bereitet die Sitzungen und Beschlüsse des Gemeinderates vor, stellt die Tagesordnung auf und vollzieht die Beschlüsse des Gemeinderats (§ 34 I, § 43 I GO BW; Art. 36, 46 BayGO; § 54 I BbgKV; § 48 I, § 62 II GO NW). In dringenden Fällen, in denen die vorherige Entscheidung des Gemeinderates nicht eingeholt werden kann, hat der Bürgermeister ein **Eilentscheidungsrecht** (§ 43 IV GO BW; Art. 37 III BayGO; §§ 51 II Nr. 3, 58 BbgKV). In mehreren Bundesländern darf der Bürgermeister Eilentscheidungen nur unter Mitwirkung weiterer Personen treffen (§ 58 BbgKV: Einvernehmen mit dem Vorsitzenden der Gemeindevertretung). Sofern die Voraussetzungen einer Eilentscheidungszuständigkeit vorliegen, was in diesem Fall strenger Prüfung bedarf, können auf diesem Wege sogar Satzungen erlassen werden.[62]

Der Bürgermeister ist **Leiter der Verwaltung,** beaufsichtigt deren Geschäftsgang und verteilt die Geschäfte (§ 44 I GO BW; § 54 I Nr. 5 BbgKV; § 85 III NKomVG; § 62 I GO NW). Hinsichtlich der **Abgrenzung der Zuständigkeiten des Bürgermeisters** gegenüber denen des Gemeinderats ist zwischen Aufgaben, die dem Bürgermeister vom Gemeinderat übertragen worden sind, und einer alleinigen Zuständigkeit des Bürgermeisters zu unterscheiden. Der Kreis der der ausschließlichen Zuständigkeit des Bürgermeisters unterfallenden Aufgaben wird von den Gemeindeordnungen unterschiedlich bestimmt. Neben der Vorbereitung und Ausführung der Beschlüsse des Gemeinderats ist dies die Ausführung von Weisungen der Kommunal-, teilweise auch der Fachaufsichtsbehörden.

23 Unterschiedlich geregelt ist auch die Frage, ob die sog. **Geschäfte der laufenden Verwaltung** zu dem dem Bürgermeister vorbehaltenen Bereich gehören. Nach der Mehrzahl der Gemeindeordnungen erledigt der Bürgermeister die Geschäfte der laufenden Verwaltung in eigener Zuständigkeit (§ 44 II 1 GO BW; Art. 37 I 1 Nr. 1 BayGO). Liegt ein Geschäft der laufenden Verwaltung vor, so ist es hier einer Entscheidung durch den Gemeinderat entzogen. In Nordrhein-Westfalen gelten Geschäfte der laufenden Verwaltung als im Namen des Rates auf den Bürgermeister übertragen, soweit nicht der Rat sich oder einem Ausschuss für einen bestimmten Kreis von Geschäften oder für einen Einzelfall die Entscheidung vorbehält (§ 41 III GO NW). Ob ein Geschäft der laufenden Verwaltung vorliegt oder nicht, bestimmt nicht die subjektive Sicht des Bürgermeisters. Maßgebend ist vielmehr eine objektivierende Betrachtungsweise, die auf die typischen Abläufe

---

[62] OVG Münster, NWVBl. 1988, 336; OVG Schleswig, NordÖR 2002, 155 (157); VGH München, BayVBl. 2007, 239 (241).

§ 60. Mittelbare Staatsverwaltung

unter Berücksichtigung der Besonderheiten der jeweiligen Gemeinde abstellt.[63] Als **Faustregel** kann darauf abgestellt werden, ob das betreffende Geschäft ein regelmäßig wiederkehrendes und in Umfang und Tragweite von weniger erheblicher Bedeutung ist sowie typischerweise nach entwickelten Grundsätzen und Routinen erledigt wird.[64]

Schließlich vertritt der Bürgermeister die Gemeinde nach außen, d. h. ist ihr gesetzlicher **Vertreter im Rechtsverkehr** (§ 42 I 2 GO BW; Art. 38 I BayGO; § 57 I BbgKV; § 86 I 2 NKomVG; § 63 I GO NW). Ob die Ausübung dieser Vertretungsmacht nach *außen* in Übereinstimmung mit der Entscheidung der *intern* zur Willensbildung berufenen Organe steht, ist für die Verbindlichkeit der Vertretungsakte für die Gemeinde unerheblich.[65] Wie im Vertretungsrecht des BGB sind externes Können und internes Dürfen nicht deckungsgleich. Ein vom Bürgermeister in Vertretung der Gemeinde geschlossener Vertrag ist wirksam, selbst wenn der Gegenstand in den Vorbehaltsbereich des Rates (→ Rn. 20) fällt und dieser den Vertragsschluss abgelehnt hat.[66] 24

d) Landkreise

Gebietskörperschaften wie die Gemeinden sind die Kreise[67]. Mitglieder des Kreises sind nicht die kreisangehörigen Gemeinden, sondern die Einwohner des Kreises. Wenn einige Kreisordnungen die Kreise nicht nur als Gebietskörperschaften, sondern auch als „Gemeindeverbände" bezeichnen (§ 122 I BbgKV; § 3 I NKomVG; § 1 II KrO NW), so weist dies lediglich auf die Aufgabe der Kreise hin, die kreisangehörigen Gemeinden bei der Erfüllung ihrer Aufgaben zu fördern und einen angemessenen Ausgleich der gemeindlichen Lasten zu vermitteln (§ 1 1 LKrO BW; § 122 II 2 BbgKV; § 3 II 2 NKomVG). Den Kreisen ist ebenfalls durch Art. 28 II GG das Selbstverwaltungsrecht (→ § 8 Rn. 45 ff.) gewährleistet, allerdings in einer gegenüber der Selbstverwaltungsgarantie der Gemeinden abgeschwächten Weise. Die Aufgaben der Landkreise werden nicht in der Verfassung selbst, sondern durch den Gesetzgeber festgelegt.[68] Der Gesetzgeber kann also in stärkerem Maße als bei den Gemeinden den Aufgabenbestand der Kreise verändern.[69] Allerdings darf der Gesetzgeber die verfassungsrechtliche Gewährleistung des Selbstverwaltungsrechts der Kreise nicht entwerten und muss diesen nicht nur nebensächliche Aufgaben zur Selbstverwaltung zuweisen.[70] 25

Hauptverwaltungsbeamter des Landkreises ist der **Landrat.** Er wird in den meisten Bundesländern von den Bürgern (Art. 40 BayGLKrWG; § 126 BbgKV; § 80 NKomVG; § 44 I KrO NW), nur noch vereinzelt vom Kreistag (§ 39 V LKrO BW) gewählt und versieht sein Amt hauptamtlich als Wahlbeamter. Er leitet die Kreisverwaltung und ist als **Kreisorgan** vor allem zuständig für die Vorbereitung und Durchführung der Beschlüsse des Kreistages, die Führung der Geschäfte der laufenden Verwaltung sowie die Vertretung des Kreises nach außen. Darüber hinaus nimmt der Landrat in *Organleihe* die Aufgaben der **unteren staatlichen Verwaltungsbehörde** wahr (§ 53 LKrO BW; Art. 37 I 2 BayLKrO; § 58 I KrO NW). Dabei unterliegt er den Weisungen der übergeordneten staatlichen Behörden. Soweit der Landrat als staatliche Behörde handelt, berechtigt und verpflichtet er unmittelbar das Land, nicht den Kreis. Für im Rahmen dieser Tätigkeit begangene Amtspflichtverletzungen haftet dementsprechend das Land, und zwar – entgegen der Rechtspre-

---

[63] Vgl. OLG Celle, NVwZ-RR 2000, 105.
[64] Zusammenfassend *W. Erbguth/T. Mann/M. Schubert,* Besonderes Verwaltungsrecht, 12. Aufl. 2015, Rn. 165 f.
[65] *G. Warg,* NWBl. 2011, 214.
[66] BGH, DVBl. 1979, 514 (515); BGHZ 137, 89 (93 f.).
[67] Zusammenfassend *J.-C. Pielow/S. Groneberg,* JuS 2014, 794 ff.
[68] BVerfG, NVwZ 2008, 183; NVwZ 2015, 136 (142).
[69] Dazu *M. Nierhaus,* in: Sachs, GG Art. 28 Rn. 79 ff.
[70] BVerfG, NVwZ 2008, 183; NVwZ 2015, 136 (142).

chung des BGH – nicht nur dann, wenn dies ausdrücklich im Gesetz (§ 53 II LKrO BW; Art. 35 III BayLKrO) vorgesehen ist (→ § 86 Rn. 22).

2. Weitere Körperschaftsformen

26 Andere Körperschaften als Gebietskörperschaften knüpfen für die Mitgliedschaft nicht an den Wohnsitz oder die Niederlassung in dem betreffenden Gebiet, sondern an andere Kriterien an:

- Bestimmend für die Mitgliedschaft in **Personalkörperschaften** sind bestimmte Eigenschaften eines Menschen, insbesondere sein Beruf. Beispiele sind Ärztekammern, Handwerkskammern, Rechtsanwaltskammern etc.
- Die Mitgliedschaft in **Realkörperschaften** ergibt sich aus einer Beziehung des Mitglieds zu einer Sache, z. B. dem Eigentum an einem Grundstück oder der Innehabung eines wirtschaftlichen Betriebs. So ergibt sich die Kammerzugehörigkeit zur Industrie- und Handelskammer gem. § 2 I IHK-G daraus, dass der Betreffende im Bezirk der Industrie- und Handelskammer eine gewerbliche Niederlassung unterhält.
- **Verbandskörperschaften** haben ausschließlich juristische Personen als Mitglieder. Sind diese juristischen Personen ihrerseits körperschaftlich verfasst, so beschränkt sich die Zuständigkeit der Verbandskörperschaft auf ihre Mitgliedskörperschaften und erstreckt sich nicht weiter auf deren Mitglieder. Beispiele für Verbandskörperschaften sind die Bundesrechtsanwaltskammer (§§ 175 ff. BRAO) oder kommunale Zweckverbände.

Die Mitgliedschaft in diesen Körperschaften des öffentlichen Rechts, bei denen es sich häufig um Erscheinungsformen der funktionalen Selbstverwaltung – in Abgrenzung zur kommunalen Selbstverwaltung – handelt (zur erforderlichen demokratischen Legitimation → § 6 Rn. 34), kann freiwillig (z. B. in Handwerksinnungen, §§ 52 ff. HwO) oder – wie im Regelfall – gesetzlich verpflichtend sein. Im letzteren Fall gehört jeder der Körperschaft an, der das maßgebende Kriterium erfüllt. Eine solche **Zwangsmitgliedschaft** ist nicht an Art. 9 I GG, sondern an Art. 2 I GG zu messen (→ § 27 Rn. 3, § 37 Rn. 6) und aus überwiegenden Gründen des allgemeinen Wohls zulässig.[71]

Die Zwangsmitglieder haben ihrerseits ein Recht aus Art. 2 I GG, dass sich die Zwangskörperschaft innerhalb des Aufgabenkreises hält, der den Zwangszusammenschluss verfassungsrechtlich rechtfertigt. Gegen eine Überschreitung dieses Aufgabenkreises – beispielsweise durch eine allgemein-politische Äußerung einer Handwerkskammer zu Fragen der Kulturpolitik – kann sich das einzelne Zwangsmitglied durch eine Unterlassungsklage (→ § 100 Rn. 4) beim VG wehren.[72]

II. Anstalten des öffentlichen Rechts

27 Im engeren Sinne eines Verwaltungsträgers (→ § 58 Rn. 1) sind Anstalten des öffentlichen Rechts wie die Körperschaften juristische Personen, die durch Gesetz oder aufgrund eines Gesetzes errichtet werden. Im Unterschied zu den Körperschaften sind sie nicht mitgliedschaftlich verfasst, sondern durch folgende Merkmale gekennzeichnet:

- Von einem Anstaltsträger eingerichtete **organisatorische Zusammenfassung von Personal- und Sachmitteln** zu einer **verselbständigten,** mit Hoheitsgewalt ausgestatteten **Verwaltungseinheit;**

---

[71] Zuletzt BVerfG, NVwZ 2002, 335; 2007, 808 (811), jeweils m.w.N.
[72] BVerwG, NJW 1998, 3510 (3512).

- Verfolgung eines **Anstaltszwecks** im Sinne der Wahrnehmung von der Anstalt durch den Anstaltsträger vorgegebenen öffentlichen Aufgaben;
- Nutzung der Aufgabenerfüllung der Anstalt im Rahmen von deren Zweckbestimmung durch **Benutzer**.

Beispiele für solche **rechtsfähigen Anstalten** sind die öffentlich-rechtlichen Rundfunkanstalten, die Sparkassen oder die Studentenwerke.

Der Anstaltsbegriff ist allerdings nicht auf die (rechtsfähigen) Anstalten mit Verwaltungsträgerqualität beschränkt. Zahlenmäßig überwiegen solche **nichtrechtsfähigen Anstalten** bei weitem. Die für die rechtsfähige Anstalt genannten Merkmale treffen auf sie ebenfalls zu – mit Ausnahme der Ausstattung mit Hoheitsgewalt. Sie weisen also eine gewisse *organisatorische* Verselbständigung auf, sind aber *rechtlich* unselbständig und Teil eines Verwaltungsträgers. Wesentliche Beispiele sind die kommunalen Einrichtungen (→ § 84 Rn. 6 ff.), soweit sie öffentlich-rechtlich organisiert sind. Nicht rechtsfähige Anstalten sind also z. B. Schulen, Schwimmbäder, Bibliotheken, Krankenhäuser, Friedhöfe oder Stadtwerke für die Ver- und Entsorgung.

III. Stiftungen des öffentlichen Rechts

Eine Stiftung des öffentlichen Rechts ist eine rechtsfähige Verwaltungseinheit, die durch die **Verwaltung eines übertragenen Stiftungsvermögens bestimmte öffentliche Zwecke** zu erfüllen hat. Sie hat keine Mitglieder oder Nutzer, sondern Nutznießer. Beispiele für öffentlich-rechtliche Stiftungen sind die Stiftung Preußischer Kulturbesitz oder die Stiftung Hilfswerk für behinderte Kinder. 28

IV. Wahrnehmung öffentlicher Aufgaben durch Private

Öffentliche Aufgaben müssen nicht zwingend durch Verwaltungsträger der unmittelbaren oder mittelbaren Staatsverwaltung in öffentlich-rechtlichen Organisationsformen erfüllt werden. Wie bereits ausgeführt, kann dies auch durch Verwaltungsträger erfolgen, die nicht öffentlich-rechtlich organisiert sind (→ § 58 Rn. 1), d. h. natürliche Personen oder juristische Personen des Privatrechts. Natürliche Personen und juristische Personen des Privatrechts können nur privatrechtlich handeln. Ihre Fähigkeit zu öffentlich-rechtlichem Handeln setzt voraus, dass ihnen ausnahmsweise die Fähigkeit zu hoheitlichem Handeln besonders übertragen worden ist. Im letzteren Fall spricht man von einem **Beliehenen**. 29

Das **Spezifische an der Beleihung** ist die **Übertragung der Fähigkeit, hoheitlich zu handeln,** an einen Privaten. Beliehener ist daher, wer 30

- als natürliche Person oder juristische Person des Privatrechts
- durch Gesetz oder aufgrund eines Gesetzes
- zur Wahrnehmung von Verwaltungsaufgaben
- im eigenen Namen
- mit Hoheitsbefugnissen ausgestattet worden ist.

Die Beleihung kann sich immer nur auf **einzelne Verwaltungsaufgaben** beziehen und ist wegen der Abweichung von dem durch Art. 33 IV GG gezeichneten Regelbild **ohne gesetzliche Grundlage unzulässig**[73]. Die Fähigkeit zu öffentlich-rechtlichem Handeln

---

[73] Zur Reichweite dieses Gesetzesvorbehalts BVerwG, NVwZ 2011, 368 (370).

besteht nur in den Grenzen, die durch den Beleihungsakt gezogen werden. Solange sich der Beliehene innerhalb dieser Grenzen hält, ist er Behörde i. S. v. § 1 IV VwVfG (→ § 58 Rn. 3 f.), die gegenüber dem Bürger öffentlich-rechtlich handelt. Der Beliehene kann deshalb VAe erlassen und Gebühren erheben. Ist die Beleihung rechtswidrig, so kann der widerrechtlich Beliehene gleichwohl VAe erlassen, die ihrerseits entweder rechtswidrig oder nichtig sind. Anderes gilt, wenn die Beleihung beispielsweise wegen völligen Fehlens einer gesetzlichen Grundlage von vornherein nichtig ist. In diesem Fall besteht keinerlei Möglichkeit des Privaten zu hoheitlichem Handeln.[74]

Bei der Wahrnehmung der Verwaltungsaufgabe unterliegt der Beliehene der Aufsicht der beleihenden Stelle. Verletzt der Beliehene bei der Erfüllung der ihm zur Wahrnehmung übertragenen Verwaltungsaufgabe seine Pflichten und kommt dadurch ein Dritter zu Schaden, so haftet der beleihende Verwaltungsträger nach § 839 BGB, Art. 34 GG. Außerhalb dieser Grenzen der hoheitlichen Wahrnehmung von Verwaltungsaufgaben bleibt der Beliehene Privatperson, die gegenüber anderen Privatpersonen nur privatrechtlich handeln kann und nach den allgemeinen Vorschriften haftet. Beispiele für Beliehene sind Bezirksschornsteinfegermeister, Flug- und Schiffskapitäne oder Prüfingenieure für Baustatik und Briefzustelldienstleistungen erbringende Lizenznehmer nach § 33 PostG sowie die anerkannten Sachverständigen für den Kraftfahrzeugverkehr.

31 *Keine* Beliehenen sind die sog. **Verwaltungshelfer.** Hierunter versteht man Private, die nicht im eigenen Namen tätig werden, sondern die Behörde bei der Wahrnehmung von Verwaltungsaufgaben im Auftrag und nach Weisung der Behörde unterstützen. Das Handeln des Verwaltungshelfers wird in vollem Umfang der Behörde, die ihn beauftragt hat, zugerechnet. Schulfall eines Verwaltungshelfers ist der Schülerlotse, der die Sicherung des Schulwegs als Verwaltungsaufgabe unterstützt, aber nicht selbständig gestaltet.

32 Sowohl vom Beliehenen als auch vom Verwaltungshelfer zu unterscheiden ist der **Erfüllungsgehilfe der Behörde.** Er wird, wie z. B. der per Werkvertrag mit dem Abschleppen eines verkehrswidrig geparkten Kfz beauftragte Abschleppunternehmer, durch zivilrechtlichen Vertrag in die tatsächliche Erfüllung von Verwaltungsaufgaben eingeschaltet. Mangels hoheitlicher Handlungsbefugnisse ist der Erfüllungsgehilfe kein Beliehener, wegen seiner Selbständigkeit bei der Erfüllung seiner vertraglichen Verpflichtung aber auch kein Verwaltungshelfer.

Verschieden von der Beleihung ist schließlich die sog. **Inpflichtnahme Privater,** bei der Privaten durch Rechtssatz bestimmte Pflichten auferlegt werden. Beispiele sind die Überwälzung der Reinigung von Straßen und Wegen auf die Anlieger oder die Begründung der Pflicht, bestimmte Sachen für Krisensituationen zu bevorraten.

---

[74] VGH Mannheim, VBlBW 2010, 198 (199).

Zweites Kapitel. Das Recht der Verwaltung

§ 61. Funktionen und Quellen des Verwaltungsrechts

Unter dem Begriff des „**Verwaltungsrechts**" werden diejenigen Rechtssätze zusammengefasst, welche die Verwaltungstätigkeit, die Organisation und das Verfahren der Verwaltungsbehörden regeln. Beim Verwaltungsrecht handelt es sich also um Rechtssätze, die einen spezifischen **Bezug zur Tätigkeit von Behörden** aufweisen. Da in vielen Verwaltungsrechtsnormen Rechte und Pflichten des Bürgers gegenüber der Verwaltung näher ausgestaltet werden, sind sie auch für ihn äußerst bedeutsam. Beispielsweise werden in § 29 VwVfG die Voraussetzungen festgelegt, unter denen die Verwaltung einer Person Einsicht in die Behördenakten gestatten muss (→ § 72 Rn. 19). Tritt die Verwaltung dagegen im Rechtsverkehr wie eine Privatperson auf – man denke etwa an den Kauf von Büromaterial –, kommt das Privatrecht zur Anwendung (→ § 67 Rn. 21). In diesem Fall fehlt der spezifische Bezug gerade zur Verwaltung.

Die **Funktionen des Verwaltungsrechts** lassen sich primär historisch bestimmen. Sein in die konstitutionellen Monarchien des 19. Jhs. zurückreichendes und noch heute in den grundrechtlichen Gesetzesvorbehalten (→ § 7 Rn. 25 ff., § 24 Rn. 14 ff.) aufzufindendes Fundament besteht in einer **Limitierungsfunktion:** Eingriffe in Freiheit und Eigentum der Bürger sind ohne gesetzliche Grundlage unzulässig; das Verwaltungshandeln wird hierdurch beschränkt. Die Stärkung sozialstaatlicher und demokratischer Institutionen im 20. Jh. ließ einen weiteren Aspekt hinzutreten, der sich als **Steuerungsfunktion** beschreiben lässt: Das Handlungs- und Leistungsprogramm der Verwaltung wird immer detaillierter durch den Gesetzgeber bestimmt.

Üblicherweise unterscheidet man zwischen dem allgemeinen und besonderen Verwaltungsrecht:

- Das **besondere Verwaltungsrecht** enthält spezielle Regelungen für einzelne Tätigkeitsbereiche der Verwaltung. Zu den Materien des besonderen Verwaltungsrechts gehören unter anderem das Kommunalrecht, das Polizei- und Ordnungsrecht, das Beamtenrecht und das Recht des öffentlichen Dienstes, das Wirtschaftsverwaltungsrecht, das Bau- und Planungsrecht, das Umweltverwaltungsrecht sowie das Sozialrecht.
- Das **allgemeine Verwaltungsrecht** enthält demgegenüber Normen und Grundsätze, die in sämtlichen Bereichen des Verwaltungshandelns gleichermaßen Geltung beanspruchen. Unabhängig davon, ob eine Behörde auf dem Gebiet des Polizeirechts oder des Sozialrechts tätig wird, sind zum Beispiel die Kriterien für das Vorliegen eines VAs dieselben. Es handelt sich also beim allgemeinen Verwaltungsrecht um gewissermaßen vor die Klammer gezogene bereichsübergreifende Regelungen, die in allen oder doch mehreren Gebieten des besonderen Verwaltungsrechts Anwendung finden.[1] Ein Großteil der Rechtssätze des allgemeinen Verwaltungsrechts ist heute im VwVfG des Bundes bzw. den LandesVwVfGen kodifiziert (→ § 72

---

[1] Eingehend zu den Funktionen des allgemeinen Verwaltungsrechts *J. Ziekow*, in: R. Pitschas/ S. Kisa (Hrsg.), Internationalisierung von Staat und Verfassung im Spiegel des deutschen und japanischen Staats- und Verwaltungsrechts, 2002, S. 187 (197 ff.).

Rn. 2 ff.). Weitere Bereiche sind etwa das Recht der öffentlichen Ausgleichs- und Ersatzleistungen (→ §§ 85 ff.) und das Recht der öffentlichen Sachen (→ § 84).

3 Der jeweilige Verwaltungsrechtssatz kann ein solcher des Außen- oder des Innenrechts sein:

- **Außenrechtsnormen** betreffen das Beziehungsgefüge zwischen dem verwaltenden Staat einerseits sowie den Bürgern oder sonstigen Rechtspersonen andererseits. Sieht ein Gesetz vor, dass der Bürger an die Verwaltung eine Gebühr von 20 Euro zu zahlen hat, handelt es sich dabei um eine zum Außenrecht gehörende *materielle* Verwaltungsrechtsnorm. § 28 I VwVfG, wonach der Einzelne vor Erlass eines ihn belastenden Bescheids anzuhören ist, ist demgegenüber eine *formelle* verwaltungsrechtliche Vorschrift des Außenrechts.
- Im Gegensatz dazu gehören zum **Innenrecht** diejenigen Regelungen, welche sich lediglich auf den Binnenbereich eines Verwaltungsträgers erstrecken, z. B. die Amtspflichten eines Beamten gegenüber seinem Dienstherrn.

§ 62. Bedeutung von Europarecht und Verfassungsrecht für das Verwaltungsrecht

I. Europäisierung des Verwaltungsrechts

1 Eine immer größere Bedeutung für das Handeln der mitgliedstaatlichen Verwaltungen gewinnen das primäre und das sekundäre Unionsrecht.

- Unter dem **primären Unionsrecht** versteht man die vertraglich geschaffenen Grundlagen der Europäischen Union, im ausbildungsrelevanten Bereich also vor allem den Vertrag über die Arbeitsweise der Europäischen Union. Das Primärrecht bindet zwar zunächst die Mitgliedstaaten, jedoch kann sich der einzelne Bürger auf zahlreiche unmittelbar anwendbare Vorschriften, insbesondere die Grundfreiheiten (freier Warenverkehr, Art. 28 ff. AEUV; Arbeitnehmerfreizügigkeit, Art. 45 AEUV; Niederlassungsfreiheit, Art. 49 ff. AEUV; Dienstleistungsfreiheit, Art. 56 ff. AEUV; Kapitalverkehrsfreiheit, Art. 63 AEUV), berufen.
- **Sekundäres Unionsrecht** ist in erster Linie das von den Unionsorganen gesetzte Recht. Insoweit unterscheidet man vor allem die **Verordnung**, die allgemeinverbindlich ist und ohne weitere Umsetzungsakte seitens der Mitgliedstaaten in jedem Mitgliedstaat gilt (Art. 288 II AEUV), die **Richtlinie,** die zu ihrer Geltung der Umsetzung in mitgliedstaatliches Recht unter Gewährung eines mitgliedstaatlichen Gestaltungsspielraums bedarf (Art. 288 III AEUV), und der Beschluss, der verbindlich bzw. allein für bestimmte Adressaten verbindlich ist, wenn er nur an diese gerichtet ist (Art. 288 IV AEUV).

2 **Richtlinien** setzen zwar einerseits kein unmittelbar gegenüber dem Bürger verbindliches Recht, andererseits jedoch soll sich der zur Umsetzung verpflichtete Mitgliedstaat nicht auf sein eigenes Untätigbleiben berufen dürfen, wenn der Einzelne vor Gerichten oder Behörden eine Anwendung der Richtlinienbestimmungen einfordert. Daher entfalten Richtlinienbestimmungen unter folgenden Voraussetzungen **unmittelbare Wirkung** im Verhältnis zwischen dem Mitgliedstaat und dem Bürger[1]:

1. Die Frist zur Umsetzung der Richtlinie ist abgelaufen, ohne dass diese vollständig in nationales Recht umgesetzt worden ist.

---

[1] Zum Ganzen *S. Steinbarth,* Jura 2005, 607 ff.; *D. Walzel/T. Becker,* Jura 2007, 653 ff.

2. Die fragliche Richtlinienbestimmung muss hinreichend genau und inhaltlich unbedingt sein.
   a) Hinreichend genau ist eine Richtlinienbestimmung nur dann gefasst, wenn sie bestimmt formulierte und eindeutige Verpflichtungen der Mitgliedstaaten aufstellt.
   b) Als unbedingt kann eine Richtlinienbestimmung nur dann angesehen werden, wenn sie weder mit einem Vorbehalt noch einer Bedingung versehen ist und ihrem Wesen nach keiner weiteren Maßnahmen der Unionsorgane oder der Mitgliedstaaten bedarf.

Die unmittelbare Wirkung einer Richtlinienbestimmung ermöglicht es dem Einzelnen, sich gegenüber dem säumigen Mitgliedstaat auf diese Bestimmung zu berufen. Hingegen begründet die unmittelbare Wirkung keine Verpflichtungen für den Einzelnen, weder gegenüber dem Mitgliedstaat noch im Verhältnis zu anderen Bürgern. In Streitigkeiten von Bürgern untereinander kommt die Bestimmung daher nicht zur Anwendung.[2]

Widerspricht eine Regelung des deutschen innerstaatlichen Rechts den Vorgaben des Unionsrechts, so geht das Unionsrecht dem deutschen Recht mit **Anwendungsvorrang** vor (→ § 5 Rn. 12 ff.), d. h. im Kollisionsfall darf das entgegenstehende nationale Recht nicht angewendet werden. Da es nicht nichtig ist, gilt es weiterhin für Sachverhalte ohne jeglichen Unionsrechtsbezug. Soweit das Unionsrecht keine unmittelbaren Vorgaben dazu enthält, wie bei Sachverhalten mit Unionsrechtsbezug zu verfahren ist, hat die Verwaltung das nationale Recht anzuwenden. 3

Auch wenn in dieser Situation das nationale Recht angewendet wird, wird es durch das Unionsrecht beeinflusst (sog. **„Europäisierung des Verwaltungsrechts"**). Nach ständiger Rechtsprechung des EuGH sind bei der Anwendung des **Verwaltungsverfahrensrechts** der Mitgliedstaaten zwei Prinzipien zu beachten:

- Das **Äquivalenzprinzip** verbietet den Behörden, Sachverhalte mit Unionsrechtsbezug gegenüber rein nationalen Sachverhalten ungünstiger zu behandeln.[3] Unzulässig wäre es deshalb, wenn für die Rückerstattung von Zuzahlungen kraft Unionsrechts höhere Zinsen veranschlagt würden als bei Geldleistungen, die nach innerstaatlichem Recht gewährt wurden und keinen Unionsrechtsbezug aufweisen.
- Nach dem **Effektivitätsprinzip** darf die Anwendung des nationalen Verwaltungsrechts nicht dazu führen, dass die Verwirklichung des Unionsrechts praktisch unmöglich gemacht oder übermäßig erschwert wird.[4]

Eine weitere bedeutsame Einwirkung des Unionsrechts auf das innerstaatliche Recht ergibt sich, wenn dieses zur Umsetzung des Unionsrechts erging. In diesem Fall sind die innerstaatlichen Normen nicht autonom, sondern im Lichte des Wortlauts und Zwecks der Richtlinie **unionsrechtskonform auszulegen**.[5]

II. Verfassungsrecht

Das GG ist vor allem **Grundlage und Maßstab für die Verwaltungsrechtsnormen,** seine Vorgaben sind stets beim Verwaltungshandeln zu beachten (→ § 7 Rn. 20). Von *Otto Mayer* stammt die viel zitierte Äußerung „Verfassungsrecht vergeht, Verwaltungs- 4

---

[2] EuGH, EuZW 2007, 545 (546) m.w.N.
[3] EuGH, Slg. 1997, I-6783 Tz. 39 – Fantask.; Slg. 1998, I-7141 Tz. 18 – Aprile; Slg. 2000, I-10.465 Tz. 20 – Roquette Frères; EuZW 2006, 696 Tz. 57 – i21 Germany and Arcor; EuZW 2012, 219 Tz. 35 – ADV; EuZW 2015, 189 Tz. 23.
[4] EuGH, Slg. 1997, I-6783 Tz. 39 – Fantask.; Slg. 1998 I-7141 Tz. 18 – Aprile; Slg. 2000, I-10.465 Tz. 20 – Roquette Frères; EuZW 2006, 696 Tz. 57 – i21 Germany and Arcor; EuZW 2012, 219 Tz. 35 – ADV; EuZW 2015, 189 Tz. 23. Zur Europäisierung der Verwaltungsverfahren **lesen** Sie bitte *G. Sydow,* JuS 2005, 97, 202.
[5] EuGH, Slg. 1997 I-4961 Tz. 13 – Dorsch Consult.

recht besteht."⁶ Diese Aussage aus dem Jahre 1924 sollte eine gewisse Beharrungstendenz des Verwaltungsrechts gegenüber sich wandelnden Verfassungsstrukturen zum Ausdruck bringen. Seit Inkrafttreten des Grundgesetzes ist in der heutigen Doktrin eher die Verfassungsabhängigkeit des Verwaltungsrechts in den Vordergrund gerückt. Sichtbar wird dies unter anderem im Zitat *Fritz Werners*, welcher das **„Verwaltungsrecht als konkretisiertes Verfassungsrecht"** bezeichnet hat.⁷ Darin wird der Einfluss des Verfassungsrechts auf die Anwendung der Verwaltungsrechtsnormen ausgedrückt. Beispielsweise hat die Verwaltung bei der Ausübung des ihr in manchen Normen eingeräumten Ermessens die Grundrechte und den Verhältnismäßigkeitsgrundsatz zu berücksichtigen (→ § 69 Rn. 8).

§ 63. Gesetze, Rechtsverordnungen und Satzungen

> **Fall 48:** Gemeinde G erlässt eine Satzung. In dieser werden sämtliche Ortsvereine dazu verpflichtet, ihre öffentlichen Veranstaltungen gegen Zahlung eines entsprechenden Entgelts in der Stadthalle der Gemeinde abzuhalten. Der Vereinsvorsitzende R hat aus mehreren Gründen Bedenken an dieser Regelung. Erstens werde in der Satzung nicht die Vorschrift genannt, auf deren Grundlage sie erlassen wurde. Zweitens sei äußerst zweifelhaft, ob die allgemeine Ermächtigung in der Gemeindeordnung zum Satzungserlass eine ausreichende Grundlage für eine derartige Bestimmung biete. Die Satzung sei auch verfahrensrechtlich nicht korrekt zustande gekommen, weil Gemeinderat R, der zwar an der Sitzung teilgenommen hat, für diese keine Ladung erhalten habe. Sind R's Bedenken berechtigt?

I. Gesetze

1 **Formelle Gesetze** sind all diejenigen Rechtsnormen, welche von den verfassungsrechtlich vorgesehenen Gesetzgebungsorganen in dem von der Verfassung vorgeschriebenen Gesetzgebungsverfahren erlassen werden (→ § 4 Rn. 8, 10f.). Die Gesetze im *formellen* Sinn sind bedeutende Rechtsquellen des Verwaltungshandelns. Denn die wesentlichen Entscheidungen im Staat-Bürger-Verhältnis müssen vom demokratisch legitimierten Parlamentsgesetzgeber gefällt werden (→ § 6 Rn. 65, § 24 Rn. 27ff.). Grundrechtseingriffe dürfen in der Regel nur durch Gesetz, manchmal auch auf Grund eines Gesetzes vorgenommen werden.

Während es bei der Beurteilung des Vorliegens eines formellen Gesetzes allein auf seine äußere Form ankommt, in der es erlassen wird, wird bei dem materiellen Gesetzesbegriff auf den Inhalt der Regelung abgestellt. **Gesetze im materiellen Sinn** sind alle generell-abstrakten Normen, die nach ihrem Inhalt in einer unbestimmten Vielzahl von Fällen gegenüber einer unbestimmten Zahl von Personen gelten (→ § 4 Rn. 7ff.). Bestimmungen in Rechtsverordnungen und Satzungen, die Rechte oder Pflichten für den Bürger enthalten, sind materielle, nicht aber formelle Gesetze.

II. Rechtsverordnungen

2 Rechtsverordnungen werden von einem **Exekutivorgan** erlassen. Nach Art. 80 I GG können die Bundesregierung, ein Bundesminister oder eine Landesregierung zum Erlass derartiger Regelungen ermächtigt werden (→ § 17 Rn. 43f.). Rechtsverordnungen sind keine formellen Gesetze. Ihre materiellen Regelungen sind aber für die Bürger und sonstigen Normadressaten wie Parlamentsgesetze verbindlich.

---

⁶ *O. Mayer*, Deutsches Verwaltungsrecht, 3. Aufl. 1924, Bd. 1, Vorwort zur 3. Aufl.
⁷ *F. Werner*, DVBl. 1959, 527.

III. Satzungen

1. Satzungsautonomie und -erlass

Satzungen sind ebenfalls **abgeleitete Rechtsnormen.** Im Gegensatz zu den Rechtsverordnungen werden sie von juristischen Personen des öffentlichen Rechts (→ § 60) zur **Regelung ihrer eigenen Angelegenheiten** erlassen. Satzungen können nur von Organisationen verabschiedet werden, die mit **Satzungsautonomie** ausgestattet wurden. Dazu bedarf es der Übertragung der Satzungsgewalt durch ein formelles Gesetz. Die gemeindliche Satzungsgebungsbefugnis wird durch Art. 28 II GG gewährleistet. Neben den Gemeinden und Landkreisen sind vor allem Universitäten, Industrie- und Handelskammern sowie Rundfunkanstalten zu nennen. Satzungen sind somit Rechtsnormen von rechtlich selbständigen, wenn auch dem Staat eingegliederten Organisationen.

3

Die Delegation der Satzungsautonomie trägt in den Grenzen der Übertragung den Erlass aller künftigen Satzungen. Es bedarf also – anders als bei Rechtsverordnungen gemäß Art. 80 I GG – **keiner Einzelermächtigung** für die spezielle Satzung. Allerdings muss der Delegationsnorm zweifelsfrei zu entnehmen sein, auf welchen Gegenstand sich die Satzungsautonomie bezieht.[1] Anders als Rechtsverordnungen werden Satzungen auch nicht von der Exekutive, sondern vom **Vertretungsorgan** der jeweiligen juristischen Person des öffentlichen Rechts beschlossen, also z. B. nicht vom Bürgermeister, sondern vom Gemeinderat. Dies ändert nichts daran, dass die Satzung in zweierlei Hinsicht hinter dem formellen Gesetz zurückbleibt:

- In *sachlicher* Hinsicht reicht die Satzungsgewalt nur so weit wie der **gesetzlich bestimmte Zuständigkeitsbereich** der betreffenden juristischen Person.
- In *personeller* Beziehung erstreckt sich die Satzungsbefugnis nur auf die **Mitglieder der Körperschaft oder die Benutzer der Anstalt.**

Sinn und Zweck der Selbstverwaltung und der Verleihung von Satzungsautonomie ist es, die gesellschaftlichen Kräfte zu aktivieren und ihnen die **eigenverantwortliche Regelung** solcher Bereiche zu überlassen, die sie selbst betreffen und die sie am sachkundigsten beurteilen können. Auf diese Weise wird der Abstand zwischen Normgeber und Normadressat verringert.[2]

2. Insbesondere kommunale Satzungen

Da Gemeindesatzungen häufig Gegenstand öffentlich-rechtlicher Übungsklausuren sind, sollte man sich frühzeitig mit ihren Gültigkeitsvoraussetzungen vertraut machen.

4

> Im **Fall 48** ist vom Klausurbearbeiter die Frage nach der Rechtmäßigkeit der gemeindlichen Satzung aufzuwerfen. Als Erstes ist zu untersuchen, ob die Gemeinde überhaupt eine Satzung erlassen durfte. Satzungen können von juristischen Personen des öffentlichen Rechts zur Regelung ihrer Angelegenheiten erlassen werden, sofern sie mit einer entsprechenden Autonomie ausgestattet sind. Die Gemeinde G hat als Gebietskörperschaft eine Regelung mit Ortsbezug, nämlich zur Benutzung der gemeindlichen Stadthalle durch die Ortsvereine getroffen. Da gemäß Art. 28 II GG die Gemeinden alle örtlichen Angelegenheiten eigenverantwortlich regeln dürfen, garantiert diese Verfassungsbestimmung auch die **kommunale Satzungsautonomie.** Die in den Gemeindeordnungen der Bundesländer enthaltenen Bestimmungen, wonach

---

[1] BVerwG, DVBl. 2006, 781 (782).
[2] BVerfG, NVwZ 2002, 851.

die Gemeinden allgemein zum Erlass von Satzungen ermächtigt werden, haben insoweit nur deklaratorische Bedeutung.[3]

Da nach der zu prüfenden Satzung die Ortsvereine den Ort ihrer öffentlichen Veranstaltungen nicht mehr frei bestimmen können, beinhaltet sie allerdings einen **Grundrechtseingriff**. Wegen des Vorbehalts des Gesetzes ist dafür eine besondere formell-gesetzliche Ermächtigung erforderlich.[4] Es muss deshalb geprüft werden, ob die Gemeindeordnung eine spezielle Ermächtigungsnorm zur Einführung eines Benutzungszwangs für öffentliche Einrichtungen durch eine gemeindliche Satzung bereitstellt. Die allgemeine Satzungsermächtigung in den Gemeindeordnungen (§ 4 GO BW; Art. 23 BayGO; § 3 BbgKV; § 10 NKomVG; § 7 GO NW) reicht hierfür nicht aus.

5 Nach der Feststellung der einschlägigen Ermächtigungsgrundlage ist auf die **formelle Rechtmäßigkeit** der Satzung einzugehen. Die Satzung muss von dem zuständigen Organ (in der Regel der Gemeinderat) in dem dafür vorgesehenen Verfahren erlassen worden sein. Insbesondere ist zu prüfen, ob die Bestimmungen der Gemeindeordnung zur Beschlussfassung eingehalten wurden. Die gesetzlichen Vorgaben reichen von der Einberufung des Gremiums (Ladung der Mitglieder, Einhaltung von Ladungsfristen, Bekanntmachung der Tagesordnung etc.; → § 60 Rn. 15) über Mitwirkungsverbote für Mitglieder des Beschlussgremiums (Ausschlussgründe, Befangenheit; → § 60 Rn. 12) bis hin zur Ordnungsmäßigkeit der Beschlussfassung (Öffentlichkeit der Sitzung, erforderliche Stimmenmehrheit).

Im **Fall 48** liegt ein **Verfahrensfehler** vor, weil Gemeinderat X nicht korrekt zu der Gemeinderatssitzung geladen wurde, in der die Satzung verabschiedet wurde. Allerdings muss ein solcher Verfahrensfehler nicht stets zur Nichtigkeit der Satzung führen. Kraft besonderer Anordnung können nämlich einzelne **Verfahrensfehler als unbeachtlich oder heilbar** eingestuft werden. So sehen etwa § 4 IV GO BW, § 3 IV BbgKV, § 10 II NKomVG, § 7 VI GO NW vor, dass Satzungen, die unter Verletzung von Verfahrens- oder Formvorschriften zustande gekommen sind, ein Jahr nach ihrer Bekanntmachung als gültig anzusehen sind, sofern nicht die Vorschriften über die Öffentlichkeit der Sitzung, die Genehmigung oder die Bekanntmachung der Satzung verletzt worden sind. Entsprechende Vorschriften bestehen regelmäßig für den Fall, dass ein Gemeinderat zu Unrecht von der Gemeinderatssitzung ausgeschlossen wurde. Fehlen solche Regelungen, so ist der ohne Beteiligung des zu Unrecht nicht Geladenen gefasste Gemeinderatsbeschluss rechtswidrig und die Satzung nichtig.[5] Im Fall 48 ist der Verfahrensverstoß unerheblich, weil Gemeinderat R trotz seiner unterbliebenen Ladung an der maßgeblichen Gemeinderatssitzung ohne Beanstandung des Verfahrensfehlers teilgenommen hat.

Bestandteil des Verfahrens zum Erlass der Satzung ist auch deren **Bekanntmachung**, deren Notwendigkeit aus dem Rechtsstaatsprinzip folgt. Wesentlich ist, dass der Bekanntmachung eindeutig die amtliche Verlautbarung gerade einer Rechtsnorm zu entnehmen ist. Hierdurch muss der Öffentlichkeit eine verlässliche Kenntnisnahme vom geltenden Recht ermöglicht werden.[6]

Ein weiteres Problem ist, ob die Satzung im **Fall 48** nicht deshalb unwirksam ist, weil in ihr nicht die Ermächtigungsgrundlage genannt wird, aufgrund derer sie verabschiedet wurde. Nach Art. 80 I 3 GG ist bei Rechtsverordnungen stets ihre Rechtsgrundlage anzugeben (sog.

---

[3] *U. Becker/M. Siechert,* JuS 2000, 144 (147); *K. Waechter,* Kommunalrecht, 3. Aufl. 1997, Rn. 471.
[4] BVerwG, DVBl. 2006, 781 (782); *Burgi,* KommR § 15 Rn. 36 ff.
[5] *Burgi,* KommR § 12 Rn. 51.
[6] BVerwG, NVwZ 2007, 334 (335).

§ 63. Gesetze, Rechtsverordnungen und Satzungen   461

Zitiergebot). Entsprechendes könnte daher auch für Satzungen gelten. Dies wird aber zu Recht verneint. Sinn und Zweck des Art. 80 I 3 GG ist es, der schrankenlosen Delegation von Rechtssetzungsbefugnissen auf die Exekutive entgegenzuwirken. Für derart enge Grenzen besteht jedoch bei Satzungen kein Bedarf, zumal sie von einem demokratisch legitimierten Organ beschlossen werden. Da laut Sachverhalt keine Anhaltspunkte dafür bestehen, dass die Satzung nicht ordnungsgemäß ausgefertigt oder verkündet wurde, leidet sie an keinem zu ihrer Unwirksamkeit führenden formellen Fehler.

Im Anschluss daran ist die **materielle Rechtmäßigkeit** der jeweiligen Satzung zu erörtern. Dabei ist unter anderem zu prüfen, ob die Bestimmungen in der Satzung von der Satzungsermächtigung gedeckt sind, insbesondere deren inhaltlichen Vorgaben entsprechen. Des Weiteren darf der Inhalt der Satzungsbestimmungen nicht gegen höherrangiges Recht verstoßen.   6

Im **Fall 48** wäre daher die Frage aufzuwerfen, inwieweit die Verpflichtung der Ortsvereine zur Benutzung der Stadthalle gegen die Grundrechte verstößt, ob die Anordnungen verhältnismäßig sind, der Bestimmtheitsgrundsatz beachtet wurde etc.

3. Insbesondere der Bebauungsplan

a) Bebauungsplan als verbindlicher Bauleitplan

Eine der in Praxis und Klausur besonders wichtigen kommunalen Satzungen ist der Bebauungsplan. Aufgabe der Bauleitplanung ist es, die bauliche Nutzung der Grundstücke in einer Gemeinde vorzubereiten und zu leiten (§ 1 I BauGB). Gemäß § 1 II BauGB unterscheidet man zwei Formen der Bauleitpläne: Den Flächennutzungsplan als *vorbereitenden* Bauleitplan und den Bebauungsplan als *verbindlichen* Bauleitplan. Die Bauleitplanung ist also zweistufig angelegt: 7

- Zunächst soll die Gemeinde einen **Flächennutzungsplan** aufstellen. In diesem werden für das gesamte Gemeindegebiet die sich aus der städtebaulichen Entwicklung ergebende Art der Bodennutzung „**in den Grundzügen**" dargestellt (§ 5 I BauGB), zum Beispiel werden Wohnbauflächen, gewerbliche Bauflächen etc. ausgewiesen.
- Der anschließend aufzustellende **Bebauungsplan** enthält die **Detailplanung.** Dies zeigt § 9 I BauGB, der eine ganze Palette detaillierter **Festsetzungsmöglichkeiten** vorsieht: So können in dem Bebauungsplan die Art und das Maß der baulichen Nutzung festgelegt werden. Es werden nach der Baunutzungsverordnung einzelne Baugebiete (z. B. reines/allgemeines/besonderes Wohngebiet, Dorf-, Gewerbe- und Industriegebiet) dargestellt, genaue Angaben zur Geschossflächenzahl oder zur Höhe der baulichen Anlagen gemacht. Des Weiteren kann der Bebauungsplan beispielsweise Festsetzungen zur Bauweise, zur höchstzulässigen Zahl der Wohnungen in Wohngebäuden, von Flächen für besondere Nutzungszwecke enthalten. Weil § 9 I–IV BauGB und die Baunutzungsverordnung abschließend regeln, welche Festsetzungen Gegenstand eines Bebauungsplans sein können, haben die Gemeinden kein darüber hinausgehendes „Festsetzungsfindungsrecht."[7]

Zur erfolgreichen Klausurbearbeitung muss man **zwei Erscheinungsformen der Bebauungspläne** auseinanderhalten können: 8

- Ein **qualifizierter Bebauungsplan** enthält nach § 30 I BauGB mindestens Festsetzungen über die Art und das Maß der baulichen Nutzung, die überbaubaren Grundstücksflächen und die

---

[7] BVerwGE 80, 184 (187).

örtlichen Verkehrsflächen. Wird nach der Zulässigkeit eines Bauvorhabens gefragt, ist bei Vorliegen eines qualifizierten Bebauungsplans allein zu prüfen, ob es dessen Festsetzungen entspricht und seine Erschließung gesichert ist (→ § 76 Rn. 11 ff.).

- Bei einem **einfachen Bebauungsplan,** also ohne die in § 30 I BauGB enthaltenen Mindestfestsetzungen, richtet sich die Zulässigkeit des Vorhabens nach seinen Vorgaben. Soweit dieser bestimmte Aspekte nicht regelt, gelten ergänzend die §§ 34, 35 BauGB (→ § 76 Rn. 10, 17 ff.).

Während der **Flächennutzungsplan** angesichts seiner bloß vorbereitenden Funktion **keine unmittelbare Außenwirkung** gegenüber den Bürgern hat (siehe aber → § 104 Rn. 4 zur Normenkontrolle von Flächennutzungsplänen),[8] enthält der **Bebauungsplan rechtsverbindliche Festsetzungen** für die städtebauliche Ordnung. Sein Inhalt entscheidet darüber, ob und wie ein Grundstück bebaut werden kann. Der Bebauungsplan wird gemäß § 10 BauGB als **Satzung** beschlossen. Seiner äußeren Form nach ist er also eine Rechtsnorm, die unmittelbar und für jeden verbindlich ist. An die Festsetzungen im Bebauungsplan sind natürliche und juristische Personen sowie die Behörden gebunden.

b) Verhältnis zum Flächennutzungsplan

9   Gemäß § 8 II 1 BauGB sind die Bebauungspläne aus dem Flächennutzungsplan zu entwickeln. Dieses Entwicklungsgebot gilt sowohl für die erstmalige Aufstellung eines Bebauungsplans als auch seine späteren Änderungen oder Ergänzungen. Weil der Bebauungsplan die Fortschreibung des Flächennutzungsplans darstellt, dürfen seine Festsetzungen den Inhalt des Flächennutzungsplans nicht konterkarieren. Ob die Festsetzungen in einem Bebauungsplan eine „Entwicklung" des Flächennutzungsplans sind, kann nur anhand der Umstände des Einzelfalls beurteilt werden.

Nicht erforderlich ist, dass der Bebauungsplan in allen Einzelheiten dem Flächennutzungsplan entspricht. Er muss sich aber innerhalb der wesentlichen Grundentscheidungen des Flächennutzungsplans halten, d. h. er darf die Grundkonzeption des Flächennutzungsplans nicht verändern. Unzulässig wäre es zum Beispiel, wenn eine große Fläche, die im Flächennutzungsplan als Grünfläche vorgesehen ist, nach dem Bebauungsplan als Gewerbegebiet ausgewiesen wird.

Gemäß § 8 II 2 BauGB ist ein Flächennutzungsplan entbehrlich, wenn der Bebauungsplan zur Ordnung der städtebaulichen Entwicklung ausreicht (**„selbständiger Bebauungsplan"**). § 8 III BauGB ermöglicht es, in einem **Parallelverfahren** zur Aufstellung des Bebauungsplans gleichzeitig den Flächennutzungsplan aufzustellen oder zu ändern. In § 8 IV BauGB werden die Voraussetzungen für einen **vorzeitigen Bebauungsplan** geregelt: Ein Bebauungsplan kann ausnahmsweise vor der Aufstellung eines Flächennutzungsplans erlassen werden, wenn dringende Gründe dies erfordern und der Bebauungsplan der beabsichtigten städtebaulichen Entwicklung des Gemeindegebiets nicht entgegenstehen wird.

c) Aufstellungsverfahren

10 Das Baugesetzbuch enthält in §§ 2–4b, 6 und 10 spezielle Regelungen zum Verfahren der Aufstellung der Bauleitpläne. Weil diese Regelungen nicht abschließend sind, gelten daneben die landesrechtlichen Bestimmungen wie etwa diejenigen der Gemeindeordnungen zur Öffentlichkeit der Ratssitzung, zu den Mitwirkungsverboten befangener

---

[8] Zum fehlenden Rechtsnormcharakter des Flächennutzungsplans BVerwG, NVwZ 1991, 262 f.; 2006, 87 (90).

§ 63. Gesetze, Rechtsverordnungen und Satzungen

Gemeinderäte oder die Vorschriften zur Bekanntmachung gemeindlicher Satzungen. Im Folgenden soll ein Überblick zum Ablauf des Verfahrens bei der Aufstellung eines Bebauungsplans nach den Vorschriften des Baugesetzbuchs gegeben werden.

Das Verfahren zur Aufstellung eines Bebauungsplans wird mit einem entsprechenden Beschluss der Gemeinde eingeleitet. Dieser ist nach § 2 I 2 BauGB ortsüblich bekannt zu machen.

Nach § 3 I BauGB soll die Öffentlichkeit möglichst frühzeitig an der Planung beteiligt werden. Sofern keiner der Ausnahmetatbestände einschlägig ist, ist sie öffentlich über die allgemeinen Ziele und Zwecke der Planung, die in Betracht kommenden Lösungen für die Neugestaltung der Gebietsentwicklung sowie die Auswirkungen der Planung zu unterrichten. Der Öffentlichkeit ist Gelegenheit zur Äußerung und Erörterung zu geben. Die frühzeitige Öffentlichkeitsbeteiligung dient einerseits der Vervollständigung des Prüfungsmaterials, andererseits soll der Öffentlichkeit eine Einflussmöglichkeit auf den Planinhalt eröffnet werden.

Ebenfalls möglichst frühzeitig fordert die Gemeinde gemäß § 4 I BauGB die **Behörden und Träger öffentlicher Belange,** deren Aufgabenbereich durch die Bauleitplanung berührt wird, zur Äußerung auf. Anschließend holt die Gemeinde die Stellungnahmen der genannten Stellen zum Planentwurf und der Begründung ein (§ 4 II 1 BauGB). Dadurch kann die Gemeinde abwägungsrelevante Belange erleichtert wahrnehmen und die gemeindliche Planung frühzeitig mit anderen Fachplanungen abstimmen. Zu beachten ist, dass die Stellungnahmen der Träger öffentlicher Belange grundsätzlich innerhalb eines Monats abzugeben sind (§ 4 II 2 BauGB). Nicht fristgemäß vorgetragene Stellungnahmen im Rahmen der Öffentlichkeits- und Behördenbeteiligung können gemäß § 4a VI BauGB später bei der Abwägung der Gemeinde unberücksichtigt bleiben. Dies gilt nicht, wenn die verspätet vorgebrachten Belange der Gemeinde bekannt sind oder hätten bekannt sein müssen oder für die Rechtmäßigkeit der Abwägung von Bedeutung sind. Die Frage, ob ein **Belang präkludiert** ist oder nicht, betrifft das Vorliegen eines Abwägungsfehlers (→ § 70 Rn. 12 f.) und damit die Rechtmäßigkeit des Bebauungsplans. In der **Klausur** ist sie daher im Rahmen der Begründetheit einer Klage bei der Rechtmäßigkeitsprüfung zu verorten.

Darüber hinaus ist der aufgrund der frühzeitigen Bürger- und Öffentlichkeitsbeteiligung erstellte beschlussfähige Planentwurf in der **förmlichen Bürgerbeteiligung** gemäß § 3 II 1 BauGB mit der Begründung und den umweltbezogenen Stellungnahmen für die Dauer eines Monats öffentlich auszulegen. Ort und Dauer der **Auslegung** sind mindestens eine Woche vorher mit dem Hinweis bekannt zu machen, dass während des Auslegungszeitraums Stellungnahmen vorgebracht werden können. Der Planentwurf ist ab dem angegebenen Zeitpunkt für die Dauer eines Monats **zur Einsichtnahme bereitzuhalten.**

Nach Ablauf der Auslegungsfrist prüft die Gemeinde gemäß § 3 II 4 BauGB die fristgemäß vorgebrachten Stellungnahmen. Die Gemeinde bildet ihren endgültigen Willen und beschließt den Bebauungsplan gemäß § 10 I BauGB als Satzung. Ihm ist gemäß § 9 VIII BauGB eine **Begründung** beizufügen. In besonderen Fällen, nämlich bei Bebauungsplänen nach § 8 II, III 2 und IV BauGB müssen diese von der höheren Verwaltungsbehörde genehmigt werden; die höhere Behörde darf lediglich eine Rechtmäßigkeitskontrolle vornehmen (§ 10 II BauGB). Bei einer Verweigerung der Genehmigung kann die Gemeinde gegebenenfalls wegen Verletzung ihres Selbstverwaltungsrechts (Art. 28 II GG) Verpflichtungsklage erheben.

Die **Bekanntmachung eines Bebauungsplans** setzt sich aus zwei Komponenten zusammen. Nach § 10 III 1 BauGB ist die Erteilung der Genehmigung für den Bebauungsplan bzw., falls eine solche nicht erforderlich ist, der Beschluss des Bebauungsplans durch die Gemeinde **ortsüblich bekannt zu machen.** Zusammen mit der Begründung und der zusammenfassenden Erklärung nach § 10 IV BauGB ist der Bebauungsplan zu jedermanns Einsicht bereitzuhalten und über seinen Inhalt auf Verlangen Auskunft zu geben (§ 10 III 2 BauGB). Mit der Bekanntmachung, in welcher darauf hinzuweisen ist, wo der Bebauungsplan eingesehen werden kann, tritt er in Kraft.

13 Wegen der Fehleranfälligkeit von Bebauungsplänen führt bei ihnen nicht jeder **Verfahrensverstoß** zur Nichtigkeit. Vielmehr unterscheidet das Baugesetzbuch nach § 214 BauGB zwischen Mängeln bei der Aufstellung von Bauleitplänen, die beachtlich sind, und solchen, die unbeachtlich sind. § 214 I BauGB zählt enumerativ diejenigen Verfahrens- und Formvorschriften bei der Aufstellung von Bauleitplänen auf, deren Verletzung beachtlich ist. Im Umkehrschluss folgt daraus, dass die Verletzung dort nicht genannter Verfahrensanforderungen nicht zur Nichtigkeit der Bebauungspläne führt (→ § 70 Rn. 14f.).

Gemäß § 1 VIII BauGB gelten die soeben dargestellten Verfahrensvorschriften nicht nur für die Aufstellung von Bauleitplänen, sondern auch für ihre Ergänzung, Änderung oder Aufhebung. Wenn durch die **Änderung oder Ergänzung des Bebauungsplans** die Grundzüge der Planung nicht berührt werden, können diese gemäß § 13 BauGB unter bestimmten Voraussetzungen in einem vereinfachten Verfahren verabschiedet werden. Weiterhin sieht § 13a BauGB für bestimmte Bebauungspläne der Innenentwicklung ein beschleunigtes Verfahren vor.

§ 64. Verwaltungsvorschriften

Fall 49: Nach einem innerdienstlichen Erlass soll gegen baurechtswidrige Anlagen nach zwanzig Jahren nicht mehr eingeschritten werden. Die zuständige Behörde ordnet gegenüber X, der vor fünfundzwanzig Jahren sein Haus rechtswidrig errichtet hat, den Gebäudeabbruch an. Hat eine Klage des X hiergegen Erfolg, da nach der Verwaltungsvorschrift eine Abrissverfügung nicht mehr ergehen darf?

Fall 50: Die zuständige Behörde erteilt B für seinen Betrieb eine immissionsschutzrechtliche Genehmigung. Nachbar N fragt sich, ob er dagegen vorgehen kann, weil der genehmigte Betrieb die Richtwerte in der TA Luft überschreiten wird.

1 Verwaltungsvorschriften werden von der Exekutive erlassen. Es handelt sich bei ihnen um abstrakt-generelle Regelungen, die von übergeordneten Stellen in der öffentlichen Verwaltung an nachgeordnete Behörden oder Bedienstete ergehen. Sie sollen die Organisation und das Handeln der Verwaltung näher bestimmen. Die Befugnis zu ihrem Erlass ergibt sich aus der Organisations- und Geschäftsleitungsgewalt der Exekutive.[1] Im Unterschied zu den in den vorherigen Abschnitten dargestellten Rechtsquellen richten sie sich primär an die Behördenmitarbeiter. Diese müssen die Verwaltungsvorschriften kraft ihrer dienstlichen Gehorsamspflicht beachten. Verwaltungsvorschriften werden deshalb heute einhellig als **rechtliche Regelungen** angesehen. Sie sind allerdings grundsätzlich nur **verwaltungsintern bedeutsam** und begründen nicht unmittelbar Rechte bzw. Pflichten für die Bürger. Oft werden Verwaltungsvorschriften auch als Richtlinie, Erlass, Durchführungsbestimmung, Dienstanweisung oder Verwaltungsverordnung bezeichnet.

---

[1] BVerwGE 67, 222 (229).

§ 64. Verwaltungsvorschriften

I. Arten von Verwaltungsvorschriften

Man unterscheidet **mehrere Formen von Verwaltungsvorschriften.** Die Kenntnis dieser Kategorien ist wichtig, weil je nach Art der Verwaltungsvorschrift ihre Bindungswirkung insbesondere im Hinblick auf die Bürger und Gerichte unterschiedlich beurteilt wird.

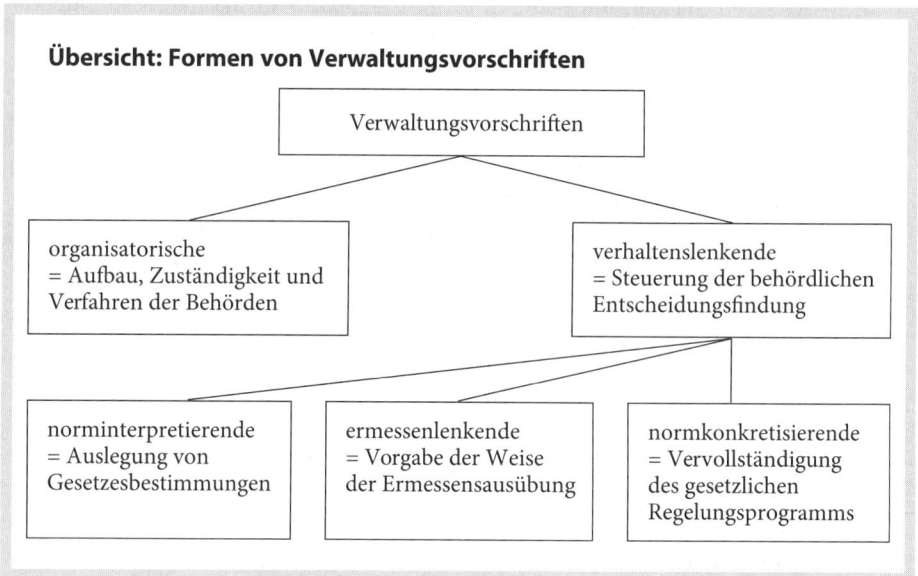

Organisatorische Verwaltungsvorschriften beziehen sich auf den Aufbau der Verwaltung, ihre innere Ordnung, die Zuständigkeit und das Verfahren von Behörden. Sie schaffen in erster Linie die Voraussetzungen für den Gesetzesvollzug. Die **verhaltenslenkenden Verwaltungsvorschriften** steuern demgegenüber die behördliche Entscheidungsfindung. Zu ihnen gehören die folgenden Arten von Verwaltungsvorschriften:

- In den **norminterpretierenden Verwaltungsvorschriften** wird festgelegt, wie die Behördenmitarbeiter einen Rechtsbegriff in einer Gesetzesvorschrift auszulegen haben. Indem ihnen zum Beispiel vorgegeben wird, den Begriff des Gemeinwohls in einer Rechtsvorschrift eng oder weit zu verstehen, wird sichergestellt, dass alle Behördenmitarbeiter von einheitlichen Maßstäben bei der Anwendung der Gesetzesnorm ausgehen.
- **Ermessenslenkende Verwaltungsvorschriften** bestimmen, in welcher Weise die Behörden das ihnen in einer Rechtsvorschrift eingeräumte Ermessen (→ § 69) ausüben sollen.

Da nach den einschlägigen Landesvorschriften die Baurechtsbehörden nach pflichtgemäßem Ermessen darüber befinden, was mit baurechtswidrigen Anlagen geschehen soll, handelt es sich im **Fall 49** um eine Ermessensrichtlinie. Sie enthält die Anweisung an die Behördenmitarbeiter, nach einem Zeitraum von zwanzig Jahren nicht mehr gegen Schwarzbauten einzuschreiten.

Weil die Verwaltung vom Gesetzgeber zu Ermessensentscheidungen ermächtigt wird, um eine gerade den Umständen des jeweiligen Einzelfalls angemessene Entscheidung zu fällen, sind die Behördenmitarbeiter nicht absolut an die Ermessensrichtlinien gebunden. Vielmehr dürfen sie in atypischen Fällen von ihren Vorgaben abweichen.[2]

- Die sog. **normkonkretisierenden Verwaltungsvorschriften** beschränken sich nicht wie norminterpretierende Verwaltungsvorschriften auf die bloße Deutung von Gesetzesbegriffen, sondern nehmen inhaltliche Entfaltungen eines gesetzlichen Tatbestands vor und machen ihn dadurch erst vollziehbar. Normkonkretisierende Verwaltungsvorschriften gibt es vor allem im Umweltrecht. Bekannte Beispiele dafür sind die TA Luft und die TA Lärm **(Fall 50)**.

II. Bindungswirkung der Verwaltungsvorschriften

4 Die Verwaltungsvorschriften sind **von den Behördenmitarbeitern zu beachten.** Klausurrelevant ist vor allem, ob die Verwaltungsvorschriften auch für die Bürger und die Gerichte bindend sind. Als **Grundsatz** sollte man sich merken, dass **Verwaltungsvorschriften keine Außenwirkung** haben. Der Bürger kann sich auf sie nicht unmittelbar berufen. Die Verwaltungsvorschriften richten sich nach dem Willen ihres Urhebers lediglich an die Behördenmitarbeiter. Deshalb werden sie auch nicht immer publiziert.

Übersicht: Außenwirkung von Verwaltungsvorschriften

norminterpretierende Verwaltungsvorschriften	ermessenslenkende Verwaltungsvorschriften	normkonkretisierende Verwaltungsvorschriften
keine Außenwirkung	mittelbare Außenwirkung über Art. 3 I GG nach Maßgabe der tatsächlichen Verwaltungspraxis	unmittelbare Außenwirkung, es sei denn, die zugrunde liegenden Erkenntnisse sind überholt oder es liegt ein atypischer Einzelfall vor

1. Norminterpretierende Verwaltungsvorschriften

5 Wegen der Gesetzesbindung der **Gerichte** (→ § 7 Rn. 20, 24) sind Verwaltungsvorschriften für sie kein Entscheidungsmaßstab. Weil ihnen die letztverbindliche Auslegung der Gesetze obliegt, müssen sie die infrage stehenden Bestimmungen selbständig auslegen und können bei ihrer Entscheidung die **norminterpretierenden Verwaltungsvorschriften völlig außer Acht** lassen:[3] Die Verwaltungsvorschriften sind „Gegenstand, nicht Maßstab richterlicher Kontrolle des Verwaltungshandelns"[4]. Konsequenz hiervon ist, dass der Bürger, selbst wenn er unter Zugrundelegung einer norminterpretierenden Verwaltungsvorschrift einen Anspruch auf eine bestimmte Leistung hätte, mit seiner hierauf gerichteten Klage abzuweisen ist, wenn nach Ansicht der Gerichte die maßgebliche Gesetzesvorschrift enger als in der Verwaltungsvorschrift auszulegen ist.

---

[2] BVerwGE 33, 233 (239); *A. Guckelberger*, Verw. 2002, 61 (71) m.w.N.
[3] Dazu *A. Guckelberger*, Verw. 2002, 61 (65, 79f.).
[4] BVerfG, NVwZ 2011, 1062 (1064).

2. Ermessenslenkende Verwaltungsvorschriften

Nach zutreffender Auffassung haben **ermessenslenkende Verwaltungsvorschriften** keine *unmittelbare* Außenwirkung. Rechtsvorschriften mit unmittelbarer Außenwirkung gegenüber dem Bürger darf die Verwaltung lediglich unter den in Art. 80 I GG genannten Voraussetzungen als Rechtsverordnungen erlassen.[5] Bei der gerichtlichen Entscheidung können die **Ermessensrichtlinien aber dennoch mittelbar über Art. 3 I GG relevant** werden. Da die Verwaltung an den Gleichheitssatz gebunden ist, kann der Einzelne, wenn die Verwaltung ihr Ermessen ständig in einer bestimmten Weise ausübt, verlangen, ebenso gestellt zu werden.[6] Indem die Verwaltung also in mehreren Fällen in gleicher Weise verfährt, kommt es über Art. 3 I GG zu einer **Selbstbindung der Verwaltung** (→ § 69 Rn. 8).

6

> Da die Ermessensrichtlinie kein unmittelbarer Entscheidungsmaßstab für die Gerichte ist, kann der Klage des X im **Fall 49** nicht bereits deshalb stattgegeben werden, weil die Abrissverfügung nach der Verwaltungsvorschrift unzulässig ist. Orientieren sich aber die Behörden beim Erlass von Abrissverfügungen immer an der Verwaltungsvorschrift und liegt auch kein sachlicher Grund vor, welcher ausnahmsweise das Abweichen der Verwaltung von ihren Vorgaben rechtfertigen würde, werden die Gerichte daher die Beseitigungsanordnung gegenüber X wegen Verstoßes gegen den Gleichheitsgrundsatz aufheben.

Ob eine (Un-)Gleichbehandlung vorliegt, ist allerdings anhand der **tatsächlichen Verwaltungspraxis** festzustellen.

> Die Verwaltung ist nicht daran gehindert, von einer Verwaltungsvorschrift abzuweichen, sofern sie das in allen vergleichbaren Fällen gleichermaßen tut[7]. Würden die Behörden schon seit geraumer Zeit gegen alle mehr als zwanzig Jahre existierende baurechtswidrige Gebäude vorgehen, müssten die Gerichte im **Fall 49** die Klage des X abweisen, weil keine Ungleichbehandlung gegeben ist. Unzulässig wäre hingegen ein Vorgehen nur gegen einzelne Gebäude, wohingegen andere baurechtswidrige Gebäude nicht beanstandet würden.

Im Falle der **Gesetzwidrigkeit der Verwaltungsvorschrift** und der diese umsetzenden tatsächlichen Verwaltungspraxis kann der Bürger die Fortsetzung der Verwaltungspraxis nicht verlangen. Da die Verwaltung es sonst in der Hand hätte, den Inhalt der Gesetze durch die Entwicklung einer davon abweichenden ständigen Verwaltungspraxis zu modifizieren, ist die überwiegende Meinung zu Recht der Ansicht, dass es **keine Gleichheit im Unrecht** geben kann.[8]

7

> Würde sich im **Fall 49** herausstellen, dass Verwaltungsvorschrift und ständige Behördenpraxis nicht mit der Gesetzeslage übereinstimmen, würden die Gerichte die Beseitigungsanordnung billigen, selbst wenn die Verwaltung aufgrund der Verwaltungsvorschrift bisher gegen andere Schwarzbauten in vergleichbaren Situationen nicht eingeschritten ist.

> Schließlich wäre im **Fall 49** denkbar, dass die Verwaltung bislang gegen Schwarzbauten unabhängig von deren Alter eingeschritten ist. Nunmehr ergeht die aus Sicht des X günstige Verwaltungsvorschrift, die aber bis zu diesem Augenblick noch nicht angewendet wurde. Weil X hier der Erste wäre, auf den die Verwaltungsvorschrift angewendet werden müsste, gibt es streng genommen noch keine ständige Verwaltungspraxis, deren Einhaltung er vor Gericht unter Berufung auf den Gleichheitssatz einfordern könnte. Die Rechtsprechung wertet hier

---

[5] So z. B. *H.-U. Erichsen/Ch. Klüsche,* Jura 2000, 540 (544).
[6] Z. B. BVerwGE 104, 220 (223); BVerwG, NVwZ 2003, 1384.
[7] OVG Koblenz, DVBl. 2015, 1138 (1140).
[8] BVerwGE 34, 278 (282 ff.); 36, 313 (315).

die Verwaltungsvorschrift als Indiz für eine im Voraus bekannt gemachte künftige Verwaltungspraxis. Weil aufgrund der Bindung der Behördenmitarbeiter an die Verwaltungsvorschrift davon auszugehen ist, dass sie künftig gegen zwanzigjährige Schwarzbauten nicht mehr vorgehen werden, stellt das Abweichen von der Verwaltungsvorschrift eine Abweichung von der in Zukunft üblichen Verwaltungspraxis und damit einen Verstoß gegen den Gleichheitssatz dar (sog. **„antizipierte Verwaltungspraxis"**).[9]

3. Normkonkretisierende Verwaltungsvorschriften

8 Nach inzwischen gefestigter Rechtsprechung haben lediglich die **normkonkretisierenden Verwaltungsvorschriften unmittelbare Außenwirkung**. Ihre Vorgaben sind deshalb auch **für die Gerichte verbindlich**.

Aus diesem Grund kann sich N im **Fall 50** vor den Gerichten direkt darauf berufen, dass die immissionsschutzrechtliche Genehmigung für B's Betrieb wegen Nichteinhaltung der Richtwerte in der TA Luft hätte versagt werden müssen. Es gibt zwei Ansätze zur Begründung der unmittelbaren Außenwirkung. Die Rechtsprechung sah in den Technischen Anleitungen zunächst antizipierte Sachverständigengutachten, welche für die Judikative wegen ihres naturwissenschaftlichen Aussagegehalts bedeutsam sind.[10] Diese Argumentation wurde in der Literatur kritisiert, weil die Festlegung der maßgeblichen Grenzwerte letztlich politischer Natur sei. Daraufhin hat das BVerwG die Technischen Anleitungen als normkonkretisierende Verwaltungsvorschriften qualifiziert. Zur Gewährleistung eines dynamischen Grundrechtsschutzes habe der Gesetzgeber die Festlegung der jeweiligen Grenzwerte der Verwaltung zugewiesen.[11] Die TA Lärm und TA Luft unterscheiden sich insoweit von den gewöhnlichen Verwaltungsvorschriften, als sie aufgrund einer speziellen Ermächtigung in § 48 BImSchG mit der Zustimmung des Bundesrats und nach der Anhörung sachverständiger Personen gemäß § 51 BImSchG aufgestellt werden. Da die Gerichte mit den ihnen zur Verfügung stehenden prozessualen Mitteln die Grenzwerte nicht in gleich wirksamer Weise bestimmen können, wird auch in der Literatur die Außenwirkung der normkonkretisierenden Verwaltungsvorschriften vielfach gebilligt.[12]

Allerdings reicht die Bindungswirkung der Gerichte bei den normkonkretisierenden Verwaltungsvorschriften nicht so weit wie bei Gesetzesnormen. Sie dürfen **von den Verwaltungsvorschriften abweichen,** wenn die in ihnen zu Grunde gelegten **Erkenntnisse von Wissenschaft und Technik zwischenzeitlich überholt** sind[13] oder ein **atypischer Einzelfall** vorliegt.

III. Möglichkeit des Einzelnen zur Kenntnisnahme von Verwaltungsvorschriften

9 Da insbesondere Ermessensrichtlinien mittelbar über den Gleichheitssatz Außenwirkung erlangen, stellt sich die Frage, wie der Einzelne ihren **Inhalt zur Kenntnis nehmen** kann, wenn die Verwaltungsvorschrift nicht publiziert wurde. Während eines **konkreten Verwaltungsverfahrens** können die Betroffenen auf der Grundlage von § 25 VwVfG (Beratung, Auskunft) und § 29 VwVfG (Akteneinsicht) verlangen, sie über die einschlägigen Verwaltungsvorschriften zu informieren. **Außerhalb eines kon-

---

[9] BVerwGE 35, 159 (162); 52, 193 (199); siehe auch OVG Münster, NWVBl. 2003, 20 (22).
[10] BVerwGE 55, 250 (256).
[11] BVerwGE 70, 300 (316 ff., 320 ff.); 107, 338 (340 ff.).
[12] Z. B. *M. Gerhart,* NJW 1989, 2233 ff.; *H. Hill,* NVwZ 1989, 401 ff.; *H. Jarass,* JuS 1999, 105 (109).
[13] BVerwGE 107, 338 (341).

kreten Verwaltungsverfahrens ist die Verwaltung bei einem **berechtigten Interesse** des Einzelnen verpflichtet, über sein Auskunftsverlangen nach pflichtgemäßem Ermessen zu entscheiden.

Nach der nicht unproblematischen Ansicht des BVerwG hat ein Rechtsanwalt nicht vorab und unabhängig davon, ob es im Einzelfall je zu einer Beratung oder einer Vertretung eines Mandanten kommen wird, einen Anspruch gegen die Verwaltung, ihm sämtliche allgemeinen Weisungen eines örtlichen Sozialhilfeträgers zur Verfügung zu stellen. Seine Berufsausübungsfreiheit werde dadurch nicht beeinträchtigt. Die für seine Tätigkeit nötige Kenntnis von der Verwaltungsvorschrift erlange er dadurch, dass die Verwaltung später gegenüber demjenigen, der möglicherweise einen Anspruch auf Sozialleistungen hat, zur Beratung und Auskunft verpflichtet ist. Auch aus Art. 19 IV GG resultiere kein Anspruch des Rechtsanwalts auf entsprechende Informationen außerhalb eines konkreten Verwaltungsverfahrens.[14]

Da Gesetze jüngeren Datums dem Einzelnen oft einen weitergehenden allgemeinen Auskunftsanspruch einräumen, ergibt sich möglicherweise aus diesen ein Anspruch auf Information über eine Verwaltungsvorschrift.[15] Bei Verwaltungsvorschriften mit unmittelbarer Außenwirkung ist aus rechtsstaatlichen Gründen ihre allgemeine Bekanntmachung zu fordern.[16]

§ 65. Weitere Rechtsquellen

I. Technische Regeln

Die Bauordnungen der Länder enthalten regelmäßig eine Generalklausel, wonach bauliche Anlagen so zu errichten, zu ändern und instand zu halten sind, dass sie die öffentliche Sicherheit und Ordnung nicht gefährden (§ 3 I LBO BW; Art. 3 I BayBauO; § 3 I Nr. 1 BbgBO; § 3 I BauO NW; § 3 NBauO). Der Gesetzgeber überlässt es der Praxis, diese unbestimmten Rechtsbegriffe zu konkretisieren. Es gibt inzwischen eine Vielzahl von Regelungen, welche die **technischen Anforderungen an bauliche Anlagen** näher spezifizieren. So wird je nach Landesbauordnung entweder auf die „allgemein anerkannten Regeln der (Baukunst und) Technik" (Art. 3 II 4 BayBauO, § 3 I 2 BauO NW) oder auf die öffentlich als Regeln der Technik bekannt gemachten „Technischen Baubestimmungen" verwiesen (§ 3 III LBO BW, § 3 III BbgBO). Dementsprechend haben **technische Regeln im Baurecht**, aber auch zum Beispiel im **Immissionsschutzrecht** eine große Bedeutung.

1

Weil die technischen Regeln der privaten Normungsverbände **keine Rechtssätze** sind, sind sie weder für die Verwaltung noch die Gerichte strikt rechtsverbindlich. Sie begründen lediglich eine Vermutung dafür, dass die in ihnen enthaltenen sicherheitstechnischen Anforderungen einer objektiven Kontrolle standhalten, schließen aber den Rückgriff auf weitere Erkenntnismittel keineswegs aus.[1] Stärkere Bindungswirkung erhalten diese technischen Regeln, indem **in öffentlichrechtlichen Normen auf sie Bezug genommen** wird. Werden sie in eine Rechtsverordnung übernommen, kommen sie nunmehr als deren Bestandteil wie eine gewöhnliche Verordnungsvorschrift zur Anwendung.

II. Gewohnheitsrecht und Richterrecht

Das **Gewohnheitsrecht** ist seit langem als **allgemeine Rechtsquelle** anerkannt. Entsprechend seiner Bezeichnung liegt Gewohnheitsrecht bei einer über einen längeren Zeitraum stattfindenden Übung vor, welche die Beteiligten als rechtlich verbindlich ansehen. So wurden zum Beispiel der

2

---

[14] BVerwGE 69, 278 (279 ff.).
[15] So gehören zu den Umweltinformationen i. S. d. § 3 I i. V. m. § 2 III UIG auch Verwaltungsvorschriften, siehe *T. Schomerus*, in: ders./Schrader/Wegener, UIG, 2. Aufl. 2002, § 3 Rn. 155.
[16] BVerwG, NVwZ 2005, 602 (604).
[1] Siehe dazu BVerwGE 79, 254 (264); BVerwG, UPR 1997, 101 (102).

allgemeine öffentlich-rechtliche Erstattungsanspruch[2] (→ § 90 Rn. 9 ff.) oder der öffentlich-rechtliche Folgenbeseitigungsanspruch[3] (→ § 89 Rn. 2 ff.) auf Gewohnheitsrecht zurückgeführt.

Beim **Richterrecht** handelt es sich um **Rechtsprechungsgrundsätze,** die in der Gerichtspraxis wiederholt zur Anwendung gelangen. Das Richterrecht ist nicht mit dem Gewohnheitsrecht identisch, weil es keine langjährige Übung voraussetzt. Im Laufe der Zeit kann aber Richterrecht zu Gewohnheitsrecht erstarken, sofern dessen Voraussetzungen erfüllt sind. Die Bindungswirkung des Richterrechts geht nicht so weit wie bei den Gesetzesvorschriften. Denn ein Gericht kann seine Rechtsprechung zu einem bestimmten Punkt ändern, wenn es später zu der Ansicht gelangt, dass die überzeugenderen Argumente für eine andere als die bisher vorgenommene Konkretisierung einer Gesetzesbestimmung sprechen.

§ 66. Normenhierarchie und Verwerfungskompetenz

Fall 51: B erwirbt ein Grundstück in der Gemeinde G, um dort ein Haus zu errichten. Im Bebauungsplan ist das Grundstück als Bauland ausgewiesen. Als B eine Baugenehmigung beantragt, kommen dem zuständigen Bearbeiter Zweifel an der Wirksamkeit des Bebauungsplans, weil der Bebauungsplan nicht im Einklang mit den Vorschriften einer Rechtsverordnung des Bundeslandes stehen könnte, in dem die G liegt.

I. Kollisionsprobleme bei Einschlägigkeit mehrerer Rechtsquellen

1 Für die Lösung eines konkreten Falls, muss man sich zunächst darüber klar werden, welche Normen für diesen Sachverhaltskomplex einschlägig sind. Gibt es **mehrere Regelungen zu derselben Frage,** so ist zu klären, in welchem Verhältnis diese Vorschriften zueinander stehen. Relevant wird diese Fragestellung insbesondere, wenn die Rechtsnormen einen voneinander abweichenden Inhalt haben.

Bei **Normen derselben juristischen Person** – z. B. des Bundes – ergibt sich folgende **Normenpyramide:**

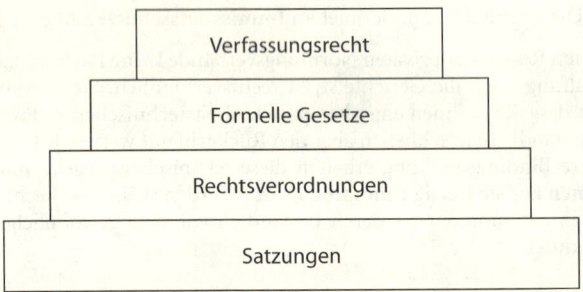

Weicht der Inhalt in einer Norm der niederen Stufe von den Vorgaben einer höherrangigen Norm ab, geht stets die **ranghöhere Vorschrift der rangniederen vor.** Die ranghöhere Norm „bricht" das rangniedrigere Recht. Dies bedeutet, dass eine Rechtsnorm, die höherrangigem Recht widerspricht, **nichtig** ist. Sie tritt also nicht wie beim Anwendungsvorrang des Unionsrechts nur zurück (→ § 5 Rn. 12), sondern ist ungültig (sog. Geltungsvorrang). Folge davon ist, dass sie selbst bei einer späteren Aufhebung der höherrangigen Norm nicht wieder „aufleben" kann.

---

[2] BVerwGE 71, 85 (88).
[3] BVerwGE 94, 100 (103).

§ 66. Normenhierarchie und Verwerfungskompetenz

Widersprechen sich **Rechtsnormen von verschiedenen rechtssetzenden Verbänden**, besteht folgendes Stufenverhältnis (→ zum Bundesstaat → § 8):

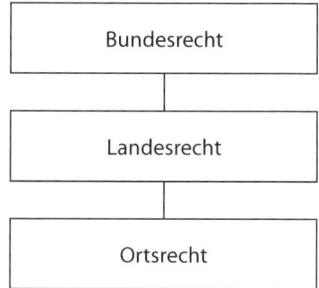

Im **Fall 51** würde sich also aus dem Widerspruch des Bebauungsplans der Gemeinde G zu einer landesrechtlichen Rechtsverordnung die Nichtigkeit des Bebauungsplans ergeben.

II. Prüfungs- und Verwerfungskompetenz

Bei **Zweifeln an der Gültigkeit einer Rechtsnorm** stellen sich zwei Fragen: Zunächst geht es darum, wer die Vereinbarkeit der Norm mit höherrangigem Recht *überprüfen* darf („**Prüfungskompetenz**"). Bei Bejahung der Nichtigkeit der Rechtsnorm schließt sich die Frage an, wer ihre Nichtigkeit verbindlich feststellen darf („**Verwerfungskompetenz**"). 2

Die **Gerichte** müssen alle Rechtsnormen, die für ihre Entscheidung von Bedeutung sind, auf ihre Vereinbarkeit mit dem höherrangigen Recht überprüfen. Kommt ein Gericht zu dem Ergebnis, dass eine Rechtsnorm gegen höherrangiges Recht verstößt, variiert sein weiteres Vorgehen je nach Art der nichtigen Vorschrift: Hält ein VG ein nachkonstitutionelles Parlamentsgesetz für nichtig, darf es dieses nicht einfach unangewendet lassen. Vielmehr setzt es das Verfahren aus und holt nach Art. 100 I GG zunächst die Entscheidung des zuständigen Verfassungsgerichts ein (→ § 54). Da eine derartige Vorlagepflicht der Gerichte nur für formelle Gesetze besteht, können sie andere Rechtsnormen ohne besondere Zwischenschritte unangewendet lassen.

Würde also im **Fall 51** ein VG den maßgeblichen Bebauungsplan, der eine Satzung ist (§ 10 BauGB; → § 63 Rn. 12), für nichtig halten, würde es einfach unter Außerachtlassung des ungültigen Bebauungsplans entscheiden.

Auch die **Verwaltung** darf prüfen, ob die von ihr anzuwendenden Normen wirksam sind. Da sie nach Art. 1 III GG an die Grundrechte und nach Art. 20 III GG an Gesetz und Recht gebunden ist, ist es – im **Fall 51** – nicht zu beanstanden, wenn sich der zuständige Behördenmitarbeiter mit der Frage der Gültigkeit des Bebauungsplans befasst. Er trägt nach § 36 I BeamtStG die volle persönliche Verantwortung für die Rechtmäßigkeit seiner dienstlichen Handlungen. Bis heute besteht jedoch kein Konsens darüber, wie der einzelne Beamte zu verfahren hat, falls er am Ende seiner Prüfung zur Nichtigkeit der entscheidungserheblichen Norm gelangt.[1] Zur Frage der **Verwerfung von Normen durch die Verwaltung, die nicht den Rang eines förmlichen Gesetzes haben**, gibt es eine Vielzahl von Meinungen mit unterschiedlichen Akzenten. 3

---

[1] Zu den verschiedenen Lösungsansätzen *P. Gril*, JuS 2000, 1080 ff.

4 Nach einer Meinung dürfen (sollen) Behördenmitarbeiter ungültige Rechtsnormen *nicht* anwenden. Begründet wird diese Position unter anderem damit, dass die Verwaltung gemäß Art. 20 III GG nur an geltendes Recht gebunden ist.[2] Dieser Ansicht wird aber zu Recht entgegengehalten, dass sich aus Art. 1 III, Art. 20 III GG keine konkreten Aussagen dazu entnehmen lassen, wer auf welche Weise zur verbindlichen Feststellung der Ungültigkeit einer Rechtsnorm befugt ist.[3]

Andere Stimmen in Literatur und Rechtsprechung tendieren dazu, dass Mitarbeiter der Verwaltung Rechtsnormen auch bei Zweifeln an ihrer Gültigkeit *anzuwenden* haben, weil ausschließlich die Gerichte zur Verwerfung von Normen befugt seien. Könnte die Verwaltung generell Rechtsverordnungen und gemeindliche Satzungen wegen Verstoßes gegen höherrangiges Recht im Rahmen von Einzelfallentscheidungen unangewendet lassen, entstünde eine weitgehende Ungewissheit über das maßgebliche Recht. Weil die Hauptaufgabe der Verwaltung im Vollzug fremder Willensäußerungen bestehe, sei damit ein generelles Normverwerfungsrecht der Administrative schwer zu vereinbaren.[4] Mit Art. 20 III GG lässt sich dieser Ansatz kaum in Einklang bringen.

5 Eine dritte Meinung berücksichtigt richtigerweise die **Stellung des einzelnen Behördenmitarbeiters in der Verwaltungshierarchie.** Wenn ein Amtswalter Zweifel an der Gültigkeit einer von ihm zu vollziehenden Norm habe, müsse er das jeweilige Verwaltungsverfahren aussetzen und seinen **Vorgesetzten mit der Angelegenheit befassen.**[5] Hat dieser keine Bedenken an der Wirksamkeit der Norm, muss der Mitarbeiter sich entsprechend der Anweisung seines Vorgesetzten verhalten, wird dadurch aber auch von der Haftung für seine Entscheidung freigestellt. Hält auch der Vorgesetzte die Norm für nichtig, muss er die Sache ebenfalls der übergeordneten Stelle vorlegen. So ist zu verfahren, bis eine Stelle in der Verwaltungshierarchie erreicht wird, welche die erforderlichen Maßnahmen gegen die Norm (Aufsichtsmittel, gerichtliche Schritte, Änderung der von ihr erlassenen Norm) ergreifen kann. Bestätigt diese Stelle, dass die Norm anzuwenden ist, so ist der zuständige Bearbeiter daran gebunden. Eine Ausnahme wird man nur im Fall offensichtlich rechtswidriger Normen machen können.[6]

6 Dieser Lösungsweg führt allerdings nicht weiter, wenn – wie insbesondere im Polizeirecht – ein **sofortiges oder baldiges Verwaltungshandeln** geboten ist. Hier bleibt es dabei, dass der Beamte das volle rechtliche Risiko einer Außerachtlassung seiner Bindung an Gesetz und Recht trägt. Erweist sich seine Einschätzung von der Rechtmäßigkeit oder Rechtswidrigkeit einer Norm im Nachhinein als falsch, so ist seine darauf gestützte Handlung rechtswidrig. Sofern der Beamte die ihm in Anbetracht der Situation mögliche Sorgfalt bei der Prüfung der Vorschrift hat walten lassen, liegt kein Verschulden vor, so dass ein Amtshaftungsanspruch nach § 839 BGB, Art. 34 GG (→ § 86) ausscheidet.

> An einer solchen Eilsituation fehlt es im **Fall 51,** so dass eine eigenständige Verwerfungskompetenz des Bearbeiters hinsichtlich des Bebauungsplans ausscheidet.

---

[2] So z. B. *A. Menzel,* JuS 1985, 975 (979); *C. Nonnenmacher/A. Feickert,* VBlBW 2007, 328.
[3] So OVG Saarlouis, NVwZ 1990, 172 (173).
[4] OVG Münster, NuR 2006, 191 (192); *P. Gril,* JuS 2000, 1080 (1084).
[5] Vgl. *Maurer* § 4 Rn. 66; *Wolff/Bachof/Stober/Kluth* I § 28 Rn. 23.
[6] OVG Münster, NuR 2006, 191 (193).

§ 67. Verwaltungsrecht und öffentliches Recht

Fall 52: Zwischen dem Präsidenten des Deutschen Bundestages (B) und C, einem Angestellten der D-Fraktion, ist ein heftiger Streit über die Sauberkeit am Arbeitsplatz entstanden, in dessen Verlauf der B den C als „Schmutzfink" bezeichnet und C dem B Prügel angedroht hat. Daraufhin erteilt der B dem C für das Bundestagsgebäude Hausverbot in Form eines mit einer „Rechtsmittelbelehrung" versehenen schriftlichen „Bescheides". C möchte sich sowohl gegen die Titulierung als „Schmutzfink" als auch gegen das Hausverbot gerichtlich zur Wehr setzen. Der D-Fraktion geht es darum, den Zugang ihres Mitarbeiters C zu den Arbeitsräumen der Fraktion zu erstreiten.

Fall 53: Minister X ist überzeugter Gegner der Religionsgemeinschaft Y. Er weist deshalb alle Behörden des Landes an, keine Waren oder Dienstleistungen von Y abzunehmen. Darüber hinaus bittet er in Rundschreiben die Geschäftsführer aller in der Form privatrechtlicher Gesellschaften geführten Verkehrsgesellschaften der öffentlichen Hand sowie der landeseigenen Bankgesellschaften, mit Y keine Geschäfte zu machen.

Die deutsche Rechtsordnung ist von einer grundsätzlichen **Zweiteilung in öffentliches Recht und Privatrecht** gekennzeichnet. Systematisch zählen zum öffentlichen Recht: 1

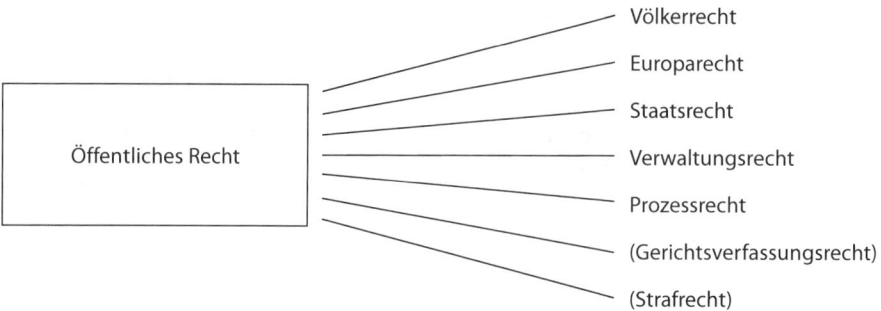

Von dogmatischer Bedeutung ist die Kategorie des öffentlichen Rechts in erster Linie in ihrer Abgrenzung zum Privatrecht.

I. Bedeutung der Unterscheidung von öffentlichem Recht und Privatrecht

Zahlreiche Normen setzen gleichsam als zentrale „Weichenstellung" tatbestandlich einen **Bezug zum öffentlichen Recht** voraus: 2

- Während für bürgerliche Rechtsstreitigkeiten die ordentlichen Gerichte zuständig sind, ist für öffentlich-rechtliche Streitigkeiten gemäß § 40 VwGO der **Verwaltungsrechtsweg** eröffnet (→ § 94 Rn. 16 f.).

  Die Frage, welcher Rechtsweg einschlägig ist, stellt sich im **Fall 52** sowohl für den C als auch für die D-Fraktion.

- Entsteht dem Bürger durch die **Verletzung einer Amtspflicht** ein Schaden, so kann er nur dann einen Schadensersatzanspruch nach § 839 BGB, Art. 34 GG gegen den Staat geltend machen, wenn die Schädigung bei öffentlich-rechtlichem Tätigwerden erfolgte (→ § 86 Rn. 4 ff.).

- Wie das gesamte Verwaltungsverfahrensgesetz nur für die öffentlich-rechtliche Verwaltungstätigkeit gilt (§ 1 I VwVfG), setzen das **Vorliegen eines VAs oder eines öf-

fentlich-rechtlichen Vertrages ein Handeln auf dem Gebiet des öffentlichen Rechts voraus (§§ 35, 54 VwVfG) (→ § 74 Rn. 8, § 83 Rn. 3).
- Die **Verwaltungsvollstreckung** ist nur zur Durchsetzung öffentlich-rechtlicher Ansprüche zulässig (§§ 1, 6 VwVG).

3 Wenn die Anwendung einer dieser – nur beispielhaft aufgezählten – Vorschriften zu erörtern ist, muss geprüft werden, ob die fragliche Maßnahme dem öffentlichen oder dem privaten Recht zuzuordnen ist. Die Zuordnung richtet sich danach, ob die Rechtsnorm, nach der das streitige Rechtsverhältnis zu beurteilen ist, dem öffentlichen Recht oder dem Privatrecht angehört. Es ist also eine **zweistufige Prüfung** vorzunehmen:

(1) Ermittlung der Rechtsnorm, nach der das konkret streitige Rechtsverhältnis zu beurteilen ist;
(2) Zuordnung dieser Rechtsnorm zum öffentlichen Recht oder zum Privatrecht.

Das Schwergewicht der Abgrenzungsproblematik liegt entgegen verbreiteter Vorstellung nicht auf der zweiten, sondern auf der ersten Stufe. Ob ein Rechtssatz als öffentlich-rechtlicher oder als privatrechtlicher zu qualifizieren ist, stellt in der ganz überwiegenden Zahl der Fälle kein Problem dar. Die größeren Schwierigkeiten bestehen meist darin zu ermitteln, welches die maßstabsgebende Norm ist.

Schulbeispiel hierfür ist der Fall des behördlichen Hausverbots im **Fall 52**. *Dass* ein auf das private Besitz- oder Eigentumsrecht gestütztes Hausrecht dem privaten und das aus der öffentlichen Sachherrschaft – im **Fall 52** aus Art. 40 II 1 GG – abgeleitete Hausrecht dem öffentlichen Recht zuzuordnen ist, ist unproblematisch. Die Meinungsverschiedenheiten hinsichtlich der Bewältigung der Hausverbotsproblematik bestehen vielmehr darin, wonach zu ermitteln ist, *wann* ein Hausverbot auf das private Hausrecht und wann auf das Behördenhausrecht gestützt ist.

4 Für die **Ermittlung der entscheidungssteuernden Norm** sind Rechtsnatur und Rechtmäßigkeit der behördlichen Maßnahme auseinander zu halten. Es kommt nicht darauf an, welche Maßnahme die Behörde nach der materiell rechtsverhältnisprägenden Norm ergreifen durfte, sondern welche sie tatsächlich ergriffen hat.[1]

In **Fall 52** hat der B das Hausverbot in der Form eines schriftlichen Bescheids mit Rechtsmittelbelehrung erlassen. Schon deshalb liegt eine öffentlich-rechtliche Streitigkeit vor. In Übungs- und Prüfungsarbeiten sollte allerdings nunmehr hilfsgutachtlich erörtert werden, ob das Hausverbot darüber hinaus als privatrechtliches oder öffentlich-rechtliches zu qualifizieren ist.

II. Abgrenzungsmaßstäbe und -probleme

1. Abgrenzungstheorien

5 Für die Zuordnung der maßstabgebenden Norm zum öffentlichen oder zum Privatrecht (zweite Stufe) werden herkömmlicherweise **drei Theorien** herangezogen, ohne dass eine von diesen für alle Konstellationen befriedigende Lösungen bereitstellen könnte. In Übungsarbeiten kommt es daher nicht darauf an, sich für die „richtige" dieser Theorien zu „entscheiden". Wichtiger ist es, Zielrichtung, Stärken und Schwächen der verschiedenen Ansätze zu kennen, um – ggf. durch eine kombinierte Heranziehung der Theorien – zu einer dem Einzelfall gerecht werdenden Lösung zu kommen.

6 - Die sog. **Interessentheorie** greift zurück auf eine Abgrenzung anhand der durch die entscheidungsrelevante Norm geschützten Interessen: Dem Allgemeininteresse die-

---

[1] *Kopp/Schenke* § 40 Rn. 6.

§ 67. Verwaltungsrecht und öffentliches Recht

nende Rechtssätze gehören dem öffentlichen Recht, dem Individualinteresse dienende Vorschriften dem Privatrecht an. In dieser (älteren) Form wird die Interessentheorie als alleiniges Abgrenzungskriterium so gut wie nicht mehr verwendet. Der Haupteinwand besteht darin, dass sich öffentliche und private Interessen nicht immer hinreichend scharf voneinander trennen lassen. Beispiel ist die Verfolgung von öffentlichen durch die Förderung von privaten Interessen, etwa im Rahmen der Subventionierung arbeitsplatz- oder wohnraumschaffender Investitionen.[2]

■ Nach der **Subordinations- oder Subjektionstheorie** gehört ein Rechtssatz dem öffentlichen Recht an, wenn er durch ein Verhältnis der Über-Unterordnung zwischen den Beteiligten gekennzeichnet ist. Im Privatrecht treten sich die Beteiligten hingegen im Verhältnis der Gleichordnung gegenüber.[3] Zugrunde liegt diesem Ansatz eine Typisierung von Handlungsformen: Staatliche Regelung mit einseitiger Verbindlichkeit im öffentlichen Recht/vertragliches Handeln im Privatrecht.
Im Kern ist das Abgrenzungskriterium der Über-Unterordnung unzweifelhaft treffend: Handlungen, die einseitige Verbindlichkeit beanspruchen, sind daher immer am Maßstab des öffentlichen Rechts zu beurteilen. Für diese Fälle ergibt sich aus der Subordinationstheorie eindeutig der öffentlich-rechtliche Charakter der Streitigkeit, ohne dass auf andere Abgrenzungstheorien eingegangen zu werden braucht. Die Schwäche dieser Theorie besteht hauptsächlich in einem logischen Manko: Da der Staat dem Bürger auch privatrechtlich auf der Ebene der Gleichordnung begegnen kann, beruht die Über-Unterordnung gerade auf der Anwendung öffentlichen Rechts. Wird aber das Subordinationsverhältnis durch die Geltung öffentlichen Rechts hervorgebracht, so kann nicht umgekehrt die Qualifizierung als öffentliches Recht auf dem Bestehen eines Subordinationsverhältnisses beruhen. Dies wäre ein klassischer Zirkelschluss. 7

■ Die sog. **modifizierte Subjekts- oder Sonderrechtstheorie** ordnet dem öffentlichen Recht diejenigen Rechtssätze zu, die ausschließlich einen Träger öffentlicher Gewalt als solchen berechtigen oder verpflichten. Dem Privatrecht sind die für jedermann geltenden Rechtssätze zuzuordnen.[4] Dahinter steht die Einsicht, dass sich das öffentliche Recht gerade zur Erfassung des spezifisch Hoheitlichen der Staatsgewalt entwickelt hat. Allerdings ist auch die aus diesem Ansatz entwickelte „Theorie" zirkulär: Träger öffentlicher Gewalt ist derjenige, der zur Ausübung der spezifischen Gewalt durch besondere Rechtssätze berechtigt ist. Die Gesamtheit dieser Rechtssätze bildet das öffentliche Recht. Dann aber kann nicht umgekehrt das Vorliegen einer öffentlich-rechtlichen Vorschrift davon abhängen, dass ein Träger öffentlicher Gewalt berechtigt oder verpflichtet wird. 8

Im Ergebnis spricht nichts dagegen, die dargestellten **Ansätze kumulativ** zur Einzelfalllösung heranzuziehen.[5] Streng genommen handelt es sich weniger um „Theorien" im wissenschaftlichen Sinne, als vielmehr um Versuche, denselben Gegenstand, nämlich das spezifisch „Öffentliche", von verschiedenen Blickwinkeln aus zu beschreiben: 9

---

[2] Siehe etwa *Peine* Rn. 118; *Schenke* Rn. 102 f.
[3] GSOGB BVerwGE 74, 368 (370); BVerwGE 14, 1 (4); 29, 159 (161 f.); BGHZ 14, 222 (227); 66, 228 (233 ff.).
[4] *D. Ehlers/J.-P. Schneider*, in: Schoch/Schneider/Bier § 40 Rn. 235 ff.; *Wolff/Bachof/Stober/Kluth* I § 22 Rn. 28 ff.
[5] *H. Sodan*, in: Sodan/Ziekow § 40 Rn. 307 f. Kombination von Subordinations- und Subjektstheorie: GSOGB BGHZ 108, 284 (286 f.); BGHZ 121, 126 (128); BVerwG, NVwZ 2007, 820. Kombination von Interessen- und Subordinationstheorie: *H. v. Nicolai*, in: Redeker/v. Oertzen § 40 Rn. 8.

- Unproblematisch sind von vornherein die Fälle, in denen eine Befugnis zur Entscheidung mit einseitiger Verbindlichkeit in Anspruch genommen wird. Hier führt die Subordinationstheorie zu einer eindeutigen Zuordnung zum öffentlichen Recht.
- Außerhalb dieses Bereichs wird es zunächst darauf ankommen, ob nach dem Inhalt der Berechtigung oder Verpflichtung auch ihre Wahrnehmung durch jeden Bürger möglich wäre (modifizierte Subjektstheorie).
- In Zweifelsfällen ist danach zu fragen, ob eine dem Gemeinwohl dienende Aufgabe erfüllt wird (modifizierte Interessentheorie).

2. Problemfälle

10 Probleme bei der Zuordnung des betreffenden Rechtsverhältnisses zu der jeweils maßstabsgebenden Rechtsnorm bestehen u. a. für den öffentlich-rechtlichen Vertrag (→ § 83 Rn. 3) und bei der Anwendung der sog. Zweistufentheorie (→ Rn. 17), insbesondere im Rahmen der Subventionierung (→ Rn. 19) und der Nutzung öffentlicher Einrichtungen (→ Rn. 20). Weiter sind zu nennen:

a) Hausverbote

11 Das Problem der Qualifizierung von Streitigkeiten über Hausverbote für öffentliche Gebäude[6] als öffentlich-rechtlich oder privatrechtlich besteht in der Zuordnung zur maßstabsgebenden Norm (→ Rn. 3). In Betracht kommen das auf das Besitz- oder Eigentumsrecht gestützte **private Hausrecht** und das aus der öffentlich-rechtlichen Sachherrschaft abgeleitete **behördliche Hausrecht**[7]. Sofern nicht die Behörde, beispielsweise durch den Erlass des Verbots durch VA, deutlich macht, auf welcher Grundlage das Hausverbot ergeht, kommt es nach dem überwiegenden Teil der Rechtsprechung darauf an, **innerhalb welcher Rechtsbeziehungen das Hausverbot** ausgesprochen wird: Betrat der Adressat des Hausverbots das Gebäude zum Zweck der Verfolgung öffentlich-rechtlich geordneter Angelegenheiten, so ist das Hausverbot dem öffentlichen Recht zuzuordnen. Beispiele sind die Stellung eines Genehmigungsantrags oder der Besuch einer öffentlichen Sitzung des Gemeinderats. Wollte der Betroffene hingegen privatrechtlich einzuordnende Geschäfte in dem Gebäude tätigen, so ergeht das Hausverbot auf der Grundlage des Privatrechts.[8] Dies ist etwa der Fall, wenn ein die Hochzeitszeremonie störender Fotograf aus dem Standesamt[9] oder ein Anbieter von Büromaterial aus dem Verwaltungsgebäude verwiesen oder das Hausverbot im Zusammenhang mit einer arbeitsrechtlichen Kündigung ausgesprochen wird.[10]

> Im **Fall 52** steht das Hausverbot im Sachzusammenhang mit dem privatrechtlichen Arbeitsverhältnis des C zur D-Fraktion. Zur Erfüllung dieser vertraglichen Verpflichtung hat der C das Parlamentsgebäude betreten, so dass die Streitigkeit über das von B verhängte Hausverbot privatrechtlicher Natur ist.

---

[6] Zu den inhaltlichen Maßstäben des Erlasses von Hausverboten *J.-M. Günther*, DVBl. 2015, 1147.

[7] Lesen Sie dazu bitte *U. Stelkens*, Jura 2010, 363.

[8] BVerwGE 35, 103 (106); BVerwG, NVwZ 1987, 677; BGHZ 33, 230 (231 f.); BGH, NJW 1967, 1911; OVG Münster, NJW 1995, 1573; NWVBl. 1998, 350 (351); VGH Mannheim, NJW 1994, 2500 f.

[9] BGHZ 33, 230 (233).

[10] VGH Mannheim, NJW 1994, 2500.

§ 67. Verwaltungsrecht und öffentliches Recht

Nach dieser, von der Rspr. vertretenen Auffassung sind für Streitigkeiten über auf privatrechtlicher Grundlage ausgesprochene Hausverbote die ordentlichen Gerichte zuständig, für öffentlich-rechtliche Hausverbote die Gerichte der allgemeinen – ggf. auch die der besonderen – Verwaltungsgerichtsbarkeit (→ § 94 Rn. 17).

Die von der Literatur und Teilen der Rechtsprechung geäußerte Kritik hält das Abstellen auf den Zweck des Betretens für wenig trennscharf. Diese Auffassung sieht den Zweck des Hausverbots selbst als entscheidend an. Da das Verbot des Betretens von Verwaltungsgebäuden den ungestörten Funktionsablauf des Dienstbetriebs sicherstellen soll, dient es der öffentlich-rechtlichen Aufgabenerfüllung und ist öffentlich-rechtlichen Charakters.[11]

Privatrechtlich verfasste Verwaltungsträger können Hausverbote von vornherein nur auf der Grundlage des privaten Hausrechts aussprechen.

b) Abwehr von Immissionen oder Störungen

Der Gesichtspunkt des Sachzusammenhangs ist maßgeblich hinsichtlich der Qualifizierung des Anspruchs auf Abwehr von Immissionen oder Störungen, die von öffentlichen Einrichtungen ausgehen. Beispiel ist der von öffentlichen Straßen, einer Feueralarmsirene oder einem gemeindlichen Sportplatz ausgehende Lärm oder die durch eine kommunale Kläranlage hervorgerufene Geruchsbelästigung. In all diesen Fällen wird die Störung gerade durch die Erfüllung des öffentlichen Zwecks oder in unmittelbarem Zusammenhang mit dem hoheitlichen Betrieb bewirkt. Die gerichtliche Geltendmachung des Störungsabwehranspruchs führt daher zu einer öffentlich-rechtlichen Streitigkeit.[12]

12

Anders ist die Situation, wenn die Störung im Zusammenhang mit nach Privatrecht zu beurteilendem Handeln steht. Zum einen können die Störungen aus der bloßen Vermögensverwaltung eines Hoheitsträgers herrühren. Gedacht werden kann etwa an Beeinträchtigungen, die von auf öffentlichem Straßenland stehenden Bäumen ausgehen (z. B. durch das Eindringen von Wurzeln in die Kanalisation eines Hauses)[13], den von einem Behördengrundstück herrührenden Laubabfall oder den Lärm einer mangelhaften Heizung.[14] Sie sind ebenso nach Privatrecht zu beurteilen wie zum anderen die durch privatrechtliche Nutzungen öffentlicher Einrichtungen hervorgerufenen Immissionen.[15] Dies ist bei privatrechtlich organisierten Einrichtungen der öffentlichen Hand grundsätzlich der Fall. Öffentlich-rechtlich kann insoweit nur der Anspruch gegen die öffentliche Hand auf Einwirkung auf den mit der Erfüllung der öffentlichen Aufgabe betrauten Privaten sein.

c) Informationen und Werturteile

Auf den Sachzusammenhang, in dem die fragliche Äußerung steht, kommt es auch bei Streitigkeiten um die Gewährung oder Unterlassung von Informationen bzw. die Unterlassung oder den Widerruf ehrverletzender Äußerungen durch Träger von Hoheits-

13

---

[11] OVG Münster, NVwZ 2011, 2379; VGH Kassel, NJW 1990, 1250; VGH München, NJW 1980, 2722 f.; VG Berlin, NVwZ-RR 2010, 783; *H. Sodan*, in: Sodan/Ziekow § 40 Rn. 389.
[12] BVerwGE 79, 254 (256); 81, 197 (199); 88, 143 (144); BVerwG, DVBl. 1974, 239 (240).
[13] OVG Berlin, NVwZ-RR 2011, 263.
[14] *Hufen* § 11 Rn. 39.
[15] BGH, NJW 1993, 1656 (1657). A. M. VGH München, NVwZ-RR 2004, 468 (469) für die von Mietern einer öffentlichen Einrichtung ausgehenden Immissionen.

gewalt an. Wird von einer Behörde eine Information begehrt, so ist der Anspruch öffentlich-rechtlich, wenn die Behörde die Information im Rahmen ihres öffentlich-rechtlich geregelten Aufgabenbereichs gewährt.[16] Als privatrechtlich einzuordnen sind hingegen Begehren auf Gewährung von Informationen aus privatrechtlichen Rechtsverhältnissen, beispielsweise Auskünfte über den beim Kauf von Büromaterial durch die Verwaltung entrichteten Kaufpreis.

Die Qualifizierung von Ansprüchen auf Unterlassung oder Widerruf ehrverletzender Äußerungen hängt davon ab, ob die Äußerung im Zusammenhang mit der Erfüllung öffentlicher Aufgaben oder in einem durch bürgerlich-rechtliche Gleichordnung geprägten Lebensbereich gefallen ist.[17] Abzustellen ist auf die Zuordnung des Rechtsverhältnisses, innerhalb dessen die Äußerung erfolgt ist. Eine Ausnahme gilt dann, wenn das zugrunde liegende Rechtsverhältnis zwar öffentlich-rechtlicher Natur ist, die Äußerung aber nur *bei Gelegenheit* des öffentlich-rechtlichen Tätigwerdens abgegeben wurde. Dies ist dann der Fall, wenn der von dem Beamten erhobene Vorwurf so sehr Ausdruck einer persönlichen Meinung oder Einstellung ist, dass wegen dieses persönlichen Gepräges der Ehrkränkung die Widerrufserklärung eine unvertretbare persönliche Leistung des Beamten darstellt. Hier liegt keine amtliche, sondern eine persönliche Erklärung des handelnden Beamten vor, gegen die im ordentlichen Rechtsweg vorzugehen ist.[18] Wichtiges Beispiel sind grobe Beleidigungen.

> In **Fall 52** ist die Bezeichnung des C als „Schmutzfink" durch den B im Zusammenhang einer Auseinandersetzung über die Art und Weise, wie der C seinen privatrechtlichen Arbeitsvertrag gegenüber der D-Fraktion erfüllt, gefallen. Darüber hinaus kann die Äußerung des B ausschließlich als persönliches Werturteil verstanden werden. Unterlassungs- und Widerrufsansprüche des C sind daher im ordentlichen Rechtsweg zu verfolgen.

III. Privatrechtliches Handeln der öffentlichen Verwaltung

14 Das öffentliche Recht ist zwar eine Sonderrechtsordnung, die nur für staatliches Handeln gilt, jedoch nicht in dem Sinne exklusiv, dass der Staat *nur* öffentlich-rechtlich handeln darf. Die Verwaltung hat vielmehr grundsätzlich die **Wahlfreiheit,** ob sie sich des öffentlichen Rechts bedient oder die Organisations- und Handlungsformen des Privatrechts nutzt. Eine Ausnahme gilt nur dann, wenn der Gebrauch öffentlich-rechtlicher Handlungsformen ausdrücklich vorgeschrieben ist.[19] Allerdings ist die Verwaltung auch bei Teilnahme am Privatrechtsverkehr nicht dem Bürger gleichgestellt. Den für sie geltenden spezifischen Bindungen kann sie sich auch beim Gebrauch privatrechtlicher Formen nicht vollständig entziehen: **keine Flucht ins Privatrecht.** Die Verwaltung bleibt Grundrechtsverpflichteter (→ § 23 Rn. 1) und wird durch privatrechtliches Handeln nicht zum Grundrechtsberechtigten. Zur Bewältigung der mit dem privatrechtlichen Handeln der öffentlichen Verwaltung verbundenen Problemlagen unterscheidet man in der Regel drei Fallgruppen.

---

[16] BVerwG, BayVBl. 1986, 699 (700).
[17] BVerwGE 58, 167 (169); 59, 319 (325); BVerwG, JZ 1987, 422; BGHZ 34, 99 (108 f.); VGH Mannheim, VBlBW 1998, 100; OLG Dresden, NVwZ-RR 1998, 343; *H. Sodan,* in: Sodan/Ziekow § 40 Rn. 421 f.
[18] BGHZ 34, 99 (107); OLG Dresden, NVwZ-RR 1998, 343 (344).
[19] BVerwGE 13, 47 (54); BVerwG, NVwZ 2007, 820 (821); BGH, NVwZ 1991, 606 (607); NJW 1992, 171 (172).

1. Verwaltungsprivatrecht

Sofern es um die Erfüllung öffentlicher (Verwaltungs-)Aufgaben geht, hat die Verwaltung grundsätzlich mehrere Optionen, in welchen Formen sie die Aufgabe erfüllen will:

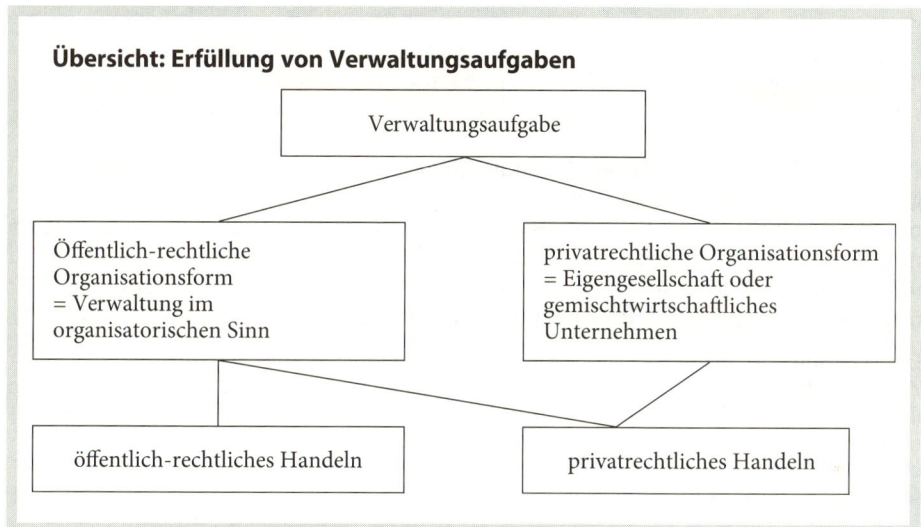

Wird die Verwaltungsaufgabe durch privatrechtliches Handeln erfüllt, so spricht man von **Verwaltungsprivatrecht** – unabhängig davon, ob das privatrechtliche Handeln von einer öffentlich-rechtlichen oder einer privatrechtlichen Organisationsform wahrgenommen wird. Der Begriff *Verwaltungs*privatrecht weist darauf hin, dass die Verwaltung die Gestaltungsformen des Privatrechts nicht wie der Bürger auf der Grundlage von Privatautonomie wahrnehmen kann, sondern dabei den Bindungen des öffentlichen Rechts unterliegt. Insbesondere ist die Verwaltung an die verfassungsrechtlichen Normen und verwaltungsrechtlichen Grundsätze gebunden.

> Im **Fall 53** ist die Erbringung von Leistungen des öffentlichen Personennahverkehrs auch dann eine Verwaltungsaufgabe, wenn sie in Form von Eigengesellschaften der öffentlichen Hand erbracht wird. Da die Unternehmen an die Grundrechte gebunden sind, wäre bei Ausschluss der Y allein wegen der religiösen Überzeugung ihrer Mitglieder vom Geschäftsverkehr mit dem Verkehrsunternehmen ein Verstoß gegen Art. 4 GG und Art. 3 I GG zu bejahen.

Ein besonderes Problem des Verwaltungsprivatrechts entsteht dadurch, dass – wie die oben dargestellte Übersicht zeigt – auch Entscheidungsebenen miteinander kombiniert werden können, die unterschiedlichen Rechtsregimen unterliegen. Mit Hilfe der sog. **Zweistufentheorie** wird versucht, aus der Formenwahlfreiheit der Verwaltung in Bezug auf Organisation und Aufgabenbewältigung resultierende Folgeprobleme für die Anwendbarkeit des öffentlichen Rechts in den Griff zu bekommen. Die Zweistufentheorie beruht auf dem folgenden Grundmuster:

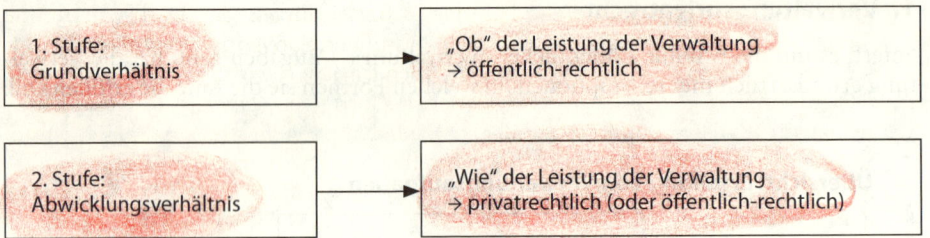

18 Gegen alle Kritik spricht für die Zweistufentheorie, dass sie ganz überwiegend zu sachgerechten Lösungen gelangt. In den einschlägigen Fallgruppen wurzelt der geltend gemachte Anspruch auf die Leistung regelmäßig im öffentlichen Recht, ohne dass deshalb die Notwendigkeit bestünde, das gesamte Rechtsverhältnis dem öffentlichen Recht zu unterwerfen. Vielmehr sind die Einzelheiten der Leistungsabwicklung häufig flexibler mit den Möglichkeiten des Privatrechts zu bewältigen.

Die Verwaltung ist allerdings nicht verpflichtet, auf der zweiten Stufe eine zur Anwendung der Zweistufentheorie führende privatrechtliche Ausgestaltung zu wählen. Es steht ihr im Rahmen ihrer Formenwahlfreiheit frei, auch die Abwicklung in den Formen des öffentlichen Rechts vorzunehmen. Die Zuordnung eines streitigen Rechtsverhältnisses zur Stufe des Grundverhältnisses oder der des Abwicklungsverhältnisses ist mithin nur erforderlich, wenn auf den Stufen unterschiedliche Rechtsformen gewählt wurden.

19 Eines der **Hauptanwendungsfelder der Zweistufentheorie** ist die **Subventionsvergabe**.[20] Subvention ist dabei eine vermögenswerte Zuwendung eines Staates oder eines anderen Verwaltungsträgers an einen Privaten zur Förderung eines im öffentlichen Interesse liegenden Zwecks ohne marktmäßige Gegenleistung des Subventionsempfängers. Beispiele sind die Förderung von im Allgemeininteresse liegenden Einrichtungen wie Theatern, Sportvereinen oder Privatkrankenhäusern oder Anreize zur Schaffung von Wohnraum oder Arbeitsplätzen.

Die Entscheidung über die Gewährung der Subvention erfolgt durch VA. Streitigkeiten darüber, ob ein Anspruch auf Subventionsgewährung besteht, treten auf der 1. Stufe auf und sind demzufolge öffentlich-rechtlicher Art. In der Klausur häufiger problematisch ist die Frage, ob Gleiches auch für Streitigkeiten über die Rückforderung von Subventionen gilt. Uneingeschränkt dem öffentlichen Recht zuzuordnen sind Rückgewährstreitigkeiten bei einstufigen Subventionsgewährungen in Form **„verlorener Zuschüsse"**. Nach bisher herrschender Auffassung sollten auch alle anderen Streitigkeiten über das „Ob" der Leistung der ersten Stufe zuzuordnen sein, so dass sich der **Rückzahlungsanspruch** bei Aufhebung des Bewilligungsbescheids selbst dann **nach öffentlichem Recht** richten sollte, wenn über die Gewährung eines Darlehens ein Darlehensvertrag abgeschlossen worden ist.[21]

Diese Auffassung hat das BVerwG in neuester Zeit modifiziert:

- Wenn sich aus dem Subventionsbescheid nicht unmittelbar ein **Anspruch** auf Auszahlung der Darlehenssumme, sondern nur **auf Abschluss des Darlehensvertrags** über die in dem Subventionsbescheid genannte Darlehenssumme ergibt, ist der **Dar-**

---

[20] Vgl. nur BVerwGE 1, 308 (309f.); 13, 47 (52); 35, 170 (171f.); 45, 13 (14); BGHZ 40, 206 (210); 61, 296 (299); BVerwG, NJW 2006, 536 (537).
[21] BVerwGE 13, 307 (309); 35, 170 (171).

§ 67. Verwaltungsrecht und öffentliches Recht

lehensvertrag Rechtsgrundlage für das **Behaltendürfen** der Darlehenssumme. Diese Gestaltung dürfte den Regelfall in zweistufigen Subventionsverhältnissen darstellen. Die Behörde muss mithin zunächst den Darlehensvertrag wegen des Wegfalls des zugrunde liegenden Subventionsbescheids kündigen (ein solches Kündigungsrecht ist regelmäßig in den Darlehensverträgen vorgesehen) und anschließend ihren zivilrechtlichen Bereicherungsanspruch geltend machen. Hier kann die Behörde also den Erstattungsbetrag nicht durch VA festsetzen, sondern muss ihn vor dem ordentlichen Gericht einklagen.[22]

- Anderes gilt, wenn der **Subventionsbescheid unmittelbare Grundlage für den Anspruch auf Auszahlung** des Darlehens ist und der zivilrechtliche Vertrag nur die weiteren Modalitäten wie Verzinsung, Rückzahlungsraten etc. regelt. Mit Wegfall des Subventionsbescheids darf der Subventionsempfänger das Darlehen nicht mehr behalten. In dieser Fallgestaltung ist **§ 49a VwVfG** anwendbar und die Streitigkeit über die Rückforderung öffentlich-rechtlicher Art.

Streitigkeiten, die einzelne Modalitäten der Darlehensgewährung wie Zinshöhe, Rückzahlungstermine o. ä. betreffen, haben ihre Grundlage in dem zivilrechtlichen Darlehensvertrag und sind vor den ordentlichen Gerichten auszutragen.

Ein breites Anwendungsfeld bietet sich der Zweistufentheorie schließlich bei der **Nutzung öffentlicher Einrichtungen,** z. B. Kindergärten, Schulen, Veranstaltungs-(Stadt-) Hallen, Friedhöfe, Entsorgungseinrichtungen, gemeindliche Volksfeste oder die Oberammergauer Passionsfestspiele. Zu unterscheiden ist, ob die öffentliche Einrichtung in öffentlicher oder privater Trägerschaft steht. 20

Wird die Einrichtung **unmittelbar von der öffentlichen Hand betrieben,** so sind Streitigkeiten über das **„Ob" der Nutzung,** d. h. über den Zugang zu und den Ausschluss von der Nutzung, dem **öffentlichen Recht** zuzuordnen. Dem hoheitlichen Träger der Einrichtung steht es frei, das Benutzungsverhältnis öffentlich-rechtlich oder privatrechtlich auszugestalten; dies gilt auch dann, wenn hinsichtlich des „Obs" der Nutzung ein Anschluss- und Benutzungszwang besteht[23]. Anhaltspunkte für eine privatrechtliche Ausgestaltung sind die Regelung der Benutzung durch Allgemeine Geschäftsbedingungen anstatt durch Satzung oder Allgemeinverfügung und die Bezeichnung der vom Benutzer zu erbringenden Leistung als Entgelt, Mietzins o. ä. anstatt als Gebühr. Bei **zivil-rechtlicher Ausgestaltung des Benutzungsverhältnisses** ist die Zweistufentheorie anwendbar. Streitigkeiten über das „Wie" der Benutzung sind dann im *Zivilrechtsweg* auszutragen. Allerdings gilt die Zuordnung zum öffentlichen Recht auf der ersten Stufe nur dann, wenn es sich um eine *öffentliche* Einrichtung handelt (→ § 84 Rn. 6), der Zulassungsakt also in den Formen des öffentlichen Rechts zu erfolgen hat. Geht es hingegen z. B. um die Benutzung einer privaten Einrichtung, deren Eigentümerin gerade eine Gemeinde ist, so wird von der Gemeinde über den Abschluss eines Nutzungsvertrages privatrechtlich entschieden.[24]

Die **Benutzung von in privater Trägerschaft befindlichen Einrichtungen** kann **nur privatrechtlich** geregelt werden. Über das „Wie" der Benutzung ist daher von den ordentlichen Gerichten zu entscheiden. Als Beklagter für die Geltendmachung eines Zulassungsanspruchs auf der Stufe des „Ob" der Benutzung kommt sowohl der private Träger der Einrichtung als auch die das Privatrechtssubjekt kontrollierende öffentliche Hand in

---

[22] BVerwG, NJW 2006, 536 (537).
[23] BVerwG, NVwZ 2005, 1072 (1073).
[24] VGH München, BayVBl. 2005, 443.

Betracht. Wird der **Benutzungsanspruch gegen den privatrechtlichen Betreiber** erhoben, so handelt es sich um eine privatrechtliche Streitigkeit.[25] Vor allem in den Fällen des gemeinderechtlichen Anspruchs auf Benutzung öffentlicher Einrichtungen, welcher von der Rechtsform der Einrichtungen unabhängig ist, kann der **Zulassungsanspruch** ebenso **gegen die Gemeinde** selbst geltend gemacht werden. Er richtet sich in diesem Fall nicht unmittelbar auf Erlass eines zulassenden VAs, sondern als Einwirkungsanspruch auf Realisierung der Einwirkungsmöglichkeiten der Gemeinde auf den privaten Träger.[26] Diese Streitigkeit ist selbst dann öffentlich-rechtlicher Art, wenn die aufgrund der Einwirkung erfolgende Zulassung durch den privaten Träger ein Privatrechtsakt ist.

2. Bedarfsdeckung

21 Durch **Bedarfsdeckungsgeschäfte** beschafft sich die Verwaltung die Personal- und Sachmittel, die sie benötigt, um ihr „Hauptgeschäft" betreiben, nämlich die eigentlichen Verwaltungsaufgaben erfüllen zu können. Man spricht deshalb auch von **fiskalischen Hilfsgeschäften.** Beispiele sind der Kauf von Büromaterial, Dienstkleidung und Dienstfahrzeugen oder Grundstücken, die Anmietung von Räumen, der Abschluss von Dienst- und Arbeitsverträgen mit Arbeitern und Angestellten sowie von Werkverträgen über Wartungs- und Reparaturarbeiten oder die Erbringung von Forschungsleistungen. Dabei handelt es sich ausnahmslos um den Abschluss privatrechtlicher Verträge. Dass die Verwaltung auch im Bereich der Bedarfsdeckungsgeschäfte der vollen **Grundrechtsbindung** aus Art. 1 III GG unterliegt, kann nicht mehr ernsthaft zweifelhaft sein (→ § 23 Rn. 1). Von Bedeutung ist insoweit vor allem die Bindung an die Gleichheitssätze des Art. 3 GG (→ § 30).

In welchen Formen sich diese Bedarfsdeckung zu vollziehen hat, ist Gegenstand des **Vergaberechts** (§§ 97ff. GWB, VgV, VOB/A, VOL/A). Dabei handelt es sich um ein nicht dem öffentlichen Recht zuzuordnendes privatrechtlich verfasstes Verwaltungsverfahren, auf das die Vorschriften des VwVfG weder unmittelbar noch analog anwendbar sind. Nur *insoweit*, wie die Bestimmungen des VwVfG Ausdruck eines allgemeinen Rechtsgrundsatzes sind, können sie herangezogen werden. Die Auftragsvergabe selbst erfolgt in Form des Abschlusses eines privatrechtlichen Vertrages. Streitigkeiten sind vor den ordentlichen Gerichten auszutragen.[27]

3. Erwerbswirtschaftliches Handeln

22 Auch dann, wenn sich die Verwaltung durch **erwerbswirtschaftliches Handeln** in der Absicht der Gewinnerzielung wie andere Marktteilnehmer am Wettbewerb beteiligt, verliert sie nicht ihre **Grundrechtsbindung** (→ § 23 Rn. 1). Beispiele sind die Führung von oder die Beteiligung an Unternehmen nach privatwirtschaftlichen Grundsätzen (Banken, Beteiligung des Landes Niedersachsen an der Volkswagen AG), der Betrieb von Staatsdomänen (landwirtschaftliche Betriebe, Forste) u. ä.

Die landeseigenen Bankgesellschaften können sich deshalb in **Fall 53** ihrer Bindung an Art. 4, 3 I GG nicht entziehen und Mitglieder der Y vom Geschäftsverkehr ausschließen.[28]

---

[25] BVerwG, NVwZ 1991, 59.
[26] BVerwG, NVwZ 1991, 59; OVG Berlin, NVwZ-RR 1993, 319; OVG Koblenz, DÖV 1986, 153.
[27] BVerwG, NVwZ 2007, 820.
[28] Vgl. BGH, DÖV 2004, 439 für den Fall der Kündigung eines Girovertrages mit einer vom BVerfG nicht für verfassungswidrig erklärten Partei durch eine von der öffentlichen Hand beherrschte Bank (Verstoß gegen Art. 3 I GG bejaht mit der Folge der Nichtigkeit der Kündigung nach § 134 BGB).

Drittes Kapitel. Das Handeln der Verwaltung

§ 68. Bindungen des Verwaltungshandelns

Fall 54: Pressefotograf F macht Bilder von einer Polizeirazzia gegen Drogendealer. Daraufhin wird sein Film beschlagnahmt. Dadurch soll das Recht der Polizeibeamten am eigenen Bild geschützt sowie verhindert werden, dass die Identität von Zivilfahndern publik wird, die einem Sondereinsatzkommando angehören. F hat Zweifel an der Rechtmäßigkeit der Beschlagnahme. Nach § 43 LPolG „kann die Polizei eine Sache sicherstellen, um eine gegenwärtige Gefahr für die öffentliche Sicherheit oder Ordnung abzuwehren".

I. Die Struktur der Entscheidungsfindung durch die Verwaltung

Abgesehen von dem noch zu behandelnden Fall der „gesetzesfreien" Verwaltung, vollzieht die Verwaltung die Gesetze. Hier besteht ihre Entscheidungsfindung also vor allem in der **Gesetzesanwendung.** Sofern es sich nicht um final programmierte Normen handelt, die der Verwaltung die Erreichung eines Handlungsziels vorgeben, sondern um in die Form des Konditionalprogramms gefasste Bestimmungen, vollzieht sich die Entscheidungsfindung – stark vereinfacht – in folgendem Raster: 1

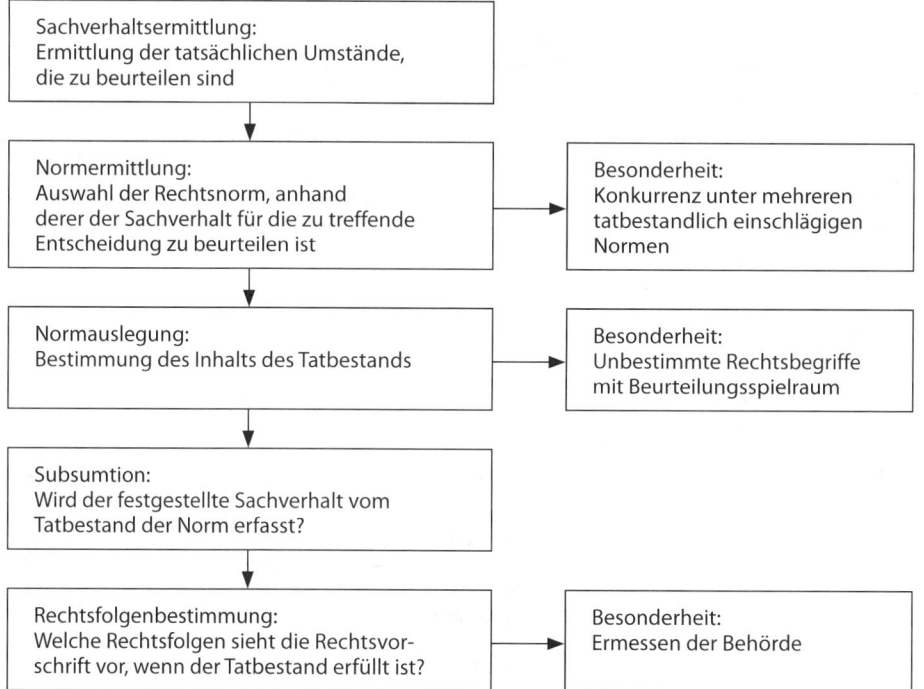

Je nach Ausgestaltung der einzelnen Norm verfügt die Verwaltung bei ihrer Entscheidung über eine **größere bzw. geringere Entscheidungsfreiheit.** Sofern sich eine Norm aus eindeutigen Rechtsbegriffen zusammensetzt, wird sie von der Verwaltung strikt vollzogen. Ist z. B. vorgesehen, dass alle Personen unter 18 Jahren kein Fahrzeug führen 2 dürfen, wird der zuständige Sachbearbeiter den Antrag eines Minderjährigen auf Erteilung einer Fahrerlaubnis ohne weiteres ablehnen. Weil der Gesetzgeber aber nicht immer alle sich in Zukunft ergebenden Probleme voraussehen kann und auch nicht in der Lage ist, im Voraus für jedes konkrete Problem die passende Lösung vorzusehen, wählt er häufig offenere Gesetzesformulierungen, die eine gewisse Flexibilität für die rechtsanwendende Behörde schaffen. Auf diese Weise kann sie den besonderen Umständen des jeweiligen Einzelfalls Rechnung tragen.

Unter den so genannten „offenen" Normen versteht man Regelungen, die der Verwaltung ein Ermessen einräumen oder unbestimmte Rechtsbegriffe enthalten.[1] Dies gilt etwa für die Untersagung eines Gewerbes nach § 35 I 1 GewO wegen „Unzuverlässigkeit" (unbestimmter Rechtsbegriff) oder die Vorschrift des § 20 I BImSchG, wonach die zuständige Behörde den Betrieb einer immissionsschutzrechtlich genehmigungsbedürftigen Anlage ganz oder teilweise untersagen „kann", bis der Betreiber der Anlage einer Auflage oder Anordnung nachkommt (Ermessen). Je nachdem, ob in dem zu beurteilenden Sachverhalt die für oder gegen eine Untersagung sprechenden Gründe überwiegen, wird sich die Behörde in die eine oder andere Richtung entscheiden. Über eine sehr weitgehende Entscheidungsfreiheit verfügt die Verwaltung in Bereichen, in denen sie ohne gesetzliche Ermächtigung tätig werden kann (→ § 7 Rn. 25 ff.). Da sie hier nicht durch Gesetzesvorschriften gebunden ist, ergeben sich Grenzen für ihr Handeln vor allem aus der Verfassung, insbesondere aus dem Gleichheitssatz (→ § 30 Rn. 3 ff.).

3 Zur Kenntlichmachung dieser **unterschiedlichen normativen Steuerung des Verwaltungshandelns** verwendet man verschiedene Begrifflichkeiten:

- Werden die Behörden – wie in manchen Bereichen der Leistungsverwaltung – ohne gesetzliche Grundlage tätig, spricht man von der **„gesetzesfreien Verwaltung."** Führt die Verwaltung gesetzliche Bestimmungen aus, wird dafür der Begriff der **„gesetzesakzessorischen Verwaltung"** verwendet. Steht der Verwaltung bei dem Gesetzesvollzug keinerlei Entscheidungsspielraum zu, trifft die Verwaltung eine **„gebundene Entscheidung."**

Gesetzesfreie Verwaltung = Verwaltung kann ohne gesetzliche Grundlage agieren Grenzen: vor allem Art. 3 GG	Gesetzesakzessorische Verwaltung = Verwaltung vollzieht gesetzliche Bestimmungen	
	Gebundene Verwaltung = Verwaltung steht bei der Ausführung der Gesetze kein Spielraum zu	Nicht strikt gebundene Verwaltung = die Gesetze räumen der Verwaltung einen Entscheidungs-(Ermessens-, Abwägungs-, Beurteilungs-)Spielraum ein

---

[1] *U. Häfelin/G. Müller/F. Uhlmann*, Allgemeines Verwaltungsrecht, 6. Aufl. 2010, Rn. 428 aa.

§ 68. Bindungen des Verwaltungshandelns

- Die **unbestimmten Rechtsbegriffe** befinden sich regelmäßig auf der Tatbestandsseite einer Rechtsnorm, also dort, wo die Voraussetzungen geregelt werden, die vorliegen müssen, damit die Verwaltung in einer bestimmten Weise handeln muss bzw. darf. **Ermessen** wird der Verwaltung dagegen auf der Rechtsfolgenseite der Norm eingeräumt.

> So sind im **Fall 54** Tatbestandsvoraussetzungen des § x LPolG das Vorliegen einer „gegenwärtigen" „Gefahr" für die „öffentliche Sicherheit/Ordnung." Sind diese gegeben, „kann" die Polizei eine Sache sicherstellen. Bei dieser Rechtsfolgeanordnung handelt es sich um eine Ermessensnorm. Die Verwaltung muss entscheiden, ob angesichts der Umstände des Einzelfalls eine Sicherstellung der Sache notwendig ist oder nicht. In der **Klausur** darf die Rechtsfolgenseite einer Norm erst nach Bejahung der Tatbestandsvoraussetzungen angesprochen werden. Liegt bereits keine gegenwärtige Gefahr vor, erübrigen sich die Ausführungen zur Rechtsfolge. Lediglich wenn eine Erörterung aller aufgeworfenen Probleme verlangt wird, ist nach dem Hinweis auf die fehlende Tatbestandsvoraussetzung in einem Hilfsgutachten die Rechtslage im Falle des hypothetischen Vorliegens der Tatbestandsvoraussetzungen weiter zu erörtern.

II. Unbestimmte Rechtsbegriffe und Beurteilungsspielraum

Die Gesetzesvorschriften weisen einen unterschiedlichen **Grad an Bestimmtheit** auf. Während manche Begriffe wie etwa „Sonntag" eindeutig sind, sind andere inhaltlich weniger klar gefasst. Beispiele dafür sind „Zuverlässigkeit", „Eignung", „Allgemeinwohl", „öffentliches Interesse" oder „wichtiger Grund". Hier muss der Begriff erst durch Auslegung präzisiert werden, bevor im Einzelfall beurteilt werden kann, ob ein Sachverhalt die jeweilige Tatbestandsvoraussetzung erfüllt oder nicht. Deshalb werden diese und ähnliche Begriffe als „unbestimmte Rechtsbegriffe" bezeichnet. Ihre Verwendung ist verfassungsrechtlich zulässig, wenn sie mit den üblichen juristischen Auslegungsmethoden konkretisiert werden können. Im Einzelfall hängt der Grad der zu fordernden Bestimmtheit von dem jeweils geregelten Gegenstand und der Regelungsintensität ab.[2]

> In **Fall 54** enthält § x LPolG mehrere unbestimmte Rechtsbegriffe. Denn es lässt sich nicht von vornherein eindeutig sagen, was unter den Tatbestandsmerkmalen der „öffentlichen Sicherheit" und „öffentlichen Ordnung" zu verstehen ist. Während in manchen Fällen das Vorliegen einer Gefahr eindeutig sein wird, kann die Einordnung von Grenzfällen durchaus Schwierigkeiten bereiten. Aus diesem Grund sind diese unbestimmten Rechtsbegriffe durch Auslegung weiter zu präzisieren.

Im Regelfall hat die Verwaltung bei der Konkretisierung des Inhalts eines unbestimmten Rechtsbegriffs keinen Spielraum. Nach juristischem Verständnis kann **nur eine Entscheidung richtig** sein. Die Verwaltung muss daher ausgehend vom Wortlaut, dem Sinn und Zweck der Vorschrift, ihrer Stellung im Normengefüge sowie der Gesetzgebungsgeschichte den Inhalt der jeweiligen Norm konkretisieren. Nicht durchsetzen konnte sich die Auffassung, dass der Verwaltung bei der Verwendung unbestimmter Rechtsbegriffe generell ein Beurteilungsspielraum zustehe.[3] Dies kann vielmehr nur in Ausnahmefällen angenommen werden (→ Rn. 10 ff.). Wegen der Rechtsschutzgarantie des Art. 19 IV GG (→ § 45) überprüfen die Gerichte Verwaltungsentscheidungen auch

---

[2] BVerfG, NVwZ 2010, 114 (117).
[3] Für einen Beurteilungsspielraum *O. Bachof*, JZ 1955, 97 ff.; *C. H. Ule*, Verwaltungsprozeßrecht, 8. Aufl. 1987, S. 9 ff.

bei unbestimmten Rechtsbegriffen vollumfänglich.[4] Das Gericht überprüft also nicht die Begriffsauslegung der Verwaltung lediglich auf ihre Plausibilität, sondern legt die unbestimmten Rechtsbegriffe selbst aus.

1. Unbestimmte Rechtsbegriffe im Polizeirecht

6 Angesichts der hohen Klausurrelevanz wird nachfolgend die Auslegung einiger besonders wichtiger unbestimmter Rechtsbegriffe aus dem Polizeirecht vorgestellt.

Unter **„öffentlicher Sicherheit"** im Sinne des Gefahrenabwehrrechts ist die Unverletzlichkeit der Rechtsordnung, der subjektiven Rechte und Rechtsgüter des Einzelnen sowie der Bestand und das Funktionieren der Einrichtungen und Veranstaltungen des Staates und der sonstigen Träger der Hoheitsgewalt zu verstehen.[5]

- Wegen der weitgehenden Verrechtlichung aller Lebensbereiche ist heute der **Schutz der Unversehrtheit der Rechtsordnung**, d. h. die Abwehr von Verletzungen der positiven Rechtsordnung, das Hauptaufgabenfeld der Polizei- und Ordnungsbehörden.[6]

  Da die Polizei im **Fall 54** zum Schutz der Rechte der abgebildeten Zivilfahnder am eigenen Bild einschritt, um eine strafbare Verbreitung oder öffentliche Zurschaustellung von Bildnissen zu verhindern, erfolgte ihr Handeln zum Schutz der Rechtsordnung. Voraussetzung dafür ist jedoch, dass sich die Zivilfahnder tatsächlich auf das Recht am eigenen Bild berufen können (→ § 27 Rn. 7).

- Das Privatrecht wird ebenfalls als Bestandteil der Rechtsordnung vom Schutzelement der öffentlichen Sicherheit erfasst. Nach den einschlägigen Landespolizeigesetzen gibt es für den Schutz privater Rechte durch die Polizei aber eine Einschränkung. Sie darf nur einschreiten, wenn gerichtlicher Rechtsschutz nicht rechtzeitig zu erlangen ist oder ohne die polizeiliche Hilfe die Verwirklichung des Rechts vereitelt oder wesentlich erschwert wird (§ 2 II PolG BW; Art. 2 II BayPAG; § 1 II BbgPolG; § 1 III NSOG; § 1 II PolG NW). Allerdings gilt diese **polizeiliche Subsidiaritätsklausel** nicht, wenn das private Recht oder Rechtsgut zugleich durch eine öffentlich-rechtliche Norm geschützt wird.[7]

- Unter dem **Schutz des Staates und seiner Einrichtungen** fasst man deren physischen Schutz, die Gewährleistung von Veranstaltungen und den Erhalt der Funktionsfähigkeit dieser Einrichtungen zusammen.[8]

  Weil die Polizei im **Fall 54** die weitere Funktionsfähigkeit des aus Zivilfahndern bestehenden Sondereinsatzkommandos sichern wollte, wurde sie zu diesem Zweck tätig.[9]

7 Im Gegensatz zur öffentlichen Sicherheit bezieht sich das Schutzgut der **öffentlichen Ordnung** nur auf ungeschriebene Verhaltensregeln. Unter der öffentlichen Ordnung versteht man die Gesamtheit der ungeschriebenen Regeln, deren Befolgung nach den

---

[4] BVerfGE 64, 261 (279); 84, 34 (49 f.); BVerfG, NJW 2001, 1121 (1123); *G. Beaucamp*, JA 2002, 314 (315).
[5] BVerwG, NJW 2012, 2676 Rn. 23; OLG Brandenburg, NVwZ-RR 2015, 32 (33).
[6] Näher *F. Schoch*, Jura 2003, 177 (178).
[7] Dazu *F. Schoch*, Jura 2003, 177 (179).
[8] *F. Schoch*, Jura 2003, 177 (179).
[9] BVerwG, NJW 2012, 2676 Rn. 25.

§ 68. Bindungen des Verwaltungshandelns

jeweils herrschenden sozialen und ethischen Anschauungen unerlässliche Voraussetzung für das geordnete Zusammenleben innerhalb eines bestimmten Gebiets ist.[10] Trotz mancher kritischer Stimmen wird das polizeiliche Schutzgut der „öffentlichen Ordnung" von der überwiegenden Meinung wegen seiner jahrzehntelangen Präzisierung durch die Rechtsprechung und Lehre als verfassungsrechtlich noch ausreichend bestimmt angesehen.[11] Das Schutzgut der öffentlichen Ordnung ist restriktiv zu handhaben. Da eine „anerkannte" Sozialnorm tangiert werden muss, sind die persönlichen Anschauungen des einzelnen Behördenvertreters oder Richters nicht maßgeblich.[12]

Der **Begriff der Gefahr** wird im Polizei- und Ordnungsrecht in mehrfachen Abstufungen verwendet. 8

- Eine **konkrete Gefahr** liegt vor, wenn eine Sachlage oder ein Verhalten bei ungehindertem Ablauf des objektiv zu erwartenden Geschehens mit hinreichender Wahrscheinlichkeit ein polizeiliches Schutzgut schädigen wird.[13] Weder muss der Schadenseintritt mit Gewissheit feststehen noch reicht die bloße Möglichkeit des Eintritts eines Schadens aus.[14] An die Wahrscheinlichkeit des Schadenseintritts sind dabei umso geringere Anforderungen zu stellen, je bedeutsamer und höherrangiger das bedrohte Rechtsgut ist.[15] Bei bloßen Belästigungen und Geschmacklosigkeiten wird in der Regel die Gefahrenschwelle nicht überschritten.[16] Eine Gefahr ist **gegenwärtig** bzw. *unmittelbar bevorstehend*, wenn der Schaden sofort oder in allernächster Zukunft mit an Sicherheit grenzender Wahrscheinlichkeit zu erwarten ist.[17] Unter einer **erheblichen Gefahr** versteht man eine qualitativ gesteigerte Gefahr, weil entweder bedeutsame Rechtsgüter gefährdet oder der Umfang des Schadens bzw. die Intensität der Störung besonders groß sind.[18]

Im **Fall 54** darf nach § x LPolG eine Beschlagnahme nur bei einer „gegenwärtigen" Gefahr für die öffentliche Sicherheit und Ordnung erfolgen. Es muss also im Zeitpunkt polizeilichen Handelns mit an Sicherheit grenzender Wahrscheinlichkeit mit einem sofortigen oder baldigen Schadenseintritt zu rechnen sein. Daran bestehen zumindest Zweifel. Denn zum einen ist ungewiss, ob Fotograf F die von ihm gemachten Bilder ohne das Einverständnis der betroffenen Beamten veröffentlichen wird, zum anderen ist nicht sicher, ob die Fotos die Identifizierung der einzelnen Beamten zulassen bzw. ob ihre Gesichter im Falle einer Veröffentlichung nicht durch Balken unkenntlich gemacht werden. Grundsätzlich könnte im Hinblick auf die bestehenden straf- und zivilrechtlichen Sanktionen davon ausgegangen werden, dass sich Fotograf F rechtstreu verhalten wird.[19] Das BVerwG hat Fall 54 hingegen über den Grundsatz der

---

[10] BVerfG, DVBl. 2001, 558 (559); BVerwG, NJW 1980, 1640 (1641); VG Dresden, NVwZ-RR 2003, 848 (850).
[11] BVerfGE 54, 143 (144f.); dazu auch *F. Schoch,* Jura 2003, 177 (180).
[12] Näher dazu *F. Schoch,* Jura 2003, 177 (180).
[13] BVerwG, DÖV 1970, 713 (715); NJW 2012, 2676 Rn. 27; OVG Lüneburg, DÖV 2006, 122 (123); VGH Mannheim, DVBl. 2013, 119 (121); OLG Brandenburg, NVwZ-RR 2015, 32 (33).
[14] BVerwG, NJW 2012, 2676 Rn. 27.
[15] BVerwG, DÖV 1970, 713 (715); NJW 2012, 2676 Rn. 27; OVG Münster, NVwZ-RR 2013, 678; VGH Mannheim, DVBl. 2013, 119 (121).
[16] VGH Kassel, NJW 1984, 1368 (1369); VGH Mannheim, VBlBW 1996, 232.
[17] OVG Bautzen, SächsVBl. 2008, 89 (90); OVG Bremen, NVwZ 2001, 221; OVG Münster, NWVBl. 2012, 278 (279); OLG Brandenburg, NVwZ-RR 2015, 32 (33).
[18] *Schenke,* Polizei- und Ordnungsrecht, Rn. 78; *Waechter,* Polizei- und Ordnungsrecht, Rn. 285.
[19] OVG Saarlouis, AS 29, 428 (436). Das BVerwG (BVerwG, NJW 2012, 2676 Rn. 32) hält diesen Gesichtspunkt für nicht entscheidend.

Verhältnismäßigkeit (→ § 24 Rn. 32 ff.) gelöst: Die Beschlagnahme des Films greift in unverhältnismäßiger Weise in das Grundrecht auf Pressefreiheit aus Art. 5 I 2 GG ein, da es ausreicht, zunächst mit dem Journalisten eine Verständigung und das „Ob" und „Wie" der Veröffentlichung des Bildes herbeizuführen und erst dann, wenn eine solche Verständigung scheitert, eine Polizeiverfügung zu erlassen. Nur wenn aus der ex-ante-Sicht der vor Ort handelnden Polizeibeamten die Erzielung einer solchen Einigung ausgeschlossen ist oder ein späteres Vorgehen gegen eine Veröffentlichung des Bildes zum Schutz des polizeilichen Schutzgutes definitiv nicht mehr ausreicht, kann bereits die Entstehung der Aufnahmen verhindert oder der Film beschlagnahmt werden.[20]

Insbesondere beim Erlass einer **Polizeiverordnung** wird an das Vorliegen einer **abstrakten Gefahr** angeknüpft. Eine abstrakte Gefahr liegt vor, wenn ein bestimmtes Verhalten oder eine Sachlage nach allgemeiner Lebenserfahrung oder nach den Erkenntnissen fachkundiger Stellen regelmäßig zu einer konkreten Gefahr für ein polizeiliches Schutzgut führt.[21] Nicht ausreichend ist es, dass sich die Möglichkeit einer Schadensrealisierung lediglich nicht ausschließen lässt. Insoweit handelt es sich um einen im Vorfeld einer Gefahr anzusiedelnden **Gefahrenverdacht,** gegen dessen Realisierung nicht mit Hilfe einer Polizeiverordnung vorgegangen werden kann. Im Falle eines Gefahrenverdachts ist vielmehr auf normativer Ebene allein der Gesetzgeber zum Handeln berufen.[22] So bestehen bspw. keine Erkenntnisse darüber, dass Alkoholkonsum in der Öffentlichkeit typischerweise zu Gewaltdelikten führt. Eine Polizeiverordnung, die das Konsumieren von Alkohol in der Öffentlichkeit untersagt, überschreitet daher die Grenzen der in den Polizeigesetzen enthaltenen Ermächtigungsgrundlagen.[23]

9 Die Feststellung des Vorliegens einer Gefahr erfordert eine **Prognoseentscheidung** der Polizei, welche gerichtlich voll überprüfbar ist. Die Entscheidung ist rechtmäßig, wenn hinreichende tatsächliche Anhaltspunkte den Schluss auf den drohenden Eintritt von Schäden rechtfertigen.[24] Voraussetzung für die Rechtmäßigkeit polizeilichen Handelns ist grundsätzlich, dass im Zeitpunkt des Einschreitens die **Gefahr bei objektiver Betrachtung** vorliegt.[25] In der Praxis stellt sich manchmal im Nachhinein heraus, dass die Lage entgegen der Einschätzung des Polizeibeamten vor Ort objektiv ungefährlich war. In diesen Fällen ist bei der rechtlichen Würdigung zu differenzieren:

- Durfte die Polizei im Zeitpunkt ihres Einschreitens bei verständiger Würdigung der objektiven Anhaltspunkte durch einen fähigen, besonnenen und sachkundigen Amtswalter von einer Gefahr ausgehen, handelt es sich um eine **Anscheinsgefahr.** Diese wird gefahrenabwehrrechtlich einer tatsächlichen Gefahr gleichgestellt. Würden Polizeibeamte wegen etwaiger Unsicherheiten über das tatsächliche Vorliegen einer Gefahr bloß zögerlich einschreiten, weil nur die ex post Betrachtung zählt, würde die Wirksamkeit der Gefahrenabwehr erheblich beeinträchtigt[26] (zum Entschädigungsanspruch des Anscheinsstörers → § 88 Rn. 13 f.).
- Im Unterschied zur Anscheinsgefahr hält bei der **Putativgefahr** der handelnde Beamte eine Gefahrenlage für gegeben, ohne dass dafür hinreichende objektive Anhaltspunkte vorliegen.

---

[20] BVerwG, NJW 2012, 2676 Rn. 35.
[21] OVG Bremen, NVwZ 2000, 1435 (1436); siehe auch BVerwG, DÖV 1970, 713 (715).
[22] BVerwG, NVwZ 2003, 95 (96).
[23] VGH Mannheim, VBlBW 2010, 29 (30 ff.).
[24] OVG Bautzen, SächsVBl. 2008, 89 (90); VGH Mannheim, VBlBW 2011, 350 (351).
[25] OVG Münster, DVBl. 2013, 931 (932).
[26] OVG Bremen, NVwZ 2001, 221; OVG Koblenz, DVBl. 1998, 101 (102); OVG Lüneburg, DVBl. 1983, 464 (465); OVG Münster, NVwZ-RR 2013, 678; VGH Mannheim, NVwZ 1991, 493; VBlBW 2011, 350 (351).

§ 68. Bindungen des Verwaltungshandelns

Weil die Gefahr nur zum Schein besteht, nämlich weder aus der ex ante noch aus der ex post Sicht gegeben ist, ist das polizeiliche Handeln rechtswidrig.[27]

- Beim **Gefahrenverdacht** ist sich die Polizei nicht sicher, ob tatsächlich eine Gefahr vorliegt, wobei die größere Wahrscheinlichkeit aber dafür spricht. Die wohl überwiegende Meinung behandelt auch den Gefahrenverdacht als Gefahr im Sinne des Gefahrenabwehrrechts. Wegen des Verhältnismäßigkeitsprinzips darf die Polizei aber zunächst nur Maßnahmen der Gefahrenerforschung ergreifen. Lediglich wenn dazu keine Zeit bleibt oder besonders hochwertige Rechtsgüter auf dem Spiel stehen, können auch beim Gefahrenverdacht endgültige Maßnahmen auf die polizeiliche Generalklausel gestützt werden.[28]

- Vom Vorliegen eines Gefahrenverdachts zu unterscheiden ist die Situation, dass es lediglich nicht auszuschließen ist, dass eine Störung eintreten könnte, und Ursachenzusammenhänge, die zumindest eine gewisse Wahrscheinlichkeit einer solchen Entwicklung begründen könnten, nicht bekannt sind. Ein Handeln der Polizei in dieser Situation wäre eine bloße **Gefahrenvorsorge,** die sich nicht auf die polizeiliche Generalklausel stützen lässt.[29]

2. Beurteilungsspielräume der Behörde

Behördliche Beurteilungsspielräume sind mit einer **Reduzierung der gerichtlichen Kontrolldichte** hinsichtlich der Rechtsanwendung – allerdings auch nur in dieser Hinsicht – auf den konkreten Fall, d. h. der Subsumtion, verbunden. Der vollen gerichtlichen Überprüfung unterliegen hingegen die Auslegung der anzuwendenden Rechtsnormen sowie die Feststellung der entscheidungserheblichen Tatsachen.[30] Beurteilungsspielräume werden nur ausnahmsweise zuerkannt und bedürfen einer besonderen Rechtfertigung.[31] Nach der maßgeblichen „normativen Ermächtigungslehre" muss sich aus der einschlägigen Gesetzesvorschrift mit hinreichender Deutlichkeit ergeben, dass der Verwaltung bei der Entscheidungsfindung ein Beurteilungsspielraum zusteht.[32] Unproblematisch sind diejenigen Fälle, in denen sich explizit aus einer Rechtsnorm die Befugnis der Verwaltung zur letztverbindlichen Auslegung eines unbestimmten Rechtsbegriffs ergibt. So ist nach § 71 V 2 GWB die Würdigung der gesamtwirtschaftlichen Lage und Entwicklung durch die Kartellbehörden der gerichtlichen Nachprüfung entzogen. Ausweislich des § 10 II 2 TelekommG steht der Bundesnetzagentur bei der Bestimmung der für eine Regulierung in Betracht kommenden Telekommunikationsmärkte ein Beurteilungsspielraum zu.[33] Ansonsten ist im Wege der Auslegung der einzelnen Gesetzesbestimmung zu ermitteln, ob der Behörde ein Beurteilungsspielraum zustehen soll. Die Rechtsprechung hat bislang nur in wenigen Fallgruppen eine Letztentscheidungsbefugnis der Verwaltung anerkannt:

10

---

[27] VGH Mannheim, NVwZ 1991, 493 („Scheingefahr"). Zur Putativgefahr *Waechter,* Polizei- und Ordnungsrecht, Rn. 244.

[28] BVerwGE 39, 190 (196); OVG Münster, UPR 2003, 195; *S. Beljin/L. Micker,* JuS 2003, 556 (559). Ablehnend zur polizeilichen Generalklausel als Ermächtigungsgrundlage *F. Wapler,* DVBl. 2012, 86 (88 ff.).

[29] VGH Mannheim, DVBl. 2013, 119 (121).

[30] BVerfG, DVBl. 2010, 250 (251).

[31] BVerfGE 64, 261 (279); BVerfG, DVBl. 2010, 250 (bloße Verwendung eines unbestimmten Rechtsbegriffs reicht nicht aus); NVwZ 2011, 1062 (1065); BVerwG, NVwZ 1991, 568 (569); *G. Beaucamp,* JA 2002, 314 (315).

[32] BVerfGE 61, 82 (111); BVerfG, NJW 2001, 1121 (1123); DVBl. 2010, 250; NVwZ 2011, 1062 (1065); DVBl. 2012, 230 (231); BVerwGE 100, 221 (225 f.); *R. Kroh,* DVBl. 2000, 102 (103).

[33] Eingehend dazu BVerwG, NVwZ 2008, 1359 ff.

11 ■ Ein Beurteilungsspielraum für die Verwaltung besteht bei **Prüfungsentscheidungen** (z. B. Abitur, Staatsexamen). Sie erfordern schwierige Bewertungen, die mit Rücksicht auf die Chancengleichheit aller Kandidaten im Gesamtzusammenhang des Prüfungsverfahrens getroffen werden müssen und sich nicht ohne Weiteres in einem nachfolgenden Verwaltungsstreitverfahren einzelner Kandidaten isoliert nachvollziehen lassen. Dementsprechend vertritt die verwaltungsgerichtliche Rechtsprechung seit langem, dass sich die gerichtliche Nachprüfung von Prüfungsentscheidungen darauf beschränkt, ob (1.) bei der Prüfung die Verfahrensvorschriften eingehalten wurden, (2.) die Prüfer vom zutreffenden Sachverhalt ausgegangen sind, (3.) die Prüfer die allgemein anerkannten Bewertungsmaßstäbe beachtet haben und (4.) keine sachfremden Erwägungen angestellt wurden.[34]

Das BVerfG hat diese Rücknahme der gerichtlichen Kontrolle gebilligt, soweit es um die Nachprüfung **prüfungsspezifischer Bewertungen** geht. **Fachwissenschaftliche Fragen,** die der wissenschaftlichen Erörterung zugänglich sind, sind jedoch wegen der Beeinträchtigung der Berufsfreiheit (Art. 12 I GG) der Prüfungskandidaten durch die Prüfungsentscheidung gerichtlich voll nachprüfbar. Hat ein Prüfling eine vertretbare und mit gewichtigen Argumenten folgerichtige Antwort gegeben, darf diese vom Prüfer nicht als falsch bewertet werden.[35] Derartige Fachfragen können die Richter – notfalls mit sachverständiger Hilfe – nachvollziehen. Im Übrigen sind die Defizite bei der Gerichtskontrolle von Prüfungsentscheidungen soweit wie möglich durch entsprechende Anforderungen an das Prüfungsverfahren auszugleichen. So folgt aus den Grundrechten auf freie Berufswahl (Art. 12 I GG) und auf effektiven Rechtsschutz (Art. 19 IV GG) ein Anspruch des Prüflings auf Mitteilung der Gründe, aufgrund derer ein Prüfer zu einer bestimmten Bewertung der Prüfungsleistung gelangt ist.[36]

■ Dieselben Erwägungen gelten für **prüfungsähnliche Entscheidungen** (z. B. Versetzung in die nächsthöhere Klasse) und **dienstrechtliche Beurteilungen.**[37] Gleichzustellen sind Fälle, in denen die behördliche Entscheidung **inhaltlich durch einen Sachverständigen** getroffen wird und auch das Gericht für die Kontrolle dieser Entscheidung seinerseits auf die Einholung eines Sachverständigengutachtens angewiesen wäre (Beispiel: sensorische Weinprüfung).[38]

12 ■ Des Weiteren unterliegen Entscheidungen wertender Art durch **weisungsfreie Ausschüsse,** die nach bestimmten Kriterien mit Vertretern besonderen Sachverstandes oder spezifischer gesellschaftlicher Gruppen zusammengesetzt sind, oftmals nur einer eingeschränkten gerichtlichen Kontrolle. Zu nennen ist etwa die Bundesprüfstelle, welche über die Indizierung jugendgefährdender Schriften und Medieninhalte entscheidet. Hier hat die Bundesprüfstelle einen Beurteilungsspielraum, soweit es um die Abwägungsentscheidung zwischen Jugendschutz und Kunstfreiheit geht. Wegen ihrer Zusammensetzung aus Vertretern der Kunst, der Literatur, der Jugendverbände und Kirchen sind an der Indizierungsentscheidung diejenigen Kreise beteiligt, die für die Beurteilung des jugendgefährdenden Charakters oder der künstlerischen Bedeutung von Schriften wegen ihres praktischen Erfahrungshorizonts besonders qualifiziert sind. Weil die Abwägung der verschiedenen kollidierenden Güter durch ein unabhängiges und staatsfernes Gremium in einer pluralistischen Meinungsbildung erfolgen soll, ist dieser Entscheidungsvorgang nach dem Willen des Gesetzgebers der gerichtlichen Kontrolle entzogen.[39]

■ Wegen der Ungewissheiten und Unabwägbarkeiten kann der Verwaltung schließlich bei **Prognoseentscheidungen und Risikobewertungen** insbesondere im Bereich des Umwelt- und

---

[34] BVerwG, NJW 2012, 2054; Zusammenfassung bei BVerfGE 84, 34 (53 f.).
[35] BVerfGE 84, 34 (53 ff.); siehe auch OVG Greifswald, LKV 2003, 565 f.
[36] BVerwGE 99, 185 (189 ff.) zu den unterschiedlichen Anforderungen an die Begründung schriftlicher und mündlicher Prüfungsleistungen.
[37] Vgl. BVerfG, DVBl. 2002, 1203 ff. zu den dienstrechtlichen Beurteilungen; BVerfG, NJW 2003, 3111 (3112).
[38] BVerwG, DÖV 2007, 797 (799).
[39] BVerwGE 91, 211 (216 f.); a. M. *G. Beaucamp,* JA 2002, 314 (318), weil die Bundesprüfstelle sonst weder einer parlamentarischen noch gerichtlichen Kontrolle unterliege.

§ 69. Ermessen der Verwaltung

Technikrechts ein Beurteilungsspielraum eingeräumt sein.[40] Beispielsweise obliegt den Verwaltungsbehörden die letztverbindliche Entscheidung nach § 7 II Nr. 3 AtG, ob die „nach dem Stand von Wissenschaft und Technik erforderliche Vorsorge gegen Schäden" durch die Errichtung und den Betrieb einer atomaren Anlage getroffen ist. Denn die Exekutive ist im Vergleich zu den Verwaltungsgerichten zur Verwirklichung des Grundsatzes bestmöglicher Gefahrenabwehr und Risikovorsorge sehr viel besser ausgerüstet.[41]

§ 69. Ermessen der Verwaltung

Fall 55: Aus der Wohnung des X, der eine Party veranstaltet, dringt mitten in der Nacht laute Musik. Der von den lärmgeplagten Nachbarn gerufene Polizeibeamte P ist der Auffassung, in sämtlichen Fällen, in denen eine Gefahr für die öffentliche Sicherheit vorliegt, zum Einschreiten verpflichtet zu sein. Er überlegt, in welcher Weise er gegen X vorgehen kann.

I. Eröffnung des Ermessens

Um der Vielgestaltigkeit der Lebenssachverhalte gerecht zu werden, kann der Gesetzgeber der Verwaltung auf der Rechtsfolgenseite einer Norm Entscheidungsspielräume eröffnen. Von Ermessen spricht man, wenn die Verwaltung bei Verwirklichung des gesetzlichen Tatbestands einer Norm nicht auf eine bestimmte Rechtsfolge festgelegt wird, sondern **zwischen verschiedenen Verhaltensweisen wählen** kann. Die Einräumung von Ermessen durch den Gesetzgeber kann auf verschiedenste Weise geschehen: So entscheidet die Behörde nach § 22 S. 1 VwVfG explizit „nach pflichtgemäßem Ermessen" über die Durchführung eines Verwaltungsverfahrens. In der Regel wird der Verwaltung Ermessen jedoch nicht in dieser Weise ausdrücklich, sondern durch die Verwendung der Formulierungen „kann," „darf," „ist berechtigt" oder „ist befugt" eingeräumt.

1

Bei der von P in **Fall 55** angewandten polizeilichen Generalklausel handelt es sich um eine Ermessensnorm: Die Polizei „kann" bei einer Gefahr für die öffentliche Sicherheit die erforderlichen Maßnahmen ergreifen. Sie wird also nicht auf eine bestimmte Rechtsfolge festgelegt, sondern muss selbst entscheiden, ob aufgrund der besonderen Umstände des Falles ein Einschreiten geboten ist. Deshalb ist die Auffassung von P falsch, bei Vorliegen der Tatbestandsvoraussetzungen der Generalklausel stets einschreiten zu müssen.

Zwischen den „Kann-Vorschriften" und den „Muss-Vorschriften", die einen Entscheidungsspielraum der Behörde auf der Rechtsfolgenseite ausschließen, stehen die **Sollens-Normen**. Beispiel dafür ist § 25 I 1 VwVfG, wonach die Behörde die Abgabe von Erklärungen etc. anregen „soll". Bei derartigen Vorschriften hat die Verwaltung im Regelfall die gesetzlich vorgesehene Rechtsfolge – im Beispiel also die Anregung der Abgabe von Erklärungen – zu ergreifen. In atypischen Fällen kann sie sich jedoch für eine andere als die gesetzlich vorgesehene Rechtsfolge entscheiden. Im Vergleich zu den gewöhnlichen Ermessensnormen ist der Spielraum der Verwaltung bei den „Soll-Vorschriften" also geringer.

2

Die „Soll-Vorschriften" sind ein Unterfall der Bestimmungen, die mit den Worten des BVerwG ein **„intendiertes" Ermessen** beinhalten. Mit dieser Wortwahl soll zum Ausdruck gebracht werden, dass der Gesetzgeber für den Regelfall bereits selbst die Entscheidung getroffen hat, in welche Richtung das Ermessen ausgeübt zu werden hat.[1] Beispiel außerhalb der Sollens-Normen für eine sol-

---

[40] Zu den Prognoseentscheidungen BVerwGE 79, 208 (213 ff.); 82, 295 (301); zu den Risikoermittlungen und -bewertungen BVerwGE 81, 185 (190 ff.).
[41] BVerwGE 72, 300 (315 ff.); 106, 115 (120 ff.).
[1] BVerwGE 72, 1 (6); 91, 82 (90); 105, 55 (57).

che Vorschrift ist § 49 III VwVfG. Danach „kann" die Verwaltung einen VA, der eine Geldleistung zur Erfüllung eines bestimmten Zwecks gewährt, u. a. rückwirkend aufheben, wenn die Leistung nicht zweckentsprechend verwendet wird. Obwohl der Gesetzeswortlaut hier auf eine gewöhnliche Ermessensnorm hindeutet, verfügt die Verwaltung nur über einen engeren Entscheidungsspielraum. Dies ergibt sich aus der Auslegung der Gesetzesvorschrift. Nach dem Willen des Gesetzgebers soll die Verwaltung im Regelfall den jeweiligen VA aufheben. Lediglich bei Vorliegen eines atypischen Sachverhalts darf die Verwaltung eine gegenteilige Entscheidung treffen.[2] Von Bedeutung ist die Kategorie des „intendierten" Ermessens insbesondere deshalb, weil das BVerwG in den Fällen, in denen die Behörde entsprechend der gesetzlichen Regelvorgabe entscheidet und einen entsprechenden VA erlässt, eine Begründung des VAs (→ § 79 Rn. 4) für nicht notwendig hält.[3] Dem wird man nicht folgen können, da auch die Erwägungen der Behörde, warum im Einzelfall eine der gesetzlichen Leitvorstellung entsprechende Konstellation vorliegt oder nicht vorliegt, der Begründungspflicht nach § 39 VwVfG unterfällt.

Kein Entscheidungsspielraum der Verwaltung	**Geringer Entscheidungsspielraum der Verwaltung**	**Größerer Entscheidungsspielraum der Verwaltung**
= die Verwaltung *muss* eine bestimmte Rechtsfolge ergreifen	= bei den Sollens- und intendierten Ermessensnormen *soll* die Verwaltung die vom Gesetzgeber vorgegebene Rechtsfolge wählen, sofern keine atypischen Umstände vorliegen	= die Verwaltung *kann* diejenige Rechtsfolge wählen, die ihr im Hinblick auf den jeweiligen Einzelfall am passendsten erscheint
Die Behörde „hat" den Betrieb einer Anlage unter den Voraussetzungen des § 20 I 2 BImSchG zu untersagen.	Die Behörde „soll" unter den Voraussetzungen des § 20 II 1 BImSchG die Stilllegung einer Anlage anordnen.	Die Behörde „kann" den Betrieb einer Anlage unter den Voraussetzungen des § 20 I 1 BImSchG untersagen.

II. Struktur der Ermessensentscheidung

3   Die Ermessensnormen räumen der Verwaltung die **Möglichkeit zur eigenverantwortlichen, wenn auch gesetzlich gelenkten Entscheidung** ein. Durch den Verzicht auf ein abschließendes Entscheidungsprogramm überträgt der Gesetzgeber der Verwaltung die Verantwortung für die Sachrichtigkeit ihres Handelns. Sie soll die Entscheidung treffen, welche den besonderen Umständen des Einzelfalls am besten Rechnung trägt. Dazu muss die Verwaltung den Sachverhalt möglichst vollständig aufklären und die von der Entscheidung betroffenen Interessen aufdecken. Sie muss klare Zielvorstellungen entwickeln, die unterschiedlichen Handlungsmöglichkeiten ermitteln und prüfen, durch welches Mittel das angestrebte Ziel unter Herbeiführung eines gerechten Interessenausgleichs am besten erreicht wird.[4] Vielfach wird ihre Entscheidung auch von Zweckmäßigkeits- und Billigkeitserwägungen bestimmt.[5]

---

[2] BVerwGE 72, 1 (6); 105, 55 (57); OVG Münster, NVwZ-RR 2003, 803 (805).
[3] BVerwGE 72, 1 (6); 105, 55 (57); OVG Münster, NVwZ-RR 2003, 803 (805).
[4] *R. Brühl,* JuS 1995, 249 (250).
[5] *Maurer* § 7 Rn. 13.

§ 69. Ermessen der Verwaltung

Je nach der Entscheidung, die im Ermessen der Behörde steht, unterscheidet man zwischen dem **Entschließungs- und Auswahlermessen**. Die Verwaltung verfügt über ein „Entschließungsermessen," wenn es ihrer Wahl überlassen bleibt, ob sie überhaupt tätig werden möchte. Das „Auswahlermessen" betrifft dagegen die Frage, welche von mehreren denkbaren Maßnahmen die Verwaltung ergreifen möchte oder wie eine Maßnahme näher ausgestaltet werden soll. Auf einen kurzen Nenner gebracht, geht es beim Entschließungsermessen um das „Ob" des Handelns, beim Auswahlermessen um das „Wie" des Handelns. Für jede Norm muss gesondert ermittelt werden, ob sie den Behörden nur ein Auswahl- bzw. nur ein Entschließungsermessen oder beides gleichzeitig eröffnet.

4

Die von P in **Fall 55** als einschlägig erachtete polizeiliche Generalklausel (→ § 75 Rn. 9) eröffnet in zweifacher Hinsicht Ermessen: Zunächst muss sich P darüber klar werden, ob eine Hinnahme des nächtlichen Musikvergnügens des X möglich oder ein Einschreiten geboten ist (Entschließungsermessen). Bejahendenfalls muss er sich über die Art und Weise der zu ergreifenden Maßnahmen Gedanken machen (Auswahlermessen): Soll er dem X aufgeben, die Musik leiser zu stellen oder gar die Party zu beenden? Soll er die Besucher des X selbst nach Hause schicken? Denkbar wäre aus Sicht des P auch, die Musikanlage des X mitzunehmen oder den X über Nacht einzusperren.

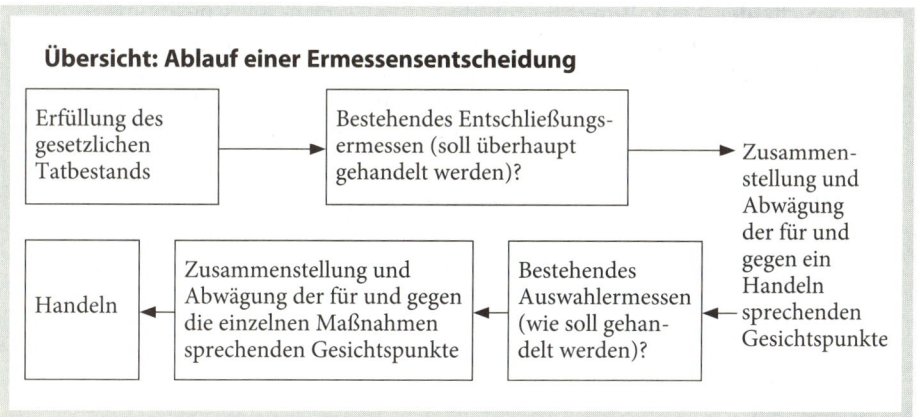

Die Einräumung von Ermessen bedeutet nicht, dass die Verwaltung bei ihrer Entscheidung rechtlich völlig frei ist. Nach § 40 VwVfG ist die Verwaltung im Falle einer Ermessenseinräumung dazu verpflichtet, ihr Ermessen entsprechend dem **Zweck der gesetzlichen Ermächtigung** auszuüben und die **gesetzlichen Grenzen des Ermessens** einzuhalten. Parallel dazu bestimmt § 114 S. 1 VwGO, dass die Gerichte bei der Eröffnung eines Ermessensspielraums prüfen, ob ein VA bzw. seine Ablehnung/Unterlassung rechtswidrig ist, weil die gesetzlichen Grenzen des Ermessens überschritten sind oder von dem Ermessen in einem dem Zweck der Ermächtigung nicht entsprechenden Weise Gebrauch gemacht ist. Der Gesetzgeber hat also zwei elementare Anforderungen an Ermessensentscheidungen zur Rechtmäßigkeitsvoraussetzung erhoben. Sie stellen eine Art Grobfilter dar, durch den lediglich rechtlich unvertretbare Behördenentscheidungen ausgesondert werden.[6]

5

---

[6] *R. Brühl*, JuS 1995, 249 (251).

Bewegt sich eine Verwaltungsentscheidung innerhalb dieses rechtlichen Rahmens, ist sie rechtmäßig. Der Einzelne kann deshalb in einem Gerichtsverfahren nicht mit dem Hinweis durchdringen, dass die infrage stehende Behördenentscheidung unzweckmäßig ist bzw. eine andere Behördenentscheidung sinnvoller oder besser gewesen wäre. Es ist den Gerichten verwehrt, eine eigene Ermessensentscheidung anstelle der Verwaltung zu treffen. Sie müssen den **Entscheidungsspielraum der Verwaltung** respektieren und sich auf die Kontrolle von Ermessensfehlern beschränken. Zum Nachschieben von Ermessenserwägungen im Prozess → § 98 Rn. 12.

III. Ermessensfehler

6 Wird in einer Klausur nach den Erfolgsaussichten einer Klage gegen eine behördliche Ermessensentscheidung gefragt, darf nur geprüft werden, ob die Verwaltung ihr Ermessen pflichtgemäß ausgeübt hat. An einer **pflichtgemäßen Ermessensausübung** fehlt es nach § 40 VwVfG, wenn die Verwaltung von dem ihr eingeräumten Ermessen zweckwidrigen Gebrauch gemacht oder die gesetzlichen Grenzen des Ermessens überschritten hat.

> **Übersicht: Die Ermessensentscheidungen**
>
> **Aus Sicht der Verwaltung:** Bei Eröffnung eines Ermessensspielraums muss sich die Verwaltung bei ihrer Entscheidung vom Zweck der gesetzlichen Ermächtigung leiten lassen und die gesetzlichen Grenzen des Ermessens beachten. Innerhalb des so gezogenen Rahmens hat sie diejenige Rechtsfolge zu wählen, die sie unter Berücksichtigung der Umstände des Einzelfalls für zweckmäßig hält.
>
> **Aus Sicht der Gerichte:** Die Gerichte befassen sich nur mit der Rechtmäßigkeit, nicht aber der Zweckmäßigkeit von Ermessensentscheidungen. Sie prüfen gemäß § 114 S. 1 VwGO lediglich, ob die Behördenentscheidung an einem Ermessensfehler leidet. Ermessensfehler sind
> - der Ermessensnichtgebrauch
> - die Ermessensüberschreitung
> - der Ermessensfehlgebrauch

7 Im Einzelnen unterscheidet man die folgenden Ermessensfehler, die gem. § 114 S. 1 VwGO der Kontrolle durch die VGe unterliegen und deren Vorliegen einen nach Ermessen ergangenen VA rechtswidrig macht. Dabei ist entsprechend der Aufteilung in § 40 VwVfG, § 114 S. 1 VwGO zwischen den Fallgruppen der Nichteinhaltung der Grenzen des Ermessens und der Verfehlung des Zwecks der Ermächtigung zu unterscheiden. **Keine Ermessenausübung entsprechend dem Zweck der Ermächtigung** liegt in folgenden Situationen vor:

- Ein **Ermessensnichtgebrauch** bzw. eine **Ermessensunterschreitung** liegt vor, wenn die Verwaltung bei ihrer Entscheidung überhaupt keine Ermessenserwägungen anstellt, etwa weil sie den ihr zustehenden Ermessensspielraum verkennt.

    So verhält es sich im **Fall 55**: P ist sich nicht bewusst, dass er bei Vorliegen der Tatbestandsvoraussetzungen der polizeilichen Generalklausel nicht stets einschreiten muss, sondern ihm insoweit ein Entschließungsermessen eingeräumt ist. Die Gerichte würden daher seine Entscheidung wegen Ermessensnichtgebrauchs beanstanden.

§ 69. Ermessen der Verwaltung

- Bei der **Ermessensüberschreitung** wählt die Behörde eine Rechtsfolge, die vom Rahmen der Ermessensnorm nicht mehr gedeckt ist. Wird z. B. die Verwaltung in einer Norm zur Erhebung einer Gebühr bis zur Höhe von 1.000 € ermächtigt, würde diese Grenze bei einem Zahlungsverlangen von 2.000 € überschritten.
- Beim **Ermessensfehlgebrauch** berücksichtigt die Behörde nicht alle Gesichtspunkte, die für die zu treffende Abwägungsentscheidung von Bedeutung sind (sog. Abwägungsdefizit), oder sie verfehlt den Sinn und Zweck, der der Einräumung von Ermessen durch die betreffende Norm zu Grunde liegt (sog. Zweckverfehlung). Hierunter fällt auch der sog. Ermessensmissbrauch, bei dem die Behörde bewusst sachfremde Erwägungen ausschlaggebend sein lässt. Aus diesem Grund ist es ermessensfehlerhaft, wenn ein Beamter eine Verwaltungsentscheidung aus persönlichen oder parteipolitischen Gründen in die eine oder andere Richtung fällt, obwohl diese Motive nach der einschlägigen Ermessensnorm nicht maßgeblich sind.

Die andere Fallgruppe der §§ 40 VwVfG, 114 S. 1 VwGO, die **Nichteinhaltung der gesetzlichen Grenzen des Ermessens,** betrifft den inhaltlichen Verstoß der Ermessensentscheidung gegen höherrangiges Recht. Derartige Bindungen für die behördliche Entscheidung ergeben sich vor allem aus dem Verfassungsrecht, insbesondere den Grundrechten. Der allgemeine Gleichheitssatz verpflichtet die Verwaltung zu einer gleichmäßigen Ermessensausübung. Er verbietet es ihr, wesentlich gleiche Fälle ungleich zu behandeln (→ § 30 Rn. 9f.). Hat sich bereits eine feste Verwaltungsübung herausgebildet, führt der Gleichheitssatz zu einer „Selbstbindung der Verwaltung." In gleichgelagerten Fällen darf sie nur noch bei Vorliegen eines zureichenden sachlichen Grundes von ihrer bestehenden Praxis abweichen.[7] Auch darf die Ermessensentscheidung nicht gegen den Grundsatz der Verhältnismäßigkeit verstoßen (→ § 24 Rn. 32ff.). 8

Hat Polizist P in **Fall 55** in der Vergangenheit gegen nächtliche Ruhestörungen durch Partymusik zunächst immer nur mit einer Verfügung reagiert, die Musik leiser zu stellen, so ist dadurch eine Selbstbindung entstanden. Wegen des Gleichheitssatzes darf er nicht nunmehr den X über Nacht einsperren, es sei denn, es lägen besondere Gründe vor. Ein Einsperren des X würde auch gegen den Grundsatz der Verhältnismäßigkeit verstoßen.

IV. Ermessensreduzierung

Auch wenn eine Norm der Verwaltung Ermessen einräumt, kann es Situationen geben, in denen von vornherein **nur eine einzige Entscheidung der Verwaltung richtig** ist. Weil die Verwaltung nicht mehr zwischen verschiedenen Alternativen wählen kann, spricht man von einer Ermessensreduzierung bzw. Ermessensschrumpfung auf Null.[8] Die Verwaltung darf lediglich die übriggebliebene, allein rechtmäßige Entscheidungsalternative ergreifen. Es kann immer nur im Einzelfall gesagt werden, ob eine Ermessensreduzierung auf Null anzunehmen ist. 9

Wäre im **Fall 55** die Musik so laut, dass den Nachbarn des X Gesundheitsschäden drohen, so wäre wegen der Intensität der Störung der öffentlichen Sicherheit das Entschließungsermessen von P auf Null reduziert: Die lautstarke Musikdarbietung müsste beendet werden. Bestehen bleibt aber P's Auswahlermessen, wie dies geschehen soll.

---

[7] Zur Selbstbindung der Verwaltung BVerwGE 26, 153 (155); 36, 323 (327).
[8] BVerwGE 62, 206 (210); 74, 315 (318f.); 84, 71 (78).

V. Regulierungsermessen

10 Im Bereich des sog. Regulierungsrechts[9] finden sich Entscheidungsstrukturen, die auf eine abschließende Gesamtregelung aller regulierungsbedürftigen Fragen durch eine Regulierungsverfügung angelegt sind. Die Regulierungsverfügung basiert auf einer gesetzlich ausgeformten Gestaltungsfreiheit, die sich auf die Verwirklichung des gesetzlichen Regulierungsauftrags und die Bewältigung der damit zusammenhängenden Probleme erstreckt. Diese Gestaltung hat auf der Grundlage einer umfassenden Abwägung aller zu berücksichtigenden öffentlichen und privaten Belange zu erfolgen. Die Struktur der Entscheidung ähnelt daher mehr einer Planungsentscheidung (→ § 70) als einer Ermessensentscheidung im oben dargestellten Sinne. Entsprechend sind die Fehlerfolgen in dem für Abwägungsentscheidungen bekannten Schema (→ § 70 Rn. 12) zu prüfen.[10]

§ 70. Planerische Gestaltungsfreiheit

> **Fall 56:** Gemeinde G stellt einen Bebauungsplan auf, der ein Industriegebiet für stark emittierende Gewerbebetriebe ausweist. Das überplante Gebiet grenzt unmittelbar an einen zur Gemeinde H gehörenden Bereich an, der mit kleineren Wohnhäusern bebaut ist. Für diesen Bereich betreibt die H die Aufstellung eines Bebauungsplans, der den Bereich als reines Wohngebiet überplant. Die H ist der Auffassung, neben einer Wohnbebauung dürfe niemals ein Industriegebiet angesiedelt werden. Jedenfalls hätte die G das Problem, wie die Wohnbebauung vor den Emissionen der Industriebetriebe geschützt werden könne, bereits abschließend im Bebauungsplan lösen müssen. Weiterhin hätte die Planung der G mit dem in Aufstellung befindlichen Bebauungsplan der H abgestimmt werden müssen.

I. Gestaltungsfreiheit als Kern der Planung

1 Gegenstand der Planungsvorschriften sind komplexe Vorhaben, bei denen eine **Vielzahl öffentlicher und privater Belange** kollidieren. Beispielhaft seien nur der Bau einer Straße, eines Flughafens oder einer Eisenbahntrasse genannt. Da es sich in aller Regel um Vorhaben handelt, durch die zahlreiche, im jeweiligen einzelnen Planungsfall zum Ausgleich zu bringende Interessen berührt werden, und der Gesetzgeber diesen Ausgleichsprozess bei Normerlass nicht von vornherein absehen kann, enthalten die Planungsnormen für die Verwaltung nur Zielvorgaben, welche sie bei ihrer Planungsentscheidung optimal verwirklichen soll. Ob und wie die konkrete Planung verwirklicht werden soll, hat die zuständige Behörde im Wege der Abwägung zwischen den verschiedenen kollidierenden Belangen zu ermitteln. So sind etwa bei der Planfeststellung von Bundesfernstraßen nach § 17 S. 2 FStrG die von dem Vorhaben berührten öffentlichen und privaten Belange einschließlich der Umweltverträglichkeit abwägend zu berücksichtigen.

Zentrales Element der Planung ist die **planerische Gestaltungsfreiheit der Behörde.** Ähnlich wie bei den Ermessensentscheidungen (→ § 69) steht die Zulässigkeit bzw. Unzulässigkeit eines Planungsvorhabens nicht fest, sondern beruht auf einer wertenden Entscheidung der Verwaltung. Da die Behörde über einen Gestaltungsspielraum verfügt, überprüfen die Gerichte die Planungsentscheidung nicht in vollem Umfang, sondern nur in Bezug auf bestimmte Rechtsfehler (→ Rn. 12 f.). Wegen der hohen Klausurrelevanz beschränken sich die nachfolgenden Ausführungen auf den Bebauungsplan.

---

[9] Zusammenfassend *Ziekow*, ÖffWiR §§ 13 ff.; siehe auch *M. Möstl*, GewArch 2011, 265.
[10] BVerwG, NVwZ 2008, 575 (577); 2008, 1359 (1364); 2010, 1359 (1361). Kritisch hinsichtlich der Zurückdrängung der verwaltungsgerichtlichen Kontrolle *Gärditz* NVwZ 2009, 1005 ff.

II. Materielle Rechtmäßigkeitsvoraussetzungen eines Bebauungsplans

Die **Planungshoheit der Gemeinde,** d. h. ihre Befugnis, auf Grund eines eigenen Gestaltungsspielraums die bauliche und sonstige Nutzung in ihrem Gemeindegebiet planen zu können, zählt zu den von der Selbstverwaltungsgarantie des Art. 28 II GG gewährleisteten Angelegenheiten (→ § 8 Rn. 45). In dem von den Gemeinden in Form einer Satzung (§ 10 BauGB: → § 63 Rn. 10ff.) erlassenen Bebauungsplan wird für das Gemeindegebiet oder einen Teil davon die bauliche und sonstige Nutzung der Grundstücke und Grundstücksteile rechtsverbindlich festgelegt. Die Gemeinde verfügt insoweit über eine planerische Gestaltungskompetenz. Nach § 1 VII BauGB sind bei der Aufstellung der Bauleitpläne die öffentlichen und privaten Belange gegeneinander und untereinander gerecht abzuwägen.

Die Planungshoheit der Gemeinde ermöglicht es der G daher in **Fall 56** auch, auf einem Teil ihres Gemeindegebiets ein Industriegebiet zu planen. Doch gilt dies nicht schrankenlos.

Diese Gestaltungsfreiheit ist allerdings nicht rechtlich unbeschränkt. Grenzen ergeben sich u. a. aus dem Erfordernis der Planrechtfertigung, einzelnen planungsrechtlichen Grundsätze sowie dem Abwägungsgebot.[1]

1. Planrechtfertigung

Nach § 1 III BauGB haben die Gemeinden Bauleitpläne aufzustellen, sobald und soweit es **für die städtebauliche Entwicklung und Ordnung erforderlich** ist. Demnach kann eine Gemeinde nicht frei über die Aufstellung bzw. Nichtaufstellung eines Bebauungsplans entscheiden. Je nachdem, ob die Voraussetzungen des § 1 III BauGB vorliegen oder nicht, muss sie einen Bebauungsplan erlassen[2] bzw. von seiner Aufstellung absehen. Eine Bauleitplanung ist aber schon dann gerechtfertigt, wenn die Ordnung der baulichen Entwicklung im Wege vorheriger Planung „vernünftigerweise geboten ist."[3] In der Praxis wird die Planrechtfertigung nur selten fehlen. Daran wäre etwa zu denken, wenn die Planung zur Verfolgung anderer als städtebaulicher Zwecke vorgenommen wird, zum Beispiel um lediglich den Eigentümern aus wirtschaftlichen Gründen den Verkauf von Baugrundstücken zu ermöglichen,[4] oder wenn ein Bauleitplan vollzugsunfähig ist, weil ihm auf unabsehbare Zeit rechtliche oder tatsächliche Hindernisse entgegenstehen,[5] beispielsweise weil der geplante Golfplatz gegen ein Veränderungsverbot in einer Landschaftsschutzverordnung verstößt.

2. Gebot der Konfliktbewältigung

Einen engen Bezug zu § 1 III BauGB weist das sog. Gebot der Konfliktbewältigung (Problembewältigung) auf. Aus der Pflicht zur Aufstellung der Bauleitpläne, sobald und soweit es die städtebauliche Entwicklung erfordert, folgt zugleich, dass **alles Erforderliche im Plan zu regeln** ist. Grundsätzlich müssen in jedem Bebauungsplan die von ihm geschaffenen oder ihm sonst zurechenbaren Konflikte gelöst werden. Eine behörd-

---

[1] Ausführlich zur materiellen Rechtmäßigkeit des Bebauungsplans *A. von Komorowski/ D. Kupfer,* VBlBW 2003, 49ff.
[2] *J. Ziekow,* VerwArch 2006, 115 (116). Eine Planungspflicht besteht, wenn qualifizierte städtebauliche Gründe von besonderem Gewicht vorliegen, BVerwGE 119, 25 (32).
[3] BVerwG, NVwZ 1993, 1102 (1103).
[4] BVerwG, NVwZ-RR 1994, 490 (491); VGH Mannheim, ESVGH 16, 21 (25). Im Einzelnen *J. Ziekow,* VerwArch 2006, 115 (129ff.).
[5] BVerwGE 109, 246 (250); 116, 144 (147); 119, 25 (31); 120, 239 (241); BVerwG, NVwZ 2010, 1561 (1562).

liche Planung darf nicht dazu führen, dass von ihr hervorgerufene Probleme – man denke etwa an die Fortführung einer Straße aus dem Plangebiet oder die Bewältigung immissionsschutzrechtlicher Fragen infolge der Nachbarschaft von Wohnbebauung und gewerblicher Nutzung – zu Lasten der Betroffenen ungelöst bleiben.[6]

> Ein Beispiel für einen lösungsbedürftigen Konflikt stellt das in **Fall 56** durch den Bebauungsplan der G hervorgerufene Nebeneinander von Wohnbebauung und industrieller Nutzung durch stark emittierende Betriebe dar.

5 Allerdings hat die Rechtsprechung klargestellt, dass von einer abschließenden Konfliktbewältigung in einem Bebauungsplan abgesehen werden darf, wenn die Durchführung der als notwendig erkannten Konfliktlösungsmaßnahmen außerhalb des Planungsverfahrens auf der Stufe der Planverwirklichung sichergestellt ist (Grundsatz der „planerischen Zurückhaltung").[7] Deshalb konnte eine Gemeinde bei der Aufstellung eines Bebauungsplans für einen großen Hotelkomplex die Lösung von Lärmschutzproblemen zu Gunsten der Nachbarschaft dem späteren Baugenehmigungsverfahren vorbehalten.[8]

> Im **Fall 56** könnte daran gedacht werden, dass die durch das Nebeneinander von Wohnbebauung und industrieller Nutzung entstehende Konfliktlage im immissionsschutzrechtlichen Genehmigungsverfahren aufgelöst werden kann – soweit es sich um genehmigungsbedürftige Anlagen handelt. Allerdings ist ein solcher **Konflikttransfer** von vornherein unzulässig, wenn bereits im Planungsstadium absehbar ist, dass der offen gelassene Interessenkonflikt in einem nachfolgenden Verfahren nicht sachgerecht gelöst werden kann.[9] Hierzu zählt auch das schlechthin zu vermeidende Nebeneinander von Wohn- und Industrienutzung.[10]

3. Abwägungsgebot

6 Aufgrund der gemeindlichen Planungshoheit darf die Gemeinde den Inhalt eines Bebauungsplans selbst festlegen. Das in § 1 VII BauGB enthaltene Abwägungsgebot verpflichtet sie zu einer **gerechten Abwägung der öffentlichen und privaten Belange** bei der Aufstellung der Bauleitpläne. Weil der Gesetzgeber mit dieser Norm weder den öffentlichen noch den privaten Belangen den Vorrang einräumte, muss die Gemeinde entscheiden, welche Belange im Einzelfall so gewichtig sind, dass andere Belange zurücktreten müssen.

> Grundsätzlich kann eine Gemeinde wie die G in **Fall 56** also auch gewerbliche Interessen vor dem Interesse an einer ungestörten Wohnruhe bevorzugen. Doch gilt dies nur in den der Abwägung normativ gezogenen Grenzen.

---

[6] BVerwG, DVBl. 1994, 1152; NVwZ 2015, 1537 (1538).
[7] BVerwG, DVBl. 1994, 1152; 2004, 247 (248); NVwZ 2015, 1537 (1539).
[8] VGH Mannheim, VBlBW 1991, 19 (21).
[9] BVerwG, DVBl. 1994, 1152; NVwZ 2015, 1537 (1539).
[10] Vgl. BVerwGE 45, 309 (327).

§ 70. Planerische Gestaltungsfreiheit

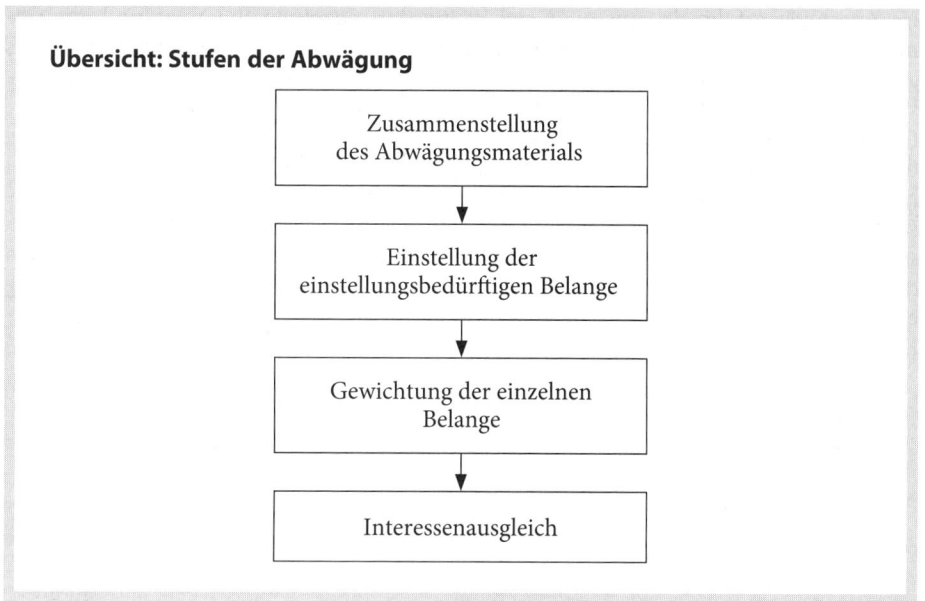

Damit die Gemeinde eine ordnungsgemäße Abwägung vornehmen kann, gibt § 2 III BauGB vor, dass die Belange, die für die Abwägung von Bedeutung sind, d. h. das Abwägungsmaterial, zu ermitteln und zu bewerten sind. Mithin ist als Erstes eine sorgfältige **Zusammenstellung des Abwägungsmaterials** vorzunehmen. Die Gemeinde muss ermitteln, welche Belange für ihre Planung abwägungsbeachtlich sind. Eine Reihe von Belangen, die bei der gemeindlichen Abwägungsentscheidung regelmäßig von Bedeutung sind, werden in § 1 VI BauGB und § 1a BauGB aufgezählt: Zu nennen sind etwa die allgemeinen Anforderungen an gesunde Wohn- und Arbeitsverhältnisse, die Wohnbedürfnisse der Bevölkerung, die Belange des Denkmalschutzes, Umweltschutzbelange und Belange des Personen- und Güterverkehrs sowie der Wirtschaft einschließlich der Erhaltung, Sicherung und Schaffung von Arbeitsplätzen. Des Weiteren sind in der bauleitplanerischen Abwägung solche privaten Belange zu berücksichtigen, die in der konkreten Planungssituation einen städtebaulich relevanten Bezug haben. Hierzu zählt in hervorgehobener Weise das durch Art. 14 I GG gewährleistete Eigentum[11] oder die Gesundheit. Zu den Abwägungsbelangen gehören nicht nur subjektive Rechte, sondern auch bestimmte Interessen.

Die zweite Phase der Abwägung besteht in der **Einstellung der Belange** in die Abwägung. Einstellungsbedürftig sind alle Belange, die nach Lage der Dinge abwägungsbeachtlich sind und deshalb in die Abwägung einfließen müssen. Nach ständiger Rechtsprechung sind private Belange ausnahmsweise nicht abwägungsbeachtlich, wenn sie geringwertig oder mit einem Makel behaftet sind. Des Weiteren fehlt die Abwägungsbeachtlichkeit, wenn auf den Fortbestand eines Interesses kein schutzwürdiges Vertrauen besteht oder der Belang für die Gemeinde bei der Entscheidung über den Plan nicht erkennbar ist.[12]

---

[11] BVerwG, DÖV 2002, 1044.
[12] BVerwG, BRS 64 Nr. 214; NVwZ 2000, 1413 (1414).

9 Im Anschluss erfolgt drittens die **Gewichtung der einzelnen Belange** durch die Gemeinde. Dieser Vorgang wird erheblich durch die Umstände des jeweiligen Einzelfalls geprägt. Z. B. variiert die Wertigkeit denkmalschutzrechtlicher Interessen in Abhängigkeit davon, ob ein altes Ortsbild mehr oder minder intakt ist. Teilweise wird bestimmten Belangen durch Rechtssatz eine bestimmte Gewichtung gegeben. Sofern der Belang durch entgegenstehende andere Belange in der Abwägung nicht „weggewogen" werden kann, sondern strikte Beachtung fordert, handelt es sich um einen sog. Planungsleitsatz. Unter einem Optimierungsgebot versteht man hingegen eine relative Vorrangentscheidung des Gesetzgebers, so dass der betreffende Belang möglichst weitgehend in der Abwägung zu berücksichtigen ist, ohne damit einer Überwindung durch Abwägung entzogen zu sein.[13] Die in Gestalt des Optimierungsgebots gegebene Abwägungsdirektive kann also gegenüber anderen wichtigen Belangen zurücktreten.[14]

> Um ein solches **Optimierungsgebot** handelt es sich beim Trennungsgrundsatz des § 50 BImSchG. Danach sind bei raumbedeutsamen Maßnahmen und Planungen die für eine bestimmte Nutzung vorgesehenen Flächen einander so zuzuordnen, dass schädliche Umwelteinwirkungen auf die ausschließlich oder die überwiegend dem Wohnen dienenden Gebiete sowie auf sonstige schutzbedürftige Gebiete soweit wie möglich vermieden werden. Der daraus zu entnehmenden Verpflichtung zur Trennung von Wohngebieten und gewerblicher Nutzung kann insbesondere durch einen hinreichenden Abstand zwischen diesen Gebieten entsprochen werden, indem die dazwischen liegende Fläche als Mischgebiet ausgewiesen wird. Der Trennungsgrundsatz schließt es aus, wie in **Fall 56** ein Industriegebiet neben einem Wohngebiet zu planen.[15] Ein subjektives öffentliches Recht auf Einhaltung des Trennungsgrundsatzes besteht weder für private Planbetroffene noch für Gemeinden.[16]

10 Sodann muss die Gemeinde in der vierten Phase einen **Ausgleich zwischen den kollidierenden Interessen** herstellen, der den Erfordernissen der Verhältnismäßigkeit (→ § 24 Rn. 32 ff.) gerecht wird. Im Falle der Kollision verschiedener gegenläufiger Interessen muss sie sich für die Bevorzugung bestimmter Belange unter gleichzeitiger Zurückstellung anderer Belange entscheiden. Bei einer gerechten Abwägung wird den gewichtigeren Interessen der Vorzug gegeben. Weil in der Abwägung das Eigentum der öffentlichen Hand ein geringeres Gewicht im Vergleich zu dem durch Art. 14 I GG geschützten Eigentum Privater hat (→ § 42 Rn. 5 ff.), ist es z. B. unverhältnismäßig, wenn ein Grundstück eines Privaten als Fläche für den Gemeinbedarf ausgewiesen wird, obwohl hierfür gleich geeignete Grundstücke der öffentlichen Hand zur Verfügung stehen.[17]

4. Interkommunales Abstimmungsgebot

11 § 2 II BauGB verpflichtet benachbarte Gemeinden, ihre Bauleitpläne aufeinander abzustimmen. Im Sinne dieser Vorschrift sind Gemeinden nicht nur „benachbart," wenn sie unmittelbar aneinander grenzen, sondern auch, wenn sie von den Auswirkungen der jeweiligen Planung betroffen werden.[18] Das interkommunale Abstimmungsgebot enthält im Wesentlichen eine gesetzliche Ausformung des in Art. 28 II 1 GG gewährleiste-

---

[13] BVerwGE 71, 163 (165); 90, 329 (331 f.).
[14] BVerwG, NVwZ 2009, 320 (324); BayVBl. 2013, 545 f.
[15] BVerwGE 45, 309 (326 f.); OVG Bautzen, SächsVBl. 1999, 134 (136).
[16] BVerwG, NVwZ 2005, 813 (816).
[17] BVerwG, DÖV 2002, 1044.
[18] BVerwGE 84, 209 (217 f.); BVerwG, NVwZ 1995, 694 (695).

§ 70. Planerische Gestaltungsfreiheit

ten gemeindlichen Selbstverwaltungsrechts und stellt eine besondere Ausprägung des Abwägungsgebots dar. Befinden sich benachbarte Gemeinden objektiv in einer Konkurrenzsituation, so darf keine von ihrer Planungshoheit rücksichtslos zum Nachteil der anderen Gebrauch machen. § 2 II BauGB verlangt einen **Interessenausgleich zwischen den Gemeinden** und fordert dazu eine Koordination ihrer Belange. Aus dieser Vorschrift lässt sich aber nicht entnehmen, dass eine Planung mit gewichtigen Auswirkungen auf die Nachbargemeinde schon aus diesem Grund gegen das Abwägungsgebot verstößt. Auch hier gilt, dass selbst gewichtige Belange im Wege der Abwägung überwunden werden können, wenn ihnen noch gewichtigere im Range vorgehen. Die Bedeutung des § 2 II BauGB im Rahmen des Abwägungsgebots liegt darin, dass die Gemeinde, die ihre eigenen Vorstellungen zu Lasten der Nachbargemeinde durchsetzen will, einem erhöhten Rechtfertigungszwang in Form einer (formellen und materiellen) Abstimmung im Rahmen der förmlichen Planung unterliegt.[19]

> In **Fall 56** hätte die H gem. § 4 BauGB (formell) im Planaufstellungsverfahren der G beteiligt werden müssen. Darüber hinaus hat die G (materiell) gegen das interkommunale Abstimmungsgebot verstoßen. Hierfür kommt es nicht einmal darauf an, dass in der H für das Gebiet, das an die als Industriegebiet ausgewiesene Fläche angrenzt, bereits konkrete Planungsvorstellungen bestanden oder dort Wohnbebauung vorhanden war. Die Planung eines Industriegebiets an der Gemeindegrenze führt immer zu **unmittelbaren Auswirkungen gewichtiger Art** auf die städtebaulichen Entwicklungsmöglichkeiten der Nachbargemeinde. Dass die G diese Auswirkungen ihrer Planung auf die H in der Abwägung zureichend berücksichtigt hätte, ist nicht erkennbar.

Achtung: Das interkommunale Abstimmungsgebot gilt nicht nur bei der Aufstellung von Bauleitplänen, sondern auch dann wenn ein Vorhaben außerhalb eines Planbereichs nach § 35 BauGB zugelassen werden soll. In diesem Fall stellt das Gebot – in Abhängigkeit von der Reichweite der Auswirkungen des Vorhabens – einen zu beachtenden öffentlichen Belang dar.[20]

III. Gerichtliche Kontrolle der gemeindlichen Abwägungsentscheidung

Wegen der gemeindlichen Gestaltungsfreiheit bei der Aufstellung eines Bebauungsplans können die Gerichte ihre Planungsentscheidung nicht in vollem Umfang kontrollieren. Ähnlich wie bei den Ermessensentscheidungen können die Gerichte die gemeindliche Planungsentscheidung nur wegen bestimmter Fehler beanstanden. Zu den Abwägungsfehlern gehören:

- der **Abwägungsausfall,** d. h. die Gemeinde hat bei der Aufstellung des Bebauungsplans gar keine Abwägung vorgenommen.
- das **Abwägungsdefizit,** bei dem ein abwägungsbeachtlicher Belang nicht oder nur unvollständig ermittelt und/oder berücksichtigt wurde. Beispiel für ein Abwägungsdefizit ist die Ausweisung eines allgemeinen Wohngebiets in unmittelbarer Nähe zu einer Leimfabrik, ohne dass man sich über die von ihr ausgehenden Emissionen kundig gemacht hat.[21] Bei der Abwägungsfehleinstellung wird demgegenüber bei der Planungsentscheidung ein nicht abwägungsbeachtlicher, insbesondere sachfremder Belang berücksichtigt.

---

[19] BVerwG, DVBl. 2003, 62 (64); OVG Lüneburg, NVwZ-RR 2006, 246 (247); OVG Koblenz, BauR 2011, 963 (966). A. M. *A. von Komorowski/D. Kupfer,* VBlBW 2003, 49 (54).
[20] VGH München, BayVBl. 2010, 112.
[21] VGH Mannheim, VBlBW 1980, 24 (30).

So würde es sich in **Fall 56** verhalten, wenn sich die G keine Gedanken über die von dem geplanten Industriegebiet auf die in der Gemeinde H vorhandene und geplante Wohnbebauung einwirkenden Immissionen und die Möglichkeiten zu ihrer Vermeidung gemacht hätte.

- die **Abwägungsfehleinschätzung,** bei der das Gewicht eines einzelnen öffentlichen oder privaten Belangs „verkannt" wird, weil die Gemeinde beispielsweise von Beginn an dazu entschlossen war, ein Planungsvorhaben in bestimmter Form zu realisieren. Einer solchen Vorabbindung stehen insbesondere der Sinn des Beteiligungsverfahrens des § 3 BauGB sowie das Abwägungsgebot des § 1 VII BauGB entgegen. Weil aber in der Praxis eine effektive Planung nicht ohne gewisse Vorentscheidungen in Form von Abstimmungen, Zusagen oder Vereinbarungen auskommt, hat die Rechtsprechung gegenüber diesen keine Bedenken, wenn 1. die Vorabbindung sachlich gerechtfertigt ist, 2. dabei die planungsrechtliche Zuständigkeitsordnung gewahrt bleibt und 3. die vorgezogene Entscheidung auch inhaltlich nicht zu beanstanden ist.[22]

Von einer Abwägungsfehleinschätzung könnte in **Fall 56** gesprochen werden, wenn die G Investoren hinsichtlich der Ausweisung die Industriegebiets Zusagen gemacht und diese Investitionsinteressen von vornherein über alle anderen von der Planung berührten Belange gesetzt hätte.

- die **Abwägungsdisproportionalität.** Bei ihr wird der Ausgleich zwischen den von der Planung berührten Belangen in einer Weise vorgenommen, die im Hinblick auf ihre objektive Gewichtigkeit unvertretbar erscheint. Mangels Disproportionalität können die Gerichte eine Planungsentscheidung nicht beanstanden, wenn eine Gemeinde bei mehreren objektiv gleichwertigen gegenläufigen Belangen einem von ihnen den Vorzug gibt.

Der Verstoß gegen den Trennungsgrundsatz des § 50 BImSchG führt in **Fall 56** zur Abwägungsdisproportionalität der Planung der G.

13 Nach der Rechtsprechung des BVerwG zu § 214 BauGB a. F. galten diese Grundsätze für **Abwägungsvorgang und Abwägungsergebnis.**[23] Diese Unterscheidung liegt nicht allein § 214 III 2 BauGB – und zwar auch in der neuen Fassung – zugrunde, sondern ist auch deshalb von Bedeutung, weil die Kontrolle des Abwägungsergebnisses die Gerichte zu einer Fehlerkontrolle in die Lage setzt, die nicht den tatsächlichen Abwägungsvorgang im Einzelnen nachvollziehen muss. Allerdings ist nunmehr § 214 I 1 Nr. 1 BauGB n. F. zu beachten, wonach ein relevanter Fehler des Abwägungsvorgangs vorliegt, wenn planungsrelevante Belange, die der Gemeinde bekannt waren oder hätten bekannt sein müssen, in wesentlichen Punkten nicht zutreffend ermittelt oder bewertet worden sind und wenn der Mangel offensichtlich und auf das Ergebnis des Verfahrens von Einfluss gewesen ist. Hiervon erfasst sein dürften sämtliche Abwägungsfehler einschließlich des vollständigen Abwägungsausfalls[24] mit Ausnahme der Abwägungsdisproportionalität. Ausweislich des § 214 III 2 HS 1 BauGB n. F. dürfen diese Mängel nicht mehr zusätzlich als Fehler des Abwägungsergebnisses geltend gemacht werden.

IV. Fehlerfolgen

14 Weil es sich bei der Planung um einen komplexen und fehleranfälligen Prozess handelt, soll bei Bebauungsplänen nicht jeder Fehler zur Nichtigkeit der Satzung führen. Im Interesse der Stabilität der Planung hat der Gesetzgeber in den §§ 214 f. BauGB ein kom-

---

[22] Grundlegend BVerwGE 45, 309 (316 ff., insbesondere S. 321).
[23] BVerwGE 34, 301 (309); 45, 309 (315); VGH München, BayVBl. 1997, 212 (213).
[24] BVerwG, BayVBl. 2011, 441 (443).

pliziertes Regelungssystem zur **Planerhaltung** entwickelt. Dabei ist zwischen Fehlern im Abwägungsvorgang und Mängeln des Abwägungsergebnisses zu unterscheiden.

Nach § 214 III 2 HS 2 BauGB sind **Mängel im Abwägungsvorgang** nur beachtlich, wenn sie offensichtlich und auf das Abwägungsergebnis von Einfluss gewesen sind. „Offensichtlich" ist ein Mangel, wenn konkrete Umstände positiv und klar auf ihn hindeuten. Ausschlaggebend dafür ist die äußere Seite des Abwägungsvorgangs, nämlich ob sich der Fehler objektiv eindeutig in den Planungsunterlagen, den Gemeinderatsprotokollen, der Planbegründung etc. niedergeschlagen hat. Die innere Seite des Abwägungsvorgangs, d. h. die Motive und Vorstellungen der Ratsmitglieder, bleibt außer Betracht.[25] Damit ein Fehler im Abwägungsvorgang beachtlich ist, muss das Kausalitätserfordernis hinzutreten. Es muss die konkrete Möglichkeit bestehen, dass der Gemeinderat bei Vermeidung des Fehlers eine andere Entscheidung getroffen hätte.[26] Mängel bei der Abwägung, die nicht die Zusammenstellung des Abwägungsmaterials, sondern die Gewichtung und damit das **Ergebnis der Abwägung** betreffen, sind stets beachtlich.[27]

Die Unterscheidung zwischen Fehlern im Abwägungsvorgang und solchen des Abwägungsergebnisses ist nicht immer leicht zu treffen. Hat überhaupt keine Abwägung stattgefunden, liegt also ein **totaler Abwägungsausfall** vor, so könnte man meinen, dass in diesem Fall auch immer das Ergebnis fehlerhaft sein müsse, weil ja eben eine Abwägung gar nicht stattgefunden hat. Doch ist maßgebend, dass in diesem Fall möglicherweise eine Heilung des Fehlers durch Nachholung der Abwägung (→ § 70 Rn. 15) erfolgen kann.[28]

Nach § 215 I BauGB wird ein danach beachtlicher Mangel des Abwägungsvorgangs unbeachtlich, wenn er nicht innerhalb von einem Jahr seit der Bekanntmachung des Bebauungsplans schriftlich gegenüber der Gemeinde geltend gemacht wurde. Die Rüge kann von jedermann, also nicht bloß von Planbetroffenen erhoben werden. Sie wirkt absolut, d. h. für jeden und zeitlich unbefristet.[29]

Steht fest, dass der Bebauungsplan mit einem Fehler behaftet ist, der nicht nach den §§ 214 I–III, 215 I BauGB unbeachtlich ist, ist als nächstes zu prüfen, ob die gemeindliche Planungsentscheidung vom Gericht aufgehoben wird. Gemäß § 214 IV BauGB ist dies zu bejahen, wenn es sich um einen Fehler handelt, der nicht durch ein **ergänzendes Verfahren** behoben werden kann. Nach ständiger Rechtsprechung ist die Durchführung eines ergänzenden Verfahrens ausgeschlossen, wenn der geltend gemachte Mangel so schwer wiegt, dass der Kern der Planungsentscheidung bzw. das Grundgerüst der Abwägung berührt wird.[30] Anstatt das Planungsverfahren völlig neu zu beginnen, kann sich die Gemeinde in diesem Fall zur Durchführung eines ergänzenden Verfahrens entschließen. Dessen Vorteil liegt in der „Planerhaltung." Zu denken ist an die Durchführung eines ergänzenden Verfahrens etwa, wenn das im fraglichen Bebauungsplan vorgesehene Nebeneinander von Kerngebiet und Wohngebiet mit dem sich daraus

---

[25] BVerwG, NVwZ 1998, 956 (959); nach BVerwG, UPR 1992, 193 (194) genügt es nicht, wenn – negativ – lediglich nicht ausgeschlossen werden kann, dass der Abwägungsvorgang an einem Fehler leidet.
[26] BVerwG, ZfBR 1995, 145 (147); DVBl. 2004, 247 (248).
[27] BVerwG DVBl. 2011, 105 (107); VGH München, BayVBl. 1997, 212 (213).
[28] BVerwG DVBl. 2011, 105 (107 f.).
[29] BVerwG, BauR 2001, 1888; siehe auch *A. von Komorowski/D. Kupfer*, VBlBW 2003, 49 (64).
[30] BVerwG, NVwZ 1999, 420; DVBl. 1999, 243 (244).

ergebenden Problem ausreichenden Lärmschutzes durch anderweitige Festsetzungen lösen lässt.[31]

§ 71. Das subjektive öffentliche Recht

Fall 57: Die Baurechtsbehörde erteilt B eine Baugenehmigung. Nach Durchführung eines erfolglosen Widerspruchsverfahrens erhebt A, dessen Grundstück unmittelbar an dasjenige des B angrenzt, Klage. Er macht geltend, das Vorhaben verstoße gegen die in den Bebauungsplan aufgenommenen Festsetzungen über die Art der baulichen Nutzung in Form eines reinen Wohngebiets. Die Voraussetzungen für die Erteilung einer Befreiung nach § 31 II BauGB seien nicht gegeben. Die unästhetische Gestaltung des Bauprojekts beeinträchtige sein tägliches Wohlempfinden.

I. Begriff und Bedeutung

1 Das subjektive öffentliche Recht gehört zu den Grundkategorien des deutschen öffentlichen Rechts.[1] Sein Gegenstück ist das objektive Recht, von dem es streng zu unterscheiden ist:

- Unter dem **objektiven Recht** versteht man die Summe aller Rechtssätze. Die subjektiven Rechte sind ein Ausschnitt aus diesem Kreis.
- Denn ein **subjektives öffentliches Recht** liegt nur vor, wenn ein Rechtssatz des öffentlichen Rechts einer Person die Rechtsmacht verleiht, in Verfolgung eigener Interessen vom Staat ein bestimmtes Tun, Dulden oder Unterlassen verlangen zu können.

Die Bedeutung des subjektiven öffentlichen Rechts in Deutschland wird besonders anhand von Art. 19 IV 1 GG deutlich. Nach dieser Verfassungsbestimmung wird der **Rechtsweg zu den Gerichten** eröffnet, wenn jemand durch die öffentliche Gewalt „in seinen Rechten" verletzt wird (→ § 45). Dementsprechend sind nach § 42 II VwGO Personen vor den Verwaltungsgerichten grundsätzlich nur klagebefugt, wenn sie sich auf eine Verletzung eigener Rechte berufen können (→ § 98 Rn. 5ff.). Im Unterschied zum französischen Rechtssystem wird der Einzelne in Deutschland in weit geringerem Maße zur Durchsetzung des objektiven Rechts eingesetzt. Er kann nicht sämtliche Rechtsverstöße der Verwaltung zum Gegenstand eines Gerichtsverfahrens machen, sondern nur solche, bei denen er zugleich in einem eigenen subjektiven Recht verletzt wird.

Infolge ihrer Gesetzesbindung darf die Verwaltung in **Fall 57** dem B eine Baugenehmigung nur erteilen, wenn sein Bauvorhaben mit den Festsetzungen des Bebauungsplans übereinstimmt, die Voraussetzungen für die Erteilung einer Befreiung vorliegen und das Vorhaben das Straßenbild nicht verunstaltet. Alle diese rechtlichen Vorgaben gehören zum objektiven Recht. Die von A erhobene Klage ist jedoch nur erfolgreich, wenn ihm die genannten Rechtsvorschriften ein subjektives Recht vermitteln.

II. Ableitung eines subjektiven öffentlichen Rechts

2 Ob eine Rechtsnorm einer Person ein subjektives öffentliches Recht verleiht, richtet sich nach dem **materiellen Recht**. Keine Schwierigkeiten bereiten diejenigen Fälle, in denen sich aus dem Gesetzestext selbst ergibt, dass einer Person gegen den Staat ein

---

[31] BVerwGE 110, 193 (203).
[1] Überblick bei *A. Scherzberg*, Jura 2006, 839ff.

§ 71. Das subjektive öffentliche Recht

Recht (nicht) zusteht. So haben die Beamten, Richter und Soldaten nach § 3 I 1 BBesG „Anspruch" auf Besoldung. Gemäß § 1 III 2 BauGB hat der Einzelne keinen Anspruch auf die Aufstellung von Bauleitplänen und städtebaulichen Satzungen.

Lässt sich dem Gesetzestext nicht explizit entnehmen, ob eine Rechtsvorschrift ein subjektives öffentliches Recht begründet, muss durch Auslegung ermittelt werden, ob sie bloß objektiv-rechtlicher Natur ist oder auch subjektiv-rechtliche Wirkungen zeitigt.[2] Nach der heute vorherrschenden **Schutznormtheorie** zeichnet sich ein subjektives öffentliches Recht dadurch aus, dass

- die Verwaltung durch die infrage stehende öffentlich-rechtliche Vorschrift zu einem bestimmten Verhalten verpflichtet wird *und*
- der jeweilige Rechtssatz zumindest auch dem Schutz der Interessen des Einzelnen derart zu dienen bestimmt ist, dass dieser Einzelne die Einhaltung des Rechtssatzes verlangen kann.

Bevor das Vorliegen eines subjektiven öffentlichen Rechts bejaht werden kann, ist mithin eine **zweistufige Prüfung** erforderlich. Sie verlangt eine genaue Auslegung der jeweiligen materiellrechtlichen Norm.

Von großer praktischer Bedeutung und Prüfungsrelevanz ist die Feststellung des Bestehens eines subjektiven öffentlichen Rechts im **Baurecht.** Wird etwa danach gefragt, ob sich ein Bürger gegen das Bauvorhaben eines anderen erfolgreich wehren kann, ist diese Frage nur zu bejahen, falls sich der Bürger auf eine baurechtliche Norm berufen kann, die auf seine individuellen Interessen Rücksicht nimmt. Nicht jede Norm des materiellen Baurechts hat eine solche Zielrichtung. Es gibt zahlreiche Vorschriften, die ausschließlich der Durchsetzung von Interessen der Allgemeinheit dienen.[3] Maßgeblich zur Bestimmung des Vorliegens eines subjektiven Rechts ist die bereits erwähnte Schutznormtheorie. Nach der neueren Rechtsprechung setzt die Annahme eines subjektiven Rechts nicht voraus, dass die Norm einen geschützten Personenkreis räumlich, beispielsweise durch die Bezeichnung eines Gebiets, abgrenzt. Entscheidend ist allein, dass sich aus individualisierenden Tatbestandsmerkmalen der Norm ein Personenkreis entnehmen lässt, der sich von der Allgemeinheit unterscheidet.[4]

Weil sich im Baurecht fast alles um die Frage dreht, ob die entsprechende **Vorschrift nachbarschützend** ist, sei kurz auf den Begriff des „Nachbarn" eingegangen. Nachbar im Sinne der baurechtlichen Vorschriften ist jeder, der von den Auswirkungen eines Vorhabens in seinen rechtlich geschützten Interessen betroffen wird.[5] Je nach Beschaffenheit des Vorhabens kann der Kreis der Nachbarn im Einzelfall auf wenige Personen begrenzt sein oder eine relativ große Zahl von Personen betreffen.[6] Wegen des Grundstücksbezugs des Baurechts sind grundsätzlich nur der Eigentümer und sonstige dingliche Berechtigte „Nachbarn" im Sinne dieser Vorschriften. Obligatorisch Berechtigte, z. B. Mieter und Pächter, können sich nicht unmittelbar gegen die einem anderen erteilte Baugenehmigung wehren. Sie müssen sich an den Eigentümer als den Repräsentanten des Grundstücks wenden, damit dieser gegen die Genehmigung vorgeht.[7] Daran hält das BVerwG – im Gegensatz zu manchen Stimmen in der Literatur – trotz der vom BVerfG vorgenommenen

---

[2] BVerwG, NVwZ 1987, 409; VGH München, NVwZ-RR 2006, 303 (304).
[3] BVerwG, NVwZ 1987, 409; 1997, 384 (386).
[4] BVerwG, NVwZ 1987, 409; DVBl. 1994, 284 (286).
[5] *Brohm* § 18 Rn. 24.
[6] *Muckel/Ogorek* § 10 Rn. 4 ff.
[7] BVerwG, NJW 1989, 2766; *S. Beljin/L. Micker,* JuS 2003, 860 (861).

Qualifizierung des Miet- und Pachtrechts als Eigentum im Sinne des Art. 14 I GG weiterhin fest.[8] Lediglich auf personenbezogene Abwehrrechte, beispielsweise zum Schutz von Leben und Gesundheit, können sich auch obligatorisch Berechtigte berufen.[9]

5 Häufig stellt sich die Frage, inwieweit **Festsetzungen in einem Bebauungsplan drittschützend** sind. Weil der Vorschrift des § 30 BauGB selbst kein nachbarschützender Charakter zukommt, können sich subjektiv-öffentliche Rechte des Nachbarn nur aus einzelnen Festsetzungen des Bebauungsplans ergeben.[10] Die Festsetzungen in einem Bebauungsplan über die Art der baulichen Nutzung (§ 9 I Nr. 1 BauGB i. V. m. §§ 1 ff. BauNVO) sind nach einer grundlegenden Entscheidung des BVerwG aus dem Jahre 1993 regelmäßig kraft Bundesrechts nachbarschützend. Denn durch diese Festsetzungen werden die vom Plan Betroffenen im Hinblick auf die Nutzung ihrer Grundstücke zu einer bau- und bodenrechtlichen Schicksalsgemeinschaft verbunden. Die Beschränkung der Nutzungsmöglichkeit des eigenen Grundstücks wird dadurch ausgeglichen, dass auch die anderen Grundstückseigentümer dieser Beschränkung unterliegen.[11] Aus diesem Grund kann der Eigentümer eines innerhalb des Baugebiets gelegenen Grundstücks die Wahrung des Gebietscharakters im Klageweg geltend machen.[12] Grundstückseigentümern außerhalb des Plangebiets steht dieser Anspruch grundsätzlich nicht zu.[13] Etwas anderes kann lediglich in den seltenen Ausnahmefällen gelten, dass die Festsetzung der Nutzungsart im Bebauungsplan zugleich den Schutz der an das Plangebiet angrenzenden Grundstücke bezweckt.[14]

Ob bauplanerische Festsetzungen, die das **Maß der baulichen Nutzung** (§§ 16 ff. BauNVO) oder die überbaubare Grundstücksfläche (§ 23 BauNVO) betreffen, auch dem Schutz des Nachbarn dienen, hängt dagegen vom Willen der Gemeinde als Planungsträgerin ab.[15] Denn die Festsetzungen nach §§ 16 ff. BauNVO verbinden die Nachbarn nicht in demselben Maße zu einer Schicksalsgemeinschaft, weil sie zumeist keine Auswirkungen auf den Gebietscharakter haben.[16] In der Regel dienen diese Festsetzungen ausschließlich städtebaulichen Belangen, sofern nicht der Bebauungsplan durch seine Beschränkungen erkennbar die Interessen der Bewohner des Baugebiets schützen will.[17]

> Im **Fall 57** ist A Nachbar, da sein Grundstück unmittelbar an dasjenige des B angrenzt. Die Festsetzung als reines Wohngebiet führt zur Entstehung einer bodenrechtlichen „Schicksalsgemeinschaft." Deshalb kann A die **Einhaltung des Gebietscharakters** notfalls auch gerichtlich durchsetzen. Wären bei der Genehmigung des Bauvorhabens demgegenüber die Festsetzungen zur Gebäudehöhe nicht eingehalten worden, hängt die drittschützende Wirkung von den Intentionen der planenden Gemeinde ab. Meistens wird man das Vorliegen eines subjektiven Rechts verneinen müssen, weil die Gemeinde bei diesen Festsetzungen nur die städtebauliche Gestaltung im Blick hat. Anders verhält es sich, wenn durch die Bestimmungen zur Gebäudehöhe erkennbar für die Hinterlieger die Aussicht freigehalten werden soll.[18]

---

[8] BVerwG, NVwZ 1998, 956; ebenso etwa VGH Mannheim, VBlBW 2006, 394; siehe zur verfassungsgerichtlichen Rechtsprechung BVerfGE 89, 1 (7); BVerfG, NJW 2000, 2658 (2659).
[9] BVerwG, NVwZ 1998, 956; *S. Beljin/L. Micker,* JuS 2003, 860 (861).
[10] BVerwG, NVwZ 1996, 888.
[11] BVerwG, DVBl. 1994, 284 (285); NVwZ 1997, 384 (387).
[12] BVerwG, NVwZ 1997, 384 (387); 2000, 552 (553); OVG Münster, NVwZ-RR 2003, 818 (819); OVG Lüneburg, NVwZ-RR 2005, 231.
[13] BVerwG, NVwZ 2008, 427 (428).
[14] VGH München, NVwZ-RR 1999, 226 (227).
[15] BVerwG, NVwZ 1996, 888; siehe auch *S. Beljin/L. Micker,* JuS 2003, 860 (861).
[16] BVerwG, NVwZ 1996, 170 (171).
[17] Dazu *C. Pecher,* JuS 1996, 887 (888).
[18] BVerwG, BRS 40 Nr. 92.

§ 71. Das subjektive öffentliche Recht 507

Die von einem Bebauungsplan Betroffenen haben darüber hinaus **ein Recht auf ge-** 6
rechte Abwägung.[19] Dieses Recht umfasst alle Interessen, die zu dem bei der Planaufstellung zu berücksichtigenden notwendigen Abwägungsmaterial gehören, also alle privaten Belange, die nach Lage der Dinge in die Abwägung eingestellt werden müssen. Dabei muss es sich nicht um subjektive Rechte handeln. Einbegriffen sind vielmehr alle abwägungsbeachtlichen privaten Belange (→ § 70 Rn. 8). Gehört ein Interesse zum notwendigen Abwägungsmaterial, so hat der Träger des Interesses ein subjektives Recht darauf, dass der Belang in der Abwägung entsprechend seinem Gewicht „abgearbeitet" wird. In der Konsequenz wird also ein einfaches Interesse unterhalb der Ebene des subjektiven Rechts vermittels des Rechts auf gerechte Abwägung wehrfähig. Von Bedeutung ist dies insbesondere für das Bestehen der Antragsbefugnis im Normenkontrollverfahren nach § 47 II 1 VwGO (→ § 104 Rn. 8). Die materielle Beachtlichkeit einer Verkürzung des Rechts richtet sich nach §§ 214 f. BauGB (→ § 70 Rn. 13 ff.). Hingegen gibt es kein subjektives öffentliches Recht, dass das Bauvorhaben eines Nachbarn nur verwirklicht werden darf, wenn zuvor eine, zu einer Abwägung der Belange verpflichtende Bebauungsplanung durchgeführt worden ist.[20]

Des Weiteren kann bauplanungsrechtlicher Nachbarschutz bei der Erteilung einer **Aus-** 7
nahme oder Befreiung nach § 31 BauGB in Betracht kommen. Nach der Rechtsprechung des BVerwG räumt der Ausnahmetatbestand des § 31 I BauGB Festsetzungen, die ihrerseits nicht nachbarschützend sind, keinen nachbarschützenden Charakter ein.[21] Wegen des Wortlauts des § 31 II BauGB ist der dortige Befreiungstatbestand dagegen stets drittschützend. Denn die Verwaltung muss prüfen, ob die Abweichung von den Festsetzungen des Bebauungsplans „auch unter Würdigung nachbarlicher Interessen" mit den öffentlichen Belangen vereinbar ist.[22]

> Da im **Fall 57** die Erteilung einer Befreiung nach § 31 II BauGB zu überprüfen ist, braucht nicht festgestellt zu werden, ob sich diese auf Festsetzungen in einem Bebauungsplan bezieht, die drittschützend sind oder nicht. Weil bei der Entscheidung über die Erteilung einer Befreiung stets die nachbarlichen Interessen zu berücksichtigen sind, macht A die Verletzung einer auch seinen Interessen dienenden Vorschrift geltend.

Die **Genehmigungstatbestände der §§ 34, 35 BauGB** (→ § 76 Rn. 17 ff.) vermitteln 8
keinen generellen Drittschutz. Soweit die Zulässigkeit des Vorhabens nach § 34 I 1 BauGB zu beurteilen ist, wird aber über das Erfordernis des „Sich-Einfügens in die Eigenart der näheren Umgebung" der nachbarliche Interessenausgleich und damit die Rücksichtnahme auf individuelle Belange bezweckt.[23]

Allerdings ist das zu beachtende **Gebot der Rücksichtnahme** nicht schlechthin drittschützend. Lediglich bei Hinzutreten qualifizierter und individualisierender Umstände misst ihm die Rechtsprechung eine drittschützende Wirkung zu.[24] Zu bejahen ist dies nur in Ausnahmefällen, in denen 1. die tatsächlichen Umstände handgreiflich ergeben,

---

[19] BVerwGE 107, 215 (220 ff.); BVerwG, NVwZ 2000, 1413 (1414); 2004, 1120; eingehend *J. Ziekow*, in: Sodan/Ziekow § 47 Rn. 160 ff. m.w.N.
[20] OVG Münster, NVwZ-RR 2006, 306 (307).
[21] BVerwG, NJW 1983, 1574.
[22] BVerwG, NVwZ 1987, 409 f.; 1996, 170 (171).
[23] BVerwG, NVwZ 1987, 409; UPR 1999, 191; NVwZ 2014, 370 (371).
[24] BVerwG, DÖV 1992, 708; NVwZ 2014, 370 (371) hins. § 34 BauGB; siehe auch BVerwGE 52, 123 (129 f.); *S. Beljin/L. Micker*, JuS 2003, 860 (861).

auf wen Rücksicht zu nehmen ist, und 2. eine besondere rechtliche Schutzwürdigkeit des Betroffenen anzuerkennen ist.[25] Dies gilt gleichermaßen für das in § 15 I BauNVO enthaltene Rücksichtnahmegebot (→ § 76 Rn. 20).[26]

Da § 35 BauGB vor allem den Umwelt- und Landschaftsschutz im Blick hat, ist er nicht generell drittschützend. Soweit es allerdings darum geht, ob in ausreichendem Maße das zu den „öffentlichen Belangen" gehörende Gebot der Rücksichtnahme auf schutzwürdige Individualinteressen beachtet wurde, ist in die planungsrechtliche Beurteilung der Zulässigkeit des Vorhabens der Schutz der Nachbarn einzubeziehen.[27] Eine spezielle Ausprägung des Gebots der Rücksichtnahme enthält § 35 III Nr. 3 BauGB, wonach ein Außenbereichsvorhaben keine schädlichen Umwelteinwirkungen hervorrufen darf.[28]

9   Auch im **Bauordnungsrecht** gibt es zahlreiche Normen, die nachbarschützende Wirkung entfalten. Wegen der unterschiedlichen Regelungsgehalte der landesbauordnungsrechtlichen Bestimmungen lassen sich nur schwer allgemeingültige Aussagen zum Drittschutz treffen. Die Vorschriften zu den Abstandsflächen dienen unter anderem der Belichtung, Belüftung, Besonnung, dem Wohnfrieden und dem Brandschutz; sie vermitteln deshalb dem Nachbarn ein subjektives Recht. Streitig ist lediglich, ob die Abstandsflächen in vollem Umfang oder nur partiell drittschützend sind. Manche Bundesländer haben deshalb explizit den Umfang des Drittschutzes von Abstandsflächen festgelegt (→ § 76 Rn. 24). Weil das baurechtliche Verunstaltungsverbot (→ § 76 Rn. 25) öffentlichen Interessen dient, wird ihm grundsätzlich keine nachbarschützende Wirkung beigemessen.[29]

> Soweit A in **Fall 57** mit seiner Klage geltend macht, das Bauvorhaben des B verstoße gegen das bauordnungsrechtliche Verunstaltungsverbot, wird sich das Gericht nicht näher mit diesem Einwand befassen. Das Verbot dient allein öffentlichen Interessen. A kann sich daher insoweit nicht auf ein subjektives öffentliches Recht berufen.

10 Existiert keine einfachgesetzliche Regelung, aus der sich ein subjektives Recht des Nachbarn ableiten lässt, ist immer noch zu erörtern, ob sich nicht unmittelbar **aus Art. 14 I GG ein Abwehranspruch des Nachbarn** ergibt. Früher bejahte die Rechtsprechung einen solchen Anspruch insbesondere, wenn infolge einer nachhaltigen Veränderung der Grundstückssituation das Eigentum an anderen Grundstücken schwer und unerträglich beeinträchtigt wird.[30] Inzwischen ist das BVerwG zumindest teilweise von diesem Standpunkt abgerückt. Soweit drittschützende Regelungen des einfachen Rechts vorhanden sind, kann es daneben keinen weitergehenden, unmittelbar auf Art. 14 I GG beruhenden Anspruch geben. Wenn der Gesetzgeber in einer den Anforderungen des Art. 14 I 2 GG genügenden Weise Inhalt und Schranken des Eigentums bestimmt (→ § 42 Rn. 18, 24f., 28ff.), werden innerhalb des geregelten Bereichs weitergehende Ansprüche aus Art. 14 I GG ausgeschlossen.[31] Ggf. verbliebene Lücken sind durch eine verfassungskonforme Auslegung (→ § 2 Rn. 13 ff.) der einfachgesetzlichen Vorschriften zu schließen.

11 Im **Polizei- und Ordnungsrecht** tritt vor allem das Problem auf, ob und in welchem Maße der Bürger ein bestimmtes Verhalten der Polizeibehörden beanspruchen kann. Da die Polizeirechtsnormen auf den Schutz der öffentlichen Sicherheit und Ordnung

---

[25] BVerwGE 52, 123 (131); 67, 334 (339).
[26] BVerwGE 67, 335 (339).
[27] BVerwGE 52, 122 (125f.); BVerwG, NVwZ 2000, 552 (553); VGH München, BayVBl. 2005, 726.
[28] BVerwG, DÖV 2000, 81.
[29] *C. Pecher,* JuS 1996, 887 (890).
[30] Siehe z. B. BVerwGE 50, 282 (286ff.).
[31] BVerwGE 89, 69 (78).

(→ § 68 Rn. 6 f.) abzielen, dienen sie vornehmlich dem Allgemeininteresse. Weil jedoch zum Schutzgut der öffentlichen Sicherheit auch Individualrechtsgüter und individuelle Rechte gehören (→ § 68 Rn. 6), kommt den gefahrenabwehrrechtlichen Vorschriften insoweit individualschützender Charakter zu. Die polizeirechtlichen Ermächtigungsnormen verleihen dem Bürger daher unter der Voraussetzung ein subjektives öffentliches Recht, dass eines seiner unter den Schutz der öffentlichen Sicherheit fallenden individuellen Rechte oder Rechtsgüter bedroht wird.[32] Allerdings handelt es sich dabei zunächst nur um einen Anspruch auf ermessensfehlerfreie Entscheidung über das polizeiliche Einschreiten.

III. Anspruch auf fehlerfreie Ermessensausübung

In vielen Fällen räumt das Gesetz der Verwaltung einen Ermessens- oder Beurteilungsspielraum ein (→ § 68 Rn. 10 ff.; § 69). Liegt z. B. eine Gefahr für die öffentliche Sicherheit oder Ordnung vor, trifft die Polizei nach der ordnungsrechtlichen Generalklausel ihre **Maßnahmen nach pflichtgemäßem Ermessen** (→ § 69 Rn. 1). Wird ein individuelles Rechtsgut, beispielsweise das Leben des Bürgers, bedroht, verleiht ihm diese Norm ein subjektives öffentliches Recht.

12

Hieraus ergibt sich die Frage, wie sich der individualrechtliche Charakter der Norm und der der Verwaltung eingeräumte Spielraum zueinander verhalten. Angesichts der Offenheit der Rechtsfolgenseite hat der Bürger lediglich einen Anspruch darauf, dass die Behörde unter Beachtung seiner Belange eine ermessensfehlerfreie Entscheidung darüber trifft, ob und gegebenenfalls in welcher Weise sie gegen die den Einzelnen beeinträchtigenden Handlungen oder Zustände einschreitet.[33] Dieser Anspruch kann sich ausnahmsweise zu einem **Rechtsanspruch auf polizeiliches Einschreiten** verdichten, wenn nur diese Möglichkeit als rechtmäßige Entscheidung in Betracht kommt, das Ermessen der Verwaltung also auf Null reduziert ist (→ § 69 Rn. 9).[34] Zu bejahen ist eine derartige Ermessensreduktion bei der Verletzung eines wesentlichen Rechtsguts (Gefahr für das Leben, die Gesundheit, das Eigentum), welche die Polizei ohne Vernachlässigung anderer gleichwertiger Schutzgüter abwehren kann.[35]

Im Baurecht besteht ein **Anspruch des Nachbarn auf bauaufsichtliches Einschreiten**, z. B. durch Erlass einer Beseitigungsanordnung (→ § 75 Rn. 5), jedenfalls dann, wenn erstens gegen eine Vorschrift verstoßen wird, die Beeinträchtigungen der Nachbarschaft verbietet, zweitens eine Reduzierung des Verwaltungsermessens auf Null vorliegt und drittens der Verstoß gegen nachbarschützende Vorschriften zu spürbaren Beeinträchtigungen des Nachbarn führt.[36] Ein Beispiel ist der Verstoß gegen Vorschriften zur Standsicherheit von Gebäuden, denen nachbarschützende Wirkung zukommt.[37] Eine Reduzierung des Ermessens ergibt sich nicht bereits daraus, dass das betreffende Gebäude keiner (präventiven) Baugenehmigung bedarf (→ § 76 Rn. 6 ff.) und die Behörde deshalb etwa zu einem verstärkten repressiven Einschreiten gehalten wäre.[38]

---

[32] OVG Münster, OVGE 33, 310 (311).
[33] OVG Münster, OVGE 33, 310; VGH Kassel, HessVGRspr. 2000, 73 (77).
[34] OVG Münster, OVGE 33, 310 f.; VGH Kassel, HessVGRspr. 2000, 73 (77 f.).
[35] VGH Kassel, NJW 1984, 2305; HessVGRspr. 2000, 73 (77 f.) (bauaufsichtliches Einschreiten).
[36] OVG Lüneburg, BauR 2012, 933; VGH Mannheim, VBlBW 2003, 470 (471); NVwZ-RR 2008, 162 (163).
[37] OVG Magdeburg, BeckRS 2015, 44868.
[38] OVG Lüneburg, BauR 2014, 1453.

§ 72. Das Verwaltungsverfahren

Fall 58: Die X-GmbH beantragt für den Bau einer Spielhalle die Erteilung einer Baugenehmigung. A, dessen Haus unmittelbar an das zu bebauende Grundstück angrenzt, sowie eine Bürgerinitiative sind damit nicht einverstanden. Zuständig für das Verfahren ist das Landratsamt. Wer ist an dem Baugenehmigungsverfahren zu beteiligen? Kann sich A im Verfahren durch einen Rechtsanwalt vertreten lassen?

1 Der Verwaltung obliegt die Ausführung der Gesetze. Insbesondere um die Richtigkeit der behördlichen Entscheidungen zu gewährleisten, wird das materielle Recht um Verfahrensregeln ergänzt. So ist zum Beispiel eine Person vor Erlass einer belastenden Maßnahme anzuhören (§ 28 VwVfG) und der Sachverhalt zuvor sorgfältig aufzuklären (§§ 24ff. VwVfG). In einem Verfahren wird eine Anzahl von Handlungen im Dienste eines bestimmten Ziels, beispielsweise der behördlichen Entscheidung über die Erteilung einer Genehmigung, planvoll und zweckmäßig geordnet. Das Verwaltungsverfahren ist **Entscheidungsfindungsmodus der Verwaltung** und Formung der staatlichen Herrschaftsausübung. Es regelt das „Wie" und nicht das „Was" des Verwaltungshandelns.

Wichtige Vorschriften zum Verwaltungsverfahren sind im Verwaltungsverfahrensgesetz des Bundes geregelt, das die Normierung vieler Einzelvorschriften entbehrlich macht und insoweit eine **Rechtsvereinheitlichung** bewirkt. Da der Bund keine allgemeine Gesetzgebungszuständigkeit für die Regelung des Verwaltungsverfahrens hat, haben die Länder ebenfalls Verwaltungsverfahrensgesetze erlassen. Diese stimmen in weitem Maße mit der bundesrechtlichen Regelung überein. Entweder enthalten die Landes-Verwaltungsverfahrensgesetze eine Vollregelung, die inhaltlich den Vorschriften des Bundes-Verwaltungsverfahrensgesetzes nachgebildet ist oder sie verweisen im Wesentlichen auf das Bundesgesetz.

I. Der Anwendungsbereich der Verwaltungsverfahrensgesetze des Bundes und der Länder

2 Weil neben dem Verwaltungsverfahrensgesetz des Bundes entsprechende Landesgesetze bestehen, muss sich der Bearbeiter in der Falllösung zunächst darüber klar werden, welches Regelungswerk heranzuziehen ist.[1] In § 1 VwVfG des Bundes wird der Anwendungsbereich dieses Gesetzes festgelegt. Es erstreckt sich nur auf die **öffentlich-rechtliche Verwaltungstätigkeit,** gilt also nicht im Falle privatrechtlichen Handelns[2]. Gemäß § 1 I VwVfG gilt es 1. für das Verwaltungshandeln der Bundesbehörden und 2. für das Handeln der Länder, der Gemeinden und Gemeindeverbände, wenn sie Bundesrecht im Auftrag des Bundes ausführen. Zu beachten ist jedoch, dass nach § 1 III VwVfG dieses Gesetz bei der Ausführung von Bundesrecht durch die Länder nicht zur Anwendung kommt, soweit die öffentlich-rechtliche Verwaltungstätigkeit der Behörden landesrechtlich durch ein Verwaltungsverfahrensgesetz geregelt wird. Da alle Bundesländer über eigene verwaltungsverfahrensrechtliche Bestimmungen verfügen (dies ist auch dann der Fall, wenn das Verwaltungsverfahrensgesetz des Landes dynamisch auf das VwVfG des Bundes verweist[3]), gelangt man zur folgenden Regel: Für die öffentlich-rechtliche Verwaltungstätigkeit der Bundesbehörden gilt das Verwaltungsverfahrensge-

---

[1] Ausführlich *D. Ehlers,* Jura 2003, 30ff.
[2] Zum Rückgriff auf verwaltungsverfahrensrechtliche Grundsätze bei verwaltungsprivatrechtlichem Handeln vgl. BGH, NVwZ 2010, 531 (535).
[3] Verfassungsrechtlich ist diese dynamische Verweisung unproblematisch, BVerwG, DÖV 2005, 745.

§ 72. Das Verwaltungsverfahren

setz des Bundes. Für die öffentlich-rechtliche Verwaltungstätigkeit der Landes- und Kommunalbehörden ist dagegen das Verwaltungsverfahrensgesetz des jeweiligen Bundeslandes maßgeblich.

> Im **Fall 58** ist das Landratsamt für die Durchführung des Baugenehmigungsverfahrens zuständig. Wegen § 1 III VwVfG ist für das von ihm durchzuführende Verwaltungsverfahren ausschließlich das Landes-Verwaltungsverfahrensgesetz maßgeblich. Unerheblich ist, dass das Landratsamt bei seiner Entscheidung in der Sache auch an die Vorschriften des Baugesetzbuchs des Bundes gebunden ist. Bei der Falllösung müssen also die Normen des Landes-Verwaltungsverfahrensgesetzes zitiert werden. Nachfolgend wird davon ausgegangen, dass die Bestimmungen des einschlägigen Landes-Verwaltungsverfahrensgesetzes mit den Regelungen des Bundes-Verwaltungsverfahrensgesetzes identisch sind.

Im Übrigen entfaltet das Verwaltungsverfahrensgesetz des Bundes nur **subsidiäre Geltung.** Denn nach § 1 I, II VwVfG darf es nicht angewendet werden, wenn andere Rechtsvorschriften des Bundes inhaltsgleiche oder abweichende Regelungen enthalten. Weitere Ausnahmen vom Anwendungsbereich des Verwaltungsverfahrensgesetzes sind in § 2 vorgesehen. Danach gilt es zum Beispiel nicht für Verfahren der Bundes- oder Landesfinanzbehörden nach der Abgabenordnung (§ 2 II Nr. 1 VwVfG) oder Verfahren nach dem Sozialgesetzbuch (§ 2 II Nr. 4 VwVfG). 3

> Weil die Bestimmungen der Landes-Verwaltungsverfahrensgesetze in aller Regel ebenfalls nur subsidiär zur Anwendung gelangen, muss das Landratsamt in **Fall 58** zunächst prüfen, inwieweit die Landesbauordnung speziellere verfahrensrechtliche Vorschriften enthält. In aller Regel gibt es dort Spezialvorschriften zum Baugenehmigungsverfahren, das gegenüber den gewöhnlichen Verwaltungsverfahren stärker formalisiert ist. So wird der Kreis der zu beteiligenden Personen näher konkretisiert oder werden der Baurechtsbehörde Fristvorgaben im Hinblick auf ihre Handlungen gemacht. Sofern die Landesbauordnung keine Sonderregelung enthält, ist das Landes-Verwaltungsverfahrensgesetz maßgeblich.

II. Begriff und Arten des Verwaltungsverfahrens

Der Begriff des Verwaltungsverfahrens wird in einem formellen und in einem materiellen Sinne verwendet. Im *materiellen Sinne* ist Verwaltungsverfahren jede auf die Hervorbringung einer öffentlich-rechtlichen administrativen Entscheidung gerichtete Tätigkeit. Während insoweit also auf den *Entscheidungsinhalt* abgestellt wird, meint der Begriff des Verwaltungsverfahrens im formellen Sinne alle auf eine Entscheidung *gerade durch die Verwaltung* gerichteten Maßnahmen; hierunter fallen auch Verfahren, die z. B. im Abschluss eines privatrechtlichen Vertrags münden.[4] Enger – nämlich im Sinne eines Verwaltungsverfahrens im formellen *und* materiellen Sinn – ist der in § 9 VwVfG zu Grunde gelegte Begriff des Verwaltungsverfahrens. **Verwaltungsverfahren im Sinne des Verwaltungsverfahrensgesetzes** ist die *nach außen* wirkende Tätigkeit der Behörden, die auf die Prüfung der Voraussetzungen, die Vorbereitung und den Erlass eines VAs oder auf den Abschluss eines öffentlich-rechtlichen Vertrages gerichtet ist, einschließlich des Erlasses des VAs bzw. des Abschlusses des öffentlich-rechtlichen Vertrags. 4

Demzufolge gelten die §§ 9 ff. VwVfG nicht unmittelbar für interne Verwaltungsmaßnahmen, die Rechtssetzungstätigkeit der Verwaltung (Erlass von Rechtsverordnungen oder Satzungen), sonstige rechtsgeschäftliche Erklärungen der Verwaltung (z. B. eine

---

[4] *Ziekow*, VwVfG § 9 Rn. 12 ff.

Aufrechnungserklärung) sowie das schlichthoheitliche Verwaltungshandeln. Denkbar ist jedoch eine **analoge Anwendung einzelner verfahrensrechtlicher Vorschriften** auf die ausgeschlossenen Handlungsfelder, soweit sich diese Regelungen als konkretisiertes Verfassungsrecht oder Ausdruck eines allgemeinen Rechtsgedankens darstellen.[5]

> Da die Entscheidung über die Erteilung einer Baugenehmigung ein VA ist, insbesondere gegenüber dem Bauherrn Außenwirkung entfaltet, bezieht sich der **Fall 58** auf ein Verwaltungsverfahren im engeren Sinne. Deshalb sind die §§ 9 ff. VwVfG unmittelbar anwendbar.

5 Das Verwaltungsverfahrensgesetz unterscheidet verschiedene Arten von Verwaltungsverfahren. Nach § 10 VwVfG stellt das so genannte **nichtförmliche Verwaltungsverfahren** den Normalfall dar. Abgesehen von den wenigen zu beachtenden allgemeinen Verfahrensbestimmungen des Verwaltungsverfahrensgesetzes ist es an keine besondere Form gebunden. Ein nichtförmliches Verwaltungsverfahren ist einfach, zweckmäßig und zügig durchzuführen (§ 10 S. 2 VwVfG).

Für die förmlichen Verwaltungsverfahren gelten neben den allgemeinen verwaltungsverfahrensrechtlichen Vorschriften besondere Verfahrensregelungen. Ein **förmliches Verwaltungsverfahren** findet gemäß § 63 VwVfG nur statt, wenn dies in einer Rechtsvorschrift angeordnet ist.[6] Dies ist durch einen Blick in die Normen des besonderen Verwaltungsrechts festzustellen. Im Falle des förmlichen Verwaltungsverfahrens muss ein etwaiger Antrag schriftlich oder zur Niederschrift bei der Behörde gestellt werden (§ 64 VwVfG). Es bestehen eingehendere und strengere Regelungen zur Anhörung der Beteiligten und der Mitwirkung von Zeugen und Sachverständigen (§§ 65, 66 VwVfG). Grundsätzlich wird – ähnlich wie in einem Gerichtsverfahren – eine mündliche Verhandlung durchgeführt (§§ 67, 68 VwVfG). Insgesamt ist im förmlichen Verwaltungsverfahren das verfahrensgestaltende Ermessen der Behörde hinsichtlich des Verfahrensablaufs stärker beschränkt.

6 Die **Planfeststellungsverfahren** betreffen komplexe Vorhaben, bei denen eine Vielzahl öffentlicher und privater Belange zum Ausgleich zu bringen ist. Nach § 72 VwVfG kommen die Vorschriften über das Planfeststellungsverfahren nur zur Anwendung, wenn dies durch Rechtsvorschrift angeordnet ist. Vorgeschrieben ist die Durchführung eines Planfeststellungsverfahrens etwa für den Bau einer Bundesfernstraße (§ 17 FStrG), den Ausbau eines Gewässers (§ 68 I WHG) oder die Anlage bzw. Änderung von Flughäfen und Landeplätzen (§§ 8 ff. LuftVG). Das Planfeststellungsverfahren ist noch stärker formalisiert: Unter anderem muss der Plan ausgelegt werden. An die Stelle einer Anhörung nach § 28 VwVfG (→ Rn. 18) tritt für Betroffene in der Planfeststellung das spezielle Anhörungsverfahren nach § 73 VwVfG.[7] Die innerhalb eines bestimmten Zeitraums gegen den Plan fristgemäß vorgebrachten Einwendungen werden in einem Erörterungstermin besprochen (§ 73 VI VwVfG). Das Planfeststellungsverfahren endet mit einer einzigen Entscheidung, dem Planfeststellungsbeschluss. Dieser ersetzt alle behördlichen Genehmigungen, Erlaubnisse, Bewilligungen und Zustimmungen, die ansonsten nach anderen gesetzlichen Vorschriften erforderlich sind (§ 75 I VwVfG, „Konzentrationswirkung"). Bei dem Planfeststellungsbeschluss handelt es sich um einen VA. Nach § 74 I VwVfG i.V.m. § 70 VwVfG kann gegen den Planfeststellungsbeschluss sofort, also ohne vorherige Durchführung eines Widerspruchsverfahrens nach §§ 68 ff. VwGO, geklagt werden.

---

[5] *D. Ehlers,* Jura 2003, 30 (34).
[6] Z. B. § 9 WHG i.V.m. § 143 LWG NW.
[7] BVerwG, NVwZ-RR 1998, 90 (91).

III. Die zuständige Behörde

In Klausuren tritt immer wieder das Problem auf, ob eine Maßnahme der Verwaltung von der zuständigen Behörde getroffen wurde. Da die Festlegung der Voraussetzungen, unter denen ein Hoheitsträger tätig werden darf, unter verschiedenen Aspekten erfolgen kann, unterscheidet man verschiedene **Arten von Zuständigkeitsregelungen**[8]. Prüfungsrelevant sind insoweit vor allem die sachliche und die örtliche Zuständigkeit (zur Relevanz von Zuständigkeitsfehlern → § 81 Rn. 17):

- Die **sachliche Zuständigkeit** bezieht sich auf die Berechtigung oder Verpflichtung einer Behörde zur Wahrnehmung einer dem Gegenstand nach bestimmten Aufgabe. Die diesbezüglichen Zuständigkeitsvorschriften regeln also, welche Behörde beispielsweise über Bauangelegenheiten, Gewerbeangelegenheiten, polizeiliche Fragen u. a. zu entscheiden hat.
- Bei der **örtlichen Zuständigkeit** wird der territoriale Bereich festgelegt, innerhalb dessen die sachlich zuständige Behörde tätig werden darf. Anhand der örtlichen Zuständigkeitsregelungen ist also festzustellen, ob sich das Regierungspräsidium in Y oder das Regierungspräsidium in Z mit einer bestimmten Angelegenheit zu befassen hat. Soweit es für den zu beurteilenden Einzelfall keine spezielle Zuständigkeitsregelung gibt, bestimmt sich die örtliche Zuständigkeit nach § 3 VwVfG bzw. den entsprechenden Vorschriften des Landes-Verwaltungsverfahrensgesetzes.

Geht es wie in **Fall 58** um die Erteilung einer Baugenehmigung, muss zunächst die einschlägige Landesbauordnung auf etwaige Zuständigkeitsregelungen durchgesehen werden. Beispielsweise ist in Baden-Württemberg gemäß § 48 I LBO BW grundsätzlich die untere Baurechtsbehörde sachlich zuständig. In § 46 I Nr. 3 LBO BW wird wiederum bestimmt, dass Baurechtsbehörden die unteren Verwaltungsbehörden, in bestimmten Fällen auch die Gemeinden und Verwaltungsgemeinschaften (§ 46 II 1 LBO BW) sind.[9] Weil die Landesbauordnung für Baden-Württemberg keine Regelung zur örtlichen Zuständigkeit enthält, ist § 3 I Nr. 1 LVwVfG maßgeblich: Örtlich zuständig ist in Angelegenheiten, die sich auf ein unbewegliches Vermögen beziehen, die Behörde, in deren Bezirk das Vermögen liegt.

1. Zuständigkeitsregelungen im Bereich des Polizei- und Ordnungsrechts

Zum Verständnis der Zuständigkeitsregelungen im Bereich des Polizei- und Ordnungsrechts ist zu bemerken, dass es auf Landesebene zwei verschiedene Modelle der Behördenorganisation gibt:[10] In den dem sog. **Trennsystem** folgenden Ländern ist die polizeiliche Gewalt des Staates auf zwei organisatorisch unabhängige Behörden verteilt: Die **Ordnungsbehörden** erfüllen bürokratisch-verwaltungsmäßig Aufgaben der Gefahrenabwehr, z. B. im Bereich des Gewerberechts, „vom Schreibtisch" aus. Demgegenüber obliegt den – oft uniformierten – **Polizeibehörden** die Wahrnehmung vollzugspolizeilicher Aufgaben vor Ort, wie die Verhütung und Aufklärung von Straftaten und die Be-

---

[8] Zur Kategorie der Zuständigkeit *P. Collin/M. Fügemann*, JuS 2005, 694.
[9] Zuständig in Bayern die untere Bauaufsichtsbehörde (= die Kreisverwaltungsbehörden oder leistungsfähige kreisangehörige Gemeinden, Art. 53 BayBauO); in Brandenburg die untere Bauaufsichtsbehörde (§ 52 I 2 BbgBO = Landkreise, Kreisfreie Städte, Große kreisangehörige Städte, § 51 I BbgBO); in Niedersachsen die untere Bauaufsichtsbehörde (§ 65 III NBauO = Landkreise, Kreisfreie und Große selbständige Städte, § 57 I NBauO); in Nordrhein-Westfalen die untere Bauaufsichtsbehörde (§ 62 BauO NW = Kreisfreie Städte, Große und Mittlere kreisangehörige Städte, Kreise, § 60 I Nr. 3 BauO NW).
[10] Dazu *Schenke*, Polizei- und Ordnungsrecht Rn. 14f.

kämpfung unmittelbar bevorstehender Gefahren. Bundesländer mit Trennsystem sind Bayern, Berlin, Brandenburg, Hamburg, Hessen, Mecklenburg-Vorpommern, Niedersachsen, Nordrhein-Westfalen, Rheinland-Pfalz, Sachsen-Anhalt, Schleswig-Holstein und Thüringen.

Im Trennsystem Gefahrenabwehr durch	
Ordnungs- und Sicherheitsbehörden	**Polizeibehörden**
z. B. Meldeamt, Passamt, Ordnungsamt	„uniformierte Polizei"
Handeln aufgrund von Spezialgesetzen sowie regelmäßig aufgrund eines allgemeinen Gesetzes über die Sicherheit und Ordnung.	Nehmen vor allem vollzugspolizeiliche Aufgaben wahr, die zumeist in einem eigenen Gesetz geregelt sind.
Charakteristika: Innendienst, Gefahrenbekämpfung durch Verfügung, Schriftlichkeit.	Außendienst, Schnelligkeit der Gefahrenabwehr, Mündlichkeit und Formlosigkeit.

9 In anderen Bundesländern – Baden-Württemberg, Bremen, Sachsen und im Saarland – wurde dagegen am **Einheitssystem** festgehalten. Für sämtliche Aufgaben der Gefahrenabwehr ist eine Behörde – die Polizei – zuständig. Diese Polizei setzt sich aus den Polizeibehörden und den Polizeivollzugsbehörden zusammen. Grundsätzlich erfüllen die Polizeibehörden alle polizeilichen Aufgaben, soweit sie nicht dem Polizeivollzugsdienst zugewiesen sind.

Im Einheitssystem Gefahrenabwehr durch
Die **Polizei**, welche die Polizeibehörden und den Polizeivollzugsdienst umfasst.
Es gibt nur ein Polizeigesetz. Je nach Norm werden für die Aufgabenwahrnehmung die Polizeibehörden oder der Polizeivollzugsdienst für zuständig erklärt.

10 Unter dem Begriff der **Polizei im organisatorischen Sinne** werden die Behörden zusammengefasst, die in den Gesetzen als Polizei(behörden) bezeichnet werden. Vielfach wird die Gesamtheit der Aufgaben, die diese Polizeibehörden wahrnehmen, mit dem Terminus **Polizei im formellen Sinne** umschrieben. Unter dem **materiellen Polizeibegriff** versteht man dagegen die gesamte der Gefahrenabwehr (→ § 68 Rn. 8 f.) dienende staatliche Tätigkeit. Werden einer Polizeibehörde im organisatorischen Sinne vom Gesetzgeber andere Aufgaben als die Gefahrenabwehr zugewiesen, nimmt sie insoweit keine materielle Polizeitätigkeit wahr.[11]

11 Die Polizei ist für den **Schutz privater Rechte,** zum Beispiel eines zivilrechtlichen Schadensersatzanspruchs, grundsätzlich nicht zuständig. Insoweit wird regelmäßig die *öf-*

---

[11] Zu den verschiedenen Polizeibegriffen *Waechter*, Polizei- und Ordnungsrecht Rn. 159 ff.

fentliche Sicherheit (→ § 68 Rn. 6) nicht geschmälert; die Privatrechtssubjekte können die Zivilgerichte anrufen und so – notfalls auch unter Inanspruchnahme des einstweiligen Rechtsschutzes – eine Klärung herbeiführen. Hiervon machen die Landespolizeigesetze eine Ausnahme, wenn bei den privaten Rechten gerichtlicher Rechtsschutz nicht zu erreichen ist und ohne die polizeiliche Hilfe die Verwirklichung des Rechts vereitelt oder wesentlich erschwert würde (→ § 68 Rn. 6).

2. Amts- und Vollzugshilfe

Kann die zuständige Behörde ihre Aufgaben im Einzelfall mit ihren eigenen Mitteln nicht erfüllen, ist zu prüfen, ob sie nicht eine andere Behörde im Wege der **Amtshilfe** um Hilfeleistung bitten kann. Nach § 4 I VwVfG, der eine Konkretisierung des Art. 35 I GG darstellt, leistet jede Behörde anderen Behörden auf Ersuchen „ergänzende" Hilfe. Die ersuchte Behörde unterstützt das Verfahren der ersuchenden Behörde beispielsweise durch Hilfe bei der Sachverhaltsermittlung. Sie kann aber nicht das fremde Verfahren als Ganzes übernehmen.[12] § 5 I VwVfG nennt Konstellationen, in denen eine andere Behörde um Amtshilfe ersucht werden darf. Die ersuchte Behörde braucht unter den Voraussetzungen des § 5 III VwVfG keine Amtshilfe leisten, in den Fällen des Abs. 2 ist ihr diese verwehrt. Bittet eine Behörde um Amtshilfe, darf sie im Hinblick auf die gesetzliche Kompetenzordnung ihren ursprünglichen Befugniskreis nicht verlassen und diesen durch das Amtshilfeersuchen erweitern.[13] Weil die Vorschriften zur Amtshilfe lediglich das „Binnenverhältnis" der beteiligten Behörden betreffen, stehen sie unter dem Vorbehalt, dass die Amtshilfe Rechte der Betroffenen nicht beeinträchtigt. Belastende Maßnahmen mit Außenwirkung gegenüber dem Bürger darf die ersuchte Behörde nur aufgrund einer spezialgesetzlichen Ermächtigung vornehmen.[14]

12

Nach den meisten Landespolizeigesetzen gehört die **Vollzugshilfe** zu den Aufgaben der Polizei. Darunter versteht man das von einer anderen Behörde an die Polizei gerichtete Ersuchen zur Anwendung unmittelbaren Zwangs, weil sie ihre Maßnahme nicht auf andere Weise durchsetzen kann oder ihr die zur Zwangsanwendung erforderlichen Dienstkräfte fehlen (Art. 50 I BayPAG; § 50 I BbgPolG; § 51 I NSOG; § 47 I PolG NW).[15] Weil es sich bei der Vollzugshilfe um eine der Polizei zugewiesene Aufgabe handelt, stellt sie keine (besondere) Form der Amtshilfe dar.[16] Sofern keine Sonderregelungen bestehen, werden auf sie die verwaltungsverfahrensrechtlichen Vorschriften zur Amtshilfe analog angewendet. Wie auch in § 7 VwVfG vorgesehen ist, ist für die Rechtmäßigkeit der Maßnahme, die durch die Vollzugshilfe verwirklicht werden soll, das für die ersuchende Behörde geltende Recht maßgeblich. Aus diesem Grund prüft die ersuchte Polizei lediglich, ob die gesetzlichen Voraussetzungen für die Vollzugshilfe vorliegen. Sie befasst sich grundsätzlich nicht mit der inhaltlichen Berechtigung der von der ersuchenden Behörde beabsichtigten Maßnahme. Die Art und Weise der Durchführung der Vollzugshilfe ist von der Polizei zu verantworten und richtet sich nach dem für sie maßgeblichen Recht.

13

---

[12] *K. Meyer-Teschendorf,* JuS 1981, 187 (189).
[13] *K. Meyer-Teschendorf,* JuS 1981, 187 (191).
[14] BVerwG, NJW 2004, 1191 (1194); *Bull/Mehde* Rn. 666.
[15] Hierüber hinaus geht z. B. § 60 IV PolG BW, wonach unter Vollzugshilfe die Ausführung jeglicher Vollzugshandlungen auf Ersuchen von Behörden und Gerichten, soweit hierfür die besonderen Fähigkeiten, Kenntnisse oder Mittel des Polizeivollzugsdiensts benötigt werden, zu verstehen ist.
[16] *G. M. Köhler,* BayVBl. 1998, 453 f.; *Schenke,* Polizei- und Ordnungsrecht Rn. 408 f.

IV. Verfahrensablauf

1. Beginn des Verfahrens

14 Grundsätzlich entscheidet die Behörde gem. § 22 S. 1 VwVfG nach pflichtgemäßem Ermessen, ob und wann sie ein Verwaltungsverfahren durchführt. Es gilt demnach das **Offizialprinzip:** Die Verwaltung entscheidet von Amts wegen über die Einleitung eines Verfahrens, ohne dass dafür ein Antrag nötig oder maßgeblich wäre. Insbesondere in Bereichen wie dem Recht der öffentlichen Sicherheit und Ordnung ist einleuchtend, dass die Ordnungsbehörden unabhängig vom Verhalten Einzelner agieren können müssen. Grundsätzlich steht es im pflichtgemäßen Ermessen der Verwaltung (→ § 69 Rn. 1 ff.), ob ein Verwaltungsverfahren eingeleitet wird. Sie muss also prüfen, ob es ausreichende Gründe gibt, welche die Eröffnung eines Verwaltungsverfahrens rechtfertigen, und sie es deshalb für „opportun" hält, das Verfahren einzuleiten (**Opportunitätsprinzip**).

Von der Regel des § 22 S. 1 VwVfG werden **drei Ausnahmen** gemacht:

- Gemäß § 22 S. 2 Nr. 1 Alt. 1 VwVfG ist die Verwaltung zur Durchführung eines Verwaltungsverfahrens verpflichtet, wenn sie aufgrund von Rechtsvorschriften **von Amts wegen** tätig werden muss. Beispielsweise muss die Verwaltung die Beseitigung einer ohne die erforderliche immissionsschutzrechtliche Genehmigung errichteten Anlage anordnen, wenn die Allgemeinheit oder Nachbarschaft nicht auf andere Weise ausreichend geschützt werden kann (§ 20 II 2 BImSchG).

- Des Weiteren muss ein Verwaltungsverfahren eingeleitet werden, wenn die Verwaltung aufgrund von Rechtsvorschriften **auf Antrag** tätig werden muss und ein solcher Antrag gestellt wurde (§ 22 S. 2 Nr. 1 Alt. 2 VwVfG).

  Dies ist bei der Baugenehmigung der Fall. Durch die Einreichung des Bauantrags der X-GmbH in **Fall 58** wird der Beginn eines Verwaltungsverfahrens ausgelöst. Der Anspruch auf Erteilung einer Baugenehmigung findet seine Grundlage in Art. 14 I 1 GG. Damit wäre es nicht zu vereinbaren, wenn es im Ermessen der Behörde stünde, ob sie ein Verwaltungsverfahren durchführen möchte.

  Für die Auslegung eines Antrags – wie anderer öffentlich-rechtlicher Erklärungen – gelten die Grundsätze des § 133 BGB, so dass die Auslegung nicht beim Wortlaut stehen bleiben darf, sondern stets den Sinn und die Begleitumstände einbeziehen muss.[17]

- Schließlich ist der Behörde die Einleitung eines Verwaltungsverfahrens verwehrt, wenn sie aufgrund von Rechtsvorschriften nur auf Antrag tätig werden darf und **kein entsprechender Antrag vorliegt** (§ 22 S. 2 Nr. 2 VwVfG).

2. Beteiligte

15 In den §§ 11–13 VwVfG wird festgelegt, wer an dem von der zuständigen Behörde durchzuführenden Verwaltungsverfahren zu beteiligen ist. In Übungs- und Prüfungsarbeiten ist hierauf nur einzugehen, wenn die Fallgestaltung hierzu Anlass gibt.

Als Erstes ist zu prüfen, ob die möglicherweise im Verwaltungsverfahren zu berücksichtigenden Personen überhaupt beteiligungsfähig sind, d. h. Subjekt eines Verwaltungsverfahrens sein können. Nach § 11 VwVfG verfügen 1. natürliche und juristische Personen, 2. Vereinigungen, soweit ihnen ein Recht zustehen kann, sowie 3. Behörden über die nötige **Beteiligungsfähigkeit.** Im Anschluss daran ist die **Handlungsfähigkeit** dieser Beteiligungsfähigen zu untersuchen. Darunter

---

[17] BVerwG, NVwZ-RR 2005, 591 (592) m.w.N.

§ 72. Das Verwaltungsverfahren

versteht man die Fähigkeit, selbst Verfahrenshandlungen vornehmen, etwa Anträge stellen zu können. Sie ist in § 12 VwVfG geregelt.

Nach § 13 VwVfG bestimmt sich sodann, wer **Beteiligter des jeweiligen Verfahrens** ist. Kraft Gesetzes sind gemäß § 13 I Nr. 1–3 VwVfG der Antragsteller und Antragsgegner, der (potentielle) Adressat eines VAs oder der (potentielle) Partner eines öffentlich-rechtlichen Vertrages beteiligt. Andere Personen werden nur durch einen besonderen Beschluss der Behörde zu Verfahrensbeteiligten, in welchem ihre **Hinzuziehung** zum jeweiligen Verfahren angeordnet wird. Die Kriterien für die Hinzuziehung ergeben sich aus § 13 II VwVfG. Sofern der Ausgang des Verfahrens rechtsgestaltende Wirkung für einen Dritten hat, muss dieser auf seinen Antrag als Beteiligter zu dem Verfahren hinzugezogen werden. Im Übrigen kann die Behörde nach ihrem pflichtgemäßen Ermessen Personen, deren rechtliche Interessen (möglicherweise) durch den Ausgang des Verfahrens berührt werden, von Amts wegen oder auf Antrag zu dem Verfahren hinzuziehen.

16

> Kommen – wie im **Fall 58** – mehrere Personen als Verfahrensbeteiligte in Betracht, muss für jede von ihnen gesondert untersucht werden, ob sie am jeweiligen Verfahren zu beteiligen ist. In der Regel enthalten die Landesbauordnungen spezielle Bestimmungen, wer an den Genehmigungsverfahren zu beteiligen ist (Bauherr, Nachbar, andere Behörden). Diese sind für die Falllösung vorrangig! Würde man die §§ 11 ff. VwVfG anwenden, so ergäbe sich: Die X-GmbH ist als juristische Person (§ 13 I GmbHG) beteiligungsfähig (§ 11 Nr. 1 VwVfG). Gemäß § 12 I Nr. 3 VwVfG ist sie über ihren gesetzlichen Vertreter (§ 35 GmbHG) handlungsfähig. Da sie das Baugesuch eingereicht hat, ist sie als Antragstellerin am Verfahren zu beteiligen. Die Bürgerinitiative ist als Vereinigung nach § 11 Nr. 2 VwVfG nur beteiligungsfähig, soweit ihr ein „Recht" zustehen kann. Daran wird es in der Regel fehlen. A ist als volljährige natürliche Person beteiligungs- und handlungsfähig (§ 11 Nr. 1, § 12 I Nr. 1 VwVfG). Da er nicht Antragsgegner des Bauantrags ist, ist er nur am konkreten Baugenehmigungsverfahren zu beteiligen, falls die Voraussetzungen für eine Hinzuziehung vorliegen. Dies richtet sich nach § 13 II VwVfG. Sofern die Baugenehmigung für A **rechtsgestaltende Wirkung** hat, was insbesondere bei Ausnahmen und Befreiungen von nachbarschützenden Baurechtsnormen der Fall ist, muss die Behörde ihn auf seinen Antrag zum Verfahren hinzuziehen. Berührt die Baugenehmigung – etwa durch eine Ausnahme oder Befreiung von einer nicht nachbarschützenden Vorschrift – nur seine **rechtlichen Interessen,** liegt die Entscheidung über seine Hinzuziehung zum Verfahren dagegen im pflichtgemäßen Ermessen der Baurechtsbehörde.[18] Wird A am Verfahren beteiligt, kann er sich gemäß § 14 I VwVfG durch einen Rechtsanwalt als Bevollmächtigten vertreten lassen.

Die mit der Verfahrensdurchführung betraute Behörde ist selbst nicht Verfahrensbeteiligte, sondern **Trägerin des Verfahrens.**[19] Im Interesse einer rechtsstaatlichen Gestaltung des Verfahrens dürfen auf Seiten der Behörde solche Amtswalter am Entscheidungsprozess nicht mitwirken, die ein persönliches Interesse am Ausgang des Verfahrens haben oder bei denen eine Besorgnis der Befangenheit besteht (§§ 20, 21 VwVfG). Eine **Besorgnis der Befangenheit** besteht beim Vorliegen eines Grundes, der die Beteiligten befürchten lassen kann, dass der Amtsträger nicht unparteiisch und sachlich entscheiden werde. Tatsächliche Voreingenommenheit ist nicht erforderlich; der „böse Schein" reicht aus.[20]

17

---

[18] Siehe *Hoppe/Bönker/Grotefels* § 16 Rn. 46.
[19] *Kopp/Ramsauer* § 13 Rn. 10.
[20] Im Einzelnen *Ziekow,* VwVfG § 21 Rn. 3.

3. Verfahrensrechte der Beteiligten

18 Die Eigenschaft eines Beteiligten ist deshalb von besonderer Bedeutung, weil die wesentlichen Verfahrensrechte nur den Beteiligten zustehen.

Ein besonders wichtiges Verfahrensrecht ist das in § 28 VwVfG geregelte **Recht auf Anhörung**. Es ist für das Verwaltungsverfahren verfassungsrechtlich nicht in Art. 103 I GG, der nur für das rechtliche Gehör vor Gericht gilt (→ § 49 Rn. 1, 5), sondern im Rechtsstaatsprinzip (→ § 7), verankert. Nach § 28 I VwVfG ist einem Beteiligten vor dem Erlass eines VAs, der in seine Rechte eingreift, Gelegenheit zu geben, sich zu den entscheidungserheblichen Tatsachen zu äußern. Sofern der Einzelne von dieser Gelegenheit Gebrauch macht, ist die Verwaltung verpflichtet, seine Ausführungen zur Kenntnis zu nehmen und ernsthaft in Erwägung zu ziehen.[21]

Die Auslegung des § 28 VwVfG ist umstritten.[22] In der Literatur wird eine erweiternde Auslegung des § 28 I VwVfG befürwortet. Weil die **Ablehnung eines beantragten** VAs für den Betroffenen nicht minder schwer als der Erlass eines belastenden VAs sein könne, sei er vor der behördlichen Entscheidung anzuhören.[23] Die Rspr. weist hingegen zu Recht auf den Wortlaut des § 28 I VwVfG hin, nach welchem in *bereits bestehende* Rechte des Beteiligten eingegriffen werden muss. Dies ist nur dann der Fall, wenn die vorhandene Rechtsstellung des Beteiligten zu seinem Nachteil verändert, von ihm also ein Tun oder Unterlassen gefordert wird. Eine Anhörung ist deshalb nicht bei der Ablehnung eines beantragten begünstigenden VAs erforderlich, durch den eine Rechtsposition erst begründet wird.[24] Der Antragsteller hat bereits bei der Stellung seines Antrags zu allen wesentlichen Fragen Stellung nehmen können.

Unter den Voraussetzungen des § 28 II VwVfG kann die Verwaltung von einer vorherigen Anhörung absehen, wenn sie nach den Umständen des Einzelfalls nicht geboten ist. Diese **Ausnahmetatbestände** sind nicht abschließend („insbesondere"). Klausurrelevant ist häufig § 28 II Nr. 1 VwVfG. Gefahr im Verzug im dort gemeinten Sinne liegt vor, wenn durch eine vorherige Anhörung auch bei Gewährung nur kürzerer Anhörungsfristen ein Zeitverlust einträte, der mit hoher Wahrscheinlichkeit zur Folge hätte, dass die durch den VA zu treffende Regelung zur Erreichung ihres Zwecks zu spät käme.[25] Die Verwaltung hat eine Ermessensentscheidung über das Absehen von einer vorherigen Anhörung zu fällen. Hierbei muss sie sämtliche Umstände des Einzelfalls einschließlich der verfassungsrechtlichen Bedeutung des Anhörungsrechts berücksichtigen. Nach § 28 III VwVfG *darf* keine vorherige Anhörung vorgenommen werden, wenn ihr ein zwingendes öffentliches Interesse entgegensteht.

19 Ein weiteres bedeutsames Verfahrensrecht ist das in § 29 VwVfG geregelte **Recht auf Akteneinsicht**. Es dient vor allem der Selbstbestimmung des Bürgers, der im Verwaltungsverfahren nicht lediglich Objekt, sondern im Hinblick auf seine personale Würde Subjekt ist, und ist in einer Demokratie darüber hinaus notwendiger Bestandteil der öffentlichen Kontrolle der Verwaltung.[26] Das Akteneinsichtsrecht des § 29 VwVfG bezieht sich nur auf die Beteiligten eines bereits begonnenen und noch nicht abgeschlossenen Verwaltungsverfahrens. Gemäß § 29 I VwVfG hat die Behörde ihnen Einsicht in die Akten des Verfahrens zu gestatten, soweit deren Kenntnis zur Geltendmachung oder Ver-

---

[21] BVerwGE 66, 111 (114).
[22] Zu den sich stellenden Problemen im Einzelnen *F. Schoch*, Jura 2006, 833.
[23] *Kopp/Ramsauer* § 28 Rn. 26a f.; *Maurer* § 19 Rn. 20; für eine Analogie zu § 28 I VwVfG *Detterbeck* Rn. 950.
[24] BVerwGE 66, 184 (186).
[25] BVerwGE 68, 267 (271).
[26] VGH München, NVwZ 1999, 888 f.

§ 72. Das Verwaltungsverfahren 519

teidigung ihrer Rechte erforderlich ist. Von dem Akteneinsichtsrecht ausgenommen sind Entscheidungsentwürfe sowie die Arbeiten zu ihrer unmittelbaren Vorbereitung. Unter den Voraussetzungen des § 29 II VwVfG ist die Behörde nicht zur Gestattung der Akteneinsicht verpflichtet, beispielsweise wenn durch das Bekanntwerden des Akteninhalts dem Wohl eines Landes Nachteile entstehen würden oder eine Geheimhaltung aufgrund der berechtigten Interessen bestimmter Personen notwendig ist.

Nach Abschluss des Verwaltungsverfahrens hat die Behörde nur unter der Voraussetzung eines berechtigten Interesses des Antragstellers nach pflichtgemäßem Ermessen darüber zu befinden, ob die begehrte Akteneinsicht zu gewähren ist.[27] Das BVerwG hat entschieden, das Grundrecht aus Art. 12 I GG könne es einer Behörde gebieten, bereits *im Vorfeld* eines Verwaltungsverfahrens und damit unabhängig von einer verwaltungsverfahrensrechtlichen Beteiligtenstellung einem potenziellen Verfahrensbeteiligten Informationen zur Verfügung zu stellen, wenn er auf diese für seine Entscheidung angewiesen ist, ob und in welchem Umfang er sich um eine behördliche Genehmigung bewirbt.[28] Schon bisher wurde in einigen Bundesländern (Informationsfreiheitsgesetze in Berlin, Brandenburg, Nordrhein-Westfalen, Schleswig-Holstein), aber auch in einzelnen bundesrechtlichen Vorschriften wie z. B. § 3 I UIG, ein über § 29 VwVfG hinausgehendes Akteneinsichtsrecht gewährt.

20

Das **IFG des Bundes** (und ähnlich die Informationsfreiheitsgesetze der Länder, die solche Gesetze erlassen haben) gewährt jedem gegenüber den Bundesbehörden einen **Anspruch auf Zugang zu amtlichen Informationen,** welcher neben dem aus § 29 VwVfG steht (§ 1 III IFG). Dieser Anspruch gilt auch gegenüber sonstigen Bundesorganen und -einrichtungen, soweit sie öffentlich-rechtliche Verwaltungsaufgaben wahrnehmen, und natürlichen Personen sowie juristische Personen, soweit sich eine Behörde dieser Personen zur Erfüllung ihrer öffentlich-rechtlichen Aufgaben bedient (§ 1 I IFG). Von der letzteren Erweiterung sind insbesondere die Verwaltungshelfer (→ § 60 Rn. 31) betroffen. Anspruchsgegner ist aber in diesem Fall nicht der Private, sondern die Behörde, die sich des Privaten bedient (§ 7 I 2 IFG). Grundsätzlich steht es im Ermessen der Behörde, in welcher Weise sie den Informationszugang gewährt; bei einem Antrag auf Gewährung einer bestimmten **Art des Informationszugangs** darf die Behörde nur aus wichtigem Grund (insbes.: höherer Verwaltungsaufwand) eine andere Art wählen (§ 1 II IFG). Ausnahmen vom Recht auf Informationszugang bestehen zum Schutz besonderer öffentlicher Belange (§ 3 IFG), des behördlichen Entscheidungsprozesses (§ 4 IFG), von personenbezogenen Daten (§ 5 IFG) und von Betriebs- oder Geschäftsgeheimnissen (§ 6 IFG). Die Ablehnung eines Antrags auf Informationszugang muss innerhalb von einem Monat erfolgen. Gegen die Ablehnung sind Widerspruch und Verpflichtungsklage zulässig (§ 9 IFG). Über den Wortlaut der Vorschrift hinaus steht selbstverständlich auch gegen die **Gewährung** des Informationszugangs der **Verwaltungsrechtsweg** offen. Dies gilt bspw. für den privaten Verwaltungshelfer, der Einblick in seine Unterlagen gewähren soll, oder den Drittbetroffenen, dessen Betriebs- oder Geschäftsgeheimnisse gefährdet werden können. Entsprechend der Gesetzesbegründung[29] richtet sich für diesen Personenkreis die Pflicht zur Widerspruchseinlegung nach § 9 IV IFG und nicht der allgemeinen Vorschrift des § 68 VwGO.[30] Ein über die gesetzlichen Vorschriften betr. den Informationszugang hinausgehender allgemeiner Anspruch auf Zugang zu bei staatlichen Stellen vorhandenen Informationen existiert nicht[31].

§ 30 VwVfG gibt ein **Recht auf Geheimhaltung.** Die Beteiligten haben einen Anspruch darauf, dass ihre insbesondere zum persönlichen Lebensbereich gehörenden Geheimnisse sowie die Betriebs- und Geschäftsgeheimnisse von einer Behörde nicht unbefugt offenbart werden. Hervorzuheben ist schließlich die Regelung des § 25 VwVfG zur **Be-**

21

---

[27] VGH München, NVwZ 1999, 888 (889).
[28] BVerwG, NVwZ 2003, 1114 ff.
[29] BT-Drucks. 15/4493 S. 15 f.
[30] Zum Ganzen *F. Schoch,* NJW 2009, 2987 ff.
[31] VGH München, BayVBl. 2015, 207.

ratung und Auskunft. Danach soll die Behörde die Abgabe von Erklärungen, die Stellung von Anträgen oder die Berichtigung von Erklärungen und Anträgen anregen, wenn diese offensichtlich nur versehentlich oder aus Unkenntnis unterblieben oder unrichtig gestellt oder unrichtig abgegeben worden sind. Soweit dies erforderlich ist, erteilt die Verwaltung Auskunft über die Rechte und Pflichten der Beteiligten im Verwaltungsverfahren.

22 **Verletzungen von Verfahrensrechten** können grundsätzlich nicht isoliert gerichtlich geltend gemacht werden. § 44 a S. 1 VwGO bestimmt vielmehr – vorbehaltlich der Ausnahmen in § 44 a S. 2 VwGO –, dass Rechtsbehelfe gegen behördliche Verfahrenshandlungen nur gleichzeitig mit den gegen die Sachentscheidung zulässigen Rechtsbehelfen erhoben werden können (→ § 96 Rn. 10). Selbst bei einer solchen Geltendmachung von Verfahrensfehlern zusammen mit einem Rechtsbehelf gegen die Sachentscheidung kann ein Verfahrensfehler aber nur dann zur Aufhebung der Sachentscheidung führen, wenn der Rechtsbehelfsführer in einem materiellen subjektiven Recht verletzt ist. Verfahrensvorschriften verleihen in der Regel nicht um ihrer selbst Willen subjektive öffentliche Rechte, sondern nur mit Blick auf eine dem Verfahrensrecht zugrunde liegende Position des materiellen Rechts.[32] Eine Ausnahme gilt nur für Verstöße gegen ein sog. absolutes Verfahrensrecht. Ein solches liegt vor, wenn Zielrichtung und Schutzzweck der Vorschrift zu entnehmen ist, dass die Regelung des Verwaltungsverfahrens mit einer eigenen Schutzfunktion Einzelner ausgestattet ist – und zwar in der Weise, dass der Begünstigte unter Berufung allein auf einen ihn betreffenden Verfahrensmangel, d. h. ohne Rücksicht auf das Entscheidungsergebnis in der Sache, die Aufhebung einer behördlichen Entscheidung durchsetzen kann.[33] So führt die Verletzung des Mitwirkungsrechts der Gemeinde aus § 36 BauGB zur Aufhebung einer dennoch erteilten Baugenehmigung (→ § 76 Rn. 22).[34]

4. Verfahrensgrundsätze

23 Gemäß § 24 VwVfG gilt für das Verwaltungsverfahren der **Untersuchungsgrundsatz**. Dessen Bedeutung liegt darin, dass die Behörde in einem bereits begonnenen Verfahren den Sachverhalt von Amts wegen ermittelt, ohne an das Vorbringen oder Beweisanträge der Beteiligten gebunden zu sein. Nur so ist sichergestellt, dass später eine rechtmäßige Verwaltungsentscheidung ergeht. Grundsätzlich steht es im Ermessen der Behörde, welcher Mittel sie sich zur Sachverhaltsaufklärung bedienen will. Gemäß § 26 I 2 VwVfG kann sie insbesondere Auskünfte jeder Art einholen, Beteiligte anhören, Zeugen und Sachverständige vernehmen, Urkunden und Akten beiziehen oder Augenschein einnehmen. Der Untersuchungsgrundsatz schließt es nicht aus, dass die Beteiligten bei der Sachverhaltsermittlung mitwirken, insbesondere die ihnen bekannten Tatsachen und Beweismittel angeben sollen (§ 26 II VwVfG). In § 24 II VwVfG wird ausdrücklich betont, dass die Behörde *alle* für den Einzelfall bedeutsamen, also auch die für die Beteiligten günstigen Umstände zu berücksichtigen hat.

24 Nach der Vorschrift des § 10 S. 2 VwVfG ist das Verwaltungsverfahren „einfach, zweckmäßig und zügig durchzuführen." Im Unterschied zu den Verwaltungsgerichten, die meistens aufgrund einer mündlichen Verhandlung entscheiden, kann die Verwaltung im nichtförmlichen Verfahren ihre Sachentscheidung ohne eine solche fällen. Ausweislich des § 10 S. 2 VwVfG gilt der **Beschleunigungsgrundsatz** für alle Verwaltungsverfahren. Die Behörden müssen die ihnen übertragenen Aufgaben alsbald erledigen und die bei ihnen anhängigen Fälle innerhalb angemessener Frist ent-

---

[32] BVerwG, NVwZ 2008, 795.
[33] BVerwGE 41, 58 (64 f.); 44, 235 (239 f.); 81, 95 (106); BVerwG, BauR 2006, 815.
[34] Zu den mit Verfahrensvorschriften als subjektiven Rechten zusammenhängenden Fragen *I. Appel/J. Singer*, JuS 2007, 913 ff.

§ 73. Formen des Verwaltungshandelns

scheiden.³⁵ Der Beschleunigungsgrundsatz bedeutet aber nicht, dass es nur noch darauf ankommt, unter Vernachlässigung des Richtigkeitsaspekts schnell eine Verwaltungsentscheidung zu fällen. Vielmehr sind insbesondere die aus dem Untersuchungsgrundsatz folgenden Ermittlungsanforderungen gegen das Interesse an einer schnellen Verfahrenserledigung abzuwägen.

5. Abschluss des Verwaltungsverfahrens

Je nachdem, worauf sich das jeweilige Verwaltungsverfahren bezieht, endet es mit dem Erlass bzw. Nichterlass des jeweiligen VAs bzw. dem (Nicht-)Abschluss des öffentlich-rechtlichen Vertrags. 25

§ 73. Formen des Verwaltungshandelns

> **Fall 59:** Die Bundesregierung veröffentlicht eine Liste, in welcher sie unter anderem die V-Vereinigung der Gruppe der „destruktiven" Jugendsekten zuordnet. Die V-Vereinigung fragt sich, ob die Bundesregierung eine solche Erklärung veröffentlichen durfte.

I. Bedeutung der Handlungsformenlehre

Der Verwaltung stehen vielgestaltige Handlungsformen zur Verfügung, wobei es keinen abgeschlossenen Katalog festliegender Handlungsformen gibt. Häufige Formen des Verwaltungshandelns sind der VA, der öffentlich-rechtliche Vertrag, Realakte, Rechtsverordnungen und Satzungen, Pläne, aber auch das privatrechtliche Handeln. Soweit sich aus dem Gesetz nichts anderes ergibt, kann die zuständige Behörde diejenige **Handlungsform frei wählen,** die ihr zur Erreichung des verfolgten Ziels am angemessensten erscheint. 1

An einem Beispiel aufgezeigt: Sachbearbeiter A überlegt, ob er mit dem Bürger B einen öffentlich-rechtlichen Vertrag abschließen soll, der auch bestimmte bauliche Maßnahmen zum Gegenstand hat, oder einen diesbezüglichen VA erlassen soll. Er wird zunächst prüfen, ob die einschlägigen Baurechtsbestimmungen zwingend ein anderes Handeln als in Vertragsform gebieten. Falls dies nicht der Fall sein sollte, muss er die für und gegen die Wahl der Handlungsform eines öffentlich-rechtlichen Vertrags sprechenden Gesichtspunkte gegeneinander abwägen. So muss er bei seiner Entscheidung in Rechnung stellen, dass die Verwaltung einen VA selbst vollstrecken kann, nicht aber vertragliche Ansprüche.

Man unterscheidet regelmäßig die formalen Handlungsformen und das informale Handeln der Verwaltung. Voraussetzungen und Wirkungen der formalen Handlungsformen der Verwaltung sind klar festgelegt. Indem man einzelne Handlungsweisen der Verwaltung, die immer wiederkehren und denen gemeinsame Merkmale zu Grunde liegen, als bestimmte **Rechtsformen des Verwaltungshandelns** kategorisiert wird sowohl im Interesse des Bürgers als auch der Verwaltung die Rechtsklarheit gefördert. Bei dem informalen Handeln der Verwaltung steht dagegen die instrumentelle Seite des Behördenhandelns im Vordergrund.¹ 2

> Im **Fall 59** veröffentlichte die Bundesregierung die Liste der Jugendsekten, um der Bevölkerung eine Einstufung der dort genannten Bewegungen zu erleichtern. Da bislang keine allgemeinen rechtlichen Maßstäbe für derartige behördliche Warnungen und Empfehlungen aufgestellt wurden, gehören diese zum Bereich des informalen Verwaltungshandelns.

---

³⁵ *Kopp/Ramsauer* § 10 Rn. 18; ausführlich zum Beschleunigungsgrundsatz *J. Ziekow*, DVBl. 1998, 1101 ff.
¹ *E. Schmidt-Aßmann*, Das Allgemeine Verwaltungsrecht als Ordnungsidee, 2. Aufl. 2006, S. 298.

Übersicht: Handlungsformen der Verwaltung

formales Verwaltungshandeln	Informale Handlungsformen
= zur Lösung wiederkehrender Probleme kann auf Normen zurückgegriffen werden, welche die Voraussetzungen und Wirkungen der gewählten Handlungsform regeln z. B. VA, öffentlich-rechtlicher Vertrag	= es gibt kein spezielles Rechtsregime, unter dessen Herrschaft das Verwaltungshandeln steht z. B. Realakte

II. Formales Verwaltungshandeln

3 Beim formalen Verwaltungshandeln ist die jeweilige Handlungsform der Verwaltung als solche rechtlich näher ausgestaltet. Macht die Verwaltung von ihr Gebrauch, nimmt sie eine Rechtshandlung vor, die auf die **Herbeiführung eines Rechtserfolgs** gerichtet ist. Zu den formalen Handlungsformen der Verwaltung gehört der Erlass von abstrakt-generellen Vorschriften in Form von Rechtsverordnungen (→ § 4 Rn. 12, § 17 Rn. 43 f.) und Satzungen (→ § 63 Rn. 3 ff.). Sie bestimmen nicht nur als Normtypen das Handeln der Verwaltung, sondern werden von dieser auch zur einheitlichen Regelung einer größeren Zahl gleichgelagerter Fälle erlassen.[2] Als Beispiele für formale Handlungsformen der Verwaltung, die einen Bezug zu einem speziellen Sachverhalt haben, sind der VA (→ § 74) und der öffentlich-rechtliche Vertrag (→ § 83) zu nennen.

III. Informales Verwaltungshandeln, insbesondere Realakte

4 Zum Bereich des informalen, d. h. nichtförmlichen Verwaltungshandelns gehören alle diejenigen Handlungsformen der Verwaltung, die rechtlich nicht näher festgelegt sind. Von besonderer Bedeutung ist das **schlichte Verwaltungshandeln**.[3] Der dafür ebenfalls verwendete Ausdruck des Realaktes bezeichnet zusammenfassend alle diejenigen Maßnahmen der Verwaltung, die anders als zum Beispiel der VA (→ § 74 Rn. 9 ff.) nicht auf die Herbeiführung eines bestimmten rechtlichen, sondern lediglich eines **tatsächlichen Erfolgs** gerichtet sind.

Realakte sind in der Verwaltungspraxis außerordentlich zahlreich und mannigfaltig. Dazu zählen unter anderem rein tatsächliche Handlungen, beispielsweise eine Dienstfahrt, die Anlegung und Instandsetzung von Wegen oder die Errichtung eines Spielplatzes. Auch behördliche Auskünfte sind regelmäßig dem schlichten Verwaltungshandeln zuzuordnen. Da die Verwaltung den Bürger nur auf bereits bestehende Fakten bzw. die ohnehin gegebene Rechtslage hinweist, ist ihre Erklärung nicht auf die Herbeiführung eines bestimmten Rechtserfolgs gerichtet (→ § 74 Rn. 10). Zwar bestehen regelmäßig keine besonderen Anforderungen an das Handeln der Verwaltung durch Realakte. Dies bedeutet aber nicht, dass die Verwaltung im rechtsfreien Raum agiert. Vielmehr muss sie auch in diesem Bereich den Vorrang des Gesetzes und die Grundrechte der Personen achten, die von ihrer Handlung betroffen werden. Im Folgenden werden einige prüfungsrelevante Ausschnitte aus dem Bereich des schlichten Verwaltungshandelns skizziert.

---

[2] *K. König*, VR 1990, 401 (404).
[3] Zusammenfassend *B. Remmert*, Jura 2007, 736 ff.

1. Staatliche bzw. behördliche Warnungen und Empfehlungen

Bei den öffentlichen bzw. behördlichen Warnungen handelt es sich um Erklärungen oder sonstige Verlautbarungen von Behörden oder Regierungsorganen, welche die Öffentlichkeit auf bestimmte **gefährliche Produkte oder sonstige Erscheinungen** aufmerksam machen wollen.[4] Beispielhaft sei nur die Veröffentlichung einer Liste glykolhaltiger Weine durch das Bundesgesundheitsministerium[5], die Warnung eines Regierungspräsidiums vor vermutet verdorbenen Teigwaren[6] oder die Warnung vor sog. E-Zigaretten durch ein Landesgesundheitsministerium[7] genannt. Auf den ersten Blick erscheinen derartige Warnungen weniger durchgreifend als ein behördliches Verbot. Denn sie überlassen es der Entscheidung des Bürgers, welche Konsequenzen er aus der öffentlichen Erklärung für sein Verhalten zieht. Für diejenigen Personen, auf die sich die Warnung bezieht, können derartige Erklärungen aber mit erheblichen Nachteilen, beispielsweise einem Imageverlust oder Umsatzeinbußen, verbunden sein.

Staatliche Empfehlungen und Warnungen können in rechtlicher Hinsicht vielfältige Probleme aufwerfen. Denn auch das informale Staats- und Verwaltungshandeln bedarf der verfassungsrechtlichen Legitimation.[8] Je nach Konstellation sind unter anderem die Fragen 1. nach der Befugnis zur Abgabe einer derartigen Erklärung, 2. der Geltung des Gesetzesvorbehalts, insbesondere bei Grundrechtsberührungen, und 3. der Verhältnismäßigkeit der jeweiligen Erklärung aufzuwerfen.

Im **Fall 59** ist als Erstes zu problematisieren, ob der Bundesregierung überhaupt die **Kompetenz** zustand, vor Jugendsekten zu warnen. Nach Meinung des BVerfG ergibt sich die Ermächtigung der Bundesregierung zu derartigen Informationen aus der ihr zugewiesenen Aufgabe, im Rahmen ihrer Öffentlichkeitsarbeit auch auf aktuelle streitige, die Öffentlichkeit erheblich berührende Fragen einzugehen und damit staatsleitend tätig zu werden.[9] Dies gelte insbesondere in solchen Bereichen, in denen den Bürgern zu wenige oder mit dem Risiko der Einseitigkeit behaftete Informationen zur Verfügung stehen.[10] Das BVerfG hatte auch keine Zweifel an der **Verbandskompetenz der *Bundes*regierung** zu derartigen Äußerungen. Die Bundesregierung habe mit ihrer Äußerung keine Gefahrenabwehr im ordnungsrechtlichen Sinne durch Verwaltungshandeln bezweckt, sondern durch ihre Informationsarbeit einen Beitrag in der Auseinandersetzung mit den neuen religiösen und weltanschaulichen Gruppierungen erbracht, den der Bundestag und die Bevölkerung von ihr erwarteten. Für die Kompetenzabgrenzung zwischen Bund und Ländern im Bereich des Informationshandelns seien weder die Art. 70 ff. GG noch die Art. 83 ff. GG einschlägig.[11] Die diesbezügliche Kompetenz der Bundesregierung bestehe in all den Bereichen, in denen ihr eine gesamtstaatliche Verantwortung zur Staatsleitung zukomme. Dies sei insbesondere der Fall, wenn Vorgänge wegen ihres Auslandsbezugs oder – wie bei den Jugendsekten – ihrer länderübergreifenden Bedeutung überregionalen Charakter haben und eine bundesweite Informationsarbeit der Regierung die Effektivität der Problembewältigung fördert.[12]

---

[4] Ähnlich *Maurer* § 15 Rn. 8.
[5] BVerfGE 105, 252 ff.; BVerwGE 87, 37 ff.
[6] OLG Stuttgart, NJW 1990, 2690 ff.
[7] BVerwG, NWVBl. 2015, 216 ff.
[8] *H. Bethge,* Jura 2003, 327 (328).
[9] BVerfGE 105, 279 (301).
[10] BVerfGE 105, 279 (301 ff.).
[11] BVerfGE 105, 279 (306).
[12] BVerfGE 105, 279 (306 f.).

Darüber hinaus muss die warnende Stelle sachlich und örtlich zuständig sein. Gegen Warnungen einer sachlich unzuständigen Behörde steht dem Betroffenen ein Abwehranspruch (→ § 89) zu.[13]

7   Als Zweites ist zu untersuchen, ob die infrage stehende staatliche Maßnahme den **Schutzbereich eines Grundrechts** (→ § 24 Rn. 2 ff.) tangiert. Insoweit muss man wissen, dass nach der neueren, in der Literatur durchaus auf Kritik gestoßenen Rechtsprechung des BVerfG nicht jede informierende Staatstätigkeit zugleich in ein Grundrecht eingreift. Das Grundrecht der Berufs- bzw. Wettbewerbsfreiheit (Art. 12 I GG) schütze nicht vor der Verbreitung zutreffender und sachlich gehaltener Informationen am Markt, die für das wettbewerbliche Verhalten der Marktteilnehmer von Bedeutung sein können, selbst wenn die Inhalte sich auf einzelne Wettbewerbspositionen nachteilig auswirken können (→ § 24 Rn. 12).[14] Ebenso schütze Art. 4 I und II GG nicht dagegen, dass sich staatliche Organe mit den Trägern des Grundrechts öffentlich – auch kritisch – auseinandersetzen.[15] Da die Bundesregierung im **Fall 59** die Vereinigung nicht nur als Jugendsekte, sondern als „destruktiv" bezeichnete und somit über die gebotene staatliche Zurückhaltung im religiös-weltanschaulichen Bereich hinausging, wurde der Schutzbereich des Grundrechts der Religionsfreiheit, das gemäß Art. 19 III GG auch der V-Vereinigung zusteht, berührt. Deshalb ist weiter zu prüfen, ob für einen derartigen Grundrechtseingriff nicht eine spezielle gesetzliche Ermächtigung notwendig ist.

8   Unmittelbare Grundrechtseingriffe des Staates dürfen nur aufgrund einer speziellen **gesetzlichen Ermächtigung** vorgenommen werden. Im **Fall 59** steht aber ein mittelbarer Grundrechtseingriff (→ § 24 Rn. 7 ff.) zur Beurteilung. Denn es bleibt der Entscheidung Dritter überlassen, welche Konsequenzen sie aus der Erwähnung der V-Vereinigung in der Liste ziehen. Während der Gesetzgeber die Voraussetzungen gezielter und unmittelbarer Eingriffe ohne weiteres normieren kann, entziehen sich nach der Rechtsprechung des BVerfG mittelbare Grundrechtseingriffe angesichts der Komplexität des Geschehensablaufs oftmals der Normierung. Da die Art und Weise staatlicher Informationen durch den jeweiligen Anlass bestimmt werde und die Konsequenzen der Äußerung für den Betroffenen oft ungewiss seien, könne der Gesetzgeber das staatliche Informationshandeln nicht eingehend regeln. In Anbetracht dessen, dass ein informierendes Handeln oft kurzfristig erfolgen müsse und sich die Umstände möglicherweise schnell wandelten, könne der demokratisch legitimierte Gesetzgeber die Maßstäbe dafür nicht vorab festlegen. Aus diesem Grund sei für das Informationshandeln der Bundesregierung über die Zuweisung der Aufgabe der Staatsleitung hinaus keine besondere gesetzliche Ermächtigung erforderlich, wenn es zu mittelbar-faktischen Grundrechtseingriffen führe.[16]

Allerdings gilt dies nur dann, wenn es dadurch nicht zu einer Umgehung der an einen Grundrechtseingriff zu stellenden Anforderungen kommt. Eine solche Umgehung träte aber ein, wenn die informierende Tätigkeit in einer funktionellen Betrachtung als Äquivalent für einen klassischen Grundrechtseingriff (→ § 24 Rn. 5 ff.) anzusehen ist. In diesem Fall bedarf auch die fragliche Informationstätigkeit einer besonderen gesetzlichen Grundlage.[17]

Schließlich ist zu prüfen, ob und inwieweit die Äußerungen der Bundesregierung mit Art. 4 I und II GG vereinbar sind, insbesondere ob sie nach Maßstäben des **Verhältnismäßigkeitsgrundsatzes** gerechtfertigt sind.[18]

---

[13] BVerwG, NJW 2005, 2330 (2332).
[14] BVerfGE 105, 252 (265 ff.); kritisch etwa *P. M. Huber*, JZ 2003, 290 (292 f.).
[15] BVerfGE 105, 279 (294).
[16] BVerfGE 105, 279 (303 ff.). Ebenso etwa BVerwG, NJW 2015, 2358 (2362). Kritisch *P. M. Huber*, JZ 2003, 290 (294 f.). Laut EGMR NVwZ 2010, 177 genügt die vom BVerfG vorgenommene Ableitung den Anforderungen der EMRK.
[17] BVerwG, NWVBl. 2015, 216 (218): funktionale Äquivalenz mit klassischem Grundrechtseingriff im entschiedenen Fall bejaht; BVerwG, NJW 2015, 2358 (2363): funktionale Äquivalenz in concreto verneint.
[18] BVerfGE 105, 279 (301).

2. Informelle Absprachen

Bei den sog. informellen Absprachen handelt es sich um **Vereinbarungen zwischen der Verwaltung und dem Bürger** im Zuge des Erlasses oder an Stelle einer behördlichen Entscheidung.[19] Beispielsweise kann zur Vermeidung staatlicher Eingriffsmaßnahmen eine Absprache über die freiwillige Beseitigung rechtswidriger Zustände getroffen werden. In solchen Fällen möchte sich die Verwaltung anders als bei einer Zusicherung (→ § 77 Rn. 10) oder dem Abschluss eines öffentlich-rechtlichen Vertrages (→ § 83 Rn. 2) rechtlich gerade nicht binden. Es ist daher weder ihr noch dem Bürger verwehrt, von der jeweiligen Absprache abzuweichen. Allerdings können solche Absprachen nicht unbeträchtliche faktische Bindungen erzeugen.[20]

Aus Gründen des verfassungsrechtlichen Übermaßverbots kann der Verwaltung daran gelegen sein, zunächst nach konsensualen Lösungen zu suchen. Erwägungen zugunsten einer informellen Absprache können sein, dadurch einen Beschleunigungseffekt zu erzielen oder die Akzeptanz der gefundenen Lösung zu erhöhen. Durch informelle Absprachen lässt sich private Initiative fördern. Manchmal führt erst die Kooperation zwischen Verwaltung und Betroffenen dazu, dass die Behörde den fraglichen Sachverhalt richtig erfassen, die entscheidungsrelevanten Gesichtspunkte herausarbeiten und bewerten kann.[21] Informelle Absprachen sind daher **grundsätzlich zulässig**. Wegen der Gesetzesbindung der Verwaltung (Art. 20 III GG) darf sie allerdings keine informellen Absprachen treffen, die dem geltenden Recht widersprechen. Wegen der faktischen Bindungswirkung informeller Absprachen besteht die Gefahr des Leerlaufens von Beteiligungs- und Anhörungsrechten Dritter im nachfolgenden Verwaltungsverfahren. Zeichnet sich eine solche Gefahr ab, so ist die Verwaltung ggf. gehalten, diese Personen bereits zu den informellen Absprachen hinzuzuziehen oder sie über ihren Inhalt zu informieren.

Viertes Kapitel. Verwaltungsakt

§ 74. Bedeutung der Handlungsform Verwaltungsakt und Begriffsmerkmale

> **Fall 60:** Polizeimeister P wird im uniformierten Außendienst eingesetzt. Eines Tages erhält er von seinem Dienstvorgesetzten ein Schreiben. Weil sein „Karl-Lagerfeld-Zopf" nicht den Richtlinien für das Erscheinungsbild der Polizeibeamten entspreche, möge er für Abhilfe sorgen. Welche Rechtsnatur hat diese Maßnahme?

Der VA stellt bis heute die bedeutendste **Handlungsform der Verwaltung** dar. § 35 S. 1 VwVfG definiert ihn als jede Verfügung, Entscheidung oder andere hoheitliche Maßnahme, die eine Behörde zur Regelung eines Einzelfalles auf dem Gebiet des öffentlichen Rechts trifft und die auf unmittelbare Rechtswirkung nach außen gerichtet ist. Der VA erfüllt mehrere wichtige Funktionen:[1]

- Zunächst ist seine **Umsetzungs- und Regelungsfunktion** zu nennen. Gibt die Verwaltung z. B. einer Person auf, dass beim Betrieb einer immissionsschutzrechtlichen Anlage ein bestimmter Grenzwert nicht überschritten werden darf, so werden die abstrakt-generellen Regelungen des BImSchG auf den Einzelfall angewendet und konkretisiert. Dadurch erhält der

---

[19] *Maurer* § 15 Rn. 14.
[20] *Maurer* § 15 Rn. 20.
[21] *Wolff/Bachof/Stober/Kluth* I § 57 Rn. 18.
[1] Dazu *W. Kahl,* Jura 2001, 505 (506).

Bürger Klarheit über seine Rechte bzw. Pflichten. Zugleich werden so die gesetzgeberischen Zielsetzungen verwirklicht.
- Für die Verwaltung ist der VA ein **effektives Regelungsinstrument,** mit dem sie einseitig und verbindlich ein Rechtsverhältnis regeln kann. Wird der VA nicht innerhalb der Rechtsbehelfsfristen mit Widerspruch (→ § 92) und Anfechtungsklage (→ § 98) angegriffen, so erlangt er **Bestandskraft** (→ § 81 Rn. 3 f.) und ist selbst dann verbindlich, wenn er rechtswidrig ist.
- Schließlich ist die **Titelfunktion** des VAs zu erwähnen. Ein in einem VA enthaltenes Gebot oder Verbot kann die Behörde selbst vollstrecken (§ 6 I VwVG; → § 80). Sie muss sich also nicht wie ein Privater vorher einen gerichtlichen Vollstreckungstitel beschaffen.

I. Die einzelnen Elemente der Definition des Verwaltungsakts

2   Wie aus der folgenden Übersicht hervorgeht, müssen sechs Kriterien erfüllt sein, damit ein VA vorliegt. Fehlt auch nur eines der Merkmale der Legaldefinition, ist das behördliche Handeln kein VA, sondern sonstiger Natur. Im Klausurfall sind nur diejenigen Elemente der VAsdefinition ausführlicher zu erörtern, die zweifelhaft sind.

Übersicht: Merkmale des VAs

Behörde = jede Stelle, die Aufgaben der öffentlichen Verwaltung wahrnimmt (§ 1 IV VwVfG).	Keine VAe sind Handlungen - Privater (Ausn.: Beliehener) oder - der Gesetzgebungs- und Rechtsprechungstätigkeit.
hoheitliche Maßnahme = einseitige Erklärung der Verwaltung.	Dient der Abgrenzung zum vertraglichen Handeln. Bei diesem wird die jeweilige Rechtsfolge im gegenseitigen Einvernehmen bestimmt.
auf dem Gebiet des öffentlichen Rechts Entscheidend ist, nach Maßgabe welcher Normen die Behörde handelt.	Bei privatrechtlichem Handeln liegt kein VA vor.
Regelung = die Maßnahme bezweckt unmittelbar die Herbeiführung einer Rechtsfolge.	Keine VAe sind - Realakte, z. B. Hinweise, Mitteilungen, bloß tatsächliche Verrichtungen, - Vorbereitungsakte, - rechtserhebliche Willenserklärungen ohne anordnenden Charakter, z. B. Erklärung der Aufrechnung.
mit unmittelbarer Außenwirkung = die Wirkungen des VAs treten gegenüber einer außerhalb der Verwaltung stehenden Person ein.	Dient der Abgrenzung zum rein verwaltungsinternen Handeln (Weisungen an nachgeordnete Beamte, Verwaltungsvorschriften).
Einzelfall = in einer ganz bestimmten Situation gegenüber einer Person bzw. bestimmten Personen.	Dient der Abgrenzung zu den Rechtsnormen, die abstrakt-generell sind, d. h. für eine unbestimmte Vielzahl von Personen in einer unbestimmten Zahl von Fällen gelten.

§ 74. Bedeutung der Handlungsform Verwaltungsakt und Begriffsmerkmale

Da behördliche Anordnungen nicht nur dann ein VA sind, wenn sie explizit als „VA" ausgewiesen werden, muss im **Fall 60** ermittelt werden, ob das Schreiben an P die sechs Kriterien der Legaldefinition in § 35 S. 1 VwVfG erfüllt. Bei der Beurteilung der Rechtsnatur des Schreibens ist von seinem **objektiven Sinngehalt** auszugehen. Wie durfte es der P nach seinem Empfängerhorizont verstehen? Unerheblich ist dagegen, welche Handlungsform der Dienstherr ergreifen wollte. Ansonsten könnte die Behörde durch spätere, nicht überprüfbare Handlungen nachträglich eine Entscheidung über das Vorhandensein bzw. Nichtvorhandensein eines VAs treffen.[2]

Beachte: Liegt der **äußeren Form nach ein VA** vor, sei es, weil die Behörde ihr Schreiben als „Verfügung" gekennzeichnet oder mit einer Rechtsmittelbelehrung versehen hat, ist unter dem Prüfungspunkt der statthaften Klageart (→ § 93 Rn. 2) sofort die Anfechtungs- bzw. Verpflichtungsklage zu nennen. Wegen Vorliegens eines „formellen VAs" müssen die Merkmale des § 35 S. 1 VwVfG nicht bei der Zulässigkeit der Klage thematisiert werden.[3] Bei der Begründetheit der Klage ist dagegen die Frage aufzuwerfen, ob die Behörde überhaupt durch einen VA handeln durfte (→ § 75 Rn. 2).

1. Handeln einer Behörde

Nach der Legaldefinition des § 35 S. 1 VwVfG wird ein VA von einer Behörde erlassen. Behörde ist gemäß § 1 IV VwVfG jede **Stelle, die Aufgaben der öffentlichen Verwaltung wahrnimmt** (→ § 58 Rn. 3 f.). Handelt keine Behörde, sondern eine nicht mit der Ausübung hoheitlicher Gewalt betraute private Stelle, so liegt kein – auch kein nichtiger – VA vor, sondern ein sog. Nichtakt.[4] Maßgebend für die **Zurechenbarkeit der Maßnahme zu einer Behörde** ist, dass die Behörde nach außen hin erkennbar die Verantwortung für den Inhalt der Maßnahme übernimmt. Demgegenüber kommt es nicht darauf an, wer die Maßnahme inhaltlich ausgestaltet hat. Dementsprechend reicht es für das Vorliegen eines VA aus, wenn die Behörde es einem Privaten überlassen hat, den Inhalt der Maßnahme festzulegen, auf dieser Grundlage einen Bescheid zu erstellen und diesen zu versenden.[5] Voraussetzung für die Zurechenbarkeit zu der Behörde ist zum einen die nach außen erkennbare Zuordnung der Maßnahme zu einer Behörde; ist dies nicht der Fall, weil nach außen allein der Private hervortritt, so fehlt es an dem erforderlichen Tätigwerden einer Behörde. Zum anderen muss die Behörde das Handeln des Privaten in dem Sinne veranlasst haben, dass dieser mit ihrem Wissen und Wollen tätig wird. Hierfür ist eine so präzise Vorab-Festlegung von Art und Umfang der Tätigkeit des Privaten erforderlich, dass jederzeit festgestellt werden kann, ob der Private sich im Rahmen der von der Behörde vorgenommenen Tätigkeitsübertragung gehalten hat.[6]

2. Hoheitliche Maßnahme

Ein weiteres Element in der Definition des VAs ist das Vorliegen einer hoheitlichen Maßnahme als Oberbegriff zu den in § 35 S. 1 VwVfG erläuternd genannten Verfügungen und Entscheidungen. Unter einer „Maßnahme" versteht man jedes **behördliche Tun mit Erklärungswert**.[7] Nach § 37 II VwVfG bestehen keine besonderen Anforde-

---

[2] VG Kassel, NVwZ-RR 2000, 557.
[3] Siehe auch OVG Schleswig, NJW 2000, 1059 f.
[4] VGH Mannheim, VBlBW 2010, 198.
[5] BVerwG, NVwZ 2012, 506 Rn. 9.
[6] BVerwG, NVwZ 2012, 506 Rn. 9.
[7] *W. Kahl,* Jura 2001, 505 (507).

rungen an die Form der Maßnahme (→ § 79 Rn. 3). Gibt etwa ein Verkehrspolizist durch entsprechende Handzeichen zu erkennen, dass ein Auto weggefahren werden soll, liegt darin eine behördliche Maßnahme. Auch das Zeichen einer Verkehrsampel oder der maschinell erstellte Steuerbescheid sind behördliche Maßnahmen. Für die Qualifizierung einer Handlung als VA ist ohne Bedeutung, ob sich eine Rechtsgrundlage für sie auffinden lässt. Entscheidend ist allein, ob aus Sicht des Adressaten die jeweilige Behörde eine Erklärung abgibt, welche die zusätzlichen Kriterien des § 35 S. 1 VwVfG erfüllt.

Ein **Nichtstun der Behörde** stellt demgegenüber keinen VA dar. Aus einem bloßen Schweigen der Behörde lässt sich daher nicht etwa die „Maßnahme" herauslesen, die Behörde verzichte auf den Erlass einer bestimmten Regelung. Ebenso wenig enthält die tatsächliche Hinnahme rechtswidriger Zustände durch die Verwaltung eine Duldungsverfügung oder gar eine Legalisierung der Zustände. Hierfür bedarf es eines weitergehenden Tuns der Behörde mit entsprechendem Erklärungswert. Zu beachten ist dabei, dass eine Duldungsverfügung des Inhalts, gegen die rechtswidrigen Zustände nicht einzuschreiten, gemäß § 38 VwVfG eine Zusicherung (→ § 77 Rn. 10) darstellt und deshalb nur wirksam ist, wenn sie schriftlich erlassen wurde (zur Duldung s. auch → § 75 Rn. 6).

6 Etwas anderes gilt allerdings, wenn durch eine Vorschrift der Erlass eines VAs nach Ablauf einer gesetzlichen Frist unterstellt wird. Ein Bsp. für einen solchen **„fingierten VA"** ist die Fiktion der Erteilung einer Baugenehmigung im vereinfachten Genehmigungsverfahren nach Verstreichen der behördlichen Entscheidungsfrist (→ § 76 Rn. 7). Allgemein bestimmt jetzt § 42a I 1 VwVfG, dass eine beantragte Genehmigung nach Ablauf einer für die Entscheidung festgelegten Frist als erteilt gilt, wenn dies durch Rechtsvorschrift angeordnet und der Antrag hinreichend bestimmt ist. Durch den Eintritt dieser Genehmigungsfiktion erhält der Antragsteller die beantragte Genehmigung, ohne dass die Behörde einen begünstigenden VA dieses Inhalts erlassen hätte. Die Vorschrift ist also nicht aus sich heraus anwendbar, sondern nur wenn dies fachgesetzlich angeordnet ist. Neben der Bestimmtheit des Antrags ist Voraussetzung für den Eintritt der Fiktionswirkung, dass eine für die Entscheidung festgelegte Frist abgelaufen ist (§ 42a I 1 VwVfG). „Ablauf" bedeutet in diesem Zusammenhang, dass während des Fristlaufs keine behördliche Entscheidung über den Antrag bekannt gegeben worden ist. Dabei ist unter einer den Eintritt der Fiktionswirkung ausschließenden Entscheidung nicht nur der Erlass der beantragten Genehmigung, sondern auch die Ablehnung des gestellten Antrags zu verstehen.

Da auch die fingierte Genehmigung einen VA darstellt, gelten für sie grundsätzlich die für VA vorgesehenen Bestimmungen[8], und zwar auch dann, wenn dies in § 42a VwVfG n. F. nicht ausdrücklich vorgesehen ist. Dabei ist zu beachten, dass bereits mit der Anordnung der Genehmigungsfiktion als solcher gewisse Modifikationen verbunden sind. So ist abweichend von § 43 I VwVfG die Wirksamkeit der fingierten Genehmigung gegenüber dem Antragsteller nicht von einer gesonderten Bekanntgabe abhängig, sondern tritt mit dem Eingreifen der gesetzlichen Fiktionswirkung ein. Der Rechtsschutz Drittbetroffener gegen fingierte Genehmigungen folgt nach § 42a I 2 VwVfG den allgemeinen Regeln, so dass sie mit – soweit vorgesehen – Widerspruch und Anfechtungsklage gegen die fingierte Genehmigung vorgehen können.[9] Zu beachten ist, dass für diese Rechtsbehelfe keine Rechtsbehelfsfristen laufen, es sei denn, dem Dritten ist eine Mitteilung über den Eintritt der Genehmigungsfiktion zugestellt worden.

---

[8] Für die Bodenverkehrsgenehmigung BVerwGE 48, 87 (90).
[9] BVerwGE 91, 7 (9).

§ 74. Bedeutung der Handlungsform Verwaltungsakt und Begriffsmerkmale

Eine Maßnahme ist eine hoheitliche, wenn sie **von der Verwaltung einseitig erlassen** wird. Während bei einem Vertrag zwischen Verwaltung und Bürger die jeweiligen Rechte und Pflichten im gegenseitigen Einvernehmen festgelegt werden, der Bürger mithin Einfluss auf seinen Inhalt nehmen kann, entscheidet beim VA allein die handelnde Behörde. Zuweilen ist für eine behördliche Maßnahme die vorherige Zustimmung des Betroffenen erforderlich. Dies nimmt ihr aber nicht die Einseitigkeit. Beispiel für einen derartigen *mitwirkungsbedürftigen* VA ist die Beamtenernennung. Da niemand gegen seinen Willen in ein Beamtenverhältnis berufen werden darf, kann eine Person durch die Verweigerung ihrer Zustimmung eine derartige Verfügung verhindern. Im Falle ihres Einverständnisses bestimmt aber nach wie vor allein die zuständige Behörde über die inhaltliche Ausgestaltung des konkreten Beamtenverhältnisses.[10]

7

Im **Fall 60** bestehen keine Zweifel am Vorliegen einer hoheitlichen Maßnahme. Unabhängig vom Willen des P wurde ihm aufgegeben, seine Frisur zu ändern.

3. Auf dem Gebiet des öffentlichen Rechts

VA ist nur eine Maßnahme, die eine Behörde auf dem Gebiet des öffentlichen Rechts trifft. Wichtig ist, dass es für die Beurteilung des Vorliegens eines VAs lediglich darauf ankommt, ob er **aufgrund einer öffentlich-rechtlichen Vorschrift** (→ § 67 Rn. 3 ff.) erlassen wurde. Keine Rolle spielt dagegen, in welchem Rechtsgebiet seine Rechtsfolgen eintreten. Erteilt das Arbeitsamt die Zustimmung zu Entlassungen, die nach § 17 KSchG anzeigepflichtig sind (§ 18 I KSchG), wird es kraft öffentlichen Rechts tätig. Seine Erklärung ist öffentlich-rechtlich, auch wenn sie zur Beendigung privatrechtlicher Arbeitsverhältnisse führt. Um kenntlich zu machen, dass manche VAe, wie die Ausübung des gemeindlichen Vorkaufsrechts nach § 28 II 1 BauGB, Auswirkungen auf privatrechtliche Rechtsbeziehungen haben, werden sie als **privatrechtsgestaltende VAe** bezeichnet.[11]

8

Im **Fall 60** erging die Anordnung an P aufgrund öffentlichen Rechts. Es wird eine Pflicht konkretisiert, die sich aus dem Zusammenhang seines Beamtenverhältnisses ergibt.

4. Regelung

Kennzeichnend für einen VA ist, dass er für seinen Adressaten eine „Regelung" enthält. Dies ist dann zu bejahen, wenn die **behördliche Maßnahme nach ihrem für den Adressaten erkennbaren, objektiven Gehalt eine verbindliche Rechtsfolge** setzen soll. Bei einer Regelung werden nach dem Inhalt der infrage stehenden Maßnahme für den Betroffenen Rechte unmittelbar begründet, geändert, aufgehoben, mit bindender Wirkung festgestellt oder verneint.[12] Der Regelungscharakter fehlt insbesondere den Realakten, vorbereitenden Maßnahmen, insbesondere Verfahrenshandlungen und den öffentlich-rechtlichen Willenserklärungen.

9

a) Realakte

Keine VAe sind rein tatsächliche Verwaltungshandlungen, d. h. Realakte. Bei ihnen geht es dem Handelnden nicht um die Herbeiführung einer unmittelbaren Rechtsfolge, son-

10

---

[10] Siehe dazu *W. Kahl*, Jura 2001, 505 (507).
[11] Vgl. BVerwGE 91, 7 (9); 90, 245 (246). Nach BVerwGE 116, 78 (81) handelt es sich bei den Entscheidungen der Schiedsstelle nach § 94 BSHG um einen „vertragsgestaltenden VA."
[12] BVerwG, NVwZ 2001, 437 (438); NJW 2012, 792.

dern eines tatsächlichen Erfolgs. Beseitigt ein Polizist ein auf der Straße liegendes Hindernis, will er lediglich deren Benutzbarkeit wiederherstellen, nicht aber eine unmittelbare Rechtsfolge setzen.[13] Auch haben Äußerungen, die sich bei verständiger Würdigung nach ihrem objektiven Erklärungswert als bloße Informationen, Hinweise oder Auskünfte darstellen, keinen VA-Charakter.[14] Zeigt ein Sachbearbeiter dem Bürger auf, welche Ansprüche er gegen die öffentliche Hand geltend machen kann, erklärt er ihm lediglich die bestehende Rechtslage („Wissenserklärung"). Er will dadurch nicht für den Bürger eine weitere Grundlage schaffen, aus der er unmittelbar Ansprüche gegen den Staat herleiten kann. Weder er noch der Bürger gehen in einer derartigen Situation davon aus, dass eine rechtsverbindliche Entscheidung getroffen wird.[15] Nur ausnahmsweise liegt in der Erteilung einer Auskunft ein VA. Voraussetzung dafür ist, dass die Verwaltung nach dem Gesetz besonders zu prüfen hat, ob und in welchem Umfang einem Auskunftsbegehren entsprochen wird. Hier liegt der rechtliche Schwerpunkt nicht in der Erteilung bzw. der Versagung der Auskunft als solcher, sondern in der hierin zum Ausdruck gebrachten Ermessensentscheidung der Behörde.[16]

> Im **Fall 60** ist zu klären, ob der Dienstherr mit seinem Schreiben gegenüber P, er möge seine Frisur ändern, ihn lediglich auf die bestehende Rechtslage aufmerksam machen oder ihm gegenüber eine verbindliche Entscheidung treffen will. Maßgeblich ist, wie P diese Aufforderung verstehen durfte. Allein die Tatsache, dass gewisse Vorgaben abschließend als höfliche Bitte formuliert werden, steht der Verbindlichkeit einer Regelung nicht zwingend entgegen.[17] P wird das Schreiben an ihn nicht nur als unverbindliche Mitteilung der Rechtsansicht seines Dienstherrn auffassen, sondern als Anordnung einer Handlungspflicht. Denn der Dienstherr ist daran interessiert, dass P sein äußeres Erscheinungsbild möglichst bald ändert. In dem Schreiben werden die Richtlinienvorgaben in Bezug auf einen bestimmten Einzelfall konkretisiert und in für P erkennbarer Weise verbindlich klargestellt.

b) Vorbereitungs- und Teilakte

11   Vorbereitungs- und Teilakte sind keine VAe, wenn sie **keine abschließende Regelung** herbeiführen. Wird ein Examenskandidat zur mündlichen Prüfung geladen, hat diese Maßnahme ihm gegenüber keine selbständige Bedeutung. Sie dient nur der Vorbereitung einer abschließenden Entscheidung. Erst nach Durchführung der mündlichen Prüfung wird festgelegt, ob der Kandidat den an ihn gestellten fachlichen Anforderungen genügt.[18] Zu beachten ist, dass nach § 44a VwGO gegen derartige behördliche Verfahrenshandlungen gerichtlich nur zusammen mit den Rechtsbehelfen gegen die endgültige Sachentscheidung vorgegangen werden kann (→ § 96 Rn. 10).

> Problematisch ist u. a. die **Rechtsnatur von Benotungen.** Nach überwiegender Ansicht handelt es sich bei den Bewertungen einer Klassenarbeit oder den Einzelnoten eines Abschlusszeugnisses um unselbständige Vorbereitungs- und Teilregelungen. Die Einzelnoten dienen lediglich als Grundlage der behördlichen Entscheidung über das Bestehen oder Nichtbestehen der Prüfung. Anfechtbarer VA ist daher nur die Feststellung des Gesamtergebnisses, also z. B. des Nichtbestehens der

---

[13] *Maurer* § 9 Rn. 8.
[14] BVerwG, ThürVBl. 1994, 108 (109) (im Hinblick auf die Rechtslage in der ehem. DDR); *W. Kahl,* Jura 2001, 505 (510).
[15] VG Kassel, NVwZ-RR 2000, 557.
[16] BVerwGE 31, 301 (306 f.); OVG Münster, NJW 1995, 2741.
[17] VG Köln, NWVBl. 2001, 313 (314).
[18] VGH Mannheim, BWVPr. 1981, 147; *W. Kahl,* Jura 2001, 505 (509).

Prüfung.[19] Ausnahmsweise wird jedoch auch eine Einzelnote in einem Abschlusszeugnis als selbständige Regelung angesehen, wenn sie für sich betrachtet – etwa für die Zulassung zu einem bestimmten Studiengang – rechtserheblich ist.[20] Eine solche selbständige Bedeutung der Bewertung einer einzelnen Prüfungsleistung kommt des Weiteren in Betracht, wenn durch sie zugleich über das Ergebnis der Prüfung insgesamt entschieden wird, eine bessere Einzelnote etwa zu einer besseren Abschlussnote oder Platzziffer führt[21], oder die Prüfung in mehrere selbständige Teile untergliedert ist, die je für sich zu bestehen sind und im Nichtbestehensfalle wiederholt werden müssen.[22] Hier stellt die einzelne Note einen angreifbaren VA[23] und nicht nur einen – allerdings ebenfalls angreifbaren – Teil des GesamtVAs dar[24].

c) Rechtserhebliche Willenserklärungen

Über das Merkmal der Regelung werden des Weiteren rechtserhebliche Willenserklärungen vom VAsbegriff ausgenommen. Macht der Bürger gegen die Verwaltung eine Geldforderung geltend und erklärt diese daraufhin die Aufrechnung, weil er ihr ebenfalls noch aus einem öffentlich-rechtlichen Rechtsverhältnis Geld schulde, handelt es sich bei dieser Erklärung um keinen VA.[25] Entsprechendes gilt für Fristsetzungen oder Stundungen von Forderungen. 12

Problematisch kann sein, ob eine behördliche Maßnahme, die nach ihrem Inhalt die ohnehin bestehende Rechtslage wiedergibt, eine Regelung enthält. Allerdings ist es der Verwaltung nicht verwehrt, die Rechtslage, so wie sie ist, nochmals verbindlich durch VA festzustellen. In einem **feststellenden VA** werden ein Rechtsverhältnis oder einzelne sich daraus ergebende Rechte oder Pflichten für den Bürger verbindlich und in einer der Rechtsbeständigkeit fähigen Weise bestimmt. Ob eine behördliche Erklärung einen derartigen VA oder einen bloßen Hinweis beinhaltet, muss im Wege der Auslegung ermittelt werden. Ob und was die Behörde verbindlich feststellen will, muss sich entweder aus dem Tenor des Bescheids oder anderweitig eindeutig ermitteln lassen.[26] Dabei kommt dem Zweck eines feststellenden VAs – den Eintritt normativ geregelter Rechtsfolgen verbindlich festzustellen – wichtige Bedeutung zu.[27] Ein Indiz für den Erlass eines feststellenden VAs ist, dass die Behörde dadurch einen streitigen Zustand einer Klärung zuführen will.[28] Ein feststellender VA darf nur aufgrund einer entsprechenden gesetzlichen Regelung erlassen werden. Dabei genügt es, wenn sich eine derartige Befugnis der Verwaltung im Wege der Auslegung einer Gesetzesvorschrift ergibt.[29]

5. Einzelfall

Nach der Legaldefinition des § 35 S. 1 VwVfG bezieht sich die Regelung in einem VA auf einen Einzelfall. Auf diese Weise wird der **VA von den Rechtsnormen abgegrenzt,** die generell und abstrakt wirken (→ § 4 Rn. 7). Wird zum Beispiel eine Regelung des 13

---

[19] BVerwG, DVBl. 1994, 1356; 2003, 871 (872); NJW 2012, 2901 (2902); OVG Münster, DVBl. 2001, 823 (824); VGH Kassel, NVwZ-RR 2010, 767; *Erbguth* § 12 Rn. 16.
[20] VGH Kassel, NVwZ-RR 2010, 767.
[21] BVerwG, DVBl. 2006, 578.
[22] BVerwG, DVBl. 2003, 871 (872).
[23] OVG Berlin, DVBl. 1975, 731; OVG Münster, DVBl. 2001, 823 (824); VGH Kassel, DVBl. 1974, 469; VGH Mannheim, DVBl. 1989, 1262.
[24] A. M. OVG Koblenz, DÖV 1980, 614 (615).
[25] BVerwGE 66, 218 (220).
[26] BVerwG, NVwZ 2010, 133 (134).
[27] BVerwG, DVBl. 2003, 544 (545).
[28] VG Kassel, NVwZ-RR 2000, 557; *W. Kahl*, Jura 2001, 505 (510).
[29] BVerwG, DVBl. 2003, 209 (210); VGH München, BayVBl. 2015, 752 (754).

Inhalts erlassen, dass jeder 1% seines Einkommens an den Staat abzuführen hat, ist sie kein VA. Denn sie richtet sich an eine unbestimmte Zahl von Personen (generelle Regelung) in einer unbestimmten Zahl von Fällen (abstrakte Regelung). Anders ist dagegen die Rechtslage, wenn A in Vollziehung dieser Gesetzesvorschrift aufgegeben wird, 250 € an den Staat zu zahlen. Jetzt liegt eine **konkrete (ein bestimmter Fall) und individuelle (an eine bestimmte Person gerichtete) Regelung,** mithin ein VA, vor. Die Unterscheidung zwischen VA und Rechtsnorm ist deshalb wichtig, weil

- fehlerhafte Rechtsnormen nichtig sind, ein fehlerhafter VA dagegen rechtswirksam ist, sofern er nicht ausnahmsweise an einem besonders schweren und offenkundigen Fehler leidet (§ 44 VwVfG) (→ § 81 Rn. 5 ff.),
- für den Rechtsschutz gegen Rechtsnormen und VAe unterschiedliche Klagearten mit unterschiedlichen Voraussetzungen gelten,
- die formellen Voraussetzungen an den Erlass von Rechtsnormen im Vergleich zu denjenigen an den Erlass eines VAs höher sind.

14 Merken sollte man sich, dass **Regelungen, die sich lediglich auf eine einzelne Person beziehen, ein VA sind.** Hier sei nochmals auf den Steuerbescheid als Beispiel verwiesen (für den allerdings die Abgabenordnung, nicht das Verwaltungsverfahrensgesetz gilt). Einigkeit besteht darin, dass auch in der Konstellation, in der zum Beispiel einer Person aufgegeben wird, immer bei Glatteis den Fußgängerweg vor ihrem Grundstück zu streuen, ihr gegenüber ein VA erlassen wird.[30] Die Meinungen gehen nur in der Begründung auseinander. So ist streitig, ob in dieser Anordnung eine abstrakt-individuelle[31] oder konkret-individuelle Maßnahme liegt.[32] Die Rechtsnatur von Regelungen, die sich inhaltlich auf mehrere Personen beziehen, wird unter dem Stichwort der „Allgemeinverfügung" erörtert (→ Rn. 19 ff.). Die denkbaren Kombinationen der Begriffspaare abstrakt/konkret und generell/individuell lassen sich wie folgt systematisieren:

Bestimm-barkeit des Personenkreises \ Zahl der Fälle	Konkret	abstrakt
Individuell	VA	VA (soweit überhaupt denkbar)
Generell	Allgemeinverfügung (VA)	Rechtsnorm

6. Mit unmittelbarer Außenwirkung

15 Gemäß § 35 S. 1 VwVfG sind nur solche Regelungen VAe, die auf unmittelbare Rechtswirkung nach außen gerichtet sind. Bei der Beurteilung der Rechtsnatur einer Maßnahme muss daher geprüft werden, ob sie ihrem **objektiven Sinngehalt nach dazu be-**

---

[30] OVG Münster, OVGE 16, 289 (290 f.).
[31] So z. B. *W. Kahl,* Jura 2001, 505 (511).
[32] Z. B. *Maurer* § 9 Rn. 20; *Peine* Rn. 375.

§ 74. Bedeutung der Handlungsform Verwaltungsakt und Begriffsmerkmale 533

stimmt ist, Außenwirkung zu entfalten. Unerheblich ist, wie sie sich im Einzelfall tatsächlich auswirkt.[33]

Durch die Außenwirkung unterscheidet sich der VA von den **behördeninternen Maßnahmen.** Weist eine übergeordnete Stelle die nachgeordnete Behörde an, der Firma F die Verwendung gewisser Materialien wegen ihrer Gesundheitsschädlichkeit zu untersagen, richtet sich diese Erklärung nur an die Verwaltung. Mangels Außenwirkung kann die Firma F diese Anordnung nicht anfechten. Erst wenn die nachgeordnete Behörde ihr die Nichtverwendung bestimmter Materialien aufgegeben hat, kann sie dagegen mit den Rechtsbehelfen gegen VAe vorgehen.

Wegen ihrer fehlenden Außenwirkung sind daher **innerdienstliche Weisungen** keine VAe. Weil Beamte einerseits innerhalb der Verwaltung stehen, andererseits aber auch Träger eigener Rechte gegenüber dem Staat sind, muss sorgfältig geprüft werden, ob eine Anordnung ihnen gegenüber interner oder externer Natur ist. Zum Teil wird bei der Abgrenzung darauf abgestellt, ob sich die Anordnung auf das sog. Grund- oder Betriebsverhältnis bezieht. Betrifft die Regelung gegenüber dem Beamten das **Grundverhältnis,** zu dem alle den Bestand des Beamtenverhältnisses wie die Ernennung und Entlassung betreffenden Fragen gehören, liegt ein VA vor. Demgegenüber wirken Maßnahmen, die das **Betriebsverhältnis** betreffen, lediglich verwaltungsintern.[34] Daher ist die Anordnung, die Akten in einer bestimmten Reihenfolge zu bearbeiten, kein VA. Weitgehend parallel hierzu läuft die Einteilung, ob sich die Maßnahme an einen Beamten in seiner **Eigenschaft als Amtswalter und Glied der Verwaltung** wendet (dann kein VA) oder sie seine **persönliche Rechtsstellung** betrifft (dann VA).[35]

16

Für die Klausurbearbeitung muss man wissen, dass nach ständiger Rechtsprechung die **Versetzung** und die **Abordnung** eines Beamten VAe sind. Denn sie berühren die persönliche Rechtsstellung des Beamten, weil er bei einer anderen Behörde tätig werden soll. Dagegen ist die **Umsetzung,** nämlich die Zuweisung eines anderen Dienstpostens innerhalb der gleichen Behörde, kein VA. Sie gehört nach ihrem objektiven Sinngehalt zu den Anordnungen, welche die dienstliche Verrichtung eines Beamten betreffen und sich in ihren Auswirkungen auf die organisatorische Einheit beschränken.[36] Wird daher der Beamte B nicht mehr der Ordnungsabteilung, sondern der Abteilung Lastenausgleich zugewiesen, kann er gegen diese Anordnung nicht mit den Rechtsbehelfen gegen einen VA vorgehen. Vielmehr muss er die Rückgängigmachung der Umsetzung im Wege der allgemeinen Leistungsklage verlangen.[37]

> Wie schwer die Beurteilung der Außenwirkung von Maßnahmen gegenüber Beamten ist, zeigt **Fall 60.** Der VGH München hält die Anordnung, P möge seine Frisur ändern, zutreffenderweise für eine bloß intern wirkende Maßnahme. Sie zielt primär auf eine Regelung des inneren Betriebs. So ist auch die dienstliche Weisung an einen Beamten, im Dienst eine bestimmte Kleidung zu tragen und damit sein äußeres Erscheinungsbild in bestimmter Weise zu gestalten, innerorganisatorischer Natur. Daran ändert sich nichts, wenn die jeweilige Weisung im

---

[33] BVerwG, NVwZ 2001, 436 (438); OVG Berlin, DÖD 2002, 175 (176); zur Finalität der behördlichen Maßnahme BVerwGE 90, 220 (223).
[34] VGH München, BayVBl. 2003, 212 (213); grundlegend *C. H. Ule,* VVDStRL 15 (1957), 133 (151 ff.).
[35] BVerwGE 60, 144 (146); VGH München, BayVBl. 2003, 212 (213).
[36] BVerwGE 60, 144 (146 f.); eingehend zu Versetzung, Abordnung, Zuweisung und Umsetzung *J. Ziekow,* DÖD 1999, 7 ff.
[37] BVerwGE 60, 144 (150).

Einzelfall in die Grundrechte des Beamten eingreifen kann[38]. Zudem kann P auch gegenüber internen Maßnahmen einen effektiven Rechtsschutz erlangen.[39]

17 Für die Rechtsnatur von Maßnahmen im Rahmen von **Aufsichtsverhältnissen** (→ 58 Rn. 5 ff.) gilt Folgendes: Weisungen, Anordnungen und Maßnahmen zwischen Behörden desselben Rechtsträgers haben keine Außenwirkung. Ergeht dagegen die Aufsichtsmaßnahme gegenüber einer Behörde eines anderen Rechtsträgers, kann sie VA sein (→ § 58 Rn. 15). Zur Einordnung von Mitwirkungsbefugnissen am Bsp. des gemeindlichen Einvernehmens nach § 36 BauGB → § 76 Rn. 22.

18 Äußerst kontrovers wird beurteilt, ob eine Maßnahme, die sich gegenüber einer Person als VA darstellt, auch gegenüber anderen Personen als VA behandelt werden muss: Wird der Gemeinde G durch behördliche Anordnung aufgegeben, an einer bestimmten Stelle eine Lichtzeichenanlage aufzustellen, ist diese Maßnahme ihr gegenüber ein VA.[40] Kann nun aber auch Bürger B, der die Errichtung einer Ampel für nicht sinnvoll hält, dagegen mit den Rechtsbehelfen gegen einen VA vorgehen? Nach Auffassung der Rechtsprechung soll die Anordnung nach dem Willen der verfügenden Behörde allein gegenüber G, nicht aber gegenüber B unmittelbare Rechtswirkungen erzeugen. Da erst mit der Errichtung der Lichtzeichenanlage die Anordnung auch in Richtung auf die Anlieger und Verkehrsteilnehmer nach außen hervortrete, könnten sie nur diesen Akt, nicht aber die vorherige Anordnung gegenüber der Gemeinde G anfechten.[41] In der Literatur wird dies wegen Unteilbarkeit der Qualität der Maßnahme zu Recht anders gesehen. Wenn eine Regelung ein VA ist, kommt ihr diese Eigenschaft gegenüber jedermann und nicht nur bestimmten Personen zu.[42] Auch im Hinblick auf die unterschiedlichen Folgen von Fehlern eines VAs und einer sonstigen Maßnahme, beispielsweise einer Rechtsnorm, ist eine einheitliche Betrachtung geboten.[43]

II. Allgemeinverfügung als Sonderfall

19 Die Allgemeinverfügung ist kein Rechtsakt sui generis, sondern gemäß § 35 S. 2 VwVfG ebenfalls ein VA. Als Allgemeinverfügungen werden VAe qualifiziert, wenn sie

- sich an einen nach allgemeinen Merkmalen bestimmten oder bestimmbaren Personenkreis richten (adressaten- bzw. personenbezogene Allgemeinverfügung) oder
- die öffentlich-rechtliche Eigenschaft einer Sache regeln (sachbezogene bzw. dingliche Allgemeinverfügung) oder
- die Benutzung einer Sache durch die Allgemeinheit betreffen („Benutzungsregelung").

Auf Allgemeinverfügungen finden dieselben Vorschriften Anwendung, welche für VAe gelten; teilweise gelten allerdings **Spezialbestimmungen.** So kann die Behörde nach § 28 II Nr. 4 VwVfG bei einer Allgemeinverfügung von einer vorherigen Anhörung der Betroffenen absehen. Eine Allgemeinverfügung darf gemäß § 41 III 2 VwVfG öffentlich bekannt gegeben werden, wenn eine Bekanntgabe an die Beteiligten untunlich ist. In diesem Fall bedarf sie keiner Begründung (§ 39 II Nr. 5 VwVfG). Wegen dieser Besonderheiten darf die Frage, ob es sich im Einzelfall um eine Allgemeinverfügung oder um einen sonstigen VA handelt, nicht offen gelassen werden.

---

[38] Vgl. OVG Hamburg, DVBl. 2014, 1337 (1338).
[39] VGH München, BayVBl. 2003, 212 (213); ebenso BVerwGE 125, 85 Rn. 12 f.
[40] BVerwG, NVwZ 1994, 784.
[41] BVerwG, NVwZ 1994, 784.
[42] *Erbguth* § 12 Rn. 29; *H.-W. Laubinger,* VerwArch 77 (1986), 421 (431).
[43] *Detterbeck* Rn. 494 f. Ebenso i. E. VGH Mannheim, NVwZ-RR 2006, 416.

§ 74. Bedeutung der Handlungsform Verwaltungsakt und Begriffsmerkmale

1. Adressaten- bzw. personenbezogene Allgemeinverfügung

Wie sich § 35 S. 2 Alt. 1 VwVfG entnehmen lässt, ist keine zwingende Voraussetzung für das Vorliegen eines VAs, dass er sich nur an eine einzige Person richtet. Denn eine behördliche Maßnahme, die sich an einen **nach allgemeinen Merkmalen bestimmten oder bestimmbaren Personenkreis** richtet, ist eine Allgemeinverfügung, sofern sie einen Einzelfall regelt. Ein Beispiel für eine Allgemeinverfügung an einen „nach allgemeinen Merkmalen *bestimmten* Personenkreis" ist die Auflösung einer nicht angemeldeten Demonstration. Die Anordnung ergeht gegenüber all denjenigen Personen, die an der fraglichen Versammlung teilnehmen. Weil sie sich auf einzelne Personen in einer spezifischen Situation bezieht, handelt es sich bei ihr um eine konkret-individuelle Anordnung. Demgegenüber steht bei einer Allgemeinverfügung an einen „nach allgemeinen Merkmalen *bestimmbaren* Personenkreis" im Zeitpunkt ihres Erlasses noch nicht fest, wie viele Personen von ihr betroffen werden. Trotz der Offenheit des Adressatenkreises liegt eine Allgemeinverfügung vor, wenn sie sich auf einen konkreten Sachverhalt bezieht. So wurde gestützt auf die polizeiliche Generalklausel eine Allgemeinverfügung erlassen, nach der sich Personen, die der sog. Punk-Szene zuzuordnen sind, innerhalb eines bestimmten Zeitraums auf einem bestimmten öffentlichen Platz nicht aufhalten dürfen.[44] Das Verbot richtet sich an alle Mitglieder der Punk-Szene. Der Adressatenkreis der Anordnung ist bestimmbar. Sie gilt für all diejenigen, die innerhalb eines genau festgelegten Zeitraums einen bestimmten Ort aufsuchen wollen. Wegen der zeitlichen und räumlichen Begrenztheit der Regelung ist sie VA. 20

Bei der Klausurlösung kommt es vor allem darauf an, plausibel zu begründen, warum es sich um eine **konkrete Regelung** handelt. Beginnen sollte man mit der Erwägung, dass es für die Abgrenzung zwischen VA und Rechtsnorm auf den Inhalt der Maßnahme ankommt. Eine Allgemeinverfügung beinhaltet eine konkrete Maßnahme. Nach der Rechtsprechung regelt eine Allgemeinverfügung z. B. eine konkrete, räumlich begrenzte Verkehrssituation. Anordnungen in Bezug auf einen größeren räumlichen Bereich erfolgen regelmäßig durch Rechtsnorm. Auch bei einem größeren räumlichen Geltungsbereich kann jedoch eine Allgemeinverfügung anzunehmen sein, wenn es sich um eine anlässlich einer bestimmten Situation erforderliche Maßnahme von nur kurzer Zeitdauer handelt.

Die zuständige Behörde kann wählen, ob sie eine personenbezogene Allgemeinverfügung oder einen so genannten **SammelVA** erlässt. Die Allgemeinverfügung stellt einen einzigen VA dar. Bei einem SammelVA werden dagegen mehrere gleichlautende VAe gegenüber mehreren Personen erlassen. Ein SammelVA besteht demzufolge aus einem Bündel von selbständigen VAen.[45]

2. Die sachbezogene Allgemeinverfügung

Die sachbezogene Allgemeinverfügung betrifft die öffentlich-rechtliche Eigenschaft einer Sache (§ 35 S. 2 Alt. 2 VwVfG). Im Gegensatz zur personenbezogenen Allgemeinverfügung stehen bei ihr nicht die Rechte und Pflichten von Personen, sondern die **Regelung des Zustands einer Sache** im Vordergrund. Beispiele für sachbezogene Allgemeinverfügungen sind die Widmung von Straßen und Verkehrsflächen (→ § 84 Rn. 12) oder die Benennung von Straßen und Plätzen. Mittelbar können sich aus sachbezogenen Allgemeinverfügungen Rechte und Pflichten für Personen ergeben.[46] So ist 21

---

[44] VGH Mannheim, NVwZ 2003, 115.
[45] *Kopp/Ramsauer* § 35 Rn. 163.
[46] *Maurer* § 9 Rn. 31.

nach § 7 I 1 FStrG jedermann der Gebrauch von Bundesfernstraßen im Rahmen der Widmung und der verkehrsbehördlichen Vorschriften zum Verkehr gestattet (→ § 84 Rn. 15 ff.).

3. Benutzungsregelung

22 Schließlich kann durch Allgemeinverfügung die Benutzung einer Sache durch die Allgemeinheit geregelt werden (§ 35 S. 2 Alt. 3 VwVfG). In ihr werden die **Rechte und Pflichten der Benutzer einer Sache** festgelegt. Weil sich diese Form von Allgemeinverfügung inhaltlich auf eine konkrete Sache bezieht, handelt es sich bei ihr um eine Einzelfallregelung. Durch eine Allgemeinverfügung kann daher die Benutzung von Anstalten (→ § 84 Rn. 22 ff.), zum Beispiel von städtischen Museen oder einer Universitätsbibliothek, geregelt werden.

4. Zur Rechtsnatur der Verkehrszeichen

23 Seit langem beschäftigt die Frage der Rechtsnatur der Verkehrszeichen in Form von Verkehrsschildern Rechtsprechung und Wissenschaft. In der Literatur werden derartige Verkehrszeichen zum Teil als Rechtsverordnungen qualifiziert. Denn durch ein Verkehrsschild werde das Verkehrsverhalten einer unbestimmten Zahl von Personen in einer noch unbestimmten Zahl von Fällen geregelt.[47] Demgegenüber sieht die höchstrichterliche Rechtsprechung in den Verkehrszeichen zutreffenderweise Allgemeinverfügungen. Verkehrsbeschränkungen und -verbote durch entsprechende Verkehrsschilder beziehen sich auf eine konkrete örtliche Verkehrssituation.[48] Weil Verkehrszeichen gleichsam an die Stelle eines Polizeivollzugsbeamten treten, sind sie konkreter Natur.[49] Gegen sie kann mit Widerspruch und Anfechtungsklage vorgegangen werden (zur Klagebefugnis → § 98 Rn. 6). Wird ein Verkehrszeichen nicht durch die dafür zuständige Straßenverkehrsbehörde, sondern durch ein damit nicht wirksam beliehenes privates Umzugsunternehmen aufgestellt, so handelt es sich um keinen – auch keinen nach § 44 VwVfG nichtigen – VA, sondern um einen Nichtakt.[50]

§ 75. Belastende Verwaltungsakte

Siehe **Fall 54** bei § 68.

I. Überblick

1 Ein belastender VA wirkt sich für den Betroffenen nachteilig aus. Der Nachteil kann darin bestehen, dass der VA in Rechte eingreift oder eine beantragte Begünstigung abgelehnt wird. Beispiele für belastende VAe sind die Ausweisung eines Ausländers, die Untersagung eines Gewerbebetriebs oder die Ablehnung einer Baugenehmigung. Die Prüfung der Rechtmäßigkeit eines belastenden VAs kann an der folgenden Übersicht ausgerichtet werden:

---

[47] Vgl. *Peine* Rn. 416.
[48] BVerwGE 27, 181 (183 f.); 59, 221 (224); ebenso OVG Lüneburg, NJW 2007, 1609 (1610).
[49] BVerwGE 59, 221 (225) (= DauerVA in Form einer Allgemeinverfügung); 92, 32 (34); 97, 323 (326); BVerwG, DVBl. 2004, 518.
[50] VGH Mannheim, VBlBW 2010, 198.

> **Übersicht: Prüfung der Rechtmäßigkeit eines belastenden VAs**
>
> (I) In Betracht kommende Ermächtigungsgrundlage
>   (1) Notwendigkeit einer gesetzlichen Ermächtigungsgrundlage (→ Rn. 2)
>   (2) Ermittlung der im Einzelfall heranzuziehenden Ermächtigungsgrundlage (→ Rn. 2)
> (II) Formelle Rechtmäßigkeit des VAs
>   (1) Zuständigkeit der Behörde (örtliche, sachliche, instanzielle) (→ § 72 Rn. 7)
>   (2) Ordnungsmäßigkeit des Verfahrens, z. B. Anhörung § 28 VwVfG (→ § 72 Rn. 14 ff.)
>   (3) Form, inhaltliche Bestimmtheit, Bekanntgabe, Begründung (→ § 79 Rn. 1 ff.)
> (III) Materielle Rechtmäßigkeit
>   (1) Vereinbarkeit der Ermächtigungsgrundlage mit höherrangigem Recht (siehe die Übersicht zur Verfassungsmäßigkeit von Gesetzen → § 17 Rn. 41)
>   (2) Erfüllung der tatbestandlichen Voraussetzungen der Ermächtigungsgrundlage (→ Rn. 3 ff.)
>   (3) Anordnung einer nach der Ermächtigungsgrundlage zulässigen Rechtsfolge (→ Rn. 3 ff.)
>   (4) Ggf. rechtmäßige Ermessensausübung (→ § 69 Rn. 1 ff.)
>   (5) Beachtung der Vorgaben höherrangigen Rechts, z. B. des Verhältnismäßigkeitsgrundsatzes (→ § 24 Rn. 32 ff.)

II. Notwendigkeit und Bestimmung der Ermächtigungsgrundlage

Sofern ein belastender VA in Rechte seines Adressaten eingreift, bedarf er wegen des **Prinzips des Gesetzesvorbehalts** (→ § 7 Rn. 25 ff.) einer gesetzlichen Grundlage. Mehrere Grundrechtsbestimmungen sehen explizit vor, dass ihr Inhalt nur „durch Gesetz" oder „auf Grund eines Gesetzes" eingeschränkt werden darf (→ § 24 Rn. 15). Soweit sich das Erfordernis einer gesetzlichen Grundlage auf den Inhalt des betreffenden Verwaltungshandelns bezieht, ist es in seiner Geltung unumstritten. Problematisch ist hingegen, ob die Verwaltung nur dann gerade durch VA handeln darf, wenn sie dazu speziell vom Gesetzgeber ermächtigt wurde (sog. **VAsbefugnis**). Als Beispiel für eine solche Ermächtigungsnorm ist § 49a I 2 VwVfG zu nennen. Danach hat die Verwaltung die vom Bürger zu erstattende Leistung durch schriftlichen VA festzusetzen. Weil es nur sehr wenige Regelungen gibt, welche die Behörden explizit zum Handeln durch VA ermächtigen, andererseits der Legaldefinition des VAs in § 35 VwVfG keine derartige Ermächtigung entnommen werden kann, würde die Forderung nach einer expliziten Grundlage für die Wahl der Handlungsform VA den Einsatzbereich des VAs deutlich einschränken. 2

Nach einer Ansicht soll sich das Erfordernis des Gesetzesvorbehalts lediglich auf den Inhalt des Verwaltungshandelns beziehen. Aus der Ermächtigung der Verwaltung zur Tätigkeit aufgrund öffentlichen Rechts folge zugleich ihre Befugnis zum Handeln durch

VA.¹ Nach der h. M. muss dagegen sowohl eine gesetzliche Ermächtigung in Bezug auf den Inhalt der angeordneten Maßnahme als auch für das Handeln gerade durch VA existieren.² Dem wird man zustimmen müssen: Die **Wahl der Handlungsform des VAs ist für den Bürger eigenständig belastend,** da er unter anderem als Vollstreckungstitel dient und der Betroffene zur Vermeidung seiner Bestandskraft rechtzeitig mit Rechtsbehelfen gegen die Maßnahme vorgehen muss (→ § 80; § 81 Rn. 3 f.).³ Ob danach das Handeln durch VA zulässig ist, ist dem einschlägigen materiellen Recht zu entnehmen. Dabei muss die VAsbefugnis nicht ausdrücklich eingeräumt worden sein. Es genügt, wenn sie sich den betreffenden materiell-rechtlichen Vorschriften durch Auslegung entnehmen lässt.⁴

Die vorstehend behandelte Frage der Notwendigkeit einer Ermächtigungsgrundlage ist allerdings in der Klausurbearbeitung nur aufzuwerfen, wenn der Fall hierzu besonderen Anlass gibt. Immer besonderes Augenmerk ist hingegen auf die **Bestimmung der einschlägigen Ermächtigungsgrundlage** zu richten. Bevor auf eine Generalklausel zurückgegriffen wird, ist immer zu klären, ob es keine auf den jeweiligen Sachverhalt zugeschnittene speziellere Norm gibt. Bei Zweifeln an der Verfassungsmäßigkeit der Ermächtigungsnorm ist zu Beginn der Prüfung der materiellen Rechtmäßigkeit des VAs zunächst dieser Gesichtspunkt abzuhandeln. Im Anschluss daran ist zu prüfen, ob der Sachverhalt unter die Norm subsumiert werden kann.

III. Einzelne Ermächtigungsgrundlagen

3 Im Folgenden werden einige materiellrechtliche Ermächtigungsgrundlagen für den Erlass belastender VAe behandelt, die im Bereich des Pflichtstoffs der juristischen Ausbildung von erhöhter Bedeutung sind, nämlich die bauaufsichtlichen Eingriffsbefugnisse und die Befugnisse der Polizei- und Ordnungsbehörden.

1. Bauaufsichtliche Eingriffsbefugnisse

4 Ähnlich wie im Polizeirecht (→ Rn. 9 ff.) kennt auch das Bauordnungsrecht als Ermächtigungsgrundlagen für baupolizeiliche Eingriffe eine **Generalklausel** und besondere Eingriffsbefugnisse.⁵ Die Generalklausel geht von der Aufgabe der Bauaufsichtsbehörden, über die Einhaltung der öffentlich-rechtlichen Vorschriften und der aufgrund dieser Vorschriften erlassenen Anordnungen zu wachen, aus und ermächtigt die Bauaufsichtsbehörden, die erforderlichen Maßnahmen zu treffen (§ 47 I LBO BW; Art. 54 II BayBauO; § 52 II BbgBO; § 58 NBauO; § 61 BauO NW). Als spezielle Eingriffsbefugnisse enthalten fast alle Landesbauordnungen Vorschriften zur Beseitigung von Anlagen sowie zur Nutzungsuntersagung. Meist lautet die entsprechende Vorschrift: „Werden Anlagen im Widerspruch zu öffentlich-rechtlichen Vorschriften errichtet oder geändert, kann die Bauaufsichtsbehörde die teilweise oder vollständige Beseitigung der Anlage anordnen, wenn nicht auf andere Weise rechtmäßige Zustände hergestellt werden können. Werden Anlagen im Widerspruch zu öffentlich-rechtlichen Vorschriften genutzt, kann diese Nutzung untersagt werden" (vgl. § 65 LBO BW; Art. 76 S. 1, 2 Bay-

---

¹ *Maurer* § 10 Rn. 5.
² OVG Koblenz, AS 29, 393 (394); NVwZ-RR 2011, 632 (633); OVG Lüneburg, NJW 1996, 2947; OVG Münster, DVBl. 1993, 1321 (1322); VGH München, BayVBl. 2005, 183.
³ OVG Lüneburg, NJW 1996, 2947.
⁴ BVerwGE 114, 226 (227); DVBl. 2003, 209 (210); DVBl. 2012, 303 Rn. 14.
⁵ Zusammenfassend *F. Schoch,* Jura 2005, 178.

§ 75. Belastende Verwaltungsakte 539

BauO; §§ 74 I, 73 III BbgBO; § 72 I HBO). Dabei handelt es sich um verfassungsgemäße Inhalts- und Schrankenbestimmungen des Eigentums (→ § 42 Rn. 24ff.).[6]

Eine **Beseitigungsanordnung**[7] darf unter folgenden Voraussetzungen ergehen: 5

- Die bauliche **Anlage muss formell baurechtswidrig** sein, d. h. das Vorhaben muss ohne die erforderliche Genehmigung/Zustimmung oder in Abweichung von der erteilten Genehmigung errichtet worden sein.[8] Wurde ein Vorhaben genehmigt, obwohl es gegen Baurechtsvorschriften verstößt, darf keine Abrissverfügung erlassen werden, weil die behördliche Erlaubnis den Bauherrn zum Bauen berechtigt. Erst nach einer Aufhebung der Baugenehmigung ist an den Erlass einer Beseitigungsanordnung zu denken. Es versteht sich von selbst, dass das Erfordernis der formellen Baurechtswidrigkeit für eine Beseitigungsanordnung bei den genehmigungsfreien Bauvorhaben nicht gilt.

- Eine Beseitigungsanordnung darf nur im Falle der **materiellen Baurechtswidrigkeit** der baulichen Anlage erlassen werden. Materielle Baurechtswidrigkeit liegt vor, wenn das fragliche Gebäude nicht in Einklang mit den öffentlich-rechtlichen Vorschriften steht. Bei einem Bauvorhaben, das ohne die erforderliche Genehmigung, aber im Einklang mit dem materiellen Recht errichtet wurde, scheidet eine Beseitigungsanordnung aus. Es wäre unverhältnismäßig, eine Person zum Abbruch eines Gebäudes anzuhalten, dessen (Wieder-)Errichtung sogleich genehmigt werden müsste. Hier genügt eine Nutzungsuntersagung (→ Rn. 6), um den Bauherrn zur Einholung der erforderlichen Baugenehmigung zu veranlassen.[9] Eine Ausnahme kann allerdings dann gelten, wenn eine Beseitigungsanordnung den Betreffenden nicht härter als eine Nutzungsuntersagung treffen würde; in diesem Fall genügt die formelle Illegalität der baulichen Anlage.[10] Voraussetzung ist, dass die Beseitigung weder mit einer Beeinträchtigung der Substanz der zu beseitigenden Anlage noch mit hohen Beseitigungskosten verbunden ist.[11] Widerspricht eine Anlage zwar den heute geltenden bauplanungsrechtlichen Vorschriften, aber hat sie zu einem früheren Zeitpunkt einmal dem materiellen öffentlichen Recht entsprochen, darf die Bauaufsichtsbehörde gegen sie nicht einschreiten. Denn eine einmal in Übereinstimmung mit dem öffentlichen Recht stehende Anlage genießt **Bestandsschutz**.[12] Nach früherem Verständnis wurde der Bestandsschutz in der Art. 14 GG verankert gesehen und zielte auf die Wahrung der vorhandenen Substanz ab.[13] Darüber hinaus wurde dieser einfache bzw. **passive Bestandsschutz** in der Rspr. des BVerwG durch einen überwirkenden bzw. aktiven Bestandsschutz ergänzt. Dieser überwirkende Bestandsschutz konnte einen Genehmigungsanspruch vermitteln, wenn eine funktionsgemäße Nutzung einer vorhandenen Anlage nur durch die Errichtung neuer Gebäude möglich war.[14] Diese Rspr. ist jedoch mittlerweile ausdrücklich aufgegeben worden; denn die inhaltliche Ausgestaltung der Eigentumsfreiheit erfolgt durch den Gesetzgeber in Gestalt der einfachgesetzlichen Genehmigungsanforderungen.[15] Ebenso liegt die rechtliche Grundlage des einfachen Bestandsschutzes zwar in der Eigentumsfreiheit, wird jedoch durch die einfach-gesetzlichen Bestimmungen über die Beseitigung vorhandener Anlagen ausgeformt.[16] In ihrem Bestand geschützt sind dabei solche Anlagen, die entweder zum Zeitpunkt ihrer Errichtung oder zu einem späteren Zeitpunkt dem materiellen Recht entspro-

---

[6] BVerfG, NVwZ 2005, 203 (204).
[7] **Lesen** Sie dazu *J. Lindner*, JuS 2014, 118.
[8] OVG Münster, NVwZ 1988, 942 (943).
[9] OVG Münster, BauR 2006, 369.
[10] OVG Münster, NuR 2006, 319.
[11] VG Frankfurt a. M., NVwZ-RR 2011, 717 (718).
[12] BVerwG, NJW 1971, 1624 (1625); VGH Mannheim, NVwZ-RR 1997, 464 (465).
[13] BVerwG, NJW 1971, 1624 (1625).
[14] BVerwGE 72, 362 (363).
[15] BVerwGE 106, 228 (234f.).
[16] HessStGH, NVwZ 2005, 683 (684); VGH Mannheim, VBlBW 2004, 263 (264).

chen haben.[17] Der Begriff des „Bestandes" impliziert, dass die Identität der Anlage gewahrt sein muss und ihre zugelassene Nutzung nicht endgültig aufgegeben worden ist.[18]

- Es dürfen nicht auf andere Weise als durch den Erlass der Beseitigungsanordnung rechtmäßige Zustände hergestellt werden können. Hierbei handelt es sich um einen positivrechtlichen Hinweis auf Gesichtspunkte der **Verhältnismäßigkeitsprüfung** (→ § 24 Rn. 32 ff.), die die Behörde ohnehin im Rahmen ihrer Ermessensausübung hinsichtlich des Erlasses einer Beseitigungsanordnung berücksichtigen müsste. So kann beispielsweise die Erteilung einer Ausnahme oder Befreiung in Betracht kommen oder der Erlass einer Nutzungsuntersagung das mildere Mittel sein. Unverhältnismäßig wäre eine Beseitigungsanordnung auch dann, wenn die Anlage einer neuen, rechtlich zulässigen Nutzung zugeführt wird.[19] Ist nur ein abtrennbarer Teil einer baulichen Anlage rechtswidrig errichtet, so wäre es unverhältnismäßig, die Beseitigung der gesamten Anlage anzuordnen.[20] Allerdings wäre es ermessensfehlerhaft, wenn sich die Behörde auf die Anordnung eines **Teilrückbaus** beschränkte, obwohl das gesamte Gebäude baurechtswidrig ist. Denn dadurch könnte das Ziel der Beseitigungsanordnung, baurechtswidrige Zustände zu beseitigen, nicht erreicht werden.[21] Darüber hinaus liegt es in der von Art. 14 GG geschützten Entscheidungsfreiheit des Eigentümers, welche Maßnahmen er zur Herstellung baurechtskonformer Zustände ergreifen möchte. In diesem Fall ist es Sache des Eigentümers, zur Vermeidung des vollständigen Abrisses ein Austauschmittel (→ § 75 Rn. 22) anzubieten.[22] Zur Anordnung der sofortigen Vollziehung einer Beseitigungsanordnung → § 106 Rn. 8.

6 Bei Vorliegen der Tatbestandsvoraussetzungen entscheidet die Bauaufsichtsbehörde nach ihrem **pflichtgemäßen Ermessen** (→ § 69) über den Erlass einer Beseitigungsanordnung. Von großer Bedeutung ist insoweit das Willkürverbot. Ermessensfehlerhaft wäre es etwa, wenn die Behörde nur gegen ein baurechtswidriges Gebäude, ohne sachlichen Grund aber in anderen vergleichbaren Fällen nicht einschreitet.[23] Eine Ermessensreduzierung ergibt sich hingegen nicht dadurch, dass die Behörde gegenüber erkannten baurechtswidrigen Zuständen über längere Zeit untätig geblieben ist (faktische Duldung).[24] Etwas anderes gilt aber im Fall der sog. **aktiven Duldung,** in welchem die Behörde hinreichend deutlich erklärt, dass, über welche Zeit und in welchem Umfang sie die baurechtswidrigen Zustände dulden wird;[25] eine solche aktive Duldung enthält i. d. R. eine Regelung und ist VA[26] (zur Duldung s. auch → § 74 Rn. 5). Der durch die Duldungserklärung geschaffene Vertrauensschutz entfällt allerdings, wenn das betreffende Gebäude gegenüber den Zustand, der der Duldungserklärung zugrunde liegt, verändert worden ist.[27] Zum Anspruch auf Erlass einer Beseitigungsanordnung → § 71 Rn. 12.

Eine **Nutzungsuntersagung** (§ 65 S. 2 LBO BW; Art. 76 S. 2 BayBauO; § 73 III BbgBO; § 79 I 2 Nr. 5 NBauO) kommt in Betracht, wenn zwar nicht die bauliche Anlage als solche, aber ihre – bereits verwirklichte (für die Untersagung einer noch nicht ausgeübten Nutzung gelten diese Vorschriften nicht[28]) – Nutzung im Widerspruch zu den öffentlich-rechtlichen Vorschriften steht.

---

[17] VGH Mannheim, VBlBW 2004, 263 (264).
[18] BVerwG, NVwZ 2001, 557 (558); VGH Mannheim, NVwZ-RR 1997, 464 (465).
[19] BVerwG, NVwZ 2001, 557 (558).
[20] BVerfG, NVwZ 2005, 203 (204); VGH München, NVwZ-RR 2004, 238.
[21] OVG Münster, BauR 2006, 90 (92).
[22] OVG Lüneburg, BauR 2011, 1487 (1489).
[23] BVerwG, BRS 57 Nr. 248; 58 Nr. 209; BVerfG, NVwZ 2005, 203 (204).
[24] OVG Koblenz, DVBl. 2012, 250 (252); OVG Saarlouis, BauR 2006, 826.
[25] OVG Münster, BauR 2006, 90 (93); NVwZ-RR 2009, 364 (366); BauR 2010, 1213 (1214).
[26] OVG Münster, BauR 2010, 1213 (1214).
[27] OVG Koblenz, DVBl. 2012, 250 (252).
[28] VGH Mannheim, VBlBW 2011, 28.

§ 75. Belastende Verwaltungsakte   541

Als Anschauungsbeispiel dafür mag eine Jagdhütte dienen, welche zu Wohnzwecken verwendet wird. Äußerst umstritten ist, ob eine Nutzungsuntersagung – wie die Beseitigungsanordnung – von den Voraussetzungen der formellen *und* materiellen Baurechtswidrigkeit abhängt oder sie bereits bei bloß formeller Illegalität erlassen werden darf. Mehrere Gerichte lassen für eine Nutzungsuntersagung zu Recht die formelle Illegalität ausreichen.[29] Im Gegensatz zur Beseitigungsanordnung lässt sich eine Nutzungsuntersagung rückgängig machen. Sonst würde eine Person, die sich über das formelle Recht hinwegsetzt, gegenüber dem rechtstreuen Bürger privilegiert, der mit der Nutzungsaufnahme bis zur Erteilung der erforderlichen Genehmigung zuwartet.[30] Allerdings wird man eine Nutzungsuntersagung allein wegen des Fehlens einer Baugenehmigung als unverhältnismäßig anzusehen haben, wenn die Genehmigungsfähigkeit der jeweiligen Nutzung offensichtlich ist[31] oder zu schweren und irreversiblen Folgen für den Verpflichteten führt[32]. Auch der Erlass der Nutzungsuntersagung steht im pflichtgemäßen Ermessen der Bauaufsichtsbehörde.

Ist die Errichtung einer baulichen Anlage ohne die erforderliche Genehmigung noch nicht abgeschlossen, so kann die Bauaufsichtsbehörde die **Einstellung der Arbeiten** anordnen (§ 64 LBO BW; Art. 75 I BayBauO; § 73 I BbgBO; § 79 I 2 Nr. 1 NBauO; § 61 V BauO NW, siehe im Übrigen § 61 I BauO NW). Da die Vorschriften zur Baueinstellung darauf abzielen, die behördliche Vorabprüfung der Vorhabenszulässigkeit sicherzustellen und die Schaffung vollendeter Tatsachen zu verhindern, genügt für die Einstellungsanordnung grundsätzlich die mögliche formelle Illegalität.[33] Insoweit reicht ein „Anfangsverdacht" in dem Sinne aus, dass die Genehmigungsbedürftigkeit der ungenehmigten baulichen Anlage zumindest ernsthaft möglich ist.[34] Die Baueinstellungsverfügung ist also nicht deshalb rechtswidrig, weil der Bauherr einen offensichtlichen Anspruch auf Erteilung der Baugenehmigung hat. Andernfalls könnte die Einholung einer notwendigen Baugenehmigung nie durchgesetzt werden.[35] Im Übrigen kann eine solche Verfügung insbesondere bei den genehmigungsfreien Vorhaben auch gegenüber baulichen Anlagen ergehen, deren Fertigstellung es aufgrund ihrer materiellen Baurechtswidrigkeit zu verhindern gilt.

7

2. Eingriffsbefugnisse der Polizei- und Ordnungsbehörden

Wegen des Gesetzesvorbehalts bedürfen Polizeiverfügungen einer gesetzlichen Grundlage. Als **Ermächtigungsnorm** kommt dabei nur eine Befugnis-, nicht aber eine Aufgabennorm in Betracht. Allein aus der Zuweisung einer Aufgabe durch eine gesetzliche Regelung lässt sich nicht entnehmen, dass die Polizei zu Mitteln greifen darf, die den Bürger rechtlich belasten. Gibt etwa Polizist P dem Bürger B auf, ein von ihm verursachtes Verkehrshindernis zu beseitigen, kann die regelmäßig in § 1 I 1 des jeweiligen Landespolizeigesetzes enthaltene Vorschrift „Die Polizei hat die Aufgabe, Gefahren für die öffentliche Sicherheit und Ordnung abzuwehren" dafür nicht die Ermächtigungsnorm sein. Erst eine Regelung, nach der die Polizei gegenüber dem Verantwortlichen

8

---

[29] OVG Münster, BRS 63 Nr. 214; NWVBl. 2014, 466 (467); OVG Weimar, BRS 57 Nr. 247; VGH Kassel, ESVGH 52, 255.
[30] OVG Saarlouis, Beschl. v. 10.5.1999 – 2 W 3/99 –.
[31] OVG Koblenz, BRS 58 Nr. 203; OVG Münster, BRS 63 Nr. 214; VGH München, NVwZ-RR 2015, 607 (608).
[32] OVG Münster, NWVBl. 2014, 466 (467).
[33] VGH München, NVwZ-RR 2006, 234.
[34] OVG Magdeburg, BauR 2012, 929 (930).
[35] VGH Mannheim, NVwZ-RR 2005, 10 (11).

(→ § 79 Rn. 6 ff.) Maßnahmen treffen kann, um die durch das Verkehrshindernis verursachte Gefahr zu beseitigen, vermittelt ihr die nötige Eingriffsbefugnis.

Weil der Polizei **einerseits die Strafverfolgung, andererseits die Gefahrenabwehr** obliegt (so genannte Doppelfunktion der Polizei), ist besondere Sorgfalt darauf zu verwenden, ob sich im konkreten Fall die Ermächtigung zum Handeln aus den strafprozessualen Vorschriften oder dem Polizeirecht ergibt (→ § 94 Rn. 6 ff.).

> Im **Fall 54** handelt es sich um eine gefahrenabwehrrechtlich veranlasste Maßnahme. Die Sicherstellung des Films erfolgte nicht aus der Intention heraus, Beweismaterial für das spätere Strafverfahren zu sichern. Es ging der Polizei allein darum, eine Verletzung des Persönlichkeitsrechts der Beamten durch eine spätere Veröffentlichung der Bilder zu verhindern.

a) Polizeiliche Generalklausel

9   Zur richtigen Beurteilung einer gefahrenabwehrenden Maßnahme muss man über das Verhältnis der für das polizeiliche Handeln bestehenden verschiedenen Ermächtigungsgrundlagen zueinander orientiert sein. In allen Polizeigesetzen gibt es eine Generalklausel. Diese berechtigt die Polizei dazu, nach ihrem pflichtgemäßen Ermessen Maßnahmen zur Abwehr einer Gefahr für die öffentliche Sicherheit oder Ordnung zu treffen. Die hierin verwendeten unbestimmten Rechtsbegriffe sind bereits an anderer Stelle (→ § 68 Rn. 6 ff.) erläutert worden: Auch wenn nicht in allen Landespolizeigesetzen das Handeln der Polizei zur Abwehr einer Störung explizit angesprochen wird, können aufgrund der Generalklausel auch bereits eingetretene Schäden abgewendet werden.[36] Die gegen die polizeiliche Generalklausel insbesondere unter dem Aspekt des rechtsstaatlichen Bestimmtheitsgebots erhobenen verfassungsrechtlichen Bedenken wurden vom BVerfG zurückgewiesen. Die Klausel ist durch Judikatur und Literatur so präzisiert worden, dass sie nach Inhalt, Zweck und Ausmaß hinreichend bestimmt ist.[37] Bei Vorliegen der Tatbestandsvoraussetzungen entscheidet die Polizei nach ihrem pflichtgemäßen Ermessen, ob, wann und welche Maßnahmen anzuordnen sind (→ Rn. 22).

Eine auf die polizeiliche Generalklausel gestützte Maßnahme ist auch das sog. **Gefährderanschreiben,** durch das die Polizei den Adressaten darauf hinweist, dass er sich durch bestimmte Handlungen, z. B. die Teilnahme an einer Demonstration, ggf. Gefährdungen und anderen Folgen aussetzt. Für die Situation, dass der Adressat auf von ihm in der Vergangenheit begangene Verfehlungen und die Konsequenzen der Teilnahme an einer konkreten künftigen Demonstration mit dem Ziel hingewiesen wird, seine Teilnahme an dieser Demonstration zu verhindern, hat die Rspr. das Vorliegen eines Grundrechtseingriffs bejaht.[38] Dem wird man vor dem Hintergrund der Rspr. des BVerwG zur Eingriffsqualität von Warnungen (→ § 24 Rn. 11) zustimmen können. In Konsequenz dessen ist das Gefährderanschreiben nur zulässig, wenn eine konkrete Gefahr vorliegt und der Adressat polizeirechtlich verantwortlich (→ § 79 Rn. 6 ff.) ist.

b) Spezielle polizeiliche Eingriffsbefugnisse

10   Da die polizeiliche Generalklausel lediglich subsidiär zur Anwendung kommt, ist bei der Falllösung immer zuvor nach speziellen polizeilichen Eingriffsbefugnissen zu suchen. Zum einen enthalten viele Fachgesetze spezielle Ermächtigungsnormen zur Gefahrenabwehr. So ermächtigt § 10 BBodSchG die Behörden zum Erlass der notwendigen Anordnungen bei schädlichen Bodenverunreinigungen, § 15 VersG regelt das

---

[36] *Schwerdtfeger/Schwerdtfeger* Rn. 115.
[37] BVerfGE 54, 143 (144 f.).
[38] OVG Lüneburg, NJW 2006, 391 (392).

Verbot, die Anordnung von Auflagen sowie die Auflösung von Versammlungen im Freien. Soweit diese Vorschriften abschließend sind, stehen sie einem Rückgriff auf die polizeiliche Generalklausel entgegen.

Zum anderen gibt es in den allgemeinen Polizei- und Ordnungsgesetzen für einige häufig wiederkehrende, typische polizeiliche Maßnahmen spezielle gesetzliche Ermächtigungen (sog. Standardmaßnahmen).[39] Da einzelne Standardmaßnahmen wie die Durchsuchung einer Wohnung oder die Ingewahrsamsnahme einer Person mit erheblichen Eingriffen in die Freiheitsgrundrechte verbunden sind, handelt es sich bei diesen Regelungen zugleich um die verfassungsrechtlich gebotene Konkretisierung der grundrechtlichen Gesetzesvorbehalte (→ § 24 Rn. 14 ff.). Die polizeilichen Standardmaßnahmen stellen abschließende Regelungen dar. Sind im konkreten Fall die Voraussetzungen für ein Vorgehen nach der Standardbefugnis nicht erfüllt, ist ein Rückgriff auf die Generalklausel ausgeschlossen.[40]

11

> Im **Fall 54** wäre es deshalb falsch, bei der Lösung sofort auf die polizeiliche Generalklausel zurückzugreifen. Vielmehr ist zuerst festzustellen, ob keine der polizeilichen Standardmaßnahmen einschlägig ist. Da die Landespolizeigesetze in aller Regel eine spezielle Rechtsvorschrift für die Sicherstellung enthalten, die an das engere Tatbestandsmerkmal der „gegenwärtigen" Gefahr geknüpft ist, geht diese als lex specialis der Generalklausel vor.

Die einfachgesetzliche Ausgestaltung der einzelnen Standardmaßnahmen variiert von Bundesland zu Bundesland. Wenn also nachfolgend ein Überblick zu den Standardmaßnahmen gegeben wird, sollte parallel dazu der Text des jeweiligen Landespolizeigesetzes mitgelesen werden, um sich über mögliche Abweichungen klar zu werden.

Fast alle Polizei- und Ordnungsgesetze enthalten spezielle Regelungen zur Datenerhebung, -verarbeitung und -nutzung. Bei den Vorschriften zur **Datenerhebung** geht es um die Beschaffung vornehmlich personenbezogener Daten. Grundsätzlich geschieht die Datenerhebung offen, also mit Wissen des Betroffenen (§ 19 I 1, II 1 PolG BW; Art. 30 III 1 BayPAG; § 29 II 1, III BbgPolG; § 30 I 1, II 1 NSOG; § 9 IV PolG NW). Für eine verdeckte Datenerhebung zum Beispiel durch den Einsatz technischer Mittel in Wohnungen oder verdeckter Ermittler bestehen aus verfassungsrechtlichen Gründen sehr hohe Anforderungen. Die **Datenverarbeitung** betrifft vor allem die Speicherung der erlangten Informationen. Klausurrelevant sind insbesondere die Normen zur Löschung von Daten. In aller Regel sind gespeicherte personenbezogene Daten zu löschen und die dazugehörigen Unterlagen zu vernichten, wenn ihre Speicherung unzulässig war oder bei der nach bestimmten Fristen vorzunehmenden Prüfung aus Anlass einer Einzelfallbearbeitung festgestellt wird, dass ihre Kenntnis für die speichernde Stelle zur Erfüllung der in ihrer Zuständigkeit liegenden Aufgaben nicht mehr erforderlich ist (§ 46 I PolG BW; Art. 45 II BayPAG; § 47 II BbgPolG; § 39a NSOG; siehe auch § 32 II PolG NW). Grundsätzlich hat der Bürger einen Anspruch auf Mitteilung, welche Daten von ihm zu welchem Zweck gespeichert wurden.[41] In manchen Landespolizeigesetzen wird die **Nutzung** erhobener Daten von der Datenverarbeitung geschieden. Je nach dem, ob das Landesrecht von einem weiten oder engen Verständnis seiner Regelungen zur Datenverarbeitung ausgeht, werden einzelne Standardmaßnahmen wie zum Bei-

12

---

[39] **Lesen** Sie zusammenfassend zu den Standardmaßnahmen *M. Möstl*, Jura 2011, 840.
[40] Dazu *F. Schoch*, Jura 2003, 177 f.
[41] BVerwG, DVBl. 1992, 298 (299).

spiel die Identitätsfeststellung innerhalb des Abschnitts zur Datenerhebung (§ 12 PolG NW) oder außerhalb davon (Art. 13 BayPAG) geregelt.

Neuerdings wurden in die Polizeigesetze vor allem Vorschriften zur **Videoüberwachung öffentlicher Plätze** aufgenommen. Zur Abwehr von Gefahren, durch welche die öffentliche Sicherheit bedroht wird, oder zur Beseitigung von Störungen der öffentlichen Sicherheit (vgl. Art. 32 II BayPAG; § 32 III 1 NSOG) bzw. zur Verhütung von Straftaten (§ 21 III PolG BW; Art. 32 III BayPAG; § 31 II BbgPolG; § 32 III 2 NSOG; § 15a I PolG NW) kann die Polizei bestimmte öffentlich zugängliche Orte mittels Bildübertragung beobachten und auch Bildaufzeichnungen machen. Für die Bildaufzeichnung gelten erhöhte Anforderungen.[42]

13 Für die Datenerhebung bedeutsam sind die Vorschriften zur **Befragung** von Personen. Unter einer polizeilichen Befragung versteht man das an eine Person gerichtete Verlangen nach Auskünften. Die Polizei kann jeden befragen, wenn Tatsachen die Annahme rechtfertigen, dass er sachdienliche Angaben zur Erfüllung einer bestimmten polizeilichen Aufgabe machen kann (§ 20 I PolG BW; Art. 12 BayPAG; § 11 I BbgPolG; § 12 I NSOG; § 9 I PolG NW). Unzulässig sind demnach sachfremde Fragen oder Fragen „ins Blaue" hinein. Die jeweilige Person muss Auskunft über ihre Personalien geben. Zu weiteren Auskünften ist sie nur bei einer entsprechenden gesetzlichen Regelung verpflichtet. Eine derartige erweiterte Auskunftspflicht ist insbesondere vorgesehen, wenn dies zur Abwehr einer Gefahr für Leben, Gesundheit oder Freiheit einer Person oder für bedeutende fremde Sach- oder Vermögenswerte erforderlich ist (§ 20 I 3 PolG BW). In diesen Fällen besteht für den Betroffenen parallel zu den strafprozessualen Vorschriften ein Auskunftsverweigerungsrecht (§ 20 I 4 PolG BW). Bei der polizeilichen Befragung ist im Rahmen der Ermessensausübung der Verhältnismäßigkeitsgrundsatz zu beachten. Regelmäßig ist der Bürger von der Polizei über seine Auskunftspflicht sowie Anlass und Grundlage der Befragung aufzuklären (§ 19 III PolG BW; Art. 30 IV BayPAG; § 29 IV BbgPolG; § 12 V NSOG; § 9 VI PolG NW). Art. 104 I 2 GG sowie Art. 3 EMRK verbieten es der Polizei selbst in Extremsituationen, jemanden durch (die Androhung von) Folter beispielsweise zur Preisgabe lebensrettender Informationen zu zwingen.[43]

14 Ziel der **Identitätsfeststellung** ist die Ermittlung der Personalien einer zunächst unbekannten Person sowie die Prüfung, ob eine bestimmte Person mit einer gesuchten identisch ist. Die Aufnahme der Personalien einer bislang unbekannten Person zielt darauf ab, sie „der Anonymität zu entreißen" und ihr klar zu machen, dass er für Störungen verantwortlich gemacht werden kann.[44] Die Mittel zur Identitätsfeststellung stehen in einem gestuften Verhältnis zueinander: An erster Stelle steht das Anhalten und Befragen zur Person sowie das Verlangen nach Aushändigung der Ausweispapiere. Ist eine Identitätsfeststellung auf diese Weise nicht oder nur unter erheblichen Schwierigkeiten möglich, kann der Betroffene festgehalten und mitgeführte Sachen durchsucht werden. Als ultima ratio kommen erkennungsdienstliche Maßnahmen und das Verbringen auf die Dienststelle in Betracht. Zulässig ist eine solche Sistierung beispielsweise, wenn der Betroffene eine Feststellung seiner Personalien strikt verweigert oder die Polizei durch eine unfriedliche Menschenmenge an der Aufnahme der Personalien gehindert wird.[45] Hat der Betroffene aber schon an Ort und Stelle seinen Personalausweis vorgelegt, so kann eine Verbringung auf die Dienststelle nicht auf die Ermächtigung zur Identitätsfeststellung gestützt werden.[46] Eine Identitätsfeststellung ist zulässig zur Abwehr einer konkreten Gefahr oder bei Sachverhalten, bei denen

---

[42] Bejahend zur Verfassungsmäßigkeit der Regelungen über die Videoüberwachung VGH Mannheim, NVwZ 2004, 498 ff.
[43] Zur „Polizeifolter" *A. Guckelberger*, VBlBW 2004, 121.
[44] VGH Mannheim, DVBl. 2011, 245 (246).
[45] VGH Mannheim, DVBl. 2011, 245 (246).
[46] VGH Mannheim, DVBl. 2011, 245 (246).

§ 75. Belastende Verwaltungsakte 545

der Gesetzgeber wie beim Aufenthalt an besonders gefahrträchtigen Orten abstrakt eine Gefahrensituation unterstellt (§ 26 I PolG BW; Art. 13 I BayPAG; § 12 I BbgPolG; § 13 I NSOG; § 12 I PolG NW).

Mit **erkennungsdienstlichen Maßnahmen,** beispielsweise dem Anfertigen von Fingerabdrücken und von Lichtbildern, werden körperliche Individualmerkmale zum Zwecke der Identitätsfeststellung oder der vorbeugenden Bekämpfung von Straftaten festgestellt. Derartige Maßnahmen sind nur zulässig, wenn eine Identitätsfeststellung auf andere Weise nicht oder nur unter erheblichen Schwierigkeiten möglich ist oder der Betroffene einer Straftat verdächtig ist und nach Art und Ausführung der Tat Wiederholungsgefahr besteht (§ 36 I PolG BW; Art. 14 I BayPAG; § 13 II BbgPolG; § 15 I 1 NSOG; § 14 PolG NW). Sind die Voraussetzungen für die erkennungsdienstliche Maßnahme entfallen, kann der Betroffene die Vernichtung der Unterlagen verlangen (§ 36 III PolG BW; Art. 14 II BayPAG; § 13 IV BbgPolG; § 15 II NSOG; ähnlich § 14 II PolG NW). Obwohl die Unterlagenvernichtung ein rein tatsächlicher Vorgang ist, wird angesichts der vorherigen behördlichen Entscheidung über das Gegebensein des Anspruchs (= VA) für seine Geltendmachung die Verpflichtungsklage (→ § 99) als die statthafte Klageart angesehen.[47]

15

Eine **Vorladung** enthält die mündliche oder schriftliche Aufforderung an eine Person, zu einer bestimmten Zeit auf einer Polizeidienststelle zu erscheinen. Sie dient der Durchführung polizeilicher Befragungen auf der Dienststelle (Vernehmung) und erkennungsdienstlicher Maßnahmen. Wird der Pflichtige zwangsweise zur Dienststelle verbracht, handelt es sich um eine **Vorführung.** Zu dieser Zwangsmaßnahme darf nur gegriffen werden, wenn die Durchführung einer Vernehmung zur Abwehr einer Gefahr für Leib, Leben oder Freiheit einer Person erforderlich ist bzw. erkennungsdienstliche Maßnahmen durchzuführen sind (§ 27 III PolG BW; Art. 15 BayPAG; § 15 III BbgPolG; § 16 III NSOG; § 10 III PolG NW).

16

Unter einer **Ingewahrsamsnahme** versteht man den Entzug der Freiheit einer Person durch Festhalten an einem bestimmten Ort.[48] Die einfachgesetzlichen Regelungen müssen deshalb den Vorgaben des Art. 104 II GG (→ § 29 Rn. 10) entsprechen. Regelmäßig unterscheidet man zwei Formen der Ingewahrsamsnahme: Beim Schutzgewahrsam erfolgt der Gewahrsam zum eigenen Schutz einer Person gegen drohende Gefahren für Leib und Leben, beispielsweise weil sie sich in einer hilflosen Lage befindet (§ 28 I Nr. 2 PolG BW; Art. 17 I Nr. 1 BayPAG; § 17 I Nr. 1 BbgPolG; § 18 I Nr. 1 NSOG; § 35 I Nr. 1 PolG NW). Bei dem Präventivgewahrsam erfolgt die Freiheitsentziehung dagegen, weil auf andere Weise eine unmittelbar bevorstehende erhebliche Störung der öffentlichen Sicherheit und Ordnung (eine erhebliche Straftat) nicht verhindert werden kann oder eine bereits eingetretene erhebliche Störung nicht beseitigt werden kann (§ 28 I Nr. 1 PolG BW; vgl. auch Art. 17 I Nr. 2 BayPAG; § 17 I Nr. 2 BbgPolG; § 18 I Nr. 2 NSOG; § 35 I Nr. 2 PolG NW). Die Ingewahrsamnahme ist ultima ratio zur Abwendung von Gefahren und daher nicht zulässig, wenn zur Erreichung dieses Zwecks auch ein Platzverweis (→ Rn. 18) ausreichen würde.[49] Ohne richterliche Entscheidung darf die Ingewahrsamsnahme nicht länger als bis zum Ende des Tages nach dem Ergreifen aufrechterhalten werden. Grundsätzlich muss die Polizei unverzüglich eine richterliche Entscheidung über die Ingewahrsamsnahme herbeiführen. Die Ingewahrsams-

17

---

[47] VGH Kassel, DVBl. 1996, 570; VGH Mannheim, DÖV 1973, 464.
[48] Vgl. OLG München, BayVBl. 2008, 219 (220). **Lesen** Sie zur Ingewahrsamsnahme A. *Guckelberger,* Jura 2015, 926.
[49] OVG Münster, NWVBl. 2012, 278 (280).

nahme ist aufzuheben, sobald ihr Zweck erfüllt ist (§ 28 III PolG BW; Art. 20 BayPAG; vgl. auch § 20 I Nr. 1 BbgPolG; § 21 S. 1 Nr. 1 NSOG; § 38 I PolG NW).

18 Beim sog. **Platzverweis**[50] wird eine Person dazu aufgefordert, sich vorübergehend von einem bestimmten Ort zu entfernen, bzw. ihr vorübergehend das Betreten dieses Orts verboten (Art. 16 S. 1 BayPAG; § 16 I 1 BbgPolG; § 17 I 1 NSOG; § 34 I PolG NRW). Voraussetzung für einen Platzverweis ist das Vorliegen einer konkreten Gefahr. Der Platzverweis darf sich nur gegen den Störer der öffentlichen Sicherheit richten. Er ist auf vorübergehende, also kurzzeitige Maßnahmen beschränkt.[51] Zu denken ist an einen Platzverweis etwa bei der Behinderung von Rettungsarbeiten. Nach überwiegender Meinung wird durch einen kurzfristigen Platzverweis weder der Schutzbereich des Art. 11 GG (vgl. → § 39 Rn. 1) noch der des Art. 2 II GG (vgl. → § 29 Rn. 3), sondern nur die allgemeine Fortbewegungsfreiheit (Art. 2 I GG, vgl. → § 27 Rn. 3) betroffen. Äußerst problematisch ist die rechtliche Beurteilung längerfristiger Aufenthaltsverbote. So wird zur Bekämpfung des Drogenhandels Angehörigen der Drogenszene für einen längeren Zeitraum untersagt, sich an einem bestimmten Ort aufzuhalten. Sofern für derartige Aufenthaltsverbote keine spezielle Ermächtigungsnorm besteht, wird angesichts der Dauer des Verbots in der Regel die Einschlägigkeit der Vorschriften über den Platzverweis verneint. Als Grundlage für das Aufenthaltsverbot kommt dann nur die polizeiliche Generalklausel in Betracht. Einem Rückgriff auf die Generalklausel steht nicht die Spezialität der Platzverweis-Vorschrift entgegen. Ein Aufenthaltsverbot ist qualitativ eine andere Maßnahme. Da der Landesgesetzgeber nicht alle Gefahrensituationen vorhersehen kann, kommt die Auffangfunktion der Generalklausel zum Tragen.[52]

19 Teilweise als Sonderfall eines Platzverweises (so etwa § 17 II NSOG), teilweise als eigenständige Standardmaßnahme (z. B. nach § 16a BbgPolG; § 34a PolG NW) ist die **Wohnungsverweisung**[53] geregelt. Durch diese Maßnahme kann eine Person aus einer Wohnung und deren unmittelbarer Umgebung verwiesen und ihr die Rückkehr in diesen Bereich untersagt werden. Voraussetzung ist überwiegend, dass von dieser Person eine gegenwärtige Gefahr (→ § 68 Rn. 8) für Leib, Leben oder Freiheit (§ 17 II NSOG auch sexuelle Selbstbestimmung) einer anderen Person ausgeht und diese gefährdete Person in der Wohnung wohnt. Die Wohnungsverweisung ist nur befristet zulässig (§ 16a V BbgPolG, § 34a V PolG NW: 10 Tage; § 17 II NSOG: 14 Tage). Stellt die gefährdete Person einen Antrag auf zivilrechtlichen Schutz nach dem Gewaltschutzgesetz, so endet die Wohnungsverweisung mit der gerichtlichen Entscheidung, wenn diese vor Ablauf der Frist der Wohnungsverweisung ergeht. Wird der Antrag auf gerichtliche Entscheidung allerdings vor Fristablauf gestellt, so verlängert sich die Frist der Wohnungsverweisung meist (so nach § 16a V 2 BbgPolG; § 34a V 2 PolG NW). Wohnungsverweisungen greifen in die Grundrechte sowohl aus Art. 11 GG als auch aus Art. 13 GG ein.[54] Zwar wird man aus dem Gesetzesvorbehalt für Eingriffe in diese Grundrechte nicht schließen müssen, dass in den Bundesländern, in denen wie in Baden-Württemberg und Bayern die Wohnungsverweisung keine ausdrückliche Regelung erfahren hat, eine Wohnungsverweisung nicht auf die polizeiliche Generalklausel gestützt werden kann.[55] Doch kann sie wegen Art. 11 II GG nicht schon bei Vorliegen einer allgemeinen polizeilichen Gefahr, sondern nur zur Vorbeugung strafbarer Handlungen angeordnet werden.[56]

20 Eine **Durchsuchung** ist das zielgerichtete Suchen nach bestimmten oder bestimmbaren versteckten Gegenständen bzw. Personen. In den Landespolizeigesetzen werden verschiedene Arten der Durchsuchung – die Durchsuchung von Personen, die Durchsu-

---

[50] **Lesen** Sie zu den Verweisungsmaßnahmen bitte *Bösch*, Jura 2009, 650 ff.
[51] OVG Bremen, NVwZ 1999, 314 (315); VG Frankfurt, NVwZ-RR 2002, 575 (576).
[52] So OVG Bremen, NVwZ 1999, 314 (315f.); a. M. VGH Kassel, NVwZ 2003, 1400 (1401).
[53] Zu ihr eingehend *A. Guckelberger*, JA 2011, 1 ff.
[54] VGH Mannheim, VBlBW 2005, 138 (139); *Schenke*, Polizei- und Ordnungsrecht Rn. 135a.
[55] VGH Mannheim, VBlBW 2005, 138 (139). Für Unzulässigkeit der Heranziehung der Generalklausel hingegen *Schenke*, Polizei- und Ordnungsrecht Rn. 135a.
[56] VGH Mannheim, VBlBW 2005, 138 (140).

§ 75. Belastende Verwaltungsakte

chung von Sachen und die Durchsuchung von Wohnungen – unterschieden. Die Voraussetzungen für eine Durchsuchung ergeben sich aus den jeweils einschlägigen, in der Regel katalogmäßig formulierten Spezialbestimmungen. Die Durchsuchung einer Person ist insbesondere zulässig, wenn sie festgehalten oder in Gewahrsam genommen werden darf oder Tatsachen die Annahme rechtfertigen, dass sie Sachen mit sich führt, die sichergestellt werden dürfen. Personendurchsuchungen dürfen grundsätzlich nur von Personen gleichen Geschlechts oder Ärzten vorgenommen werden (§ 29 PolG BW; Art. 21 BayPAG; § 21 BbgPolG; § 22 NSOG; § 39 PolG NW).

Besonders hohe Anforderungen gelten für das Betreten und die Durchsuchung von Wohnungen. Die Polizei kann eine Wohnung gegen den Willen ihres Inhabers nur betreten, wenn dies zum Schutze eines Einzelnen oder des Gemeinwesens gegen dringende Gefahren für die öffentliche Sicherheit und Ordnung erforderlich ist. Eine Durchsuchung einer Wohnung kommt unter anderem in Betracht, wenn anzunehmen ist, dass sich in ihr eine Person aufhält, die in Gewahrsam genommen werden darf, oder eine Sache befindet, die sichergestellt werden darf. Außer bei Gefahr im Verzug ist eine Wohnungsdurchsuchung nur bei richterlicher Anordnung zulässig (Art. 13 II GG; → § 41 Rn. 8). Arbeits-, Betriebs- und Geschäftsräume sind während der üblichen Zeiten zu betreten, Durchsuchungen zur Nachtzeit sind nur in engen Grenzen zulässig (Art. 23 BayPAG; § 31 PolG BW; § 23 BbgPolG; § 24 NSOG; §§ 41 f. PolG NW).

Bei einer **Sicherstellung** wird gegen oder ohne den Willen des Eigentümers bzw. eines sonst Berechtigten der polizeiliche Gewahrsam an einer Sache begründet – wobei es nicht darauf ankommt, ob es sich um eine bewegliche Sache oder ein Grundstück handelt[57]. Infolge der Sicherstellung entsteht ein öffentlich-rechtliches Verwahrungsverhältnis (→ § 90 Rn. 16). Zu einer Sicherstellung kann es aus mehreren Gründen kommen. Sie kann zum einen zum Schutz des Eigentümers oder des rechtmäßigen Inhabers der tatsächlichen Gewalt vor dem Verlust oder der Beschädigung einer Sache erfolgen, ohne dass insoweit eine gegenwärtige Gefahr erforderlich wäre[58]. Maßgebend ist vielmehr, ob jeder besonnene Eigentümer die polizeiliche Maßnahme bei objektiver Betrachtung als sachgerecht bewertet hätte[59]. In diesem Fall ist das polizeiliche Handeln allerdings subsidiär im Verhältnis zu einem Handeln des Berechtigten zum Schutz der eigenen Sache[60]. Zum anderen kann eine Sicherstellung zur Abwehr einer gegenwärtigen Gefahr vorgenommen werden, oder wenn die Sache von einer Person mitgeführt wird, die nach diesem Gesetz oder anderen Rechtsvorschriften festgehalten wird, und diese Person die Sache dazu verwenden kann, um sich zu töten oder zu verletzen, Leben oder Gesundheit anderer zu schädigen, fremde Sachen zu beschädigen oder sich oder anderen die Flucht zu ermöglichen oder zu erleichtern (Art. 25 BayPAG; § 25 BbgPolG; § 26 NSOG; § 43 PolG NW). In den zuletzt genannten Fällen wird in manchen Bundesländern nicht von Sicherstellung, sondern von „Beschlagnahme" gesprochen (§ 33 PolG BW). Zur Abwehr einer gegenwärtigen Gefahr (→ § 68 Rn. 8) kann die Polizei mögliche Tatwerkzeuge zur Verhinderung eines Rechtsverstoßes präventiv sicherstellen, wenn die Tat noch nicht begangen worden ist. Beispiel ist die Sicherstellung eines am Armaturenbrett angebrachten Radarwarngeräts, selbst wenn dieses noch nicht i. S. v. § 23 I b StVO betriebsbereit ist.[61] Im Vorfeld des Vorliegens einer gegenwärtigen Gefahr liegen Präventivmaßnahmen, bei denen bspw. notorischen „Rasern" an Unfallschwerpunkten ihr Fahrzeug für eine kurze Zeit weggenommen wird. Eine derartige Anordnung stellt keine rechtmäßige Sicherstellung dar, sondern ist

---

[57] OVG Koblenz, DVBl. 2012, 1443.
[58] VGH München, BayVBl. 2015, 238 (239).
[59] VGH München, BayVBl. 2015, 238 (239).
[60] VGH München, BayVBl. 2015, 238 (239).
[61] VGH München, NJW 2008, 1549.

rechtswidrig.⁶² Ggf. muss eine Sicherstellungsanordnung vollstreckt werden, z. B. wenn ein Betrunkener seine Fahrzeugschlüssel nicht freiwillig der Polizei aushändigt.

> Im **Fall 54** ist zu prüfen, ob die gesetzlichen Voraussetzungen für eine Sicherstellung des Films vorlagen. Nach dem einschlägigen Landesgesetz kann die Polizei eine Sache sicherstellen, um eine gegenwärtige Gefahr abzuwehren. Vorliegend wurde der Film zum Schutz der öffentlichen Sicherheit beschlagnahmt. Dadurch sollte das Recht der fotografierten Zivilfahnder am eigenen Bild geschützt werden. Ohne deren Einwilligung dürfen die Fotos nur veröffentlicht werden, wenn die abgebildeten Personen eine absolute oder relative Person der Zeitgeschichte sind. Die Bilder bezogen sich auf keine absoluten Personen der Zeitgeschichte, die sich durch Geburt, Stellung, Leistungen oder Taten außergewöhnlich aus dem Kreis der Mitmenschen herausheben und deshalb im Blick der Öffentlichkeit stehen. Um eine relative Person der Zeitgeschichte würde es sich handeln, wenn der Abgebildete allein wegen des Zusammenhangs mit einem informationswürdigen Ereignis in den zeitgeschichtlichen Bereich geraten ist. Dies ist unter Abwägung des Anonymitätsinteresses des Betroffenen mit dem Informationsinteresse der Öffentlichkeit zu ermitteln. Würde ein Polizist bei der Begehung von Straftaten in Ausübung seines Amtes fotografiert, so wäre er eine relative Person der Zeitgeschichte. Überdies fehlt es am Vorliegen einer gegenwärtigen Gefahr (→ § 68 Rn. 8). Daher ist die Sicherstellung des Films rechtswidrig.⁶³

c) Auswahl unter mehreren möglichen Maßnahmen

22 Sind zur Beseitigung einer Gefahr mehrere Maßnahmen möglich, hat sich die Polizei für diejenige von ihnen zu entscheiden, welche zur Erreichung des angestrebten Zwecks geeignet und erforderlich ist und den Einzelnen am wenigsten belastet. Bietet die betroffene Person der Polizei an, auf anderem Wege die Gefahr zu beseitigen, ist diesem Anliegen zu entsprechen, falls das vorgeschlagene Austauschmittel zur Gefahrenabwehr gleichermaßen geeignet ist und die Allgemeinheit dadurch nicht stärker belastet wird (Art. 5 II 2 BayPAG; § 4 II 2 BbgPolG; § 5 II 2 NSOG; § 3 II 2 PolG NW). Fehlt insoweit eine explizite Regelung, ergibt sich die Möglichkeit zum Angebot eines Austauschmittels aus dem Verhältnismäßigkeitsgrundsatz.⁶⁴ Wegen des Einverständnisses des Betroffenen ist ihm auch die Verwendung eines solchen Mittels zu gestatten, das bei einer objektiven Betrachtung stärker als die vorgesehene polizeiliche Maßnahme in seine Rechtsposition eingreift.⁶⁵

§ 76. Begünstigende Verwaltungsakte

> **Fall 61:** Die Gemeinde G hat einen qualifizierten Bebauungsplan aufgestellt. Bauherr B beantragt, ihm eine Baugenehmigung für die Errichtung eines Seniorenpflegeheims im Gewerbegebiet zu erteilen. Ist das Vorhaben genehmigungsfähig?

> **Fall 62:** E ist Eigentümer eines Grundstücks, das mit einem zweigeschossigen Wohnhaus bebaut ist. Daneben befinden sich zwei weitere Wohnhäuser, eine Bankfiliale, ein Handelsbetrieb für landwirtschaftliche Güter sowie eine Tankstelle. Im hinteren Bereich befindet sich eine Halle zur Lagerung von Futtermittel. Nun beantragt Bauherr B die Genehmigung der Errichtung von drei Silos in Höhe von jeweils 11,5 Metern in einem Abstand von 3 Metern zu E's Grundstücksgrenze. Auf der anderen Seite von E's Grundstück befindet sich bereits eine Silo-

---

⁶² VGH München, BayVBl. 2009, 432 (433).
⁶³ Vgl. OVG Saarbrücken, AS 29, 428 (435 f.); VGH Mannheim, NVwZ 2001, 1292 (1293). Vgl. aber OLG Brandenburg, NVwZ-RR 2015, 32 (33).
⁶⁴ VGH Mannheim, VBlBW 1981, 116 (119).
⁶⁵ *Schenke*, Polizei- und Ordnungsrecht Rn. 336.

§ 76. Begünstigende Verwaltungsakte

anlage in einer Länge von 13 Metern. Wie beurteilen Sie die Erfolgsaussichten des Bauvorhabens, wenn es für das in Frage stehende Gebiet keinen Bebauungsplan gibt?

Fall 62a: Bauherr B möchte im Geltungsbereich eines Bebauungsplans ein zweigeschossiges Wohngebäude errichten, das nach seiner Ansicht den Vorgaben des einschlägigen Bebauungsplans entspricht. Sein Nachbar N ist der Ansicht, dass das Gebäude zu nahe an der Grundstücksgrenze liegt, und möchte wissen, welche rechtlichen Möglichkeiten ihm zur Verfügung stehen. Auch B möchte rechtliche Klarheit über sein Bauvorhaben und überlegt, ob er dies mittels einer Klage vor dem Verwaltungsgericht erreichen kann.

Fall 62b: Der Unternehmer U möchte in der Gemeinde G mehrere Windenergieanlagen errichten. Die Gemeinde G möchte dies verhindern und nach Möglichkeit die Windenergienutzung in ihrem Gebiet völlig untersagen. Sofern dies nicht möglich ist, möchte sie die Nutzung nur in einem am Rande des Gemeindegebiets befindlichen Gelände, das etwa drei Prozent der Gemeindefläche einnimmt, zulassen.

I. Überblick

Nach der Legaldefinition des § 48 I 2 VwVfG zeichnet sich ein begünstigender VA dadurch aus, dass er ein **Recht oder einen rechtlich erheblichen Vorteil** begründet oder bestätigt. Klassisches Beispiel für einen begünstigenden VA ist die Baugenehmigung: Wird Unternehmer U gestattet, auf einem bestimmten Platz im Gewerbegebiet einen Supermarkt zu errichten, ist diese behördliche Entscheidung für ihn günstiger Natur. 1

Bei genauer Betrachtung besteht der **Regelungsgehalt einer Baugenehmigung** aus zwei Komponenten:

- Zum einen enthält die Baugenehmigung die Feststellung, dass der Herstellung des Vorhabens und seiner beabsichtigten Nutzung keine öffentlich-rechtlichen Vorschriften entgegenstehen („**feststellender Teil**").
- Zum anderen erlaubt sie dem Bauherrn die Herstellung und Nutzung des Vorhabens. Denn nach den einschlägigen Gesetzesbestimmungen darf der Bauherr mit der Realisierung seines Vorhabens erst beginnen, nachdem die zuständige Behörde seine Übereinstimmung mit den öffentlich-rechtlichen Vorschriften geprüft hat. Mit der Erteilung der Baugenehmigung wird das bis dahin bestehende Bauverbot (sog. präventives Verbot mit Erlaubnisvorbehalt) aufgehoben. Die Freigabe des Bauvorhabens ist rechtsgestaltend, die Baugenehmigung enthält zugleich einen **„verfügenden Teil."**[1]

In der Regel muss der Erlass eines begünstigenden VAs zuvor bei der zuständigen Behörde beantragt werden. So beginnt das Baugenehmigungsverfahren nach dem einschlägigen Landesrecht, wenn der Bauherr bei der zuständigen Behörde seinen Bauantrag stellt. Für den Bürger ist bei den begünstigenden VAen vor allem von Interesse, ob er einen **Anspruch auf Erlass des VAs** hat. Dies richtet sich nach den einschlägigen gesetzlichen Bestimmungen: Ist dort vorgesehen, dass bei Vorliegen der Tatbestandsvoraussetzungen die Erlaubnis, Genehmigung etc. zu erteilen ist, oder hat er lediglich einen Anspruch auf fehlerfreie Ermessensausübung (→ § 71 Rn. 12)? Lehnt die Behörde den Erlass eines beantragten VAs ab und will sich der Bürger damit nicht zufrieden geben, darf im Klausurfall also in der Regel nicht lediglich geprüft werden, ob die Ablehnung der Behörde rechtmäßig war. Denn für den Antragsteller steht nach wie vor der erstrebte begünstigende VA im Vordergrund: Will Unternehmer U bauen, hilft ihm die Aufhebung der ablehnenden Behördenentscheidung nicht viel. Bauen darf er erst, wenn ihm eine Baugenehmigung erteilt wurde. 2

---

[1] Siehe zu den zwei Facetten der Baugenehmigung BVerwGE 69, 1 (3).

3 Wurde ein Antrag auf Erlass eines begünstigenden VAs abgelehnt und hat der Antragsteller diese Entscheidung hingenommen, stellt sich die Frage, ob die Verwaltung auf einen später gestellten gleichlautenden Antrag nochmals in eine Sachprüfung eintreten muss. Denkbar wäre, dass die Behörde eine weitere Sachprüfung unter Verweis auf ihre frühere Entscheidung ablehnt (zur Bestandskraft → § 81 Rn. 3f.). Nach der Rechtsprechung des BVerwG lassen sich jedoch der Gegenstand und die rechtliche Tragweite der Bestandskraft eines VAs nicht einheitlich für alle Rechtsgebiete und für alle Arten von VAen gleich beurteilen. Wegen des Stellenwerts der Bebaubarkeit eines Grundstücks gebietet Art. 14 I GG, dass die Verwaltung trotz der bestandskräftigen Ablehnung einer Baugenehmigung im Falle eines erneuten Antrags in eine neue Sachprüfung eintritt. Lediglich wenn durch rechtskräftige Gerichtsentscheidung die Ablehnung einer Baugenehmigung bestätigt wurde, verbietet es die Rechtssicherheit, dass sich die Verwaltung inhaltlich nochmals mit derselben Angelegenheit befasst, sofern sich nicht die Sach- bzw. Rechtslage geändert hat.[2]

4 Hat der Antragsteller erfolglos eine Baugenehmigung beantragt und gegen die Ablehnung ein die Verpflichtung der Behörde zur Erteilung der **Baugenehmigung** aussprechendes Urteil erstritten, so verleiht ihm dieser **Anspruch noch keine gesicherte Rechtsposition.** Solange die Genehmigung nicht erteilt ist, kann die Behörde dem Anspruch eine seit Erlass des Urteils eingetretene Änderung der Sach- oder Rechtslage – beispielsweise durch einen geänderten Bebauungsplan – entgegenhalten. Erst die Erteilung der Baugenehmigung schirmt den Bauherrn gegen solche Änderungen ab.[3]

Übersicht: Prüfung des Anspruchs auf Erlass eines begünstigenden VAs

(I) Formelle Voraussetzungen
  (1) ordnungsgemäßer Antrag (falls – wie meistens – nach dem Gesetz erforderlich)
  (2) Zuständigkeit der Behörde
  (3) Mitwirkung anderer Behörden, soweit erforderlich
(II) Materiellrechtliche Voraussetzungen
  (1) Vorliegen der Tatbestandsvoraussetzungen der einschlägigen Ermächtigungsgrundlage
  (2) Welche Rechtsfolgen sind bei Vorliegen der Voraussetzungen vorgesehen: Anspruch auf die Erteilung der Erlaubnis oder nur Anspruch auf fehlerfreie Ermessensausübung?

II. Erlassvoraussetzungen am Beispiel der Baugenehmigung

5 Nach den maßgeblichen landesrechtlichen Bestimmungen (§ 58 I 1 LBO BW; Art. 68 I 1 BayBauO; § 67 I BbgBO; § 70 I 1 NBauO; § 75 I 1 BauO NW) ist eine Baugenehmigung zu erteilen, wenn dem genehmigungspflichtigen Vorhaben keine öffentlich-rechtlichen Vorschriften entgegenstehen. Beantragt Bauherr B bei der zuständigen Behörde die **Erteilung einer Baugenehmigung,** wird in folgender Weise vorgegangen:

- Zunächst prüft der Sachbearbeiter, ob für das beantragte Vorhaben ein **Genehmigungserfordernis** besteht. Handelt es sich um eine bauliche Maßnahme, für die keine vorherige behördliche Prüfung vorgesehen ist, scheidet die Erteilung einer Baugenehmigung aus.

---

[2] BVerwGE 48, 271 (274ff.).
[3] BVerwG, DVBl. 2008, 386 (387f.).

§ 76. Begünstigende Verwaltungsakte

- In einem zweiten Schritt ist zu ermitteln, welche **öffentlich-rechtlichen Vorschriften für die Beurteilung des Vorhabens** relevant sind. Der Sachbearbeiter muss feststellen, ob das beantragte Bauvorhaben diesen Rechtsvorschriften entspricht. Falls ja, wird er die beantragte Baugenehmigung erlassen.

1. Genehmigungsbedürftigkeit

In der Regel sehen die Landesbauordnungen vor, dass die **Errichtung, die Änderung, die Nutzungsänderung und der Abbruch baulicher Anlagen** einer Baugenehmigung bedürfen, soweit in den nachfolgenden Paragrafen nichts anderes vorgesehen ist (§ 49 I i.V.m. § 2 XII LBO BW; Art. 55 BayBauO; § 54 BbgBO; § 59 i.V.m. § 2 XIII NBauO; § 63 I BauO NW). In einem ersten Prüfungsschritt ist daher anhand der bauordnungsrechtlichen Kataloge zu bestimmen, ob das jeweilige Bauvorhaben genehmigungspflichtig oder ausnahmsweise genehmigungsfrei ist.

Von den Landesgesetzgebern werden vor allem kleinere Anlagen – beispielsweise Gartenlauben – vom Genehmigungserfordernis ausgenommen. Weil von ihnen eine geringere Gefahr ausgeht, ist eine behördliche Vorabkontrolle des Vorhabens nicht notwendig. Allerdings bedeutet die **Genehmigungsfreiheit** nicht, dass für die Anlagen die materiellen Anforderungen des Bau(-ordnungs)rechts nicht gelten. Daher kann die Bauaufsichtsbehörde gegen baurechtswidrig errichtete genehmigungsfreie Anlagen einschreiten.[4]

- Bei den **vereinfachten Genehmigungsverfahren** prüft die Baubehörde nicht mehr die Übereinstimmung mit sämtlichen, sondern nur mit besonders wichtigen baurechtlichen Vorschriften (Art. 59 BayBauO; § 57 BbgBO; § 63 NBauO; § 68 BauO NW). Die Feststellungswirkung (→ Rn. 1) der im vereinfachten Genehmigungsverfahren erteilten Baugenehmigung ist insoweit auf die geprüften Vorschriften beschränkt.[5] Es ist der Behörde aber nicht verwehrt, über das gesetzliche Prüfprogramm hinaus auch andere Belange, die durch das Vorhaben beeinträchtigt sein könnten, zu berücksichtigen. Entsprechende behördliche Vorkehrungen erfolgen dann nicht in der Baugenehmigung, sondern durch gesonderte Anordnung, die aber mit der Baugenehmigung in einem Bescheid verbunden werden kann.[6] Eine Ausnahme gilt für das Vorliegen solcher Gesichtspunkte, die zwar außerhalb des Prüfprogramms des vereinfachten Genehmigungsverfahrens liegen, jedoch dazu führen würden, dass gegenüber dem beantragten Bauvorhaben eine Baueinstellungs- oder Beseitigungsverfügung erlassen werden könnte. In diesem Fall fehlt es am erforderlichen Sachbescheidungsinteresse des Antragstellers und der gestellte Antrag ist abzulehnen.[7]

- Noch weiter zurückgenommen ist die behördliche Vorabkontrolle bei den **Kenntnisgabe- bzw. Anzeige- bzw. Freistellungsverfahren** (§ 51 LBO BW; Art. 58 BayBauO; § 58 BbgBO; § 60ff. NBauO; § 65ff. BauO NW). Zwar wird auch bei diesen ein Verfahren zur präventiven Kontrolle durch Vorlage der entsprechenden Unterlagen eingeleitet. Dieses zielt aber nicht mehr auf den Erlass eines begünstigenden VAs in Form einer Baugenehmigung ab. Im Gegensatz zu den vereinfachten Genehmigungsverfahren steht es im Ermessen der Behörde, sich mit der materiellen Legalität des Vorhabens zu befassen. Erhebt die Baurechtsbehörde innerhalb der vom Gesetz vorgesehenen Frist keine Einwände, entfällt mit ihrem Ablauf das formelle Bauverbot. Anders als beim vereinfachten Baugenehmigungsverfahren erhält der Bauherr keine Unbedenklichkeitsbescheinigung im Hinblick auf sein Vorhaben.

Mit den neuen Verfahrensvarianten ist eine Vielzahl von Konsequenzen verbunden. Soweit keine behördliche Prüfung vorgenommen wird, **trägt der Bauherr das Risiko** der Rechtmäßigkeit sei-

---

[4] *Hoppe/Bönker/Grotefels* § 15 Rn. 16.
[5] Zum beschränkten Prüfungsumfang siehe auch VGH Kassel, NVwZ-RR 2005, 228 (229f.).
[6] VGH München, NVwZ-RR 2003, 478.
[7] VGH Kassel, BauR 2011, 993 (994).

nes Vorhabens weitgehend allein. Denn er verfügt insoweit nicht über eine durch eine Baugenehmigung geschützte Rechtsposition. Dies gilt im Fall des vereinfachten Genehmigungsverfahrens hinsichtlich der nicht von der Feststellungswirkung erfassten Aspekte, im Falle des Anzeige-/Kenntnisgabe-/Freistellungsverfahrens sogar ohne Einschränkung. Dies hat auch **Konsequenzen für den Rechtsschutz**. Mangels Genehmigung kann sich der Nachbar nicht mit Widerspruch und Anfechtungsklage (→ § 98) gegen das Vorhaben wehren. Vielmehr muss er bei der Baurechtsbehörde ein Einschreiten beantragen, das im Maximalfall auf eine Beseitigungsverfügung gerichtet sein kann.[8] Der Erlass einer Beseitigungsverfügung steht zwar grundsätzlich im Ermessen der Baurechtsbehörde (→ § 75 Rn. 6); nach der Rspr. führt die Verletzung nachbarschützender öffentlich-rechtlicher Vorschriften durch ein freigestelltes Vorhaben jedoch zumindest bei unzumutbaren Beeinträchtigungen zu einer Ermessensreduzierung auf Null.[9] Kommt die Behörde dem Ansinnen des Nachbarn nicht nach, so muss er notfalls eine Verpflichtungsklage (→ § 99) erheben. Zur Vermeidung der Schaffung vollendeter Tatsachen wird er zudem regelmäßig eine einstweilige Anordnung nach § 123 VwGO (→ § 107) beantragen müssen.[10] Der Bauherr selbst kann grundsätzlich keine auf Feststellung der Rechtmäßigkeit seines Vorhabens gerichtete Klage vor dem Verwaltungsgericht erheben. Zwar besteht für den Bauherrn erkennbar das Risiko, bei unzutreffender Beurteilung der Rechtmäßigkeitsvoraussetzungen mit einer Beseitigungsanordnung konfrontiert zu werden. Doch ist dies die bewusste Entscheidung der Normgeber der Landesbauordnungen, dem Bauherrn das Risiko der Rechtmäßigkeit seines Vorhabens aufzubürden. Einer Feststellungsklage würde daher das berechtigte Interesse (→ § 101 Rn. 9 f.) fehlen.[11]

> Im **Fall 62 a** käme in den meisten Bundesländern ein Freistellungsverfahren nach Maßgabe der jeweiligen Landesbauordnung in Betracht. B würde in diesem Fall keine Baugenehmigung erlangen, so dass N seinerseits keine Möglichkeit zur Einlegung eines Widerspruchs und zur nachfolgenden Erhebung einer Anfechtungsklage gegen eine solche hätte. N müsste deshalb eine Einstellungs- oder gar Beseitigungsverfügung bei der zuständigen Behörde beantragen. Sind die Abstandsvorschriften tatsächlich verletzt, so wäre die Bauaufsichtsbehörde grundsätzlich zum Einschreiten verpflichtet. Damit bis zur Erhebung einer etwaig erforderlichen Verpflichtungsklage keine vollendeten Tatsachen geschaffen werden, könnte er zudem eine einstweilige Anordnung nach § 123 VwGO beantragen. Eine Feststellungsklage des B wäre in der dargestellten Situation hingegen unzulässig, da ihm das berechtigte Interesse an der Feststellung der Rechtmäßigkeit seines Vorhabens fehlt.

8 Zentraler Begriff für die Genehmigungsbedürftigkeit ist der der **baulichen Anlage**, der in allen Landesbauordnungen näher bestimmt wird. So heißt es in § 2 I LBO BW (ähnlich Art. 2 I BayBauO; § 2 I BbgBO; § 2 I NBauO; § 2 I BauO NW): „Bauliche Anlagen sind unmittelbar mit dem Erdboden verbundene, aus Bauprodukten hergestellte Anlagen. Eine Verbindung mit dem Erdboden besteht auch dann, wenn die Anlage durch eigene Schwere auf dem Boden ruht oder wenn die Anlage nach ihrem Verwendungszweck dazu bestimmt ist, überwiegend ortsfest benutzt zu werden. Als bauliche Anlagen gelten auch Aufschüttungen und Abgrabungen, Ausstellungs-, Abstell- und Lagerplätze, Camping- und Zeltplätze sowie Stellplätze." Diese bei der Beurteilung der Genehmigungsbedürftigkeit zu Grunde zu legende Definition der baulichen Anlage unterscheidet sich zum Teil von dem Begriff der baulichen Anlage, wie er in § 29 I BauGB

---

[8] OVG Greifswald, NuR 2004, 115; OVG Saarlouis, BauR 2009, 805 (806); ebenso zum Nachbarschutz gegen eine nicht mehr von der Baugenehmigung gedeckte Anlage OVG Münster, NVwZ-RR 2006, 236.
[9] OVG Greifswald, NuR 2004, 115; VGH Mannheim, NVwZ-RR 1995, 490 (491); VGH München, NVwZ 1997, 923.
[10] OVG Greifswald, NuR 2004, 115; VGH Mannheim, NVwZ-RR 1995, 490 (491); VGH München, NVwZ 1997, 923.
[11] *C. Jeromin*, Kommentar zur Landesbauordnung Rheinland-Pfalz, 3. Aufl. 2012, § 67 Rn. 54.

§ 76. Begünstigende Verwaltungsakte

verwendet wird (→ Rn. 10).[12] Dies erklärt sich aus den unterschiedlichen Zielsetzungen des Bauordnungs- und des Bauplanungsrechts:

- Gegenstand des **Bauplanungsrechts** ist die Bodennutzung, es befasst sich unter anderem mit dem Einfügen des Bauvorhabens in die Umgebung. Der Bund, der gemäß Art. 74 I Nr. 18 GG die konkurrierende Gesetzgebungskompetenz für das Städtebaurecht besitzt, hat als wichtige Rechtsquelle das Baugesetzbuch erlassen.
- Für das **Bauordnungsrecht** sind dagegen die Länder zuständig. Das Bauordnungsrecht enthält – wie zum Beispiel an den Vorschriften zum Gebäudeabstand oder zum Brandschutz deutlich wird – Anforderungen an das Bauvorhaben, welche vor allem der Gefahrenabwehr dienen. Daneben befasst es sich mit der Einhaltung der baurechtlichen Bestimmungen. Dazu gehören die Vorschriften zum Baugenehmigungsverfahren, aber auch zum nachträglichen (repressiven) Einschreiten gegen baurechtswidrige Anlagen.

2. Genehmigungsfähigkeit des Vorhabens

Nach Bejahung der Genehmigungsbedürftigkeit ist zu untersuchen, ob das infrage stehende **Bauvorhaben den öffentlich-rechtlichen Vorschriften entspricht.** Zu den zu prüfenden Rechtsvorschriften gehören insbesondere die materiellen Anforderungen an Bauvorhaben im Städtebau- und Bauordnungsrecht. Neben den baurechtlichen Vorschriften hat die Baugenehmigungsbehörde auch die Vereinbarkeit des Bauvorhabens mit anderen öffentlich-rechtlichen Vorschriften zu prüfen, sofern dafür keine besondere Behördenzuständigkeit besteht.[13] Aus diesem Grund muss die Baugenehmigungsbehörde etwa feststellen, ob ein geplantes Bauvorhaben, das zugleich eine nicht genehmigungsbedürftige Anlage im Sinne des Bundes-Immissionsschutzgesetzes ist, nicht gegen Immissionsschutzvorschriften verstößt.

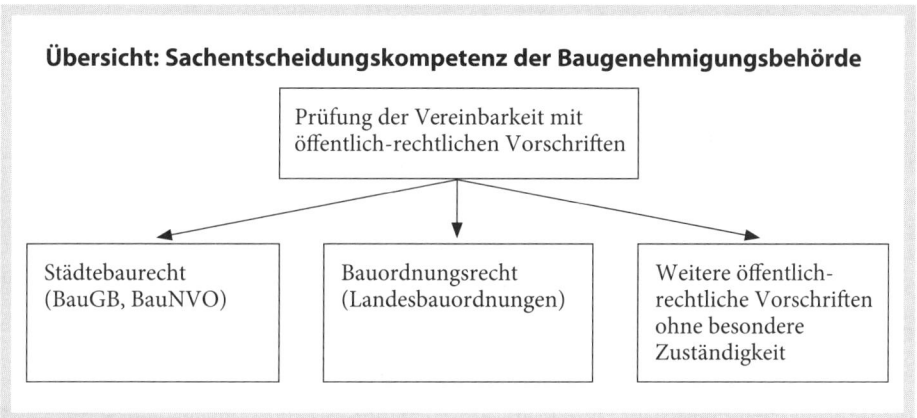

---

[12] S. *Beljin/L. Micker,* JuS 2003, 660 (661); siehe zur Selbständigkeit der Anlagendefinition in § 29 I BauGB BVerwGE 114, 206 (207ff.).
[13] BVerwG, DVBl. 1986, 1273 (1276).

a) Planungsrechtliche Zulässigkeit eines Vorhabens

10 Eine Baugenehmigung darf nur erteilt werden, wenn das Bauvorhaben den städtebaulichen Anforderungen entspricht. Geregelt sind diese in den §§ 29 ff. BauGB. Gemäß § 29 I BauGB gelten die §§ 30–37 BauGB für Vorhaben, die die Errichtung, Änderung oder Nutzungsänderung von baulichen Anlagen zum Inhalt haben, und für Aufschüttungen und Abgrabungen größeren Umfangs sowie für Ausschachtungen, Ablagerungen einschließlich Lagerstätten.

Der Anwendungsbereich dieser Vorschriften ist mithin nur eröffnet, wenn das jeweilige Bauvorhaben die Kriterien einer **baulichen Anlage** im Sinne des § 29 I BauGB erfüllt. Nach dem Gesetzeswortlaut zeichnet sich der Begriff des Vorhabens in § 29 I BauGB durch zwei Merkmale aus, nämlich (1.) durch das verhältnismäßig weite Merkmal des Bauens und (2.) durch das Element seiner möglichen bodenrechtlichen Relevanz. Unter „Bauen" versteht man das Schaffen von Anlagen, die in einer auf Dauer gedachten Weise künstlich mit dem Erdboden verbunden sind. Bodenrechtliche Relevanz hat ein Vorhaben, wenn es die in § 1 V, VI BauGB genannten Belange in einer Weise berührt oder berühren kann, dass das Bedürfnis nach einer ihre Zulässigkeit regelnden verbindlichen Bauleitplanung hervorgerufen wird. Zu bestimmen ist dies auf der Grundlage einer das einzelne Objekt verallgemeinernden Betrachtungsweise. Eine bauliche Anlage ist zum Beispiel eine Gerätehütte, die aus Bauprodukten hergestellt und mit dem Boden in geeigneter Weise verbunden werden soll, um dort auf Dauer zu stehen. Sie ist bodenrechtlich relevant, weil derartige Hütten die Gestaltung des Landschaftsbilds und Belange des Naturschutzes und der Landschaftspflege berühren können.[14]

Finden auf das einzelne Bauvorhaben die §§ 30 ff. BauGB Anwendung, ist im nächsten Schritt zu prüfen, ob es im Geltungsbereich eines qualifizierten Bebauungsplans liegt (→ § 63 Rn. 8). In Fällen, in denen **kein oder kein qualifizierter Bebauungsplan** besteht, ist über die Zulassung des Vorhabens anhand der §§ 34, 35 BauGB (und ggf. der Festsetzungen des einfachen – nicht qualifizierten – Bebauungsplans, denen das Vorhaben nicht widersprechen darf) zu entscheiden (§ 30 III BauGB). Je nachdem, ob es im unbeplanten Innenbereich oder im Außenbereich realisiert werden soll, ist § 34 BauGB bzw. § 35 BauGB einschlägig (→ Rn. 17 ff.).

aa) Vorhaben im Geltungsbereich eines qualifizierten Bebauungsplans

11 Liegt das Vorhaben im Geltungsbereich eines qualifizierten Bebauungsplans, so ist nach § 30 I BauGB für die Beurteilung der Zulässigkeit des Vorhabens entscheidend, ob es den Festsetzungen des Bebauungsplans entspricht und seine Erschließung gesichert ist. Da ein qualifizierter Bebauungsplan Festsetzungen über die Art und das Maß der baulichen Nutzung enthält, liegt bei den Klausuren der Prüfungsschwerpunkt meistens auf der Frage der Übereinstimmung des Vorhabens mit diesen Vorgaben.

12 Von wesentlicher Bedeutung sind dabei die Bestimmungen der Baunutzungsverordnung. Denn gemäß § 1 III 2 BauNVO werden durch die Festsetzung bestimmter Baugebiete die §§ 2–14 BauNVO Bestandteil des Bebauungsplans, sofern in diesem nichts Abweichendes bestimmt ist. Zunächst ist festzustellen, ob das Bauprojekt in einem Wohngebiet (§§ 3–4a BauNVO), Dorf- oder Mischgebiet (§§ 5, 6 BauNVO), Kern-, Gewerbe- oder Industriegebiet (§§ 7–9 BauNVO) liegt. Sodann muss geprüft werden, ob das Vorhaben seiner Art nach gemäß den für den betreffenden Gebietstyp geltenden Vorschriften zulässig ist oder zugelassen werden kann: Sämtliche Baugebietsvorschrif-

---

[14] Dazu BVerwGE 114, 206 (209 f.).

§ 76. Begünstigende Verwaltungsakte 555

ten der Baunutzungsverordnung sind parallel aufgebaut: In Abs. 1 wird das jeweilige Gebiet charakterisiert, in Abs. 2 werden die in dem Gebiet generell zulässigen Vorhaben genannt. Vorhaben, die ausnahmsweise zugelassen werden können, sind im dritten Absatz geregelt.

Da im **Fall 61** ein qualifizierter Bebauungsplan vorliegt, darf B für sein Vorhaben eine Baugenehmigung nur erteilt werden, wenn es nicht den Festsetzungen des Bebauungsplans widerspricht. Weil durch die Festsetzung eines Gewerbegebiets die entsprechenden Vorschriften der Baunutzungsverordnung Bestandteil des Bebauungsplans werden (§ 1 III 2 BauNVO), ist die Vereinbarkeit des Vorhabens anhand des § 8 BauNVO zu prüfen. Gemäß § 8 I BauNVO dienen Gewerbegebiete vorwiegend der Unterbringung von nicht erheblich belästigenden Gewerbebetrieben. Generell zulässig sind dort Gewerbebetriebe aller Art, Geschäfts-, Büro- und Verwaltungsgebäude, Tankstellen sowie Anlagen für sportliche Zwecke (§ 8 II BauNVO). Da ein Seniorenpflegeheim „Wohnfunktion" hat, ist es nicht nach § 8 II BauNVO zulässig.

Es könnte sich daher allenfalls um ein ausnahmsweise zulässiges Vorhaben handeln. Gemäß § 8 III Nr. 2 BauNVO können in einem Gewerbegebiet ausnahmsweise Anlagen für soziale/gesundheitliche Zwecke zugelassen werden. Grundsätzlich kann man ein Seniorenpflegeheim unter den Begriff der sozialen bzw. gesundheitlichen Einrichtung subsumieren. Allerdings muss das in Frage stehende Vorhaben nicht nur mit dem Wortlaut der Vorschrift, sondern auch mit der Zweckbestimmung des jeweiligen Baugebiets vereinbar sein. Das Kriterium der Gebietsverträglichkeit ist ein ungeschriebenes Tatbestandsmerkmal, das eine Korrektur des typisierenden Ansatzes der Baugebietsvorschriften der BauNVO anhand der Besonderheiten des Einzelfalls ermöglicht. Auch dann, wenn eine Nutzungsart in einem Baugebiet allgemein oder ausnahmsweise zulässig ist, ist also zu prüfen, ob das Vorhaben mit der allgemeinen Zweckbestimmung des Gebiets verträglich ist. Diese Prüfung ist von der nach § 15 BauNVO (→ Rn. 13) verschieden.[15] Gewerbegebiete dienen in erster Linie der Unterbringung von gewerblichen Betrieben und nicht dem Wohnen. Bestätigt wird dies durch § 8 III Nr. 1 BauNVO, nach dem nur gleichsam als notwendige Ergänzung der gewerblichen Nutzung Wohnungen für Aufsichts- und Bereitschaftspersonen sowie Betriebsinhaber zugelassen werden können. Aus diesem Grund sind Bauvorhaben außerhalb des § 8 III Nr. 1 BauNVO zu einer wohn- oder wohnähnlichen Nutzung unzulässig. Seniorenpflegeheime, die nicht auf einen nur kurzfristigen und vorübergehenden Aufenthalt ausgerichtet sind, sind wegen Gebietsunverträglichkeit in einem Gewerbegebiet nicht genehmigungsfähig.[16]

Auch wenn ein Vorhaben unter Zugrundelegung der Gebietsvorschriften der Baunutzungsverordnung nach der Art der baulichen Nutzung zulässig ist, folgt daraus nicht automatisch seine Genehmigungsfähigkeit. Wegen der typisierenden Natur der §§ 2 ff. BauNVO[17] muss zusätzlich festgestellt werden, ob das konkrete Bauvorhaben den Anforderungen des § 15 BauNVO entspricht. Nach dem in § 15 BauNVO aufgestellten **Rücksichtnahmegebot** sollen Nutzungen, die ggf. Spannungen und Störungen hervorrufen können, einander so zugeordnet werden, dass Konflikte möglichst vermieden werden.[18] Gemäß § 15 I BauNVO sind die in den §§ 2–14 BauNVO aufgeführten baulichen und sonstigen Anlagen in drei Fällen unzulässig:

- Nicht genehmigungsfähig sind bauliche Anlagen, wenn sie nach Anzahl, Lage, Umfang oder Zweckbestimmung der Eigenart des Baugebiets widersprechen. So darf in einem Mischgebiet, das sich durch ein gleichberechtigtes Nebeneinander von Wohnen und nicht störendem Gewerbebetrieb auszeichnet, ein weiterer Gewerbebetrieb

13

---

[15] BVerwG, BauR 2011, 623 (625).
[16] BVerwG, NVwZ 2002, 1384 (1385).
[17] BVerwG, NVwZ 1993, 987.
[18] BVerwGE 109, 314 (323).

nicht mehr genehmigt werden, wenn dort schon so viele Betriebe vorhanden sind, dass durch die Zulassung das quantitative Mischungsverhältnis von Wohnen und Gewerbe gestört würde.[19]

- Des Weiteren sind Vorhaben unzulässig, wenn von ihnen Störungen oder Belästigungen ausgehen können, die nach der Eigenart des Baugebiets im Baugebiet selbst oder in seiner Umgebung unzumutbar sind. Ob ein Vorhaben die Unzumutbarkeitsschwelle überschreitet, kann nur anhand aller Umstände des Einzelfalls festgestellt werden, wobei nur städtebauliche Gesichtspunkte relevant sind. Hierzu zählen allerdings auch Gefahren, die als Folge der Planung entstehen können. So hat das BVerwG die Gefahr von terroristischen Anschlägen, die mit der Nutzung eines Grundstücks als diplomatische Vertretung eines ausländischen Staates verbunden sein könnte, als mit den Mitteln des Städtebaurechts zu steuernde Gesichtspunkte anerkannt.[20] Der Maßstab für die Unzumutbarkeit ist im Übrigen nach den immissionsschutzrechtlich für nicht genehmigungspflichtige Anlagen geltenden Anforderungen zu bestimmen.[21]
- Schließlich darf ein Vorhaben nicht genehmigt werden, wenn es selbst unzumutbaren Belästigungen oder Störungen durch die bereits vorhandene Bodennutzung *ausgesetzt* ist.

Die in der Fallbearbeitung weniger bedeutsamen Anforderungen an das **Maß der baulichen Nutzung** sind in den §§ 16 ff. BauNVO geregelt.

14 Abweichungen von den Festsetzungen eines Bebauungsplans können nach Maßgabe des § 31 BauGB gestattet werden. Diese Vorschrift dient der Herstellung von Einzelfallgerechtigkeit und der Verhältnismäßigkeit.[22] Gemäß § 31 I BauGB kann die zuständige Behörde im Einvernehmen mit der Gemeinde (§ 36 BauGB) **Ausnahmen** von den Festsetzungen des Bebauungsplans zulassen. Voraussetzung ist, dass die Ausnahme entweder im Bebauungsplan nach Art und Umfang ausdrücklich vorgesehen ist oder einer der im jeweiligen Absatz 3 der §§ 2–9 BauNVO geregelten Ausnahmetatbestände gegeben ist. Die Entscheidung über die Ausnahme steht im Ermessen (→ § 69) der Behörde.

Weil das Seniorenpflegeheim in **Fall 61** kein ausnahmsweise zulässiges Vorhaben nach § 8 III Nr. 2 BauNVO ist, kann es mangels entsprechender Regelung im Bebauungsplan nicht im Wege einer Ausnahme nach § 31 I BauGB zugelassen werden. Zu denken ist allenfalls an die Erteilung einer planunabhängigen Befreiung nach § 31 II BauGB.

15 Des Weiteren kann von den Festsetzungen in einem Bebauungsplan eine **Befreiung** erteilt werden (§ 31 II BauGB). Allgemeine Voraussetzung dafür ist, dass dadurch die Grundzüge der Planung nicht berührt werden. Durch dieses Erfordernis wird sichergestellt, dass die Festsetzungen eines Bebauungsplans nicht beliebig durch VA außer Kraft gesetzt werden. Ob ein Bauvorhaben die Grundzüge der Planung berührt, hängt von der jeweiligen Planungssituation ab. Je tiefer die Befreiung in das Interessengeflecht der Planung eingreift, desto eher liegt der Schluss auf eine Änderung der Planung nahe, die nur im Wege der (Um-)Planung möglich ist.[23] Weiterhin setzt eine Befreiung voraus, dass sie auch unter Würdigung nachbarlicher Interessen mit den öffentlichen Belangen vereinbar ist. Welche öffentlichen Belange gegen das jeweilige Vorhaben spre-

---

[19] BVerwG, NJW 1988, 3168.
[20] BVerwG, NVwZ 2007, 587.
[21] VGH München NVwZ-RR 2006, 312 (313).
[22] So zu § 31 II BauGB BVerwG, NVwZ 1999, 1110.
[23] BVerwG, NVwZ 1999, 1110.

chen können, ist anhand des jeweiligen Einzelfalls zu bestimmen. Wie der Verweis auf die nachbarlichen Interessen zeigt, können Personen, die von dem Vorhaben nachteilig betroffen werden, geltend machen, die Erteilung einer Befreiung sei mit dem Gebot der Rücksichtnahme unvereinbar.[24] Als Faustregel kann man sich merken, dass ein Bauvorhaben, das bei Anwendbarkeit des § 34 BauGB nicht genehmigungsfähig ist, auch nicht im Wege der Befreiung gestattet werden darf.[25] Schließlich muss – zusätzlich zu den beiden genannten Voraussetzungen – zumindest einer der in § 31 II Nr. 1–3 BauGB genannten Gründe vorliegen. Nicht erforderlich ist hingegen, dass es sich bei dem Vorhaben um einen atypischen Sondersachverhalt handelt.[26] Vielmehr können auch Befreiungen für verschiedene Bauvorhaben erteilt werden. Dabei darf durch die Mehrzahl von Befreiungen allerdings nicht der Festsetzung, von der befreit wird, die städtebauliche Rechtfertigung entzogen werden, weil sonst die Grundzüge der Planung verändert würden. In einem solchen Fall entsteht vielmehr ein Planungsbedürfnis, das durch eine Änderung des Bebauungsplans zu befriedigen ist.[27]

bb) Zulässigkeit während der Aufstellung eines Bebauungsplans

Liegt ein Bauvorhaben im Geltungsbereich eines künftigen Bebauungsplans, ist zu prüfen, ob es nicht unter Zugrundelegung des § 33 BauGB gestattet werden kann, selbst wenn es nach den zur Zeit maßgeblichen Baurechtsnormen (§§ 30, 34, 35 BauGB) unzulässig wäre. § 33 BauGB will der Tatsache Rechnung tragen, dass das Verfahren von der Aufstellung bis zum Inkrafttreten eines Bebauungsplans zwangsläufig von gewisser Dauer ist. Wurde von einer Gemeinde ein Beschluss über die Aufstellung eines Bebauungsplans gefasst, hat der Bauherr unter den Voraussetzungen des § 33 I BauGB einen Rechtsanspruch auf Zulassung seines Vorhabens. § 33 BauGB ist erst zu prüfen, nachdem festgestellt wurde, dass der Bauherr unter Zugrundelegung der gegenwärtigen Rechtslage keinen Anspruch auf Genehmigung seines Vorhabens hat. Bei § 33 BauGB handelt es sich um eine Vorschrift, welche den Bauherrn zusätzlich begünstigen soll. Deshalb darf die Verwaltung einen Bauantrag nicht unter Berufung auf § 33 BauGB ablehnen, weil der baulichen Anlage die Vorschriften des künftigen Bebauungsplans entgegenstehen.[28]

16

cc) Zulässigkeit von Vorhaben im Innenbereich

Die Zulässigkeit eines Bauvorhabens ist nach § 34 BauGB zu beurteilen, wenn es zwar innerhalb eines im Zusammenhang bebauten Ortsteils, nicht aber im Bereich eines qualifizierten Bebauungsplans liegt. Voraussetzung für die Anwendbarkeit des § 34 BauGB ist daher, dass das Bauvorhaben dem Innenbereich zuzuordnen ist. Ist dies nicht möglich, so handelt es sich um ein Grundstück im Außenbereich, dessen Bebaubarkeit nach § 35 BauGB zu beurteilen ist (→ Rn. 21). Ein Bauvorhaben gehört nach § 34 I BauGB nur dann zum Innenbereich, wenn es innerhalb der **im Zusammenhang bebauten Ortsteile** errichtet werden soll.

17

Ein im Zusammenhang bebauter **Ortsteil** im Sinne des § 34 I 1 BauGB ist ein Bebauungskomplex im Gebiet einer Gemeinde, der nach der Zahl der vorhandenen Bauten ein gewisses Gewicht be-

---

[24] BVerwGE 82, 343 (345 ff.).
[25] BVerwGE 56, 71 (77 f.).
[26] VGH Mannheim, VBlBW 2003, 438.
[27] VGH Mannheim, NVwZ-RR 2013, 912 (914).
[28] BVerwGE 20, 127 (131).

sitzt und Ausdruck einer organischen Siedlungsstruktur ist.[29] Hierdurch soll eine Abgrenzung zur unerwünschten Splittersiedlung erreicht werden.[30] Es lässt sich nicht allgemeingültig sagen, ab welcher Gebäudezahl und unter welchen siedlungsstrukturellen Gegebenheiten ein „Ortsteil" vorliegt. Ausschlaggebend sind die konkreten örtlichen Verhältnisse. Vom BVerwG wurde das Vorliegen eines im Zusammenhang bebauten Ortsteils bei vier Gebäuden[31] sowie bei sechs Gebäuden in einem dünnbesiedelten Gebiet verneint.[32] Des Weiteren hat es dreißig wahllos in die Landschaft gestreute Gebäude nicht dem Innenbereich zugeordnet.[33]

18 **Bebauungszusammenhang** im Sinne von § 34 I 1 BauGB ist eine aufeinander folgende Bebauung, die trotz vorhandener Baulücken den Eindruck der Geschlossenheit und Zusammengehörigkeit vermittelt.[34] Nach ständiger Rechtsprechung ist der Begriff der Bebauung im Sinne des § 34 I BauGB nicht mit dem der baulichen Anlage in § 29 I BauGB identisch. Relevant für die Feststellung des Bebauungszusammenhangs sind nach der – insoweit unzutreffenden – Auffassung der Rechtsprechung nur Bauten, die dem ständigen Aufenthalt von Menschen dienen sollen.[35] Im Übrigen ist nach dem Gesetzestext für den Bebauungszusammenhang allein die vorhandene Bebauung maßgeblich. Zu dieser zählen auch ungenehmigte Gebäude, mit denen sich die Behörde dauerhaft abgefunden hat.[36] Dagegen ist für die Annahme eines Bebauungszusammenhangs die bloße „Möglichkeit" der Bebauung eines oder mehrerer Grundstücke, beispielsweise weil eine noch nicht ausgenutzte Baugenehmigung vorliegt, ohne Bedeutung.[37]

19 Probleme bereitet die Abgrenzung zwischen dem Innen- und Außenbereich insbesondere im Falle der so genannten **Baulücken**. Ist § 34 BauGB oder § 35 BauGB einschlägig, wenn eine größere unbebaute Fläche vorliegt, die aber ihrerseits von Gebäuden umringt wird? Nach der Rechtsprechung des BVerwG ist in derartigen Fällen entscheidend, ob trotz der Lücke noch der für die Annahme eines Bebauungszusammenhangs erforderliche Eindruck der Geschlossenheit und Zusammengehörigkeit besteht. Hat dagegen die vorhandene Bebauung keinen prägenden Einfluss mehr auf die Bebaubarkeit der Baulücke, ist nicht § 34 BauGB, sondern § 35 BauGB einschlägig.[38] Man könnte insoweit von Grundstücken, die „zum Außenbereich im Innenbereich" gehören, sprechen.

> Mangels Bebauungsplans bestimmt sich im **Fall 62** die planungsrechtliche Zulässigkeit des Vorhabens nach § 34 bzw. § 35 BauGB. Dafür ist festzustellen, ob es dem Innen- oder Außenbereich angehört. Ein im Zusammenhang bebauter Ortsteil im Sinne des § 34 I BauGB setzt eine Bebauung voraus, die nach der Zahl der Gebäude von einigem Gewicht und Ausdruck einer organischen Siedlungsstruktur ist. Weil bei § 34 BauGB nur auf die maßstabsbildende Bebauung abgestellt wird, haben bei der Beurteilung alle Gebäude, die nicht dem ständigen Aufenthalt von Menschen dienen (Halle zur Lagerung von Futtermitteln, Silos) außer Be-

---

[29] BVerwGE 31, 22 (26); BVerwG, NVwZ 1999, 527; 2001, 70; 2015, 1767.
[30] BVerwG, NVwZ 1999, 527.
[31] BVerwG, BauR 1994, 494.
[32] BVerwG, NVwZ-RR 1994, 371.
[33] BVerwG, BauR 1976, 185 (186 f.).
[34] BVerwGE 31, 20 (21); BVerwG, NVwZ-RR 1998, 157; NVwZ 2001, 70; 2015, 1767.
[35] BVerwG, NVwZ 2001, 70; 2015, 1767 (1768); BVerwG, BauR 2002, 277 (278) betont, dass auch bauliche Anlagen ohne maßstabsbildende Kraft einem Bebauungszusammenhang zuzurechnen sein können.
[36] BVerwG, DVBl. 2002, 1479 (1483).
[37] BVerwG, NVwZ 2001, 70 (71).
[38] BVerwG, BRS 57 Nr. 93; NVwZ 2015, 1767.

tracht zu bleiben. Bei den drei Wohnhäusern, der Bankfiliale, dem Handelsbetrieb und der Tankstelle handelt es sich um eine Bebauung von einigem Gewicht. Weil die Bauten nebeneinander angesiedelt sind, liegt der für § 34 BauGB erforderliche Bebauungszusammenhang vor. Da für die Annahme eines im Zusammenhang bebauten Ortsteils unerheblich ist, ob er sich einem der Baugebietstypen der BauNVO zuordnen lässt,[39] richtet sich die Genehmigungsfähigkeit von B's Bauvorhaben nach § 34 BauGB.

Gehört das beantragte Bauvorhaben danach zum unbeplanten Innenbereich, ist bei der **Prüfung der Genehmigungsfähigkeit** in folgender Reihenfolge vorzugehen:

- Sind von dem Vorhaben schädliche Auswirkungen auf zentrale Versorgungsbereiche in der Gemeinde oder in anderen Gemeinden zu erwarten, so ist das Vorhaben von vornherein unzulässig (§ 34 III BauGB).
- Entspricht die Eigenart der näheren Umgebung einem der **Baugebiete der Baunutzungsverordnung,** beurteilt sich die Zulässigkeit des Vorhabens nach seiner Art gem. § 34 II BauGB unter Heranziehung der Baunutzungsverordnung. Es ist danach zu fragen, ob das Vorhaben nach den einschlägigen Gebietsvorschriften der Baunutzungsverordnung allgemein zulässig ist und seiner Zulassung auch nicht das Gebot der Rücksichtnahme (§ 15 BauNVO) entgegensteht.

  Da § 34 II BauGB lex specialis zu § 34 I BauGB ist, ist im **Fall 62** zunächst anzusprechen, ob die nähere Umgebung des Vorhabens in seiner Eigenart einem der Baugebiete der Baunutzungsverordnung entspricht. Zu denken wäre hier vor allem an ein Mischgebiet (§ 6 BauNVO). Sollte dies der Fall sein, beurteilt sich die Zulässigkeit des Bauvorhabens nach seiner Art allein nach den Vorschriften der Baunutzungsverordnung.

- Ist Abs. 2 nicht einschlägig, ist die Zulässigkeit des Vorhabens nach § 34 I BauGB zu beurteilen. Danach ist ein Vorhaben u. a. unter den Voraussetzungen zulässig, dass es sich nach Art und Maß der baulichen Nutzung, der Bauweise und der Grundstücksfläche, die überbaut werden soll, in die **nähere Umgebung** einfügt. Wie weit der Bereich der für die Beurteilung relevanten näheren Umgebung reicht, ist anhand von zwei Faktoren zu bestimmen: Maßgeblich ist zum einen, wie weit die Umgebung den bodenrechtlichen Charakter des Grundstücks prägt, und zum anderen, wie sich die Ausführung des Vorhabens auf die Umgebung auswirken kann.[40] Wegen seines größeren Einwirkungsbereichs ist deshalb der Bereich der näheren Umgebung bei einem immissionsträchtigen Gewerbebetrieb weiter als bei einem reinen Wohngebäude.
  Das jeweilige Bauvorhaben fügt sich in die Eigenart der näheren Umgebung ein, wenn es den aus dieser ableitbaren Rahmen nicht überschreitet und keine bodenrechtlich beachtlichen Spannungen begründet oder erhöht. Negativ ausgedrückt ist das **Sich-Einfügen des Vorhabens** zu verneinen, wenn das Vorhaben die vorhandene Situation in bauplanungsrechtlich relevanter Weise verschlechtert, stört oder belastet.[41] Zeichnet sich die Umgebung eines Vorhabens durch eine zwei- bis viergeschossige Bebauung aus, fügt es sich in diese ein, wenn es selbst zwei, drei oder vier Geschosse hat. Ein ein- oder fünfgeschossiges Gebäude wäre dagegen unzulässig. Ausnahmsweise darf aber ein Vorhaben den sich aus der näheren Umgebung ableitbaren Rahmen überschreiten, wenn dadurch die städtebauliche Harmonie nicht be-

---

[39] BVerwG, NVwZ 1984, 511 (512).
[40] BVerwGE 55, 369 (380); BVerwG, NVwZ 2014, 370.
[41] BVerwG, BRS 62 Nr. 101; NVwZ 2014, 370 (371).

einträchtigt wird.⁴² So kann sich auch ein fünfgeschossiges Bauvorhaben in eine zwei- bis viergeschossige Umgebung einfügen, wenn es in einer Bodensenke errichtet wird. Nach ständiger Rechtsprechung ist das **Gebot der Rücksichtnahme** Bestandteil des Tatbestandsmerkmals des Sich-Einfügens.⁴³

Da im **Fall 62** bereits ein Silo in dem Ortsteil vorhanden ist, liegt es nahe, dass sich B's Bauvorhaben innerhalb des Rahmens der vorgegebenen Bebauung hält. Trotzdem könnte das Sich-Einfügen zu verneinen sein, weil das Vorhaben die gebotene Rücksichtnahme auf die sonstige, d. h. vor allem auf die in seiner unmittelbaren Nähe vorhandene Bebauung vermissen lässt. Die unter dem **Gebot der Rücksichtnahme** zu stellenden Anforderungen an ein Bauvorhaben hängen wesentlich von den konkreten Umständen des Einzelfalls ab. Es ist eine Abwägung der Interessen vorzunehmen, was einerseits dem Rücksichtnahmebegünstigten und andererseits dem Rücksichtnahmepflichtigen nach Lage der Dinge billigerweise zuzumuten ist. Im **Fall 62** hielt die Rechtsprechung das Bauvorhaben von B für rücksichtslos. Die drei Silos würden wie eine riesenhafte metallische Mauer das nur sieben Meter breite Grundstück von E erdrücken. Es würde der Eindruck entstehen, als sei E's Grundstück Teil einer Industrieanlage.⁴⁴

Unter den Voraussetzungen des § 34 III a BauGB kann für die Erweiterung, Änderung, Nutzungsänderung oder Erneuerung (also nicht: erstmalige Genehmigung) eines Gewerbe- oder Handwerksbetriebs vom Erfordernis des Einfügens in die Eigenart der näheren Umgebung abgewichen werden.

dd) Zulässigkeit von Vorhaben im Außenbereich

21 Liegt das Bauvorhaben nicht in einem im Zusammenhang bebauten Ortsteil, sondern im Außenbereich, beurteilt sich seine Zulässigkeit nach Maßgabe des § 35 BauGB. Nach dem gesetzgeberischen Willen soll der Außenbereich tendenziell von Bebauung freigehalten werden.

Bei der Beurteilung der Zulässigkeit von Bauvorhaben im Außenbereich ist zwischen den privilegierten Vorhaben im Sinne des § 35 I BauGB und den nichtprivilegierten Vorhaben des § 35 II BauGB zu unterscheiden:

Übersicht: Zulässigkeit von Außenbereichsvorhaben

Privilegierte (§ 35 I BauGB)	nichtprivilegierte (§ 35 II BauGB)	
	normale	teilprivilegierte (Erleichterungen nach § 35 IV BauGB)

- Der abschließende Katalog des § 35 I BauGB regelt die Zulässigkeit der **privilegierten Außenbereichsvorhaben**. Privilegierte Vorhaben sind im Außenbereich generell zulässig, sofern keine öffentlichen Belange nach § 35 III BauGB „entgegenstehen". Bei der dabei vorzuneh-

---

⁴² BVerwGE 67, 23 (30f.).
⁴³ BVerwG, NVwZ 1999, 879; BVerwGE 109, 314 (318); OVG Magdeburg, NVwZ-RR 2015, 687 (688).
⁴⁴ BVerwG, NVwZ 1987, 128 (129).

§ 76. Begünstigende Verwaltungsakte

enden Abwägung zwischen den betroffenen öffentlichen Belangen und den Interessen des Bauwilligen sind die Vorgaben des § 35 III BauGB zu berücksichtigen. Dabei ist in die Abwägung einzustellen, dass der Gesetzgeber die in § 35 I BauGB genannten Vorhaben grundsätzlich dem Außenbereich zugewiesen hat.[45] Weil der Gesetzgeber bei § 35 I BauGB aber keine Entscheidung über den konkreten Standort eines Vorhabens getroffen hat,[46] kann im Einzelfall ein bestimmter öffentlicher Belang auch gegenüber einem privilegierten Vorhaben durchgreifen.[47] „Öffentlicher Belang" ist insbesondere auch das Gebot, auf schutzwürdige Individualinteressen Rücksicht zu nehmen. Das **Gebot der Rücksichtnahme** ist auf diese Weise auch bei der Beurteilung der Zulässigkeit von Vorhaben nach § 35 BauGB zu prüfen.[48] Zu beachten ist, dass Vorhaben nach § 35 I Nr. 2–6 BauGB öffentliche Belange „in der Regel" entgegenstehen, wenn für sie durch Darstellungen im Flächennutzungsplan oder als Ziele der Raumordnung eine Ausweisung an anderer Stelle erfolgt ist (§ 35 III 3 BauGB). Liegen die Tatbestandsvoraussetzungen vor, hat der Einzelne bei den privilegierten Vorhaben einen Anspruch auf die Genehmigung.

- Zu den privilegierten Vorhaben im Außenbereich gehören nach § 35 I Nr. 5 BauGB **Windenergieanlagen**. Sofern diesen keine öffentlichen Belange nach § 35 III BauGB entgegenstehen, sind sie damit im Außenbereich generell zulässig. Entgegenstehende öffentliche Belange sind nach § 35 III 3 BauGB auch dann anzunehmen, wenn für die Windenergienutzung nach den Darstellungen im Flächennutzungsplan oder nach den Zielen der Raumordnung eine Ausweisung an anderer Stelle erfolgt ist. Es besteht damit ein „Planungsvorbehalt", mittels dessen die Windenergienutzung räumlich gesteuert werden kann. Dabei müssen die zuständigen Planungsgeber jedoch der Privilegierungsentscheidung des Gesetzgebers in § 35 I Nr. 5 BauGB Rechnung tragen und für die Windenergienutzung in substantieller Weise Raum schaffen. Deshalb ist eine auf einen völligen Ausschluss der Windenergienutzung abzielende „Verhinderungsplanung" oder auf eine verdeckte Verhinderung abzielende „Feigenblattplanung" unzulässig.[49] In der Praxis erfolgt die räumliche Steuerung der Windenergienutzung dadurch, dass einerseits sogenannte „**Positiv- bzw. Vorrangflächen**" geschaffen werden, in denen diese Nutzungsart zulässig ist (sog. Konzentrationszonen), andererseits „**Negativ- bzw. Ausschlussflächen**", in denen dies nicht der Fall ist. Die Grenze zu einer negativen Verhinderungsplanung lässt sich nicht abstrakt, etwa in Form einer Mindestprozentfläche, bestimmen; maßgebend sind vielmehr die tatsächlichen Umstände des Einzelfalls.[50]

Im **Fall 62 b** könnte die Gemeinde G deshalb die Windenergienutzung auf ihrem Gebiet nicht völlig ausschließen. Vielmehr müsste sie auch Gebiete ausweisen, in denen diese Nutzung zulässig ist. Ob die für die Windenergienutzung vorgesehene Positivfläche eine verdeckte Verhinderungsplanung darstellt, bemisst sich nach den Umständen des Einzelfalls. Ist das vorgesehene Gelände jedoch nicht zerstückelt und kann es sinnvoll für die Windenergie genutzt werden, hätte G der Privilegierung der Windenergienutzung hinreichend Rechnung getragen.

- Die überörtliche Raumplanung enthält oftmals auch „Vorbehaltsflächen", in denen noch keine abschließende Entscheidung über die Windenergienutzung getroffen wurde und die deshalb kein Ziel der Raumordnung i. S. v. § 3 Nr. 2 ROG darstellen. Aufgrund ihrer „Neutralität" sind sie weder den Negativ- noch den Positivflächen zuzuordnen.[51] Sie lösen die Ausschlusswirkung des § 35 III 3 BauGB jedenfalls dann nicht aus, wenn der Planungsgeber insoweit noch keine abschließende planerische Entscheidung getroffen hat.[52]

---

[45] BVerwGE 28, 148 (151 f.); 68, 311 (314).
[46] BVerwGE 68, 311 (315); BVerwG, DVBl. 2002, 706 (707).
[47] *Hoppe/Bönker/Grotefels* § 7 Rn. 185, 198.
[48] BVerwG, DVBl. 2005, 702.
[49] BVerwGE 117, 287 (294 f.); BVerwG, NVwZ 2006, 339.
[50] BVerwGE 117, 287 (295); BVerwG, NVwZ 2006, 339.
[51] BVerwGE 118, 33 (47 f.).
[52] BVerwG, NVwZ 2003, 1261 f.

- **Nichtprivilegierte Vorhaben** können gem. § 35 II BauGB nur im Einzelfall genehmigt werden, wenn ihre Ausführung oder Benutzung öffentliche Belange „nicht beeinträchtigt." Anders als die privilegierten Vorhaben sind sie im Außenbereich grundsätzlich unzulässig. Ob eine Beeinträchtigung öffentlicher Belange durch ein Vorhaben vorliegt, ist im Wege einer Abwägung zwischen den mit dem Vorhaben verfolgten Belangen und dem Gewicht der berührten öffentlichen Belange zu ermitteln. Insoweit handelt es sich um die Ausfüllung eines unbestimmten Rechtsbegriffs auf der Tatbestandsseite der Norm. Der Gesetzgeber hat in § 35 III BauGB beispielhaft („insbesondere") Fälle aufgezählt, in denen eine derartige Beeinträchtigung öffentlicher Belange in Betracht zu ziehen ist, nämlich wenn das Vorhaben den Darstellungen des Flächennutzungsplans widerspricht (Nr. 1), schädliche Umwelteinwirkungen hervorrufen kann oder ihnen ausgesetzt ist (Nr. 3), Belange des Naturschutzes und der Landschaftspflege beeinträchtigt (Nr. 5) oder es die Entstehung, Verfestigung oder Erweiterung einer Splittersiedlung befürchten lässt (Nr. 7). Zu den nicht benannten öffentlichen Belangen gehört das Erfordernis der förmlichen Planung. So darf ein Vorhaben nicht nach § 35 BauGB gestattet werden, wenn es eine Konfliktlage von so hoher Intensität auslöst, welche geradezu eine Abwägungsentscheidung erfordert.[53] Beeinträchtigt das Vorhaben keine öffentlichen Belange und ist die Erschließung gesichert, so steht die Erteilung einer Baugenehmigung für ein nicht privilegiertes Vorhaben entgegen dem Wortlaut des § 35 II BauGB („können") nicht im Ermessen der Behörde. Da über die Ausfüllung des Begriffs der Beeinträchtigung hinaus kein Raum für weitere Erwägungen der Behörde ist und die Behörde sonst in den dem Gesetzgeber vorbehaltenen Bereich der Inhaltsbestimmung des Eigentums (Art. 14 I 2 GG) hineingreifen würde, hat der Antragsteller einen Rechtsanspruch auf Zulassung seines Vorhabens.[54] Wird umgekehrt ein öffentlicher Belang durch das Vorhaben beeinträchtigt, so ist der Antrag abzulehnen.
- § 35 IV BauGB nennt einige sonstige Vorhaben, denen bestimmte öffentliche Belange nicht entgegengehalten werden können. Deshalb werden sie auch als **teilprivilegierte Vorhaben** bezeichnet.

ee) Gemeindliches Einvernehmen

22 Gemäß § 36 I 1 BauGB wird über die Zulässigkeit von Vorhaben nach §§ 31, 33, 34, 35 BauGB im bauaufsichtlichen Verfahren von der Baugenehmigungsbehörde im Einvernehmen mit der Gemeinde entschieden.[55] Diese Vorschrift dient dem Schutz der gemeindlichen Planungshoheit. Ist die Gemeinde gleichzeitig Baugenehmigungsbehörde, so bedarf es der ausdrücklichen Erteilung des Einvernehmens nicht.[56] Umgekehrt ist es der Gemeinde aber dann verwehrt, zur Begründung der Ablehnung des Bauantrags auf die Verweigerung ihres Einvernehmens nach § 36 BauGB zu verweisen. Seine zum gegenteiligen Ergebnis führende frühere Rechtsprechung hat das BVerwG mittlerweile zu Recht aufgegeben. Eine Verkürzung der materiell-rechtlichen Position der Gemeinde erfolgt dadurch nicht, da § 36 BauGB keine materiellen Rechte verleiht, sondern sie voraussetzt.[57]

Dies bedeutet jedoch nicht, dass die Gemeinde ihr Einvernehmen nur dann verweigern darf, wenn durch das betreffende Vorhaben Belange betroffen werden, die dem Schutz subjektiver, aus ihrer Planungshoheit abgeleiteten Rechte der Gemeinde dienen.[58] Nach

---

[53] BVerwG, BayVBl. 2003, 279 (280); BauR 2005, 832.
[54] BVerwGE 18, 247 (250 f.) zu § 35 II BBauG. A. M. etwa *K. M. Ortloff*, NVwZ 1988, 320 (322).
[55] Ausführlich zum gemeindlichen Einvernehmen *J. Hellermann*, Jura 2002, 589 ff.
[56] BVerwG, NVwZ 2005, 83.
[57] BVerwG, NVwZ 2005, 83 (84).
[58] So aber VGH Kassel, NVwZ-RR 2009, 750 (752).

§ 36 II BauGB darf die Gemeinde ihr Einvernehmen nur aus den sich aus §§ 31, 33, 34 und 35 BauGB ergebenden Gründen versagen. Sie darf ihr Einvernehmen also nur aus Rechtsgründen, nicht aber aus „politischen Motiven" verweigern. Ihre Möglichkeit zur Verweigerung des Einvernehmens bezieht sich jedoch auf alle in den §§ 31, 33, 34 und 35 BauGB angesprochenen Belange, auch wenn es sich dabei im Einzelfall um rein öffentliche, von einem subjektiven Recht der Gemeinde unabhängige Belange handelt.[59] Insoweit handelt es sich um ein isoliertes Verfahrensrecht der Gemeinde, das der objektiven Rechtskontrolle verpflichtet ist und deshalb nicht als solches gerichtlich durchgesetzt werden kann; es handelt sich also nicht um ein absolutes Verfahrensrecht (→ § 72 Rn. 22). Für die Inanspruchnahme gerichtlichen Rechtsschutzes der Gemeinde gegen eine Ersetzung des von ihr versagten Einvernehmens ist vielmehr zusätzlich die Geltendmachung (und für die Begründetheit: das Vorliegen) einer Verletzung subjektiver Rechte der Gemeinde erforderlich (siehe unten). Äußert sich die Gemeinde nicht innerhalb von zwei Monaten nach Eingang des Ersuchens der Genehmigungsbehörde, gilt ihr Einvernehmen als erteilt. Die Frist läuft erst mit dem Eingang der vollständigen Unterlagen bei der Gemeinde. Allerdings muss die Gemeinde ggf. fehlende Unterlagen innerhalb der Zweimonatsfrist nachfordern. Andernfalls gilt das Einvernehmen als erteilt.[60] Ist die Gemeinde im Baugenehmigungsverfahren überhaupt nicht beteiligt worden, so kann sie schon aus diesem Grund die Aufhebung erteilter Baugenehmigungen verlangen.[61]

Die Erklärung bzw. Versagung des Einvernehmens ist für den Bürger kein VA. Da sich die gemeindliche Erklärung nur an die Baugenehmigungsbehörde richtet, fehlt ihr die für einen VA nötige unmittelbare Außenwirkung (→ § 74 Rn. 15ff.).[62] Gegebenenfalls muss also der Bauherr eine Verpflichtungsklage (→ § 99) auf Erteilung der Baugenehmigung und nicht auf Erteilung des gemeindlichen Einvernehmens erheben. Im Falle einer Versagung des gemeindlichen Einvernehmens ist die Baurechtsbehörde daran gebunden, d. h. sie darf die beantragte Baugenehmigung nicht erteilen.[63] Gegen die Erteilung einer Baugenehmigung ohne Vorliegen ihres Einvernehmens kann sich die Gemeinde mit der Anfechtungsklage wehren.[64] Allerdings besteht nach § 36 II 3 BauGB die Möglichkeit, dass die nach Landesrecht zuständige Behörde ein rechtswidrig versagtes gemeindliches Einvernehmen ersetzt.[65] Je nach landesrechtlicher Regelung kann die Ersetzung des Einvernehmens auch durch die Erteilung der Baugenehmigung erfolgen[66]. Da die Ersetzung gegenüber der Gemeinde ein VA ist, kann sie dagegen mit Widerspruch und Anfechtungsklage (→ § 98) vorgehen. Die erforderliche Klagebefugnis setzt nach § 42 II VwGO voraus, dass die Gemeinde geltend machen kann, durch die Ersetzung des Einvernehmens in einem subjektiven Recht verletzt worden zu sein. Da § 36 BauGB nicht selbst der Gemeinde subjektive materielle Rechte verleiht, kann es sich dabei nur um Rechte handeln, die der Planungshoheit der Gemeinde zuzurechnen sind. Nur wenn sich die Ersetzung des Einvernehmens auf solche subjektivrechtlichen Be-

---

[59] A. M. VGH Kassel, NVwZ-RR 2009, 750 (752).
[60] BVerwG, NVwZ 2005, 213 (214); OVG Münster, ZfBR 2011, 288 (289).
[61] OVG Münster, BauR 2008, 799 (803).
[62] BVerwG, NVwZ 1986, 556.
[63] Siehe auch J. Hellermann, Jura 2002, 589 (592).
[64] VGH München, NVwZ-RR 2005, 56 (57).
[65] Siehe zur Ersetzung des gemeindlichen Einvernehmens J. Hellermann, Jura 2002, 589 (592ff.).
[66] Dazu OVG Saarlouis, BauR 2011, 983 (985).

lange der Gemeinde bezieht, kann die Gemeinde gegen die Ersetzung vorgehen. Hat die Gemeinde unter Berufung auf andere in den §§ 31, 33, 34 und 35 BauGB genannten Belange, die rein öffentlicher Natur und ohne Bezug zur Planungshoheit der Gemeinde sind, ihr Einvernehmen verweigert, kann sie hingegen die Ersetzung des Einvernehmens *diesbezüglich* nicht gerichtlich angreifen.[67] Zum Amtshaftungsanspruch bei rechtswidriger Verweigerung des gemeindlichen Einvernehmens → § 86 Rn. 13.

b) Bauordnungsrechtliche Zulässigkeit

23 Ein Bauvorhaben darf darüber hinaus nur genehmigt werden, wenn es mit den bauordnungsrechtlichen Vorschriften, die vor allem materielle Vorgaben an Bauvorhaben enthalten, übereinstimmt. Regelmäßig sind die Landesbauordnungen so aufgebaut, dass anfangs in einer Generalklausel allgemeine Anforderungen an bauliche Anlagen geregelt werden. Danach sind bauliche Anlagen so anzuordnen und zu errichten, dass die öffentliche Sicherheit oder Ordnung, insbesondere Leben und Gesundheit (mancherorts auch die natürlichen Lebensgrundlagen), nicht bedroht werden und die Anlagen ihrem Zweck entsprechend ohne Missstände benutzbar sind (vgl. § 3 I LBO BW; Art. 3 I BayBauO; § 3 I BbgBO; § 3 NBauO; § 3 I BauO NW). Bevor auf diese Norm zurückgegriffen wird, ist aber immer zu prüfen, ob es keine Spezialvorschriften zu einzelnen Anforderungen an die baulichen Anlagen gibt.

24 Von besonderer Bedeutung sind insbesondere die Abstandsregelungen. Durch das Erfordernis eines bestimmten Abstands zwischen zwei Gebäuden, der nicht bebaut sein darf, werden zum einen der Nachbar, aber auch die Hausbewohner vor dem Entzug von Licht, Luft und Sonne sowie Störungen der Wohnruhe geschützt. Die Abstandsregelungen in den einzelnen Bundesländern sind sehr unterschiedlich (vgl. §§ 5f. LBO BW; Art. 6 BayBauO; § 6 BbgBO; §§ 5ff. NBauO; §§ 6f. BauO NW). Je nach Landesrecht sind nicht alle Abstandsregelungen, sondern nur bestimmte Mindestvorgaben drittschützend (z. B. § 5 VII 3 LBO BW: Der nachbarschützende Teil der Abstandstiefen beträgt bei …). Weitere gefahrenabwehrende Vorschriften in den Landesbauordnungen betreffen die Standsicherheit, den Erschütterungs-, Wärme- und Schallschutz, den Brandschutz und die Verkehrssicherheit.

25 Außerdem enthalten die einzelnen Landesbauordnungen Vorgaben für die Gestaltung baulicher Anlagen. Typischerweise sehen die Landesbauordnungen ein Verunstaltungsverbot des Inhalts vor, dass bauliche Anlagen mit ihrer Umgebung so in Einklang zu bringen sind, dass sie das Straßen-, Orts- oder Landschaftsbild nicht verunstalten. Bauliche Anlagen sind so zu gestalten, dass sie nach Form, Maßstab, Werkstoff, Farbe und Verhältnis der Baumassen und Bauteile zueinander nicht verunstaltet wirken (§ 11 LBO BW; Art. 8 BayBauO; § 8 BbgBO; § 3 III NBauO; § 12 I BauO NW). Der unbestimmte Rechtsbegriff des Verunstaltens wird von der Rechtsprechung aus verfassungsrechtlichen Gründen eng ausgelegt. Eine Verunstaltung liegt nur vor, wenn das Bauvorhaben dem Ortsbild in ästhetischer Hinsicht grob unangemessen ist und auch von einem für ästhetische Eindrücke offenen „Durchschnittsbeobachter" als belastend oder Unlust erregend empfunden wird.[68]

---

[67] Hinsichtlich der prozessualen Seite zutreffend VGH Kassel, NVwZ-RR 2009, 750 (751). A. M. etwa OVG Berlin, LKV 2006, 513: Angreifbarkeit der Ersetzung des Einvernehmens auch dann, wenn sich die Versagung des Einvernehmens allein auf öffentliche Belange bezieht.

[68] BVerwGE 2, 172 (176f.); 17, 322 (326).

Um atypischen Situationen gerecht zu werden, enthalten die meisten Landesbauordnungen Regelungen dazu, wann Abweichungen, Ausnahmen und Befreiungen von ihren Vorgaben gestattet werden können (§ 56 LBO BW; Art. 63 BayBauO; § 60 BbgBO; § 66 NBauO; § 73 BauO NW). Unbedingt merken sollte man sich, dass für die Erteilung einer Ausnahme von den bauplanungsrechtlichen Vorschriften § 31 BauGB gilt, Ausnahmen von den bauordnungsrechtlichen Bestimmungen dagegen ihre Grundlage immer nur in einer Vorschrift der Landesbauordnung haben können. 26

§ 77. Weitere Formen von Verwaltungsakten

Fall 63: Die Behörde gibt X auf, sein illegal errichtetes Haus abzureißen. X veräußert das Grundstück an Y. Nachdem Y von der Beseitigungsanordnung erfahren hat, wendet er sich an seinen Rechtsanwalt, ob diese auch für ihn gilt.

I. Personen- und sachbezogene Verwaltungsakte

Vor allem unter dem Gesichtspunkt der Rechtsnachfolge ist die Unterscheidung zwischen personen- und sachbezogenen VAen von Bedeutung. Die Abgrenzung, die in Einzelheiten umstritten ist, ist anhand des Inhalts des VAs vorzunehmen. Bei den **personenbezogenen VAen** steht das Verhalten oder die Rechtsstellung einer Person im Vordergrund. Beispiel dafür ist ein Fahrverbot. Die **sachbezogenen VAe** richten sich zwar ebenfalls an Personen. Ihr Regelungsgehalt bezieht sich aber vor allem auf eine Sache. Zu nennen ist etwa die Widmung einer Straße (→ § 84 Rn. 12) oder die Erteilung einer Baugenehmigung (→ § 76 Rn. 5 ff.), bei der es um die Errichtung eines Bauwerks auf einem bestimmten Grundstück geht. 1

Wie im Zivilrecht kann sich auch im öffentlichen Recht die Frage stellen, ob und inwieweit öffentlich-rechtliche Rechte und Pflichten einer Person auf eine andere Person übergehen. Relativ unproblematisch lassen sich diejenigen Fälle lösen, in denen die **Rechtsnachfolge** explizit geregelt wird. Beispielsweise bestimmt § 4 III 1 BBodSchG, dass der Verursacher einer schädlichen Bodenveränderung oder Altlast sowie dessen Gesamtrechtsnachfolger zur Sanierung verpflichtet sind. Falls keine derartige Regelung existiert, muss der Eintritt einer Rechtsnachfolge besonders begründet werden. Nachfolgend kann die Rechtsnachfolge im öffentlichen Recht nur in ihren Grundzügen dargestellt werden.[1] 2

Einigkeit besteht, dass es im öffentlichen Recht keine Rechtsnachfolge bei höchstpersönlichen Rechten und Pflichten[2] gibt. Eine Rechtsnachfolge scheidet daher z. B. bei der Schul- und Wehrpflicht aus. Bei juristischen Personen scheidet das Vorliegen des notwendigen persönlichen Bezugs von vornherein aus.[3] Bei der Beurteilung der **Rechtsnachfolge im Polizeirecht** ist zu differenzieren, ob der Rechtsnachfolger eines Verhaltens- oder Zustandsstörers (→ § 79 Rn. 6 ff.) in Anspruch genommen werden soll. 3

- Für die **Rechtsnachfolge in die Verhaltensverantwortlichkeit** gilt im Wesentlichen folgendes: Hat man die Existenz einer nicht höchstpersönlichen Polizeipflicht bejaht, muss im Anschluss daran erörtert werden, worin der Übergangstatbestand liegt, welcher die Überleitung der fraglichen Pflicht auf den Rechtsnachfolger legitimiert. Im Falle der Gesamtrechtsnachfolge kann

---

[1] Näher *M. Nolte/M. Niestedt*, JuS 2000, 1071 ff., 1172 ff.; *D. Zacharias*, JA 2001, 720 ff.
[2] Eingehend dazu *D. Zacharias*, JA 2001, 720 (723 f.).
[3] BVerwG, DÖV 2006, 956 (959).

eine Parallele zu den §§ 1922, 1967 BGB gezogen werden.[4] Eine Einzelrechtsnachfolge in die Verhaltensverantwortlichkeit wird überwiegend abgelehnt. Sonst könnte sich eine Person ihren öffentlich-rechtlichen Pflichten dadurch entziehen, dass sie sie auf einen anderen überträgt bzw. abwälzt.[5] Der ursprünglich Verpflichtete wird von seiner ordnungsrechtlichen Verpflichtung vielmehr erst dann frei, wenn derjenige, der die Pflicht vertraglich übernommen hat, diese ordnungsgemäß erfüllt. Der *zivilrechtliche* Vertrag, durch den die Erfüllung der ordnungsgemäßen Verpflichtung übertragen wird, ist also wirksam, ohne dass er hinsichtlich der *ordnungsrechtlichen* Pflicht eine Rechtsnachfolge herbeiführt.[6]

- In Bezug auf die **Rechtsnachfolge bei der Zustandsverantwortlichkeit** ist zu beachten, dass die Frage von Einzel- oder Gesamtrechtsnachfolge irrelevant ist, solange noch *keine* Polizeiverfügung an den bisherigen Zustandsstörer ergangen ist: Ist Grundstückseigentümer E zur Beseitigung einer Gefahrenquelle auf seinem Grundstück verpflichtet und veräußert er dieses an K, kann gegen E ab dem Augenblick, ab dem K die tatsächliche Sachherrschaft über das Grundstück erlangt hat, nicht mehr als Zustandsstörer vorgegangen werden. Da K als neuer Eigentümer selbst für den gefahrenfreien Zustand des Grundstücks verantwortlich ist, kann er – ohne dass es auf die Frage der Rechtsnachfolge ankäme – als Zustandsstörer belangt werden (sog. Rechtsnachfolge in abstrakte Polizeipflichten).[7]

- Ist bereits eine Verfügung an den früheren Zustandsstörer ergangen, besteht hingegen ein Bedürfnis nach einer Rechtsnachfolge. Die Behörde hat ein Interesse daran, nicht jedes Mal, wenn die Person des Grundstückseigentümers wechselt, gegenüber dem neuen Eigentümer eine Polizeiverfügung erlassen zu müssen, die erneut mit Rechtsbehelfen angreifbar ist. Da bei Vorliegen einer Verfügung eine überleitungsfähige Polizeipflicht existiert, kommt es vor allem darauf an, die Überleitung der Verfügung auf den Rechtsnachfolger zu begründen. Bei einer Gesamtrechtsnachfolge wird eine Parallele zu den §§ 1922, 1967 BGB gezogen. Insbesondere die Rechtsprechung begründet die Einzelrechtsnachfolge in die Zustandsverantwortlichkeit unter Berufung auf die „Dinglichkeit." Sie geht von der Vorstellung aus, dass wegen des engen Zusammenhangs zwischen dem polizeipflichtigen Gegenstand und der polizeilichen Verfügung diese zusammen mit der Übertragung der Sache auf den neuen Inhaber übergeht. Des Weiteren wird die Notwendigkeit einer Rechtsnachfolge mit der Verfahrensökonomie und der Effektivität der Gefahrenabwehr begründet.[8] Allerdings wird der bisherige Zustandsverantwortliche, dem gegenüber die Zustandsverantwortlichkeit bereits durch VA konkretisiert worden ist, durch eine rechtsgeschäftliche Übertragung nicht von seiner Ordnungspflicht befreit. Eine befreiende Übertragung setzt vielmehr das Bestehen eines entsprechenden gesetzlichen Rechtsnachfolgetatbestands voraus. Andernfalls könnte sich beispielsweise der bisherige Grundstückseigentümer seiner Verantwortlichkeit durch Verkauf seines Grundstücks an einen unzuverlässigen und nicht leistungsfähigen Käufer entziehen, ohne dass für die Allgemeinheit nunmehr eine gleichwertige Zustandsverantwortlichkeit sichergestellt wäre.[9]

4 Die **Rechtsnachfolge im Baurecht** folgt im Wesentlichen denselben Grundsätzen. Für die Eigenschaft als Rechtsnachfolger ist es nicht erforderlich, dass ein zivilrechtlicher Rechtsnachfolgetatbestand verwirklicht worden ist. Rechtsnachfolger ist vielmehr auch derjenige, der in die betreffende bauordnungsrechtlich relevante Nutzung als Inhaber der tatsächlichen Gewalt (z. B. als Nachmieter) eintritt.[10] Soweit in den Landesbauord-

---

[4] *M. Nolte/M. Niestedt*, JuS 2000, 1071 (1075).
[5] *M. Nolte/M. Niestedt*, JuS 2000, 1071 (1075); OVG Münster, NVwZ 1997, 507 (508 – falls noch keine Verfügung ergangen ist).
[6] BVerwG, NVwZ 2012, 888 (889).
[7] BVerwG, DÖV 2006, 956 (958); OVG Hamburg, NVwZ 2001, 215 (218).
[8] BVerwG, DÖV 1971, 640 (641); VGH Mannheim, NJW 1977, 861; VGH Kassel, NVwZ 1998, 1315 (1316).
[9] BVerwG, NVwZ 2012, 888.
[10] VGH Kassel, BauR 2015, 636 (637).

§ 77. Weitere Formen von Verwaltungsakten

nungen spezielle Rechtsnachfolgeregelungen bestehen (vgl. etwa § 58 II LBO BW; § 67 V BbgBO; § 75 II BauO NW), sind diese maßgeblich. Ansonsten wird die Überleitung einer Baugenehmigung oder einer Beseitigungsanordnung von der Rechtsprechung vor allem mit der „Dinglichkeit" dieser VAe begründet.[11]

> Ein höchstpersönlicher Charakter der Beseitigungsanordnung im **Fall 63** kann nicht angenommen werden: Auch eine andere Person kann den Schwarzbau beseitigen. Da eine Verfügung ergangen ist, besteht eine überleitungsfähige Pflicht des X. Wegen des sachbezogenen Gehalts der Beseitigungsanordnung ist diese im Wege der Einzelrechtsnachfolge mit dem Grundstück auf den Erwerber Y übergegangen. Die Tatsache, dass die Beseitigungsanordnung auf einer Ermessensentscheidung der Verwaltung beruht (→ § 75 Rn. 4f.), soll an ihrem dinglichen Charakter nichts ändern. Sei die Beseitigungsanordnung für den Y aus in seiner Person liegenden Gründen unzumutbar, könnten diese immer noch im Vollstreckungsverfahren (→ § 80) Berücksichtigung finden.[12] Die Androhung von Zwangsmitteln zur Durchsetzung der Beseitigungsanordnung wird von der Rechtsnachfolge nicht umfasst.[13]

II. Gestaltende und feststellende Verwaltungsakte

Durch einen **gestaltenden VA** wird ein konkretes Rechtsverhältnis begründet, geändert oder aufgehoben. Zu den rechtsgestaltenden VAen gehören etwa die Beamtenernennung, Einbürgerung oder Immatrikulation. Der Regelungsgehalt eines **feststellenden VAs** besteht darin, ein Recht oder eine rechtlich erhebliche Eigenschaft einer Person festzustellen. Dies ist zum Beispiel der Fall, wenn in einer Verfügung die deutsche Staatsangehörigkeit oder eine besondere Qualifikation einer Person festgestellt wird. Die Abgrenzung zwischen feststellendem VA und reiner Wissenserklärung bereitet manchmal Schwierigkeiten (→ § 74 Rn. 10). Im Unterschied zu den befehlenden VAen haben feststellende und rechtsgestaltende VAe keinen vollstreckungsfähigen Inhalt. Gleichwohl bedürfen auch sie einer Ermächtigungsgrundlage.[14]

5

III. Vorläufige und vorsorgliche Regelungen

Ein VA muss nicht stets eine endgültige, sondern kann auch – ganz oder teilweise[15] – eine nur vorläufige Regelung enthalten. Dies zeigen einzelne spezialgesetzliche Bestimmungen. So kann nach § 11 II GastG für den Betrieb einer Gaststätte eine vorläufige Stellvertretererlaubnis erteilt werden. Grundlegend für die Figur des **vorläufigen VAs** war die Magermilchentscheidung des BVerwG, in der es die Bewilligung der Auszahlung bestimmter Beträge „vorbehaltlich des Ergebnisses einer noch durchzuführenden Betriebsprüfung" als vorläufigen VA qualifiziert hat.[16] Denn diese Verfügung steht unter dem Vorbehalt einer endgültigen, bestätigenden oder abweichenden weiteren Entscheidung. Die Bedeutung des vorläufigen VAs liegt darin, dass sie dem Einzelnen das vorläufige Behaltendürfen der Beihilfen bis zum Erlass des endgültigen Bescheids gestat-

6

---

[11] VGH Kassel, BauR 2015, 636 (637ff.). A. M. VGH München, NVwZ-RR 2006, 1201: bau- und immissionsschutzrechtliche Genehmigungen gehen nicht mit dem Grundstück über, sondern müssen rechtsgeschäftlich übertragen werden.
[12] Zur Rechtsnachfolge bei einer Beseitigungsanordnung OVG Lüneburg, BauR 2011, 1487 (1488); OVG Münster, NWVBl. 1997, 426 (428); VGH Kassel, NVwZ 1998, 1315 (1316); zur Gesamtrechtsnachfolge BVerwG, DÖV 1971, 640f.
[13] OVG Lüneburg, BauR 2011, 1487 (1488).
[14] Für den feststellenden VA VGH Mannheim, VBlBW 2006, 429.
[15] Zum nur teilweise vorläufigen VA BVerwG, GewArch 2010, 113 (114).
[16] BVerwGE 67, 99 (100ff.); OVG Münster, NJW 1998, 1010.

tet.¹⁷ Zudem darf bei der endgültigen Entscheidung nur noch aus den im Vorbehalt genannten Gründen von der vorläufigen Regelung abgewichen werden. Mit Erlass der endgültigen Behördenentscheidung erledigt sich die vorläufige Maßnahme rückwirkend (§ 43 II VwVfG). Bei einem vorläufigen VA finden im Gegensatz zu endgültigen VAen die §§ 48 ff. VwVfG keine Anwendung; der vorläufige VA muss also nicht aufgehoben werden. Wegen des Vorbehalts kann sich der Bürger weder auf Vertrauensschutzerwägungen noch den Einwand der Entreicherung berufen.¹⁸

Der Erlass eines vorläufigen VAs bedarf keiner über eine vorliegende VA-Ermächtigung (→ § 75 Rn. 2) hinausgehenden Ermächtigungsgrundlage. Er ist allerdings nur dann zulässig, wenn zum Zeitpunkt des Erlasses der Regelung noch eine Ungewissheit – entweder über die Rechtslage oder wegen erst künftig eintretender und prognostisch nicht zu schätzender Umstände – in tatsächlicher Hinsicht besteht. Ist die Ungewissheit beseitigt, hat der Adressat des VAs einen Anspruch darauf, dass die Behörde eine endgültige Regelung erlässt.¹⁹

7 In einer weiteren Entscheidung hat das BVerwG die Figur des **vorsorglichen VAs** entwickelt. Im Unterschied zum vorläufigen VA enthält der vorsorgliche VA eine abschließende Regelung. Diese steht aber unter dem Vorbehalt, dass eine seiner rechtlichen Voraussetzungen von einer anderen, dafür zuständigen Behörde festgestellt wird.²⁰ Der vorsorgliche VA erlangte bisher keine große Praxisrelevanz.

IV. Verwaltungsakte in gestuften Verfahren

8 Der Vorbescheid und die Teilgenehmigung sind keine reinen Vorbereitungshandlungen, sondern VAe im Sinne des § 35 S. 1 VwVfG.

- Beim **Vorbescheid** entscheidet die Behörde abschließend und verbindlich über einzelne Zulässigkeits- und Genehmigungsvoraussetzungen größerer Projekte. Große praktische Bedeutung haben die Bauvorbescheide. Vor Einreichung der kompletten Bauunterlagen wird der Bauherr häufig sichergehen wollen, dass sein Bauvorhaben beispielsweise im Außenbereich (→ § 76 Rn. 21) überhaupt zulässig ist. Er wird dann den Erlass eines Bauvorbescheids beantragen, bei welchem im Gegensatz zur Baugenehmigung nicht über die Vereinbarkeit des Vorhabens mit allen öffentlich-rechtlichen Vorschriften, sondern nur unter dem Aspekt der planungsrechtlichen Zulässigkeit nach § 35 BauGB verbindlich entschieden wird. Insoweit enthält der Bauvorbescheid die Feststellung dieser Vereinbarkeit, verfügt jedoch nicht die Zulassung des Vorhabens.
- Im Gegensatz zum Vorbescheid wird bei einer **Teilgenehmigung** nicht nur über einzelne Zulässigkeitsvoraussetzungen, sondern einzelne Teile eines Vorhabens vorab verbindlich entschieden. Sie gestattet dem Begünstigten die Realisierung des genehmigten Teils. Beispielsweise kann nach § 8 BImSchG auf Antrag eine Genehmigung für die Errichtung und den Betrieb eines Teils einer immissionsschutzrechtlich genehmigungspflichtigen Anlage erteilt werden. Hierfür ist u. a. ein so genanntes positives vorläufiges Gesamturteil notwendig. Nach einer vorläufigen Beurteilung dürfen der Errichtung und dem Betrieb der gesamten Anlage keine von vornherein unüberwindlichen Hindernisse im Hinblick auf die Genehmigungsvoraussetzungen entgegenstehen.

9 Häufig ist für den Erlass einer Genehmigung die **Mitwirkung einer anderen Behörde** erforderlich. So darf nach § 36 I 1 BauGB über Bauvorhaben nach den §§ 31, 33–35 BauGB im bauaufsichtlichen Verfahren nur im Einvernehmen mit der Gemeinde ent-

---

[17] BVerwG, GewArch 2010, 113 (114); VGH Mannheim, VBlBW 2005, 482 (483).
[18] BVerwG, GewArch 2010, 113 (114). Zur Figur des vorläufigen VAs **lesen** Sie bitte *U. Schröder*, Jura 2010, 255 ff.
[19] BVerwG, GewArch 2010, 113 (114).
[20] BVerwGE 81, 84 (94).

§ 77. Weitere Formen von Verwaltungsakten   569

schieden werden (→ § 76 Rn. 22). Weil die Gemeinde bei der Entscheidung über die Erteilung des Einvernehmens dieselben Aspekte wie die Baurechtsbehörde prüft (§ 36 II 1 BauGB), hat ihre Entscheidung gegenüber dem Bürger keine Außenwirkung. Lediglich die Entscheidung der Baurechtsbehörde, in welcher die beantragte Baugenehmigung erteilt oder abgelehnt wird, enthält gegenüber dem Bürger einen „**mehrstufigen VA**". Durch diese Bezeichnung wird zum Ausdruck gebracht, dass für den Erlass des VAs die interne Mitwirkung einer anderen Behörde erforderlich ist.

V. Zusage und Zusicherung

Eine Zusage enthält die einseitige Erklärung einer Behörde, eine bestimmte Verwaltungsmaßnahme vorzunehmen oder zu unterlassen. Die Zusicherung ist ein Unterfall der Zusage. Nach der Legaldefinition in § 38 I 1 VwVfG enthält eine Zusicherung das behördliche Versprechen, einen bestimmten VA später zu erlassen oder zu unterlassen. 10

§ 38 VwVfG enthält eine spezielle Regelung für die **Zusicherung**. Wirksamkeitsvoraussetzung ist, dass sie von der zuständigen Behörde und in schriftlicher Form abgegeben wird (§ 38 I VwVfG). Eine Missachtung dieser Anforderungen führt daher zur Unwirksamkeit der Zusicherung. Aus der Zusicherung einer unzuständigen Behörde kann der Einzelne demzufolge keinen Anspruch auf Erlass eines VAs herleiten. Entgegen der überwiegenden Auffassung[21] ist die Zusicherung nicht als VA zu qualifizieren. In der selbstverpflichtenden Erklärung der Behörde liegt keine Regelung,[22] wird doch eine Verwaltungsmaßnahme erst in Aussicht gestellt. Darüber hinaus finden nach der spezialgesetzlichen Regelung des § 38 II VwVfG auf die Zusicherung einzelne Vorschriften über den VA „entsprechende" Anwendung, so dass die Zusicherung nicht selbst VA sein kann.[23] Wie § 38 II VwVfG zu entnehmen ist, ist eine Zusicherung nur unter den engen Voraussetzungen des § 44 VwVfG (→ § 81 Rn. 5 ff.) nichtig. Eine an einem sonstigen Fehler leidende Zusicherung bleibt solange wirksam, bis sie von der Verwaltung entsprechend den §§ 48, 49 VwVfG aufgehoben wird.

Während die Rechtsprechung die Frage, nach welchen Maßgaben die **Zusage eines Verwaltungshandelns** ohne Bezug zu einem VA zu beurteilen ist, offen lässt[24], ist nach der zutreffenden überwiegenden Auffassung in der Literatur eine analoge Anwendung des § 38 VwVfG ausgeschlossen, weil der Gesetzgeber von einer Ausdehnung dieser Norm auf andere Maßnahmen als VAe abgesehen hat[25]. Zur Anwendung kommen daher die überkommenen Grundsätze des allgemeinen Verwaltungsrechts:[26] Nach diesen ist eine mündliche Zusage zulässig und verbindlich. Auch aus einer rechtswidrigen Zusage kann ihr Empfänger Ansprüche geltend machen, wenn er auf ihre Einhaltung vertraut hat und „die Nichteinhaltung zu nahezu unträglichen Verhältnissen für den Betroffenen führen würde."[27] Die Zusage ist ebenso wenig VA wie die Zusicherung und unterscheidet sich von der bloßen Auskunft durch den besonderen Rechtsbindungswillen der Behörde. Sie bildet eine eigenständige Anspruchsgrundlage, deren Erfüllung der Begünstigte gegebenenfalls einklagen kann.

---

[21] BVerwG, NVwZ 1986, 1011 (1012); OVG Greifswald, NJW 2003, 3146 (3147 f.); *Kopp/Ramsauer* § 38 Rn. 8.
[22] So aber BVerwG, NVwZ 1987, 46; *Bull/Mehde* Rn. 783.
[23] *Detterbeck* Rn. 519; *H. U. Erichsen*, Jura 1991, 109 (110). Kritisch zu diesem Argument *A. Guckelberger*, DÖV 2004, 357 (359).
[24] OVG Bautzen, SächsVBl. 2000, 9 (10); 2001, 142 (144).
[25] *Detterbeck* Rn. 522.
[26] OVG Weimar, SächsVBl. 2001, 142 (144); VGH Mannheim, VBlBW 1996, 14.
[27] BVerwGE 49, 359 (362 f.).

§ 78. Nebenbestimmungen zu Verwaltungsakten

Fall 64: Die zuständige Behörde erteilt B eine Baugenehmigung. Weil mit Ausnahme eines noch fehlenden, aus Sicherheitsgründen aber erforderlichen Treppengeländers das Vorhaben genehmigungsfähig ist, entschließt sich die Behörde zur Erteilung einer Baugenehmigung mit der Maßgabe, dass ein Treppengeländer angebracht wird. Worum handelt es sich bei diesem Zusatz? Kann B diese Regelung isoliert anfechten?

I. Begriff und Arten

1 Nach § 36 VwVfG kann die Verwaltung einen VA mit einer Nebenbestimmung versehen. Bei einer Nebenbestimmung handelt es sich um eine **Regelung, die den Inhalt eines VAs beschränkt oder ergänzt**.

Der Zusatz im **Fall 64** stellt eine Nebenbestimmung dar. Die Vorgabe, ein Treppengeländer zu errichten, ergänzt die Baugenehmigung. Anstelle den Bauantrag abzulehnen, weil das Bauvorhaben nicht allen öffentlich-rechtlichen Vorschriften entspricht, hat die zuständige Behörde der Genehmigung eine Nebenbestimmung beigefügt, um dadurch das Genehmigungshindernis auszuräumen.

2 In § 36 II VwVfG werden – nicht abschließend – fünf **Arten von Nebenbestimmungen** genannt, die in der Praxis besonders häufig vorkommen:

- Ein VA kann mit einer **Befristung** versehen werden. Gemäß § 36 II Nr. 1 VwVfG handelt es sich hierbei um eine Bestimmung, nach der eine Vergünstigung oder Belastung zu einem bestimmten Zeitpunkt beginnt, endet oder für einen bestimmten Zeitraum gilt. Der in der Nebenbestimmung genannte Zeitpunkt muss nicht in der Angabe eines exakten Datums bestehen. Denkbar ist auch, dass die Befristung an ein Ereignis geknüpft wird, dessen Eintritt jedoch gewiss sein muss.

  Da die Verwaltung bei Erteilung der Baugenehmigung in **Fall 64** nicht weiß, ob B zur Errichtung des Geländers bereit ist, sich die Regelung mithin auf ein ungewisses Ereignis bezieht, ist die Nebenbestimmung keine Befristung. Beispiel für eine Baugenehmigung mit aufschiebender Befristung wäre etwa, dass B zwar nicht sofort, aber am 1.10. mit der Realisierung seines Bauvorhabens beginnen darf. Eine auflösend befristete Baugenehmigung läge vor, wenn A die Aufstellung einer großflächigen Werbetafel an einem bestimmten Ort lediglich bis zum Zeitpunkt des Endes einer Messe (= gewisses Ereignis) gestattet wird.

- Wird dem VA eine Bestimmung beigefügt, nach der eine Begünstigung oder Belastung mit dem Eintritt eines ungewissen zukünftigen Ereignisses beginnt oder endet, handelt es sich dabei um eine **Bedingung** (§ 36 II Nr. 2 VwVfG).

  Weil im **Fall 64** ungewiss ist, ob B zur Errichtung des Geländers bereit ist, könnte die Nebenbestimmung eine aufschiebende Bedingung sein. B würde dann als Adressat der Baugenehmigung selbst entscheiden, ob und wann diese Wirkungen entfaltet. Allerdings setzt das Vorliegen einer Bedingung voraus, dass das betreffende Ereignis von der Außenwelt wahrgenommen werden kann und sich nicht lediglich in den Gedanken eines der Beteiligten abspielt. Will sich z. B. die Verwaltung bei Erlass des VAs die Möglichkeit offenhalten, später eine andere Bewertung vorzunehmen, so stellt dies keine Bedingung gemäß § 36 II Nr. 2 VwVfG dar, da es sich um einen rein verwaltungsinternen Akt handelt.[1] Hingegen könnte eine Errichtung des Geländers durch B als von der Außenwelt wahrnehmbarer Akt angesehen werden.

---

[1] BVerwG, NVwZ 2015, 1764.

§ 78. Nebenbestimmungen zu Verwaltungsakten

- Des Weiteren kann ein VA mit einem **Widerrufsvorbehalt** versehen werden (§ 36 II Nr. 3 VwVfG). Die Verwaltung hält sich dadurch die Möglichkeit offen, die Wirkungen des erteilten VAs durch die spätere Erklärung seines Widerrufs zu beseitigen (→ § 82 Rn. 19).
- Nach § 36 II Nr. 4 VwVfG kann ein VA auch mit einer **Auflage** verbunden werden. Darunter versteht man eine Bestimmung, durch die dem Begünstigten ein Tun, Dulden oder Unterlassen aufgegeben wird. Im Unterschied zur Befristung, Bedingung und dem Widerrufsvorbehalt enthält die Auflage eine eigenständige, zusätzliche Verpflichtung in Form eines VAs. Es handelt sich bei ihr aber dennoch um eine Nebenbestimmung, weil sie in ihrem Bestand vom GrundVA abhängt. Die Auflage unterscheidet sich von der Bedingung dadurch, dass die Rechtswirksamkeit des GrundVAs nicht von der Auflagenerfüllung abhängt. Dieser ist auch wirksam, wenn die Auflage nicht erfüllt wird. In diesem Fall kann die Verwaltung zwischen zwei Reaktionsweisen wählen: Zum einen kann sie bei Nichterfüllung der Auflage den GrundVA nach § 49 II Nr. 2 VwVfG widerrufen. Zum anderen kann sie das in der Auflage enthaltene Ge- oder Verbot im Wege der Vollstreckung zwangsweise durchsetzen. Die Unterschiede zwischen Auflage und Bedingung lassen sich in folgendem Merksatz zusammenfassen: Die Bedingung suspendiert, zwingt aber nicht; die Auflage zwingt, suspendiert aber nicht.[2]

3

> Gleichwohl bereitet die **Abgrenzung von Auflage und Bedingung** häufig Schwierigkeiten. Denn ein bestimmtes Tun, Dulden oder Unterlassen lässt sich meistens sowohl als Auflage als auch als Bedingung formulieren. Dies zeigt auch der **Fall 64**: Wenn B aufgegeben wird, ein Treppengeländer anzubringen, kann hierin auch eine Auflage liegen, in der dem Begünstigten ein bestimmtes Tun aufgegeben wird. Was im Einzelfall gemeint ist, muss gegebenenfalls durch Auslegung ermittelt werden. Dabei kommt der von der Behörde gewählten Bezeichnung der Nebenbestimmung eine gewisse Indizwirkung zu. Da im **Fall 64** ein konturenloser Begriff gewählt wurde, hat sich die Auslegung am objektiven Sinngehalt der behördlichen Regelung zu orientieren:[3] Wie durfte der Bürger die Nebenbestimmung nach Treu und Glauben verstehen? Ist die Beachtung der Verhaltensvorgabe dermaßen wichtig, dass die Wirksamkeit des VAs davon abhängen soll? Wenn ja, ist die Nebenbestimmung eine Bedingung. Im Übrigen wird die Behörde diejenige Nebenbestimmung wählen, die rechtlich zulässig ist. Sind beide Nebenbestimmungen gleichermaßen möglich, ist im Zweifel von einer Auflage als der den Bürger weniger belastenden Nebenbestimmung auszugehen.[4] Im **Fall 64** ist die Anbringung eines Treppengeländers zwar aus Sicherheitsgründen notwendig. Es ist aber kaum anzunehmen, dass die Verwaltung diesem Faktor so großes Gewicht beimisst, dass sie den Baubeginn von seiner Einhaltung abhängig machen will. Eine Auflage belastet den B weniger. Hält er sich nicht an die Maßgabe, kann die Verwaltung die Anbringung des Geländers immer noch durch entsprechende Vollstreckungsmaßnahmen durchsetzen.

- Schließlich kann ein VA auch mit dem Vorbehalt der nachträglichen Aufnahme, Änderung oder Ergänzung einer Auflage versehen werden (**Auflagenvorbehalt**; § 36 II Nr. 5 VwVfG). Die Verwaltung wird sich eines Auflagenvorbehalts vor allem in solchen Fällen bedienen, in denen sie die Auswirkungen eines VAs im Zeitpunkt ihrer Erteilung noch nicht vollständig übersieht und sich aus diesem Grund eine nachträgliche Korrekturmöglichkeit offen halten möchte.

---

[2] Vgl. *P. Axer,* Jura 2001, 748 (749).
[3] So VG Berlin, InfAuslR 2002, 122; a. M. *P. Axer,* Jura 2001, 748 (749), der auf den Behördenwillen abstellt.
[4] VG Berlin, InfAuslR 2002, 122; *M. Brenner,* JuS 1996, 281 (284f.).

4   Von den in § 36 II VwVfG genannten Nebenbestimmungen ist die sog. **modifizierende Auflage** zu unterscheiden. Darunter versteht das BVerwG Auflagen, „die den Gegenstand der Bewilligung selbst berühren bzw. abändern,"[5] d. h. eine Genehmigung qualitativ verändern.[6] Anders als es die gewählte Begrifflichkeit nahe legen würde, ist die modifizierende Auflage keine Nebenbestimmung zu einem VA, sondern konkretisiert seinen Inhalt. Ein vielzitiertes Beispiel für eine modifizierende Auflage ist die Erteilung einer Baugenehmigung für ein Haus mit Flachdach, obwohl das Baugesuch ein Haus mit Giebeldach betraf. Die Verwaltungsentscheidung enthält in diesem Fall die Ablehnung des beantragten Vorhabens verbunden mit der Vorweggenehmigung eines anderen, so nicht beantragten Vorhabens.[7] Praktikable Ergebnisse lassen sich durch die Unterscheidung *Neben*bestimmung zu einem VA und *Inhalts*bestimmung eines VAs erzielen: Während eine Nebenbestimmung eine zusätzliche Regelung zu einem inhaltlich hinreichend bestimmten VA enthält, werden bei einer Inhaltsbestimmung der Gegenstand eines VAs und seine Grenzen festgelegt.

II. Zulässigkeit von Nebenbestimmungen

5   Sofern die Verwaltung nicht in Spezialgesetzen zum Erlass von Nebenbestimmungen ermächtigt wird (vgl. nur § 12 BImSchG, § 5 GastG), bestimmt sich die Zulässigkeit von Nebenbestimmungen nach § 36 VwVfG. Während die Entscheidung über die Beifügung einer Nebenbestimmung in jedem Fall im Ermessen der Behörde steht, variieren die Voraussetzungen in Abhängigkeit davon, ob es sich bei dem in Frage stehenden HauptVA um eine gebundene oder sonstige Entscheidung handelt. Sofern ein **Anspruch auf den VA** besteht, darf er nach § 36 I VwVfG mit einer Nebenbestimmung lediglich versehen werden, wenn sie durch Rechtsvorschrift zugelassen ist oder sicherstellen soll, dass die gesetzlichen Voraussetzungen des VAs erfüllt werden. In allen anderen Fällen, also insbesondere wenn die Behörde in Bezug auf einen VA über einen **Ermessensspielraum** verfügt (→ § 69), entscheidet die Behörde gemäß § 36 II VwVfG nach ihrem pflichtgemäßen Ermessen, ob sie ihm eine Nebenbestimmung beifügen will. Dabei ist auch der Verhältnismäßigkeitsgrundsatz zu berücksichtigen.

In formeller Hinsicht müssen die Nebenbestimmungen nicht unmittelbar in den Bescheid aufgenommen werden. Es reicht vielmehr aus, dass sie in einer Verwaltungsvorschrift enthalten sind, auf die in dem VA ausdrücklich Bezug genommen wird.[8] Zu beachten ist, dass § 36 VwVfG **nur für Nebenbestimmungen gilt, die beim Erlass des VAs** hinzugefügt werden. Für die nachträgliche Hinzufügung einer Nebenbestimmung zu einem bereits erlassenen VA existieren teilweise spezialgesetzliche Ermächtigungen, wie etwa § 5 GastG. Beim Fehlen solcher Spezialermächtigungen ist die nachträgliche Hinzufügung von Nebenbestimmungen am Maßstab der §§ 48, 49 VwVfG zu bemessen, weil es sich um eine teilweise Aufhebung des ursprünglichen VA handelt.[9]

6   Nach dem in § 36 III VwVfG enthaltenen **Koppelungsverbot** darf eine Nebenbestimmung nicht dem Zweck des VAs zuwiderlaufen. Diese Vorschrift verbietet es der Verwaltung insbesondere, dem Adressaten eines VAs im Wege der Nebenbestimmung

---

[5] BVerwGE 36, 145 (154).
[6] BVerwG, DÖV 1974, 380 (381).
[7] *M. Brenner*, JuS 1996, 281 (285 f.).
[8] BVerwG, NVwZ 2005, 1085 (1086).
[9] VGH Mannheim, NVwZ-RR 2008, 751 (752).

§ 78. Nebenbestimmungen zu Verwaltungsakten   573

Pflichten aufzuerlegen, welche mit seinem Inhalt in keinerlei sachlichem Zusammenhang stehen. Unzulässig wäre es etwa, die Erteilung einer wasserrechtlichen Bewilligung über eine Nebenbestimmung mit der Pflicht zur Zahlung von Steuerschulden zu verknüpfen.

> Sofern keine abschließenden Spezialvorschriften bestehen, beurteilt sich im **Fall 64** die Zulässigkeit der Nebenbestimmung nach § 36 VwVfG. Da der Bauherr nach dem Landesrecht einen Anspruch auf die Erteilung einer Baugenehmigung hat, wenn ihrer Erteilung keine öffentlich-rechtlichen Vorschriften entgegenstehen, ist § 36 I VwVfG die maßgebliche Vorschrift. Danach ist die Beifügung einer Nebenbestimmung zulässig, wenn sie die Erfüllung der gesetzlichen Voraussetzungen des VAs sicherstellen soll. Da die Baurechtsbehörde die Genehmigung nur bei Anbringung eines Treppengeländers erteilen darf, ist der Zusatz erforderlich, um ein Genehmigungshindernis auszuräumen. Der Erlass der Baugenehmigung mit der Nebenbestimmung ist im Vergleich zur Ablehnung der Baugenehmigung das mildere Mittel. Auch läuft die Nebenbestimmung nicht dem Zweck der Baugenehmigung zuwider (§ 36 III VwVfG).

III. Rechtsschutzprobleme bei Nebenbestimmungen

Zu den umstrittensten Fragen des Verwaltungsprozessrechts gehört die Frage der richtigen **Klageart beim Rechtsschutz gegen Nebenbestimmungen:**[10]   7

- Nach einer früher insbesondere vom BVerwG vertretenen Meinung richtet sich die Klageart nach der Art der Nebenbestimmung.[11] Da Auflage und Auflagenvorbehalt selbständige VAe sind, sind sie isoliert anfechtbar. Bei allen anderen Nebenbestimmungen müsse dagegen Verpflichtungsklage auf Erlass eines nebenbestimmungsfreien VAs erhoben werden.

  > Würde es sich im **Fall 64** um eine aufschiebende Bedingung handeln, müsste B demnach eine Verpflichtungsklage auf Erteilung der Baugenehmigung ohne die Nebenbestimmung erheben. Wird der Zusatz dagegen als Auflage qualifiziert, kann diese als VA selbständig angefochten werden.

- Die Literatur stellt bei der Bestimmung der Klageart zum Teil darauf ab, um welche Art von HauptVA es sich handelt.[12] Beruht der HauptVA auf einer Ermessensentscheidung, soll gegen die Nebenbestimmung nur in Form der Bescheidungsklage als Unterfall der Verpflichtungsklage (→ § 99 Rn. 4) auf Erlass eines nebenbestimmungsfreien VAs vorgegangen werden können. Da der VA und die Nebenbestimmung auf einer einheitlichen behördlichen Ermessensentscheidung beruhten, sei eine isolierte gerichtliche Aufhebung der Nebenbestimmung nicht möglich. Sonst werde der Verwaltung ein Rechtsakt aufgedrängt, den sie in dieser Form nicht wollte. Nebenbestimmungen zu einem gebundenen VA seien dagegen isoliert anfechtbar.

  > Weil es sich in **Fall 64** bei der Entscheidung über die Erteilung einer Baugenehmigung um eine gebundene handelt, ist nach dieser Meinung der Zusatz isoliert angreifbar.

---

[10] Im Einzelnen *F. Hufen/Ch. Bickenbach,* JuS 2004, 867, 966.
[11] BVerwGE 29, 261 (264 ff.); 36, 145 (153 f.); *P. Axer,* Jura 2001, 748 (752).
[12] *W.-R. Schenke,* JuS 1983, 182 (184 ff.).

- Nach einer weiteren Meinung soll der Einzelne Rechtsschutz gegen eine Nebenbestimmung immer nur durch Erhebung einer Verpflichtungsklage auf Erlass des VAs ohne die Nebenbestimmung erlangen können.[13]

  Unabhängig davon ob der Zusatz als Bedingung oder Auflage qualifiziert wird, müsste B demnach in **Fall 64** eine Verpflichtungsklage auf Erteilung der Baugenehmigung ohne Nebenbestimmung erheben.

- Nach der zutreffenden neueren Rechtsprechung des BVerwG können dagegen grundsätzlich alle Nebenbestimmungen isoliert angefochten werden. Entweder handelt es sich dabei um die eigenständige Anfechtung eines VAs, etwa einer Auflage, oder um die Teilanfechtung eines VAs, da § 113 I 1 VwGO („soweit") die gerichtliche Aufhebung eines Teils, also hier der Nebenbestimmung, des VAs gestattet (→ § 98 Rn. 14). Die Frage nach der isolierten Aufhebbarkeit einer Nebenbestimmung, nämlich ob der begünstigende VA auch ohne diese sinnvoller- und rechtmäßigerweise bestehen kann, betrifft allein die Begründetheit der Klage. Lediglich bei Offenkundigkeit der Nichtteilbarkeit des VAs neigt das BVerwG dazu, bereits die Zulässigkeit der isolierten Anfechtbarkeit der Nebenbestimmung zu verneinen.[14]

  Danach könnte B den Zusatz in **Fall 64** isoliert anfechten. Im Rahmen der **Begründetheit der Anfechtungsklage** ist zu prüfen, ob der RestVA auch ohne den Zusatz sinnvoll und rechtmäßig ist. Dies ist im Fall zu bejahen. Wenn von B nach dem einschlägigen Gesetzesrecht nicht die Errichtung eines Treppengeländers verlangt werden darf, hat er einen Anspruch auf Erteilung der Baugenehmigung ohne den Zusatz.

  Da es sich bei einer „modifizierenden" Auflage (→ § 78 Rn. 4) um die Ablehnung des gestellten Antrags, verbunden mit der Erteilung einer mit diesem Inhalt nicht beantragten Genehmigung handelt, wird die Erhebung einer Anfechtungsklage gegen die erteilte Genehmigung dem Rechtsschutzziel des Antragstellers nicht gerecht. Er muss vielmehr eine auf die Erteilung der ursprünglich beantragten Genehmigung gerichtete Verpflichtungsklage erheben.[15]

8 In der **Klausur** wird es in der Regel darauf ankommen, die Erfolgsaussichten einer vor dem VG erhobenen Klage zu beurteilen. Hierfür ist festzuhalten, dass sowohl die auf die Nebenbestimmung – und sei es als Teil des VAs – beschränkte Anfechtungsklage als auch die Verpflichtungsklage auf Erlass eines nebenbestimmungsfreien VAs grundsätzlich statthaft sind. Beruhen HauptVA und Nebenbestimmung auf einer einheitlichen, nicht teilbaren Ermessensentscheidung der Behörde, so ist nur die Verpflichtungsklage in Form der Bescheidungsklage statthaft, da der Kläger mit der Anfechtungsklage sein Rechtsschutzziel nicht erreichen kann.

§ 79. Erlass des Verwaltungsakts

Fall 65: B ist Eigentümer eines großen Mehrfamilienhauses, aus dessen Dachfenstern immer wieder Gegenstände auf die Straße geworfen werden. Anlässlich eines aus anderen Gründen auf der Behörde geführten Gesprächs erwähnt der zuständige Sachbearbeiter, dass die Behörde aus Gründen, die im einzelnen aufgezählt werden, voraussichtlich gegen den B vorgehen werde. Den Entwurf eines an ihn gerichteten Schreibens erspäht der B auf dem Schreib-

---

[13] *H. Stadie*, DVBl. 1991, 613 (614ff.).
[14] BVerwGE 81, 185 (186); 112, 221 (224); ebenso etwa OVG Magdeburg, NVwZ-RR 2009, 239.
[15] BVerwG, GewArch 2008, 163.

§ 79. Erlass des Verwaltungsakts

tisch. Zu Hause angekommen, ärgert sich der B, ruft den Sachbearbeiter an und versucht ihm zu verdeutlichen, dass nicht er, sondern ihm nicht bekannte verschiedene Mieter die Gegenstände werfen würden. Wenn die Behörde „etwas von ihm wolle, wolle er das schriftlich haben". Daraufhin schickt die Behörde dem B ein Schreiben, in dem sie „bestätigt", dass sie aus den ihm bekannten Gründen dem B aufgebe, für ein Ende der Wurfübungen aus den Dachfenstern zu sorgen.

I. Form und Bestimmtheit

Dem **Erlass eines VAs** kommt für das Verwaltungsverfahrensrecht eine besondere Bedeutung zu, weil der Erlass nach § 9 VwVfG den **Endpunkt des Verwaltungsverfahrens** im Sinne der §§ 9ff. VwVfG markiert. Nach diesem Zeitpunkt enden grundsätzlich die an die Durchführung eines Verwaltungsverfahrens anknüpfenden Rechte und Pflichten (→ § 72 Rn. 25). Da ausweislich des § 9 Hs. 2 VwVfG das Verwaltungsverfahren den Erlass des VAs noch einschließt, enthält das VwVfG diesbezügliche Regelungen. 1

Nach § 37 I VwVfG muss ein **VA inhaltlich hinreichend bestimmt** sein. Sein Adressat muss erkennen können, was von ihm gefordert wird.[1] Dadurch soll vermieden werden, dass der Adressat etwas tut, was gar nicht gewollt ist, oder im nachhinein z. B. Streit darüber entsteht, ob eine geforderte Leistung bereits erbracht wurde.[2] Die Bestimmtheit eines VAs ist auch wegen seiner Funktion als Vollstreckungstitel notwendig.[3] Im Einzelnen richten sich die Anforderungen an die notwendige Bestimmtheit eines VAs nach den Besonderheiten des jeweils anzuwendenden und mit dem VA umzusetzenden materiellen Rechts.[4] 2

> **Beispiel:** Damit der Bauherr die zulässigen Nutzungen und Drittbetroffene die Intensität der Berührung ihrer Interessen zweifelsfrei feststellen können, muss eine Baugenehmigung Inhalt, Reichweite und Umfang der genehmigten Nutzung eindeutig erkennen lassen.[5]

Das Bestimmtheitsgebot wird jedenfalls noch nicht verletzt, solange sich der Inhalt eines VAs durch Auslegung bestimmen lässt. Hierzu kann auch die Begründung des VAs herangezogen werden. Allerdings muss der VA aus sich heraus verständlich sein; die Bezugnahme auf Unterlagen, die dem Adressaten nicht zur Verfügung stehen, scheidet als Konkretisierungsmittel aus. Als zu unbestimmt angesehen wurde etwa ein Zahlungsbescheid an mehrere Personen, bei dem nicht klar war, ob diese als Gesamtschuldner oder nur anteilig zur Zahlung herangezogen werden.[6] Ordnet der VA einen Eingriff in Grundrechte des Adressaten, z. B. in Form einer erkennungsdienstlichen Behandlung an, muss das verlangte Verhalten eindeutig benannt werden.[7]

Im **Fall 65** ist das an B gerichtete Gebot, für ein Ende der Würfe aus den Dachfenstern zu sorgen, inhaltlich bestimmt. Mit welchem Mittel der B dies erreichen soll, muss nicht im Einzelnen benannt werden.

---

[1] BVerwGE 84, 335 (338); OVG Lüneburg, NordÖR 2004, 167 (168).
[2] OVG Münster, NWVBl. 1996, 69f.
[3] BVerwGE 84, 335 (338).
[4] BVerwGE 84, 335 (338); OVG Greifswald, NVwZ 2007, 21.
[5] OVG Münster, BauR 2005, 1459 (1460).
[6] OVG Berlin, BRS 63 Nr. 231.
[7] OVG Lüneburg, NordÖR 2004, 167 (168).

Genügt der VA nicht den Bestimmtheitsanforderungen des § 37 I VwVfG, so ist er *materiell* rechtswidrig.

3 Grundsätzlich ist für VAe keine bestimmte **Form** vorgeschrieben; sie können schriftlich, elektronisch, mündlich oder in anderer Weise, zum Beispiel durch Handzeichen, erlassen werden (§ 37 II VwVfG). Häufig wird aber in Spezialvorschriften, wie etwa für die Baugenehmigung, aus Gründen der Rechtssicherheit ein Schriftformerfordernis aufgestellt. Wird ein VA zunächst mündlich oder elektronisch erlassen, so muss die Behörde ihn schriftlich oder (bei mündlichem VA) elektronisch bestätigen, wenn hieran ein berechtigtes Interesse besteht und der Betroffene dies unverzüglich verlangt (§ 37 II 2, 3 VwVfG). Das berechtigte Interesse kann rechtlicher, wirtschaftlicher und sogar ideeller Art sein.

> Um die Bestätigung eines mündliches VAs im Sinne von § 37 II 2 VwVfG handelt es sich in **Fall 65** nicht. Während des Besuchs des B auf der Behörde ist ihm gegenüber kein VA erlassen worden (→ Rn. 13). Der Erlass geschah erst durch das an B gerichtete Schreiben. Der Unterschied ist für den Lauf der Rechtsbehelfsfristen von Bedeutung.

Ein schriftlicher oder elektronischer VA muss die erlassende Behörde erkennen lassen und die Unterschrift bzw. Namenswiedergabe des Behördenleiters, seines Vertreters oder seines Beauftragten enthalten (§ 37 III VwVfG). Bei einem mit Hilfe einer automatischen Einrichtung erlassenen VA können Unterschrift und Namenswiedergabe fehlen (§ 37 V VwVfG).

Zu beachten ist, dass die Schriftform grundsätzlich nur dann durch die **elektronische Form** ersetzt werden kann, wenn das elektronische Dokument den Anforderungen des § 3a II 2 VwVfG genügt, also mit einer qualifizierten elektronischen Signatur nach dem Signaturgesetz versehen ist. Eine einfache e-Mail genügt diesen Anforderungen nicht.[8] Allerdings können auch e-Mails oder andere elektronische Handlungsformen schriftformersetzend wirken, wenn dies – wie in § 37 III 1 VwVfG durch die Formulierung „schriftlicher oder elektronischer VA" – ausdrücklich zugelassen worden ist.[9]

Verstöße gegen die Anforderungen des § 37 III VwVfG führen nur im Fall des § 44 II Nr. 1 VwVfG zur Nichtigkeit des VAs. Im Übrigen führt der Formmangel nur zur Rechtswidrigkeit des VAs, wobei § 46 VwVfG eine Aufhebung des VAs wegen des Formmangels ausschließt (→ § 81 Rn. 17).

II. Begründung

4 Ein schriftlicher oder elektronischer VA muss begründet werden.[10] Das in § 39 I VwVfG enthaltene **Begründungserfordernis** verfolgt drei Zwecke:

- Zunächst dient es der Selbstkontrolle der Verwaltung. Sie muss sich überlegen, ob ihre Entscheidung in tatsächlicher und rechtlicher Hinsicht tragfähig ist.
- Ausgehend von der Begründung des VAs kann sich der Bürger über dessen Rechtmäßigkeit und die Einlegung von Rechtsbehelfen Gedanken machen.
- Die Gerichte überprüfen die in Frage stehende Behördenentscheidung vor allem anhand ihrer Begründung.

---

[8] VGH Kassel, NVwZ-RR 2006, 377.
[9] *Ziekow,* VwVfG § 3a Rn. 7 m.w.N.
[10] Dazu *F. Schoch,* Jura 2005, 757.

§ 79. Erlass des Verwaltungsakts

In der Begründung des VAs hat die Behörde die wesentlichen tatsächlichen und rechtlichen Gründe mitzuteilen, welche sie zu ihrer Entscheidung bewogen haben. Bei einer Ermessensentscheidung sollen auch diejenigen Gesichtspunkte angegeben werden, von denen die Behörde bei der Ausübung ihres Ermessens ausgegangen ist (§ 39 I 2, 3 VwVfG). Bei einem Ermessens-VA ist eine fehlende Begründung ein Hinweis auf einen inhaltlichen Ermessensfehler.[11] In den in § 39 II VwVfG genannten Fällen, beispielsweise wenn dem Betroffenen die Auffassung der Behörde über die Sach- und Rechtslage bereits bekannt oder ohne weiteres erkennbar ist, ist eine Begründung nicht erforderlich.

So verhält es sich in **Fall 65**: Warum die Behörde gegen den B vorgehen will, war ihm bereits während seines Besuchs auf der Behörde im einzelnen dargelegt worden.

III. Adressat
1. Allgemeine Grundsätze

Die Angabe des Adressaten gehört zu den von § 37 I VwVfG verlangten Bestimmtheitsanforderungen. An wen ein VA zu richten ist, bestimmt sich nach dem einschlägigen materiellen Recht. Fehlt es an einer diesbezüglichen ausdrücklichen Regelung, lässt sich der richtige Adressat der Verfügung oft aus dem Gesamtzusammenhang entnehmen. So muss sich die Rücknahme eines VAs, welche auf die Beseitigung eines durch diesen begründeten Rechtsverhältnisses zielt, an denjenigen richten, demgegenüber das Rechtsverhältnis begründet wurde. Im Regelfall ist dies der Adressat des ursprünglichen VAs.[12]

5

2. Der Adressat polizeilicher Maßnahmen

Vor allem im Polizeirecht stellt sich die Frage nach den möglichen Adressaten einer polizeilichen Maßnahme. Eine **Gefahr im Sinne des Polizei- und Ordnungsrechts** kann entweder durch die Verwaltung selbst, die für die Gefahr Verantwortlichen oder sonstige Personen beseitigt werden. Weil Gefahrenabwehrmaßnahmen regelmäßig mit Eingriffen in den Rechtskreis einer Person verbunden sind, sind sie primär gegen die für die Gefahr Verantwortlichen zu richten. Die Landespolizeigesetze unterscheiden zwischen der so genannten Verhaltens- und Zustandsverantwortlichkeit, wobei der Verantwortliche vielfach auch als „Störer" bezeichnet wird. Die Regelungen in den Landespolizeigesetzen zu den Adressaten von Gefahrenabwehrmaßnahmen können als allgemeine Bestimmungen im gesamten Bereich der Gefahrenabwehr – beispielsweise im Wasserrecht – ergänzend zur Anwendung kommen, sofern keine abschließenden Sonderregelungen bestehen.

6

---

[11] Strenger VGH Mannheim, VBlBW 2015, 78 (80): Fehlende Begründung führt immer zu Ermessensfehler.
[12] BVerwG, NVwZ-RR 2000, 196 (197).

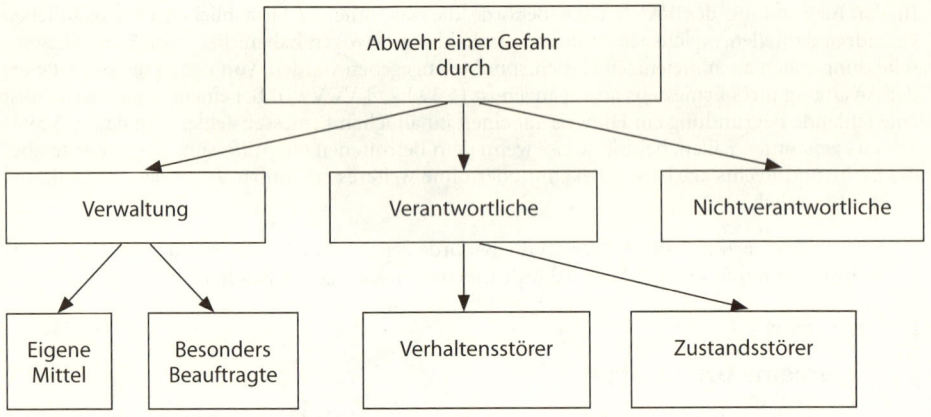

7   Subjekte der Polizei- und Ordnungspflicht sind immer nur Personen. Im Interesse einer **effektiven Gefahrenabwehr** wird die Verantwortlichkeit im Polizeirecht *objektiv*, also losgelöst von der Frage des Verschuldens, der Handlungs- oder Deliktsfähigkeit der jeweiligen Person bestimmt. Aus diesem Grund können auch Kinder oder Betrunkene Adressaten von Gefahrenabwehrmaßnahmen sein. Zu den polizeipflichtigen Personen gehören alle natürlichen und juristischen Personen des Privatrechts.

Auch wenn **Hoheitsträger** (Bund, Länder, Gemeinden, Kreise etc.) gemäß Art. 20 III GG materiell an die Polizeirechtsvorschriften gebunden sind und dementsprechend die öffentliche Sicherheit und Ordnung nicht gefährden dürfen, fehlt nach der wohl überwiegenden Meinung den Polizei- und Ordnungsbehörden die Kompetenz, Hoheitsträger zu Gefahrenabwehrmaßnahmen heranzuziehen. Nach der gesetzlichen Kompetenzordnung ist jeder Hoheitsträger für die Gefahrenabwehr in seinem Bereich selbst zuständig. Im Falle seines Nichthandelns muss gegebenenfalls die Aufsichtsbehörde einschreiten.[13] Ausnahmen von diesem Grundsatz werden zum einen im Bereich der erwerbswirtschaftlichen Betätigung und der fiskalischen Hilfsgeschäfte der öffentlichen Hand gemacht.[14] Zum anderen kann sich aus spezialgesetzlichen Regelungen die Möglichkeit des polizeilichen Vorgehens gegen einen Hoheitsträger ergeben. So können die Immissionsschutzbehörden auf der Grundlage des § 24 S. 1 BImSchG gegen alle, auch öffentlich-rechtliche Anlagenbetreiber vorgehen. Dies wird aus einer Gesamtschau der immissionsschutzrechtlichen Vorschriften sowie der besonderen Sachkunde und Fachkompetenz dieser Behörden entnommen.[15]

a) Verhaltensverantwortlichkeit

8   Als Adressat einer polizeilichen Verfügung kommt zunächst der Verhaltensstörer in Betracht. Das ist diejenige Person, die eine Gefahr verursacht hat (§ 6 I PolG BW; Art. 7 I BayPAG; § 5 I BbgPolG; § 6 I NSOG; § 4 I PolG NW). Das die Verantwortlichkeit auslösende Verhalten kann in einem positiven Tun liegen, aber auch in einem Unterlassen bei Existenz einer öffentlich-rechtlichen Pflicht zum Handeln. Nach der vorherrschenden Theorie der *unmittelbaren* Verursachung ist Verhaltensstörer nur, wer mit seiner Handlung die Gefahrengrenze überschreitet und die Gefahr insoweit unmittelbar ver-

---

[13] So z. B. VGH Kassel NVwZ 2002, 889f.; BVerwGE 29, 52 (59f.); *Schenke*, Polizei- und Ordnungsrecht, Rn. 234; für eine Inanspruchnahme auch von Hoheitsträgern dagegen *F. Schoch*, JuS 1994, 849 (852f.). Lesen Sie *dens.*, Jura 2005, 324.
[14] *Schenke*, Polizei- und Ordnungsrecht Rn. 237.
[15] BVerwGE 117, 1 (3ff.).

ursacht, als er die wesentliche Bedingung für diese setzt.¹⁶ Dies kann nicht durch generalisierende Zuordnungen, sondern nur durch eine wertende Betrachtung, wer die wesentliche Ursache für den Eintritt der polizeirechtlich relevanten Störung gesetzt hat, im Einzelfall festgestellt werden.¹⁷ Parkt C sein Auto ordnungsgemäß und führt erst das spätere Parken des Autos von D auf der gegenüberliegenden Straßenseite dazu, dass die Straße für LKWs nicht mehr passierbar ist, ist bloß D Verhaltensstörer. C hat sich ordnungsgemäß verhalten. Erst D hat mit seiner Handlung die wesentliche Ursache für die Entstehung der Gefahr gesetzt.¹⁸

> Verhaltensstörer ist in **Fall 65** nicht B, sondern sind die Mieter, die die Wurfgeschosse auf die Straße werfen.

In Einzelfällen kann die Bestimmung der polizeirechtlichen Verursachung einer Gefahr erhebliche Schwierigkeiten bereiten, weil aus einer Vielzahl ursächlicher Verhaltensweisen eingrenzend diejenigen zu ermitteln sind, die bei wertender Betrachtungsweise eine polizeirechtliche Zurechnung rechtfertigen. Zur Vermeidung unbilliger Ergebnisse betrachtet die herrschende Meinung den **Zweckveranlasser** als Verhaltensstörer.¹⁹ Dieser verhält sich selbst zwar rechtmäßig und führt durch sein Verhalten auch keine Störung der öffentlichen Sicherheit und Ordnung herbei. Weil er aber die unmittelbare Gefahrenverursachung durch einen anderen beabsichtigt bzw. billigend in Kauf nimmt (so die subjektive Theorie)²⁰ oder das Entstehen einer Gefahr durch einen anderen typische Folge seines Verhaltens ist (so die objektive Theorie),²¹ wird ihm dieses Verhalten zugerechnet. Zweckveranlasser ist zum Beispiel der Geschäftsinhaber, der durch eine Aufsehen erregende Schaufensterreklame Verkehrsbehinderungen durch einen Massenauflauf vor seinem Geschäft provoziert.²²

9

Verhaltensstörer ist als **Anscheinsstörer** auch derjenige, der eine Anscheinsgefahr (→ § 68 Rn. 9) verursacht²³. Dabei setzt die polizeiliche Inanspruchnahme als Anscheinsstörer voraus, dass das „Verhalten (der betreffenden Person) objektiv geeignet ist, bei Dritten den Eindruck zu erwecken, es drohe ein Schaden für ein polizeilich geschütztes Rechtsgut".²⁴

Die Landespolizeigesetze kennen auch eine Verantwortlichkeit für fremdes Verhalten. Ist eine Person noch nicht 14 bzw. (in BW) 16 Jahre alt oder ist für sie ein Betreuer bestellt, können gefahrenabwehrende Maßnahmen auch gegen die aufsichtspflichtige Person gerichtet werden. Hat ein Verrichtungsgehilfe in Ausführung einer Verrichtung eine Gefahr verursacht, kann zudem sein „Auftraggeber" zur Gefahrenabwehr herangezogen werden (§ 6 II, III PolG BW; Art. 7 II, III BayPAG; § 5 II, III BbgPolG; § 6 II, III NSOG; § 4 II, III PolG NW).

b) Zustandsverantwortlichkeit

Geht die Gefahr von einer Sache oder einem Tier aus, kann die Polizei ihre Maßnahmen gegenüber demjenigen treffen, der im Zeitpunkt der Gefahrenabwehrmaßnahme

10

---

[16] OVG Koblenz, LKRZ 2009, 59; OVG Lüneburg, DÖV 2006, 123 (124); OVG Münster, NWVBl. 2003, 320; VGH Mannheim, DVBl. 2013, 119 (120).
[17] VGH Mannheim, DVBl. 2013, 119 (120).
[18] VG Freiburg, VBlBW 1994, 212 (213).
[19] **Lesen** Sie bitte *F. Schoch*, Jura 2009, 360 ff.
[20] VGH Kassel, NVwZ 1992, 1111 (1113); VGH Mannheim, ZUR 2002, 227 (229 f.).
[21] OVG Lüneburg, NVwZ 1988, 638 (639); VGH Mannheim, ZUR 2002, 227 (229 f.).
[22] *F. Schoch*, JuS 1994, 932 (934).
[23] OVG Münster, DVBl. 2013, 931 (932).
[24] VGH Mannheim DVBl. 2011, 245 (246).

der Inhaber der tatsächlichen Gewalt (§ 7 PolG BW; Art. 8 I BayPAG; § 6 I BbgPolG; § 7 I NSOG; § 5 I PolG NW) oder ihr Eigentümer bzw. sonst Berechtigter ist, sofern die tatsächliche Gewalt nicht ohne deren Willen ausgeübt wird (Art. 8 II BayPAG; § 6 II BbgPolG; § 7 II NSOG; § 5 II PolG NW). Grund für die **Zustandsverantwortlichkeit** ist, dass die genannten Personen die Sachherrschaft ausüben, also auf die Sache einwirken und aus ihrer Nutzung Vorteile ziehen können.[25] Dementsprechend ist es Voraussetzung für die Inanspruchnahme als Zustandsstörer, dass der Eigentümer überhaupt die Möglichkeit hat, durch Ausübung seiner Sachherrschaft den Eintritt der Störung zu verhindern. Dies beispielsweise dann nicht der Fall, wenn ihm die Sache gestohlen worden ist oder ein von ihm nicht beeinflussbares Naturereignis, z. B. ein Felssturz von einem oberhalb seines Grundstücks gelegenen Abhang, droht.[26]

Die an den Zustandsstörer gerichtete Verfügung (z. B. eine Anordnung zur Beseitigung eines baurechtswidrigen Gebäudes) verpflichtet jedoch nur den Adressaten der Verfügung, nicht aber andere Personen, in deren Rechte durch die Verfügung eingegriffen wird (z. B. Mieter oder Miteigentümer des Gebäudes). Im Verhältnis zu diesen Personen ist die polizeiliche oder ordnungsbehördliche Verfügung (z. B. die Beseitigungsanordnung) nur vollstreckbar, wenn diese Personen zuvor durch **Duldungsverfügung** zur Duldung der Vollstreckung verpflichtet worden sind.[27] Zu beachten ist, dass die Duldungsverfügung keine Rechtmäßigkeitsvoraussetzung der (Grund-)Verfügung ist, sondern nur deren Vollstreckung betrifft.

In **Fall 65** ist der B zwar Eigentümer des Mehrfamilienhauses, aber gleichwohl nicht Zustandsverantwortlicher. Denn von der fraglichen Sache, dem Haus, geht keine Gefahr aus, weder von seinem Zustand noch von seiner Lage im Raum.[28] Die Gefahr wird allein durch das Handeln der unbekannten Mieter ausgelöst. Dass es für die Behörde möglicherweise leichter ist, gegen den B vorzugehen als die fraglichen Mieter zu ermitteln, macht den B nicht zum Zustandsstörer.[29]

Einschränkungen der Zustandsverantwortlichkeit ergeben sich aus dem Übermaßverbot, insbesondere dem Grundsatz der Verhältnismäßigkeit. So kann die **Anordnung von Sanierungsmaßnahmen** gegenüber dem Grundstückseigentümer unzumutbar sein, wenn die Kosten der Maßnahme den Verkehrswert des Grundstücks überschreiten und die von dem Grundstück ausgehende Gefahr auf Naturereignissen, der Allgemeinheit zuzurechnenden Ursachen oder dem Verhalten Dritter beruht.[30] Gleiches gilt, wenn das zu sanierende Grundstück den wesentlichen Teil des Vermögens des Pflichtigen bildet und die Grundlage seiner Lebensführung und seiner Familie darstellt. Sollte allerdings der Eigentümer einer Sache das Gefahrenrisiko bewusst in Kauf genommen haben, darf seine Belastung über den Verkehrswert hinausgehen.[31] Bei expliziter Regelung können sich die Gefahrenabwehrmaßnahmen auch gegen den früheren Eigentümer einer inzwischen herrenlosen Sache richten (Art. 8 III BayPAG; § 6 III BbgPolG; § 7 III NSOG; § 5 III PolG NW).

---

[25] BVerfGE 102, 1 (17 ff.); VGH Mannheim, DVBl. 2013, 119 (120).
[26] VGH Mannheim DVBl. 2012, 119 (120).
[27] Vgl. OVG Münster, BauR 2014, 1276; BauR 2014, 1450.
[28] Zu diesen Voraussetzungen der Zustandsverantwortlichkeit VGH Mannheim, DVBl. 2013, 119 (120).
[29] Vgl. OVG Münster, NWVBl. 2005, 177 (178): Keine Zustandsverantwortlichkeit bei Auslösung der Gefahr durch Missbrauchshandlung eines Dritten.
[30] OVG Münster, NJW 2010, 1988 (1989).
[31] BVerfGE 102, 1 (20 f.).

§ 79. Erlass des Verwaltungsakts

c) Nichtstörer

Einen **Nichtstörer** kann die Polizei nur ausnahmsweise zur Gefahrenbeseitigung heranziehen, wenn nämlich ein polizeilicher Notstand vorliegt. Voraussetzung ist, dass (1.) eine gegenwärtige und erhebliche Gefahr abzuwenden ist, (2.) Maßnahmen gegen den eigentlich Verantwortlichen nicht oder nicht rechtzeitig möglich sind oder keinen Erfolg versprechen, (3.) die Polizei die Gefahr nicht oder nicht rechtzeitig selbst oder durch Beauftragte abwenden kann und (4.) die Nichtstörer ohne erhebliche eigene Gefährdung und ohne Verletzung höherwertiger Pflichten in Anspruch genommen werden können. Polizeiliche Maßnahmen gegenüber einem Nichtstörer dürfen nur aufrechterhalten werden, solange eine Abwehr der Gefahr nicht auf andere Weise möglich ist (§ 9 PolG BW; Art. 10 BayPAG; § 7 BbgPolG; § 8 NSOG; § 6 PolG NW). Falls der Nichtstörer durch seine Inanspruchnahme einen Schaden erleidet und von keinem anderen Ersatz verlangen kann, steht ihm ein Entschädigungsanspruch zu (§ 55 PolG BW; Art. 70 BayPAG; § 70 BbgPolG i. V. m. § 38 BbgOBG; § 80 NSOG; § 67 PolG NW i. V. m. §§ 39 ff. OBG NW).

11

Weil die **Anscheinsgefahr** gefahrenabwehrrechtlich einer objektiven Gefahrenlage gleichgestellt wird (→ § 68 Rn. 9), hat dies auch Konsequenzen für die Störer-Problematik: Derjenige, der als Verantwortlicher einer Anscheinsgefahr erscheint, darf als *Anscheinsstörer* zur Gefahrenabwehr herangezogen werden.[32] Im Gegensatz zu den wirklichen Störern muss ein Anscheinsstörer aber nicht stets für die Kosten der polizeilichen Maßnahme aufkommen. Stellt sich im Nachhinein heraus, dass objektiv gar keine Gefahr vorlag, kann der Anscheinsstörer wie ein Nichtstörer Entschädigung für seine Heranziehung verlangen (→ § 88 Rn. 13 f.).

d) Störerauswahl

Sind mehrere Personen für einen Gefahrenzustand verantwortlich, muss sich die anordnende Polizeibehörde darüber Gedanken machen, ob sie alle oder nur einzelne Störer zur Gefahrenbeseitigung heranziehen will. Pauschale Aussagen zur vorrangigen Heranziehung etwa des Verhaltensstörers vor dem Zustandsstörer[33] bzw. desjenigen, der die zeitlich letzte Gefahrenursache gesetzt hat,[34] übersehen, dass die Auswahl unter mehreren Störern eine Ermessensentscheidung ist. Daraus folgt, dass von der Polizei diejenige Person zur Gefahrenabwehr heranzuziehen ist, welche die Gefahrenlage am schnellsten und wirksamsten beseitigen kann.[35] Erst wenn mehrere Störer eine Gefahr gleichermaßen gut beseitigen können, können weitere Faktoren, wie der Grundsatz der gerechten Lastenverteilung, das Maß der Verursachung und die finanzielle Leistungsfähigkeit, bei der Ermessensentscheidung berücksichtigt werden. Von der Inanspruchnahme zur Gefahrenabwehr auf der Primärebene zu unterscheiden ist die Kostenverteilung auf der Sekundärebene. Hat die Behörde die Erfüllung der polizeirechtlichen Pflicht mehrerer Störer im Wege der Ersatzvornahme (→ § 80 Rn. 6) durchgesetzt, so muss sie die Störer zum Kostenersatz nach dem Grundsatz der gerechten Lastenverteilung heranziehen.[36]

12

---

[32] VGH München, NVwZ-RR 1996, 645 (646); *F. Schoch*, JuS 1994, 932 (934).
[33] VGH München, BayVBl. 1993, 147 (148: „in der Regel"); gegen diesen Grundsatz auch BVerfGE 102, 1 (19).
[34] VGH Mannheim, DVBl. 1950, 475 (477).
[35] OVG Münster, NVwZ-RR 2013, 678 (680); VGH Mannheim, NVwZ-RR 2012, 387 (388).
[36] VGH Mannheim, NVwZ-RR 2012, 387 (389).

Umstritten ist, ob der von der Polizei- oder Ordnungsbehörde in Anspruch genommene Störer gegen die übrigen – von der Behörde nicht herangezogenen – Störer einen gesamtschuldnerischen Ausgleichsanspruch in analoger Anwendung des § 426 BGB hat. Ein solcher Anspruch wird vom wohl überwiegenden Teil der Literatur bejaht[37]. Demgegenüber weist die Rechtsprechung zutreffend darauf hin, dass die zweite Voraussetzung einer Analogie, die Vergleichbarkeit der Regelungssituation, nicht erfüllt ist. Der in einzelnen Regelungen normierte Gesamtschuldnerausgleich mehrerer Störer (vgl. § 24 II 1 BBodSchG) stellt gerade keinen verallgemeinerbaren Rechtsgrundsatz dar.[38]

IV. Bekanntgabe

13 Ein VA wird erst mit seiner Bekanntgabe wirksam (§ 43 I VwVfG). Ein nicht bekannt gegebener Bescheid ist rechtlich nicht existent.[39] In Klausuren bedeutsam wird die Frage nach der Bekanntgabe eines VAs vor allem im Zusammenhang mit der Untersuchung, ob ein Rechtsbehelf gegen einen VA fristgemäß eingelegt wurde (→ § 92 Rn. 7 f.). Der VA ist demjenigen **Beteiligten bekannt zu geben,** für den er bestimmt ist oder der von ihm betroffen wird; bei Bestellung eines Bevollmächtigten kann die Bekanntgabe *auch* ihm gegenüber erfolgen (§ 41 I VwVfG)[40]. Richtet sich ein VA an mehrere Personen, ist er jeder von ihnen bekannt zu geben. Er wird in diesen Fällen für den Einzelnen erst in dem Augenblick mit der Bekanntgabe an ihn wirksam. Allerdings liegt ein VA bereits dann objektiv vor, wenn er nur einer Person wirksam bekannt gegeben wurde. Ab diesem Zeitpunkt kann ein Drittbetroffener den VA auch dann schon anfechten, wenn ihm selbst gegenüber noch keine Bekanntgabe erfolgt ist.[41]

Eine Bekanntgabe eines VAs liegt nur vor, wenn die zuständige Behörde in amtlicher Eigenschaft dem Adressaten des VAs bzw. dem davon Betroffenen wissentlich und willentlich dessen Inhalt eröffnet. Es genügt demnach nicht, wenn der Einzelne durch Zufall, eine private Mitteilung oder eine unzuständige Behörde von dem in Frage stehenden VA Kenntnis erlangt.[42]

> Dementsprechend ist dem B in **Fall 65** während seines Besuchs auf der Behörde ein VA, der ihm ein Einschreiten gegen das Verhalten seiner Mieter gebieten würde, nicht bekannt gegeben worden. Die beiläufige Erwähnung durch den Sachbearbeiter anlässlich eines anderen Gesprächs ist ebenso wenig eine amtlich veranlasste Kenntnisnahme wie das „Erspähen" des VA-Entwurfs durch den B. Gleiches würde gelten, wenn eine nichtberechtigte Person, z. B. eine Reinigungskraft, ein auf dem Tisch des Sachbearbeiters liegendes Schreiben absenden würde.

14 Sofern von Gesetzes wegen keine besonderen **Anforderungen an die Bekanntgabe** eines VAs bestehen, kann diese auf jede geeignete Weise, zum Beispiel mündlich, geschehen. Ein VA kann auch durch Fernkopie (Telefax) bekannt gegeben werden.[43] Da der VA eine empfangsbedürftige Willenserklärung darstellt, kann ein mündlicher VA

---

[37] Vgl. nur *D. Kugelmann,* Polizei- und Ordnungsrecht, 2. Aufl. 2012, 8. Kap. Rn. 80; *Schenke,* Polizei- und Ordnungsrecht Rn. 288 ff.
[38] BGH, NVwZ-RR 2014, 759 (760) m.w.N.
[39] OVG Münster, NVwZ-RR 2006, 521 (522).
[40] Gleichwohl wird der VA durch Bekanntgabe an den Betroffenen auch dann wirksam, wenn ein Bevollmächtigter bestellt ist, vgl. VGH Mannheim, NVwZ-RR 2006, 154 (155) m.w.N.
[41] OVG Magdeburg, NVwZ-RR 2008, 747.
[42] VGH Mannheim, VBlBW 2012, 431.
[43] OVG Lüneburg, NJW 2002, 1969.

nur gegenüber Anwesenden bekannt gegeben werden. Ein schriftlicher VA muss in den Machtbereich des Empfängers (z. B. durch Einwurf in den Briefkasten) gelangt sein. Auf die tatsächliche Kenntnisnahme kommt es dann nicht an. Die Bekanntgabe ist vielmehr zu dem Zeitpunkt erfolgt, zu dem bei gewöhnlichem Verlauf mit der Kenntnisnahme durch den Empfänger zu rechnen ist.[44] Ein schriftlicher VA gilt bei der Übermittlung durch die Post im Inland am dritten Tag nach der Aufgabe zur Post, ein elektronisch übermittelter VA am dritten Tag nach seiner Absendung als bekannt gegeben, es sei denn, der VA ist nicht oder zu einem späteren Zeitpunkt zugegangen (§ 41 II VwVfG). Im letzteren Fall kommt es also auf den späteren – tatsächlichen – Zugangszeitpunkt an. Ist der VA hingegen tatsächlich vor Ablauf der Drei-Tages-Frist zugegangen, so kommt es gleichwohl für den Beginn von Widerspruchsfristen etc. auf den Zeitpunkt an, an dem die Drei-Tages-Frist abgelaufen ist.

§ 41 IV VwVfG regelt die **öffentliche Bekanntgabe** eines VAs, welche in der ortsüblichen Bekanntmachung des verfügenden Teils besteht. In dieser ist darauf hinzuweisen, wo der VA und seine Begründung eingesehen werden können. Eine öffentliche Bekanntgabe kommt u. a. bei Allgemeinverfügungen (→ § 74 Rn. 19ff.) in Betracht (§ 41 III 2 VwVfG). Verkehrsschilder werden nach der Straßenverkehrsordnung durch ihre Aufstellung öffentlich bekannt gegeben. Wurde ein Verkehrszeichen so angebracht, dass es ein durchschnittlicher Kraftfahrer mit einem raschen und beiläufigen Blick erfassen kann, äußert es seine Rechtswirkungen gegenüber jedem von der Regelung betroffenen Verkehrsteilnehmer unabhängig davon, ob er es tatsächlich wahrnimmt oder nicht.[45]

Eine besondere Form der Bekanntgabe ist die im Verwaltungszustellungsgesetz des Bundes bzw. den entsprechenden Landesgesetzen geregelte **Zustellung**. Die Zustellung erfolgt durch die Übergabe eines Schriftstücks in Urschrift, Ausfertigung oder beglaubigter Abschrift oder in dem Vorlegen der Urschrift. Praxisrelevante Zustellungsarten sind vor allem die Zustellung durch die Post mittels Zustellungsurkunde (§ 3 VwZG) sowie die Zustellung durch die Post mittels Einschreibens (§ 4 VwZG). Das bloße Einwurfeinschreiben durch die Post reicht mangels Übergabe für die Zustellung nach dem VwZG nicht.[46] Die Bekanntgabe durch Zustellung ist immer zu wählen, wenn dies – etwa für den Widerspruchsbescheid (→ § 92) in § 73 III VwGO – durch Rechtsvorschrift oder behördliche Anordnung vorgeschrieben ist (§ 1 II VwZG). Lässt sich die formgerechte Zustellung eines Dokuments nicht nachweisen oder ist es unter Verletzung zwingender Zustellungsvorschriften zugegangen, gilt es nach § 8 VwZG als in dem Zeitpunkt zugestellt, in dem es dem Empfangsberechtigten tatsächlich zugegangen ist.

15

§ 80. Verwaltungsvollstreckung

Fall 66: V hat sein Auto wie gewohnt vor seinem Haus geparkt und dabei übersehen, dass dort wegen der Vorbereitung und Durchführung eines Marathon-Laufs in zwei Tagen ein Haltverbot angeordnet worden ist. Polizeibeamter P klingelt an seiner Tür und fordert den V auf, sein Fahrzeug umgehend zu entfernen. Sollte der V dem nicht nachkommen, so werde P das Abschleppen des Autos durch ein Abschleppunternehmen auf Kosten des V in Auftrag geben. Da V nicht tätig geworden ist, der P nicht rechtzeitig ein dienstbereites Abschleppunternehmen erreicht hat und das geparkte Fahrzeug eine erhebliche Gefahr für die Läufer bedeutet, möchte P das Auto kurz vor Beginn des Laufs durch einen polizeieigenen Abschleppwagen entfernen lassen.

---

[44] BVerwG Buchholz 316 § 41 VwVfG Nr. 2.
[45] BVerwGE 102, 316 (318f.).
[46] BVerwGE 112, 78 (79f.).

I. Grundlagen

1 Anders als Privatpersonen kann die Verwaltung Ge- und Verbote, die in einem VA enthalten sind, ohne gerichtliche Hilfe durchsetzen. Bei der Verwaltungsvollstreckung handelt es sich um die verfahrensrechtlich besonders ausgestaltete **zwangsweise Durchsetzung öffentlich-rechtlicher Verpflichtungen** durch eine Behörde in einem besonderen Verfahren. Sofern keine Spezialvorschriften einschlägig sind, erfolgt die Vollstreckung durch eine Bundesbehörde nach dem Verwaltungsvollstreckungsgesetz des Bundes. Ergänzende Regelungen finden sich in dem Gesetz über den unmittelbaren Zwang bei Ausübung öffentlicher Gewalt durch die Vollzugsbeamten des Bundes. Vollstreckt eine Landesbehörde, gilt das Verwaltungsvollstreckungsgesetz des entsprechenden Landes. Überwiegend enthalten die Landespolizei- bzw. allgemeinen Ordnungsgesetze vollstreckungsrechtliche Sonderregelungen, welche den allgemeinen Vollstreckungsbestimmungen vorgehen.

Da die Vollstreckungsvorschriften auf Bundes- und Landesebene vielfach übereinstimmen, werden bei der nachfolgenden Darstellung die Normen des Verwaltungsvollstreckungsgesetzes des Bundes zu Grunde gelegt. Weil in Klausuren aber meist Vollstreckungsmaßnahmen durch eine Landesbehörde zu beurteilen sind, sollte das jeweilige Landesrecht parallel gelesen werden, um sich über etwaige Abweichungen vom Regelungsmodell des Bundes bewusst zu werden.

Das Verwaltungsvollstreckungsgesetz unterscheidet zwei Arten der Verwaltungsvollstreckung: die Vollstreckung von Geldforderungen und die Erzwingung von Handlungen, Duldungen oder Unterlassungen.

II. Allgemeine Vollstreckungsvoraussetzungen

2 Unabhängig davon, ob es sich um die Vollstreckung von Geldforderungen oder zur Erzwingung von Handlungen, Duldungen oder Unterlassungen handelt, müssen bestimmte allgemeine Vollstreckungsvoraussetzungen vorliegen. Es muss

1. ein **VA mit vollstreckungsfähigem Inhalt,** d. h. ein befehlender VA (Gebot oder Verbot) vorliegen, der
2. **unanfechtbar** (→ § 81 Rn. 4) **oder sofort vollziehbar** (→ § 106 Rn. 5ff.) ist (dieser Grundsatz des § 6 I VwVG gilt der Sache nach auch für die Vollstreckung von Geldleistungsbescheiden), es sei denn, es liegt eine der
3. **Ausnahmen** vor, dass der Verwaltungszwang ohne vorausgehenden VA angewendet werden kann (§ 6 II VwVG; → Rn. 11), eine Unterwerfung unter die sofortige Vollstreckung gemäß § 61 VwVfG hinsichtlich der Pflichten aus einem öffentlich-rechtlichen Vertrag vorliegt oder aufgrund von Sonderregelungen beispielsweise auch die Durchsetzung privatrechtlicher Geldforderungen in der Verwaltungsvollstreckung zulässig ist.

> Im **Fall 66** ist das gegenüber V ausgesprochene Gebot, sein Fahrzeug zu entfernen, ein VA mit vollstreckungsfähigem Inhalt. Er ist aber mangels Ablaufs der Rechtsbehelfsfrist nicht unanfechtbar und auch nicht sofort vollziehbar, da der P nicht seinen sofortigen Vollzug angeordnet hat. Die Voraussetzungen des § 80 II Nr. 2 VwGO sind nicht erfüllt: Zwar handelt es sich um die Anordnung eines Polizeivollzugsbeamten. Jedoch ist sie zum Zeitpunkt des Erlasses des VAs nicht unaufschiebbar, weil noch kein sofortiges polizeiliches Einschreiten erforderlich ist.[1] Die Voraussetzungen des § 6 I VwVG für eine Vollstreckung sind mithin nicht erfüllt.

---

[1] Vgl. zu dieser Voraussetzung A. *Puttler*, in: Sodan/Ziekow § 80 Rn. 64.

III. Vollstreckung wegen Geldforderungen

In den §§ 1 ff. VwVG wird die Vollstreckung öffentlich-rechtlicher Geldforderungen geregelt. **Voraussetzung für die Vollstreckung** ist das Vorliegen eines Leistungsbescheids, durch den der Schuldner zur Leistung aufgefordert wurde, sowie die Fälligkeit der Leistung. Außerdem muss eine Frist von einer Woche seit der Bekanntgabe des Leistungsbescheids bzw., wenn die Leistung erst später fällig wird, einer Woche nach dem Zeitpunkt der Fälligkeit abgelaufen sein (§ 3 II VwVG). Diese Zeitspanne ist für die freiwillige Leistungserbringung durch den Schuldner notwendig. Gemäß § 3 III VwVG „soll" der Schuldner vor der Anordnung der Vollstreckung mit einer Zahlungsfrist von einer weiteren Woche besonders gemahnt werden.

Eingeleitet wird das **Vollstreckungsverfahren** mit der Vollstreckungsanordnung (§ 3 I VwVG). Diese ist gegenüber dem Bürger kein VA, weil sie lediglich den Auftrag der Gläubigerbehörde an die Vollstreckungsbehörde zur Durchführung der Vollstreckung enthält.[2] Die anzuwendenden Vollstreckungsvorschriften ergeben sich gemäß § 5 I VwVG aus der Abgabenordnung.

Gerichtlichen Rechtsschutz kann der Bürger nicht gegen die Vollstreckungsanordnung als rein behördeninternen Akt, sondern nur entweder gegen den Leistungsbescheid oder gegen die auf die Vollstreckungsanordnung folgenden Vollstreckungsmaßnahmen erlangen. Ist der Bürger der Auffassung, die gegen ihn erhobene Forderung ist nicht gerechtfertigt, so muss er gegen den Leistungsbescheid vorgehen. Einwendungen in der Sache selbst können gegen Vollstreckungsmaßnahmen nicht mehr vorgebracht werden. Die Vollstreckung ist auch dann rechtmäßig, wenn der Leistungsbescheid rechtswidrig, aber weder nichtig noch aufgehoben worden ist. Gegenüber Vollstreckungsmaßnahmen kann nur gerügt werden, dass entweder die Vollstreckungsvoraussetzungen nicht vorliegen oder die einzelne Vollstreckungsmaßnahme bzw. die Art und Weise ihrer Durchführung rechtswidrig ist.

IV. Erzwingung von Handlungen, Duldungen oder Unterlassungen

Gemäß § 6 I VwVG kann ein VA, der auf die **Herausgabe einer Sache oder auf die Vornahme einer Handlung, Duldung oder Unterlassung** gerichtet ist, mit den in § 9 VwVG genannten Zwangsmitteln durchgesetzt werden, wenn die in Rn. 2 genannten Voraussetzungen vorliegen. In § 6 I VwVG wird die Rechtmäßigkeit des GrundVAs nicht als Vollstreckungsvoraussetzung genannt. Diese ist auf jeden Fall belanglos, wenn der Einzelne den jeweiligen VA unanfechtbar werden lässt. Umstritten ist die Behandlung derjenigen Fälle, in denen ein noch anfechtbarer VA vollstreckt werden soll. Zum Teil wird aus der Vorschrift des § 18 I 3 VwVG im Umkehrschluss entnommen, dass sich die Einwendungen gegen die Grundverfügung auch auf die Rechtmäßigkeit der Vollstreckungsmaßnahme auswirken.[3] Demgegenüber kommt es nach dem BVerwG für die Beurteilung der Vollstreckungsmaßnahme nicht auf die Rechtmäßigkeit des zu vollstreckenden VAs an, weil lediglich seine Wirksamkeit (→ § 81 Rn. 1 f.) Bedingung für die Verwaltungsvollstreckung ist.[4]

> Unabhängig davon, ob die in **Fall 66** gegenüber V ausgesprochene Anordnung, sein Fahrzeug zu entfernen, rechtmäßig ist oder nicht, kann sie vollstreckt werden, wenn die für die Vollstreckung geltenden Voraussetzungen erfüllt sind.

---

[2] BVerwG, NJW 1961, 332 f.
[3] VGH Kassel, DVBl. 1964, 690 (691).
[4] BVerwG, NJW 1984, 2591 (2592); NVwZ 2009, 122; s. auch BVerfG, NVwZ 1999, 290 (292); *H.-U. Erichsen/D. Rauschenberg*, Jura 1998, 31 (37).

1. Zwangsmittel

6   In § 9 VwVG sind die möglichen Zwangsmittel zur Vollstreckung des VAs abschließend aufgezählt:

- Bei der **Ersatzvornahme** wird eine vertretbare Handlung, d. h. eine solche, deren Vornahme durch einen anderen möglich ist, durch einen von der Vollzugsbehörde beauftragten Dritten (Fremdvornahme) auf Kosten des Pflichtigen ausgeführt (§ 10 VwVG). Beseitigt Hauseigentümer E seinen Schwarzbau nicht freiwillig, so kann die Vollstreckungsbehörde einen Dritten privatrechtlich mit dem Abriss beauftragen und von E anschließend den Ersatz der dadurch entstandenen Kosten verlangen. E muss die Durchführung der Ersatzvornahme dulden und der Behörde die anfallenden Kosten erstatten. Keine vertretbaren Handlungen sind solche, die der Pflichtige nur höchstpersönlich erfüllen kann (z. B. Ableistung des Wehrdienstes). In einigen Bundesländern wird auch die Selbstvornahme durch die Verwaltung zur Ersatzvornahme gezählt. Bundesrechtlich ist die Vornahme der Handlung durch die Vollzugsbehörde dem unmittelbaren Zwang zuzurechnen (§ 12 VwVG).

   In **Fall 66** hätte es sich bei dem angedrohten Abschleppen des Autos des V durch ein Abschleppunternehmen um eine Ersatzvornahme gehandelt. Aus bundesrechtlicher Sicht ist das Abschleppen durch die Polizei selbst als Ausübung unmittelbaren Zwangs zu bewerten.

7   - Ein **Zwangsgeld** (§ 11 VwVG) wird die Verwaltung vor allem bei unvertretbaren Handlungen verhängen, die durch einen anderen nicht vorgenommen werden können und nur vom Willen des Pflichtigen abhängen. Der Pflichtige soll durch das Zwangsgeld dazu gebracht werden, seine in dem GrundVA festgelegte Pflicht zu erfüllen. Nach Bundesrecht ist die Verhängung eines Zwangsgelds auch bei vertretbaren Handlungen möglich, wenn die Ersatzvornahme untunlich ist. Dies gilt insbesondere, wenn der Ersatzpflichtige zur Tragung der Kosten der Ersatzvornahme außerstande ist. Die Höhe des Zwangsgelds beträgt bis zu 25.000 Euro (§ 11 I, III VwVG). Da es der Erzwingung eines Verhaltens des Pflichtigen und nicht seiner Bestrafung dient, kann es auch neben einer Strafe oder einem Bußgeld und so oft wiederholt angedroht werden, bis die Verpflichtung erfüllt wird (§ 13 VI 1 VwVG). Dabei ist es nicht erforderlich, dass zunächst ein noch nicht gezahltes Zwangsgeld beigetrieben wird, bevor ein weiteres Zwangsgeld angedroht oder festgesetzt wird.[4a] Bei Uneinbringlichkeit des Zwangsgelds kann auf Antrag der Vollzugsbehörde das VG unter den Voraussetzungen des § 16 VwVG die Ersatzzwangshaft anordnen.

8   - **Unmittelbarer Zwang** ist nach § 12 VwVG sowohl der von der Vollzugsbehörde gegenüber dem Pflichtigen ausgeübte Zwang, die Handlung, Duldung oder Unterlassung vorzunehmen, als auch die Eigenvornahme der Handlung durch die Behörde. Konkretisierend definiert § 2 I UZwG als unmittelbaren Zwang die Einwirkung auf Personen oder Sachen durch körperliche Gewalt, ihre Hilfsmittel (z. B. Fesseln, Wasserwerfer, technische Sperren, § 2 III UZwG) und durch Waffen, d. h. dienstlich zugelassene Hieb- und Schusswaffen, Reizstoffe und Explosivmittel (§ 2 IV UZwG). Ein Beispiel für den Einsatz unmittelbaren Zwangs ist die gewaltsame Auflösung einer Demonstration. Zum unmittelbaren Zwang darf stets nur als *ultima ratio* gegriffen werden, nämlich wenn die Ersatzvornahme und das Zwangsgeld nicht zum Ziel führen oder untunlich sind (§ 12 VwVG).

[4a] OVG Münster, BauR 2015, 1643 (1644).

§ 80. Verwaltungsvollstreckung

Da kurz vor Beginn des Marathon-Laufs in **Fall 66** keine anderen Möglichkeiten zur Entfernung des die Läufer gefährdenden Fahrzeugs des V mehr zur Verfügung stehen, sind diese Voraussetzungen erfüllt.

2. Vollstreckungsverfahren

Das Verwaltungsvollstreckungsverfahren gliedert sich in die drei Abschnitte Androhung, Festsetzung und Anwendung des Zwangsmittels: 9

- Das Zwangsverfahren beginnt mit der schriftlichen **Androhung** des Zwangsmittels (§ 13 VwVG). Dadurch soll dem Betroffenen vor Augen geführt werden, mit welchen Folgen er bei der Nichterfüllung seiner in einem VA titulierten Pflichten zu rechnen hat, um ihn zu einer freiwilligen Erfüllung anzuhalten.[5] Dementsprechend ist in der Androhung eine Frist zu bestimmen, innerhalb der dem Pflichtigen der Vollzug billigerweise zugemutet werden kann. Gemäß § 13 II VwVG kann die Androhung mit dem GrundVA verbunden werden oder gesondert ergehen. Die Androhung muss sich auf ein *bestimmtes* Zwangsmittel beziehen (§ 13 III 1 VwVG). Die überwiegende Ansicht sieht in der Androhung eines Zwangsmittels einen selbständigen VA.[6] Nach der Regelung in § 18 I 1 VwVG sind gegen sie dieselben Rechtsmittel wie gegen den GrundVA gegeben. Zu beachten ist jedoch, dass gemäß § 80 II 2 VwGO in Verbindung mit dem Landesrecht Widerspruch und Anfechtungsklage gegen Maßnahmen in der Verwaltungsvollstreckung keine aufschiebende Wirkung haben. Die Androhung kann wiederholt erfolgen, auch wenn eine vorangegangene Androhung noch nicht zur Erfüllung der Verpflichtung geführt hat.[6a]

In **Fall 66** hat der P zwar zulässigerweise die Androhung der Ersatzvornahme mit der Anordnung zum Entfernen des Fahrzeugs verbunden (§ 13 II 1 VwVG). Auch ist die Androhung hinsichtlich der Auswahl des Zwangsmittels hinreichend bestimmt (§ 13 III 1 VwVG). Doch genügt die Androhung nicht den weiteren Voraussetzungen, dass die Androhung schriftlich erfolgen muss (§ 13 I 1 VwVG) und der für die Ersatzvornahme anzusetzende Kostenbetrag vorläufig zu veranschlagen ist (§ 13 IV 1 VwVG). Zur Bestimmung der Frist zur Erfüllung der zu vollstreckenden Verpflichtung (§ 13 I 2 VwVG) ist die Aufforderung zur „umgehenden" Entfernung des Autos nicht ausreichend. Fehlen diese Voraussetzungen, liegt keine Androhung im Sinne von § 13 VwVG vor, die Grundlage des weiteren Vollstreckungsverfahrens sein könnte.[7] Für die Frage der Rechtmäßigkeit des schließlich durch Eigenkräfte der Polizei durchgeführten Abschleppens spielt dies allerdings keine Rolle, weil P insoweit zum sofortigen Vollzug übergegangen ist (→ Rn. 11).

- Wird die Verpflichtung innerhalb der in der Androhung bestimmten Frist nicht erfüllt, wird von der Vollzugsbehörde das Zwangsmittel festgesetzt (§ 14 VwVG). Eine Pflicht zur Festsetzung eines angedrohten Zwangsmittels besteht allerdings nicht. Wie alle Akte im Verwaltungsvollstreckungsverfahren steht auch die Festsetzung im Ermessen der Behörde.[7a] Dieses ist allerdings dahingehend intendiert, dass die Festsetzung jedenfalls im Regelfall zu erfolgen hat.[7b] Auch die **Festsetzung** stellt einen 10

---

[5] OVG Brandenburg, GewArch. 2002, 28.
[6] BVerwGE 82, 243 (246); *H.-U. Erichsen/D. Rauschenberg,* Jura 1998, 31 (38).
[6a] OVG Münster, BauR 2015, 1643 (1644).
[7] Vgl. VGH Mannheim, NVwZ-RR 1996, 612 (613); für Nichtigkeit der Androhung VGH Kassel, NVwZ 1982, 514; 1990, 584. A. M. VGH Mannheim, NVwZ-RR 1992, 591.
[7a] OVG Münster, BauR 2015, 1643 (1644).
[7b] OVG Münster, BauR 2015, 1643 (1644).

VA dar.⁸ Eine Festsetzung ist nach der Rechtsprechung entbehrlich, wenn der Pflichtige den VA mit Sicherheit nicht befolgen wird.⁹

- Das Vollstreckungsverfahren endet mit der **Anwendung des Zwangsmittels,** wie es festgesetzt wurde. Sie besteht beim Zwangsgeld in dessen Beitreibung, bei der Ersatzvornahme nimmt der Beauftragte die auszuführende Handlung vor. Die Anwendung des Zwangsmittels muss verhältnismäßig sein, insbesondere ist nach § 15 III VwVG der Vollzug einzustellen, sobald sein Zweck erreicht ist. Die Rechtsnatur der Anwendung des Zwangsmittels ist äußerst umstritten. Richtigerweise wird in ihr mangels Regelungswirkung ein Realakt erblickt,¹⁰ der mit der Leistungs- oder Feststellungsklage anzugreifen ist. Die Rechtsprechung sieht demgegenüber in ihr einen VA. Der Einzelne werde zur Duldung des konkret zur Anwendung kommenden Zwangsmittels verpflichtet.¹¹

V. Sofortiger Vollzug und unmittelbare Ausführung

11 Oft erweist sich die Einhaltung des gestuften Verwaltungszwangsverfahrens als zu zeitaufwändig. § 6 II VwVG eröffnet deshalb die Möglichkeit zur Anwendung des Verwaltungszwangs ohne vorausgehenden VA. Voraussetzung ist, dass der **sofortige Vollzug** zur Verhinderung einer rechtswidrigen Tat, die einen Straf- oder Bußgeldtatbestand verwirklicht, oder zur Abwendung einer drohenden Gefahr notwendig ist und die Behörde hierbei innerhalb ihrer gesetzlichen Befugnisse handelt. „Notwendig" ist der sofortige Vollzug, wenn die Gefahr nicht durch andere, schonendere Maßnahmen beseitigt und die Durchführung eines gestreckten Verfahrens nicht abgewartet werden kann. Beim sofortigen Vollzug bedarf es keiner vorherigen Androhung und Festsetzung des Zwangsmittels (§§ 13 I 1, 14 S. 2 VwVG). Auf die Vorschrift zum sofortigen Vollzug ist nach ihrem Sinn und Zweck auch dann zurückzugreifen, wenn zwar ein VA vorliegt, aus den genannten Gründen aber eine gestreckte Verfahrensweise zu langwierig ist.¹²

> In **Fall 66** kommt es daher auf die Wirksamkeit der Anordnung nicht an. Weil den Läufern nunmehr eine unmittelbare Gefahr drohte, hat der P das gestreckte Vollstreckungsverfahren verlassen und ist zum sofortigen Vollzug übergegangen, dessen Voraussetzungen vorliegen.

12 Schwierigkeiten bereitet die Bestimmung des Verhältnisses zwischen dem sofortigen Vollzug und der in den Landespolizeigesetzen vorgesehenen **unmittelbaren Ausführung** einer Maßnahme. Letztere erlaubt es der Polizei, auf Kosten des Störers Maßnahmen selbst oder durch einen Beauftragten auszuführen, wenn deren Zweck durch eine Inanspruchnahme des Störers nicht oder nicht rechtzeitig erreicht werden kann. Obwohl der Regelungsbereich beider Institute weitgehend deckungsgleich ist, sind in einigen Landespolizeigesetzen sofortiger Vollzug und unmittelbare Ausführung nebeneinander vorgesehen (Art. 9 I, 53 II BayPAG; §§ 8 I, 47 II HessSOG; §§ 70a, 81 MVSOG; §§ 9, 53 II SOG LSA). Um dieser gesetzlichen Differenzierung gerecht zu werden, müssen die beiden Institute in den betreffenden Bundesländern (aber auch *nur* dort) voneinander unterschieden werden. Zur Abgrenzung ist auf den mutmaßlichen Willen des Pflichtigen abzustellen: Bei einer Brechung seines Willens handelt es sich um den sofortigen Vollzug, im Falle seines (mutmaßlichen) Einverständnisses (z. B. Rettung eines Ertrinkenden) um eine unmittelbare Ausführung.¹³

---

⁸ BVerwG, NVwZ 1997, 381 (382); *F. Schoch,* JuS 1995, 307 (311).
⁹ BVerwG, NVwZ 1997, 381 (382).
¹⁰ *H.-U. Erichsen/D. Rauschenberg,* Jura 1998, 31 (40); *Maurer* § 20 Rn. 24.
¹¹ BVerwGE 26, 161 (164).
¹² OVG Münster, NJW 1982, 2277; *H.-U. Erichsen/D. Rauschenberg,* Jura 1998, 31 (41).
¹³ *Erbguth* § 19 Rn. 20; *Schenke,* Polizei- und Ordnungsrecht Rn. 564.

§ 81. Fehlerhafte Verwaltungsakte

Wie bei der Anwendung eines Zwangsmittels wird auch die **Rechtsnatur des sofortigen Vollzugs** unterschiedlich beurteilt. Nach einer früher vertretenen Meinung fallen beim sofortigen Vollzug der zu vollstreckende VA, die Androhung, Festsetzung und Anwendung in einem VA zusammen.[14] Heute wird der sofortige Vollzug richtigerweise meist als Realakt eingestuft.[15] Obwohl nach der zuletzt genannten Ansicht eigentlich mit der allgemeinen Leistungs- oder Feststellungsklage gegen den sofortigen Vollzug vorzugehen wäre[16], sind nach § 18 II VwVG gegen ihn die Rechtsmittel zulässig, die gegen VAe gegeben sind. Der Betroffene muss also beim sofortigen Vollzug gegebenenfalls eine Anfechtungs- oder Fortsetzungsfeststellungsklage erheben.[17]

13

§ 81. Fehlerhafte Verwaltungsakte

Fall 67: X betreibt eine Gaststätte. Nachdem er mehrmals straffällig wurde, untersagt ihm die sachlich zuständige, aber örtlich unzuständige Behörde den weiteren Gaststättenbetrieb wegen seiner Unzuverlässigkeit. Da X vor Verfügungserlass auch nicht angehört wurde, ohne dass Gründe für ein Absehen hiervon vorlagen, fragt er sich, welche Konsequenzen diese Fehler haben. Zugleich legt er Widerspruch gegen den ausführlich begründeten und mit einer Rechtsmittelbelehrung versehenen VA ein. Wie ist die Rechtslage?

I. Wirksamkeit eines Verwaltungsakts

Ein von einer Behörde erlassener VA erzeugt nur dann Rechtswirkungen im Einzelfall, wenn er wirksam ist. Sollte sich seine Unwirksamkeit herausstellen, muss der Betroffene ihn von Anfang an nicht befolgen und darf die Verwaltung den Verfügungsinhalt nicht zwangsweise durchsetzen. Umgekehrt kann der Begünstigte von einer nicht wirksamen Begünstigung keinen Gebrauch machen. Nach § 43 I VwVfG wird ein VA gegenüber demjenigen, für den er bestimmt ist oder der von ihm betroffen wird, im Zeitpunkt seiner Bekanntgabe wirksam. Es kommt also allein auf die **Bekanntgabe des VAs** (→ § 79 Rn. 13ff.) an. Fehler, die der Behörde bei seinem Erlass unterlaufen sind, ändern grundsätzlich nichts an seiner Wirksamkeit. Lediglich wenn die Verwaltung einen besonders schweren und zugleich offensichtlichen Fehler im Sinne des § 44 VwVfG gemacht hat, ist ein VA nichtig und gemäß § 43 III VwVfG unwirksam. Sonst gilt der Inhalt des jeweiligen VAs, so wie er bekannt gegeben wurde. Wollte der jeweilige Sachbearbeiter der Verfügung eigentlich einen ganz anderen Inhalt geben, als dies nach außen sichtbar wurde, ist dieser Wille gemäß § 43 I 2 VwVfG unbeachtlich.

1

In der Regel soll der Inhalt eines VAs ab dem Augenblick befolgt werden, in dem er seinem Adressaten bekannt gegeben und damit wirksam wurde. Es kann jedoch vorkommen, dass einer Person in einem ihr am 1. 2. bekannt gegebenen VA aufgegeben wird, ab 1. 3. ihr Gewerbe einzustellen. In diesem Beispielsfall erlangt der VA am 1. 2. seine **äußere Wirksamkeit**. Ab diesem Moment ist er für den Betroffenen existent und als solcher maßgeblich. Sein Regelungsinhalt gilt aber erst ab dem 1. 3., seine **innere Wirksamkeit** ist also auf einen späteren Zeitpunkt hinausgeschoben. Will sich der Betroffene gegen diesen VA wehren, muss er innerhalb eines Monats ab seiner Bekanntgabe Widerspruch einlegen. Die Rechtsbehelfsfristen richten sich also nach dem Zeitpunkt der äußeren und nicht der inneren Wirksamkeit des VAs.

2

---

[14] *P. Kirchhof,* JuS 1975, 509 (511).
[15] *Maurer* § 20 Rn. 26; *Peine* Rn. 1309.
[16] So in der Tat *Maurer* § 20 Rn. 26; *Peine* Rn. 1309.
[17] So auch *Detterbeck* Rn. 1049.

In § 43 II VwVfG ist die **Beendigung der Wirksamkeit** eines VAs geregelt. Unwirksam wird ein VA, wenn er zurückgenommen, widerrufen, anderweitig aufgehoben oder durch Zeitablauf oder auf andere Weise erledigt ist. Rücknahme und Widerruf eines VAs erfolgen durch die Behörde (→ § 82), die anderweitige Aufhebung im Widerspruchsverfahren (→ § 92) oder durch das VG (→ § 98). Andererseits kann allein die jeweilige Sach- oder Rechtslage die Unwirksamkeit eines VAs auslösen und er sich durch Zeitablauf oder in sonstiger Weise erledigen (→ § 102 Rn. 4).

II. Folgen der Wirksamkeit

3 Der wirksame VA zeitigt folgende Wirkungen:

- Durch die **Bindungswirkung** sind die Adressaten des VAs (→ § 79 Rn. 5 ff.), die erlassende Behörde und ihre Träger sowie die durch den VA in ihren Rechten betroffenen Dritten an den im Regelungsausspruch (Tenor) des VAs zum Ausdruck gekommenen Regelungsgehalt gebunden[1].
- Ebenfalls auf den Entscheidungstenor bezieht sich die **Tatbestandswirkung,** durch die nicht von der Bindungswirkung erfasste Personen, Behörden und Gerichte den VA auch dann als gegeben hinzunehmen haben, wenn sie ihn für rechtswidrig halten.[2]
- Eine **Feststellungswirkung,** die eine Bindung über die getroffene Regelung hinaus auch an die dieser zugrunde gelegten tatsächlichen Feststellungen erzeugt, kommt dem VA nur in besonders geregelten Ausnahmefällen (z. B. § 42 AsylG) zu.
- Schließlich erwächst ein wirksamer VA bei Vorliegen bestimmter Voraussetzungen in **Bestandskraft.**

4 Legt der Einzelne gegen einen wirksamen VA nicht rechtzeitig Widerspruch oder Klage ein, kann der VA von den Gerichten selbst dann nicht mehr aufgehoben werden, wenn er eigentlich fehlerhaft ist. Ähnlich wie die rechtskräftigen gerichtlichen Urteile soll er verbindlich und dauerhaft sein. Nach seiner Zielsetzung soll der VA zu einer möglichst **rechtsbeständigen Regelung** des jeweiligen Einzelfalls führen und nicht jederzeit beliebig abgeändert werden. Da mit dem Ablauf der Rechtsbehelfsfristen der Inhalt des VAs endgültig feststeht, tritt dadurch Rechtssicherheit und Rechtsfriede ein. Der Bürger kann sich auf die Maßgeblichkeit seines Inhalts verlassen. Da die Verwaltung den VA jedoch auch in eigenen Angelegenheiten erlässt und im Verwaltungsrecht oft das Bedürfnis besteht, den Inhalt einer Verfügung an die aktuellen Verhältnisse anzupassen, ist er nicht in demselben Maße unabänderbar wie ein gerichtliches Urteil (→ § 96 Rn. 4). Deshalb wird im Verwaltungsrecht nicht von der Rechtskraft, sondern von der Bestandskraft der VAe gesprochen.

Die **formelle Bestandskraft** tritt ein, wenn der VA nicht mehr mit Rechtsbehelfen angefochten werden kann, er also unanfechtbar geworden ist.

> Im **Fall 67** wäre demzufolge die Untersagung des Gaststättenbetriebs formell bestandskräftig geworden, wenn X seinen Widerspruch erst nach Ablauf der einmonatigen Widerspruchsfrist (→ § 92 Rn. 7 ff.) eingelegt hätte.

Der Begriff der **materiellen Bestandskraft** meint, dass der unanfechtbare VA mit seinem bekannt gegebenen Inhalt gilt und von der Verwaltung lediglich unter eingeschränkten Voraussetzungen aufgehoben werden kann. Sowohl der Bürger als auch die Verwaltung sind an den Inhalt des ma-

---

[1] OVG Münster, NVwZ-RR 2013, 745.
[2] Zur Vereinbarkeit der Tatbestandswirkung mit Art. 19 IV GG BGH, NVwZ-RR 2008, 154 (156).

§ 81. Fehlerhafte Verwaltungsakte

teriell bestandskräftigen Bescheids gebunden. Dieser Grundsatz kann unter dem Gesichtspunkt der Durchsetzung des EU-Rechts Durchbrechungen erfahren.[3]

III. Nichtigkeit des Verwaltungsakts

Akte staatlicher Gewalt tragen die Vermutung ihrer Gültigkeit in sich.[4] Hiervon wird in seltenen Fällen eine Ausnahme gemacht. Nichtig und damit **von Anfang an unwirksam** sind solche VAe, bei denen die an eine ordnungsgemäße Verwaltung zu stellenden Anforderungen in so erheblichem Maße verletzt wurden, dass von niemandem erwartet werden kann, diese Maßnahmen als verbindlich anzuerkennen.[5] Unter welchen Voraussetzungen ein VA nichtig ist, regelt § 44 VwVfG. Abs. 1 enthält eine Generalklausel zur Bestimmung der Nichtigkeit, Abs. 2 nennt spezielle Nichtigkeitsgründe und in Abs. 3 sind solche Fehler aufgeführt, die nie die Rechtsfolge der Nichtigkeit auslösen. Die Nichtigkeit eines VAs ist in folgenden drei Schritten zu prüfen[6]:

5

> **Übersicht: Prüfung der Nichtigkeit eines VAs**
> (1) Liegt ein absoluter Nichtigkeitsgrund im Sinne des § 44 II VwVfG vor (Positivkatalog)?
> (2) Ist die Nichtigkeit nach § 44 III VwVfG ausgeschlossen (Negativkatalog)?
> (3) Ergibt sich die Nichtigkeit aus der Generalklausel des § 44 I VwVfG, weil ein schwerer und evidenter Fehler vorliegt?

1. Die absoluten Nichtigkeitsgründe des § 44 II VwVfG

§ 44 II VwVfG bestimmt positiv gewisse **Fehlerquellen, die stets zur Nichtigkeit eines VAs** führen. Liegt also einer der dort genannten absoluten Nichtigkeitsgründe vor, ist der VA immer unwirksam. Nichtig ist gemäß § 44 II Nr. 1 VwVfG ein schriftlicher VA, der die erlassende Behörde nicht erkennen lässt. Denn der Betroffene weiß nicht, bei welcher und gegen welche Behörde er einen Rechtsbehelf gegen die Verfügung einlegen soll. Unwirksam ist ein VA auch, wenn er nach einer Rechtsvorschrift nur durch die Aushändigung einer Urkunde erlassen werden kann, dies aber nicht geschehen ist (§ 44 II Nr. 2 VwVfG). Da die Einbürgerung einer Person die Aushändigung einer Urkunde voraussetzt (§ 16 StAG), entfaltet eine Einbürgerung ohne einen solchen Akt keine Wirkungen. Der absolute Nichtigkeitsgrund des § 44 II Nr. 3 VwVfG greift nur, wenn eine *örtlich* unzuständige Behörde eine Verfügung erlässt, die sich auf das unbewegliche Vermögen oder ein anderes ortsgebundenes Recht bezieht. Erlässt eine Baubehörde in München eine Abrissverfügung für ein Gebäude in Stuttgart, muss dieser VA nicht befolgt werden. Bei allen anderen VAen ohne Bezug auf das unbewegliche Vermögen ordnet § 44 III Nr. 1 VwVfG an, dass bei ihnen die Verletzung der Vorschriften über die örtliche Zuständigkeit nicht zur Nichtigkeit der jeweiligen Maßnahme führt.

6

> Aus diesem Grund ist die Untersagung des Gaststättenbetriebs im **Fall 67** nicht nichtig, da der VA allein auf die Unzuverlässigkeit des X abstellt.

Der Gesetzestext des § 44 II Nr. 3, III Nr. 1 VwVfG betrifft die örtliche Unzuständigkeit. Daher richtet sich die Beantwortung der Frage, ob ein von einer *sachlich* unzuständigen Behörde verfügter VA nichtig ist, nach § 44 I VwVfG.

---

[3] Dazu EuGH, DVBl. 2010, 242 (243 f.).
[4] BVerwG, SächsVBl. 2000, 238.
[5] BVerwG, SächsVBl. 2000, 238 (239).
[6] **Lesen** Sie dazu M. Will/Ch. Rathgeber, JuS 2012, 1057 ff.

Des Weiteren ist ein VA nichtig, wenn er aus tatsächlichen Gründen von niemandem ausgeführt werden kann (§ 44 II Nr. 4 VwVfG). Dieser absolute Nichtigkeitsgrund erfasst die Fälle der objektiven tatsächlichen Unmöglichkeit. Ohne weiteres leuchtet ein, dass – wie in § 44 II Nr. 5 VwVfG vorgesehen – ein VA unwirksam ist, wenn er von einer Person die Begehung einer Straftat oder einer Ordnungswidrigkeit verlangt. Gemäß § 44 II Nr. 6 VwVfG ist ein gegen die guten Sitten verstoßender VA nichtig.

2. Kein Ausschluss der Nichtigkeit nach § 44 III VwVfG

7   Die in dem Negativkatalog des § 44 III VwVfG genannten Fehler führen für sich allein nie zur Nichtigkeit, sondern allenfalls zur Aufhebbarkeit eines VAs.

3. Die Generalklausel des § 44 I VwVfG

8   Das Vorliegen **relativer Nichtigkeitsgründe** bestimmt sich nach der Generalklausel des § 44 I VwVfG. Danach ist ein fehlerhafter VA nicht immer, sondern nur dann nichtig, wenn er an einem besonders schwerwiegenden Fehler leidet und dies bei verständiger Würdigung aller in Betracht kommenden Umstände offensichtlich ist. Die Nichtigkeit wird also nur ausgelöst, wenn kumulativ sowohl das Schwere- als auch das Evidenzkriterium erfüllt sind.

- Für die Annahme eines **besonders schwerwiegenden Fehlers** reicht allein die Verletzung einer wichtigen Rechtsvorschrift nicht aus.[7] Erforderlich ist vielmehr, dass der dem VA anhaftende Fehler diesen schlechterdings unerträglich erscheinen lässt, weil er tragenden Verfassungsprinzipien oder wesentlichen Wertvorstellungen der Rechtsordnung zuwiderläuft.[8]
- Ob dieser **Fehler offensichtlich** ist, ist nicht aus der Sicht eines geschulten Juristen, sondern eines aufmerksamen und verständigen Durchschnittsbeobachters zu beurteilen. Ihm muss sich die Fehlerhaftigkeit des VAs ohne weiteres aufdrängen.[9] Dies ist unter anderem anzunehmen, wenn ihm der Mangel gleichsam „auf die Stirn geschrieben" ist.[10]

Alles in allem wird diese evidenzabhängige Nichtigkeit äußerst selten gegeben sein. Bejaht wurde sie zum Beispiel bei der Aufstellung eines Verkehrsschildes durch eine Forstbehörde[11] oder im Falle eines völlig unverständlichen VAs[12].

> Im **Fall 67** ist das Unterbleiben der nach § 28 I VwVfG erforderlichen Anhörung (→ § 72 Rn. 18) zwar gesetzwidrig. Darin liegt aber kein so schwerwiegender Fehler, dass der VA für die Rechtsordnung unerträglich ist. Da nach § 28 II VwVfG unter bestimmten Voraussetzungen von einer Anhörung abgesehen werden kann, ist darüber hinaus zweifelhaft, ob es sich hier um einen für einen geschulten Durchschnittsbeobachter offensichtlichen Fehler handelt. Auch wenn man neben der unterlassenen Anhörung den Verstoß gegen die örtliche Zuständigkeit berücksichtigt, ist der VA nicht dermaßen fehlerhaft, dass er als nichtig anzusehen ist.

9   Die Vorschrift des § 44 VwVfG ist auch dann maßgeblich, wenn der nationalen Verwaltung bei der **Durchführung von Unionsrecht** ein Fehler unterlaufen ist. Soweit dieses keine speziellen Fehlerregelungen vorsieht, kommen die formellen und materiellen Bestimmungen des nationalen

---

[7] BVerwGE 104, 289 (296).
[8] BVerwG, NJW 1985, 2658 (2659); SächsVBl. 2000, 238 f.
[9] OVG Münster, NVwZ 1988, 74.
[10] BSGE 17, 79 (83).
[11] BayObLG, NVwZ 1984, 399 f.
[12] OVG Koblenz, NVwZ 1990, 399.

§ 81. Fehlerhafte Verwaltungsakte

Rechts zur Anwendung. Aus dem Anwendungsvorrang des Unionsrechts folgt nicht, dass jeder Verstoß gegen das Europarecht die Nichtigkeit eines VAs nach sich zieht. Vielmehr muss auch hier ein besonders schwerer und evidenter Fehler vorliegen.[13] Bei der Auslegung dieser Begriffe ist jedoch darauf zu achten, dass das deutsche Fehlerfolgenregime die Wirksamkeit des Unionsrechts nicht beeinträchtigen darf.

4. Die Teilnichtigkeit

Nicht selten ist ein VA bloß zu einem Teil nichtig. So kann sich ein **VA aus mehreren Regelungen zusammensetzen,** aber lediglich in Bezug auf eine von ihnen ein Nichtigkeitsgrund verwirklicht sein. Hier muss geprüft werden, ob sich die Nichtigkeit auf diesen Teil beschränkt oder den gesamten VA ergreift. Auszugehen ist von § 44 IV VwVfG. Danach ist ein VA im Ganzen nichtig, wenn der nichtige Teil so wesentlich ist, dass die Behörde den VA ohne ihn nicht erlassen hätte. Teilnichtigkeit kommt danach nur in Betracht, wenn (1.) der VA teilbar ist, d. h. der verbleibende Teil eine eigenständige Bedeutung behalten würde, und (2.) die Behörde bei objektiver Betrachtungsweise die verbleibende Regelung getroffen haben würde. 10

5. Die Bedeutung und Feststellung der Nichtigkeit

Ein nichtiger VA ist gemäß § 43 III VwVfG unwirksam. Deshalb muss er von niemandem befolgt werden. Unwirksame VAe dürfen nicht vollstreckt werden. Da von einem nichtigen VA aber der Rechtsschein seiner Verbindlichkeit ausgeht, muss dieser beseitigt werden können. Aus diesem Grund können die Behörden nach § 44 V VwVfG die Nichtigkeit eines VAs jederzeit von Amts wegen feststellen. Auf Antrag müssen sie dies, wenn der Antragsteller hieran ein berechtigtes Interesse hat. Dies setzt voraus, dass der fragliche VA den Antragsteller in eigenen Rechten zumindest berührt.[14] Der Einzelne kann gemäß § 43 I VwGO eine Klage auf Feststellung der Nichtigkeit eines VAs erheben (→ § 101 Rn. 6). Da der Einzelne oft kaum wissen kann, ob ein VA nichtig oder rechtswidrig ist, kann er stattdessen auch eine Anfechtungsklage erheben (→ § 98 Rn. 3). Einer Verpflichtungsklage gegen die Behörde, gem. § 44 V VwVfG die Nichtigkeit des VAs durch einen (feststellenden) VA festzustellen, fehlt demgegenüber das Rechtsschutzbedürfnis.[15] 11

IV. Die Fehlerhaftigkeit eines Verwaltungsakts

Ist der Verwaltung beim Erlass eines VAs ein Fehler unterlaufen, der nicht zu seiner Nichtigkeit führt, ist der **VA rechtswidrig.** Der VA kann z. B. inhaltlich fehlerhaft sein, weil die Behörde einen maßgeblichen Rechtssatz übersehen oder unrichtig ausgelegt hat oder sie bei ihrer Entscheidung von einem unzutreffenden Sachverhalt ausgegangen ist. Da es für die Beurteilung der Rechtmäßigkeit (im Rahmen der Anfechtungsklage) auf den Zeitpunkt der letzten Behördenentscheidung ankommt (→ § 98 Rn. 11), führt eine spätere Aufhebung der Rechtsgrundlage des VAs nicht zu dessen Rechtswidrigkeit. Die Fehlerhaftigkeit kann sich aber auch daraus ergeben, dass eine unzuständige Behörde gehandelt hat oder ihr beim Erlass eines VAs ein Verfahrensfehler unterlaufen ist. Gemäß § 43 II VwVfG wird ein solcher VA trotz des Fehlers wirksam und bleibt dies auch, bis er von der Verwaltung oder in einem Gerichtsverfahren aufgehoben wird. Da ein unanfechtbarer VA bestandskräftig wird (→ Rn. 3 f.), muss der Betroffene gegen den fehlerhaften VA rechtzeitig Widerspruch bzw. Klage erheben, um dadurch seine Aufhebung zu erreichen. 12

---

[13] BVerwG, SächsVBl. 2000, 238 f.
[14] VGH Mannheim, VBlBW 2006, 386 (387).
[15] VGH Mannheim, VBlBW 2006, 386 (387). **Lesen Sie** zum Ganzen bitte *W.-R. Schenke,* JuS 2016, 97 ff.

Zu beachten ist, dass nach der Konzeption des Verwaltungsverfahrensgesetzes nicht jeder der Verwaltung unterlaufene Fehler dazu führen muss, dass eine Verfügung später aufzuheben ist. Deshalb ist vorab zu untersuchen, ob eine Unrichtigkeit gemäß § 42 VwVfG berichtigt werden kann, eine Heilung von Verfahrens- und Formfehlern nach § 45 VwVfG erfolgt ist, ein Verfahrens-, Form- oder Zuständigkeitsfehler gemäß § 46 VwVfG unbeachtlich ist oder ein fehlerhafter VA nach § 47 VwVfG umgedeutet werden kann.

1. Berichtigung von Unrichtigkeiten eines Verwaltungsakts

13   **Schreibfehler, Rechenfehler und ähnliche offenbare Unrichtigkeiten** in einem VA können gemäß § 42 VwVfG jederzeit von Amts wegen oder auf Antrag berichtigt werden. Vertippt sich zum Beispiel eine Behörde und verlangt nach dem Tenor ihres Bescheids eine Gebühr von 50 €, obwohl nach der Begründung des VAs eindeutig 500 € zu zahlen sind, liegt kein Rechenfehler im engeren Sinne vor. Sie kann den versehentlichen Schreibfehler jederzeit auch für die Vergangenheit berichtigen und stellt auf diese Weise nur klar, was wirklich gewollt ist.[16] § 42 VwVfG ist dagegen nicht einschlägig, wenn der Verwaltung ein Fehler in der Willensbildung unterlaufen ist, sie beispielsweise infolge der falschen Auslegung einer Rechtsnorm die Höhe einer Gebühr unrichtig festgesetzt hat.

2. Heilung und Beseitigung von Verfahrens- und Formfehlern
a) Heilung

14   Eine Verletzung der in § 45 I VwVfG genannten Verfahrens- und Formvorschriften ist unbeachtlich, sofern die unterbliebene Handlung nachgeholt wird. Der Gesetzgeber hat sich für die Möglichkeit der Heilung aus Gründen der Verfahrensökonomie entschieden. Es macht wenig Sinn, einen VA allein wegen der Verletzung gewisser Form- und Verfahrensvorschriften aufzuheben, wenn die Verwaltung sogleich wieder einen inhaltsgleichen VA unter Vermeidung dieses Fehlers erlässt. Während früher die unterbliebenen Handlungen lediglich bis zum Abschluss des Widerspruchsverfahrens nachgeholt werden konnten, können sie nunmehr zeitlich bis zum Abschluss der letzten Tatsacheninstanz eines verwaltungsgerichtlichen Verfahrens vorgenommen werden (§ 45 II VwVfG). § 45 I VwVfG benennt diejenigen Fehler, die einer Heilung zugänglich sind. Die Regelung ist für Verstöße gegen Verfahrensvorschriften des VwVfG abschließend.[17] Eine entsprechende Anwendung auf Verstöße gegen Verfahrensregeln außerhalb des VwVfG ist allerdings möglich, wenn der mit der Regelung verfolgte Zweck auch noch durch Nachholung erreicht werden kann.[18]

Erteilt eine Behörde eine Baugenehmigung, ohne dass eine solche zuvor beantragt wurde, wirkt sich dieser Verfahrensverstoß gemäß § 45 I Nr. 1 VwVfG nicht aus, wenn der für den Erlass dieses VAs erforderliche Antrag vom Begünstigten nachträglich gestellt wird. Hätte die Behörde einen VA nach § 39 I VwVfG begründen müssen, kann sie diesen Verstoß durch Nachholung der erforderlichen Begründung unbeachtlich machen (§ 45 I Nr. 2 VwVfG).

15   Im Fall 67 könnte die unterbliebene Anhörung des X nach § 45 I Nr. 3 VwVfG unbeachtlich sein. Danach tritt eine Heilung ein, wenn die Verwaltung die erforderliche Anhörung des Be-

---

[16] BVerwG, NVwZ 2000, 553 (554).
[17] *F. Hufen,* JuS 1999, 313 (316).
[18] BVerwG, NVwZ 1984, 578 (579); 2008, 1349 (150).

§ 81. Fehlerhafte Verwaltungsakte

teiligten nachholt.[19] Problematisch ist, dass die Behörde, welche die Verfügung erlassen hat, X nicht nachträglich ausdrücklich zur Stellungnahme aufgefordert hat. Aus diesem Grund könnte eine Heilung allein durch die Einlegung des Widerspruchs eingetreten sein, in dem X ausführlich zum rechtserheblichen Sachverhalt Stellung bezogen hat. In der Literatur wird zum Teil vertreten, eine unterbliebene Anhörung sei in einem gesonderten Verfahren nachzuholen. Da jedes Widerspruchsverfahren dem Betroffenen die Möglichkeit zur Stellungnahme eröffne, würden ansonsten fast alle Anhörungsfehler geheilt und der Sinn und Zweck des Anhörungsrechts nach § 28 I VwVfG weitgehend entwertet.[20] Das BVerwG nimmt demgegenüber in ständiger Rechtsprechung eine Heilung an. Bei der nachholenden Anhörung müsse dem Betroffenen Gelegenheit gegeben werden, sich zu den entscheidungserheblichen Tatsachen zu äußern. Ergeht ein mit Gründen versehener VA mit einer Belehrung darüber, dass gegen ihn innerhalb eines Monats Widerspruch eingelegt werden kann, sei sich der Betroffene bewusst, dass er jetzt die Gelegenheit hat, alle Einwände gegen den VA vorzubringen. Der Anhörungsmangel wird jedoch nicht allein durch die Einlegung des Widerspruchs geheilt. Die Behörde muss darüber hinaus das Vorbringen des Betroffenen zur Kenntnis nehmen und dieses bei ihrer Entscheidung über den Widerspruch in Erwägung ziehen.[21] Wenn also die Verwaltung im Widerspruchsverfahren die Stellungnahme von X bei ihrer Entscheidung mitberücksichtigt, wird im Ausgangsfall die Anhörung nachgeholt. Voraussetzung für die Möglichkeit der Heilung ist, dass die vom Betroffenen in der Anhörung vorgetragenen Gesichtspunkte von der Behörde überhaupt noch in ihrem Entscheidungsprozess berücksichtigt werden können. Dies ist beispielsweise dann nicht der Fall, wenn der betreffende VA bereits vollzogen ist[22], z. B. auf eine baurechtliche Beseitigungsverfügung hin das Gebäude abgerissen worden ist.

b) Ergänzendes Verfahren

Fehler des VAs können nicht nur durch Heilung nach § 45 VwVfG beseitigt werden. Auch außerhalb des Planfeststellungsrechts, für das das sog. ergänzende Verfahren in § 75 I a 2 VwVfG ausdrücklich vorgesehen ist, kann die Behörde den formell oder materiell rechtswidrigen VA nach § 48 VwVfG aufheben und das Verfahren soweit „zurückdrehen", wie es erforderlich ist, um den Fehler zu beseitigen. Von diesem Punkt aus ist das Verfahren dann nach Fehlerbehebung (nochmals) zu Ende zu führen.[23]

16

3. Unbeachtlichkeit von Verfahrens-, Form- und Zuständigkeitsfehlern

Aus Gründen der Verfahrensökonomie kann bei einer Verletzung der Vorschriften über das Verfahren, die örtliche Zuständigkeit oder die Form nicht die Aufhebung des VAs verlangt werden, wenn offensichtlich ist, dass der **Gesetzesverstoß die Entscheidung in der Sache nicht beeinflusst** hat. Irrelevant sind lediglich die dort genannten Gesetzesverstöße. Da § 46 VwVfG nur die örtliche Unzuständigkeit erwähnt, weist ein von einer sachlich unzuständigen Behörde erlassener VA immer einen beachtlichen Verfahrensfehler auf und ist im Rechtsbehelfsverfahren aufzuheben.[24] Des Weiteren muss offensichtlich sein, dass der Gesetzesverstoß die Entscheidung in der Sache nicht beeinflusst hat. Zu bejahen ist dies regelmäßig bei gebundenen Entscheidungen oder im Falle einer Ermessensreduzierung auf Null. Im Einzelfall kann aber auch bei einer Er-

17

---

[19] **Lesen** Sie dazu bitte *A. Guckelberger,* JuS 2011, 577 ff.
[20] *D. Ehlers,* Jura 1996, 617 (621); vgl. *F. Schnapp/A. Cordewener,* JuS 1999, 147 (148).
[21] BVerwGE 66, 111 ff.; 66, 186 ff.
[22] VGH Kassel, DVBl. 2015, 1067 (1068).
[23] OVG Münster, NWVBl. 2005, 339; eingehend *W. Durner,* VerwArch 2006, 345.
[24] BVerwG, NJW 2005, 2330 (2332).

messensentscheidung – ausnahmsweise – kein Zweifel daran bestehen, dass auch die örtlich zuständige Behörde keinen anderen VA als den erlassenen verfügt hätte.[25] Kann nicht ausgeschlossen werden, dass die Verwaltung ohne den Fehler eine andere Sachentscheidung getroffen hätte, ist dieser Mangel dagegen immer beachtlich.

> Im **Fall 67** kann X wegen § 46 VwVfG nicht die Aufhebung der Untersagungsverfügung verlangen. Die unterbliebene Anhörung ist ein Verfahrensverstoß, der ebenso wie das Handeln der örtlich unzuständigen Behörde in den Anwendungsbereich des § 46 VwVfG fällt. Da gemäß § 35 I GewO die Ausübung des Gewerbes bei Unzuverlässigkeit zu untersagen ist, es sich also um eine gebundene Entscheidung handelt, hätte die Verwaltung auch bei einem ordnungsgemäßen Verfahren offensichtlich keine andere Entscheidung in der Sache gefällt.

Sind die Voraussetzungen des § 46 VwVfG erfüllt, so schließt die Vorschrift den Anspruch des Betroffenen auf Aufhebung des VAs aus. Der VA ist also zwar rechtswidrig, doch ist ein gegen ihn eingelegter **Rechtsbehelf wegen des Eingreifens des** § 46 VwVfG unbegründet. Der Betroffene ist also nicht i. S. v. § 113 I 1 VwGO *durch* die Rechtswidrigkeit des VAs in seinen Rechten verletzt.[26]

Zu beachten ist, dass die Anwendung des § 46 VwVfG spezialgesetzlich ausgeschlossen sein kann. So führt das Fehlen einer erforderlichen **Umweltverträglichkeitsprüfung** oder Vorprüfung gemäß § 4 UmwRG zur Aufhebung der erteilten Genehmigung.[27] Gleiches gilt, wenn die Umweltverträglichkeitsprüfung fehlerhaft durchgeführt worden ist.[28]

4. Umdeutung eines fehlerhaften Verwaltungsakts

18 Unter den Voraussetzungen des § 47 VwVfG kann ein rechtswidriger oder auch nichtiger VA in einen inhaltlich rechtmäßigen umgedeutet werden. Eine Umdeutung ist möglich, wenn der fehlerhafte und der fehlerfreie VA auf das gleiche Ziel gerichtet sind und der umgedeutete VA von der Behörde in der geschehenen Verfahrensweise und Form rechtmäßig hätte erlassen werden können. Außerdem müssen die Voraussetzungen für den Erlass des umgedeuteten VAs gegeben sein. Eine Umdeutung ist auch durch das Gericht möglich.[29]

> **Übersicht: Prüfung der Rechtmäßigkeit eines Verwaltungsakts**
>
> 19   Prüfungsübersicht VA
>
> (I) Benennung der Ermächtigungsgrundlage für den VA (→ § 75 Rn. 2 f.)
>
> (II) Formelle Rechtmäßigkeit des VAs
> (1) Zuständigkeit der Behörde (sachlich, örtlich, instantiell; → § 72 Rn. 7)
> (2) Ordnungsgemäßes Verfahren (→ § 72 Rn. 14 ff.)

---

[25] Zur Notwendigkeit einer Einzelfallprüfung auch bei Ermessens-, Beurteilungs- und Planungsentscheidungen BVerwG, NVwZ 2008, 795 (796).
[26] BVerwGE 65, 287 (289f.).
[27] BVerwG, NVwZ 2012, 557 Rn. 17.
[28] EuGH, NVwZ 2014, 49 Rn. 52 f. – Altrip; 2015, 1665 Rn. 58 ff.. A. M. noch BVerwG, NVwZ 2012, 557 Rn. 17.
[29] VGH München, NVwZ-RR 2005, 787 (791) m.w.N. Zur Umdeutung eingehend *A. Leopold*, Jura 2006, 895.

(3) Form des VAs (→ § 79 Rn. 1ff.)
(4) Bekanntgabe (→ § 79 Rn. 13ff.)
(5) Begründung (→ § 79 Rn. 4)
(6) Formelle Fehler
   (a) Nichtigkeit des VAs? (→ Rn. 5ff.)
   (b) Heilung nach § 45 VwVfG (→ Rn. 14f.)
   (c) Ergänzendes Verfahren? (→ Rn. 16)
   (d) Wenn (a)–(c) zu verneinen: Rechtswidriger VA

(III) Materielle Rechtmäßigkeit des VAs
   (1) Vereinbarkeit der Ermächtigungsgrundlage mit höherrangigem Recht (→ siehe die Übersicht zur Verfassungsmäßigkeit eines Gesetzes → § 17 Rn. 41)
   (2) Liegen die Tatbestandsvoraussetzungen der Ermächtigungsgrundlage vor (→ § 75 Rn. 3ff.)?
   (3) Entsprechen die Rechtsfolgen der Ermächtigungsgrundlage? Bei Ermessensentscheidungen: Ermessensfehler? (→ § 69 Rn. 6ff.)
   (4) Hinreichende Bestimmtheit des VAs (§ 37 I VwVfG; → § 79 Rn. 2)
   (5) Materielle Fehler
      (a) Nichtigkeit des VAs? (→ Rn. 5ff.)
      (b) Umdeutung nach § 47 VwVfG möglich? (→ Rn. 18)
      (c) Ergänzendes Verfahren? (→ Rn. 16)
      (d) Wenn (a)–(c) zu verneinen: Rechtswidriger VA

(IV) Aufhebbarkeit
   Kein Aufhebungsanspruch bei Vorliegen der Voraussetzungen des § 46 VwVfG (→ Rn. 17)

§ 82. Aufhebung von Verwaltungsakten und Wiederaufgreifen des Verfahrens

Fall 68: Das Landratsamt bewilligte X in einem Bescheid vom 1.3.1990 die Zahlung von 100.000 DM. Es war hierzu sachlich nicht zuständig. Außerdem lagen die gesetzlichen Voraussetzungen für die Bewilligung des Geldes nicht vor. X wusste dies, hatte sogar geäußert, dass der Bescheid seiner Ansicht nach nicht korrekt sei. Seit 1991 zweifelt auch der Bearbeiter im Landratsamt an der Rechtmäßigkeit seiner Entscheidung. Erst 1994 hebt die sachlich zuständige Behörde den Bescheid auf und verlangt die Rückzahlung des Geldes, obwohl dem dortigen Sachbearbeiter seit 1992 klar war, dass die Verfügung zurückzunehmen ist.

Fall 69: Die Firma F betreibt eine Aluminiumhütte und gerät zunehmend in wirtschaftliche Schwierigkeiten, wodurch zahlreiche Arbeitsplätze gefährdet sind. Daraufhin gewährt ihr das Land 1983 Subventionen in Höhe von 8 Millionen DM, obwohl die Europäische Kommission zuvor ein Überprüfungsverfahren nach Art. 88 III EG (= AEUV) eingeleitet hat. Im Dezember 1985 entschied die Kommission, dass die Beihilfe gemeinschaftsrechtswidrig und zurückzufordern sei. Erst 1989 hob das Land den Bewilligungsbescheid auf.

Fall 70: Landwirt L beantragte 2001 die Gewährung eines Zuschusses für die Verwendung von Weideflächen als Grünbrache. Ihm werden daraufhin 25.000 € bewilligt. In dem Bescheid wird ihm aufgegeben, die Weideflächen zwei Jahre als Grünbrache zu nutzen. Nach einem Jahr ändert er seinen Entschluss und lässt wieder Tiere weiden. Die Behörde verlangt von ihm 2003 die Rückerstattung von 12.500 €, ohne ihre Entscheidung eingehender zu begründen.

I. Zu den verschiedenen Möglichkeiten der Aufhebung eines Verwaltungsakts

1 Die §§ 48 ff. VwVfG regeln, unter welchen Voraussetzungen die **Verwaltung einen VA aufheben** darf. Schon aus der Stellung dieser Normen ergibt sich, dass es hier um die Frage der Aufhebung und damit der Beseitigung der Wirkungen eines VAs außerhalb eines Rechtsbehelfsverfahrens geht. Daneben besteht die Möglichkeit, dass ein VA auf einen Rechtsbehelf hin aufgehoben wird. So kann die Ausgangs- oder Widerspruchsbehörde einem Widerspruch stattgeben und die fragliche Verfügung beseitigen (→ § 92). Auf eine erfolgreiche Anfechtungsklage hin kassiert das Gericht in seinem Urteil den angefochtenen VA (→ § 98). Da für die Aufhebung eines VAs innerhalb oder außerhalb eines Rechtsbehelfsverfahrens unterschiedliche Voraussetzungen gelten, ist es wichtig festzustellen, welche Art von Aufhebung vorgenommen werden soll.

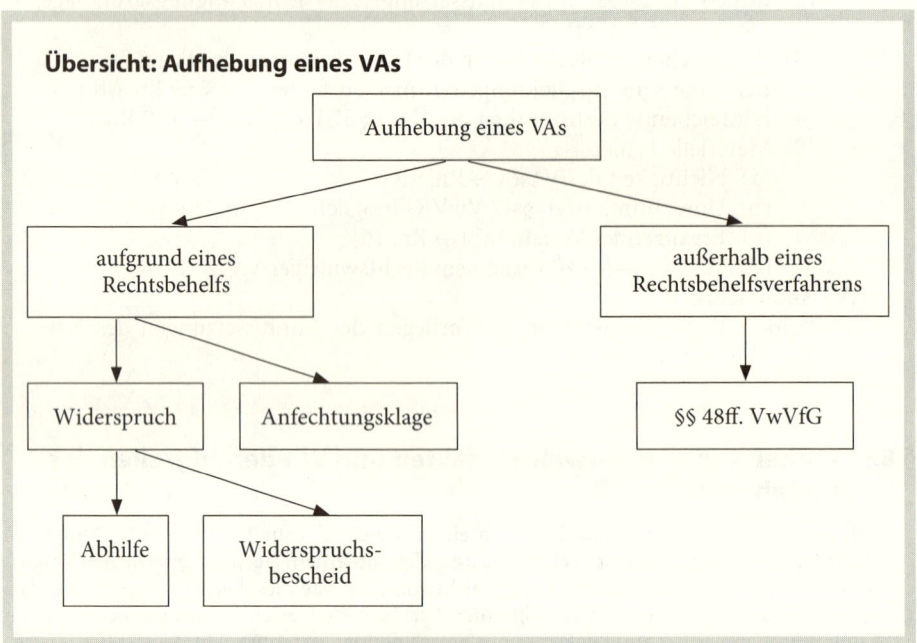

Allerdings entnimmt das BVerwG aus der Vorschrift des § 50 VwVfG zu Recht, dass die Einlegung eines Rechtsbehelfs die Behörde nicht daran hindert, den angegriffenen VA außerhalb des Rechtsbehelfsverfahrens aufzuheben. Wurde gegen einen VA Widerspruch eingelegt, kann die Ausgangsbehörde wählen, ob sie diesem abhelfen (→ § 92 Rn. 11) oder den VA unabhängig davon nach §§ 48 ff. VwVfG aufheben will.

II. Grundlagen der Anwendung der §§ 48 ff. VwVfG

2 Die Aufhebung von VAen außerhalb eines Rechtsbehelfsverfahrens durch die Behörden ist in §§ 48 ff. VwVfG geregelt, soweit keine Spezialregelungen einschlägig sind (vgl. §§ 44 ff. SGB X, § 15 GastG, § 14 BBG, § 21 BImSchG). Die §§ 48 ff. VwVfG erlauben es der Verwaltung, die Wirksamkeit eines VAs durch einen entsprechenden Gegenakt selbst dann zu beseitigen, wenn er unanfechtbar geworden ist. Insoweit ermöglichen sie eine **Überwindung der Bestandskraft von VAen** (→ § 81 Rn. 3 f.). Da sich der Ein-

§ 82. Aufhebung von Verwaltungsakten und Wiederaufgreifen des Verfahrens

zelne häufig auf die dauernde Verbindlichkeit eines unanfechtbaren VAs eingerichtet hat, kann dieser nicht jederzeit und beliebig, sondern teilweise nur unter eingeschränkten Voraussetzungen aufgehoben werden. Weil je nach Lage des Falles ganz unterschiedliche Interessen kollidieren, hat der Gesetzgeber ein feinsinniges Regelungswerk entwickelt[1]:

- Als Erstes ist zu unterscheiden, ob ein **rechtswidriger oder ein rechtmäßiger VA** aufgehoben werden soll: Bei der Rücknahme nach § 48 VwVfG wird ein rechtswidriger, bei dem *Widerruf* nach § 49 VwVfG ein rechtmäßiger VA aufgehoben. Durch die Rücknahme eines VAs sollen hauptsächlich der Verfügung von Anfang an anhaftende Fehler korrigiert werden, während der Widerruf eine Anpassung der Verfügung an die jetzigen Gegebenheiten bezweckt.
- Innerhalb dieser Normen wird wiederum danach differenziert, ob ein **begünstigender oder ein belastender VA** aufgehoben wird. Während der Bürger in der Regel keine Einwände gegen die Beseitigung eines ihn belastenden VAs hat, wird er sich bei der Aufhebung eines begünstigenden Bescheids zumeist darauf berufen, er habe auf dessen Fortbestand vertraut. Damit ergibt sich folgendes Bild:

Übersicht: Aufhebung eines VAs durch die Behörde

Rücknahme eines rechtswidrigen VAs § 48 VwVfG		Widerruf eines rechtmäßigen VAs § 49 VwVfG	
belastender VA Abs. 1 S. 1	Begünstigender VA Abs. 2–4	belastender VA Abs. 1	begünstigender VA Abs. 2, 3

III. Die Rücknahme rechtswidriger Verwaltungsakte

§ 48 VwVfG normiert die Voraussetzungen, unter denen ein rechtswidriger VA zurückgenommen werden kann. Die **Rechtswidrigkeit einer Verfügung** besteht dann, wenn der Verwaltung im Zeitpunkt ihres Erlasses ein Fehler unterlaufen ist. Problematisch ist die Einordnung solcher Fälle, in denen ein VA zunächst rechtmäßig erging, in der Zwischenzeit aber rechtswidrig wurde. Ob hier § 48 VwVfG oder § 49 VwVfG einschlägig ist, hängt davon ab, ob bei der Beurteilung der Rechtswidrigkeit des VAs in § 48 VwVfG auf die Rechtslage im Zeitpunkt seines Erlasses oder seiner Aufhebung abzustellen ist. Da über die Widerrufsvorschrift des § 49 VwVfG auf zwischenzeitlich eingetretene Änderungen reagiert werden soll, stellt die Vorschrift des § 48 VwVfG allein auf die Rechtswidrigkeit des VAs im Zeitpunkt seiner Bekanntgabe ab.

> Im **Fall 68** beurteilt sich die Aufhebung des VAs nach § 48 VwVfG. Denn bei seinem Erlass hat eine sachlich unzuständige Behörde gehandelt und wurde das Gesetz nicht richtig angewendet.

Die Gesetzessystematik unterscheidet danach, ob ein rechtswidriger belastender oder ein rechtswidriger begünstigender VA zurückgenommen wird. Die Rücknahme rechtswidriger belastender VAe richtet sich ausschließlich nach § 48 I 1 VwVfG, während rechtswidrige begünstigende VAe lediglich unter den Einschränkungen des § 48 II–IV VwVfG zurückgenommen werden dürfen. Ein **begünstigender VA** ist ein solcher, der

---

[1] **Lesen** Sie dazu bitte die Grundfälle bei *D. Krausnick,* JuS 2010, 594, 681, 778.

ein Recht oder einen rechtlich erheblichen Vorteil begründet oder bestätigt (§ 48 I 2 VwVfG).

Da im **Fall 68** eine Geldbewilligung rückgängig gemacht wird, die X einen Vorteil gewährt, ist sie nur bei Beachtung der Einschränkungen des § 48 II, IV VwVfG rechtmäßig.

Umstritten ist die Behandlung solcher Fälle, in denen einer Person durch eine Verfügung beispielsweise eine Zahlungsverpflichtung von 100 € auferlegt wurde, diese aber später aufgehoben und im Wege der Verschlechterung auf 1.000 € festgesetzt wird. Stimmen in der Literatur werten die ursprüngliche Festsetzung der Zahlungsverpflichtung als begünstigenden VA, da in diesem zugleich festgestellt werde, dass der Adressat des Bescheids lediglich 100 € und nicht mehr zahlen soll.[2] Die Rechtsprechung meint demgegenüber zu Recht, die Verfügung enthalte keine derartige Aussage zum künftigen Behördenverhalten und sei deshalb ein ausschließlich belastender VA.[3]

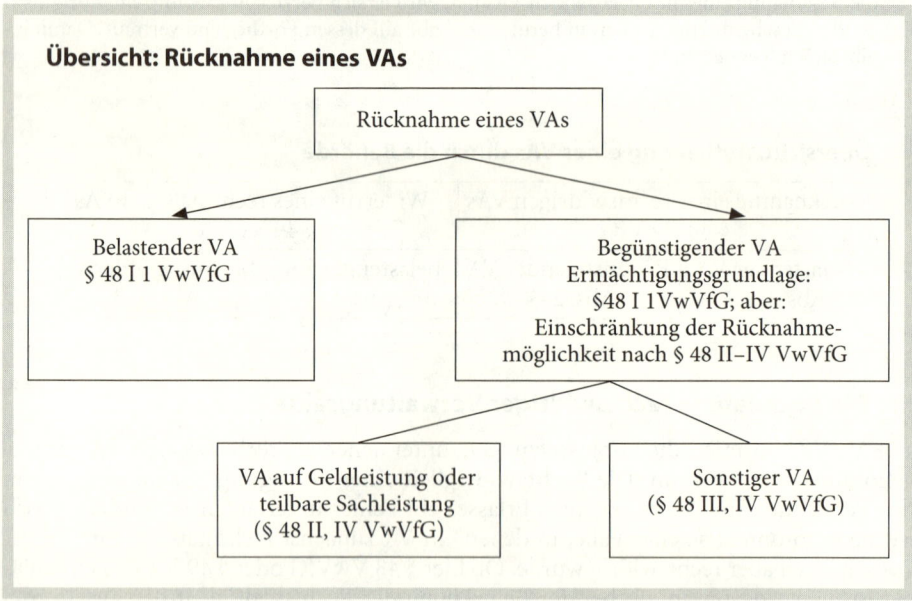

5 Die Entscheidung, ob ein VA zurückgenommen werden soll, ergeht in einem neuen, **selbständigen Verwaltungsverfahren**. Sie ist selbst ein VA, so dass der Betroffene gegen die Entscheidung der Behörde, einen VA zurückzunehmen, Widerspruch einlegen oder Anfechtungsklage erheben kann.

Im **Fall 68** ist problematisch, welche Behörde zur Rücknahme des rechtswidrigen VAs zuständig ist. Durfte die sachlich zuständige Behörde den Bescheid aufheben oder muss die Behörde handeln, welche den VA erlassen hat? § 48 V VwVfG stellt für den Fall, dass ein VA von einer örtlich unzuständigen Behörde verfügt wurde, klar, dass ihn auch die örtlich zuständige Behörde aufheben darf. Er enthält aber keine Aussage zur Rücknahme von VAen einer sachlich unzuständigen Behörde. Nach der Rechtsprechung beurteilt sich die sachliche Zuständigkeit zur Rücknahme eines VAs in erster Linie nach dem jeweiligen Fachrecht. Macht dieses dazu keine Aussage, ist nach allgemeinen verfahrensrechtlichen Grundsätzen diejenige Behörde zu-

---

[2] Maurer § 11 Rn. 15.
[3] BVerwGE 67, 129 (134); BVerwG, DVBl. 2000, 490 (491).

ständig, die zum Zeitpunkt der Rücknahmeentscheidung für den Erlass des aufzuhebenden VAs sachlich zuständig wäre. Es besteht kein Grund für die Perpetuierung der Unzuständigkeit, zumal die eigentlich zuständige Behörde am besten für die Erledigung der Angelegenheit geeignet ist.[4] Daher wurde der Bewilligungsbescheid im **Fall 68** von der richtigen Behörde aufgehoben.

1. Rücknahme eines rechtswidrigen belastenden Verwaltungsakts

Nach § 48 I 1 VwVfG kann ein rechtswidriger belastender VA, auch wenn er unanfechtbar geworden ist, jederzeit ganz oder teilweise mit Wirkung für die Zukunft oder die Vergangenheit zurückgenommen werden. Die Rücknahme steht also im **Ermessen der Verwaltung**.[5] Da der Bürger durch die Aufhebung des belastenden VAs begünstigt wird, stellt sich die Frage des Vertrauensschutzes nicht. Bei der Ausübung ihres Rücknahmeermessens muss die Verwaltung zwischen dem formalen Prinzip der Rechtssicherheit, das für den Fortbestand des VAs streitet, und der Einzelfallgerechtigkeit abwägen.[6] Eine Ermessensreduzierung auf Null, die zu einem Anspruch des belasteten Bürgers auf Rücknahme des VAs führen würde, ergibt sich also nicht bereits aus der Rechtswidrigkeit des VAs.[7]

6

Ein solcher **Rücknahmeanspruch** besteht vielmehr nur dann, wenn die Aufrechterhaltung des VAs schlechthin unerträglich erscheint.[8] Fallgruppen sind die Rücknahme von VAen in ähnlich gelagerten Fällen oder das Vorliegen von Umständen, die die Berufung der Behörde auf die Unanfechtbarkeit als Verstoß gegen die guten Sitten oder Treu und Glauben erscheinen lassen.[9] Auch eine offensichtliche Rechtswidrigkeit des VAs kann zu einer Ermessensreduzierung auf Null führen.[10] Eine solche offensichtliche Rechtswidrigkeit kann sich beispielsweise aus der Offensichtlichkeit des Verstoßes der dem VA zugrundeliegenden Ermächtigungsgrundlage gegen höherrangiges Recht ergeben.[11] Hinzutreten muss allerdings eine dem einschlägigen Fachrecht zu entnehmende Wertung, dass das Ermessen in Richtung einer Rücknahme des VAs intendiert ist.[12]

2. Rücknahme eines rechtswidrigen begünstigenden Verwaltungsakts

Ein rechtswidriger, den Bürger aber begünstigender VA kann nur unter den **Einschränkungen des** § 48 II–IV VwVfG zurückgenommen werden. Denn in dieser Konstellation hat er sich häufig auf den weiteren Bestand des VAs eingerichtet. Daher ist ein etwaiger Vertrauensschutz des Bürgers mit dem öffentlichen Interesse an der Herstellung gesetzmäßiger Zustände in angemessenen Ausgleich zu bringen. Der Gesetzgeber hat den Vertrauensschutz unterschiedlich bewertet, je nachdem auf welchen Gegenstand sich die Verfügung bezieht. Deswegen richtet sich die Rücknahme eines rechtswidrigen be-

7

---

[4] BVerwGE 110, 226 (230ff.).
[5] Dazu auch VGH München, BayVBl. 2001, 249f.
[6] Zum Anspruch auf fehlerfreie Ermessensausübung VGH Mannheim, VBlBW 2001, 23ff.
[7] Nach BVerfG, NVwZ 2008, 550 (551) gibt es keine verfassungsrechtliche Pflicht zur Aufhebung rechtswidriger bestandskräftiger VAe.
[8] BVerwG, BayVBl. 2012, 123.
[9] BVerwG, NVwZ 2008, 326 (328f.).
[10] BVerwGE 121, 226 (231).
[11] BVerwGE 121, 226 (236). Siehe aber BVerwG, BayVBl. 2012, 123 (124): Verfassungswidrigkeit der Ermächtigungsgrundlage des VAs führt nicht zur Pflicht zur Rücknahme des VAs.
[12] BVerwGE 121, 226 (231).

günstigenden VAs auf eine Geldleistung nach § 48 II VwVfG, während für die Rücknahme eines sonstigen VAs § 48 III VwVfG gilt. Beide Rücknahmetatbestände unterliegen der Ausschlussfrist des § 48 IV VwVfG.

a) Rücknahme eines auf eine Geld- oder Sachleistung gerichteten Verwaltungakts

8   Die Rücknahme eines rechtswidrigen VAs, der eine einmalige oder laufende Geldleistung oder teilbare Sachleistung gewährt oder hierfür Voraussetzung ist, darf bloß unter den Einschränkungen des § 48 II VwVfG erfolgen.

> Da im **Fall 68** die Bewilligung von 100.000 DM, also eine Geldleistung, rückgängig gemacht werden soll, ist der Anwendungsbereich des § 48 II VwVfG eröffnet. Gleiches gilt im **Fall 69**.

Gemäß § 48 II 1 VwVfG ist die Rücknahme eines solchen VAs ausgeschlossen, soweit der Begünstigte auf den Bestand des VAs vertraut hat und dieses Vertrauen unter Abwägung mit dem öffentlichen Interesse an einer Rücknahme schutzwürdig ist. Demzufolge muss also geprüft werden, ob

1. der **Begünstigte auf den VA tatsächlich vertraut** hat und
2. **dieses Vertrauen schutzwürdig** ist.

Liegen beide Voraussetzungen kumulativ vor, darf der jeweilige VA nicht zurückgenommen werden. Fehlt es an einem Merkmal oder gar beiden Merkmalen, kann die Verwaltung die Verfügung gemäß § 48 I VwVfG nach pflichtgemäßem Ermessen aufheben.

9   In der Regel bereitet das Tatbestandsmerkmal, dass der Begünstigte subjektiv auf den Bestand des VAs vertraut hat, keine Probleme. Das Vertrauenselement wird selten fehlen, so wenn eine Person keine Kenntnis von einem sie begünstigenden VA hat. Bei der Lösung eines Klausurfalls relevant wird vor allem die Frage, ob das **Vertrauen des Einzelnen auch schutzwürdig** ist. Dazu enthält § 48 II VwVfG weitere Konkretisierungen. Gemäß § 48 II 2 VwVfG ist das Vertrauen in der Regel als schutzwürdig anzusehen, wenn der Einzelne sein Vertrauen betätigt hat, indem er die gewährte Leistung verbraucht oder eine Vermögensdisposition getroffen hat, die er nur schwer rückgängig machen kann. Zu beachten ist, dass die Rechtsprechung die Schutzwürdigkeit des Vertrauens verneint, wenn das bewilligte Geld ganz oder teilweise zur Schuldentilgung oder für Anschaffungen verwendet wurde, die wertmäßig noch im Vermögen des Begünstigten vorhanden sind.[13]

Drei weitere Fälle, in denen das Vertrauen *nicht schutzwürdig* ist, sind explizit in § 48 II 3 VwVfG geregelt. Auf Vertrauensschutz kann sich derjenige nicht berufen, der den VA durch arglistige Täuschung, im Wege der Drohung oder Bestechung erwirkt hat. Gleiches gilt, wenn eine Person in wesentlicher Beziehung unrichtige oder unvollständige Angaben gemacht hat, auf denen der VA beruht, wobei § 48 II 3 Nr. 2 VwVfG kein Verschulden voraussetzt. Deshalb kommt es nicht darauf an, ob der Einzelne die Unrichtigkeit der in seiner Sphäre liegenden Angaben kannte oder hätte kennen müssen.[14] Schließlich entfällt der Vertrauensschutz bei Kenntnis oder grob fahrlässiger Unkenntnis des Begünstigten um die Rechtswidrigkeit des VAs (§ 48 II 3 Nr. 3 VwVfG).

---

[13] BVerwG, DVBl. 1993, 947 (948).
[14] BVerwGE 78, 139 (142 f.).

§ 82. Aufhebung von Verwaltungsakten und Wiederaufgreifen des Verfahrens 603

Da X im **Fall 68** wusste, dass ihm das Geld rechtswidrig bewilligt wurde, ist sein Vertrauen nicht schutzwürdig, auch wenn er das Geld ausgegeben hat. Deshalb ist eine Rücknahme der Bewilligung möglich.

Grundsätzlich nicht schutzwürdig sind juristische Personen des öffentlichen Rechts. Wegen ihrer Bindung an den Grundsatz der Gesetzmäßigkeit der Verwaltung bedürfen sie nicht des gleichen Schutzes wie Privatpersonen.[15] Bei Vorliegen eines der Fälle fehlender Schutzwürdigkeit des Vertrauens ist das Rücknahmeermessen der Behörde (→ Rn. 6) eingeschränkt. In diesen Fällen wird der VA i. d. R. mit Wirkung für die Vergangenheit zurückgenommen (§ 48 II 4 VwVfG).

b) Rücknahme eines sonstigen Verwaltungsakts

§ 48 III VwVfG regelt die Rücknahme rechtswidriger begünstigender VAe, die inhaltlich weder auf eine Geld- oder Sachleistung gehen noch hierfür Voraussetzung sind. Unter die „sonstigen" VAe fallen zum Beispiel eine Aufenthaltserlaubnis, die Erteilung einer Baugenehmigung, Prüfungsentscheidungen oder die Zurückstellung vom Wehr-/Zivildienst. Anders als § 48 II VwVfG normiert § 48 III VwVfG keine tatbestandlichen Einschränkungen an die Rücknahme eines sonstigen VAs. Bei einer solchen Verfügung soll nach dem Willen des Gesetzgebers jederzeit eine auf § 48 I VwVfG gestützte Rücknahme nach pflichtgemäßem Ermessen möglich sein.

10

Dem Vertrauensschutz wird dadurch Rechnung getragen, dass die Behörde dem Betroffenen auf Antrag einen Ausgleich für den Vermögensnachteil zu gewähren hat, der ihm durch das Vertrauen auf den Bestand des VAs entstanden ist, allerdings nur soweit dieses Vertrauen in Abwägung mit dem öffentlichen Interesse schutzwürdig ist. Damit wird die Frage, ob der Einzelne auf den Bestand des VAs vertraut hat und dieses Vertrauen schutzwürdig ist, vor allem bei der Entscheidung darüber relevant, ob dem Betroffenen ein Entschädigungsanspruch zusteht. Gemäß § 48 III 2 VwVfG ist die Schutzwürdigkeit des Vertrauens aus den in § 48 II 3 VwVfG genannten Gründen (→ Rn. 9) zu verneinen. Darüber hinaus sind aber auch andere Umstände in die vorzunehmende Abwägung einzustellen, beispielsweise der Verzicht auf die Geltendmachung zivilrechtlicher Gewährleistungsansprüche, die zum Entfall des Vermögensnachteils geführt hätten. Ein entgangener Gewinn, der sich aufgrund der durch den VA gewährten Rechtsposition hätte erzielen lassen, ist nach § 48 III VwVfG nicht ersatzfähig.[16] Bei dem öffentlichen Interesse, das mit dem Vertrauen des Betroffenen abzuwägen ist, handelt es sich nicht mehr um das Interesse an der Wiederherstellung eines rechtmäßigen Zustands durch Rücknahme des rechtswidrigen VAs. Dieser Aspekt ist von der Behörde bereits bei der Ermessensentscheidung darüber, ob der VA zurück genommen werden soll, berücksichtigt worden und insoweit „verbraucht". Bei der Abwägung des § 48 III 1 VwVfG relevant ist daher nur das öffentliche Interesse, für den Vertrauensschaden keinen Ausgleich zu leisten.[17]

Umstritten ist, ob das schutzwürdige Vertrauen einer Person im Einzelfall auch bei der Ausübung des Rücknahmeermessens nach § 48 I VwVfG berücksichtigt und aus diesem Grund von der Rücknahme eines sonstigen VAs abgesehen werden kann. Zum Teil wird den unterschiedlichen Regelungen des § 48 II und III VwVfG entnommen, dass das schutzwürdige Vertrauen des Einzel-

11

---

[15] OVG Lüneburg, NVwZ-RR 2013, 584; VGH München, BayVBl. 2006, 283 (284).
[16] BVerwG, BauR 2007, 1392.
[17] BVerwG, NVwZ-RR 2010, 801.

nen bei den sonstigen VAen nicht als Ermessensfaktor in die Entscheidung über die Rücknahme einfließen dürfe. Es werde ausschließlich über den Entschädigungsanspruch berücksichtigt.[18] Demgegenüber geht die überwiegende Auffassung angesichts des Verfassungsrangs des Vertrauensschutzes zu Recht dahin, diesen zumindest dann in die Ermessensausübung einzubeziehen, wenn der Entschädigungsanspruch des § 48 III VwVfG für den Einzelnen keinen oder einen unzureichenden Ausgleich für sein enttäuschtes Vertrauen darstellt.[19]

c) Ausschlussfrist des § 48 IV VwVfG

12 Soweit ein rechtswidriger begünstigender VA nicht durch Arglist, Täuschung oder Drohung erwirkt wurde, darf er nach § 48 IV VwVfG nur innerhalb eines Jahres seit der Kenntnis der Behörde von den Tatsachen zurückgenommen werden, welche die Rücknahme des VAs rechtfertigen.

> Je nachdem, ob diese Frist im **Fall 68** schon oder noch nicht abgelaufen ist, muss X die 100.000 DM zurückzahlen oder darf sie behalten. Problematisch ist zunächst, ob § 48 IV VwVfG überhaupt einschlägig ist. Denn nach dem Gesetzeswortlaut bezieht sich diese Frist auf *Tatsachen*, welche die Rücknahme rechtfertigen. Vorliegend ist der Verwaltung aber kein Fehler bei der Sachverhaltsaufklärung, sondern ein Rechtsfehler unterlaufen. Nach ständiger Rechtsprechung kommt § 48 IV VwVfG auch zur Anwendung, wenn die Verwaltung bei voller Kenntnis des entscheidungserheblichen Sachverhalts unrichtig entschieden hat. Zu den die Rücknahme nach § 48 IV VwVfG „rechtfertigenden" Tatsachen gehört auch die Kenntnis der Rechtswidrigkeit. Der Sinn und Zweck der Jahresfrist ist es, im Interesse der Rechtssicherheit klarzustellen, wie lange ein VA zurückgenommen werden kann. Dieser Zweck trifft auf jede Art von Fehler zu.[20] Auch wenn dem Landratsamt im **Fall 68** ein reiner Rechtsfehler unterlaufen ist, darf die Rücknahme lediglich innerhalb eines Jahres erfolgen.

13 Die Frist des § 48 IV VwVfG beginnt erst zu laufen, wenn die Behörde von dem Fehler **positive Kenntnis** hat. Das bloße Kennenmüssen bzw. die fahrlässige Unkenntnis reicht für den Fristbeginn nicht aus. Die Frist beginnt, wenn die Behörde die Rechtswidrigkeit des VAs erkannt hat und ihr zusätzlich alle für die Ausübung des Rücknahmeermessens erforderlichen Umstände bekannt sind.[21] Denn bei § 48 IV VwVfG handelt es sich nicht um eine Bearbeitungs-, sondern um eine **Entscheidungsfrist**.[22] Die Behörde hat also ein Jahr nach Kenntnis aller Umstände Zeit, über die Rücknahme zu entscheiden. Das zur Begründung der Gegenauffassung, es handele sich um eine Bearbeitungsfrist[23], vorgetragene Argument, die Behörde habe es sonst in der Hand, die Entscheidungsreife und damit den Beginn der Jahresfrist hinauszuzögern, überzeugt nicht. Zum einen hängt die Herbeiführung der Entscheidungsreife durchaus nicht allein von Willen und Aktivität der Behörde ab und zum anderen soll das Ziel des § 48 IV VwVfG, einen gesetzmäßigen Abschluss des Rücknahmeverfahrens zu ermöglichen, nicht durch Zeitdruck vereitelt werden.[24]

---

[18] BVerwG, GewArch. 1987, 274 (275); VGH Mannheim, NJW 1980, 2597 (2598).
[19] OVG Bautzen, SächsVBl. 2014, 242 (244); OVG Bremen, NordÖR 2004, 160; VGH München, BayVBl. 2001, 249 (250); *W.-R. Schenke*, DÖV 1980, 320 (323).
[20] BVerwGE 70, 356 (357 ff.); 100, 199 (200).
[21] BVerwGE 70, 356 (362 ff.); 100, 199 (201 f.); BVerwG, NJW 2001, 1440; NVwZ-RR 2005, 341 (342); NJW 2007, 1478 (1482).
[22] BVerwGE 70, 356 (363); BVerwG, NVwZ 2005, 485; VGH Mannheim, NVwZ-RR 2001, 6 (7).
[23] *W. Erbguth*, JuS 2002, 333 (334); *F. Schoch*, NVwZ 1985, 880 (884).
[24] BVerwGE 70, 356 (363 f.).

§ 82. Aufhebung von Verwaltungsakten und Wiederaufgreifen des Verfahrens   605

Danach lief die Frist im **Fall 68** nicht ab 1991, sondern erst ab dem Moment, in dem die Verwaltung sowohl die Rechtswidrigkeit des VAs sowie sämtliche für die Ermessensausübung relevanten Umstände kannte. Dabei kommt es darauf an, dass der in der zuständigen Behörde nach der innerbehördlichen Geschäftsverteilung **zuständige Sachwalter** die die Rücknahme rechtfertigenden Tatsachen festgestellt hat.[25] Da ihm seit 1992 klar war, dass der VA zurückzunehmen ist, war die Ausschlussfrist des § 48 IV VwVfG schon verstrichen, als er 1994 den Bescheid aufhob. Deshalb ist die Verwaltungsentscheidung rechtswidrig.

3. Besonderheiten bei Sachverhalten mit Unionsrechtsbezug

Der **Fall 69** weist als Besonderheit einen Unionsrechtsbezug auf. Die Bewilligung der Subvention war EU-rechtswidrig, weil die Kommission von der Einführung/Umgestaltung der Beihilfen nicht rechtzeitig nach Art. 108 III AEUV unterrichtet wurde und die Gewährung der Subvention gegen Art. 107 I AEUV verstieß. Daher geht es auch in diesem Fall um die Rücknahme eines rechtswidrigen VAs. Da eine spezielle unionsrechtliche Regelung zur Aufhebung solcher VAe fehlt, richtet sich die Rücknahme der Verfügung nach dem nationalen Verfahrensrecht, d. h. nach § 48 VwVfG.[26] Da die Bewilligung einer Subvention eine die F begünstigende Geldleistung darstellt, sind bei der Aufhebung die Einschränkungen des § 48 II, IV VwVfG zu beachten. Vorliegend hat F das Geld längst ausgegeben. Allerdings könnte trotzdem die Schutzwürdigkeit des Vertrauens fehlen, weil entweder einer der Tatbestände des § 48 II 3 VwVfG vorliegt oder ausnahmsweise das öffentliche Interesse an der Rücknahme der Bewilligung das Vertrauen des Einzelnen überwiegt. Nach der Rechtsprechung des EuGH ist das nationale Recht so anzuwenden, dass es die **unionsrechtlich vorgeschriebene Rückforderung staatlicher Beihilfen nicht praktisch unmöglich** macht und dem Unionsinteresse ausreichend Rechnung trägt. Deshalb kommt dem öffentlichen Rücknahmeinteresse in Fällen mit Unionsrechtsbezug ein größeres Gewicht als bei der Rücknahme nur gegen das nationale Recht verstoßender GeldleistungsVAe zu. Hier ist zusätzlich das Interesse an der Durchsetzung der unionsrechtlichen Wettbewerbsordnung zu beachten.[27] Grundsätzlich darf ein beihilfebegünstigtes Unternehmen nur dann auf die Ordnungsmäßigkeit einer Beihilfe vertrauen, wenn diese unter Einhaltung des zwingend in Art. 108 III AEUV vorgesehenen Überwachungsverfahrens gewährt wurde. Ein sorgfältiger Gewerbetreibender vergewissert sich, ob dieses spezielle Verfahren eingehalten wurde.[28] Im **Fall 69** tritt daher ein möglicher Vertrauensschutz der F zurück, wenn die staatliche Beihilfe wie hier ohne Beachtung des zwingend vorgeschriebenen Überwachungsverfahrens gewährt wurde.[29] Besondere Umstände, die ausnahmsweise eine andere Gewichtung der Interessen nahe legen, sind nicht ersichtlich, zumal die F ein bedeutendes, international verflochtenes Unternehmen ist. Ist bei einem Sachverhalt mit Unionsrechtsbezug tatbestandlich eine Rücknahme des VAs möglich, steht die Aufhebung der Verfügung nicht wie sonst im Ermessen der Behörde. Vielmehr ist sie zur Rücknahme verpflichtet, wenn die Kommission die Rückgängigmachung der Beihilfe fordert.[30]

14

Damit könnte die Aufhebung des Bescheids im **Fall 69** allenfalls an der Ausschlussfrist des § 48 IV VwVfG scheitern. Obwohl die Verwaltung seit 1985 wusste, dass sie die Bewilligung der Subvention rückgängig machen muss, hat sie den Bescheid erst 1989 aufgehoben. Nach der Rechtsprechung des EuGH muss die Verwaltung eine Beihilfebewilligung trotz des Verstreichens einer im nationalen Recht vorgesehenen Ausschlussfrist zurücknehmen, wenn die Kommission eine rechtswidrig gewährte Beihilfe durch bestandskräftigen Beschluss für mit dem Gemeinsamen Markt unvereinbar erklärt und ihre Rückforderung angeordnet hat. Der mit der

---

[25] BVerwGE 70, 356 (364f.); BVerwG, NJW 2001, 1440 (1441).
[26] BVerwGE 92, 81 (82); 106, 328 (331f.); EuGH, Slg. 1997 I-1591 Tz. 24; VGH München, BayVBl. 2006, 283 (284).
[27] BVerwGE 92, 81 (85f.); 106, 328 (332).
[28] EuGH, Slg. 1997 I-1591 Tz. 25.
[29] BVerwGE 106, 328 (335, 336).
[30] EuGH, Slg. 1997 I-1591 Tz. 34; BVerwGE 92, 81 (87).

nationalen Ausschlussfrist verfolgte Grundsatz der Rechtssicherheit trete gegenüber den unionsrechtlichen Belangen zurück. Sonst werde die Rückforderung der zu Unrecht gewährten Beträge praktisch unmöglich gemacht und den Unionsvorschriften über die staatlichen Beihilfen jede praktische Wirksamkeit genommen.[31] Deshalb überspielt das Unionsrecht im **Fall 69** § 48 IV VwVfG, so dass die Aufhebung der Subventionsbewilligung rechtmäßig ist. Darüber hinaus könnte sich F bei einer Rückforderung des Geldes nach § 49a VwVfG nicht auf einen Wegfall der Bereicherung berufen. Denn der Einzelne ist lediglich schützenswert, wenn ihm die Beihilfe unter Einhaltung des in Art. 108 AEUV vorgesehenen Verfahrens gewährt wurde.[32]

Ist die Beihilfegewährung im Rahmen der Zweistufentheorie (→ § 67 Rn. 19) durch privatrechtlichen Vertrag erfolgt, so führt zumindest ein Verstoß gegen das Durchführungsverbot des Art. 108 III 3 AEUV zur Nichtigkeit des Vertrages nach § 134 BGB. Für die Bewertung des Vertrauens des Unternehmens in den Bestand der Beihilfe gelten im Rahmen von Treu und Glauben die geschilderten Grundsätze.[33]

15 Auch bei anderen VAen als Beihilfebescheiden kann Unionsrecht zur Schrumpfung des nach § 48 I VwVfG bestehenden Rücknahmeermessens auf Null führen. Das Unionsrecht verlangt aber nicht generell die Aufhebung eines bestandskräftigen VAs, der gegen Unionsrecht verstößt, ist doch der **Grundsatz der Rechtssicherheit** Bestandteil auch des Unionsrechts.[34] Rechtsbehelfsfristen sind daher mit dem Unionsrecht vereinbar.[35] Allerdings tritt eine Reduzierung des Rücknahmeermessens ein, wenn die Verwaltungsbehörde nach nationalem Recht eine Befugnis zur Rücknahme bestandskräftiger Verwaltungsentscheidungen hat und der Eintritt der Bestandskraft auf einer unrichtigen Auslegung des Unionsrechts beruht. In einem solchen Fall verpflichtet Art. 4 III EUV die Verwaltungsbehörde zu der Prüfung, ob und ggf. inwieweit sie ihre Verwaltungsentscheidung zurücknehmen muss, wenn die Bestandskraft auf einer letztinstanzlichen Entscheidung eines nationalen Gerichts beruht und nach dieser Gerichtsentscheidung ein Urteil des EuGH ergangen ist, aus dem sich eine unrichtige Anwendung des Unionsrechts durch das nationale Gericht ergibt und auf das sich der Betroffene unverzüglich gegenüber der Behörde berufen hat.[36] Weiterhin ergibt sich aus dem Äquivalenzprinzip (→ § 62 Rn. 3) die Pflicht, einen VA in Fällen mit Unionsrechtsbezug unter denselben Voraussetzungen wie bei rein nach nationalem Recht zu beurteilenden Sachverhalten aufzuheben. Relevant ist dies insbesondere dann, wenn der fragliche VA mit Unionsrecht offensichtlich unvereinbar ist.[37] Auch in dieser Konstellation ist die Behörde aber nicht ausnahmslos, sondern nur unter den in → § 82 Rn. 6 genannten weiteren Voraussetzungen zur Rücknahme verpflichtet.[38]

IV. Widerruf von Verwaltungsakten

16 § 49 VwVfG regelt den Widerruf von VAen. Ausweislich des Gesetzeswortlauts bezieht er sich auf die **Aufhebung rechtmäßiger VAe**. Nach ständiger Rechtsprechung kann über § 49 VwVfG aber auch ein rechtswidriger VA widerrufen werden. Denn § 48 VwVfG möchte nur die Aufhebbarkeit rechtswidriger VAe gegenüber der rechtmäßiger VAe erweitern. Wenn ein rechtmäßiger VA unter den Voraussetzungen des § 49 VwVfG aufgehoben werden kann, muss dies erst recht für rechtswidrige Verfügungen gelten.[39]

---

[31] EuGH, Slg. 1997 I-1591 Tz. 35 ff.
[32] EuGH, Slg. 1997 I-1591 Tz. 49 f.; BVerwGE 106, 328 (338).
[33] BGH, NVwZ 2004, 636 (637).
[34] EuGH, NVwZ 2004, 459 Tz. 24 – Kühne & Heitz; EuZW 2006, 696 Tz. 51 – i-21 Germany und Arcor; EuZW 2008, 148 Tz. 37 – Kempter.
[35] EuGH, EuZW 2008, 148 Tz. 58 – Kempter, m.w.N.
[36] EuGH, NVwZ 2004, 459 Tz. 27 – Kühne & Heitz.
[37] EuGH, EuZW 2006, 696 Tz. 69 – i-21 Germany und Arcor.
[38] Dazu zu Recht zur Zurückhaltung mahnend etwa *J. Englisch*, Verw. 2008, 99 (112).
[39] BVerwG, NVwZ-RR 1997, 740 (741); DVBl. 2001, 216 (218); OVG Münster, NVwZ-RR 2003, 803 (804); VGH München, NVwZ-RR 2005, 787 (791). Dies ist allerdings nicht unbestritten.

§ 82. Aufhebung von Verwaltungsakten und Wiederaufgreifen des Verfahrens   607

Im **Fall 70** geht es um die Aufhebung eines rechtmäßigen VAs, denn bei seinem Erlass lagen sämtliche Voraussetzungen für die Gewährung des Zuschusses vor. Auch fehlt eine spezielle Regelung zur Rückgängigmachung der damaligen Entscheidung, weshalb § 49 VwVfG einschlägig ist. Dass die Verwaltung gegenüber L die Zuschussgewährung nicht explizit widerrufen hat, ist unschädlich. Verlangt sie die Rückerstattung einer Geldleistung, erklärt sie damit in der Regel konkludent die Aufhebung des Bewilligungsbescheids, weil erst dadurch der Rechtsgrund für das Behaltendürfen des Geldes beseitigt wird.

Auch bei § 49 VwVfG ist sorgfältig darauf zu achten, welche **Art von VA** aufgehoben wird (→ Rn. 2 ff.). § 49 I VwVfG regelt den Widerruf belastender VAe. Die Voraussetzungen für den Widerruf eines begünstigenden VAs sind in § 49 II, III VwVfG normiert. § 49 II VwVfG gilt für sämtliche begünstigenden VAe und erlaubt ihre Aufhebung für die Zukunft. Die Vorschrift des § 49 III VwVfG bezieht sich auf begünstigende VAe, die eine Geld- oder teilbare Sachleistung gewähren, und ermöglicht, diese auch mit Wirkung für die Vergangenheit zu widerrufen.   17

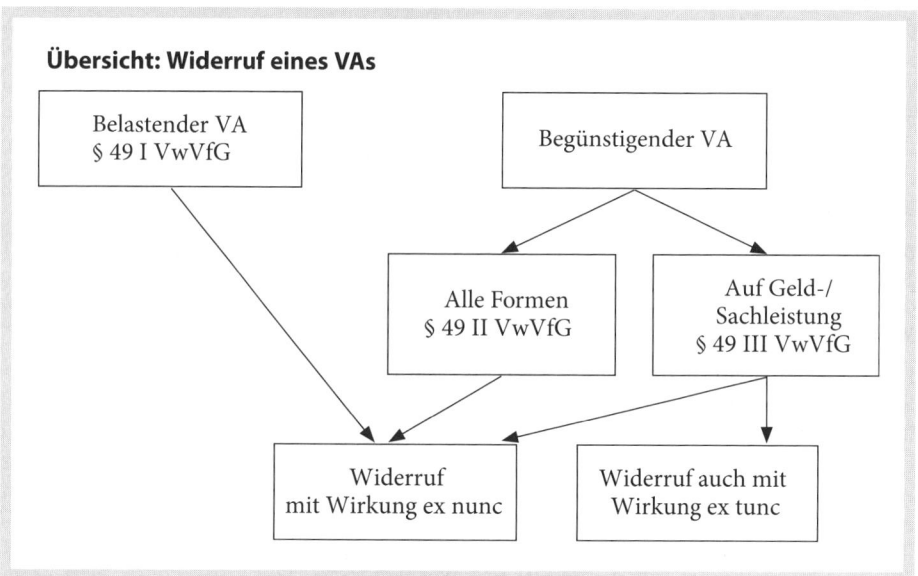

1. Widerruf eines belastenden Verwaltungsakts

§ 49 I VwVfG stellt es in das **pflichtgemäße Ermessen** der Verwaltung, ob sie einen belastenden VA ganz oder auch nur teilweise widerrufen will. Sie muss dabei die im jeweiligen Einzelfall kollidierenden Interessen gegeneinander abwägen. § 49 I VwVfG verbietet ihr den Widerruf, wenn sie sofort wieder einen VA gleichen Inhalts erlassen müsste oder der Widerruf aus anderen Gründen unzulässig ist. Deshalb darf die Verwaltung einen auf einer gebundenen Entscheidung beruhenden VA nicht widerrufen, wenn die Voraussetzungen für seinen Erlass weiterhin erfüllt sind. Anders als bei der Rücknahme eines VAs darf ein belastender VA lediglich für die Zukunft widerrufen werden.   18

2. Widerruf eines begünstigenden Verwaltungsakts nach § 49 II VwVfG

19 § 49 II VwVfG regelt abschließend die Voraussetzungen, unter denen ein begünstigender VA widerrufen werden kann. Nur wenn einer der dort genannten **Widerrufsgründe** vorliegt, kann die Verfügung aufgehoben werden. Liegt ein Widerrufsgrund im Sinne des § 49 II VwVfG vor, entscheidet die Behörde nach pflichtgemäßem Ermessen, ob und in welchem Umfang sie den VA widerrufen will. Der Widerruf darf nur für die Zukunft erklärt werden. Außerdem gilt gemäß § 49 II 2 VwVfG die Ausschlussfrist des § 48 IV VwVfG entsprechend.[40]

Nach § 49 II 1 Nr. 1 VwVfG kann ein VA widerrufen werden, wenn eine Rechtsvorschrift den Widerruf zulässt oder dem VA ein **Widerrufsvorbehalt** (→ § 78 Rn. 2) beigefügt wurde. Hier kann sich der Einzelne schon nach den äußeren Umständen nicht darauf verlassen, dass es dauerhaft bei dem jeweiligen VA bewendet. Zu beachten ist, dass die Verwaltung selbst bei Beifügung eines Widerrufsvorbehalts den jeweiligen VA nicht beliebig, sondern lediglich bei Vorliegen eines entsprechenden sachlichen Grundes widerrufen darf. Umstritten ist, wie vorzugehen ist, wenn die Verwaltung einen VA rechtswidrig mit einem Widerrufsvorbehalt versehen, der Einzelne hiergegen aber keine Schritte unternommen hat, sondern diesen bestandskräftig werden ließ. Während nach der Rechtsprechung hier richtigerweise keinerlei Besonderheiten für die Ausübung des Widerrufs nach § 49 II 1 Nr. 1 VwVfG gelten,[41] tendiert die Literatur dazu, die Rechtswidrigkeit der Nebenbestimmung entweder im Rahmen der Ermessensausübung zu berücksichtigen oder die Widerrufsmöglichkeit ganz zu verneinen.[42]

Auf ähnlichen Erwägungen wie beim Widerrufsvorbehalt beruht der Widerrufsgrund des § 49 II 1 Nr. 2 VwVfG. Hat die Behörde den jeweiligen VA mit einer **Auflage** (→ § 78 Rn. 3) versehen, die der Begünstigte **nicht oder nicht fristgemäß erfüllt,** kann sie den VA mangels schutzwürdigen Vertrauens aufheben.

20 Die **Widerrufsgründe des § 49 II 1 Nr. 3–5 VwVfG** erlauben der Verwaltung die Aufhebung eines VAs, auch wenn der Bürger damit nicht rechnen musste. Deshalb sind ihm in diesen Fällen gemäß § 49 VI VwVfG auf Antrag etwaige Vermögensnachteile zu ersetzen, die ihm infolge seines schutzwürdigen Vertrauens auf den Bestand des VAs entstanden sind. Ein Widerruf ist möglich, wenn die Behörde aufgrund **nachträglich eingetretener Tatsachen** berechtigt wäre, den VA nicht zu erlassen und ohne den Widerruf das öffentliche Interesse gefährdet würde (§ 49 II 1 Nr. 3 VwVfG). Da der Widerruf nur bei einer nachträglichen Änderung der Sachlage zulässig ist, reicht es nicht aus, wenn die Verwaltung einen gleichgebliebenen Sachverhalt neu bewerten will. Erforderlich ist weiterhin, dass durch den Bestand des VAs eine unmittelbare Gefahr für Gemeinschaftsgüter entsteht, zu deren Beseitigung der Widerruf erforderlich ist.[43]

Unter welchen Voraussetzungen ein VA bei einer **geänderten Rechtslage** widerrufen werden kann, regelt § 49 II 1 Nr. 4 VwVfG. Der VA kann widerrufen werden, wenn eine Rechtsvorschrift geändert wurde, aufgrund derer die Behörde den VA nicht mehr

---

[40] Nach BVerwG, NJW 2001, 1440 (1441) beginnt die Frist erst, wenn die Behörde einen Auflagenverstoß erkannt hat und ihr die weiteren für die Widerrufsentscheidung erheblichen Tatsachen vollständig bekannt sind.
[41] BVerwG, NVwZ 1987, 498 (499); NJW 1991, 766 (767).
[42] Berücksichtigung bei Ermessen: *Bull/Mehde* Rn. 832; Rechtmäßigkeit des Widerrufsvorbehalts als Tatbestandsvoraussetzung: *Maurer* § 11 Rn. 41.
[43] OVG Koblenz, NVwZ-RR 2008, 129 (130).

§ 82. Aufhebung von Verwaltungsakten und Wiederaufgreifen des Verfahrens 609

erlassen dürfte, der Begünstigte von dem VA noch keinen Gebrauch gemacht oder noch keine Leistungen empfangen hat und ohne den Widerruf des VAs das öffentliche Interesse gefährdet würde. Hat die Verwaltung einer Person zum Beispiel eine Baugenehmigung erteilt, die sie noch nicht ausgenutzt hat, kann die Genehmigung widerrufen werden, wenn nach einer zwischenzeitlich in Kraft getretenen Bebauungsplanänderung das fragliche Grundstück nicht mehr bebaut werden dürfte. Keine Änderung einer Rechtsvorschrift ist die bloße Änderung der Rechtsprechung. Schließlich kann nach § 49 II 1 Nr. 5 VwVfG ein VA zur Verhütung oder Beseitigung schwerer Nachteile für das Gemeinwohl widerrufen werden.

3. Der Widerruf von Verwaltungsakten auf eine Geld- oder Sachleistung nach § 49 III VwVfG

Der für den Widerruf von VAen, die eine einmalige oder laufende Geldleistung oder teilbare Sachleistung zur Erfüllung eines bestimmten Zwecks gewähren, geltende § 49 III VwVfG zielt vor allem auf Subventionen ab und erlaubt der Verwaltung im Gegensatz zu § 49 II VwVfG, die Verfügung auch mit **Wirkung für die Vergangenheit** zu widerrufen. Dies ist deshalb wichtig, weil bei einer rückwirkenden Aufhebung des VAs die Rückerstattung der erbrachten Leistungen nach § 49a VwVfG verlangt werden kann.   21

> Im **Fall 70** wurde der Zuschuss an L in Form eines rechtmäßigen VAs gewährt, der eine Geldleistung zum Gegenstand hat. Diese ist an den Zweck gebunden, dass L seine Weideflächen zwei Jahre als Grünbrache verwenden soll. Demzufolge ist der Anwendungsbereich des § 49 III VwVfG eröffnet. Die Verwaltung darf diesen Bescheid rückwirkend widerrufen, wenn entweder die Leistung nicht, nicht alsbald nach der Erbringung oder nicht mehr für den im dem VA bestimmten Zweck verwendet wird (Nr. 1) oder mit dem VA eine Auflage verbunden ist, die der Begünstigte nicht oder nicht fristgemäß erfüllt hat (Nr. 2). Außerdem muss der Widerruf innerhalb der entsprechend anzuwendenden Ausschlussfrist des § 48 IV VwVfG erfolgen. Vorliegend hat L bereits nach einem Jahr entgegen der Festsetzung in dem Bescheid seine Wiese wieder als Weidefläche verwendet. Auch an der Einhaltung der Jahresfrist nach §§ 49 III 2, 48 Abs. IV VwVfG bestehen keine Bedenken. Daher liegen die Voraussetzungen für einen Widerruf des VAs nach § 49 III 1 Nr. 1 VwVfG vor.

Auch der Widerruf eines VAs nach § 49 III VwVfG steht im Ermessen der Behörde. Deshalb müsste die Verwaltung an und für sich gem. § 39 I 3 VwVfG in dem Widerrufsbescheid die Gesichtspunkte darlegen, von denen sie bei der Ausübung ihres Ermessens ausgegangen ist.   22

> Dies ist im **Fall 70** nicht geschehen. Dieser Verstoß ist jedoch unbeachtlich, wenn es sich bei dieser Entscheidung nicht um eine gewöhnliche, sondern ausnahmsweise um eine intendierte Ermessensentscheidung (→ § 69 Rn. 2) handeln würde: Geht die auszulegende Norm für den Regelfall von einer Ermessensausübung in einem bestimmten Sinne aus, muss die Verwaltung diese nur dann besonders begründen, wenn sie eine hiervon abweichende Entscheidung treffen will. Das BVerwG entnimmt den haushaltsrechtlichen Grundsätzen der Wirtschaftlichkeit und Sparsamkeit (§ 7 I BHO i. V. m. § 6 I HGrdsG), dass die Verwaltung bei einer zweckwidrigen Verwendung öffentlicher Zuschüsse diese in der Regel widerrufen soll, das Widerrufsermessen also intendiert ist. Deshalb musste die Behörde ihre Abwägungsentscheidung im **Fall 70** nicht eingehender begründen.[44] Zu Recht hat die Verwaltung die Zuschussgewährung bloß teilweise widerrufen, weil sich L ein Jahr lang ordnungsgemäß verhalten hat.

---

[44] BVerwGE 105, 55 (57 ff.); ebenso OVG Münster, NVwZ-RR 2006, 86 (88).

V. Erstattung und Verzinsung

23 § 49a VwVfG enthält eine spezialgesetzliche Ausformung des allgemeinen öffentlich-rechtlichen Erstattungsanspruchs (→ § 90 Rn. 9ff.). Ist ein VA mit Wirkung für die Vergangenheit zurückgenommen oder widerrufen worden oder infolge einer auflösenden Bedingung unwirksam geworden, sind bereits **erbrachte Leistungen zu erstatten.** Die Vorschrift ist entsprechend anzuwenden, wenn ein vorläufiger VA (→ § 77 Rn. 6) durch eine endgültige Regelung ersetzt wird und hierdurch ein Erstattungsanspruch entsteht; von Bedeutung ist dies insbesondere für die Pflicht zur Verzinsung nach § 49a III VwVfG. Die Verwaltung ist also unter diesen Voraussetzungen gehalten, den Erstattungsanspruch geltend zu machen. Die Vorschrift gilt auch für die Erstattungs- und Zinsforderungen eines Hoheitsträgers gegen einen anderen, wenn bspw. ein Zuwendungsbescheid zurückgenommen worden ist, nicht aber für Ansprüche des Bürgers gegen die Verwaltung.[45] Ebenso wenig kommt die Bestimmung zur Anwendung, wenn Rechtsgrund für Leistungen, deren Erstattung in Rede steht, nicht ein VA, sondern ein Vertrag war.[46]

> Anspruchsgrundlage für die Rückforderung des Geldes im **Fall 70** ist daher § 49a I VwVfG. Die zu erstattende Leistung wurde, wie erforderlich, durch schriftlichen VA festgesetzt.

Für den Umfang der Erstattung verweist § 49a II VwVfG auf die Vorschriften des Bürgerlichen Gesetzbuches über die **Herausgabe einer ungerechtfertigten Bereicherung.** Dabei wird vorgeschrieben, dass sich der Einzelne nicht auf eine Entreicherung berufen kann, wenn er die Umstände, die zum Unwirksamwerden des VAs geführt haben, kannte oder grob fahrlässig nicht kannte. Weitergehend kann sich ein Hoheitsträger gegenüber dem Erstattungsanspruch eines anderen Hoheitsträgers nicht auf eine Entreicherung berufen.[47]

> Da L im **Fall 70** wusste, dass er sich zweckwidrig verhielt, kann er sich gegenüber dem Erstattungsanspruch nicht auf den Wegfall der Bereicherung berufen.

Gemäß § 49a III VwVfG ist der zu erstattende **Betrag ab der Unwirksamkeit des VAs zu verzinsen.** Wird eine Leistung nicht alsbald nach der Auszahlung zweckentsprechend verwendet, können nach § 49a IV VwVfG auch für die Zeit bis zur zweckentsprechenden Verwendung des Geldes Zwischenzinsen verlangt werden. Dieser Anspruch auf Verzögerungszinsen setzt nicht den Widerruf des VAs voraus, sondern kann von der Behörde als selbständiges Druckmittel zur zweckentsprechenden Verwendung der Mittel eingesetzt werden. Daher wird der Anspruch erst mit Bekanntgabe eines entsprechenden Zahlungsbescheides fällig.[48]

VI. Sonderregelung für die Drittanfechtung

24 § 50 VwVfG regelt die **Aufhebung eines VAs mit belastender Drittwirkung.** Beispiel dafür ist die Baugenehmigung. Sie begünstigt den Bauherrn, belastet aber unter Umständen zugleich den Nachbarn, weil er die mit der Errichtung des Bauwerks für sein Grundstück verbundenen Nachteile hinzunehmen hat. Ficht nun der Nachbar diese Baugenehmigung an, kann sie die Verwaltung während der Dauer des Widerspruchs- oder verwaltungsgerichtlichen Verfahrens aufheben,

---

[45] OVG Münster, NVwZ-RR 2004, 317.
[46] BVerwG, NJW 2006, 536 (537).
[47] OVG Münster, DÖV 2007, 703 (704).
[48] BVerwG, BayVBl. 2006, 26.

ohne an die Einschränkungen des § 48 I 2, II–IV, § 49 II–IV und VI VwVfG gebunden zu sein. Solange ein Rechtsbehelf gegen den VA eingelegt ist, ist der Begünstigte nicht schutzwürdig, weil er sich nicht auf den dauernden Bestand der Verfügung einrichten kann. Die erweiterte Aufhebbarkeit eines VAs nach § 50 VwVfG setzt voraus, dass der eingelegte Rechtsbehelf zulässig ist. Fehlt es daran, gelten die §§ 48, 49 VwVfG ohne Einschränkungen.[49] Dabei sind in die Ermessenserwägungen, ob der VA aufgehoben werden soll, auch die Interessen des Dritten einzustellen.

VII. Wiederaufgreifen des Verfahrens

1. Struktur

Während die §§ 48, 49 VwVfG die materiell-rechtlichen Voraussetzungen regeln, unter denen ein VA aufgehoben werden kann, betrifft das Wiederaufgreifen des Verfahrens die **verfahrensrechtliche Frage, ob die Behörde zur Überprüfung der Aufrechterhaltung eines unanfechtbaren VAs berechtigt bzw. verpflichtet** ist.[50] Wenn sich der Betroffene also an die Behörde mit dem Begehren, einen unanfechtbaren VA aufzuheben, wendet, stellt er im Grunde zwei Anträge:

- Erstens soll die Verwaltung darüber befinden, ob es aus verfahrensrechtlicher Sicht geboten ist, sich noch einmal **mit derselben Angelegenheit auseinanderzusetzen.**
- Bejahendenfalls soll sie zweitens über die **Aufhebung des VAs** entscheiden.

In der Klausur muss also zunächst geklärt werden, ob das Verfahren wiederaufgegriffen werden darf. Da § 51 I VwVfG dem Betroffenen einen Anspruch auf das Wiederaufgreifen einräumt, ist diese Bestimmung vorrangig zu prüfen, bevor nach anderen Wiederaufgreifensmöglichkeiten gefragt wird. Im Anschluss an die Bejahung des Wiederaufgreifens ist zu erörtern, ob die Voraussetzungen für eine Aufhebung des VAs vorliegen und welche Entscheidung in der Sache zu ergehen hat. Damit ergibt sich folgende

> **Übersicht: Prüfung des Wiederaufgreifens des Verfahrens**
>
> (I) Ist das Verfahren wiederaufzugreifen?
>   (1) Zulässiger Antrag nach § 51 VwVfG (→ Rn. 26)
>   (a) Unanfechtbarkeit des fraglichen VAs
>   (b) Vorliegen der Zulässigkeitsvoraussetzungen des § 51 II und III VwVfG
>   (2) Begründetheit des Wiederaufgreifensantrags nach § 51 VwVfG: Vorliegen eines Wiederaufgreifensgrundes nach § 51 I Nr. 1–3 VwVfG (→ Rn. 27)
>   (3) Sonstige Möglichkeit zum Wiederaufgreifen (→ Rn. 29)
> (II) Prüfung der Aufhebung des VAs (→ Rn. 28, 30)

2. Wiederaufgreifen des Verfahrens nach § 51 I VwVfG

Sofern ein Wiederaufgreifensgrund im Sinne des § 51 I VwVfG vorliegt, hat der Einzelne einen **Anspruch darauf, dass die Behörde das Verwaltungsverfahren wieder-

---

[49] BVerwGE 105, 354 (360 f.). Strittig ist, ob die Privilegierung des § 50 VwVfG darüber hinaus die Begründetheit des jeweiligen Rechtsbehelfs voraussetzt.
[50] **Lesen** Sie bitte *T. Sasse,* Jura 2009, 493 ff.

aufgreift und nochmals überprüft, ob der jeweilige VA weiter Bestand haben soll. Diese Pflicht zum Wiederaufgreifen des Verfahrens hängt von mehreren Voraussetzungen ab: Zunächst ist zu prüfen, ob das Wiederaufgreifensbegehren zulässig ist. Nur wenn dies bejaht wurde, ist im Anschluss daran auf seine Begründetheit einzugehen und zu erörtern, ob tatsächlich ein Wiederaufgreifensgrund im Sinne des § 51 I VwVfG besteht.

Zu einem Wiederaufgreifen des Verfahrens nach § 51 I VwVfG kommt es nur, wenn der Betroffene einen entsprechenden **Antrag** stellt. In diesem muss die Aufhebung oder Änderung eines unanfechtbaren VAs begehrt werden. Ein Wiederaufgreifen ist dabei selbst dann möglich, wenn der in Frage stehende VA bereits früher durch eine rechtskräftige Gerichtsentscheidung bestätigt wurde.[51] Solange die jeweilige Verfügung noch nicht bestandskräftig (→ § 81 Rn. 3f.) ist, ist gegen sie Widerspruch/Anfechtungsklage einzulegen und scheidet ein Wiederaufgreifen des Verfahrens aus. Der Antrag ist nur zulässig, wenn der Betroffene ohne grobes Verschulden außerstande war, den von ihm dargelegten Wiederaufgreifensgrund im früheren Verfahren geltend zu machen (§ 51 II VwVfG). Außerdem muss der Antrag innerhalb von drei Monaten ab Kenntnis von dem Wiederaufgreifensgrund gestellt werden (§ 51 III VwVfG).

27 Im zweiten Schritt ist die Begründetheit dieses Antrags, also das tatsächliche **Vorliegen eines Wiederaufgreifensgrundes** zu untersuchen. Bei den in § 51 I Nr. 1–3 VwVfG genannten Wiederaufgreifensgründen überwiegt das Interesse an einer inhaltlich richtigen Verwaltungsentscheidung das Interesse an der Rechtsbeständigkeit des VAs.[52] Da die Ausnahmetatbestände enumerativ aufgezählt sind, kann ihr Katalog nicht beliebig erweitert werden (siehe aber → Rn. 29).[53]

- Ein Verwaltungsverfahren ist wiederaufzunehmen, wenn sich die dem VA zu Grunde liegende Sach- oder Rechtslage nachträglich zu Gunsten des Betroffenen geändert hat (Nr. 1). So können zum Beispiel neue wissenschaftliche Erkenntnisse zu einer dem Adressaten der Verfügung günstigeren Bewertung eines Sachverhalts führen. Von einer Änderung der Rechtslage kann nur bei einer Änderung des materiellen Rechts, nicht aber bei einer bloßen Rechtsprechungsänderung gesprochen werden.[54]
- Gemäß § 51 I Nr. 2 VwVfG besteht bei neuen Beweismitteln ein Anspruch auf Wiederaufgreifen des Verfahrens, wenn sie zu einer dem Betroffenen günstigeren Entscheidung führen würden. Neu sind solche Beweismittel, die während der Anhängigkeit des früheren Verwaltungsverfahrens noch nicht vorhanden waren oder damals ohne Verschulden nicht oder nicht rechtzeitig beigebracht werden konnten,[55] so wenn sich erst jetzt ein bislang unbekannter Zeuge zu einem rechtserheblichen Vorgang meldet. Ein nach Abschluss des früheren Verfahrens erstelltes Gutachten ist nur dann ein neues Beweismittel, wenn es seinerseits früher nicht bekannte Tatsachen verwertet. Eine abweichende Bewertung des seinerzeit bereits zugrunde gelegten Sachverhalts genügt hingegen nicht.[56]
- Schließlich ist ein Verwaltungsverfahren bei einem der Wiederaufnahmegründe des § 580 ZPO wiederaufzugreifen (Nr. 3).

28 Ist einem Wiederaufnahmeantrag nach § 51 I VwVfG stattzugeben, so ist das Wiederaufgreifen als solches eine rein verfahrensrechtliche Entscheidung. Eine Entscheidung in der Sache selbst ist damit noch nicht verbunden.[57] Vielmehr muss sich die Verwaltung dann in einem weiteren Schritt nochmals mit der im ursprünglichen VA entschie-

---

[51] BVerwGE 82, 272 (274f.).
[52] BVerwGE 82, 272 (274).
[53] BVerwGE 95, 86 (91f.).
[54] BVerwGE 95, 86 (89); BVerwG, DVBl. 2010, 254 (256).
[55] BVerwGE 95, 86 (90).
[56] BVerwGE 95, 86 (90f.); 113, 322 (326).
[57] VGH Mannheim, NVwZ-RR 2009, 357 (358).

denen Sache auseinandersetzen und sich darüber klar werden, ob die **Verfügung beizubehalten oder aufzuheben** ist. Maßgebend für diese Beurteilung ist das nunmehr für die Beurteilung des fraglichen Rechtsverhältnisses geltende materielle Recht.[58] Dabei ist die Behörde nicht auf die Prüfung solcher Gesichtspunkte beschränkt, die in einem unmittelbaren Zusammenhang mit dem Wiederaufgreifensgrund stehen.[59] Ist die Entscheidung nach dem materiellen Recht eine gebundene, so besteht eine solche Einschränkung von vornherein nicht.[60] Aber auch bei im Ermessen der Behörde stehenden Entscheidungen besteht die volle Entscheidungsbefugnis wie beim Erstbescheid. Eine Ermessensreduzierung dahingehend, dass ein wegen des Vorliegens eines Wiederaufgreifensgrundes rechtswidriger VA im Regelfall zurückzunehmen ist,[61] tritt nicht ein. Den berechtigten Vertrauensschutzinteressen des Betroffenen, der die Änderung des Bescheides ja erst durch seinen Antrag nach § 51 VwVfG in Gang gesetzt hat, wird vielmehr dadurch ausreichend Rechnung getragen, dass eine Verböserung zu seinen Lasten nicht erfolgen darf. Kommt die Behörde danach zum Ergebnis, dass der VA aufzuheben ist oder nach erneuter Ermessensbetätigung aufgehoben werden soll, so hat sie den VA nach den §§ 48, 49 VwVfG zurückzunehmen oder zu widerrufen.

3. Wiederaufgreifen nach pflichtgemäßem Ermessen

Auch wenn nicht nach § 51 I VwVfG das Wiederaufgreifen des Verfahrens beansprucht werden kann, ist ein Antrag auf Aufhebung oder Änderung eines VAs nicht ausgeschlossen. § 51 V VwVfG verweist auf die § 48 I 1, § 49 I VwVfG und erlaubt es der Verwaltung, den fraglichen VA nach pflichtgemäßem Ermessen aufzuheben (→ Rn. 6, 10, 18 f.). Insoweit besteht ein subjektives **Recht des Einzelnen auf fehlerfreie Ermessensausübung hinsichtlich des Wiederaufgreifens**.[62] Um den Unterschied zu § 51 I VwVfG deutlich zu machen, spricht man diesbezüglich von einem Wiederaufgreifen des Verfahrens im weiteren Sinne. Die Entscheidungsstruktur ist also zweistufig[63]: 29

- Auf der ersten Stufe hat die Behörde zunächst ihr sog. Wiederaufgreifensermessen auszuüben, d. h. darüber zu entscheiden, ob das Verfahren wieder aufgegriffen werden soll.
- Hat die Behörde sich für ein Wiederaufgreifen entschieden, d. h. eine sog. Positiventscheidung getroffen, so trifft sie auf der zweiten Stufe eine erneute Sachentscheidung, die in einer Aufhebung oder Änderung des VAs oder in einem Zweitbescheid (→ Rn. 30) bestehen kann.

Bei ihrer **Ermessensausübung** hat die Verwaltung das auf die Rechtssicherheit zurückzuführende Interesse an dem Fortbestand des jeweiligen VAs und das Interesse an einer inhaltlich richtigen Behördenentscheidung gegeneinander abzuwägen. Grundsätzlich darf die Verwaltung auf die Bestandskraft des VAs verweisen und aus diesem Grund ein Wiederaufgreifen des Verfahrens ablehnen.[64] In bestimmten Situationen kann sich jedoch das Ermessen der Behörde auf Null reduzieren (→ § 69 Rn. 9) und sie zu einem Wiederaufgreifen des Verfahrens verpflichtet sein. Eine Ermessensreduktion wird angenommen, wenn die weitere Aufrechterhaltung des Erstbescheids schlecht-

---

[58] BVerwG, NJW 1982, 2204 (2205).
[59] So aber etwa *Kopp/Ramsauer* § 51 Rn. 19.
[60] Vgl. BVerwG, NJW 1982, 2204 (2205).
[61] So *Maurer* § 11 Rn. 61.
[62] BVerwGE 95, 86 (88, 92); BVerwG, DVBl. 2010, 254 (256).
[63] BVerwG, DVBl. 2010, 254 (256).
[64] BVerwGE 95, 86 (92).

hin unerträglich ist. Dies kann sich unter anderem daraus ergeben, dass die staatliche Entscheidung offensichtlich fehlerhaft ist oder das Berufen auf die Unanfechtbarkeit des VAs gegen die guten Sitten oder Treu und Glauben verstoßen würde oder EU-Recht eine nochmalige Überprüfung der in dem VA getroffenen Entscheidung gebietet.[65] Hat die Verwaltung in gleichgelagerten Fällen Verwaltungsverfahren wiederaufgegriffen, kann Art. 3 I GG zusammen mit einer entsprechenden Verwaltungspraxis eine Gleichbehandlung gebieten.

4. Entscheidungen im Zusammenhang mit dem Wiederaufgreifen des Verfahrens

30 Große Sorgfalt ist auf die Einordnung der Entscheidungen der Behörde anlässlich eines Wiederaufgreifens des Verfahrens zu verwenden, da je nach Entscheidung die Rechtsschutzmöglichkeiten anders ausfallen. So ist es denkbar, dass die Verwaltung allein unter **Hinweis auf die Bestandskraft des VAs** ein weiteres Tätigwerden ablehnt. Darin wurde früher zum Teil eine „wiederholende Verfügung" gesehen, gegen die es keinen Rechtsbehelf geben könne. Da sich die Verwaltung überhaupt nicht mit der Sache auseinandersetze, werde keine neue Regelung getroffen. Dieser Ansicht ist das BVerwG richtigerweise entgegengetreten. Zwar ist es zutreffend, dass die Behörde in der Sache keine neue Entscheidung trifft. Sie lehnt es aber zugleich ab, das Verwaltungsverfahren wiederaufzugreifen. Damit trifft sie eine Entscheidung, die über einen Hinweis auf den ursprünglichen VA hinausgeht. Es handelt sich hierbei um eine verfahrensrechtliche Regelung in Form eines VAs.[66] Hält der Betroffene die Behördenentscheidung hinsichtlich der Ablehnung des Wiederaufgreifens für falsch, kann er deshalb *insoweit* Widerspruch (→ § 92) einlegen und ggf. Verpflichtungsklage (→ § 99) erheben.

Hat sich die Behörde dafür entschieden, das Verwaltungsverfahren wiederaufzugreifen, wird nochmals in der Sache durch **Zweitbescheid** entschieden. Die Behörde kann dabei erneut zu der Ansicht gelangen, dass an der in Frage stehenden Verfügung weiterhin festzuhalten ist, und deshalb die Aufhebung des VAs ablehnen. Je nach Fall kann sie aber auch die Verfügung aufheben oder ändern. Beide Male handelt es sich um Sachentscheidungen in Form eines VAs, die auf einer erneuten Prüfung der Sach- und Rechtslage beruhen und eine neue Regelung enthalten. Gegen einen solchen Zweitbescheid kann mit den Rechtsbehelfen gegen einen VA vorgegangen werden. Es kann Widerspruch (→ § 92) eingelegt bzw. Anfechtungs-/Verpflichtungsklage erhoben werden (→ §§ 98, 99).

Fünftes Kapitel. Vertragliches Handeln im Verwaltungsrecht

§ 83. Öffentlich-rechtlicher Vertrag

Fall 71: Der A ist Eigentümer eines landschaftlich reizvoll gelegenen Außenbereichsgrundstücks. Da vor einigen Jahren die Grundstücke, die an sein Grundstück grenzen, mit einem Wohngebiet überplant worden sind, bittet A die Gemeinde, sein Grundstück in den Geltungsbereich des Bebauungsplans einzubeziehen. Der Gemeinderat hat insofern Bedenken, als die Erschließungsanlagen in dem an das Grundstück des A grenzenden Neubaugebiet längst fertig

---

[65] BVerwGE 44, 333 (336); 95, 87 (92); BVerwG, DVBl. 2010, 254 (257); vgl. BVerwG, DÖV 2005, 651.
[66] BVerwGE 44, 333 (335); BVerwG, NVwZ 2002, 482.

§ 83. Öffentlich-rechtlicher Vertrag

gestellt und bezahlt worden sind; der A soll nicht kostenfrei in den Genuss dieser Erschließungsvorteile kommen. Der Bürgermeister schreibt deshalb an den A einen Brief, in dem die Gemeinde anbietet, das Verfahren zur Einbeziehung des Grundstücks des A in den Bebauungsplan weiter zu betreiben, wenn der A zuvor zum Ausgleich für die nicht anfallenden Erschließungskosten einen Betrag an die Gemeinde zahlt, den A der Höhe nach als Erschließungsbeitrag zu bezahlen gehabt hätte. In einem Antwortbrief erklärt der A, er sei mit diesen Verabredungen einverstanden.

Nachdem der A gezahlt hat, wird der Geltungsbereich des Bebauungsplans auf sein Grundstück ausgedehnt und die Baugenehmigung erteilt. In Windeseile errichtet A das Gebäude. Anschließend erklärt er gegenüber der Gemeinde, dass der Vertrag unwirksam sei und er sein Geld wiederhaben wolle. Wenig einverstanden mit der ganzen Sache ist Nachbar N. Er ist nach einem längeren Auslandsaufenthalt nicht sehr begeistert von dem unter Verstoß gegen das Gebot der Rücksichtnahme errichteten Gebäude des A.

Das Verwaltungsverfahrensgesetz hat den öffentlich-rechtlichen Vertrag gleichberechtigt neben den VA gestellt: Verwaltungsverfahren ist laut § 9 VwVfG nicht allein die auf die Prüfung der Voraussetzungen, die Vorbereitung und den Erlass des VA, sondern ebenso die auf den Abschluss eines öffentlich-rechtlichen Vertrages gerichtete, nach außen wirkende Tätigkeit der Behörden. Übungs- und Prüfungsarbeiten aus dem Bereich des Verwaltungsvertragsrechts betreffen meist die Frage nach dem Schicksal noch zu erbringender oder bereits erbrachter Leistungen der Vertragsparteien bei Nichtigkeit des Vertrages.

1

So auch in **Fall 71**: Sowohl die Gemeinde als auch der A haben ihre Leistung erbracht. Nur möchte A jetzt die „Rosinentheorie" anwenden, die besagt: Ich möchte deine Leistung behalten und gleichzeitig meine zurückbekommen.

Für diese Fälle kann die Anlehnung des Prüfungsaufbaus an die folgende Übersicht gesucht werden:

Übersicht: Prüfung Nichtigkeit und Rückabwicklung eines öffentlich-rechtlichen Vertrags

- (I) Vorliegen und Zulässigkeit eines öffentlich-rechtlichen Vertrags (§ 54 S. 1 VwVfG)
    - (1) Handeln in vertraglicher Form (→ Rn. 2)
    - (2) Öffentlich-rechtliches Rechtsverhältnis (→ § 67 Rn. 3 ff.)
    - (3) Zulässigkeit der Handlungsform Vertrag (→ Rn. 12)
- (II) Formelle Rechtmäßigkeit
    - (1) Zuständigkeit der Behörde (→ Rn. 13)
    - (2) Schriftform (§ 57 VwVfG) (→ Rn. 13)
    - (3) Zustimmung von Drittbetroffenen und Behörden (§ 58 VwVfG) (→ Rn. 14)
- (III) Nichtigkeit des Vertrages
    - (1) Nichtigkeit nach § 59 I VwVfG i. V. m. BGB (→ Rn. 24)
    - (2) Nichtigkeit nach § 59 II VwVfG
        - (a) Vorliegen eines „subordinationsrechtlichen" Vertrages i. S. v. § 54 S. 2 VwVfG (→ Rn. 6)
        - (b) Nichtigkeitsgründe des § 59 II Nr. 1 und 2 VwVfG (→ Rn. 25)

> (c) Nichtigkeit des Vergleichsvertrags nach § 59 II Nr. 3 VwVfG
>   (aa) Vorliegen eines Vergleichsvertrages i. S. v. § 55 VwVfG (→ Rn. 9)
>   (bb) Zulässigkeit des Vergleichsvertrags (→ Rn. 16)
>   (cc) Nichtigkeit nach § 59 II Nr. 3 VwVfG (→ Rn. 25)
> (d) Nichtigkeit des Austauschvertrags nach § 59 II Nr. 4 VwVfG
>   (aa) Vorliegen eines Austauschvertrags i. S. v. § 56 VwVfG (→ Rn. 10)
>   (bb) Zulässigkeit des Austauschvertrags (→ Rn. 17 ff.)
>   (cc) Nichtigkeit nach § 59 II Nr. 4 VwVfG (→ Rn. 25)
> (IV) Rückabwicklung
> (1) Andere Leistungen als VA
>   (a) Nach h. M. öffentlich-rechtlicher Erstattungsanspruch (→ Rn. 28)
>   (b) Anwendbarkeit des § 814 BGB auf den Rückforderungsanspruch des Vertragspartners der Behörde? (→ Rn. 28)
>   (c) Berufung der Behörde auf Treu und Glauben? (→ Rn. 28)
> (2) Erfüllungs-VA (→ Rn. 29)

I. Begriffsmerkmale und Vertragsarten

1. Begriff des öffentlich-rechtlichen Vertrages

2 Nach der Legaldefinition des § 54 S. 1 VwVfG liegt ein öffentlich-rechtlicher Vertrag vor, wenn

- durch Vertrag
- auf dem Gebiet des öffentlichen Rechts
- ein Rechtsverhältnis begründet, geändert oder aufgehoben wird.

§ 54 S. 1 VwVfG verlangt ein Handeln gerade durch **Vertrag.** Funktional dient dieses Merkmal dazu, den Vertrag als Rechtsakt von anderen Handlungsformen abzugrenzen. Vertrag ist nur die durch übereinstimmende Willenserklärungen herbeigeführte Willenseinigung zweier oder mehrerer Rechtssubjekte. Die herbeigeführte Rechtsfolge muss beiderseitig gewollt, insbesondere mit Erklärungsbewusstsein und Rechtsbindungswillen herbeigeführt sein.[1]

In **Fall 71** haben die Gemeinde und der A durch ihren Briefwechsel eine Willenseinigung herbeigeführt, so dass ein Vertrag vorliegt. Ob der Briefwechsel den Anforderungen genügt, die § 57 VwVfG an die Schriftform stellt (→ Rn. 13), ist eine hiervon unabhängige Frage.

3 Die **Zuordnung eines Vertrages zum öffentlichen oder privaten Recht** erfolgt nicht danach, wer Vertragspartei ist, sondern anhand des **Gegenstandes des Vertrages.**[2] Allein der Umstand, dass beide Vertragspartner Träger öffentlicher Verwaltung sind, macht einen Vertrag noch nicht zum öffentlich-rechtlichen.[3] Maßgebend für die Ein-

---

[1] *H. J. Bonk/W. Neumann,* in: Stelkens/Bonk/Sachs § 54 Rn. 28f.
[2] GSOGB BVerwGE 74, 368 (370); BGH, NVwZ 2006, 243 (244); NVwZ-RR 2013, 96; VGH München, BayVBl. 2000, 595 (596).
[3] BGH, NVwZ-RR 2013, 96.

§ 83. Öffentlich-rechtlicher Vertrag

ordnung des Vertragsgegenstands sind nicht die Vorstellungen der Parteien, sondern ist die objektive Zuordnung des durch den Vertrag geregelten Rechtsverhältnisses. Dabei ist ein Vertrag dann dem öffentlichen Recht zuzuordnen, wenn er sich auf Sachverhalte bezieht, die von der gesetzlichen Ordnung öffentlich-rechtlich geregelt werden.[4] Im Zweifelsfall ist eine Bewertung des Gesamtcharakters des Vertrages anzustellen, die sich auch am Vertragszweck sowie dem Sachzusammenhang orientiert.[5] Dass einer der Vertragspartner mit dem Vertragsschluss öffentliche Zwecke verfolgt, reicht hingegen nicht aus.[6]

Eine Aufspaltung eines einheitlichen Rechtsverhältnisses, das sich im Sinne eines **gemischten Vertrages** aus privatrechtlichen und öffentlich-rechtlichen Leistungselementen zusammensetzt, in einen öffentlich-rechtlichen und einen privatrechtlichen oder äußerlich indifferenten Teil erfolgt nicht. Das Rechtsverhältnis ist vielmehr insgesamt entweder dem öffentlichen Recht oder dem Privatrecht zu unterstellen.[7] Enthält das Rechtsverhältnis indifferente oder privatrechtlich zu erfüllende Leistungsverpflichtungen, so gehört es daher gleichwohl insgesamt dem öffentlichen Recht an, wenn die vertraglichen Vereinbarungen ihren Schwerpunkt im öffentlichen Recht haben.[8]

Anderes gilt für die sog. **zusammengesetzten Verträge.** Hier werden in *einer* Vertragsurkunde *mehrere* Rechtsverhältnisse zusammengefasst, von denen die einen öffentlich-rechtlicher, die anderen privatrechtlicher Natur sind; das Aufspaltungsverbot greift hier nicht.[9] Voraussetzung für eine unterschiedliche Zuordnung der verschiedenen Rechtsverhältnisse ist deren Teilbarkeit in dem Sinne, dass sie einer voneinander unabhängigen Beurteilung zugänglich sind.

Unter einem **Rechtsverhältnis** ist wie bei § 43 I VwGO (→ § 101 Rn. 3) die sich aus einem konkreten Sachverhalt ergebende Beziehung eines Rechtssubjekts zu einem anderen Rechtssubjekt oder zu einer Sache zu verstehen. Die erstmalige Herstellung einer solchen Beziehung wird von § 54 S. 1 VwVfG ebenso erfasst wie sämtliche Formen der Einwirkung auf das Rechtsverhältnis. 4

2. Vertragsarten

Ein dem BGB vergleichbares System von Verträgen wird in den §§ 54 ff. VwVfG nicht entwickelt. Die im VwVfG angelegte Unterscheidung zwischen sog. subordinationsrechtlichen (§ 54 S. 2 VwVfG) und anderen öffentlich-rechtlichen Verträgen sowie zwischen Vergleichsvertrag (§ 55 VwVfG) und Austauschvertrag (§ 56 VwVfG) dient allein der Typisierung besonderer Schutzwürdigkeitsanforderungen. Einen Typenzwang gibt es deshalb nicht. Die Verwaltung ist nicht gehindert, andere öffentlich-rechtliche Verträge als Austausch- und Vergleichsverträge abzuschließen. 5

a) Koordinations- und subordinationsrechtliche Verträge

§ 54 VwVfG unterscheidet zwischen öffentlich-rechtlichen Verträgen im Sinne des Satzes 2 und anderen öffentlich-rechtlichen Verträgen. Während die §§ 57, 58, 59 I und III, 60 und 62 VwVfG für alle öffentlich-rechtlichen Verträge gelten, sind die §§ 55, 56, 59 II und 61 VwVfG nur auf Verträge im Sinne von § 54 S. 2 VwVfG anwendbar. Her- 6

---

[4] BVerwGE 92, 56 (59); 96, 326 (329 f.); BVerwG, NJW 1980, 2538; 1985, 1989; NVwZ 2000, 1285 (1286); BGH, NVwZ 2006, 243 (244).
[5] VGH München, BayVBl. 2000, 595 (596).
[6] BGH, NVwZ-RR 2013, 96.
[7] *J. Ziekow/T. Siegel*, VerwArch 2003, 593 (598).
[8] BVerwGE 42, 331 (333 f.); BGH, DVBl. 1992, 615 (616).
[9] BVerwG, NJW 1980, 2538; 1990, 1679 (1680); NVwZ 1994, 1012.

kömmlicherweise werden als abkürzende Kennzeichnungen die Begriffe „subordinationsrechtlicher" und „koordinationsrechtlicher" Vertrag gebraucht.

Als **„subordinationsrechtlich"** wird der öffentlich-rechtliche Vertrag im Sinne von § 54 S. 2 VwVfG bezeichnet. Nach dieser Vorschrift kann die Behörde, anstatt einen VA zu erlassen, einen öffentlich-rechtlichen Vertrag mit demjenigen schließen, an den sie sonst den VA richten würde. § 54 S. 2 VwVfG soll zum einen die Behörde davor bewahren, sich **Hoheitsbefugnisse „abkaufen"** zu lassen. Zum anderen soll der Situation Rechnung getragen werden, dass der im „Schatten der Hierarchie" *(Scharpf)* der Hoheitsbefugnisse der Behörde einen Vertrag schließende **Bürger eines besonderen Schutzes bedarf.**

Erforderlich ist daher eine Untersuchung im Einzelfall, ob zur Auslösung dieser Schutzbedürftigkeiten führende Gesichtspunkte vorliegen. Deshalb können nicht pauschal alle öffentlich-rechtlichen Verträge zwischen Verwaltung und Bürger § 54 S. 2 VwVfG unterstellt werden.[10] Die Rechtsprechung stellt für die Anwendung des § 54 S. 2 VwVfG vielmehr darauf ab, dass ein öffentlich-rechtlicher Vertrag zwischen einer Privatperson und einer Behörde auf einem Gebiet geschlossen wird, auf dem ein hoheitliches Verhältnis der Über- und Unterordnung besteht. Dabei soll es nicht darauf ankommen, ob der konkrete Gegenstand der vertraglichen Vereinbarung sonst durch VA geregelt werden könnte.[11] Stünden sich die Vertragspartner in dem betreffenden Rechtsbereich allgemein in einem Subordinationsverhältnis gegenüber, so sei nicht zusätzlich erforderlich, dass die Behörde im Zeitpunkt des Vertragsabschlusses (noch) befugt gewesen sein muss, die vom Bürger zu erbringende Leistung mit demselben Inhalt durch VA festzusetzen.[12] Nicht anwendbar sei § 54 S. 2 VwVfG hingegen, wenn das Gebiet, auf dem der Vertragsgegenstand liegt, nicht typischerweise von hoheitlichen Handlungsbefugnissen geprägt ist.

Bei Anlegung dieser Betrachtungsweise handelt es sich im **Fall 71** um einen subordinationsrechtlichen Vertrag: Nach der obergerichtlichen Rechtsprechung reicht es für diese Zuordnung aus, dass die Verwaltung auf städtebaulichem Gebiet auch die Befugnis zu hoheitlichen Regelungen hat.[13]

7 Der dem „subordinationsrechtlichen" Vertrag herkömmlicherweise gegenübergestellte Begriff des **„koordinationsrechtlichen" Vertrages** erfasst solche öffentlich-rechtlichen Verträge, die zwischen verschiedenen Stellen der öffentlichen Verwaltung geschlossen werden. Für den „koordinationsrechtlichen" Vertrag gelten alle Bestimmungen der §§ 54 ff. VwVfG mit Ausnahme derjenigen, die an das Vorliegen eines von § 54 S. 2 VwVfG erfassten Vertrages anknüpfen.

---

[10] *Kopp/Raumsauer* § 54 Rn. 49. A. M. *H. J. Bonk/W. Neumann,* in: Stelkens/Bonk/Sachs § 54 Rn. 5; *Maurer* § 14 Rn. 12.
[11] BVerwG, NVwZ 2000, 1285 (1286); VGH Mannheim, NVwZ 1991, 583 (584); VBlBW 2004, 52; VGH München, NVwZ 1990, 979 (981). Zur Problematik dieses Ansatzes *J. Ziekow,* in: K.-P. Sommermann/J. Ziekow (Hrsg.), Perspektiven der Verwaltungsforschung, 2002, S. 269 (280 f.); *ders./T. Siegel,* VerwArch. 2003, 593 (606 f.).
[12] BVerwG, NVwZ 2000, 1285 (1286).
[13] VGH München, NVwZ 1990, 979 (981).

§ 83. Öffentlich-rechtlicher Vertrag

b) Vergleichs- und Austauschverträge

Als Arten „subordinationsrechtlicher" Verträge, für die unter Schutzwürdigkeitsgesichtspunkten (→ Rn. 6) besondere Anforderungen gelten, unterscheidet das VwVfG zwischen Vergleichsverträgen (§ 55 VwVfG) und Austauschverträgen (§ 56 VwVfG).

aa) Vergleichsvertrag

Nach der Legaldefinition des § 55 VwVfG ist unter einem Vergleichsvertrag ein öffentlich-rechtlicher Vertrag zu verstehen, durch den eine bei verständiger Würdigung des Sachverhalts oder der Rechtslage bestehende Ungewissheit durch gegenseitiges Nachgeben beseitigt wird.

Bei verständiger Würdigung kann eine Ungewissheit bezüglich des Sachverhalts nur bestehen, wenn die Behörde ihrer nach § 24 VwVfG bestehenden Amtsermittlungspflicht (→ § 72 Rn. 23) genügt hat. § 55 VwVfG ermächtigt die Behörde nicht, von vornherein den Abschluss eines Vertrages unter Ungewissheitsbedingungen anzustreben und deshalb jegliche Sachverhaltsaufklärung zu unterlassen. Da die Möglichkeit, einen Vergleichsvertrag abzuschließen, der Verfahrensökonomie dient, besteht eine Ungewissheit hinsichtlich des Sachverhalts im Sinne von § 55 VwVfG nur dann, wenn ein weiterer Aufklärungsgewinn nur mit unverhältnismäßigem Aufwand zu erzielen wäre.[14] Entsprechendes gilt für eine Ungewissheit bezüglich der Rechtslage. Sie liegt zum einen dann vor, wenn die Auslegung für das betreffende Rechtsverhältnis relevanter Rechtsnormen höchstrichterlich nicht geklärt ist.[15] Zum anderen ist eine Rechtsungewissheit anzunehmen, wenn die Parteien andere Rechtsfolgenzweifel – wie etwa die bezüglich der Verfassungsmäßigkeit einer Ermächtigungsnorm – nur mit unverhältnismäßigem Aufwand beseitigen können.[16]

Der Kern des Vergleichs besteht in einem gegenseitigen Nachgeben. Das Nachgeben muss sich gerade auf die bestehende Ungewissheit beziehen.[17] Die auf die Ungewissheit bezogene Einigung durch gegenseitiges Nachgeben führt dazu, dass die Unsicherheit „beseitigt" wird. Nunmehr ist die vertragliche Regelung Grundlage der Beziehungen der Parteien und der Rückgriff auf Positionen, hinsichtlich derer die Ungewissheit bestand, ist nicht mehr möglich.[18]

Der **gerichtliche Vergleich** nach § 106 VwGO hat eine **Doppelnatur**: Er ist zugleich Prozesshandlung und materiell-rechtlicher öffentlich-rechtlicher Vertrag. Beide Teile sind unlösbar miteinander verbunden. Ein materiellrechtlicher Fehler führt daher zwingend zur Unwirksamkeit auch des prozessrechtlichen Vergleichs. Ist ein gerichtlicher Vergleich hingegen allein aus prozessrechtlichen Gründen unwirksam, so kann es dem Willen der Parteien entsprechen, den Vertrag als außergerichtlichen Vergleichsvertrag aufrecht zu erhalten.

bb) Austauschvertrag

Die Regelungen des § 56 VwVfG über den Austauschvertrag dienen den Zwecken, den sog. „Ausverkauf von Hoheitsrechten" zu verhindern und den Bürger davor zu schüt-

---

[14] *H. J. Bonk/W. Neumann*, in: Stelkens/Bonk/Sachs § 55 Rn. 37.
[15] *Kopp/Ramsauer* § 55 Rn. 16a.
[16] *H. J. Bonk/W. Neumann*, in: Stelkens/Bonk/Sachs § 55 Rn. 38.
[17] BVerwGE 49, 359 (364); 84, 157 (165).
[18] *H. J. Bonk/W. Neumann*, in: Stelkens/Bonk/Sachs § 55 Rn. 45.

zen, dass ihm nach der Gesetzeslage nicht gerechtfertigte oder unangemessene Leistungen abverlangt werden. Beim Austauschvertrag im engeren Sinne (oder **echter Austauschvertrag**) wird jeder Vertragspartei auf der Grundlage der Gegenseitigkeit ein Rechtsanspruch auf die Leistung der anderen Vertragspartei eingeräumt.[19] Eine echte synallagmatische Austauschbeziehung ist dabei allerdings nicht erforderlich. Es reicht beispielsweise aus, wenn die vom Bürger zu erbringende Leistung überhaupt erst die Voraussetzungen für die behördliche Leistung schaffen soll.[20]

Von § 56 VwVfG – zumindest in entsprechender Anwendung – erfasst wird darüber hinaus der sog. **hinkende Austauschvertrag.** Hier wird die behördliche Leistung nicht als Gegenleistung für die Leistung des Vertragspartners vereinbart, sondern als außervertragliche Bedingung für die Leistung des Bürgers oder stillschweigend als Geschäftsgrundlage vorausgesetzt.[21]

Bei dem zwischen A und der Gemeinde im **Fall 71** geschlossenen Vertrag handelt es sich auch insoweit, wie die Gemeinde eine Bebauungsplanänderung in Aussicht stellt, um einen § 56 VwVfG unterfallenden „hinkenden" Austauschvertrag.

c) Verpflichtungs- und Verfügungsverträge

11 Hinsichtlich der Wirkungen des öffentlich-rechtlichen Vertrages unterscheidet man schließlich zwischen Verpflichtungs- und Verfügungsverträgen. Diese Unterscheidung spielt eine Rolle u. a. bei der Bestimmung der Reichweite des Erfordernisses der Zustimmung Drittbetroffener nach § 58 I VwVfG (→ Rn. 14) und der Ermittlung der Folgen eines (schlicht) rechtswidrigen öffentlich-rechtlichen Vertrages (→ Rn. 22). Bei einem Verfügungsvertrag erfolgt die Begründung, Änderung oder Aufhebung des Rechtsverhältnisses im Sinne von § 54 S. 1 VwVfG bereits unmittelbar durch den Vertrag selbst. Dies ist etwa dann der Fall, wenn eine erforderliche Erlaubnis im Vertrag selbst erteilt wird – sofern insoweit vertragliches Handeln überhaupt zulässig ist. Durch einen Verpflichtungsvertrag verpflichten sich die Vertragsparteien zur Erbringung von Leistungen in Erfüllung des Vertrages. Dies können auf Seiten der Behörde z. B. der Erlass eines VAs, die Vornahme nichtförmlicher Verwaltungshandlungen (→ § 73 Rn. 4 ff.) oder die Zahlung einer Geldsumme sein.

II. Zulässigkeit und formelle Anforderungen

1. Zulässigkeit der Handlungsform

12 Nach § 54 S. 1 VwVfG *kann* ein öffentlich-rechtlicher Vertrag geschlossen werden, soweit Rechtsvorschriften nicht entgegenstehen. Die Vorschrift stellt es also – in den Grenzen zuwiderlaufenden Rechts – in das durch § 40 VwVfG begrenzte Ermessen (→ § 69 Rn. 3 ff.) der Behörde, durch öffentlich-rechtlichen Vertrag zu handeln. Das Handeln durch Vertrag kann durch Rechtsvorschrift verboten sein. Ein solches **Vertragsformverbot** besteht nicht bereits dann, wenn im Gesetz allein ein Handeln durch „Bescheid", „Verfügung" o. ä. vorgesehen ist. Wie § 54 S. 2 VwVfG verdeutlicht, ist in diesen Fällen das Handeln durch öffentlich-rechtlichen Vertrag anstatt durch VA gerade ermöglicht. Es muss vielmehr im Einzelnen durch Auslegung ermittelt werden, ob das

---

[19] BVerwG, NVwZ 2000, 1285 (1287).
[20] *H. J. Bonk/W. Neumann*, in: Stelkens/Bonk/Sachs § 56 Rn. 19.
[21] BVerwGE 96, 326 (330); BVerwG, NVwZ 2000, 1285 (1287); VGH Mannheim, NVwZ 1991, 583 (584); VGH München, NVwZ 1990, 979 (981).

§ 83. Öffentlich-rechtlicher Vertrag

Handeln in einer anderen Form als der des Vertrages zwingend vorgeschrieben ist. Beispiele für derartige Vertragsformverbote sind die beamtenrechtliche Ernennung (§ 8 II BeamtStG), die Regelung der Besoldung (§ 2 II BBesG) oder die Einbürgerung (§ 16 I StAG).

Von den in § 54 S. 1 VwVfG angesprochenen Vertragsformverboten sind die **Inhaltsverbote** zu unterscheiden. Sie beruhen auf dem Umstand, dass sich die Verwaltung nicht auf die Privatautonomie berufen kann (→ § 67 Rn. 16), und betreffen die Anforderungen an den Vertragsinhalt (→ Rn. 15ff.).

2. Formerfordernisse

Das Handeln in der Form eines öffentlich-rechtlichen Vertrages entbindet die Behörde nicht von der Beachtung der **Zuständigkeitsordnung.** Die Behörde muss daher zur Herbeiführung der mit dem Vertrag vereinbarten Rechtsfolgen sachlich, örtlich und instantiell zuständig sein (→ § 72 Rn. 7).

§ 57 VwVfG verlangt, dass ein öffentlich-rechtlicher Vertrag schriftlich zu schließen ist, soweit nicht durch Rechtsvorschrift eine andere Form vorgeschrieben ist. Der Zweck des **Schriftformerfordernisses** besteht zum einen in einer Warn-, zum anderen in einer Kontroll- bzw. Beweisfunktion. Schriftlich abzugeben sind deshalb alle für die Wirksamkeit des Vertrages relevanten Willenserklärungen. Die aufeinander bezogenen Willenserklärungen müssen eigenhändig unterschrieben worden sein. Darüber hinaus ist nach § 62 S. 2 VwVfG i.V.m. § 126 II 1 BGB **Urkundeneinheit** erforderlich, d. h. die Unterzeichnung der Parteien muss auf derselben Urkunde erfolgen.[22] Allerdings gilt dies nur für Verträge zwischen Staat und Bürger. Für Verwaltungsvereinbarungen zwischen Verwaltungsträgern reicht es aus, dass die wechselseitigen Verpflichtungen sich aus einem Briefwechsel ergeben, wenn die Zusammengehörigkeit der beiderseitigen Erklärungen aus den Umständen zweifelsfrei ersichtlich ist.[23]

Ist das Schriftformerfordernis nicht beachtet worden, so ist der Vertrag nicht schwebend unwirksam, sondern gemäß § 59 I VwVfG, § 125 BGB nichtig.

> So verhält es sich in **Fall 71**: Der Briefwechsel zwischen dem Bürgermeister und dem A genügt nicht der nach §§ 57, 62 S. 2 VwVfG i.V.m. § 126 II 1 BGB für die Wahrung der Schriftform erforderlichen Urkundeneinheit. Der Vertrag ist daher schon aus diesem Grunde nichtig.

3. Zustimmung von Drittbetroffenen und Behörden

Nach § 58 I VwVfG wird ein öffentlich-rechtlicher Vertrag, der in Rechte eines Dritten eingreift, erst wirksam, wenn der Dritte schriftlich zustimmt. Wird anstelle eines VAs, bei dessen Erlass nach einer Rechtsvorschrift die Genehmigung, die Zustimmung oder das Einvernehmen einer anderen Behörde erforderlich ist, ein Vertrag geschlossen, so wird dieser erst wirksam, nachdem die andere Behörde in der vorgeschriebenen Form mitgewirkt hat (§ 58 II VwVfG).

Ein *durch den Vertrag* erfolgender Eingriff in die Rechte des Dritten liegt jedenfalls dann vor, wenn es sich um einen Verfügungsvertrag (→ Rn. 11) handelt. Nach überwiegen-

---

[22] BVerwGE 98, 58 (67); OVG Lüneburg, NJW 1992, 1404 (1405); 1998, 2921. A. M. etwa *H. J. Bonk/W. Neumann*, in: Stelkens/Bonk/Sachs § 57 Rn. 20f.
[23] BVerwG, NVwZ 2005, 1083 (1084).

der Auffassung erfolgt darüber hinaus aber ein Eingriff bereits durch den Abschluss eines Verpflichtungsvertrages (→ Rn. 11).[24] Dem wird man nicht folgen können. Die Frage der Rechtmäßigkeit des Erfüllungs-VAs entscheidet sich allein nach dem für den Erlass des VAs geltenden Recht. Der Vertrag ändert nicht die Rechtslage. Der in Erfüllung eines rechtmäßigen öffentlich-rechtlichen Vertrages erlassene VA ist nicht schon aus diesem Grund selbst rechtmäßig. Sonst würde man die Gesetzesbindung der Verwaltung zur Disposition der Vertragspartner stellen. Ist der VA rechtswidrig und der Dritte in seinen Rechten verletzt, so kann er die Aufhebung des VAs notfalls erzwingen. Es besteht deshalb keine Veranlassung, bereits die Wirksamkeit des Verpflichtungsvertrages von der Zustimmung des Dritten abhängig zu machen.

> Im **Fall 71** war die Wirksamkeit des zwischen A und der Gemeinde geschlossenen Vertrages daher nicht von der Zustimmung des N abhängig. Denn N konnte den ihn belastenden Erfüllungs-VA – die dem A erteilte Baugenehmigung – anfechten.

Sowohl die Zustimmung des Dritten als auch die Mitwirkung der Behörde sind **Wirksamkeitsvoraussetzung** für den öffentlich-rechtlichen Vertrag. Ein ohne diese Mitwirkungsakte geschlossener Vertrag ist nicht nichtig, sondern schwebend unwirksam.

III. Inhaltliche Anforderungen

15 Vorgaben für den Inhalt öffentlich-rechtlicher Verträge ergeben sich aus § 54 VwVfG nicht. Die Voraussetzungen und Folgen von Inhaltsverstößen richten sich allein nach § 59 VwVfG (→ Rn. 23 ff.). Die §§ 55 f. VwVfG enthalten weitere Regelungen (→ Rn. 16 ff.). Werden diese Grenzen eingehalten, so ist der Vertragsinhalt rechtlich nicht zu beanstanden.

1. Vergleichsvertrag

16 Ein Vergleichsvertrag kann gemäß § 55 VwVfG zulässigerweise geschlossen werden, wenn die Behörde den Abschluss des Vergleichs zur Beseitigung der bei verständiger Würdigung des Sachverhalts oder der Rechtslage bestehenden Ungewissheit nach pflichtgemäßem Ermessen für zweckmäßig hält.

2. Austauschvertrag

17 Die Zulässigkeit eines Austauschvertrages setzt voraus, dass die **Gegenleistung des Vertragspartners der Behörde**

- für einen bestimmten Zweck im Vertrag vereinbart wird (§ 56 I 1 VwVfG),
- der Behörde zur Erfüllung ihrer öffentlichen Aufgaben dient (§ 56 I 1 VwVfG),
- im sachlichen Zusammenhang mit der vertraglichen Leistung der Behörde steht (§ 56 I 2 VwVfG),
- den gesamten Umständen nach angemessen ist (§ 56 I 2 VwVfG) und
- bei Erlass eines VAs Inhalt einer Nebenbestimmung sein könnte, wenn auf die Leistung der Behörde ein Anspruch besteht (§ 56 II VwVfG).

§ 56 VwVfG enthält hingegen keine Regelung zur **Zulässigkeit der Leistung der Behörde.** Als behördliche Leistung kommt sämtliches Verwaltungshandeln in Betracht,

---

[24] *H. J. Bonk/W. Neumann*, in: Stelkens/Bonk/Sachs § 58 Rn. 15; *Kopp/Ramsauer* § 58 Rn. 7.

§ 83. Öffentlich-rechtlicher Vertrag

sofern die Behörde zu seiner Vornahme zuständig ist und es nach dem einschlägigen materiellen Recht vornehmen darf.

Das **Bestimmtheitserfordernis** verlangt, dass die Gegenleistung des Vertragspartners der Behörde für einen bestimmten Zweck im Vertrag vereinbart wird. Es soll verhindern, dass sich der Vertragspartner der Entscheidung der Behörde über die von ihm jeweils zu erbringende Gegenleistung unterwirft. 18

> In **Fall 71** wird zwar für die Zahlung des A ein Zweck im Vertrag nicht genannt. Doch genügt es dem Bestimmtheitserfordernis, dass sich der Leistungszweck in Gestalt eines Billigkeitsausgleichs für die von A ersparten Erschließungsbeiträge aus den Umständen ermitteln lässt.[25]

Zur **Erfüllung der öffentlichen Aufgaben der Behörde** dient die Gegenleistung des Vertragspartners, wenn der verfolgte Zweck – wie im Fall 71 – zum Aufgabenbereich gerade der vertragschließenden Behörde gehört.

Das sog. **Koppelungsverbot,** nach welchem die Gegenleistung des Bürgers im sachlichen Zusammenhang mit der vertraglichen Leistung der Behörde stehen muss (§ 56 I 2 VwVfG), soll in erster Linie einen „Ausverkauf von Hoheitsrechten" verhindern.[26] Es besagt, dass 19

- zum einen durch öffentlich-rechtlichen Vertrag nichts verknüpft werden darf, was nicht ohnedies schon in einem inneren Zusammenhang steht, und dass
- zum anderen behördliche Entscheidungen nicht ohne gesetzliche Ermächtigung von wirtschaftlichen Gegenleistungen abhängig gemacht werden dürfen – es sei denn, erst die Gegenleistung würde ein der Entscheidung entgegenstehendes rechtliches Hindernis beseitigen.[27]

Für das Vorliegen eines sachlichen Zusammenhangs zwischen Leistung und Gegenleistung reicht es aus, dass es sachlich vertretbare, rechtlich nicht zu beanstandende Gründe der Verknüpfung der öffentlichen und der privaten Leistung gibt.[28] Wesentliche Kriterien hierfür sind die Verortung der verknüpften Leistungen in demselben rechtlich geregelten Bereich (z. B. Bauplanungsrecht) sowie das Vorliegen einer Verknüpfung in der Weise, dass die Gegenleistung des Bürgers entweder der Behörde die Vornahme einer Maßnahme ermöglichen soll, die entweder Voraussetzung oder Folgelast der behördlichen Leistung ist, oder jedenfalls der Behörde einen Aufwendungsersatz für die ihr durch die Leistung entstehenden Auslagen gewähren soll.[29]

> An dem erforderlichen sachlichen Zusammenhang zwischen Leistung und Gegenleistung fehlt es in **Fall 71**: Die „Abschöpfung" des dem A durch den ersparten Erschließungsbeitrag entstandenen wirtschaftlichen Vorteils zugunsten der Gemeinde ist im Erschließungsbeitragsrecht nicht vorgesehen. Der Vertrag verstößt daher gegen das Koppelungsverbot.[30]

Angemessenheit der Gegenleistung im Sinne von § 56 I 2 VwVfG bedeutet, dass bei wirtschaftlicher Betrachtung des Gesamtvorgangs die Gegenleistung nicht außer Verhältnis zu der Bedeutung und dem wirtschaftlichen Wert der Leistung der Behörde stehen darf und sich daraus keine 20

---

[25] Vgl. BVerwG, NVwZ 2000, 1285 (1287).
[26] BVerwG, NVwZ 2000, 1285 (1287).
[27] BVerwG, NVwZ 1994, 485; 2000, 1285 (1287); VGH Mannheim, VBlBW 2004, 52 (53).
[28] VGH München, NVwZ 1999, 1008 (1011).
[29] Vgl. BVerwG, NVwZ 2000, 1285 (1287).
[30] Vgl. BVerwG, NVwZ 2000, 1285 (1288).

unzumutbaren Belastungen für den Vertragspartner der Behörde oder Dritte, auf die der Vertragspartner die Lasten ggf. abwälzt, ergeben dürfen.[31] Insoweit handelt es sich bei dem Angemessenheitskriterium um eine Ausprägung des Grundsatzes der Verhältnismäßigkeit.[32] Daraus ergibt sich, dass Verstöße gegen das Angemessenheitsgebot nur auf zurückgezogener Linie festgestellt werden können. Für den Regelfall ist anzunehmen, dass die Vertragspartner ihre Interessen sachgerecht erkannt und wahrgenommen haben und dass das gewählte Leistungsverhältnis angemessen ist.[33]

Hat der Private bereits außerhalb des Vertrages einen **Anspruch auf die Leistung der Behörde**, so kann nur eine solche Gegenleistung vereinbart werden, die bei Erlass eines VAs Inhalt einer Nebenbestimmung nach § 36 VwVfG sein könnte (§ 56 II VwVfG).

IV. Fehlerhafte öffentlich-rechtliche Verträge

21 Das in § 59 VwVfG für den fehlerhaften öffentlich-rechtlichen Vertrag vorgesehene Fehlerfolgenregime beruht auf der Unterscheidung zwischen fehlerhaften Verträgen, die nichtig sind, und Verträgen, für die die Nichtigkeitsfolge nicht vorgesehen ist.

1. (Schlicht) rechtswidrige Verträge

22 Verstößt ein öffentlich-rechtlicher Vertrag gegen eine Rechtsvorschrift, ohne dass § 59 VwVfG seine Nichtigkeit anordnen würde, so ist der Vertrag („schlicht") **rechtswidrig, aber rechtswirksam.** Der Rechtsverstoß bleibt insoweit ohne Konsequenzen für die Wirksamkeit des Vertrages. Die Vertragspartner können sich ihren vertraglichen Verpflichtungen nicht wegen der Rechtswidrigkeit durch Anfechtung, Kündigung oder Rücktritt entziehen, sondern müssen den Vertrag erfüllen.

Ein VA, der in Erfüllung eines rechtswidrigen, aber wirksamen Verpflichtungsvertrages erlassen wird, ist selbst rechtswidrig, wenn er nicht auch ohne den Vertrag zwingend erlassen werden müsste. Er kann aber weder von der Behörde nach § 48 VwVfG zurückgenommen (→ § 82 Rn. 2 ff.) noch durch den Vertragspartner angefochten werden: Im Verhältnis der Vertragspartner zueinander ist der – wirksame – Vertrag Rechtsgrund für die Erbringung der Leistung (Erlass des VAs). Das nach § 48 VwVfG bestehende Rücknahmeermessen der Behörde ist entsprechend auf Null reduziert.[34] Ein durch den VA in seinen Rechten verletzter Dritter kann hingegen den VA mit der Anfechtungsklage (→ § 98) angreifen.

2. Nichtigkeit

23 Die zur Nichtigkeit eines öffentlich-rechtlichen Vertrages führenden Gründe sind in § 59 VwVfG abschließend geregelt. Während § 59 I VwVfG alle öffentlich-rechtlichen Verträge erfasst, gelten die Nichtigkeitsgründe des § 59 II VwVfG nur für „subordinationsrechtliche" Verträge im Sinne von § 54 S. 2 VwVfG. Liegt ein Vertrag i. S. v. § 54 S. 2 VwVfG vor, so ist in der **Klausur** mit der Prüfung der (spezielleren) Nichtigkeitsgründe des § 59 II VwVfG zu beginnen.

---

[31] BVerwGE 42, 331 (345); VGH Mannheim, VBlBW 1997, 27 (28); VGH München, NVwZ 1999, 1008 (1010).
[32] BVerwG, NJW 1985, 989 (990); VGH München, NVwZ 1990, 979 (981).
[33] *H. J. Bonk/W. Neumann,* in: Stelkens/Bonk/Sachs § 56 Rn. 55b; *Kopp/Ramsauer* § 56 Rn. 14.
[34] *H. J. Bonk/W. Neumann,* in: Stelkens/Bonk/Sachs § 59 Rn. 10.

a) Entsprechende Anwendung von Vorschriften des BGB

Nach § 59 I VwVfG ist ein öffentlich-rechtlicher Vertrag nichtig, wenn sich die Nichtigkeit aus der entsprechenden Anwendung von Vorschriften des BGB ergibt.

24

Von Bedeutung ist zunächst die in § 134 BGB vorgesehene Nichtigkeit eines Rechtsgeschäfts, das gegen ein gesetzliches Verbot verstößt. Im Unterschied zur Nichtigkeit des zivilrechtlichen reicht es für die Nichtigkeit des öffentlich-rechtlichen Vertrages bereits aus, dass sich das gesetzliche Verbot nur an die Behörde richtet. Andererseits kann nicht jeder einfache Gesetzesverstoß der Verwaltung zur Nichtigkeit des Vertrages führen, da sonst die § 59 VwVfG zugrundeliegende Unterscheidung in (schlicht) rechtswidrige – aber wirksame – und nichtige Verträge aufgelöst würde. Für den Eintritt der Nichtigkeitsfolge notwendig ist daher das Vorliegen eines qualifizierten Rechtsverstoßes.[35] Anhaltspunkte hierfür sind vor allem die Zielrichtung der Verbotsnorm, die Verwirklichung des Vertragsinhalts unbedingt zu verhindern oder die Vertragsform auszuschließen, sowie Art und Gewicht der berührten öffentlichen Interessen.[36]

Die Nichtbeachtung der Form, wie sie durch § 57 VwVfG als Schriftform (→ Rn. 13) oder in einer anderen Rechtsvorschrift in anderer Weise festgelegt ist, führt gemäß § 59 I VwVfG i. V. m. § 125 BGB zur Nichtigkeit.

b) Besondere Nichtigkeitsgründe für den „subordinationsrechtlichen" Vertrag

§ 59 II VwVfG enthält zusätzliche Nichtigkeitsgründe, die nur für „subordinationsrechtliche" Verträge i. S. v. § 54 S. 2 VwVfG (→ Rn. 6) gelten.

25

Durch die Anordnung der Nichtigkeit des Vertrages, wenn ein VA mit entsprechendem Inhalt nichtig wäre, nimmt § 59 II Nr. 1 VwVfG die Nichtigkeitsgründe des § 44 VwVfG (→ § 81 Rn. 5 ff.) in Bezug.

Nach § 59 II Nr. 2 VwVfG ist ein öffentlich-rechtlicher Vertrag nichtig, wenn ein VA mit entsprechendem Inhalt nicht nur wegen eines Verfahrens- oder Formfehlers i. S. v. § 46 VwVfG (→ § 81 Rn. 17) rechtswidrig wäre und dies den Vertragsschließenden bekannt war. Eine „Unrechtsvereinbarung" zwischen den Vertragsparteien ist nicht erforderlich. Es reicht aus, wenn im Zeitpunkt des Vertragsschlusses alle Vertragspartner positive Kenntnis von der Rechtswidrigkeit des Vertrages hatten. Fehlte diese Kenntnis bei einem der Vertragsschließenden, ist § 59 II Nr. 2 VwVfG nicht anwendbar.[37] Die Kenntnis der zur Rechtswidrigkeit führenden Tatsachen genügt nicht.

Der Nichtigkeitsgrund des § 59 II Nr. 3 VwVfG erfasst die Situation, dass die Voraussetzungen zum Abschluss eines Vergleichsvertrages nicht vorliegen und ein VA mit entsprechendem Inhalt nicht nur wegen eines Verfahrens- oder Formfehlers i. S. v. § 46 VwVfG rechtswidrig wäre. Kenntnis der Parteien von den in § 59 II Nr. 3 VwVfG genannten Umständen ist nicht erforderlich.

Lässt sich die Behörde beim Austauschvertrag eine nach § 56 VwVfG unzulässige Gegenleistung versprechen, so ist der Vertrag nach § 59 II Nr. 4 VwVfG nichtig. In Be-

---

[35] BVerwGE 89, 7 (10); 98, 58 (63); VGH Mannheim, VBlBW 2005, 73.
[36] *H. J. Bonk/W. Neumann*, in: Stelkens/Bonk/Sachs § 59 Rn. 54, 57; VGH Mannheim, VBlBW 2005, 73.
[37] *Kopp/Ramsauer* § 59 Rn. 25.

zug genommen sind sämtliche in § 56 VwVfG genannten Anforderungen (→ Rn. 10, 17ff.); das Fehlen nur einer einzigen führt zur Nichtigkeit des Vertrages.[38] Ob die Parteien die Unzulässigkeit des Gegenleistungsversprechens kannten, ist unerheblich.[39] Für den Fall der Unzulässigkeit der Behördenleistung gilt § 59 II Nr. 4 VwVfG nicht.

In **Fall 71** ist daher der zwischen der Gemeinde und A geschlossene Vertrag nichtig.

3. Teilnichtigkeit

26 Liegt ein zur Nichtigkeit des öffentlich-rechtlichen Vertrages führender Grund vor, so infiziert dieser nicht notwendig den gesamten Vertrag. In Anlehnung an § 139 BGB bestimmt § 59 III VwVfG, dass bei einer nur einen Teil des Vertrages betreffenden Nichtigkeit der Vertrag im ganzen nichtig ist, wenn nicht anzunehmen ist, dass er auch ohne den nichtigen Teil geschlossen worden wäre. Maßgebend für die Begrenzung der Nichtigkeit auf einen Teil des Vertrages ist die Teilbarkeit des Vertragsinhalts: Lässt der Vertragsinhalt eine Teilung des Vertrages in einen von dem Nichtigkeitsgrund betroffenen und einen davon nicht betroffenen Regelungsgegenstand nicht zu, so ist der Vertrag insgesamt nichtig; hiervon ist in der Regel auszugehen.[40] Ausnahmsweise bleibt ein von der Nichtigkeit nicht betroffener Vertragsteil wirksam, wenn nach einer objektivierten Bewertung der im Gesamtzusammenhang der Vertragsregelungen zum Ausdruck gekommenen Interessen der nicht betroffene Teil eine selbständig sinnvolle Regelung enthält.[41]

4. Nichtigkeitsfolgen

27 Ist der öffentlich-rechtliche Vertrag nichtig, so stellt er keine Grundlage für die von den Parteien gewollten Leistungs- und Gegenleistungspflichten dar. Die in dem Vertrag vereinbarten Verfügungen erfolgen nicht, Ansprüche entstehen nicht und müssen deshalb nicht erfüllt werden.

a) Rückabwicklung, Abwicklung anderer Leistungen als eines Verwaltungsakts

28 Sind bis zur (deklaratorischen) Feststellung der Nichtigkeit bereits andere Leistungen der Vertragsparteien als der Erlass eines VAs erbracht worden, so ist die Rückabwicklung nach Auffassung der Rechtsprechung nach den Grundsätzen des öffentlich-rechtlichen Erstattungsanspruchs (→ § 90 Rn. 9ff.) vorzunehmen.[42] Wegen der auf den öffentlich-rechtlichen Erstattungsanspruch nur modifiziert anwendbaren (→ § 90 Rn. 13) Grundsätze der §§ 812ff. BGB soll beispielsweise für eine Anwendung des § 814 BGB auf den Erstattungsanspruch des Bürgers bei Rückabwicklung eines „subordinationsrechtlichen" Vertrages kein Raum sein.[43] Ebenso wenig anwendbar seien die den Wegfall der Bereicherung betreffenden Vorschriften der § 818 III und IV, § 819 I BGB.[44] Bestehe nach diesen Grundsätzen ein Erstattungsanspruch, so könne seine Geltendmachung nach Treu und Glauben ausgeschlossen sein.[45] Trotz Nichtigkeit des Vertrages wird hierbei der erfolgte Leistungsaustausch teilweise als wirksam behandelt.

---

[38] VGH Mannheim, NVwZ 1991, 583 (584).
[39] BVerwG, NVwZ 1991, 574 (575); 2000, 1285 (1287).
[40] VGH Mannheim, NVwZ 1991, 583 (587).
[41] BVerwGE 98, 58 (77); VGH Mannheim, DVBl. 2003, 1404.
[42] BVerwG, NVwZ 2000, 1285 (1288); VGH Mannheim, NVwZ 1991, 583.
[43] VGH Mannheim, NVwZ 1991, 583 (587).
[44] BVerwGE 71, 85 (89).
[45] BVerwG, NVwZ 2000, 1285 (1288); VGH Mannheim, NVwZ 1991, 583 (587).

Allerdings hat das BVerwG im **Fall 71** der Behörde, deren Leistung aus rechtlichen oder tatsächlichen Gründen nicht rückabgewickelt werden kann, die Berufung auf Treu und Glauben gegenüber dem Erstattungsanspruch des privaten Vertragspartners versagt, wenn der Vertrag wegen Verletzung des Koppelungsverbots nichtig ist. Andernfalls würde die Berufung auf Treu und Glauben dazu führen, dass die gesetzlich angeordnete Sanktion der Nichtigkeit des Vertrages in einer Vielzahl von Fällen rechtlich wirkungslos bliebe. Durch die Zurückbehaltung der Leistung würde die Behörde einen Vermögensvorteil erlangen, für den sie das Instrument des öffentlich-rechtlichen Vertrages nach der Wertung des § 59 II Nr. 4 VwVfG nicht hätte einsetzen dürfen.[46]

b) Folgen für einen Erfüllungs-Verwaltungsakt

Besteht die von der Behörde erbrachte Leistung im Erlass eines VAs, so folgt die Nichtigkeit des Erfüllungs-VAs nicht schon aus der Nichtigkeit des öffentlich-rechtlichen Vertrages. Für die Beurteilung der Nichtigkeit eines VA sind allein die Voraussetzungen des § 44 VwVfG einschlägig (→ § 81 Rn. 5 ff.). Allerdings macht der Entfall der vertraglichen Grundlage einen Erfüllungs-VA, dessen Erlass nach der Gesetzeslage im Ermessen der Behörde stand, regelmäßig rechtswidrig. Die Rücknahme des rechtswidrigen Erfüllungs-VAs richtet sich nach § 48 VwVfG (→ § 82 Rn. 2 ff.).

V. Durchsetzung und Verletzung vertraglicher Pflichten

Durch öffentlich-rechtlichen Vertrag begründete Ansprüche kann die Behörde selbst dann nicht durch VA durchsetzen, wenn es sich dabei um einen „subordinationsrechtlichen" Vertrag i. S. v. § 54 S. 2 VwVfG handelt.[47] Die Vertragspartner müssen vielmehr ihre vertraglichen Ansprüche gerichtlich verfolgen.

Bei **Pflichtverletzungen** sind über § 62 S. 2 VwVfG die bürgerrechtlichen Vorschriften über Leistungsstörungen heranzuziehen. So sind auf Verhandlungen, die zum Abschluss eines öffentlich-rechtlichen Vertrages führen sollen, die Grundsätze über eine Haftung wegen **Verschuldens beim Vertragsschluss** anwendbar. Wegen des gleichen Pflichtwidrigkeitsgesichtspunktes kann auch ein Amtshaftungsanspruch (→ § 86) in Betracht kommen.[48] Umstritten ist insbesondere, ob für Ansprüche aus Verschulden bei Abschluss eines öffentlich-rechtlichen Vertrages der Verwaltungsrechtsweg nach § 40 VwGO eröffnet ist (→ § 94 Rn. 10).

Sechstes Kapitel. Öffentliche Sachen

§ 84. Recht der öffentlichen Sachen

Fall 72: Künstler K möchte in der Fußgängerzone ein großflächiges Pflasterbild malen, nachdem diese Form der Malerei zahlreichen seiner Kollegen durch die zuständige Behörde genehmigt worden ist. Weil ihm die Verwirklichung seiner künstlerischen Ideen auf den Nägeln brennt, vergisst der K, ebenfalls eine solche Erlaubnis einzuholen, und fängt an zu malen. Die zuständige Behörde untersagt ihm dies.

---

[46] BVerwG, NVwZ 2000, 1285 (1288 f.).
[47] BVerwGE 59, 60 (65). A. M. *M. Payandeh*, DÖV 2012, 590.
[48] BGH, NVwZ-RR 2004, 804 (806); OVG Koblenz, NVwZ-RR 2004, 241.

Fall 73: Der Ortsverband der allgemein für ihre radikalen Parolen bekannten politischen Partei P möchte im Stadthallenkomplex der Stadt S eine politische Versammlung durchführen. Der Komplex wird von der S-GmbH betrieben, deren Gesellschaftsanteile vollständig bei der S liegen. Platz für 500 Teilnehmer wäre nur in der großen Halle des Stadthallenkomplexes, welche aber bestimmungsgemäß ausschließlich als Sporthalle genutzt wird. Darüber hinaus ist man bei der S der Auffassung, für eine Partei wie die P sei überhaupt kein Platz im Stadthallenkomplex.

1 Das Recht der öffentlichen Sachen[1] befasst sich mit

- den **sächlichen Hilfsmitteln,** derer die Verwaltung zur Erfüllung ihrer Aufgaben bedarf (z. B. Räumlichkeiten, Büromaterial, Informationstechnologie, Fahrzeuge), und
- den von der **Verwaltung vorgehaltenen Gegenständen** und Einrichtungen, die von der Verwaltung und/oder den Bürgern benutzt werden (z. B. Straßen und andere Verkehrsanlagen, Ver- und Entsorgungsanlagen für Wasser, Energie etc., Kindergärten, Schulen, Hochschulen, Badeanstalten, Sportplätze, Bibliotheken u. a.).

Es regelt anders als die sachenrechtlichen Vorschriften des BGB (§§ 854 ff. BGB) nicht die eigentumsrechtliche Zuordnung der Sachen, sondern deren Zweckbestimmung. Da der Zweck der öffentlichen Sachen in ihrer dem Gemeinwohl verpflichteten Nutzung liegt, schafft das Recht der öffentlichen Sachen einen öffentlich-rechtlichen Sonderstatus, der die Bereitstellung und Nutzung der Sachen regelt.

I. Begriff der öffentlichen Sache

2 Damit eine öffentliche Sache vorliegt, müssen vier Voraussetzungen erfüllt sein: Es muss

(1) sich um eine Sache im Sinne des öffentlichen Sachbegriffs handeln,
(2) die durch ihren Gebrauch dem Gemeinwohl zu dienen bestimmt ist,
(3) durch einen Rechtsakt einer spezifischen öffentlich-rechtlichen Nutzungsordnung unterstellt wird (Widmung) und
(4) entsprechend der Widmung tatsächlich in Dienst gestellt worden ist (Indienststellung).

Dabei ist zu beachten, dass der **öffentliche Sachbegriff** weiter ist als der des BGB: Während nach § 90 BGB nur körperliche Gegenstände Sachen sein können, kommt es für das Recht der öffentlichen Sachen auf eine **funktionale Sichtweise** an. Alle Gegebenheiten, deren Nutzung einem öffentlich-rechtlichen Sonderstatus unterworfen werden können, können öffentliche Sachen sein. Beispiele sind das offene Meer, der Luftraum oder der elektrische Strom.[2]

Die **eigentumsrechtliche Zuordnung der öffentlichen Sache** ist unerheblich. Weder muss eine öffentliche Sache gerade dem Staat noch muss sie überhaupt jemandem „gehören". Besteht an der Sache **zivilrechtliches Eigentum** – sei es eines Privaten, sei es des Staates –, so wird das Eigentum durch die Widmung nicht aufgehoben, sondern durch die öffentlich-rechtliche Nutzungsordnung nur überlagert.

---

[1] Überblick bei *W. Erbguth,* Jura 2008, 193 ff.
[2] Vgl. für die h. M. nur *U. Häde,* JuS 1993, 113; *Peine* Rn. 1319. Kritisch *H.-J. Papier,* Recht der öffentlichen Sachen, 3. Aufl. 1998, S. 2.

II. Öffentlich-rechtlicher Status

Wie bereits erwähnt ist es ein Charakteristikum der öffentlichen Sachen, dass die aus dem zivilrechtlichen Eigentum an den Sachen fließenden Verfügungsbefugnisse durch den öffentlich-rechtlichen Sonderstatus modifiziert werden. Das Privateigentum ist durch die Einräumung einer **öffentlich-rechtlichen Dienstbarkeit** belastet. Sie verpflichtet den Eigentümer, in den Grenzen des festgelegten öffentlich-rechtlichen Sonderstatus die Nutzung der Sache zu dulden. Innerhalb dieser Grenzen wird das zivilrechtliche Eigentum durch eine öffentlich-rechtliche Sachherrschaft verdrängt. Soweit der öffentlich-rechtliche Status, dessen Reichweite in der Regel durch die Widmung (→ Rn. 5 ff.) festgelegt wird, reicht, kann der Eigentümer gegen Nutzungen, die sich in den Grenzen des genannten Status halten, nicht auf der Grundlage zivilrechtlicher Beseitigungsansprüche vorgehen.[3] Außerhalb der Grenzen des Sonderstatus bleibt der Eigentümer verfügungsbefugt: Sofern die besondere Zweckbestimmung nicht geschmälert wird, kann er das Eigentum veräußern oder belasten oder Benutzungsrechte durch privatrechtlichen Vertrag einräumen. So sieht § 8 X FStrG die Einräumung von Rechten zur Benutzung des Eigentums der Bundesfernstraßen nach bürgerlichem Recht ausdrücklich vor, wenn sie den Gemeingebrauch nicht beeinträchtigen.

3

Die öffentlich-rechtliche Sachherrschaft begründet nicht allein Nutzungsbefugnisse, sondern – gleichsam als Kehrseite – **Unterhaltungspflichten** bezüglich der Sache.[4] Beispiel ist die **Straßenbaulast**; sie umfasst gem. § 3 I FStrG alle mit dem Bau und der Unterhaltung der Bundesfernstraßen zusammenhängenden Aufgaben, wobei die Träger der Straßenbaulast die Bundesfernstraßen in einem dem regelmäßigen Verkehrsbedürfnis genügenden Zustand zu bauen, zu unterhalten, zu erweitern oder sonst zu verbessern haben. Bezüglich einer öffentlichen Straße bestehen daher verschiedene Rechtsbeziehungen mit u. U. verschiedenen Rechtsträgern:

4

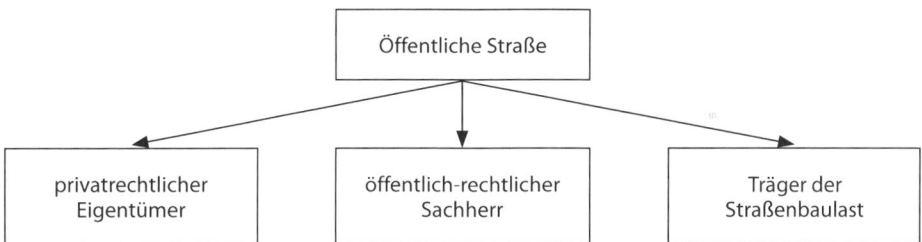

Die Straßengesetze zielen zwar darauf ab, die drei Funktionen nach Möglichkeit in der Hand des Straßenbaulastträgers zusammenzuführen, ohne dass dies jedoch zwingend wäre.

1. Widmung

Durch die **Widmung** erlangt eine Sache ihren öffentlich-rechtlichen Sonderstatus. Sie wird wirksam mit der **Indienststellung** der Sache. Die Indienststellung ist ein Realakt (→ § 73 Rn. 4) und beinhaltet die tatsächliche Eröffnung der in der Widmung festgelegten Nutzung, z. B. durch die Übergabe der gewidmeten Straße an den Verkehr.

5

---

[3] OVG Münster, NVwZ-RR 2015, 399 (400).
[4] Im Einzelnen *H.-J. Papier*, Recht der öffentlichen Sachen, 3. Aufl. 1998, S. 62 ff.

Die Widmung ist ein **hoheitlicher Rechtsakt,** durch den die Sache einer besonderen öffentlich-rechtlichen Nutzungsordnung unterstellt wird. Dies geschieht dadurch, dass der **öffentliche Zweck** bestimmt wird, dem die Sache in Zukunft dienen soll. Eine Widmung kann u. a. durch Gesetz, Rechtsverordnung, Satzung oder VA erfolgen.

a) Kommunale Einrichtungen und ihre Widmung

6   Auch kommunale Einrichtungen werden zu *öffentlichen* Einrichtungen erst durch einen Widmungsakt. Dabei kann die Widmung auch konkludent erfolgen, indem z. B. eine Einrichtung dadurch zu einer *öffentlichen* wird, dass die Einrichtung mit Willen der kommunalverfassungsrechtlich zuständigen Organe tatsächlich immer wieder der Öffentlichkeit zur Verfügung gestellt wird.[5] Die Gemeindeordnungen halten die Gemeinden an, innerhalb der Grenzen ihrer Leistungsfähigkeit die für die wirtschaftliche, soziale und kulturelle Betreuung ihrer Einwohner erforderlichen öffentlichen Einrichtungen zu schaffen (§ 10 II 1 GO BW; § 8 I GO NW). Der Begriff der öffentlichen Einrichtung im kommunalrechtlichen Sinne ist dabei weit zu verstehen und unabhängig von der konkreten Rechtsform. So ist auch eine von der Kommune betriebene Internet-Domain, die sie den Bürgern kostenlos zur Verfügung stellt, eine kommunale Einrichtung.[5a] Die Bestimmung, ob eine Einrichtung eine öffentliche Einrichtung sein soll, liegt im Organisationsermessen der Gemeinde.[6] Ist die betreffende Einrichtung in privatrechtlicher Form (z. B. als GmbH) organisiert, so handelt es sich allerdings nur dann um eine *öffentliche* Einrichtung, wenn die Gemeinde die Zweckbindung der Einrichtung durch Weisungs- und Mitwirkungsrechte durchsetzen kann.[7]

aa) Wirtschaftliche Unternehmen der Gemeinde

7   Wirtschaftliche Unternehmen der Gemeinde sind solche, die im Rahmen einer wirtschaftlichen Betätigung als Hersteller, Anbieter oder Verteiler von Gütern oder Dienstleistungen am Markt tätig werden, sofern die Leistung ihrer Art nach auch von einem Privaten mit der Absicht der Gewinnerzielung erbracht werden könnte (§ 91 I BbgKV; § 107 I 3 GO NW). Bestimmte Betätigungen sind von Gesetzes wegen als nichtwirtschaftliche Unternehmen anzusehen, so vor allem

- Einrichtungen, zu denen die Gemeinde gesetzlich verpflichtet ist,
- Einrichtungen des Bildungs-, Gesundheits- und Sozialwesens, der Kultur, des Sports, der Erholung, der Abfall- und Abwasserbeseitigung sowie Einrichtungen ähnlicher Art,
- Einrichtungen, die als Hilfsbetriebe ausschließlich der Deckung des Eigenbedarfs der Gemeinde dienen
  (vgl. § 102 IV GO BW; § 136 III NKomVG; § 107 II 1 GO NW).

8   Voraussetzung für den Betrieb eines wirtschaftlichen Unternehmens ist zunächst, dass ein **öffentlicher Zweck** das Unternehmen rechtfertigt (§ 102 I Nr. 1 GO BW; § 91 II Nr. 1 BbgKV; § 136 I 2 Nr. 1 NKomVG) oder erfordert (Art. 87 I Nr. 1 BayGO; § 107 I 1 Nr. 1 GO NW). Kein öffentlicher Zweck in diesem Sinne ist eine Gewinnerzielungsabsicht der Gemeinde. Vielmehr müssen die Leistungen des Unternehmens sich im Aufgabenbereich der Gemeinde halten und eine im öffentlichen Interesse liegende Versorgung

---

[5]   OVG Lüneburg, DVBl. 2013, 253 (254); VGH München, BayVBl. 2005, 443; 2012, 428f.
[5a] OVG Münster, NWVBl. 2016, 73.
[6]   OVG Schleswig, NordÖR 2004, 152 (153).
[7]   OVG Lüneburg, DVBl. 2013, 253 (254).

§ 84. Recht der öffentlichen Sachen

der Einwohner zum Ziel haben.⁸ Die Beurteilung, ob ein öffentlicher Zweck vorliegt oder nicht, ist im Wesentlichen den zuständigen Organen der Gemeinde vorbehalten.⁹

Weitere Voraussetzung einer wirtschaftlichen Betätigung der Gemeinde ist ein nach Art und Umfang **angemessenes Verhältnis des Unternehmens zur Leistungsfähigkeit der Gemeinde** und zum voraussichtlichen Bedarf (§ 102 I Nr. 2 GO BW; Art. 87 I Nr. 2 BayGO; § 91 II Nr. 2 BbgKV; § 136 I 2 Nr. 2 NKomVG; § 107 I Nr. 2 GO NW). Weiterhin darf das kommunale Wirtschaftsunternehmen nur unter engen Voraussetzungen überörtlich tätig werden.¹⁰

Die auch in Prüfungsarbeiten wichtigste Voraussetzung einer wirtschaftlichen Betätigung der Gemeinde ist die sog. **kommunalwirtschaftliche Subsidiaritätsklausel**. Ist sie als *einfache* Subsidiaritätsklausel ausgestaltet, so darf der öffentliche Zweck nicht *besser* und wirtschaftlicher durch andere (d. h. private) Unternehmen erfüllt werden können. In ihrer mittlerweile absolut vorherrschenden *qualifizierten* Form schließt sie eine wirtschaftliche Betätigung der Gemeinde bereits dann aus, wenn der Zweck nicht *ebenso gut* und wirtschaftlich durch einen anderen erfüllt werden kann (§ 102 I Nr. 3 GO BW, Art. 87 I 1 Nr. 4 BayGO; § 136 I 2 Nr. 3 NKomVG; § 107 I Nr. 3 GO NRW). § 91 III 1 BbgKV enthält allerdings den Vorbehalt, dass der Verzicht auf eine wirtschaftliche Betätigung der Gemeinde mit dem öffentlichen Interesse vereinbar sein muss.

Prüfungsrelevant ist zudem die Frage, inwieweit **private Konkurrenten** Ansprüche gegen eine wirtschaftliche Betätigung der Kommunen geltend machen können. In Reaktion auf die bis dahin restriktive Rechtsprechung der Verwaltungsgerichte¹¹ hatten viele Oberlandesgerichte die drittschützende Wirkung der Subsidiaritätsklausel bejaht und privaten Konkurrenten bei Missachtung der Vorschriften zur wirtschaftlichen Betätigung der Gemeinden einen auf § 1 UWG a. F. (nunmehr § 3 UWG n. F.) gestützten Unterlassungsanspruch zuerkannt.¹² Diese Rechtsprechungslinie ist vom BGH beendet worden; denn die Vorschriften zur wirtschaftlichen Betätigung der Kommunen betreffen den Marktzutritt (das „Ob") und lassen deshalb nicht automatisch auf die Unlauterkeit der Tätigkeit (das „Wie") schließen.¹³ Die wettbewerbsrechtlichen Vorschriften haben künftig vor allem für die Art und Weise des wirtschaftlichen Handelns der Kommunen Bedeutung, wenn z. B. eine Gemeinde ihre hoheitliche Stellung durch amtlich veranlasste Informationsvorsprünge im Wettbewerb mit Privaten ausnutzt.

9

Damit ist klargestellt, dass private Mitbewerber gegen die wirtschaftliche Betätigung einer Kommune nunmehr nur **vor den Verwaltungsgerichten** vorgehen können, soweit ein Verstoß gegen die Vorschriften des kommunalen Wirtschaftsrechts in Rede steht.¹⁴ Da das Ziel – das (künftige) Unterbleiben der Betätigung – mittels eines Unterlassungsanspruchs (→ § 89 Rn. 12) geltend gemacht wird, ist die **allgemeine Leistungsklage** (→ § 100) statthaft, ggf. flankiert durch eine einstweilige Anordnung nach § 123 VwGO (→ § 107).¹⁵ Da Adressat der Vorschriften über die wirtschaftliche Betätigung allein die Gemeinde ist, ist die Klage gegen diese zu richten. Es handelt

---

⁸ *H. Seeberg*, LKV 1995, 353 (354).
⁹ BVerwGE 39, 329 (334).
¹⁰ **Lesen** Sie dazu *A. Guckelberger*, BayVBl. 2006, 293.
¹¹ BVerwG, NJW 1995, 2938 (2939).
¹² So etwa OLG Hamm, NJW 1998, 3504; OLG Düsseldorf, NVwZ 2000, 111; 2002, 248 (249); OLG München, NVwZ 2000, 835.
¹³ BGHZ 150, 343 (347f.); BGH, NVwZ 2003, 246 (247).
¹⁴ OVG Münster, NVwZ 2003, 1520f.
¹⁵ OVG Münster, NVwZ 2003, 1520f.

sich um die Geltendmachung eines **Einwirkungsanspruchs** auf Durchsetzung der Einwirkungsmöglichkeiten der Gemeinde gegen das privatrechtlich verfasste Unternehmen (→ § 67 Rn. 20).

Zentrale Bedeutung sowohl im Hinblick auf die Klagebefugnis als auch auf die Begründetheit der Klage kommt der Frage zu, inwieweit die Bestimmungen zur wirtschaftlichen Betätigung der Gemeinden **drittschützenden Charakter** aufweisen. Einer dies mit der Begründung, die Subsidiaritätsklausel ziele nicht auf den Schutz Dritter, sondern der Gemeinde vor unwirtschaftlichem Handeln ab, pauschal verneinenden Ansicht[16] steht eine Meinung gegenüber, die einer Subsidiaritätsklausel generell drittschützenden Charakter beimisst[17]. Nach richtiger Ansicht ist jedoch zu differenzieren: Danach muss die Schutzrichtung durch Auslegung der betreffenden Vorschrift ermittelt werden (→ § 71 Rn. 2 ff.). Für eine drittschützende Wirkung können dabei insbesondere die ausdrückliche Bezugnahme der **Subsidiaritätsklausel** auf private Unternehmen und ein vor Aufnahme der Betätigung durchzuführendes Markterkundungsverfahren sprechen.[18] Zu beachten ist aber, ob das jeweilige Kommunalrecht einen drittschützenden Charakter der Subsidiaritätsklausel nicht ausdrücklich ausschließt. Dies ist z. B. in Brandenburg der Fall, wo § 91 I 2 BbgKV statuiert, dass die Regelungen über die wirtschaftliche Bestätigung der Gemeinden *ausschließlich* dem Schutz der Leistungsfähigkeit der Gemeinden dienen, und § 91 III BbgKV zusätzlich hervorhebt, dass der Vergleich mit der Leistungserbringung durch Private nur im Interesse einer sparsamen Haushaltsführung vorzunehmen ist. Der Betätigungsschranke, dass ein *öffentlicher* Zweck die wirtschaftliche Betätigung erfordern muss, wird man hingegen von vornherein keine drittschützende Wirkung zumessen können.[19] Ist danach eine drittschützende Wirkung von einfachgesetzlichen Vorschriften zu verneinen, so kommt in besonderen Ausnahmekonstellationen ein auf Art. 12 GG gestützter Unterlassungsanspruch in Betracht. Er setzt die Erlangung einer Monopolstellung oder die Ausübung eines Verdrängungswettbewerbs durch die Kommune voraus.[20]

10 Als Organisationsformen für kommunale wirtschaftliche Unternehmen kommen in Betracht:

Übersicht: Kommunale wirtschaftliche Unternehmen

Regiebetrieb (unselbständige Verwaltungsstelle innerhalb der allgemeinen Verwaltungsorganisation)	Eigenbetrieb (organisatorisch weitgehend verselbständigtes Unternehmen ohne eigene Rechtspersönlichkeit, für das besondere Rechtsvorschriften gelten)	Anstalt des öffentlichen Rechts als selbständiges Kommunalunternehmen in mehreren Bundesländern	Gesellschaften als juristische Personen des Privatrechts (i. d. R. GmbH oder AG; für die Gründung oder Beteiligung durch die Gemeinde gelten besondere Vorschriften)

---

[16] BVerwG, NJW 1995, 2938 (2939); VGH Mannheim, BB 1994, 1956 (1957).
[17] *H. Pünder/R. Dittmar*, Jura 2005, 760 (764) m. w. N. zum Streitstand.
[18] So zu § 107 GO NW; *W. Frenz*, GewArch. 2006, 100 (101). Zur Relevanz der Entstehungsgeschichte RhPfVerfGH, NVwZ 2000, 801 (804).
[19] A. M. OVG Münster, NVwZ 2003, 1520.
[20] BVerwG, NJW 1995, 2938 (2939); RhPfVerfGH, NVwZ 2000, 801 (802).

bb) Weitere kommunale Einrichtungen

Neben den wirtschaftlichen Unternehmen gibt es weitere Einrichtungen der Gemeinde. **11**
Hierzu zählen nicht nur als (nichtrechtsfähige) Anstalten (→ § 60 Rn. 27) verfasste Einrichtungen wie z. B. Schulen, Universitäten, Schwimmbäder oder Museen, sondern auch weitere Sachinbegriffe, die von der Gemeinde im öffentlichen Interesse unterhalten und für die Nutzung durch die Einwohner zur Verfügung gestellt werden. Hierzu zählen beispielsweise Sportplätze, Parkanlagen u.ä, aber auch eine von der Gemeinde betriebene Internet-Domain[21].

So ist der Stadthallenkomplex in **Fall 73** eine kommunale Einrichtung.

b) Widmung öffentlicher Straßen

Nach den Landesstraßengesetzen erhalten Straßen, Wege und Plätze die Eigenschaft als **12**
öffentliche Straße dadurch, dass sie dem öffentlichen Verkehr gewidmet werden (§ 2 I StrG BW, § 2 I BbgStrG, § 2 I 1 NStrG, § 2 I StrWG NW). Eine Straße erhält die Eigenschaft einer Bundesfernstraße durch Widmung (§ 2 I FStrG).

Die Widmung regelt sowohl die öffentlich-rechtliche Eigenschaft der Straße als auch ihre Benutzung durch die Allgemeinheit und ist deshalb Allgemeinverfügung i. S. v. § 35 S. 2 VwVfG. Wegen der Auferlegung der öffentlich-rechtlichen Dienstbarkeit (→ Rn. 3) ist die Widmung ein den Eigentümer des betreffenden Grundstücks belastender VA. Zu einer Anfechtungsklage (→ § 98) des Grundstückseigentümers gegen die Widmung wird es allerdings i. d. R. nicht kommen, weil die Zustimmung des Eigentümers Widmungsvoraussetzung ist (vgl. § 2 II FStrG). Möglich ist jedoch auch die Anfechtung der Widmung durch Eigentümer der an die gewidmete Straße angrenzenden Grundstücke.[22]

Die Einziehung ist actus contrarius zur Widmung und beseitigt die Eigenschaft als *öf-* **13**
fentliche Straße. Die durch Einziehung entwidmete Straße kann aber als Privatweg bestehen bleiben. Die Einziehung ist wie die Widmung Allgemeinverfügung. Personen, die die Straße im Rahmen des Gemeingebrauchs (→ Rn. 16 ff.) oder aufgrund einer Sondernutzungserlaubnis (→ Rn. 19 f.) benutzt haben, fehlt für eine Anfechtungsklage gegen die Einziehung die Klagebefugnis. Auf Aufrechterhaltung des Gemeingebrauchs oder einer Sondernutzung besteht kein Rechtsanspruch. Klagebefugt sind allerdings Anlieger der Straße, deren Anliegergebrauch insoweit gesichert ist, wie die angemessene Nutzung des Grundstücks eine Benutzung der Straße erfordert.[23] Dabei kann der Anliegergebrauch nicht unmittelbar auf Art. 14 I GG gestützt werden, wird jedoch als Rechtsinstitut des einfachen Rechts in der Rechtsordnung, insbesondere den Straßengesetzen, als bestehend vorausgesetzt.[24]

---

[21] OVG Münster, DVBl. 2015, 1467.
[22] *H. Sodan*, in: Sodan/Ziekow § 42 Rn. 408.
[23] BVerwGE 33, 222 (225); OVG Koblenz, NVwZ-RR 2006, 251 (252); *J. Ziekow*, ZMR 1986, 267 (270).
[24] OVG Bautzen, DVBl. 2012, 1511 (1512); VGH München, BayVBl. 2007, 45 (46).

III. Arten der öffentlichen Sachen

14 Ist Charakteristikum einer *öffentlichen* Sache, dass sie durch ihren Gebrauch dem Gemeinwohl zu dienen bestimmt ist, so lassen sich nach dem Inhalt dieser Gebrauchsbestimmung verschiedene Arten von öffentlichen Sachen unterscheiden:

Übersicht: Arten der öffentlichen Sachen

Öffentliche Sachen im			
Zivilgebrauch = Nutzung der Sache durch Verwaltungs*externe*			Verwaltungsgebrauch = *interne* Nutzung durch die Verwaltung selbst
Gemeingebrauch Uneingeschränkte bestimmungsmäßige Nutzung durch eine unbeschränkte Öffentlichkeit	Sondergebrauch Nutzung nur nach Zulassung im durch die Zulassung festgelegten Umfang	Anstaltsgebrauch Nutzung im Rahmen einer besonderen Nutzungsordnung aufgrund besonderer Zulassung	

1. Öffentliche Sachen im Gemeingebrauch

15 Im **Gemeingebrauch** stehen solche öffentlichen Sachen, die aufgrund einer Widmung einer unbeschränkten Öffentlichkeit unmittelbar und ohne besondere Zulassung zur bestimmungsgemäßen Nutzung zur Verfügung stehen.

Zu beachten ist dabei, dass der Begriff des Gemeingebrauchs als solcher keinen allgemeinverbindlichen Inhalt hat. Der Gehalt des Gemeingebrauchs ist vielmehr in Abhängigkeit von der jeweiligen gesetzlichen Ausgestaltung der betreffenden Materie zu bestimmen. Gemeingebrauch als Regelfall der Nutzungsart besteht in erster Linie an folgenden öffentlichen Sachen:

Übersicht: Gemeingebrauch

öffentliche Straßen	§ 7 I 1 FStrG; § 13 I 1 StrG BW; Art. 14 I 1 BayStrWG, § 14 I 1 BbgStrG; § 14 I 1 NStrG; § 14 I 1 StrWG NW
Gewässer als Verkehrswege	§ 5 S. 1 WaStrG
Luftraum	§ 1 I LuftVG

§ 84. Recht der öffentlichen Sachen

Da ausbildungsrelevant primär die straßenrechtliche Nutzungsordnung ist, konzentrieren sich die folgenden Ausführungen hierauf.

a) Gemeingebrauch

Der Gemeingebrauch wird **durch die Widmung der Straße eröffnet.** Die Widmungsverfügung bestimmt im Übrigen zusammen mit den straßenrechtlichen Vorschriften Inhalt und Umfang des Gemeingebrauchs. Auch wenn Straßengesetze der Länder nicht wie § 7 I 1 FStrG die **Benutzung der Straße zum Verkehr** ausdrücklich als Voraussetzung des Vorliegens eines Gemeingebrauchs nennen, ist diese Voraussetzung zu beachten. Denn der Gebrauch der öffentlichen Straße ist nur im Rahmen der Widmung gestattet, die gerade für den öffentlichen Verkehr erfolgt. 16

Zum Verkehr erfolgt die Benutzung einer öffentlichen Straße zunächst dann, wenn ein Transport im Sinne einer Ortsveränderung von Personen oder Sachen erfolgt.[25] Nicht erforderlich ist dabei, dass eine permanente Bewegung im Verkehrsgeschehen erfolgt. Wer auf einer am Rande des Gehsteigs aufgestellten Bank ausruht, benutzt die Straße nach wie vor zum Verkehr. Ein nicht selten prüfungsrelevantes Problem ist die Qualifizierung des ruhenden Verkehrs. Durch die Festlegung, dass der fließende Vorrang vor dem ruhenden Verkehr hat (§ 7 I 2 FStrG), machen die Straßengesetze deutlich, dass auch durch den ruhenden Verkehr (Parken, Abstellen von Fahrrädern) grundsätzlich eine Benutzung der Straße zum Verkehr erfolgt. Vorgänge, die den Vorschriften des Straßenverkehrsrechts (StVO) entsprechen, halten sich in straßenrechtlicher Hinsicht immer innerhalb des Gemeingebrauchs.[26] Von einem straßenverkehrsrechtlich zulässigen Parken kann nur dann ausgegangen werden, wenn das zugelassene und betriebsbereite Fahrzeug zum Zwecke der späteren Wiederinbetriebnahme abgestellt wird. Dies gilt auch dann, wenn es sich um Fahrzeuge oder Fahrräder einer gewerblichen Vermietungsfirma handelt.[27] Anderes gilt aber, wenn das Abstellen nicht zu diesem Zweck, sondern bspw. dazu dient, das **Fahrzeug als Werbemittel** einzusetzen. In Abhängigkeit von den objektiven Gegebenheiten (auf die Motivation des Fahrzeugbesitzers kommt es nicht an) kann der Einsatz eines Fahrzeugs zu Werbezwecken daher als Sondernutzung zu qualifizieren sein.[28]

> Im **Fall 72** nutzt der K die Fußgängerzone nicht zur Ortsveränderung von Personen oder Sachen, sondern zum Malen eines Bildes. Um diese Tätigkeit dem Gemeingebrauch zurechnen zu können, bedürfte es der Zugrundelegung eines erweiterten Verkehrsbegriffs.

Verkehr im Sinne des straßenrechtlichen Gemeingebrauchs kann auch der sog. **kommunikative Verkehr** sein. Insbesondere – aber nicht nur – Fußgängerzonen werden als Stätten und Zentren des Informationsaustausches und der Begegnung besonders einladend ausgestaltet, um Menschen zum längeren Aufenthalt zu motivieren und die zentralen städtischen Bereiche zu beleben.[29] Wird dieses Angebot zur Kommunikation genutzt, so erfolgt dies innerhalb des Gemeingebrauchs. 17

Vor dem Hintergrund der Kommunikationsgrundrechte des Art. 5 I GG (→ § 32 Rn. 1 ff.) ist deshalb auch der Aufenthalt in Fußgängerzonen oder auf innerörtlichen Gehsteigen Teilnahme am Verkehr im Sinne des straßenrechtlichen Gemeingebrauchs, wenn er zum einen dem Austausch von Informationen und Meinungen dient und zum anderen beachtet wird, dass die Transportfunktion der öffentlichen Straße Vorrang ge-

---

[25] BVerwGE 35, 326 (329); 56, 63 (65); BVerwG, BayVBl. 2013, 217 (218); VGH Mannheim, VBlBW 2002, 297 (299).
[26] OVG Hamburg, NVwZ-RR 2010, 34 (35); OVG Münster, DÖV 2006, 125 (126).
[27] BVerwG, NJW 1982, 2332; OVG Hamburg, NVwZ-RR 2010, 34 (35f.).
[28] BVerwG, BayVBl. 2013, 217 (218); OVG Münster, DÖV 2006, 125 (126) m.w.N.
[29] OVG Hamburg, DVBl. 2012, 504 (505); OVG Schleswig, NordÖR 1999, 381 (382).

nießt.³⁰ Das ohne bedeutendere Beeinträchtigung erfolgende Angebot von **politischem Informations- und Werbematerial** in Fußgängerbereichen ist deshalb dem Gemeingebrauch zuzurechnen.³¹ Anders zu beurteilen ist hingegen die gegenständliche Inanspruchnahme öffentlichen Straßenlandes durch Aufstellen von Plakatständern, Tischen, Informationsständen u. ä.³²

Entsprechende Grundsätze gelten für **die religiös oder künstlerisch motivierte Nutzung** der öffentlichen Straße als Kommunikationsraum. Wie bei politischen Meinungsäußerungen ist stets kein Gemeingebrauch mehr gegeben, wenn Straßenland gegenständlich in Anspruch genommen wird. Neben der Aufstellung von Informationstischen sind deshalb auch die Präsentation von Kunstgegenständen oder die Installation von Musik- und Lautsprecheranlagen Sondernutzungen.³³ Allerdings besteht, wenn das fragliche Verhalten vom Schutzbereich der Art. 4, 5 I GG erfasst wird, in der Regel ein Anspruch auf Erteilung einer Sondernutzungserlaubnis (→ Rn. 20).

> In **Fall 72** fällt die Pflastermalerei des K zwar in den Schutzbereich der Kunstfreiheit des Art. 5 III GG (→ § 33 Rn. 2 ff.), nimmt jedoch ein beträchtliches Stück des öffentlichen Straßenlandes in Anspruch. Von einem Gemeingebrauch kann daher nicht mehr gesprochen werden (zum Anspruch des K auf Erteilung einer Sondernutzungserlaubnis → Rn. 20).

Anderes gilt für das **kommerzielle Anbieten von Waren** auf öffentlichen Straßen. Sofern sich dies – z. B. durch eine große Zahl von Verkaufspersonen oder das Mitführen einer beträchtlichen Menge an Verkaufsmaterial – bei der gebotenen objektiven Betrachtung von dem üblichen kommunikativen Gemeingebrauch (z. B. durch Gespräche) unterscheidet, handelt es sich um eine Sondernutzung.³⁴ Auch die Aufstellung von Verkaufsständen vor einem Ladengeschäft unterfällt nicht als Anliegerbrauch (→ Rn. 13) dem Gemeingebrauch.³⁵ Da es auf die innere Motivation des Wegenutzers nicht ankommt, sind hingegen äußerlich „neutrale" Vorgänge wie einzelne Verkaufsgespräche dem Gemeingebrauch zuzurechnen.³⁶

18 Ein sich innerhalb der Grenzen der Widmung haltender Gebrauch der öffentlichen Straße ist als Gemeingebrauch jedermann gestattet. Einer Zulassung zur Ausübung des Gemeingebrauchs bedarf es nicht. Die **Zulassungsfreiheit des Gemeingebrauchs** ist allerdings nicht gleichzusetzen mit seiner Gebührenfreiheit. Auf der Grundlage einer besonderen Regelung können für den Gemeingebrauch **Gebühren** erhoben werden (§ 7 I 4 FStrG; Art. 14 II BayStrWG; § 14 III BbgStrG; § 14 III NStrG; § 14 IV StrWG NW).

Ist der Gemeingebrauch nach den straßenrechtlichen Vorschriften zulässig, so hat derjenige, der den Gemeingebrauch ausüben will, ein **subjektives öffentliches Recht** darauf, dies auch tun zu können. Rechtswidrige Beschränkungen der einen Gemeingebrauch darstellenden Nutzung verletzen ihn in seinem Grundrecht aus Art. 2 I GG,

---

[30] Den Vorrang des Verkehrs i. S. des Transports betont zu Recht VGH Mannheim, VBlBW 2002, 297 (299) m.w.N.
[31] Vgl. BVerfG, NVwZ 1992, 53 f.; BVerwG, NJW 1997, 406; VGH München, BayVBl. 1996, 665; OVG Lüneburg, NVwZ-RR 1996, 247; OVG Münster, NJW 2014, 2892.
[32] Vgl. BVerwGE 56, 63 (67); BVerwG, NVwZ-RR 1995, 129; OVG Münster, NJW 2014, 2892; OVG Schleswig, NVwZ 1992, 70; VGH München, BayVBl. 2011, 176 (177).
[33] BVerwGE 84, 71 (75 f.); BVerwG, DÖV 1981, 342; NJW 1987, 1836 (1837).
[34] OVG Hamburg, DVBl. 2012, 504 (506).
[35] VG Neustadt/Weinstr., GewArch 2012, 220.
[36] OVG Hamburg, DVBl. 2012, 504 (506).

§ 84. Recht der öffentlichen Sachen   637

soweit es sich um einen sog. schlichten Gemeingebrauch handelt, d. h. einen solchen, der nicht Anliegergebrauch ist (→ Rn. 13).[37]

Hiervon zu unterscheiden ist der Anspruch, dass ein Gemeingebrauch an einer Straße begründet oder aufrechterhalten wird. Ein solcher Anspruch besteht nicht[38] (vgl. § 13 II StrG BW; Art. 14 III BayStrWG; § 14 I 2 BbgStrG; § 14 II NStrG; § 14 I 2 StrWG NW).

b) Sondernutzungen

Ist die Benutzung einer Straße weder Gemeingebrauch noch Anliegergebrauch im Sinne eines gesteigerten Gemeingebrauchs[39], so handelt es sich um eine Sondernutzung (vgl. § 8 I 1 FStrG: „Die Benutzung der Bundesfernstraßen über den Gemeingebrauch hinaus ist Sondernutzung."). Die Sondernutzung ist nur aufgrund besonderer Erlaubnis zulässig. Die öffentlich-rechtliche Sondernutzungserlaubnis darf nur befristet und mit Widerrufsvorbehalt erteilt und kann mit Bedingungen und Auflagen verbunden werden (§ 8 II 1, 2 FStrG). Es liegt im Ermessen der zuständigen Behörde, ob sie eine Sondernutzungserlaubnis erteilt oder nicht. Das behördliche Kontrollverfahren der Sondernutzungserlaubnis dient dazu, die verschiedenen grundrechtlich geschützten Belange, die bei der Nutzung des „knappen Guts öffentliche Straße" miteinander in Konflikt geraten können, in Einklang zu bringen. Der Sondernutzungserlaubnis kommt insoweit eine „Ausgleichs- und Verteilungsfunktion" zu[40]. Der Zwang, zu diesem Zweck eine Erlaubnis zu beantragen, ist deshalb mit den Grundrechten der Nutzungsinteressierten vereinbar.[41]

19

Dass sich der K in **Fall 72** auf die Kunstfreiheit des Art. 5 III GG berufen kann, schützt ihn nicht davor, eine Sondernutzungserlaubnis einholen zu müssen.

Bei der Entscheidung über einen Antrag auf Erteilung einer Sondernutzungserlaubnis kann die Behörde neben den straßenrechtlichen Gründen der Verkehrsbedürfnisse und der Gemeinverträglichkeit der Nutzung auch andere Gründe heranziehen, sofern sie einen sachlichen Bezug zur Straße und zu ihrer Funktion haben. Hierzu gehören beispielsweise auch städtebauliche Gesichtspunkte oder Aspekte der Gestaltung des Straßenbildes, sofern hierfür ein von der Gemeinde verfolgtes Gestaltungskonzept vorliegt;[42] ohne ein solches Konzept könnte die beantragte Sondernutzungserlaubnis z. B. nicht mit der Begründung abgelehnt werden, der beabsichtigte Informationsstand sei „hässlich". Andere öffentliche Belange, die wie allgemeine ordnungsbehördliche Gesichtspunkte oder Aspekte der lokalen Wirtschaftsförderung lediglich mittelbar mit der Straße in einem Zusammenhang stehen, dürfen in die Entscheidung nicht einfließen.[43] So kann die Erteilung einer Sondernutzungserlaubnis für die Aufstellung eines Informationsstandes, an dem u. a. Spenden gesammelt werden sollen, nicht mit der Begründung abgelehnt werden, dass Passanten vor übereilten Vermögensverfügungen geschützt werden sollen, so fehlt es an dem notwendigen konkreten Bezug dieser Erwägung zum

20

---

[37] H.-J. Papier, Recht der öffentlichen Sachen, 3. Aufl. 1998, S. 111.
[38] BVerfG, BayVBl. 2009, 690 (691).
[39] Zum Anliegergebrauch **lesen** Sie P. Axer, DÖV 2014, 323.
[40] VGH Mannheim, NVwZ-RR 2014, 539 (541).
[41] BVerwG, NJW 1997, 406 (407); VGH Mannheim, VBlBW 2002, 297 (302).
[42] VGH Mannheim, NVwZ-RR 2010, 164; 2014, 539 (541).
[43] OVG Münster, NWVBl. 2007, 64 (65). Zum Gesichtspunkt der Wirtschaftsförderung OVG Münster, NVwZ-RR 2014, 710 (711).

Straßenrecht.[44] Zwar kann dann, wenn mehrere Nutzungsinteressenten eine Sondernutzung für denselben Straßenraum begehren – z. B. mehrere Gastwirte möchten in demselben Bereich der Straße Tische aufstellen – eine Beschränkung der begehrten Sondernutzung rechtfertigen, weil die konfligierenden Nutzungsinteressen nicht anders zum Ausgleich zu bringen sind. Jedoch darf auch diese Ausübung des „Verteilungsermessens" nur unter Heranziehung von Gesichtspunkten erfolgen, die einen Bezug zur Straße haben (und z. B. nicht nach den Umsatzzahlen der Gastwirte, die Tische aufstellen wollen).[45] Ein straßenrechtlicher Bezug ist auch erforderlich, wenn die Sondernutzungserlaubnis zwar erteilt, jedoch mit Auflagen (z. B. dem Verbot des Spendensammelns) versehen werden soll.

20a Darüber hinaus sind die Grundrechte und der Grundsatz der Verhältnismäßigkeit zu beachten.[46] Hieraus kann sich insbesondere dann, wenn Grundrechte für die Ausübung der begehrten Sondernutzung streiten, eine Ermessensreduzierung auf Null (→ § 69 Rn. 9) ergeben. Sofern Rechte anderer nicht ernstlich beeinträchtigt werden, besteht z. B. ein Anspruch auf Erteilung einer Sondernutzungserlaubnis für Darbietungen von Straßenkünstlern oder religiöse oder politische Informationen.[47]

> Im **Fall 72** ergibt sich aus Art. 5 III GG wohl eine Ermessensreduzierung auf Null zugunsten eines Anspruchs des K auf Erteilung einer Sondernutzungserlaubnis. Gegen eine Ermessensreduzierung auf Null könnte zwar sprechen, dass das Pflasterbild des K großflächig angelegt ist und deshalb z. B. die Zugänglichkeit von Anliegergrundstücken, etwa Ladengeschäften, beeinträchtigen könnte. Jedoch hat die zuständige Behörde in vergleichbaren Fällen immer eine Sondernutzungserlaubnis erteilt, so dass auch Art. 3 I GG für eine Ermessensreduzierung auf Null streitet.

2. Öffentliche Sachen im Sondergebrauch

21 In ihrer Nutzung als Verkehrswege sind Gewässer öffentliche Sachen im Gemeingebrauch (→ Rn. 15 ff.). Wasserwirtschaftliche Benutzungen der **Gewässer** sind hingegen nur nach Maßgabe einer behördlichen Zulassung zulässig und deshalb öffentliche Sachen im Sondergebrauch. Wer eine der in § 9 WHG genannten Benutzungen (u. a. Entnehmen und Ableiten von Wasser aus Gewässern, Aufstauen von Gewässern, Einleiten von Stoffen in Gewässer) vornehmen will, bedarf hierfür der behördlichen Erlaubnis oder Bewilligung (§ 8 I WHG). Es besteht **kein Anspruch** auf Erteilung von Erlaubnis oder Bewilligung. Selbst wenn die Versagungsgründe des § 12 WHG nicht vorliegen und für die Bewilligung zusätzlich die Erteilungsvoraussetzungen nach § 14 I WHG erfüllt sind, steht die Erteilung im **Bewirtschaftungsermessen** der Behörde.

3. Öffentliche Sachen im Anstaltsgebrauch

22 Unter **öffentlichen Sachen im Anstaltsgebrauch** sind solche öffentlichen Sachen zu verstehen, die im Rahmen einer spezifischen Nutzungsordnung aufgrund besonderer Zulassung benutzt werden dürfen. Diese Begriffsbestimmung macht bereits deutlich, dass der Anstaltsgebrauch, dem die öffentlichen Sachen unterliegen, nicht auf das Vorhandensein einer öffentlich-rechtlichen Anstalt im verwaltungsorganisatorischen Sinne (→ § 60 Rn. 27) verengt werden darf. In einem Anstaltsgebrauch stehen nicht nur solche Sachen, die in eine organisatorisch oder sogar rechtlich verselbständigte Verwaltungseinrichtung eingeordnet sind. Im Anstaltsgebrauch stehen öffentliche Sachen viel-

---

[44] VGH München, BayVBl. 2011, 176 (177).
[45] VGH Mannheim, NVwZ-RR 2014, 539 (541 f.).
[46] VGH München, BayVBl. 2002, 636.
[47] Vgl. BVerwGE 84, 71 (78); BVerwG, NJW 1997, 406 (407); 1997, 408.

mehr dann, wenn sie als **Sachinbegriffe in der Hand eines Verwaltungsträgers** nicht einem Gemeingebrauch gewidmet sind, sondern einer **besonderen öffentlich-rechtlichen Benutzungsordnung** unterliegen. Beispiele für öffentliche Sachen im Anstaltsgebrauch bieten insbesondere die kommunalen Einrichtungen (→ Rn. 6 ff.). Hierzu zählen auch die in Privatrechtsform betriebenen Einrichtungen.[48]

> Obwohl der Stadthallenkomplex im **Fall 73** von der S-GmbH betrieben wird, handelt es sich mithin um eine öffentliche Sache im Anstaltsgebrauch.

An öffentlichen Sachen im Anstaltsgebrauch besteht kein Gemeingebrauch. Die Nutzung der Sache bedarf vielmehr einer **besonderen Zulassung,** die allerdings nicht ausdrücklich, etwa durch VA, ausgesprochen werden muss, sondern auch stillschweigend erfolgen kann. Ein Anspruch auf Zulassung besteht nur dann, wenn er durch Rechtssatz eingeräumt worden ist. Fehlt es hieran, so besteht ein Anspruch auf ermessensfehlerfreie Entscheidung (→ § 71 Rn. 12) über den Zulassungsantrag, wenn die beantragte Nutzung die Grenzen der Widmung beachtet.[49]

Wichtigster Fall der Einräumung eines Rechts auf Benutzung öffentlicher Sachen im Anstaltsgebrauch ist der **kommunalrechtliche Benutzungsanspruch.** Nach den Gemeindeordnungen sind alle Einwohner einer Gemeinde im Rahmen des geltenden Rechts berechtigt, die öffentlichen Einrichtungen der Gemeinde zu benutzen (§ 10 II 2 GO BW; Art. 21 I 1 BayGO; § 12 I BbgKV: nicht nur Einwohner, sondern jedermann; § 30 I NKomVG; § 8 II GO NW). Ob die Gemeinde diesen Nutzungsanspruch in öffentlich-rechtlichen oder privatrechtlichen Handlungsformen erfüllt, ist unerheblich. Dieses Verhältnis wandelt sich auch dann nicht, wenn die gewidmete kommunale Einrichtung von der Gemeinde in Privatrechtsform betrieben wird. Hier kommt zusätzlich ein gegen den privatrechtlichen Betreiber erhobener Benutzungsanspruch in Betracht, der dem Zivilrecht zuzuordnen und vor den Zivilgerichten geltend zu machen ist (zum Ganzen → § 67 Rn. 20). Allerdings ist nach h. M. der kommunalrechtliche Nutzungsanspruch allein gegen die Gemeinde gerichtet und des Inhalts, die Einwirkungsmöglichkeiten der Gemeinde auf das Privatrechtssubjekt zur Verwirklichung des Nutzungsanspruchs durchzusetzen (→ § 67 Rn. 20). Der Anspruch gegen die privatrechtliche Organisationsform ist dem Verwaltungsprivatrecht (→ § 67 Rn. 15 ff.) zuzuordnen und kann sich vor allem aus den Grundrechten, insbesondere dem allgemeinen Gleichheitssatz des Art. 3 I GG, ergeben.

23

> Sofern deshalb in **Fall 73** die P ihr Zulassungsbegehren unmittelbar gegen die Stadt S richtet, kann dieses Begehren nicht auf Erteilung der Zulassung durch die S gerichtet sein. Die P – das Bestehen eines subjektiven öffentlichen Rechts an dieser Stelle unterstellt – könnte nur verlangen, dass die S ihre Einwirkungsmöglichkeiten auf die S-GmbH zur Zulassung der P nutzt.

Seine Grenze findet der Anspruch auf Zulassung bzw. – wo ein solcher nicht besteht – auf fehlerfreie Ermessensausübung im geltenden Recht und der Benutzungsordnung, in der die Gemeinde die Voraussetzungen, die Bedingungen sowie Art und Umfang der Nutzung regeln kann, sowie in den vorhandenen Kapazitäten.[49a] Ändert die Gemeinde später die Bestimmungen des Zwecks oder über die Nutzungen der Einrichtung, wozu sie berechtigt ist, so muss sie dabei den Gleichheitssatz des Art. 3 I GG beachten.[49b]

---

[48] A. M. *H.-J. Papier*, Recht der öffentlichen Sachen, 3. Aufl. 1998, S. 29.
[49] BVerwGE 39, 235 (237).
[49a] OVG Münster, NWVBl. 2016, 73 (74).
[49b] OVG Münster, NWVBl. 2016, 73 (74).

> Ist beispielsweise die Nutzung, wie im **Fall 73** der großen Halle des Stadthallenkomplexes, auf die Durchführung von Sportveranstaltungen beschränkt, so steht das Begehren der P als politischer Partei, in der Halle eine Versammlung durchführen zu wollen, außerhalb der Nutzungsordnung.

24 Problematisch ist die Konstellation, dass die Benutzung der öffentlichen Sache im Anstaltsgebrauch durch eine **politische Partei** zur Abhaltung einer politischen Veranstaltung sich im Rahmen der Nutzungsbestimmung hält, jedoch die Gefahr besteht, dass durch zu befürchtende Ausschreitungen die öffentliche Sache beschädigt oder zerstört wird, oder – wie im Fall 2 durch die P – voraussichtlich extremistisches Gedankengut verkündet wird. Aus **dem Gebot zur Gleichbehandlung politischer Parteien** bei der Zurverfügungstellung öffentlicher Einrichtungen nach § 5 I 1 ParteiG (→ § 6 Rn. 81) ergibt sich kein Benutzungsanspruch. Zu dem parteienrechtlichen Gleichbehandlungsgebot tritt der **kommunalrechtliche Benutzungsanspruch** hinzu, wenn die Versammlung durch den Ortsverband einer politischen Partei in der jeweiligen Gemeinde veranstaltet wird (beachte: der parteienrechtliche Anspruch ist hingegen nicht davon abhängig, ob die betreffende Partei in der Gemeinde mit einem Ortsverband vertreten ist oder nicht[50]).

> In **Fall 73** hat die P daher grundsätzlich einen Anspruch auf Nutzung von Hallen des Stadthallenkomplexes, wenn sich die Durchführung von politischen Veranstaltungen im Rahmen der Widmung der Halle bewegt. Davon ist hinsichtlich der Nutzung der kleinen Halle auszugehen.

Wegen des Parteienprivilegs des Art. 21 II GG (→ § 6 Rn. 93) kann dem Ortsverband die Verwirklichung seines Benutzungsanspruchs nicht unter Hinweis darauf verweigert werden, dass die Partei verfassungsfeindliche Ziele verfolge.[51] Ausgeschlossen ist der Zulassungsanspruch aber, wenn sich aus Tatsachen die begründete dringende Gefahr ergibt, dass seitens der Parteiorgane in der Versammlung Straftaten (z. B. Volksverhetzung) begangen werden oder zu Straftaten aufgerufen wird.[52] Im letztgenannten Fall ist die für alle Formen der Nutzung öffentlicher Sachen im Anstaltsgebrauch einzuhaltende Grenze der Beachtung geltenden Rechts überschritten. Es ist weder eine ordentliche Benutzung noch eine Sonderbenutzung der öffentlichen Sache möglich.

> Dass in **Fall 73** durch Organe der P in der Versammlung Straftaten begangen werden oder durch sie zu Straftaten aufgerufen werden wird, ist nicht ersichtlich. Die Radikalität der Parolen allein reicht zum Ausschluss des Nutzungsanspruchs nicht aus.

24a Entsprechendes gilt für andere Nutzung kommunaler Einrichtungen, die unter Begehung von Rechtsverstößen durch die Nutzer erfolgt. So kann die Gemeinde den Anschluss eines Bürgers an eine als kommunale Einrichtung betriebene Internet-Domain sperren, wenn über diese Persönlichkeitsrechtsverletzungen begangen werden.[53]

4. Öffentliche Sachen im Verwaltungsgebrauch

25 Im **Verwaltungsgebrauch** sind solche öffentlichen Sachen, derer sich die Verwaltung durch Nutzung ihrer Gebrauchsmöglichkeiten zur Erfüllung öffentlicher Aufgaben

---

[50] OVG Magdeburg, NVwZ-RR 2011, 150.
[51] OVG Saarlouis, NVwZ-RR 2009, 533 (534); VGH Kassel, DVBl. 1990, 1052 (1053); VGH Mannheim, DVBl. 1995, 927; VGH München, BayVBl. 2012, 428. Enger OVG Bautzen, NVwZ 2002, 615: Ausschluss der Partei von der Benutzung ist schon dann rechtmäßig, wenn er ohne Verstoß gegen das Willkürverbot erfolgte.
[52] VGH Mannheim, NJW 1987, 2698; DVBl. 1995, 927 (928); VGH Kassel, NJW 1993, 2331 (2332).
[53] OVG Münster, NWVBl. 2016, 73 (74f.).

widmungsgemäß bedient. Beispiele sind Dienstfahrzeuge, Dienstgebäude einschließlich des Inventars, Ausrüstungsgegenstände von technische Untersuchungen durchführenden Behörden, Waffen der Polizei etc.

Da diese Sachen allein zur internen Nutzung durch die Verwaltung bestimmt sind, bestehen keine Benutzungsrechte Verwaltungsexterner, d. h. der Bürger. Hiervon zu unterscheiden ist die tatsächliche Möglichkeit des Zugangs insbesondere zu Dienstgebäuden, welche zur Erledigung von Verwaltungsangelegenheiten notwendig ist. Sie vermittelt kein selbstständiges Zutrittsrecht, sondern ist bloßer Annex zu der Befugnis, Verwaltungsangelegenheiten ggf. auch im Gespräch mit dem zuständigen Amtswalter wahrzunehmen. Die Versagung dieser Zugangsberechtigung ist ein Problem des Hausrechts an öffentlichen Gebäuden (→ § 67 Rn. 11).

Zweiter Abschnitt. Öffentlich-rechtliche Haftungs- und Ausgleichsansprüche

§ 85. Übersicht

Im Verhältnis eines Verwaltungsträgers zum Bürger, aber auch zwischen verschiedenen Verwaltungsträgern können Situationen auftreten, in denen entstandene Schäden oder andere eingetretene Veränderungen ausgeglichen werden müssen. Dies ist Gegenstand des Rechts der öffentlich-rechtlichen Haftungs- und Ausgleichsansprüche. Der Begriff der **Staatshaftung** wird meist in gleicher Bedeutung gebraucht, teilweise aber auch in einem engeren Sinn auf die Ansprüche beschränkt, die allein dem Bürger gegen den Staat zustehen können. Dies ist bei den in diesem Abschnitt behandelten Ansprüchen nicht durchgängig der Fall. So können insbesondere die Ansprüche aus verwaltungsrechtlichen Sonderverbindungen (→ § 90) auch Hoheitsträgern zustehen. 1

Obwohl das Recht der öffentlich-rechtlichen Haftungs- und Ausgleichsansprüche häufig Gegenstand juristischer Übungs- und Prüfungsarbeiten ist, erfährt es nicht immer die für seine Beherrschung erforderliche Beachtung. Ein Grund hierfür dürfte nicht zum wenigsten darin liegen, dass es in diesem Bereich nur wenige geschriebene Regelungen gibt, an denen sich Studierende in der Klausur orientieren können. Sowohl einen einheitlichen Haftungs- und Ausgleichstatbestand als auch fixierte Tatbestandsvoraussetzungen sucht man in den meisten Fällen vergeblich. Der größte Teil der Anspruchsgrundlagen beruht auf Richterrecht oder ist jedenfalls stark richterrechtlich geprägt.[1]

Es ist deshalb wichtig, sich im Einzelfall zu verdeutlichen, worauf sich das geltend gemachte Begehren inhaltlich richtet und auf welchem Lebenssachverhalt es beruht. Unter Umständen können allerdings auch mehrere Anspruchsgrundlagen nebeneinander in Betracht kommen. Deshalb ist es notwendig, die verschiedenen Ansprüche nach Voraussetzungen und Inhalt voneinander unterscheiden zu können: 2

---

[1] Überblick bei *W. Durner,* JuS 2005, 793, 900.

Übersicht: Öffentlich-rechtliche Haftungs- und Ausgleichsansprüche

Anspruch aus	Kennzeichnende Anspruchsvoraussetzung	Inhaltliche Zielrichtung des Anspruchs
Amtshaftung (→ § 86)	Schadenszufügung durch Pflichtverletzung	Schadensersatz in Geld
Enteignungsgleicher Eingriff (→ § 87 Rn. 5 ff.)	Eigentumsbeeinträchtigung durch rechtswidriges Handeln	Entschädigung, grds. in Geld
Enteignender Eingriff (→ § 87 Rn. 5 ff.)	Ein Sonderopfer abverlangende Eigentumsbeeinträchtigung durch rechtmäßiges hoheitliches Handeln	Entschädigung, grds. in Geld
Ausgleichspflichtige Inhaltsbestimmung (→ § 87 Rn. 3 f.)	Unzumutbar harte Belastung für einzelne Eigentümer	Ausgleichsanspruch nur auf gesetzlicher Grundlage, z. B. Entschädigung in Geld
Aufopferung (→ § 88)	Eine Sonderopfer abverlangende Beeinträchtigung immaterieller Rechte	Entschädigung in Geld
Folgenbeseitigungsanspruch (→ § 89 Rn. 2 ff.)	Herbeiführung einer rechtswidrigen Beeinträchtigung subjektiver öffentlicher Rechte	Wiederherstellung des ursprünglichen Zustands
Öffentlich-rechtlicher Erstattungsanspruch (→ § 90 Rn. 9 ff.)	Rechtsgrundlos erfolgte Vermögensverschiebung	Herausgabe des Erlangten
Öffentlich-rechtliche GoA (→ § 90 Rn. 2 ff.)	Besorgung eines fremden Geschäfts ohne Auftrag oder sonstige Berechtigung	Aufwendungsersatzanspruch des Geschäftsführers; Schadensersatzanspruch des Geschäftsherrn
Öffentlich-rechtliche Verwahrung (→ § 90 Rn. 16)	Inbesitznahme beweglicher Sachen	Anspruch auf Herausgabe oder Schadensersatz; Anspruch auf Aufwendungsersatz

§ 86. Amtshaftung

Fall 74: Polizist P nimmt allabendlich unter Billigung seines Dienstherrn seine Dienstwaffe mit nach Hause. Kurz nachdem er sie auf der Kommode abgelegt hat, entwendet sie sein Sohn S und feuert auf seinen Spielkameraden K. Kann K den Staat aus Amtshaftung in Anspruch nehmen?

Fall 75: Investor I sucht einen geeigneten Standort für seinen Gewerbepark. Er interessiert sich für eine Grundstücksfläche in der Gemeinde G, in deren Gebiet Ende des 19. Jhs. unter Tage Braunkohle abgebaut wurde. Obwohl es in der Folgezeit immer wieder zu Senken und Einsturztrichtern an der Erdoberfläche gekommen war, wies es der Gemeinderat in Kenntnis dieser Umstände in einem Bebauungsplan als Industrie- und Gewerbegebiet aus. Nachdem I mit den entsprechenden Bauarbeiten begonnen hatte, kam es zu mehreren Tagesbrüchen, weshalb ein Baustopp verfügt wurde. Eine kommunale Satzung beschränkt die Haftung der Mitglieder des Gemeinderats auf Fälle des Vorsatzes und der groben Fahrlässigkeit. Kann I Schadensersatz verlangen?

I. Struktur des Anspruchs

Anspruchsgrundlage für Schadensersatz aus Amtshaftung ist Art. 34 GG, § 839 BGB. Die Voraussetzungen des Anspruchs ergeben sich also aus dem **Wechselspiel zweier Normen,** was vor allem historisch bedingt ist. So bestimmt zunächst § 839 I 1 BGB, dass ein Beamter, der vorsätzlich oder fahrlässig die ihm gegenüber einem Dritten obliegende Amtspflicht verletzt, diesem den daraus entstehenden Schaden zu ersetzen hat. Alle rechtswidrigen Handlungen wurden also den Staatsdienern *persönlich* angelastet, für welche sie wie eine Zivilperson nach Deliktsrecht einstehen musste. Zunehmend wurde jedoch die **Notwendigkeit einer Haftung des Staates** gesehen: 1

- Der Geschädigte erhält in Gestalt des Staates einen **liquiden Schuldner;**
- Die **Einsatzbereitschaft des staatlichen Personals** wird dadurch gestärkt, dass es nicht mehr persönlich das Haftungsrisiko tragen muss.

In Deutschland wurde **keine unmittelbare Staatshaftung** eingeführt. Vielmehr hielt man an der bisherigen Regelung fest. Allerdings wurde sowohl in Art. 131 WRV als auch Art. 34 GG vorgesehen, dass die Eigenhaftung des Beamten unter den dort genannten Voraussetzungen auf den Staat übergeleitet wird. Liegt der Tatbestand des Amtshaftungsanspruchs vor, richtet er sich aufgrund der Überleitung gemäß Art. 34 S. 1 GG zwingend gegen den Staat oder die Körperschaft, in deren Dienst der jeweilige Amtswalter steht. Daneben kann der Beamte von dem Geschädigten nicht mehr aus § 839 BGB oder aus §§ 823 ff. BGB belangt werden[1]. 2

Übersicht: Amtshaftungsanspruch

(1) Voraussetzungen
  (a) Öffentlich-rechtliches Handeln (bzw. Unterlassen) eines Amtswalters, d. h. eines „Beamten" im haftungsrechtlichen Sinn (→ Rn. 4 ff.)
  (b) in Ausübung seines Amtes (äußerer und innerer Zusammenhang zwischen schädigender Handlung und öffentlich-rechtlichem Tätigwerden) (→ Rn. 8)
  (c) Verletzung einer Amtspflicht (→ Rn. 10 f.)

---

[1] BGH, NJW 2014, 3580.

(d) Drittbezogenheit der Amtspflicht (→ Rn. 12 ff.)
(e) Verschulden des Amtswalters (→ Rn. 15)
(f) Schaden (→ Rn. 16)
(g) Kausalität der Amtspflichtverletzung für den Schaden (→ Rn. 16)
(2) Haftungsausschluss
  (a) Keine anderweitige Ersatzmöglichkeit (§ 839 I 2 BGB; Subsidiaritätsklausel) (→ Rn. 17)
  (b) Richterspruchprivileg (§ 839 II BGB) (→ Rn. 18)
  (c) Schuldhaftes Versäumen von Rechtsbehelfen (§ 839 III BGB) (→ Rn. 19)
(3) Anspruchsumfang
  (a) Schadensersatz nur in Geld nach §§ 249 ff. BGB (→ Rn. 20)
  (b) Mitverschulden des Geschädigten (§ 254 BGB) (→ Rn. 20)
(4) Anspruchsgegner (→ Rn. 21 f.)

II. Anspruchsvoraussetzungen

1. Handeln in Ausübung eines öffentlichen Amtes

3 Erste Voraussetzung des Amtshaftungsanspruchs ist, dass der Schädiger in Ausübung eines öffentlichen Amtes gehandelt hat. Diesem Tatbestandsmerkmal kommen drei Funktionen zu. Zunächst gibt es Rückschlüsse auf den sachlichen Anwendungsbereich des Amtshaftungsanspruchs, es legt den Personenkreis fest, der eine Amtshaftung auslösen kann, und enthält eine zusätzliche Anforderung an die Modalität der Amtsausübung.

a) Öffentlich-rechtliches Tätigwerden

4 Der Amtshaftungsanspruch ist nur einschlägig, wenn die Schädigung auf die Ausübung eines öffentlichen Amts zurückzuführen ist, mithin durch eine öffentlich-rechtliche Tätigkeit erfolgt. Daran fehlt es, wenn ein Beamter bei einem dem Privatrecht unterliegenden fiskalischen Hilfsgeschäft einen anderen schädigt.

Bei **privatrechtlichem Handeln** eines Amtswalters erfolgt keine Überleitung des gegen ihn gerichteten deliktischen Anspruchs nach Art. 34 GG. Hier gelten uneingeschränkt die §§ 823 ff. BGB. Beamte haften dann nach § 839 BGB, wobei hier der statusrechtliche Beamtenbegriff gilt (Personen, die förmlich zum Beamten ernannt wurden). Andere Personen, die für den Staat tätig geworden sind, haften nach §§ 823 ff. BGB. Anders als diese Personen kann der Beamte im statusrechtlichen Sinne den Geschädigten gem. § 839 I 2 BGB darauf verweisen, einen Schadensersatzanspruch gegen die Anstellungskörperschaft geltend zu machen. Ein solcher Anspruch kann sich bei einer Schädigung durch verfassungsmäßig berufene Vertreter aus §§ 31, 89, 823 BGB, im Übrigen aus § 831 BGB ergeben.

5 Wegen der äußerlich indifferenten **Natur tatsächlicher Handlungen** muss bei der Ermittlung der richtigen Anspruchsgrundlage für den Schadensersatzanspruch auf den jeweiligen Sachzusammenhang abgestellt werden. Verursacht ein Beamter bei der Fahrt mit einem PKW einen Unfall, ist der Amtshaftungsanspruch gegeben, wenn er zum Beispiel Dienstpost befördert hat. Demgegenüber richtet sich bei einer Fahrt zum Supermarkt mangels Amtsbezug der Schadensersatzanspruch ausschließlich nach Zivilrecht.

Im **Fall 74** ereignete sich der Unfall nach Dienstschluss in der Privatwohnung des P. Ob dies noch als eine Ausübung eines öffentlichen Amtes angesehen werden kann, beurteilt sich danach, ob die eigentliche **Zielsetzung,** in deren Sinn die Person tätig wurde, hoheitlicher Tätigkeit zuzurechnen ist und ob bejahendenfalls zwischen dieser Zielsetzung und der schädigenden Handlung ein so **enger innerer und äußerer Zusammenhang** besteht, dass die Handlung ebenfalls noch dem Bereich hoheitlicher Betätigung angehörend angesehen werden muss.[2] Der BGH bejahte dies, weil P mit Billigung seines Dienstherrn seine Pistole mit nach Hause nahm, um so seine jederzeitige Einsatzbereitschaft zu gewährleisten und den nächsten Dienstantritt zu erleichtern. Da die häusliche Verwahrung der Waffe zumindest auch dienstlich veranlasst ist, erstreckt sich die damit verbundene Obhutspflicht gegen Missbrauch auch auf die dienstfreie Zeit.[3]

Probleme bereitet die Feststellung der Ausübung eines öffentlichen Amtes, wenn der Staat einen Dritten *privatrechtlich* zu einem bestimmten Handeln engagiert, dieser also weder Beliehener noch Verwaltungshelfer (→ § 60 Rn. 29ff.) ist. Wegweisend ist eine Entscheidung des BGH, die einen Schädigungsvorgang durch den Fahrer eines Abschleppfahrzeugs betraf, der aufgrund eines privatrechtlichen Vertrags mit den Polizeibehörden weitgehend eigenverantwortlich handelte. Grundsätzlich stellt der BGH für die Amtshaftung darauf ab, ob die öffentliche Hand die Durchführung der Arbeiten des Privaten so sehr beeinflusst hat, dass sie diese wie eigenes Handeln gegen sich gelten lassen muss, weil der Private lediglich als das **Werkzeug** der Verwaltung bei der Durchführung ihrer hoheitlichen Aufgaben anzusehen ist.[4] 6

In der genannten Entscheidung erweitert das Gericht den Anwendungsbereich der Amtshaftung: Ein Amtshaftungsanspruch ist jedenfalls dann anzunehmen, wenn ein Dritter im Bereich der *Eingriffs*verwaltung aufgrund eines privatrechtlichen Vertrags die angeordneten Maßnahmen durchführen soll. Da das Abschleppen eines Fahrzeugs die Durchführung einer polizeilichen Vollstreckungsmaßnahme im Wege einer Ersatzvornahme ist, für die der Staat im Falle eines unachtsamen Handelns seiner Beamten einstehen müsste, ist ein Amtshaftungsanspruch auch gegeben, wenn der privatrechtlich beauftragte Dritte gleichsam als **Erfüllungsgehilfe** der Polizei handelt und dabei einen anderen schädigt.[5]

b) Handeln eines „Beamten"

Der in § 839 I BGB enthaltene Begriff des „Beamten" ist im haftungsrechtlichen Sinn zu interpretieren. Darunter versteht man all diejenigen natürlichen[6] Personen, denen die Wahrnehmung einer dem Staat zugewiesenen Aufgabe punktuell oder dauerhaft übertragen ist. Dies sind unter anderem die klassischen Beamten im statusrechtlichen Sinn, aber auch Richter, Soldaten, Abgeordnete, Minister, Angestellte und Arbeiter im öffentlichen Dienst sowie Verwaltungshelfer (→ § 60 Rn. 31) und Beliehene (→ § 60 Rn. 30), solange und soweit sie ein öffentliches Amt ausüben (→ Rn. 4ff.). 7

---

[2] Vgl. nur BGH, NVwZ 2012, 381 Rn. 13.
[3] BGH, DVBl. 2000, 482.
[4] BGHZ 121, 161 (164f.); BGH, DVBl. 2005, 247 (248).
[5] BGHZ 121, 161 (165f.); siehe auch BGH, NJW 1996, 2431 (2432), wonach das Innenverhältnis zwischen der Körperschaft, deren Aufgaben wahrgenommen werden, und dem Verwaltungshelfer für die Beurteilung von dessen Tätigkeit gegenüber dem Dritten bedeutungslos ist.
[6] Juristische Personen des Privatrechts können selbst dann nicht „Beamte" sein, wenn sie mit Hoheitsbefugnissen beliehen worden sind, BGH, BayVBl. 2006, 675 (676).

Gemeinderäte, die – wie im **Fall 75** – eine Satzung beschließen, nehmen ein öffentliches Amt wahr und sind deshalb Beamte im haftungsrechtlichen Sinn.[7]

Beachte: Soweit es um die Eigenhaftung des Beamten nach § 839 BGB bei zivilrechtlichem Tätigwerden geht (→ Rn. 4), wird der Beamtenbegriff enger, nämlich im statusrechtlichen Sinn verstanden.

c) Zusammenhang zwischen Schädigung und Amtsausübung

8 Der Amtshaftungsanspruch hängt davon ab, dass der Schaden in Ausübung des jeweiligen öffentlichen Amtes verursacht wurde. Es reicht also nicht, wenn der Amtswalter den Dritten nur *gelegentlich* der Amtsausübung schädigte. Mangels des notwendigen **inneren und äußeren Zusammenhangs** der Schädigung zur Amtsausübung scheidet deshalb ein Amtshaftungsanspruch aus, wenn ein Polizist während eines Streifengangs die sich ihm bietende Gelegenheit ergreift und aus persönlichen Motiven seinen querulatorischen Nachbarn durch einen Schuss in die Luft erschreckt.[8]

2. Verletzung der einem Dritten gegenüber bestehenden Amtspflicht

9 Nach dem Wortlaut von Art. 34 S. 1 GG muss der das öffentliche Amt Ausübende eine ihm gegenüber einem Dritten obliegende Amtspflicht verletzt haben. Daraus ergeben sich zwei Prüfschritte: Zunächst ist festzustellen, welche Amtspflicht im konkreten Fall verletzt wurde. Im Anschluss daran ist zu prüfen, ob die Amtspflicht auch gerade gegenüber dem geschädigten Dritten bestand.

a) Verletzung einer Amtspflicht

10 Bei den Amtspflichten handelt es sich um Verhaltenspflichten, die sich auf die Wahrnehmung des konkreten öffentlichen Amtes beziehen. Sie sind personenbezogen und dirigieren das Handeln des Amtswalters. Wie dem Terminus *Amts*pflicht zu entnehmen ist, handelt es sich um Pflichten, die der Amtswalter im Innenverhältnis zu seinem Dienstherrn zu beachten hat. Amtshaftungsrechtlich relevant werden diese Amtspflichten erst dann, wenn ihnen Drittrichtung zukommt (→ Rn. 12 ff.).

Die Quellen der Amtspflichten sind vielfältig. Sie können sich unter anderem aus dem Dienstrecht, sonstigen fachgesetzlichen Regelungen, der Verfassung, aber auch Verwaltungsvorschriften ergeben. Im Folgenden seien nur einige der wichtigsten Amtspflichten genannt: Dies sind

- die aus Art. 20 III GG folgende Amtspflicht zu rechtmäßigem Handeln, eingeschlossen die Pflicht, keine rechtswidrigen (auch keine begünstigenden) VAe zu erlassen,
- hierzu gehörend die Pflicht, beispielsweise als Baugenehmigungsbehörde keinen als unwirksam identifizierten Bebauungsplan anzuwenden, sondern durch Mitteilung an die Gemeinde und die Kommunalaufsichtsbehörde eine Aufhebung des Bebauungsplans herbeizuführen,[9]
- die Pflicht, unerlaubte Handlungen zu unterlassen,
- die Pflicht zur Einhaltung der Zuständigkeits- und Verfahrensvorschriften einschließlich der Pflicht zum Erlass einer raschen Sachentscheidung,

---

[7] BGHZ 106, 323 (330); BGH, NJW 2000, 427 (428).
[8] BGHZ 11, 181 (186 ff.).
[9] BGH, NVwZ 2013, 167 Rn. 20.

§ 86. Amtshaftung

- die Pflicht, als „Helfer des Bürgers" diesen aufzuklären oder ihm sonst zu helfen, um ihn vor erkennbaren Schäden zu bewahren, die auf einer falschen Beurteilung seitens des Bürgers beruhen,
- die Verkehrssicherungspflicht, insbes. die Straßenverkehrssicherungspflicht, also die Pflicht, die Verkehrsteilnehmer vor den von der Straße ausgehenden Gefahren zu schützen und dafür zu sorgen, dass sich die Straße in einem dem regelmäßigen Verkehrsbedürfnis entsprechenden Zustand befindet,
- die Pflicht zur Erteilung richtiger Auskünfte sowie
- die Pflicht zu einer fehlerfreien Ermessensausübung.

Im **Fall 74** war Polizist P kraft einer ihn bindenden Verwaltungsvorschrift verpflichtet, seine Dienstwaffe gegen Missbrauch zu sichern. Dagegen verstieß er, indem er sie in seiner Wohnung sorglos herumliegen ließ. Im **Fall 75** hat der Gemeinderat die § 1 VI Nr. 1 BauGB zu entnehmende Amtspflicht verletzt, bei der Aufstellung von Bebauungsplänen Gefahren für die Sicherheit der Wohn- und Arbeitsbevölkerung zu vermeiden. Er wies eine Fläche als Industrie- und Gewerbegebiet aus, obwohl im überplanten Gebiet schon früher Tagesbrüche wegen Bergschäden aufgetreten sind.

Wird ein Beamter von seinem Vorgesetzten zu einem rechtswidrigen Verhalten angewiesen, muss er, sofern ihm nicht die Ausübung einer Straftat aufgegeben wird, diese **Weisung** befolgen. Nicht er, sondern sein Vorgesetzter handelt amtspflichtwidrig. Ihm wird das Handeln des angewiesenen Beamten zugerechnet.[10] Von Bedeutung ist dies insbesondere dann, wenn der angewiesene Amtswalter und der Anweisende verschiedenen Anstellungskörperschaften zuzuordnen sind. Weist beispielsweise ein Amtswalter der Aufsichtsbehörde den Amtswalter einer Gemeinde zu einem rechtswidrigen Handeln an, so verletzt nicht der Gemeindebeamte, sondern der Beamte der Aufsichtsbehörde seine Pflicht zur rechtmäßigen Amtsausübung. Um eine Anweisung in dem vorstehenden Sinne handelt es sich allerdings bei einer allgemeinen Richtlinie einer übergeordneten Behörde, die eine bestimmte Auslegung des Gesetzes vorgibt.[11]

b) Drittbezogenheit der Amtspflicht

Die Amtspflichtverletzung vermag nur dann einen Amtshaftungsanspruch auszulösen, wenn die Einhaltung der Amtspflicht dem Handelnden gegenüber einem Dritten obliegt. Die Amtspflicht muss also gerade oder zumindest auch den Schutz der Interessen des geschädigten Dritten bezwecken. Mit den Worten des BGH muss eine besondere Beziehung zwischen der verletzten Amtspflicht und dem Geschädigten bestehen. Dabei kommt es darauf an, ob in qualifizierter und zugleich individualisierbarer Weise auf schutzwürdige Interessen eines erkennbar abgegrenzten Kreises Dritter Rücksicht zu nehmen ist.[12] Es reicht nicht aus, wenn die in Frage stehende Amtspflicht lediglich den Interessen der Allgemeinheit oder des Dienstherrn dient und dem Geschädigten nur reflexhaft zugute kommt.[13]

Strukturell ist eine ähnliche Prüfung wie bei der Ermittlung des Vorliegens eines subjektiven Rechts vorzunehmen (→ § 71 Rn. 2). Es muss geprüft werden,

(1) ob die jeweilige Amtspflicht im Allgemeinen Drittwirkung hat,
(2) der Geschädigte dem geschützten Personenkreis angehört sowie

---

[10] BGHZ 63, 319 (324); BGH, NVwZ 2015, 1309 (1310f.) – str.
[11] BGH, NVwZ 2015, 1309 (1311).
[12] BGH, NVwZ 2010, 467 Rn. 14.
[13] BGHZ 39, 360 (362f.); 56, 40 (45f.); 106, 323 (331); 134, 268 (276); BGH, NJW 2005, 742 (743).

(3) das konkret betroffene Interesse oder Rechtsgut dem Schutzbereich der Amtspflicht unterfällt.

13 Ein Drittbezug wird in der Regel vorliegen, wenn die Amtspflicht einen Bezug zu einem **subjektiven öffentlichen Recht des Geschädigten** aufweist. Betrifft die Amtspflicht ein bestehendes Rechtsverhältnis, wie bei einer Auskunft auf eine konkrete Anfrage, ist regelmäßig ein Drittbezug der Amtspflicht gegeben. Auch Vorsorge- und Überwachungspflichten haben oft eine Drittwirkung. Dagegen fehlt in der Regel die Drittbezogenheit bei behördeninternen Pflichten ohne jeglichen Berührungspunkt mit der Rechtssphäre des Bürgers. Von behörden*internen* Vorgängen zu unterscheiden ist das Verhältnis zwischen verschiedenen juristischen Personen des öffentlichen Rechts. Auch sie wirken zwar regelmäßig lediglich im öffentlichen Interesse an einer rechtmäßig handelnden und funktionierenden öffentlichen Verwaltung zusammen, sodass in diesem Zusammenwirken bestehende wechselseitige Pflichten keine einen Amtshaftungsanspruch begründende drittbezogene Amtspflichten bestehen.[14] Etwas anderes gilt jedoch, wenn die juristische Person, deren Amtsträger den Schaden verursacht hat, in ähnlicher Weise wie im Staat-Bürger-Verhältnis die Interessen der geschädigten juristischen Person zu wahren hat.[15] Beispiele sind die Haftung der Kommunalaufsichtsbehörde gegenüber der beaufsichtigten Gemeinde[16] oder die Pflicht, beim dienstlichen Betrieb eines Kraftfahrzeugs keine fremden Sachen zu beschädigen[17].

Die Frage der Drittbezogenheit darf nicht mit der der Außenwirkung eines VAs verwechselt werden. So stellt das gemeindliche Einvernehmen nach § 36 BauGB zwar eine interne Mitwirkung und keinen VA dar (→ § 76 Rn. 22). Doch besteht gegenüber den Bauwilligen die Amtspflicht, das Einvernehmen nicht rechtswidrig zu verweigern, deren Verletzung einen Amtshaftungsanspruch auslöst.[18] Dies gilt allerdings nicht, wenn das gemeindliche Einvernehmen gemäß § 36 II 3 BauGB durch die Baugenehmigungsbehörde ersetzt werden kann, weil in diesem Fall die haftungsrechtliche Verantwortlichkeit allein bei der Baugenehmigungsbehörde liegt.[19]

> Im **Fall 74** soll die Amtspflicht zur Sicherung der Dienstwaffe gegen Missbrauch verhindern, dass Dritte sie unbefugt benutzen. Wegen der damit einhergehenden Gefahr für Leib und Leben anderer Personen ist die Pflicht drittschützend.

> Zentrale Frage im **Fall 75** ist, ob die Berücksichtigung der Anforderungen des § 1 VI Nr. 1 BauGB drittschützend ist, da die Bauleitplanung grundsätzlich dem Allgemeinwohl dient. Die Anerkennung einer drittbezogenen Amtspflicht setzt voraus, dass in **qualifizierter und individualisierbarer Weise** auf schutzwürdige Interessen eines erkennbar abgegrenzten Personenkreises Rücksicht zu nehmen ist. Dies ist bei einem Bebauungsplan der Fall. Die durch ihn betroffenen Grundeigentümer oder sonst dinglich Berechtigten stellen eine durch die räumlichen Grenzen des Plans und ihre rechtlichen Beziehungen zum Grundstück bestimmte Personengruppe dar. Das Gebot des § 1 VI Nr. 1 BauGB wurde nicht nur im Allgemeininteresse erlassen, sondern schützt gerade diejenigen, die in dem konkret betroffenen Plangebiet wohnen oder arbeiten werden. Sie müssen sich darauf verlassen können, dass ihnen aus der Beschaffenheit des Grund und Bodens keine Gefahren für Leben und Gesundheit drohen.

---

[14] BGH, NVwZ 2002, 634; NVwZ-RR 2012, 54 (55); NVwZ 2014, 389.
[15] BGH, NVwZ-RR 2012, 54 (55).
[16] BGH, NVwZ 2002, 634 (635).
[17] BGH, NVwZ 2014, 389.
[18] BGH, NVwZ 2006, 117; 2011, 249.
[19] BGH, NVwZ 2011, 249 (250f.); 2013, 167 Rn. 17.

§ 86. Amtshaftung

Deshalb darf eine Gemeinde nicht eine Altlastenfläche als Wohngebiet ausweisen.[20] Insbesondere unter dem Aspekt der Anforderungen an die Sicherheit der Wohn- und Arbeitsbevölkerung muss der auszuweisende Baugrund so beschaffen sein, dass sich nicht plötzlich Trichter größeren Ausmaßes bilden und dadurch Personen oder Fahrzeuge abrutschen oder Gebäude einstürzen.[21] Große Sorgfalt ist darauf zu verwenden, inwieweit der geltend gemachte Schaden vom Schutzbereich der verletzten Amtspflicht abgedeckt wird. Im Rahmen seiner Altlastenrechtsprechung entschied der BGH, dass sich die Ersatzpflicht der Gemeinde nicht nur auf die Verhinderung von Gesundheitsschäden beschränkt, sondern auch die Grundstückseigentümer, Erwerber und Bauherrn vor Vermögensverlusten aus der Errichtung und dem Kauf nicht bewohnbarer Gebäude schützt.[22] Da es sich im **Fall 75** um aus Bergschäden herrührende Baugrundrisiken handelt, die für den I weder berechenbar noch seinem alleinigen Aufgaben- und Pflichtenkreis zuzuordnen sind, hat sich die Gefahr realisiert, vor der ihn die verletzte Amtspflicht bewahren will.[23]

Ob und inwieweit der Parlamentsgesetzgeber für verfassungswidrige Gesetze (sog. **legislatives Unrecht**) einzustehen hat, wird unterschiedlich beantwortet. Die wohl überwiegende Ansicht lehnt eine Amtshaftung ab, weil die Abgeordneten gemäß Art. 38 I 2 GG nur ihrem Gewissen unterworfen sind und der Gesetzgeber eine Aufgabe nur gegenüber der Allgemeinheit wahrnimmt. Eine Pflicht zum Erlass rechtmäßiger Gesetze besteht in aller Regel nur gegenüber der Allgemeinheit, nicht gegenüber Einzelnen. Zunehmend mehren sich jedoch die Stimmen, die eine Haftung des Gesetzgebers bei einer Verletzung von der Verfassung vorgegebener Schutzpflichten für möglich halten.[24]

14

Eine Amtspflichtverletzung kann sich auch aus einem **Unterlassen** ergeben, wenn gerade gegenüber dem Geschädigten eine Rechtspflicht zum Handeln bestand. Dies ist vor allem immer dann der Fall, wenn der Dritte ein subjektives öffentliches Recht auf Vornahme der unterbliebenen Handlung hat.

3. Verschulden

Die Amtspflicht muss vorsätzlich oder fahrlässig verletzt worden sein (§ 839 I 1 BGB). Es gilt ein **objektivierter Fahrlässigkeitsmaßstab** (§ 276 II BGB). Maßgeblich sind die von einem **pflichtgetreuen Durchschnittsbeamten** zu erwartenden Kenntnisse und Fähigkeiten.[25] Jeder Beamte muss die für sein Amt notwendigen Rechts- und Verwaltungskenntnisse besitzen oder sich verschaffen.[26]

15

Für Gemeinderäte in **Fall 75** gilt kein geringerer Sorgfaltsmaßstab. In einem sozialen Rechtsstaat kann auch von ihnen die Einhaltung der verkehrserforderlichen Sorgfalt verlangt werden.[27] Ohne besondere gesetzliche Grundlage ist die Haftungsbeschränkung durch kommunale Satzung unzulässig.[28]

---

[20] BGHZ 106, 323 (331f.); BGH, NJW 2000, 427 (428); vgl. zum Kreis der geschützten Personen BGHZ 108, 224 (228f.).
[21] BGHZ 106, 323 (334); BGH, NJW 2000, 427 (428).
[22] BGH, NJW 2000, 427 (429).
[23] BGH, NJW 2000, 427 (429), wobei eine Einschränkung hinsichtlich nutzloser finanzieller Aufwendungen des Bauherrn gemacht wird. Aufwendungen, die der Bauherr *vor* der Bekanntmachung des Bebauungsplans getätigt hat, sind mangels schutzwürdigen Vertrauens nicht ersatzfähig.
[24] Vgl. *K. Windthorst,* in: Detterbeck/Windthorst/Sproll § 9 Rn. 157ff.
[25] BGHZ 134, 268 (274).
[26] BGHZ 106, 323 (330).
[27] BGHZ 106, 323 (330).
[28] BGH, NVwZ 2008, 238 (239).

Nicht **jede** falsche Gesetzesauslegung oder Rechtsanwendung ist zugleich schuldhaft. Ein Verschulden ist zu bejahen, wenn bei der **Rechtsanwendung** gegen den klaren und eindeutigen Gesetzeswortlaut verstoßen oder eine in der höchstrichterlichen Rechtsprechung längst geklärte Auffassung nicht hinreichend beachtet wird. Dagegen kann dem Rechtsanwender kein Schuldvorwurf gemacht werden, wenn er in einer objektiv zweifelhaften Rechtsfrage nach sorgfältiger Prüfung zu einer vertretbaren Rechtsauffassung gelangt, die aber später von den Gerichten nicht gehalten wird.[29] Im Übrigen ist grundsätzlich das Verschulden des Amtswalters zu verneinen, wenn ein **Kollegialgericht** das Verhalten des Amtswalters als rechtmäßig angesehen hat. Von ihm können keine besseren Rechtskenntnisse als von einem Gericht erwartet werden.[30] Ob es sich dabei um die Entscheidung einer unteren Instanz handelt, welche später im Rechtsmittelverfahren aufgehoben worden ist, ist insoweit ohne Belang.[31] Dies gilt allerdings nur dann, wenn das Kollegialgericht seinerseits die Sach- und Rechtslage sorgfältig geprüft hat.[32] Kein Kollegialgericht in diesem Sinne hat entschieden, wenn für den jeweiligen Spruchkörper nur ein Berufsrichter an der Entscheidung mitgewirkt hat[33].

4. Kausal verursachter Schaden

16 Derjenige, demgegenüber die Amtspflichtverletzung erfolgte, muss einen Schaden erlitten haben, der auf die Amtspflichtverletzung zurückzuführen ist. Dies beurteilt sich – wie im Zivilrecht – nach der sog. Adäquanztheorie. Der Anspruch ist auf den Ausgleich aller Nachteile gerichtet, die bei pflichtgemäßem Handeln der Behörde vermieden worden wären.[34]

> Beispielsweise hätte im **Fall 74** bei pflichtgemäßem Verhalten des Polizisten P dessen Sohn die Dienstwaffe nicht benutzen und den Schaden nicht verursachen können.

III. Haftungsausschlüsse und -beschränkungen

1. Subsidiaritätsklausel des § 839 I 2 BGB

17 Gemäß § 839 I 2 BGB kann der Beamte bei einer **fahrlässigen Amtspflichtverletzung** nur in Anspruch genommen werden, wenn der Verletzte nicht auf andere Weise Ersatz zu erlangen vermag. War also an dem Schadensvorgang eine weitere Person beteiligt, an der sich der geschädigte Dritte schadlos halten kann, entfällt die Haftung des Beamten und damit auch des Staates. Der Zweck der Subsidiaritätsklausel war ursprünglich, den persönlich haftenden Beamten zu entlasten und seine Entscheidungsfreudigkeit zu stärken. Angesichts der später angeordneten Überleitung seiner Verantwortlichkeit auf den Staat ist die Berechtigung dieses Haftungsprivilegs fragwürdig geworden. Der BGH hält an der Subsidiaritätsklausel weiterhin fest, legt sie aber restriktiv aus. Das Haftungsprivileg entfällt danach,

---

[29] BGHZ 30, 19 (22); 119, 365 (369). Eine generelle Pflicht, der höchstrichterlichen Rechtsprechung zu folgen, besteht nicht.
[30] BGHZ 134, 268 (275); BVerwG, NVwZ 2013, 1550 (1551). Allerdings handelt es sich insoweit lediglich um eine „allgemeine Richtlinie."
[31] BVerwG, NVwZ 2013, 1550 (1551).
[32] BVerwG, NVwZ 2006, 212 (213).
[33] Vgl. BGH, BeckRS 2015, 00871.
[34] BGH, BauR 2008, 494 (495).

- wenn **Schädigungen im Straßenverkehr** erfolgten, bei denen keine Sonderrechte nach § 35 StVO in Anspruch genommen wurden, wegen der Gleichbehandlung aller Verkehrsteilnehmer;[35]
- wenn die anderweitige Ersatzmöglichkeit in **versicherungsrechtlichen Ansprüchen** besteht, denn der Versicherte erbringt seine Beitragszahlungen nicht, um den Staat als Schädiger von seiner Haftung freizustellen;[36]
- wenn sich der anderweitige Ersatzanspruch gegen dieselbe oder eine andere **juristische Person des öffentlichen Rechts** richtet, denn in diesem Fall macht die Subsidiaritätsklausel keinen Sinn;[37]
- wenn der Dritte seinen Anspruch gegen eine weitere Person wegen **Vermögenslosigkeit** nicht in absehbarer Zeit und zumutbarer Weise durchsetzen kann,[38] da die Amtshaftung einen raschen Schadensersatz gewährleisten soll.

2. Richterspruchprivileg des § 839 II BGB

Amtshaftungsansprüche gegen Richter sind selten. Gemäß § 839 II 1 BGB müssen sie für eine Amtspflichtverletzung nur bei einer *Straftat* einstehen. Dies wäre zum Beispiel bei einer vorsätzlichen Rechtsbeugung (§ 339 StGB) oder einer Bestechung des Richters (§ 332 II StGB) der Fall. § 839 II BGB soll die **Rechtskraft von Gerichtsentscheidungen** absichern. Es wäre wenig sinnvoll, wenn ein rechtskräftig abgeschlossener Prozess unter der Fragestellung des Schadensersatzes wiederaufgerollt würde und dabei geprüft werden müsste, ob dem Richter bei seiner Entscheidungsfindung ein Fehler unterlaufen ist. „Urteil" i. S. d. Vorschrift ist daher jede der Rechtskraft fähige Entscheidung.[39]

18

3. Nichtgebrauch von Rechtsmitteln (§ 839 III BGB)

Nach § 839 III BGB haftet der Amtswalter nicht, wenn es der Verletzte *vorsätzlich oder fahrlässig* unterlassen hat, den ihm entstandenen Schaden durch den Gebrauch eines Rechtsmittels abzuwenden. Der Geschädigte muss also – soweit ihm dies möglich ist – durch die **vorrangige Inanspruchnahme des Primärrechtsschutzes** den Schadens*eintritt* verhindern. Tut er dies nicht, kann er wegen dieses Verschuldens gegen sich selbst keinen Schadensersatz verlangen. Der in § 839 III BGB verwendete Begriff des Rechtsmittels ist weit zu verstehen. Mit Ausnahme der Verfassungsbeschwerde fallen darunter sämtliche zur Verfügung stehenden Rechtsbehelfe wie der Widerspruch und die Anfechtungsklage gegen einen belastenden VA, die Möglichkeiten des vorläufigen Rechtsschutzes, aber auch die Gegenvorstellung und Dienstaufsichtsbeschwerde.[40] Allerdings muss sich der betreffende Rechtsbehelf unmittelbar gegen die fragliche Amtshandlung selbst richten und deren Beseitigung bezwecken und ermöglichen.[41] Von vornherein aussichtslose Rechtsbehelfe braucht der Geschädigte also nicht zu ergreifen. § 254 BGB ist daneben anwendbar (→ Rn. 20).

19

---

[35] BGHZ 68, 217 (220 ff.); 79, 26 (28); in BGHZ 75, 134 (136 ff.) wird die Zurückdrängung des § 839 I 2 BGB auf die allgemeine Verkehrssicherungspflicht ausgedehnt.
[36] BGHZ 79, 26 (31 ff.).
[37] BGHZ 13, 88 (104 f.); 63, 319 (327).
[38] BGHZ 120, 124 (126).
[39] BGH, BayVBl. 2005, 479 für Beschlüsse in Verfahren des einstweiligen Rechtsschutzes.
[40] BGHZ 28, 104 (106); 30, 19 (28).
[41] BGH, EuZW 2009, 865 (868).

IV. Umfang des Schadensersatzanspruchs

20 Da der Staat beim Amtshaftungsanspruch an die Stelle des eigentlich haftenden Beamten tritt, richtet sich der Inhalt des Schadensersatzanspruchs nach den von diesem zu erbringenden Leistungen. Regelmäßig geht er auf **Geldersatz,** denn der Beamte kann bei einer Eigenhaftung als Privatperson keine hoheitlichen Handlungen vornehmen. Nur soweit der Schutzzweck der verletzten Amtspflicht reicht, wird dem Dritten der Schaden ersetzt. Dabei kann an ihn auch Schmerzensgeld (§ 253 II BGB) zu leisten sein. Der Amtshaftungsanspruch wird beschränkt oder sogar ausgeschlossen, wenn den Dritten hinsichtlich des Schadens ein **Mitverschulden** trifft (§ 254 I BGB).

> Hätte im **Fall 75** Investor I aufgrund konkreter Anhaltspunkte die mangelnde Baugrundsicherheit erkennen können, würde sein Schadensersatzanspruch gemäß § 254 BGB gekürzt.

V. Anspruchsgegner

21 Der Amtshaftungsanspruch richtet sich nach Art. 34 S. 1 GG gegen den Staat oder die Körperschaft, **in deren Dienst** der Amtswalter steht. Diese Bestimmung kann auf unterschiedliche Weise ausgelegt werden. Nach der sog. *modifizierten Anstellungs- bzw.* **Anvertrauenstheorie** ist bei der Bestimmung des richtigen Anspruchsgegners darauf abzustellen, welche Körperschaft dem Amtsträger das Amt anvertraut hat, bei dessen Wahrnehmung die Amtspflichtverletzung vorgekommen ist. In der Regel ist dies die Körperschaft, die den Amtswalter **angestellt** und ihm die Möglichkeit zur Amtsausübung eröffnet hat. Unerheblich ist, ob auch die konkrete Aufgabe, bei deren Erfüllung es zur Amtspflichtverletzung kam, in den Aufgabenkreis der Anstellungskörperschaft fällt.[42]

> Im **Fall 74** ist also, wenn P Landesbeamter ist, der Schadensersatzanspruch gegen das Land zu richten, weil er bei diesem angestellt ist. Beschließt ein Gemeinderat eine fehlerhafte Satzung, ist – wie im **Fall 75** – der Schadensersatzanspruch gegen die Gemeinde zu richten.

22 Die Anstellungstheorie versagt, wenn der Amtsträger keinen oder mehrere Dienstherren hat. In diesem Fall ist nach der Rechtsprechung der Amtshaftungsanspruch gegen denjenigen zu richten, der dem Amtswalter die Aufgabe, bei deren Erfüllung er fehlsam gehandelt hat, **anvertraut** hat.[43] Daraus ergibt sich, dass bei einer Amtspflichtverletzung eines Kreisbediensteten der Schadensersatz von derjenigen Körperschaft zu leisten ist, die ihm die konkrete Aufgabe anvertraut hat. Hat der Kreis im konkreten Fall als untere Verwaltungsbehörde gehandelt, ist das Land schadensersatzpflichtig. Hat der Kreisbedienstete Aufgaben des Kreises wahrgenommen, haftet dieser.[44] Die Gegenauffassung des BGH, wonach haftende Körperschaft *immer* der Kreis sein soll,[45] – sofern das betreffende Land nichts anderes bestimmt hat[46] – überzeugt nicht. Zwar bleibt der Kreisbedienstete auch dann in seinem öffentlich-rechtlichen Anstellungsverhältnis zum Kreis, wenn er staatliche Verwaltungsfunktionen ausübt.[47] Doch würde diese Auffas-

---

[42] BGHZ 53, 217 (218f.); 99, 326 (330); BGH, NVwZ 2000, 963 (964); DÖV 2006, 675 (676); BayVBl. 2013, 573f.
[43] BGHZ 99, 326 (330); BGH, NVwZ 2000, 963 (964); DÖV 2006, 675 (676); NVwZ 2012, 381 Rn. 30.
[44] *Maurer* § 26 Rn. 42; *A. v. Mutius/A. Groth,* NJW 2003, 1278 (1283f.).
[45] BGHZ 87, 202 ff.; ebenso etwa OLG Naumburg, NVwZ-RR 2012, 366 (367).
[46] BGH, DÖV 2007, 386.
[47] So BGHZ 87, 202 (204ff.).

§ 86. Amtshaftung

sung dazu führen, dass der Kreis nach außen – unabhängig von der Möglichkeit eines Regresses gegen das Land – für einen Schaden einstehen muss, auf dessen Entstehung die Körperschaft keinerlei Einfluss nehmen konnte.

VI. Anspruchsrealisierung und Rückgriff

Historisch bedingt muss gemäß Art. 34 S. 3 GG der Amtshaftungsanspruch im **ordentlichen Rechtsweg** geltend gemacht werden (zuständig sind nach § 71 II Nr. 2 GVG die Landgerichte). Neben dem Amtshaftungsanspruch kann der Dritte die Ansprüche aus Aufopferung, enteignungsgleichem Eingriff oder öffentlich-rechtlichem Vertrag sowie den Entschädigungsanspruch aus § 48 III VwVfG erheben. 23

Durch die Überleitung des Amtshaftungsanspruchs wird der Beamte nur nach außen vor einer Inanspruchnahme durch den Dritten geschützt. Nach Art. 34 S. 2 GG bleibt dem Staat bei einer **vorsätzlichen oder grob fahrlässigen Pflichtverletzung** der Rückgriff auf den jeweiligen Amtswalter vorbehalten. Diese Beschränkung des Rückgriffs auf Fälle des Vorsatzes und der groben Fahrlässigkeit gilt allerdings nicht, wenn ein selbständiger privater Unternehmer als Verwaltungshelfer vertraglich mit der Erfüllung von Verwaltungsaufgaben beauftragt wird (→ Rn. 6). Denn hier greifen die Schutzzwecke der Rückgriffsbeschränkung, nämlich die Stärkung der Entschlussfreudigkeit des Beamten sowie die Fürsorge gegenüber den im Dienste des Staates Stehenden, nicht ein.[48]

VII. Sonderproblem: Schadensersatz bei Verletzung von Europarecht

Wie der EuGH erstmals im *Francovich*-Urteil und seitdem in ständiger Rechtsprechung entschieden hat, ist es als allgemeiner Grundsatz des Unionsrechts anzusehen, dass die Mitgliedstaaten zum Ersatz ihnen zurechenbarer Schäden verpflichtet sind, die dem einzelnen durch **Verstoß gegen das Unionsrecht** entstehen.[49] Diese Haftung gilt grundsätzlich für alle Arten mitgliedstaatlicher Verstöße, auch solche, die durch die Verwaltung oder die Rechtsprechung begangen werden. So kann der nationalen Verwaltung beispielsweise bei der Anwendung unionsrechtlicher Vorschriften ein Fehler unterlaufen, durch den einem Bürger ein Schaden entsteht. Diese Konstellationen lassen sich jedoch in aller Regel mit den Haftungs- und Entschädigungsansprüchen des deutschen Rechts, insbesondere dem Amtshaftungsanspruch, bewältigen. Sollte das deutsche Recht insoweit keinen zureichenden Anspruch gewähren, so ergibt sich für **alle Formen mitgliedstaatlicher Verstöße** unter den im Folgenden behandelten drei Voraussetzungen ein unionsrechtlicher Haftungsanspruch.[50] 24

Anders ist dies allerdings vor allem dann, wenn **unionsrechtliche Richtlinien** nicht rechtzeitig oder unter offensichtlichem Verstoß gegen einen bestehenden Umsetzungsspielraum durch ein deutsches Gesetz in nationales Recht umgesetzt worden sind oder ein deutsches Gesetz gegen Vorschriften des EU-Vertrages verstößt. Hier ist das deutsche Recht bei der Zuerkennung eines Anspruchs wegen legislativen Unrechts äußerst zurückhaltend (→ Rn. 14, → § 87 Rn. 12) und wird durch den unionsrechtlichen Haftungsanspruch überlagert. 25

Nach der *Francovich*-Rechtsprechung des EuGH können sich die Mitgliedstaaten gegenüber dem Bürger schadensersatzpflichtig machen, wenn sie die Anforderungen des

---

[48] BGH, DVBl. 2005, 247 (248 f.).
[49] EuGH, Slg. 1991, I-5357 Tz. 37; Slg. 1996, I-1029 Tz. 17.
[50] Siehe etwa BGH, NJW 2005, 742. Vgl. für eine offenkundig **gegen Unionsrecht verstoßende Gerichtsentscheidung** EuGH, NJW 2003, 3539; DVBl. 2006, 1105.

EU-Rechts nicht rechtzeitig in nationales Recht umsetzen. Die Mitgliedstaaten müssen gemäß Art. 4 III EUV alle geeigneten Maßnahmen allgemeiner oder besonderer Art zur Erfüllung ihrer Verpflichtungen treffen.[51] Dieser **Entschädigungsanspruch** ist **unmittelbar im Unionsrecht** begründet, wobei sich Zuständigkeit und Verfahren aus § 839 BGB ergeben.[52]

Nach ständiger Rechtsprechung des EuGH müssen für den Schadensersatzanspruch **drei Voraussetzungen** vorliegen:

(1) Es muss gerade gegen eine Vorschrift des Unionsrechts verstoßen worden sein, die dem Einzelnen ein Recht verleiht.
(2) Der Verstoß muss hinreichend qualifiziert sein. Der Mitgliedstaat muss die Grenzen, die seinem Ermessen bzw. den ihm eingeräumten Befugnissen gesetzt sind, **offenkundig** und **erheblich** überschritten haben. War der Verstoß gegen das EU-Recht für die nationalen Amtsträger nicht erkennbar, so fehlt es an einem hinreichend qualifizierten Verstoß.[53]
(3) Zwischen dem Verstoß gegen das Unionsrecht und dem Schaden muss ein unmittelbarer Kausalzusammenhang bestehen.[54]

Der Mitgliedstaat muss dem Einzelnen für den entstandenen Schaden **vollen Ersatz leisten,** wozu auch der entgangene Gewinn zählen kann. Allerdings ist der Anspruch nicht auf Geldersatz beschränkt, sondern kann auch eine Naturalrestitution beinhalten. Der Anspruchsgegner kann sich gegenüber dem unionsrechtlichen Entschädigungsanspruch auf ein Mitverschulden des Geschädigten berufen; die Rechtsgedanken der §§ 254, 839 III BGB sind insoweit anwendbar.[55] Die unionsrechtliche Pflicht, den Ersatz des dem Einzelnen durch einen Verstoß gegen das Unionsrecht entstehenden Schadens sicherzustellen, trifft zwar den jeweiligen Mitgliedstaat (die Bundesrepublik Deutschland). Innerstaatlich haftet dem Geschädigten jedoch nur die nach Art. 34 S. 1 GG verantwortliche (→ Rn. 21 f.) Körperschaft.[56]

§ 87. Entschädigung für Eigentumsbeeinträchtigungen

Fall 76: V begehrt bei der zuständigen Behörde eine Genehmigung nach dem Grundstücksverkehrsgesetz. Ohne diese kann er sein Grundstück nicht veräußern. Die Genehmigung wird ihm rechtswidrig, aber nicht schuldhaft versagt. Kann er wegen der dadurch bedingten Verhinderung bzw. Verzögerung der Grundstücksveräußerung Entschädigung beanspruchen?

Fall 77: A brachte seinen Wagen zur Durchführung der Hauptuntersuchung nach § 29 StVZO zum TÜV. Als er seinen Wagen abholte, blieb dieser wenige Meter nach Verlassen des TÜV-Geländes infolge eines Getriebeschadens liegen. Nach einem Sachverständigengutachten wurde der Schaden durch das mehrfache Beschleunigen des Motors im Rahmen der ordnungsgemäß durchgeführten ASU verursacht. Steht K ein Entschädigungsanspruch zu?

---

[51] EuGH, Slg. 1991, I-5357 Tz. 31 ff.; Slg. 1996, I-1029 Tz. 16 ff.; Slg. 2000, I-5123 Tz. 26 ff.; BGH, NVwZ 2001, 465 (466).
[52] Vgl. BGHZ 134, 30 (36); BGH, NVwZ 2001, 465 (466); LG Bonn, NJW 2000, 815 (816); *F. Ossenbühl/M. Cornils,* Staatshaftungsrecht, 6. Aufl. 2013, S. 625 ff.
[53] BGH, NVwZ 2015, 1309 (1311 f.).
[54] Siehe zuletzt EuGH, EuZW 2009, 334 Rn. 20; VergabeR 2011, 437 Rn. 87.
[55] BGH, DÖV 2004, 210 (211); EuZW 2009, 865 (868).
[56] BGH, DVBl. 2005, 371.

§ 87. Entschädigung für Eigentumsbeeinträchtigungen

I. Einführung

Von den Schadensersatzansprüchen insbesondere aus Amtshaftung sind die sog. **Ent-** 1
schädigungsansprüche bei Eigentumsbeeinträchtigungen zu unterscheiden. Die Schadensersatzansprüche bezwecken, den Geschädigten so zu stellen, wie er ohne das schädigende Ereignis stünde. Deshalb kann er ohne weiteres den Ersatz des ihm entgangenen Gewinns verlangen. Die Entschädigungsansprüche sollen demgegenüber dem Einzelnen den mit einer Beeinträchtigung seines Eigentums einhergehenden **Vermögensverlust ausgleichen**. Sie sind nach Umfang und Höhe auf den Wert des entzogenen Objekts beschränkt.[1] Schon nach § 75 der Einleitung des Preußischen Allgemeinen Landrechts musste der Staat denjenigen entschädigen, welcher seine besonderen Rechte und Vorteile dem Wohle des Gemeinwesens aufzuopfern genötigt wird. Das Recht der Entschädigungsleistungen des Staates bei Eigentumsbeeinträchtigungen ist wesentlich von der Rechtsprechung geprägt. Deshalb ist es unerlässlich, sich einen Überblick über die Rechtsprechung zu den verschiedenen Entschädigungsansprüchen zu verschaffen:

Anspruch	Rechtsgrundlage	Art der Eigentumsbeeinträchtigung
Enteignungsentschädigung (→ Rn. 2)	Enteignungsgesetz, das den Maßstäben des Art. 14 III GG genügen muss	Auf den vollständigen oder teilweisen Entzug einer konkreten Eigentumsposition gerichteter Hoheitsakt
Ausgleichspflichtige Inhalts- und Schrankenbestimmung (→ Rn. 3 f.)	Gesetzliche Regelung, nach der bei einer Inhalts- und Schrankenbestimmung (Art. 14 I 2 GG) auftretende unzumutbare Härten eine Kompensation erforderlich machen	Im Einzelfall unverhältnismäßige Inhalts- und Schrankenbestimmung (Art. 14 I 2 GG)
Enteignungsgleicher Eingriff (→ Rn. 7 ff.)	Richterrechtlich ausgeformter Aufopferungsgedanke	Eigentumsbeeinträchtigung durch rechtswidriges hoheitliches Handeln
Enteignender Eingriff (→ Rn. 19 ff.)	Richterrechtlich ausgeformter Aufopferungsgedanke	Ein Sonderopfer abverlangende Eigentumsbeeinträchtigung durch rechtmäßiges hoheitliches Handeln

II. Enteignungsentschädigung

Nach Art. 14 III GG darf eine **Enteignung** nur zum Wohle der Allgemeinheit und ledig- 2
lich durch oder aufgrund eines Gesetzes erfolgen, das zugleich Art und Ausmaß der
Entschädigung regelt. Die Einzelheiten sind unter → § 42 Rn. 19 ff. dargestellt.

---

[1] BGHZ 57, 359 (368).

III. Ausgleichspflichtige Inhalts- und Schrankenbestimmung

3   Wie dem Terminus ausgleichspflichtige Inhalts- und Schrankenbestimmung zu entnehmen ist, handelt es sich hierbei um einen Entschädigungstatbestand, den der Gesetzgeber im Zuge der Ausgestaltung von Inhalt und Schranken des Eigentums nach Art. 14 I 2 GG aus verfassungsrechtlichen Gründen vorsehen muss. Bei der **generell-abstrakten Bestimmung des Eigentumsinhalts** hat der Gesetzgeber die schutzwürdigen Interessen des einzelnen und die Belange des Gemeinwohls zueinander in angemessenen Ausgleich zu bringen; dabei muss er den Verhältnismäßigkeitsgrundsatz sowie den Gleichheitssatz des Art. 3 I GG beachten.[2] Hält er sich in diesem von der Verfassung vorgegebenen Rahmen, muss der Einzelne eine Begrenzung seiner Eigentümerbefugnisse als Ausfluss der Sozialpflichtigkeit des Eigentums (Art. 14 II GG) grundsätzlich entschädigungslos hinnehmen.

In seiner *Pflichtexemplar*entscheidung hat das BVerfG erstmals anerkannt, dass eine das Eigentum konkretisierende gesetzliche Regelung Einzelpersonen in atypischen Fällen unverhältnismäßig belasten kann (vgl. Fall 38, → § 42 Rn. 31).[3] Während finanzielle Ausgleichsregelungen eine bestehende Unverhältnismäßigkeit einer gesetzlichen Regelung nicht generell verhältnismäßig machen können, sondern hierfür die Gewährung von Ausnahmen, Befreiungen u. ä. erforderlich ist, kann in besonderen Einzelfällen, die in der notwendig typisierenden Regelung des Gesetzgebers kaum erfasst werden können, die Verhältnismäßigkeit durch die Abmilderung der atypischen Folgen hergestellt werden.[4] Dies kann er unter anderem dadurch erreichen, dass er den unzumutbar Betroffenen einen **finanziellen Ausgleichsanspruch** einräumt.[5] Der unter dem Schlagwort der ausgleichspflichtigen Inhalts- und Schrankenbestimmung erörterte **Anspruch ergibt sich aus den jeweiligen das Eigentum konkretisierenden Bestimmungen.**

4   Regelt ein Gesetz Inhalt und Schranken des Eigentums in einer Weise, die in einzelnen Fällen zu unverhältnismäßigen Belastungen führen, ohne einen Ausgleich vorzusehen, ist es verfassungswidrig. Es bleibt trotz dieses Fehlers eine Inhalts- und Schrankenbestimmung und schlägt nicht in eine Enteignung im Sinne des Art. 14 III GG um. Der Betroffene muss die auf das verfassungswidrige Gesetz zurückgehende Eigentumsbeschränkung im Wege des Primärrechtsschutzes abwehren. Er kann **keinen Entschädigungsanspruch** geltend machen, weil sich dieser nicht **unmittelbar aus der Verfassung** ergibt.[6]

Für die Bemessung der Höhe der Ausgleichleistung ist zwischen Inhaltsbeschränkungen zugunsten Privater und solchen zugunsten des Wohls der Allgemeinheit zu unterscheiden: Während im erstgenannten Fall eine vollständige Kompensation der erlittenen Einbuße geboten ist, orientiert sich der Ausgleich bei gemeinwohlintendierten Inhaltsbestimmungen an den zu Art. 14 III GG entwickelten Grundsätzen, so dass ein Ausgleich zum Verkehrswert nicht zwingend geboten ist.[7]

---

[2] BVerfG, NJW 2000, 2573 (2574); NVwZ 2005, 1412 (1413); 2010, 512 (514); 2012, 429 Rn. 35.
[3] BVerfGE 58, 137 (147 ff.).
[4] BVerfG, NVwZ 2005, 1412 (1414); 2010, 512 (514); 2012, 429 Rn. 38.
[5] BVerfG, NJW 1999, 2877 (2879); NVwZ 2012, 429 Rn. 39; BGHZ 121, 328 (332); 126, 379 (382).
[6] Vgl. BVerfG, NJW 1999, 2877 (2878); DVBl. 2000, 350; NVwZ 2012, 429 Rn. 37; BGHZ 100, 136 (145); BGH, NJW 1998, 1398 (1399); BVerwGE 84, 361 (368).
[7] BVerfG, NVwZ 2010, 512 (515).

IV. Entschädigung aus enteignendem/enteignungsgleichem Eingriff

Im Gegensatz zur Enteignungsentschädigung und zur ausgleichspflichtigen Inhalts- und Schrankenbestimmung handelt es sich bei der Entschädigung unter dem Aspekt des enteignungsgleichen oder enteignenden Eingriffs um Ansprüche, deren Voraussetzungen *richterrechtlich* ausgeformt sind.

- Beim **enteignungsgleichen Eingriff** werden Eigentumsbeeinträchtigungen **rechtswidriger** Eingriffe des Staates ausgeglichen.[8]
- Beim **enteignenden Eingriff** wird Entschädigung für **atypische und unvorhergesehene Nachteile rechtmäßigen Staatshandelns** gewährt, welche die Schwelle des Zumutbaren überschreiten.[9]

Bevor in einer Klausur auf diese ungeschriebenen Ansprüche kraft Richterrechts eingegangen wird, ist stets zu prüfen, ob sie nicht ausnahmsweise vom Gesetzgeber aufgegriffen wurden. Wenn ja, sind lediglich die Tatbestandsvoraussetzungen und Rechtsfolgen dieser Anspruchsnorm zu erörtern.

1. Gemeinsame Anspruchsgrundlage

Als Rechtsgrundlage der beiden Entschädigungsansprüche nennt der BGH den **Aufopferungsgedanken in seiner richterrechtlich geprägten Ausformung**.[10] Teilweise wird davon gesprochen, es handle sich bei ihnen um gewohnheitsrechtlich verfestigte Anspruchsinstitute des einfachen Rechts. Auch das BVerfG hat den enteignungsgleichen und den enteignenden Eingriff als Entschädigungsansprüche des einfachen Rechts akzeptiert.[11]

Übersicht: Voraussetzungen für eine Entschädigung aus enteignendem/enteignungsgleichem Eingriff	
Enteignender Eingriff:	**Enteignungsgleicher Eingriff:**
= bei einer Eigentumsbeeinträchtigung, die eine **atypische und unvorhersehbare Nebenfolge rechtmäßigen** Staatshandelns ist	= bei einer **rechtswidrigen** Eigentumsbeeinträchtigung
Anspruchsgrundlage: spezialgesetzliche Regelung? Andernfalls der allgemeine Aufopferungsgedanke der §§ 74, 75 Einl. ALR in seiner richterrechtlichen bzw. gewohnheitsrechtlichen Ausprägung Von Art. 14 I GG geschützte Rechtsposition	Anspruchsgrundlage: spezialgesetzliche Regelung? Andernfalls der allgemeine Aufopferungsgedanke der §§ 74, 75 Einl. ALR in seiner richterrechtlichen bzw. gewohnheitsrechtlichen Ausprägung Von Art. 14 I GG geschützte Rechtsposition

---

[8] BGH, NVwZ 1998, 1329 (1330); OLG Hamm, NVwZ-RR 1995, 308.
[9] BGHZ 90, 20 (26f.); OLG Bamberg, NVwZ-RR 2006, 226 (227).
[10] BGHZ 90, 17 (29ff.); 91, 20 (26ff.); 99, 24 (29); 102, 350 (357).
[11] BVerfG, NJW 1992, 36 (37); 2000, 350.

Enteignender Eingriff:	Enteignungsgleicher Eingriff:
Eingriff aufgrund einer rechtmäßigen hoheitlichen Maßnahme: 1. hoheitliches Tun, 2. rechtmäßig, 3. gemeinwohlmotiviert, 4. unmittelbar	Eingriff aufgrund einer rechtswidrigen hoheitlichen Maßnahme: 1. hoheitliches Tun bzw. qualifiziertes Unterlassen, 2. rechtswidrig, 3. gemeinwohlmotiviert, 4. unmittelbar
Sonderopfer: Es muss positiv begründet werden, warum die Eigentumsbeeinträchtigung ohne Entschädigung unzumutbar ist (Schwere/Sonderopfer/Situationsgebundenheit)	Sonderopfer folgt aus der Rechtswidrigkeit
Kein Ausschluss durch Mitverschulden, allenfalls Berücksichtigung bei Verstößen gegen die Schadensminderungspflicht	Ausschluss durch Mitverschulden, wenn gegen den Eigentumseingriff keine Rechtsbehelfe ergriffen werden
Rechtsfolge: angemessene Entschädigung für den Verlust am Maßstab des Verkehrswerts	Rechtsfolge: angemessene Entschädigung für den Verlust am Maßstab des Verkehrswerts
Anspruchsgegner: Begünstigter bzw. Verwaltungsträger, dessen Aufgaben wahrgenommen wurden	Anspruchsgegner: Begünstigter bzw. Verwaltungsträger, dessen Aufgaben wahrgenommen wurden
Zivilrechtsweg, § 40 II 1 VwGO	Zivilrechtsweg, § 40 II 1 VwGO

2. Voraussetzungen für einen Entschädigungsanspruch wegen enteignungsgleichen Eingriffs

7 Ein **enteignungsgleicher Eingriff** liegt vor, wenn durch eine hoheitliche Maßnahme unmittelbar eine als Eigentum geschützte Rechtsposition in rechtswidriger Weise beeinträchtigt wird, die für den Einzelnen ein Sonderopfer darstellt.[12]

Da im **Fall 76** die Grundstücksverkehrsgenehmigung rechtswidrig abgelehnt wurde, ist zu prüfen, ob V über den enteignungsgleichen Eingriff zu einer Entschädigung gelangen kann.

a) Eigentumsbeeinträchtigung

8 Ein Entschädigungsanspruch aus enteignungsgleichem Eingriff kommt nur in Betracht, wenn eine von Art. 14 I GG geschützte Eigentumsposition (→ § 42 Rn. 8 ff.) beeinträchtigt wird. Hierzu gehört auch das Recht am eingerichteten und ausgeübten Gewerbebetrieb (→ § 42 Rn. 10)[13], wobei jedoch Voraussetzung für einen Entschädigungsanspruch ist, dass die *Substanz* des Betriebs beeinträchtigt wird, der Einzelne also von ihm keinen

---

[12] BGHZ 117, 240 (252).
[13] BGHZ 23, 157 (162 f.); 65, 261 (263); 92, 34 (37); BGH, NJW 1998, 1398 (1399).

§ 87. Entschädigung für Eigentumsbeeinträchtigungen

bestimmungsgemäßen Gebrauch machen kann.[14] Deshalb sind negative Veränderungen der rechtlichen Rahmenbedingungen für die unternehmerische Betätigung entschädigungslos hinzunehmen.[15] Zum eingerichteten und ausgeübten Gewerbebetrieb gehört auch der „Kontakt nach außen", der dem Betrieb den Zugang von der Straße her gewährt und dem Inhaber eine Einwirkung durch Werbung auf den fließenden Verkehr ermöglicht.[16] Allerdings kann der Inhaber eines an einer Straße gelegenen Gewerbebetriebs sich einen Vorteil aus dieser Lage nur im Rahmen des einem ständigen Wandel unterliegenden Gemeingebrauchs (→ § 84 Rn. 16ff.) erwarten. Deshalb muss er die Folgen von Verkehrsregelungen oder -verlagerungen entschädigungslos hinnehmen, solange die Straße als solche und als Verbindungsmittel zum öffentlichen Wegenetz erhalten bleibt.[17]

Nicht unter den Eigentumsschutz fällt das Vermögen (→ § 42 Rn. 9). Da Art. 14 I GG nur den vorhandenen Bestand schützt, scheidet bei einer Beeinträchtigung bloßer Erwerbschancen oder Gewinnmöglichkeiten ein Anspruch aus enteignungsgleichem Eingriff aus.[18] Bislang hat es der BGH wohl mit Blick auf die Grenzen richterlicher Rechtsfortbildung abgelehnt, den Anspruch aus enteignungsgleichem Eingriff auf andere Grundrechtsverletzungen, insbesondere Beeinträchtigungen der Berufsfreiheit, auszudehnen.[19]

9

> Zum Bestand des durch Art. 14 I GG geschützten Privateigentums gehört grundsätzlich die Veräußerungsfreiheit und Verfügungsbefugnis des Eigentümers. Diese wurde im **Fall 76** dadurch beeinträchtigt, dass die Verwaltung die Erteilung einer Grundstücksverkehrsgenehmigung verweigerte und V folglich sein Grundstück nicht veräußern durfte. Zumindest wenn ein Kaufvertrag über das Grundstück konkret in Aussicht genommen wurde, liegt ein fühlbarer Nachteil vor.[20]

b) Eingriff

Wie bereits aus den Worten enteignungsgleicher *Eingriff* deutlich wird, setzt der Entschädigungsanspruch einen Eingriff des Staates in das Eigentum voraus. Dabei muss es sich um eine *hoheitliche* (aa) *rechtswidrige* Maßnahme (bb) aus *Allgemeinwohlerwägungen* (cc) handeln, die (dd) *unmittelbar* die Eigentumsbeeinträchtigung herbeiführt. Zuerst ist zu prüfen, ob diese Voraussetzungen im Hinblick auf ein positives Tun verwirklicht sind, bevor auf die Problematik des enteignungsgleichen Eingriffs bei einem Unterlassen (ee) einzugehen ist.

10

aa) Hoheitliche Maßnahme

Nur hoheitliche Maßnahmen lösen eine Haftung aus enteignungsgleichem Eingriff aus. Handelt der Staat privatrechtlich, haftet er nach Zivilrecht. Als derartige öffentlich-rechtliche Maßnahmen kommen vor allem VAe oder schlichthoheitliches Handeln in Betracht. Beispiele für letzteres sind Umsatzeinbußen eines Gewerbebetriebs durch nicht ordnungsgemäß durchgeführte Straßenbauarbeiten[21], die Beschädigung eines

11

---

[14] BGHZ 111, 349 (356).
[15] BGH, NJW 1980, 3260 (3262).
[16] BGHZ 23, 157 (163); 55, 261 (263); 57, 359 (361).
[17] BGHZ 55, 261 (264f.); 57, 359 (361f.).
[18] BGH, DVBl. 1995, 102 (103).
[19] BGH, NJW 1990, 3260 (3262).
[20] BGHZ 136, 182 (185).
[21] BGHZ 57, 359 (362).

Gasthauses durch einen von der Straße abgekommenen Panzer[22], die fehlerhafte Programmierung einer Ampelanlage („feindliches Grün")[23] oder die verzögerte Bearbeitung eines Antrags eines Bürgers[24].

> Die Ablehnung der Grundstücksverkehrsgenehmigung durch die Verwaltung im **Fall 76** ist eine hoheitliche Maßnahme in Form eines VAs.

12 Auch **exekutive Rechtssetzungsmaßnahmen** wie Rechtsverordnungen oder Satzungen können einen enteignungsgleichen Eingriff beinhalten.[25] Dagegen lehnt der BGH eine Haftung des Staates aus enteignungsgleichem Eingriff für Eigentumsbeeinträchtigungen durch ein **verfassungswidriges Gesetz** bzw. dessen Vollzug ab. Ein solcher Entschädigungsanspruch kann wegen seiner weitreichenden Folgen für die Staatsfinanzen und angesichts des Budgetrechts des Parlaments nicht im Wege des Richterrechts begründet werden. Aus Gründen der Gewaltenteilung muss der Gesetzgeber darüber entscheiden, welches der geeignete Weg zur Behebung des legislativen Unrechts ist.[26] Dieser Ausschluss der Haftung für legislatives Unrecht gilt auch dann, wenn sich die Rechtswidrigkeit der betreffenden Norm aus einem Verstoß gegen EU-Recht ergibt.[27]

bb) Rechtswidrigkeit der Maßnahme

13 Eine Entschädigung aufgrund enteignungsgleichen Eingriffs wird nur bei *rechtswidrigen* hoheitlichen Maßnahmen gewährt. Für Eigentumsbeeinträchtigungen durch die Nebenfolgen rechtmäßigen Verwaltungshandelns steht der Anspruch aus enteignendem Eingriff zur Verfügung. Verschulden ist nicht erforderlich.[28] Der Inhaber eines Gewerbebetriebs kann für Umsatzeinbußen durch Straßenbauarbeiten Entschädigung aus enteignungsgleichem Eingriff verlangen, wenn diese rechtswidrig sind, weil sie nach Art und Dauer über das bei ordnungsgemäßer Planung und Durchführung der Arbeiten Notwendige hinausgehen.[29]

> Da die Ablehnung der Grundstücksverkehrsgenehmigung im **Fall 76** rechtswidrig war, ist der Anspruch aus enteignungsgleichem Eingriff der richtige.

cc) Allgemeinwohlbezug der abverlangten Einbuße

14 Des Weiteren muss der Eingriff aus Gründen des Allgemeinwohls veranlasst sein („Gemeinwohlmotivation"). Da rechtswidrige Maßnahmen streng genommen nie dem Allgemeinwohl dienen, reicht es aus, wenn sie im öffentlichen Interesse ergriffen wurden. Daran fehlt es bei rechtswidrigen hoheitlichen Maßnahmen, die – wie etwa bei Maß-

---

[22] BGH, NJW 1961, 104.
[23] OLG Karlsruhe, NVwZ-RR 2014, 331 (332).
[24] BGH, DVBl. 2007, 908 (910).
[25] BGHZ 92, 34 (36); 111, 349 (353) (sofern der Nichtigkeitsgrund der untergesetzlichen Norm nicht auf Fehler eines Parlamentsgesetzes zurückgeht).
[26] BGHZ 100, 136 (145f.); 102, 350 (362f.); 111, 349 (353); BGH, NVwZ 2015, 1309 (1313). *F. Ossenbühl/M. Cornils*, Staatshaftungsrecht, 6. Aufl. 2013, S. 283 befürworten eine Entschädigung in „Extremfällen".
[27] BGH, NVwZ 2015, 1309 (1313f.).
[28] OLG Karlsruhe, NVwZ-RR 2014, 331 (332).
[29] BGHZ 57, 359 (361f.).

nahmen der Zwangsvollstreckung – ausschließlich die Durchsetzung von Privatinteressen zum Ziel haben.[30]

> Mit den gesetzlichen Vorschriften über die (Nicht-)Erteilung einer Grundstücksverkehrsgenehmigung verfolgt der Gesetzgeber öffentliche Interessen. Daher liegt das Merkmal der Gemeinwohlmotivation im **Fall 76** vor.

dd) Unmittelbarkeitsbeziehung zwischen Maßnahme und Eigentumsbeeinträchtigung

Um dem enteignungsgleichen Eingriff Konturen zu verleihen, löst nach der Rechtsprechung nicht jeder Zusammenhang zwischen der hoheitlichen Maßnahme und der Eigentumsbeeinträchtigung den Entschädigungsanspruch aus. Ein Eingriff liegt nur vor, wo von einer hoheitlichen Maßnahme *unmittelbar* und nicht nur mittelbar Auswirkungen auf das Eigentum des Betroffenen ausgehen. Auf diese Weise nimmt die Rechtsprechung eine Risikozurechnung vor und bestimmt, ob die Folgen der hoheitlichen Maßnahme in den Verantwortungsbereich des Staates fallen oder vom einzelnen zu tragen sind. Einerseits ist keine gezielte (gewollte) Eigentumsbeeinträchtigung erforderlich. Denn der Staat soll auch für unvorhersehbare oder zufällige Eigentumsbeeinträchtigungen einstehen. Andererseits genügt ein bloß adäquater Ursachenzusammenhang nicht.[31] Die Rechtsprechung bejaht das Unmittelbarkeitskriterium bei solchen Schäden, die für die konkrete Betätigung der hoheitlichen Gewalt typisch sind und aus der Eigenart der hoheitlichen Maßnahme folgen.[32]

15

> Dass eine Behörde ein Gesetz missinterpretiert und deshalb eine Genehmigung zu Unrecht ablehnt, ist eine für die Betätigung der Verwaltung typische Gefahr. Das Unmittelbarkeitskriterium ist folglich im **Fall 76** zu bejahen.

ee) Entschädigungspflichtiger Eingriff durch Unterlassen

Wenn kein positives Tun vorliegt, ist an zweiter Stelle zu prüfen, ob ein Unterlassen einen Entschädigungsanspruch aus enteignungsgleichem Eingriff auslösen kann. Erforderlich ist ein qualifiziertes Unterlassen, das einem in den Rechtskreis des Betroffenen eingreifenden Tun gleichgestellt werden kann.[33] Bei einem qualifizierten Unterlassen muss eindeutig feststehen, zu welchem Verhalten die öffentliche Hand verpflichtet ist. Aus diesem Grund verneinte der BGH letztlich eine Einstandspflicht des Staats, weil er nur unzureichende Maßnahmen zur Bekämpfung des Waldsterbens ergriffen hat. Denn es stehe nicht fest, welches konkrete Verhalten der öffentlichen Hand in einer solchen Situation rechtlich geboten ist.[34]

16

c) Sonderopfer

Für den Eigentümer muss die Beeinträchtigung ein Sonderopfer darstellen. Dieses wird in der Regel durch die Rechtswidrigkeit der Maßnahme indiziert. Wenn der Eingriff

17

---

[30] BGHZ 32, 240 (245 f.); str., in der Literatur wird das Merkmal der Gemeinwohlmotivation teilweise für entbehrlich gehalten.
[31] BGHZ 55, 229 (231).
[32] BGHZ 125, 19 (21); OLG Bamberg, NVwZ-RR 2006, 226 (227); in der Literatur wird das Unmittelbarkeitskriterium teilweise als zu unbestimmt angesehen und stattdessen eine Risikozurechnung über den *Schutzzweck der Norm* vorgenommen.
[33] BGHZ 56, 40 (42); BGH, DVBl. 2007, 908 (910). Die Literatur stellt demgegenüber zunehmend das Unterlassen einem Tun gleich, sofern eine **Rechtspflicht zu einem Handeln** besteht.
[34] BGHZ 102, 350 (365 f.).

materiell rechtswidrig ist, wird dem Einzelnen etwas abverlangt, was anderen nicht zugemutet wird.[35]

> Wegen der rechtswidrigen Ablehnung der Grundstücksverkehrsgenehmigung liegt im **Fall 76** ein Sonderopfer des V vor.

d) Kein Ausschluss durch Mitverschulden

18 Seit der Nassauskiesungsentscheidung des BVerfG berücksichtigt der BGH entsprechend § 254 BGB ein Mitverschulden des Betroffenen nicht nur bei den Eingriffsfolgen, sondern bereits bei der Verwirklichung des Schädigungstatbestands. Da der verwaltungsgerichtliche Rechtsschutz primär dazu bestimmt ist, den Bürger gegen rechtswidrige Eingriffe des Staates zu schützen, ist er gegenüber einer Entschädigung vorrangig. Deshalb muss der Einzelne einen VA nach seiner Bekanntgabe auf seine Rechtmäßigkeit hin überprüfen. Bestehen begründete Zweifel an der Rechtmäßigkeit des Verwaltungshandelns oder hätte eine solche Prüfung Zweifel ergeben, muss der Betroffene die ihm zumutbaren verwaltungsgerichtlichen Rechtsbehelfe zur Schadensabwendung ergreifen. Unterlässt er dies, kann er aufgrund dieses Verschuldens in eigenen Angelegenheiten keine Entschädigung aus enteignungsgleichem Eingriff beanspruchen.[36] Damit wird eine Entschädigung aus enteignungsgleichem Eingriff nur in solchen Fällen gewährt, in denen dem Einzelnen die Einlegung eines Rechtsbehelfs entweder unmöglich oder nicht zumutbar ist.

> Im **Fall 76** muss V deshalb primär versuchen, die Erteilung der Grundstücksverkehrsgenehmigung im Wege des Widerspruchs und gegebenenfalls einer Verpflichtungsklage zu erreichen. Allerdings kann er den mit der rechtswidrigen Ablehnung der Genehmigung verbundenen **Verzögerungsschaden** bis zur Entscheidung über den Widerspruch/die Klage nicht im Wege des Primärrechtsschutzes abwehren. Deshalb kann er insoweit eine Entschädigung über den enteignungsgleichen Eingriff verlangen.

3. Voraussetzungen für einen Entschädigungsanspruch wegen enteignenden Eingriffs

19 Im Gegensatz zum enteignungsgleichen Eingriff bezieht sich der enteignende Eingriff auf Eigentumsbeeinträchtigungen durch **rechtmäßiges hoheitliches Handeln.** Eine Entschädigung aus enteignendem Eingriff wird nur gewährt, wenn durch eine an sich rechtmäßige hoheitliche Maßnahme auf eine Rechtsposition des Eigentümers eingewirkt wird und diese im konkreten Fall bei dem einzelnen Betroffenen zu – **meist atypischen und unvorhergesehenen** – **Nebenfolgen** führt, welche die Grenze des für ihn eigentumsrechtlich Zumutbaren überschreiten.[37] Häufig wird es sich dabei um Folgen von Realakten handeln. Bejaht wurde ein solcher Anspruch etwa bei ordnungsgemäß durchgeführten Straßenbauarbeiten, deren Folgen für den Straßenanlieger nach Dauer, Intensität und Auswirkung so erheblich sind, dass sie ihm nicht mehr entschädigungslos zugemutet werden können,[38] oder bei Lärmimmissionen durch die öffentliche Hand, deren Zuführung zwar nicht untersagt werden kann, aber die Grenzen des für einen Nachbarn Zumutbaren überschreitet.[39]

---

[35] BGHZ 6, 270 (291); 58, 124 (127).
[36] BVerfG, DVBl. 2000, 350 f.; BGHZ 90, 17 (31 f.); 140, 285 (297).
[37] BGHZ 91, 20 (26 f.); 100, 136 (144); 117, 240 (252); OLG Bamberg, NVwZ-RR 2006, 226 (227); LG Bremen, NJW 1999, 1038.
[38] BGH, NJW 1965, 1907 (1908 f.); 1976, 1312 (1313).
[39] BGHZ 122, 76 f.; 129, 124 (125); 140, 285 (298).

a) Eigentumsbeeinträchtigung

Ein Entschädigungsanspruch aus enteignendem Eingriff setzt voraus, dass eine von Art. 14 I GG geschützte Position beeinträchtigt wird (→ Rn. 8f.). 20

> Im **Fall 77** liegt eine Eigentumsbeeinträchtigung vor, da bei der Abgasuntersuchung das Auto des A beschädigt wurde.

b) Eingriff durch eine rechtmäßige hoheitliche Maßnahme

Die Eigentumsbeeinträchtigung muss auf einer rechtmäßigen hoheitlichen Maßnahme beruhen. Anders als beim enteignungsgleichen Eingriff muss die hoheitliche Maßnahme beim enteignenden Eingriff als solche rechtmäßig sein. Es ist also zwischen dem Verwaltungshandeln und seinen Folgen zu differenzieren. 21

> Im **Fall 77** wurde die Abgasuntersuchung vom TÜV, einer juristischen Person des Privatrechts vorgenommen. Dennoch liegt eine hoheitliche Maßnahme vor. Denn bei der Hauptuntersuchung nach § 29 StVZO nimmt er als Beliehener eine hoheitliche Aufgabe wahr (→ § 60 Rn. 30).[40] Da die Abgasuntersuchung ordnungsgemäß durchgeführt wurde, muss A seinen Entschädigungsanspruch richtigerweise auf den enteignenden Eingriff stützen.

Des Weiteren muss das zur Eigentumsbeeinträchtigung führende staatliche Handeln dem **Allgemeinwohl** dienen.

> Dies ist im **Fall 77** zu bejahen. Die Abgasuntersuchung nach § 47a StVZO wird im Interesse des Umweltschutzes durchgeführt.

Die Eigentumsbeeinträchtigung muss **unmittelbare Folge** der hoheitlichen Maßnahme sein. Die Rechtsprechung nimmt anhand dieses Tatbestandsmerkmals eine **Risikozurechnung** vor. Zwar soll der Einzelne beim enteignenden Eingriff insbesondere einen Ersatz für atypische und unvorhergesehene Nachteile öffentlich-rechtlicher Maßnahmen bekommen. Dennoch muss der Staat für etwaige Schäden nur einstehen, wenn sie Ausdruck der in der Maßnahme selbst angelegten Gefährdung sind.[41] 22

> Da eine Beschädigung des Autos ein der Abgasuntersuchung innewohnendes Risiko ist, ist im **Fall 77** die Unmittelbarkeit des Eingriffs zu bejahen. Wäre dagegen das Getriebe des Kfz schon vor der Abgasuntersuchung defekt gewesen, hätte sich nicht die der hoheitlichen Maßnahme immanente Gefahr verwirklicht.

c) Sonderopfer

Der Einzelne kann nur für solche Nachteile Ersatz beanspruchen, welche unzumutbar sind, für ihn also eine besondere Belastung darstellen. Dafür ist im jeweilgen Einzelfall positiv darzulegen, dass die Eigentumsbeeinträchtigung von einer gewissen Schwere ist oder eine bestimmte Opfergrenze überschreitet. Für den Betroffenen müssen die Folgen der Beeinträchtigung nach Dauer, Art, Intensität und Auswirkung so erheblich sein, dass sie ihm ohne Entschädigung nicht zuzumuten sind. Ein Sonderopfer liegt nicht vor, wenn sich die Eigentumsbeeinträchtigung in den Grenzen der für jedermann geltenden Sozialgebundenheit des Eigentums hält oder durch die *Situationsgebundenheit* der Sache bedingt ist. 23

---

[40] LG Bremen, NJW 1999, 1038.
[41] BGHZ 28, 310 (313).

Im **Fall 77** hat die Rechtsprechung das Vorliegen eines Sonderopfers bejaht. Denn laut Aussage des Sachverständigen führt die Abgasuntersuchung lediglich in seltenen Ausnahmefällen zu einem Getriebeschaden. Für A hat sich daher ein Risiko verwirklicht, das nur in Ausnahmefällen den Kraftfahrzeughalter trifft.[42]

4. Art und Umfang der Entschädigung

24 Als Rechtsfolge des Anspruchs aus enteignungsgleichem bzw. enteignendem Eingriff steht dem Betroffenen für die von ihm erlittene Eigentumsbeeinträchtigung eine **angemessene Entschädigung** zu, die unter gerechter Abwägung der Interessen der Allgemeinheit und des Betroffenen zu bestimmen ist. Da es sich bei diesen Ansprüchen um keine Billigkeitsentschädigung handelt, ist die Eigentumsbeeinträchtigung regelmäßig voll auszugleichen. Die Ansprüche sollen dem Einzelnen aber nur den mit dem Eingriff verbundenen „Substanzverlust" kompensieren. Deshalb orientiert man sich an dem Wert des dem Betroffenen durch die Eigentumsbeeinträchtigung Genommenen.[43]

Anders als bei den Schadensersatzansprüchen zielen die Entschädigungsansprüche nicht darauf ab, den Eingriff ungeschehen zu machen. Für die Höhe der Entschädigung ist demzufolge der **Verkehrswert der entzogenen Substanz** und nicht die künftige Vermögensentwicklung maßgebend.[44] Bei vorübergehenden Beeinträchtigungen eines Gewerbebetriebs kann nach der Rechtsprechung aus Vereinfachungsgründen die Ertragsminderung als Entschädigung zugesprochen werden.[45]

Im **Fall 76** konnte V aufgrund der rechtswidrigen Ablehnung der Grundstücksverkehrsgenehmigung sein Grundstück nicht so schnell wie beabsichtigt verkaufen. Da er das Grundstück bis dahin weiter selbst nutzen konnte, ist ihm lediglich eine Entschädigung für die zeitweise Behinderung in der Veräußerung seines Grundstücks zuzusprechen.[46] Orientierungspunkt ist die sog. „Bodenrente", d. h. der Betrag, den z. B. ein Mieter oder Pächter für die Erlaubnis zeitweiliger Nutzung bezahlen würde.[47] Sollte sich aufgrund der Verzögerung ein besonders günstiges Grundstücksgeschäft zerschlagen haben, kann er über den enteignungsgleichen Eingriff wegen des fehlenden Schadensersatzcharakters nicht den Ersatz des ihm entgangenen Gewinns verlangen. Im **Fall 77** ist A der Getriebeschaden zu ersetzen.

5. Anspruchsgegner

25 Nach Ansicht des BGH richtet sich der Entschädigungsanspruch grundsätzlich gegen den Begünstigten. Dies kann bei einem enteignenden Eingriff auch eine Privatperson sein, während die Haftung für enteignungsgleiche (rechtswidrige) Eingriffe immer nur die öffentliche Hand trifft.[48] Fehlt es an einer Begünstigung, ist derjenige Verwaltungsträger entschädigungspflichtig, dessen Aufgaben wahrgenommen wurden.[49]

---

[42] In diesem Sinne LG Bremen, NJW 1999, 1038.
[43] BGHZ 140, 200 (204f.).
[44] BGHZ 57, 359 (368f.); OLG Karlsruhe, NVwZ-RR 2014, 331 (333).
[45] BGHZ 57, 359 (368f.).
[46] BGHZ 136, 182 (186f.).
[47] BGH, DVBl. 2007, 908 (911).
[48] BGH, NJW 1965, 1907 (1909).
[49] BGHZ 136, 316 (321); OLG Karlsruhe, NVwZ-RR 2014, 331 (332). Nach a. M. soll stets der Verwaltungsträger entschädigungspflichtig sein, dessen Organ den Eingriff vorgenommen hat und für das er verantwortlich ist (*Maurer* § 27 Rn. 101).

§ 88. Aufopferungsanspruch

Hat beispielsweise im **Fall 76** eine Gemeindebehörde die Genehmigung abgelehnt, haftet die Gemeinde aus enteignungsgleichem Eingriff. Problematisch ist die Bestimmung des Anspruchsgegners im **Fall 77,** da der TÜV eine juristische Person des Privatrechts ist. Die Ansprüche aus enteignungsgleichem/enteignendem Eingriff sollen sich – wie bei den anderen Entschädigungsansprüchen auch – unter Liquiditätsgesichtspunkten grundsätzlich gegen den Staat richten. Deshalb ist diejenige Körperschaft entschädigungspflichtig, deren Aufgaben der Beliehene wahrnimmt. Dies ist beim TÜV das Land.

6. Anspruchskonkurrenzen und Rechtsweg

Es ist stets zu prüfen, ob die Entschädigungsansprüche aus enteignungsgleichem/enteignendem Eingriff *neben* anderen Ansprüchen bestehen oder von diesen *verdrängt* werden. Fast alle Bundesländer sehen in ihren Polizei- und Ordnungsgesetzen einen Entschädigungsanspruch vor, falls jemand durch eine rechtswidrige Maßnahme einer Polizei- oder Ordnungsbehörde geschädigt wird (→ § 88 Rn. 16). Da dieser polizeirechtliche Anspruch eine spezialgesetzliche Ausformung des allgemeinen Entschädigungsanspruchs aus enteignungsgleichem Eingriff ist, verdrängt er diesen.[50] Demgegenüber schließen sich nach ständiger Rechtsprechung der Schadensersatzanspruch aus Amtshaftung (Art. 34 GG, § 839 BGB) und der Entschädigungsanspruch aus enteignungsgleichem Eingriff angesichts der unterschiedlichen Rechtsfolgen nicht aus. Vielmehr stehen sie zueinander in Anspruchskonkurrenz.[51]

26

Bei den Entschädigungsbegehren aufgrund enteignungsgleichen/enteignenden Eingriffs handelt es sich um vermögensrechtliche Ansprüche aus Aufopferung, die gemäß § 40 II 1 VwGO den ordentlichen Gerichten zugewiesen sind (→ § 94 Rn. 10).

Anders als nach § 839 I 2 BGB (→ § 86 Rn. 17) schließt eine anderweitige Ersatzmöglichkeit einen Entschädigungsanspruch aus enteignungsgleichem/enteignendem Eingriff nicht aus.[52]

§ 88. Aufopferungsanspruch

Fall 78: Schüler S weigert sich, im Turnunterricht eine Riesenfelge am Reck auszuführen. Der äußerst ehrgeizige Turnlehrer L, der die von ihm unterrichteten Schüler über den Schulsport hinaus an den Leistungssport heranführen möchte, beschimpft den S daraufhin als „Versager", dessen „weichliche Feigheit" er im ganzen Ort bekannt machen werde. Der daraufhin von S unternommene Versuch einer Riesenfelge endet mit einer äußerst schmerzhaften Verletzung. S verlangt vom Schulträger Ersatz der für die Heilbehandlung aufgewendeten Kosten sowie ein Schmerzensgeld.

I. Grundlagen

Ein **Entschädigungsanspruch nach Aufopferungsgrundsätzen** steht einem Bürger zu, wenn ihm im Allgemeininteresse durch einen hoheitlichen Eingriff in ein **nicht vermögenswertes Recht** ein Sonderopfer auferlegt wird. Insoweit unterscheidet sich der Aufopferungsanspruch von den Ansprüchen aus enteignendem und enteignungsgleichem Eingriff, die sich auf vermögenswerte Rechte beziehen (→ § 87 Rn. 8 f.), vor allem hinsichtlich des geschützten Rechtsguts.

1

---

[50] BGHZ 72, 273 (276); 99, 249 (255). Die spezialgesetzliche Verdrängung greift selbst dann, wenn bei ihr die Verjährungsfrist kürzer als bei den richterrechtlichen Ansprüchen ist.
[51] BGHZ 13, 88 (94 ff.); 136, 182 (184).
[52] OLG Bamberg, NVwZ-RR 2006, 226 (227).

Der Aufopferungsanspruch hatte bereits in den §§ 74, 75 der Einleitung des Preußischen Allgemeinen Landrechts von 1794 seinen positiv-rechtlichen Ausdruck gefunden und wird heute aus einer gewohnheitsrechtlichen Weitergeltung dieser Vorschriften hergeleitet. Da der Aufopferungsgedanke mittlerweile in zahlreichen Vorschriften gesetzlich geregelt wurde, die dem allgemeinen Aufopferungsanspruch vorgehen, ist sein Anwendungsbereich in der Praxis gering.

II. Anspruchsvoraussetzungen

2 **Übersicht: Voraussetzungen des Allgemeinen Aufopferungsanspruchs**

(1) Betroffenheit eines immateriellen Rechts (Leben, Gesundheit, persönliche Freiheit [→ Rn. 3])
(2) Hoheitlicher Eingriff (→ Rn. 3)
(3) Unmittelbarkeit des Eingriffs (→ Rn. 4)
(4) Vornahme des Eingriffs im Gemeininteresse (→ Rn. 4)
(5) Sonderopfer (→ Rn. 5 f.)
(6) Kein Anspruchsausschluss entsprechend § 254 BGB (→ Rn. 7)

1. Unmittelbarer hoheitlicher Eingriff in nicht vermögenswerte Rechte im Allgemeininteresse

3 Ein Anspruch auf Aufopferungsentschädigung erfordert einen hoheitlichen, d. h. **öffentlich-rechtlichen, Eingriff** in ein **nicht vermögenswertes Recht** des Anspruchsstellers. Vom Anwendungsbereich des Anspruchs werden zumindest Eingriffe in das Leben, die körperliche Unversehrtheit, Gesundheit und Freiheit im Sinne einer körperlichen Bewegungsfreiheit, d. h. Eingriffe in die Rechtsgüter des Art. 2 II GG erfasst.[1]

In **Fall 78** ist das Recht des S auf körperliche Unversehrtheit betroffen.

Ein Eingriff liegt nicht vor, wenn sich der Betroffene freiwillig in die Situation begeben hat, die zu der Einbuße an seinen Rechtsgütern geführt hat. Der freiwilligen steht die selbstverschuldete Hinnahme der Gefahrensituation gleich. Der Eingriff muss aber nicht notwendig auf **Rechtszwang** beruhen; ausreichend ist vielmehr auch **psychischer Zwang**, wie er durch gezielte Aufklärung oder das Inaussichtstellen von Nachteilen ausgeübt werden kann[2]. Dabei müssen die Einwirkungen eine Intensität erreichen, dass dem Bürger das fragliche Verhalten geradezu psychologisch abgefordert wird.

Das Verhalten des L in **Fall 78** lässt sich als ein solches psychologisches Abfordern ansehen. Durch den Druck, den er durch die Beschimpfungen und die Ankündigung, ihn im ganzen Ort lächerlich zu machen, auf S ausgeübt hat, ließ er S kaum eine andere Wahl, als die geforderte Riesenfelge am Reck zu versuchen. Davon, dass S sich dieser Übung freiwillig unterzogen hat, kann keine Rede sein

4 Der Eingriff kann auch durch ein Unterlassen erfolgen. Voraussetzung ist – wie beim enteignungsgleichen Eingriff (→ § 87 Rn. 16) –, dass es sich um ein **qualifiziertes Unterlassen** handelt. Es muss also ein Anspruch des Betroffenen auf staatliches Handeln

---

[1] BGHZ 65, 196 (206).
[2] BGHZ 24, 45 (47); 31, 187 (191 f.).

§ 88. Aufopferungsanspruch

in der Weise verletzt werden, dass eine bereits bestehende Rechtsposition beeinträchtigt wird.

Der hoheitliche Eingriff in die Rechtsposition des Bürgers muss nicht gezielt erfolgen, vielmehr genügt die **unmittelbare Beeinträchtigung** des betroffenen Rechtsgutes durch eine hoheitliche Maßnahme. Das Kriterium der Unmittelbarkeit bezeichnet einen **Zurechnungszusammenhang** dergestalt, dass der Schaden sich aus der Eigenart der hoheitlichen Tätigkeit ableitet und mit dieser typischerweise verbunden ist (vgl. zum enteignenden Eingriff → § 87 Rn. 22).

> Am Vorliegen eines solchen Zurechnungszusammenhangs bestehen im **Fall 78** keine Zweifel. Die von S erlittene Sportverletzung ergibt sich gerade aus der Eigenart des durchgeführten Unterrichts, nämlich des Sportunterrichts.

Der Aufopferungsanspruch setzt weiter voraus, dass die hoheitliche Maßnahme dem **Allgemeinwohl dient.** Nicht erforderlich für diese Anspruchsvoraussetzung ist, dass sich als Ergebnis des Eingriffs auch ein konkreter Vorteil für die Allgemeinheit einstellt[3]; vielmehr genügt, dass der Eingriff von derartigen Interessen motiviert ist.

2. Sonderopfer

Die Beeinträchtigung des nicht vermögenswerten Rechtsguts muss für den Betroffenen ein Sonderopfer darstellen, d. h. er muss im Vergleich zu anderen ungleich stärker belastet sein.[4] Die Frage, ob der hoheitliche Eingriff rechtmäßig oder rechtswidrig war, ist grundsätzlich für den Aufopferungsanspruch nicht von Bedeutung. Allerdings indiziert die **Rechtswidrigkeit des Eingriffs** bereits das Sonderopfer (sog. aufopferungsgleicher Eingriff), während bei rechtmäßigen Maßnahmen das Vorliegen eines Sonderopfers einer eingehenden Prüfung bedarf.

Für die Bestimmung des Vorliegens eines Sonderopfers lassen sich zwei Konstellationen unterscheiden:

- Der hoheitliche Zwang besteht nicht allgemein, sondern nur gegenüber dem einzelnen Betroffenen. Damit wird bereits unmittelbar ein Sonderopfer abverlangt (z. B. Erprobung eines Medikaments an einem Soldaten).
- Der hoheitliche Zwang besteht allgemein (Schul-, Impfzwang). Hier liegt das Sonderopfer nicht bereits in der Unterwerfung unter diesen Zwang, dem alle gleichermaßen verpflichtet sind, sondern erst in der Realisierung einer besonderen Folge des Eingriffs.

Kein Sonderopfer liegt vor, wenn der hoheitliche Eingriff, der zu der Schädigung geführt hat, lediglich das **allgemeine Lebensrisiko** des Betroffenen konkretisiert.[5]

> Für die Bewertung der Verletzung des S in **Fall 78** ist zu beachten, dass der BGH Schädigungen, die ein Kind durch die schulische oder außerschulische „vernünftige" Erziehung erleidet, als Ausdruck des allgemeinen Lebensrisikos des Kindes ansieht. Dies gilt auch für Verletzungen bei einer Übung im Sportunterricht, „die in ähnlicher Form unzählige Male von Kindern außerhalb der Schule beim Spiel" vorgenommen wird.[6] Eine solche Übung ist im **Fall 78** die

---

[3] *F. Ossenbühl*, JuS 1970, 276.
[4] BGHZ 9, 83 (90 ff.).
[5] BGHZ 46, 327 (331).
[6] BGHZ 46, 327 (330 f.).

von L angeordnete Riesenfelge am Reck allerdings nicht. Hierbei handelt es sich vielmehr um ein leistungssportliches Element, dessen Beherrschung viel Training voraussetzt und das im schulischen Sportunterricht vernünftigerweise nicht geprobt werden kann. Der von S erlittene Schaden lag deshalb nicht innerhalb seines allgemeinen Lebensrisikos.

3. Haftungsausschluss entsprechend § 254 BGB

7 Mitwirkendes Verschulden muss sich der Betroffene in entsprechender Anwendung des § 254 BGB anrechnen lassen.[7] Ein **Mitverschulden** kann beispielsweise bei rechtswidrigen Eingriffen darin liegen, dass der Betroffene die **Einlegung von Rechtsmitteln versäumt** hat.

III. Entschädigung

8 Seinem Umfang nach zielt der Anspruch auf eine **angemessene Entschädigung,** d.h. dem Betroffenen wird ein billiger Ausgleich in Geld für den erlittenen Rechtsverlust, nicht aber Schadensersatz gewährt. Diese Billigkeitsentschädigung erfasst nur den **Vermögensschaden,** nicht dagegen den Ausgleich immaterieller Schäden[8], weshalb insbesondere auch *kein* Schmerzensgeld gewährt wird.

In **Fall 78** kann daher der S vom Träger der Schule unter dem Gesichtspunkt der Aufopferung Ersatz der für die Heilbehandlung aufgewendeten Kosten, nicht aber ein Schmerzensgeld verlangen.

Anspruchsgegner ist der durch die Aufopferung **unmittelbar Begünstigte.** In der Regel ist das der Hoheitsträger, dessen Aufgaben wahrgenommen worden sind. Im Falle des rechtswidrigen Eingriffs ist Verpflichteter der Hoheitsträger, dessen Organ den Eingriff vorgenommen hat. Für die prozessuale Geltendmachung des Aufopferungsanspruchs ist gemäß § 40 II 1 VwGO der ordentliche Rechtsweg eröffnet.

IV. Spezialgesetzlich geregelte Aufopferungsansprüche

9 Gesetzliche Ausprägungen des Aufopferungsgedankens verdrängen den allgemeinen Aufopferungsanspruch **(Spezialitätsgrundsatz).** Derartige spezielle Regelungen sind beispielsweise in den §§ 60 ff. IfSG für Impfschäden oder den §§ 1 ff. StrEG für Schäden im Zusammenhang mit Strafverfolgungsmaßnahmen zu finden. Den in Klausuren wichtigsten Fall der gesetzlich geregelten Aufopferungsentschädigung bilden jedoch die **polizeirechtlichen Entschädigungsansprüche.**[9]

Mittlerweile enthalten alle Landespolizeigesetze ausdrückliche Regelungen über Entschädigungsansprüche des Bürgers gegen den Staat (vgl. nur §§ 55 ff. PolG BW; Art. 70 ff. BayPAG; § 70 BbgPolG i.V.m. §§ 38 ff. BbgOBG; §§ 80 ff. NSOG; § 67 PolG NW i.V.m. §§ 39 ff. OBG NW). Dabei ist zu beachten, dass diese Anspruchsgrundlagen nicht nur polizeiliche Maßnahmen im klassischen Sinne erfassen, sondern auch bei Eingriffen von Sonderordnungs- oder Sonderpolizeibehörden, wie etwa den Bauaufsichts- oder Straßenverkehrsbehörden, Anwendung finden.

Wesentliches Unterscheidungskriterium der einzelnen polizeirechtlichen Haftungstatbestände ist die Rechtmäßigkeit bzw. Rechtswidrigkeit der schadensverursachenden polizeilichen Maßnahme. Deshalb soll auch nachfolgend an diese Zweiteilung angeknüpft werden.

---

[7] BGHZ 45, 290 (294 ff.).
[8] BGHZ 20, 61; 22, 43 (48).
[9] Überblick bei *G. Sydow,* Jura 2007, 7 ff.

1. Entschädigung bei rechtmäßigen polizeilichen Maßnahmen

Soweit ein Bürger durch eine rechtmäßige polizeiliche Maßnahme in Anspruch genommen wird und einen Schaden erleidet, ist zu differenzieren, aufgrund welcher Pflichtenlage die Heranziehung erfolgte, d. h. in welcher Beziehung der Betroffene zu dem jeweiligen Sachverhalt steht. In Betracht kommt insoweit, dass der Bürger als Verantwortlicher einer Gefahrensituation und damit als Störer, als Nichtstörer oder aber als völlig Unbeteiligter von der Maßnahme betroffen ist. Entsprechend dem jeweiligen Status der Verantwortlichkeit ergeben sich unterschiedliche haftungsrechtliche Konsequenzen.

a) Nichtstörer

Um den klassischen Fall des spezialgesetzlich normierten Aufopferungsanspruchs handelt es sich bei der Entschädigung des Nichtstörers bzw. Notstandsverpflichteten (→ § 79 Rn. 11), der aus Gründen des Gemeinwohls von der Polizei zu einem Sonderopfer herangezogen wird und dadurch einen Schaden erleidet. Diese Nachteile des Betroffenen sind auszugleichen.

b) Störer/Verantwortlicher

Dem Störer (→ § 79 Rn. 8ff.), der infolge einer rechtmäßigen Maßnahme einen Schaden erleidet, steht grundsätzlich kein Entschädigunganspruch zu. Ihm wird durch das polizeiliche Handeln kein Sonderopfer auferlegt. Vielmehr konkretisiert die Gefahrenabwehrmaßnahme lediglich die Grenzen seiner Handlungsfreiheit und die Sozialpflichtigkeit seines Eigentums, so dass er die polizeiliche Inanspruchnahme entschädigungslos hinnehmen muss.

c) Anscheinsstörer

Besondere Probleme hinsichtlich des Entschädigungsanspruchs ergeben sich bei Anscheinsstörern. Als Anscheinsgefahr wird eine Situation bezeichnet, die sich der Behörde im Zeitpunkt ihres Einschreitens aufgrund verständiger Würdigung und hinreichender Aufklärung des Sachverhalts als gefährlich darstellt, ohne tatsächlich gefährlich zu sein (→ § 79 Rn. 11).

Auf der Ebene der Gefahrenabwehr *(Primärebene)* ist die Anscheinsgefahr im Interesse einer wirksamen Gefahrenbekämpfung der real existierenden, objektiven Gefahr gleichgestellt. Wird aus der „ex-ante-Betrachtung", d. h. aus der Sicht im Zeitpunkt des polizeilichen Einschreitens, eine Gefahr bejaht, ist in beiden Fällen das Ergreifen von Gefahrabwehrmaßnahmen rechtmäßig. Bestätigt sich das Vorliegen einer Gefahr auch aufgrund einer nachträglichen, sog. „ex-post-Betrachtung" der Sachlage, ist der Anscheinsstörer wie jeder andere Verhaltens- oder Zustandsstörer zu behandeln, so dass ihm Ausgleichsansprüche für entstandene Schäden nicht zustehen.

Die entschädigungsrechtliche Problematik entsteht vielmehr erst, wenn sich der Anschein einer Gefahr und damit der eigentliche Anlass für das polizeiliche Einschreiten nicht bestätigt. Auf der **Kostenebene** *(Sekundärebene)* steht nicht mehr die effektive und schnelle Gefahrenabwehr, sondern ein sachgerechter Ausgleich der erbrachten Opfer im Vordergrund[10]. Entscheidend ist hier deshalb die tatsächliche Sachlage, wie sie sich aus der objektiven **„ex-post-Betrachtung"** darstellt.[11] Insoweit muss der Betrof-

---

[10] BGHZ 117, 303 (307); OLG Karlsruhe, DVBl. 2013, 1206 (1207f.).
[11] OLG Karlsruhe, DVBl. 2013, 1206 (1207); VGH Mannheim, VBlBW 2011, 350 (352).

fene einen Eingriff in seine Rechte nicht entschädigungslos hinnehmen, wenn sich herausstellt, dass im Zeitpunkt seiner Inanspruchnahme eine Gefahr tatsächlich nicht bestand.[12] Die bestehende Regelungslücke wird aber durch eine analoge Anwendung der in den Polizeigesetzen der Länder **für den Nichtstörer bestehenden Entschädigungsregeln** geschlossen.

d) Unbeteiligte

15 Unbeteiligte sind Personen, die zufällig und unbeabsichtigt aufgrund einer rechtmäßigen polizeilichen Maßnahme einen Schaden erleiden. Standardfall ist insoweit die abirrende Polizeikugel, die unbeabsichtigt einen Passanten trifft, der zufällig in die Schussbahn geraten ist.[13] Soweit eine Entschädigung dieser Personen nicht bereits landesgesetzlich geregelt ist (vgl. Art. 70 II BayPAG), sind sie haftungsrechtlich dem Nichtstörer gleichzustellen.

2. Entschädigung bei rechtswidrigen polizeilichen Maßnahmen

16 Werden Personen von einer rechtswidrigen polizeilichen Maßnahme betroffen, steht ihnen unabhängig von ihrem Status als Störer, Nichtstörer etc. ein Entschädigungsanspruch zu. Der Begriff der „Maßnahme" ist dabei weit zu verstehen; von ihm erfasst werden zum Beispiel auch technische Defekte von Ampeln („feindliches Grün")[14] sowie verbindlich gemeinte Auskünfte.[15] Bei der Entschädigung infolge rechtswidrigen hoheitlichen Handelns handelt es sich um einen Fall der **Gefährdungshaftung,** d. h. der Ausgleichsanspruch entsteht unabhängig von einem Verschulden des Handelnden (so ausdrücklich § 38 I lit. b BbgOBG; § 39 I lit. b OBG NW); Anknüpfungspunkt ist allein die Rechtswidrigkeit des Eingriffs. Hierzu zählen allerdings nicht solche Fallgestaltungen, in denen die zu dem Eingriff ermächtigende Rechtsnorm zwar zutreffend angewendet wurde, jedoch gegen Verfassungs- oder Unionsrecht verstößt[16]. Liegt im Einzelfall ein schuldhaftes Handeln vor, kann der Betroffene darüber hinaus einen Schadensersatzanspruch aus Amtshaftung gemäß § 839 BGB, Art. 34 GG (→ § 86) geltend machen.

§ 89. Abwehr- und Folgenbeseitigungsanspruch

> **Fall 79:** G ist Eigentümer eines Grundstücks, an dessen Grenze er Beete mit exotischen Blumen angelegt hat. Im Rahmen von Straßenbauarbeiten werden ohne Zustimmung des G und ohne dass dies notwendig gewesen wäre schwere Gehsteigplatten auf den Beeten abgelegt, wodurch die Blumen zerstört werden. G verlangt von der Gemeinde die Wiederherstellung der Beete. Die Gemeinde lehnt dies ab, weil ihr die Beschaffung der exotischen Blumen aus dem Ausland nicht zumutbar sei.

I. Grundlagen

1 Der Abwehranspruch als öffentlich-rechtlicher **Unterlassungsanspruch** und der **Folgenbeseitigungsanspruch** (FBA) sind Ausprägungen *eines* Anspruchs, dessen Ziel es ist, die Bürger vor rechtswidrigen Lasten hoheitlichen Handelns zu bewahren. Beide

---

[12] OLG Karlsruhe, DVBl. 2013, 1206 (1207).
[13] BGHZ 20, 81 (82).
[14] BGHZ 99, 249.
[15] BGH, DVBl. 1978, 704; 1994, 1134.
[16] BGH, NVwZ 2015, 1309 (1313 ff.); *W. Schlick*, NJW 2015, 2703 (2704).

§ 89. Abwehr- und Folgenbeseitigungsanspruch

Ansprüche haben eine einheitliche verfassungsrechtliche Grundlage[1]: Unter Berufung auf die abwehrrechtliche Dimension der Grundrechte können rechtswidrige Eingriffe in den Schutzbereich abgewehrt werden (→ § 22 Rn. 3 ff., § 24 Rn. 5 ff.). Solange der durch den Eingriff geschaffene Zustand anhält, kann verlangt werden, dass seine Folgen beseitigt werden.

II. Folgenbeseitigungsanspruch

Anders als die Ansprüche aus Amtshaftung oder Aufopferungshaftung ist der FBA nicht auf Geldersatz oder Geldentschädigung gerichtet.[2] Sein Ziel ist vielmehr die **Wiederherstellung** des tatsächlichen, vor dem hoheitlichen Eingriff bestehenden Zustandes („status quo ante").

> Im **Fall 79** geht es dem G nicht primär um Geldersatz, sondern darum, dass seine Blumenbeete wieder in alter Schönheit seinen Garten zieren.

Üblicherweise werden zwei Formen des FBA unterschieden[3], ohne dass diese sich in ihren Voraussetzungen unterscheiden würden:

- Von einem **Vollzugsfolgenbeseitigungsanspruch** spricht man, wenn die zu beseitigenden Folgen durch den Vollzug eines rechtswidrigen VAs hervorgerufen worden sind.
- Geht es hingegen um die Beseitigung der Folgen eines schlicht hoheitlichen Handelns – im **Fall 79** um die Beseitigung der Folgen der Straßenbauarbeiten – so lässt sich vom **allgemeinen FBA** sprechen.

1. Anspruchsvoraussetzungen

Ein FBA ist gegeben, wenn ein hoheitlicher Eingriff in ein subjektives Recht zu einem rechtswidrigen Zustand geführt hat, der noch andauert.[4]

> **Übersicht: Prüfungsübersicht FBA**
>
> (1) Hoheitliches Handeln (→ Rn. 4);
> (2) Eingriff in ein subjektives Recht des Betroffenen (→ Rn. 4);
> (3) Noch bestehender, durch den Eingriff geschaffener rechtswidriger Zustand (→ Rn. 5);
> (4) tatsächliche und rechtliche Möglichkeit der Wiederherstellung (→ Rn. 6);
> (5) Zumutbarkeit der Wiederherstellung (→ Rn. 6 ff.);
> (6) Beseitigung der unmittelbaren Folgen (→ Rn. 10);
> (7) Berücksichtigung des Rechtsgedankens des § 254 BGB (→ Rn. 10).

---

[1] BVerwGE 82, 76 (95).
[2] Zum FBA *A. Voßkuhle/A.-B. Kaiser,* JuS 2012, 1079.
[3] Vgl. etwa BVerwG, NJW 2015, 2358 (2360).
[4] BVerwGE 94, 100 (104); BVerwG, NJW 2015, 2358 (2360); OVG Lüneburg, NVwZ-RR 2013, 585; VGH Kassel, NVwZ-RR 2011, 442 (443).

a) Eingriff in ein subjektives Recht durch hoheitliches Handeln

4 Die Folgen, deren Beseitigung mit der Geltendmachung des Anspruchs begehrt wird, müssen durch hoheitliches Handeln entstanden sein. Voraussetzung ist weiter, dass durch das hoheitliche Handeln in eine subjektive Rechtsposition (→ § 71) des Anspruchsstellers eingegriffen wurde, die sich in der Regel aus den Grundrechten ergibt, aber auch im einfachen Recht begründet sein kann.

> Im **Fall 79** bestand das (schlicht) hoheitliche Handeln in der Durchführung der Straßenbauarbeiten, durch welches in das durch Art. 14 I GG geschützte Eigentum des G eingegriffen wurde.

b) Rechtswidriger Zustand

5 Durch das hoheitliche Handeln muss ein rechtswidriger Zustand geschaffen worden sein, der noch andauert.[5] Anknüpfungspunkt des FBA ist damit nicht der hoheitliche Eingriffsakt selbst, entscheidend ist vielmehr die Rechtswidrigkeit des dadurch geschaffenen Zustandes. Zwar wird ein rechtswidriges Verwaltungshandeln regelmäßig auch einen rechtswidrigen Zustand nach sich ziehen. Dieser kann aber ebenso durch ein ursprünglich rechtmäßiges hoheitliches Handeln ausgelöst werden, etwa wenn ein rechtmäßig erlassener VA wegen Fristablaufs keine Rechtsgrundlage mehr für den bestehenden tatsächlichen Zustand darstellt.

Ist beispielsweise die Einweisungsverfügung durch die ein Obdachloser für zwei Monate in eine Wohnung eingewiesen wird, ursprünglich rechtmäßig, so entsteht erst durch den Verbleib des Obdachlosen in der Wohnung nach Ablauf der Frist von zwei Monaten ein rechtswidriger Zustand.

Die Rechtswidrigkeit entfällt, wenn der Anspruchsteller aufgrund Gesetzes, eines VAs oder seiner eigenen Einwilligung zur Duldung des Zustandes verpflichtet ist. Soweit ein bestandskräftiger VA vorliegt, ist zu beachten, dass auch rechtswidrige VAe grundsätzlich wirksam sind (→ § 81 Rn. 1 f.) und den Bürger zur Duldung des Zustandes verpflichten können.

> Im **Fall 79** war zwar die Durchführung der Straßenbauarbeiten rechtmäßig, nicht aber die Lagerung der schweren Gehsteigplatten auf den Blumenbeeten des G. Der G war nicht verpflichtet, diese Lagerung zu dulden.

c) Möglichkeit und Zumutbarkeit der Wiederherstellung

6 Ein Anspruch auf Folgenbeseitigung entfällt, wenn es dem verpflichteten Hoheitsträger aus rechtlichen oder tatsächlichen Gründen nicht möglich ist, den ursprünglichen Zustand wiederherzustellen.

> So verhält es sich im **Fall 79** nicht: Dass die Wiederherstellung der Blumenbeete nicht möglich wäre, wird von der Gemeinde nicht behauptet. Dies wäre etwa der Fall, wenn die zerstörten exotischen Blumen überhaupt nicht mehr auf dem Markt verfügbar wären.

Der Anspruch ist ferner ausgeschlossen, wenn die Folgenbeseitigung dem Hoheitsträger zwar möglich, ihm aber **nicht zumutbar** ist, weil sie nur mit **unverhältnismäßig hohem Aufwand** erreicht werden kann, der zu dem erreichbaren Erfolg in keinem vernünftigen Verhältnis steht.[6] Insofern ist zwischen dem erforderlichen Beseitigungsauf-

---

[5] Vgl. BVerwG, LKV 2003, 562.
[6] BVerwGE 94, 100 (117); BVerwG, BayVBl. 2005, 88 (89).

wand und dem Interesse des Betroffenen an der Wiederherstellung des ursprünglichen Zustandes abzuwägen.

> Sind beispielsweise im **Fall 79** Blumen der zerstörten Art nur mit extrem hohen Kosten, die den Sachwert der Blumen bei weitem übersteigen, aus Übersee zu beschaffen, so ist der Gemeinde die Wiederherstellung nicht zuzumuten.

2. Inhalt des Anspruchs

a) Wiederherstellungsanspruch

Der FBA ist ein Wiederherstellungsanspruch, der auf Restitution, d. h. auf Herstellung des ursprünglichen Zustandes, und nicht auf Kompensation eines Schadens durch Zahlung einer Geldentschädigung gerichtet ist. Als solcher gewährt er auch keine Naturalrestitution im Sinne des § 249 S. 1 BGB, denn Gegenstand des FBA ist nicht die Herstellung eines hypothetischen Zustandes, der ohne das hoheitliche Verwaltungshandeln bestehen würde, sondern ausschließlich die Wiederherstellung eines dem ursprünglichen entsprechenden Zustands, d. h. die Beseitigung aller Folgen des rechtswidrigen Behördenhandelns[7]. Auf eine Leistung in Geld ist er deshalb grundsätzlich nur dann gerichtet, wenn die rechtswidrigen Folgen gerade in einem Geldverlust bestehen[8].

Eine Identität des Zustands, der im Wege der Folgenbeseitigung wieder hergestellt werden soll, mit demjenigen, der vor dem hoheitlichen Eingriff bestand, ist aber nicht erforderlich. Würde dies gefordert, dann wäre eine Folgenbeseitigung nur in seltenen Ausnahmefällen möglich. Denn eine wirkliche Herstellung des status quo ante wäre nur möglich, wenn die Zeit auf den Zeitpunkt vor dem Eingriff zurückgedreht werden könnte. Der zumindest für einige Zeit eingetretene rechtswidrige Zustand kann nicht wieder ungeschehen gemacht werden.[9] Die Herstellung eines dem status quo ante gleichwertigen Zustands reicht daher aus.[10]

> Ein Beispiel bietet der **Fall 79**: Die durch die Lagerung der Gehsteigplatten zerstörten exotischen Blumen des G sind als Individuen nicht restituierbar zerstört. Die Neuanpflanzung, die G von der Gemeinde verlangt, betrifft selbst dann andere Pflanzen, wenn es sich um dieselbe Blumenart handeln sollte. Aus diesem Grund hat der VGH München einen auf Anpflanzung eines Ersatzbaumes für einen widerrechtlich abgesägten Baum gerichteten FBA abgelehnt.[11] Nach hier vertretener Auffassung hat der G gleichwohl einen auf gleichwertige Neupflanzung gerichteten FBA.

Nach neuerer Ansicht soll sich in den Fällen der **Unzumutbarkeit der Wiederherstellung** des ursprünglichen Zustandes der FBA in entsprechender Anwendung des § 251 II 1 BGB in einen Anspruch auf Zahlung eines **Ausgleichsbetrags in Geld** wandeln[12]. Dabei wird der Geldanspruch als Verlängerung bzw. Ergänzung des FBA betrachtet[13]. Folgt

---
[7] BVerwG, NJW 2015, 2358 (2360).
[8] BVerwGE 69, 366 (371); VGH Kassel, NVwZ-RR 2011, 442 (443).
[9] *F. Schoch*, Jura 1993, 478 (484).
[10] OVG Hamburg, NJW 1978, 658 (659); OVG Lüneburg, UPR 1991, 78; VGH Mannheim, NJW 1985, 1482; NVwZ-RR 1991, 334 (336).
[11] VGH München, BayVBl. 1992, 147; ebenso für den Bau einer „Ersatzmauer" VGH Mannheim NVwZ-RR 1990, 449.
[12] VGH München, NVwZ 1998, 1237 (1240); im Ergebnis zustimmend *W. Erbguth,* JuS 2000, 336 ff.
[13] *F. Ossenbühl/M. Cornils,* Staatshaftungsrecht, 6. Aufl. 2013, S. 386.

man dem, so wird Entsprechendes zu gelten haben, wenn die Folgenbeseitigung nicht möglich ist (entsprechend § 251 I BGB).

> Ist im **Fall 79** der Gemeinde eine Neuanpflanzung der exotischen Blumen nicht zuzumuten, so hätte G in entsprechender Anwendung des § 251 II 1 BGB einen Ausgleichsanspruch. In der Klausur sollte allerdings sorgfältig geprüft werden, ob tatsächlich eine Regelungslücke besteht, die eine analoge Anwendung der Vorschrift ermöglicht. Dies ist insbesondere in solchen Konstellationen nicht der Fall, in denen typischerweise ein Anspruch aus Amthaftung (→ § 86) oder enteignungsgleichem Eingriff (→ § 87 Rn. 7ff.) gegeben ist.

9 Die Wiederherstellung des Status quo ante ist auch ausgeschlossen, wenn die **Folgenbeseitigung rechtlich unmöglich** ist. Problematisch sind dabei insbesondere Konstellationen, in denen in Rechte Dritter eingegriffen werden muss, etwa wenn nach der Beschlagnahme einer Wohnung zur Abwehr der Obdachlosigkeit der Eigentümer nach Ablauf der Beschlagnahmefrist von der Behörde die Räumung verlangt.[14] Hier hat der Eigentümer gegen die Behörde zwar einen FBA, die Wohnung wieder frei zu machen (keineswegs ergibt sich diese Pflicht der Behörde aus einem verwaltungsrechtlichen Schuldverhältnis zu dem Wohnungseigentümer[15]). Eine Grundlage für den Eingriff in Rechte Dritter (des in die Wohnung eingewiesenen Obdachlosen) stellt der FBA jedoch nicht dar. Allerdings enthält i. d. R. das jeweils einschlägige Fachrecht entsprechende Ermächtigungen. Subsidiär kann zudem auf die polizeiliche Generalklausel zurückgegriffen werden (→ § 75 Rn. 9).[16]

b) Unmittelbarkeit der Folgen; Mitverschulden

10 Von dem Anspruch erfasst werden nur die Folgen, die durch den hoheitlichen Eingriff unmittelbar hervorgerufen worden sind. Die Unmittelbarkeit der Folge fehlt, wenn sie erst durch das eigenverantwortliche Handeln eines Dritten herbeigeführt wurde oder auf der eigenen Entschließung des Betroffenen beruht.[17]

Eine Mitverantwortlichkeit des Betroffenen an der Entstehung des rechtswidrigen Zustandes ist unter Heranziehung des allgemeinen Rechtsgedankens aus § 254 BGB auch beim FBA anzurechnen. Nach der Rechtsprechung des BVerwG tritt an die Stelle der Folgenbeseitigung durch **Wiederherstellung bei unteilbaren Leistungen** ausnahmsweise von vornherein ein auf Geld gerichteter Anspruch, der in analoger Anwendung der §§ 251, 254 BGB entsprechend dem Anteil der Mitverantwortlichkeit des Betroffenen gekürzt wird[18].

3. Prozessuale Geltendmachung

11 Der FBA ist vor dem VG geltend zu machen. Geht es um die Beseitigung der Vollzugsfolgen eines VAs, so kann der FBA als Annexantrag zur Anfechtungsklage gem. § 113 I 2 VwGO geltend gemacht werden (→ § 98 Rn. 14). Ist zur Beseitigung der Folgen schlichtes Verwaltungshandeln erforderlich, z. B. durch Rückgabe einer beschlagnahmten Sache, steht als statthafte Klageart die allgemeine Leistungsklage (→ § 100) zur Verfügung.

---

[14] *W. Durner*, JuS 2005, 900.
[15] So aber BGH, DÖV 2006, 825 (826), wo das Gericht inkonsequenterweise Schadensersatzansprüche aus der Verletzung von Pflichten aus dem Sonderverhältnis verneint.
[16] *C. Bumke*, JuS 2005, 22 (26). Zu den mit der Einweisung eines Obdachlosen verbundenen polizei- und ordnungsrechtlichen Fragen *K.-H. Ruder*, NVwZ 2012, 1283 (1284ff.).
[17] BVerwG, DÖV 2001, 732 (733).
[18] BVerwGE 82, 24 (27).

III. Der Abwehranspruch

Zu unterscheiden ist der FBA als allgemeiner Wiederherstellungsanspruch von dem **Abwehranspruch als öffentlich-rechtlichem Unterlassungsanspruch.** Sofern der Unterlassungsanspruch nicht aus speziellen Vorschriften hergeleitet werden kann, lässt er sich auf die Schutzdimension der Grundrechte als subjektive Rechte zum Schutz gegen jede Form der Beeinträchtigung stützen.[19]

Wendet sich E z. B. gegen den Lärm eines kommunalen Sportplatzes, den Geruch einer Kläranlage oder das störende Licht der vor seinem Schlafzimmerfenster stehenden Straßenlaterne, so begehrt er ein Unterlassen der Beeinträchtigungen und kann den öffentlich-rechtlichen Abwehranspruch geltend machen.

Mit dem öffentlich-rechtlichen Abwehranspruch kann der Betroffene erstmalige Beeinträchtigungen durch drohendes, d. h. unmittelbar bevorstehendes, hoheitliches Handeln verhindern. Geeignete Klageart ist hierfür die vorbeugende Unterlassungsklage (→ § 100 Rn. 4). Hat bereits ein Eingriff in eine subjektive Rechtsposition des Bürgers stattgefunden und besteht Wiederholungsgefahr[20], kann er künftige erneute Beeinträchtigungen durch Geltendmachung dieses Anspruchs abwehren. Geeignete Klageart ist dann aber die Unterlassungsklage als Unterfall der allgemeinen Leistungsklage.

§ 90. Ansprüche aus verwaltungsrechtlichen Sonderverbindungen

Fall 80: Wegen eines Brandes löscht die Feuerwehr das Haus des B. Nach dem Einsatz fragt sich der Träger der Feuerwehr, ob er von B Ersatz seiner Aufwendungen verlangen kann.

Fall 81: An den Landkreis K wurden öffentliche Gelder abgeführt, die nach in der Zwischenzeit geklärter Rechtslage dem Land L zustehen. Kann K dem Rückforderungsbegehren des L den Wegfall der Bereicherung entgegenhalten, weil die Gelder anderweitig verwendet wurden?

I. Grundlagen und Abgrenzungen

Neben den Amtshaftungs-, Enteignungs- und Wiederherstellungsansprüchen gibt es zahlreiche weitere, sehr unterschiedliche **Ersatz- und Erstattungsansprüche aus öffentlich-rechtlichen Rechtsverhältnissen.** Es existieren auch im öffentlichen Recht Rechtsbeziehungen, welche den bürgerlich-rechtlichen Schuldverhältnissen nach Struktur und Gegenstand ähneln. Kennzeichnend für ein öffentlich-rechtliches Schuldverhältnis ist eine **besonders enge Nähebeziehung** zwischen einem Verwaltungsträger und dem Bürger (oder einem weiteren Verwaltungsträger), die es sinnvoll erscheinen lässt, entweder bestimmte Rechtsvorschriften aus dem Zivilrecht sinngemäß anzuwenden oder die Rechtslage zumindest ähnlich wie im Bürgerlichen Recht zu beurteilen. Neben den im Folgenden behandelten kommen auch weitere Schuldverhältnisse in Betracht, bspw. aus öffentlich-rechtlicher culpa in contrahendo (→ § 83 Rn. 30). Ein anderes Beispiel ist das zwischen dem an eine Abwasserkanalisation angeschlossenen Grundstückseigentümer und der Gemeinde bestehende öffentlich-rechtliche Schuldverhältnis. Pflichtverletzungen der Gemeinde können einen Schadensersatzanspruch des Grundstückseigentü-

---

[19] BVerwG, NWVBl. 2015, 216 (217).
[20] Zu dieser Voraussetzung BVerwG, NWVBl. 2015, 216 (217).

mers in entsprechender Anwendung der §§ 275 ff. BGB begründen.[1] Ggf. kommt auch die ergänzende Heranziehung von Grundsätzen des Rechts der öffentlich-rechtlichen Verträge in Betracht.[2]

II. Öffentlich-rechtliche Geschäftsführung ohne Auftrag

2 Im **Fall 80** geht es darum, dass jemand zugleich im Interesse eines anderen gehandelt hat und nun seine Aufwendungen von ihm ersetzt bekommen möchte. Da derjenige, dessen Interessen wahrgenommen wurden, diesen Einsatz nicht veranlasst hat, ist vor allem an Ansprüche aus **Geschäftsführung ohne Auftrag (GoA)** zu denken.

> **Übersicht: Prüfungsaufbau Ansprüche aus öffentlich-rechtlicher GoA**
>
> (1) Vorliegen einer zivilrechtlichen oder öffentlich-rechtlichen GoA (→ Rn. 3);
> (2) keine abschließende Regelung des Rechtsverhältnisses durch andere Vorschriften (→ Rn. 4);
> (3) Zulässigkeit des Handelns für einen anderen nach öffentlich-rechtlichen Grundsätzen (→ Rn. 5 f.);
> (4) Wahrnehmung von Geschäften des Geschäftsherrn:
>   (a) Verwaltung als Geschäftsführer nimmt zumindest auch Interessen des Geschäftsherrn wahr (→ Rn. 7);
>   (b) Handeln des Bürgers als Geschäftsführer liegt im öffentlichen Interesse (→ Rn. 7);
> (5) Ansprüche:
>   (a) Aufwendungsersatzanspruch des Geschäftsführers (→ Rn. 8);
>   (b) Schadensersatzanspruch des Geschäftsherrn (→ Rn. 8).

1. Vorliegen einer öffentlich-rechtlichen GoA

3 Die **Zuordnung der GoA zum öffentlichen Recht** oder zum Privatrecht ist im Einzelfall oft schwierig. Nach überwiegender Auffassung kommt es für die Abgrenzung nicht darauf an, welcher Rechtsnatur die vom Geschäftsführer ergriffene Maßnahme ist, sondern darauf, ob das geführte Geschäft nach öffentlichem Recht zu beurteilen wäre, wenn es der Geschäftsherr selbst vorgenommen hätte.[3]

> Deutlich wird dies im **Fall 80:** Stellt man auf die Rechtsnatur der Tätigkeit des Geschäftsführers – also der Feuerwehr – ab, wäre die Geschäftsführung wegen des Handelns aus Gründen der Gefahrenabwehr öffentlich-rechtlich. Geht man davon aus, dass sich die Zuordnung nach der eigentlich dem Geschäftsherrn obliegenden Tätigkeit richtet – wofür insbesondere spricht, dass bei der GoA „für einen anderen" gehandelt wird –, so ergibt sich folgendes: Hätte B den Brand selbst gelöscht, hätte er ein privatrechtliches Geschäft getätigt. Während im Schrifttum richtigerweise davon ausgegangen wird, dass die Feuerwehr ausschließlich in Erfüllung ihrer öffentlich-rechtlichen Pflichten und daher *mit* Berechtigung gehandelt hat,[4] so

---

[1] BGH, NVwZ 2008, 238 (239).
[2] VGH Kassel, DÖV 2008, 121: § 60 VwVfG.
[3] BVerwG, DÖV 1973, 490 (491).
[4] Siehe z. B. *F. Schoch*, Jura 1994, 241 (245, 247).

dass eine GoA nicht in Betracht käme, liegt nach Ansicht des BGH im **Fall 80** ein „**Sowohl-als-auch-Geschäft**" vor: Die Feuerwehr werde öffentlich-rechtlich tätig, nehme aber zugleich ein privatrechtliches Geschäft des B wahr.[5] Diese Doppelnatur ein und derselben Tätigkeit überzeugt nicht.[6] In Fällen, in denen eine Person zugleich im eigenen und im Fremdinteresse tätig wird, muss eine einheitliche Beurteilung des Sachverhalts erfolgen. Maßgebend ist insoweit der Schwerpunkt der Tätigkeit: Weil bei dem Löschen des Brandes der Schwerpunkt der Tätigkeit der Feuerwehr bei der Gefahrenabwehr liegt, ist auch die Geschäftsführung für B öffentlich-rechtlich.[7]

Weil eine Analogie nur bei einer planwidrigen Regelungslücke in Betracht kommt, scheidet ein Anspruch aus öffentlich-rechtlicher GoA von vornherein aus, wenn andere Normen eine **abschließende Regelung der in Rede stehenden Ansprüche**, beispielsweise auf Aufwendungsersatz, enthalten.[8] Fehlt es an den Voraussetzungen für eine Geltendmachung der Kosten der Ersatzvornahme nach den Verwaltungsvollstreckungsgesetzen, kann die öffentliche Hand nicht unter Rückgriff auf die Regeln der GoA dennoch ihre Aufwendungen ersetzt erhalten.[9]

2. Übertragbarkeit zivilrechtlicher Wertungen?

Eine Parallele zu den zivilrechtlichen Vorschriften zur GoA setzt des Weiteren voraus, dass sich diese Rechtsfigur mit den für das **öffentliche Recht geltenden Prinzipien** in Einklang bringen lässt. Dabei ist es sinnvoll, zwischen verschiedenen Formen der öffentlich-rechtlichen GoA zu differenzieren.

Tätigt ein **Verwaltungsträger**

– wie im **Fall 80,** sofern man zu Unrecht von einer öffentlich-rechtlichen Geschäftsführung *ohne* Auftrag bzw. Berechtigung ausgehen sollte, –

ein Geschäft für den Bürger, so hält der BGH eine GoA selbst dann für möglich, wenn die Verwaltung in Erfüllung öffentlich-rechtlicher Pflichten gehandelt hat. Ein Aufwendungsersatzanspruch soll lediglich dann ausgeschlossen sein, wenn vorrangige Kosten- und Auslagenerstattungsregelungen bezüglich der betreffenden Maßnahme der Gefahrenabwehr bestehen.[10] Dem wird man nicht folgen können: Da die Verwaltung gemäß Art. 20 III GG an Gesetz und Recht gebunden ist, ist es ihr grundsätzlich verwehrt, im Falle fehlender Befugnisse und Zuständigkeiten unter Berufung auf die GoA in den Rechtskreis des Bürgers überzugreifen.[11] Die §§ 677 ff. BGB stellen keine ausreichende Ermächtigungsgrundlage im Sinne des Gesetzesvorbehalts dar.[12] Vorstellbar ist eine solche Geschäftsführung unter anderem in echten Notfällen, bei denen wegen ihres aktuellen Anlasses eine vorherige spezialgesetzliche Normierung nicht vorliegt.[13]

---

[5] BGHZ 40, 28 (30); 63, 167 (69 f.); ebenso i. E. VGH Mannheim, NVwZ-RR 2004, 473.
[6] So auch *Ch. Bamberger,* JuS 1998, 706 f.; *Maurer* § 29 Rn. 12.
[7] So auch *Ch. Bamberger,* JuS 1998, 706 (707).
[8] OVG Koblenz, DVBl. 2003, 411 (412); OVG Münster, NWVBl. 2013, 325 (326); 2014, 74 (75); VGH Mannheim, VBlBW 2002, 252 (254).
[9] Vgl. BGH, DVBl. 2004, 516 (517); *Ch. Bamberger,* JuS 1998, 706 (709); *F. Schoch,* Jura 1994, 241 (245).
[10] BGH, NVwZ 2008, 348 (349).
[11] VGH Mannheim, VBlBW 2002, 252 (254).
[12] VGH Mannheim, VBlBW 2002, 252 (253); *F. Schoch,* Jura 1994, 241 (244); *ders.,* Verw. 2005, 91 (100 ff.).
[13] VGH Mannheim, VBlBW 2002, 252 (254); *Maurer* § 29 Rn. 11.

6 Will der **Bürger** ein **Geschäft für die Verwaltung** wahrnehmen, so hält der BGH insoweit eine GoA für möglich.[14] Allerdings würde das **gesetzliche Aufgaben- und Kompetenzgefüge beeinträchtigt,** wenn die Bürger anstelle und auf Kosten der Verwaltung handeln können.[15] Die Träger öffentlicher Verwaltung dürfen nicht einfach durch die Initiative von Privatpersonen im Hinblick auf das Ob und Wie einer konkreten Maßnahme vor vollendete Tatsachen gestellt werden.[16] Der Bürger hat vielmehr zunächst die vorhandenen und zumutbaren Rechtsschutzmöglichkeiten wahrzunehmen, um die Verwaltung zu einem Tätigwerden zu veranlassen.[17] Daher wird das Handeln des Bürgers für die Verwaltung nur ausnahmsweise ihrem wirklichen oder mutmaßlichen Interesse entsprechen (§ 683 BGB) oder aus Gründen des öffentlichen Interesses geboten sein (§ 679 BGB). Zu bejahen ist dies – entgegen der großzügigeren Rechtsprechung[18] – bei Hilfeleistungen in **besonderen Notlagen.**

Denkbar ist schließlich, dass ein **Hoheitsträger für einen anderen Hoheitsträger** ein Geschäft wahrnehmen will. Weil im öffentlichen Recht keine Privatautonomie besteht, darf ein Hoheitsträger nur die ihm zugewiesenen Kompetenzen wahrnehmen. Art. 20 III GG verbietet es ihm grundsätzlich, Maßnahmen im Aufgabenbereich eines anderen Verwaltungsträgers unter Berufung auf die GoA zu ergreifen. Eine **Abweichung von der Kompetenzordnung** ist allenfalls ausnahmsweise möglich. Zu denken ist vor allem an Not- und Eilfälle.[19] Abgesehen von diese Sonderkonstellationen stellen die §§ 677 ff. BGB keine hinreichend präzise Grundlage dar, um in Überspielung der gesetzlichen Kompetenzordnung eine Kostenverteilung zwischen Hoheitsträgern zu regeln[20]. Es reicht deshalb nicht aus, dass der Verwaltungsträger, dem die Wahrnehmung der Aufgabe obliegt, dazu nicht bereit ist[21].

3. Führen eines fremden Geschäftes

7 Entsprechend § 677 BGB ist weiter vorauszusetzen, dass es sich bei dem geführten Geschäft um ein für den Geschäftsführer fremdes handelt. Nach der – abzulehnenden – Auffassung der Rechtsprechung reicht es insoweit aus, dass die Verwaltung als Geschäftsführer zumindest auch Interessen des Geschäftsherrn wahrnimmt[22] (→ Rn. 3). Handelt der Bürger als Geschäftsführer, so muss sein Handeln im öffentlichen Interesse liegen oder zum Schutz individueller Rechtsgüter geboten sein (→ Rn. 6).

4. Ansprüche

8 Liegt eine öffentlich-rechtliche GoA vor, so kann

- der Geschäftsführer vom Geschäftsherrn analog §§ 683, 670 BGB den **Ersatz seiner Aufwendungen** beanspruchen,

---

[14] BGH, NVwZ 2004, 764 (765).
[15] *F. Schoch,* Jura 1994, 241 (246); *ders.,* Verw. 2005, 91 (102 f.).
[16] BVerwGE 80, 170 (174); OVG Münster, NVwZ-RR 2013, 759 (762 f.).
[17] BGH, NVwZ 2004, 764 (765); OVG Münster, NVwZ-RR 2013, 759 (763).
[18] Vgl. nur OVG Münster, NVwZ-RR 2013, 759 (762).
[19] *F. Schoch,* Jura 1994, 241 (243); *ders.,* Verw. 2005, 91 (98 f.).
[20] *A. Berger,* DÖV 2014, 662 (665 ff.).
[21] A. M. OVG Münster, NWVBl. 2014, 74 (75).
[22] So etwa OVG Münster, NWVBl. 2014, 74 (76).

§ 90. Ansprüche aus verwaltungsrechtlichen Sonderverbindungen

- der Geschäftsherr vom Geschäftsführer **Schadensersatz** verlangen (analog § 678 BGB), wenn die Geschäftsführung unzulässig war oder der Schaden durch die Art ihrer Ausführung entstanden ist.

III. Öffentlich-rechtlicher Erstattungsanspruch

Werden in einem Rechtsverhältnis aufgrund öffentlichen Rechts Leistungen gewährt, obwohl die Voraussetzungen dafür nicht vorliegen oder später wegfallen, so besteht ein Bedürfnis danach, dass die **rechtsgrundlose Vermögensverschiebung** rückgängig gemacht wird, der Leistende also das Gewährte zurückfordern kann.[23] Als Anspruchsgrundlage für ein derartiges Rückforderungsbegehren steht der öffentlich-rechtliche Erstattungsanspruch zur Verfügung. Er kommt zur Anwendung, wenn es keine spezialgesetzliche Erstattungsvorschrift gibt. Dies ergibt sich aus dem **Grundsatz der Gesetzmäßigkeit der Verwaltung**[24] sowie – wenn Ansprüche des Bürgers gegen die öffentliche Hand in Rede stehen – den **Grundrechten**. Einer Analogie zu den §§ 812 ff. BGB bedarf es deshalb nicht.[25] Unterschiede zum Zivilrecht werden vor allem bei der Frage der Entreicherung sichtbar, weil hier die Interessenlage im öffentlichen Recht oft anders gelagert ist. Der Anspruch kann

- vom Bürger gegen den Staat,
- vom Staat gegen den Bürger sowie
- im Verhältnis zweier Hoheitsträger (sog. Ausgleichs- oder Abwälzungsanspruch) zueinander erhoben werden.

1. Voraussetzungen

Damit der öffentlich-rechtliche Erstattungsanspruch durchgreift, müssen folgende Voraussetzungen erfüllt sein:

> **Übersicht: Öffentlich-rechtlicher Erstattungsanspruch**
>
> (1) Vorliegen einer öffentlich-rechtlichen Rechtsbeziehung zwischen den Beteiligten (→ Rn. 11);
> (2) Vermögensverschiebung (→ Rn. 12);
> (3) Rechtsgrundlosigkeit der Vermögensverschiebung (→ Rn. 12);
> (4) kein Ausschluss des Erstattungsanspruchs (→ Rn. 13).

Der öffentlich-rechtliche Erstattungsanspruch ist nur einschlägig, wenn die **Rechtsbeziehung** zwischen den Beteiligten als **öffentlich-rechtlich** zu qualifizieren ist. Gehört der vermeintliche Rechtsgrund für die Leistung dem öffentlichen Recht an, beispielsweise weil eine Verpflichtung aus einem nichtigen öffentlich-rechtlichen Vertrag erfüllt

---

[23] BVerwGE 112, 351 (352); BVerwG, NJW 2006, 3225 (3226).
[24] BVerwGE 71, 85 (89); 107, 304 (307); BVerwG, NVwZ 2008, 212 (213); BSG, NVwZ-RR 2014, 230 (232).
[25] BVerwGE 71, 85 (90).

wurde, ist auch der Erstattungsanspruch als Kehrseite der Leistung öffentlich-rechtlicher Natur.[26]

12 Weitere Voraussetzung des öffentlich-rechtlichen Erstattungsanspruchs ist das Vorliegen einer **Vermögensverschiebung** zwischen zwei Rechtssubjekten.[27] Es muss also auf der einen Seite eine Vermögensminderung und auf der anderen Seite eine Vermögensmehrung stattgefunden haben. Ursache dafür kann eine zweckgerichtete Leistung oder ein sonstiger Vorgang sein. Neben Geld kommen auch andere Gegenstände für eine solche Vermögensverschiebung in Betracht.

> Da im **Fall 81** der Landkreis K Gelder erlangt hat, welche dem Land gehören, liegt eine Vermögensverschiebung vor.

Diese Vermögensverschiebung muss **ohne Rechtsgrund** erfolgt sein. Beruht die Vermögensverschiebung auf einem **schlichthoheitlichen Handeln,** ist anhand der materiellen Rechtslage zu bestimmen, ob es dafür einen Rechtsgrund gibt oder nicht.

> Da laut Sachverhalt des **Falles 81** nach dem materiellen Recht die Gelder dem Land L zustehen, hat der Landkreis K sie ohne Rechtsgrund erlangt.

In Fällen, in denen die **Leistung aufgrund eines VAs** gewährt wurde, ist dieser Rechtsgrund für die Leistung, wenn er wirksam ist. Auf die Frage, ob der VA seinerseits rechtmäßig oder rechtswidrig ist, kommt es dagegen nicht an. Erstattung kann erst verlangt werden, nachdem der VA von der Verwaltung oder einem Gericht aufgehoben wurde. Erfolgte die Leistung aufgrund eines öffentlich-rechtlichen Vertrags, stellt dieser den Rechtsgrund dar, sofern der Vertrag nicht ausnahmsweise nach § 59 VwVfG nichtig ist.[28]

2. Inhalt und Umfang des Erstattungsanspruchs

13 Der Erstattungspflichtige hat „**das Erlangte**" herauszugeben. Der Erstattungsanspruch umfasst des Weiteren die tatsächlich **gezogenen Nutzungen.**

> Im **Fall 81** muss also der Landkreis K neben den ihm nicht zustehenden Geldern dem Land auch die gezogenen Zinsen herausgeben, sofern er die fraglichen Gelder verzinslich angelegt hat.[29] Hat der Erstattungspflichtige keine Zinsen erlangt, so muss er den öffentlich-rechtlichen Erstattungsanspruch als solchen nur dann verzinsen, sofern hierfür eine besondere gesetzliche Regelung wie z. B. in § 49a III VwVfG besteht.[30]

Ist die Herausgabe des Erlangten nicht möglich, geht der Anspruch auf **Wertersatz.** Dies gilt z. B. auch für die Erstattung für rechtsgrundlos erbrachte Arbeit.[31]

Mit großer Sorgfalt ist beim öffentlich-rechtlichen Erstattungsanspruch zu prüfen, inwiefern sich der Verpflichtete auf einen **Wegfall der Bereicherung** berufen kann: Wie das BVerwG ausgeführt hat, passen die § 818 III, § 819 I BGB nicht auf das öffentlich-rechtliche Erstattungsverhältnis. Anders als im Zivilrecht werden die Interessen beider Seiten von der Rechtsordnung gerade nicht gleich, sondern unterschiedlich bewertet. Dies bedeutet aber nicht, dass der Einzelne einem staat-

---

[26] Siehe dazu BVerwG, NJW 1990, 2482; NVwZ 2002, 1127.
[27] Zu den folgenden Voraussetzungen BSG, NVwZ-RR 2014, 230 (232).
[28] *J. Stangl,* JA 1998, 48 (49).
[29] Nach BVerwG, NJW 1973, 1854f. legen staatliche Einrichtungen Gelder in der Regel nicht verzinslich an; siehe dagegen zu gegen Privatpersonen gerichteten Ansprüchen BVerwG, NJW 1999, 1201.
[30] BVerwG, GewArch 2010, 113 (114).
[31] BVerwG, DVBl. 2005, 781 (782).

§ 90. Ansprüche aus verwaltungsrechtlichen Sonderverbindungen

lichen Rückforderungsbegehren schutzlos ausgeliefert ist. Vielmehr entfällt die **Erstattungspflicht des Bürgers,** wenn in einer **Abwägung** sein Vertrauen in den Fortbestand der Vermögenslage schutzwürdig ist und das öffentliche Interesse an der Wiederherstellung des gesetzmäßigen Zustands überwiegt.[32]

Richtet sich der **Erstattungsanspruch gegen einen Hoheitsträger,** kann dieser nach allgemeiner Meinung keine Entreicherung geltend machen. Wegen der Gesetzesbindung der Verwaltung und der finanziellen Leistungsfähigkeit der öffentlichen Hand geht ihr Interesse dahin, die rechtsgrundlose Vermögensverschiebung zu beseitigen und den rechtmäßigen Zustand wiederherzustellen.[33] 14

> Deshalb kann sich K im **Fall 81** nicht mit Erfolg gegenüber L auf den Wegfall der Bereicherung berufen.[34]

3. Durchsetzung des Erstattungsanspruchs

Bei der Durchsetzung des Erstattungsanspruchs sind mehrere Konstellationen auseinander zu halten: 15

- Verlangt ein Verwaltungsträger von einem anderen Verwaltungsträger die Rückgängigmachung einer Vermögensverschiebung, kann dies nicht in Form eines VAs geschehen.

> Will der Landkreis K im **Fall 81** das Geld nicht zurückzahlen, muss das Land allgemeine Leistungsklage erheben.

- Steht dem Bürger gegen die öffentliche Hand ein Erstattungsanspruch zu, ist zu differenzieren: Entscheidet die Verwaltung durch VA über den Anspruch, ist die Verpflichtungsklage, sonst eine allgemeine Leistungsklage statthaft. Setzt sein Erstattungsanspruch die Aufhebung eines noch bestehenden VAs voraus, ist an die Möglichkeit einer Anfechtungsklage verbunden mit einem Antrag auf Rückgängigmachung seiner Vollziehung nach § 113 I 2 VwGO zu denken.

- Umstritten ist die Frage, ob der Staat seine Erstattungsansprüche gegen den Bürger durch VA durchsetzen darf. Angesichts der belastenden Wirkung fordert die Literatur dafür zumeist eine spezielle Regelung, wie sie zum Beispiel in § 49 a I 2 VwVfG vorgesehen ist. Ohne eine solche könne auch der Staat seinen Anspruch gegen den Bürger nur im Wege einer allgemeinen Leistungsklage verfolgen.[35] Die Rechtsprechung hat demgegenüber zwei Fallgruppen entwickelt, in denen sie die Geltendmachung eines Erstattungsanspruchs durch einen VA auch ohne spezielle Regelung der Verwaltungsaktsbefugnis für möglich hält. Zum einen soll die Verwaltung den Erstattungsanspruch in Rechtsverhältnissen mit einem subordinationsrechtlichen Gepräge, also zum Beispiel gegenüber einem Beamten oder Soldaten, durch Leistungsbescheid geltend machen können.[36] Zum anderen dürfe die Verwaltung den Erstattungsanspruch in einem Bescheid festsetzen, wenn die rückgängig zu machende Vermögensverschiebung ihrerseits durch einen VA herbeigeführt wurde (sog. **Kehrseitentheorie**).[37]

---

[32] BVerwGE 71, 85 (90); BVerwG, NVwZ 2008, 1369 (1371).
[33] BVerwGE 71, 85 (89); *J. Stangl,* JA 1998, 48 (49).
[34] BVerwGE 112, 351 (358).
[35] *E. Gurlit,* in: Erichsen/Ehlers § 35 Rn. 31.
[36] BVerwGE 71, 354 (357).
[37] BVerwGE 25, 72 (76); 40, 85 (89).

IV. Die öffentlich-rechtliche Verwahrung

16 Ein öffentlich-rechtliches Verwahrungsverhältnis entsteht, sobald eine Behörde eine bewegliche Sache für eine Privatperson **kraft öffentlichen Rechts in Besitz** nimmt. Ein öffentlich-rechtliches Verwahrungsverhältnis liegt zum Beispiel vor, wenn eine bestimmte Sache im Rahmen eines strafrechtlichen Ermittlungsverfahrens beschlagnahmt wird,[38] wenn die Polizei eine Fundsache entgegennimmt[39], ein verbotswidrig abgestelltes Fahrzeug abschleppt[40] oder eine Sache sicherstellt bzw. in Verwahrung nimmt.

Auf die öffentlich-rechtliche Verwahrung finden die §§ 688 ff. BGB sowie die anderen zivilrechtlichen Vorschriften sinngemäße Anwendung.[41] Es dürfen allerdings keine gesetzlichen Sonderbestimmungen bestehen. Außerdem muss der Sinngehalt der zivilrechtlichen Normen mit der Interessenlage des öffentlichen Rechts vereinbar sein. Geht es zum Beispiel darum, ob die Herausgabe der Sache analog § 695 BGB jederzeit verlangt werden kann, ist dies bei solchen Verwahrungsverhältnissen zu bejahen, die auf Antrag des „Hinterlegers" enden sollen. Im Falle einer einseitigen Beschlagnahme kann die Sache dagegen erst zurückgefordert werden, wenn die Entscheidung über die Verwahrung wieder aufgehoben wurde oder sonst erledigt ist.

Dritter Abschnitt. Verwaltungsprozessrecht

Erstes Kapitel. Einführung

§ 91. Grundlagen

Fall 82: Zu Rechtsanwältin R kommt die K mit zwei rechtlichen Problemen. Zum einen streitet sie sich seit Jahren mit ihrem Nachbarn N über zwei hässliche Gartenzwerge auf dem Grundstück des N, von deren für sie unentrinnbarem Anblick sie sich beleidigt fühlt. Zum anderen hat der Vater der K von der Baubehörde einen Bescheid bekommen, der ihm den Abriss seines Gartenschuppens aufgibt. K beauftragt die R, alles zu tun, damit N seine Gartenzwerge entfernen muss, der Gartenschuppen aber stehen bleiben kann.

I. Gegenstand des Verwaltungsprozessrechts

1 Vergleicht man den Verwaltungsprozess mit dem Zivilprozess, so wird im **Fall 82** aus der Perspektive der Rechtsanwältin R ein Unterschied deutlich: Beim Vorgehen gegen die Gartenzwerge des N muss die R die Vorschriften, die den Beseitigungsanspruch der K tragen sollen, selbst ermitteln und den die Anspruchsvoraussetzungen ausfüllenden Sachverhalt zusammenstellen und vortragen; das Zivilgericht stellt dann erstmals autoritativ das Bestehen des materiellen Rechts fest. Im Verwaltungsprozess steht hingegen die Kontrollperspektive im Vordergrund: Die Baubehörde hat die den Erlass der Abrissverfügung tragenden Normen und Sachverhaltselemente bereits ermittelt (→ § 68 Rn. 1) und bewertet. Das Ergebnis dieser Tätigkeit kann die R der Begründung des Bescheids entnehmen. Entschließt sich die R zur Kla-

---

[38] BGHZ 1, 369.
[39] BGH, NJW 1990, 1230 (1231).
[40] BGH, NJW 2014, 2577.
[41] BGH, NJW 1990, 1230. A. M. VGH Mannheim, NJW 2007, 1375 (1376): Analogie zu öffentlich-rechtlichen Vorschriften zu suchen.

§ 91. Grundlagen

geerhebung, so kontrolliert das VG eine Konkretisierung des materiellen Rechts, die von der Verwaltung – der Baubehörde – bereits vorgenommen worden ist.

Im Verwaltungsprozess erfolgt also eine **Kontrolle der Verwaltungstätigkeit** durch eine verwaltungsexterne Stelle, das VG. Während die Behörde im Verwaltungsverfahren eine rechtlich in unterschiedlichem Maße (→ §§ 68, 69) gebundene Entscheidung unter Einbeziehung der maßgebenden öffentlichen und privaten Interessen eigenständig entwickeln muss, überprüft das VG nur, ob der Behörde dabei **Fehler bei der Rechtsanwendung** unterlaufen sind. Das VG darf nicht etwa seine eigene Interessenbewertung an die Stelle derer der Behörde setzen (→ § 69 Rn. 5). Die gerichtliche Kontrolle ist reine Rechtskontrolle. Die Zweckmäßigkeit der behördlichen Entscheidung darf das VG nicht überprüfen.

Allerdings befasst sich das Verwaltungsprozessrecht auch mit einer Nachprüfung der Zweckmäßigkeit der Behördenentscheidung:

Im **Fall 82** wird die R unter Umständen zu dem Ergebnis kommen, dass der Erhebung einer Klage die Einlegung eines Widerspruchs gegen den Abrissbescheid vorausgehen muss.

Das Vorverfahren ist ein Verwaltungsverfahren, in dem die Entscheidung der einen Behörde (der Ausgangsbehörde) durch eine andere Behörde (die Widerspruchsbehörde) auf ihre Recht- und Zweckmäßigkeit überprüft wird (im Einzelnen → § 92).

II. Schutz subjektiver Rechte

Die Funktion des Verwaltungsprozesses besteht nicht in erster Linie darin, die Behörden zur Beachtung der objektiven Rechtsordnung zu zwingen. Dies ist nur die erwünschte Folge des Primärzwecks, die **subjektiven Rechte des Einzelnen zu schützen.** Ausdruck dieser Konzeption ist die Notwendigkeit, für die Erlangung verwaltungsgerichtlichen Rechtsschutzes die Verletzung *eigener* subjektiver Rechte geltend machen zu können (§ 42 II, § 47 II 1 VwGO) (→ § 98 Rn. 5 ff., § 104 Rn. 6 ff.). Darüber hinaus wird beispielsweise ein VA nicht schon deshalb aufgehoben, weil er rechtswidrig ist. Hinzu kommen muss, dass der Kläger durch die Rechtswidrigkeit in *seinen* Rechten verletzt ist (§ 113 I 1 VwGO).

Im **Fall 82** kann also die K nicht deshalb verwaltungsgerichtlichen Rechtsschutz in Anspruch nehmen, weil sie der Auffassung ist, ihrem Vater geschehe durch den Erlass der Abrissverfügung großes Unrecht.

In ihrer vorrangigen Funktion, die Rechte des einzelnen gegenüber Trägern hoheitlicher Gewalt zu wahren und durchzusetzen, stellt die Verwaltungsgerichtsbarkeit ein wichtiges **Instrument des Grundrechtsschutzes** dar und ist in besonderem Maße von den Vorgaben des Verfassungsrechts geprägt. Zu nennen ist hier neben dem Recht auf den gesetzlichen Richter (Art. 101 I 2 GG) (→ § 49 Rn. 2 ff.) und dem Anspruch auf rechtliches Gehör (Art. 103 I GG) (→ § 49 Rn. 5 f.) vor allem die Rechtsweggarantie des Art. 19 IV GG (→ § 45). Von zunehmender Bedeutung für den Verwaltungsprozess sind darüber hinaus die Verfahrensgarantien des Art. 6 EMRK.

III. Aufbau der Verwaltungsgerichtsbarkeit

Der Aufbau der Verwaltungsgerichtsbarkeit ist dreigliedrig. In jedem Bundesland gibt es mindestens ein VG und ein OVG oder einen VGH (Ausnahme: OVG Berlin-Brandenburg). Oberstes Gericht in Verwaltungsstreitsachen ist das BVerwG mit Sitz in Leipzig.

VG	erstinstanzliche Zuständigkeit, soweit nicht Sonderregelung (§ 45 VwGO)
OVG/VGH	▪ Rechtsmittelgericht (Berufung, Beschwerde; § 46 VwGO) ▪ erstinstanzliche Zuständigkeit (§§ 47, 48 VwGO)
BVerwG	▪ Rechtsmittelgericht (Revision, bestimmte Beschwerden; § 49 VwGO) ▪ erstinstanzliche Zuständigkeit (§ 50 VwGO und Sonderregelungen)

IV. Verfahrensgrundsätze

5 Die für den Verwaltungsprozess geltenden Verfahrensgrundsätze sind in der Verwaltungsgerichtsordnung geregelt. Zum Teil ergeben sie sich unmittelbar aus dem Verfassungsrecht, wobei die einfachgesetzliche Ausgestaltung manchmal über das hiernach Erforderliche hinausgeht. Im Verwaltungsprozess gelten:

- die **Dispositionsmaxime:** Die Beteiligten können **über den Streitgegenstand** verfügen und deshalb selbst auf den Beginn und das Ende des Gerichtsverfahrens Einfluss nehmen. Die Verwaltungsgerichte werden nur auf einen Antrag eines Beteiligten hin tätig. Nach § 88 VwGO darf das Gericht dem Kläger nicht etwas zusprechen, was gar nicht beantragt wurde.
- der **Untersuchungsgrundsatz:** Im Gegensatz zum Zivilprozess ist das VG bei der Sachverhaltsermittlung nicht an das Vorbringen der Beteiligten gebunden, sondern **erforscht den Sachverhalt von Amts wegen** (§ 86 I VwGO). Hat es Zweifel an der Richtigkeit einer übereinstimmenden Aussage der Beteiligten, kann es deshalb zu dieser Zeugen vernehmen, selbst wenn dies von keinem beantragt wurde. Grund für die Geltung des Untersuchungsgrundsatzes im Verwaltungsprozess ist die den Gerichten obliegende **Kontrolle der Gesetzmäßigkeit der Verwaltung;** es besteht im Verwaltungsrecht ein besonderes öffentliches Interesse an inhaltlich richtigen Gerichtsentscheidungen.
- **Amtsbetrieb:** Im Verwaltungsprozess besteht der Amtsbetrieb. Daher veranlassen die VGe Ladungen, Zustellungen, Terminsbestimmungen etc. von Amts wegen.
- **Mündlichkeit, Unmittelbarkeit und Öffentlichkeit:** Entscheidungsgrundlage für das Gericht soll grundsätzlich das **mündlich Vorgetragene** sein. Deshalb entscheiden die Verwaltungsgerichte gemäß § 101 I VwGO **aufgrund mündlicher Verhandlung.** Gemäß § 101 II VwGO kann bei Einverständnis der Beteiligten ohne mündliche Verhandlung entschieden werden. Auch in diesem Fall muss das Gericht aber dafür Sorge tragen, dass das Recht der Beteiligten auf rechtliches Gehör nicht verletzt wird.[1] Außerdem können Beschlüsse, wie zum Beispiel in den einstweiligen Rechtsschutzverfahren (→ §§ 105 ff.), fakultativ ohne mündliche Verhandlung ergehen (§ 101 III VwGO). Der **Unmittelbarkeitsgrundsatz** dient dem Interesse an der Wahrheitsfindung. Die mündliche Verhandlung und Beweiserhebung soll unmittelbar vor dem erkennenden Gericht und nicht vor anderen Instanzen stattfinden. Der **Öffentlichkeitsgrundsatz** folgt aus § 55 VwGO i.V.m. § 169 GVG. Danach sind Gerichtsverhandlungen vor dem VG grundsätzlich für jedermann zugänglich.
- **Recht auf rechtliches Gehör:** Nach Art. 103 I GG hat jedermann vor Gericht **Anspruch auf rechtliches Gehör** (→ § 49 Rn. 5 f.). Dieses Grundrecht wird in mehreren Bestimmungen der Verwaltungsgerichtsordnung einfachgesetzlich konkretisiert.

---

[1] BVerwG, NVwZ-RR 2004, 77 (78).

V. Gerichtliche Entscheidungen

Der Verwaltungsprozess wird regelmäßig durch eine Gerichtsentscheidung beendet. In den meisten Fällen wird ein **Urteil** erlassen (§ 107 VwGO), soweit nichts anderes bestimmt ist. Mit Blick auf die unterschiedliche Rechtskraftwirkung muss man Prozess- und Sachurteile auseinanderhalten. Bei einem **Prozessurteil** wird die Klage abgewiesen, weil sie unzulässig ist. Wird das Zulässigkeitshindernis später behoben, kann in derselben Angelegenheit noch einmal geklagt werden. Bei einem **Sachurteil** entscheidet das Gericht in der Sache selbst, es geht also auf die Begründetheit des Klagebegehrens ein.

6

Wenn die Verwaltungsgerichtsordnung dies bestimmt, entscheidet das Gericht durch **Beschluss**. Man unterscheidet zwei Arten der Beschlüsse: Zum einen gibt es *verfahrensbezogene* Beschlüsse, welche regelmäßig eine Entscheidung über eine prozessuale Frage enthalten oder der Förderung des Verfahrens dienen. Als Beispiel hierfür sei der Beiladungsbeschluss nach § 65 III VwGO (→ § 95 Rn. 2 f.) genannt. Zum anderen gibt es *streitentscheidende* Beschlüsse, welche das jeweilige Gerichtsverfahren beenden. Zu erwähnen sind insbesondere die Beschlüsse im Normenkontrollverfahren (§ 47 V 1 VwGO; → § 104) sowie in den vorläufigen Rechtsschutzverfahren (§§ 80 V, 123 IV VwGO; → §§ 106, 107).

Zweites Kapitel. Vorverfahren

§ 92. Vorverfahren

Fall 83: Grundstückseigentümer G möchte auf seinem Grundstück ein größeres Mehrfamilienhaus errichten. Zwei Monate nachdem ihm die Ablehnung seines Bauantrags durch die Baubehörde zugegangen ist, erhebt der G Widerspruch. Daraufhin erlässt die Baubehörde einen Widerspruchsbescheid, durch welchen dem G die Baugenehmigung unter der Maßgabe erteilt wird, dass er ein Stockwerk weniger als beantragt bauen darf. Die Baugenehmigung wird auch dem Nachbarn N übersandt, der sich jedoch auf einer Weltreise befindet und sich deshalb erst 11 Monate später schriftlich an die Behörde wendet, um ihr „Gelegenheit zu geben, den Sinn ihrer Entscheidung noch einmal zu überdenken".

I. Bedeutung und Funktion

§ 68 I 1 VwGO schreibt vor, dass vor Erhebung der Anfechtungsklage (→ § 98) Rechtmäßigkeit und Zweckmäßigkeit des VA in einem Vorverfahren nachzuprüfen sind. § 68 II VwGO erstreckt diese Regelung auf die Verpflichtungsklage (→ § 99), wenn der Antrag auf Vornahme des VAs abgelehnt worden ist. Die Bedeutung des Vorverfahrens für den Widerspruchsführer besteht im Umfang der von der Widerspruchsbehörde vorzunehmenden Prüfung: Während das VG auf die Prüfung der *Recht*mäßigkeit der behördlichen Maßnahme beschränkt ist (§ 113 I 1, V 1 VwGO) und die Zweckmäßigkeit der Maßnahme gemäß § 114 S. 1 VwGO grundsätzlich nur auf Rechtsfehler überprüfen darf (→ § 98 Rn. 12), kann die **Widerspruchsbehörde eigene Überlegungen zur Zweckmäßigkeit** des VAs anstellen.

1

Die **Durchführung des Vorverfahrens ist eine Sachentscheidungsvoraussetzung** (zum Begriff → § 93 Rn. 1). Das VG darf nur dann in der Sache über Anfechtungs- oder Verpflichtungsklage entscheiden, wenn das Vorverfahren *durchgeführt,* d. h. ein Widerspruchsbescheid erlassen worden ist.[1] Die bloße Einlegung des Widerspruchs ge-

---

[1] BVerwGE 26, 161 (165); 57, 342 (344); 61, 360 (362 f.).

nügt also noch nicht. Eine Ausnahme gilt lediglich für den Sonderfall des § 75 VwGO (→ § 99 Rn. 6).

2 Von den Funktionen des Vorverfahrens² ist zuvörderst seine **Rechtsschutzfunktion** zu nennen. Zwar gebietet weder Art. 19 IV GG noch anderes Verfassungsrecht die Einrichtung eines Vorverfahrens³, gleichwohl eröffnet dieses dem Bürger eine Möglichkeit, eine Kontrolle von Behördenentscheidungen zu erreichen, welche durch die von der Widerspruchsbehörde ausgeübte Zweckmäßigkeitskontrolle (§ 68 I 1 VwGO) sogar über die gerichtliche Überprüfung hinausgreift. Die **Kontrollfunktion** weist auf die Aufgabenstellung des Vorverfahrens hin, eine Selbstkontrolle der Verwaltung herbeizuführen. In seiner **Entlastungsfunktion** soll das Vorverfahren zu einer Entlastung der VGe beitragen, indem der Streitstoff in tatsächlicher und rechtlicher Hinsicht bereits aufbereitet wird und Gelegenheit zu einer außergerichtlichen Streitbeilegung besteht.

Die Prüfung, ob ein eingelegter Widerspruch Erfolg haben kann, vollzieht sich wie bei der Untersuchung der Erfolgsaussichten einer Klage (→ § 93 Rn. 1) in zwei Schritten: der Prüfung der Zulässigkeit und der Begründetheit des Rechtsbehelfs.

Übersicht: Prüfung eines Widerspruchs

(I) Sachentscheidungsvoraussetzungen
  (1) Eröffnung des Verwaltungsrechtswegs (§ 40 VwGO analog) (→ § 94)
  (2) Statthaftigkeit des Widerspruchs (§ 68 VwGO) (→ Rn. 3f.)
    (a) Anordnung in Sonderregelung (→ Rn. 3)
    (b) Vorliegen oder Erstreben eines VAs (§ 68 I 1, II VwGO)
    (c) Kein spezialgesetzlicher Ausschluss (§ 68 I 2 Alt. 1 VwGO)
    (d) Kein Ausschluss nach § 68 I 2 Alt. 2 Nr. 1 oder 2 VwGO (→ Rn. 5)
  (3) Beteiligtenbezogene Sachentscheidungsvoraussetzungen
    (a) Beteiligungsfähigkeit (§§ 79, 11 VwVfG) (→ § 72 Rn. 15)
    (b) Handlungsfähigkeit (§§ 79, 12 VwVfG) (→ § 72 Rn. 15)
    (c) Bei Auftreten eines Bevollmächtigten: Ordnungsgemäße Vollmacht (§§ 79, 14 VwVfG)
  (4) Ordnungsgemäße Widerspruchserhebung
    (a) Form (§ 70 I 1 VwGO) (→ Rn. 7)
    (b) Zuständige Behörde: Ausgangsbehörde (→ § 70 I 1 VwGO) oder Widerspruchsbehörde (§ 70 I 2 i.V.m. § 73 I 2 und 3 VwGO) (→ Rn. 7)
    (c) Frist (§ 70 VwGO) (→ Rn. 7ff.)
    (d) Widerspruchsbefugnis (§ 42 II VwGO analog) (→ Rn. 9a)
  (5) Widerspruchsinteresse (entspr. Rechtsschutzinteresse bei Klageerhebung; → § 96 Rn. 6ff.).

(II) Begründetheit
  (1) Anfechtungswiderspruch
    (a) Prüfung der Rechtmäßigkeit des angefochtenen VAs (→ § 75 Rn. 1)
    (b) Verletzung eines subjektiven Rechts des Widerspruchsführers (→ § 98 Rn. 13)

---

[2] Dazu BVerwG, NVwZ 2006, 1294; NVwZ-RR 2014, 869 (870).
[3] BVerfGE 35, 65 (73); 60, 253 (291); 69, 1 (48).

§ 92. Vorverfahren

   (c) Prüfung der Zweckmäßigkeit des angefochtenen rechtmäßigen VAs
    (aa) Ermessenseinräumung (→ § 69)
    (bb) Betroffenheit eines subjektiven Rechts des Widerspruchsführers (→ Rn. 12)
    (cc) Zweckmäßigkeitsüberlegungen (→ Rn. 13)
  (2) Verpflichtungswiderspruch
   (a) Prüfung der Rechtmäßigkeit der Ablehnung des VAs (→ § 76 Rn. 3)
   (b) Prüfung der Zweckmäßigkeit der rechtmäßigen Ablehnung des VAs (wie o. II 1 c)

II. Sachentscheidungsvoraussetzungen

1. Statthaftigkeit des Widerspruchs

Der Widerspruch ist statthaft, wenn die Durchführung eines Vorverfahrens gesetzlich vorgeschrieben ist. Bestimmt das Gesetz, dass es der Nachprüfung der Verwaltungsentscheidung in einem Vorverfahren nicht bedarf (§ 68 I 2 VwGO), so ist der Widerspruch unstatthaft. Bei einem solchen Gesetz kann es sich auch um ein Landesgesetz handeln. Die Länder haben von dieser Möglichkeit in unterschiedlichem Umfang Gebrauch gemacht: **3**

- Grundsätzlich abgeschafft worden ist das Vorverfahren in **Bayern, Niedersachsen** und in **Nordrhein-Westfalen.** In Bayern ist es nur noch in enumerativ bestimmten Fällen zulässig und auch in diesen nicht obligatorisch. Vielmehr steht es dem Betroffenen frei, ohne Durchführung des Vorverfahrens unmittelbar Klage zu erheben (Art. 15 BayAGVwGO). In Niedersachsen (§ 80 NJG) und Nordrhein-Westfalen (§ 110 JustG NRW) bedarf es in den aufgelisteten Fällen weiterhin der Durchführung eines Vorverfahrens.
- In **Hessen** ist das Vorverfahren zwar grundsätzlich obligatorisch, jedoch statuiert ein ausführlicher Katalog zahlreiche Fälle, in denen das Vorverfahren entfällt (§ 16a HessAGVwGO).
- In den **übrigen Bundesländern** finden sich teilweise keine Einschränkungen, teilweise die Herausnahme bestimmter Sachmaterien oder von im Einzelnen benannten Behörden erlassene Entscheidungen aus der Pflicht zur Durchführung eines Vorverfahrens.

Außerhalb spezialgesetzlicher Anordnungen (z. B. § 54 II BeamStG) ist der Widerspruch nur vor der Erhebung von Anfechtungs- (§ 68 I 1 VwGO) oder Verpflichtungsklage (§ 68 II VwGO) nicht aber bei anderen Klagearten statthaft. Für die Verpflichtungsklage ist die Durchführung des Vorverfahrens nur dann Sachentscheidungsvoraussetzung, wenn sie in der Form der Versagungsgegenklage (→ § 99 Rn. 2) erhoben werden soll.   **4**

> So verhält es sich im **Fall 83** hinsichtlich des Widerspruchs des G: Die Erteilung der beantragten Baugenehmigung ist von der Baugenehmigungsbehörde abgelehnt worden. Hätte die Behörde den Antrag des G nicht abgelehnt, sondern wäre schlicht untätig geblieben, so wäre G die Möglichkeit der Widerspruchserhebung versagt geblieben. Ein der Untätigkeitsklage (→ § 99 Rn. 2, 6) vorgeschalteter „Untätigkeitswiderspruch" wäre nicht statthaft.

5 Die Unstatthaftigkeit eines (weiteren) Vorverfahrens im Falle des § 68 I 2 Alt. 2 Nr. 2 VwGO, dass der Widerspruchsbescheid erstmalig eine Beschwer enthält, ergibt sich daraus, dass der VA bereits in einem Vorverfahren überprüft worden ist. Denn der Widerspruch gegen einen Widerspruchsbescheid ist unstatthaft.[4]

> Der Ausschluss gilt deshalb sowohl für die Konstellation, dass der Widerspruchsführer (im **Fall 83** der G) mit seinem Widerspruch Erfolg hat und der Widerspruchsbescheid einen Dritten (im **Fall 83** den N) beschwert, für den der ursprünglich angegriffene VA keine Belastung beinhaltete, als auch für die, dass der Widerspruchsbescheid für den Widerspruchsführer selbst eine gegenüber dem Ausgangs-VA zusätzliche Belastung enthält – im **Fall 83** die Reduzierung der von G beantragten Stockwerkszahl. Die von N der Behörde gegebene „Gelegenheit" zum Überdenken ihrer Entscheidung ist daher als Widerspruch unstatthaft und könnte allenfalls als (formlose) Gegenvorstellung angesehen werden.

2. Ungeschriebene Fälle des statthaften, aber entbehrlichen Widerspruchs

6 Von der Unstatthaftigkeit des Widerspruchs zu unterscheiden sind die in der Rechtsprechung entwickelten Fallgruppen, in denen ein Vorverfahren entbehrlich, der Widerspruch jedoch nicht unstatthaft ist. Der Betroffene kann also Widerspruch erheben, muss es aber nicht, sondern kann auch ohne vorheriges Vorverfahren klagen.

Wichtigster Fall ist die **rügelose Einlassung des Beklagten** im Verwaltungsprozess. Sieht die Behörde als Beklagte im Prozess davon ab, die Nichtdurchführung des nach § 68 VwGO erforderlichen Vorverfahrens zu rügen, und äußert sich zur Sache selbst, so soll der Antrag auf Klageablehnung unter prozessökonomischen Gesichtspunkten gleichzeitig als Ablehnung einer dem Widerspruch stattgebenden Widerspruchsentscheidung zu werten sein.[5] Da die Einhaltung der Sachentscheidungsvoraussetzungen nicht zur Disposition der Beteiligten steht, wird man dem nicht folgen können.[6] Ist ein von § 68 VwGO vorgeschriebenes Vorverfahren nicht durchgeführt worden, so muss die Klage selbst dann als unzulässig abgewiesen werden, wenn sich der Beklagte rügelos zur Sache einlässt. Da die Widerspruchsbehörde ebenso wenig über die Einhaltung der Sachentscheidungsvoraussetzungen disponieren kann, ist ein Vorverfahren auch nicht deshalb entbehrlich, weil das Verhalten der Widerspruchsbehörde die Erwartung zulässt, der Widerspruch werde ohnehin erfolglos bleiben.[7] Entsprechendes gilt für die irrtümliche Annahme der Widerspruchsbehörde, das Vorverfahren sei entbehrlich.[8] Etwas anderes kann nur in Ausnahmefällen, nämlich dann gelten, wenn der Zweck des Widerspruchsverfahrens *objektiv* nicht mehr erreicht werden kann. Ein solcher Fall liegt beispielsweise vor, wenn die Widerspruchs- mit der Ausgangsbehörde identisch ist und sie zum Erlass des in Rede stehenden VAs verbindlich durch die Aufsichtsbehörde angewiesen worden ist. Denn an diese Weisung ist die Behörde auch im Widerspruchsverfahren gebunden.[9]

---

[4] BVerwG, NVwZ-RR 2014, 869.
[5] BVerwGE 1, 247 (248 f.); 15, 306 (310); 18, 300 (301); 66, 39 (41).
[6] *K.-P. Dolde/Porsch,* in: Schoch/Schneider/Bier § 68 Rn. 29; *M.-E. Geis,* in: Sodan/Ziekow § 68 Rn. 162 f.; *Kopp/Schenke* Vor § 68 Rn. 11.
[7] *M. Geis,* in: Sodan/Ziekow § 68 Rn. 168. A. M. BVerwGE 27, 181 (185); 64, 325 (330); BVerwG, NVwZ 1988, 721 (724).
[8] A. M. BVerwGE 37, 87 (88); BVerwG, DÖV 1968, 496 (497).
[9] BVerwG, NVwZ 2011, 501 (504).

3. Ordnungsgemäße Widerspruchserhebung

Für die Form des Widerspruchs schreibt § 70 I 1 VwGO vor, dass der Widerspruch schriftlich oder zur Niederschrift bei der Behörde erhoben werden muss. Die Übermittlung als einfache e-Mail (ohne qualifizierte elektronische Signatur) genügt nicht.[10] Unerheblich ist, ob der Betroffene seine Erklärung als „Widerspruch" bezeichnet hat. Unter einem Widerspruch i. S. v. § 69 VwGO ist vielmehr jede Erklärung zu verstehen, der sich durch Auslegung entnehmen lässt, dass der Betroffene mit der getroffenen Maßnahme oder Entscheidung nicht einverstanden ist.[11]

7

> Dem im **Fall 83** verlautbarten Ziel des N, der Behörde „Gelegenheit zu geben, den Sinn ihrer Entscheidung noch einmal zu überdenken", lässt sich das Ziel einer Überprüfung unter Zweckmäßigkeitsgesichtspunkten entnehmen, so dass das Schreiben als Widerspruch anzusehen ist.

Der Widerspruch ist bei der Behörde zu erheben, die den VA erlassen hat (**Ausgangsbehörde**), wobei fristwahrend auch die Widerspruchseinlegung bei der Behörde wirkt, die den Widerspruchsbescheid zu erlassen hat, der sog. Widerspruchsbehörde (§ 70 I VwGO). Welches die **Widerspruchsbehörde** ist, ergibt sich aus § 73 VwGO. Grundsätzlich ist dies die nächsthöhere Behörde, soweit nicht durch Gesetz eine andere höhere Behörde bestimmt wird (§ 73 I 2 Nr. 1 VwGO).

Die **Widerspruchsfrist** beträgt laut § 70 I 1 VwGO einen Monat ab Bekanntgabe (→ § 79 Rn. 13 ff.) des VA an den Beschwerten.

> Der Widerspruch des G im **Fall 83** war daher unzulässig, der Widerspruch muss zurückgewiesen werden.

Läuft die Widerspruchsfrist ab, ohne dass der Beschwerte Widerspruch eingelegt hat, so wird der VA bestandskräftig (→ § 81 Rn. 3 f.). Ist eine § 41 VwVfG genügende Bekanntgabe nicht erfolgt, so läuft die Widerspruchsfrist des § 70 I 1 VwGO ebenso wenig wie die Jahresfrist nach § 70 II, § 58 II VwGO.

8

Von Bedeutung ist dies vor allem beim **VA mit Drittwirkung**. Die Bekanntgabe des VAs allein an den Antragsteller als Begünstigten (im **Fall 83**: den G) führt nicht dazu, dass für einen durch den VA belasteten Dritten (im **Fall 83**: den N) die Widerspruchsfrist zu laufen beginnt. Zeitliche Grenzen für die Erhebung eines Widerspruchs ergeben sich jedoch aus dem Grundsatz von Treu und Glauben, insbesondere einer **Verwirkung** (→ § 96 Rn. 9) **des Widerspruchsrechts**.

Besonderheiten gelten unter dem Gesichtspunkt des nachbarschaftlichen Gemeinschaftsverhältnisses für den **Nachbarwiderspruch im Baurecht**. Nach Treu und Glauben muss sich der Nachbar ab dem Zeitpunkt, ab dem er von den Beeinträchtigungen, die für ihn von der Ausnutzung der Baugenehmigung ausgehen können, auf andere Weise als durch Bekanntgabe zuverlässige Kenntnis erlangt hat, so behandeln lassen, als sei ihm die Baugenehmigung zu diesem Zeitpunkt amtlich bekanntgegeben worden.[12] Die Kenntnis vom Erlass der Baugenehmigung als solcher reicht also nicht aus; es kommt vielmehr auf die Kenntnis von den zu den Nachbarbeeinträchtigungen führenden Umständen an.[13] Gleiches gilt, wenn der Nachbar zuverlässige Kenntnis von dem für ihn relevanten Inhalt der Baugenehmigung hätte haben müssen, weil sich ihm das Vor-

---

[10] VGH Kassel, NVwZ-RR 2006, 377.
[11] BVerwG, NJW 2009, 2968.
[12] BVerwGE 44, 294 (300); 78, 85 (89 f.); VGH Mannheim, VBlBW 2012, 431.
[13] VGH Mannheim, VBlBW 2012, 431 (432).

liegen der Baugenehmigung – etwa durch Beginn der Bauarbeiten – aufdrängen musste und es ihm möglich war, sich hierüber – z. B. durch Nachfrage bei der Behörde oder beim Bauherrn – Gewissheit zu verschaffen.[14] Ab dem jeweiligen Zeitpunkt läuft die Jahresfrist nach § 70 II, § 58 II VwGO. Unter den Voraussetzungen der Verwirkung (→ § 96 Rn. 9) kann das Widerspruchsrecht allerdings auch schon vor Ablauf der Jahresfrist verwirkt sein.

> Im **Fall 83** ist nicht erkennbar, dass der N von den Bauplänen des G wusste. Deshalb ist sein innerhalb der Jahresfrist erhobener Widerspruch nicht verfristet.

9 Ob eine verschuldete Fristversäumnis dadurch geheilt werden kann, dass die Widerspruchsbehörde den verfristeten Widerspruch nicht als unzulässig zurückweist, sondern in der Sache über ihn entscheidet, ist umstritten:

- Die Rechtsprechung hält die Widerspruchsbehörde für berechtigt, nach ihrem Ermessen den unzulässigen Widerspruch sachlich zu bescheiden. Zur Begründung wird auf die Sachherrschaft der Widerspruchsbehörde verwiesen.[15]
- Der überwiegende Teil der Literatur widerspricht dem zu Recht:[16] Der mit Versäumung der Widerspruchsfrist erfolgte Eintritt der Bestandskraft des VAs kann durch eine Entscheidung der Widerspruchsbehörde in der Sache nicht überspielt werden.

> Für die Behandlung der Verfristung des Widerspruchs des G im **Fall 83** spielt der Meinungsstreit keine Rolle. Denn für die Konstellation des VAs mit Drittwirkung verneint auch die Rechtsprechung die Möglichkeit einer Entscheidung der Widerspruchsbehörde in der Sache über den verfristeten Widerspruch, wenn der Dritte (im **Fall 83** der N) durch den Eintritt der Bestandskraft eine gefestigte Rechtsposition erlangt hat.[17]

4. Widerspruchsbefugnis

9a Die Befugnis zur Erhebung eines Widerspruchs ist gegeben, wenn der Widerspruchsführer entsprechend § 42 II VwGO geltend machen kann, durch den angegriffenen VA oder den Nichterlass eines VAs in seinen subjektiven Rechten verletzt zu sein (→ § 98 Rn. 5 ff., § 99 Rn. 5). Die Besonderheit des Widerspruchs gegenüber einer Klage vor dem VG besteht allerdings darin, dass der Widerspruchsführer nicht nur die Rechts-, sondern auch die Zweckwidrigkeit des VAs bzw. seines Nichterlasses rügen kann. Daher ist die Widerpruchsbefugnis auch dann zu bejahen ist, wenn der Widerspruchsführer auf eine Betroffenheit in eigenen Rechten und auf eine zweckmäßigere und für ihn vorteilhaftere Lösung berufen kann.[18]

III. Verlauf des Vorverfahrens

10 Das Vorverfahren ist ein selbständiges Verwaltungsverfahren, das mit Erhebung des Widerspruchs beginnt (§ 69 VwGO). Sein Ablauf wird zuvörderst durch spezialgesetzliche Regelungen sowie die §§ 68 ff. VwGO und die Vorschriften der Ausführungsgesetze der Länder, ergänzend die Bestimmungen des Verwaltungsverfahrensgesetzes (§ 79 Hs. 2 VwVfG) sowie beim Verbleiben von Lücken durch die analoge Anwendung von Vorschriften der Verwaltungsgerichtsordnung geregelt.

---

[14] BVerwGE 44, 294 (300 f.); 78, 85 (89 f.); VGH Mannheim, VBlBW 2012, 431 (432).
[15] BVerwGE 15, 306 (310); 28, 305 (307 f.); 57, 342 (344).
[16] *M.-E. Geis*, in: Sodan/Ziekow § 68 Rn. 42 f.; *Kopp/Schenke* § 70 Rn. 9.
[17] BVerwGE 60, 297 (314); BVerwG, NVwZ 1983, 285; NVwZ-RR 1989, 85 (86); NJW 2010, 1686 Rn. 21.
[18] OVG Koblenz, DVBl. 2012, 511 (512).

§ 92. Vorverfahren

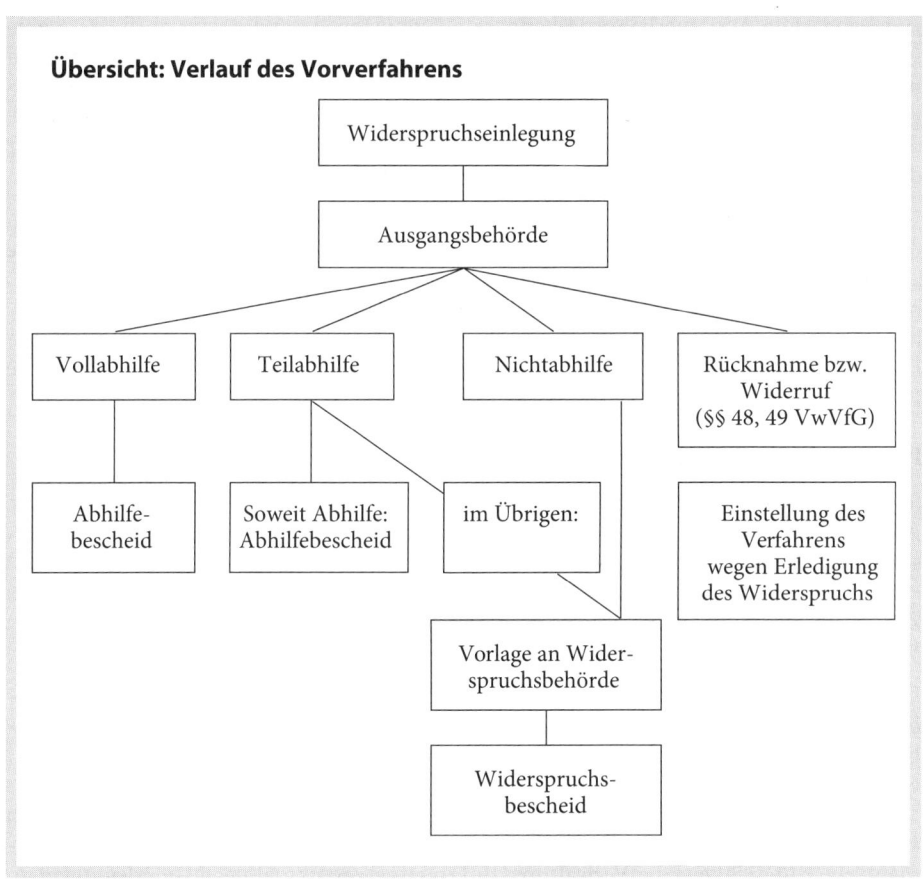

Ab Erhebung kommt dem Widerspruch **Suspensiveffekt,** d. h. die in § 80 I VwGO genannte aufschiebende Wirkung zu (→ § 106 Rn. 2f.). Darüber hinaus entfaltet der Widerspruch **Devolutiveffekt.** Allgemein versteht man unter dem Devolutiveffekt die Wirkung eines Rechtsbehelfs, dass für die Entscheidung einer Streitsache nunmehr die nächsthöhere Entscheidungsebene zuständig ist. Gegenüber beispielsweise der Berufung oder der Revision weist der Devolutiveffekt im Widerspruchsverfahren die Besonderheit auf, dass er durch die Abhilfeverweigerung seitens der Ausgangsbehörde aufschiebend bedingt ist: Nur soweit die Ausgangsbehörde dem Widerspruch nicht nach § 72 VwGO abhilft, wird die Widerspruchsbehörde überhaupt zur Entscheidung zuständig.

Hält die Ausgangsbehörde den Widerspruch für begründet, so *muss* sie ihm **abhelfen.** 11 Allerdings verbleibt der Ausgangsbehörde auch die Möglichkeit, den angefochtenen Bescheid außerhalb des Widerspruchsverfahrens nach § 48 VwVfG zurückzunehmen, anstatt dem Widerspruch abzuhelfen. Grenzen des diesbezüglichen Ermessens der Ausgangsbehörde ergeben sich insbes. unter dem Gesichtspunkt, dass sie nicht den Weg der Rücknahme wählen darf, nur um einer Kostenentscheidung nach § 72 VwGO (mit der Kostenfolge des § 80 VwVfG zugunsten des Widerspruchsführers) zu entgehen. In Zweifelsfällen ist von einer Entscheidung im Rahmen des Widerspruchsverfahrens auszugehen.¹⁹ Die Ausgangsbehörde kann nur zugunsten des Widerspruchsführers entscheiden, aber weder den Widerspruch als unzulässig oder unbegründet zurückweisen noch den angefochtenen VA zu Lasten des Widerspruchsführers ändern. Hält die Ausgangsbehörde den Widerspruch nur teilweise für begründet, so *kann* (nicht: muss) sie den angefochtenen VA teilweise aufheben bzw. den beantragten VA mit einem hinter dem Antrag des Widerspruchsführers zurückbleibenden Inhalt erlassen.

Will die Ausgangsbehörde dem Widerspruch nicht abhelfen, so legt sie den Widerspruch der Widerspruchsbehörde vor. Auch nach diesem Zeitpunkt kann die Ausgangsbehörde allerdings noch eine Abhilfeentscheidung erlassen.²⁰ Nach Eintritt des Devolutiveffekts besteht also eine **Zuständigkeitskonkurrenz** zwischen Ausgangs- und Widerspruchsbehörde, welche nach dem Prioritätsprinzip aufgelöst wird: Durch die zuerst ergehende Entscheidung wird das Vorverfahren beendet – auch mit Wirkung für die jeweils andere Behörde.

IV. Begründetheit des Widerspruchs

12 Sofern die Sachentscheidungsvoraussetzungen (→ Rn. 3 ff.) erfüllt sind und soweit die Ausgangsbehörde dem Widerspruch nicht abgeholfen hat (→ Rn. 11), hat die Widerspruchsbehörde zu prüfen, ob der Widerspruch begründet ist. Aus § 68 I 1, II VwGO ergibt sich, dass der Widerspruch nicht nur bei Rechtswidrigkeit, sondern auch bei Zweckwidrigkeit des angefochtenen VAs bzw. der Ablehnung des Erlasses des begehrten VAs begründet ist.

Die objektiv vorliegende Rechts- oder Zweckwidrigkeit des angegriffenen VAs reicht für die Begründetheit des Widerspruchs nicht aus. Hinzu kommen muss eine **Betroffenheit des Widerspruchsführers in seinen subjektiven Rechten.** Für den Fall der Rechtswidrigkeit der Entscheidung ist wie nach § 113 I 1, V 1 VwGO eine Verletzung von subjektiven Rechten des Widerspruchsführers durch den rechtswidrigen VA erforderlich (→ § 98 Rn. 13, § 99 Rn. 7). Ebenso wenig eröffnet die *Zweckmäßigkeitskontrolle* jedermann die Möglichkeit, die Verwaltung zu erneuten Zweckmäßigkeitsüberlegungen zu veranlassen. Vielmehr muss der Widerspruchsführer durch die *zweckwidrige* Entscheidung in seinen subjektiven Rechten betroffen sein. Eine solche Betroffenheit liegt vor, wenn die das Ermessen einräumende Norm – zumindest auch – den Interessen des Widerspruchsführers zu dienen bestimmt ist.

13 Die **Zweckmäßigkeit** der Entscheidung der Ausgangsbehörde ist nur zu erörtern, wenn die Entscheidung rechtmäßig ist. Ein rechtswidriger VA kann nicht zweckmäßig sein. Weiterhin muss der Behörde beim Erlass des VA Ermessen zustehen (→ § 69). Zweckwidrig ist eine Entscheidung, wenn sie zur Erreichung des von der Behörde verfolgten Ziels nicht sachgerecht ist und eine andere Entscheidung dieses Ziel besser zu erreichen vermag. Sofern eine Prüfungsaufgabe ausnahmsweise Raum für Zweckmäßigkeitsüberlegungen lässt, ist folgende Vorgehensweise empfehlenswert:

- Zusammenstellung der mit der Entscheidung verfolgten Ziele,
- Ermittlung evtl. ermessensbeschränkender Gesichtspunkte,
- Abwägung der für und gegen die in Betracht kommenden Entscheidungsalternativen sprechenden Gründe.

---

[19] BVerwG, NJW 2009, 2968 (2969).
[20] BVerwGE 82, 336 (338); BVerwG, Buchholz 310 § 72 VwGO Nr. 9; NVwZ 1987, 224 (225). A. M. etwa VGH München, BayVBl. 1976, 691.

§ 93. Begriff und Einteilung der Sachentscheidungsvoraussetzungen

Sofern der Widerspruchsführer seinen Angriff nicht auf einen rechtlich selbständigen Teil des VA beschränkt hat, eröffnet der zulässige und begründete Widerspruch der Widerspruchsbehörde die **vollen Entscheidungsbefugnisse** der Ausgangsbehörde. Die Widerspruchsbehörde kann den angefochtenen VA aufheben oder bestätigen, den beantragten VA selbst erlassen oder die Entscheidung der Ausgangsbehörde ändern, sie beispielsweise zum Erlass des beantragten VA verpflichten[21]. Bestehende Ermessensspielräume füllt die Widerspruchsbehörde durch *eigene* Ermessenserwägungen aus. Maßgebend für die Kontrolle durch das VG sind insoweit die von der Widerspruchsbehörde angegebenen Gründe und Erwägungen (§ 79 I Nr. 1 VwGO).

14

Die Zulässigkeit einer **inhaltlichen Verschlechterung des Ausgangsbescheids durch** den Widerspruchsbescheid (**reformatio in peius**) wird von VwGO und VwVfG nicht geregelt.[22] Als Beispiel kann die Verschärfung der durch den angefochtenen VA hervorgerufenen Belastung des Widerspruchsführers, z. B. durch Erhöhung der in dem angegriffenen Gebührenbescheid festgesetzten Summe, genannt werden. Von Teilen der Literatur wird die reformatio in peius für grundsätzlich unzulässig erachtet.[23] Gegen eine grundsätzliche Unzulässigkeit spricht allerdings schon § 79 II VwGO, der zwar nicht die Zulässigkeit einer Verböserung regelt, jedoch von der rechtlichen Möglichkeit einer Verschlechterung ausgeht. Darüber hinaus ist darauf hinzuweisen, dass gleichgewichtig neben der Rechtsschutzfunktion des Vorverfahrens dessen Kontrollfunktion steht (→ § 92 Rn. 2), die auf eine vollumfängliche Kontrolle der fraglichen Entscheidung in tatsächlicher und rechtlicher Hinsicht abzielt. Daher ist der Auffassung der Rechtsprechung zuzustimmen, dass die VwGO zu Zulässigkeit oder Unzulässigkeit der reformatio in peius im Vorverfahren keine Regelung trifft. Ihre Zulässigkeit richtet sich vielmehr nach dem jeweils anzuwendenden Bundes- oder Landesrecht.[24] Zulässig kann die reformatio in peius auch nach den Grundsätzen über die Rücknahme und den Widerruf von VAen sein.[25] Dabei ist zu beachten, dass die §§ 48 ff. VwVfG auf die Entscheidung der Widerspruchsbehörde *im* Vorverfahren nicht anwendbar sind und während des Vorverfahrens eine Aufhebung des VA nur unabhängig vom eingelegten Rechtsbehelf ermöglichen. Dabei kommen die Regelungen der §§ 48 ff. VwVfG über die Gewährung von Vertrauensschutz nicht zum Tragen, da der Widerspruchsführer mit seinem Widerspruch die Aufrechterhaltung des Bescheids selbst infrage stellt und ihm hierdurch die Eignung als Grundlage eines schutzwürdigen Vertrauens nimmt.[26] Dieser Konsequenz kann der Widerspruchsführer dadurch entgehen, dass er nur den ihn belastenden Teil des Ausgangsbescheids angreift, da hierdurch die Grenzen der Entscheidungsbefugnis der Widerspruchsbehörde bestimmt werden.[27]

Drittes Kapitel. Allgemeine Sachentscheidungsvoraussetzungen

§ 93. Begriff und Einteilung der Sachentscheidungsvoraussetzungen

Übungsarbeiten aus dem Verwaltungsrecht schließen häufig mit der Frage „Wie wird das VG entscheiden?" oder der Aufforderung „Entwerfen Sie die Entscheidung des VG!" In diesem Fall ist der Sachverhalt unter allen für die Entscheidung relevanten Gesichtspunkten zu durchdenken. Jedenfalls für Arbeiten im Rahmen der juristischen Ausbildung ist es zwingend, diese Prüfung in zwei Schritte zu unterteilen: die **Prüfung**

1

---

21 BVerwG, DVBl. 2008, 386 (387).
22 Vgl. BVerwGE 51, 310 (313 ff.); 65, 313 (319).
23 Kritisch etwa *Hufen* § 9 Rn. 17; *T. Klindt*, NWVBl. 1996, 452 (454 ff.).
24 BVerwGE 51, 310 (314); 65, 313 (319); 115, 259 (265); BVerwG, DVBl. 1996, 1318.
25 BVerwGE 65, 313 (319).
26 BVerwGE 67, 129 (134); BVerwG, DVBl. 1996, 1318; NVwZ 1999, 1218 (1219).
27 OVG Münster, NVwZ-RR 2013, 745 (746 f.).

des Vorliegens der **Sachentscheidungsvoraussetzungen** und die **Prüfung der Begründetheit** des Rechtsbehelfs. Diese Reihenfolge ist zwingend: Bevor zur Begründetheit Stellung genommen werden darf, muss das Vorliegen der Sachentscheidungsvoraussetzungen bejaht worden sein. Gleichwohl bewahrt das Ergebnis, dass der Rechtsbehelf unzulässig ist, in Übungsarbeiten nicht vor einer Stellungnahme zur Begründetheit in Form eines *Hilfsgutachtens*.

Es empfiehlt sich, nicht von „Zulässigkeitsvoraussetzungen", sondern von „Sachentscheidungsvoraussetzungen" zu sprechen. Die Erfüllung der Sachentscheidungsvoraussetzungen entscheidet darüber, ob das konkret angerufene Gericht über das erhobene Rechtsschutzbegehren in der Sache entscheiden darf. Hierunter fallen beispielsweise auch die Zulässigkeit des beschrittenen Rechtswegs oder die örtliche Zuständigkeit des angerufenen Gerichts. Der Begriff der *„Zulässigkeit"* ist demgegenüber enger und bezieht sich auf den erhobenen Rechtsbehelf und seine Aussichten, in der Sache beschieden zu werden. Würde es sich bei der Eröffnung des Verwaltungsrechtswegs oder der örtlichen Zuständigkeit um Zulässigkeitsvoraussetzungen handeln, so müsste die Klage bei Nichterfüllung einer dieser Voraussetzungen als unzulässig abgewiesen werden. Dies erfolgt jedoch nicht, sondern der Rechtsstreit ist nach § 17a GVG bzw. § 83 S. 1 VwGO i. V. m. § 17a GVG an das zuständige Gericht zu verweisen. Eröffnung des Verwaltungsrechtswegs und örtliche Zuständigkeit des Gerichts sind daher keine Voraussetzungen für die Zulässigkeit der Klage, wohl aber für eine Sachentscheidung gerade durch das VG.

Das VG prüft **von Amts wegen,** ob die Sachentscheidungsvoraussetzungen erfüllt sind. Es muss daher eine Klage auch dann als unzulässig abweisen, wenn das Fehlen einer Sachentscheidungsvoraussetzung vom Beklagten nicht gerügt worden ist.

2 Innerhalb der Sachentscheidungsvoraussetzungen ist zwischen allgemeinen und besonderen zu unterscheiden. **Allgemeine Sachentscheidungsvoraussetzungen** müssen bei jeder Klage erfüllt sein, unabhängig davon, ob es sich um eine Anfechtungs-, Leistungs-, Feststellungs- oder andere Klage handelt.[1] **Besondere Sachentscheidungsvoraussetzungen** gelten demgegenüber nur für bestimmte Formen von Rechtsschutzbegehren und unterscheiden sich von Klageart zu Klageart.

In der Fallbearbeitung empfiehlt es sich, alle Sachentscheidungsvoraussetzungen selbst dann *kurz* zu erwähnen, wenn nach dem Sachverhalt kein Anlass zur Erörterung besteht. Hierfür reicht ein knapper Hinweis wie „Die Klage ist form- und fristgerecht erhoben" oder „Anhaltspunkte dafür, dass A nicht prozessfähig ist, bestehen nicht". Zur leichteren Rekapitulation empfiehlt sich die Orientierung an der folgenden Übersicht, die jedoch keinesfalls als starres Prüfungsschema verstanden werden darf. Im Einzelfall kann vielmehr eine Abweichung von der vorgeschlagenen Reihenfolge sogar notwendig sein.

> **Übersicht: Allgemeine und besondere Sachentscheidungsvoraussetzungen**
>
> (1) Bestehen der deutschen Gerichtsbarkeit (§ 173 VwGO i.V. m. §§ 18 ff. GVG) (nur bei besonderen Anhaltspunkten erwähnungsbedürftig)
> (2) Eröffnung des Verwaltungsrechtswegs (§ 40 VwGO) (→ § 94)
> (3) Statthaftigkeit der Klage- oder Verfahrensart (§§ 42, 43, 47, 80, 123 VwGO) (→ § 98 Rn. 2 ff., → § 99 Rn. 2 ff., → § 100 Rn. 2 ff., → § 101 Rn. 2 ff., → § 102 Rn. 2 ff., → § 104 Rn. 4 f., → § 106 Rn. 11, → § 107 Rn. 4)

---

[1] Ausführlicher Überblick bei *D. Ehlers,* Jura 2007, 830 ff.; 2008, 183 ff.

(4) Sachliche, örtliche und instanzielle Zuständigkeit des Gerichts (§§ 45, 46, 48 ff. VwGO)
(5) Beteiligtenfähigkeit (→ § 61 VwGO) (→ § 95 Rn. 4)
(6) Prozessfähigkeit (§ 62 VwGO) (→ § 95 Rn. 5)
(7) Postulationsfähigkeit (§ 67 VwGO) (→ § 95 Rn. 5)
(8) Klage- bzw. Antragsbefugnis (§ 42 II, § 47 II VwGO) (→ § 98 Rn. 5 ff., § 99 Rn. 5, → § 100 Rn. 5, → § 104 Rn. 6 ff.)
(9) Ggf. besonderes Feststellungsinteresse (§ 43 I, § 113 I 4 VwGO) (→ § 101 Rn. 9 f., → § 102 Rn. 6 ff.)
(10) Ggf. Durchführung des Vorverfahrens (§§ 68 ff. VwGO) (→ § 92)
(11) Richtiger Klage- bzw. Antragsgegner (§§ 78, 47 II 2 VwGO)
(12) Ordnungsgemäße Klageerhebung bzw. Antragstellung (§§ 81, 82 VwGO) (→ § 96 Rn. 1)
(13) Ggf. Klage- oder Antragsfrist (§§ 74, 47 II 1 VwGO) (→ § 98 Rn. 9, → § 104 Rn. 13)
(14) Fehlen anderweitiger Rechtshängigkeit (§§ 90, 173 VwGO i.V.m. § 17 I 2 GVG) (→ § 96 Rn. 2 f.) und einer rechtskräftigen Entscheidung in derselben Sache (§ 121 VwGO) (→ § 96 Rn. 4 f.)
(15) Rechtsschutzbedürfnis (→ § 96 Rn. 6 ff.)

§ 94. Eröffnung des Verwaltungsrechtswegs

Fall 84: Bei den Ermittlungen zur Aufklärung einer Serie von Banküberfällen ist der A ins Visier der Polizei geraten, die darüber hinaus Grund zu der Annahme hat, dass weitere Straftaten desselben Täters unmittelbar bevorstehen. Die Polizei führt deshalb eine längerfristige Observation des A durch. Der A, der hiervon Kenntnis erlangt, möchte die Rechtswidrigkeit der Observation gerichtlich feststellen lassen. Welcher Rechtsweg ist einschlägig?
Siehe **Fall 52** bei § 67.

Gemäß § 40 I 1 VwGO ist der Verwaltungsrechtsweg in allen öffentlich-rechtlichen Streitigkeiten nichtverfassungsrechtlicher Art gegeben, soweit die Streitigkeiten nicht durch Bundesgesetz einem anderen Gericht ausdrücklich zugewiesen sind. Die Bedeutung dieser sog. **verwaltungsgerichtlichen Generalklausel** besteht darin, dem Einzelnen in Umsetzung des verfassungsrechtlichen Gebots des Art. 19 IV 1 GG *lückenlosen Rechtsschutz* gegen Maßnahmen der öffentlichen Gewalt zur Verfügung zu stellen. Die Generalklausel enthält eine Absage an das sog. Enumerationsprinzip, unter dem die Verwaltungsgerichte nur für im einzelnen aufgezählte Sachmaterien und/oder die Anfechtung bestimmter behördlicher Verfügungen zuständig waren.

Ob die Voraussetzungen des § 40 VwGO erfüllt sind, ist nach der wirklichen Natur des behaupteten Rechtsverhältnisses zu bestimmen. Unerheblich ist, wie die Beteiligten den geltend gemachten Anspruch rechtlich klassifizieren.[1] Hingegen ist bei der Prüfung von dem erkennbaren Ziel der Klage auf der Grundlage der vom Kläger vorgetragenen Behauptungen *tatsächlicher* Art auszugehen, deren Richtigkeit im Rahmen der Rechtswegerörterung unterstellt wird.

---

[1] GSOGB BGHZ 97, 312 (313 f.); GSOGB BVerwGE 74, 368 (370); BVerwGE 96, 71 (73).

2 Bei der Prüfung kann auf die folgende Zusammenstellung zurückgegriffen werden:

> **Übersicht: Eröffnung des Verwaltungsrechtswegs**
> (1) Aufdrängende Sonderzuweisung an den Verwaltungsrechtsweg (→ Rn. 3)
> (2) Erfolgte Verweisung des Rechtsstreits an das VG (§ 173 VwGO i.V. m. § 17a II GVG) (→ Rn. 3)
> (3) Abdrängende Sonderzuweisung an ein anderes Gericht
>   (a) durch Bundesgesetz (§ 40 I 1 Hs. 2 VwGO) (→ Rn. 4 ff.)
>   (b) durch Landesgesetz (§ 40 I 2 VwGO) (→ Rn. 9)
>   (c) gemäß § 40 II VwGO
>   (aa) Zuweisung nach § 40 II 1 VwGO (→ Rn. 10)
>   (bb) Vorbehalte des § 40 II 2 VwGO
> (4) Generalklausel des § 40 I 1 Hs. 1 VwGO
>   (a) Vorliegen einer rechtlichen Streitigkeit (→ Rn. 12 ff.)
>   (b) Vorliegen einer Streitigkeit nichtverfassungsrechtlicher Art (→ Rn. 15)
>   (c) Vorliegen einer öffentlich-rechtlichen Streitigkeit (→ Rn. 16 f.)

I. Verwaltungsgerichtliche Zuständigkeit kraft Sondervorschrift oder Verweisung

3 **Bundesrechtliche Sonderzuweisungen** an den Verwaltungsrechtsweg betreffen vor allem Klagen aus besonderen Pflichtenverhältnissen (§ 54 I BeamtStG). Beispiele für landesgesetzliche Vorschriften sind die Regelungen in den Polizei- und Ordnungsgesetzen der Länder, nach denen über bestimmte Erstattungs- und Ersatzansprüche im Streitfall die VGe entscheiden (vgl. Art. 73 II BayPAG; § 42 II BbgOBG; § 86 NSOG; § 43 II OBG NW).

Die Eröffnung des Verwaltungsrechtswegs kann sich auch daraus ergeben, dass der Rechtsstreit von dem Gericht eines anderen Rechtswegs gemäß § 17a II 1 GVG an das VG verwiesen worden ist. Der aufdrängenden Wirkung dieser Rechtswegverweisung kann sich das VG nicht entziehen: Nach § 17a II 3 GVG ist der Verweisungsbeschluss für das Gericht, an das der Rechtsstreit verwiesen worden ist, hinsichtlich des Rechtswegs bindend. Selbst wenn das VG zu dem Ergebnis kommt, dass die Voraussetzungen des § 40 I 1 Hs. 1 VwGO nicht vorliegen, sondern der Rechtsweg zu einer dritten Gerichtsbarkeit eröffnet ist, darf es den Rechtsstreit nicht an diese weiterverweisen.

II. Abdrängende Sonderzuweisung an ein anderes Gericht

4 Von der in § 40 I 1 Hs. 1 VwGO getroffenen Grundentscheidung für die Zuständigkeit der Gerichte der allgemeinen Verwaltungsgerichtsbarkeit abweichende Zuweisungen an Gerichte anderer Gerichtszweige durch **formelles Bundesgesetz** (§ 40 I 1 Hs. 2 VwGO) betreffen vor allem die Zuständigkeit der ordentlichen Gerichte (Zivil- und Strafgerichte) sowie der besonderen Verwaltungsgerichte (Finanz- und Sozialgerichte).

§ 94. Eröffnung des Verwaltungsrechtswegs

1. Staatshaftungsrechtliche Ansprüche

Art. 14 III 4 GG enthält für Streitigkeiten um die **Höhe der Enteignungsentschädigung** 5
eine Zuweisung an den ordentlichen Rechtsweg unmittelbar kraft Verfassungsrechts.
Die Vorschrift greift nur ein, wenn um die Höhe der Entschädigung für eine Enteignung im Sinne von Art. 14 III 1 GG (→ § 42 Rn. 33 ff.) gestritten wird. Die *Enteignung selbst* hingegen kann vor dem Zivilgericht nicht abgewehrt werden. Für das Begehren um Aufhebung des Eingriffsakts ist der Verwaltungsrechtsweg eröffnet. Keine Enteignungen im Sinne von Art. 14 III 1 GG und damit *nicht* von Art. 14 III 4 GG erfasst sind die Ansprüche aus enteignendem oder enteignungsgleichem Eingriff (→ § 87 Rn. 5 ff.) sowie wegen einer ausgleichspflichtigen Inhaltsbestimmung des Eigentums.[2] Für sie kommt eine Zuweisung an den ordentlichen Rechtsweg nur nach § 40 II 1 VwGO (→ Rn. 10) in Betracht.

Art. 34 S. 3 GG bestimmt, dass für den gegen den Staat oder die Körperschaft, in deren Dienst der betreffende Amtswalter steht, gerichteten **Amtshaftungsanspruch** sowie für den Rückgriff gegen den Amtswalter der ordentliche Rechtsweg nicht ausgeschlossen werden darf.

2. Justizverwaltungsakte

Von Bedeutung ist ferner die Zuständigkeit für Streitigkeiten über Justizverwaltungs- 6
akte gemäß § 23 EGGVG. Nach § 23 I 1 EGGVG entscheiden über die Rechtmäßigkeit der Anordnungen, Verfügungen oder sonstigen Maßnahmen, die von den Justizbehörden zur Regelung einzelner Angelegenheiten auf den Gebieten des bürgerlichen Rechts einschließlich des Handelsrechts, des Zivilprozesses, der freiwilligen Gerichtsbarkeit und der Strafrechtspflege getroffen werden, auf Antrag die **ordentlichen Gerichte.** Ausbildungsrelevante Abgrenzungsprobleme ergeben sich vor allem im Verhältnis zur Strafrechtspflege.

Der zur Zusammenfassung der § 23 I EGGVG unterfallenden Maßnahmen verwendete Begriff „Justizverwaltungsakt" darf nicht mit dem VA im Sinne von § 35 VwVfG (→ § 74) verwechselt werden. Sofern die Maßnahme eine unmittelbare Außenwirkung aufweist, fallen vielmehr auch Realakte unter § 23 I EGGVG.[3]

Auch die Observation des A im **Fall 84** unterfällt daher § 23 EGGVG.

Keine Justizverwaltungsakte sind insbesondere die sog. **Prozesshandlungen**[4], worunter neben der rechtsprechenden Tätigkeit der Gerichte alle weiteren Handlungen von Strafverfolgungsorganen zu verstehen sind, welche auf die Einleitung, die Ausgestaltung oder die Durchführung eines Ermittlungs- oder eines Strafverfahrens gerichtet sind.[5] Polizeiliche Zwangsmaßnahmen in strafrechtlichen Ermittlungsverfahren sind deshalb in entsprechender Anwendung von § 98 II StPO durch die Strafgerichte zu überprüfen.

Der Anwendung des § 23 I EGGVG liegt ein **funktionaler Begriff der Justizbehörde** 7
zugrunde. Auf die organisatorische Zuordnung, beispielsweise zum Justizministerium, kommt es nicht an. Maßgebend ist vielmehr, dass die fragliche Maßnahme in Wahr-

---

[2] Vgl. BGHZ 90, 17 (31); 91, 20 (26).
[3] OVG Münster, NJW 1977, 1790.
[4] OLG Karlsruhe, NJW 1976, 1417 (1418); 1997, 267; OLG Saarbrücken, NJW 1995, 1440.
[5] OLG Karlsruhe, NJW 1976, 1417 (1418).

nehmung einer Aufgabe ergriffen wird, die der Behörde spezifisch als Aufgabe der Strafrechtspflege zugewiesen ist.⁶ Justizbehörden sind daher neben den Gerichten – soweit sie nicht rechtsprechend tätig werden – auch die Staatsanwaltschaft und die Polizei.

> Im **Fall 84** sind daher auch die die Observation des A anordnenden und durchführenden Polizeibehörden Justzbehörden im Sinne von § 23 EGGVG.

Abgrenzungsschwierigkeiten ergeben sich vor allem für polizeiliches Tätigwerden, das sowohl **strafverfolgender (repressiver)** als auch **gefahrenabwehrender (präventiver)** Natur sein kann.

> Beispiel ist die Observation des A im **Fall 84,** welche sowohl der Ermittlung des Täters der bereits erfolgten Banküberfälle als auch der Verhinderung weiterer Straftaten dient. Für die Verfolgung beider Zwecke stehen der Polizei entsprechende Rechtsgrundlagen zur Verfügung: im Rahmen der Strafverfolgung § 163f StPO und im Rahmen präventivpolizeilichen Tätigwerdens die einschlägigen Vorschriften der landesrechtlichen Polizeigesetze (§ 22 I Nr. 1 PolG BW; Art. 33 I Nr. 1 BayPAG; § 32 BbgPolG; § 34 NSOG; § 16 PolG NW).

Wird die Polizei tätig, um Gefahren für die öffentliche Sicherheit abzuwehren (→ § 68 Rn. 6), so greift § 23 EGGVG nicht ein. Dies gilt in erster Linie für polizeiliche Maßnahmen auf der Grundlage der Polizei- und Sicherheitsgesetze der Länder. Die **Abgrenzung** ist zunächst danach vorzunehmen,

- ob der Schaden an einem Rechtsgut bereits eingetreten ist und der Verantwortliche ermittelt und bestraft werden soll: dann repressives Tätigwerden;
- oder ob ein Schaden droht und durch das polizeiliche Handeln abgewendet werden soll: dann präventives Tätigwerden.

Nach § 81b StPO vorgenommene erkennungsdienstliche Maßnahmen sind repressiver Natur und damit nach § 23 EGGVG anfechtbar, wenn sie „für die Zwecke der Durchführung des Strafverfahrens" vorgenommen wurden.⁷ Erfolgt die Durchführung der Maßnahme „für die Zwecke des Erkennungsdienstes", so handelt es sich um keine Maßnahme der Strafverfolgung, sondern eine solche der Vorsorge⁸, für deren Anfechtung der Verwaltungsrechtsweg eröffnet ist.⁹ Gleiches gilt für die auf der Grundlage des Landespolizeirechts ergriffenen erkennungsdienstlichen Maßnahmen.

8 Nicht immer sind repressives und präventives Handeln der Polizei allerdings eindeutig zu unterscheiden. Im Zweifelsfall ist darauf abzustellen, welchem Zweck das polizeiliche Handeln bei objektiver Betrachtung diente. Denkbar ist allerdings, dass die Polizei mit ein und derselben Maßnahme sowohl präventive als auch repressive Zwecke verfolgt.

> Beispiel ist **Fall 84,** wo die Polizei sowohl die begangenen Banküberfälle aufklären als auch weitere Straftaten verhüten will.

Es handelt sich dann um eine sog. **doppelfunktionale Maßnahme,** bei der nicht feststeht, ob sie präventiv oder repressiv eingesetzt wird. Andere Beispiele können sich u. a. bei Durchsuchungen, Beschlagnahmen oder Ingewahrsamnahmen ergeben. Die Einordnung als repressive oder präventive Maßnahme und damit die Zuordnung zum

---

⁶ BVerwGE 69, 192 (195).
⁷ BVerwGE 47, 255 (265); 66, 192 (193f.); BVerwG, BayVBl. 2012, 379.
⁸ BVerwG, NJW 2006, 1225 (1226).
⁹ BVerwGE 66, 192 (194); 66, 202; BVerwG, NVwZ-RR 2011, 710; BayVBl. 2012, 379 (380).

§ 94. Eröffnung des Verwaltungsrechtswegs

ordentlichen oder zum Verwaltungsrechtsweg ist dann danach vorzunehmen, wo der Schwerpunkt des polizeilichen Handelns liegt,[10] wobei maßgeblich die natürliche Betrachtungsweise eines verständigen Bürgers ist[11].

Diese Abgrenzungsgesichtspunkte führen in **Fall 84** zu keinem klaren Bild: Soweit erkennbar stehen die Zwecke der Aufklärung der Banküberfälle und der Verhinderung weiterer Straftaten gleichberechtigt nebeneinander. In diesem Fall ist sowohl der Verwaltungsrechtsweg nach § 40 VwGO als auch der Rechtsweg zu den ordentlichen Gerichten nach § 23 EGGVG eröffnet. Das zuerst angerufene Gericht entscheidet den Rechtsstreit unter allen in Betracht kommenden rechtlichen Gesichtspunkten (§ 17 II 1 GVG).[12]

3. Zuweisungen durch Landesgesetz

Landesgesetzliche Zuweisungen an Gerichte anderer Gerichtszweige finden sich vor allem im Polizei- und Ordnungsrecht der Länder. Es weist Streitfälle über Entschädigungsansprüche des als Nichtstörer Inanspruchgenommenen sowie für rechtswidrige Maßnahmen der Behörden den ordentlichen Gerichten zu (vgl. § 58 PolG BW; Art. 73 I BayPAG; § 42 I BbgOBG; § 86 NSOG; § 43 I OBG NW). Diese Zuweisungen unterfallen bereits § 40 II 1 VwGO und wirken daher deklaratorisch.

9

4. Zuweisung an den ordentlichen Rechtsweg nach § 40 II 1 VwGO

§ 40 II 1 VwGO nimmt eine Zuweisung von Gegenständen an den ordentlichen Rechtsweg vor, welche traditionell durch die ordentlichen Gerichte entschieden wurden. Es soll ein einheitlicher Rechtsweg insbesondere in den Fällen gewahrt werden, die in einem sachlichen Zusammenhang mit Ansprüchen wegen Enteignung oder aus Amtshaftung stehen, für die die ordentlichen Gerichte schon kraft Verfassungsrechts zur Entscheidung berufen sind (Art. 14 III 4, Art. 34 S. 3 GG). In Konsequenz dessen gelten die Zuweisungen des § 40 II 1 VwGO **nur für Ansprüche des Bürgers gegen den Staat**; Ansprüche des Staates gegen den Bürger sind dagegen vor den VGen geltend zu machen.[13]

10

Vermögensrechtliche Ansprüche aus Aufopferung für das gemeine Wohl im Sinne von § 40 II 1 Hs. 1 Alt. 1 VwGO sind nicht nur die aus Aufopferung im staatshaftungsrechtlichen Sinne (→ § 88), sondern darüber hinaus die Entschädigungsansprüche unter den Gesichtspunkten des enteignenden (→ § 87 Rn. 19 ff.) und des enteignungsgleichen (→ § 87 Rn. 7 ff.) Eingriffs.[14] Durch Einfügung des § 40 II 1 Hs. 2 VwGO ist nunmehr ausdrücklich klargestellt, dass Entschädigungsansprüche wegen ausgleichspflichtiger Inhalts- und Schrankenbestimmung des Eigentums (→ § 87 Rn. 3 f.) im Verwaltungsrechtsweg zu verfolgen sind.[15]

---

[10] BVerwGE 47, 255 (264 f.); OVG Lüneburg, NVwZ-RR 2014, 327; OVG Münster, NJW 1980, 855; VGH München, BayVBl. 1993, 429 (430); 2010, 220. **Lesen** Sie zu den doppelfunktionalen Maßnahmen bitte *F. Schoch*, Jura 2013, 1115.

[11] OVG Lüneburg, NVwZ-RR 2014, 327.

[12] OVG Lüneburg, NVwZ-RR 2014, 327 (328). A. M. *W.-R. Schenke*, NJW 2011, 2838: Das ordentliche Gericht überprüft die polizeilichen Maßnahmen nur, soweit sie auf die StPO gestützt sind, das VG nur, soweit als Rechtsgrundlage das Polizeirecht herangezogen wurde. Für einen umfassenden Rechtsschutz müsste der Betroffene also parallel zwei Rechtswege beschreiten.

[13] BVerwGE 37, 231 (236); BGH, DÖV 1990, 1027 (1028).

[14] BGHZ 90, 17 (31); 91, 20 (28); 122, 76 (79); *Kopp/Schenke* § 40 Rn. 61. A. M. etwa *Hufen* § 11 Rn. 69: nur Aufopferung im staatshaftungsrechtlichen Sinn; *H. Sodan*, in: Sodan/Ziekow § 40 Rn. 545: nicht Ansprüche aus enteignungsgleichem Eingriff.

[15] VGH Mannheim, NVwZ-RR 2005, 745 (746).

Eine **öffentlich-rechtliche Verwahrung** im Sinne von § 40 II 1 Hs. 1 Alt. 2 VwGO liegt vor, wenn eine Behörde eine bewegliche Sache in Erfüllung öffentlicher Aufgaben in ihre Obhut nimmt und die Sache dabei zugleich für den Berechtigten aufbewahrt (→ § 90 Rn. 16). **Vermögensrechtliche Ansprüche** sind nicht allein Geldleistungsansprüche, sondern **alle Ansprüche des Bürgers aus dem Verwahrungsverhältnis,** z. B. auf Rückgabe, Schadensersatz oder Aufwendungsersatz[16].

Der Anwendungsbereich der Zuweisung des § 40 II 1 Hs. 1 Alt. 3 VwGO für **Schadensersatzansprüche aus der Verletzung öffentlich-rechtlicher Pflichten** ist dadurch beträchtlich reduziert, dass Amtshaftungsansprüche schon durch Art. 34 S. 3 GG dem ordentlichen Rechtsweg zugewiesen sind und Schadensersatzansprüche wegen der Verletzung von Pflichten aus einem öffentlich-rechtlichen Vertrag von der Zuweisung ausdrücklich ausgenommen sind. Diese Rückausnahme betr. öffentlich-rechtliche Verträge gilt allerdings nicht, wenn in dem Vertrag nur Ansprüche geregelt werden, die den ordentlichen Gerichten nach § 40 II 1 Hs. 1 VwGO zugewiesen sind. Beispiel ist ein Vergleichsvertrag über staatshaftungsrechtliche Ansprüche; über Ansprüche aus einem solchen Vertrag entscheiden die ordentlichen Gerichte.[17] Darüber hinaus sind nur Ansprüche auf Geldersatz, nicht auf Erfüllung, Naturalrestitution oder Folgenbeseitigung gemeint. Die Zuweisung gilt beispielsweise für Ansprüche aus der Verletzung öffentlich-rechtlich ausgestalteter Straßenverkehrssicherungspflichten[18] und Schadensersatzansprüche aus öffentlich-rechtlicher Geschäftsführung ohne Auftrag (→ § 90 Rn. 2 ff.), wohingegen alle anderen Ansprüche aus diesem Schuldverhältnis, beispielsweise der Aufwendungsersatzanspruch des Geschäftsführers, vor die VGe gehören.

Für Ansprüche aus Verschulden bei Abschluss eines öffentlich-rechtlichen Vertrages (→ § 83 Rn. 30) ist es nicht sinnvoll, sie von den Ansprüchen aus dem eigentlichen Vertragsverhältnis – für die wegen der Ausnahme in § 40 II 1 Hs. 1 Alt. 3 VwGO nicht die Zuweisung zum ordentlichen Rechtsweg gilt – abzukoppeln und isoliert als Schadensersatzansprüche aus der Verletzung öffentlich-rechtlicher Pflichten den ordentlichen Gerichten zuzuweisen.[19] Zur Verhinderung einer solchen Rechtswegaufspaltung sind daher grundsätzlich die VGe zuständig.[20] Eine Ausnahme gilt nur dann, wenn der Anspruch aus Verschulden bei Vertragsschluss im Zusammenhang mit einem Amtshaftungsanspruch steht. Denn über diesen Anspruch entscheiden nach Art. 34 S. 3 GG die ordentlichen Gerichte (→ § 86 Rn. 23), so dass es in dieser Konstellation wiederum zu einer gleichsam umgekehrten Rechtswegaufspaltung käme.[21]

III. Generalklausel des § 40 I 1 Hs. 1 VwGO

11 Ergibt sich die Entscheidungsbefugnis des VG nicht schon aus einer aufdrängenden Sonderzuweisung (→ Rn. 3) oder einer bindenden Verweisung (→ Rn. 3) und ist keine abdrängende Sonderzuweisung einschlägig, so ist die Generalklausel des § 40 I 1 Hs. 1 VwGO zu prüfen. Sie enthält drei Voraussetzungen, nämlich das Vorliegen einer *rechtlichen* Streitigkeit, die *nichtverfassungsrechtlicher* Art und dem *öffentlichen* Recht zuzuordnen ist.

1. Vorliegen einer rechtlichen Streitigkeit

12 Wegen der Rechtsbindung aller staatlichen Gewalt (Art. 20 III GG) (→ § 7 Rn. 15 ff.) und der Rechtsschutzgarantie des Art. 19 IV GG (→ § 45) kann ein gerichtlich nicht kontrollierbarer Bereich im Sinne einer nicht-*rechtlichen* Streitigkeit nur ein seltener

---

[16] OVG Lüneburg, NVwZ-RR 2015, 760.
[17] VGH Mannheim, DÖV 2005, 791 (792).
[18] BGH, NJW 1993, 2612.
[19] A. M. etwa VGH Mannheim, DVBl. 1981, 265 (266).
[20] OVG Weimar, NJW 2002, 386 (387).
[21] BVerwG, NJW 2002, 2894 (2895).

§ 94. Eröffnung des Verwaltungsrechtswegs 701

Ausnahmefall sein. Die Probleme der üblicherweise in diesem Zusammenhang behandelten Fallgruppen liegen meist nicht beim Erfordernis einer rechtlichen Streitigkeit, sondern bei anderen Sachentscheidungsvoraussetzungen, beispielsweise der Klagebefugnis.

a) Sog. justizfreie Hoheitsakte

Unter dem Begriff des **justizfreien Hoheitsakts** werden Fälle staatlichen Handelns diskutiert, deren Überprüfbarkeit durch die Gerichte (vermeintlich) zweifelhaft ist. Nicht justizfrei sind z. B. die sog. **Regierungsakte**. Dabei handelt es sich um staatsleitende Akte oberster Staatsorgane, beispielsweise die Bestimmung der Richtlinien der Politik durch den Bundeskanzler (Art. 65 S. 1 GG) (→ § 15 Rn. 21). Häufig wird es sich dabei allerdings um verfassungsrechtliche Streitigkeiten handeln, die nicht vor den VGen ausgetragen werden können (→ Rn. 15). Einer gerichtlichen Kontrolle nicht entzogen sind schließlich Streitigkeiten über **Petitionsentscheidungen** (→ § 44 Rn. 3 f.). 13

Im Ergebnis nichts anderes gilt für **Gnadenakte.** Allerdings nimmt die vom BVerfG angeführte Rechtsprechung überwiegend den überkommenen Standpunkt ein, dass Gnade „vor Recht" gehe und dementsprechend nicht rechtlichen Bindungen unterworfen sein könne.[22] Eine Ausnahme wird nur dann gemacht, wenn eine bereits erfolgte Begnadigung widerrufen wird. Hier soll wegen Art. 19 IV GG der Rechtsweg offen stehen.[23] Zu Recht ist demgegenüber der ganz überwiegende Teil des Schrifttums der Auffassung, dass Gnadenentscheidungen justitiabel sind.[24] Auch die Gewährung von Gnade ist Ausübung von Staatsgewalt, die sich weder ihrer Bindung an die Grundrechte (Art. 1 III GG) noch an das übrige Recht (Art. 20 III GG) entziehen kann und jedenfalls durch das Willkürverbot des Art. 3 I GG (→ § 30 Rn. 3 ff.) inhaltlich begrenzt wird.

b) Organstreitigkeiten

Ein Organstreit liegt vor, wenn zwischen verschiedenen Organen einer juristischen Person des öffentlichen Rechts (in der Regel einer Selbstverwaltungskörperschaft oder -anstalt) oder innerhalb eines Organs Meinungsunterschiede über die Rechtmäßigkeit des innerorganisatorischen Funktionsablaufs ausgetragen werden (→ § 103 Rn. 1 f.). Hier ist das Bedenken geäußert worden, dass Rechtsstreitigkeit im Sinne von § 40 I 1 VwGO nur der Streit um subjektive Rechte sein könne.[25] Doch gibt der Wortlaut des § 40 I 1 VwGO für eine Beschränkung auf den Streit nur um subjektive Rechte nichts her. Im Ergebnis sind Innenrechtsstreitigkeiten daher rechtliche Streitigkeiten im Sinne von § 40 I 1 VwGO. 14

2. Vorliegen einer Streitigkeit nichtverfassungsrechtlicher Art

Nichtverfassungsrechtlicher Art ist jede Streitigkeit, die sich nicht positiv als verfassungsrechtliche bestimmen lässt. Für die **Qualifizierung einer Streitigkeit als verfassungsrechtliche** ist nicht die Eröffnung der Zuständigkeit eines Verfassungsgerichts als formelles Kriterium, sondern sind **materielle Kriterien** ausschlaggebend.[26] Das Rechts- 15

---

[22] BVerfGE 25, 352 (358 ff.); 30, 108 (110 ff.); 45, 187 (242 ff.); BVerwG, NJW 1983, 187 (188 f.).
[23] BVerfGE 30, 108 (111).
[24] *M. Ibler,* in: Friauf/Höfling, Berliner Kommentar zum Grundgesetz, 2007, Art. 19 IV Rn. 74. A. M. etwa *H. Sodan,* in: Sodan/Ziekow § 40 Rn. 173.
[25] So etwa *G. Kisker,* Insichprozeß und Einheit der Verwaltung, 1968, S. 24 f.
[26] BVerfGE 62, 295 (312 f.); VGH München, NVwZ 1991, 386.

verhältnis muss entscheidend vom Verfassungsrecht geformt sein, die Auslegung und Anwendung der Verfassung muss den eigentlichen Kern des Rechtsstreits bilden.[27]

Gefordert ist eine sog. **doppelte Verfassungsunmittelbarkeit** in dem Sinne, dass zum materiell verfassungsrechtlichen Gehalt der Streitigkeit die unmittelbare Beteiligung der streitenden Rechtssubjekte am Verfassungsleben, insbesondere als Verfassungsorgan, hinzutreten muss.[28] Der Zweck der Einführung dieses zusätzlichen Erfordernisses besteht darin, Streitigkeiten zwischen Staat und Bürger ausnahmslos aus dem Kreis der verfassungsrechtlichen Streitigkeiten auszuscheiden.[29] Auch bei der Klage eines Bürgers gegen eine Behörde, welche ausschließlich auf die Verletzung von Grundrechten gestützt wird, bildet die Auslegung und Anwendung der Verfassung den Kern des Rechtsstreits. Wie das Erfordernis der Rechtswegerschöpfung vor Erhebung der Verfassungsbeschwerde (§ 90 II 1 BVerfGG) (→ § 51 Rn. 45 f.) zeigt, wird die Streitigkeit dadurch nicht zur verfassungsrechtlichen.

> So liegt im **Fall 52** nicht deshalb eine verfassungsrechtliche Streitigkeit vor, weil an ihr der Präsident und die D-Fraktion als organisatorische Gliederung des obersten Staatsorgans Bundestag beteiligt sind. Das gegenüber C verhängte Hausverbot hätte vielmehr in gleicher Weise durch eine Verwaltungsbehörde ausgesprochen werden können und wird nicht entscheidend durch das Verfassungsrecht geformt.

3. Vorliegen einer öffentlich-rechtlichen Streitigkeit

16 Das Erfordernis des Vorliegens einer öffentlich-rechtlichen Streitigkeit dient der **Abgrenzung des Verwaltungsrechtswegs zur ordentlichen Gerichtsbarkeit,** die gemäß § 13 GVG zur Entscheidung der bürgerlichen Rechtsstreitigkeiten berufen ist. Bei der Anwendung dieses Tatbestandsmerkmals ist daher die Zuordnung der Streitigkeit zum öffentlichen Recht oder zum Privatrecht zu leisten (→ § 67). Bietet der Sachverhalt einer juristischen Übungsarbeit keinen Anlass zur Problematisierung, so genügt im Rahmen des zu erstellenden Gutachtens auch hinsichtlich dieser Sachentscheidungsvoraussetzung ein kurzer Hinweis, dass und warum eine öffentlich-rechtliche Streitigkeit vorliegt.

17 Die Entscheidung, ob eine öffentlich-rechtliche oder eine privatrechtliche Streitigkeit vorliegt, richtet sich nach der **Natur des Rechtsverhältnisses,** aus dem der Klageanspruch hergeleitet wird.[30] Abzustellen ist auf die wirkliche Natur des behaupteten Rechtsverhältnisses auf der Grundlage der vom Kläger vorgetragenen Behauptungen tatsächlicher Art. Es muss daher eine zweistufige Prüfung vorgenommen werden (→ § 67 Rn. 3):

- Ermittlung der Norm, anhand derer über das Rechtsschutzbegehren zu entscheiden ist;
- Zuordnung dieser Norm zum öffentlichen Recht oder Privatrecht.

---

[27] BVerwGE 24, 272 (279); 50, 124 (130); 80, 355 (357); BVerwG, NVwZ 2009, 599.
[28] BVerwG, NJW 1976, 637 (638); BayVerfGH, DÖV 1992, 967; BerlVerfGH, NJW 1996, 2567 (2568). A. M. *H. Sodan,* in: Sodan/Ziekow § 40 Rn. 195 m.w.N.
[29] Vgl. BVerwGE 51, 69 (71); 80, 355 (358); *Hufen* § 11 Rn. 50.
[30] GSOGB BSGE 37, 292; BGHZ 97, 312 (313 f.); 108, 284 (286); BGH, NVwZ 2006, 243 (244); BVerwGE 96, 71 (73); BVerwG, NVwZ 2007, 820.

In **Fall 52** kommt es für die Zuordnung des Begehrens der D-Fraktion nicht darauf an, welche weiteren Rechte und Pflichten zwischen dem Bundestagspräsidenten und Fraktion bestehen und wie diese zu qualifizieren wären. Zu betrachten ist nur das die Frage des Zugangsrechts zum Parlamentsgebäude betreffende Teilrechtsverhältnis. Prägende Norm ist insoweit das die Verhängung eines Hausverbots ermöglichende Hausrecht, das nach Art. 40 I 2 GG vom Bundestagspräsidenten ausgeübt wird. Für die Rechtswegzuordnung ist zu beachten, dass der B das Hausverbot in der Form eines schriftlichen Bescheids mit Rechtsmittelbelehrung erlassen hat. Schon deshalb liegt eine öffentlich-rechtliche Streitigkeit vor, so dass es nicht mehr darauf ankommt, ob das Hausverbot hier als privatrechtliches oder öffentlich-rechtliches zu qualifizieren ist (→ § 67 Rn. 9). Auch für Streitigkeiten über öffentlich-rechtliche Hausverbote sind jedoch nicht immer die Verwaltungsgerichte zuständig. Wird das Hausverbot bspw. im Zusammenhang mit einem sozialrechtlichen Verwaltungsverfahren ausgesprochen, so sind hierfür nach § 51 SGG die Sozialgerichte zuständig.[31] Diesbezüglich besteht also eine abdrängende Sonderzuweisung (→ § 94 Rn. 4) an die Gerichte der Sozialgerichtsbarkeit.

Wichtig ist, sich daran zu erinnern, dass es für die Zuordnung einer behördlichen Maßnahme zum öffentlichen oder privaten Recht darauf ankommt, wie die Behörde *tatsächlich* gehandelt hat – nicht, wie sie handeln durfte (→ § 67 Rn. 4). Hat die Behörde für ihr Handeln die Form eines VAs gewählt, obwohl es sich inhaltlich um eine durch das Zivilrecht geprägte Rechtsbeziehung handelt, so ist gleichwohl der Verwaltungsrechtsweg eröffnet.[32]

§ 95. Beteiligtenbezogene Sachentscheidungsvoraussetzungen

Fall 85: Grundstückseigentümer G beantragt bei der Baugenehmigungsbehörde vergeblich eine Baugenehmigung und erhebt deshalb Verpflichtungsklage. Nachbar N ist der Auffassung, die begehrte Baugenehmigung würde ihn so handgreiflich betreffen, dass er zu dem Rechtsstreit notwendig beizuladen sei. Das VG unterlässt eine Beiladung des N und verpflichtet die Behörde zur Erteilung der beantragten Baugenehmigung.

I. Eigenschaft als Beteiligter

Während die Zivilprozessordnung den Begriff der „Partei" verwendet (§§ 50 ff. ZPO), benutzt die Verwaltungsgerichtsordnung den des „Beteiligten" (§ 63 VwGO) zur Kennzeichnung des Kreises derjenigen Personen, die am Prozess mit eigenen Verfahrensrechten beteiligt sind. Dies ist deshalb wichtig, weil bestimmte Sachentscheidungsvoraussetzungen an die Beteiligteneigenschaft anknüpfen, beispielsweise die nach § 61 VwGO zu bestimmende Beteiligtenfähigkeit. Die Beteiligteneigenschaft selbst ist hingegen keine Sachentscheidungsvoraussetzung, sondern weist verschiedene „Parteirollen"[1] zu. Die Verteilung dieser Rollen erfolgt rein formell nach der erhobenen Klage ohne Rücksicht auf das materielle Recht. In Übungs- und Prüfungsarbeiten bedarf es einer Erwähnung lediglich dann, wenn die Beteiligteneigenschaft als solche zweifelhaft ist, beispielsweise aus der Klageschrift nicht klar hervorgeht, wem die „Rolle" des Beklagten zufallen soll.

1

Hauptbeteiligte am verwaltungsgerichtlichen Verfahren sind der **Kläger** (§ 63 Nr. 1 VwGO) und der **Beklagte** (§ 63 Nr. 2 VwGO). In den Verfahren der Normenkontrolle nach § 47 VwGO und des einstweiligen Rechtsschutzes nach § 80 V, § 123 VwGO spricht man stattdessen von Antrag-

---

[31] BSG, BeckRS 2009, 62466.
[32] OVG Lüneburg, NVwZ-RR 2008, 850; OVG Münster, NVwZ-RR 2010, 587 (588); *Sodan*, in: Sodan/Ziekow § 40 Rn. 382.

[1] *D. Czybulka*, in: Sodan/Ziekow § 63 Rn. 4.

steller und Antragsgegner, ohne dass sich hierdurch etwas an der Rollenverteilung ändern würde. Kläger und Beklagter im Sinne des § 63 Nr. 1 und 2 VwGO sind diejenigen, die in der **Klageschrift** (§ 82 I 1 VwGO) als solche bezeichnet sind. Im Verwaltungsprozess ist in der ganz überwiegenden Zahl der Fälle Kläger ein Bürger, der Rechtsschutz gegen die Verwaltung begehrt.

2   Die **Beteiligung Dritter** an einem verwaltungsgerichtlichen Verfahren ist nicht beliebig, sondern nur als Beigeladener (§ 63 Nr. 3 VwGO) unter den Voraussetzungen des § 65 VwGO möglich.[2] Die **Beiladung** kann in allen Verfahrensarten erfolgen, auch in Verfahren des einstweiligen Rechtsschutzes nach § 80 V, § 123 VwGO und – mit den Einschränkungen des § 47 II 4 VwGO – im Normenkontrollverfahren. Sie ist ein besonderes Instrument des Verwaltungsprozessrechts zur Bewältigung der mit der **Berührung der Interessen Dritter** verbundenen Probleme. Dementsprechend dient die Beiladung folgenden Zielen:

Übersicht: Ziele der Beiladung

Problem	Regelungsziel	Lösungsinstrument
Nichtberücksichtigung vom Streitgegenstand berührter Drittinteressen	Wahrung der Interessen des Dritten	Einräumung der Beteiligtenstellung (§ 63 Nr. 3 VwGO)
Nur teilweiser Vortrag des gesamten Streitstoffs durch Kläger und Beklagten	Umfassende Aufklärung des Streitstoffs	Einräumung der Beteiligtenstellung (§ 63 Nr. 3 VwGO) mit der Obliegenheit zur Mitwirkung bei der Sachverhaltsaufklärung (§ 86 I 1 Hs. 2 VwGO)
Gefahr mehrerer Prozesse mit sich widersprechenden Entscheidungen	Prozessökonomie/ Rechtssicherheit	Einräumung der Beteiligtenstellung (§ 63 Nr. 3 VwGO) mit Rechtskrafterstreckung auch auf den Beigeladenen (§ 121 Nr. 1 VwGO)

Die Beiladung Dritter, deren rechtliche Interessen durch die Entscheidung berührt werden, ist selbst dann keine Sachentscheidungsvoraussetzung, wenn ein Fall der notwendigen Beiladung nach § 65 II VwGO vorliegt. Eine unter Verstoß gegen § 65 VwGO unterlassene Beiladung führt daher ebenso wenig zur Unzulässigkeit der Klage wie eine erfolgte Beiladung, bei der die Voraussetzungen des § 65 VwGO nicht erfüllt waren.

Im **Fall 85** ist die Klage des G also nicht etwa deshalb unzulässig, weil N ggf. notwendig beizuladen wäre.

---

[2] Zur Beiladung ausführlich A. *Guckelberger*, JuS 2007, 436 ff.

§ 95. Beteiligtenbezogene Sachentscheidungsvoraussetzungen

§ 65 VwGO unterscheidet zwischen der einfachen (Abs. 1) und der notwendigen Beiladung (Abs. 2). Eine **einfache Beiladung** kann gemäß § 65 I VwGO von Amts wegen oder auf Antrag erfolgen, wenn rechtliche Interessen Dritter durch die Entscheidung berührt werden. Die einfache Beiladung steht auch bei Erfüllung der tatbestandlichen Voraussetzungen im **Ermessen des Gerichts**. Die Voraussetzungen einer **notwendigen Beiladung** sind nach § 65 II VwGO erfüllt, wenn der Dritte an dem streitigen Rechtsverhältnis derart beteiligt ist, dass die Entscheidung auch ihm gegenüber nur einheitlich ergehen kann. Dies ist dann der Fall, wenn die vom Kläger begehrte Sachentscheidung des Gerichts unmittelbar auch Rechte des beizuladenden Dritten gestaltet, bestätigt, feststellt, verändert oder aufhebt.[3] Es muss sich also um eine rechtliche Betroffenheit handeln. Nicht ausreichend ist demgegenüber eine rein tatsächliche Verbindung der Interessen des Dritten mit den in Streit stehenden Interessen der Beteiligten.

3

Ebenso wenig reicht es im **Fall 85** aus, dass der N der Auffassung ist, die von G mit der Verpflichtungsklage begehrte Baugenehmigung betreffe ihn „handgreiflich". Das Maß einer vermeintlichen tatsächlichen Betroffenheit ist insoweit unerheblich. N ist nicht notwendig beizuladen. Es fehlt an einer unmittelbaren Betroffenheit der Rechte des N durch die Entscheidung, da der N die aufgrund der Entscheidung erlassene Baugenehmigung mit der Anfechtungsklage angreifen kann.

II. Beteiligtenfähigkeit

Anders als die Eigenschaft als Beteiligter ist die in § 61 VwGO geregelte **Beteiligtenfähigkeit Sachentscheidungsvoraussetzung**: Ist der Kläger nicht beteiligtenfähig, so ist die Klage als unzulässig abzuweisen. Die Beteiligtenfähigkeit des Beklagten ist nur problematisch, wenn auf Beklagtenseite nicht ein Verwaltungsträger oder eine Behörde steht, insbesondere im Kommunalverfassungsstreit (→ § 103 Rn. 6). Unter der Beteiligtenfähigkeit ist die Fähigkeit zu verstehen, mit **eigenen prozessualen Rechten und Pflichten** Beteiligter eines verwaltungsgerichtlichen Verfahrens sein zu können. Die Beteiligtenfähigkeit ist gleichsam die prozessuale Seite der materiellen Rechtsfähigkeit. Dem entspricht der Aufbau des § 61 VwGO.

4

§ 61 Nr. 1 VwGO bezieht sich auf die materiellrechtliche Vollrechtsfähigkeit, die **natürlichen und juristischen Personen zukommt**. Sie sind deshalb auch ohne Einschränkung beteiligtenfähig. Der materiellen Teilrechtsfähigkeit korrespondiert die Beteiligtenfähigkeit von **Vereinigungen, soweit ihnen ein Recht zustehen kann** (§ 61 Nr. 2 VwGO). Zu beachten ist, dass diese Form der Beteiligtenfähigkeit *zwei* Voraussetzungen hat: das Vorhandensein einer Vereinigung und die Möglichkeit, dass der Vereinigung das geltend gemachte Recht zusteht. Mangels Rechtsfähigkeit ist grundsätzlich nicht die Behörde, die z. B. den fraglichen VA erlassen hat oder erlassen soll, sondern der Verwaltungsträger, für den die Behörde nach außen in Erscheinung tritt (→ § 58 Rn. 3), beteiligungsfähig. Eine eigene Beteiligungsfähigkeit von Behörden besteht nach § 61 Nr. 3 VwGO nur dann, sofern das Landesrecht dies bestimmt.

III. Prozessfähigkeit, Postulationsfähigkeit, Prozessführungsbefugnis

Die **Prozessfähigkeit** entspricht der bürgerlichrechtlichen Geschäftsfähigkeit. Unter der Prozessfähigkeit ist die Fähigkeit zu verstehen, wirksam Prozesshandlungen selbst oder durch einen Bevollmächtigten vornehmen zu können. Das Fehlen der Prozessfähigkeit (§ 62 VwGO) des Klägers macht die Klage unzulässig. Die **Postulationsfähigkeit** betrifft hingegen die Fähigkeit, vor einem bestimmten Gericht auftreten und dort wirksam Prozesshandlungen vornehmen zu können. Sie fehlt, wenn – wie vor BVerwG und OVG (§ 67 IV 1 VwGO) – ein Vertretungszwang besteht.

5

---

[3] BVerwGE 51, 268 (275); BVerwG, NVwZ 1999, 296.

Sachentscheidungsvoraussetzung ist auch die **Prozessführungsbefugnis,** worunter die Befugnis, über das im Prozess streitige Recht im eigenen Namen einen Rechtsstreit zu führen, zu verstehen ist.[4] Die Ermittlung der Prozessführungsbefugnis der Beteiligten stellt klar, dass der Rechtsstreit unter den richtigen Beteiligten ausgetragen wird. Die **aktive Prozessführungsbefugnis** betrifft die Frage, ob der Kläger befugt ist, das in Anspruch genommene Recht im eigenen Namen geltend zu machen. Sie ist nur dann fraglich, wenn der Kläger als **Prozessstandschafter** fremde Rechte im eigenen Namen geltend macht. Die **passive Prozessführungsbefugnis** besitzt der Beklagte, wenn er für denjenigen, dessen Verpflichtung durch den Kläger behauptet wird, im eigenen Namen den Prozess führen darf. In der Regel fällt die passive Prozessführungsbefugnis mit der **Passivlegitimation,** d. h. der materiellrechtlichen Verpflichtung durch das vom Kläger geltend gemachte Recht zusammen (die **Aktivlegitimation** betrifft demgegenüber die Frage, ob dem Kläger das geltend gemachte Recht zusteht).

§ 96. Klagebezogene Sachentscheidungsvoraussetzungen

Fall 86: Naturfreund F ist entsetzt, als er von dem Vorhaben erfährt, dass eine Straße mitten durch ein Naturschutzgebiet gebaut werden soll. Er erhebt deshalb verwaltungsgerichtliche Klage mit dem Antrag, den Bau zu unterlassen. Darüber hinaus erwirbt er ein für ihn völlig wertloses Grundstück, über das die geplante Trasse führen würde, mit dem erklärten Ziel, es nach erfolgreicher Klage gegen den Planfeststellungsbeschluss sofort wieder abzustoßen. Die Behörde müsste zur Vorbereitung der Planung unbedingt Vermessungen auf diesem Grundstück durchführen. Da der F jedoch den Zugang verweigert, erhebt die Behörde verwaltungsgerichtliche Klage mit dem Antrag, dass F die Durchführung der Vermessungsarbeiten dulden muss.

I. Ordnungsgemäße Klageerhebung oder Antragstellung

1 Wegen der im Verwaltungsprozess geltenden **Dispositionsmaxime** (→ § 91 Rn. 5) kann ein verwaltungsgerichtliches Verfahren nicht von Amts wegen, sondern nur durch eine **Klage** begonnen werden. Gemäß § 81 I 1 VwGO muss die Klage **schriftlich** erhoben werden. Nur bei dem VG ist eine Erhebung der Klage zur Niederschrift des Urkundsbeamten der Geschäftsstelle zulässig. Die Wahrung der Schriftform, die auch per Tele- oder Computerfax möglich ist, setzt eine **eigenhändige Unterschrift** durch den Kläger oder seinen Bevollmächtigten voraus. Als verfahrenseinleitender Schriftsatz kann die Klage (ebenso wenig wie der Widerspruch) nicht mit einfacher E-mail übermittelt werden.[1]

II. Fehlende Rechtshängigkeit und Rechtskraft

2 Der über § 173 VwGO anzuwendende § 17 I 2 GVG erklärt zur weiteren Sachentscheidungsvoraussetzung, dass die Sache nicht von einer der Parteien bereits anderweitig rechtshängig gemacht worden ist. Während die **Rechtshängigkeit** im Zivilprozess erst mit Zustellung der Klageschrift an den Beklagten eintritt (§§ 253 I, 261 I ZPO), fällt sie im Verwaltungsprozess mit der Anhängigkeit, d. h. dem Eingang der Klage beim VG, zusammen (§§ 81 I, 90 I VwGO). Sie endet mit der Rechtskraft der das Verfahren abschließenden Entscheidung, Klagerücknahme (§ 92 VwGO), gerichtlichem Vergleich (§ 106 VwGO) oder übereinstimmender Erledigungserklärung (§ 161 II VwGO).

---

[4] *Schenke* Rn. 539.
[1] VGH Kassel, NVwZ-RR 2006, 377.

§ 96. Klagebezogene Sachentscheidungsvoraussetzungen

Ob „die Sache", die rechtshängig gemacht werden soll, bereits anderweitig rechtshängig ist oder ob es sich um eine andere Sache handelt, bestimmt sich nach dem **Streitgegenstand.** Der Streitgegenstand bestimmt sich durch folgende Elemente:[2]

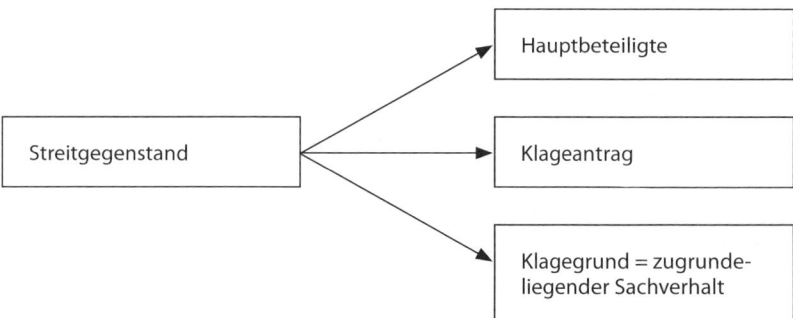

Begehrt derselbe Kläger vom selben Beklagten dieselbe Handlung wegen desselben Lebenssachverhalts vor unterschiedlichen Gerichten, so besteht die Gefahr sich widersprechender Entscheidungen. Dies soll die Sachentscheidungsvoraussetzung des Fehlens anderweitiger Rechtshängigkeit verhindern.

Ist über die Sache, die der Kläger jetzt anhängig machen will, **bereits rechtskräftig entschieden,** so würde es dem mit der Gewährung gerichtlichen Rechtsschutzes verfolgten Ziel, **Rechtsfrieden** zu schaffen, zuwiderlaufen, wenn der jeweils Unterlegene die Sache wieder und wieder vor Gericht bringen könnte. § 121 Nr. 1 VwGO bestimmt deshalb, dass rechtskräftige Urteile die Beteiligten und ihre Rechtsnachfolger binden, soweit über den Streitgegenstand entschieden worden ist. Konsequenz dieser Bindung ist es, dass eine abweichende Entscheidung über den bereits entschiedenen Streit nicht mehr möglich ist. Eine weitere Klage mit demselben Streitgegenstand ist deshalb schon als unzulässig, nicht erst als unbegründet abzuweisen.

Diese Bindungswirkung greift ein, wenn (1.) der zweite Rechtsstreit zwischen den Beteiligten des ersten Rechtsstreits oder ihren Rechtsnachfolgern über (2.) denselben Streitgegenstand geführt werden soll, über den (3.) durch rechtskräftiges Urteil bereits entschieden worden ist. Sie wird als **materielle Rechtskraft** bezeichnet, für deren Eintritt die **formelle Rechtskraft** Voraussetzung ist. Formell rechtskräftig ist eine Entscheidung, wenn sie nicht mehr mit ordentlichen Rechtsmitteln angegriffen werden kann.

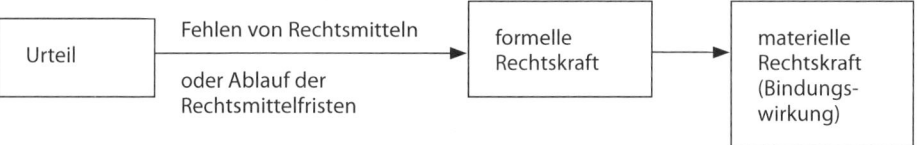

Die materielle Rechtskraft reicht so weit, wie über den Streitgegenstand entschieden worden ist. Wird die Klage beispielsweise als unzulässig abgewiesen, so wird das Sachbegehren des Klägers von der Bindungswirkung nicht erfasst. Sofern die Klage nunmehr zulässigerweise erhoben wird, kann der Kläger das Gericht erneut mit der Sache befassen. Hat der Kläger erfolgreich Anfechtungsklage erhoben, so kann die Behörde nicht denselben VA nochmals erlassen. Die rechtlichen

---

[2] Zum Streitgegenstand bei den verschiedenen Klagearten *Schenke* Rn. 608 ff.

Ausführungen des Gerichts in der rechtskräftigen Entscheidung werden von der Bindungswirkung nicht erfasst.

III. Allgemeines Rechtsschutzbedürfnis

6 Die Gewährung gerichtlichen Rechtsschutzes kann nur demjenigen zuteil werden, der dieses Schutzes zur Durchsetzung seiner Rechte bedarf. Dieses **Rechtsschutzbedürfnis** wird – in Abgrenzung zu nach der Verwaltungsgerichtsordnung je nach Verfahrensart ggf. erforderlichen besonderen Rechtsschutzinteressen wie dem Feststellungsinteresse bei der Feststellungsklage nach § 43 I VwGO (→ § 101 Rn. 9f.) – *allgemeines* Rechtsschutzbedürfnis genannt. Es ist Sachentscheidungsvoraussetzung bei allen Verfahrensarten der Verwaltungsgerichtsordnung, auch bei objektiven Beanstandungsverfahren wie dem Normenkontrollverfahren nach § 47 VwGO.

Sofern keine Anhaltspunkte für das Fehlen des allgemeinen Rechtsschutzbedürfnisses ersichtlich sind, sind Ausführungen zu diesem Punkt nicht nur überflüssig, sondern verfehlt. Das Vorliegen des allgemeinen Rechtsschutzbedürfnisses ist die Regel, sein **Fehlen die begründungsbedürftige Ausnahme.**[3] Als Hinweis auf das Vorliegen eines Regelfalls genügt der Satz: „Anhaltspunkte für das Fehlen des allgemeinen Rechtsschutzbedürfnisses sind nicht ersichtlich."

Die Erörterung des Fehlens des allgemeinen Rechtsschutzbedürfnisses erfolgt regelmäßig anhand folgender **Fallgruppen,** die in Praxis und Lehre herausgearbeitet worden sind.

1. Fehlende, noch fehlende oder nicht mehr bestehende Erreichbarkeit des verfolgten Ziels

7 Das allgemeine Rechtsschutzbedürfnis fehlt zunächst, wenn der Kläger das von ihm verfolgte Ziel mit Hilfe der Klage nicht, noch nicht oder nicht mehr erreichen kann. Einschlägig ist diese Fallgruppe zum einen, wenn die **Klage zur Zielerreichung nichts beitragen** kann und deshalb aus Rechtsschutzsicht sinnlos ist. Beispiele sind das Begehren auf gerichtliche Klärung einer rein theoretischen Streitfrage, die Erhebung einer Verpflichtungsklage auf Erteilung einer Baugenehmigung, obwohl auch für die Zukunft feststeht, dass das Grundstück aus zivilrechtlichen Gründen nicht bebaubar ist, oder eine Verpflichtungsklage auf Ernennung zum Beamten, obwohl die Stelle bereits mit einem Konkurrenten besetzt worden ist (eine Ausnahme von diesem „Grundsatz der Ämterstabilität" gilt dann, wenn der unterlegene Bewerber keine Möglichkeit besaß, *vor* der Ernennung seines Konkurrenten gerichtlichen Rechtsschutz in Anspruch zu nehmen – in diesem Fall kann die bereits erfolgte Ernennung wieder rückgängig gemacht werden[4]).

Schließlich kann der beantragte **Rechtsschutz zu früh** kommen, so dass der Kläger das Klageziel jedenfalls jetzt noch nicht erreichen kann. Gemeint sind die Begehren auf Gewährung **vorbeugenden Rechtsschutzes,** insbesondere in Form der vorbeugenden Unterlassungsklage, für die nur unter besonderen Voraussetzungen ein Rechtsschutzbedürfnis besteht (→ § 100 Rn. 4).

---

[3] Vgl. BVerwGE 81, 164 (165f.).
[4] BVerwG, NVwZ 2011, 358 (361ff.). Dazu *U. Battis,* DVBl. 2013, 673.

§ 96. Klagebezogene Sachentscheidungsvoraussetzungen

Ein solches Rechtsschutzbedürfnis ist im **Fall 86** für die von F erhobene Unterlassungsklage nicht erkennbar. Seine Klage ist deshalb unzulässig.

2. Einfachere Möglichkeit zur Erreichung des Rechtsschutzziels

Das allgemeine Rechtsschutzbedürfnis fehlt auch, wenn der Kläger den angestrebten Erfolg auf einem einfacheren Weg erreichen kann. Dies ist vor allem dann der Fall, wenn Möglichkeiten bestehen, das Ziel zu erreichen, **ohne hierfür gerichtlichen Rechtsschutz** in Anspruch nehmen zu müssen. 8

So fehlt einer Behörde das allgemeine Rechtsschutzinteresse für eine gegen den Bürger gerichtete Leistungs- oder Feststellungsklage, wenn sie das begehrte Verhalten auch durch den Erlass eines VAs einseitig verbindlich regeln könnte. Dass die Behörde zum Erlass eines VAs *verpflichtet* ist, ist hingegen nicht erforderlich.[5] Dies gilt uneingeschränkt, wenn der VA bereits erlassen worden ist und es nur noch um dessen Durchsetzung geht, die im Wege der Verwaltungsvollstreckung erfolgt (→ § 80). Ist der die Verhaltensregelung enthaltende (Grund-)VA noch nicht erlassen, so fehlt das allgemeine Rechtsschutzbedürfnis für eine Klage der Behörde dann nicht, wenn der Betroffene deutlich erkennen lässt, dass er den VA gerichtlich angreifen würde und deshalb ohnehin mit einem Verwaltungsprozess zu rechnen ist.[6]

Entsprechend verhält es sich in **Fall 86**: Dem Verhalten des F ist klar zu entnehmen, dass er eine gegen ihn gerichtete Verfügung, das Betreten seines Grundstücks zu dulden, nicht widerstandslos hinnehmen wird. Der Klage der Behörde fehlt also das allgemeine Rechtsschutzbedürfnis nicht.

3. Missbräuchliche Inanspruchnahme des Gerichts

Schließlich fehlt das allgemeine Rechtsschutzbedürfnis bei einer missbräuchlichen Inanspruchnahme des Gerichts. Wie bei allen Fallgruppen eines Fehlens des allgemeinen Rechtsschutzbedürfnisses ist auch bei der Annahme eines solchen Missbrauchs äußerste Zurückhaltung geboten. Nicht missbräuchlich ist daher die Erhebung einer Klage, deren Streitwert nur wenige Cent beträgt. 9

Ebenso wie ein materielles subjektives Recht kann auch das Klagerecht verwirkt werden; dies ergibt sich aus dem auch im Prozessrecht geltenden Grundsatz von Treu und Glauben.[7] Der Eintritt einer **Verwirkung** setzt dreierlei voraus: die Untätigkeit des Berechtigten über längere Zeit, eine Vertrauensgrundlage und einen Vertrauenstatbestand. Die Länge des für die Verwirkung erforderlichen Zeitraums lässt sich nur im Einzelfall bestimmen. Die notwendige Vertrauensgrundlage wird durch ein Verhalten des Berechtigten gesetzt, infolge dessen der Verpflichtete darauf vertrauen durfte, dass das Recht nicht mehr geltend gemacht wird. Sie kann sich im Einzelfall auch ohne ein zusätzliches Handeln des Berechtigten allein aus der Dauer der verstrichenen Zeit ergeben, wenn bei objektiver Betrachtung schlechterdings nicht mehr mit einem Tätigwerden des Berechtigten gerechnet werden konnte[8]. Schließlich ist das tatsächliche Vertrauen des Verpflichteten darauf erforderlich, dass das Recht nicht mehr ausgeübt werde (Vertrauenstatbestand). Der Verpflichtete muss sich so eingerichtet haben, dass ihm durch die verspätete Durchsetzung des Rechts

---

[5] A. M wohl VGH München, BayVBl. 2011, 344 (345).
[6] *Kopp/Schenke* Vorb. § 40 Rn. 50.
[7] Vgl. BVerwG, BayVBl. 2001, 727.
[8] VGH München, BayVBl. 2015, 462.

ein unzumutbarer Nachteil entstehen würde.[9] Der bloße Zeitablauf reicht nicht aus, damit eine Verwirkung eintritt.[10]

Ebenfalls einen Verstoß gegen das Verbot widersprüchlichen Verhaltens würde es bedeuten, wenn der Kläger zunächst einen **Verzicht** auf die Inanspruchnahme gerichtlichen Rechtsschutzes oder die Einlegung eines Rechtsbehelfs erklärt, dann aber gleichwohl Klage erhebt oder einen Rechtsbehelf einlegt.

10 Von besonderer Bedeutung ist der **Ausschluss selbständiger Rechtsbehelfe gegen behördliche Verfahrenshandlungen** durch § 44a VwGO. Nach Satz 1 dieser Vorschrift können Rechtsbehelfe gegen behördliche Verfahrenshandlungen nur gleichzeitig mit den gegen die Sachentscheidung zulässigen Rechtsbehelfen geltend gemacht werden. Entgegen der Auffassung des BVerwG[11] handelt es sich um eine spezielle Ausprägung des allgemeinen Rechtsschutzbedürfnisses.[12] Die möglichst zügige umfassende Klärung des Rechtsstreits soll nicht durch den Angriff auf einzelne Verfahrenshandlungen immer weiter verzögert werden können. Deshalb können Verfahrenshandlungen, unabhängig davon, ob sie als VA oder in anderer Form ergangen sind, nicht selbständig vor dem VG angegriffen werden.

Neben diesen benannten Fallgruppen kann auch ein anderweitiger Missbrauch der Inanspruchnahme des Gerichts dazu führen, dass das allgemeine Rechtsschutzbedürfnis fehlt. Beispiel ist die offensichtlich querulatorisch und nur zur Schädigung des Gegners erhobene Klage.

> Ein weiteres Beispiel ist, wie in **Fall 86,** eine rechtsmissbräuchlich begründete Eigentümerstellung, die nicht zur Nutzung der mit ihm verbundenen Gebrauchsmöglichkeiten, sondern allein als Voraussetzung zur Prozessführung erworben worden ist. Dies ist der Fall, wenn der F das Grundeigentum nur erworben hat, um gegen den späteren Planfeststellungsbeschluss gerichtlich vorgehen zu können.[13]

Viertes Kapitel. Klagearten

§ 97. Bedeutung und Einteilung der Klagearten

1 § 40 VwGO eröffnet den Rechtsweg zu den VGen in *allen* öffentlich-rechtlichen Streitigkeiten nichtverfassungsrechtlicher Art (→ § 94). Der Einzelne kann deshalb die VGe auch dann um Rechtsschutz ersuchen, wenn er nicht durch einen VA, sondern ein sonstiges hoheitliches Handeln in seinen Rechten beeinträchtigt wird. Gleichwohl kennt die Verwaltungsgerichtsordnung **verschiedene Klagearten.** Auf diese Weise soll ein **dem jeweiligen Rechtsschutzbegehren angemessener und wirksamer Rechtsschutz** zur Verfügung gestellt werden. Je nachdem, welches Ziel der Kläger mit seinem Klagebegehren verfolgt, ist dieses einer der Klagearten zuzuordnen und muss die für sie geltenden Sachurteilsvoraussetzungen erfüllen. Sofern sich das Rechtsschutzbegehren gegen eine Maßnahme der Verwaltung ausnahmsweise keiner der Klagearten zuordnen

---

[9] BVerwGE 44, 339 (343f.); BVerwG, NVwZ-RR 2004, 314; NVwZ 2005, 1334.
[10] BVerwG, NVwZ 2005, 1334; OVG Münster, NVwZ-RR 2006, 236.
[11] BVerwG, NJW 1982, 120.
[12] *Hufen* § 23 Rn. 20.
[13] BVerwG, NVwZ 2001, 427 (428).

§ 98. Anfechtungsklage

lässt, muss dem Bedeutungsgehalt des § 40 VwGO entweder durch eine erweiternde Interpretation der gesetzlichen Tatbestandsmerkmale einer Klageart oder äußerstenfalls durch die Annahme einer Klageart sui generis Rechnung getragen werden.

Im Verwaltungsprozessrecht unterscheidet man ebenso wie in der Zivilprozessordnung zwischen drei verschiedenen Klagetypen, nämlich den Gestaltungs-, Leistungs- oder Feststellungsklagen (§ 43 II 1 VwGO):

- Bei den **Gestaltungsklagen** soll eine Rechtsänderung unmittelbar durch das gerichtliche Urteil herbeigeführt werden. Wichtigstes Beispiel hierfür ist die Anfechtungsklage nach § 42 I Alt. 1 VwGO (→ § 98). Da das Gericht im Falle einer erfolgreichen Klage den angefochtenen VA mit seinem Urteil aufhebt, hat seine Entscheidung unmittelbar gestaltende Wirkung. Eine zusätzliche Vollstreckung des Urteilsinhalts ist nicht erforderlich.
- Bei den **Leistungsklagen** soll der Beklagte von dem Gericht zu einem Tun, Dulden oder Unterlassen verurteilt werden. Befolgt er den Urteilsinhalt nicht von sich aus, kann dieser gegebenenfalls zwangsweise vollstreckt werden. Es gibt zwei Formen der Leistungsklage: Eine **Verpflichtungsklage** (§ 42 I Alt. 2 VwGO) ist zu erheben, wenn der Beklagte zum Erlass eines VAs verurteilt werden soll (→ § 99). Besteht die begehrte Leistung in einem anderen Handeln, Dulden oder Unterlassen ist die **allgemeine Leistungsklage** (→ § 100) statthaft.
- Bei den **Feststellungsklagen** soll das Gericht eine feststellende Entscheidung treffen. Diese hat keinen vollstreckbaren Inhalt. Die **allgemeine Feststellungsklage** ist in § 43 VwGO geregelt. Bei ihr soll positiv entweder das Bestehen oder negativ das Nichtbestehen eines Rechtsverhältnisses oder die Nichtigkeit eines VAs festgestellt werden (→ § 101). Eine spezielle Form der Feststellungsklage ist die abstrakte **Normenkontrolle** nach § 47 VwGO. Hier entscheidet das Gericht über die Gültigkeit oder Ungültigkeit bestimmter Rechtsvorschriften (→ § 104).

Übersicht: Klagetypen

Gestaltungsklage	Leistungsklage	Feststellungsklage
Anfechtungsklage = Aufhebung VA	1. Verpflichtungsklage = Erlass VA 2. Allgemeine Leistungsklage = sonstiges Tun, Dulden, Unterlassen	1. allgemeine Feststellungsklage = Feststellung Rechtsverhältnis, Nichtigkeit 2. abstrakte Normenkontrolle = Feststellung Ungültigkeit Norm

Da für die einzelnen Klagearten **unterschiedliche Zulässigkeitsvoraussetzungen** gelten, zum Beispiel nur bei der Anfechtungs- und Verpflichtungsklage ein Vorverfahren (→ § 92) durchzuführen und eine Klagefrist einzuhalten ist, muss der Kläger sorgfältig darauf achten, welches die statthafte Klageart ist. Ausgehend vom jeweiligen **Klageziel** ist die **passende Klageart** zu ermitteln.

§ 98. Anfechtungsklage

Fall 87: E ist Eigentümer eines Hauses, das er an M vermietet hat. Es liegt in einem allgemeinen Wohngebiet, und man hat von ihm aus eine sehr schöne Aussicht auf das Tal. Nunmehr genehmigt die zuständige Baubehörde seinem Grundstücksnachbarn N die Errichtung eines mehrstöckigen, großflächigen Baus, in dem ein Supermarkt und mehrere Büros untergebracht werden sollen. Können E und M gegen dieses Vorhaben erfolgreich klagen?

I. Überblick

1 Die Anfechtungsklage ist eine **Gestaltungsklage,** mit welcher die Aufhebung eines VAs begehrt wird (§ 42 I Alt. 1 VwGO). Neben den allgemeinen, für jede Klage geltenden Sachentscheidungsvoraussetzungen (→ §§ 93 ff.) hängt ihre Zulässigkeit von weiteren – besonderen – Sachentscheidungsvoraussetzungen ab, die innerhalb der → § 93 Rn. 2 skizzierten Prüfungsanregung abzuarbeiten sind. Die im Rahmen der Begründetheit der Anfechtungsklage anzustellenden Erwägungen ergeben sich aus § 113 I 1 VwGO.

> **Übersicht: Besondere Sachentscheidungsvoraussetzungen und Begründetheit der Anfechtungsklage**
>
> (I) Besondere Sachentscheidungsvoraussetzungen
>   (1) Statthafte Klageart: Bei der Anfechtungsklage wird gemäß § 42 I Alt. 1 VwGO die Aufhebung eines VAs begehrt (→ Rn. 2 ff.);
>   (2) Klagebefugnis nach § 42 II VwGO: Möglichkeit der Verletzung in einem subjektiven Recht (Adressatentheorie/Drittbetroffenheit) (→ Rn. 5 ff.);
>   (3) Vorverfahren §§ 68 ff. VwGO (→ Rn. 8);
>   (4) Klagefrist § 74 I VwGO (→ Rn. 9);
>
> (II) Begründetheit der Klage: VA ist rechtswidrig und der Kläger wird dadurch in einem subjektiven Recht verletzt (§ 113 I 1 VwGO)
>   (1) Rechtswidrigkeit des VAs (→ § 81 Rn. 12 ff.);
>   (2) Vorliegen einer Rechtsverletzung (→ Rn. 13).

II. Besondere Sachentscheidungsvoraussetzungen

1. Statthaftigkeit der Anfechtungsklage

2 **Ziel der Anfechtungsklage** ist gemäß § 42 I Alt. 1 VwGO die **Aufhebung eines den Kläger belastenden VAs.** Dabei reicht es nicht für die Bejahung der Statthaftigkeit der Klage, dass der Kläger behauptet, die von ihm angegriffene Verwaltungsmaßnahme sei ein VA. Vielmehr ist zu prüfen, ob die jeweilige Maßnahme tatsächlich alle Merkmale eines VAs im Sinne des § 35 VwVfG erfüllt (→ § 74). Erforderlich ist also das **objektive Vorliegen eines VAs** (zur Anfechtung eines ihm noch nicht bekannt gegebenen VAs durch einen Drittbetroffenen → § 79 Rn. 13). Dieser VA darf sich noch nicht erledigt haben, da sonst nur eine Fortsetzungsfeststellungsklage nach § 113 I 4 VwGO möglich ist (→ § 102). Allerdings kann eine Anfechtungsklage auch dann erhoben werden, wenn die angegriffene Verwaltungsmaßnahme rein äußerlich in der Gestalt eines VAs ergangen ist (formeller Verwaltungsakt),[1] z. B. mit der Überschrift „Bescheid" und einer Rechtsmittelbelehrung versehen wurde. Erst bei der Prüfung der Begründetheit der Klage geht das Gericht darauf ein, ob die Behörde einen VA erlassen durfte.

3 Umstritten ist, ob gegen einen **nichtigen VA** mit der Anfechtungsklage vorgegangen werden kann. Die Literatur spricht sich teilweise gegen eine solche Möglichkeit aus, weil ein nichtiger VA gemäß § 43 III VwVfG unwirksam ist und infolgedessen von den

---

[1] BVerwG, NVwZ 1985, 264.

§ 98. Anfechtungsklage
713

Gerichten nicht aufgehoben werden kann.² Demgegenüber hält die Rechtsprechung aus Gründen effektiven Rechtsschutzes die Anfechtungsklage richtigerweise für zulässig, weil auch eine nichtige Verfügung den Schein eines gültigen VAs erweckt und der Einzelne oft nur schwer beurteilen kann, ob die Fehlerhaftigkeit einer Verfügung zu ihrer Nichtigkeit oder Anfechtbarkeit führt.³ Hingegen kann ein nicht bekannt gegebener und damit rechtlich nicht existenter VA nicht mit der Anfechtungsklage angegriffen werden.⁴

Gemäß § 79 I Nr. 1 VwGO ist **Gegenstand der Anfechtungsklage** grundsätzlich der ursprüngliche VA in der Gestalt, die er durch den Widerspruchsbescheid gefunden hat. Beide VAe werden als Einheit behandelt. Die Anfechtungsklage kann sich nach § 79 I Nr. 2 VwGO allein gegen den Abhilfe- oder Widerspruchsbescheid richten, wenn er eine erstmalige Beschwer enthält. Die Anfechtungsklage kann sich auch dann ausschließlich gegen den Widerspruchsbescheid richten, wenn und soweit er gegenüber dem ursprünglichen VA eine zusätzliche Beschwer enthält (§ 79 II VwGO), so wenn der AusgangsVA durch die Widerspruchsbehörde noch nachteiliger ausgestaltet wird (Verböserung). Gleiches gilt bei der Verletzung einer wesentlichen Verfahrensvorschrift, sofern der Widerspruchsbescheid auf dieser beruht. Daran fehlt es bei gebundenen Entscheidungen; lediglich bei Ermessens- und Beurteilungsspielräumen ist es denkbar, dass die Widerspruchsbehörde unter Vermeidung des Verfahrensfehlers eine andere Entscheidung getroffen hätte.⁵

4

2. Klagebefugnis

Die Anfechtungsklage setzt voraus, dass der Kläger nach § 42 II VwGO klagebefugt ist. Soweit gesetzlich nichts anderes bestimmt ist, muss er geltend machen, durch den angefochtenen VA in seinen Rechten verletzt zu sein. Es reicht also nicht, wenn sich der Kläger auf fremde Rechte beruft oder bloß die Verletzung rechtlich nicht geschützter ökonomischer, ideeller oder politischer Interessen rügt. Der deutsche Gesetzgeber hat sich für die **Verletztenklage** und den *Individualrechtsschutz* entschieden. § 42 II VwGO bezweckt vor allem den **Ausschluss von Popularklagen**. Nicht jeder soll sich zum Sachwalter der Interessen der Allgemeinheit oder anderer aufschwingen und auf diese Weise generell die Einhaltung des Prinzips der Gesetzmäßigkeit der Verwaltung einklagen können.⁶ Dies gilt auch für Gemeinden, die nicht die Rechte von Einwohnern der Gemeinde geltend machen und z. B. eine an einen Grundstückseigentümer gerichtete bauaufsichtliche Beseitigungsanordnung anfechten können.⁷

5

Ohne jegliche Probleme ist die Klagebefugnis einer Person zu bejahen, wenn sie **Adressatin eines sie belastenden VAs** ist *(Adressatentheorie)*. Sollte sich der angefochtene VA als rechtswidrig erweisen, ist damit zumindest ein Eingriff in die über Art. 2 I GG geschützte allgemeine Handlungsfreiheit verbunden (→ § 27 Rn. 2 ff.), den der Einzelne so nicht hinnehmen muss.⁸ Da er bereits hierdurch Adressat des Verkehrszeichens (zur

6

---

² *Hufen* § 14 Rn. 11; *H. Sodan*, in: Sodan/Ziekow § 42 Rn. 23.
³ BVerwGE 18, 154 (155); *Würtenberger* Rn. 272; str. ist, ob in diesem Fall das Gericht den nichtigen VA aufheben darf oder bloß seine Nichtigkeit feststellen kann.
⁴ OVG Münster, NVwZ-RR 2006, 521 (522).
⁵ BVerwG, NVwZ 1999, 641; kritisch *Schenke* Rn. 244.
⁶ *H. Sodan*, in: Sodan/Ziekow § 42 Rn. 365.
⁷ VGH Mannheim, VBlBW 2014, 381.
⁸ BVerwG, NJW 1988, 2752 (2753); BayVBl. 1994, 90.

Rechtsnatur → § 74 Rn. 23) geworden ist, reicht es bspw. für die Klagebefugnis eines Verkehrsteilnehmers gegen ein Verkehrszeichen aus, wenn er die betreffende Straße nur einmal benutzt hat.[9] Ficht ein Dritter einen VA an, der einen anderen begünstigt, muss im Hinblick auf das Erfordernis der Klagebefugnis sorgfältig geprüft werden, ob durch die Verfügung gegenwärtige subjektive öffentliche Rechte des Klägers verletzt sein können.[10] Ob dies der Fall ist, ist gegebenenfalls durch Auslegung der einschlägigen Normen nach der herrschenden **Schutznormlehre** zu ermitteln (→ § 71 Rn. 2).

> Weil im **Fall 87 E und M** die dem N erteilte Baugenehmigung zu Fall bringen wollen, handelt es sich um eine Drittanfechtung. Sie sind nur klagebefugt, wenn die verletzten baurechtlichen Normen nicht bloß dem objektiven Recht angehören, sondern ihnen zugleich ein sie schützendes subjektives öffentliches Recht verleihen wollen. Da grundsätzlich kein subjektives Recht auf die Erhaltung der Aussicht auf die freie Landschaft besteht,[11] handelt es sich hierbei um einen Rechtsreflex. E und M sind daher nicht klagebefugt, sofern sie sich auf die Beeinträchtigung ihrer Sicht auf die freie Landschaft durch N's Bauprojekt berufen. Zu beachten ist weiterhin, dass Nachbar im Sinne des Bebauungsrechts lediglich der zivilrechtliche Eigentümer eines Grundstücks ist. Denn das Bebauungsrecht ist grundstücks- und nicht personenbezogen. Dadurch können obligatorisch Berechtigte wie der M als Mieter nur zivilrechtlich auf den Eigentümer einwirken, damit er sein öffentlich-rechtliches Abwehrrecht geltend macht, nicht aber selbst die Baugenehmigung anfechten.

7 Für die Bejahung der Klagebefugnis nach § 42 II VwGO reicht es aus, wenn der Kläger eine **Verletzung in eigenen Rechten geltend macht.** Ob er tatsächlich durch den jeweiligen VA in seinen Rechten verletzt wird, wird erst im Rahmen der Begründetheit der Klage geprüft. Wie der Begriff des Geltendmachens auszulegen ist und welche Anforderungen damit an die Darlegung der Rechtsverletzung zu stellen sind, ist nicht mehr ernsthaft streitig. Das bloß verbale Behaupten einer Rechtsverletzung durch den Kläger genügt keinesfalls.[12] Nach der heute herrschenden **Möglichkeitstheorie** genügt es, wenn nach dem Sachvortrag des Klägers eine eigene Verletzung in eigenen Rechten *möglich* ist. Die Rechtsprechung verneint die Klagebefugnis nur, wenn offensichtlich und eindeutig nach keiner denkbaren Betrachtungsweise die vom Kläger behaupteten Rechte bestehen bzw. ihm zustehen können.[13]

Da nach § 42 II VwGO das Geltendmachen einer Verletzung in einem subjektiven Recht bloß erforderlich ist, „soweit gesetzlich nichts anderes bestimmt ist," ist immer zu prüfen, ob nicht ausnahmsweise einem Rechtsträger durch das Gesetz eine **Klagemöglichkeit unabhängig von einer subjektiven Rechtsverletzung** eingeräumt wird.

Prüfungsrelevant sind insoweit die sog. **altruistischen Vereins- oder Verbandsklagen.** Sie zeichnen sich – im Unterschied zu den sog. egoistischen Verbandsklagen – dadurch aus, dass der betreffende Verband nicht eigene oder Rechte seiner Mitglieder geltend macht, sondern ohne die Notwendigkeit, eine Rechtsverletzung geltend machen zu müssen, zur gerichtlichen Wahrung öffentlicher Interessen berufen ist. Bundesrechtlich wichtigster Fall ist derzeit § 61 BNatSchG. Danach kann ein den Zielen des Naturschutzes verpflichteter Verein – beachte: nur ein solcher Verein, der nach § 59 BNatSchG oder nach § 60 BNatSchG i.V.m. Landesrecht **anerkannt** ist –

---

[9] BVerwG, DVBl. 2004, 518.
[10] BVerwG, DVBl. 1993, 161 (162).
[11] VGH Mannheim, UPR 1992, 158; nachbarschützende Wirkung kann diesem Aspekt nur ausnahmsweise zukommen, so wenn in besonders exponierten Lagen entsprechende Festsetzungen in einem Bebauungsplan getroffen wurden.
[12] BSG, NJW 1991, 2989.
[13] BVerwGE 81, 330; 92, 313 (315f.); BVerwG, DVBl. 2001, 322 (323).

§ 98. Anfechtungsklage

Rechtsbehelfe gegen bestimmte behördliche Entscheidungen einlegen. Der Rechtsbehelf ist nur unter bestimmten Voraussetzungen zulässig (§ 61 II BNatSchG). Der Kreis der Maßnahmen, die von den Naturschutzvereinen ohne Geltendmachung einer Verletzung in eigenen Rechten angegriffen werden können, wird durch die Landesnaturschutzgesetze teilweise deutlich erweitert (vgl. § 65 BbgNatSchG; § 60c NdsNatSchG; § 12b LG NW).

Zu beachten sind auch die Vorschriften des Umwelt-Rechtsbehelfsgesetzes (UmwRG). Danach kann eine nach § 3 UmwRG anerkannte (Umweltschutz-)Vereinigung eine Entscheidung über die Zulassung eines Vorhabens, das einer Umweltverträglichkeitsprüfung unterliegt, mit Rechtsbehelfen angreifen, wenn sie u. a. geltend macht, dass die Entscheidung solchen Rechtsvorschriften widerspricht, die dem Umweltschutz dienen und für die Entscheidung von Bedeutung sein können (§ 2 I Nr. 1 UmwRG). Die Vereinigung muss dabei nicht die Verletzung eigener Rechte geltend machen. Für andere Kläger gegen die von § 1 UmwRG erfassten Vorhaben bleibt es hingegen bei dem Erfordernis der Geltendmachung einer Rechtsverletzung nach § 42 II VwGO. Dies ist vom EuGH unter unionsrechtlichen Gesichtspunkten ebenso wenig beanstandet worden[14] wie das Erfordernis des § 113 I VwGO, dass die Aufhebung des rechtswidrigen VAs nur insoweit erfolgt, wie der Kläger in seinen subjektiven Rechten verletzt ist[15].

3. Durchführung eines Vorverfahrens

Grundsätzlich muss gemäß § 68 I 1 VwGO vor der Erhebung einer Anfechtungsklage ein **Vorverfahren** durchgeführt werden, in welchem die Verwaltung nochmals die Recht- und Zweckmäßigkeit des in Frage stehenden VAs nachprüft (→ § 92). Solange kein Widerspruchsbescheid ergangen ist, ist die Anfechtungsklage unzulässig. Damit es die Verwaltung aber nicht in der Hand hat, dem Einzelnen durch den Nichterlass des Widerspruchsbescheids dauerhaft die Klagemöglichkeit zu nehmen, kann nach § 75 VwGO eine **Untätigkeitsklage** erhoben werden, wenn ohne zureichenden Grund über den Widerspruch nicht in angemessener Frist entschieden worden ist. Allerdings darf eine solche Klage im Normalfall frühestens drei Monate nach der Widerspruchseinlegung erhoben werden (§ 75 S. 2 VwGO). 8

4. Klagefrist

Die Anfechtungsklage muss nach § 74 I VwGO **innerhalb eines Monats seit der Zustellung des Widerspruchsbescheids** bzw. – wenn ein Vorverfahren entbehrlich ist – innerhalb eines Monats nach Bekanntgabe des VAs erhoben werden. Die Einmonatsfrist gilt lediglich, wenn dem Widerspruchsbescheid bzw. dem Ausgangsverwaltungsakt eine den Anforderungen des § 58 I VwGO entsprechende Rechtsbehelfsbelehrung beigefügt wurde. Ist eine derartige Belehrung unterblieben oder unrichtig erteilt, weil etwa ein falsches Gericht angegeben wurde, kann die Anfechtungsklage innerhalb *eines Jahres* seit der Zustellung, Eröffnung oder Verkündung der Verwaltungsentscheidung eingelegt werden. Bei unverschuldeter Fristversäumung kommt eine Wiedereinsetzung in den vorigen Stand nach § 60 VwGO in Betracht. 9

III. Begründetheit der Anfechtungsklage

Die Anfechtungsklage ist nach § 113 I 1 VwGO **begründet**, wenn der angefochtene VA *soweit!* 10

(1) **rechtswidrig** und
(2) **der Kläger dadurch in seinen Rechten verletzt** ist.

---

[14] EuGH, NVwZ 2011, 801 Rn. 45.
[15] EuGH, NVwZ 2015, 1665 Rn. 28 ff.

Die Überprüfung, ob der angefochtene VA rechtswidrig oder rechtmäßig ist, folgt den → § 81 Rn. 12 ff. dargelegten Grundsätzen.

1. Maßgeblicher Beurteilungszeitpunkt

11 Oft ist problematisch, auf welchen maßgeblichen Zeitpunkt das Gericht bei der Beurteilung der Begründetheit der Klage abzustellen hat.[16] Denn zwischen dem Erlass des AusgangsVAs und dem Urteil können rechtliche und/oder tatsächliche Veränderungen eingetreten sein. Prinzipiell ist die Frage nach dem maßgeblichen Zeitpunkt aus dem **materiellen Recht** zu beantworten. Bei der Anfechtungsklage ist in der Regel auf den **Zeitpunkt des Erlasses der letzten Behördenentscheidung** abzustellen. Denn die Judikative soll ja nur die Rechtmäßigkeit der Verwaltungsentscheidung überprüfen. Wurde ein Vorverfahren durchgeführt, so ist grundsätzlich die Sach- und Rechtslage im Zeitpunkt des Erlasses des Widerspruchsbescheids zu Grunde zu legen.[17] Spätere Veränderungen sind unbeachtlich. Dies gilt auch für baurechtliche Nachbarklagen gegen eine Baugenehmigung.[18]

Von diesem Grundsatz werden mehrere **Ausnahmen** gemacht: Insbesondere bei VAen mit Dauerwirkung[19] oder dem rückwirkenden Inkrafttreten von Gesetzesänderungen[20] wird auf die **Sach- und Rechtslage im Augenblick der letzten mündlichen Verhandlung vor Gericht** abgestellt. Dies gilt auch dann, wenn die Gemeinde die Erteilung einer Baugenehmigung abgelehnt hat und auf den Widerspruch des Bauherrn hin durch den Widerspruchsbescheid zur Erteilung der Baugenehmigung verpflichtet worden ist. Erhebt die Gemeinde gegen diesen Widerspruchsbescheid Anfechtungsklage, so ist der Zeitpunkt der letzten mündlichen Verhandlung ausschlaggebend.[21]

2. Gerichtliche Kontrolldichte

12 Bei der Überprüfung der Rechtmäßigkeit der Verwaltungsentscheidung ist darauf zu achten, ob es sich bei dieser um eine gebundene oder eine **Ermessensentscheidung** handelt. Während das Gericht die Richtigkeit gebundener Entscheidungen in vollem Umfang nachprüfen darf, ist die gerichtliche Kontrolle von Ermessensentscheidungen beschränkt. Das Gericht darf zwar das Vorliegen der gesetzlichen Tatbestandsvoraussetzungen in vollem Umfang kontrollieren; die Rechtsfolgenseite darf es aber gemäß § 114 S. 1 VwGO nur auf etwaige Ermessensfehler der Verwaltung hin überprüfen (→ § 69 Rn. 6 ff.). Die gerichtliche Kontrolldichte auf der Tatbestandsseite ist hingegen bei **Vorliegen eines Beurteilungsspielraums** eingeschränkt (→ § 68 Rn. 10 ff.). Kann die Verwaltung nach ihrem Ermessen handeln, so ist dem Gericht insbesondere eine Überprüfung der Zweckmäßigkeit der Ermessensentscheidung verwehrt.

Nach § 114 S. 2 VwGO kann die Behörde fehlerhafte Ermessenserwägungen auch noch während des Gerichtsverfahrens ergänzen. Die Vorschrift dient lediglich der Beseitigung prozessualer Hindernisse; deshalb muss die Ergänzung im Übrigen mit dem einschlägigen materiellen Recht und

---

[16] **Lesen** Sie bitte zum maßgeblichen Beurteilungszeitpunkt im Verwaltungsprozess *K. F. Gärditz/J. Orth,* Jura 2013, 1100.
[17] BVerwG, NVwZ-RR 1991, 236; NVwZ 2001, 322 (323).
[18] VGH München, BayVBl. 2005, 726.
[19] BVerwGE 59, 5 (7 f.); BVerwG, NVwZ 2001, 322 (323).
[20] BVerwGE 64, 218 (221 f.).
[21] BVerwG, DVBl. 2008, 386.

§ 98. Anfechtungsklage

Verfahrensrecht in Einklang stehen.[22] Zulässig ist nach § 114 S. 2 VwGO lediglich die Ergänzung, nicht hingegen die vollständige Nachholung oder Auswechslung der die Ermessensentscheidung tragenden Gründe.[23] Dieser Grundsatz ist jedoch in der Rspr. zuletzt für den Fall einer unionsrechtskonformen Auslegung relativiert worden.[24]

3. Vorliegen einer Rechtsverletzung

Gelangt das VG zu dem Ergebnis, dass der angefochtene VA rechtswidrig ist, darf es der Klage nur stattgeben, wenn der Kläger durch ihn in seinen Rechten verletzt wird. Kann es keine derartige Rechtsverletzung feststellen, wird die Klage trotz der Rechtswidrigkeit der Verfügung abgewiesen. 13

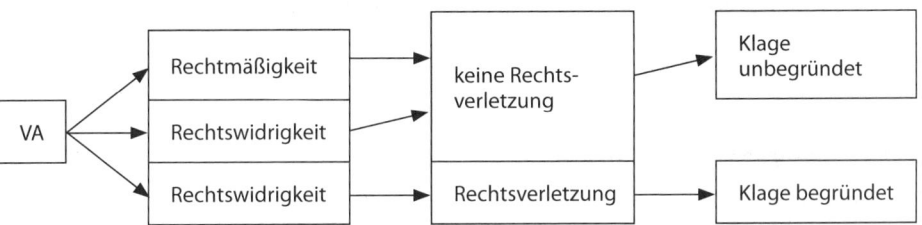

Dabei ist zu unterscheiden:

- Ist der Kläger Adressat eines ihn belastenden VAs, ergibt sich die Rechtsverletzung aus seiner Rechtswidrigkeit, da der Kläger einen derartigen Eingriff in seine Rechtssphäre nicht hinnehmen muss.
- Ficht der Kläger dagegen einen VA an, der eine andere Person begünstigt, muss besonders geprüft werden, ob der Kläger durch den rechtswidrigen VA tatsächlich in einem ihn schützenden subjektiven öffentlichen Recht verletzt wird.

Das Erfordernis der Rechtsverletzung spielt ausnahmsweise keine Rolle, wenn eine Person – wie bei der Verbandsklage – kraft Gesetzes unabhängig von einer eigenen Rechtsverletzung klagen darf.

IV. Die Entscheidung des Gerichts

Die **Entscheidungsmöglichkeiten des Gerichts** richten sich nach den Erfolgsaussichten der Klage. Eine unzulässige oder zwar zulässige, aber unbegründete Anfechtungsklage wird abgewiesen. Ist die Klage zulässig und begründet, hebt das Gericht in seinem Urteil den angefochtenen VA auf. Ist die Klage nach Ansicht des Gerichts bloß teilweise begründet, gibt es ihr nach § 113 I 1 VwGO teilweise statt und weist die Klage im Übrigen ab („soweit der Verwaltungsakt rechtswidrig ist"). Eine teilweise Aufhebung eines VAs setzt voraus, dass er teilbar ist, d. h. trotz des aufzuhebenden Teils noch einen sinnvollen Inhalt hat. Eine Teilaufhebung kommt beispielsweise in Betracht, wenn ein Gebührenbescheid von 500 € auf 300 € reduziert wird. 14

---

[22] BVerwGE 106, 351 (364).
[23] BVerwGE 106, 351 (365); BVerwG, NVwZ 2008, 326 (328); NWVBl. 2012, 260 (261). Zu den Voraussetzungen im Einzelnen *H. Wolff*, in: Sodan/Ziekow § 114 Rn. 205 ff.
[24] BVerwGE 121, 297 (310); kritisch hierzu *J. Bader*, JuS 2006, 199 (201 f.).

Ist der angefochtene VA im Augenblick des Erlasses der gerichtlichen Entscheidung bereits vollzogen, kann das Gericht gemäß § 113 I 2 VwGO auf Antrag des Klägers aussprechen, dass und wie die Verwaltungsbehörde die bereits erfolgte Vollziehung rückgängig zu machen hat (Vollzugsfolgenbeseitigung, wobei sich der Anspruch auf Rückgängigmachung aus dem materiellen Recht ergibt; → § 89 Rn. 1 ff.).

Gemäß § 113 IV VwGO kann das Gericht in Konstellationen, in denen eigentlich erst mit der Rechtskraft des Aufhebungsurteils ein materiellrechtlicher Leistungsanspruch entstehen würde, bereits in diesem Verfahren eine Verurteilung zur Leistung aussprechen. Unter den engen Voraussetzungen des § 113 III VwGO kann das Gericht den in Frage stehenden VA aufheben, ohne selbst in der Sache zu entscheiden, weil es eine weitere behördliche Sachverhaltsaufklärung für erforderlich hält. Hier muss also die Verwaltung nochmals tätig werden, ist aber an die Rechtsauffassung des Gerichts im Aufhebungsurteil gebunden.

§ 99. Die Verpflichtungsklage

Fall 88: Die Gemeinde G beabsichtigt die Ausweisung eines Wohngebiets in einem Bebauungsplan. Zu seiner Erschließung soll eine Gemeindestraße durch ein Landschaftsschutzgebiet gebaut werden. Das Landratsamt lehnt jedoch die von der Gemeinde beantragte, in seinem Ermessen stehende Erteilung einer Befreiung von der Schutzgebietsausweisung ab, weil andere Erschließungsmöglichkeiten vorhanden seien. Welche Klagemöglichkeiten bestehen für die Gemeinde?

I. Überblick

1 Die **Verpflichtungsklage** nach § 42 I Alt. 2 VwGO gehört zu den Leistungsklagen. Mit ihr begehrt der Kläger die Verurteilung einer Behörde zum Erlass eines abgelehnten oder unterlassenen VAs. Sie ist zulässig, wenn zusätzlich zu den allgemeinen Sachentscheidungsvoraussetzungen besondere Sachentscheidungsvoraussetzungen erfüllt sind (zur Prüfungsreihenfolge → § 93 Rn. 2). Regelungen zur Begründetheit der Verpflichtungsklage enthält § 113 V VwGO.

> **Übersicht: Besondere Sachentscheidungsvoraussetzungen und Begründetheit der Verpflichtungsklage**
>
> (I) Besondere Sachentscheidungsvoraussetzungen
>   (1) Statthaftigkeit (§ 42 I Alt. 2 VwGO):
>   (a) bei der *Versagungsgegenklage* wird der Erlass eines abgelehnten VAs begehrt (→ Rn. 2);
>   (b) bei der *Untätigkeitsklage* wird die Verurteilung zum Erlass eines unterlassenen VAs angestrebt (→ Rn. 2);
>   (2) Klagebefugnis nach § 42 II VwGO: Es muss möglich erscheinen, dass der Kläger ein subjektives öffentliches Recht auf den begehrten VA hat (→ Rn. 5);
>   (3) Vorverfahren §§ 68 ff. VwGO, sofern keine Untätigkeitsklage gemäß § 75 VwGO (→ Rn. 6);
>   (4) Klagefrist § 74 II VwGO, sofern keine Untätigkeitsklage gemäß § 75 VwGO (→ Rn. 6);

§ 99. Die Verpflichtungsklage

(II) Begründetheit
(1) bei der *Vornahmeklage:* Begründetheit gegeben, wenn die Ablehnung oder Unterlassung des VAs rechtswidrig ist, der Kläger dadurch in seinen Rechten verletzt wird und die Sache spruchreif ist (§ 113 V 1 VwGO), er also einen Anspruch auf den jeweiligen VA hat (→ Rn. 7);
(2) bei der *Bescheidungsklage:* Begründetheit gegeben, wenn die Ablehnung oder Unterlassung des VAs rechtswidrig ist, der Kläger dadurch in seinen Rechten verletzt wird und die Sache nicht spruchreif ist (§ 113 V 2 VwGO), er also einen Anspruch auf neue Verbescheidung hat (→ Rn. 7).

II. Besondere Sachentscheidungsvoraussetzungen

1. Statthaftigkeit der Verpflichtungsklage

Die Verpflichtungsklage ist nur statthaft, wenn die begehrte Leistung objektiv **auf Erlass eines VAs gerichtet** ist. Wird ein sonstiges Handeln wie etwa die Erteilung einer Auskunft angestrebt, ist nicht die Verpflichtungs-, sondern die allgemeine Leistungsklage zu erheben.[1]

> Im **Fall 88** wird die Befreiung von der Landschaftsschutzverordnung in Form eines VAs erteilt. Die Entscheidung hat Außenwirkung gegenüber der Gemeinde, da der Bau der Gemeindestraße zu den gemeindlichen Aufgaben gehört. Deshalb ist eine Verpflichtungsklage statthaft.

Man unterscheidet **zwei Formen der Verpflichtungsklage:**

- Ziel der **Versagungsgegenklage** ist es, dass der Beklagte zum **Erlass eines abgelehnten VAs** verurteilt wird.
- Eine **Untätigkeitsklage** ist dagegen zu erheben, wenn **über den Antrag auf Erlass eines VAs nicht innerhalb angemessener Zeit entschieden** wurde; insoweit ist § 75 VwGO zu beachten. Die Untätigkeitsklage ist keine besondere Klageart, sondern enthebt den Kläger nur der Notwendigkeit, die nach § 68 VwGO erforderliche Durchführung des Vorverfahrens abzuwarten (→ Rn. 6). Wird nach Erhebung einer Untätigkeitsklage der Erlass des beantragten VAs abgelehnt, so wird die Untätigkeitsklage nicht unzulässig, sondern verwandelt sich in eine Versagungsgegenklage.[2]

> Im **Fall 88** handelt es sich um eine Versagungsgegenklage, weil der Antrag der Gemeinde auf Erteilung einer Befreiung abgelehnt wurde. Da das Gericht bei Stattgabe der Verpflichtungsklage den ablehnenden VA zumindest inzident mitaufhebt, muss die Gemeinde die Ablehnung der Befreiung nicht zusätzlich anfechten.

a) Verhältnis zur Anfechtungsklage

Wird der Erlass eines VAs abgelehnt, ist die Verpflichtungsklage gegenüber der Anfechtungsklage die rechtsschutzintensivere Klageart. Ficht zum Beispiel ein Bauherr die Ablehnung einer Baugenehmigung an, so hebt das Gericht zwar bei einer Stattgabe der Klage den angefochtenen Bescheid auf. Bauen kann der Bauherr aber trotzdem nicht,

---

[1] Nach BVerwGE 31, 301 (306 f.) ist aber eine Verpflichtungsklage zu erheben, wenn die Verwaltung zuvor zu prüfen hat, ob und in welchem Umfang eine Auskunft erteilt wird.
[2] VGH München, NJW 2005, 1450.

weil ihm die erforderliche Baugenehmigung immer noch fehlt. Aus diesem Grund ist die Anfechtungsklage mangels Rechtsschutzbedürfnisses unzulässig. Der Bauherr muss eine Verpflichtungsklage auf die Erteilung der Baugenehmigung erheben.[3]

Eine besondere Situation besteht bei der sog. **Konkurrentenklage** in Form der Konkurrentenverdrängungsklage. Ihr liegt die Konstellation zugrunde, dass ein anderer durch VA eine Begünstigung erhalten hat, die der Kläger nicht lediglich im Wege der Anfechtungsklage beseitigen möchte (sog. negative Konkurrentenklage) oder die er nicht zusätzlich zur Begünstigung des anderen ebenfalls erhalten möchte (im Wege der Verpflichtungs- bzw. Bescheidungsklage). Vielmehr zielt der Kläger darauf ab, die Begünstigung des Konkurrenten zu beseitigen und selbst die Begünstigung zu erhalten. Dies ist insbesondere dann der Fall, wenn die Zahl der zuteilbaren Begünstigungen – wie etwa der Standplätze – auf einem Markt begrenzt ist. In dieser Situation kann also der Teilnahmeanspruch nur dadurch durchgesetzt werden, dass einem anderen Teilnehmer die bereits eingeräumte Teilnahmemöglichkeit wieder genommen wird. Entgen einer in der Rechtsprechung teilweise vertretenen Auffassung ist nicht zusätzlich zum auf Teilnahme gerichteten Verpflichtungs- bzw. Bescheidungsantrag eine Anfechtung der Zulassung eines konkurrierenden Teilnehmers erforderlich[4]. Zum einen handelt es sich bei der Zulassung des Mitbewerbers um keinen Verwaltungsakt mit drittbelastender Wirkung, da er den Teilnahmeanspruch des Klägers nicht rechtlich, sondern nur tatsächlich ausschließt.[5] Für eine Anfechtungsklage würde daher regelmäßig die nach § 42 II VwGO erforderliche Klagebefugnis fehlen. Zum anderen würde der abgewiesene Bewerber unzumutbar belastet, sollte er eine Vielzahl von Zulassungsakten ihm ggf. überhaupt nicht namentlich bekannter Konkurrenten anfechten. Obsiegt der Bewerber mit seiner Bescheidungsklage, so muss der Veranstalter sein Auswahlermessen erneut betätigen und die Zulassung von Konkurrenten nach § 48 VwVfG zurücknehmen, wenn dies zur Herstellung einer rechtmäßigen Auswahlentscheidung erforderlich ist.[6] Entsprechendes gilt in anderen Fällen der positiven Konkurrentenklage: Da es sich um eine einheitliche Verteilungsentscheidung handelt, ist neben der auf Erlass des den Kläger begünstigenden VAs gerichteten Verpflichtungsklage nach zutreffender – wenngleich bestrittener – Auffassung nie zusätzlich eine Anfechtungsklage erforderlich.[7]

b) Bescheidungsklage

4 Hat der Kläger offensichtlich keinen Anspruch auf den Erlass eines VAs eines bestimmten Inhalts, weil der Behörde bei ihrer Entscheidung ein Ermessens- oder Beurteilungsspielraum zusteht, ist es ratsam, von vornherein nur eine Bescheidungsklage zu erheben. Bei dieser soll der Beklagte durch Urteil dazu verpflichtet werden, erneut über den

---

[3] Die vom BVerwG in BVerwGE 38, 99 (102) vertretene Ansicht, wonach eine gegen den Bund, das Land oder eine sonstige öffentlich-rechtliche Körperschaft gerichtete **isolierte Anfechtungsklage** dennoch zulässig sein soll, weil bei der öffentlichen Hand wegen ihrer Gesetzesbindung (Art. 20 III GG) eine Befolgung der Gerichtsentscheidung auch ohne Vollstreckungsdruck zu erwarten sei, ist abzulehnen. Andernfalls wird die Differenzierung der VwGO zwischen den Gestaltungs- und Leistungsklagen weitgehend nivelliert.

[4] So aber OVG Lüneburg, GewArch 2010, 245; OVG Magdeburg, DVBl. 1996, 162f.; VGH München, BayVBl. 2011, 23 (24).

[5] VGH Mannheim, NVwZ 1984, 254 (255).

[6] Vgl. BVerwGE 80, 270 (273). A. M. OVG Lüneburg GewArch 2010, 245.

[7] *Hufen* § 15 Rn. 7.

§ 99. Die Verpflichtungsklage 721

Antrag auf Erlass des VAs unter Beachtung der Rechtsauffassung des Gerichts zu entscheiden. Die Zulässigkeit eines solchen Antrags ergibt sich aus § 113 V 2 VwGO.

Da im **Fall 88** die Entscheidung über die Erteilung der Befreiung von der Landschaftsschutzgebietsausweisung im Ermessen des Landratsamts steht, sollte die Gemeinde eine Bescheidungsklage erheben. Würde die Gemeinde trotzdem einen Verpflichtungsantrag auf Erteilung der Befreiung stellen, könnte das Gericht lediglich die Verbescheidung des Beklagten aussprechen und müsste deshalb den darüber hinausgehenden Klageantrag im Übrigen auf Kosten der Gemeinde abweisen.

2. Klagebefugnis

Auch bei der Verpflichtungsklage muss der Kläger gemäß § 42 II VwGO klagebefugt 5 sein. Er muss also geltend machen, **durch die Ablehnung oder Unterlassung des VAs in einem eigenen subjektiven öffentlichen Recht verletzt** zu sein. Hierzu kann weitgehend auf die Ausführungen bei der Anfechtungsklage verwiesen werden (→ § 98 Rn. 5 ff.). Für die Bejahung der Klagebefugnis muss es als möglich erscheinen, dass der Kläger einen **Anspruch auf den Erlass des von ihm begehrten VAs** oder auf eine entsprechende Verbescheidung hat. Dieser Anspruch kann sich dabei unmittelbar aus einfachgesetzlichen Normen, aus den Grundrechten (z. B. Art. 3 GG mit einer entsprechenden Selbstbindung der Verwaltung), aus einem öffentlich-rechtlichen Vertrag oder aus einer Zusicherung nach § 38 VwVfG ergeben. Zu beachten ist, dass es keinen allgemeinen Anspruch des Bürgers auf eine ermessensfehlerfreie Entscheidung gibt, wenn eine Rechtsnorm den Erlass eines VAs in das pflichtgemäße Ermessen der Behörde stellt. Vielmehr kann sich der Kläger nur dann auf diese Norm berufen, wenn die Verwaltung bei ihrer Ermessensentscheidung neben den öffentlichen Interessen auch seine Belange berücksichtigen muss[8] (→ § 71 Rn. 12).

Im **Fall 88** sollen durch die Gewährung einer Befreiung von der Schutzgebietsausweisung unbillige Härten für einzelne Rechtsträger vermieden werden. Da bei der Entscheidung über die Erteilung der Befreiung das Selbstverwaltungsrecht der Gemeinde zur Wahrnehmung aller mit dem Bau einer Gemeindestraße zusammenhängenden Aufgaben (Art. 28 II GG) zu berücksichtigen ist, ist sie klagebefugt.[9]

3. Weitere Sachentscheidungsvoraussetzungen

Bei der **Versagungsgegenklage** ist gemäß § 68 II VwGO grundsätzlich ein **Vorverfahren** 6 durchzuführen. Nach § 74 II VwGO muss in diesem Fall die Verpflichtungsklage **innerhalb eines Monats** nach der Zustellung des Widerspruchsbescheids erhoben werden. Hierzu kann auf die Ausführungen zur Anfechtungsklage verwiesen werden (→ § 98 Rn. 9). Ist über einen Widerspruch oder über einen Antrag auf Vornahme eines VAs ohne zureichenden Grund in angemessener Frist nicht entschieden worden, darf gemäß § 75 S. 1 VwGO eine **Untätigkeitsklage** ohne vorherige Durchführung eines Vorverfahrens erhoben werden. Allerdings ist diese Klage grundsätzlich erst nach Ablauf von drei Monaten seit der Stellung des jeweiligen Antrags zulässig, sofern nicht ausnahmsweise wegen der besonderen Umstände eine kürzere Frist geboten ist (§ 75 S. 2 VwGO).

---

[8] BVerwGE 39, 235 (237); BVerwG, DVBl. 2001, 734 f.
[9] VGH Mannheim, NuR 2000, 272 (273).

Das **Rechtsschutzbedürfnis** für eine Verpflichtungsklage fehlt, solange der Kläger auf einfacherem Weg den von ihm angestrebten Erfolg erreichen kann. Deshalb ist die Verpflichtungsklage unzulässig, wenn der Kläger bei der Verwaltung den Erlass des begehrten VAs nicht einmal beantragt hat.

III. Begründetheit der Verpflichtungsklage

7 Die Verpflichtungsklage ist gemäß § 113 V VwGO begründet, wenn die **Ablehnung oder Unterlassung des VAs rechtswidrig ist und der Kläger dadurch in seinen Rechten verletzt wird.** Klausurtaktisch empfiehlt es sich meistens nicht, an der vom Wortlaut des § 113 V VwGO vorgegebenen Prüfungsreihenfolge festzuhalten, sondern den **Anspruchsaufbau** zu wählen:

(1) Hat der Kläger einen Anspruch (subjektives öffentliches Recht) auf Erlass des begehrten VAs (Vornahmeklage) oder auf ermessensfehlerfreie Bescheidung (Bescheidungsklage)?
(2) Hat die Behörde entgegen dem Anspruch den VA nicht erlassen (Vornahmeklage) oder war die Bescheidung ermessensfehlerhaft (Bescheidungsklage)?

Bei diesem Aufbau ergibt sich die Begründetheit der Verpflichtungsklage ohne weiteres aus der Bejahung der beiden Fragen. Denn hat der Kläger einen Anspruch auf den Erlass des begehrten VAs, wird er durch seine Ablehnung bzw. Unterlassung auch in seinen Rechten verletzt. Sofern das jeweilige materielle Recht keine gegenteiligen Anhaltspunkte enthält, ist bei der Verpflichtungsklage anders als bei der Anfechtungsklage (→ § 98 Rn. 11) grundsätzlich auf die Sach- und Rechtslage im **Zeitpunkt der letzten mündlichen Verhandlung vor dem erkennenden Gericht** abzustellen.[10]

Voraussetzung für die Verurteilung der Verwaltung zum Erlass des abgelehnten oder unterlassenen VAs nach § 113 V 1 VwGO ist, dass die jeweilige Sache spruchreif ist. **Spruchreife** liegt vor, wenn das Gericht nach Klärung der Sach- und Rechtslage über das Klagebegehren abschließend entscheiden kann. Aus Gewaltenteilungsgründen kann die Judikative bei **Ermessens-, Beurteilungs- und Planungsentscheidungen** – vom Ausnahmefall einer Reduzierung dieses Spielraums auf Null abgesehen – keine eigene Sachentscheidung treffen. Mangels Spruchreife darf hier nur ein **Bescheidungsurteil** ergehen (§ 113 V 2 VwGO).

§ 100. Allgemeine Leistungsklage

Fall 89: Dem Beamten B geht eine Zahlungsaufforderung seines Dienstherrn zu. Er wird in dem Schreiben gebeten, eine ihm einmalig gewährte Sonderzulage zurückzuzahlen, weil sich nachträglich herausgestellt habe, dass die Voraussetzungen dafür nicht vorliegen. Kann die Verwaltung klagen, wenn B nicht zahlen will?

I. Überblick

1 Die allgemeine Leistungsklage[1] ist in der Verwaltungsgerichtsordnung nicht explizit geregelt, wird aber etwa in § 43 II, § 111 VwGO erwähnt. Sie ist heute allgemein anerkannt. Sowohl nach Art. 19 IV GG als auch der Generalklausel des § 40 VwGO müssen dem Betroffenen auch dann geeignete Rechtsschutzmöglichkeiten zur Verfügung ste-

---

[10] BVerwGE 74, 115 (118); BVerwG, NJW 1989, 3233 (3234); DÖD 1997, 253 (254).
[1] Zu ihr *M.-E. Geis/H. Meier*, JuS 2013, 28 ff.

§ 100. Allgemeine Leistungsklage

hen, wenn das in Frage stehende Verwaltungshandeln kein VA ist. Die allgemeine Leistungsklage ist darauf gerichtet, den Beklagten zu einem **Tun, Dulden oder Unterlassen** zu verurteilen, das **nicht im Erlass eines VAs** besteht.

> **Überblick: Besondere Sachentscheidungsvoraussetzungen und Begründetheit der allgemeinen Leistungsklage**
>
> (I) Besondere Sachentscheidungsvoraussetzungen
>   (1) Statthaftigkeit: Die allgemeine Leistungsklage richtet sich auf ein Tun, Dulden oder Unterlassen, das kein VA ist (→ Rn. 2 ff.); gegen künftiges Verwaltungshandeln bzw. künftige VAe gibt es die vorbeugende Unterlassungsklage (→ Rn. 4)
>   (2) Klagebefugnis: Möglichkeit der Verletzung in einem subjektiven öffentlichen Recht (analog § 42 II VwGO) (→ Rn. 5)
>   (3) Kein Vorverfahren, keine Klagefrist (Ausnahme: § 54 II BeamtStG)
>   (4) Rechtsschutzbedürfnis: bei der vorbeugenden Unterlassungsklage muss ein qualifiziertes Rechtsschutzbedürfnis gegeben sein (→ Rn. 4)
>
> (II) Begründetheit:
> Kläger hat einen Anspruch auf das von ihm begehrte Tun, Dulden oder Unterlassen des Beklagten (→ Rn. 7)

II. Statthaftigkeit der allgemeinen Leistungsklage

Die allgemeine Leistungsklage ist statthaft, wenn der Beklagte zu einem **Tun, Dulden** **2** **oder Unterlassen** verurteilt werden soll, das **nicht im Erlass eines VAs** besteht. Sie kann beispielsweise gerichtet sein

- auf die Vornahme eines schlichten Verwaltungshandelns wie die Löschung von Daten oder die Herausgabe einer Sache,
- die Abgabe einer behördlichen Wissenserklärung oder
- die Zahlung von Geld.

1. Abgrenzung zur Anfechtungs-/Verpflichtungsklage

Teilweise ergeben sich Probleme der Abgrenzung zur Anfechtungs-/Verpflichtungs- **3** klage. Muss beispielsweise nach den gesetzlichen Vorschriften die Entscheidung darüber, ob und in welchem Umfang eine Auskunft zu erteilen ist[2], Verwaltungskosten anzufordern sind[3] oder einer Person Geld zu gewähren ist, in der Form eines VAs, müssen die hiergegen gegebenen Rechtsbehelfe eingelegt werden. Wird Geld bewilligt und nicht ausgezahlt, wendet sich der Betroffene nicht gegen den gewährenden Bescheid. Da er nur noch die Auszahlung des Geldes als rein tatsächlichen Vorgang erreichen will, ist die allgemeine Leistungsklage statthaft. Diese ist im Übrigen auch in den Bereichen von großer Bedeutung, in denen mangels Außenwirkung kein VA vorliegt. Deshalb kann sich ein Beamter gegen eine Umsetzung oder eine behördeninterne Weisung mit der allgemeinen Leistungsklage zur Wehr setzen.

---

[2] Siehe dazu BVerwGE 31, 301 (306 f.).
[3] VGH München, DVBl. 2011, 426.

2. Unterlassungsklage

4　Eine auf ein Unterlassen gerichtete allgemeine Leistungsklage ist in Erwägung zu ziehen, wenn der Beklagte z. B. die Warnung vor einer Jugendsekte oder Immissionen beispielsweise durch eine Feuerwehrsirene unterlassen soll. Mit der allgemeinen Leistungsklage kann aber auch die **Unterlassung eines künftigen VAs** begehrt werden. Denn der Rechtsschutz über die Anfechtungsklage greift erst ab dem Augenblick des Wirksamwerdens eines VAs ein. Weil ein erst repressiver Rechtsschutz nicht immer ein effektiver Rechtsschutz ist, wird von der h. M. mit Blick auf Art. 19 IV GG die Möglichkeit einer vorbeugenden Unterlassungsklage anerkannt. Voraussetzung ist, dass das künftige Verwaltungshandeln nach seinem Inhalt bereits *soweit bestimmt* ist, dass die Judikative überhaupt eine Rechtmäßigkeitskontrolle vornehmen kann.[4]

Da nach der Systematik der Verwaltungsgerichtsordnung primär gegen bereits erfolgte Rechtsbeeinträchtigungen vorgegangen werden soll und der Betroffene in der Regel über den vorläufigen Rechtsschutz ausreichend geschützt wird, kommt eine vorbeugende Unterlassungsklage nur ausnahmsweise bei Vorliegen eines **qualifizierten Rechtsschutzinteresses** in Betracht. Ein solches liegt insbesondere vor, wenn bereits Rechtsverletzungen erfolgt sind und weitere zu erwarten stehen.[5] Besonders strikt sind diese Grundsätze bei der Inanspruchnahme vorbeugenden Rechtsschutzes gegenüber bevorstehenden VAen zu beachten, da für die Geltendmachung der Rechtswidrigkeit eines VAs in erster Linie die Anfechtungsklage zur Verfügung steht. Es muss dem Kläger unzumutbar sein, den Erlass des VAs abzuwarten und diesen nachträglich anzufechten, weil ihm dadurch schwere Nachteile entstehen. Eine solche Unzumutbarkeit wird von der Rechtsprechung insbesondere dann angenommen, wenn die Gefahr der Schaffung vollendeter Tatsachen besteht, weil beispielsweise irreparable Schäden eintreten könnten oder sich der jeweilige VA kurzfristig erledigen würde. Auch muss der Erlass eines strafbewehrten VAs nicht abgewartet werden.[6]

III. Klagebefugnis

5　Obwohl § 42 II VwGO nach seinem Wortlaut nur für die Anfechtungs- und Verpflichtungsklage gilt, wendet ihn die überwiegende Meinung auf die allgemeine Leistungsklage analog an.[7] Auch der Staat kann als juristische Person des öffentlichen Rechts Träger subjektiver öffentlicher Rechte sein.

> Da im **Fall 89** nicht auszuschließen ist, dass er zumindest über den allgemeinen öffentlich-rechtlichen Erstattungsanspruch von B eine Rückzahlung des Geldes verlangen kann, liegt die Klagebefugnis des Dienstherrn vor.

Will allerdings der Staat Leistungsansprüche gegen den Bürger gerichtlich geltend machen, welche er auch durch Erlass eines VAs durchsetzen könnte, so bedarf es einer genauen Prüfung des Rechtsschutzbedürfnisses (→ § 96 Rn. 8).

---

[4] OVG Lüneburg, NVwZ-RR 2010, 639.
[5] OVG Lüneburg, NVwZ-RR 2010, 639.
[6] BVerwGE 40, 323 (326); 54, 211 (215f.); OVG Schleswig, NVwZ 1994, 918.
[7] *H. Sodan*, in: Sodan/Ziekow § 42 Rn. 371 m.w.N.

IV. Weitere besondere Sachentscheidungsvoraussetzungen

Grundsätzlich bestehen **keine weiteren besonderen Sachentscheidungsvoraussetzungen** für die allgemeine Leistungsklage. Es muss weder ein Vorverfahren durchgeführt noch eine Klagefrist eingehalten werden, es sei denn, es ist spezialgesetzlich etwas anderes geregelt.

6

V. Begründetheit

Die allgemeine Leistungsklage ist begründet, wenn der Kläger einen **Anspruch auf das von ihm begehrte Tun, Dulden oder Unterlassen des Beklagten** hat. Besteht ein derartiger Anspruch, ergibt sich daraus zugleich die Rechtsverletzung des Klägers.

7

> Im **Fall 89** kommt es demnach darauf an, ob die Voraussetzungen des allgemeinen öffentlich-rechtlichen Erstattungsanspruchs vorliegen, insbesondere ob die in Frage stehende Sonderzulage B zu Unrecht gewährt wurde.

§ 101. Allgemeine Feststellungsklage

> **Fall 90:** A wohnt in der Nähe eines Flughafens. Er fühlt sich durch die neue Festlegung der An- und Abflugstrecken durch eine Rechtsverordnung des Bundes in seinen Rechten beeinträchtigt. Der Flugzeugverkehr über seinem Grundstück sei unerträglich, bei Erlass der Verordnung seien gewisse Lärmbeeinträchtigungen nicht berücksichtigt worden. Wie kann er sich dagegen gerichtlich wehren?

I. Überblick

§ 43 VwGO regelt die Voraussetzungen der allgemeinen Feststellungsklage.[1] Bei der **positiven Feststellungsklage** soll das Bestehen, bei der **negativen Feststellungsklage** das Nichtbestehen eines Rechtsverhältnisses festgestellt werden. Bei der **Nichtigkeitsfeststellungsklage** stellt das Gericht in seinem Urteil die Nichtigkeit eines VAs fest. Da das Gericht lediglich eine Feststellung ausspricht, bewirkt das Urteil anders als die Gestaltungsurteile **keine unmittelbare Rechtsänderung.** Mangels Leistungsbefehls ist das Feststellungsurteil von der Kostenentscheidung abgesehen **nicht vollstreckbar.**

1

> **Übersicht: Besondere Sachentscheidungsvoraussetzungen und Begründetheit der allgemeinen Feststellungsklage**
>
> (I) Besondere Sachentscheidungsvoraussetzungen
>   (1) Statthaftigkeit: Feststellung
>   (a) des Bestehens eines Rechtsverhältnisses (→ Rn. 3 ff.),
>   (b) des Nichtbestehens eines Rechtsverhältnisses (→ Rn. 3 ff.) oder
>   (c) der Nichtigkeit eines VAs (→ Rn. 6);
>   (2) Subsidiarität gemäß § 43 II VwGO gegenüber Gestaltungs- und Leistungsklagen (→ Rn. 7 f.);
>   (a) nicht gegenüber der Klage auf Feststellung der Nichtigkeit eines VAs;
>   (b) nicht wenn die Feststellungsklage ausnahmsweise effektiveren Rechtsschutz bietet;

---

[1] Zu ihr ausführlich *D. Ehlers*, Jura 2007, 179 ff.

(c) str. ob bei Klagen gegen die öffentliche Hand;
  (3) Klagebefugnis analog § 42 II VwGO? (→ Rn. 11);
  (4) Berechtigtes Interesse rechtlicher, ideeller oder wirtschaftlicher Art an einer baldigen gerichtlichen Feststellung (→ Rn. 9 f.);
  (5) Kein Vorverfahren, keine Klagefrist (Ausnahme § 54 II BeamtStG)

(II) Begründetheit:
  Das jeweilige Rechtsverhältnis besteht bzw. besteht nicht bzw. der fragliche VA ist nichtig (→ Rn. 13)

II. Statthaftigkeit

2 Die Statthaftigkeit der allgemeinen Feststellungsklage erfordert, dass der Kläger die gerichtliche Feststellung entweder des Bestehens eines Rechtsverhältnisses oder des Nichtbestehens eines solchen oder der Nichtigkeit eines VAs begehrt.

1. Bestehen oder Nichtbestehen eines Rechtsverhältnisses

3 Sowohl die positive als auch die negative Feststellungsklage setzen voraus, dass ein Rechtsverhältnis in Streit steht. Unter einem Rechtsverhältnis versteht man die **sich aus einem konkreten Sachverhalt aus einer öffentlich-rechtlichen Norm ergebenden Rechtsbeziehungen einer Person zu einer anderen Person oder zu einer Sache.**[2]

Bereits aus der Definition des Rechtsverhältnisses folgt, dass die Klage eine Rechtsbeziehung in einem **hinreichend konkreten Sachverhalt** betreffen muss. Rein abstrakte Rechtsfragen, z. B. die nach der zutreffenden Auslegung einer Gesetzesnorm oder lediglich als möglicherweise gegeben angenommene Sachverhalte, können nicht über die allgemeine Feststellungsklage einer gerichtlichen Klärung zugeführt werden.[3]

> Würde A im **Fall 90** die gerichtliche Feststellung der Ungültigkeit der Flugroutenverordnung begehren, müsste die Zulässigkeit der allgemeinen Feststellungsklage verneint werden.

4 Denn die Feststellungsklage ist nicht statthaft, wenn das Gericht allein über die **Gültigkeit oder Ungültigkeit einer Norm,** nicht aber über ein konkretes streitiges Rechtsverhältnis entscheiden würde. Anders ist die Rechtslage zu beurteilen, wenn das Gericht ganz konkrete Rechte oder Pflichten in einem Einzelfall feststellen soll, selbst wenn sie von der Gültigkeit oder Ungültigkeit einer Rechtsnorm abhängen.[4]

> Will A im **Fall 90** daher festgestellt wissen, dass der auf ihn einwirkende Fluglärm nicht zumutbar ist, weil die fragliche Rechtsverordnung nichtig ist, besteht ein Bezug zu einem konkreten Sachverhalt und ist ein Feststellungsbegehren statthaft. Denn es geht ihm nicht nur um eine abstrakte Normenüberprüfung, sondern er bestreitet die Anwendung einer Rechtsnorm auf einen bestimmten, in Wirklichkeit gegebenen Lebenssachverhalt.[5] Zu beachten ist, dass das Rechtsverhältnis im Regelfall zwischen dem Normadressaten, insbesondere dem Bürger, und dem Normanwender, also der die Norm vollziehenden Behörde, besteht. Ein Rechts-

---

[2] BVerwGE 40, 323 (325); 89, 327 (329); 100, 262 (264); BVerwG, NVwZ 2007, 1311 (1313); 2009, 1170; 2014, 1666 (1668).
[3] BVerwGE 77, 207 (211 f.); BVerwG, 2014, 1666 (1668); OVG Lüneburg, NJW 2006, 391 (392).
[4] BVerwG, NVwZ 2007, 1311 (1312).
[5] BVerwG, UPR 2000, 460 (461).

§ 101. Allgemeine Feststellungsklage

verhältnis zwischen Normadressat und Normgeber ist hingegen nur in seltenen Ausnahmefällen denkbar.[6] Zur Normerlassklage als Feststellungsklage → § 104 Rn. 5 a.

Feststellungsfähig sind auch **selbständige Teile** eines umfassenderen Rechtsverhältnisses, da sie ihrerseits Rechtsverhältnisse sind.[7] **Unselbständige Teile** oder **Vorfragen eines Rechtsverhältnisses,** die wie etwa die Fragen nach der Eigenschaft einer Person (z. B. nach dem Vorliegen der Zuverlässigkeit des Klägers für die Ausübung eines Gewerbes) oder einer Sache (z. B. Bebaubarkeit eines Grundstücks) nur Voraussetzung gewisser Rechte und Pflichten sind, können hingegen nicht Gegenstand einer Feststellungsklage sein.[8]

Auch ein **in der Vergangenheit liegendes** oder **künftiges Rechtsverhältnis** kann Gegenstand einer Feststellungsklage sein, sofern es noch bzw. schon Auswirkungen auf die Rechtsstellung des Klägers zeitigt. Das festzustellende Rechtsverhältnis muss nicht notwendig zwischen den Beteiligten des Prozesses bestehen, die Klage kann sich vielmehr auch auf ein **Rechtsverhältnis zwischen dem Beklagten und einem Dritten** beziehen. Allerdings muss der Kläger hierfür gerade gegenüber dem Beklagten ein Interesse an einer entsprechenden gerichtlichen Feststellung haben.[9]

2. Nichtigkeit eines Verwaltungsakts

Gemäß § 43 I VwGO kann auch die **Feststellung der Nichtigkeit eines VAs** begehrt werden. Obwohl ein nichtiger VA nach § 43 III VwVfG ohnehin unwirksam ist, besteht eine Klagemöglichkeit für den Einzelnen zur Beseitigung des von der Verfügung ausgehenden Rechtsscheins. Da nach dem Wortlaut dieser Alternative lediglich die Nichtigkeit eines VAs festgestellt werden kann, kann die Feststellung der (Un-)Gültigkeit eines VAs bloß Gegenstand einer positiven bzw. negativen Feststellungsklage sein. Meint der Kläger also, eine Verfügung sei ihm gegenüber mangels Bekanntgabe gar nicht wirksam geworden, muss sein Klageantrag auf Feststellung des Nichtbestehens eines Rechtsverhältnisses lauten.[10]

III. Subsidiarität der Feststellungsklage

Die allgemeine Feststellungsklage ist gemäß § 43 II VwGO unzulässig, wenn der Kläger seine **Rechte im Wege der Gestaltungs- oder Leistungsklage verfolgen** kann oder könnte. Die Feststellungsklage ist also gegenüber den anderen Klagearten subsidiär. Denn die Gestaltungs- und Leistungsklagen vermitteln dem Kläger einen weitergehenden Rechtsschutz, weshalb ihm regelmäßig das Rechtsschutzinteresse für eine Feststellungsklage fehlt. Außerdem verhindert die Subsidiaritätsklausel eine Umgehung der besonderen Sachurteilsvoraussetzungen der Anfechtungs-/Verpflichtungsklage. Ist zum Beispiel die Frist für eine Anfechtungsklage abgelaufen, soll der Kläger nicht über die Erhebung der zeitlich unbefristet möglichen allgemeinen Feststellungsklage dennoch gerichtlichen Rechtsschutz erlangen können.

---

[6] BVerwG, NVwZ 2007, 1311 (1313).
[7] *H. Sodan,* in: Sodan/Ziekow § 43 Rn. 24 ff.
[8] *Kopp/Schenke* § 43 Rn. 13.
[9] BVerwG, NJW 1970, 2260 (2261); VGH Mannheim, NVwZ 1990, 680.
[10] BVerwG, NVwZ 1987, 330. **Lesen** Sie zum Ganzen bitte *W.-R. Schenke,* JuS 2016, 97 ff.

In **Fall 90** scheidet eine abstrakte Normenkontrolle nach § 47 VwGO (→ § 104) aus, weil es sich um eine Rechtsverordnung des Bundes handelt. Überdies entfaltet § 47 VwGO keine Sperrwirkung gegenüber der Kontrolle von Rechtssetzungsakten in anderen Klagearten.[11] Da die Aufhebung einer Rechtsnorm weder durch Anfechtungsklage noch durch eine allgemeine Leistungsklage erreicht werden kann[12], steht die Subsidiaritätsklausel einer Feststellungsklage des A nicht entgegen.

8 Nach § 43 II 2 VwGO gilt die Subsidiaritätsklausel *nicht* bei der Feststellung der Nichtigkeit eines VAs. Darüber hinaus hat die Rechtsprechung weitere **Ausnahmen von der Subsidiarität** der allgemeinen Feststellungsklage anerkannt. Trotz der Möglichkeit einer Gestaltungs- oder Leistungsklage kann ausnahmsweise eine Feststellungsklage erhoben werden, wenn sie im Vergleich zu diesen Klagearten einen **effektiveren Rechtsschutz** vermittelt.[13] Die Rechtsprechung lässt die allgemeine Feststellungsklage auch zu, wenn als Alternative nur eine **gegen die öffentliche Hand zu richtende allgemeine Leistungsklage** in Betracht kommen würde. In einer solchen Situation bestehe keine Gefahr der Umgehung der besonderen Sachurteilsvoraussetzungen der Anfechtungs- und Verpflichtungsklage, und es sei angesichts der Gesetzesbindung der öffentlichen Hand (Art. 20 III GG) zu erwarten, dass die Verwaltung das Gerichtsurteil auch ohne jeglichen Vollstreckungsdruck befolgen werde.[14] Dagegen spricht jedoch der eindeutige Gesetzeswortlaut des § 43 II VwGO einschließlich der Tatsache, dass durchaus Fälle auftreten können, in denen der Einzelne auch gegenüber der öffentlichen Hand zu Vollstreckungsmaßnahmen greifen muss.[15]

IV. Feststellungsinteresse

9 Ausweislich des § 43 I VwGO muss der Kläger ein berechtigtes Interesse an einer baldigen gerichtlichen Feststellung haben. Dadurch soll verhindert werden, dass Feststellungsklagen ohne vernünftigen Anlass erhoben werden. Es handelt sich bei dem Feststellungsinteresse um eine besondere Form des Rechtsschutzbedürfnisses, das aber anders als bei § 256 ZPO nicht notwendig ein rechtliches Interesse sein muss. Ausreichend ist, wenn die Erhebung der Feststellungsklage nach der Sachlage durch vernünftige **Erwägungen** gerechtfertigt ist, die **rechtlicher, wirtschaftlicher oder ideeller Art** sein können.[16] Ein berechtigtes Feststellungsinteresse fehlt, wenn zwischen den Beteiligten kein Streit über das jeweilige Rechtsverhältnis besteht.[17]

Im **Fall 90** liegt ein berechtigtes Feststellungsinteresse des A vor. Nach seinem Vortrag ist er unzumutbaren Lärmeinwirkungen ausgesetzt.

10 In der Regel besteht beim Vorliegen eines berechtigten Feststellungsinteresses zugleich ein Interesse an einer **baldigen gerichtlichen Klärung.** Problematisch ist dies insbesondere bei der **vorbeugenden Feststellungsklage.** Sie ist nur beim – ausnahmsweisen(!) – Vorliegen eines **qualifizierten Feststellungsinteresses** zulässig, wenn dem Kläger ein Abwarten des Wirksamwerdens der in Frage stehenden Verwaltungsmaßnahme nicht

---

[11] BVerfGE 115, 81 Rn. 50.
[12] Vgl. *D. Ehlers,* Jura 2006, 351 (353).
[13] BVerwGE 32, 333 (335); 37, 243 (247); BVerwG, DVBl. 2001, 393 (394).
[14] BVerwG, UPR 2000, 460 (461); DVBl. 2001, 393 (394).
[15] *H. Sodan,* in: Sodan/Ziekow § 43 Rn. 121.
[16] BVerwGE 99, 64 (65 f.); 100, 262 (271); BVerwG, NVwZ 1991, 470 (471).
[17] Die Rechtsprechung will hier bereits das Vorliegen eines Rechtsverhältnisses verneinen, BVerwGE 90, 327 (330); BVerwG, NVwZ 2009, 1170.

§ 101. Allgemeine Feststellungsklage

zugemutet werden kann.[18] Mit der vorbeugenden Feststellungsklage soll festgestellt werden, dass eine bereits hinreichend bestimmte, alsbald zu erwartende Verwaltungsmaßnahme – zum Beispiel ein VA oder ein kommunaler Rechtssetzungsakt – nicht ergehen darf. Die Möglichkeit einer solchen vorbeugenden Klage ist heute anerkannt, weil ein erst nachträglich gewährter Rechtsschutz nicht immer effektiv ist. Ein qualifiziertes Feststellungsinteresse wird z. B. bejaht, wenn dem Kläger infolge der Verwaltungsmaßnahme unmittelbar Sanktionen in Form eines Bußgeldes oder der Einleitung eines Strafverfahrens oder sonstige irreparablen Nachteile drohen.[19] Allerdings ist die vorbeugende Feststellungsklage wegen Subsidiarität unzulässig, wenn eine vorbeugende Unterlassungsklage (→ § 100 Rn. 4) erhoben werden könnte.[20]

V. Klagebefugnis?

Unterschiedlich beurteilt wird, ob der Kläger auch bei der Feststellungsklage analog § 42 II VwGO geltend machen muss, in einem subjektiven öffentlichen Recht verletzt zu sein. Nach der Rechtsprechung ist die Vorschrift des § 42 II VwGO über die Klagebefugnis auf die allgemeine Feststellungsklage entsprechend anzuwenden, weil bei dieser nicht minder ein Bedürfnis nach einem Ausschluss von Popularklagen bestehe.[21]

11

> Die Festlegung der Abflugstrecken im **Fall 90** ist eine Abwägungsentscheidung, in welche auch die privaten Belange der vom Flugbetrieb Betroffenen einzustellen sind. Da A sich darauf beruft, die Neufestsetzung der Abflugstrecke verletze ihn in seinem Eigentum und seinem Recht auf Gesundheit (Art. 14, 2 II GG), ist er klagebefugt.[22]

In der Literatur wird diese Position der Rechtsprechung zu Recht kritisiert. Für eine analoge Anwendung des § 42 II VwGO ist mangels planwidriger Gesetzeslücke bei der allgemeinen Feststellungsklage nach § 43 VwGO kein Raum. Bereits über das dort genannte Feststellungsinteresse werden Popularklagen in ausreichendem Maße ausgeschlossen.[23]

VI. Weitere Sachentscheidungsvoraussetzungen

Die allgemeine Feststellungsklage ist an **keine weiteren besonderen Sachentscheidungsvoraussetzungen** gebunden. Es muss weder ein Vorverfahren durchgeführt noch eine Klagefrist beachtet werden.

12

Auch die allgemeine Feststellungsklage setzt voraus, dass der Kläger ein besonderes Interesse an der gerichtlichen Feststellung hat. Strittig ist insbesondere, ob das **allgemeine Rechtsschutzbedürfnis** für eine Klage auf Feststellung der Nichtigkeit eines VAs fehlt, solange der Kläger nicht zuvor die Verwaltung erfolglos um die Feststellung der Nichtigkeit des VAs gemäß § 44 V VwVfG ersucht hat. Hiervon wird man nicht ausgehen können, da die Möglichkeit des § 44 V VwVfG nicht als Vorverfahren zur Nichtigkeits-

---

[18] BVerwGE 40, 323 (326 ff.); BVerwG, NVwZ 2008, 1011.
[19] Siehe zur Konstellation eines drohenden Bußgeldes VGH Kassel, NVwZ 1988, 445 (446) und VGH Mannheim, VBlBW 2010, 325, einer drohenden Ordnungsverfügung BVerwGE 71, 318 (319).
[20] VGH Kassel, NVwZ 2006, 1195 (1197).
[21] BVerwGE 100, 262 (271); BVerwG, NVwZ 1991, 470 (471); UPR 2000, 460 (461); OVG Bremen, NordÖR 2001, 20 (21).
[22] BVerwGE 99, 64 (66); BVerwG, UPR 2000, 460 (461 f.).
[23] *H. Sodan*, in: Sodan/Ziekow § 42 Rn. 374.

feststellungsklage ausgestaltet ist, sondern dem Bürger einen zusätzlichen Rechtsbehelf zur Verfügung stellen soll.[24] Ob einer Behörde das Rechtsschutzinteresse abzusprechen ist, wenn sie das fragliche Rechtsverhältnis durch den Erlass eines VAs feststellen könnte, ist eine Frage des Einzelfalls (→ § 96 Rn. 8).

VII. Begründetheit der Feststellungsklage

13 Die Prüfung der Begründetheit der allgemeinen Feststellungsklage variiert je nach Streitgegenstand. Bezieht sie sich auf das Bestehen eines Rechtsverhältnisses, muss das Gericht prüfen, ob die behauptete Rechtsbeziehung tatsächlich besteht. Wenn ja, stellt es dies in seinem Urteil fest. Ansonsten weist es die Klage ab. Bei der negativen Feststellungsklage ist zu prüfen, ob ein bestimmtes Rechtsverhältnis nicht besteht. Soll die Nichtigkeit eines VAs festgestellt werden, prüft das Gericht, ob der VA an einem Fehler leidet, der nicht bloß zu seiner Rechtswidrigkeit, sondern gemäß § 44 VwVfG zur Nichtigkeit führt.

§ 102. Fortsetzungsfeststellungsklage

Fall 91: Berufsfotograf F macht im Auftrag einer Zeitschrift Bilder von der Polizei bei ihrer Arbeit. Diese beschlagnahmt daraufhin den Film wegen des Rechts der Verdächtigen und der Polizisten am eigenen Bild. F legt dagegen Widerspruch ein und erhebt fristgemäß Anfechtungsklage. Wie ist die Rechtslage, wenn die Beschlagnahme während des Prozesses aufgehoben wird?

I. Überblick

1 Tritt die **Erledigung eines angefochtenen VAs während des Gerichtsverfahrens** ein, kann der Klage mangels Beschwer des Klägers nicht mehr stattgegeben werden. Gemäß § 113 I 4 VwGO kann die Klage jedoch in Form einer Fortsetzungsfeststellungsklage aufrechterhalten werden, wenn sich ein VA *nach* der Erhebung der **Anfechtungsklage**, aber *vor* Urteilserlass durch Zurücknahme oder anders erledigt hat und der Kläger ein berechtigtes Interesse an der Feststellung der Rechtswidrigkeit dieser Verfügung hat. Die Fortsetzungsfeststellungsklage ist Ausfluss des Gebots effektiven Rechtsschutzes, weil dem Kläger auch gegen VAe, die sich erledigt haben, in bestimmten Situationen ein entsprechender gerichtlicher Rechtsschutz zur Verfügung stehen muss.

2 Obwohl sich § 113 I 4 VwGO nach seinem Wortlaut und seiner Stellung auf die Fortführung einer Anfechtungsklage bezieht, wird er wegen Art. 19 IV GG und angesichts der vergleichbaren Interessenlage **analog** auf die Verpflichtungsklage, wenn sich bei ihr das Klagebegehren nach der Klageerhebung erledigt hat[1], und die **Erledigung des fraglichen VAs bereits vor der Klageerhebung**[2] angewendet.

Nicht einschlägig ist die Fortsetzungsfeststellungsklage, wenn sich ein **Realakt** erledigt hat und deshalb einer allgemeinen Leistungsklage nicht mehr stattgegeben werden kann.[3]

---

[24] *H. Sodan*, in: Sodan/Ziekow § 43 Rn. 109 m.w.N.
[1] BVerwGE 62, 86 (90); 89, 354 (355); BVerwG, NVwZ 2013, 1550 (1551); 2015, 986 (987).
[2] BVerwGE 26, 161 (165).
[3] OVG Lüneburg, NVwZ-RR 2007, 67 (68) m.w.N. auch zur Gegenansicht.

§ 102. Fortsetzungsfeststellungsklage

> **Überblick: Besondere Sachentscheidungsvoraussetzungen und Begründetheit der Fortsetzungsfeststellungsklage**
>
> (I) Besondere Sachentscheidungsvoraussetzungen
>   (1) Statthaftigkeit:
>   (a) Erledigung eines angefochtenen VAs nach bzw. vor Klageerhebung (→ Rn. 4, 10);
>   (b) Erledigung bei einem beantragten/unterlassenen VA nach bzw. vor Erhebung einer Verpflichtungsklage (→ Rn. 4, 10);
>   (2) Klagebefugnis nach § 42 II VwGO (→ Rn. 5);
>   (3) Durchführung des Vorverfahrens und Einhaltung der Klagefrist:
>   (a) notwendig bei Erledigung nach Klageerhebung (→ Rn. 5);
>   (b) nicht notwendig bei Erledigung vor Klageerhebung und vor Eintritt der Bestandskraft (→ Rn. 11);
>   (4) Fortsetzungsfeststellungsinteresse (→ Rn. 6 ff., 13):
>   (a) Wiederholungsgefahr oder
>   (b) Rehabilitationsinteresse oder
>   (c) Vorbereitung eines Schadensersatzprozesses, wenn die Erledigung erst nach der Klageerhebung eingetreten ist;
>   (d) str. ob bei wesentlichen Grundrechtsbeeinträchtigungen.
>
> (II) Begründetheit:
> der erledigte VA war rechtswidrig bzw. die Ablehnung/das Unterlassen des beantragten VAs war rechtswidrig, und der Kläger ist dadurch in seinen Rechten verletzt worden (→ Rn. 14).

II. Fortsetzungsfeststellungsklage bei Erledigung des Verwaltungsakts *nach* Klageerhebung

Die Zulässigkeitsvoraussetzungen einer Fortsetzungsfeststellungsklage, bei welcher das **erledigende Ereignis nach Klageerhebung eingetreten** ist, ergeben sich aus bzw. analog § 113 I 4 VwGO. Da bei ihr der Sache nach die ursprüngliche Anfechtungs- bzw. Verpflichtungsklage in abgeänderter Form fortgeführt wird, müssen auch die für diese Klagearten geltenden Sachentscheidungsvoraussetzungen erfüllt sein.

1. Verwaltungsakt, der sich nach Klageerhebung erledigt hat

Die Fortsetzungsfeststellungsklage bezieht sich auf VAe, die sich nach Erlass erledigt haben. Als Beispiel für die **Erledigung eines VAs** nennt § 113 I 4 VwGO die Zurücknahme. Dieser kann sich aber auch anders erledigt haben. Für eine Erledigung ist typisch, dass von dem Bescheid **keine belastenden Wirkungen mehr** ausgehen oder dem Kläger mit der Aufhebung bzw. dem Erlass des in Frage stehenden VAs nicht mehr gedient ist.

Die Erledigung kann darauf zurückzuführen sein, dass die Behörde den angefochtenen VA von sich aus aufgehoben hat oder die Verfügung zwischenzeitlich gegenstandslos wurde, weil sie infolge Zeitablaufs erloschen ist. Auch tatsächliche Umstände können die Erledigung auslösen. So macht ein VA, der eine Person zum Gebäudeabbruch verpflichtet, in dem Moment keinen Sinn mehr, in dem das Gebäude infolge eines Blitzschlags abbrennt. Wird ein VA vollstreckt oder freiwillig befolgt, bewirkt dieser Vollzug regelmäßig noch keine Erledigung. Denn zumeist bleibt der VA der Rechtsgrund für die herbeigeführte Rechtslage. Daher reicht es für den Eintritt der Erledigung auch nicht aus, dass der Vollzug eines VAs irreparable, nicht mehr rückgängig machbare Tatsachen schafft.[4] Ausschlaggebend für die Erledigung des VAs ist vielmehr, dass dieser keine rechtlichen Wirkungen mehr erzeugen kann oder seine ursprüngliche Steuerungsfunktion entfallen ist.[5]

Eine Erledigung nach Erhebung einer Verpflichtungsklage tritt ein, wenn dem geltend gemachten Anspruch nachträglich die Grundlage entzogen worden ist. Beispiel ist der Eintritt einer Rechtsänderung.[6]

> Im **Fall 91** wurde die Beschlagnahme durch die Herausgabe des Films zwar sofort vollzogen. Dennoch ist dadurch keine Erledigung eingetreten, wirkt doch die Beschlagnahme als Rechtsgrundlage für das Einbehalten des Films fort.

2. Klagebefugnis, Vorverfahren und Klagefrist

5 Die Fortsetzungsfeststellungsklage setzt voraus, dass die Anfechtungs- bzw. Verpflichtungsklage vor Eintritt der Erledigung zulässig war. Daher ist zu prüfen, ob der Kläger in Bezug auf den VA **klagebefugt** war (→ § 98 Rn. 5 ff., § 99 Rn. 5). Weiterhin muss grundsätzlich ein **Widerspruchsverfahren durchgeführt** und gegen den ablehnenden Widerspruchsbescheid innerhalb der **Frist des** § 74 VwGO Klage erhoben worden sein.

> Da die Beschlagnahme im **Fall 91** gegenüber F einen belastenden VA darstellt und er deshalb gemäß § 42 II VwGO klagebefugt ist, ein Vorverfahren stattfand und F die Beschlagnahme fristgemäß angefochten hat, sind diese Zulässigkeitsvoraussetzungen erfüllt.

3. Fortsetzungsfeststellungsinteresse

6 Nach § 113 I 4 VwGO muss der Kläger als weitere Voraussetzung der Fortsetzungsfeststellungsklage ein **berechtigtes Interesse** an der Feststellung der Rechtswidrigkeit des VAs haben. Hierfür genügt **jedes schutzwürdige Interesse rechtlicher, wirtschaftlicher oder ideeller Art,** sofern die gerichtliche Feststellung dazu geeignet erscheint, die Rechtsposition des Antragstellers in den genannten Bereichen zu verbessern.[7] Von der Rechtsprechung wurden diesbezüglich vier Fallgruppen entwickelt, bei denen ein derartiges Fortsetzungsfeststellungsinteresse zu bejahen ist. Dies sind die Wiederholungsgefahr, das Rehabilitationsinteresse, die Vorbereitung eines weiteren Prozesses sowie das Vorliegen eines gewichtigen, zeitlich aber überholten Grundrechtseingriffs.

a) Wiederholungsgefahr

7 Das Fortsetzungsfeststellungsinteresse ist zu bejahen, wenn die Gefahr besteht, dass sich eine ähnliche Situation wiederholt, wie sie der bisherigen Anfechtungs- oder Verpflichtungsklage zugrunde lag.[8] Es müssen konkrete Anhaltspunkte dafür vorliegen, dass in absehbarer Zeit gegenüber dem Kläger 1. wiederum der Erlass einer ähnlichen Verwaltungsentscheidung aufgrund 2. im Wesentlichen unveränderter tatsächlicher und recht-

---

[4] BVerwG, NVwZ 2009, 122. A. M. *Würtenberger* Rn. 642.
[5] BVerwG, NVwZ 2009, 122.
[6] VGH München, NVwZ-RR 2009, 321 (324).
[7] BVerwG, ZBR 2000, 419; NVwZ 2007, 227 (228); 2013, 1480 Rn. 20; BVerwG, NVwZ 2013, 1550 (1551).
[8] BVerwG, NVwZ 2013, 1550 (1551).

§ 102. Fortsetzungsfeststellungsklage

licher Verhältnisse wahrscheinlich ist. Die bloß theoretische Möglichkeit, irgendwann einmal könnte sich wieder dieselbe Rechtsfrage stellen, begründet noch keine Wiederholungsgefahr.[9] Eine Wiederholungsgefahr scheidet auch aus, wenn die zuständige Behörde in einer verbindlichen Erklärung von der der Verwaltungsentscheidung zugrundeliegenden Argumentation und Rechtsauffassung abrückt.[10]

> Im **Fall 91** hat F ein schutzwürdiges Interesse an der Feststellung der Rechtswidrigkeit der Beschlagnahme unter dem Gesichtspunkt der Wiederholungsgefahr. Es ist wahrscheinlich, dass ihm als Berufsfotograf nochmals ein ähnlicher Auftrag erteilt und es damit in einer zukünftigen vergleichbaren Situation wieder aus vergleichbaren Gründen zu einer Beschlagnahme kommen wird.[11]

b) Rehabilitationsinteresse

Ein berechtigtes Interesse an der Feststellung der Rechtswidrigkeit des erledigten VAs besteht des Weiteren, wenn der Kläger für sich ein Rehabilitationsinteresse in Anspruch nehmen kann, weil nur so eine im Zusammenhang mit dem VA stehende Stigmatisierung des Betroffenen in der Öffentlichkeit oder in seinem sozialen Umfeld beseitigt werden kann.[12] Es genügt nicht, wenn allein der Antragsteller die jeweilige Verwaltungsmaßnahme als diskriminierend empfunden hat. Vielmehr müssen von dieser noch abträgliche Nachwirkungen ausgehen, denen durch eine gerichtliche Feststellung der Rechtswidrigkeit der Maßnahme noch begegnet werden kann.[13] Allerdings müssen die stigmatisierenden Wirkungen über den bloßen Erlass der behördlichen Maßnahme hinausgehen. Es reicht also nicht aus, dass die Behörde ein Verhalten des Klägers für rechtswidrig gehalten hat und dagegen vorgegangen ist.[14] Etwas anderes gilt insbesondere für polizeiliche Maßnahmen, die aufgrund der Umstände ihrer Durchführung zu einem Ansehensverlust des Betroffenen bei Bekannten, Nachbarn oder auch in der Öffentlichkeit führen[15]. Weiteres Beispiel für ein bestehendes Rehabilitationsinteresse ist das Interesse an der Feststellung der Rechtswidrigkeit einer Nichtversetzung, selbst wenn der Schüler zwischenzeitlich die Klasse wiederholt hat und versetzt worden ist.[16]

8

> Nach der Rückgabe des Films an F im **Fall 91** bestehen keine, durch die Beschlagnahme hervorgerufenen, den F objektiv beeinträchtigenden Nachwirkungen. Da der Vorgang nicht öffentlich bekannt wurde, kann ein Fortsetzungsfeststellungsinteresse unter dem Aspekt des Rehabilitationsinteresses nicht angenommen werden.[17]

c) Vorbereitung eines weiteren Prozesses

Vorwiegend aus prozessökonomischen Erwägungen bejaht die Rechtsprechung das Fortsetzungsfeststellungsinteresse, wenn der Kläger beabsichtigt, sich die bisherigen Ergebnisse des verwaltungsgerichtlichen Verfahrens für einen nachfolgenden Schadenser-

9

---

[9] BVerwG, NVwZ 1990, 360; 2013, 1480 Rn. 21; VGH München, BayVBl. 2009, 215.
[10] VGH München, BayVBl. 2007, 373.
[11] BVerwG, NVwZ 2000, 63 (64).
[12] BVerwGE 26, 161 (168); 61, 164 (165); BVerwG, NVwZ 2013, 1481 Rn. 25; VGH Mannheim, VBlBW 2015, 298 (299).
[13] BVerwG, ZBR 2000, 419; NVwZ 2000, 574; 2013, 1481 Rn. 25.
[14] VGH Mannheim, VBlBW 2015, 298 (299).
[15] OVG Koblenz, LKRZ 2014, 363.
[16] BVerwG, NVwZ 2007, 227 (228).
[17] Offen gelassen von BVerwG, NVwZ 2000, 63 (64).

satzprozess, insbesondere für einen Amtshaftungsprozess vor dem Zivilgericht, nutzbar zu machen.[18] Dem Kläger sollen die „Früchte" seines verwaltungsgerichtlichen Prozessierens erhalten bleiben, ohne dass es darauf ankäme, ob der Prozess vor dem VG tatsächlich bereits in einem zivilgerichtlichen Verfahren verwertbare „Früchte" erbracht hat.[19] Voraussetzung ist, dass eine Schadensersatz- oder Entschädigungsklage schon anhängig ist oder ihre baldige Erhebung mit hinreichender Sicherheit zu erwarten ist.[20] Zu verneinen ist das Fortsetzungsfeststellungsinteresse allerdings, wenn ohne eine ins Einzelne gehende Prüfung *offensichtlich* ist, dass dem Kläger ein solcher Schadensersatzanspruch nicht zustehen kann.[21]

d) Gewichtiger Grundrechtseingriff

Darüber hinaus besteht ein Fortsetzungsfeststellungsinteresse auch in solchen Fällen, in denen – insbes. bei polizeilichen Maßnahmen – ein tief greifender Grundrechtseingriff vorliegt, gegen den der Betroffene typischerweise keinen anderen Rechtsschutz als durch eine Fortsetzungsfeststellungsklage erlangen kann, weil die direkte Belastungswirkung nur für eine kurze Zeitspanne anhält (z. B. beim vorübergehenden Platzverweis, → § 75 Rn. 18 oder bei einem Versammlungsverbot)[22]. Das Vorliegen eines tiefgreifenden Grundrechtseingriffs allein kann also noch kein Fortsetzungsfeststellungsinteresse begründen.[23]

III. Fortsetzungsfeststellungsklage bei Erledigung des Verwaltungsakts *vor* Klageerhebung

10 Erledigt sich der fragliche VA bereits vor der Klageerhebung, so stellt sich die Frage, inwieweit – neben der erforderlichen Klagebefugnis – die soeben dargestellten Sachentscheidungsvoraussetzungen der Fortsetzungsfeststellungsklage auch in dieser Konstellation zur Anwendung kommen. Denn hier geht es nicht um die Fortführung einer bereits erhobenen Anfechtungs- bzw. Verpflichtungsklage, sondern um die **erstmalige Erhebung einer Klage**.

1. Erfordernis eines Vorverfahrens?

11 Erledigt sich der jeweilige VA nach Einlegung des Widerspruchs, stehen sich im Wesentlichen zwei Meinungen gegenüber, ob in einer solchen Situation die Zulässigkeit der Fortsetzungsfeststellungsklage davon abhängt, dass gemäß §§ 68 ff. VwGO ein Vorverfahren ordnungsgemäß durchgeführt wurde:

Die Literatur befürwortet zum Teil die Notwendigkeit der Durchführung eines Vorverfahrens. Die Anwendbarkeit der §§ 68 ff. VwGO ergebe sich aus der Eigenschaft der Fortsetzungsfeststellungsklage als „kupierte" Anfechtungs- bzw. Verpflichtungsklage. Die Rechtsprechung hält demgegenüber richtigerweise die **Durchführung eines Vorverfahrens für nicht erforderlich,** weil sich die §§ 68 ff. VwGO nach ihrem Wortlaut auf die Anfechtungs- und Verpflichtungsklage, nicht da-

---

[18] BVerwGE 100, 83 (91); BVerwG, NVwZ 2000, 1411 (1412).
[19] OVG Münster, NVwZ-RR 2006, 592 (593); NWVBl. 2011, 14 (15).
[20] VGH Kassel, NVwZ 2012, 1350 (1352); VGH München, NVwZ-RR 2009, 321 (324).
[21] BVerwGE 61, 128 (136); 100, 83 (91 f.); VGH Kassel, NVwZ 2012, 1350 (1351); VGH Mannheim, VBlBW 2015, 298 (299).
[22] BVerfG, DVBl. 2004, 822 (823); BVerwG, NVwZ 2013, 1481 Rn. 32; VGH Mannheim, VBlBW 2005, 138 (139); VGH München, BayVBl. 2011, 109 (110).
[23] A. M. *J. Lindner*, NVwZ 2014, 180 (183 f.); *A. Thiele*, DVBl. 2015, 954 (955 f.).

§ 102. Fortsetzungsfeststellungsklage

gegen die Fortsetzungsfeststellungsklage beziehen. Bei einem erledigten VA greift die mit dem Vorverfahren angestrebte Intention nicht, der Verwaltung nachträglich eine Korrektur ihrer Verwaltungsentscheidung zu ermöglichen (→ § 92 Rn. 2).[24]

Im Übrigen ist zu beachten, dass eine **Fortsetzungsfeststellungsklage unzulässig** ist, **wenn kein oder nicht fristgemäß Widerspruch** gegen einen VA eingelegt wurde, dessen Erledigung aber erst nach Ablauf der Widerspruchsfrist eingetreten ist. Der fragliche VA wurde hier formell bestandskräftig. Daher kann eine an sich unzulässige Anfechtungs- bzw. Verpflichtungsklage nicht wieder über den „Umweg" der Fortsetzungsfeststellungsklage zulässig werden, weil nachträglich eine Erledigung eingetreten ist.

2. Geltung einer Klagefrist?

Entgegen einer in Literatur und Rechtsprechung vertretenen Auffassung ist die Fortsetzungsfeststellungsklage bei einer Erledigung vor Klageerhebung nicht an die Klagefrist des § 74 VwGO gebunden.[25] Nach der überzeugenden Begründung des BVerwG ist dem Bürger ein **fristgemäßes Vorgehen** gegen einen VA, der seine Regelungswirkung verloren hat, **nicht zuzumuten**, zumal weder Widerspruch noch Klage irgendeine aufschiebende Wirkung herbeiführen können.[26] Auch dies gilt aber nur, wenn sich der VA vor Eintritt der Bestandskraft erledigt hat.

12

3. Fortsetzungsfeststellungsinteresse

Auch bei der Erledigung eines VAs vor der Erhebung einer Anfechtungs-/Verpflichtungsklage hängt die Zulässigkeit der Fortsetzungsfeststellungsklage analog § 113 I 4 VwGO davon ab, dass der Kläger ein **berechtigtes Interesse** an der Feststellung der Rechtswidrigkeit des VAs hat (→ Rn. 6 ff.). Dabei kann eine Fortsetzungsfeststellungsklage nicht mit der Begründung erhoben werden, die gerichtliche Feststellung diene der **Vorbereitung eines vor den Zivilgerichten zu führenden Schadensersatz- oder Entschädigungsprozesses.** Der Kläger muss seinen Anspruch sofort bei den Zivilgerichten einklagen. Es gibt kein Recht auf den sachnäheren Richter. Das zuständige Zivilgericht kann im Rahmen der Begründetheitsprüfung über sämtliche Fragen, auch soweit sie dem öffentlichen Recht zuzuordnen sind, in eigener Zuständigkeit entscheiden.[27]

13

IV. Begründetheit der Fortsetzungsfeststellungsklage

Bei Eintritt der **Erledigung des VAs vor oder nach Erhebung der** Anfechtungsklage ist die Fortsetzungsfeststellungsklage begründet, wenn der in Frage stehende VA rechtswidrig war und der Kläger durch ihn in seinen Rechten verletzt wurde. Bei der **Erledigung eines Verpflichtungsbegehrens** kommt es darauf an, ob der Kläger vor Eintritt der Erledigung einen Anspruch auf Erlass des begehrten VAs gehabt hat.

14

> Kommt das Gericht im **Fall 91** zu dem Ergebnis, dass die inzwischen aufgehobene Beschlagnahme rechtswidrig war und F durch sie in seinen Rechten verletzt wurde, stellt es in seinem Urteil fest, dass die damalige Beschlagnahmeverfügung des Beklagten rechtswidrig war.

---

[24] BVerwGE 26, 161 (167); 56, 24 (26); 81, 226 (229). I. E. ebenso VGH Mannheim, VBlBW 2005, 138.
[25] Vgl. die Nachweise bei *M. Brenner*, in: Sodan/Ziekow § 74 Rn. 11.
[26] BVerwG, NVwZ 2000, 63 (64); VGH Mannheim, VBlBW 2012, 61.
[27] BVerwGE 81, 226 (227 f.); BVerwG, ZBR 2000, 419; OVG Münster, NWVBl. 2011, 14 (15); VGH Mannheim, VBlBW 2005, 138 (139).

§ 103. Organklagen

Fall 92: X ist Mitglied im Gemeinderat der Stadt S. Die Gemeinderatsvorsitzende G hat in letzter Zeit in den Sitzungen mehrere Anfragen von ihm ohne Grund nicht behandelt. X fragt sich, wie er hiergegen gerichtlich vorgehen kann.

I. Begriff

1 Bei den so genannten Organklagen[1] streiten sich **Organe oder Organteile einer juristischen Person des öffentlichen Rechts** (→ § 58 Rn. 2) über ihnen zustehende Zuständigkeiten bzw. die Rechtmäßigkeit interner Maßnahmen. Früher wurde die Möglichkeit gerichtlichen Rechtsschutzes bei Streitigkeiten im Binnenbereich einer juristischen Person des öffentlichen Rechts verneint, weil der Verwaltungsprozess lediglich auf Streitigkeiten zwischen Staat und Bürger zugeschnitten und ein Insichprozess innerhalb ein und desselben Rechtsträgers nicht möglich sei. Heute ist dagegen anerkannt, dass es Rechtsstreitigkeiten innerhalb eines Verwaltungsträgers geben *kann*. Denn die Binnenstruktur des Staates und anderer Hoheitsträger wird gleichfalls durch das Recht geprägt.

Gleichwohl können nicht sämtliche Auffassungsunterschiede über die Art und Weise der Aufgabenerledigung innerhalb der Verwaltung justiziabel sein. Zur Klärung solcher Differenzen innerhalb der hierarchisch strukturierten Verwaltung steht vielmehr das Mittel der Weisung einer übergeordneten an eine nachgeordnete Verwaltungsstelle zur Verfügung (→ § 58 Rn. 6 f.). Insoweit hat sich am **Verbot eines Insichprozesses** nichts geändert. Eine **Ausnahme in Form eines Organstreits** ist deshalb nur dann zulässig, sofern das klagende Organ oder Organteil gegenüber dem beklagten Organ oder Organteil mit einer eigenen wehrfähigen Innenrechtsposition ausgestattet sein kann.

2 Prototyp des Organstreits ist der sog. **Kommunalverfassungsstreit,** bei welchem Streit zwischen Organen oder Organteilen einer kommunalen Gebietskörperschaft besteht.[2] Ein anderes Beispiel sind Streitigkeiten zwischen Organen einer Industrie- und Handelskammer[3]. Werden die Streitigkeiten zwischen verschiedenen Organen desselben Verwaltungsträgers ausgetragen, spricht man von einem **Inter-Organ-Streit;** streiten hingegen Teile eines Organs untereinander oder gegen das Organ, so handelt es sich um einen **Intra-Organ-Streit.**

In **Fall 92** würde es sich um Kommunalverfassungsstreit in Form eines Intra-Organ-Streits handeln.

II. Probleme

3 Organklagen stellen keine eigenständige Klageart dar. Ihre zusammenfassende Behandlung rechtfertigt sich vielmehr daraus, dass sie einige typische Problemlagen aufwerfen, die sie von Klagen im Bürger-Staat-Verhältnis unterscheiden. Dass der **Verwaltungsrechtsweg eröffnet** ist, obwohl streng genommen nicht um subjektive öffentliche Rechte, sondern um verwaltungsinterne Positionen gestritten wird, ist geklärt.

Im **Fall 92** ist der Verwaltungsrechtsweg unproblematisch eröffnet. Gemeinderat X bezweifelt, ob die Gemeinderatsvorsitzende G seine Wortmeldungen während der Sitzungen einfach ohne weiteres übergehen durfte. Trotz des irreführenden Begriffs „Kommunalverfassungs-

---

[1] **Lesen** Sie dazu *T. Rottenwallner,* VerwArch 2014, 212.
[2] **Lesen** Sie dazu *M. Ogorek,* JuS 2009, 511.
[3] VGH Kassel, NVwZ-RR 2015, 735.

§ 103. Organklagen

streitigkeit" handelt es sich um eine Streitigkeit nichtverfassungsrechtlicher Art (→ § 94 Rn. 15).

Da die **Klagearten** der Verwaltungsgerichtsordnung im Wesentlichen auf Streitigkeiten im Verhältnis zwischen Staat und Bürger ausgerichtet sind, wurde früher zum Teil vertreten, bei den Organklagen handle es sich um eine *Klageart sui generis*.[4] Für die Annahme eines solchen Sondertypus besteht jedoch keine Notwendigkeit, wenn sich das Klagebegehren einer der typischen Klagearten der Verwaltungsgerichtsordnung zuordnen lässt. Deshalb ist zu prüfen, ob es nicht die Voraussetzungen einer Anfechtungs-, Verpflichtungs- oder Fortsetzungsfeststellungsklage, der allgemeinen Leistungs- oder Feststellungsklage erfüllt[5]. In der Regel wird eine auf einen VA bezogene Klageart mangels Außenwirkung der fraglichen Maßnahme (→ § 74 Rn. 15 ff.) ausscheiden. 4

Im **Fall 92** fehlt der Entscheidung der Gemeinderatsvorsitzenden G gegenüber dem Gemeinderatsmitglied X die für einen VA erforderliche Außenwirkung, denn sie berührt lediglich den Innenbereich eines Organs der Kommunalverfassung.[6] Damit kommen als mögliche Klagearten vor allem die allgemeine Leistungs- oder Feststellungsklage in Betracht. Die allgemeine Leistungsklage ist auf ein sonstiges Verwaltungshandeln gerichtet, das kein VA ist (→ § 100 Rn. 2). Will X erreichen, dass seine Anfragen in einer künftigen Gemeinderatssitzung zugelassen und behandelt werden, geht sein Klagebegehren auf eine nichtverwaltungsaktsmäßige Leistung, so dass die allgemeine Leistungsklage statthaft ist.[7]

Entsprechend allgemeinen Grundsätzen ist auch für eine im Organstreit erhobene allgemeine Leistungsklage das Vorliegen der **Klagebefugnis** analog § 42 II VwGO Sachentscheidungsvoraussetzung (→ § 100 Rn. 5; zur Feststellungsklage → § 101 Rn. 11). Problematisch ist, dass die Organe im Binnenbereich keine Träger von Außenrechten sind, ihnen also keine subjektiven öffentlichen Rechte im klassischen Sinne (→ § 71) zustehen. Sie können sich also gegenüber anderen Organen oder Organteilen des Rechtsträgers nicht etwa auf die Grundrechte berufen.[8] Trotzdem werden sie als klagebefugt angesehen, wenn und soweit einem Organ(teil) durch Gesetz eine Rechtsposition verliehen ist, die es gegenüber dem anderen durchsetzen können soll („organschaftliches Recht"). Ausschlaggebend für die Durchsetzungsfähigkeit, die sog. **Wehrfähigkeit**, ist, ob dem Organ oder Organteil die eigenständige Entwicklung und Zurgeltungbringung von Vorstellungen gegenüber anderen Organen oder Organteilen zugewiesen ist. Die Zuständigkeit muss dem betreffenden Funktionssubjekt zur eigenständigen Wahrnehmung übertragen sein.[9] 5

Im **Fall 92** ist X klagebefugt. Er kann geltend machen, in seinen mitgliedschaftlichen Rechten, wie sie sich aus seiner Stellung als Gemeinderat ergeben (→ § 60 Rn. 11 ff.), verletzt zu sein.[10] Dagegen könnte er sich zum Beispiel nicht auf eine Verletzung des Grundsatzes der Öffentlichkeit der Verhandlungen des Gemeinderats berufen. Denn dieser schützt ausschließlich die Interessen der Allgemeinheit und verleiht dem einzelnen Gemeinderatsmitglied keine wehrfä-

---

[4] OVG Münster, OVGE 27, 258 (260).
[5] In Betracht kommt auch ein Normenkontrollverfahren nach § 47 VwGO, vgl. OVG Bautzen, SächsVBl. 2014, 18.
[6] Dazu OVG Münster, NVwZ 1983, 485 (486); a. M. *Schenke* Rn. 228.
[7] VGH Mannheim, NVwZ-RR 1989, 91 (92).
[8] VGH Kassel, GewArch 2015, 311 (312).
[9] VGH Kassel, NVwZ-RR 2015, 735 (736); VGH München, BayVBl. 2012, 340; *J. Ziekow*, NWVBl. 1998, 297 (301) m.w.N.
[10] VGH Mannheim, NVwZ-RR 1989, 91 (92).

hige Rechtsposition.[11] Ebenso wenig könnte er Kompetenzen des Gemeinderats als solchem geltend machen.[12]

Da die öffentliche Hand an die Grundrechte gebunden und nicht aus ihnen berechtigt ist, können sich ihre Organe regelmäßig nicht auf eine Verletzung von Grundrechten stützen.[13]

6 Auch im Organstreit müssen die Parteien **beteiligtenfähig** im Sinne von § 61 VwGO sein (→ § 95 Rn. 4). Da sich § 61 Nr. 1 VwGO nur auf vollrechtsfähige Rechtssubjekte bezieht, im Binnenbereich aber immer nur einzelne Befugnisse verliehen werden, kommt nach zutreffender Ansicht hinsichtlich der Beteiligung von Organen oder Organteilen, die aus mehreren Personen bestehen (z. B. Gemeinderat, Fraktion im Gemeinderat) eine analoge Anwendung des § 61 Nr. 2 VwGO in Betracht. Eine unmittelbare Anwendung ist nicht möglich, weil eine innerorganisatorische Wahrnehmungszuständigkeit kein „Recht" im Sinne von § 61 Nr. 2 VwGO ist. Soweit es sich um ein Einpersonenorgan handelt, ist nicht § 61 Nr. 1, sondern § 61 Nr. 2 VwGO – doppelt – analog anzuwenden. Wird nicht z. B. um Individualrechte (dann § 61 Nr. 1 VwGO), sondern um innerorganisatorische Rechte des Bürgermeisters gestritten, passt § 61 Nr. 1 VwGO nicht[14], weil es keine innerorganisatorische Vollrechtsfähigkeit gibt, auf die § 61 Nr. 1 VwGO aber gerade abstellt. Da im Innenrechtskreis grundsätzlich nur einzelne Befugnisse bzw. Zuständigkeiten bestehen, wird der auf die Teilrechtsfähigkeit zugeschnittene § 61 Nr. 2 VwGO dieser Situation besser gerecht.

Im **Fall 92** ist X eine einzelne Person, welche sich auf ein ihr von der Gemeindeordnung verliehenes Mitgliedschaftsrecht – das Fragerecht als Gemeinderat – beruft. Auch die G ist mit Blick auf die ihr zur Leitung der Gemeinderatssitzung verliehenen Befugnisse beteiligtenfähig.

Nach überwiegender Meinung ist die **Organklage gegen das Organ bzw. den Funktionsträger zu richten,** von dem die Verletzung der innerorganisatorischen Befugnis herrührt, und nicht gegen den Rechtsträger, dem dieses Organ angehört.[15] Insoweit kommt das Rechtsträgerprinzip des § 78 I Nr. 1 VwGO nicht zur Anwendung.

Richtiger Beklagter ist also in **Fall 92** nicht die Gemeinde, deren Gemeinderat die G vorsitzt, sondern die G selbst.

§ 104. Normenkontrollverfahren

Fall 93: E ist Eigentümer eines Grundstücks, das im Bereich eines Änderungsbebauungsplans gelegen ist. Er beantragt beim Gericht, dessen Nichtigkeit festzustellen. Die Gemeinde habe bei ihrer Abwägungsentscheidung sein Interesse an der Erhaltung der bisherigen Aussichtslage nicht berücksichtigt. Hat sein Begehren Aussicht auf Erfolg?

Fall 94: Die Gemeinde G möchte gerichtlich gegen die Ausweisung eines Wasserschutzgebiets vorgehen. Durch dieses werde ihre Möglichkeit, später ein Baugebiet auszuweisen, beeinträchtigt. Kann sie hiergegen ein Normenkontrollverfahren einleiten?

---

[11] VGH Mannheim, DVBl. 1992, 981 (982).
[12] OVG Bautzen, SächsVBl. 2014, 18.
[13] OVG Bautzen, SächsVBl. 2009, 237 (238); VGH Mannheim, NVwZ-RR 1992, 373.
[14] OVG Münster, NVwZ 1983, 485 (486); VGH Kassel, DVBl. 1991, 777. A. M. VGH Mannheim, DÖV 1980, 573.
[15] OVG Münster, NVwZ 1990, 188; VGH Mannheim, VBlBW 1990, 457 (459).

I. Überblick

Die abstrakte Normenkontrolle nach § 47 VwGO ist eine **besondere Form der Feststellungsklage,** welche die Gültigkeit oder Ungültigkeit einer Norm betrifft.[1] Kommt das OVG zu der Überzeugung, dass die Rechtsvorschrift ungültig ist, erklärt es sie **mit allgemeinverbindlicher Wirkung für unwirksam** (§ 47 V 2 VwGO). Anders als die übrigen Gerichtsentscheidungen wirkt die Unwirksamerklärung einer Norm also nicht nur zwischen den Beteiligten des Rechtsstreits (inter partes), sondern inter omnes.

Das Normenkontrollverfahren dient der **Prozessökonomie.** Denn es kann zahlreichen Einzelprozessen vorbeugen, in denen sich jeweils die Frage nach der Gültigkeit derselben Norm stellt. Es entlastet die VGe und verhindert zugleich, dass diese im Rahmen ihrer Inzidentprüfung unterschiedliche Standpunkte zur Gültigkeit ein und derselben Norm einnehmen. Die abstrakte Normenkontrolle ist ein **objektives Rechtsbeanstandungsverfahren.** Deutlich wird dies unter anderem darin, dass die Gerichte sich im Rahmen der Begründetheitsprüfung bloß mit der (Un-)Gültigkeit der jeweiligen Norm befassen. Unerheblich ist, ob der Kläger durch sie tatsächlich in einem eigenen Recht verletzt wird. Nach der – unzutreffenden – überwiegenden Meinung soll die abstrakte Normenkontrolle darüber hinaus dem Individualrechtsschutz des Bürgers dienen, weil sie seine Rechtsschutzmöglichkeiten verbessert.[2]

Der Betroffene kann **gleichzeitig ein abstraktes Normenkontrollverfahren und ein Einzelrechtsschutzverfahren** einleiten. Die Zulässigkeit der Normenkontrolle ergibt sich aus ihrer Bündelungsfunktion. Gegen einen belastenden VA, der auf einer ungültigen Ermächtigungsgrundlage beruht, muss zugleich fristgemäß Widerspruch und Anfechtungsklage erhoben werden, damit er nicht bestandskräftig wird. Individualrechtsschutz und Normenkontrolle schließen sich also nicht gegenseitig aus.

> **Übersicht: Besondere Sachentscheidungsvoraussetzungen und Begründetheit des Normenkontrollantrags**
>
> (I) Besondere Sachentscheidungsvoraussetzungen:
>   (1) Zuständigkeit des OVG/VGH („im Rahmen seiner Gerichtsbarkeit") (→ Rn. 3);
>   (2) Statthaftigkeit:
>   (a) § 47 I Nr. 1 VwGO: Satzungen/Rechtsverordnungen nach dem BauGB (→ Rn. 4);
>   (b) § 47 I Nr. 2 VwGO: andere im Rang unter dem Landesgesetz stehende Rechtsvorschriften, soweit dies vom Landesrecht vorgesehen ist (→ Rn. 4);
>   (3) Antragsbefugnis (§ 47 II VwGO):
>   (a) natürliche oder juristische Person bei Möglichkeit einer Rechtsverletzung (→ Rn. 6 ff.), wenn nicht nach § 47 II a VwGO präkludiert (→ Rn. 11);
>   (b) jede Behörde, sofern sie die fragliche Norm zu vollziehen oder bei ihren Aufgaben zu beachten hat (→ Rn. 12);
>   (4) Antragsfrist: 1 Jahr ab Bekanntmachung (→ Rn. 13);

---

[1] BVerwGE 68, 306 (310).
[2] Zu den Zwecken der abstrakten Normenkontrolle BVerwGE 110, 203 (209); *J. Ziekow,* in: Sodan/Ziekow § 47 Rn. 25 ff.

(5) **Beteiligtenfähigkeit**: über § 61 Nr. 3 VwGO hinausgehende Beteiligungsfähigkeit von Behörden als Antragsteller gemäß § 42 II 1 VwGO;
(6) **Richtiger Antragsgegner**: diejenige juristische Person des öffentlichen Rechts, die die Rechtsvorschrift erlassen hat (§ 47 II 2 VwGO);

(II) **Begründetheit**:
wenn die fragliche Rechtsvorschrift ungültig ist (→ Rn. 14 f.).

II. Besondere Sachentscheidungsvoraussetzungen

1. Zuständigkeit des OVG

3   Sachlich zuständig für das Normenkontrollverfahren ist das OVG/der VGH. Das OVG entscheidet nach § 47 I VwGO „im Rahmen seiner Gerichtsbarkeit" über die Gültigkeit bestimmter Rechtsnormen. Ein Normenkontrollverfahren ist daher lediglich bei solchen Rechtssätzen möglich, deren Anwendung zu Rechtsstreitigkeiten im Sinne des § 40 I VwGO führen kann.[3]

2. Statthaftigkeit

4   Mit seinem Normenkontrollantrag möchte der Antragsteller unabhängig von einer konkret eingetretenen Rechtsverletzung die gerichtliche Prüfung der Gültigkeit einer der in § 47 I VwGO genannten Rechtsvorschriften erreichen. In allen Bundesländern kann die Überprüfung von **nach den Vorschriften des Baugesetzbuchs erlassenen Satzungen** sowie von Rechtsverordnungen aufgrund von § 246 II BauGB beantragt werden (§ 47 I Nr. 1 VwGO). Weil Flächennutzungspläne nicht als Satzung erlassen werden, sind sie kein taugliches Objekt einer Normenkontrolle.[4] Eine Ausnahme gilt für Darstellungen in Flächennutzungsplänen, die die Wirkung nach § 35 III 3 BauGB (→ § 76 Rn. 21) herbeiführen. Diese Darstellungen kommen in ihrer Bindungskraft den Festsetzungen eines Bebauungsplans gleich. § 47 I Nr. 1 VwGO ist daher auf *diese* Darstellungen in Flächennutzungsplänen analog anwendbar.[5]

Da ein **Bebauungsplan** nach § 10 BauGB als Satzung beschlossen wird, ist im **Fall 93** die Normenkontrolle statthaft.

Gemäß § 47 I Nr. 2 VwGO kann sich ein Normenkontrollverfahren auch auf **andere im Rang unter einem Landesgesetz stehende Rechtsvorschriften** beziehen, sofern das Landesrecht dies bestimmt. Die entsprechenden Regelungen finden sich in den landesrechtlichen Ausführungsgesetzen zur VwGO. Von der Ermächtigung des § 47 I Nr. 2 VwGO *nicht* Gebrauch gemacht haben nur die Länder Berlin, Hamburg und Nordrhein-Westfalen. Eine Normenkontrolle hinsichtlich untergesetzlicher Rechtsvorschriften des Bundes ist nicht möglich. Es muss sich vielmehr um eine dem Landesrecht angehörende Rechtsvorschrift unter dem Rang eines förmlichen Gesetzes handeln. Darunter fallen **Verordnungen** (z. B. Polizeiverordnung) oder **Satzungen** (z. B. Gemeindesatzung). **Verwaltungsvorschriften** entfalten typischerweise nur verwaltungsinterne Bindungswirkungen (→ § 64 Rn. 4 ff.) und sind daher grundsätzlich keine Rechtsvorschrif-

---

[3] BVerwG, NVwZ 2013, 1298 Rn. 8 ff.; *J. Ziekow*, in: Sodan/Ziekow § 47 Rn. 41 m. w. N.
[4] BVerwG, NVwZ 1991, 262 f.
[5] BVerwG, NVwZ 2007, 1081.

ten. Anderes gilt aber, wenn sie – ausnahmsweise – unmittelbare Außenwirkung gegenüber dem Bürger entfalten, wie dies z. B. für bestimmte Bedarfsfestsetzungen im Sozialhilferecht der Fall ist.[6] Zu **Geschäftsordnungen kommunaler Vertretungsorgane** → § 60 Rn. 15. Maßgebend für die Einordnung als Rechtsvorschrift i. S. v. § 47 I Nr. 2 VwGO ist, ob die Anwendung der Regelung zu einer Fülle von gerichtlichen Einzelstreitigkeiten führen kann. Denn die **Einzelstreitigkeiten zu „bündeln"** ist gerade Zweck der verwaltungsgerichtlichen Normenkontrolle.

Im **Fall 94** ist der Anwendungsbereich des § 47 I Nr. 2 VwGO eröffnet, weil ein Wasserschutzgebiet von einer Landesbehörde durch Rechtsverordnung ausgewiesen wird.

Mit der Normenkontrolle können lediglich **erlassene Rechtsvorschriften** überprüft werden. Sie müssen also schon verkündet, aber nicht notwendig bereits in Kraft getreten sein.[7] Eine außer Kraft getretene Rechtsvorschrift können die Gerichte im Normenkontrollverfahren nur überprüfen, sofern sie noch in der Gegenwart gewisse Rechtswirkungen entfaltet.[8]

5

Da die Gerichte bei der Normenkontrolle die Gültigkeit einer Norm überprüfen und diese ggf. für nichtig erklären sollen, eignet sie sich nicht zur Verfolgung eines Anspruchs auf Normerlass. Das bedeutet allerdings nicht, dass gegen das rechtswidrige Unterlassen einer Rechtsetzung kein Rechtsschutz erlangt werden kann. Die Gewährleistung des Art. 19 Abs. 4 GG umfasst jedenfalls den Schutz gegen den Nichterlass untergesetzlicher Normen.[9] Das Verwaltungsprozessrecht muss daher eine Verfahrensart zur Verfügung stellen, mit welcher ein nach materiellem Recht bestehender – wenngleich nur ausnahmsweise möglicher – Normerlassanspruch verfolgt werden kann. Die allgemeine Leistungsklage steht hierfür nicht zur Verfügung,[10] ist sie doch nur auf Einzelakte gerichtet und würde sie darüber hinaus zu einem mit dem Gewaltenteilungsgrundsatz nur schwer in Einklang zu bringenden kondemnierenden Urteil führen[11]. Die **Normerlassklage** kann allein als Feststellungsklage nach § 43 I VwGO zulässig sein.[12] Ein Feststellungsurteil bringt den geringstmöglichen Eingriff in die Entscheidungsfreiheit der rechtsetzenden Organe mit sich[13]. Zuständig ist nach § 45 VwGO das VG, sodass mangels Regelungslücke für eine Analogie zu § 47 VwGO kein Raum bleibt.[14] Wegen des mit der Feststellungsklage gewährten ausreichenden Rechtsschutzes besteht kein Bedürfnis zur Entwicklung von Klagearten sui generis.[15]

5a

3. Antragsbefugnis

Das Normenkontrollverfahren wird nach § 47 I VwGO durch einen **Antrag** eingeleitet. Damit nicht jeder ohne konkreten Anlass ein Normenkontrollverfahren betreiben kann, d. h. um Popularanträge auszuschließen, engt § 47 II 1 VwGO den Kreis der Antragsbefugten ein. Zum einen kann ein zulässiger Normenkontrollantrag von jeder natürlichen oder juristischen Person gestellt werden, die geltend macht, durch die Rechts-

6

---

[6] BVerwG, NVwZ 2005, 602 (603).
[7] BVerwG, NVwZ 1992, 1088; VGH München, BayVBl. 1999, 760 f.
[8] BVerwGE 57, 172 (176); 68, 12 (13).
[9] BVerwGE 80, 355 (361); BVerwG, NVwZ 1990, 162 (163); DÖV 2003, 123 (124).
[10] A.M. VGH Mannheim VBlBW 2000, 317, 318; VGH München BayVBl 1981, 499, 503.
[11] BVerwG, NVwZ 1990, 162 (163); *H. Sodan*, NVwZ 2000, 601 (609).
[12] BVerwGE 80, 355 (365); BVerwG, NVwZ 1990, 162 (163); DÖV 2003, 123 (124).;
[13] BVerwG, NVwZ 1990, 162 (163).
[14] Vgl. OVG Lüneburg NVwZ-RR 1994, 547, 548.
[15] A.M. etwa *T. Würtenberger*, AöR 105 (1980), 370 (389 ff.).

vorschrift oder deren Anwendung in ihren Rechten verletzt zu sein oder in absehbarer Zeit verletzt zu werden. Zum anderen ist jede Behörde antragsbefugt.

a) Natürliche und juristische Personen

7 Bei der Bestimmung der Reichweite der an eine Rechtsverletzung anknüpfenden Antragsbefugnis natürlicher und juristischer Personen kann weitgehend auf die Erkenntnisse zur Klagebefugnis nach § 42 II VwGO (→ § 98 Rn. 5 ff.) zurückgegriffen werden. So sind an die Geltendmachung einer Rechtsverletzung im Sinne des § 47 II 1 VwGO keine höheren Anforderungen als nach § 42 II VwGO zu stellen.[16] Die geltend gemachte Rechtsverletzung muss nicht durch die angegriffene Norm selbst entstehen. Vielmehr genügt es, wenn die Verletzung erst durch die Anwendung der Norm eintritt. Hierfür genügen auch private Verhaltensweisen, deren Ob und Wie durch die Vorschrift bestimmt werden. So werden Bebauungspläne im Sinne von § 47 II 1 VwGO angewendet durch die Errichtung und Nutzung der im Bebauungsplan vorgesehenen oder zugelassenen Vorhaben.

> Im **Fall 93** ist E als natürliche Person antragsbefugt, wenn nicht auszuschließen ist, dass er durch den erlassenen Bebauungsplan in einem subjektiven öffentlichen Recht verletzt wird. Ein solches könnte sich aus dem Abwägungsgebot des § 1 VII BauGB ergeben.

8 Das Abwägungsgebot des § 1 VII BauGB (→ § 70 Rn. 6 ff.) hat drittschützende Wirkung. Die ausdrückliche Erwähnung der privaten Belange in § 1 VII BauGB spricht für die Einräumung eines subjektiven öffentlichen Rechts, dass ein privater Belang in der Abwägung entsprechend seinem Gewicht „abgearbeitet" wird.[17] Allerdings ist nicht jeder private Belang in der Abwägung zu berücksichtigen. Verneint wird die **Abwägungserheblichkeit** insbesondere, wenn es sich um ein geringwertiges oder mit einem Makel behaftetes Interesse handelt, des Weiteren wenn eine Person auf den Fortbestand eines Belangs nicht vertrauen durfte oder dieser für die Gemeinde bei der Entscheidung über den Bebauungsplan nicht erkennbar war.[18]

> Im **Fall 93** sind keine Anhaltspunkte dafür ersichtlich, dass der von E geltend gemachte private Belang, seine Aussichtslage aufrechtzuerhalten, so sehr betroffen wird, dass ihn die Gemeinde im Rahmen der Abwägung besonders beachten musste. Da das Bestehen eines abwägungserheblichen Belangs des Antragstellers bereits abschließend im Rahmen der Prüfung der Zulässigkeit des Nomenkontrollantrags festzustellen ist[19], fehlt E mangels eines subjektiven Rechts die Antragsbefugnis.[20]

Abwägungserheblich sind nicht allein die Belange solcher Grundeigentümer, deren Grundstücke in dem durch den Bebauungsplan überplanten Gebiet liegen. Auch Eigentümer, deren Grundstücke außerhalb des Plangebiets liegen, können als sog. **Plannachbarn** eine gerechte Abwägung ihres Interesses verlangen, von belastenden Einwirkungen, die von einer Verwirklichung der durch den Bebauungsplan ermöglichten Nutzungen auf ihre Grundstücke ausgehen würden, möglichst weitgehend verschont zu bleiben.[21]

---

[16] BVerwG, NJW 1999, 592; NVwZ 2012, 185 Rn. 12; 2013, 1298 Rn. 16.
[17] BVerwG, NJW 1999, 592 (593); NVwZ 2012, 185 Rn. 15; OVG Münster, NWVBl. 2001, 185.
[18] BVerwG, NJW 1999, 592; NVwZ 2000, 1413 (1414).
[19] OVG Koblenz, NVwZ-RR 2013, 708 (709).
[20] BVerwG, NVwZ 2000, 1413 (1414); siehe auch BVerwG, NVwZ 1995, 895 (896).
[21] BVerwG, NVwZ 2012, 185 Rn. 19.

Obligatorisch Berechtigte, also Mieter und Pächter, können sich ebenfalls auf eine Verletzung des Abwägungsgebots des § 1 VII BauGB berufen und daher die gerichtliche Überprüfung der Gültigkeit eines Bebauungsplans beantragen, soweit der Bebauungsplan sie in einem mehr als geringfügigen, schutzwürdigen privaten Interesse tangiert. Die Grundstücksnutzung aufgrund eines Miet- oder Pachtvertrags führt nicht dazu, dass die damit zusammenhängenden Interessen bei der planerischen Abwägung nicht zu berücksichtigen sind.[22]

Immer antragsbefugt sind natürliche und juristische Personen, die **durch den Bebauungsplan in einem subjektiven öffentlichen Recht** (z. B. dem durch Art. 14 I GG geschützten Grundeigentum) negativ betroffen sind.

Die Beziehungen zwischen subjektivem öffentlichem Recht, Recht auf gerechte Abwägung und Antragsbefugnis bei der Normenkontrolle von Bebauungsplänen lassen sich wie folgt verdeutlichen:

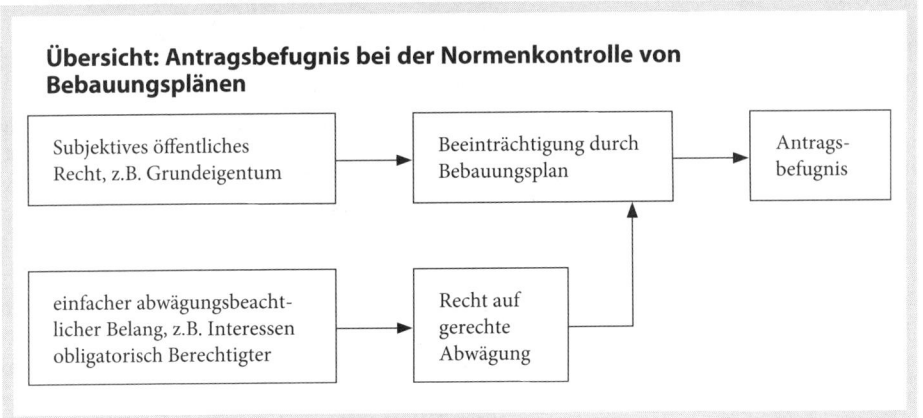

Da **Gemeinden** juristische Personen des öffentlichen Rechts sind, sind sie nach § 47 II 1 Alt. 1 VwGO antragsbefugt, wenn sie eine mögliche Verletzung in einem eigenen subjektiven öffentlichen Recht geltend machen. Aus diesem Grund kann eine Gemeinde gegen den Bebauungsplan einer Nachbargemeinde ein Normenkontrollverfahren einleiten, weil diese bei der Planaufstellung ihre Bauleitplanung nicht berücksichtigt hat, mithin gegen das sie schützende **interkommunale Abstimmungsgebot** des § 2 II BauGB (→ § 70 Rn. 11) verstoßen wurde.[23]

Nach § 47 II a VwGO ist ein Normenkontrollantrag einer natürlichen oder juristischen Person gegen einen Bebauungsplan oder eine andere Satzung nach dem BauGB unzulässig, wenn der Antragsteller seine Antragsbefugnis nur auf Einwendungen stützt, die er im Rahmen der Planauslegung (→ § 63 Rn. 11) nicht oder verspätet geltend gemacht hat, obwohl er sie hätte geltend machen können. Zu beachten ist, dass der Normenkontrollantrag nur unzulässig ist, *wenn nur* präkludierte Einwendungen geltend gemacht werden. Wird der Normenkontrollantrag aber zusätzlich zu präkludierten auch auf andere Einwendungen gestützt, die dem Antragsteller die Antragsbefugnis nach § 47 II 1

---

[22] BVerwG, UPR 2000, 189; 2000, 190 f.
[23] VGH München, NVwZ 2000, 822 (823); VGH Mannheim, VBlBW 2000, 479 (480).

VwGO verleihen, so ist der Antrag in vollem Umfang zulässig und führt zu der objektiven Rechtskontrolle im vollen Umfang. Es reicht also aus, wenn der Antragsteller eine einzige bereits im Auslegungsverfahren erhobene Einwendung geltend macht, sofern die Antragsbefugnis darauf gestützt werden kann.[24] In diesem Fall werden auch alle Einwendungen, die nicht rechtzeitig geltend gemacht wurden, in die Begründetheitsprüfung einbezogen.[25] Zu beachten ist, dass es für den Eintritt der Präklusion nicht darauf ankommt, ob sich die nicht rechtzeitig geltend gemachten Belange der Gemeinde hätten aufdrängen müssen. Selbst wenn dies der Fall sein sollte, ist der Normenkontrollantrag unzulässig, wenn der Antragsteller die Einwendung nicht selbst im Zuge der Planauslegung erhoben hatte.[26] Voraussetzung ist aber, dass die Auslegung des Entwurfs des Bebauungsplans den Anforderungen des § 3 II BauGB genügte.[27]

b) Behörden

12 Unabhängig von einer eigenen Rechtsverletzung können Behörden gemäß § 47 II 1 Alt. 2 VwGO ein Normenkontrollverfahren beantragen. Allerdings wird der sehr weit gefasste Gesetzeswortlaut einengend ausgelegt. Antragsbefugt sind lediglich solche Behörden, welchen die Ausführung der angegriffenen Norm obliegt oder welche diese bei der Wahrnehmung ihrer öffentlichen Aufgaben berücksichtigen müssen.[28]

> Da die Gemeinde G im **Fall 94**, soweit die Gesetze nichts anderes bestimmen, als Behörde in ihrem Gebiet alle öffentlichen Aufgaben allein und unter eigener Verantwortung wahrnimmt, muss sie dabei die Ge- und Verbote der wasserrechtlichen Schutzverordnung beachten. Deshalb ist sie als Behörde gemäß § 47 II 1 Alt. 2 VwGO antragsbefugt.[29]

4. Antragsfrist, Rechtsschutzbedürfnis

13 Nach § 47 II 1 VwGO muss der Antrag auf Normenkontrolle **innerhalb von einem Jahr nach Bekanntmachung** der Rechtsvorschrift gestellt werden. Eine Wiedereinsetzung in den vorigen Stand nach § 60 VwGO wegen unverschuldeter Fristversäumnis ist nicht möglich.

Auch für einen Normenkontrollantrag ist das **allgemeine Rechtsschutzbedürfnis** (→ § 96 Rn. 6 ff.) erforderlich. Nach der – allerdings dogmatisch kaum haltbaren h. M. – fehlt es, wenn durch die gerichtliche Unwirksamerklärung der Norm die vom Antragsteller geltend gemachte Rechtsverletzung nicht beseitigt werden kann.[30] Aus diesem Grund wird die Zulässigkeit eines Normenkontrollantrags gegen einen Bebauungsplan verneint, dessen **Festsetzungen zwischenzeitlich durch Baumaßnahmen vollständig verwirklicht** wurden.[31]

---

[24] Vgl. OVG Münster, ZfBR 2008, 801.
[25] BVerwG, NVwZ 2010, 782.
[26] BVerwG, NVwZ 2011, 441 (442); OVG Münster, DVBl. 2012, 520 (521 f.). Dass eine andere Person die Einwendung während der Planauslegung erhoben hat, reicht nicht aus, vgl. BVerwG, BayVBl. 2015, 203 (204).
[27] BVerwG, BayVBl. 2015, 203 (204).
[28] BVerwG, NVwZ 2011, 1468 Rn. 17; VGH Mannheim, NVwZ-RR 2006, 232; OVG Bautzen, SächsVBl. 2001, 12 (14).
[29] VGH Mannheim, VBlBW 1999, 67 (68).
[30] BVerwGE 78, 85 (91); BVerwG, DVBl 1996, 107; 2000, 194; NVwZ 2015, 590 (591); kritisch hierzu *J. Ziekow,* in: Sodan/Ziekow § 47 Rn. 131 ff.
[31] BVerwGE 78, 85 (92); das Rechtsschutzbedürfnis fehlt nach BVerwG, NVwZ 2000, 194 in der Regel nicht, wenn der Bebauungsplan erst torsohaft verwirklicht ist.

III. Begründetheit der Normenkontrolle

Im Rahmen der Begründetheit prüft das Gericht die **Gültigkeit bzw. Ungültigkeit der jeweiligen Rechtsvorschrift.** Im Gegensatz zur Anfechtungs- oder Verpflichtungsklage wird *nicht* geprüft, ob der Antragsteller durch die Rechtsvorschrift in einem subjektiven öffentlichen Recht verletzt wird. Denn die Normenkontrolle ist ein objektives Rechtsbeanstandungsverfahren.

Das Gericht darf eine Norm nur für unwirksam erklären, sofern nicht ausnahmsweise kraft gesetzlicher Anordnung gewisse Fehlerquellen als irrelevant zu behandeln sind. Deshalb ist immer zu prüfen, ob nicht spezielle Rechtsnormen die Unbeachtlichkeit gewisser Fehler anordnen. Im Baurecht sind die §§ 214–215 BauGB zu beachten. § 214 BauGB regelt, unter welchen Voraussetzungen eine Verletzung der Vorschriften über die Aufstellung des Flächennutzungsplans und der Satzungen beachtlich ist (→ § 70 Rn. 12 ff.). Auch die meisten **Gemeindeordnungen** enthalten Spezialvorschriften, wonach sich eine **Verletzung bestimmter Verfahrens- oder Formvorschriften** nicht auf die Gültigkeit der kommunalen Satzung auswirkt.

Gelangt das Gericht zu der Überzeugung, dass die Rechtsvorschrift ungültig ist, erklärt es sie für **unwirksam.** Sofern nicht im jeweiligen Fachrecht Bestimmungen zur „Reparatur" der unwirksamen Vorschrift, z. B. im ergänzenden Verfahren nach § 214 IV BauGB (→ § 70 Rn. 15), existieren, gibt es die für unwirksam erklärte Vorschrift nicht mehr. In diesem Fall ist die **Entscheidung allgemeinverbindlich** (§ 47 V 2 VwGO). Ist die Rechtsvorschrift lediglich **zu einem Teil ungültig,** beschränkt das Gericht die Unwirksamerklärung der Norm auf diesen Teil, sofern die Fortgeltung der Restnorm für sich betrachtet noch einen Sinn macht.

Hält das Gericht die zu überprüfende **Rechtsvorschrift für gültig,** weist es den Normenkontrollantrag ab. In diesem Fall bindet die Gerichtsentscheidung lediglich die Verfahrensbeteiligten, ist also nicht allgemeinverbindlich. Andere Personen können deshalb wieder die Überprüfung der Gültigkeit derselben Norm nach § 47 VwGO beantragen.

Fünftes Kapitel. Vorläufiger Rechtsschutz

§ 105. Grundlagen des vorläufigen Rechtsschutzes

> **Fall 95:** A errichtet ein Gebäude, durch das sich Nachbar N in seinen Rechten verletzt fühlt. Welche Möglichkeiten, einstweiligen Rechtsschutz zu erlangen, stehen A und N zur Verfügung, wenn
>
> a) A das Gebäude ohne die erforderliche Baugenehmigung errichtet hat und N von der Behörde den Erlass einer Abbruchverfügung begehrt bzw. A sich gegen eine solche Verfügung wehrt?
> b) N gegen die dem A erteilte Baugenehmigung vorgehen will?
> c) A nach der jeweiligen Landesbauordnung keiner Baugenehmigung bedarf?

Da zwischen der Einreichung einer Klage und der Entscheidung des Gerichts in der Hauptsache oft einige Zeit vergeht, stellt die Verwaltungsgerichtsordnung den Betroffenen **vorläufige Rechtsschutzverfahren** zur Verfügung.[1] Auf diese Weise kann verhin-

---

[1] Lesen Sie zum Folgenden bitte *L. Hummel*, JuS 2011, 317, 413, 502.

dert werden, dass durch den Vollzug einer Verwaltungsmaßnahme **vollendete Tatsachen** geschaffen werden.

Wie bereits anhand des Terminus *vorläufiger* Rechtsschutz deutlich wird, bezweckt er lediglich eine **vorübergehende Sicherung der Rechte der Beteiligten** bis zur Entscheidung des Gerichts in der Hauptsache. Der **vorläufige Rechtsschutz ist verfassungsrechtlich geboten.** Art. 19 IV GG eröffnet dem Einzelnen ein substanzielles Recht auf einen effektiven, tatsächlichen Rechtsschutz (→ § 45 Rn. 6). Dazu gehört die Gewährleistung eines rechtzeitigen Rechtsschutzes. Es dürfen grundsätzlich keine irreparablen Zustände geschaffen werden, bevor sich ein Gericht mit der Rechtsstreitigkeit befassen konnte.[2] Denn der vorläufige Rechtsschutz soll „die «Selbstherrlichkeit» der vollziehenden Gewalt gegenüber dem Bürger" beseitigen. Allerdings ist nicht jede einfachgesetzliche Ausprägung des vorläufigen Rechtsschutzes auch verfassungsrechtlich geboten. So können sowohl überwiegende öffentliche Belange als auch die in mehrpoligen Rechtsverhältnissen einzubeziehenden Interessen mehrerer Privater einen Ausschluss des Suspensiveffekts nach § 80 I VwGO rechtfertigen.[3]

2 Die VwGO sieht zwei Formen des vorläufigen Rechtsschutzes vor:

- Ist in der **Hauptsache eine Anfechtungsklage** statthaft, richtet sich der vorläufige Rechtsschutz wegen der Vorrangregelung des § 123 V VwGO nach den §§ 80, 80a VwGO. Der Widerspruch bzw. die Anfechtung eines belastenden VAs haben regelmäßig aufschiebende Wirkung. Entfällt diese ausnahmsweise, kann diese Wirkung angeordnet oder wiederhergestellt werden (→ § 106 Rn. 10 ff.).
- In allen anderen Fällen, also bei der **Verpflichtungs-, allgemeinen Leistungs- oder Feststellungsklage** kann das Gericht nach § 123 VwGO eine einstweilige Anordnung bis zur Entscheidung in der Hauptsache erlassen (→ § 107).

> Von Bedeutung ist die zutreffende Abgrenzung beispielsweise im Baurecht: Erlässt die Behörde z.B. in **Fall 95** a) gegenüber A eine Abbruchverfügung, richtet sich der vorläufige Rechtsschutz nach § 80 VwGO, da in der Hauptsache eine Anfechtungsklage statthaft ist. Möchte Nachbar N ein Einschreiten der zuständigen Baubehörde gegen A's Schwarzbau erreichen, müsste er in der Hauptsache eine Verpflichtungsklage erheben. Zur vorläufigen Sicherung seiner Rechte muss er deshalb beim Gericht eine einstweilige Anordnung nach § 123 VwGO beantragen. Genehmigt die Baubehörde in **Fall 95** b) das Bauvorhaben des A, muss sich Nachbar N dagegen mit der Anfechtungsklage wehren. Vorläufigen Rechtsschutz kann er über die §§ 80, 80a VwGO erlangen. Kann A in **Fall 95** c) sein Bauvorhaben nach der jeweiligen Landesbauordnung ohne Baugenehmigung allein aufgrund einer entsprechenden Anzeige an die Behörde errichten, muss der N, um eine Verletzung seiner Rechte geltend machen zu wollen, die Aufsichtsbehörde mit der Verpflichtungsklage zum Einschreiten gegen die Bauarbeiten zwingen. Daher steht hier als Mittel des Eilrechtsschutzes der Antrag nach § 123 VwGO zur Verfügung.[4]

3 Die beiden vorläufigen Rechtsschutzarten unterscheiden sich sowohl in der Ausgestaltung des Verfahrens als auch hinsichtlich des Entscheidungsinhalts: Während bei § 80 VwGO durch die Einlegung des Rechtsbehelfs in der Regel kraft Gesetzes die Vollziehung des VAs gestoppt wird, muss der Einzelne im Falle des § 123 VwGO initiativ werden und die Gerichte um die Gewährung vorläufigen Rechtsschutzes ersuchen. Der

---

[2] BVerfGE 35, 263 (274); 35, 382 (401 f.); BVerfG, NVwZ 1996, 58 (59); NJW 2006, 3551.
[3] BVerfG, NVwZ 2009, 240 (241).
[4] OVG Bautzen, NVwZ 1997, 922.

vorläufige Rechtsschutz nach §§ 80, 80a VwGO dreht sich immer um die Suspendierung des Vollzugs eines VAs; bei § 123 VwGO kann das Gericht flexibler reagieren und vorläufig die ihm geeignet erscheinenden Maßnahmen treffen.

§ 106. Vorläufiger Rechtsschutz nach §§ 80–80b VwGO

Fall 96: I betreibt seit einiger Zeit eine Industrieanlage, ohne im Besitz einer dafür erforderlichen immissionsschutzrechtlichen Genehmigung zu sein. Mehrere Anwohner beschweren sich bei der zuständigen Behörde wegen unzumutbarer Lärmbelästigungen durch den Betrieb. Daraufhin erlässt die Verwaltung eine Stilllegungsverfügung an I. Ohne ihn hierzu besonders angehört zu haben, ordnet sie die sofortige Vollziehung der Verfügung an. Zur Begründung verweist sie lediglich auf das öffentliche Interesse am Sofortvollzug. War diese Vorgehensweise korrekt?

Die Regelung des vorläufigen Rechtsschutzes in den §§ 80–80b VwGO lässt sich wesentlich besser verstehen, wenn man sich des Zusammenspiels der einzelnen Bestimmungen bewusst ist: Grundsätzlich entfalten Widerspruch und Anfechtungsklage gegen einen belastenden VA kraft Gesetzes aufschiebende Wirkung. Dadurch wird der Betroffene ausreichend geschützt. Lediglich wenn ausnahmsweise sein Rechtsbehelf keine aufschiebende Wirkung hat, muss er besondere Maßnahmen zu seinem Schutz ergreifen. Zum einen kann er sich an die Verwaltung wenden, damit diese die Vollziehung des jeweiligen VAs aussetzt (§ 80 IV VwGO). Zum anderen kann er beim Gericht der Hauptsache die Anordnung oder Wiederherstellung der aufschiebenden Wirkung seines Rechtsbehelfs beantragen (§ 80 V VwGO).

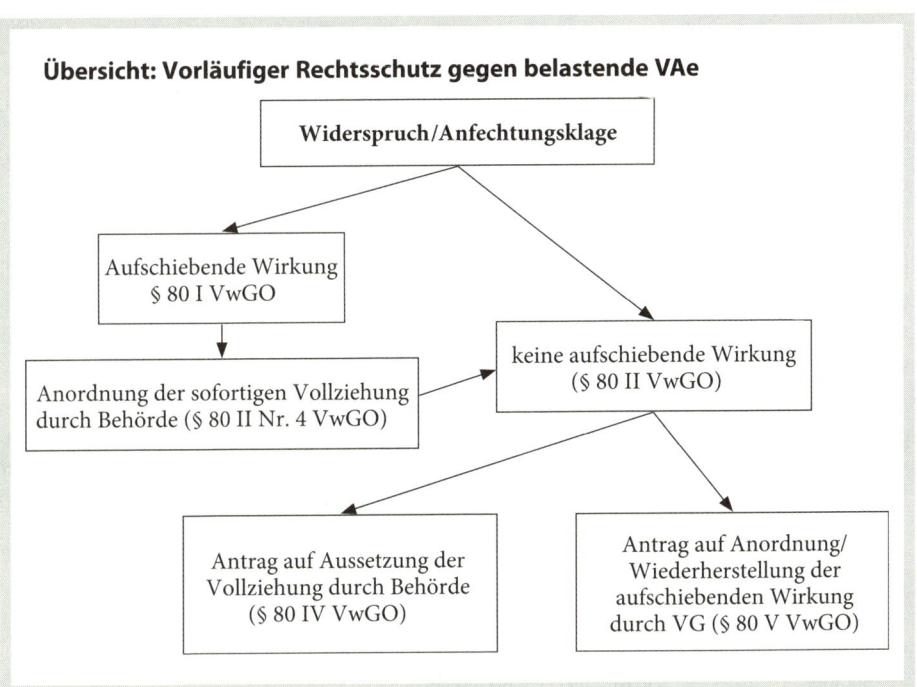

I. Aufschiebende Wirkung

2 Gemäß § 80 I VwGO haben Widerspruch und Anfechtungsklage gegen einen belastenden VA aufschiebende Wirkung. Daher darf die Behörde die **Verfügung nicht vollziehen** und auch nicht im Wege des Verwaltungszwangs vollstrecken. Hat zum Beispiel der Adressat einer Abrissverfügung gegen diese Widerspruch eingelegt, muss er sie wegen der aufschiebenden Wirkung zunächst nicht befolgen; die Behörde darf ihren Inhalt nicht zwangsweise umsetzen. Bei VAen mit Drittwirkung verbietet es die aufschiebende Wirkung dem Begünstigten, von der Verfügung Gebrauch zu machen.

Wie diese aufschiebende Wirkung zu erklären ist, ist in Theorie und Praxis umstritten. Mit der Rechtsprechung ist der **Vollziehbarkeitstheorie** zu folgen. Danach betrifft die aufschiebende Wirkung lediglich den Vollzug des mit seiner Bekanntgabe wirksam gewordenen VAs.[1] Diese Ansicht kann sich auf den Wortlaut des § 80 II 1 Nr. 4, IV 1 VwGO stützen, durch welchen eine eindeutige Verbindung zwischen der aufschiebenden Wirkung und der Vollziehung des VAs hergestellt wird. Abzulehnen ist die **strenge Wirksamkeitstheorie,** nach welcher der jeweilige VA angesichts der aufschiebenden Wirkung des eingelegten Rechtsbehelfs zunächst nicht, sondern erst mit Ende der aufschiebenden Wirkung ex nunc wirksam wird.[2] Einen vermittelnden Standpunkt vertreten diejenigen, nach denen die **aufschiebende Wirkung zu einer vorläufigen Hemmung** der Wirksamkeit des VAs führt. Wird dieser später bestandskräftig, soll seine schwebende Unwirksamkeit rückwirkend entfallen.[3]

3 Art. 19 IV GG gebietet es allerdings, dass die aufschiebende Wirkung Maßnahmen der Verwaltungsvollstreckung entgegensteht. Unter der **Vollziehung eines VAs** im Kontext des § 80 I VwGO ist die einseitige Durchsetzung der in dem angefochtenen VA getroffenen Regelung mit hoheitlichen Mitteln zu verstehen,[4] nicht auch jede sonstige Folgerung – sei sie rechtlicher oder rein tatsächlicher Natur, sei sie unmittelbarer oder mittelbarer Natur –, die auf die Verwirklichung des Inhalts des VAs gerichtet ist[5]. Rechnet daher die Behörde mit der durch den angegriffenen Leistungsbescheid geltend gemachten Forderung auf, so liegt darin keine Vollziehung.[6] Ebenso wenig hindert die aufschiebende Wirkung eine Gemeinde an der Veräußerung eines Grundstücks, das durch VA einem Interessenten zugeteilt worden ist.[7] Allerdings hemmt die aufschiebende Wirkung nicht allein die Vollziehung des angefochtenen VAs selbst. Erfasst werden vielmehr auch selbständige Folgebescheide, die an die Nichterfüllung der in dem angefochtenen VA festgesetzten Pflichten anknüpfen (z. B. Exmatrikulation bei Nichtzahlung der durch Gebührenbescheid festgesetzten Studiengebühren).[8]

4 Nach dem Wortlaut des § 80 I 1 VwGO tritt die aufschiebende Wirkung mit der Einlegung des Widerspruchs bzw. der Anfechtungsklage ein. Sie **wirkt ex tunc auf den Zeitpunkt des Erlasses des VAs zurück.** Eine Ausnahme gilt nur dann, wenn der eingelegte Rechtsbehelf offensichtlich unter keinem denkbaren Gesichtspunkt zulässig ist, weil er

---

[1] BVerwGE 66, 218 (222f.).
[2] Z. B. *H. Huba,* JuS 1990, 382 (384).
[3] *Schenke* Rn. 949 ff.
[4] BVerwG, NJW 2009, 1099.
[5] So aber *A. Puttler,* in: Sodan/Ziekow § 80 Rn. 39.
[6] BVerwG, NJW 2009, 1099.
[7] A. M. VGH München, BayVBl. 2008, 86.
[8] BVerfG, NJW 2006, 3551 (3552).

§ 106. Vorläufiger Rechtsschutz nach §§ 80–80b VwGO   749

zum Beispiel eindeutig verfristet ist[9]. Auf die Begründetheit der eingelegten Rechtsbehelfe kommt es nicht an.[10] In § 80b VwGO ist das Ende der aufschiebenden Wirkung ausdrücklich geregelt.

II. Ausschluss der aufschiebenden Wirkung kraft Gesetzes

In den Fällen des § 80 II 1 Nr. 1–3 VwGO entfällt die aufschiebende Wirkung von Widerspruch und Anfechtungsklage kraft Gesetzes: 5

- Gemäß § 80 II 1 Nr. 1 VwGO entfällt die aufschiebende Wirkung bei der **Anforderung von öffentlichen Abgaben und Kosten.** Dadurch wird die Finanzierung notwendiger öffentlicher Aufgaben gewährleistet; zugleich lassen sich die Vollzugsfolgen hier später ohne Weiteres rückgängig machen.
- Keine aufschiebende Wirkung haben Rechtsbehelfe gegen **unaufschiebbare Anordnungen oder Maßnahmen von Polizeivollzugsbeamten** (§ 80 II 1 Nr. 2 VwGO). Erfasst werden nur Verfügungen des Polizeivollzugsdienstes, die bei Gefahr im Verzug ergehen. Wegen der vergleichbaren Interessenlage wendet die Rechtsprechung § 80 II 1 Nr. 2 VwGO bei Verkehrszeichen und Parkuhren analog an.[11]
- Die aufschiebende Wirkung von Widerspruch und Anfechtungsklage entfällt des Weiteren in **anderen durch Bundes- oder Landesgesetz vorgeschriebenen Fällen,** insbesondere für Widersprüche und Klagen Dritter gegen VAe, die Investitionen oder die Schaffung von Arbeitsplätzen betreffen (§ 80 II 1 Nr. 3 VwGO). Hierfür ist unter anderem § 212a BauGB zu nennen. Danach entfällt die aufschiebende Wirkung von Widerspruch und Anfechtungsklage eines Dritten gegen die bauaufsichtliche Zulassung eines Vorhabens.

III. Behördliche Entscheidungen

1. Anordnung des Sofortvollzugs durch die Behörde

Entfällt nicht bereits kraft Gesetzes die aufschiebende Wirkung eines Rechtsbehelfs   6
gegen einen VA, kann die Verwaltung unter den Voraussetzungen des § 80 II 1 Nr. 4, III VwGO die **sofortige Vollziehung der Verfügung anordnen.** Bei dieser Anordnung handelt es sich um eine Nebenentscheidung zu dem jeweiligen VA, weshalb sich der Betroffene gegen diese nicht mit den Rechtsbehelfen des Widerspruchs oder der Anfechtungsklage zur Wehr setzen kann. Er muss vielmehr die Verwaltung oder das Gericht um die Aussetzung der Vollziehung ersuchen (§ 80 IV, V VwGO).

Die Anordnung des Sofortvollzugs muss mehreren formellen Voraussetzungen genügen: 7

- **Zuständig** für die Anordnung sind nach § 80 II 1 Nr. 4 VwGO sowohl **die Ausgangs- als auch die Widerspruchsbehörde.** Solange das Widerspruchsverfahren nicht abgeschlossen ist, ist dabei die Ausgangsbehörde an eine Entscheidung der Widerspruchsbehörde über den Sofortvollzug gebunden.
- Die Anordnung muss **ausdrücklich** erfolgen. Strittig ist, ob die Verwaltung den Betroffenen gerade **zur Frage des Sofortvollzugs vorher anhören** muss. Dies wird teilweise mit der Begründung bejaht, dass § 28 VwVfG entweder unmittelbar oder – durch das

---

[9] BVerwG, DVBl. 1997, 256 (258) (für die offensichtlich fehlende Klagebefugnis); VGH Mannheim, NVwZ 1997, 594; DÖV 2004, 844.
[10] VGH München, BayVBl. 2008, 86 (87).
[11] BVerwG, NVwZ 1988, 623 (624).

Rechtsstaatsprinzip geboten – entsprechend auf die Anordnung der sofortigen Vollziehung anwendbar sei, so dass demjenigen, der durch die Anordnung belastet wird, Gelegenheit zur Äußerung zu den relevanten Tatsachen zu geben sei.[12] Die überwiegende Meinung hingegen sieht in der Anordnung der sofortigen Vollziehung zu Recht keinen eigenen VA, sondern nur eine Annexentscheidung zu dem jeweiligen VA, weil sie kein Verwaltungsverfahren abschließt und eine rein verfahrensrechtliche Regelung enthält.[13] Eine unmittelbare Anwendung des § 28 VwVfG scheidet daher aus. Wie die detaillierte Regelung des § 80 III VwGO zeigt, besteht keine zu schließende Gesetzeslücke. Der Einzelne wird durch die Anhörung zum jeweiligen VA ausreichend geschützt und kann die sofortige Vollziehung in Verfahren des Eilrechtsschutzes nach § 80 IV und V VwGO zur schnellen Überprüfung stellen.[14]

▍ Hiernach ist es also unschädlich, dass I im **Fall 96** von der Verwaltung zur Frage des Sofortvollzugs nicht angehört wurde.

■ Des Weiteren muss die Verwaltung nach § 80 III VwGO das besondere Interesse an der Vollziehung des VAs **schriftlich begründen.** Dafür muss grundsätzlich auf die Umstände des konkreten Einzelfalls eingegangen werden. Die formelhafte Wiedergabe des Gesetzeswortlauts oder der bloße Verweis auf die Rechtmäßigkeit des VAs sind ungenügend.[15]

▍ Daher ist die Anordnung des Sofortvollzugs im **Fall 96** formell rechtswidrig. Die Verwaltung kann jedoch diesen Mangel dadurch beheben, dass sie die sofortige Vollziehung nochmals neu anordnet.[16]

8 Materiell darf die Verwaltung den Sofortvollzug nur bei einem **besonderen Vollzugsinteresse** anordnen. Da nach § 80 I VwGO ein Rechtsbehelf gegen einen belastenden VA in der Regel aufschiebende Wirkung hat, muss die **Anordnung des Sofortvollzugs die Ausnahme** bleiben. Für ihn muss ein besonderes öffentliches Interesse bestehen, das über jenes Interesse hinausgeht, das den VA selbst rechtfertigt.[17] Nach § 80 II 1 Nr. 4 VwGO muss die sofortige Vollziehung „im öffentlichen Interesse oder im überwiegenden Interesse eines Beteiligten" liegen. Die Behörde muss also eine **umfassende Abwägung** aller von der Entscheidung tangierten Interessen vornehmen. Würde die Vollziehung des VAs zu einem irreparablen Rechtsverlust führen, weil bspw. aufgrund einer baurechtlichen Beseitigungsanordnung (→ § 75 Rn. 5) das betreffende Gebäude abgerissen wird, so kommt die Anordnung des Sofortvollzugs selbst bei offensichtlicher Rechtmäßigkeit des VAs nur höchst ausnahmsweise in Betracht. Eine solche, die Anordnung des Sofortvollzugs rechtfertigende Ausnahme kann insbesondere dann vorliegen, wenn das fragliche Gebäude eine negative Vorbildwirkung entfaltet, die die begründete Gefahr einer alsbaldigen Nachahmung nahelegt.[17a] Liegt kein öffentliches Interesse an der sofor-

---

[12] Unmittelbare Anwendung des § 28 VwVfG: OVG Bremen, DVBl. 1980, 420 (422); NordÖR 1999, 284 (285). Entsprechende Anwendung: OVG Lüneburg, NVwZ-RR 1993, 585 (586).
[13] BVerwGE 24, 92 (94f.); OVG Schleswig, NVwZ-RR 1993, 587; VGH Mannheim, NVwZ 1995, 292 (293).
[14] A. *Puttler,* in: Sodan/Ziekow § 80 Rn. 81.
[15] Dazu OVG Bremen, DÖV 1980, 180 (181); OVG Münster, NWVBl. 1994, 424 (425).
[16] OVG Bremen, NVwZ-RR 1999, 682; OVG Münster, NWVBl. 1994, 424 (425); OVG Magdeburg, DVBl. 1994, 808 (809). A. M. OVG Bremen, DÖV 1980, 180 (181).
[17] BVerfGE 35, 382 (402); BVerfG, NVwZ 1996, 58 (59); 2004, 93 (94); 2005, 1303.
[17a] OVG Berlin, NUR 2015, 858 (861).

§ 106. Vorläufiger Rechtsschutz nach §§ 80–80b VwGO   751

tigen Vollziehung vor, sondern soll sie auf Antrag eines privaten Beteiligten erfolgen, nachdem ein Rechtsbehelf eines anderen Privaten den Suspensiveffekt ausgelöst hat, so sind die sich gegenüber stehenden Positionen grundsätzlich gleichrangig. Eine Abwägung findet dann nicht statt, sondern die Entscheidung ist nach den Erfolgsaussichten des Rechtsstreits in der Hauptsache zu treffen (→ Rn. 12).

Im **Fall 96** handelt es sich um einen VA im Bereich der Gefahrenabwehr. Ist I's Betrieb offensichtlich nicht genehmigungsfähig und gehen von diesem Gefahren für die Gesundheit der Anwohner aus, ist es angesichts des hohen Stellenwerts der gefährdeten Schutzgüter materiell nicht zu beanstanden, wenn die Verwaltung aus diesem Grund die sofortige Vollziehung des VAs für geboten hält. Außerdem besteht ein öffentliches Interesse an der Einhaltung des immissionsschutzrechtlichen Genehmigungsverfahrens auch wegen der Gefahr, dass andere I's Vorgehensweise nachahmen (negative Vorbildwirkung).[18]

2. Aussetzung der Vollziehung durch die Behörde

Nach § 80 IV VwGO können sowohl die Ausgangs- als auch die Widerspruchsbehörde in sämtlichen Fällen, in denen ein Rechtsbehelf gegen einen belastenden VA eingelegt wurde, diesem aber nach § 80 II VwGO keine aufschiebende Wirkung zukommt, die **Vollziehung des jeweiligen VAs aussetzen.** Sie können dies von Amts wegen, aber auch auf einen entsprechenden Antrag hin tun.   9

§ 80 IV 3 VwGO nennt die Kriterien, von denen sich die Verwaltung bei ihrer Entscheidung leiten lassen soll: Bei öffentlichen Abgaben und Kosten soll die Vollziehung ausgesetzt werden, wenn entweder **ernstliche Zweifel an der Rechtmäßigkeit des angegriffenen VAs** bestehen oder die Vollziehung des VAs für den Abgaben- bzw. Kostenpflichtigen zu einer unbilligen, nicht durch überwiegende öffentliche Interessen gebotenen Härte führen würde. Abzustellen ist also auf die voraussichtlichen Erfolgsaussichten des eingelegten Rechtsbehelfs oder das Vorliegen einer unbilligen Härte. Diese Kriterien lassen sich auch auf die anderen nach § 80 II 1 Nr. 2–4 VwGO vollziehbaren VAe übertragen. Allerdings ist die Behörde gehalten, die unterschiedliche Interessenbewertung durch den Gesetzgeber bei § 80 II 1 Nr. 1–3 VwGO einerseits (Ausschluss der aufschiebenden Wirkung bereits kraft Gesetzes) und § 80 II 1 Nr. 4 VwGO andererseits (Ausschluss nur im Einzelfall durch Anordnung der Behörde) zu berücksichtigen (→ Rn. 13).

IV. Gerichtliche Entscheidungen

Hat ein eingelegter Rechtsbehelf gegen einen belastenden VA keine aufschiebende Wirkung, kann der davon Betroffene bei den Gerichten die **Gewährung vorläufigen Rechtsschutzes nach § 80 V VwGO** beantragen.   10

- Ist der VA kraft Gesetzes vollziehbar, muss die **Anordnung der aufschiebenden Wirkung** beim Gericht beantragt werden.
- Hat dagegen die Verwaltung die sofortige Vollziehung des VAs angeordnet, so richtet sich der Antrag auf **Wiederherstellung der aufschiebenden Wirkung.**

Bei **VAen mit Doppelwirkung** richtet sich der vorläufige Rechtsschutz nach §§ 80a, 80 VwGO. Der Dritte kann die Aussetzung der Vollziehung des VAs oder einstweilige Maßnahmen zur Sicherung seiner Rechte beantragen. Außerdem kann das Gericht auf An-

---

[18] Zur Argumentation des Nachahmungseffekts OVG Münster, NVwZ 1998, 977 (978); BRS 58 Nr. 128.

trag des Begünstigten die sofortige Vollziehung des VAs anordnen und so den Suspensiveffekt des von einem Dritten gegen die Verfügung eingelegten Rechtsbehelfs beseitigen.

1. Anordnung und Wiederherstellung der aufschiebenden Wirkung durch das Gericht

11 Wie bei einer Klage muss auch beim Antrag nach § 80 V VwGO geprüft werden, ob er 1. zulässig und 2. begründet ist.

a) Sachentscheidungsvoraussetzungen des Antrags nach § 80 V VwGO

- **Eröffnung des Verwaltungsrechtswegs.**
- **Statthaftigkeit des Antrags** nach § 80 V VwGO: Der Antrag nach § 80 V VwGO ist lediglich bei einem belastenden VA möglich, bei dem Widerspruch und Anfechtungsklage keine aufschiebende Wirkung haben.
- **Antragsbefugnis analog § 42 II VwGO.**

  In **Fall 96** wurde möglicherweise bei der Erteilung der Genehmigung gegen die nachbarschützende Vorschrift des § 5 I Nr. 1 BImSchG verstoßen. Deshalb ist N antragsbefugt.

- **Einlegung von Widerspruch bzw. Anfechtungsklage:** Die Zulässigkeit eines Antrags nach § 80 V VwGO hängt nicht davon ab, dass der Antragsteller zuvor oder zumindest gleichzeitig gegen den VA Widerspruch oder Anfechtungsklage eingelegt hat. Ausweislich des § 80 V 2 VwGO ist der Antrag vielmehr schon vor Erhebung der Anfechtungsklage zulässig. Allerdings muss zum Zeitpunkt der Entscheidung des Gerichts nach § 80 V VwGO ein Rechtsbehelf eingelegt worden sein. Andernfalls ist eine Anordnung oder Wiederherstellung der aufschiebenden Wirkung nicht möglich, da kein Rechtsbehelf vorliegt, der diese Wirkung ausgelöst hat. Der Antrag ist grundsätzlich nicht fristgebunden; ausnahmsweise ist im Fachrecht vorgesehen, dass der Antrag binnen einer bestimmten Frist zu stellen ist (vgl. § 17e II 2, III 1 FStrG, § 58a IV 2 AufenthG).
- **Zuständiges Gericht:** Gemäß § 80 V VwGO ist für das vorläufige Rechtsschutzverfahren das Gericht der Hauptsache zuständig.
- **Vorheriger Antrag** an die Behörde in den Fällen des § 80 II Nr. 1 VwGO (§ 80 VI VwGO).
- Anordnung der sofortigen Vollziehung durch die Behörde nach § 80 II Nr. 4 VwGO im Falle der Stellung eines Antrags auf Wiederherstellung der aufschiebenden Wirkung.

b) Begründetheit des Antrags nach § 80 V VwGO

12 Im vorläufigen Rechtsschutzverfahren nach § 80 V VwGO trifft das Gericht aufgrund der sich im Zeitpunkt seiner Entscheidung darstellenden Sach- und Rechtslage eine eigene Ermessensentscheidung. Im Gegensatz zu den Hauptsacheverfahren darf also das Gericht seine Abwägung an die Stelle der Ermessenserwägungen der Verwaltung setzen und überprüft nicht lediglich die von der Verwaltung vorgenommene Bewertung. Das Gericht nimmt vielmehr eine eigene Interessenbewertung vor. Es entscheidet darüber, ob die für einen Sofortvollzug des angefochtenen VAs oder die für einen Suspensiveffekt des Rechtsbehelfs sprechenden Gründe überwiegen.

13 Die **Prüfung der Begründetheit** des Antrags durch das Gericht hängt von der jeweiligen Konstellation des Entfalls der aufschiebenden Wirkung ab:

- In den Fällen des **§ 80 II Nr. 1–3 VwGO,** in denen die aufschiebende Wirkung bereits kraft Gesetzes entfällt, überwiegt grundsätzlich das öffentliche Interesse an einer sofortigen Vollziehung etwaige gegenläufige Interessen. Die überwiegende Auffassung zieht zu Recht § 80 IV 3 VwGO unmittelbar (§ 80 II Nr. 1 VwGO) oder als Ausdruck eines allgemeinen Rechtsgedankens (§ 80 II Nr. 2 und 3 VwGO) als Prüfungsmaßstab heran.[19] Danach setzt eine **Anordnung der aufschiebenden Wirkung** durch das Gericht ernstliche Zweifel an der Rechtmäßigkeit des angegriffenen VAs voraus. Das Gericht darf die aufschiebende Wirkung nur anordnen, wenn der Antragsteller Gründe vorträgt, die in seiner besonderen Situation ein Abweichen von der gesetzgeberischen Grundentscheidung rechtfertigen.[20]
- Ist die sofortige Vollziehung nach **§ 80 II Nr. 4 VwGO** von der Behörde angeordnet worden, so prüft das Gericht den Antrag auf **Wiederherstellung der aufschiebenden Wirkung** in folgenden Schritten:
  - Hat die Behörde gegen die Pflicht zur schriftlichen Begründung des besonderen Vollziehungsinteresses nach § 80 III 1 VwGO verstoßen, so ist die aufschiebende Wirkung ohne weitere Prüfung wiederherzustellen.[21]
  - War die Begründung hinreichend, so berücksichtigt das Gericht zunächst die voraussichtlichen **Erfolgsaussichten in der Hauptsache.** Allerdings nimmt es insoweit keine Detail-, sondern lediglich eine **summarische Prüfung** vor.[22] Wird der Rechtsbehelf voraussichtlich Erfolg haben, weil er zulässig und begründet ist, wird das Gericht regelmäßig die aufschiebende Wirkung des Rechtsbehelfs anordnen bzw. wiederherstellen. Denn an dem Vollzug eines rechtswidrigen VAs besteht kein öffentliches Interesse. Ist der Rechtsbehelf dagegen wahrscheinlich erfolglos, ist dies ein gewisses Indiz für die sofortige Vollziehung. Allerdings reicht die bei summarischer Prüfung bestehende Rechtmäßigkeit des angegriffenen VAs nicht aus, um die sofortige Vollziehung zu rechtfertigen. Denn in der Konstellation des § 80 II Nr. 4 VwGO ergibt sich das öffentliche Interesse an einer sofortigen Vollziehung eben noch nicht aus dem VA selbst, sondern es muss gesondert geprüft und begründet werden.[23] Eine über eine summarische Prüfung hinausgehende vertiefte rechtliche Bewertung des materiellen Anspruchs ist durch Art. 19 IV GG geboten, wenn dem einstweiligen Rechtsschutzverfahren typischerweise kein Hauptsacheverfahren folgt, so dass das Verfahren nach § 80 V VwGO faktisch die Funktion des Hauptsacheverfahrens hat.[24]
  - Lassen sich die Erfolgsaussichten des Rechtsbehelfs nicht absehen, so wägt das Gericht die Folgen, die mit dem Vollzug des VAs, insbesondere für die Grundrechte des Betroffenen, verbunden sind, gegen diejenigen Folgen ab, welche bei einer Herbeiführung des Suspensiveffekts entstehen, wenn sich der Rechtsbehelf später doch als erfolglos erweisen würde.

---

[19] *A. Puttler,* in: Sodan/Ziekow § 80 Rn. 140ff.
[20] BVerfG, NVwZ 2004, 93 (94); BVerwG, DVBl. 2005, 717 (718).
[21] *A. Puttler,* in: Sodan/Ziekow § 80 Rn. 153f.
[22] OVG Münster, NWVBl. 2001, 194 (195).
[23] *A. Puttler,* in: Sodan/Ziekow § 80 Rn. 157. A. M. *Hufen* § 32 Rn. 39.
[24] BVerfG, NVwZ-RR 2009, 945 (946).

c) Entscheidung des Gerichts

14 Das Gericht entscheidet durch Beschluss. Gelangt es zu der Überzeugung, dass das Suspensivinteresse überwiegt, wird die aufschiebende Wirkung des Rechtsbehelfs nach § 80 V VwGO angeordnet bzw. wiederhergestellt. Wurde der fragliche VA bereits vollzogen, kann das Gericht gemäß § 80 V 3 VwGO die Aufhebung der Vollziehung anordnen.

Dies gilt auch im Fall der sog. **faktischen Vollziehung.** Eine solche liegt vor, wenn die Behörde trotz Vorliegens der aufschiebenden Wirkung einen VA vollzieht. Teilweise wird vertreten, hier sei die Rückgängigmachung der Vollziehung im Wege der einstweiligen Anordnung nach § 123 VwGO zu beantragen.[25] Doch regeln die §§ 80–80b VwGO den einstweiligen Rechtsschutz im Bereich der Anfechtungsklage abschließend. In *entsprechender Anwendung* des § 80 V VwGO kann deshalb das Gericht nach Satz 1 die **aufschiebende Wirkung des Rechtsbehelfs feststellen** und nach Satz 3 die Aufhebung der Vollziehung anordnen.[26] In entsprechender Anwendung von § 168 I VwGO ist die Entscheidung nach § 80 V 3 VwGO als Vollstreckungstitel anzusehen.

2. Anordnung der sofortigen Vollziehung

15 Für **VAe mit Doppelwirkung** (bzw. Drittwirkung)[27] trifft § 80a VwGO Regelungen zur Anordnung bzw. Aussetzung der sofortigen Vollziehung in drei Konstellationen:

Verwaltungsakt	Adressat	Dritter
den Adressaten begünstigend	(begünstigt): Antrag auf Anordnung der sofortigen Vollziehung (§ 80a I Nr. 1 VwGO) *Beispiel:* A wurde die Erlaubnis zum Betrieb einer Gaststätte erteilt, gegen welche ein Nachbar Widerspruch erhoben hat. A kann die damit für ihn verbundene aufschiebende Wirkung beseitigen, indem das Gericht die sofortige Vollziehung der Erlaubnis anordnet.	(belastet): Rechtsbehelf gegen VA
den Adressaten begünstigend	(begünstigt)	(belastet): Antrag auf Aussetzung der Vollziehung (§ 80a I Nr. 2 VwGO) + Rechtsbehelf gegen VA Für die **Klausur** wichtigstes *Beispiel:* Nachbarklage gegen Baugenehmigung (nach § 212a I BauGB keine aufschiebende Wirkung von Rechtsbehelfen eines Dritten)

---

[25] Vgl. VGH Kassel, ESVGH 26, 237 (241).
[26] OVG Koblenz, NJW 1977, 595 (596f.); OVG Münster, OVGE 28, 128 (131); VGH München, DVBl. 1982, 1012 (1013f.); BayVBl. 2006, 249.
[27] **Lesen** Sie dazu bitte *A. Budroweit/A. Wuttke,* JuS 2006, 876 ff.

Verwaltungsakt	Adressat	Dritter
den Adressaten belastend	(belastet): Rechtsbehelf gegen VA	(begünstigt): Anordnung der sofortigen Vollziehung (§ 80a II VwGO) *Beispiel:* Bauaufsichtliche Anordnung der Beseitigung eines den Nachbarn beeinträchtigenden Schwarzbaus; Antrag des Nachbarn Anordnung der sofortigen Vollziehung wegen der durch den Rechtsbehelf des Bauherrn eingetretenen aufschiebenden Wirkung

In diesen Konstellationen kann die Behörde bzw. das Gericht auf Antrag die sofortige Vollziehung des VAs anordnen bzw. die Vollziehung aussetzen. Die Regelungen des § 80a VwGO sind zum größten Teil überflüssig, weil entsprechende Anordnungen bereits auf der Grundlage des § 80 VwGO getroffen werden können. Gleichwohl sollte in der Klausur in Fällen von VAen mit Doppelwirkung immer auf § 80a VwGO in Verbindung mit der in Bezug genommenen Vorschrift des § 80 VwGO hingewiesen werden.

15a

Wenngleich 80a VwGO dem Wortlaut nach eine **Entscheidung der Behörde** nur auf Antrag vorsieht, steht die Regelung einer Entscheidung der Behörde von Amts wegen, wie sie nach § 80 VwGO möglich ist, nicht entgegen.[28] Der Unterschied zu einer Entscheidung nach § 80 VwGO besteht in erster Linie darin, dass nicht nur das öffentliche Interesse an einer sofortigen Vollziehung des VAs einerseits und die Interessen des durch den VA belasteten Adressaten andererseits in die Abwägung einzustellen sind, sondern es sich um eine **tripolare Interessenabwägung** unter Berücksichtigung der Interessen des Drittbegünstigten bzw. Drittbelasteten handelt. Dabei können sowohl auf Seiten des Adressaten als auch des Dritten grundrechtliche Positionen von Bedeutung sein.

15b

Mehr noch als im bipolaren Verhältnis zwischen Behörde und Adressat des VAs muss die Entscheidung der Behörde in Rechnung stellen, dass das tripolare Interessengeflecht einer differenzierteren Regelung als der bloßen Anordnung oder Aussetzung der sofortigen Vollziehung bedürfen kann. Ein Beispiel nennt § 80a I Nr. 2 VwGO, wonach die Behörde einstweilige **Maßnahmen zur Sicherung der Rechte des Dritten** treffen kann. Davon sind nicht lediglich Maßnahmen zur Verhinderung einer faktischen Vollziehung erfasst, sondern wird auch die Zulassung einer Vollziehung des VAs unter gleichzeitiger Verhinderung des Eintritts irreversibler Nachteile für den Dritten ermöglicht.[29] § 80a I Nr. 2 VwGO regelt den Fall der **faktischen Vollziehung** (→ Rn. 14), z. B. die Ausnutzung der Baugenehmigung durch den begünstigten Bauherrn trotz von der Behörde nach § 80 IV VwGO ausgesetzter Vollziehung, zwar nicht explizit, ist wegen des abschließenden Charakters der §§ 80, 80a VwGO (→ Rn. 14) jedoch einer Anwendung des § 123 VwGO vorzuziehen[30].

---

[28] *A. Puttler,* in: Sodan/Ziekow § 80a Rn. 9.
[29] *A. Puttler,* in: Sodan/Ziekow § 80 Rn. 12.
[30] OVG Koblenz, DÖV 1994, 1012.

15c Soll das **Gericht** gemäß § 80 a III i. V. m. § 80 V VwGO Maßnahmen nach § 80 a I und II VwGO treffen, so ergibt sich hierfür folgende Prüfung:

- **Zulässigkeit:**
  - Vorliegen eines **Antrags** des Adressaten bzw. Dritten. Nicht erforderlich ist, dass vorher bereits ein Rechtsbehelf gegen den VA eingelegt worden ist.
  - **Vorgängiger Antrag bei der Behörde?** Da § 80 a III 2 VwGO u. a. auch auf § 80 VI VwGO verweist, könnte daraus geschlossen werden, dass ein Antrag auf Gewährung vorläufigen Rechtsschutzes durch das Gericht nur zulässig ist, wenn der Antragsteller zuvor einen Antrag auf Anordnung der sofortigen Vollziehung bzw. Aussetzung bei der Behörde gestellt hat[31]. Zur Begründung wird über den Wortlaut der Vorschrift darauf hingewiesen, dass nur auf diese Wiese sichergestellt werden könne, dass das tripolare Interessengeflecht zunächst durch die über bessere Sachaufklärungsmöglichkeiten als das Gericht verfügende Behörde bewertet werde[32]. Doch wird hiergegen zutreffend eingewandt, dass der Verweis in § 80 a III 2 VwGO auf § 80 V-VIII VwGO insgesamt als Rechtsgrundverweisung zu verstehen ist und ein vorgängiger Antrag bei der Behörde gemäß § 80 VI 1 VwGO nur in Fällen eines VAs mit Doppelwirkung, der die Anforderung von öffentlichen Abgaben und Kosten betrifft, erforderlich ist. Darüber hinaus würde das Erfordernis einer vorherigen Antragstellung bei der Behörde die Gewährung schnellen und effektiven Rechtsschutzes durch die Gerichte schmälern.[33]
  - **Antragsbefugnis** entsprechend § 42 II VwGO.
  - **VA mit Doppelwirkung** muss vorliegen.
- **Begründetheit:**
  - *Anordnung der sofortigen Vollziehung auf Antrag des begünstigten Adressaten oder des begünstigten Dritten (§ 80 a I Nr. 1 bzw. II, III i. V. m. § 80 V VwGO):* Zu prüfen ist, ob ein besonderes öffentliches Interesse und/oder privates Interesse des Antragstellers an der sofortigen Vollziehung das Interesse des durch den VA Belasteten, von einer sofortigen Vollziehung verschont zu bleiben überwiegt. Ist ein öffentliches Interesse an der sofortigen Vollziehung nicht festzustellen, so sind im Verhältnis der **gleichrangigen Interessen** des Begünstigten und des Belasteten zunächst die Erfolgsaussichten des gegen den VA eingelegten Rechtsbehelfs bei summarischer Prüfung ausschlaggebend: 1) Wird er voraussichtlich erfolgreich sein, wobei hierfür nicht die objektive Rechtswidrigkeit des VAs ausreicht, sondern zusätzlich erforderlich ist, dass der durch den VA in seinen Rechten verletzt ist, so besteht kein überwiegendes Vollzugsinteresse des Begünstigten. 2) Wird dem Rechtsbehelf des Belasteten voraussichtlich kein Erfolg beschieden sein, so folgt hieraus allein noch kein besonderes Interesse des Begünstigten gerade an einer sofortigen Vollziehung; vielmehr müssen hierfür im Einzelfall besondere Gründe vorliegen. Ist der Erfolg oder Nichterfolg des Rechtsbehelfs ungewiss, so sind die Interessen des Begünstigten einerseits und des Belasteten andererseits gegeneinander abzuwägen.[34]

---

[31] So etwa OVG Lüneburg, NVwZ-RR 2005, 69 (70); NVwZ 2007, 478.
[32] OVG Lüneburg, NVwZ-RR 2005, 69 (70).
[33] OVG Koblenz, NVwZ-RR 2004, 224; VGH Kassel, NVwZ 1993, 491; VGH Mannheim, NVwZ 1995, 1004; *K. Windthorst*, in: Gärditz § 80 a Rn. 48 f.
[34] *A. Puttler*, in: Sodan/Ziekow § 80 a Rn. 27 ff.

– *Aussetzung der Vollziehung auf Antrag des durch den VA belasteten Dritten (§ 80a II Nr. 2, III i.V.m. § 80 V VwGO):* Die Prüfung der Begründetheit folgt den zu § 80 V VwGO dargestellten Grundsätzen (→ Rn. 13), wobei zusätzlich die Interessen des Normbegünstigten zu berücksichtigen sind.

V. Vorläufiger Rechtsschutz und Europarecht

Der vorläufige Rechtsschutz nach §§ 80, 80a VwGO wird modifiziert, wenn ein **Sachverhalt mit Unionsrechtsbezug** in Frage steht. Die nach § 80 I VwGO kraft Gesetzes eintretende aufschiebende Wirkung eines Rechtsbehelfs läuft dem **Interesse an einem wirksamen Vollzug des Unionsrechts** zuwider. Deshalb führt regelmäßig das Unionsinteresse an einem einheitlichen und gleichmäßigen Vollzug des Europarechts zu einem überwiegenden Interesse an der Anordnung der sofortigen Vollziehung des VAs nach § 80 II 1 Nr. 4 VwGO.[35]

16

Die Situation verkompliziert sich, wenn das zuständige nationale Gericht die betreffende Bestimmung des Unionsrechts für nichtig hält. In diesen Fällen lässt der EuGH unter sehr engen Voraussetzungen eine Aussetzung der Vollziehung zu: Das Gericht muss erhebliche Zweifel an der Gültigkeit der zugrundeliegenden Unionsnorm haben, die Aussetzung muss dringlich sein, weil dem Antragsteller ein schwerer und nicht wiedergutzumachender Schaden droht, und das Interesse der Union an einer möglichst vollen Wirksamkeit der fraglichen Unionsnorm ist angemessen zu berücksichtigen.[36] Darüber hinaus muss das entscheidende nationale Gericht die Streitfrage dem EuGH nach Art. 267 AEUV vorlegen, und zwar abweichend vom allgemeinen Grundsatz auch dann, wenn es sich um kein letztinstanzliches Gericht handelt.[37]

§ 107. Einstweilige Anordnung nach § 123 VwGO

Fall 97: Schüler S ist wegen mangelhafter Leistungen in zwei Fächern nicht versetzt worden. S hält diese Entscheidung für fehlerhaft, weil seine Leistungen in einem Fach zu schlecht bewertet worden seien. Wie kann er erreichen, nach Ferienende am Unterricht in der höheren Klasse teilzunehmen?

I. Anwendungsbereich und Formen der einstweiligen Anordnung

In sämtlichen Fällen, in denen in der Hauptsache keine Anfechtungsklage statthaft ist, richtet sich der vorläufige Rechtsschutz nach § 123 VwGO. Der Einzelne muss bei Gericht den Erlass einer einstweiligen Anordnung beantragen. Dadurch kann verhindert werden, dass bis zur Entscheidung des Gerichts in der Hauptsache **vollendete Tatsachen** geschaffen werden.

1

Im **Fall 97** ist kaum zu erwarten, dass bis zum Ablauf der Ferien eine gerichtliche Entscheidung in der Hauptsache zur Rechtmäßigkeit der Nichtversetzung von S vorliegen wird. Aus diesem Grund ist S auf die Gewährung vorläufigen Rechtsschutzes angewiesen.

§ 123 VwGO kennt zwei Formen der einstweiligen Anordnung, nämlich die Sicherungsanordnung und die Regelungsanordnung:

2

- Die **Sicherungsanordnung** nach § 123 I 1 VwGO soll der Gefahr entgegenwirken, dass durch eine Veränderung des bestehenden Zustands die Verwirklichung eines Rechts des Antragstellers vereitelt oder wesentlich erschwert werden könnte. Sie be-

---

[35] EuGH, Slg. 1990, I-2879 Tz. 25 ff.
[36] EuGH, Slg. 1997, I-4517 Tz. 44.
[37] EuGH, Slg. 1991, I-415 Tz. 24; zusammenfassend *A. Puttler*, in: Sodan/Ziekow § 80 Rn. 17a.

zweckt also die Sicherung eines Rechts gegen eine nachteilige Zustandsveränderung und ist auf den Erhalt des status quo ausgerichtet.

> Im **Fall 97** ist S mit einer Sicherungsanordnung nicht gedient. Er möchte nicht die Beibehaltung des bisherigen Zustands, sondern seine vorläufige Zulassung zur Unterrichtsteilnahme der höheren Klassenstufe erreichen.

- Bei der **Regelungsanordnung** nach § 123 I 2 VwGO wird vom Gericht vorläufig ein Zustand in Bezug auf ein streitiges Rechtsverhältnis geregelt, wenn diese Regelung um wesentliche Nachteile abzuwenden oder drohende Gewalt zu verhindern oder aus sonstigen Gründen nötig erscheint. Mit der Regelungsanordnung wird der Erlass einer einstweiligen Anordnung erstrebt, welche die Rechtsposition des Antragstellers vorläufig begründet, wiederherstellt oder erweitert. Voraussetzung ist wie bei § 43 I VwGO das Vorliegen eines streitigen Rechtsverhältnisses (→ § 101 Rn. 3 ff.).

> Da die Versetzung des S im **Fall 97** sich nach öffentlichem Recht richtet und die Rechtsstellung von S mit Blick auf die Schule regelt, liegt ein streitiges Rechtsverhältnis vor. Einschlägig ist daher die Regelungsanordnung.

3 In der Praxis werden die Sicherungs- und Regelungsanordnung nicht immer genau auseinandergehalten, weil sich die Anforderungen an den Erlass einer einstweiligen Anordnung bei beiden weitgehend gleichen.

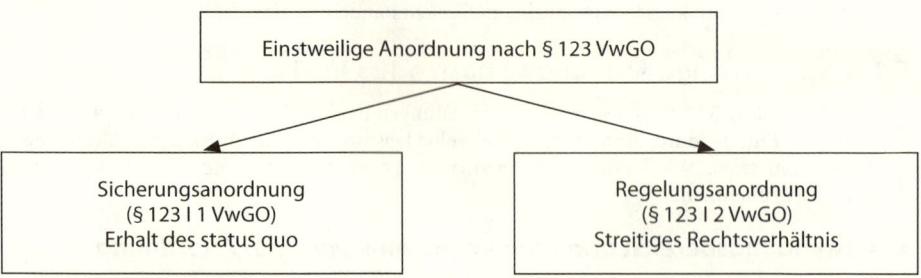

II. Sachentscheidungsvoraussetzungen

4 Beim vorläufigen Rechtsschutz nach § 123 VwGO ist – ähnlich wie bei den Klagen – zu prüfen, ob der Antrag auf die begehrte einstweilige Anordnung zulässig und begründet ist. Deshalb ist zunächst zu prüfen, ob die notwendigen Sachentscheidungsvoraussetzungen vorliegen:

- **Eröffnung des Verwaltungsrechtswegs.**
- **Zuständiges Gericht:** Gemäß § 123 II VwGO ist für den Erlass der einstweiligen Anordnung das Gericht der Hauptsache zuständig.
- **Ordnungsgemäßer Antrag** entsprechend §§ 81, 82 VwGO.
- **Statthaftigkeit der einstweiligen Anordnung nach § 123 VwGO:** Gemäß § 123 V VwGO ist Voraussetzung für den Erlass der einstweiligen Anordnung, dass kein vorläufiger Rechtsschutz nach §§ 80, 80a VwGO zu gewähren ist. Immer wenn in der Hauptsache also eine Anfechtungsklage zu erheben wäre, scheidet eine einstweilige Anordnung aus. Im Falle der Verpflichtungs-, Feststellungs- oder allgemeinen Leistungsklage ist dagegen die einstweilige Anordnung statthaft.

§ 107. Einstweilige Anordnung nach § 123 VwGO

Da S im **Fall 97** in der Hauptsache eine Verpflichtungsklage auf Versetzung in die nächsthöhere Klasse erheben müsste, richtet sich der vorläufige Rechtsschutz nach § 123 I VwGO.[1]

- **Antragsbefugnis analog § 42 II VwGO.**
- **Rechtsschutzbedürfnis.**

III. Begründetheit des Antrags

Ausweislich des von § 123 I VwGO in Verbindung mit § 920 II ZPO vorgegebenen Programms ist der Antrag auf Erlass einer einstweiligen Anordnung erfolgreich, wenn ein **Anordnungsanspruch** und ein **Anordnungsgrund** vorliegen und dem Antragsteller die **Glaubhaftmachung** der hierfür erforderlichen tatsächlichen Voraussetzungen gelungen ist.

1. Anordnungsanspruch

Dem Antrag auf Erlass einer einstweiligen Anordnung wird nur stattgegeben, wenn dem Antragsteller ein **zu sicherndes subjektives öffentliches Recht** (→ § 71) zusteht. Es handelt sich dabei um das Recht, das ggf. in der Hauptsache klageweise verfolgt werden müsste. Wie beim vorläufigen Rechtsschutz nach §§ 80, 80a VwGO (→ § 106) orientiert sich das Gericht an den voraussichtlichen Erfolgsaussichten der (eventuellen) Klage in der Hauptsache. Es genügt, wenn es aufgrund einer **summarischen Prüfung** das Bestehen des geltend gemachten Rechts für wahrscheinlich hält.

Im **Fall 97** hat S nach den entsprechenden landesrechtlichen Vorschriften einen Anspruch auf Versetzung in die nächsthöhere Klasse, wenn er das Klassenziel erreicht hat. Dafür ist entscheidend, ob seine Leistungen bloß in einem oder gar zwei Fächern mangelhaft sind. Das Gericht prüft deshalb überschlägig, ob eine Klage des S in der Hauptsache voraussichtlich Erfolg hätte. Wenn ja, besteht ein Anordnungsanspruch, andernfalls lehnt es den Antrag ab.

2. Anordnungsgrund

Eine einstweilige Anordnung setzt zusätzlich das Vorliegen eines Anordnungsgrundes voraus. Bei der Sicherungsanordnung muss gemäß § 123 I 1 VwGO die Gefahr bestehen, dass ohne den Erlass der einstweiligen Anordnung die Verwirklichung des Rechts des Antragstellers vereitelt oder wesentlich erschwert werden könnte. Ein Anordnungsgrund im Anwendungsbereich der Regelungsanordnung (§ 123 I 2 VwGO) liegt vor, wenn die begehrte Regelungsanordnung im Hinblick auf das streitige Rechtsverhältnis nötig erscheint, um wesentliche Nachteile abzuwenden oder drohende Gewalt zu verhindern oder sie aus anderen Gründen geboten ist. Entscheidend ist vor allem, ob dem Antragsteller unzumutbare Nachteile entstehen, wenn keine Anordnung ergeht und er auf den Abschluss des Hauptsacheverfahrens verwiesen wird. Das Gericht nimmt insoweit eine Interessenabwägung vor.

Hat S in **Fall 97** voraussichtlich einen Anspruch auf Versetzung in die nächsthöhere Klasse, ist der Erlass einer einstweiligen Anordnung zur Abwendung wesentlicher Nachteile geboten. Müsste S den Unterricht seiner bisherigen Klassenstufe besuchen, würde sich aber nach geraumer Zeit die Rechtswidrigkeit der Nichtversetzung herausstellen, wäre es ihm nicht mehr möglich, den Anschluss an das höhere Klassenniveau zu finden.

---

[1] Dazu VGH Mannheim, NVwZ 1985, 593; DVBl. 1993, 53f.

3. Glaubhaftmachung

8 Die tatsächlichen Voraussetzungen des Anordnungsanspruchs und des Anordnungsgrunds müssen vom Antragsteller nach § 123 III VwGO in Verbindung mit § 920 II ZPO glaubhaft gemacht werden. Anders als bei den Hauptsacheverfahren muss das Gericht nicht von der Erfüllung der tatsächlichen Voraussetzungen überzeugt sein. Es genügt, wenn es dies für überwiegend wahrscheinlich hält. Zur Glaubhaftmachung kann sich der Antragsteller sämtlicher Beweismittel bedienen, auch zur Versicherung an Eides Statt zugelassen werden (§ 294 I ZPO).

4. Verbot der Vorwegnahme der Hauptsache

9 Weil der einstweilige Rechtsschutz bloß ein *vorläufiger* Rechtsschutz ist, darf das Gericht dem Antragsteller grundsätzlich nicht etwas im Wege der einstweiligen Anordnung zusprechen, was ihm erst über die Entscheidung in der Hauptsache gewährt werden kann. Dem Gericht ist aus diesem Grund die Vorwegnahme der Hauptsache verboten, weshalb es beispielsweise die Verwaltung nicht durch eine einstweilige Anordnung zum Erlass einer Baugenehmigung verpflichten kann.[2]

Aus Gründen effektiven Rechtsschutzes (Art. 19 IV GG) sind jedoch **Ausnahmen von diesem Verbot** anerkannt: Dem Antragsteller kann bereits vorläufig oder sogar endgültig dasjenige gewährt werden, was er auch in der Hauptsache begehrt, wenn für ihn das Abwarten der Hauptsacheentscheidung zu **unzumutbaren und schwerwiegenden Nachteilen** führen würde und sein Hauptsachebegehren mit großer Wahrscheinlichkeit erfolgreich sein wird.[3] Deshalb hat die Rechtsprechung zum Beispiel anerkannt, dass die Verwaltung zur vorläufigen Gewährung von existenznotwendigen Sozialhilfeleistungen verpflichtet werden kann, wenn eine Person über keine anderen Mittel zur Bestreitung ihres Lebensunterhalts verfügt.

> Im **Fall 97** entspricht das Antragsziel des S, vorläufig versetzt zu werden, seinem Hauptsachebegehren: Ihm wird durch die einstweilige Anordnung für die Dauer des Widerspruchs- bzw. späteren Klageverfahrens diejenige Rechtsposition vermittelt, die er in der Hauptsache anstrebt.[4] Diese Vorwegnahme der Hauptsache ist angesichts von Art. 19 IV GG gerechtfertigt, wenn aus Sicht des Gerichts das Obsiegen von S in der Hauptsache überwiegend wahrscheinlich ist.[5] Würde S nicht vorläufig versetzt, später aber seiner Hauptsacheklage stattgegeben, könnte er dennoch nicht mehr am Unterricht seiner bisherigen Klasse teilnehmen, weil er inhaltlich den Anschluss verloren hat. Dies ist ein so gravierender Nachteil für ihn, dass er ihm nicht zugemutet werden kann.[6] Hingegen ist der Antrag, die Prüfungsbehörde zu einer vorläufigen Neubewertung einer Einzelleistung im Rahmen einer bestandenen Gesamtprüfung zu verpflichten, unbegründet, weil ein Abwarten des Ergebnisses des Rechtsstreits in der Hauptsache zumutbar ist.[7]

---

[2] Dazu OVG Bautzen, NVwZ 1994, 81; OVG Lüneburg, NVwZ 1994, 80; VGH Kassel, NVwZ-RR 2003, 814.

[3] Dazu BVerwGE 109, 258 (262); OVG Lüneburg, NVwZ-RR 2001, 241; OVG Münster, NWVBl. 2015, 342 (343).

[4] OVG Lüneburg, NVwZ-RR 2001, 241.

[5] OVG Lüneburg, NVwZ-RR 2001, 241.

[6] Vgl. OVG Münster, NWVBl. 2006, 302.

[7] OVG Hamburg, NJW 2007, 2874.

IV. Verfahren und Entscheidung

Das einstweilige Rechtsschutzverfahren ist ein gegenüber dem Hauptsacheverfahren selbständiges Verfahren, bei welchem das Gericht gemäß § 123 IV VwGO durch **Beschluss** entscheidet. Nach § 123 III VwGO in Verbindung mit § 938 ZPO bestimmt das Gericht grundsätzlich nach **freiem Ermessen,** welche Anordnungen im Rahmen des vorläufigen Rechtsschutzes erforderlich sind. Allerdings muss sich die Anordnung im Rahmen des Anordnungsanspruchs (→ Rn. 6) halten.[8]

10

---

[8] OVG Münster, DÖV 2004, 968 (971).

IV. Verfahren und Entscheidung

Stichwortverzeichnis

Fette Zahlen bezeichnen die Paragraphen, magere Zahlen die Randnummern.

Abgaben, öffentliche **106** 5, 9
Abgeordnete des Deutschen Bundestages **12** 2, 10, 18 ff.
– Fraktionsausschluss **12** 21
– Fraktionsaustritt **12** 21
– Fraktionsdisziplin **12** 22 f.
– Fraktionslosigkeit **12** 25
– Fraktionszwang **12** 22 f.
– Freies Mandat **12** 18
– im Organstreitverfahren **52** 5 f., 13
– Immunität **12** 27
– Indemnität **12** 26
– Mandatsverlust **12** 19
– Mitwirkung in Ausschüssen **12** 25
– Mitwirkungsrechte, parlamentarische **12** 24 f.
– Parteiwechsel **12** 21
– Rechtsstellung **12** 18 ff.
– Spannungsverhältnis zwischen freiem Mandat und Art. 21 GG **12** 21 ff.
– Überwachung **6** 98
– Verfassungsrechtlicher Status **12** 18
– Verlust der Parteimitgliedschaft **12** 21
Abgrenzung von öffentlichem Recht und privatem Recht **67** 5 ff.
– Interessentheorie **67** 5, 9
– modifizierte Subjekts-/Sonderrechtstheorie **67** 8 f.
– Subordinations-/Subjektionstheorie **67** 7, 9
Abhilfeentscheidung im Widerspruchsverfahren **92** 11; **98** 4
Abordnung, Beamter **74** 16
Abrissverfügung siehe Beseitigungsanordnung
Absatzfreiheit **40** 16
Abschleppen eines PKW **80** 2, 6, 9, 11; **86** 6
Absolute Mehrheit **12** 15
Abstammung (Diskriminierungsverbot) **30** 23
Abstammungsprinzip **4** 3
Abstandsflächen **71** 9; **76** 24
Abstandsgebot **34** 12
Abstimmungen **6** 16 ff.
Abstrakte Gefahr siehe unter Gefahr
Abwägung
– Abwägungsbelange **70** 7; **104** 8

– bei Anordnung des Sofortvollzugs durch die Verwaltung **106** 8
– bei Anordnung/Wiederherstellung der aufschiebenden Wirkung des Widerspruchs **106** 13
– bei Bebauungsplan **70** 2, 6 ff.; **104** 7 f.
– Einstellung der Belange **70** 8
– gerichtliche Kontrolle **70** 12 ff.
– Gewichtung **70** 9
– Interessenausgleichung **70** 10 f.
– interkommunale Abstimmung **70** 11
– bei Planung **70** 1
– Recht auf gerechte **71** 6
– Zusammenstellung des Abwägungsmaterials **70** 7
Abwägungsdirektiven
– Optimierungsgebot **70** 9
– Planungsleitsatz **70** 9
Abwägungsfehler
– Abwägungsausfall **70** 12
– Abwägungsdefizit **70** 12
– Abwägungsdisproportionalität **70** 12
– Abwägungsfehleinschätzung **70** 12
– Abwägungsfehleinstellung **70** 12
– Fehlerfolgen **70** 14 f.
Abwägungsgebot **70** 6; **104** 8 f.
Abwägungslehre **32** 25
Abwehranspruch
– gegen Immissionen/Störungen **67** 12
– des Nachbarn aus Art. 14 GG **71** 10
– siehe auch Folgenbeseitigungsanspruch; Unterlassungsanspruch
Abwehrrechte **20** 11; **22** 3 ff.
Abweichungsbefugnis der Länder bei der Gesetzgebung **13** 8; **17** 9; **18** 4
Additiver Grundrechtseingriff **24** 45; **40** 33
Adelsprivilegien, Abschaffung von **9** 1
Administrativenteignung **42** 20, 33, 36
Adressat von Verwaltungsakten **79** 5 ff.
– Hoheitsträger **79** 7
– polizeiliche Maßnahmen **79** 6 ff.
Adressatentheorie **98** 6, 13
Akteneinsicht **61** 1; **72** 19
Aktives Wahlrecht **48** 3
Aktivlegitimation **95** 5

A-limine-Abweisung **50** 19
Allgemeine Gesetze
– als Schranke der Glaubensfreiheit **31** 18
– als Schranken der Meinungs-, Informations-, Presse-, Rundfunk- und Filmfreiheit **32** 24f.
Allgemeine Handlungsfreiheit **27** 1ff.
– Abgrenzung zur Berufsfreiheit **40** 16
– Auffanggrundrecht **23** 5ff.; **27** 1, 2ff.
– Ausländer **27** 10
– Ausreisefreiheit **27** 3
– Banalisierungstheorie **27** 2
– Beeinträchtigungen, mittelbare, faktische **27** 12
– Betätigung, wirtschaftliche **27** 5
– Elfes-Urteil **27** 2
– Fortbewegungsfreiheit **27** 3
– Freiheit von Zwangsmitgliedschaft **27** 3; **37** 6
– Grundrechtskonkurrenzen **27** 10
– Persönlichkeitskerntheorie **27** 2
– Schutzbereich, personeller **27** 10
– Schutzbereich, sachlicher **27** 2ff.
– Subsidiarität **27** 8
– Vertragsfreiheit **27** 3
– Wettbewerbsfreiheit **27** 5
– siehe auch freie Entfaltung der Persönlichkeit
Allgemeine Strafgesetze **37** 11
Allgemeiner Gleichheitssatz siehe Gleichheitssatz, allgemeiner
Allgemeines Freiheitsrecht **21** 8
Allgemeines Persönlichkeitsrecht **26** 13; **27** 6ff.
– Eingriffe **27** 12f.
– Grundrechtskonkurrenzen **27** 8
– Informationelle Selbstbestimmung **27** 7
– Intimsphäre **27** 18
– Konkurrenz zur Menschenwürde **27** 6
– Persönliche Selbstbestimmung **27** 7
– Privatrecht **27** 6
– Privatsphäre **27** 7, 18
– Rechtsgrundlage, bereichsspezifische **27** 19
– Schutzbereich, personeller **27** 11
– Schutzbereich, sachlicher **27** 6ff.
– Selbstdarstellungsrecht **27** 7
– Sozialsphäre **27** 18
– Sphärentheorie **27** 18
– Subsidiarität **27** 8
Allgemeines Verwaltungsrecht **61** 2
Allgemeinverfügung **74** 19ff.
– adressatenbezogene **74** 20
– Anhörung **74** 19
– Begründung **74** 19
– Bekanntgabe **74** 19; **79** 14

– Benutzungsregelung **74** 22
– Einziehung **84** 13
– sachbezogene **74** 21
– Verkehrszeichen **74** 23
– Widmung **74** 21; **77** 1; **84** 12
Allgemeinwohlklausel **42** 34
Allzuständigkeit der Gemeinde **60** 4
Altersgrenzen **47** 3; **48** 7
Ampel **74** 5, 18; **88** 16
Amtsbetrieb **91** 5
Amtshaftung **86**
– Amtspflicht **86** 10ff.
– Anspruchsgegner **86** 2, 21f.
– Anspruchskonkurrenz **86** 23; **87** 26; **88** 16
– Beamter im haftungsrechtlichen Sinn **86** 7
– bei Beauftragung von Privatpersonen **86** 6
– bei Beliehenem **60** 30; **86** 6f.
– und berechtigtes Interesse im Sinne des § 113 I 4 VwGO **102** 9, 13
– bei Gemeinderat **86** 7, 15, 21
– „in Ausübung" eines öffentlichen Amtes **86** 8
– Kausalität **86** 16
– Kommunalaufsicht **58** 8
– Landrat **60** 25; **86** 22
– legislatives Unrecht **86** 14, 25
– Mitverschulden **86** 20
– öffentlich-rechtliche Tätigkeit **67** 2; **86** 4
– Rechtsmittelversäumnis **86** 19
– Rechtsweg **86** 23; **94** 5, 10
– Richterspruchprivileg **86** 18
– Subsidiaritätsklausel **86** 17
– Umfang des Schadensersatzes **86** 20
– Unionsrecht **86** 24f.
– Verschulden **66** 6; **86** 15
– bei Verwaltungshelfer **86** 6f.
– im Zusammenhang mit Bebauungsplan **86** 13
Amtshilfe **72** 12f.
Amtspflicht
– allgemeine **86** 10f.
– Drittbezogenheit **86** 12ff.
Analogieverbot (im Strafrecht) **49** 8
Änderung
– der Rechtsprechung **65** 2; **82** 20, 27
– der Sach- und Rechtslage **82** 20, 27
Androhung **80** 9, 11
Anfechtungsklage **98**
– Adressatentheorie **98** 6, 13
– bei Anordnung des Sofortvollzugs durch die Verwaltung **106** 6
– Aufhebung Verwaltungsakt **82** 1; **91** 3; **97** 2; **98** 1
– aufschiebende Wirkung siehe dort

Stichwortverzeichnis

- bei Aufsichtsmaßnahmen gegenüber der Gemeinde 58 15
- gegen Baugenehmigung 98 6; 105 2
- Begründetheitsprüfung 98 10 ff.
- zur Durchsetzung des Erstattungsanspruchs 90 15
- gegen Einziehung Straße 84 13
- Entscheidung des Gerichts 98 14
- Erledigung des Verwaltungsakts 98 2; 102 1
- bei Ersetzung des gemeindlichen Einvernehmens 76 22
- Folgenbeseitigung 89 11; 98 14
- Gegenstand 98 4
- gerichtliche Kontrolldichte 98 12
- Gestaltungsklage 97 2; 98 1
- Klagebefugnis 98 5 ff.; siehe auch dort
- Klagefrist 98 9
- „kupierte" Anfechtungsklage 102 11
- maßgeblicher Beurteilungszeitpunkt 98 11
- Möglichkeitstheorie 98 7
- gegen Nebenbestimmung 78 8
- bei nichtigem Verwaltungsakt 81 11; 98 3
- und Organstreit 103 4
- Rechtsschutzbedürfnis 99 3
- gegen Rücknahme Verwaltungsakt 82 5
- gegen sofortigen Vollzug 80 13
- Statthaftigkeit 98 2 ff.; 100 4
- Teilanfechtung 78 8
- Teilaufhebung 98 14
- Verwaltungsakt 98 2 f.; 100 4; siehe auch dort
- Vollstreckung Urteilsinhalt 97 2
- Vorverfahren 92 1, 3; 97 2; 98 8; siehe auch dort
- gegen Widmung 84 12

Angemessenheit 24 44 ff.
Anhörung
- Absehen 72 18; 74 19
- bei Allgemeinverfügung 74 19
- bei Anordnung des Sofortvollzugs durch die Verwaltung 106 7
- im förmlichen Verfahren 72 5
- Heilung durch Nachholung 81 15
- bei informellen Absprachen 73 9
- im Planfeststellungsverfahren 72 6
- bei Verwaltungsakt 61 3; 72 1, 18; 81 8

Anhörungsrüge(ngesetz) 49 6; 51 43
Anlassgesetze 24 51
Anliegergebrauch 84 13
Anmeldepflicht (für Versammlungen) 36 8
Annahmeverfahren (Verfassungsbeschwerde) 51 64 ff.
Annexkompetenz (Gesetzgebung) 17 20 f.

765

Anordnung der aufschiebenden Wirkung durch das Gericht 106 10 ff.
- Antragsbefugnis 106 11
- Begründetheit 106 12 f.
- Entscheidung des Gerichts 106 14
- Ermessen 106 12
- Zulässigkeit 106 11
- zuständiges Gericht 106 11

Anordnung der sofortigen Vollziehung durch das Gericht 106 15
Anordnung des Sofortvollzugs durch die Verwaltung 106 6 ff.
- Anhörung 106 7
- Aussetzung der Vollziehung siehe dort
- Begründung 106 7
- formelle Voraussetzungen 106 7
- materielle Voraussetzungen 106 8
- Rechtsbehelf 106 6
- Unionsrecht 106 16

Ansammlung 36 2
Anschauungen, religiöse 31 11
Anschauungen, religiöse oder politische (Diskriminierungsverbot) 30 23
Anscheinsgefahr 68 9; 88 13
Anscheinsstörer 79 11; 88 13 f.
Anspruch
- auf Anstaltsgebrauch 84 22
- auf Baugenehmigung 76 2, 21
- auf Bebauungsplanaufstellung 71 2
- auf begünstigenden Verwaltungsakt 76 2
- auf Behördeninformation 64 9; 72 19
- auf effektive Strafverfolgung 29 3a
- auf Einschreiten der Aufsichtsbehörde 58 16
- auf fehlerfreie Ermessensausübung 71 11 f.; 76 2; 84 22
- bei Gemeingebrauch 84 18
- des Nachbarn aus Eigentum 71 10
- auf polizeiliches Einschreiten 71 12
- auf Rücknahme eines VAs 82 6
- auf Sondernutzungserlaubnis 84 17, 19 f.
- auf Wiederaufgreifen des Verfahrens 82 26, 28
- siehe auch subjektives öffentliches Recht

Anspruch auf rechtliches Gehör siehe Gehör, rechtliches
Anstalt des öffentlichen Rechts 60 1, 27
- Anstaltsgebrauch 84 14, 22 ff.
- Benutzer 60 27; 63 3
- Benutzungsregelung 74 22
- nichtrechtsfähige 60 27
- rechtsfähige 60 27
- als Verwaltungsträger 58 1; 60 27

Anstaltsgebrauch 84 14, 22 ff.
Antiterrordatei 5 24 g; 41 12a

Antizipierte Verwaltungspraxis **64** 7
Antizipiertes Sachverständigengutachten **64** 8
Antrag **72** 14; **76** 2; **81** 14; **82** 26; **84** 19; **91** 5; **99** 6; **104** 6; **106** 9
Antragsbefugnis
– bei einstweiliger Anordnung **60** 8; **107** 4
– bei Normenkontrollverfahren **104** 6 ff.
– bei vorläufigem Rechtsschutz nach § 80 V VwGO **106** 11
– siehe auch Klagebefugnis
Antragsprinzip **50** 13 f.
Anwaltszwang siehe Postulationsfähigkeit
Anwendung des Zwangsmittels **80** 10
Anwendungsvorrang des Unionsrechts **5** 12 ff.; **23** 8, 15; **62** 3; **66** 1; **81** 9
Anzeigepflichten
– als Aufsichtsmittel **58** 13
– im Baurecht **76** 7; **105** 2
Apotheken-Urteil **40** 1, 9, 11, 24, 28 ff.
Arbeitsplatz **22** 25 f.; **40** 19
Arbeitszwang siehe Freiheit von Arbeitszwang
Art der baulichen Nutzung **71** 5; **76** 12, 20
Artikel 10-Gesetz (G 10) **38** 14
Ärztekammer **60** 26
Asylrecht **43** 7 ff.
– Bedeutung und Geschichte des Asylrechts **43** 7
– Beschränkungen des materiellen Gewährleistungsinhalts **43** 14
– Beschränkungen des verfahrensbezogenen Gewährleistungsinhalts **43** 15 ff.
– Betroffenheit, eigene **43** 11
– Betroffenheit, gegenwärtige **43** 11
– Drittstaaten, sichere **43** 12
– Eingriffe **43** 13
– Einreise auf dem Landweg **43** 12
– Einreise auf dem Luft- oder Seeweg **43** 12
– Gesetzesvorbehalt, qualifizierter **43** 19
– Herkunftsstaaten, sichere **43** 16
– Nachfluchtgründe **43** 11
– politische Verfolgung **43** 8
– Rechtsschutz gegen aufenthaltsbeendende Maßnahmen **43** 18
– Schutzbereich, personeller **43** 10 ff.
– Schutzbereich, sachlicher **43** 8 f.
– verfahrensrechtlicher Schutzgehalt **43** 9
– verfassungsimmanente Schranken **43** 14
– verfassungsrechtliche Rechtfertigung **43** 14 ff.
– völkerrechtliche Verträge **43** 19
– Vollziehung aufenthaltsbeendender Maßnahmen **43** 17
Atomlaufzeitverlängerung **13** 16
Aufenthalt **39** 1

Aufenthaltsverbot **75** 18
Aufgabennorm **75** 8
Aufgabenverteilungsprinzip **60** 4
Aufhebung eines Verwaltungsakts **77** 6; **81** 2, 12; **82**
– Rücknahme siehe dort
– Widerruf siehe dort
Auflage **78** 3, 7; **82** 19, 21
– modifizierende **78** 4
Auflagenvorbehalt **78** 3, 7
Auflösung des Bundestages **12** 6 f.
– durch den Bundespräsidenten **12** 6
– nach gescheiterter Kanzlerwahl **12** 6; **15** 5 f.
– nach Vertrauensfrage **12** 6; **15** 12 f.
– Selbstauflösungsrecht **12** 7
Aufopferungsanspruch
– Anspruchsgegner **88** 8
– Anspruchskonkurrenz **86** 23
– Gemeinwohlmotivation **88** 4
– hoheitlicher Eingriff **88** 3
– immaterielles Recht **88** 1, 3
– Mitverschulden **88** 7
– Rechtsweg **88** 8; **94** 10
– Sonderopfer **88** 5 f.
– spezialgesetzliche Ausformungen **88** 9 ff.
– Unmittelbarkeit **88** 4
– Unterlassen **88** 4
Aufrechnung **74** 12
Aufschiebende Wirkung von Widerspruch/Anfechtungsklage **92** 10; **105** 2; **106** 1 ff.
– Anordnung der aufschiebenden Wirkung durch das Gericht **106** 10 ff.
– Anordnung Sofortvollzug durch Behörde siehe dort
– Ausschluss **106** 5 ff.
– Aussetzung der Vollziehung durch die Verwaltung **106** 9
– Ende **106** 4
– Hemmung der Vollziehung **106** 3
– öffentliche Abgaben und Kosten **106** 5
– Rückwirkung **106** 4
– unaufschiebbare Maßnahmen Polizeivollzugsbeamte **80** 2; **106** 5
– Unionsrecht **106** 16
– bei Vollstreckungsmaßnahmen **80** 9
– Vollziehbarkeitstheorie **106** 2
– Wiederherstellung der aufschiebenden Wirkung **106** 10 ff.
– Wirksamkeitstheorie **106** 2
Aufsicht
– Begriff **58** 7
– über Beliehenen **60** 30
– Fachaufsicht **58** 7, 11 ff.
– Kommunalaufsicht **58** 11 ff.

Stichwortverzeichnis

– bei mittelbarer Staatsverwaltung **59** 1
– Opportunitätsprinzip **58** 14
– Rechtsaufsicht **58** 7, 11, 14 f.
– subjektives Recht Privater **58** 16
Aufsichtsbehörden **58** 12
Aufsichtsmaßnahmen
– Anfechtungsklage **58** 15
Aufsichtsmittel
– Anordnungsrecht **58** 14
– Beanstandungsrecht **58** 14
– begleitende **58** 13
– Bestellung eines Beauftragten **58** 14
– Ersatzvornahme **58** 14
– Informationsrechte **58** 7, 13
– präventive **58** 13
– Rechtsnatur **58** 15; **74** 17 f.
– repressive **58** 13 f.
– Selbsteintrittsrecht **58** 7
– Weisungen **58** 6 f., 13, 15
Aufstellungsverfahren bei Bebauungsplan **63** 10 ff.; siehe auch unter Bebauungsplan
Auftragsangelegenheiten **58** 9 ff., 13, 15
Auftragsverwaltung **18** 7 ff.
– fakultative **18** 7 f.
– obligatorische **18** 7 f.
– Sachkompetenz **18** 10 f.
– Wahrnehmungskompetenz **18** 10 f.
Aufwandsentschädigung
– für Gemeinderatsmitglied **60** 11
Ausbildungsstätte **24** 30; **40** 20
Ausbürgerung, Schutz vor **43** 2 f.
– Ausbürgerung **43** 2
– Entziehung der deutschen Staatsangehörigkeit **43** 3
– Schutzbereich, personeller **43** 2
– Schutzbereich, sachlicher **43** 2
– verfassungsrechtliche Rechtfertigung **43** 3
– Verlust der deutschen Staatsangehörigkeit **43** 3
Ausfertigung von Gesetzen **14** 8 ff.; **17** 37
Ausführung der Gesetze
– Verwaltungskompetenzen siehe Verwaltungskompetenzen
– siehe Verwaltung
Ausgleichspflichtige Inhalts- und Schrankenbestimmung **87** 3 f.; **94** 10
Auskunft **64** 9; **72** 21; **73** 4; **77** 10; **86** 13; **99** 2; **100** 3
Auskunftsbegehren der Presse **32** 15
Ausländer **21** 7; **23** 5 ff., 15; **40** 21
Ausländerwahlrecht **6** 9 ff.
Auslegung **2** 1 ff.; **64** 3; **68** 4 f.
– Aufgabe **2** 3
– Einheit der Verfassung **2** 11 ff.; **40** 9

– Entstehungsgeschichte einer Norm **2** 8 ff., 18 f.
– Ermittlung von Sinn und Zweck **2** 4, 10, 17 ff.
– genetische Auslegung **2** 8 ff., 18 f.
– grammatische Auslegung **2** 4, 5, 6 ff., 9 f., 15 f., 18 f.
– historische Auslegung **2** 4, 8, 18
– Kollisionsregel **2** 9 f.
– öffentlich-rechtlicher Erklärungen **72** 14
– praktische Konkordanz **2** 11; **32** 28; **33** 12
– Quartett der Interpretationsregeln **2** 4
– systematische Auslegung **2** 4, 5, 9 ff., 18 f.
– teleologische Auslegung **2** 4, 5, 18 ff.
– teleologische Reduktion **2** 7, 16
– unionsrechtskonforme **2** 17; **62** 3
– verfassungskonforme Auslegung **2** 13 ff.; **7** 19; siehe näher verfassungskonforme Auslegung
– Vorrang objektiver Auslegung **2** 9 f.
– Widerspruchsfreiheit der Rechtsordnung **2** 12
Auslegungsmethoden siehe Auslegung
Auslieferung, Schutz vor **43** 4 ff.
– Auslieferung **43** 4
– Ausweisung und Abschiebung **43** 4
– Durchlieferung **43** 4
– Gesetzesvorbehalt, qualifizierter **43** 5
– Rücklieferung **43** 4
– Verhältnis zur Freizügigkeit **43** 4
Ausnahme im Baurecht **71** 7; **72** 16; **75** 5; **76** 12, 14, 26
Ausnahmegerichte **49** 2
Ausreisefreiheit **2** 18; **27** 3; **39** 2
Ausschließliche Gesetzgebung **17** 4 f.
Ausschüsse
– des Gemeinderats **60** 14
– weisungsfreie **68** 12
Ausschüsse des Bundestages **12** 13
– Besetzung **12** 13
– Enquete-Kommission **12** 13
– Kontrollfunktion **12** 13
– Untersuchungsausschuss **12** 28 ff.
Außenbereich (§ 35 BauGB) **71** 8; **76** 19, 21
– Abgrenzung **76** 17 ff.
– nichtprivilegierte Vorhaben **76** 21
– privilegierte Vorhaben **76** 21
Außenwirkung
– Flächennutzungsplan **63** 8
– Verwaltungsakt **74** 15 ff.; **76** 22; **77** 9; **100** 3; **103** 4
– von Verwaltungsmaßnahmen **72** 4
– von Verwaltungsvorschriften **64** 4 ff.
Äußerungsbefugnis **14** 20 f.

767

Aussetzung der Vollziehung durch die Verwaltung 106 9
Austauschmittel 75 22
Austauschvertrag 83 8, 10, 17 ff.
– Angemessenheit der Gegenleistung 83 20
– Bestimmtheitserfordernis 83 18
– echter 83 10
– hinkender 83 10
– Koppelungsverbot 83 19, 28
– Nichtigkeit 83 25
Auswahlermessen 69 4; 79 12
Ausweisung eines Ausländers 75 1

Banalisierungstheorie 27 2
Bauaufsichtliche Eingriffsbefugnisse 75 4 ff.; 105 2
– Beseitigungsanordnung 75 4 ff.; 80 6; 81 6; 105 2; 106 2
– Einstellung der Bauarbeiten 75 7
– Nutzungsuntersagung 75 4, 6
– Rechtsnachfolge 77 4
Baueinstellung 75 7
Baugenehmigung
– Ablehnung 76 2 f.
– Anfechtung 98 6; 105 2
– Anspruch 76 2, 21
– Antrag 72 14; 76 2 f.
– aufschiebende Wirkung 106 5
– Baurechtswidrigkeit 75 5
– Beiladung Nachbar 95 3
– einstweilige Anordnung 107 9
– Erlassvoraussetzungen 76 5 ff.
– Ermessen 76 2, 14, 21
– Genehmigungspflicht 76 5 ff.
– Hinzuziehung 72 16
– materielles Prüfprogramm 76 9 ff.
– modifizierende Auflage 78 4
– Nachbar 76 7; 95 3; 98 5
– Nachbarwiderspruch 92 8
– Nebenbestimmung 78 1 ff.
– Rechtsnachfolge 77 4
– Regelungsgehalt 76 1
– Rücknahme 82 10
– Schriftform 79 3
– Verfahrensrecht 72 3 f., 14 ff.
– Verwaltungsakt 72 4; 76 1; 77 1; 82 24
– Widerruf 82 20
– zivilrechtliches Hindernis 96 7
– zuständige Behörde 72 7
Bauleitpläne 60 4, 7, 12; 63 7 ff.; siehe auch unter Bebauungsplan; Flächennutzungsplan
Bauliche Anlage
– im Sinne des Bauordnungsrechts 76 8
– im Sinne des Bauplanungsrechts 76 8, 10

Baulücke 76 19
Baunutzungsverordnung 63 7; 76 12 f., 20
Bauordnungsrecht
– Abstandsflächen 71 9; 76 24
– Anzeigeverfahren 76 7; 105 2
– Ausnahme 76 26
– bauliche Anlage 76 8
– Befreiung 76 26
– Drittschutz 71 9; 76 24
– Eingriffsbefugnisse 75 4 ff.; 76 8
– genehmigungsfreie Vorhaben 75 5, 7; 76 6
– Genehmigungsfreistellungsverfahren 76 7
– Genehmigungspflicht 76 6 ff.
– Generalklausel 76 23
– Kenntnisgabeverfahren 76 7
– vereinfachtes Genehmigungsverfahren 76 7
– Verunstaltungsverbot 71 9; 76 25
– Zielsetzung 76 8
Bauplanungsrecht
– Art der baulichen Nutzung 71 5; 76 12, 20
– Ausnahme 71 7; 72 16; 75 5; 76 12, 14, 26
– Außenbereichsvorhaben 71 8; 76 21
– bauliche Anlage 76 8, 10
– Baulücke 76 19
– Bebauungsplan siehe dort
– Bebauungszusammenhang 76 18
– Befreiung 71 7; 72 16; 75 5; 76 15
– Einfügen 71 8; 76 20
– Einvernehmen der Gemeinde 76 14, 22; 77 9
– Gewerbegebiet 76 12
– Innenbereich 71 8; 76 17 ff.
– Maß der baulichen Nutzung 71 5; 76 13
– Mischgebiet 76 13
– Nachbar 71 4 f.; 76 15; 98 6
– nachbarschützende Normen 71 4 ff.; 76 15, 24; 104 8
– Rücksichtnahmegebot 71 8; 76 13, 15, 20
– Splittersiedlung 76 17, 21
– Umgebung 76 20
– Wahrung Gebietscharakter 71 5
– Zielsetzung 76 8
– Zulässigkeit von Vorhaben während der Planaufstellung 76 16
– Zumutbarkeit 76 13
– im Zusammenhang bebauter Ortsteil 76 17 ff.
Baurechtswidrigkeit
– formelle 75 5 ff.
– materielle 75 5 ff.
Bauvorbescheid 77 8
Beamter
– Abordnung 74 16
– Amtshaftung 86 1 f., 4, 6

- Betriebsverhältnis **74** 16
- deliktische Haftung **86** 4
- dienstrechtliche Beurteilung **68** 11
- Ernennung **74** 7, 16; **77** 5; **83** 12; **96** 7
- Grundverhältnis **74** 16
- im haftungsrechtlichen Sinn **86** 7
- Rückzahlung von Leistungen **90** 15
- Streikverbot **37** 30; **47** 6
- Umsetzung **74** 16; **100** 3
- Versetzung **74** 16
- Weisung **58** 6; **66** 5; **74** 16; **86** 11; **100** 3

Beanstandung, rechtsaufsichtliche **58** 14
Bebauungsplan **63** 7 ff.
- Abwägung **70** 2, 6 ff.; **104** 7 f.
- Abwägungsfehler **70** 12 f.
- Amtshaftung **86** 7, 13, 21
- Änderung **63** 13
- Anspruch **71** 2
- Aufstellungsverfahren **63** 10 ff.
- Auslegung **63** 11
- Ausnahme **71** 7; **72** 16; **75** 5; **76** 12, 14
- Bedeutung der Baunutzungsverordnung **76** 12
- Befangenheit **60** 12 f.; **63** 10
- Befreiung **71** 7; **72** 16; **75** 5; **76** 15
- Begründung **63** 12
- Bekanntmachung **63** 12
- Beteiligung der Träger öffentlicher Belange **63** 11
- einfacher **63** 8; **76** 10, 17
- Entwicklungsgebot **63** 9
- ergänzendes Verfahren **70** 15; **104** 15
- Fehlerfolgen **63** 13; **70** 14 f.
- Festsetzungen **63** 7; **71** 5; **76** 11 f.
- förmliche Bürgerbeteiligung **63** 11
- Genehmigung **63** 12
- interkommunales Abstimmungsgebot **70** 11; **104** 10
- Konfliktbewältigung **70** 4 f.
- Normenkontrolle **104** 4, 7, 14 f.
- Öffentlichkeitsbeteiligung **63** 11
- planerische Zurückhaltung **70** 5
- Planrechtfertigung **70** 3
- qualifizierter **63** 8; **76** 10 ff.
- Satzung **63** 8, 12; **66** 2; **70** 2; **104** 4
- selbständiger **63** 9
- Verfahrensfehler **63** 13; **104** 15
- Verhältnis zum Flächennutzungsplan **63** 9
- Verwerfungskompetenz der Verwaltung **66** 4 ff.
- vorzeitiger **63** 9

Bebauungszusammenhang **76** 18
Bedarfsdeckung **67** 21
Bedingung **78** 2 f.

Beeinträchtigungen der Grundrechte siehe Grundrechtseingriffe
Beeinträchtigungsintensität **24** 8 ff.
Befangenheit
- Behördenmitarbeiter **72** 17
- Fehlerfolge **60** 13
- Gemeinderatsmitglied **60** 12 f., 16; **63** 5, 10

Befragung im Polizeirecht **75** 13
Befreiung im Baurecht **71** 7; **72** 16; **75** 5; **76** 15, 26
Befristung **78** 2 f.
Befugnisnorm **75** 8
Begnadigungsrecht des Bundespräsidenten **14** 1
Begründetheit von Rechtsbehelfen
- abstrakte Normenkontrolle **104** 14 f.
- allgemein **93** 1
- allgemeine Leistungsklage **100** 7
- Anfechtungsklage **98** 10 ff.
- Antrag auf einstweilige Anordnung **107** 5 ff.
- Antrag nach § 80 V VwGO **106** 12 ff.
- Feststellungsklage **101** 13
- Fortsetzungsfeststellungsklage **102** 14

Begründung
- Allgemeinverfügung **74** 19
- Anordnung des Sofortvollzugs durch die Verwaltung **106** 7
- Bebauungsplan **63** 12
- Verwaltungsakt **69** 2; **79** 4; **81** 14; **82** 22

Begünstigender Verwaltungsakt **72** 18; **76**
- Ablehnung **76** 2 f.
- Anspruch auf Erlass **76** 2
- Definition **76** 1
- Drittwirkung **106** 10, 15
- Rücknahme **82** 2, 4, 7 ff.
- Widerruf **82** 17, 19 ff.

Behinderung (Diskriminierungsverbot) **30** 24
Behörden
- Antragsbefugnis bei Normenkontrolle **104** 12
- als Beteiligte **72** 15, 17
- Beteiligung bei Bebauungsplanaufstellung **63** 11
- im funktionellen Sinn (§ 1 IV VwVfG) **58** 3 f.
- gemeinsame **8** 27; **18** 16
- Hierarchie **58** 6
- Mitwirkung bei öffentlich-rechtlichem Vertrag **83** 14
- im organisatorischen Sinn **58** 3
- privatrechtlich handelnde Stelle **58** 3
- Verwaltungshelfer **58** 4
- Zuständigkeit siehe dort

Beihilfe siehe bei Subvention

Beiladung **91** 6; **95** 2f.
- einfache **95** 3
- Nachbar **95** 3
- notwendige **95** 3
- Ziele **95** 2

Bekanntgabe, Verwaltungsakt **79** 13ff.; **81** 1; **92** 8; **101** 6
- Allgemeinverfügung **74** 19; **79** 14
- öffentliche **79** 14
- Verkehrszeichen **79** 14
- Zustellung **79** 15

Bekanntmachung, Satzung **63** 5

Belastender Verwaltungsakt **72** 18; **75**; **106** 11
- Anfechtungsklage **98** 1, 6
- mit Drittwirkung **82** 24; **92** 8f.; **106** 10, 15
- Ermächtigungsgrundlage **75** 2, 8
- Rechtmäßigkeitsprüfung **75** 1
- Rücknahme **82** 2, 4, 6

Belästigung **68** 8; **76** 13

Beliehener
- Amtshaftung **60** 30; **86** 6f.
- Aufsicht **60** 30
- Behörde (§ 1 IV VwVfG) **58** 4; **60** 30
- enteignender Eingriff **87** 21, 25
- Handlungsfähigkeit **58** 2
- Merkmale **60** 29f.
- öffentlich-rechtliche Tätigkeit **60** 29f.
- privatrechtliche Tätigkeit **60** 30
- Verwaltungsträger **58** 1

Benachteiligung aus Glaubensgründen im öffentlichen Dienst, Verbot der **47** 4

Benotungen **68** 11; **74** 11

Benutzer **60** 27

Benutzungsregelung **74** 22

Benutzungsverhältnis **67** 20

Beratung **72** 21

Berechtigtes Interesse **101** 9f.; **102** 6ff.

Berichtigung **81** 13

Beruf siehe Berufsfreiheit

Berufsausübungsfreiheit siehe Berufsfreiheit

Berufsausübungsregelungen siehe Berufsfreiheit

Berufsbeamtentum, hergebrachte Grundsätze des siehe hergebrachte Grundsätze des Berufsbeamtentums

Berufsbild siehe Berufsfreiheit

Berufsfreiheit **40** 1ff.
- Abgrenzung zur allgemeinen Handlungsfreiheit **40** 16
- Abgrenzung zur Eigentumsgarantie **40** 17
- Absatzfreiheit **40** 16
- Abwehrrecht **40** 5
- Apotheken-Urteil **40** 1, 9, 11, 24, 28ff.
- Beeinträchtigungen, faktische **40** 22
- Beeinträchtigungen, finale **24** 9
- Beeinträchtigungen, mittelbare **24** 8ff.; **40** 22
- bei Benotungen **68** 11
- Beruf, Begriff des **40** 8ff.
- Beruf, selbständig ausgeübter **40** 18
- Beruf, staatlich gebundener **40** 18, 26f.
- Beruf, unselbständig ausgeübter **40** 18
- Berufsausübung **24** 4
- Berufsausübungsfreiheit **40** 1f., 16ff., 19, 24, 28f.
- Berufsausübungsregelungen **40** 28f.
- Berufsbild **40** 11ff., 30
- Berufswahlfreiheit **24** 30; **40** 1, 6, 12ff., 19, 28ff.
- Berufszulassungsvoraussetzungen **40** 28ff.
- Berufwahlfreiheit **40** 24
- Dimensionen **40** 5ff.
- Eingriffe **40** 22f.
- einheitliches Grundrecht **40** 1f.
- Facharztwesen **40** 25
- freie Wahl der Ausbildungsstätte **24** 30
- Freier Beruf **40** 18
- Freiheit der Wahl der Ausbildungsstätte **40** 1, 20, 24
- Freiheit der Wahl des Arbeitsplatzes **22** 25f.; **40** 1, 7, 19, 24
- Freiheit unternehmerischer Betätigung **40** 16ff.
- Gewerbefreiheit **40** 16
- Grenzen der Einschränkbarkeit **40** 28ff.
- Grundrechtsschranken **40** 24ff.
- Grundrechtsträger **40** 21
- Hochschulstudium **22** 13
- Kassenarzt-Urteil **40** 29
- kollidierendes Verfassungsrecht **40** 26
- Konkurrenzschutz **40** 31
- Kündigungsschutz **22** 26; **40** 7, 19
- Leistungsanspruch **40** 6
- Marktwirtschaft **40** 17
- Mitbestimmungs-Urteil **40** 16f.
- numerus clausus **22** 13
- objektiv berufsregelnde Tendenz **24** 9
- öffentlicher Dienst **40** 18, 26f.
- Parlamentsvorbehalt **40** 25
- Preisfreiheit **40** 16
- Prüfungsverfahren **40** 7
- Recht auf Arbeit **40** 6
- Recht auf einen Arbeitsplatz **40** 6
- Schutzbereich, personeller **23** 7f.; **40** 21
- Schutzbereich, sachlicher **40** 5ff.
- Schutzpflicht **40** 7, 19
- Spielbankunternehmer **40** 10, 15, 23, 32
- staatlich gebundene Berufe **40** 18, 26f.

Stichwortverzeichnis

– Teilgarantien **40** 1 f.
– Teilhaberecht **40** 6, 20
– Unternehmensautonomie **40** 16
– Unternehmerfreiheit **40** 16 ff.
– Verfahrensgarantien **40** 7
– verfassungsrechtliche Rechtfertigung **40** 24 ff.
– Verhaltensweisen **40** 14 ff.
– Verhältnismäßigkeitsprinzip **40** 28 ff.
– Vertragsfreiheit **40** 16
– Vertriebsfreiheit **40** 16
– bei Warnungen **73** 7
– Werbefreiheit **40** 16
– Wertentscheidung **40** 7
– Wettbewerbsfreiheit **24** 4; **40** 16 f.
– Wirtschaftsverfassung **40** 16 f.
Berufswahlfreiheit siehe Berufsfreiheit
Berufszulassungsvoraussetzungen siehe Berufsfreiheit
Bescheidungsklage **78** 8 f.; **99** 4, 7
Beschlagnahme, polizeiliche siehe Sicherstellung
Beschleunigungsgrundsatz **72** 24
Beschluss **91** 6; **107** 10
Beschlussfähigkeit
– der Senate des BVerfG **50** 18
– des Bundesrates **13** 22
– des Bundestages **12** 16; **17** 30
– des Gemeinderats **60** 16
– des Kabinetts **15** 24
Beseitigungsanordnung im Baurecht **75** 4 ff.; **80** 6; **81** 6; **105** 2; **106** 2
– Ermessen **75** 5 f.
– Ersatzvornahme **80** 6
– formelle Illegalität **75** 5
– materielle Illegalität **75** 5
– Rechtsnachfolge **77** 4
– Verhältnismäßigkeit **75** 5
Besondere Gleichheitssätze siehe Gleichheitssätze, spezielle
Besonderes Verwaltungsrecht **61** 2
Bestandsgarantie des Eigentums **42** 4, 30
Bestandskraft **74** 1; **75** 2; **76** 3; **81** 3 f., 12; **82** 2, 26, 29 f.; **89** 5; **92** 8; **102** 11 f.; **104** 2
– formelle **81** 4
– materielle **81** 4
Bestandsschutz **75** 5
Bestenauslese **47** 3
Bestimmtheit
– Austauschvertrag **83** 18
– polizeiliche Generalklausel **68** 7; **75** 9
– Verwaltungsakt **79** 2
Bestimmtheitsgebot **7** 35 ff.; **24** 31
– hinsichtlich Strafen (Gesetzlichkeitsprinzip, nulla poena sine lege) **49** 7 f.

Beteiligte im Verwaltungsprozess **95** 1 ff.
– Antragsgegner **95** 1
– Antragsteller **95** 1
– Begriff **95** 1
– Beigeladener siehe unter Beiladung
– Beklagter **95** 1
– Beteiligtenfähigkeit **95** 4; **103** 6
– Kläger **95** 1
Beteiligte im Verwaltungsverfahren **72** 15 ff.
– Beteiligungsfähigkeit **72** 15 f.
– Handlungsfähigkeit **72** 15 f.
– Verfahrensrechte **72** 18 ff.
Beteiligungsfähigkeit **72** 15 f.; **95** 4; **103** 6
Betretungsrechte, behördliche **41** 5, 17
Betriebs- und Geschäftsräume siehe Wohnung, Unverletzlichkeit der
Betriebsverhältnis im Beamtenrecht **74** 16
Beurteilungsspielraum der Verwaltung **68** 10 ff.; **98** 4; **99** 4, 7
– Ermächtigung **68** 10
– gerichtliche Kontrolldichte **68** 10 f.
– Prognoseentscheidung und Risikobewertung **68** 12
– Prüfungsentscheidungen **68** 11
– unbestimmter Rechtsbegriff **68** 5
– weisungsfreie Ausschüsse **68** 12
Beurteilungszeitpunkt, maßgeblicher siehe Maßgeblicher Beurteilungszeitpunkt
Bevollmächtigter **72** 16; **79** 13; **95** 5
Beweismittel **72** 5, 23; **107** 8
Bewirtschaftungsermessen, Wasserrecht **84** 21
Bezirksregierung **58** 12; **59** 2
Bildungseinrichtungen, Zugang zu **10** 14
Bill of Rights **20** 3
Bindungswirkung
– von Entscheidungen des BVerfG **50** 23
– des VAs **81** 3
Binnenstruktur, demokratische **6** 82 ff.
Boykottaufrufe **32** 3
Brief-, Post- und Fernmeldegeheimnis **38** 1 ff.
– Abwehrrecht zum Schutz der Vertraulichkeit individueller Fernkommunikation **38** 1
– Briefgeheimnis **38** 4
– Drittwirkung, mittelbare **38** 2
– Eingriffe **38** 10
– Fernmeldegeheimnis bzw. Telekommunikationsgeheimnis **38** 6 ff.
– G 10 (Artikel 10-Gesetz) **38** 14
– Gemeinsame Schutzgehalte **38** 9
– Gesetzesvorbehalt **38** 11 ff.
– Grundrechtsbindung privater Kommunikationsunternehmen **38** 2
– Konkurrenz zum allgemeinen Persönlichkeitsrecht **27** 8

- Post AG, Deutsche **38** 2
- Postgeheimnis **38** 5
- Private Kommunikationseinrichtungen **38** 2
- Schutzbereich, personeller **38** 3
- Schutzbereiche **38** 1 ff.
- Telekom AG, Deutsche **38** 2
- Verfassungsrechtliche Rechtfertigung **38** 11 ff.
- Vorratsdatenspeicherung **38** 13

Briefgeheimnis siehe Brief-, Post- und Fernmeldegeheimnis
Briefkontrolle in Vollzugsanstalt **22** 6
Budgetrecht **12** 1; **22** 9; **48** 5
Bundes- und Landesgrundrechte **21** 2 ff.
Bundesauftragsverwaltung siehe Auftragsverwaltung
Bundeseigene Verwaltung **59** 1
- Bundesoberbehörde **59** 1
- Oberste Bundesbehörde **59** 1
- siehe Bundesverwaltung

Bundeseinheitliches Regelungserfordernis **17** 14; siehe Erfordernis bundeseinheitlicher Regelung
bundesfreundlichen und länderfreundlichen Verhaltens, Grundsatz **8** 31 ff.
Bundesgerichte **19** 8
Bundeskanzler **15** 1
- Beendigung bzw. Erledigung des Amtes **15** 9, 12 ff., 16
- Ernennungsvoraussetzungen **15** 17
- Gegenzeichnung (bei Verfügungen und Anordnungen des Bundespräsidenten) **14** 3 f.
- Minderheitenkanzler **15** 10
- Misstrauensvotum, konstruktives **15** 10 f.
- Organisationsgewalt **15** 8
- Personalhoheit **15** 8
- Richtlinienkompetenz **94** 13
- Richtlinienkompetenz (Kanzlerprinzip) **15** 21
- Vertrauensfrage **15** 12 ff.
- Vorschlag und Ernennung durch den Bundespräsidenten **14** 16; **15** 3 ff.
- Wahl des Bundeskanzlers **15** 3 ff.

Bundesländer
- Aufgabenkern **8** 10
- Aufgabenwahrnehmung, unabhängige **8** 8
- Gerichte der Länder **19** 8
- Gesetzgebungskompetenzen **17** 2 ff.
- Homogenitätsgebot **8** 9; **9** 3; **10** 1
- Kompetenzverteilung **8** 15 f.
- Neugliederung des Bundesgebietes **6** 18; **8** 11
- Staatsqualität **8** 7 ff.
- Verfassungsautonomie der Länder **8** 9
- Verfassungsgerichtsbarkeit **16** 12 ff.; siehe näher Verfassungsgerichtsbarkeit in den Ländern
- Verwaltungskompetenzen **18** 1 ff.

Bundesminister **15** 1
- Beendigung des Ministeramtes **15** 9, 11
- Bundesjustizminister **15** 8
- Bundesminister für Finanzen **15** 8
- Bundesminister für Verteidigung **15** 8
- Ernennung der Bundesminister **14** 14 f.; **15** 8
- Ernennungsvoraussetzungen **15** 14
- Ressortkompetenz (Ressortprinzip) **15** 22

Bundesoberbehörde **59** 1
Bundesoberbehörden, Errichtung von **18** 15
Bundesorgane, oberste
- Bundespräsident **14** 1 ff.
- Bundesrat **13** 1 ff.
- Bundesregierung **15** 1 ff.
- Bundestag, Deutscher **12** 1 ff.
- Bundesverfassungsgericht **16** 1 ff.
- Organstreitverfahren, Parteifähigkeit im **52** 5 f.

Bundespräsident **14** 1 ff.
- Abschluss völkerrechtlicher Verträge **14** 18
- Amtsdauer **14** 6
- Aufgaben **14** 1, 8 ff.
- Ausfertigung der Gesetze **14** 8 ff.; **17** 37
- Äußerungsbefugnis **14** 20 f.
- Beendigung der Amtsperiode, vorzeitige **14** 6
- Begnadigungsrecht **14** 1
- Bundestagsauflösung **12** 6; **14** 19; **15** 5 f., 12 ff.
- Bundesversammlung **14** 5
- Ernennung der Bundesminister **14** 14 f.
- Ernennung der Bundesrichter, Bundesbeamten und Offiziere **14** 17
- Gegenzeichnung durch den Bundeskanzler **14** 3 f.
- Integrations- und Ausgleichsfunktion **14** 1
- Präsidentenanklage **14** 7; **56** 5
- Prüfungspflicht **14** 8
- Prüfungsrecht **14** 8 ff.
- Prüfungsrecht bzgl. Ernennung der Bundesrichter, Bundesbeamten und Offiziere **14** 17
- Prüfungsrecht bzgl. Gesetzen, formelles **14** 9, 11 f.
- Prüfungsrecht bzgl. Gesetzen, materielles **14** 10 ff.
- Prüfungsrecht bzgl. Ministerernennung **14** 14 f.
- Prüfungsrecht bzgl. Vorschlag bzw. Ernennung des Bundeskanzlers **14** 16

Stichwortverzeichnis 773

- Reservekompetenzen **14** 1
- Staatsoberhaupt **14** 1
- Stellung gegenüber Reichspräsident **14** 2
- Stellung und Funktion **14** 1 ff.
- Überparteilichkeit **14** 1, 4
- Unabhängigkeit **14** 1
- Verfügungen und Anordnungen **14** 3 f.
- Vertretung der Bundesrepublik Deutschland nach außen **14** 18
- Vertretung und Repräsentation, völkerrechtliche **14** 1
- Vorschlag und Ernennung des Bundeskanzlers **14** 16; **15** 3 ff.
- Wahl des Bundespräsidenten **14** 5
- Wählbarkeit **14** 6
- Wiederwahl **14** 6

Bundesrat **13** 1 ff.
- Aufgaben und Befugnisse **13** 3 ff.
- Beschlussfähigkeit **13** 22
- Beschlussfassung **13** 21 ff.
- Einheitlichkeit der Stimmenabgabe **13** 23 f.
- Einspruchsgesetze **13** 5 f.
- Einspruchsgesetze (Verfahren) **17** 32 ff.
- Europakammer **13** 19
- Gesetzesinitiativrecht **13** 4; **17** 24
- Integrationsverantwortung **5** 25
- Mehrheit, einfache **13** 21
- Mitwirkung bei der Gesetzgebung **13** 4 ff.; **17** 31 ff.
- Mitwirkung bei der Verwaltung des Bundes **13** 18
- Mitwirkung in Angelegenheiten der Europäischen Union **13** 19 f.
- Stellung und Bedeutung **13** 1
- Stimmenanzahl im Bundesrat **13** 2
- Stimmführerschaft **13** 22, 23 f.
- Zusammensetzung **13** 2
- Zustimmungsgesetze **13** 5 ff.; siehe näher Zustimmungsgesetze
- Zustimmungsgesetze (Verfahren) **17** 36
- Zweidrittelmehrheit **13** 6, 22

Bundesrecht
- und Landesrecht **66** 1
- Normenkontrolle, abstrakte **104** 1

Bundesregierung **14** 1 ff.
- Amtsdauer **15** 9 ff.
- Aufgaben **15** 1, 17 ff.
- Aufgabenverteilung **15** 20 ff.
- Äußerungsbefugnis **14** 20 f.
- Beschlussfähigkeit des Kabinetts **15** 24
- Informationsarbeit **15** 25
- Kabinett **15** 19, 23 f.
- Kollegialkompetenz der Bundesregierung (Kabinettsprinzip) **15** 23 f.
- Konstruktives Misstrauensvotum **15** 10 f.
Öffentlichkeitsarbeit **15** 17, 25
- Öffentlichkeitsarbeit/Warnungen **73** 6
- Rechte und Zuständigkeiten **15** 19
- Regierungssystem, parlamentarisches **15** 2
- Ressortkompetenz der Bundesminister (Ressortprinzip) **15** 22
- Richtlinienkompetenz des Bundeskanzlers (Kanzlerprinzip) **15** 21
- Staatsleitung **15** 1
- Stellung und Bedeutung **15** 1
- Vertrauensfrage des Bundeskanzlers **15** 12 ff.; siehe näher Vertrauensfrage
- Wahl des Bundeskanzlers **15** 3 ff.
- Zusammensetzung **15** 1

Bundessozialhilfegesetz **10** 9

Bundesstaat **8** 1 ff.
- Aufgabenkern **8** 10
- Aufgabenwahrnehmung, unabhängige **8** 8
- Begriff **8** 1
- Behörden, gemeinsame **8** 27; **18** 16
- Bundesaufsicht **8** 20
- bundesfreundlichen und länderfreundlichen Verhaltens, Grundsatz **8** 31 ff.
- Bundestreue **8** 31 ff.
- Bundeszwang **8** 23
- Einschränkung von Handlungsspielräumen **8** 34
- Gemeinden, Aufgabenbereich der **8** 41; **60** 4; siehe näher Gemeindeaufgaben
- Gemeindeverbände, Aufgabenbereich der **8** 41
- Gemeindeverwaltung, Organisation der **8** 41; siehe näher Gemeinderat; Gemeindeverfassung; Gemeindevorstand
- Gesamtstaat **8** 1, 6
- Gesetzgebungskompetenzen **8** 15; **17** 2 ff.
- Gewaltenteilung, vertikale **8** 12 ff.
- Gleichbehandlung, Anspruch auf **8** 36
- Gliedstaaten **8** 1, 6
- Haushaltsgrundsätzegesetz **8** 21
- historisches Verständnis **8** 5
- Homogenitätsgebot **8** 9; **9** 3; **10** 1
- Kompetenzausübungsschranken **8** 32
- Kompetenz-Kompetenz **8** 7
- Kompetenzverteilung **8** 15 f.; **17** 2 ff.; **18** 1 ff.
- kooperativer Föderalismus **8** 17 ff.; siehe näher Föderalismus, kooperativer
- Neugliederung des Bundesgebietes **6** 18; **8** 11
- Pflichten, verfahrensrechtliche **8** 36
- Selbstkoordinierung, vertragliche **8** 27

– Selbstverwaltungsgarantie, kommunale
  8 41 ff.; siehe näher Selbstverwaltungs-
  garantie, kommunale
– Staatsgewalt, vertikale Aufteilung der 8 12 ff.
– Staatsqualität der Bundesländer 8 7 ff.
– Staatsverträge 8 27
– Verfassungsautonomie der Länder 8 9
– Verortung, rechtliche 8 3 f.
– Verwaltungsabkommen 8 27
– Verwaltungskompetenzen 8 15; 18 1 ff.
– zweigliedriger Bundesstaat 8 6
Bundesstaat, zweigliedriger 8 6
Bundestag, Deutscher 12 1 ff.
– Abgeordnete 12 10
– Abschluss völkerrechtlicher Verträge 12 1
– Auflösung, vorzeitige 12 6
– Ausschüsse 12 13
– Beschlussfähigkeit 12 16; 17 30
– Beschlussfassung 12 15
– Budgetrecht 12 1; 22 9; 48 5
– Bundestagspräsident 12 14
– Bundestagspräsidium 12 14
– Bundeswehreinsatz 12 1
– Diskontinuitätsgrundsatz 12 5
– Feststellung des Verteidigungsfalles 12 1
– Fraktionen 12 10
– Geschäftsordnung des Bundestages 12 8
– Gesetzgebungsfunktion 12 1
– Gesetzgebungsverfahren siehe Gesetzge-
  bungsverfahren
– Gruppen 12 11
– Integrationsverantwortung 5 25
– Kanzlermehrheit 12 15
– Kontrollfunktion 12 1
– Kreationsfunktion 12 1
– Legislaturperiode 12 3 f.
– Mehrheit, absolute 12 15
– Mehrheit, doppelt qualifizierte 12 15;
  17 32 f.
– Mehrheit, einfache 12 15
– Minderheitenmehrheiten 12 15
– Mitwirkungs- und Zustimmungsfunktion
  12 1
– Neuwahlen 12 3
– Opposition 12 12
– Parlamentsbeschlüsse, echte 12 17
– Parlamentsbeschlüsse, schlichte 12 17
– Plenum 12 9
– Repräsentationsfunktion 12 1
– Richterwahlausschuss 16 8
– Selbstauflösungsrecht 12 7
– Sitzberechnung 6 44
– Untersuchungsausschüsse 12 28 ff.; siehe
  näher Untersuchungsausschuss

– Wahl des Bundestages 12 2
– Wahlperiode 12 3 f.
– Wahlprüfung 6 62 ff.
– Wahlrecht, aktives und passives 6 45
– Wahlrechtsgrundsätze 6 46 ff.; siehe näher
  Wahlrechtsgrundsätze
– Wahlsystem siehe Wahlsystem
– Wehrbeauftragter 12 1
– Zitier- und Interpellationsrechte 12 1
– Zusammensetzung 12 2
– Zweidrittelmehrheit 12 15; 13 6; 17 29
Bundestagspräsident 12 14; 58 3; 94 15, 17
– Hausrecht 12 14
Bundestagswahl 12 2
Bundestreue 8 31 ff.
Bundesverfassungsgericht 16 1 ff.
– Amtszeit 16 7
– Beschlüsse 50 17
– Beschlussfähigkeit der Senate 50 18
– Besetzung der Senate 50 18
– Bindungswirkung von Entscheidungen
  50 23
– Doppelfunktion 16 1 ff.
– Eilrechtsschutz 57 1 ff.
– einstweilige Anordnungen 57 1 ff.
– Entscheidungsfindung 50 18 ff.
– Gericht, Funktion als 16 2
– Geschäftsordnung 50 7
– Gesetzeskraft von Entscheidungen 50 23
– Identitätskontrolle 5 18 ff.
– Kammerentscheidungen 50 19; 51 67
– Kammern 16 9
– Kooperationsverhältnis zum EuGH 51 19 f.
– Nichtanerkennungsbeschwerde 6 63a
– oberstes Verfassungsorgan, Funktion als
  16 3
– Organisation 16 7 ff.
– Plenum 16 7
– Prozessentscheidungen 50 21
– Richter 16 7
– Richterwahlausschuss des Bundestages 16 8
– Sachentscheidungen 50 21
– Senate 16 7
– Sondervotum 50 20
– Statistik 16 11; 50 12
– Stellung, verfassungsrechtliche 16 1 ff.
– Stimmverhältnisse bei der Abstimmung
  50 18
– Ultra-vires-Kontrolle 5 18 ff.; 51 19
– Urteile 50 17
– Verfahren siehe Verfassungsprozessrecht
– Verfahrensarten (Übersicht) 50 12
– Verfahrensdauer 5 38; 50 6a
– Verfassungsgerichtsbarkeit, Begriff der 16 4

Stichwortverzeichnis

- Verfassungsgerichtsbarkeit, Funktion der 16 5 f.
- Verkammerung 16 10
- Verzögerungsbeschwerde 50 6a
- vorläufiger Rechtsschutz 57 1 ff.
- Wahl der Richter 16 8
- Zuständigkeiten (Enumeration) 57 9 ff.
- Zuständigkeiten (Übersicht) 57 12

Bundesverfassungsgerichtsbarkeit siehe Verfassungsprozessrecht

Bundesverfassungsgerichtsgesetz 50 5 f.

Bundesversammlung
- Wahl des Bundespräsidenten 14 5

Bundesverwaltung 18 12 ff.
- bundeseigene Verwaltung (unmittelbare Bundesverwaltung) 18 12
- Errichtung von Bundesoberbehörden 18 15
- fakultative 18 13
- mittelbare 18 12
- obligatorische 18 13
- ungeschriebene Kompetenz kraft Natur der Sache 18 13

Bundesverwaltungsgericht
- Vertretungszwang 95 5
- Zuständigkeit 91 4

Bundeswahlgesetz 48 6

Bundeswehr 24 21

Bundeswehreinsatz 12 1

Bund-Länder-Streitigkeit, nichtverfassungsrechtliche 56 2

Bund-Länder-Streitverfahren 55 1 ff.
- Antragsbefugnis 55 8 f.
- Begründetheit 55 13
- Frist 55 11
- nichtverfassungsrechtliche Bund-Länder-Streitigkeit 56 2
- Parteifähigkeit 55 5
- Prozessfähigkeit 55 5
- Rechtswegeröffnung/Zuständigkeit des BVerfG 55 3
- Sachentscheidungsvoraussetzungen 55 2 ff.
- Verfahrensgegenstand 55 7
- Vorverfahren nach Art. 84 IV 1 GG 55 10
- Zulässigkeit 55 2 ff.

Bürger (der Gemeinde) 60 5 ff.

Bürgerantrag 60 7

Bürgerbegehren 60 7 f.

Bürgerbeteiligung im Bauplanungsrecht 63 11

Bürgerentscheid 60 7 f.

Bürgerinitiative 72 16

Bürgermeister
- ausschließliche Aufgaben 60 22 f.
- Eilentscheidungsrecht 60 22
- als Gemeinderatsvorsitzender 60 16

- Geschäfte der laufenden Verwaltung 60 23
- übertragene Aufgaben durch den Gemeinderat 60 20, 22
- Vertretung der Gemeinde 60 24
- Wahl 60 22
- Wahlbeamter auf Zeit 60 22

Bürgerrechte 20 5 f.; 21 7

Bürgerversicherung 10 11

Bürgerzwangsversicherung 10 11

BVerfG siehe Bundesverfassungsgericht

Chancengleichheit, abgestufte 6 81

Chancengleichheit, sozialstaatliche 10 14

Culpa in contrahendo
- siehe Verschulden bei Vertragsschluss

Datenerhebung/-verarbeitung im Polizeirecht 75 12

Déclaration des droits de l'homme et du citoyen 20 5 f.

Deichschutzpflicht 40 35

Deliktshaftung
- Beamter 86 4
- öffentliche Hand 86 4

Demokratie 6 1 ff.
- Abstimmungen 6 16 ff.
- Ausländerwahlrecht 6 9 ff.
- Begriff 6 1
- Binnenstruktur, demokratische 6 82 ff.
- Bundestag, Deutscher siehe Bundestag, Deutscher
- Bundestagswahl 6 40 ff.
- Chancengleichheit, abgestufte 6 81
- Erfolgswertgleichheit 6 51 ff.
- Fünf-Prozent-Klausel 6 43, 54 ff.
- Grundmandatsklausel 6 43, 57 f.
- Kommunalwahlrecht für EG-Ausländer 6 11
- Legitimation, demokratische 6 21 ff.; siehe näher Legitimation, demokratische
- Mehrheitsprinzip 6 66 f.
- Mehrheitswahlrecht 6 41
- Minderheitenschutz 6 68
- ministerialfreier Raum 6 31
- Neugliederung des Bundesgebietes 6 18; 8 11
- Parlament (Begriff) 6 38
- parlamentarische Demokratie 6 20
- Parlamentsvorbehalt 6 65; 24 27 ff.
- Parteiausschluss 6 83
- Parteien, politische 6 69 ff.; siehe näher Parteien, politische
- Parteienfinanzierung, staatliche 6 85 ff.
- Parteienprivileg 6 93 ff.
- Parteiverbot 6 89 ff.

- repräsentative Demokratie **6** 35 f.
- Selbstverwaltung, funktionale **6** 34
- Staatsgewalt **6** 4 ff.
- Staatsgewalt, Ausübung der **6** 12 ff.
- Überhangmandat **6** 59
- Ungültigerklärung einer Wahl **6** 64
- Verhältniswahl, personifizierte **6** 43
- Verhältniswahlrecht **6** 42
- Verortung, rechtliche **6** 1
- Volk, deutsches **6** 6 ff.
- Volksbefragung **6** 17
- Volksbegehren **6** 17
- Volksentscheid **6** 17
- Volksinitiative **6** 17
- Volkssouveränität **6** 2 ff.
- Wahlen **6** 14 f.
- Wählervereinigungen, kommunale **6** 75
- Wahlfehler **6** 64
- Wahlprüfung **6** 62 ff.
- Wahlrecht, aktives und passives **6** 45
- Wahlrechtsgrundsätze **6** 46 ff.; siehe näher Wahlrechtsgrundsätze
- Wahlsystem **6** 40 ff.
- Wesentlichkeitstheorie **6** 65; **24** 28 ff.
- Zählwertgleichheit **6** 51

Demokratische Teilhabe, Anspruch auf 49 3, 5 f.
Demonstration, Auflösung **74** 20; **80** 8
Derivative Leistungs- und Teilhaberechte siehe Leistungs- und Teilhaberechte, derivative
Deutsche **6** 6 ff.; **21** 7; **23** 4 ff.; **40** 21
Deutsche Staatsangehörigkeit, Schutz der siehe Ausbürgerung, Schutz vor
Deutschen-Grundrechte **21** 7; **23** 4 ff.
Devolutiveffekt **92** 10
Dienstbarkeit **84** 3, 12
Dienstfahrt **73** 4; **86** 5
Dienstrechtliche Beurteilung **68** 11
Dimensionen der Grundrechte **22** 1 ff.
- objektiv-rechtliche **22** 14 ff.
- subjektiv-rechtliche **22** 2 ff.

Dinglicher Verwaltungsakt **77** 3 f.
Direktmandate **12** 10
Diskontinuitätsgrundsatz **12** 5
Diskriminierungsverbot **62** 3
Diskriminierungsverbote siehe Gleichheitssätze, spezielle
Dispositionsmaxime **50** 13 f.; **91** 5; **96** 1
Doppelbestrafung, Verbot der (ne bis in idem) **49** 9 f.
- grundrechtgleiches Recht **49** 1
- immanente Schranken **49** 10
- Rechtssicherheit **49** 9
- Strafklageverbrauch **49** 9
- vorbehaltlose Gewährleistung **49** 9
- Wiederaufnahme des Verfahrens **49** 10

Drei-Elemente-Lehre **4** 1
Drei-Stufen-Theorie **40** 28 ff.
Drittschützende Normen **71** 4 ff.
- Bauordnungsrecht **71** 9
- Bauplanungsrecht **71** 4 ff.
- Polizei- und Ordnungsrecht **71** 11
- siehe auch Anspruch; Klagebefugnis; subjektives öffentliches Recht

Drittstaaten, sichere **43** 12
Drittwirkung
- Verwaltungsakt **82** 24; **92** 8 f.; **106** 2, 10, 15

Drittwirkung der Grundrechte **22** 16 ff.
- mittelbare **22** 18 ff.; **23** 1; **32** 12
- prozessuale Konsequenzen **22** 20
- unmittelbare **22** 17

Drittwirkung, mittelbare
- Brief-, Post- und Fernmeldegeheimnis **38** 2

Dualistisches Modell der Gemeindeaufgaben **58** 9, 15; **60** 4
Duldung **74** 5; **75** 6
Duldungsverfügung **79** 10
Durchsuchung **75** 11, 20; **94** 8
Durchsuchungen **41** 7 f.

Effektiver Rechtsschutz siehe Rechtsschutz, effektiver
Effektivitätsgebot **62** 3; **82** 14
Ehe und Familie (Begriff) **34** 2
Ehe und Familie, Schutz von **34** 2 ff.
- Abstandsgebot **34** 12
- Abwehrrecht **34** 3
- ausgestaltende Regelungen **34** 4
- Diskriminierungsverbot (besonderer Gleichheitssatz) **34** 7
- Ehe und Familie (Begriff) **34** 2
- Eingriffe **34** 4 f.
- im Privatrecht **22** 19
- Institutsgarantie **34** 6, 9 f.
- Lebenspartnerschaftsgesetz **34** 5, 10, 12
- Schranken-Schranken **34** 6
- Schutzbereich des Abwehrrechts **34** 3
- Strukturprinzipien **34** 9 f.
- verfassungsimmanente Schranken **34** 6
- verfassungsrechtliche Rechtfertigung **34** 6 ff.
- wertentscheidende Grundsatznorm **34** 6, 11 f.

Ehreamtspflichten **40** 35
Ehrenamtliche Tätigkeit
- Gemeinderat **60** 11

Ehrverletzende Äußerungen **67** 13
Eigengesellschaft **67** 15 f.; **87** 10

Eigentum
- als Abwägungsbelang **70** 7, 10
- Abwehranspruch des Nachbarn **71** 10
- ausgleichspflichtige Inhalts- und Schrankenbestimmung siehe dort
- enteignender Eingriff siehe dort
- Enteignungsentschädigung siehe dort
- enteignungsgleicher Eingriff siehe dort
- Erwerb zwecks Klage **96** 10
- Miet-/Pachtrecht **71** 4
- öffentliche Sachen **84** 2 f.
- siehe auch Eigentumsgarantie

Eigentumsfreiheit siehe Eigentumsgarantie
Eigentumsgarantie **42** 1 ff.
- Abgrenzung zur Berufsfreiheit **40** 17; **42** 16 f.
- Abwehrrecht **42** 3 f.
- Ausschließlichkeitsrecht **42** 6
- Bedeutung **42** 1 f.
- Bestandsgarantie **42** 4, 30
- Betriebseigentum **42** 10
- Eigentumswertgarantie **42** 4, 30
- Eingriffe **42** 18 ff.
- Enteignung **42** 19 ff.; siehe näher Enteignung
- Entschädigung **42** 4, 41; **87**
- Funktion **42** 1 f.
- Gewerbebetrieb, Recht am eingerichteten und ausgeübten **42** 10; **87** 8
- Gewinnchancen **42** 10
- Grundrechtskonkurrenzen **42** 16 f.
- Inhalts- und Schrankenstimmungen **42** 18; siehe näher Inhalts- und Schrankenbestimmungen
- Institutsgarantie **42** 3 f., 26
- Junktimklausel **42** 37
- normgeprägter Schutzbereich **42** 1, 5
- Privatnützigkeit **42** 2, 12, 29
- Rechtspositionen, geschützte **42** 8 ff.
- Rechtspositionen, sozialversicherungsrechtliche **42** 11
- Schutzbereich **42** 5 ff.
- Schutzbereich, personeller **42** 15
- Schutzbereich, sachlicher **42** 5 ff.
- Sozialbindung **42** 2, 4; **87** 3, 23; **88** 12
- Sozialisierung **42** 22, 39
- Steuern **42** 9
- verfassungsrechtliche Rechtfertigung **42** 24 ff.; siehe näher Inhalts- und Schrankenbestimmungen, Enteignungen
- Verfügungsbefugnis **42** 2, 12
- Verhältnis zu anderen Grundrechten **42** 16 f.
- Vermögen **42** 9
- Vertrauensschutzprinzip **42** 32
- Vorrang des Primärrechtsschutzes **42** 41
- siehe auch Eigentum

Eigentumswertgarantie **42** 4, 30
Eilentscheidungsrecht des Bürgermeisters **60** 22
Eilversammlungen **36** 8
Einfache Mehrheit siehe Mehrheit
Eingerichteter und ausgeübter Gewerbebetrieb **42** 10; **87** 8, 13, 24
Eingriff
- Aufopferungsanspruch **88** 3 f.
- enteignender Eingriff **87** 21 f.
- enteignungsgleicher Eingriff **87** 10 ff.
- Folgenbeseitigungsanspruch **89** 4
- gesetzliche Grundlage **61** 1; **63** 1, 4; **72** 12
- siehe Grundrechtseingriffe
Einheit der Verfassung **2** 11 ff.; **40** 9
Einheitlichkeit der Stimmabgabe im Bundesrat **13** 23 f.
Einheitsstaat **8** 2
Einheitssystem bei den Polizeibehörden **72** 9
Einrichtung siehe öffentliche Einrichtung
Einrichtung der Behörden **13** 8; **18** 4, 9, 14
- Gesetze betreffend die Einrichtung der Behörden **13** 8
Einrichtungsgarantien
- Ehe und Familie **34** 6, 9 f.
- Eigentum **42** 3 f., 4, 26
- Elternrecht **34** 13
- Erbrecht **42** 14
- institutionelle Garantie der Gerichtsbarkeit **45** 1
- institutionelle Garantie des Berufsbeamtentums **22** 27; **47** 5
- Privatschulen **35** 9
- Selbstverwaltungsgarantie, kommunale **22** 27
Einschreiten **58** 16; **71** 12; **76** 7; **105** 2
Einspruchsgesetze **13** 5 f.; **17** 32 ff.
Einstellungshöchstaltersgrenzen **47** 3
Einstweilige Anordnung im Verfassungsprozess **57** 1 ff.
- Abwägung im Rahmen der Begründetheit **57** 15 ff.
- Antrag **57** 4
- Antragsberechtigung **57** 5
- Begründetheit **57** 13 ff.
- Eilbedürftigkeit, besondere **57** 13 f.
- Form und Frist **57** 12
- summarische Prüfung **57** 17
- Unbegründetheit des Hauptsacheverfahrens, keine offensichtliche **57** 8
- Unzulässigkeit des Hauptsacheverfahrens, keine offensichtliche **57** 7 ff.
- vorläufiger Rechtsschutz/Eilrechtsschutz **57** 1

- Vorwegnahme der Hauptsache, keine 57 10 f.
- Zulässigkeit 57 2 ff.
- Zuständigkeit des BVerfG 57 2 f.

Einstweilige Anordnung im Verwaltungsprozess 107
- Anordnungsanspruch 107 6
- Anordnungsgrund 107 7
- Antragsbefugnis 60 8; 107 4
- Baugenehmigung 107 9
- Begründetheit 107 5 ff.
- Beschluss 107 10
- bei Bürgerbegehren/-entscheid 60 8
- Entscheidung 107 10
- Glaubhaftmachung 107 8
- Regelungsanordnung 107 2 f.
- Sachentscheidungsvoraussetzungen 107 4
- Sicherungsanordnung 107 2 f.
- Sozialhilfeleistungen 107 9
- Statthaftigkeit 105 2; 107 1, 4
- Versetzung in nächste Klasse 107 2, 6 f., 9
- Vorwegnahme der Hauptsache 107 9

Einvernehmen der Gemeinde 76 14, 22; 77 9
Einwendungen 72 6
Einwirkungsanspruch 67 20; 84 9
Einwohner
- der Gemeinde 58 16; 60 5 ff.
- des Landkreises 60 25

Einwohnerantrag 60 7
Einzelermächtigung, begrenzte 5 8
Einzelfallgesetz 7 7; 24 50 ff.
Einziehung 84 13
Elektronischer Verwaltungsakt 79 3, 14
Elfes-Urteil 2 18; 22 4; 27 2, 14; 39 2
Elternrecht 34 13 ff.
- Abwehrrecht 34 13
- Eingriffe 34 16
- Institutsgarantie 34 13
- Pflichtenbindung der Eltern 34 17
- Schranken 34 17
- Schranken-Schranken 34 17
- Schutzbereich, personeller 34 15
- Schutzbereich, sachlicher 34 14
- Trennung von Eltern und Kind 34 17
- verfassungsrechtliche Rechtfertigung 34 17
- Wächterfunktion des Staates 34 17
- wertentscheidende Grundsatznorm 34 13

Empfehlungen 24 11 f.
Enquete-Kommission 12 13
Enteignender Eingriff 87 19 ff.
- Anspruchsgegner 87 25
- Anspruchskonkurrenz 87 26
- Begriff 87 5
- Eigentumsposition 87 20

- Entschädigung 87 24
- Gemeinwohlmotivation 87 21
- hoheitliche Maßnahme 87 21
- Rechtmäßigkeit 87 13, 19, 21
- Rechtsweg 87 26; 94 5, 10
- Richterrecht 87 5 f.
- Sonderopfer 87 23
- Unmittelbarkeit 87 22

Enteignung
- Administrativenteignung 42 20, 33, 36
- Allgemeinwohlklausel 42 34
- Anforderungen, formelle 42 33
- Begriff 42 19
- Entschädigung 87 2; 94 5
- Haushaltsprärogative des Gesetzgebers 42 37
- Institutsgarantie 42 38
- Junktimklausel 42 37
- Legalenteignung 24 51; 42 20, 33, 36
- Rechtsweg 94 5, 10
- salvatorische Klauseln 42 37
- ultima ratio 42 35
- verfassungswidrige Inhalts- und Schrankenbestimmung 87 4
- Verhältnismäßigkeitsprinzip 42 35

Enteignungsgleicher Eingriff 87 7 ff.
- Anspruchsgegner 87 25
- Anspruchskonkurrenz 86 23; 87 26
- Begriff 87 7
- Eigentumsposition 87 8 f.
- Entschädigung 87 24
- Gemeinwohlmotivation 87 14
- Gewerbebetrieb 87 8, 13, 24
- hoheitliche Maßnahme 87 11
- Mitverschulden 87 18
- Rechtssetzung 87 12
- Rechtsweg 87 26; 94 5, 10
- Rechtswidrigkeit 87 13
- Richterrecht 87 5 f., 12
- Sonderopfer 87 17
- Unmittelbarkeit 87 15
- Unterlassen 87 16

Entreicherung 82 14, 23; 83 28; 90 13
Entschädigung
- Abgrenzung zum Schadensersatz 87 1
- Anscheinsstörer 79 11; 88 13 f.
- ausgleichspflichtige Inhalts- und Schrankenbestimmung siehe dort
- wegen Eigentumsbeeinträchtigung 86
- enteignender Eingriff siehe dort
- Enteignungsentschädigung siehe dort
- enteignungsgleicher Eingriff siehe dort
- Nichtstörer 79 11; 88 11, 14; 94 9
- im Polizeirecht 88 10 ff.; 94 3, 6
- bei Rücknahme Verwaltungsakt 82 10

Stichwortverzeichnis 779

– Unbeteiligte 88 15
– bei Widerruf Verwaltungsakt 82 20
Entscheidungserheblichkeit 54 15
Entscheidungsfindung der Verwaltung 68 1 ff.
– Normauslegung 68 1, 4 f.
– Normermittlung 67 3 f.; 68 1
– Rechtsfolgenbestimmung 68 1
– Sachverhaltsermittlung 68 1; 72 1, 12, 23
– Subsumtion 68 1
– Verwaltungsverfahren 72 1
Entschließungsermessen 69 4
Entwicklungsgebot 63 9
Enumerationsprinzip im Verfassungsprozessrecht 50 9 ff.
Erbrechtsgarantie 42 14
– Abwehrrecht 42 14
– Institutsgarantie 42 14
– normgeprägter Schutzbereich 42 14
Erfolgswertgleichheit 6 51 ff.
Erforderlichkeit des Mittels 24 34, 41 ff.
Erfordernis bundeseinheitlicher Regelung 17 10 ff., 14
– abstraktes Normenkontrollverfahren 53 22 f.
Erfüllungsgehilfe der Behörde 60 32
Ergänzendes Verfahren 70 15; 81 16; 104 15
Ergänzungsschulen siehe Schulwesen
Erkennungsdienstliche Maßnahmen 75 15 ff.; 79 2; 94 7
Erklärung der Menschen- und Bürgerrechte 20 5 f.
Erledigung
– Rechtsschutz 98 2; 102 1
– übereinstimmende des Rechtsstreits 96 2
– Verwaltungsakt 102 4
Ermächtigungsgrundlage
– belastender Verwaltungsakt 75 2 ff.
– Geschäftsführung ohne Auftrag 90 4 ff.
– für Handeln in der Form des Verwaltungsakts 75 2; 90 15
Ermessen 68 1 f.; 69; 82 28; 98 4; 99 4 f.
– Absehen von Anhörung 72 18
– Akteneinsicht 72 19
– bei Anordnung/Wiederherstellung der aufschiebenden Wirkung 106 12
– Anspruch auf fehlerfreie Ermessensausübung 71 11 f.; 76 2; 84 22
– Auskunftserteilung 64 9; 74 10
– Ausnahme im Baurecht 76 14
– Auswahlermessen 69 4; 79 12
– Begriff 69 1
– Beiladung 95 3
– Beseitigungsanordnung 75 5 f.
– Bewirtschaftungsermessen 84 21
– Einleitung Verwaltungsverfahren 72 14

– Einräumung 69 1
– Entschließungsermessen 69 4
– Ermessensfehler 69 6 ff.
– Ermessensfehlgebrauch 69 7
– Ermessensgrenzen 69 5, 8
– Ermessensmissbrauch 69 7
– Ermessensnichtgebrauch/-unterschreitung 69 7
– Ermessensreduzierung 69 9; 71 12; 81 17; 82 6, 14, 28 f.; 83 22; 84 20; 99 7
– Ermessensüberschreitung 69 7
– gerichtliche Kontrolle 69 5 f.; 98 12; 99 7
– Hinzuziehung 72 16
– intendiertes 69 2; 82 22
– Nebenbestimmung 78 5, 8
– Nutzungsuntersagung 75 6
– Rechtsfolgenseite 68 3; 69 1
– Regulierungsermessen 69 10
– Rücknahme Verwaltungsakt 82 6, 8, 10 f., 14
– Selbstbindung 64 6; 69 8; 82 29; 84 20; 99 5
– Sondernutzungserlaubnis 84 19 f.
– Störerauswahl 79 12
– Unbeachtlichkeit von Fehlern 81 17
– verfahrensgestaltendes 72 5
– Verhältnismäßigkeit 62 4
– Vertrag 83 12, 16
– Verwaltungsvorschrift 64 2 f.
– Widerruf 82 18 f., 22
– Wiederaufgreifen des Verfahrens 82 29
Ermessensfehler 69 6 ff.
– Ermessensfehlgebrauch 69 7
– Ermessensnichtgebrauch/-unterschreitung 69 7
– Ermessensüberschreitung 69 7
– Nichteinhaltung Ermessensgrenzen 69 8
Ermessenslenkende Verwaltungsvorschrift 64 2 f.
– antizipierte Verwaltungspraxis 64 7
– Außenwirkung 64 4 f., 6 f.
Ermessensreduzierung 69 9; 71 12; 81 17; 82 6, 14, 28 f.; 83 22; 84 20; 99 7
Erörterungstermin 72 6
Errichtung von Bundesoberbehörden 18 15
Ersatzschulen siehe Schulwesen
Ersatzvornahme 58 14; 80 6, 10; 86 6
Ersatzzwangshaft 80 7
Erstattungsanspruch, allgemeiner öffentlich-rechtlicher 90 9 ff.
– Entreicherung 83 28; 90 13 f.
– gerichtliche Durchsetzung 90 15
– Gewohnheitsrecht 65 2
– Inhalt 90 13
– Kehrseitentheorie 90 11, 15

– Rückabwicklung Vertrag **83** 28; **90** 12
– Treu und Glauben **83** 28
– verfassungsrechtliche Fundierung **90** 9
– Verwaltungsakt **90** 12
– Voraussetzungen **90** 10 f.
Erstattungsanspruch gemäß § 49a VwVfG **75** 2; **82** 16, 23 f.
– Entreicherung **82** 23
– Zinsen **82** 23
Erwerbswirtschaftliches Handeln **67** 22
Ethikunterricht **35** 6
EU-Ausländer **23** 7 f.
EU-Richtlinie **62** 1
EU-Verordnung **62** 1
Europäische Gemeinschaften **5** 1
Europäische Menschenrechtskonvention **5** 24, 32 ff.; **29** 11; **49** 7a
– Hilfen für die Auslegung des Grundgesetzes **5** 39
– innerstaatlicher Rang eines einfachen Bundesgesetzes **5** 32 f., 36
– Rechte und Freiheiten **5** 34 f.; **29** 11; **49** 7a
– Rechtsschutz durch den Europäischen Gerichtshof für Menschenrechte **5** 36 ff.; **29** 11; **49** 7a; **50** 6a
– völkerrechtlicher Vertrag **5** 32 f.
– Zustimmungsgesetz **5** 33
Europäische Union **5** 1 ff.
Europäischer Gerichtshof **5** 21, 24d ff.
– als gesetzlicher Richter **49** 4a
Europäischer Gerichtshof für Menschenrechte **5** 36 ff.; **29** 11; **49** 7a
Europäisches Parlament **6** 56 Europäisierung des Verwaltungsrechts **62** 3
Europarecht siehe unter Unionsrecht
Europarecht, Bezüge zum **5** 1 ff.
– Anwendungsvorrang **5** 12 ff.; **23** 8, 15
– Bundesrat, Beteiligung des **5** 25 ff.
– Bundestag, Beteiligung des **5** 25 ff.
– Einzelermächtigung, begrenzte **5** 8
– Europäische Gemeinschaften **5** 1
– Europäische Menschenrechtskonvention **5** 24, 32 ff.; **29** 11; **49** 7a
– Europäische Union **5** 1 ff.
– Europäischer Gerichtshof für Menschenrechte **5** 36 ff.; **29** 11; **49** 7a; **50** 6a
– Grundrechtecharta, Europäische **5** 24, 24b f., 24d ff.
– Grundrechtsschutz gegenüber deutschen Staatsorganen **5** 24a ff.
– Grundrechtsschutz gegenüber Unionsorganen **5** 20 ff.
– Haushaltsautonomie, Entäußerung der **5** 11a, 19a

– haushaltspolitische Gesamtverantwortung **5** 11a, 31b
– Hoheitsrechtsübertragung **5** 3 ff.; siehe näher Hoheitsrechtsübertragung
– Identitätskontrolle **5** 16, 18 ff.
– Kompetenz-Kompetenz **5** 8
– Lissabon-Urteil **5** 21
– Maastricht-Urteil **5** 21
– Rechtsanwendungsbefehl **5** 13
– Solange I (Beschluss) **5** 21
– Solange II (Beschluss) **5** 21
– soziale Grundsätze **10** 1
– Staatsvolk, europäisches **5** 10
– Staatsziel vereintes Europa **5** 2
– Ultra-vires-Kontrolle **5** 15, 18 ff.
– Unionsgrundrechte **5** 24, 24b, 24d ff.
– Vorrang des Unionsrechts **5** 12 ff.
– Zustimmungsgesetz **5** 3 ff., 13
Europawahl **6** 46a, 53, 56a
Euro-Rettungsschirm **12** 1; **48** 3, 5
Ewigkeitsgarantie **8** 3; **17** 42; **26** 13
Exekutive **7** 8
Existenzminimum **10** 9

Facharztwesen **40** 25
Fachaufsicht **18** 10; **58** 7, 11 ff.
Faktische Vollziehung **106** 14, 15b
Federal Bill of Rights **20** 4
Fernmeldegeheimnis siehe Brief-, Post- und Fernmeldegeheimnis
Festsetzung
– im Bebauungsplan **63** 7; **71** 5; **76** 11 f.
– des Zwangsmittels **80** 10 f.
Feststellender Verwaltungsakt **74** 12; **77** 5
Feststellung des Verteidigungsfalles **12** 1
Feststellungsinteresse **101** 9 f.; **102** 6 ff.
Feststellungsklage **101**
– bei Anwendung Zwangsmittel **80** 10
– Begründetheit **101** 13
– Feststellungsinteresse **96** 6; **101** 9 f.
– Klagebefugnis **101** 11
– negative **101** 1, 3, 6
– nichtiger Verwaltungsakt **81** 11; **99** 2; **101** 1, 6, 8, 12 f.
– Normerlass **104** 5
– Organstreit **103** 4
– positive **101** 1, 3, 6
– Rechtsschutzbedürfnis **96** 8; **101** 12
– Rechtsverhältnis **99** 2; **101** 3 ff.
– Statthaftigkeit **101** 2 ff.
– Subsidiarität **101** 7 f.
– Vollstreckbarkeit Entscheidung **101** 1
– vorbeugende **101** 10
Feststellungswirkung eines VAs **81** 3

Feuerwehrpflicht **30** 20; **40** 35
Filmfreiheit **32** 1, 23 ff.
– Abwägungslehre **32** 25
– allgemeine Gesetze **32** 24 f.
– Bedeutung **32** 1
– Eingriffe **32** 23
– Grundrechtsschranken **32** 24 ff.
– Jugendschutz **32** 26
– Kombinationslehre **32** 25
– praktische Konkordanz **32** 28
– Präventivzensur **32** 30
– Recht der persönlichen Ehre **32** 26
– Schmähkritik **32** 32
– Schrankentrias **32** 24
– Schutzbereich **32** 23
– Sonderrechtslehre **32** 25
– Subventionierung **32** 23
– verfassungsimmanente Schranken **32** 28
– verfassungsrechtliche Rechtfertigung **32** 24 ff.
– Verhältnismäßigkeitsprinzip **32** 29
– Wechselwirkungslehre **32** 29
– Zensurverbot **32** 30
Finale Rechtsnormen **68** 1
Finanzhoheit der Gemeinde **60** 4
Fiskalisches Hilfsgeschäft **67** 21; **86** 4
Fiskalisches Staatshandeln **23** 1
Flächennutzungsplan **63** 7; **76** 21
– Außenwirkung **63** 8
– und Bebauungsplan **63** 9
– Befangenheit **60** 12
– Normenkontrolle **104** 4
Flucht ins Privatrecht **67** 14
Föderalismus, kooperativer **8** 17 ff.
– Begriff **8** 17
– Behörden, gemeinsame **8** 27; **18** 16
– Bundesaufsicht **8** 20
– Bundeszwang **8** 23
– freiwilliges Zusammenwirken **8** 25 ff.
– Grenzen, verfassungsrechtliche **8** 29
– Haushaltsgrundsätzegesetz **8** 21
– Selbstkoordinierung, vertragliche **8** 27
– Staatsverträge **8** 27
– verfassungsrechtlich vorgesehene Formen **8** 18 ff.
– Verwaltungsabkommen **8** 27
Föderalismusreform I (2006) **8** 40 ff.; **13** 8, 10, 12, 20; **17** 2, 3, 5, 6, 7, 9, 10, 13, 14, 22; **47** 8; **50** 4
Föderalismusreform II (2009) **8** 21, 43 f.; **13** 10, 12
Folgenbeseitigungsanspruch, öffentlich-rechtlicher **89**; **94** 10
– allgemeiner **89** 2

– Entfallen **89** 6
– Geld **89** 7 ff.
– Grundlage **65** 2; **89** 1
– hoheitlicher Eingriff **89** 4
– Mitverschulden **89** 10
– rechtswidriger andauernder Zustand **89** 5
– Unmittelbarkeit **89** 10
– Verwaltungsrechtsweg **89** 11
– Vollzugsfolgenbeseitigungsanspruch **89** 2; **98** 14
– Wiederherstellung **89** 2, 7
Form
– Klage **96** 1
– öffentlich-rechtlicher Vertrag **83** 13, 24
– Verwaltungsakt **79** 3; **81** 17
– Widerspruchseinlegung **92** 7
Formalbeleidigungen **32** 5 f.
Formales Verwaltungshandeln **73** 2 f.
Formelle Bestandskraft **81** 4
Formelle Rechtskraft **96** 5
Formelle Verfassungsmäßigkeit von Gesetzen siehe Verfassungsmäßigkeit von Gesetzen
Formelles Recht **50** 2
Formen des Verwaltungshandelns **73**
Formenwahl **67** 14 f., 17 f.; **73** 1
Forschung **33** 8
Fortbewegungsfreiheit **27** 3
Fortsetzungsfeststellungsklage **102**
– Begründetheit **102** 14
– Erledigung **98** 2; **102** 1 f., 4
– Fortsetzungsfeststellungsinteresse **102** 6 ff., 13
– Klagebefugnis **102** 5
– Klagefrist **102** 5, 12
– Organstreit **103** 4
– Rehabilitationsinteresse **102** 8
– bei sofortigem Vollzug **80** 13
– Vorbereitung weiterer Prozesse **102** 9, 13
– Vorverfahren **102** 5, 11
– Wiederholungsgefahr **102** 7
Forum externum
– Glaubensfreiheit **31** 4
Forum internum
– Gewissensfreiheit **31** 20
Fraktionen **12** 10
– Fraktionsausschluss **12** 21; **60** 14; **94** 15
– Fraktionsaustritt **12** 21
– Fraktionsbildung **12** 10
– Fraktionsdisziplin **12** 22 f.
– Fraktionsmindeststärke **12** 10
– Fraktionszwang **12** 22 f.
– im Gemeinderat **60** 14 ff.
– Rechte, parlamentarische **12** 10
– Rechte, verfassungsmäßige **12** 10

Fraktionsausschluss **12** 21; **60** 14; **94** 15
Fraktionsdisziplin **12** 22 f.
Fraktionszwang **12** 22 f.
Frankfurter Reichsverfassung **20** 7 ff.
Frauenförderquoten (Quotenregelungen) **30** 22; **47** 3
Freie Entfaltung der Persönlichkeit **27** 1 ff.
– Auffanggrundrecht **27** 1 ff.
– Banalisierungstheorie **27** 2
– Bedeutung **27** 1
– Elfes-Urteil **27** 2, 14
– Gesetzesvorbehalt, einfacher **27** 14
– Grenzen der Einschränkbarkeit **27** 17 ff.
– Persönlichkeitskerntheorie **27** 2
– Rechte anderer **27** 15
– Rechtsgrundlage, gesetzliche **27** 15, 16
– Schutzbereich **27** 2 ff.
– Schutzbereich, personeller **27** 10 f.
– Sittengesetz **27** 16
– Systematik **27** 1
– verfassungsmäßige Ordnung **27** 14
– verfassungsrechtliche Rechtfertigung **27** 14 ff.
– Verhältnismäßigkeitsprinzip **27** 17
– Volkszählungsurteil **27** 7, 19
– siehe auch allgemeine Handlungsfreiheit
Freie Gemeindeaufgaben **58** 10
Freier Beruf **40** 18
Freies Mandat
– Amtshaftung **86** 14
– Bundestagsabgeordnete **12** 18
– Gemeinderatsmitglied **60** 11, 14
Freiheit der Person **29** 1 ff.
– Bedeutung **29** 1
– Durchsetzung, zwangsweise **29** 3, 5
– Eingriffe **29** 5 ff.
– Freiheitsbeschränkungen **29** 5 ff., 10
– Freiheitsentziehungen **29** 7, 10
– Grenzen der Einschränkbarkeit **29** 10 f.
– Grundrechtsschranken **29** 8
– Habeas Corpus **29** 1, 3
– negative Bewegungsfreiheit **29** 3
– Parallelität zu Art. 104 GG **29** 2
– positive Bewegungsfreiheit **29** 2
– Schutzbereich, personeller **29** 4
– Schutzbereich, sachlicher **29** 2 f.
– Systematik **29** 1
– verfassungsrechtliche Rechtfertigung **29** 8 ff.
– Verhältnismäßigkeitsprinzip **29** 11
Freiheit der Wahl der Ausbildungsstätte siehe Berufsfreiheit
Freiheit der Wahl des Arbeitsplatzes siehe Berufsfreiheit

Freiheit, negative **21** 8; **23** 19; **29** 3; **31** 5; **32** 8, 12; **37** 6, 20; **40** 14
Freiheit, positive **21** 8; **29** 2; **31** 5
Freiheit unternehmerischer Betätigung siehe Unternehmerfreiheit
Freiheit von Arbeitszwang **40** 3, 34 f.
Freiheit von Zwangsarbeit **40** 3, 34 ff.
Freiheit von Zwangsmitgliedschaft **27** 3; **37** 6
Freiheitliche demokratische Grundordnung (Begriff) **6** 90
Freiheitsbeschränkungen **29** 5 ff., 10
Freiheitsentziehungen **29** 7, 10
Freiheitsrechte **21** 8
– Beeinträchtigungen **24** 5 ff.
– Bestimmtheitsgebot **24** 31
– Eingriffe **24** 5 ff.
– formelle Grenzen der Einschränkbarkeit **24** 22 ff.
– Grundrechtsschranken **24** 14 ff.
– materielle Grenzen der Einschränkbarkeit **24** 27 ff.
– Parlamentsvorbehalt **24** 27 ff.
– Schranken-Schranken **24** 22 ff.
– Schutzbereich, personeller **24** 3 f.
– Schutzbereich, sachlicher **24** 3 f.
– Struktur der Grundrechtsprüfung **24** 2 ff.
– Übermaßverbot **24** 32 ff.
– Übersichten zur Struktur der Grundrechtsprüfung **24** 54 f.
– Verbot von Einzelfallgesetzen **24** 50 ff.
– verfassungsrechtliche Rechtfertigung von Eingriffen **24** 13 ff.
– Verhältnismäßigkeitsprinzip **24** 32 ff.
– Wesensgehaltsgarantie **24** 47 ff.
– Wesentlichkeitstheorie **24** 28 ff.
– Zitiergebot **24** 22 ff.
– siehe näher Grundrechte
Freitod **28** 3
Freizügigkeit **39** 1 ff.
– Abgrenzung zu Art. 2 I und Art. 2 II GG **39** 1
– Aufenthalt **39** 1
– Ausreisefreiheit **39** 2
– Beeinträchtigungen, mittelbare bzw. faktische **39** 3
– Eingriffe **39** 3
– Einreise, Einwanderung **39** 2
– Elfes-Urteil **39** 2
– Gesetzesvorbehalt, qualifizierter **39** 4
– negative Freizügigkeit **39** 1
– Schutzbereich **39** 1 f.
– verfassungsrechtliche Rechtfertigung **39** 4
– Wohnsitz **39** 1
Friedlichkeit (einer Versammlung) **36** 3

Frist
- allgemeine Leistungsklage **100** 6
- Anfechtungsklage **98** 9
- Feststellungsklage **101** 12
- Fortsetzungsfeststellungsklage **102** 5, 12
- Normenkontrolle **104** 13
- Rücknahme Verwaltungsakt **82** 12 ff.
- Verpflichtungsklage **99** 6
- Widerruf Verwaltungsakt **82** 21
- Widerspruch **92** 7 ff.
- Wiederaufgreifen des Verfahrens **82** 26

Fünf-Prozent-Klausel **6** 43, 54 ff.; **48** 7
Fußgängerzone **84** 16 ff.

G 10 (Artikel 10-Gesetz) **38** 14
Gebietscharakter **71** 5
Gebietshoheit **4** 2
- Gemeinde **60** 4
Gebietskörperschaft **60** 3
- Bund **60** 3
- Gemeinde **58** 8; **60** 2 f.
- Gemeindeverband **60** 3
- Länder **60** 3
- Landkreis **60** 3, 25
Gebot der Rücksichtnahme siehe Rücksichtnahmegebot
Gebundene Entscheidung **68** 3; **81** 17; **82** 28; **98** 4, 12
Geeignetheit des Mittels **24** 34, 38 ff.
Gefahr
- abstrakte **68** 8
- Anscheinsgefahr **68** 9; **88** 13
- erhebliche **68** 8
- gegenwärtige **68** 8
- konkrete **68** 8
- Prognose **68** 9
- Putativgefahr **68** 9
- unbestimmter Rechtsbegriff **68** 4
- unmittelbar bevorstehende **68** 8
Gefährderanschreiben **75** 9
Gefährdungshaftung **88** 16
Gefahrenerforschung **68** 9
Gefahrenverdacht **68** 8 f.
Gefahrenvorsorge **68** 9
Gegenvorstellung **92** 5
Gegenzeichnung durch den Bundeskanzler **14** 3 f.
Geheimhaltung **72** 21
Gehör, rechtliches **49** 5 f.
- Eingriffe **49** 6
- grundrechtsgleiches Recht **49** 1
- kollidierendes Verfassungsrecht **49** 6
- prozessuales Urrecht **49** 5
- Schutzbereich **49** 5
- Verfahrensausgestaltung **49** 6
- verfassungsrechtliche Rechtfertigung **49** 6
- vorbehaltlose Gewährleistung **49** 6
Gehwegreinigung **40** 35
Geldforderungen
- Vollstreckung **80** 1, 3 f.
Geltungsvorrang **66** 1
Gemeinde
- Allzuständigkeit **60** 4
- Antragsbefugnis im Normenkontrollverfahren **104** 10 f.
- Aufgaben siehe unter Gemeindeaufgaben
- Auflösung **60** 4
- Aufsicht **58** 8, 11 ff.
- Aufsichtsbehörden **58** 12
- benachbarte **70** 11
- Einvernehmen siehe dort
- Einwohner **60** 4 ff.
- Finanzausstattung, aufgabenadäquate **8** 45
- Gebietskörperschaft **58** 8; **60** 3
- kreisangehörige **58** 12
- öffentliche Einrichtungen **60** 6; **67** 20; **84** 6 ff., 22, 23 f.
- plebiszitäre Beteiligung **60** 7 f.
- Rechtsinstitutionsgarantie **60** 4
- Rechtsschutz gegen Aufsichtsmaßnahmen **58** 15
- Rechtsschutz gegen Ersetzung Einvernehmen **76** 22
- Rechtsstellungsgarantie **60** 4
- Rechtssubjektsgarantie **60** 4
- Satzungsgebungsbefugnis **63** 3
- Selbstverwaltung **58** 8; **60** 4; **70** 2, 11; **99** 5
- Vertretung durch den Bürgermeister **60** 24
- Verwaltungsträger **58** 8
- wirtschaftliche Betätigung/Unternehmen **84** 7 ff.
Gemeindeangehörige
- Bürger **60** 5 ff.
- Einwohner **60** 5 ff.
Gemeindeaufgaben **8** 41
- Auftragsangelegenheiten **58** 9 f., 15
- dualistisches Modell **58** 9, 15; **60** 4
- freie Aufgaben **58** 10 f.
- monistisches Modell **58** 10, 15; **60** 4
- Pflichtaufgaben **58** 10 f., 15
- Selbstverwaltungsangelegenheiten **58** 9 ff., 15
- Weisungsaufgaben **58** 10, 13
Gemeindeeinwohner siehe unter Einwohner
Gemeindehoheiten **60** 4
- Finanzhoheit **60** 4
- Gebietshoheit **60** 4
- Organisationshoheit **60** 4; **84** 6

- Personalhoheit **60** 4
- Planungshoheit **60** 4; **70** 2, 11; **76** 22
- Rechtssetzungshoheit **60** 4; **63** 3 ff.

Gemeindelasten **60** 6

Gemeinderat
- Amtshaftung **86** 7, 15, 21
- Ausschüsse **60** 14, 20
- Befugnisse bei Bürgerbegehren **60** 7 f.
- Befugnisse bei Bürger-/Einwohnerantrag **60** 7 f.
- Beschlussfähigkeit **60** 16
- Fraktionen **60** 14 ff.
- Geschäftsordnung **60** 15
- Mitgliederstellung **60** 11
- als Organ der Gemeinde **58** 2; **60** 19
- Rechtssetzung **60** 19
- übertragbare Angelegenheiten **60** 20
- Verwaltungsorgan **60** 11
- Vorbehaltsaufgaben **60** 20, 24
- Vorsitzender **60** 16 ff.
- Wahl **60** 10
- Wahlrechtsgrundsätze **60** 10
- Zuständigkeiten **60** 20 f.

Gemeinderatsbeschluss
- Ausführung durch den Bürgermeister **60** 22
- Fehlerfolgen bei Befangenheit **60** 13
- Fehlerfolgen bei Beschlussunfähigkeit **60** 16
- Fehlerfolgen bei Verfahrensmängeln **63** 5
- Fehlerfolgen von Verstößen gegen die Geschäftsordnung **60** 15

Gemeinderatsmitglieder **60** 11
- Amtshaftung **86** 7, 15, 21
- Befangenheit **60** 12 f., 16; **63** 5, 10
- ehrenamtliche Tätigkeit **60** 11
- freies Mandat **60** 11, 14
- Organstreit **103** 2 ff.
- als Organwalter **58** 2
- Rüge von Geschäftsordnungsverstößen **60** 15
- Stellung **60** 11; **103** 5
- wehrfähige Rechte **103** 5

Gemeinderatssitzung
- Aufrechterhaltung der Ordnung **60** 18
- Einberufung **60** 16
- Ladung **63** 5
- Unterbindung von Störungen **60** 17

Gemeinderatsvorsitzender **60** 16 ff.
- Hausrecht **60** 18
- Ordnungsmaßnahmen **60** 18

Gemeindesatzung **63** 4 ff.
- allgemeine Satzungsermächtigung **63** 4
- Bebauungsplan **63** 7 ff.
- formelle Rechtmäßigkeit **63** 5

- Grundrechtseingriff **63** 4
- materielle Rechtmäßigkeit **63** 6
- Normenkontrolle **104** 4
- Normenpyramide **66** 1
- Satzungsautonomie **63** 4
- Unbeachtlichkeit von Verfahrensfehlern **63** 5; **104** 14
- Verfahren **63** 5
- Zitiergebot **63** 5
- zuständiges Organ **60** 19; **63** 3, 5

Gemeindeverbände, Aufgabenbereich der **8** 41

Gemeindeverfassung **60** 9

Gemeindevertretung **60** 10; siehe unter Gemeinderat

Gemeindeverwaltung, Organisation der **8** 41

Gemeindevorstand **60** 21
- kollegialer **60** 21
- monokratischer **60** 21

Gemeindewahlen **60** 5 f., 10
- Öffentlichkeitsarbeit **60** 10
- Wahlprüfungsverfahren **60** 10

Gemeingebrauch **84** 13 ff.
- Begriff **84** 15
- kommunikativer **84** 17
- Straßen **84** 16 ff.; **87** 8
- subjektives Recht **84** 18

Gemeinsames Europäisches Asylsystem **43** 7a

Gemischter Vertrag **83** 3

Genehmigungsbedürftigkeit eines Bauvorhabens **76** 6 ff.
- Kenntnisgabe-/Anzeige-/Genehmigungsfreistellungsverfahren **76** 7; **105** 2
- vereinfachtes Genehmigungsverfahren **76** 7

Genehmigungsfreie Bauvorhaben **75** 5, 7; **76** 6

Genehmigungsfreistellungsverfahren **76** 7

Genehmigungsvorbehalte **58** 13; **63** 12

Generalklausel
- im Bauordnungsrecht **76** 23
- Bestimmtheit **68** 7; **75** 9
- im Polizeirecht **75** 9 f., 18
- Verhältnis zu anderen Normen **75** 2, 10, 18; **76** 23
- verwaltungsgerichtliche **94** 1, 11 ff.; **97** 1; **100** 1

Gerechtigkeit, materielle **7** 31 ff.

Gerechtigkeit, soziale **10** 12 f.

Gerichte **19** 4

Gerichte der Länder **19** 8

Gerichte für besondere Sachgebiete **49** 2

Gerichte, Organisation und Einrichtung der **19** 7 ff.

Gerichtliche Kontrolldichte **91** 2
- bei Abwägungs-/Planungsentscheidungen **70** 12; **99** 7

Stichwortverzeichnis

– bei Beurteilungsspielraum 68 10 f.; 98 12;
  99 7
– bei Ermessensentscheidungen 69 5 ff.; 98 12;
  99 7
– bei unbestimmtem Rechtsbegriff 68 5
Gerichtliche Normenverwerfungskompetenz
  54 1
Gerichtsverfassung
– Begriff 19 7
– Bundesgerichte 19 8
– Einrichtung der Gerichte 19 7 ff.
– Gerichte der Länder 19 8
– Gesetzgebungskompetenz 19 9
– Jurisdiktionskompetenz 19 8
– mehrinstanzliche Gerichtsbarkeit 19 12
– oberste Gerichtshöfe des Bundes 19 8
– Organisation der Gerichte 19 7 ff.
– Recht auf den gesetzlichen Richter 19 13
– Spartengerichtsbarkeit 19 10
Gesamtstaat 8 1, 6
Geschäfte der laufenden Verwaltung 60 23
Geschäfts- und Betriebsräume siehe Wohnung,
  Unverletzlichkeit der
Geschäftsführung ohne Auftrag, öffentlich-
  rechtliche 90 2 ff.; 94 10
Geschäftsordnung des Bundestages 12 8; 17 25
– Rechtsnatur 12 8
– Verstoß gegen die Geschäftsordnung des
  Bundestages 12 8; 17 25
Geschäftsordnung des BVerfG 50 7
Geschäftsordnung des Gemeinderats 60 15
Geschäftsunfähige 23 9
Geschäftsverteilungspläne 49 3
Gesetz 4 7
– formelles 4 8, 10 f.; 7 7; 63 1 f.; 66 2; 87 12;
  104 4
– materielles 4 8; 63 1; 66 2; 87 12; 104 4
– Normenpyramide 66 1
Gesetze
– allgemeine Gesetze als Schranke 31 18;
  32 24 f.
– Ausfertigung durch den Bundespräsidenten
  14 8 ff.; 17 37
– Ausführung der Gesetze siehe Verwaltung
– Ausführung der Gesetze (Verwaltungs-
  kompetenzen) 18 1 ff.; siehe näher Verwaltungskompetenzen
– Einspruchsgesetze 13 5 f.; 17 32 ff.
– formelle 54 6
– In-Kraft-Treten 17 37
– nachkonstitutionelle 24 25; 54 7
– nachlegale (Landesgesetze) 54 12
– verfassungsändernde 13 11; 17 29, 42
– Verfassungsmäßigkeit, formelle 17 39, 41

– Verfassungsmäßigkeit, materielle 17 40 f.
– Verkündung im Bundesgesetzblatt 17 37
– Vollzug der Gesetze (Verwaltungskompe-
  tenzen) 18 1 ff.; siehe näher Verwaltungs-
  kompetenzen
– vorkonstitutionelle 24 25
– Zustandekommen 17 23 ff., 38; siehe näher
  Gesetzgebungsverfahren
– Zustimmungsbedürftigkeit von Gesetzen
  13 7 ff.
– Zustimmungsgesetze 13 5 ff.; 17 36; siehe
  näher Zustimmungsgesetze
Gesetzesakzessorische Verwaltung 68 3
Gesetzesanwendung 68 1
Gesetzesbindung
– der Verwaltung 66 3 f.; 101 8
Gesetzesfreie Verwaltung 68 3 f.
Gesetzesinitiativrecht 17 24 f.
– Bundesrat 13 4; 17 24
– Bundesregierung 17 24
– Mitte des Bundestages 17 25
Gesetzeskraft von Entscheidungen des BVerfG
  50 23
Gesetzesverfassungsbeschwerde siehe Rechts-
  satzverfassungsbeschwerde
Gesetzesvollzug siehe Verwaltung
Gesetzesvorbehalt 7 25 ff.; 61 1; 63 4
– belastender Verwaltungsakt 75 2
– einfacher 24 14 f.
– Geltungsbereich 7 28 ff.
– Geschäftsführung ohne Auftrag 90 5
– Gesetzmäßigkeit der Verwaltung, Grundsatz
  der 7 17, 25 ff.
– Herleitung, verfassungsrechtliche 7 27
– Parlamentsvorbehalt 6 65; 24 27 ff.
– qualifizierter 24 17 f.
– staatliche Warnungen 73 8
– Standardmaßnahmen, polizeiliche 75 11
– Wesentlichkeitstheorie 6 65; 24 28 ff.
Gesetzesvorrang 7 17, 20 ff.
Gesetzgebung 7 6; 17 1 ff.
– Abschlussverfahren 17 37
– Annexkompetenz 17 20 f.
– Ausfertigung von Gesetzen 17 37
– ausschließliche Gesetzgebung 17 4 f.
– Beratung der Gesetzesvorlage im Bundestag
  17 28
– Beratungen 17 28
– Beschlussfähigkeit des Bundestages 17 30
– Beschlussfassung im Bundestag 17 29
– Bundeszuständigkeit 17 3 ff.
– Erfordernis bundeseinheitlicher Regelung
  17 10 ff., 14
– Gesetzentwurf 17 24 ff.

– Gesetzesinitiative **17** 24 f.
– Gesetzesvorlagen **17** 24 ff.
– Gesetzgebungsverfahren **17** 23 ff.
– Gesetzgebungsverfahren (Übersicht) **17** 38
– Gesetzgebungszuständigkeit **17** 2 ff.
– Grundsatzgesetzgebung **17** 15
– Hauptverfahren **17** 28 ff.
– In-Kraft-Treten von Gesetzen **17** 37
– Kompetenz kraft Natur der Sache **17** 17
– Kompetenz kraft Sachzusammenhangs **17** 18 f.
– Konkurrierende Gesetzgebung **17** 6 ff.
– Länderzuständigkeit **17** 2
– Lesungen **17** 28
– Mitte des Bundestages **17** 25
– Mitwirkung des Bundesrates **17** 31 ff.
– Rahmengesetzgebung **17** 13 f.
– Sperrwirkung für die Landesgesetzgebung **17** 8 f.
– ungeschriebene Gesetzgebungskompetenzen **17** 16 ff.
– Unterlassen, gesetzgeberisches **51** 17
– Verkündung von Gesetzen **17** 37
– Vermittlungsausschuss **17** 32 ff., 36
– Zuleitung von Gesetzesvorlagen an den Bundestag **17** 26 f.
– Zuständigkeitsbereiche der Länder **17** 22
Gesetzgebungskompetenzen **17** 2 ff.
– Annexkompetenz **17** 20 f.
– ausschließliche Gesetzgebung **17** 4 f.
– Bundeszuständigkeit **17** 3 ff.
– Erfordernis bundeseinheitlicher Regelung **17** 10 ff., 14
– Grundsatzgesetzgebung **17** 15
– Kompetenz kraft Natur der Sache **17** 17
– Kompetenz kraft Sachzusammenhangs **17** 18 f.
– konkurrierende Gesetzgebung **17** 6 ff.
– Länderzuständigkeit **17** 2
– Rahmengesetzgebung **17** 13 f.
– Sperrwirkung für die Landesgesetzgebung **17** 8 f.
– ungeschriebene Gesetzgebungskompetenzen **17** 16 ff.
– Zuständigkeitsbereiche der Länder **17** 22
Gesetzgebungsverfahren **17** 23 ff.
– Abschlussverfahren **17** 37
– Ausfertigung von Gesetzen **17** 37
– Beratung der Gesetzesvorlage im Bundestag **17** 28
– Beratungen **17** 28
– Beschlussfähigkeit des Bundestages **17** 30
– Beschlussfassung im Bundestag **17** 29
– Gesetzentwurf **17** 24 ff.

– Gesetzesinitiative **17** 24 f.
– Gesetzesvorlagen **17** 24 ff.
– Hauptverfahren **17** 28 ff.
– In-Kraft-Treten von Gesetzen **17** 37
– Lesungen **17** 28
– Mitte des Bundestages **17** 25
– Mitwirkung des Bundesrates **17** 31 ff.
– Übersicht **17** 38
– Verkündung von Gesetzen **17** 37
– Vermittlungsausschuss **17** 32 ff., 36
– Zuleitung von Gesetzesvorlagen an den Bundestag **17** 26 f.
Gesetzgebungszuständigkeit siehe Gesetzgebungskompetenzen
Gesetzlicher Richter **19** 13; **91** 3; siehe Richter, gesetzlicher
Gesetzlichkeitsprinzip hinsichtlich Strafen (nulla poena sine lege) siehe Strafen, Gesetzlichkeitsprinzip hinsichtlich
Gesetzmäßigkeit der Verwaltung **7** 17, 25 ff.; **90** 9; **91** 5
– Normprüfungs- und Verwerfungsrecht **66** 3 ff.
Gestaltungsfreiheit, planerische **70** 1
Gestaltungsklage **97** 2; **98** 1; **101** 7
Gewaltenteilung, horizontale **7** 5 ff.
Gewaltenverschränkung **7** 10 ff.
Gewerbebetrieb, eingerichteter und ausgeübter **42** 10; **87** 8, 13, 24
Gewerbefreiheit **40** 16
Gewinn, entgangener **87** 1, 24
Gewinnchancen **42** 10
Gewissen (Begriff) **31** 19
Gewissensfreiheit **31** 19 ff.
– eigenständiges Grundrecht gegenüber Glaubensfreiheit **31** 20
– Eingriffe **31** 22
– forum externum **31** 20
– forum internum **31** 20
– Gewissen **31** 19
– kollidierendes Verfassungsrecht (verfassungsimmanente Schranken) **31** 23
– Kriegsdienstverweigerung aus Gewissensgründen siehe Kriegsdienstverweigerung, Grundrecht auf
– Schutzbereich, personeller **31** 21
– Schutzbereich, sachlicher **31** 19 f.
– verfassungsrechtliche Rechtfertigung **31** 22 f.
Gewohnheitsrecht **4** 14; **65** 2; **87** 6; **88** 1
Glauben (Diskriminierungsverbot) **30** 23; **47** 4
Glaubensbegriff **31** 2 f.
Glaubensfreiheit **31** 2 ff.
– allgemeine Gesetze als Schranke **31** 18

Stichwortverzeichnis

- Beeinträchtigungen, mittelbare bzw. faktische **31** 13
- Eingriffe **31** 12
- einheitliches Grundrecht **31** 4
- forum externum **31** 4
- forum internum **31** 4
- Gesetzesvorbehalte **31** 18
- Glaubensbegriff **31** 2 f.
- individuelle Glaubensfreiheit **31** 9
- juristische Personen **31** 11
- Kinder **31** 9 f.
- kollektive Glaubensfreiheit **31** 6, 11
- Kopftuchstreit **31** 12 Fn. 21
- Kruzifixurteil **31** 14, 17
- negative Glaubensfreiheit **31** 5
- Religions- bzw. Glaubensausübung, freie (ungestörte) **31** 7
- Religionsgesellschaften bzw. Religionsgemeinschaften **23** 17; **31** 11
- religiöse Anschauungen **31** 2 f.
- Schutzbereich, personeller **31** 9 ff.
- Schutzbereich, sachlicher **31** 2 ff.
- Schutzpflichten **31** 8a
- staatliche Neutralität in Glaubensfragen **31** 8
- verfassungsimmanente Schranken **31** 15 ff.
- verfassungsrechtliche Rechtfertigung **31** 15 ff.
- Weltanschauungen **31** 2 f.

Glaubensgesellschaften bzw. Glaubensgemeinschaften siehe Religionsgesellschaften bzw. Religionsgemeinschaften

Glaubensvereinigungen **31** 11

Glaubhaftmachung **107** 8

Gleichbehandlung von wesentlich Ungleichem **30** 11

Gleichbehandlungsrechte **22** 10 ff.

Gleichberechtigung von Männern und Frauen **30** 20 ff.
- Berücksichtigung biologischer Unterschiede **30** 20
- Diskriminierungsverbot **30** 20
- Gleichberechtigungsgebot **30** 21 f.
- im Privatrecht **22** 19
- mittelbare (indirekte) Diskriminierungen **30** 20
- Quotenregelungen (Frauenquoten) **30** 22
- verfassungsimmanente Rechtfertigungen **30** 20

Gleichberechtigungsgebot siehe Gleichberechtigung von Männern und Frauen

Gleichheit im Unrecht, keine **30** 6

Gleichheitsgebote siehe Gleichheitsrechte

Gleichheitsrechte **21** 9
- allgemeiner Gleichheitssatz **30** 3 ff.; siehe näher Gleichheitssatz, allgemeiner
- Gleichheitsgebote des Art. 3 GG **30** 1 ff.
- spezielle Gleichheitssätze **30** 1; siehe näher Gleichheitssätze, spezielle
- Struktur der Grundrechtsprüfung **24** 56; **30** 2

Gleichheitssatz
- Ermessensbindung **64** 4; **69** 8; **82** 29; **84** 20; **99** 5
- gesetzesfreie Verwaltung **68** 3
- Gleichheit im Unrecht **64** 7
- bei privatrechtlichem Handeln **67** 21 f.

Gleichheitssatz, allgemeiner **30** 3 ff.
- Abwehrrecht, subjektives **30** 4
- Allgemeines zum Schutzgehalt **30** 3
- Bedeutung für Kündigungsschutz **2** 7
- derivative Leistungs- und Teilhaberechte **30** 4
- Gleichbehandlung von wesentlich Ungleichem **30** 11
- Gleichheit im Unrecht, keine **30** 6
- Grundrechtsträger **30** 8
- Grundrechtsverpflichtete **30** 5 f.
- neue Formel **30** 14 ff.
- originäre Leistungsrechte **30** 4
- Rechtfertigung einer Ungleichbehandlung **30** 12 ff.
- sachlicher Grund **30** 14
- Selbstbindung der Rechtsprechung **30** 6
- Selbstbindung der Verwaltung **30** 6
- Ungleichbehandlung, mittelbare **30** 15
- Ungleichbehandlung, personenbezogene (personelle) **30** 9, 15
- Ungleichbehandlung, sachbezogene (sachliche) **30** 9, 15
- Ungleichbehandlung von wesentlich Gleichem **30** 9
- Verhältnismäßigkeitsprüfung **30** 14 ff.
- Willkürformel **30** 14
- Willkürverbot **30** 3, 14

Gleichheitssätze siehe Gleichheitsrechte

Gleichheitssätze, besondere siehe Gleichheitssätze, spezielle

Gleichheitssätze, spezielle **30** 1
- Besondere Gleichheitssätze des Art. 3 GG **30** 18 f.
- Chancengleichheit der politischen Parteien **6** 80 f.
- Diskriminierungsverbot bzgl. Ehe und Familie **34** 7

- Gleichberechtigung von Männern und Frauen **30** 20 ff.; siehe näher Gleichberechtigung von Männern und Frauen
- gleicher Zugang zu öffentlichen Ämtern **47** 3
- Gleichheit der Wahl **6** 51 ff.
- Gleichstellung von unehelichen Kindern **34** 19
- grundsätzliche oder absolute Diskriminierungsverbote? **30** 18 f.
- staatsbürgerliche Rechte- und Pflichtengleichheit **47** 2
- Verbot der Benachteiligung aus Glaubensgründen bzgl. Staatsbürgerrechten und öffentlichem Dienst **47** 4
- Verbot der Benachteiligung von Behinderten **30** 24
- Verbot der Diskriminierung wegen des Geschlechts, der Abstammung, der Rasse, der Sprache, der Heimat und Herkunft, des Glaubens, der religiösen oder politischen Anschauungen **30** 23
- verfassungsimmanente Grenzen **30** 19

Gliedstaaten **8** 1, 6
Gnadenakte **94** 13
Griechenland-Hilfe **12** 1; **48** 3, 5
Grundfreiheiten **23** 8
Grundmandatsklausel **6** 43, 57 f.; **48** 7
Grundordnung, freiheitliche demokratische (Begriff) **6** 90
Grundrechte
- Abwehrrechte **20** 11; **22** 3 ff.
- additiver Grundrechtseingriff **24** 45; **40** 33
- allgemeine Grundrechtslehren **20 ff.**
- allgemeine Handlungsfreiheit **27** 1 ff.
- allgemeines Freiheitsrecht **21** 8
- allgemeines Persönlichkeitsrecht **27** 6 ff.
- Asylrecht **43** 7 ff.
- Ausbürgerung, Schutz vor **43** 2 ff.
- Auslieferung, Schutz vor **43** 4 ff.
- Ausreisefreiheit **2** 18; **39** 2
- Beeinträchtigungen von Freiheitsrechten **24** 5 ff.
- Begriff **21** 1
- Berufsfreiheit **24** 4, 8 ff.; **40** 1 ff.
- Bestimmtheitsgebot **24** 31
- Bill of Rights **20** 3
- Brief-, Post- und Fernmeldegeheimnis **38** 1 ff.
- Briefgeheimnis **41** 1 ff., 4
- Bürgerrechte **20** 5 f.; **21** 7
- Chancengleichheit der politischen Parteien **6** 80 f.
- Deutschen-Grundrechte **21** 7; **23** 4 ff.
- Dimensionen **22** 1 ff.; siehe näher Dimensionen der Grundrechte
- Diskriminierungsverbot bzgl. Ehe und Familie **34** 7
- Drittwirkung **22** 16 ff.; **23** 1; **32** 12
- Ehe und Familie, Schutz von **34** 2 ff.
- Eigentumsgarantie **42** 1 ff.
- Eingriffe in Freiheitsrechte **24** 5 ff.
- Einrichtungsgarantien **22** 27; **34** 6, 9 f., 13; **35** 9; **45** 1; **47** 5
- Elternrecht **34** 13 ff.
- englische Verfassungstradition **20** 2 f.
- Entwicklung unter der Geltung des Grundgesetzes **20** 11 ff.
- Erbrechtsgarantie **42** 14
- Erklärung der Menschen- und Bürgerrechte **20** 5 f.
- Federal Bill of Rights **20** 4
- Fernmelde- bzw. Telekommunikationsgeheimnis **41** 1 ff., 6
- Filmfreiheit **32** 1, 23 ff.
- formelle Grenzen der Einschränkbarkeit von Grundrechten **24** 22 ff.
- Frankfurter Reichsverfassung **20** 7 ff.
- freie Entfaltung der Persönlichkeit **27** 1 ff.
- Freiheit der Person **29** 1 ff.
- Freiheit, negative **21** 8; **23** 19; **29** 3; **31** 5; **32** 8, 12; **37** 6, 20; **40** 14
- Freiheit, positive **21** 8; **29** 2; **31** 5
- Freiheit von Arbeitszwang **40** 3, 34 f.
- Freiheit von Zwangsarbeit **40** 3, 34 ff.
- Freiheitsrechte **21** 8; **24** 2 ff.
- Freizügigkeit **39** 1 ff.
- Geltung im Privatrecht **22** 16 ff.
- Gesetzesvorbehalte **24** 14 ff.
- Gewissensfreiheit **31** 19 ff.
- Glaubensfreiheit **31** 2 ff.
- Gleichbehandlungsrechte **22** 10 ff.
- Gleichberechtigung von Männern und Frauen **30** 20 ff.
- Gleichheit der Wahl **6** 51 ff.
- Gleichheitsgebote des Art. 3 GG **30** 1 ff.
- Gleichheitsrechte **21** 9
- Gleichheitssatz, allgemeiner **30** 3 ff.
- Gleichstellung von unehelichen Kindern **34** 19
- grundrechtsgleiche Rechte siehe grundrechtsgleiche Rechte
- Grundrechtsschranken **24** 14 ff.
- Grundrechtssicherung durch Organisation und Verfahren **22** 28 f.
- Grundrechtsträger **23** 2 ff.; **24** 3 f.
- Grundrechtsverletzung **24** 13
- Grundrechtsverpflichtete **23** 1

Stichwortverzeichnis

– Grundrechtsverwirkung **23** 18
– Grundrechtsverzicht **23** 18 f.
– Habeas-Corpus-Akte **20** 3
– historische Entwicklung **20** 1 ff., 11; **22** 15
– Idealkonkurrenz **25** 3
– Informationsfreiheit **32** 1, 11 ff., 24 ff.
– Jedermann-Grundrechte **21** 7; **23** 4 ff.
– Justizgrundrechte **49** 1 ff.
– klassisch-liberales Grundrechtsverständnis **22** 5 ff.
– Koalitionsfreiheit **37** 1, 16 ff.
– Konkurrenzen **25** 1 ff.
– Kriegsdienstverweigerung, Recht auf **31** 24 f.
– Kunstfreiheit **33** 1 ff., 12 ff.
– Leistungs- und Teilhaberechte, derivative **22** 12 f.; **30** 4, 24
– Leistungsrechte, originäre **22** 8 f.; **30** 4
– Magna Charta Libertatum **20** 3
– materielle Grenzen der Einschränkbarkeit von Grundrechten **24** 27 ff.
– materielle Grundrechte **21** 10
– Meinungsfreiheit **32** 1 ff., 24 ff.
– Menschenrechte **20** 5 f.; **21** 7
– Menschenwürde **26** 1 ff.
– Mütter, Schutz und Fürsorge für **34** 18
– Notstandsverfassung **20** 13
– objektive Werteordnung **22** 14 ff.; **40** 7
– Parlamentsvorbehalt **24** 27 ff.
– Paulskirchenverfassung **20** 7 ff.
– Petition of Right **20** 3
– Petitionsrecht **44** 1 ff.
– Postgeheimnis **41** 1 ff., 5
– Pressefreiheit **32** 1, 14 ff., 24 ff.
– Privatschulfreiheit **35** 9 f.
– prozessuale Grundrechte **21** 10; siehe näher Justizgrundrechte
– Rechte auf Leben und körperliche Unversehrtheit **28** 1 ff.
– Rechteerklärungen in Nordamerika **20** 4
– Rechtsweggarantie **45** 1 ff.
– Religionsunterricht **35** 5 ff.
– Rundfunkfreiheit **32** 1, 19 ff., 24 ff.
– Schrankendivergenz **25** 3
– Schranken-Schranken **24** 22 ff.
– Schulwesen **35** 1 ff.
– Schutzbereich, personeller **24** 3 f.
– Schutzbereich, sachlicher **24** 3 f.
– Schutzpflichten **22** 21 ff.
– Schutzzweck **24** 7
– soziale Grundrechte **22** 9
– Spezialitätsverhältnis **25** 2
– Staatsangehörigkeit, Schutz der deutschen **43** 2 ff.
– status negativus **22** 5, 10

– status positivus **22** 8, 10
– Struktur der Grundrechtsprüfung **24** 1 ff.
– Übermaßverbot **22** 24; **24** 32 ff.
– unmittelbar geltendes Recht **20** 12; **22** 17
– Untermaßverbot **22** 24
– Verbot der Benachteiligung von Behinderten **30** 24
– Verbot der Diskriminierung wegen des Geschlechts, der Abstammung, der Rasse, der Sprache, der Heimat und Herkunft, des Glaubens, der religiösen oder politischen Anschauungen **30** 23
– Verbot von Einzelfallgesetzen **24** 50 ff.
– Vereinigungsfreiheit **37** 1 ff.
– verfassungsrechtliche Rechtfertigung einer Ungleichbehandlung **24** 56
– verfassungsrechtliche Rechtfertigung von Eingriffen **24** 13 ff.
– Verhältnismäßigkeitsprinzip **24** 32 ff.
– Versammlungsfreiheit **36** 1 ff.
– Virginia Bill of Rights **20** 4
– Wehrverfassung **20** 13
– Weimarer Reichsverfassung **20** 9 ff.
– Wesensgehaltsgarantie **24** 47 ff.
– Wesentlichkeitstheorie **24** 28 ff.
– Wissenschaftsfreiheit **22** 29; **33** 1, 8 ff.
– Wohnung, Unverletzlichkeit der **41** 1 ff.
– Zitiergebot **24** 22 ff.

Grundrechtecharta, Europäische **5** 24, 24b f., 24d ff.

Grundrechteeerklärungen in Nordamerika **20** 4

Grundrechtsberechtigung siehe Grundrechtsträger

Grundrechtsbindung
– bei privatrechtlichem Handeln **67** 14, 21 f.
– bei Realakt **73** 4

Grundrechtseingriffe **24** 5 ff.
– additive **24** 45; **40** 33
– Beeinträchtigungen, faktische **24** 7 ff.
– Beeinträchtigungen, mittelbare **24** 7 ff.; **73** 8
– Beeinträchtigungen, unmittelbare **24** 5 f.; **73** 8
– Beeinträchtigungsintensität **24** 8 ff.
– Empfehlungen **24** 11 f.
– finale **24** 5 ff.
– Ge- oder Verbote **24** 5 f.
– grundrechtswidriger Effekt **24** 8 ff.
– Informationstätigkeit **24** 11 f.
– Ursächlichkeitszusammenhang **24** 8 ff.
– Warnungen **24** 11 f.

Grundrechtsfähigkeit siehe Grundrechtsträger

Grundrechtsgleiche Rechte
– Begriff **21** 5 f.

– Doppelbestrafung, Verbot der **49** 9 f.
– gesetzlicher Richter **49** 2 ff.
– gleicher Zugang zu öffentlichen Ämtern **47** 3
– hergebrachte Grundsätze des Berufsbeamtentums **47** 5 ff.
– Justizgrundrechte **49** 1 ff.
– nulla poena sine lege (Gesetzlichkeitsprinzip hinsichtlich Strafen) **49** 7 f.
– Rechtliches Gehör **49** 5 f.
– staatsbürgerliche Rechte- und Pflichtengleichheit **47** 2
– Verbot der Benachteiligung aus Glaubensgründen bzgl. staatsbürgerlicher Rechte und Pflichten **47** 4
– Verfassungsbeschwerde **51** 7, 58
– Wahlrechte **48** 1 ff.
– Widerstandsrecht **46** 1 ff.
Grundrechtskonkurrenzen **25** 1 ff.
Grundrechtsmündigkeit **23** 9; **51** 10
Grundrechtsschranken **24** 14 ff.
– ausdrücklich geregelte **24** 14 ff.
– formelle Grenzen der Einschränkbarkeit von Grundrechten **24** 22 ff.
– Gesetzesvorbehalte **24** 14 ff.
– kollidierende Grundrechte Dritter **24** 19 f.
– materielle Grenzen der Einschränkbarkeit von Grundrechten **24** 27 ff.
– Schranken-Schranken **24** 22 ff.
– verfassungsimmanente **24** 19 ff.
– verfassungsunmittelbare **24** 14
Grundrechtsschutz gegenüber deutschen Staatsorganen, die Unionsrecht anwenden **5** 24a ff.
Grundrechtsschutz gegenüber Unionsorganen **5** 20 ff.
Grundrechtssicherung durch Organisation und Verfahren **22** 28 f.
Grundrechtsträger **23** 2 ff.
– Ausländer **21** 7; **23** 5 ff., 15
– Deutsche **21** 7; **23** 4 ff.
– Geschäftsunfähige **23** 9
– juristische Personen des öffentlichen Rechts **5** 35; **23** 16 f.; **40** 21
– juristische Personen des Privatrechts **5** 35; **23** 11 ff.; **24** 4; **31** 11; **40** 21
– Minderjährige **23** 9
– Nasciturus **22** 24; **23** 10; **26** 7; **28** 6
– natürliche Personen **5** 35; **23** 3 ff.
– Rundfunkanstalten **23** 17
– Universitäten **23** 17
– Verstorbene **23** 10
Grundrechtsverletzung **24** 13
Grundrechtsverpflichtete **23** 1
Grundrechtsverwirkung **23** 18

Grundrechtsverzicht **23** 19 f.; **26** 10
Grundsatzgesetzgebung **17** 15
Grundverhältnis (im Beamtenrecht) **74** 16
Gruppen im Bundestag **12** 11

Habeas Corpus **29** 1, 3
Habeas-Corpus-Akte **20** 3
Handlungsfähigkeit
– Personen **72** 15 f.
– Verwaltungsträger **58** 2
Handlungsformenlehre **73** 1
– formales Verwaltungshandeln **72** 2 f.
– informales Handeln **72** 4 ff.
Handlungsstörer siehe unter Verhaltensstörer
Handwerkskammer **60** 26
Haushaltsautonomie, Entäußerung der **5** 11 a, 19 a
Haushaltsgesetz **4** 11
Haushaltspolitische Gesamtverantwortung **5** 11 a, 31 b
Hausrecht
– des Bundestagspräsidenten **12** 14; **58** 4; **94** 15, 17
– des Gemeinderatsvorsitzenden **60** 18
– Rechtsnatur der Maßnahmen **60** 18
Hausverbot **24** 20
– öffentlich-rechtliches **67** 3, 11
– privatrechtliches **67** 3, 11
Heilung
– bei Anhörungsmängeln **81** 15
– bei verfristetem Widerspruch **92** 9
– bei Verwaltungsakt **81** 14 f.
Heimat (Diskriminierungsverbot) **30** 23
Hergebrachte Grundsätze des Berufsbeamtentums **47** 5 ff.
– grundrechtsgleiches Recht **47** 5
– hergebrachte Grundsätze, einzelne **47** 6
– institutionelle Garantie des Berufsbeamtentums **47** 5
– Kollidierendes Verfassungsrecht **47** 7
– Regelungsauftrag an den Gesetzgeber **47** 5
– verfassungsimmanente Schranke für andere Gewährleistungen **47** 7
Herkunft (Diskriminierungsverbot) **30** 23
Herkunftsstaaten, sichere **43** 16
Hierarchisches System **58** 6 f.; **59** 2; **64** 1; **66** 5
Hilfstätigkeiten, pressetechnische **32** 15
Hinweis **74** 12
Hinzuziehung **72** 16
Hochschulautonomie **33** 11
Hochschullehrer **22** 29; **33** 9, 10
Hochschulstudium **22** 13
Hoheitsrechtsübertragung **5** 3 ff.
– Einzelermächtigung, begrenzte **5** 8

– Grenzen **5** 6ff.
– Kompetenz-Kompetenz **5** 8
– Verfassungsänderung **5** 4, 13
– Zustimmungsgesetz **5** 3ff., 11
Hoheitsträger
– als Adressat von Verwaltungsakten **79** 7
Homogenitätsgebot **8** 9; **9** 3; **10** 1

Idealkonkurrenz **25** 3; **40** 17
Identitätsfeststellung **75** 14
Identitätskontrolle **5** 16, 18ff.
Immissionen
– Abwehranspruch **67** 12
– enteignender Eingriff **87** 19
– öffentliches/privates Recht **67** 12
– Trennungsgrundsatz (§ 50 BImSchG) **70** 9
– Unterlassungsklage **100** 4
Immunität **12** 27
Imperatives Mandat **12** 18
Impfschaden **88** 9
Indemnität **12** 26
Individualverfassungsbeschwerde siehe Verfassungsbeschwerde
Individuelle Glaubensfreiheit **31** 9
Industrie- und Handelskammer **60** 26; **63** 3
Informales Verwaltungshandeln **73** 2, 4ff.
Informationelle Selbstbestimmung **27** 7
Informationen
– Realakt **74** 10
– Zuordnung zum öffentlichen/privaten Recht **67** 13
Informationsfreiheit **32** 1, 11ff., 24ff.
– Abwägungslehre **32** 25
– Abwehrrecht **32** 12
– allgemeine Gesetze **32** 24f.
– Auswahlrecht **32** 13
– Bedeutung **32** 1
– Eingriffe **32** 13
– Grundrechtsschranken **32** 24ff.
– Informationsfreiheit, negative **32** 12
– Jugendschutz **32** 26
– Kombinationslehre **32** 25
– mittelbare Drittwirkung **32** 12
– praktische Konkordanz **32** 28
– Präventivzensur **32** 30
– Quellen, allgemein zugängliche **32** 11
– Recht der persönlichen Ehre **32** 26
– Schmähkritik **32** 32
– Schrankentrias **32** 24
– Schutzbereich, personeller **32** 12
– Schutzbereich, sachlicher **32** 11f.
– Sonderrechtslehre **32** 25
– verfassungsimmanente Schranken **32** 28

– verfassungsrechtliche Rechtfertigung **32** 24ff.
– Verhältnismäßigkeitsprinzip **32** 29
– Wechselwirkungslehre **32** 29
– Zensurverbot **32** 30
Informationsrechte (der Fachaufsicht) **58** 7, 13
Informationstätigkeit **24** 11f.
Informelle Absprachen **73** 9
Ingewahrsamnahme, polizeiliche **75** 11, 17, 20; **94** 8
Inhalts- und Schrankenbestimmungen
– Anforderungen, formelle **42** 24
– Anwendungs- und Vollzugsakte **42** 23
– Ausnahmevorschriften **42** 30
– Begriff **42** 18
– Bestandsgarantie **42** 30
– Eigentumswertgarantie **42** 30
– Institutsgarantie **42** 26
– Parlamentsvorbehalt **42** 24
– Privatnützigkeit **42** 26, 29
– Rechtspositionen, sozialversicherungsrechtliche **42** 28
– salvatorische Klauseln **42** 30
– Sozialbindung **42** 28
– Übergangsvorschriften **42** 32
– verfassungsrechtliche Rechtfertigung **42** 24ff.
– Verhältnismäßigkeitsprinzip **42** 28ff.
– Vertrauensschutzprinzip **42** 32
– siehe auch ausgleichspflichtige Inhaltsbestimmung
Inhaltsverbot bei Vertrag **83** 12
In-Kraft-Treten von Gesetzen **17** 37
Innenbereich (§ 34 BauGB) **71** 8; **76** 17ff.
Innenrecht **61** 3; **64** 1
Innenrechtsstreit **94** 14; **103** 3
Inpflichtnahme Privater **60** 32
Insichprozess **103** 1
Instanzenzuggewährleistung **45** 3
Institutionelle Garantie
– des Art. 28 II GG **60** 4
– siehe auch Einrichtungsgarantien
Institutionelle Gewährleistungen siehe Einrichtungsgarantien
Institutsgarantien siehe Einrichtungsgarantien
Integrationsverantwortung **5** 25
Intendiertes Ermessen **69** 2; **82** 22
Interessentheorie **67** 6, 9
Interkommunales Abstimmungsgebot **70** 11; **104** 10
Inter-Organ-Streit **103** 2
Interpretation siehe Auslegung
Intimsphäre **27** 18
Intra-Organ-Streit **103** 2

ius sanguinis **4** 3
ius soli **4** 3

Jedermann-Grundrechte **21** 7; **23** 4 ff.
Judikative **7** 5, 9, 24; **19** 1 ff.
Jugendorganisationen der politischen Parteien **6** 81a, 87a
Jugendschutz **32** 26
Jugendsekte **73** 6 ff.; **100** 4
Junktimklausel **42** 37
Jurisdiktionskompetenz **19** 8
Juristische Person des öffentlichen Rechts **23** 16 f.; **40** 21; **60** 1; **72** 15; **95** 4; **103** 1
– Satzungen **63** 3
– Verwaltungsträger **58** 1
Juristische Person des Privatrechts **23** 11 ff.; **24** 4; **31** 11; **40** 21; **72** 15 f.; **95** 4
– Verwaltungsträger **58** 1; **60** 29
Justizfreie Hoheitsakte **94** 13
Justizgrundrechte **49** 1 ff.
– gesetzlicher Richter **49** 2 ff.; siehe näher Richter, gesetzlicher
– Gesetzlichkeitsprinzip hinsichtlich Strafen (nulla poena sine lege) **49** 7 f.; siehe näher Strafen, Gesetzlichkeitsprinzip hinsichtlich
– grundrechtsgleiche Rechte **49** 1
– rechtliches Gehör **49** 5 f.; siehe näher Gehör, rechtliches
– Verbot der Doppelbestrafung (ne bis in idem) **49** 9 f.; siehe Doppelbestrafung, Verbot der
Justizverwaltungsakt **94** 6 ff.

Kabinett **15** 19, 23 f.
– Beschlussfähigkeit **15** 24
– Kabinettsprinzip (Kollegialkompetenz der Bundesregierung) **15** 23 f.
Kabinettsprinzip **15** 23 f.
Kammern (BVerfG) **16** 9
Kanzler siehe Bundeskanzler
Kanzlermehrheit **12** 15
Kanzlerprinzip **15** 21
Kassenarzt-Urteil **40** 29
Kehrseitentheorie **90** 11, 15
Kenntnis
– für Rücknahme Verwaltungsakt **82** 13
– der Vertragsnichtigkeit **83** 25
Kenntnisgabeverfahren **76** 7
Kind als Schaden **26** 9
Klage sui generis **97** 1; **103** 4
Klagearten **97** 2
– Feststellungsklagen **97** 2; **101** 7; **104** 1
– Gestaltungsklagen **97** 2; **98** 1; **101** 7
– Leistungsklagen **97** 2; **99** 1; **101** 7

Klagebefugnis
– bei der allgemeinen Feststellungsklage **101** 11
– bei der allgemeinen Leistungsklage **100** 5
– bei der Anfechtungsklage **98** 5 ff.
– bei Feststellung der Unzulässigkeit eines Bürgerbegehrens **60** 8
– bei der Fortsetzungsfeststellungsklage **102** 5
– bei Organklagen **103** 5
– Selbstverwaltungsrecht **58** 15; **99** 5
– subjektives öffentliches Recht **71** 1; **91** 3
– bei der Verpflichtungsklage **99** 5
Klagefrist siehe unter Frist
Klagerücknahme **96** 2
Klageschrift **96** 1
Koalitionsfreiheit **37** 1, 16 ff.
– Arbeits- und Wirtschaftsbedingungen **37** 20 f.
– Art. 9 II GG als Schranke **37** 29
– Ausgestaltungspflicht **37** 26
– Bedeutung **37** 1
– Doppelgrundrecht **37** 18
– Drittwirkung, unmittelbare **22** 17; **37** 24
– Eingriffe **37** 27
– Gegnerfreiheit **37** 16
– Gegnerunabhängigkeit **37** 16
– Gemeinwohlbindung **37** 30
– Individualgrundrecht **37** 18
– Kampfbereitschaft **37** 17
– Koalitionsbegriff **37** 16 f.
– Koalitionszweck **37** 16, 20 f.
– Kollektivgrundrecht **37** 18
– negative Koalitionsfreiheit **37** 20
– Notstandsmaßnahmen **37** 32
– Schutzbereich **37** 16 ff.
– Schutzbereich, personeller **37** 18
– Systematik **37** 1
– Tarifautonomie **37** 21
– Überbetrieblichkeit **37** 17
– verfassungsrechtliche Rechtfertigung **37** 29 ff.
– Verfassungsrechtsgüter, kollidierende **37** 30
– Verhaltensweisen, geschützte **37** 20 ff.
– Zugangsrecht zu Abgeordneten und Regierungsvertretern **37** 21
Koalitionsvereinbarungen **15** 7
Kollegialkompetenz der Bundesregierung **15** 23 f.
Kollektive Glaubensfreiheit **31** 6, 11
Kollision
– zwischen Unionsrecht und nationalem Recht **62** 3
– zwischen nationalen Rechtsnormen **66** 1
Kollisionsregeln **4** 18 ff.; **25** 2

Kombinationslehre **32** 25
Kommunalaufsicht **58** 11 ff.
- Amtshaftung bei fehlerhafter Ausübung **58** 8
- Aufsichtsbehörden **58** 12
- Aufsichtsmittel **58** 13 ff.
- Fachaufsicht **58** 11, 13
- Opportunitätsprinzip **58** 14
- Rechtsaufsicht **58** 11, 14 f.
- Rechtsschutz der Gemeinde **58** 15
- Rechtsschutz Privater **58** 16
Kommunale Satzungen siehe unter Gemeindesatzungen
Kommunale Selbstverwaltungsgarantie siehe Selbstverwaltungsgarantie, kommunale
Kommunalverfassungsbeschwerde **51** 2, 73 f.
Kommunalverfassungsstreit
- Beteiligtenfähigkeit **95** 4; **103** 6
- bei Geschäftsordnungsverstößen **60** 15
- Inter-Organ-Streit **103** 2
- Intra-Organ-Streit **103** 2
- Klageart **103** 4
- Klagebefugnis **103** 5
- Klagegegner **103** 6
- Organklage **103** 2
- organschaftliches Recht **103** 5
- Rauchverbot **60** 17
- Verwaltungsrechtsweg **103** 3
Kommunalwahlrecht **60** 5 f.
- für EG-Ausländer **6** 11
Kommunikationstheorie **26** 3
Kompetenz kraft Natur der Sache (Gesetzgebung) **17** 17
Kompetenz kraft Sachzusammenhangs (Gesetzgebung) **17** 18 f.
Kompetenzausübungsschranken **8** 32
Kompetenz-Kompetenz **5** 8; **8** 7
Konditionale Rechtsnormen **68** 1
Konfliktbewältigung durch Bebauungsplan **70** 2
Konkordanz, praktische **2** 11; **32** 28; **33** 12
Konkrete Gefahr **68** 8
Konkrete Normenkontrolle (Richtervorlage) **54** 1 ff.; **66** 2
- Begründetheit **54** 18
- Entscheidungserheblichkeit **54** 15
- Europäisches Unionsrecht als Vorlagegegenstand **54** 8
- Gerichte **54** 4
- Gesetze, formelle **54** 6
- Gesetze, nachkonstitutionelle **54** 7
- Gesetze, nachlegale **54** 12
- Normenverwerfungskompetenz **54** 1
- Rechtswegeröffnung/Zuständigkeit des BVerfG **54** 3

- Sachentscheidungsvoraussetzungen **54** 2 ff.
- Solange II (Beschluss) **54** 8
- Struktur des Art. 100 GG (Übersicht) **54** 11
- Überzeugung von der Unvereinbarkeit **54** 10, 13
- Vorlagebegründung **54** 17
- Vorlageberechtigung **54** 4
- Vorlagegegenstand **54** 6 ff.
- Vorlagegrund **54** 10 ff.
- Zulässigkeit **54** 2 ff.
Konkurrent
- gegen wirtschaftliche Betätigung Kommunen **84** 9
- Klage **99** 3
Konkurrenzschutz **40** 31
Konkurrierende Gesetzgebung **17** 6 ff.
Konstitutionelle Staatsrechtslehre **22** 5
Konstruktives Misstrauensvotum **15** 10 f.
Konzentrationswirkung **72** 6
Konzeption des Lehrbuchs **1** 1 ff.
Kooperationsverhältnis zwischen BVerfG und EuGH **51** 19 f.
Kooperativer Föderalismus **8** 17 ff.; siehe näher Föderalismus, kooperativer
Koordinationsrechtlicher Vertrag **83** 7
Kopftuchstreit **31** 12, 16; **47** 4
Koppelungsverbot
- bei Austauschvertrag **83** 19, 25
- bei Nebenbestimmung **78** 6
Körperliche Unversehrtheit siehe Recht(e) auf (Leben und) körperliche Unversehrtheit
Körperschaft des öffentlichen Rechts **60** 1 ff.
- Mitglieder **60** 2, 26; **63** 3
- Rechtsfähigkeit/Verwaltungsträger **58** 1; **60** 2
- Selbstverwaltung **60** 2
- Zwangsmitgliedschaft **60** 26
- siehe auch bei Gebietskörperschaft; Personalkörperschaft; Realkörperschaft; Verbandskörperschaft
Korrolartheorie **12** 29
Krankenversicherung, gesetzliche **10** 16
Krankenversorgung **24** 21
Kreisangehörige Gemeinde
- Aufsichtsbehörde **58** 12
Kreisfreie Stadt **58** 12; **59** 2
- Aufsichtsbehörde **58** 12
Kreisverwaltungen **59** 2
Kriegsdienstverweigerung, Grundrecht auf **31** 24 f.
- Ausgestaltungsbefugnis **31** 25
- eigenständiges Grundrecht gegenüber Gewissensfreiheit **31** 24

– kollidierendes Verfassungsrecht (verfassungsimmanente Schranken) **31** 25
Kruzifixurteil **31** 14, 17
Kündigungsschutz **2** 7; **22** 26; **40** 7, 19
Kunstfreiheit **33** 1 ff., 12 ff.
– Bedeutung **33** 1
– Eingriffe **33** 7
– Förderung **33** 7
– formaler Kunstbegriff **33** 2
– materieller Kunstbegriff **33** 2
– offener Kunstbegriff **33** 2
– öffentliche Straße **84** 17
– praktische Konkordanz **33** 12
– Schutzbereich, personeller **33** 5
– Schutzbereich, sachlicher **33** 2 ff.
– verfassungsimmanente Schranken **33** 12
– verfassungsrechtliche Rechtfertigung **33** 12 ff.
– Verwertung, wirtschaftliche **33** 3
– Werkbereich **33** 3
– Wirkbereich **33** 3

Ländereigene Verwaltung **18** 4 ff.
Länder-Länder-Streitigkeiten **56** 2
Landesgrundrechte **21** 2 f.
Landesoberbehörde **59** 2
Landesrecht
– abstrakte Normenkontrolle **104** 4
– und Bundesrecht **66** 1
Landesverfassungen **4** 19; **21** 2 f.
Landesverfassungsgerichtsbarkeit siehe Verfassungsgerichtsbarkeit in den Ländern
Landesverwaltung **59** 2
– Aufbau **59** 2
– Landesoberbehörden **59** 2
– Oberste Landesbehörden **59** 2
Landkreis
– Aufgaben **60** 25
– als Gebietskörperschaft **60** 3, 25
– Mitglieder **60** 25
– Satzungsgebungsbefugnis **63** 3
– Selbstverwaltungsrecht **60** 25
Landrat/Landratsamt
– als allgemeine Verwaltungsbehörde **59** 2; **60** 25
– Amtshaftung **60** 25; **86** 22
– Aufgaben **60** 25
– Organ des Kreises **60** 25
– Organleihe **60** 25
– als untere Aufsichtsbehörde **58** 12
– Wahlbeamter **60** 25
Lärm **67** 12; **87** 19; **89** 12
Laufzeitverlängerung (Atomkraftwerke) siehe Atomlaufzeitverlängerung

Lauschangriff, großer **41** 11
Leben siehe Recht auf Leben sowie Rechte auf Leben und körperliche Unversehrtheit
Lebenspartnerschaft(sgesetz) **34** 5, 10, 12
Legalenteignung **24** 51; **42** 20, 33, 36
Legalitätsprinzip **24** 36
Legislative **7** 6
Legislatives Unrecht **86** 14, 25; **87** 12
Legislaturperiode (Bundestag) **12** 3 f.
Legitimation, demokratische **6** 21 ff.
– funktionelle demokratische Legitimation **6** 32
– institutionelle demokratische Legitimation **6** 32
– Legitimationskette **6** 22 ff.
– ministerialfreier Raum **6** 31
– personelle demokratische Legitimation **6** 22 ff.
– sachlich-inhaltliche demokratische Legitimation **6** 27 ff.
Lehre **33** 8
Leistungs- und Teilhaberechte, derivative **22** 12 f.; **30** 4
– von Behinderten **30** 24
Leistungsklage, allgemeine **97** 2; **99** 2; **101** 7 f.
– bei Anwendung Zwangsmittel **80** 10
– bei beamtenrechtlicher Umsetzung **74** 16; **100** 3
– Begründetheit **100** 7
– bei Erstattungsanspruch **90** 15
– bei Folgenbeseitigung **89** 11
– Klagebefugnis **100** 5
– Normerlass **104** 5
– Organstreit **103** 4
– qualifiziertes Rechtsschutzinteresse **100** 4
– Rechtsschutzbedürfnis **96** 8; **100** 5
– Statthaftigkeit **100** 1 ff.
– Unterlassungsklage **100** 4
– vorbeugende Unterlassungsklage **89** 12; **96** 7; **100** 4
Leistungsrechte, originäre **22** 8 f.; **30** 4
Leistungsstörung beim öffentlich-rechtlichen Vertrag **83** 30
Leistungstheorie **26** 3
Lernfreiheit **33** 10
Leserschaft **32** 17
Limitierungsfunktion des Verwaltungsrechts **61** 1
Liquorentnahme **24** 36, 40, 43, 46
Lobbyismus **37** 21
Löschung von Daten **75** 12; **100** 2
Lissabon-Urteil **5** 21
Lüth-Urteil **20** 11; **22** 14

Maastricht-Urteil **5** 21
Magna Charta Libertatum **20** 3
Mandat
 – Mandat, freies **12** 18
 – Mandat, imperatives **12** 18
Mandatsverlust **12** 19
Marktwirtschaft **40** 17
Maß der baulichen Nutzung **71** 5; **76** 13
Maßgeblicher Beurteilungszeitpunkt
 – bei der Anfechtungsklage **98** 11
 – bei der Verpflichtungsklage **99** 7
Maßnahmegesetze **24** 51
Maßregeln der Besserung und Sicherung **49** 7a
 siehe auch Sicherungsverwahrung
Materielle Grundrechte **21** 10
Materielle Verfassungsmäßigkeit von Gesetzen
 siehe Verfassungsmäßigkeit von Gesetzen
Materielles Recht **50** 2
Mauerschützenprozesse **7** 49; **49** 8
Mehrheit
 – absolute Mehrheit **12** 15
 – doppelt qualifizierte **12** 15; **17** 32f.
 – einfache Mehrheit **12** 15; **13** 21
 – Kanzlermehrheit **12** 15
 – Minderheitenmehrheiten **12** 15
 – Zweidrittelmehrheit siehe Zweidrittelmehrheit
Mehrheitsprinzip **6** 66f.
Mehrheitswahlrecht **6** 41
Mehrinstanzliche Gerichtsbarkeit **19** 12
Mehrstufiger Verwaltungsakt **77** 9
Meinungsfreiheit **32** 1ff., 24ff.
 – Abwägungslehre **32** 25
 – allgemeine Gesetze **32** 24f.
 – Bedeutung **32** 1
 – Boykottaufrufe **32** 3
 – Diffamierung **32** 5f.
 – Eingriffe **32** 10
 – Formalbeleidigungen **32** 5f.
 – Grundrechtsschranken **32** 24ff.
 – Jugendschutz **32** 26
 – Kombinationslehre **32** 25
 – Konkurrenz zur Pressefreiheit **32** 16
 – Konkurrenz zur Versammlungsfreiheit **32** 8
 – Meinungsbegriff **32** 2f.
 – negative Meinungsfreiheit **32** 8
 – öffentliche Straße **84** 17
 – praktische Konkordanz **32** 28
 – Präventivzensur **32** 30
 – Recht der persönlichen Ehre **32** 26
 – Schmähkritik **32** 5f., 32
 – Schrankentrias **32** 24
 – Schutzbereich, personeller **32** 9
 – Schutzbereich, sachlicher **32** 2ff.

 – Soldaten **32** 27
 – Sonderrechtslehre **32** 25
 – Tatsachenbehauptungen **32** 4, 31
 – verfassungsimmanente Schranken **32** 28
 – verfassungsrechtliche Rechtfertigung **32** 24ff.
 – Verhaltensweisen, geschützte **32** 7f.
 – Verhältnismäßigkeitsprinzip **32** 29
 – Volkszählungsurteil **32** 4
 – Wechselwirkungslehre **32** 29
 – Werturteile **32** 2
 – Wirtschaftswerbung **32** 3
 – Zensurverbot **32** 30
 – Zivildienstleistende **32** 17
Menschenrechte **5** 24, 32ff.; **20** 5f.; **21** 7; **29** 11; **49** 7a
Menschenrechtskonvention siehe Europäische Menschenrechtskonvention
Menschenwürde **26** 1ff.
 – Bedeutung **26** 1
 – Eingriffe **26** 8ff.
 – Grundrechtskonkurrenzen **26** 13
 – Grundrechtsverzicht **23** 19; **26** 10
 – Kind als Schaden **26** 9
 – Kommunikationstheorie **26** 3
 – Leistungstheorie **26** 3
 – Mitgifttheorie **26** 3
 – Nasciturus **26** 7
 – Objektformel **26** 8ff.
 – Schutzbereich, personeller **26** 7
 – Schutzbereich, sachlicher **26** 2ff.
 – Schutzfunktion, objektiv-rechtliche **22** 21; **26** 5, 10
 – Sozialstaatsprinzip **26** 5
 – Subsidiarität **26** 13
 – Unantastbarkeit **26** 11
 – verfassungsrechtliche Rechtfertigung **26** 11f.
 – Verhältnis zum allgemeinen Persönlichkeitsrecht **27** 6
Methodenlehre **2** 1ff.; siehe näher Auslegung
Mieter, Nachbarschutz **71** 4; **98** 6
Mietvertrag **22** 19
Minderheitenkanzler **15** 10
Minderheitenschutz **6** 68
Minderjährige **23** 9
Minister
 – Beamter im haftungsrechtlichen Sinn **86** 7
 – Einwirkungsmöglichkeit auf die Verwaltung **58** 5
 – siehe Bundesminister
Ministerialfreier Raum **6** 31
Mischgebiet **76** 13
Mischverwaltung **8** 22; **18** 16
Misstrauensvotum, konstruktives **15** 10f.

Mitbestimmungs-Urteil **22** 15; **40** 16 f.
Mitgifttheorie **26** 3
Mittelbare Bundesverwaltung siehe Bundesverwaltung
Mittelbare Staatsverwaltung **59** 1; **60**
Mittelbehörde **58** 12; **59** 2
Mitverschulden
– bei Amtshaftung **86** 20
– bei Aufopferungsanspruch **88** 7
– bei enteignungsgleichem Eingriff **87** 18
– bei Folgenbeseitigungsanspruch **89** 10
Mitwirkung des Bundesrates siehe Bundesrat
Mitwirkungsbedürftiger Verwaltungsakt **74** 7
Mitwirkungsverbot
– bei Befangenheit Behördenmitarbeiter **72** 17
– bei Befangenheit Gemeinderatsmitglied **60** 12; **63** 5, 10
Modifizierende Auflage **78** 4
Möglichkeitstheorie **51** 23 f.; **98** 7
Monarchie **9** 1
Monistisches Modell der Gemeindeaufgaben **58** 9, 15
Mündliche Verhandlung
– im Gerichtsverfahren **72** 24; **91** 5
– im Verwaltungsverfahren **72** 5
Mündlicher Verwaltungsakt **79** 3, 14
Mütter, Schutz und Fürsorge für **34** 18
– Diskriminierungsverbot **34** 18
– Gesetzgebungsauftrag **34** 18

Nachbar
– Abwehranspruch des Nachbarn **71** 10
– Baurecht **71** 4 f.; **76** 7, 15; **95** 3; **98** 5 f.
– benachbarte Gemeinden **70** 11
– obligatorisch Berechtigte **71** 4; **98** 6
– planübergreifender Nachbarschutz **71** 5
Nachbarschützende Baurechtsnormen **71** 4 ff.; **76** 15, 24; **104** 8
Nachfluchtgründe **43** 11
Nachschaurechte, behördliche **41** 5, 17
Nasciturus **22** 24; **23** 10; **26** 7; **28** 6
Nassauskiesungsbeschluss **42** 5, 19, 41
natürliche Lebensgrundlagen, Schutz der **11** 6
Ne bis in idem siehe Doppelbestrafung, Verbot der
Nebenbestimmungen **78**
– Auflage **78** 3, 7; **82** 19, 21
– Auflagenvorbehalt **78** 4, 7
– Bedingung **78** 2 f.
– Befristung **78** 2 f.
– Koppelungsverbot **78** 6
– Rechtsschutz **78** 7 f.
– Widerrufsvorbehalt **78** 2 f.; **82** 19
– Zulässigkeit **78** 5 f.

Negative Glaubensfreiheit **31** 5
Negatives Stimmgewicht **6** 44, 48a
Neue Formel **30** 14 ff.
Neugliederung des Bundesgebietes **6** 18; **8** 11
Neutralitätspflicht des Staates in Glaubensfragen **31** 8; **47** 4
Neuwahlen zum Bundestag **12** 3
Nichtanerkennungsbeschwerde **6** 63 a; **56** 4
Nichteheliche Kinder (Gleichstellungsauftrag) **34** 19
Nichtförmlichkeit des Verwaltungsverfahrens **72** 5
Nichtigkeit eines öffentlich-rechtlichen Vertrags **83** 21, 23 ff.
– Austauschvertrag **83** 25
– Formverstoß **83** 13, 24
– gesetzliches Verbot **83** 24
– Rückabwicklung **83** 28 f.
– spezielle Nichtigkeitsgründe **83** 25
– Teilnichtigkeit **83** 26
– Vergleichsvertrag **83** 25
Nichtigkeit eines Verwaltungsakts **81** 1, 5 ff.; **83** 25; **101** 13
– absolute Nichtigkeitsgründe **81** 6
– besonders schwerer Fehler **81** 8
– Feststellung **81** 11; **101** 12
– Generalklausel **81** 8
– Negativkatalog **81** 7
– offenkundiger Fehler **81** 8
– Rechtsschutz **81** 11; **98** 3; **101** 6, 8
– Teilnichtigkeit **81** 10
– Umdeutung **81** 18
– Unionsrechtsverstoß **81** 9
Nichtigkeit von Gesetzen **7** 18
Nichtigkeit von Rechtsnorm **66** 1; **74** 13
Nichtstörer **79** 11; **88** 11, 14; **94** 9
Nichtwirtschaftliche Unternehmen **84** 7
Norm, untergesetzliche **4** 8
Normative Ermächtigungslehre **68** 10
Normative Steuerung
– finale Steuerung **68** 1
– gesetzesakzessorische Verwaltung **68** 3
– gesetzesfreie Verwaltung **68** 3
– konditionale Steuerung **68** 1
Normenkontrolle, abstrakte (BVerfG) **53** 1 ff.
– Antragsberechtigung **53** 6
– Antragsgrund **53** 12 ff.
– Begründetheit **53** 21
– Besonderheiten des Verfahrens nach Art. 93 I Nr. 2 a GG **53** 22 f.
– Frist, keine **53** 20
– für gültig halten **53** 16 f.
– für nichtig halten **53** 14

- Meinungsverschiedenheiten oder Zweifel 53 12 ff.
- Nationale Umsetzungsakte von Unionsrecht 53 9
- Normen des Bundes- und Landesrechts 53 8
- Prüfungsgegenstand 53 8 ff.
- rechtliche Existenz des Prüfungsgegenstandes 53 10
- Rechtsschutzbedürfnis/Klarstellungsinteresse 53 18 f.
- Rechtsweg/Zuständigkeit des BVerfG 53 4
- Sachentscheidungsvoraussetzungen 53 3 ff.
- Unionsrecht als Prüfungsgegenstand 53 9
- Unvereinbarkeit mit dem Grundgesetz oder mit Bundesrecht 53 15
- Voraussetzungen des Art. 72 II GG 53 22 f.
- Zulässigkeit 53 3 ff.
- Zustimmungsgesetze zu völkerrechtlichen Verträgen 53 10

Normenkontrolle, abstrakte (OVG)
- Abwägungsgebot im Baurecht 104 7 f.
- Allgemeinverbindlichkeit der Entscheidung 104 1, 15
- Antragsbefugnis 104 6 ff.
- Antragsfrist 104 13
- Antragsgegner/-steller 95 1
- Bebauungsplan 104 4, 7
- Begründetheit 104 1, 14 f.
- Behörden 104 12
- Beiladung 95 2
- Beschluss 91 6
- Einzelrechtsschutzverfahren 104 2
- als Feststellungsklage 97 2; 104 1
- Flächennutzungsplan 104 4
- Funktion 104 1
- Gemeinde 104 10 f.
- Normerlass 104 5
- objektives Rechtsbeanstandungsverfahren 104 1, 14
- obligatorisch Berechtigte 104 8
- Planbetroffene 104 8
- Rechtsschutzbedürfnis 96 6; 104 13
- Rechtsverletzung 104 7
- Statthaftigkeit 104 4 f.
- Unbeachtlichkeit von Fehlern 104 14
- untergesetzliches Landesrecht 104 4
- Unwirksamerklärung 104 15
- Zuständigkeit des OVG 104 3

Normenkontrolle, konkrete siehe konkrete Normenkontrolle (Richtervorlage)
Normenpyramide 66 1
Normerlassklage 104 5a
Normermittlung 67 3; 68 1
Normgeprägter Schutzbereich 42 1, 5

Norminterpretierende Verwaltungsvorschrift 64 2 f.
- Außenwirkung 64 4 f.
Normkollisionen 4 18
Normkonkretisierende Verwaltungsvorschrift 64 2 f.
- Außenwirkung 64 4, 8
- Bekanntmachung 64 9
Normverwerfungskompetenz 7 23 f.; 54 1 siehe auch Verwerfungskompetenz
Notstandsmaßnahmen 37 32
Notstandsverfassung 20 13
Nulla poena sine lege siehe Strafen, Gesetzlichkeitsprinzip hinsichtlich
Nulla poena sine lege certa 7 35
Nulla poena sine lege praevia 7 46
Numerus clausus 22 13
Nutzungsuntersagung im Baurecht 75 4, 6

Oberste Bundes-/Landesbehörde 59 1 f.
Oberste Bundesorgane siehe Bundesorgane, oberste
Oberste Gerichtshöfe des Bundes 19 8
Objektformel 26 8 ff.
Objektive Werteordnung 22 14 ff.; 40 7
Objektives Recht 71 1
Obligatorisch Berechtigte
- als Nachbarn 71 4
- Normenkontrolle 104 8
Öffentliche Bekanntgabe, Verwaltungsakt 79 14
Öffentliche Einrichtung
- Anstalt 60 27
- Anstaltsgebrauch 84 22
- Begriff 84 5
- Beispiele 84 11
- Einwirkung 67 12, 20; 84 23
- kommunalrechtlicher Benutzungsanspruch 60 6; 84 23
- öffentliche Trägerschaft 67 20
- politische Partei 84 24
- private Trägerschaft 67 20
- Widmung 84 5
- wirtschaftliche Unternehmen 84 7 ff.
- Zuordnung der Benutzung/Zweistufentheorie 67 10, 12, 20
Öffentliche Ordnung
- Definition 68 7
- unbestimmter Rechtsbegriff 68 4
Öffentliche Sachen 84
- Anstaltsgebrauch 84 14, 22 ff.
- Begriff 84 2
- Dienstbarkeit 84 3, 12
- Eigentum 84 2 f.; 104 9

– Gemeingebrauch **84** 14 ff.
– Rechtsschutz **84** 12
– sächliche Hilfsmittel **84** 1
– Sondergebrauch **84** 14, 20
– Sondernutzung **84** 19 f.
– Straße **84** 4, 12 f., 16 ff.; **87** 8
– Unterhaltungspflicht **84** 4
– Vermögen **87** 9
– Verwaltungsgebrauch **84** 14, 25
– vorgehaltene Gegenstände **84** 1
– Widmung **84** 5 ff.
– Zivilgebrauch **84** 14
– Zweck **84** 1
Öffentliche Sicherheit **68** 4, 6; **71** 11 f.; **72** 11
– bei Versammlungen **36** 9 f.
Öffentliche Straße **84** 4, 12 f.
– Einziehung **84** 13
– Gemeingebrauch **84** 16 ff.; **87** 8
– Kommunikation **84** 17
– Sondernutzung **84** 17, 19 f.
– Verkehr im engen Sinne **84** 16
– Verkehr im weiten Sinne **84** 17
– Widmung **84** 12, 16
Öffentlicher Dienst
– Berufsfreiheit **40** 18, 26 f.
– Verbot der Benachteiligung aus Glaubensgründen **47** 4
Öffentliches Amt
– Gemeinderat **60** 11
Öffentliches Recht
– Abgrenzung zu Privatrecht **67** 1 ff.
Öffentlichkeitsarbeit
– Beeinträchtigung Chancengleichheit bei Kommunalwahlen **60** 10
– der Bundesregierung **73** 6
Öffentlichkeitsbeteiligung
– Bebauungsplan **63** 11
Öffentlichkeitsgrundsatz im Verwaltungsprozess **91** 5
Öffentlich-rechtliche Schuldverhältnisse **90**
– Erstattungsanspruch siehe dort
– Geschäftsführung ohne Auftrag siehe dort
– Verwahrung siehe dort
Öffentlich-rechtlicher Vertrag **83**; **99** 5
– Abgrenzung zu privatrechtlichem Vertrag **67** 2, 10
– Abgrenzung zu Verwaltungsakt **74** 7
– Amtshaftungsanspruch **86** 23
– Austauschvertrag **83** 8, 10, 17 ff., 25
– als behördliche Handlungsform **73** 1 ff.; **83** 12
– Definition **83** 2
– Ermessen **83** 12, 16
– Fehler **83** 21 ff.

– gemischter Vertrag **83** 3
– Gesetzesverstoß **83** 24
– Inhaltsverbote **83** 12
– koordinationsrechtlicher **83** 7
– Koppelungsverbot **83** 19, 28
– Leistungsstörungen **83** 30
– Mitwirkung anderer Behörden **83** 14
– Nichtigkeit **83** 13, 21, 23 ff.
– Rechtsverhältnis **83** 4
– Rechtsweg **94** 10
– Rechtswidrigkeit **83** 21 f.
– Rückabwicklung **83** 28
– Schriftform **83** 13, 24
– schwebende Unwirksamkeit **83** 14
– subordinationsrechtlicher **83** 6 ff., 23, 25
– Teilnichtigkeit **83** 26
– Urkundeneinheit **83** 13
– Verfügungsvertrag **83** 11, 14
– Vergleichsvertrag **83** 9, 16, 25
– Verpflichtungsvertrag **83** 11, 14
– Vertragsformverbot **83** 12
– Vollstreckung **73** 1; **80** 2; **83** 30
– Zugehörigkeit zum öffentlichen Recht **83** 3
– zusammengesetzter Vertrag **83** 3
– Zuständigkeit **83** 13
– Zustimmung Drittbetroffener **83** 11, 14
Offizialprinzip
– Einleitung Verwaltungsverfahren **72** 14
Opportunitätsprinzip
– bei der Ausübung der Aufsicht **58** 14
– bei der Einleitung von Verwaltungsverfahren **72** 14
Opposition im Bundestag **12** 12
Optimierungsgebot **70** 9
Ordentliche Gerichtsbarkeit **67** 2; **86** 23; **87** 26; **88** 8; **94** 16
Ordnung, öffentliche siehe Öffentliche Ordnung
Ordnungsrecht siehe Polizei- und Ordnungsrecht
Ordnungswidrigkeiten **49** 7
Organe
– Begriff **58** 2
– Behörde **58** 3
– der Gemeinde **60** 19 ff.
– Organklage **103**
– des Verwaltungsträgers **58** 2
Organisationshoheit der Gemeinde **60** 4; **84** 6
Organisationsprivatisierung **58** 1
Organklagen **94** 14; **103**
– Begriff **103** 1
– Beteiligtenfähigkeit **103** 6
– Inter-Organ-Streit **103** 2

- Intra-Organ-Streit **103** 2
- Klageart **103** 4
- Klagebefugnis **103** 5
- Klagegegner **103** 6
- Kommunalverfassungsstreit siehe dort
- organschaftliches Recht **103** 1, 5
- Verwaltaungsrechtsweg **103** 3
- im Zusammenhang mit Bürgerbegehren **60** 8

Organleihe **60** 25
Organschaftliches Recht **103** 1, 5
Organstreitigkeiten innerhalb eines Landes **56** 2
Organstreitverfahren **52** 1 ff.
- Andere Beteiligte **52** 5 f.
- Antragsbefugnis **52** 12 ff.
- Antragsgegner (Parteifähigkeit) **52** 7
- Begründetheit **52** 19
- Beteiligten- bzw. Parteifähigkeit **52** 5 ff.
- Frist (Ausschlussfrist) **52** 16
- Maßnahmen oder Unterlassungen, rechtserhebliche **52** 9 f.
- Möglichkeit einer Rechtsverletzung oder -gefährdung **52** 12
- Oberste Bundesorgane **52** 5
- Organstreitigkeiten innerhalb eines Landes **56** 2
- Organteile **52** 5 f.
- Rechtserheblichkeit des Verfahrensgegenstandes **52** 10
- Rechtsgefährdung, unmittelbare **52** 13
- Rechtsschutzbedürfnis **52** 15
- Rechtsverletzung oder -gefährdung **52** 13, 18
- Rechtswegeröffnung/Zuständigkeit des BVerfG **52** 3
- Sachentscheidungsvoraussetzungen **52** 2 ff.
- Verfahrensgegenstand **52** 9 ff.
- Verletzung in eigenen, verfassungsmäßigen Rechten **52** 13
- Zulässigkeit **52** 2 ff.

Organteile (und andere Beteiligte eines Organstreitverfahrens) **52** 5 f.
Organwalter **58** 2
Originäre Leistungsrechte siehe Leistungsrechte, originäre
Ortsteil **76** 17

Pächter siehe unter obligatorische Berechtigte
Parlament
- Budgetrecht **22** 9

Parlament (Begriff) **6** 38
Parlamentarische Demokratie **6** 20
Parlamentarischer Rat **2** 8; **20** 11

Parlamentsbeschlüsse **12** 17
- echte **12** 17
- schlichte **12** 17

Parlamentsgesetz **4** 10 f.; **7** 7
Parlamentsvorbehalt **6** 27 ff., 65; **24** 27 ff.; **40** 25; **42** 24
Parteiausschluss **6** 83
Parteien, politische **6** 69 ff.
- Aufgabe **6** 70
- Begriff **6** 73 ff.
- Benutzung von Einrichtungen **84** 24
- Betätigungsfreiheit **6** 78 f.
- Binnenstruktur, demokratische **6** 82 ff.
- Chancengleichheit **6** 80 f.
- Funktion **6** 71
- Gründungsfreiheit **6** 78 f.
- Jugendorganisationen **6** 81a, 87a
- Mittlerrolle **6** 71
- Parteiausschluss **6** 83
- Parteienfinanzierung, staatliche **6** 85 ff.
- Parteienprivileg **6** 93 ff.; **84** 24
- Parteiverbot **6** 89 ff.
- Parteiverbotsverfahren **6** 89 ff.; **56** 3
- Rechenschaftspflicht **6** 88
- Rechte, verfassungsmäßige **6** 78 ff.
- Rechtsstellung **6** 76 f.
- Stiftungen **6** 81a, 87a
- Wählervereinigungen, kommunale **6** 75

Parteienfinanzierung, staatliche **6** 85 ff.
Parteienprivileg **6** 93 ff.; **84** 24
Parteiverbot **6** 89 ff.
Parteiverbotsverfahren **6** 89 ff.; **56** 3
Passives Wahlrecht **48** 3
Passivlegitimation **95** 5
Paulskirchenverfassung **20** 7 ff.
Personalhoheit **4** 3
- Gemeinde **60** 4

Personalkörperschaft **60** 26
Persönliche Selbstbestimmung **27** 7
Persönlichkeitskerntheorie **27** 2
Petition of Right **20** 3
Petitionsrecht **44** 1 ff.; **94** 13
- Eingriffe **44** 4
- Petitionen **44** 1 f.
- Schutzbereich **44** 1 ff.
- verfassungsimmanente Schranken **44** 5
- verfassungsrechtliche Rechtfertigung **44** 5

Pflichtaufgaben der Gemeinde
- Aufsicht **58** 11
- zur Erfüllung nach Weisung **58** 10, 13, 15
- weisungsfreie **58** 10, 15

Pflichtexemplar-Entscheidung **42** 13, 17, 21, 25, 27, 31
Planerhaltung **70** 14 f.; **104** 15

Planerische Gestaltungsfreiheit **70**
Planerische Zurückhaltung **70** 5
Planfeststellungsbeschluss
– Konzentrationswirkung **72** 6
– Verwaltungsakt **72** 6
– Widerspruchsverfahren **72** 6
Planfeststellungsverfahren **72** 6
Planrechtfertigung **70** 3
Planung **70**
– Abwägung **70** 1, 6 ff.
– Fehlerfolgen **70** 14 f.
– gerichtliche Kontrolldichte **70** 12 ff.; **99** 7
– Optimierungsgebot **70** 9
– Planerhaltung **70** 14 f.; **104** 15
– Planrechtfertigung **70** 3
– Planungsleitsatz **70** 9
Planungshoheit
– Gemeinde **60** 4; **70** 2, 11; **76** 22
Planungsleitsatz **70** 9
Platzverweis **75** 18
Plebiszitäre Beteiligung
– auf Gemeindeebene **60** 7 f.
Plenum des Bundestages **12** 9
Plenum des Bundesverfassungsgerichts **16** 7
Politische Verfolgung **43** 8
Polizei
– Doppelfunktion **75** 8; **94** 7 f.
– Einheitssystem bei Polizeibehörden **72** 9
– im formellen Sinn **72** 10
– im materiellen Sinn **72** 10
– im organisatorischen Sinn **72** 10
– Schutz privater Rechte **72** 11
– Strafverfolgung **75** 8
Polizei- und Ordnungsrecht
– Anscheinsstörer **79** 11; **88** 13 f.
– Anspruch auf polizeiliches Einschreiten **71** 12
– Aufenthaltsverbot **75** 18
– Aufgabennorm **75** 8
– Austauschmittel **75** 22
– Befragung **75** 13
– Befugnisnorm **75** 8
– Beschlagnahme siehe Sicherstellung
– Datenerhebung/-verarbeitung **75** 12
– Doppelfunktion **75** 8; **94** 7 f.
– Durchsuchung **75** 11, 20; **94** 8
– Einheitssystem **72** 9
– Entschädigungsansprüche **87** 26; **88** 9 ff.; **94** 3, 9
– erkennungsdienstliche Maßnahmen **75** 14 ff.; **79** 2; **94** 7
– Ermächtigungsgrundlage für belastende Maßnahmen **75** 8 ff.
– Ermessen **69** 1, 4, 7, 9; **71** 11; **75** 9; **79** 12

– Ersatzvornahme **86** 6; siehe auch bei Verwaltungsvollstreckung
– Gefahr siehe dort
– Generalklausel **69** 1, 4, 7, 9; **71** 11; **75** 9 f., 18
– Identitätsfeststellung **75** 14
– Ingewahrsamnahme **75** 11, 17, 20; **94** 8
– Nichtstörer **79** 11; **88** 11, 14; **94** 9
– öffentliche Ordnung **68** 7
– öffentliche Sicherheit **68** 6; **71** 11 f.; **72** 11
– Ordnungs- und Sicherheitsbehörden **72** 9
– Platzverweis **75** 18
– Polizeibehörden **72** 8
– Polizeiverordnung **68** 8; **104** 4
– Rechtsnachfolge **77** 3
– Sicherstellung **68** 3 f., 6, 8; **75** 21; **90** 16; **94** 8
– sofortiger Vollzug **80** 12
– Standardmaßnahmen **75** 11 ff.
– Störerauswahl **79** 12
– subjektives öffentliches Recht **71** 11
– Subsidiaritätsklausel **68** 6; **72** 11
– Trennsystem **72** 8
– unmittelbare Ausführung **80** 12
– Verantwortlichkeit **79** 6 ff.
– Verhaltensstörer **77** 3; **79** 8 f., 12; **88** 12
– Videoüberwachung **75** 12
– Vollzugshilfe **72** 13
– Vorführung **75** 16
– Vorladung **75** 16
– Zuständigkeit **72** 8 ff.
– Zustandsstörer **77** 3; **79** 10, 12; **88** 12
– Zweckveranlasser **79** 9
Polizeibehörden **72** 8 ff.
Polizeiliche Subsidiaritätsklausel **68** 6; **72** 11
Polizeipflicht von Hoheitsträgern **79** 7
Polizeiverordnung **68** 8; **104** 4
Popularklage **98** 5; **101** 11; **104** 6
Post siehe Brief-, Post- und Fernmeldegeheimnis
Postgeheimnis siehe Brief-, Post- und Fernmeldegeheimnis
Postulationsfähigkeit **95** 5
Praktische Konkordanz siehe Konkordanz, praktische
Präsidentenanklage **14** 7; **56** 5
Präventivzensur **32** 30
Preisfreiheit **40** 16
Pressefreiheit **32** 1, 14 ff., 24 ff.
– Abwägungslehre **32** 25
– allgemeine Gesetze **32** 24 f.
– Auskunftsansprüche **32** 15
– Bedeutung **32** 1
– Beeinträchtigungen, faktische, mittelbare **32** 18
– CDs **32** 14

– Eingriffe **32** 18
– Grundrechtsschranken **32** 24 ff.
– Hilfstätigkeiten, pressetechnische **32** 15
– Jugendschutz **32** 26
– Kombinationslehre **32** 25
– Konkurrenz zur Meinungsfreiheit **32** 16
– Leserschaft **32** 17
– Neutralitätspflicht des Staates **32** 18
– praktische Konkordanz **32** 28
– Präventivzensur **32** 30
– Pressebegriff **32** 14
– Presseförderung **32** 15
– Recht der persönlichen Ehre **32** 26
– Redaktionsgeheimnis **32** 15
– Schmähkritik **32** 32
– Schrankentrias **32** 24
– Schutzbereich, personeller **32** 17
– Schutzbereich, sachlicher **32** 14 ff.
– Schutzpflicht **32** 15
– Sensationspresse **32** 14
– Sonderrechtslehre **32** 25
– Subventionierung **32** 18
– verfassungsimmanente Schranken **32** 28
– verfassungsrechtliche Rechtfertigung **32** 24 ff.
– Verhaltensweisen, geschützte **32** 15
– Verhältnismäßigkeitsprinzip **32** 29
– Wechselwirkungslehre **32** 29
– Zensurverbot **32** 30
Primärrechtsschutz **86** 19; **87** 4, 18
Primat der Selbstverantwortung **10** 10
Privatautonomie **22** 17, 19; **67** 16; **83** 12; **90** 6
Privatnützigkeit des Eigentums **42** 2, 12, 26, 29
Privatrecht **22** 16 ff.; **61** 1
– Abgrenzung zu öffentlichem Recht **67** 1 ff.
– Flucht ins Privatrecht **67** 14
– öffentliche Sicherheit **68** 6; **72** 11
– Rechtsweg **67** 2; **94** 16 f.
Privatrechtliches Handeln der öffentlichen Verwaltung **67** 12, 14 ff.
– Bedarfsdeckung **67** 21
– als behördliche Handlungsform **73** 1
– erwerbswirtschaftliches Handeln **67** 22
– Grundrechtsbindung **67** 14, 21 f.
– Verwaltungsprivatrecht **67** 15 ff.; **84** 23
Privatrechtsgestaltender Verwaltungsakt **74** 8
Privatschulfreiheit siehe Schulwesen
Privatsphäre **22** 6; **27** 7, 18
Prognoseentscheidungen **68** 9, 12
Proportionalität **24** 44 ff.
Prozessfähigkeit **95** 5
Prozessführungsbefugnis **95** 5
– aktive **95** 5
– passive **95** 5

Prozesskostenhilfe **30** 4
Prozessstandschaft **95** 5
Prozessuale Grundrechte **21** 10; siehe näher Justizgrundrechte
Prozessurteil **91** 6; **96** 5
Prüfungsentscheidungen **68** 11 siehe auch unter Benotungen
Prüfungsrecht des Bundespräsidenten **14** 8 ff.
– formelles Prüfungsrecht bzgl. Gesetzen **14** 9, 11 f.
– materielles Prüfungsrecht bzgl. Gesetzen **14** 10 ff.
– Prüfungsrecht bzgl. Ernennung der Bundesrichter, Bundesbeamten und Offiziere **15** 4
– Prüfungsrecht bzgl. Ministerernennung **14** 14 f.
– Prüfungsrecht bzgl. Vorschlag bzw. Ernennung des Bundeskanzlers **14** 16
Prüfungsverfahren **40** 7
Putativgefahr **68** 9

Qualifizierter Bebauungsplan **63** 8; **76** 10 ff.
Quellen, allgemein zugängliche **32** 11
Quotenregelungen **30** 22; **47** 3

Radbruch'sche Formel **7** 49
Rahmengesetzgebung **17** 13 f.
Rasse (Diskriminierungsverbot) **30** 23
Rat siehe unter Gemeinderat
Rauchverbot **60** 17
Realakt
– Abgrenzung zu Verwaltungsakt **74** 10
– Begriff **73** 4
– als behördliche Handlungsform **73** 1 f., 4
– Beispiele **73** 4; **80** 10, 13
– Justizverwaltungsakt **94** 6
– siehe auch unter schlichthoheitlichem Verwaltungshandeln
Realkörperschaft **60** 26
Recht
– öffentliches siehe Öffentliches Recht
Recht auf gerechte Abwägung **71** 6
Recht auf den gesetzlichen Richter **19** 13; **49** 2 ff.; siehe Richter, gesetzlicher
Recht auf körperliche Unversehrtheit
– Schutzbereich, sachlicher **28** 4
Recht auf Leben
– Existenz, biologisch-physische **28** 2
– Freitod **28** 3
– Schutzbereich, sachlicher **28** 2 f.
– Todesschuss **28** 11
– Todesstrafe **28** 11
Recht der persönlichen Ehre **32** 26
Recht, einfaches **4** 8

Recht, formelles **50** 2
Recht, materielles **50** 2
Rechte auf Leben und körperliche Unversehrtheit **24** 46; **28** 1 ff.
– Abwehrcharakter **28** 7
– Bedeutung **28** 1
– Beeinträchtigungen, faktische, mittelbare **28** 7
– Eingriffe **28** 7 ff.
– Grenzen der Einschränkbarkeit **28** 11 f.
– Grundrechtsschranken **28** 10
– Liquorentnahme **24** 36, 40
– Nasciturus **23** 10; **28** 6
– Schutzbereiche, personeller **28** 6
– Schutzbereiche, sachliche **28** 2 ff.
– Schutzpflicht **28** 1, 5, 9
– Schutzpflichten **22** 21 ff.
– verfassungsrechtliche Rechtfertigung **28** 10 ff.
– Verhältnis zur Berufsfreiheit **40** 9
– Verhältnismäßigkeitsprinzip **28** 11
Rechtliches Gehör **72** 18; **91** 3, 5; siehe Gehör, rechtliches
Rechtsanwalt
– im Verwaltungsverfahren **72** 16; **79** 13
– siehe auch unter Postulationsfähigkeit
Rechtsanwendungsbefehl **5** 13
Rechtsaufsicht **18** 6; **58** 7, 11, 14 f.
Rechtsbegriff, unbestimmter siehe Unbestimmter Rechtsbegriff
Rechtsbehelfsbelehrung **98** 9
Rechtsbehelfsfrist **81** 2 f.; **98** 9; **99** 6; **102** 5, 12; **104** 13
Rechtschreibreform **35** 4
Rechtsextremistische Versammlungen **36** 10
Rechtsfähigkeit
– Anknüpfung für Beteiligtenfähigkeit **95** 4
– Anstalt **60** 27
– Organ **58** 2
– Verwaltungsträger **58** 1
Rechtsfolgenbestimmung **68** 1
Rechtshängigkeit **99** 2 f.
Rechtsinstitutionsgarantie **60** 4
Rechtsklarheit **7** 35
Rechtskraft **19** 3; **81** 4; **82** 26; **86** 18; **91** 6; **95** 2; **96** 4 f.
– formelle **96** 5
– materielle **96** 5
Rechtsnachfolge **77** 2 ff.; **96** 4 f.
– im Baurecht **77** 4
– im Polizeirecht **77** 3
Rechtsnorm **4** 7
– Abgrenzung zu Verwaltungsakt **74** 13, 20
– des Außenrechts **61** 3

– fehlerhafte **74** 13
– finale **68** 1
– konditionale **68** 1
– offene **68** 2
Rechtsordnung **4** 5 ff.
– Einzelfallgesetz **7** 7
– Gesetz **4** 7
– Gesetz, formelles **4** 8, 10 f.; **7** 7
– Gesetz, materielles **4** 8
– Gewohnheitsrecht **4** 14
– Haushaltsgesetz **4** 11
– Kollisionsregeln **4** 18 ff.
– Nichtigkeit von Gesetzen **7** 18
– Norm, untergesetzliche **4** 8
– Normkollisionen **4** 18
– Parlamentsgesetz **4** 10 f.; **7** 7
– Recht, einfaches **4** 8
– Rechtsnorm **4** 7
– Rechtsquellen **4** 9 ff.
– Rechtsquellenhierarchie **4** 21
– Rechtsverordnung **4** 12
– Richterrecht **4** 14
– Satzung **4** 13
– Selbstbindung der Verwaltung **4** 17
– Verfassung **4** 9
– Verwaltungsvorschrift **4** 15 ff.
– Widerspruchsfreiheit **2** 12; **7** 41 ff.; **24** 53
Rechtspflege **24** 21
Rechtspositionen, sozialversicherungsrechtliche **42** 28
Rechtsprechung **19** 1 ff.
– Änderung **65** 2; **82** 20, 27
– Begriff **19** 3
– Gerichte **19** 4, 6
– Merkmale rechtsprechender Tätigkeit **19** 3
– Rechtskraft **19** 3
– Richter **19** 5
– richterliche Unabhängigkeit **19** 5
– Selbstbindung **30** 6
– Trennung, personelle und organisatorische **19** 4
Rechtsquellen **4** 9 ff.
– Gesetz, formelles **4** 10 f.
– Gewohnheitsrecht **4** 14
– Hierarchie **4** 21
– Parlamentsgesetz **4** 10 f.
– Rechtsverordnung **4** 12
– Richterrecht **4** 14
– Satzung **4** 13
– Verfassung **4** 9
– Verwaltungsvorschrift **4** 15 ff.
Rechtsquellenhierarchie **4** 21
Rechtsreflex **98** 6
Rechtssatzverfassungsbeschwerde **51** 36 ff., 47

Rechtsschutz
– bei Bürgerbegehren/-entscheid 60 8
– effektiver 45 6
– der Gemeinde 58 15; 60 4; 63 12; 76 22
– gegen einen Gemeinderatsbeschluss 60 15
– des Nachbarn gegen Bauvorhaben 76 7; 98 6 f.
– gegen Nebenbestimmungen des Verwaltungsakts 78 7 f.
– gegen Rücknahme 82 5
– bei Umsetzung 74 16; 100 3
– bei Verkehrszeichen 74 23; 98 6; 106 5
– gegen Vollstreckungsmaßnahmen 80 4, 9 f., 13
– bei Wiederaufgreifen 82 30
Rechtsschutzbedürfnis
– allgemeines 96 6 ff.; 100 5; 101 7, 12; 104 13
– besonderes 96 6; 100 4; 101 9 f.
Rechtsschutz-/Rechtsweggarantie 68 5; 71 1; 91 3; 94 1, 12 f.; 100 1, 4; 102 2; 105 1; 107 9
Rechtssetzungshoheit, gemeindliche 60 4; 63 3 ff.
Rechtssicherheit 7 33 ff.; 82 15
Rechtsstaat 7 1 ff.
– Begriff 7 1
– Bestimmtheitsgebot 7 35 ff.
– Einzelfallgesetz 7 7
– Exekutive 7 8
– Gerechtigkeit, materielle 7 31 ff.
– Gesetzesvorbehalt 7 25 ff.; siehe näher Gesetzesvorbehalt
– Gesetzesvorrang 7 17, 20 ff.
– Gesetzgebung 7 6
– Gesetzmäßigkeit der Verwaltung, Grundsatz der 7 17, 25 ff.
– Gewaltenteilung, horizontale 7 5 ff.
– Gewaltenverschränkung 7 10 ff.
– Judikative siehe Rechtsprechung
– Legislative 7 6
– materielle Dimension 7 3, 31 f.
– Mauerschützenprozesse 7 49
– Nichtigkeit von Gesetzen 7 18
– Normverwerfungskompetenz 7 23 f.
– nulla poena sine lege certa 7 35
– nulla poena sine lege praevia 7 46
– Parlamentsgesetz 7 7
– Radbruch'sche Formel 7 49
– Rechtsklarheit 7 35
– Rechtsprechung siehe Rechtsprechung
– Rechtssicherheit 7 33 ff.
– Rückwirkungsverbot 7 44 ff.; siehe näher Rückwirkungsverbot
– verfassungsmäßige Ordnung (Art. 20 III GG) 7 18

– Verfassungsvorrang 7 17 ff.
– Verhältnismäßigkeit, Grundsatz der 24 32 ff.
– Verortung, rechtliche 7 2
– Vertrauensschutz 7 64 ff.
– vollziehende Gewalt 7 8
– Widerspruchsfreiheit der Rechtsordnung, Prinzip der 7 41 ff.
Rechtsstaatsprinzip
– Anhörung 72 18
Rechtsstellungsgarantie 60 4
Rechtssubjektsgarantie 60 4
Rechtsträgerprinzip 103 6
Rechtsverhältnis 83 4; 101 3 ff.
Rechtsverordnung 4 12; 17 43 f.; 63 2; 64 6
– als behördliche Handlungsform 73 1, 3
– enteignungsgleicher Eingriff 87 12
– Gesetz im materiellen Sinn 63 1
– Normenpyramide 66 1
– Verkehrszeichen 74 23
– Verweisung auf technische Regel 65 1
– Widmung 84 5
– Zitiergebot 63 5
Rechtsweg
– Amtshaftung 86 23; 94 5, 10
– Aufopferung 88 8; 94 10
– enteignender Eingriff 87 26; 94 5, 10
– enteignungsgleicher Eingriff 87 26; 94 5, 10
– siehe auch Verwaltungsrechtsweg
Rechtswegerschöpfung siehe Subsidiarität der Verfassungsbeschwerde
Rechtsweggarantie 45 1 ff.
– Ausgestaltungsmaßnahmen 45 9 f.
– Bedeutung 45 1
– Eingriffe 45 9
– Exekutive 45 2
– Gebot effektiven Rechtsschutzes 45 6
– Instanzenzuggewährleistung, keine 45 3
– institutionelle Garantie 45 1
– Judikative 45 3
– Legislative 45 3
– öffentliche Gewalt 45 2
– Rechtsweg 45 5
– Schutzbereich, personeller 45 8
– Schutzbereich, sachlicher 45 2 ff.
– verfassungsimmanente Schranken 45 10
– verfassungsrechtliche Rechtfertigung 45 10
– verfassungsunmittelbare Beschränkungen 45 11
– Verletzung eigener (subjektiver) Rechte 45 4
– Wirksamkeit des Rechtsschutzes 45 6
Redaktionsgeheimnis 32 15, 20
Reformatio in Peius im Widerspruchsverfahren 92 14

Regelung
- abstrakt-generelle **74** 13
- abstrakt-individuelle **74** 14
- konkret-generelle **74** 14, 20
- konkret-individuelle **74** 13 f.

Regelungsanordnung im einstweiligen Rechtsschutz **107** 1 ff.
Regiebetrieb **84** 10
Regierung siehe Bundesregierung
Regierungsakte **94** 13
Regierungspräsidium **58** 12; **59** 2
Regierungssystem, parlamentarisches **15** 2
Regress bei Amtshaftung **86** 23
Regulierungsermessen **69** 10
Reichskanzler **15** 2
Reichspräsident **14** 2; **15** 2
Religionsfreiheit **67** 16, 22
- Warnung vor Jugendsekten **73** 7
- siehe Glaubensfreiheit

Religionsgesellschaften bzw. Religionsgemeinschaften **31** 11
Religionsunterricht siehe Schulwesen
Repräsentative Demokratie **6** 35 f.
Republik **9** 1 ff.
- Adelsprivilegien, Abschaffung von **9** 1
- Begriff **9** 1
- Staatsnamen, normative Kraft des **9** 3
- Staatsoberhaupt **9** 1

Ressortkompetenz der Bundesminister **15** 22
Ressortprinzip **15** 22
Richter **19** 5
Richter, gesetzlicher **49** 2 ff.; **91** 3
- Ausnahmegerichte **49** 2
- Eingriffe **49** 4
- einheitliches Recht **49** 2
- Gerichte für besondere Sachgebiete **49** 2
- Geschäftsverteilungspläne **49** 3
- grundrechtsgleiches Recht **49** 2
- Justizgrundrecht **49** 1
- Schutzbereich **49** 2
- verfassungsrechtliche Rechtfertigung **49** 4
- Zuständigkeitsregelungen, fundamentale **49** 3

Richterliche Unabhängigkeit **19** 5
Richterrecht **4** 14; **65** 2; **85** 1; **87** 5, 12
Richtervorbehalt
- Durchsuchungen **41** 8
- technische Wohnraumüberwachung **41** 10, 12

Richtervorlage siehe konkrete Normenkontrolle (Richtervorlage)
Richterwahl (BVerfG) **16** 8
Richterwahlausschuss (Bundestag) **16** 8

Richtlinien
- allgemeine **58** 6
- unionsrechtliche **62** 2

Richtlinienkompetenz des Bundeskanzlers **15** 21; **94** 13
Rückbewirkung von Rechtsfolgen (Begriff) **7** 52
Rücknahme von Verwaltungsakten **82** 3 ff.
- Adressat **79** 5
- Anspruch auf **82** 6
- Ausgleich für Vermögensnachteil **82** 10
- Ausschlussfrist **82** 12 ff.
- begünstigender rechtswidriger Verwaltungsakt **82** 2 ff., 7 ff.
- belastender rechtswidriger Verwaltungsakt **82** 2 f., 6, 24
- Drittwirkungsverwaltungsakt **82** 24
- Ermessen **82** 6, 8, 10 f., 14 f.; **83** 22
- Erstattung **82** 23
- Geld-/Sachleistungsverwaltungsakt **82** 8 f., 14
- Rechtsschutz **82** 5
- schutzwürdiges Vertrauen **82** 9 f., 14
- unionsrechtswidriger Verwaltungsakt **82** 14 f.
- vertragserfüllender Verwaltungsakt **83** 22, 29
- zuständige Behörde **82** 5

Rücksichtnahmegebot **71** 8; **76** 13, 15, 20, 21
Rückwirkung, echte (Begriff) **7** 52
Rückwirkung, unechte (Begriff) **7** 52
Rückwirkungsverbot **7** 45 ff., 45 ff.; **24** 53
- absolutes Rückwirkungsverbot **7** 46 ff.
- Abwägungsprämissen **7** 59 ff.
- allgemeines Rückwirkungsverbot **7** 50 ff.
- Begriff **7** 45
- hinsichtlich Strafen (Gesetzlichkeitsprinzip, nulla poena sine lege) **49** 7 f.
- Mauerschützenprozesse **7** 49
- nulla poena sine lege praevia **7** 46
- Radbruch'sche Formel **7** 49
- Rechtfertigung einer Rückwirkung **7** 54 ff.
- Rückbewirkung von Rechtsfolgen (Begriff) **7** 52
- Rückwirkung, echte (Begriff) **7** 52
- Rückwirkung, unechte (Begriff) **7** 52
- schutzwürdiges Vertrauen **7** 56, 60 f.
- tatbestandliche Rückanknüpfung (Begriff) **7** 52

Rundfunkanstalten **23** 17; **32** 21; **60** 27; **63** 3
Rundfunkfreiheit **32** 1, 19 ff., 24 ff.
- Abwägungslehre **32** 25
- allgemeine Gesetze **32** 24 f.
- Bedeutung **32** 1
- Eingriffe **32** 22

- Grundrechtsschranken 32 24ff.
- Jugendschutz 32 26
- Kombinationslehre 32 25
- praktische Konkordanz 32 28
- Präventivzensur 32 30
- Programmgestaltungsfreiheit 32 20, 22
- Recht der persönlichen Ehre 32 26
- Redaktionsgeheimnis 32 20
- Rundfunkanstalten 23 17; 32 21
- Rundfunkbegriff 32 19
- Rundfunkveranstalter, private 32 21
- Schmähkritik 32 32
- Schrankentrias 32 24
- Schutzbereich, personeller 32 21
- Schutzbereich, sachlicher 32 19f.
- Sonderrechtslehre 32 25
- verfassungsimmanente Schranken 32 28
- verfassungsrechtliche Rechtfertigung 32 24ff.
- Verhaltensweisen, geschützte 32 20
- Verhältnismäßigkeitsprinzip 32 29
- Wechselwirkungslehre 32 29
- Zensurverbot 32 30

Rundfunkveranstalter, private 32 21

Sach- und Rechtslage
- Änderung 82 20, 27
Sachentscheidungsvoraussetzungen 93
- allgemeine 93 2
- Begriff 93 1
- besondere 93 2
- beteiligtenbezogene 95; siehe unter Beteiligte im Verwaltungsprozess
- im Verfassungsprozess 50 24f.
- klagebezogene 96
- Postulationsfähigkeit 95 5
- Prozessfähigkeit 95 5
- Prozessführungsbefugnis 95 5
- Rechtshängigkeit 96 2f.
- Rechtskraft 96 4f.
- Rechtsschutzbedürfnis 96 6ff.; 100 5
- Verwaltungsrechtsweg siehe dort
- Vorverfahren 92 1, 3 ff
Sachkompetenz 18 10f.
Sachurteil 91 6
Sachverhaltsermittlung 68 1; 72 1, 12, 23
Sachzusammenhang 67 12f.; 83 3; 86 5
Sachzusammenhangs-Kompetenz 17 18f.
Salvatorische Klauseln 42 30, 37
Sammelverwaltungsakt 74 20
Satzung 4 13
- Bebauungsplan 63 8, 12; 66 2; 70 2; 104 4
- als behördliche Handlungsform 73 1, 3
- Bekanntmachung 63 5

- Eilentscheidungsrecht des Bürgermeisters 60 22
- enteignungsgleicher Eingriff 87 12
- Flächennutzungsplan 104 4
- Geschäftsordnung des Gemeinderats 60 15
- Gesetz im materiellen Sinn 63 1
- kommunale 63 4ff.
- Normenpyramide 66 1
- Unterschied zur Rechtsverordnung 63 3
- Widmung 84 5
- Zuständigkeit des Gemeinderats 60 19; 63 3, 5
Satzungsautonomie 60 4; 63 3f.
Schadensersatz (Amtshaftung) 86 20
Schlichthoheitliches Verwaltungshandeln 73 1f., 4f.; 100 2
- Begriff 73 4
- informelle Absprachen 73 9
- Verwaltungsverfahrensgesetz 72 4
- Warnungen 73 5ff.; 100 4
- siehe auch unter Realakt
Schmähkritik 32 5f., 32
Schranken siehe Grundrechtsschranken
Schranken, verfassungsunmittelbare
- Altersgrenzenregelung des Art. 38 II GG betreffend Wahlrechte 48 7
- hinsichtlich Rechtsweggarantie 45 10
- hinsichtlich Unverletzlichkeit der Wohnung 24 14; 41 16
- hinsichtlich Vereinigungsfreiheit 24 14; 37 10ff.
Schrankendivergenz 25 3
Schranken-Schranken 24 22ff.
Schrankenvorbehalte siehe Grundrechtsschranken
Schriftform
- Klage 96 1
- öffentlich-rechtlicher Vertrag 83 13, 24
- Verwaltungsakt 79 3; 81 17; 82 23
- Widerspruch 92 7
Schulaufsicht, staatliche siehe Schulwesen
Schuldverhältnisse, öffentlich-rechtliche 90 1
Schule siehe Schulwesen
Schülerlotse 60 31
Schulwesen 35 1ff.
- Abwehrrecht gegenüber Beeinträchtigungen der Privatschulfreiheit 35 9f.
- Einrichtungsgarantie bzgl. privater Schulen 35 9
- Ergänzungsschulen 35 10
- Ersatzschulen 22 25f.; 35 10
- Privatschulfreiheit 22 25f.; 35 9f.
- Rechtschreibreform 35 4

- Religionsunterricht, Anspruch auf Schaffung der Voraussetzungen von **35** 5f.
- Religionsunterricht, Erteilung von **35** 7
- Religionsunterricht, Teilnahme am **35** 8
- Schranke für andere Grundrechte **35** 3
- Schule (Begriff) **35** 2
- Staatliche Schulaufsicht **35** 2ff.
- Volksschulen **35** 10

Schutz vor Zwangsarbeit siehe Freiheit von Zwangsarbeit
Schutzbereich, personeller **24** 3f.
Schutzbereich, sachlicher **24** 3f.
Schutznormtheorie **71** 3f.; **98** 6
Schutzpflichten **22** 21ff.
Schwangerschaftsabbruch **22** 24
selbständiger Bebauungsplan **63** 9
Selbstauflösungsrecht des Bundestages **12** 7
Selbstbindung der Rechtsprechung **30** 6
Selbstbindung der Verwaltung **4** 17; **30** 6; **64** 6f.; **69** 8; **82** 29; **84** 20; **99** 5
Selbstdarstellungsrecht **27** 7
Selbsteintritt
- als Mittel der Fachaufsicht **58** 7

Selbstkoordinierung, vertragliche **8** 27
Selbstverwaltung, funktionale **6** 34
Selbstverwaltungsangelegenheiten
- Aufsicht **58** 11
- freiwillige **58** 9ff., 15
- pflichtige **58** 9ff.

Selbstverwaltungsgarantie, kommunale **8** 45ff.
- Aufgabenverteilungsprinzip **60** 4
- Ausgestaltung, gesetzliche **8** 47
- Eingriff **8** 46
- Gemeinden, Aufgabenbereich der **8** 45
- Gemeindeverbände, Aufgabenbereich der **8** 45
- Gemeindeverwaltung, Organisation der **8** 45
- institutionelle Garantie **22** 27
- Rechtfertigung eines Eingriffs **8** 47

Selbstverwaltungsrecht
- Gemeinde **58** 8, 15; **60** 4; **63** 3f., 12; **70** 2, 11; **99** 5
- Klagebefugnis **58** 15
- Landkreis **60** 25
- Satzungen **63** 3

Selbstvornahme **80** 6
Sensationspresse **32** 14
Sichere Drittstaaten **43** 12
Sichere Herkunftsstaaten **43** 16
Sicherheit, öffentliche siehe Öffentliche Sicherheit
Sicherstellung, polizeiliche **68** 3f., 6, 8; **75** 21; **90** 16; **94** 8

Sicherungsanordnung im einstweiligen Rechtsschutz **107** 2f.
Sicherungsverwahrung **5** 39; **29** 11; **49** 7a
Sittenwidrigkeit **22** 18f.
Sitzberechnung (Bundestagswahl) **6** 44
Sofortiger Vollzug **80** 11ff.
Solange I (Beschluss) **5** 21
Solange II (Beschluss) **5** 21; **51** 19; **54** 8
Soldaten **32** 27
Sollvorschrift **69** 2
Sonderaufsicht **58** 11
Sondergebrauch **84** 21
Sondernutzung **84** 13f., 17, 19f.
Sondernutzungserlaubnis **84** 17ff.
Sonderopfer **87** 17, 23; **88** 5f.
Sonderrechtstheorie **32** 25; **67** 8
Sonderverwaltungsbehörden **59** 2
Sondervotum **50** 20
Souveräner Staat **4** 4
Sozialbindung des Eigentums **42** 4, 28
Soziale Grundrechte **22** 9
Sozialhilfeleistungen **107** 9
Sozialisierung **42** 22, 39
Sozialsphäre **27** 18
Sozialstaat **10** 1ff.
- Adressaten **10** 5ff.
- Begriff **10** 3
- Begünstigte **10** 8
- Bildungseinrichtungen, Zugang zu **10** 14
- Bundessozialhilfegesetz **10** 9
- Bürgerversicherung **10** 11
- Bürgerzwangsversicherung **10** 11
- Chancengleichheit **10** 14
- Einzelkonkretisierungen **10** 2
- Europäische Union **10** 1
- Existenzminimum **10** 9; **26** 5
- Gerechtigkeit, soziale **10** 12f.
- Konkretisierung **10** 5ff.
- Krankenversicherung, gesetzliche **10** 16
- Primat der Selbstverantwortung **10** 10
- Rechte, subjektive **10** 5, 9
- Staatszielcharakter **10** 4
- Teilziele **10** 3
- Verhältnis zu Grundrechten **10** 15f.
- Verortung, rechtliche **10** 1f.
- Vorgaben, inhaltliche **10** 8ff.
- Vorrang privater Lebensgestaltung **10** 8
- Vorsorge **10** 11

Sparkassen **60** 27
Spartengerichtsbarkeit **19** 10
Sperrwirkung für die Landesgesetzgebung **17** 8f.
Spezialität von Grundrechten **25** 2

Spezielle Gleichheitssätze siehe Gleichheitssätze, spezielle
Spezifisches Verfassungsrecht **51** 25, 60
Spielbankunternehmer siehe Berufsfreiheit
Spielräume der Verwaltung
– Beurteilungsspielraum **68** 10 ff.; **98** 12; **99** 4, 7
– Ermessen **69**; siehe auch dort
– planerische Gestaltungsfreiheit **70**
Splittersiedlung **76** 17, 21
Spontanversammlungen **36** 8
Sprache (Diskriminierungsverbot) **30** 23
Spruchreife **99** 7
Staat **4** 1 ff.
– Abstammungsprinzip **4** 3
– Drei-Elemente-Lehre **4** 1
– Gebietshoheit **4** 2
– ius sanguinis **4** 3
– ius soli **4** 3
– Personalhoheit **4** 3
– souveräner Staat **4** 4
– Staatsangehörigkeit, doppelte **4** 3
– Staatsgebiet **4** 2
– Staatsgewalt **4** 4; **6** 4 f.
– Staatsgewalt, horizontale Aufteilung der **7** 5 ff.
– Staatsgewalt, vertikale Aufteilung der **8** 12 ff.
– Staatsvolk **4** 3
– Territorialprinzip **4** 3
– Volk, deutsches **4** 4; **6** 6 ff.
– Wirtschaftszone **4** 2
Staatenbund **8** 2
Staatliche Schulaufsicht siehe Schulwesen
Staatsangehörigkeit, doppelte **4** 3
Staatsangehörigkeit, Schutz der deutschen siehe Ausbürgerung, Schutz vor
Staatsbürgerliche Rechte und Pflichten
– bundesstaatssystembedingte Differenzierungen **47** 2
– kollidierendes Verfassungsrecht **47** 4
– Neutralitätspflicht in Glaubensfragen **47** 4
– staatsbürgerliche Rechte- und Pflichtengleichheit **47** 2
– Verbot der Benachteiligung aus Glaubensgründen **47** 4
Staatsfunktionen
– Gesetzesvollzug bzw. Verwaltung **18** 1 ff.
– Gesetzgebung **17** 1 ff.
– Rechtsprechung **19** 1 ff.
Staatsgebiet **4** 2
Staatsgewalt **4** 4; **6** 4 ff.
– Ausübung **6** 12 ff.
– horizontale Aufteilung **7** 5 ff.
– vertikale Aufteilung **8** 12 ff.

Staatshaftung
– Begriff **85** 1
– unionsrechtliche **86** 25
– unmittelbare **86** 2
Staatsnamen, normative Kraft des **9** 3
Staatsoberhaupt **9** 1; **14** 1
Staatsorgane siehe Bundesorgane, oberste
Staatsrecht **3** 1
Staatsstreich **46** 2
Staatsstrukturprinzipien
– Bundesstaat **8** 1 ff.
– Demokratie **6** 1 ff.
– Ewigkeitsgarantie **8** 3; **17** 42
– Rechtsstaat **7** 1 ff.
– Republik **9** 1 ff.
– Sozialstaat **10** 1 ff.
Staatsverträge **8** 27
Staatsverwaltung
– mittelbare **59** 1; **60**
– unmittelbare **59** 1 f.; **60** 3
Staatsvolk **4** 3
Staatsvolk, europäisches **5** 10
Staatszielbestimmungen **11** 2 ff.
– Adressaten **11** 3 f.
– Europa, vereintes **5** 2
– natürliche Lebensgrundlagen, Schutz der **11** 6
– Sozialstaat **10** 4
– Tierschutz **11** 1, 7 f.
– Umweltschutz **11** 1, 6
Stadtrat **60** 10; siehe Gemeinderat
Stadtverordnetenversammlung **60** 10; siehe Gemeinderat
Stadtvertretung **60** 10; siehe Gemeinderat
Standardmaßnahmen, polizeiliche **75** 11 ff.
– Aufenthaltsverbot **75** 18
– Befragung **75** 13
– Beschlagnahme siehe Sicherstellung
– Datenverarbeitung/-erhebung **75** 12
– Durchsuchung **75** 11, 20; **94** 8
– erkennungsdienstliche Maßnahmen **75** 14 ff.; **79** 2; **94** 7
– Identitätsfeststellung **75** 14
– Ingewahrsamnahme **75** 11, 17, 20; **94** 8
– Platzverweis **75** 18
– Sicherstellung **68** 3 f., 6, 8; **75** 21; **90** 16; **94** 8
– Videoüberwachung **75** 12
– Vorführung **75** 16
– Vorladung **75** 16
– Wohnungsverweisung **75** 19
Status negativus **22** 5, 10
Status positivus **22** 8, 10
Steuern **42** 9

Steuerungsfunktion des Verwaltungsrechts
   61 1; siehe auch unter normative Steuerung
Stiftung 60 1, 28
– Nutznießer 60 28
– politische Partei 6 81a, 87a
– Rechtsfähigkeit/Verwaltungsträger 58 1
Stimmführerschaft 13 22, 23f.
Störer
– Anscheinsstörer 79 11; 88 13f.
– Auswahl 79 12
– Nichtstörer 79 11; 88 11, 14; 94 9
– Schuldunfähige 79 7
– Verhaltensstörer 77 3; 79 8f., 12; 88 12
– Zustandsstörer 77 3; 79 10; 88 12
– Zweckveranlasser 79 9
Störerauswahl 79 12
Strafen, Gesetzlichkeitsprinzip hinsichtlich
   (nulla poena sine lege) 49 7f.
– Analogieverbot 49 8
– Bestimmtheitsgebot 49 7
– Gesetzesvorbehalt 49 7
– Gewohnheitsrecht 49 8
– grundrechtsgleiches Recht 49 1
– Maßregeln der Besserung und Sicherung;
   Sicherungsverwahrung 49 7a
– Mauerschützenprozesse 49 8
– Ordnungswidrigkeiten 49 7
– Rückwirkungsverbot 49 7
– vorbehaltlose Gewährleistung 49 7
Strafverfolgung
– Polizei 75 8
Straße siehe Öffentliche Straße
Straßenbauarbeiten 87 13, 19; 89 4
Straßenbaulast 84 4
Straßenkunst 84 16ff.
Streitgegenstand 96 3
Streitigkeit
– öffentlich-rechtliche 94 16f.
– verfassungsrechtliche 94 15
Streitigkeiten zwischen einzelnen Ländern 56 2
Struktur der Grundrechtsprüfung 24 1ff.
Studierende 33 10
Subjektionstheorie 67 7
Subjektives öffentliches Recht 71; 86 12ff.;
   91 3; 99 5; 104 9; 107 6
– Ableitung 71 2f.
– Anstaltsgebrauch 84 22f.
– im Baurecht 71 3ff.; 104 7f.
– Bedeutung 71 1
– Definition 71 1
– auf Einschreiten der Aufsichtsbehörde 58 16
– auf Einschreiten der Bauaufsichtsbehörde
   76 7; 105 2
– auf Einschreiten der Verwaltung 71 12

– auf fehlerfreie Ermessensausübung 71 11f.;
   76 2; 82 29; 84 22; 99 5
– der Gemeinde 60 4
– Gemeingebrauch 84 18
– bei Organen 103 5
– im Polizei- und Ordnungsrecht 71 11
– Schutznormtheorie 71 3f.; 98 6
– Sondergebrauch 84 21
– Sondernutzungserlaubnis 84 17, 19f.
– gegen wirtschaftliche Betätigung 84 9
Subjektstheorie, modifizierte 67 8f.
Subordinationsrechtlicher Vertrag 83 6ff., 23,
   25
Subordinationstheorie 67 7, 9
Subsidiarität
– der Amtshaftung 86 17f.
– der Feststellungsklage 101 7f.
– im Polizeirecht 68 6; 72 11
– der Verfassungsbeschwerde 51 42ff.
Subsidiaritätsklausel, kommunalwirtschaft-
   liche 84 8f.
Subsumtion 68 1
Subventionen
– Begriff 67 19
– Rückzahlung 67 19
– unionsrechtswidrige 82 14
– Zweistufentheorie 67 10, 19; 82 14
Summarische Prüfung 57 17
Supranationale Einrichtung 8 2
Suspensiveffekt 92 10

TA Lärm/Luft 64 3, 8
Tarifautonomie 37 21
Tatbestandliche Rückanknüpfung (Begriff)
   7 52
Tatbestandswirkung des VAs 81 3
Tatsachenbehauptungen 32 4, 31
Technische Regeln 65 1
Technische Überwachung von Wohnungen
   41 9ff.
Teilbarkeit bei Verwaltungsakt 78 7f.; 98 14
Teilgenehmigung 77 8
Teilnichtigkeit 22 19
– bei Bebauungsplan 104 15
– bei öffentlich-rechtlichem Vertrag 83 26
– bei Verwaltungsakt 81 10
Telefax
– Bekanntgabe Verwaltungsakt 79 14
– Klageerhebung 96 1
Telekom siehe Brief-, Post- und Fernmelde-
   geheimnis
Telekommunikationsgeheimnis siehe Brief-,
   Post- und Fernmeldegeheimnis
Territorialprinzip 4 3

Tierschutz (Staatsziel) 11 1, 7 f.
Titelfunktion des Verwaltungsakts 74 1; 75 2; 79 2; 80 2
Todesschuss 28 11
Todesstrafe 28 11
Transparenzlisten 24 9 f., 16
Trennsystem bei den Polizeibehörden 72 8
Trennung von Eltern und Kind 34 17
Trennungsgrundsatz (§ 50 BImSchG) 70 9
Treu und Glauben 83 28; siehe auch bei Verwirkung
Treueklausel 33 14
Turnunfall 88 3 f., 6, 8
Typenzwang 83 5

Übergangsvorschriften 42 32
Überhangmandat 6 59
Überhangmandate 12 2
Übermaßverbot 22 24; 24 32 ff.
Überwachung von Wohnraum siehe Wohnung, Unverletzlichkeit der
Ultra-vires-Kontrolle 5 15, 18 ff.; 51 19
Umdeutung eines Verwaltungsakts 81 18
Umsetzung 74 16; 100 3
Umwelteinwirkungen, schädliche 71 8; 76 21
Umweltschutz (Staatsziel) 11 1, 6
Unabhängigkeit, richterliche 19 5
Unbeachtlichkeit von Fehlern
– bei Normen 104 14
– bei Verwaltungsakt 81 17
Unbestimmter Rechtsbegriff 68 2, 4; 76 25
– gerichtliche Kontrolldichte 68 5
– im Polizeirecht 68 6 ff.
– Tatbestandsseite 68 3
Ungeborenes Leben siehe Nasciturus
Ungeschriebene Gesetzgebungskompetenzen 17 16 ff.
Ungleichbehandlung
– Rechtfertigung einer Ungleichbehandlung 30 12 ff.
– Ungleichbehandlung, mittelbare 30 15, 20, 23
– Ungleichbehandlung, personenbezogene (personelle) 30 9, 15
– Ungleichbehandlung, sachbezogene (sachliche) 30 9, 15
– Ungleichbehandlung von wesentlich Gleichem 30 9
Ungültigerklärung einer Wahl 6 64
Unionsgrundrechte 5 24, 24 b, 24 d ff.
– Bindung der Mitgliedstaaten 5 24 b, 24 d ff.
Unionsrecht
– Anwendungsvorrang 5 12 ff.; 62 3; 66 1; 81 9; siehe näher Vorrang des Unionsrechts

– Diskriminierungsverbot 23 8, 15; 62 3
– Effektivitätsgebot 62 3; 82 14
– Haftung der Mitgliedstaaten 86 25
– nichtiger Verwaltungsakt 81 9
– primäres 62 1
– Richtlinie 62 1; 86 25
– Rücknahme Verwaltungsakt 82 14
– sekundäres 62 1
– Verordnung 62 1
– vorläufiger Rechtsschutz 106 16
Unionsrechtliche Staatshaftung 86 25
Unionsrechtskonforme Auslegung 2 17; 62 3
Universitäten 22 29; 23 17; 40 20
– Satzungsgebungsbefugnis 63 3
Unmittelbare Ausführung 80 12
Unmittelbare Bundesverwaltung siehe Bundesverwaltung
Unmittelbare Staatsverwaltung 59 1; 60 3
Unmittelbarer Zwang 72 13; 80 8
Unmittelbarkeitsgrundsatz im Verwaltungsprozess 91 5
Untätigkeit
– Amtshaftung 86 14
– Aufopferungsanspruch 88 4
– enteignungsgleicher Eingriff 87 16
– Verwaltungsakt 74 5
Untätigkeitsklage 92 4; 98 8; 99 2, 6
Untere staatliche Behörde 58 12; 59 2
Unterlassen, gesetzgeberisches 51 17
Unterlassen, qualifiziertes 87 16; 88 4
Unterlassung ehrverletzender Äußerungen 67 13
Unterlassungsanspruch 89 1, 12
Unterlassungsklage 89 12
– Zwangsmitgliedschaft 60 26
Untermaßverbot 22 24
Unternehmen siehe Wirtschaftliche Unternehmen der Gemeinde
Unternehmensautonomie 40 16
Unternehmerfreiheit 40 16 ff.
Unterschrift
– Klage 96 1
– Verwaltungsakt 79 3
Untersuchungsausschuss 12 28 ff.
– Beschlüsse 12 32
– Beweiserhebung 2 18; 12 30
– Bindung an Grundrechte 12 31
– Bindung an Untersuchungsgegenstand 12 29
– Einsetzungsbeschluss 12 28
– Korrolartheorie 12 29
– Mehrheitsenquete 12 28
– Minderheitenenquete 12 28
– Rechtsschutz gegen Maßnahmen eines Untersuchungsausschusses 12 32

- Überprüfung der Einsetzung eines Untersuchungsausschusses durch das BVerfG **56** 6
- Untersuchungsgegenstand **12** 29
- Verfahren **12** 30

Untersuchungsgrundsatz **50** 15
- im Verwaltungsprozess **91** 5
- im Verwaltungsverfahren **72** 23

Unterwerfung unter die sofortige Vollstreckung **80** 2

Unvereinbarerklärung **7** 18

Unverletzlichkeit der Wohnung
- Verhältnis zum allgemeinen Persönlichkeitsrecht **27** 8
- siehe Wohnung, Unverletzlichkeit der

Unzuverlässigkeit **68** 2

Urkundeneinheit **83** 13

Ursächlichkeitszusammenhang **24** 8 ff.

Urteil **91** 6
- Prozessurteil **91** 6; **96** 5
- Sachurteil **91** 6

Verbandsklage **98** 7

Verbandskompetenz
- der Bundesregierung für Warnungen **73** 6

Verbandskörperschaft **60** 26

Verbot der Doppelbestrafung (ne bis in idem) siehe Doppelbestrafung, Verbot der

Verbot des Arbeitszwanges siehe Freiheit von Arbeitszwang

Verbot von Einzelfallgesetzen **24** 50 ff.

Vereinfachtes Genehmigungsverfahren **76** 7

Vereinigungsfreiheit **37** 1 ff.
- allgemeine Strafgesetze **37** 11
- Ausgestaltungspflicht **37** 7, 9
- Bedeutung **37** 1
- Beeinträchtigungen, faktische **37** 9
- Beitrittsfreiheit **37** 4
- Betätigungsfreiheit **37** 4
- Doppelgrundrecht **37** 3
- Eingriffe **37** 9
- Gründungsfreiheit **37** 4
- Individualgrundrecht **37** 3
- Kollektivgrundrecht **37** 3
- Mitgliederwerbung **37** 5
- negative Vereinigungsfreiheit **37** 6
- Organisationsautonomie, interne **37** 5
- Rechtfertigung von Vereinsverboten **37** 10 ff.
- Schutzbereich **37** 2 ff.
- Schutzbereich, personeller **37** 3
- Systematik **37** 1
- Vereinigungsbegriff **37** 2
- Vereinigungsverbot **37** 9
- Vereinigungszweck **37** 5
- verfassungsmäßige Ordnung **37** 12

- verfassungsrechtliche Rechtfertigung **37** 10 ff.
- Verhaltensweisen, geschützte **37** 4 f.
- Verhältnis zur Koalitionsfreiheit **37** 8
- Verhältnis zur Parteienfreiheit **37** 8
- Verhältnismäßigkeitsprinzip **37** 15
- Völkerverständigung **37** 13
- Zwangsmitgliedschaften **37** 6
- Zweckoffenheit der Vereinigung **37** 2

Vereinigungsverbot **37** 9

Verfahren vor dem BVerfG siehe Verfassungsprozessrecht

Verfahrensfehler
- bei Bebauungsplan **63** 13; **70** 13 ff.; **104** 14
- Befangenheit bei Gemeinderatsbeschluss **60** 13
- Geschäftsordnungsverstöße bei Gemeinderatsbeschluss **60** 15 f.
- bei kommunaler Satzung **63** 5
- bei Verwaltungsakt **81** 14 ff.

Verfahrensdauer **5** 38; **50** 6a

Verfahrensgrundrechte siehe Justizgrundrechte

Verfahrensgrundsätze im Verwaltungsverfahren
- Beschleunigungsgrundsatz **72** 24
- Untersuchungsgrundsatz **72** 23

Verfahrensrechte
- Akteneinsicht **72** 19
- Anhörung **72** 18
- Auskunft **72** 21
- Beratung **72** 21
- Geheimhaltung **72** 21

Verfassung **3** 1; **4** 9

Verfassungsänderungen **17** 42

Verfassungsautonomie der Länder **8** 9

Verfassungsbeschwerde **51** 1 ff.
- Abgrenzung der Antragsberechtigung zur Beschwerdebefugnis **51** 8
- Akt der öffentlichen Gewalt **51** 16 ff.
- Akte von Organen der EG als Beschwerdegegenstand **51** 19
- allgemeine Bedeutung einer Verfassungsbeschwerde **51** 51
- angezeigt zur Durchsetzung von Grundrechten **51** 66
- Annahmeverfahren **51** 64 ff.
- Antrag, ordnungsgemäßer **51** 13 ff.
- Antragsberechtigung bzw. Beteiligtenfähigkeit **51** 7 ff.
- Ausnutzung aller sonstigen Behelfsmöglichkeiten **51** 45 ff.
- Begründetheit **51** 58 ff.
- Begründung des Antrags **51** 13 f.
- Beschwerdebefugnis **51** 22 ff.

Stichwortverzeichnis

- Beschwerdefähigkeit **51** 7 (Fn. 4)
- Beschwerdegegenstand **51** 16ff.
- Betroffenheit des Beschwerdeführers **51** 27ff.
- Betroffenheit, gegenwärtige **51** 31ff.
- Betroffenheit in eigenen Rechten **51** 28f.
- Betroffenheit, unmittelbare **51** 35ff.
- Bindung des BVerfG an den im Antrag genannten Beschwerdegegenstand **51** 13f.
- Eilverfahren, gerichtliche **51** 46
- Entscheidungen, nicht stattgebende **51** 72
- Entscheidungen, stattgebende **51** 71
- Erfolgsquote **51** 1
- Frist **51** 54ff.
- Gerichtsentscheidungen, Überprüfung von **51** 61f.
- Grundrechtsfähigkeit bzw. -berechtigung **51** 7
- grundrechtsgleiche Rechte **51** 7, 58
- Grundrechtsmündigkeit **51** 10
- grundsätzliche verfassungsrechtliche Bedeutung einer Verfassungsbeschwerde **51** 65
- Individualverfassungsbeschwerde **51** 2ff.
- Jahresfrist **51** 56
- jedermann **51** 7
- Kammerentscheidungen **51** 67
- Kooperationsverhältnis zwischen BVerfG und EuGH **51** 19f.
- mehrere Akte der öffentlichen Gewalt als Beschwerdegegenstand **51** 18
- Möglichkeit einer Grundrechtsverletzung **51** 23ff.
- Möglichkeitstheorie **51** 23f.
- Monatsfrist **51** 55
- Nachteil, schwerer und unabwendbarer **51** 51
- nationale Umsetzungsakte von Unionsrecht **51** 20
- Parteifähigkeit **51** 7 (Fn. 4)
- Postulationsfähigkeit **51** 11
- Prozessfähigkeit **51** 10
- Prüfungsmaßstab des BVerfG **51** 58ff.
- Rechtskraft, keine entgegenstehende **51** 57
- Rechtssatzverfassungsbeschwerde **51** 36ff., 47
- Rechtsschutzbedürfnis **51** 53
- Rechtswegeröffnung/Zuständigkeit des BVerfG **51** 5
- Rechtswegerschöpfung **51** 43f.
- Sachentscheidungsvoraussetzungen **51** 3ff.
- Selbstbetroffenheit **51** 28f.
- Solange II (Beschluss) **51** 19
- spezifisches Verfassungsrecht (Möglichkeit einer Verletzung) **51** 25

- spezifisches Verfassungsrecht (Verletzung) **51** 60
- Subsidiarität der Verfassungsbeschwerde **51** 42ff.
- Subsidiarität, Grenzen der **51** 50ff.
- Unterlassen, gesetzgeberisches **51** 18
- Unzumutbarkeit des Abwartens weiterer Zwischenakte **51** 41
- Unzumutbarkeit im Rahmen der Subsidiarität **51** 52
- Verfassungsmäßigkeit in formeller Hinsicht **51** 59
- Verkennen von Grundrechten **51** 62
- Verwaltungsentscheidungen, Überprüfung von **51** 63
- Zulässigkeit **51** 3ff.
- Zulässigkeit (Auswirkung auf Annahmeverfahren) **51** 66
- Zwischenakte (Vollzugsakte) **51** 36ff.

Verfassungsgerichtsbarkeit **16** 4ff.
- Begriff **16** 4
- Funktion **16** 5f.
- Verhältnis von Bundes- und Landesverfassungsgerichtsbarkeit **16** 16; **21** 3

Verfassungsgerichtsbarkeit in den Ländern **16** 12ff.; **21** 3; **50** 1
- eigene Verfassungsgerichte der Länder **16** 14
- Verhältnis von Bundes- und Landesverfassungsgerichtsbarkeit **16** 16

Verfassungskonforme Auslegung **2** 13ff.
- Gebot der Bevorzugung **2** 14
- Grenzen **2** 15; **7** 19
- Herleitung **2** 13

Verfassungsmäßige Ordnung (Art. 20 III GG) **7** 18

Verfassungsmäßige Ordnung, Beseitigung der
- Widerstandsrecht **46** 2

Verfassungsmäßigkeit von Gesetzen **17** 39ff.
- Besonderheiten bei verfassungsändernden Gesetzen **17** 42
- formelle Verfassungsmäßigkeit **17** 39, 41
- materielle Verfassungsmäßigkeit **17** 40f.

Verfassungsorgane
- als Behörde im Sinne des § 1 IV VwVfG **58** 4
- Verfassungsorgantreue, Gebot zur **14** 4

Verfassungsprozessrecht
- abstrakte Normenkontrolle **53** 1ff.; siehe näher abstrakte Normenkontrolle
- A-limine-Abweisung **50** 19
- Antrag, ordnungsgemäßer **50** 13, 28
- Antragsprinzip/Dispositionsmaxime **50** 13f.
- Bedeutung und Funktion **50** 1f.
- Begründetheit eines Verfahrens **50** 24
- Beschlüsse **50** 17

- Beschlussfähigkeit des BVerfG (Senate) 50 18
- Besetzung des BVerfG (Senate) 50 18
- Bindungswirkung von Entscheidungen des BVerfG 50 23
- Bundesverfassungsgerichtsgesetz 50 5 f.
- Bund-Länder-Streitigkeit, nichtverfassungsrechtliche 56 2
- Bund-Länder-Streitverfahren 55 1 ff.; siehe näher Bund-Länder-Streitverfahren
- der Länder siehe Landesverfassungsgerichtsbarkeit
- des Bundes 50 1 ff.
- Eilrechtsschutz 57 1 ff.
- einstweilige Anordnungen 57 1 ff.; siehe näher einstweilige Anordnungen im Verfassungsprozess
- Entscheidungsfindung 50 18 ff.
- Enumerationsprinzip 50 9 ff.
- föderale Streitigkeiten, andere 56 2
- Geschäftsordnung des BVerfG 50 7
- Gesetzeskraft von Entscheidungen des BVerfG 50 23
- Kammerentscheidungen 50 19
- Kommunalverfassungsbeschwerde 51 2, 73 f.
- konkrete Normenkontrolle (Richtervorlage) 54 1 ff.; siehe näher konkrete Normenkontrolle (Richtervorlage)
- Länder-Länder-Streitverfahren 56 2
- Landesverfassungsgerichtsbarkeit 16 11 ff.; 50 1; siehe näher Verfassungsgerichtsbarkeit in den Ländern
- Lückenhaftigkeit des Verfassungsprozessrechts 50 8
- mündliche Verhandlung 50 17
- Organstreitigkeiten innerhalb eines Landes 56 2
- Organstreitverfahren 52 1 ff.; siehe näher Organstreitverfahren
- Parteiverbotsverfahren 6 89 ff.; 56 3; siehe näher Parteiverbotsverfahren
- Präsidentenanklage 14 7; 56 5
- Prozessvertretung 50 16
- Quellen des Verfassungsprozessrechts 50 3 ff.
- Rechtshängigkeit, entgegenstehende 50 29
- Rechtskraft, entgegenstehende 50 29
- Rechtskraft, formelle 50 23
- Rechtskraft, materielle 50 23
- Rechtswegeröffnung zum BVerfG 50 27
- Richtervorlage 54 1 ff.; siehe näher konkrete Normenkontrolle (Richtervorlage)
- Sachentscheidungen 50 21
- Sachentscheidungsvoraussetzungen 50 24
- Sachentscheidungsvoraussetzungen, allgemeine 50 25 ff.
- Sachentscheidungsvoraussetzungen, besondere 50 25
- Sondervotum 50 20
- Stimmenverhältnisse bei der Abstimmung 50 18
- Untersuchungsausschuss 56 6
- Untersuchungsgrundsatz 50 15
- Urteile 50 17
- Verfahrensarten (Übersicht) 50 12
- Verfahrensbeendigung 50 14
- Verfahrensdauer 5 38; 50 6a
- Verfahrenseinleitung 50 13
- Verfahrensprinzipien 50 9 ff.
- Verfassungsbeschwerde 51 1 ff.; siehe näher Verfassungsbeschwerde
- Vertretungszwang 50 16
- vorläufiger Rechtsschutz 57 1 ff.
- Wahlprüfungsverfahren 6 62 ff.; 56 4; siehe näher Wahlprüfungsverfahren
- Zulässigkeit eines Verfahrens 50 24
- Zulässigkeitsvoraussetzungen, allgemeine 50 25 ff.
- Zulässigkeitsvoraussetzungen, besondere 50 25
- Zuständigkeit des BVerfG 50 27

Verfassungsrecht
- Abgrenzung vom Staatsrecht 3 1
- Abgrenzung vom Verwaltungsrecht 3 1 ff.
- als Grundlage und Maßstab für Verwaltungsrechtsnormen 62 4
- in der Normenpyramide 66 1
- als Parameter für die behördliche Entscheidungsfindung 67 16; 68 2; 69 8
- Teilgebiete 3 2

Verfassungsrechtliche Rechtfertigung einer Ungleichbehandlung 24 56

Verfassungsrechtliche Rechtfertigung von Grundrechtseingriffen 24 13 ff.
- formelle Grenzen der Einschränkbarkeit von Grundrechten 24 22 ff.
- Grundrechtsschranken 24 13 ff.
- materielle Grenzen der Einschränkbarkeit von Grundrechten 24 27 ff.

Verfassungsunmittelbare Schranken siehe Schranken, verfassungsunmittelbare

Verfassungsvorrang 7 17 ff.

Verfolgung, politische 43 8

Verfügungsbefugnis 42 2, 12

Verfügungsvertrag 83 11, 14

Vergesellschaftung siehe Sozialisierung

Vergleich, gerichtlicher 96 2

Vergleichsvertrag 83 9, 16, 25

Verhaltensstörer **77** 3; **79** 8 f., 12; **88** 12
- Rechtsnachfolge **77** 3

Verhältnismäßigkeit
- bei Anwendung Zwangsmittel **80** 10
- bei Aufsichtsmittel **58** 14
- ausgleichspflichtige Inhalts- und Schrankenbestimmung **87** 3 f.
- bei Auskunftsverlangen **75** 13
- Austauschmittel **75** 22
- Austauschvertrag **83** 20
- Beseitigungsanordnung **75** 5
- bei Ermessensausübung **62** 4; **69** 8
- bei Fraktionsausschluss **60** 14
- bei Gefahrenverdacht **68** 9
- Nebenbestimmung **78** 5
- bei planerischem Interessenausgleich **70** 10
- Sondernutzungserlaubnis **84** 20
- bei Warnungen **73** 8
- bei Zustandsstörer **79** 10
- siehe auch Verhältnismäßigkeitsprinzip

Verhältnismäßigkeit, Grundsatz der siehe Verhältnismäßigkeitsprinzip

Verhältnismäßigkeitsprinzip **24** 32 ff.
- Angemessenheit **24** 44 ff.
- Drei-Stufen-Theorie **40** 28 ff.
- Erforderlichkeit des Mittels **24** 34, 41 ff.
- Geeignetheit des Mittels **24** 34, 38 ff.
- Herleitung **24** 33
- Liquorentnahme **24** 43, 46
- Proportionalität **24** 44 ff.
- Prüfung von Verhältnismäßigkeitsgesichtspunkten beim allgemeinen Gleichheitssatz **30** 14 ff.
- Verfolgung eines legitimen Zwecks **24** 34 ff.
- Verhältnismäßigkeit i. e. S. **24** 34, 44 ff.
- Zumutbarkeit des Mittels **24** 34, 44 ff.
- siehe auch Verhältnismäßigkeit

Verhältniswahl, personifizierte **6** 43
Verhältniswahlrecht **6** 42
Verkehrsverbot für Lebensmittel **24** 42
Verkehrszeichen **74** 23; **79** 14; **81** 8; **98** 6; **106** 5
Verkündung von Gesetzen **17** 37
Vermittlungsausschuss **17** 33
Vermögen **42** 9
Vermögensverwaltung der öffentlichen Hand **67** 12

Verpflichtungsklage **99** 2
- auf Baugenehmigung **76** 4, 22; **96** 7
- Begründetheit **99** 7
- Bescheidungsklage **78** 8 f.; **99** 4, 7
- bei Bürgerbegehren **60** 8
- auf Einschreiten Baubehörde **76** 7; **105** 2
- bei Erstattungsanspruch **90** 15
- bei Folgenbeseitigung **89** 11
- auf Genehmigung eines Bebauungsplans **63** 12
- Klagebefugnis **99** 5
- Klagefrist **99** 6
- als Leistungsklage **97** 2; **99** 1
- maßgeblicher Beurteilungszeitpunkt **99** 7
- bei Nebenbestimmung **78** 8
- Organstreit **103** 4
- Rechtsschutzbedürfnis **99** 6
- Spruchreife **99** 7
- Statthaftigkeit **99** 2
- auf Unterlagenvernichtung **75** 15
- Versagungsgegenklage **92** 4; **99** 2, 6
- Vorverfahren **92** 1, 3; **97** 2; **99** 6
- auf Wiederaufgreifen **82** 30

Verpflichtungsvertrag **83** 11, 14
Versagungsgegenklage **92** 4; **99** 2, 6
Versammlungen, rechtsextremistische **36** 10
Versammlungsbegriff **36** 2
Versammlungsfreiheit **36** 1 ff.
- Anmeldepflicht **36** 8
- Ansammlung **36** 2
- Bedeutung **36** 1
- Beeinträchtigungen, mittelbare **36** 6
- Eilversammlungen **36** 8
- Eingriffe **36** 6
- Friedlichkeit einer Versammlung **36** 3
- Konkurrenz zur Meinungsfreiheit **32** 8
- öffentliche Sicherheit und öffentliche Ordnung **36** 9 f.
- rechtsextremistische Versammlungen **36** 10
- Schutzbereich **36** 2 ff.
- Spontanversammlungen **36** 8
- verfassungsrechtliche Rechtfertigung **36** 7 ff.
- Verhaltensweisen, geschützte **36** 4
- Verhältnismäßigkeit **36** 9
- Versammlungen in geschlossenen Räumen **36** 10
- Versammlungen unter freiem Himmel **36** 7 ff.
- Versammlungsbegriff **36** 2
- Versammlungsgesetz **36** 8 f.

Versammlungsgesetz **36** 8 f.
Verschulden bei Vertragsschluss **83** 30; **94** 10
Verschwiegenheitspflicht von Ratsmitgliedern **60** 18
Versetzung
- Beamter **74** 16
- Schüler **107** 1 f., 6 f., 9
Verstorbene **23** 10
Verteilung der Verwaltungskompetenzen siehe Verwaltungskompetenzen
Vertrag siehe unter öffentlich-rechtlicher Vertrag

Vertragsformverbot **83** 12
Vertragsfreiheit **27** 3; **40** 16
Vertrauensfrage **15** 12 ff.
– Auflösung des Bundestages **12** 6; **15** 12 f.
– negative Vertrauensfrage **12** 7; **15** 14 f.
Vertrauensschutz **7** 64 ff.; **24** 53
– bei Aufhebung Verwaltungsakt **77** 6; **82** 6 ff., 19, 24
Vertrauensschutzprinzip, eigentumsrechtliches **42** 32
Vertretungsmacht des Bürgermeisters **60** 24
Vertriebsfreiheit **40** 16
Verunstaltungsverbot **71** 9; **76** 25
Verwahrung **75** 21; **90** 16; **94** 10
Verwaltung **18**
– Ausführung des Europarechts **18** 3
– gesetzesakzessorische **18** 3
– nicht gesetzesakzessorische **18** 3
– Selbstbindung **30** 6
– Selbstbindung der Verwaltung **30** 4
– Verwaltungskompetenzen **18** 1 ff.; siehe näher Verwaltungskompetenzen
Verwaltungsabkommen **8** 27
Verwaltungsakt **74–82**
– Abgrenzung zu behördeninternen Maßnahmen **74** 15
– Abgrenzung zu öffentlich-rechtlichem Vertrag **74** 7
– Abgrenzung zu Realakt **74** 10
– Abgrenzung zu Rechtsnorm **74** 13, 20
– Abordnung **74** 16
– Adressat **79** 5 ff.
– Allgemeinverfügung **74** 19 ff.; **79** 14
– Androhung **80** 9
– Anhörung siehe dort
– Anordnung des Sofortvollzugs durch die Verwaltung **106** 7
– Anordnung gegenüber Beamten **74** 16
– Anspruch auf Rücknahme **82** 6
– Anwendung des Zwangsmittels **80** 10
– Aufhebung siehe dort
– Auflage **78** 3, 7
– Aufrechnung **74** 12
– Aufsichtsmaßnahmen **58** 15; **74** 17 f.
– Auskunft **73** 4; **74** 10
– Außenwirkung **74** 15 ff.; **76** 22; **77** 9; **100** 3; **103** 4
– bei Ausübung des Hausrechts **60** 18
– befehlender **77** 5; **80** 2
– Begründung **69** 2; **79** 4; **81** 14; **82** 22
– begünstigender **72** 18; **76**; **82** 2 ff., 17, 19 ff.
– Behörde **74** 4; siehe auch dort
– als behördliche Handlungsform **73** 1 ff.; **74** 1

– Bekanntgabe **79** 13 ff.; **81** 1 f.; **101** 6; siehe auch dort
– belastender **72** 18; **75**; **82** 2, 4, 6, 24; **98** 1, 6; **106** 11
– durch einen Beliehenen **60** 30
– Benotung **74** 11
– Berichtigung **81** 13
– Bestandskraft **74** 1; **75** 2; **81** 3 f., 12; **82** 2, 26, 29 f.; **89** 5; **92** 8; **102** 11 f.; **104** 2
– Bestimmtheit **79** 2
– Bindungswirkung **81** 3
– mit Dauerwirkung **98** 11
– Definition **74** 1
– dinglicher **77** 3 f.
– Doppelnatur **74** 18
– Drittwirkung **82** 24; **92** 8 f.; **106** 2, 10, 15
– Einvernehmen der Gemeinde **76** 22; **77** 9
– Einzelfall **74** 13
– elektronischer **79** 3, 14
– Erlass **79**
– Erledigung **102** 4
– Ermächtigungsgrundlage **75** 2; **90** 15
– fehlerhafter **74** 13; **81**
– Festsetzung Zwangsmittel **80** 10 f.
– feststellender **74** 12; **77** 5
– Feststellungswirkung **81** 3
– Form **79** 3; **81** 17
– formeller **67** 4; **74** 3; **94** 17; **98** 2
– Funktionen **74** 1
– gestaltender **77** 5
– Heilung von Verfahrens- und Formfehlern **81** 14 f.
– Hinweis **74** 12
– hoheitlich **74** 7
– Hoheitsträger als Adressat **79** 7
– Maßnahme **74** 5
– mehrstufiger **77** 9
– mitwirkungsbedürftiger **74** 7
– mündlicher **79** 3, 14
– Nebenbestimmungen siehe dort
– nichtiger **81** 1, 5 ff.; **101** 12 f.
– bei Ordnungsmaßnahmen **60** 18
– personenbezogener **77** 1
– Planfeststellungsbeschluss **72** 6
– privatrechtsgestaltender **74** 8
– rechtserhebliche Willenserklärung **74** 12
– Rechtsgrund **90** 12
– Regelung **74** 9 ff.
– Rücknahme **82** 3 ff.
– Rücknahmeentscheidung **82** 5
– sachbezogener **77** 1
– Sammelverwaltungsakt **74** 20
– schriftlicher **79** 3, 14
– sofortiger Vollzug **80** 13

Stichwortverzeichnis

- Tatbestandswirkung **81** 3
- Teilbarkeit **78** 7 f.; **98** 14
- Teilgenehmigung **77** 8
- Teilnichtigkeit **81** 10
- Umdeutung **81** 18
- Umsetzung **74** 16; **100** 3
- Unbeachtlichkeit von Fehlern **81** 17
- Untätigkeit **74** 5
- Unterlagenvernichtung **75** 15
- Verkehrszeichen **74** 23; **79** 14
- Versetzung **74** 16
- vertragserfüllender **83** 22, 29
- Verwaltungsaktsbefugnis **75** 2; **90** 15
- Vollstreckungsanordnung **80** 3
- Vollstreckungstitel **73** 1; **74** 1; **75** 2; **77** 5; **79** 2; **80** 2
- Vollziehung **106** 3
- Vollzugsfolgenbeseitigungsanspruch **89** 2; **98** 14
- Vorbereitungs- und Teilakte **74** 11
- Vorbescheid **77** 8
- vorläufiger **77** 6; **82** 23
- vorsorglicher **77** 7
- Weisungen **74** 16; **100** 3
- Widerruf **82** 16 ff.
- wiederholende Verfügung **82** 30
- Wirksamkeit **80** 5; **81** 1 ff.
- Zusage **77** 10
- Zusicherung **77** 10
- Zustellung **79** 15
- Zweitbescheid **82** 30

Verwaltungsaktsbefugnis **75** 2; **90** 15
Verwaltungsbehörden, allgemeine **59** 2
Verwaltungsgebrauch **84** 14, 25
Verwaltungsgerichtsbarkeit
- Aufbau **91** 4
- gerichtliche Entscheidungen **91** 6
- Verfahrensgrundsätze **91** 5

Verwaltungshandeln
- formales **73** 2 f.
- informales **73** 2, 4 ff.
- schlichthoheitliches siehe dort

Verwaltungshelfer **58** 4; **60** 31; **86** 6 f.
Verwaltungskompetenzen **18** 1 ff.
- Auftragsverwaltung **18** 7 ff.; siehe näher Auftragsverwaltung
- Ausführung der Landesgesetze **18** 1
- Ausführung des Europarechts **18** 3
- Bundesverwaltung **18** 12 ff.; siehe näher Bundesverwaltung
- Einrichtung der Behörden **13** 8; **18** 4, 9, 14
- Einzelweisungen **18** 5
- Errichtung von Bundesoberbehörden **18** 15
- Fachaufsicht **18** 10

- gesetzesakzessorische Verwaltung **18** 3
- ländereigene Ausführung der Bundesgesetze **18** 4 ff.
- Mischverwaltung **18** 16
- nicht gesetzesakzessorische Verwaltung **18** 3
- Rechtsaufsicht **18** 6
- Sachkompetenz **18** 10 f.
- Verteilung der Verwaltungskompetenzen **18** 1 ff.
- Verwaltungsverfahren **13** 8; **18** 4, 9, 14
- Verwaltungsvorschriften **18** 5, 9, 14
- Wahrnehmungskompetenz **18** 10 f.
- Weisungsrecht des Bundes **18** 6, 10

Verwaltungsprivatrecht **23** 1; **67** 15 ff.; **84** 23
Verwaltungsrecht
- Abgrenzung vom Verfassungsrecht **3** 1 ff.
- allgemeines **61** 2
- Außenrechtsnormen **61** 3
- Begriff **61** 1
- besonderes **61** 2
- Europäisierung **62** 3
- Funktionen **61** 1
- Innenrecht **61** 3
- konkretisiertes Verfassungsrecht **62** 4

Verwaltungsrechtsweg **67** 2; **94**
- abdrängende Sonderzuweisung **86** 23; **87** 26; **94** 4
- ausgleichspflichtige Inhalts- und Schrankenbestimmung **94** 10
- bei Ausschluss aus Gemeinderatsfraktion **60** 14
- Enteignung **94** 5, 10
- Generalklausel **94** 1, 11 ff.; **97** 1; **100** 1
- Gnadenakt **94** 13
- justizfreie Hoheitsakte **94** 13
- Justizverwaltungsakt **94** 6 ff.
- öffentlich-rechtliche Streitigkeit **94** 16
- Organstreitigkeit **94** 14; **103** 3
- rechtliche Streitigkeit **94** 12
- kraft Sondervorschrift **94** 3
- Streitigkeit nichtverfassungsrechtlicher Art **94** 15; **103** 3
- Verletzung öffentlich-rechtlicher Pflichten **94** 10
- Verwahrung **94** 10
- Verweisung **93** 1; **94** 3
- siehe auch Rechtsweg

Verwaltungsträger **58** 1
- Anstalt **60** 27
- Begriff **58** 1
- Beliehener **58** 1; **60** 29
- Beteiligter im Verwaltungsprozess **95** 4
- Gemeinde **58** 8; **84** 10
- Handlungsfähigkeit **58** 2

– juristische Person des öffentlichen Rechts
  58 1
– juristische Person des Privatrechts **58** 1;
  60 29
– Körperschaft **60** 2
– Organe **58** 2
– Organwalter **58** 2
Verwaltungsverfahren **13** 8; **18** 4, 9, 14; **72**
– Abschluss **72** 25; **78** 1
– Bedeutung **72** 1
– Beginn **72** 14
– Beteiligte **72** 15 ff.
– im engen Sinn **72** 4
– förmliches **72** 5
– Gesetze betreffend das Verwaltungsverfahren **13** 8
– Heilung von Verstößen **81** 14 f.
– nichtförmliches **72** 5, 24
– Offizialprinzip **72** 14
– Opportunitätsprinzip **72** 14
– Planfeststellungsverfahren **72** 6
– Unbeachtlichkeit von Verstößen **81** 17
– Verfahrensgrundsätze **72** 23 f.
– Verfahrensrechte **72** 18 ff.
– Vorverfahren **92** 10
– im weiten Sinn **72** 4
– Zuständigkeit **72** 7 ff.; **81** 17; **82** 5
Verwaltungsverfahrensgesetz
– analoge Anwendung **72** 4, 13
– des Bundes **61** 2; **72** 1
– der Länder **61** 2; **72** 1
– öffentlich-rechtliche Verwaltungstätigkeit
  67 2; **72** 2
– Verhältnis zwischen Bundes- und Landesverwaltungsverfahrensgesetz **72** 2 f.
Verwaltungsvertrag siehe unter Öffentlichrechtlicher Vertrag
Verwaltungsvollstreckung **67** 3; **80; 106** 2
– Androhung **80** 9, 11
– Anwendung des Zwangsmittels **80** 10
– durch eine Bundesbehörde **80** 1
– durch eine Landesbehörde **80** 1
– Ersatzvornahme **80** 6, 10; **86** 6
– Ersatzzwangshaft **80** 7
– Festsetzung **80** 10 f.
– von Geldforderungen **80** 1, 3 f.
– von Handlungen, Duldungen, Unterlassungen **80** 1, 5 ff.
– Rechtsschutz **80** 4, 9 f., 13
– sofortiger Vollzug **80** 11, 13
– Spezialvorschriften **80** 1
– unmittelbare Ausführung **80** 12
– unmittelbarer Zwang **80** 8
– Verhältnismäßigkeit **80** 10

– Verwaltungsakt als Titel **73** 1; **74** 1; **77** 5;
  79 2; **80** 1 f., 11; **81** 11
– Verwaltungsvollstreckungsgesetze **80** 1
– Vollstreckungsverfahren **80** 9 f.
– Widerspruch **80** 9
– Zwangsgeld **80** 7, 10
– Zwangsmittel **80** 6 ff.
Verwaltungsvorschriften **4** 15 ff.; **18** 5, 9, 14;
  64 1 ff.; **86** 10
– antizipierte Verwaltungspraxis **64** 7
– Außenwirkung **64** 4 ff.
– ermessenslenkende **64** 2 ff., 6 f.
– gesetzwidrige **64** 7
– Innenrecht **64** 1
– Kenntnisnahme durch Bürger **64** 9
– Normenkontrolle von **104** 4
– norminterpretierende **64** 2 ff.
– normkonkretisierende **64** 2 ff., 8 f.
– organisatorische **64** 2 f.
– verhaltenslenkende **64** 2 f.
Verwaltungszusammenarbeit **8** 16
Verwaltungszustellungsgesetz **79** 15
Verweisung
– auf andere Rechtsnormen **65** 1
– bei unzuständigem Gericht **93** 1
Verwerfungskompetenz
– der Gerichte **66** 2
– der Verwaltung bei untergesetzlichen
  Normen **66** 4 ff.
– hinsichtlich Normen **54** 1
– siehe auch Normverwerfungskompetenz
Verwirkung **92** 8; **96** 9
Verzögerungsbeschwerde **50** 6a
Videoüberwachung **75** 12
Virginia Bill of Rights **20** 4
Volk, deutsches **4** 4; **6** 6 ff.
Völkerverständigung **37** 13
Volksbefragung **6** 17
Volksbegehren **6** 17
Volksentscheid **6** 17
Volksinitiative **6** 17
Volksschulen siehe Schulwesen
Volkssouveränität **6** 2 ff.
Volkszählungsurteil **27** 7, 19; **32** 4
Vollendete Tatsachen
– Baueinstellung **75** 7
– Bürgerbegehren/-entscheid **60** 8
– vorbeugende Unterlassungsklage **100** 4
– vorläufiger Rechtsschutz **105** 1; **107** 1
Vollstreckbarkeit gerichtlicher Entscheidungen
  97 1; **101** 1
Vollstreckung von Verwaltungsakten siehe
  Verwaltungsvollstreckung
Vollstreckungsanordnung **80** 3

Stichwortverzeichnis 817

Vollziehbarkeitstheorie **106** 2
Vollziehende Gewalt **7** 8
Vollziehung eines VAs **106** 3
Vollzug der Gesetze
– Verwaltungskompetenzen siehe Verwaltungskompetenzen
– siehe Verwaltung
Vollzugsfolgenbeseitigungsanspruch **89** 2; **98** 14
Vollzugshilfe **72** 13
Vorbehalt des Gesetzes siehe Gesetzesvorbehalt
Vorbehaltsaufgaben des Gemeinderats **60** 20
Vorbereitungs- und Teilakte **74** 11; **96** 10
Vorbescheid **77** 8
Vorbeugende Feststellungsklage **101** 10
Vorbeugende Unterlassungsklage **89** 12; **96** 7; **100** 4
Vorführung, polizeiliche **75** 16
Vorkaufsrecht, gemeindliches **74** 8
Vorladung, polizeiliche **75** 16
Vorläufiger Rechtsschutz
– bei Anfechtungsklage **105** 2; **106**
– Antragsgegner/-steller **95** 1
– Beiladung **95** 2
– Beschluss **91** 6
– einstweilige Anordnung **105** 2; **107**
– Formen **105** 2
– Unionsrecht **106** 16
– im Verfassungsprozess **57** 1 ff.
Vorläufiger Verwaltungsakt **77** 6; **82** 23
Vorrang des Unionsrechts **5** 12 ff.
– Anwendungsvorrang **5** 12; **23** 8, 15
– Grenzen **5** 12 ff.
– Verfassungsrecht **5** 22
Vorrang privater Lebensgestaltung **10** 8
Vorratsdatenspeicherung **38** 13
Vorsitzender des Gemeinderats **60** 16 ff.
– Ausübung des Hausrechts **60** 18
– Ordnungsmaßnahmen **60** 18
Vorsorglicher Verwaltungsakt **77** 7
Vorverfahren
– Abhilfe **92** 11; **98** 4
– Adressat des Widerspruchs **92** 7
– Anfechtungsklage **92** 1, 3; **97** 2; **98** 8
– aufschiebende Wirkung **92** 10; **105** 2; **106** 1 ff.
– Devolutiveffekt **92** 10
– Entbehrlichkeit **92** 6
– Form **92** 7
– Fortsetzungsfeststellungsklage **102** 5, 11
– Funktion **92** 2; **102** 11
– Heilung verfristeter Widerspruch **92** 9
– Rechtmäßigkeitskontrolle **92** 1
– Reformatio in Peius **92** 14

– Sachentscheidungsvoraussetzung **92** 1, 3 ff.
– Statthaftigkeit **92** 3
– Untätigkeitsklage **92** 4; **98** 8; **99** 2, 6
– Verletzung in einem subjektiven Recht **92** 12
– Versagungsgegenklage **92** 1, 4; **99** 6
– Verwaltungsverfahren **92** 10
– Verwirkung **92** 8
– Vorlage **92** 11
– Widerspruchsbefugnis **92** 9a
– Widerspruchsbehörde **92** 7
– Widerspruchsbescheid **98** 4
– Widerspruchsfrist **92** 7 ff.
– Zuständigkeitskonkurrenz **92** 11
– Zweckmäßigkeitskontrolle **92** 1 f., 12 f.
– siehe auch Widerspruch
Vorwegnahme der Hauptsache **57** 10 f.; **107** 9
vorzeitiger Bebauungsplan **63** 9

Wächterfunktion des Staates **34** 17
Wahl
– des Bundeskanzlers **15** 3 ff.
– des Bundespräsidenten **14** 5 f.
– des Bundestages **12** 2
Wahlbeamter
– Bürgermeister **60** 22
– Landrat **60** 25
Wahlberechtigung
– hinsichtlich der Gemeindevertretung **60** 5
Wahlen **6** 14 f.
Wählervereinigungen, kommunale **6** 75
Wahlfehler **6** 64
Wahlgleichheit **6** 51 ff.
– Erfolgswertgleichheit **6** 52 ff.
– Fünf-Prozent-Klausel **6** 54 ff.
– Grundmandatsklausel **6** 57 f.
– Rechtsschutz bei Verletzung **6** 53
– Überhangmandate **6** 59 ff.
– Zählwertgleichheit **6** 51
Wahlperiode (Bundestag) **12** 3 f.
Wahlprüfung **6** 62 ff.
Wahlprüfungsverfahren **6** 62 ff.; **56** 4
– bei Gemeindewahlen **60** 10
Wahlrecht, aktives und passives **6** 45; **48** 3
Wahlrechte **48** 1 ff.
– Altersgrenzenregelung des Art. 38 II **48** 7
– Bundeswahlgesetz **48** 6
– Eingriffe **48** 5
– Fünf-Prozent-Klausel **48** 7
– Grundmandatsklausel **48** 7
– Kompetenzzuweisung und Ausgestaltungsermächtigung des Art. 38 III GG **48** 6
– Schranken **48** 6 f.
– Schutzbereich, personeller **48** 4
– Schutzbereich, sachlicher **48** 3

- verfassungsimmanente Schranken **48** 7
- verfassungsrechtliche Rechtfertigung **48** 6 f.
- verfassungsunmittelbare Schranken **48** 7
- Wahlrechtsgrundsätze **6** 46 ff.; **48** 3; siehe näher Wahlrechtsgrundsätze
- Wahlvorschlagsrecht **48** 3

Wahlrechtsgrundsätze **6** 46 ff.; **12** 2
- Allgemeinheit **6** 47
- Europawahl **6** 46 a, 53, 56 a
- Freiheit **6** 49
- geheime Wahl **6** 49
- Gemeinderat **60** 10
- Gleichheit **6** 51 ff.; siehe näher Wahlgleichheit
- Unmittelbarkeit **6** 48
- Wahlrechte **48** 3

Wahlsystem **6** 40 ff.
- Fünf-Prozent-Klausel **6** 54 ff.
- Grundmandatsklausel **6** 57 f.
- Mehrheitswahlrecht **6** 41
- negatives Stimmgewicht **6** 44, 48 a
- personifizierte Verhältniswahl **6** 43
- Sitzberechnung (Bundestagswahl) **6** 44
- Überhangmandate **6** 59 ff.
- Verhältniswahlrecht **6** 42

Wahrnehmungskompetenz **18** 10 f.
Warnungen, behördliche/staatliche **24** 11 f.; **73** 2, 5 ff.; **100** 4
- Ermächtigung **73** 8
- Grundrechte **73** 7
- Kompetenz **73** 6
- Verhältnismäßigkeit **73** 8

Wechselwirkungslehre **32** 29
Wehr- und Ersatzdienst **40** 35
Wehrbeauftragter des Bundestages **12** 1
Wehrverfassung **20** 13
Weimarer Reichsverfassung **20** 9 ff.
Weisungen
- Ausführung durch den Bürgermeister **60** 22
- an Beamten **58** 6; **66** 5; **74** 16; **86** 11; **100** 3; **103** 1
- zwischen Behörden **58** 6
- an Landrat **60** 25
- als Mittel der Aufsicht **58** 7, 13; **103** 1
- Rechtsschutz **58** 15
- Verwaltungsakt **74** 16

Weisungsaufgaben **58** 10, 15
- Aufsicht **58** 11

Weisungsrecht des Bundes (Verwaltungskompetenzen) **18** 6, 10
Weltanschauungen **31** 2 f.
Werbefreiheit **40** 16
Werturteile **32** 2
Wesensgehaltsgarantie **24** 47 ff.

Wesentlichkeit **63** 1
Wesentlichkeitstheorie **24** 28 ff., 65
Wettbewerbsfreiheit **24** 4; **27** 5; **40** 16 f.
Widerruf ehrverletzender Äußerungen **67** 13
Widerruf von Verwaltungsakten **82** 2, 16 ff.
- Auflage **82** 19, 21
- Ausgleich Vermögensnachteil **82** 20
- Ausschlussfrist **82** 19, 21
- begünstigender Verwaltungsakt **82** 2, 17, 19 f.
- belastender Verwaltungsakt **82** 2, 17 f, 24
- Ermessen **82** 18 f., 22
- geänderte Rechtslage **82** 20
- geänderte Tatsachen **82** 20
- Geld- oder Sachleistung **82** 21 f
- rechtmäßiger Verwaltungsakt **82** 2, 16
- rechtswidriger Verwaltungsakt **82** 16
- Rückerstattung **82** 16, 21, 23
- für Vergangenheit **82** 17, 21 f.
- Verwaltungsakt mit Drittwirkung **82** 24
- Widerrufsvorbehalt **78** 2 f.; **82** 19
- für Zukunft **82** 17 ff

Widerspruch **91** 2; **106** 11
- bei Anordnung des Sofortvollzugs durch die Verwaltung **106** 6
- Aufhebung Verwaltungsakt **82** 5
- aufschiebende Wirkung **80** 9; **92** 10; **105** 2; **106** 1 ff.; siehe auch dort
- Devolutiveffekt **92** 10
- Form **92** 7
- Nachholung Anhörung **81** 15
- Untätigkeit **92** 4
- Widerspruchsbefugnis **92** 9 a
- Widerspruchsfrist **92** 7 ff.
- siehe auch Vorverfahren

Widerspruchsbehörde **92** 7
Widerspruchsfreiheit der Rechtsordnung **2** 12; **7** 41 ff.; **24** 53
Widerspruchsverfahren siehe Vorverfahren
Widerstandsrecht **46** 1 ff.
- Beseitigung der verfassungsmäßigen Ordnung **46** 2
- Drittwirkung, unmittelbare **22** 17; **46** 2
- Gehalt und Bedeutung **46** 1
- grundrechtsgleiches Recht **46** 1
- Staatsstreich „von oben" **46** 2
- Staatsstreich „von unten" **46** 2
- vorbehaltlose Gewährleistung **46** 4
- wirksame Abhilfe, keine Aussicht auf **46** 3

Widmung **84** 5 ff.
- Allgemeinverfügung **74** 21; **84** 12
- Anfechtung **84** 12
- Indienststellung **84** 5
- Rechtsverordnung **84** 5

– sachbezogener Verwaltungsakt **77** 1; **84** 5
– Satzung **84** 5
Wiederaufgreifen des Verfahrens **82** 25 ff.
– Anspruch **82** 26
– Entscheidungsbefugnis **82** 28
– nach Ermessen **82** 29
– wiederholende Verfügung **82** 30
– Zweitbescheid **82** 30
Wiederaufnahme des Verfahrens (im Strafprozess) **49** 10
Wiederherstellung der aufschiebenden Wirkung **106** 10 ff.; siehe auch unter Anordnung der aufschiebenden Wirkung
Wiederholende Verfügung **82** 30
Wiederholungsgefahr **102** 7
Willenserklärung **74** 12
Willkürverbot **30** 3, 14
Windenergieanlagen **76** 21
Wirksamkeit, Verwaltungsakt **80** 5; **81** 1 ff.
– äußere **81** 2
– innere **81** 2
Wirksamkeitstheorie **106** 2
Wirtschaftliche Betätigung der Gemeinde **84** 7 ff.
Wirtschaftliche Unternehmen der Gemeinde **84** 7 ff.
– Drittschutz **84** 9
– öffentlicher Zweck **84** 8
– Organisationsformen **84** 10
– Subsidiaritätsklausel **84** 8
Wirtschaftsverfassung **40** 16 f.
Wirtschaftswerbung **32** 3
Wirtschaftszone **4** 2
Wissenschaftsfreiheit **33** 1, 8 ff.
– Bedeutung **33** 1
– Eingriffe **33** 11
– Forschung **33** 8
– Hochschulautonomie **33** 11
– Hochschullehrer **22** 29; **33** 9, 10
– Lehre **33** 8
– Lernfreiheit **33** 10
– Personal, wissenschaftliches **33** 10
– praktische Konkordanz **33** 12
– Schutzbereich, personeller **33** 10
– Schutzbereich, sachlicher **33** 8 f.
– Schutzpflicht **33** 9
– Studierende **33** 10
– Teilhaberecht **33** 9
– Treueklausel **33** 14
– Universitäten **22** 29; **23** 17
– verfassungsimmanente Schranken **33** 12
– verfassungsrechtliche Rechtfertigung **33** 12 ff.
Wissenserklärung **74** 10; **77** 5; **100** 2

Wohnraumüberwachung, technische **41** 9 ff.
Wohnsitz **39** 1
Wohnung, Unverletzlichkeit der **41** 1 ff.
– Bedeutung des Grundrechts **41** 1
– Betretungsrechte, behördliche **41** 5, 17
– Durchsuchungen **41** 7 f.; **75** 20
– Eingriffe **41** 5, 17
– Gefahr im Verzug **41** 8
– Geschäfts- und Betriebsräume **41** 3, 17
– Gesetzesvorbehalt für Durchsuchungen **41** 8
– Gesetzesvorbehalt für technische Überwachung **41** 10, 12
– Gesetzesvorbehalt, qualifizierter **41** 16
– Lauschangriff, großer **41** 11
– Nachschaurechte, behördliche **41** 5, 17
– Richtervorbehalt für Durchsuchungen **41** 8
– Richtervorbehalt für technische Überwachung **41** 10, 12
– Schranke, verfassungsunmittelbare **41** 16
– Schutz von Einsatzpersonen **41** 13
– Schutzbereich, personeller **41** 4
– Schutzbereich, sachlicher **41** 2 f.
– sonstige Maßnahmen **41** 15 f.
– technische Überwachung **41** 9 ff.
– Unterrichtungspflicht, parlamentarische **41** 14
– verfassungsrechtliche Rechtfertigung **41** 6 ff.
– Wohnung (Begriff) **41** 2 f.
– Wohnraumüberwachung **41** 12
– Wohnraumüberwachung, akustische **41** 10 f.
Wohnungsverweisung **75** 19

Zählwertgleichheit **6** 51
Zensurverbot **32** 30
Zinsen **82** 23
Zitiergebot **24** 22 ff.
– Rechtsverordnung **63** 5
– Satzung **63** 5
Zivildienstleistende **32** 17
Zivilgebrauch **84** 14
Zivilrechtliche Generalklauseln **22** 18 f.
Zugang zu öffentlichen Ämtern, gleicher **47** 3
– Frauenförderquoten **47** 3
– Verfassungstreue **47** 3
Zulässigkeit
– eines Rechtsbehelfs **93** 1; siehe auch unter Sachentscheidungsvoraussetzungen
– Voraussetzungen im Verfassungsprozess **50** 24 f.
Zulassungsanspruch zu öffentlicher Einrichtung **60** 6; **67** 20; **84** 23
Zumutbarkeit des Mittels **24** 34, 44 ff.
Zurechnungssubjekt **58** 1
Zusage **77** 10

Zusammengesetzter Vertrag **83** 3
Zusicherung **74** 5; **77** 10; **99** 5
Zustandekommen von Gesetzen **17** 23 ff., 38
– Einspruchsgesetze **13** 6; **17** 32 ff.
– Zustimmungsgesetze **13** 6; **17** 36
– siehe näher Gesetzgebungsverfahren
Zuständigkeit
– bei Antrag nach § 80 V VwGO **106** 11
– örtliche **72** 7; **81** 6, 17; **83** 13; **93** 1
– Polizeirecht **72** 8 ff.
– Rücknahme eines Verwaltungsakts **82** 5
– sachliche **72** 7; **81** 6, 17; **83** 13
– Widerspruchsbehörde **92** 7
Zustandsstörer **77** 3; **79** 10, 12; **88** 12
– Rechtsnachfolge **77** 3
Zustellung **79** 15
Zustimmungsbedürftigkeit von Gesetzen
13 7 ff.; siehe näher Zustimmungsgesetze
Zustimmungsgesetze **13** 5 ff.; **17** 36
– Änderung von zustimmungsbedürftigen Gesetzen **13** 15 f.
– Aufhebung von Zustimmungsgesetzen **13** 17
– Aufspaltung von zustimmungsbedürftigen Gesetzen **13** 14
– Gesetze betreffend Verwaltungskompetenzen **13** 8
– Umfang der Zustimmungsbedürftigkeit **13** 13
– Verlängerung von Zustimmungsgesetzen **13** 16
– Zustimmungsbedürftigkeit **13** 7 ff.
Zustimmungsgesetze zu Rechtsakten der EU siehe Hoheitsrechtsübertragung
Zustimmungsgesetze zu völkerrechtlichen Verträgen **5** 4 ff., 33; **53** 10
Zuwanderungsgesetz **13** vor 1, 24
Zwangsarbeit siehe Freiheit von Zwangsarbeit
Zwangsgeld **80** 6, 10
Zwangsmitgliedschaft **27** 3; **37** 6; **60** 26
Zwangsmittel **80** 6 ff.
– Ersatzvornahme **80** 6, 10
– Ersatzzwangshaft **80** 7
– unmittelbarer Zwang **80** 8
– Zwangsgeld **80** 7, 10
Zweckmäßigkeitskontrolle
– bei der Fachaufsicht **58** 7, 11
– Gerichte **91** 2; **92** 1
– Vorverfahren **91** 1; **92** 1 f., 12 f.
Zweckveranlasser **79** 9
Zweckverband, kommunaler **60** 26
Zweidrittelmehrheit
– Bundesrat **13** 6, 21
– Bundestag **12** 15; **13** 6; **17** 29
Zweistufentheorie **67** 10, 17 ff.; **82** 14
Zweitbescheid **82** 30